孙昌武文集

21

中国佛教文化史

第一册

中华书局

图书在版编目（CIP）数据

中国佛教文化史/孙昌武著. —北京:中华书局,2024. 10. —
(孙昌武文集). —ISBN 978-7-101-16809-9

Ⅰ. B949. 2

中国国家版本馆 CIP 数据核字第 20244KK538 号

书　　名	中国佛教文化史(全五册)	
著　　者	孙昌武	
丛 书 名	孙昌武文集	
责任编辑	罗华彤	
装帧设计	许丽娟	
责任印制	管　斌	
出版发行	中华书局	
	(北京市丰台区太平桥西里 38 号　100073)	
	http://www.zhbc.com.cn	
	E-mail:zhbc@zhbc.com.cn	
印　　刷	河北新华第一印刷有限责任公司	
版　　次	2024 年 10 月第 1 版	
	2024 年 10 月第 1 次印刷	
规　　格	开本/920×1250 毫米　1/32	
	印张 87⅝　插页 20　字数 2290 千字	
国际书号	ISBN 978-7-101-16809-9	
定　　价	450.00 元	

桑奇大塔

公元前三世纪中叶—公元一世纪初，印度中央邦马瓦尔

佛传"树下诞生"浮雕

公元一世纪，古犍陀罗、今巴基斯坦白沙瓦及其毗连的阿富汗东部一带出土，藏德国柏林印度艺术博物馆

摇钱树干

东汉时期，四川绵阳汉墓出土，
藏绵阳市博物馆

青瓷小佛像

三国时期，出土地不明，藏英国伦敦
大英博物馆

西晋写经《诸佛要集经》

西晋元康六年（296），藏辽宁大连市旅顺博物馆

金铜佛像

公元四世纪初，传河北石家庄地区出土，藏美国
哈佛大学沙可乐美术馆

米兰佛寺遗址壁画

公元三至四世纪，新疆若羌县古鄯善国遗址出土，藏印度新德里国立博物馆

宋庆塔

北凉时期，新疆吐鲁番市高昌故
城E号遗址出土，藏德国柏林印度
艺术博物馆

文殊般若经碑

北齐时期，原在山东汶上县水牛山，现藏山东济宁市博物馆

云冈释迦佛像

公元五世纪后期，山西大同市
云冈石窟第20号窟

龙门造像

公元六世纪初，河南
洛阳市龙门石窟宾阳
中洞

龙门碑刻

左：长乐王丘穆亮夫人尉迟为亡息牛橛造像记，北魏太和十九年（495）

右：比丘慧成为亡父始平公造像记，北魏太和二十二年（498）

嵩岳寺塔
北魏正光四年（523），河南登封市
罗华彤 摄

金铜弥勒立像

北魏正光五年（524），藏美国纽约大都会博物馆

卢舍那佛像
完成于唐上元二年（675），
河南洛阳龙门石窟

龙门石窟
北魏至北宋，中间
奉先寺，上元二年
（675）建成，河南
洛阳市

壁画"观经变"

盛唐，甘肃敦煌市敦煌石窟第148号窟

灵隐寺前塔幢
五代或北宋初，浙江杭州市

飞来峰"唐僧取经"浮雕
宋代，浙江杭州市

二無二分無別無
羅蜜多清淨故佛十力清淨佛十力
清淨故一切智清淨何以故若安
忍波羅蜜多一切智清淨若佛十力清淨若佛
一切智清淨無二無二分無別無
斷故安忍波羅蜜多清淨故四無所
畏四無礙解大慈大悲大喜大捨十
八佛不共法清淨四無所畏乃至十
八佛不共法清淨故一切智清淨
何以故若安忍波羅蜜多清淨四

大般若經卷第二百九十六　　卷二十三張

無所畏乃至十八佛不共法清淨若
一切智清淨無二無二分無別無
斷故善現安忍波羅蜜多清淨故無
忘失法清淨無忘失法清淨故一切
智清淨清淨何以故若安忍波羅蜜多
清淨若無忘失法清淨若一切智
清淨無二無二分無別無斷故恒
住捨性清淨恒住捨性清淨故一切
波羅蜜多清淨故一切智清淨何以
故若安忍波羅蜜多清淨若

《开宝藏》书影

北宋开宝七年（974）—太平兴国八年（983），藏山西省博物院

彩绘水月观音像

五代天福八年（943），绢本，出自敦煌莫高窟藏经洞，藏法国巴黎吉梅美术馆

彩塑供养菩萨

初唐，出自敦煌第328号窟，藏美国哈佛大学沙可乐美术馆

五台山佛光寺大殿

唐大中十一年（857），山西五台县

罗华彤 摄

石钟山石窟梵僧观音
大理时期，公元十至十三世纪中，
云南剑川县

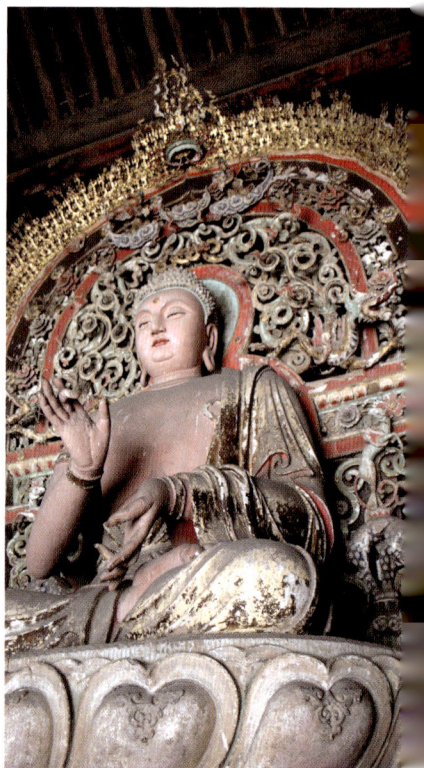

双林寺佛像
明代，山西平遥县

孙昌武文集

出版说明

孙昌武先生，一九三七年生，辽宁省营口市人。南开大学教授，曾在亚欧和中国港台地区多所大学担任教职和从事研究工作。

孙先生治学集中在两个领域：中国古典文学和中国宗教文化。孙先生学术视野广阔，熟谙传统典籍和佛、道二藏，勤于著述，多有建树，形成鲜明的学术特色。所著《柳宗元传论》（人民文学出版社，1982）、《佛教与中国文学》（上海人民出版社，1988）、《道教与唐代文学》（人民文学出版社，2001）、《中国佛教文化史》（中华书局，2010）、《禅宗十五讲》（中华书局，2017）等推进了相关学术领域研究，在国内外广有影响；作为近几十年来中国传统文化研究成果，世所公认，垂范学林。

孙先生已年逾八秩。为总结并集中呈现孙先生学术成就，兹编辑出版《孙昌武文集》。文集收录孙先生已出版专著、论文集；另增加未曾出版的专著《文苑杂谈》、《解说观音》、《僧诗与诗僧》三种；孙先生在国内外学术刊物发表的论文未曾辑入论文集的，另编为若干集收入。孙先生整理的古籍、翻译的外国学者著作，不包括在本文集内。中华书局编辑部对文字重新进行了审核、校订，庶作为孙先生著作定本呈献给读者。

北京横山书院热心襄助文化公益事业，文集出版得其资助，谨致谢忱。

中华书局编辑部

二〇一九年五月

总　目

导　论

——佛教对中国文化的影响与贡献

一

研究中国佛教的历史，包括佛教文化史，陈寅恪的两段话是具有深刻指导意义的。一段论及中国思想发展的历史规律说：

> 其真能于思想上自成系统，有所创获者，必须一方面吸收输入外来之学说，一方面不忘本来民族之地位。此二种相反而适相成之态度，乃道教之真精神，新儒家之旧途径，而二千年吾民族与他民族思想接触史之所昭示者也。①

佛教输入中国并得以扎根、发展，乃是古代中、外文化交流的成果。其得以成功，取得成就，正是在本民族思想文化土壤上积极地吸收和消化外来文化并重新加以创造的结果。另一段论及研究古人学说应当采取的态度：

---

① 《冯友兰中国哲学史下册审查报告》，《金明馆丛稿二编》第252页，上海古籍出版社，1980年。

> 凡著中国古代哲学史者,其对于古人之学说,应具了解之
> 同情,方可下笔。盖古人著书立说,皆有所为而发。故其所处
> 之环境,所受之背景,非完全明了,则其学说不易评论,而古代
> 哲学家去今数千年,其时代之真相,极难推知……所谓真了解
> 者,必神游冥想,与立说之古人,处于同一境界,而对于其持论
> 所以不得不如是之苦心孤诣,表一种之同情,始能批评其学说
> 之是非得失,而无隔阂肤廓之论。①

经过上一世纪有关宗教学术研究领域波谲云诡的激烈震荡,今天
来讨论历史上的宗教现象,包括研究中国佛教的历史和佛教文化
史,怀抱这样的态度更显得特别必要。

英国宗教人类学家菲奥纳·鲍伊曾指出:

> 我们行动的方式既影响社会,也影响我们周围的生命之
> 网。而我们的行为,则是由我们所思考的东西、我们的价值和
> 信仰体系决定的。②

人类的全部行为与活动,是依据他们的生存状态和当下认识进行
的,这种状态和认识受到客观存在的种种限制。而在人的认识中,
信仰心起着极其重要的作用。当信仰心提升、演化为宗教信仰,这
种宗教信仰又凝聚起信众,结成群体,这群体再形成宗教团体的时
候,就成为巨大的社会力量。而宗教一经形成,又给更多的人提供
信仰,吸引更广大的群众。在这一往复递进的过程中,宗教得以弘
传、发展,也在教化、改造着人们自身。这样,在漫长的人类历史
上,宗教的传播与交流波澜壮阔,演出无数恢宏壮伟、让人眼花缭
乱的场面,为世界各国、各民族的社会进步和文化发展作出重大贡

---

①《冯友兰中国哲学史上册审查报告》,《金明馆丛稿二编》第 247 页。
②菲奥纳·鲍伊《宗教人类学导论》(Fiona Bowie: *The Anthropology of Reli-
  gion: An Introduction*, Blackwell Publishing Ltd, Oxfort, 2000)第 136 页,
  金泽、何其敏译,中国人民大学出版社,2004 年。

献,并起着极其巨大的,甚至是决定性的作用。然而另一方面,宗教信仰又具有神秘的、先验的、盲目的特征,又会带来消极的作用和影响。历史上的宗教活动往往伴随着激烈的矛盾与冲突、血腥的战争与仇杀,引起国家、民族间,各宗教和宗教教派间的对抗、斗争,绵延岁月,不得消解,对于人类进步、世界和平、民族团结又造成破坏,形成阻碍。

　　值得特别提出的是,在世界全部宗教史上,佛教传入中国、中国接受佛教乃是一个卓越的特例。荷兰中国学家许里和(Erich Zürcher)关于中国佛教早期发展历史的名著题名为《佛教征服中国》。但是从实际情况看,与其使用"征服"一语,不如用"融入"一词更为合宜①。自从印度佛教在中国传播伊始②,中国人就以虚怀若谷的精神和海纳百川的气魄,接纳了这一新的宗教。当然起初接触到这一外来宗教的只是少数人,这一外来宗教在完全陌生的土地上不是没有遇到不解、怀疑、抵制以至对抗,但是从总体趋势说,却是相当平稳地、顺畅地被接受,逐步地传播、扩展开来,扎根、壮大起来。继少数先行者之后,社会各阶层有更多的人接纳了这一外来宗教。这里所谓"接纳",既包括信仰,也包括更多的人从各自角度加以"认可"或"包容"。这样,经过数百年传播,这一外来佛教终于发展、演变成为具有鲜明本土民族性格的宗教,并与本土道教一起,成为在中国民众中传播最广、影响最大的主要宗教。而且,在中国的具体条件之下,虽然真正的佛教信徒在民众中始终居

①关于佛教"征服"中国的观念,并不是许里和个人的看法。胡适曾说过"我把整个佛教东传的时代,看成中国的'印度化时代'"(《胡适口述自传》)。西方学者如汤因比更直接把中国文明包含在"印度大乘文明"的范畴之中。
②一般说佛教产生于印度,或称"印度佛教",是约定俗成的说法。佛陀释迦牟尼生于今尼泊尔境内的迦毗罗卫;而从历史发展看,从佛陀时代的"原始佛教"到众多部派形成,经历几世纪的漫长时期,地域更包括今南亚和中亚众多国度。

于少数,但却有更多的人对佛教抱有亲切的同情心或认同感。特别是在知识阶层中,更有许多人能够或善于对于佛教教理和与之相关的学术、文化不同程度地理解和接受,使之成为发展民族文化的宝贵资源。这样,佛教在中国虽然一直没有取得政治的或思想的统治或主导地位,但它却深入人心,经久不衰。它作为古代中国成功地接受和消化外来文化的成果,在历史发展中已经逐步融入到中国文化传统之中,成为构铸中国文化支柱的三大知识和思想体系——儒学、道家和道教、佛教——之一、光辉灿烂的中国文化史的重要组成部分。

西方神学家孔汉思(Hans Küng)指出:

> 今天的西方,越来越多的人,其中包括继承普兰克(Max Planck)、爱因斯坦(Albert Einstein)和海森堡(Wernen Heisenberg)传统的自然科学家,他们都在强调分析和综合互补,理性知识和直觉智慧互补,科研和伦理互补,也就是科学和宗教互补。[①]

人类在进化和发展中不断暴露出各种内在的和外在的矛盾和冲突,宗教归根结底是为解决这些矛盾和冲突被创造出来的。佛教这一伟大的世界宗教,也是人类为解决自身矛盾和冲突的伟大建树。当前人类正持续地被各种难题所困扰:自然环境与人类发展失衡,国家间、民族间以至宗教间相互对抗,社会伦理观和价值观普遍地偏失与空洞化,财富积累和集中造成严重社会不公,人们内心普遍存在着焦灼不安和欲求不满,如此等等,这些都为宗教的存在与发展提供了需要与空间。这样,宗教信仰、宗教观念、宗教情怀等等,就为现代人提供了具有重要意义与作用的精神内容。一

[①] 秦家懿、孔汉思(Hans Küng)《中国宗教与基督教》(*Christianity and Chinese Religions*,Doubleday,NY,1989)第 233 页,吴华译,生活·读书·新知三联书店,1997 年。

方面是当今世界面临的许多尖锐、重大而迫切的课题需要解决,在考验着人们的智慧;另一方面每个人的生存状态与精神素质亟需提升。宗教为解决这些课题提供出大量有价值的内容和广泛的正、反面教训。历史的经验乃是今人的借鉴。实际上今天人类面临的问题,包括国家、民族的与家庭、个人的,许多都是古代宗教曾经面临和试图解决的问题。因而研究和了解中国佛教史,特别是佛教文化史,无论对于民族整体或是对于个人,又都不是单纯的理论课题,而是具有现实迫切性的。

本书题名为《中国佛教文化史》。这是个内容极其广泛、复杂的题目。首先什么是文化?什么是佛教文化?历来就是相当含混、但又必须明确的概念。有的西方学者搜集不同的文化定义,达164种之多①。对文化含义的理解不同,对本书作为课题的"佛教文化"和"佛教文化史"内涵的理解必然会不一致。大体上从广义说,文化乃是人类智慧在长远历史发展中所创造的物质和精神成果的总和。从这样的概念出发,一切宗教包括佛教本身就是文化现象,是整个社会文化的一部分,从而佛教文化史就可以等同于佛教史。从狭义说,文化是指社会意识形态及与之相适应的制度和结构,依据内容又可以划分为众多领域,如政治文化、伦理文化等等。从这样的角度看,宗教文化包括佛教文化则是文化的一个具体领域,它在发展中与文化其他领域有着复杂的联系。从后一种观念出发,佛教文化史则应探讨佛教在长期发展中与诸多文化领域相互影响、相互作用、得到发展、取得成果的历史。本书基本是采取后一种观念来理解、处理佛教文化和佛教文化史这两个概念的。

史学家李济曾精辟地指出:"今日或过去所有伟大文明的发生都是由于文化接触的结果。"②同样,不同国家和民族文化的接触乃

---

① 参阅许国璋《文明和文化》,王元化名誉主编《释中国》第 1 卷第 617—641 页,上海文艺出版社,1998 年。

② 《中国文明的开始》第 18 页,江苏教育出版社,2005 年。

是文明发展的动力。从根本上说,佛教输入中国正成为这样一种动力。又佛教经过长期历史发展,如今已成为世界性宗教。作为世界性宗教,它在所传播的民族和国度中具有共同的内容、形态和发展规律;但适应所传播民族和国度的具体条件和需要,又形成各自的特点。特别是就中国的具体情况而论,外来佛教传入时期的中国,已是一个历史悠久、文化传统极其丰厚的国度。这就决定了外来佛教不可能从根本上改变本土固有传统,而只能适应、融入这一传统。在这一过程中它以其独特内容丰富、补充中华民族的固有传统内涵,另一方面又相应地改变、铸造着自身。这样,传入中国的佛教既是世界性宗教佛教的重要构成部分,又形成具有鲜明民族特色和独创内容的汉传佛教一系。这一系统的佛教在历史上已远传周边各国、各民族之中,近代更扩展到世界各国。因此研究中国佛教文化史,应当特别注重探讨外来佛教在中国具体历史环境中的创新与演变,注重研究作为外来文化载体的佛教与中国文化诸领域的相互影响和交流,注重中国佛教在文化诸领域的独特而重大的创获。这样,中国佛教文化的历史,包含古代中、外(南亚和中亚)佛教文化相互交流和影响的历史,又是古代中外交流史的重要构成部分,是外来文化在中土具体环境下被积极接纳、持续发展与全面创新、取得辉煌成就的历史。

中国历史悠久,文化积累十分丰厚。另一方面,正如一位外国学者所说:"佛教是印度对中国的贡献。并且,这种贡献对接受国的宗教、哲学与艺术有着如此令人震惊并能导致大发展的效果,以至渗透到中国文化的整个结构。"[①]这两种因素聚合起来,使得中国佛教文化博大精深,内涵极其丰富多彩,涉及领域极其众多,其历史发展过程更是跌宕起伏、复杂多变。本来相关研究受到种种局

①J. 勒鲁瓦·戴维森《印度对中国的影响》,巴沙姆(A. L. Basham)主编《印度文化史》(*A Cultural History of India*, Oxford University Press, New Delhi, 1984)第 669 页,闵光沛等译,商务印书馆,1997 年。

限,宗教现象更多有神秘难解之处。加之在中国,有关宗教的研究传统上历来更多受到陈寅恪所指出的"意执之偏蔽"和"知见之狭陋"①的限制,这一极其复杂繁难的研究领域又是多年来学界较少关注、评价更往往是多有偏颇的。这些都给本课题研究造成相当的难度。但从另一方面看,这却正是对于研究者提出的严酷挑战和严格要求,也更能够激发起研究的兴趣,甚至可以说是赐予研究者特殊的幸运。笔者自知才疏学浅,正是抱着这样的心情,依据个人能力和水平,勉力在这一课题上作出尝试。

本书所述基本限于有关汉传佛教的情况。实际上中国佛教文化还应包括藏传佛教和南传佛教的内容。这两个部分与汉传佛教同样复杂而丰富,更与汉传佛教有密切的关联。缺少这两部分,就不是完整的中国佛教文化史。本书对于这一领域虽然略有涉及,但没有作专门课题来论说。这一方面是按目前学术界约定俗成办法,关于历史上藏传和南传佛教的研究分属专门的研究领域,习惯上把汉传佛教史称为中国佛教史。而且它也确实是中国佛教的主体。另一方面,如果把藏传和南传佛教文化(实际上这也是众多少数民族文化的主要内容)纳入到一部书之中,不仅难于操作,而且笔者的知识和能力也不允许。从这样的角度看,这里应当郑重说明,这是一部不完整的、主要是汉传佛教的文化史。

二

两千一百多年前的公元前一世纪,西汉王朝国势鼎盛,声威远播四海。张骞"凿空",甘英西使,开通"丝绸之路",建设起东西方

---

①《陈垣明季滇黔佛教考序》,《金明馆丛稿二编》第 240 页。

经济、文化交流的大通道。当时正是南亚、中亚地区佛教兴盛的时候，在东来西往的商队里，有一批批佛教僧侣和信徒。他们怀抱着无限神往，前来东方这个繁荣昌盛的大帝国。当他们乘危履险，过雪山，越大漠，风尘仆仆，摩肩继踵，前赴后继，九死一生，在漫漫长途上奔波的时候，绝不会想到，正是这如涓涓细流一样少数人的活动，逐渐扩展为输入外来宗教与文化的洪涛，给本来已高度发达的中国文化不断注入新鲜血液，赋予了强大活力。在此后两千余年间，中华大地改朝换代，动荡不已，这外来佛教却在被接受、消化、容摄、创新的过程中，生生不息，持续地开创出新生面，结出丰硕的文化果实。

佛教能够在社会条件和文化传统与其产生本土大不相同的环境中顺利地弘传、发展，逐渐蔚为大国，竟成为流行中国的主要宗教，有多方面主、客观条件在发挥作用。这些条件重要的是：

首先，就印度佛教本身说，它具有浓厚的文化性格。它作为具有悠久发展历史和丰厚文化积累的印度文化的载体，包含着极其丰富的文化内涵。这是它在世界诸宗教中突出的特点和优点，也是它发展历时久远而昌盛，赢得各国、各民族众多信众的内在条件。

佛教形成和流行的印度次大陆和西域乃是古代世界文明高度发达的地区之一。印度独立后第一任总理尼赫鲁（Jawaharlal Nehru）曾指出：

> 佛降生时，正是印度有着一个惊人的精神激动和哲学探索的时代。

他又说：

> 佛虽是一个反抗者，可是并不曾使他和本土的古代信仰隔绝。黎斯·戴维兹夫人说道："……他的道德伦理有很多可以和早期或晚期的印度教书籍中的东西相比美。乔达摩的创作力是在于他把旁人已经说过的东西加以修正、扩充、发扬光

　　大，并加以系统化；是在于把一些印度教最著名的思想家所公
　　认的公道和正义的原则，贯彻到他们的论理的结论上面去。
　　他和其他大师的分别主要在于他那恳挚的热情和他那广阔的
　　大慈大悲的精神。"①

释迦牟尼所创建的佛教继承和发展了当时印度次大陆高度发达的
文化传统，包括婆罗门教的文化成果。佛教实际是总结这一广大
地区文化发展成就的产物。佛教的创始人释迦牟尼作为"觉者"，
不仅是伟大的宗教家，更是影响人类历史发展的伟大的思想家。
值得特别提出的是，他所创立的佛教不仅确立起一种新的宗教信
仰体系，更重视对于这种信仰的论证，因而说"佛陀的教义……本
质上是理智的"②。佛陀在世的时候，组织信众，形成了具有相当规
模的僧团。他的团体与孔子或苏格拉底教导的团体颇为相似，具
有明显的教学组织的性格。佛陀当初曾明确反对作为一般宗教重
要内容的灵异、诅咒等，更否认婆罗门教祭祀万能信仰。这种富于
理性、注重教理的特征作为传统后来一直被保持下来。早期佛典、
较真实保存佛陀言教的《阿含经》包含有深刻的哲理内涵和丰富的
伦理内容，表达这些内容又多采取比喻、象征、夸张等文学形式。
这样从一定意义说，这些典籍就明显具有哲学著作和文学作品的
性质。而由原始佛教发展为部派佛教，再发展为大乘佛教，其全部
教理建筑在庞大的、愈益严密和系统的宗教思想理论体系之上，其
学术内容也愈加丰富。著名的大乘佛教论师如龙树、提婆、无著、
世亲、法称、寂天等，与佛陀一样，都是卓越的宗教家，又是伟大的
哲学家和思想家。而作为佛教活动核心的僧团不只是信仰者修道

①《印度的发现》(*The Discovery of India*，Meridian Books Limited，London，
　　1951)第207—209页，齐文译，世界知识出版社，1956年。
②查尔斯·埃利奥特《印度教与佛教史纲》(Sir Charles Eliot：*Hinduism and*
　　Buddhism，An Historical Sketch，Routledge & Kegan Paul Ltd，London，
　　1954)第1卷第284页，李荣熙译，商务印书馆，1982年。

的团体，更从事多方面的文化活动。作为其修习对象的，除了关于
教法的"内明"之外，还有因明、声明、工巧明、医方明等世俗学问，
统称为"五明"。这些在现代科学体系里是属于逻辑学、语言文字
之学、工程技术和医药学等领域的内容。这样的僧团同时又作为
社会文化的主体存在，体现出鲜明的文化性格。而且随着佛教的
发展，其所包容的思想、文化内容也在不断扩展。直到印度佛教在
公元十二世纪渐趋消亡，不断结集出来的大量佛教经典不只是宗
教圣书，更是古印度与传播所及诸民族所创造的文化宝典，是极其
庞大的知识堆积。所以有的学者说，佛教经典里的学问是无所不
包的。特别是在哲学、伦理学、史学、文学、艺术、语言文字之学等
领域，佛教取得的成果更具有鲜明特色和极高水准。这些都构成
人类文化发展的重要组成部分，成为对于世界文明的贡献。这样，
佛教不仅改变了传播地区民众的精神面貌，更大幅度地改变了这
些地区文化发展的面貌。

　　对于中国来说，佛教逐步广泛、深入地传播，陆续翻译大量佛
典，随之输入了内容丰富、价值重大的外来文化和学术。其中许多
内容是中土传统所缺乏、在文化发展中值得借鉴和汲取的。佛教
这种思想、文化上的优势，是它能够被具有高度文化、又富有理性
传统的古代中国人所接受的重要条件。

　　其次，佛教和随之传入中土的佛教文化又具有开放的、包容的
性格。日本佛教学者铃木大拙曾精辟地指出过：

　　　　潜在于佛教的印度式的心理素质具有绝对的包容性。[1]

这一特点的形成，正与它的浓厚的文化性格有直接关系。注重文
化，富于文化内容，也就在很大程度上抵消了蒙昧的迷信和凝固的
教条所造成的偏见。后者正是一般宗教的根本特征之一。佛教当

----

[1]《禅思想史研究》，《铃木大拙全集》第 2 卷第 381 页，岩波书店，1980 年。

然也具有这种特征,但相对而言是较为淡薄的。

佛教的开放性格又和作为它基本教理内容的终极追求有关系。根据佛传,示现在世的佛陀不是"先知",他是勤奋的学徒,是不倦地探索、追求真理的人。在成道前,他曾经过长期、艰苦的求道过程,包括向各类"外道"学习。他所创立的佛教吸收了古印度文化积累的丰富内容,包括他所反对的婆罗门教的内容。佛陀本人是一位觉悟宇宙真实的"觉者"。他不相信、不鼓吹"天启",而主张"悟道"主要基于人自身固有的本性与能力。佛陀肯定人类在发展过程中追求和实现智能、道德和知识的努力,对于人的得救抱持肯定、乐观的态度,因而积极地鼓励门徒自己去探求,去发现自身宝藏。发展到大乘佛教阶段,这种弘通、开放的性格更得到发扬,明确提出所谓菩萨"四依"之说,即肯定佛陀的教法是依法不依人、依了义经不依不了义经、依义不依语、依智不依识的。这就容许人们在已有的经教之外,更自由、更开放地发挥佛陀教法的真义,实际也就为吸收和融会不同宗教和文化,对于思想进行发展和创新留出了广阔空间。佛教这种开放、包容的特点突出表现在对待"异教"的态度上。佛陀不赋予信徒排斥、消灭异教的义务。他当初在与"外道"、"异见"的斗争中创立和发展自己的宗教,采取的主要是说服和论争的方式。后来佛教对待"异教"一直没有使用暴力与压制的办法,更没有发动宗教战争。正因为具有如此弘通、开放的性格,佛教作为文化现象也成为开放的体系,从而有可能在其传播所及之处积极地汲取当地传统文化滋养,不断地充实和改造自身,因而也更容易汇入诸民族文化的总的发展潮流之中,体现其普世价值。这样也就使得它在传播所及地区和民族中更容易被理解和接受。具有典型意义的是它与犍陀罗文化的交流与融合。犍陀罗指今克什米尔和阿富汗东北边境一带,当年是印度与中亚、西亚交通的枢纽。在迦腻色迦王(77?—144?)统治下的贵霜王朝兴盛时期,这里成为控制东、西方贸易交流的门户。基于经济与文化密切交流的环境与需要,这个兴盛王朝采取各民族、诸宗教和睦相处的方针,多方面接受了希腊和波斯文化的影响。佛教输入这里,得到贵霜王朝支持,遂形成一个新的佛教发展中心。一些部派在这里十分发达、兴盛。而兴盛的重要原因之一正在于接受外来思想的影响。这种影响可以拿汉译《那先比丘经》(有二卷和三卷两种译本,南传《弥兰陀王问经》七卷,已经过后人补充)为例证。该经记载佛教那先比丘与孔雀王朝灭亡后希腊人所建立的弥兰陀国国王的问答,他劝说国王皈依了佛教。这一问答的内容体现了印度思想与希腊思想的冲突和交流,对后来佛教思想的发展产生的作用极其深远。这种影响更促使当地的佛教艺术带上明显的希腊和波斯风格。犍陀罗造像是佛教造像艺术发展的一个高峰,显然借鉴了希腊众神和罗马贵族雕像的形制和手法,造像的背光则是波斯艺术日轮形象的变形。这一地区的造像艺术被后世称为"希腊式佛教艺术"。它又传回南亚次大陆及其周边地区,更向东传播,远及于中土和东亚的三韩、日本。实际中国内地通过西域所接受的佛教,已经是这样多种文化交流形成的复合体。正因此法国学者雷奈·格鲁塞(René Grousset)指出:

> 佛教所带给远东的并不仅仅是印度的思想和希腊的艺术,而且还有来自古代波斯文明的某些影响。[1]

正由于佛教具有这种开放、包容的性格,大为消减了在不同民族和文化中传播所受到的抵制。这在中国这样固有文化传统悠久而优秀的国度更有决定性的意义。关于佛教在中国初传的具体路线,学术界有陆路西来和海路南来的不同主张;陆路除了经西域沿所谓"丝绸之路"的途径之外,近年又确认有从蜀中经云南到缅甸、印度的所谓"身毒道"路线。但不论具体情况如何,实际上西来路线

---

[1]《中华帝国的崛起与繁荣》第 11 章《佛教的启迪》,何兆武等主编《中国印象——世界名人论中国文化》上册第 99 页,广西师范大学出版社,2001 年。

一直居于主导地位。而如季羡林根据现有资料作出的判断,中国同印度佛教最初发生关系又是直接的。他认为当时佛教输入即便是经过今新疆境内的绿洲小国,这些小国也没有发生什么作用,只是佛教传到中国的中间站而已[①]。可以设想,当初印度或西域僧侣来到东方这一陌生国度,宣扬的是一种无论从思想观念说还是从外在形态看都显得十分怪异的宗教,却能够立足并扩展影响,逐步争取到更多信徒,主、客双方都显现出开阔的胸襟和容忍的姿态。首先是佛教方面必须适应这里的礼仪制度和风俗习惯,教义、教理能够适应这里的思想、文化土壤加以变通。如本书所描述的,历史发展正循着这样的路数前进。佛教在输入中土的千余年间[②],一方面不断地与本土思想、文化发生矛盾、冲突、斗争,另一方面又逐渐与本土文化和宗教相交流、相协调、相融合,终于形成自成系统、独具特色的汉传佛教,更使得这一宗佛教成为中国势力最大的宗教。而从实际表现看,在中国历史上儒、释、道"三教"或佛、道二教之间的斗争中,佛教的姿态是最为柔韧、调和的。它维护自己所采取的基本立场往往是强调自身并不与中土传统相冲突,以至一再恳切地表明其辅助世俗教化、有益世用的作用;另一方面在实践中更主动地吸纳中土传统思想文化内容,积极地适应本土环境来改造自身。比如大乘的基本教义般若空观本是否定作为主体的神识、灵魂的,但中国佛教却发展、发挥了"神不灭"思想;印度佛教教理是不重世俗孝道的,而中国佛教却积极发展了尊祖孝亲观念,等等。这样,佛教在很多基本思想观念上向中土传统让步、靠拢,就是说,它是努力在本土思想文化传统的基础上求发展的。这种开放的性格,既使它得以不断地改造、充实自己,也为自身的生存和发展创造了良好的

---

① 参阅季羡林《浮屠与佛》,《季羡林学术论著自选集》第 1—16 页,北京师范学院出版社,1991 年。

② 这是指自两汉之际佛教初传至北宋朝廷主持的译经事业结束。后来有零星译业,特别是藏传佛教输入汉地,是另一层面的事。

环境。这也成为它在中国扎根、壮大的又一个重要条件。

第三,中华民族在历史上本来是融合众多民族所构成的,中土文化的内涵恢弘博大,具有吸纳百川、融汇众长的特长,先秦以来更形成牢固的理性精神和人文主义传统,勇于和善于汲取外来文化以不断充实和丰富自己。这成为中华民族文化发展的强大动力,也是它生生不息、不断推陈出新的重要原因。

先秦时期的"百家争鸣"典型地显示了中华民族这方面的优长。就对待宗教的态度说,从先民各类原始信仰到后来的各种宗教,在漫长的历史发展中,中国人均能够采取兼容并包的方针。当外来佛教输入的时候,人们更能够从不同角度和不同层次,把它当作一种新的信仰、礼仪、学说、思想等等来接受。上自朝廷,下至民众,社会各阶层均能够积极地接受或消极地容纳,基本上没有大的违异感和敌对感,而尽力寻求与固有文化传统的接合点。佛教初传中土,主要是小乘禅数之学和大乘般若之学。在当时人的一般认识里,禅数等同于神仙方术;般若则等同于老、庄玄理,如《后汉书》所说:"其清心释累之训,空有兼遣之宗,道书之流也。"①后来刘宋时的何承天则说:

> 佛经者,盖九流之别家,杂以道、墨,慈悲爱施,与中国不异。大人君子仁为己任,心无忧念,且以形象彩饰,将谐常人耳目……②

这是明确地把佛教看作"九流"、"百家"之一。后周王褒又说:

> 斯虽为教等差,而义归汲引。吾始乎幼学,及于知命,既崇周孔之教,兼循老、释之谈。③

这则代表中土知识阶层对待佛教的一种相当典型的理解和态度。

---

①《后汉书》卷八八《西域传论》,第 2932 页。
②《答宗居士书(释均善难)》,《全上古三代秦汉三国六朝文·全宋文》卷二三,第 3 册第 2561 页。
③《幼训》,《全上古三代秦汉三国六朝文·全后周文》卷七,第 4 册第 3918 页。

正是基于这样的认识,在儒家作为社会统治思想并成为士大夫安身立命的根据的环境中,"三教"并立、"统合儒释"才成为可能并渐成潮流。另一方面从总体形势看,则自佛教初传中土,虽然时时受到歧视、否定或抵制,以至面临尖锐对抗的局面(例如几度发生"毁佛"事件),但矛盾往往得以消解,激烈对抗的时间都很短暂。而且引发对抗的根本原因往往不是宗教信仰方面的,起作用的另有更重要的经济、政治方面的因素。这样,调和取代对抗,包融代替排斥,主动或被动地融入本土文化就成为佛教在中国发展的大趋势。

而从接受佛教的规模和内容看,中国人积极而广泛地加以接纳的姿态同样十分明显。中土所接受和发展的佛教,从教理、教义即思想、信仰体系看,基本是属于大乘的,但传翻的经典、接受的教化却涵盖印度佛教大、小乘众多部派、学派。即使是在印度本土大乘佛教蓬勃发展的南北朝时期,中国仍从中亚迎来许多部派佛教论师,不同部派、学派的典籍仍在大量翻译并广泛流传。中国人对于教理矛盾百出、内容南辕北辙、思想体系极端纷杂的各部派、各学派的佛教经典,几乎是全盘地接收、消化并加以再创造。这又从源头上赋予中国佛教以弘通、开放的特色,并充分显示了中国文化兼容并包的性格。正是在这样兼容并蓄、广取博收的基础上,形成了中国佛教的诸多学派和宗派,显示信仰和思想极其多样与丰富。因而有的学者说中国佛教是一种"混合佛教"[①]。中国人正是从这

[①] 参阅中村元等《中国佛教发展史》(上)第 13－16 页,余万居译,天华出版公司,1993 年。中国人刚开始接触佛教,不可能了解、区分已经相当发达的印度佛教不同部派体系,只能"混合"地接受,典型的例子如安世高翻译《阴持入经》,这是一部小乘阿毗昙系禅数内容的典籍,具体解释"阴"(即"蕴",色、受、想、行、识五蕴)、"持"("界","六根"、"六境"、"六识"总称"十八界")、"入"("处",即"六根"和"六境")等概念,但传为三国时人陈慧作批注,却引用支娄迦谶和支谦翻译的大乘经为依据;又三国时吴康僧会翻译的《六度集经》,内容是部派佛教宣扬的佛陀前世轮回本生故事,但却以大乘"六度无极"("六波罗蜜")来组织全经。而从总体看,早期佛典传译又是大乘般若之学和小乘禅数之学并重的。

"混合"堆积的外来资源中有选择地加以汲取、利用,建设起另成系统的汉传佛教和中国佛教文化的。

第四,就佛教输入中国的具体环境说,又正适应了本土的实际需要。美国学者本杰明·史华兹指出:

> 人们要注意这个显而易见的事实,在许多世纪中,无论是在上层文化还是在民间文化层面上,中国都受到了来自中国文化范围以外的、规模宏大的大乘佛教世界的深刻影响。中国人吸收了佛教,正反映当时的中国存在着某种迫切的需要。它之所以可能被吸收,乃是因为它似乎能对当时已经提过的问题提供新的答案。[①]

王国维又曾指出知识阶层的情况:

> 自汉以后……儒家唯以抱残守缺为事,其为诸子之学者,亦但守其师说,无创作之思想,学界稍稍停滞矣。佛教之东,适值吾国思想凋敝之后。当此之时,学者见之,如饥者之得食,渴者之得饮……[②]

这是仅就思想、学术领域的状况说的。前汉时期被树立为统治意识形态的"儒术",到后汉时期一方面困于繁琐的训诂章句,另一方面变乱于谶纬和玄理。适逢这一时机,具有高度理论水平、内涵丰富、表达精致的佛教输入,正给中国知识阶层提供了摆脱困境的新思想和新出路。刘宋时期的何尚之描写后来东晋初年士大夫接受佛教的情况说:

> 渡江以来,则王导、周顗,宰辅之冠盖;王濛、谢尚,人伦之羽仪;郄超、王坦、王恭、王谧,或号绝伦,或称独步,韶气贞情,

---

① 《古代中国的思想世界》(Benjamin I. Schwartz: *The World of Thought in Ancient China*)第 431 页,程钢译,江苏人民出版社,2004 年。
② 《论近年之学术界》,《静庵文集》第 122 页,辽宁教育出版社,1997 年。

又为物表。郭文、谢敷、戴逵等,皆置心天人之际,抗身烟霞之间。亡高祖兄弟,以清识轨世;王元琳昆季,以才华冠朝。其余范汪、孙绰、张玄、殷觊,略数十人,靡非时俊。①

这里列举的,都是当时活跃朝野的一代名流,其中包括王、谢世家大族的代表人物。他们对待佛教大都抱有诚挚的热忱。在两晋门阀士族居统治地位的社会环境里,这些世家大族的言行是代表并影响着整个社会风气的。如此发展起来的高级士族所信仰的佛教乃是社会上层文化精英的佛教②,也是后来汉传佛教中一直发挥主导作用的佛教。

另一方面,从更广泛的民众层面看,在佛教输入之前,中国没有定型的宗教(即所谓"历史宗教"、"教团宗教"等)。在先秦的理性精神和人本主义传统中,宗教信仰被压抑而大为萎缩了,而外来的佛教正填补了中国这种宗教的"空白"状态。宗教信仰、宗教观念、宗教精神等等,无论是作为"终极追求"的目标,还是作为"神圣"、"拯救"的体现,都是人的精神生活所亟需的。特别是在社会矛盾纷杂、精神危机严重的状态下,宗教信仰更不可或缺。在汉末以来连续动乱的社会环境里,外来的佛教正适时地担负起这样的使命。在广大民众间,佛教的观音、弥勒、净土、舍利等信仰,六道轮回、因果报应、天堂地狱之类观念迅速普及开来,受到普遍欢迎,充实了、安慰着人们的精神。宗教的最广泛的社会基础在广大民众的生活实践之中。民众热诚地接受佛教信仰成为推动其在中国发展的根本力量。值得注意的是,虽然反对佛教的人往往把六道轮回、祸福报应之类迷信当作集矢之的,有些"义学"大师们则只是

---

① 《答宋文帝赞扬佛教事》,《弘明集》卷一一,《大正藏》第 52 卷第 69 页中。
② 荷兰学者许里和称之为"士大夫佛教"、"宫廷佛教",参阅《佛教征服中国》(*The Buddhist Conquest of China：The Spread and Adaptation of Buddhism in Early Medieval China*),李四龙等译,第 1—27 页,江苏人民出版社,1998 年。

把它们当作权宜、方便之说,但即使是在宋、元以后佛教已经衰落的情况下,强大的信仰潮流仍在民众间涌动并持续地发挥巨大的社会作用。

这样,无论从思想内容讲,还是从信仰层面看,当初佛教都适应了中土之所亟需。这也是它得以传播、受到欢迎的主要原因之一。

印度政治家尼赫鲁说过:

　　在千年以上的中印两国的交往中,彼此相互地学习了不少知识,这不仅在思想上和哲学上,并且在艺术上和实用科学上。中国受到印度的影响也许比印度受到中国的影响为多。这是很可惋惜的事,因为印度若是得了中国人的健全常识,用之来制止自己过分的幻想是对自己很有益的。中国曾向印度学到了许多东西,可是由于中国人经常有充分的坚强性格和自信心,能以自己的方式吸取所学,并把它运用到自己的生活体系中去。甚至佛教和佛教的高深哲学在中国也染有孔子和老子的色彩。佛教哲学的消极看法未能改变或是抑制中国人对于人生的爱好和愉快的情怀。①

这段话概括指出了中国与印度佛教关系的两个方面:一方面从印度传来的佛教具有高度思想、文化价值,它们是适应中国需要的;另一方面中国具有适宜的土壤和环境,有助于这一外来宗教融入其文化传统之中。按佛教的说法,就是佛法与中土有缘。正是有诸多机缘凑合,使得佛教和佛教文化在中国得到有利的生存和发展条件,从而在长远的历史发展中不断结出丰硕的果实。这也是古代中国人伟大的文化创造力量的体现。

①《印度的发现》第 246 页。

三

佛教于公元纪元前后传入中土，本土宗教道教于东汉末年逐步形成。在当时的中国，大一统的专制国家体制已经牢固地建立，这种体制下的经济和文化亦已经高度发达。传播到中国的佛教在这样的环境下生存和发展，形成了它的一些具体特点。举其荦荦大者，有以下几点十分重要：

第一，在中国生存和发展的佛教不可能建立起超越或脱离世俗统治的宗教神学权威，必然被置于专制统治体制之中。

德国哲学家谢林说过：

> 千百年来中华帝国的不可摇撼，它的本质特征的稳固不变使近代研究中国的一位哲学家（温地士曼——译者注）得出这样的结论：一个从一开始就支配这个帝国并贯穿帝国始终——同时在不断出现内部纷扰和外来影响的情况下仍然使帝国恪守它的原则一定是一个强有力的原则。这一原则是如此的强大，外来的东西只能在自己的教化范围内维持一段时间，很快就被这一原则固有的同化力量所同化并从属于它。①

中国自殷、周时期已经通过民族融合逐步形成统一国家。在春秋战国分裂割据之后，秦王朝建立起中央集权的大帝国。到汉代，这种统一体制进一步得到巩固和发展。在这种体制下，一方面"溥天之下，莫非王土"，敬天法祖的皇权成为统治天下万民的最高

---

① 《中国——神话哲学》，何兆武等主编《中国印象——世界名人论中国文化》上册第 218—219 页，广西师范大学出版社，2001 年。

权威;另一方面,维护政治、思想、学术的统一则已形成为社会共同的理念。在这种统治体制和文化传统中,既不允许任何宗教凌驾于世俗统治权威之上,也不允许它们游离于现实政治体制之外。东晋南北朝是佛、道二教大发展的时期,如钱穆所说:

> 然东晋南北朝政府规模,以及立国之理论,仍沿两汉而来。当时帝王卿相,诚心皈依佛教者,非无其人;要之,僧人与佛经,特为人生一旁趋,始终未能篡夺中国传统政治社会之人生伦理教育而与为代兴……中国佛教虽盛极一时,而犹始终保全其原来超世间的本色者,则因中国政治社会一切世事,虽有汉末以及五胡之一段扰乱,而根本精神,依然存在。①

两汉以来的帝王卿相是否确切理解和真心皈依佛法是可以讨论的问题,但东晋南北朝则确实是中国人对于佛教的信仰心更为普遍也最为诚挚的时期。这又正是外来佛教迅速实现"中国化"的时期。而佛教"中国化"的关键内容之一就是其宗教神权进一步靠拢、依附世俗政权。隋费长房曾说:"佛以正法付嘱国王,是知教兴寄在帝主。"②这是总结佛教在中国几百年间发展得出的结论。而东晋时期的佛门领袖释道安则早已明确意识到"不依国主,则法事难立"③的现实状况。历朝佛门虽然曾不断出现挣脱世俗政权管制或束缚的努力,例如高僧慧远曾宣扬"求宗不顺化",坚持"不敬王者"④,但他本人却也不得不周旋于皇室、权要之间。而且正因为得到了当权者的支持,他才能够"息影庐山",从事规模宏伟的弘法事业。在佛教大发展的南北朝时期,北朝佛教带有更浓厚的国家统

---

① 《国史大纲·引论》第 18 页,商务印书馆,1996 年。
② 《历代三宝记》卷一五,《大正藏》第 49 卷第 120 页上。
③ 《高僧传》卷五《晋长安五级寺释道安传》,汤用彤校注,第 178 页,中华书局,1992 年。
④ 慧远《沙门不敬王者论·求宗不顺化第三》,《弘明集》卷五,《大正藏》第 52 卷第 30 页中、下。

制色彩,南朝佛教则更多得到士族大姓的支持。当时南、北许多高僧、"义学沙门"出入宫禁,结交权要,膺受朝命,俨然是皇权的臣仆、士族的清客。而南、北历代王朝往往自奉为宗教神权在世俗的代表,另一方面又把佛教(还有道教)当做辅助教化、巩固统治的手段。佛教(还有道教)方面则主动地适应世俗统治要求,积极地替它制造宗教幻想,发挥祈福消灾、礼虔报本的宗教功能。而从历代朝廷对待佛、道二教的具体方针和策略看,则始终坚持在集权制度之下,有效地把它们纳入到统治体制之中。体制上的表现(对待道教也大体相同)如南北朝时期各王朝分别建立起僧官制度;隋、唐以降历代更在朝廷里建立起专门机关管理佛教事务:有规模的寺院均由朝廷敕建,并由朝廷敕命在地方州郡建立官寺(包括译场);大型寺院主持者"三纲"(上座、寺主、都维那)由朝廷任命;出家不再是个人行为,要经过官府批准,发给度牒,并严禁"私入道";相应地则由法律规定僧、尼户籍编制和管理办法;对僧、尼触犯刑律的处罚除根据内律又在世俗法律中作出规定,唐朝更制定专门的《道僧格》;甚至纯粹佛教内部事务,如关于佛、道二教地位高下、经典的真伪与是否入藏、宗主的楷定,等等,朝廷也往往直接干预并有决定权。这样,在朝廷对佛教强有力地加以支持和保护的同时,宗教神权完全屈从于皇权之下了。

而另一方面,由于中国专制政治体制具有绝对权威,宗教信仰的社会整合和统一作用从而大为降低了。这也是中国形成多神信仰、多种宗教并存局面的社会的和意识形态方面的重要原因。李亦园根据史恒生(Gay E. Swanson)关于社会群体形态与宗教信仰形式相互关系的理论指出,"一神教的信仰,大都出现于存在有多种不同层次的自主社群单位的社会"[1],所谓"自主社群单位"指的是家庭、氏族、部落、邦国四个层次的群体。中国则自秦、汉以来,

---

[1]李亦园《宗教与神话》第7页,广西师范大学出版社,2004年。

这样的群体逐步泯合了界限，被皇权整合、统一到专制国家政权之下，宗教从而也就不具有绝对集中的社会权威的作用。这就给多神、多宗教存在提供了条件，从而佛教又只能够作为驯顺于国家统治体制之下的一个宗教存在。这一点也是和下面将要谈到的"三教"关系问题相联系的。

在这种状况下，宗教的神圣性必然大为降低，信仰的真挚和热忱也会受到腐蚀。佛教从而在相当程度上丧失了作为宗教本质特征的绝对超然的性质。这就造成鲁迅所说的：

> 然而看看中国的一些人，至少是上等人，他们的对于神，宗教，传统的权威，是"信"和"从"呢，还是"怕"和"利用"？只要看他们的善于变化，毫无特操，是什么也不信从的，但总要摆出和内心两样的架子来。要寻虚无党，在中国实在很不少……①

鲁迅在这里十分尖锐、深刻地揭露了中国文化传统中宗教信仰淡漠和犹疑的特色。形成这种特色，当然有自古以来传统的理性精神和人文主义传统在起作用，另一个十分重要的现实因素就是专制政治具有绝对权威，这种权威不允许树立另外的神学权威。这样在中国历史上，不管佛教曾如何兴盛，具有多么大的实力和影响，但却一直没有成为思想意识领域的绝对权威，更不可能形成"政教合一"的统治体制。藏传佛教在西藏曾建立起"政教合一"的政权，南亚一些国家把南传佛教奉为"国教"，然而处在专制体制之下的汉传佛教则处在屈从于世俗统治的地位。不过值得注意的是，就佛教发挥其对于文化诸领域的影响说，这种状况的作用和意义并不是全然负面的。被编制在国家统治体制中的佛教，必然多方面地密切、强化与现实生活的联系，更多地参与社会事务，从而

---

① 《华盖集续编·马上支日记》，《鲁迅全集》第 3 卷第 328 页，人民文学出版社，1981 年。

消减了宗教所具有的超然、高蹈的性质,在思想文化领域里也就有可能发挥更大的作用。

第二,如前所述,在中国的现实条件下,佛教作为意识形态只是与儒家、道家并立共存的三大思想文化体系之一,作为宗教则是与道教并列的两大主要宗教之一。因而即使是在宗教信仰和宗教思想领域,它同样不可能形成统治权威,另一方面则又必须与另外一家在矛盾、斗争中相交流,相融和。

如上所述,佛教输入时期的中国已经形成卓越、丰厚的文化传统。先秦"百家争鸣"的各家均已取得丰硕的思想、理论成就。后来儒家被确立为社会统治思想体系,有其必然性。除了它能够为专制政治体制提供充分的说明和支持之外,它的体系中又确实蕴含着崇高的人文精神和丰富的政治、伦理内涵,客观上具有重大的价值,从而能够长时期发挥积极的社会作用。而就与宗教相关的层面而言,孔子弟子子贡曾指出"夫子之言性与天道,不可得而闻也"①。儒家经学坚守孔子"不语怪、力、乱、神"的信条。这成为中国历史上抑制宗教发展的巨大力量。佛教输入中土,不可能取代、动摇这一悠久、牢固的传统,而只能适应这一传统来求生存,求发展。这样,佛教在输入新的信仰和教理、教义的同时,也不断积极地借鉴和吸收儒家思想体系的一些重要内容,如强烈的现实精神,执着人生的理念,尊祖孝亲、仁民爱物的伦理等等,把它们纳入到自己的思想体系之中,某些内容更成为其基本构成部分。这也成为佛教"中国化"的重要体现。也只有如此,佛教才有可能在中国生存和发展。

道家当初本是与儒家并立的显学。它的以"道"为核心的思想理论体系乃是"诸子百家"中在哲学层面上对于宇宙本质、构成、变化、本源等论证最为丰富、详悉的;它的"清虚以自守,卑弱以自持"

---

① 《论语注疏》卷五《公冶长》,《十三经注疏》下册第 2474 页。

的处世态度则体现与儒家全然不同的另一种人生观。道家为后来
道教的形成提供了教理根据。而本土宗教道教则"是以成'仙人'
为目的的宗教"①,在全部世界宗教史上也是极富特色的宗教。道
教养炼的目标是长生久视或飞升成仙。而仙人并不是神,乃是超
越了时间(永生)和空间(在宇宙间遨游)的特殊的人。这样,作为
道教教理核心的神仙思想一方面体现强烈的生命意识,另一方面
对于现世利欲表现出极端的热衷与关切。这是一个更能够体现中
华民族现实精神的宗教。教团道教形成于佛教输入之后。由分散
的教派逐步整合,制作经典,建立教团,制定戒律,等等,佛教在这
些方面都提供了借鉴。东汉以降道教与佛教并存,同时发展,同样
得到世俗政权和各阶层民众的支持。这种不同宗教并存的状态,
造成在统一专制政治体制下信仰与思想观念的相对自由与开放,
也必然形成二者之间相互斗争、相互竞争的态势。在中国历史上,
儒、佛、道"三教"间,特别是佛、道间曾持续进行反复、激烈的斗争。
历史上几次"毁佛",道教都不同程度地起了推动作用。但佛、道二
教间相互借鉴和吸纳又成为主要发展趋势。

　　这样,"三教"在矛盾、冲突中相交流与相借鉴,进而在一定程
度上相融合,正是中国文化包容性格的体现。这样的局面也有助
于宗教信仰以至一般思想、学术的自由与开放。东晋时期的信佛
名士孙绰已明确指出:

　　　　周、孔即佛,佛即周、孔,盖外、内名之耳。②

刘宋宗炳更说:

　　　　孔、老、如来,虽三训殊路,而习善共辙也。③

---

① 吉冈义丰《吉岡義豐著作集》第 4 卷第 6 页,五月书店,1989 年。
② 孙绰《喻道论》,《弘明集》卷三,《大正藏》第 52 卷第 17 页上。
③ 宗炳《明佛论》,《弘明集》卷二,《大正藏》第 52 卷第 12 页上。

如此统合地对待儒、释二者或"三教",主张在实践中各适其用,"儒以治外,佛以治内"或"儒以治国,佛以治心,道以治身",成为历代知识阶层相当普遍的信条。同样的精神也体现在民众信仰之中。而在佛教方面,虔诚的佛教信徒沈约的一段评论是具有代表性的:

> 史臣曰:……佛法者,理寂乎万古,迹兆乎中世,渊源浩博,无始无边,宇宙之所不知,数量之所不尽,盛乎哉!真大士之立言也。探机扣寂,有感必应,以大苞小,无细不容。若乃儒家之教,仁义礼乐,仁爱义宜,礼从乐和而已;今则慈悲为本,常乐为宗,施舍惟机,低举成敬。儒家之教,宪章祖述,引古证今,于学易悟;今树以前因,报以后果,业行交酬,连璩相袭。阴阳之教,占气步景,授民以时,知其利害;今则耳眼洞达,心智他通,身为奎井,岂俟甘石。法家之教,出自刑理,禁奸止邪,明用赏罚;今则十恶所坠,五及无间,刀树剑山,焦汤猛火,造受自贻,罔或差贰。墨家之教,遵上俭薄,磨踵灭顶,且犹非吝;今则肤同断瓠,目如井星,授子捐妻,在鹰庇鸽。从横之教,所贵权谋,天口连环,归乎适变;今则一音万解,无待户说,四辩三会,咸得吾师。杂家之教,兼有儒墨;今则五时所宣,于何不尽。农家之教,播植耕耘,善相五事,以艺九谷;今则郁单粳稻,已异阎浮,生天果报,自然饮食。道家之教,执一虚无,得性亡情,凝神勿扰;今则波若无照,万法皆空,岂有道之可名,宁余一之可得。道俗对校,真假将雠,释理奥藏,无往而不有也。能善用之,即真是俗……①

这是从推扬佛法的立场立论的。沈约认为佛法可以包容百家,当然也就消弭了与中土各种思想学说以至宗教的矛盾了。

如果说在晋宋以降的"三教调和"论还主要是强调三者各适其

---

① 《南齐书》卷五四《高逸传》,第 946—947 页。

用,那么到后来,三者间的矛盾渐趋消解,则有更多的人主张儒、
佛、道三教只是行迹有殊而精神和目标基本一致。本来佛、道二教
的基本戒律"五戒"大体一致(一般是指不杀、不盗、不邪淫、不妄
语、不饮酒,道教的说法略有不同,实际是参照佛教制定的),更不
断有人把它们与儒家的五常(仁、义、礼、智、信)等同起来。唐代兴
盛的禅宗是彻底中国化的佛教,其"明心见性"的纲领乃是儒、释、
道相结合的产物。具有象征意义的还有自南北朝兴起的三教讲论
之风,即士大夫、僧侣和道士在朝堂上进行论辩。这种朝廷主持下
的辩论,典型地体现了朝廷统制宗教及其力图统合"三教"的方针。
而如果说这种辩论在早期还在争论佛、道二教的高下、优劣,还有
一定实质内容,那么到唐代,更形成仪式化的"三教论衡",则带有
浓厚的游艺性质了。如贞元十二年的一次:

> 德宗降诞日,内殿三教讲论,以僧鉴虚对韦渠牟,以许孟
> 容对赵需,以僧覃延对道士郄惟素。诸人皆谈毕,鉴虚曰:"诸
> 奏事云:玄元皇帝,天下之圣人;文宣王,古今之圣人;释迦如
> 来,西方之圣人;今皇帝陛下,是南赡部洲之圣人。臣请讲御
> 制《赐新罗铭》。"讲罢,德宗有喜色。[1]

从"三教讲论"发展到仪式化的"三教论衡",充分显示统治者对待
佛、道二教一方面是兼收并蓄,取其所需,另一方面则信仰的真挚
程度大为降低了。正如陈寅恪所说:

> 南北朝时,即有儒释道三教之目,(北周卫元嵩撰齐三教
> 论七卷。见旧唐书四七经籍志下。)至李唐之世,遂成固定之
> 制度。如国家有庆典,则召集三教之学士,讲论于殿廷,是其
> 一例。故自晋至今,言中国之思想,可以儒释道三教代表之。
> 此虽通俗之谈,然稽之旧史之事实,验以今世之人情,则三教

---

① 周勋初《唐语林校证》卷六,下册第 519 页,中华书局,1987 年。

之说,要为不易之论。①

而就这种相当自由开放的讲论在历史上的客观意义讲,一方面对于活跃思想、开展意识领域的论争起了积极的推动作用,另一方面,值得注意的是,尽管"三教交流"、"三教调和"成为中国思想、文化的一大潮流,却又并没有从根本上变更中国固有传统。如柳存仁所指出:

> 道家的活动和儒家的活动一样,它们始终是中国传统文化的两股主流。②

关于儒、道二家在中国历史上哪一家居主导地位,至今仍是学术界争论的问题,但正是它们,而不是佛教在中国思想、文化传统中占据主流地位则是可以肯定的。又关于佛教,张广达作出评价说:

> 印度传来的佛教观念没有触动唐代中国封建社会的层序结构,当时的人们丝毫没有感到有必要用印度传来的价值观念来重新审查中国的社会制度、政治结构、伦理准则。相反,佛教教义中近似于中国思想的东西,因为与中国社会的意识形态有特殊的亲和力而被着意发扬。③

就是说,从主要方面说,佛教不论其影响如何广泛,贡献如何巨大,却没能改变中国思想文化的基本内容和结构,起作用主要体现在补充、丰富这一传统的范围之内。

　　第三,在中国高度发达的文化环境下生存的佛教,发展出高水平的佛教文化。这也是中国佛教的主要价值所在。

　　上面讲到中国宗教依附于世俗政权、它们缺乏独立的发展而

---

① 《冯友兰中国哲学史下册审查报告》,《金明馆丛稿二编》第250－251页。
② 《萨满与南巫》,《道教史探源》第16页,北京大学出版社,2000年。
③ 《唐代的中外文化汇聚和晚清的中西文化冲突》,王元化名誉主编《释中国》第1卷第82页。

趋于与世俗统治意识形态相调和与相交融。这当然是对于宗教纯
洁性和神圣性的某种亵渎。但就发挥其对于思想、文化领域的影
响和作用而言，这种情况却又产生相当积极的作用。金克木曾
指出：

> 一切宗教，不论名义，都以信仰为主，但又都要多少讲一
> 些道理（理论）。佛教徒特别喜欢讲道理，越讲越多，几乎喧宾
> 夺主。宗教经典中讲道理多了，难免会杂进一些非宗教的成
> 分。佛教徒重视讲道理和传经著论，其中的非宗教甚至反宗
> 教（与信仰矛盾）的成分之多恐怕其它宗教都比不上。[①]

这里说的是印度佛教的情况。中国佛教更创造出十分发达的宗教
学术和宗教文化。而中国佛教文化更与世俗文化广泛、深入地交
流：一方面给世俗文化以影响，另一方面不断汲取世俗文化内容来
提高和丰富自身的内涵。在这种互动过程中，中国佛教创造出极
其丰富卓越、灿烂辉煌的文化成果。

如前面所指出，佛教的发展与诸多文化领域直接相关联。例
如佛典里包含众多学术门类（特别是哲学、伦理学、逻辑学、史学、
语言学等）的内容；部分经典具有文学价值，有些本身就是优秀文
学作品；佛教造像、绘画、建筑等都是相关艺术门类的重要构成部
分，等等。而就中国的情况说，佛教僧团乃是古代社会知识水平较
高的社会阶层。晋宋以来混迹于"名士"队伍里的"名僧"，南北朝
宫廷和贵族沙龙里的"义学沙门"，还有历代活跃在各文化领域的
学僧、"艺僧"等，从一定意义上说乃是披着袈裟的知识分子。其中
许多人比起修行实践来，往往不仅专精于学术和文学、艺术，有些
更是世俗学问或文艺的专家。

日本学者塚本善隆说：

---

①《再阅〈楞伽〉》，《梵竺庐集》丙卷《梵佛探》第 428 页，江西教育出版社，1999 年。

南朝文化,如晚唐诗人杜牧(803—852)在《江南春》诗"南朝四百八十寺,多少楼台烟雨中"所怀念的,并非是佛教自身的全盛期;与其说作为宗教的佛教全盛,不如说是佛教文化的全盛。在佛教文化的笼罩下,南朝贵族文化极尽繁荣华丽。这里不说佛教而说'佛教文化',是因为贵族佛教并不是追求觉悟、精进求道的宗教,也不是出自宗教体验、有意献身社会的宗教。极端而言,这只是耽溺于佛教,享受佛教文化。①

从总体发展趋势看,南北朝到隋唐乃是佛教最为兴盛的时期,也是佛教文化发展步入极盛的时期。丰富的文化内涵也成为吸引世俗知识阶层接近、接受佛教,参与佛教活动的重要机缘。宋代以后,佛教自身的思想、学术水平大为降低了,但对文人、对思想学术和文学艺术的影响却并无稍减,历代积累起来的文化成果仍持续发挥着巨大的活力。

这样,中国历史上形成一个重要现象:在儒家经学传统居统治地位的形势下,佛教虽然不可能取得思想意识领域的统治地位,虔诚的信仰者从来又只占人口中的少数,但佛教学术、佛教文学、佛教艺术等却持续地兴旺发达,创造的成果极其丰富、成就极其巨大,在某些时期、某些文化领域甚至领导了一代发展的潮流。而从另一个角度说,把宗教当作学理来探索,当作美感来追求,又正与信仰心的相对淡漠相表里。所以中国佛教文化的灿烂辉煌,归根到底又正是中国文化传统得以发扬的一个结果。

第四,在中国等级专制制度之下,各社会阶层的文化层次大不相同,接受和理解佛教的情形也是如此。这就造成了中国佛教发展面貌的特殊的复杂性,也是形成佛教文化极其丰富多彩的重要

---

①《中國淨土教史研究》,《塚本善隆著作集》第 4 卷第 113 页,大东出版社,1976 年。

因素。清初尤侗向朝廷上奏章说："夫佞佛以祈福，愚夫愚妇之事也；学佛以了生死，士大夫之见也。"[1]纪昀转述五台山明玉和尚针对辟佛的评论也说："盖昌黎所辟，檀施供养之佛也，为愚夫妇言之也；宋儒所辟，明心见性之佛也，为士大夫言之也。"[2]这都指出历史上一般民众和知识精英等不同社会阶层对待、接受佛教的不同情况。

在中外各种中国佛教史论著里，有所谓"宫廷佛教"、"贵族佛教"与"士大夫佛教"，"都市佛教"与"山林佛教"，"民俗佛教"、"庶民佛教"与"通俗佛教"等等不同称谓。这些概念的内涵不一定清晰，所指也多有歧义，但却反映了在中国佛教发展不同时期、不同社会阶层接受上的不同层次和形态上的多样性。这种情形是中国社会结构复杂、发展状态不平衡决定的。结果造成中国佛教在不同时代、不同社会阶层、不同地区中发展的不同形态，从积极方面讲，这一方面使它们得以相互影响和滋养，相互交流与交融，另一方面又能够发挥各自的特长和优势。

在中国大一统的专制政治体制之下，佛教得到世俗统治的支持，必然集中在首都或某些发达的政治、经济中心求发展。这也体现了佛教与世俗政权的密切关联。在东汉佛教初传时期，已经留下桓帝朝廷崇拜佛陀的纪录。三国时期在南方，康僧会等活跃在东吴宫廷。东晋十六国时期，对于推动佛教传播发挥重大作用的佛图澄，也是在邺都（北城，今河北临漳县境）依附石赵政权活动。后来在南、北方形成长安、建康、凉州、庐山四个大的佛教中心，其中三个是分立政权的京城，一个处在长江上的交通要冲。佛教活动往往随着政治形势变化而转移。北魏从代京（今山西大同）迁都到洛阳，佛教中心也随之迁移。高欢建立北齐，建都邺城，洛阳佛

---

①《华阴山志》卷一七。
②《阅微草堂笔记》卷一八《姑妄听之四》。

教立即破败,邺城成为佛教繁荣新的中心。隋、唐时代的都城长安和洛阳也都是佛教最为兴盛的地区。日本学者山崎宏在《中国中世佛教的发展》一书中根据唐、宋两部《高僧传》统计,在隋代立国至唐武德九年(626)的四十六年中,有传记的僧侣共计203人,其中112人即占总数55.2%的人活动在关中地区;贞观元年(627)到乾封二年(667)的四十一年中,则116人中有83人,占49.2%。即是说,当时大约一半左右著名僧人活动在两京。中国佛教宗派三论宗、慈恩宗、华严宗和密宗都以唐两京为主要活动基地。禅宗本来兴起于僻远的湖北和广东、江西,但也是在传入京城后才得到大规模的发展的。五代时南唐的建康、吴越国的杭州、西蜀的成都也都是一时佛教中心。以后各朝情形大体同样。与之相关联,各地方都会(如中唐以后割据藩镇所在地)也成为规模不一的佛教兴盛之地。大都会集中大批僧众,占据着发展上的有利形势,有条件与国内外进行交流,也有条件发展有规模、高水平的文化事业。这种情况是与注重个人修行的印度佛教在面貌与精神上都大相径庭的。

在中国历史上,士大夫是掌握文化的主要社会阶层,也是推动佛教文化发展的主导力量。这一阶层体现社会主流意识形态,基本是依照儒家的理念来求举觅官、安身立命的。众多人士不同程度地被佛教所吸引,或成为佛教信徒,他们一般不会出家为僧,从而形成了具有中国特色的居士群体。中国的居士一般不像印度佛教的优婆塞、优婆夷那样主要是给僧团提供经济支持,单纯作为僧团外护存在。他们信仰的真挚程度和表现不一,活动形态更十分多样,许多人是所谓"阳儒阴释"或"统合儒释"的。就是说,他们中多数人并没有离开儒家的立场,只是在一定环境下、出于一定机缘而倾心佛说。在具体人身上,世俗的欲念和宗教的追求往往畸轻畸重,表现得同样十分复杂。中国的居士阶层具有文化上、社会关系上的强大优势,从而成为建设和发展佛教文化的主要承担者。

又许多上层僧侣本来是士大夫出身,他们与属于同一阶层的居士们只有是否身披袈裟之分。这两部分人更容易结合、交流,共同推进佛教文化的建设。而这样的文化又必然是与世俗文化密切相关联的。宋代以后,僧团整体水平大为衰落,居士阶层更成为延续中国佛教慧命的主要力量。在宋代至今的千余年里,走向衰败的佛教所取得的思想、学术、文艺成果,多是居士们的建树;佛教在文化各领域的活动,也主要是居士们主持或支持的。

　　谢和耐曾把中国的僧侣分为三大类:官僧、私僧和民僧①。唐法琳《辩正论》里记载北魏时期国家大寺 47 座,王公贵室造寺 839 座,百姓造寺 3 万余所;陈代国家建立新寺 17 座,百官造寺 68 座,百姓造寺 1147 所。这反映了支持佛教发展的不同社会层次,更表明了佛教在民众间的雄厚基础。一般说来,文化水平相对低下的普通百姓对于佛教抱有更朴素、更真挚的信仰,而这种信仰又多与艰深繁琐的佛教义理无涉,并且多是与道教和传统民间信仰相互关联,更多体现本土的伦理、教化色彩和实际的功利目的。例如一直兴盛不衰的观音信仰、净土信仰等等都是如此。这样,民众的精神状态与实践活动乃是推动佛教发展的强大动力。民众创造的佛教文化成果往往是浅俗、拙朴的,但它们反映了社会底层的愿望和声音,也为高层次的文化创造提供了基础。只要看看南北朝时期无名作者的造像、壁画、石窟塔寺建筑等,就可以知道民众在艺术方面具有多么巨大的能量,表现出多么卓越的才能。在宋代以后,在佛教整体已经衰败的情况下,民间佛教仍然兴旺不衰,在民众生活和民间文化中起着十分重要的作用。

　　正是由于这社会各阶层的广泛参与和创造,才成就了中国佛

---

① 《中国 5—10 世纪的寺院经济》(Jacques Gernet: *Les aspects économiques du Bouddhisme dans la société chinoise du Ve au Xe siècle*)第 7 页,耿昇译,上海古籍出版社,2004 年。

教丰富多彩的文化宝藏。

以上四个方面,是中国佛教、中国佛教文化的基本特征,也是决定中国佛教文化发展的独特面貌和杰出成就的重要因素。

四

前面已经说到,儒家、道家和道教、佛教乃是历史上支撑中国文化的三大支柱;佛教文化是中国文化鼎足三分中的一个有机构成部分。佛教文化虽然从属于、依附于佛教而形成和发展,但其文化价值和意义远远超越宗教信仰、宗教活动之外。基督教学者秦家懿论及宗教的作用说:

> 古代政治社会的发展,社会、经济因素十分重要;与此同时,宗教信仰也深深影响了古代中国社会与政治的前途,上至君王贵族下至平民百姓,宗教都与他们的命运息息相关。[①]

在古代中国,这种影响整个社会发展的宗教主要是佛教和道教,另有多种民间宗教,后来还有外来的"夷教"。但毫无疑问,佛教是实力最为强大、影响最为深远的。

概括起来,从源头上说,印度佛教给予中国的影响和贡献主要在以下几个方面:

第一,佛教向中国输入一种新的社会组织——僧团。在中国的具体环境下,以寺院为活动基地的僧团又形成具有巨大能量的社会力量和实力强大的经济实体,其作为现实存在对于社会生活、思想观念、伦理道德、文学艺术等多方面的影响更是十分巨大、深

[①] 秦家懿、孔汉思《中国宗教与基督教》第22页。

远的。

当初佛陀创建僧团,在组织上不分种姓,在信仰上不重祭祀,从一定意义说,这是一个相当自由、平等的"智者"团体。这也在相当大的程度上影响、决定着后来得到大发展的僧团的基本性格。许里和曾指出:

> 佛教不是并且也从未自称为一种"理论",一种对世界的阐释;它是一种救世之道,一朵生命之花。它传入中国不仅意味着某种宗教观念的传播,而且是一种新的社会组织形式——修行团体即僧伽(saṅgha)的传入。对于中国人来说,佛教一直是僧人的佛法。因佛寺在中国的存在所引起的作用力与反作用力、知识分子(intelligentsia)和官方的态度、僧职人员的社会背景和地位,以及修行团体与中古中国社会逐步整合(integration),这些十分重要的社会现象在早期中国佛教的形成过程中都起到了决定性的作用。[1]

僧团这一特殊的社会组织传入中国,作为一直绵延存在两千余年的中国佛教的"实体",其社会影响之广远和巨大是不可估量的。

僧团梵名 saṅgha(僧伽),意译为"和合众"、"法众"等,是出家人以个体修道者身份、通过自由集合方式组成的特殊的宗教群体。佛教信徒有所谓"四众",即男女出家人比丘、比丘尼和男女在家人优婆塞(男性居士)、优婆夷(女性居士)。一般说来,出家人组成的僧伽乃是佛教组织的核心。《增一阿含经》里记载佛说:"四大河入海已,无复本名字,但名为海。此亦如是,有四姓。云何为四?刹利、婆罗门、长者、居士种,于如来所剃除须发,著三法衣,出家学道,无复本姓,但言沙门释迦子。"[2]《十诵律》也有规定:"四河入海,

---

①《佛教征服中国》第 2 页,江苏人民出版社,1998 年。
②《增一阿含经》卷二一《苦乐品第二十九》,《大正藏》第 2 卷第 658 页下。

无复河名,四姓出家,同一释种。"①在中土,"初,魏、晋沙门依师为姓,故姓各不同。(释道)安以为大师之本,莫尊释迦,乃以释命氏。后获《增一阿含》,果称四河入海,无复河名,四姓为沙门,皆称释种。既悬与经符,遂为永式"②。这样,就理念说,僧团乃是解脱一切人世束缚的自由人的自愿结合;僧团的构成和运作,也要求彻底贯彻这种精神。所谓"僧伽",本来有"集团"、"集会"的意思,后来转义有经济上的"行会"和政治上的"共和"的意味③。翻译成中文的所谓"和合众",则被赋予戒和同修、见和同解、身和同住、利和同均、口和无诤、意和同悦的"六和敬"的宗教神圣意义,其内涵的个性自由观念和行事原则仍被保持下来。

比较另外一些世界性宗教教团,佛教僧团无论是构成方式还是运作模式,都具有明显特点。一般宗教除了少数专职的职业者之外,普通信徒都是平常人,度过世俗生活。而比丘、比丘尼却要离弃家室,抛弃财产,"遁世以求其志,变俗以达其道"④,度过所谓"清净梵行"即弃绝所有世俗欲望和现世利益的出家生活。而且僧人作为"方外"之人,从理论上讲,对外不受世俗王法的管束;在僧团内部,每个人都只是个体修道者,既不对团体负任何责任,也不担负任何强制性的义务(当然实际情况更为复杂,特别是在中国,如下面将要指出的,僧团与世俗社会有密切联系,僧人受到社会各方面的制约)。僧团的活动只由"律"来规范,其成员是平等的;除了师弟子关系、法腊(出家年岁)长短不同,成员间没有等级高下之分(这也从理论上说,特别是在中国,僧团内部也形成相当森严的等级关系)。这样就如谢和耐所说:"对于个人来说,出家入道是一

---

① 《法华文句记》卷二上,《大正藏》第 34 卷第 177 页中。
② 《高僧传》卷五《晋长安五级寺释道安传》,第 181 页。
③ 参阅中村元《原始仏教 その思想と生活》第 145 页,日本放送出版协会,1985 年。
④ 慧远《沙门不敬王者论》,《弘明集》卷五,《大正藏》第 52 卷第 30 页中。

种思想和物质上的解放。"①早期印度佛教的出家人过着托钵游行生活，有时（比如雨季"安居"）居住在"外护"施舍的精舍（主要是部派佛教僧人）或构建的塔寺（主要是大乘佛教僧人）里，不允许占有资财。当然后来随着社会向前发展，僧团分化，情形逐渐变化。僧团与世俗政权建立起更密切的关系，寺院与僧人开始占有财产，等等。这样，无论是僧团组织形式，还是僧人的生活方式，都是和中国传统上以血缘关系为纽带的宗法制度和等级专制的社会体制不相容的，其所体现的观念也是和中土传统的"三不朽"（立德、立功、立言）、尊祖报本、"学优则仕"等观念与追求截然有异的。从而佛教在向中国输入一种全新的社会组织的同时，更连带输入了全新的社会和人生理念。

　　佛教大体在两汉之际传入中土，中国佛教僧团的形成有个过程。当初信仰佛教的基本是从西域来的外族人，见于记载的有僧人（比丘），也有居士（优婆塞）。经过二三百年逐步渗透的过程，到西晋时期，才有更多的中土人士，包括社会上层人物接受佛教。至东晋十六国时期，出家僧尼人数剧增。在中国，依据社会环境、风俗、气候等具体条件，僧人的生活方式与印度僧侣游行乞食的"头陀行"不同，主要寄居在寺院里。寺院作为佛教活动的基地，随着佛教的发展大量兴建起来。自东晋佛寺建设进入急速繁荣时期。再过一百年左右，北方北魏立国，据《洛阳伽蓝记》记载，前后作为都城的平城（今山西大同）和洛阳都成为规模巨大的佛教中心。在洛阳繁盛年代，当地佛寺达千余所。而在南方诸朝，在世家大族强有力的支持之下，佛教发展同样迅速。所谓"南朝四百八十寺"，即是对梁、陈时期建康附近寺院林立风景的真实写照。这样，在中华大地上，无分南北，大批出家僧众构成的僧团成为社会上特异的、影响巨大的群体，而数量众多、规模不一的寺院作为修道场所、佛

---

① 《中国5—10世纪的寺院经济》第199页。

教活动中心,则成为佛教生存与发展所依托的"实体"。僧团这种社会组织在中国终于移植成功,实在是历史上应当给予充分重视的大事:从此在城乡士农工商"四民"之外,增添了一大批出家的僧尼(还有道教的道士,但道教的出家制度是接受佛教影响形成的,而且人数远较僧尼为少),即韩愈所说的"古之为民者四,今之为民者六;古之教者处其一,今之教者处其三"①。通都大邑、山边水涯建设起寄居众多僧人的大小寺院群落,在中国传统的宗法制度和专制体制之外增添另外一种一定程度上(或起码理论上、名义上)超脱世俗统治和伦理关系的"方外"群体。更何况他们还要进行广泛的弘法传教活动,竭力把他们的人生理念和生活方式推行到全社会。

　　中国历代佛教发展情形并不均衡,僧尼人数也没有很准确的统计,但在总人口中占有相当比例则是历朝普遍现象。文献里有些记载,比如说北魏末年各地僧尼多达二百余万人;北周毁佛(包括道教),还俗僧、道三百余万人,这些数字应当是夸大了的。北魏、北周人口在史料上没有留下确切统计数字。《魏书》记载东魏武定年间(543—550)各州郡人口,合计是七百五十九万余人②。在战乱割据年代,这类统计数字肯定是不完全的。但是通过这些并不确切的数字,却可以推断当时僧尼数量之众多,在总人口中所占比例的巨大。又据笔者统计,佛教发展鼎盛期的唐代,都城长安城内、外有一定规模的佛寺在二百座以上,另外还有无数山寺、"野寺"、佛堂、僧舍、蓝若、经坊等佛教活动场所,它们遍布在坊市和周边山水之间,僧众人数当在三至五万人左右。又如边疆地区的沙州(敦煌),现存资料有《新唐书·地理志》记载的开元年间户口数,是四千二百余户,一万六千余口,而据敦煌当地寺院文书,九世纪

①《原道》,《韩昌黎集》卷一一。
②参阅梁方仲编著《中国历代户口、田地、田赋统计》第57页,上海人民出版社,1980年。

中期吐蕃统治时期有寺院十七所,僧尼千余人。历史上佛教势力膨胀情形还可以从现存寺院遗迹的规模推测出来。饮誉世界的文化遗产云冈、龙门、敦煌等大型石窟群,从今天遗存的宏伟群落可以推断当年声势之盛大、香火之兴旺。又例如唐代兴建、直到今天仍兴盛不衰的长安慈恩寺,当初建寺时有十余院,房舍总一千八百九十七间,占地居晋昌坊之半,大约是四分之一平方公里①。规模不差上下的寺院,在长安不只一处。自东晋步入兴盛期的中国佛教,到两宋之际逐渐衰微,极其兴盛的时期持续八九百年之久。迁延至清中叶,僧团窳败严重,寺院大量废毁,其后变故非一,振兴更是不易,如今已经难以想象当年曾经有过的兴旺景象了。但佛教在中国历史上绵延发展的两千余年间,曾经有过那样巨大的规模、那样兴旺的局面,可以设想,僧团的活动对于历朝政治、经济、文化等领域造成的影响、起过的作用是相当重大的。

橘生于江北则为枳。僧团这种外来社会组织移植到中国又必然形成自身的特点。这也是所谓佛教"中国化"集中而具体的体现。

在社会结构层面,本来出家为僧者应当是出于自愿的个体信仰者。但是在中国,僧团往往成为无以为生的民众、失意的文人官僚、改朝换代的遗民以至逃避罪罚的刑徒等等诸色人等的逋逃薮。这也成为历史上某些时期僧众人数过分膨胀的原因。这样,中国僧团的构成成分十分复杂,内部观念与活动因而也十分庞杂。又僧人作为"方外"、"化外"之人,本应当"不事王侯,高尚其事",独立于世俗统治体制之外,不受世俗礼法的约束,也不参与世俗事务。但是在中国专制政治制度下,历代王朝统制之下僧团和寺院在组织和运作上不可能摆脱世俗政权的种种管制和限制,政府对于僧团企图超越或逸脱其统制的努力更要坚定、持续地加以禁限和压

①《唐长安佛寺考》,《唐研究》第2卷第1—49页,北京大学出版社,1996年。

抑。激烈的办法,就是"三武一宗"那样酷烈的毁佛行动。而僧团
为了争取生存和发展,则主动地向世俗政权靠拢,为世俗统治服
务。结果历史上许多佛教上层僧侣出入宫禁,结交官府,参与政
事;有些高僧大德更膺受朝命,封官加爵,或供奉内廷,沦为臣仆。
历朝僧人参与朝廷政争、图私谋利、奸狡欺诈者更所在多有。如此
等等,都显示中国僧团构成和活动缺乏作为宗教团体必要的独立
性和纯正性。这也使得它在古代政治、社会生活中的作用更为多
样和复杂。

在社会经济层面,以寺院为活动基地的中国僧团积累财富,逐
渐发展起强大的寺院经济。这一现象对于社会经济生活所造成的
影响是相当重大的。在以农业为经济主体的条件下,寺院通过赐
予、兼并、拓垦等形式大量占有土地,主持大型寺院的部分僧人成
为土地领主或庄园主,形成僧侣地主阶层。寺院经济对于中国历
代经济活动造成巨大影响,在某些时期甚至构成影响整个社会经
济的重大因素。又谢和耐曾指出:

> 佛教僧众传入中国的是一种近代资本主义的形式:通过
> 积累供物和商品收入而组成的供品资产形成了一种公共财
> 富,对它的共同管理要比单独经营的收效大得多,但最重要的
> 是这种形式是上述观念的宗教起源……某一位信徒的布施可
> 多可少,但供物积累起来就形成了一种整体财产,其获得利润
> 的能力与个人的供物的能力,是没有任何共同之处的。[①]

这里所说佛教经济是所谓"近代资本主义的形式"或可商榷,但寺
院积累起能够经营有规模的"公共财富",对于以个体小农经济为
基础的中国古代社会确实是一种全新的经济成分。另一方面还是
如谢和耐指出的:

---

① 《中国5—10世纪的寺院经济》第232页。

养活一个庞大的僧侣阶层和建筑常常是非常豪华的寺院，所有这一切的开销都要从国家所拥有的财富中大量攫取……佛教教团及其信徒们的需要，也促进了某些商业的发展，尤其是那些与建筑有关的商业、建筑用的木材和染料等产品的交易；同时还引起了另外一些行业的发展或出现：承包工程的企业家、木匠、雕塑家、画家、金银匠、抄经师，他们都是佛教运动的直接受益者；但就在同时，农业又受到了佛教大型工程征用物力、人力和雇佣农民之苦。我们还可以更深入一步地进行探讨：就最常见的情况而言，佛教在中国获得的成功表现在消费和分配的发展方面，或者是按照某些近代经济学家们的说法是促进了"第三部门"的发展，而使生产部门和"初级部门"却遭受了损失。僧侣本身的出现就是奢侈浪费。中国经济的这一变化是非常明显的……①

这样，寺院建设，特别是大型寺院建筑，在古代乃是巨大的公共工程，对于手工业、商业的发展，对于促进商品交换的繁荣，所起的作用也是相当巨大的。不过寺院经济本来具有的商品经济因素，受到外部（比如朝廷限制）和内部（主要是内律限制）的压抑，不可能得到更充分的发展。这也是中国商品经济难以兴盛繁荣的具体体现之一。

在一般的思想观念、人生态度、生活方式等层面，僧团又给社会提供了不同于世俗的一种"典范"。在这些方面，僧团的组织和规范显然是与中土传统相对立的。佛经上记载佛陀十大弟子之一、"持律第一"的阿那律告诉诸比丘，述说出家利益：

诸贤，我本未出家学道时，厌生老病死，啼哭懊恼，悲泣忧戚，欲断此大苦聚。诸贤，我厌已而作是观：居家至狭，尘劳之

①《中国5—10世纪的寺院经济》第20—21页。

处；出家学道，发露旷大。我今在家为锁所锁，不得尽形寿修
诸梵行。我宁可舍少财物及多财物，舍少亲族及多亲族，剃除
须发，著袈裟衣，至信舍家，无家学道。诸贤，我于后时舍少财
物及多财物，舍少亲族及多亲族，剃除须发，著袈裟衣，至信舍
家，无家学道。诸贤，我出家学道，舍族姓已，受比丘学，修行
禁戒，守护从解脱，又复善摄威仪礼节，见纤介罪常怀畏怖，受
持学戒。①

这样的观念对于信守儒家"修、齐、治、平"理想的中土士大夫，可以
说是离经叛道的。而佛教正要求僧人实践这样一种"异端"的人生
方式：要他们割断情缘，出家修道，进而努力引导普通人遵行这种
特殊的人生模式。而扩展开来看，僧团作为社会构成部分，更把自
己的组织和运作方式当作某种理想的社会模式。这正如另一位英
国佛学家渥德尔所说：

> 佛陀等沙门师希望以社会之外的有利地位对社会之内施
> 加影响……他们除了个人心的和平的目的之外，或者更可能
> 还有与此基本相关的全人类社会幸福的目的，和一切生灵的
> 幸福的更高目标。认为一切有情都像自己一样的众生平等的
> 道德标准，既可施之于在家人，也一样可以用于僧人……很清
> 楚，佛陀的意向是向社会普遍宣传那种理想，作为对时代罪恶
> 的解决方案，而不限制在僧团之内。②

当然从实际情形看，僧团的人生方式和伦理规范即使在僧团内部
也难以原原本本地贯彻、实施。在经典里著明的行事律仪和法师
们道貌岸然的说教背后，僧团中卑劣、污浊的人或事历代多有。这
往往也成为僧团受到反佛方面攻讦诟病的口实。不过僧团所代表

①《中阿含经》卷一九《长寿王品迦缔那经第九》，《大正藏》第 1 卷第 552 页中。
②《印度佛教史》(A. K. Warder：*Indian Buddhism*，Motilal Banarsidass，Sec-
ond Revised Edition，Delhi，1980) 第 145 页，王世安译，商务印书馆，2000 年。

的理念、理想对于民众,特别是对困于名缰利锁的某些官僚士大夫确实是有吸引力的。何况又确实有不少高僧大德和无数精勤修道的僧众可做典范。这也是佛教教化力量的重要来源。

　　从上述种种方面看,佛教把僧团这种社会组织形式输入中国,意义和作用是十分重大的。佛教僧团被评价为令人惊异的"世界上的伟大力量之一"[1],具体到中国也是如此。

　　应当在这里附带说明,居士作为在家信徒,包括在"四众"之中,本来是僧团的外护。中国历史上居士结成各种类型的群体,从六朝民众的社邑到明清士绅的结社,活动内容和作用各种各样。加拿大学者卜正民讨论晚明佛教曾指出:

　　　　寺院是精英能够聚会并讨论公共关心的问题、远离地方官公共权威的唯一地点。某种程度上,寺院默认了它扮演的这种角色,因为没有其它的不在国家权限的控制之内的遍在的公共机构。然而,包含在佛教自我修养概念中的清净和隐退(出世)的理念也传达给寺院一套文化的意义,有利于这种特别的机构成为悄悄地讨论公共权威的地方。[2]

寺院正为居士群体提供了这样的活动场地,僧团则给他们提供指导和支撑。而居士团体作为专制政治体制下具有某种独立意义的文化乃至政治团体,在中国历史上发挥特殊的社会作用,也是值得重视的。

　　第二,佛教向中国输入一种新的信仰。这种信仰有系统的教理来支持,又以实现崇高的宗教理想为目标,正是中土文化环境所

①《印度教与佛教史纲》第 1 卷第 344 页。
②《为权力祈祷——佛教与晚明中国士绅社会的形成》(Timothy Brook:
　　Praying for Power:*Buddhism and the Formation of Gentry Society in
　　Late-Ming China*,Council on East Asian Studies of Harvard University and
　　the Harvard-Yenching Institute,1993)第 122 页,张华译,江苏人民出版社,
　　2005 年。

需要的。而民众信仰心的树立则造成其心理的重大变化,给予民族精神生活以重大影响。

如前所述,在佛教输入以前,中国没有定型的所谓"历史宗教"、"教团宗教"。就是说,虽然有各种各样的宗教信仰,也有原始形态的宗教活动,但却是"正规"宗教的空白区域。法国启蒙主义思想家孟德斯鸠相当透彻地了解中国文化的这一特征,他说:

> 他们把宗教、法律、风俗、礼仪都混在一起。所有这些东西都是道德。所有这些东西都是品德。这四者的箴规,就是所谓礼教。中国统治者就是因为严格遵守这种礼教而获得了成功。①

中国先秦以来传统的人本思想与理性精神有效地遏制了具有先验、绝对性质,表现形态狂热的信仰心的确立和发展。而宗教的核心正是信仰,宗教信仰又是民众生活所必需的,关乎其整个精神生活和生存状态。曾经担任过印度总统的哲学家、思想家拉达克里希南(S. Radhakrishnan)论及人本主义的不足,曾说过:

> 没有顾及人的信仰需要,没有顾及人类解决其本原与命运这一永恒问题之需要的任何体系,对于建立一个耐久的社会秩序而言,过去永远是、将来也永远是毫无力量的。②

在中国,儒家思想体系基本是建立在朴素"天命"观基础之上的政治、伦理学说,虽然具有宗教性质,但不是宗教;道教由东汉末年蜂起的民间教派整合形成,其发展已是在佛教输入之后,教理、教义、戒律、仪轨等等多借鉴自佛教。这样,不论对于宗教存在的必要性

---

① 《论法的精神·中国政体的特制》,何兆武等主编《中国印象——世界名人论中国文化》上册第 42 页。
② 《印度与中国》,何兆武等主编《中国印象——世界名人论中国文化》下册第 389 页。

作出怎样的判断和评价,都得承认,佛教输入中国,填补了中国缺少全民性的教团宗教的空白,确实是意义十分重大、关乎民族命运的大事。佛教作为中国历史上第一个"正规"宗教,其信仰渗透到中国人的宇宙观、人生观之中,提供了独特的是非观念、道德标准和审美理想等等,这些长时期地教化、习染民众,在相当程度上改变了中国人的精神面貌,对于文化各个层面的发展起了巨大作用,从而对于确立和发展中华民族的精神面貌和意识形态造成重大影响。而由于佛教信仰所具有的一些突出特点,更易于在民众中发挥这种影响。

佛陀被称为"导师"、"医王"。佛教热诚地担负起引导人求得解脱、救治人的愚痴烦恼的任务。特别是发展到大乘佛教阶段,随着新的佛陀观、佛土观的形成,发展出更加吸引人心的"自利利他"的菩萨信仰,比起提倡艰难修持、自我解脱的小乘理想来,它的重大特点之一是突出现世救济的直截和简易,从而也更有吸引力。例如后来在中国传播极广的对于阿弥陀佛及其西方净土的信仰,在《阿弥陀经》里,佛说:

> 舍利弗,不可以少善根福德因缘得生彼国。舍利弗,若有善男子、善女人,闻说阿弥陀佛,执持名号,若一日,若二日,若三日,若四日,若五日,若六日,若七日,一心不乱,其人临命终时,阿弥陀佛与诸圣众现在其前,是人终时心不颠倒,即得往生阿弥陀佛极乐国土。[1]

这里是向人们指出,只要怀抱信心,无需任何其他努力,更无关任何有为功德,只要简单地"执持名号"即称名念佛,临终时就可以往生到无限光明、安乐的净土。当然这只是净土经典里的一种说法,表现的是突显信仰效应的极端形态。另外还有许多经典是强调艰

---

[1]《佛说阿弥陀经》,《大正藏》第12卷第347页中。

难长久的修持的。但这种净土信仰却十分典型地表明了佛教的救济意义。在中土传统观念中,无论是"天命"观还是"自然"观,都具有明显的"命定论"内涵而缺乏个体救济意识。又中土思维本来就有尚简易的特征,这种直截、简易的救济信仰也就更易于被接受。

佛教信仰的另一个重要特点是突出肯定"自力"观念,即肯定个人求得救济的主观能动性,把成就佛果的根据主要归结到人自身的努力,并把佛陀救世济人的愿力当作助力和保障。这就是所谓"自力本愿"观念。佛教主张人的现世状态是前世因缘决定的,这当然有宿命论的内涵,但又主张来世命运如何却完全依靠自己:看你是否当下皈依三宝(佛、法、僧),发菩提心(无上正等正觉,阿耨多罗三藐三菩提),认真地"诸恶莫做,诸善奉行",等等。因而归根结底,未来的命运不是上天决定的,也不是自然命定的,而是循着业报的规律,由历劫轮回中的自身业行决定的。当然善行的积累和受报要有个过程,关于这个过程的长短有不同看法,但这报应的实现乃是不变的规律。而特别值得注意的是,这修行与得果又都是不问品级高下、贫富贵贱的。佛经(《阿阇世王授决经》、《贤愚经·贫女难陀品》等)里有个贫女一灯的故事,说阿阇世王请佛,燃灯供养,具百斛麻油膏大量燃灯,自王宫门口一直陈列到佛陀所在的祇洹精舍;而有一贫女乞得二钱,点燃一灯,其炽盛却超过国王的千百灯。像这样的故事,必然会给贫苦无告的百姓以无限鼓舞,启发和坚定无数人的皈依心和信仰心。

佛教信仰的内容又十分丰富,具有适应不同人群要求的内涵。这是它的第三个重要特点。印度佛教发展不同阶段的信仰内容不同。在中国长期弘传过程中,适应本土环境和需求,融入诸多本土内容而更加丰富、充实了。这种信仰包含从更具理性色彩的到十分浅俗的不同层面。当然这些层面不可能截然分开,往往是相互交融的。例如相信"四谛"、"十二缘生"、佛性本具、阐提成佛等等,这样的信仰更具理性色彩,有相当复杂的教理做辩护,属于前一层面;而相信有佛、菩萨(在中土的发展中更特别相信他们的救济功能,观世音信仰就是典型例子),相信现实世界之外另有佛国净土("净土"这个概念是中土的创造,下面还将说明),相信通过修行可以往生(在中土民众中净土信仰特别受到欢迎,并把它落实为无限美好安乐的有形有相的"佛土"),相信六道轮回、因果报应是不变的"规律"(中土民众特别相信来世果报,僧侣实行教化则惧之以地狱之苦,诱之以天堂之乐)等等,则更富感性内容,属于后一层面。这种丰富、复杂的信仰内容,适应社会不同层面的心理需求,更有助于佛教的弘扬。

　　佛教信仰在发展中更能够不断地吸收外来的(外国的和本土的)新鲜内容,具有开放、柔韧的性格。这也是它的一个重要特征。例如有的学者指出,在中国民众中影响极其巨大、深远的净土信仰、观世音信仰本来源于西亚宗教,在中国的发展中又融入了神仙方术内容。更有大量道教和本土民间信仰的内容不断被中国佛教吸收。特别重要的是,佛教对于世俗思想、学说往往也采取宽容、调和姿态。例如在中国佛教里,除了要求信徒奉行佛法,更提倡遵行世俗诸善,世俗道德的忠孝仁爱等等都被当作积累善行的内容。在中国佛教里作为信徒"四众"组成部分的居士阶层则是相对开放的人群:一个普通人只要"三皈依"(皈依佛,皈依法,皈依僧)就算是信徒,并不要求他承担、履行其他责任和义务,而且肯定他们受报得果并不比严守戒律的僧侣为差。佛教居士可以赞同、宣扬儒家学说,也可以相信神仙方术。如此在信仰上形成一种相对模糊状态,在很大程度上保证了观念和行为的开放与自由。例如历史上有许多文人"外为君子儒,内修菩萨行",统合儒、释,三教并用,实际在客观上大有助于扩展佛教的势力和影响。这一点对于佛教在中国的传播和发展,对于发挥其在文化诸领域的影响是起了推动作用的。

　　宗教信仰是先验的,绝对的。佛教信仰如一切宗教信仰一样,具有非理性的、蒙昧的特征。这本是与中国自古以来传统的理性精神相抵触的。这确实也是佛教在中土传播受到一定限制的重要原因。但佛教信仰也给中国人灌输了敬畏心(比如畏惧轮回报应之苦)、忏悔心(忏悔被当作解脱罪责的重要手段)、感恩心(比如感激佛陀的慈悲加护)、慈悲心(拔众生苦、与众生乐是菩萨的根本精神)等等。这些都从一定意义上提升了人们的精神品质,丰富了人们的精神境界。

宗教信仰归根结底是虚幻不实的,但其中所包含的理念、向往、祈愿、祝祷却是真实的。人们把幻想比拟作不结果实的花朵;但人们欣赏花朵,往往并不在意它们是否能够结出果实。而且,在佛教宣扬的对于个人救济的信仰的背后,往往体现了广大民众解脱苦难的渴望,反映了他们对于自身能力和前途的信心;而坚定的、热烈的信仰心又会转化为改造现实的力量。特别值得注意的是,已经树立起来的信仰心乃是一种自主的、自愿的心态,不是来自外在强力的灌输,更不是强制性的"教化"。正因此,中国历朝统治者又往往有意识地利用民众的宗教信仰,达到辅助教化的目的。

第三,佛教的教理、教义包含复杂而细致的学理论证,其核心部分是宗教(佛教)哲学。印度佛教又重视吸纳内容广泛的"外学",包含众多学术领域的卓越成果。这些成果都给中国学术补充了丰富的内容。而在中国高度发达的文化土壤上,佛教这种注重哲理、注重学术的传统进一步得到发挥,又不断创造出佛教学术的丰硕的新成果,促进了众多学术领域的发展。

日本学者中村元指出:

> 事实上,印度的宗教是以哲学的沉思为基础的。而它的哲学与宗教是难以区分的……印度民族在传统上是一个宗教民族,同时也是一个哲学民族。[①]

---

① 《东方民族的思维方法》第41页,林太、马小鹤译,浙江人民出版社,1989年。

发达的佛教哲学本来是为论证信仰服务的，但其中包含丰富的、具有客观真理价值的内容。佛陀"唯以一大事因缘故，出现于世"[1]。按教义说，这"一大事"就是"生死大事"。这乃是宇宙观、人生观的根本问题，也包括所谓"终极关怀"的诸多课题。印度早期佛教证成"人我空"，认为人身本由"五蕴"（色、受、想、行、识）和合而成，是处在生、老、病、死轮回流转中的"大苦聚"；解脱这生、老、病、死的轮回流转之苦，就要觉悟宇宙的"真实"，也就是"悟道"，从而要求断绝对于我、法的贪、嗔、痴的执着，达到彻底解脱的"涅槃"圣境。这就是"知苦、断集、证灭、修道"的"四圣谛"。这已经包含对于宇宙和人生的辩证认识。发展到大乘佛教，进一步证成"法我空"，即认为一切现象界的存在都是因缘生、无自性的"变异法"。这种教理不论是思想内容还是思维方法，都具有重大价值。中国传统思想重在对于社会、政治、伦理的阐发，涉及宇宙观方面的认识则相对单纯，对于人的心性的探讨更不充分，逻辑上则不尚细致繁复的思辨而求简洁。佛教传入，随着大量经典的传译，复杂、精致的佛教义理逐渐在士大夫间传播开来。东晋以后，佛典已成为文人教养的必读书。重要大乘经论如《般若经》、《法华经》、《维摩经》、《涅槃经》和《大智度论》、《中论》以及中国佛家著作《肇论》等，都是具有丰富思想理论内涵的著作。人们抱着极大兴趣研读这些著作，接触到许多宇宙观、人生观、心性理论、思维方法等学理领域的新课题和新看法，既得到了知识，更开阔了视野，从而开拓出思想理论的新境界。南北朝以来中国哲学理论和思维方式的进步，得益于佛教思想不少。一方面借助于外来的佛教教理、教义，包含古印度、中亚诸民族的丰富的哲学成果；另一方面中土发达的六朝义学（六朝时期各学派的佛学）和宗派佛学（隋唐以后各宗派的佛学）更在理论上进行了多方面、有价值的发挥。那些佛教学术的代表人

---

[1]《妙法莲华经》卷一《方便品》，《大正藏》第9卷第7页上。

物,无论是外国的论师如龙树、无著、世亲等,还是中国的学僧如僧肇、智顗、法藏、慧能、神会、宗密等,都堪称成就卓越的思想家、哲学家,有些更是站在时代思想前列的人物,对中国哲学的发展发挥了重大影响,作出了巨大贡献。众所周知,早期般若学的输入曾给陷入困境的玄学思辨开拓出新的天地,僧肇、竺道生等一批卓越的佛教思想家摆脱玄学思辨的羁绊,提出并论证了哲学史、思想史上的许多重要命题,对于推动一代哲学思想发展作出了巨大成绩。隋唐时期的宗派佛教更发展了中国自身的佛学理论,其中天台、华严和禅宗的宗义对于思想史贡献尤多。值得大书特书的是,宋代理学的形成推动儒学发展到一个新阶段,造成此后思想史、学术史、文化史的根本转变,而如从思想理论渊源说,理学正汲取了佛教思想,主要是宗派佛教华严宗和禅宗的宗义,是"三教交融"特别是儒、释交流的成果。

以佛教作为载体的"外学",如印度的伦理学、文学、艺术、语言学以及天文学、数学、医药学等领域的成就,随着佛教输入中国而被积极地汲取,促进了相关学术和文艺领域的发展。一方面建设和发展起来中国的佛教学术,如佛教伦理学、佛教语言学、佛教史地之学、佛教文学、佛教艺术等等,这些领域的成果成为整个中国文化遗产中重要构成部分;另一方面,无论是输入的"外学"还是本土佛教的学术建树,又给世俗学术提供了宝贵借鉴,成为后者发展的有益资源。

例如语言学。通过翻译佛典,中土人士大量接触到外语知识。先秦时期中土与周边民族的接触和交流必然也曾通过翻译,也接触到各民族语言。但有关具体情况,特别是当时外语对汉语影响的状况如今所知极少。而延续千余年的佛典传译(这是指从东汉到北宋结束官办翻经院的年代,此后还续有零星译业;至于佛典的西夏文、藏文、蒙文、满文等各种少数民族语言的翻译,则属于另外的领域)是人类历史上空前规模的翻译事业,是中、外文化交流史上的壮举。中国人在翻译过程中接触、学习、研究了梵文、巴利文和各种西域"胡语"(许多佛典是从"胡语"翻译过来的;佛典有些原本是梵文或巴利文,有些本来就形成于中亚地区,是用"胡语"写作的),极大地推动了中国语言学的建设和发展。例如由于掌握了外语拼音知识,直接启发了反切的发明,进而促进了对于汉语声韵的研究。南朝那些精于佛教"声明"的"善声沙门"可以看作是音韵专家;中国文人如沈约、周颙等人正是从他们那里学习到有关知识,从而总结出诗歌韵律中的"四声"、"八病"规律,这是形成格律精严的近体诗的关键一步;继而又推动了等韵学的形成。这样在整个汉语音韵学的发展中,佛教就起了决定性的作用。又如通过佛典翻译极大地丰富了汉语词汇,促使汉语语法结构发生变化,从而促进了汉语词汇学、语法学的研究;至于佛典注疏、佛教音义著作、外语辞典编撰等等,都造成佛教对中国语言学发展重大、多方面的影响。

　　某些学术领域并不直接接受佛教的成果,但与佛教关联十分密切。例如史学。印度没有编年史传统,史学并不发达。但是佛教传入中国,有其传播、成长的历史,有译经的历史,有僧团形成、发展的历史,有与本土思想、学术交锋和交流的历史,还有僧、俗信徒及其活动的历史,等等。中国传统上历来重视史学建设,在本土发达的史学传统基础上,形成成果丰硕的佛教史学。佛教史学乃是中国学术史上的重大业绩,在整个学术发展中占有极其重要的地位。大量的僧史、僧传、灯录等等本身是史学著作;众多的护法著述、经录、僧人求法行记以及各种佛教类书等等也保存了大量宝贵的历史材料。中国佛教更形成自身的修史制度、著述体例等等,同样是中国史学建设的重要成果。举一个方面的例子:佛教的求法行记如法显的《佛国记》,玄奘所述《大唐西域记》,义净的《南海寄归内法传》、《大唐西域求法高僧传》等,不仅是研究佛教史,也是研究中古时期中亚、南海史地和中、外文化交流史的极其宝贵的资料。特别由于有关资料短缺,这些著作更具有无可替代的价值。

　　其他如伦理学、心理学、逻辑学(因明)、教育学、美学、中外文化交流史以及众多的自然科学(例如天文、历算、医药学)门类等等,外来佛教都输入了宝贵资源,对于中国相关学术门类多所建树,作出了贡献。

从一定意义说,佛教向中国输入一种新的知识系统,大为开拓了中国人对于宇宙、人生的认识,丰富了思想、学术各个领域的知识。当然,有些内容是虚假的、荒谬的,但这并无碍于其总体上对于中国文化发展所起到的巨大、积极的作用。

第四,佛教教化以提升人的精神品质为主旨,目的在塑造理想的人格(当然是按宗教的标准)。印度古代思想传统中本来富于伦理内容,佛教教理、教义更在伦理方面进行了多方面发挥,其关于人的主、客观相统一的意识、对于一切"有情"的关爱、对于普遍法则的尊重等等,在伦理思想与原则的发展上都具有重大价值。本来中国在历史传统上同样注重伦理,早已形成丰富、优异的伦理思想体系。包含大量具有普世价值成分的佛教伦理输入中国,补充到中国固有传统之中,必然会发挥重大影响,结成新的成果。

僧团作为出家的比丘、比丘尼自愿集合的团体,严格伦理规范乃是其运作的必要条件。参加僧团的每一位僧人都必须通过自我修行来提高自身精神境界,追求修道目标的实现,从而也就保证了僧团整体的伦理水平。德国著名的社会学家韦伯(Max Weber)说过:

> 要判断一个宗教所体现的理性化阶段时,可以运用两个在很多方面互相联系的尺度。其一是,这个宗教摆脱巫术的程度;其二是,这个宗教将上帝和世界之间的关系、以及由此而来的这个宗教自身与世界的伦理关系,有系统地统一起来的程度。[1]

---

[1]《儒教与道教》(*Konfuzianismus und Taoismus Gesammelte Aufsätze zur Religionssoziologie*,Tübingen:Mohr〔Paul Siebeck〕,1978)第8章《结论:儒教与道教》,第256页,洪天富译,江苏人民出版社,1995年。

用上述两个尺度来衡量,佛教都是相当卓越的。另一位近代德国
神学家、思想家施韦策(Albert Schweitzer)论及中国人为什么会接
受佛教时则指出:

> 首先,这当然是大乘佛教(Mahāyāna)的热情伦理赢得了
> 中国人的同情……佛教那种慈悲伦理的崇高与内在性使他们
> 陶醉了。[①]

这种判断也是符合历史实际的。佛教特别注重人生伦理,把伦理
修养当作每个人终其一生的大事,十分突出自我教育的作用,是与
中国儒家注重个人道德修养的传统相一致的。佛教又强调伦理对
于构筑健全的社会的重大意义,注重伦理对于整合社会的作用,也
和中土传统相符合。佛教伦理又具有独特形态,即把伦理要求规
定为宗教戒律。阐释戒律的律藏乃是作为圣典"三藏"鼎足三分的
构成部分之一,极其明确、详细地列举出必须遵守的行为条目,又
规定了违反戒律的处置办法和解脱罪责的方法,并强调僧团作为
团体对于成员的约束和教育作用。特别是佛教伦理具有浓厚的实
践品格,要求僧团的每个成员在人生践履中成为遵守伦理规则的
典范,并试图给整个社会树立起一种伦理理想和楷模。这样,佛教
伦理就不但丰富了中国的伦理思想和学理,更在社会实践层面发
挥巨大作用。佛教伦理与中土传统伦理在内容上和形式上相互补
充,也成为佛教在中土受到欢迎并得以扎根的重要原因。

　　佛教伦理的一些基本原则具有重大的普世价值和积极的社会
意义,是它在中国受到欢迎的又一个重要原因。

　　佛教是在与婆罗门教对抗、斗争中形成和发展起来的。婆罗
门教实行种姓制度,把人划分为四个等级:婆罗门、刹帝利、吠舍、
首陀罗。作为宗教祭司的婆罗门宣称自己是四种姓中的最高一

---

① 《印度思想及其发展》,何兆武等主编《中国印象——世界名人论中国文化》
　上册第259页。

级,从梵天口中诞生,因此有世袭天赋特权,担负着指导、教育、管理社会的任务。这是一种为黑暗、落后的等级压迫制度作辩护的教义。佛教当然不可能从根本上否定、取消等级压迫和剥削,但它根据"人我空"教理推导出人的本性平等观念,主张用纯粹的道德标准来代替婆罗门的世袭特权,"确认在自然律面前一切众生平等,确认他们在他所发现的宇宙缘起条件范围之内具有享受他们命运的平等自由权利"①,则确实是人类历史上有关人性平等思想的重大创获。大乘"空观"的异名之一就是"平等观";大乘佛教明确主张"自证无上道,大乘平等法"②。人格平等观念正是这一"是法平等"思想的必然延伸。基于这一观念进而肯定众生在业报轮回的规律面前平等,接受济度的机会和可能平等,证得正等正觉的能力无高下贵贱之别的平等,等等。这种十分彻底的平等观念,传入中土即成为思想与实践中人性"平等"观念的宝贵资源。《佛说阿弥陀佛讲经文》里有一段话表明古代民众对于"佛国"的理解:

> 无有刀兵,无有奴婢,无有欺屈,无有饥馑,无有王官。即是无量寿佛是国王,观音势至为宰相,药上药王作梅录,化生童子是百姓。不是纳谷纳麦,纳酒纳布,唯是朝献香花,暮陈梵赞,更无别役。以此而言,无有十悲八苦,无有一切不可意事……③

如此设想的没有阶级剥削、压迫的社会形态,根据中国固有观念是不可能想象的。佛教的平等观所体现的对一切"有情"的关怀和尊重,乃是人类伦理史上的十分富于人情味、具有实践价值的观念。在中国历史上,佛教的"是法平等,无有高下"在许多时候更曾成为动员民众反抗阶级压迫的口号。

---

①渥德尔《印度佛教史》第 150 页。
②《妙法莲华经》卷一《方便品》,《大正藏》第 9 卷第 8 页上。
③王重民等编《敦煌变文集》下册第 475 页,人民文学出版社,1957 年。

　　佛教指示的修道目标要人"出世"，但在伦理实践层面却具有积极入世的内容。特别是发展到大乘佛教阶段，这种精神被发挥得淋漓尽致。尼赫鲁十分赞赏佛陀的人格，他说：

　　　　佛教是不是消极和悲观的呢？……我一想到佛，我不会兴起这样的感觉，我也不能想象一个主要得益消极和悲观主义为基础的宗教能够如此强有力地掌握住不可胜数的人，况且其中还有最有天赋才能的人……在他的寂静不动的容貌的后面，有一种热爱和情感，比我们所知道的种种热爱和情感更不可思议而更有力量。他的眼睛低垂着，但是有一种精神的威力由眼中显露出来，生气勃勃的精力充满他的全身……一个国家和种族如果能够产生这样一个极伟大的典范，一定具备着深深蕴藏的智慧和内在的力量。[1]

这里反映的当然是尼赫鲁所理解的佛陀的精神。中国佛教伦理更突出发扬了大乘佛教重现世、重人生的思想，要求慈悲为怀，普度众生，"庄严国土，利乐有情"，把全部教义概括为"诸恶莫作，诸善奉行"这简洁的伦理教条。具体的慈悲、施舍、护生等等观念，贯彻到实践中，都突显出积极的社会作用和巨大的现实意义。

　　"爱与慈悲的理想构成了印度民族的思维特征之一。"[2]慈悲是佛教对待众生的基本立场。儒家传统中有"仁者爱人"的观念。成书于西汉的《孝经·三才》篇提出"博爱"："先之以博爱，而民莫遗其亲。"[3]但儒家提倡的是根据血缘亲疏和等级名分的差别之爱。佛教基于平等"空"观的慈悲，却要求遍及有情的、无分别的爱。东晋郗超在《奉法要》里提出"博爱"："何谓为悲？博爱兼拯，雨泪恻

---

①《印度的发现》第 154—155 页。
②中村元《东方民族的思维方法》第 23 页。
③《孝经注疏》卷三，《十三经注疏》下册第 2550 页。

心,要令实功潜著,不直有心而已。"①这里说的是平等的"兼爱"。大乘佛教的菩萨思想主张"大慈与一切众生乐,大悲拔一切众生苦"②。菩萨立志"一生补处",即发愿在五浊恶世救济所有众生,终生处在候补成佛的地位。《无量寿经》里的法藏比丘是大乘菩萨的典型,他立下四十八大愿,基本点就是只要众生没有全部得到济度则永不成佛。这些志愿当然有特定的宗教内涵,但其无私地救济众生的热忱和决心是让人赞叹和感动的。正是依据这种慈悲观念,历代佛教信徒救死扶伤,救荒济贫,修桥造路,救济鳏寡孤独,创办社会救济机构,等等。中国古代的社会救济事业,佛教往往是创始者或主持者。这样,佛教的慈悲教义无论作为观念还是实践也都是具有重大伦理价值的。

布施是大乘"六度"的第一项。作为修证实践,布施的内容主要是供奉"三宝"(佛、法、僧)。从教义上说,这也是对治贪、嗔、痴的重要手段,是慈悲行的一种。无庸讳言,在现实中这又是维持僧团生活与活动所必需的。布施观念在中土与儒家的仁爱精神相契合,发展为普施众生、舍己为人、重义轻利、蔑视强权等观念,提倡对民众怀抱慈、悲、喜、舍"四无量心"(四摄),反对一切悭、贪、痴、慢等观念和行为。这又已经远远超出了一般施舍的意义。

佛教最基本的"五戒"中的第一戒是戒杀,特别体现了对生命的关注和爱护。佛典里有许多本生、譬喻故事宣扬救死扶伤,救人急难,反对残害生灵、草菅人命、发动祸国殃民的侵略战争等等。与戒杀相关的,更有两个观念具有积极意义。一是反对暴力、维护和平。这是从戒杀延伸出来的应有之义。三国时期吴康僧会所出《六度集经》是按大乘修习的"六度"即六度无极(六波罗蜜)组织起来的,其中的几个国王故事据考是根据印度先王传说改编的,对暴

①《弘明集》卷一三,《大正藏》第52卷第88页上。
②《大智度论》卷二七《释初品·大慈大悲义》,《大正藏》第25卷第256页中。

虐的统治者残害民命、穷兵黩武加以揭露和抨击,讽世的寓意非常明显。在今天,佛教与世界上许多宗教一起,成为反对战争、维护和平的重要力量。另一点是护生。《金光明经》里的《流水长者子品》,把放生当作重要的菩萨行来宣扬。这在中土形成一种社会风俗,流行广远,也成为具有广泛群众性和具有教育意义的关爱生命的修行实践。佛教把悲天悯人的精神遍及于一切有情甚至无情的草木,客观上更具有爱护环境、保护自然的意义。

佛教伦理自有其消极方面,比如主张轮回报应,带有浓厚的"宿命论"色彩;宣扬"忍辱",不抵抗"恶",显得过于消极;对人生采取悲观、虚无立场;就具体实践情形说更表现出一定的伪善和欺骗性质。特别是"出家"修道制度,不仅有悖于中国传统伦理原则,更不合一般人情物理。这后一点也成为佛教历来受到诟病的集矢之的。不过要求僧人超脱家室之累,度过圣洁的修道生活,努力成为解脱一切世事束缚的自由人,也不是没有积极一面的。在中国牢固的专制政治体制和儒家伦理原则居于思想意识统治地位的环境中,出家制度不可能普遍推行,但其体现的思想观念,如鄙弃私欲、轻蔑利禄等等,一方面具有与专制传统相对峙的意义,对于一般人生修养也有一定的借鉴价值。而值得注意的是,佛教对于出家人和在家人提出不同的伦理要求,制定出不同的行为规则,规定适用于不同人群的伦理标准。对于出家僧众作出更严格、更细密的规约,主要是给凡人提供样板,并不强制推行到全社会。这样就更加突出出家人作为伦理典范的意义。多层次的伦理规范也就容易被不同阶层的人群所接受。

拉达克里希南曾说:

关于佛教对于中国人心灵的深刻影响,挪威的一位基督教传教士写道:"思想、观点、未来的希冀、服从、无法言说的痛苦与悲伤、觉悟与安宁的深切渴望、对一切众生之无法言表的同情、对所有生灵之解脱的平静而又热烈的希望,在所有这一切当中,佛教都已刻下了深深的痕迹。如果人们希望理解中国,那么他就必须以佛教的观点来看待它。"(Reichelt：*Truth and Tradition in Buddhism*)①

这表明在一些外国人看来,中国人的精神面貌深深打上了佛教伦理的烙印。如果说在政治、国家体制等方面,比起儒家来佛教的影响有限,在伦理上,佛教虽然并没有动摇、改变中国传统伦理的基本原则,但其影响应当说是相当深刻和普及的。

第五,佛教向中国传播了外来的文学艺术,给中国的艺术、文学、工艺、建筑等领域提供了丰富的借鉴,外来的滋养与本土传统相结合,促进了中土这些领域的进展,取得了极其辉煌的成果。

中国佛教早期文献如《四十二章经》、《理惑论》等讲到佛教初传,说汉明帝"梦见神人,身有日光",从而派遣张骞等人到大月氏写回佛经,在洛阳起佛寺,"于其壁画千乘万骑,绕塔三匝,又于南宫清凉台及开阳城门上作佛像。明帝存时预修造寿陵,陵曰'显节',亦于其上作佛图像"②。这固然是传说,但反映的内容却是符合实际情形的,即佛教最早传入的内容主要是两部分:经典和佛像。法国学者雷奈·格鲁塞称佛教为"东亚无与伦比的虔诚的和人格性的宗教",并说这种教义"通过每一位菩萨的无数神话、通过为使其获得顶礼而塑造起来的慈和庄严的神像,通过僧徒的生平——佛教的'金色传奇'(golden legent),通过其变相的天堂与地狱,以及最后也是最为重要的,通过佛教艺术本身,它们赢得了民众的情感"③。一种宗教初传到陌生地区,作为教义载体的形象乃

①《印度与中国》,何兆武等主编《中国印象——世界名人论中国文化》下册第404页。
②《理惑论》,周叔迦辑撰、周绍良新编《牟子丛残新编》第15页,中国书店,2001年。
③《中华帝国的崛起与繁荣》第11章《佛教的启迪》,何兆武等主编《中国印象——世界名人论中国文化》上册第95页。

是它征服民众的有效手段之一。就佛教而言,特别是发展到大乘阶段,造像艺术兴盛,在宣教过程中更起到巨大的作用。

中国本来具有优秀、发达的艺术传统。随着佛教输入的外来绘画、雕塑、乐舞、建筑、工艺等艺术,给中国相关艺术领域提供了大量新鲜滋养。印度和中国两大艺术传统相结合,经过再创造,结成丰硕的果实。在中国,佛教被称为"像教",偶像崇拜乃是其重要特征之一,更十分注重造像、绘画等艺术形式。伴随着佛教的发展,自晋、宋到隋、唐,中国艺术史上出现雕造(石刻、泥塑、熔铸等)、绘画(壁画、绢画、纸画等)佛像极度兴盛的局面。随着佛教又输入了外来乐舞,特别是南北朝开始流行的"胡部新声"(佛教乐舞是其重要部分),对中国乐舞的发展同样造成重大影响。值得注意的是,早期佛教艺术输入的中介地是中亚的犍陀罗,如前所述,这里正是欧洲西方文明与亚洲文明交汇的地区。犍陀罗艺术大量融入了希腊、大食成分。中国通过它又接触、吸收了西亚、欧洲的艺术成果,多方面地丰富和充实了本土艺术传统。

在中国古代建筑艺术中,宫室、宗庙、民居之外,寺、观是重要一类。而佛教石窟、寺院建设得到朝廷、官府支持,又有社会各阶层人力、物力的资助,特别是那些大型寺院,更是"务取宏博,竞崇瑰丽"[1],形成规模宏伟的建筑群。中国的佛教窟、寺兼具信徒礼拜与僧众居住的双重功能,乃是外来建筑模式与本土传统的完美结合。而佛塔作为纯粹的外来产物,在中国更得到根本改造与发展。印度和西域的窣堵波式塔融合中国的殿堂、楼阁建筑样式,发展出楼阁式、密檐式等多种形制的塔,功能上也由单纯埋葬舍利经典、供奉礼拜,发展为具有象征、地标以至其他实际作用和重大美学价值的建筑样式。

佛教经典一经传入,就以其"深妙靡丽"、"广取譬喻"、"其辞富

---

[1]《旧唐书》卷八八《韦嗣立传》,第 2870 页。

而义显，其文炽而说美"、"辞说廓落难用，虚无难信"①等等表达上的特征而震惊世人。许多佛教典籍具有浓郁的文学性格，其中有相当一部分本身就是杰出的文学作品。据考最初传入中国的《浮屠经》就是佛传一类佛教文学作品。历代翻译的包括佛传、本生、本缘、譬喻故事之类的经典可以看作是真正的古印度文学创作成果；就是许多一般的经、律、论也多富于文学色彩，具有艺术价值，对中国的文章写作和文学创作造成巨大影响。日本学者吉川幸次郎评论中国文学的特色说：

> 重视非虚构素材和特别重视语言表现技巧可以说是中国文学史的两大特长。而这两项都可以用中国文化的即物性这一点加以说明。历史事实和日常经验是比由幻想而来的情节更真实的存在……抑制对神、对超自然的关心，而只把目光集中在地上的人。这种精神同样地也支配着文学。②

中国文学在传统上的重要特点一是重视现实，再是重视人生。文人们往往把文学创作当作参与政治的途径、干预社会生活的手段。因而在创作中注重写实，形成所谓"时运交移，质文代变"、"文变染乎世情，兴废系乎时序"③的传统。佛典输入，极富想象和玄想的佛典的表现方法和写作技巧给文学创作提供了极其不同的构思方式和表现技法。吉川幸次郎又说：

> 在中国三千年的文明历史中，只有一次例外地接受了异族文明，那就是六朝和唐代佛教的盛行……唐诗形象的丰富与佛教所培养起来的幻想力不无关系，小说的起源或许也可

---

① 《理惑论》，周叔迦辑撰、周绍良新编《牟子丛残新编》第 15、14、18、17 页。
② 《中国文学史之我见》，《我的留学记》第 168 页，钱婉约译，光明日报出版社，1999 年。
③ 范文澜《文心雕龙注》卷九《时序》，下册第 671、675 页，人民文学出版社，1961 年。

以从佛僧的说法中寻找原因。①

这里只说到六朝和唐代,实际自从佛典输入就一直发挥对于文坛的巨大影响。鲁迅指出:

> ……大共貤语支言,史官末学,神鬼精物,数术波流;真人福地,神仙之中驺,幽验冥征,释氏之下乘。人间小书,致远恐泥,而洪笔晚起,此其权舆。况乃录自里巷,为国人所白心;出于造作,则思士之结想。②

这里是说古代小说的发展,明确地把包括"释氏""幽验冥征"的"小书"看作是古小说的权舆。并指出这些作品有的是"录自里巷",即出自民间;有些则是"思士之结想",即是文人的创作。实际这一类"辅教"之书后来一直被不断地制作出来。它们作为直接体现佛教信仰的产物,除了自身具有的思想、艺术价值之外,对于发展小说这一体裁的推动作用也是值得重视的。又如在唐代,由佛教法会上僧讲的唱导演变出俗讲,再发展为变文,乃是说唱文艺的重要形式,成为以后高度发展的各种说唱文学体裁的源头。对于推进宋代以后成为文学主要体裁的小说、戏曲和民间讲唱文学的形成和发展,佛教无论在观念上还是形式上也都起了决定性的作用。因此钱穆说中国的小说、戏曲大体是从佛教来的。至于佛教为文学创作提供了诸多主题、题材、人物、语言、表现方法和艺术技巧等等,更无庸赘述。除了这些方面之外,佛教的思想观念、所提倡的人生方式等等,对于文人生活和他们的创作方式的巨大影响更是不言而喻的。这些都极大地充实和改变了文学发展的面貌。

前面已经提到,佛教寺院建筑作为大型工程,对于发展古代手工业和商品经济起了巨大推动作用。法国学者谢和耐根据敦煌文

---

① 《中国文学史之我见》,《我的留学记》第 178 页。
② 《古小说钩沉序》,《鲁迅全集》第 10 卷第 3 页。

书 P.2032 号《净土寺入破历》,归纳出当时服务寺院的职业:

> 大兴土木建筑、装饰建筑物、在节日时对街道的布置、维修寺院庄园上的碾硙和油梁,所有这一切都需要差科匠人、技术人员和艺术家们的服务。我们在敦煌的寺院账目中,还发现了相当数量的职业名称:铸钉工、镀锡工、釜子博士、造苽蒌人、修治火炉博士、造火炉博士、钥匙博士、仰塈博士、泥壁博士、氀胎博士、浣毡博士、疗治釜博士、疗治佛炎博士、造檐时博士、造局席屈博士、渥沙麻博士、造钟楼博士、疗站镬子博士、硙博士等等。①

这里列举出的名目,都属于艺人或技工,是从事寺院建筑、冶金、造像等多种工艺、技术工作的人,实际是佛教艺术事业的承担者。佛教寺院建设乃是推动古代工艺发展的重大动力。

最后一点,实际上对于中华民族的发展意义更为重大,即从更广阔的角度看,佛教乃是历史上中华民族各民族间文化交流的津梁,对于促进和巩固中华民族的团结与融合起了极其巨大的、不可替代的作用。汉传佛教传播到东亚各国、各民族间,又成为中国与各国友好交流的纽带。

中国历来是多民族国家,中华民族是经过长期的融合过程形成的。在这长远发展过程中,佛教起了积极推进作用。另外中国幅员广大,各地区发展不平衡,这广大领域内部的南北、东西的交流也十分重要,佛教对于国家内部的交流同样起着重要作用。以上两个方面的作用,在国家分立政权存在或处在分裂割据状态下更显得突出。

中国佛教步入兴盛,是在东晋十六国时期。西晋灭亡,"五马渡江",北方陷入所谓"五胡十六国"少数民族政权割据与纷争状

---

① 《中国5—10世纪的寺院经济》第169页。

态。匈奴、羯、鲜卑、氐、羌这些原本活跃在北部边疆的游牧民族，依靠劫掠，占领土地，南下建立起割据政权。这些民族原来没有成熟的宗教，接触到佛教，认为"佛是戎神，正所应奉"①，自会产生一种亲切感。他们通过接受佛教，提高了民族文化水平，改变了某些原始习性，佛教并进而成为他们接触并接受中原先进文化的途径。例如在羯族建立的石赵国，佛图澄被大力推尊，在他的倡导下，大量佛寺建立起来；先后建都长安的苻秦和姚秦，都极力弘扬佛法，长安成为北方一代佛教重镇；而在西部"自（前凉）张轨后，世信佛教"②，吕氏（氐族）的后凉、沮渠氏（匈奴）的北凉，也都崇信佛教，凉州从而形成另一个佛教中心；后来鲜卑族拓跋氏入主中原，建立北魏，更大力弘扬佛教（虽然一度毁佛）。这些民族在以武力征服中原的同时，都积极地接受了汉族文化。已经在中国扎根的佛教，是他们所接受的汉族文化的主要内容的重要部分，也是他们汉化的中介。接受佛教对于这些分立政权改善立国策略，发展经济、文化，进而对于这些民族融入中华民族大家庭都起到积极作用。"二秦"和"五凉"规模宏伟的汉译佛典翻译事业，从一定意义说正是努力接受汉族文化的体现。

　　统一、繁荣的唐代是中国历史上极其兴盛的时期，也是与边疆各民族和国际间的交流十分繁盛的时期。佛教在交流中起着重要作用。玄奘西行求法，是中外文化交流史上具有象征、标识意义的大事件：他历尽千难万险，到西方寻求佛法和相关知识，又向西域各国和印度宣扬大唐声威，介绍中华文化。唐代周边诸族，如东北的渤海、北方的回纥、西南的吐蕃，都不同程度地接受了汉传佛教，佛教成为唐王朝与这些地区交往的纽带。特别是藏族，公元七世纪传入佛教，在民族土壤上形成藏传佛教，成为佛教三大体系之

①《高僧传》卷九《晋邺中竺佛图澄传》，第352页。
②《魏书》卷一一四《释老志》，第3032页。

一。七世纪中叶,松赞干布迎娶文成公主,输入汉传佛教、发展当地佛教是这一对夫妇在历史上的重大业绩之一。以后汉、藏两大系佛教在藏地交流不绝,相互影响巨大,推动了当地经济、文化的进步,也密切了与汉地的关系。到元代,西藏终于并入祖国版图,也得力于藏传佛教萨迦派的活动。此后在中央王朝管理之下,西藏佛教在有效地维护地方安定、民族团结和祖国统一方面起了决定性的作用。

五代时党项族建立的西夏政权信仰佛教,大量建筑塔寺,翻译经典。后来蒙古族入侵,西夏政权消亡。但塔寺建筑仍有众多遗存至今,西夏文的大量经藏也已被发现。建立辽国的契丹族在其发祥伊始,就着意吸收南方汉族先进文化,其重要内容之一就是佛教。据传早在唐天复二年(902)辽太祖始置龙化州,已经创建开教寺;天显二年(927)攻陷渤海国,又从那里吸收佛教文化;至太宗会同元年(938)夺取燕云十六州,正是佛教盛行地区,更促进朝野佛教信仰的兴盛。建立金国的女真族则在开国以前已从高丽、渤海国输入佛教。后来南下灭辽,完全继承了辽国崇佛之风;占领汴京之后,又受到宋代佛教的影响。金朝国祚短促,但佛教的文化业绩却足以骄人。蒙古族在成吉思汗征战时期,佛教已经传入。成吉思汗对于外来各种宗教给予平等待遇,表现出开阔的胸襟。元世祖忽必烈即位以前,已约请西藏名僧八思巴东来,拜为帝师,从而确立起藏传佛教的政治地位;元朝立国后,藏传佛教渐次进入中原,是中国佛教史上影响深远的现象。元朝尊崇喇嘛教,同样礼敬汉传佛教大师。西夏、辽、金、元四朝都是以文化后进的民族为主立国的。西夏、辽、金建立割据政权,元则统一全国而成为统一中华大地的第一个少数民族政权。它们能够立国,取得政治、经济、文化上的成就,正与其积极向南方先进的汉族学习有直接关系。而佛教不仅是学习的内容,更有效地带动了"汉化"过程,促进这些民族与汉民族的交流与融合。佛教也正是在这个过程中不断创造自身的成就。

另一个由满族建立的统一全国的清王朝,早在公元 1616 年努尔哈赤在赫图阿拉立国,已经有藏传佛教喇嘛到关外传教。至太宗皇太极(1627—1643)改国号为清,集中力量图谋南下,接纳汉族降将、士大夫时,也积极接受汉传佛教。像中国历史上一切从北方南下的游牧民族一样,佛教也成为促进满族"汉化"的重要因素。清王朝立国后,更加有意识地利用佛教作为辅助教化、安定社会、巩固统治的手段。这也成为一代佛教的重要特征。特别是为了安定和维护西藏,处理活跃在西北地区信仰喇嘛教的蒙古部族的关系,清朝确立了支持藏传佛教的方针,建立起册封达赖、班禅和蒙、藏地区活佛的制度,接纳、优遇蒙、藏宗教领袖。这对于有清一代安抚、稳定边疆各族,维护国家统一都起了巨大的积极作用。

这样,从中国历史发展的总体情形看,佛教在促进各民族的交流与融合、维护国家团结和统一方面是有巨大功绩的。

就佛教传播与僧人活动的意义说,还有国内和国际两个方面的贡献值得高度重视。中国是个大国,领域广阔,各地经济、文化发展不平衡,这种传播与活动对于沟通、加强各地联系,促进南北、东西的交流起着相当重要的作用。特别是处在分裂时期或割据情况之下,如南北朝时期,宋与辽、金对峙时期,众多僧人来往各地,有着相对方便的条件,客观上担负起联络各地、进行交往的使命。在国际方面,佛教的传播成为古代中国进行文化、经济等方面国际交流的重要形式。众多天竺、西域佛教信徒来中国弘法,又有众多中国僧俗西行求法,对于增进东西方各国、各民族的了解,对于加强中国与南亚、中亚乃至西亚、欧洲的联系与交流,都起了重要作用。汉传佛教传播到三韩、日本、越南等国,成为这些国家的主要宗教,对于这些国家的发展更造成多方面的影响。特别是汉传佛教作为中华文明的载体,向这些国家传播中华文化,对于形成东亚"汉字文化圈",对于密切和巩固东亚各国经济、文化联系,都长久地起着巨大作用。佛教直到今天仍然是促进各国、各民族友好交往、和平相处的纽带。

以上从六个方面,粗略地介绍印度佛教对于中国文化发展的巨大贡献。总之,佛教在中国的传播与发展,中外佛教文化的交流,谱写了世界文化交流史上的辉煌篇章,积累起极其丰硕的文化财富,提供了文化交流的宝贵经验。批判地研究、总结历史上的佛教文化遗产,发掘其积极的、有价值的内容,发挥其作为发展民族文化、建设精神文明的借鉴的功能,乃是佛教文化现代意义的主要所在,也是写作本书的主旨所在。

五

本书定名为《中国佛教文化史》。如本篇开头所表明的,笔者是取狭义立场,所述是"佛教文化"(区别于"道教文化"、"儒家文化"或"政治文化"、"伦理文化"等等)的历史,或者说是佛教的"文化史"(区别于佛教"思想史"、"经济史"、"制度史"等等)。但在内容方面又有所拓宽,所述不局限于佛教自身及其文化的发展,更及于佛教对于中国文化各领域的影响及在其影响下所取得的成就,以期对于中国佛教文化作出比较丰满的描述和总结。

全书厘定为三编。这也是根据作者对于中国佛教史分期的认识做出的。中国历史分期是学术界长期争论的问题;特别因为涉及对于中国社会形态演变的看法,情形更为复杂。《中国大百科全书·中国历史》分卷前面田余庆、戴逸、彭明《中国历史概述》一文,把辛亥革命前的古代史划分为四个阶段:夏至秦王朝统一,这是国家形成至君主专制国家出现的时期;秦至隋王朝统一,这是统一、分裂交替和民族融合的时期;隋至元,这是经济文化繁荣和域外交流扩大的时期;明清,这是专制统治延续、衰落和资本主义列强入侵的时期。这种划分方法,更注重国家体制和经济发展的演变。国外学者影响较大的是日本内藤湖南的三分法:上古,由远古到后汉;中世,由后汉到五代;近世,宋至清①。有的学者作某些修正,如日本的宫崎市定,同样主张三分法,但中世从三国分裂开始②。内藤湖南是日本汉学界京都学派的创始人之一,而京都学派的中国史学在世界学术界影响巨大,他的中国史分期三分法多被各国学者所沿用。这种分期方法更多地考虑到思想、文化领域的发展、变化,因此作为文化史分期的框架更为适用。

中国佛教史分期,如今已经成为经典著作的汤用彤《汉魏两晋南北朝佛教史》把唐前划为两"分",即汉代之佛教和魏晋南北朝佛教。任继愈主编多卷本《中国佛教史》已出版三卷,第一卷内容涵盖佛教初传到三国时期,第二卷是两晋,第三卷是南北朝。这两部具有代表性的著作都没有叙及隋唐以下,但已基本明确了对于佛教发展历史基本轮廓的认识。其中重要一点是把隋唐当作新的发展阶段的开始。日本学者对于中国佛教史分期的具体方法有多种,显然受到内藤学说的影响。著名中国佛教史家常盘大定分为五期:传译时期,前汉末到释道安(前2—400);研究时期,鸠摩罗什到南北朝末年(400—580);建设时期,隋初至唐玄宗(580—750);实行时期,唐玄宗到北宋末年(750—1120);继绍时期,南宋至清末(1120—1910)③。镰田茂雄著多卷本《中国佛教史》,对这种分期法加以修订,分为四期,即初期翻译时代,由佛教传入到释道安;准备育成时代,由鸠摩罗什到南北朝末;诸宗成立时代,隋唐;同化融合时代,宋代已降④。在这些大致划分的基础上,每位学者

---

① 参阅《支那上古史》,《内藤湖南全集》第10卷,筑摩书房,1969年。
② 参阅《中國史(上)》,岩波书店,1982年。
③ 参阅《支那佛教の研究》第一,春秋社松柏馆,1938年。
④ 参阅《中国佛教通史》第一卷,关世谦译,佛光文化事业有限公司,1985年。

对具体段落的厘定有所不同。

　　笔者基本赞同镰田茂雄的分期方法。从佛教在中国传播的具体情形看,佛教在汉代传入,道教在汉末形成,都是中国历史上影响深远且具有标识意义的大事件,表明了思想文化领域的巨大转变。因此汉代应作为中国佛教史的起点。两汉之际佛教初传,基本还是外族人的宗教;本土人士无论是宫廷贵族,还是一般民众,基本是把佛教当作外来信仰和方术来接受的。到西晋时期,虽然已翻译出一大批经典,且已形成有规模的僧团,但从总体看佛教对于高水平的文化领域影响有限。从对外来宗教的消极地接受、理解到积极地消化、汲取,是从两晋之际开始的。至东晋后期,道安、慧远奠定了中国佛教与佛教文化的基本规模,这应当算作是中国佛教文化的草创阶段。以上作为第一期。此后南北分立,进入政治纷乱时代,但宗教包括佛教和道教却得到更大发展的机缘。就佛教来说,与西域交流空前活跃,佛典大量传译;僧团规模扩大;仪轨、戒律完备;义学研究兴盛,师说林立;信仰在社会各阶层普遍地深入和兴旺;佛教更广泛影响到诸多文化领域。作为这一时期开始的标志的,是鸠摩罗什东来长安及其弟子僧肇、道生等人的活跃。南北分裂,佛教同样兴旺发达,延续到隋唐,这是佛教在中国大发展、逐步实现"中国化"的时期。这可算作第二期。南北朝末年至隋初,天台宗形成,接着唐初出现一系列中国佛教宗派,标志着佛教"中国化"的完成。中国佛教从而进入了自主发展的鼎盛时期。兴盛局面一直延续到两宋之际。这是第三期。理学兴起,佛教走向衰微,此后的中国佛教在思想理论方面已很少建树,逐渐退出高水平的思想理论领域,但是对于文化诸领域的发展仍持续发挥着不可忽视的影响,民众间更兴盛不衰地延续着信仰潮流。在这一时期,由于思想理论层面衰落,佛教教理、教义的独特内涵逐渐模糊,信仰层面则与儒、道和民间宗教相融合,"三教调和"、"三教合一"渐成潮流。对于一般民众来说,佛教信仰只是作为众多信

仰的一种而存在了，情形一直延续到如今。本书把隋唐以降归为
一编，是考虑到宗派佛教已经是中国佛教发展的顶峰，此后逐渐衰
微，佛教自身就总体文化层面说已鲜有重大建树。这样，全书厘定
为三编。不过个别历史现象的叙述有些地方超越时代断限，各卷
内容也有交叉。例如关于西行求法活动，关于佛、道二教的相互冲
突与交流，第一编里都作了较完整的介绍；关于佛典翻译文学，关
于佛教学术，如外学、史学、目录学等，多集中在第二编介绍，等等。
这是为了叙述方便，也希望给读者留下较清晰的印象。

　　本书注重对于历史现象的描述。这是笔者著述一贯坚持使用
的方法。一方面笔者认为尽可能真切地展示历史现象的真实面貌
乃是学术研究所追求的根本目标；另一方面也是因为有关佛教的
学术研究，包括中国历史上佛教文化的研究在我国还刚刚起步，提
供更详尽的资料，更全面和细致地弄清历史原貌，乃是进一步从事
研究的基础工作，是科学地分析、总结和评价的起点。而就笔者的
能力和条件说，也更适于做这种历史现象的描述和归纳工作。

　　本书使用了众多中外学者论著中的资料和研究成果，不敢掠
美，已尽可能详细地著明文献出处。对于前人作出的努力和取得
的成就，不能一一致谢，仅在这里由衷地表示崇高的敬意和谢意。

第 一 编

目　录

第一章　两大文化传统交汇——佛教输入中土的环境和土壤

一

在古代世界"轴心时代"主要的几大文明中,欧洲的希腊文明和南亚的印度文明都不同程度地具有向外部扩展的趋势,只有东亚的中华文明明显表现出内敛的、包容的性格。在古代各国、各民族间交通与交流相当艰难的条件下,当时的中国人在积极地争取与外界交流的过程中,努力吸纳外国和周边地区的文明成果,滋养、发展自身的文化。这种传统一直延续到后来,成为中华文明生生不息的动力之一。中国人以开放的胸怀接受了佛教,把它加以消化、改造,发展成为独具特色的汉传佛教;进而积极地借助佛教这一文化载体,广泛地吸收和借鉴南亚、中亚以至西亚、欧洲的文明成果,推动了中国文化的发展,谱写出古代世界中外文化交流史上辉煌壮丽的篇章。

两汉之际输入中土的佛教,能够相当顺利地被接受,基本条件是中国已经准备好适宜的场地。这种场地不仅提供了佛教生存、发展的需要与环境,更进一步决定了它在新环境中持续发展的方向。认识这个场地和环境,对于了解中国佛教和佛教文化的全部历史及其特点、成就是十分必要的。

从世界文化与宗教交流的历史看,佛教在中国传播、扎根、发展、演变,可以说是外来宗教成功移植到异民族土壤上的范例。这一移植的重大特点是,佛教输入时期的中国,已经是一个政治统一、经济繁荣、思想文化高度发达的大国,佛教作为外来宗教是输入到一个具有悠久卓越的文化传统和高度发达的思想、学术的环境之中,因此它不可能"征服"或从根本上改变这一传统。正如陈寅恪所说:

> 释迦之教义,无父无君,与吾国传统之学说,存在之制度,无一不相冲突。输入之后,若久不变异,则决难保持。是以佛教学说,能于吾国思想史上,发生重大久远之影响者,皆经国人吸收改造之过程。①

钱穆则拿佛教在中国传播的情形与罗马文化和希伯来文化的关系相比较,得出结论说:

> ⋯⋯在西方是罗马文化衰亡,希伯来宗教文化继之代兴,在中国则依然是自古以来诸夏文化的正统,只另又羼进了一些新信仰。因此在西方是一个"变异",在中国则只是一个"转化"。这是罗马衰亡和汉统中衰所绝然相异的。②

这样,佛教输入中国,从外来佛教方面说,必须主动地适应本土思想文化环境,对其自身的内容和形式全面地进行改造、扬弃,才有争得在异域土地上生存和发展的可能;就中土接受方面说,则要具有广阔的思想境界和巨大的包容力,以容纳百川的气魄和开阔通

---

①《冯友兰中国哲学史下册审查报告》,《金明馆丛稿二编》第 251 页,上海古籍出版社,1980 年。
②《中国文化史导论》(修订本)第 131-132 页,商务印书馆,2001 年。

达的胸襟容纳和汲取外来的新宗教。这后一方面，正体现了华夏文化传统的重大优长。而正由于主、客双方条件如此因缘和合，佛教在中土才得以顺利地被接受并逐步实现"中国化"，进而发展成为具有鲜明民族特色的汉传佛教，并持续地对中国的社会生活、思想文化的发展发挥作用。佛教文化在这一过程中也取得了辉煌的成就。

按照宗教传播的一般规律，应当是先有零散的传布，经过一段时期才逐步形成规模。佛教传入中国的情形大体也是如此。因此也就很难确定佛教输入中土的具体路径和年代。按照中外学界一般认定佛教从西域传来的看法，依据是《三国志》裴松之注引鱼豢《魏略·西戎传》，确定一个标志性的年份在西汉哀帝元寿元年（前2年）。不过按逻辑推测，在这之前百余年的汉武帝时期，中国已经正式通使西域，开通"丝绸之路"，与西域诸国也已有频繁交往，西方的名物、风俗已源源不断地输入中国。当时雪岭之外的广大地区，佛教正十分繁盛。从西方来华的商旅、使臣、流民诸色人等之中，应当有一定数量的佛教信徒，他们在中国也应当有所活动。不过起码到今天，还不见有这方面的相关历史纪录。《魏略》记载汉哀帝元寿元年大月氏使者伊存向汉朝廷博士弟子口述《浮屠经》，这是外国使臣在朝廷上的活动，自然会引起人们的关注，所以留下了正式文字记载。当然还应注意到，关于佛教输入，还有最初来自南海、西南边疆等不同说法。其中海路一说自梁启超提出，一直受到学术界的重视，提出许多论据加以确认。而自上世纪七十年代学术界根据四川地区出土的汉代佛教遗物，又已大体肯定存在川滇古道乃是汉代佛教传入蜀中的另一条路线。可以肯定佛教东传经过了不同途径，它们孰先孰后如今还难以考定。这种情况本身正表明两汉时期的中国已经准备下外来宗教输入的广阔领地，从而外来的佛教徒通过陆路、海上诸多路线蜂拥而至。不过从历史发展的整体看，沿"丝绸之路"的西来路线一直是佛教输入的主要孔道。

　　佛教开始有规模地在中土传播,是在公元纪元之初的东汉中期。这正是东、西交流的兴盛期,也是印度佛教发展中的一个巨大的关键转折时期。大乘运动正在蓬勃发展起来。这一新兴潮流一方面建立起新的佛身论和佛土论,把释迦族的精进修道、受人尊敬的"王子"转化为拯救众生的神明,另一方面又把虚幻的信仰世界与真实的现实世界沟通起来,突出发展了现世救济的菩萨思想。而当时的中国,东汉王朝至章帝在位(76—88)时已日趋腐败,宦官和外戚两大集团争权斗势,桓、灵时期梗直的官僚名士受到镇压而造成"党锢之祸"。到灵、献时期,更是政出多门,豪强争战,灾荒饥馑,民变蜂起,终于酿成大规模的农民起义,从根本上动摇了东汉王朝的统治基础。在政治腐败、民不聊生的社会形势下,随着传统政治、社会体制的动摇,礼乐崩坏,人心无主,传统的伦理纪纲也已经失去控制社会秩序的能力,被汉王朝推尊为统治思想体系的"儒术"变乱于谶纬神学,权威扫地。这就正为宗教的发展提供了空间和条件。两个大的民间教派太平道和五斗米道发展、壮大起来,有规模的民间教派道教从而形成,为以后道教的发展奠定下基础。而本来被朝廷当作神仙祭祀的一种、只有少数外族僧侣和居士信奉的佛教,也适逢时机,在中土各阶层争得更多信仰者,迅速扩展势力。如今从当时政治、文化中心的中原地带,东到东海,西至蜀川,南迄交趾,北至大漠,在广袤的中华大地上都留有这一时期佛教传播的遗迹,表明当时从宫廷皇室、王公贵族到普通的平民百姓,在广泛社会阶层中,佛教已争得相当数量的信众。迄至魏、晋,这个外来宗教更以波属云委之势,迅速发展,蔚为大国。

　　决定佛教能够在中国扎根和发展的,还有更广阔、更深层次的思想、文化方面的背景。这里所说的背景是多层面的:中国固有思想文化传统内容有与佛教不一致、相抵触的部分,也有相近似、相包容的部分,从而中国对于外来的佛教,既存在抵制、限制的内容和力量，又存在容纳、接受的条件与空间；而就相抵制、相矛盾的方面说，佛教有和本土固有传统根本不相容的部分，也有本土所缺乏、所需要、可以接受的部分。佛教面对这样复杂的思想文化环境，一方面要克服不利条件，尽可能消弭矛盾与抵触；另一方面则积极地利用自身特有的资源，争取生存、发展的更大空间。正是在这样的情况下，外来佛教的丰富内容、巨大价值和优秀特质逐渐显现出来。它也在适应"异域"环境的过程中，被动或主动地改变自身而得以发展、壮大。中国人则在接受这一外来宗教的同时，积极参与了对这一宗教的改造和变异，终于创造出作为中国文化支柱之一的汉传佛教和中国佛教文化。

二

　　中国传统文化有可能积极地接受、容纳外来佛教，并进而决定这一宗教在中国的发展方向的，主要有以下几个方面：

　　首先，中国自古以来形成的文化传统的重要特征之一是它的人文精神，中国文化具有重人生、重现实、重视人的能力的特色。钱穆指出：

　　　　中国文化是一种现实人生的和平文化，这一种文化的主要泉源，便是中国民族从古相传一种极深厚的人道观念。[①]

西方学者也赞扬说："中国人对于人类具有造就自身命运之能力的乐观主义信念提供了强烈的支持。"[②]这种精神一直生生不息，绵远悠长地对于民族生存和发展发挥着作用。后来发展起来的本土道

---

①《中国文化史导论》（修订本）第50页。
②本杰明·史华兹《古代中国的思想世界》第426页。

教和外来佛教以至各种民间宗教在历史上都曾经相当兴盛、发达，还有"异教"祆教、摩尼教、伊斯兰教以及后来的基督教在一定时期、相当范围内传播并造成影响，中国文化的这一传统一直没有改变。人文精神从根本上说是和宗教信仰相对立的。因而佛教在中国也必然遭遇到这方面的矛盾和挑战。历史上历代的排佛、反佛、毁佛，人文思想、人文精神都成为有力的根据。但是佛教终究又得以在这以人文精神为主导的文化环境中生存、发展、兴盛，一方面在于佛教教义里同样包含丰厚的人文关怀的内容，另一方面它在发展中又能够积极地吸纳中国的人文思想来丰富、改造自身。

　　人类发展在初民阶段已出现宗教观念，进行具有宗教性质的活动，中土先民也不例外。夏鼐曾概括地指出：

　　　　在宗教信仰方面，根据考古资料，在我国至迟在新石器时代人们已有灵魂不死的观念，当时埋葬死者还随葬着生活用具和饮料食物，以便他们死后仍可享用。新石器时代晚期的陶且（祖）的发现，表明当时有生殖崇拜的习俗……新石器时代晚期已有占卜术，我们在各地发现有卜骨和卜甲。到了殷商时代，占卜术更为盛行，政府中有专职的贞人，卜骨或卜甲上还刻有文字。周代占卜术衰落，但仍有少数占卜的甲骨出土。战国时代楚墓中的"镇墓兽"和漆器花纹上的怪兽，是楚人"信巫鬼"的表现。①

如今人们对于殷商文化的了解，已经有殷墟卜骨留下的大量文字记录，还有越来越丰富的考古实物资料。根据这些材料可以看出，当时已经形成了相当系统的祖先崇拜、自然神崇拜、图腾崇拜等原始宗教信仰。因而胡适指出：

　　　　我们看殷墟（安阳）出土的遗物和文字可以明白殷人的文

────────────

①《敦煌考古漫记》，第 147 页，百花文艺出版社，2002 年。

化是一种宗教的文化。这个宗教根本上是一种祖先教。祖先
的祭祀在他们的宗教里占一个很重要的地位。丧礼也是一个
重要部分。此外,他们似乎极端相信占卜:大事小事都用卜来
决定。①

占卜乃是具有典型意义的宗教性质的活动。郭沫若统计卜辞的内
容,分为干支、数字、世系、天象、食货、征伐、畋游、杂纂等八类②。
正是在祖先崇拜基础之上,才进一步抽象化为上帝崇拜。据陈梦
家分析:"上帝所管到的事项是(一)年成,(二)战争,(三)作邑,
(四)王之行动。"③在当时,年成和战争乃是国家生存的主要依靠,
而国王则是统领国家的最高权威。作为最高神的"帝"的出现,正
是宗教观念和宗教信仰发展到一定阶段的产物。所以有人说殷人
是"鬼治主义"。

　　史学家考察殷周之际思想、文化的演变,一般都强调宗教神权
的衰败和人文精神的勃兴,特别称赞新兴的儒家的人本思想乃是
从神权统治下的解放,如钱穆所说:

　　　　孔子根据礼意,把古代贵族礼直推演到平民社会上来,完
　　成了中国古代文化趋向人生伦理化的最后一步骤……因此我
　　们若说中国古代文化进展,是政治化了宗教,伦理化了政治,
　　则又可说他艺术化或文学化了伦理,又人生化了艺术或文学。
　　这许多全要在古人讲的礼上面去寻求。④

然而实际上,从历史发展脉络看,早在殷商时期,文化已经明显具
有注重人生、勇于实践的恢弘博大、丰富多彩的品格。这乃是后来
的人本主义传统形成的深厚基础。所以如李济曾精辟地指出的:

----

①《说儒》,胡明主编《胡适精品集》第 7 卷第 17 页,光明日报出版社,1998 年。
②参阅《卜辞通纂》,日本文求堂,1933 年。
③《殷虚卜辞综述》第 571 页,科学出版社,1956 年。
④《中国文化史导论》(修订本),第 73—74 页。

　　这(殷商)文化表现出物质生活的富庶、高度成熟的装饰艺术、明确的社会组织和对祖先极度崇拜的神权政治。这是一种充满了活力和生命力的文明,但其间不免含有残酷和黩武的因素。纵然如此,这个文化也为后来周朝的孔子及其学派所代表的人文主义哲学奠定了相当的基础。①

历史上有所谓"周因于殷礼"之说。但周代固然因袭了殷商"敬天法祖"的基本观念,在周初可靠文献如周公以王命告殷顽民的《多士》和告诸国的《多方》里都一再强调对于"天"、"帝"的崇拜,因此可以说"上帝和天命的思想是周人的建国思想"②,但另一方面,则人文思想得到突出发扬乃是这一时期文化的重大成就。侯外庐等人曾指出:

　　由于周人的政治宗教化,在思想意识上便产生了所谓"礼"。"礼"是一种特别的政权形式 …… 礼器之文为铭文,《书》谓之诰辞,《诗》谓之颂辞,其中所含的意识都表现出政治、道德、宗教三位一体的思想。③

这"三位一体"的存在之中,"帝"与"天"的绝对性蜕化了,"人"的地位被突显出来。在春秋时代政治家的诸多言论里,可以清楚看出这种"人"的观念的发达。如鲁桓公六年(前706)楚武王侵随,季梁对随侯说:"所谓道,忠于民而信于神也。上思利民,忠也;祝史正辞,信也。今民馁而君逞欲,祝史矫举以祭,臣不知其可也。""夫民,神之主也。是以圣王先成民而后致力于神。"④又庄公三十二年(前662)据传有神降于虢国莘地,内史过说:"国之将兴,明神降之,

①《中国文明的开始》第19页,江苏教育出版社,2005年。
②侯外庐、赵纪彬、杜国庠《中国思想通史》第1卷《古代思想》第76页,人民出版社,1957年。
③同上第78页。
④《左传》桓公六年,杨伯峻《春秋左传注》(修订本)第1册第111页,中华书局,1990年。

监其德也；将亡，神又降之，观其恶也。故有得神以兴，亦有以亡，虞、夏、商、周皆有之。”而史嚚则说：“国将兴，听于民；将亡，听于神。神，聪明正直而壹者也，依人而行。虢多凉德，其何土之能得？”①僖公五年（前655）晋国假道于虞伐虢，宫之奇谏净里有一段著名的话：“鬼神非人实亲，惟德是依。故《周书》曰：‘皇天无亲，惟德是辅。’又曰：‘黍稷非馨，明德惟馨。’又曰：‘民不易物，惟德繄物。’如是，则非德，民不和，神不享矣。神所冯依，将在德矣。”②僖公十九年（前641）宋国拟杀人以祭，司马子鱼谏净曰：“祭祀以为人也。民，神之主也；用人，其谁飨之？”③上述这些话，大体是当时居于时代思想前列的政治家说的。在他们的观念里，“民”显然被放在比“神”更重要的位置（虽然具体论定“神”的意义和作用不一）。《礼记·表记》纪录传为孔子的话，总括殷周之际社会观念、风气的变化：

> 殷人尊神，率民以事神，先鬼而后礼，先罚而后赏，尊而不亲。其民之敝，荡而不静，胜而无耻。周人尊礼尚施，事鬼敬神而远之，近人而忠焉。其赏罚用爵列，亲而不尊。其民之敝，利而巧，文而不惭，贼而蔽。④

这是说，虽然周人继承殷人传统，仍然“事鬼敬神”，但已经被“尊礼尚施”的新观念所替换，即体现人文精神与人伦道德的“礼”和“施”已经占据更重要的地位。这一历史变化，在文献里同样有清楚的记述。如《左传》隐公十一年（前712）有君子评论郑庄公时说到：“礼，经国家，定社稷，序民人，利后嗣者也……相时而动，无累后

① 《左传》庄公三十二年，《春秋左传注》（修订本）第1册第251—253页。
② 《左传》僖公五年，同上第1册第309—310页。
③ 《左传》僖公十九年，同上第1册第382页。
④ 《礼记正义》卷五四，《十三经注疏》下册第1642页。

人,可谓知礼矣。"①昭公二十五年(前 517)子大叔与赵简子论
"礼",先是引用子产的话说:"吉也闻诸先大夫子产曰:'夫礼,天之
经也,地之义也,民之行也。'天地之经,而民实则之……"论到"礼
之大",又说:"礼,上下之纪、天地之经纬也,民之所以生也,是以先
王尚之。故人之能自曲直以赴礼者,谓之成人。大,不亦宜乎!"②
徐观复解释这一变化的意义说:

> 周人建立了一个由"敬"所贯注的"敬德"、"明德"的观念
> 世界,来照察、指导自己的行为,对自己的行为负责,这正是中
> 国人文精神最早的出现;而此种人文精神,是以"敬"为其动力
> 的,这便使其成为道德的性格……于是天命(神意)不再是无
> 条件地支持某一统治集团,而是根据人们的行为来作选择。
> 这样一来,天命渐渐从它的幽暗神秘的气氛中摆脱出来,而成
> 为人们通过自己的行为加以可以了解、把握,并作为人类合理
> 行为的最后保障……人人渐渐在历史中取得了某程度的自主
> 的地位。这才真正是中国历史黎明期的开始。③

因此,可说周人开启了中国文化发展的新方向和新途径。

孔子开创儒家学派,更加发扬光大了这一重人生、重伦理、重
现世的传统,把人文精神发扬到新的高度。道家庄子学派曾批评
儒家说:"以天为宗,以德为本,以道为门,兆于变化,谓之圣人。以
仁为恩,以义为理,以礼为行,以乐为和,熏然慈仁,谓之君子……
配神明,醇天地,育万物,和天下,泽及百姓,明于本数,系于末度,
六通四辟,小大精粗,其运无乎不在。其明而在数度者,旧法世传
之史,尚多有之。其在于《诗》、《书》、《礼》、《乐》者,邹鲁之士搢绅

①《左传》隐公十一年,《春秋左传注》(修订本)第 1 册第 76 页。
②《左传》昭公二十五年,同上第 4 册第 1457、1459 页。
③《中国人性论史·先秦篇》第 2 章《周初宗教中人文精神的跃动》,《徐复观文
　集》第 3 卷第 35 页,李维武编,湖北人民出版社,2002 年。

先生多能明之。"①这里所谓"以天为宗",指的是儒家的天命观;而"以德为本",则突出儒家思想以人文伦理为根本的特征。下面讲到"君子"的仁、义、礼、乐,则是"以德为本"的具体实践。"礼"本是孔子一再倡导的。《论语》记载:"颜渊问仁,子曰:'克己复礼为仁。一日克己复礼,天下归仁焉。为人由己,而由人乎哉!'颜渊曰:'请问其目。'子曰:'非礼勿视,非礼勿听,非礼勿言,非礼勿动。'颜渊曰:'回虽不敏,请事斯语矣。'"②如果说"仁"是内容,"礼"则是外在形式;"礼"体现为典章制度、仪表规范,它们是实现"成人"理想的手段和标志。这样,儒家的思路实际是把"天"的超越、绝对的权威转化到"仁"和"礼"的人事上来,从根本精神上把殷商神权政治转化为人文诉求。胡适评论孔子所创建的儒家的贡献说:

> 孔子时时提出一个"仁"字的理想境界。"仁者人也",这是最妥帖的古训……进一步的说法,"仁"就是要尽人道,做到一个理想的人样子……用那理想境界的人做人生的目标,这就是孔子的最博大又最平实的教义……从一个亡国民族的教士阶级,变到调和三代文化的师儒;用"吾从周"的博大精神,担起了"仁以为己任"的绝大使命,——这是孔子的新儒教。③

胡适主张最初的儒本是亡国的殷的遗民,因此有"亡国民族的教士阶级"的说法。对这一论断,学术界多有疑问④。但他指出儒家"仁以为己任"的基本精神,则是捕捉到历史真实的肯綮的。朱自清总结殷周以来思想领域的演变说:

> 其实《尚书》里的主要思想,该是"鬼治主义",像《盘庚》等篇所表现的。"原来西周以来,君主即教主,可以唯所欲为,不

---

①《庄子·天下》,陈鼓应《庄子今注今译》第 855 页,中华书局,1983 年。
②《论语注疏》卷一二《颜渊》,《十三经注疏》下册第 2502 页。
③《说儒》,《胡适精品集》第 7 卷第 60—61 页。
④ 如钱穆《驳胡适之〈说儒〉》,香港大学《东方文化》第 1 卷第 1 期,1963 年。

受什么政治道德的拘束。逢到臣民不听话的时候，只要抬出
上帝和先祖来，自然解决一切。"这叫做"鬼治主义"。"西周以
后，因疆域的开拓，交通的便利，富力的增加，文化大开。自孔
子以至荀卿、韩非，他们的政治学说都建筑在人性上面。尤其
是儒家，把人性扩张得极大。他们觉得政治的良好只在诚信
的感应；只要君主的道德好，臣民自然风从，用不到威力和鬼
神的压迫。"这叫做"德治主义"（以上引顾颉刚《盘庚中篇今
译》，《古史辨》第二册——著者）。①

儒家思想在战国时期有孟、荀加以发挥，再经过秦的焚书，到西汉
文、景时期重又得到重视。文帝时，申公、韩婴以《诗》为博士，是为
儒家经典列入学官之始。景帝时董仲舒、胡母生皆以治《春秋》为
博士。《史记》记载：

> ……汉兴，然后诸儒始得修其经艺，讲习大射乡饮之礼。
> 叔孙通作汉礼仪，因为太常，诸生弟子共定者，咸为选首，于是
> 喟然叹兴于学……及今上即位，赵绾、王臧之属明儒学，而上
> 亦乡之，于是招贤良方正文学之士……武安侯田蚡为丞相，绌
> 黄老、刑名百家之言，延文学儒者数百人，而公孙弘以《春秋》
> 白衣为天子三公，封以平津侯，天下之学士靡然乡风矣。②

至是，五经博士齐备。汉武帝更"罢黜百家，表章六经"③，使得儒术
在政治权威支持下得以独尊，确立起在思想领域的统治地位。尽
管汉代的所谓"儒术"已不同于孔、孟为代表的早期儒家，后来儒家
思想更经历了复杂的演变、分化过程，但儒经一直被历代王朝尊奉
为经国治民的大经大法，儒家思想则牢固地占据着历朝思想意识

---

① 《经典常谈》，《朱自清古典文学论文集》下册第 620 页，上海古籍出版社，
　　1981 年。
② 《史记》卷一二一《儒林列传》，第 3117、3118 页。
③ 《汉书》卷六《武帝纪》，第 212 页。

领域的正统地位,孔、孟所发展的重现世、重人生、重伦理的人文思想传统也一直生生不息地延续下来,构筑了中国文化的根本性格。

如上所述,这种人文传统一方面起着抵制、消解宗教信仰和宗教思想的作用,限制了宗教在中国的发展和影响。任何宗教在中国都不可能在政治上、思想上占据统治地位,儒家经学起了某种决定性的作用。佛教在中国的境遇当然也不例外。另一方面,在中国,任何宗教的存在和发展又都必须适应儒家的这一传统,在一定程度上按照这一传统精神来改变自己。佛教在中国的发展,同样积极地汲取了传统的人文精神和人本思想。中国接受的佛教主要是大乘佛教。如上所述大乘佛教本来具有重现世、重人生的性格,这种性格在汉传佛教里得到了更充分的发扬。中国佛教广行"四摄"、"六度",奉行诸善,慈悲为怀,削减了印度佛教灰心灭智、悲观厌世的观念,实践上更富于积极的入世精神。这些都体现佛教在中国的发展中适应本土传统的持续的努力,也使得中国佛教不断充实以丰富的人文内涵,带上更浓重的关注现世、重视人生的人本主义精神。

三

章太炎批驳康有为建立孔教之说,揭示中华民族传统思想意识的又一特征说:

> 国民常性,所察在人事日用,所务在工商耕稼,志尽于有生,语绝于无验。[1]

---

[1]《驳建立孔教议》,《太炎文录》。

这里所指出的就是前辈学者所说的"试验精神"（夏鼐）或"实用理性"（李泽厚）。这一点作为中国传统思想文化的另一个重要特征，对于外来佛教在中土的生存和发展、演变同样起着重要作用。

李泽厚指出：

> 如果说，血缘基础是中国传统思想在根基方面的本源，那么，实用理性便是中国传统思想在自身性格上所具有的特色。先秦各家为寻求当时社会大变动的前景出路而授徒立说，使得自商周巫史文化中解放出来的理性，没有走向闲暇从容的抽象思辨之路（如希腊），也没有沉入厌弃人世的追求解脱之途（如印度），而是执着人间世道的实用探求……中国哲学正是这样在感性世界、日常生活和人际关系中去寻求道德的本体、理性的把握和精神的超越。体用不二，天人合一，情理交溶，主客同构，这就是中国的传统精神，它即是所谓中国的智慧。[①]

儒家的创始者孔子自称是"好古敏以求之者"[②]。他所"好"之"古"是历史，是人事。他特别强调"学知"。这种观点具有"认识起源上的客观的意义"，而"正因为'学'是感觉或经验的同意语，'学'在形式上被肯定为知识的起源，所以《论语》中言及'闻'、'见'者七十六章，内分言'见'知者七十一处，言'闻'知者五十七处，共一百二十八处，处处以'闻见'为最可信赖的知识源泉，而无一处表示怀疑"[③]。与此相对应，孔子对于宗教的、超然的、形而上的事物取排斥态度。这就是所谓"子不语怪、力、乱、神"[④]。《论语》上记载孔子

---

①《试谈中国的智慧》，《中国思想史论》（上）第 307、314 页，安徽文艺出版社，1999 年。

②《论语注疏》卷七《述而》，《十三经注疏》下册第 2483 页。

③侯外庐、赵纪彬、杜国庠《中国思想通史》第 1 卷第 173、177 页。

④《论语注疏》卷七《述而》，《十三经注疏》下册第 2483 页。

的教诲：“樊迟问知。子曰：‘务民之义，敬鬼神而远之，可谓知矣。’”①"季路问事鬼神。子曰：‘未能事人，焉能事鬼。’曰：‘敢问死。’曰：‘未知生，焉知死。’"②关于儒家思想的这一特征，从与之相对立的学派的批评中可以看得更清楚。墨家说："儒之道足以丧天下者，四政焉。儒以天为不明，以鬼为不神，天、鬼不说，此足以丧天下；又厚葬久丧，重为棺椁，多为衣衾，送死若徙，三年哭泣，扶后起，杖后行，耳无闻，目无见，此足以丧天下；又弦歌鼓舞，习为声乐，此足以丧天下；又以命为有，贫富寿夭，治乱安危，有极矣，不可损益也，为上者行之，必不听治矣，为下者行之，必不从事矣，此足以丧天下。"③这里概括的四点，第一点是理论方面的主张，即对于"天"和"鬼神"置而不论，持怀疑立场；第二、三两点指礼乐实践；第四点指相信天命，在下面将再行分析。

孔子的重实际、重论理的精神作为思想资源特别被荀子所继承。荀子的认识论更强调"行"即实践的意义。他说："不闻，不若闻之；闻之，不若见之；见之，不若知之；知之，不若行之。学至于行而止矣。行之，明也；明之，为圣人。圣人也者，本仁义，当是非，齐言行，不失毫厘，无它道焉，已乎行之矣。"④这里特别强调见闻知觉的作用，认为这些感官实践乃是作为圣人"无它道"的前提条件。他又说："故善言古者，必有节于今；善言天者，必有征于人。凡论者贵其有辨合，有符验。故坐而言之，起而可设，张而可施行。"⑤这又把现实的人事作为判断言论是非的标准，并归结到可以"施行"，从而把儒家的理性主义又向实践的方向推进一步。

与儒家并立为"显学"的墨家，倡"天志"，主"明鬼"，本来具有

①《论语注疏》卷六《雍也》，《十三经注疏》下册第 2479 页。
②同上卷一一《先进》，《十三经注疏》下册第 2499 页。
③《墨子间诂》卷一二《公孟第四十八》。
④《荀子集解》卷四《儒效篇第八》。
⑤同上卷一七《性恶篇第二十三》。

更浓厚的宗教性格。但是在认识论上,又具有浓厚的理性色彩。例如墨子说:"……天下之所以察知有与无之道者,必以众之耳目之实知有与亡为仪者也。请惑闻之见之,则必以为有;莫闻莫见,则必以为无。"①这段话是用来论证鬼神实有的,说自古及今就有人亲闻亲见鬼神,并认为相关传说可作为依据。但强调"耳目之实"即感官的作用,从认识论角度说则是重视感官见闻的。墨子更系统地总结出查验真理的所谓"三表"法:"子墨子言曰:必立仪。言而毋仪,譬犹运钧之上而立朝夕者也,是非利害之辨不可得而明知也。故言必有三表。何谓三表?子墨子言曰:有本之者,有原之者,有用之者。于何本之?上本之于古者圣王之事。于何原之?下原察百姓耳目之实。于何用之?废以为刑政,观其中国家百姓人民之利。此所谓言有三表也。"②这样,他主张认识来自古今人的经验,辨别是非要通过事实的检验。墨子强调感性的决定作用,从而得出"天志"、"明鬼"等结论当然是错误的,其错误根源在于所主张的单纯的感性认识没有能上升到实践的高度;但他的这种观点却又明显具有理性品格。他的认识论内在的这一矛盾,显示他在重理性一点上是与孔、荀的认识论有相一致之处的。

先秦的另一个重要学派是老子开创的道家。老子主张"绝圣弃智"③,"不出户,知天下"④,与墨子重视经验的观念正相反。关于老子的"道可道,非常道"的"道"的性质,学术界有不同判断,迄无定论。但其主张的"处无为之事,行不言之教"⑤并不是宗教,则是可以肯定的。到了庄子,其整个思想倾向较之老子是明显地向

① 《墨子间诂》卷八《明鬼下第三十一》。
② 同上卷九《非命上第三十五》。
③ 王弼注《老子道德经》上篇十九章。
④ 同上下篇四十七章。
⑤ 同上上篇二章。

唯心方向发展了。他所描述的"有情有信，无为无形……莫知其始，莫知其终"①的"道"明显具有更神秘、更绝对的性质；其"物无非彼，物无非是……彼亦一是非，此亦一是非"的"道枢"②也是神秘不可知的；其所描绘的理想的"真人"、"至人"、"神人"、"德人"等等则已是后来道教神仙的雏形。但庄子学派的唯心思想观念与宗教信仰之间仍存在鲜明界限也是可以肯定的。

　　儒、墨、道三家是先秦"百家争鸣"中的主要学派，还有略去不谈的其他学派，这些学派思想体系尽管不同，但是重视理性、重视实际的总的性格是大体一致的。它们学说中所包含的宗教观念不同，而它们的思想观念都没有形成宗教信仰体系则是肯定的。因此它们才被当作思想学术"百家"中的一"家"。总之，它们体现的人文精神正是中国传统意识的共同特征。这一特征长久地左右着中国思想、文化的发展脉络。后来到秦汉时期，神仙方术之士活跃，又有谶纬神学勃兴，但所谓"试验精神"、"实用理性"的传统却持续地得到发扬。作为代表人物，前汉有写作"其文直，其事核，不虚美，不隐恶，故谓之实录"③的史学巨著《史记》的司马迁，后汉则有"伤伪书俗文多不实诚，故为《论衡》之书"④的王充。司马迁自诩所著《史记》"究天人之际，通古今之变，成一家之言"，对当时兴盛的阴阳五行之类神学迷信给以严厉批判，斥责阴阳家驺衍"深观阴阳消息而作怪迂之变"，"其语闳大不经"，其言"不轨"⑤等等，典型地反映了他的理论倾向。王充则"好论说，始若诡异，终有理实。以为俗儒守文，多失其真……著《论衡》八十五篇，二十余万言，释

①王先谦《庄子集解》卷二《大宗师第六》。
②同上卷一《齐物论第二》。
③《汉书》卷六二《司马迁传赞》，第 2738 页。
④《论衡》卷三〇《自纪篇》，第 450 页，上海人民出版社，1974 年。
⑤《史记》卷七四《孟子荀卿列传》，第 2344－2345 页。

物类同异，正时俗嫌疑"①，特别是对"天人感应"论、"君权神授"说以及当时流行的谶纬神学，他予以尖锐的抨击，表现出大无畏的战斗精神。

李泽厚又曾指出：

> 中国实用理性的传统既阻止了思辨理性的发展，也排除了反理性主义的泛滥，它以儒家思想为基础构成了一种性格——思想模式，使中国民族获得和承续着一种清醒冷静而又温情脉脉的中庸心理：不狂暴，不玄想，贵领悟，轻逻辑，重经验，好历史，以服务于现实生活，保持现有的有机系统的和谐稳定为目标，珍视人际，讲求关系，反对冒险，轻视创新……所有这些，给这个民族的科学、文化、观念形态、行为模式带来了许多优点和缺点。②

李泽厚这一段论述没有说到宗教。实际上在中国生存和发展的宗教也不能不接受这一传统的影响。关于佛教，梁启超有所谓"智信而非迷信"之说，即是注意到佛教的教理、教义包含崇尚理性的一面。佛陀创教伊始，即特别重视"智慧"（般若），强调"觉悟"（正觉），具有浓厚的理性色彩。到部派佛教时期，各部派对教理进行细密论证，结集大量阿毗达摩论书，更使极端细密的理论思辨成为这一宗教的显著特征。印度佛教在理论思维方面显然较中国发达，其论理与中国"实践理性"的传统性格也不相同，但在注重理性一点上二者则又是有明显类似之处的。

从佛教在中国具体环境下传播、发展情况看，其先验的信仰与超然的幻想受到一定约束，而教理的发挥则得到了良好条件。这都与中国传统上注重理性的性格有直接关系。正是有了中国理性传统丰厚、理论思想高度发达的文化土壤，佛教繁复的教理才有可

---

①《后汉书》卷四九《王充王符仲长统列传》，第 1629 页。
②《试谈中国的智慧》，《中国思想史论》（上）第 309－310 页。

能被顺利、积极地接受和理解,其细密的逻辑思辨也具有相当的吸引力。这样在中国,对于一般民众,纯任主观的信仰与幻想提供了精神慰藉,满足他们信仰上的需求,而其发达的论理与细密的逻辑则受到知识阶层的欢迎,促进了高层次理论思想的建设和发展。东晋已降,佛法在知识阶层中广泛弘扬,僧、俗间讲论佛法成为风气,在对专经专论深入研究的基础上,形成一批中国佛教学派,出现了"成实师"、"涅槃师"、"毗昙师"、"俱舍师"、"地论师"、"摄论师"、"楞伽师"等一批本土师说。在此基础上,进而又形成隋唐时期一批中国佛教宗派。南北朝时期的"义学""师说"对外来佛教教理进行了创造性的发挥,后来各宗派更建设起自成系统的宗义,发展出各自的教理体系。这样,在几百年的时间里,中国佛教创造出中国历史上一个个理论思想的高峰。在晋、宋以后相当长的历史时期里,佛教成为推动思想理论建设的主导力量。而寻根求源,中国自古以来重视理性、理论思维高度发达的传统正起到了保证作用。

在中国的具体环境下,佛教在充分汲取并发扬本土理性精神的基础上发展出高水平的佛教学术、佛教文化,在高层次的思想、学术领域作出了巨大贡献。这也有助于保持和加强它在社会上的地位和影响。结果甚至是历代那些反对佛教的人士,也钻研佛书,结交僧人,承认以至赞赏、借鉴佛教在思想学术、文学艺术领域创造的成果。佛教教理后来更成为构筑宋明理学的重要资源,造成了作为思想统治体系的儒学的根本转变。这是佛教在思想理论方面发挥强项的典型表现。

另一方面,佛教在中国的发展中,也不断吸收本土高度发达的理论成果和思辨方式,从而丰富了自身的理论内涵,强化了理性色彩。所谓中国佛教的"中国化",吸收中土传统的理性精神来改造自身也是其重要方面,对于它的发展更起着多方面的作用。

四

　　再一点,中华民族本来由多民族构成,居住在幅员广大、各方面差异巨大的国土上,一直延续着多民族交流和融合的传统。这种条件下形成的文化必然具有开放、弘通的性格。李泽厚指出:

> 儒学之所以成为中国传统思想主干的另一原因,如同中国民族不断吸收溶化不同民族而成长发展一样,还在于原始儒学本身的多因素多层次结构所具有的包容性质,这使它能不断地吸取溶化各家,在现实秩序和心灵生活中构成稳定系统。由于有这种稳定的反馈系统以适应环境,中国思想传统一般表现为重"求同",所谓"通而同之",所谓"求大同存小异",它通过"求同"来保持和壮大自己,具体方式则经常是以自己原有的一套来解释、贯通、会合外来的异己的东西,就在这种会通解释中吸取了对方、模糊了对方的本来面目而将之"同化"。秦汉和唐宋对道、法、阴阳和佛教的吸收同化是最鲜明的实例。①

先秦时期的百家并立与争鸣,正是中国文化开放、弘通性格的典型表现。司马谈"论六家之要指",开头就说:"《易大传》:'天下一致而百虑,同归而殊途。'夫阴阳、儒、墨、名、法、道德,此务为治者也,直所从言之异路,有省不省耳。"②司马谈是崇尚黄老的,但他对其他学派取包容态度。汉武帝"独尊儒术",排斥百家杂说,但这所谓"儒术"本身就兼容了名、法、阴阳等家诸多学派的内容;而在后来

---

①《试谈中国的智慧》,《中国思想史论》(上)第317页。
②《史记》卷一三〇《太史公自序》,第3288—3289页。

历史上长时期所谓"经学统治"之下,历代朝廷和各阶层人士对诸学派、诸宗教基本也是优容、兼取的。这种开放、弘通的态度,赋予中国文化以巨大活力,也是它得以延续发展、生生不息的重要保证。这种传统既给外来佛教的输入和发展提供了有利条件,必然也影响到它后来的发展方向。

如上所述,中土人士是以相当积极的态度接受佛教的。在输入初期,外来佛教曾被当作神仙方术的一种,魏、晋以降佛学又与玄学合流。这些形态实际乃是佛教适应中土环境的独特表现,也是中土人士以融通姿态接受佛教的具体体现。后来在反佛与护法的长期斗争中,护法一派的主要论据就是佛教教理不悖于儒家圣人之道而有以佐世。在这一点上,唐人柳宗元的说法相当典型。他说:

> 太史公尝言:世之学孔氏者,则黜老子;学老子者,则黜孔氏。道不同不相为谋。余观老子,亦孔氏之异流也,不得以相抗。又况杨、墨、申、商、刑名、纵横之说,其迭相訾毁抵捂而不合者,可胜言耶?然皆有以佐世。太史公没,其后有释氏,固学者之所怪骇舛逆其尤者也。今有河南元生者,其人闳旷而质直,物无以挫其志,其为学恢博而贯统,数无以踬其道,悉取向之所以异者,通而同之,搜择融液,与道大适,咸伸其所长,而黜其奇邪。要之与孔子同道,皆有以会其趣。①

柳宗元和韩愈曾就佛教信仰进行过激烈争辩,柳宗元为自己辩护的主要论点是:"浮图诚有不可斥者,往往与《易》、《论语》合,诚乐之,其于性情奭然不与孔子异道……且凡为其道者,不爱官,不争能,乐山水而嗜闲安者为多。吾病世之逐逐然唯印组为务以相轧也,则舍是其安从?"②这实际也是同于"天下一致而百虑,同归而殊

---

① 《送元十八山人南游序》,《柳河东集》卷二五。
② 《送僧浩初序》,《柳河东集》卷二五。

途"的观念的。柳宗元对佛教的这种辩护,大体也是古代不同思想
和信仰的人能够接受的。而佛教方面往往也以同样的姿态回应各
种批评和责难,体现出开放、综合的性质,对中国固有的思想传统
和宗教信仰等等采取积极兼容的姿态。这样两相凑合,佛教生存
的环境就相当开阔了。

　　正是体现中国文化的特征,中国佛教本身的综合性质也是表
现得相当突出的。就其内部而言,众所周知,东汉末年佛教传入中
土的早期,安世高和支娄迦谶就分别传译了小乘和大乘经典。后
来从事译经的中外僧俗,一方面随着新经典的结集及时地加以传
译,另一方面又注意翻译不同部派、学派的各类经典。这样,印度
佛教不同时期形成的大、小乘内容十分丰富、歧异的"三藏"相当完
备地被译介成汉文。值得注意的是,从教义、教理说,在中土传播、
弘传的主要是大乘佛教,而众多小乘典籍的汉译却是同时进行的。
例如属于小乘佛教的五部《阿含》,除了大量单经之外,四部完整经
本的传译都完成于南北朝时期[1];而属于部派佛教的许多论书和律
典直到唐代还在陆续翻译[2]。大乘佛教经过复杂的发展过程,思想
内容十分丰富,理论分析更为细密、严密。而早期部派的论书、戒
律,同样包含许多有独特价值的内容,在中土长期广泛流传,受到
重视和欢迎。中国佛教兼容大、小乘经典的态度和做法,使得更全
面地接受这些经典所承载的文化内容成为可能,也让不同阶层、不
同观点的人得以从中选择自己能够接受的部分。南北朝时期,义
学沙门面对内容庞杂、充满歧义和矛盾的数量巨大的经典群,根据

---

①《增一阿含经》五十一卷,苻秦昙摩难提建元二十一年(385)译;《中阿含经》
　六十卷,东晋僧伽提婆隆安元年至二年(397—398)译;《长阿含经》二十二
　卷,姚秦佛陀耶舍弘始十五年(413)译;《杂阿含经》四十八卷,刘宋求那跋陀
　罗译。以上据吕澂《新编汉文大藏经目录》第38—49页。
②例如玄奘翻译了多部部派佛教《阿毗达摩》,而义净则集中翻译了有部律书
　《毗奈耶》。

各自的理解整理出系统,作出所谓"教相判释"(教判、判教)。即把庞大的经典群安排、组织到佛陀一代教法之中(把全部经藏视为佛陀前后不同时期的说法),加以分析、整理,勘定层次,确认价值,从而构造一个系统,以解明佛法真意。早在罗什译场,这种判教观念和做法已有尝试。后来刘宋时期的慧观判一代正法为五时教,成为中土系统判教的嚆矢。这一做法很快流行开来,有所谓"南三北七"之说,即南、北方共有十种主要的判教方法。陈、隋时期的智颙创立中土第一个宗派天台宗,依据所谓"五时八教"判教来确立自宗宗义。此后各宗派都以独特的判教方式作为立宗根据。判教乃是中国佛教的创造,它充分地注重和发挥了佛教注重教理的特征,具有多方面的学术和文化价值,有力地促进了高水平的中国佛学的发展。对待教典的这种态度和方式,也正集中反映了中国佛教广纳异说的弘通、开放姿态。

就外部关系而言,佛教在中国的发展中一直与儒、道(道家与道教)存在矛盾,进行斗争。儒家和道教都曾激烈地批判过佛教,几次"灭佛"都有儒、道两家在起作用。而对比之下,佛教方面态度则相当温和。历代僧俗迎接儒、道方面的挑战,进行护法论争,多取辩解姿态。佛教在中国传播,所采取的主要方法是言论的宣传与民众的教化,并主动争取朝廷的允准和支持。历史上面对儒家和道教对于佛法的攻击和批驳,佛教方面基本取退守姿态。本来在中国的文化环境下,宗教斗争基本是思想、理论层面的论争,没有宗教裁判,更没有宗教战争。佛教在这种斗争中则保持更柔韧、更富于包容的性格。这也成为它在中国生存和扎根的最佳策略,也使得它能够不断适应环境,主动地改造自身来求得发展。典型的如禅宗,作为纯粹"中国化"的佛教,正是儒、释、道"三教"交流与融合的成果。这也成为它兴旺发达,一时影响笼盖诸宗的重要原因。而值得注意的是,禅宗又对中国思想发展造成巨大影响,宋、明理学作为儒、释、道思想相融合的产物,从佛教汲取的主要是禅与华严。纵观汉代以来的中国思想史,正是在"三教"间持续的交流与融合中得到发展的。而在三者间去粗取精,去伪存真,加以辨析、选择、采纳、运用,则显示了中国人高度的聪明才智。

五

以上三个方面,是佛教在中国生存和发展的一般思想意识方面的背景。如上所述,它们在很大程度上决定了佛教在中国发展的方向和道路。中土人士接受佛教、理解佛教还有另一方面的条件,即本土固有的宗教意识和信仰。早期中国的历史发展同样遵循宗教与文明共生这一根本规律。如上所述,殷商时期统治社会的是神权政治。殷周社会转变,人文精神得以发扬,宗教信仰、宗教活动受到抑制,但是宗教观念作为长久形成的传统仍牢固地存在并发挥着作用,只是地位和形态有所变化而已。特别是社会各阶层的宗教需求仍然十分强烈。这些既给佛教输入和传播提出了需要和空间,也赋予输入的外来新宗教以传统积累的内容,同样也影响到新宗教后来的发展、演变趋势。

神魂不灭观念乃是宗教信仰的重要基石。在中国,据考距今一万八千年左右的北京山顶洞人把死者埋葬在下室,即表明当时已经有灵魂不死观念;有的学者认为其尸体上及其周围放置的赤铁矿粉即是血液的象征。据推测当时人以为人死血枯,给尸体及其周围装饰同样颜色的物质,是希望死者在另外的世界里复活[1]。而在公元前四千五百年左右的仰韶文化遗址里,则发现更多灵魂不死信仰的证据。如在半坡遗址发现的盛敛小儿尸体的瓮棺上有

---

[1]参阅贾兰坡《中国大陆上的远古居民》,天津人民出版社,1978年。

小孔,就被认为是留供灵魂出入的;在同属仰韶文化的河南濮阳西水坡 45 号墓室中央、墓主两侧,有用蚌壳排列的一龙一虎图形,据考就是"象征死者魂升天上,而墓室外人骑龙图形则表示其升天的过程"①。中土上古时代的墓葬及对死者的祭祀制度,也正是以灵魂不死观念为基础形成的。殷人的"帝"的概念之一就是祖先神。前面说到"殷人尊神",重要内容是崇拜祖灵。周人继承了这一传统。《诗经·大雅·文王之什·文王》说:

> 文王在上,於昭于天,周虽旧邦,其命维新。有周不显,帝命不时,文王陟降,在帝左右。亹亹文王,令闻不已,陈锡哉周,侯文王子孙……②

这是把文王当作祖先神来颂扬的。郭沫若根据周金资料总结说:

> 死后其灵不灭曰严,亦谓之鬼,能降子孙以福佑。③

在春秋战国时代,关于不灭的灵魂是否存在,曾有"未知生,焉知死"的怀疑论,也有过形销神灭的否定论,但"神不灭"即灵魂不死观念却一直作为当时一般人的观念存在。《左传》里记载有许多关于鬼魂的故事。著名的如:

> (庄公八年,前 686)冬十二月,齐侯游于姑棼,遂田于贝丘。见大豕。从者曰:"公子彭生也。"公怒,曰:"彭生敢见!"射之。豕人立而啼。公惧,队于车。④

齐人彭生曾为齐襄公拉杀鲁桓公于车中,后为襄公所杀以谢罪于鲁国。又:

---

① 李学勤《走出疑古时代》(修订本)第 148 页,辽宁大学出版社,1997 年。
② 《毛诗正义》卷一六一一,《十三经注疏》上册第 503—504 页。
③ 《金文丛考·周彝中之传统思想考》,《郭沫若全集·考古编》第 5 卷第 30—32 页,科学出版社,2002 年。
④ 《春秋左传注》(修订本)第 1 册第 175 页。

> （僖公十年，前650）秋，狐突适下国（曲沃），遇大子（申
> 生）。大子使登，仆，而告之曰："夷吾无礼，余得请于帝矣，将
> 以晋畀秦，秦将祀余。"……君曰："诺。吾将复请。七日，新城
> 西偏将有巫者而见我焉。"许之，遂不见。[1]

申生是晋献公太子，被献公宠爱的骊姬陷害自杀。又襄公三十年
（前543）郑国伯有被子皙、驷带所杀：

> （昭公七年，前535）郑人相惊以伯有，曰："伯有至矣。"则
> 皆走，不知所往。铸刑书之岁二月（前536），或梦伯有介而行，
> 曰："壬子，余将杀（驷）带也。明年壬寅，余又将杀（公孙）段
> 也。"及壬子，驷带卒，国人皆惧；齐、燕平之月，壬寅，公孙段
> 卒。国人愈惧。其明月，子产立公孙泄及良止以抚之，乃止。
> 子大叔问其故。子产曰："鬼有所归，乃不为厉。吾为之归
> 也。"……及子产适晋，赵景子问焉，曰："伯有犹能为鬼乎？"子
> 产曰："能。人生始化曰魄，既生魄，阳曰魂，用物精多，则魂魄
> 强，是以有精爽至于神明。匹夫匹妇强死，其魂魄犹能冯依于
> 人，以为淫厉，况良霄……其取精也多矣，其族又大，所冯厚
> 矣，而强死，能为鬼，不亦宜乎！"[2]

这样的记载，清楚地体现了当时人的鬼神观念。在诸子中，墨子是
主张有鬼论的。所著书里有《明鬼》三篇，今存下篇。他认为"疑惑
乎鬼神有无之别，是以天下乱"。当然这也表明当时鬼神的有无是
有争议的问题。他举出列国史书上的记载为证，首先举周宣王
时事：

> 周宣王杀其臣杜伯而不辜。杜伯曰："吾君杀我而不辜，
> 我以死者为无知，则止矣；若死而有知，不出三年，必使吾君知

---

①《春秋左传注》（修订本）第1册第334—335页。
②同上第4册第1291—1293页。

之。"其三年,周宣王合诸侯而田于圃。田车数百乘,从数千,人满野,日中,杜伯乘白马素车,朱衣冠,执朱弓,挟朱矢,追周宣王,射之车上,中心折脊,殪车中,伏弢而死。[①]

他最后得出结论说,"凡杀不辜者"必受"鬼神之诛"。接着,又记载了几则类似故事,都是转述诸国史书纪录,然后又根据对"三代圣王"的祭祀以证明"鬼神为有"。墨子的观点虽然只是一家之说,思想史上认为这一学派的思想是更多反映当时一般民众的思想潮流的。

秦汉时期,鬼神信仰继续得到发展。汉代祠堂画像清楚地反映了当时社会上流行灵魂不死观念的实态。例如根据山东长清县孝堂山祠堂的"车马出行图"画像分析,"存在着图像学意义截然不同的两种车马出行图。一种是配置在祠堂后壁'祠主受祭图'之上、表现祠主生前最荣耀经历的车马出行图……另一种是配置在祠堂后壁'祠主受祭图'之下、表现祠主为了接受子孙和家人的祭祀,从地下世界赴墓地祠堂途中或刚刚到达目的地的车马出行图"[②]。东汉时期更形成了泰山治鬼之说:

> 《盐铁论》云:古者庶人鱼菽之祭,士一庙,大夫三,以时有事于五祀,无出门之祭。今富者祈名岳,望山川,椎牛击鼓,戏倡舞像。则出门进香之俗,已自西京而有之矣。自哀、平之际而谶纬之书出,然后有如《遁甲开山图》所云泰山在左,亢父在右,亢父知生,梁父主死。《博物志》所云泰山一曰天孙,言为天帝之孙,主招人魂魄,知生命之长短者。其见于史者,则《后汉书·方术传》徐峻自云:"尝笃病三年,不愈,乃谒泰山请命。"《乌桓传》:"死者神灵归赤山,赤山在辽东西北数千里,如中国人死者魂神归泰山也。"……然则鬼论之兴,其在东京之

---

① 《墨子间诂》卷八《明鬼下第三十一》。
② 信立祥《汉代画像石综合研究》第 118 页,文物出版社,2000 年。

世乎？①

正是这种一代代延续的灵魂不死观念、冥界观念以及相关联的神仙思想等等，为道教的形成，也为中土接受佛教准备下思想、信仰方面的基础。

与鬼神观念相关联的还有报应和罪罚观念。《诗经·大雅·文王之什·旱麓》中说"岂弟君子，神所劳矣"，"岂弟君子，求福不回"；小序说："《旱麓》，受祖也。周之先祖，世修后稷、公刘之业，大王、王季，申以百福干禄焉。"②这是基于祖先神信仰的报应观念。上面引述过的《左传》伯有等人故事里也已经可以发现这种观念。更明确的记载还有这样的著名故事：

> （宣公十五年，前594）初，魏武子有嬖妾，无子。武子疾，命（子）颗曰："必嫁是。"疾病，则曰："必以为殉！"及卒，颗嫁之，曰："疾病则乱，吾从其治也。"及辅氏之役，颗见老人结草以亢杜回。杜回踬而颠，故获之。夜梦之曰："余，而所嫁妇人之父也。尔用先人之治命，余是以报。"③

《易经·坤卦·文言》据考是战国中期孔子后学所作，其中说到："积善之家，必有余庆；积不善之家，必有余殃。臣弑其君，子弑其父，非一朝一夕之故，其所由来者渐矣。"④这则是更明确的以血缘家族为主体的报应论。《庄子》杂篇《庚桑楚》里说：

> 为不善乎显明之中者，人得而诛之；为不善乎幽暗之中者，鬼得而诛之。⑤

---

①顾炎武《日知录》卷三〇《泰山治鬼》，第1313—1314页，周苏平、陈国庆点注，甘肃民族出版社，1997年。
②《毛诗正义》卷一六之三，《十三经注疏》上册第515—516页。
③《春秋左传注》（修订本）第2册第764页。
④《周易正义》卷一，《十三经注疏》上册第19页。
⑤陈鼓应《庄子今注今译》第607页。

这都表明,在春秋战国时代,祸福报应是当时人相当普遍的观念。

后来原始道教发展出"承负"观念。《太平经》上说:

> 承者为前,负者为后;承者,乃谓先人本承天心而行,小小失之,不自知,用日积久,相聚为多,今后生人反无辜蒙其过谪,连传被其灾,故前为承,后为负也。负者,流灾亦不由一人之治,比连不平,前后更相负,故名之为负。负者,乃先人负于后生者也;病更相承负也,言灾害未当能善绝也。[①]

"承负"也是一种报应。这种承负观念体现的是本土传统的思想观念。这样,虽然中土固有的以血缘关系为主体的报应观念与佛教以个人为主体的轮回报应说显然有所不同,但就把因果关系普遍化和绝对化并贯彻到人事之中这一点说,二者的思维逻辑是相通的。中国传统报应观念一方面为接受佛教的轮回业报说提供了思想基础,另一方面,又促使佛教的报应观念后来在中土的发展中适应传统而加以改造。

中土固有宗教思想之中,更主要的还有"天命"观和与之相关联的"宿命"思想。前面说过,在中土理性精神的发展中,在周初,殷人的人格神的"天"逐渐转化为道德伦理的"天",再进一步演化出人性之"天"。当然,还有物质的"天"等不同看法。这就形成了有关"天"的十分模糊、含混的观念。但是,在直到宋代"新儒学"形成的漫长时期里,关于"天人之际"一直是思想意识领域的主要课题,在居于统治地位的宇宙观和历史观中先验的"天命"观一直或重或轻、或隐或显地起着决定作用。即如孔子,一方面如《论语·公冶长》里子贡所说:"夫子之文章,可得而闻也。夫子之言性与天道,不可得而闻也。"[②]而另一方面却又一再强调"天"和"天命"的意

---

①王明编《太平经合校》卷三九《解师策书诀第五十》,上册第70页,中华书局,1960年。

②《论语注疏》卷五,《十三经注疏》下册第2474页。

义，如：

> 子曰：“吾……五十而知天命……”①

> 王孙贾问曰：“与其媚于奥，宁媚于灶，何谓也?”子曰：“不然，获罪于天，无所祷也。”②

> 子曰：“天生德于予，桓魋其如予何?”③

> 子畏于匡，曰：“文王既没，文不在兹乎！天之将丧斯文也，后死者不得与于斯文也；天之未丧斯文也，匡人其如予何！”④

> 子曰：“莫我知也夫。”子贡曰：“何为其莫知子也?”子曰：“不怨天，不尤人，下学而上达。知我者，其天乎！”⑤

> 孔子曰：“君子有三畏，畏天命，畏大人，畏圣人之言。小人不知天命而不畏也，狎大人，侮圣人之言。”⑥

对于“命”，孔子更是“与命与仁”⑦的。与，许也⑧。就是说，他同样摆脱不了对“命”的信仰，如：

> 伯牛有疾，子问之，自牖执其手，曰：“亡之，命矣夫！……”⑨

> 司马牛忧曰：“人皆有兄弟，我独亡。”子夏曰：“商闻之矣，死生有命，富贵在天……”⑩

----

①《论语注疏》卷二，《十三经注疏》下册第 2461 页。
②同上卷三，《十三经注疏》下册第 2467 页。
③同上卷七，《十三经注疏》下册第 2483 页。
④同上卷九，《十三经注疏》下册第 2490 页。
⑤同上卷一四，《十三经注疏》下册第 2513 页。
⑥同上卷一六，《十三经注疏》下册第 2522 页。
⑦同上卷九，《十三经注疏》下册第 2489 页。
⑧杨树达《词诠》第 581 页，中华书局，1956 年。
⑨《论语注疏》卷六，《十三经注疏》下册第 2478 页。
⑩同上卷一二，《十三经注疏》下册第 2503 页。

> 子曰："道之将行也与？命也。道之将废也与？命也。公伯寮其如命何？"①
>
> 孔子曰："不知命，无以为君子也；……"②

周予同曾指出："他（孔子）还有相当的宿命思想，我称之为反鬼神而取术数，说明他仍有迷信。""现存的'经书'里，很少有涉及鬼神主宰之类的芜杂妄诞的篇章，但说'命'的内容却存留不少，正显示着孔子整理'六经'时的矛盾见解。"③而徐复观则具体分析说：

> 儒家把生死富贵等委之于命，而把贤不肖则责之于个人自己的努力；其根据，则以为贤不肖是属于性的范围，而不是属于运命之命的范围；所以儒家所说的"性命"的命，是道德性的天命，而不是盲目性的运命。④

正是这样，孔子大力肯定人的道德修养的作用，乃是他追求"成人"、肯定人的主观能力的方面。但在人性的贤不肖之外，对于命运他却表现得无能为力而委之于天。这也是他"罕言""天"的无可奈何之处。

墨子讲"天志"，和"明鬼"一样，体现出比儒家更浓重的宗教精神。但"墨子的天志和孔子的天命思想根本不同。孔子和他的弟子所谓'畏天命'（《论语·季氏》）、'死生有命，富贵在天'（《论语·颜渊》），是在承认有意志的天的前提下的命定论……墨子针对着这个思想，认为富与贫、贵与贱、寿与夭，都非命所定，可以人力变更……从而提出非命的主张……墨子由于小生产者阶级软弱的本性，始终不能摆脱那幻想出来的强大的靠山：有意志的天。所以他

---

① 《论语注疏》卷一四，《十三经注疏》下册第 2513 页。
② 同上卷二〇，《十三经注疏》下册第 2536 页。
③ 《〈六经〉与孔子的关系问题》，《周予同经学史论著选集》第 803 页，上海人民出版社，1983 年。
④ 《中国人性论史·先秦篇》，《徐复观文集》第 3 卷第 336 页。

抛弃了命定论,但是接受了尊天、明鬼的宗教思想"①。正是这样,《墨子·天志》篇说:

> 顺天意者,兼相爱,交相利,必得赏;反天意者,别相恶,交相贼,必得罚。然则是谁顺天意而得赏者?谁反天意而得罚者?子墨子言曰:昔三代圣王,禹、汤、文、武,此顺天意而得赏也;昔三代之暴王,桀、纣、幽、厉,此反天意而得罚者也。②

又说:

> 故子墨子之有天之意也,上将以度天下之王公大人为刑政也,下将以量天下之万民为文学、出言谈也。观其行,顺天之意,谓之善意行;反天之意,谓之不善意行。观其言谈,顺天之意,谓之善言谈;反天之意,谓之不善言谈。观其刑政,顺天之意,谓之善刑政;反天之意,谓之不善刑政。故置此以为法,立此以为仪,将以量度天下之王公大人卿大夫之仁与不仁,譬之犹分黑白也。③

这样,肯定"天意"提供了判断善恶是非的依据。墨子又据以提出了"兼爱"、"尚同"等主张。墨子的天命观无论是内容还是归宿显然都和儒家不同,体现出更浓厚的伦理意义,但却不能否定"天志"的存在。这也显示了传统的对"天"的崇拜的巨大力量。

庄子则肯定"天德"、"天钧"、"天倪"等的绝对权威。他一再强调"天"的作用,如说:

> 知天之所为,知人之所为者,至矣。知天之所为者,天而生也……④

---

① 任继愈主编《中国哲学史》第 1 册第 111 页,人民出版社,1963 年。
②《墨子间诂》卷七《天志上第二十六》。
③ 同上卷七《天志中第二十七》。
④《庄子·大宗师》,《庄子今注今译》第 168 页。

体尽无穷，而游无朕，尽其所受乎天，而无见得，亦虚而已。①

荀子曾批评"庄子蔽于天而不知人"。杨倞注："天，谓无为自然之道，庄子但推治乱于天而不知在人也。"②这是依据庄子的"自然天道观"作出的解释。而郭象解释前引"知天之所为"一段则说："知天人之所为者，皆自然也，则内放其身而外冥于物，与众玄同，任之而无不至也。"③这里所谓"自然"，实际是"道法自然"的"自然"，不是自在的"自然"。所以同样有统御的意义。正是基于这种"自然"观，庄子更强烈地主张"命定论"。如他说：

申徒嘉曰："……知不可奈何，而安之若命，唯有德者能之……"

仲尼曰："死生存亡，穷达贫富，贤与不肖毁誉，饥渴寒暑，是事之变，命之行也……"④

死生，命也。其有夜旦之常，天也。

（子桑）曰："吾思夫使我至此极者而弗得也。父母岂欲吾贫哉？天无私覆，地无私载，天地岂私贫我哉？求其为之者而不得也；然而至此极者，命也夫！"⑤

崔大华指出：

庄子思想中的"命"作用范围相当广泛，不仅决定了人的生死自然大限，而且制范着、预定了人的一生在社会生活中的伦理关系和贫富穷达的遭际……即在庄子看来，命运的安排，

---

① 《庄子·应帝王》，《庄子今注今译》第 227 页。
② 《荀子集解》卷一五《解蔽篇第二十一》。
③ 郭象注《庄子》卷三。
④ 《庄子·德充符》，《庄子今注今译》第 150、157 页。
⑤ 《庄子·大宗师》，《庄子今注今译》第 177、208 页。

如同衣小不能怀大,绳短不可汲深,都是无法改变的。①

徐复观则分析庄子的天命思想与儒家的区别说:

> 庄子所说的命,并无运命与天命的分别,他把贤不肖也属之于命,把儒家划归到人力范围的,也划分到命的范围里面去了……②

庄子面对人生难以解脱的困境,只好逃避到"命定论"的结穴中去。庄子对"天命"的信仰显然更为彻底。

崔大华又指出:

> 因为在先秦,庄子思想始终都是单纯地处在以儒家思想为背景、为基础的文化环境中,精神生活总是在现世的画面上展开。③

实际上,一个民族、一个时代的思想潮流处在共同的社会环境中,必然具有共同的性质。所以尽管"百家"在"争鸣",各家各派思想有诸多差异,但又必然有共性。这种共性是以牢固的民族文化传统为根基形成的。这也是不论在儒、道之间,还是在儒、墨之间,观念与信仰有共同内容的根本原因。"天命"观正是这共同的内容的一部分。

汉代董仲舒"独尊儒术",实际是以儒家思想为主体,在政治施为方面上更多地吸收了名、法二家,在哲学观念上更多地吸收了阴阳家、五行家,从而进一步全面强化了"天命"的意义。从哲学层面看,这可以说是对殷周以来的"天道"思想的否定之否定:如果说春秋时代把神学的"天"道德化、伦理化了,那么董仲舒则又大步地向神学化回归了。金春峰论述董仲舒的"天道"观说:

①《庄学研究》第144—145页,人民出版社,1992年。
②《中国人性论史·先秦篇》,《徐复观文集》第3卷第336—337页。
③《庄学研究》第148页。

在董仲舒的体系中，"天"既是神学的，又是自然的，又是道德的，这就使他的"天论"思想更加混乱和矛盾了。当然，在董仲舒看来，三种"天"是可以统一的。自然之天从属于道德之天，道德之天又从属于神灵之天，因此是不矛盾的。①

这种观点清楚地表现在他所著《春秋繁露》里。一方面他主张：

> 天者，百神之大君也。事天不备，虽百神犹无益也。②
>
> 人受命乎天也。③
>
> 天者万物之祖，万物非天不生……天子受命于天，诸侯受命于天子，子受命于父，臣妾受命于君，妻受命于夫。诸所受命者，其尊皆天也，虽谓受命于天亦可。④

就是说，无论是超越的鬼神还是现世的人事都是由天命决定的。另一方面他又说：

> 且天之生民，非为王也；而天立王以为民也。故其德足以安乐民者，天予之；其恶足以贼害民者，天夺之。⑤
>
> 仁之美者在于天。天，仁也。天覆育万物，既化而生之，有养而成之；事功无已，终而复始；凡举归之以奉人。察于天之意，无穷极之仁也。人之受命于天也，取仁于天而仁也。⑥

这样，他又赋予天道以"仁"的道德内涵。在著名的贤良对策里他更明确地说：

> 臣闻天者群物之祖也，故遍覆包函而无所殊，建日月风雨以和之，经阴阳寒暑以成之。故圣人法天而立道，亦溥爱而亡

---

① 《汉代思想史》第 155 页，中国社会科学出版社，1987 年。
② 《春秋繁露》卷一五《郊语第六十五》。
③ 同上卷一三《人副天数第五十六》。
④ 同上卷一五《顺命第七十》。
⑤ 同上卷七《尧舜不擅移 汤武不专杀第二十五》。
⑥ 同上卷一一《王道通三第四十四》。

> 私，布德施仁以厚之，设谊立礼以导之……天令之谓命，命非
> 圣人不行；质朴之谓性，性非教化不成；人欲谓之情，情非度制
> 不节……人受命于天，故超然异于群生，入有父子兄弟之亲，
> 出有群臣上下之谊……道之大原出于天，天不变，道亦不变。①

就这样，董仲舒的今文经学把"天"、"道"与"圣人"统一起来，更全面地确立起"天命"的绝对地位，为自此以后历代王朝"敬天法祖"提供了更坚实的理论依据，又消解了早期儒家在"天人之际"问题上的模糊和矛盾，从而完成了对于"儒术"的改造。

今文经学宣扬"天人感应"、"奉天法古"的迷信，西汉末年的刘向可作为代表。汉成帝即位，外戚王凤为大将军专权，"向见《尚书·洪范》，箕子为武王陈五行、阴阳、休咎之应，向乃集合上古以来历春秋、六国至秦、汉符瑞、灾异之记，推迹行事，连传祸福，著其占验，比类相从，各有条目，凡十一篇，号曰《洪范五行传论》，奏之。天子心知向忠精，故为凤兄弟起此论也，然终不能夺王氏权"②。在刘向上奏朝廷的章疏中，竭力张大阴阳灾异之说，以作为谏诤政事的根据。

东汉时期，作为今文经学的发挥与解释的谶纬之学兴起，把经学的神学化和政治化进一步强化并相结合的倾向向前推进。光武帝中元元年(56)，宣布图谶于天下，谶纬从而被朝廷定为国宪，广为流通。谶纬宣扬谶语符命，讲究灾异感应，旁及驱鬼镇邪、神仙长生之类方术，实际是对正统儒学传统的变乱。但它适应日趋严重的社会变乱和政治危机的社会环境，一直泛滥于东汉一朝的始终。

作为时代潮流，鬼神迷信、"天命"观念、"命定论"等等弥漫在东汉时期思想领域，在整个社会上造成巨大影响。明帝时李康作《运命论》，其中说：

---

① 《汉书》卷五六《董仲舒传》第 2515—2519 页。
② 同上卷三六《楚元王传》第 1950 页。

> 夫治乱,运也;穷达,命也;贵贱,时也。故运之将隆,必生圣明之君;圣明之君,必有忠贤之臣。其所以相遇也,不求而自合;其所以相亲也,不介而自亲……其所以得然者,岂徒人事哉? 授之者天也,告之者神也,成之者运也……然则圣人所以为圣者,盖在乎乐天知命矣……是以圣人处穷达如一也。①

这是把"天命"和"命运"统合为一了。即使如杰出的思想家王充,本是反对意志之"天"的,却也不能摆脱"命定论"的羁绊,他说:

> 有死生寿夭之命,亦有贵贱贫富之命。在王公逮庶人,圣贤及下愚,凡有首目之类,含血之属,莫不有命。命当贫贱,虽富贵之,犹涉祸患矣。命当富贵,虽贫贱之,犹逢福善矣。故命贵,从贱地自达;命贱,从富位自危。故夫富贵若有神助,贫贱若有鬼祸。②

他又试图解决"命定"观念的矛盾说:

> 《传》曰:"说命有三:一曰正命,二曰随命,三曰遭命。"正命,谓本禀之自得,吉也,性然骨善,故不假操行以求福而吉自至,故曰正命。随命者,戮力操行而吉福至,纵情施欲而凶祸到,故曰随命。遭命者,行善得恶,非所冀望,逢遭于外,而得凶祸,故曰遭命。③

金春峰分析说:

> (王充)以反对神学目的论开始,到实质上仍然是神秘主义的宿命论告终。出发点——反对神学目的论,经过片面地强调必然性,否认人的自由;割裂必然性和偶然性;以及形式主义地排列组合必然性与偶然性而仍然在宿命论的泥潭中不

---

① 李善注《文选》卷五三,《文选注疏》下册第 730—733 页,中华书局,1977 年。
② 《论衡》卷一《命禄篇》第 8 页。
③ 同上卷二《命义篇》第 19 页。

能自拔；这就是王充命定论的逻辑结构与思维路径。①

王充的例子，说明时代的局限即使是在杰出的思想家头脑中也是不可能突破的。

佛教本来强调个人"自力"觉悟，不承认存在任何外在的主宰，"天"、"天命"也包括在内。但中土传统中具有宗教信仰内涵的关于"天"与"命"的思想观念同样成为接受和发展佛教信仰的基础。

佛教输入之前中国本土宗教观念与信仰，表现出极端多样和复杂的状态：灵魂不死观念、祖先崇拜、鬼神迷信、承负观念、天命信仰，等等；还有由上古积累下来的各种原始形态的信仰，如图腾崇拜、自然神崇拜、动物神崇拜、征兆迷信，等等；加上诸子百家中的阴阳、五行学说等，十分庞杂，充满矛盾，观念上又多有含混、模糊之处，没能形成统一的体系，更没有统一、系统的思想理论加以概括。而如果从纵的历史发展脉络看，春秋战国时期诸子百家把思想观念中的宗教成分淡化了，东汉以后却又急剧地复归，人们的理性精神从而陷入更深的困境。到东汉末年，各种各样的迷信活动更蓬勃地兴起。结果如英国学者 J·勒鲁瓦·戴维森所指出："当传统、理想与社会结构正处在同时解体的时候，既不是王充，也不是任何其他个人能够指明中国思想的前途。只有佛教能够，并且做到了这一点。"②佛教正适逢时机，承担起替中国人解脱精神困境、开拓思想出路的任务，而中国传统中那些影响深远而巨大的十分庞杂、充满矛盾的宗教思想、宗教信仰正给接受佛教提供了有利的环境。

这样，到两汉之际，中国为输入佛教准备下的良好的思想文化

①《汉代思想史》第 504 页。
②《印度对中国的影响》，巴沙姆主编《印度文化史》（*A Cultural History of India*，Oxford University Press，New Delhi，1984）第 669 页，闵光沛等译，商务印书馆，1997 年。

土壤,包括宗教信仰方面的、社会的和思想的基础。当时的中国既已存在佛教移植的有利环境,又有紧迫的需求。外来佛教在这样的土壤上,又能够适应新的条件和需要而不断改造自身,从而得以相当顺利地输入并发展起来,终于逐渐形成佛教三大体系之一的汉传佛教。汉传佛教保持了佛教的基本教理、信仰和品格,又充实以本土传统的思想、文化内容,形成肯定"有神"、注重现世、重视人伦教化、具有强烈、积极的入世精神的民族特色。当印度佛教在本土衰败之后,与南传佛教、藏传佛教并立的汉传佛教生生不息地创造出博大精深的思想财富和丰富多彩的文化成果,成为中国文化发展的重要支柱之一,并在东亚广泛传播,到二十世纪初,更把影响扩展到全世界。

第二章 佛教初传——创建新的
社会组织

一

英国佛教史学者查尔斯·埃利奥特说：

> 佛陀的伟大实践成就，就是建立了一个宗教团体。这个
> 团体叫做僧团，一直存在到今日，其成员称为比丘。他的宗教
> 之所以能够持久，主要是因为有这个组织。①

佛教称佛、法、僧为"三宝"，皈依"三宝"是作为佛教信徒的起码条
件。僧人作为个人修道者，其身份需要有组织的团体来确认。这
种团体就是僧团，即僧伽，乃是佛教活动的主体。佛陀的教法依靠
它来实践和传布。它实际是全部"三宝"的现实存在。佛教传入中
国的初期，只是少数外来信仰者（有僧侣，也有居士）活动。这些人
士正是作为僧团一份子出现的，他们的活动体现着僧团这一陌生

---

① 《印度教与佛教史纲》(Sir Charles Eliot：*Hinduism and Buddhism*，*An His-*
torical Sketch，Routledge & Kegan Paul Ltd，London，1954) 第 1 卷第 342
页，李荣熙译，商务印书馆，1982 年。

的社会组织的观念和规则。当然,在中国建设起有一定规模,运作规范、严谨的僧团要经过相当长的时期,但草创形态的团体应是从佛教输入一开始就存在的。

查尔斯·埃利奥特又说:

这个组织变成了世界上的伟大力量之一,这一点几乎让人吃惊。①

实际上佛教在中国得以传播、发展,也正是依靠僧团有组织的力量。而就佛教输入的更广泛也更重要的社会意义说,僧团这种与中土传统社会形态截然不同的组织移植过来,逐渐扩大,形成规模,成为整个社会结构中的特异成分,对于此后中国历史发展的影响范围之广泛、作用之重大是难以估量的。佛教在中国历经了长时期的曲折发展过程,具体形态发生各种变异,正是依靠出家人团体的僧团顽强地存在、积极地活跃。僧团作为中国社会结构的相当重要的组成部分,不但延续着佛陀的"慧命",更参与多方面社会活动。又中国僧团以寺院为活动基地,而寺院又形成经济实体,特别是那些大型寺院更操控着举足轻重的经济力量;历代僧团势力更扩张到世俗社会,特别是与朝廷、社会上层建立起依附关系,成为不容忽视的政治力量;至于僧团在思想、文化部门的活动,积极参与学术、文学、艺术以及民众文化等众多领域的建设,取得成就,造成影响,又成为思想文化方面的重要力量。这样,在中国历史上,僧团作为社会组织存在,在社会生活的方方面面发挥巨大作用,更成为中国佛教文化形成和发展的基础。

如上所述,佛教传入中土的年代难以确定。佛教的输入,应是伴随汉代中、西交流逐渐进行的。《魏书·释老志》记载:

及(汉武帝)开西域,遣张骞使大夏还,传其旁有身毒国,

---

①《印度教与佛教史纲》第 1 卷第 344 页。

　　一名天竺,始闻有浮屠之教。①

这里说到张骞"凿空"已经带回来关于佛教的信息。从情理说,传播佛教信息的应当不只是张骞使团的人。因为当时还有更多东来西往的商人、使臣、流民,以及外来的归化人、逃亡者等等,他们之中必然会有佛教信徒。某一宗教传入一个陌生国度和民族间,应当是个长期、缓慢的渗透过程。不过张骞是朝廷使臣,他的见闻也就被史家郑重纪录下来。而依据现在掌握的相关资料和历史环境来勉强确定一个佛教输入的具体年份,则依据《三国志·魏书·东夷传》注所引三国魏鱼豢《魏略·西戎传》:

　　　　昔汉哀帝元寿元年,博士弟子景卢受大月氏王使伊存口受《浮屠经》曰复立者其人也。《浮屠》所载临蒲塞、桑门、伯闻、疏问、白疏闲、比丘、晨门,皆弟子号也。②

据此学术界一般认为西汉元寿元年(前2)是佛教输入中国的标志性年份。

　　早在公元前三世纪印度阿育王统治时期,佛教已从西北印传入今中亚克什米尔、阿富汗东部一带,古称犍陀罗地区。那里正是后来"丝绸之路"的孔道。原来居住在今甘肃敦煌县和青海祁连县一带的大月氏部族,汉文帝时被匈奴击破,逐步西迁,于公元一世纪上半叶其一部在犍陀罗建立起贵霜王朝,逐渐扩展疆域,形成一个佛教十分兴盛的王国。史载汉朝通使西域各国,大月氏是来朝国度之一。浮屠、浮图、复豆是梵文 Buhhda 一词最古的音译;《浮屠经》可能即是后来记述佛陀传记的《本起经》、《本行经》等佛传类经典。这是颂扬佛陀,形象、通俗地演述佛教教义,容易被人们接

---

①《魏书》卷一一四《释老志》,第 3025 页。
②《三国志》卷三〇《魏书·乌丸鲜卑东夷传》,第 859 页。《魏书·释老志》"景卢"作"秦景宪",《世说新语·文学》篇注引"复立"作"复豆"。

受的经典,正适合向对于佛教陌生的人进行宣传的需要。鱼豢的这段记述应是符合事实的。不过从实际情况看,这应当是当时佛教传播中的一个有影响的具体事实。进一步推测,外国的使臣在宫廷传授佛经,应当是在佛教传播已经有一定基础之后。

季羡林曾考察"浮屠"与"佛"这两个外来词语的不同音译,指出"佛"这个名词在佛教传入中土早期"还只限于由吐火罗文译过来的经典中",从而"推测":

> 中国同佛教最初发生关系,我们虽然不能确定究竟在什么时候,但一定很早(参阅汤用彤《汉魏两晋南北朝佛教史》上,第22页),而且据我的看法,还是直接的;换句话说,就是还没经过西域小国的媒介。我的意思并不是说,佛教从印度飞到中国来的。它可能是先从海道来的,也可能是从陆路来的。即便从陆路经过中亚小国而到中国,这些小国最初还没有什么作用,只是佛教到中国的过路而已。①

更有些学者指出佛教输入的复杂情形:

> 依据《后汉书·班超传》所载,当班超在公元73年到达和田时,当地居民仍然信奉萨满教……《后汉书·西域传》的大部分内容来自班勇在西域的原始报告……但是他只是在说到天竺国(印度)时提及此国"奉浮图不杀伐,而精文善法导达之功靡所传述"。从他的记述里,我们很难发现在汉代统治下的西域存在佛教的任何痕迹。而且,从艺术史角度看,新疆发现的壁画洞窟没有一个早于东汉初年。因此可以认为佛教传到塔里木盆地是在公元二世纪中叶前后。无疑佛教传到中国内地要稍早一些。这一点可以用两种方法予以解释。第一种假

---

①参阅《浮屠与佛》,《季羡林学术论著自选集》第12—13页,北京师范学院出版社,1991年。

设是首先把佛教带到中国的是来自贵霜帝国的佛教徒,虽然他们取道西域,但是他们传教的目标是汉廷。因此,佛教的传播并不是像有些学者所设想的那样经过西域逐渐传入的。另一种可能是佛教在东汉时期传入中国取另一条道路,也许是海路。①

现在已经有越来越多的资料表明,佛教向中土传播可能还有通过南海、西南边疆等不同途径。其中海路一说更受到不少学者的重视。早年梁启超就曾推测汉代佛教主要发源于南方并从当地那些海商中心传入中原;胡适则说"我们至今还不知道佛教何时始来中国,从何路来中国",但他肯定"佛教到交州必是很早的"。另一方面自上世纪七十年代学术界研究四川地区出土的汉代佛教遗物,参照当时四川地区经济、文化发展的实际状况,认为古代的川滇通道也是佛教传入的又一条陆路通道②。不过,即使佛教输入中国最早是经由海路,或肯定海路在佛教输入中曾起重大作用,再或者确认曾经由川滇古道向蜀中地区早已输入了佛教,从历史实际情况看,通过西域的"丝绸之路"仍应当说是早期输入佛教的主要孔道,后来也一直发挥着主导作用。特别应考虑到后面两条通道都是直接从印度输入佛教,而经由西域传入佛教不但声势更大,时间更为持久,对于汉传佛教的形成和发展更一直发挥着决定性的作用。另一方面无论是东南部沿海地带还是蜀中,当时都还比较荒僻,传

---

① 马雍、孙毓棠《匈奴和汉控制下的西域》,雅诺什·哈尔马塔(J. Harmatta)主编《中亚文明史》第 2 卷《定居文明与游牧文明的发展:公元前 700 年至公元 250 年》(*History of Civilizations of Central Asia · II The Development of Sedentary and Nomadic Civilizations*)第 181 页,徐文堪、芮传明译,中国对外翻译出版公司,2002 年。
② 《资治通鉴》记载,西汉元狩元年(前 122)已经"求身毒道,始通滇国"(《资治通鉴》卷一九《汉纪十一》,第 629 页,中华书局,1956 年)。据考这一条经过今大理、保山,通往缅、印,西至阿拉伯的通道,早在战国时期的公元前 4 世纪已经存在。

到那里的佛教不可能造成更广泛的影响。

佛教作为宗教的重要特征之一是不仅要求信徒确立思想观念上的信仰,还要度过一种离世弃欲的生活即所谓"清净梵行"。保证这种生活方式的,就是作为信徒的个体修道者必须集合为僧伽,度过有组织保证的、有戒律规范的生活。这是与另外一些宗教由少数专业宗教职业者主持、仅以共同信仰聚合信众的松散的组织形态大不相同的。例如天主教、基督教或伊斯兰教,神父、牧师、阿訇是专职的宗教职业者,信徒则是一般民众。这样就能够形成全民的、民族的宗教。虽然佛教也有在家信徒优婆塞、优婆夷,但他们是僧团的外护;佛教的核心组织是由弃俗出家的僧侣集合起来的僧团。这样,僧、俗具有严格区别,僧人在民众中只占少数,即使是以佛教为国教的国度也不可能全民出家。正因此,僧人也就有可能成为身份独特的人,高高在上的、受人供养的"僧宝"。如此把信徒用严密的组织结合起来,成为佛教形态上的重要特征。

又值得注意的是,佛教虽然把信仰和修行当作个人的事,把个人发菩提心即阿耨多罗三藐三菩提当作觉悟的关键,受度出家也首先决定于个人意愿,但参与僧团以确定僧、尼出家身份,却被当作个人修行进路的决定性的一步。如果脱离僧团,或被僧团所驱逐,失去了这种身份,也就失去了修行成道的必要条件。这样,僧团虽然没有绝对的权威,对待教团外的人更采取宽容、柔韧姿态,从表面看僧团也没有另一些宗教团体对待异教那种咄咄逼人的气势,但实际上作为社会组织规范却相当严格,约束力也是很强大的。它确立起人生的一种无上崇高、不容怀疑的标准,让参与其中的人们按照这个标准来不断提升自己。因而参与僧团不仅是一种身份,更是一种荣誉。渥德尔说:

> 佛陀等沙门师希望以社会之外的有利地位对社会之内施
> 加影响……他们除了个人心的和平的目的之外,或者更可能

> 还有与此基本相关的全人类社会幸福的目的,和一切生灵的
> 幸福的更高目标。认为一切有情都像自己一样的众生平等的
> 道德标准,既可以施之于在家人,也一样可以用于僧人……很
> 清楚,佛陀的意向是向社会普遍宣传那种理想,作为对时代罪
> 恶的解决方案,而不限制在僧团之内。①

这样,僧团在中国,比起以血缘关系为纽带的宗族,或势力已渐趋
消泯的村社来,作为全新的社会组织,从一开始就形成了构成方式
独特,又具有广泛社会影响的力量。佛教要求门徒个人成就佛果,
实际最终目标是建立以僧团为典范的"佛国"。因而随着佛教传
播,也就要求僧团不断扩大,把更多的人组织到这种特殊的社会团
体中来。僧团的扩张从而也成为佛教发展兴旺的主要标志。虽然
佛教并没有宣称要取代世俗政权,但其活动隐含的这种目标是十
分明显的。

　　大乘佛教具有更开放、更宽容的性格,肯定居士的地位。在中
国佛的历史上,居士起着重大作用。特别是对于推动佛教文化
的发展,居士阶层往往成为主要力量。但尽管有《维摩经》那样的
经典大力张扬居士佛教的优胜,甚至主张信心诚笃的居士无论是
在觉悟的程度上还是成道的可能上都能够等同甚或高于僧众,可
是根据佛法的一般看法,出家总比在家更有利于修道,僧人比居士
也应该受到更多尊重,他们在修行实践中对于居士也处在指导、教
化地位。这就鼓励一批批真挚的信众接受剃度,出家为僧。许里
和曾指出:

> 公元四世纪,寺院的实际领导者几乎无一例外的是来自
> 士大夫阶层的出家人;但大多数有教养的僧人来自于社会底
> 层。这意味着中国文化史上的一种新现象:作为印度传统一

---

① 《印度佛教史》(A. K. Warder：*Indian Buddhism*，Motilal Banarsidass，Second Revised Edition，Delhi，1980)第 145 页,王世安译,商务印书馆,2000 年。

部分而传入中国的佛教出家修行的观念已经创造出一种新型
的社会组织形式,在那里,中国中古时期严格的等级界限渐渐
消失,出身不同的人均能从事智力活动。作为学术和文化中
心的寺院,其形成与这种出家修行生活密切相关。①

中国自古以来形成的传统社会结构是以血缘关系为纽带、以家族
为单位的;不同宗族依据占有政治权势和社会财富区别出等级"身
份",构成社会的不同阶层,形成王(皇)权之下的等级专制体制。
而"溥天之下,莫非王土",国家专制统治力量所及之处,都是它的
领地和臣民。这种社会基本结构由礼乐刑政制度和孝悌忠信的道
德原则来维持和保障。到秦汉时期,已经形成空前强大的、一统的
专制统治王朝,施行对全国的有效统治。在这样的社会环境下,输
入僧伽这样一种社会组织,无论是它的构成还是它的运作,都与既
成的、牢不可破的社会体制和思想传统枘凿不合。这也就更凸显
出它在中国出现的价值与意义。

佛教这种新的社会组织形态能够被中国这古老国度所接受并
存活下来、扎下根来,与当时中土社会的整个发展形势有关系:自
秦汉以来,特别是经过东汉末年的变乱,上古形成的以村社为基础
的社会体制被彻底破坏了,随之人们的传统观念、信仰也动摇了。
日本学者小南一郎说:

在这种(村社)共同体的整体结构发生变化之后,外来的
佛教才能在中国扎根并形成为中国佛教。这在最近的中国社
会史的研究中,正逐步明确起来。虽然佛教在中国盛行的根
本原因,是由于共同体发生了质变,但这同样也意味着佛教的
内容是适应了中国精神史的新发展的。②

---

①《佛教征服中国》第 13 页。
②小南一郎《中国的神话传说与古小说・序章》第 7 页,孙昌武译,中华书局,
  1993 年。

在东汉末年严重的社会变乱中,传统的伦理秩序急速瓦解,固有的统治秩序与社会结构也随之动摇。在战乱、饥馑中流落的人群,失去了原来的等级身份,已经没有朝廷、村社或宗族可以依托,作为个体已无所依归。而在统治阶层中,新兴的军阀、豪强则依靠实力来攫取自己的地位,原来的统治秩序完全被打乱了。恰逢其时,佛教传播,道教兴起,新兴的教团把民众组织、团结起来。原始道教教派的"方"和"治"从一定意义说正是一种特殊的民众组织形式,僧团则是另一种组织形式。它们既给民众提供了生存的依托,也为社会树立起新的伦理、道德原则。而比较起来,僧团不具有原始道教教派那种对抗现实体制的性格,当时在社会上下又具有一定的发展基础,因而作为被排斥到社会边缘的各阶层人群的生存出路和精神安慰,这种组织具有更强大的生命力。正是得到适宜的土壤与空间,汉末到魏晋,僧团就以极其活跃的姿态在中国急速成长、壮大起来。

印度佛教自输入中土伊始就开始了"中国化"过程。中土僧团在逐步形成的过程中也在不断地"中国化"。它被逐步组织与融合到中国固有的社会体制之中,无论是僧团的构成形态和组织成分,也无论是它的活动内容和方式,都逐步适应中国的具体环境与条件,逐渐体现出鲜明的本土特色。也只有如此,它才能够发挥巨大而独特的社会作用与思想影响。

二

关于佛教输入中国的具体情形,许里和又曾推测:

> 事实上,佛教何时传入中国,已不可得知。它可能从西北慢慢渗入,经过横跨欧亚的丝绸之路上的两条支线在敦煌进

入中国,并且从那里穿过河西走廊进入"关中"和华北平原,那里正是后汉都城洛阳坐落的地方。这种渗入可能发生于公元一世纪上半叶(中国势力在中亚巩固的时代)和公元一世纪中叶(在同期中国文献中首次证实佛教此时已经出现)之间……佛教首先必须依赖那些原本携有佛教信仰的外国人维持其存在,他们包括商人、难民、使节和人质。①

可以想象,当初僧团在对它完全陌生的土地上生存和发展,会是多么艰难。那些外来僧人和居士们跨越关山险阻、仆仆风尘地来到这陌生的国土,开始只是少数人结合的零散小团体,经历了几百年持续的艰苦努力,才逐渐形成许里和所说的四世纪的情况:一批寺院建立起来,僧团也终于形成规模。这作为社会现象,历史意义之重大是不可估量的,后来整个中国佛教的历史,全部佛教文化史正奠基在这样的组织之上。

如上所述,最初来到中土的佛教徒只是零星的个别人。当时向东方直接输入佛教的是贵霜王国。那里幅员辽阔,从今阿富汗东部、克什米尔地区延伸至巴基斯坦信德省,民族成分复杂,传播着具有形形色色社会、经济背景的宗教。佛教只是诸多宗教之一。可以推测,其他宗教信徒也会有来到中土的,显然佛教势力最为强大,传到东方也发挥出更大的影响力。当然也由于当时的中国有上一章所介绍的适宜佛教传播和发展的社会与思想土壤。洛阳附近曾出土用佉卢文书写在井栏上的碑铭题记,释文曰:

　　　唯……年……第十五(日):此寺院……献给四方僧团……顺祝一切皆受敬重。

据考碑铭是东汉灵、献时期的,佉卢文则是贵霜月支人使用的。这

---

①《佛教征服中国》第 34 页。

是西方来的外族人在中国建立僧团和寺院的可靠证据①。又据西方学者考证：

> 从公元前一世纪起,中国的都城长安(Xumdān)就建立了印度商人的同仁组织,这是这两个强大而富裕的民族之间存在密切贸易关系的明证。②

既然有商人同仁组织,也就可能出现某种形式的僧团组织。后赵中书著作郎王度说,当时"唯听西域人得立寺都邑,以奉其神,其汉人皆不得出家。魏承汉制,亦修前轨"③。就是说,早期有组织的佛教活动主要是在外来侨民之间进行的。本土人士当然会与这些外来信徒有接触,逐渐对佛教有所了解并表示倾心,以至成为新宗教的信徒,但人数不会很多。今存历史文献对于早期佛教状况阙如,也正表明了这一点④。

这样,魏晋之前,本土出家人还很少。《隋书》记载,"魏黄初中,中国人始依佛戒,剃发为僧"⑤。这少数人还不能构成有规模的团体。不过既有外来僧人和居士活动,当时社会上对僧团状况,包括它的组织、戒律等等也就会有所了解。这从《理惑论》记述的相关论辩里可以清楚看出来⑥。《四十二章经》作为早期传译的经典

①参阅余太山主编《西域通史》第 218 页,中州古籍出版社,2003 年。
②雅诺什·哈尔马塔《贵霜帝国的宗教》,雅诺什·哈尔马塔主编《中亚文明史》第 2 卷第 248 页,徐文堪、芮传明译,中国对外翻译出版公司,2002 年。
③《高僧传》卷九《晋邺中竺佛图澄传》,第 352 页。
④研究中国佛教早期历史,会发现一个值得注意的现象:尽管佛教在东汉时期已经在社会上下相当广泛地流传,但相关西域的记录中却绝少有关佛教的记述,文人著作中也绝少提到佛教。这里的原因应当从观念的差异去寻找:知识阶层对于这一外来宗教还"视而不见"。
⑤《隋书》卷三五《经籍志四》,第 1097 页。
⑥关于《理惑论》的作者和写作年代,是中国佛教史上长期争论的问题。《牟子理惑论》又名《牟子》、《理惑论》、《牟子辨惑论》等,题名初见于梁僧祐所编《出三藏记集》卷一二所录宋陆澄所撰《法论目录》第十四帙《缘序(转下页)

同样也反映了当时佛教的实际状态①。

《牟子理惑论》第十章论难者提出疑问说：

夫福莫逾于继嗣，不孝莫过于无后。弃妻子，捐财货，或

（接上页）集》，列在《旧首楞严经后序》、支遁《支法护像赞》之前，为第一篇，题目下注"一云苍梧太守牟子博传"；全文初见《弘明集》卷一，题下注同上。有关其作者和写作时代多有争论，参阅周叔迦辑撰、周绍良新编《牟子丛残新编》，中国书店，2001年。《理惑论》自明代胡应麟怀疑乃"六朝、晋、宋间文士，因儒家有《牟子》，伪撰此论，以左右浮屠"，近世东、西方学者对其真伪多有争论，迄无定案。《牟子丛残新编》搜集了有关争论的重要文字。大体说来，法国学者马伯乐（Henri Maspero）、梁启超、日本学者常盘大定、松本文三郎认为此书是晋、宋间人伪撰；而法国学者伯希和（Paul Pelliot）、孙诒让、周叔迦、余嘉锡等人则肯定是东汉人牟子的著作（或进而考定牟子名广字子博），汤用彤《佛教史》赞同后一种观点。依笔者看法，怀疑说虽然提出一些相当有力的证据，但都可以作出较合理的解释；而对肯定说的批评，则均可以作出合理的辩解。特别是从总体看，其内容正反映了东汉末年佛教发展的实际脉络。而这也正是这篇著作在学术史上的主要价值所在。

① 关于《四十二章经》是否翻译佛典和译出时代，学术界尚无定论。《出三藏记集·新集撰出经律论录》著录的第一部经就是这部经，一卷，有注说："旧录云：《孝明皇帝四十二章》，安法师所撰录阙此经。"叙录里具体说到汉明帝派遣张骞等出使西域，于月支国遇沙门竺摩腾译写此经还洛阳，经序部分还录有不详作者的《四十二章经序》（《出三藏记集》卷二，第23页；卷六，第242页）。但上述译经具体情况乃是后出传说，不是史实。今本《四十二章经》有大约十种异本，大体可分为古本（各种《藏经》）和《宝林传》本两大系统。吕澂具体考核今传本内容，认为抄自《法句经》，且文词雅丽，不似汉代作品，断定年代最上限不能超过晋惠帝末年（306）至成帝末年（342）这三十余年间（《中国佛学源流略讲·附录·四十二章经抄出的年代》，《吕澂佛学论著选集》第5卷第2857—2867页，齐鲁书社，1991年）；镰田茂雄则认为今本作为单经名目大约出现在宋、齐间（《中国佛教通史》第3卷第191页，关世谦译，佛光文化事业有限公司，1986年）。但是除了东汉襄楷上书，三国时的《法句经序》、东晋郗超的《奉法要》都曾引用此经。因此可以判定应当存在原本《四十二章经》（或者不叫这样的名称），是中国佛教早期流传的经抄译本，后来在传写过程中屡经改易，窜入新的内容，包括禅宗《宝林传》引录时加入了"学道见性"、"无修无证"等禅宗观念。

终身不娶,何其违福孝之行也?①

第十六章又从批评角度加以指责:

> 今沙门耽好酒浆,或畜妻子,取贱卖贵,专行诈绐,此乃世
> 之伪,而佛道谓之无为耶?②

《四十二章经》的第一、二两章则说到:

> 佛言:"辞亲出家为道,名曰沙门。"
>
> 佛言:"除须发为沙门,受道法,去世资财,乞求取足。日
> 中一食,树下一宿,慎不再矣。使人愚弊者,爱与欲也。"③

这些都表明,当时人已经熟悉佛教的出家制度,也已经接触到僧人头陀乞食、日中不食等戒规,而且这种制度与戒规的扩散已引起与中土传统伦理相当激烈的冲突。儒家本来对于长沮、桀溺那样隐遁避世的思想和行为是加以否定的;道家把无待、无累、无患作为人生的理想境界,庄子更幻想出遗世独立、无思无虑、逍遥尘垢之外、冥神万物之表的"至人"、"德人"、"神人"等等,但并不被社会主流意识所承认或称许。而佛教却走更为极端的弃世出家的道路,这是完全背离本土伦常传统的行为。当时佛教方面对于社会上的责难,主要从佛道在根本上不违仁孝作辩护。例如《理惑论》里针对本生故事里须大拏背离双亲、施舍财物的辩论,就辩护说像他那样"父国受其祚,怨家不得入,至于成佛,父母兄弟皆得度世。是不为孝,是不为仁,孰为仁孝哉"④? 这是顺应本土世俗观念作出的辩解。这也典型地反映了佛教从输入中国伊始就主动适应传统伦理的立场。

---

①周叔迦辑撰、周绍良新编《牟子丛残新编》第7页。
②同上第12页。
③《四十二章经》,《大正藏》第17卷第722页上、722页中。
④《牟子丛残新编》第12页。

对于当时僧人生活形态、所守戒律情形,两篇文字中也有清晰地反映。如《理惑论》中说:

> 今沙门剃头发,被赤布,见人无跪起之礼,威仪无盘旋之容止。①
>
> 今沙门被赤布,日一食,闭六情,自毕于世。②

这里说的是出家人剔除须发、身着袈裟、过中不食、不拜尊长等等戒律所规定的行为规范。《四十二章经》第三章讲到"十善"、"十恶":

> 佛言:"众生以十事为善,亦以十事为恶。身三,口四,意三。身三者,杀、盗、淫;口四者,两舌、恶骂、妄言、绮语;意三者,嫉、恚、痴。不信三尊,以邪为真。优婆塞行五事,不懈退,至十事,必得道也。"③

"十善"、"十恶"乃是佛教基本戒条,当时人已经能够比较完整、清楚地了解。同样,《理惑论》里也说到:

> 持五戒者,一月六斋,斋之日专心壹意,悔过自新。沙门持二百五十戒,日日斋,其戒非优婆塞所得闻也。威仪进止,与古之典礼无异,终日竟夜,讲道诵经,不豫世事。④

这里则说到"五戒"、"二百五十戒"、"六斋日"、"讲道诵经"等戒律和仪式,并且把出家的沙门和在家的居士相区别。这些记述显然有后来掺入部分,例如所谓"二百五十戒"本是后出《四分律》的规定。但作为反映僧团早期活动的资料,所描述情形大体是可信的。这些记载相当真实地反映了当时僧团活动和僧人行为的一般状况

---

① 《牟子丛残新编》第 8 页。
② 同上第 14 页。
③ 《大正藏》第 17 卷第 722 页中。
④ 《牟子丛残新编》第 3 页。

以及社会上对他们的印象。

作为旁证的有《太平经》里的一段话，是批评佛教的：

> 今学为道者，皆为四毁之行，共污辱皇天之神道，并乱地之纪，讫不可以为化首，不可以为师法……

关于所谓"四毁之行"，其中说：

> 第一曰不孝，第二曰不而性真，生无后世类，第三曰食粪饮其小便，第四曰行为乞者。[①]

《太平经》是早期道教综合性的纲领典籍。这部"现存的经书里，固然不免有后人改写增窜，可是大体说来，它还保存着东汉中晚期的著作的本来面目"[②]。这里抨击的"四毁之行"，指的正是佛教戒律所规定的行为守则。这种指责也是早期佛、道斗争的反映。显然原始教派道教已经把佛教徒当作一个对立的团体来攻击，而攻击的内容正反映了当时佛教徒的实际状态。

此外，《理惑论》、《四十二章经》里还用更多篇幅述及对于佛陀、佛经的信仰以及佛教在社会中传播的具体情况，也表明当时在中土传播的佛教已经是具有较系统的教义、形成一定规模的活动。这样，可以相信，在东汉末期，草创期的有中国人参加的僧团已经组织起来，并且在社会上已经相当活跃，并发挥着影响。

前面已经提到，佛教这一新的社会组织输入的意义和影响是十分重大的。在以血缘关系相维系、以家庭为基本单位的传统社会结构中，出现这种非常态的出家人团体，就难怪要受到《理惑论》里那种批评、排斥了。特别是在中国，人口繁衍、家族延续被看作是仁孝原则的具体体现，丁口和家庭更是负担国家赋役的基本单位，僧团这种出家人组织作为完全超脱社会正常秩序建立起来的

---

①《太平经合校》卷一一七《天咎四人辱道诫第二百八》，下册第 654、655 页。
②同上《前言》第 2 页。

另外一种社会结构，必然要受到抵制。后来这种组织形态被称为"方外"即体制之外的存在。

这样，在佛教初传时期，主要是外来信徒结成的僧团在活动，而某些接触到这些活动的中土人士并不是消极的旁观者。这种新的社会组织不只引起人们的好奇心，更以其强大的吸引力召集人们参与进来。起初如涓涓细流的零星的少数人，接受了外来信徒的影响参与活动，其中包括下面将要讲到的译经活动；逐渐地，围绕着那些外来信徒小团体的有组织的活动，吸引、凝聚更多的本土人士参与，以中国人为主体的僧团随之也逐步出现了。

三

关于佛教传入中土以及僧团早期活动情形，一般史料有零星记述，胡适加以整理说：

> 我常说，佛教入中国的前期史迹现在只存几根记里的大石柱子：
>
> （一）第一世纪中叶，楚王英奉佛一案。
>
> （二）第二世纪中叶，桓帝在宫中祠祀浮屠老子。
>
> （三）同时（一六六），襄楷上书称引佛教典故。
>
> （四）第二世纪晚年，长江下游，扬州徐州一带，有笮融大宣佛教，大作佛事。
>
> （五）同时，交州有《牟子理惑论》的护教著作。
>
> 这三期的五事，我们应该明白承认作记里的石柱，可以用来评判别的史料，而不用别的史料来怀疑这五根石柱……
>
> 我的看法是，我们应该把这三期五事排成时间与空间的五座记里柱：时间自下而上推，空间则自南而北推，然后可以

推知佛教初来中国时的史迹大概。[1]

胡适这段话是 1948 年与周一良讨论中国早期佛教写的。过了近六十年,这里举出的"五事"作为汉代佛教流传情况仅有的可靠文字纪录,仍是研究早期中国佛教的主要依据。这五个历史事件的确切记述也正包含早期僧团建设及其活动具体情况的信息。

不过值得玩味的是,这几项都是有关佛教在社会上层活动的纪录。特别是前三项,都是关系汉王朝宫廷的。可以推测,当佛教初传的时候,必然有许多外来僧侣活跃在民间。但他们的活动在历史上被湮没了。但从另一方面说,在古代社会,统治阶层的活动更容易造成影响,特别是涉及朝廷的活动,必然会产生更大的社会效应。所以外来传教者也会竭力在社会上层特别是朝廷上进行劝化,通过统治阶层取得社会的广泛认同,这样社会上层的活动,特别是涉及宫廷的活动又是很重要的。

中国僧团的活动以佛寺为基地,这是汉传佛教的一大特征。中土早期佛教的传播,建立寺院,形成寺院制度,是关键性的一步,实际标志着僧团的形成。从印度佛教发展情形看,佛陀在世的时候,已经有信徒施舍园林殿堂,汉译为"精舍",当时主要供雨季安居之用,还不能算是正规寺院。后来大乘佛教形成,与佛塔崇拜的兴盛有直接关联。以塔寺为中心建筑房舍,称为塔庙,这也成为佛教徒活动的固定场所。在印度和西域,僧众分别居住在供个人修行的小型禅窟和集体活动的塔庙里[2]。但在中土,受到自然与人文环境的制约,僧侣必须有固定居所。这当初也和外来的信徒来到异地,需要有栖身和活动据点有关系。这样,中国佛教输入初期就

①周一良《〈牟子理惑论〉时代考》附录二《胡适先生讨论函》,《周一良集》第 3　卷第 189 页,辽宁教育出版社,1998 年。又姜义华主编《胡适学术文集·中国　佛学史》卷《胡适手稿》第八集卷一整理稿《从〈牟子理惑论〉推论佛教初入　中国的史迹》,文字有不同,第 265-269 页,中华书局,1997 年。

②参阅平川彰《佛教入門》第 207-210 页,春秋社,1992 年。

创建起佛寺,成为信徒依托的实体,雏形的僧团同时形成。后来判断佛教兴盛程度,广建寺院是个重要标志。大量塔寺给中土山川增添了景致,更鲜明地反映了僧团的扩张及其活跃程度。

关于中土僧寺起源和命名的含义,赞宁指出:

> 寺者,《释名》曰:"寺,嗣也,治事者相嗣续于其内也。"本是司名,西僧乍来,权止公司,移入别居,不忘其本,还标寺号。僧寺之名始于此也。僧伽蓝者,译为众园,谓众人所居在乎园圃,生殖之所,佛弟子则生殖道芽圣果也。故经中有迦兰陀竹园,祇树给孤独园,皆是西域之寺舍也。若其不思议之迹,即周穆王造显济寺,此难凭准,命曰难思之事也。后魏太武帝始光元年创立伽蓝,为招提之号;隋炀帝大业中,改天下寺为道场;至唐,复为寺也。案灵裕法师《寺诰》,凡有十名寺:一曰寺(义准《释名》),二曰净住(秽浊不可同居),三曰法同舍(法食二同界也),四曰出世舍(修出离世俗之所也),五曰精舍(非粗暴者所居),六曰清净园(三业无染处也),七曰金刚刹(刹土坚固道人所居),八曰寂灭道场(祇园有莲华藏世界,以七宝庄严,谓之寂灭道场,卢舍那佛说《华严》于此),九曰远离处(入其中者去烦惑远,与寂灭乐近故),十曰亲近处(如行安乐行,以此中近法故也)。此土十名,依《祇洹图经》释相,各有意致,如彼《寺诰》也。[1]

唐人舒元舆具体解释佛寺的源流说:

> 官寺有九而鸿胪其一,取其实(《唐文粹》卷六五作"宾")而往来也。胪者,传也,传异方之宾礼仪与其言语也。寺也者,府署之别号也。古者开其府,署其官,将以礼待异域宾客之地。竺乾之教,盖西土绝徼者也。自汉氏梦有人如金色之

---

[1]《大宋僧史略》卷上《创造伽兰》,《大正藏》第54卷第236页下—237页上。

降,其流来东,吾之鸿胪,待西宾一支,特异于三方。厥后斯来,委于吾土,吾人仰之如神明焉,伏之如风草焉,至有思觌厥貌,若盼然如见者,则取其书,按其云云之文,镕金琢玉,刻木扶土,运毫合色,而强拟其形容,构厦而贮之,犹波之委于渎,渎之注于溟,昼夜何曾知停息之时。其如是,非官寺之一而能容焉。故释寺之作由官也,其非九而能拘也;其制度,非台门旅树而能节也。故十族之乡,百家之间,必有浮图为其粉黛。国朝沿近古而有加焉。①

这样,"寺"的最初名称源于官司,正取决于当初佛教传入朝廷,首先被朝廷重视的事实②。就是说,寺本来是官署名称,汉王朝九寺中鸿胪居其一,进入朝廷的佛教徒被当作域外之宾,例比鸿胪接待的客人,所以居处以寺名之。这样,最初"释寺之作由官"。后来随着佛教传播渐广,徒众渐多,僧团不同于一般官府属吏的性质也逐渐明确,这些居住和活动处所独立出来,成了专门的佛寺。这一过程对于佛教发展的影响是相当重要的:外来的宗教从一开始就得到本土官府认可、支持并加以安置,从而为它弘扬、传播提供了有利条件与保障;更重要的是从一开始就确定起与世俗政权的基本关系,即它是被当作整个专制国家统属下一个部分而存在的。

赞宁讲佛寺起源,没有提到流传甚广的汉明求法、建白马寺传说。这反映了这位佛教学者写作严谨之处。所谓"汉明求法",并

---

①《唐鄂州永兴县重岩寺碑铭并序》,《全唐文》卷七二七,第 7498 页。
②顾炎武《日知录》卷二八《寺》:"寺字自古至今凡三变。三代以上,凡言寺者,皆奄竖之名。《周礼·寺人》注:寺之言侍也。《诗》云寺人,《孟子》易之阍寺,《诗》之妇寺,《左传》寺人貂、寺人披、寺人孟张、寺人惠墙伊戾、寺人柳、寺人罗,皆此也。自秦以宦者任外廷之职,而官舍通谓之寺。汉人以太常、光禄勋、卫尉、太仆、廷尉、大鸿胪、宗正、大司农、少府为九寺,又变而浮屠之居,亦谓之寺矣。"第 1236—1237 页,周苏平、陈国庆点注,甘肃民族出版社,1997 年。

见于《四十二章经序》和《理惑论》,可见这是汉魏之际相当流传的
说法。《四十二章经序》上说:

> 昔汉孝明皇帝夜梦见神人,身体有金色,项有日光,飞在
> 殿前。意中欣然,甚悦之。明日问群臣:"此为何神也?"有通
> 人傅毅曰:"臣闻天竺有得道者,号曰佛,轻举能飞,殆将其神
> 也。"于是上悟,即遣使者张骞、羽林中郎将秦景、博士弟子王
> 遵等十二人,至大月支国,写取佛经四十二章,在第十四石函
> 中,登起立塔寺。于是道法流布,处处修立佛寺。远人伏化愿
> 为臣妾者不可称数,国内清宁,含识之类蒙恩受赖,于今不
> 绝也。①

《理惑论》上说:

> 昔孝明皇帝梦见神人,身有日光,飞在殿前,欣然悦之。
> 明日博问群臣:"此为何人?"有通人傅毅曰:"臣闻天竺有得道
> 者,号之曰佛,飞行虚空,身有日光,殆将其神也。"于是上悟。
> 遣使者张骞、羽林郎中秦景、博士弟子王遵等十二人,于大月
> 支写佛经四十二章,藏在兰台石室第十四间。时于洛阳城西
> 雍门外起佛寺,于其壁画千乘万骑,绕塔三匝,又于南宫清凉
> 台及开阳城门上作佛像。明帝存时预修造寿陵,陵曰显节,亦
> 于其上作佛图像。时国丰民宁,远夷慕义,学者由此而滋。②

上述二者记述大体相同,这也是它们应产生在同一时期的证据。
后来东晋袁宏《后汉纪》、刘宋范晔《后汉书》也都相沿记载这一传
说,不过文字更为简略概括。袁宏的书上只说到"遂于中国而图其
形像焉",范晔记述则在前面加上"世传"二字,态度显得更为谨慎。
这个汉明求法故事,当然有相当的传说成分,但内容又有基本的真

---

① 《四十二章经》,《大正藏》第 17 卷第 722 页上。
② 《牟子丛残新编》第 15 页。

实部分：一是如下面将要介绍的，从现有资料看，朝廷奉佛的最早纪录是汉明帝时期的，这应是佛教进入中国统治阶级上层的关键时期；二是当时佛教确实是从中亚大月氏即犍陀罗传入的；第三，在这种情况下，在这一时期建成雏形的佛寺也是合乎情理的；第四，关于供奉经像，特别是图绘佛像，正反映佛教初传时期已注重利用形象的实情，这有诸多考古发现可以证明。

后来附会以白马驮经故事，并说洛阳建立的佛寺名白马寺，又说当时东来的有迦叶摩腾（或称摄摩腾）、竺法兰两位译经僧在那里译经，等等，传说由于增饰而更加生动。到正史《魏书·释老志》和僧传《高僧传》里，更把这些传说坐实了。白马寺确实是中土最早的佛寺之一。据《出三藏记集》所录经序记载，西晋太康十年（289）竺法护"于洛阳城西白马寺"译出《魔逆经》，同年在"白马寺中"译出《文殊师利净律经》，永熙元年（290）又在白马寺译出《正法华经》[1]。当时距离东汉时期不远，白马寺显然已经是有规模、有影响的古寺了[2]。

张弓根据《方志所见汉唐寺观志稿》加以汇计，"东汉寺有62所，分别散置在12刺史部所辖36郡（国）的52个属县"[3]。古代方志的记录，有些内容是编撰者有意增饰，不可尽信。不过考之相关史料，东汉时期佛寺建置及其活动情形则确有踪迹可寻，当然其形制与作用还没有发展到后来那样完整的程度。

胡适所说中国佛教史上第一个重要事实——楚王刘英奉佛一

---

[1]《出三藏记集》卷七，第274、277页；卷八，第304页。

[2]《出三藏记集》卷七未详作者《须真天子经记》谓"太始二年十一月八日于长安青门内白马寺中，天竺菩萨昙摩罗察（竺法护）口授出之"（第267页）；《高僧传》卷一《汉洛阳安清传》里引庾仲雍《荆州记》："晋初有沙门安世高，度邾亭庙神，得财物立白马寺于荆城东南隅。"（第7页）据此或以为洛阳以外也有以白马名寺者。关于长安白马寺更有可能为讹传。

[3]《汉唐佛寺文化史》上册第20页，中国社会科学出版社，1997年。

案,正发生在传说中"明帝求法"的永平年间。楚王刘英的封国在彭城(今江苏徐州),处在中原偏东地区。他"少时好游侠,交通宾客,晚节更喜黄老,学为浮屠斋戒祭祀"。永平八年(65),诏令天下死罪皆入缣赎,刘英遣使奉送缣帛,以赎愆罪。朝廷诏报中有曰:

> 楚王诵黄老之微言,尚浮屠之仁祠,洁斋三月,与神为誓,何嫌何疑,当有悔吝? 其还赎,以助伊蒲塞桑门之盛馔。[①]

从这短短的一段话,可以看出当时彭城佛教的大致形态:(一)在彭城封国已经聚集起一批佛教徒,包括"伊蒲塞"即居士,不过从行文看,当时对出家的沙门和在家的居士区别得并不很清楚;(二)已经建有"仁祠";(三)已经有斋戒制度;(四)在人们的观念里"黄老"和"浮屠"被并列,即佛教被等同于神仙方术;(五)信徒受到封国的供养,主要在王府活动,为王府服务;(六)可以推测,当时封国的"仁祠"被等同于一般的祭祀祠庙。这当是中国僧团与佛寺雏形期的基本面貌。

一百年后,有胡适说的"桓帝在宫中祠祀浮屠老子";同时期的延熹九年(166)襄楷上书,说到"又闻宫中立黄老、浮屠之祠"[②]。这则是宫廷里建寺的最早纪录。在都城建有并列祭祀"黄老、浮屠之祠",进一步印证了永平诏书所反映的情况,表明汉代宫廷和王府是最早建设起祭祀"浮屠"的祠庙的,并有沙门活跃其中。这种宫中的佛寺在性质和形态上显然还没有与祭祀神明、祖先的一般祠庙严格区分开来。

到第二世纪末,在长江下游,扬州、徐州一带,有胡适说的"笮融大宣佛教,大作佛事",事见《三国志·吴书·刘繇传》:

> 笮融者,丹杨人,初聚众数百,往依徐州牧陶谦。谦使督

---

① 《后汉书》卷四二《光武十王列传》,第1428页。
② 同上卷三〇下《襄楷传》,第1082页。

广陵、彭城运漕,遂放纵擅杀,坐断三郡委输以自入。乃大起
浮图祠,以铜为人,黄金涂身,衣以锦采,垂铜槃九重,下为重
楼阁道,可容三千余人,悉课读佛经,令界内及旁郡人有好佛
者听受道,复其他役以招致之,以此远近前后至者五千余人
户。每浴佛,多设酒饭,布席于路,经数十里,民人来观及就食
且万人,费以巨亿计。曹公攻陶谦,徐土骚动,融将男女万口,
马三千匹,走广陵,广陵太守赵昱待以宾礼。先是,彭城相薛
礼为陶谦所逼,屯秣陵。融利广陵之众,因酒酣杀昱,放兵大
略,因载而去……①

这里写的显然已经是专门的"浮屠祠"了。笮融本是徐州牧陶谦手
下担任自广陵(今江苏扬州)至彭城运河漕运的官员。彭城正是当
年楚王刘英封地,佛教在那里的发展显然具有相当基础。笮融利
用所据三郡资财兴建佛寺,在乱世中以免除劳役为号召,招徕流
民。这也是中土统治者有意识地利用佛教的早期记载。这里有几
点值得注意:(一)这已经是专门的"浮屠祠",与一般的祠庙已经区
别开来;(二)佛祠里已经有铜铸佛像,并以佛像为中心建筑起有规
模的殿堂;(三)在"浮屠祠"里举行规模巨大的浴佛仪式,表明某些
佛教仪轨也已传入中土并开始流行;(四)在"浮屠祠"里"课读佛
经,令界内及旁郡人有好佛者听受道",可见佛教经典翻译和传播
也已有相当规模,已经有专门的沙门讲经授道;(五)一座"浮屠祠"
可容纳三千人,招致流民达五千户,可见所建佛寺规模之巨大和当
时当地佛教在民众间普及、流行的盛况;(六)笮融在乱世中利用佛
教信仰来招聚群众、培植势力,表明佛教在东汉末年已经形成为具
有一定规模和影响力的社会力量,统治者已在有意识地加以利用。

　　关于古佛寺的创建,慧皎《高僧传》里记载中国佛教史上第一
位著名译师安世高于汉灵帝末年游化江南,在豫章(今江西南昌)

————————

① 《三国志》卷四九《吴书·刘繇传》,第 1185 页。

"造东寺"①;清代《九江府志》记载彭泽有安禅寺"建于汉末"②,等等。不过这类具体记述还难以证实。但联系关于笮融奉佛的记载推测,东汉末在江南已建立佛寺是完全可能的。又《水经注》记载:

> 汳水又东径梁国睢阳县故城北,而东历襄乡坞南。《续述征记》曰:西去夏侯坞二十里,东一里,即襄乡浮图也。汳水径其南,汉熹平中某君所立,死因葬之,其弟刻石树碑,以旌厥德。隧前有狮子、天鹿,累砖作百达柱八所,荒芜颓毁,雕落略尽矣。③

这里记载的是汉灵帝时建造的一座佛寺。又据未详作者的《般舟三昧经记》,该经建安三年(198)"于许昌寺校定"④。秦置颍川郡有许县(今河南许昌),三国魏始更名许昌,所以这里的许昌寺应不是寺的专名。诸多迹象表明,东汉中期主要由朝廷或权贵建造的类似一般祠庙的祭祀"浮屠"的场所,到东汉末期已发展为在各地建造专门的佛寺;当初外来佛教徒主要由宫廷、王府供养,活动在社会上层,到这一时期已经更广泛地深入到民间,外来佛教作为宗教的群众性从而逐渐体现出来了。

　　当然可以设想,草创时期的佛寺一般不会有更大的规模和更完善的制度。像笮融在彭城建立的那种容纳几千人的佛寺当只是个别的,相关记载更可能有所夸张。如上所述,当时佛寺的形制和具体活动状况,如今已难得其详,不过大体情形是可以推测的:这些佛寺由朝廷、地方官或有力量的僧侣创建;佛寺里有外来僧人住持、传教(其重要活动之一是翻译佛经,如《四十二章经》就是在那里翻译的,安世高、支娄迦谶、支谦等早期译师也在那里活动);佛

---

① 《高僧传》卷一《汉洛阳安清传》,第 6 页。
② 《(同治)九江府志》卷一三《建置·寺观》。
③ 《水经注》卷二三,第 453 页,陈桥驿点校,上海古籍出版社,1990 年。
④ 《出三藏记集》卷七,第 268 页。

寺里供奉佛像,建有佛塔;中土群众已开始参加佛教活动,在寺院里举行礼佛、浴佛等仪式。这样,佛寺的创建给僧团活动发展准备下场地,僧团从而得以生存、发展、普及开来。在中国统一的专制政体之下,一种由出家人群体构成的特殊的社会组织就这样创建起来,可以借用本章开头引述查尔斯·埃利奥特的话,在中国也一样,逐渐地"这个组织变成了世界上的伟大力量之一"。

第三章　佛教初传——输入新的宗教信仰

一

　　佛教对于中国精神史的一个重大贡献,并通过影响历代中国人的精神生活而作用于社会发展,是输入了一种新的宗教信仰。张东荪曾指出:

> 佛法传入中国是分两部分先后而来。先来的是宗教性的那一部分。哲学性那一部分却是到了魏晋之际始为中国人所接受。就牟子《理惑论》而论,其中甚少理论……关于宗教性的那一部分是由中国固有的迷信(即鬼神方术祭祀)迎接来的。[①]

对于佛教自身发展而言,所谓"哲学性那一部分"即教理部分不论其在思想、学术方面的成就与贡献如何重大,从本质上看只是附属部分,基本是替"宗教性的部分"作论证、作辩护的。前面说的僧团,首先是具有共同信仰的人群结成的团体,它的主要职责也是把

[①]《中国哲学史上佛教思想之地位》,王元化名誉主编《释中国》第 4 册第 196 页,上海文艺出版社,1998 年。

信仰弘扬到全社会。

　　信仰作为"宗教的本质和核心"①，从本来意义说乃是一种宗教思维形式。一方面它作为意念是先验的、绝对的，是无需加以证明的；另一方面伴随和贯彻这种意念，又要有实际行动。这种行动有宗教修持、宗教仪式之类的宗教活动，也有一般的社会活动。信仰本来具有自觉的、盲目的性质。共同的信仰凝聚成群体，群体又被虔诚的信仰所鼓动，就会发挥出强大的能量。这也是前一章引述查尔斯·埃利奥特所说僧团成为"世界上的伟大力量之一"的根本原因。外来佛教向中国输入一种全新的信仰，又形成有组织的僧团来宣扬和实践这种信仰，再动员信众把信仰传播到社会各层面，就在相当大的幅度上改变了中国人的精神面貌，对于中国历史发展的作用和影响之巨大和深远是难以估量的。

　　信仰在人类原始思维与行动中占有更大的比重。它是在原始人类生存的客观环境之下、适应当时人的精神需要必然产生的。在人类长期历史发展中，信仰一直起着重要的、不可替代的作用。如前所述，中国在佛教输入、道教形成之前没有形成定型的宗教（所谓"历史宗教"、"教团宗教"、"制度化宗教"、"传播性宗教"等），但如世界上所有民族一样，自古以来却有相当发达的宗教精神和宗教信仰。关于"宗教精神"。徐复观说：

　　　　……在中国人文精神中含有宗教精神的特色。所谓宗教精神，可概举两点。一是鬼神世界的存在，以满足人类永生的要求……另一则是以神的赏善罚恶，以神对人类前途提供保证的精神；这也可以说是神突破人世间一切阻力，对人类所作的审判。②

---

① 格奥尔格·西美尔《宗教社会学》(G. Simmel：*Zur Soziologie der Religion*，Die Gesellschaft，1906)第 13 页，曹卫东译，上海人民出版社，2003 年。
② 《两汉思想史》(选录)，《徐复观文集》第 5 卷第 366 页，湖北人民出版社，2002 年。

这种宗教精神主要体现在具体的信仰之中。本书前面介绍佛教输入中国的环境已经表明,在中土先民中,上述两个方面都发展得相当充分。中土从远古时期就形成了祖灵信仰,天命信仰,鬼神信仰,图腾信仰,日月星辰、山河大地、风雨雷电等自然物与自然力信仰,等等。胡适更曾概括说"殷人的文化是一种宗教的文化。这个宗教根本上是一种祖先教"。如世界上所有民族成长的情形一样,对于中土先民,信仰乃是支撑精神、维系社会秩序、推动历史发展的主要动力。

　胡适又曾指出,在商、周的社会变动中,本来是殷人亡国遗民的宗教的"儒"发生了根本变化,即所谓"从一个亡国民族的教士阶级,变到调和三代文化的师儒;用'吾从周'的博大精神,担起了'仁以为己任'的绝大使命,——这是孔子的新儒教"①。这乃是中国古代精神史的重大转变:商、周以来逐步发达起来的人文思想和理性精神对宗教信仰起了销蚀和瓦解作用。这大大阻碍了先民传统信仰的持续发展并按一定的理论形态组织成系统的教理体系,从而也没能形成由信仰者组成的教团。但是,信仰本来是民族意识中的固有成分,也是社会发展不可或缺的,而宗教正是提升和发展信仰、构成信仰体系的主要力量。结果古代中国没有形成有组织的、制度化的宗教,就造成先秦以来社会生活的重大缺失。正是弥补这种缺失,延续上古以来源远流长的信仰传统,由先秦、两汉时期的神仙追求、方技道术、阴阳五行等等逐渐发展出本土民间道教教派。外来的佛教也适逢其时地承担起同样的任务。而在印度丰厚的文化土壤上形成的佛教,不仅具有丰富的信仰内容,更有论证信仰的发达、严密的理论体系,恰恰适应同样是思想、文化高度发展的中土的需要。这样,佛教信仰的输入,就补充了当时中国社会生活和精神世界的重大缺失,极大地丰富和充实了中国人的精神

---

①《说儒》,《胡适精品集》第7卷第61页。

世界。

又印度佛教内部存在着重信仰和重理性的两种潮流、两种倾向。在不同发展阶段，二者的表现形式与强弱有所不同，佛教信徒对待二者的态度更是千差万别。本来信仰需要理性的论证，宗教理论则要依靠信仰来支撑，它们是相互作用、交互补充的。印度佛教这二者高度发达的特征特别有助于其在中土的传播。中国先秦以来已形成"百家争鸣"的学术传统，佛教高度发达的思想理论正适应了这一环境，得以充分发挥其教理层面的优势。这就造成其早期积极地输入般若学并依附老庄和玄学而广泛传播和兴盛发展的局面。而对于社会一般信众，佛教输入的新信仰则具有更强大的吸引力。特别是面对现实苦难和人生困境，人们更急迫地需要信仰作为精神上的支持。东汉后期至魏晋的动乱时期，正是人们的精神急切地需要信仰支撑的年代。

另外就文化传统而言，这一时期也给信仰的传播与确立提供了空间。汉代自武帝"独尊儒术"，经学在思想意识领域取得一家独大的地位，从元、成在位直到后汉中期，一代经学呈彬彬之盛。当时的豪门巨族同时也是经学世家。"韦、匡、贡、薛，并致辅相。自后公卿之位，未有不从经术进者"[①]，以至社会上流传有"遗子黄金满籯，不如一经"[②]的俗谚。但是随着东汉政治破败，儒学衰颓，谶纬兴起，接着魏晋之际玄学兴盛，经学传统大为变乱。特别是时逢乱世，维护社会基础的伦理纪纲濒临破产，也进一步动摇了经学在思想意识领域的统治地位。到东汉末年，中国历史进入一个漫长的苦难深重的时期。外戚专政、宦官弄权、豪强侵夺，加上灾荒饥馑、战乱连年，造成广大农村破产，民众奔走逃亡。《后汉书》桓、灵二帝纪里留下不少"六州大水"，"七州蝗"、"死相枕藉"、"民相

①皮锡瑞《经学历史》第 101 页，中华书局，1963 年。
②《汉书》卷七三《韦贤传》，第 3107 页。

食"之类记载。这正是迫切需要救济的时代。物质的救济已难于得到，人们则更仰仗精神的救济。经学不能提供这种救济。儒学在这方面的缺失被尖锐地凸现出来了。正是在这种背景下，分散的道教教派形成，并引发起太平道领导的黄巾起义。起义被平定后，继之以董卓之乱和军阀混战，接着是三国鼎立的分裂割据局面。董卓军撤出洛阳时，"卓部兵烧洛阳城外面百里。又自将兵烧南北宫及宗庙、府库、民家，城内扫地殄尽"①；又史载"自京师遭董卓之乱，人民流移东出，多依彭城间"。后来曹操在那一带和陶谦作战，"引军从泗南攻取虑、睢陵、夏丘诸县，皆屠之；鸡犬亦尽，墟邑无复行人"②。战乱破坏之严重可以从历史记载的部分统计数字推测：涿郡旧有民户十万，口六十三万，到曹魏时期仅"领户三千"③；鄢陵旧有五六万户，后来则只残剩数百户④。这是州县残破、人烟萧条的典型事例。自公元二世纪二十年代以来，连续百余年间，中原一带又流行瘟疫，到汉末更趋严重。魏文帝曹丕曾说到建安二十二年的"大疫"，"昔年疾疫，亲故多离其灾，徐、陈、应、刘，一时俱逝"⑤，指的是徐干、陈琳、应玚、刘桢四人，即"建安七子"里的四个人都死于这场瘟疫。当时人所说的"死者相枕"、"死有灭户"、"家家有强尸之痛，室室有号泣之哀"等等，已非夸张之词。诗人王粲《七哀诗》这样抒写他东汉末离开长安时的印象：

　　　　西京乱无象，豺虎方遘患。复弃中国去，远身适荆蛮。亲
　　戚对我悲，朋友相追攀。出门无所见，白骨蔽平原。路有饥妇
　　人，抱子弃草间。顾闻号泣声，挥涕独不还。未知身死处，何

---

① 《三国志》卷六《魏书·董卓传》注引《续汉书》，第 177—178 页。
② 同上卷一〇《魏书·荀彧传》注引《曹瞒传》，第 310 页。
③ 同上卷二四《魏书·崔林传》注引《魏名臣奏》，第 680 页。
④ 《晋书》卷五〇《庾峻传》，第 1392 页。
⑤ 《又与吴质书》，《全上古三代秦汉三国六朝文·全三国文》卷七，第 2 册第
　 1089 页。

能两相完。驱马弃之出，不忍听此言。南登霸陵岸，回首望长安。悟彼下泉人，喟然伤心肝。①

而曹操有诗描写董卓之乱情形说：

　　……铠甲生虮虱，万姓以死亡。白骨露于野，千里无鸡鸣。生民百遗一，念之断人肠。②

这些都还是出自统治阶层中人的描述。后来经过三国鼎立分裂、西晋暂短统一之后，又是南、北的大分裂。西晋末已有这样的记载：

　　惠帝元康七年（297）七月，秦、雍二州大旱，疾疫，关中饥，米斛万钱。因此氐羌反叛，雍州刺史解系败绩。而饥疫荐臻，戎晋并困，朝廷不能振，诏听相卖鬻。其九月，郡国五旱。③
　　怀帝永嘉四年（310）五月，大蝗，自幽、并、司、冀至于秦、雍，草木、牛马毛鬣皆尽。是时，天下兵乱，渔猎黔黎，存亡所继，惟司马越、苟晞而已。竞为暴刻，经略无章，故有此孽。④

分裂后的北方，更陷入少数族分立政权的长期混战之中，如史书所说"刘元海、石勒、王弥、李雄之徒，贼害百姓，流血成泥"⑤，民众存活艰难，只能在死亡线上挣扎。

　　佛教初传，中土人士是混杂地同时接受大、小乘的。鲁迅指出：

　　中国本信巫，秦汉以来，神仙之说盛行，汉末又大畅巫风，

---

①《七哀诗三首》之一，《先秦汉魏晋南北朝诗·魏诗》卷二，上册第 365 页。
②《蒿里行》，《先秦汉魏晋南北朝诗·魏诗》卷一，上册第 347 页。
③《晋书》卷二八《五行志中》，839 页。
④同上卷二九《五行志下》，第 881 页
⑤同上卷二八《五行志中》，第 839 页。

　　而鬼道愈炽；会小乘佛教亦入中土，渐见流传。凡此，皆张皇
　　鬼神，称道灵异……①

这里特别指出"小乘佛教"的影响，主要是指犍陀罗为基地的部派
佛教说一切有部。这一派主张一切法"体各实有"，过、现、未三世
实有，在观念上正可以和中国传统的有神论相通；当时教派道教蓬
勃兴起，也被当作神仙方术的一种来接受。前述史书记载的大月
氏使者口述《浮屠经》，应当是佛传一类经典。到东汉，昙果等人翻
译《修行本起经》二卷，则是相当完整的佛传。这些经典描述的佛
陀，很容易被中国人等同于本土的神灵、仙人。中土早期翻译的经
典还有吴支谦所出《杂宝藏经》、吴康僧会所出《六度集经》、西晋竺
法护所出《普曜经》《修行道地经》等等佛传、本生、譬喻之类故事，
都充斥着类似本土神仙鬼怪的内容。这样汉末兴盛起来的早期佛
教信仰的内容特别突出，正适应当时乱世人的心理需求。

　　另一方面，就佛教自身发展状况而言，公元纪元前后又正是信
仰潮流大发扬的时期。本来佛陀的教化十分注重义理说明。佛陀
生前教化弟子是反对祭祀、祈祷、咒术、占卜之类活动的；部派佛教
时期的论师们更注重理论方面的论证，发展出庞大、严密的教理体
系。理论思想的高度丰富与发达本是佛教固有的特点和优点，所
以梁启超有佛教乃"智信而非迷信"之说。但佛教作为宗教，又必
须满足信徒信仰方面的需求，把全部活动建立在信仰这一核心的
基础之上。发展到大乘佛教阶段，随着新的佛陀观、佛土观的出现
以及相应的修道观念的形成，属于信仰层面的内容和意义更被凸
现出来。这可以说是对部派佛教过分沉溺于理论思辨的反动。当
时陆续结集起来的大乘经典富于更浓厚的神秘、玄想特色，也体现
了更浓重的信仰性格。汉魏之际已经译出典型地体现大乘经这些

――――――――――
①《中国小说史略》第五篇《六朝之鬼神志怪书（上）》，《鲁迅全集》第9卷第43
　页，人民文学出版社，1981年。

特征的《无量寿经》①、《维摩诘经》②等,西晋的竺法护更相当全面地翻译或重译了《正法华经》、《维摩诘经》、《弥勒成佛经》等。通过这些大乘经,影响深远的净土信仰、观音信仰、菩萨信仰等属于发展新层次的信仰内容陆续输入中土,并迅速而广泛地传播开来。这些经典被大量翻译的事实,也正反映了当时中国社会对于信仰的迫切需要。

这样,苦难与动荡的乱世使人们挣扎在死亡线上。面对着深重灾难,人们把握不了自己的命运,没有自救的力量。原来的社会统治阶层耽于纷争劫夺,无论是作为政治权威还是作为道义权威,显然都已经不可依恃。人们在现实中已看不到改变自己命运的希望,因而要到超现实的宗教幻想里去寻求精神寄托。宗教乃是苦难心灵的叹息,信仰则提供了虚幻救济的安慰。正是在这样的形势下,本土的道教和外来的佛教作为两大信仰洪流,如波涛激荡,急速传流在中华大地上。中国的历史从而步入一个宗教信仰最为繁盛的时期。

---

①经录上记载支谦译《阿弥陀三耶三佛萨楼佛檀过度人道经》为中土第一译。关于《无量寿经》、《阿弥陀经》和《观无量寿经》即所谓"净土三部经"的形成,疑点很多,有一种看法认为净土思想在中亚地区得到特殊发展,《观无量寿经》即是中亚撰述,是受到这一地区犍陀罗自由主义思潮影响的产物。参阅春日井真也《〈観無量壽經〉における諸問題》,《佛教文化研究》,第三号,1953年。又《无量寿经》的异本及其译者问题,也是学术界长期争论的,一时难以定论。

②汉灵帝中平五年(188)严佛调译出,俗称《古维摩诘经》,此本久佚。时隔三十余年的吴黄武年间(222—229),支谦在建业重译,名《维摩诘经》,二卷,或称《维摩诘所说不思议法门经》、《佛法普入道门三昧经》,此为今存最早译本。以后又有晋惠帝元康六年(296)竺叔兰、太安年间竺法护、东晋祇多密的三个译本,均佚。后秦弘始八年(406),鸠摩罗什在长安大寺出《新维摩诘经》三卷,或称《维摩诘所说经》、《不可思议解脱经》,为第六译,这即是通行译本。

一

作为宗教信仰,外来的佛教和中国本土道教同样,都要求绝对的"信"和实践这"信"的"行"。对于接受周、秦以来传统的理性精神熏陶的中国人来说,这是一种全新的思维方式。《四十二章经》着力宣扬信仰的意义,例如第十七章:

> 佛言:"一日行常念道行道,遂得信根,其福无量。"

这是说树立起信仰,就会得到无穷福报。又如第十五章:

> 佛言:"吾何念? 念道;吾何行? 行道;吾何言? 言道。吾念谛道,不忽须臾也。"

这里要求对于佛道要不离须臾地念、行、言,这都是强固的信仰心的体现。又第十一章:

> 有沙门问佛:"以何缘得道? 奈何知宿命?"佛言:"道无形,知之无益。要当守志行。譬如磨镜,垢去明存,即自见形,断欲守空,即见道真,知宿命矣。"①

这里明确指出对于"道""知之无益",即它不属于认知的范畴,主要在"当守志行",即重在主观意念的"志"和实现这"志"的"行"。

先秦典籍中的"信"字没有"信仰"的含义。《论语·学而》篇说:"信近于义。"皇侃疏:"信者,诚也,专一不移也。"《老子》上说:"其中有信。"王注:"从也。"《说文》:"信,诚也,从人、言。"这样诚实、信从乃是"信"的基本义。这表明在先秦诸子百家观念里,"信"

---

① 《四十二章经》,《大正藏》第 17 卷第 722 页上－724 页上。

字不体现"信仰"的意义。就儒家而言,是重视"知"和"智"的,所谓"知之为知之,不知为不知,是知也"①。孔子说"务民之义,敬鬼神而远之,可谓知矣"②。这在精神上是对超自然的信仰表示否定。墨子主张"有鬼论",但他提出"三表"作为检验真理的标准:

> 子墨子言曰:有本之者,有原之者,有用之者。于何本之?上本之于古者圣王之事;于何原之? 下原察百姓耳目之实;于何用之? 废以为刑政,观其中国家百姓人民之利。③

司马谈"论六家之要指",开头引《易·系辞》"天下一致而百虑,同归而殊途",说:"夫阴阳、儒、墨、名、法、道德,此务为治者也。"④这也是指出先秦诸子百家尽管在理论上和认识方法上有差异,但有共同点,就是其思想、学说的主旨都在治理国家、天下,即重在现世的实践。这就是前面说过的中土传统意识所具有的实践理性的品格。这样,《四十二章经》所提出的"信根",就是一个全新的概念。《四十二章经》又记载:

> 佛言:"诸沙门行道,当如牛负行深泥中,疲极不敢左右顾,趣欲离泥以自苏息。沙门视情欲,甚于彼泥,直心念道,可免众苦。"

这一段讲修道方法和态度,强调信仰心的强固,要求人克服万难而不动摇。牛的譬喻是具深意的。牛行泥中根本不需要理智。又说:

> 佛言:人为道,譬如一人与万人战。被甲操兵,出门欲战,意怯胆弱,乃自退走。或半道还,或格斗而死,或得大胜还国高迁。夫人能牢持其心,精锐进行,不惑于流俗狂愚之言者。

---

① 《论语注疏》卷二《为政》,《十三经注疏》下册第 2462 页。
② 同上卷六《雍也》,《十三经注疏》下册第 2479 页。
③ 《墨子间诂》卷九《非命上第三十五》。
④ 《史记》卷一三〇《太史公自序》,第 3288—3289 页。

欲灭恶尽,必得道矣。

这也是用比喻来说明树立坚定信仰的必要与殊胜。

中国传统哲学普遍使用"道"这一概念,抽象化指一种思想、学说、真理和实现这些的途径。道教和佛教也都利用这一概念,但把它宗教化了。佛教翻译梵语菩提 bodhi 为"道",又译为"觉"、"智"等。龙树的《大智度论》卷四说:"菩提,名诸佛道。"①《维摩诘经》僧肇注说:"道之极者,称曰菩提。"②佛教的"道"是佛道,是体现佛教教义的无分别智;佛教的终极追求是涅槃,乃是无生无灭的神秘境界,达到这一境界的"道"是先验的、绝对的、神秘的,"不可以智知,不可以识识"③,"心行处灭,言语道断"④的。因此就必须靠证悟来体认,靠信仰来实现。支谦第一译《维摩诘经》赞扬佛法,有曰:

> 佛言:"善哉! 善哉! 天帝,吾代汝喜。是诸去、来、现在佛得道者,皆说是法。若是天帝,欲得供养去、来、现在诸佛世尊,当受是法,持诵自清,宣示同学,正使天帝三千世界如来满中,譬如甘蔗、竹芦、稻麻、丛林,甚多无数,皆为如来,有贤者子、贤者女,于一劫,若百劫,敬之,事之,奉之,养之,一切施安,进诸所乐,至诸佛般泥曰,一一等意,穿地藏骨,立七宝塔,周于四方,弥满佛界,高至梵天,施设盖幡,为诸佛别造塔,皆于一劫,若百劫,供养众华、众香、众盖、幢幡、伎乐,云何,天帝,此人殖福能增多不?"曰:"多矣,世尊。彼之福祐,不可称说亿百千劫。"佛告天帝:"当以知是贤者子、贤者女,受此不思议门所说法要,奉持说者,福多于彼。所以者何? 法生佛道,

---

① 《大智度论》卷四,《大正藏》第 25 卷第 86 页上。
② 《注维摩诘经》卷四《菩萨品》,《大正藏》第 38 卷第 362 页下。
③ 《维摩诘所说经》卷下《阿閦佛品》,《大正藏》第 14 卷第 555 页上。
④ 《大智度论》卷二,《大正藏》第 25 卷第 71 页下。

　　法出诸佛,其能供养此正法者,非思欲施辈,当以知此。"①

这里说的是所谓"法供养",要求人们对佛与佛法无条件地"敬之,事之,奉之,养之",即树立起无限虔诚的信仰心。

　　如上面引录文字表明的,佛教又宣扬信仰是与福报即救济相关联的。释迦立教的根本目的在引导人超脱轮回之苦,指引人解决"生死大事"。而大乘佛教更进一步发展了"拔苦与乐"的慈悲思想,更注重现世救济。这一点正与中土重视现实利益的意识相合。对于苦难深重的民众,现世的救济比遥远而难以捉摸的涅槃前景更为重要。典型的如竺法护所译《正法华经》的《光世音普门品》里宣扬的光(观)世音:

　　佛告无尽意曰:"此族姓子,若有众生,遭亿百千垓困厄患难,苦毒无量,适闻光世音菩萨名者,辄得解脱,无有众恼,故名光世音⋯⋯"②

以下说如能够"若有持名,执在心怀",就能免八难(大火、大水、大风、诸魔邪鬼、刀杖、怨贼、众邪逆魅、牢狱)、离三毒(贪、嗔、痴)、满二求(求男得男,求女得女)。这样的救苦救难,解决的是人世间面临的实际困境。又如《阿弥陀经》里佛说:

　　舍利弗,不可以少善根福德因缘得生彼国。舍利弗,若有善男子、善女人,闻说阿弥陀佛,执持名号,若一日,若二日,若三日,若四日,若五日,若六日,若七日,一心不乱,其人临命终时,阿弥陀佛与诸圣众现在其前,是人终时心不颠倒,即得往生阿弥陀佛极乐国土。③

这里说的不是虚无缥缈的涅槃,而是死后往生的乐土。这乐土乃

---

① 《维摩诘经》卷下《法供养品》,《大正藏》第 14 卷第 535 页中、下。
② 《正法华经》卷一〇《光世音普门品》,《大正藏》第 9 卷第 128 页下。
③ 《佛说阿弥陀经》,《大正藏》第 12 卷第 347 页中。

是人世的延续,在那里可以度过福乐超出人世想象的美满生活。更值得注意的是,按《阿弥陀经》的说法,得到这种果报并不需要其他的功德善行,只要对于阿弥陀佛怀抱热诚的信仰心,认真执持阿弥陀佛名号,专心一志,心不散乱即可。

宗教活动是一种群众性的社会活动,广大民众构成信众的基本成分。对于他们来说,精致、复杂的教理论证难以理解,更容易接受的是形象、通俗的说教,通过它们确立起真挚、热诚的信仰心。这也是魏晋时期中国人接受佛教的重要一面。

这样,如本章开头引用张东荪所说的,佛教输入中国,首先是"宗教性的部分",而这一部分内容则是以信仰为依托的。这体现为与传统理性精神相对立的思想内容和思维方式,构成中国人精神世界的新鲜成分。它适应了当时中土民众精神的迫切需要,又是中国思想传统所缺乏的,所以能够被积极地接受并广泛传播。后来中国佛教信仰更形成趋向现实化与简易化的潮流:即一方面更为突出现世救济内容,一方面无论是表现形式还是实践途径都更趋简易。后来发展起来的典型中国佛教宗派是禅宗和净土宗,二者在信仰的内容与形式上虽然迥然不同,但注重现世救济的直接和简易的特点则同样表现得十分突出,因而也成为最具群众性的佛教宗派。

三

佛教以佛、法、僧为"三宝","佛"居第一位。宗教信仰首先要确立偶像。佛陀就是信仰偶像。外来佛教向中土传播的主要内容之一就是对于佛陀的信仰以及与之相关联的罗汉、菩萨等宗教偶像信仰。

　　如上所述,佛教输入中国的时期,正是大乘佛教兴盛起来的时期。佛陀在世的时候反对偶像崇拜,他本人只是作为"觉者"、导师出现。即是说,无论是他个人自任,还是他的弟子们对他的看法,他都不是作为造物主和救世主的"神",只是觉悟了宇宙"真实"的人。对于围绕他的信仰者而言,他是修道的榜样、教化的导师。但经过部派佛教,发展到大乘佛教,佛陀作为教主不断地被神圣化、偶像化了。一方面佛陀成为永恒真理的体现者:作为全部佛法体现的法身佛,他乃是永恒的存在,遍在三世十方,具有无量功德;他显化为三身,现世的释迦乃是他的"化身",成就为相(三十二大人相)好(八十种微妙好)庄严、具足十力(十种神秘智力,文繁不录)、四无畏(正等觉无畏、漏永尽无畏、说障法无畏、说出道无畏)、具有无数神通、变化的教主①。另一方面他怀抱拯救世界的伟大悲愿,不但有悲愿,而且有能力度脱世人到永离轮回的彼岸。这样他就具有了救世主的品格。他被赋予无限神通、灵异和威力无比的救济能力,给身处苦难之中的人提供了得救的希望和保证。本来某一种宗教初传,人们更容易从感性的、形象的方面来接受。佛陀这种神圣品格被用无限夸饰、奇妙靡丽的形象表现出来,就更容易引诱和震慑人心,从而在中国形成了前所未有的对于佛陀的偶像崇拜。这种偶像更加强化了人们的信仰心。

　　如前所述,当初大月氏使者口授的《浮屠经》,应是直接描绘佛陀形象(或起码包括相关内容)的佛传类经典。这类经典在早期译经中占很大比重。根据经录,东汉建安年间(196—220)康孟详、竺大力、昙果在洛阳译出《修行本起经》二卷和《中本起经》二卷;接着支谦在南方的建康于黄武元年(222)至建兴(252—253)中译出《瑞应本起经》二卷,是《修行本起经》的异译本。后来多种佛传陆续传

────────────

①所谓"三身",还有"报身",即经过修证,得到果报成就的佛。例如法藏菩萨修行成为阿弥陀佛,也被称为报身佛。另有不同说法。

译过来。《四十二章经》和《理惑论》也用很大篇幅写佛传,表明这类经典在当时是佛典中最重要、最受欢迎的部分之一,也体现佛陀信仰在早期佛教传播中的重要地位。

《四十二章经》序言描写佛教传入的一段,是佛教史上的著名文字,从中可见当时人所了解的佛陀面貌。那个感梦情节是中国方术式的,而描写佛陀身有金色,项有日光,能够在天上飞行则类似中土传说的神仙。中土早期所接受的佛陀形象显然已与神仙信仰相混淆。《牟子理惑论》的第一问也是关于佛陀的,也正表明佛陀信仰在佛教宣传中的地位:

> 或问曰:佛从何出生? 宁有先祖及国邑不? 皆何施行?状何类乎? 牟子曰:富哉问也。请以不敏,略说其要。盖闻佛化之为状也,积累道德数千亿载,不可纪记。然临得佛时,生于天竺。假形于白净王夫人昼寝,梦乘白象,身有六牙,欣然悦之,遂感而孕。以四月八日从母右胁而生,堕地行七步,举右手曰:"天上天下,靡有逾我者也。"时天地大动,宫中皆明。其日王家青衣复产一儿,厩中白马亦乳白驹。奴字车匿,马曰犍陟,王尝使随太子。太子有三十二相,八十种好,身长丈六,体皆金色,顶有肉髻,颊车如师子,舌自覆面,手把千辐轮,顶光照万里,此略说其相。年十七,王为纳妃,邻国女也。太子坐则迁座,寝则异床,天道孔明,阴阳而通,遂怀一男,六年乃生。父王珍伟太子,为兴宫观,妓女宝玩,并列于前。太子不贪世乐,意存道德。年十九,四月八日夜半,呼车匿勒犍陟跨之,鬼神扶举,飞而出宫。明日廓然,不知所在。王及吏民,莫不歔欷。追之及田,王曰:"未有尔时,祷请神祇;今既有尔,如玉如珪,当续录位,而去何为?"太子曰:"万物无常,有存当亡。今欲学道,度脱十方。"王知其弥坚,遂起而还。太子径去。思道六年,遂成佛焉。所以孟夏之月生者,不寒不热,草木华英,释狐裘,衣绨绤,中吕之时也。所以生天竺者,天地之中,处其

中和也。所著经凡有十二部,合八亿四千万卷,其大卷万言已
下,小卷千言已上。佛教授天下,度脱人民,因以二月十五日
泥洹而去……①

这里基本已具备所谓"八相成道"的情节。对于佛陀的描绘,从形
貌到行为,从生前到死后,显然是大加神化了,同样也带有浓厚的
本土神仙色彩。涉及《四十二章经》的结集,许里和认为:

> (桓帝时襄楷)奏书两处引用了《四十二章经》,这证明:
> (1)襄楷精通此经的内容;(2)提供了此经原本存在的下限;
> (3)表明原本和现存最古的本子之间有较大的差异……我们
> 知道襄楷本人也生于道教极为兴盛的同一地区(山东南部),
> 这也再次证明后汉时期道教与佛教之间的密切关系。②

佛教初传时期与道教的这种密切关系,在当时传播的佛陀面貌中
清楚地体现出来。当时的佛教也显然在有意借助本土神仙信仰来
树立更为崇高、神圣的崇拜偶像。《理惑论》第二问更进一步宣扬
佛陀的神奇与神通:

> 佛者谥号也,犹三皇神、五帝圣也。佛乃道德之元祖,神
> 明之宗绪。佛之言觉也,恍惚变化,分身散体,或存或亡,能小
> 能大,能圆能方,能老能少,能隐能彰,蹈火不烧,履刃不伤,在
> 污不染,在祸无殃,欲行则飞,坐则扬光。故号为佛也。③

这里特别突出其神通变化能力。第二十一章写佛教在汉地初传情
形,则与《四十二章经》的描写大体相同,本书前面已经提到。这种
基于大胆玄想描绘出来的佛陀面貌极度夸张而又神奇,其神通、灵
异已远远超过秦汉方士的神仙幻想,更容易诱使人对他的崇拜和

---

①《牟子丛残新编》第2—3页。
②《佛教征服中国》第53页。
③《牟子丛残新编》第3页。

信仰。

　　极力夸张佛陀的伟大、神奇，宣说信仰佛陀的意义，乃是佛教全部经典的主要内容之一，早期佛典翻译更注重这方面的内容。例如支娄迦谶所出《道行般若经》是早期大乘佛教的纲领性经典，其中写到佛陀明确要求弟子"汝敬我所语，敬我法。若敬爱、承事我，汝自敬身于佛。汝有慈于佛，汝有孝于佛，一切恭敬于佛所。汝持是慈孝、恭敬于般若波罗蜜中"①。这就更把本土慈孝观念借用过来说明对佛陀应取的态度。《法华经》是大力宣扬佛陀救济思想的经典，竺法护第一译《正法华经》里佛说：

　　　　佛恩普润，譬如良田，随其所种，各得其类，种者所殖，非地增减。佛亦如是，一切普等，常示大道，取者增减。佛则于彼，诸人者父，我常观者，众庶苦恼，无数亿劫，而见烧煮，三界之中，恐畏之难，佛为唱导，使得灭度。②

这样，佛陀一方面作为导师，引导人走向永久解脱的涅槃圣境，另一方面对身处困境的人则有力量以其无限慈悲，实行普遍的救济。早期还译出许多更形象、更易于普及也更能够感发人心的本生经（如康僧会译《六度集经》）、譬喻经（如支谦译《撰集百缘经》）等，虽然其中的故事大体都是部派佛教时期创造的，但已掺杂进大乘的佛陀救济观念，大力张扬佛陀前世或现世救济世人的志愿与功德，宣扬其神通广大、变化无方的能力。这类经典都使佛陀的伟大形象更加深入人心。

　　中土传说的有关佛陀那些不断被增饰的故事，所谓汉孝明帝梦见金人，诏遣使者张骞、羽林中郎将秦景出使西域，于月支国遇到沙门竺摩腾等人，译写《四十二章经》还洛阳，藏在兰台石室第十四间等等，显然多是荒唐无根之词。但这些传说也正是在大肆神

————————————————

① 《道行般若经》卷一〇《嘱累品》，《大正藏》第 8 卷第 477 页下。
② 《正法华经》卷二《应时品》，《大正藏》第 9 卷第 78 页上、中。

化佛陀形象的潮流中形成的,同样以其神秘内容诱发人的信仰心。

　　中国宗教思想是主张多神崇拜的,而中国佛教则努力把佛陀塑造成超越、统驭一切神明的最高神。尽管佛教终归只能成为中国的多种宗教之一,佛陀也只是中国人心目中的众多神明之一,但这种树立一神信仰的努力还是有其作用的。

　　与佛陀信仰同时输入的还有罗汉信仰和菩萨信仰。这也是无论在性格还是能力上都是中土所未见的"神明"。

　　《四十二章经》已经说到小乘佛教的四向四果:

　　　　佛言:辞亲出家为道,名曰沙门,常行二百五十戒,为四真。道行进志清净成阿罗汉,阿罗汉者,能飞行变化,住寿命,动天地;次为阿那含,阿那含者,寿终魂灵,上十九天,于彼得阿罗汉;次为斯陀含,斯陀含者,一上一还,即得阿罗汉;次为须陀洹,须陀洹者,七死七生,便得阿罗汉。[1]

这里解说小乘修道最高果位的阿罗汉,简称罗汉,一是突出他"住寿命""七死七生";再是说他"飞行变化","上十九天"。本来罗汉有三义,一是"杀贼",即杀灭烦恼之贼;二是"应供",即接受天、人供养;三是"不生",即修行的最终果报是寂灭涅槃。这在部派佛教论书《大毗婆沙论》里已说得很清楚,而该论是贵霜王朝伽腻色迦王(在位年代不可确考,大约在公元一世纪后期至公元二世纪前期)时期在迦什弥罗(今克什米尔)结集成的。《四十二章经》的理解显然也是借鉴了本土概念,掺入了本土神仙信仰的内容的。在早期翻译的佛典里有许多是宣扬对于罗汉的崇拜的。

　　由于外来佛教是大、小乘相混杂着输入中土的,佛教初传时期大乘菩萨信仰也被介绍进来。"菩萨"观念的出现是大乘佛教成立的重要契机。"菩萨·摩诃萨"(bodhisattva mahāsattva)作为大乘

────────

[1]《大正藏》第 17 卷第 722 页上—中。

佛法的实际承担者,更充分地体现了佛教的救济思想和现实精神。早在支娄迦谶翻译的《阿阇世王经》里已经有关于文殊菩萨与二十五菩萨住山修行的内容,并说"文殊师利者,是菩萨之父母"①。支谶译《道行般若经》更充分地宣扬菩萨思想,其中说:

> 菩萨摩诃萨度不可计阿僧祇人,悉令般泥洹,无不般泥洹一人也。菩萨闻是,不恐、不畏、不悉、不舍,去就余道,知是则为摩诃僧那僧涅。②

菩萨在五浊恶世济度众生,立下誓愿不度脱所有众生永不作佛,即所谓"一生补处"。菩萨思想更充分地体现了大乘"自利利他"的悲怀。康僧会译《六度集经》以大乘六度组织八十二个本生故事,宣扬佛陀在前世历劫轮回中所修善行,前世的佛陀被描写作菩萨。本生故事体现的本是小乘佛教的菩萨观,《本生经》是部派佛教时期结集起来的。但在汉译《六度集经》里却用来宣扬大乘菩萨思想。

　　在大乘佛教里,佛陀信仰与菩萨信仰被更紧密地结合起来。在部派佛教的《阿含经》里有未来佛弥勒佛,但他在大乘弥勒信仰里又是在兜率天待机的菩萨;而阿弥陀佛则是法藏菩萨经过修行成就佛果的。支娄迦谶翻译的《阿閦佛国经》里的阿閦佛,又称为阿閦菩萨。后来更习惯把现世的得道者称为菩萨,如印度佛教的论师龙树菩萨、马鸣菩萨、无著菩萨、世亲菩萨,等等;中国也相仿称竺法护为敦煌菩萨,道安为印手菩萨,等等。而最早输入中土的菩萨之一观音菩萨则作为佛陀与人间的中介,成为人世的救星,更是中土民众信仰的主要对象。菩萨信仰充分体现了大乘济世度人观念,与儒家的仁爱思想有明显相通之处,在中国也更易于普及。

---

①《佛说阿阇世王经》卷上,《大正藏》第 15 卷第 394 页中。
②《道行般若经》卷一《道行品》,《大正藏》第 8 卷第 427 页下。"摩诃僧那僧涅"是菩萨"四弘誓"的古译。

这样，佛陀、罗汉、菩萨等信仰内容与崇拜偶像，无论是形象还是所体现的观念，对于中土本是全然陌生的。中国传统中有对于"天"的信仰，"天"可以理解为人格化的"天帝"，也可以理解为形而上的"天命"、"天意"等等，含义相当模糊，但"天命匪测"的怀疑态度一直广有影响。中土有对于尧、舜、禹、汤、文、武、周、孔等圣人的信仰。《尚书·洪范》上说："聪作谋，睿作圣。"传曰："于事无不通谓之圣。"圣人的本意是道德高尚、耳聪目明的人，并不是"神"。直到《史记》的描写里，圣人还是人，不过是不平凡、对人类作出丰功伟业的人。董仲舒"独尊儒术"，公羊学封孔子为"素王"，已经具有教主的意味；而西汉哀、平之际兴起谶纬之学，更假托神意，鼓吹天命谴告之说，具有更浓厚的宗教神学内容，也更积极地培植对于圣人的盲目崇拜。到东汉章帝主持白虎观会议，逐渐把儒家圣人"神化"，把经学"神学化"了。但是，儒家圣人观的这种变化仍奠基在"天人之际"思想的基础之上，儒学终究没有演变为宗教，承受天命或代天行事的圣人始终也没能成为全能的教主。圣人的基本性格是教化者，而不是宗教的神明。他们无论是性质或能力都不能与佛教宣扬的佛陀相比拟。所以《理惑论》比较尧、舜、周、孔与佛陀说，"四师虽圣，比之于佛，犹白鹿之与麒麟，燕鸟之与凤凰也"。早期翻译佛教经典里佛陀有一个尊号，称为"天中天"，直到什译《法华经》的《化成喻品》里仍有"圣主天中天"的称呼。这一称号是有象征意义的：比较儒家的至高无上的"天"、"天命"，佛陀更高一重，是凌驾于"天"之上的存在。佛教又往往用"圣人"这一称号来称呼佛陀。这也是佛教利用儒家的圣人崇拜作为宣教辅助手段的表现。

罗汉、菩萨的性格、悲愿不同，但都是佛弟子，是佛法的信仰者和护持者，又是真诚、执着的修道者。他们都满怀坚定的信仰心，不畏艰难地实践修道理想，以期达到成就佛果、挽救世界的目标。在他们的身上，充分体现了对于人的自救能力和得救可能的信心。

这样的形象同样是中土传统中所不见的。

值得注意的是,中土早期佛教的佛陀、罗汉、菩萨信仰与本土神仙信仰有着复杂的关联。神仙是古代中国人探索宇宙和人生奥妙的独特创造,更集中地体现了中国本土固有的宗教精神。日本学者窪德忠说:

> 自公元前四世纪至今,中国人一直无限向往神仙。这恐怕有下列几个原因:神仙能永远年轻不死,即不老不死;神仙能实现凡人可望而不可得的一切愿望;神仙能永远享受现世的快乐等等。正因为神仙能即刻实现人类的一切梦想,所以在人们心目中神仙成了实现人类梦想的偶像。①

闻一多又曾指出:"神仙是随灵魂不死观念逐渐具体化而产生的一种想象的或半想象的人物","乃是一种宗教的理想"②。就是说,"仙"是长生不死的,即超越了时间和空间限制的特殊的"人"。中华民族强烈的生命意识,中国人重视现世、重视人生的积极精神,在神仙思想里得到了十分充分的体现。而追溯神仙思想的源头,首先应注意统称为"老庄"的道家学说。《老子》书中形容"道""无状之状,无物之象,是谓惚恍,迎之不见其首,随之不见其后","道之为物,惟恍惟惚。惚兮恍兮,其中有象;恍兮惚兮,其中有物"等等,已包含相当神秘的意味;又说"大道泛兮,其可左右,万物恃之而生而不辞"③,从而"道"已被赋予神秘的生命力;"道"更多次以人称代词"吾"的名义出现,并具有"根深固柢,长生久视"的功能,这又使形而上的"道"带上一定的"人格"特征。因此《理惑论》第四章才能够直接引用《老子》"有物混成,先天地生"等等来解说佛道。

---

① 《道教史》第 52 页,萧坤华译,上海译文出版社,1987 年。
② 《神仙考》,《闻一多全集》第 1 卷第 159、161 页,生活·读书·新知三联书店,1985 年。
③ 王弼注《老子道德经》,第一四、二一、三四章。

而到《庄子》，则在"至人"、"神人"、"德人"、"大人"、"全人"等等名目之下，描述一种理想的人格和精神状态。从具体表现看，庄子的"至人"等等在性格上已具有后来的"仙人"、"真人"的特征，他们被看作是神仙观念和神仙信仰的源头。但是庄子学派所理想的人生境界显然具有突出的思想和哲学的意义与价值，主要并不是宣扬宗教信仰的。后来到战国末期，在北方燕、齐滨海地区，神仙幻想和神仙信仰进一步发展成熟，方士们大力鼓吹求仙访药的神仙术。秦皇、汉武都以惑于仙术而受到后世诟病。但仙人虽然具有奇异的神通变化，却仍然是"人"，是超越时（长生不死）、空（飞行无阻）限制的"超人"。又早期的神仙术基本是帝王的专利，是为上层统治者服务的，成仙显然是一般民众不可希冀的。后来太平道和五斗米道起来，鼓吹神仙信仰来招引信徒，把神仙追求作为动员广大群众的手段，也正体现了神仙信仰在民众间的影响扩大了。正是在这样的背景下，中土早期佛教对佛陀形象的描绘融入了神仙内容。应当说先秦以来逐步形成、发展，至两汉十分兴盛的神仙思想、神仙信仰为树立佛陀信仰提供了氛围与借鉴。这也体现了佛教输入初期依附本土信仰的一面。但尽管佛教方面利用了本土神仙信仰的内容，发展到一定阶段却又有意识地与它划清界限。这也是突出佛陀作为宗教偶像的功能和意义所需要的。《理惑论》的作者就已经坚决批判道教所追求的却疾不病、长生不死等，另一方面又"以经传为证，以世人为验"，揭露传说尧、舜、周、孔、七十二弟子皆不死的虚妄，而对方则批驳他是"讪神仙，抑奇怪，不信有不死之道"。这种争论表明，即使在当初佛、道二教相互依附的情况下，佛教方面已经有人清醒地与神仙方术相分疏，有意摆脱二者相混淆的局面，从而突显出佛教信仰的无限崇高与神圣。如《理惑论》第二十九问答如下：

　　问曰：王乔、赤松、八仙之箓，神书百七十卷，长生之事，与佛经岂同乎？牟子曰：比其类犹五霸之与五帝，阳货之与仲

尼；比其形犹丘垤之与华、恒，涓渎之与江海；比其文犹虎鞟之
与羊皮，斑纹之与锦绣也。道有九十六种，至于尊大，莫尚佛
道也。神仙之书，听之则洋洋盈耳，求其效犹握风而捕影。是
以大道之所不取，无为之所不贵，焉得同哉？[1]

因为从佛教观点看来，就总的归宿说，神仙追求的只是个人的超越
与永生，这还是自救的"小道"，比较佛、菩萨有志愿、有能力解救、
度脱全部有情，二者间高下十分显著，虽然二者的神通变化很有相
像的地方。

这样，首先确立起佛陀至高无上的宗教偶像的地位，他又有一
大批掌握佛法真义的弟子和候补者。如此在中国富于理性精神的
传统中，佛教输入了一批信仰偶像；在中国多神信仰的传统中，这
些偶像又具有更为神奇强大的救济功能。特别是佛陀那种无限慈
悲，又体现人们急切需要的普遍平等的、现世救济的品格，更容易
迅速征服广大民众。而菩萨作为佛陀救世理想的实际执行者，也
必然受到人们的欢迎。而比较起来，追求自我解脱的罗汉在民众
信仰中的地位较为低下，也就可以理解了。

又李亦园曾指出：

西方信仰里人与神是截然有别的，而东方的信仰中人与
神是个连续体；西方世界里人是生来有罪而不能完美的，所是
不能成为神，而东方世界里人是可以靠自己的努力而达到完
美的地步，所以现在被崇拜的神，都是过去对人类有过很大贡
献的人，也正是这个意思。[2]

这里阐明了作为信仰对象的佛陀（和佛教的其他信仰对象）的重要
特征：他本来是人，追求超越而成为神明。他是通过艰难的修行过

---

[1]《牟子丛残新编》第 20 页。
[2]《中国人信什么教？》，《宗教与神话》第 124 页，广西师范大学出版社，2004 年。

程而成就神圣的典范。对于他的信仰正体现了人格自我完善的信心。李亦园揭示的这种东方思维把人与神当作连续体的精神，给处在苦难中的平凡人以巨大的安慰和鼓舞。这也是佛陀信仰容易受到中土民众欢迎的一个原因。

四

　　居佛教"三宝"第二位的是"法"（Dharma），即它的教义、教理。中国翻译"法"这个概念，又借用固有名词"道"，意思是"真理"和实现真理的"道路"。外来佛教向中土输入新的教义、教理，给中土思想意识增添了很大一部分内容。佛教教义、教理精致的理论层面包含着丰富、深刻的哲理，构成佛教思想的根本部分，属于宗教哲学范畴。这就是前面张东荪提出的"哲学性"的部分。佛教更把基本教义概括成简要、精炼的教条。这些教条集中体现了佛教的基本精神。如前所说，对于一般信众来说，繁琐的教理论证难于理解和接受，实际也不是他们迫切需要的，人们更容易信受、传持的是这些简单的教条。这些简单的教条也有复杂、繁琐的教理上的依据，但它们作为信条则成了先验的、绝对的信仰对象。本来中国自古以来传统上注重明"理"。孔子谆谆善诱，是向弟子讲道理。诸子论辩也是讨论"理"的是非。把一种思想观念当作不需证明的、牢不可破的信条，相对于"理"而更注重"信"，这是宗教特有的思维方式。

　　佛教初传时期的思想内容，大体可分为两个方面。一方面是四谛、五蕴、十二缘生、八正道等等基本观念。这些观念有相当充分的教理上的说明和论证。正因为有了这一方面，佛教在中国才能被当作诸子百家中的一家。另一部分则是关于灵魂不灭、六道轮回、因果报应等等更为浅近的说教。这些当然与前述教理相关，也有教理上的证明，但主要是要人们"相信"，即基本是信仰层面的事。《后汉书》概括当时人接受佛教的情形说：

> 详其清心释累之训，空有兼遣之宗，道书之流也。且好仁恶杀，蠲敝崇善，所以贤达君子多爱其法焉……又精灵起灭，因报相寻，若晓而昧者，故通人多惑焉。①

这简短的几句话，内涵相当精赅：前一部分所谓"清心释累"、"空有兼遣"，指的就是教理层面，当时主要是指大乘般若空观和小乘禅法；"好仁恶杀，蠲敝崇善"则是属于伦理、戒律方面的内容。这些是"贤达君子"即社会上层所赞赏的。后一部分"精灵起灭"说的是生死轮回，"因报相寻"指因果报应，这是佛教信仰层面的两个主要内容。史家说对于后面这些，在理性精神传统中培养起来的"通人多惑焉"。所谓"惑"，"疑惑"，是当初接触到神灵、奇异信仰的一种心态。除了"通人"之外，当然有更多的非"通人"。如果前者是指知识精英，后者则主要是普通百姓，这里的潜台词是，后者对这些是并不疑惑而相信的。

在佛教大规模传入的东汉后期，社会动荡，纲纪瓦解，对于在生死线上挣扎的苦难民众任何高超的学理已经都没有意义。而生死轮回信仰给生命朝不保夕的普通民众提供了来世的希冀；因果报应信仰则既给现实苦难提供一种解释，又提出了来世得到解救的期待和途径。这些虚幻的说教给普通民众提供了精神上的支持与安慰。

从《四十二章经》、《理惑论》到郗超《奉法要》、孙绰《喻道论》等，比较清楚地反映了佛教信仰早期在中土被接受的状况。当时一般人对于更具理论内涵的"道"的理解显然还很模糊，如《理惑

----

① 《后汉书》卷八八《西域传论》，第 2932 页。

论》的一段：

> 问曰：何谓之为道？道何类也？牟子曰：道之言导也，导
> 人致于无为。牵之无前，引之无后；举之无上，抑之无下；视之
> 无形，听之无声；四表为大，绵延其外；毫厘为细，间关其内。
> 故谓之道。①

这里借用中土传统的"道"这一概念来讲涅槃，"无为"是当时对"涅
槃"的一种译法。这样的理解显然是含混、模糊、不确切的。但其
中说到轮回、报应，意思则相当明晰：

> 问曰：佛道言：人死当复更生。仆不信此言之审也。牟子
> 曰：人临死，其家上屋呼之。死已复呼谁？或曰：呼其魂魄。
> 牟子曰：神还则生，不还神何之乎？曰：成鬼神。牟子曰：是
> 也。魂鬼固不灭矣，但身自朽烂耳。身譬如五谷之根叶，魂神
> 如五谷之种实。根叶生必当死，种实岂有终亡，得道身灭耳。
> 《老子》曰："吾所以有大患，以吾有身也；若吾无身，吾有何
> 患？"又曰："功成、名遂、身退，天之道也。"或曰：为道亦死，不
> 为道亦死，有何异乎？牟子曰：所谓无一日之善，而问终身之
> 誉者也。有道虽死，神归福堂，为恶既死，神当其殃。愚夫暗
> 于成事，贤智豫于未萌。道与不道，如金比草；善之与福，如白
> 方黑。焉得不异，而言何异乎？②

这里更借用本土招魂的民间习俗和传统的神不灭观念，又用五谷
根叶、种实为喻，说明佛教所主张的落实到个体的轮回报应，已明
确它和以家族为依托的中土传统报应观的不同。这种理解大体是
符合外来佛法的。这里虽然也引用《老子》这样的本土典籍作论
据，但讲的却完全是佛教的道理。《四十二章经》里更具体述及因

①《牟子丛残新编》第 4 页。
②《牟子丛残新编》第 9 页。

果报应的教训,宣扬行善受益,作恶则得到罪罚。其中还有这样的
条目:

> 佛言:人为道亦苦,不为道亦苦。惟人自生至老,自老至
> 病,自病至死,其苦无量。心恼积罪,生死不息,其苦难说。

> 佛问诸沙门:人命在几间? 对曰:在数日间。佛言:子未
> 能为道。复问一沙门:人命在几间? 对曰:在饭食间。佛言:
> 子未能为道。复问一沙门:人命在几间? 对曰:呼吸之间。佛
> 言:善哉! 子可谓为道者矣。[①]

这都是宣扬轮回之苦和人生无常的。由此看来,尽管佛教初传时
期中土人士对教理的理解还相当肤浅、幼稚,但在信仰层面却已经
较精确地把握了佛教的基本内容。而民众真挚的信仰心又成为佛
教传播和发展的推动力。

又《理惑论》第十七章说:

> 阴施出于不意,阳报皎如白日。况倾家财、发善意,其功
> 德巍巍如嵩、泰,悠悠如江海矣。怀善者应之以祚,挟恶者报
> 之以殃,未有种稻而得麦,施祸而获福者也。[②]

这第十七章是专门讨论施舍的,这是大乘“六度”的第一项。反对
方指责“佛家以空财布施为名,尽货与人为贵”;牟子则主张“饶财
多货,贵其能与;贫困屡空,贵其履道”,强调布施的功德。布施体
现佛教否定贪著利欲的观念,又提供僧团存在必须的客观条件,因
此在佛教初传中土时期已经被大力宣扬,成为民众接受的十分重
要的信条。

到东晋时期,这些基本信条在中国已经相当普及。如郗超《奉
法要》里说:

[①]《大正藏》第 17 卷第 723 页下、724 页上。
[②]《牟子丛残新编》第 13 页。

> 凡在有方之境,总谓三界。三界之内,凡有五道:一曰天,二曰人,三曰畜生,四曰饿鬼,五曰地狱。全五戒则人相备,具十善则生天堂。全一戒者则亦得为人,人有高卑,或寿夭不同,皆由戒有多少。反十善者谓之十恶,十恶毕犯则入地狱,抵揆强梁,不受忠谏,及毒心内盛,徇私欺殆,则或堕畜生,或生蛇虺。悭贪专利,常苦不足,则堕饿鬼。其罪若转少,而多阴私,情不公亮,皆堕鬼神,虽受微福,不免苦痛。此谓三途,亦谓三恶道。①

如此把轮回、报应具体地落到实处,惧之以地狱之苦,诱之以天堂之乐,对于民众是有巨大震慑力的。又如说:

> 五阴六欲,盖生死之原本,罪苦之所由。消御之方,皆具载众经。经云:"心作天,心作人,心作地狱,心作畜生,乃至得道者也,亦心也。"凡虑发乎心,皆念念受报,虽事未及形,而幽对冥构。夫情念圆速,倏忽无间,机动毫端,遂充宇宙,罪福形道,靡不由之,吉凶悔吝,定于俄顷。是以行道之人,必慎独于心,防微虑始,以至理为城池,常领本以御末,不以事形未著而轻起心念。岂唯言出乎室,千里应之,莫见乎隐,所慎在形哉!②

像这样的说教,虽然也引经据典,但并不作什么具体论证,字句间充满了威吓、戒惧力量,充分体现出宗教信仰独断、蒙昧的特征。中土传统心态本来缺少信仰的狂热和痴迷,面对这样的说教,即使是那些对于因果报应等等怀抱"莫须有"态度的人,往往也不会完全无动于衷。在中国民众长期接受传统的理性精神熏陶的环境下,这也是相当流行也相当典型的"信则有,不信则无"的心态的由来。

---

① 《弘明集》卷一三,《大正藏》第 52 卷第 86 页下。
② 《弘明集》卷一三,《大正藏》第 52 卷第 87 页上。

　　与佛法信仰相关联的还有经典信仰。在中国固有的文化传统中,经典本来特别受到重视。"经"的本意与"纬"相对,分别指纺织的纵线和横线,"经"引申为基准、原则、典范的意思,"经纬"则引申为条理秩序。儒家圣典被称为"经",意谓它们的内容是万古不变的常道、作为永世法则的基准。但圣人是"人",他们的言论著为经典,并没有先验的、神秘的意味。而佛教的"经"被认为是佛陀金口所说,他所制定的"律"和菩萨所造阐释经、律的"论"作为教义、教理的载体,则具有神圣、超然的性质,是任何世俗典籍不可比拟的。如此确定外来翻译佛典的地位,把它们当作顶礼膜拜的对象,经典崇拜就成为信仰实践的重要表现形态。中国自古本来有尊重经典的传统,但如此把经典当作顶礼膜拜的对象则是从未见过的。从《理惑论》可以看出,在当时人关于佛教的争论中,对待佛经的态度也是一个焦点。牟子批驳反方对于佛经的否定和怀疑,称赞"佛经前说亿载之事,却道万世之要。太素未起,太始未生,乾坤肇兴,其微不可握,其纤不可入。佛悉弥纶其广大之外,剖折其窈妙之内,靡不纪之。故其经卷以万计,言以亿数,多多益具,众众益富"①;对于攻击佛道"辞说廓落难用,虚无难信",则引用本土典故反驳说"至味不合于众口,大音不比于众耳。作《咸池》,设《大章》,发《箫韶》,咏九成,莫之和也。张郑、卫之弦歌,时俗之音,必不期而拊手也……大道无为,非俗所见,不为誉者贵,不为毁者贱。用不用自天也,行不行乃时也。信不信其命也"②。这都是努力把佛教经典的位置抬到世俗的经典之上。至于这里把信仰归结为"命",则是中土命运观的体现了。《四十二章经》里更有专门一章讲"诵经",佛陀告沙门要"执心调适,道可得矣",则具有诵读咒语的意味了。依据翻译佛经体例,最后的"流通分"是佛陀嘱累听受者部分,宣扬

①《牟子丛残新编》第5页。
②同上第17—18页。

诵读、书写、流传经典的功德。相对应的,经典里往往把怀疑、讥毁、破坏经典说成是极大的罪恶。这样,在本土儒家经典之外,佛教树立起另外一种经典的权威,作为宗教圣典的佛经进而更被当作顶礼、供奉、信仰的对象。正如僧团的输入在中国建立起一种特异的社会组织,佛教经典的输入给中国增添一大批无比崇高、让人必须遵奉的圣典。对于后代的影响也是难以估量的。

全部佛法又被概括成一些简单的条目,如"诸行无常"、"诸法无我"、"寂静涅槃"的"三法印","诸恶莫作,诸善奉行,自净其意,是为佛教"的"七佛通戒偈"等等,简洁明确,容易记诵,成为人们信守的不可怀疑的教条。后来古密典传译,又输入了咒语,咒语具有特殊的法力、神通。实际上全部佛教经典都被赋予了某种咒术的功能。经典崇拜从而成为一种虔诚的信仰心态,广泛影响社会生活和人们的精神世界。

值得注意的是,信仰根植于人的内心,是否信仰决定于个人,而佛教就根本教义说不承认人的特定的等级身份,因而信仰是向广大民众开放的。就是说,不论是王公贵族,还是平民百姓,虔诚信佛、发心向善的机会和可能是平等的。在中国传统的等级专制制度下,这种观念对于一般民众培植信仰心更增加一份吸引力。这也成为佛教信仰具有巨大诱惑力和高度凝聚力的重要原因。法国著名的中国学家马伯乐分析汉代道教形成指出:

> 相对于儒教只是把人当作整个社会的单个的齿轮,道教乃是中国人实行的真正个人的道德的创造成果。为了能够实行儒家道德的各种规范,至少必须保持一部分权力。而道教的道德面向所有的人,无论任何人都可以履行。的确,这个时代的道教具有争得人心的力量。[1]

---

[1] 马伯乐《道教——不死の探究》(Henri Maspero:*Le taoïsme*),川胜义雄日译本第 81 页,东海大学出版会,1966 年。

佛教同样是无区别地面向所有人的、实践个人道德的宗教。特别由于它把树立信仰归结到每个人当下的心态，既不问这个人的等级身份，也不管他的前世因果，只需当机立断，回头是岸。这样，信仰让每个平凡个人得到从现实苦难解脱的出路，真正体现了依靠"自力"解救自己的精神。日本学者宫川尚志指出：

> 对于个人灵魂经过、现、未三世，根据行为善恶而流转生死，中国人对于这种个人的报应观念是闻所未闻的。这种观念对于束缚于家族制度之中的个人，是基于对待自己命运某种程度独立的自觉产生的。[①]

这样，佛教的信仰心造成中国人精神史的重大变化。这种信仰所体现的对于人的觉悟和得救的信心更是具有重大意义和深远影响的。

在东汉末年，基于本土宗教观念和信仰发展而形成了道教，从而中国历史上出现了形态比较完整的民族宗教；又从异民族输入了佛教，树立起另外一种体系严密但性质不同、内容不同的信仰。在具有浓厚的理性精神和人文思想的中土传统中，这两大宗教又相互补充，相互促进，树立起内容和形态多种多样的宗教信仰，丰富和充实了中国人的精神世界。当然，中土传统思维方式并没有根本改变，宗教信仰也没有在中国人的精神世界中占据统治地位；而就佛教而论，则一直是中国人多种信仰的一种。中国人基本没有形成对于某一宗教痴迷若狂的态势，也和这种多宗教、多信仰并存的情形有关系。但佛教培植起来的信仰心，确实丰富、充实并在某种程度上改变中国人的精神面貌，进而多方面影响到中国的历史发展。因而印度佛教信仰输入中土并得以确立和发扬，从一定意义说乃是给与中国人的精神财富，从而也成为佛教对于中华民族的重大贡献之一。

[①]《六朝史研究·宗教篇》第 15 页，平乐寺书店，1977 年。

第四章　佛教初传——输入外来文化

一

李济说：

> 中国民族性特点之一为能吸收其它区域文化之优点。[1]

这也正是中国文化源远流长、蓬勃发展的重要原因之一。佛教对中国的又一个重大贡献是，作为文化载体，从西方输入了多民族的外来文化。而中国在长期历史发展中积极地接受、汲取这些文化财富，则成为建设和发展民族文化的重要资源。体现在实践层面，则是促成思想文化多领域、多层次地不断发生重大转变。这种转变结成了思想、文化的诸多成果，丰富和改变了中国历史发展的面貌。

在佛教输入之前的先秦以至更古老久远的时期，中国与西方当然不会没有交流。早期文献如《山海经》里的《山经》，被考定为战国初、中期著作，就有关于西方国度的记载，可是内容十分朦胧。

---

[1]《中国文明的开始》第 77 页，江苏教育出版社，2005 年。

在当时的条件下,这种交流不可能有更大的规模,也难以造成巨大影响。汉代与西域的交通,"丝绸之路"的建成,中国对西方敞开大门,极大地促成了当时的中国与西方的交往。这种交流的最重要的成果之一就是从印度输入了佛教。如上所述,其主要途径是通过西域"丝绸之路"。印度是古代世界文明发展的又一个重要中心,输入中土的佛教自身本来具有丰富的文化内涵;它作为载体,挟带着把所传播地区的文化输入中国;它又作为媒介,带来了远方的波斯、希腊等国家的文化成果。

初期履险犯难的西来佛教徒多富于冒险、探索精神,也多有知识渊博、学养高超的人。例如安世高"志业聪敏,克意好学,外国典籍及七曜五行,医方异术,乃至鸟兽之声,无不综达……多有神迹,世莫能量"[①];三国时的康僧会则"明解三藏,博览六经,天文图纬,多所综涉……世间伎艺,多所综习"[②],等等。这些人都是相当丰富地掌握了印度或西域文化的大学问家。他们有意识地利用自己的学问作为传教的辅助,积极地向中国介绍陌生的外来文化成果。从世界各民族交往的历史规律看,文化交流往往是双向的。但佛教输入时期的汉朝乃是东方强盛繁荣的大帝国,西来的使臣、商侣、流民、宗教徒、留学生等等,带着无限向往前来,印度佛教又正处在积极地向外扩展的兴盛时期,遂形成主要是佛教挟带着外来文化向中国输入的潮流。中国人历来抱着"溥天之下,莫非王土"的雄伟气度和怀柔远夷的仁爱精神,本土又具有多种民族、多种文化融合的传统,遂能够积极地、虚怀若谷地吸纳佛教带来的外来文化。如果按佛教东传的年代计算,西方文化输入的强大潮流自汉代涌入,持续达千余年的长时期。这种交流随着各方面形势的变化时有强弱,有时更断断续续,但从总体看是十分旺盛、相

---

①《高僧传》卷一《汉洛阳安清传》,第4—5页。
②同上《魏吴建业建初寺康僧会传》,第15页。

当成功的。

英国佛教学者渥德尔概括印度文化的特点说：

> 政治不统一而文化统一很符合佛教的世界观和它的需
> 要；印度，就文化的高度说，是一种共和国，她给她的哲学家和
> 诗人提供思想自由。[①]

历史环境造就印度古代文化具有十分突出的自由、开放、丰富多彩
的性格。这种性格是中国秦汉以来专制政治体制下一统独尊的文
化传统所缺乏的。佛陀创教伊始就不把自己的教义当作一个封闭
的体系，教团更是一个修道者自由结合的开放团体，成员之间不存
在统治与被统治的关系。正由于原始教团里没有一家独尊的绝对
权威，才会出现部派分裂、众说纷纭的局面，以至许多部派都形成
自己的《三藏》。后来大乘佛教兴起，不但其教理、教义不断在发
展、变化，而且大小乘、各部派并兴的局面也一直在延续。这在中
国这样统一、专制体制下是难以想象的。另一方面，佛教又一直在
和其他宗教、思想、学说激烈矛盾与密切交流中传播和发展。佛教
当初本来是作为反对婆罗门教（后来的印度教）的革新宗教出现
的，又是在与各种"外道"的斗争中传播和发展起来。佛经上所说
与佛陀斗争的"六师外道"、"六十二邪见"等等，指的就是当时印度
哲学和宗教各流派的代表人物及其思想学说。而佛教在发展中又
一直广泛、积极地汲取婆罗门教和其他教派、学派的成果，不断地
丰富、壮大自己。特别是佛教对抗所谓"异教"、"外道"，主要采取
说理、辩论的办法。即使是在它得到世俗统治者支持、取得相当权
威地位的情况下，也不采取强力压制其他宗教和不同的思想学说
的办法。这又显示出一种中土所缺乏的"民主"精神。佛教文化所
体现的这种自由、开放的性格和精神，对于中国是具有相当重要的

[①]《印度佛教史》第 263 页。

借鉴意义的。

印度民族具有十分突出的玄想性格,长于形而上的冥思和超自然的幻想,有助于形成细密繁琐的逻辑论证和繁缛华丽的艺术表现。印度的佛教文化充分体现了这些特点。而中国先秦以来形成的理性精神和人文思想,不但成为抑制宗教形成和发展的强大力量,也使得文化中缺少幻想的冲动和超越的玄思。相对比之下,这也成为当初佛教震慑、吸引中土人士的一个重要原因。在这一方面,外来的佛教文化正可以弥补中国文化固有传统的缺失,帮助中国人打开精神世界新的发展领域。

徐复观又曾指出:

> 历史中人类智慧对宗教所作的斗争,主要是由反对僧侣阶级所坚持的迷信而发生的。但是宗教的本质,应当在于迷信中有其超迷信的意义。某种宗教的没落或伸长,完全看它遇着人类知识的抵抗时,能否从迷信中脱皮出来,以发展超迷信的意义。[①]

陌生的、异质的佛教文化被中国人所接受,在相当程度、一定范围(特别是知识阶层中)又正是由于它有可能"从迷信中脱皮","发展出超迷信的意义"。中国人对待佛教文化,在很多情况下又能够在保持固有的理性精神的同时,善于有选择地汲取、发扬其具有积极意义的内涵。佛教文化那种超然玄想的内容、细密的逻辑思辩、繁富神秘的艺术表现等等在中国被点化和改造,有时是"化腐朽为神奇",成为发展和建设中国文化的宝贵资源,起到巨大、积极的作用。

佛教文化又是多民族文化的综合体。基于民族、语言等多方面因素,早在纪元前数世纪印度就已经与西方的安息(伊朗)、希腊

---

①《中国人性论史·先秦篇》,《徐复观文集》第3卷第45页,湖北人民出版社,2002年。

进行密切的文化交流。这些都是多种宗教并兴的地区。佛教形成于北印恒河流域,至孔雀王朝第三代君主阿育王在位时期(约前304—前232)统一全印,对各宗教采取优容政策,后来更对佛教特别加护,扶植佛教得到很大发展。阿育王在其继位的第十七个年头命目犍连子帝须在华氏城主持第三次结集,更派遣传教师向四方传播佛教。又据今存阿育王石柱雕刻可以证明,在阿育王宫廷里有波斯和波斯训练的希腊艺术家工作①。随着阿育王在公元前三世纪把佛教传播到巴克特里亚(大夏,领有北起阿姆河,南达印度河流域的广大地区),到公元一世纪上半叶,大月氏在这一带建立起贵霜王朝,许多印度商人和手工业者移居到贵霜王国诸城市。贵霜王朝诸王对于不同宗教同样采取融合政策。匈牙利东方学家哈尔马塔(J. Harmatta)描述说:

> 其宗教生活高度发达,又五花八门。印度的各种宗教运动——湿婆信仰、毗湿奴信仰、耆那教、佛教及其许多学派——深入中亚,犹如贵霜统治有利于远程国际贸易时的印度商人那样。在东部伊朗,印度诸宗教与希腊神祇、琐罗亚斯德教以及许多地方性的前琐罗亚斯德崇拜形式相遇,同时还遇到了北伊朗游牧骑士的古代伊朗宗教观。贵霜国王从中选择了适合于自己之古代宗教传统的宗教要素、宗教思想及崇拜形式,加强了其王朝政权的宗教意识形态。因此,出现在贵霜钱币上的众神,只是代表了经过选择的帝国宗教信仰。②

这里所说的"贵霜钱币上的众神"包括前琐罗亚斯德教、琐罗亚斯

---

① 参阅罗伊·C. 克雷文《印度艺术简史》(Roy C. Craven:*A Concise History of Indian Art*)第 29－30 页,中国人民大学出版社,2004 年。

② 雅诺什·哈尔马塔《贵霜帝国的宗教》,雅诺什·哈尔马塔主编《中亚文明史》第 2 卷《定居文明与游牧文明的发展:公元前 700 年至公元 250 年》第257－258 页。

德教、希腊、埃及、美索不达米亚和印度起源的各种神祇,它们在钱币上同时出现,清楚地体现了贵霜文化的综合特征。后来随着贵霜王国不断向外扩张,至迦腻色伽二世统治时期(贵霜王朝及其诸王年代众说纷纭,一般认为其鼎盛时期在公元二世纪),建立起一个北起花剌子模,南达文迪亚山,横跨中亚和印度半岛西北部的大国,首都建在富楼沙(今巴基斯坦白沙瓦),成为一个佛教国家。迦腻色伽在佛教史上是一个重要人物。他是阿育王之后又一个对于弘扬佛法作出重大贡献的君主。在他的支持下,按照佛教传统,建立起众多寺院和窣堵波,又听从胁侍者建议组织第四次结集,由世友主持编撰部派佛教集大成的论书《阿毗达摩大毗婆沙论》。这些都是佛教史上的重大业绩。著名佛教诗人马鸣就活动在他的宫廷。也是在这一时期,梵文传到中亚,用来书写佛经,一种混合梵文取代佉卢文而成为佛教书面语言。也是在迦腻色伽统治时期,大众部和说一切有部特别得到庇护和发展。这两个部派输入中土,对后来中国佛教的发展都起了重要作用。而犍陀罗(今西北印、巴基斯坦北部至阿富汗东部一带)地区作为南、东、西三方交流的集汇地,体现贵霜文化的特征,也成为向东方传播波斯和希腊文化的桥梁。这种文化交融的结果特别明显地体现在中国的雕塑和建筑中。法国著名的汉学家雷奈·格鲁塞(René Grousset)具体论及雕塑情形指出:

　　在古代的犍陀罗及其西部位于白沙瓦与喀布尔(Kabul)之间的哈德(Hadda)所进行的发掘中,发现了数以百计的这种具有古典姿态以及希腊服饰的希腊式佛陀塑像。正是这种希腊式的佛陀造型,一个世纪又一个世纪地逐渐通过整个中亚细亚而传到了中国与日本,由此产生了远东无数的佛像。不用说,在这个跨越时空的伟大行程中,原先那种希腊式的佛陀造型已被修正过了。它最终变成了中国式的佛陀,然而即便如此,在其挺拔的造型及其服饰的布局当中,仍然留存着遥远的希腊式起源的痕迹。①

印度学者查娅·帕塔卡娅(Chhaya Bhattacharya)指出：

> 中亚的重要性在于是这样的事实：从古典时期到马可波罗时代，它一直是贯通东西方贸易、宗教和文化的桥梁……从文化上划分起来，中亚西部艺术吸收了一定的萨珊王朝及古希腊艺术的形式、肖像画法和图案的因素，并略带有印度观念的气息；而东边这部分则荟萃了多种艺术风格，诸如古希腊、萨珊、犍陀罗、吐蕃、回鹘及中国的艺术风格。从公元二世纪到十世纪，这里的艺术潮流均奠基于曾对中亚起过积极作用的佛教。②

实际上东、西文化的交融体现在更多方面。比如就佛教本身说，汉译佛典里有一部失译《那先比丘经》(有二卷本和三卷本)，大约出于东晋时期，相当于南传巴利文的《弥兰陀王问经》。其中采取希腊裔君主弥兰陀王与佛教那先比丘对谈形式，讨论关于缘起、无我、业报等教义，典型地显示了希腊思想与印度佛教思想的交锋情形。又如在中国佛教中占重要位置的净土信仰、观音信仰等，据考其来源都与西亚宗教有着密切、复杂的关系。中亚地区这种综合外来文化的发展趋势，以佛教为媒介向外传播。这样，中国正是通过佛教，不但接受了印度和中亚文化，更间接地接受了远至希腊的西亚、欧洲文化。佛教的传播带动起来的输入外来文化的强大潮流，成为古代中国人广泛汲取广阔的西方文化的媒介。这对于中

①《中华帝国的崛起与繁荣》，何兆武等主编《中国印象——世界名人论中国文化》上册第96页。

②《中亚艺术，附丝路北道木器参考》(*Art of Central Asia，With Special Reference to Wooden Objects from the Northern Silk Route*，Adam Prasad for Adam Prakashan，Delhi)，许建英译，许建英、何汉民编译《中亚佛教艺术》第93页，新疆美术摄影出版社，1992年。

国文化发展所起的作用、造成的影响是难以估量的。这诸多民族的西来文化经过中土的容纳、消化、再创造，又以中国为中介，东传三韩、日本和东南亚，推进了更广阔的民族间的文化交流。佛教作为文化载体的作用从而发挥到世界更多地方。

佛教带动的文化交流的内容极其丰富，最主要的除了上述艺术领域，还有思想领域。陈寅恪曾指出：

> 故二千年来华夏民族所受儒家学说之影响，最深最巨者，实在制度法律公私生活之方面，而关于学说思想之方面，或转不如佛道二教者。[①]

从历史发展的总体看，佛教和佛学、儒学、道家与道教鼎足而三，成为中国文化的三大支柱。正如陈寅恪所说，中国的"制度法律公私生活"基本坚持贯彻儒家传统，而在"学说思想"方面则是"佛道"，特别是佛教发挥了更重大的作用，占据更重要的位置。涉及佛教对中国哲学、文学、一般学术领域等等的影响与贡献，本书下面各有专门篇幅较详细地集中讨论，以下首先简叙另外几个方面。

二

周一良指出：

> 中国印度两个国家之间，一千几百年来除了思想上的接触之外，传达思想的媒介物——梵文——本身也在中印文化交流上占相当重要地位。[②]

[①]《冯友兰中国哲学史下册审查报告》，《金明馆丛稿二编》第251页。
[②]《中国的梵文研究》，《周一良集》第3卷第236页，辽宁教育出版社，1998年。

这里指出的作为媒介物的梵文,实际应当广义地理解作为翻译佛典原文的各种印度和中亚语言。

中国人与外国、外民族人交往,首先接触的是语言。中国人开始接受佛教,要靠外来信徒讲解教义,即所谓"口解"。可以设想,当时外来使臣、商人等等与朝廷官员、本土人士交往也要通过翻译。而翻译佛经,著录为文书,则要求更准确、更规范的两种语言的对译。因而翻译佛典对于当时中国人认识、掌握相关外语起着重要作用。也可以说,通过佛典翻译工作,中国才有了草创期的比较语言学。

历史上留有实绩的第一位译师安世高的译业,是从公元二世纪中叶开始的。而如前面引用过的,《三国志》裴注所引《魏略》里已经说到"大月氏使者伊存口受《浮屠经》"。可以确信东汉时期已经有更多口耳相传的说教,不过这些都没有记录下来。从安世高开始到三世纪初的几十年间,文献上留下名字的译师已达十数人,其中包括"古译"时期"四大译师"中的三个人安世高、支娄迦谶和支谦(另一人是西晋的竺法护)。三人中一位是安息人,另两位是月氏人,即都是中亚人士。当时的外来译师有些人不懂汉语,有些人即使程度不一地掌握了汉语,也不足以应付经典的翻译。例如汉灵帝时来到洛阳的安玄"渐解汉言"[①];竺朔佛"汉桓帝时,亦赍《道行经》来适洛阳,即转胡为汉"[②],则仍然要靠中土人士帮助传译。如上所述,早期佛典主要是经中亚传入的,许多经典译自各种中亚文字,即古代文献里所说的"胡语"。季羡林总结说:

> 佛教从很古的时代起就分成了许多派别。各派都或多或少地有自己的经典,现在流传下来的大体上有四类:第一、用巴利文写成的;第二、用其它中世印度文写成的;第三、用所谓

---

① 《高僧传》卷一《汉洛阳支娄迦谶传》,第10页。
② 《出三藏记集》卷一三《支谶传》,第511页。

混合梵文写成的；第四、用梵文写成的。这些经典，所属的宗
派不同，使用的文字不同，保留下来的数量不同，流行的地区
不同……①

当初中国兼收并蓄地输入了大、小乘不同部派佛典，来华的译师包
括印度和中亚各民族人士，他们中许多人熟悉多种中亚语言。例
如支谦"妙善方言"，"遍学异书，通六国语"②。中国佛教徒也积极
地学习、掌握西方的语言，如西晋竺法护"游历诸国，外国异言三十
六种，书亦如之，护皆遍学"③；西行求法的释宝云到过于阗、北印
度，"遍学梵书，天竺诸国音字诂训，悉皆备解"④；再后来宋昙无竭
"至罽宾国，礼拜佛钵，停岁余，学梵书梵语"⑤，等等。通过中外众
多人士，中国人有机会接触、认识、掌握种类繁多的外来语言。

　　犍陀罗地区是向中国传送佛教的中转地，所谓"胡语"主要应
是这一地区的语言。贵霜王朝以犍陀罗方言为行政语言。在迦腻
色伽王支持的第四次结集之前，这一地区的佛教徒使用的就是这
种俗语。用这种语言书写的佉卢文《法句经》曾发现于新疆的和
田。后来随着佛教的发展，一种中世印度方言 Prakrit 书写的佛典
逐渐梵语化⑥，形成混合梵语，成为佛教的主要语言。匈牙利东方

---

①《再论原始佛教的语言问题——兼评美国梵文学者弗兰克林·爱哲顿的方
　法论》，《季羡林学术论著自选集》第 45 页，北京师范学院出版社，1991 年。
　季羡林这篇文章写于 1958 年，此前两年的 1956 年已写有《原始佛教的语言
　问题》一文，较详细地论述了原始佛教所使用的语言，见同书第 31－42 页。
　释迦牟尼是对抗婆罗门教创建佛教的，因此当初不允许弟子使用婆罗门"天
　书"的梵文来宣讲佛经，让弟子们各自使用自己的方言俗语。
②《高僧传》卷一《魏吴建业建初寺康僧会传》，第 15 页。
③同上《晋长安竺昙摩罗刹传》，第 23 页。
④同上卷三《宋六合山释宝云传》，第 103 页。
⑤同上《宋黄龙释昙无竭传》，第 93 页。
⑥周一良说："古代印度除了社会上层所说的梵文之外，还有口语……这些口
　语总名之为 Prakrit。"（《中国的梵文研究》，《周一良集》第 3 卷第 219 页）

学家雅诺什·哈尔马塔说：

> 一些佛教混合梵语的著作早在公元前一世纪即已存在，旨在描绘佛陀生活的《大事》（Mahāvastu）一书即使日后逐渐增益，最晚可到公元四世纪，其雏型也可追溯到公元前一世纪。佛教混合梵语文学的成长经历了 500 年，而其黄金时代则在大贵霜王朝时期。最重要的佛教混合梵语的著作是在这一时期编纂或定型的。这些著作包括《大事》、《普曜经》（Lalitāvistara，大众部一派别说出世部的一部律，最初是说一切有部所作的一本佛传）、《譬喻经》（Avadānas，有关人们所造业及果报的故事集，其中最早的可能是《撰集百缘经》Āvadānaśātaka）、《天譬喻经》（Divyāvadāna，一部佛教传奇集）和《妙法莲花经》（Sad-dharma-Puṇḍarīka，宣扬对菩萨的理想和崇拜以及赞美具有非凡力量的佛）。[1]

这里提到的《普曜经》、《譬喻经》、《妙法莲华经》等都有汉译本，《大事》据研究则可能是隋阇那崛多译《佛本行集经》。不过现在已不能确定这些经典中哪些是从混合梵语翻译过来的。值得注意的是，著名的印度文学家马鸣就是用佛教混合梵语写作的。他的《佛所行赞》是佛教文学典范著作，汉译本也堪称佛典翻译文学的范本。他的剧本《舍利弗所说》（Śāriputra prakarana）残卷也于上世纪初在新疆吐鲁番发现。

东晋以来，中国文人已经掌握一些梵文知识。《世说新语·政事》篇里有一则故事说：

> 王丞相（导）拜扬州，宾客数百人并加沾接，人人有说色。唯有临海一客姓任及数胡人为未洽，公因便还到过任边云：

---

[1]《贵霜王朝的语言与文献》，雅诺什·哈尔马塔主编《中亚文明史》第 2 卷第 352 页。

"君初,临海便无复人。"任大喜说。因过胡人前弹指云:"兰
阇,兰阇。"群胡同笑,四座并欢。①

陈寅恪引用这段文字,在"兰阇"下注云:"寅恪疑'兰阇'与庾信之
小字'兰成'同是一语,参考陈思小字录引陆龟蒙小名录。"他认为
这个词是梵文 ranjanam 音译,意思是喜悦②。又六朝时期颇有人
取梵文名字,如晋怀帝小字沙门,宇文觉字陀罗尼等;史书上还有
康维摩、崔目连、穆提婆之类名字。而谢灵运曾学习梵文,并作梵
文专著《十四音训叙》,表明他的梵文知识已达到相当水平。在新
疆龟兹曾出土据考是四世纪写本的梵语文法书 Sarwavarman 所著
Katantra,而"认识六朝时期的印度语学,最应受到重视的文法书就
是 Katantra,因为中国人通过佛教僧侣为媒介,接触印度学术,无
论是南传还是北传僧人最常利用的文法书就是 Katantra"③。这个
写本是鸠摩罗什来华译经时期的。当时的龟兹与中原交流十分密
切,写本的发现可以作为梵语向东方传播的旁证。伴随着佛典翻译,
研究梵文的专门知识"悉昙"在中国也得到一定程度的普及。人们通
过这门学问认识"梵字"以至掌握梵文。例如唐代诗人王维有赠友人
苑咸的《苑舍人能书梵字兼达梵音皆曲尽其妙戏为之赠》诗云:

> 名儒待诏满公车,才子为郎典石渠。莲花法藏心玄悟,贝
> 叶经文手自书。楚辞共许胜扬、马,梵字何人辨鲁鱼。故旧相

---

① 余嘉锡《世说新语笺疏》第 175 页,中华书局,1983 年。
② 日本学者平田昌司解释说"兰阇"、"兰诚"一样,"梵语动词语根ㄴ ranj(快乐)
　的直说法现在时命令式第二人称单数式 ranja,同一语根构成名词 ranjan-
　am"(《謝靈運〈十四音訓敍〉の譜系》,高田时雄主编《中國語史の資料と方
　法》,京都大学人文科学研究所,1994 年)。平田文章根据现存安然《悉昙
　藏》等资料,仔细分析了谢灵运掌握梵文的情况,指出它与古典梵文并不一
　致,等等。
③《謝靈運〈十四音訓敍〉の譜系》,高田时雄主编《中國語史の資料と方法》第
　45 页。

望在三事，愿君莫厌承明庐。①

这反映了当时部分文人热衷学习梵文的情形。梵文从而成为古代中国人最为重视的外国语文。

无论是梵文、巴利文还是西域佛教各种方言，都是印欧语系的拼音语言。这种新类型语言的输入对中国语言和文化的影响是十分巨大的。

首先是对于语言本身。就语音学说，外来语言的拼音规律启发中国人对汉语语音的分析，从而出现了翻切以及后来的等韵学，更影响到诗文的音律运用。这在本书将另有介绍。词汇与句法方面的影响，同样十分显著。例如拼音语言由多音节构成词，与单音节的汉语不同，这对于汉语词汇向多音节发展给与相当大的推动，而汉语词汇多音节化是词汇发展的大趋势，极大地丰富了语言表达能力。

在更深刻的层面上，语言本是思维的外壳。按照文化人类学的研究，语言表现规范人的思考，影响人的思维能力。语言的变化更与人的全部行为相关联，因此说"语言，从某种意义上说，即是哲学"②。日本学者中村元研究印度、中国和日本不同民族的思维方法，就是从语言着手的。他指出：

> 我们在研究一个民族的思维方法时，可以在他们的语言中找到一种最初的线索。语言是一个民族的文化生活的基础……在人们的深层意识里，语言表达的形式就成了在心理上用一套固定的结构来安排思维活动的形式。因此使某种语言发挥效用的特殊形式，特别是那种语言的语法，尤其是其句法，往往表现了使用这种语言的民族的比较有意识的思维方

①陈铁民《王维集校注》卷三，第 1 册第 256 页，中华书局，1997 年。
②《文化人類学の世界：人間の鏡》（Clyde Kluckhohn：*Mirror for Man，Anthropology and Modern Live*，McGraw-Hill），外山滋比古、金丸由雄日译本第 177 页，讲谈社，1984 年。

法。至于讲到解释这样的思维方法,语法之类就更有用了。[1]

当然就佛教输入中国的情况说,语言作为媒介,中国人中掌握梵语和各种"胡语"的只是少数。一般人接触的是佛典的汉语译文。而实际上任何外语译文的表达方式和内在含意都不可能等同于原文。而且从佛典翻译具体情况看,传达原文的水平更不一致。但是外语译文终究会保持原文的某些特征,汉译佛典也必然会保存印度和中亚民族思维方式的一些特点。例如中村元总结的印度思维的特性:自我他我不二的观念、对普遍规范的认同、疏离客观自然规律、注重心灵内省、强烈的超越的宗教性格、宽容与和解精神,等等[2],这些特点都不同程度地体现在翻译佛典的语言表达之中。即以疏离客观自然规律一点而论,佛典语言的大胆玄想的表现,就是中国人的理性思维所缺乏的。李白的"黄河之水天上来"、"白发三千丈"是极度夸张,但还是基于现实事物的夸张,而《华严经》里的诸佛世界却完全无视真实与想象的界限,与李白的夸张不但有程度上的不同,更有性质上的差别。汉译佛典的表述逻辑十分繁琐细密,修饰形容更为富丽繁复,这些都直接影响汉语的表达方式,进而在更深层面上影响到中国人的思维方式。这方面的研究涉及不同语言的比较,又涉及语言心理学等学科的理论问题,尚很少有人认真进行过。

三

佛教输入中国的外来文化中影响最为突出明显的应是艺术领

---

[1]《东方民族的思维方法》第 5 页,浙江人民出版社,1989 年。
[2] 参阅《东方民族的思维方法》第 6—119 页。

域,首先是造型艺术——主要是造像、绘画,还有建筑艺术①。印度学者罗森指出:

> 几乎没有人认识到,世界尤其是东方世界的艺术,怎样归功于印度也不算过分。说实在的,没有印度艺术形式和思想的榜样,整个东南亚、中国、朝鲜、蒙古、西藏和日本的艺术,就会情况殊异,就会由于这一差异而寂然无闻。现代西方的艺术,特别是建筑和绘画也将同样如此。佛教——典型的商人宗教,是传播这种艺术的主要工具。②

德国宗教学家格奥尔格·西美尔(G. Simmel)又说过:

> 宗教存在绝不像某种自然美或艺术美那样死气沉沉、神秘莫测(qualitas occulta),具有以偏概全的隐喻性;宗教存在乃是整个生机勃勃的生命本身的一种形式,是生命磅礴的一种形式,是生命的外在表现形式,也是命运的得济的一种形式。③

宗教从一定意义说乃是活生生跃动着的生命本质的体现。而宗教艺术宣扬教义,为传播教义服务,正需要生动、形象、带着信仰的真挚和狂热来加以表现。所以在人类艺术史上,宗教艺术成果十分丰富,成就了各民族艺术中最为杰出的部分之一。而佛教在这方面表现得更十分典型。

印度民族本来富于艺术传统,大乘佛教更特别发展了偶像崇拜观念。如前所述,佛教输入中国的早期已经注重借助造像等艺

---

① 关于犍陀罗艺术是否有绘画,学术界看法不一。就中国绘画史实际情况看,佛画的外来影响基本是通过造像实现的。

② P. S. 罗森《早期艺术和建筑》,巴沙姆主编《印度文化史》(*A Cultural History of India*,Oxford University Press,New Delhi,1984)第 289 页,闵光沛等译,商务印书馆,1997 年。

③《宗教的地位问题》(*Das Problem der religiösen Lage*),《宗教社会学》第 45 页。

术手段。利用形象、富于形象性乃是中国佛教的重要特征,因此被称为"像教"。

中国艺术自古以来又已经形成悠久、优秀的传统,外来佛教艺术融入中国传统之中,形成了成就辉煌的中国佛教艺术。这些方面的相关内容本书有专章介绍。这里仅指出外来佛教艺术影响的几个重要特点。

第一点,佛教艺术影响中国最为突出的是造像和绘画,内容主要是佛像和与佛像有关联的故事(佛传、本生等)图像。在印度,狭义的佛像是随着大乘佛陀观的形成出现的,主要发展于贵霜王朝的犍陀罗地区,嗣后传播在西北印,继而结合印度本土艺术传统因素蓬勃发展起来①。而犍陀罗地区作为东、西方文化的接合部,其艺术乃是南亚与波斯、希腊以至西亚、北非诸民族艺术成就的融合。普加钦科娃等人论述犍陀罗雕塑时指出:

> 贵霜时期的巴克特里亚艺术是复杂的、合成的和进化的艺术。可以上溯至过去的要素组合——希腊母题、草原动物风格、印度佛教影响等,嫁接至土著的巴克特里亚传统,并因艺匠的创造性而得以演变,这便导致了巴克特里亚贵霜艺术文化发展的新阶段。②

这样,贵霜王朝的佛像雕塑综合了东、西方艺术特征而独具特色。东传到中土,雕塑艺术借鉴综合了东、西方优秀传统的外来佛教艺术而形成自己的民族风格,取得了更辉煌的成果。如雷奈·格鲁塞指出:

> 在西欧和犍驮罗两地同样以希腊—罗马艺术的纯形式的

---

①这里采取佛像形成的一种说法。另一种说法认为佛像最初出现在印度本土的马土腊地区。不论哪一种说法,这两个地区的造像代表印度佛教造像艺术的成就是可以肯定的。

②《贵霜艺术》,《中亚文明史》第2卷第280页。

传统为基础——西方是高卢－罗马式,犍驮罗是希腊－佛教
式——其后我们即看到两大世界性宗教的兴起,在西方是拉
丁基督教,在印度阿富汗边境的是大乘佛教,它们推翻了对人
生的一般观念,而将心灵提高到其本质之上。这两大宗教虽
然教义各不相同,却都受到一种类似的唯心主义与神秘主义、
一种有许多共同之点的诗情式的慈悲与敏感的启示。在这两
种高级形式的理想主义的影响下,我们可以看到希腊－罗马
的艺术基础正经历着两条平行的变化路程,而变革是在几乎
一致的方式内遵循着类似的法则的……事实是,这种希腊－
佛教的风格已存在于阿富汗,并由释迦牟尼的教团向外传播,
一世纪又一世纪,越传越远,横过了中亚细亚;而由此派生出
在第五、六世纪的伟大的中国北魏艺术……①

这里作者对艺术史的说明显然是以欧洲的希腊－罗马为中心的,
但其中两点是值得重视的:一是古代欧洲和印度文明的共同的宗
教性质,在造像里同样体现浓厚的宗教精神,这是与中华文明截然
不同的传统;再是所谓"希腊－佛教风格"即印度和希腊－罗马艺
术交融所形成的特殊风格,例如佛像面目带有希腊神话里太阳神
阿波罗式的容貌,身披类似希腊神祇和罗马帝王的宽大披肩和长
袍等,都明显借鉴了希腊、罗马雕塑艺术手法。这些都给中国佛像
打下了鲜明烙印。又印度本土的佛教雕塑本来别具风格,西北印
的佛像更多体现了当地土著的传统,如相貌、姿态、装饰、服装等更
和印度本土人类似。这种艺术传统也陆续经过中亚输入中土,给
中国雕塑提供了借鉴。《资治通鉴》记载:

　　　时佛教盛于洛阳,沙门之外,自西域来者三千余人,魏主

----

① 《东方的文明》(René Grousset:*Les civilisations de l'orient*)上册第 260－
261 页,常任侠、袁音译,中华书局,1999 年。

别为立永明寺千余间以处之。①

在洛阳居住的如此众多的外国人中,善于造像、建筑等技艺的当然不在少数,其发挥影响之巨大是不言而喻的。北魏洛阳法云寺可以作为典型例子:

> 法云寺,西域乌场国胡沙门僧昙摩罗所立也。在宝光寺西,隔墙并门。摩罗聪慧利根,学穷释氏,至中国……作祇洹寺一所,工制甚精。佛殿僧房,皆为胡饰,丹素炫彩,金玉垂辉。摹写真容,似丈六之见鹿苑;神光壮丽,若金刚之在双林。伽蓝之内,花果蔚茂,芳草蔓合,嘉木被庭。京师沙门好胡法者,皆就摩罗受持之。②

这座法云寺是典型地按"胡法"建筑和装饰的寺院,是外国佛教艺术家在中国发挥影响的具体事例。

再一点,中国传统艺术注重体现人生伦理,注重现实生活的反映;另一方面又强调教化作用,因而注重在作品里体现一定的理念。这就形成了鲜明的道德教化的特色。而佛教艺术无论是观念还是表现方式,都与中国这种固有传统大不相同。佛教艺术是宗教艺术,主要是要表达、宣扬信仰心,内容上更注重表现内在精神世界,表达方式也必然更富于玄想,更多使用譬喻、象征、夸张等非现实、超现实的手法。因此佛教艺术可以说是象征艺术,是观念性的艺术。佛教造像艺术以佛陀形象为主要题材。佛陀本是信徒膜拜的对象,自然成为佛教艺术表现的中心。佛陀虽然被表现为现实的人的形象,但他的慈悲、沉静的面容已带有浓厚的理想和神秘色彩;他头上的肉髻、卷发,五官、身躯的"大人相"分别具有一定的宗教象征意义;他的手势("手印")以至他的坐立姿势、背光装饰等

---

① 《资治通鉴》卷一四七,第 4594 页。
② 范祥雍《洛阳伽蓝记校注》卷四,第 201 页,上海古籍出版社,1982 年。

等,也都被赋予宗教含义。菩萨、罗汉、诸天等造像也是如此。如此遵循的艺术创作原则显然与秦兵马俑、汉代舞乐俑等追求写实的真切、生动不同。而这种不同正是佛教艺术带给中土的观念上和表现上的新鲜内容。

另一点是佛教艺术作为宗教信仰和宗教宣传的产物具有一定模式。犍陀罗佛教艺术大约在公元纪元初已经形成轨范。一代代东来西往的中外僧俗不断携来佛像实物和图绘的"粉本";中国还翻译一些指导造像规范的经典,如《祐录》著录的失译《作佛形像经》一卷(《开元录》附《后汉录》)、唐提云般若译《大乘造像功德经》二卷等。这些轨范传入中国,其基本原则被中土艺术家接纳和遵循。从现存遗迹看,已发现的年代可考的最早佛教造像主要是后汉桓、灵时期的。这也是安世高等人开始成规模地翻译佛经的时代。基本可以确认的有内蒙古和林格尔小板申 1 号墓前室顶部的佛像①、山东沂南画像石墓佛像、山东长清孝山堂祠堂佛像、四川乐山城郊麻浩和柿子湾崖墓浮雕坐佛以及四川彭山东汉墓、四川绵阳何家山 1 号墓、绵阳白虎崖墓中出土摇钱树上的陶制或铜铸佛像、江苏连云港孔望山摩崖石刻雕像中的佛像等②。总括这些遗物,可以确认佛教造像在东汉已经开始普及。另外汉代画像石遗存很多,它们的主要内容是表现神仙信仰的,但也有个别刻画佛陀的。现存这些早期造像虽然雕造都比较简陋,形象比较模糊,但佛陀形象的基本特征,如结跏趺坐的身姿、手印、头上的顶髻等还是清楚的。就是说,从早期输入佛像伊始,外来的模式和表现方法已被介绍进来,并被中国无名艺术家所遵循。已经形成的轨范本来会对艺术创作造成限制,但在轨范限制之内发挥创造力,则如带着

---

①有的学者认为这个图像是纯粹中土的"仙人骑白象图",而不是佛教图像。被判定为中国早期佛教造像的遗物或遗迹,由于模糊不清,多有被怀疑为非佛教的。

②参阅俞伟超《东汉佛教图像考》,《文物》1980 年第 5 期。

锁链跳舞,往往更能够显示超强的技艺。而随着佛教在中国的发展,造像越发兴盛,外来的艺术方法和模式与本土风格、手法相结合,就会创造出独具特色的中国佛教造像艺术模式。而且如后面将介绍的,从早期的云冈到后期的龙门,从西陲的敦煌到中原的长安,随着时间推移,外来佛像"中国化"的程度越来越高,民族风格也体现得越来越明显。唐宋时期中国艺术家和匠人所造佛像,特别是那些多姿多彩的菩萨、罗汉像,显示出更丰富多彩的本土特色。例如当时十分流行的密教千手观音像和姿态各异的罗汉像,其奇诡艳丽的造型则是融汇外来艺术成果又典型地体现本土美学观念的再创造了。

关于中国古代建筑艺术,傅熹年指出:

> 以秦、汉为高峰,中国古代建筑的木构为主、采用院落式布局的特点已基本成熟和稳定,并与当时社会的礼制和风俗习惯密切结合。因而在东汉至南北朝时大量传入的佛教和中亚文化包括建筑,只能作为营养被这个体系消化吸收,而不能动摇其建筑体系。[①]

印度和中亚的佛教建筑主要是石窟、寺院和佛塔。印度和中亚的寺院由一个或多个露天庭院组成,四周环绕僧侣居住的小室。印度的佛塔原本是瘗埋佛舍利的,是土石建造的覆钵型塔坟,作为信徒绕塔经行的中心。贵霜王朝时期,塔的形制逐步复杂化,由简单的覆钵型发展为有基座的圆鼓型塔身、球形顶部的高耸形制,在塔身上更增添有动物、花草等装饰图形和佛龛。石窟则有大型的"支提"即礼拜窟和小型的"毗诃罗"即僧人修行的静室。佛塔建在寺院里或石窟中,呈现多种布局和样式。这三者传入中国,虽然没有取代固有建筑样式而形成建筑物的主流,但却都得到独立的发展

---

① 《中国古代建筑十论》第 8 页,复旦大学出版社,2004 年。

并在建筑艺术中取得重大成就,占有重要地位。这些建筑样式随着佛教在中国的发展而逐渐本土化,发展起成就辉煌的中国塔寺建筑艺术,成为现存古代建筑中成就最为辉煌、价值最为珍贵的一部分。另一方面,外来佛教建筑艺术与技巧又给本土一般建筑提供了丰富滋养和宝贵借鉴,融入到本土的宫室、庙宇、民居等各类建筑之中,这同样也是中外建筑艺术交流的成果。

四

　　输入中土的佛教艺术的另一个重要部分是舞乐。就中土传统说,由于先秦诸子普遍具有浓厚的理性精神,而儒家礼乐作为统治阶级特权的体现,又具有鲜明的教化目的,这些对于中土舞乐艺术的发展,特别是对于群众性的舞乐活动都造成一定的限制。而中土佛教来源地的中亚、南亚则是舞乐艺术十分发达的地区。西汉时期与西域和南海相交通,行贾往来,通货市买,大量中亚、南亚物产流入中土,西域舞乐也随之流传到中国。《晋书·乐志》里有一条记载:

　　　　胡角者,本以应胡笳之声,后渐用之横吹,有双角,即胡乐也。张博望入西域,传其法于西京,惟得《摩诃兜勒》一曲。李延年因胡曲更造新声二十八解,乘舆以为武乐。①

这是说张骞通使西域,把当地"胡乐"传到长安,是早在汉武帝时期的事。曲名《摩诃兜勒》,显然是外语音译。佛经里有《兜勒梵志经》,《祐录》著录为"失译杂经";今本见支谦译《佛说义足经》,为其

————————
① 《晋书》卷二三《乐志下》,第715页。

第十三经,演说佛陀向怀疑佛法的梵志兜勒说法事。从时代看,《摩诃兜勒》乐曲应和这部经有关联。如果这个推测成立,则早在佛教正式传入以前,佛教音乐已经输入中国。本来大量西来胡人中必然会有精通舞乐的人。汉代大赋里描写的百戏等伎艺有许多就是从西方传入的。佛教舞乐作为西域舞乐的一部分,这种感性的艺术形式更容易流传并被人们接受,因而更早传入,是合乎情理的。后汉时期"灵帝好胡服、胡帐、胡床、胡坐、胡饭、胡空侯、胡笛、胡舞,京师贵戚皆竟为之"①。这些"胡人"的事物都是随着使臣、商旅等传到中国的,其中也应当包括佛教内容的。输入佛教,除了信徒口传和经典翻译,这些舞乐也应当是一种媒介。

　　佛陀制戒,本来是禁止僧侣视听歌舞的。这是为了防止怡乐生情而作出的规定。但是到部派佛教时期,以艺术形式供养、赞美佛陀已经成为习俗;大乘佛教形成,随着佛陀被进一步神化,各门类佛教艺术发达、兴盛起来。竺法护译《正法华经》在讲"兴立塔寺,彩画形像"以供养佛陀之后,接着说:

　　　　假令伎乐,歌诵佛德,箫成鼓舞,节奏哀和;赞美嬉笑,又加肃敬,以若干事,遵修供奉;弹琴筝篌,铙镜应弦,筝笛吹笙,激发妙音;皆以一心,不为众吏,缘是悉致,寂然悦豫。②

这正反映现实中佛教歌舞伎乐盛兴的情况。鸠摩罗什也曾指出:

　　　　天竺国俗,甚重文制,其宫商体韵,以入弦为善。凡觐国王,必有赞德,见佛之仪,以歌叹为贵,经中偈颂,皆其式也。③

这表明,印度佛教盛行借鉴世俗音乐来制作"歌赞"的做法。后来慧皎也说:

---

①《后汉书志》卷一三《五行志一》,第 3272 页。
②《正法华经》卷一《善权品》,《大正藏》第 9 卷第 71 页中。
③《高僧传》卷二《晋长安鸠摩罗什传》,第 53 页。

> 天竺方俗,凡是歌咏法言,皆称为呗。至于此土,咏经则称为转读,歌赞则号为梵呗。昔诸天赞呗,皆以韵入弦管。五众既与俗违,故宜以声曲为妙。①

就是说,佛经里的偈颂,本来是可以歌唱的。所谓"梵音"、"梵响",指的就是佛教音乐。

早期在中国活动的外来僧人有许多是善音声的。如支谦在吴国"依《无量寿》、《中本起经》,制赞菩萨连句梵呗三契"②。这是中土制作梵呗的最早记载。后来康僧会"又传《泥洹》呗声,清靡哀亮,一代模式"③,所传即应是支谦的曲调。东晋初年从西域来江南的帛尸梨密多罗在悼念遇害的周顗时"对坐作胡呗三契,梵响凌云"。他又曾"授弟子觅历高声梵呗"④。这都是佛教音乐在中国传播的早期纪录。歌赞本是中国佛教礼佛仪轨中所必备的,慧皎总结说:

> 自大教东流,乃译文者众,而传声盖寡。良由梵音重复,汉语单奇。若用梵音以咏汉语,则声繁而偈迫;若用汉曲以咏梵文,则韵短而辞长。是故金言有译,梵响无授。始有魏陈思王曹植,深爱声律,属意经音。既通《般遮》之瑞响,又感鱼山之神制。于是删治《瑞应本起》,以为学者之宗。传声则三千有余,在契则四十有二。其后帛桥、支箭亦云祖述陈思,而爱好通灵,别感神制,裁变古声,所存止一十而已。至石勒建平中,有天神降于安邑厅事,讽咏经音,七日乃绝。时有传者,并皆讹废。逮宋齐之间,有昙迁、僧辩、太傅、文宣等,并殷勤嗟

---

① 《高僧传》卷一三《经师论》,第 508 页。
② 《出三藏记集》卷一三《支谦传》,第 517 页。
③ 《高僧传》卷一《魏吴建业建初寺康僧会传》,第 18 页。
④ 同上《晋建康建初寺帛尸梨蜜传》,第 30 页。

咏，曲意音律，撰集异同，斟酌科例。存仿旧法，正可三百余声。①

这里所记载曹植鱼山感神而制作梵呗、支籥通灵而裁变古声，都只是传说，但却反映了当时梵音流传的事实。到十六国时期，与西域交通更为频繁。特别是通过以凉州为中心的五凉地区为媒介，包括佛教音乐在内的"胡乐"大量输入。《册府元龟》记载：

> 前凉张重华据凉州时，天竺国重四译来贡其乐，乐器有凤首箜篌、琵琶、五弦、笛、毛圆铜鼓、都昙铜鼓等，九种为一部，工十二人，歌曲有《沙石疆》，舞曲有《矢曲》。后凉吕光既灭龟兹，因得其乐，乐器有竖箜篌、琵琶、五弦、笙、笛、箫、觱篥、毛圆鼓、都昙鼓、答腊鼓、腰鼓、羯鼓、溪娄鼓、铜鼓、具等，十五种为一部，工二十二人，歌曲有《善善》、《摩尼解曲》、《婆伽儿》，舞曲有《小天》、《疏勒盐》（吕氏亡，其乐亡散，后魏有中原复获之，至隋，有《西龟兹》之号，凡三部，开元中大盛于时）。②

《魏书·释老志》也记载，前凉张氏崇佛，通使天竺，正与佛教有关系。又《隋书·音乐志》记述说：

> 《西凉》者，起符氏之末，吕光、沮渠蒙逊等，据有凉州，变龟兹声为之，号为秦汉伎。魏太武既平河西得之，谓之《西凉乐》。至魏、周之际，遂谓之国伎。今曲项琵琶、竖头箜篌之徒，并出自西域，非华夏旧器。《杨泽新声》、《神白马》之类，生于胡戎。胡戎歌非汉魏遗曲，故其乐器声调，悉与书史不同。其歌曲有《永世乐》，解曲有《万世丰》，舞曲有《于阗佛曲》。其乐器有钟、磬、弹筝、挡筝、卧箜篌、竖箜篌、琵琶、五弦、笙、箫、大筚篥、长笛、小筚篥、横笛、腰鼓、齐鼓、担鼓、铜拔、贝等十九

---

①《高僧传》卷一三《经师论》，第507—508页。

②《册府元龟》卷五七〇《掌礼部·夷乐》，第7册第6860页。

种,为一部,工二十七人。①

这是说吕光灭龟兹(公元384年)之后,龟兹乐大量传入汉地,其中包含一部分佛曲,并明确著录了《于阗佛曲》的名目。温玉成指出:

> 《隋书·音乐志》所载的《于阗佛曲》,是我国正史纪录的第一支佛曲。而《于阗佛曲》的前身,就是龟兹乐,龟兹乐以琵琶为主要乐器。到了南朝梁武帝萧衍(公元464—549年),他以帝王的身份,又有着中国传统音乐的高深修养和对佛教的狂热崇拜,终于完成了佛曲华化的历史使命……②

以后到唐代,南卓《羯鼓录》中收录"诸佛调曲"十首;宋陈旸《乐书》卷一五九记述唐代乐府有佛曲《普光佛曲》、《弥勒佛曲》、《日光明佛曲》等二十多种。从历史发展看,从南北朝到唐代,西域音乐即所谓"胡部新声"大量传入中国,形成当时的流行音乐的潮流。在唐代宫廷燕乐中,西域乐曲更占有重要位置。白居易讽刺开元乱世风俗,曾指斥"法曲法曲和夷歌,夷声邪乱华声和"、"一从胡曲相参错,不辨兴衰与哀乐"③,表明当时胡曲得到统治阶级喜爱、在社会上广泛流行的情形。这其中当然包含佛曲。

关于舞蹈,今存犍陀罗雕塑的乾闼婆(乐师)造像已清楚反映当地流行佛教歌舞的风俗。这种风俗也流传到中国。北魏洛阳景乐寺里"大斋常设女乐,歌声绕梁,舞袖徐转,丝管寥亮,谐妙入神。以是尼寺,丈夫不得入。得往观者,以为至天堂……召诸音乐,逞伎寺内。奇禽怪兽,舞抃殿庭,飞空幻惑,世所未睹"④。可见当时佛寺歌舞已成风习。后来中土雕刻和绘画里大量出现的飞天就是

---

① 《隋书》卷一五《音乐志下》,第378页。
② 《中国石窟与文化艺术》第267—268页,上海人民美术出版社,1993年。
③ 《法曲歌》,《白居易集笺校》卷三,第1册第145页,朱金城笺校,上海古籍出版社,1988年。
④ 《洛阳伽蓝记校注》卷一《城内》,第52页。

佛教舞乐的形象表现。

中国戏剧艺术发展较迟。而印度受到希腊影响，很早已形成相当发达的戏剧艺术。上世纪初曾在新疆发现马鸣所作梵剧剧本三种，其中一本是描写目犍连和舍利弗皈依佛陀事迹的。人们据以推测中国戏剧的形成受到梵剧的影响。郑樵《通志》上载梵竺四曲：《舍利弗》、《法寿乐》、《阿那瓌》、《摩多楼子》，许地山认为其中《舍利弗》或许就是马鸣所作梵剧。因为这个剧本中的诗句有些取自《佛所行赞》，他推测这支曲子传入中国不会晚于北凉昙无谶翻译《佛所行赞》很久。他又曾指出：

> 中国的乐舞显然是从西域传入，而戏剧又是一大部分从乐舞演进的。从这点说来，我们不能不注意到印度、伊兰的文学上头。末后所说梵剧的体裁，我们古时虽没有专门论戏剧的书籍，但将印度的理论来规度中国戏剧，也能找出许多相符之点。[1]

关于古代印度戏剧艺术影响中国的脉络，就现存资料，具体情况还不清楚。但中国戏剧发展受到印度影响，而这种影响又和佛教有关系则是可以肯定的。

在世界艺术发展史上，外来借鉴乃是促进本土艺术发展的重要因素。佛教艺术和佛教作为媒介输入的各类外来艺术，成为具有高度价值的有益成分，长久地给中国艺术发展提供着滋养。

五

佛教如几个主要世界性宗教一样，具有丰富的实践伦理内涵，

---

[1]《梵剧体例及其在汉剧上的点点滴滴》，《世界佛学名著译丛》91《佛教艺术——音乐、戏剧、美术》第213—214、234页，华宇出版社，1988年。

而且其所宣扬的伦理具有重大的普世价值。日本佛教学者金冈秀友说："佛教认为行世间之善，其结果则能得到宗教上的高度果报，这是它的实践的大前提。"他举为例证的本生故事是最早传入中土的经典的重要部分（例如康僧会的《六度集经》），而"贯穿这些故事的内容，其中心思想极其简明：即从世间道德看来是善的，宗教上也应当是受到敬仰的'业'。当然有时候二者的标准之间会发生冲撞，但在《本生》里，主要表现的是宗教的善业乃是超越世间道德基准的，从而把二者调和起来"①。

　　佛教作为指引人成就佛果的宗教，其信仰的出发点和着眼点主要在个人如何成佛。因此它的伦理重在个人的修养，特别注重对于内心世界的约束和提升。这对于提高人的素质，调整人际关系，建设健全社会，都是具有积极意义的。关于佛教伦理的内容，查尔斯·埃利奥特概括说：

　　　　甚至佛教的反对者也不得不承认它具有许多优良性质。它宣讲道德和仁爱，而且是第一个宗教向全世界——而不是向一个种姓和国家——宣称这两件事是教法的基础，如果遵守这个教法，就能获得快乐。它教化了许多民族，例如西藏人和蒙古人。它如果不是毫无例外地也至少是比任何其它伟大宗教更普遍地实行容忍和真正的超凡脱俗。它直接鼓舞了艺术和文学，而且就我所知它从未反对过知识的进步。②

这里讲到的佛教所提倡的慈悲和忍让，乃是普世承认的人性中的优良品质。

　　富于伦理内容本来也是中国传统思想、学术的一大特色。特别是汉代确立为正统思想的"儒术"，更包含系统的伦理内容。但这是建筑在家族血缘关系和等级专制制度基础之上的伦理。外来

---

① 金冈秀友《大乘佛教——その思想と行動》第143页，评论社，1975年。
② 《印度教与佛教史纲》第1卷第88页。

佛教伦理中包含有和中国传统伦理相通的部分,也有中国所缺乏的部分,还有反映不同思想、文化的与中土传统伦理相矛盾、相冲突的部分(特别是那些涉及宗教规范的条目,比如关于出家制度的规定)。自佛教输入中国伊始,它就以浓厚而独特的伦理面貌出现在人们面前。当初雏形的僧团作为社会群体,已经十分注意调节与世俗社会的伦理关系。而从总体发展趋势看,外来佛教一方面在逐步消解与本土传统伦理的矛盾,向本土固有伦理体系靠拢;另一方面又积极地发挥自身伦理中有独特价值的部分,给中国伦理传统增添新的成分。由于作为宗教伦理的佛教伦理具有鲜明的实践品格,又带有宗教特有的神圣性质,随着佛教在中国的发展,也就逐渐发挥出越来越大的作用和影响。

中土早期翻译的《四十二章经》的大部分内容是关于伦理的条目,表明中土人士最初接受佛教,有关伦理层面就是被特别重视并热心汲取的部分。这也体现了外来佛教在当时社会的主要价值所在。徐复观曾指出:

> 只有人文中的人生价值,亦即是在道德价值这一方面,才与宗教的本质相符,可以发生积极地结合与相互的作用。没有人的主体性的活动,便无真正的道德可言。宗教与人生价值的结合,与道德价值的结合,亦即是宗教与人文的结合,信仰的神与人的主体性的结合;这是最高级宗教的必然形态,也是宗教自身今后必然的进路。[①]

对于传统上宗教观念淡漠的中国人来说,佛教伦理正有力地促进人文与宗教的结合,从而有可能更积极地发挥佛教的伦理价值。这也成为佛教在中国取得立足地位的一个关键。从实践层面说,佛教在这方面又正适应了当时人精神世界的迫切需要。

---

① 《中国人性论史·先秦篇》,《徐复观文集》第 3 卷第 46 页。

佛教伦理的集中体现在戒律之中。虽然完整的律书在中国传译,规范的授戒仪式在中国实行,都经过相当长一段时间,但沙门二百五十具足戒、居士五戒等名目已见于今本《四十二章经》和《理惑论》。这些内容或许是出于后人增饰,但考虑到当时已有相当数量外国信徒在中国生活,而且在佛教输入中土的公元纪元前后不同部派的广律已经结集完成,有关戒律的基本内容应当已经在中国传播并被当时接触佛教的中国人所了解了。就是说,戒律所体现的一种陌生伦理体系已经开始被中国人认识并逐步接受了。

在佛教伦理中,大乘佛教的菩萨思想包含十分丰富、积极的内容。中国早期翻译的多种经典如《般若经》、《法华经》等都突出宣扬菩萨思想。这部分内容正与本土传统的"仁爱"伦理相适应,又正适合中土的伦理需求。菩萨思想反对灰心灭智的自我解脱,强调"上求菩提,下化众生",提倡"自利利他",自度度人。《法华经》上说:

> 若有众生,从佛世尊闻法信受,勤修精进,求一切智、佛智、自然智、如来知见,力无所畏,悯念安乐无量众生,利益天人,度脱一切,是名大乘。菩萨求此乘故,名为摩诃萨。①

这是有关菩萨思想的概括。具体体现这一观念的是所谓慈、悲、喜、舍"四无量心",在早出的《四十二章经》里称为"四等慈",《奉法要》里称为"四等",显然在佛教初传时期已经被人们所了解。菩萨树立一切众生不得解脱自己永不成佛的弘愿,这种境界充分体现了大乘佛教理想境界的高远,显示了它的群众性和革新性,受到中土民众的热烈欢迎。格鲁塞特指出这种伦理对于中国的意义说:

> 新创造的菩萨对于这种信仰皈依是做出很大贡献的。这些充满慈悲的高尚心灵,在其周围产生了一种真诚与挚爱的

---

①《法华经》卷二《譬喻品》,《大正藏》第9卷第13页中。

氛围,产生了一种在东亚无与伦比的虔诚的和人格性的宗教。尤其是在中国(在那里,儒教、道教没有类似的东西),人们从中发现了能够迎合中国社会多阶层之心意的一种新的精神世界的启迪……这种教义和中国古代的道家有某些相似之处。而且,通过每一位菩萨的无数神话、通过为使其获得顶礼而塑造起来的慈和庄严的塑像,通过僧徒的生平——佛教的"金色传奇"(golden legend),通过其变相的天堂与地狱,以及最后也是最为重要的,通过佛教艺术本身,它们赢得了民众的情感。①

对于大乘佛教的道德价值及其对于中国的意义,德国神学家施韦策(Albvert Schweitzer)的看法也是值得注意的,他说:

> 否定世界、否定生活的佛教,何以会对一种简单方式来肯定世界与生活的中国人产生如此巨大的吸引力呢?
>
> 首先,这当然是大乘佛教(Mahāyāna)的热情伦理赢得了中国人的同情。从孔子到他的后继者,他们都习惯于探究道德责任。在大乘佛教中,他们现在发现了一种并非像孔子那样向他们讲授干巴巴律令的伦理,而是一种基于对存在本质作深沉思考的伦理。佛教那种慈悲伦理的崇高与内在性使他们陶醉了。
>
> 而且,佛教也满足了中国人的宗教需要,因为道教只在极少的程度上满足这种需要,而儒学则完全忽视了人们的这种需要。②

小乘佛教所追求的涅槃寂灭的神秘境界,富于理性的中土知识阶层没有多少兴趣,对于普通民众来说则显得过于神秘和遥远。中国人更赞赏、欢迎实现普世救济的菩萨思想。在中国传统的等级

①《中华帝国的崛起与繁荣》,《中国印象——世界名人论中国文化》上册第 95 页。
②《印度思想及其发展》,《中国印象——世界名人论中国文化》上册第 258—259 页。

专制体制下,这种不分等级名分、不分贫富贵贱的普遍的救济思想,更显示出特殊的优越性。

值得注意的是,外来佛教又积极地把对于中国人陌生的宗教伦理与中土传统的世俗伦理相调和,这就是前面引用徐复观所说的"宗教与人文的结合,信仰的神与人的主体性的结合",从而能够更凸现出其所具有的普世价值内涵。例如前面埃利奥特提到的佛教所主张的"仁爱",其内容与中土传统本来并不完全一致。《四十二章经》里已经提到"博爱";郗超《奉法要》说到"博爱兼拯";大乘"六度"第一项"布施"更是见诸行动的仁爱的具体表现。对于这类德目,佛教的认识显然比儒家传统观念更前进一步:一方面它所强调的是无等级、无差别,对于所有有情的无私、普遍的"爱";另一方面又宣说如果能够实行则可以得到福报,从而又与报应观念结合起来。因而这类说教就成为对于传统的世俗仁爱伦理的补充和支持。这样,佛教的许多伦理内容就不仅被消极地接纳,更有可能被积极地融入到中国固有的伦理体系之中。至于《四十二章经》所宣扬的"有恶知非,改过得善","财色之于人,譬如小儿贪刀刃之蜜"等等,更是与一般的世俗伦理完全一致的。

另一方面,对于佛教伦理包含的许多与中土传统互不相容的内容,中外信徒又基于佛教特有的包容、妥协态度,努力作出调和的解释,从而大为消减了对立性质而得到容纳。例如对于出家与孝道的矛盾,佛教又确立居士制度,这种制度在中国更得到突出发展,从而出家就不是修道的唯一途径;另一方面则大力宣扬佛教同样提倡孝道,包括制作宣扬孝道的伪经。对于经典里相关内容亦大力张扬。如本生经里有著名的须大拏故事,在《理惑论》已有记载,说他脱俗出家,把家产妻儿全都施舍给怨家。本来按中土标准,他算是悖礼背德、不孝不仁,但牟子辩解说:

> 五经之义,立嫡以长。大王见昌之志,转季为嫡,遂成周业,以致太平。娶妻之义,必告父母。舜不告而娶,以成大伦。

贞士须聘请，贤臣待征召。伊尹负鼎干汤，宁戚叩角要齐，汤
以致王，齐以之霸。礼，男女不亲授，嫂溺则援之以手，权其急
也。苟见其大，不拘于小，大人岂拘常也。须大拏睹世之无
常，财货非己宝，故恣意布施，以成大道。父国受其祚，怨家不
得入，至于成佛，父母兄弟皆得度世。是不为孝，是不为仁，孰
为仁孝哉？①

这里征引儒家经典和故实，证明须大拏乃是真正的仁孝。这无疑
是对于佛教出家与布施所作的曲解，但其立足点则是佛法与儒家
圣人之道相一致，甚至说佛教更为彻底地体现了圣人教化的精神。
又如对于"沙门弃妻子，捐财货，或终身不娶，何其违福孝之行也"
的指责，牟子回答说：

　　夫长左者必短右，大前者必狭后。公绰为赵、魏老则优，
不可以为滕、薛大夫。妻子财物，世之余也；清躬无为，道之妙
也。老子曰："名与身孰亲？身与货孰多？"又曰：观三代之遗
风，览乎儒、墨之道术，诵《诗》、《书》；修《礼》、《乐》，崇仁义，视
清洁，乡人传业，名誉洋溢。此中士所施行，恬惔者所不恤。
故前有随珠，后有虓虎，见之走而不敢取，何也？先其命而后
其利也。许由栖巢木，夷、齐饿首阳，孔圣称其贤，曰："求仁得
仁者也。"不闻讥其无后无货也。沙门修道德以易游世之乐，
反淑贤以贸妻子之欢，是不为奇，孰与为奇？是不为异，孰与
为异哉？②

这里除了使用儒家的典据，征引更及于道家和墨家，把出家修道等
同于中土的隐逸或避世，认为这是圣人所称赞的"求仁得仁"的高
洁行为。这实际采取的也是一种"存异求同"、"存异趋同"的立场，

---

① 《牟子丛残新编》第 11—12 页。
② 《牟子丛残新编》第 7—8 页。

即回避观念上和立场上的冲突而强调精神实质上相"统合"的一面，从而为坚持自己的原则和行为留下空间。这类议论都突出体现了佛教伦理本身具有的调和性格。在中国固有伦理传统强大、牢固的环境下，发扬这种性格正是佛教求得存在并发挥作用的有效手段。

佛教强调其宗教伦理的高度价值和崇高地位。牟子说：

> 不可以所习为重，所希为轻，惑于外类，失于中情。立事不失道德，犹调弦不失宫商，天道法四时，人道法五常。老子曰："有物混成，先天地生，可以为天下母。吾不知其名，强字之曰道。"道之为物，居家可以事亲，宰国可以治民，独立可以治身，履而行之，充乎天地，废而不用，消而不离。子不解之，何异之有乎？[1]

这里提出佛道超越中国诸子百家所主张的作为终极真理和行为规范的"道"，并突出它同样具有治国安民、修身养性的功能。后来在与儒、道的辩论中，佛教方面更不断地强调其伦理方面的优胜，阐扬其在道德领域所具有的更为巨大的功效和威力。这样在中国重视伦理的传统中，佛教极力把它的宗教伦理的意义和价值突出起来；而佛教伦理在中国被接纳和传播，又成为它在中国发展的重要推动力。

六

随着佛教输入中土的，还有印度等国度的科学技术。本来古

---

[1]《牟子丛残新编》第 4 页。

代印度文化中自然科学并不算发达。这和印度人的思维特征有直接关系，此不具论。但是自然科学的个别部门，如天文学、算学、医药学等，古印度却取得了突出成就。天文学、算学的发展与婆罗门教注重祭祀有直接关系，婆罗门咒法、祭祀文献中也包含有关人体结构的丰富知识。后来佛教建构的宇宙观更促进了对于天算之学的研究，而从精神到身体救疗病患则是佛教施行救济的应有之义。中土思想、学术传统上相对地忽略科学技术研究，随佛教输入的古印度科技成果对于中国相关领域的贡献是相当巨大的。不过佛教作为宗教，往往把科技与神通变化等混淆起来，使得佛教文献中有关科学技术的内容被歪曲甚至已经索解为难了。

天文学是古代印度自然科学中比较发达的部门，其内容包括宇宙论、星宿体系、历法与节气、五星、七曜和九执等①。相关资料大量包含在翻译佛典之中。陈寅恪曾论证《魏书·释老志》和《术艺传》所记载的寇谦之、殷绍所受周髀算术"乃当时初由佛教徒输入之新盖天说"②，他又引录《隋书》卷十九《天文志上》"梁武帝于长春殿讲义，别拟天体，全同《周髀》之文，盖立新义，以排浑天之论而已"③。这是说佛教输入新的盖天说，改进了旧传浑天说。著名的天文学家何承天的历法改革同样受到印度的影响。《高僧传·慧严传》上记载：

> 东海何承天以博物著名，乃问严佛国将用何历，严云："天竺夏至之日，方中无影，所谓天中，于五行土德，色尚黄，数尚五，八寸为一尺，十两当此土十二两，建辰之月为岁首。"及讨核分至，推校薄蚀，顾步光影，其法甚详，宿度年纪，咸有条例，

---

① 参阅钮卫星《西望梵天——汉译佛经中的天文学源流》，上海交通大学出版社，2004 年。
②《崔浩与寇谦之》，《金明馆丛稿初编》第 116 页。
③《隋书》卷一九《天文志上》，第 507 页。

承天无所厝难。后婆利国人来，果同严说，帝敕任豫受焉。①

如今所知何承天的科学成就大都能够在佛典有关天文学的记载里找到根据。可供了解印度天文学一般状况的还有中国翻译的一批有关经典。费长房《历代三宝记》里著录：

> 《婆罗门天文》二十卷（天和[566—571]年出），右二十卷，武帝世摩勒国沙门达摩流支，周言法希，为大冢宰晋荡公宇文护译。②

这部书也为后出经录所著录。《隋书·经籍志》"天文类"著录有《婆罗门天文经》二十一卷（婆罗门舍仙人所说）、《婆罗门竭伽仙人天文说》三十卷、《婆罗门天文》一卷；"历数类"则有《婆罗门算法》三卷、《婆罗门阴阳算历》一卷、《婆罗门算经》三卷等，都是反映印度天算科学成果的书。其中《婆罗门天文经》大概就是达摩流支所译那一部书。

印度医学是自然科学中另一个有成就的部门。古印度早在"吠陀"时代已经有十分发达的医药学，后来又接受了希腊医学一些成果。这些成就大都被佛教所吸纳。佛陀被称为"医王"，他要为人解脱贪、嗔、痴的病患，也要解救现实病痛。《贤愚经》上就曾说"如来出世，其奇甚特，其有众生睹见之者，癃残百病，皆蒙除愈，盲视聋听，哑语偻伸，拘躄手足，狂乱得正"③。与佛陀同时的耆婆、后来的中观派论师龙树都是佛教医学的"大医师"、"医王"。早期来华的印度和西域僧侣中有不少人精通医术。僧传上记录的第一位外来僧人安世高就以通"医方异术"④著称。汉、晋之际佛教初

①《高僧传》卷七《宋京师东安寺释慧严传》，第 262 页。
②《历代三宝记》卷一一《译经·齐梁周》，《大正藏》第 49 卷第 100 页中。
③《贤愚经》卷六《五百盲儿往返逐佛缘品》，《大正藏》第 4 卷第 392 页下－393页上。
④《高僧传》卷一《汉洛阳安清传》，第 4 页。

传,外来僧侣借助医卜方术以弘教乃是相当流行、也应是有效的手段。救治病患也符合佛教救济精神。陈寅恪所举《高僧传》里输入天竺医方明的神医耆域,乃是早期传播外来医术的代表人物之一。历代中、外沙门的"外学"中,医术是主要部分。西行求法的收获也包括输入医术。唐义净著《南海寄归内法传》,详细介绍印度寺院生活规范与戒律,其中《先体病源》、《进药方法》、《除其弊药》各项①,就相当细致地介绍了印度医学的医理、治疗、医药等各方面情况,并与中土情形进行比较,乃是中、印医学交流的范例。同一作者的《大唐西域求法高僧传》记载不少求法僧人访求医术和药材的事迹。唐初王玄策使印,也携回造延年之药的婆罗门(其中或有印度教徒)。开元年间有天竺僧密多、法月、达摩战涅罗等献胡药②。这表明中国某些统治者也曾有意识地利用佛教输入外来的医药知识和技术。在医圣孙思邈的《千金方》、《千金翼方》里也记载不少由僧人传来的方药。唐代编撰的《法苑珠林·病苦部》总括相当丰富的佛教医学资料。

翻译佛典中也有一批专门介绍医学知识和技术的。早期的如竺律炎共支越译《佛说佛医经》、竺昙无兰译《佛说咒齿经》、《佛说咒目经》、《佛说咒小儿经》等,刘宋时期沮渠京声译有《治禅病秘要法》,再以后唐代义净译《佛说疗痔病经》、《佛说咒时气病经》、不空译《除一切疾病陀罗尼经》、《能净一切眼疾病陀罗尼经》、宋法贤译《啰嚩拏说救疗小儿疾病经》等。除了这些专门医经,一些佛典对于印度佛学理论与实践,如病因、病源、病状、疾病治疗、养生术等有相当全面、细致的介绍。例如早期《阿含经》里说明病理和医理:

> 世尊告诸比丘,瞻病之人成就五法,不得时差,恒在床褥。

---

① 王邦为《南海寄归内法传校注》第150—165页,中华书局,1995年。
② 参阅陈明《沙门黄散:唐代佛教医事与社会生活》,荣新江主编《唐代宗教信仰与社会》第252—295页,上海辞书出版社,2003年。

云何为五？于时病人不择饮食，不随时而食，不亲近医药，多忧喜瞋，不起慈心向瞻病人，是谓，比丘，疾病之人成就此五法，不得时差。若复病人成就五法，便得时差。云何为五？于是病人选择而食，随时而食，亲近医药，不怀愁忧，咸起慈心向瞻病人。是谓，比丘，病人成就此五法，便得时差。①

根据佛教宇宙观，色法四大，地、水、风、火，四大不调遂生百病，这从现代医学看也是合乎科学的。这种理论被发挥，成为佛教病源学的基本原理。如龙树《大智度论》里说：

四百四病者，四大为身常相侵害，一一大中百一病起。冷病有二百二，水、风起故；热病有二百二，地、火起故。火热相，地坚相，坚相故难消；难消故能起热病，血肉、筋骨、骸髓等地分。②

竺律炎共支越译《佛说佛医经》则说得更细致：

人身中本有四病，一者地，二者水，三者火，四者风。风增气起，火增热起，水增寒起，土增力盛。本从是四病，起四百四病。土属身，水属口，火属眼，风属耳。火少寒多目冥。春正月二月三月寒多，夏四月五月六月风多，秋七月八月九月热多，冬十月十一月十二月有风有寒。何以故春寒多？以万物皆生，为寒出故寒多。何以故夏风多？以万物荣华，阴阳合聚，故风多。何以故秋热多？以万物成熟故热多。何以故冬有风有寒？以万物终亡热去，故有风寒。三月四月五月六月七月得卧，何以故？风多故身放。八月九月十月十一月十二月正月二月不得卧，何以故？寒多故身缩。春三月有寒，不得食麦豆，宜食粳米、醍醐诸热物。夏三月有风，不得食芋、

①《增一阿含经》卷二四《善聚品第八经》，《大正藏》第2卷第680页中。
②《大智度论》卷五八《释劝受持品》，《大正藏》第25卷第469页下。

豆、麦,宜食粳米、乳酪。秋三月有热,不得食粳米、醍醐,宜食细米、麨蜜、稻黍。冬三月有风寒,阳兴阴合,宜食粳米、胡豆羹、醍醐。有时卧风起有时灭,有时卧火起有时灭,有寒起有时灭。人得病有十因缘:一者久坐不饭,二者食无贷,三者忧愁,四者疲极,五者淫泆,六者瞋恚,七者忍大便,八者忍小便,九者制上风,十者制下风。从是十因缘生病。佛言,有九因缘命未当尽为横尽:一不应饭为饭,二为不量饭,三为不习饭,四为不出生,五为止熟,六为不持戒,七为近恶知识,八为入里不时不如法行,九为可避不避。如是九因缘,人命为横尽。[①]

这些说明都具有相当的科学成分。佛教关于"四大违和"则百病生的基本原理,被孙思邈所借鉴,他说:

> 地水火风,和合成人。凡人火气不调,举身蒸热;风气不调,全身强直,诸毛孔闭塞;水气不调,身体浮肿,气满喘粗;土气不调,四肢不举,言无音声。火去则身冷,风止则气绝,水竭则无血,土散则身裂。然愚医不思脉道,反治其病,使藏中五行共相克切,如火炽燃,重加其油,不可不慎。凡四气合德,四神安和。一气不调,百病一生;四神动作,四百四病同时俱发。[②]

这也是中国医学(中医)关于病因理论的主要内容,所述正是《佛说医王经》里关于"四大违和"的原理。

佛教对人生现象、生老病死有十分细致的观察。比如说到人的死亡原因及表征,《摩诃僧祇律》里记载佛陀教诲:

> 病人九法成就,命虽未尽而必横死。何等九? 一知非

---

①《佛说佛医经》,《大正藏》第 17 卷第 737 页上－737 页中。
②《备急千金要方》卷一《论诊候第四》。

饶益食、贪食，二不知筹量，三内食未消而食，四食未消而摘吐，五已消应出而强持，六食不随病食，七随病食而不筹量，八懈怠，九无慧。是名九法成就而必横死。复次成就九法终不横死。何等九？一知非饶益食便少食，二善知筹量，三内食消已而食，四不强吐，五不强持，六不食不随病食，七食随病食、食能筹量，八不懈怠，九有智慧。是名成就九法终不横死。[1]

又《大智度论》说到死亡表象：

> 诸天命欲终时五死相现：一者华鬘萎，二者掖下汗出，三者蝇来著身，四者见更有天坐己坐处，五者自不乐本坐。[2]

这里说的是天神，带有神秘色彩，但其中如腋下汗出等确实是医学上死亡的病象。

特别值得注意的是，印度医术的外科、眼科手术水平很高。《大涅槃经》里曾有比喻说：

> 佛言，善男子，如百盲人为治目故造诣良医，是时良医即以金錍决其眼膜，以一指示，问言见不？盲人答言："我犹未见。"复以二指、三指示之，乃言少见。善男子，是大涅槃微妙经典，如来未说，亦复如是。[3]

这里说的是被称为"金篦术"的白内障切除术，在南北朝传入中国，到唐宋时期十分流行。马伯英指出：

> 印度佛教医学中的眼科，似对中国影响最大。医籍著录中有《龙树眼论》、《龙木论》等魏晋时传入的眼科专书。佛家认为龙树（Nāgārjuna）大士能治眼疾，故眼科书多假其名。白

---

①《摩诃僧祇律》卷二八《明杂诵跋渠法之六》，《大正藏》第22卷第457页上。
②《大智度论》卷五八《释劝受持品》，《大正藏》第25卷第469页中。
③《大般涅槃经》卷八《如来性品》，《大正藏》第12卷第652页下。

居易患眼病诗云:"案上漫铺龙树论,盒中虚贮决明丸。"可见
此书流传很广,文人学士多取而读之。[1]

中国僧人里有不少眼科手术专家,本书介绍沙门"外学"部分将详
细说明。

佛教医学对于养生学、长寿法、公共卫生学、个人卫生学和精
神卫生学等领域的贡献也都十分突出。因为僧团是集合的人群,
保持生活环境和个人的卫生十分重要。戒律里对衣食住行,沐浴
洁齿,甚至唾涕、大小便都有详细规定。至于要求节欲、戒酒对于
保持健康具有重要意义更十分明显。自古以来中国寺院无论是环
境还是个人都是卫生做得很好的地方。而佛教以贪、嗔、痴为根本
烦恼,在教理上当作轮回的根源,对治之策则与现代医学的心理治
疗有关系[2]。佛教的禅法、斋法也具有一定的医学价值。坐禅方法
和随佛教传入的瑜伽功丰富和推进了在中国具有悠久传统的气功
的发展;而作为佛教戒条之一的"过中不食"等斋法和后来发展起
来的素食制度,也具有养生学方面的意义。

又在药学方面,佛典里有许多关于方药的记载。在一些经典
里,例如随阇那崛多译《不空胃索神咒经》里就记载有龙脑香、麝
香、雄黄等药物二十五种;唐义净译《曼殊室利菩萨咒藏中一字咒
王经》里也记载多种药物和疾患治疗方法。专门的药学著作,《隋
书·经籍志·医方类》里著录有《龙树菩萨药方》四卷、《西域诸仙
所说药方》二十三卷、《西域波罗仙人方》三卷、《西域名医所集药
方》四卷、《婆罗门诸仙药方》二十卷、《婆罗门药方》五卷、《耆婆所
述仙人命论方》二卷、《乾陀利治鬼方》十卷、《新录乾陀利治鬼方》

---

[1]《中国医学文化史》第 375 页,上海人民出版社,1994 年。

[2] 近年有些学者阐释道教医学和佛教医学,使用生理治疗、心理治疗、精神治
疗和社会治疗等概念,以说明宗教医学作为多元化的体系的内容,见盖建民
《道教医学》,宗教文化出版社,2001 年;陈明《沙门黄散:唐代佛教医事与社
会生活》。

四卷、《龙树菩萨合香法》二卷、《龙树菩萨养性方》一卷等①，这都是翻译或介绍印度、西域医药的。其中的几部书题目中有"龙树"、"耆婆"字样，应当与佛教"医方明"有关系。这些书的译者或辑录者的身份没有被著录，但可以推测有相当部分出自僧人之手。在孙思邈的药学著作里也包含有不少佛教医药学内容。

至于古代印度在物理、化学、生物、机械等众多领域的成果在翻译佛典中也都有所反映，这里不一一缕述。在中国科技史上，佛教所推动的中国与印度的科学技术交流富有成果，是值得注意的。

从地理环境看，中国东临大海，西阻群峰，周边是经济、文化都相对落后的地区；而长江、黄河等几大水系灌溉着广大中原，地域广阔，资源丰富，从而形成了相对封闭的文明体系。中国历史上对外部世界的经济、文化交流是相对稀少的。这也是中国古代社会长时期稳定发展的地缘方面的重要原因。汉代"凿空"，开拓"丝绸之路"，形成古代中国与外部联系与交流的孔道。当然还有南海与外界交流的通道。佛教利用这些通道输入，构成古代中国与外部交流的重要部分，其所带动的文化交流的内容与意义更远远超越宗教范畴。中华文明的发展从中接受多方面裨益，佛教对于中国在这一方面的贡献也是值得大书特书的。

----

①《隋书》卷三四《经籍三》，第 1019、1026、1047－1049 页。

第五章　中国佛教早期僧侣与僧团

一

佛教"三宝"的第三位是"僧"。这不是指个别的僧人,而是指僧人团体"僧伽",或称僧团。包括出家(比丘、比丘尼)和在家(男、女居士)的"四众"构成佛教教团,僧团乃是它的核心。佛教的全部活动都是以僧团为核心运作的。佛教作为社会存在就具体体现在僧团这种社会组织及其活动之中。如上所述,输入僧团这一社会组织形式乃是佛教对中国的一大贡献。

作为宗教团体的"僧伽"有其特殊的形态。僧人是个人修道者;僧伽则是僧人作为出家人自愿参加、共同生活的集体。从戒律规定看,在这种组织相当严密的集体里没有上下级隶属关系,僧人也没有教化他人的义务。僧伽作为团体,对内部成员提供了必要的修道条件、帮助和保证,对外则担负着弘扬佛法的任务。佛教传入环境不同于发源地古印度的中国,僧团作为其存在与活动的实体,不同历史时期其组织和建设的实际状况标志着佛教存在和发展的状态。

中国早期僧团的形成有个漫长过程,在后来的历史发展中形态、规模和功能又不断产生变化。而在中国这样大一统的专制体制下，移植僧团这种异质的社会组织必然产生多方面的矛盾。无论是与世俗统治的关系，还是与一般的文化传统、世俗民情等等的关系，僧团的引进和发展都经历了充满冲突、历尽艰难的过程。

如前所述，最初向中国传播佛教的只是分散的外来信徒，包括僧侣和居士。他们逐渐吸引和教化一些本土人士参与活动。而要造成一定影响，则需结成团体。外来佛教已经提供出这种团体的模式即僧伽。初传时期的这类团体是外来僧人构成的，规模当然不会很大，戒律、仪轨也不会很规范。但它们应已具有僧团的雏形。

早期这类团体大体分为两类：一类是依附于朝廷和权贵的。当初伴随西来使臣、商侣等来到中土的外来佛教徒寻求立足之地，首先要争取朝廷、权要的信重和支持。如上所述中国统治阶层起初把这些佛教僧侣和居士等同于本土的祭司、方士，让他们主持或参与祭祀活动。这是活动在统治阶级上层的僧人。另一类则集中精力向中土介绍佛教义理，主要是从事译经。他们主要在知识阶层中活动。当时翻译经典需有本土知识分子作为"助译"者，这些人形同外来译师的弟子。这后一种是更具文化色彩的小团体，往往也得到社会上某些有力人物的支持或参与。这两类雏形的僧团对于后来中国佛教的发展分别造成决定性的影响：前一类开创所谓"皇室佛教"、"贵族佛教"的端倪，这类佛教积极地为世俗统治服务；后一类则是大规模公、私译场的滥觞，而那些译经场所则成为宣扬和发展佛教的基地，促进了中国佛教重视学理、重视智慧的风气的形成。这两个方向均体现了中国佛教长期发展的内涵和特征。

当然，宗教乃是群众性的实践活动。佛教在中国发展的最雄厚的基础在广大群众之中，必须得到民众的认同与信仰。但历史留存的这方面文献资料十分稀少，具体状况已难得其详。不过各地发现众多早期造像等佛教遗迹却能够反映当时信仰已经普及到民众中间的实态。但是在专制政治体制下，社会上层和知识精英的活动左右着意识形态发展的方向,代表着当代的认识与思想水平,也形成文化发展的主流。因此,就中国佛教发展形势说,其在社会上层的活动一直起着主导的作用。这也是前面所述东汉宫廷与贵族支持佛教发展表明了的。

二

最初随着使团、商队、流民等来到中土的外来僧侣和信徒,首先到达都城长安或洛阳等大都会。虽然他们只是分散的少数人,但所信仰的印度佛教却已是规模巨大的、成熟的教团宗教,具有系统的教义、教理,拥有完善的戒律。这些分散的小团体有充分发展的印度佛教为后盾,也就具有相当巨大的活动能量。其中部分幸运者接触到帝王、贵族和知识分子上层,能够在朝廷、权贵间活动,相关情形从前面介绍过的胡适所列举的五个事例已清楚透露出来。

楚王刘英奉佛事在公元一世纪中期,正与传说汉明求法时间相重合,提供了早期依靠藩王的外来佛教徒活动的实例:

> (楚王刘)英少时好游侠,交通宾客,晚节更喜黄老,学为浮屠斋戒祭祀。(明帝永平)八年(65),诏令天下死罪皆入缣赎。英遣郎中令奉黄缣白纨三十匹诣国相曰:"托在藩辅,过恶累积,欢喜大恩,奉送缣帛,以赎愆罪。"国相以闻。诏报曰:"楚王诵黄老之微言,尚浮屠之仁祠,洁斋三月,与神为誓,何嫌何疑,当有悔吝? 其还赎,以助伊蒲塞桑门之盛馔。"因以班示诸国中傅。英后遂大交通方士,作金龟玉鹤,刻文字以为符瑞。[1]

①《后汉书》卷四二《光武十王列传》,第1428—1429页。

后来刘英终于以"招聚奸猾，造作图谶，擅相官秩……大逆不道"而被废黜自杀，显示了他热衷道术的性格。这对于分析这一史实是有重要意义的。

刘英所封藩国楚国在今江苏中部，上面的记述起码可以表明以下三点：一，作为藩王的刘英喜好佛法，在他所交通的"宾客"里有一批伊蒲塞（即优婆塞）和桑门（即沙门），也就是出家和在家的佛教徒；所谓"交通"应该是指这些人在封国里接受奉养；二，朝廷了解这种情况，据以可推测在全国范围内这不是个别事例；就是说，在当时，封国奉养沙门小团体不限于楚国一地；三，起码诏书的文字表明，朝廷对藩王信仰佛教是表示支持的。如果再进一步分析楚王刘英的信仰状况：首先是他同时喜好黄老，而东汉时期黄老之学和阴阳五行、神仙方术等结合，已经在很大程度上"宗教化"了；再与后面所谓"造作图谶"相关联，可以推测刘英对佛教显然是当作道术的一种看待的，所蓄养的伊蒲塞、桑门则被当作方士之流。而从史书的记述也透露出，刘英的"喜黄老"与"学浮屠"一样，具有与朝廷相对抗的性质，所以他才自认"过恶累积"，并有奉送缣帛以赎罪的行动。但朝廷方面并没指责刘英有叛逆迹象。这或者是出于维护与他的关系的目的，因而对他喜黄老、学浮屠取回护态度，遂有"何嫌何疑，当有悔吝"的安慰之词。朝廷对待刘英奉佛法并没有指责，反而要他用所奉献缣帛"以助伊蒲塞桑门之盛馔"，即用来供养僧侣和居士。这也表明当时佛教已被朝廷所承认的事实。而从双方言词交锋又可以看出，奉养沙门这种行为显然是被当作具有政治意义的事。

在刘英藩邸里奉养的僧侣和居士显然担负着祭祀任务。诏令中更说到"浮屠之仁祠"，当是指供奉佛像的场所，这应当已是雏形的寺庙；而"与神为誓"，则表明已经有礼拜、祭祀的礼仪；"洁斋三月"，则可能是指佛教戒律里一年中正月、五月、九月"三长斋月"。就是说，刘英藩邸里的沙门、居士小团体已经有一定的供佛

场所,举行一定的仪式,并执行一定的戒律。所以说这已经具有
僧团的雏形。而当时这样的团体应当不仅仅存在于刘英一个藩
国里。

桓帝在宫中祠祀浮屠、老子则是公元二世纪中叶的事,是在刘
英事件约百年之后。《后汉书·桓帝纪》史官论曰:

> 前史称桓帝好音乐,善琴笙。饰芳林而考濯龙之宫,设华
> 盖以祠浮图、老子,斯将所谓"听于神"乎![1]

又《后汉书·西域传论》说:

> 至于佛道神化,兴自身毒……汉自楚英始盛斋戒之祀,桓
> 帝又修华盖之饰。将微义未译,而但神明之邪?详其清心释
> 累之训,空有兼遣之宗,道书之流也。且好仁恶杀,蠲敝崇善,
> 所以贤达君子多爱其法焉……又精灵起灭,因报相寻,若晓而
> 昧者,故通人多惑焉。[2]

这表明在桓帝时代(147—167)佛法已盛行于宫廷。有明确记载的
安世高和支娄迦谶来华从事译经也是在这一时期。《后汉书·桓
帝纪》延熹二年(159)有"天竺国来献"[3]的记载,可见当时朝廷与印
度有正式交往,而这类交往对佛法传播必定会起推动作用。

关于桓帝"祠浮屠、老子",应当联系到胡适所说的第三事——
襄楷上书。这是延熹九年(166)的事。其中说:

> 又闻宫中立黄老、浮屠之祠。此道清虚,贵尚无为,好生
> 恶杀,省欲去奢。今陛下嗜欲不去,杀罚过理,既乖其道,岂获
> 其祚哉!或言老子入夷狄为浮屠。浮屠不三宿桑下,不欲久
> 生恩爱,精之至也。天神遗以好女,浮屠曰:"此但革囊盛血。"

---

①《后汉书》卷七《孝桓帝纪》,第 320 页。
②同上卷八八《西域传》,第 2931—2932 页。
③同上卷七《孝桓帝纪》,第 306 页。

遂不眒之。其守一如此,乃能成道。今陛下淫女艳妇,极天下
之丽,甘肥饮美,单天下之味,奈何欲如黄老乎?①

这个奏章表明,当时人仍是把黄老与浮屠同等对待的。关于桓帝
祠老子,《后汉书》上记载延熹八年正月,"遣中常侍左悺之苦县,祠
老子";十一月"使中常侍管霸之苦县,祠老子";九年七月,"祠黄、
老于濯龙宫"②。当是在八年以皇帝名义祠老子的时候,陈相边韶
作《老子铭》,其中这样形容老子:

> 　　以老子离合于混沌之气,与三光为终始,观天作谶,□降
> 什(斗)星,随日九变,与时消息。规矩三光,四灵在旁,存想丹
> 田,大一紫房,道成身化,蝉蜕渡世。自羲农以来,□为圣者作
> 师……③

这里所描写的老子,和《史记》里的作为"人"的老子已经大不相
同,已被大为神化了。就是说,桓帝时代祭祀的老子,已经具有宗
教教主的性格了。这显示了当时宗教意识发展的大趋势。由此
可以推断桓帝"祠浮屠",形式和目的与"祠老子"同样。就是说,
当时的佛教已被列为诸多信仰的一种,对于朝廷担负着求福避祸
等祠庙祭祀的功能。佛教在宫廷中的活动当然要由僧侣主持,这
些人则被等同于神庙祭司之类人物。这是活动在朝廷的僧人的
实例。

　　从襄楷上书提到"老子入夷狄为浮屠"可以知道,当时佛、道之
间已经有关于"化胡"的争论。《史记》上说老子"莫知其所终"④,到
署名刘向的《列仙传》则说"周德衰,乃乘青牛车去入大秦。过西

---

①《后汉书》卷三〇下《襄楷传》,第 1082－1083 页。
②同上卷七《孝桓帝纪》,第 313、316、317 页。
③《全上古三代秦汉三国六朝文·全后汉文》卷六二,第 1 册第 813 页,中华书
　局,1985 年。
④《史记》卷六三《老子韩非列传》,第 2141 页。

关,关令尹喜待而迎之,知真人也"①。这显示了把老子逐渐"仙化"的过程。襄楷的说法则是"老子化胡"说的滥觞。又襄楷引用佛陀"不三宿桑下"典故,见于《四十二章经》,其中又说到"天神献玉女于佛,佛曰:'此是革囊盛众秽耳。'"与襄楷上书两相对照,表明在桓帝时佛传里的这类传说已经相当流行。这些传说传播者则主要是熟悉经典的僧侣们。

到东汉末年即二世纪末,长江下游,扬州、徐州一带,有笮融大兴佛教,大作佛事,见《三国志·吴书·刘繇传》,前面已经引述过。笮融作为徐州牧陶谦手下担任自广陵(今江苏扬州)至彭城(今江苏徐州)运河漕运的官员,利用所据三郡资财,兴建佛寺,并在乱世中以免除劳役的办法招徕流民。据传佛祠的规模可容三千人,招致流民达五千户,可见一时信仰的盛况。如前面已经说过的,这一史实更有几点值得注意:当时已经有专门的寺院,这是文献中有关中国寺院建设最早的可靠纪录;佛祠里已经有铜铸佛像,并且佛祠是以佛像为中心建立起来的,这正可以和近年全国各地文物考古发现佛像相参证,表明当时佛教造像已经开始流行;寺院里开展面向群众的讲经活动,汉译佛经已经开始在民众间普及;已经有规模巨大的浴佛仪式,这种仪式已经作为民俗流行。这些都表明佛教已确立起相当广泛的群众基础。而笮融如此大兴佛教,大作佛事,应当有主持这些活动的僧团。这又是僧团依附地方官员的实例。而笮融供佛具有一定政治意图,僧团客观上则为实现这一意图服务,这从记述中也可以看得很清楚。

正由于汉代早期僧侣依附朝廷和权贵活动,所以利用表示官府的"寺"字来称呼他们聚居和活动的地方。

大体在笮融兴佛的同一时期,南方边疆的交州有《牟子理惑

①王叔岷《列仙传校笺》第18页,"中研院"中国文哲研究所筹备处,1995年。关于《列仙传》作者和成书年代,学界多有争论,一般认为可肯定是东汉旧籍。

论》这一著名护法著作出现，其内容更细致、更清晰地反映了汉末佛教的发展动向和当时知识阶层对佛教的理解。该论前有序章，说明写作原委，表明著者信仰，略曰：

> 牟子既修经传诸子，虽不乐兵法，然犹读焉，虽神仙不死之书，抑而不信。是时灵帝崩后，天下扰乱。独交州差安，北方异人咸来在焉，多为神仙辟谷长生之术。牟子常以《五经》难之。先是时，牟子将母避世交趾，年二十六，归苍梧娶妻。太守谒请署吏，不就。太守以其博学多识，使致敬荆州，会被州牧优文处士辟之，复称疾不起。牧弟为豫章太守，为中郎将笮融所杀。时牧遣骑都尉刘彦将兵赴之。恐外界相疑，（请牟子）屈之零陵桂阳，假途于通路。会其母卒亡，遂不果行。久之，退念以辩达之故，辄见使命，方世扰攘，非显己之秋也，于是锐志于佛道，兼研《老子》五千文，含玄妙为酒浆，玩《五经》为琴簧。世俗之徒，多非之者。欲争则非道，欲默则不能，遂以笔墨之间，略引圣贤之言证解之，名曰《牟子理惑》云。①

据这篇自序，再利用当世史实相参证，大体可以判断"《理惑论》之作约当在195—201年之间"②。关于这篇著作所提供的东汉末年佛教发展状况，前面已经介绍过。仅就牟子本身的事迹和活动看，他作为地方官员，长期周流各地官府，从荆州直到南方边疆的交趾；他不信神仙长生之说，却信仰佛教，显然直接接受过僧侣教化。他本人可以说是体现"贵族佛教"一般发展形态的代表。不过另一方面，这部《理惑论》也清楚表明，当时知识阶层接受佛教的还只是少数。如第二十七章说：

---

① 《牟子丛残新编》第1—2页。
② 周一良《〈牟子理惑论〉时代考》，《周一良集》第3卷《佛教史与敦煌学》第169页。

> 吾昔在京师,入东观,游太学,视俊士之所规,听儒林之所
> 论,未闻修佛道以为贵,自损容以为上也。①

就是说,佛教在当时虽然已普遍为士大夫所知晓,但信奉者很少,
出家的更没有。又如第二十四章说:

> 子云佛道至尊至快,无为澹怕。世人学士多讥毁之,云其
> 辞说廓落难用,虚无难信。②

这又进一步指出当时一般士大夫阶层中人对佛教多取"讥毁"态
度,对佛教宣扬的教义不肯相信。

以上就是东汉后期佛教僧侣活动在统治集团上层的大致情
形,也是逐渐形成具有官方色彩的初具雏形的上层僧团的情形。

三

另有一批外来僧人活跃在知识阶层。从早期佛教发展情况
看,知识阶层了解和接受佛教是相对较迟缓的。如果说公元一世
纪中期的楚王刘英奉佛可以表明当时的藩王已经在积极地蓄养僧
侣并支持他们的活动,那么在现存文献里第一个写到佛教的文人
张衡(78—139),已经是活动在二世纪初的人。他在《西京赋》里描
写当时长安社会景象说到:

> 眽藐流眄,一顾倾城。展季桑门,谁能不营?

李善引《国语》韦昭注谓展季为柳下惠的字,而"桑门,沙门也"③。

---

① 《牟子丛残新编》第 19 页。
② 同上第 17 页。
③ 李善注《文选》卷二,第 49 页,中华书局,1977 年。

美国学者康达维英译《文选》注解也指出:"这里的'桑门'一语,乃是梵文 śramaṇa 的早期汉译。"[①]张衡著《西京赋》,始于永元年间(89—105),十年之后完成。所引这段话是描写长安宫廷佳丽美貌的,意思是说:她们诱人的目光可以倾城倾国,就是坐怀不乱的柳下惠和修道的沙门也抵不住诱惑。许里和就这里"桑门"一语的意义指出:

> 这个相当微不足道的词的重要性,在于它能说明约公元100年张衡活跃于洛阳时(当时张衡住在洛阳)就似乎已经知道"桑门"一词,并且像当时普通的有文化的大众那样引入诗文。[②]

这样,《西京赋》里的这段文字不仅表明当时的都城长安有"沙门"在活跃,已经引起像张衡那样的文人的关注;而把沙门与柳下惠相提并论,则显然是作为道德高尚,特别是不受色欲诱惑的修道之士看待的。这应当是当时社会上对他们的一般印象。这种描写显然又是把"桑门"当作社会上的特异存在对待的。

外来僧人得到朝廷和地方上某些有权势者的支持,起初活跃在大都会如长安、洛阳、彭城等地,然后逐渐向四方扩散。例如中国佛教史上第一位译经僧安世高,他在桓帝即位之初的公元147年前后来到中国,到灵帝建宁二年(169)的二十余年间在长安和洛阳译经。至灵帝末年,关、洛发生战乱,他应是为避难而外出游化,南下豫章(今江西南昌),直抵广州,又转赴会稽(今浙江绍兴)。传说中他还到过荆州(今湖北荆州)、丹阳(今江苏丹阳)等地,留有许多遗迹。虽然有关他游踪的记述不可尽信,但他四方弘化的活动应是真确的。参与译经的中国人严佛调记述安世高传译《沙弥十

---

①*Wen xuan*, Translated, with Annotation and Introduction by David R. Knechtges, Vol. Ⅰ p. 236, Prinston University Press, 1982.
②《佛教征服中国》第 42—43 页。

慧经》和自己作注释的情形说：

> 有菩萨者，出自安息，字世高。韬弘稽古，靡经不综，愍俗
> 童蒙，示以桥梁。于是汉邦敷宣佛法，凡厥所出数百万言。或
> 以口解，或以文传，唯《沙弥十慧》，未闻深说。夫十者数之终，
> 慧者道之本也，物非数不定，行非道不度。其文郁郁，其用亹
> 亹，广弥三界，近观诸身。调以不敏，得充贤次，学未浃闻，行
> 未中四，凤罹凶咎，遘和上忧。长无过庭善诱之教，悲穷自潜，
> 无所系心。于是发愤忘食，因闲历思，遂作《十慧章句》。不敢
> 自专，事喻众经，上以达道德，下以慰己志。创奥博尚之贤，不
> 足留意；未升堂室者，可以启蒙焉。①

这是说，安世高译经采用"口解"和"文传"两种方式。在安世高之
前，应当"口解"居多，译文则应多是短篇或像《四十二章经》那样的
断章。严佛调"本临淮人，绮年颖悟，敏而好学"，在安世高翻译时
"得充贤次"，即在直接接受"口解"或"文传"者之列。和他在一起
的还另有一批人。他根据安世高译经时的讲解，结合自己体会，按
儒家章句体例记录下来，著成《十慧章句》。这样，安世高周围集中
一批信仰者，这些人既是协助译事的助译者，又是接受、传习所译
经典的人。安世高这个译经小团体，也就成为研习、传播佛教的组
织，是不同于朝廷或藩王蓄养的另一种雏形的佛教团体。这种活
跃在民间的、兼具多种功能的组织形式，被延续和发展下来。后来
大小不一的译经团体，包括大型译场，都同时具有翻译、传授和研
究佛法的功能。

　　关于中土人士参与佛教活动情况，梁启超曾指出：

> 佛教在汉代，虽渐得一部分人之信仰，然正式出家，犹为
> 功令所禁……要之秦景宪为中国人诵佛经之始，楚王英为中

---

① 《沙弥十慧章句序》，《出三藏记集》卷一〇，第369页。

> 国人祀佛之始,严佛调为中国人裹译佛经之始,笮融为中国人
> 建塔造像之始,朱士行为中国人出家之始。初期佛门掌故,信
> 而有征者,不出此矣。①

这也是肯定如严佛调那样人的活动对于早期中国佛教发展的作用
和意义。

安世高稍后的支娄迦谶的翻译情况留有更详细的记载。下面
还将介绍,他所译基本是大乘经,包括《道行般若》和《般舟三昧》这
样的重要经典。关于前者,有未详作者的《道行经后记》说:

> 光和二年十月八日,河南洛阳孟元士,口授天竺菩萨竺朔
> 佛,时传言译者月支菩萨支谶,时侍者南阳张少安、南海子碧,
> 劝助者孙和、周提立。正光二年九月十五日,洛阳城西菩萨寺
> 中沙门佛大写之。②

这里是说光和二年(179)洛阳孟元士从天竺沙门竺朔佛口授经典,
担任翻译的是支谶。这位孟元士显然是一位通达佛典的居士。当
时支谶又另有侍者、劝助者:前一类是随侍的信徒,后一类是给予
资助的人。这些都是不同类型的早期中土居士。写定经本的地方
则是洛阳城西菩萨寺。这显然已是独立的寺院。由此看来,支娄
迦谶这个译经团体,无论从成员看还是从活动看,都和前述集中在
朝廷或权贵门庭、主要从事祠庙活动的僧人不同。同样,未详作者
的《般舟三昧经记》记载:

> 《般舟三昧经》,光和二年十月八日,天竺菩萨竺朔佛于洛
> 阳出。菩萨法护③。时传言者月支菩萨支谶,授与河南洛阳孟

---

① 《四十二章经辩伪》第10—11页,《佛学研究十八篇》,台北中华书局,1976年。
② 《出三藏记集》卷七,第264页。
③ 苏晋仁等注谓:"按此四字前后无着,或系后人传写阑入,当删。"《出三藏记
集》卷七,第282页。

福字元士,随侍菩萨张莲字少安笔受。令后普著。在建安十
三年于佛寺中校定,悉具足。后有写者,皆得南无佛。又言,
建安三年,岁在戊子,八月八日于许昌寺校定。①

这写的是同一个译经团体从事翻译的情况。同样是竺朔佛口授给
孟元士,由支谶翻译;这里更明确随侍者也是担任笔受的人,而活
动的地点则在许昌寺。这样,以上两个短篇文字比较清晰地反映
了当时译经活动的情况:以一位精于佛典的外族沙门为中心,周围
集合一些中土信徒,有的帮助翻译,有的给予物力、财力的支持。
这样的小团体有寺院为活动基地,内部也有了简单的分工。翻译
方式则还没有利用原典经本,所以先是由熟悉经典的外族沙门"口
授"背诵经文,另由一位通晓双语的人加以传译,再由中土人士记
录下来。记录者显然不是照录"传言"的译文,会进行必要的修饰。
这已经是后来译场分工的滥觞。正是在这样的过程中,形成了以
译经为主要活动的另一种僧团的雏形。

这种形式延续下来,如康僧会《法镜经序》说到:

　　骑都尉安玄、临淮严浮调,斯二贤者,年在龆龀,弘志圣
业,钩深致远,穷神达幽。愍世蒙惑,不睹大雅,竭思译传斯经
景模。都尉口陈,严调笔受,言既稽古,义又微妙。然时干戈
未戢,志士莫敢或遑,大道陵迟,内学者寡。会睹其景化,可以
拯涂炭之尤险,然义壅而不达,因闲竭愚,为之注义。②

这里所述是安玄和严佛调译经的情况,僧祐所作传记也有记载:

　　安玄,安息国人也。志性贞白,深沉有理致。为优婆塞,
秉持法戒,豪厘弗亏,博诵群经,多所通习。汉灵帝末,游贾洛
阳,有功,号骑都尉。性虚静温恭,常以法事为己务。渐练汉

---

① 《出三藏记集》卷七,第 268 页。
② 同上卷六,第 255 页。

言,志宣经典,常与沙门讲论道义,世所谓都尉玄也。玄与沙门严佛调共出《法镜经》,玄口译梵文,佛调笔受。理得音正,尽经微旨,郢匠之义,见述后代。

佛调,临淮人也。绮年颖悟,敏而好学,信慧自然,遂出家修道。通译经典,见重于时。世称安侯、都尉、佛调三人传译,号为难继……安公称佛调出经,省而不烦,全本妙巧。①

这也是个相当典型的个案:安玄与安世高同样是安息国(今伊朗)人,是汉末灵帝时从中亚来到洛阳的商人,又是信心诚笃的佛教居士,是洛阳外来族群构成的佛教团体中十分活跃的人物。临淮人严佛调则是早期中国人中少见的佛教徒之一,前面已经介绍过他曾参与安世高译经并著有《十慧章句》。根据这里的记载,他又是见于记载的中土出家的第一人。安玄在中国居留,已经学会汉语,在严佛调帮助之下译出《法镜经》。可以推测,当时外来的沙门或居士,即使懂得汉语也不会十分练达,翻译佛经需要中土人士帮助。严佛调像所有见于记载的早期信徒一样,是名字不见于世俗文献的普通文人。可能是因为生逢乱世志不得申,或者有其他原因而皈依佛教。直到安世高去世,他一直追随左右,然后又协助安玄译经。安世高和安玄就这样曾先后主持这个以安息人为主体的佛教团体。

康僧会的《安般守意经序》则记述说:

余生末踪,始能负薪,考妣徂落,三师凋丧,仰瞻云日,悲无质受,睠言顾之,潸然出涕。宿祚未没,会见南阳韩林、颖川皮业、会稽陈慧,此三贤者,信道笃密,执德弘正,烝烝进进,志道不倦。余从之请问,规同矩合,义无乖异。陈慧注义,余助斟酌。非师不传,不敢自由也。②

①《出三藏记集》卷一三《安玄传》,第511—512页。
②同上卷六,第244页。

康僧会本是康居国人,祖先是居住在天竺的侨民,他父亲经商迁居交趾。联系前面安玄的例子,可以知道外国商人在中国传播佛教的早期曾经起过相当大的作用。这里说他小时候"三师凋丧"。这"三师"已不知其名,但表明他曾参与由师弟子构成的佛教团体。后来他于三国吴赤乌十年(247)来到建业(今江苏南京),"营立茅茨,设像行道"①。这里提到一批出身于南阳、颍川、会稽三个不同地区的居士,他们一方面"信道弥笃"即是坚定的信仰者,另一方面又从事经典注释,显然对于佛教义理已经有一定程度的了解。而从这些居士出身的不同地区,又可以了解当时佛教传播各地的情形。这样以康僧会为中心,在吴国都城建业构成一个有一批文人"贤者"参加的佛教团体。

再后来,有未详作者的《放光经记》,是讲西行求法的朱士行求得的《放光般若》的翻译情况的:

> 惟昔大魏颍川朱士行,以甘露五年出家学道为沙门,出塞西至于阗国。写得正品梵书胡本九十章,六十万余言。以太康三年遣弟子弗如檀,晋字法饶,送经胡本至洛阳。住三年,复至许昌。二年后至陈留界仓垣水南寺,以元康元年五月十五日,众贤者共集议,晋书正写。时执胡本者,于阗沙门无叉罗,优婆塞竺叔兰口传,祝太玄、周玄明共笔受。正书九十章,凡二十万七千六百二十一言。时仓垣诸贤者等,大小皆劝助供养,至其年十二月二十四日写都讫。经义深奥,又前后写者参校不能善悉。至太安二年十一月十五日,沙门竺法寂来至仓垣水北寺求经本。写时捡取现品五部并胡本,与竺叔兰更共考校书写,永安元年四月二日讫,于前后所写校最为差定,其前所写可更取校。晋胡音训畅义难通,诸开士大学文生书

---

①《高僧传》卷一《魏吴建业建初寺康僧会传》,第15页。

写供养讽诵读者,愿留三思,恕其不逮也。①

关于朱士行求法事迹,下面另行叙述。从这部经的传译情形看,前后参与者也有"众贤者"。因为当时已经有原典经本,所以有执胡本的沙门无叉罗,有担任口授的居士竺叔兰,还有担任笔受的中土人士祝太玄和周玄明。仓垣"贤者"大小劝助供养的更有多人,前后抄写译文多部。后来竺法寂为了校订就拿到五部。而再以后讽读供养的"开士大学文生"更是不计其数。由此可见这个时期参与经典翻译和传写人士之众多,团体的规模当然相应扩大了。

后来西晋竺法护的译经团体规模更大了,如《正法华经记》所描写的:

> 太康七年(286)八月十日,敦煌月支菩萨沙门法护手执胡经,口宣出《正法华经》二十七品,授优婆塞聂承远、张仕明、张仲政共笔受,竺德成、竺文盛、严威伯、续文承、赵叔初、张文龙、陈长玄等共劝助欢喜。九月二日讫。天竺沙门竺力、龟兹居士帛元信共参校,元年二月六日重复。又元康元年,长安孙伯虎以四月十五日写素解。②

竺法护的译经团体有沙门、居士,也有中国人和西域各族人。劝助的人更多。太康五年翻译《阿维越致遮经》的梵本得自龟兹副使羌子侯。就是说,竺法护周围聚集了更多信徒,包括外国出使西晋的使臣。这也是他在译经方面能够取得更大成绩、成为"古译"最后一位大译师的条件之一。

从上述记录可以知道早期中土佛教中不同于"皇室佛教"、"贵族佛教"的另一类佛教团体的活动状况。当时汉族知识阶层已经有人出家为僧,但只是个别人,更多的是信佛居士。在那些有活动

---

① 《出三藏记集》卷七,第 264－265 页。
② 同上卷八,第 304 页。

能力、有影响的外来沙门周围，聚集起中外信徒，从而形成一些小团体。这些外来沙门兴建起专门的寺院，它们成为这类小团体的活动基地。活动的主要内容是宣扬、修持佛法，而宣扬佛法的主要途径就是翻译佛经。翻译过程也是参与者研习、理解佛理的过程。这类以译师为核心的信仰团体，成员更多是具有一定文化素养的人。在这一过程中形成由中、外沙门构成的雏形的僧团，体现为不同于前述"皇室佛教"、"贵族佛教"的另一种形态。比起那些蓄养于宫廷或权贵门下，被等同于祭司、方士的僧人来，这后一类人更专注于介绍、传播佛教的教理、教义，对于佛教在中土的进一步传播与发展起了更大的作用。

四

佛教初传，除了在宫廷、贵族及知识阶层中，当然也在民众间传播。这也是僧团活动的另一个重要侧面，不过如上所述文献里相关记载很少。

三国时期吴国交州地方，与上面所述笮融奉佛大体同时，士燮为太守，"兄弟并为列郡，雄长一州，偏在万里，威尊无上。出入鸣钟磬，备具威仪，筚篥鼓吹，车骑满道，胡人夹毂焚烧香者常有数十"[1]。这里说的数十名烧香胡人当是佛教信徒。就是说，当时在南海地方，已经有佛教徒十分活跃，但都是胡人。这也与中原情况一致：在佛教初传时期，佛教活动的核心基本是外族人及其后裔，少数中土信徒只是佛教活动的参与者或是外围支持者、资助者。

汉末、三国时期虽然战乱连年，但与西域交流仍然畅通，东西

---

[1]《三国志·吴书》卷四《士燮传》，第1192页。

交往十分频繁。例如魏明帝太和三年(229)十二月"癸卯,大月氏
王波调遣使奉献,以调为亲魏大月氏王"①。这是中原朝廷与佛教
正十分兴盛的贵霜王朝直接交往的事例。佛教方面的记载表明这
一时期陆续有西域僧人来华,其中不少成为著名译师。不过从总
体情况看,佛教在民众间的弘传进展比较迟缓。慧皎叙述魏嘉平
年间(249—254)情况说:

> 于时魏境虽有佛法,而道风讹替,亦有众僧未禀归戒,正
> 以剪落殊俗耳。设复斋忏,事法祠祀。②

这是说,当时还没有正规受戒仪式,人们把削发出家为僧看作异域
风俗,把斋戒忏法等同于祭祀的一种。当时的知识阶层可以把佛
教当作一种新的学理来领会,统治阶层可以把它当作神仙方术的
一种来利用,而对于一般民众来说,这种异域殊俗就难以接受了。
僧祐又有另一条记载:

> 中夏闻法,亦先经而后律。律藏稍广,始自晋末。③

这是说,中土律藏的传入较迟。佛教初传时期戒律还不完备,因此
也没有形成完善的出家剃度制度。这样也是难以形成完善的僧团
组织的客观原因。

另一方面,早期佛教的发展态势又和整个社会形势有关系。
在汉末动乱中,民间教派道教蓬勃兴起。这些教派表现出明显的
反体制色彩,在北方终于鼓动起太平道声势浩大的黄巾起义,蜀中
则有五斗米道建立起政教合一的割据政权,这都给统治者造成严
重威胁。三国时期东吴统治的江南,曾有支谦、康僧会活动,但康

---

①《三国志·魏书》卷三《明帝纪》,第 97 页。
②《高僧传》卷一《魏洛阳昙柯迦罗传》,第 13 页。
③《出三藏记集》卷三《新集律来汉地四部记录第七》,第 116 页。

僧会传教，吴主"孙皓即政，法令苛虐，废弃淫祀，乃及佛寺，并欲毁坏"①。据说一次在后宫治园，掘得一金像，皓使着不净处，以秽汁灌之。这是假借灌佛仪式的恶作剧。东吴后期专朝政的孙綝更曾"侮慢民神，遂烧大桥头伍子胥庙，又坏浮屠祠，斩道人"②。这些都表明，当时吴国统治者是把佛教和民间祭祀一起加以毁坏的。北方魏国对待宗教也加以禁限。曹植曾说：

> 世有方士，吾王悉所招致……本所以集之于魏国者，诚恐斯人之徒，挟奸宄以欺众，行妖隐以惑民，故聚而禁之也。③

曹魏对于有影响的方士之类人物加以集中，严加管束，而当时佛教僧侣正是被等同于祭司、方术的。曹魏政权对于佛教的政策史料记载阙如，"三曹"及其周围的人有关佛教没有留下片言只字，从中可以窥测其拒斥的姿态。石赵的中书著作郎赵正的奏章说：

> 夫王者郊祀天地，祭奉百神，载在祀典，礼有尝飨。佛出西域，外国之神，功不施民，非天子诸华所应祠奉。往汉明感梦，初传其道。唯听西域人得立寺都邑，以奉其神，其汉人皆不得出家。魏承汉制，亦修前轨。今大赵受命，率由旧章，华戎制异，人神流别。外不同内，飨祭殊礼，华夏服祀，不宜杂错。国家可断赵人悉不听诣寺烧香礼拜，以遵典礼。其百辟卿士，下逮众隶，例皆禁之。其有犯者，与淫祀同罪。其赵人为沙门者，还从四民之服。④

这里明确记载汉、魏都严禁汉人为僧。赵正的奏章说的是法律上对本土人士出家的限制。除了政府有法律规定，还有社会观念的

---

① 《高僧传》卷一《魏吴建业建初寺康僧会传》，第 16 页。
② 《三国志·吴书》卷一九《孙綝传》，第 1449 页。
③ 《辩道论》，《全上古三代秦汉三国六朝文·全三国文》卷一八，第 2 册第 1151 页。
④ 《高僧传》卷九《晋邺中竺佛图澄传》，第 352 页。

偏见与误解。例如《牟子理惑论》已清楚反映，一方面当时人从正统儒家立场出发，把佛教当作化外的异端；另一方面又依据本土道教的情况，视佛教为异教。在这种种限制之下，佛教僧团也就难以发展了。

　　佛教史上一般则把曹魏时期的朱士行当作中土出家人士的第一人。而如上所说，有资料表明汉末的严佛调比他更早。实际上到底中国人当中谁第一位出家并无关紧要。这些记载正可以证明当时中国佛教传播的情形。据《洛阳伽蓝记序》，至西晋永嘉末年，洛阳已有寺院四十二所。僧传上也有"晋武帝之世，寺庙图像，虽崇京邑"①的说法。《出三藏记集》的经序和僧传记载西晋的佛寺名字已有十三个，地点遍布在长安、洛阳、陈留、天水、吴县、荆州等地②。这表明到西晋初年即公元三世纪中，也就是佛教传入中土近三百年之后，经过中、外信众的努力，在民众中传播渐广，才终于形成一定规模。举出具体例子，则有记载晋人阙公则奉佛，"晋武之世，死于洛阳。道俗同志，为设会于白马寺中"③；晋惠帝（290—306）末年，衡阳太守南阳滕永文寄住在洛阳满水寺，来自天竺的僧人耆域曾以咒术治好他的双脚挛屈之病④。阙公则和滕永文应当是佛教信徒。阙公则应当是士人，滕永文则是地方官。又中山人抵世常，家道殷富，"（晋武帝）太康（280—289）中，禁晋人为沙门，世常奉法精进，潜于宅中起立精舍，供养沙门；于法兰亦在焉"⑤。这则是信徒私立精舍供养沙门的例子。这样，西晋时期，在中国已

①《出三藏记集》卷一三《竺法护传》，第518页。
②参阅张弓在《汉唐佛寺文化史》上册第27页列表统计，中国社会科学出版社，1997年。
③王琰《冥祥记》，鲁迅《古小说钩沉》，《鲁迅辑录古籍丛编》第1卷第329页，人民文学出版社，1999年。
④参阅《高僧传》卷九《晋洛阳耆域传》，第365—366页。
⑤王琰《冥祥记》，鲁迅《古小说钩沉》，《鲁迅辑录古籍丛编》第1卷第325页。

经建设起为数不少、规模不一的佛寺或精舍,它们是外来僧侣的居处,有的还是从事译经的场所。在这样的环境下,也必然有更多的中土人士受度出家。按赵正说法,到晋室南渡,诸胡入主中原,中国人出家限制终于被取消,从而僧团对本土人士敞开了大门。这样,到东晋十六国时期,在长期酝酿之后,中国佛教的发展终于出现跃进局面,以中国人为主体的僧团随之出现了。作为代表的,就是石赵邺城和襄国由佛图澄主持的僧团和襄阳由释道安主持的僧团。

　　这样,一个当初本是外族人信仰的外来宗教,起初主要是得到社会上层的信重和支持,经过近三百年的劝化,逐渐渗透到中国民众之中。以中国人为主体的僧团的出现,标志着中国佛教发展进入了一个新时期。

第六章　早期佛典传译——"古译"时代

一

佛教圣典包括经、律、论三部分,构成所谓"三藏"。按佛教教义说,"经"(sūtra)乃是佛陀金口所说,实际现存数量庞大的经藏乃是佛陀寂灭后历代信徒逐步结集起来的;"律"(vinaya)名义上是佛陀针对他所领导的僧团和僧人的具体组织、活动、行为随宜制定的规范,随犯随制,而现存的戒律则是部派佛教时期不同部派所传出;"论"(abhidharma)是后世信徒对经、律所作的解释和发挥。这些在中国概称为"佛经"。按《说文》:"经,织,从丝也;从系,圣声。"段玉裁注:"织之从丝谓之经,必先有经而后有纬,是故三纲、五常、六艺谓之天地之常经。"①儒家圣人之书称为"经",与百家之言的"子"严格区别。在中国传统学术一般分类里,"释"及佛家典籍被当作百家之一,划分在"子部"。但是自佛教初传,就借用儒家"经"的概念,把佛典定名为"经"。佛教更突出全部"三

---

① 段玉裁《说文解字注》十三篇上,第 644 页,中华书局,1988 年。

藏"作为圣典的神圣、超越的性质,把它们凌驾到所有世俗典籍之上,并成为顶礼、膜拜的对象。这在前面介绍佛教信仰一章已经说过。

佛典翻译是传播佛教的主要手段。据现存文献记载,佛典汉译从东汉后期开始,以后直到北宋中期废止译经院,大规模的汉语佛典翻译工作持续进行了九百余年(以后仍有零星译业在断断续续地进行)。历代中外译师们从梵文、巴利文和各种"胡语"翻译出成千上万卷佛教典籍①。就翻译领域而言,这是世界文化交流史上空前绝后的壮举,其贡献首先是在中国传播并发展了佛教;而对于中华文明发展产生的多方面的影响和贡献更是不可估量的。佛典本来是佛教教理、教义的载体,更包含着古代印度、西域文化、学术十分丰富多彩的内容。所以它们除了作为宗教圣典的意义而外,又具有多方面的、极其巨大的文化、学术价值。

许里和谈到早期佛典传译情形说:

从公元二世纪中期到三世纪的最初几十年间,许多来自不同国家的外国法师和译师活跃于洛阳。最早的文献提到大约十位大师,他们据说在这一时期译出了相当数量(据道安纪录有51部)的佛经……在进行翻译期间,可能也包括其他场合,大师对所译经典的内容给以口头解释(口解)。这种解释经常可能被混入正文;"译者注"出现在大多数汉译本中,并且至少是汉代译经形成了一种正文和注释无法分清的混合物……翻译工作的物质基础由被称作"劝助者"的世俗人提

---

① 历代翻译佛典的数字,已不可能统计清楚。据辑录最多的日本《大正藏》第1—32卷外语佛典译成汉文部分,共计一千六百五十八部六千一百余卷,不包括没有收录的所谓"藏外"典籍;另外历代已经翻译的佛典更佚失相当一部分。宋代以后的译业,参阅周叔迦《宋元明清译经图记》,《周叔迦佛学论著集》下集第582—604页,中华书局,1991年。

供。公元 179 年,两位此类捐助者的名字在题记中被保留
下来。①

这里的统计是根据《出三藏记集》转录道安《综理众经目录》。众所
周知,《安录》里有许多疑误记载,今天看来并不完全可靠。但是许
里和所叙述的情形却是大体真实的。安世高译经开启了大规模翻
译佛典的端倪,东汉末年译经活动已经十分兴盛。这也反映了当
时的中国对于外来佛教热诚而急切的欢迎态度,已经有相当一部
分人怀抱强烈地认识、研习经典的愿望和需要。

　　印度佛教早期经典是口头传诵的,著录为文字是后来的事。
佛教经典在中土初传也是依靠西来信徒口传,伴随着必要的讲解,
这即是所谓"口解"。这种宣讲当然有传承有绪的经典为依据,但
当时基本没有经本。不过在中国具体环境下,把思想、学说"著之
竹帛"早已成为传统,文字记录的典籍更受到重视,因此把"口解"
的内容著录为文字也就成为十分紧要的事。有关佛教输入的中土
传说,如说到汉王朝派人求取佛经四十二章,收藏在朝廷藏书机构
兰台石室,表明著录为文字的经典译本很早就出现了。不过从发
展的实际形势看,这应当是在"口传"已有一定基础之后:著录为文
字不但需要有更熟悉双语的人才,也需要他们对所译典籍的内容
有更多的理解。

　　现存年代可考的最早译成汉语的佛典是安世高于东汉桓帝元
嘉元年(151 年)所出《明度五十校计经》。在这前后,即安世高从事
译经活动的东汉末短短几十年间,留有多少不等译绩的译者有支
谶、竺佛朔、支曜、严佛调、安玄、康孟详、竺大力、昙果等多人。实
际当时应当有更多的译作,不过后来佚失不存了。《牟子理惑论》
里曾说到"今佛经卷以万计,言以亿数",并与"圣人制《七经》之本,

---

① 《佛教征服中国》第二章《历史的考察》,第 45 页。

不过三万言"①相对比。这"万卷"的数量当然是夸饰的说法,但却表明当时佛典译本之众多及其在社会上流传广泛的事实。僧祐记载三国时期支谦译经情况说:

> 越(支谦又名越)以大教虽行,而经多胡文,莫有解者,既善华戎之语,乃收集众本,译为汉言。②

就是说,在支谦活动的三世纪初,已有大量佛典"胡文"原本传入中国作为翻译底本。这就给翻译工作提供了更好的条件。到西晋时期,统一王朝依靠其实力与声望,加强了与西域和东南亚诸国的联系,佛教输入途径更为通畅,外来经本更多,从而出现了竺法护那样的大译家。

如上所述,佛教输入中土,正是印度部派佛教极度繁荣之后、大乘佛教蓬勃兴起的时期。印度和西域有众多佛教部派活跃,陆续结集的大、小乘各类经典纷纷传入中国。中国本来有"百家争鸣"的传统,对各类经典采取了兼收并蓄态度,大、小乘各部派典籍同样地被重视并加以传译。全面、无检择地译介各部派经典后来一直是中土译经的一大特点。这对于佛教在中国的发展也发挥了相当大的作用。

中土译经另一个特点是新结集的经典往往很快地输入并被翻译。这当然也反映了中土积极吸纳外来新知识的态度。佛教初传时期,大乘佛教般若学正处在兴盛发展阶段,作为佛教输入中国中介的犍陀罗地区部派佛教的说一切有部十分发达,二者在中土受到特别欢迎。这也是因为它们的内容更适宜中土需要,从而更容易被理解和接受。此后随着新经典的不断结集出来,往往很快就传入中国。这就意味着印度佛教新发展及其所伴随的新的思想、文化成果很快地被中国接受并迅速地从中受益。

---

① 《牟子丛残新编》第 4 页。
② 《出三藏记集》卷一三《支谦传》,第 517 页。

另外,中国的译经活动遵循本土固有的重视历史实录的传统。从安世高开始,有关译经的情形就留有具体、翔实的纪录。特别是每译出一部经典,往往写下"经序"一类文字,记载有关原典的流传、译者、译时、翻译过程以及对于经典的内容、意义等评价,成为中国目录学中"叙录"中的特殊一类。现存收录在僧祐的《出三藏记集》里的有五卷近百篇。它们具有多方面的学术价值。其中有关经典结成、输入过程的记述,清晰地反映了印度佛教发展的趋势与层次。特别是由于印度本土没有编年史传统,对佛教发展的历史状况也没有翔实可靠记载,中土这些资料在整个佛教史研究中也就具有特殊价值,许多佛教史实特别是经典形成时间定位可以此作为依据。

可以设想,草创时期的翻译工作是十分艰难的。千余年后的赞宁曾总结说,"初则梵客华僧,听言揣意,方圆共凿,金石难和",达到后来"彼晓汉谈,我知梵说"[①]的阶段是经过相当艰难的揣摩、探讨功夫的。首先,当时本土还缺乏通晓华、梵语文(在早期,中国人对于印度[即天竺]和西域[即诸胡]还没有清楚地区分,同样,在文献记录里"梵文"与"胡语"也没有严加区别)而又足敷佛典翻译之用的人才,外来的译师又不娴汉语。特别是翻译工作不仅需要语文知识和能力,还得在佛教教理、教义的理解和阐释方面达到相当水平。加上初期又没有外语经本,翻译主要依靠外来僧侣口诵经文。而当时知识阶层主流还没有接受佛教,帮助翻译的中土人士大多没有很高的文化水平。这样,翻译过程中从具体概念的勘定、教理的说明,到行文的安排、文字的写定等等,每一个环节都要经过艰难反复的探索和试验。这样的过程如果从二世纪后半叶的安世高算起,到公元四、五世纪之交(具体年代是后秦弘始三年,401)鸠摩罗什被迎请至长安译经,经过了二百五十年左右的

---

① 《宋高僧传》卷三《译经论》,第52—53页,范祥雍点校,中华书局,1987年。

时间,翻译工作才算是步入成熟阶段。这被称为译经史上的"古译"时期。接下来鸠摩罗什的译业开创了佛典翻译的新阶段,译经史上称为"旧译";至唐代玄奘,再创翻译新风格、新局面,译经史上称为"新译"。对于"古译"时期的翻译水平及其影响,许里和批评说:

> 被介绍到中国来的学说的异质性当然伴随着对这些经典所赖以产生的文化环境几乎完全的无知。最严重的一个问题是语言的性质:仅有很少的几个阿阇梨(ācāryas)能用汉语自由表达,而在公元四世纪以前似乎还没有中国人知道任何梵语知识。因此,这些学说为中国僧人所接受仅仅是:一方面通过随意的、脱漏的和经常是几乎无法理解的译文这种改变了原样的中介,一方面通过因使用中国术语而增加的误导,而这些术语已经有了确定的哲学涵义并因而拥有了广泛的非佛教意蕴。所有这些因素都必定影响到佛教的完全汉化(即使是在僧人中间),影响到以中国姿态出现、为中国心灵所理解、转化成中国思想方式的佛教的形成。[1]

许里和的这些话基本是从负面讲的。但从历史发展看,这一时期的佛典翻译,无论是作为探索期所取得的实际业绩,还是对于佛教初传时期所起的作用,都是不可低估的。正是通过这些拙朴、艰涩、往往对原文义理多有曲解的译文,中土人士开始逐步认识并亲近佛说,从而开拓出佛教进一步发展的前景。而且即使是那种得到更多负面评价的不准确的翻译,有意无意的曲解,也正体现了当时的中国人对于佛教的独特理解和接受方式,对于佛教后来在中国的发展也是起了相当大的作用的。而从更广阔的背景看,不断地提高翻译质量,更准确地理解佛教教理、教义的过程,也是中国

---

[1]《佛教征服中国》第一章《绪论》,第3页。

固有传统文化与外来概念、观念、理论、思想等等相碰撞、相交流的过程。

"古译"时期所译经典多是短篇或大部经典的单品。内容侧重两方面：一是介绍佛教基本教义、教理的典籍；再是宣扬佛陀崇拜的佛传与本生故事。这些正是容易被初接触佛教的中土人士所理解和接受的。关于早期翻译佛典的具体情形，历代经录记载纷杂，许多译本的译者难以确考，但是大体状况还是清楚的。以下介绍几位主要译家的业绩，以见佛典"古译"成就的一斑。

二

中国译经史上有记载的第一位译家是安世高，名安清，以字行。据说他是安息国王太子，因此又被称为"安侯"。他自幼刻意好学，博学多识，名声广被于西域。后来让国于叔父，出家修道，博综经藏，尤善小乘阿毗昙学。他游方弘化，遍历诸国，于汉桓帝建和初年（147 年前后）辗转来到东汉的首都洛阳。他才悟机敏，不久即通晓汉语，开始宣译佛经。关于草创时期的佛教状况包括翻译情况没有留下多少记载，译本历代又有散失，后世著录更互有出入，安世高的译业也难以确考，一般确定所译有《五十校记经》等二十二部二十六卷[1]。他的翻译当是通过口述即所谓"口解"，由他人纪录为文字，因此译文里包含有他本人对所译经典的理解；他的有些译籍后人又有注释，经文和注文在流传中又被混淆在一起（例如今传《安般守意经》经文里，夹杂有陈慧和康僧会的注文，甚至有道

_____

[1] 吕澂《中国佛学源流略讲·附录·安世高》，《吕澂佛学论著选集》第 5 卷第 2868－2869 页，齐鲁书社，1991 年。

安的文字），这些已难于分别，等等，这就更增加了对他的译本进行研究的复杂性。

安世高的译籍全部属于部派佛教上座部系统。其中一部分是从《阿含经》摘译的。所谓"阿含"，即"传承的说教"的意思，是早期结集的经典，更多保持了佛陀说法的本来面貌。安世高重点传译了有关小乘禅数之学的部分。这应当和他个人的信仰与出身之地西域当时、当地佛教流行情形有关系。代表译品有《安般守意经》二卷、《人本欲生经》一卷、《阴持入经》一卷等。

《安般守意经》宣扬通过数息守意以得到解脱的行法，即小乘禅观中"五停心观"里的数息观。经中解释说：

> 何等为安？何等为般？安名为入息，般名为出息。念息不离是名为安般。守意者，欲得止意……①

又具体解释守意六事：

> 数息为遮意，相随为敛意，止为定意，观为离意，还为一意，净为守意。用人不能制意，故行此六事耳……数息断外，相随断内，止为止罪，行观却意，不受世间为还，念断为净也。意乱当数息，意定当相随，意断当行止，得道意当观，不向五阴当还，无所有当为净也。②

周叔迦概述本经意旨说：

> 是经言调息守意入禅之法，因佛在王舍城独坐行安般守意九十日，遂广解入息守意之义，凡有六事：谓一数、二随、三止、四观、五还、六净也。静坐数息，自一至十，周而复始，莫过莫减，谓之数。息与意相随，谓之随。注意鼻端，为之止。还观自身不净无常，谓之观。摄心还念五蕴皆灭，谓之还。秽欲

---

① 《大正藏》第 15 卷第 165 页上。
② 同上第 164 页上、中。

寂尽，其心无想，谓之净。此六事成，则合于三十七道品，为行成也。①

同样，《阴持入经》也是从介绍小乘佛教的基本概念入手，指示禅定方法。所谓"阴"即五阴（五蕴：色、痛［受］、想、行、识）；"持"即十八本持（十八界：眼、色、识［眼识］、耳、声、识［耳识］、鼻、香、识［鼻识］、舌、味、识［舌识］、身、更［触］、识［身识］、心［意］、法、识［意识］）；"入"即自身六入（内六入：眼、耳、鼻、舌、身、心）和外有六入（外六入：色、声、香、味、更［触］、法）计十二入。周叔迦解释说：

> 是经初言阴持入三部名义，若从慧知为无常苦空，从断知爱欲已断，所以成四谛理也。次言十二因缘，及有九绝处（二本：痴、堕；三恶本：贪欲，嗔恚，痴惑；四倒：非常念常，计苦为乐，非身为身，非净为净——著者）为一切恶行合部伴从流行，有九绝处（一止，二观，三不贪，四不恚，五不痴，六非常，七为苦，八非身，九不净——著者）令一切净法部堕聚合，所以成四正信也。总有四十五法，最末言九次第定第一禅舍五盖，而不及其余禅支，此安公以为文来未竟也。②

《人本欲生经》是从《长阿含经》摘译的，即该经汉译本《大缘方便经》，同样是对法数进行阐释，所说有十二因缘、四谛、五阴、七识住、八解脱等法。

汉末关中扰乱，安世高乃杖锡江南，据传到过豫章、浔阳、会稽等地。他前后译经、弘法三十余年，不知所终。从学者有南阳韩林、颍川皮业、会稽陈慧等人。东吴康僧会从学于陈慧，帮助后者注解了《安般守意经》；后来释道安注解了《阴持入经》和《人本欲生经》。安公注解《阴持入经》是转述竺法济和支昙讲之学。这些经

---

①《释典丛录·佛说大安般守意经注解二卷》,《周叔迦佛学论著集》下册第 1020 页,中华书局,1991 年。
②《释典丛录·阴持入经注二卷》,《周叔迦佛学论著集》下册第 1021 页。

解代代相传,反映了安世高在佛教史上的深远影响。

应当提及的是,安世高所译介小乘修禅法门之所以流行于中土,与道家思想和先秦以来的方术有关系。道家主张"抱一"、"守一"之说,方术中有"行气"、"导引"等,小乘"五停心观"显然与之有相通之处。这样,早自译经史初期,不只是语言上,在观念上已经存在与中土传统思想和方术相互依附的关系。

三

比安世高稍后,支娄迦谶(简称支谶)于汉桓帝末年(167年前后)来到洛阳。他操行深淳,精勤戒法,又通晓汉语,于汉灵帝光和、中平年间(178—189)译出一批大乘经典。它们在内容上正与安世高翻译的小乘经形成鲜明对照,也表明从佛法传入中国的初期,大、小乘即并行地被接受和弘扬。支娄迦谶有时和另一位天竺来的译师竺佛朔合作。有关他的译业,与安世高情形类似,历代经录著录也颇为混乱。今人考定"综计起来,支谶译籍现存九种,缺本四种"[1],其中重要而又年代可考者有《道行般若经》(179)、《般舟三昧经》(179)、《首楞严经》(185)等。前两种都是竺佛朔传来,由支谶口译,另有人纪录。这同样是采取当时翻译普遍流行的方法。

公元二世纪正是大乘运动蓬勃发展的时期。支谶接受这一新潮流,并在中土宣扬,反映他认识上的敏锐和先进。他的译品基本体现了龙树等人中观学派形成之前大乘教理的真实面貌。后来释

---

[1]吕澂《中国佛学源流略讲·附录·支娄迦谶》,《吕澂佛学论著选集》第5卷第2874页。

道安曾说：

> 经流秦地，有自来矣，随天竺沙门所持来之经，遇而便出。
> 于十二部，毗曰罗部最多，以斯邦人庄老教行，与方等经兼忘
> 相似，故因风易行也。[①]

这里所谓"方等经"就是大乘经，所谓"兼忘"指我、法两空的般若空观。这是指出般若教理与道家思想有相同之处。也正因此，一方面中土人士容易沟通二者来加以理解；另一方面般若也得以依附老、庄而流行。后来大乘般若类经典在中国大量传译，般若学在中国广泛传播蔚为大国，般若类经典成为中国佛教的基本典据，并与本土道家思想形成密切交流、交融的关系，支谶实开启端倪。

《道行般若经》宣扬般若基本教理，即诸法性空，如幻如化，世间一切事相均无自性，无生、无灭、无作者，皆属因缘，因而一切缘生之法假而非实，只有因缘实存，诸佛实有。支娄迦谶译本中说"般若波罗蜜于一切法悉皆自然"[②]，"一切诸法亦本无"[③]。"本无"、"自然"都是道家概念，被等同于性空、实相、真如。《道行般若经》又宣扬证知本无要通过修习般若，逐步获得根本智、一切智（萨云若）、无上正等正觉（阿耨多罗三耶三菩提），从而证得佛果；而修得般若，必须乐欲"沤和"即善巧方便；般若是成佛之母，沤和则为其用。这部经更宣扬新兴的大乘菩萨思想，主张修习般若方便而不入空取证，即为了怜悯救拔受苦众生不证入无余涅槃。这就不但从理论上，更从实践上把出世间的"本无"之智与世间的救济之道沟通起来。崔大华指出：

> 支谶译出的诸经中，对以后中国佛学发展影响最大的是
> 《般若道行品经》。《道行经》的主题用经文中的话来说就是：

---

①《鼻奈耶序》，《大正藏》第 24 卷第 851 页上。
②《道行般若经》卷三《泥犁品第五》，《大正藏》第 8 卷第 440 页中。
③同上卷五《照明品第十》，《大正藏》第 8 卷第 450 页上。

"须菩提所说,一切为说空事,为悉无所著,譬如射虚空了无所著。"(《强弱品》第二十四)一言以蔽之,也就是说"空"。"空"是佛学对世界最基本的观察,是指世界的本来面目。这一观念是以"天地之大德曰生"(《易传·系辞下》),"盈天地之间者唯万物"(《易传·序卦》)的中国思想所没有的。[①]

《道行般若》后世异译有吴支谦《大明度无极经》四卷、苻秦昙摩蜱共竺佛念译《摩诃钵罗若波罗蜜经钞》五卷、姚秦鸠摩罗什《小品般若波罗蜜经》七卷、玄奘《大般若波罗蜜多经》第四会、宋施护《佛母出生三法藏般若波罗蜜多经》二十五卷等。支谦后来重译《大明度无极经》,沿用了"本无"概念;题目中的"无极"一语则出于《老子》:"知其白,守其黑,为天下式;为天下式,常德不忒,复归于无极。"[②]不可穷的"无极"实际也是对"本无"的说明。后来也正是依附于玄理,形成了中国般若教理的本无宗,这在后面将有说明。

与安世高译介的小乘禅观相对照,支谶的《般舟三昧经》敷扬大乘禅观。同名经本现存一卷、三卷两种(另有异译东汉失译《拔陂菩萨经》一卷,隋阇那崛多《大方等大集经贤护分》五卷)。据今人研究,三卷本当为西晋竺法护所出[③]。"三昧",或称"三摩地",是梵文 samādhi 的音译,意译为"定"、"等持",即原始佛教修习的"八正道"之一的"正定",指专注一心、令不散乱的精神状态。前面介绍安世高译籍所提倡的"止",就是"定"的另一译名,所讲为小乘的"定"。大乘般若三昧有种种,其中般舟三昧和首楞严三昧最具代表性。所谓般舟三昧,意指佛立现前的禅定,即让人弃爱欲,履清净,行无为,舍乱意,当如法,了本无,"持是行法,便得三昧,现在诸

①《庄学研究》第 499 页,人民出版社,1992 年。

②王弼注《老子道德经》上篇第二十八章。

③或以为三卷本是支谶所译,一卷本失译,参阅水野弘元等编集《佛典解题事典》(第 2 版)第 96—97 页,春秋社,1989 年。

佛悉在前立"①。本经说：

> 专念故得往生。常念佛身有三十二相、八十种好，巨亿光明彻照，端正无比，在菩萨僧中说法不坏色。何以故？色、痛痒、思想、生死、识魂神、地、水、火、风，世间天上，上至梵摩诃梵不坏色，用念佛故，得是三昧。②

这是基于心性本净观念得出的结论。因而本经又说：

> 佛从何所来？我为到何所？自念佛无所从来，我亦无所至。自念欲处、色处、无色处，是三处意所作耳。我所念即见。心作佛，心自见，心是佛心，佛心是我身，心见佛。心不自知心，心不自见心。心有想为痴心，无想是涅槃。是法无可乐者，设使念为空耳，无所有也。③

这样，证悟"无所有"、"空"，心无所著，了知本无，就能见佛、成佛。这种观想念佛的行法，更为简捷而又富于哲学意味，因而也容易被知识阶层所接受。

四

东汉末年，中原兵乱，大批流民包括僧侣逃亡南方。东吴统治者倾心佛教，佛教在那里得到发展，成为一时译业中心。重要译家当数支谦和康僧会。关于支谦，许里和评论说：

> 在公元220—252年间(孙权在位时)，支谦翻译了数量相

---

① 《般舟三昧经》，《大正藏》第13卷第899页上。
② 同上第899页中。
③ 同上第899页中、下。

当可观的经典;实际上,他是公元四世纪末(原文如此,"四"字
当为"三"字之讹——著者)中国南方唯一重要的翻译者……
《维摩诘经》在有文化的士大夫的佛教中扮演了十分重要的角
色,这部经既因其高超的文学性、也因其深邃而颇具哲理的内
容,吸引了那些有文化的士大夫。支谦也率先翻译了后来在
远东佛教中扮演极其重要角色的净土宗的基本经典:《阿弥陀
经》。我们还必须提到他所翻译的《太子瑞应本起经》,它仍是
此类经典中最流行的一部,他的另一种译本是公元二世纪末
所译的《修行本起经》。①

这里提及的几部经典都是大乘佛教具有代表性的典籍,在中国都
发挥了巨大、长远的影响。

支谦字恭明,一名越,大月氏人。"祖父法度,以汉灵帝世,率
国人数百归化,拜率善中郎将"②。当时正是贵霜帝国迦腻色伽王
统治末年(迦腻色伽约于公元 171 年内乱中被杀),法度作为移民
领袖来华,或许和逃避内乱有关。迦腻色伽统治时期的贵霜帝国
佛教兴盛。支娄迦谶有弟子支亮,支谦受业于支亮,这是大月氏信
仰佛教师弟子的三代传承。支谦博览经籍,笃信佛教。汉末盛行
品评人物之风,时人评论支谦说"支郎眼中黄,形体虽细是智囊",
可见他在当时的声誉。献帝末年,中原大乱,他与乡人投奔东吴,
受到吴主孙权的器重。《出三藏记集》记载:

后吴主孙权闻其博学有才慧,即召见之,因问经中深隐之
义。越应机释难,无疑不析。权大悦,拜为博士,使辅导东宫,
甚加宠秩。③

这里所谓辅导"东宫",指的是太子孙登。支谦十三岁学胡书,备通

---

① 《佛教征服中国》第二章《历史的考察》,第 68 页。
② 《出三藏记集》卷一三《支谦传》,第 516 页
③ 同上,第 517 页。

六国语,从黄武元年至建兴(222—253)中从事译经三十多年,现可考定的译本计有二十九部[1]。在他的时代,大乘思想在中国已得到更广泛的弘传,他的译籍内容十分开阔。他除如许里和总结的重译了《般若》类经典(前面提到的《大明度无极经》等),传翻了净土经典《阿弥陀经》(一称《无量寿经》)、集中宣扬居士佛教的经典《维摩诘经》以及富于文学性的佛传《瑞应本起经》之外,还翻译了辑录佛法要义偈颂的《法句经》、宣扬因果报应的故事集《撰集百缘经》等。在他之前,安世高和支谶译经还属于探索阶段,如释道安所说"世高出经,贵本不饰,天竺古文,文通尚质,仓卒寻之,时有不达"[2]。就是说,安世高偏重于直译,传翻中土不熟悉的外来义理,文字难免拙朴艰涩,隔碍难通。而到支谦,则能够借鉴前人的经验,特别是有可能克服前人尚质而过于拙朴的偏颇。支敏度评论说:

> 越才学深彻,内外备通,以季世尚文,时好简略,故其出经,颇从文丽。然其属辞析理,文而不越,约而义显,真可谓深入者也。[3]

这样,他与安世高不同,采取偏重意译的做法。这当然难免出现更动原意的弊端,但对于中国人接受这些佛典却起了积极作用。此外他为了更有利于传播佛典,把同本异译的典籍(自己译的《无量门微密持经》与两种旧译本)加以对勘,区别本(母)末(子),分章断句,创造"合译"体裁;他又给自己翻译的《大明度无极经》加注,以弥补译文的不足。这都是翻译体例方面的创造。他还深通音律,依据《无量寿经》和《中本起经》创作《赞菩萨连句梵呗》三契。歌赞

---

①吕澂《中国佛学源流略讲·附录·支谦》,《吕澂佛学论著选集》第5卷第2877—2878页。

②《大十二门经序》,《出三藏记集》卷六,第254页。

③《合首楞严经记》,《出三藏记集》卷七,第270页。

本是印度传播、宣扬佛教的方式,中土加以模仿,制作梵呗,支谦首开其端。虽然他的制作早已失传,但对于中土佛教仪轨和音乐的贡献是应当肯定的。

在中国佛教中居重要位置、对中土民众影响深远的净土类经典中的《无量寿经》,先后译本五存七缺计十二译,以支谦译本为最早①,原名《阿弥陀三耶三佛萨楼佛檀过度人道经》。在支谶所译《般舟三昧经》里,讲佛立现前般舟三昧,已有"优婆塞、优婆夷,如法行持戒完具,独一处止,念西方阿弥陀佛……过七日已后见之"②的说法,这是现存译籍里阿弥陀信仰在中土的初传。支谦这一译本则是汉译净土经典的第一部。这部经的上卷先是说明阿弥陀佛过去世为菩萨时立下二十四大愿,修行成佛;然后说阿弥陀佛具有无量光明,受其光者尽获救济;接着描写了成就其大愿的极乐净土;最后确认作为一切智者的佛智无所欠缺,阿弥陀佛的教诲绝对正确无谬。下卷首先说明志愿往生阿弥陀佛净土的三种人;其次列举意愿往生者应当修行的各种行法,把可能得道和不可能得道者加以对照,详细分类,说明五恶、五痛、五烧、五善和以此眼直接见到阿弥陀净土的具体方法,结束全经。本经内容的特点是鼓吹强烈的信仰心。这即体现在阿弥陀佛为菩萨时的本愿里,也体现在对于接受本经者得救信心的肯定里。而把大乘佛土观念具体化,描绘出一个有形有相、美妙无比的阿弥陀净土,劝导人们借助阿弥陀佛愿力,通过修行得以往生,则把求道的前景更加落实了。而阿弥陀佛的本愿又正充分体现了大乘佛教大慈大悲的救济精神。值得特别提及的是,支谦这一译本里包含有许多梵本原来没有的儒家、道家和神仙家的语汇。例如说到所谓"五恶"一段,无论

---

① 参阅藤田宏达《原始淨土思想の研究》第一章第二节《漢譯〈無量壽經〉の譯者問題》,第35—96页,岩波书店,1986年。

② 《般舟三昧经》,《大正藏》第13卷第899页上。

是观念还是语言，都显示出浓厚的儒家、道家或道教色彩①。这相当典型地体现了早期译经借用本土传统概念、词语的特征，也反映了如支谦这样的译家已相当熟悉中土学术的教养状况。

《维摩诘经》译本三存四缺计七译，也是在中土备受欢迎的经典。支谦之前，汉灵帝中平五年（188）有严佛调译本，称《古维摩诘经》。支谦译本称《维摩诘所说不思议法门经》二卷。后来鸠摩罗什译本流行，实际什译基本多是遵循支译述而不改的。这部经被称为"先哲之格言，弘道之宏标"，"其文微而婉，厥旨幽而远"②，是大乘佛教的重要经典。它的说法主人公实际是在家居士维摩诘，其内容特别显示了作为居士佛教典籍的性格。它除了集中宣扬大乘般若空观基本教义之外，更宣说烦恼即菩提，淫、怒、痴即解脱，从而打通了世间和出世间的界限，表现出强烈的肯定现实人生的色彩，大为冲淡了佛教固有的悲观、厌世倾向。它又宣扬善权方便，后来华严宗的法藏说：

> 依真起用，广利群生，众生根器不等，受解万差，乐欲不同。应机授法，应病与药，令得服行，《维摩经》中具明此义。③

维摩示疾说法，即是善权方便的具体实践。菩萨出入世间而无碍，又正显示了他不可思议的神通。正是在这种观念的基础上，这部经典大力肯定在家修行，特别注重"发心"即确立人的主观信仰心。《弟子品》里有一段写到维摩诘与罗云（罗睺罗）论出家：罗云是佛陀在俗之子，释迦成道后随同出家，是佛的十大声闻弟子之一。维摩诘对他说到出家的"荣冀"：

> 匪荣匪冀，故为沙门，为道者。

①包括"五恶"在内的一些具有浓厚中土传统意识色彩的段落，有些研究者认为非原典所有，是翻译时或流传中掺入的。
②支敏度《合维摩诘经序》，《出三藏记集》卷八，第310页。
③《修华严奥旨妄尽还源观》，《大正藏》第45卷第638页中。

这就指出，真地出家不在行迹，而在内心清净。针对罗云接着说到出家功德之利，维摩诘提出一个著名论断：

> 当观清净发菩萨意，已应行者可得去家坚固之志。①

正是基于这种观念，才能得出"于生死劳垢而不造，在禅行如泥洹"的结论，积极地肯定菩萨入世精神。而这种精神正与儒家积极入世的人生观相通。《维摩经》的翻译和弘传，对于佛教在中国的发展造成重大影响，特别是对于促进外来佛教与本土传统相交融起了巨大的推动作用。

支谦所译《太子瑞应本起经》是早期所译佛传中情节较完整、译文质量较高的一部，可视为这一时期翻译佛传的代表作。其情节从佛陀前世修道行善讲起，至成道转法轮、降服迦叶五百弟子及其二弟止，包括入胎降生、仙人预记、游行四门、出家修道、降魔悟道、初转法轮等相当曲折有趣的情节，生动地描绘出一位伟大教主的诞生、成长过程及其超人的品格和威力，"人物"描写中又加入关于基本教义的说明。经中对五阴（五蕴）、十二因缘法起（十二缘生）、三十七道之品（三十七道品）、十八不共之法、六度（六度无极）等基本概念等都有简要清楚的解说。从而这部经典不仅为接受者树立了一位求道榜样，更通过人物形象宣扬了佛法的基本内容，指示出悟道的途径。如描写太子出西城门见死者发感慨说：

> 太子曰："夫死痛矣，精神剧矣。生当有此老病死苦，莫不热中，迫而就之，不亦苦乎！吾见死者，形坏体化，而神不灭，随行善恶，祸福自追。富贵无常，身为危城。是故圣人常以身为患，而愚者保之，至死无厌。吾不能复以死受生，往来五道，劳我精神。"②

---

① 《维摩诘所说经》卷上，《大正藏》第 14 卷第 523 页中。
② 《大正藏》第 3 卷第 474 页下－475 页上。

这简短的一段话,包含了苦谛、"神不灭"、"五道"轮回等观念。 又如太子离家出走时对父王说的话:

> 今我所以欲离世者,以自所见,恩爱如梦,室家欢娱,皆当别离,贪欲为狱,难得免出。 故曰:以欲网自蔽,以爱盖自覆,自缚于狱,如鱼入笱口,为老病所伺,如犊求母乳。 吾恒以是,常自觉悟,愿求自然,欲除众苦。 诸未度者,吾欲度之;诸未解者,吾欲解之;诸不安者,吾欲安之;未见道者,欲令得道。 故欲入山求我所愿。 得道当还,不忘此誓。①

这里所宣扬的出世观念是与儒家人生观正相对立的,所表达的济世度人的愿望也是和儒家传统的仁爱观念有所不同的。 经中更大力鼓吹佛陀的神通变化,如:

> 菩萨累劫清净之行,至儒大慈,道定自然,忍力降魔,鬼兵退散。 定意如故,不以智虑,无忧喜想。 是日初夜,得一术阇,自知宿命,无数劫来精神所更,展转受身,不可称计,皆识知之。 至二夜时,得二术阇,悉知众生心中所念,善恶殃福,生死所趣。 至三夜时,得三术阇,漏尽结解,自知本昔久所习行四神足,念精进定,欲定,意定,戒定,得变化法,所欲如意,不复用思。 身能飞行,能分一身作百作千,至亿万无数,复合为一;能彻入地,石壁皆过,从一方现,俯没仰出,譬如水波;能身中出水火,履水行虚,身不陷坠,坐卧空中,如鸟飞翔,立能及天,手扪日月;欲身平立,至梵自在,眼能彻视,耳能洞听,意悉预知……②

如此极度夸张地神化佛陀,对于佛陀作为"高而无上,广不可极,渊而无下,深不可测,大包天地,细如无间"的超越人天的万能教主的

---

① 《大正藏》第 3 卷第 475 页下。
② 同上第 478 页上。

性格发露无遗,是大乘佛陀观的具体体现。这样的形象很容易被受到秦汉以来盛行的神仙思想所习染的民众所接受。而在该经译文里也正是把佛陀称为"神人",其中所表现的佛陀具有的所谓"十神力"更远远超过当时本土传说中的神仙的能力。

支谦的译风尚文尚简。当时正是格义方法流行的时代,他又接受过中国传统文化的教养,译文里掺杂许多中土固有概念。例如藤田宏达曾指出:在"确实是支谦所译的《太子瑞应本起经》里可以看到'精神受形'、'极天地之始终'、'虚心乐静'、'无为无欲'、'儒林之宗国师道士'等;在《菩萨本业经》里佛的异名有'大圣人'、'能儒'、'升仙'等,并可以见到'乐升上道'、'学为儒林'之类用语"①。他在《太子瑞应本起经》里更称往昔轮回中的菩萨为"儒童",形容他"仁活天下","聪睿仁贤","至儒大慈",等等,都是借用儒家概念;他又译菩萨为"别觉真人",称佛道为"无为大道",宣扬"自然"、"知足"等等,则是利用了道家观念。而称颂佛陀的品格:

> 自念宿命,诸所施为,慈孝仁义,礼敬诚信,中正守善,虚心学圣,柔弱净意,行六度无极,布施、持戒、忍辱、精进、一心、智慧,习四等心,慈、悲、喜、护,养育众生,如视赤子,承事诸佛,积德无量。累劫勤苦,不望其功,今悉自得。②

如此解说佛陀的六度、四无量心,则更与儒家的仁爱理想相通了。这样,佛陀面貌被描绘得仿佛儒家圣人,而威力、神通又远远超过儒家宣扬的所有圣人。支谦翻译的这部佛传描绘出一种全新的理想人格,树立起与中土传统全然不同的求道榜样。这部经典通过佛陀一生经历述说了"释迦佛是什么样人物,佛教是什么样宗教。对于伴随着生老病死必然忧苦的身体是如何构成的,反复轮回转生的精神为什么显示出好丑、贤愚、贫富、贵贱等种种形态,要怎样

---

① 藤田宏达《原始淨土思想の研究》第 53 页。
② 《大正藏》第 3 卷第 478 页下。

做才能脱离轮回转生的肉体、从一切忧苦中解脱出来,这部经典都做出了那样的回答。这对于就生死取决于命运之类道德的虚实提出尖锐疑问的魏晋士大夫的精神生活,当然会提供丰富的资粮"①。经典里描绘的佛陀故事逐步流传开来,对于扩大佛教影响、宣扬佛教思想更起到巨大作用。

支谦翻译的《撰集百缘经》、《法句经》等具有鲜明文学性质。他特别注重传译这些具有浓厚文学性的经典,不仅提供了一批进行通俗传教的材料,从而有力地促进了佛教在民众间的传播、流行,更有助于扩展佛教对于文化更广泛层面,特别是对于文学艺术诸多领域的影响。

继支谦之后活动在东吴的康僧会,是来自交趾的西域移民后裔。他得到吴主孙权、孙皓的信重,对于推动佛教在江南的发展起了很大作用。据说建康的第一座寺院建初寺就是他兴建的。他的译籍不多,但一部《六度集经》就足以确立他在译经史上的地位。这是中国佛典中收录本生故事最多的经典。本生故事流传广远,影响巨大,无论在佛教史上,还是在佛教文学发展史上,都占有重要位置。关于本生故事,下面讲佛典翻译文学还将介绍。值得特别提出的是,他和支谦一样,在翻译外来经典时大量掺杂进儒家仁、爱、忠、孝等观念。这作为佛教教理融合儒家伦理的先声,对后来中国佛教发展产生的影响是相当深远的。

五

"古译"时期做出总结性成绩的是竺法护(231—308)。僧祐赞

---

①中嶋隆藏《六朝思想の研究　士大夫と佛教思想》,第 85－86 页,平乐寺书店,1985 年。

扬他"所获大小乘经《贤劫》、《大哀》、《正法华》、《普耀》等凡一百四十九部。孜孜所务,唯以弘通为业,终身译写,劳不告倦。经法所以广流中华者,护之力也"①。日本佛教学者横超慧日则指出:

> 无论是在译经的数量方面,还是初期向中国介绍大乘佛教方面,功劳卓著的人中竺法护都是不可低估的。后来鸠摩罗什翻译的经典,如《法华经》、《般若经》、《维摩经》、《十住经》等,不少是竺法护译过而又重译的。如此得到重译,可知这些经典在印度广受推重,也可见在中国研究者切望加以重译。②

竺法护也是月氏移民后裔,世居敦煌郡,所以后来得到"敦煌菩萨"的称号。他八岁出家,笃志好学,操行精苦。成年后慨叹时人重视寺庙图像,大乘经传译不多,遂与其师游历西域诸国,访求经典,并通习诸国语言。后来他携带大量经本回到中国,自敦煌至长安,一路传译,时当晋武之世(265—290)。至晋惠帝即位,"八王"乱起,关中萧条,百姓流移,他遂与门徒避地东下,最后终于渑池(今河南渑池)。他的弟子众多,著名俗弟子有聂承远、道真父子,他们参与法护译事,承旨笔受,并参正文句。聂道真还替法护译籍编制目录,成《聂道真录》即《竺法护录》,是最早的经录之一;僧人弟子则有竺法乘、竺法首等。他在生前已名声广被,孙兴公作《道贤论》,以佛教七僧比拟竹林七贤,竺法护被比作山巨源(涛),说:"护公德居物宗,巨源位登论道,二公风德高远,足为流辈。"③他译经数量多,类别广,吕澂勘定有七十四部一百七十七卷,另有十部十一卷经录里原题为他人所译,实际是散失的法护译本④。

---

①《出三藏记集》卷一三《竺法护传》,第518页。
②《翻譯者としての鳩摩羅什》,《人物　中國の佛教·羅什》,第30页,大藏出版,1982年。
③《出三藏记集》卷一三《竺法护传》,第519页。
④《中国佛教源流略讲》,《吕澂佛学论著选集》第5卷第2489页。

　　竺法护的时代正是印度大乘佛教兴盛期,他的译品几乎涵盖了大乘各类经典:有般若经类(如《光赞般若经》)、华严经类(如《渐备一切智德经》、《如来兴显经》)、涅槃经类(如《大般泥洹经》)、大集经类(如《阿差末经》、《大哀经》、《宝女经》、《无言童子经》)、宝积经类(如《文殊师利佛土严净经》)、法华经类(如《正法华经》)、禅法类(如《首楞严三昧经》、《修行道地经》)等,还有大乘律书以及本生经《生经》、佛传《普曜经》等。所以有评论说"夫诸方等无生、诸三昧经,类多此公所出,真众生之冥梯"①。他如此把出经范围空前地扩展,对中国佛教的发展是起了重要推进作用的。

　　竺法护译籍中影响最为广远也最为流行的当数《正法华经》十卷。这部经被称为"诸佛之秘藏,众经之实体"②,是早期大乘佛教总结性经典。经录记载《法华经》共有七译,四存三缺。四存除《正法华经》外,还有姚秦鸠摩罗什译《妙法莲华经》七卷、隋阇那崛多译《添品妙法莲华经》七卷、失译《萨昙分陀利经》一卷(勘同《宝塔品》少分和《提婆达多品》);又《开元录》著录《法华三昧经》六卷、《萨芸芬陀利经》六卷、《方等法华经》五卷,据近人考订似属误传③。今存三种完整《法华经》译本内容基本相同,实际竺法护的初译已奠定这部经典汉译的基础。该经阐明大乘佛教的三大重要主题④,即一,释迦的佛法乃是体现宇宙统一真理的一乘妙法,释迦于此忍世示现,复于它方世界示现,以种种方便教化众生,修行者遂有声闻、缘觉、菩萨三乘分别,而一乘才是究竟,二乘只是善巧方便,是

———————

① 未详作者《渐备经十住梵名并书叙》,《出三藏记集》卷九,第332页。此叙或以为道安所作。

② 僧叡《法华经后序》,《出三藏记集》卷八,第306页。

③ 参阅吕澂《新编汉文大藏经目录》第37页;周叔迦《释典丛录》,《周叔迦佛学论著集》下册第988页。

④ 参阅田村芳朗《法華經　真理·生命·實踐》第62-120页,《中公新書》196,中央公论社,1974年。

用来引导众生使入大乘的,因而三乘归一,皆得成佛。这反映了本经综合、调和大、小乘各部派矛盾的立场。这种思想很容易被内容矛盾歧出的外来佛典所困惑的中土人士所接受。二是宣扬"诸法实相"观念。"诸法实相"即是般若空相,也就是永久的本佛。这就把具体的信仰偶像与抽象的宗教理念统一起来。关系到这一点,日本著名哲学家和辻哲郎曾把它作为这部"作品的特质"提出:"其一,作品里力图表现其理论的论证应该是永恒的哲学史的发展的一个纲领;其二,作品里力图描写不可能进行论证考察之处的形而上的存在。"①这样,这部经典既是对大乘基本教理的精彩发挥,又是对宗教信仰的论证。三是大力张扬菩萨思想:菩萨乃是大乘修习的标的,菩萨立志在五浊恶世实现解救众生的宏愿,本经更树立起一批大乘菩萨的具体形象,最具代表性和影响力的当数观世音。他大慈大悲,救苦救难,每当众生陷于灾厄,呼其名号则闻声往救,其神通效用极其迅速而直截。菩萨的慈悲精神与中土传统的仁爱理想本来相通,而所体现的救济观念更为苦难民众所亟需,因而受到广泛热烈的欢迎。宣扬观世音菩萨的《普门品》又被称为《观音经》,在《正法华》译出后很快单行流通,观世音信仰遂迅速在中土普及开来。晋、宋以降,内、外文献记载许多观音灵验传说,正表明这种信仰如何地深入人心,在整个佛教传播里又起到如何巨大的作用。这在本书后面将有具体介绍。《法华经》又是极富文学性的经典,这也是它得以广泛流行的原因之一。这一点本书后面同样有所论说。

　　竺法护译籍里值得注意的还有《生经》。这是继康僧会《六度集经》之后,另一部集中辑录本生故事的典籍。本来宣扬、赞美佛陀前世善行的故事所体现的教理比较简单,但由于富于伦理内涵,表达上又形象、生动,易于被人们接受,流传十分广泛,在中国佛教发展中所起的作用也就相当重要。本生故事在南传巴利文藏经里

---

①《佛教倫理思想史》第 256 页,岩波书店,1985 年。

保存着辑录完全的经本，汉译佛典则散见于经、律、论三藏之中。《六度集经》按照大乘六度分类选录八十二个本生故事，《生经》共计选录五十五篇，内容大体分两类：一类是宣扬因果报应、六道轮回等佛教基本教义的，另一类是颂扬佛陀刻苦修道、大慈大悲、舍己救人、战胜邪恶等品格和善行的。它们以佛陀为中心，有生动的情节，有具体的形象，又把抽象教理的说明和修行实践的指引结合起来，为人们指出修习佛法的具体路径，提供修道的标准和典范。关于本生经，在本书介绍佛教文学章节里将更具体地加以说明。

　　竺法护译经有更多的信徒参与、帮助，其活动形式已经有后来译场的雏形。译《正法华》时有优婆塞聂承远、张仕明、张仲政共笔受，竺德成、竺文盛、严威伯、续文承、赵叔出、张文龙、陈长玄等共劝助欢喜；天竺沙门竺力、龟兹居士帛元信共参校；元康元年，长安孙伯虎以四月十五日写素解①。由此可见当时他译经的方式与规模，也可窥知到这一时期中外僧俗齐心协力从事翻译的盛况。

　　到竺法护时代，译经已经积累了百余年的经验和教训。他积极地汲取前人成果，其译文兼顾文、质，在准确、畅达两方面都大大前进一步。释道安称赞他翻译《光赞般若》"言准天竺，事不加饰"，"辞质胜文"，"事事周密"②。他显然更注重准确传达原典内容。这也正是他译风的特征。他的工作不论是在内容还是在形式上，都为后来鸠摩罗什成就更为巨大的译经事业奠定了扎实基础。

六

　　"古译"时期最后一位作出重大贡献的是释道安。他本人不娴

①参阅《出三藏记集》卷八，第304页。
②《合放光光赞略解序》，《出三藏记集》卷七，第266页。

外语,但他的业绩相当巨大,贡献不容忽视。后面将有专章介绍他。

　　以上简单介绍了"古译"时期几位著名译家及其主要成就。如上所述,就翻译水平说,比起后来更准确、更精美的译文来,这一时期的译籍对于原典内容多有曲解、误解和随意的删减增饰,文字表达也显得朴拙艰涩,甚至难于索解,但所取得的成绩却是不可低估的,在中国佛教发展史上作出的贡献亦十分巨大。正是通过这些译文,中土人士开始接触并逐步认识、接受了佛教。实际也正是这些早期不成熟、不准确的译籍奠定了中国佛教持续发展的基础。

　　从安世高和支娄迦谶这两位最初的译经大师开始,中土的佛典翻译就兼重大、小乘各部派、各种类,即相当全面地接受了印度佛教长期发展所取得的成果。这已经表现出许里和所说的中国佛教作为"混合型佛教(hybrid Buddhism)的特征"①。后来在中国主要发展了大乘佛教,这是基于中国思想、文化土壤和需求所作出的选择。但是以后长时期大、小乘各类经典却陆续传翻并流传,给中国文化的发展提供了十分丰富的滋养。在这一过程中,印度佛教发展过程中所体现的开放精神和自由论辩的性格也给中国人以重要启示。本来中国人的"经"是表达"天不变道亦不变"的"道"的,凝固与封闭乃是经典的基本性格。比如儒家关于经今、古文的激烈争论,目的就是要确定惟一正确的经文,使思想定于一尊。可是佛教竟有如此内容矛盾歧异、形式多种多样的经,中国人从中看到对于经典另外一种更为开放、更富包容精神的观念与态度。这不但大大开阔了人们的眼界,也影响到整个思想、学术领域的风气。

　　早期佛典翻译对于概念的勘定、意义的表达需要多方探索,其重要手段之一就是有意或无意地借助中土传统的概念和表达方法,这就是后来所说的"格义";另一方面为了使艰难而陌生的义理

---

① 《佛教征服中国》第 98 页。

易于被中土人士所接受，又掺杂进中国固有的观念和语言，特别是儒家伦理和概念。正是这类对于所译介佛教义理的有意或无意的借用、"歪曲"，实际又成为佛教"中国化"的一个具体方式，开启了外来佛教与中国传统思想相调和、相交融的门径。后来有了更多精通华、梵的中、外译师，有可能更准确地进行翻译，更有许多人努力翻译出更精确的译文，但中国佛教一直没有改变这种利用本土观念和方法对外来经典加以"变异"、融通的方向。

　　早期译师许多是西域人，经本许多是从西域传来的，是西域语言的转译本。转译的底本，有根据梵文译成西域文的"胡本"，也有本来是西域文字写成的经本。西域乃是佛典汉译的重要中介地。关于西域佛教流传情况，它与汉地佛教的相互关系，是有待深入探讨的课题。流传在西域地方或是在西域结集的佛经自然会反映当地的思想、文化内容。西域长期作为印度佛教传入中国的津梁，佛典翻译也一直起着推进中土与中亚、西域各民族文化交流的作用。这也是在早期佛教传播时期就奠定下了基础。

　　总之，早期佛典翻译首先给弘扬佛法提供了"经典"的依据，对于佛教在中国的传播与发展起了决定性的作用，作出了巨大贡献。这些外来典籍又带来一股全新的思想、文化潮流，极大地开阔了人们的视野，给予中国各阶层人士以强烈的刺激，持续不断地在中国思想、文化的广泛领域发挥影响。佛教终于形成支撑中国文化发展的三大支柱之一，早期那些译师们的工作是起到开拓和奠基作用的。

第七章　西行求法运动

一

对于推进中国佛教发展起到巨大作用，与佛典翻译相关联的，是中国人西行求法。这是绵延长久的中国人虚心吸纳佛教的积极、主动的活动，其意义和作用同样巨大与深远。

中国佛教的外来资源取自佛教发祥和繁荣地区的南亚和中亚，负担输入使命的一方面有东来的印度和西域各国、各族僧侣和居士，另一方面就是中土的求法僧人，当然还应当包括众多僧、俗随行人员。他们对本土佛教的发展作出了贡献，客观上更肩负着文化交流的使命，推动了中、外文化交流。梁启超说：

> 魏晋以降，佛教输入，贤智之士，憬然于六艺九流之外，尚有学问，而他人之所浚发，乃似过我。于是乎积年之"潜在本能"，忽而触发。留学印度，遂成为一种"时代的运动"（Periodical Movement）。此种运动，前后垂五百年，然其最热烈之时期，亦亘两世纪。运动主要人物，盖百数，其为失败之牺牲者过半。而运动之总结果，乃使我国文化，从物质上精神上皆起

一种革命。非直我国史上一大事，实人类文明史上一大事也。①

鲁迅在他的一篇名作《中国人失掉自信力了吗》里满怀激情地指出：

> 我们从古以来，就有埋头苦干的人，有拼命硬干的人，有为民请命的人，有舍身求法的人，……虽是等于为帝王将相作家谱的所谓"正史"，也往往掩不住他们的光耀，这就是中国的脊梁。②

这里所谓"舍身求法的人"，指的就是魏晋以来历代西行求法的僧侣。他们为了追求佛法真义，履险犯难，前赴后继，九死一生，到西方去寻求真经，形成令千古赞叹的求法运动。

中国僧人西行求法活动的显著特点之一，就是具有十分明确的"求知"的目的。即是说，作为宗教行为，中国僧人不畏艰险，历尽险阻，西行到佛教的发祥地，不同于一般宗教信徒"朝圣"或巡礼胜迹，也不是单纯自我修行、锻炼身心的个人行为，而普遍地带着寻访真经、了解佛法真谛的明确的理性目的。加之如释道安所说："世不值佛，又处边国，音殊俗异，规矩不同，又以愚量圣，难以逮也。"③他又曾自述说："安宿不敏，生值佛后，又处异国，楷范多阙。"④本来中国人自古就把自己生存的这块土地称为"中国"，意味着这里居天下之中，华夏是普天之下人文荟萃、文明最为发达的地方。而道安这些说法则表明，在一些佛教信徒的意识里，中国成了与西方"圣邦""音殊俗异"的"边国"、"异国"了。他又曾说："天竺圣邦，道岨辽远，幽见硕儒，少来周化。先哲既逝，来圣未至，进退狼跋，咨嗟涕洟。"⑤他慨叹天竺地域辽远，那里具有高深学养的佛教徒

---

① 《中国印度之交通》第1—2页，《佛学研究十八篇》，台北中华书局，1976年。
② 《且介亭杂文》，《鲁迅全集》第6卷第118页，人民文学出版社，1981年。
③ 《阴持入经序》，《出三藏记集》卷六，第249页。
④ 《十二门经序》，《出三藏记集》卷六，第253页。
⑤ 《道地经序》，《出三藏记集》卷一〇，第368页。

来到中国的有限,有些先前来过的也不及见,因此让他无限地感
伤。这种意识更增强了对于佛陀、佛法和佛教圣地的热烈向往之
情。这样,既有求得佛法真谛的迫切需要,又有基于信仰的强烈
感情,更加强化了中国佛教徒向西方学习的急切心理和谦虚态
度。正是怀抱着这样的心情与信念,一批批西行求法的人们不畏
艰险地踏上西行的漫漫长途。钱穆述及西行求法的情形及其意
义说:

> 这些冒着道路艰险,远往求法的人,几乎全都是私人自动
前往,极少由国家政府资助奉派。他们远往印度的心理,也绝
对不能与基督徒礼拜耶路撒冷,回教徒谒麦加,或蒙古喇嘛参
礼西天相拟并视。虽则他们同样有一股宗教热忱,但更重要
的还是由于他们对于探求人生真理的一种如饥如渴的精神所
激发。他们几于纯粹为一种知识的追求,为一种指示人生最
高真理的知识之追求,而非仅仅为心灵之安慰与信仰之宣泄。
他们的宗教热忱,绝不损伤到他们理智之清明。这许多远行
求法的高僧,当他们回国时,莫不携回了更多重要的佛教
经典。①

这也清楚指明了中国人西行求法运动的特征、成绩与意义。

　　中国历史上的西行求法活动后来被称为“运动”,但这并不是
一般信徒的群众性活动。实际上对于当时的一般信徒来说,既没
有长途跋涉前往求法的条件,也没有必要。发愿西行的是少数“高
僧”。他们带领一些门徒,当然还有陪侍和服役的人。一个西行团
队的领导者一般是具有相当高深学养,研习佛法已取得相当成绩
的人。正因为他们学植深厚,又怀抱着明确的“求知”目的,一般又
旅居外国较长时期,在印度和西域寻访当代佛学泰斗,虚心求教,

---

① 《中国文化史导论》(修订本)第147—148页。

搜求经典,也就能够实现初衷。同时在陌生的国度里更接触到许多新事物,包括国土、民族、政治、经济、文化、风土、民情等等。西行求法者在学习佛法,求得经籍和佛像、法器等的同时,又增长了有关国度各方面的知识,旅行中更会有许多见闻和体会。他们求得的经典往往是新的或更完整的经本,拿来作为翻译底本传译,从而输入了印度和西域佛教的新思想、新潮流,直接促进了中国佛教的发展、变化;他们带来的佛像、法器给本土造像、仪轨等提供了标准;他们记录求法活动中的经历和见闻,形成"求法行纪"一类著作,不仅向中国介绍了所到国度和地区各方面的知识,让当时和后代的中国人大大开阔了眼界,更保存了古代中、外史地,中、外文化交流的重要资料,成为相关领域研究的主要经典。这样,中国古代佛教的求法活动就具有特别丰富的文化内涵和浓厚的学术性格。它不只极大地推动了中国佛教的传播与交流,又起到古代中国与世界交流的桥梁和纽带的作用。这样,持续不断的、形成规模的求法活动乃是古代中国人积极、持续地向西方寻求新知的活动,不绝如缕的艰难西行的人们则是古代文化交流的功臣。

　　曾经担任印度总理的尼赫鲁曾慨叹说,古代中、印文化交流中,中国接受印度的滋养为多,印度接受中国的太少。他遗憾地说这对于印度是一大损失。就佛教交流的具体情况说,正如前面已经说到,基本是单向的。不过求法高僧们也在所到之处传播了关于中国的知识,宣扬了中华帝国的声威,对于加强中国与相关国家政治、经济、文化等各方面联系和交往起了一定作用。

　　在古代条件下,西行求法路途之艰难困苦是难以想象的。求法高僧们充分体现了为追求真理不惜身命的大无畏精神。现在留下纪录的只是无数求法活动中取得成功的一小部分。实际正是那众多赍志以殁的人为少数成功的人开拓了道路。义净在《大唐西域求法高僧传》的序言里说:

　　　　观夫自古神州之地,轻生徇法之宾,显法师则创辟荒途,

奘法师乃中开王路。其间或西越紫塞而孤征,或南渡沧溟以
单逝,莫不咸思圣迹,罄五体而归礼;俱怀旋踵,报四恩以流
望。然而胜途多难,宝处弥长,苗秀盈十而盖多,结实罕一而
全少。实由茫茫象碛,长川吐赫日之光;浩浩鲸波,巨壑起滔
天之浪。独步铁门之外,亘万岭而投身;孤漂铜柱之前,跨千
江而遣命(跋南国有千江口)。或亡餐几日,辍饮数晨,可谓
思虑销精神,忧劳排正色。致使去者数盈半百,留者仅有几
人。设令得到西国者,以大唐无寺,飘寄栖然,为客遑遑,停
托无所。遂使流离萍转,罕居一处,身既不安,道宁隆矣。呜
呼!实可嘉其美诚,冀传芳于来叶。粗据见闻,撰题行状
云尔。①

后来唐太宗用骈体对句形容玄奘西行的艰难,说是"乘危远迈,仗
策孤征。积雪晨飞,途间失地;惊沙夕起,空外迷天。万里山川,拨
烟霞而进影;百重寒暑,蹑霜雨而前踪"②。实际上这样的描述难以
表达当初实际艰苦状况之万一。求法队伍所表现的勇气和胆识,
意志和决心,参与者那种舍身忘死、不惜牺牲、百折不回、互助友爱
的精神,那种一步一个脚印、一步步跨越万里长途的执着、坚定的
态度,辉耀千古,成为中华民族的骄傲,传之永久的精神财富。值
得注意的是,支持、鼓舞那些求法者无所畏惧、突破千难万险的主
要力量,是对于佛法的热诚的信仰。坚定的信仰心转化为巨大的
精神力量,这是宗教在历史上发挥积极作用的典型体现,作为精神
史上的成果是值得今人宝贵的。今天的人们了解佛教和佛教文化
的历史,历代佛教徒活动中这种信仰所体现的精神内涵是应当珍
惜和发扬的。

---

① 王邦维《大唐西域求法高僧传校注》第 1 页,中华书局,1988 年。
② 《大唐三藏圣教序》,《全唐文》卷一〇,第 120 页。

一

　　梁启超统计，从曹魏朱士行于甘露五年(260)西行，至唐贞元五年(789)悟空从印度回国，在求法活动集中的这五百余年间，前赴后继的求法人士留下姓名的计一百零五人，佚名的八十二人；这其中确切可考平安回国者约占四分之一，另有四分之一死于途中，其余有中途折返的，有留外不归的，有下落不明的，等等①。从这个统计，已充分反映了路途之险阻，牺牲之惨重。而在史籍上姓名、活动能够留下痕迹的，只是西行队伍的少数著名人物。即使是有记录的这些人，也必定有一批同行、陪侍、服役的人。更有众多无名僧众、信徒默默无闻地西去东来，事迹早已湮没，许多人已埋骨沙丘或冻死雪岭了。在敦煌文书里，就发现不少中唐以后经过敦煌西行的僧人留下的文书，而这一时期历史记载的求法活动已经完全沉寂下来了。

　　有详细记载的中土西行第一人是朱士行(仕行)，道安记述《放光般若》传译过程，说到他"求得其本"的情况：

　　　　佛泥曰后，外国高士抄九十章为《道行品》。桓灵之世，朔佛赍诣京师，译为汉文。因本顺旨，转音如已，敬顺圣言，了不加饰也。然经既抄撮，合成章指，音殊俗异，译人口传，自非三达，胡能一一得本缘故乎？由是《道行》颇有首尾隐者。古贤论之，往往有滞。仕行耻此，寻求其本，到于阗乃得。送诣仓垣，出为《放光品》。斥重省删，务令婉便，若其悉文，将过三倍。善出无生，论空特巧，传译如是，难为继矣。二家所出，足

_____

① 参阅《中国印度之交通》，梁启超《佛学研究十八篇》。

令大智焕尔阐幽。支谶全本，其亦应然。何者？抄经删削，所害必多，委本从圣，乃佛之至诚也。①

古本《道行经》是汉灵帝光和二年由天竺居士竺朔佛口授、月支居士支谶翻译的，参与者有"侍者南阳张少安、南海子碧，劝助者孙和、周提立"②。当时还是译经探索时期，道安所谓"三达"即"三明"，指得到天眼通、宿命通、漏尽通的罗汉。他的意思是说当时传译的人水平受到限制，因此这个译本"译理不尽"，"往往有滞"，意思格碍难通。《出三藏记集》和《高僧传》较详细记载了朱士行和他求法的情况，前者说：

朱士行，颖川人也。志业清粹，气韵明烈，坚正方直，劝沮不能移焉。少怀远悟，脱落尘俗，出家以后，便以大法为己任。常谓入道资慧，故专务经典。初天竺朔佛，以汉灵帝时出《道行经》，译人口传，或不领，辄抄撮而过，故意义首尾颇有格碍。士行尝于洛阳讲《小品》，往往不通。每叹此经大乘之要，而译理不尽，誓志捐身，远求《大品》。遂以魏甘露五年，发迹雍州，西渡流沙。既至于阗，果写得正品梵书，胡本九十章，六十万余言。遣弟子不如檀，晋言法饶，凡十人，送经胡本还洛阳。未发之间。于阗小乘学众遂以白王云："汉地沙门欲以婆罗门书惑乱正典，王为地主，若不禁之，将断大法，聋盲汉地，王之咎也！"王即不听赍经。士行愤慨，乃求烧经为证。王欲试验，乃积薪殿庭，以火燔之。士行临阶而誓曰："若大法应流汉地者，经当不烧；若其无应，命也如何！"言已投经，火即为灭，不损一字，皮牒如故。大众骇服，称其神感，遂得送至陈留仓垣水南寺。河南居士竺叔兰，善解方言，译出为《放光经》二十卷。士行年八十而卒。依西方阇维法，薪尽火灭，而尸骸犹

---

①《道行经序》，《出三藏记集》卷七，第263—264页。
②《道行经后记》，《出三藏记集》卷七，第264页。

全。众咸惊异，乃咒曰："若真得道，法当毁坏。"应声碎散，遂
敛骨起塔焉。①

这篇简短的传记，夹杂一些灵验传说，体现宗教文献的特征，但其
中提供的真实内容是十分丰富和重要的。朱士行是颍川人。康僧
会的《安般守意经序》里记载有颍川皮业，颍川应是早期佛教兴盛
地区。按前引《放光经记》，朱士行于甘露五年出家学道为沙门，这
里又说他在这一年西行，两个年代是否有混淆难以判断。朱士行
出家后"专务经典"，并在洛阳宣讲后汉灵帝时竺佛朔所出《道行
经》。该经久佚，据考是《小品般若》的一个异本。这个情况值得特
别注意，表明当时的洛阳作为重要的佛教兴行地区，也是出家为僧
的本土人士活跃的地方；他们更关注般若教理，并且已经有些人能
够宣讲经典，朱士行是其中一个代表人物。这正显示当时部分本
土知识分子接受佛教，特别热衷研习并吸收佛教般若教理的情形。
朱士行听说西域另有更详尽的《大品》流传，所以发奋西行。而他
的目的十分明确，就是为了求取更完整的经典。又如前引钱穆所
说，他西行求法又完全是个人行为，没有也不可能得到国家的支
持。朱士行在于阗国求得《大品般若》正品梵书胡本九十章六十余
万言，于二十余年后的西晋太康三年（282）遣弟子十人送到洛阳。
不清楚这些年他在于阗活动情况，也不清楚这些弟子是他从中土
带去的，还是在当地接受的，但可以肯定，求得和传递经典的是师
徒十数人的小团体，即前面说的雏形的僧团，而这个团体的活动又
是具有明确的学术目的的。朱士行等人作为中土人士西行求法的
先行者，这种鲜明的学术特色，也为后继者开拓出方向。

　　又经过三年，朱士行弟子们传来的"梵书胡本"被送到许昌；再
过两年后，又送到陈留界仓垣水南寺。直到元康元年（291）开始有
人翻译：

――――――――――

① 《出三藏记集》卷一三《朱士行传》，第 515－516 页。

　　时执胡本者,于阗沙门无叉罗,优婆塞竺叔兰口传,祝太玄、周玄明共笔受。正书九十章,凡二十万七千六百二十一言。时仓垣诸贤者等,大小皆劝助供养,至其年十二月二十四日写都讫。经义深奥,又前后写者参校不能善悉。至太安二年十一月十五日,沙门竺法寂来至仓垣水北寺求经本。写时捡取现品五部并胡本,与竺叔兰更共考校书写,永安元年四月二日讫,于前后所写校最为差定,其前所写可更取校。晋胡音训畅义难通,诸开士大学文生书写供养讽诵读者,愿留三思,恕其不逮也。①

这就是《放光般若波罗蜜经》二十卷、《大品般若》的第一个中译本。这样,从朱士行出发,经过四十多年时间,经本流传数处,终于传译成功。从翻译到校定又经过十多年,才写成定本。而这个定本也并不能尽如人意。值得注意的是,在这个过程中,于阗沙门祗多罗于太康七年(286)携来另一原本,同年由竺法护译出,是为《光赞般若》。朱士行求法和《大品般若》传译的这一系列过程,表明当年中国僧俗为了更正确、更完整地把握佛法真谛作出了多么艰巨、不懈的努力。

　　正是这些《般若》类经典的传译,促成中国佛教般若学的发展。当初不断传入的般若教理依附于魏晋玄学被更加广泛地接受和发挥,二者又相互促进,写下了中国思想史的重要篇章。上引传记中写到朱士行派遣弟子往中原传送经本,于阗小乘学众加以阻挠,说汉地沙门欲以婆罗门书惑乱正典,请求于阗国王加以制止,结果火烧经本试验,不损一字,大众骇服,携带经本的弟子终于成功出行。当时在西域,小乘有部、正量部等部派有相当大的势力。这种传说清楚表明朱士行有能力辨别大乘佛教的新潮流,千方百计克服困难和阻挠,把体现佛教思想新成果的经本输送到国内。对于佛教

━━━━━━━━━━

① 未详作者《放光经记》,《出三藏记集》卷七,第 265 页。

发展的新潮流如此敏感,又如此善于抉择有价值的经本,首先决定于求法者的认识水平。这也是西行求法取得成就的重要原因。这在整个西行求法活动中也是具有典型意义的。

三

魏晋十六国时期,南北、陆海与印度、西域交流畅通,给西行求法提供了更有利的条件。当时又正值中国佛教大发展的关键时期,也是印度和西域大乘佛教新一代经典陆续结集起来的时候。中国佛教迫切需要新的滋养,西行求法遂形成浩大的"运动"。

朱士行后另一位西行的重要人物是前面已经介绍过的著名译师竺法护。他世居敦煌,本是月氏后裔,年八岁出家,笃志好学,博览六经,涉猎百家。"是时晋武帝之世,寺庙图像,虽崇京邑;而方等深经,蕴在西域。护乃慨然发愤,志弘大道。遂随师至西域,游历诸国。外国异言,三十有六种,书亦如之,护皆遍学,贯综诂训,音义字体,无不备晓。遂大赍胡本,还归中夏。自敦煌至长安,沿路传译,写以晋文。所获大小乘经《贤劫》、《大哀》、《正法华》、《普耀》等凡一百四十九部。孜孜所务,唯以弘通为业,终身译写,劳不告倦。经法所以广流中华者,护之力也。"[①]不过如今已不能了解当时他所从访的西域之"师"是什么人以及他求法的详细经过如何,只知道他是具有中土教养的外来移民知识分子,从东、西交流枢纽之地的敦煌西行,在西域学习当地各族"胡语",并把主要精力用在搜集、传译经典的事业上。也许正因为他的译业功劳巨大,掩盖了他艰苦求法的成绩。他传译了内容十分广泛的经典,有些是别人

———————

①《出三藏记集》卷一三《竺法护传》,第518页。

携来的,主要也是大乘经。这在前面介绍中国早期译业时已有较详细地说明。

以"神异"著称的佛图澄也曾"自云,再到罽宾,受诲名师,西域咸称得道"①。这种自说自话是否真实,没有其他资料可供印证。但即使这是自我称道的虚假之词,也反映了当时西行求法活动受到重视的事实。

僧传记载东晋于法兰"居于石城山足,今之元华寺是也。时人以其风力比庾元规,孙绰《道贤论》以比阮嗣宗,论云:'兰公遗身,高尚妙迹,殆至人之流,阮步兵傲独不群,亦兰之俦也。'居剡少时,欻然叹曰:'大法虽兴,经道多阙,若一闻圆教,夕死可也。'乃远适西域,欲求异闻。至交州遇疾,终于象林(在今越南顺化南)。沙门支遁追立像赞……"②这样,于法兰是从海路西行的,但只走到中南半岛,就病故了。这是有记载的第一位走海路求法的僧侣,是西行求法的另一条路线。

十六国时期的康法朗,《高僧传》记述:

> 康法朗,中山人,少出家,善戒节。尝读经,见双树鹿苑之处,郁而叹曰:"吾已不值圣人,宁可不睹圣处!"于是誓往迦夷,仰瞻遗迹。乃共同学四人,发迹张掖,西过流沙。行经三日,路绝人踪,忽见道傍有一故寺……于是四人不复西行,仍留此专精业道。唯朗更游诸国,研寻经论。后还中山,门徒数百,讲法相系。后不知所终。孙绰为之赞曰:"人亦有言,瑜瑕弗藏,朗公囧囧,能韬其光。敬终慎始,研微辩章,何以取证?冰坚履霜。"③

康法朗以和竺法雅提倡"格义"著名于佛教史,是热衷并精研佛理

①《高僧传》卷九《晋邺中竺佛图澄传》,第345页。
②同上卷四《晋剡山于法兰传》,第166页。
③同上卷四《晋中山康法朗传》,第153—154页。

的人物,他西行求法显然也带有明确的学术目的。

又"后燕建兴(386—396)末,沙门昙猛者从大秦路入达王舍城,及返之日,从陀历道而还东夏"①。所谓"大秦路"当时指的是西去欧洲的通道;"陀历"是北天竺一小国。

又据道安《合放光光赞略解序》,东晋孝武帝太元元年(376)《光赞般若》传到南方的襄阳,经本是将要去天竺的慧常、进行、慧辩路过凉州传写的。这些人的西行情况如何不见其他记载。凉州乃是前往西域的中间站,也是佛教输入中土的中介地。慧常曾在竺佛念翻译《比丘大戒》时担任笔受,对于传译戒律有所贡献。

以上几位都是成功地抵达印度的求法者,有关他们的活动只留下如上简单的记录。

至法显出现,经过西域南下,遍历印度全境,又渡海到师子国(今斯里兰卡),最后越印度洋由海路回国,求法经历长达十四年。他不一定是第一位遍游古印度,全面瞻礼、考察佛教圣地的人,但他亲自详细记录了旅行过程,是写出完整的"求法行记"的第一人。这部著作不仅使他的伟大人格和辉煌业绩得以彰显,而且它本身就是佛教史和学术史上的重大成果。而他所求得的经典,更在中国佛教史上造成巨大影响。

法显(?—422?),俗姓龚,平阳郡武阳(今山西襄丘)人。三岁度为沙弥,二十岁受比丘戒。他幼年多病,常住寺院,应当是在寺院里受到良好的教养。本书有专章介绍中土寺院的教育功能,法显的情形即是很好的例证。佛教初传时期翻译经典,重在阐释教义、教理的经藏,因为当时更受关注的是有关思想、理论内容的介绍与传播。随着僧团扩大,更全面地介绍建设僧团所必须遵循的戒律就显得迫切起来。法显正是慨叹中土律藏传译不全,遂发奋西行的。这是他与朱士行专为访求经籍西行在目的上不同的地

---

① 《释迦方志》卷下,《大正藏》第 51 卷第 969 页中。

方。他出发的晋安帝隆安三年(399),是慧远入居东林寺之后的十
三年前后,鸠摩罗什进入长安的前二年。这正是中国僧团急速扩
展,也是整个佛教发展的关键时期。他主动承担起对于中国教团
戒律建设具有重大意义的紧迫任务。他所从事的事业与慧远、鸠
摩罗什在侧重点上恰好相互补充。

　　法显的生卒年史料上没有留下确切纪录。据推测,当他约慧
景、道整、慧应、慧嵬等四个人自长安出发的时候,至少已有五十八
岁高龄了①。次年夏到达张掖,遇到正拟西行的宝云、智严、慧简、
僧绍、僧景等五人。秋天到达敦煌,得到太守李暠的供养。法显等
人先行。越过沙碛,经都善到焉夷,又和宝云等相会。至此十人分
成两组:智严、慧简、慧嵬三人返回高昌,法显等七人继续西去,于
隆安五年(401)初到达于阗。元兴元年(402),他们越过葱岭,进入
北印度,南行至弗楼沙(今巴基斯坦白沙瓦)。到这里,宝云、僧景
随慧达回国,慧应病故,只剩下法显、道整、慧景三人。元兴二年,
在度过小雪山的时候,慧景也被冻死了。剩下两人继续前行,终于
进入中印度。至此时,距离从长安出发,已经过了五个年头。法显
等二人遍历诸国,瞻礼胜迹。他们曾在摩竭提国巴连弗邑居住三
年,搜求、抄写律典,学习印度语文。这时惟一与法显同行的道整
乐居印度,法显为了完成在中国流通律藏的志愿,遂只身东下东印
度的多摩梨国,写经画像,居住两年。法显在印度求法共六年,至
义熙五年(409)年冬,他随商船渡海到师子国(今斯里兰卡),为求
经律又在那里住了两年。义熙七年秋,他搭乘商船泛海东归。在
海上漂流九十天,至南海的耶婆提国(今印度尼西亚苏门答腊,或

①《出三藏记集》卷一五《法显法师传》记载"后到荆州,卒于新寺,春秋八十有
　二",第 576 页;《高僧传》卷三《法显传》作"春秋八十有六",第 90 页。又据
　佛陀跋陀罗共法显合译《摩诃僧祇律》完成于义熙十四年(418),而据《高僧
　传》卷三《佛驮什传》,宋景平元年(423)七月以前法显已经去世。就是说,他
　的卒年在这五年之间。由此可以推算他出行的大致时间。

谓爪哇),滞留五个月。次年初,又登船东行,在海上漂流两个月,抵达青州长广郡牢山(今山东即墨境内)。这样,从他出发算起已经过了十四年,他的年纪应当已经七十多岁了。青州太守李嶷迎请他住在郡城。义熙九年秋,法显南下抵达建康,开始在道场寺和佛陀跋陀罗等人从事翻译。他大约在建康住了四五年,又西去荆州,最后在那里的新寺圆寂。他写成一部《法显传》,历代著录有《佛国记》、《历游天竺记传》等别名,详细记述了自出发到归国,遍历西域、印度、南海三十余国的经过、见闻。

《出三藏记集》卷一五《法显法师传》描写他求法路途的艰辛说:

> 常慨经律舛阙,誓志寻求。以晋隆安三年,与同学慧景、道整、慧应、慧嵬等发自长安,西度沙河。上无飞鸟,下无走兽,四顾茫茫,莫测所之。唯视日以准东西,人骨以标行路耳。屡有热风恶鬼,遇之必死,显任缘委命,直过险难。有顷,至葱岭。岭冬夏积雪,有恶龙吐毒,风雨沙砾,山路艰危,壁立千仞。昔有人凿石通路,傍施梯道,凡度七百余梯。又蹑悬絚过河数十余处。仍度小雪山,遇寒风暴起。慧景噤战不能前,语显云:"吾其死矣! 卿可时去,勿得俱殒。"言绝而卒。显抚之号泣曰:"本图不果,命也奈何!"复自力孤行,遂过山险。凡所经历三十余国,至北天竺……①

就这样,在法显的同行者中,有的中途折回,有的途中病故,有的滞留不归,只有他一个年在古稀的老人,以无比坚强的意志,奋力完成了使命。

按他当初的计划,主要目的是求取律典。他在中印巴连弗邑僧伽蓝抄得完整的《摩诃僧祇律》(大众部律)和《萨婆多众律钞》

---

① 《出三藏记集》卷一五,第573—574页。

（即《十诵律》,说一切有部律）,又在师子国抄得《弥沙塞律》（《五分律》,化地部律）。就是说,汉译四部广律（还有一部是法藏部的《四分律》）中有三部由法显抄写回来。其中《摩诃僧祇律》四十卷后来由他和佛陀跋陀罗一起在道场寺译出,另译了《僧祇比丘戒本》一卷和《僧祇尼戒本》一卷;《弥沙塞律》于景平二年（424）罽宾沙门佛陀什应竺道生之请,与于阗沙门智胜共同译出。法显同时还广泛搜集大、小乘经典。特别重要的是在巴连弗邑抄得《方等般泥洹经》前分梵本,后来也是由他与佛陀跋陀罗一起在道场寺译出,名《大般泥洹经》六卷。这是大乘《涅槃经》前五品汉译初译本,其中宣扬众生悉有佛性新说,反映了佛学思想的新进展。不过这个译本仍保持了涅槃思想的初始面貌,不许阐提成佛。他又抄得《杂阿毗昙心》,后经求那跋摩翻译未毕,又由僧伽跋摩补译。他还在师子国求得《杂阿含经》、《长阿含经》等。《杂阿含》后来于元嘉十二年（435）由求那跋陀罗译出;《长阿含》则有佛陀耶舍译本,是根据另外的梵本翻译的。这样,法显携回一大批相当重要的经典,先后被传译,对于中国佛教的发展贡献巨大。他个人则以衰迈之年坚持从事翻译,其译文风格质朴确切,堪称上乘,在译经史上占有重要地位。

他撰写的《法显传》完成于义熙十二年（416）。如上所述,这是现存我国佛教第一部求法行记,也是第一部完整的外国旅行记。这部书相当全面、细致地记述了当时西域、印度佛教发展的具体状况,连带叙及所到国家和地区的各方面情形。由于内容得自亲身经历,具有极高的史料价值;又由于所述文笔生动,又有很高的文学价值,是中国游记文学中具有开拓意义的著作。下面讲僧人文学创作,将另作介绍。

又智严,求法经历也很艰巨,也是对于求法事业多有贡献的人。《高僧传》记载:

　　释智严,西凉州人,弱冠出家,便以精勤著名。纳衣宴坐,蔬食永岁,每以本域丘墟,志欲博事名师,广求经诰。遂周流西国,进到罽宾,入摩天陀罗精舍,从佛驮先比丘谘受禅法。渐深三年,功逾十载。佛驮先见其禅思有绪,特深器异,彼诸道俗闻而叹曰:"秦地乃有求道沙门矣。"始不轻秦类,敬接远人。时有佛驮跋陀罗比丘,亦是彼国禅匠,严乃要请东归,欲传法中土,跋陀嘉其恳至,遂共东行。于是逾沙越险,达自关中。常依随跋陀,止长安大寺。顷之,跋陀横为秦僧所摈,严亦分散,憩于山东精舍,坐禅诵经,力精修学……严前于西域所得梵本众经,未及译写,到元嘉四年乃共沙门宝云译出《普曜》、《广博严净》、《四天王》等……严昔未出家时,尝受五戒,有所亏犯,后入道受具足,常疑不得戒,每以为惧。积年禅观而不能自了,遂更泛海,重到天竺,谘诸明达。值罗汉比丘,具以事问……步归,至罽宾,无疾而化,时年七十八。①

又随同法显到北印度然后回国的宝云,在佛教史上同样也成就一番引人注目的业绩。《高僧传》记载:

释宝云,未详氏族,传云凉州人……而求法恳恻,亡身殉道,志欲躬睹灵迹,广寻经要。遂以晋隆安之初,远适西域,与法显、智严先后相随。涉履流沙,登逾雪岭,勋苦艰危,不以为难。遂历于阗、天竺诸国,备睹灵异。乃经罗刹之野,闻天鼓之音,释迦影迹多所瞻礼。云在外域,遍学梵书,天竺诸国音字诂训,悉皆备解。后还长安,随禅师佛驮跋陀业禅进道。俄而禅师横为秦僧所摈,徒众悉同其咎,云亦奔散。会庐山释慧远解其摈事,共归京师,安止道场寺。众僧以云志力坚猛,弘道绝域,莫不披衿谘问,敬而爱焉。云译出《新无量寿》,晚出诸经,多云所治定。华戎兼通,音训允正,云之所定,众咸信

---

① 《高僧传》卷三《宋京师枳园寺释智严传》,第98—100页。

> 服。初关中沙门竺佛念善于宣译,于苻、姚二代,显出众经。
> 江左译梵,莫逾于云,故于晋宋之际,弘通法藏,沙门慧观等,
> 咸友而善之。云性好幽居,以保闲寂,遂适六合山寺,译出《佛
> 本行赞经》……以元嘉二十六年,终于山寺,春秋七十有四。
> 其游履外国别有记传。①

这里所述另外的《记传》今已不传,不知是本人著作还是他人的
纪录。

法显、智严、宝云等是相互关联的献身求法的高僧,回国后又
都在佛典翻译、弘扬佛法方面作出了巨大贡献。他们的活动正处
在中国佛教发展的关键时刻。在国内,佛典的翻译、教理的研究、
僧团的建设等等正在蓬勃地开展,取得急速进展。他们在这一关
头西行,担负的实际是为中国佛教寻根讨源的任务。从根本上说,
佛教对于中国的意义在于输入外来的宗教与文化,对源头上全面、
充分的了解乃是关系中国佛教发展的第一位的工作。法显等人正
是在关键时刻完成了这一任务的关键人物。至于他们的行动体现
了当时佛教界人士追求佛法真谛而献身的热忱和努力,成为古代
中国积极、虚心地寻求和吸收外国文化的范例,更是不言而喻的。

四

在法显西行的同时,南方庐山慧远曾派遣弟子西行,僧传上记载:

> 初经流江东,多有未备,禅法无闻,律藏残阙。远慨其道
> 缺,乃令弟子法净、法领等,远寻众经。逾越沙雪,旷岁方反,

---

① 《高僧传》卷三《宋六合山释宝云传》,第102－103页。

皆获梵本。得以传译。①

慧远同样也是致慨于律藏残缺，时人对于禅法又缺少了解，他派遣弟子西行的目的与法显类似。可见当时佛教界有识之士都在关注当时教团发展面临的紧迫课题。又在北方：

> 东晋后秦姚兴弘始年，京兆沙门释智猛与同志十五人西自凉州、鄯鄯诸国至罽宾，见五百罗汉，问显方俗。经二十年至甲子（424）岁，与伴一人还东，达凉入蜀。宋元嘉末卒成都。游西有传，大有明据，题云《沙门智猛游行外国传》，曾于蜀部见之。②

这样，南方的慧远弟子法净等和北方的智猛等都只到达罽宾。当时罽宾盛行的有部典籍在中土已经有僧伽提婆等传译，他们大概没有取得更大收获。智猛后来回到四川，南北朝时期那里成为又一个佛教中心。

宋昙无竭于永初元年（420）召集沙门僧猛、昙朗等二十五人西行，僧传记载：

> 发迹北土，远适西方。初至河南国，仍出海西郡，进入流沙，到高昌郡。经历龟兹、沙勒诸国，登葱岭，度雪山，障气千重，层冰万里，下有大江，流急若箭。于东西两山之胁，系索为桥。十人一过，到彼岸已，举烟为帜，后人见烟，知前已度，方得更进。若久不见烟，则知暴风吹索，人堕江中。行经三日，复过大雪山，悬崖壁立，无安足处，石壁皆有故杙孔，处处相对，人各执四杙，先拔下杙，手攀上杙，展转相攀，经日方过。及到平地相待，料检同侣，失十二人。进至罽宾国，礼拜佛钵。停岁余，学梵书梵语，求得《观世音受记经》梵文一部，复西行

---

①《高僧传》卷六《晋庐山释慧远传》，第216页。
②《释迦方志》卷下，《大正藏》第51卷第969页中。

> 至辛头那提河，汉言师子口。缘河西入月氏国，礼拜佛肉髻
> 骨，及睹自沸木舫。后至檀特山南石留寺，住僧三百余人，杂
> 三乘学，无竭停此寺受大戒。天竺禅师佛驮多罗，此云觉救，
> 彼土咸云已证果，无竭请为和上，汉沙门志定为阿阇梨，停夏
> 坐三月日，复行向中天竺界……无竭虽屡经危棘……后于南
> 天竺随舶泛海达广州，所历事迹，别有记传。其所译出《观世
> 音受记经》，今传于京师。后不知所终。[1]

在昙无竭之后，又有河西的昙学等八人西行，也只到达于阗。他们
留下的重要业绩是于元嘉二十二年(445)在高昌根据听讲记录结
集成《贤愚经》。僧祐说：

> 河西沙门释昙学、威德等，凡有八僧，结志游方，远寻经
> 典。于于阗大寺遇般遮于瑟之会。般遮于瑟者，汉言五年一
> 切大众集也。三藏诸学，各弘法宝，说经讲律，依业而教。学
> 等八僧随缘分听，于是竞习胡音，析以汉义，精思通译，各书所
> 闻，还至高昌，乃集为一部。既而逾越流沙，赍到凉州。[2]

这里的河西指沮渠蒙逊的北凉。《贤愚经》乃是优秀的佛教文学经
典。僧祐的记载反映了于阗佛教发展的情形，《贤愚经》也是当时
河西地区与于阗佛教交流的具体成果。

大体在同一时期，又有河西沙门道泰"志用强果，少游葱右，遍
历诸国，得《毗婆沙》梵本十有万偈，还至姑臧"[3]，后来由浮陀跋摩
在凉州闲豫宫译成《阿毗昙毗婆沙论》六十卷(一作八十卷)。这是
一部部派佛教总结性的论书，据传是所谓"第四次结集"的成果，传
说是贵霜王朝迦腻色伽王与胁尊者召集五百比丘结集的。后来玄
奘又有"新译"二百卷。这部论书在中国佛教思想的发展中占有重

---

①《高僧传》卷三《宋黄龙释昙无竭传》，第 93－94 页。
②僧祐《贤愚经记》，《出三藏记集》卷九，第 351 页。
③《高僧传》卷三《宋河西浮陀跋摩传》，第 97 页。

要地位。

又宋元嘉中,有"释慧叡,冀州人,少出家,执节精峻。常游方而学,经行蜀之西界,为人所抄掠。常使牧羊,有商客信敬者,见而异之,疑是沙门,请问经义,无不综达,商人即以金赎之。既还袭染衣,笃学弥至。游历诸国,乃至南天竺界,音义诂训,殊方异义,无不必晓。后还憩庐山,俄又入关从什公谘禀。后适京师,止乌衣寺,讲说众经,皆思彻言表,理契环中"①。他是因为一个偶然机会到达南天竺的。后来他成为义学大师,又是梵文专家,谢灵运曾向他学习梵文。

又在北方,"后魏太武末年,沙门道药从疏勒道入,经悬度到僧伽施国,及返,还寻故道,著传一卷";"宋世高昌沙门道普,经游大夏,四塔道树,灵迹通谒,别有大传。又高昌法盛者,亦经往佛国,著传四卷"②。这些人和前面的智猛、昙无竭等都曾著有记录旅行经过的传记,今并不传。法显之后,求法僧人写作求法行纪形成传统,在学术上作出多方面的贡献。这也体现了中国佛教浓厚的学术品格。

《洛阳伽蓝记》记载了宋云、惠生西行事迹,略云:

> 闻义里有敦煌人宋云宅。云与惠生俱使西域也。神龟元年十一月冬,太后遣崇立寺比丘惠生向西域取经,凡得一百七十部,皆是大乘妙典……至正元(光)二(三)年二月,始还天阙。衙之按惠生《行纪》事多不尽录,今依《道荣传》、《宋云家纪》,故并载之,以备缺文。③

《洛阳伽蓝记》还转录了宋云、惠生、道荣传记,是今传《法显传》之后另一部略具规模的求法行记。

---

①《高僧传》卷七《宋京师乌衣寺释慧叡传》,第259—260页。
②《释迦方志》卷下,《大正藏》第51卷第969页下。
③《洛阳伽蓝记校注》卷五《凝圆寺》,第251—252,341—342页。

　　南北朝后期,西行求法活动渐趋消沉。一方面,当时南、北方处于更激烈的纷争战乱之中,社会上高涨起信仰潮流,成为对于以经典翻译、义学研究为主的佛教学术活动的反动;另一方面,佛教在西方的发展也处在停滞阶段,没有多少新的经典可供求取和输入。有关个别人的求法事迹,历史记载里重要的有北齐相州沙门宝暹、智周等十一人以武平六年(575)相继西游,往还七载,于隋开皇初回国,得到梵经凡二百六十部①。到隋唐时期,国家复归统一,形势渐趋昌盛,东、西交流得到恢复,印度佛教又有重大进展,玄奘、义净等新一代求法高僧遂登上历史舞台,掀起西行求法的又一个新高潮。相关情形下面将另有叙述。

　　西行求法本来是宗教活动,其十分明确的目的是解决佛教在中国发展面临的实际问题,“求法”、“取经”是其主要内容。如上所述,在高度发达的文化环境中发展的中国佛教具有重视经籍、重视理论思想的特征,求法活动正体现了这一特征。西行的高僧们满怀宗教冲动和热忱的求法活动,不是单纯的信仰实践。无论是为了解决教理的疑难,还是寻求规范僧团的戒律,都更关注学理层面。从而求法活动又进一步影响到中国佛教发展的方向:中国佛教在发展过程中力求把信仰确立在牢固的学理基础之上,因而一直十分注重经典的传译和解释,从而就要致力于寻求和吸纳外来佛教的思想和学术资源。另一方面众多僧人西行求法作为中国人主动地向西方学习的运动,对于当时的中国与外部的交流更起了重要作用。通过西行高僧们的眼睛,古代中国人认识了华夏之外的国度和人民,接触并吸收了他们的宗教与文化。古代中国乃是雄峙东方的泱泱大国,历史悠久,经济、文化高度发达,而求法高僧的活动表明,当时的中国人对于外国和外族的宗教与文化既不闭关自守,也不固步自封,而是采取积极、主动的态度去吸收和借鉴。

_____

①参阅《历代三宝记》卷一二,《大正藏》第49卷第102页上、104页中。

这样，中国人通过西行求法活动不只在宗教方面，更在众多的文化领域积极地接受外来滋养，从而丰富、充实了自身。古代中国人这种思想上、文化上虚心向学的主动精神，也成为中国文化生生不息、健全发展的推动力之一。

第八章 《般若》与玄学合流
——格义与六家

一

在本书《导论》里曾说到在中国具体环境下,不同社会阶层接受佛教情形的差异。这就涉及所谓民族文化的"大传统"和"小传统"。同时第三章又曾引述过鲁迅的一个论断,即汉代"小乘佛教亦入中土,渐见流传。凡此,皆张皇鬼神,称道灵异"云云,这是指当时输入的从上座部分化出来的根本说一切有部为主的佛传、本生之类经典,其中所宣扬的轮回报应、天堂地狱之类说教特别容易被一般民众所接受。但如前一章所介绍的,在佛教初传时期,系统阐发大乘教理的"般若"类经典也同时译介进来。抽象的理论本来难于被一般群众所了解和掌握,而印度佛教教理又特别繁琐、艰深,表述上更富于浓厚的思辨性格,与中国古典学术传统崇尚简约的风格全然不同。不过如下文将要说明的,这一类经典恰恰适应当时中国知识阶层的需要。任继愈主编的《中国佛教史》在论述支娄迦谶所译《道行般若》的传播时指出:

> 般若经类(是)用信仰改造人的理性,并让被改造过的理

性去论证信仰的一种典型……用智慧论证信仰的这种做法，
曾促使中国文化起了一个很大的变化。由于它的信仰主义采
取了尊重智慧、尊重理性的理论形式，从而使它能够上升成为
魏晋南北朝时期上流社会的一种新的文化装饰品，足以与玄
学清谈相互表里；由于它宣扬智慧必须服从它的宗教信仰主
义，也为它把宗教迷信部分推广到当时社会的最底层，创造了
有利的主观条件。①

关于佛教学术包括发达的六朝义学是否信仰主义的升华、是否上
流社会的装饰品又当别论，这里指出《般若》类经典以"智慧论证信
仰"的做法，具有"尊重智慧、尊重理性的理论形式"的特征，确实成
为中国知识阶层接受佛教的一个重要契合点，并在后来中国佛教
发展中造成长远的影响。这一点从《般若》类经典初传即已开启端
倪。后来"般若"思想结合本土的玄学得以传播与发展，玄学融入
般若空观的内容和方法而开拓出新局面，正是这种影响的集中体
现。而值得特别注意的是，般若空观教理体现的本来是与中土传
统全然不同的宇宙观、人生观、认识论、方法论，对于中土人士是完
全陌生的宗教哲学体系。而这一思想内涵十分丰富并具有重大理
论价值的外来的思想体系，却能够被具有悠久文化积累的中国知
识阶层所接受，逐渐融入到中国思想传统之中并持续发挥出巨大
的影响和作用，从而造成对于中国思想发展的重大贡献。

　　般若是梵语 prajñā 的音译，本义是"智慧"。不过在佛教教理
中，这不是世间一般的认识、知识、智慧即所谓"世智"，而是对宇宙
最高"真实"的"空"的证悟。般若作为大乘"六度"（六波罗蜜）之
一，也是大乘佛教信徒修证的六个主要科目之一。而"禅、慧双修"
更是中国佛教修持的主要内容，即把禅定（定）与般若（慧）特别并
列提出，作为"六度"之中两个最重要的科目。这也正反映中国文

---

① 《中国佛教史》第 1 卷第 321－322 页，中国社会科学出版社，1981 年。

化传统上"尊重智慧、尊重理性"的精神。

《般若经》是早期大乘佛教的经集,有长短不同的各种文本。前面已经说过,汉末支娄迦谶主要传翻大乘经典,译出《道行般若经》十卷三十品(179)。这是所谓《小品般若》即八千颂《般若》在中国的第一个译本。近半个世纪之后,支谦加以重译,所出名《大明度无极经》六卷三十品(222—228)。这个文本后来又有苻秦昙摩蜱共竺佛念的译本《摩诃钵罗若波罗蜜经钞》五卷十三品(265—)。再后来"旧译"大译家鸠摩罗什第四度重译,名《小品般若波罗蜜经》十卷二十九品(408)。到唐代玄奘编译《大般若经》六百卷,《小品》是其中的第四会(660—663)。直到宋代仍有新的重译本出现,即施护所出《佛母出生三法藏般若波罗蜜多经》二十五卷三十二品(982—)。

起初支谶翻译《道行般若》,"译人口传,或不领,辄抄撮而过,故意义首尾颇有格碍"①。颍川人朱士行在洛阳讲解,往往不能贯通,慨叹此经译理不尽,遂有于甘露五年西渡流沙寻求更完整的经本之举。他在于阗求得正品梵本九十章即二万五千颂的大本《般若经》,于太康三年遣弟子弗如檀(汉名法饶)送至洛阳。不久后的太康七年,又有于阗沙门祇多罗送来同一经本,经竺法护译出,是为《光赞般若波罗蜜经》十卷二十七品(286)。元康元年(291)于阗沙门无罗又于陈留仓垣水南寺加以重译,成《放光般若波罗蜜经》二十卷九十品。后来鸠摩罗什再度重译为《摩诃般若波罗蜜经》二十八卷(另有三十卷、四十卷本)九十品(404)。相对于《小品》,这几个译本即是所谓《大品般若》。唐玄奘编译《大般若经》,再加重译,编入其中为第二会。

大、小品《般若》不断地被重译,当然是基于对经典译文精益求精的要求,实际也表明了般若思想受到中土广泛欢迎的程度。而

---

① 《出三藏记集》卷一三《朱士行传》,第515页。

一种外来学说如此受到欢迎和重视,则由于它确实能够提供本土所缺乏而又具有实际需要的新鲜思想内容。

"般若空"是大乘佛教的基本观念。大乘佛教的整个教理体系就建立在这个观念之上。般若类经典作为庞大的经典群,长短不同的经本陆续结集起来,主要也就是阐释这个基本观念的。除了上述《小品》、《大品》之外,还有更短篇幅的《金刚般若波罗蜜经》,更长篇幅的《十万颂般若经》。到唐代,玄奘作了般若类佛典汉译的总结性工作,编译成《大般若经》六百卷,收录历代已经翻译的各种《般若》经典,又补充重译了未翻经典。关于《小品》和《大品》的关系,据晚近的研究,一般认为是从《小品》敷衍而成《大品》。而从内容看,二者基本是一致的。不过就对于中国思想文化的影响而言,由于二者翻译时间有前后,译语、译文也不相同,鸠摩罗什以前的"旧译"《小品》的译文更多体现老庄学说的影响,当时般若思想的传播又与兴盛的玄学发生密切关联,因而一时间《小品》也就更为流行。而从总体看,从玄学的角度来接受和发挥般若教理,必然包含对这一外来思想的无意的误解和有意的曲解。正是在与玄学的交流、交融中,般若思想被中国人所接受,逐渐渗透到中国思想、学术之中并发挥它的深远影响。

二

金岳霖指出:

　　释家在中国,无论如何在早期是受到中国思想影响的,实际上有一段时间披上了道家的法衣,道家可以说成了传播佛法的主要代理人。①

这里所谓"道家"有两方面含义：一是在粗俗方面，主要是神仙方术之说，佛教初传时曾被等同于中土传统的神仙方术；再是在精微方面，主要是指老庄和玄学，而玄学乃是儒学的老庄化，或者说是基于老庄观念所发挥的儒学。关于这一点，吕澂从玄学发展的角度作过简洁、概括的说明：

> 般若学说的流行与受人重视，是因为它与玄学有类似之处，当时我国玄学方面也有所发展。先是王弼、何晏的玄学重老，用《老子》解儒家的《易经》《论语》，学说的中心是主张从无生有。其后裴頠在此基础上发展一步，提出了"崇有"。到向（秀）、郭（象）时，注重解庄的途径（《庄子》，在此之前已经流行，但多局于文句的解释，此时则着重它的意趣所在，解释自由），从而主张"自然"之说，认为既非从无生，也非从有生，而是自生。②

这都表明，中国本土以老、庄为代表的道家，还有后来的魏晋玄学，给移植佛教般若学说提供了思想与学理的土壤。佛典翻译所介绍的陌生的般若学说正是利用、依附人们熟悉的老庄和玄学的观念、语言得以传播；而陷于困境的玄学则又借助般若学说开创出新的境界。在这样相互依附的状态中，佛教般若学经受了中国传统文化的洗礼而得以立足、发展，开创出中国佛学发展的一个重要潮流。

关于玄学的意义，唐长孺作过简要的说明：

> 魏晋玄学家抬出道家来有两种意义：一是重新发挥老子无为而治的主张，指导怎样做一个最高统治者，这种政治主张

---

① 《中国哲学》，《金岳霖学术论文选》第 352 页，中国社会科学出版社，1990 年。
② 《中国佛学源流略讲》，《吕澂佛学论著选集》第 5 册第 2501 页。

随着门阀的发展与巩固，实质上是要削弱君权，放任世家大族享受其特权；其二是一些不得意的士人，以愤世嫉俗的心情提出"自然"来反抗当局所提倡的名教。我们可以概括地分为正统的或在朝的玄学家与别派的或在野的玄学家。[①]

东汉桓、灵以后，朝政腐败，宦官、外戚专权。先是有清流起来反抗，终于酿成"党锢之祸"；继而民变蜂起，形成大规模的黄巾起义。东汉政权终于颠覆在牧守、豪强的混斗之中。接着是三国鼎立，国土分崩，战乱连年。在政治威权动摇、瓦解的形势下，被确立为思想统治基础而一家独尊的儒术，一方面束缚于训诂章句，又陷溺于古、今文对立和传承上的家法纷争，已经支离破碎，丧失新意；另一方面又先是变乱于谶纬神学，再受到外来佛学和民间教派道教的冲击，已经失去维系社会纪纲，维护思想、学术统一的效用。这样，久已罢黜的诸子之学被重视起来。三国魏明帝时杜恕上疏中说到："今之学者，师商、韩而上法术，竞以儒家为迂阔，不周世用，此最风俗之流弊，创业者之所致慎也。"[②]西晋傅玄上书武帝则说："近者魏武好法术，而天下贵刑名；魏文慕通达，而天下贱守节。"[③]鲁迅生动、具体地描述当时的形势说：

> 董卓之后，曹操专权。在他的统治之下，第一个特色便是尚刑名。他的立法是很严的，因为当大乱之后，大家都想做皇帝，大家都想叛乱，故曹操不能不如此。曹操曾自己说过："倘无我，不知有多少人称王称帝！"这句话他倒并没有说谎。因此之故，影响到文章方面，成了清峻的风格。——就是文章要简约严明的意思。

---

①《魏晋玄学之形成及其发展》，《魏晋南北朝史论丛》，第 323 页，生活·读书·新知三联书店，1978 年。

②《三国志·魏书》卷一六《杜畿传附子恕传》，第 502 页。

③《晋书》卷四七《傅玄传》，第 1317—1318 页。

　　　　此外还有一个特点，就是尚通脱。他为什么要尚通脱呢？
自然也与当时的风气有莫大的关系。因为在党锢之祸以前，
凡党中人都自命清流，不过讲"清"讲得太过，便成固执，所以
在汉末，清流的举动有时便非常可笑了……

　　　　更因思想通脱之后，废除固执，遂能充分容纳异端和外来
的思想，故孔教以外的思想便源源引入。①

这里所说"引入"的思想就包括佛教，而"异端"则主要是指老、庄。
后来刘勰记述魏晋的思想学术发展变化说：

　　　　魏之初霸，术兼名法；傅嘏王粲，校练名理。迄至正始，务欲
守文；何晏之徒，始盛玄论。于是聃周当路，与尼父争途矣。②

这也是表明玄理兴盛，玄学形成，出现唐长孺所分析的情况，乃是
整个社会形势发展的必然结果。

　　　佛教般若学的输入与传播，与玄学的出现和兴盛处在同样的
社会环境之下，有着大体相同的社会背景。一方面从总体说，佛教
作为个人救济的宗教，与玄学追求个人意识的觉醒有共通处；就具
体思维内容与思维方式说，二者都集中探讨宇宙本体问题，又都主
要使用理论思辨的方式。当然佛教的信仰和玄理的体悟是根本不
同的。不过其相通点正可以作为沟通二者的津梁。

　　　开创玄学的代表人物是何晏（193—249）和王弼（226—249）。
他们主要活动在正始时期（240—249），这一派被称为"正始名士"。
《晋书》记述说：

　　　　魏正始中，何晏、王弼等祖述《老》、《庄》，立论以为："天地
万物皆以无为本。无也者，开物成务、无往不存者也。阴阳恃

──────────

①《而已集·魏晋风度及文章与药及酒之关系》，《鲁迅全集》第 3 卷第 502 −
　503 页。

②范文澜《文心雕龙注》卷四，上册第 327 页，人民文学出版社，1961 年。

以化生,万物恃以成形,贤者恃以成德,不肖恃以免身。故无之为用,无爵而贵矣。"①

何晏字平叔,是汉大将军何进之孙,得宠于曹操,娶金乡公主,赐爵列侯,后来依附曹爽,在司马懿发动的"高平陵事变"中被杀。其著述多已散佚,完整保存的只有《论语集解》和《景福殿赋》,还有《道论》、《无名论》等论文的佚文。他统合儒、道,以老释儒,其《道论》说:

有之为有,恃无以生;事而为事,由无以成。夫道之而无语,名之而无名,视之而无形,听之而无声,则道之全焉。故能昭音响而出气物,包形神而章光影,玄之以黑,素之以白,矩之以方,规之以圆。圆方得形而此无形,白黑得名而此无名也。②

这就排遣了"事"和"名"二者,从而论证"道"作为万物本体,区别于具体的物,是"本无"的。这是他的基本思想主张。

王弼字辅嗣,是王粲的族孙,为何晏所知。其著作今存有《老子注》、《周易注》、《周易略例》;又有《论语释疑》、《老子指略》存有佚文。他的思想与何晏大体相同而更为系统。他明确提出"以无为本":

天下之物,皆以有为生。有之所始,以无为本。将欲全有,必反于无也。③

德者,得也,常得而无丧,利而无害,故以德为名焉。何以得德,由乎道也;何以尽德,以无为用。以无为用,则莫不载也。故物无焉,则无物不经;有焉,则不足以免其生。是以天地虽广,以无为心;圣王虽大,以虚为主……本在无为,母在无

———————————

①《晋书》卷四三《王戎传附王衍传》,第 1236 页。
②《列子》卷一《天瑞》张湛注。
③王弼注《老子道德经》下篇第四〇章注。

名,弃本舍母,而适其子,功虽大焉,必有不济;名虽美焉,伪亦必生……①

他把"无"和"有"确立为"本"和"末"、"母"和"子"的关系,进而发挥出"崇本息末"的主张。何晏在《无名论》里曾引用夏侯玄"圣人以自然用"而强调"自然"的观点。王弼加以发挥,主张"自然"之道。他注解《道德经》"道常无为",说"顺自然也";又说:

> 自然者,无称之言、穷极之辞也。②

玄学所谓"自然",义通庄子的"自化"③。庄子的"自化"观念把事物变化的原因归结到事物自身,以之作为无为而治的理据;而玄学家的"自然"观则更突显事物之本然,具有本体论的意味。这与早期翻译佛经使用"自然"在意义上是相通的。

这样,汉末兴起的辨析名理之风,至何、王而发生了根本转变。如唐长孺所指出:"初期名理学家大抵由检察名实,特别是由考察人物以至于循名责实使人位相称,因此与法家相近。一到稍后,便转入了道家……追求名理最后必然要归宿到无名。"④又东汉末年名士中间盛行所谓"清议"之风,讥评时事,臧否人物,是对现实政治进行批判的一种方式。到魏晋时期演变为清谈,则已基本丧失原来清议的批判精神,多是高谈玄远,不及世务了。何、王二人援引道家解释儒家学说,从观点到方法确立起玄学体系,造成中国思想和学术史的一大转变。

当初曹操不次选拔、录用人才,但又铲除异己,杀孔融、崔琰,流放祢衡,已在大力镇压不逊顺的知识分子。到齐王芳在位的正

---

① 王弼注《老子道德经》下篇第三八章注。
② 同上上篇第二五章注
③《庄子·秋水》:"物之生也,若骤若驰,无动而不变,无时而不移,何为乎? 何不为乎? 夫固将自化。"《则阳》:"虽有大知,不能以言读其所自化。"
④《魏晋玄学之形成及其发展》,《魏晋南北朝史论丛》第 322 页。

始时期,曹氏和司马氏纷争激烈,生存在政争夹缝里的士大夫处境更加危殆,造成"魏晋之际,天下多故,名士少有全者"①的局面。正始十年的"高平陵事变",司马懿一举诛杀曹爽和拥戴他的何晏、邓飏、丁谧、毕轨等人。其后司马氏专政,夏侯玄、李丰、嵇康、吕安先后被杀戮。这种恐怖政治使得名士们避祸唯恐不及。在这种背景之下谈老、庄,正可以规避世事,不犯时忌,成为知识阶层逃避现实政治的一种出路了。颜之推说:

> 何晏、王弼,祖述玄宗,递相夸尚,景附草靡,皆以农、黄之化,在乎己身,周、孔之业,弃之度外。而平叔以党曹爽见诛,触死权之网也;辅嗣以多笑人被疾,陷好胜之阱也;山巨源以蓄积取讥,背多藏厚亡之文也;夏侯玄以才望被戮,无支离臃肿之鉴也;荀奉倩丧妻,神伤而卒,非鼓缶之情也;王夷甫悼子,悲不自胜,异东门之达也;嵇叔夜排俗取祸,岂和光同尘之流也;郭子玄以倾动专势,宁后身外己之风也;阮嗣宗沉酒荒迷,乖畏途相诫之譬也;谢幼舆赃贿黜削,违弃其余鱼之旨也:彼诸人者,并其领袖,玄宗所归。其余枉棹尘滓之中,颠扑名利之下者,岂可备言乎!②

这样,思想、学术风气又一次发生大转变:西晋中期以后,在政治极度混浊的形势下,士大夫间兴起放荡恣情风气。本来何、王稍后的阮籍(210—263)、嵇康(224—263)等人基于政治环境和个人处境,张扬"越名教而任自然"的思想与作风,具有明显的批判现实的意义;但发展至元康年间(291—299)以后,名士间放荡纵恣、悲观堕落的风气已不可收拾,造成"崇本息末"一派的末流。出来挽救颓风的,是玄学中以裴頠(267—300)、郭象(252—312)为代表的"崇有"一派。

---

①《晋书》卷四九《阮籍传》,第 1360 页。
②王利器《颜氏家训集解》卷三《勉学》,第 178—179 页,上海古籍出版社,1980 年。

　　裴頠是晋开国功臣裴秀次子,惠帝时官至尚书左仆射。他"深患时俗放荡,不尊儒术,何晏、阮籍素有高名于世,口谈浮虚,不遵礼法,尸禄耽宠,仕不事事;至王衍之徒,声誉太盛,位高势重,不以物务自婴,遂相放效,风教凌迟,乃著崇有之论以释其蔽"①。他的作品有《崇有论》、《贵无论》(佚)、《辨才论》(未成,佚)等。其《崇有论》里说:

> 夫总混群本,宗极之道也。方以族异,庶类之品也。形象著分,有生之体也。化感错综,理迹之原也。夫品而为族,则所禀者偏,偏无自足,故凭乎外资。是以生而可寻,所谓理也。理之所体,所谓有也。②

他认为,世间的各类事物,都是相互依存的,是总的"理"的体现,此理即所谓"有"。他又说:

> 夫至无者无以能生,故始生者自生也。自生而必体有,则有遗而生亏矣。生以有为已分,则虚无是有之所谓遗者也。故养既化之有,非无用之所能全也;理既有之众,非无为之所能循也。③

他在这里又主张"自生",反对"无用"、"无为"和一切崇尚虚无之说。

　　郭象早年不应征辟,后来受到延揽,得到东海王司马越的器重,是清谈名家,"时人咸以为王弼之亚"④。今存《庄子注》,据传大部窃自向秀(227—272)注,真相如何,成为学术史上的公案。向注今仅存少量佚文,据考二注内容基本一致,属于同一学术流派是可以肯定的。郭注依据"崇有"的思路发挥"自生"、"独化"观念。他说:

---

①②《晋书》卷三五《裴秀传附裴頠传》,第1044页。
③同上,第1046页。
④余嘉锡《世说新语笺疏》卷上之下《文学》注引《文士传》,第206页。

　　无既无矣,则不能生有;有之未生,又不能为生。然则生
生者谁哉? 块然而自生耳。自生耳,非我生也。我既不能生
物,物亦不能生我,则我自然耳。自己而然,则谓之天然。天
然耳,非为也,故以天言之。以天言之,所以明其自然也,岂苍
苍之谓哉! ……故物各自生,而无所出焉,此天道也。①

因为万物块然自生,没有主宰,所以处在"自然"状态:

　　自然已具,固圣人无所用其己也。②

　　天也者,自然也。人皆自然,则治乱成败,遇与不遇,非人
为也,皆自然耳。③

正如整个玄学思潮具有激进、保守的不同倾向,"崇有"一派的思想
也可以做进取的或堕落的发挥。它的具有唯物色彩的内容可以看
作是挽救"本无"一派偏失的努力,而其着眼和肯定现世利益的立
场又可作为堕落纵恣世风的辩护。从总体看,裴頠、郭象等人推动
了有无、本末之辨的深化,对于理论思想的发展无疑是作出了相当
贡献的。

　　以上就是汉末至两晋玄学发展的大概情形。玄学讨论的基本
课题是本末、有无等本体问题。玄学家们作为当时的知识精英,在
特定的政治环境下,逃避现实祸患,把精神探索集中到抽象思辨的
玄学课题上来。作为本末、有无的本体问题的延伸,又探讨才性四
本、言不尽意、圣人有情、声无哀乐、宅无吉凶、自然好学以及养生
诸论等课题。玄学家们的活动的政治、社会意义以至个人品格等
等另当别论,他们对于宇宙本体问题的探索,他们对于逻辑思辨的
热衷,在思想史上确实作出了重大贡献,在学术史上更具有多方面
的价值。钱穆曾指出:"魏晋南北朝的学术思想,亦可以一言以蔽

————————————

① 《庄子注》卷一《内篇·齐物论》注。
② 同上卷二《德充符》注。
③ 同上卷三《大宗师》注。

之,曰'个人自我之觉醒'而已。"①鲁迅论及这一时期的文学,称之
为"文学的自觉时代"②,也有同样的意思。这实际上是表明,从更
深的层面看,玄学在以"天人之际"为基本课题的思想传统中,认识
和突出"人"的价值和意义,是思想史上前进的一大步。而佛教所
追求的正是"人"的解脱。就这一点说,在理论的深层,玄学和般若
正有相契合的地方。

如果说佛教输入中国有其适宜的土壤,从高层次的思想层面
说,这种土壤主要是玄学提供的。而且玄学发展的不同层次的内
容,又给与般若相互交流、相互推进提供了广阔的空间。许里和
指出:

> 公元 3 世纪末一些文人也在这种外来的"空"的教义中,
> 找到了一种新颖而又十分相似的思维方式。毋庸讳言,他们
> 对这种教义的解释,因各自的文化背景、对主题的片面选择以
> 及表达这些教义所用的特殊语言,附会了不少内容,也夹杂了
> 不少曲解。大乘概念如"智"或"明"(prajñā)、"空"(śūnyatā)、
> "寂"(sānti)和"方便"(upāya),自然而微妙地与玄学中的"圣"
> (saintliness)、"虚"(emptiness)、"无"(non-being)、"静"(tran-
> quility)、"无为"(non-activity)、"自然"(spontaneity)和"感应"
> (stimulus-and-response)相对应。对于有文化的阶层来说,大
> 乘佛教,主要是般若义,很可能正是由于这种似曾相识而对他
> 们产生了吸引力:因为大乘佛教所处理的差不多是同样的一
> 些基本概念,然而它却能把这些概念置于一个全新的角度,赋
> 予它们另一种更深的涵义,罩上一种超世俗的光环……同样,
> 佛教不仅将在道德上无差别的天道转变为一种超世间的非人
> 格的正义的载体,还通过"再生"教义由这个概念推出它的逻

①《国学概论》第 149—150 页。
②《而已集·魏晋风度及文章与药及酒之关系》,《鲁迅全集》第 3 卷第 504 页。

辑结论,如中国人通常所说的"神不灭"。"空和圣智"、"业报轮回"和"灵魂不死",这些是公元 4 世纪、5 世纪初最基本的也最有争论的佛教学说,我们可以假定这些也是最初吸引有文化的中国公众之注意的因素。①

这样,般若学与玄学相比附,相当顺利地被这里所说的"有文化的阶层"所理解和接受;而在进一步发展中,又能够从"全新的角度"发挥出"一种更深的涵义",树立起一种中土人士所陌生的"超世俗"的宗教思想,进而促进了佛教思想的独立发展②。

三

本来在最初的翻译经典里,借用老、庄语汇来翻译佛教概念是相当普遍的现象。后来随着玄学兴盛,中土人士更进一步由语汇的借鉴发展为玄理的比附。这种状况也正体现了般若教理的传播逐步深化的过程。

从汉末魏晋老、庄重新被重视到玄学发展到极盛的时期,也正是佛教大规模输入中土、佛经大量传翻的时期。汤用彤说:

> 魏晋佛学为玄学之支流,自亦与之有关系,今请进而论之。玄学之发达乃中国学术自然演化之结果,佛学不但只为其助因,而且其入中国本依附于中华之文化思想以扩张其势

---

① 《佛教征服中国》第 96—97 页。

② 有的学者根据支谶翻译《道行般若》在玄学形成之前,认为般若依附玄学而传播的看法与历史顺序不合。但经典的传译与思想的理解、传播是两码事:初期大乘经包括《般若》类经典的翻译可能与玄学无关,而更多借用老、庄语言和概念来翻译和解释般若教理,其思想被中土知识阶层所接受,则正是借助了兴盛的谈玄之风是无可怀疑的。

力。大凡外国学术初来时理论尚晦，本土人士仅能做枝节之比附。及其流行既久，宗义稍明，则渐可观其会通。此两种文化接触之常例，佛学初行中国亦然。其先比附，故有竺法雅之格义。及晋世教法昌明，则亦进而会通三教。于是法华权教，般若方便，涅槃维摩四依之义流行，而此诸义，盖深合于中土得意忘言之旨也。①

这里把初期的佛学视为玄学的支流，指出它依附于玄学流传并被接受；而依附的方式，初期形式主要是使用词语相比附的"格义"，这即是所谓"枝节之比附"，后来才逐渐发展为义理的会通。

前面讲早期译经，说到在勘定佛学名相译语时，常常借用汉语固有语汇，特别是老、庄概念。后来把这种办法称为"格义"。汤一介曾指出：

> 仅就支谦译《般若波罗蜜经》为《大明度无极经》，改用这一名称，也可以看出佛教是迎合了当时以老庄思想为核心的玄学思潮。把"般若"解为"大明"，当是取自《老子》的"知常曰明"；把"波罗蜜"解为"度无极"（达到无极），也是取自《老子》的"复归于无极"。②

这里举出的是一个典型例子。实际这在当时也是一种不得已而为之的方法。总结这种办法，提出"格义"概念的，据现存文献，是后来活动在石赵的竺法雅。而作为概念总结出来，当然是在这种方法广泛流行之后：

> 法雅，河间人，凝正有器度。少善外学，长通佛义，衣冠士子，咸附谘禀。时依门徒，并世典有功，未善佛理，雅乃与康法

① 《言意之辨》，《汤用彤学术论文集》第 228 页。
② 《魏晋玄学与魏晋时期的佛教》，《佛教与中国文化》第 14 页，宗教文化出版社，1999 年。

朗等，以经中事数，拟配外书，为生解之例，谓之格义。①

有关"格义"，还有后来慧远的例子。他二十四岁还在作道安弟子的时候，已经开始讲经，"尝有客听讲，难实相义，往复移时，弥增疑昧。远乃引《庄子》义为连类，于是惑者晓然。是后安公特听慧远不废俗书"②。这表明到慧远时代，即四、五世纪之交，格义仍然是理解佛义的有效手段，但已经不被认为是正当方法了。

佛典的"事数"即后来所谓"名相"，是构成教义的基础，也是理解教理的关键。《世说》记载竺法汰是道安同学，曾辨析"六通"、"三明"异名同归（《文学》）。又如：

> 提婆初至，为东亭第讲《阿毗昙》。始发讲，坐裁半，僧弥便云："都已晓。"即于坐分数四有意道人更就余屋自讲。

余嘉锡据《出经序》记载"提婆以隆安初至京师，（东亭侯）王珣迎至舍"，谓"东亭第，当在建康"③，这里是说提婆在建康王珣家里讲解疏释名相的《阿毗昙》。又：

> 殷中军被废，徙东阳，大读佛经，皆精解。唯至"事数"处不解。遇见一道人，问所签，便释然。

刘孝标注：

> 事数：谓若五阴、十二入、四谛、十二因缘、五根五九（力）、七觉之声（属）。④

殷中军即殷浩（？—356），是东晋权臣，晚年与权倾朝野的桓温构隙，晋穆帝永和十年（354）被忌害流放到东阳之新安，开始热心阅

①《高僧传》卷四《竺法雅传》，第152页。
②同上卷六《慧远传》，第212页。
③《世说新语笺疏》卷上之下《文学》，第236、242—243页。
④同上，第240页。

读佛经。从《世说新语》的这些记述看,当时社会上层接触佛教已经相当普遍,但是那些"事数"仍不被像殷浩那样的名士所了解。这种状况也表明当初佛教经典里那些中土本来没有的概念借用汉语来表达和理解是多么困难:一方面其内涵本来是完全陌生的、难于透彻了解的;另一方面也不易选择更合宜的词语来准确地加以表述。

　　这样,中国特有的语言环境就起到重要作用了:中国文化底蕴积累丰厚,十分集中地体现在语言方面。假如没有汉语长期发展所积累起来的丰富语汇,翻译佛教新概念就必须采取创造新词或使用音译办法。但汉语语汇不但数量特别巨大,其所负载的内容更无限丰富,足以提供外语翻译使用与借鉴。正是在这样的基础之上,早期佛典翻译才有可能"以经中事数,拟配外书",就是使用汉语现成词语来表达佛教概念。这种"拟配"作为翻译方法,当初本来是权宜之计,却又被当作理解外来概念真义的方便途径。而这两种语文的概念能够"拟配",基本是由于二者有意义可以相通之处;但事实上二者并不等同,翻译时只能当作同义词来使用。这就不可避免地造成意义上的混淆,即把汉语本来的意义等同于佛典本来的概念了。这样的"格义",作为翻译方法,固然给初接触佛教的中土人士提供了一种接受陌生教理的方便、快捷的途径,也大有助于外来佛教的传播,但却又不可避免地造成对外来概念和义理的曲解或误解。不过,这种曲解或误解当时却又成为中国人所认识和接受的佛教的内容。

　　翻译过程中利用汉语固有词语来表达外来佛教名相,具体情况又有种种不同。这也体现当初探索、尝试的艰难。大体可分为两类情形。一类显然是对佛教名相的本义理解有问题,如把四谛中的"集谛"译为"习";"灭谛"译为"尽";五蕴中的"受"译为"痛";"无我"译为"非身";"轮回"译为"生死";"禅定"译为"一心"等等。翻译这些名相时,或者是对概念本义没有确切把握,或者是没有找到更准确的汉语词。这类情形中翻译词语与原来概念在意义上的差异很明显。当然这其中也包含翻译者语文水平方面的问题。另一类则是当初译者有意识地借用中国传统观念来表述佛教教理、教义，经常被借用的是道家概念。如把"真如"译为"本无"，把"涅槃"译为"无为"，用"无为大道"、"自然"来说明佛道，用"反其源而归其本，始出其根"①来说明解脱，等等。这固然由于道家思想与佛教教理有相通之处，但二者间的差异同样是十分明显的。而翻译《六度集经》大量使用儒家的"仁"、"孝"、"忠"、"爱"之类词语，甚至有"诸佛以仁为三界上宝"②之类说法，则更明显地是把佛教与儒家两者的伦理相等同了。又如其中《微察王经》说到：

> 深睹人原，始自本无生。元气强者为地，软者为水，暖者为火，动者为风，四者和焉，识神生焉。上明能觉，止欲空心，还神本无……神依四立，大仁为天，小仁为人，众秽杂行为蜎飞蚊行蠕动之类。由行受身，厥形万端。识与元气，微妙难睹，无形系发，孰能获把？然其释故禀新，终始无穷矣。王以灵元，化无常体，轮转五途，绵绵不绝。③

这一段译文，更是综合运用了儒家、道家和"元气"论来说明"人我空"的道理，可以看作是翻译中借用汉语语汇把佛教教理与中土传统思想相融合的典型表现④。

---

①《太子瑞应本起经》卷上，《大正藏》第 3 卷第 476 页上、中。

②《六度集经》卷四《戒度无极章》，《大正藏》第 3 卷第 18 页下。

③同上卷八《明度无极章》，《大正藏》第 3 卷第 51 页中。

④许多学者拿汉译佛典对照现存梵文原典或更准确地迻译原典的藏译本，指出佛典原有概念及其汉译的复杂关系。梅维恒指出："在汉文的佛教译经和它们的梵文原本之间，几乎从来没有存在过一种精确的对应关系，相反在藏文译经和它们的梵文原本之间却比较有可能建立对应关系。Brough 在他的《圣勇〈菩萨本生鬘论〉的汉译伪本》(*The Chinese Pseudo-Translation of Árya-Sūraś-Jātaka-mālā*) 一文中饶有趣味地描叙了一个整个经文（转下页）

到了道安时代,已经认识到格义办法的缺陷。他说到阅读支娄迦谶《道行般若》的情况:

> 然凡谕之者,考文以征其理者,昏其趣者也;察句以验其义者,迷其旨者也。何则?考文则异同每为辞,寻句则触类每为旨。为辞则丧其卒成之致,为旨则忽其始拟之义矣。若率初以要其终,或忘文以全其质者,则大智玄通,居可知也。①

就是说,按当时的理解,如果对支娄迦谶的译文"考文"、"察句",已难于正确理解其真正意旨了。僧叡则说:

> 昔汉室中兴,孝明之世,无尽之照,始得辉光此壤,于二五之照,当是像法之初。自尔已来,西域名人安侯之徒,相继而至,大化文言,渐得渊照边俗,陶其鄙倍。汉末魏初,广陵、彭城二相出家,并能任持大照,寻味之贤,始有讲次。而恢之以格义,迂之以配说。下至法祖、孟详、法行、康会之徒,撰集诸经,宣畅幽旨,粗得充允,视听暨今。附文求旨,义不远宗,言不乖实,起之于亡师……②

这是说"格义"是从安世高译经起就普遍采用的方法,直到故去的老师道安才改变局面。这后一点实际是回护老师的说法。如下面将要指出的,道安也并没有从根本上超脱"格义"的窠臼。他又说:

(接上页)都被错误地理解和翻译的明显例子。即使在可以找到与一部汉文译经相对应的梵文原经或非常忠实于原著的藏文译经的情况下,在确定术语的等同关系时也应持一种谨慎小心的态度。应该说在汉语中还是有一些比较确定的佛教术语的,但是它们首先是适合汉语自身特点的,其次才是与梵文相对应的。事实上这些术语本身不断地在变化,在不同的历史时期,同一个梵文单词或概念可以被译成几个汉语词汇。"《唐代变文》(Tang Transformation Texts)上册第 143 页,杨继东、陈引驰译,中国佛教文化出版有限公司,1999 年。

①《道行经序》,《出三藏记集》卷七,第 263 页。
②《喻疑》,《出三藏记集》卷五,第 234 页。

　　　　自慧风东扇,法言流咏以来,虽曰讲肆,格义迁而乖本,六
　　家偏而不即。性空之宗,以今验之,最得其实。然炉冶之功,微
　　恨不尽,当是无法可寻,非寻而不得也。何以知之? 此土先出诸
　　经,于神识性空,明言处少,存神之文,其处甚多。《中》《百》二
　　论,文未及此,又无通鉴,谁与正之? ……自非般若朗其闻慧,总
　　持铭其思府,焉能使机过而不遗,神会而不昧者哉![①]

这就更尖锐地指出,在他之前讲经使用"格义"办法,迁曲而乖离经
典本义,解释般若的"六家"均属偏颇而未及根本。他分析其原因
是由于无法可寻,所以前此译出的经典多有"存神"即肯定灵魂实
有的文字,而对"神识性空"明言处少。这里所说的状况显然与中
国传统思想,特别是和道家思想的影响有关。僧叡作为鸠摩罗
什高足,在中观论书已经传译之后,对老、庄的"无"与般若的"空"
能够更明确加以分疏,所以对"格义"的弊病也就认识得更清楚了。

　　"格义"作为翻译佛典方法,有歪曲,有误导,后来随着佛典输
入渐多,人们对佛理的认识渐明,理所当然地被批判、淘汰了。但
作为佛教输入中土早期的产物,其作用和贡献是不可否定的。而
且就佛教作为陌生的外来文化产物输入中国的具体环境而言,又
有其必然性与合理性。一方面,它作为佛教输入并融合进本土文
化的一种途径,对于其教理在中国的传播起了重大作用。而从更
广阔的角度看,"格义"所造成的不可避免的歪曲与误解,又是佛教
被中土人士"改造"、逐步实现"中国化"的一种具体方式。实际上
外来的佛教正是掺杂着有意、无意的曲解被传播和接收的,而中国
佛教又正是在不断地克服这种歪曲、误解的过程中向前发展的。
因此所谓"格义佛教"乃是外来佛教与中国本土文化相交流、相融
合的一种初级形态。就这个意义看,如蜂屋邦夫所说:

————————

[①]《毗摩罗诘提经义疏序》,《出三藏记集》卷八,第311-312页。

三家以前（下述僧肇作批评的般若三家），流行过配合中国故有观念来解释印度事数观念的竺法雅等人的格义，而如果说以中国思想解释印度佛教思想本身为广义的格义，那么中国初期佛教就是格义佛教，三家义即是它的代表。①

而陈寅恪更进一步说：

尝谓自北宋以后援儒入释之理学，皆"格义"之流也。佛藏之此方撰述中有所谓融通一类者，亦莫非"格义"之流也。即华严宗如圭峰大师宗密之疏盂兰盆经，以阐扬行孝之义，作原人论而兼采儒道二家之说，恐又"格义"之变相也。然则"格义"之为物，其名虽罕见于旧籍，其实则盛行于后世，独关于其原起及流别，就予所知，尚未有确切言之者。以其为我民族与他民族二种不同思想初次之混合品，在吾国哲学史上尤不可不纪。②

这里陈寅恪把视野拓展一大步：佛教在中国的发展可以说是对外来佛教的广义的"格义"。从这样的角度，更可以看出早期"格义"的贡献及其深远影响。

四

前面说到作为用语的比附的"格义"，当然包含有思想内容方面的交流。早期译经在观念上受到玄学的影响是很明显的。玄学接受佛学的影响，吕澂就曾推测"王弼受般若思想的影响也是有可

---

① 《空と老莊思想の無》，《佛教思想7 空（下）》第 659 页，平乐寺书店，1982 年。
② 《支愍度学说考》，《金明馆丛稿初编》第 154 页。

能的"①。不过从总体看,早期二者的交流还较单纯、较肤浅。后来随着中国佛教的发展,表述更准确的佛教名相被系统地楷定下来,造成语义的歪曲或混淆的那种本来意义的"格义"的缺陷也就逐步克服了。但随着佛教在中土发展、佛学研习不断深入,玄学给予般若学的影响却并无稍减,而是更加深入了。这实际是更高层次的"格义",即超越词语的比附而达到思想的会通。这对于中国佛教后来发展所起的作用更为巨大和深远。

前面引述僧叡的话,讲到"六家"即中土早期般若学的六个派别。它们都是以玄学的观点、玄学的方法来理解般若空观的,即在理论上把般若与玄学相沟通了。这是般若学理依附玄学而发展的更发达、也更典型的形态。如上所述,般若学本是中土佛教初传时期即已传译的大乘佛学的基本教理,而中土的般若"六家"则是当时中国佛教发挥般若空观的六种基本理论。这种沟通也正体现了中国佛教教理发展的大趋势。

形成般若六家与当时僧团的活动形态有直接关系。就是说,汉魏时期参与早期译经的汉族人,都还不是居于中土文化主流的人物。这也是造成当时译文水平不高的重要原因之一。两晋以降,随着佛教传布到社会上层即逐渐浸入主流文化阶层,无论是本土僧人,还是不同程度上、出于不同目的对佛教感兴趣的人,都有一批具有高度水平文化的人士。如许里和所指出:

> 佛教在士大夫阶层中的传布几乎全然是中国人的事务,外国传教者几乎无法参与进去。在整个公元四世纪,它由人数有限的最有名望的中国僧人完成,他们的名字反复出现于同期文献中。帛远、竺道潜、支遁、竺法雅、释道安、释慧远和释慧持无疑是在士大夫阶层传布佛教的过程中扮演领导角色的大师……他们实际上全部生于士大夫家庭。可以这样说,

①《中国佛学源流略讲》,《吕澂佛学论著选集》第 5 册第 2484 页。

> 他们是僧团的文化和社会先锋,由学识渊博和十分受人敬仰
> 的"士大夫僧人"(gentlemen-monks)组成……①

这样,有学养的本土僧人理所当然地逐渐成为社会上推动佛教传播,特别是研究佛教学术的主力。而除了众多名僧,还有更多相信或热衷佛说的名士。当时的情况是,僧人要进入主流社会、造成声望也必须具备名士的风范和修养。结果名僧谈玄、名士习佛成为风气。在二者相互交流、相互促进中,促成中土般若学"六家"的形成与发展,也扩展了佛教在社会上的势力和影响。

例如西晋时的支孝龙是般若学者,传为陶潜所著《群辅录》具体记载所谓"八达"是董昶、王澄、阮瞻、庾敳、谢鲲、胡毋辅之、沙门于法龙、光逸等八个人②,这里的于法龙就是支孝龙。这是一位典型的与名士结交的名僧。他和"陈留阮瞻、颖川庾凯(敳)并结知音之交,世人呼为'八达'。时或嘲之曰:'大晋龙兴,天下为家,沙门何不全发肤,去袈裟,释胡服,被绫罗?'龙曰:'抱一以逍遥,唯寂以致诚。剪发毁容,改服变形,彼谓我辱,我弃彼荣。故无心于贵而愈贵,无心于足而愈足矣。'"③他"常批味《小品》,以为心要",后来竺法护译《放光般若》,他批阅旬日,便就开讲。他的事例典型地体现了般若学在名僧与名士间流行的盛况。

又如竺道潜出身于琅琊王氏,本是世家子弟。当时不少名僧是名士出身,这也成为般若与玄理交流的条件。《世说新语》记载他的逸事:

> 竺法深(道潜字)在简文(司马昱)坐,刘尹(惔)问:"道人何以游朱门?"答曰:"君自见其朱门,贫道如游蓬户?"或云

---

①《佛教征服中国》第一章《绪论》,第 11 页。
②《群辅录》,《龙威秘书》本。
③《高僧传》卷四《晋淮阳支孝龙传》,第 149 页。

卞令。①

这里的对答仿佛后来禅门的机锋俊语。竺道潜的这种处世态度，显然体现了老、庄虚而待物、与世浮沉的人生观念。名僧们大体都有相当的外学修养，特别是对作为名士必要学养的"三玄"(《周易》和《老》、《庄》)更为熟悉。竺道潜"永嘉(307—313)初，避乱过江。中宗元皇(司马睿)及肃祖明帝(司马绍)、丞相王茂弘、太尉庾元规，并钦其风德，友而敬之。建武(317—318)、太宁(323—326)中，潜恒着屐至殿内，时人咸谓方外之士，以德重故也。中宗、肃祖升遐，王、庾又薨，乃隐迹剡山，以避当世。追踪问道者，已复结旅山门。潜优游讲席三十余载，或畅《方等》，或释《老》、《庄》，投身北面者莫不内、外兼洽"②。他显然是把《方等》和《老》、《庄》等同对待的。这里《方等》主要是指般若类经典。

僧人参与清谈，有僧意的例子：

> 僧意在瓦官寺中，王苟子(修)来，与共语，便使其唱理。意谓王曰："圣人有情不?"王曰："无。"重问曰："圣人如柱邪?"王曰："如筹算，虽无情，运之者有情。"僧意曰："谁运圣人邪?"苟子不得答而去。③

"圣人有情"本是玄学的重要论题。僧意直接参加了相关论辩。又如康僧渊，《世说新语》记载：

> 康僧渊初过江，未有知者，恒周旋世肆，乞索以自营。忽往殷渊源(浩)许，值盛有宾客，殷使坐，粗与寒温，遂及义理。语言辞旨，曾无愧色。领略粗举，一往参诣。有是知之。④

①《世说新语笺疏》卷上之上《言语》，第108—109页。
②《高僧传》卷四《晋剡东仰山竺法潜传》，第156页。
③《世说新语笺疏》卷上之下《文学》，第238—239页。
④同上，第231—232页。

《高僧传》又记载：

> 康僧渊，本西域人，生于长安。貌虽梵人，语实中国，容止
> 详正，志业弘深。诵《放光》、《道行》二波若，即大、小品也。晋
> 成之世(326—342)，与康法畅、支敏(愍)度等俱过江。

他后来与王导、庾亮、殷浩等名流交往，也是活跃一时的名僧。又：

> (康法)畅亦有才思，善为往复，著《人物》、《始义》论等。
> 畅常执麈尾行，每值名宾，辄清谈尽日……敏度亦聪哲有誉，
> 著《译经录》，今行于世。渊虽德愈畅、度，而别以清约自处，常
> 乞丐自资，人未之识。后因分卫之次，遇陈郡殷浩。浩始问佛
> 经深远之理，却辩俗书性情之义，自昼至曛，浩不能屈，由是
> 改观。①

《世说新语》只记载说殷浩和康僧渊谈论“义理”，《高僧传》则具体
说到他们是佛理和玄义兼论的。

　　与康僧渊一起来到江南的支愍度，是般若“心无”义的倡导者。
《世说新语》有记载说：

> 愍度道人始欲过江，与一伧道人为侣，谋曰：“用旧义在江
> 东，恐不办得食。”便共立“心无”义。既而此道人不成渡，愍度
> 果讲义积年。后有伧人来，先道人寄语云：“为我致意愍度，无
> 义那可立？治此计，权救饥尔。无为遂负如来也。”②

这是带有讥刺色彩的记录，是说确立一种般若新义，不过是为了猎
取名誉、地位。实际玄学讲论也有同样的意味。

　　当时最具代表性的名僧当数支道林即支遁，他是完全不同于
外来译师的本土出身的学僧，也是善于玄谈的名士。法国著名汉

---

①《高僧传》卷四《晋豫章山康僧渊传》，第150—151页。
②《世说新语笺疏》卷下之下《假谲》，第859页。

学家戴密微指出:"需要有一位佛教僧人(指支遁——著者)来把古代伟大的道家传统的线索重新连接起来。释、道两家彼此渗透:佛教因道家而变得清楚了,但是道家也借助于佛教而变得显赫了。"①支遁正担负起这样的历史任务:他一方面依附玄学树立起般若学的新命题(所谓"即色宗"),另一方面以外来的般若教理扩充了玄理的内容,从而使二者相互交融,推进了中国佛教思想的发展。这样,无论是对于当代的学理还是学风,他都有所建树。有关他的情况,本书下面还有介绍。

所谓"六家七宗",由于材料缺失,不仅相关学说的内容已难以构成系统,甚至有关宗派的划分也多有分歧。据近人研究,其名目一般以唐元康《肇论疏》记载宋昙济所述为接近史实:

> 梁朝释宝唱作《续法论》一百六十卷云,宋庄严寺释昙济作《六家七宗论》,论有六家,分成七宗:第一本无宗,第二本无异宗,第三即色宗,第四识含宗,第五幻化宗,第六心无宗,第七缘会宗。本有六家,第一家分为二宗,故成七宗也。②

从中国佛教思想史发展看,自从鸠摩罗什更系统、准确地传译大乘典籍,特别是他传译了中观论书,中土人士才能够比较精确地理解般若空观的真义。罗什弟子僧肇对前此"众论竞作"的般若学作出总结性的批判。他针对的是其中主要的三家,在《不真空论》中说:

> 夫至虚无生者,盖是般若玄鉴之妙趣,有物之宗极者也。自非圣明特达,何能契神于有无之间哉。是以至人通神心于无穷,穷所不能滞;极耳目于视听,声色所不能制者,岂不以其即万物之自虚,故物不能累其神明者也……故顷尔谈论,至于

---

① 崔瑞德等主编《剑桥中国秦汉史》(Denis Twitchett and Douglas Loewe: *The Cambridge History of China*, Volume Ⅰ, Cambridge Press 1986)第 906 页,杨品泉等译,中国社会科学出版社,1992 年。
② 《大正藏》第 45 卷第 163 页上。

虚宗，每有不同。夫以不同而适同，有何物而可同哉？故众论
竞作，而性莫同焉。何则？心无者，无心于万物，万物未尝无，
此得在于神静，失在于物虚。即色者，明色不自色，故虽色而
非色也；夫言色者，但当色即色，岂待色色而后为色哉！此直
语色不自色，未领色之非色也。本无者，情尚于无，多触言以
宾无；故非有，有即无，非无，无亦无。寻夫立文之本旨者，直
以非有非真有，非无非真无耳。何必非有无此有，非无无彼
无？此直好无之谈，岂谓顺通事实、即物之情哉！①

这里所批判的三家的内容，容后面予以说明。首先从总体看，般若
诸家所论，都不出玄学所讨论的心物、本末、有无的理论框架。僧
肇批评的本无、心无各自成派，含识、幻化、缘会三宗现存资料更为
简略，且多为晚出，显然在当时流行有限，大体和即色宗所主张的
色相幻化而心识真实的道理可归为一类。因此僧肇的归纳、批评
应当说是相当全面的。关于各派代表人物，历史资料记述中也有
所不同。最重要的是本无一派。汤用彤综合诸说以为其代表人物
是释道安。但是僧叡在《毗摩罗诘提经义疏序》里批评"六家偏而
不即"说到释道安的学说：

性空之宗，以今验之，最得其实。②

他在《大品经序》里又说：

而经来兹土，乃以秦言译之，典谟乖于殊制，名实丧于不
谨，致使求之弥至，而失之弥远。顿辔重关，而穷路转广。不
遇渊匠，殆将坠矣。亡师安和尚凿荒途以开辙，标玄旨于性
空，落乖踪而直达，殆不以谬文而为阂也。亹亹之功，思过其

①《肇论》，《大正藏》第 45 卷第 152 页上。
②《出三藏记集》卷八，第 311 页。

半，迈之远矣。①

依这些说法，释道安是在六家之外而超越六家的，可称为"性空"宗。这样，本无一派的代表就当另有其人。吕澂以为应是竺法汰，又有人以为是竺法深②。而实事求是地从发展的观点来看释道安的思想，前后期有较大变化。前期受玄学影响较深，而后期则更接近大乘中观学说的真谛。所以僧叡的说法固然有回护、推崇老师的意思，也确是从发展角度来看待释道安的思想、学说的。总之，不管如何分派，代表人物是谁，从汉末到五世纪初即鸠摩罗什师弟子大力弘扬中观学说这二百余年间，中土般若学一直在玄学学理的笼罩之下。直到僧肇、僧叡等人出来，发挥中观非空非有、空有不二的真义，才替中土大乘佛学开拓出新的局面。

根据前面引述《世说新语·假谲》篇"愍度道人始欲过江"条的记载，立"心无"义的是支愍度。刘注云：

> 旧义者曰："种智有是，而能圆照。然则万累斯尽，谓之空无；常住不变，谓之妙有。"而无义者曰："种智之体，豁如太虚，虚而能知，无而能应。居宗至极，其唯无乎？"③

又竺法温有《心无论》说：

> 夫有，有形者也；无，无像者也。然则，有象不可谓无，无形不可谓无（有？——陈寅恪校）。是故有为实有，色为真色。经所谓"色为空"者，但内止其心，不滞外色。外色不存，余情之内，非无如何？岂谓廓然无形，而为无色乎？④

按前一资料，旧义认为般若一切种智无所不知，常住不变，因而是

"妙有";支愍度则认为一切种智作为心体,虚而能知,无而能应,所以是无。这是从心体方面说的。按后一资料,"心"泛指心识。与前文所指含义有所不同。但相对于"物",则如僧肇批评的"心无者,无心于万物,万物未尝无。此得在于神静,失在于物虚"。根据这一分析,无论对于"心"如何理解,"心无"义都是肯定万物实有,所谓"色空"不过决定于"内止其心,不滞外色",即如元康《肇论疏》所说:"但于物上不起执心,故言其空;然物是有,不曾无也。"①这样,"心无"义就是认为不仅万物未尝无,"心"也是有的,所求为主观的"空",没有认识到"心"和"物"都是"假有"。这实际还是玄学"至人之心"的看法,属于"崇有"一派的主张。所以陈寅恪说:"新义者则采用《周易》《老》《庄》之义,以助成其说而已。"②许里和认为"向秀、郭象认为圣人在与万有世界接触时保持内在'空寂'和无心,在这些方面,他(支愍度)的思想与向、郭的思想极为相似"③。

支道林是"即色宗"的代表。现存有关资料同样残缺,且内涵多有矛盾之处④。但依据有限记载,可以推测学说的大概。《世说》注引他的《妙观章》所述即色义:

> 夫色之性也,不自有色。色不自有,虽色而空。故曰色即为空,色复异空。⑤

这里意思是说:万法本身是没有自性的;因为没有自性,万法就是空而不实的,所以说它就是空,但又并不等于空。支谦译本《维摩经》(这是支道林所看到的译本)的《不二入品》里爱觐菩萨论"不

---

①《肇论疏》卷上,《大正藏》第45卷第171页下。
②《支愍度学说考》,《金明馆丛稿初编》第143页。
③《佛教征服中国》第167页。
④后出吉藏《中观论疏》卷二提出"即色有二家,一者关内即色义……次支道林著《即色游玄论》",认为僧肇所呵为前者,《大正藏》第42卷第29页上。
⑤《世说新语笺疏》卷上之下《文学》,第223页。

二法门"说："世间空耳，作之为二：色、空。不色败空，色之性空。"①支遁发挥的就是这种观点。僧肇批评说"即色者，明色不自色，故虽色而非色也；夫言色者，但当色即色，岂待色色而后为色哉！此直语色不自色，未领色之非色也"。吕澂分析僧肇这段话说：

> 僧肇批评"即色宗"有两个错误：一个是把色看成是概念化的结果，单纯从认识论上来理解空性；另一个是不了解所谓非色、色空，也就是假有之意；没有假有，也无所谓空。这是由于当时的般若理论有了全面的介绍，认识到缘生为空的道理：诸法即是缘起，是假有，同时也就是空，不实在；绝不可以在缘起、假有之外，概念化之后，才有所谓空。②

支道林虽然还没有深入理解"缘起性空"、"实相空"的真谛，但他已认识到色、空不一不异的关系。比起当时一般地纠缠在"本无"、"心无"的理解来，他的认识显然已经前进了一大步。他理解般若空观的这种玄理上的超越，应是他争得名士们赞赏的一大原因。许里和指出：

> 向秀和郭象已经明确地否定了创生力量或者"物"背后永恒本体的存在："物物者无物"(《庄子注》卷七《应帝王》——著者)，万物自发地自生。支遁的理论代表了佛教对此种思想的精致描述。

他又评论支遁的《大小品对比要抄序》说：

> "理"这个概念在汉以前已被几个作者在不同的意义上使用过，但在这里(就我们所知是第一次)"理"却获得了一种新

①支谦译《维摩诘所说不思议法门经》卷下《不二入品》，《大正藏》第 14 卷第 531 页中。
②参阅《中国佛学源流略讲》，《吕澂佛学论著选集》第 5 册第 2512—2513 页。

的和更为抽象的涵义,表明中国宇宙论和自然观已与佛教超
验的"真理"(真如)观念融合在一起。这种佛教对中国思想的
重大贡献,最先在下面这些十分重要的段落中得到证明……
对支遁思想的评价构成了一个难题。至少在这里,佛教因素
似乎被限定为超越分别之有限性的绝对观念(absolutum),而
与 tathatā(真如)对应,它在玄学概念体系中可以表述为诸如
"尽无"、"玄"、"真"或"理"等。这个事实的重要性,它代表中
国思想开始进入一个新阶段……尽管这种"有""无"统一于更
高层次上的真理,在中国古代思想中并非没有先例,如王弼
《道德经注》的某些章节,似乎就预示了这种发展,但公元 4 世
纪中期以降的佛教思想家却对此着重加以强调和描述……基
本的事实是:思辨思想,主要是玄学,到此时已成为一个新的
群体,即有文化的僧人的活动领域,在这些僧人中,支遁是一
个著名的例子。①

按吕澂的看法,主"本无"义的是竺法汰(320—387)。他是道
安同学,二人同事佛图澄。这是根据唐人元康的看法,认为僧肇所
破是他的观点:

> 本无者,情尚于无,多触言而宾无;故非有,有即无,非无,
> 无亦无。寻夫立文之本旨者,直以非有非真有,非无非真无
> 耳。何必非有无此有,非无无彼无? 此直好无之谈,岂谓顺通
> 事实、即物之情哉!②

另有"本无异宗",根据吉藏《中观论疏》所引录昙济《六家七宗论》,
代表人物是竺法深③,"深"或作"琛",即竺道潜。他的看法是:

---

① 《佛教征服中国》第 191、193—194 页。
② 《不真空论》,《肇论》,《大正藏》第 45 卷第 152 页上。
③ 《六家七宗论》记述中区分"本无义"和"本无宗",应即指本无宗和本无异宗。
    吉藏谓前者代表是"安公"。关于道安思想,后有专章介绍。

> 诸法本无,壑(豁)然无形,为第一义谛;所生万物,名为世谛。①

这里是说,万物本身即是无,这是第一义谛;而所生的万物,则是世谛。这样的主张,虽然不同于玄学"本无"一派无中生有的主张,但仍然是肯定了本体之"无"。他曾和孙绰等人参与支道林瓦官寺讲席,其观点是:

> 本无者,未有色法,先有于无,故从无出有。即无在有前,有在无后,故称本无。②

这显然等同于玄学"本无"派"崇本息末"的主张。联系前已引述《世说新语·言语》记载他在司马昱处对答丹阳刘惔问"道人何以游朱门?"曰:"君自见其朱门,贫道如游蓬户。"③这样的说法从佛家观念说是凡、圣不二,在玄学则是"本无末有",而就现实意义说则是为名士的混世从俗行为作辩解。于法开是"含识宗"的代表,《文学》篇记载他与支道林争名,"后精渐归支,意甚不忿,遂遁迹剡下"。则名僧间争名夺利,情形亦与世俗类似。道壹主"幻化宗"。《言语》篇注引录了孙绰的赞语。他受学于竺法汰,自从来到江左,受王导子王洽供养,有重名,又得到简文帝的器重,王珣《游严陵濑诗叙》称其为"名德"。

纵观上述般若这几家的观点,虽有种种不同,实质则如陈寅恪论"心无"义所说:

> 心无义者,实取外书之义,以释内典之文。夫性空本无等义者,出于般若经之学说也。其学说之创造者若道安、法汰诸人(见元康肇论疏上及安澄中论疏记叁末),高僧传肆法雅传、伍僧光传明记其与"格义"之关系矣。心无义亦同出于般若经

---

①《中论疏记》卷第三末,《大正藏》第65卷第93页中。
②吉藏《中观论疏》卷第二末,《大正藏》第42卷第29页上。
③《世说新语笺疏》卷上之上《言语》,第108页。

者也。至其是否亦如性空本无等义之比，与格义同有直接之关系，以今日遗存史料之不备，固不能决言；但心无义与"格义"同为一种比附内典外书之学说，又同为一时代之产物。二者之间，纵无师承之关系，必有环境之影响。故其树义立宗，所用以研究之方法，所资以解说之材料，实无少异。然则即称二者为性质近似，同源殊流之学说，虽不中不远也。①

般若学的"六家七宗"代表鸠摩罗什来华前中土佛学的潮流与学风，也体现了当时接受、理解佛教思想的方式。它们乃是中国佛教发展早期由中国人阐释的中国佛学，其影响极其深远。即使在鸠摩罗什以后，大乘教典更准确地传译，般若空观被更准确地理解，这种学风和方法的影响一直延续不绝。不同程度上、以不同方式来比附外书特别是老、庄学说，一直是中国佛教的重要特征。这对于中国佛教义学和后来宗派佛学的形成和发展都起了决定性的作用，更有力地推进了佛教在中土士大夫间的弘传。就中国文化发展的更广阔的意义说，"魏晋以后学术思想界遗弃'夷夏之别'的旧观念，儒玄对佛理哲学的吸收和改造，可以说明在思想理论最高层次上表现出来的开放型文化宽容精神。中国文化之所以源远流长，博大精深，一个重要原因在于能够不断地吸取外来文化，以改造和丰富故有文化"②。就现实意义来说，以玄理解释般若，以般若比附玄理，玄学与般若从而相合流，在很大程度上决定了魏晋士大夫的精神面貌。而在当时，世族士大夫乃是社会文化活动的主导力量。日本学者蜂屋邦夫指出：

> 对东晋贵族来说，佛教理论中最使他们注目的即是"空"和"三世因果"的理论。其中，关于"空"的理解在一定程度上受到"无"的思想的影响。因而，事实上东晋贵族对"空"的认

①《支愍度学说考》，《金明馆丛稿初编》第 153—154 页。
②朱大渭《魏晋南北朝文化的基本特征》，《六朝史论》第 18 页，中华书局，1998 年。

识和对老庄玄虚之风的倾慕其两者之间并无太大的差别。当然，这种参照"无"的理论而理解的"空"也就是所谓的"三家之异说"（指僧肇批判的般若学三家——著者），与本来的"空"已有所不同，是一种被改造了的思想。不过，换个角度来看，我们也可以认为这是"无"的思想的进一步深化和发展。也就是说，老庄的"无"还是一种玄虚而又尚未形成一个体系的思想，当它与佛教的"空"相互渗透以后，对世界与人类的解释则具有了一定的理论体系……对于东晋贵族来说，仅仅有老庄思想还不能完全满足他们的需求，对老庄和佛教同时兼收并蓄才能使他们不安定的心情得到整理。①

这里说老庄思想本来不成体系，看法或可商榷，但指出佛教般若空观丰富了中国思想，玄理与佛说相结合满足了东晋士大夫的精神需求，则是合乎历史发展实际的。许里和也指出：

他们的佛教明显带有理性和知性的意味，他们的理想不是臣服于超人救世主的伟力，而是首先要实现庄子"齐万物为一"的境界，追求以禅定一般的无为状态来观"照"万物的圣智，在他们中间，这种智慧大致等于把涅槃（nirvāṇa）、般若（prajñā）、奢摩他（samatā）、真如（tathatā）和菩提（bodhi）等所有这些概念混在一起以后的模糊概念。我们在其他章节会充分梳理这种混合型佛教（hybrid Buddhism）的特征，当中国知识分子一边拿着《道德经》，一边在佛教形而上学的密林里开始探寻自己的道路的时候，这种混合型佛教便开始形成了。②

所以，般若与玄学的合流不仅影响到一代文化的发展状况，更在一定程度上决定了中国佛教以至中国思想长远发展的方向。

———————————

① 《六朝时代的知识分子》，《道家思想与佛教》第38—39页，隽雪艳译，辽宁教育出版社，2000年。
② 《佛教征服中国》第97—98页。

第九章　东晋名士与名僧

一

前面四章，介绍的是佛教输入中国早期情形，从僧团的组织与发展、经典的翻译与传播，到本土信徒求取和接受佛法。对于佛教在中国的命运还有另一个十分重要的决定因素，这就是本土知识阶层的对应。在中国这样文化传统丰厚、学术高度发达的环境中，一个宗教的生存和扩展，无论是本土的还是外来的，能否被知识阶层所认可、接受或只是同情，都是至关重要的。汉末以来，思想领域发展的主要内容是儒术（这已不同于原始儒学的本来面貌）和老庄的对立与交融，从而形成玄学。佛教参与进来，就造成了更为复杂的形势，思想史随之出现全新的层面。前一章讲大乘般若学在中国的传播与演变，主要是佛教思想本身的发展；这一章从另一个方面讲中国知识阶层的情形。

王国维说：

> 自汉以后……儒家唯以抱残守缺为事……佛教之东，是值吾国思想凋敝之后。当此之时，学者见之，如饥者之得食，

　　渴者之得饮……①

　　这一时期整个思想界如此，文坛上也是如此。不过佛教真正被中国知识阶层接受并发挥重大影响，自两汉之际初传，已经过二百余年时间。桓玄《答王谧书》上说："曩者晋人，略无奉佛，沙门徒众，皆是诸胡，且王者与之不接，故可任其方俗，不为之检耳。今主上奉佛，亲接法事，事异于昔。"②桓玄的这封信是东晋成帝咸康年间（335—342）针对当时关于僧侣是否应当致敬王者的争论写的。就是说，在此之前，在中国信佛的主要还是外来的胡人。到成帝继位（326），情形才有所改变。到刘宋时期的何尚之，在给朝廷的奏章里写到东晋初年士大夫信仰佛教情况，举出的已都是活跃朝野的一时名流。《世说新语》记载竺道深逸事（有文献说他是王敦的弟弟，但于史无考，可能是出于附会，但他应当确实出身于高贵门第）说：

　　　　后来年少，多有道深公者。深公谓曰："黄吻少年，勿为评论宿士。昔尝与元、明二帝，王、庾二公周旋。"

刘注引《高逸沙门传》曰："晋元、明二帝，游心虚玄，托情道味，以宾友礼待法师。王公、庾公倾心侧席，好同臭味也。"③僧人竺道深能出入帝王宫廷和权贵门下，以至受到元、明二帝敬重，和王导、庾亮等权要结交，从这一事例可以窥知当时佛教在社会上的地位。至东晋末年的习凿齿致书道安则说：

　　　　且夫自大教东流，四百余年矣，虽藩王居士时有奉者，而真丹宿训先行上世，道运时迁，俗未金悟，藻悦涛波，下士而已。唯肃祖明皇帝，实天降德，始钦斯道，手画如来之容，口

---

① 《论近年之学术界》，《静庵文集》第 112 页，辽宁教育出版社，1997 年。
② 《弘明集》卷一二，《大正藏》第 52 卷第 81 页中。
③ 《世说新语笺疏》卷中之上《方正》，第 323 页。

味三昧之旨,戒行峻于岩隐,玄祖畅乎无生。大块既唱,万窍
怒号,贤哲君子,靡不归宗。日月虽远,光景弥晖,道业之隆,
莫盛于今。岂所谓月光首寂,将生真土;灵钵东迁,忽验于
兹乎。[1]

晋明帝是东晋第二位皇帝,在位时期自太宁元年至四年(323—
326)。这里所述情形表明,进入东晋,佛教在中土的发展形势发生
了根本变化:影响急速地普及到统治阶级上层,朝廷、亲贵相当普
遍地接受佛教,其中包括如王、谢大族这样的士族阶层代表人物。
而在两晋门阀士族统治的政治环境里,这些世家大族的言行是代
表并影响着整个社会风气的。许里和曾分析指出:

> 公元4世纪的中国佛教,尤其是一种特定形态的士大夫
> 佛教……是中国知识分子在皈依佛教之初实际上就已开始的
> 某种发展进程的决定性阶段……中国"上层阶级"佛教最初的
> 形成,"士大夫僧人"(gentlemen-monks)的活动及其开始渗透
> 到有文化的上层社会和思想中去,可以最早回溯到公元3世
> 纪末、4世纪初。
>
> 我们发现在公元3世纪末、4世纪初,出现了形成僧人知
> 识精英(intellectual clerical élite)的明显最初迹象。他们由中
> 国或本地化了的僧人组成,去创生或弘扬一种完全汉化了的
> 佛教教义,这些教义从那时以降开始渗入中国上层社会……
> 僧人在公元290年以前与有文化的中国上层阶级产生联系的
> 例子微乎其微,可以忽略不计……[2]

许里和这里所说的"上层阶级",钱穆称之为"新士族",他说:

> 中国社会在东汉以下新士族门第之形成,这是中国文化

---

①《与释道安书》,《广弘明集》卷一二,《大正藏》第52卷第76页下—77页上。
②《佛教征服中国》第28、94—95页。

> 历史衍变中一种特有的形态,在世界任何民族的文化史上并无相似或同样的形态可资比较。这是研究中国文化史的人们所应特别注意的。[1]

这一社会阶层是当时政治、经济权力的掌握者,也是社会文化的代表者。他们中有相当一批人接受佛教,倾心佛教,佛教的影响从而能够逐步深入高层次的文化领域,促使整个社会的思想观念、生活形态等等发生重大变化。上一章讨论的般若与玄学合流正是在这样的社会环境之中形成的。而现实生活中的一个具有典型意义的现象,则是佛教内部出现一批活跃于士族文人间的名僧,他们体现了僧团活动的全新风尚;而众多士族名士则热衷与这些名僧交往,阅读佛书、研习佛理成为风气。这样,"沙门与名士的'方外交'为东晋佛教的一大特征"[2]。而从历史发展的总体说,这种状况则体现了思想文化和社会生活的重大转变。

纵观中国文人接受佛教并受其影响的历史,可以发现无论是内容还是形态,均有明显特点。内容方面,如汤用彤所指出:

> 溯自两晋佛教隆盛以后,士大夫与佛教之关系约有三事:一为玄理之契合,一为文字之因缘,一为生死之恐惧。[3]

这里所谓"玄理之契合",就东晋当时的具体情况而言,就是指对于佛教作玄学的理解,即前一章讲的般若与玄学的合流;从长远发展看,则是指知识阶层对于佛教教理、教义的研习和理解。"文字之因缘"狭义是指对佛典本身的欣赏和借鉴,广义上则是文人们普遍地习读释典,也普遍地写作有关佛教的文字。"生死之恐惧"则是指信仰层次,文人们面对现实或人生困境,特别是困惑于终极关怀

---

① 《中国文化史导论》(修订本),第 129 页,商务印书馆,2001 年。
② 镰田茂雄《中国佛教通史》第 2 册第 7 页,关世谦译,佛光文化出版有限公司,1998 年。
③ 《隋唐佛教史稿》第 193 页,中华书局,1982 年。

的生死大事,向佛教寻求安身立命的慰藉。而总括这几个方面,又表现出重理性、重现实、重人生践履的精神。就是说,按一般情况论,中国士大夫阶层对待佛教,往往是把它当作传统的儒家、道家和本土宗教道教之外的另外一种明理、应世之道来对待的。这样,对他们说来,儒、道、佛三者或儒、释二者就可以兼收并蓄,并行而不悖。儒以治世、道以治身、佛以治心或儒以治外、佛以治内从而成了许多人的处世信条;"外儒内释"、"阳儒阴佛"也就逐渐形成悠久的传统。相应于对待佛教的这种富于理性、注重现世的精神,在表现形态方面,则很少见到狂热、痴迷的信仰心和基于这种信仰的极端的、非理性的态度与行为。即使是那些对佛教相当虔诚或信心诚笃的人,对待信仰也往往采取相当理性的、冷静的姿态。文人中真正削发出家的很少;把佛教作为唯一信仰或始终坚持戒律、修持的人也较少。唐宋以后居士佛教盛行,有些人亲受菩萨戒,还有些人礼拜僧人为师,自认为或被看作是佛弟子,但他们居家、为宦,仍多持守儒家纲常,对待信仰实际是采取相对自由、融通的态度。而宗教的核心是信仰。这种融通、随意的姿态则反映了信仰心的淡漠和游移。就佛教在中国的发展说,这也成为限制它更深入、更牢固地确立思想文化领域(如前所述,政治领域更谈不到)统治地位的重要因素。不过如就佛教对于思想文化造成影响而言,这一点的作用却不完全是负面的,甚至可以说不是负面的。正因为人们不是采取非理性的、盲目崇拜的态度对待佛教,与它保持着一定距离,才能够被更多的人所容纳,也更有可能批判地汲取其有价值的内容,并在众多文化领域做出积极的、独创的发挥。

《世说新语》里记载了支遁为首的东晋名僧与名士们一起讲经的著名故事:

> 支道林、许掾诸人共在会稽王斋头。支为法师,许为都讲。支通一义,四坐莫不厌心;许送一难,众人莫不抃舞。但

> 共嗟咏二家之美，不辩其理之所在。①

这里许掾指名士许询，著名的玄言诗人；会稽王指司马昱，即后来的晋简文帝。这样的集会是名僧、名士、权贵三方面人物的集合，上节文字里说到的三个人正是当时上层社会三个阶层的代表。"斋头"指斋戒的静室，也是当时讲经场所。在贵族宅邸里有这种专门的宗教修持场所，是东汉时期统治阶层供养浮屠的祠庙风气的延续；所讲的经典，据刘孝标注所引《高逸沙门传》是《维摩经》，这是早期译师支谦翻译的具有代表性的大乘经典。支道林在会稽与众名士讲《维摩经》一事，慧皎《高僧传》里也有记载。

这种僧侣与文人一起讲习佛经的活动，在后代是常见的。但在东晋初的四世纪中叶（这是支道林在会稽一带活动的年代）却是社会上的新事物。这也是体现东晋朝廷上下礼佛风气开始兴盛起来的一个具体事例。当时的佛教正因为有一代显贵如王导、周顗、庾亮、谢鲲等人扬波于上，又有众多文人士大夫相习于下，才会有《世说新语》里记载的这种热闹的讲经场面。

如上所述在东晋，"名士"们是领导着一时社会风气的。许询等人就是名士的代表。当时的佛教讲经制度模仿儒家讲学，主讲的人称为"法师"，另有一个人辅助他唱经，称为"都讲"，两个人对坐在高座上。能够出现支道林讲《维摩》那样盛大的场面，主讲的法师应当是一位听众所钦重的、有相当学养的人。早期来华的那些连汉语都不大懂的外来僧人是不能胜任的。这种人只有在佛教更深入地传入本土知识阶层、佛典传译更多的条件下才能培养出来。支遁就是这样的出身于知识阶层的汉族僧人。而能够集合众多名士在支道林这样的名僧周围参与讲经活动，社会上必须已经形成热烈地倾心佛教、热衷于研习佛说的心态。而出现了像许询那样有能力替名僧作都讲的人，则表明名士间有些人的佛学素养

---

① 《世说新语笺疏》卷上之下《文学》，第 227 页。

已经相当深厚。当然,更多的听众还只是欣赏讲经人的口舌机辩而并"不辩其理之所在",即对佛理的了解还很有限。这也反映当时社会上对于佛教认识的一般状况。但举行这种活动,总表明人们对它的热忱及其所具有的吸引力。

佛教当时在知识阶层中间得以迅速弘传,有诸多因素在起作用。"八王之乱","五马渡江",国土分崩,北方士族与逃难的灾民一起流移南方。社会动荡,人命危浅,社会环境为宗教传播提供了土壤(道教也在这一时期迅速传播开来)。各种"异端"思想和信仰在这种情况下迅速滋生和传播。而般若依附老庄、玄理已经形成潮流。魏晋以来士族文人间盛行讲论"三玄",高涨探索玄理之风,就更给接受佛教教理提供了思想、理论方面的背景。

古代所谓"名士",本义是指知名之士,又用来指称隐居不仕的贤德之人。到东汉后期,则演变为具有特殊含义的概念。范晔在《后汉书·方术传论》中说:

> 汉世之所谓名士者,其风流可知矣。虽弛张趣舍,时有未纯,于刻情修容,依倚道艺,以就其声价,非所能通物方、弘时务也。①

范晔的这一说法,强调名士们依倚道艺、相互吹嘘而无益于世用,是有感于后世名士的浮华伪滥之弊而言的。从历史实际情形看,名士的身份地位、思想行为、社会作用等等随着社会形势发展而不断地变化。前面介绍玄学,曾引用过陈寅恪、唐长孺诸先生的有关论述。一般说来,汉、魏之际的名士本是一批真正坚持"名教",利用"清议"指斥时政、议论天下是非、对社会取批判姿态的人士。前如汉末"党锢之祸"的受害者,后有魏、晋之际嵇康、阮籍等"异端"人物,可作为这两个时期的名士的典型代表。他们基本是对抗现

---

① 《后汉书》卷八二上,第 2724 页。

实体制的知识精英。至西晋末年,情形发生重大变化,如缪钺
所说:

> 惠帝时,诸王争权,政局多变,士大夫往往朝膺轩冕之荣,
> 夕遭族灭之祸。顾荣与杨彦明书曰:"吾为齐王主薄,恒虑祸
> 及,见刀与绳,每欲自杀。"(《晋书·顾荣传》)可见当时仕官中
> 朝之危险,居官任职者自易养成委蛇苟全不负责任之心理。
> 故西晋清谈名士之祖尚浮虚,遗落世事,亦多因当时政治环境
> 所造成,非必尽清谈理论使然也。[①]

这样,在严酷的政治压迫之下,名士阶层也随之分化。有些人依附
权势,位居尊显;另一些人或放荡恣情,或高蹈避世,以求保身。到
了偏安江左的东晋王朝,名士作为群体已基本上蜕化、衰落了,其
活动的政治意义已很淡薄。名士的活动主要体现为两种潮流。一
种是后世所谓"名士风流":不少人养尊处优却口谈玄微,或混迹世
俗又崇尚自然。更多的人则讲究容饰、标榜才艺而流荡忘返。这
种"名士风流"文饰着、安慰着充满危机的时代。这种风气的实际
表现不一,后代的影响和评价更很不一致。欣赏、赞誉者把它视作
风雅、超凡、脱俗的代名词,而贬抑、否定者则指斥是消极、颓堕、腐
化的弊风。而结交名僧、讲论佛理正是这种"风流"的重要表现之
一。另一种潮流则是所谓"清谈"。缪钺又说过:

> 清谈至东晋,在玄理上似已停止发展。好学深思之士多
> 喜研讨佛义。即谈玄能发新解者,亦出于名僧支道林,以《道
> 行经》义释《庄子·逍遥游》。[②]

汉、魏之际,随着政治形势的转变,"清议"一变而为玄理的探究,

---

①《清谈与魏晋政治》,王元化名誉主编《释中国》第 3 册第 2046 页,上海文艺
　出版社,1998 年。
②同上第 2047 页。

从而形成玄学。当时的玄理探讨，如"名教"与"自然"关系等课题，是具有一定政治意义的。至司马氏代魏，汉末以来长时期围绕统治权力的纷争有了暂时结局，本来意义上的"名士"的社会批判任务也随之完成，在司马氏严酷、腐朽的统治下，新一代名士们或崇玄远，或尚通脱，多数是徒以口舌机敏相夸炫。这样，清谈也就变得玄虚、空洞，很少关涉世务了。这种状况在当时已受到诸如葛洪（《抱朴子》里的《疾谬》、《刺骄》等篇）、裴頠（《崇有论》）等人的批评。后人致讥于东晋士风，更有"清谈误国"的酷评。正是在这时，佛教在知识阶层中广泛传播开来，从信仰层面说给人们提供了精神慰藉，从学理层面说则给谈论玄学提供了新的内容，从而"清谈的出现是佛教在上层士大夫中传播的最重要的因素之一"[1]。佛教一方面给予名士们陷于困顿的空虚心灵提供一种精神解脱之道，另一方面又给已经陷入困境的名士"清谈"注入了新的活力。在佛教被名士们逐步熟悉的进程中，受到欢迎也就很自然了。

在这种环境下出现一批"名僧"，就成为当时上层社会接受佛法的重要中介之一。后世往往把这些人看作是披着袈裟的名士，从总体看他们对佛法的理解更接近玄学。前述般若六家的代表人物几乎都出于这批人。但这却是第一批出身于本土知识阶层的僧人。作为僧团的新成分，尽管他们对佛法的理解还显得幼稚，不精纯，却在扩展佛教对于中国思想文化的影响方面作出重大开拓，在佛教"中国化"的进程中走出重要一步。

这样，"清谈"在当时已是标榜名士和名僧身份的共同的必要条件和专长，也是他们重要的活动和交流方式；名士好佛，名僧谈玄，形成当时社会上一道独特风景，演出了思想史上颇有影响的新场面。

---

①许里和《佛教征服中国》第158—159页。

二

　　了解名士和名僧的活动,《世说新语》及其刘孝标注是绝好的材料。这部书被称为魏晋清谈的百科全书,对汉末至南朝宋初名士的活动做了十分翔实、生动的描述。对于了解当时佛教特别值得注意的一点是,书中记载了二十余位僧人的材料,这些人多数可算作"名僧"。他们大多不见于正史。又其中只有个别人如佛图澄活动在北方,释道安则往来南北,绝大多数活跃在江东士大夫圈子里,如康僧渊、支愍度等则是由北方南来的。这样,有关记述就相当全面地反映了东晋名士、名僧相结交和活动的实态。

　　二十几位僧人中,最重要、记述最充分也十分具有代表性的当数前面提到的支道林即支遁。书里涉及他的条目有五十几条之多(据后人考证,有的条目记载有误,如《政事》章"王、刘与林公共看何骠骑"条,或以为其中"林公"为"深公"之讹),超过了其他二十余位僧人条目的总和。关于他更有两点值得注意:一是在此前和同时期佛教史上,著名的佛教活动家主要是译经僧即"译师",与他大体同时的中土僧人释道安也主持过译事,而支道林作为在士大夫间活跃的新型汉族僧人,完全没有参与译经,专门以宣讲佛理闻名,集中地体现了当时僧团热衷玄理的新风尚;再一点是,他的活动范围空前广泛,结交众多名公、文士,在僧团中更居于重要地位,同时代的名僧如法虔与他同学,竺法深、于法开与他交好,等等,从而通过他,大体可以了解当时名僧与名士活动的一般状况。

　　支道林(314—366)名遁,或尊称为"林公";本姓关,陈留(今河南开封)人(一说河东林虑即今河南林州人)。如前所述,他是本土培养的最早一批精于佛教义理并多有著述的名僧之一。他家自西晋时期世代奉佛，是在信仰佛教方面得风气之先的士人家庭。遭逢"永嘉之乱"，他与家人一起移居江左。他是在晋成帝咸康三年（337）即成年之后出家的。乱世的经历应当对他弃俗出家产生一定作用。家族传统与早年教育让他积累起相当丰富的佛教知识。他起初居住在余杭山，后来移居东吴会稽（今浙江绍兴），创建支山寺，大约在晋康帝建元元年（343）之前①。会稽风光秀丽，本是名士聚居的地方。支遁在那里与名士们交往，优游山水，诗文唱和，过着隐逸修道生活。后来他又到剡县（今浙江嵊州）沃州小岭建寺，带动剡县成为佛教兴盛之地。晋哀帝即位（362），曾请他入都讲经。三年后仍回到剡县，在那里圆寂。他学养甚高，注解过《安般》、《本业》等经，著有《即色游玄》、《圣不辩知》等论，并曾分判佛家三乘义，条理炳然；他还著有《道行指归》、《切悟章》等关于戒律、修学的著作。他才艺双全，精诗文，善草隶，对中土传统文化具有高度素养。他的为人更标格俊爽，风期高亮，喜欢养鹤、养马，羡前者凌霄之姿，重后者神俊。他又精名理，善谈论，雅好当时流行的玄远之谈，论才行、谈《庄子》皆有精解。这些都成为他结交士大夫的良好条件。实际上他置身于名士群中，也算得上是佼佼者。他可以说是典型的披着袈裟的名士。在信仰领域，他又是在中土最早宣扬净土思想的人物之一。许里和指出：

> 对于支遁这位中国学者来说，"安养"似乎是一个理想社会、一个陶渊明式的世外桃源在佛教中的对应物：

> > 国无王制、斑爵之序，以佛为君，三乘为教。（《广弘明集》卷一五《阿弥陀佛像赞》）

> 然而，更有趣的是这篇序的最后一段：

----

① 《广弘明集》卷三〇《八关斋会诗序》记载与何骠骑即何充在吴县集合道俗二十四人修八关斋，何充于建元元年为扬州刺史，据此推断。

> 此晋邦五末之世，有奉佛正戒，讽诵《阿弥陀经》，誓
> 生彼国，不替诚心者，命终灵逝，化往之彼，见佛神悟，即
> 得道矣。①

这里表明了他的精神的信仰层面。他理想中的佛国给处在"末世"苦难中的人们提供了出路。而他所祈望的众生平等、安乐祥和的西方净土，又颇与老、庄"无为而治"的社会状态相类似。

支遁所交好的名士，多有当时的闻人、文坛上第一流人物。例如东晋政坛上的重要人物谢安，早年曾"寓居会稽，与王羲之及高阳许询、桑门支遁游处"②。又以书法名家的王羲之："会稽有佳山水，名士多居之……孙绰、李充、许询、支遁等皆以文义冠世，并筑室东土，与羲之同好"③。谢安出仕是在四十岁（他生于大兴三年即320年）以后，而王羲之任会稽内史在永和七年（351），据此可以确定支遁和他们在会稽一带活动的时间。永和九年曾举行过被后人艳称的兰亭祓禊。王隐《晋书》上记载"王羲之……与孙绰、许询、谢尚、支遁等宴集于山阴之兰亭"④。不过在不同资料里，支道林是否参加永和九年那次兰亭雅集说法不一。但他积极参与这类名士们的交游是可以肯定的。而这一时期正是佛教在贵族士大夫间广泛流传的时候。支道林与名士们一起讲习佛典，他也就成为后者接受佛教的中介。前面所说支道林所讲《维摩经》，本是反映大乘教义的纲领性经典，又是宣扬在家居士思想的经典，自然会受到名士们的欢迎。后来他入都的时候，王濛曾在祗洹寺听他讲经。他坐在高座上，手举麈尾，侃侃谈论，预座百余人皆结舌倾听，全然是名士谈玄的风貌。王濛说他"自是钵钎后王、何人也"⑤。"钵钎"即

---

① 《佛教征服中国》第 196 页。
② 《晋书》卷七九《谢安传》，第 2072 页。
③ 同上卷八〇《王羲之传》，第 2098－2099 页。
④ 《太平御览》卷一九四《居处部二十二》，第 1 册第 938 页。
⑤ 《世说新语笺疏》卷中之下《赏誉》，第 479 页。

"钵盂",是僧人化缘的器皿;王、何指王弼与何晏,这里是把他比作前代玄学大师了。

西晋竺法护已经相当广泛地传译了大乘经典。特别是到东晋时期,大、小品《般若》已经有几种译本,般若教理在僧、俗间相当流行。前一章所讨论的般若学的"六家七宗",被称为"玄学化的佛学",乃是中土人士接受佛教教理的一种过渡形态。支道林主般若"六家七宗"里的"即色论",正是这一潮流的重要代表人物。《世说》里多处详细描写他对名士们讲《小品》的情况。如:

> 有北来道人好才理,与林公相遇于瓦官寺,讲《小品》。于是竺法深、孙兴公悉共听。此道人语,屡设疑难,林公辩答清析,辞气俱爽。此道人每辄摧屈……
>
> 于法开始与支公争名,后精渐归支,意甚不忿,遂遁迹剡下。遣弟子出都,语使过会稽。于时支公正讲《小品》。开戒弟子:"道林讲,比汝至,当在某品中。"因示语攻难数十番,云:"旧此中不可复通。"弟子如言诣支公……①

刘孝标注引《名德沙门题目》:"于法开才辨从横,以数术弘教。"于法开无论是义解还是辩才显然也都是相当杰出的。

关于支遁的"即色宗",根据现存残缺资料,只可以了解其大概,前一章里已经简单论及。支遁显然还没有像后来的僧肇那样深入理解"缘起性空"、"实相空"的真谛,但他已认识到色、空不一不异的道理。比起当时一般地纠缠在玄学的"本无"、"心无"的理解来显然前进了一大步。他理解般若"空"的这种玄理上的超越,应是他争得名士们赞赏的一大原因。

名士们"谈玄"的主要内容取自"三玄"即《周易》、《老》、《庄》。如前面述及玄学发展状况所指出,到东晋已是其蜕化的时期。当

---

①《世说新语笺疏》卷上之下《文学》,第219、229—230页。

时《庄子》所宣扬的那种等生死、齐物我的宇宙观和任运恣情、放旷自然的人生观更受到名士们的欢迎。玄学中出现了向秀、郭象主"本有"的一派,他们都重视《庄子》,是解《庄》的名家。支道林也熟悉《庄子》。他把般若"空"观融入对于《庄子》思想的理解中,从而作出新的发挥。《世说》记载:

> 《庄子·逍遥篇》,旧是难处,诸名贤所可钻味,而不能拔理于郭、向之外。支道林在白马寺中,将冯太常共语,因及《逍遥》。支卓然标新理于二家之表,立异义于众贤之外,皆是诸名贤寻味之所不得。后遂用支理。

这里"郭、向"即指郭象与向秀。前面已经提到,今传《庄子注》,一般认为是二人合著(有郭窃向义之说,此不具论)。刘注引向、郭"逍遥义"说:

> 夫大鹏之上九万,尺鷃之起榆枋,小大虽差,各任其性,苟当其分,逍遥一也。然物之芸芸,同资有待;得其所待,然后逍遥耳。唯圣人与物冥而循大变,为能无待而常通,岂独自通而已。又从有待者不失其所待;不失,则同于大通矣。①

这段话,在今本《庄子注》里分为两节,分别是解释《逍遥游》题目和"列御寇御风而行"一句的。其中心内容是肯定小大虽殊,同资有待,各有定性;而自足其性,则算是任性逍遥了。这正是反映东晋名士们放纵自恣的人生态度和生活实践的观念,也是以向、郭为代表的玄学"本有"一派学说的发挥。按"本有"论,"无"不能生"有",生生者"块然而自生",生、化的万物都是"不生不化"的"有"的体现,因而就都有存在的根据。从而任性而逍遥也就是实现人的本性了。但支道林的"逍遥义"则以为:

---

① 《世说新语笺疏》卷上之下《文学》,第 220 页。

夫逍遥者,明至人之心也。庄生建言人道,而寄指鹏、鹦。鹏以营生之路旷,故失适于体外;鹦以在近而笑远,有矜伐于心内。至人乘天正而高兴,游无穷于放浪;物物而不物于物,则遥然不我得,玄感不为,不疾而速,则逍然靡不适。此所以为逍遥也。若夫有欲当其所足;足于所足,快然有似天真。犹饥者一饱,渴者一盈,岂忘烝尝于糗粮,绝觞爵于醪醴哉? 苟非至足,岂所以逍遥乎?①

向、郭以适性为理想,认为大鹏上高天,尺鹦起榆枋,虽然所处境况不同,但都算实现自己的本性而"逍遥"了。这种看法的前提,是承认"有待"状态不可改变,也就是承认相对与绝对的矛盾不可克服。支道林则认为,大鹏为了"营生"能够飞得高,但高飞则消耗体力即"失适于体外";尺鹦在榆枋丛中飞舞,自以为适性得意,因此就有了矜伐之心。它们表面上都做到任性逍遥了,实际并没有"自足"其本性。"至人"则应当不为物累,玄感不为,从而超越一切客观限制。这种主张的意思,比照《高僧传》里的一段记载可以更清楚地了解:

遁尝在白马寺,与刘系之等谈《庄子·逍遥篇》,云:"各适性以为逍遥。"遁曰:"不然。夫桀、跖以残害为性,若适性为得者,彼亦逍遥矣。"②

这是说,如果只强调"适性",那么本性恶劣的人作恶多端也算"逍遥"。这实际是在替现实中豪门士族的"残害"之行作辩护。支道林则大大超越一步:他肯定的是无欲、无待的绝对的逍遥,人的精神真正挣脱"有待"限制的解脱。这种看法也正是他的"即色义"的具体发挥。

支道林把这种理想的人格称为"至人"。"至人"的概念出自

①《世说新语笺疏》卷上之下《文学》,第220—221页。
②《高僧传》卷四《晋剡沃洲山支遁传》,第160页。

《庄子·逍遥游》:“至人无己,神人无功,圣人无名。”这三种人格是同一的还是有差别的,历来说法不一,此不具论。但三者都是指理想的、达到绝对境界的人则是可以肯定的。值得注意的是,支道林曾把《庄子》“至人”的概念移用于佛陀,赞扬佛陀是“至人时行而时止”,“至人全化,迹随世微”①;他又具体描写“至人”的面貌说:

> 夫至人也,览通群妙,凝神玄冥,灵虚响应,感通无方。建同德以接化,设玄教以悟神,述往迹以搜滞,演成规以启源……故千变万化,莫非理外,神何动哉?以之不动,故应变无穷……夫体道尽神者,不可诘之以言教;游无蹈虚者,不可求之于形器。故以至人于物,遂通而已。②

这样,他所理想的“至人”就是实现了“凝神玄冥”的“神悟”,从而“体道尽神”、“游无蹈虚”、不为一切言教所限制、进入绝对境界的人。这种观念显然也是与他的“即色义”相一致的。“即色义”主张色、空不一不异,从而不为物拘,也就是真正的“逍遥”,在佛家则是非有非无的“解脱”。支道林就这样以佛教般若空观改造和发挥了庄子和玄学的人生哲学。

《世说》里关于支道林的记述着力描写他作为名僧积极参与名士们的谈玄活动,表明他的文采、风度足以和第一流的名士相抗衡。但具体说明其佛学或玄学观点的材料有限。不过如上面分析的,凭借遗留下来的有限的材料,可以了解他如何以特殊的名僧身份和真、俗两方面的学养,积极地把佛说与玄理相结合,从而给玄谈注入了新鲜内容,给佛学在士大夫间传播开拓了新的场地。对于支遁融合玄、佛的具体思路,日本学者蜂屋邦夫有精辟的说明:

> 支遁在无所构造的老庄玄虚的世界中,编入他所理解的

①《释迦文佛像赞》,《广弘明集》卷一五,《大正藏》第52卷第196页上、中。
②《大小品对比要抄序》,《出三藏记集》卷八,第299—301页。

佛教理论的固定架构。支遁的这种诠释方式,不但满足了东晋贵族们对于老庄的倾慕,也弥补了他们对于老庄玄虚的不满足与不安定的心情。①

另一位日本佛教学者镰田茂雄则说:

> 佛教在中国的被接纳,在华北以道安的功绩为最大;在江南当然就是活跃于东晋时候的支遁了。在鸠摩罗什来到长安,进行多彩的大乘经典翻译活动之前的准备铺路行动工作,就是道安与支遁所从事的一切。②

这样,名僧支遁的融合玄理的般若学正代表外来佛学在中国发展、演变的一个阶段。而这种演变正是当时士族贵族精神世界的体现。

《世说》里记载其他二十余位僧人的材料不多。这些人的风格、作为大体与支道林相类似。如主"本无异宗"的竺法深、主"心无义"的支愍度、主"含识宗"的于法开、主"幻化宗"的竺法汰,等等,前面已经介绍过有关他们和另外一些人的片段资料,可以知道一时名僧群体的大致风貌。这样一大批名僧参与到名士中间积极活动,成为东晋社会一个重要的事相,不仅对于佛教在中土进一步传播和发展起了重要作用,在文化史、文学史上的影响也是十分巨大的。

三

以下介绍东晋几位名士习佛并与名僧交往的例子,从中可以

---

① 《六朝时代宗教与思想之演变》,衣若芬、刘苑如主编《世变与创化——汉唐、唐宋转换期之文艺现象》第128页,张季琳译,"中研院"中国文哲研究所筹备处,2000年。

② 《中国佛教通史》第2卷第131页,关世谦译,佛光文化事业有限公司,1998年。

看出当时知识精英接受佛教的一般情况。

郗超（331？—373？），字景兴，一字嘉宾。《晋书》上说他"善谈论，义理精微"，可知他是典型的清谈名士。他的祖父郗鉴、父亲郗愔都是天师道信徒。《晋书》记载说："郗鉴字道徽，高平金乡人……赵王伦辟为掾，知伦有不臣之迹，称疾去职。及伦篡，其党皆至大官，而鉴闭门自守，不染逆节。"后来郗鉴成为东晋开国功臣，担任北府军统帅，参与平定王敦和苏峻的叛乱，功绩显赫。"二子：愔、昙。愔字方回……与姊夫王羲之、高士许询并有迈世之风，俱栖心绝谷，修黄老之术……三子：超、融、冲。超最知名。"①郗超不循家庭传统，成为著名的信佛名士。陈寅恪先生曾指出，"天师道世家中多有出入佛教之人"②，并拿郗氏作为典型例子。这也显示当时佛教在名士间盛行的风气。

《世说新语》有记载：

> 郗愔信道甚精勤，常患腹内恶，诸医不可疗。闻于法开有名，往迎之。既来，便脉云："君侯所患，正是精进太过所致耳。"合一剂汤与之。一服，即大下，去数段许纸，如拳大，剖看，乃先所服符也。③

这是一个护法贬道故事。《高僧传》卷四《于法开传》记载他给晋孝宗"视脉"事，《隋书·经籍志》里著录"《议论备豫方》一卷，于法开撰"④，于法开显然和早期许多僧侣一样善医术，并以之为弘法的辅助。这也是如郗愔这样笃信道术的人与他有来往的一个缘由。

出身于天师道世家的郗超转而成为虔诚的佛教徒，如果具体分析，则又和政治形势有关系。郗愔忠于王室，而郗超党于桓温。

①《晋书》卷六七《郗鉴传》，第1796—1802页。
②《陶渊明之思想与清谈之关系》，《金明馆丛稿初编》第196页。
③《世说新语笺疏》卷下之上《术解》，第709页。
④《隋书》卷三四《经籍志·医方》，第1046页。

桓温为征西大将军,辟超为掾;温迁大司马,超又转为参军。"温英气高迈,罕有所推,与超言,常谓不能测,遂倾意礼待。超亦深自结纳……谢安与王坦之尝诣温论事,温令超帐中卧听之,风动帐开,安笑曰:'郗生可谓入幕之宾矣。'"①废帝太和四年(369),桓温再度北伐,为前燕所败;又立会稽王司马昱为帝,郗超曾参与桓温废立谋议。陈寅恪指出:

> 然观郗氏一门在西晋时与赵王伦关系之密切如此,则郗隆(鉴叔父)父子与孙秀等实皆伦之死党,事败俱以身殉,不过一处中枢,一居方镇之别耳。故以东晋时愔、昙之笃信天师道,及愔字道徽(应为"鉴字道徽"——著者)、恢字道胤而推论之,疑其先代在西晋时即已崇奉此教,至嘉宾之奉佛,与其家风习特异者,犹之愔忠于王室,而超党于桓氏,宗教信仰及政治趋向皆与其父背驰也。②

桓温篡谋失败,于宁康元年(373)去世,谢安专朝政,郗超从而也失去势力,于太元二年(377)四十二岁英年早逝。他生当乱世,处身政治斗争漩涡之中,又适逢佛教在社会上层广泛传播的时代,遂积极结交僧人,热衷佛说,先后与支遁、道安、竺法汰等名僧交游。

　　郗超有关佛教的著述今仅存《奉法要》一篇。但从《出三藏记集》所录陆澄《法论目录》里所见他的著述名目,可以知道他这方面的著述不少,进而又可窥知他佛教信仰的大略③。在《法论》第一帙《法性集》里有《本无难问竺法汰难,并郗答,往复四首》、《郗与法濬书》、《郗与开法师书》、《郗与支法师书》等。这些作品列在支道林《即色游玄论》等和僧肇《不真空论》之后,显然是讨论般若学理的。竺法汰是"六家七宗"里"本无宗"的倡导者,郗超与他辩难,应与他的观

---

①《晋书》卷六七《郗鉴传附愔子超传》,第1803页。
②《天师道与滨海地域之关系》,《金明馆丛稿初编》第20页。
③见《出三藏记集》卷一二,第429－444页。

点不同。僧传上说,"汰所著《义疏》并与郗超书《论本无义》,皆行与世"①,即应包括上述往复辩难的四封信,它们显然在当时造成了一定影响。更重要的是他和支遁的关系。他们二人"著尘外之狎",《晋书》上说支遁十分佩服郗超,以为乃一时之俊。郗超在给亲友的信里则说,"林法师神理所通,玄拔独悟,实数百年来,绍明大法,令真理不绝,一人而已"②。又据记载,于法开"移白山灵鹫寺,每与支道林争即色空义,庐江何默申明开难,高平郗超宣述林解,并传于世"③。他给"开法师"的书信,应当也是辩论相关问题的。这些记载都表明他在当时般若学论争中观点与支遁相一致,即是赞同"即色义"的。他在《奉法要》里说:

> 夫空者,忘怀之称,非府宅之谓也。无诚无矣,存无则滞封;有诚有矣,两忘则玄解。然则有无由乎方寸,而无系于外物。器象虽陈于世用,感绝则理冥。岂灭有而后无,阶损以至尽哉? 由此言之,有故非滞,滞有则背宗;反流归根,任本则自畅。④

这里意思是说,不必否认"器物"之"有",但应不滞于"有",要领悟从根本看是"空"的。这基本合于"即色空"的观点。又在《法论》第六帙《教门集》里著录有《奉法要》、《七众法》、《通神咒》、《明感论》等。这些作品列在宗炳《明佛论》、孙绰《譬(喻)道论》等著作之后,被当作阐明佛教基本教义的经典之作。《法论》第十帙《杂行集》里又著录《论三行》、《叙通三行》、《郗与谢庆绪书往反五首》、《论三行》下、《郗与傅叔玉书》等。这里值得注意的是谢庆绪,本名敷,以字行。他少有高操,笃信佛法,精勤不倦,结交名僧于道邃、竺法旷

---

① 《高僧传》卷五《晋京师瓦官寺竺法汰传》,第 193 页。
② 同上卷四《晋剡沃洲山支遁传》,第 161 页。
③ 同上《晋剡白山于法开传》,第 168 页。
④ 《弘明集》卷一三,《大正藏》第 52 卷第 89 页上。

等,"性澄靖寡欲,入太平山十余年,镇军郗愔召为主簿"①。他是诚
挚的观音信仰者,曾将流传的观音灵验故事辑录成《光世音应验》
一卷,送给傅瑗,后来在战火中佚失,由瑗子傅亮重录流传。这在
下面有关章节将加以介绍。与郗超通信的傅叔玉即傅瑗,史传"瑗
与郗超善"②。谢敷和傅瑗都出身于信佛世家,又都是诚挚的信仰
实践者,郗超与他们周旋,在信仰上相投契应是交往的思想基础
之一。又《法论》第十二帙《色心集》里著录《五阴三达释》一篇,也
当是阐发基本佛理的。此外,他与释道安也有密切交往。他钦重
道安德问,曾"遣使遗米千斛,修书累纸,深致殷勤。安答书云:
'损米弥觉有待之为烦。'"③从以上情形可以看出,郗超作为名
士,和名僧们广泛结交,一方面积极参与玄学化的般若学讨论,另
一方面又热衷于信仰实践。这清晰地显示了一代名士佛教信仰
的典型风貌。

《奉法要》载《弘明集》卷十三,主要内容是介绍"五戒"、"六思
念"、"三界"、"三途"、"五阴"、"五盖"等佛教基本概念的,从中可以
看出当时中土士大夫对于佛教的态度和理解。其中引用的经典,
包括后汉安世高译《道地经》、《十二门经》、支谦译《太子瑞应本起
经》、《维摩诘经》、《斋经》、吴康僧会译《六度集经》、西晋聂道真译
《菩萨受斋经》、竺法护译《普曜经》、《光赞般若经》、东晋失译《般泥
洹经》等,表明他佛学修养的深厚,也反映当时佛教经典在士大夫
间流传的具体情形。这篇作品与下面将要介绍的孙绰的《喻道
论》,同是早期中土文人护法文字的代表著作。

《奉法要》里除了有关佛教教理一般知识的介绍之外,更值得
注意、也是对于了解当时士大夫精神世界十分重要的,是其中记述

---

①《晋书》卷九四《隐逸传·谢敷传》,第 2456 页。
②《宋书》卷四三《傅亮传》,第 1335 页。
③《高僧传》卷五《晋长安五级寺释道安传》,第 180 页。

的报应观念和修道方法如斋会、戒律等①。前者属于信仰范畴，后者则是宗教实践活动。历史记载佛教初传中土时期宣扬"精灵起灭，因报相寻，若晓而昧者，故通人多惑焉"②，可知外来佛教的轮回报应说教是既令人震慑又让人热衷的内容。郗超大力阐扬这一方面，正体现当时士大夫间佛教信仰实况的一面。《奉法要》又讲"五戒"、"十善"、"五道"，之后接着说：

> 全五戒则人相备，具十善则生天堂。全一戒者，则亦得为人。人有高卑，或寿夭不同，皆由戒有多少。反十善者，谓之十恶。十恶毕犯，则入地狱。抵揆强梁，不受忠谏，及毒心内盛，徇私欺殆，则或堕畜生，或生蛇虺；悭贪专利，常苦不足，则堕饿鬼；其罪若转少，而多阴私，情不公亮，皆堕鬼神，虽受微福，不免痛苦。此谓三途，亦谓三恶道。

而关于报应的根源，他特别强调"心"的作用。在介绍了"五阴"、"五盖"、"六情"之后又说：

> 五阴六欲，盖生死之原本，罪苦之所由。消御之方，皆具载众经。经云："心作天，心作人，心作地狱，心作畜生，乃至得道者也，亦心也。"凡虑发乎心，皆念念受报。虽事未及形，而幽对冥构。夫情念圆速，倏忽无间，机动毫端，遂充宇宙。罪福形道，靡不由之。吉凶悔吝，定于俄顷。③

郗超这些见解，表明他已经能够清楚分辨不同于"世教"的佛教的报应观，即"生死之原本，罪福之所由"在于个人；而个人的心念对于报应起决定作用。有关这方面的见解从他后面引述"齐、楚享遗

①参阅中嶋隆藏《六朝思想の研究　士大夫と佛教思想》下篇第1章第1节《郗超の佛教理解》，第275－289页，平乐寺书店，1985年。
②《后汉书》卷八八《西域传》，第2932页。
③《弘明集》卷一三，《大正藏》第52卷第86页下、第87页上。

嗣于累叶,颜、冉靡显报于后昆"等例子来反驳论难也清楚地表现出来。

正是基于这种以个人为主体的报应观,必然强调修道的重要性,所以他接着介绍"四等"(四无量心):

> 四等者何?慈、悲、喜、护也。何谓为慈?愍伤众生,等一物我,推己恕彼,愿令普安,爱及昆虫,情无同异。何谓为悲?博爱兼拯,雨泪恻心,要令实功潜著,不直有心而已。何谓为喜?欢悦柔软,施而无悔。何谓为爱护?随其方便,触类善救,津梁会通,务存弘济。能行四等,三界极尊。①

不过他认为做到这些还不够,因为仍然"未能冥心无兆,则有数必终"。他又引用《泥洹经》"五道无安,唯无为快"等说法,以求进一步对般若空观的体认。"唯无为快"的"无"当然是"空"的格义译语。所以在论述了"四非常"、"六度"等之后,归结到前面引用的论"空"一段,作为结束。

综观郗超这篇著作,显著的特征在于其浓厚的实践性格。这也集中反映了当时名士间佛教信仰注重实践的侧面。另外值得注意的还有,其中引用许多中土固有传统典故、《庄子》用语,还大量使用了儒家概念如"忠孝"、"仁德"等。论述具体修道内容也努力与传统伦理相沟通。这都反映了他把佛教教理与中国传统思想相调和的努力。不过这一点体现在理论层面,郗超的观念不如下面讨论的孙绰那样显著。

天师道世家而出入佛、道,还可举出王羲之。羲之(303—361),字逸少,琅琊临沂(今山东临沂)人,居于会稽山阴(今浙江绍兴),以书法名世。他娶郗鉴(郗愔父)女,是郗超的舅父;其子王献之娶郗昙(郗愔弟)女。这是两个天师道世家的联姻。史载他于永和十

---

①《弘明集》卷一三,《大正藏》第 52 卷第 88 页上。

一年（355）去官，与东土士人尽山水之游，弋钓为娱；又与道士许迈共修服食，采集药石，不远千里，可见其信道之诚笃。但他所交好者又有支遁等名僧。他所结交的名士孙绰、许询、李充、刘惔等也都是信佛的。《世说·文学》篇记载他为会稽内史时，孙绰曾向他推荐支遁："支道林拔新领异，胸怀所及，乃自佳，卿欲见不？"待见面后，起初不与交言，后"因论《庄子·逍遥游》，支作数千言，才藻新奇，花烂映发，王遂披襟解带，留连不能已"①，他终于被支遁的议论、风采折服了。《赏誉》篇记载他赞叹支遁"器朗神俊"。《文学》篇又写到支遁欲与殷浩论《小品》，他曾加以劝阻，则他亦曾积极参与名僧、名士的佛典讲席。王羲之的传世名作《兰亭序》，抒写"生死亦大"的忧惧和人生无常的感慨，明显流露出佛教观念的影响。在王羲之身上，具体反映了名士间佛、道斗争和交流的另一种情形。

孙绰又是另外一种典型。绰（314—371），字兴公，太原中都（今山西平遥）人。"永嘉丧乱，幼与兄统相携渡江。博学善属文，与高阳许询俱有高尚之志。居于会稽，游放山水十有余年，乃作《遂初赋》以致其意。"②在刘孝标《世说新语》注里存有《遂初赋序》佚文，其中说到"余少慕老庄之道，仰其风流久矣。却感於陵贤妻之言，怅然悟之，乃经始东山，建五亩之宅，带长阜，倚茂林，孰与坐华幕、击钟鼓者同年而语其乐哉！"③则他早年亦曾服习当世流行的放逸虚浮之风。《世说·品藻》篇记载他"时复托怀玄胜，远咏《老》、《庄》，萧条高寄，不与时务经怀，自谓此心无所与让也"④，则他对于老、庄学说颇有心得并能够践履。他又有《孙子》一书，《隋书·经籍志》、《旧唐书·经籍志》、《新唐书·艺文志》均著录在《子

①《世说新语笺疏》卷上之下《文学》，第 223 页。
②许嵩《建康实录》卷八，第 183 页，上海古籍出版社，1987 年。
③《世说新语笺疏》卷上之上《言语》，第 140 页。
④同上卷中之下，第 521 页。

部·道家》类，十二卷，久佚；清马国翰辑有《孙子》一卷，说"有飘飘欲仙之致……亦出入乎名、法诸家"①；王仁俊又辑有《孙绰子》一卷《补遗》一卷。他还有《列仙传赞》三卷，亦佚，则是神仙家著作。他又曾注解《论语》，皇侃《论语集解义疏》里引录孙注三十余条，马国翰《玉函山房辑佚书》又辑为《论语孙氏集解》一卷。蜂屋邦夫分析其内容指出：

> 孙绰认为孔子（包括颜渊等）探讨并体得了天地万物之理，或帝之则，也就是自然的、普遍的原理，而把它们加以神格化。同时要求一般普通人学习这个原理，并且提示了他们可以通过教化成为为政者的可能性。

蜂屋继而又指出其中表现出了"隐逸倾向"和"对佛教杀生戒的理解"②。就是说，孙绰解释《论语》明显表现出调和三教的倾向。他还作有《父卒继母还前亲子家继子为服议》、《父母乖离知死亡及不死亡服议》、《京兆府君迁主议》等，都是讨论儒家礼制的文章。在动乱之世，这类文章的内容具有相当的现实意义。从上述作品题目即可见他得自士族家庭的多方面学养，也表明了他积极入世的热情。

　　孙绰二十余岁结束隐逸生活，出任著作佐郎，后来先后在征西将军庾亮和庾冰的幕府任参军，在建武将军、扬州刺史殷浩幕府任长史，会稽内史王羲之又引为右军长史，转永嘉太守，迁散骑长侍，领著作郎。这种仕宦经历，与早年的"高情远志"判若两人。所以在当时名士中他颇受讥嘲。据统计，《世说新语》里提到他的文字有三十二条，多数是对他加以批评或表示轻蔑的③。其中有一条写到支道林曾问他自觉与许询相比如何，他回答说："高情远致，弟子蚤已服膺；

---

①《玉函山房辑佚书·子编道家类》。
②《孙绰的生平和思想》，《道家思想与佛教》第139—140页，隽雪艳译，辽宁教育出版社，2000年。
③参见上引蜂屋文，第136页。

一吟一咏,许将北面。"①则他自己也承认品德不及许询。但他"少以文才垂称,于时文士,绰为其冠"②。就谈论与文章而言,他的水准显然是相当杰出的。他作《天台山赋》,自负"掷地要作金石声"。其时名人碑诔如王导、郗鉴、庾冰、王蒙等人的,都出自他的手笔。在这些文章里,他称赞王导"玄性合乎道旨,冲一体之自然"③;称赞庾亮"微言散于秋毫,玄风畅乎德音"④;称赞褚裒"穆然忘容,尘务不干其度;默尔独得,肤受莫测其奥"⑤,正体现他本人热衷玄理的性格。

　　如前所述,孙绰和许询一起,早年即与支道林交游,后来出入庾冰、殷浩幕,后二者都是好佛的权臣、名士一流。永和七年王羲之为会稽内史,他被引为右军长史。他遂参与了前面介绍过的会稽名士、名僧们的活动。永和九年的兰亭雅集,他曾作《后序》。支道林晚年在瓦官寺讲《小品》,他亦参与讲席。这样,他在周流三教方面乃是代表一时风气的人物。他留下了几篇在学术史上具有重要意义的著作。其中重要一篇是仅存佚文的《道贤论》,继承东汉以来品评人物的传统,以七位名僧比附"竹林七贤":竺法护比山涛(风德高远),帛法祖比嵇康(栖心事外),法乘比王戎(机务之鉴),竺道潜比刘伶(旷大之体),支遁比向秀(风好玄同),于法兰比阮籍(高尚妙迹),于道邃比阮咸(此条严可均《全晋文》漏辑,见《高僧传》卷四)。这篇文字不只反映了名士、名僧合流的现实状况,也体现了名士们对佛教的看法。另一篇是《喻道论》⑥和前面提到的郗

---

① 《世说新语笺疏》卷下之上《品藻》,第 529 页。
② 《晋书》卷五六《孙楚传附孙绰传》,第 1544 页。
③ 《丞相王导碑》,《全上古三代秦汉三国六朝文·全晋文》卷六二,第 2 册第
　　1218 页。
④ 《大尉庾亮碑》,同上第 1219 页。
⑤ 《大傅褚裒碑》,同上第 1219 页。
⑥ 下面介绍《喻道论》据《弘明集》所收。《高僧传》卷四《晋剡沃洲山支遁传》和
　　《晋敦煌于道邃传》所引《喻道论》佚文不见其中,有可能是慧皎引用有误;或
　　今本《喻道论》有散佚。

超《奉法要》一起，是目前完整留存的中土士大夫最早的护法著述
之一。其开端阐明作文宗旨说：

> ……缠束世教之内，肆观周、孔之迹，谓至德穷于尧、舜，
> 微言尽乎《老》、《易》，焉复睹夫方外之妙趣、寰中之玄照乎？

这就把佛教提高到至高无上的地位。后面论述儒、释关系则说：

> 周、孔即佛，佛即周、孔，盖外、内名之耳。故在皇为皇，在
> 王为王。佛者梵语，晋训觉也。觉之为义，悟物之谓，犹孟轲
> 以圣人为先觉，其旨一也。应世轨物，盖亦随时，周、孔救极
> 敝，佛教明其本耳。共为首尾，其致不殊，即如外圣有深浅
> 之迹。

这里统合儒、释，明确提出儒、释合一观念，同样把佛放在儒之上。
他强调佛的超越性和普遍性，肯定它突破了儒的有限性。他又给
"佛"下定义说：

> 夫佛也者，体道者也。道也者，导物者也。应感顺通，无
> 为而无不为者也。无为，故虚寂自然；无不为，故神化万物。①

这则是用道家语言来形容佛陀了，也体现对于佛教的一种玄学化
的理解。许里和指出：

> （孙绰《喻道论》认为）佛陀以其动与静、智慧与善行、涅槃
> 与方便的两重性而成为宇宙之王："无为故虚寂自然，无不为
> 故神化万物。"就纯粹的佛理而言，这两句话已包融了早期士
> 大夫佛教的本质。②

如此用道家观念来解释佛与佛法，乃是当时的一种倾向，对后代也
造成相当影响。

---

①《弘明集》卷三，《大正藏》第 52 卷第 16 页中、第 17 页上、第 16 页中。
②《佛教征服中国》第 202 页。

《喻道论》的名称已表明这是一篇论战性作品。其中用很大篇幅反驳当时人对佛教的怀疑和攻击。主要集中在两点：一是报应之有无，这是佛教教理中引人关注的重大问题；一是佛教是否合于儒家伦理，这则是关系佛教应否被中国人所接受的原则问题。贯穿孙绰的这篇文章全文的则是儒、释调和精神。就报应问题，孙绰在指出"毫厘之功，锱铢之衅，报应之期，不可得而差"之后，举出史书上的例子，说明"立德暗昧之中，而庆彰万物之上，阴行阳曜，自然之势"。他所举出的都是中土传统儒家典籍讲报应的事例。不过中国传统上讲的是家族的、及于后世的报应，而不是个人作为主体的轮回报应。他混淆了两者，表明在道理上对于它们还没有分疏清楚，对于佛教的因果报应教理没有更准确的理解；不过从另一方面看，这又正体现了外来报应教理与中土传统相调和的大趋势。关系伦理原则，他首先辨析"戒杀"一条。这是佛教基本戒律"五戒"里的头一条，而"杀"却是周、孔之教所容许的。孙绰同样采取调和说法："圣人知人情之固于杀，不可一朝而息，故渐抑以求厥中"。接着他针对沙门之道"生废色养，终绝血食，骨肉之亲，等之行路，背理伤情，莫此之甚"的责难，则又提出"孝之为贵，贵能立身行道，永光厥亲"的原则。这样先是以退为进，承认忠孝不两立，"小违于此，而大顺于彼"，进而又举出佛陀的榜样，说明出家修道成佛，"还照本国，广敷法音，父王感悟，亦生道场，以此荣亲，何孝如之"，最后又指出"佛有十二部经，其四部专以全孝为事，殷勤之旨可谓至矣。而俗人……以诬罔为辩，以果敢为名，可谓狎大人而侮天命者也"。这就在肯定儒家伦理的前提下，把佛教伦理提到更高一层位置。这和当初《牟子理惑论》里的辩护是一致的。这种调和儒、释伦理冲突的强辩，表明孙绰作为中土士大夫立足于儒家传统来接受佛教的基本立场，也是中国知识阶层接受佛教的一般立场。他使用的论证方法主要是机械的比喻，显然缺乏逻辑的严整与思致的深刻。不过在当时条件下，如孙绰这样的文人对佛教教理理解不够精确也是难免的。

在文学史上,孙绰和许询被认为是写作玄言诗的代表人物。《文心雕龙·明诗》篇说"江左篇制,溺乎玄风"①;《诗品序》也说"永嘉时贵黄、老,稍尚虚谈……爰及江表,微波尚传"②。孙绰历来被看作是这一潮流的代表。但《世说·文学》篇注引《续晋阳秋》则又说:

> 正始中,王弼、何晏好庄、老玄胜之谈,而世遂贵焉。至江左,李充犹盛。故郭璞五言始会合道家之言而韵之。(许)询及太原孙绰转相祖尚,又加以三世之辞,而《诗》、《骚》之体尽矣。③

"三世之辞"指佛家因果报应之说。《隋书·经籍志》著录《孙绰集》十五卷,有注曰"梁二十五卷",久佚。今存文四十四篇,诗九首,又断句二,并不见有"三世之辞"。其名作《游天台山赋并序》,按蜂屋邦夫的说法,"是在受容佛教的同时,可将其作为构筑美的世界之原动力的作品……从思想的观点来看,则可以说是立足于佛教思想和道教思想上的作品"④。赋的最后一段说:

> 于是游览既周,体静心闲,害马已去,世事都捐。投刃皆虚,目牛无全,凝思幽岩,朗咏长川。尔乃羲和亭午,游气高褰,法鼓琅以振响,众香馥以扬烟。肆觐天宗,爰集通仙,把以玄玉之膏,嗽以华池之泉,散以象外之说,畅以无生之篇。悟遣有之不尽,觉涉无之有间,泯色、空以合迹,忽即有而得玄。释二名之同出,消一无于三幡。恣语乐以终日,等寂默于不

---

① 范文澜《文心雕龙注》第 67 页,人民文学出版社,1961 年。
② 陈延杰《诗品注》第 1 页,人民文学出版社,1980 年。
③《世说新语笺疏》卷上之下《文学》,第 262 页。
④《六朝时代宗教与思想之演变》,衣若芬、刘苑如主编《世变与创化——汉唐、唐宋转换期之文艺现象》第 129 页。

言,浑万象以冥观,兀同体以自然。①

这里的"二名",据李善注:"即有名物始,无名物母也。""三幡",李善注:"色,一也;色空,二也;观,三也。言三幡虽殊,消令为一,同归于无也。"最后"浑万象"两句,李善注:"妙悟玄宗,则荡然都遣,不知己之是己,不见物之为物,兀然同体于自然。"这样,这一段并讲"色、空"与"有、无",共赞"无生"与"自然",玄、释交融,都指向超越的境界,体现了玄学名士的理想境界。他参与王羲之的兰亭雅集所作《兰亭后序》,其中表现"乐与时去,悲亦系之,往复推移,新故相换,今日之迹,明复陈矣"②的感受,流露出浓重的佛家无常之感。他的具有"三世之辞"的诗也应是表现同样内容的。

许询(生卒年不详),字玄度,高阳(今河北蠡县)人。《世说》记载简文帝司马昱称赞"玄度五言诗,或谓妙绝时人",下有注,即前引《续晋阳秋》"正始中……(许)询及太原孙绰转相祖尚"一段。在《诗品》里,同样与孙绰并称,其中说"世称孙、许,弥善恬淡之词"③。《隋书·经籍志》著录集三卷,注谓"梁八卷,录一卷"④;《旧唐志》,《新唐志》,《通志》均作三卷。今仅存佚文二则、诗断句三,可资讨论的作品更少。《世说·言语》篇注引《续晋阳秋》说他"总角秀惠,众称神童,长而风情简素。司徒掾辟,不就,蚤卒"⑤。唐人许嵩《建康实录》记载较详:

> 询字元度,高阳人。父归,以琅玡太守随中宗过江,迁会稽内史,因家于山阴。询幼冲灵,好泉石,清风朗月,举酒永

---

①《文选》卷一一,上册第 165−166 页。

②《三月三日兰亭诗序》,严可均《全上古三代秦汉三国六朝文·全晋文》卷六一,第 2 册第 1808 页。

③陈延杰《诗品注》第 60 页,人民文学出版社,1980 年。

④《隋书》卷三五《经籍四》,第 1067 页。

⑤《世说新语笺疏》卷上之上《言语》,第 127 页。

怀。中宗闻而征为议郎，辞不受职。遂托迹居永兴。肃宗连征司徒掾，不就。乃策杖披裘，隐于永兴西山，凭树构堂，萧然自致。至今此地名为萧山。遂舍永兴、山阴二宅为寺，家财珍异悉皆是给。既成，启奏孝宗。诏曰："山阴旧宅为祇洹寺，永兴新居为崇化寺。"询乃于崇化寺，造四层塔。物产既罄，犹欠露盘相轮，一朝风雨，相轮等自备。时所访问，乃是剡县飞来。既而移皋屯之岩。常与沙门支遁及谢安石、王羲之等同游往来。至今皋屯呼为许元度岩也。[①]

《世说新语·栖逸》篇又记载他好山水，隐居永兴（今湖北黄梅）南幽穴中。《文选》卷三十一有江淹《拟许征君自序诗》，称他为"征君"；前引《世说》又称他为"许掾"，大概虽受征辟而终于隐逸不仕。孙绰的《答许询诗九章》之五说：

> 孔父有言，后生可畏。灼灼许子，挺奇拔萃。方玉比莹，拟兰等蔚。寄怀大匠，仰希遐致。将隆千仞，岂限一匮。

称"后生"，可知他较年轻。孙绰对其评价甚高，期望甚大。之六曰：

> 自我提携，倏忽四周。契合一源，好结回流。泳必齐味，翔必俱游。欢与时积，遂隆绸缪。一日不见，情兼三秋。[②]

这里说二人"提携""四周"即四周星，也就是四十年。由此可见二人间交谊之长久和情好之诚笃。

如前所述，许询与支道林交谊亦密。道林讲《维摩》，他作都讲，可见他的佛学素养。《世说·言语》篇记刘惔说："清风朗月，辄思玄度。"注引《晋中兴士人书》："许询能清言，于时士人皆钦慕仰爱之。"《赏誉》篇注引《续晋阳秋》也说"询能言理"。《文学》篇记载

---

① 《建康实录》卷八，第 162 页。
② 逯钦立《先秦汉魏晋南北朝诗·全晋诗》卷一三，中册第 900 页。

他和支道林、谢安等人在王濛宅谈《庄子》，则他是清谈名家。《品藻》篇又记载说"孙兴公、许玄度皆一时名流。或重许高情，而鄙孙秽行；或爱孙才藻，而无取于许"，注引宋明帝《文章志》："询卒不降志，而绰婴纶世务焉。"这是说孙绰依附权门，奔走在庾冰、殷浩等人门下，纵诞多秽行；相比之下，许询更能洁身自好，因而得到好评。但是在文才方面，许似乎不及孙。从现存资料看，他的作品内容、风格与孙绰相似。但佚存太少，已不可能窥知全貌。

四

　　以上是东晋几位有代表性的名士结交名僧、接受佛教的情形。这几个人可以看作是好佛名士的典型，体现一代知识精英的风尚。

　　东晋一朝承续西晋的世家大族专政，又处在国土分崩、偏安一方的局面之下，内忧外患不绝，形成积弱之势。作为知识精英的名士们在这种颓靡消沉的形势之下，沉溺于虚浮纵诞风气中，骋挥麈之清谈，侈雕虫之余技，思想、文章都显得浅薄、颓迷。当时人已经有"虚谈废务，浮文妨要"①的批评。而一批名僧活跃在社会上层，成为文化界的重要的新进成分。他们在士大夫间传播佛说，扩大佛教影响，促进佛理与传统思想学术（特别是玄学）的交流，直接影响到部分士大夫的精神世界和生活方式；而从文化史、文学史的更广阔的视野看，名士与名僧的交流在三个方面更起了导夫先路的作用，具有突出的意义：

　　第一，开创了中土知识阶层与僧侣结交、交流的传统。柳宗

①《晋书》卷七九《谢安传》："（谢安）尝与王羲之登冶城，悠然遐想，有高世之志。羲之谓曰：'夏禹勤王，手足胼胝；文王旰食，日不暇给。今四郊多垒，宜思自效，而虚谈废务，浮文妨要，恐非当今所宜。'"第2074页。

元说：

> 昔之桑门上首，好与贤士大夫游。晋、宋以来，有道林、道安、远法师、休上人，其所与游则谢安石、王逸少、习凿齿、谢灵运、鲍照之徒，皆时之选。由是真乘法印与儒典并用，而人知向方。[1]

到东晋时期，已经出现一批中国本土出身的、文化素养相当高的僧人，他们不是高蹈脱俗、封闭在寺院里，而是积极活跃在社会生活中、士大夫圈子里；同时又有一批精英阶层的士大夫，热心结交这些僧人，热衷于学习佛说。这些"名僧"成为知识阶层与佛教接触、交流的中介。他们构成中国僧团的文化精英阶层，在众多领域从事文化活动、积极地参与社会事务是他们的特征。他们在后来佛教历史的长期发展中一直起到特殊的作用。这种传统就是晋、宋时期开创起来的。具有高度文化素养的上层僧侣和贵族知识阶层热衷的佛教，一般说来与民众的信仰实践活动不同，更注重玄理的探索与玩味，以至作为精神的寄托、人生的装饰，但在中国这样的专制等级社会里，却能形成巨大的势力，特别是在统治阶层中造成影响。

第二，就佛教自身发展说，名僧实际是出家为僧、披上袈裟的本土知识分子。他们参与僧团，大大提高了僧团的文化水平，对于扩大佛教在社会上层的影响起了关键性的作用；而从另一方面看，有他们这样一批人在教团内部活跃，也促进了僧团自身素质的提升。这样一代新型僧人从内部促进佛教与中土传统的融合，又成为推动佛教"中国化"的重要力量。外来佛教在中国这样具有高度文化传统的土壤上扎根、发展，不与中土固有文化相结合也是不可能的。名僧的活动正积极有力地推进了佛教与本土传统的交流，

---

[1]《送文畅上人登五台遂游河朔序》，《柳河东集》卷二五。

所起的作用同样是相当积极、重要的。

第三,东晋以后的南朝文化,是典型的贵族文化,从总的思想倾向看显得低迷颓唐,但文学艺术却得到很大发展,所取得的成就不可忽视。佛教与道教对造就一代文学、艺术的成就起了积极的推动作用(当然也有消极方面)。在中国文学发展史上,佛教与文学相互作用,相互影响,内容丰富多彩,情形极其复杂。特别是"名士"与"名僧"们热衷于"性灵真奥"的探求与表现,拓展了文学艺术的表现领域与表现方法,这也为后来隋唐时期文化高度繁荣提供了借鉴,奠定了基础。关于这些方面,以下各章还将具体介绍。

第十章　早期佛、道二教关系：相依附与相冲突

一

中国自远古时期已经形成多神信仰，至佛、道二教并兴，后来又先后传入其他"夷教"，本土又形成大大小小的民间教派，是个多宗教并存的国度。秦汉以来，在教团宗教形成之前，中国已确立起强大的统一、专制的政治体制（即使是在中国历史上分立政权割据时期，从整体格局说这种专制体制也并没有改变），这种形势对后来各种宗教的形成与发展形态起了决定性的作用。本来宗教神权的根本性质决定其对于世俗统治与权威取超越或超然的姿态；宗教信仰的对象、信条必然是先验的、绝对的、唯一的；宗教教团组织、戒律、仪轨等等必然是独特而排他的。但是在中国的具体环境下，两汉之际输入的佛教和本土的道教却必须逐步整合到现实专制政治体制之下①，在世俗统治的严格控制之下生存和发展；由于它

---

① 在世界宗教史上，道教的形成属于特殊形态。它是从本土民众间的原始信仰、神仙方术等等发展起来的，起初没有构成系统的教理体系，信仰内容也相当纷繁，活动更是派系纷杂，基本取民众运动形态。刘宋中期（转下页）

们同处于统一的专制政体之中，一方面在形态、功能、作用等方面必然具有一致性，另一方面作为并立的两个宗教，又必然有矛盾、有冲突、有斗争，并在相互交锋中相交流、相借鉴、相融合。在中国历史上，佛、道二教的复杂交涉不仅对于各自的发展，对于文化、学术各领域，对于整个社会生活都是意义重大而又影响深远的。

　　道教教理的核心是神仙信仰。闻一多说"神仙是随灵魂不死观念逐渐具体化而产生的一种想象的或半想象的人物"，"乃是一种宗教的理想"①。神仙是人而不是神。平凡的人可以通过一定的"方法"达到飞升成仙或长生久视的目标。所以道教被法国学者马伯乐（Henri Maspero）定义为"引导信徒得到永生（Vie Eternelle）的救济的宗教"②。中华民族强烈的生命意识，中国人重视现世、重视人生的积极精神，在道教神仙信仰里得到十分充分的体现。而佛教则恰恰与之相对照，以追求解脱为目标，把现实人生看作是历劫轮回的一个过程；众生沉迷在这轮回苦海之中，超脱苦海的唯一办法是通过艰难的修行证得涅槃。这涅槃是神秘的、不生不死的绝对境界。佛教对人生的看法基本是悲观的，对世事的态度基本是消极的，所追求的目标是超越的解脱。中国文化传统上十分重视伦理，道教在本土文化土壤上形成，其教义充分体现了本土伦理观念；而佛教作为异域文化的产物，其所体现的伦理原则许多是悖逆本土传统的。这样，两大宗教，两种信仰，作为并立的存在，必然处在持续的对立、斗争状态之中。

―――――――――

（接上页）顾欢作《夷夏论》，始提出与"佛教"相对待的"道教"概念。当时的天　　师道道士组织起教理和教团，强调自己所信仰的道教的优越性，从而由民　　间教派的道教正式形成形态完整的教团宗教的道教。参阅小林正美《中国　　の道教》第 2 章《"道教"の成立》，创文社，1998 年。

①《神仙考》，《闻一多全集》第 1 卷第 159、161 页，生活·读书·新知三联书　　店，1985 年。

②马伯乐《道教――不死の探究》（ *Le Taoïsme* ），川胜义雄日译本，第 9－51　　页，东海大学出版会，1966 年。

　　而从另一方面看，佛、道二教作为宗教在内容、功能和形态诸如信仰、教义、组织、戒律、仪轨等方面又多有相通或共同之处。从信仰看，虽然二者追求的目标全然不一，但都致力于个人救济，都以解救众生为宗旨；二者的伦理规范虽然多有不同，但差异主要表现在各自的宗教修持领域，而一般的伦理原则都主张扬善制恶，戒律方面的要求也大体相同；特别是二者的宗教思维方式更具有明显的共同点，日本佛教学者铃木大拙指出：

　　　　潜在于佛教中的印度式的心理素质具有绝对的包容性。同时中国早就有老庄创立的追求超脱的思想，它明显与佛教般若系统的观点相近。于是，道家和佛家很自然地相互接近起来，产生了在思想上提携互补的倾向。考察六朝时代思潮就能知道，所谓"道教"一旦形成，它与佛教在政治方面发生深刻冲突也不乏其例。但道家的思维方法和心理特性在理知上有与佛家一脉相通之处。[1]

而就现实状况来说，在中国多神信仰的环境下，输入外来的佛教，增加一些救济的神祇，人们并不会产生抵触。特别是从根本上说，佛教输入、道教形成以前，中国不存在追求个人救济的教团宗教，佛、道二教共同担负起填补宗教发展这一空白的历史使命[2]。

　　又就佛、道二教在汉代初传的情形而论，佛教自输入伊始就已经是发展形态十分完整、成熟的宗教，有精密、复杂的教理、教义体系，有表述教理、教义的庞大的经典群，有确立和表达信仰、动员和团结信众的繁杂的仪轨，有组织结构完善的教团组织和维持这一组织运作的戒律。而道教起初却是分散的民间教派，作为教团宗教还处在草创阶段。与佛教相比较，在各方面都相当欠缺：教理、

---

①《禅的思想史研究》，《中国印象——世界名人论中国文化》下册第 347 页。
②参阅马伯乐《道教——不死の探究》，第 65 页；宫川尚志《六朝史研究·宗教篇》第二章《六朝時代の社會と宗教》，第 10—26 页。

教义十分粗疏,经、律不完备,组织结构松散,仪轨不完善也不统一,等等,特别是纷杂歧异的教派也还没有统合起来。就以早期道教最大的两个教派太平道和五斗米道而论,无论是教理、教义还是修持方法、活动方式都大不相同。当然另一方面,土生土长的道教又有外来佛教难以比拟的长处:它的全部观念、信仰、伦理等等都是从本土的传统中发展起来的,从创建伊始在民众间就有更深厚的基础;教派道教又是以群众运动的形式活动的,具有强大的声势和巨大的能量。鲁迅在给友人许寿裳的一封信里曾指出:

前曾言中国根柢全在道教,此说近颇广行。以此读史,有多种问题可以迎刃而解。[1]

对于这段话具体含义的理解有种种不同,但鲁迅肯定道教在中国文化发展中具有重要地位是不容置疑的。

不过,佛、道二教的不同内容和不同发展形态又正可以使它们相互补充。本来二者在统一的专制政治体制下生存,统治者对待它们畸轻畸重,它们所处地位互有高下,这必然成为引发矛盾、冲突的一个因素;但另一方面,正因为二者处在同一国土上,同一环境中,又造成调节相互关系的诸多有利条件。历朝统治者又基本采取儒、佛、道"三教"并立的方针,往往十分注意调节二者的关系,更成为二者间交流或交融的具有决定意义的因素。这样从总体趋势看,佛、道二教在冲突、纷争之中相互交流、相互借鉴、相互融合,从而促进了各自的丰富和发展。

正是在这诸多因素交互作用的状态下,中国的儒、佛、道"三教",就宗教说是佛、道二教,不断地调整相互关系,不断从对方汲取有益资源来促进自身的发展,从而形成中国思想史、文化史上矛盾纷争、丰富多彩的局面。如果从佛教的角度说,则正由于不断主

[1]《致许寿裳》,《鲁迅全集》第11卷第353页。

动或被动地汲取、借鉴道教的许多内容,不仅丰富、发展了自身,更改造了自身,促使自己更加适应中国本土的思想、文化环境,也就是实现所谓"中国化"。戴密微指出:

> 佛教被缓慢地改造得适合于中国人的心理状态,在这个过程中,它既与道教相糅合,又被嫁接到道教之中,因此它就主宰了"中世纪"的中国,直到公元第一千年之末都是这样。①

这里所谓佛教"糅合"、"嫁接"到道教,需要作更全面的理解:并不是一方融合到另一方,而是二者相互影响、相互借鉴、相互汲取的"互补"过程。这种矛盾、斗争同时又相互借鉴、交流的关系,成为形成历史上中国思想、文化丰富多彩、灿烂辉煌的发展局面的重要因素。从这样的角度考察,历史上复杂的佛、道交涉乃是成果丰硕的、具有重大意义与价值的文化现象。

应当说,中国历史上佛、道二教的关系所呈现的形态又是极其特异的,可以说是世界宗教交流史上的范例。从总体看,二者都没有表现出一家独断的极端倾向,二者的差异、冲突也没有形成你死我活的对抗。在中国历史上没有宗教裁判,更没有宗教战争。二者的矛盾、冲突基本通过论辩的方式解决。在论辩中当然难免有激烈的攻击、骂詈等等,而更多的是说理、辩难,又表现出可贵的包容、宽厚精神。这极大地促进了思想的活跃和思维的深入。佛、道二教的斗争从而又成为促进思想、文化发展的巨大推动力。在世界历史上,宗教的激烈冲突曾引发无数次流血斗争以至战争。相比较之下,中国历史上的宗教关系形成值得夸耀的优良传统。中国文化沾丐这一传统获益无穷。论及中国历史上佛、道二教关系,这一点是值得大书特书的。

---

① 《汉代至隋代之间的哲学与宗教》,崔瑞德等主编《剑桥中国秦汉史》第 869 页,杨品泉等译,中国社会科学出版社,1992 年。

一

　　在佛教于两汉之际输入中土的时期，作为教团宗教的道教还没有出现，不过形成道教的主要因素，如黄老之道、神仙信仰、道术方技、阴阳五行学说等早已存在。如前面所说，佛教当初是被当作方术的一种来引进的，僧侣则被等同于方士、祭司。如汤用彤论及汉桓帝时宫中并列地供奉黄老和浮屠指出：

　　　　汉代佛教历史材料至少，极为难言。但余极信佛教在汉代，不过为道术之一。华人视之，其威仪义理或甚殊异，但论其性质，则视之与黄老固属一类也。溯自楚王英尚黄老之微言，浮屠之仁祠，以至桓帝之并祭二氏，时人信仰，于佛、道并不分别。襄楷上宫崇之神书，复曾读佛经，其上桓帝疏，杂引《老子》、佛书告桓帝，以人主所应奉之"正道"。则在其心目中，二道实无多大差异。①

初传阶段的佛教力量还十分弱小，还不足以形成作为独立宗教的强大势力，所以要依附本土的神仙方术以求得立足之地。但是另一方面尽管如此，有印度形态发达的佛教作为后盾，初传的佛教又给道教的形成提供了刺激和借鉴。

　　东汉时期黄老之道与神仙方术更紧密地结合，乃是向正规的教团宗教方向发展的重要步骤。这又正与外来佛教的影响有直接关系。《后汉书》上记载桓帝延熹年间连续派人到苦县祭祀老子，八年的一次陈相边韶作《老子铭》，其中写道：

―――――――――

① 《读〈太平经〉书所见》，《汤用彤学术论文集》第71页，中华书局，1983年。

　　　　以老子离合于混沌之气，与三光为始终，观天作谶，□降
　　什(斗)星，随日九变，与时消息。规矩三光，四灵在旁，存想丹
　　田，大一紫房，道成身化，蝉蜕渡世。自羲农以来，□为圣者作
　　师……①

如此描写老子，和《史记》里作为"人"的老子很不相同，已经大为神
化，即被宗教偶像化了。就是说，桓帝时代祭祀的老子，已经带有
宗教教主的性格。这显然是接受了佛教佛陀崇拜的影响。

　　而襄楷上书中又提到"老子入夷狄为浮屠"，被认为已开启后
来延续久远的佛、道(这时的"道"还处在"道术"阶段，而没有形成
道教教派)二教关于佛陀与老子地位高下争论的端倪，但也表明当
时人已经肯定二者具有同等的品格。本来《史记》描述的作为"人"
的老子还"莫知其所终"②；到署名刘向的《列仙传》则发挥说"老子
西游，关令尹喜望见有紫气浮关，而老子果乘青牛而过也"③，这已
经开始把老子"神仙化"了。襄楷显然是站在同样立场上，他的说
法乃成为后来"老子化胡"说的滥觞④。

————————

① 《全上古三代秦汉三国六朝文·全后汉文》卷六二，第 1 册第 813 页。
② 《史记》卷六三《老子韩非列传》，第 2141 页。
③ 王叔岷《列仙传校笺》。关于《列仙传》的创作年代，学术界也有各种不同看
　 法。葛洪《神仙传序》谓为刘向撰，但《汉书·艺文志》称"刘向所序六十七
　 篇"未录《列仙传》，后人多疑为伪托，《四库提要》认为是"魏、晋间方士为
　 之"。王叔岷则以为"是书即非向撰，亦不至全晚至魏、晋也"(《列仙传校笺
　 序》第 4 页)，应为的论。
④ 后来道教方面把"老子化胡"说当作攻击佛教的重要口实。从襄楷上疏看，
　 当时佛教在中土扎根未稳，黄老之学盛行，老子逐渐被神化，应是佛教方面
　 自神其教的说法，意图在表明二教的一致性，因而毋宁说是替佛教的存在作
　 辩护的。如日本道教学者窪德忠所说："我认为化胡说是某位佛教徒提出的
　 说法，作为顺利布教的一种权宜之计。因此《化胡经》的第一位作者可能也
　 是佛教方面的人，不过后来道教方面利用它恣意编造，结果屡遭佛教方面攻
　 击。"《道教史》第二章《道教式宗教集团的形成》，第 80－81 页，萧坤华译，上
　 海译文出版社，1987 年。

这样从总体看,这一时期佛、道之间的关系,还是相互交流、借鉴更多。汤用彤曾举出实例:襄楷上书中引用佛教"浮屠不三宿桑下"典故(此典故亦见于《四十二章经》,可作为该经早出的依据之一)说到"精之至也",语见《老子》,而《太平经》里也有"精思"、"精明"、"不精之人"、"精进"等语;"天神遗以好女"典故中有"其守一如此"语,亦见《老子》,《太平经》里同样提倡守一之法。汤用彤据以得出结论说:

> 汉代佛教既为道术之一,因之自亦常依附流行之学说。自永平年中下至桓帝,经八十余年,因西域交通之开辟,释家之传教者继续东来,但译事未兴,多由口传,中国人士,仅得其戒律禅法之大端,以及释迦行事教人之概略,于是乃持之与汉土道术相拟,而信新来之教者,复借之自起信,用以推行其教。①

汤用彤更曾有关于参与《般舟三昧经》译事的孟元士的考订:

> 又按汉《三公碑》侧文有曰:"处士房子孟□卿,处士河□□元士。"《白石神君碑》阴第一列第十行文曰:"祭酒郭稚子碧。"《三公碑》立于光和四年,《神君碑》立于六年,俱在元氏县。三公与白石神君均元氏山名。《三公碑》侧,河字下或泐"南孟"二字。而《般舟经记》南海子碧或即郭稚。二人或在二年后自豫境同到元氏也。按《三公碑》云:"或有隐遁辟语言兮,或有恬淡养浩然兮,或有呼吸求长存兮。"白石神君祠祀之立,由于巫人盖高之请求(参看《曝书亭集跋语》)。此项祭祀,均涉于神仙家言。元士、子碧如为《般舟》译时助手,则汉末佛教信徒仍兼好道术方技。汉代佛教之特性,于此又可窥

见也。①

这是我国早期佛、道二教历史上一个意义重大的事例:当时如"处士"孟元士、郭子碧这样的人,既喜好道术方技,同时又热衷初传的外来佛教,他们与译经僧交往并积极地参与译事。这两个人的活动,显然不是个别行为。就是说,在汉末佛、道二者并行发展的时代潮流中,像孟元士、郭子碧这样具有浓厚宗教性格的下层知识分子,是等同地(或者说是相混淆地)对待佛、道二者的。

就民众信仰状况说,具有说服力的是早期佛教造像所表现的观念。翦伯赞曾说过:

> 除了古人的遗物以外,再没有一种史料比绘画、雕刻更能反映出历史上的社会之具体的形象。同时,在中国历史上,也再没有一个时代比汉代更好在石板上刻出当时现实生活的形式和流行的故事来。②

汉代佛教造像自上世纪中、后期有更多发现。虽然在数量巨大的汉代石刻(仅画像石就有一万块左右)中表现佛教内容的只是少数,但它们却是填补史书上稀少而又模糊的相关记述的绝好资料。现已发现的佛教造像年代据考主要是后汉桓、灵时期的。这正是安世高等人开始有规模地翻译佛经的时代。前面介绍佛教初传曾列举实例,作为佛教在中国各地传播的证据。而纵观这一时期的佛教造像,其表现上的一个重要特点就是多与神仙信仰有关联:或者与神仙造像混合雕造,或者表达神仙观念的内容。大量的汉代画像石里也刻画有个别的佛陀形象。画像石内容十分丰富,大体包括现实人生、历史故事和宗教信仰几大类;而宗教内容主要是神

---

① 《汉魏两晋南北朝佛教史》上册第 49—50 页,中华书局,1983 年。参阅《读〈太平经〉书所见》,《汤用彤学术论文集》第 52—80 页。
② 《秦汉史·序》,第 5 页,北京大学出版社,1983 年。

灵和神仙。到东汉时期,西王母成为主要题材,集中表现的是祈望死者成仙的祝愿。镌刻有佛像的,以山东孝山堂东、西侧壁三角形山墙顶部的图像最为典型:两壁各分三层,主要描绘西王母和其他神灵,而在东壁第一层伏羲图的右边,有一个结跏趺坐的人物,据推断是佛陀形象①。又沂南北寨村画像石墓的前室和中室,各有一根支撑过梁的八角形擎天柱,柱身布满神怪、仙人和仙禽、灵兽图像,其东侧面和西侧面主体分别为西王母和东王公图像,南侧面和北侧面上部各刻有一正面站立的人物,头有背光,双手合十,柱身南侧面中部有一个正面端坐人物,肩有双翼,手施无畏印。俞伟超认为这是三个菩萨像,并指出由于当时人把佛教当作道教分支,所以将佛陀与西王母、东王公并列,形成这样的图像配置方式②。发现当时曾引起轰动的连云港孔望山摩崖十八组石刻画像,六组是道教内容的,其余都是佛教的;佛教的可分为佛传故事、佛像和供养人像三类。这一方面表明雕刻这些造像的时候佛教在当地已得到相当充分的发展,另一方面也透露当时人对佛教的认识仍然与道教神仙信仰严重地相混淆。四川发现的摇钱树是一种具有祝祷意义的装饰物,底座和柱身多饰以神仙人物,而在彭山166号崖墓出土的一件陶质摇钱树,在本应是西王母位置的底座上有高浮雕人像,结跏趺坐,着通肩袈裟,右手作施无畏印,左手握袈裟角,头上有发髻,左右各有一立像,显然是一佛二弟子结构。如此把佛陀放在西王母位置上,同样也反映了信仰观念上的混同。早期佛教造像如今发现的数量有限,形制都还比较粗糙、模糊,但所反映的信仰形态是清楚的。即一方面,佛教造像在逐步普及开来,表明信仰的传布在逐渐扩展;另一方面当时人基本是把佛、菩萨理解为西王母那样的神仙,佛教信仰与神仙信仰在民众的观念中是相并

①参阅信立祥《汉代画像石综合研究》第154页,文物出版社,2000年。
②参阅《汉代画像石综合研究》第255页;又俞伟超《东汉佛教图像考》。

列、相混淆存在的。直到三国、西晋时期，佛教造像才以独立形态
出现。这也是佛教传播取得重大进展的表现。

孔汉思说：

> 自古以来，民间宗教（当然不仅是西藏）一直是一个民族
> 文化本体性的体现。文化和宗教常常是恒等的。[①]

佛教与黄老并列一起被信仰、供奉、祭祀，乃是这一外来宗教"中国
化"的最初体现[②]。佛教依附于神仙方术而传播，作为历史现象，不
可简单地看作是佛教的"善权方便"，或是中国人对于佛教的歪曲。
更重要的是这表明在当时，二者作为宗教信仰有着共同的社会基
础，面临同样的精神需求，处在大体相同的发展阶段。因此外来的
佛教表现为所谓"神仙化的佛教"、"道教式的佛教"[③]形态，而处在
形成过程中的道教则积极地从形态完整的佛教取得借鉴。并存的
二者从而在相互支持、相互交流中得到发展。

三

东汉末年是中国历史上宗教信仰潮流急速扩张的时期。佛教
方面有更多的外来僧侣来华，吸引了更多信众。由于译经事业繁
荣，系统的教理、教义得以较广泛地传播，它作为区别于中土传统

---

①秦家懿、孔汉思《中国宗教与基督教》第 42 页。

②在中国古代民间信仰中，佛、道二教被混同的情形一直延续，民众间也一直
保留着佛、道二教神祇并列祭祀的风俗，如《水经注》上记载巴郡属邑平都
县，"有天师治，兼建佛寺，甚清灵"，第 638 页，陈桥驿点校，上海古籍出版
社，1990 年。

③这是塚本善隆在《中国净土教史研究》中的判断，参阅《塚本善隆著作集》第
4 卷第 5 页，大东出版社，1976 年。

信仰的外来宗教的面貌逐渐明晰起来。例如前面介绍过的笮融奉佛情形:已经创建起大规模的佛寺,招徕大批信徒。还出现了《理惑论》那样较有深度的护法著作,其中固然多援引儒家、道家语言和义理为佛教作辩护,但已经能够较明确地把佛教与儒、道区分开来。道教方面则民间道教教派已经形成,《老子》、《太平经》被确立为根本经典,教理体系也已初具规模。特别是北方的太平道和蜀中的五斗米道掀起具有相当声势的群众运动,并形成政治势力,更扩展了它们的影响。在这种情况下,曾经被并列、被混淆的两大宗教各自独特的面貌逐渐明晰,二者的矛盾、分歧从而也逐渐凸现出来。特别是作为社会势力,两大宗教既要争夺信众,又要争取统治者的支持。就是说,都力图占据作为宗教的主导地位,树立独一无二的权威,从而相互间的攻驳、辩难也就不可避免了。

《牟子理惑论》作为早期护法文字,相当典型地体现了当时佛教方面的态度和立场。它的作者在论辩中一方面借助中土传统儒家、道家的观念、语言、故实等为佛教作辩护,同时又把佛教抬高到超越二者之上的地位;另一方面他又严格区分道家与正在兴起的道教,着力攻驳作为宗教的神仙、方术之道。这样就既体现出积极地融入本土传统的姿态和努力,又坚持佛教作为宗教的独立地位及其信仰的绝对、超越性质。

《牟子理惑论》除序言、结语之外分三十七章,作者明确指出:

> 吾览佛经之要有三十七品,老氏《道经》亦有三十七篇,故法之焉。[1]

所谓"佛经之要"的三十七品,指三十七道品(或"菩提分"、"觉支"),本是达到证悟、趋向涅槃的三十七种途径;而《老子》由三十七篇组成,则是文字段落的划分。作者把它们贯通起来,都理解为

---

[1]《牟子丛残新编》第24页。

悟道方法，所以写作这篇论辩文字也分成三十七段。这就明确表示了作者有意识地与道家相对峙的立场。

《理惑论》每一章都采取对问、辩难方式，提出质疑、批评一方主要是儒家，牟子则代表佛教进行辩护。辩护中一方面针对对方的看法加以批驳，一方面对佛教教理进行阐释和发挥，如上所述其中多取儒、道观点和事典为论据。文章的基本思路是论证佛教从根本上并不违背中国固有传统，反而能够把儒家、道家的义理发挥得更为彻底，更为高超。这也表明作者力图把佛教与本土传统相调和的姿态。关系到儒家，如第七章：

> 问曰：佛道至尊至大，尧、舜、周、孔曷不修之乎？《七经》之中，不见其辞。子既耽《诗》、《书》，说《礼》、《乐》，奚为复好佛道，喜异术，岂能逾经传，美圣业哉？窃为吾子不取也。牟子曰：书不必孔丘之言。药不必扁鹊之方。合义者从，愈病者良。君子博取众善以辅其身。子贡曰："夫子何常师之有乎？"尧事尹寿，舜事务成，旦学吕望，丘学老聃，亦俱不见于《七经》也。四师虽圣，比之于佛，犹白鹿之与麒麟，燕鸟之与凤凰也。尧、舜、周、孔且犹学之，况佛身相好变化，神力无方，焉能舍而不学乎？……①

这里反方说没有必要在儒家圣人之道以外另立佛道，而作者进行辩护，则以退为进，并不否定尧、舜、周、孔圣人之道，而是强调佛陀比起尧、舜、周、孔等圣人来形态有更奇妙的"相好变化"，能力又"神力无方"，更为神奇多样，因此有其存在的价值。其中提出的"博取众善"、兼收并蓄的看法，态度更显得相当开阔。

如何对待外来佛教，又牵涉到儒家视为原则的"夷、夏之辨"。这也是后来儒、佛间长期争论的大问题。儒家坚持华夏文化中心

---

① 《牟子丛残新编》第5—6页。

主义，主张"用夏变夷"，反对"以夷变夏"，这早在孔、孟已有明训。反对方加以引用，据以否定"学夷狄之术"的佛教。牟子辩护说：

> 此吾未解大道时之余语耳。若子可谓见礼制之华，而暗道德之实；窥炬烛之明，未睹天庭之日也……佛经所说，上下周极，含血之类，物皆属佛也。是以吾复尊而学之，何为当舍尧、舜、周、孔之道？金玉不相伤，精珀不相妨，谓人为惑，时自惑乎！[1]

这也是一方面肯定佛法和儒家并不绝对矛盾，另一方面更强调佛法具有普遍真理的价值和意义，相比之下则认为儒家只是一方学问，再次把佛教抬高到一切世俗学问之上。

在一些具体问题上，作者往往又采取进一步迎合儒家的态度。如对于作为儒家伦理基础的孝道，反对方提出沙门剃发"违圣人之语，不合孝子之道"，牟子则引用孔子"可与适道，未可与权"的观点来辩护。在举出一些具体例证后说："由是而观，苟有大德，不拘于小。沙门捐家财，弃妻子，不听音，不视色，可谓让之至也。何违圣语，不合孝乎？豫让吞炭漆身，聂政劓面自刑，伯姬蹈火，高行截容，君子以为勇而有义，不闻讥其自毁没也。沙门剃除须发，而比之于四人，不已远乎？"在第十五章里，更就佛经中须大拏布施钱财、妻子的故事指出："须大拏睹世之无常，财货非己宝，故恣意布施，以成大道。父国受其祚，怨家不得入，至于成佛，父母兄弟皆得度世，是不为孝，是不为仁，孰为仁孝哉？"这就强调佛教徒非但不违孝道，更是在实行最为彻底的孝道。这样来替佛教辩解，实际已是一种"以儒释佛"的思路。这样做也是因为在中国，在孝道这样大的伦理原则问题上，佛教不可能与儒道相抗衡。如此融入儒道也正是适应中土传统的体现。

---

[1] 《牟子丛残新编》第11页。

　　同样对于道家，牟子往往采用后来所谓"格义"办法，即利用《道德经》的语汇为佛教辩解。他一再说到"大道无为"，把老子主张的"无为"与佛法相等同。如第十一章说：

　　　　尧、舜、周、孔，修世事也。佛与老子，无为志也。仲尼栖栖七十余国，许由闻禅洗耳于渊。君子之道，或出或处，或默或语，不溢其情，不淫其性。故其道为贵，在乎所用，何弃之有乎？①

这显然是将佛法与老子的"无为"等同起来了。同样第二十五章答复对方怀疑自己"见博其有术"的疑问：

　　　　由佛经也。吾未解佛经之时，惑甚于子。虽诵五经，适以为华，未成实矣。吾既睹佛经之说，览《老子》之要，守恬淡之性，观无为之行，还视世事，犹临天井而窥溪谷，登嵩、岱而见丘垤矣。五经则五味，佛道则五谷矣。吾自闻道以来，如开云见白日，炬火入冥室矣。②

这里是说自己由于通晓佛经而识见精进，也是把佛、道相并列，用两者与儒家相对比，肯定它们的优越性。

　　本来《理惑论》对于神仙方术的批判十分坚决和尖锐，又努力与当时正在流行起来的道教神仙信仰划清界限。如第二十九章：

　　　　问曰："王乔、赤松、八仙之箓，神书百七十卷，长生之事，与佛经岂同乎？"牟子曰："比其类犹五霸之与五帝，阳货之与仲尼；比其形犹丘垤之与华、恒，涓渎之与江海；比其文犹虎鞶之与羊皮，斑纻之与锦绣也。道有九十六种，至于尊大，莫尚佛道也。神仙之书，听之则洋洋盈耳，求其效犹握风而捕影。

①《牟子丛残新编》第8页。
②同上第18页。

是以大道之所不取，无为之所不贵，焉得同哉？"①

这里所谓"神书百七十卷"，指的是于吉上献朝廷的《太平清领书》即后来道教奉为教典的《太平经》；"王乔、赤松、八仙之箓"当是指今传署名刘向的《列仙传》之类宣扬神仙的道典。汉代是神仙思想大发展、造仙运动十分兴盛的时期；道教以神仙信仰为核心，鼓动起群众性的信仰潮流。在第三十章里，更明确地把道家学说与神仙家的方术严格区别开来，如批评辟谷不食：

众道丛残，凡有九十六种。淡泊无为，莫尚于佛。吾观老氏上下之篇，闻其禁五味之戒，未睹其绝五谷之语；圣人制七典之文，无止粮之术。老子著五千之文，无辟谷之事……②

接下来的几章，集中批判却疾不病、长生不死等，"以经传为证，以世人为验"，揭露道教传说尧、舜、周、孔、七十二弟子皆不死的虚妄。反方指责他是"讪神仙，抑奇怪，不信有不死之道"，也正表明在神仙信仰这一关键问题上佛教所采取的立场。这显然是在有意厘清初传时期的佛教与神仙方术相混淆的局面，也是佛教教理、教义逐渐变得清晰的表现。当时像牟子那样的佛教信徒，一方面能够利用道家学说来积极地为佛教辩护，另一方面坚决地否定、排斥神仙方术，从而表明作为宗教的佛、道二教终究是难以和平地两立的。

就道教方面看，早期分散的道教教派本来具有反体制的性格，五斗米道和太平道都聚集起民众，掀起反抗现实体制的颇有声势的群众运动。但其教理、教义建设却远不及佛教，当时还无暇也无力对佛教作系统的批判。不过在汉末佛教势力扩张的形势下，道教方面也有所反应。《太平清领书》里面已经有攻击佛教的内容。其卷一一七《天咎四人辱道诫第二百八》批评"今学为道者，皆为四

---

①②《牟子丛残新编》第20页。

毁之行，共污辱皇天之神道，并乱地之纪，讫不可以为化首，不可以为师法"。所谓"四毁之行"，"第一曰不孝，第二曰不而性真，生无后世类，第三曰食粪饮其小便，第四曰行为乞者"①。柳存仁指出：

> 这部经（《太平经》）成立的真确年代虽然不易知道，但是经里有几处或是排斥乞食，或是排斥饮小便，或是既排斥乞食又排斥饮小便的地方（《合校》655，660，662 及 665），是可以注意的。乞食是小乘佛教普遍的习俗，这里排斥的，很显然指的是佛教。"饮小便"见于《后汉书》卷一百一十二《方术传下》"甘始、东郭延年、封君达"条……②

《太平清领书》一般认为是西汉末到东汉顺帝时期逐渐增益而成。上面所引述关于"四毁之行"这段文字的具体撰写年代难以确定，但其中针对当时佛教教义、伦理、修行方式等多方面进行抨击是十分明确的。这种批判也成为可供今人了解当时佛教面貌的资料。

这样，到东汉末年，在佛、道二教的发展都已渐具规模的阶段，二者之间或儒、释、道三者之间已经形成既相互冲突、相互交锋，又相互调和、相互包容的关系。在看起来纷纭复杂、矛盾交织的状态中，又大体有规律可寻：即在思想、理论层面，佛教对待中土儒家、道家更多采取调和态度；而在信仰层面，佛教则逐渐凸显出独特的个性，更竭力与道教神仙信仰和成仙方术严格划清界限。就前一方面而言，佛教教理、教义确实有与儒家、道家相一致的因素，而对于具有悠久传统的儒家、道家思想体系，初传的佛教实际上也无力与之抗衡。以至到后来，在中国佛教发展史上，消极地或主动地接受、汲取儒家、道家的理论成果来丰富、改造自己，成为佛教推进自身发展、演变的重要手段。就后一方面而言，佛教只有与道教划清界限，才能够脱卸下"道教式的佛教"的外衣，逐步更真切地

---

① 《太平经合校》（增订本）下册第 654—655 页。
② 《道教史探源》第 167—168 页，北京大学出版社，2000 年。

介绍、传播外来教理、教义,从而也才有可能走上独立发展的道
路。而实际上,佛教只有依恃其所挟带的外来文化成果,充分发
挥自身具有的宗教、文化优势,才能够在中国扎根、发展,也才能够
对于中国的思想、文化作出独特的、不可替代的贡献。正是这样,
作为中国文化三大支柱的儒、释、道三家间的矛盾、斗争,不仅推动
了各自的进步,更成为活跃思想、促进文化发展和丰富的巨大推动
力。外来佛教从而也成为思想、文化领域一支积极、活跃、具有创
造性的力量。这当然也体现了中国文化有容乃大、广取博收、积极
奋进的性格。

四

上面描述了早期佛、道二教在形成(对于佛教是输入)与传播
初期由相互依附到各自逐渐独立发展的过程,以及在这一过程中
二者(加上儒家是三者)间相矛盾、相冲突又相交流、相借鉴的复杂
情形。这两个无论是人文基础、社会背景,还是信仰体系、修持方
式都大不相同的宗教,在中土并立地传播开来,相互矛盾与斗争必
然贯穿其发展历史的始终。而二者在努力保持自身的特点、争取
独立发展空间的同时,又积极地汲取、借鉴对方成果来充实、丰富
自身,也成为它们各自得以长期兴盛发达,并对思想、文化作出重
大贡献的重要因素。以下首先讨论佛教得益于道教的方面。

关于道教,刘勰作过一个相当精辟的概括,他说:

案道家立法,厥品有三:上标老子,次述神仙,下袭张陵。①

---

① 《灭惑论》,《弘明集》卷八,《大正藏》第 52 卷第 51 页中。

这实际即是指道教在教理层面依据《老子》即道家学说，而在信仰和行法的实践层面，则发挥了先秦以来的神仙养生和消灾度厄等方术，并掺杂以阴阳、五行、谶纬、诅咒等，形成作为教理核心的神仙信仰、神仙术和修持手段的斋醮、符箓、禁咒等行法。由于道教来源庞杂，表现形态多样，对于形成有组织的统一教团宗教造成障碍。不过这一植根于丰富而深厚的民族土壤上的宗教更集中地体现了中国文化的传统性格，是外来佛教不可比拟的。而外来宗教如果不能适应本土环境则不可能生存和发展。因此佛教借鉴和吸收道教的内容乃是客观发展形势所必需。而当佛教逐渐发展，超越初传时期那样作为神仙方术的支流而与道教划清界线，它对于道教的借鉴、吸收也就不能只限于观念或仪轨的比附而必须提到更高的层次，即在更深入的思想、理论层面上借鉴和汲取道教的内容。这具体表现在以下几个方面：

首先，佛教逐步吸收作为道教教理基础的道家的本体论思想。这对于后来中国佛教教理发展的影响极其深远。

我国哲学界有一个重要观点，认为道家乃是中国哲学思想的主干，重要依据就是道家提出了系统的本体论思想，着重论证了"道"乃是宇宙万物的本体。这一思想可以追溯到老子，如《老子》第二十五章：

> 有物混成，先天地生，寂兮寥兮，独立不改，周行而不殆，可以为天下母，吾不知其名，字之曰道。①

又第五十一章：

> 道生之，德畜之，物形之，势成之。是以万物莫不尊道而贵德。道之尊，德之贵，夫莫之命而常自然。故道生之，德畜之，长之育之，亭之毒之，养之覆之，生而不有，为而不恃，长而

①王弼注《老子道德经》上篇。

不宰，是谓玄德。①

而这种以"道"为本体的观念实际又大体为诸子百家所共有，不过其余诸家或者认识并不明晰，或者理解比较片面。例如儒家也讲"道"，不过讲的主要是人伦、致治之道。道教在进一步采用黄老之学建立起宗教神学体系时，正是以道家的"道"作为全部教理的基础。早期道教奉为经典的《太平经》说：

> 夫道何等也？万物之元首，不可得名者。六极之中，无道不能变化。元气行道，以生万物，天地大小，无不由道而生者也。②

这里"道"的概念显然来自《老子》。不过在道教里，"道"作为宗教信条被神秘化、神学化了，以至作为人格神成为信仰的对象。葛洪的《抱朴子内篇》是早期道教教理的总结性著作，其第一卷《畅玄》篇就把"玄道"作为全部教义的根本提出来，开章明义即说：

> 玄者，自然之始祖，而万殊之大宗也。

这里的"玄"是"道"的另一称呼，取《老子》"玄之又玄，众妙之门"的意思。所以他在后面又称之为"玄道"：

> 夫玄道者，得之乎内，守之者外，用之者神，忘之者器，此思玄道之要言也。得之者贵，不待黄钺之威。体之者富，不须难得之货。高不可登，深不可测……③

印度佛教本来不承认常驻不变的本体之"道"，认为体现宇宙"真实"的是"法"。"法"是梵文 dharma 的意译；又有"菩提"，则是梵文budhi 的音译，意译为"觉"，意指对"法"的证悟；又有"末伽"，是梵

---

①王弼注《老子道德经》下篇。

②王明编《太平经合校》卷十八至三十四《守一明法》，上册第16页，中华书局，1960年。

③王明《抱朴子内篇校释》（增订本）卷一，第1—2页。

文 mārga 的音译，意指"四圣谛"中"道谛"的"道"，即达到证悟的途径、方法。这几个内涵相互联系但含义全然不同的概念，中国都曾借用"道"这个词来翻译。

印度大乘佛教主张"应无所住而生其心"，所谓"是实相者，即是非相"，所谓"一切有为法，如梦幻泡影，如露亦如电，应作如是观"①，都意在荡相遣执，破除一切执着计较，不但要体认我、法两空，并且要进一步证悟"空"亦"空"，即根本否定任何本体的存在。这是和道家的本体之"道"全然不同的观念。简单说来，道家所谓"道"生于"无"，这"无"乃是绝对的"有"；佛教的"空"则"有""无"双遣，是绝对的"无"。可是中土人士接受佛教，从一开始就使用了"道"这一概念；并且不只是借用字面，更连同移植了其"本体"的意义。《牟子理惑论》典型地表明了佛教初传时期对于佛道的这种理解：

> 问曰：何谓之为道？道何类也？牟子曰：道之言导也，导人致于无为。牵之无前，引之无后；举之无上，抑之无下；视之无形，听之无声；四表为大，蜿蜒其外；毫厘为细，间关其内，故谓之道。

> 问曰：孔子以五经为道教，可拱而诵，履而行。今子说道，虚无恍惚，不见其意，不指其事，何与圣人言异乎？牟子曰：不可以所习为重，所希为轻，惑于外类，失于中情。立事不失道德，犹调弦不失宫商。天道法四时，人道法五常。《老子》曰："有物混成，先天地生，可以为天下母，吾不知其名，强字之曰道。"道之为物，居家可以事亲，宰国可以治民，独立可以治身。履而行之，充乎天地。废而不用，消而不离。子不解之，何异之有乎？②

---

① 《金刚般若波罗蜜经》，《大正藏》第 8 卷第 752 页中。
② 《牟子丛残新编》第 4 页。

这里界定佛道,不但使用的语言类似道家,更直接征引《老子》,内涵上显然赋予了本体论的含义。

早期译经里使用"道"的概念也同样。例如《四十二章经》说到"沙门出家为道",行善改必"得道",以至主张"吾何念,念道;吾何行,行道;吾何言,言道。吾念谛道,不忽须臾也"①,等等。安世高解释"安般守意"即禅法的数息观说:

> 安为本因缘,般为无处所。道人知本无所从来,亦知灭无处所,是为守意也。安为清,般为净;守为无,意名为,是清净无为也。②

这是把禅的"正念"解释为道家的"清净无为",而其中说到"本无"即是"空",也就是"道"。支谦所译《大明度无极经》是小品《般若》早期第二个译本(第一译是支娄迦谶的《般若道行品经》),是阐发大乘般若空思想的。其第一《行品》解释"明度无极"("般若波罗蜜"的早期异译),译文是:

> 善业言:"如世尊教,乐说菩萨明度无极。欲行大道,当由此始。夫体道为菩萨是空虚也,斯道为菩萨亦空虚也。"(师云:"菩萨心履践大道,欲为体道,心为道,俱无形,故言空虚也。斯道者,谓空、不愿、无想也。")③

这里"善业"是佛弟子须菩提名字的异译。后段"师云"的批注不能确定是什么人的解释,但所用"道"、"大道"的观念则显然是道家的。后面《本无品》标题更直接使用了道家概念,其中说:

---

① 《大正藏》第 17 卷第 722 页上-723 页上。
② 《佛说大安般守意经》卷上,《大正藏》第 15 卷第 164 页上。今存署名安世高译《安般守意经》,与一般翻译经典体制不同,经文和注释相混淆。如上引一段的后部分,即可能是注文。但这种注释却正能反映当时人对佛教教义的理解。
③ 《大明度经》卷一《行品》,《大正藏》第 8 卷第 478 页下。

　　善业白佛言:"诸法随次无所著,无想如虚空,是经无所从生,诸法索之无所得。"爱欲天子梵天子言:"善业所为如如来教,但说虚空慧。"善业言:"如来是随如来教。何谓随教? 如法无所从生,为随教。是为本无。无来原亦无去迹。诸法本无,如来亦本无无异。随本无,是为随如来本无。如来本无,立为随如来教,与诸法不异。无异本无无作者,一切皆本无,亦复无本无,等无异于真法中本无,诸法本无。无过去当来今现在,如来亦尔,是为真本无。①

这就完全是用道家"本无"观念来解释所谓"道"了。

　　也正是在这样的思想基础上,才出现了般若与玄学的合流,用本末、有无的观念来认识般若空观。这方面的情况前面已有专章说明。中国佛教史上肯定鸠摩罗什、僧肇师弟子的巨大功绩之一,是通过他们的译业和阐述,大乘佛教般若空的真义得以被正确了解,从而使得中国佛教教理摆脱了玄学的纠缠。但实际上,道家的本体论已经深刻而牢固地渗透到中国佛学之中。即以僧肇而论,他的"立处即真"、"触事而真"的真理观,他关于"体"与"用","有"与"无","心"、"神"与"事"、"理"的辨析,处处都体现了道家本体论的痕迹。因而戴密微相当深刻地指出:

　　僧肇……用强烈的道家精神和语气来阐发中观学派的伟大论旨……在他的文章中又讨论了王弼和郭象所曾经讨论过的主要问题,如"体"与"用"等。僧肇把这和佛教中诸如"慧"(prajñā)与"方便"(upāya),或"真谛"与"俗谛"之间的对立联系起来。在他的著作中,新的"理"还带有大大不同于印度哲学的宇宙秩序的意味,因此有时使人怀疑他究竟是一位佛教徒还是一位道教徒。②

————————

①《大明度经》卷四《本无品》,《大正藏》第 8 卷第 493 页下－494 页上。
②《汉代至隋代之间的哲学与宗教》,《剑桥中国秦汉史》第 921－922 页。

这样,中国佛教思想在长期历史发展之中,本土传统的本体论已融入并进而改造了印度大乘佛教的般若空观而被加以发挥。这是佛教"中国化"的重要表现,也是其主要内容之一。到大乘佛教发展的中期,涅槃佛性学说和如来藏思想形成,提出新的"佛性"论和"佛身"、"法身"说,主张常、乐、我、净乃是永久的本佛、绝对真实的"诸法实相",已具有肯定本体的意义。涅槃佛性学说和如来藏思想被中国人特别积极地接受和发挥,主要在于它们扬弃了般若教理荡相遣执太过而没有着落的流弊,可以与中国传统的本体论相调和。大乘教理发展中的内在矛盾在中国人的理解中从而也就得以消解了。后来在中国佛教里,"佛道"作为佛陀的教化,往往被当作永恒的精神本体来接受。这实际是借鉴道家的思想和逻辑,把佛法、菩提、道品等观念从根本上加以改造了。特别是唐宋时期形成的华严"法界缘起"宗义和禅宗"明心见性"说,二者同是宋明理学的重要理论来源,更清楚地表明了中国传统的本体论思想融入佛教教理的作用和意义。

正因此后来韩愈辟佛,在他著名的纲领性文章《原道》里严格区分儒道和佛与黄老之道,说"其所谓道,道其所道,非吾所谓道也"①。这也正表明在当时人一般理解里,儒家与佛教、道教同有其"道","道"这个具有本体意义的观念当时是被三家所共享的。

其次,道教充分地体现中土思维特征的另一个重要方面,是具有强烈的生命意识和执着的现实精神。道教这方面的内容不断地充实和改变了中国佛教的思想与信仰。

道家主张"知秉要执本,清虚以自守,卑弱以自持,此君人南面之术也"②。《老子》的学说表现姿态显得谦退柔弱,实际追求的是以柔弱胜刚强,其本质精神是十分积极的。汉末道教各教派形成

---

① 《原道》,《韩昌黎集》卷一一。
② 《汉书》卷三〇《艺文志》,第 1732 页。

民众运动，作为尖锐的社会矛盾的产物，鼓动起广大群众声势浩大的反抗斗争。无论是酿成黄巾起义的太平道，还是后来建立起割据政权的五斗米道，都在一定程度上体现民众意愿，形成改造现实的政治活动。它们召集流民，组织教团，建立精舍，诵经行香，配合宗教性的活动，采取许多解救民间疾苦的措施，如利用符水治病，建立义舍施食等等。实际后面这些措施也都是动员群众的手段。后来道教向统治阶层发展，经过"清整"，逐渐清除掉不符合统治体制要求的成分。但是其注重现世、重视人生的精神却一直贯彻在其观念、信仰和活动之中。葛洪是提倡神仙道教的，但他对以求仙著名的秦皇、汉武猛烈抨击说：

> 仙法欲溥爱八荒，视人如己，而人君兼弱攻昧，取乱推亡，辟地拓疆，泯人社稷，驱合生人，投之死地，孤魂绝域，暴骸腐野，五岭有血刃之师，北阙悬大宛之首，坑生煞伏，动数十万，京观封尸，仰干云霄，暴骸如莽，弥山填谷。秦皇使十室之中，思乱者九。汉武使天下嗷然，户口减半。祝其有益，诅亦有损……①

葛洪宣扬的神仙信仰，不只是虚无缥缈的幻想，更体现了对于解决现实矛盾、解除民生疾苦的关注。特别是他宣扬仙人注重"以药物养身，以术数延命，使内疾不生，外患不入，虽久视不死，而旧身不改"②。后来的道教法术中有所谓"飞升"、"尸解"、"禹步"、"雷法"等等升仙法门，但如"胎息"、"导引"、"存神"、"服食"等等则毋宁说是养生之术，而"诅咒"、"禁术"、"符箓"等则用于除邪消灾、驱魔避鬼、役使神灵、逢凶化吉，也是用来达到现实目的的。对比之下，印度佛教对于世界的基本认识是悲观的，对于生命价值的基本态度是否定的，极力鼓吹精进努力从六道轮回中解脱出来，达到绝对的

---

①《抱朴子内篇校释》（增订本）卷二《论仙》，第18页。
②同上第14页。

涅槃寂灭境界。佛教修道的这一根本目标不仅不适合中土人士乐观地执着于现实世界的习性,甚至那种神秘的涅槃观念也是人们难以理解的。佛教在中国的长期发展中,道教的重视生命、肯定现世的精神对于消减其原有的悲观厌世思想和消极颓堕倾向起了重要作用。

又大乘佛教中本来包含有注重现世、肯定人生的积极成分,特别是其普度众生的理想和为法捐躯的宏愿,与道教注重现世救济、追求生命存续的教理更有相通之处。中国人接受的佛教基本是大乘的,并对大乘教理注重现世、肯定人生的方面大加发挥。这有儒家思想作为基础,更和接受道教的持久影响有直接关系。特别是在魏晋南北朝战乱频仍、苦难深重的时期,虚幻神秘而遥不可及的涅槃境界不能满足人们迫切的救济需求。值得注意的是,西方弥陀净土信仰至迟在西晋初年已经开始在中国流传,阿弥陀佛的名号也曾被翻译为具有道教色彩的"无量寿",但是在直到南北朝末期的几百年间,弥陀净土信仰并没有普遍流行开来。同样,对于未来佛弥勒的信仰曾有道安等有势力、有影响的大和尚加以提倡,也没有形成更大的势力。而另一方面在这一时期,相对于净土观音信仰,人们更倾心于救苦观音。人们期望观音解救他们的水火刀兵、牢狱县官(王权)之灾。又如大量佛教造像记所反映的,当时的人们固然也希望来世成佛,得到往生,但造像祈福的对象一般是为皇帝陛下、诸天圣贤、群僚百官、亡过父母、现存眷属、法界众生、己身及师僧等现实人物,祈请内容则主要是国祚永固、常与善会、同受斯福、家口平安、永与苦别、无病长寿,等等,都是十分现实的内容。而后来净土信仰流行,人们希望的往生,更像是道教向往的长生不死,净土则更像神仙世界。就是说,当时的中国人更关心的是现世的疾苦患难、生死存亡,而不是不可知的来世果报;是如何解除当方苦难,而不是往生虚无缥缈的佛国。这种更重实际的现世救济观念,显然是与道教信仰相通的。

马克斯·韦伯（Max Weber）论及道教的长生术说：

> 中国人对一切事物的"评价"（Wertung）都具有一种普遍
> 的倾向，即重视自然生命本身，故而重视长寿，以及相信死是
> 一种绝对的罪恶。因为对一个真正完美的人来说，死亡应该
> 是可以避免的。[①]

佛教的悲观厌世的倾向、消极解脱的追求在中国得以抑制，弘通开
阔、注重人生的大乘精神得以发扬，正与它接受道教的影响有一定
关系。

　　第三方面，道教的法术方技给中国佛教以影响，助长了中国佛
教的方术化倾向。

　　先秦以来方士所掌握的方术具有多方面内容。一类本来属于
原始科学范畴，如占星、候气、历算、式法、风角、五音等；一类是原
始医学，如医术、服气、导引、房中等，这两类可以称为"方技"；还有
一类是宗教性的道术，如存思、存神、龟卜、筮占、梦占、诅咒、祷禳、
厌胜、操纵鬼物、形解销化等，这些或可称为"法术"。而无论是宗
教性的法术，还是具有科学内涵的方技，均大量被道教吸纳；由于
宣称它们具有现实的救济功效（有的是真实的，更多是虚幻的），更
增强了对于人们的吸引力。这也成为道教自神其教，鼓动、引诱群
众的有效手段。

　　佛陀在世本来是明确反对诅咒之类法术的。无论是小乘"证
灭"（证得寂净涅槃）的"八正道"（正见、正思维、正语、正业、正命、
正精进、正念、正定），还是大乘修持的"六波罗蜜"（布施、忍辱、持
戒、精进、智慧、禅定），都把方术等排斥在外。不过从最初来到中
国的译经僧起，外来僧侣多以精通方术著称，并把它们当作为宣教
的重要手段。另一方面，印度大乘佛教在发展中又出现吸收婆罗

[①]《儒教与道教》，洪天福译，第216页，江苏人民出版社，1995年。

门教咒术、仪轨一派，形成"古密教"，有关典籍自佛教初传的早期已开始传入中国，其中充斥着密术、经咒等内容。到唐代，又传入大乘后期的金刚密教，形成中土密宗。古密教和后来的金刚密教、密宗在注重法术、仪轨和民间信仰等方面与道教有着共通之处，不仅相互间密切交流和影响，相关内容也被纳入到中国佛教发展的总潮流之中。

早期翻译佛典，有的已经把禅法等同于方术，如支谦所译《法律三昧经》中说到：

> 佛用世间多贪乱意故，于树下闭目而坐，为现禅法，欲令解者以道缚意，亦随所乐，各得其所。是为如来本所入禅。外诸小学五通禅者，学贵无为，不解至要，避世安己，持想守一，瞑目纵体，内观历藏，存神道气，养性求升，恶消福盛，思致五通，寿命久长，名曰仙人。行极于此，不知泥洹，其后福尽，生死不绝。是为外道五通禅定。①

这里是把大乘禅和外道禅、小乘禅作对比。所谓"五通禅"即五神通。经文的描写从语言到方法，都极似中土方术。早期来华的外来僧人所习方术，有些当是印度传来的，有些则是本土的。例如安世高"七曜五行之象，风角云物之占，推步盈缩，悉穷其变"②等等，从名目看可能已包含中土固有方术。支谦"世间艺术，多所综习"③，这"世间艺术"所指也应包括本土方术在内。康僧会"天文图纬，多所综涉"④。晋竺法旷是宣扬净土信仰的先驱，"晋简文皇帝遣堂邑太守曲安远诏问起居，并谘以妖星，请旷为力。旷答诏曰：'昔宋景修福，妖星移次……唯当勤修德政，以塞天谴，贫道必当尽诚上答，

---

①《佛说法律三昧经》，《大正藏》第15卷第460页中。
②《出三藏记集》卷一三《安世高传》，第508页。
③同上《支谦传》，第516页。
④《高僧传》卷一《魏吴建业建初寺康僧会传》，第15页。

正恐有心无力耳。'乃与弟子斋忏，有顷灾灭"①，这是所谓"占星术"，利用斋谶来排除灾异。又单道开"少怀栖隐，诵经四十余万言。绝谷饵柏实，柏实难得，复服松脂，后服细石子。一吞数枚，数日一服，或时多少啖姜椒，如此七年。后不畏寒暑，冬温夏凉，昼夜不卧。与同学十人共契服食，十年之外，或死或退，唯开全志"②，这里所讲是"辟谷"、"服食"，与《列仙传》里一些神仙所修情形类似。后来的佛图澄更以神异著称，他"善诵神咒，能役使鬼物，以麻油杂胭脂涂掌，千里外事，皆彻见掌中，如对面焉，亦能令洁斋者见。又听铃音以言事，无不效验"③，在残暴而又迷信的石赵宫廷中，他以神奇方术赢得信重，并借此针对施政进行谏净。泰山僧朗"少事佛图澄，硕学渊通，尤明气纬"④，他初住泰山金舆谷，"此谷中旧多虎灾，常执仗结群而行，及朗居之，猛兽归伏，晨行夜往，道俗无滞，百姓咨嗟，称善无极，故奉高人至今犹呼金舆谷为朗公谷也"⑤。同样住在赤城山的竺昙猷也有制服现身猛兽毒蛇的山神的传说⑥，这类居住山林的僧人制服猛兽的方术，本来也是道士的咒法之一，山神信仰是本土民间信仰的一种。南燕慕容德战胜苻秦，对于选择滑台、彭城、广固三地作都城拿不定主意，因为僧朗"素知占候"，遂向他咨询，他回答说："敬览三策，潘尚书之议可谓兴邦之术矣。今岁初，长星起于奎娄，遂扫虚危，而虚危，齐之分野，除旧布新之象。宜先定旧鲁，巡抚琅邪，待秋风戒节，然后北转临齐，天之道也。"⑦这是根据星占来作出判断。后来如鸠摩罗什能够"预睹征兆"⑧；佛

---

①《高僧传》卷五《晋於潜青山竺法旷传》，第205页。
②同上卷九《晋罗浮山单道开传》，第361页。
③同上《晋邺中竺佛图澄传》，第345页。
④《水经注》卷八《济水》，第165页。
⑤《高僧传》卷五《晋泰山昆仑岩竺僧朗传》，第190—191页。
⑥参阅《高僧传》卷一一《晋始丰赤城山竺昙猷传》，第403页。
⑦《晋书》卷一二七《慕容德载记》，第3166页。
⑧《出三藏记集》卷一四《鸠摩罗什传》，第533页。

陀耶舍"世间法术,多所通习"①,等等,许多以学问和译业著称于世的高僧也都精通方术,并以炫耀方术来争取信众。上述事例作为相当普遍的现象,正反映早期佛教倚重本土方术而传播的情形。关于中土方术被佛教所吸收的具体情形,日本学者镰田茂雄又曾举例说:

> 中国古来的胎息法,是由道家所发端,及至后世,亦被道教所利用,佛家的《安般守意经》或《阴持入经》等,安世高译的经典中,安般行法,与道家的胎息法相同而被接纳。《安般守意经》的六行,后来在佛教有天台智顗大师所完成的六妙法门,及天台《小止观》的调和第四等,都谈到呼吸法……但安般亦即胎息观的行法,很明显地其对后世佛教的修行法,具有很大影响……②

在中国民众的佛教信仰中,佛、菩萨的神通往往包括驱鬼避邪、祛病消灾、逢凶化吉等救济功能,已经和道教的神仙相类似。这实际是道教信仰影响佛教的具体体现。

第四方面,作为本土产物的道教,更集中体现了中国的伦理原则。中国佛教在接受本土传统道德内容方面,显然受到道教的启示并有所借鉴。

《太平经》以"太平世道"为社会政治理想,本来具有反体制性格,其中对于当世统治者的残暴、社会的不公多有深刻的揭露和尖锐的批评,反映更多民众的伦理,其出发点和落脚点则仍然是仁民爱物、君明臣贤的传统道德原则。及至后来,经过不断的整肃,民间教派道教向社会上层靠拢,重组为更规范的教团宗教,则更注重贯彻统治阶级的伦理道德。葛洪在《抱朴子内篇》里一再宣扬成仙的先决条件之一,就是做到忠信仁爱。他明确说:

---

①《出三藏记集》《佛陀耶舍传》,第 536 页。
②《中国佛教通史》第 1 卷第 225 页。

欲求仙者,要当以忠孝和顺仁信为本。若德行不修,而但
务方术,皆不得长生也。[1]

他论儒、道关系,又说"道者,儒之本也;儒者,道之末也",认为二者
本来一致,只是本末、先后的关系,从而儒家道德被全盘肯定了。
同样《真诰》也强调"忠孝贞廉为行之最","至忠至孝之人既终,皆
受书为地下主者,一百四十年乃得受下仙之教,授以大道"[2]。在
佛、道冲突与论争之中,道教方面一再强调其在道德方面的优越
性,也用作攻击对方的着力点之一。

　　佛教的弃俗出家制度与中土传统意识和伦理之间本来存在难
以调和的矛盾。这也是它自输入中土即面临的重大挑战之一。面
对这种形势,佛教充分表现出柔韧、开放的姿态,一方面对于教义
与戒条中与中土观念和风俗相抵触的部分加以"忽略"、"曲解",竭
力泯合二者间的冲突;另一方面则添加中土伦理内容,如在翻译经
典时加入忠孝仁爱的说教,制作宣扬中土伦理道德的伪经,阐释经
义时作出附会中土传统伦理的解释和发挥,等等。例如《无量寿
经》里有这样的译文:

所以世间帝王,人中独尊,皆由宿世积德所致,慈惠博施,
仁爱兼济,履信修善,无所违诤,是以寿终福应得升善道,上生
天上,享兹福乐,积善余庆,今得为人,遇生王家,自然尊贵,仪
容端正,众所敬事,妙衣珍膳,随心服御,宿福所追,故能
致此。[3]

这里不但大量运用儒家概念,更张扬"积善余庆"、以家族为主体的

---

[1]《抱朴子内篇校释》(增订本)卷三《对俗》,第53页。

[2]《真诰》卷一六《阐幽微》,《道藏》第20册第586页,文物出版社、上海书店、
天津古籍出版社,1987年。

[3]《大正藏》第12卷第271页下。引文出旧题康僧铠译本,但从译语看,该译
本不类汉译,有的学者推测应出于宝云或竺法护,迄无定说。

报应观。如此对于儒家伦理的融通和吸纳，道教乃是佛教的榜样。如佛教宣扬六道轮回、因果报应等等，往往即拿儒家的仁义道德为依据，就是与道教相一致的。也正因此，在古代许多关于天堂地狱、福报罪罚的传说中，佛教与道教在观念上往往相通；特别是在后来的民间信仰中，甚至二者是合而为一的。

佛教初传中国，道教正处在由原始、拙朴的民间信仰逐步整合为教派的发展过程之中。而无论就其对于固有文化传统的适应说，还是就其满足民众需求的可能说，相对于佛教，它都显现出巨大的优越性。也正因此，早期那些弱小、分散、又常常是在统治体制压抑之下的民间道教教派，才能够勃兴、成长、统合，在民众间扩展势力，并造成足以和佛教抗衡的形势。而来势迅猛、理行齐备的外来佛教，为了求生存，求发展，一方面不得不与之相抗争，争取立足的地位，另一方面又必须向它学习，特别是借鉴和汲取它所具有的那些作为民族宗教的内容和形式上的优长之处。也正由于佛教主动地或被迫地做出努力，积极地借鉴、汲取道教内容而不断地丰富、改造自身，才能够逐渐更好地适应中土环境，从而也创造了在中土扎根和发展更有利的条件。

这样，在中国的发展中，佛教融入道教更符合本土民众需要的内容和方术、仪轨等，借鉴道教调整和适应居于统治地位的儒家思想与伦理的做法，就成为其"中国化"的重要体现，更长远地决定了它的发展方向与面貌。而另一方面，早期处在原始、分散、教派分歧的发展阶段的道教，在形成规范的教团宗教的各个方面又根本不能与成熟的佛教相比，它必须从形态更为发达、完整的佛教汲取借鉴。这就形成了中国历史上佛、道两大宗教相互关系的基本格局。这样从总体说，虽然佛、道二教矛盾、冲突不断，常常形成激烈纷争的局面，但二者相互学习、相互滋养以至相互依存、相互融合的方面仍一直是主要的。这也是二者能够共同生存、长期兴盛的重要原因之一。

第十一章　道安——"中国佛教界第一建设者"

一

关于释道安,梁启超评论说:

> 安为中国佛教界第一建设者,虽未尝自有所译述,然苻秦时代之译业,实由彼主持;苻坚之迎鸠摩罗什,由安建议;四《阿含》、《阿毗昙》之创译,由安组织;翻译文体,由安厘正,故安实译界之大恩人也。①

这里主要是评价道安在佛典翻译方面的贡献。公元四、五世纪之交是中国佛教发展中的重大转折时期。这一转折的主要内容是中国佛教由外来佛教输入、接受、扎根的阶段迈入独立发展的阶段,也可以说是由主要是移植印度佛教进展到建设"中国化"佛教的阶段。从这样的意义说,称释道安为"中国佛教界第一建设者"是确切的。他和下面将要介绍的慧远是师弟子,他们两个人共同成为中国佛教发展

①《翻译文学与佛典》,《佛学研究十八篇》第5页,台北商务印书馆,1976年。

转折期承前启后的代表人物。从中国佛教历史的总体脉络看,这两位学、行兼胜的本土出身的高僧是佛教输入中国三个多世纪所取得的巨大成就的总结者,也是其后更加广阔的发展前景的开拓者。

如上所述,佛教传入早期推动其发展的是外来信徒,包括僧人和居士,见于著述的主要是译经僧,当然应当有更多在社会上(包括宫廷中)从事一般宣教的人。关于佛典翻译在中国佛教发展中的重大意义,从各种僧传都把"译经"置于首位即已体现出来。至于更多僧侣在社会上的传教活动对于推动佛教传播的作用更是不言而喻的。但虽然汉、魏时期已有中土人士出家为僧,僧史上有记录的却仅有严佛调、朱士行等个别人,而且他们的贡献也主要在求法和译经方面。直到两晋之际,佛教才在社会上下迅速普及,特别是一方面有更多社会上层人士信仰佛说,另一方面本土出身的僧人被陆续培养出来。这两部分人成为分别在教内、外推进佛教发展的主力。不过起初名僧和名士们的佛教基本是所谓"格义"佛教、"玄学化的佛教",而在民众中传播的则是被等同于祭祀、方术的"道教化的佛教"。到东晋晚期的四、五世纪之交,中国佛教终于发生了根本性的转变。钱穆指出:

> 两晋、南北朝时代的高僧,若论其内心精神,我们不妨径叫他们是一种"变相的新儒家"。他们研寻佛法,无非是想把他来代替儒家,做人生最高真理之指导。他们还是宗教的意味浅,而教育的意味深。个人出世的要求淡,而为大众救济的要求浓。因此在东汉末年及三国时代,佛教尚不失其一种宗教的面目而流传在社会下层的。一到两晋以后,佛教便转成一种纯真理探求与纯学术思辨的新姿态而出现。此后印度佛教便在中国文化园地上生根结果,完全成为一种中国化的佛教,在中国开创了许多印度原来没有的新宗派。[1]

---

[1]《中国文化史导论》(修订本)第149页,商务印书馆,2001年。

这当然仍是指社会上层的知识精英佛教说的,而不是讲民众的信仰潮流。但义学沙门和士族名士的佛教确实又代表一代佛教的潮流。而决定这一发展形势的,首先是前有二百余年佛典翻译的成就,已经比较全面地传翻了大、小乘经论,使得中土人士更真切地理解佛教教理、教义成为可能;其次,在不断传翻经典的过程中,中土人士的佛学研究又已经取得了长足进展,例如中土般若学"六家七宗"就是依据中土思想传统来理解、消化大乘般若空观的成果,这种探讨的不断深入必然会使人们的认识逐渐贴近大乘真义;而更主要的是,中土的社会和思想环境使得更真切地认识、接受和发展佛教成为更加迫切的需要,也提供了适宜的土壤。

佛教发展如一切事业一样,取得成功,需要有杰出的领袖人物来支撑、来推动。正是在这样的形势下,因应形势,释道安和释慧远师弟子先后登上历史舞台。中国本来具有高度发达的文化基础,随着佛教传播渐广,又已争得更多的具有高度文化的中土信众,这就决定了中国佛教必然具有浓厚的文化性格,即包括前面引述钱穆所说的"纯真理探求与纯学术思辨的新姿态",僧团也有可能培养出大量杰出人才。而成长起来的一批深受本土文化传统熏陶、谙熟本土文化知识的杰出人物,对于佛教的弘传,对于佛教与中土文化的融合更起着关键性的作用。道安和慧远正是这类人物的典型,是其中出类拔萃的佼佼者。

法国著名汉学家谢和耐(Jacques Gernet)指出:

> 慧远和鸠摩罗什的时代标志着一种博学的、清醒的知道其新颖特征的佛教之出发点,同时也是在5—8世纪的中国社会的所有阶层中广泛发展的一种佛教虔诚的出发点……从这一时代起,在6—8世纪时导致了纯粹是中国式佛教派别的宗教思想的形成。[1]

---

[1]《中国社会史》(*Le monde Chinois*,Armand Colin,Paris,1990)第187页,耿昇译,江苏人民出版社,1995年。

道安和慧远作为师弟子（当然还有鸠摩罗什），二人时代相先后，可是性格不同，活动领域不同，其作用和贡献也各有特点。但他们都是坚定、热忱的信仰者，都从事规模宏大的宣教、护法事业，对于佛教的传播和发展都贡献巨大；他们又都倾尽全力从事教理的研究，常年坚持讲学，教授门徒，热心著述，从而推动中土佛教"义学"的创立和发展；他们又都修持和教学并重，信仰与义解并行，发展了中国佛教"定、慧双修"、学解兼重的传统；特别是在上述种种方面，表明他们与前此竺道潜、支遁等热衷玄理的"名僧"大不相同，一方面努力摆脱"格义佛教"的框架，追求佛法的真义，另一方更注重信仰与修行实践，从而致力于端正佛教发展方向；他们在中国传统学术方面又均有高度素养，因此有可能在本民族文化土壤上，以适应本土传统的思维方式来理解和发展佛教，给中国佛教的进一步发展开拓道路。这样，他们的努力不仅对于当时佛教的发展起到巨大推动作用，对于后代佛教的长远发展，以至对于以后中国佛教各学派、各宗派的形成，对于中国佛教文化的建设与繁荣等诸多方面，都作出了决定性的贡献。

而如果大略加以分别，道安的活动除前述译经之外，主要贡献在僧团建设。具有严密组织和相当规模的教团乃是佛教生存和发展的基础，而这种教团的规范和风格又制约着宗教活动及其所发挥的全部作用、影响和社会地位，更决定佛教进一步发展的方向和前途。在道安以前，中国佛教教团从总体看还相当松散，还没有形成为具有严密组织和戒律规范的团体。道安一生致力于僧团的组织和建设，在把中国佛教建设成为有规模、有实力、有更大社会影响的"教团宗教"方面起到了关键性的作用。慧远活动在更注重文事的南方，本人热衷于文化事业，也更注重佛教与中土传统文化的会通与融合。许里和说：

　　慧远及其僧俗追随者的生活，代表了中国早期士大夫佛教充分发展了的形态……我们发现了部分吸收佛教的几种类型：佛教化的道教实践，掺杂了佛教的玄学沉思，醉心寺院之幽静而归隐的士大夫，关注清净而慈悲的佛教伦理的儒家道学家。①

慧远是新一代高僧与名士，他的活动的贡献更侧重在佛教文化的建设方面。而无论是道安还是慧远，又都一方面致力于认识、理解、把握外来印度佛教的真义，另一方面又从不同方面、在不同程度上使之更适应本土传统和实际需要而得以发展。如果没有前一方面，佛教及其所承载的外来文化就不会作为丰富滋养而被重视和吸收，从而成为建设中国佛教、发展中国文化的强大动力和良好借鉴；没有后一方面，佛教就根本不可能在中土扎根、发展，更不会形成中国佛教以及中国佛教文化的极其丰富、极具创造性的巨大成果。从这两个方面看，道安和慧远的贡献都远不限于中国佛教自身。他们对于中国思想和文化的贡献同样是十分巨大的。他们当之无愧是代表一代思想、文化水平的杰出历史人物。

二

道安（312？—385），俗姓卫氏，常山扶柳（今河北冀州境内）人，士大夫家庭出身。他自幼丧亲，本是孤儿，十二岁前后出家（《名僧传抄》谓十八岁），生逢"五胡十六国"乱世，早年已经历过人生磨难。他起初活动在今河北、河南、山西一带，当时是前、后赵统治地区。如果按他出生于公元 312 年计算，时当前赵匈奴人刘聪（当时称汉王）的嘉平二年。到刘曜光初十二年（329）前赵灭于羯人，石勒称帝，建都于襄国（今河北邢台西南），史称后赵，道安时年十八

---

①《佛教征服中国》第 335 页。

岁。后赵建平四年(333),石勒病死,经过朝廷内部一番纷争诛杀,延熙元年(334)石勒侄石虎得胜,称居摄赵天王;又次年,迁都于邺(今河北临漳西南)。当年依附于石氏的以神异著称的佛图澄随石虎入邺,这一年道安二十四岁。他到邺城会见佛图澄,得到赏识,遂事澄为师。这在道安是生平的巨大转折点,对于他后来的求道生涯起了决定性的作用。

在战祸连年的"十六国"中,前、后赵的统治尤为残暴。在这两个小朝廷所辖地区,战乱不息,生民涂炭,统治集团内部不断自相残杀,加上北边有另外的鲜卑等少数族南下,更加重了原住民的迁徙流离之苦。道安幼年出家,本来是社会和家庭境况所迫。他受具后,游学四方,频历艰辛,对民间疾苦、人生艰难有了更深切的体验。他所师从的佛图澄是一代高僧,不仅明解深经,更善神咒,明方术,在信仰佛法的石赵宫廷里,以道术掀动二石,借机说法,缓和民困,慈惠苍生,弘法之盛,一时无两。胡秋原曾指出:

> 元嘉四年(三一〇)龟兹佛图澄之东来,得石勒石虎之尊奉,在那杀人如麻之时,慈悲戒杀之教,因果报应之说,实有安民济世之功,中州胡汉,纷纷营造寺庙,相竞出家,一时造寺八百九十三所,门徒万人。高弟释道安传法于襄阳,为中国佛教徒首定戒律。继而姚兴迎鸠摩罗什至长安,译出经论三百余卷,大乘教义之弘布,实自此始。[1]

正是这样,佛图澄以方术诱惑人主,实际起到积极的社会作用。这也应是他得到道安敬重的主要原因。

道安本来有良好的家庭教养,又神智聪敏,出家前外学当已有一定基础。实际上研究中国佛教教理,没有相当文化知识和传统学术教养是不可能的。出家后他更认真地四出游学。虽然处身战

---

[1]《五胡及北朝统治下之汉人、世族、学风与"才名之士"》,王元化名誉主编《释中国》第3册第2089页。

乱之中,却致力养成高尚的道德和精深的学问,可见他资质的优秀和所付出的努力。他的情况也正可以印证当时的僧团教育已经达到相当高的水平。他进入佛图澄门下,得到名师指引,学问更加精进:

> 澄讲,安每覆述,众未之惬,咸言:"须待后次,当难杀昆仑子。"即安后更覆讲,疑难蜂起,安挫锐解纷,行有余力,时人语曰:"漆道人,惊四邻。"于时学者多守闻见,安乃叹曰:"宗匠虽邈,玄旨可寻,应穷究幽远,探微奥,令无生之理宣扬季末,使流遁之徒归向有本。"于是游方问道,备访经律。①

这样,他认真从学于佛图澄,更能够不墨守见闻,独立思索,探求教理深义,取得优异的成绩。

到后赵建武十四年(348),佛图澄去世;次年,石赵被冉闵所灭。道安在佛图澄门下多长时间,这些年具体活动如何,文献记载多有错乱,难以确考。但可以确定的是,他在这些年里修学已取得相当大的成绩,又已在整个北方佛教界建立起一定声望。石赵灭亡后,冉闵政权不重佛教,道安遂先后到濩泽(今山西临汾境内)、飞龙山(今河北涿鹿境内)、太行山、王屋山、陆浑(今河南洛阳南)等地,隐居避乱,继续修学弘法。他回忆这一时期的情形说:

> 予生不辰,值皇纲纽绝,狞狁猾夏,山左荡没。避难濩泽,师殒友折,周爰谘谋,顾靡所询。时雁门沙门支昙讲、邺都沙门竺僧辅,此二仁者,聪明有融,信而好古,冒险远至,得与酬酢。寻章察句,造此训传,希权与进者,暂可微瘳。②

他处身动乱之中,仍热心结交同好,坚持钻研经论。这一时期在他的周围已集结学徒数百,改服从化者遍及河北地区。慧远就是在

---

① 《高僧传》卷五《晋长安五级寺释道安传》,第177—178页。
② 《道地经序》,《出三藏记集》卷一〇,第368页。

太行恒山从之出家的。他的僧团里集合了竺法济、竺昙讲、竺法汰等，都是学行杰出的人物。至前燕建熙六年（365），慕容氏略河南，战事逼近陆浑，道安遂避居到新野（今河南新野）。但新野也不是久居之地，同学竺法汰前往扬州，弟子法和启程入蜀，他遂率领徒众四百余人南奔襄阳（今湖北襄樊）。

襄阳当时地属东晋，道安在这里度过了十五年较安定的生活。他一方面讲经、弘法，另一方面从事研究、著述。他又严格规范所率僧团，制定戒规，为天下寺舍所师法。以其巨大声望，他结交四方之士，得到东晋封疆大吏和文人学士们的礼敬和支持。南北帝王（如晋孝武帝司马曜、前秦主苻坚）和一代士族名流（如习凿齿、郗超等）竞相与之交好或通书问。这是道安一生成就辉煌的时期。

至东晋太元四年（379），前秦苻丕攻破襄阳，道安和习凿齿同被罗致北归。当时道安年已六十七岁上下。苻坚说攻下襄阳得到一个半人，一个人是道安，另半个人是习凿齿，可见所受崇重。道安被延请住在长安五重寺，在直到圆寂的前秦太安元年（385）的几年间，他主持数千人的教团，继续从事规模庞大的弘法、教学、翻译等多方面工作。在佛教史和一般文化史上值得特笔记录的是，他的业绩，不只体现在一生不懈地从事的庞大弘法事业所取得的成果，更在许多方面为后代佛教和佛教文化的发展开拓出门径。他的后学中最为杰出者有慧远，贡献巨大和深远，就与他的培养、教育有直接关系。

三

道安作为"中国佛教界第一建设者"，在中国佛教建设的贡献主要在下述几个方面。

　　首先是佛教教学领域。在道安时代,佛典传译已经达到相当规模,但是传入中土的大、小乘、各部派教理歧义纷杂,中土人士消化、理解更是异见多端。这从前面介绍的般若学"六家七宗"已可以看出来。道安早年研习安世高所出小乘经典,他致慨于"于斯晋土,禅观弛废,学徒虽兴,蔑有尽漏"[①],遂致力于禅数之学,集中精力修习禅观,曾注解《安般守意经》、《阴持入经》、《人本欲生经》、《十二门经》(今并佚,留有经序)。他终生坚持禅修与教理两方面并重,"禅、慧双修",对于中国佛教的发展,对于后来义学各学派和隋唐诸宗派的形成都起了重要作用。

　　道安活动时期,大乘般若学研究正十分兴盛。如上所述,流行的是玄学化的"格义"佛学。道安不是循着把佛理与本土思想相比附的旧路,而是从深入研究原典入手,利用佛教本身的资料来探究佛法真谛。针对早期传译经典由于"胡文"不备的缺失和"格义"方法的误译、曲解等,他运用比较方法,对于后来称为"小品"的《道行般若》与称为"大品"的《放光般若》进行比较,在《道行经序》中说:

　　　　佛泥曰后,外国高士抄九十章为《道行品》。桓灵之世,朔佛赍诣京师,译为汉文。因本顺旨,转音如已,敬顺圣言,了不加饰也。然经既抄撮,合成章指,音殊俗异,译人口传,自非三达,胡能一一得本缘故乎? 由是《道行》颇有首尾隐者。古贤论之,往往有滞。(朱)仕行耻此,寻求其本,到于阗乃得。送诣仓垣,出为《放光品》。斥重省删,务令婉便,若其悉文,将过三倍。善出无生,论空特巧,传译如是,难为继矣。二家所出,足令大智焕尔阐幽……今集所见,为解句下。始况现首,终隐现尾,出经见异,铨其得否,举本证抄,敢增损也。幸我同好,饰其瑕谪也。[②]

---

①《阴持入经序》,《出三藏记集》卷六,第249页。
②《出三藏记集》卷七,第263—264页。

另一方面,他又为同本异译的《放光》、《光赞》两种《般若》合本作
"略解",今存《合放光光赞略解序》。到建元十八年(382),也就是
他圆寂的建元二十一年的前三年,他又为新传入的另一种《般若
经》作注,有序说:

　　昔在汉阴十有五载,讲《放光经》岁常再遍。及至京师,渐
四年矣,亦恒岁二,未敢堕息。然每至滞句,首尾隐没,释卷深
思,恨不见护公、叉罗等。会建元十八年,正车师前部王名弥
第来朝,其国师字鸠摩罗跋提,献胡《大品》一部,四百二牒,言
二十千首卢。首卢三十二字,胡人数经法也。即审数之,凡十
七千二百六十首卢,残二十七字,都并五十五万二千四百七十
五字。天竺沙门昙摩蜱持本,佛护为译,对而检之,慧进笔受。
与《放光》、《光赞》同者,无所更出也。其二经译人所漏者,随
其失处,称而正焉。其义异不知孰是者,辄并而两存之,往往
为训其下,凡四卷。其一纸二纸异者,出别为一卷,合五
卷也。①

这样,他为研习《般若》付出巨大努力,通过勘定不同经本译文的正
讹,对各种异译进行综合考察,终于能够在般若思想的理解方面取
得收获。

　　在佛教史上,有一种看法把他当作六家中"本无"一派的代表。
他的有关般若的论作,确实多用"本无"、"至人"、"谷神"、"玄冥"之
类玄学语言。但值得注意的是,正是他,直接而明确地对"先旧格
义,于理多违"②的玄学化佛教进行批判。另一方面还应当注意到,
他对般若教理的认识,前、后期有显著的变化,到晚年显然已经超
越了玄学"本无"一派观点。他曾说:

---

①《摩诃钵罗若波罗蜜经钞序》,《出三藏记集》卷八,第289-290页。
②《高僧传》卷五《晋飞龙山释僧先传》,第195页。

> 夫般若波罗蜜者,众妙之渊府,群智之玄宗,神王之所由,如来之照功。其为经也,至无空豁,廓然无物者也。无物于物,故能齐于物;无智于智,故能运于智。是故夷三脱于重玄,齐万物于空同,明诸佛之始有,尽群灵之本无,登十住之妙阶,趣无生之径路。

这样的说法,似乎是主张"本无"说,可是他接着说:

> 何者? 赖其至无,故能为用。夫无也者,岂能无哉? 无不能自无,理亦不能为理。理不能为理,则理非理矣;无不能自无,则无非无矣。①

这样的解释,就接近非无非有、离四句、绝百非的大乘般若空的真义了。当然他还不能最终摆脱玄学的框架。做到这一点,需要等到鸠摩罗什译出中观学派论书,这是僧肇等什门"四哲"可能担负的任务。不过道安通过深入的比较研究,已经开始突破对于般若空的玄学化的理解,较"本无"主张前进一步。这在当时已经是难能可贵的了。

　　道安对于中国佛教建设的另一重大贡献在译经方面。前面屡次指出,对于中国早期佛教的传播和发展,佛典翻译具有决定性的意义。道安正处在佛典翻译兴盛时期。本章开头引述梁启超的一段话即充分肯定了他在这方面的劳绩。道安被苻秦迎请到长安,威信崇重,名满天下。从当时社会形势看,自"五马渡江",晋室南迁,虽然北方政局连年战乱,但与西域交通却保持畅通。西来僧侣愈多,也传入许多新的佛典梵(胡)本。而自竺法护在长安译经,这里已经成为译经活动重镇。在崇重佛教的苻秦政权支持下,在长安组织起规模庞大的译场,道安则成为译经工作的实际组织者和指导者。道安参与翻译的主要是有部典籍。这则与当时的译经僧

---

①《大小品对比要抄序》,《出三藏记集》卷八,第298—299页。

多数来自有部兴盛的罽宾地区有关系。

　　道安本人不娴外语。当时译经一般还是由不懂汉语的外族译师和不娴外语的中土人士合作完成的。对于具有佛学高度素养的道安来说，作组织工作、参与译文勘定是胜任愉快的。例如关于《四阿含暮抄》的翻译，他说：

> 有外国沙门，字因提丽，先赍诣前部国，秘之佩身，不以示人。其王弥第求得讽之，遂得布此。余以壬午之岁八月，东省先师寺庙于邺寺，令鸠摩罗佛提执胡本，佛念、佛护为译，僧导、昙究、僧叡笔受，至冬十一月乃讫。此岁夏出《阿毗昙》，冬出此经，一年之中具二藏也。深以自幸，但恨八九之年始遇斯经，恐韦编未绝，不终其业耳。若加数年，将无大过也。近敕译人，直令转胡为秦，解方言而已，经之文质，所不敢易也。又有悬数悬事，皆访其人，为注其下。时复以意消息者为章。章注修妒路者，其人注解，别经本也。其有直言修妒路者，引经证，非注解也。①

《四阿含暮抄》是一部《阿含经》的经抄。从这段记述里，可以知道为翻译这部经典道安所作的组织、指导工作，他并曾亲自为译文作注解，区别体例。又建元十九年（383）罽宾沙门僧伽提婆来到长安，僧法和令他翻译《阿毗昙》。道安说"其人检校译人，颇杂义辞，龙蛇同渊，金鍮共肆者，彬彬如也。和忾然恨之，余亦深谓不可，遂令更出。夙夜匪懈，四十六日而得尽定，损可损者四卷焉"②。由此可见他对译经要求的严格和认真态度。

---

① 《四阿含暮抄序》，《出三藏记集》卷九，第 340 页。这篇经序原作"未详作者"，据汤用彤考定为道安所作。其中说到"壬午之岁"（382）"东省……邺寺"指是年到邺城省视佛图澄寺庙。详汤用彤《汉魏两晋南北朝佛教史》上册第 140、160 页。

② 《阿毗昙心序》，《出三藏记集》卷一〇，第 377 页。

　　同一年罽宾沙门僧伽跋澄翻译《鞞婆沙》，即有部论书《杂阿毗昙毗婆沙论》，由罽宾沙门昙无难提笔受为梵文，弗图罗刹传译，敏智笔受为汉语，赵政正义。道安说"余欣秦土忽有此经，挈海移岳，奄在兹域，载玩载咏，欲疲不能，遂佐校对"①，则他本人曾亲自参与工作。从这里的记述也可看出他对于译事所贯注的热忱。建元二十年，兜佉勒国沙门昙摩难提来到长安，他善《阿含经》，翻译《增一阿含》，道安"与法和共考正之，僧䂮、僧茂助校漏失，四十日乃了。此年有阿城之役，伐鼓近郊，而正专在斯业之中"②。这里"阿城之役"指是年前燕慕容泓来攻，前秦兵败渭北。在如此动乱局面下，道安仍专注于译文的校订，可见他持之以恒地坚持工作的热忱、认真态度。

　　道安所主持的译经工作范围相当庞大，包括《中阿含》、《增一阿含》、《阿毗昙》(《八犍度》)、《广说》(《毗婆沙》)、《僧伽罗刹》、《阿毗昙心》、《婆须蜜》、《三法度》、《二众从解脱缘》(僧尼戒本)等，凡百余万言。这些主要是部派佛教典籍，特别是"毗昙"一类论书。僧伽提婆、僧伽跋澄都来自罽宾，那里是小乘说一切有部兴盛地区，他们都是有部杰出的论师。道安在有部典籍的翻译方面作了总结性工作。不过从事翻译工作需要外语知识，而道安不懂外语，这是不可克服的缺陷。也正因此，经过他勘定的译文多有"违本失旨，名不当实；依悕属辞，句味亦差"③之处，许多又经后人修订或重译。但他所取得的成绩、作出的贡献是不可磨灭的。

　　另外在道安的时代，译经在技术层面上已经积累起相当丰富的经验。翻译的标准大致可概括为今人所谓"信、达、雅"三个方面。"信"的关键是忠实原文，准确地传达经典本意；"达"和"雅"则指译文通顺畅达，主要是顺应汉语固有规律，提高表达技巧。这两

---

①《鞞婆沙序》，《出三藏记集》卷一〇，第382页。
②《增一阿含经序》，《出三藏记集》卷九，第339页。
③道慈《中阿含经序》，《出三藏记集》卷九，第337页。

方面的要求自早期译经就有难以调和、兼顾的矛盾,因而形成偏重直译和偏重意译两种方向。道安处理这一矛盾,总结出一套可操作的规则,他说:

> 赵郎(政)谓译人曰:"《尔雅》有《释古》、《释言》者,明古今不同也。昔来出经者,多嫌胡言方质,而改适今俗,此政所不取也。何者? 传胡为秦,以不闲方言,求知辞趣耳,何嫌文质? 文质是时,幸勿易之,经之巧质,有自来矣。唯传事不尽,乃译人之咎耳。"众咸称善。斯真实言也。遂案本而传,不令有损言游字,时改倒句,余尽实录也。①

道安在这里强调忠实原文本义,但又主张可以适当地改变语句表达形式。他更具体加以发挥,总结出"五失本,三不易"的原则:

> 译胡为秦,有五失本也:一者胡语尽倒,而使从秦,一失本也。二者胡经尚质,秦人好文,传可众心,非文不合,斯二失本也。三者胡经委悉,至于叹咏,叮咛反覆,或三或四,不嫌其烦。而今裁斥,三失本也。四者胡有义说,正似乱辞,寻说向语,文无以异。或千五百,刈而不存,四失本也。五者事已全成,将更傍及,反腾前辞,已乃后说,而悉除此,五失本也。然《般若经》三达之心,覆面所演,圣必因时,时俗有易,而删雅古以适今时,一不易也。愚智天隔,圣人巨阶,乃欲以千岁之上微言,传使合百王之下末俗,二不易也。阿难出经,去佛未久,尊者大迦叶令五百六通迭察迭书,今离千年,而以近意量截。彼阿罗汉乃兢兢若此,此生死人而平平若此,岂将不知法者勇乎? 斯三不易也。涉兹五失经(原"经"字属下)、三不易,译胡为秦,讵可不慎乎! 正当以不闻异言,传令知会通耳,何复嫌大匠之得失乎? 是乃未所敢知也。

_____

① 《鞞婆沙序》,《出三藏记集》卷一○,第382页。

前人出经,支谶、世高,审得胡本难系者也。又罗、支越,
研凿之巧者也。巧则巧矣,惧窍成而混沌终矣。若夫以《诗》
为烦重,以《尚书》为质朴,而删令合今,则马、郑所深恨者也。
近出(指《摩诃钵罗若波罗蜜经钞》——著者)此撮,欲使不杂,
推经言旨,唯惧失实也。其有方言古辞,自为解其下也。于常
首尾相违句不通者,则冥如合符,厌如复折,乃见前人之深谬,
欣通外域之嘉会也。于九十章荡然无措疑处,毫芒之间,泯然
无微疵。已矣乎!①

这里"五失本",指的是译文需要适应汉语表达习惯,可加必要的变
通;"三不易"则指出翻译过程中的难点,也是原意不可改易的方
面。下一段又分析古人"直译"和"意译"两种偏向,表明新翻经本
采用的是折衷方法。这可看作是"古译"近三百年间翻译实践经验
教训的总结。正是在这样的基础上,才能够出现鸠摩罗什等人的
译业,创造出"旧译"时代更辉煌的成就。

与译事相关,道安在制作经录方面也作出了重大贡献。制作
经录以著录现存经典,这是经籍逐渐繁多因而必须加以整理的实
际需要,也是深入研究教理、教义,进行佛教教学必需做的基础工
作。而在道安活动的当时,更是厘清各部派、各学派各类经典充满
矛盾的思想、观点,弄清其在中土传播、发展状况的关键性的工作。
所以经录的编撰实际也是对于前此佛教学术发展的一种总结。中
土目录之学本来有"辨章学术,考竟源流"的传统。佛典目录学也
正沿袭中土这一学术传统形成和发展。在道安以前,已经有几部
经录著作,今并不传。根据现有资料可以肯定,道安的经录(隋代
的《长房录》称之为《综理众经目录》或《释道安录》)乃是中土佛教
经录历史上里程碑式的著作。他曾说:

---

① 《摩诃钵罗若波罗蜜经钞序》,《出三藏记集》卷八,第290-291页。

> 此土众经，出不一时，自孝灵、光和以来，迄今晋康宁二
> 年，近二百载。值残出残，遇全出全，非是一人，难卒综理，为
> 之《录》一卷。①

道宣《大唐内典录》评论说：

> 自前诸录，但列经名，品位大小，区别人代，盖无所纪。后
> 生追寻，莫测由绪。安乃总集名目，表其时世，铨品新旧，定其
> 制作。众经有据，自此而明。在后群录，资而增广。是知命世
> 嘉运，睿哲卓兴，可不镜诸。②

如今《安录》基本保存在《出三藏记集》即所谓《祐录》里，从中可以
窥知其大致面貌。它除了针对具体译籍标举人、代，铨品新、旧，更
辨析真、伪，对于佛教教学和佛教学术研究具有巨大价值。有关情
形，在本书论及目录学部分将有更详细的介绍。

　　道安在佛教史上另一项影响更为深远的成就是僧团建设，特
别是戒律的楷定，僧团活动规范的确立。早在河北佛图澄门下的
时候，他已经逐步树立起自己的威望，组建起有规模的僧团。到南
下襄阳，他已经是几百人组成的大型僧团的指导者。在他的领导
下，这个僧团戒律严整，规范完备，当地名士习凿齿钦佩异常，曾有
信给谢安说：

> 来此见释道安，故是远胜，非常道士，师徒数百，斋讲不
> 倦。无变化伎术，可以惑常人之耳目；无重威大势，可以整群
> 小之参差。而师徒肃肃，自相尊敬，洋洋济济，乃是吾由来所
> 未见……③

道安的教团有如此规模和秩序，也是他对于戒规长期认真研讨和

---

① 《新集安公注经及杂经志录第四》，《出三藏记集》卷五，第228页。
② 《大唐内典录》卷一〇，《大正藏》第55卷第336页下。
③ 《高僧传》卷五《晋长安五级寺释道安传》，第180页。

贯彻实践的成果。而戒律作为僧人行为和教团活动的规则,对于佛教的存续和发展是命运攸关的。在东晋以前,本土出家为僧的不多,僧团规模有限,当时所传戒本不完备,戒律实践也不严格。当教团扩大,形成一定规模,这种状况也就成为进一步发展的障碍。道安在这样的形势下,十分重视戒律建设,视之为佛陀立教"三法"(戒律、禅定、智慧)的第一项,是很有见地的。他一生中积极组织戒本翻译,推动戒律的实行,晚年所作《比丘大戒序》说:

> 大法东流,其日未远,我之诸师,始秦受戒,又乏译人,考校者鲜。先人所传,相承谓是,至澄和上多所正焉。余昔在邺,少习其事,未及检戒,遂遇世乱,每以怏怏不尽于此。至岁在鹑火,自襄阳至关右,见外国道人昙摩侍讽《阿毗昙》,于律特善。遂令凉州沙门竺佛念写其梵文,道贤为译,慧常笔受。经夏渐冬,其文乃讫。

这是说,他早在佛图澄门下就注意到戒本的缺失和戒律的厘定。他在襄阳作《渐备经十住梵名并书叙》,已明确写到"云有《五百戒》,不知何以不至,此乃最急,四部不具,于大化有所阙"[①]。晚年到长安,除了这部《比丘戒本》之外,他更主持或参与了另外多部戒本的翻译。如建元十八年令鸠摩罗佛提等译出《鼻奈耶经》[②],这是有部律书。他在上引文中接着说:

> 考前常行世戒,其谬多矣。或殊文旨,或粗举意。昔从武

---

① 《出三藏记集》卷九,第333页。
② 道安有《鼻奈耶序》说:"《阿毗昙》、《鼻奈耶》,则三藏备也。天竺学士罔弗遵焉……三藏不具,以为阙然。岁在壬午,鸠摩罗佛提赍《阿毗昙抄》、《四阿含抄》来至长安,渴仰情久。即于其夏出《阿毗昙抄》四卷,其冬出《四阿含抄》四卷。又其伴罽宾鼻奈,厥名耶舍,讽《鼻奈经》甚利,即令出之。佛提梵书,佛念为译,昙景笔受。自正月十二日出,至三月二十五日乃了,凡为四卷。"《大正藏》第24卷第851页上。

遂法潜得一部戒，其言烦直，意常恨之。而今侍戒规矩与同，犹如合符，出门应辙也。然后乃知淡乎无味，乃真道味也。而嫌其丁宁，文多反复，称即命慧常，令斥重去复。常乃避席谓："大不宜尔。戒犹礼也，礼执而不诵，重先制也，慎举止也。戒乃径广长舌相三达心制，八辈圣士珍之宝之，师师相付，一言乖本，有逐无赦。外国持律，其事实尔。此土《尚书》及与《河》、《洛》，其文朴质，无敢措手，明祇先王之法言而慎神命也。何至佛戒，圣贤所贵，而可改之以从方言乎？恐失四依不严之教也。与其巧便，宁守雅正。译胡为秦，东教之士犹或非之。愿不刊削以从饰也。"众咸称善。于是案胡文书，唯有言倒，时从顺耳。前出戒《十三事》中起室与檀越议，《三十事》中至大姓家及绮红锦绣衣及《七因缘法》，如斯之比，失旨多矣。将来学者，审欲求先圣雅言者，宜详览焉。诸出为秦言，便约不烦者，皆蒲萄酒之被水者也。[①]

这里先是慨叹中土戒律的缺失，然后强调翻译戒律必须忠实于本意的原则。因而在律书的传译方面，他显然更偏重"直译"。这也是符合戒律本身性质的要求。他的传记记载：

> 安常注诸经，恐不合理，乃誓曰："若所说不堪远理，愿见瑞相。"乃梦见胡道人，头白眉毛长，语安云："君所注经，殊合道理。我不得入泥洹，住在西域，当相助弘通，可时时设食。"后《十诵律》至，远公乃知和上所梦宾头卢也。于是立座饭之，处处成则。安既德为物宗，学兼三藏，所制《僧尼轨范》、《佛法宪章》，条为三例：一曰行香定座上讲经上讲之法；二曰常日六时行道饮食唱时法；三曰布萨差使悔过等法。天下寺舍，遂则而从之。[②]

[①]《比丘大戒序》，《出三藏记集》卷一一，第412—413页。
[②]《高僧传》卷五《晋长安五级寺释道安传》，第183页。

关于他所制定的"三例"的详细内容,如今已不得其详。据考已是后来汉传佛教寺院一般仪轨的雏形。

关系僧团建设,他的贡献更有三事影响至为巨大,一是:

> 初魏晋沙门依师为姓,故姓各不同。安以为大师之本,莫尊释迦,乃以释命氏。后获《增一阿含》,果称四河入海,无复河名,四姓为沙门,皆称释种。既悬与经符,遂为永式。

这样,他规定出家人悉称"释"氏,这就更明确地肯定了僧人的"方外"身份,也更凸显出教团对于世俗权势的独立性(当然如上所述这种独立性实现到什么程度是另外的问题)。二是道安活动在专制政治体制下,特别是在动乱年代,深刻认识到教团必须依附世俗权力方能存活,因此在南投襄阳途中对弟子们说:

> 今遭凶年,不依国主,则法事难立,又教化之体,宜令广布。①

这表现出他依附世俗统治的强烈自觉,也明确了中土教团对于世俗政权的从属关系。这一提法被后来历代中土教团广泛认同,同样对中土佛教处理与世俗政权关系的原则和方式造成了决定性的影响。上述两点看似正相矛盾,恰恰体现了中国佛教在专制政治体制下生存形态的矛盾性格。三是道安活动时期正是戒律翻译的繁荣期,而他所主持翻译的律书全部是小乘部派的。这对于形成汉传佛教教理、教义是大乘却执行小乘律的传统也起了决定性的作用。尽管以后中土律学为适应僧团活动的实际需要对于外来戒条作出多少变通,又有所谓大乘律的传译(有些或以为是中土伪撰),但却一直没能超离遵循小乘律的基本格局。这样,小乘律一直规范着中国佛教,对于佛教在中国的整体发展关系十分重大。

道安在佛教史上的贡献还有许多方面,例如倡导弥勒信仰等

---

①《高僧传》卷五《晋长安五级寺释道安传》,第181、178页。

等，在本书相关章节还有论说，此不具述。

　　道安作为一代佛门龙象和僧团领袖，之所以能够发挥出上述前所未见的巨大影响，是因为他不只是虔诚的信仰者，更是成就卓著的学问家，又是杰出的宣传者和组织者。这样几方面的杰出品格集于一身，不仅仅决定于他个人的才具和努力，更有到他的时代中国佛教发展打下的基础。他更自觉地把教团办成培养人才的基地。他在所到之处，广泛播撒下弘法的种子。他在新野和襄阳曾两次分张徒众，派遣弟子们出游四方，不仅仅是迫于时局艰难的不得已之举，更有广布教化的深意。特别是在襄阳被苻秦迎请北上，命高足慧远率领数十人南适荆州，后来慧远在庐山创建僧团，另辟规模，更是中国佛教建设上意义重大的举措。经过他们师弟子二人前后不懈的努力，对于前此中国佛教的发展作出了总结性的成绩，更为西来的鸠摩罗什及其弟子们成就辉煌的活动准备下广阔的场地。

第十二章　慧远——中国佛教文化的开拓者

一

　　许里和说"慧远及其僧俗追随者的生活,代表了中国早期士大夫佛教充分发展了的形态"①。而如果按梁启超的评价,把道安称作"中国佛教第一建设者",那么他的弟子慧远则无愧是建设中国佛教文化的伟大功臣。道安是诚挚的佛教信徒,是热忱的宗教活动家,他的活动及其贡献,如经典的翻译、教理的研讨、僧团的组织与管理、戒规的制定与贯彻等等,基本限于佛教内部。他继承了导师佛图澄的事业,为中国佛教特别是僧团自身的发展奠定了稳固的基础。慧远当然也继续了道安在这些方面的工作。但如日本佛教学者镰田茂雄所指出:

　　　　慧远担负着中国初期佛教史的课题,埋首于解决这项课题的慧远,毕其一生与陆续传入的新大乘经典所说的思想相对证。由于慧远播下的思想种子和念佛结社所示的观想念

①《佛教征服中国》第335页。

佛、禅定实践修行等，在南北朝佛教的地平线，开辟了很广大的基地。慧远可以说是中国初期佛教的转捩者，其在思想史上有不可磨灭的意义。[1]

就慧远作为"中国初期佛教的转捩者"的意义，除镰田氏上述外，更有三个方面值得注意：第一，他与他的老师道安一样，是真正在本土文化传统熏陶中成长起来的佛教大师，而如下面将要分析的，他的活动领域更广泛、也更深刻地体现了中国传统文化的精神；第二，他大力泯合僧、俗界限，创建僧、俗结合的信仰团体，推动佛教在士族士大夫间的弘传，确立起中国佛教历史上作用巨大的"士大夫佛教"（"知识精英佛教"）发展的传统；第三，他特别着力于拓展和充实自身及其所领导的僧团活动的文化内涵，从事众多领域的文化、学术活动，取得了丰硕成果，提高了中国佛教的整体文化水平，从而使中国佛教有可能在中国文化史上发挥出更大作用，占据重要地位。这三个方面对于佛教在中国的进一步发展，无论是前进方向上，还是取得成就上，都关系十分重大。此外还有两个方面值得特别表彰：一是他的佛学思想更深入地渗透着中土传统精神，因而也更多地体现出中国传统思维的特色；再是他所领导的庐山僧团更树立起一种新的典范，庐山佛教文化则成为当时高度发达的士族文化的重要组成部分，在一定意义上代表着一代文化的发展水平。这样，道安和慧远师资相承，拓展了中国佛教的规模，提高了它的文化素质，为下一步建设和发展作了充分的准备。

当初道安分张徒众，命慧远南下，当然有弘法于江东的用意。而当时的东晋从文化角度看，乃是人文荟萃、华夏正统之所在，向那里传布佛法，对于中国佛教以至整个中国文化的发展必然发挥极其巨大、深远的作用。而实际后果大概远远超出当初的预料。胡适曾谈到庐山史迹代表着中国文化历史的三大趋势，第一个即

---

[1] 镰田茂雄《中国佛教通史》第 2 卷第 324 页，佛光文化事业有限公司，1998 年。

是"慧远的东林,代表中国'佛教化'和佛教'中国化'的趋势"①。事实上,中国从来没有真正"佛教化";而"佛教中国化"则是个长远的过程,不自慧远始,更不至慧远终。但慧远所开创的东林佛教确实给中国佛教发展增添了许多重要内容,有力地促进了佛教"中国化"的过程。他在南方创建的这个新的弘法中心,成为此后佛教在江南发展的重要基地,对于中国僧团的运作更长久地起到实际指导和作为典范的作用。而意义重大的则更有两个方面:一是庐山佛教树立了中国佛教一种新传统——"山林佛教",这种佛教更多地体现出世性格,形成与所谓"宫廷佛教"、"贵族佛教"不同的模式;再是慧远的业绩更集中地体现在佛教文化建设方面。从历史发展脉络看,道安的业绩正是经过慧远而得到继承和发挥。

　　慧远(334—416),雁门娄烦(今山西代县西)人,俗姓贾,出身于士大夫家庭。他的一生经历,可以明显划分为三个阶段。第一阶段,出家前,他少年好学,为诸生,博综六经,尤好《老》、《庄》,深为流辈所推服,羡慕像章名儒范宣子学问,拟前往受学,时值战乱,未能成行。范宣子名宣,以字称,事迹见《晋书》卷九十一《儒林传》,博综群籍,尤精三《礼》,东晋朝廷屡次召请,均隐遁不就,以讲诵为业,戴逵等人均曾前往承教,名声远播河北。慧远青少年时期的修学经历,使他奠定下俗学方面的牢固基础,对他后来接受佛教、研习和发展佛教思想,无论是学理内容上还是认识方法上都起了决定性的作用。第二阶段,他出家为僧,与其胞弟慧持一起师事道安二十五年。他当初本来有意南渡,以中原寇乱,志不获从,适值道安在太行恒山立寺,遂往投师事之,应是在永和十年(354)二十一岁的时候。他在道安门下很快崭露头角,道安常赞叹曰:"使道流东国,其在远乎!"年二十四即三年之后,他便开始独自讲说佛

---

①《庐山游记》,胡明主编《胡适精品集》第5卷第167页,光明日报出版社,1998年。

经。他自述思想发展轨迹说：

> 每寻畴昔，游心世典，以为当年之华苑也；及见《老》、《庄》，便悟名教是应变之虚谈耳；以今而观，则知沉冥之趣，岂得不以佛理为先？苟会之有宗，则百家同致。①

这是说，他本来接受世俗儒学教育，由于接触道家学说而实现一次超越，再学习佛理又实现了另一次超越。这显然意在把佛教置于超越儒、道二家的位置之上；而另一方面，他又肯定包括儒、道二家的"百家"学说可以和佛家相会通，认为其基本精神是一致的。

他在道安门下专心研习大乘般若学和禅学，并学习佛教仪轨。如前一章已经说明的，道安对于般若空思想的认识，有一个发展过程，到晚年已经超越"本无"一派玄学化的理解而接近大乘思想的真义，在《合放光光赞略解序》里他说：

> 般若波罗蜜者，成无上正真道之根也。正者，等也，不二入也。等道有三义焉：法身也，如也，真际也。故其为经也，以如为首，以法身为宗也。如者，尔也，本末等尔，无能令不尔也。佛之兴灭，绵绵常存，悠然无寄，故曰如也。法身者，一也，常净也，有无均净。未始有名，故于戒则无戒无犯，在定则无定无乱，处智则无智无愚，泯尔都忘，二三尽息，皎然不缁，故曰净也，常道也。真际者，无所著也，泊然不动，湛尔玄齐，无为也，无不为也。万法有为，而此法渊默，故曰无所有者，是法之真也。②

这里虽然还没有完全摆脱道家关于"有"、"无"的思辨框架，但显然对于"无所著"、"无所有"的"真际"、"法尔"之空已有所了解。慧远从学，心有所得，尝有客听讲，难实相义，往复移时，弥增疑昧。当

---

① 《与隐士刘遗民等书》，《广弘明集》卷二七，《大正藏》第 52 卷第 304 页上。
② 《出三藏记集》卷七，第 266 页（标点有改动）。

时慧远仍引用《庄子》为连类，"于是惑者晓然，是后安公特听慧远不废俗书"①。这是说，道安的僧团当时已经废止"格义"办法，但仍允许慧远继续使用。这固然表明道安门下仍没有尽脱"玄学化的佛教"的痕迹，但容许慧远继续使用已被淘汰的"格义"方法，也表明后者对于《老》、《庄》确有公认的高深素养。而这一点在慧远身上又是具有重要意义的：他作为当时既"高"且"名"的中土士族出身的僧人，通儒术，善《老》、《庄》，这些融会为他的思想意识的有机内容，必然在他对于佛学的认识、理解、发挥中体现出来。实际上"格义"不只是单纯的方法，更是融会中外、僧俗的思想、学术的一种途径。慧远对于中国佛教发展的重大贡献之一，就是在更高的层次上推进、实现了佛学与老、庄思想的交流，从而进一步推动了外来佛教的"中国化"。这也是他作为中土文化传统培养起来的学僧，既不同于那些主要是传翻外来佛典的译经僧，也不同于那些刻苦求法、热衷弘法的头陀僧的地方。

　　慧远随侍道安栖居襄阳十五年，学、行更加精进。后来襄阳被前秦攻破，道安分遣弟子，他于晋武帝太元三年（378）南下荆州。道安显然对他抱有很大期望。他先到荆州居停，大约在太元六年东下，来到浔阳龙泉精舍。至太元十一年后，入居庐山东林寺②。在这之前大约一年，道安已经去世；十五年后鸠摩罗什来到长安。这样，他进入庐山活动的这段时间，正当两位中国佛教发展史上具有坐标意义的大师活动的间隙。慧远在庐山延续道安的事业，发挥

---

①《高僧传》卷六《晋庐山释慧远传》，第 212 页。
②关于慧远入居庐山的年代，史料记载不一。据唐李演《庐山法师影堂碑》："自晋氏太元九年，法师始飞锡南岭，宅胜东林。"（《佛祖统纪》卷二六，《大正藏》第 49 卷第 270 页下，《全唐文》卷五一三《东林寺远法师影堂碑》"太元"下漏"九"字，5210 页）。江州刺史桓伊为慧远在庐山立东林寺，桓伊治江州在太元九年。《东林十八高贤传》的《慧远传》和《佛祖统纪》卷二六均谓立寺在太元十一年。

道安的思想,又迎接新一代译师鸠摩罗什的到来。鸠摩罗什全面传译新一层次大乘佛教经典,特别是系统翻译作为大乘思想新发展的中观学派论书;他的门下聚集一批优秀的中、外佛门龙象,更全面、更准确地接受、宣扬、发挥大乘真义,从而把中国佛教推进到一个全新的阶段。慧远在庐山的后期,正值鸠摩罗什及其弟子们在北方活跃的时期。他和弟子们与鸠摩罗什僧团进行了密切交流,并取得了相当成果。不过从慧远的思想与活动总体看,还没能完全赶上北方佛教这一新进的潮流,所以他在历史上仍属转折期的人物。如果说鸠摩罗什的活动开创了中国佛教史上的一个新时期,那么慧远活跃在这巨大转折的关键时刻,实际也是为这一转折作最终的准备。

慧远去世于晋安帝义熙十二年(416)[1]。他卜居庐山达三十年左右。《世说新语·规箴》篇记载说:

> 慧远在庐山中,虽老,讲论不辍。弟子中或有堕者,远公曰:"桑榆之光,理无远照;但愿朝阳之晖,与时并明耳。"执经登坐,讽诵朗畅,词色甚苦。高足之徒,皆肃然增敬。[2]

《高僧传》描写他去世情况说:

> 自远卜居庐阜三十余年,影不出山,迹不入俗。每送客游履,常以虎溪为界焉。以晋义熙十二年八月初动散,至六日困笃,大德耆年,皆稽颡请饮豉酒,不许,又请饮米汁,不许,又请以蜜和水为浆。乃命律师,令披卷寻文,得饮与不,卷未半而终,春秋八十三矣。[3]

这些细节,反映了庐山僧团活动风气的一个侧面,可见他本人严守

---

[1] 关于慧远殁年,据《出三藏记集》作义熙末年八十三岁示寂。具体年代颇有异说。

[2]《世说新语笺疏》卷中之下《规箴》,第572—573页。

[3]《高僧传》卷六《晋庐山释慧远传》,第221页。

戒律情形的一斑。

　　慧远著作见于著录的有《文集》十卷、《大智度论要略》二十卷、《法性论》二卷、《问大乘中深义十八科并罗什答》三卷。除后一种外，均已散佚。部分佚文散见于《出三藏记集》、《弘明集》、《广弘明集》等著作里。

　　在慧远来到江东以前，那里经籍未备，禅法无闻，律藏残缺，佛教的发展远不如北方。这有当地佛教自身的原因：此前江东主要流行的是玄学化的佛教，教理与修持都缺乏独立的发展；另一方面当地又是华夏文化正统之所在，反佛声浪高涨，对佛教传播形成巨大的抵制势力。正是面对这样的环境，慧远利用几十年时间，坚持推进佛教在江东的弘传。与北方重传译、重修持的"皇室佛教"和民众佛教两种形态均不相同，慧远适应当地社会与文化环境，推动的是士族精英的"士大夫佛教"、息影山岳的"山林佛教"。在南北朝士族社会里，士大夫阶层本是文化建设的主力、社会精神的代表；而隐居避世、不事王侯则明确张扬中国佛教的一种新风尚。慧远的活动从而为中国佛教的发展开拓出另一个全新的境界。

一

　　许里和指出：

　　　慧远的文章，更确切说是现存的一小部分材料，突出了慧远从事纯宗教活动的一面：这也就是我们所谓"通俗化"（popularization）的内容，当然这里指面向有教养的士大夫的佛教通俗化。①

①《佛教征服中国》第 366 页。

慧远息影庐山，迹不入俗，有传说他送客不过虎溪，成为历史上的佳话。他不但言论上主张"不拜王者"，行动上也确实表现出抗礼王侯的风范。但他绝不是高蹈绝尘的人物，反而以其高洁的风格取得社会上的崇高威望，牢固地树立起在东晋朝、野的地位。所以尽管他高自标置"不事王侯，而高尚其事"，实际却又与朝廷的达官贵人广泛结交。例如前后任(或兼任)江州刺史的桓伊、王凝之、桓玄、何无忌以及权臣殷仲堪(都督荆、益、宁三州诸军事、荆州刺史)、王谧(中书监领司徒)和刘裕(后来的宋武帝)等人，或是他的施主，或助成其译业，或进行过教义方面的讨论，或劝请其出山拟加重用，等等，都有不同程度的交谊。

　　值得注意的是慧远在东晋朝廷内部复杂斗争中的姿态。孝武帝太元二十一年(396)，他居住在庐山已经十多年，教内、外声望正隆，安帝司马德宗继位，司马道子摄政，与在京口的王恭和在荆州的殷仲堪相对抗。次年王恭和殷仲堪起兵，讨之。再次年，又联合广州刺史桓玄等，沿江东下，攻击建康。后由于北府军将领刘牢之背叛，杀掉王恭，殷仲堪和桓玄等退兵浔阳，拥戴桓玄为盟主，桓玄杀掉殷仲堪等，自任都督荆、江等八州诸军事，荆州、江州刺史，迅速扩展势力。在军事纷繁当中，殷仲堪曾登庐山访问慧远，表示崇敬之意。而桓玄在讨伐殷仲堪时也曾亲自登庐山与慧远会面，并以震主之威，苦相延致，劝请慧远还俗出仕，被他拒绝。这也成为后来重提致敬问题的一个诱因。在这次政争所引发的军事中，斗争双方都企图取得慧远的支持，正可见他所具有的社会影响力。另一件重要事实是他与卢循的交往。天师道孙恩起事伏诛后，妹夫卢循在广州集结势力，于隆安五年(401)北上，一路攻下南康(今江西赣州)、庐陵(今江西吉安)、豫章(今江西南昌)。义熙六年(410)江州刺史何无忌迎击战死，卢循遂占领浔阳，直逼建康。卢循的父亲卢嘏曾和慧远同学。由于这一层关系，卢循经过庐山，专门登山拜访。当时曾有弟子劝谏慧远，但他说："我佛法中情无取舍,岂不为识者所察? 此不足惧。"后来刘裕追击卢循,对于慧远的这一行动也并未加追究,反而赍书致敬,并致送钱米。此外,北方后秦主姚兴也钦佩慧远德望,接连致书表敬意,并饷赍以龟兹国细缕杂变像;姚嵩也以珠像供养。慧远对待权势的这种若即若离,既保持一定独立立场又积极顺应的姿态,很可以代表中国佛教上层僧侣的一种风格。至于慧远和一般士大夫的结交,有庐山结社的著名事迹,下面将具体讨论。

还应当指出的是,慧远特别注意接纳士族子弟参与僧团。如许里和指出:

> 僧彻(383—452)出身于太原王氏,熟谙音乐和书法的道温(约 397—465)是著名学者皇甫谧(215—282)的后人,而这两人都在 15 岁时成了慧远的弟子。有迹象表明,慧远十分欢迎大族子弟削发为僧。[1]

这样,慧远积极扩展在社会上层的活动,不仅把他所坚持的教理和戒规传布到士大夫中间,更汲引和培养许多知识精英进入佛门。这也是延续了前此支遁等人名士出家的传统,对于改变僧团成分,提高僧团文化素质起了相当大的作用。南北朝时期,高门为僧成为风气,对于一代佛教发展的影响是十分巨大的。

慧远作为佛门领袖,又处在中国佛教思想发展的转折时期,同样要致力于佛典传译和教理研究,所谓"葱外妙典,关中胜说,所以来兹土者,远之力也"[2]。但如前面介绍的,他作为鸠摩罗什以前佛学的总结者,受到时代条件局限,重视的也是罽宾所传有部典籍。这里当然包括他的老师道安的影响(实际他的工作有许多是继承道安的)。而这也决定了他个人的学术倾向。前秦建元十八年(382)道安曾请昙摩难提译出印度法胜所造著名的小乘论书《阿毗

---

①《佛教征服中国》第 343 页。
②《高僧传》卷六《晋庐山释慧远传》,第 218 页。

昙心》，但其人不善汉语，颇多疑滞，且漏译殊多；太元十六年（391）罽宾译师僧伽提婆来到浔阳，慧远请他重译，并亲自作序，指出部派佛教论藏《阿毗昙》源流广大，难卒寻究，作者"探其幽致，别撰斯部，始自《界品》，讫于《问论》，凡二百五十偈，以为要解，号之曰心"，并概述内容大要是：

> 标偈以立本，述本以广义。先弘内以明外，譬由根而寻条，可谓美发于中，畅于四肢者也。发中之道，要有三焉：一谓显法相以明本，二谓定己性于自然，三谓心法之生，必俱游而同感。俱游必同于感，则照数会之相因；己性定于自然，则达至当之有极；法相显于真境，则知迷情之可反。心本明于三观，则睹玄路之可游。然后练神达思，水镜六府，洗心净慧，拟迹圣门。寻相因之数，即有以悟无，推至当之极，每动而入微矣。①

汉译《阿毗昙心论》四卷，由十品构成，前二品《界品》和《行品》，讲说世间诸法的形成、变化及其性质，构成全书根本义理，即所谓"弘内"；后八品《业品》、《使品》、《贤圣品》、《智品》、《定品》、《契经品》、《杂品》、《论品》，发明世间轮回的原因，是所谓"明外"。总的内容有三个要点：一是"显法相以明本"，对诸法用五蕴、十二处、十八界加以组织、解释，肯定诸法虽然生灭变化，却有"法相"之本，即不变的"自性"；二是"定己性于自然"，述说六因（所作、共、自然、普遍、相应、报六种因）和四缘（次第、缘、增上、因四种缘），以明随类相因，因果相应；三是"心法之生，必俱游而同感"，讲心和心数的关系，谓二者各有"自性"，相互为因。有部主张我空法有，这整部论书是有部教理的大纲，慧远给以相当准确、清晰的说明。

在慧远主持下，同样由僧伽提婆译出《三法度论》，是另一部部

①《阿毗昙心序》，《出三藏记集》卷一〇，第378—379页。

派佛教论书。前面已提到道安在长安曾组织翻译过,名《四阿含暮抄》,前有序文,指出当初佛陀所出十二部经,撮要为《四阿含》,文广量大,译成汉语约二百卷,因此揭举纲要,成为此书。慧远为重译作序,又标举宗旨说:

> 《三法度经》者,盖出《四阿含》。《四阿含》则三藏之契经,十二部之渊府也。以三法为统,以觉法为道,开而当名,变而弥广。法虽三焉,而类无不尽,觉虽一焉,而智无不周。观诸法而会其要,辩众流而同其源。斯乃始涉之鸿渐,旧学之华苑也。①

序言首先指出这部论书对诸法的特殊分类,不同于一般地分为四谛、十二处等,而是分出德、恶、依三类,以下逐次三分,而诸法都以“觉”为标的,所以众流同源。吕澂根据这部论的作者(婆素跋陀,意译为“世贤”)、组织和学术思想,考定是犊子系贤胄部所作,指出:

> 犊子系有三点主张与《三法度论》所说的一致。一是犊子主张有“中有”(“生有”与“死有”之间的状态),此论也有“中间涅槃”即在中有中入灭的说法。二是犊子主张“十三心见道”(即现观),此论也有其说。三是犊子主张有“胜义我”,在十八部中,只有犊子部如此主张。他们认为有“我”与佛说无我并无冲突;因为他们主张的“胜义我”属于不可说法一类……虽然所谓人我与五蕴的关系是不可说的,但是对于应该有个人我这一点,必须有正确的理解(智慧),否则,就是无知(对“不可说”的无知)。这就是犊子部对于有胜义我的主张。②

由此可见,这部论书阐发的也属于典型的我空法有教理体系。

慧远也和道安一样,重视禅法。他慨叹说:

> 夫三业之兴,以禅智为宗……每慨大教东流,禅数尤寡,

---

①《三法度经序》,《出三藏记集》卷一○,第379页。
②《中国佛学源流略讲》,《吕澂佛学论著选集》第5卷第2548—2549页。

　　　三业无统,斯道殆废。①

　　时有天竺僧人佛陀跋陀罗来到长安,他本是罽宾禅匠佛大先弟子,所传禅法有从小乘向大乘过渡的性质,思想观念与罗什不叶。罗什死后,被其弟子摈斥,大概在义熙七年(411)和弟子慧观等四十余人俱发南岳,慧远"久服风名,闻至,欣喜若旧。远以贤(觉贤,佛陀跋陀罗意译——著者)之被摈,过由门人……乃遣弟子昙邕,致书姚主及关中众僧,解其摈事,远乃请出禅数诸经"②。佛陀跋陀罗在庐山留住年余,又与慧观西至江陵,后来东下建康,翻译《华严经》等,在译经方面多有贡献。

　　在律藏方面,慧远完成了《十诵律》的传译。本来前有弗若多罗来到关中,诵出《十诵律》梵本,由罗什翻译。但因为弗若多罗亡殁,只完成三分之二。"远常慨其未备,及闻昙摩流支入秦,复善诵此部,乃遣弟子昙邕致书祈请,令于关中更出余分,故《十诵》一部俱足无阙,晋地获本,相传至今"③。禅籍和律部的传译,对于教团建设有直接意义。这同样也是继承了道安的事业。

　　值得令人玩味的是,在庐山的慧远周围集中这样一些罽宾来的部派佛教译师,对于翻译、介绍部派佛教即所谓小乘经典如此倾心。这颇能反映他个人的佛学思想倾向。关于他的思想,僧传上说:

　　　　先是中土未有泥洹常住之说,但言寿命长远而已。远乃叹曰:"佛是至极,至极则无变,无变之理,岂有穷耶。"因著《法性论》曰:"至极以不变为性,得性以体极为宗。"罗什见论而叹曰:"边国人未有经,便暗与理合,岂不妙哉。"④

这里说的是他对涅槃佛性说的悟解。"至极"的"极"即涅槃,他认

①《庐山出修行方便禅经统序》,《出三藏记集》卷九,第343－344页。
②《高僧传》卷二《晋京师道场寺佛陀跋陀罗传》,第72页。
③④《高僧传》卷六《晋庐山释慧远传》,第218页。

为既是不变的"法性"，必体现不变的宗极之"理"；而要体得"法性"，则应以涅槃为宗极。这种"法性"实有思想，显然与有部的"一切法有"观念相通。从另一个角度说，他是从"法性"实有观念来理解涅槃佛性说的。也正是基于这种观念来理解形、神关系，必然得出形灭神存的"神不灭"论。这作为他的基本观念，实际又是和犊子部"胜义我"思想相通的。他的这些观点对于后来中国佛教思想的发展都造成巨大而深刻的影响。尽管后来中国佛教中大乘教理成为主导潮流，但在对缘起性空的理解上，一直存在浓重的"本体"意识；特别是在对人我空的认识上，把不灭的神魂作为轮回主体的观念不仅流行在民间信仰中，同样保留在义学和宗派佛学教理之中。在这方面，固然可以说是处于中国佛教思想发展转折期中的慧远在认识上存在局限，从另一方面看却也是他在中国传统思想土壤上接受、"改造"佛教思想的典型表现。如下面将要介绍的，即使是对于大乘"般若空"能够相当深刻理解的僧肇，也摆脱不了这种影响。从这样的角度看，慧远的思想又是反映了中国佛教思想的典型特质的。正如杜继文所说：

> 慧远的佛教哲学为"神的一元论"，其根源则深植于贵生、民本、孝亲等中国的传统观念中。①

如前所述，慧远在庐山活动的后期，正值鸠摩罗什在长安主持译事。而当时长安译界正集中精力于新传大乘经典的教学和弘扬。出自道安门下、主要接受罽宾所传部派佛教有部教理的慧远和鸠摩罗什两位佛门领袖，同时活跃、名闻于南北，两人间进行了密切交流。上面所述译经过程已包含这种相互交流的内容。而当鸠摩罗什把大乘中观"三论"传入中土，年已古稀的慧远更极表关注。"三论"的中道空观是与慧远的"法性"实有思想正相抵触的。

①《〈大乘大义章〉析略》，《中国佛教与中国文化》第 212 页，宗教文化出版社，2003 年。

他以极谦虚的态度向罗什请教,试图了解大乘教理的这一新进展。僧传上记载,罗什答复他时,曾对他倍加称赞,说:

> 经言,末后东方当有护法菩萨,勖哉仁者,善弘其事。夫财有五备,福、戒、博闻、辩才、深智,兼之者道隆,未具者疑滞,仁者备之矣。

并有偈曰:

> 既已舍染乐,心得善摄不?
> 若得不驰散,深入实相不?
> 毕竟空相中,其心无所乐。
> 若悦禅智慧,是法性无照。
> 虚诳等无实,亦非停心处。
> 仁者所得法,幸愿示其要。

这里讲的实际是实相空观,即罗什所传中观教理。慧远回信说,传闻罗什有意回国,又听说正在翻译新的经典,因此咨询十余事,并报偈一章曰:"本端竞何从,起灭有无际。一微涉动境,成此颓山势。惑想更相乘,触理自生滞。因缘虽无主,开途非一世。时无悟宗匠,谁将握玄契? 来问尚悠悠,相与期暮岁。"①罗什对他的问题一一作答,现存十八章,后人结集成《大乘〔大〕义章》②。因为慧远师从道安,兼习大乘般若教理和小乘毗昙,对于大、小乘教理还没能严格加以厘清,他向罗什请教的内容,可归纳为五大课题,即(一)"法身"及其性格;(二)修行中佛与菩萨的关系;(三)色法的构成;(四)对真如的体悟;(五)修行方面的其他问题等。他坚持

---

① 《高僧传》卷六《晋庐山释慧远传》,第 217 页。
② 此书本来定名为《问大乘中深义十八科》或《问什师大乘深义》,后改称今名。关于慧远的著作,参阅牧田谛亮《慧远著作の流传について》,《慧远研究·研究篇》第 489—498 页,创文社,1981 年。

有部"因缘之生,生于实法"的观念,主张"法性"实存,神我实有。但他对大乘学理却又怀抱虚心探讨的姿态。罗什在用新的中观学理答复他的时候,也曾对他的见解表示赞赏。两个人对于不同学理显然都抱着开放、虚心的态度。这也显示了当时佛教思想整体上兼容并包的性格。实际上慧远当时的认识已经达到他个人可能的高度,再进一步则不是他所能承担的新一代人的使命了。

姚兴曾将罗什新翻《大智度论》送给慧远,并请他撰写序文,"远答书云:'欲令作《大智论序》,以申作者之意。贫道闻,怀大非小褚所容,汲深非短绠所测。披省之日,有愧高命,又体羸多疾,触事有废,不复属意已来,其日亦久,缘来告之重,辄粗缀所怀。至于研究之美,当复期诸明德。'其名高远固如此。远常谓《大智论》文句繁广,初学难寻,乃抄其要文,撰为二十卷。序致渊雅,使夫学者息过半之功矣"①。这再度表明他对于新的佛学思想潮流的敏感和虚心向学的热忱,也显示他对于新传入的中观派大乘学理也并不是全无理解。这样,虽然慧远对于中土大乘佛学建设成绩不算突出,但他以佛门领袖身份的上述活动,对于新教理的输入,对于大乘佛学在江东的弘传,仍是有所贡献的。许里和评价说:

> 慧远在庐山的活动,在一定程度上也和大翻译家、义学僧鸠摩罗什及其弟子们在长安的活动遥相呼应。在长安出现的新理念、新佛典事实上导致了中国佛教的转向(reorientation)。慧远亲历了这一转向的第一阶段……慧远在诸多方面均成了启动下一个阶段中国佛教的关键,同时也是我们所要研究的第一阶段中国佛教的最为彻底的终结者。②

前面提到慧远本人"少为诸生,博综六经,尤善《庄》、《老》"。东晋名僧大都熟悉"三玄",而慧远更专精儒学,是内、外学兼通的

---

①《高僧传》卷六《晋庐山释慧远传》,第218页。
②《佛教征服中国》第336—337页。

大学问家。《高僧传》上说他曾"讲《丧服经》,雷次宗、宗炳等并执卷承旨";又"周续之与雷次宗同受慧远法师《诗》义"①。前面已提到他在道安门下讲"实相"义,"乃引《庄子》义为连类"。据传殷仲堪曾问他:"《易》以何为体?"他回答:"《易》以感为体。"殷曰:"铜山西崩,灵钟东应,便是《易》邪?"他笑而不答②。他所谓《易》以感为体,说的是《易经·系辞》里"寂然不动,感而遂通天下之故"的意思。但因为他是佛教徒,他所谓"感"应通于因缘义,所以对殷仲堪举出事物交感的例子不以为然。前面曾引述他对于世典与佛理关系的理解:

> 每寻畴昔,游心世典,以为当年之华苑也;及见《老》、《庄》,便悟名教是应变之俗谈耳;以今而观,则知沉冥之趣,岂得不以佛理为先?苟会之有宗,则百家同致。③

他主张百家可以同致,又强调归之佛理;这样就既坚持了佛教徒的立场,又肯定了俗学的价值。在庐山向他习佛的雷次宗等人,大都是学养有素的文人。雷精三《礼》、《毛诗》,后来宋文帝立儒、玄、史、文四学,他与朱膺之等主文学,并于鸡笼山开馆授徒。周续之从范甯受业,通五经及纬候,名冠同门,号为颜子。白居易指出:"庐山自陶、谢泊十八贤已还,儒风绵绵,相续不绝。"④慧远作为新型学僧的典型,既有内、外学的广博学识,又坚持十分开阔自由的学风,这不只体现出他个人作为高僧的高深的学养和独特的风格,更为一代佛门作出典范,影响到中国僧团的长远建设和发展。有更多像他那样的学僧出现,无疑会极大地推动佛教"中国化"的进

---

①陆德明《经典释文》卷五《毛诗音义上》,第 53 页,中华书局,1983 年。

②《世说新语笺疏》卷上之下《文学》,第 240—241 页。

③《与隐士刘遗民等书》,《广弘明集》卷二七,《大正藏》第 52 卷第 304 页上。

④《代书》,朱金城《白居易集笺校》卷四三,第 4 册第 2760 页,上海古籍出版社,1988 年。

程,也更容易使佛教得到以儒学安身立命的中土士大夫阶层的认同和欢迎。

三

慧远在佛教史上的一个重大贡献,是在庐山主持了有文人士大夫参加的僧、俗净土结社,开创了一种实践性、群众性的信仰形式。庐山净土结社是文化精英的结社,是和当时北方盛行的地区性社邑以及后来群众性的净土结社性质不同的佛教组织。宋赞宁把庐山结社作为佛教史上结社法集之始①。这也成为后来发达的居士佛教重要的活动形式。由于当时参与结社的俗人基本是上层知识精英,从而对于扩展佛教的社会影响发挥了重大作用。而后来中国佛教各类法社以庐山结社为源头和楷模,则体现了间接的、更为广泛的影响。至于文人结社这种形式推动居士佛教的发展,对中国佛教的意义和贡献则更为重大和长远。

宋陈舜俞《庐山记》记述了慧远在庐山的活动以及结白莲社的传说:

　　虎溪,昔远师送客过此,虎辄号鸣,故名焉。时陶元亮居栗里山南,陆修静亦有道之士,远师尝送此二人,与语道合,不觉过之,因相与大笑。今世传《三笑图》,盖起于此。神运殿之后有白莲池。昔谢灵运恃才傲物,少所推重,一见远公,肃然心服,乃即寺翻《涅槃经》。因凿池为台,植白莲池中,名其台曰翻经台,今白莲亭即其故地。远公与慧永、慧持、昙顺、昙恒、竺道生、慧叡、道敬、道昺、昙诜,白衣张野、宗炳、刘遗民、

①《大宋僧史略》卷下,《大正藏》第54卷第250页下。

张诠、周续之、雷次宗,梵僧佛驮耶舍十八人者,同修净土之法,因号"白莲社"。①

这里除了叙说结"白莲社"一事,还连带记述了慧远与陶潜、陆修静、谢灵运交游的传说。这些故事后来被传为掌故,写入诗文,绘为图画,为历世文士所艳羡。但考之历史,事情却大半出于虚构。有些情节随意捏合、违背常识是很显然的。但历史上许多有大学问的人却宁愿信其实有。这正表明有关传说的形成和流传具有一定的客观心态为基础。就是说,尽管传说并不是史实,但却真切地反映了创造和传诵这些传说的社会心理,体现了历史发展的内在要求。

慧远等人结社是中国佛教史上的重要事件。《高僧传》上记载,"彭城刘遗民、豫章雷次宗、雁门周续之、新蔡毕颖之、南阳宗炳、张莱民、张季硕等,并弃世遗荣,依远游止。远乃于精舍无量寿像前,建斋立誓,共期西方"。接着引录刘遗民《发愿文》,开头曰:

惟岁在摄提格(元兴元年,402)七月戊辰朔二十八日乙未,法师释慧远,贞感幽奥,宿怀特发,乃延命同志息心贞信之士百有二十三人,集于庐山之阴般若台精舍阿弥陀像前,率以香华敬荐而誓焉……誓兹同人,俱游绝域,其有惊出绝伦,首登神界,则无独善于云峤,忘兼全于幽谷,先进之与后升,勉思策征之道……②

这里所说的元兴元年法会,当是慧远结社的一次具体活动。而这一次即有百余人参加,可见结社规模之盛大。但是前面列举的那些人,与慧远结交不在同一时期,因此也就不可能参与同一次集会。但可以肯定的是,慧远作为弥陀净土的坚定信仰者和热忱弘

---

① 《庐山记》卷一,《大正藏》第51卷第1028页上。
② 《高僧传》卷六《晋庐山释慧远传》,第214—215页。

扬者,确实在所住庐山联系一批具有高度文化素养的士大夫,一时间使那里成为净土信仰的中心。这也是慧远宗教活动的重要部分,反映了东晋末期知识阶层佛教信仰的一种形态。

实际上在慧远当时还没有"白莲社"这一名称,更没有"十八贤"的名目。直到唐初法琳的《辩正论》里,还只举出慧远周围有刘遗民、雷次宗、周续之、毕颖之、宗炳等"五贤"①。"十八贤"结"白莲社"的具有浪漫色彩的故事是到中唐时期才流行起来的。戴叔伦在《赴抚州对酬崔法曹夜雨滴空阶五首》之二中有"高会枣树宅,清言莲社僧"②的句子,这是可考最早使用"莲社"一语的例子。戴任抚州刺史在兴元元年(784)至贞元元年(785)。当然有关掌故应当早已流传了。其次是僧灵澈《东林寺寄包侍御》诗说到"谁能来此焚香坐,共作垆峰二十人"③。这里则已明确有"十八贤"观念。灵澈被皎然引荐给包佶是在贞元(785—805)初。而大力宣扬"白莲社"传说的著名人物当数白居易。这当然和他个人的观念、行为有关系。他于元和十年(815)贬江州司马,在庐山营草堂,次年所作《春游西林寺》诗有句曰:

> 身闲易澹泊,官散无牵迫。缅彼十八人,古今同此适。④

次年他又作《草堂记》,其中说:"昔永、远、宗、雷辈十八人,同入此山,老死不反,去我千载,我知其心以是哉!"⑤他元和十四年迁忠州刺史后有《郡斋暇日忆庐山草堂兼寄二林僧社三十韵皆叙贬官已来出处之意》诗,其中又说:

> 春抛红药圃,夏忆白莲塘。唯拟捐尘事,将何答宠光。有

---

①《辩正论》卷三,《大正藏》第 52 卷第 504 页下。
②《全唐诗》卷二七四,第 3098 页,中华书局,1960 年。
③同上卷八一〇,第 9133 页。
④朱金城《白居易集笺校》卷七,第 1 册第 374 页。
⑤同上卷四三,第 4 册第 2737 页。

期追永、远(晋时永、远二法师曾居此寺),无政继龚、黄……①

这里又写到"白莲塘",就是僧传里提到的谢灵运所凿白莲池。此后,在晚唐、五代诗人和诗僧作品里,"白莲社"就成为经常使用的典故了。

宋陈舜俞《十八贤传》记载,"十八贤"中昙诜著有《莲社录》,显然是出于附会。在《高僧传》里,昙诜的传记附在卷六《道祖传》后,为道祖弟子,后来师事慧远,注《维摩经》,作《穷通论》等。陈著序文里又说"东林寺旧有《十八贤传》,不知何人所作,文字浅近,以事验诸前史,往往乖谬"。则《莲社录》应是这类传本之一。他又说遂"因旧本参质晋、宋史及《高僧传》,粗加刊正"。他的生卒年不可考,只知道熙宁年间(1068—1077)曾为嘉禾(今福建厦门)令。大观(1107—1110)初,沙门怀晤又详补其书,这就是今传《十八高贤传》。实际后来有关十八贤仍传闻异词。例如明宋濂在《跋匡庐社图》里就把陶渊明、陆修静列入十八人中,并说"今所画止十八人,取著名于时者也。人数增减相传有不同者,所记异辞也"②。明王祎的《自建昌州还经行庐山下记》里也把陶、陆列入十八人之中。

就慧远结社的史实论,被列入"十八高贤"中属于"儒"的六人,均确有其人,并和慧远有关系。但从现存资料看,并不一定都参加过结社立誓活动。

首先是刘遗民,在佛教史上是著名人物。唐元康《肇论疏》引慧远为他所作传说:

刘程之,字仲思,彭城人,汉楚元王裔也。承积庆之重粹,体方外之虚心,百家渊谈,靡不游目,精研佛理,以期尽妙。陈郡殷仲文、谯郡桓玄,诸有心之士,莫不崇拭。禄寻阳柴桑,以为入山之资。未旋几时,桓玄东下,格称永始。逆谋始,刘便

①《白居易集笺校》卷一八,第2册第1152页。
②《文宪集》卷一四。

命辇考室山薮。义熙公侯咸辟命，皆逊辞以免。九年，太尉刘公知其野志冲邈，乃以高尚人望相礼，遂其初心。居山十有二年，卒。有说云：入山已后，自谓是国家遗弃之民，故改名遗民也。①

唐法琳在《辩正论》卷七注里引录《宣验记》则说：

> 刘遗民，彭城人。少为儒生，丧亲，至孝以闻。家贫，卜室庐山西林中。多病，不以妻子为心，绝迹往来，精思禅业。半年之中，见眉间相，渐见佛一眼及发际二色，又见全身，谓是图画。见一道人奉明珠，因遂病差。②

桓玄僭位称帝在元兴二年（403），年号永始，据上述材料，那一年刘始入庐山。但核之刘的《发愿文》，为前一年所作，则他在居山前已皈依慧远门下。《高僧传》里录有他致僧肇的信，讨论后者所作《般若无知论》。从信里看，《般若无知论》是竺道生于义熙三年（407）前后由长安回庐山时带给他的，信中还写到他和慧远一起研读的情况。又陶潜有《和刘柴桑》、《酬刘柴桑》诗，刘遗民曾为柴桑令，据考作于义熙五年③。前诗说到"山泽久见招，胡事乃踌躇。直为亲旧故，未忍言索居。"④表明他弃官入山已久。僧肇又有《答江东隐士刘遗民书》，作于后秦弘始十五年（413），已是刘去世前不久。慧远本人也有《与隐士刘遗民等书》，前面已经引用过。这封信一方面宣扬儒、玄、佛一致之旨，另一方面又强调"以佛理为先"，"宜简绝常务，专心空门"⑤。这些都可证二人间长远深厚的关系。《隋

①《肇论疏》卷中，《大正藏》第 45 卷第 181 页下。

②《辩正论》卷七《信毁交报篇》，《大正藏》第 52 卷第 539 页。

③逯钦立《陶渊明事迹诗文系年》，《陶渊明集》第 277 页，人民文学出版社，1979 年。

④同上第 57 页。

⑤《广弘明集》卷二七，《大正藏》第 52 卷第 304 页上、中。

书·经籍志》著录有已亡佚的《刘遗民集》五卷。

宗炳、周续之、雷次宗三位《宋书》、《南史》均入《隐逸传》。唐张彦远说：

> （宗炳）前后辟召，竟不就。善琴书，好山水，西陟荆巫，南登衡岳，因结宇衡山，怀尚平之志……①

庐山显然并不是宗炳主要活动之地。义熙八年（412）刘裕诛刘毅领荆州，辟宗炳为主簿，不起，答复里说"栖丘饮谷三十余年"。这即应是指"西陟荆巫"事；此后才"下入庐山，就释慧远考寻文义"②。宗炳所著《神不灭论》（即《明佛论》）说："昔远和上澄业庐山，余往憩五旬，高洁贞厉，理学精妙。"③据此可以确定他到庐山的时间，并表明他与慧远交往并不长久。《旧唐书·经籍志》著录有《宗炳集》十五卷。周续之在山时间较长。史称"年十二，诣（范）甯受业，居学数年，通五经并纬候，名冠同门，号曰颜子。既而闲居读《老》、《易》，入庐山事沙门释慧远。时彭城刘遗民遁迹庐山，陶渊明亦不应征命，谓之'寻阳三隐'"④。雷次宗则史称"少入庐山，事沙门释慧远。笃志好学，尤明三《礼》、《毛诗》，隐退不交世务"⑤，《隋书·经籍志》著录《雷次宗集》十六卷。他于元嘉十五年（438）被征至都，又曾一至庐山，已在慧远去世之后。周、雷二人有可能参加元兴元年那次法会，宗则绝无可能。

张野字莱民。据《十八贤传》，他是南阳人，徙居寻阳柴桑，与陶渊明通婚姻；又说他"师敬远公，与刘、雷同辙。远公卒，葬西岭，谢灵运为铭，野序之，称门人焉"⑥。关于他和陶的关系，陶有《岁暮

---

① 《历代名画记》卷六《宋》。
② 《宋书》卷九三《隐逸传》，第 2278 页。
③ 《弘明集》卷二，《大正藏》第 52 卷第 16 页上。
④ 《宋书》卷九三《隐逸传》，第 2280 页。
⑤ 同上，第 2292－2293 页。
⑥ 《大正藏》第 51 卷第 1040 页中。

和张常侍》诗,而《传》中称野"以散骑常侍征",即应是与他唱和的。《世说新语·文学》篇刘注里有他的《远法师铭》,今存有他的《奉和慧远游庐山诗》。张诠字秀硕,是张野的门人,事迹除《十八贤传》所记载外,别无可考。

"十八贤"中有关僧十二人的记述,则更多出于拼凑。前面已经说到慧远在庐山曾请僧伽提婆重译《阿毗昙心论》并亲为制序,但后者却未被列入十八贤。其中梵僧佛陀跋陀罗和佛陀耶舍本来都是著名译师。佛陀跋陀罗在北方受鸠摩罗什门下排斥,于义熙七年(411)来庐山,应慧远之请,译出《修行方便禅经》,第二年即离去西游。后来他在金陵道场寺完成了《华严》等重要译业。他与净土信仰无涉。而佛陀耶舍入庐山事则完全出于讹传。据《高僧传》,佛陀耶舍在姚兴时(394—416)入长安,于逍遥园与罗什一起译经,出《四分律》并《长阿含经》等,"后辞还外国,至罽宾,得《虚空藏经》一卷,寄贾客,传与凉州诸僧,后不知所终"[1]。他与庐山显然没有任何关系。与慧远有关系的有一位邪舍禅师,见智顗《与晋王书请为匡山两寺檀越》:

> (慧)远内闲半满,外善三玄,德布退方,声高霄汉,初诣山足,依止一林,共邪舍禅师头陀其下,若说若默,修西方观。末于林右建立伽蓝,因以为名东林之寺……[2]

又至迟在中唐时期,已流传有佛陀耶舍入庐山并终于其地的传说,见颜真卿《东林寺题名》[3]。大约形成于禅宗西川保唐无住(714—774)弟子之手的灯史《历代法宝记》更把佛陀耶舍讹传为两个人,说达摩"遣弟子佛陀、耶舍二人,往秦地说顿悟法。秦中大德乍闻

---

[1] 《高僧传》卷二《晋长安佛陀耶舍传》,第 67 页。
[2] 《全上古三代秦汉三国六朝文·全隋文》卷三二,第 4 册第 4204 页。
[3] 《全唐文》卷三三九,第 3434 页。

狐疑,都无信受,被摈出,逐于庐山东林寺"①,并说他们见远公,译出《禅门经》,灭度后葬庐山,塔庙见在云。这又把耶舍传为禅门弟子,并揉入了佛陀跋陀罗事迹。胡适指出这是禅宗为树立法系的伪造。这个故事传说很广,甚至被记载在贞元二十年(804)入唐的日僧最澄所著《内证佛法相承血脉谱》里,又被写进日本古小说集《今昔物语》。

其余华僧十人,慧永比慧远早居西林寺,是他请桓伊为慧远建了东林寺;慧持是慧远的弟弟,于隆安三年(399)已离开庐山入蜀;竺道生是"楞伽师",提倡"顿悟成佛"、"佛无净土"等新说,与净土信仰相矛盾,他大约在太元(376—396)末年至庐山,得见提婆,从习一切有部义,居七年,北游长安,于义熙五年前后又一次入山,不久去建康,在此期间与慧远有交往;其他七人,有的与庐山有因缘,有的资料缺如。所以这十个人不过是后人撮合起来的"庐山诸道人"的缩影。

"十八贤"之外,关于慧远与陆修静、陶渊明、谢灵运交往的轶事更引起后世文人的兴趣。这三个人在传说里是被当作慧远的衬托来描绘的。但有关传闻与事实的距离比前述诸人情形更为遥远。

据《高僧传》:慧远卜居庐阜三十余年,每送客游履以虎溪为界。这是表扬慧远风范的一个典型细节,然而与陆修静无涉。孟浩然《疾愈过龙泉精舍呈易、业二上人》诗有云:"日暮辞远公,虎溪相送出。"②又李白《别东林寺僧》诗:"笑别庐山远,何烦过虎溪。"③等等,也都没有提到陆修静的名字。晚唐贯休《再游东林寺作五首》之四说:

　　　　爱陶长官醉兀兀,送陆道士行迟迟。买酒过溪皆破戒,斯

---

① 《历代法宝记》(敦煌本),柳田圣山《初期の禅史Ⅱ》第68页,筑摩书房,1976年。
② 徐鹏校注《孟浩然集校注》第18页,人民文学出版社,1989年。
③ 《李太白全集》卷一五。

何人斯师如斯。①

原注曰："远公高节，食后不饮蜜水，而将诗博绿醑与陶潜，别人不得。又送客不以贵贱，不过虎溪，而送陆静修（"修静"之讹）道士过虎溪数百步。今寺门前有道士冈，送道士至此止也。"这就把三个人联系起来了。到宋代，苏轼为石恪《三笑图》作赞，说"彼三士者，得意忘言……各笑其笑，未知孰贤"②；至黄庭坚、晁补之，更坐实为慧远和陆、陶交游事。名画家李公麟用这一题材作《莲社图》，也是在同一时期。陆修静生于义熙二年（406），慧远去世时他才十一岁。他在晚年确曾入居庐山。但说他和慧远结交则绝无可能。南北朝时期的庐山也是道教名山，佛教徒把陆修静这样的著名道士罗致到慧远门下，显然有张大门庭的用意。

陶潜为彭泽令，去职居柴桑，在义熙元年（405），正当慧远居庐山时期；陶潜和参与慧远结社的刘遗民、周续之、张野等人诗文赠答，有密切交谊。但他的诗文里并没有与慧远交往的直接证据。不过从情理推测，二人应当是有来往的。可陶潜的人生态度是生则"坦万虑以存诚，憩遥情于八遐"③，死则"聊乘化以归尽，乐夫天命复奚疑"④，崇尚任运自然的人生观，与佛教义理全然不合。他的《形影神》三诗，逯钦立系于义熙九年，表现的是形释神销观念，与慧远《形尽神不灭论》、《万佛影铭》等作品张扬的"神不灭"论更完全相反。他发感慨"亲戚或余悲，他人亦已歌。死去何所道，托体同山阿"⑤，所体现的观念与刘遗民等人的"摄于生死报应"也绝不相同。陈寅恪指出，慧远的思想"与渊明所得持任生委运乘化乐天之宗旨完全相反,陶令绝对未受远公佛教之影响"①。所以很难相信慧远和陶潜"与语道合";有另外的传说谓慧远特允陶潜饮酒,勉其入社,陶攒眉而去,倒比较合乎情理。

　　谢灵运出身的陈郡谢氏如当时众多士族一样乃是奉佛世家。义熙元年他二十一岁,被琅邪王司马德文(即后来东晋最后一个皇帝恭帝)辟为大司马行参军。次年,刘毅为都督豫州、扬州之淮南、历阳、庐江、安丰、堂邑五郡诸军事、豫州刺史,驻节姑孰(今安徽当涂),辟之为记室参军。义熙六年刘毅以讨伐卢循叛乱丧师失利,次年转为江州都督。应是在这个时候,谢灵运有机会见到正在庐山的慧远。慧远与谢灵运年龄相差五十余,他曾请谢作庐山《佛影铭》,可见对后者的器重和二人相契之深厚。谢灵运不只是优秀的山水诗人,在佛教史上也作出了多方面贡献,后面还将说到。他热心结交名僧,对慧远表示敬仰,受其影响,是好佛文人的典型。天台智顗已经说到"远自创般若、佛影二台,谢灵运穿凿流池三所"②,则在其前已有谢穿池传说;但在当时穿池和种莲似乎并没有被当作一回事。中唐时开始盛传的莲社传说,则是以传说谢种白莲得名,其时文人诗文已多咏其事。如白居易《郡斋暇日忆庐山草堂兼寄二林僧社》"春抛红药圃,夏忆白莲塘"③;无可《寄题庐山二林寺》"塔留红舍利,池吐白芙蓉"④;李咸用《和人游东林》"黄鸟不能言往事,白莲虚发至如今"⑤,等等,可知唐时白莲池曾为东林胜景。这种"遗迹"更推动了有关传说的流传。

　　陆、陶、谢三人远较被列入"十八贤"的僧、俗人物更有名望,他

①《陶渊明之思想与清谈之关系》,《金明馆丛稿初编》第 203 页。
②《与晋王书请为匡山两寺檀越》,《全上古三代秦汉三国六朝文·全隋文》卷三二,第 4 册第 4204 页。
③《白居易集笺校》卷一八,第 2 册第 1152 页。
④《全唐诗》卷八一四,第 9168 页。
⑤同上卷六四六,第 7409 页。

们各自在文化史、文学史上都作出了重要贡献,发挥了重大影响。
把慧远和这样的人联系起来,并让他处于居高临下的位置,也就大
大抬高了他的地位。但从上面的考察可知,相关传说乃是后人的
捏造。不过这些"捏造"出来的传说却也不是毫无意义的。它们在
一定的文化背景和思想环境下出现,反映了历史客观发展的某些侧
面和创造这些传说的人的真实心态。而传说的出现又有着慧远的结
社活动为依据,并且体现了他的实际影响。这样,有关白莲社的传
说,使人们看到佛教史上的一个具体事件如何被改造、演化出一系列
浪漫故事,以至这些故事被当作史实流传广远,影响也更为巨大。这
个故事里描写的慧远很有生气,很有个性,他的人格被美化了,他的
地位也被提升了。透过这个事例,可以帮助我们认识中土知识阶
层佛教理解的某些特征,也有助于我们把握中国佛教的某些特质。

　　慧远倡导净土信仰,庐山结社以祈求往生净土为目标,以至到
宋代他被确立为净土宗的"初祖"。这也表明他弘扬净土的贡献。
自《般舟三昧经》和《无量寿经》、《阿弥陀经》传译以来,净土信仰已
经开始在中土流布。僧史、僧传上记载一些早期弘传净土的僧人
如竺僧显、竺法旷等。而到慧远,以其在僧、俗间的显赫地位,结社
宣扬净土并坚持多年,有力地扩展了净土信仰的弘传。在他以后,
对于弘扬净土作出重大贡献的有北魏到唐初的昙鸾、道绰、善导等
人,他们传授的主要是念佛法门,逐渐形成为中国佛教的一个重要
宗派。然而慧远的净土信仰与后来的所谓"净土宗"无论是观念还
是行法都大不相同。慧远是道安弟子,提倡"法性"说,他信仰《般
舟三昧经》里宣扬的"念佛三昧"。他说:

　　　　穷玄极寂,尊号如来,体神合变,应不以方。故令入斯定
　　(念佛三昧)者,昧然忘知,即所缘以成鉴,明则内照,交映而万
　　像生焉。①

————————

①《念佛三昧诗集序》,《广弘明集》卷三〇,《大正藏》第 52 卷第 351 页中。

这是说，如来本是"穷玄极寂"的法性，人们因缘感悟，证入念佛三昧，即可见到其形象。这讲的是所谓"观想念佛"，是一种禅观，所感得的是"唯心净土"。刘遗民《发愿文》所说"神者可以感涉"就是这个意思。而后来昙鸾、善导等宣扬的净土法门则是根据《阿弥陀经》、《无量寿经》、《观无量寿经》等"净土三部经"，把净土设想为有相的西方极乐世界，主张人们通过修持，称名念佛，则可得到阿弥陀佛或加上观音、势至"三身佛"的加持、接引而往生。这样，尽管慧远后来被奉为中土"净土宗"初祖，实则他的净土信仰与后来净土宗所宣扬很不相同。慧远的观想念佛思想糅合了大、小乘禅法，体现了中土佛教禅、慧兼重的精神，把精致的佛理和信仰实践结合起来，因而特别易于被知识阶层所接受。

慧远在佛教史上的贡献还有另一些方面。重要的如从事护法斗争，积极参与关于僧侣是否应致敬王者的论争；在文学领域，他与他的教团从事诗文创作卓有成就，等等。本书在相关章节会讨论到。还有一点，则无论是对于僧团，还是对于文人士大夫，都具有榜样意义，就是他提倡并实践一种高蹈脱俗的品格。有关"不过虎溪"之类传说正生动地体现了这种品格。慧远所结交的人物中，高官显宦不少，然而他却一直坚持超然的山居修道风范。即使如桓玄那样炙手可热的权贵，以震主之威加以劝请，他也决不出山，坚持"抗礼万乘，高尚其事，不爵王侯，而沾其惠"①的立场。他所结交的刘遗民、宗炳等人也都是植操幽栖、不慕荣利的文人。他们大多博学多才，而人品清高，或不受征辟，或弃官隐居。陶渊明《和刘柴桑》诗结尾说：

> 栖栖世中事，岁月共相疏。
> 耕织称其用，过此奚所须。

―――――――――

① 《沙门不敬王者论·求宗不顺化第三》，《弘明集》卷五，《大正藏》第 52 卷第30 页下。

　　　　　　去去百年外，身名同翳如。①

这也正是慧远周围的士大夫共同具有的守分知足、高蹈超俗的性格特征。后来人追慕慧远结社，也往往看重其潇洒超脱、不慕荣利的精神境界。如孟浩然诗说：

　　　　　　尝读《远公传》，永怀尘外踪。
　　　　　　东林精舍近，日暮空闻钟。②

王昌龄诗说：

　　　　　　昔为庐峰意，况与远公违。
　　　　　　道性深寂寞，世情多是非……③

杜甫诗说：

　　　　　　隐居欲就庐山远，丽藻初逢休上人。
　　　　　　数问舟航留制作，长开箧笥拟心神……④

韦应物诗说：

　　　　　　昙、远昔经始，于兹闷幽玄……
　　　　　　道妙苟为得，出处理无偏。
　　　　　　心当同所尚，迹岂辞缠牵。⑤

黄庭坚有诗《戏效禅月作远公咏并序》说：

　　　　　　远法师居庐山下，持律精苦，过中不受蜜汤，而作诗换酒，
　　　　饮陶彭泽；送客无贵贱，不过虎溪，而与陆道士行，过虎溪数百

---

①《陶渊明集》第 58 页。
②《晚泊浔阳望香炉峰》，徐鹏《孟浩然集校注》第 66 页，人民文学出版社，1989 年。
③《送东林廉上人归庐山》，《全唐诗》卷一四〇，第 1427 页。
④《留别公安太易沙门》，《杜少陵集详注》卷二二。
⑤《春月观省属城始憩东西林精舍》，陶敏、王友胜校注《韦应物集校注》第 389
　　页，上海古籍出版社，1998 年。

步,大笑而别。故禅月作诗云:"爱陶长官醉兀兀,送陆道士行
迟迟。买酒过溪皆破戒,斯何人斯师如斯。"故效之:

> 邀陶渊明把酒碗,送陆修静过虎溪。
> 胸次九流清似镜,人间万事醉如泥。[①]

历代这样的诗文不胜枚举。这些作者的时代背景、思想倾向各不
相同,但都颂扬慧远和有关传说所表现的孤高傲世、不随流俗的生
活方式和精神境界。这实际也体现中国文化的一种境界。慧远的
精神可看作是魏晋名士风流逸韵的尾闾,更被升华为一种不慕荣
利、人格独立的高洁作风。这种精神和作风当然具有特定背景和
内容,也具有一定消极、颓唐意味,但确也体现了历史上某些被现
实体制疏离或排斥的士大夫保持个性独立、追求精神自由的思想
境界。而把传说的结社定名为"白莲",则明显在隐喻一种出污泥
而不染的贞洁脱俗的理想品格。白莲花(梵文 puṇḍarīka,音译为
"芬陀利")本来是佛典里用来表示正法纯净的象征。唐宋以降,
僧、俗集合的结社之风盛行。仅就唐时庐山一地而言,中唐时颜真
卿、姜公辅曾"愿依遗民、莱民旧事,侍大师(上弘和尚)于虎邱雁门
之上"[②]。李涉早年与弟李渤同隐庐山。他有诗说:

> 十地初心在此身,水能生月即离尘。
> 如今再结林中社,可羡当年会里人。[③]

他也曾与僧人在庐山结社。李渤是道教信徒,兄弟二人同样隐逸
庐山而信仰不同,颇可玩味。前面已提到白居易贬江州时在庐山
营草堂,亦曾与东、西二林僧人结社。北宋时周敦颐曾在庐山结青
松社。南宋初,东林寺有白莲会,陆游说:

---

①《山谷集》卷一一。
②刘轲《庐山东林寺故临坛大德塔铭》,《全唐文》卷七四二,第 7681 页。
③《游西林寺》,《全唐诗》卷四七七,第 5438 页。

……自江州至太平兴国官三十里,此适当其半,是日车马
及徒从者憧憧不绝,云上观,盖往太平宫焚香,自八月一日至
七日乃已,谓之白莲会……东林寺亦自作会。[①]

明末潘之恒有《石林社记略》,谓"于时憨山(德清)主五乳,若昧主
开先,石生复香谷,毕贯之开石门涧,并兹社而七。远公有言,白莲
重开,是社再兴时"。可见明代山上结社盛况。清代以迄晚近,庐
山结社之风仍相沿不绝。宋代以后,居士佛教盛行,各种僧、俗结
社遍布全国各地,成为士大夫佛教活动的主要形式。

这样从总体看,慧远处在中国佛教传播早期的总结者的地位
上。无论是他所从事的译经还是个人著述,也无论是他的修持还
是宣教活动,受到时代的限制,都还没有超离"玄学化的佛教"的矩
矱。他活跃的时期虽然与鸠摩罗什相前后,但他显然对于作为大
乘佛教新潮流的中观教理还缺乏理解。他更多接受和发挥的是部
派佛教有部的教理。可是如上面介绍的,他在中国佛教发展史上
的地位十分重要,贡献也是十分巨大的。总体看有两个方面:一是
经过慧远的努力,在华夏文化正统所在的江东地区,树立起一种知
识分子精英佛教的新形态和新风气。许里和指出:

> 在吸收了一整套异质文化因素之后,"归隐"成了在中古
> 社会初期的士大夫中间最为普遍的理想,这并不是没有原因
> 的。《老子》《庄子》之脱俗的特点和古代巫术的宗教背景相
> 脱离,并转而成为士大夫的语言,这构成了"归隐"的哲学基
> 础;"清净""守一"和小国寡民的"纯朴"则为它提供了道德依
> 据;文学研究和艺术追求如诗歌、绘画、音乐及书法也都成了
> "归隐"的分内之事。我们已经看到,自公元 4 世纪初开始,这
> 个情结已和理想的寺院生活联系在一起,且所有这些因素最

①《渭南文集》卷四五《入蜀记》。

终都在寺院里找到了自己的归宿：隐士般的生活现在以集体的方式实践，并获得了一种新的宗教意义和更为深刻的意识形态论证，虽则其中掺杂了许多世俗理想的成分在内。

所有这些因素均以一种高度发展的方式体现在庐山僧人身上：佛教哲学和玄学，禅定和超自然力崇拜，自然之美和禁欲生活、清谈，学术研究和艺术活动，与世无争和政治中立……①

庐山佛教确立起来的这种风范后来延续久远，影响及于社会生活的广泛领域；再一个方面是慧远在深厚的本土文化基础上弘扬佛教，发挥佛教教理，沟通僧、俗，融会释、儒、道、玄诸方面，有力地拓展了佛教"中国化"的道路。这两个主要方面，都大大有助于佛教的建设和传播。

这样，道安和慧远师徒相继，无论是从事佛典传译，还是教理的解释与发挥，都作出了空前巨大的成绩。他们以多方面辉煌的业绩和广泛的影响力，促成中国佛教急速实现历史性的转折，即从总体上由主要是传播和接受外来佛教的时期转变为自主地建设中国佛教的时期：正是从他们开始，在本土文化传统中培养起来的、具有高深内外学养的僧人成为中国佛教的主导力量；从他们开始，比较对于外来经典的翻译、介绍，本土的义学研究、阐释和发挥在佛教教学中居于更重要的位置，具有独立思想、理论内涵的中国佛学创建和发展起来；也是从他们开始，中国佛教被充实以更丰富的文化内容，与文化诸多领域更紧密地相互联系，相互间也产生更大的影响。从而他们作为中国佛教史上承前启后的人物，为中国佛教前此发展作了总结，也为中国佛教更宏伟的未来准备下开阔的场地。与庐山僧团同时期活跃在北方的鸠摩罗什师弟子踏上建设"中国化佛教"的坦途，实由道安和慧远作了筚路蓝缕的工作。总之，他们开拓了中国佛教自主发展的广阔前程。

————————

① 《佛教征服中国》第 349—350 页。

孙昌武文集

22

中国佛教文化史

第二册

中华书局

第 二 编

目　录

第一章　鸠摩罗什与"旧译"的成就

一

　　佛教自两汉之际初传，到鸠摩罗什来到长安，在中国已有四百年左右的传播史；如果从两晋之际被上层士族较普遍地接受、对文化领域发挥比较广泛的影响算起，也已经过了近百年时间。鸠摩罗什来到长安的业绩主要是译经。他开创了译经史上的新时期，人称"旧译"时期①。但他的活动的实际内容和意义远远超越佛典翻译方面。他影响、教育下的一批杰出弟子精研翻译佛典，从事中国佛教义学建设，从而极大地推进了佛教的"中国化"，开拓了中国佛学发展的新天地。因而他及其弟子们的活动更可以作为一个坐标，标志着中国佛教进入了自觉发展的新时代，建设"中国佛教"的时代。

　　佛典翻译与外来佛教的传播有直接关系，而这些都是整个文化交流的一部分。"五胡十六国"大多数是少数民族建立的政权，

────────

① 中国译经史上，自安世高开始到鸠摩罗什这两个半世纪的译绩，统称"古译"，安世高、支楼迦谶、支谦、竺法护等四人被称为"古译"的四大译师。到唐代，玄奘开创新译风，被称为"新译"。"旧译"是相对"新译"而言。

对于外来佛教自有一种亲切感。特别是西方的"五凉",与西域交流十分便利,而当时的西域佛教正十分兴盛。中原和西域的交通也空前繁盛,据《魏书》记载:

> 其出西域本有二道,后更为四:出自玉门,渡流沙,西行二千里至鄯善为一道;自玉门渡流沙,北行二千二百里至车师(今吐鲁番一带)为一道;从莎车(今塔什库尔干)西行一百里至葱岭,葱岭西一千三百里至伽倍为一道;自莎车西南五百里葱岭,西南一千三百里至波路为一道焉。①

这些交通干线构成东、西经济、文化交流的巨大网络。正是在这样的情况下,北方诸国聚集大批中、外高僧,形成几个佛教中心,它们也是译经的中心。后来北魏立国,重视经营西域。本来粟特"商人先多诣凉土贩货,(北魏)及克姑臧(甘肃武威市,时为北凉都城),悉见虏"②,可见与西域交流的繁盛。新的制造琉璃技术就是这一时期从罽宾传入的③,正是这种交流的一例。至北魏正光年间(520—525):

> 自葱岭已西,至于大秦,百国千城,莫不欢附,商胡贩客,日奔塞下,所谓尽天地之区已。乐中国土风,因而宅者,不可胜数。是以附化之民,万有余家。门巷修整,阊阖填列,青槐荫陌,绿柳垂庭,天下难得之货,咸悉在焉。④

伴随这东来西往的人流的,有众多佛教信徒,他们带来更多新的

---

① 《魏书》卷一〇二《西域传序》,第 2261 页。
② 同上《西域传·粟特国》第 2270 页。
③ 同上《西域传·大月氏国》:"世祖时,其国人商贩京师,自云能铸石为五色瑠璃,于是采矿山中,于京师铸之。既成,光泽乃美于西方来者。乃诏为行殿,容百余人,光色映彻,观者见之,莫不惊骇,以为神明所作。自此中国瑠璃遂贱,人不复珍之。"第 2275 页。
④ 《洛阳伽蓝记》卷三《城南·龙华寺》,第 161 页。

经本。

　　就佛教在中国的传播和发展说,时间越是靠前,经典传译越是起到更大作用,具有更重大的意义。鸠摩罗什的活动也正充分证明了这一点。正是由于他所主持的译场更准确、系统地传翻出新一代大乘经典,特别是系统翻译了反映印度佛教新成果的"中观"学派论书,给中国佛教摆脱"道教式的佛教"、"玄学化的佛教"的误解与偏颇(有意或无意的)提供了充分理论资源。而对于中国佛教发展意义更为重大的是,在他来到长安的当时,出身本土,接受传统文化教育,又具有内、外学高深学养的新一代学僧已经成长起来。他所领导的僧团,除了翻译佛典,更吸收这样一批人参与,进行了高水平的教学、研究工作。在他的教育和指导下,他的及门弟子僧肇、僧叡、道生等就教理的重大课题,从不同角度广泛、深入地进行研讨,深化了对它们的理解,同时又适应中土思想文化环境进行独具特色的发挥,从而创建了中国佛教的义学"师说"。这些人也成为具有独特建树的中国佛教思想家。这样,鸠摩罗什及其弟子们的贡献就不限于"旧译"的成就,更重要的是开拓出中国佛教独立发展的道路。如前所述,从总的历史进程看,如果说道安和慧远完成了前此外来佛教在中国发展的总结工作,从多方面替鸠摩罗什等人的活动开拓出场地,那么鸠摩罗什等人则进一步通过阐释外来翻译佛典,实现了中国佛教历史的一大转折:急速加快外来佛教"中国化"的步伐,开创出建设"中国佛教"的新时期。

　　当然,开创新潮流不只是鸠摩罗什及其弟子这一个团体的劳绩。在鸠摩罗什活跃的四、五世纪之交,陆续有许多外国译师来华,传译重要经典。大体与鸠摩罗什在长安译经同时,还有佛驮跋陀罗等人在南方的建康、昙无谶等人在西方的凉州主持译场,与长安鼎立,形成三个经典翻译和研究中心。《隋书》记述这一阶段译经的成绩,历数所传"大乘之学"和"小乘之学",谓"其余经论,不可胜计。自是佛法流通,极于四海矣"①。

　　总观"旧译"时期在译事方面的贡献,可归纳为以下几个方面。

　　在这一时期,大、小乘,大乘中的空、有二宗经典更全面地得到传译。"古译"时期的译籍从总体看多是比较短小的单品经典或大部经典的节译。而在这一时期,无论是从翻译经典的数量和篇幅看,还是从译籍内容的系统和完整看,都达到了更高水准。大乘经如早期已有译本的《般若》、《法华》、《维摩》以及净土类经典等都有了更准确、更流畅的新译本;《华严》以前仅有单品,这时有了完整的全译本;新一代大乘《涅槃经》刚刚结集起来,很快就翻译出来。大乘论书,特别是新出现的中观学派论书和瑜伽行系、如来藏系论书,包括大部头的《大智度论》,也相当全面地被传译过来。值得注意的是,这一时期小乘经典的翻译同时在系统地进行:《阿含》以前只翻译过许多单品,这一时期今存巴利文五部《阿含》里完整地翻译了四部(《杂阿含》、《中阿含》、《长阿含》、《增一阿含》),只有《小部》没有完整译本;小乘论书《阿毗昙毗婆沙论》、《杂阿毗昙心论》等也是在这一时期译成的。这种规模完整的佛典翻译给更全面地认识、理解外来佛教及其复杂内容提供了十分详备的资料。涉及翻译工作更有两个方面值得注意。一是这一时期做了一批重要经典的重译工作。重译主要出于两方面的需要:一方面是发现早出译本质量上有问题,有不完备、不准确的地方;另一方面是传入了新的梵(胡)本,有必要对旧译本加以订补。而且重要典籍往往不只一度重译。后出译本质量转精,对于正确领会经典的内容是具有重要作用的,也推动经典更广泛的传播。再一点是新结集的典籍能够及时得到传译。如上所述,东晋、十六国时期,虽然战乱频仍,但东西交往渠道畅通无阻。无论是偏安南方的东晋(还有其后的刘宋)还是北方的十六国,都有大量僧、俗来往于东、西,携来许多

①《隋书》卷三五《经籍四·佛经》,第1098页。

新结集的经本。这也充分反映了中土佛教吸收外来新营养的积极姿态,更满足了中国发展佛教的需要。由于新结集的佛典一般很快就传翻成汉语,研究佛教史可以根据翻译年代考订经典结集的时期与层次。古代印度民族缺乏严密的历史观念,有关佛教发展状况和经典结集年代没有确切的记述,汉译本成为可供历史考察的重要依据,在佛教史研究中具有特殊的价值。

在这一时期大乘经得到更广泛地弘扬,推动大乘佛教在中土更广泛的传播。特别是反映大乘新潮流的经典,如龙树、提婆一派"中观"论书、属于有宗的《涅槃经》等的传译,对中国佛教后来发展的影响十分巨大和深远。在中国,虽然大、小乘三藏全面地得到传译,但一般来说译师们也好,义学沙门也好,重视、研习、接受的主要是大乘经典。这是因为大乘教理更适应中国的思想土壤,更容易被中土民众所接受。这在前面已经多处讲到过。但是小乘"三藏"也同样被积极地传译,特别对于僧团建设(中国僧团执行的是部派律)和文化发展同样起到相当重要的作用。

这一时期佛典翻译的质量大为提高。一方面因为二百余年来众多译家已经积累起丰富的经验教训,可供后来的译家参照;另一方面也由于佛门培养出大批本土优秀翻译人才,外来的译师也多有掌握汉语并熟悉中土思想、学术、风俗的。从而早期翻译过程中那种"梵客华僧,听言揣意,方圆共凿,金石难和……咫尺千里,觌面难通"[1]的局面已经根本改变了。这一时期翻译的经典,特别是那些后来广泛流传的,译文大都十分精美。译文的成熟主要体现在三个方面:一是更恰当地处理好文、质关系。这实际牵涉到翻译原则、译者能力、文字表达技巧等多个方面。在长期探索的基础上,到这一时期这些方面都得以提高,终于形成了文、质兼重、流利畅达的译风。再是尽可能保持翻译原典在语言表达风格上的特

---

[1]《宋高僧传》卷三《译经篇》,第53页。

长，使译文体现出外语天然的"语趣"。三是更恰当地移植外来经典的文体，在尽量把译文纳入到汉语传统表达规范之中的同时，又借鉴、输入外来文体而有所创新。在上述这些方面，"古译"时期已经做过多方面努力，积累了许多经验教训。"旧译"有了"古译"的基础，众多译人继续努力，终于形成雅俗共赏、韵散间行、文质兼重、华梵结合的典范的译经体。从而"旧译"众多代表人物的译籍也就创造出翻译艺术的新高峰。

这一时期的佛典翻译，基本完成了勘定名相即确定译名的工作。正如前面谈到"格义佛教"屡屡指出的，如何准确地选择汉语词来表达佛教名相，是早期译家面临的一大难题，对于理解和阐释佛教义理关系十分重大。拣选出适当的词语，首先要准确地理解外语词的本来语义，又要选择出适当的对应汉语词。这不只存在两种语文表述是否对等的困难，更与接受、理解外来佛教义理的水准有直接关系。"古译"时期的译家确定名相在很多情况下不可能十分准确，使用所谓"格义"方法成为一种典型的现象；另一方面当时不同译家所用译语又相当混乱，这对于接受者也会造成很大的困惑。而到鸠摩罗什时代，勘定、统一翻译名相的条件成熟了。"旧译"时期的译家们依靠在中、外语言方面的充分训练和杰出的表达才能，在前人成绩的基础上，根据对于外来教义更准确、更深入的理解，选取适当的汉语词或根据汉语构词方式创造新词，确定译语，使佛教的主要概念得以更准确、更适宜、也更统一地加以表述。僧叡记述罗什翻译《大品》情况时说：

其事数之名与旧不同者，皆是法师以义正之者也。如"阴入持"等，名与义乖，故随义改之。"阴"为"众"，"入"为"处"，"持"为"性"，"解脱"为"背舍"，"除入"为"胜处"，"意止"为"念处"，"意断"为"正勤"，"觉意"为"菩提"，"直行"为"圣道"。诸如此比，改之甚众。胡音失者，正之以天竺；秦言谬者，定之以字义。不可变者，即而书之。是以异名斌然，胡音殆半。斯实匠者之公谨,笔受之重慎也。①

这里举例说明罗什在勘定译名方面的努力和成绩,包括纠正原文的讹误,利用梵本加以校定,还有适当处理音译、意译等。名相的勘定与统一提高了译籍水平,对于中国佛教的进一步发展也起着重大作用。

最后,这一时期南、北各地普遍建立起具有相当规模的译场。前面说到,"古译"时期那些外来的译师在本土人士的协助下共同从事翻译,已经有后来译场的雏形。大规模的译场是道安首先创建起来的。他"笃好经典,志在宣法,所请外国沙门僧伽提婆、昙摩难提及僧伽跋澄等,译出众经百余万言。常与沙门法和诠定音字,详核文旨,新出众经,于是获正"②。其后鸠摩罗什来到长安,先后建立起逍遥园、上寺等规模更大的译场。这是在姚秦王朝支持下建立和运作的大型翻译和教学机构。另有一批规模不一的译场在南、北各佛教中心普遍建立起来。有些是朝廷支持的,如北凉姑臧闲豫宫、东晋建业道场寺、刘宋建业祇洹寺;有些是地方权贵支持的,如东晋末年刘义宣支持的荆州辛寺、陈隋间欧阳纥支持的广州制旨寺;有些则是僧团建立的,如慧远主持的庐山般若台,等等。隋唐以后译场更成为国家直接统辖的翻译机关。译场的建立首先规范和促进了译经事业,进一步确保翻译质量,同时也推动了佛学研究和佛教教学的进步。

这样,"旧译"时期作为译经史上的辉煌时代,不仅创造了翻译经典的伟大业绩,有力地推动了中国佛教的发展,对于佛教文化建设及其长远发展更产生极其巨大、深远的影响。下面介绍几位典型人物,特别是标志译经新时代创始的鸠摩罗什的成就。通过他们,也可以对上述几个方面得到更明晰的了解。

---

① 《大品经序》,《出三藏记集》卷八,第 293 页。
② 《高僧传》卷五《晋长安五级寺释道安传》,第 184－185 页。

二

　　五世纪开初,译经史上,也是中国佛教史、中国思想史上最重要的人物之一鸠摩罗什出现在长安,"他为中国佛教带来的刺激和振奋,是前所未有的;也为中国佛学研究带来新的高潮,不但翻译了大量的经典,且影响了许多杰出的弟子"①。鸠摩罗什来到长安的时候,按内律说他已经破戒,而且犯的是最为严重的淫戒。但从他以后的地位和业绩看,这一点并没有对他在当时的佛教界和后来的佛教史上造成多少影响。这在中国佛教史上也是颇值得玩味又颇有意义的现象。

　　鸠摩罗什(343—413②),意译童寿,本籍天竺,生于龟兹。祖父

————————

① 韦政通《中国思想史》下册第 517 页,上海书店出版社,2003 年。
② 这里是据《广弘明集》所载署名僧肇《什法师诔文》推算的,为学术界一般所取。但该文不见于此前文献,或疑为后人伪撰。关于卒年,慧皎《高僧传》本传记载,"以伪秦弘始十一年(公元四〇九年)八月二十日卒于长安,是岁晋义熙五年(公元四〇九年)也……然什死年月,诸记不同,或云弘始七年(公元四〇五年),或云八年(公元四〇六年),或云十一年(公元四〇九年)。寻七与十一,字或讹误,而译经录传中,犹有一年者,恐雷同三家,无以正焉"(54 页)。据《出三藏记集》卷一四《佛驮跋陀传》,跋陀大约于弘始十一年离开长安去庐山,应是罗什死后;又同书卷九,罗什弘始九年再治《坐禅三昧经》,翻译《自在王经》,则罗什亡殁在此两年之间,应以慧皎作传为是。又《出三藏记集》卷一一《成实论记》谓该书是罗什于弘始十三年至十四年九月应尚书令姚显之请所译,但其时尚书令为姚弼而非姚显,该记内容不足为据。关于罗什生年,署名僧肇《诔文》谓"岁七十",推算则为 343 年或 344年。但据《出三藏记集》卷一四《鸠摩罗什传》,吕光破龟兹,见"其年尚少,乃凡人戏之,强妻以龟兹王女",时当建元二十年(384)。如果按生于 343 年计,不当谓"年尚少"。又据《出三藏记集》记载推算,罗什三十五岁(转下页)

达多,名重于国;父鸠摩炎,将嗣相位,辞避出家,来到龟兹,龟兹王甚敬慕之,请为国师,妻以其妹,遂生罗什。

龟兹位于丝绸之路北道,是塔克拉玛干沙漠北缘的绿洲国家,两汉时期已经与中原建立起密切联系。到西晋,龟兹更发展为西域五大国(另外四国是车师、鄯善、疏勒、于阗)之一,一度为凉州刺史所辖。据《晋书·西戎传》:

> 龟兹国西去洛阳八千二百八十里,俗有城郭,其城三重,中有佛塔庙千所。人以田种畜牧为业,男女皆剪发垂项。王宫壮丽,焕若神居。
>
> 武帝太康中,其王遣子入侍。惠怀末,以中国乱,遣使贡方物于张重华。符坚时,坚遣其将吕光率众七万伐之,其王白纯距境不降,光进军讨平之。[1]

由此可知这个国家与中原早有密切往还,经济、文化相当繁荣昌盛,并信仰佛教,是西域一个重要的佛教发展中心。"五凉"之中张氏前凉大力经营西域,与龟兹发展了更为紧密的关系。张氏同样信仰佛教,当时的前凉实际担负着佛教东、西交流枢纽的任务。又据《魏书》记载:

> 龟兹国,在尉犁西北,白山之南一百七十里,都延城,汉时旧国也。去代一万二百八十里。其王姓白,即后凉吕光所立白震之后。其王头系彩带,垂之于后,坐金师子床。所居城方五六里……税赋准地征租,无田者则税银钱。风俗、婚姻、丧葬、物产与焉耆略同,唯气候少温为异。又出细毡、饶铜、铁、铅、麖皮、氍毹、铙沙、盐绿、雌黄、胡粉、安息香、良马、封牛等。[2]

(接上页)破戒,则应生于350年。以上参照诹访义纯《翻譯者としての鸠摩羅什》,《人物 中國の佛教·羅什》,大藏出版,1982年。

[1]《晋书》卷九七《四夷传》,第2543页。

[2]《魏书》卷一〇二《西域传》,第2266页。

由此可见这里历史悠久、经济发达、物产丰富的情形。

佛教传入包括龟兹在内今新疆地区的确切年代已难以确考。据现有文献和考古资料，东汉时期已经从西方的罽宾传入佛教①。根据人名冠以国姓的习惯，东汉、三国时期来华的外国僧人均来自中亚的安息（如安世高、安法贤等）、月支（如支楼迦谶、支曜、支谦等）、康国（如康巨、康孟祥、康僧会等）和南亚的天竺（如竺佛朔、竺律炎等）等国。但到西晋，已有龟兹僧人来到中土的明确记载，他们并已开始在中国佛教界占有地位。龟兹国王白姓，从那里来华的僧人例带帛姓。文献上记载的第一批来自龟兹僧人有帛法祖、帛法巨（炬）、白延②等，他们是在西晋惠帝、怀帝时期来华的。这些人参与译经，作出了相当的贡献。后来更著名的是活跃在石赵的佛图澄，"西域人也，本姓帛氏"③。这都表明，到这一时期外来佛教的东传，龟兹已成为更为接近中原的源头之一。

罗什时期的龟兹佛教，有根据僧纯亲自寻访的纪录说：

> 拘夷国寺甚多，修饰至丽。王宫雕镂，立佛形像，与寺无异。有寺名达慕蓝（百七十僧），北山寺名致隶蓝（六十僧）、剑慕王新蓝（五十僧）、温宿王蓝（七十僧）。右四寺佛图舌弥所统，寺僧皆三月一易屋、床坐，或易蓝者。未满五腊，一宿不得无依止。王新僧伽蓝（九十僧。有年少沙门字鸠摩罗，乃才大高，明大乘学，与舌弥是师徒，而舌弥《阿含》学者也）。

---

① 据穆顺英、王明哲、王炳华《建国以来新疆考古主要收获》，1959 年在民丰县尼雅遗址东汉时期的一座合葬墓里出土一块蜡染棉布，上面有"蓝色印花，图案为一半身裸体人物像，带缨络，手持一长筒状物，有头光，具明显的佛教艺术色彩"，《新疆考古三十年》，新疆人民出版社，1983 年。据考这一图像与贵霜王朝钱币上的人物相似，体现明显的贵霜工艺特色，或者以为是从贵霜输入的商品。由此可以推测当地从贵霜帝国传入佛教的可能性。
② 《出三藏记集》卷二、《高僧传》卷一记载白延于魏高贵乡公时译出《首楞严经》等，乃是误传，实即前凉帛延。
③ 《高僧传》卷九《晋邺中竺佛图澄传》，第 345 页。

> 阿丽蓝（百八十比丘尼），输若干蓝（五十比丘尼），阿丽跋
> 蓝（三十尼道）。右三寺比丘尼统，依舌弥受法戒。比丘尼，外
> 国法不得独立也。此三尼寺，多是葱岭以东王侯妇女，为道远
> 集斯寺，用法自整，大有检制。亦三月一易房，或易寺。出行
> 非大尼三人不行。多持五百戒，亦无师一宿者辄弹之。①

这里"蓝"即僧伽蓝，又分为僧寺和尼寺。达慕蓝的"达慕"即达摩
（dharma，梵文"法"的音译）异译；又据汤用彤解释，剑慕法即杂法，
剑慕即羯摩；致隶蓝则指著名的雀离大寺②。另一种说法是诹访义
纯还原"致隶"为巴利语的 There 即上座，"致隶蓝"即上座寺③。几
个尼寺的名称还不能还原。从这段记述，可见当时龟兹佛寺和僧
尼之众多，从而可以推测当地佛教发展的规模。这段记载里已经
特别提到"鸠摩罗"即鸠摩罗什，称赞他的才学，可见他在当时、当
地的声望。

　　鸠摩罗什的父亲鸠摩炎避地出家，来到龟兹，大约也是考虑到
这里作为佛教中心的地位。后来他的母亲也弃俗修道。罗什七岁
出家，家庭环境显然起了相当大的作用。当时龟兹地区流行小乘
说一切有部佛教。起初他所师从的老师是善《阿含》的小乘学者佛
图舌弥。他"从师受经，口诵日得千偈，偈有三十二字，凡三万二千
言。诵《毗昙》既过，师授其义，即自通解，无幽不畅"④。《阿毗昙》
是部派佛教论书，就是说，罗什首先钻研的是小乘教理。年九岁，
他母亲携带他长途跋涉，越过雪山，去到罽宾。这里是当时又一个
佛教中心。这次迁居应当是出于罗什教养的考虑。

　　罽宾即今喀布尔河下游和克什米尔一带，国都善见城（今巴基

---

①《比丘尼戒本所出本末序》，《出三藏记集》卷一一，第 410—411 页。
②《汉魏两晋南北朝佛教史》上册第 198 页。
③《翻譯者としての鸠摩罗什》，《人物　中國の佛教·羅什》，第 104 页。
④《出三藏记集》卷一四《鸠摩罗什传》，第 530 页。

斯坦斯利那加），公元一至三世纪，被贵霜王朝征服。伽腻色迦王在位时期，国势达到极盛。他是一位著名护法君主，所谓"第四次结集"、编辑《阿毗达摩大毗婆沙论》就是他统治时期、在他的支持下进行的。传统上这里是小乘佛教盛行的地方。十六国时期，这里的佛教和中原联系十分密切，有许多罽宾僧人来华。例如苻坚末年来到关中的僧伽跋澄即善《阿毗昙毗婆沙论》，建元十九年（383）由他口诵经本译出；大体同时入关的僧伽提婆尤善《阿毗昙心论》，后来到南方，译出《中阿含经》；又与罗什同时的佛陀耶舍，罗什幼年在沙勒国（汉时莎车、疏勒二国，今新疆喀什地区）曾从其受《阿毗昙》、《十诵律》，后来罗什到长安，劝姚兴迎请，亦来到长安。他赤髭，善解《毗婆沙》，时人号为"赤髭毗婆沙"，因为是罗什之师，亦称"大毗婆沙"，后来译出《昙无德律》和《长阿含经》；又僧伽罗叉，曾参与提婆《中阿含》译事；昙摩耶舍，隆安（397—401）中来到广州，后来亦到长安，受到姚兴礼重，与天竺沙门昙摩崛多共同译出《舍利弗阿毗昙》，又南游江陵，止于辛寺，大弘禅法。此外还有佛若多罗等人。这些人大多得到道安的支持，前面已经提到。他们宣扬、翻译的主要是部派佛教的经、律、论三藏。他们在华的活动也充分表明了当时罽宾佛教的性格及其影响。刘宋以后陆续仍有不少罽宾僧人来到中土。

　　罗什来到这里，遇到名师槃头达多，他是罽宾王的从弟，说一切有部论师，萨婆多部的第四十八代祖师[①]。他才明博识，名播远近，罗什尊之为师，从学中、长二《阿含》和《杂藏》（《小部杂藏》，部派佛教的五部《阿含》之一），这些都是小乘佛教教学的基本内容。罗什名声传入罽宾王宫，国王迎请入宫，集合外道论师相互辩难。罗什折服外道，国王越发敬异。日给鹅腊一只，粳米、面各三斗，酥六升，又差大僧五人、沙弥十人营事洒扫。

────────────

① 参阅《出三藏记集》卷一二《萨婆多部师资记目录序》，第 470 页。

　　罗什在罽宾三年。十二岁,随母亲回国。途经沙勒,留居一年。他在这里又研习《阿毗昙八犍度论》(《阿毗达摩发智论》)和有部《六足》(《集异门足论》、《法蕴足论》、《施设足论》、《识身足论》、《界身足论》、《品类足论》)。沙勒王同样举行大会,请他讲《转法轮经》,这是小乘基本经典之一。说法之暇,他寻访外道经书,博览《四围陀》、五明(声明、工巧明、医方明、因明、内明)诸论以及阴阳、星算和文词制作、问答等,从而不但在佛学方面,在一般知识领域也打下了良好基础。需要指出的是,在一般认识上,小乘佛学和大乘佛学是截然对立的,实际上二者间的发展脉络一直存在着有机联系。如横超慧日所指出:

> 　　无论是《般若经》的翻译还是解释,持有对于有部论《阿毗昙》的正确素养都是不可欠缺的条件。从这个角度看,在中国,在罗什以前,早已有如东晋支道林、符秦道安那样的许多《般若经》的热心研究者,但把作为辅助学问来掌握《阿毗昙》的学者却一位也没有。就这一点而言,罗什到作为根据地的罽宾钻研有部,进而其后接近大乘,又经过刻苦努力而转向大乘,这在中国佛教史上,无论从哪一方面看,都应当说是无与伦比的第一人。[1]

在沙勒,罗什遇到本来是莎车王子的僧人须利耶跋陀和须利耶苏摩二人。其中苏摩才艺绝伦,弘扬大乘,罗什遂宗奉之。苏摩为他说《阿耨达经》。这部经相当于西晋竺法护所出《弘道广显三昧经》,内容是佛陀对答阿耨达龙王问,宣扬大乘空观。罗什初闻阴、界诸入皆空无相的道理,很觉怪异,遂研劾大、小乘不同观点,往复移时,终于明了理有所归,对苏摩说:"吾昔学小乘,譬人不识金,以鍮石为妙矣。"[2]他进一步广求大乘义要,从苏摩受诵《中论》、《百论》、《十二门论》，打下了大乘佛学的坚实基础。至此，他已成为大、小乘教理兼通的佛学家。

当他和母亲回到龟兹的时候，国王亲自到北界温宿国（今新疆温宿）迎接。他回国后，至年二十，受戒于王宫，又从卑摩罗叉学《十诵律》。后来罗什入关，卑摩罗叉也来到长安，二人得以重温师弟子之谊。《十诵律》以后在中土兴盛一时，和这段因缘不无关系。罗什这一时期广说诸经，得到远近宗仰。他住在新寺，于寺侧故宫里得到《放光般若》。前面说过，这部经早在三国时期朱士行西行即在大漠南道的于阗求得梵本，于太康三年（282）由弟子弗如檀送回洛阳，元康元年（291）无叉罗和竺叔兰在陈留译出。但此经在北道的龟兹却长期湮没不闻。罗什用两年时间，广诵《放光般若》等大乘经论，通其密奥。后来他在罽宾的老师槃头达多到来[1]，罗什为他说《德女问经》[2]，明因缘假空之义，二人往复辩难，经月余达多方始信服，遂致礼罗什说："和上是我大乘师，我是和上小乘师矣。"[3]

由于中原当时与西域间有密切交流，对于当地佛教情形自然有所了解。从前引《比丘尼戒本所出本末序》可以知道，在罗什年轻的时候，其名声已经东传到中国。而十六国少数族统治者大都崇信佛教，注意网罗高僧。这不但有信仰上的理由，更有政治上的作用。正因此，遂有前秦符坚于太元四年（379）攻下襄阳罗致释道安之举，而道安又建议他迎请罗什。道安是佛图澄弟子，据传后者到过罽宾，道安应是从他那里更多地了解到罗什的情况。关于这件事，僧传记载说：

　　　　什既道流西域，名被东川。时符坚僭号关中，有外国前部王及龟兹王弟并来朝坚，坚引见，二王说坚云，西域多产珍奇，

―――――――――――

[1] 此据《高僧传》，《出三藏记集》谓罗什再到罽宾。

[2] 此经见《出三藏记集》卷四《新集续撰失译杂经录》，第195页。

[3] 《高僧传》卷二《晋长安鸠摩罗什传》，第49页。

请兵往定,以求内附。至苻坚建元十三年(公元三七七年)岁
次丁丑正月,大史奏云:"有星见于外国分野,当有大德智人,
入辅中国。"坚曰:"朕闻西域有鸠摩罗什,襄阳有沙门释道安,
将非此耶。"即遣使求之。至十七年(公元三八一年)二月,善
善王、前部王等,又说坚请兵西伐。十八年(公元三八二年)九
月,坚遣骁骑将军吕光、陵江将军姜飞,将前部王及车师王等,
率兵七万,西伐龟兹及乌耆诸国。临发,坚饯光于建章宫,谓
光曰:"夫帝王应天而治,以予爱苍生为本,岂贪其地而伐之
乎,正以怀道之人故也。朕闻西国有鸠摩罗什,深解法相,善
闲阴阳,为后学之宗,朕甚思之。贤哲者,国之大宝,若克龟
兹,即驰驿送什。"光军未至,什谓龟兹王白纯曰:"国运衰矣,
当有勍敌。日下人从东方来,亦恭承之,勿抗其锋。"纯不从而
战,光遂破龟兹,杀纯,立纯弟震为主。光既获什……①

这段具有戏剧性的记载,显然是有意突显鸠摩罗什的声望与地位,
当有夸饰成分。但这次征讨西域,迎引像鸠摩罗什这样的高僧确
应是目的之一。

吕光破龟兹,虏获罗什。他本来无意弘道,对罗什并无崇敬之
意。更以罗什年齿尚少,强妻以龟兹王女,罗什因而破戒。如前面
已经指出,即使如此,罗什无论是在当时的佛教界,还是在后秦王
朝,仍然赢得无限敬重。这主要应是因为他对中国佛教发展所作
的贡献是一时无两的。吕光降伏西域三十六国,于太元十年(385)
回军,携带大批虏获的珍宝奇货到达凉州(今甘肃武威)。由于前
此苻坚南征,"肥水之战"失败,羌人姚苌建后秦,杀苻坚,吕光遂无
回归之意,于太元十一年(386)据凉州,称后凉,自立为凉州牧、酒
泉公,建元太安。吕光把罗什带到凉州,从有关记载看,虽然他对
罗什礼敬有加,但主要当作有神通、善卜算的僧人,并不尊重其作

①《高僧传》卷二《晋长安鸠摩罗什传》,第49—50页。

为佛教大师的地位，罗什在这里也就无所宣化。后凉咸宁元年
（399），吕光病死，子绍袭位，光庶子纂又杀绍自立；光弟宝之子超
又杀纂，立其兄隆为主。后凉统治集团自相残杀，政事败坏，南凉、
北凉、后秦相继入侵。这成为罗什东去长安的机缘。

罗什在凉州十几年，时光并没有完全浪费。西晋末年，"天下
丧乱，秦雍之民死者十八九，唯凉州独全"①。先有张氏在这里建立
前凉政权，始终忠于东晋王朝，击退前、后赵的进攻，一方面维护
农、牧业的发展，另一方面更使这里成为在少数族立国纷争的北方
发展汉族文化的据点。由于凉州位处河西走廊中心，成为东、西方
交流的枢纽。这样，"凉州自张轨后，世信佛教。敦煌地接西域，道
俗交得其旧式，村坞相属，多有塔寺"②。罗什在这里居留，在弘法
方面虽然没有大的作为，却有条件熟悉汉地文化，学习汉语。这使
得他后来从事译经有了其他外来译师鲜有其比的优势。当他走上
东去长安的征途的时候，无论是内、外学修养，还是中、外语水平，
也无论是对中土风俗习惯的了解，还是人情世故的练达，都为规模
宏大、成就辉煌的弘法事业准备下十分充足的条件。

姚秦立国者姚苌本是苻坚部将。苻坚发动"肥水之战"惨败，
他乘机进占长安，于太元十一年即帝位，改长安为常安，建元建初，
国号大秦，史称后秦。后秦建初八年（393），姚苌死，死前嘱咐太子
姚兴说："汝抚骨肉以仁，接大臣以礼，待物以信，遇黔首以恩，四者
既备，吾无忧矣。"③十六国诸多少数族君主普遍以杀戮立威，刑法
酷滥，能有这样见识的君主是不多见的。姚兴作太子的时候，就聚
集好学之士，研习儒家经典；即位之后，勤于政事，善纳群言，命郡
国举清行孝廉之士，"天水姜龛、东平淳于岐、冯翊郭高等皆耆儒硕
德，经明行修，各门徒数百，教授长安，诸生自远而至者万数千人。

兴每于听政之暇,引龛等于东堂,讲论道艺,错综明理……兴勅关
尉曰:'诸生谘访道艺,修己厉身,往来出入,勿拘常限。'于是学者
咸劝,儒风盛焉"①。这样,一时间长安成为北方学术活动十分兴盛
的地方。这也为罗什等人从事译经和义学研究准备下十分有利的
客观条件。

　　姚苌、姚兴父子更尊崇佛教,礼敬僧徒。《广弘明集》里收录有
姚兴《与安成侯嵩书》《通三世论》并《什法师答》《安成侯姚嵩表》
及《姚兴答》等文章,可见他对佛教的热衷,并确有相当深入的了
解。他完成苻坚的夙愿招致罗什,也是崇佛政策的具体措施。而
由于罗什的业绩,姚秦一代在佛典翻译和义学研究方面取得了辉
煌成就,结果这个割据王朝不但以弘法事业著名史册,更由于其佛
教文化的成就而对后世造成巨大影响,在整个中国文化史上占有
重要地位。

　　姚兴在位时期,击败前秦苻登(394),乘东晋衰乱攻占洛阳
(399),又击败西秦乞伏乾归(400),继而经略西方。弘始三年(晋
隆安五年,401)九月,后凉遣使归降,遣子弟及文武旧臣等五十余
家入质长安。是年,十九年前道安向苻坚提出的迎请罗什的建议
终于实现。可能罗什就在入质人群的队伍之中。随同罗什东行
的,还有专门去凉州向他学习的青年学僧僧肇。僧肇后来成为他
杰出弟子中的第一人。

　　早已名震中原的鸠摩罗什来到长安,受到僧俗大众、朝廷上下
的热烈欢迎。后来成为罗什另一位著名弟子的僧叡记述说:

　　　　有鸠摩罗耆婆法师者,少播聪慧之闻,长集奇拔之誉,才
　　举则亢标万里,言发则英辩荣枯……以秦弘始三年,岁次星
　　纪,十二月二十日,自姑臧至长安。秦王虚襟,既已蕴在昔见
　　之心,岂徒则悦而已。晤言相对,则淹留终日,研微造尽,则穷

---

①《晋书》卷一一七《载记第十七·姚兴上》,第2979页。

年忘倦。又以晤言之功虽深，而恨独得之心不旷；造尽之要虽玄，而惜津梁之势未普。遂以莫逆之怀，相与弘兼忘之惠。乃集京师义业沙门，命公卿赏契之士，五百余人集于渭滨逍遥园堂。鸾舆伫驾于洪涘，禁御息警于林间，躬览玄章，考正名于胡本，诠通津要，坦夷路于来践。经本既定，乃出此《释论》（《大智度论》——著者）……若然者，真可谓功格十地，道侔补处者矣，传而称之，不亦宜乎！[1]

《晋书》记载：

> 兴如逍遥园，引诸沙门于澄玄堂听鸠摩罗什演说佛经。罗什通辨夏言，寻览旧经，多有乖谬，不与胡本相应。兴与罗什及沙门僧略、僧迁、道树、僧叡、道坦、僧肇、昙顺等八百余人，更出《大品》，罗什持胡本，兴执旧经，以相考校，其新文异旧者皆会于理义。续出诸经并诸论三百余卷。今之新经皆罗什所译。兴既托意于佛道，公卿已下莫不钦附，沙门自远而至者五千余人。起浮图于永贵里，立波若台于中宫，沙门坐禅者恒有千数。州郡化之，事佛者十室而九矣。[2]

位于渭水之滨的逍遥园有相当的规模，宋敏求《长安志》"逍遥园"下有注曰："姚兴常于逍遥园引诸沙门听梵僧鸠摩罗什演讲佛经，起逍遥宫，殿庭左右有楼阁，高百尺，相去四十丈……"又"永贵里有波若台"下注曰："姚兴集沙门五千余人，又达道者五十人，起造浮图于永贵里，立波若台，台居中作须弥山，四面有崇岩峻壁，珍禽异兽，林木极精奇，仙人佛像，俱有人所未闻，以为希奇。"[3]如此规模的译场，又得到最高统治者姚兴的支持和参与，给罗什的译业提供了十分优越的条件。

---

[1]《大智论释序》，《出三藏记集》卷一〇，第386—387页。
[2]《晋书》卷一一七《载记第十七·姚兴上》，第2984—2985页。
[3]《长安志》卷五《后汉晋秦魏周章》。

但在受到优礼的同时,罗什又一次被迫犯色戒:

> 什为人神情映彻,傲岸出群,应机领会,鲜有其匹。且笃性仁厚,泛爱为心,虚己善诱,终日无倦。姚主尝谓什曰:"大师聪明超晤,天下莫二,若一旦后世,何可使法种无嗣?"遂以妓女十人逼令受之。自尔以来,不住僧房,别立廨舍,供给丰盈。每至讲说,常先自说譬:"譬如臭泥,中生莲花,但采莲花,勿取臭泥也。"①

这件事,还有在吕光破龟兹后被迫破戒事,乃是罗什在个人修持方面不可弥补的缺憾。他在龟兹曾从卑摩罗叉受律,后来卑摩来到长安,问罗什说:"汝于汉地大有重缘,受法弟子可有几人?"罗什答说:"汉境经律未备,新经及律多是什所传出,三千徒众,皆从什受法;但什累业障深,故不受师敬耳。"②他深感自己过犯深重,没有接受"师敬"的资格。这样,罗什晚年实际是以居士身份活动。虽然他始终保持在佛教界的崇高威望,精神上却不能不时时感到愧悔。可贵的是,这种精神上的创伤并没有使他悲观、颓唐,反倒激发他更加精进努力,在事业上取得更大成绩。

罗什进入长安,立即投入紧张的授徒、译经工作。这也表现出他的强烈的使命感和责任心。僧叡说:

> 鸠摩罗法师以辛丑之年十二月二十日,自姑臧至长安。予即以其月二十六日从受禅法。既蒙启授,乃知学有成准,法有成修。《首楞严经》云:"人在山中学道,无师道终不成。"是其事也。寻蒙抄撰众家禅要,得此三卷……菩萨习禅法中,后更依《持世经》,益《十二因缘》一卷,《要解》二卷,别时撰出。③

---

① 《出三藏记集》卷一四《鸠摩罗什传》,第535页。
② 同上,第535页。
③ 《关中出禅经序》,《出三藏记集》卷九,第342页。

就是说,罗什长途跋涉来到长安的第六天,就开始授徒、译经了。在译出上述禅籍后,次年(弘始四年)二月,又陆续翻译了重要净土经《阿弥陀经》①等几部经典;四月,"于逍遥园中西门阁上,为姚天王出《释论》(《大智度论》——著者),七年十二月二十七日乃讫。其中兼出经本、《禅经》、戒律、《百论》、《禅法要解》,向五十万言,并此《释论》一百五十万言"②。从这时开始,罗什正式在姚兴支持的译场里从事大规模译经事业。由于他所出译品水平高,流传广,又有弟子的可靠纪录,虽然各种《经录》著录不无差异,但翻译经典名目及其时间、过程基本可以确定无误。根据汤用彤的研究结果,可列出他的译经目录如次:

弘始三年(晋隆安五年,401):抄集《众家禅要》三卷(汤以为或即是《坐禅三昧经》);其后并出《十二因缘》及《要解》,年代不详。

弘始四年(晋安帝元兴元年):《阿弥陀经》一卷,《贤劫经》七卷,《思益梵天所问经》四卷,开始翻译《大智度论》,至七年完成。

弘始五年:开始翻译《大品般若》,次年校正讫。

弘始六年:《十诵律》(三分获二),《百论》。

弘始七年(晋义熙元年):《佛藏经》四卷,《杂譬喻经》一卷,《菩萨藏经》三卷,《称扬诸佛功德经》三卷,续译《十诵律》,完成《大智度论》。

弘始八年:《法华经》八卷,《维摩经》三卷,《华手经》十卷。

弘始九年:《自在王菩萨经》二卷。

弘始十年:《小品般若》十卷。

弘始十一年:《中论》四卷,《十二门论》一卷。

---

①《出三藏记集》著录作《无量寿经》,关于本经经题因为另有《无量寿经》,疑问颇多,详见藤田宏达《原始淨土思想の研究》第一章《淨土思想と相關資料》,第104—108页。

②《大智论记》(出论后记),《出三藏记集》卷一〇,第388页。

　　弘始十三年:《成实论》二十卷①。

此外还有不详译出年代的《金刚般若经》一卷,《首楞严经》三卷,《遗教经》一卷,《十住毗婆沙论》十四卷,《大庄严经论》十五卷等。以上记载的弘始十一年以后所出《成实论》,涉及他逝世年份,不无问题。

　　罗什译经数量,比起在他以前的竺法护和后来的玄奘来并不算多②。但他所出(或重译)大都是重要经典,它们在中国佛教史上占有重要地位,加之他的翻译质量高,因此就业绩说,实不让译经史上的任何人。

　　从上述目录可以看出,罗什所译主要是大乘经典。对于中国佛教发展产生巨大影响的是他系统传译的大乘中观学派著作——龙树的《大智度论》、《中论》和提婆著、世亲释的《百论》。如前所述,罗什在姚兴支持下正式组织译场所翻译的第一部经典就是《大智度论》,工作进行了三年半。这部书是《大品般若》的释论,原著篇幅很长,罗什翻译初品为三十四卷,二品以下概略译述,计得百卷。《中论》和《百论》都是发挥中观学说的基本典籍。《中论》的颂是龙树所作,译本还包含青目的疏。龙树活跃于公元三世纪,南印人,本是著名的婆罗门学者,后来皈依佛教,著述宏富,有"千部论主"之称。什译《金刚经》里有一个公式——"佛说般若,即非般若,是名般若",是说般若正智非言语所可表达,言语只是一种方便,是表达般若的假"名"。这已有中道观念的萌芽。中观思想继承了般

①《成实论》翻译年代,据《出三藏记集》卷一一《成实论记》,谓罗什于弘始十三年至十四年九月应尚书令姚显之请所译,但如前述其时尚书令为姚弼而非姚显,因此或以为该记内容不足为据。以上目录根据汤用彤《汉魏两晋南北朝佛教史》上册第213—216页。

②据《出三藏记集》(其著录大体可靠,但不无问题),鸠摩罗什译经三十五部二百九十四卷,而竺法护一百五十四部三百零九卷。后来玄奘译经七十六部一千三百四十七卷。

若的破斥方法,提出"二谛真假义",即如《中论·观四谛品》所表述的:

> 众因缘生法,我说即是无,亦为是假名,亦名中道义。未曾有一法,不从因缘生,是故一切法,无不是空者。[1]

即是说,诸法本是因缘所生,没有自性,因而性空;但名言概念的施设假名也不可否定;这样真、假就并立为二谛,领悟二者的统一,即是中道。据此,又以否定形式判定缘起为"八不",即:

> 不生亦不灭,不常亦不断,不一亦不异,不来亦不出。能说是因缘,善灭诸戏论,我稽首礼佛,诸说中第一。[2]

这样,从缘起角度看来,万法是离开生灭、常断、一异、来出两边的,这即是所谓"八不中道"。体悟"八不中道",也就证得"如来法性实际涅槃"。大乘般若空的教理荡相遣执太过,使信仰失去着落。中观学派挽救缺失,以有、无双遣的形式论证缘起性空的道理,在一定程度上具有肯定现世的意义,形成大乘思想发展的新潮流。龙树及其弟子提婆作为中观学派的创立者,其著作乃是大乘佛教教理划时代的新成就。罗什系统翻译这一派论著,输入中观学派新教理,才最终结束了中土玄学化的般若学,使中土人士更准确地了解大乘教理真义有了新的依据和可能。这样,罗什传译中观学派论书,对于中国佛教发展的影响是十分巨大的。从南北朝义学到隋唐宗派佛教,其基本教理和方法均受其沾丐不渺。

罗什在大乘经典翻译方面的另一巨大贡献是重译一批重要典籍。这些经典在前此"古译"时期已经翻译。但"古译"本一方面有"滞文格义"的弊病,同时又受到当时翻译水平的限制。罗什"既览

---

[1]《大正藏》第 30 卷第 33 页中。
[2]《中论·观因缘品》,《大正藏》第 30 卷第 1 页中。

旧经,义多乖谬,皆由先译失旨,不与胡本相应"①。这类经典中有
大、小品《般若》《法华经》《维摩经》《思益梵天问经》等,都是基
本典籍,也是长期对中国佛教产生巨大影响的经典。前人译本又
以出于西晋竺法护之手的为多。前面讨论"古译"时期成绩时已经
指出,竺法护是"古译"时期成就最为突出的译家,其译文被称赞为
"事事显炳"②,"辞叙茂赡"③。罗什译本一方面借鉴前人特别是竺
法护的翻译成果,有些译文基本遵循前人而相沿不改,另一方面则
精心推敲,无论是义理的传述还是文字的修饰,都更精益求精,大
大提高了译文水平。例如《法华经》,前有竺法护所出《正法华》,经
过百年,随着人们对于其内容理解的加深,"每思寻其文,深识译者
之失",什译补救缺失,"真若披重霄而高蹈,登昆仑而俯眄矣"④。
因而他的《妙法莲华经》译文"曲从方言,而趣不乖本。即文之益,
亦已过半。虽复霄云披翳,阳景俱晖,未足喻也"⑤。后来赞宁讨论
外语译成汉语的矛盾和困难,称赞"童寿译《法华》,可谓折中,有天
然西域之语趣矣"⑥。《维摩经》前有支谦和竺法护两个译本,并已
经相当流行,但也是"理滞于文",对比之下,什译本"其文约而诣,
其质婉而彰,微远之言,于兹显然"⑦。新译本语言精美流畅,文、质
适中,更宜于诵读,大有利于在群众中的普及、传诵。有些经典后
来出现文字更精确的译本,但流传、应用的却仍是"什译"本。究其
原因,译文水平之外,当然有流传既久的习惯问题,但更主要的还
是因为什译本表述上优美畅达,内容也更注重适应本土传统意识

---

① 《出三藏记集》卷一四《鸠摩罗什传》,第534页。
② 道安《合放光光赞略解序》,《出三藏记集》卷七,第265页。
③ 《渐备经十住梵名并书叙》,《出三藏记集》卷九,第331页。此叙《出三藏记集》作"不详作者",汤用彤推断"当亦道安所撰"。
④ 僧叡《法华经后序》,《出三藏记集》卷八,第307页。
⑤ 慧观《法华宗要序》,《出三藏记集》卷八,第306页。
⑥ 《宋高僧传》卷三《译经篇》,第56页。
⑦ 僧肇《维摩诘经序》,《出三藏记集》卷八,第310页。

和表达习惯。这后一点的得失下面还将讲到。

　　罗什翻译大乘经典还照顾到不同部类。般若类经典除了重译大、小品，还译了《金刚般若波罗蜜经》一卷、《首楞严三昧经》二卷等[①]。前者是般若类经典的提纲，十分简洁明晰地阐述了般若空观，提供了理解大乘教理的锁钥。罗什译文简明精赅，便于诵读。结尾处总括全经要旨的四句偈："一切有为法，如梦、幻、泡、影，如露亦如电，应作如是观。"把大乘十喻（据《大品》为：如幻，如焰，如水中月，如虚空，如响，如犍达婆城，如梦，如影，如镜中相，如化）简化为"六如"，更为形象、精粹，适合中土人士的行文和理解习惯。净土经典则有《阿弥陀经》一卷，这部经典成为中土西方净土信仰的基本典籍，后来又有求那跋陀罗（《小无量寿经》，缺本）和玄奘（《称赞净土佛摄受经》）等人异译，但流行的仍是什译。这个什译本文字极其简洁流丽、清晰顺畅，而且与梵本对比也最为忠实。宣扬弥勒净土信仰的有《弥勒下生经》和《弥勒成佛经》各一卷，这是弥勒信仰的基本典籍。华严类经典有他和佛陀耶舍共译《十住经》四卷，相当于大本《华严经》的《十地品》，以前已有竺法护译本《渐备一切智德经》。论藏方面除中观论书外，还有《十住毗婆沙论》十四卷，是解释华严《十地品》的。

　　禅法本来是罗什早年即已十分熟悉的。所以初到长安仅过六天，僧叡就"从受禅法"，"寻蒙抄撰众家禅要，得此三卷，初四十三偈，是鸠摩罗罗陀法师所造，后二十偈，是马鸣菩萨之所造也。其中五门，是婆须蜜、僧伽罗叉、沤波崛、僧伽斯那、勒比丘、马鸣、罗陀禅要之中，抄集之所出也。六觉中偈，是马鸣菩萨修习之以释六觉也。初观淫、恚、痴相及其三门，皆僧伽罗叉之所撰也。息门六事，诸论师说也。菩萨习禅法中，后更依《持世经》，益《十二因缘》

---

①本节经名勘定参照吕澂《新编汉文大藏经目录》，齐鲁书社，1980 年。

一卷,《要解》二卷,别时撰出"①。这里所谓"众家禅要",一般认为即今传《坐禅三昧经》。此经未见梵本,当是集合诸家禅法而成的,其内容指示一心精进修习禅法,求得解脱涅槃,行五种对治法门(不净观门,慈心观门,思惟观因缘法门,阿那般那三昧法门,一心念佛三昧法门),最后阐明菩萨所习禅法。从内容系统看,大、小乘禅法混杂,显得凌乱,但在当时中土流行小乘禅的环境中,已开始宣扬大乘禅,是具有开拓意义的。

此外,他翻译的还有律藏方面的《比丘戒本》,参与翻译的有《十诵律》;论书中的《成实论》被认为是由小乘空宗过渡到大乘空宗的著作,后来在中土也曾产生巨大影响,形成了"成实宗";又《大庄严经论》是马鸣所著优秀的譬喻文学作品集;还有印度佛教史上著名人物马鸣、龙树、提婆等人的传记等。罗什死后,有外国沙门说他所谙诵的经典,翻译出来的不及十分之一,可见他掌握经典的丰富,也表明他从事翻译是经过严格拣选的。这也是他的译品几乎篇篇被人长期读诵的一个重要原因。

罗什译品水平卓越,还与他的工作态度、从事翻译的方式等有关系。

如上所述,他的译场里集中了一大批青年才俊。他一方面热诚地教导这些弟子,一方面又得到他们的启迪和帮助。他更千方百计地多方大力网罗、汲引佛门龙象参与工作。罽宾沙门佛陀耶舍精通大、小乘经论,罗什早年在沙勒国曾从他受学,后来再三敦请姚兴把他迎到长安。当时罗什正准备翻译《十住经》,一个多月也没敢动笔,直到"耶舍既至,共相征决,辞理方定,道俗三千余人,皆叹其当要"②。同样,天竺沙门佛驮跋陀罗在西行求法的智严邀请下来到长安,"什大欣悦,共论法相,振发玄微,多所悟益。因谓

---

① 《关中出禅经序》,《出三藏记集》卷九,第 342 页。
② 《高僧传》卷二《晋长安佛陀耶舍传》,第 67 页。

什曰：'君所释，不出人意，而致高名，何耶？'什曰：'吾年老故尔，何必能称美谈。'什每有疑义，必共谘决"①。佛驮跋陀罗精禅律，观点与罗什差异很大。罗什死后，弟子僧䂮、道恒等把佛驮连同慧观等师徒摈斥到南方，而罗什生前是对他怀着十分谦和的态度的。

罗什对待翻译工作极其严肃、认真。例如对于《百论》，罗什"器量渊弘，俊神超邈，钻仰累年，转不可测，常味咏斯论，以为心要。先虽亲译，而方言未融，致令思寻者踌躇于谬文，标位者乖忤于归致……（姚嵩）以弘始六年，岁次寿星，集理味沙门，与什考校正本，陶练覆疏，务存论旨。使质而不野，简而必诣，宗致划尔无间然矣"②。这是说，罗什曾翻译过这部论书，但由于当时汉语还不精通，因此后来又集合众人，仔细讨论，加以重译，终于达到更高水平。又例如他初到长安就翻译了"众家禅要"，大概完成于弘始四年，直到九年，僧叡又"重求检校，惧初受之不审，差之一毫，将有千里之降。详而定之，辄复多有所正，既正既备，无间然矣"③，这部译本也经过多年反复推敲。由于采取如此认真的态度，加上具有充分的语言和相关知识，翻译质量就得到了充分保证。

罗什先是在逍遥园，后来在大寺，在朝廷支持下组织大规模译场，发挥集体力量从事翻译。这是翻译水平得以提高的又一个得力措施。从早期中外、僧俗结合的松散的译经小团体发展成作为专门翻译机构的有规模的译场，在世界翻译史上是意义重大的创举，对于此后的佛典翻译事业更起了巨大作用。中国历史上译场组织形式前后有很大变化。前期即东晋十六国以来的南、北各地译场得到各王朝君主、亲贵的支持，参与人员众多，在从事翻译的同时，又进行讲学和讨论，同时是教学和研究组织，实际也是僧团组织和教育的一种形式；到隋、唐和宋朝，译场则由国家直接组织、

①《高僧传》卷二《晋京师道场寺佛驮跋陀罗传》，第 70—71 页。
②僧肇《百论序》，《出三藏记集》卷一一，第 403 页。
③《关中出禅经序》，《出三藏记集》卷九，第 343 页。

管理,是少数专业人员构成的精干班子,有朝廷命官监管,乃是直接隶属朝廷的专门从事译经的机关。又罗什译经,翻译方法和过程也和早期大不相同。早期外来译师大多不通汉语,诵出原文和译成汉语一般不是一个人。而罗什既通晓经典内容又精通汉语,他作为主译者,同时又担任讲解者和讨论的主持人。僧叡记述翻译《大品》的情况说:

> 予既知命,遇此真化,敢竭微诚,属当译任……幸冀宗匠通鉴,文虽左右,而旨不违中,遂谨受案译,敢当此任。以弘始五年,岁在癸卯,四月二十三日,于京城之北逍遥园中出此经。法师手持胡本,口宣秦言,两译异音,交辩文旨。秦王躬览旧经,验其得失,谘其通途,坦其宗致。与诸宿旧义业沙门释慧恭、僧䂮、僧迁、宝度、慧精、法钦、道流、僧叡、道恢、道标、道恒、道悰等五百余人,详其义旨,审其文中,然后书之。以其年十二月十五日出尽。校正检括,明年四月二十三日乃讫。文虽粗定,以《释论》检之,犹多不尽。是以随出其论,随而正之。《释论》既讫,尔乃文定……①

这段文字把当时译场译经情况写得十分清楚:"秦王(姚兴)"作为译经的支持者亲自参与译事,为护法檀越;"法师(罗什)"按"胡本"原文译成"秦言(汉语)";僧叡"属当译任",即作为执笔书写译文的人;释慧恭等五百余人参与译场;法师"交辩文旨",即主译的罗什对译文加以讲解;参与的大众"详其义旨",即在听讲中进行提问、讨论;然后对写定的文本再加检讨。因为《大品》有《释论》即《大智度论》,又特别拿来《大智度论》相参照,对译文加以修正。《大品》翻译开始于弘始五年四月,《大智度论》译成于弘始七年十二月二十七日,即最终译成用了近三年时间。翻译过程中的讲解和研讨,

---

① 《大品经序》,《出三藏记集》卷八,第 292－293 页。

成为培养后学的手段，参与译场的众多弟子在译场中通过翻译过程提高了佛学水平。他们中有些人依据讲经和讨论的成果，结合个人心得、体会，写成注释书。如今传僧肇等人的《维摩诘经》三家注和竺道生的《法华经疏》（这是现存最古老的经疏）就是这样写成的。这样，译场的讲学和讨论，对于推动讲经活动，对于经典注释、义疏等著述，进而对于义学"师说"的形成，对于本土学术的学风、著述方式等诸多方面都产生了长远影响。

此外，对于提高译本质量起到相当作用的，还由于翻译过程中能够采用不同语文的原典，参照研核，从而更准确地弄清文意。前面引述僧叡关于翻译《大品》过程的记载，明确写到曾利用梵本和龟兹文（乙种吐火罗文）文本校定名相。隋阇那崛多和达摩笈多共译《添品妙法莲华经》序文中说：

> 昔敦煌沙门竺法护于晋武之世译《正法华》，后秦姚兴更请罗什译《妙法莲华》。考验二译，定非一本。护似多罗之叶，什似龟兹之文。余捡经藏，备见二本。多罗则与《正法》符会，龟兹则共《妙法》允同。护叶尚有所遗，什文宁无其漏……大隋仁寿元年辛酉之岁，因普曜寺沙门上行所请，遂共三藏崛多、笈多二法师于大兴善寺重勘天竺多罗叶本……聊记翻译，序之云尔。[①]

由此可见，直到隋代，还保存有该经贝多叶的梵本和龟兹文本，而崛多等人校核后，发觉什译可能源出龟兹文本即经录里所说的"胡本"。关于文本，这里所述还牵涉到印度佛教与西域佛教的关系、西域佛教在中国佛教发展中所起作用等一系列重要问题，值得认真探讨。

罗什本人具有中国语文和中国文化的高度素养，译场里更集

---

① 《大正藏》第 9 卷第 134 页下。

合了一大批学识、文才兼擅的才俊。他们在翻译原则上还有一个重要特点,就是在吸取前人翻译经验基础上,适应当时佛教发展的实际要求,考虑到读诵和接受的方便,多采取"意译"方法。如陈寅恪指出:

> 寅恪尝谓鸠摩罗什翻译之功,数千年间,仅玄奘可以与之抗席。今日中土佛经译本,举世所流行者,如金刚法华之类,莫不出自其手。若言普及,虽慈恩犹不能及。所以致此之故,其文不皆直译,较诸家雅洁,应为一主因。但华梵之文,繁简迥不相同……盖罗什译经,或删去原文繁重,或不拘原文体制,或变易原文……①

接着陈寅恪举出具体例证,说明罗什译文的增删变易之处。《大庄严经论》即梵本《喻鬘论》的译文,卷二"诸仙苦修行,亦复得生天","'诸仙'二字梵文原文本作 Kaṇva 等,盖 Kaṇva 者,天竺古仙之专名,非秦人所习知。故易以公名改作'诸仙'二字";又卷四、卷六译文里有"须弥山"字样,"梵本一作 Mandara,一作 Vindhya,盖此二名非秦人所知,故易以习知之'须弥',使读者易解。此变易原文之证也"②。这种偏于"意译"的方法,利弊可以讨论,但如从接受和传播角度看,毫无疑问是利大于弊的。而从一定意义上说,这也是佛教"中国化"在译经里的体现。胡适同样称赞罗什的"译法":

> 《高僧传》卷七《僧叡传》里有一段关于鸠摩罗什译经的故事,可以表现他对于译经文体的态度:
>
> > 昔竺法护出《正法华经·受决品》云:"天见人,人见天。"什译经至此,乃言曰:"此语与西域义同,但在言过质。"僧叡曰:"将非'人天交接,两得相见'?"什喜曰:

---

① 《童寿喻鬘论梵文残本跋》,《金明馆丛稿二编》第 209 页。
② 同上第 210—211 页。

　　"实然。"

　　这里可以看出罗什反对直译。法护直译的一句虽然不错，但说话确是太质了，读了叫人感觉生硬的很，叫人感觉这是句外国话。僧叡改本便是把这句话改成中国话了。在当日过渡的时期，罗什的译法可算是最适宜的法子。他的译本所以能流传千五百年，成为此土的"名著"，也正是因为他不但能译的不错，并且能译成中国话。①

"意译"当然是有限度的。所以胡适接着又指出罗什能做到"中国话达得出的，都应该充分用中国话。中国话不能达的，便应该用原文，决不可随便用似是而非的中国字"。这是说他还有一套音译的办法。这样，罗什译文之精美流畅是空前的。他翻译的经典不但能够作为宗教圣典广泛流通，许多又成为佛教文学的精品。这后一方面在本书下面将有专门章节加以评介。金克木指出：

　　　　若将原文和译文各自放在梵文学和汉文学中去比较双方读者的感受，可以说，译文的地位超过原文。印度人读来，《金刚经》、《阿弥陀经》从语文角度说，在梵文学中算不了优秀作品。《妙法莲花经》的原文不是正规的高级梵语，类似文白夹杂的雅俗糅合的语言。佛教文献中有很好的梵语文学作品，例如马鸣的《佛所行赞》，汉译（译者不是鸠摩罗什）却赶不上。鸠摩罗什的译文既传达了异国情调，又发挥了原作精神，在汉文学中也不算次品。《阿弥陀经》描写"极乐世界"（原文只是"幸福之地"），《法华经·普门品》夸张观世音的救苦救难，《金刚经》中的对话，《维摩诘经》中的戏剧性描述和理论争辩，在当时的人读来恐怕不亚于清末民初的人读严译和林译。②

──────────

①《白话文学史》第 112 页，上海古籍出版社，1999 年。
②《怎样读汉译佛典——略介鸠摩罗什兼谈文体》，《梵竺庐集》丙卷《梵佛探》第 418 页，江西教育出版社，1999 年。

罗什佛学论著不多,重要的有他与慧远讨论大乘教理的通信,后人结成《大乘大义章》,在本书《慧远》一章已介绍过。他直接和间接地对于佛教义学发展所作出的实际贡献十分巨大。例如下面将讲到,在中国佛学中占重要地位的教相判释就是他草创的。不过在佛教史上,他这方面的劳绩往往被他译经的辉煌成就所湮没了。但只要注意到一个事实,就可以知道他在一代佛学发展中的地位:在中国佛教思想发展中占有里程碑地位的两个人,慧远和僧肇,一个是他未曾谋面的学术上的朋友,一个是他登堂入室的弟子;前者曾虚心向他求教大乘真义,和他频繁通信讨论,后者更远赴凉州拜他为师。相关情形本书均另有讨论。

<h1 style="text-align:center">三</h1>

　　汤用彤曾指出,"苻秦时长安外人已甚多"。这些"外人"里僧人占相当大的部分,其中不少参与译经。僧肇《答刘遗民书》里说:

　　即此大众寻常,什法师如宜,秦王道性自然,天机迈俗,城堑三宝,弘道是务。由使异典胜僧方远而至,灵鹫之风萃于兹土。领公(法领,慧远弟子)远举,乃千载之津梁也。于西域还,得方等新经二百余部。请大乘禅师一人(佛驮跋陀罗——著者),三藏法师一人(佛陀耶舍——著者),毗婆沙法师二人(昙摩耶舍、昙摩崛多——著者)。什法师于大寺出新至诸经,法藏渊旷,日有异闻。禅师于宫寺教习禅道,门徒数百,凤夜匪懈,邕邕肃肃,致自欣乐。三藏法师于中寺出《律藏》,本末精悉,若睹初制。毗婆沙法师于石羊寺出《舍利弗阿毗昙》胡本,虽未及译,时问中事,发言新奇。贫道一生猥参嘉运,遇兹盛化，自恨不睹释迦祇桓之集，余复何恨！①

这表明，罗什之外，来华传译有所建树的颇有一批人。如上所述，在罗什入长安以前，主要是从罽宾来的有部僧人。而后来到长安的则多有来自更广大地域的大乘学徒。除僧肇所述诸人外，还有弗若多罗、昙摩流支、卑摩罗叉等。这些人与罗什及其弟子一起，使长安译业一时呈彬彬之盛。大体同一时期在江南和西凉的译场，同样有一批译师活跃。在短短的几十年间，属于部派佛教的《阿含经》和几部广律先后译出，其中广律的传译正适应当时教团发展的实际需要，意义重大；更重要的成就是基于中土佛教自身发展的需要，系统翻译了另外几部重要大乘经论，其中包括印度大乘佛教新近结集的经典。这些经典对于中国佛教的发展，对于中国学术和文学艺术的影响都相当深远。

下面简单介绍另外几位这一时期成就杰出、又造成巨大影响的重要译师。

罗什以后，在中国译经史上造成广泛而巨大影响的重要译籍有《华严经》和《涅槃经》。这两部大乘经就翻译水准而言均属上乘。僧祐叙述出经概况指出：

> 逮乎罗什法师，俊神金照，秦僧融、肇，慧机水镜。故能表发挥翰，克明经奥，大乘微言，于斯炳焕。至昙谶之传《涅槃》，跋陀之出《华严》，辞理辩畅，明逾日月，观其为美，继轨什公矣。②

这是说，这两部经的翻译，可以看作是"继轨什公"的典型的翻译业绩。这不只是指译文水平，更重要的还有经典内容。《华严经》的"法身"思想和《涅槃经》的佛性新说，都是大乘教理的重大发展，经

---

① 《肇论》，《大正藏》第 45 卷第 155 页下。自"领公远举"至"发言新奇"一段据汤用彤《佛教史》引文校改，上册第 217 页。
② 《出三藏记集》卷一《胡汉译经文字音义同异记》，第 14 页。

过佛驮跋陀罗和昙无谶的译介传入中国，影响广被僧、俗。

　　佛驮跋陀罗（359—429），意译"觉贤"，天竺人。曾游学有部根据地罽宾，从学于禅师佛大先，应中国西行求法的智严之请，辗转三年，来到青州（今山东青州）。他得知鸠摩罗什在长安，大约在弘始十年（义熙四年，408）往从之①，共论法相，多所悟益。如上所述，二人见解多有差异，但相互甚为敬重。罗什去世之后，被当地僧众摈斥，率领门徒慧观等四十余人南下，先到慧远所居庐山；次年西去荆州；再次年，随讨伐刘毅的刘裕从江陵回到建康，住道场寺译经。他于刘宋元嘉六年（429）圆寂。关于他被北方僧众摈斥的原因，僧传上说是因为他"显异惑众"，意指说了些故意显示神通的话。实际上更深刻的原因当在佛学思想有分歧。《出三藏记集》记载萨婆多部目录，称他为"长安城内齐公寺萨婆多部佛大跋陀罗"，明指他本来属于一切有部。据传太子姚泓曾"集论东宫"，他和罗什辩难：

　　　　什问曰："法云何空？"答曰："众微成色，色无自性，故虽色常空。"又问："既以极微破色空，复云何破微。"答曰："群师或破析一微，我意谓不尔。"又问："微是常耶。"答曰："以一微故众微空，以众微故一微空。"时宝云译出此语，不解其意，道俗咸谓贤之所计，微尘是常。余日长安学僧复请更释，贤曰："夫法不自生，缘会故生。缘一微故有众微，微无自性，则为空矣。宁可言不破一微，常而不空乎。"②

由此可见，佛驮跋陀罗肯定"极微"的存在，传承的是有部观点，实际是主张大乘有宗教理，显然与罗什一派的大乘空宗思想相对立。又他本来以律学著名，在长安"大弘禅业"，实际所传是传统禅法，

①佛驮跋陀罗来华年代，《祐录》、《高僧传》失载，其他资料记载不同，此据法藏《华严经传记》；汤用彤《佛教史》作弘始十二年（410，义熙六年），上册第218页。
②《高僧传》卷二《晋京师道场寺佛驮跋陀罗传》，第71页。

"唯贤守静，不与众同"。在这方面也和罗什一派的主张有异。这应该是他被摈斥的更深一层原因。

佛驮跋陀罗在庐山，应慧远之情，译出《修行方便禅经》二卷。后来到建康，一方面传习禅法，一方面译经。他的译籍今存十二部一百一十三卷。原典主要是当年法显西行求法带回来的梵本。其中有律典《摩诃僧祇律》四十卷、《僧祇比丘戒本》一卷、《僧祇比丘尼戒本》一卷。注重戒律的传译，正是应中国佛教戒律建设的实际需要。他的译籍中影响最为巨大的是《大般泥洹经》和《华严经》。前者因为后来有《大般涅槃经》译出，不再显得重要。

据《华严经》出经后记：

> 《华严经》胡本凡十万偈。昔道人支法领从于阗得此三万六千偈，以晋义熙十四年，岁次鹑火，三月十日，于扬州司空谢石所立道场寺，请天竺禅师佛度跋陀罗手执梵文，译胡为晋，沙门释法业亲从笔受。时吴郡内史孟顗、右卫将军褚叔度为檀越。至元熙二年六月十日出讫。
>
> 　　凡再校胡本，至大宋永初二年，辛丑之岁，十二月二十八日校毕。[1]

《华严经》本是一部经集，全部结集完成的时间大约在四世纪。但自东汉以来，这部经的单品已经别行并被陆续译出，包括上述什译《十住经》[2]。如上引《出经后记》所述，《华严经》梵本是支法领在于阗得到的。后来佛驮跋陀罗在吴郡内史孟顗和右卫将军褚叔度的

---

①《华严经记·出经后记》，《出三藏记集》卷九，第 326 页。

②支楼迦谶译有《兜沙经》一卷，勘同《华严经·名号品》；支谦译有《菩萨本业经》一卷，勘同《净行品》；后来竺法护译《菩萨十住行道品经》一卷（《十住品》）、《菩萨十地经》一卷（《十地品》）、《等目菩萨所问三昧经》二卷（《十定品》）、《如来兴显经》四卷（《性起品》）、《度世品经》六卷（《离世间品》）、《渐备一切智德经》五卷（《十地品》）等，直到鸠摩罗什和佛陀耶舍译《十住经》四卷，单品《华严经》在中土已传播甚广。

请求下，与沙门法业、慧严等百余人在道场寺翻译。工作从义熙十四年(418)三月十日开始，到元熙二年(420)六月十日初稿完成，再与胡本校核，定稿于永初二年(421)十二月二十八日，花费了近四年时间。佛驮跋陀罗所译当初作五十卷，后改为六十卷，是中土第一个全译本(后来又有唐实叉难陀的八十卷本和般若三藏的四十卷本，后者只是全经一品《入法界品》的译本)。华严教理属于大乘有宗。关于其宗趣，说法多有不同，现一般依据唐贤首(法藏)看法，以因果缘起实相法界为宗，即认为世界本是毗卢遮那佛显现，一微尘映现世界，一瞬间包含永恒，进而宣说"顿入佛地"的"圆信""圆解""圆行""圆证"的修证方式和途径。后来这部经成为中国大乘佛教的重要经典，被华严宗当作立宗典据，其法界缘起教理更成为宋代理学的主要理论依据。具体情形后面将再予说明。

除了《华严经》，佛驮跋陀罗还翻译了《观佛三昧海经》八卷、《新无量寿经》二卷、《禅经修行方便》二卷等。《出三藏记集》列出名称的计有十一种。

昙无谶(385—433)，中天竺人。本学小乘，是达摩耶舍弟子，后来受到《涅槃经》的启发，转攻大乘。他一生的主要贡献即在翻译《涅槃经》，弘扬涅槃佛性思想。

昙无谶"天怀秀拔，领鉴明邃，机辩清胜，内外兼综"[1]，特别善于咒术。在来中土以前，到过罽宾，那里盛行小乘有部；他又经过鄯善，来到东、西交通枢纽、佛教兴盛之地的敦煌，在那里停留几年。这无论是对于他研习经典，还是学习汉语，都很有益处。东晋义熙八年(412)，曾经臣服后凉的卢水胡沮渠蒙逊迁都凉州，史称北凉；至元熙二年(420，北凉玄始九年)灭西凉，占领酒泉、敦煌，实力扩大到整个河西走廊，并与西域诸邦相交通。北凉继承前、后凉传统，崇重佛教。昙无谶从敦煌进入凉州，值沮渠蒙逊大力弘扬佛

---

[1] 道朗《大涅槃经序》，《出三藏记集》卷八，第 314 页。

教,遂被迎请,礼为"门师"。特别由于他"又晓术数、禁咒,历言他国安危,多所中验。蒙逊每以国事谘之"①。僧传记述其译经情况说:

> 河西王沮渠蒙逊僭据凉土,自称为王,闻谶名,呼与相见,接待甚厚。蒙逊素奉大法,志在弘通,欲请出经本,谶以未参土言,又无传译,恐言舛于理,不许即翻,于是学语三年,方译写《初分》十卷。时沙门慧嵩、道朗,独步河西,值其宣出经藏,深相推重,转易梵文,嵩公笔受。道俗数百人,疑难纵横,谶临机释滞,清辩若流。兼富于文藻,辞制华密,嵩、朗等更请广出诸经,次译《大集》、《大云》、《悲华》、《地持》、《优婆塞戒》、《金光明》、《海龙王》、《菩萨戒本》等,六十余万言。谶以《涅槃》经本,品数未足,还外国究寻,值其母亡,遂留岁余。后于于阗,更得经本《中分》,复还姑臧译之。后又遣使于阗,寻得《后分》,于是续译为三十三卷,于伪玄始三年(公元四一四年)初就翻译,于玄始十年(公元四二一年)十月二十三日三帙方竟,即宋武永初二年也。②

这里记载《涅槃经》翻译年代显然有误。根据道朗《大涅槃经序》,应是玄始十年(421)开始翻译,也就是在昙无谶来到姑臧不久,而玄始三年他还没有到这里。大概沮渠蒙逊请他来凉州,主要目的就是让他翻译《涅槃经》。后来北魏太武帝拓跋焘闻昙无谶名,以为他如罗什一样博通多识,又像佛图澄一样善密咒,遂派人到北凉迎请,沮渠蒙逊吝而不遣。其时昙无谶欲取《涅槃》后分西行,大概是有意离开这是非之地。西行途中被沮渠蒙逊刺客所害,时在义和三年(433,宋元嘉十年)。

　　昙无谶译籍里最重要、在中国佛教史和中国思想史上影响最

---

① 《魏书》卷一一四《释老志》,第3032页。
② 《高僧传》卷二《译经中·昙无谶传》,第77—78页。

大的就是这部《大涅槃经》。关于梵本的来源，如上引《高僧传》记述，初分是昙无谶携来，中分、后分是分别专门到于阗求得，汉译为三十六卷（《出三藏记集》），或云四十卷（未详作者《经记》）①，俗称北本《涅槃》。从经录上看，早自东汉时期就已经陆续有该经单品汉译，但真情难以考实。特别是涅槃佛性思想属于大乘新层次教理，应当是大乘佛教发展到四世纪的新成果。在西凉昙无谶从事翻译稍前，在南方的建康有前面提到的佛驮跋陀罗六卷异译本。梵本是法显在印度求法时摩竭提国巴连弗邑优婆塞罗汰私婆迷写赠的，后来法显带到道场寺，和佛驮跋陀罗一起翻译，成《泥洹经》六卷。这部经相当于大本《涅槃经》的前五品，也就是其前分。当时南、北同时翻译这部经典，可见受到中土人士重视的程度。后至元嘉七年（430），北本《涅槃》传到建康，名僧慧严、慧观等以其文言质朴而品数疏简，加以改治，并依六卷本增加品目，成南本《涅槃》。谢灵运曾参加这一工作，本书后面还要提到。

这部经典的宗致在于纠正小乘灰心灭智的涅槃思想和前期大乘三乘五性佛性说的偏失，阐述佛身长住、常乐我净、悉有佛性、阐提成佛等义，议论恢弘，新义迭出，是有宗思想的新发展，也把大乘佛性说发展到极致。昙无谶高足道朗所作经序中说：

> 夫法性以至极为体，至极则归于无变，所以生灭不能迁其常。生灭不能迁其常，故其常不动；非乐不能亏其乐，故其乐

①关于经本来源，《出三藏记集》"未详作者"的《大涅槃经记》谓"其梵本是东方道人智猛从天竺将来，暂憩高昌。有天竺沙门昙无谶……先在敦煌。河西王……西定敦煌。会遇其人，神解悟识，请迎诣州，安止内苑。遣使高昌，取此梵本，命谶译出"（第315页）。但据同书《智猛传》，智猛西行求法，于元嘉元年（424）始从天竺出发回国，与昙纂一起到凉州，译出《涅槃经》二十卷（第580页）。今存智猛《游外国传》佚文《二十卷泥洹经记》。有人推测智猛本是后来昙无谶用以校译的一个文本（高观如《大般涅槃经》，《中国佛教》第3册第146页，知识出版社，1989年）。

　　无穷……是以斯经解章,叙常乐我净为宗义之林,开究玄致为
　　涅槃之源。用能阐密藏于未闻,启灵管以通照,拯四众之瘰
　　疽,拔无间之疣赘……①

这可看作是本经内容的精辟概括。值得注意的是大本《涅槃经》比
起六卷《泥洹》来在佛性思想上有重要发展。六卷《泥洹》上说:

　　　　彼一阐提于如来性所以永绝,斯由诽谤作大恶业……于
　　如来性不能开发,起菩提因,乃至一切极生死际。②

而《大般涅槃经》与之相当的一处则说:

　　　　彼一阐提虽有佛性,而为无量罪垢所缠,不能得出,如蚕
　　处茧。以是业缘,不能生于菩提妙因,流转生死,无有穷已。③

对比就会看出,后者认为一阐提人"有佛性",而前者则断言其"如
来性……永绝"。后者的更普遍的佛性说为大乘普度众生的终极
目标提供了更强有力的根据,也为众生修习成佛提供了保证,更与
儒家人性论的"性善"说相通,因此在中土受到广泛欢迎。竺道生
在北本《涅槃》没有传入建康前,已"孤明先发",宣扬"一阐提悉有
佛性"之说,因而被摈出僧众。而竺道生之所以能够"孤明先发",
也在于这种普遍的涅槃佛性新说符合大乘教理发展的内在逻辑。
这种思想发扬了中国大乘佛教重人生、重现世的精神,因此不但成
为义学研究的一个重点,江南名僧间盛弘讲论,出现一批"涅槃
师",更对以后中国佛教与一般中国思想的发展造成重大影响。

　　昙无谶门下高足有河西道朗,前已引录过他的经序。他著有
《涅槃义疏》,解释佛性新说,成为以后解说此经的重要典据。又有
"智嵩亦爽悟,笃志经籍。后乃以新出经论,于凉土教授。辩论幽

————————————

①《大涅槃经序》,《出三藏记集》卷八,第313页。
②《大般泥洹经》卷六,《大正藏》第12卷第893页上。
③《大般涅槃经》卷九《如来性品第五》,《大正藏》第12卷第419页中。

旨,著《涅槃义记》。戒行峻整,门人齐肃"[1],从此开创出影响深远的《涅槃》一派"师说"。

昙无谶又翻译了《优婆塞戒经》等一系列大乘戒典籍和《大集经》、《金光明经》、《悲华经》等重要大乘经。现存《大方等大集经》六十卷,其中前三十卷是昙无谶所译,"其显著特点,是强化鬼神系统和禁术咒语,把万物有灵和多神主义引进佛教,这在相当程度上反映了西域各国的土著信仰,也反映了汉地的有关十二生肖、二十八宿等传统的神话和迷信"[2]。如果说涅槃佛学教理是精致的有神论,那么《大集经》所反映的有神论则比较粗俗,而二者的性质和意义则显然是有共通之处的。这也是中国有神论传统所容易接受的信仰内容。

沮渠蒙逊支持了规模巨大的译经事业。在凉州,除了昙无谶的译业之外,重要的还有天竺沙门浮陀跋摩翻译《阿毗昙毗婆沙论》六十卷,安阳侯沮渠京声翻译《观弥勒菩萨上生兜率天经》一卷、《观世音观经》一卷、《禅要秘密治病经》二卷等。凉州的闲豫宫译场当时可以和长安的逍遥园、建康的道场寺并称。在远离中原的西方边隅,进行如此规模巨大的翻译和弘法事业,其名声更远被于中原南、北王朝,其意义是十分重大的。

南北朝又正是印度大乘佛教瑜伽行学派蓬勃发展的时期。南、北方通过陆、海两路与天竺、西域密切交流,陆续有许多外来译师来到中国,诸多这一派新结集成的经论随之传入中国。在众多译师中享有盛名的,在南方活动的有求那跋陀罗和真谛,北方有勒那摩提、菩提流支和佛陀扇多。这些人的主要业绩是瑜伽行学派唯识论书的传译。这些也是对于中国佛教以至中国思想史后来的发展都造成重要影响的论著。

---

①《魏书》卷一一四《释老志》,第 3032 页。
②杜继文《论南北朝的佛典翻译》,《中国佛教与中国文化》第 283 页。

　　求那跋陀罗（394—468），意译"功德贤"，中天竺人。"幼学五明诸论，天文书算，医方咒术，靡不该博。后遇见《阿毗昙杂心》，寻读惊悟，乃深崇佛法焉"。因为其家事外道，遂舍家潜遁，远求师友，得以专精佛学，并辞小乘师而改学大乘，"读诵讲宣，莫能酬抗，进受菩萨戒法"。后来南游师子（今斯里兰卡）诸国，于元嘉十二年（435）来到广州，宋文帝刘义隆迎请入都，住祇洹寺，受到朝野钦敬。"琅琊颜延之通才硕学，束带造门，于是京师远近，冠盖相望，大将军彭城王（刘）义康、丞相南谯王（刘）义宣，并师事焉"①。从此，他开始了规模宏大的译经活动。东晋以来世家大族习佛成风，原因很多，其中之一是南、北分裂、战乱不绝，统治集团内部纷争劫夺更造成严重危机感，佛教成为人们的精神寄托。建立前宋的武帝刘裕本以北府军将领起家，夺取东晋政权立国以后，门阀势盛，威权下移，宗室诸王掌握方镇大权，结果皇室内部骨肉相残，动乱不断。在求那跋陀罗入京前的元嘉九年，刘义康由司徒录尚书事加领扬州刺史，后于十六年进位大将军，不久受到猜忌被贬黜，到元嘉二十八年终于被杀。刘义宣元嘉九年封南谯王，二十一年出任荆州刺史，都督荆雍益梁宁南北秦诸军事，镇守长江上游一方。元嘉三十年，太子刘劭篡逆，文帝第三子刘峻起兵讨平，自立为帝，即孝武帝。刘义宣在荆州十年，培植实力，财富兵强。刘峻不自安，调义宣为扬州刺史。义宣遂起兵，双方在采石、梁山一带决战，义宣不敌，逃到江陵，被杀。刘义宣赴荆州履任，曾携带求那跋陀罗同行。后来义宣失败，战乱中刘峻还嘱咐部下，获得求那跋陀罗要善加料理。寻得之后，专门用船只送到京城，刘峻亲自接见慰问。求那跋陀罗虽然受到刘义宣等人亲重，却并没有直接参与政治活动。这也是他处在复杂的政治环境中采取的韬晦之策。求那跋陀罗晚年，作为朝廷御用僧人，专注于祈请祀祷之事，至泰始四

---

①《高僧传》卷三《宋京师中兴寺求那跋陀罗传》，第130—131页。

年(468)圆寂。

求那跋陀罗初住祇洹寺,集义学众僧译出《杂阿含经》五十卷[1];继而在东安寺译出《大法鼓经》二卷和《相续解脱经》二卷(《解深密经》的后二品);元嘉十三年(436)由丹阳尹何尚之为檀越,译出《胜鬘经》十卷;元嘉二十年在道场寺译出《楞伽经》四卷、《央掘魔罗经》四卷。其时徒众七百余人,宝云传译,慧观笔受,往复谘析,妙得本旨。其后随刘义宣到荆州,在那里的辛寺译出《过去现在因果经》四卷等。以上是他的主要译籍。今人分析他的译业认为,他有系统地传播了所宗瑜伽一系学说,"这一系学说的构成,来源有:上座部的禅法,以《杂阿含经》作依据;从如来藏发展为藏识的说法,以《央掘魔罗经》、《胜鬘经》作依据;从胜义谛无性发展为三自性的说法,以《相续解脱经》(即《解深密经》)作依据。这些经典求那跋陀罗都译了过来。最后瑜伽学系通过唯心所现的理论,组织独到的禅观法门,详细叙述于《楞伽经》"[2]。这样,求那跋陀罗的译籍反映了大乘佛教有宗的最新发展脉络。

求那跋陀罗译籍中最重要的当数《楞伽经》和《相续解脱经》,后来分别成为禅宗和法相宗的立宗典据。特别是《楞伽经》,以后又有两个译本,即北魏菩提流支的《入楞伽经》十卷和唐实叉难陀的《大乘入楞伽经》七卷。而三个译本中影响最大的是求那跋陀罗的"宋译"。这个译本唯有一品,即《一切佛语心品》,其基本思想概括为"五法(名、相、分别、真如、正智)、三种自性(妄想自性、缘起自性、成自性)、八识、二种无我(人无我、法无我),一切佛法悉入其中"[3]。其所述教理具有综合当时大乘教理的性质:在缘起观念方面综合了如来藏和阿赖耶识思想,在修行方面则区分出愚夫所行

----

[1]现存本四十八卷,其中二十三和二十五两卷实为求那跋陀罗所译《无忧王经》。

[2]李安《求那跋陀罗》,《中国佛教》第2册第60页,知识出版社,1982年。

[3]《楞伽阿跋多罗宝经》卷四,《大正藏》第16卷第511页中。

禅、观察义禅、攀缘如禅和如来禅四种。后来出现一批专门阐扬这部经的所谓"楞伽师",乃是中国禅宗的源头之一。因此在唐人净觉所撰、记述早期禅宗传法系统的《楞伽师资记》里,求那跋陀罗被列为第一代祖师。还有《胜鬘经》,本经内容是由波斯匿王之女、阿阇世王后承佛威神而宣说"一乘真实"和"如来藏法身"教理,因为是女性居士作为说法主角,乃是与《维摩诘经》同类的宣扬在家居士思想的佛典。

以上几位大译家,都活跃在十六国末期到刘宋时期,其后译事有一段相对沉寂的时期。这是因为经过包括上述一大批译师的努力,大、小乘要典已经译介得相当齐全,人们开始更注重对外来经籍的"义解"。因此迎来齐、梁时期义学研究的昌盛,众多"师说"相继出现。具体情况是北朝方面,罗什死后(413)不久,刘裕攻入长安(417),集中在那里的学僧星散;北魏定鼎平城,又曾发动短期的灭佛运动;特别是拓跋族统治者更注重凿窟造像,以之为兴福之举,使得译事和讲学鲜有更大成果。直到迁都洛阳,译经和讲学才重又活跃起来。译师中最重要的有菩提流支、佛陀扇多、勒那摩提等。其中菩提流支译有前面提到的《入楞伽经》十卷,阐释如来藏缘起理论,影响深远。在中国佛教史上占据重要地位的《大乘起信论》,基本内容即本于十卷本《楞伽经》。又据崔光《十地经论序》[1],上述三人合译世亲所著《十地经论》,这是阐释《华严经·十地品》的,翻译时又重译了原经文字。后来由于对这部论书的理解有歧义,造成地论师的长期争论。地论师说兴盛乃是北朝义学的一个主要成就。在南方,到梁、陈之际出现又一个译经高潮。直接的刺激是印度佛教瑜伽行学派的新成就。其先行者是真谛,后来到唐初更形成译经事业的又一个鼎盛之势。

---

[1] 许明编《中国佛教经论序跋记集》第 1 卷第 129—130 页,上海辞书出版社,2002 年。

真谛(499—569)，梵名"波罗末陀"，西印人。少游诸国，历事众师，内、外兼通，研习大乘，备究深极。他以身许道，不惮远游，先到扶南国。值梁武帝崇佛，派使者访求名德及经论，真谛应请，于中大同元年(546)携梵本经论二百四十夹抵南海郡。越二载，于太清二年(548)抵达建业，受到武帝礼敬。但这已是武帝统治末期。这一年十月，侯景围困台城，次年三月台城陷，五月，梁武帝在幽禁中忧愤而死。太清五年十一月侯景称帝，次年二月侯霸先起兵击败侯景，湘东王萧绎在江陵即帝位，是为元帝。当时正值梁王朝内部纷争劫夺之际，北方又有西魏进逼，郡县半数已被西魏占领。至太平二年(557)陈霸先篡位，立国号为陈，建元永定，形势稍定。真谛甫抵建业，未及翻译，即遭侯景之乱，崇佛的武帝饿死台城。他不得不东到富春(今浙江富阳)避难。县令陆元哲迎住私宅，集合沙门宝琼等二十余人，请他翻译《十七地论》、《中论》等。侯景占据建业的时候，曾请他回到建业，住在台城，但不久侯景兵败，梁元帝从江陵返回，他又移居正观寺，与愿禅师等二十余人翻译《金光明经》。由于时局极不安定，他自承圣三年(554)转徙豫章(今江西南昌)、新吴(今江西奉新)、始兴(今广东始兴)、南康(今江西赣州)、晋安(今福建晋江)等地。但即使是在长时期颠沛流离之中，他仍坚持随方翻译，从未止息。天嘉三年(562)九月，他倦于流徙，拟还本国，遂泛海西行，到十二月却又飘流回广州。此后至太建元年(569)圆寂，他住在广州和南海，受到刺史欧阳纥供养。时有弟子慧恺、僧忍、僧宗等人，翻译了《唯识论》(《唯识二十论》)一卷、《摄大乘论》三卷、《阿毗达磨俱舍释论》二十二卷等重要经典并加以讲说。真谛在华期间正逢乱世，他四处奔波，不遑宁处，加之当时佛教内部义学门派壁垒森严，他所翻译的唯识学说被认为言乖治术，有蔽国风，因而有人一直阻止他再入京城。但他在极端艰苦的条件下，勤奋禀学，朝夕不怠，克服重重困难，翻译大量经典，成为与鸠摩罗什、玄奘、不空并列的中国译经史上的"四大译师"之一。

真谛对中国佛学最重要的贡献,在于他系统地译介了无著、世亲大乘瑜伽行学派的论书。其中《俱舍论》为世亲所著,是反映由小乘向大乘有宗瑜伽行学派思想过渡的著作。"俱舍"为宝藏义,意指本论包藏有根本阿毗达磨要义。本论根据对于五位、七十五法的名相分析,提出"五停心观"、"四念处观"、"十六行相"等义,以断除见、思二惑而得到解脱。《摄大乘论》从名称就可以知道是统摄大乘要义的论书。本论在八识之上立第九识,倡对治第八阿梨耶识而证入第九阿莫罗无垢识,阐扬无尘唯识,从而开创中土摄论学派。这两部论书都是佛教史上的巨著,发扬了阿毗达磨名相分析方法,组织严密,条例井然。翻译这两部论的时候,已是真谛晚年学术上成熟时期。他"游方既久,精解此土音义,凡所翻译,不须度语。但梵音所目,于义易彰。今既改变梵音,词理难卒符会。故于一句之中,循环辩释,翻覆郑重,乃得相应"[1]。今天看来,他的译文显得比较艰涩;又法相唯识之学在中土主要是教内的经院学问,内容烦难艰深,即使在一般士大夫间也流传不广。但就理论思想的逻辑发展而言,瑜伽行学派的唯识思想作为大乘佛学的最高成就,其价值巨大,对于中国佛教发展的影响更是极其深远的。真谛作为弘传这一系学理的功臣,自当在中国佛教史和中国文化史上占据重要位置。

涉及真谛,还有一部中国佛教史上的重要论书《大乘起信论》。这部论书传为马鸣所造、真谛翻译,是中国大乘佛教的入门书。隋法经等于开皇十四年(594)即真谛亡殁仅二十五年之后所著《众经目录》里已指出"勘《真谛录》,无此论",把它列在《疑惑部》。但自隋净影慧远和吉藏等许多著名学僧的著作都引用过这部论书。这部论从理论体系说,属于如来藏思想,立足于真如缘起观念,主张

---

①慧恺《阿毗达磨俱舍释论序》,许明编著《中国佛教经论序跋记集》第1册第171—172页。

心性本净，不生不灭；又阐述独具特色的心性论，将"一心"分为二门："心真如门"和"心生灭门"。这种思想显然与真谛所翻译其他典籍所阐扬的唯识学说，即认为阿赖耶识杂染的性俱说不同。而其划分"心"之"体"与"心"之"用"，也不合大乘般若空观基本教理，实际更合于中土体、用思想；而将"一心"一分为二，又与《易经》上所谓"易有太极，是生两仪"的观念相通。因而近代中、外学者中不少人以为是中土人士伪撰，并从而引发学术界关于此论著、译者的长期争论①。戴密微说：

> 真谛据认为也"翻译"了出色的哲学论文《大乘起信论》。批评家们马上说它是中国的伪经，但它却表明了中国人在6世纪中叶的时候是怎样融会贯通印度的思想的，不但在它的最深奥的思维方式上如此，甚至在它的表达方法上也是如此。②

抛开关于这部论书真伪的争论不计，它作为中国大乘佛教的入门书确实流传广远，其在中国佛教史和思想史上的重要价值和地位更是应该肯定的。

以上所述，就是东晋十六国末年经过南北朝直到唐初玄奘开创"新译"，这二百余年间我国译经史上空前繁荣的"旧译"时期的业绩。限于篇幅，只简单介绍了以鸠摩罗什为代表的几位重要译家。这些人之外，成就杰出的还有很多位，如求那跋摩（367—431，罽宾人，译有《菩萨戒地》、《昙无德羯磨》等）、僧伽跋摩（前已述及）、畺良耶舍（西域人，译有《观无量寿经》、《观药王药上二菩萨经》)、僧伽婆罗（459—524，扶南人，译有《阿育王经》、《解脱道论》

---

① 关于《大乘起信论》的真伪，隋《法经录》已列入《疑惑部》，近代引起学界的激烈争议。关于辩论概况，参阅吕澂《大乘起信论考证》，《吕澂佛学论著选集》第 1 卷第 303—369 页。
② 《汉代至隋代之间的哲学与宗教》，《剑桥中国秦汉史》，第 917 页。

等）、菩提流支（前已述及，除译有《大乘入楞伽经》，还译了《深密解脱经》、《无量寿优波提舍经论》、《宝性论》等，与勒那摩提等合译《十地经论》①）、勒那摩提（前已述及，中天竺人，与菩提流支等合译《十地经论》，译有《宝积经论》等）、佛陀扇多（北天竺人，译有《如来师子吼经》、《摄大乘论》②等）、般若流支（北天竺人，译有《正法念处经》等）、毗目智仙（生平不详，与瞿昙般若流支共译《业成就论》［《大乘唯识论》］、《回诤论》等）、阇那崛多（527—604，北天竺人，译有《佛本行集经》等，并翻译《妙法莲华经普门重诵偈》）、达磨笈多（？—619，译有《起世因本经》、《药师如来本愿经》等，编译《添品妙法莲华经》）等人。正有这众多英才云集，才造就了译经史上的辉煌时代，详情不烦具述。

这样，在译经史上的"旧译"时期，相当完整、系统也十分及时地翻译了大批佛教典籍。佛教大、小乘各部派、各学派的经典至此已基本译成汉语。许多新结集的经典，往往在梵本（胡本）形成后很快就传入并几乎立即被翻译了。这一大批佛教经典，数量上远远超过当时中土儒家经典，更远远超过诸子百家任何一家著作；它们提供了新颖、丰富、对中国思想界具有重大价值的思想资源，不仅给中国佛教的进一步发展提供了充足滋养，而且作为文化典籍也成为中国文化各领域发展取之无尽的宝藏。

---

①关于《十地经论》的翻译，诸经录记载混乱，此据崔光《十地经论序》。日本学者布施浩岳考订为菩提流支与勒那摩提合译，参阅镰田茂雄《中国佛教通史》第 4 卷第 156－159 页，佛光出版社，1993 年。
②是为《摄大乘论》第一译，重译者有真谛和玄奘。

第二章　佛典翻译文学的成就

一

在"旧译"多方面成就之中，值得特别提及的是"佛教翻译文学"或称"佛典翻译文学"的译述。这成为流行相当广泛的一类经典，其巨大影响首先直接及于文学艺术，由于其高度艺术性和可读性，在整个佛教的弘传中所起的作用也十分重要。

在经、律、论"三藏"里，包含许多文学作品，又有更多经典具有程度不同的文学价值，这在前面已一再提到过。近代学者依其文学价值，统称这部分经典为"翻译文学"（梁启超《翻译文学与佛典》，《佛学研究十八篇》）或"佛教的翻译文学"（胡适《白话文学史》），并给予很高评价。

佛陀本人是极富文学才华的人。他的说法教化，后来被结集为圣典（《阿含》类经典大体保持了佛陀说法的原貌），大体体现为哲理的、训喻的和艺术的三种风格。特别是后一类，利用形象的手段，包括利用古印度文学创作的成果，表达极富文学情趣，有些本身就是相当典型的文学作品。早期教团在传播佛教过程中，更发挥了这种注重文艺形式的传统。在这方面，渥德尔指出两条清楚的发展线索：

> 第一是佛教徒参加诗歌的新潮流，这种潮流大概在佛陀同时期发源于摩揭陀，在以后三个世纪左右创造出许多音韵学和作诗法的新技巧。第二为了满足一般群众对小说故事的需要，稗官野史以及有时称为古训的叙事文章都精心编造出来附入小阿含中，有些部派还附入毗奈耶（附入毗奈耶中的佛陀历史细节大大的扩展了，其中掺入了许多不同的故事和诗歌）。①

这种传统后来被延伸下来。特别是发展到大乘佛教阶段，许多大乘经从结构到情节，从语言到表现方法，都注重故事性和形象性，具有文学价值。顾随说：

> 假如我们把所有佛经里面的故事，或大或小，或长或短，搜集在一起，那壮采，那奇丽，我想从古代流传下来的故事书，就只有《天方夜谈》（《一千零一夜》）可以超过了它……小泉八云说：研究《圣经》（即《旧约》和《新约》）而专从宗教的观点去看，则对于其中"文学美"底认识，反而成为障碍。我想小泉氏这说法，我们拿来去看佛经，恐怕更为确切而适合一些。②

不过"佛教的翻译文学"或"佛典翻译文学"是一个相当不确定的概念。有些经典本来是利用已有文学作品改编而成的。例如一些本生、譬喻故事，本是民间文学创作，被组织、附会到教义说明上来；有些作品如佛传、佛弟子传，则是按文学创作的方式撰集的，这些可以算作是典型的佛教文学作品。另有些原来本是作为宗教经

---

① 《印度佛教史》（A. K. Warder：*Indian Buddhism*，Motilal Banarsidass，Second Revised Edition）第 209 页，王世安译，商务印书馆，2000 年。
② 《佛典翻译文学选——汉三国晋南北朝时期》，《顾随说禅》第 91 页，上海古籍出版社，1998 年。

典结集的,或者插入了具有文学情趣的情节,或者使用了文学表现方法,因而具有一定的艺术性。这些也可以包含在广义的佛典翻译文学范围之内。又因为许多经典,包括大部的大乘经都具有叙事结构,有些人也把它们统称为佛教文学作品。又,被定义为"佛典翻译文学"的作品具有宗教和文学两方面的意义,这两方面体现在统一的经典载体之中,本是密不可分的。就是说,它们作为宗教经典的根本性质并没有改变。经典的宗教内涵通过文学形式表现和发挥出来;文学的表现则有教义、教理来支持。它们是宣扬教义、教理的宗教圣典,又体现独特的审美的和文学的价值。这样作为文学作品,它们本质上又是宗教性的。因而这是一种特殊的、具有一定艺术魅力、艺术成就的宗教文学。

汉译佛典里的这类作品又可以看作是外国翻译文学。众所周知,这些翻译作品的原典,有些是梵文或巴利文的,有些是西域各种"胡语"的;"胡语"的有些是从梵文或巴利文翻译过来的,有些是当地创作的。还有些名为翻译,实际是中土人士模仿翻译文字撰写的,严格说则是本土创作。至于编纂情况更有种种不同,例如一些"譬喻经"就可能是在中土撰集的。从总体说,这一类数量庞大的经典,乃是古代中、外文学交流的成果。

许里和指出,自有记载的第一位译师安世高系统地翻译佛典,就"标志着一种文学活动形式的开始,而从整体上看来,这项活动必定被视为中国文化最具影响的成就之一"①。中国自古以来就是文学高度发达的国家。这也给高水平的佛典翻译,包括佛典翻译文学准备下良好的条件和土壤。历代中、外译师中又有许多文学才华极其杰出的人物,从事翻译本来又是他们再创作的过程。历代佛典翻译往往发挥出译者的艺术创造性,对于那些文学性强的典籍更是如此。这样,经过中、外无数译师的长期努力,汉译佛典

①《佛教征服中国》第 46 页。

中积累下丰硕的文学成果。它们以其独立的美学和艺术价值而辉耀千古,从而也成为中国古代文学遗产中独具特色的、值得珍视的一部分,在中国文学史上理应占有一定位置。

虽然自佛教初传就传翻了不少可看作是"佛典翻译文学"的经典,但更多艺术价值杰出的译本出现在"旧译"时期。翻译那些具有突出文学性质的经典,文字表达和艺术技巧等都有较高的要求,只有在佛典翻译积累相当经验之后才能成功地进行。而且这类经典发挥其文学上的特色,在文坛起作用,也要在佛教更深入地影响文坛之后。因此这类经典的翻译到"旧译"时期方能取得更大的成就。

二

部派佛教时期,随着佛陀信仰的提升,出现多种多样的赞佛作品。其中文学成就十分杰出的一类是佛传,它们可以看作是特殊一类传记文学创作。查尔斯·埃利奥特指出:

> 《奥义书》中很少有个人背景,数论派和吠檀多派的经典则根本没有个人背景。而佛教的经藏则是企图描写一个人物和记载一种学说。虽然编写传记的概念当时还未明确地形成,但是几乎每一段说教都使教主的形象呈现在我们面前……这些经典描写一个背景和记述一段说教,这就创立了一种独具风格的文学体裁。佛陀是印度文学中最生动的一个人物,这样说也不算过分。[1]

---

[1]《印度教与佛教史纲》(Charles Eliot: *Hinduism and Buddhism*)第 1 卷第402—403 页,李荣熙译,商务印书馆,1982 年。

这样,佛传作为专门一类经典,无论是作为宗教文学,还是作为一般传记文学,都具有重大价值,在世界文学史上占有重要地位。而其中塑造的佛陀形象,无论是作为宗教教主,还是作为伟大的历史人物,都堪称世界文学中的不朽典型。因而汉译佛传也成为在中土民众和文人中流行最广的佛典的一部分。

释迦示现于世,作为现实人物,是执着的修道者、成功的求道者和热情的布道者;作为佛教的创造者,是教主,是信徒膜拜的对象。他作为历史上的真实人物,无疑是不世出的伟人。他的人格、胸怀和意志,他的思想、学识和技艺,无论哪一方面都是十分杰出的。这样的人物,作为崇拜、颂扬的对象,正可作为传记文学的好素材。佛传文学塑造出伟大佛陀的生动形象,在世界文学的人物画廊里,堪称是最为杰出的典型之一。

佛陀寂灭之后,大迦叶带领众弟子结集佛陀在世教导,阿难诵经,优波离诵律,弟子们追忆导师在什么时候、什么地方,对什么人说了什么教法或制定了什么戒条,这样的记述已经有传记成分。例如描述佛陀初成道,到鹿野苑找到当初追随他但经不起考验而离去的五个弟子,说苦、集、灭、道"四圣谛",这就是所谓"初转法轮"。述说这一段事迹,形成《转法轮经》。《转法轮经》早在公元150年前后即已传译为汉语,是最早输入中国的佛典之一。《杂阿含经》里有众多篇章传述初转法论的内容。又佛陀寂灭前后一段情况,汉译则有《长阿含经》卷二至卷四《游行经》(同本异译有西晋竺法护译《佛般泥洹经》、失译《般泥洹经》),其中对佛陀逝世前对弟子的谆谆教诲和佛陀寂灭前后弟子们悲痛欲绝作了十分生动感人的描绘。正是在最初结集的、保存在经或律里的这样一些佛陀行事片段的基础上,到部派佛教时期,随着佛陀观的发展,形成了叙述佛陀一生业绩的完整的佛传。由于各部派关于佛陀的传说不尽相同,从部派佛教到大乘佛教佛陀观又不断发展,佛传创作也不

断发展变化①。渥德尔指出:

> 在各个时期事实上佛教本身都具备有艺术的表现,也像哲学论著一样,每个新宗派都利用诗歌媒介和其他艺术。赞叹佛陀的制作在大乘运动中尤其盛行,以配合从大众部承袭得来的超自然的佛陀的概念,这种概念也适当的反映在龙树的赞颂诗中。②

龙树的赞颂诗疑误指马鸣的《佛所行赞》,下面将具体介绍。

早期佛传情节、记述都较简单,例如《中阿含经》卷五六《罗摩经》的描写:

> 我时年少,童子清净,青发盛年,年二十九。尔时极多乐戏,装饰游行。我于尔时,父母啼哭,诸亲不乐,我剃除须发,著袈裟衣,至信舍家,无家学道。③

这是佛陀出家的一个情节,还只是简单的叙述,没有过多地描绘和夸饰,与后来大部佛传的精心刻画和大力修饰不同。

金克木曾指出佛传创作与印度传统文学体裁往世书的继承关系及其发展变化:

> 佛教文献中属于往世书类型而较有文学意味的是关于佛陀生平的夸张的传说。在巴利语文献中已经有了神化了的佛的传记。更夸张的描写却在另一些经典里。其中有两部的原文已经校印出来,都是篇幅巨大的,并且自名为往世书。一部有两种汉译相当,即晋朝(3世纪)译的《普耀经》和唐朝(7世

---

① 日本学者平等通昭《印度佛教文学の研究》第一卷《梵文佛所行讚の研究》把佛传的发展细分为四个阶段,可供参考;详该书139—166页,日本印度学研究所,1967年。

② 《印度佛教史》第359页。

③ 《大正藏》第1卷第776页中。

纪)译的《方广大庄严经》,原文名为《神通游戏》。另一部原名
是《大事》,大体上是隋朝(6世纪)汉译的《佛本行集经》一类。
汉译末尾说各派都有此书,一派的同一书名为《大事》。在这
类佛的传记中,佛陀已经从原先的释迦牟尼(释迦族的圣人)
升格为宇宙大神了。他已经不仅有了转轮王(皇帝)的身体特
征而且有了统御世界的地位。出生、出家等等不过是神的幻
化作用而已。荒诞夸张的内容和堆砌词藻的描写都与往世书
类型文体近似。[①]

由于佛教各部派关于佛陀的传说不尽相同,结集的佛传也有多种。
这里提到的《大事》(Mahāwastu)是大众部结集的佛传,法藏部则称
《本行经》[②]。如前所述,佛传传入中土甚早。除了先后译出的四
《阿含》(包括很多单本异译)和律藏(除了汉传四部广律之外,重要
的还有义净所译有部律《说一切有部毗奈耶》)里的片断记述外,按
所出年代现存汉译佛传有:东汉竺大力译《修行本起经》(约197
年;异译吴支谦《太子瑞应本起经》、刘宋求那跋陀罗《过去现在因
果经》),东汉昙果、康孟祥译《中本起经》(207年)、西晋竺法护译
《普曜经》(308年;异译唐地婆诃罗《方广大庄严经》),东晋迦留陀
伽译《十二游经》(393年),北凉昙无谶译、马鸣作《佛所行赞》
(412—421年[③];异译刘宋宝云《佛所行经》),隋阇那崛多译《佛本
行集经》(587—591年),宋法贤译《佛说众许摩诃帝经》(973—1001
年)等,此外尚有些缺本不存。这其中《修行本起经》只讲到出家,
《中本起经》则从转法轮开始记述传道经历,二者应是相衔接的。
《佛所行赞》是纪元后一世纪印度著名佛教文学家马鸣菩萨所造,

[①]《梵语文学史》第208—209页,《梵竺庐集》(甲),江西教育出版社,1999年。
[②]参阅吕澂《印度佛学源流略讲》第12—13页,上海人民出版社,1979年。
[③]据《房录》和《开元录》;《出三藏记集》作"失译"(苏晋仁、萧鍊子点校《出三藏
记集》第124页)。又参阅周一良《汉译马鸣佛所行赞的名称和译者》,《周一
良集》第三卷《佛教史与敦煌学》第242—249页,辽宁教育出版社,1998年。

本身即是典型的佛教文学创作,在佛传中是艺术价值最高的。《佛本行集经》是一部六十卷的庞大经典,是五部不同佛传汇集而成的,如前所述或以为是巴利文《大事》的译本。

不同佛传内容涵盖范围不尽相同。有的从佛陀前生写起,有的从释迦族祖先写起,有的从佛陀降生写起。但如前所述,大部分佛传讲到成道后一段时期。大乘佛教归结佛陀一生为"八相示现"(或称"八相作佛",即下天、入胎、住胎、出胎、出家、成道、转法轮、入灭;或无"住胎"而有"降魔"),反映的是大乘佛身观。一般说来,部派时期的佛传更富于现实性,基本把佛陀表现为现实的人的形貌。越是到后来,佛陀形象中就越凸显更多神秘、超验的成分,围绕他的行事也出现更多的神通和灵异。中国传译佛典的次序大体与其结集成的时间前后相一致。所以前后不同时期译出的佛传,不但有文字繁简的差异,往往也体现了佛身观的变化。例如在《佛所行赞》里,青年佛陀曾耽于婚姻家室之乐,表现的还是人间的婚配;但在《过去现在因果经》和《普曜经》里,太子结婚已不同于世俗婚配,而是随顺世现相娱的景象,这就是所谓"方便"说或"幻影"说,即并不是真实的婚姻,而是实施教化的施设。又如关于佛陀入灭,在《佛所行赞》里虽然已有法身常住观念的萌芽,但却表现为真实的逝世,并不如后来《大涅槃经》那样说成是佛陀的化身幻灭。如此较强的现实性,乃是佛传作为文学创作的强有力之处。

中国古代有着自《尚书》早出某些篇章以来,以《左传》、《国语》、《史记》、《汉书》为代表的史传著述的悠久传统。这些杰出的史传作品具有高度艺术水平和巨大的文学价值,它们同时被看作是文学创作。特别如《史》、《汉》里的"本纪"、"世家"、"列传",描绘历史人物生动鲜明,富于个性,塑造出一系列丰满、生动、传之久远的人物典型,达到了史传文学难以逾越的高峰。它们作为史书,又发扬中国古代史家"直笔"、"实录"传统,追求"辨而不华,质而不俚,其文直,其事核,不虚美,不隐恶"[1],从文学创作角度看,其优点特别体现在强烈的真实感和现实精神,但创作者发挥艺术想象的空间却大大地受到了限制。而佛传为了美化和神化作为教主的主人公,不但大力进行修饰和夸张,更大胆地发挥艺术想象力,这就给描写、形容、夸饰留下了更广阔的余地。所以佛传写人物,就幻想的放肆无羁、描摹的夸张形容而言,是中国本土的史传作品不能望其项背的。而如《佛所行赞》那样上万行的长篇叙事诗,如《佛本行集经》那样几十万字韵散间行的人物传记,即使从篇幅说,中国史书里的单篇列传也不能相比。当然,佛传作为记录和赞颂宗教教主的文献从记叙方面看也有重大局限。特别是由于重点在宣扬主人公的道德和教化,想象、夸饰往往有悖情理,叙事中时间观念淡漠等等。这种种局限,和古印度人过度耽于幻想、缺乏历史意识有直接关系。

　　各种佛传内容涵盖面不一,但表现的重点都在成道以前。这是因为这一段故事情节最为曲折,内容也最富人情味,特别是更适宜给信仰者提供修道典范的要求。佛传中这一部分的修饰大体可分为两种情况。一种主要是宗教性的,如描写从兜率天下降、右肋出生以及后来修道时恶魔扰乱、成道后梵天劝请,等等,完全出于玄想。这类"捏造"的细节贯穿生平的各个阶段。这种完全出于想象的情节有神化人物的意图,更往往被赋予比喻的意义。例如恶魔扰乱的描写,实际是隐喻佛陀修道中思想搏斗的激烈而艰巨的过程。另一种则主要是出于强化艺术效果的需要,如对于太子逸乐生活情景的渲染、给太子强烈刺激的宫女们丑陋形态的描绘、得知太子出家后合宫忧悲情景的描写,直到佛陀寂灭前后师弟子的哀情的记叙,等等,都极其生动,造成强烈的煽情效果。佛传作为宗教文学的杰作,把宗教性和艺术性两类修饰技法巧妙地结合起

----

[1] 班固《汉书》卷六二《司马迁传》,第 2738 页。

来,形成独特的艺术风格和特色,成为其作为宗教文学在艺术上的独特成就。

汉译佛传中艺术成就最为杰出的当数马鸣所造、昙无谶所出《佛所行赞》(另有宝云异译)。马鸣是迦腻色迦王时代著名的佛教思想家和文学家。从部派看他属于有部。这是个富于文学传统的部派,前面一再提到过。马鸣的著述包括戏剧、小说多种,译成汉语的有佛传《佛所行赞》和譬喻类经典《大庄严经论》。《佛所行赞》采用古印度流行的大宫廷诗形式,全文二十八品,约九千三百句四万六千字,是古代汉语里最长的叙事诗。其内容从佛陀出生叙述到圆寂后八分舍利,完整地描写了主人公的一生。唐义净写到他访问印度当时这部经典流行情形说:

> 又尊者马鸣亦造歌词及《庄严论》,并作《佛本行诗》,大本若译有十余卷,意述如来始自王宫,终乎双树,一代教法,并辑为诗。五天南海,无不讽诵。[①]

这部作品比古乐府中最长的叙事诗《孔雀东南飞》要长数十倍,而就其描写的细腻、繁富来说更是中土叙事诗文所不可比拟的。马鸣使用的古印度宫廷诗体裁,其体例要求表现战争和爱情,又要包含治国、做人的道理。就后一方面说,马鸣讲的是佛教出世之道,是做人的一种理想;前一方面则有佛陀在俗生活、修道期间与恶魔的斗争等内容与之相应。马鸣又充分吸取了古印度神话传说和婆罗门教圣书《吠陀》、《奥义书》、古代大史诗《摩诃婆罗多》、《摩罗衍那》等经典的表现技巧,又借鉴了各部派经、律中有关佛陀传说和已形成的各种佛传的内容和写法,从而创造出佛传艺术的一个新高峰。代表宫廷诗源头的是大史诗《摩罗衍那》,经过马鸣的《佛所行赞》,发展到迦梨陀娑的《沙恭达罗》,形成印度叙事文学一个连

[①]《南海寄归内法传校注》,王邦维校注,第 184 页,中华书局,1995 年。

贯的传统。后者也是梵语古典文学最具代表性的优秀作品之一。再一部值得特别注意的佛传是隋出《佛本行集经》。由于这是一部各部派佛传的总结性作品，不仅篇幅最长，内容最为翔实，艺术表现也最为充分。应当指出，汉译佛传与译经的一般情形一样，往往有意译、有加工、有增删，还有误译和曲译，如此等等，并不完全忠实于原文。如汉语《佛所行赞》，"译者的目标显然不是传译文学作品而是译经，因此保存了原文的主要内容，不过多少也注意到汉语诗体的要求"①。

　　如前所述，佛传着力刻画传主佛陀作为"人"的形象，成功地表现了具有典型意义的人物性格。日本哲学家和辻哲郎论佛教造像说：

　　　　"佛像"就原理说与文学同样，是赋予"神"以人的姿态，而不是人的姿态的神化。②

即以《佛所行赞》而论，另一位日本学者平等通昭又指出：

　　　　作者思想上是站在上座部说一切有部的立场，不是把释尊看作具有本体佛意义的应化佛，而是具有觉悟的人的肉体的生身佛，只是在寂灭后才作为法身存在。换言之，是把释尊当作完善的人来描绘，而不是绝对的神，或毋宁说是接近神的神人。③

所有佛传基本同样，都把佛陀作为一个杰出的人物来表现。又不论哪一部佛传，都描绘了佛陀周围作为陪衬的许多人物，在家时有他的眷属、侍从、宫人，出家后有他的弟子、信徒以至敌人，还有出

①金克木《梵语文学史》第262页。金著对比梵文原典和汉译，对汉文《佛所行赞》的表现艺术作了讨论。
②《佛教倫理思想史》第289页，岩波书店，1985年。
③平等通昭《印度佛教文學の研究》第一卷《梵文佛所行讚の研究》第336页。

于幻想的天神、恶魔等。但比较起来，这众多人物作为陪衬大体缺乏突出的个性。这在艺术上当然是有缺陷的，但对于突显传主却起了作用。从佛陀的整个形象描写看，排除那些神秘化的、过度玄想的、超现实的情节和细节，青年"太子"主要被描绘为一个聪明智慧、热情敏感、心怀慈悲的年轻人。他受到现世苦难的刺激，善于思索，勇于反省，果敢地面对人生的挑战。他一旦意识到人生五欲之苦，就坚决地摒弃，义无反顾地走上艰难的求道之路。他既能经受苦行的磨练，又能战胜恶魔的诱惑，意志极其坚强，信念极其坚定。他对前来规劝他回家的人说：

> ……明人别真伪，信岂由他生？
> 犹如生盲人，以盲人为导，
> 于夜大暗中，当复何所从？
> ……我今当为汝，略说其要义：
> 日月坠于地，须弥雪山转，
> 我身终不易，退入于非处！
> 宁身投盛火，不以义不毕，
> 还归于本国，入于五欲火！[①]

他更善于批判地汲取众多修道者的经验教训，终于大彻大悟。当他体悟到解脱之乐的时候，又毫不利己，勇于承担，开始了传道施化的漫长生涯，直到八十高龄圆寂，病逝于游行传法的道路上。这样，结集佛传的立意当然主要在颂扬作为导师的教主，但留给人们印象更深的是他伟大的人格，他探索真理的强烈欲望和不屈意志，他战胜内心矛盾和外界诱惑的勇气和毅力，他解救世人的大慈大悲的胸怀。这样的人格的内涵和意义，远远超出伟大的宗教教主之外，具有崇高的普世价值，乃是人类精神史上的宝贵财富；从文

[①]《佛所行赞》卷二《推求太子品》，《大正藏》第4卷18页下。

学形象描绘角度看,则成功地塑造了一个永远辉耀于人类历史上的典型。

　　中土传统以《左》、《国》、《史》、《汉》为代表的史传作品注重"实录",长于叙事,主要是通过行动、语言的矛盾冲突来刻画人物。而以《佛所行赞》和《佛本行集经》为代表的佛传却长于场面的描摹、环境的铺陈,特别是出于表达主题的需要,更重视人物内心世界的描绘,用相当大的篇幅刻画人物的感情、情绪、感受等心理动态。这正是中土文学传统有所不足之处。如《佛所行赞》讲到太子出走、仆人车匿带着白马回宫,合宫悲痛万分,先描写车匿回归一路的心情,当来到王宫时:

> 宫中杂鸟兽,内厩诸群马,
> 闻白马悲鸣,长鸣而应之,
> 谓呼太子还,不见而绝声。
> 后宫诸彩女,闻马鸟兽鸣,
> 乱发面萎黄,形瘦唇口干,
> 弊衣不浣濯,垢秽不浴身;
> 悉舍庄严具,毁悴不鲜明,
> 举体无光耀,犹如细小星,
> 衣裳坏褴褛,状如被贼形。
> 见车匿白马,涕泣绝望归,
> 感结而号咷,犹如新丧亲,
> 狂乱而搔扰,如牛失其道。①

接着描绘姨母瞿昙弥"闻太子不还,竦身自投地,四体悉伤坏,犹如狂风吹,金色芭蕉树……",她回忆太子形容的美好和在宫中的优裕生活,"念子心悲痛,闷绝而躄地";又描绘诸夫人,特别是耶输陀

---

①《佛所行赞》卷二《车匿还品》,《大正藏》第 4 卷第 14 页下。

罗的悲痛,整个场面渲染得活灵活现。《佛本行集经》描写宫女们发现太子已经出走,写道:

> 尔时太子宫内所有媒女睡寤,忽然唱言:"不见太子! 不见太子!"耶输陀罗既睹卧床,独自一身,不见太子,而大唱叫,作如是言:"呜呼呜呼! 我等今被圣子诳逗。"即大叫唤,以身投地,把撮尘土,以散头上;又举两手,自拔发毛,拗折打破身诸缨络,以扑于地;以手指爪攫裂四肢、身体皮肉,所著衣服,皆悉掣毁。举声大哭,出于种种酸楚痛言;又以诸余种种苦恼,逼切萦缠自身肢体。①

像这样细腻铺张的描写是中国文人作品中前所未见的。再如《佛所行赞》描绘太子出游,街头巷尾观赏太子风姿:

> 街巷散众华,宝缦蔽路傍,
> 垣树列道侧,宝器以庄严,
> 缯盖诸幢幡,缤纷随风扬。
> 观者挟长路,侧身目连光,
> 瞪瞩而不瞬,如并青莲花。
> 臣民悉扈从,如星随宿王,
> 异口同声叹,称庆世稀有。
> 贵贱及贫富,长幼及中年,
> 悉皆恭敬礼,唯愿令吉祥。
> 郭邑及田里,闻太子当出,
> 尊卑不待辞,寤寐不相告,
> 六畜不遑收,钱财不及敛,
> 门户不容闭,奔驰走路傍。
> 楼阁堤塘树,窗牖衢巷间,

---

① 《佛本行集经》卷一七《舍宫出家品下》,《大正藏》第 3 卷第 733 页上。

　　　　　侧身竞容目，瞪瞩观无厌……①

这里的描写与中国古诗《陌上桑》"行者见罗敷，下担捋髭须"一节一样，都是从侧面烘托，但就叙写的夸饰细腻而言，后者远不及前者的铺张扬厉。又如宝云《佛本行经》第八品《与众婇女游居品》描写太子与婇女入浴一段：

　　　　太子入池，水至其腰。诸女围绕，明耀浴池。犹如明珠，
　　绕宝山王，妙相显赫，甚好巍巍。众女水中，种种戏笑：或相湮
　　没；或水相洒；或有弄华，以华相掷；或入水底，良久乃出；或于
　　水中，现其众华；或复于水，但现其手。众女池中，光耀众华，
　　令众藕华，失其精光。或有攀缘，太子手臂，犹如杂华，缠著金
　　柱。女妆涂香，水浇皆堕，栴檀木槿，水成香池……②

如此浓艳的描写，类似中土"宫体"手法，在佛传里也是相当典型的。

　　佛传在修辞手法上也很有特色。宋人叶梦得曾说过：

　　　　长篇最难。晋魏以前，诗无过十韵者。盖常使人以意逆
　　志，初不以序事倾尽为工。至老杜《述怀》、《北征》诸篇，穷极
　　笔力，如太史公纪、传，此固古今绝唱。③

但《佛所行赞》这样九千余行的长篇，其表现的奥衍繁复、奇谲变怪同样是中土文字所未见的。其铺叙具体方法，可以《离欲品》和《破魔品》连用"或"字的排比句式为例：前者描绘宫女诱惑太子的种种媚态，后者描绘魔和魔女对太子的攻击、恐吓，都利用连贯的排比，极尽形容之能事。如后者描写魔波旬形象：

————————

①《佛所行赞》卷一《厌患品》，《大正藏》第4卷5页中—下。
②《佛本行经》卷二，《大正藏》第4卷第63页中。
③《石林诗话》，何文焕辑《历代诗话》上册第411页，中华书局，1981年。

　　　　或一身多头，或面各一目，或复众多眼，或大腹身长，或羸
　　　瘦无腹，或长脚大膝，或大脚肥踵，或长牙利爪，或无头目面，
　　　或两足多身，或大面傍面，或作灰土色……①

如此连用三十余"或"字构成叠句，刻画魔军的千汇万状。后来韩
愈《南山》诗"用'或'字竟至五十一次之多，比马鸣原作，变本加
厉"②，饶宗颐以为即由此脱胎。当然就诗的表达技巧说，偈颂体译
文远不能达到中土古典诗歌那样雅驯畅达。但就创新意义看，佛传
的这类表现方法确实新颖、独特，开创唐宋诗歌排比技巧的先河。

　　不过佛传与所有佛典一样，叙写中多有不必要的繁琐罗列和
较严重的程式化倾向。这也是印度古典文学的特色。

　　佛陀有他的家族、亲友，成道后有他的弟子、信徒，还有反对者
以至敌人。这各种各样的人物除了出现在佛传里，又形成专门一
类经典。它们可看作是附属于佛传的，也是佛教传记文学的一部
分。如西晋竺法护所出《佛五百弟子自说本起经》，是写迦叶等大
弟子皈依佛法经过的。特别是佛陀十大弟子，被广泛表现在各种
经典里，构成了丰富多彩的人物画廊。其中不乏有趣的、富于人情
味的故事。例如《杂宝藏经》里写到佛陀的弟弟难陀，因为贪恋美
妻，不愿出家，佛陀为了教化他，把他带到天界，对比之下，让他发
现人世的丑陋，从而觉悟了。还有一部《摩登伽经》，写阿难的感情
纠葛。阿难年轻貌俊，被摩登迦女所爱恋和迷惑，也是在佛陀帮助
下得到解脱。这个故事，被编入《首楞严经》序分，成为这部经典破
除分别计度、攀援外境的观念的缘起。还有描写佛陀姨母摩诃摩
阇波提夫人以及后来的阿育王的经典，分别塑造出女子和帝王真
诚求道的典型。有些经典是描写世俗信仰者的。如舍卫国有大臣

――――――――――
①《佛所行赞》卷三《破魔品》，《大正藏》第4卷25页下。
②饶宗颐《马鸣佛所行赞与韩愈南山诗》，《梵学集》第316页，上海古籍出版
　社，1993年。

须达，乐善好施，人称"给孤独长者"，他以黄金铺地，构筑园林"祇树给孤独园"，从王舍城迎请佛陀前来安居说法。须达故事已见于有部律《破僧事》，在佛传《佛所行赞》、《摩诃帝经》中也都写到，后来《贤愚经》的《须达起精舍品》对舍利弗与六师外道斗法事进行了更为多姿多彩的艺术发挥。陈寅恪论及这一段故事，联系《增一阿含经》卷二九和《大智度论》卷四五所记佛弟子舍利弗与目连角力事，指出：

> 今世通行之西游记小说，载唐三藏车迟国斗法事，固与舍利弗降服六师事同。又所述三藏弟子孙行者猪八戒等，各矜智能诸事，与舍利弗目犍连较力事，或亦不无类似之处①。

佛传作为宗教圣典乃是传达佛教教义的重要手段。而作为早期材料，它们不仅对于研究佛陀本人的生平事迹，对于研究古印度史、古印度宗教史等也都是具有重要价值的文献，特别对于了解原始佛教和部派佛教的历史和思想更具有不可替代的意义。而由于古印度没有编年史传统，佛教的史事提供了推断印度历史发展进程的脉络。查尔斯·埃利奥特更曾指出：

> ……他的传记之中更是属于传闻的部分，这些部分的历史意义虽然不大，但是提供了佛教艺术的主要题材，并且像他的生涯之中可靠的事迹一样影响了他的信徒们的心灵，甚至有过之而无不及……这些事迹是以无限度的使用神通和印度诗歌中常见的夸张手法来修饰润色的。②

这样，佛传作为佛教文学的典范作品，其多方面价值是其他文献无法替代的。就对中国文学的影响说，佛传作为广泛流行的经典，普遍为文人所熟悉。从前面提到的《牟子理惑论》的记述可以知道，

---

①《须达起精舍因缘曲跋》，《金明馆丛稿二编》第 174 页。
②《印度教与佛教史纲》第 1 卷第 278 页。

早在汉末,佛传故事在中国已经相当流行。而涉及梵呗起源,有传说"肇自陈思,始著《太子颂》及《睒颂》等"①,这里所说《太子颂》题材显然是赞颂佛陀的;《睒颂》则是睒子本生故事。关于曹植在渔山制作梵呗一事当出于附会,不是历史事实,但据此传说可以推测早期梵呗的内容已有讲佛传的。南北朝时期文人的赞佛作品里多有关系佛传的。梁武帝命虞阐、刘勰、周舍等编辑《佛记》三十篇,沈约为序,明确表示其立意在佛陀"妙应事多,宜加总缉",因此"博寻经藏,搜采注说,条别流分,各以类附"②而加以整理。在同是出自梁武帝之命、宝唱编辑的佛教故事总集《经律异相》里也收有许多佛传故事。唐初王勃作《释迦佛赋》和《释迦如来成道记》,后者即是根据佛传撰写的。至于佛传的记叙与描写,启发了文人们的创作构思,转化为作品语言、典故,表现在古人作品里更是比比皆是。从这样的角度看,佛传对中土文人创作的影响确实是相当巨大的。另一方面,由于中、印两种文化内容和形态的巨大差异,特别由于佛传提供了迥然不同于中国文学叙事方式的另一种传统,对于中土叙事文学创作的影响也就更为深远。后来中国文学中出现长篇的记人、述事小说或大型说唱作品,也从佛传得到多方面的启迪和借鉴。

三

在佛典翻译文学中,《本生经》或叫做"本生谭"是艺术价值很高、也是古今中外受到普遍欢迎的部分之一。它们被称为古印度

---

①《高僧传》卷一三《经师论》,第508—509页。
②沈约《佛记序》,陈庆元《沈约集校笺》第6卷第180—181页,浙江古籍出版社,1995年。

"民间寓言故事大集"①,是可与希腊伊索寓言、中国诸子寓言并称的古代世界寓言文学的宝典。

昙无谶所出《大般涅槃经》说:

> 何等名为阇陀伽经?如佛世尊本为菩萨修诸苦行,所谓比丘当知,我于过去作鹿、作罴、作獐、作兔、作粟散王、转轮圣王、龙、金翅鸟,诸如是等行菩萨道时所可受身,是名阇陀伽。②

"阇陀伽"(jātaka)是"本生经"的音译,这里是说,佛陀在出世前,作为菩萨经过历世轮回(《梵网经》说佛陀曾"来此世界八千返"③,是说他曾经无数次降生此娑婆世界),他曾转生为鸽、为鹿,为罴,为金翅鸟等各种生物,还曾为国王、修道者、商贩、贫民等,做无数善事,积累功德,记录这些善行的故事,就构成《本生经》④。

《本生经》的形成大体与结集佛传同时,二者都是部派佛教时期的产物。和佛传形成的情形一样,《本生经》的创作也与佛陀观的变化有关。如前所述,佛陀在世的时候,他的弟子们把他当做榜样、导师,是作为现实的人看待的。到佛灭后的部派佛教时期,形成了"三世诸方佛"、"过去七佛"观念,神圣的、永生的佛陀也就有其过去世。赞美佛的过去世,就出现了《本生经》。在今印度中央邦马尔瓦附近桑奇村存阿育王始兴建的桑奇大塔,牌坊是公元前二世纪巽伽王朝建立的,上面留有本生和佛传故事浮雕,表明当时本生故事已经流行。数量众多的同类作品后来陆续被创作出来。其中有不少篇章是以商人为主人公的,显然是印度古代商业发达

---

① 季羡林主编《印度古代文学史》第 135 页,北京大学出版社,1991 年。

② 《大般涅槃经》卷一五《梵行品》,《大正藏》第 12 卷第 452 页上。

③ 《梵网经卢舍那佛说菩萨心地戒品》第一○卷下,《大正藏》第 24 卷第 1003 页下。

④ 本来意义的"本生谭"就是关于佛陀的。后来又有关于三世诸方佛如阿閦佛、阿弥陀佛以至佛弟子、后世信仰者的类似故事,有的学者也把它们归到本生一类。

时期的产物。

　　在南传佛教巴利文佛典里,保留有完整的《本生经》,计547个故事,是五部《阿含》中《小尼迦耶》(《小部》)的第十部经。实际这部经也已不是原典,是大约五世纪时由斯里兰卡比丘依据古僧伽罗文译本用巴利文写出的。我国南北朝时期曾传译过一部《五百本生经》,从名称看有可能就是这部经,后来佚失了①。现存汉译《阿含》仅存四部,《小尼迦耶》未译,所以汉译佛典里没有完整的《本生经》。但由于各部派在结集"三藏"时大量把本生故事编入其中,那些流行最广的著名故事在汉译佛典里大体均有相应的译文,而且往往不止一种。比较集中地保存本生故事的汉译佛典有十几部,其他经、律、论里散见的也不少。其中吴支谦所出《菩萨本缘经》(计包含8经)、康僧会所出《六度集经》(计包含82经)、西晋竺法护所出《生经》(计包含39经)、失译《菩萨本行经》(计包含12经)等,都是集中存录本生故事的经典;此外各种不同类型的譬喻经以及《贤愚经》、《杂宝藏经》里也包含有不少本生故事;后出的佛传如《佛本行集经》也编入不少。这样,本生故事在汉译佛典里就占有相当篇幅并流传广远,特别是作为典型的佛教文学作品被广泛利用于宣教,并影响世俗文学创作及民间口头传说。

　　本生故事在古印度十分流行。东晋法显西行求法,在天竺曾访问本生故事里所讲菩萨割肉贸鸽、施眼、舍身饲虎等处(当然这些只是传说的宗教圣地);在师子国(斯里兰卡),他遇到王城供养佛齿,在仪式上"王便夹道两边,作菩萨五百身以来种种变现:或作须大拏,或作睒变,或作象王,或作鹿、马,如是形像,皆彩画庄校,状若生人"②。在玄奘所著《大唐西域记》里,同样记载了许多五印

---

①据《出三藏记集》卷二《新集撰出经律论录》:"《五百本生经》未详卷数,阙。……右二部,齐武皇帝时,外国沙门大乘于广州译出,未至京都。"(第63页)或许这部经就是巴利文本《本生经》汉译。
②章巽《法显传校注》第35、36、38、154页,上海古籍出版社,1985年。

流行的本生故事。而义净写到他旅印时佛教"赞咏之礼"：

> 其社得迦摩罗亦同此类，社得迦者，本生也。摩罗者，即是贯
> 焉。集取菩萨昔生难行之事，贯之一处。若译可成十余轴。取本生
> 事，而为诗赞，欲令顺俗妍美，读者欢爱，教摄群生耳。是戒日
> 王极好文笔，乃下敕曰："诸君但有好诗赞者，明日旦朝，咸将
> 示朕。"及其总集，得五百夹。展而阅之，多是社得迦摩罗矣。
> 方知赞咏之中，斯为美极。南海诸岛有十余国，无问法俗，咸
> 皆讽诵。①

可见当时本生故事在南亚各地流行情形。雷奈·格鲁塞举出本生
故事实例说：

> 以上只是这亚洲的《圣徒传说》里面千百个故事中的少数
> 几个例子，都是极富诗意而温柔动人的。在表现纯印度式的
> 大同友爱的感情和惠及以至于动植物的人道主义的热忱方
> 面，实在找不到有比这更好的范例。我们发现桑奇和阿旃陀
> 的温厚的自然主义作品乃是受到这种文学的启示时，当不会
> 感到惊奇。②

《本生经》是在古印度民间文艺传统中形成的。仅从表达方式
就可以看出，"这一类故事和另外一种完全是夸张想象以至堆砌词
藻的经和故事显然是两种风格，有两种来源，起两种作用"③。本来
《本生经》的体裁多种多样，有神话、传说、寓言、奇闻、笑话（愚人故
事）等，体裁包括散文、诗歌、格言等等，译成汉语多采用韵、散结合
的译经文体。有些故事是曾在民众间广为流传的。例如其中占有

---

① 《南海寄归内法传校注》第 182—183 页。
② 《东方的文明》(René Grousset：*Les civilisations de L'orient*) 上册第 235
　 页，常任侠、袁音译，中华书局，1999 年。
③ 金克木《梵语文学史》第 175 页。

相当大比重的以动物为主人公的故事，本多是利用民间寓言加以附会的。又根据历史家考察，如"顶生王本生"、"大善见本生"等以国王为主人公的故事，乃是根据古印度先王传说改编的。此外还明显可以看出古印度叙事文学传统的影响，如汉译《六度集经》里的"未名王本生"和《杂宝藏经》里的"十奢王缘"，情节合起来就是印度古代史诗《罗摩衍那》的提要。

从原典形成情况看，应是在佛灭后不久的部派佛教时期，信徒们根据"三世佛"的观念，汲取当时流行的民间文学资料，附会以佛陀前世行事的传说，开始创作本生故事。由于这一形式受到欢迎，新故事被不断编造出来。后出的某些故事可能已经没有民间创作为依据，完全出于创造。又后来在西域地区仍不断有新作品出现，汉译中有些篇章应是出自西域的。据学者们考证，早期本生与一般早出佛典一样，应是先有偈颂，然后不断充实、丰富，增添散文叙述，故事也逐渐变得复杂、完整了。不过这一过程在汉译里已难于见到痕迹。而且汉译本生作为说教的附属部分被纳入到宣扬教义的框架里，从形式也已难以考察其民间来源了。

中国自先秦诸子百家已形成创作神话、传说和寓言文学的优良传统。但无论是行文体制，还是表现方法，中土这类作品与外来的本生相比都有重大差异。本生故事以其生动的内容和新颖的形式给中国文学创作提供了丰富的借鉴。

汉译《本生经》有固定结构。一个故事大体分为三部分：第一部分是佛陀在现世说法，这一部分比较简单；接着一部分是作品主体，描述他在过去世的行事，他身为菩萨，示现为动物如鹿、猴、兔、鸽等，或示现为国王、贵族、商人、平民、穷人、婆罗门等，精勤修道，积累善行；最后是关联语，由佛陀出面说明他过去世的行为与现世人事的关联，指出当初行善的某某就是自己，作恶的某某就是现在加害或反对他的人，从而表达教义或喻意。在巴利文原典里，在过去世故事之后有偈颂，然后有一段解释偈颂的文字，汉译里没有这两段。在这种以过去世为中心的结构固定的本生故事里,情节比较单纯,"人物"性格善恶分明,寓意突出,富于情趣。这都体现了民间文学的特色。

　　许多本生故事表现菩萨的善行,体现了宝贵的人文精神和伦理内容。重视人性和人生本是佛教的宝贵传统,人间伦理是佛教教义的重要基础之一,佛陀制戒也往往是从人间伦理出发的。而富于伦理内容更是早期佛典的主要特征。舍己救人是本生故事里常见的主题,如著名的尸毗王以身代鸽故事就十分典型。这个故事的汉译见于《杂宝藏经》《菩萨本生鬘论》《大庄严经论》等多部经典中。故事说曾有大国王名尸毗,生性仁慈,爱民如子;其时三十三天的天帝释即将命终,世间佛法已灭,诸大菩萨不复出世,大臣毗首告以阎浮提今有尸毗王,志固精进,乐求佛道,当往投归;天帝释听了,决定加以考验,说偈曰:

> 我本非恶意,如火试真金;
> 以此验菩萨,知为真实不。

他让毗首变成一只鸽子,自己变成一只鹰,鹰追逐鸽子来到国王面前,鸽子惊恐地躲藏到国王腋下。鹰作人语对国王说:"今此鸽者,是我之食;我甚饥急,愿王见还。"国王说:"吾本誓愿,当度一切。鸽来依投,终不与汝。"鹰说:"大王今者,爱念一切,若断我食,命亦不济。"他又说必须吃血腥的鲜肉。结果国王决定以身代鸽。他即取利刀,自割股肉。鹰又要求分量一定与鸽相等。国王让人取来秤,把从身上割下的肉和鸽子分别放到秤的两端,股肉割尽,较鸽身尚轻,以至臂、肋、身肉割尽,轻犹未等。最后,国王奋力置身称盘,心生喜足。天帝释问:"王今此身,痛彻骨髓,宁有悔否?"国王说不,并发誓说:"我从举心,迄至于此,无有少悔如毛发许。若我所求,决定成佛,真实不虚。得如愿者,令吾肢体,当即平复。"当他发出这一誓愿时,身体恢复如初。这时候天神、世人,都赞叹为稀有,欢喜踊跃,不能自已。故事的最后,佛告诉大众:"往昔之时,尸毗王者,岂异人乎? 我身是也。"①这个故事立意在赞颂菩萨功德,结尾处更明著训喻的意义,把舍己救人的高贵品德表现得淋漓尽致。另有萨埵太子舍身饲虎故事,也表达同样主题。同类主题的动物故事,则有《六度集经》里的鹿王本生:鹿王为了保护自己同类而不惜献出自己的身命。另一类故事是菩萨作为世人出现的,如《六度集经》里睒子本生。这个故事汉译本又有西秦法坚所译单行《睒子经》。睒子有"至孝之行",在山泽中奉养失明的老年父母,国王打猎,他误中毒矢,死前托付国王照顾父母;父母听说爱子死了,让国王领到尸体处,终于祈祷天神,救活了儿子;国王"遂命群臣,自今以后,率土人民皆奉佛十德之善,修睒至孝之行,一国则焉。然后国丰民康,遂致太平",最后佛说"时睒者,吾身是;国王者,阿难是;睒父者,今吾父是;母者,吾母舍妙是;天帝释者,弥勒是也"②。这是宣扬"奉佛至孝之德"的故事:前世的佛陀乃是孝子,这种观念与中土伦理正相符合。前面说过在《理惑论》里曾利用这个故事替佛教作辩护。见于《大涅槃经》里的雪山童子"舍身闻偈"事也是《本生经》里最为动人的故事之一。说当初世尊在世修菩萨道,作婆罗门,在雪山苦行,叫做"雪山大士"或"雪山童子";天帝释为了试验他的诚心,变做罗刹,向他说过去佛所传半偈:"诸行无常,是生灭法。"童子听了心生欢喜,四面观望,只见罗刹,就对他说:"大士,若能为我说是偈竟,我当终身为汝弟子。"罗刹说:"我今定为饥苦所逼,实不能说。"他又说所食惟人暖肉,所饮惟人热血,但自己已无力取杀。童子答说:"汝但具足说是半偈,我闻偈已,当以此身奉施大士。"罗刹就说出后半个偈:"生灭灭已,寂灭为乐。"童子听了,就在石头上,墙壁上,树木上,道路上,书写这个偈,然后

① 见《菩萨本生鬘论》卷一,《大正藏》第 3 卷第 333 页中—334 页上。
②《六度集经》卷五《忍辱度无极章》,《大正藏》第 3 卷第 24 页中—25 页上。

升高树上，投身地下。这时罗刹现天帝释形，接取其身体，雪山童子以此功德超生十二劫。这雪山童子就是佛陀的前身①。这里所说的偈就是所谓"雪山偈"，又名"无常偈"，它与"法身偈"（又名"缘起偈"："诸法从缘起，如来说是因，彼法因缘尽，是大沙门说。"）、"七佛通戒偈"（"诸恶莫作，诸善奉行，自净其意，是诸佛教。"）是表现佛教基本教义的三个偈。在这个故事里，歌颂了雪山童子为求法而不惜身命的大无畏品格。扬弃其宗教训喻意义，这种为追求真理、不畏牺牲的精神，是有普遍的教育意义的。

　　本生故事里也常常描写恶人恶行，和菩萨善行作对比，对他们进行强烈谴责。其中经常出现的是提婆达多（另译"调达"）。他本是佛陀从兄弟，佛教史上记载他与佛陀意见不一，分裂教团；在本生故事里他被表现为佛陀的敌人、教团的叛逆者、极恶之人。《六度集经》卷六有九色鹿故事，汉译又有单行《九色鹿经》。故事说菩萨昔为九色鹿，曾从大水里救出溺人，溺人感谢他，表示要为他作奴供驱使；九色鹿拒绝了，告以"欲报恩者，莫道我在此，人贪我皮角，必来杀我"；时有国王夫人欲得九色鹿皮作褥，得角作拂柄，国王募于国中，若有能得九色鹿者，分国而治；溺人闻王募重，心生恶念，就告发了鹿的去处；国王捕到鹿，鹿说明原委，王甚大惭愧，严责溺人，放了鹿，下令国内不得驱逐此鹿，结果众鹿数千皆来依附，国家太平，灾害不生。佛陀说：尔时九色鹿者，我身是也；时溺人者，今调达是②。这个故事也用来说明鹿野苑地名的缘起。故事谴责调达，本有宗教内涵，但揭露以怨报德的恶行，客观寓意又和中土"东郭先生"寓言相类似。又《法句譬喻经》里的"雁王"故事，是佛陀对阿阇世王讲述的。阿阇世王是摩竭陀国王，结交调达，囚禁

①《大般涅槃经》卷一四《圣行品》，《大正藏》第 12 卷第 450 页上－451 页上。
②见《佛说九色鹿经》，《大正藏》第 3 卷第 452 页中－453 页上。《祐录》作失译，后题后汉支谦译。吕澂《新编汉文大藏经目录》"附西晋录"，第 67 页，齐鲁书社，1980 年。

父母,在《观无量寿经》里有详细描写。他后来终于悔过,佛陀寂灭后结集佛经时曾作为护法。雁王本生是说过去有国王,喜食雁肉,常遣猎师捕雁,日送一雁,以供王食;时有雁王带领五百只雁,飞来求食,为猎师所得;群雁惊恐,有一雁联翩追随,不避弓箭,悲鸣吐血,昼夜不息;猎师感怜其义,即放雁王,并具以告王,王感其义,断不捕雁;佛告阿阇世王:"尔时雁王者,我身是也;一雁者,阿难是也;五百群雁,今五百罗汉是也;食雁国王者,今大王是也;时猎师者,今调达是也。前世以来,恒欲害我,我以大慈之力,因而得济,不念怨恶,自致得佛。"①这个故事用现世阿阇世王的行事做背景,批判杀戮恶行,颂扬佛陀不念积恨、以德报怨的功德。有些故事具有较丰富的社会内容,具有更鲜明的批判现实的意义,在一定程度上揭露了社会矛盾,传达了民众的声音。例如《六度集经》里的长寿王本生,异译有失译(《祐录》作道安译)《长寿王经》,说长寿王仁恻慈悲,愍伤众生;而邻国小王却"执操暴虐,贪残为法,国荒民贫",闻长寿王国土丰裕,怀仁不杀,无兵戈之备,即兴兵来犯;长寿王以为如果抵抗"胜则彼死,弱则吾丧,彼兵吾民,皆天生育,重身惜命,谁不然哉! 全己害民,贤者不为也",即弃国而去;后来他又把身命布施给慕名来归的梵志,让他向贪王告发,领得重赏;他死后,儿子长生作了贪王园监,得到信任,尽管有机会杀死贪王,却"赦而不戮";佛告诸沙门:"时长寿王者,吾身是也;太子者,阿难是;贪王者,调达也。"②这个故事本是宣扬忍辱的,但两个国王的对比却体现了仁爱慈悲的政治理想。不过其中宣扬对恶采取不抵抗、宽赦无边的态度,则显得过于消极了。许多以国王为题材的本生故事都批判暴虐、贪婪,赞扬仁民爱物、悱恻为怀,宣扬和平、富足、国泰民安的社会理想。《六度集经》国王本生里大臣说"宁为天

①见《法句譬喻经·忿怒品》,《大正藏》第4卷第596页中。
②见《六度集经》卷一《布施度无极章》,《大正藏》第3卷第5页上—6页上。

仁贱，不为豺狼贵"，百姓说则"宁为有道之畜，不为无道民"①，鲜明地表达了人们对清明政治的渴望。至于汉译文字里多使用"仁"、"德"、"孝"、"忠"等词语，多表现"天"、"命"之类观念，则是借用儒家观念来凸现主旨了。再一个例子是《六度集经》里的普明王本生，描写的也是一位"慈惠光被，十方歌懿，民赖其休，犹慈子之宁亲也"的贤王；时有邻国王贪残，嗜食人肉，至命杀人以供；群臣谏诤说："违仁从残，即豺狼之类矣；去明就暗，瞽者之畴矣；替济自没，即坏舟之等矣；释润崇枯，即火旱之丧矣；背空向窒，即石人之心也矣⋯⋯"，并说"豺狼不可育，无道不可君"，贪王终于被逐出国；但他为了复国，向树神发誓，要杀一百个国王贡献，已捕捉九十九个，最后捕到了普明王；贪王从王受偈，终于悔过自新而命终，经历世轮回，到佛出世时，又受所师梵志教唆，告以杀百人，斩取手指，即可成仙；他杀到九十九人，得佛教化，成佛弟子②。经文最后佛告诸比丘："普明王者，吾身是也。"这个故事在《贤愚经》卷十一被发挥，成为情节更复杂生动的"无恼指环品"，其中揭露国王残酷杀戮的恐怖情节，可看作是古印度社会真实情境的反映，对于暴虐政治的谴责和批判是相当强烈、深刻的。这类故事所表现的仁爱观念正与中土政治理念相通，因而易于被接受并受到赞赏。

　　值得注意的是，汉译佛典里的本生故事特别突显出大乘佛教慈悲为怀、自利利他、普度众生的精神。这与大乘佛教作为主流在中土流行的形势有关。前面说过，本生故事本是部派佛教的产物，有一部分又编辑在各部派"三藏"之中。但这些故事后来被大乘信徒所重视和利用，许多故事又被编入大乘经、论之中，并作出新的解释。这对于推进大乘教理的形成曾起了一定作用。在中土最早集中传译本生故事的是三国时期活动在东吴的康僧会，他所译

①《六度集经》卷五《忍辱度无极章》，《大正藏》第 3 卷第 26 页下。
②同上卷四《戒度无极章》，《大正藏》第 3 卷第 22 页中－24 页上。

《六度集经》包含八十二个故事，从名称看就可以知道是按大乘"六度"（"六波罗蜜"）编排的，即全经分为六章八卷，"人物"分别被表现为布施度无极、戒度无极、忍辱度无极、精进度无极、禅度无极、明度无极的典型。就样，结集这部经明显意在宣扬大乘思想，经文中更用大乘观念对本生故事的寓意加以发挥。同样，尸毗王以身代鸽事被编入著名大乘论书、中观学派论师龙树所著《大智度论》第四卷，这部论书编入的著名本生还有卷四须陀须摩王舍身守信事、卷十四忍辱仙人歌利王事、卷三十四师子分肋肉与鹫事等；萨埵太子舍身饲虎则被编入早期大乘经《金光明经》第四卷；同在该卷的还有流水长者救鱼故事。这些都是大乘佛教利用本生的典型例子。

　　现存本生故事有些当是后世信徒制作的。这从它们的内容、写法上即可以清楚辨别出来。这类作品单纯出于宣扬教义的目的编撰，难免教条化、程式化的弊病。如《贤愚经》卷一《梵天请法六事品》，写佛陀成道后，梵天请说法，讲了六个本生故事，都是讲佛陀前世舍身求法，分别是施舍妻子、剜身燃灯、身上斫千铁钉、投大火坑等，基本是利用已有本生的情节，结构大体相同，乃是观念的图解。另有许多故事描述残暴和苦行之类事象，为了突现效果，极力夸饰，刻画极尽残毒。这虽然也反映古印度苦难社会客观实际的一面，但利用恐怖、惊惧给人以胁迫、阴森的印象，一定程度上也破坏了艺术美感。

　　《本生经》作为赞佛文学的一类，内容体现统一的精神，形式上也有类似的结构，它们分开来是单个故事，合起来又成为一个整体。它们创造出寓言文学的一种类型，不论是在宗教文学史上，还是在民间文学史和汉语翻译文学史上，都是值得珍视的宝贵遗产。

四

《杂阿含经》记载佛陀的教诲：

> 今当说譬，大智慧者以譬得解。①

同样的意思常见于不同佛典。《法华经》记述佛对舍利弗说：过、未、现诸佛"以无量无数方便，种种因缘譬喻言辞，而为众生演说佛法"。又说：

> 舍利弗，我今亦复如是，知诸众生有种种欲，深心所著，随其本性，以种种因缘、譬喻言辞、方便力，而为说法。舍利弗，如此皆为得一佛乘、一切种智故。②

龙树《大智度论》则指出：

> 譬喻为庄严论议，令人信著故……譬如登楼，得梯则易上；复次，一切众生著世间乐，闻道德、涅槃则不信不乐，以是故，眼见事喻所不见；譬如苦药，服之甚难，假之以蜜，服之则易。③

这些都反映了佛教传统上对于譬喻说法的重视。从一定意义说，全部所谓"佛典翻译文学"作品都可看作是一种譬喻说法。

佛典初传中土，其善用譬喻的特点已引起人们的注意。《牟子理惑论》里记载当时攻击佛教的言论，说"佛经说不指其事，徒广取譬喻，譬喻非道之要。和异为同，非事之妙，虽辞多语博，犹玉屑一

---

①《杂阿含经》卷一〇，《大正藏》第 2 卷第 71 页中。
②《妙法莲华经》卷一《方便品第二》，《大正藏》第 9 卷第 7 页中。
③《大智度论》卷三五，《大正藏》第 25 卷第 320 页上。

车,不以为宝矣"。这实际也是指责佛典里的比喻在逻辑上不能得出肯定的结论。而作辩解一方则引用圣人之言为例子:"自诸子谶纬,圣人秘要,莫不引譬取喻,子独恶佛说经牵譬喻耶?"①这则是说比喻本是中土撰述习用的方法,也是力图迎合本土传统的辩解。

佛典所谓"譬喻"实际有多重含义。一种是指修辞方式的譬喻(比喻),作为一种手段使文字表达更为生动活泼,富于形象性。如早出的《四十二章经》里这样的段落:

> 佛言:人有众过而不自悔,顿止其心,罪来归身,犹水归海,自成深广矣。有恶知非,改过得善,罪日消灭,后会得道也。

> 佛言:恶人害贤者,犹仰天而唾,唾不污天,还污己身,逆风坋人,尘不污彼,还坋于身。贤者不可毁,祸必灭己也。②

这一类是作为修辞格的譬喻。又如著名的"大乘十喻",前面已经提到什译《金刚经》精炼为"六如":"一切有为法,如梦、幻、泡、影,如露亦如电,应作如是观。"③这是以"具象"来表达"诸法性空"的抽象义理。这种比喻是所有语言共有的表现手段,中国先秦诸子百家著作同样多用这种修辞方法,不过佛典使用更为频繁。佛教另有专门一类譬喻经典。在印度佛教对佛典分类的所谓"十二分教"或称"十二部经"④里,"阿婆陀那"(avadāna)意即"譬喻",本意是"英雄行为故事"。它们作为教理的例证出现在经典里,也算作是

①《牟子丛残新编》第13—14页。
②《四十二章经》,《大正藏》第17卷第722页中。
③鸠摩罗什译《金刚般若波罗蜜经》,《大正藏》第8卷第752页中。
④即:修多罗,长行直说;祇夜即重颂,以颂体配合修多罗;授记,佛为菩萨授记的经文;伽陀即讽颂、诗偈;优陀那,无问自说;尼陀那即因缘,如佛典里的序分;阿婆陀那即譬喻;伊提目多伽即本事,佛说弟子过去世因缘;阇陀伽即本生;毗佛略即方广,方正广大的经文;阿浮陀达摩,未曾有,神通事迹;优波提舍,论议。

一种譬喻①。另有十二部经里的"尼陀那"即"因缘",指经典记载佛陀说经或制律的缘起,实际也往往利用譬喻故事。至于"本生"和"本事"当然也是譬喻故事。另外佛典里又随处可见譬喻情节。有些经典或经典的某一品本身就是对教理、教义的譬喻,如《中阿含经》里的《箭喻经》,另有单行《佛说箭喻经》,是说佛在舍卫城祇园精舍时,弟子中有尊者摩罗鸠摩罗,思考一些问题不能解决:"世间有常,世间无常? 世间有边,世间无边? 命是身,命异身异? 有如此命终,无有命终,有此无有此无有命终?"佛陀用有人中箭作譬喻说:"若有人身中毒箭,彼亲属慈愍之,欲令安隐,欲饶益之,求索除毒箭师。于是彼人作是念:我不除箭,要知彼人己姓、是字、是像、是若长若短若中……我不除毒箭,要当知彼弓为是萨罗木,为是多罗木……我不除毒箭,要当知彼筋若牛筋,若羊筋,若牦牛筋……"②从而指出如果如此无益地纠缠下去,中箭的人早就死掉了。佛陀用这样的譬喻告诉弟子,不要沉迷于那些形而上学的抽象思辨里,首要的是解决人们面临的实际问题,即所谓"生死事大","从修梵行"。尊者摩罗鸠摩罗询问的这些问题就是佛陀教化所谓"十四无记",典型地显示了早期佛教注重人生实际的特征。又如竺法护译《修行道地经》第九品《劝意品》写一个国王选择大臣,先加以考验,"敕告臣吏盛满钵油而使擎之,从北门来,至于南门,去城二十里,园名调戏,令将到彼。设人持油堕一滴者,便级其头,不须启问";受考验的人经过闹市,遇到"号哭悲哀"的亲人,"端正姝好"的女人,"放逸奔走"的醉象等等惊心动魄的险情,"秉心专意,无他念故,不弃一滴,得至园观",终于证明自己"有信精进,质

<hr />

①阿婆陀那经常被汉译为"譬喻经"或"譬喻",如《增一阿含经》卷一七:"或有比丘高声颂习所谓契经……譬喻如是诸法。"又《四分律》卷一:"契经……譬喻经……"

②《佛说箭喻经》,《大正藏》第 1 卷第 917 页中－918 页上。

直智慧,其心坚强"①。这个故事被胡适当作古代白话文学的范例,引录到他的《白话文学史》里。这样的故事同样表明了佛陀教法的现实品格,也显示了教化方法的奇妙。另如大部大乘经《法华经》、《华严经》、《维摩经》等不但包含许多譬喻故事,整部经典作为方便说法,也可以看作是广义的譬喻。

在部派佛教时期又已形成一批专门的譬喻经。在这个领域上座部里的说一切有部和大乘兴起后仍十分活跃的根本说一切有部所做贡献尤大。渥德尔指出:

> 我们已经看到一切有部从孔雀城传播到犍陀罗和伽湿弥罗(罽宾),而其同时仍保留东方(舍卫城,江绕城)的立足点。这一发展开始于公元前三世纪……大概是当作他们(三藏)的部分的"小部"(小阿含)一切有部和上座部一样,撰造了一批譬喻经(Avadāna),或者可以说是几部譬喻经(Avadānas)……在公元一世纪中期法救(Dharmatrata,见下文)重新编排,也许还扩大了一切有部当时现有的《法句经》(Dharmapada),还出了一本经文称为《Udānavarga》(也译为法句经和法集要颂经),有时猜想他就是这本书的作者。②

> ……他们自称为根本说一切有部(Mūlasarvāstivāda),仿佛他们的派别和传统更要原始,他们产生了一部精心改写的三藏,也许意在使它适应当时文学上的流行倾向(然而并未改变教义),使它更受群众欢迎。他们这个工作的一个著名例子是他们的毗奈耶……这个时期产生了很多譬喻经(Avadānas)或譬喻经集(例如《撰集百缘经》Avadānasataka和现在梵本中还找得到的《天业譬喻经》Divyāvadāna)目的显然是通过简单

---

① 《修行道地经》卷二,《大正藏》第 15 卷第 196 页上-198 页中。
② 《印度佛教史》第 314-315 页。

故事普及佛教。①

这说明了说一切有部和根本说一切有部撰著譬喻经的情形。本节所讨论的就是这种专门的"譬喻经"。这类经典与本生经一样，和民间文学创作有密切关系：有些本身就是民间故事，有些则是模仿民间创作编撰的。1926年鲁迅先生为校点本《百喻经》作题记说：

> 尝闻天竺寓言之富，如大林深泉，他国艺文，往往蒙其影响。即翻为华言之佛经中，亦随在可见。明徐元太辑《喻林》，颇加搜录，然卷帙繁重，不易得之。佛藏中经，以譬喻为名者，亦可五六种，惟《百喻经》最有条贯……②

前此的1914年，鲁迅曾出资请金陵刻经处刊刻《百喻经》，次年并根据自藏校本校阅写定，作有后记③。他高度肯定了作为典型譬喻经的《百喻经》的文学价值。

汉语佛典里辑录譬喻故事构成的以"譬喻"立名的经典现存多部：题为吴康僧会所出《旧杂譬喻经》、题为支娄迦谶所出《杂譬喻经》、失译《杂譬喻经》、比丘道略集、鸠摩罗什译《杂譬喻经》（有异本《众经撰杂譬喻经》）、僧伽斯那撰、南齐求那毗地所出《百句譬喻经》即《百喻经》等。另又多种《法句经》，同样以譬喻故事为主要内容，下面另有介绍。上述"譬喻经"的前两部从译语和译文风格看均不像是康僧会或支娄迦谶所出，不过它们形成于佛教传入中土早期则是可以肯定的。在梁天监年间宝唱等所编、"抄经律要事，皆使以类相从"④的《经律异相》里，还存有《十卷譬喻经》、《譬喻经》（一卷，引文不见现存诸本《譬喻经》）的佚文。又《出三藏记集》卷二《新集条解异出经录》所录《譬喻经》条下，列出安世高所出《五阴

---

① 《印度佛教史》第381—382页。
② 《〈痴华鬘〉题记》，《鲁迅全集》第7卷101页。
③ 《〈百喻经〉校后记》，《鲁迅全集》第10卷45页。
④ 《经律异相序》，《经律异相》卷一，《大正藏》第53卷第1页上。

譬喻》一卷、竺法护所出《譬喻三百首经》二十五卷（原注：无别题，未详其名）、释法炬所出《法句譬喻经》六卷、求那毗地所出《百句譬喻经》十卷、康法邃所出《譬喻经》十卷，并注明"右一经五人出"，即把五部经当作同本异译。但今存释法炬和求那毗地的两部经，并非同本；另三部则情况不明。《经律异相》录有佚文的《十卷譬喻经》似应即是康法邃所出。《出三藏记集》卷四《新集续撰失译杂经录》著录《杂譬喻经》六卷、《旧譬喻经》二卷、《杂譬喻经》二卷、《譬喻经》一卷、《譬喻经》一卷（原注：异出）、《法句譬喻经》一卷（原注：凡十七事，或云《法句譬经》）、《杂譬喻经》一卷（原注：凡十一事。安法师载《竺法护经目》有《譬喻经》三百首二十五卷，混无名目，难可分别。今新撰所得，并列名定卷，以晓览者。寻此众本，多出大经，虽时失译名，然护公所出或在其中矣)①；卷五《新集抄经录》里有《抄法句譬经》三十八卷。这些著录表明，魏晋以来曾有众多以"譬喻"为名的经典广为流行。僧祐著录"失译杂经"时曾指出，这类经典一卷已还者五百余部，"率抄众经，全典盖寡。观其所抄，多出《四含》、《六度》、《道地》、《大集》、《出曜》、《贤愚》及《譬喻》、《生经》，并割品截偈，撮略取义，强制名号，仍成卷轴"②。实际上多数"譬喻经"是这样出于中土人士的经抄③。正因为是抄撮而成，这些经典收录的故事多有相互重复的。

　　除了这些名为"譬喻"的经典之外，还有两种经典亦属同类。一种是单本譬喻经，如前述《箭喻经》；《出三藏记集》里列有一大批这类经典名目，如《恒河譬经》、《须河譬喻经》、《马喻经》、《鳖喻经》

---

①《出三藏记集》第 77、124－125、175 页。

②《新集续撰失译杂经录》，《出三藏记集》卷四，第 123 页。

③现存"譬喻经"除《百喻经》有梵文原本外，其他均不见外语原典，所以有人径认为它们都是"在中国结集成书的抄撰经"。参阅丁敏《佛教譬喻文学研究》第六章《譬喻佛典研究之三——六部以"譬喻"为名的佛典》，第 275－388 页，东初出版社，1996 年。

等。周叔迦论《天尊说阿育王譬喻经》：

> 东晋佚名译。按此经所记，率取故事以证嘉言，约如我国
> 《韩诗外传》体例。凡十二则……大率取譬浅近，引人皈信，与
> 《杂宝藏经》、《百喻经》等，殊途同归。取此种经典，与六代《搜
> 神记》、《颜氏家训》诸书互相耆较，天竺思想影响中土程度，亦
> 可窥一二矣。[1]

其中更多有并不以"譬喻"立名的，如下面将要讲到的《奈女耆婆
经》。另一种是别有标题的譬喻故事集，如题为支谦译《撰集百缘
经》、姚秦竺佛念译《出曜经》、马鸣撰、鸠摩罗什译《大庄严经论》、
北魏慧觉等出《贤愚经》、北魏吉迦夜共昙曜译《杂宝藏经》等，都是
专门辑录譬喻故事的经集。

　　汉译专门"譬喻经"的结集情况是多种多样的。有些譬喻故事
是从"修多罗藏十二部经中抄出"[2]的，有些则是创作的。创作的部
分，有的是翻译即外来的，有些是本土的；从外语翻译的，有些是印
度的，有些是西域"胡族"的。上引渥德尔指出部派佛教制作譬喻
经的情形。部派佛教根据其佛陀观，在创作大量本生故事同时，也
积极地制作譬喻故事。特别是活跃在贵霜王朝的有部论师，更热
心地搜集、创作譬喻故事并编辑成书来宣扬教义。窥基说：

> 佛去世后一百年中，北天竺怛义翅罗国有鸠摩罗多，此言
> 童首，造九百论。时五天竺有五大论师，喻如日出，明导世间。
> 名日出者，以似于日，亦名譬喻师。或为此师造《喻鬘论》，集
> 诸奇事，名譬喻师。[3]

这里所说的《喻鬘论》，本世纪初在新疆发现一部梵文残卷，作者即

---

① 《释典丛录》，《周叔迦佛学论著集》下集，第 1024—1025 页，中华书局，1991 年。
② 《百句譬喻经前记》，《出三藏记集》卷九，第 355 页。
③ 《成唯识论述记》第二本，《大正藏》第 43 卷第 274 页上。

题鸠摩罗多,陈寅恪与德国梵文学者刘士德勘同旧题马鸣所造、属于《法句譬喻经》类的《大庄严经论》①。窥基所谓"佛去世后一百年"计算时间有误,实际是贵霜王朝时期产物。同时代的法胜、法救(下面将要讲到的《法句经》就是他编订的)、众护(上面讲到的《修行道地经》即是他所造)②等都是具有卓越文学才能的人物,对发展譬喻文学作出了巨大贡献。在佛教传入中国的汉、魏时期,正是这批热衷譬喻故事的论师十分活跃的时候。什译《杂譬喻经》的编者比丘道略也应是这类论师之一。另有些"譬喻经"是中土人士辑录的。如僧祐纪录《贤愚经》写作过程是:

> 十二部典,盖区别法门。旷劫因缘,既事照于本生;智者得解,亦理资于譬喻。《贤愚经》者,可谓兼此二义矣。河西沙门释昙学、威德等凡有八僧,结志游方,远寻经典。于于阗大寺遇般遮于瑟之会。般遮于瑟者,汉言五年一切大众集也。三藏诸学,各弘法宝,说经讲律,依业而教。学等八僧随缘分听,于是竞习胡音,析以汉义,精思通译,各书所闻,还至高昌,乃集为一部。既而逾越流沙,赍到凉州。于时沙门释慧朗,河西宗匠,道业渊博,总持方等。以为此经所记,源在譬喻;譬喻所明,兼载善恶;善恶相翻,则贤愚之分也。前代传经,已多譬喻,故因事改名,号曰《贤愚》焉。③

这是说,《贤愚经》本来是河西沙门昙学等人的听讲纪录,所记譬喻故事,"因事改名"而叫做《贤愚经》了,应有部分故事是当地撰集的。又康法邃编辑《譬喻经》也有序记说:

> 《譬喻经》者,皆是如来随时方便四说之辞,敷演弘教训诱之要。牵物引类,转相证据,互明善恶罪福报应,皆可寤心,免

---

① 参阅陈寅恪《童受喻鬘论梵文残本跋》,《金明馆丛稿二编》第207—211页。
② 吕澂《印度佛学源流略讲》第54、59页。
③《贤愚经记》,《出三藏记集》卷九,第351页。

彼三途。如今所闻，亿未载一，而前后所写，互多复重。今复
撰集，事取一篇，以为十卷。彼次首尾，皆令条别，趣使易了，
于心无疑。愿率土之贤，有所遵承，永升福堂，为将来基。[①]

这表明，康法邃这部《譬喻经》是他考虑到同类经典记载混乱而重
新加以编辑的。

　　"譬喻经"把故事附会到教义说明上，其贴切程度大不相同。
有些故事，特别是那些为宣传教义专门制作的，往往像是教义的图
解，如用简单的情节来说明施舍则得到财富，慈心则得到善报，等
等。多数这类故事是程式化的，情节简略，表述粗糙，读（听）起来
索然寡味。在艺术上有价值的，是那些在宗教的喻意之外，另有更
普遍、更深刻的训喻意义的作品。

　　这一类譬喻故事许多具有普遍的哲理意义。例如失译《杂譬
喻经》卷下第二十九"瓮中见影"故事，说新婚夫妇二人见瓮里自己
的影子，怀疑对方藏有情人；《旧杂譬喻经》二道人根据象迹判断是
怀孕母象；《百喻经》第十《三重楼喻》写不想造下两层屋而拟直接
造第三层的愚人。经文对于寓意都有直接说明：第一个故事是讽
刺"世人愚惑，以虚为实"；第二个故事说明"夫学当以意思维"；第
三个故事是教育四辈弟子"精勤修敬三宝"，不要"懒惰懈怠"。这
些解说讲的往往是宗教修持道理，但却能让人体会到具有普遍意
义的更深一层哲理。

　　再有一部分故事富于伦理训喻内容。这类故事原本多是指示
修道方式和态度的。如《旧杂譬喻经》写鹦鹉以翅羽取水，欲扑灭
山中大火，表现了一种"知其不可而为之"的不屈意志；《杂宝藏经》
卷一《弃老国缘》，说过去有一弃老国，国法驱弃老人，有一大臣孝
顺，在地下掘一密室孝养老父，借老父的智慧替国王解答了天神的
问题，终于使国王改变了弃老法令。这是宣扬仁孝敬老意识的，十

①《譬喻经序》，《出三藏记集》卷九，第354—355页。

分符合中土伦理观念。譬喻故事里宣扬戒绝贪、瞋、痴，提倡施舍、忍辱、精进努力的篇章很多。如《贤喻经》卷三《贫女难陀品》，讲佛经里常常提到的"贫女一灯"故事，本来是宣扬施舍的，但那种为了达到一定目标而精诚努力的精神，同样体现出普遍的教育意义。

譬喻故事形成于一定社会环境中，背景或内容往往反映了故事产生当时的社会矛盾，具有社会批判的内涵，表达一定的政治理想。《旧杂譬喻经·祸母》故事，讲过去有个国家，富足安乐，但国王贪心不足，忽发奇想，派人到邻国买"祸"，结果祸害了民众，闹得饥荒遍地，故事结尾说："坐厌乐，买祸所致。"故事寓意是戒"贪"的，但客观上也是对统治者残暴荒唐的揭露和讽刺。在一些有关国王的譬喻故事里，常常带着鲜明爱憎拿贤明国王与残暴国王作对比，揭露暴君滥杀无辜、贪得无厌、盘剥百姓、侵略别国的罪行；而对仁政爱民的国君加以赞扬。《杂宝藏经》里一个故事揭露国王"七事非法"："一者耽荒女色，不务贞正；二者嗜酒醉乱，不恤国事；三者贪著棋博，不修礼教；四者游猎杀生，都无慈心；五者好出恶言，初无善语；六者赋役谪罚，倍加常则；七者不以义理，劫夺民财。由此七事，能危王身。"又指出"倾败王国"的"三事"："一者亲近邪佞谄恶之人，二者不附贤圣不受忠言，三者好伐他国不养人民。"[1]这是对统治者贪残罪行相当全面、深刻的揭露与总结。《贤愚经》卷八《盖事因缘品》描写国王出游，借鉴佛陀为太子时出游四门情节，他"见诸人民耕种劳苦"，问大臣人民何以如此，大臣回答说："国以民为本，民以谷为命。若其不尔，民命不存；民命不存，国则灭矣。"[2]这就简洁、明确地阐发了民本政治主张。又如《贤愚经》卷六《尼提度缘品》，表现"极贱"的除粪人尼提受度出家，成阿罗汉，佛陀对波斯匿王解释说："凡人处世，尊卑贵贱，贫富苦乐，皆由

---

[1]《杂宝藏经》卷八《拘尸弥国辅相夫妇恶心于佛佛即化导得须陀洹缘》，《大正藏》第4卷第485页中。

[2]《大正藏》第4卷第403页中。

宿行,而至斯果。仁慈谦顺,敬长爱小,则为贵人;凶恶强梁,骄恣自大,则为贱人。"①而卷五《散檀宁品》写五百乞儿出家,佛陀说:"我法清净,无有贵贱。譬如净水,洗诸不净,若贵若贱,若好若丑,若男若女,水之所洗,无不净者……"②这些故事有其特定的教理内容,但其中所表现的人性平等观念是十分宝贵的。

譬喻故事里有些短小精悍的笑话,奇思异想,极富风趣,对世态人情的揭露和讽刺往往极其尖锐、深刻,独具艺术特色。《百喻经》里集中搜集了一批这类故事,日本佛教学者岩本裕指出这类故事多从古印度民间流行的愚人故事脱胎而来③,体现出民间文学特有的幽默特色。又例如《旧杂譬喻经》卷上第二十写妇人富有,金银为男子骗取,被狐狸嘲笑;什译《杂譬喻经》第二十三,写田舍人至都下,见人以热马屎涂背疗鞭伤,回家命家人鞭背;第二十五写一蛇头尾争大,尾在前行,堕火坑而死;《百喻经》第六十九"效其祖先急速食喻",等等,都用极其简短的篇幅,叙说一个幽默的小故事,充满了机智、风趣。这类故事大都附带有教理的直接说明,其客观训喻意义更是耐人深思,感发人心。

许多譬喻故事取自生活实际和日常现象,显得真实、亲切。如《中阿含经》里佛对二十亿耳的说法,用调琴弦作比喻,说明修行需要不弛不张的道理;《百喻经》里的"愚人食盐喻",说愚人吃东西发现用盐味美,竟空口食盐,意在讽刺外道,实则说明做事"适度"的重要。还有用牧牛、调马、锻铁等等来比拟修行之道的,都相当地贴切,耐人玩味。

"譬喻经"作为文学作品,具有十分明显的艺术特征:素材大都取自日常现实生活,包括那些以动物为主人公的,或是拟人化的,实际也有现实生活的依据;由于表现的是真实的世态人情,情节富

---

①《大正藏》第 4 卷第 397 页下。
②同上第 386 页上。
③《佛教説話研究》第二卷《佛教説話の源流と展開》,第 118 页。

于机趣,而又比较单纯;内中寓意一般都相当显豁,作者或讲故事的人有时直接出面评论,有时寓意隐含在故事当中;表达上善恶分明,爱憎、褒贬态度鲜明;语言通俗易懂,即使翻译为汉语,也相当平易、生动,和六朝时期书面语言的雕琢华丽截然不同。这些特色构成这类经典特殊的艺术价值。

　　一般说来,几种专门《譬喻经》里的故事情节简单,结构单纯,篇幅短小。而在《贤愚经》等后出经集里,出现一批篇幅较长,情节、结构更复杂的故事。其中许多是把譬喻、本生、因缘等情节组合在一起的。常见的有两种结构方式:一种是在现实情节中组合往昔、前世情事的复合式,另一种是一个情节引出另一个情节的连锁式。复合式故事有些是多种情节相互关联的复杂组合。例如前面已经提到的《贤愚经》卷十一《无恼指鬘品》,在述说佛陀在世时波斯匿王子鸯仇魔罗受佛陀教化出家得阿罗汉道之后,接着加入痤陋比丘善声因缘,述说四个鸯仇魔罗前世受佛陀教化的故事。连锁式的故事也一样,如同在《贤愚经》卷十一里的《檀腻鞠品》,故事主人公是个穷婆罗门,生活困顿,从佛出家,佛告以阿难前世因缘:过往阿僧祇劫,有婆罗门名檀腻鞠,贫困饥饿;接着是他的一系列倒霉经历:丢失借别人的牛,打折别人的马脚,过河时让木工丢了凿子,等等;在被捉前去王宫的路上,又有雉、蛇和一位母亲向他提出问题;在国王那里,国王聪明断案,使他得以解脱;而事情结束,檀腻鞠又看到国王评判二母争儿案子,遂逐一地解答了雉等的问题。这样由一个情节引出另一个情节,构成两个大的段落。又如《佛说奈女祇域因缘经》,描写一个从奈树上出生的奈女,与瓶沙王生了一个儿子,生时手持针药囊,后来学习医术,成就医道;接着描述他医治四个病人的事迹:照见五脏,开腹破颅等;然后又为南方大国热毒攻心、动辄杀人的蟒子国王治好了病,并让他请佛加以超度;最后补叙了奈女前世因缘。这实际是个情节复杂的颂扬"神医"的作品,反映了古代印度医学发展的高度成就。这类故事结构没有复线，只有单一的主人公，线索围绕着这一个人物展开，仍保持着口头传说的基本格局。不过这种由多个故事构成的较复杂的结构，已经具有后来中国长篇小说的规模。只不过由于中土叙事文学发展缓慢，佛典中的这些叙事技巧没有及时地被世俗创作所借鉴、应用。

在"譬喻经"里"法句经"是特殊的一类。所谓"法句"（梵文Dharmapada，巴利文Dhammapada），意谓真理的语言，即传达佛陀教法的偈句，应是古代沙门从众经中拣选出来分类加以编辑的。汉译《法句经》存四部：吴维祇难于黄武二年（223）传授《法句经》，并请竺将炎翻译。这就是由偈颂组成的二卷本《法句经》。公元四世纪初西晋法炬共法立二人翻译《法句譬喻经》四卷，是选择吴本偈颂的大约三分之二，加上散体譬喻故事，采用长行和偈颂结合的文体。姚秦竺佛念译《出曜经》三十卷在四世纪初，其体制同《法句譬喻经》，其中的偈颂有相当部分取自《法句经》。最后一种《法集要颂经》四卷后出，全部是偈颂，内容和前面几部差距相当大。韵文法句只取句式整齐，基本不用韵，其中多用比喻修辞方法，以求廉悍生动地说明道理，可以看作是哲理诗。如《法句经》：

> 《教学品》：若人寿百岁，邪学志不善，不如生一日，精进受正法。若人寿百岁，奉火修异术，不如须臾顷，事戒者福称。
>
> 《多闻品》：斫创无过忧，射箭无过愚，是壮莫能拔，唯从多闻除。盲从是得眼，暗从是得烛，亦导世间人，如目将无目。
>
> 《言语品》：夫士之生，斧在口中，所以斩身，由其恶言。[①]

这类宣说佛理的法句，包含有古人智慧的结晶，具有普遍的教育意义。查尔斯·埃利奥特指出：

> 这种记忆文学在诗歌方面达到了最高的卓越性。编撰短

①《法句经》卷上，《大正藏》第4卷第559页下、560页中、561页下。

篇颂偈,用少数简洁而意味深长的字眼在一对偶句或一段简短圣歌的篇幅中,表达一种思想感情或精神体会,早期佛教徒使这种艺术达到了后人尚未超过的完善境地。《法句经》就是这种文学的最佳实例……全部作品交织着文学的优美和深睿的思想,以及罕见的人情意味。它不仅安静地放射和平、坚信与快乐的光芒,而且还热情洋溢,希望行善和帮助在情欲和愚昧的泥淖中挣扎的人们。①

不过译自外语的韵文在表述技巧上确有很大困难,特别是把本来就十分艰深、生疏的内容置于中国韵文严格格律之中,更会显得枘凿难合,因而又如金克木所指出:

佛教早期经典中的诗歌在汉译的五言(也有四言或七言的)无韵诗中失去了原诗的许多文学技巧特点,往往成为佶屈聱牙词不达意的歌诀。但是在印度,这些说理的诗句却有重要的地位,而且在一些佛教国家里曾有很大的影响。这些诗章的内容现在是腐朽了,不再能吸引人了,但是在当时却带有清新的气息。这种广泛使用譬喻的格言式的诗,用简单明了的词句表达在当时是新鲜的道德思想,正和婆罗门的一些那时已经陈腐而且难懂的诗句成为对照,而与史诗里的格言交相辉映。这样的体裁显然是出于民间的民谣、谚语,到后来一直是古典文学中几乎不可缺少的成分。②

然而即使在翻译过程中已经失掉了相当程度的艺术情趣与韵味,这种显得笨拙、艰涩的译文仍给中国诗歌增添一种新的格调,后来禅宗偈颂在写法上就借鉴了翻译诗偈的一些技法,包括"法句经"的写法,创造出一种全新的禅诗,在诗坛上造成相当大的影响。

---

① 《印度教与佛教史纲》第 1 卷第 401－402 页。
② 《梵语文学史》第 181 页。

　　譬喻故事是佛典翻译文学最为普及、最受欢迎的部分之一，也是教化中施设方便最为有效的手段之一。在古印度和西域，这些故事十分流行；翻译成汉语的作品在中国也流传相当广远。历代许多文人在创作中常常借用它们作素材；直到今天，流传在中国各民族间的民间传说，还有不少是根据佛典譬喻故事改编的。

五

　　以上，简单介绍了佛典翻译文学中艺术价值突出的几类。这几种体裁都是部派佛教时期兴盛起来的，都具有民间文学的渊源，都体现鲜明的文学创作性格。前面已经提到，许多后出的大乘经也具有鲜明的文学性质。按和辻哲郎的说法：

　　　　大乘经首先是"文学创作"，这是在立足于自由立场上阅读经典时不得不立即承认的。①

大乘经构筑起庞大而又严密的教理、教义体系，所表现的内容往往涉及社会生活和思想学术的方方面面，在表现形式上更是丰富多彩：各种文体、各种表现方法、各种修辞手段等等都被广泛、灵活地使用。特别是大乘经典一方面纳入大量前面介绍的佛传、本生、譬喻经等内容，另一方面又体现更为浓厚的玄想性格。大乘经的结构均组织在佛陀于某时、某地、对某些人说法的框架里，这就决定了它们使用的基本是叙事和描述方法，而不是单纯、枯燥的说教。早出的《般若经》还是以议论为主，思辨色彩十分浓重，而陆续结集起来的《维摩经》、《法华经》、《华严经》、《涅槃经》等，则包含更多叙

---

①《佛教倫理思想史》第239页，岩波书店，1985年。

事和描绘,更富于故事性和形象性。大乘论书从性质说本是解经的,当然主要是议论,但也包含许多情节描述和譬喻故事。它们里面那些生动形象的例证乃是理论说明的不可缺的部分。所以如《大毗婆沙论》、《大智度论》等大、小乘论书,也被看作是譬喻文学的宝典。

以下简单扼要地介绍几部大乘经典,以见一斑。

《法华经》是一部重要大乘经,被称为"经王"。自竺法护于太康七年(286)初译《正法华经》,即广受中土民众的热烈欢迎;后来以什译《妙法莲华经》最为流行。本经一再说到"以无数方便,种种因缘,譬喻言辞,演说诸法"①的必要,利用譬喻说明教理是它的一大特点。道宣概括本经内容说:

> 朽宅通入大之文轨,化城引昔缘之不坠,系珠明理性之常在,凿井显示悟之多方,词义宛然,喻陈惟远。②

胡适也指出"《法华经》(《妙法莲花经》)虽不是小说,却是一部富于文学趣味的书。其中的几个寓言,可算是世界文学里最美的寓言,在中国文学上也曾发生不小的影响"③。道宣讲的是《法华经》里的"朽宅"(火宅)、"化城"、"系珠"、"凿井"四个譬喻,加上"穷子"、"药草"、"医师"喻,构成有名的"《法华》七喻"。这是七个十分生动的寓言故事,用来说明大乘教理。如"三世朽宅"、"导师化城"等不论在观念上还是在文字上,都已深入中土人心。《法华经》具体章节里也有许多情节生动的故事,特别是其中所描写众菩萨事迹,生动鲜明地宣扬菩萨信仰,具有强烈的感发人心的力量。所以这部经典也被看作是譬喻文学的宝典。

《华严经》是规模更为宏大的经典,内容描述佛成道后,凭借普

---

① 《妙法莲华经》卷一《方便品》,《大正藏》第 9 卷第 7 页上。
② 道宣《妙法莲华经弘传序》,《大正藏》第 9 卷第 1 页下。
③ 《白话文学史》第 109 页。

贤、文殊等大菩萨示现佛陀因行果德如杂花庄严，广大圆满，无尽无碍。汉语有三译，流行的是东晋佛驮跋陀罗所译六十卷本《华严》。全经按说法地点是七处，按场面是八会，是典型地充分发挥大乘玄想性格的经典。前两会佛陀在成道的菩提道场和普光法堂说法，从第三会移到忉利天宫、夜摩天宫等处，第七会又回到普光法堂，第八会在佛陀圆寂的逝多林。说法的佛陀已不是修道成佛的沙门释迦，而是遍满十方、常住三世、总该万有的真理化身，十相具足的法身卢舍那佛；说法的对象不仅有佛弟子，还有众多菩萨，背景是万德圆满、妙宝庄严、无限华丽神秘的诸佛境界，以至有人把它比作是一部规模宏大的神魔小说。在第八会里，佛陀现种种神变，使诸菩萨获得无数大悲法门，文殊师利率大众辞佛南行，到福城东，在庄严幢娑罗林中说法，有善财童子等二千人前来听法；善财童子一心求菩萨道，在普贤教示下，辗转南行，寻访五十三位善知识，听受无数广大甘露法门，终于证入法界。这就是六十《华严》里占十七卷的《入法界品》。善财童子的寻访经历，情节生动，人物众多，形象鲜明，含义深刻。有人把《华严经》的这一部分比作英国著名的宗教小说班扬的《天路历程》。《华严经》表现大胆玄想的境界，描绘得极其恢弘开阔，汪洋恣肆，是中土作品中前所未见的。

　　《维摩经》是另一部极富文学意味的经典。胡适说：

　　　　鸠摩罗什译出的经，最重要的是《大品般若》，而最流行又最有文学影响的却要算《金刚》，《法华》，《维摩诘》三部。其中《维摩诘经》本是一部小说，富于文学趣味……这一部半小说，半戏剧的作品，译出之后，在文学界与美术界的影响最大。中国的文人诗人往往引用此书中的典故，寺庙的壁画往往用此书的故事作题目。后来此书竟被人演为唱文，成为最大的故事诗……①

―――――――

① 《白话文学史》第 106 页。

这部经早有支谦译本,后来什译更为流行。有人把它比作一部三幕戏剧。其中塑造的信仰诚挚、学养高深的在家居士维摩诘形象,内涵丰富,性格鲜明,对历代中国士大夫产生的影响十分巨大和深远。本经的序分即《佛国品》开头部分,叙说佛在毗耶离城庵罗树园向众比丘、菩萨、天、人说法,其时有长者子宝积说偈赞佛,表示"愿闻得佛国土清净",请问"菩萨净土之行",表示立志建设佛国土,佛陀为此说了"若菩萨欲得净土,当净其心,随其心净则佛土净"①的道理。接着《方便品》,维摩诘出场,这是一位在家居士,过着世俗生活,享有资财、家属之娱,行为放达,游戏人间,但是信心坚定,教养极高,被表现为大乘居士的理想人格。他以无量方便饶益众生,示疾说法。佛陀命令他的十大弟子、三位菩萨和一名信徒前往探病,但他们一一推脱,各自追忆以前和维摩诘交往受到讥弹的往事。接着,佛陀命文殊师利前往探病,诸菩萨、大弟子、释、梵、天王等千百天、人随同,一起进入毗耶离大城。这时候维摩诘"以神力空其室内,除去所有及诸侍者,唯置一床,以疾而卧"②。文殊师利和维摩诘对谈论辩,维摩诘借此机会广为说法。然后,维摩诘和文殊师利又率领诸大弟子、释、梵、天王回到庵罗树园,闻佛说法,佛告舍利弗"有国名妙喜,佛号无动,是维摩诘于彼国没而来生此"③,维摩诘示现神通,以其右手断取妙喜世界,置于此土。接着佛告释提桓因本生故事:过去无量阿僧祇劫前有药王如来,受转轮圣王宝盖及其眷属供养,王有千子,一子名月盖,勤行精进,得成正觉。佛说宝盖即今宝炎如来,千子即今贤劫中千佛,月盖即前世释迦。最后流通分,佛陀劝嘱奉行、流通这部经典。《维摩经》是宣扬居士思想的经典,也是大乘佛教的纲领性经典,其中深刻论述了诸法"毕竟空"、"无所缘"、"无决定性"的道理。在"以空遣法"的"空

①《维摩诘所说经》卷上,《大正藏》第14卷第538页上—下。
②同上卷中,《大正藏》第14卷第544页中。
③同上卷下,《大正藏》第14卷第555页中。

平等观"的基础上,打通世间和出世间的界限,提出"不舍道法而现凡夫事"、"不断烦恼而入涅槃"①的主张,从而发扬佛法的现实精神,突出了大乘佛教的入世性格。这种思想对于佛教在中国的发展是起了极其巨大的积极作用的。值得注意的是它在表现形式上的特征:它阐明的是具有庞大体系和深刻理论内涵的教理,但表达方式却生动活泼,毫不枯燥;它构造故事、安排情节富于戏剧性,发挥了大胆玄想的思维方式,引人入胜;人物描写更表现出极高的技巧,主要人物形象鲜明,在相互交锋中展现个性。例如文殊师利前往问疾一段,浩浩荡荡的队伍渲染出问疾的热闹气氛,相对照之下,维摩诘却在空无所有的方丈内隐疾而卧,这一方面突显了他的威望,另一方面也表现出他内心的坚定和沉稳。他不为外物所诱,正表明他的思致深刻,境界远远高出众人。维摩诘和文殊师利的对谈,充分显示了他的智慧,丰富了他的性格。文殊师利本是远比众人高明的人物,但比起维摩诘来却似相差悬殊。文殊师利的性格同样是相当鲜明的。他是众菩萨里的翘楚,在众声闻、菩萨都心怀畏惧、不敢前往问疾的情况下,他敢于承担,有责任感,不畏艰难地担负起佛陀交给他的问疾任务。在和维摩诘对谈中,他虚心好学,谦恭有礼。他衬托出维摩诘的伟大,同时也显示出自己的伟大。经中出现的其他人物,如大迦叶、舍利弗的性格也很突出。《维摩经》的表现技巧和语言运用水平很高。如"天女散花"、"火中生莲"、"断取佛土"等设想,极其奇妙,又具有深刻的内涵。《维摩经》的语言既精炼又生动。其中有些语句如"一切众生,悉皆平等"、"随其心净则佛土净"、"无利无功德,是为出家"、"菩萨为众生故入生死"、"不尽有为,不住无为"、"不断烦恼而入涅槃"、"夫求法者,不著佛求,不著法求,不著众求"等等,精粹生动,含义深刻,成为表达教义的格言;又如"殖种于空,终不得生"、"不下巨海,终不

――――――――

① 《维摩诘所说经》卷上,《大正藏》第14卷第539页下。

能得无价宝珠"、"欲行大道,莫示小径,无以大海,内于牛迹"、"高原陆地,不生莲花,卑湿淤泥,乃生此花"、"须弥之高广内芥子中"、"四大海水入一毛孔"等等,则新颖形象,又隐含深刻哲理。《维摩经》作为使用佛教语言的典范,极大地丰富了汉语语汇、修辞方法和表现手段。这部经典在古代受到文人们的广泛欢迎,成了文人的必读书,也广泛、深远地影响历代文学创作。

其他大乘经大都同样具有浓厚的文学性质。如《观无量寿经》,简称为《观经》,这是宣扬净土信仰的"净土三部经"之一,是中国佛教十分重视的经典。本经的缘起是一个凄婉动人的故事,本来也是佛传的一部分。说的是佛陀在世时的阿阇世王,原本是摩竭陀国太子,听信提婆达多挑唆,把父王频婆娑罗幽禁在七重室内;他的母亲韦提希夫人以苏蜜揿和麦麨(炒面)涂在身上,又用璎珞盛葡萄浆蜜,趁探访时送给国王吃,使国王得以存活;后来被阿阇世发现,囚禁了夫人;夫人忧愁憔悴,生厌离心,遥礼耆阇崛山,向佛祈祷;佛陀与目犍连、阿难从而现身王宫,韦提希表示志愿往生阿弥陀佛极乐世界;佛陀在宫里为她宣说三福、十六观往生法门;韦提希夫人闻佛说法,欢喜悟解,得无生法忍。本经后半部分的三福、十六观法门,是净土禅观的主要修习方法。文学性更强的是前面韦提希夫人拯救丈夫部分。这段动人描述中的几个人物性格都很鲜明,特别是对韦提希夫人的刻画,不但写出了她的忠贞、智慧、坚强、刚烈,更凸显出她求道的热心和执着。这就在宗教意义上树立了一个女子诚挚求道的典范。

又如《阿弥陀经》、《弥勒上生经》等净土经典对于净土景象的描写,提供了理想化的美好生活图景,令人无限憧憬。这种景象引发起历代无数人的信心,被人们利用各种艺术手段加以刻画、描绘,成为一种理想境界的典型表现。经典的写作技巧则特别为场面描写提供了一种典范。雷奈·格鲁塞指出:

(弥勒、弥陀等菩萨)经过一个长时期以后,这历史人物的佛陀几乎已被这一群菩萨尊者们抛到九霄云外去了。一部完整的神话则被建立起来，这大概是那位教主始料所不及的。但是不应低估这神话的价值，因为它向东方的天才提供了喜爱的题材——爱与慰抚的精神、具有意想不到的美学价值的整个梦幻世界、内心生活的崭新源泉以及对最崇高的心灵的神秘营养。遍及于远东人们心中的一大希望，已不再寄托在释迦牟尼的那种近于苏格拉底式的智慧上，而是寄托于对光辉的来世的肯定，寄托在那"西方极乐世界"或"净土"；那儿，清白的灵魂死后将托生于神妙的莲花内。这些温柔奇妙的想象，超出现实束缚之外，呈现于金光灿烂的气氛中。当我们想到一切人类的梦想，和为它们所支持的不屈不挠的希望时，这些想象仍然是使我们感动的。[1]

这段满怀激情的论述是真切可信的。充满夸饰、形容的净土境界体现一种宗教理想，其恢宏壮丽的场面，其大胆幻想的构思，其浓笔重彩、极度夸张的表现技巧，都是中土文学艺术前所未见的，无论对于一般信徒树立信仰心，还是对于文学艺术创作，影响都是巨大、深远的。

从以上简单介绍足可表明，自梁启超以来，包括鲁迅、胡适、陈寅恪等许多学术大师对于所谓"佛教的翻译文学"或"佛典翻译文学"的推崇是有道理的，他们的许多相关论述是十分深刻的。这一类经典可看作是中国古典文学遗产的重要组成部分；与此相关联的佛典的文学性质和文学成就也是值得珍视的。这是一个内容丰富、广阔而又价值重大的领域，许多方面还有待开拓，值得认真地进行深入研究。

---

[1]《东方的文明》上册第 236—237 页。

第三章　中土疑伪经撰著及其意义

一

　　中国佛教以外来翻译佛典为基本典据。如上面一再指出的，数量庞大的翻译经典本是历代印度和西域佛教信徒逐步结集起来的。但是在翻译成汉语的过程中，往往有意（主要是为了适应中土人的意识和伦理等以利流传）无意（翻译过程中出于理解和表述上的种种问题等）间作出或多或少的改动和曲解。但在中国佛教里，这些经典不管与原典有多大差异，都是所谓"真经"（这里所谓"经"，包括经、律、论三藏），认为它们是神圣不可怀疑的。而相对应地，中国人还出于不同目的、假托外来翻译经典而自行撰述，则称之为"伪经"；还有怀疑是伪经的，则称为"疑经"。历代僧侣、信众以至朝廷大都十分重视辨析经典真伪，把这当作是把握佛法真义、保持教义纯正的关键。值得注意的是，本来中国文化在传统上是严于"华夷之辨"的，重华夏而贬外夷，但基于佛教立场却排斥本土制作为"疑"为"伪"。这也是佛教在中国具体环境下极力保持其独立性的一种体现。

　　从事中国早期佛教史研究，立即会碰到《四十二章经》的真伪问题。相关争论本书前面已经介绍过。至今学术界比较一致的看法是该经古本应是出自汉末译师之手的"经抄"，而今传本已经改变原貌，是被充实以后出的内容。作为"经抄"，严格意义上不能算作译本，大概正因此而没有被列入《安录》①。那种按照私意抄录佛典以为"经抄"的办法，后来相当盛行，所作一般都不被当作"真经"对待。道安等人也是把《灌顶经》等判定为"依经抄撰"②的。现存中国人制作的最早的伪经记录见于僧祐《出三藏记集》，他在记载齐末太学博士江泌处女尼子伪作《序七世经》之后说：

> 昔汉建安末，济阴丁氏之妻忽如中疾，便能胡语，又求纸笔，自为胡书。复有西域胡人见其此书，云是经荝，推寻往古，不无此事。③

这个传说出处不明，但它反映伪经在中国出现相当早，则应当是符合实际情况的。后来伴随着佛典翻译的兴盛和佛教在中国的急速发展，伪经制作也更加盛行起来。到东晋末年道安编撰《经录》，已明确列出"意谓非佛经者"的"疑经"二十六部三十卷；僧祐在《出三藏记集》里又"新集"疑伪经二十部二十六卷，两者合起来达四十六部五十六卷之多。实际上《安录》和《祐录》的其他部分如"杂经"、"失译经"里也有不少明显是伪经。僧祐指出：

> 《长阿含经》云："佛将涅槃，为比丘说四大教法。若闻法律，当于诸经推其虚实，与法相违则非佛说。"又《大涅槃经》云："我灭度后，诸比丘辈抄造经典，令法淡薄。"种智所照，验于今矣。自像运浇季，浮竞者多，或凭真以构伪，或饰虚以乱实。昔安法师摘出伪经二十六部，又指慧达道人以为深戒。

---

① 《出三藏记集》卷二《新集撰出经律论录第一》："《四十二章经》一卷旧录云，《孝明皇帝四十二章》。安法师所撰录阙此经。"第23页。
② 同上卷五《新集安公伪撰杂录第三》，第225页。
③ 同上《新集安公注经及杂经志录第四》，第231页。

古既有之,今亦宜然矣。祐校阅群经,广集同异,约以经律,颇见所疑。夫真经体趣融然深远,假托之文辞意浅杂,玉石朱紫,无所逃形也。今区别所疑,注之于录,并近世妄撰,亦标于末。并依倚杂经而自制名题,进不闻远适外域,退不见承译西宾,"我闻"兴于户牖,印可出于胸怀,诳误后学,良足寒心。既躬所见闻,宁敢默已。呜呼来叶,慎而察焉![1]

从这段记述,可见当时伪经流行状况之严重。以致到了道安、僧祐时代,辨析佛典真伪已成为认真的佛教信徒面临的重要工作。再以后,隋法经《众经目录》列入"疑惑部"的经典更达到一百四十一部三百三十卷;而彦琮等人的《众经目录》列入"疑伪经"的则多达二百零九部四百九十卷。到智昇编撰《开元释教录》,在《疑惑再详录》里著录疑经十四部十九卷,在《伪妄乱真录》里著录伪经三百九十二部一千零五十五卷[2],两者合计达四百零六部一千零七十四卷之多。这个数字和该录著录佛典一千零七十六部五千零四十八卷相比较,可见当时流传伪经之众多和广泛,以及伪撰经典快速增长的趋势。

　　随着作伪的情况愈演愈烈,真、伪相混淆也日趋严重。道安所指称的二十部"疑经"(实际就是"伪经")有些后来不但继续流传,甚至一些权威义学大师也往往不加辨别地信用不疑。如在僧旻、宝唱等编撰的类书《经律异相》里就存有这些经典的某些佚文(如《善王皇帝经》和《惟无三昧经》),在道绰《安乐集》这样的权威著作里亦曾引用作为经证(如《善信女经》引作《善信经》、《胸有万字经》引作《现佛胸万字经》、《贫女人经》引作《贫女难陀经》等)。在净土大师道绰引为经证的佛典里,还有另一些疑伪经如《十方随愿往生经》、《净度三昧经》、《生阿弥陀佛国为诸大众说观身正念解脱十往

①《出三藏记集》卷五《新集安公伪撰杂录第三》,第224页。
②《开元释教录》卷一八《别录之八》,《大正藏》第85卷第671页中-672页上。

生经》、《须弥四域经》等。而如下面将要讨论到的著名的《提谓波利经》，天台智顗（《法华玄义》卷十之上）、贤首法藏（《华严五教章》卷一）这样的宗派佛教宗师都在著作里当作真经引用过。

南北朝是佛教大发展、佛典传译极其兴盛的时期，也是伪经大量制作并广泛流传的时期。这两个现象并行出现是意味深远的。一部具有代表性的伪经《像法决疑经》曾用预言方式批评当时佛教的状况说：

> 善男子，未来世中诸恶比丘，在在处处讲说经律，随文取义，不知如来隐覆秘密。①

这部经的制作者显然认为当时佛教讲学中"随文取义"，已经背离了佛陀本义。制作伪经则是对于这一事态的有意识的反动。这也表明制作伪经与佛教在中土发展具有必然联系，即是说制作伪经有其必然性。如戴密微所指出：

> 伪经经文在中国佛教史上起过重要的作用。它们形成了一个真正的体系（的确像在道教中，甚至在儒家中那样），并且在六朝时期更加丰富起来。②

这样，伪经制作和流传乃是伴随中国佛教发展的重要现象，体现了中国佛教性质和内容的重要一面。直到隋唐时期，佛教发展极盛，如吕澂所说：

> 唐代佛典之翻译最盛，伪经之流布亦最盛，《仁王》（《仁王般若波罗蜜经》）伪也，《梵网》（《梵网经》）伪也，《起信》（《大乘起信论》）伪也，《圆觉》（《圆觉经》）伪也，《占察》（《占察善恶业报经》）伪也。实叉（难陀）重翻《起信》，不空再译《仁王》，又伪

---

① 《像法决疑经》，《大正藏》第85卷第1337页上。
② 《汉代至隋代之间的哲学与宗教》，《剑桥中国秦汉史》，第917—918页。

中之伪也。而皆盛行于唐。①

而令人玩味的是,隋唐时期宗派佛教盛行之后,伪经制作随之渐趋沉寂。各宗派都把自宗宗师的著作当作立宗典据,它们名正言顺地成为中土制作的经典。特别是禅宗兴起,更直截了当地把自宗说法记录称之为"经"(慧能《坛经》)或当作经典。再则,中唐以后,佛典汉译已基本告一段落,新的伪经的制作也就缺乏借口了。不过在民间佛教信仰里,伪经仍然起着重要作用,也仍不断有新的作品出现。在当今各地寺庙的宣教材料里,大量流传各种本土制作的观音经、观音咒等,表明出伪经的强大生命力。

中国佛教发展不同历史时期制作的伪经一方面更直截地反映了当时民众对于佛教的理解和要求,另一方面也真切地表达了他们信仰的实态。因而正如陈寅恪所指出:

> 盖伪材料亦有时与真材料同一可贵。如某种伪材料,若径认为其所依托之时代及作者之真产物,固不可也。但能考出其作伪时代及作者,即据以说明此时代及作者之思想,则变为一真材料矣。②

在学术史上,文献真伪的判断和对它们的价值判断是两码事。对待宗教文献这一点尤其突出。伪经正是这类中国佛教的"真"产物,它们对于研究、认识中国佛教具有不可替代的巨大价值。

由于历代佛教信徒重视辨别经典真伪,历代编辑藏经也都把剔除伪经当作要务,大量伪经没有流传下来。所幸一部分被当作真经入藏而保存下来了;民间也流传一些篇幅短小、内容浅显的伪经;特别是敦煌遗书里保存许多伪经和相关资料,给认识、研究提供了一大批新资料。而近代学术界能够摆脱有关经典真伪的偏

---

①吕澂《楞严百伪》,《吕澂佛学论著选集》第 1 卷第 370 页。
②《冯友兰中国哲学史上册审查报告》,《金明馆丛稿二编》第 248 页。

见,从新的角度、以科学的方法审视和分析伪经,使得重新认识和评价这些文献成为可能,也给整个佛教史研究开辟了新领域。

二

《祐录》里纪录了部分伪经的制作情形:

　《灌顶经》　　一卷　一名《药师琉璃光经》,或名《灌顶拔除过罪生死得度经》。

　　　　右一部,宋孝武帝大明元年,秫陵鹿野寺比丘慧简依经抄撰。此经后有《续命法》,所以遍行于世。[1]

　《提谓波利经》　　二卷　旧别有《提谓经》一卷。

　　　　右一部,宋孝武时,北国比丘昙靖撰。

　《宝车经》　　一卷　或云《妙好宝车菩萨经》

　　　　右一部,北国淮州比丘昙辩撰,青州比丘道侍改治。

　《菩提福藏法化三昧经》　　一卷

　　　　右一部,齐武帝时,比丘道备所撰。备易名道欢。

　《佛法有六义第一应知》　　一卷　未得本。

　《六通无碍六根净业义门》　　一卷　未得本。

　　　　右二部,齐武帝时,比丘释法愿抄集经义所出。虽弘经义,异于伪造,然既立名号,则别成一部,惧后

―――――――――――――

[1]此经相当于今本《灌顶经》第十二卷。今本十二卷《灌顶经》乃是《祐录》中失译的十二部经所构成。所谓"续命法",要求制作续命神幡,燃四十九灯,以此幡、灯的放生功德来拯救受苦的灵魂。这是一种体现中土观念的民间宗教祭仪形态。

代疑乱,故明注于录。

《佛所制名数经》　　五卷。

　　右一部,齐武帝时,比丘释王宗所撰。抄集众
经,有似数林;但题称佛制,惧乱名实,故注于录。

《众经要揽法偈》二十一首　　一卷。

　　右一部梁天监二年。比丘释道欢撰。[①]

这里列举的八部书,有的是凭空撰作,有的是抄集众经,都有确切的时代和作者。又僧祐作为"杂经"列进"入疑录"的"僧法尼所诵出经"共计二十一种三十五卷,批注说:

右二十一种经,凡三十五卷。

经如前件。齐末太学博士江泌处女尼子所出。初尼子年在龆齓,有时闭目静坐,诵出此经。或说上天,或称神授,发言通利,有如宿习。令人写出,俄而还止,经历旬朔,续复如前。京都道俗咸传其异。今上敕见,面问所以,其依事奉答,不异常人。然笃信正法,少修梵行,父母欲嫁之,誓而弗许。后遂出家,名僧法,住青园寺。祐既收集正典,检括异闻,事接耳目,就求省视。其家秘隐,不以见示,唯得《妙音师子吼经》三卷,以备疑经之录。此尼以天监四年三月亡。有好事者得其文疏,前后所出经二十余卷。厥舅孙质以为真经,行疏劝化,收拾传写。既染毫牍,必存于世。昔汉建安末,济阴丁氏之妻忽如中疾,便能胡语,又求纸笔,自为胡书。复有西域胡人见其此书,云是经莂,推寻往古,不无此事。但义非金口,又无师译,取舍兼怀,故附之疑例。

又:

《萨婆若陀眷属庄严经》　　一卷　二十余纸。

---

① 《出三藏记集》卷五《新集疑经伪撰杂录第三》,第225—226页。

　　右一部。梁天监九年,郢州头陀道人妙光,戒岁七腊,矫以
胜相,诸尼妪人,佥称圣道。彼州僧正议欲驱摈,遂潜下都,住普
弘寺,造作此经。又写在屏风,红纱映覆,香花供养,云集四部,
嚫供烟塞。事源显发,敕付建康辩核疑状。云抄略诸经,多有私
意妄造,借书人路琰属辞润色。狱牒:"妙光巧诈,事应斩刑,路
琰同谋,十岁谪戍。"即以其年四月二十一日,敕僧正慧超,令唤
京师能讲大法师、宿德如僧祐、昙准等二十人,共至建康前辩妙
光事。超即奉旨,与昙准、僧祐、法宠、慧令、慧集、智藏、僧旻、法
云等二十人于县辩问。妙光伏罪,事事如牒。众僧详议,依律摈
治。天恩免死,恐于偏地复为惑乱,长系东冶。即收拾此经,得
二十余本,及屏风于县烧除。然犹有零散,恐乱后生,故复略记。
萨婆若陀长者,是妙光父名。妙光弟名金刚德体,弟子名师子。

从这两则记述可以知道,当时朝廷已经注意并干预勘定经典真伪
的工作。为了《萨婆若陀眷属庄严经》这一部经典,就曾调动二十
位著名大和尚来"辩问",又由僧正南涧寺慧超总理其事,参与者包
括当时著名的"三大法师"光宅寺法云、开善寺智藏、庄严寺僧旻,
还有僧祐本人。又:

　　　《法苑经》　　一百八十九卷
　　　《抄为法舍身经》　　六卷。

　　　　　　右二部。盖近世所集,未详年代人名。悉总集
　　　　群经,以类相从。既立号《法苑》,则疑于别经,故注
　　　　记其名,以示后学。卷数虽多,犹是前录众经,故不
　　　　入部最之限。[1]

这些也都可以作为实例,清楚反映出伪经制作的具体状况。

　　伪经的流行,还可以举出白居易作例子。白居易信仰佛教,日

---

[1]《出三藏记集》卷五《新集安公注经及杂经志录第四》,第231-232页。

常诵读经典很多。他有和元稹《梦游春》诗说：

> 《法句》与《心王》，期君日三复。

有注曰："微之常以《法句》及《心王头陀经》相示，故申言以卒其志也。"①他的另一首和诗又说到"心付《头陀经》"②。陈寅恪考证说：

> 寅恪少读乐天此诗，遍检佛藏，不见所谓心王头陀经者，颇以为恨。近岁始见伦敦博物院藏斯坦因号贰肆柒肆，佛为心王菩萨说投陀经卷上，五阴山室寺惠辨禅师注残本，（大正续藏贰捌捌陆号。）乃一至浅俗之书，为中土所伪造者。至于法句经，亦非吾国古来相传旧译之本，乃别是一书，即伦敦博物院藏斯坦因号贰仟贰壹佛说法句经，（又中村不折藏敦煌写本，大正续藏贰玖零壹号。）及巴黎国民图书馆藏伯希和号贰叁贰伍法句经疏，（大正续藏贰玖零贰号。）此书亦是浅俗伪造之经。夫元白二公自许禅梵之学，叮咛反复于此二经。今日得见此二书，其浅陋鄙俚如此，则二公之佛学造诣，可以推知矣。③

实际上，这一情况不单纯是元、白的佛学水平问题，主要是反映了这类伪经在当时流传广泛，像元、白那样的好佛知识分子也毫不怀疑地接受了。

伪经假托真经结集起来，有一些后来编辑藏经时被当作真经入藏，直到近代才陆续有人提出怀疑，加以考辨④。以致中国佛教

---

①《和梦游春诗一百韵》，《白居易集笺校》卷一四，第 2 册第 866 页。

②《和思归乐》，《白居易集笺校》卷二，第 1 册第 110 页，上海古籍出版社，1988 年。

③《元白诗笺证稿》第 99 页，上海古籍出版社，1978 年。

④伪经入藏的情形颇不相同。有的经典前人已判明是伪经，后人却又当作真经入藏，例如道安已明确指出是"南海胡作"的《宝如来经》或称《宝如来三昧经》，直到《大唐内典录》还循例作伪经处理，但从《大周刊定众经目录》、《开元释教录》到《大正藏》都被当作真经；又如《安宅神咒经》初见于隋代经录，作汉代失译经著录，后来的经录一般均当作真经。也有相反的情况，如《大周录》里勘定为真经的《毗罗三昧经》等许多经典后来却被判定为疑伪经。

史上一些十分重要的经典如《首楞严经》、《圆觉经》、《大乘起信论》等的真伪，直到如今还是争论不已的问题。

前面说到，伪经制作和流传乃是中国佛教发展中的重要现象，伪经的出现无论从佛教发展形势看，还是从其思想和社会意义看，都有其必然性。从佛教自身发展看，所谓"正法深远，凡愚未达，随俗下化，有悖真宗"①，翻译经典的佛教、高僧讲学的佛教越来越强化理论思辨倾向，义学的形成正是这一倾向发展的成果；另一种注重禅修的佛教，又沉溺于冥想而淡化了信仰。对于一般民众来说，前一种繁琐艰深的佛教教学与他们的实际宗教需求相差得过分遥远；后一种潜修心性的佛教在每天为温饱奔波的生活中更难于实行。他们需要的是在现实中获得信仰支持、帮助他们解除内心焦躁和忧虑的佛教。因此有必要采用"随俗"的办法，制作浅显易懂、更适应实际需要的经典来教化、安慰他们。这种"随俗"不单体现在表现形式上，内容也要加以变通。这实际又关系到另一重要层面问题，就是佛教作为外来宗教输入中土，必然要不断地适应本土需要而变化即所谓"中国化"，才能被民众接受并在新的文化土壤上扎根。前面提到的外来佛典在翻译过程中被"改造"、"曲解"可以算是这种"中国化"的初级、简单的形式；再进一步，则是由中国人自己制作迎合本土需要的经典。佛教"中国化"的表现还有更多方面，如通过对翻译经典的解释和注疏进行独特的发挥，通过"教相判释"来整理、确立外来教理体系等等。但就更真切、更方便地体现中土民众观念、意愿和信仰而言，制作"伪经"可以说是最为直截也最为简单易行的办法。这样，随着外来佛教逐步与本土意识相调和，在社会上被更广泛的阶层所接受，伪经也就源源不断地被制作出来。当然伪经的制作和流传也表明佛教在社会上已经形成相当实力，佛经已经具有某种绝对权威，因而才值得通过伪托的办

①道宣《大唐内典录序》，《大正藏》第55卷第219页中。

法来制作和流传。所以镰田茂雄的《中国佛教通史》,把"疑经的成立"看作是"中国佛教的萌芽"①。从这样的角度看,后来隋、唐宗派佛教拿来作为典据的中国人自己的论疏、著述、语录,实际也可以看作是广义的"伪经"。做到这一点,则标志着真正的中国佛教已经形成了。

三

　　分析伪经制作的具体动机则又相当复杂:有些伪经是某些僧尼为了神化自身而制作的;有些则显然抱有某种政治目的;有些是佛教与道教斗争的产物;更多的则是为了适应民众的信仰需求。意义更为重大的自然是后面一类。就具体形态而言,情况也极其不同:有些无论是内容还是体例、语言都与真经相类似,很容易被混同于一般经典;另一些则内容谫陋,语言浅俗,表述拙朴,甚至仅从体例看就和翻译经典大不相侔,可以明显看出是伪撰。各种伪经流传的命运也大不相同:一些所述义理较精致、表述较典雅的陆续入藏流通(其中有些后来又逐渐引起人们怀疑,被当作"疑伪经",有的更引起长期、激烈的争论),而那些内容、形式都简陋拙朴的则大部分在流传中佚失了。但不论是哪一种,在佛教发展史上的意义和作用都是不可忽视的。

　　下面分为几种类型简单介绍伪经的内容及其意义。当然这种分类只是权宜办法,因为某一经典体现意义的具体内涵往往是多方面的。

---

①镰田茂雄《中国佛教通史》第 3 卷第 4 章题名为"中国佛教的萌芽——疑经的成立",第 169 页。

　　第一种类型是在佛教通俗化、民俗化的潮流中，与外来经典并立，反映本土民众观念和信仰而制作的。最有代表性的是《提谓波利经》，是北魏毁佛之后一位不知来历的沙门昙靖编撰的。道宣记载：

　　　　……有沙门昙靖者，以创开佛日，旧译诸经，并从焚荡，人间诱道，凭准无因，乃出《提谓波利经》二卷，意在通悟，而言多妄习。故其文云："东方泰山，汉言代岳，阴阳交代故。"谓代岳出于魏世，乃曰汉言，不辩时代，斯一妄也；太山即此方言，乃以代岳译之，两语相翻，不识梵、魏，斯二妄也。其例甚众，具在经文，寻之可领。旧录别有《提谓经》一卷，与诸经语同，但靖加五方、五行，用石糅金，疑成伪耳，并不测其终。隋开皇，关壤往往民间犹习《提谓》，邑义各持衣钵，月再兴斋，仪范正律，递相鉴检，甚具翔集云。[①]

这部经典不仅在民众间流传广远，如智顗《法华玄义》、《仁王护国般若经疏》，窥基《大乘法苑义林章》，湛然《止观辅行传弘决》等著名宗师的著作里都曾引用过，可见其流传之广泛、地位之重要。

　　《提谓波利经》久已散佚，原只残存片断佚文。所幸在敦煌写本里发现了四种残卷，基本得以恢复原貌。这部经采取《太子瑞应本起经》卷下、《普曜经》卷八《商人奉麨品》关于佛陀成道后提谓和波利率领五百商人前来皈依、奉食供养、佛为说法的故事框架，对俗家说五戒十善法，大意是：在三长斋月（正、五、九月）、六斋日（初八、十四、十五、二十三、二十九、三十日）、天王日（立春、春分等八节气），四天王降临人间，察看善恶，众生应守戒行，做善事，否则四天王会给予处罚，减寿夺算。因而当此时日，要称诵南无佛，有欲后世得富贵者、欲升上天界者、欲求尊贵者、欲求佛道者、欲求罗汉

_____

①《续高僧传》卷一《魏北台石窟寺恒安沙门释昙曜传附昙靖传》，《大正藏》第
　　50卷第428页上。

道者,均当奉诵此经。值得注意的是,这里特别突出"求富贵"、"求尊贵"等世俗利益,突显出鲜明的世俗性格。

《提谓经》的另一个重要特点,是把儒家伦理与佛教戒律相结合。灌顶《仁王护国般若经疏》里引用其一段文字说:

> 提谓、波利等问佛:"何不为我说四六戒?"佛答:"五者,天下之大数,在天为五星,在地为五岳,在人为五脏,在阴阳为五行,在王为五帝,在世为五德,在色为五色,在法为五戒。以不杀配东方,东方是木,木主于仁,仁以养生为义;不盗配北方,北方是水,水主于智,智者不盗为义;不邪淫配西方,西方是金,金主于义,有义者不邪淫;不饮酒配南方,南方是火,火主于礼,礼防于失也;以不妄语配中央,中央是土,土主于信,妄语之人乖角两头,不契中正,中正以不偏乖为义也。[①]

这是把中土传统的"五行"、"五常"、"五方"观念与佛教的"五戒"调和起来。至于把报应归结为增寿夺算,宣扬守一戒者有五神,受五戒则二十五神守护其身等等,则显然混入了道教的说法。又说到佛忧般泥洹后生"五乱":五道之乱、人民之乱、鬼神之乱、九十六种外道之乱、正法之乱;又说五乱之世,正法毁灭,诸天不悦,人民将入地狱,受长劫之苦等等,则显然是直接影射北魏毁佛,也是针对一切反佛和怀疑佛道的思想、行为的。

《提谓经》语言通俗,所说事项都取自民众日常生活,如说犯他人妇女者转生为飞禽,负债不还、借贷不清者转生为奴婢,这些"过犯"都是世俗生活中常见的,设定的罪罚也直截了当,令人戒惧。

另一部《宝车经》同样宣说三皈五戒、十善八斋,是与《提谓经》同一类型的面向民众的通俗说教。《出三藏记集》称之为《宝车经》一卷,或云《妙好宝车菩萨经》,说是"北国淮州比丘昙辩撰,青州比

---

① 《仁王护国般若经疏》卷二,《大正藏》第 33 卷第 260 页下-261 页上。

丘道侍改治"①,今存敦煌本。

又《净度三昧经》亦见《祐录》,是作为"新撰失译,犹多卷部,声实纷糅,尤难铨品"②的当代流传经典著录的。《开元录》把它著录在《别录·疑惑再详录》里,说"《净度三昧经》三卷　萧子良抄撰中有《净度三昧经》三卷,疑此经是"③。可见这是一部广泛流传并曾受到重视的经典。该经今存《续藏经》本和敦煌本。根据牧田谛亮整理、校订,厘定敦煌写卷 S.4546 号为卷上,《续藏》本大体相当于该敦煌本,可补其阙佚;卷中仅存数行经题和三十七个字;另有敦煌写卷 S.2301 号为卷下④。从内容看,卷上主要是写守持斋戒则能得到善神守护,特别是在六斋日、八王日如法奉守戒行,则会增寿益算,死后升天,表现对于死亡的反省,鼓励现世的善行。其中的"四天大王"、"司录"、"司命"、"三十二镇王"、"功曹使者"等等,都是民间道教神祇。卷下是佛陀对净度大士说法,指示如法斋戒则得福得道、人求自度的道理。其中"五无竟罪"相当于"五戒";又有"十不救罪":"一者贪无厌足;二者淫无厌足;三者嗔恚难谏晓;四者愚痴,所以无道,难与共语,语之正事,反引邪事为喻,不信正法;五者嫉恶他人;六者憎妒他人;七者主求人短,不自见过;八者禁锢人,使不得闻经行道,布施为福;九者不信罪福;十者习恶不止。"这大体也都属于世俗伦常内容。又说到:"居家亦可修道。坚持五戒,行九斋,使如斋法。斋日诣塔庙受斋,荡涤六垢,论讲道化,求后世道,自可得度,何忧之不度也?"这显然也是对于在家凡

---

① 《出三藏记集》卷五《新集疑经伪撰杂录第三》,第 225 页。
② 同上卷四《新集续撰失译杂经录》,第 123 页;该录著录《净度三昧经》二卷,或云《净度经》;又卷五《新集抄经录》著录《抄净度三昧经》四卷、《净度三昧抄》一卷。
③ 《开元释教录》卷一八,《大正藏》第 55 卷第 671 页下。
④ 参阅牧田谛亮《疑经研究》第六章《净度三昧经とその敦煌本》,第 247-271 页,京都大学人文科学研究所,1976 年。以下引用文字均出此书中校订本。

人的说法。

还有一部《占察善恶业报经》,初见于《历代三宝记》,据考是六世纪形成的。经文缘起是说坚净信菩萨请佛陀说明在正法灭尽的末法时期如何化导众生。这显然反映了北周毁佛造成的危机感。佛陀让坚净信菩萨转问地藏菩萨,遂述说地藏成佛缘由。地藏菩萨教示坚净信菩萨,末世有障难者用木轮法占察宿世善恶之业、现世苦乐吉凶之事。经中所宣扬的木轮法、供养法、忏悔法,都是民间道教的修行方法。而其中所说果报包含延年益寿、发财致富等观念,更允诺任意求占男女等,也都是民众在现实中所向往和追求的。《历代三宝记》记载该经流行情形说:

> 《占察经》二卷 右一部二卷,检群录无目,而经首题云菩提登在外国译,似近代出,妄注。今诸藏内并写流传。而广州有一僧行塔忏法,以皮作二枚帖子,一书善字,一书恶字,令人掷之,得善者好,得恶者不好;又行自扑法以为灭罪,而男女合杂。青州亦有一居士,同行此法。开皇十三年,有人告广州官司,云其是妖。官司推问。其人引证云:"塔忏法依《占察经》,自扑法依诸经中五体投地如太山崩。"广州司马郭谊来京,向岐州具状奏闻。敕不信《占察经》道理,令内史侍郎李元操共郭谊就宝昌寺问诸大德法经等。报云:"《占察经》目录无名及译处,塔忏法与众经复异,不可依行。"敕云:"诸如此者,不须流行。"后有婆罗门来云,天竺见有经。[①]

由此可知,根据《占察经》,又有所谓塔忏法和自扑法,流行在从广州到青州的广大地区。正由于采用如此简单易行的占卜方法来求福、灭罪,以现实利益相引诱,才能够得到广大群众的尊信。这也正是伪经之所以流传的重要原因。

---

① 《历代三宝记》卷一二,《大正藏》第49卷第106页下。

　　与上一种类型相关，另一种类型的伪经同样体现了民众的宗教需求，而又具有更加突出的实践性格。这一类伪经特别体现了民众信仰的实践形态。

　　关于观音信仰，后面将有专章介绍。宣扬观音信仰的经典输入中土以后，立即得到广泛传播，赢得广大民众的信重。随着诸多观音经传译，相关伪经也制作出来。晋、宋以后，出现了署名竺法护译《光世音大势至受决经》一卷（《出三藏记集》卷二《新集撰出经律论录第一》），署名沮渠京声译《观世音观经》一卷（同上），署名法意等译《观世音忏悔除罪咒经》一卷（同上），失译《观世音求十方佛各为授记经》一卷（经抄，《出三藏记集》卷四《新集续撰失译杂经录》）、《观世音所说行法经》一卷（同上）、《观世音成佛经》一卷（同上）等，这些译本并佚，内容不可确考，可以确信其中一部分应是伪经。智𫖮曾指出：

　　　　夫观音经部党甚多，或《请观世音》、《观音受记》、《观音三昧》、《观音忏悔》、《大悲雄猛观世音》等不同……①

智𫖮列举的几种经里，《请观世音》指东晋竺难提所译《请观世音菩萨消伏毒害陀罗尼咒经》，属于古密教经咒一类；《观音受记》即前述《观世音菩萨受记经》；其他三部都是"伪经"。见于历代经录和其他文献的观音经，还有失译《日藏观世音经》一卷、失译《瑞应观世音经》一卷、失译《观世音咏托生经》一卷、失译《观世音十大愿经》一卷（又名《大悲观世音弘猛慧海十大愿经》）、失译《救苦观世音经》一卷等。敦煌写卷里还有《佛说观音普贤经》、《佛顶观世音菩萨救难神愿经》等。这些大都也是"伪经"。现存具有代表性的古代伪观音经有《观世音三昧经》、《高王观世音经》等几种。明清时期民间仍在陆续制作一些伪观音经，多如消灾避难的符咒，已与

───────────────

①《观音玄义》卷下，《大正藏》第34卷第891页下。

一般佛经面貌相差得十分悬远了。

　　《高王观世音经》俗称《小观音经》(《开元释教录》卷一八)，又称《佛说观世音折刀除罪经》(吐鲁番出土本)、《佛说观世音经》(房山石经雷音洞本和第三洞本)，文献上还把它称为《大王观世音经》、《观世音救生经》、《救生观音经》、《救苦观音经》、《小观音经》、《高王经》、《折刀经》等。这种纷杂的称谓也是伪经的特征之一，既反映了流传之广，也显示俗伪经本文字本来并不确定的特征。现存诸本《高王观世音经》繁简不同，流行最广、文字最多的是收录在《大正藏》中的通行本；而时代较早、最简洁的应是房山雷音洞石刻本；房山第三洞本、吐鲁番出土本(存日本大阪四天王寺)和雷音洞本略同；又有敦煌写卷一本，繁简居通行本和后一类之间。总观这些经本可以看出由简趋繁的形成过程。诸本《高王观世音经》全文都不长，基本部分是救苦除罪神咒，并宣扬读诵此经的功德。《大正藏》本《佛说高王观世音经》经名之后有一偈曰：

　　　　高王观世音，能救诸苦厄，临危急难中，死者变成活。诸佛语不虚，是故应顶礼，持诵满千遍，重罪皆消灭。薄福不信者，专贡受持经。

接下来是八大菩萨名号，又有偈说：

　　　　愿以此功德，普及于一切，诵满一千遍，重罪皆消灭。[1]

后面增加部分多有重复句子，主要是颂扬该经功德，显然是信徒读诵时增添的。从其浅俗简易的表现形式看，明显是适应民间传诵制作的。

　　应是在观音信仰流传过程中形成了有关这部经的相关传说，最早记录在北齐魏收的《魏书·卢景裕传》里，说卢少聪敏，专经为学，曾为北魏国子博士，东、西魏分裂，他被卷入战争，响应西魏宇

---

[1]《大正藏》第85卷第1425页下—1426页上。

文泰叛乱，失败后，高欢（当时他已实际掌握了东魏政权）赦免并重用了他。在被高欢俘虏、系晋阳狱的时候，他以至心诵经，枷锁自脱得救，因号所诵为《高王观世音》[1]。周一良指出：

> 信仰中之主宰观世音菩萨与现实中之权威高欢相结合，遂增添此种信仰之威力，更便于广泛传播。[2]

在现存造像里，东魏孝静帝武定八年（550）二月八日河南禹县杜文雅等十四人造像记之后，刻有《高王观世音经》一卷，可证明其时这部经已经流行。以后，在民间流传过程中，经典内容不断增加。到清咸丰六年（1856）"福建省南关外集新堂书房藏版"的《高王观世音经》，已经成为由说相、高王观世音感应、净口、净身、安土地三真言、奉请八菩萨（观世音、弥勒、虚空藏、普贤、金刚手、妙吉祥、除障盖、地藏王）、开经偈、佛说高王观音经、佛说救苦经、观音救生经、观音救难咒、礼观音、斋戒日期、高王观音经送子白衣感应等不同部分构成的长篇经卷。这已是一部集中民间观音信仰内容的袖珍丛书，真切地反映了当时民众间的观音信仰及其发展形态。

六朝伪观音经中影响巨大的还有《观世音三昧经》。它与《高王经》相比，显现出另外一种风格，在信仰中另起特殊作用。

在经录中《观世音三昧经》首次出现在开皇十四年（594）法经等编《众经目录》里，被著录在《众经疑惑》项下。在武后时期明佺等所编《大周刊定众经目录》里，记载此经出梁《宝唱录》。又根据《祐录》未载而被智顗所引用等情况看，当开始流行于六朝后期。此经在中土久佚，但早在奈良时期（710—794）已传入日本。在奈良正仓院文书中记载的天平年间（749—766）写经里，已有《观世音三昧经》名目；写本流传至今，存京都博物馆。可喜的是在敦煌写经中也发现了几个抄卷，即 S. 4338、日 62 号、余 80 号等。

---

[1]《魏书》卷八四《儒林传》，第 1859—1860 页。
[2]《魏晋南北朝史札记》第 115 页，中华书局，1985 年。

　　这部经和《高王经》不同,采用真经形式,由序分、正宗分和流通分构成:前面以"如是我闻"开头,首先叙述佛说法的时、地、人因缘;最后有佛咐嘱流通一段;中间是佛对弟子的说法。经文的概略是:阿难在毗罗勒国栴檀精舍中见佛入三昧,乞佛说法;佛告之以三界空寂,因缘成立;观世音菩萨答曰,诚然如此;佛谓阿难曰,此经名《观世音三昧》,四众弟子受持此经则得开悟,拔除烦恼,不堕恶趣,因命此经名为"大法王法化";阿难问佛如何应现此经;佛告以斋戒七日,诵念此经仪轨,七日则观世音现身,指示行者得见西方无量寿、东方阿閦佛等诸佛国土,灭除一切无名烦恼,得无碍智、神通力;阿难赞叹佛陀功德,佛说此经名安稳处、离恼患、除疑惑、离恶道,如比丘、比丘尼、优婆塞、优婆夷犯重罪、重戒,实行此经,皆得解脱,得见净妙国土;佛陀亦在观世音菩萨之下修行七日七夜,成就佛果,为释迦牟尼佛。下面又说破戒比丘、比丘尼,五种不能成佛之人,只要诵读此经,众罪皆消。佛又以偈文赞叹观世音菩萨,谓受持此经得五种果报,即离生死之苦、与诸佛同在、参与龙华三会为座首、不堕地狱、得生净妙国土等。

　　这样,这部经内容相当庞杂,把救苦观音、净土观音以及古密教观音经咒杂糅在一起,表现出观音信仰普及、兴盛情况下的综合特色。其中对于教理阐述较少,亦比较粗浅,则表现了它民俗化的特征;又对灵验夸张甚多,则突显出宣教的要求,内容的重要特点之一是肯定破戒比丘和不能成佛的人能够得救;特别注重关于具体行法的说明,则反映了当时信仰实践的具体形态。而把观音当做释迦的师佛,完全翻转了佛与观音的位置,表现出极力夸张观音威神之力的倾向,正适应民众崇拜观音的心理,极大地提高了观世音菩萨的地位和功能,也寄托了人们靠他来解救苦难的希望。这部经无论是表现方式还是所宣扬的实际功效,显然又和《高王经》有所不同。它同样是在民众信仰潮流中形成,并且是适应信仰实践需要的产物,但内容明显体现出较高的层次。其作者应是专业化的僧侣,他们把相关经典的内容加以简化、糅合,再掺杂进民众信仰中普遍流行的观念,用经典的形式写定下来。这样制作出来的经典就照顾到教理宣传和民众实践两个方面,更适应"提高"民众信仰水平的要求。日本著名佛教学者塚本善隆说过:

> 隋智顗的天台宗也好,吉藏的三论宗也好,唐法藏的华严宗也好,窥基的唯识宗也好,虽然其教义确实称得上深远精密,但却未必成为中国国民的宗教。它们虽然被少数在家知识阶层所受容,却不是中国庶民的宗教。因为这毕竟还是出家僧侣的宗教,寺院的宗教……中国的庶民宗教,从根本上不得不采取适应其教养的通俗的形式,不得不融入中国的风俗之中,并得到民众中迷信分子的追随。并且不能忘记,正是这种低俗宗教的庶民宗教,与中国的庶民生活密切结合着存续下来,并且成为指导他们社会的精神生活、维持伦理秩序的力量。[①]

在六朝时期发达的佛教义学中,义学沙门也曾对作为真经的《法华经》及其观音信仰进行深入阐释和宣扬。现存这类著作有梁法云《法华义记》、隋智顗《法华文句》、吉藏《法华义疏》以及智顗《观音玄义》、《观音义疏》和《请观音经疏》等。但这些著作在民众间的影响都极其有限。普及社会上下的却是上述伪观音经。它们的出现和流传表明,本来是大乘佛教发展中出现的、并非代表佛教思想主流的观音菩萨,在中国流传过程中不仅成了民众信仰的主要对象,取得了凌驾甚至超越佛陀的地位,更被进一步"中国化"和"通俗化"了,以致中土人士需要制作出更适应民众心理需求、更便于平日诵读的经典。外来的观音菩萨已经转化为中土的神明,中土制作的伪经从而也就在一定范围内取代了外来翻译的真经。

[①]《支那佛教史研究・北魏篇》第295—296页,东京清水弘文堂,1969年。

南北朝时期佛教发展中不断出现各种各样新观念，当时的信仰者也积极制作伪经来反映这些观念。例如，南北朝末期出现了所谓"末法"思潮。根据《大集月藏经》，佛灭后的第四个五百年是所谓"末法"时期。这种思潮的勃兴与北魏毁佛有直接关系。正是在这样的形势下，浅显易读的宣扬末法观念的伪经在民众间迅速流传开来。当时昭玄统昙曜就制作了宣扬末法思想的《付法藏因缘传》和《净度三昧经》。后来经慧思、道绰等人宣扬，末法思想更形成相当声势。房山石经的雕造就是对应"末法"的实际行动。

净土宗师道绰明确把一代佛教分为圣道门和净土门，认为末法浇季的凡夫，要舍圣道门，入净土门，皈依阿弥陀佛，祈求往生西方净土。他发展出简单易行的净土法门。在所著《安乐集》里引为经证的，就有许多疑伪经如《十方随愿往生经》、《净度三昧经》、《生阿弥陀佛国为诸大众说观身正念解脱十往生经》、《善王皇帝经》、《惟无三昧经》等。这些经典着重宣扬现世救济、延年益寿等等中土观念，内容与道教信仰相通。宣扬末法思想具有代表性的伪经还有《像法决疑经》（初见《法经录》，有敦煌本 S. 2075、P. 2087 号，《续藏经》本）和《瑜伽法镜经》（敦煌本作《佛说示所犯者瑜伽法镜经》，S. 2423 号，《大正藏》第 85 卷），都是六朝末期出现的。制作这些经典实际也为后来三阶教的形成作了准备。

集中体现末法思潮，又更具实践性格的教派正是三阶教。三阶教宣扬普佛普法思想，认为时当末法，处在秽土，人则戒、见俱破，因此对根起行，对一切已成、未成诸佛必须普敬，而世界众生无一不是佛；修行则要苦行忍辱，礼拜所有男女，竭尽全力布施。三阶教集录众经编撰《三阶佛法》并自作经典。不过自隋代开皇十四年（594）三阶教经典被禁断，后来又屡经禁毁。在《大周刊定众经目录》里，著录有《三阶集录》一部四卷、《三阶集录》一部二卷、《大乘验人通行法》一卷等，被归纳为"《三阶杂法》二十二部二十九卷，奉证圣元年恩敕,令定伪经"①。这些典籍如今除留有片断佚文,已全部湮没不存。所幸在敦煌遗书里发现一批残卷,如《三阶佛法》、《三阶佛法密记》、《对根起行法》等,结合相关资料,得以恢复三阶教的历史面貌。

又习禅是重要的实践法门,有人制作出一些伪禅经,如敦煌遗书里保存的《禅门经》(敦煌写卷 S.5532、P.4646,北京霜 95 号、鸣33 号)、《人身因缘开悟佛性经》、《弥勒摩尼佛说开悟佛性经》等,还有前面说到白居易诵读过的《心王头陀经》等。

第三种类型是融合儒、道观念和信仰,进而与中土传统思想、伦理相调和,更鲜明地体现中土思维特色的伪经。前述两类伪经也多体现浓厚的世俗性格,不过这后一类经典不仅十分鲜明地体现"民俗化"、"通俗化"的倾向,更具有鲜明的"三教调和"色彩,显示了佛教"中国化"的深度。如戴密微所指出:

> 在那时(六朝时期——著者)的佛教伪经中有形形色色的内容,包括许多特别是论述长生术的道教的成分;这部分地说明了中国人普遍信仰弥勒佛和阿弥陀佛的极乐世界的原因。但是,其中也有儒家的因素,例如有赞扬孝道、敬拜祖先和殡葬礼节等这些在印度不时行的东西。佛教书籍中充满了敬神术、占星术、占卜术以及各种各样中国人特有的迷信,这就从中世纪早期起预示了"三教"合一的发展,后来便以此形式侵入了民间宗教之中。②

有一部《三品弟子经》已见于《出三藏记集》,作"失译",《历代三宝记》作支谦译,是早出伪经。其中宣说在家信徒不知大乘般若波罗蜜和方便道而行小道,有四天王、太子使者、佛道守护神等记录小道内容,伺命神加以累积,登录在名簿上,向上帝报告,即使年

①《大周刊定众经目录》卷一五,《大正藏》第 55 卷第 475 页上。
②《汉代至隋代之间的哲学与宗教》,《剑桥中国秦汉史》,第 918 页。

寿未尽,也会派遣恶神加以处罚,夺其余命。这宣扬的全然是道教的夺算说。另有伪经如《四天王经》、《决定罪福经》等,也宣扬同类信仰。经录里还著录不少《延年益寿经》、《益算经》之类名目的经典,从题目字面就可以推测其内容。又如后来被当作真经的《安宅神咒经》,讲到中土的"四神"青龙、白虎、朱雀、玄武,又讲六甲、禁忌等,也完全是中土民间信仰的观念和方术。道绰《安乐集》卷下引用过一部名为《惟无三昧经》的:

> 如《惟无三昧经》云:有兄弟二人,兄信因果,弟无信心,而能善解相法。因其镜中,自见面上死相已现,不过七日。时有智者教往问佛。佛时报言:"七日不虚。若能一心念佛修戒,或得度难。"寻即依教系念,时至六日,即有二鬼来,耳闻其念佛之声,竟无能前进。还告阎罗王。阎罗王索符,已注云:由持戒念佛功德,生第三炎天。①

如这样的说法,又是把佛教救济观念和道教的避鬼法术沟通起来了。

还有些更直接体现中国传统思想意识,主要是宣扬忠孝伦理的伪经。如历来被当作真经的《仁王护国般若波罗蜜经》宣扬忠君卫国思想,《盂兰盆经》、《佛说父母恩重经》等宣扬孝道等。这些伪经更清楚地体现儒家伦理道德与佛教救济思想相调和的观念。这也显示中国佛教发展中一个具有普遍意义的倾向。

隋唐已降,《仁王护国般若经》得到教内外普遍重视。今存二本。一本题鸠摩罗什译,但《出三藏记集》作"失译",在隋《法经录》里已列入《疑惑部》;另一种题不空译,实际是前一译本的改写本②。

---

① 《安乐集》卷下,《大正藏》第47卷第16页上。
② 窥基《仁王护国般若经疏》和费长房《历代三宝记》均记载《仁王经》有竺法护、鸠摩罗什、真谛三种译本,没有根据。又不空新译可能也是假托,因为在唐代该经未见梵本,也不见原典。

经文中说到设立僧官、压迫僧尼等，显然是北魏毁佛后制作的。从北魏昙延、慧净到隋智𫖮、唐吉藏，都曾作有经疏。天台宗更把它当作"护国三部经"之一。其《护国品》说：

> 尔时佛告大王："汝等善听，吾今正说护国土法用，汝当受持般若波罗蜜。当国土欲乱、破坏劫烧、贼来破国时，当请百佛像、百菩萨像、百罗汉像、百比丘众，四大众七众共听，请百法师讲般若波罗蜜。百师子吼高座前燃百灯，烧百和香，百种色花，以用供养三宝。三衣什物，供养法师。小饭中食，亦复以时。大王，一日二时讲读此经，汝国土中有百部鬼神，是一一部复有百部，乐闻是经，此诸鬼神护汝国土。"①

本来无论是观念上还是现实中佛教与世俗政权必然存在矛盾。这种矛盾随着佛教日渐兴盛也越发突出起来。北魏毁佛正是这种矛盾激化的结果。而从佛法有助于王化的角度进行辩护，则一向是佛教方面的惯用手法。这部经典大力阐扬佛法的护国功效，正体现调和佛法与王权关系的努力，也是争取佛教有利地位的辩解。经文对于王权压制僧团提出批评，如说：

> 佛告波斯匿王……后五浊世，比丘、比丘尼、四部弟子、天龙八部、一切神王、国王、大臣、太子、王子，自恃高贵，灭破吾法，明作制法，制我弟子。比丘、比丘尼不听出家行道，亦复不听造作佛像形、佛塔形，立统官制众，安籍记僧。比丘地立，白衣高坐，兵奴为比丘受别请法，知识比丘共为一心，亲善比丘为作斋会求福，如外道法，都非吾法。当知尔时正法将灭不久。大王，坏乱吾道，是汝等作，自恃威力，制我四部弟子，百姓疾病，无不苦难，是破国因缘，说五浊罪，穷劫不尽。大王，法末世时，有诸比丘、四部弟子、国王、大臣，多作非法之行，横

① 《仁王般若波罗蜜经》卷下《护国品》，《大正藏》第8卷第829页下—830页上。

> 与佛法众僧作大非法,作诸罪过,非法非律,系缚比丘,如狱囚
> 法,当尔之时法灭不久……①

这实际上也是向国家提出保护佛法的要求,从佛教立场阐明王权与佛法的理想的关系。陈、隋时期,朝廷经常举行"仁王斋",宣讲《仁王经》。如智顗,"陈(后)主既降法筵,百僚尽敬,希闻未闻,奉法承道。因即下敕,立禅众于灵曜寺,学徒又结,望众森然,频降敕于太极殿讲《仁王经》,天子亲临"②。中唐时期,每逢吐蕃、回纥内侵,朝廷即举行《仁王经》法会。这些活动在当时也成为朝廷主持之下阐扬佛法的举措。

《父母恩重经》初见于《武周录》,在《开元录》里亦著录"《父母恩重经》一卷(经引丁兰、董黯、郭巨等,故知人造;三纸)③。下面是今存敦煌遗书 P.2285《佛说父母恩重经》的主要段落:

> 佛言:"人生在世,父母为亲,非父不生,非母不育。是以寄托母胎,怀身十月,岁满月充,母子俱显。生堕草上,父母养育,卧则兰车,父母怀抱。和和弄声,含笑未语。饥时须食,非母不哺,渴时须饮,非母不乳。母中饥时,吞苦吐甘,推干就湿,非义不亲,非母不养。慈母养儿,去离兰车,十指甲中,食子不净,应各有八斛四斗。计论母恩,昊天罔极。呜呼慈母,云何可报!"阿难白佛言:"世尊,云何可报其恩?唯愿说之。"佛告阿难:"汝谛听,善思念之,吾当为汝分别解说。父母之恩,昊天罔极,云何若有孝顺慈孝之子,能为父母作福造经,或以七月十五日能造佛槃盂兰盆,献佛及僧,得果无量,能报父母之恩。若复有人,书写此经,流布世人,受持读诵,当知此人

---

① 《仁王般若波罗蜜经》卷下《嘱累品》,《大正藏》第 8 卷第 833 页中—下。
② 《续高僧传》卷一七《隋国师智者天台山国清寺释智顗传》,《大正藏》第 50 卷第 565 页下。
③ 《开元释教录》卷一八,《大正藏》第 55 卷第 673 页上。

报父母恩……"①

接下来更细致描写了父母恩爱子女的情景。如此宣扬以读经礼佛的行动来实现儒家仁孝的训条，与佛教基本教理已没有多少关联。不过在这个文本里并不见郭巨等中土孝子故事，与《开元录》记载的或许不是同一经本。唐初善导注释《观经》曰：

> 既有父母，既有大恩。若无父者，能生之因即阙；若无母者，所生之缘即乖；若二人俱无，即失托生之地。要须父母缘具，方有受身之处。既欲受身，以自业识为内因，以父母精血为外缘，因缘和合，故有此身。以斯义故，父母恩重。母怀胎已，经于十月，行住坐卧，常生苦恼，复忧产时死难；若生已，经于三年，恒常眠屎卧尿，床被衣服，皆亦不净……②

这里显然隐括了《父母恩重经》的内容。而宗密《盂兰盆经疏》卷下引用《父母恩重经》则与敦煌本文字一致，表明唐时已经流行同一名称、相同主题的不同经本。宣扬同样观念的还有高丽三十二代主辛禑戊午四年（明洪武十一年，1378）刊《佛说父母恩重胎骨经》，主要描写母亲怀胎临产之苦，宣扬父母养育之恩③。这也表明这一主题的伪经被不断制作出来并广泛流行的情形。

陈观胜指出，像《父母恩重经》这样的经典，从内容看，显然是流行在中国一般民众之间的。他指出，就具体构想说，这部经的描写明显并不是面向富裕的上层社会，而是面向勤勉的农民大众的。其中描写的不是那种有仆从、乳母侍奉婴儿的家庭，而是简朴的农民生活、田野风光，表达的是朴素民众的感情④。而一些高水平的

---

①《佛说父母恩重经》，《大正藏》第 85 卷《古逸部》1403 页中—下。

②《观经序分义》卷二，《大正藏》第 37 卷第 259 页上—中。

③经本录文见牧田谛亮《疑經研究》第 51 页。

④参阅陈观胜（Kenneth K. S. Ch'en）：*The Chinese Transformation of Buddhism*；福井文雅、冈本天晴日译本《佛教と中國社會》，金花舍，1981 年。

佛教思想家却又十分重视这部经典，也是因为它在对民众的普及宣教中能够起到巨大作用。

十分重要而又影响巨大的还有《盂兰盆经》。这部经典在齐、梁之际已经流行，是否伪经尚有争议，但唐代出现的同一题材、宣扬同样信仰的《净土盂兰盆经》却肯定是伪经。又敦煌遗书里存有近二十个《佛说十王经》文本，是佛教地狱信仰在中土衍变的产物。这部伪经中关于十殿阎王、地狱机构以及业报罪罚的构想，乃是佛教六道轮回观念在中土专制体制环境下的发挥[①]。关系到中国佛教里的地狱信仰及其经典，下面还将详细介绍。

上面举出的这些伪经，从调和三教的内容看，所融入的儒家内容主要是世俗道德说教，道教则主要是浅显粗陋的方术、咒术。它们基本是适应民众信仰制作的。另一些经典如《大乘起信论》、《圆觉经》以及一些伪禅经等，则在更深刻的理论层面上把儒家和道家、道教相融和，体现了佛教融入本土传统更为深入的形态，在本书相关部分还将另行介绍。

第四种类型伪经的制作具有鲜明的政治意图。

佛教本来是主张出世的，标榜要超离世事纷争，但实际上却不能不和世俗社会发生各种各样的联系。特别是在中国古代专制政治体制之下，佛教更不可避免主动或被动地牵涉到政治斗争之中，另一方面往往又主动地为世俗统治服务以争取支持和保护，从而出现具有一定政治含义和目的的伪经。

上面讲到的《仁王护国经》的中心思想是把护国与护法统一起来，即以般若波罗蜜来守护国家，使之永劫昌盛。这显然是出于维护现实政治体制的目的制作的。利用佛典直接为政治斗争服务，典型的例子是当武则天"以释教开革命之阶"之际，"东魏国寺僧法明等撰《大云经》四卷，表上之，言太后乃弥勒佛下生，当代唐为阎

---

① 参阅杜斗城《敦煌本佛说十王经校录研究》，甘肃教育出版社，1989 年。

浮提主,制颁于天下"①。武则天天授二年(691)三月有《释教在道法之上制》说：

> 朕先蒙金口之记,又承宝偈之文,历教表于当今,本愿标于曩劫。《大云》阐奥,明王国之祯符;方等发扬,显自在之丕业。驭一境而敦化,弘五戒以训人。爰开革命之阶,方启惟新之运……②

《大云经》古有两译,即北凉昙无谶译《大方等大云无想经》六卷和符秦竺佛念译《大云无想经》九卷,其中说到天女授记,以女身为国王,所表达的观念正适合武则天篡权的需要。薛怀义等所进四卷本《大云经》,今已不传,亦不见经录,但在敦煌遗书《大云经疏》里存有佚文,据以推测当时所进当是篡改旧本的伪经③。

同样性质的另外一部经典题署菩提流志(本名达摩流志,以武后命改名)译十卷本《佛说宝雨经》。原来有梁代曼陀罗仙所出七卷本《宝雨经》、陈须菩提所出八卷本《大乘宝雨经》。新译本第一卷里有其他译本全然不见的关于东方有月光天子、乘五色云来佛前、得授记为南赡部洲东北方摩诃支那国王一段文字,而经文注记又说到现女身为自在主云云。这部经由薛怀宝等僧人监译、证义,明显反映了当时僧团谄媚武后、力图配合武后篡权的政治意图。

又还有另外一类从反体制立场出发制作的伪经,则是佛教参与政治的另一方面的体现。一批伪弥勒经是十分典型的例子。弥

---

① 《资治通鉴》卷二〇四《唐纪二十·则天后天授元年》,第 6473、6466 页。
② 《唐大诏令集》卷一一三《政事·道释》。
③ 敦煌本 S.2658,商务印书馆《敦煌遗书总目索引》定名为《大云经疏(?)》,日本学者矢吹庆辉拟题为《武后登极谶疏》;敦煌本 S.6502,《索引》定名为《大云经》,王重民《敦煌古籍叙录》定名为《大云经疏》,实际二者为同一书。又日本最早佛经目录永超(?—1095)《东域传灯目录》(日本嘉保元年即公元 1095 年完成)著录《大云经神皇授记义疏》一卷。参阅牧田谛亮《疑經研究》第 41—42 页。

勒信仰早自西晋竺法护传译《弥勒下生经》已介绍到中土,很快流行开来。其下生信仰宣扬在兜率天上待机的弥勒菩萨于五十七亿六千万年之后、人寿八万岁时下临人间,在龙华树下成佛,三会说法,度脱众生无数。这种信仰容易在政治上被利用。例如武则天时期伪撰《大云经》里就宣扬弥勒下生的谶言,作为武氏篡权的依据。这种信仰更容易被附会以变革现实社会的政治内容,作为民众反叛活动的依据。北魏时期的所谓"大乘匪",就是把弥勒下生信仰与民间谶言迷信结合起来动员群众从而掀起了具有相当规模的武装斗争。隋大业"六年正月朔旦,有盗衣白练裙襦,手持香花,自称弥勒佛出世。入建国门,夺卫士仗,将为乱。齐王暕遇而斩之";"九年,帝在高阳,唐县人宋子贤……自称弥勒出世……远近惑信,日数百千人。遂潜谋作乱,将为无遮佛会,因举兵,欲袭击乘舆。事泄,鹰扬郎将以兵捕之……遂擒斩之,并坐其党与千余家。其后复有桑门向海明,于扶风自称弥勒佛出世,潜谋逆乱。人有归心者,辄获吉梦。由是人皆惑之,三辅之士,翕然称为大圣。因举兵反,众至数万,官军击破之"[1]。玄宗开元三年朝廷有《禁断妖讹等敕》说:

> 敕:释氏汲引,本归正法;《仁王》护持,先去邪道。失其宗旨,乃般若之罪人;成其诡怪,岂涅槃之信士。不存惩革,遂废津梁。眷彼愚蒙,相陷坑阱。彼有白衣长发,假托弥勒下生,因为妖讹,广集徒侣,称解禅观,妄说灾祥。或别作小经,诈云佛说;或辄蓄弟子,号为和尚。多不婚娶,眩惑闾里。触类寔繁,蠹政为甚。刺史县令,职在亲人,拙于抚驭,是生奸宄。自今以后,宜严加捉搦。仍令按察使采访,如州县不能觉察,所由长官并量状贬降。[2]

---

[1]《隋书》卷二三《五行志下》,第662—663页。

[2]《文苑英华》卷四六五《诏敕七》,第3册第2376—2377页,中华书局,1995年。

这表明在开元"盛世"中仍有人利用弥勒信仰制造动乱。其中说到"别作小经",即是说有短小的伪弥勒经不断地制作出来。《开元释教录》著录几部以前经录不见的伪弥勒经,大概就是这种"小经":

> 《弥勒下生遣观世音大势至劝化众生舍恶作善寿乐经》一卷(亦直云《寿乐经》,十纸)
>
> 《光憼菩萨问如来出世当用何时普告经》一卷(八纸)
>
> 《随身本官弥勒成佛经》一卷(《贤树菩萨问佛品》)
>
> 《金刚密要论经》一卷(亦名《方明王缘起经》,或无论字兼说弥勒下生事,十四纸)
>
> 右上四经,并是妖徒伪造。其中说弥勒如来即欲下生等事(谨按:正经从释迦灭后人间经五十七俱胝六十百千岁,赡部洲人寿增八万,弥勒如来方始出世,岂可寿年减百而有弥勒下生耶),以斯妖妄,诱惑凡愚,浅识之流,多从信受,因斯坠没,可谓伤哉!故此甄明,特希详鉴耳。①

这类经典显然具有反抗体制的性质。与那些维护现实统治的伪经一样,托名佛说来做宣传,利用宗教信仰来达到一定的政治目的。

宋元以后源自佛教的民间教派更大量制作伪经,正是延续和发展了这一潮流。

第五种类型伪经是为了与道教进行斗争制作的。

如《清净法行经》,见《出三藏记集》卷四《新集续撰失译杂经录》,久佚,智顗《维摩经玄疏》卷一所存佚文说到:

> 《清净法行经》说摩诃迦叶应生振旦,示名老子,设无为之教,外以治国,修神仙之术,内以治身。彼经又云:光净童子,名曰仲尼,为赴机缘,亦游此土,文行诚信,定《礼》删《诗》,垂

---

①《开元释教录》卷一八《疑惑再详录》,《大正藏》第 55 卷第 672 页下。

裕后昆。①

同样的意思频繁出现在智顗、湛然等人的注疏里。光净童子本是出现在《维摩经》里的人物。这段佚文表达的观念已见于宋冶城寺惠通《驳顾道士夷夏论》："故经云：摩诃迦叶，彼称老子；光净童子，彼名仲尼。"②这里所说的"经"，就是《清净法行经》或与之同类型的伪经。把儒家的圣人和道教的祖师说成是佛陀弟子显化，意思正与道教的"老子化胡说"相反，显然有相抗衡的意图。值得注意的是，本书前面已经提出有一种看法，认为"老子化胡"观念本来是佛教方面最先提出的，用以表明佛教本是本土产物，以对抗"以夷化夏"的攻难。

　　《须弥四域经》是另一部属于这一类型的经典。它初见于隋《法经录》，列在"伪妄"项下。周释道安《二教论·服法非老第九》篇里引用说："《须弥四域经》曰：宝应声菩萨名曰伏羲，宝吉祥菩萨名曰女娲。"③这与《清净法行经》使用的是同样方法，即把中土先人说成是佛陀的弟子。道绰《安乐集》里曾引用更大段落：

　　　　故《须弥四域经》云：天地初开之时，未有日月星辰，纵有天人来下，但用项光照用。尔时人民，多生苦恼，于是阿弥陀佛遣二菩萨，一名宝应声，二名宝吉祥，即伏羲、女娲是。此二菩萨共相筹议，向第七梵天上取其七宝，来至此界，造日月星辰二十八宿，以照天下，定其四时春秋冬夏。时二菩萨共相谓言：所以日月星辰二十八宿西行者，一切诸天人民尽共稽首阿弥陀佛，是以日月星辰皆悉倾心向彼，故西流也。④

法琳《辩正论·九箴》篇里又说到"故二皇统化（《须弥四域经》云：

①《大正藏》第 38 卷第 523 页上。
②《弘明集》卷七，《大正藏》第 52 卷第 45 页下。
③《广弘明集》卷八，《大正藏》第 52 卷第 140 页上。
④《安乐集》卷下，《大正藏》第 47 卷第 18 页中。

应声菩萨为伏羲,吉祥菩萨为女娲),居淳风之初;三圣立言(《空寂所问经》云:迦叶为老子,儒童为孔子,光净为颜回),兴已淳之末"①云云。这里引用称之为《空寂所问经》的经典。道绰还曾引用《须弥像图山经》、《十二游经》,表达同样的意思,《开元录》以为是同本异名,或许是同一类型的经典。

在南北朝佛教传说里,有一些攻击、贬低道教的故事,反映当时佛、道尖锐斗争的一个侧面,与这类伪经的制作出于同样的背景,反映的是同样的思想潮流。

第六种类型是一些宣扬惩恶劝善、减罪消灾,达到延年益寿、治病疗伤等等现实要求,表述通俗浅近的民俗信仰的经典。这类经典没有什么深刻的教理说明,有些经文内容往往和道教法术、经咒相混淆,更直截地反映了民众生活中佛、道交融的实态。

隋法经等撰《众经目录》附在"伪录"里著录有《安墓经》一卷、《安冢经》一卷、《安宅经》一卷、《安宅神咒经》一卷、《天公经》一卷、《安墓神咒经》一卷、《灌顶度星招魂断绝复连经》一卷(注曰:此经更有一小本是人作)、《度生死海神船经》一卷、《度世不死经》一卷、《无为法道经》一卷、《咒媚经》一卷、《阎罗王东太山经》一卷。编撰者说:这些经本"并号乖真。或首掠金言,而末申谣谶;或论世术,后托法词;或引阴阳吉凶,或明神鬼祸福。诸如此比,伪妄灼然"②。从所列题目就可以知道,这些经本表现的乃是中土堪舆、风水等内容,其基本观念是道教的度世不死,而不是佛教的解脱寂灭;实践方面则是中土法术,而不是佛教的禅修、证悟。而如《救护众生恶疾经》又名《救疾经》,则是主救疾疗伤的③。《静泰录》里除了著录的《灌顶度星招魂断绝复连经》、《度世不死经》,还有《照魄经》等,宣扬中土招魂风俗。又《武周录》等经录里著录有《佛说延寿命经》

①《广弘明集》卷一三,《大正藏》第52卷第181页上。
②法经《众经目录》卷四,《大正藏》第55卷第138页下-139页上。
③静泰《众经目录》卷四,《大正藏》第55卷第212页上-下。

或名《延年益寿经》，显然是表现中土延年益寿观念的。敦煌遗书里保存有这部经的不同文本①，其中一个比较简单的文本的主要内容是：

> ……有比丘难达，寿欲终期，从佛求延命。佛为说十七神名，结黄缕百牧（枚），即延十八年；有寿百岁，延命二十岁，常得安稳，无诸恶害，病者得愈，哑者得语，四百四病，应时消除。佛言诸有病者，除此十七神名，笃结黄缕，众患悉除。常当持此经者清净处，若随身，常使净洁中，即十七神常当拥护，不得离之，使其人获无量福。②

接下来是出于杜撰的十七（实数十四）神名，所述则是疗病咒语。特别的是有一部《佛说大藏正教血盆经》，一直流行到今天，是说妇女一生经血产下，污触地神，死后在地狱中受苦，目连持血盆斋，组血盆会，并请僧诵《血盆经》加以救济，让三世母亲尽得升天。这是沿袭《盂兰盆经》的立意，专门针对妇女的说教。此外还有《劝善经》等，则完全如劝善止恶的偈语了。

这最后一类伪经，历来被佛教正统所排斥。历代编撰经录、编辑经藏，都严加剔除（当然如前所述，有意、无意地与真经相混淆的情况多有）；有些更旋生旋灭，不见著录。但它们受到民众欢迎，在民众间的影响十分巨大。特别是有些与民间流行的斋仪有直接关系，起着指导民众信仰实践的作用。例如盂兰盆祭、七七斋等，这类经典与之密切关联，也推动了它们的流行。

---

① 敦煌写卷有《佛说延寿命经》二十四件，另《佛说延寿经》一件，《佛说延寿命神咒经》一件，详敦煌研究院编《敦煌遗书总目索引新编·索引》第62页，中华书局，2000年。
② 敦煌遗书 P.2171，录文见牧田谛亮《疑經研究》第82页。

四

　　在近代中国佛教史研究中，三部曾发挥巨大影响的经典《大乘起信论》《楞严经》《圆觉经》的真伪，即它们是否系外来翻译经、论，引起热烈争论，可以说是典型的"疑经（论）"。受到资料的限制，迄今难以得出确切结论。但是它们确实具有丰富而独特的内容，并更多地反映中国本土的思想特色，从而从一个侧面体现了佛教"中国化"的成果，在佛教史和一般文化史上具有重大的价值。

　　《大乘起信论》署马鸣菩萨造，凡两译，即隋真谛出一卷本和唐实叉难陀出二卷本。二本内容大体相同，流通的是真谛本。从内容看，这部论是综合大乘佛教发展新阶段的如来藏思想和唯识学说，从理论和实践两个层面把它们加以概括的入门书。所谓"起信"，就是让人觉悟"真如缘起"而发起信仰。这部论书理论层面的基本内容是所谓"一心"、"二门"、"三大"：一心即如来藏，这是包摄一切法的总根源；二门即把众生心分为心真如门和心生灭门，并主张心生灭门的一切迷悟活动均离不开心真如门；三大即体大、相大、用大，谓真如作为本体不增不减，其形相即是如来藏，具有无量功德，而其功用则产生出一切善因善果。实践层面则提倡"四信"（信仰真如和佛、法、僧）和"五行"（布施、持戒、忍辱、精进、正观）。这部论书在写法上与一般论书的繁琐细密不同，篇幅简短，内容精要，文字又十分流畅。它自隋唐以来受到推重，得到佛教各宗派的重视，后人所作疏记不可计数。其中净影慧远、法藏、宗密都是一代大师，他们的疏释影响尤其深远。但是隋法经《众经目录》已经把本论纳入"疑惑部"。特别这部论书的梵文原本和藏译均杳无踪迹；其思想观念基本上又不是佛教本质的大乘般若"空"观，而是中土思想的本体论,亦非马鸣时代所能有;此外其中表现的内容多与伪《占察经》类似,又多被疑伪经《仁王经》、《璎珞经》等所引用;基于如此等等理由,近代许多学者认为乃是伪论,其中如中国的吕澂、日本的望月信亨都是一代佛学权威,所论值得重视;也有人推论是马鸣之后的另一位同名人所作。

　　《楞严经》全称《大佛顶如来密因修证了义诸菩萨万行首楞严经》,又名《中印度那烂陀大道场经》等,是被纳入秘密部的经典。关于这部经的翻译和传出情况均有异说。关于翻译,根据《续古今译经图记》,是中印人般刺密帝(唐译"无量")神龙元年(705)于广州制旨道场译,参与译场的有乌苌国沙门弥伽释迦担任译语,房融笔受,怀迪证义;《开元释教录》则记载是怀迪所译。上述二书均为智昇所著而记述违异如此,让人难于理解。关于传出更有四说:一曰南使北来传出;二曰房融奏入;三曰神秀亲逢奏经,传写归荆州度门寺;四曰房融传写,在家供养。翻译和传出情形如此模糊,也成为怀疑本经的根据。更重要的是本经宣扬"即身成佛"、"即事而真"的秘密教义,又主张"一切世间诸所有物,皆即菩提妙明元心,心精遍圆,含裹十方"[1],发挥的主要是"常住真心性净明体"之说,显然与中土禅观相通。特别是讲大势至菩萨念佛圆通,观音菩萨耳根圆通,更与净土念佛信仰相接近。又此经文字华美,诵读流利,是它受到欢迎的原因,也成为伪撰的依据。另外本经有藏译,而藏译不明译人和译出年代;又在传入日本之后早就有人认为是伪撰。这些都更增加了疑点。不过本经历来受到天台、华严和禅宗重视,对于唐宋以后佛教发展影响巨大,千余年来讲疏之作无数,现存者仍有四十余家。

　　《圆觉经》,全称《大方广圆觉修多罗了义经》,署罽宾三藏佛陀多罗译。《开元释教录》、《贞元新定释教目录》等唐代经录已经对

_____

①《楞严经》卷三,《大正藏》第19卷第119页中。

本经译人和传出情况提出疑问。其传译情形模糊不清与《楞严经》类似。但是历代一般都相信本经为佛义真传不谬，并被纳入大乘经藏之中。由于本经宣扬圆摄一切诸法、直显本来成佛的华严教旨，因此后世又被收入到《华严部》。本经宣扬"一切众生，种种幻化，皆生如来圆觉妙心。犹如空花，从空而有，幻花虽灭，空性不坏。众生幻心，还依幻灭，诸幻尽灭，觉心不动……一切菩萨及末世众生，应当远离一切幻化虚妄境界。由坚执持远离心故，心如幻者，亦复远离；远离为幻，亦复远离；离远离幻，亦复远离；得无所离，即除诸幻……知幻即离，不作方便；离幻即觉，亦无渐次。一切菩萨及末世众生，依此修行，如是乃能永离诸幻"①，这里的"圆觉妙心"通于禅宗的"自性清净心"，而远离诸幻的修行方便也与禅宗的"离念"、"净心"法门类似。这些都纯属隋唐以来宗派佛学的宗义。《圆觉经》特别由于宗密所著一批疏记而得以弘扬。宗密本人一身兼祧华严与禅，他称赞"禅遇南宗，教逢斯典，一言之下，心地开通，一轴之中，义天朗耀"②，特别从沟通禅、教的立场来肯定其价值。他宣扬本经可以说不遗余力，著有《大疏》、《大疏钞》、《略疏》、《略疏钞》、《大疏科》等数十卷。这些著作发扬融通禅、教意旨，在当时，对于扭转毁经灭教、流荡忘返的禅风起了相当大的作用；在唐、宋以后，更成为统合禅、教的依据。正因此，胡适曾说："现在佛教中，还有一部《圆觉经》。这部经大概是伪造品，是宗密自己作的。这只有一卷的经，他却做了很多的批注，叫做《圆觉经大疏钞》。"他接着又指出："这里面有很多禅宗历史的材料。"③从总体看，《圆觉经》的思想不是印度的，基本是中国宗派佛教的。

　　以上三部书都是中国佛教史和思想史上影响巨大、深远的经

①《大方广圆觉修多罗了义经·普贤章》，《大正藏》第17卷第914页上。
②《大方广圆觉经大疏序》，《中国佛教经论序跋记集》第1卷第424页。
③《禅宗史的一个新看法》，姜义华主编《胡适学术文集·中国佛学史》第151页，中华书局，1997年。

典,却又是典型的"疑经(论)"。从形态看,它们与真经都没有什么
差别,一般经录里也作为真经著录,又被当作真经收入各种藏经,
特别是历代僧俗一般亦都把它们的内容当作佛法真义来领会和遵
循。但是另一方面,如上指出,它们作为翻译经典的可疑之处其多
亦甚为明显。更为重要的是,其中的语言和内容显然是中国佛教
的。朱熹已曾指出:"《圆觉经》只有前两三卷好,后面便只是无说
后强添。如《楞严经》,当初只有那阿难一事,及那烧牛粪时一咒,
其余底皆是文章之士添。""《楞严经》本只是咒语。后来房融添入
许多道理说话。"①朱熹所说的《圆觉经》应当是指宗密《大疏钞》。
他说这两部经典大部出自中国文人之手,没有说明根据什么,但可
以推测,他是意识到这两部经典的内容完全是中国本土的。关于
这三部经典的真伪,一时难以得出定论,但是可以确定,即使它们
真是外文译本,译者在翻译过程中也为适应中土佛教思想发展的
变化而作了大幅度的增删和发挥。而且值得注意的是,这三部经
典表现的主要内容大体一致,即主要是华严的"本体"思想和禅的
清净自性观念②。龚自珍和他的妻子曾施舍净财助刊《圆觉经略
疏》,并评论说:"若其祖荷泽,祢遂洲,则传法之绪可言也;胎慈恩,
息贤首,其讲经之宗可言也。"③也是指出了这一点。这些也正是宗
派佛教在中国思想史上贡献巨大、影响深远并在"新儒学"即"宋
学"形成中起了关键作用的内容。

　　值得注意的事,后代理学家们大都读过甚至熟悉这些经典,包
括一些坚定反佛的人。如前面已经提到朱熹;陆九渊也曾说:"某

---

①黎靖德编《朱子语录》卷一二六《释氏》,第8册第3027页,王星贤点校,中华
　书局,1986年。
②《梅村家藏稿》卷一二。
③《重刊圆觉经略疏后序》,《龚自珍全集》第六辑,第386页,上海人民出版社,
　1975年。

虽不曾看释藏经教，然而《楞严》、《圆觉》、《维摩》等经，则尝见之。"①真德秀是主张儒、释合一的，在《杨文公真笔遗教经》一文中提出："《金刚》、《楞严》、《圆觉》等经则《易》、《中庸》之比。"②明初理学大师宋濂称赞高僧古庭说："凡清凉《大疏钞》及《圆觉》、《楞严》、《起信》诸部，皆能融会甚深微妙之旨，遐迩嗜学之子，敛衽溯瞻，不翅卿云德星，以获一见为快。"③赵大洲也曾劝弟子读《楞严经》④。从这些言论看，理学家们显然是把《楞严》、《圆觉》归为一类的。文人中如白居易、权德舆都推重《楞严经》；王安石有诗《再次前韵》说："秋灯一点映笼纱，好读《楞严》莫念家。能了诸缘如梦事，世间唯有妙莲花。"⑤苏轼《次韵子由浴罢》诗中说："《楞严》在床头，妙偈时仰读。返流归照性，独立遗所瞩。"⑥苏辙《春深三首》之一中说："三十年前诵《圆觉》，年来虽老解安心。"⑦钱谦益更是宣扬《楞严》、《圆觉》、《起信》不遗余力，他说："昔人以为《华严》、《圆觉》、《楞严》、《起信》，一真法界，常住真心，一以贯之者也。"⑧他更自承"余衰晚，归心内典，不复读世间文字，止阅《楞严》第十参……"⑨吴梅村当明清易代国破家亡之际，作诗《病中别孚令弟十首》之八中说："骨肉情难尽，关山思不禁。《楞严经》读罢，无语泪痕深。"从这些随手拈来的例子，可以看出无论是思想家还是文章之士，许多人出于各种不同角度，都赞赏、信重这几部真伪莫明的经典。

　　总之，这几部"疑经"内容有价值，值得重视，又反映了佛教"中

---

① 《与王顺伯书》之二，《象山先生全集》卷二。
② 《西山先生真文忠公文集》卷三五。
③ 《华严法师古庭学公塔铭》，《宋学士文集》卷五七。
④ 参阅《牧斋初学集》卷三三《林太史玉署初编序》。
⑤ 《临川先生文集》卷三一。
⑥ 《集注分类东坡先生诗》卷二五。
⑦ 《栾城后集》卷四。
⑧ 《楞严志略序》，《牧斋有学集》卷二一。
⑨ 《牧斋初学集》卷一八《陈昌箕日记诗叙》。

国化"的一个重要侧面,体现了中国佛教发展的总体趋势,所以,超越关于真伪的争论,它们在中国佛教史和一般思想史上的重要地位与重大意义应该肯定,是值得认真研究的。

五

　　大量制作和流传伪经是中国佛教史的重要现象。特别是如前面已经指出的,尽管历代高僧大德都注意辨别伪经,但有些被确认以至公认的伪经却又被他们引用,一些重要佛教类书如《经律异相》、《法苑珠林》、《释氏六帖》等也都频繁引录。这也充分显示了伪经的强大生命力。正因此,如前面引用陈寅恪的意见所表述的,伪经乃是中国佛教史上的"真材料"。

　　伪经的制作,乃是中国人有意利用佛说的权威性来作伪。这些伪经无论对于中国佛教的发展,还是对于后人研究中国佛教的历史,都有着不可替代的重大价值和意义。它们基于民众的实际需求产生,既经产生又在民众间流传,成为中国佛教的重要内容,进而又成为推动中国佛教发展、演变的动力。因此从一定意义说,伪经对于中国佛教的发展,对于推动佛教"中国化"进程,特别对于民间佛教信仰的确立和发展,进而对于建设真正的中国佛教,其作用和意义并不次于甚或超过真经。至于关联到中国佛教文化,伪经在诸多方面更真切、更清晰地反映了中土民众的思想意识,特别是体现他们真实的信仰心态,在诸多领域更造成广泛、深远的影响,从这样的角度可以说,伪经正从一个重要侧面体现着中国佛教发展的趋势和成果。

　　具体分析起来,伪经所体现的这种趋势和成果主要在以下几个方面。

　　伪经是基于中国人佛教信仰的实际需求制作的,它们更直接、更真切地反映了中国人,特别是普通民众的宗教信仰。中国人通过这些自造的经典,来修补、改造外来佛教以满足自身的精神需求。按照僧祐的说法,早在佛教初传的东汉末年建安时期已出现伪经,此后历代层出不穷;到唐代,流传的已达上千种。仅就数量看,伪经在全部经典中即已占有举足轻重的地位。从一定意义上说,它们相当清楚地体现了中国佛教的特质。

　　伪撰经典体现了中国佛教挣脱外来经典束缚而进行独立发挥的努力。实际上自从外来佛教逐步输入中国,这种努力一直没有停止过。无论是译经过程中掺入本土语言和观念("格义"即是主要表现),还是义学沙门对教义进行阐释和发挥,都显现了中国佛教力求自主发展的大趋势。后来宗派佛教形成,各宗派的宗义更形成独创的思想体系,乃是中国佛教自主发展的成果。伪经假托佛说,实际是利用中国人自己的语言来表达自身的信仰和想法。这是大胆的、极富创意的作为。所以伪经作为中国人的创作,乃是促进外来佛教实现"中国化"的一种努力,是实现"中国化"的重要手段和步骤。

　　制作伪经,并把他们混同真经,依据正统观念,是一种极端的"非法"行为,是对于宗教圣典的亵渎。但在中国这种活动却是相当自觉地进行的。在这一活动中,充分显示了制作者对待宗教圣典的态度:自觉地"为我所用",以至自主地制作,表现得玩忽不恭。这实际是一种相当自信的态度。这种态度又是与中国传统上对于宗教信仰普遍的淡漠、游移相关联的。随之而来的是贯穿中国佛教史的经典真伪辨析的复杂状况。尽管历代僧俗都努力从经藏中剔除伪妄部分,但许多已判明的伪经却继续广泛流传,新的伪经更不断制作出来,有些伪经更混同真经入藏,成为正统佛教遵循的圣典。另外如《大乘起信论》、《梵网经》、《仁王般若经》、《楞严经》、《圆觉经》等等,更成为中国佛教中极其重要的基本典籍。这样,从一定意义说中国佛教的发展在相当程度上就是由中国人自己制作的伪经来指引的。

许多伪经篇幅短小，内容浅显，在民众间流传十分广泛，更直接反映了普通民众的心理与意愿。特别是那些宣扬朴素的仁孝伦理和轮回报应教义的，如《盂兰盆经》、《父母报恩经》以及各种简短的伪《观音经》，流传更广。这些更真切地体现民间信仰的经典，内容具有明显的"三教合一"特征，特别对宋代以后的民间宗教影响巨大。民间宗教更相习而制作出自己的经典。这样，在宋元以后，从佛教蜕化出诸多民间教派，伪经起了相当大的作用。

伪经在佛教文化发展上的影响十分突出。特别是民间文艺创作与伪经制作更有相互促进的关系。伪经作为对民众宣教的材料，民间文艺作品在民众间流传，二者都是民众发抒心愿、表达精神需求的手段。只要看看现存的敦煌讲经文和变文，相当部分是演说《盂兰盆经》、《父母恩重经》等伪经的，就可以清楚二者间的密切关联。后来的宝卷、鼓词等民间说唱的情形也同样。

这样，伪经的制作和流传作为中国佛教史上的重要现象，其意义和作用是多方面的，也是十分重大、不容轻视的。

第四章　僧团发展与寺院建设

一

前面三章,介绍了由鸠摩罗什所创始和代表的佛典"旧译"的成就(它标志着中国佛教巨大转折和发展的开始),以及晋、宋以后中土伪经的制作与流行(这是佛教"中国化"的具体表现形态之一)。这都是关于佛教经典的翻译、制作和流传情形,也就是佛、法、僧"三宝"中属于"法宝"的内容。下面六章介绍这一时期僧团的发展和作为其活动基地的寺院建设,以及当时佛教主要外护的南、北统治阶层和民众的信仰状况,包括历朝反佛和佛、道二教斗争情形。这在"三宝"中属于"僧宝"的范畴。

如上所述,佛教初传中土,只是少数外来佛教徒的活动。这些人中有一部分在中国定居,有机会向接触到的中国人传播他们的信仰,逐步扩大佛教的影响,吸引本土的信徒。当时经过数百年发展的印度佛教已经建立起严密的组织即僧团,同时建设起庞大的寺院群落作为僧团活动所依托的实体;僧团和寺院的活动又有系统、严密的戒律来规范。随着中土中、外信徒圈子扩展,按印度佛教既定的规范把他们用一定形式加以组织、开展活动就成为迫切需要,草创期的僧团、寺院随之建立起来。不过这是个相当缓慢的过程。就寺院建设情况说,前述东汉中期在楚王刘英藩邸、在桓帝宫廷里佛陀与黄、老被一起祭祀,显然还没有专门的佛寺。中国史料上记载的最早的佛寺是上述笮融所建立的。虽然记述显然被夸张了,但可以推断东汉末年已经有专门的佛寺存在。

佛教寺院作为专门的宗教活动场所,本来的功能基本有两个:一是作为供奉圣物(如佛像、佛舍利、经典等)、信众礼佛的场所;一是僧伽修禅、居住的处所。这也就形成了印度寺庙的两种基本形制:大型的塔庙和小型的禅窟(龛)。如上所说,在东晋十六国之前,中国佛教发展有限,寺院数量也不多。逐渐出现的佛寺则由"胡僧"经营。在《出三藏记集》所录经序里,记载一些早期佛寺的名目,如支谶翻译《般舟三昧经》是"建安十三年(208)于佛寺中校定",另有说法是建安三年"于许昌寺校定"①。关于许昌寺,可能和楚王刘英有关,应是一所较早建立起来的寺院②。史料记载三国时康僧会在吴国创立建初寺,后来孙琳"坏浮屠祠,斩道人",表明当时江南的东吴已经创建不止一所佛寺。年代靠后的这类记载渐多。据《洛阳伽蓝记序》,西晋至永嘉末年,洛阳已有寺院四十二所。僧传上也有"晋武帝之世,寺庙图像,虽崇京邑"③的说法。《魏书·释老志》记载西晋两京有寺一百八十所,恐怕是夸大了。综合《出三藏记集》和《高僧传》,其中提及的佛寺有长安白马寺、西寺,洛阳白马寺、东牛寺、满水寺、大市寺,陈留水南寺、水北寺,天水天

---

① 《般舟三昧经记》,《出三藏记集》卷七,第 268 页。

② 参阅许理和《佛教征服中国》:"许昌是著名的佛教徒楚王刘英的侄子龙舒的领地,也许彭城地区的佛教因此与洛阳僧团之间存在着某种联系。"第 46 页。又戴密微《汉代至隋代之间的哲学与宗教》(见《剑桥中国秦汉史》):"在公元 3 世纪之初,我们知道京师洛阳有个许昌寺院。这个名称表明,它一定由刘英的母舅名许昌者早在公元 1 世纪所建。可能是在刘英于公元 71 年处死和彭城国除之后,他把来自彭城的僧众安置在他的第宅之中。"第 886 页。

③ 《出三藏记集》卷一三《竺法护传》,第 518 页。

水寺,吴县通玄寺、东云寺,荆州白马寺等,计十二所。从布局看,主要集中在两京及其附近,又向西延伸到丝绸之路上的天水,向南到长江流域、交通便利的吴县和荆州。虽然普及面还算广,但只是分散的存在。这是符合佛教初传的形势的。佛寺具体活动情况也有记载,如晋人阙公则奉佛,"晋武之世,死于洛阳。道俗同志,为设会于白马寺中"①,这是说信徒在寺院里举行法会;晋惠帝末年,衡阳太守南阳滕永文寄住在洛阳满水寺,来自天竺的僧人耆域曾以咒术治好他双脚挛屈之病②,这是有外来僧人寄居的佛寺;又中山人抵世常,家道殷富,"(晋武帝)太康中,禁晋人作沙门,世常奉法精进,潜于宅中起立精舍,供养沙门;于法兰亦在焉"③,这则是私人创立的精舍了。不论是哪一种形式,可以推测草创时期的佛寺或精舍规模不会很大,主要是外来僧侣的居处或从事译经的场所,亦应有简单的塔像供奉。

佛教初传时期中土信徒不多。见于历史上记载的早期出家汉人只有汉末严浮调、三国时朱士行等个别人。当时参与佛教的活动中国人基本是少数与外来信徒交往的信仰者或倾慕者。帮助外来译师译经的就是这样一类人。当时的活动基本采取师徒授受方式。例如康僧会说"余生末踪,始能负薪,考妣殂落,三师凋丧"。"三师"具体所指不明,但表明当时佛教通过师资相承关系传授;他又说"宿祚未没,会见南阳韩林、颍川皮业、会稽陈慧,此三贤者,信道笃密,执德弘正,烝烝进进,志道不倦。余从之请问"④,等等,则他又与本土门徒结成谊兼师友的关系。又如支谦,"初桓、灵世,支

---

① 王琰《冥祥记》,鲁迅《古小说钩沉》,《鲁迅辑录古籍丛编》第 1 卷第 329 页,人民文学出版社,1999 年。
②《高僧传》卷九《晋洛阳耆域传》,第 365 页。
③ 王琰《冥祥记》,鲁迅《古小说钩沉》,《鲁迅辑录古籍丛编》第 1 卷第 325 页。
④《安般守意经序》,《出三藏记集》卷六,第 244 页。

谶译出法典,有支亮、纪明资学于谶,谦又受业于亮"①。这是支谶到支谦三代师资授受关系。直到竺法护,也是"年八岁出家,事外国沙门竺高座为师"②。至于僧人行事,前面介绍过《太平经》指斥佛教徒所谓"四毁之行":"第一曰不孝,第二曰不而性真,生无后世类,第三曰食粪饮其小便,第四曰行为乞者"③,可见早期僧人行事还是照搬外来戒条。由于完整的戒律未传,显然又只是根据个人了解和条件粗守成规而已。特别是在中土具体情况下,又不能不适应环境加以变通,比如佛陀创教本来反对咒术、占卜、魔法等,但早期外来僧侣却大多以这些相夸炫,仿效中土术士以自高身价。

又如石赵中书著作郎王度奏议所说,汉魏以来直到十六国时期前期,历代朝廷对汉人出家都有限制。虽然西晋时期佛教传播已见声势,奉佛者渐多,但当时僧团成员基本还是外族人。如西域人竺长舒奉法精至,惠帝元康年间内徙洛阳④;沙门竺法进,是开度浮图主,西晋末年京洛将乱,欲处山泽,与众人告别,这"众人"是他的施主⑤;而竺法护"立寺于长安青门外,精勤行道。于是德化四布,声盖远近,僧徒千数,咸来宗奉"⑥,他的活动已具有相当规模。这些竺姓僧侣都是外族人(竺法护世居敦煌)。又"晋南阳滕普,累世敬信。妻吴郡全氏,尤能精苦"⑦,其子滕含东晋初以讨伐苏峻立功,这则是西晋以来少数世家奉佛的例子。

到晋室南渡、基本是少数民族统治北方的"十六国"时期,以本

---

①《出三藏记集》卷一三《支谦传》,第516—517页。
②同上《竺法护传》,第518页。
③《太平经校释》(增订本)卷一一七《天咎四人辱道诫第二百八》,下册第654—655页。
④王琰《冥祥记》,鲁迅《古小说钩沉》,《鲁迅辑录古籍丛编》第1卷第327页。
⑤同上第331页。
⑥《出三藏记集》卷一三《竺法护传》,第518页。
⑦王琰《冥祥记》,鲁迅《古小说钩沉》,《鲁迅辑录古籍丛编》第1卷第330页。

土人士为主体的僧团迅速扩展,朝廷亲贵、豪家庶士舍宅造寺渐成风气。在北方,在兵荒马乱的死亡线上挣扎的各族民众渴望救济;而如石赵君主石虎所说"朕生自边壤,忝当期运,君临诸夏。至于飨祀,应兼从本俗。佛是戎神,正所应奉"[1],则少数族统治者对于外来佛教更抱有特殊的亲切感。在南方,形势变乱不居,又时时面临北兵威胁,社会上下普遍地感到精神失落,缺乏安全感,则倾心佛教寻求寄托;特别由于王室、贵族率先提倡,又有许多僧人随着流亡人群南来,更推动了佛教的扩张。在这种情况下,南、北各地出家僧众急速增多,大批寺院随之建立起来。

东晋十六国是塔、寺建设十分兴盛发达的时期。有规模地从事寺院建设的,首推以神异著称的佛图澄[2]。他于西晋末年永嘉四年(310)来到洛阳,欲于其地立寺,值匈奴刘曜进犯,遂潜身草野。他的事迹和献身译经的竺法护正成鲜明对比:在扰攘动乱年代,他利用"神异"争得朝野广泛信重,鼓动起强大的信仰潮流,有力地扩展了佛教的势力。后来羯族石勒起兵,他主动前往依附,以神通方术侍奉石勒、石虎两代君主,得到崇重:"勒诸稚子,多在佛寺中养之,每至四月八日,勒躬自诣寺灌佛,为儿发愿。"石虎即位,残暴嗜杀,他多所谏止。他更鼓动石虎的尚书张离、张良虔心事佛,各起大塔。他的"道化既行,民多奉佛,皆营造佛寺,相竞出家",石赵朝廷遂弛民众出家之禁。这是推动中土佛教发展的关键性的举措。僧传上说:

> 佛调、须菩提等数十名僧,皆出自天竺、康居。不远数万

---

[1]《高僧传》卷九《晋邺中竺佛图澄传》,第352页。
[2]关于佛图澄的出身地,史料记载不同。《高僧传》作"西域人也,本姓帛氏";《晋书》卷九五《艺术传》作"天竺人也,本姓帛氏";唐封演《封氏闻见记》卷八《佛图澄姓》条谓"邢州内丘县西古中丘城寺有碑……云:太和上佛图澄愿者,天竺大国罽宾小王之元子……""帛氏"为龟兹著姓,佛图澄籍贯以作西域龟兹为是。

之路,足涉流沙,诣澄受训。樊沔释道安、中山竺法雅并跨越关河,听澄讲说。皆妙达精理,研测幽微。澄自说生处去邺九万余里,弃家入道一百九年。酒不逾齿,过中不食,非戒不履,无欲无求。受业追游,常有数百,前后门徒,几且一万。所历州郡,兴立佛寺八百九十三所,弘法之盛,莫与先矣。①

这些说法当然不无夸饰,但佛图澄立寺众多,他的僧团吸引中、外一大批信徒,规模之大空前,是确切无疑的。

僧朗是佛图澄弟子②,以苻秦皇始元年(351)移居泰山,"于金舆谷昆仑山中别立精舍,犹是泰山西北之一岩也。峰岫高险,水石宏壮。朗创筑房室,制穷山美,内外屋宇数十余区,闻风而造者百有余人,朗孜孜训诱,劳不告倦"③。僧朗虽然隐居山林,影响却很大,得到苻秦、后燕、北魏和南方的晋王朝君主的信重,也是因为他的僧团具有相当规模。

佛图澄的另一位弟子道安在僧团建设方面更是贡献卓著;而道安弟子慧远住庐山东林寺,所建立的僧团更有特色,这在本书前面都已各有专章介绍。这样,东晋十六国时期是中国佛教蓬勃发展的时期,发展的重要标志之一就是各地大规模的僧团形成并活跃,大型寺院纷纷创建起来。比较以前那些以某个外来僧人为中心结成的数人、十数人、至多数十人的信众小团体,比较以前那些格局狭小、制度简陋的小型供佛祠庙,发展到这一时期,僧团与寺院的规模和局面已完全不可同日而语。从而佛教作为社会组织,已经成长为足以影响国家大局的势力。

---

① 《高僧传》卷九《晋邺中竺佛图澄传》,第 356 页。
② 此事不见僧传,《水经注》卷八《济水》上说:"有沙门竺僧朗,少事佛图澄,硕学渊通,尤明气纬,隐于此谷,因谓之朗公谷。"第 165 页,陈桥驿点校,上海古籍出版社,1990 年。
③ 《高僧传》卷五《晋泰山昆仑岩竺僧朗传》,第 190 页。

据《魏书·释老志》，魏武帝毁佛后，文成帝拓跋濬继位（452）复兴佛法，下诏中要求："今制诸州郡县，于众居之所，各听建佛图一区，任其财用，不制会限。"结果"天下承风，朝不及夕，往时所毁图寺，仍还修矣"。这是中国历史上首次由朝廷规划，令地方按州县立寺。自兴光（454—455）至太和元年（477），"京城内寺新旧且百所，僧尼二千余人，四方诸寺六千四百七十八，僧尼七万七千二百五十八人"，到魏末，"略而计之，僧尼大众二百万矣，其寺三万有余"[①]。北魏领地人口约三千万，按这里的记载，僧尼占总人口的十五分之一。北魏神龟元年（518）任城王元澄上疏中说："自迁都以来，年逾二纪，寺夺民居，三分且一……今之僧寺，无处不有。或比满城邑之中，或连溢屠沽之肆，或三五少僧，共为一寺。"[②]分裂为北齐、北周之后，北齐"佛教中兴，都下大寺略计四千，见住僧尼仅将八万"[③]，"所部僧尼二百余万"[④]；北周僧侣一百万，则已占北朝人口的十分之一了。在南方，据法琳《辩正论》记载，东晋有寺1748所，刘宋1913所，南齐2015所，梁2846所，陈1232所。齐、梁时期塔寺建设更形成高潮。仅佞佛的梁武帝一人就创建同泰寺、光宅寺、大敬爱寺等一大批大型佛寺。所谓"南朝四百八十寺"，正反映当地佛寺繁盛的状况。不过从总体看，南朝发达的主要是贵族士大夫佛教，比起北朝来，民众出家的相对较少。

隋代制度多规仿北魏，也继承了由国家规划建设寺院的办法。隋文帝即位之初，就令五岳各建佛寺一所，诸州、县建立僧、尼寺各一所，并在他所经过的四十五州建大兴善寺。以后曾三次诏令在全国各地建舍利塔。隋代僧尼人数近三百万。大业五年（609）人口数是四千六百万，以此推算僧侣占总人口的比例也在十五分之

---

①《魏书》卷一一四《释老志》，第3036、3039、3048页。

②同上，第3045页。

③《续高僧传》卷一〇《隋彭城崇圣道场释靖嵩传》，《大正藏》第50卷第501页中。

④同上卷八《齐大统合水寺释法上传》，《大正藏》第50卷第485页中。

一左右。当然这类数字可能有夸张。唐初傅奕反佛,说"天下僧尼,数盈十万"①。当时是唐王朝立国初期,官方统计全国人口数不过二百万。两个数字距实际都应相差远甚,但二十分之一的比例大体应是符合实情的。唐代佛教发展到极盛,大量逃避赋役的户口遁入寺院一直是大的社会问题,至中唐时期以后尤其严重。元和六年(811)李吉甫奏:

> 国家自天宝以后,中原宿兵,见在军士可计者已八十余万,其余去为商贩,度为僧道,杂入色役,不归农桑者,又十有五六。②

长庆四年(824)徐州节度使王智兴以替皇帝寿诞祈福为名,于泗州(今江苏盱眙)置戒坛度僧,人纳二缣给牒,于是四方辐辏,江淮尤甚,浙西观察使李德裕上言:

> 自淮而右,户三丁男,必一男剃发,规影徭赋,所度无算。臣阅渡江者日数百,苏、常齐民,十固八九,若不加禁遏,则前至诞月,江淮失丁男六十万,不为细变。③

由此可见当时户口流失之众多。至会昌毁佛,检括天下佛寺四千六百余所,招提、蓝若四万所,僧尼二十六万五千人。当时朝廷统计全国户口数是四百九十五万,比例也在二十分之一以上。

这样,根据现存历史上的人口统计数字,自南北朝到唐代,僧尼人数一般应占总人口的百分之五到百分之十,大体不会有太大偏差。本书开头一章就阐明佛教输入僧团这种社会组织形式对中国社会发展的意义。当然如徐复观指出:

> 中国一开始便没有像其它民族,可以与政治领袖抗衡,甚

---

①《旧唐书》卷七九《傅奕传》,第2716页。
②《唐会要》卷六九《州府及县加减员》。
③《新唐书》卷一八〇《李德裕传》,第5329页。

至可以支配政治的带独立性地僧侣阶级。①

但这只是说,在中国,僧权没有凌驾到世俗政权之上,佛教也没有
建立起政教合一的政治体制;佛教从输入中国的一开始就受到专
制国家的制约,后来随着僧团实力扩展,影响渐大,专制国家更把
佛教纳入到统治体制之下。但是有这样规模巨大的僧团,相应地
又在全国各地建立起供僧尼起居、修道、传教的大大小小寺院,这
对于国家和社会都是关系重大的存在,其影响更波及到众多领域。
即使到宋代以后,历朝对于僧团施以更严格的限制,僧众在人口中
的比例显著降低了,但绝对数量仍然是相当庞大的。这样巨大的
社会群体的生存与活动,对国计民生影响重大是不言而喻的。

二

佛教在汉代初传,在朝廷、藩王和地方权贵间传播,得到社会
上层的信仰和支持是起了关键作用的。在专制政治体制下,没有
统治者加护,任何社会组织包括宗教团体都不可能存续、活动下
去。三国时期北方的魏国佛教传播呈现低谷,就因为曹魏政权对
宗教活动加以限制。而两晋佛、道二教勃兴,又正与统治阶层的支
持有直接关系。道安说"不依国主,则法事难立",正是清醒地意识
到这一点。就中国僧团和寺院的建设和发展看,统治阶层乃是主
导的推动力量。

唐法琳《辩正论·历代奉佛篇》记载西晋两京寺院一百八十
所,僧尼三千七百余人;东晋寺院增至一千七百六十八所,僧尼两

---

①《中国人性论史·先秦篇》,《徐复观文集》第 3 卷第 49 页,河北人民出版社,
2002 年。

万四千余人。法琳出于护法动机著书,所记数字难免夸大,但所反映两晋间寺院和僧尼数量迅猛增长的趋势当是真实的。史载晋孝武帝"(太元)六年春正月,帝初奉佛法,立精舍于殿内,引诸沙门以居之"①。如此有帝王亲自提倡,佛教的发展得到巨大助力。晋、宋时期"道人聚敛百姓,大构塔寺,华饰奢靡,费而无益"②。这大量寺院多数是由朝廷、权贵等世俗统治者创建的;即使是由僧人创立,没有世俗统治者的支持和加护也不可能维持。这种情况一直延续下来,以至到唐、宋时期,大型寺院的创立更需要由朝廷批准、赐额。这是与印度佛教寺院基本由僧团自主创设和营运大不相同的。这也清楚地体现中国佛教依附世俗权势的特征。

　　具有典型意义的是鸠摩罗什在长安译经的逍遥园、昙无谶在西凉译经的闲豫宫等大型译场,都由朝廷创建并资助。姚兴"既托意于佛道,公卿已下莫不钦附,沙门自远而至者五千余人。起浮图于永贵里,立波若台于中宫,沙门坐禅者恒有千数。州郡化之,事佛者十室而九矣"③。他又为佛陀耶舍"于城南造寺"④。后来北朝盛行开凿大型石窟群,主要也是由朝廷或地方统治者主持。例如北魏文明太后之兄"(冯)熙为政不能仁厚,而信佛法,自出家财,在诸州镇建佛图精舍,合七十二处,写一十六部一切经。延致名德沙门,日与讲论,精勤不倦,所费亦不赀"⑤,他写经的实物在敦煌卷子里仍有遗存;北齐幼主高恒"凿晋阳西山为大佛像,一夜然油万盆,光照宫内。又为胡昭仪起大慈寺,未成,改为穆皇后大宝林寺,穷

---

①《晋书》卷九《孝武帝纪》,第231页。

②《正诬论》,《弘明集》卷一,《大正藏》第52卷第8页上。《正诬论》作者不详,篇名亦见《出三藏记集》所录宋陆澄于孝武帝大明年间(457—464)所编《法论目录》。

③《晋书》卷一一七《姚兴载记上》,第2985页。

④《高僧传》卷二《晋长安佛陀耶舍传》,第67页。

⑤《魏书》卷八三上《冯熙传》,第1819页。

极工巧，运石填泉，劳费亿计，人牛死者不可胜纪"①。这些都是典型例子。

在南方，大量佛寺同样多由朝廷和权贵营造。帝王亲自造寺如晋孝武帝为纪念竺法义起塔三级，后来建成新亭精舍，又为沙门法新立冶城寺；简文帝立波提寺；宋文帝刘义隆继位（424）改元元嘉，为外国沙门僧毗舍阇造下定林寺；宋孝武帝为纪念宠姬殷贵妃立新安寺；宋明帝以故宅起湘宫寺，朝臣虞愿讽刺是耗费"百姓卖儿贴妇钱"②；会稽王司马道子为妙音尼造简静寺；彭城敬王造彭城寺。后妃公主及戚属造寺情形，晋康帝褚皇后立延兴寺；晋穆帝何皇后造何皇后尼寺；宋元嘉二年（425）驸马都尉王景琛为母范氏置清园寺；四年，司马梁王妃舍宅造南林寺；元嘉十一年，临川公主造竹园寺；元嘉二十二年，义阳王昶母谢太妃置严寿寺；宋孝武帝大明年间路太后造庄严寺，等等。奉佛官僚贵族造寺更多。如晋穆帝时许询舍山阴旧宅为祇洹寺，舍永兴旧宅为崇化寺；谢尚舍宅造庄严寺，后改名谢镇西寺；司空谢石建道场寺；侍中中书令王坦之造临泰寺、安乐寺；中书令何充立建福寺，《世说新语》刘孝标注引《晋阳秋》说："何充性好佛道，崇修佛寺，供给沙门以百数。久在扬州，征役吏民，功赏万计，是以为遐迩所讥。充弟准，亦精勤，唯读佛经，营治寺庙而已矣。"③琅琊郡守王荟在郡邑西为道壹起嘉祥寺，后来发展成一座著名寺院④；征北将军蔡谟造栖禅寺，又为尼道容建新林寺；卫军东亭侯王珣建立精舍，广招学众；辅国将军王恭"尤信佛道，调役百姓，修营佛寺，务在壮丽"⑤；义熙十二年（416）始兴公王恢随宋武帝北伐，延请智严南来，造枳园寺；宋少帝景平二

①《北齐书》卷八《幼主纪》，第113页。
②《南齐书》卷五三《虞愿传》，第916页。
③《世说新语笺疏》卷下之下《排调》，第814页。
④《高僧传》卷五《晋吴虎丘东山寺竺道壹传》，第207页。
⑤《晋书》卷八四《王恭传》，第2186页。

年(424)大旱,造竹林寺;元嘉四年(427)谢方明造永丰寺;范泰造
祇洹寺,等等。到齐、梁时期,皇室、贵族营造更掀起高潮。仅以齐
宣修容为例,她"常无蓄积,必行信舍。京师起梁安寺,上虞起等福
寺,在荆州起禅林、祇洹等寺,浔阳治灵邱、严庆等寺。前后营诸寺
佛宝帐百余领,躬事后素,亲加雕饰,妙于思理,若有神功。性好赈
施,自春及冬,无日而怠……(凶)信至京都,梁安、宣业、福成、定
果、灵光、正觉等寺,同皆号哭,如丧亲戚焉;及渚宫祇洹、禅林等
寺,又如此也"①。梁武帝更以大量造寺著名,前面已经提到。天监
年间,皇室和臣僚、僧侣纷纷大造佛寺。《建康实录》记录的就有长
干寺、法王寺、永建寺、佛窟寺、敬业寺、敬居寺、光宅寺、明庆寺、涅
槃寺、翠微寺、本业寺、解脱寺、劝善寺等,这还只是部分名目。

　　有些寺院是僧人创建的。如支遁"还吴,立支山寺……俄又投
迹剡山,于沃洲小岭立寺行道……晚移石城山,又立栖光寺。宴坐
山门,游心禅苑,木餐涧饮,浪志无生"②;于法兰"后闻江东山水,剡
县称奇……居于石城山足,今之元华寺是也"③,后来于法开又加以
修葺;又"康僧渊在豫章,去郭数十里,立精舍。旁连岭,带长川,芳
林列于轩庭,清流激于堂宇。乃闲居研讲,希心理味,庾公诸人多
往看之"④;永和年间(345—356)帛僧光在剡县石城山"起茅茨于室
侧,渐成寺舍,因名隐岳"⑤;又释慧力于兴宁(363—365)中"启乞陶
处以为瓦官寺"⑥,后来成为京师名寺;竺法崇"尝游湘州麓山……
舍所住山为寺……后还剡之葛岘山,茅庵涧饮"⑦。这些寺院名义

---

①萧绎《金楼子》卷二《后妃篇》。
②《高僧传》卷四《晋剡沃洲山支遁传》,第160—161页。
③同上《晋剡山于法兰传》,第166页。
④《世说新语笺疏》卷下之上《栖逸》,第660页。
⑤《高僧传》卷一一《晋剡隐岳山帛僧光传》,第402页。
⑥同上卷一三《晋京师瓦官寺释慧力传》,第480页。
⑦同上卷四《晋剡葛岘山竺法崇传》,第171页。

上由僧人自建,住持僧人都是一时名僧,与达官贵人有密切交往,寺院应是依靠后者的财力支持建造起来的。元嘉二年(425)僧招、贤二法师造严林寺;元嘉十六年,竺法秀造上定林寺。元嘉十二年,丹阳尹萧摹之上奏中说:"请自今以后,有欲铸铜像者,悉诣台自闻;兴造塔寺精舍,皆先诣在所二千石通辞,郡依事列言本州,须许报,然后就功。其有辄造寺舍者,皆依不承用诏书律,铜宅林苑,悉没入官。"①诏可。可见当时僧侣大规模建寺、造像已经成为严重社会问题。

　　值得注意的是,南北朝后期出现所谓"家僧",这是完全依附于朝廷、显贵家庭的僧人,也是中国僧团与世俗权力相结合的典型现象。东晋以来,僧人出入宫禁,参与俗务,在俗人家庭中接受奉养,已是常见现象。更直接引为"家僧",则佛事、俗务融为一体。当年谢灵运在永嘉,与僧法勖、僧维等人游;后来回到出生之地会稽始宁,修营别业,又与昙隆、法流等诸道人游,这些僧人有些应是受他供养的;沈约出为东阳太守时,曾携草堂寺慧约同行,三年后罢郡又一起还都,沈约对之"恭事勤肃,礼敬弥隆,文章往复,相继昬漏。以沈词藻之盛,秀出当时,临官莅职,必同居府舍,率意往来,未尝以朱门蓬户为隔。齐建武中谓沈曰:'贫道昔为王、褚二公供养,遂居令仆之省。檀越为之,当复入地矣。'"②这里王、褚指太尉王俭和太宰褚渊,慧约先后受到他们二人和沈约奉养,下面还将讲到。东晋后期一些比丘尼出入宫禁,则是后妃所供养的。但家僧的正式名目则是梁代确定下来的。梁武帝时扶南僧伽婆罗在建康寿光殿译经,《续高僧传》记载:

　　　　敕沙门宝唱、慧超、僧智、法云及袁昙允等相对疏出,华质

---

①《宋书》卷九七《夷蛮传》,第2386页。
②《续高僧传》卷六《梁国师草堂寺智者释慧约传》,《大正藏》第50卷第469页上一中。

有序，不坠译宗。天子礼接甚厚，引为家僧，所司资给，道俗改观。婆罗不畜私财，以为嚫施，成立住寺。太尉临川王宏接遇隆重。①

这是皇室的"家僧"。当时著名的义学沙门多有被皇室引为家僧的。如法宠，曾出入竟陵王萧子良西邸，武帝"每义集，以礼致之，略其年腊，敕常居坐首，不呼其名，号为上座法师，请为家僧。敕施车牛人力，衣服饮食，四时不绝。寺本狭小，帝为宣武王修福，下敕王人缮改张饰以待宠焉，因立名为宣武寺也"②。法云更得到梁武帝的礼重，"帝云：'弟子既当今日之位，法师是后来名德，流通无寄，不可不自力为讲也。'因从之。寻又下诏，礼为家僧，资给优厚，敕为光宅寺主，创立僧制，雅为后则"③。慧超、僧迁、明澈等都曾被礼请为家僧。这些是接受皇帝供养的。在北朝，太平真君五年（444）正月戊申诏曰："自王公已下至于庶人，有私养沙门、师巫及金银工巧之人在其家者，皆遣诣官曹，不得容匿。限今年二月十五日，过期不出，师巫、沙门身死，主人门诛。"④而"魏丞相王宇文黑泰，兴隆释典，崇重大乘，虽摄万机，恒阐三宝，第内每常供百法师，寻讨经论，讲摩诃衍"⑤。可见俗家供养沙门在北方也已形成风气。隋代的智文、慧乘被在江都的晋王杨广礼为家僧⑥；昙延法师也在晋王府"四事供给，三业依凭，礼以家僧，不属州省"⑦；又昙瑎，隋"内史令萧琮，合门昆季，粗寻义学，屈礼归心，奉以家僧。携现大

---

①《续高僧传》卷一《梁扬都正观寺扶南国沙门僧伽婆罗传》，《大正藏》第50卷第426页上。

②同上卷五《梁扬都宣武寺沙门释法宠传》，《大正藏》第50卷第461页中。

③同上《梁扬都光宅寺沙门释法云传》，《大正藏》第50卷第464页中。

④《魏书》卷四下《世祖纪第四下》，第97页。

⑤《大唐内典录》卷五，《大正藏》第55卷第271页中。

⑥参阅《续高僧传》卷二一《陈扬都奉诚寺大律都释智文传》，《大正藏》第50卷第609页下；又卷二五《唐京师胜光寺释慧乘传》，《大正藏》第50卷第633页中。

⑦《集古今佛道论衡》卷乙，《大正藏》第52卷第379页中。

小，常处第内，晨夕欢娱，讲论正理，惟其开悟"①。到唐代，仍有家僧名义，如鉴真弟子道航，是"宰相李林甫之兄林宗家僧"②；晚唐无迹，"唐恒夫尝作镇朔方，后于辇下相遇，以家僧之礼待焉"③。从现存资料看，家僧主要是一种名义。但这种名义却也象征着与施主的密切关系。

除了兴建所谓"宫廷佛教"、"贵族佛教"的有规模的寺院，当然还有一般出家人在穷乡僻壤建立的小型寺院、兰若、佛堂等。例如《水经注》里记载的：

> 清水出河内修武县之北黑山：……南峰北岭，多结禅栖之士；东岩西谷，又是刹灵之图。竹柏之怀与神心妙远，仁智之性共山水效深，更为胜处也。
>
> 天门山……南北七百步，四面险绝，无由升陟矣。上有比丘释僧训精舍，寺有十余僧，给养难周，多出下平，有志者居之。④

这是今河南北部情况。这后一处天门山精舍，由于给养困难，只有有志节的僧人能住下去。又如：

> 鲍丘水又东，巨梁水注之，水出土垠县北陈宫山，西南流径观鸡山，谓之观鸡水。水东有观鸡寺，寺内起大堂，甚高广，可容千僧，下悉结石为之，上加涂塈，基内疏通，枝经脉散，基侧室外，四出爨火，炎势内流，一堂尽温。盖以此土寒严，霜气肃猛，出家沙门，率皆贫薄，施主虑阙道业，故崇斯构，是以志道者多栖托焉。⑤

---

① 《续高僧传》卷二八《隋京师日严寺释昙瑎传》，《大正藏》第 50 卷第 670 页上。
② 《大和尚东征传》，《大正藏》第 51 卷第 988 页下-989 页上。
③ 《宋高僧传》卷三〇《后唐灵州广福寺无迹传》，下册第 752 页。
④ 《水经注》卷九《清水》，第 178、181 页。
⑤ 《水经注》卷一四《鲍丘水》，第 285 页。

鲍丘水在今河北北部,是更荒僻的地方。这座观鸡寺虽有一定规模,却是结石构造的,修道僧人生活十分贫乏。再如今山东地区淄水支流:

> 阳水东径故七级寺禅房南,水北则长庑遍驾,迥阁承阿。林之际,则绳坐疏班,锡钵闲设,所谓修修释子,眇眇禅栖者也。[①]

如这样的寺院,代表另一种所谓"山林佛教"、"隐逸佛教"的传统。这是各色出于不同缘由而隐逸求道或避难出世的出家人等的居留之地。它们虽然不能代表佛教发展的主流,但对于社会还是有相当影响的。

这两种传统、两种性格的僧团和寺院并存,也是中国佛教发展的一个特征。

又研究中国历史上的僧团和寺院,不能不注意到比丘尼和尼寺。中国佛教中尼僧出现较晚,这和传统上中国妇女较少参与社会活动有关系。但正因为如此,妇女出家为尼,专门的尼寺出现,客观上就为妇女参与社会活动提供了一种空间。这是和另一些妇女入道为女冠的情形相类似的。

梁宝唱撰《比丘尼传》收录起晋升平(357—361)讫梁天监年间(502—519)凡六十五位比丘尼传记,是慧皎《高僧传》之外现存的另一部完整僧传类著作。见于该书记载的早期比丘尼多出身社会上层,有一定文化教养,往往出于信佛家庭。僧史上第一位比丘尼净检,本姓仲,名令仪,彭城人,父亲仲诞是武威太守。检早寡家贫,尝为贵游子女教授琴书,后遇沙门法始于西晋建兴(313—317)中在宫城西门立寺,即剃落,从法始受十戒,同其志者二十四人,于宫城西门共立竹林寺。东晋咸康(335—342)中沙门僧建于月支国得《僧祇尼羯磨》及《戒本》,升平元年(357)二月八日在洛阳请外国

---

① 《水经注》卷二六《淄水》,第 518 页。

沙门昙摩羯多为立戒坛,检等四人同坛从大僧受具戒,"晋土有比丘尼,亦检为始也"①。活动在社会上层的尼僧有可能出入宫禁,往往干扰朝政,酿成政治上的问题。许里和指出:

> 公元 4 世纪中叶京城里的第一批尼姑受到了何充及其同党的供养,而第一批尼姑庵则由何、褚两皇后建造。这表明:从一开始起,京城尼姑庵就与朝廷尤其是后宫有着密切的联系。②

显著的例子是晋武帝时期,司马道子专权,史称:

> 于时孝武帝不亲万机,但与道子酣歌为务,姆姆尼僧,尤为亲昵,并窃弄其权。凡所幸接,皆出自小竖。郡守长吏,多为道子所树立。既为扬州总录,势倾天下,自是朝野奔凑。中书令王国宝性卑佞,特为道子所宠昵。官以贿迁,政刑谬乱。又崇信浮屠之学,用度奢侈,下不堪命……于时朝政既紊,左卫领营将军会稽许荣上疏曰:"……僧尼乳母,竞进亲党,又受货赂,辄临官领众。无卫、霍之才,而比方古人,为患一也。臣闻佛者清远玄虚之神,以五诫为教,绝酒不淫。而今之奉者,秽慢阿尼,酒色是耽,其违二矣……尼僧成群,依傍法服。五诫粗法,尚不能遵,况精妙乎! 而流惑之徒,竞加敬事,又侵渔百姓,取财为惠,亦未合布施之道也。"③

这是尼僧干政的事例。又萧绎记载:

> 齐武帝时隐灵寺雕饰炫丽,四月八日皆往往以宦阉防门,有礼拜者,男女不得同日至也。僧尼并皆妍少,俗心不尽,或以箱簏贮奸人而进之,后为觇伺所得,并皆诛死。

---

①《比丘尼传》卷一《洛阳竹林寺竺净检尼传》,《大正藏》第 50 卷第 934 页下。
②《佛教征服中国》第 227 页。
③《晋书》卷六四《简文三子传》,第 1733—1734 页。

> 齐武帝时，内人出家，为异衣，住禅灵寺者，犹爱带之如初。①

这则是尼僧带来僧团风气堕落的事例。南北朝直到隋唐时期，后妃、仕女出家成为风气；尼僧的活动推动了女性中的信仰；而在士族家族信仰传统中，女性更起相当大的作用。直到晚近，家族中妇女的信仰仍是支持佛教的重要力量。如此等等，尼寺和比丘尼僧团对于佛教的发展是具有多方面作用的。

中国本土人士组成的僧团扩展、壮大起来，他们寄居的寺院群落普遍创建起来，表明佛教在中土已经扎根，形成有规模的组织，也有了活动基地，从而开拓出佛教继续发展的广阔前景。而随着僧团和寺院的进一步发展，中国佛教的特征也逐渐凸现起来，佛教"中国化"的进程也在加速进行中。

三

佛教在中国得以发展的一个关键是处理与世俗政权的关系。这是个反复的矛盾斗争、调节磨合的复杂过程。其后果之一就是专制王朝对于寺院逐渐实现有效监管和僧团自身的官僚化。这给中国佛教的生存、发展提供了保证，但也带来一系列问题，同时对于中国佛教的性格和发展方向也造成了决定性的影响。

本来出家僧人只是个人自愿修道者，僧伽即僧团是这些个人的自由组合。教团内部依据根本教理没有上下隶属关系，只是根据出家先后和年齿高低，尊年长者为"长老"，称道高者为"尊者"；又新受戒者在一定时期（一般是十年）要服从指导他的长老即阿阇

---

① 《金楼子》卷一《箴戒》。

梨(轨范师)的指教。佛陀创立的教团分裂之后,各部派传播四方,当时也不可能建立起统辖所有信徒的统一机构。如上所述,佛教传入中国,初期只是以某个外来僧侣或居士为中心的松散的小团体,基本保持外来僧伽自主管理模式。但是在中国具体条件下,这些团体没有政治上的支持和经济上的资助是不可能生存下去的,从而造成了前面所说的对于世俗权势的依附。随着僧团扩大,形成数百人、上千人的僧团,就需要得到更为强有力的支持,这种依附性也就更为强烈。佛图澄僧团得到石赵的加护和资助。道安在襄阳的僧团也得到地方权要的支持。鸠摩罗什的大规模译场是姚秦王朝直接经营的。慧远在庐山创建的僧团,具有远离世务、山居修道性格,但也脱离不了各方权势的支持。不过在早期,僧团起码在形式上仍是自主的。无论是帝王还是权要,还只是教团的外护,统率教团的是威望崇高、有影响、有势力的僧人。而且,对于分散在各地的僧人也还没有统一管辖的办法。

但是自东晋十六国时期,僧团规模日渐扩大,在社会上的地位和作用益显重要,世俗政权处理好与它的关系对于双方都显得更为迫切。加之入道人员庞杂,腐化窳败现象日趋严重,加强管束也成为教内、外面临的重要课题。在这种情况下,南、北双方先后建立起僧官制度,再进一步建立起朝廷管理僧团的专门机构,从而一步步确立和完善了世俗政权对于僧团的管辖和统制。这在中国佛教发展历史中是具有重大意义的现象,对后来的影响也是极其深远的。

僧官名目不同,南、北朝廷大体创设于同一时期,正表明是适应共同形势需要的产物。僧官由僧人担任,保留了僧团内部自主管理的意味;但是由朝廷任命,决策权掌握在世俗政权手里。按赞宁《僧史略》记载:

> 此伪秦僧䂮为始也(或曰道䂮)。东晋迁都,蔑闻此职。至宋世乃立沙门都,又以尼宝贤为僧正,文帝、孝武皆崇重之。

次有号法主者,如释道猷,生公之弟子也……疑非统正之任。又昇明中,以法持为僧正;大明中,以道温为都邑僧正;永明中,敕长干寺玄畅同法献为僧主,分任南北两岸。畅后被敕往三吴,使纠绳二众。齐末以法悦为僧主,住正觉寺。梁祖归心佛教,深入玄枢,慎选德人,以充僧首,则法超为都邑僧正。普通六年,敕法云为大僧正,吏力备足。又慧令亦充此职焉。所云僧主者,犹僧官也。[1]

这是说,僧正职务始创于北方的姚秦,鸠摩罗什弟子僧䂮曾被命为僧正。继而实行于南朝,并有僧正、都邑僧正、僧主、僧司、僧曹等不同名目[2]。不过南朝的僧官是由僧团自决遴选、由朝廷认可,保留了更多僧团自治的性格。而在北方,则发展出国家统制僧团的名副其实的僧官制度。这种制度正式出现于北魏:

初,皇始中,赵郡有沙门法果,诚行精至,开演法籍。太祖闻其名,诏以礼征赴京师。后以为道人统,绾摄僧徒。[3]

北魏道武帝拓跋珪皇始年间(396—398),拓跋氏还是世居北方、没有"分土定居"的部落。法果是最早向这个部落国家传播佛教的僧人之一。他后来被任命为"道人统",史料没有记载具体时间(所以赞宁以僧䂮作为僧官之始)。由于北朝佛教发展十分急速,加强管理也更为迫切。到文成帝拓跋濬继位,在魏武帝毁佛之后恢复佛教,有罽宾国沙门师贤被任命为道人统;和平(460—465)初,师贤卒,昙曜代之,为沙门统。其后北朝又有沙门都、昭玄统等名目。北魏孝文帝拓跋宏继位,太和十七年(493)迁都洛阳,进一步推进

———————

[1]《大宋僧史略》卷中,《大正藏》第 54 卷第 242 页下－243 页上。
[2] 谢重光、白文固《中国僧官制度史》认为东晋虎丘东山寺竺道壹"时人号曰九州都维那"是指全国性的僧职,第 12 页,青海人民出版社,1990 年。竺道壹卒于隆安(397—401)。但难以确定这种绰号是一种僧官名称。
[3]《魏书》卷一一四《释老志》,第 3030 页。

"汉化"政策,包括按中土传统更改官制和律令。《魏书·释老志》记载:

> 先是,立监福曹,又改为昭玄,备有官属,以断僧务。①

虽然建立这一官署的具体时间不详,但可以推断与当时改革官制有关系。就是说,北魏在按照中土传统革新官制时,首次根据实际情况设置了管理宗教的官署。到宣武帝拓跋恪的永平元年(508),更有诏曰:

> 缁素既殊,法律亦异。故道教彰于互显,禁劝各有所宜。自今已后,众僧犯杀人已上罪者,仍依俗断,余犯悉付昭玄,以内律僧制治之。②

这是关于僧人过犯处理的规定,在处置朝廷与僧团关系上是有象征意义的:僧人犯有重罪,要依世俗法律惩处;一般的罪行,则由昭玄寺根据内律处理。这实际就确定僧人具有双重身份,也明确了昭玄寺管理僧人的职责。景明二年(501)冬,沙门统惠深上言曰:

> 僧尼浩旷,清浊混流,不遵禁典,精粗莫别。辄与经律法师群议立制:诸州、镇、郡维那、上坐、寺主,各令戒律自修,咸依内禁,若不解律者,退其本次。又,出家之人,不应犯法,积八不净物。然经律所制,通塞有方。依律,车牛净人,不净之物,不得为己私畜。唯有老病年六十以上者,限听一乘。又,比来僧尼,或因三宝,出贷私财。缘州外(中华本校注:按此三字文意不相连,疑有讹脱)。又,出家舍著,本无凶仪,不应废道从俗。其父母三师,远闻凶问,听哭三日。若在见前,限以七日。或有不安寺舍,游止民间,乱道生过,皆由此等。若有犯者,脱服还民。其有造寺者,限僧五十以上,启闻听造。若

---

①②《魏书》卷一一四《释老志》,第3040页。

有辄营置者,处以违敕之罪,其寺僧众摈出外州。僧尼之法,
不得为俗人所使。若有犯者,还配本属。其外国僧尼来归化
者,求精检有德行合三藏者听住,若无德行,遣还本国,若其不
去,依此僧制治罪。[1]

朝廷诏从之。分析起来,这段文字具有多方面的意义。涉及到当
时僧团活动的实态,下面还将说到。惠深任沙门统,把当时僧团运
行的内部问题向朝廷报告,提出处理意见,由朝廷批准执行,从这
一事实就可见他这个职务的御用性质,也明确了朝廷对于僧团的
绝对权威。包括外来僧侣是否可以居留,都是由朝廷批准的"僧
制"决定的。

朝廷设置管辖佛教机构的情况,又有见于《隋书·百官志》关
于北齐的记载:

昭玄寺,掌诸佛教。置大统一人,统一人,都维那三人。
亦置功曹、主簿员,以管诸州郡县沙门曹。[2]

《隋书》上记载得很清楚,昭玄寺是和光禄寺、卫尉寺并列的朝廷官
署,其中设置朝廷任命的官员;在地方郡县也有相应的官曹,具有
同类职能。北周依《周礼》建六官,置春官卿,"春官之属有典命,掌
内外九族之差,及玉帛衣服之令,沙门道士之法"[3]。又据《通典》:
"后周置司寂上士、中士,掌法门之政;又置司玄中士、下士,掌道门
之政。"[4]隋代没有昭玄寺,但鸿胪寺下与典客、司仪署并列,设有崇
玄署,各置令及其属员[5]。隋代各州情况,从现有资料看,某些州有
昭玄统或僧正,但是否作为普遍制度尚不清楚。这样从北魏到隋

①《魏书》卷一一四《释老志》,第3040-3041页。
②《隋书》卷二七《百官志中》,第758页。
③潘自牧《记纂渊海》卷二八。
④《通典》卷二五,第704页,王文锦等点校,中华书局,1992年。
⑤《隋书》卷二八《百官志下》,第777页。

代,僧团处在双重管理之下的制度逐渐定型:僧官负责教团的教学与律仪,而朝廷有司则负责行政管辖。

隋、唐是中国古代专制政治体制高度发达、完整的时期,也是对于宗教管理步入高度制度化、系统化的时期。其主要特征是把宗教置于世俗政权严格管辖之下。唐朝廷监管佛、道二教的机关屡有变化。据会昌五年(845)中书门下奏,唐初,宗教事务隶属于鸿胪寺;至天宝二年(743)改隶礼部下的祠部;但据开元二十七年撰成的《唐六典》,礼部下祠部"掌祠祀享祭,天文刻漏,国忌庙讳,卜筮医药,道佛之事";鸿胪寺则"凡天下寺观三纲及京都大德,皆取其道德高妙为众所推者补充,上尚书祠部",则此前祠部已是僧、道主管机关①;而《通典》更明确记载延载元年(694)僧、尼已隶祠部②。又唐代宗时朝廷在京城设立左右街功德使,管理首都佛、道事宜,大历十四年(779)停废,元和年间又重新恢复,并由宦官担任。这样,在唐代,无论是佛教还是道教,从根本上都已丧失自主管理权力。当时寺院的创建、僧尼的人数都有严格限制;私度僧尼是违法的;大型佛寺由朝廷敕建,许多是朝廷或权贵所施建的。即以长安的情况为例,自唐初到武则天时期是一个建寺高峰期:著名的慈恩寺和西明寺是朝廷为玄奘法师建造的;唐高祖为沙门昙献和景晖分别立慈悲寺和胜业寺;资胜寺是龙朔三年(663)为文德公主资福创建的;大荐福寺本是英王宅,文明元年(684)高宗驾崩后百日立为寺;大安国寺本是睿宗在藩旧宅,景云元年(710)立为寺,

①《唐六典》卷四《尚书礼部》,陈仲夫点校,第120、505页,中华书局,1992年。
②《通典》卷二三《职官五·礼部尚书》,第640页。据《唐会要》卷四九《僧尼所录》:"延载元年五月十一日敕:天下僧尼隶祠部,不须属司宾。"则武后在位之前僧侣由司宾司管理;又"会昌五年七月,中书门下奏:奉宣:僧尼不隶祠部,合系属主客,与复合令鸿胪寺收管,宜分析奏来者……僧尼名籍,便令系主客,不隶祠部及鸿胪寺,至为允当,从之"。则至此隶属又有变化。又唐朝廷崇道,道士曾隶崇玄署和宗正寺,与僧侣不同。

以本封安国为名,等等。有些旧寺经过朝命改建,如隋代的两个禅定寺在唐初分别改名为大庄严寺和总持寺;青龙寺本是隋废寺,龙朔二年(662)由城阳公主再建;武后时改光明寺为大云寺;神龙中韦庶人为追赠父亲为酆王,改大兴善寺为酆国寺,等等。

　　另一方面则是官寺的建立。当初北魏高宗恢复佛教,诏各州郡县建佛寺一区,以掌管出家人事务,已具有官设道场的规模。南朝梁、陈朝廷均敕建众多寺院。同样,北周毁佛,建延平大寺,是一种御用宗教祠庙。官设寺院显然体现了更强烈的御用性质。到隋、唐则形成官寺制度。前面已经提到,隋文帝杨坚开皇年间(581—600)曾在京城及诸州建四十五所大兴国寺;自仁寿元年(601)又曾三度命诸州建舍利塔,朝廷分送舍利,计达一百一十三座。这也是北周毁佛后振兴佛教的措施。道宣说隋文帝“道化天下,三分其二”①,指的是全国三分之二的州已建有佛寺。唐高祖武德九年(626)曾下诏沙汰佛教,命京城长安保留三寺三观,各州一寺一观。这本是限制佛、道的举措,同样也体现了朝廷更加严格地管束寺、观的意义。不过由于“玄武门之变”,唐太宗继位,诏命不行。唐高宗乾封元年(666)封禅泰山,祀昊天上帝,特诏兖州置紫云、仙鹤、万岁三道观,封峦、非烟、重轮三佛寺,天下各州置一观、一寺,限度僧、道二十七人。这些寺、观是否有统一名称不可确考。到武则天篡夺唐室政权,利用《大云经》女主降临天下的谶言,于天授元年(690)诏长安、洛阳两京和天下各州各置大云寺一所(实际有些是旧寺改建的)。这是天下统一名称的官寺。中宗复辟后的神龙元年(705),亦诏天下各州置一观一寺,名大唐中兴寺,后改称龙兴寺。唐玄宗开元二十六年(738),又诏命于诸州置开元寺、观,国忌日于龙兴寺、观举行追悼先帝法会,于开元寺、观举行千秋节(皇帝诞辰)和上元日、中元日、下元日等祝贺仪式。上述大云、龙

---

① 《续高僧传》卷一五《义解篇论》,《大正藏》第 50 卷第 549 页上。

兴、开元三种官寺普遍设置到边远州郡,例如西陲的敦煌也有龙兴寺和开元寺;开元年间慧超西行,路经安西(治龟兹,今新疆库车)和疏勒(今新疆喀什),其地有大云寺,安西和于阗(今新疆和田)有龙兴寺[①];悟空到北庭都护府治所庭州(今新疆奇台),那里同样有龙兴寺[②]。从唐末日僧圆仁的求法行记可以知道,直到晚唐这些官寺的祝祷祭祀活动仍正常进行。朝廷统一建造寺、观意图不一[③],但密切国家管辖宗教的客观作用是确定的。开元末年全国有寺5358座,这是唐朝廷官方掌握的数字。实际未入"官籍"的,包括小型的蓝若、佛堂、山寺等更多。盛唐时期设州328,即平均每个州有16座朝廷敕建佛寺。

与官寺相关的还有"内道场"制度,体现朝廷与佛教更紧密的联系。晋孝武帝太元六年(381)筑精舍于殿内,被视为内道场的肇始。后来梁武帝天监十六年(517)沙门慧超担任寿光殿学士,于宫中举办法会;北周武帝宇文邕毁佛前,屡次在宫中举行三教辩论。当时僧侣在内廷活动已成风气。隋炀帝杨广在为晋王、任扬州总管的时候,在江都立慧日、法云二道场,玉清、金洞二玄坛,规定四道场大众不属地方管辖,一切资给悉出于朝廷。隋文帝杨坚死后,杨广继位,营建东都,又在景云门内建慧日、法云道场和通真、玉清玄坛,称"东都内道场",从此中国佛教史上有了真正名副其实的内道场。唐、宋时期宫廷内道场形成制度[④]。据笔者考证,唐代在皇城和大明宫内见于资料可考的寺院就有德业寺、奉敬寺、佛光寺、

---

① 参阅《往五天竺国传笺释》第176页,张毅笺释,中华书局,1994年。
② 据《悟空入竺记》,《游方记抄》,《大正藏》第51卷第980页下-981页上。
③ 唐代朝廷几次诏命设立寺、观,都是限定诸州各置一寺、一观。实际上唐代如历史上一般情况一样,道观、道士数远较佛寺、僧侣为少。这样平均设限,显然有利于道教方面。这是因为唐代朝廷以老子李姓为族出,有意偏袒。又如武则天设大云寺,则显然具有政治目的。
④ 参阅张弓《唐代的内道场与内道场僧团》,《世界宗教研究》1993年第3期,第81-89页。

佛堂院、福寿寺、鹤林寺、弘法院、护国天王寺、元和圣寿寺、昭德寺、追福院等。另有更多的佛堂、精舍，有些是后妃、宦官设立的①。这些都是宫廷内部举行佛事活动的专门场所。有些佛事在殿堂举行。如唐王朝立国伊始，高祖即曾命沙门、道士六十九人于太极殿行道七日。此后历代皇帝经常在宫中举行各种类型法会。特别是开元年间金刚密教输入，玄宗、肃宗均接受灌顶，宫廷内请密教大师筑坛行法，举行祈雨、消灾、镇护国家的法会，还有具民间特色的盂兰盆会。中唐德宗时逢吐蕃内侵，经常举行《仁王经》祈福法会。后来内道场活动曾一度停止，但顺宗以后再度恢复。内道场的一项重要活动是奉迎凤翔法门寺佛骨，自初唐起即每三十年一度举行。宪宗元和十四年（819）那一次曾发生韩愈论谏这一震动朝野的历史事件。

　　唐时寺院内部管理也已完全官僚化。从寺院组织看，唐法令规定"每寺上座一人，寺主一人，都维那一人，共纲统众事"②，这即是所谓"三纲"，是寺院的管理者。而按《唐六典·鸿胪寺》条，他们是由鸿胪寺推荐、由祠部任命的。例如今存唐高宗《喻普光寺众僧令》和慧净《辞谢皇储令知普光寺任启》，就是任命纪国寺上座兼任普光寺主的有关文书。由于唐时僧尼有专门的政府机构统管，起初没有设立南北朝时期那种由僧人出任的僧官之类职务。到中唐时期，又增设僧主、僧录等，从而形成双重管辖，更加强了对于僧尼的管理。又自唐初即确立由朝廷遴选"大德"的制度："武德之初，僧过繁结，置十大德，纲维法务。"③"大德"后来实际成为体现教内权威的荣誉性职位，也是由朝廷加以认定和任命的。唐朝廷对于僧尼的管理也已形成严格制度：僧籍三年一造，呈报祠部、鸿胪寺和州、县；严禁私度，根据《唐律》的《户婚律》，如有私度，罪及家

①参阅孙昌武《唐长安佛寺考》，《唐研究》第 2 卷第 1—49 页，1996 年。
②《唐六典》卷四《尚书礼部》，第 125 页。
③《续高僧传》卷一一《唐京师延兴寺释吉藏传》，《大正藏》第 50 卷第 514 页中。

长和知情的地方长官①；寺院内部的宗教活动，如讲经、斋会等等，往往根据朝命举行；对于僧尼的行动，如外出行脚、与俗人交往等，往往也有所限制，等等。宋代情形，寺院分为甲乙寺和十方寺两类，这是根据继承关系区分的：甲乙寺基本是僧团内部师弟子相承，而十方寺则是"选举有年行学业、众所推服僧道，次第保明，申州，州审查定差"②，就是说这类寺院传继的最后决定权在州府。而朝廷是鼓励十方体制的。元代朝廷设宣政院，"掌释教僧徒及吐蕃之境而隶制之"③，更进一步加强了中央政府对僧团的管制。这样，不论某一统治者对于佛教如何佞信，如何礼重，以致亲受菩萨戒，礼拜名僧为师，都改变不了一个基本状况：佛教已经处在政府严密、有效的管束之下；佛教已被组织到整个统治体制之中。

　　对于僧团实行有效管理的另一个重要措施，是国家建立僧籍制度。本来"教传东汉，时历魏朝，信向未臻，伽蓝全少，僧既有数，事亦无多"④。但东晋十六国已降，佛教迅速发展，对社会各层面影响日渐重大，国家掌握寺院规模、僧尼人数就成为当务之急。东晋元兴元年（402），专朝政的桓玄曾提议整肃僧尼。在此之前，曾下令调查沙门名籍。当时僧人"频被州符求抄名籍，煎切甚急……索然不知何以自安"⑤；桓玄教令中说到"所在领其户籍，严为之制，速申下之并列上也。唯庐山道德所居，不在搜简之例"⑥。这是制作和管理僧籍的早期状况。北魏孝文帝太和十年（486）有司上奏说到：

---

①刘俊文《唐律疏议笺解》卷一二《户婚》，上册第931—932页，中华书局，1996年。
②《庆元条法事类》卷五〇《道释门·主持·令》。
③《元史》卷八七《百官志三·宣政院》，第2193页。
④《大宋僧史略》卷中《管属僧尼》，《大正藏》第54卷第245页中。
⑤《与桓太尉论州符求沙门名籍书》，《弘明集》卷一二，《大正藏》第52卷第85页下。前已指出此文《弘明集》收录作者为支遁，而文中明言写于隆安三年，不可能为支遁所作。
⑥《桓玄教》，《弘明集》卷一二，《大正藏》第52卷第85页上。

　　　　前被敕以勒籍之初，愚民侥幸，假称入道，以避输课，其无
　　籍僧尼罢遣还俗。重被旨……其有道行精勤者，听仍在道；为
　　行凡粗者，有籍无籍，悉罢归齐民……①

朝廷"奏可"。这清楚表明，当时北魏已经执行相当完备的僧尼登
录著籍制度。僧籍的管理应当是和僧官的任用相联系的。

　　对于僧团管理，还体现在有关宗教特别法的制定。本来僧团
作为信徒的自愿组织，由内律来约束。僧人对于戒律的持犯本应
由教团根据内律处理。但是随着僧官制度建立，南、北各朝均得以
直接干预僧团内部事务和僧人行为操守。唐律基本是抄袭隋律
的。唐初制定的《唐律疏议》里包含有许多对于僧、道处罚的规定，
朝廷并且制定有专门的《道僧格》，即有一套作为一般法的针对僧、
道的专门法律。《道僧格》久佚，但日本平安朝的《养老令》是根据
唐律制定的，其中残存二十七条僧尼令，可借以推断《道僧格》的内
容。再联系《唐律疏议》等规定看，唐代作为一般法的处罚有过犯
僧尼的条令，一部分是与内律重迭的。对于僧尼的处罚，有一般的
世俗刑罚如杖责、苦役、流放等重刑，而过犯则包括如饮酒、食五
辛、音乐博戏、僧房里留宿妇女、毁三纲等违反戒律行为。另外又
有专门针对教团和僧人活动的规定，例如禁止巡门教化、私立道
场、烧身舍身等。特别是关于度僧的规定，如禁止私度，禁止诈称
出家，禁止私蓄贩卖僧尼等，是直接针对僧团的严格设限。如此强
把某些内律内容纳入到朝廷法律之中，对于违反内律的刑罚往往
又比戒律的规定更加严重，实际是对僧尼实行比对待平民更为严
格的管制②。

---

① 《魏书》卷一一四《释老志》，第3039页。
② 根据《唐六典》，"若服俗衣及罗绫、乘大马、酒醉、与人斗打、招引宾客、占相
　吉凶、以三宝物饷馈官寮、勾合朋党者，皆还俗。若巡门教化、和合婚姻、饮
　酒食肉、设食五辛、作音乐博戏、毁骂三纲、凌突长宿者，皆苦役也"（《唐六
　典》卷四《尚书礼部》，第126页）。这些罚责，比内律规定都严重得多。

自北魏和南朝的梁、陈，逐渐形成朝命度僧制度。到唐代，这一制度更加完善，即出家不再是简单的个人自愿行为与寺院接纳的宗教内部事务，而把批准的权限掌握在政府手里。后来更由政府发放度牒，作为身份依据。与发放度牒相关的是朝廷试经度僧办法①。还有一种方式是朝廷特恩度僧，即每逢恩赦，以度僧来表示庆贺。这实际有朝廷利用与限制佛教的双重意味。文献上由皇帝特命度僧最早的例子是唐太宗，他有诏说：

> ……比因丧乱，僧徒减少……其天下诸州有寺之处，宜令度人为僧尼，总数以三千为限。其州有大小，地有华夷，当处所度少多，委有司量定。务取精诚德业，无问年之幼长。其往因减省还俗及私度白首之徒，若行业可称，通在取限。必无人可取，亦任其阙数。若官人简练不精，宜录附殿失。但戒行之本，唯尚无为。多有僧徒溺于流俗，或假托神通，妄传妖怪；或谬称医筮，左道求财；或造诣官曹，嘱致赃贿；或钻肤焚指，骇俗惊愚，并自贻伊戚，动挂刑网，有一于此，大亏圣教。朕情深护持，必无宽舍，已令依附内律，参以金科，具为条制，务使法

---

① 北魏孝文帝延兴二年（472）诏书中已规定"若为三宝巡民教化者，在外赍州镇维那文移，在台者赍都维那文牒，然后听行。违者加罪"（《魏书》卷一一四《释老志》，第3038页）。则当时僧人已有附身文牒。但负责发放的维那是僧官。由朝廷发给度牒则始于唐代。赞宁《僧史略》上记载天宝六载（747）始有度牒，据日本学者道端良秀考证，日本更早在养老四年（720）已经有了，而日本的办法是从中国传入的（《唐代佛教史の研究》第66页）。试经度僧始于唐高宗显庆三年（658），该年遴选大德五十人，诠试童子百五十人。文献上最早的正式记载是在神龙元年（705）："诏天下试经度人。山阴灵隐僧童大义，年十二，诵《法华经》，试中第一。"（《佛祖统纪》卷四〇，《大正藏》第49卷第371页中）此后这种办法普及开来，考试在各地举行，内容一般以诵经为主，规定一定的纸数。代宗大历八年（773）考试为经、律、论三科。后唐时规定每年于皇帝降诞日策试度僧，分为讲论、讲经、表白、文章应制、持念、禅、声赞七科。

门清整。所在官司,宜加检察。其部内有违法僧不举发者,所司录状闻奏。庶善者必采,恶者必斥,伽蓝净土,咸知法味,菩提觉路,绝诸意垢。①

这篇诏书年代不明,从内容看当颁行于贞观初年。其中提到“私度”问题。前面已经说到唐代法律对于“私度”的严格限制。贞观二十二年(648),唐太宗已到晚年,问玄奘做何功德,玄奘劝他度僧,遂下诏于“……‘京城及天下诸州寺宜各度五人,弘福寺宜度五十人。’计海内寺三千七百一十六所,计度僧尼一万八千五百余人。未此已前,天下寺庙遭隋季凋残,缁侣将绝。蒙兹一度,并成徒众”②。相应地又有朝廷以整肃僧团风气为名而采取所谓“沙汰”措施。这样,进入和脱离僧团就不再单纯决定于个人志愿,也不完全由僧团决定,最终权力归于政府。僧团规模从而也能够得到有效的监控。这是对组织僧团的本来精神与规则的根本性改变。正如隋、唐时期完善、有效的三省六部制度基本为后来历代王朝所沿袭,以后历朝对于佛教的管理办法,也基本遵循隋、唐旧轨而相沿不改。

当初道安曾确立沙门为“释姓”,慧远曾反对“致敬王者”而竭力抗争,都意在保持教团作为“方外”人群、超脱世俗的某种独立性。后来类似的努力在教团内、外也一直有人在坚持。但在中国“普天之下,莫非王土”的专制政治体制之下,这些努力实际上没有多少效用。陈观胜说:

> 僧团(僧伽)走向中国化的过程,可以从中国的官僚逐步控制它的技巧中透示出来。这种技巧是在中国发展出来的。就帝制之下的官僚组织的形式说,不可避免政府迟早会创造出处理僧伽问题的适当的公务机关。这也可以看作是中国的

①《度僧于天下诏》,《广弘明集》卷二八,《大正藏》第52卷第329页上—中。
②慧立、彦悰《大慈恩寺三藏法师传》卷七,第153页,中华书局,1983年。

　　原则主张,宗教团体必须从属于帝制官僚政治,教团与国家分
　　离是不可能的。[1]

从另一个角度看,佛教僧团被纳入到专制统治体制之下的过程,又
是与它"中国化"的过程大体同步的。

四

　　佛陀初创佛教,出家人乞食为生,戒律禁止僧尼储蓄私财。但
随着社会经济发展,僧团规模扩大,僧人积蓄财产不可避免。僧团
分裂为部派,对于处理私财意见不一也是一个重要原因。法显到
印度时的情况已经是:"自佛般泥洹后,诸国王、长者、居士为众僧
起精舍供养,供给田宅、园圃、民户、牛犊,铁卷书录,后王王相传,
无敢废者,至今不绝。众僧住止房舍、床褥、饮食、衣服,都无缺乏,
处处皆尔。"[2]而在中国的具体环境下,寺院经济的发展、僧人财物
的增加更是必然趋势。特别是朝廷、显贵大量施舍,高门出家为
僧,寺院经营各种盈利事业,等等,都促进僧团财富迅速积累。中
国古代以农业经济为主,遂形成以占有、垦殖土地为主的寺院经济
实体。史料上关于寺院经济具体情况虽然记载不少,但各朝代、各
时期寺院占有土地的确切数字却全付阙如。不过"天下名山僧占
多",其数量肯定是十分庞大的。寺院经济膨胀必然占有大批劳动
力。这些都对于整个国计民生造成极其巨大的影响。历史上朝廷
常常采取限制措施,以致几次毁佛行动,这往往是一个主因,也正

---

①陈观胜《佛教と中國社会》(Kenneth K. S. Ch'en: *Chinese Transformation
　of Buddhism*)第101页,福井文雅、冈本天晴日译本,金花舍,1981年。
②章巽《法显传校注》卷一,第54—55页,上海古籍出版社,1985年。

透露出寺院经济扩张的严重情形。

　　早期某些有地位的僧人已聚敛大量财产。如竺法护来到长安,"关中有甲族欲奉大法,试护道德,伪往告急,求钱二十万"①,可见当时竺法护已广有资财;又"支道林因人就深公买印山,深公答曰:'未闻巢、由买山而隐。'"②亦反映支遁的财力。而且这种现象在当时已被当作逸闻流传。刘宋已降,上层沙门构成社会的豪富阶层之一。如元嘉年间北伐,"有司又奏军用不充,扬、南徐、兖、江四州富有之民,家资满五十万,僧尼满二十万者,并四分换一,过此率计,事息即还"③。这部分僧尼的经济实力已等同于"富有之民"。个人的典型例子,如宋武帝时王僧达为吴郡太守,"吴郭西台寺多富沙门,僧达求须不称意,乃遣主簿顾旷率门义劫寺内沙门竺法瑶,得数百万"④;又齐慧义和慧基的情况:"基师慧义既德居物宗,道王荆土,士庶归依,利养纷集。以基懿德可称,乃携共同活。及义之亡后,资生杂物,近盈百万。基法应获半,悉舍以为福,唯取粗故衣钵,协以东归,还止钱塘显明寺。"⑤北齐"道人道研为济州沙门统,资产巨富,在郡多有出息,常得郡县为征"⑥。唐宋以后宗派佛教确立祖统,传宗接代,继承遗产乃是重要内容。

　　在古代农业经济条件下,支持寺院经济的主要是土地和劳力。元嘉十二年丹阳尹萧摹之上奏曰:

> 佛化被于中国,已历四代,形像塔寺,所在千数,进可以系心,退足以招劝。而自顷以来,情敬浮末,不以精诚为至,更以奢竞为重。旧宇颓弛,曾莫之修,而各务造新,以相姱尚。甲

①《出三藏记集》卷一三《竺法护传》,第 518 页。
②《世说新语笺疏》卷下之下《排调》,第 802 页。
③《宋书》卷九五《索虏传》,第 2349 页。
④同上卷七五《王僧达传》,第 1954 页。
⑤《高僧传》卷九《齐山阴法华山释慧基传》,第 324 页。
⑥《北齐书》卷四六《苏琼传》,第 643 页。

第显宅,于兹殆尽,材竹铜彩,糜损无极,无关神祇,有累
人事。①

显然当时每一座寺院都有土地奉养。这些土地来源渠道不同,有
朝廷赐予、信众施舍、买卖兼并、拓殖开垦等等。南朝宋元嘉二年
(425),朝廷赐田给鄮县阿育王寺,田在寺东十五里,到梁代还是
"常住田"②;宋范泰造祇洹寺,慧义"劝泰以果竹园六十亩施寺,以
为幽冥之佑"③;南齐玄畅于"齐建元元年四月二十三日建刹立寺,
名曰齐兴⋯⋯敕蠲百户以充俸给"④;梁武帝造寺,更大量施舍田
地,如"高祖于钟山造大爱敬寺,(后父王)骞旧墅在寺侧,有良田八
十余顷,即晋丞相王导赐田也。高祖遣主书宣旨就骞求市,欲以施
寺。骞答旨云:'此田不卖,若是敕取,所不敢言。'酬对又脱略。高
祖怒,遂付市评田价,以直逼还之。由是忤旨,出为吴兴太守"⑤;天
台智顗受到陈、隋统治者礼重,赐予无算,陈宣帝太建九年(577)朝
廷有敕:"智顗禅师佛法雄杰,时匠所宗,训兼道俗,国之望也。宜
割始丰县调,以充众费;蠲两户民,用供薪水。主者施行。"⑥智顗死
前,朝廷允许将寺产水田永充基业,以后屡有恩赏,天台山国清寺
遂成为广占良田的大寺,此后历朝都是巨大的寺院经济实体。这
些都是朝廷赐田的例子。

北朝寺院占田情形,例如南燕慕容德致书著名的僧朗,"使者
送绢百匹,并假东齐王,奉高、山茌二县封给"⑦;北魏石壁玄中寺也

①《宋书》卷九七《夷蛮传》,第 2386 页。
②《阿育王寺常住田碑》,《金石萃编》卷一〇八。
③《高僧传》卷七《宋京师祇洹寺释慧义传》,第 266－267 页。
④同上卷八《齐蜀齐后山释玄畅传》,第 315 页。
⑤《梁书》卷七《太宗王皇后传》,第 159 页。
⑥《国清百录》卷一《太建九年宣帝敕施物第九》,《大正藏》第 46 卷第 799 页上。
⑦《北代南晋前秦前燕南燕后秦诸帝与太山朗法师书》,《广弘明集》卷二八,
　《大正藏》第 52 卷第 322 页下。

相当典型,有《特赐寺庄山林地土四至记》碑记述说:

> 时大魏第六主孝文皇帝延兴二年(472),石壁峪昙鸾祖师初建寺,至承明元年(476)寺方就,至太和十八年(494),本寺重修,大会感甘露降。厥后帝迁洛阳,至十九年,特赐寺庄为夜饭庄子。东至大河北夜叉岭下小河水心大河,南至大横岭东昊至龙岗寨南至武遂沟掌石州分水岭,西至大河南水松岭西昊小沟子大河北五十岭分水,北至左掩沟掌后东海眼西海眼为界。大唐德宗皇帝贞元十一年,营大会,甘露降,重赐;宪宗皇帝元和七年,复三赐石壁寺至文谷,赐庄一百五十里有余。谨记。大唐长庆三年五月二十三日。①

石壁寺后来被当作净土宗祖庭,而在当时并不算大寺,占田却有如此的规模。北朝盛行凿窟造像做功德,信徒组织的"社邑"是这些活动的主持者,民众也大量向这些佛寺施舍土地。如西魏《中兴寺造像碑》记载:

> 将军殿中将军北襄州别驾从事张起字兴,众僧……檀越主施田廿五亩……将军殿中将军邯郸县□□舍洛得仕养檀越主施田四十亩;镇西将军荆州主薄□□□阳二县令、南阳□□张成字绍兴息伏宝□六檀越主施寺四十亩;宁远将军都督完备伯仁□白田檀越主施寺田五十亩;讨寇将军奉朝请宋青奴檀越主施寺宅田一亩、白田六亩;乡邑主宗上安元先仕养□施田、檀越主施方井宅田四十亩;广武将军平州主薄□宋凤檀越主方井宅田十亩;平南将军□□太守□州别驾宗凤起檀越主施寺白田廿亩;襄威将军奉朝请□阳县令宗方进檀越主施寺白田廿亩;襄威将军奉朝请宗天荣檀越主施寺田廿亩;南阳郡功曹宗显祖大檀越主施白田卅亩、园宅田十亩;□□镇远府功

---

①《唐文续拾》卷一〇,《全唐文》第 11 册第 11283 页。

　　曹参军宗思宾檀越主施寺并宅田廿亩；襄威将军奉朝请南阳
　　郡功曹宗凤檀越主施寺麻田十二亩。①

这是向一座寺院施舍土地的情况，据此可推测北方寺院占地之广。
北齐文宣帝为僧稠造光严寺，"初敕造寺，面方十里，令息心之士问
道经行。稠曰：'十里大广，损妨居民，恐非远济，请半减之。'敕乃
以方五里为定"②；嵩山少林寺隋开皇中有诏以百谷屯一百顷田赐
予，王世充占据该地时寺被废，唐初以寺起僧兵助唐有殊勋，赐田
四十顷，水碾硙一具③；隋朝廷为昙崇立寺，"赐额可为清禅，今之清
明门内寺是也。隋氏晋王钦敬禅林，降威为寺檀越，前后送户七十
有余，水硙及碾上下六具，永充基业，传利于今"④，到唐初，这座清
禅寺更是"竹树森繁，园圃周绕，水陆庄田，仓廪碾硙，库藏盈满，莫
匪由焉"⑤；唐玄宗的妹妹金仙公主把她的封地施舍给石经山寺院：
"范阳县东南五十里，上垡村赵襄子淀中麦田庄并果园一所及环山
林麓，东接房南岭，南逼他山，西止白带山口，北限大山分水界，并

---

①拓片存北京大学图书馆，据王永会《中国佛教僧团发展及其管理研究》第35
　　页转录，巴蜀书社，2003年。
②《续高僧传》卷一六《齐邺西龙山云门寺释僧稠传》，《大正藏》第50卷第555
　　页上。
③此事开元十六年（728）所立裴漼撰书《少林寺碑》再度加以确认。这是因为
　　当初寺僧误把该项土地当作均田的口分田，而开元九年根据宇文融提议，朝
　　廷"括户"曾检括僧道田，因此砺波护在《嵩岳少林寺碑考》（中译文见韩昇译
　　《隋唐佛教文化》第117—146页）一文中认为立碑是对于"寺领庄园所有权
　　的确认"。据此，中唐以降，随着土地占有制度的变迁，寺院庄园经济急剧扩
　　展，从而形成在经济生活中地位举足轻重的僧侣地主阶层。砺波护又有《玄
　　秘塔碑考》，考证柳公权书《大达法师玄秘塔碑》碑阴所刻《敕内庄宅使牒》是
　　为了确认寺僧正言以私财为安国寺购置万年县浐川乡陈村官家庄宅，具有
　　与《少林寺碑》同样的意义。
④《续高僧传》卷一七《隋京师清禅寺释昙崇传》，《大正藏》第50卷第568页中。
⑤同上卷二九《唐京师清禅寺释慧胄传》，《大正藏》第50卷第697页下。

永充供给山门所用。"①晚唐时日僧圆仁在北方旅行,历访从山东到五台山再到长安各地寺院,看到当时寺院土地占有情形,例如山东"文登县清宁乡赤山村,山里有寺,名赤山法花院,本张宝高初所建也。长有庄田,以充粥饭。其庄田一年得五百石米";而长山县醴泉寺"庄园十五所,于今不少"②,这只是一处山庄小寺的情况。直到今天仍然香火兴盛的一些古老大寺院,历代公私赏赐记录更是史不绝书。

寺院土地的又一个来源是兼并购置。如唐初的道英,"晚还蒲州,住普济寺,置庄三所,麻麦粟田,皆在夏县东山深隐之所。不与俗争,用接羁远,故使八方四部其归若林。昼则厉众僧务,躬事担运,难险缘者必先登践;夜则跏坐,为说禅观"③;中唐时杭州龙兴寺僧南操,"于众中募财,置良田十顷,岁取其利,永给斋用"④;《金石萃编》卷一一四录《敕内庄宅使牒》,上页注已提及,是一个买地卷,记载大中五年(851)安国寺僧正言以一百三十八贯五百一□文购买庄宅土地一□亩九分并房舍菜园等⑤。

寺院役使普通僧众耕种土地是普遍现象。道安"至年十二出家。神智聪敏,而形貌甚陋,不为师之所重。驱役田舍,至于三年,执勤就劳,曾无怨色,笃性精进,斋戒无阙。数岁之后,方启师求经"⑥。当时道安是少年沙弥,给寺院种田服劳役。同样,法显为沙弥,"尝与同学数十人,于田中刈稻,时有饥贼欲夺其谷,诸沙弥悉

①北京图书馆金石组、中国佛教图书文物馆石经组《房山石经题记汇编》第11－12页,书目文献出版社,1987年。
②《入唐求法巡礼行记》卷二,第62、99页,顾承甫、何泉达点校,上海古籍出版社,1986年。
③《续高僧传》卷二五《唐蒲州普济寺释道英传》,《大正藏》第50卷第654页中。
④白居易《华严经社石记》,朱金城《白居易集笺校》卷六八,第3661页。
⑤参阅《金石萃编》卷一一四《敕内庄宅使牒》。
⑥《高僧传》卷五《晋长安五级寺释道安传》,第177页。

奔走,唯显独留"①。按戒律,僧人耕种土地本是不被允许的,但在
中国,寺院蓄养劳役僧从事耕作在当时已是相当普遍的现象。寺
院除役使一般僧众,还畜养所谓"奴子"、"净人"等奴婢,他们则是
依附性的农户。典型的是北魏的僧祇户和佛图户。和平(460—
465)初年昙曜为沙门统,奏请"平齐户及诸民,有能岁输谷六十斛
入僧曹者,即为'僧祇户',粟为'僧祇粟',至于俭岁,赈给饥民。又
请民犯重罪及官奴以为'佛图户',以供诸寺扫洒,岁兼营田输粟。
高宗并许之。于是僧祇户、粟及寺户,遍于州镇矣"②。在实行过程
中,发现办法积弊甚多,永平四年(511)诏书说:"但主司冒利,规取
赢息,及其征责,不计水旱,或偿利过本,或翻改券契,侵蠹贫下,莫
知纪极。细民嗟毒,岁月滋深,非所以矜此穷乏,宗尚慈拯之本意
也。"③这正反映"僧祇户"、"佛图户"所受盘剥之严重。这样以法律
形式固定某些民户为寺院的附庸,经济形态上显然是一种倒退,反
映了寺院经济的落后方面。直至周武毁佛(574),这些户口(史载
十五万户)才被朝廷收纳为编户。南朝则有梁郭祖深上疏所说:

> 都下佛寺五百余所,穷极宏丽。僧尼十余万,资产丰沃。
> 所在郡县,不可胜言。道人又有白徒,尼则皆畜养女,皆不贯
> 人籍,天下户口几亡其半。而僧尼多非法,养女皆服罗纨,其
> 蠹俗伤法,抑由于此。请精加检括,若无道行,四十已下,皆使
> 还俗附农。罢白徒养女,听畜奴婢。婢唯著青布衣,僧尼皆令
> 蔬食。如此,则法兴俗盛,国富人殷。不然,恐方来处处成寺,
> 家家剃落,尺土一人,非复国有。④

---

① 《高僧传》卷三《宋江陵辛寺释法显传》,第 87 页。
② 《魏书》卷一一四《释老志》,第 3037 页。按皇兴三年(469)设平齐郡,塚本善
　隆、谢和耐等人都认为昙曜上疏置僧祇户在是年。
③ 同上,第 3041 页。
④ 《南史》卷七〇《郭祖深传》,第 1721—1722 页。

这里所谓"白徒"、"养女"都是贫穷破产的农民依附于寺院以避朝廷赋役的。敦煌写卷 P.3150 号是农民卖身寺院的文书：

> 癸卯年（谢和耐推断可能是 838 年）十月廿八日，慈惠乡百姓吴庆顺兄弟三人商拟，为缘家中贫乏，欠债广深，今将庆顺己身典在龙兴寺索僧政家。见取麦壹拾硕，黄麻壹硕陆升，准麦叁硕贰斗，又取粟九硕，更无交加。自取物后，人无雇价，物无利头，便任索家驱驰。①

这就是所谓"寺户"。中外学者注意到敦煌文书 P.2187 号提供的典型事例（以下参照谢和耐录文）：

> 因兹管内清泰，远人来暮（慕）于戟门；善能抑强，龙家被带而生降，达讽似不呼而自至。昔为狼心敌国，今作百姓驱驰。故知□三宝四王之力，难可校量，陪（倍）更遵奉盈怀，晨昏岂能懈怠。今既二部大众，于衙恳诉，告陈□使主，具悉根源。敢不依从众意，累□使帖牒，处分事件，一一丁宁，押印指伪（抐），连粘留符，合于万固。应诸管内寺宇，盖是先帝口敕置，或是贤哲修成，内外舍宅庄田，因乃信心施入，用为僧饭资粮；应是户口人家，坛（檀）越将持奉献；永充寺舍居业，世人共荐光扬。不合侵陵，就加添助，资益崇修，不陷不倾，号曰"常住"。事件一依旧例加山，更不改移。除先故□太保诸使等，世上给状放出外，余者人口，在寺所管资庄、水碾（硙）、油梁，便同往日执掌任持。自今已后，凡是常住之物，上至一针、下至一草，兼及人户，老至已小，不许倚形恃势之人，妄生侵夺，及知典卖。或有不依此式，仍仰所由，具状申官。其人重加形（刑）责，常住之物，却入寺中，所出价值，自主自析。其常住百

姓亲伍礼，则便任当部落结婚为婚，不许共乡司百姓相合。若
也有违此格，常住丈夫私情共乡司女人通疏，所生男女，收入
常住，永为人户驱驰，世代出容出限。其余男儿丁口，各须随
寺料役，自守旧例，不许……①

按这篇文书的规定，"常住"人户不但要世代"永充基业"，即子孙相
承为寺院服劳役，而且人身权利被限制，连婚姻自主都不可能。敦
煌文书另一些卷子表明这些寺户还组成"团"，共同对寺院负责。
又一个普遍现象是寺院蓄养私度者，当作具有依附身份的奴仆，成
为寺院经营主要劳力的一部分。例如唐代密教宗师不空上书朝廷
的表制就表明他的寺院有不少私度的人。

　　唐室初建，延续北朝办法实行均田制，对于僧尼占田作了规
定，即"凡道士给田三十亩，女冠二十亩；僧、尼宜如之"②。唐均田
沿袭北朝办法，而北朝均田本来没有僧尼授田规定。唐朝的办法实
际也是鉴于当时寺院无限制占田的弊端，立意在管制僧尼，限制寺院
广占田园。可即使按这个规定，不少寺院应分配的土地数量仍是十
分巨大的。除了按僧尼人数分得的土地，又另有统归寺院的常住
田。一些寺院往往额外还得到恩赐土地。如上面提到的少林寺，
武德七年(624)因为"寺庄翻城归国，有大殊勋"，朝命重新立寺，八
年，"赐地肆拾顷，水碾硙一具"③。慈恩寺初建，如果按规定僧人数
三百五十人计算，就应当分得一万零五百亩土地，实情不得而知，但
当时寺院受田往往可得足额。西明寺建立，"赐田园百顷，净人百房，

---

① 敦煌写卷 P. 2187 号，《释门文书》，《法藏敦煌西域文献》第 8 册第 181 页。
　录文参照谢和耐《中国 5—10 世纪的寺院经济》(Jacques Gernet: *Les aspects
　économiques du bouddhisme dans la société chinoise du Ve au Xe siècle*)第
　107 页，上海古籍出版社，2004 年。
② 《唐六典》卷三，第 74 页。
③ 《金石萃编》卷七四《少林寺赐田敕》。

车五十辆,绢布二千匹"①。根据开元十年(722)朝廷给祠部的敕文:

> 天下寺观田,宜准法据僧、尼、道士合给数外,一切管收,
> 给贫下欠田丁。其寺观常住田,听以僧、尼、道士、女冠退田
> 充。一百人以上,不得过十顷;五十人以上,不得过七顷;五十
> 人以下,不得过五顷。②

这表明当时寺院占田已大量逾制。高宗、武后统治的七世纪后期,
是中国寺院经济急速膨胀的时期,以致景龙(707—710)中辛替否
上疏中有"十分天下之财,而佛有其七八"③的痛切陈辞。玄宗时姚
崇上疏,也鉴于中宗时倾国造寺,"富户强丁,皆经营避役,远近充
满"④。"安史之乱"后,均田制破坏,寺院土地兼并更不受限制。唐
玄宗避难至成都,一次就赐给大慈寺田千顷。又如僧法律"权住
(洛阳)荷恩寺,奏免常住两税,至今不易;又还官收地廿二顷,恩命
另立丰碑在于寺普润庄也"⑤,这是官赐土地的例子。寺院占田之
广,不空的情况可作典型,他去世时留有《遗书》一纸处分财产,关
于土地庄园吩咐说:

> ……东京和上塔所师僧院舍庄园,汝等为吾勾当成立。
> 其车牛、鄠县浐南庄并新买地及御宿川贴得稻地、街南菜园,
> 吾并舍留当院文殊阁下道场转念师僧,永充粮用、香火、炭火
> 等供养,并不得出院破用。外人一切不得遮拦及有侵夺。其
> 祥谷紫庄将备常住,其庄文契并付寺家。⑥

---

①苏颋《唐长安西明寺塔碑》,《全唐文》卷二五六,第2597页。
②《唐会要》卷五九《祠部员外郎》。
③《陈时政疏》,《全唐文》卷二七二,第2672页。
④《旧唐书》卷九六《姚崇传》,第3023页。
⑤锐璨《大唐荷恩寺故大德法律禅师塔铭》,周绍良《唐代墓志汇编》下册第
  1956页,上海古籍出版社,1992年。
⑥《三藏和上遗书》,《代宗朝赠司空大辨正广智三藏和上表制集》卷三,《大正
  藏》第52卷第844页下-845页上。

由此可见不空在洛阳所住兴善寺占地之广。"东京和上塔所师僧院舍庄园"指金刚智塔园,不空去世时仍不忘嘱咐将其兼并。当时敕建大寺遍布两京,附近的土地大量被占有。当时人形容"京畿之丰田美利,多归于寺观,吏不能制"①。中唐时期,代、德、宪宗都以佞佛著称,寺院经济更加扩张。如前引《特赐寺庄山林地土四至记》,元和七年(812)赐"石壁寺至文谷,赐庄一百五十里有余"②;宣宗时修理万寿寺,"殿宇廊庑,方丈山门,共一百九十七间,左右院林二所,香地二顷六十余亩"③;前面已经提到日僧圆仁入唐求法,至长山县(今山东邹平)长白山醴泉寺,寺有"庄园十五所",住寺僧三十余人,头一天早晨来到醴泉寺果园吃茶,晚上住宿在寺院的新罗院,第二天早晨出发,北行十五里,仍有属于该寺的庄产④;而陇州大象寺"管庄大小共七所,都管地总五十三顷五十六亩三角,荒熟并柴浪等八顷三十八亩,半坡侧荒四十五顷一十八亩"⑤。

除耕种土地之外,寺院还经营其他营利事业,如碾硙、油梁、借贷、典当、邸店、车坊、瓦窑等。北齐阳松玠《谈薮》记载一个故事:

> 齐有甄彬者,有器业,尝以一束苎于荆州长沙西库质钱。后赎苎,于束中得金五两,以手巾裹之。彬得金,送还西库。道人大惊曰:"近有人以金质钱,时匆遽,不记录。檀越乃能见归,恐古今未之有也。"辄以金之半仰酬,往复十余,坚然不受。因咏曰:"五月披羊裘负薪,岂拾遗者也。"彬后为郫令,将行,辞太祖。时同列五人,上诫以廉慎,至于彬,独曰:"卿昔有还金之美,故不复以此诫也。"⑥

①《旧唐书》卷一一八《王缙传》,第3417页。
②《唐文续拾》卷一〇,《全唐文》第11283页。
③柳玭《大唐万寿寺纪》,《全唐文》卷八一六,第8593页。
④《入唐求法巡礼行记》卷二,第99页。
⑤《重修大象寺记》,《金石萃编》卷一一三。
⑥《谈薮》,第18页,程毅中、程有庆辑校,中华书局,1996年。

这是寺院经营质库的例子。碾硙是重要的水利灌溉和粮食加工设施。广德二年（764）三月，户部侍郎李栖筠"奏请拆京城北白渠上王公、寺观硙碾七十余所，以广水田之利，计岁收粳稻三百万石"①。能够阻遏水流建筑碾硙以牟利，也反映了寺观的势力。敦煌写卷里留有不少农户向寺院借贷种子、粮食、绢、褐等的文书，表明当地寺院通过硙户、梁户经营碾硙、油梁以牟利的具体情形。寺院还向民众放高利贷，如 P.3214 号文书：

> 天复柒年（907）丁卯岁三月十一日，洪池乡百姓高加盈，先实欠僧愿济麦两硕、粟一硕，填还不办。今将宋渠下界地伍亩与僧愿济，二年佃种，充为物价……②

又据敦煌文书 P.2049 号，记录当地净土寺公元 924 年财务状况，共计收入谷物 366.9 石，其中土地收入 44.4 石，仅占 12%；信徒施舍 120 石，占 33%；其余二百余石均来自利息。可见借贷收入在寺院经济中的比重。

北魏迁都洛阳以后，已经是"寺夺民居，三分且一"③。到唐代，随着土地占有形式的改变，寺院田连阡陌，僧侣地主阶层膨胀，寺院经济成为形成庄园制度的重要推动力。至唐中叶，如前引文"凡京畿之丰田美利，多归于寺观"④。迤逦至宋代，时人记录南宋绍兴年间"僧寺常住田"的情况："今明州育王、临安径山等寺，常住膏腴多至数万亩，其间又有特旨免支移科配者，颇为民间之患焉。"⑤根据日本学者青山定雄的研究，在十二或十三世纪初，福州的寺庙占有全部耕地的 17% 和山地的 13%，浙江全省寺庙则占耕地的 3%

①《唐会要》卷八九《硙碾》。
②《天复柒年洪池乡百姓高加盈出租土地充折欠债契》，《法藏敦煌西域文献》第 22 册第 182 页，上海古籍出版社，2002 年。
③《魏书》卷一一四《释老志》，第 3045 页。
④《旧唐书》卷一一八《王缙传》，第 3417 页。
⑤《建炎杂记》甲集卷一六。

和山地的 13%[1]。这大体应是各地一般状况。各朝都城和地方都会及其附近大型寺院众多,所占土地也更为广阔。又到唐宋时期,形成"功德院"或"功德坟寺"制度,即把自家土地划归到寺院范围之内。名义上归属寺院,实际是僧俗相勾结逃避赋税的办法。到元代,赵翼总括相关资料说:

> 古来佛事之盛,未有如元朝者……至元六年(1269,这是元朝正式开始的前两年——著者),置大护国仁王寺总管府。二十七年,立江南营田提举,专掌僧寺资产。元贞(1295—1297)初,敕上都、大都从前所拨赐大乾元寺、大兴教寺、大护国仁王寺酒店湖泊,官为征收分给。改大承华普庆寺总管府为崇祥监,立规运都总管,领大崇恩福元寺钱粮。大德五年(1301),赐兴教寺地一百顷,上都乾元寺地九十顷,万安寺地六百顷,南寺地百二十顷。皇庆(1312—1313)初,赐大普庆寺腴田八万亩、邸舍四百间。置汴梁、平江等处田赋提举司,专掌诸寺资产。赐崇福寺河南田百顷,上都开元寺江浙田二百顷,普庆寺益都田七十顷。至治(1321—1323)初,大永福寺成,赐金五百两、银二千五百两、钞五十万贯、杂彩万匹,置都总管府司其岁入。又赐西番撒思加地僧金千两、袈裟二万袭。泰定三年(1326),赐殊祥寺田三百顷,大天源延圣寺吉安、临江二路田千顷……天历二年(1329),市故宋全太后田为大承天护圣寺永业,市故瀛国公田为大龙翔集庆寺永业,括益都、般阳、宁海闲田十六万二千九百顷,赐大承天护圣寺,遣大禧院监蔚州广灵县银矿岁入归大承天护圣寺。至顺二年(1331),诏景东府岁出金五千两,给上都洪禧崇寿寺。后至元七年,又拨山东地十六万二千余顷,给大承天护圣寺。此财产之富,藩王国戚不及也……朝廷之政为其所挠,天下之财为其所耗,说者

---

① 《宋元时代的地方志中记载的社会经济史料》,《东洋学报》1938 年第 2 期。

谓元之天下,半亡于僧,可为炯鉴云。[1]

这样,虽然宋、元以来佛教衰落了,但寺院占有土地的情形仍十分严重。这是因为僧侣地主作为一个社会阶层在社会生活中已形成牢固根基。一座大型寺院实际是一所大庄园,寺院经济存在的意义已远远超越供给僧团的需要,成为庄园经济的一种形式了。这当然不可避免地成为世俗政权与佛教发生矛盾的焦点之一。

五

僧团戒律不修、风气窳劣,是伴随中国佛教发展出现的严重问题。早在牟子《理惑论》里,已记载有人指斥"今沙门耽好酒浆,或畜妻子,取贱卖贵,专行诈绐"[2],不只败坏了不淫、不饮酒两重戒,并且经营商贩,骗取钱财。两晋之际的抱朴子葛洪说到当时风俗,也提到"今俗妇人……或宿于他门,或冒夜而反,游戏佛寺,观视渔畋"[3],可见佛寺已是妇女游观场所。中国佛教发展的特点之一是与社会生活保持密切联系,这也提供了被世俗所玷污的机会。特别是教团大量兼并土地,广树道场,聚积财物,僧人更容易受到腐化。还有两个客观因素:一是印度佛教戒律繁琐细密,很多条目不适合中国国情,谨守为难;另一点是许多人出家动机并不纯正,不少贫苦人是为饥寒所迫以求生路,更有社会各阶层中生活或仕途不如意的人,甚至是罪犯,避居寺院以为逋逃薮。而更深层次的原

①《陔余丛考》卷一八《元时崇奉释教之滥》,第334—338页,河北人民出版社,2003年。
②《牟子丛残新编》第12页。
③《抱朴子外篇》卷二九《疾谬》。

因则是中土人士传统上缺乏更诚挚的信仰心，许多人只是形式上剃发出家，难于持守戒律，以致贪婪自私，利欲熏心，与世俗无异。

东晋以后，随着僧团扩张，佛门风气败坏情形也凸现出来。东晋何无忌等人已经对僧团从事营利活动进行批评，罗什弟子道恒作《释驳论》加以反驳，引述对方的批评说：

> 营求孜汲，无暂宁息：或垦殖田圃，与农夫齐流；或商旅博易，与众人竞利；或矜恃医道，轻作寒暑；或机巧异端，以济生业；或占相孤虚，妄论吉凶；或诡道假权，要射时意；或聚畜委积，颐养有余；或抵掌空谈，坐食百姓。斯皆德不称服，行多违法。①

这实则反映当时僧团多方聚集钱财、非法营生的一般风气。东晋末年，桓玄(369—404)辅政，欲沙汰众僧，与僚属教中亦有曰：

> 佛所贵无为，殷勤在于绝欲。而比者凌迟，遂失斯道，京师竞其奢淫，荣观纷于朝市。②

可见当时寺院靡费、僧团奢侈已经成为社会严重问题，所以提出沙汰沙门之议。桓玄并曾为此致慧远书，慧远答复中也表示"佛教凌迟，秽杂日久，每一寻至，慨愤盈怀。常恐运出非意，沦湑将及"③的忧虑。

刘宋时期，情况更加严重。前面已经引述元嘉十二年(435)丹阳尹萧摹之上疏，指出无限制地建寺造像的弊端，结果朝廷"沙汰沙门，罢道者数百人"④。另一方面如前面讨论寺院经济指出的，到刘宋时期，由于得到赏赐和兼并等，寺院扩大土地占有，财富和劳

①《释驳论》，《弘明集》卷六，《大正藏》第52卷第35页中。
②《桓玄教》，《弘明集》卷一二，《大正藏》第52卷第85页上。
③《高僧传》卷六《晋庐山慧远传》，第219页。
④《宋书》卷九七《夷蛮传》，第2386页。

力激增,已经直接危害到社会经济的运行。时有周朗(425—460)
上疏,痛陈佛教弊害:

> 自释氏流教,其来有源,渊检精测,固非深矣;舒引容润,
> 既亦广矣。然习慧者日替其修,束诚者月繁其过,遂至糜散锦
> 帛,侈饰车从。复假精医术,托杂卜数,延姝满室,置酒浃堂,
> 寄夫托妻者不无,杀子乞儿者继有。而犹倚灵假像,背亲傲
> 君,欺费疾老,震损宫邑,是乃外刑之所不容戮,内教之所不悔
> 罪,而横天地之间,莫之纠察,人不得然,岂其鬼软。今宜申严
> 佛律,裨重国令,其疵恶显著者,悉皆能遣,余则随其艺行,各
> 为之条,使禅义经诵,人能其一,食不过蔬,衣不出布。若应更
> 度者,则令先习义行,本其神心,必能草腐人天,竦精以往者,
> 虽侯王家子,亦不宜拘。①

这里罗列出僧侣窳劣的具体表现:不习佛慧,不守戒律,奢侈腐化,
耗费大量资财,卖弄方技、卜术骗人,又沉溺酒色,以至比丘娶妻,
尼僧养夫,生子溺婴,等等,种种败行不一;更利用寺院佛像或假托
灵验来傲视君亲,欺骗群众。周朗据此提出严加整肃的要求。至
孝武帝大明二年(458),有昙标道人与羌人高阇谋反,朝廷因而下
诏,有曰:

> 佛法讹替,沙门混杂,未足扶济鸿教,而专成逋薮。加奸
> 心频发,凶状屡闻,败乱风俗,人神交怨。可付所在,精加沙
> 汰,后有违犯,严加诛坐。②

于是朝廷设诸条禁,规定僧尼自非戒行精苦,并使还俗。但是由于
诸寺尼出入宫掖,交关妃后,不能实行。

　　导致北魏魏武毁佛的诸多因素之中,佛教自身的窳败也是重

---

①《宋书》卷八二《周朗传》,第 2100 页。
②《宋书》卷九七《夷蛮传》,第 2386－2387 页。

要原因。当时连长安城寺院内都有沙门的麦田,寺内更蓄积大量财产,包括"州郡牧守富人所寄藏物,盖以万计"①。废佛的一系列诏书都痛陈竭财毁产以造佛寺、民众假称入道以规避输课等危害。但这次毁佛时间短暂即告流产,文成帝继位后立即恢复佛教。而到神龟元年(518)冬,司空公、尚书令、任城王元澄又疏奏当时佛教膨胀形势说:

> ……然比日私造,动盈百数。或乘请公地,辄树私福;或启得造寺,限外广制。如此欺罔,非可稍计。臣以才劣,诚忝工务,奉遵成规,裁量是总。所以披寻旧旨,研究图格,辄遣府司马陆昶、属崔孝芬,都城之中及郭邑之内检括寺舍,数乘五百,空地表刹,未立塔宇,不在其数。民不畏法,乃至于斯!自迁都已来,年逾二纪,寺夺民居,三分且一。高祖立制,非徒欲使缁素殊途,抑亦防微深虑。世宗述之,亦不锢禁营福,当在杜塞未萌。今之僧寺,无处不有。或比满城邑之中,或连溢屠沽之肆,或三五少僧,共为一寺。梵唱屠音,连檐接响,像塔缠于腥臊,性灵没于嗜欲,真伪混居,往来纷杂。下司因习而莫非,僧曹对制而不问。其于污染真行,尘秽练僧,熏莸同器,不亦甚欤!往在北代,有法秀之谋;近日冀州,遭大乘之变……非但京邑如此,天下州、镇僧寺亦然。侵夺细民,广占田宅,有伤慈矜,用长嗟苦……②

北魏出现多次佛教徒叛乱,就其根源说,主要当然是由于战乱、饥馑连年,官府压榨侵夺,使得民不堪命,同时也有反对佛教内部糜费腐败、驱役民众而要求改革的意义③。佛教戒杀,反对暴力,中国

---

① 《魏书》卷一一四《释老志》,第 3034 页。
② 同上,第 3044—3045 页。
③ 参阅铃木中正《中國史における革命と宗教》第 34—39 页,东京大学出版会,1973 年。

历史上以佛教名义组织的武装反抗活动很少见,但在北魏时期却频频发生。在没有迁都洛阳之前的平城时期的天兴五年(402),就有沙门张翘勾结丁零,自称无上王;延兴三年(473)由于灾害和南征困扰民生,发生沙门慧隐的叛乱;太和五年(481)有沙门法秀纠合兰台御史的奴隶暴动;太和十四年(490)又有沙门司马惠御自称圣王,攻占平原郡;太和十七年(493)迁都洛阳之后,更连续有沙门刘慧汪(509)、刘光秀(510)、刘僧绍(514)等人谋反;声势最为浩大的是延昌四年(515)法庆在冀州掀起的所谓"大乘之乱",一度杀武邑郡阜城县令,攻陷渤海郡,朝廷派遣京兆王元太兴的弟弟元遥率十万人围剿始讨平。这些叛乱从另一个意义说,也是佛教戒律败坏的结果。

史称北魏"未几,天下丧乱,加以河阴之酷,朝士死者,其家多舍居宅,以施僧尼,京邑第舍,略为寺矣";而"正光(520—525)已后,天下多虞,王役尤甚,于是所在编民,相与入道,假慕沙门,实避调役,猥滥之极,自中国之有佛法,未之有也。略而计之,僧尼大众二百万矣,其寺三万有余"[1]。这大量僧尼,实际多是无以为生的流民,也成为社会动乱的根源。

徐陵的《谏仁山深法师罢道书》是一份十分有趣的文书。他规劝一位想还俗的和尚,列举出家人的"十种大利",客观上生动反映了僧团内部风气,如说"身无执作之劳,口餐香积之饭,心不妻妾之务,身饰刍摩之衣","躬无任重,居必方域,白壁朱门,理然致敬","寸绢不输官库,升米不进公仓……家休小大之调,门停强弱之丁"等等,都是夸说僧尼养尊处优的寄生生活;另一方面他们又受到统治者礼重,"为天人之师……远近嗟咏,贵贱颙仰"[2],僭居社会上的高位。社会上寄生这样一大批人,寺院内外无数劳力供他们役使,

---

①《魏书》卷一一四《释老志》,第 3047、3048 页。
②《广弘明集》卷二四,《大正藏》第 52 卷第 278 页上—中。

僧团自身堕落毋庸多说，带给社会的祸害更是无穷无尽的。

北魏孝庄帝（528—530 年在位）初年，丧乱之后，仓廪空虚，朝廷卖官，同时也卖僧官：

> 输粟八千石，赏散侯……诸沙门有输粟四千石入京仓者，授本州统，若无本州者，授大州都；若不入京仓，入外州郡仓者，三千石，畿郡都统，依州格；若输五百石入京仓者，授本郡维那，其无本郡者，授以外郡；粟入外州郡仓七百石者，京仓三百石者，授县维那。①

形成于这一时期的伪经《像法决疑经》，痛切指陈当时僧团腐败的严重形势：

> 善男子，我灭度已千年后，恶法渐兴；千一百年后，诸恶比丘、比丘尼遍阎浮提，处处充满，不修道德，多求财物，专行非法，多畜八种不净之物；身无十德，畜二沙弥；未满十腊，已度沙弥。以是因缘，一切俗人轻贱三宝。从是已后，一切道俗竞造塔寺，遍满世间。塔庙形像，处处皆有，或在山林旷野，或在道边，或在巷路、臭秽恶处，颓落毁坏，无人治理。尔时道俗虽造塔寺，供养三宝，而于三宝不生敬重……善男子，何故未来世中一切俗人轻贱三宝？正以比丘、比丘尼不如法故，身被法服，轻理俗缘，或复市肆贩卖自活，或复涉路商贾求利，或作画师工巧之业，或占相男女种种吉凶，饮酒醉乱，歌舞作乐，或围棋六博；或有比丘谄曲说法，以求人意，或诵咒术，以治他病；或复修禅，不能自一心，以邪定法，占睹吉凶；或行针灸，种种汤药，以求衣食。以是因缘，令诸俗人不生敬重……善男子，未来世中道俗之中，有诸恶人造立我形像，或菩萨形像，贩卖取财，以用自活，一切道俗不知罪福，买取供养。二俱得罪，五

---

① 《魏书》卷一一〇《食货志》，第 2861 页。

百岁中常被他卖。①

这表明,一方面是佛教势力膨胀,僧尼、塔寺众多,另一方面是僧人戒律不修,极度腐败。两相结合,造成灾祸就十分深重了。《佛祖统纪》记载隋开皇年间一个传说:

> 齐州灵岩寺释道相暴亡,至冥府见势至菩萨,将观僧狱。有榜云:众僧遣法迥向京师请灵岩寺额,将绢百匹、驴两头,至京逢通事舍人,是灵岩檀越,为奏得额不费一钱。迥自思此额因我而得,应销三十四绢,乃市丝布、香药等物,私用入己,当入梁压地狱。迥闻即首服陪还。②

这是一个实例,反映有地位的僧侣如何聚敛财物。实际上,中国佛教的所谓"世俗化",也把世俗所有弊害带进了僧团。这成为无法避免的趋势。到唐中宗时,辛替否上疏指出:

> 当今出财依势者尽度为沙门,避役奸讹者尽度为沙门;其所未度,唯贫穷与善人。将何以作范乎?将何以役力乎?臣以为出家者,舍尘俗,离朋党,无私爱。今殖货营生,非舍尘俗;拔亲树知,非离朋党;畜妻养孥,非无私爱。是致人以毁道,非广道以求人。伏见今之宫观台榭,京师之与洛阳,不增修饰,犹恐奢丽。陛下尚欲填池堑,捐苑囿,以赈贫人无产业者。今天下之寺盖无其数,一寺当陛下一宫,壮丽之甚矣!用度过之矣!是十分天下之财而佛有七八,陛下何有之矣!百姓何食之矣!③

同是中宗时期,袁楚客上疏指出朝廷十失,其中之一是:

---

①《像法决疑经》,《大正藏》第 85 卷第 1337 页中—下。
②《佛祖统纪》卷三七,《大正藏》第 49 卷第 360 页下。
③《旧唐书》卷一〇一《辛替否传》,第 3157—3158 页。

今度人既多,缁衣半道,不本行业,专以重宝附权门,皆有定直。昔之卖官,钱入公府,今之卖度,钱入私家。以兹入道,徒为游食。此朝廷三失也。[①]

又《新唐书·食货志》记载:

及安禄山反,司空杨国忠以为正库物不可以给士,遣侍御史崔众至太原纳钱度僧尼道士,旬日得百万缗而已……肃宗即位……明年,郑叔清与宰相裴冕建议,以天下用度不充,诸道得召人纳钱,给空名告身,授官勋邑号;度道士僧尼不可胜计;纳钱百千,赐明经出身;商贾助军者,给复。及两京平,又于关辅诸州,纳钱度道士僧尼万人。[②]

贩卖度牒成为朝廷敛财的办法,购买度牒则是逃避赋役的手段,买卖之间更推动了僧团腐化的趋势。到宋代,度牒竟成了市场交易物,可用来缴纳旅费或货款。

僧团的腐化,僧风的窳败,形成为一种"传统",乃是佛教肌体上的毒瘤,成为贯穿中国佛教发展历史的重大弊端。这方面的事例历朝史不绝书,毋庸细叙。在宋元以后的小说、戏曲里,和尚、尼姑常常作为反面角色出现,正表现了民众的爱憎,也是僧团实情的一种反映。这也成为中国佛教终于走向衰败的内部原因。

总体上就经济层面看,寺院形成大大小小的经济实体,寺院经济从而成为整个经济生活的重要成分。寺院经济膨胀,首先给佛教生存提供了坚实的经济基础,对佛教的发展当然关系重大。而就生产关系说,则形成了一个相当庞大的盘剥民众的社会阶层,又是与世俗地主阶层争夺土地和劳动力的庞大势力,关系国计民生之巨大更是不言而喻的。如果说南北朝是中国人佛教信仰最为诚

---

①《新唐书》卷一二二《魏元忠传》,第 4346 页。
②同上卷五一《食货一》,第 1347 页。

挚的时期,那么唐宋则是佛教寺院经济最为发达的时期。这一时期的各种社会问题、社会矛盾多与宗教主要是佛教交织着。不过也应当特别指出,寺院经济又有其独具的特征。主要是在古代小农个体经营为主体的经济结构中,寺院,主要是那些大型寺院,乃是农业、手工业、商业等多种经营的综合体,大型寺院僧众和服劳役的人数众多更具有集体经济的性质。这在中国古代社会中乃是绝无仅有的全新的经济成分,在本书后面讨论寺院建设、《大藏经》刊刻以及敦煌寺院经济等章节还将涉及。不过寺院经济具有固有的封闭性质,特别是由僧侣地主寄生集团主持,缺乏扩大再生产的动力,再加上宋元以来国家整体经济环境下降,寺院活动又受到更多限制,这些具有先进意义的经济成分没能发展起来。不过寺院经济作为历史上复杂的经济现象,起着复杂的作用,是应当认真考察的。

第五章 士族的佛教信仰与佛教文化

一

　　佛教在中国生存的深厚基础在民众，而领导时代思想潮流、推动佛教发展的主力则是社会统治阶层。魏、晋时期实行九品官人法，"高门华阀，有世及之荣；庶姓寒人，无寸进之路"①。至"五马渡江"，南、北分裂，双方政治形势不同。史称"过江则有侨姓，王、谢、袁、萧为大；东南则有吴姓，朱、张、顾、陆为大；山东则有郡姓，王、崔、卢、李、郑为大；关中亦有郡姓，韦、裴、柳、薛、杨、杜为大；代北则有虏姓，元、长孙、宇文、于、陆、源、窦为大"②。在南方，一批随晋王朝南渡的北方士族与当地土著士族虽然有分歧和斗争，但主要趋势却是在逐渐融合，形成掌握各朝政治权力、发展当地经济和文化的主体，在偏安一方、"举目有山河之异"的情况下，宗教信仰心得以滋长，推动佛、道二教同时走向繁荣；北方则是少数族军事集团建立的强权统制，土著士族失去了政治上的依恃，他们极力谨守旧的经学传统，作为"夷教"的佛教则受到少数族统治者的特别崇

①赵翼《廿二史札记》卷八《晋书·九品中正》。
②《唐会要》卷三六《氏族》。

重,有意识地使之成为辅助教化、统治民众的手段。这就使得北方佛教显示出更突出地与国家专制政权相结合的性质。而在发展高层次的佛教文化方面,特别是在佛教与中土传统相融合的创新方面,北方则远远落后于南方。

与北方少数族建立的强势政权相对比,南方掌握实际政治权力的是高门士族,皇权在其中几个有实力的士族间转移。某一士族取得政权后,一方面要争取其他士族的支持,同时又受到他们的制约,不可能确立起绝对的权威。这样,南方政权在豪族间更迭,但构成其基础的那些"大族盛门"却一直保持着强大的政治和经济实力,更维系着文化上强大的优势。这样就如陈寅恪所指出:

> 故东汉以后学术文化,其重心不在政治中心之首都,而分散于各地之名都大邑。是以地方之大族盛门乃为学术文化之所寄托。中原经五胡之乱,而学术文化尚能保持不坠者,固由地方大族之力,而汉族之学术文化变为地方化及家门化矣。故论学术,只有家学之可言,而学术文化与大族盛门常不可分离也。[1]

陈寅恪这里讲儒学的情况,宗教包括佛教发展的状况也大体如是。

又自先秦以来,中土南、北文化和民风已显然有所不同。至南、北分裂,华夏传统文化重心转移到南方,更促成了进一步分化。就经学说,史称"南人约简,得其英华;北学深芜,穷其枝叶"[2]。这是指北方仍保持汉学大体而少新变,注重口授微言,笃守师说。这也是因为少数族统治阶层难以参与经学传授,留在北方的保守的世家得以延续固有传统。而南方则自东晋以来,学风沿袭魏、晋(西晋)而更大有转变:一方面内容更多地容纳《老》、《庄》和玄学,另一方面杂以清谈,词尚华腴,学风更加放诞。这样,南朝的学风,如沈约总结说:

---

① 《崔浩与寇谦之》,《金明馆丛稿初编》第 131 页。
② 《北史》卷八一《儒林传序》,第 2709 页。

> 江左儒门,参差互出,虽于时不绝,而罕复专家。晋世以
> 玄言方道,宋氏以文章闲业,服膺典艺,斯风不纯,二代以来,
> 为教衰矣。①

姚思廉则说:

> 自是中原横溃,衣冠殄尽,江左草创,日不暇给,以迄于
> 宋、齐,国学时或开置,而劝课未博,建之不及十年,盖取文具,
> 废之多历世祀,其弃也忽诸。乡里莫或开馆,公卿罕通经术,
> 朝廷大儒,独学而弗肯养众,后生孤陋,拥经而无所讲习,三德
> 六艺,其废久矣。②

在这种情况下,南、北方佛教虽然同样在积极地融入中国传统文化内
容,同样急剧地"中国化",而具体形态又大不相同:北方佛教在少数
族统治者的支持和保护之下,显示出更强有力的国家统制特色,形成
注重经典传授和修持实践的笃实虔诚的信仰风气;而在高门士族统
治的南方,则沿袭汉、魏以来玄理与佛说合流的传统,倾注精力在佛
教义理的阐释和发挥,形成繁荣的义学"师说",进而发展出灿烂的佛
教文化,在思想、文化领域中造成的影响也特别深远。正因此,主要
是由南方士族创造的佛教文化,作为一代文化的重要部分,集中体现
这一时期中国佛教发展的特色,也成为整个中国文化史上的重大
成就。

二

东晋南北朝时期,佛教在高门士族间急剧发展,佛教(还有道教)

---

① 《南齐书》卷三九,第 686 页。
② 《梁书》卷四八《儒林传》,第 661 页。

信仰形成强大潮流。总体上看来，就宗教信仰心的真挚、热诚说，这一时期是中国历史上任何其他时代不能比拟的。这也成为这一时期历史发展的重要特色。而造成这种状况，与政治形势有直接关系。

西晋立国于泰始元年（魏咸熙二年，265），咸宁六年（280）东吴孙皓始降，才算真正统一全国。但仅过了二十多年，到晋惠帝永康二年（301），赵王司马伦称帝，即开始了朝廷内部骨肉相残的残酷争斗，统一的政权名存实亡。许多名士身陷其中，不能幸免：起初赵王伦矫诏废贾后，张华、裴𬱟遇害；赵王伦辅政，潘岳、欧阳建被污谋奉淮南王允、齐王冏作乱，被诛，夷三族，其中"（潘）岳母及兄侍御史释、弟燕令豹、司徒掾据，据弟诜，兄弟之子，已出之女，无长幼一时被害"①；后来成都王颖、河间王颙起兵征讨长沙王乂，著名文人刘殷、张瀚、江统、陆机、陆云等聚集门下，陆机被迫将兵与乂作战，战败被谮，颖收斩之，夷三族，其弟陆云、陆耽同时被害，大将军孙会给淮南内史朱诞的信里说："不意三陆相携暗朝，一旦湮灭，道业沦丧，痛酷之深，荼毒难言。"②永兴元年（304），洛阳禁军在东海王司马越统率下，拥戴惠帝讨伐司马颙，汤阴一役兵败，嵇绍（嵇康子）血溅御服，死于帝侧。西晋王室骨肉相残的动乱，给北方少数族内侵造成机会。就在赵王伦称帝三年后的永安元年（304），北方匈奴族刘渊起兵，终于酿成司马氏举朝南逃的悲剧，这就是所谓"五胡乱华"、近三百年分裂割据的开始。在动乱纷争中，首当其冲的当然是平民百姓，而社会上层的世家大族也难逃浩劫。特别是北方沦陷，晋室南渡，迫使北方许多世家大族举族逃亡。在激烈的社会动荡中，人们时时处在生命危浅、朝不保夕的状态之中，造成社会上普遍的精神焦虑和失落，人们更急需从信仰中取得依恃和安慰。

晋室渡江之初，道教即得到迅速发展，佛教也在社会上下更广

①《晋书》卷五五《潘岳传》，第 1507 页。
②《晋书》卷五四《陆云传》，第 1486 页。

泛地流传开来。后来朝代更迭,变乱不居,又一直受到北方的压迫,佛教更受到高门士族的欢迎和信重。建立刘宋政权的彭城刘氏和建立齐、梁政权的兰陵萧氏,均从北方乔迁而来,在乱世里依靠军功扩大权势、夺得帝位。这正是统治阶层内部纷争劫夺最为酷烈的时期。这些依靠篡位得到的政权,面临内、外极其尖锐的矛盾,都把尊崇和扶持佛教作为国策。

　　刘宋王朝前期保持相对稳定的局面。至宋文帝在位末年,拟废太子刘劭,结果刘劭先发制人,于元嘉三十年(453)二月起兵称帝,杀文帝和宰相江湛等人,从此开始皇室骨肉相残的乱局。文帝第三子、江州刺史刘骏传檄讨伐刘劭,刘劭大杀宗室。至五月,刘骏攻破台城,杀掉刘劭和他的四个儿子及其同党文帝第二子刘浚和他的三个儿子,即帝位,是为孝武帝。在他的统治下,又发生他的叔父南郡王、荆州刺史刘义宣的叛乱。刘义宣兵败,本人及诸子均被杀。孝武帝在位十年,先后屠戮兄弟数人。文帝第六子刘诞为南兖州(镇广陵,今江苏扬州市)刺史,孝武帝猜忌他,派兵围攻,城陷,下令屠城,五尺以上男子全部斩首,女口则作为“军赏”赐给军士。孝武帝死后,其子刘子业即位,是为前废帝。他继续诛杀亲属、大臣,先后杀掉叔父刘义恭和他的三个儿子,弟弟刘子鸾、刘子师。他的另外三个叔父刘彧等受到猜忌,先动手把他杀掉,刘彧即帝位,是为明帝。明帝为首的文帝一系诸王和晋安王刘子勋为首的武帝系诸王又展开大规模的战事,结果刘子勋失败,武帝子十数人又全部被杀。明帝不但诛杀武帝一系,自己的五个兄弟也杀掉四个。他死后,后废帝刘昱即位,王室内部继续劫夺不休,结果大权旁落在权臣萧道成手里。萧道成篡宋自立,改国号为齐,是为南齐。刘宋王朝后期就是这样在连续的骨肉诛杀之中度过的。当时大臣被株连者无数,“举朝遑遑,人人危怖”①。汤用彤曾指出“南朝

————————
①《宋书》卷五七《蔡兴宗传》,第1579页。

王子颇多信佛",他列举的宋代诸王有临川王道规、嗣子义庆、江夏王义恭、衡阳王义季、彭城王义康、南郡王义宣、庐陵王义贞、建平王弘及子景素、巴陵王休若、山阳王休祐、竟陵王诞、豫章王子尚等[1]。这些人中如刘义恭、刘义康、刘义宣、刘义贞、刘弘、刘景素、刘休若、刘休祐、刘诞、刘子尚等均死于非命。至刘宋灭亡的时候,"宋之王侯无少长皆幽死"[2]。人们在生死漩涡中辗转,皈依佛教成为心灵的出路,信仰心正是在这种环境下滋生起来的。

　　齐、梁之际是南朝朝廷内部争权夺利又一个十分激烈的时期。萧道成篡宋,改国号为齐,建元建元(479)。他在位四年病死,萧赜即位,是为武帝。武帝长子文惠太子萧长懋先武帝死,二子竟陵王萧子良颇孚众望,而武帝立萧昭业为太孙。武帝死,萧昭业即位,萧子良忧惧而死。萧昭业生长深宫,性情狡诈,即位后大权旁落到叔父萧鸾手里。后来萧鸾杀掉萧昭业立其弟昭文,又杀掉昭文自立,是为明帝。明帝在位五年,把高帝十五个儿子、武帝二十三个儿子(除次子萧嶷一支)屠戮净尽。明帝死后,子东昏侯宝卷即位,继承其父故技,王室和方镇间继续仇杀不断,终于导致宗室、雍州刺史萧衍起兵,杀尽明帝后裔,建梁,是为梁武帝。汤用彤又曾举出南齐信佛的诸王有文惠太子萧长懋、竟陵王萧子良、豫章文宪王萧嶷及其子子范、子显、子云、子晖、临川王萧映、长沙王萧晃、宜都王萧铿、晋安王萧子懋、始安王萧遥光、巴陵王萧昭胄等[3],其中不少人同样死于非命。这样,短命仅二十余年的南齐朝廷也一直处在骨肉相残的争斗中。其时又受到日渐强盛的北魏的压迫,危急局面更甚于刘宋后期。内外形势危殆同样滋长统治阶层倾心佛教的心态。

　　入梁,武帝萧衍是著名的护法君主。他可以说是南朝贵族文

①《汉魏两晋南北朝佛教史》下册第 326 页。
②《南史》卷三《宋本纪下》,第 93 页。
③《汉魏两晋南北朝佛教史》下册第 326 页。

化的代表人物。在历史上他以佞佛著名,晚年遭遇侯景叛乱,饿死
台城。对他的评价,众说纷纭,特别是在教内、教外更大有差异。
佛教方面多盛赞他的护法之功,而后代士大夫则更多批判他的佞
佛之害。但实际上他在位五十五年间,特别在前期,是继宋、齐两
代统治者厮杀混斗之后,政治上相对安定、经济也得到发展的时
期。日本佛教学者镰田茂雄说:

> 促使梁代文化开花的推动力,就是代表南朝文雅人的梁
> 武帝。梁武帝精通玄学、儒学、文学与史学,以致造成文运隆
> 盛,确实具备了南朝最高文雅人的资格。在此一意义之下,武
> 帝才是南朝士大夫的传统教养保持者。①

他虔心奉佛,造寺斋僧,讲论佛法,组建法会,晚年更忽于政事,四
度舍身同泰寺,确实成为亡国破家的原因之一。不过在他的统治
下又是中国佛教文化急速发展、取得成就的时期。直到后梁明帝
萧岿(542—585),亦以信佛著称,著有《大小乘幽微》。其子萧瑀
(574—647)更雅好释氏,姊为隋炀帝后,唐室建,曾在太宗朝担任
宰相,被认为是体现六朝末到隋唐之际南朝士族佛教信仰的象征
性人物②。从宋末经齐、梁直到唐初,萧氏绵延不绝地保持巨大权
势,佛教信仰也一直在家族中继续承传,显示了一代佛教在士族支
持下兴盛繁荣的典型形态。

　　陈代统治者对待佛教继承前朝遗风。陈高祖陈霸先仿效梁武
帝,同样舍身,讲经,立寺造像,召请名僧,举办法会。以后诸帝亦
步前辙,造成"刹寺如林,义筵如市"③的局面。佛教经过东晋以来
二百多年的持续发展,得到社会统治阶层的大力支持,已经形成思

---

① 《中国佛教通史》第 3 册第 200 页,佛光文化事业公司,1999 年。
② 爱宕元《隋末唐初における蘭陵蕭氏の佛教受容——蕭瑀を中心にして》,
　福永光思编《中國中世の宗教と文化》,第 566 页。
③ 《续高僧传》卷七《陈扬都大彭城寺释宝琼传》,《大正藏》第 50 卷第 479 页上。

想上、文化上、经济上以至政治上的强大势力,是任何人都不可能
动摇的。

以上就是南朝统治集团间的权力纷争,以及在这种充满血腥
的残酷局面下佛教得以兴盛发展的情形。可以清楚看出,这一时
期佛教的兴盛,和现实政治环境有密切关系,作为统治核心的高门
士族更起着重要作用。就是说,当时现实的政治权威乃是佛教存
续、发展的支持者和推动力。另一方面,佛教标榜要解决人的"生
死大事",残酷的环境培养起人们虔诚的信仰心,这也成为这一时
期统治阶层相当一部分人的典型心态。结果在华夏民族宗教信仰
普遍淡漠的传统中,这一时期成为人们的信仰心普遍十分热烈、虔
诚的时期。

而如上所说,在南北朝历代更迭中,一些高门士族的势力延续
不衰,其所占据的文化优势起着相当大的作用。这包括经学传统,
也包括佛教信仰的传统。信仰佛教的高门士族不仅积极推动了佛
教的发展,更凭借政治上和文化上的优势,把自己稔熟的世俗文化
和佛教文化相结合,促成佛教的"中国化"急速深化,造成中国历史
上少见的文化发展多样化的时期。这样,在高度发达的华丽灿烂
的南朝贵族文化之中,佛教扮演着重大角色。佛教文化也取得长
足发展,留下了丰厚业绩。也正是在这样的形势下,对于有势力的
世家大家来说,佛教信仰作为家族文化传承的重要部分,反过来又
起着凝聚、稳固家族传统的巨大作用。这样,高度繁荣的南朝佛教
文化,也为隋唐文化的繁荣打下了基础。

三

在随晋室南渡的"侨姓"王、谢、袁、萧四大姓中,王、谢、萧都是

著名的信佛世家。萧姓建立的齐、梁两个王朝，信仰情况前面已经
说到。"旧时王、谢"在历史上被视为南朝士族典型的代表，其信仰
情况同样具有典型意义。

琅琊王氏本是汉、魏以来巨族。渡江之后，王氏势力迅速膨
胀，对于稳定和支撑东晋政权起了重要作用，以至时有"王与马，共
天下"的俗谚。对于南来僧侣的活动，身为丞相的王导（276—339）
曾给与有力支持。如《世说》刘注引《高坐别传》论述"胡僧"过江
情形：

> 和尚胡名尸黎密，西域人，传云国王子，以国让弟，遂为沙
> 门。永嘉中，始到此土，止于大市中。和尚天姿高朗，风韵道
> 迈，丞相王公一见奇之，以为吾之徒也。周仆射（顗）领选，抚
> 其背而叹曰："若选得此贤，令人无恨。"俄而周侯遇害，和尚对
> 其灵坐，作胡祝数千言，音声高畅，既而挥涕收泪，其哀乐废兴
> 皆此类。性高简，不学晋语。诸公与之言，皆因传译，然神领
> 意得，顿在言前。[1]

尸黎密死后葬于梅冈，晋元帝于冢边立寺，名为高坐寺。当时如尸
黎密那样随着流民避乱南来的僧人很多。正由于得到如王导这样
有实力的权贵的加护，他们才得以生存和活动。后来沈约曾说：
"吾少好百家之言，身为四代之史，自开辟已来，未有爵位蝉联、文
才相继，如王氏之盛者也。"[2]这里所谓"四代"指晋、宋、齐、梁四朝，
琅琊王氏家族一直占据高位，又是佛教坚定的支持者。王导六子：
悦、恬、洽、协、劭、荟。王洽曾为吴郡内史，拜中领军，加中书令，不
拜而卒，年仅二十六岁。道安当年在襄阳分张徒众，弟子竺法汰来
到建康，"未知名，王领军（洽）供养之，每与周旋，行来往名胜许，辄

---

①《世说新语笺疏》卷上之下《言语》，第 100 页。
②《梁书》卷三三《王筠传》，第 487 页。

与俱。不得汰,便停车不行。因此名遂重"①。王洽还和支遁讨论过般若"即色"义。王洽的两个儿子珣、珉都热衷佛说,史载"珉字季琰。少有才艺,善行书,名出珣右。时人为之语曰:'法护非不佳,僧弥难为兄。'僧弥,珉小字也。时有外国沙门,名提婆,妙解法理,为珣兄弟讲《毗昙经》。珉时尚幼,讲未半,便云已解,即于别室与沙门法纲等数人自讲。法纲叹曰:'大义皆是,但小未精耳。'"②可见当时这个家族中研习佛理的气氛。王协无子,以劭子王谧为嗣。王谧(360—407)字稚远,曾得到桓玄信重,亦与刘裕交往,晚年任扬州刺史、录尚书等职,皈依名僧慧远和慧严,在《出三藏记集》所录陆澄《法论目录》里,著录多篇王谧向慧远和鸠摩罗什请教佛义的书问,内容主要是般若、法身、成佛等义;他还有和桓玄讨论"心无"义的对答。王荟亦信佛。王导四世孙、王珣之子王弘晋末官至太尉长史,刘裕建宋称帝,为佐命功臣,曾与范泰、颜延之一起从竺道生问道,又和谢灵运、竺道生讨论佛性顿、渐义。弘之子僧达娶刘义庆女,义庆"令周旋沙门慧观造而观之。僧达陈书满席,与论文义,慧观酬答不暇,深相称美"③,后来卷入有沙门昙标、道方参加的叛乱赐死。僧达孙王融富于文藻,是萧子良的"竟陵八友"之一,由于谋立竟陵王被杀。竟陵王周围集中了一批僧、俗名人,王融作有《法乐辞》等护法之作。王弘从子王微曾为竺道生立传,旌其遗德。王珣子王练自幼"亲爱诸梵,过于汉人,咸谓沙门审其先身"④。王劭曾孙王景文原名彧,避明帝讳,以字行,他曾在京师"辩三相义,大聚学僧。(道)慧时年十七,便发问数番,言语玄微,诠牒有次,众咸奇之"⑤。弘之弟昙首,有子僧绰、僧虔。僧绰子王

---

①《世说新语笺疏》卷中之下《赏誉》,第481页。
②《晋书》卷六五《王导传》,第1758页。
③《宋书》卷七五《王僧达传》,第1951页。
④王琰《冥祥记》,鲁迅《古小说钩沉》,《鲁迅辑录古籍丛编》第1卷第370页。
⑤《高僧传》卷八《齐京师庄严寺释道慧传》,第305页。

俭,建齐有佐命功,为宰相,也是著名学者,依《七略》撰《七志》四十卷,仙、释载于篇而不在志限,这是已知中土目录首次著录佛书。他多结交僧人,曾请慧约讲《法华》、《大品》。俭从兄王慈少年时与之"共书学……十岁时,与蔡兴宗子约入寺礼佛,正遇沙门忏,约戏慈曰:'众僧今日可谓虔虔。'慈应声曰:'卿如此,何以兴蔡氏之宗。'"①王俭孙规在梁被任命为散骑常侍、太子中庶子,领步兵校尉,"辞疾不拜,于钟山宋熙寺筑室居焉"②。规子王褒,著《幼训》以戒诸子,其中谓"儒家则尊卑等差,吉凶降杀。君南面而臣北面,天地之义也。鼎俎奇而笾豆偶,阴阳之义也。道家则堕支体,黜聪明,弃义绝仁,离形去智。释氏之义,见苦断习,证灭循道,明因辨果,偶凡成圣。斯虽为教等差,而义归汲引。吾始乎幼学,及于知命,既崇周、孔之教,兼循老、释之谈,江左以来,斯业不坠,汝能修之,吾之志也"③。僧虔孙王筠"奉敕制《开善寺宝誌大师碑文》,词甚丽逸"④;他又有给法云的信说:"弟子宿植善因,早蒙亲眷,情同骨肉,义等金兰。外书所谓冥契神交,内典则为善友知识。"至陈代,有王固,是王景文后裔,"清虚寡欲,居丧以孝闻。又崇信佛法,及丁所生母忧,遂终身蔬食,夜则坐禅,昼诵佛经,兼习《成实论》义,而于玄言非所长。尝聘于西魏,因宴飨之际,请停杀一羊,羊于固前跪拜。又宴于昆明池,魏人以南人嗜鱼,大设罟网,固以佛法咒之,遂一鳞不获"⑥。以上是王氏一族奉佛的代表人物,其他人有关事迹甚多,不俱录。

又太原王氏同样是崇佛世家。晋时有王蒙、王恭、王坦之等,

①《南史》卷二二《王慈传》,第606页。
②同上《王规传》,第598页。
③《梁书》卷四一《王规传》,第583—584页。
④同上卷三三《王筠传》,第485页。
⑤《与云僧正书》,《广弘明集》卷二八《启福篇》,《大正藏》第52卷第326页下。
⑥《陈书》卷二一《王固传》,第282页。

都以信佛著称。王蒙和王坦之又都与支遁有密切交往。

南朝的另外几个大族如谢氏、周氏、何氏、张氏等，不像琅琊王氏那样在几个朝代持续占据高位，在政治上却都相当活跃并发挥着重大影响。

陈郡谢氏是和琅琊王氏并称的著名士族。谢鲲（281？—323？）西晋末为东海王司马越参军，后避乱江东，官至豫章太守，乱世中纵酒放荡，与董昶等并称"八达"，其中有沙门支孝龙，本书前面已提到过。鲲有子尚，谢衰子奕、安、万、石。谢尚（308—357）被王导辟为掾，官至卫将军，据传"尚尝梦其父告之曰：'西南有气至，冲人必死，行当其锋，家无一全，汝宜修福，建塔寺可禳之，若未暇立寺，可杖头刻作塔形，见有气来，可拟之。'尚寤，惧。来辰造塔寺，遂刻小塔施杖头，恒置左右。后果有异黑气，遥见西南，从天而下。始如车轮，渐弥大，直冲尚家。以杖头指之，气便回散，阖门获全。气所经处，数里无复孑遗。遂于永和四年，舍宅造寺，名庄严寺。宋大明中，路太后于宣阳门外大社西药园造庄严寺，改此为谢镇西寺。"①该寺直到唐时仍存，名兴严寺。谢安（320—385）少有重名，后来在孝武帝朝任宰相，指挥过"淝水之战"，当"初辟司徒府，除佐著作郎，并以疾辞。寓居会稽，与王羲之及高阳许询、桑门支遁游处，出则渔弋山水，入则言咏属文"②。他的从子谢朗，《世说》上记载，"林道人诣谢公，东阳（谢朗）时始总角，新病起，体未堪劳。与林公讲论，遂至相苦"③，可见当时谢氏一门热衷佛说的气氛。谢奕子玄，也是"淝水之战"的指挥者之一；其孙谢灵运，是著名诗人，其与佛教的交涉，在本书讨论文学与佛教关系章节里另有详细说明。谢万曾孙弘微（392—433）与谢灵运等族兄弟随从叔父谢混住乌衣巷，文义赏会，称"乌衣之游"，时谢灵运参与慧观译经，参与聚会的

---

①《建康实录》卷八，第169页，上海古籍出版社，1987年。
②《晋书》卷七九《谢安传》，第2072页。
③《世说新语笺疏》卷上之下《文学》，第227页。

必有沙门。弘微"兄曜历御史中丞、彭城王义康骠骑长史,卒官。弘微哀戚过礼,服虽除犹不啖鱼肉。沙门释慧琳尝与之食,见其犹蔬素,谓曰:'檀越素既多疾,即吉犹未复膳。若以无益伤生,岂所望于得理。'弘微曰:'衣冠之变,礼不可逾;在心之哀,实未能已。'遂废食歔欷不自胜"①。弘微子庄,庄子瀹,"(宋明)帝起禅灵寺,敕瀹为碑文"②。瀹子览、举,有名于时,俗有"王有养(王筠)、炬(王泰)、谢有览、举"之谚。"举少博涉多通,尤长玄理及释氏义。为晋陵郡时,常与义僧递讲经论,征士何胤自虎丘山赴之。其盛如此"③,他注《净名经》,常自讲说。直到陈代,有"谢贞字元正,陈郡阳夏人,晋太傅安九世孙也……初,父蔺居母阮氏忧,不食泣血而卒,家人宾客惧贞复然,从父洽、族兄暠乃共往华严寺,请长爪禅师为贞说法……太清之乱,亲属散亡,贞于江陵陷没,暠逃难番禺,贞母出家于宣明寺",遗命"气绝之后,若直弃之草野,依僧家尸陁林法,是吾所愿"④。

汝南周氏周嵩(?—324),西晋末为御史中丞,东晋初,王敦谋反,其兄颛被杀,亦牵连遇害,"嵩精于事佛,临刑犹于市诵经"⑤。周颛子闵,官至秘书监,"家世奉法",有《大品》一部,渡江时护持南来,颇多神异,后来"会稽王道子就嵩曾孙云求以供养。后尝暂在新渚寺"⑥。颛七世孙颙,宋明帝引入内殿,亲近宿直;入齐,迁中书郎。他"泛涉百家,长于佛理",与文惠太子、竟陵王、张融、何胤、何点等好佛人士友善,谈论玄佛,作有《三宗论》等,又"于钟山西立隐

---

① 《南史》卷二〇《谢弘微传》,第551—552页。
② 《建康实录》卷一六,第441页。
③ 《梁书》卷三七《谢举传》,第530页。
④ 《陈书》卷三二《谢贞传》,第426—428页。
⑤ 《晋书》卷六一《周嵩传》,第1662页。
⑥ 《法苑珠林校注》卷一八《敬法篇·感应缘》,第2册第590页,中华书局,2003年。

舍,休沐则归之"①。周颙孙弘正(496—574),起家太学博士,于士林馆讲授,听者倾朝野;入陈,累迁侍中、尚书右仆射,梁元帝萧绎曾说:"余于诸僧重招提琰法师,隐士重华阳陶贞白,士大夫重汝南周宏正,其于义理,清转无穷,亦一时之名士也。"②宏正特善玄言,兼明释典,虽硕学名僧,莫不请质疑滞。

庐江何充(292—346)是晋明帝庾皇后妹夫、王导外甥,历任显官,位至宰相,"而性好释典,崇修佛寺,供给沙门以百数,糜费巨亿而不吝也。亲友至于贫乏,无所施遗,以此获讥于世。阮裕尝戏之曰:'卿志大宇宙,勇迈终古。'充问其故。裕曰:'我图数千户郡尚未能得,卿图作佛,不亦大乎!'于时郗愔及弟昙奉天师道,而充与弟准崇信释氏,谢万讥之云:'二郗谄于道,二何佞于佛。'"③在晋成帝朝,历史上第一次关于沙门尽敬王者的论争中,何充是护法一方的主要人物。充弟准,"穆章皇后父也。高尚寡欲,弱冠知名,州府交辟,并不就。兄充为骠骑将军,劝其令仕,准曰:'第五之名何减骠骑?'准兄弟中第五,故有此言。充居宰辅之重,权倾一时,而准散带衡门,不及人事,唯诵佛经、修营塔庙而已。征拜散骑郎,不起,年四十七卒"④。何尚之(382—460)于元嘉年间有上宋文帝赞扬佛教的著名奏章,对当时贬抑佛教的释慧琳、何承天加以批驳。尚之孙点、胤。何点(437—504),历宋、齐、梁三朝,累征不就,为处士,"菜食不饮酒……司徒竟陵王子良欲就见之,点时在法轮寺,子良乃往请,点角巾登席,子良欣悦无已,遗点稽叔夜酒杯,徐景山酒铛。点少时尝患渴痢,积岁不愈,后在吴中石佛寺建讲,于讲所昼寝,梦一道人形貌非常,授丸一掬,梦中服之,自此而差,时人以为

①《南齐书》卷四一《周颙传》,第731—732页。
②《陈书》卷二三《周弘正传》,第308页。
③《晋书》卷七七《何充传》,第2030—2031页。
④同上卷九三《何准传》,第2417页。

淳德所感"①。点弟胤(446—531)，起家齐秘书郎，为建安太守，入梁，隐居秦望山，屡征不受，"师事沛国刘瓛，受《易》及《礼记》、《毛诗》，又入钟山定林寺听内典，其业皆通……何氏过江，自晋司空充并葬吴西山。胤家世年皆不永，唯祖尚之至七十二。胤年登祖寿，乃移还吴，作《别山诗》一首，言甚凄怆。至吴，居虎丘西寺讲经论，学徒复随之，东境守宰经途者，莫不毕至"②。尚之弟子昌寓，子敬容(？—549)，尚齐武帝女长城公主，拜驸马都尉，入梁，累迁至尚书左仆射，"中大同元年三月，高祖幸同泰寺讲《金字三慧经》，敬容请预听，敕许之……何氏自晋司空充、宋司空尚之，世奉佛法，并建立塔寺，至敬容又舍宅东为伽蓝，趋势者因助财造构，敬容并不拒，故此寺堂宇校饰，颇为宏丽，时轻薄者因呼为'众造寺'焉。及敬容免职出宅，止有常用器物及囊衣而已，竟无余财货，时亦以此称之"③。

　　吴郡张氏是江南望族。张裕(376—442)，宋初官都官尚书、会稽太守，蜀长乐寺释道誾被他"请为戒师"④。裕弟邵，任湘洲和雍州刺史，曾为精通律典的僧业于姑苏山造闲居寺，又帮助僧亮铸造湘宫寺佛像。张裕有五子：演、镜、永、辩、岱，称"张氏五龙"。张演著有《续光世音应验记》，其序言中说"演少因门训，获奉大法，每钦服灵异，用兼缅怀"⑤；镜等其他兄弟都有信佛的记载。演从兄弟张畅，《系观世音应验记》记载他为在荆州的南谯王刘义宣司空长史、南郡太守，义宣作逆时欲加害，据传以诵《观音经》得救，其中说到"知名天下，为当时民望，家奉佛法，本自精进"⑥。《系观世音应验

①《梁书》卷五一《处士传》，第732—733页。
②同上，第735、739页。
③《梁书》卷三七《何敬容传》，第532—534页。
④《高僧传》卷七《宋蜀武当寺释道汪传》，第284页。
⑤孙昌武点校《观世音应验记三种》第10页，中华书局，1994年。
⑥同上第41页。

记》里还记载了张畅和堂兄弟张旭、僧显等人一起传说观世应验故事的情形。畅子融，作《门律》，所谓"《门律》犹言'家戒'、'家规'，如颜延之之《庭诰》也"①，其中说"道之与佛，逗极无二"②；他于建武四年(497)病卒，遗令曰："吾生平所善，自当凌云一笑。三千买棺，无制新衾，左手执《孝经》、《老子》，右手执《小品》、《法华经》；妾二人，哀事毕，各遣还家。"③这被看作是显示六朝士族调和三教风气的典型姿态④。张融兄弟淹(？—466)，刘宋时为东阳太守，"逼郡吏烧臂照佛，百姓有罪，使礼佛赎刑，动至数千拜"⑤，他后来任临川内史，与晋安王刘子勋同逆被杀，当时他"屯军上饶县……方礼佛，不得时进。(鄱阳太守费)昙复诳云捕虎，借大鼓及仗士二百人，淹信而与之。昙因率众入山，飨士约誓，扬言虎走城西，鸣鼓大呼，直来趣城，城门守卫，悉委仗观之，昙率众突入，淹正礼佛，闻难走出，因斩首"⑥。吴郡所在滨海地区本是天师道流行地方，但刘宋以后张氏家族热诚地信仰佛教，正反映了宗教潮流的变化。

　　此外吴郡本地另一大姓陆氏、北方来的南阳范氏等也是著名的信佛世家。陆澄集录佛书群籍，成十六帙一百零三卷的《法论目录》，序文收录在《出三藏记集》卷十二；齐、梁之际的陆倕、陆杲都是虔诚的信徒。陆杲编撰《续观世音应验记》，同样有序文记述自己的佛教信仰。

　　值得注意的是，世家大族间结成婚姻，例如琅琊王氏与陈郡谢

①钱锺书《管锥编》第 4 册第 1345 页。
②《南齐书》卷五四《高逸传》，第 935 页。
③同上卷四一《张融传》，第 729 页。标点有改动。
④钱锺书说："《全后周文》卷七王褒《幼训》论儒、道、释三家曰：'斯虽为教等差，而义归汲引。吾始乎幼学，及于知命，既崇周、孔之教，兼循老、释之谈'；三家聚一，彰明昭著，非若张融《遗令》尚含意未申也。融谓分流而可通，褒谓并行而不悖，用心有几微之别焉。"(《管锥编》第 4 册第 1346 页)值得参详。
⑤《宋书》卷四六《张淹传》，第 1400 页。
⑥同上卷八四《孔顗传》，第 2163 页。

氏、吴郡张氏和陆氏之间，还有各皇室与大族间都有姻亲关系。佛教信仰起到强化这些家族之间精神上的联系的作用，家族联姻则进一步巩固了这些家族共同的信仰。

四

南方高门士族本来领导着一代文化潮流，又是推动佛教发展的主导力量，两方面共同发挥作用，有力地促进佛教进一步"中国化"，推动了佛教文化的全面繁荣。

从作为宗教核心的信仰角度讲，南朝佛教信仰层面的普及和强化十分突出。较早的东晋时期，人们亲近佛教还多是基于对于神异的惊奇、玄理的赞赏或人物风采的羡慕，儒、释交流往往又是"文采风流"的一种表现。例如前面介绍的《世说新语》里所记载名士与名僧交游的情形：多数名士对佛教的理解有限；在名士群中活跃的名僧如支道林，基本以善玄理著称。而如竺法深：

> 后来年少，多有道深公者，深公谓曰："黄吻年少，勿为评论宿士。昔尝与元、明二帝，王、庾二公周旋。"

刘孝标注引《高逸沙门传》曰："晋元、明二帝，游心玄虚，托情道味，以宾友礼待法师。王公、庾公倾心侧席，好同臭味也。"[1]就是说，如晋元帝、明帝、王导、庾亮等接待竺法深那样的名僧，主要是欣赏其超逸的风采和玄虚的言谈。同样如尸黎密，本来不懂汉语，人们没有办法直接和他交流，王导却说他是"吾之徒"，如前引《高坐别传》所述，当时众多名士与之交游，也是赞赏其潇洒风流，正符

---

[1]《世说新语笺疏》卷中之上《方正》，第323页。

合当时名士的风范。《世说新语》关于名僧参与清谈的佳言俊语多有记述,也表明当时人主要是把他们当作玄谈的专门家来欣赏的。

随着佛教传播的日渐广泛和深入,在名士与名僧交往中,信仰潮流也在逐步增强。东晋末年的谢敷可作为例子。他本是士族出身,叔父谢輶任镇军将军,檀道鸾《续晋阳秋》曰:"谢敷字庆绪,会稽人,崇信释氏。初入太平山中十余年,以长斋供养为业,招引同事,化纳不倦。以母老还南山若邪中。内史郗愔表荐之,征博士,不就。"①他所作《安般守意经序》里自述"敷染习沉冥,积罪历劫,生与佛乖,弗睹神化。虽以微祚,得禀遗典,而情想繁芜,道根未固。仰欣圣轨,未一暂履,夕惕战惧,悆焉如悸"②。他撰有《光世音应验》一卷,记载观音故事十余个,并把它传给傅瑗。这些都表明他对于佛教态度之虔诚。也有更多的人沉迷于生死报应的迷信。例如有关王坦之的传说:"初,坦之与沙门竺法师甚厚,每共论幽明报应,便要先死者当报其事。后经年,师忽来云:'贫道已死,罪福皆不虚。惟当勤修道德,以升济神明耳。'言讫不见。"③又王恭,"尤信佛道,调役百姓,修营佛寺,务在壮丽,士庶怨嗟。临刑,犹诵佛经,自理须鬓,神无惧容,谓监刑者曰:'我暗于信人,所以致此。原其本心,岂不忠于社稷!但令百代之下知有王恭耳。'"④前者只是传说,后者当是事实,都反映信仰的真挚程度。还有晋王练故事:

　　晋王练,字玄明,琅琊人也,宋侍中。父珉,字季琰,晋中书令;相识有一梵沙门,每瞻珉风采,甚敬悦之,辄语同学云:

————————

①《世说新语笺疏》卷下之上《栖逸》注,第 662 页。

②《出三藏记集》卷六,第 247 页。

③《晋书》卷七五《王坦之传》,第 1969 页。

④同上卷八四《王恭传》,第 2186 页。

"若我后生得为此人作子,于近愿亦足矣。"珉闻而戏之曰:"法师才行,正可为弟子子耳!"顷之,沙门病亡,亡后岁余,而练生焉。始能言,便解外国语及绝国之奇珍银器珠贝,生所不见,未闻其名,即而名之,识其产出;又自然亲爱诸梵,过于汉人。咸谓沙门审其先身。故珉字之曰阿练,遂为大名云云。①

这是讲生死轮回的。所谓"来生之计"正是佛说诱惑人的地方。这种传说也表明当时人接受佛教的具有代表性的倾向。又"(晋)恭帝逊位,居秣陵宫,常惧见祸,与褚后共止一室,虑有鸩毒,自煮食于床前。(宋)高祖将杀之,不欲遣人入内,令(褚)淡之兄弟视褚后,褚后出别室相见,兵人乃逾垣而入,进药于恭帝。帝不肯饮,曰:'佛教自杀者不得复人身。'乃以被掩杀之"②。刘义康临刑的情形也相似:

> 遣中书舍人严龙赍药赐死。义康不肯服药,曰:"佛教自杀不复得人身,便随宜见处分。"乃以被掩杀之。③

还有宋代的例子:

> (宋)太宗常指左右人谓王景文曰:"(第十八子、贵阳王)休范人才不及此,以我弟故,生便富贵。释氏愿生王家,良有以也。"④

刘宋以后,无论是皇室亲贵,还是一般士大夫,不仅信仰佛教的人数增多,而且态度更空前地虔诚。具体情形下面还将说到。

综观这一时期南朝佛教的发展,更有以下几个方面表现突出,对于推动佛教文化的兴盛发达起了重大作用:

---

①王琰《冥祥记》,鲁迅《古小说钩沉》,《鲁迅辑录古籍丛编》第1卷第369—370页。
②《宋书》卷五二《褚叔度传》,第1503页。
③同上卷六八《刘义康传》,第1796—1797页。
④同上卷七九《文五王传》,第2046页。

　　第一，这一时期高门（包括皇族）出家为僧成为风气。这是佛教势力扩张的具体体现，对于佛教进一步发展的影响更为深远。

　　按照中土固有文化观念，出家修行本来难于被更多的人接受和施行。所以居士佛教发达成为中国佛教的重要特征。违背传统家庭伦理也是历代反佛的人提出的重要理据之一。颜之推为佛教辩护的重要一点也是说"内教多途，出家自是其一法耳。若能诚孝在心，仁惠为本，须达、流水，不须剃落须发；岂令罄井田而起塔庙，穷编户以为僧尼也?"他同时更承认，无限制地度僧尼，"皆由为政不能节之，遂使非法之寺，妨民稼穑，无业之僧，空国赋算，非大觉之本旨也"①。因此佛教初传时期，本土人士出家的很少，朝廷也加以限制。但到东晋十六国之后，民众出家为僧的渐多，高门为僧的风气也逐渐盛行起来。

　　一些著名的高僧，如道安、慧远、竺道生、僧祐等，都是士族家庭出身，他们自幼都接受过良好教育。又如东晋竺法深，桓彝说"此人既有宿名，加先达知称，又与先人至交"②，肯定也是出身高门。据《高僧传》和《续传》，宋释道敬（《高僧传》卷一三）出身琅琊王氏，梁慧超（《续传》卷六）、梁僧副（《续传》卷一六）、陈智远（《续传》卷一六）出身太原王氏，晋竺僧显（《高僧传》卷一一）、释僧䂮（《高僧传》卷六）出身北地傅氏（与傅瑗、傅亮同族），晋道宝（《高僧传》卷五）出身吴郡张氏，宋道温（《高僧传》卷七）、齐僧慧（《高僧传》卷八）均出身安定皇甫氏（汉高士皇甫谧后裔），宋慧通（《高僧传》卷七）出身沛国刘氏，宋慧观（《高僧传》卷七）出身清河崔氏，齐昙超（《高僧传》卷一一）出身清河张氏，齐智称（《高僧传》卷一一）、梁道达（《续传》卷五）出身河东闻喜裴氏，梁慧弥（《高僧传》卷一

①王利器《颜氏家训集解》卷五《归心》，第360页。
②《世说新语笺疏》卷上之上《德行》，第31页。《高僧传》卷四《竺法深传》记载法深是宰相王敦之弟，余嘉锡考证"晋史并不言王敦有此弟……实则深公本衣冠之胄，所谓宰相，该别有所指，不必是王敦也"，同上第32页。

二)出身弘农杨氏(汉太尉杨震后裔),晋竺道壹(《高僧传》卷五)、梁道超(《续传》卷六)出身吴郡陆氏,梁智藏(《续传》卷五)出身吴郡顾氏,梁法云(《续传》卷五)出身义兴周氏,梁法朗(《续传》卷五)出身吴兴沈氏,等等。这些人都是著名士族出身。又晋庐山昙邕本是姚秦卫将军,"淝水之战"失败,从道安出家(《高僧传》卷六);齐释法安(《高僧传》卷八)是魏司隶校尉毕轨之后;徐陵第三子孝克出家为沙门,号法整[1];刘勰晚年于定林寺出家,号慧地[2],等等。这些人则是出家前已有相当高的社会地位。又如伏挺,为官纳贿,惧罪而出家[3],也代表一种情况。至于皇室和士族妇女出家为尼的也不少。

如此众多高门士族成员出家为僧尼,在历史上是空前的,也是绝后的。

这些上层人士进入佛门,使僧团成分发生巨大变化。虽然这类人物在僧尼总数中比例并不大,但他们具有相当的地位和身份,又有较高的文化素养,在僧团里自然也会造成相当大的影响。这样,南朝僧团在构成上不仅与外来僧人为主体的汉魏时期大不相同,比起北方僧团又具有更高的文化上的优势,从而赋予南方僧团以更浓厚的文化性格,给佛教文化的发展、佛教文化与本土文化的交流与融合提供了有利条件。

第二,高门士族信众积极参与佛典翻译、佛学撰著,与义学沙门(如上所述,这些人本身不少就是士族出身的知识分子)一起探究佛理,研习教义,发展了具有高度学术水平的佛教义学,也发扬了中国佛教注重教理建设、注重学术的传统。

如上所说,佛教输入中土,发展中就形成了不同层次,特别是在民众间培植起新的信仰,在知识阶层则更专注于教理的研习。

---

①《陈书》卷二六《徐陵传》,第337页。
②同上卷五〇《刘勰传》,第712页。
③同上《伏挺传》,第722页。

般若学的"六家七宗"就是玄理与佛理相结合的产物。倾心佛教的南朝士大夫,沿袭这一传统,更注重认识和发挥佛教的学理层面。这成为义学"师说"发达的重要基础。关于士族名士义学教养情况,后面将另行介绍。

晋宋已降,对于新一代名士们来说,盛行一时的玄学化的佛教逐渐不能使他们满足,遂开始更认真地探寻佛理真义。殷浩(?—356)的情况就是具有典型意义的。他本来善玄言,好《老》、《易》,是玄谈名家,后来受到权臣桓温疏忌,被废为庶人,贬住东阳,始热衷于佛说,"大读佛经,皆精解。唯至'事数'处不解。遇见一道人,问所签,便释然"①。所谓"事数"即名相、佛教概念,如"四谛"、"五阴"、"十二缘生"之类。因为这些词语是用所谓"带数释"方式构成的,所以称"事数"。殷浩特别认真钻研这些基本概念。又有记载说他"始看佛经。初视《维摩诘》,疑'般若波罗蜜'太多,后见《小品》,恨此语少"②。"般若波罗蜜"是大乘佛教基本概念。殷浩起初对大乘空观缺乏了解,因此觉得《维摩诘经》里对这一概念重复过多;后来读了大乘空宗基本典籍《小品般若》,才知道这一概念的重要。又"殷(浩)、谢(安)诸人共集。谢因问殷:'眼往属万形,万形来入眼不?'"③这讨论的是佛教基本概念"根"("眼根")与"尘"(万形)的关系,即对于外物认识的客观性问题。针对谢安的问题,殷浩如何回答没有记载,后来鸠摩罗什翻译的《成实论》里曾明确提出同样的问题。《成实论》的"成实"意谓成就四谛真实,从佛教思想发展说这是一部由小乘向大乘过渡的论书,内容主要是论证我、法两空的教义。关于"根、尘合离"问题,其中说:

　　问曰:"汝言识能知,非根知,是事已成。今为根、尘合故

---

① 《世说新语笺疏》卷上之下《文学》,第 240 页。
② 同上,第 234 页。
③ 同上,第 233 页。

> 识生，为离故生耶？"答曰："眼识不待到，故知尘。所以者何？
> 月等远物，亦可得见。月色不应离香而来。又假空与明，故得
> 见色。若眼到色，则间无空明，如眼箆触眼则不得见。当知眼
> 识不到而知。"[①]

殷、谢讨论的就是这样的基本概念和原理问题。

　　又如王导孙珣、珉兄弟，如上所说，两兄弟都热心佛学。曾听
外国沙门僧伽提婆讲《毗昙经》。《毗昙经》即《阿毗昙心》，僧伽提
婆应慧远之请所译，是说一切有部的根本论书，内容论释有漏、无
漏、色法、十八界、十二因缘、三十七道品等基本概念。幼小的王珣
兄弟已经热衷研习这些佛教基本概念，很快就能够理解，并能与沙
门一起宣讲。

　　又如针对"佛经以为祛练神明，则圣人可致"的原理，简文帝
说："不知便可登峰造极不？然陶练之功，尚不可诬。"[②]关于"圣人"
是否"可致"、如何而致，本是中国传统学术集中探讨的课题，后来
竺道生的涅槃佛性心说综合儒、释两家做出了新的回答。简文帝
提出的就是这个问题。他的理解正符合谢灵运在《辩宗论》提到的
"释氏之论，圣道虽远，积学能至，累尽鉴生"[③]的观点。关于相关争
论，本书另有论说。

　　以上是东晋后期的事例，表明当时士族间已经有些人认真研
习佛教基本概念和原理。这已经是一种全然不同于混同佛说与玄
谈的新的学风。像殷浩等人对待佛教，显然已和时代稍前的支遁
周围那些名士不同。这是具有重大意义的学风上的转变，正和译
经的繁荣、中国佛教教理发展的总形势相一致。

　　正如本书介绍译经情况表明的，公元五世纪初即东晋末年，正

---

①《成实论》卷四《根尘合离品第四十九》，《大正藏》第 32 卷 268 页上。
②《世说新语笺疏》卷上之下《文学》，第 229 页。
③《与诸道人辩宗论》，《广弘明集》卷一八，《大正藏》第 52 卷 224 页下。

是以鸠摩罗什为代表的"旧译"的繁荣期。一大批"旧译"经典把大乘真义更准确、完整地介绍给中土僧俗,推动了中土佛教义学的发展。在北方,译经活动得到各割据政权的支持,比如前述姚秦和西凉的情形。而在南方,则有许多高门士族人士成为译经的实际支持者和积极参与者。例如东晋太元十六年(391)提婆等人于浔阳南山精舍翻译《阿毗昙心》,江州刺史王凝之、西阳太守任固之为檀越①;隆安元年(397)至二年尚书令、东亭侯王珣造立精舍,集合京师义学沙门僧伽提婆等四十余人翻译《中阿含经》②;义熙十四年(418)至元熙二年(420)佛驮跋陀罗于扬州道场寺翻译《华严经》,时为吴郡内史的孟颛和右卫将军褚叔度为檀越③;宋明帝时吉迦夜等翻译《方便心论》,刘孝标担任笔受④;元嘉十二年(435)求那跋陀罗携《胜鬘经》梵本来到建康,时为丹阳尹的何尚之召集敏德名望,请出此经,后来在彭城王刘义康支持下,求那跋陀罗、宝云、慧严等著名译师从事翻译:

> 司徒彭城王殖根遐劫,龙现兹生,依迹上台,协赞皇极。而神澄世表,志光玄猷,闻斯幽典,诚期愈旷。凡厥道俗,莫不响悦。请外国沙门求那跋陀罗手执正本,口宣梵音,山居苦节,通悟息心。释宝云译为宋语。德行诸僧慧严等一百余人,考音详义,以定厥文。大宋元嘉十三年,岁次玄枵,八月十四日,初转梵轮,讫于月终。公乃广写云布,以泽未洽,将兴后世,同往高会道场。⑤

还有元嘉二十九年(452)求那跋陀罗在荆州翻译《八吉祥经》,刘义

---

①《阿毗昙心序》,《出三藏记集》卷一〇,第378页。
②释道慈《中阿含经序第八》,《出三藏记集》卷九,第337-338页;同上卷一三《僧伽提婆传》,第525页。
③《华严经记·出经后记》,《出三藏记集》卷九,第326页。
④《新集撰出经律论录》,《出三藏记集》卷二,第63-64页。
⑤释慧观《胜鬘经序第十七》,《出三藏记集》卷九,第349页。

宣为檀越①,等等。

这样,南方译经规模不如北方长安逍遥园那样庞大,却有士族人士更积极的参与。译经伴随着讲论,有力地推动了义学水平的提高。只要看看《出三藏记集》所录《宋明帝敕中书侍郎陆澄撰法论目录》,就可以了解晋、宋百余年间僧、俗义学水准的变化。当初支遁与王洽关于"即色游玄"的问答、郗超和竺法汰关于"本无"的问难,都还不出玄理论辩的范围。但稍后的王谧请教鸠摩罗什,问到"涅槃有神"、"灭度权实"、"般若法"、"般若称"、"般若知"等等,从佛教义理层面看,显然已经达到更高水平。正是在这样的基础上,中土人士发挥个人对于佛理认识的著作开始大量出现。有些采取经典注疏形式,有些则是专门论著。如刘虬,宋泰始(465—471)中仕至晋平王骠骑记室、当阳令,精信释氏,曾"注《法华经》,自讲佛义"②;南齐周颙研究《三论》,"泛涉百家,长于佛理。著《三宗论》。立空假名,立不空假名。设不空假名难空假名,设空假名难不空假名。假名空难二宗,又立假名空。西凉州智林道人遗颙书曰:'此义旨趣似非始开,妙声中绝六七十载。贫道年二十时,便得此义,窃每欢喜,无与共之。年少见长安耆老,多云关中高胜乃旧有此义,当法集盛时,能深得斯趣者,本无多人。过江东略是无一。贫道捉麈尾来四十余年,东西讲说,谬重一时,余义颇见宗录,唯有此途白黑无一人得者,为之发病。非意此音猥来入耳,始是真实行道第一功德。'其论见重如此。颙于钟山西立隐舍,休沐则归之……每宾友会同,颙虚席晤语,辞韵如流,听者忘倦。兼善《老》、《易》,与张融相遇,辄以玄言相滞,弥日不解"③;何胤"入钟山定林寺听内典,其业皆通……胤年登祖寿,乃移还吴……居虎丘西寺讲

---

①《八吉祥经·出经后记》,《出三藏记集》卷九,第352页。

②《南齐书》卷五四《刘虬传》,第939页。

③同上卷四一《周颙传》,第731—732页。

经论,学徒复随之,东境守宰经途者,莫不毕至……注《百法论》、《十二门论》各一卷,注《周易》十卷,《毛诗总集》六卷,《毛诗隐义》十卷,《礼记隐义》二十卷,《礼答问》五十五卷"①;谢举"少博涉多通,尤长玄理及释氏义。为晋陵郡时,常与义僧递讲经论,征士何胤自虎丘山赴之。其盛如此"②,等等。甚至宫廷女官如萧齐的宣修容,也"初习《净名经》义,备该玄理,权实之道,妙极沙门。末持《杂阿毗昙心论》,精研无比,一时称首。三十年中,恒自讲说,自为《杂心讲疏》,广有宏益"③。

齐竟陵王萧子良开西邸,集合僧俗,讲论佛法是活动的主要内容之一。参与的僧侣多是高水平的义学沙门,学士文人们对于佛教义理也多有相当深入的了解。萧子良本人有关佛法著作由僧祐辑录为《法集录》十六帙一百一十六卷,另有《内典博要》一百卷④。他还抄写和节略佛经,下面是讲经和节略《成实论》情形:

> 齐永明七年十月,文宣王招集京师硕学名僧五百余人,请定林僧柔法师、谢寺慧次法师于普弘寺迭讲,欲使研核幽微,学通疑执。即座仍请祐及安乐智称法师,更集尼众二部名德七百余人,续讲《十诵律》,志念四众净业还白。公每以大乘经渊深,漏道之津涯,正法之枢纽。而近世陵废,莫或敦修,弃本逐末,丧功繁论。故即于律座,令柔、次等诸论师抄比《成实》,简繁存要,略为九卷,使辞约理举,易以研寻。八年正月二十三日解座,设三业三品,别施奖有功劝不及,上者得三十余件,中者得二十许种,下者数物而已。即写《略论》百部流通,教使周颙作论序,今录之于后。⑤

---

① 《梁书》卷五一《处士传》,第735－739页。
② 同上卷三七《谢举传》,第530页。
③ 《金楼子》卷二《后妃篇》。
④ 同上卷五《著书篇》。
⑤ 僧祐《略成实论记第六》,《出三藏记集》卷一一,第405页。

萧子良世子巴陵王萧伦也有《法集》,并批注过《百论》。

　梁武帝萧衍"笃信正法,犹长释典,制《涅槃》、《大品》、《净名》、《三慧》诸经义记,复数百卷。听览余闲,即于重云殿及同泰寺讲说,名僧硕学、四部听众,常万余人"①。史书上关于他临幸寺院、召集无遮大会、亲自讲经、主持佛教典籍撰著等活动多有记载。他除了组织僧俗编撰了上面所说的几部经典注疏之外,还支持智藏等二十人编撰《义林》八十卷,虞阐、到溉等编撰《佛记》三十卷,宝唱等编撰《经律异相》等五十卷,等等。在萧子良、萧衍等有权势人物提倡下,齐、梁时期佛教义学大发展,讲读、注释经典,写作弘法著作成为风气。萧衍的兄弟南平元襄王萧伟"晚年崇信佛理,尤精玄学,著《二旨义》,别为新通。又制《性情》、《几神》等论,其义,僧宠及周舍、殷钧、陆倕并名精解,而不能屈"②;昭明太子萧统"崇信三宝,遍览众经。乃于宫中立慧义殿,专为法集之所。招引名僧,谈论不绝。太子自立二谛、法身义,并有新意"③;梁简文帝著有《法宝连璧》三百卷④;元帝富著述,有《内典博要》百卷⑤;梁中宗萧詧"笃好文义,所著文集十五卷,内典《华严》、《般若》、《法华》、《金光明》义疏三十六卷,并行于世"⑥;梁周弘正,"(智)藏法师于开善寺讲说,门徒数百,弘正年少,未知名,著红裈,锦绞髻,踞门而听,众人蔑之,弗谴也。既而乘间进难,举坐尽倾,法师疑非世人,觇知,大相赏狎"⑦;陈徐陵"光宅惠云法师每嗟陵早成就,谓之颜回……少而崇信释教,经论多所精解。后主在东宫,令陵讲《大品经》,义学

---

①《梁书》卷三《武帝纪下》,第 96 页。
②同上卷二二《太祖五王传》,第 348 页。
③同上卷八《昭明太子传》,第 166 页。
④同上卷四《简文帝本纪》,第 109 页。
⑤同上卷五《元帝本纪》,第 136 页。
⑥《北史》卷九三《萧詧传》,第 3090 页。
⑦《南史》卷三四《周弘正传》,第 897 页。

名僧，自远云集。每讲筵商较，四座莫能与抗"①；陵弟孝克，"居于钱塘之佳义里，与诸僧讨论释典，遂通《三论》。每日二时讲，旦讲佛经，晚讲《礼传》，道俗受业者数百人……开皇十年，长安疾疫，隋文帝闻其名行，召令于尚书都堂讲《金刚般若经》"②；右卫将军、秘书监傅绎笃信佛教，从兴皇寺惠朗法师受《三论》，尽通其学。初有大心寺昙法师著《无净论》以诋之，绛乃为《明道论》，用释其难③；王固"习《成实论》义"④，等等。

从积极地研习、接受外来翻译典籍到自主地撰写佛典注疏和专门著作，不只是著述形式的转变，更体现了佛学理解方面的跃进。本来在中国历史重视典籍的传统中，翻译佛典具有宗教圣典的威信，阅读、研习佛教经典已成为知识阶层的习俗。而南朝独立的义学研究和著述实现了一大跃进：中国人更专注于发挥本土的佛教学理。当然在这一时期还不能摆脱对于外来翻译经典的依傍，但在中国佛教独立发展的道路上确实是扎扎实实地迈进了一大步。

第三，南朝建造寺院形成高潮。与北方盛行凿窟造像相比较，两者虽然都有积累功德的信仰意义，但北方普及到民众的凿窟造像活动体现更浓重的信仰实践性质，而南方主要是皇室、亲贵、士族舍宅、施财建寺，则提供更多佛教文化发展的场地，体现更多方面的文化内涵。南方许多寺院都成为佛教文化建设的基地。

上一章已经介绍东晋以来南方造寺的具体情形。特别是到刘宋时期，已经是"调役百姓，修营佛寺，务在壮丽"⑤。元嘉十二年丹阳尹萧摩之论奏说：

①《陈书》卷二六《徐陵传》，第 325、334 页。
②同上《徐孝克传》，第 337－338 页。
③《建康实录》卷二〇，第 562 页。
④《陈书》卷二一《王固传》，第 282 页。
⑤《晋书》卷八四《王恭传》，第 2186 页。

佛化被于中国,已历四代,形像塔寺,所在千数,进可以系心,退足以招劝。而自顷以来,情敬浮末,不以精诚为至,更以奢竞为重。旧宇颓弛,曾莫之修,而各务造新,以相姱尚。甲第显宅,于兹殆尽,材竹铜彩,糜损无极,无关神祇,有累人事。①

到齐、梁时期,皇室、贵族更大兴营造之风。仅以上一章所述齐宣修容为例,她曾在京师起梁安寺,上虞起等福寺,在荆州起禅林、祇洹等寺,浔阳治灵邱、严庆等寺,前后营诸寺佛宝帐百余领②。帝王的例子如梁武帝,即帝位之后,即"为奉太祖于钟山起大爱敬寺,又为奉献后起大智庆寺"③。建国第二年造法王寺,其地本号新林,是前代宫苑,以兴义军首祚王业,故号"法王",沈约作《法王寺碑》说:

昔周师集于孟津,汉兵至于垓下,翦商肇乎兹地,殪楚由乎斯域。慧云匪由触石,法雨起乎悲心,驱之仁寿,度之彼岸……按兵江汉,誓众商郊,因斯而运斗枢,自兹而廓天步。业隆放夏,功高伐殷,济横流而臣九服,握乾纲而子万姓。眷言四海,莫不来王。④

这里把护持佛法与夺取皇权结合起来,建寺成为兴国的实际行动。后来又舍故居建光宅寺,沈约又有《光宅寺刹下铭》说:

光宅寺,盖上帝之故居,行宫之旧兆,扬州丹阳郡秣陵县某乡某里之地……义等去邠,事均徙镐。及克济横流,膺斯宝运,命帝阍以广辟,即太微而为宇。既等汉高,流连于丰沛;亦同光武,眷恋于南阳。思所以永流圣迹,垂之不朽。令事与须

①《宋书》卷九七《夷蛮传》,第 2386 页。
②萧绎《金楼子》卷二《后妃篇》。
③同上卷一《兴王篇》。
④陈庆元《沈约集校笺》卷七,第 212—213 页,浙江古籍出版社,1995 年。

弥等固,理与天地无穷,莫若光建宝塔,式传于后。①

这则以建寺的行动祈求江山永固。在帝王提倡之下,天监年间,皇室和臣僚、僧侣造寺形成高潮。都城建康著名的还有长干寺、永建寺、佛窟寺、敬业寺、敬居寺、明庆寺、涅槃寺、翠微寺、本业寺、解脱寺、劝善寺等。从这一地的部分记载,可以知道梁、陈两朝各地普遍造寺的兴盛程度。

造寺同时要度僧,施舍土地、资财,营建塔、像,这无疑是相当大的糜费,对国计民生造成巨大损害。但如果从佛教自身建设说,众多寺院成为佛教中心,对于推动佛教文化的发展又创造了有利环境。

第四,南北朝时期是宗教信仰普遍诚挚、浓重的时期,高门士族作为统治阶层的上述活动当然有热诚的信仰来支持。十分活跃的信仰实践活动是这一时期佛教发展的重要特点。小南一郎根据日本学者的研究成果指出:

> 相对于清谈、格义的佛教信徒并不认为回心具有那样重要的意味,对于比较理性更重行动来体现信仰的佛教信徒来说,回心的体验占有其信仰的更重要的部分。②

实际上虔诚的信仰与学理探讨、文化建设是相互支撑的。

属于信仰实践方面,这一时期高门士族中拜佛、读经、敬僧(包括朝廷、私家供养所谓"家僧"、"门僧")、持斋(八关斋、观世音斋等)、受戒(特别是梁武帝提倡戒绝酒肉)等成为风气,有些人更过着清修或隐逸生活。齐梁以降,各种法会、斋会名目众多。除了寺院举行的各种法会,朝廷以及贵族宅第也经常举办讲经集会、无遮

---

① 《沈约集校笺》卷六,第 193 页。
② 《六朝隋唐小説史の展開と佛教信仰》,福永光思编《中國中世の宗教と文化》,第 438 页,京都大学人文科学研究所,1982 年。

大会、救苦集会、平等法会、四部大会、盂兰盆会等。如梁武帝亲自组织的四部无遮大会，有数万人参加。前面已经介绍几个士族大姓佛教信仰的状况，以下再做些补充，主要是知识阶层的信仰实践活动。宋人沈道虔(368—449)隐居不仕，州郡凡十二命不就，与戴颙交好，后者是著名的佛画家，他"少仁爱，好《老》《易》，居县北石山下……累世事佛，推父祖旧宅为寺。至四月八日，每请像。请像之日，辄举家感恸焉。道虔年老，菜食，恒无经日之资，而琴书为乐，孜孜不倦"①。又南齐周颙：

> 清贫寡欲，终日长蔬食，虽有妻子，独处山舍。卫将军王俭谓颙曰："卿山中何所食?"颙曰："赤米白盐，绿葵紫蓼。"文惠太子问颙："菜食何味最胜?"颙曰："春初早韭，秋末晚菘。"时何胤亦精信佛法，无妻妾。太子又问颙："卿精进何如何胤?"颙曰："三途八难，共所未免。然各有其累。"太子曰："所累伊何?"对曰："周妻何肉。"……胤兄点，亦遁节清信。颙与书，劝令菜食。曰："……若云三世理诬，则幸矣良快，如使此道果然，而(受)形未息，则一往一来，一生一死，轮回是常事。杂报如家，人天如客，遇客日疏，在家日多，吾侪信业，未足长免，则伤心之惨，行亦(息念)〔自及〕……"②

萧齐竟陵王萧子良和文惠太子的情况则是：

> (齐武帝)永明末，上将射雉，子良谏曰："……故《礼》云'闻其声不食其肉，见其生不忍其死'。且万乘之尊，降同匹夫之乐，夭杀无辜，伤仁害福之本。菩萨不杀，寿命得长。施物安乐，自无恐怖。不恼众生，身无患苦。臣见功德有此果报，所以日夜劬勤，厉身奉法，实愿圣躬康御若此。每至寝梦，脱

---

① 《宋书》卷九三《隐逸传》，第 2291—2292 页。
② 《南齐书》卷四一《周颙传》，第 732—733 页。

有异见，不觉身心立就燋烂。陛下常日舍财修福，臣私心颙颙，尚恨其少，岂可今日〔有〕见此事……一损福业，追悔便难？"……又与文惠太子同好释氏，甚相友悌。子良敬信尤笃，数于邸园营斋戒，大集朝臣众僧，至于赋食行水，或躬亲其事，世颇以为失宰相体。劝人为善，未尝厌倦，以此终致盛名……九年，京邑大水，吴兴偏剧，子良开仓赈救，贫病不能立者于第北立廨收养，给衣及药……世祖不豫，诏子良甲仗入延昌殿侍医药。子良启进沙门于殿户前诵经，世祖为感梦见优昙钵华，子良按佛经宣旨使御府以铜为华，插御床四角。日夜在殿内，太孙间日入参承。世祖暴渐，内外惶惧，百僚皆已变服，物议疑立子良，俄顷而苏，问太孙所在，因召东宫器甲皆入。遗诏使子良辅政……①

这里相当生动、细致地描写出萧氏王侯信仰生活的实态。梁代到溉（477—548），历官齐、梁二代，在梁代官至国子祭酒，参与撰著《佛记》：

> 到溉字茂灌，彭城武原人。曾祖彦之，宋骠骑将军。祖仲度，骠骑江夏王从事中郎。父坦，齐中书郎……溉家门雍睦，兄弟特相友爱。初与弟洽常共居一斋，洽卒后，便舍为寺，因断腥膻，终身蔬食，别营小室，朝夕从僧徒礼诵。高祖每月三致净馔，恩礼甚笃。蒋山有延贤寺者，溉家世创立，故生平公俸，咸以供焉，略无所取。②

刘杳（487—536），梁武帝大通年间官至尚书左丞，撰有《要雅》、《古今四部书目》等：

> 杳治身清俭，无所嗜好。为性不自伐，不论人短长，及睹

---

① 《南齐书》卷四〇《武十七王传》，第 699—700 页。
② 《梁书》卷四〇《到溉传》，第 569 页。

释氏经教,常行慈忍。天监十七年,自居母忧,便长断腥膻,持斋蔬食。及临终,遗命敛以法服,载以露车,还葬旧墓,随得一地,容棺而已,不得设灵筵祭醊。其子遵行之。①

著名学者、文人裴子野"末年深信释氏,持其教戒,终身饭麦食蔬"②。又徐陵:

> 徐陵……母臧氏,尝梦五色云化而为凤,集左肩上,已而诞陵焉。时宝誌上人者,世称其有道,陵年数岁,家人携以候之,宝誌手摩其顶,曰"天上石麒麟也"。光宅惠云法师每嗟陵早成就,谓之颜回。八岁能属文……少而崇信释教,经论多所精解。后主在东宫,令陵讲《大品经》,义学名僧,自远云集。每讲筵商较,四座莫能与抗。③

另一位著名文人江总:

> 江总字总持,济阳考城人也,晋散骑常侍统之十世孙。五世祖湛,宋左光禄大夫、开府仪同三司,忠简公。祖蒨,梁光禄大夫,有名当代……台城陷,总避难崎岖,累年至会稽郡,憩于龙华寺,乃制《修心赋》……总尝自叙其略曰……弱岁归心释教,年二十余,入钟山就灵曜寺则法师受菩萨戒。暮齿官陈,与摄山布上人游款,深悟苦空,更复练戒,运善于心,行慈于物,颇知自励,而不能蔬菲,尚染尘劳,以此负愧平生耳。④

以上所列举人物,身份、地位、经历、业绩不同,他们都十分认真地度过虔诚的修道生活。对待佛教的这种态度,和早期名士与名僧

---

① 《梁书》卷五〇《刘杳传》,第717页。
② 同上卷三〇《裴子野传》,第444页。
③ 《陈书》卷二六《徐陵传》,第325、334页。
④ 同上卷二七《江总传》,第343—347页。

交游的情形相比较已有明显改变,从总体看也和唐、宋时期热衷习禅的官僚文人们的情形大不一致。

值得注意的是,在信仰层面,当时特别盛行对于灵验的信仰。其中包含鬼神灵怪、神通变化、咒术占验等等。这些大多通于中土神仙方术。如东晋末年有传说:

> 晋沙门竺昙盖,秦郡人也。真确有苦行。持钵振锡,取给四辈。居于蒋山,常行般舟,尤善神咒,多有应验。司马元显甚敬奉之。卫将军刘毅闻其精苦,招来姑孰,深相爱遇。义熙五年大旱,陂湖竭涸,苗稼燋枯,祈祭山川,累旬无应。毅乃请僧设斋,盖亦在焉。斋毕,躬乘露航,浮泛川溪,文武士庶,倾州悉行。盖于中流焚香礼拜,至诚慷慨。乃读《海龙王经》。造卷发音,云气便起。转读将半,沛泽四合。才及释轴,洪雨滂注,畦湖毕满,其年以登。刘敬叔时为毅国郎中令,亲豫此集,自所睹见。①

这里所述不可思议的灵验不会是事实,但反映的请僧设斋、礼拜祀祷的情形是真实的。又传说宋武帝刘裕年轻时"又经客下邳逆旅,会一沙门谓帝曰:'江表当乱,安之者,其在君乎。'帝先患手创,积年不愈,沙门有一黄药,因留与帝,既而忽亡,帝以黄散傅之,其创一傅而愈。宝其余及所得童子药,每遇金创,傅之并验"②。这被当作是称帝的朕兆。这种征兆和汉高祖刘邦斩白蛇的瑞应故事类似,也算是佛教信仰"中国化"的具体表现。

著《七录》的阮孝绪把世典与佛、道二典并列,适应当时学术发展变化的状况,创制新的目录系统。他也有供养佛像的灵验故事。据说"其恒所供养石像,先有损坏,心欲治补,经一夜忽然完复,众

①《法苑珠林校注》卷六三《祈雨篇·感应缘》,第 4 册第 1882—1883 页。
②《南史》卷一《宋武帝本纪上》,第 2 页。

并异之"①。笃实的学者同样是这类灵验事迹的宣扬者。

又庾诜(455—532)也是梁代著名学者,性爱山林,屡征不就,著有《帝历》《易林》等:

> 晚年以后,尤遵释教,宅内立道场,环绕礼忏,六时不辍。诵《法华经》,每日一遍。后夜中忽见一道人,自称愿公,容止甚异,呼诜为上行先生,授香而去。中大通四年,因昼寝,忽惊觉曰:"愿公复来,不可久住。"颜色不变,言终而卒,时年七十八。②

这种对于佛教灵验相当普遍的信仰,构成士族阶层精神生活的重要内容。本书有专门章节介绍两晋以降民众信仰的情形,从中也可以清楚看到上层人士所起的推动作用。例如对于观音灵验,下面还要具体讲到东晋谢氏、宋傅氏、齐吴郡张氏,三个朝代三个家族几代人都是灵验传说的信仰者,并把相关传说著之竹帛,流传后世,就是士族阶层佛教信仰状态的典型实例。

王琰的情况同样具有典型意义。据他自述说,他幼年在交趾,遇到一位贤法师,从受五戒,得一躯观音金像,后来回到都城建康,与二弟精勤供养;因为修补房舍,不得不把金像移寄南涧寺,不幸遇盗;到宋孝武帝大明七年(463),金像显灵,在地下三尺被发现;明帝泰始(465—471)末年,又把金像托付给僧人,被后者移寄多宝寺;此后王琰暂游江都,寺僧转赴荆楚,十多年后,在江峡遇见所托付僧人,知道金像所在;回到多宝寺寻访,寺主爱公说并无此像;夜里做梦,见像在寺中,醒后至寺,果如梦中所睹,其时为建元元年(479)。作者记叙这段经历说:"像今常自供养,庶必永作津梁。循复其事,有感深怀。"这个被作者纪录为亲身经历的佛像灵验故事,

_____

①《梁书》卷五一《处士传》,第742页。
②同上,第751页。

被认为是"经塔显效,旨证亦同"①的事例,作者受其启示,编撰同类传说,成《冥祥记》一书。南北朝时期许多所谓"释氏辅教之书"大体是在这种心态下辑录而成的。

在中国宗教观念淡漠、理性精神强大的历史传统中,南北朝时期高门士族普遍的虔诚信仰的心态,成为这一时期社会精神生活的一个主要特征。这种信仰也成为一代佛教思想与佛教文化发展的内在动力。

五

如上所述,自佛教初传,就进入与中国传统思想、文化相调和、相融合的过程。这也是佛教"中国化"的主要内容之一。但同样主张三教并用、统合儒释,不同时代的不同人物具体态度和做法不同。在南北朝时期,三教并用形成更强大的潮流,其特点之一是更多的人把佛教置于更突出的位置;有些人更强调佛教比儒、道优越,甚至可以包容儒、道。这在当时作为一种具有典型意义的观念,实际是主张用外来佛教取代本土文化传统。虽然这种观念终究没能征服整个中国思想、文化界,但其所发挥的历史作用却是相当深远的。

外来佛教输入早期,应对本土传统的挑战,有种种为自己辩护的观点,多是采取退守、辩解的立场,竭力缩小、抹煞、消弭与传统思想、伦理的矛盾。例如本书前面介绍牟子《理惑论》、郗超《奉法要》等为佛教所作辩护,都采用这样的姿态。后来随着佛教实力扩展,出现儒、佛、道三家各适其用的观点,即所谓儒以治国,佛以治

---

① 《冥祥记自序》,鲁迅《古小说钩沉》,《鲁迅辑录古籍丛编》第1辑第313—314页。

心,道以治身。按这种逻辑,佛教是并列的"三教"之一,佛学则是百家中的一家。如沈约在《宋书》中说:

> 佛道自后汉明帝,法始东流,自此以来,其教稍广,自帝王至于民庶,莫不归心,经诰充积,训义深远,别为一家之学焉。①

沈约《均圣论》又提出"内圣外圣,义均理一"②的主张。沈约本人在信仰上兼容佛、道二教,自然认为二者义理是同一的。这种"三教"齐立或并重的观点代表当时思想界的一种潮流,并一直延续到后来。

与此同时逐渐又出现另一些人,更进一步主张佛教作为宗教不但高于本土宗教道教,作为思想、学术更高于本土的儒家和道家。例如孙绰早已提出"周孔即佛,佛即周孔"即儒、释一致的主张,同时又认为"周孔救极弊,佛教明其本耳,共为首尾,其致不殊,即如外圣有深浅之迹"③;何尚之《答宋文帝赞扬佛教事》里则说:"范泰、谢灵运每云:'六经典文,本在济俗为治耳。必求性灵真奥,岂得不以佛经为指南耶!'颜延年之折《达性》,宗少文之难《白黑》,明佛汪汪,尤为名理,并足开奖人意。若使率土之滨,皆纯此化,则吾坐致太平,夫复何事?"④这些都是主张佛与儒相一致,进而认为二者有本末之差、深浅的不同,并特别强调佛教的教化世俗、坐致太平的现实作用。不过这还只是认为佛教高于儒学。再进一步,则认为佛学可以包容儒家和道家,则本土思想学术只能作为附庸,以致可以废置不行了。如宋宗炳作《明佛论》,开章明义说:

> 彼佛经也,包五典之德,深加远大之实;含《老》、《庄》之

---

① 《宋书》卷九七《天竺传》,第 2386 页。
② 《均圣论》,《沈约集校笺》卷五,第 148 页。
③ 《喻道论》,《大正藏》第 52 卷第 17 页上。
④ 《何令尚之答宋文皇帝赞扬佛教事》,《弘明集》卷一一,《大正藏》第 52 卷第 69 页中。

虚,而重增皆空之尽。高言实理,肃焉感神,其映如日,其清如风,非圣谁说乎!

他更进一步指责儒、道的局限:

　　且又《坟》、《典》已逸,俗儒所编,专在治迹,言有出于世表,或散没于史策,或绝灭于坑焚;若老子、庄周之道,松、乔、列、真之术,信可以洗心养身,而亦皆无取于《六经》。而学者唯守救粗之阙文,以《书》、《礼》为限断,闻穷神积劫之远化,炫目前而永忽,不亦悲夫!

当然,他也并没有全然否定儒、道的价值:

　　儒以弘仁,道在抑动,皆已抚教得崖,莫匪尔极矣。虽慈良、无为与佛说通流,而法身、泥洹无与尽言,故不明耳。且凡称无为而无不为者,与夫法身无形普入一切者,岂不同致哉。是以孔、老、如来,虽三训殊路,而习善共辙也①

最为典型的则是萧子显所著《南齐书》中下面一段议论:

　　史臣曰:顾欢论夷夏,优老而劣释。佛法者,理寂乎万古,迹兆乎中世,渊源浩博,无始无边,宇宙之所不知,数量之所不尽,盛乎哉! 真大士之立言也。探机扣寂,有感必应,以大苞小,无细不容。若乃儒家之教,仁义礼乐,仁爱义宜,礼顺乐和而已;今则慈悲为本,常乐为宗,施舍惟机,低举成敬。儒家之教,宪章祖述,引古证今,于学易悟;今树以前因,报以后果,业行交酬,连锁相袭。阴阳之教,占气步景,授民以时,知其利害;今则耳眼洞达,心智他通,身为奎井,岂俟甘石。法家之教,出自刑理,禁奸止邪,明用赏罚;今则十恶无坠,五及无间,刀树剑山,焦汤猛火,造受自贻,罔或差贰。墨家之教,遵上俭

_____

① 《明佛论》,《弘明集》卷二,《大正藏》第 52 卷第 9 页中、下、第 12 页上。

薄,磨踵灭顶,且犹非吝;今则肤同断瓠,目如井星,授子捐妻,
在鹰庇鸽。从横之教,所贵权谋,天口连环,归乎适变;今则一
音万解,无待户说,四辩三会,咸得吾师。杂家之教,兼有儒
墨;今则五时所宣,于何不尽。农家之教,播植耕耘,善相五
事,以艺九谷;今则郁单粳稻,已异阎浮,生天果报,自然饮食。
道家之教,执一虚无,得性亡情,凝神勿扰;今则波若无照,万
法皆空,岂有道之可名,宁余一之可得。道俗对校,真假将雠,
释理奥藏,无往而不有也。能善用之,即真是俗。九流之设,
用藉世教,刑名道墨,乖心异旨,儒者不学,无伤为儒;佛理玄
旷,实智妙有,一物不知,不成圆圣……观此而论,近无罪福,
而业有不定,著自经文,三报开宗,斯疑顿晓。史臣服膺释氏,
深信冥缘,谓斯道之莫贵也。[1]

这里历数儒家、阴阳家、法家、墨家、纵横家、杂家、道家等中土传统
百家学说,对校真俗,认为释理无所不包,并远远超越"世教"的局
限而阐明"冥缘",根本解决了三世果报、"来生之计"的人生终极问
题。这样,无论是理论的高下,还是内涵的多寡,佛教都远远超越
中土传统思想。作为文坛耆宿的萧子显抱有这种观念是具有一定
典型意义的,即在当时某些人的观念中(或起码有这样一种观念),
佛教完全可以取代中土传统的儒家经典和百家学说。这即是一种
主张中国文化"佛教化"的观念。当然,正如前面已经指出的,实际
上中国并没有"佛教化"。即使在如萧子显本人的著作里,也不可
能取消中土传统思想、学术的内容。但这种观念却显示了佛教势
力扩张的程度。表达同样观念的,还有梁武帝的《会三教诗》:

　　少时学周孔,弱冠穷六经。孝义连方册,仁恕满丹青。践
言贵去伐,为善存好生。中复观道书,有名与无名。妙术镂金

----

① 《南齐书》卷五四《高逸传论》,第 946—948 页。

版，真言隐上清。密行贵阴德，显证表长龄。晚年开释卷，犹
日映众星。苦集始觉知，因果乃方明。示教惟平等，至理归无
生。分别根难一，执著性易惊。穷源无二圣，测善非三英。大
椿径亿尺，小草裁云萌。大云降大雨，随分各受荣。心想起异
解，报应有殊形。差别岂作意，深浅固物情。①

梁武帝就这样通过自己的思想变化进程来赞扬佛教的殊胜。正是在
这种思想的指导之下，他以帝王之尊，下诏令舍道归佛，诏书中说：

老子、周公、孔子等，虽是如来弟子，而化迹既邪，止是世
间之善，不能革凡成圣。其公卿百官，侯王宗族，宜反伪就真，
舍邪入正。故经教《成实论》云："若事外道心重，佛法心轻，即
是邪见。若心一等，是无记性，不当善恶。"若事佛心强，老子
心弱者，乃是清信。②

这是试图以朝廷权威来判定宗教的优劣存亡，有意把佛教当作治
理国家的指导方针。这也是中国历史上极少数企图"政教合一"的
努力。梁武帝这种相当极端的意见和做法并没有成功，并随着他
国破家亡而成为千古遗训，但在当时确实是一种社会思潮的表现。

至于一般的齐、梁文人普遍地兼擅三教，前面叙述里已经多有
涉及。可以再举些例子。如南齐徐伯珍（414—497）兄弟四人有时
名，称为"四皓"，"叔父璠之与颜延之友善，还祛蒙山立精舍讲授，
伯珍往从学，积十年，究寻经史，游学者多依之。太守琅邪王昙生、
吴郡张淹并加礼辟，伯珍应召便退，如此者凡十二焉。征士沈俨造
膝谈论，申以素交。吴郡顾欢摘出《尚书》滞义，伯珍训答甚有条
理，儒者宗之。好释氏、《老》《庄》，兼明道术"③；梁徐勉（466—

①《先秦汉魏晋南北朝诗·梁诗》卷一，中册第1531—1532页。
②《舍事李老道法诏》，《广弘明集》卷四，《大正藏》第52卷第112页上—中。
③《南齐书》卷五四《高逸传》，第945页。

535),官至侍中、中卫将军,"以孔、释二教殊途同归,撰《会林》五十卷"①;徐摛(474—551),官至太子左卫率,以写作"宫体"诗著名,高祖召见,"应对明敏,辞义可观,高祖意释。因问《五经》大义,次问历代史及百家杂说,末论释教。摛商较纵横,应答如响,高祖甚加叹异,更被亲狎,宠遇日隆"②;江紑(?—527)任南康王主簿,"好《老》《庄》玄言,尤善佛义"③;王褒著《幼训》以戒诸子,其中说"吾始乎幼学,及于知命,既崇周、孔之教,兼循老、释之谈,江左以来,斯业不坠,汝能修之,吾之志也"④;孙玚(516—587)历仕梁、陈二朝,陈后主时官至侍中、五兵尚书,"常于山斋设讲肆,集玄儒之士,冬夏资奉,为学者所称。而处己率易,不以名位骄物。时皇兴寺朗法师该通释典,玚每造讲筵,时有抗论,法侣莫不倾心"⑤;马枢少好学,"六岁能诵《孝经》、《论语》、《老子》。及长,博极经史,尤善佛经及《周易》、《老子》义。梁邵陵王纶为南徐州刺史,素闻其名,引为学士。纶时自讲《大品经》,令枢讲《维摩》、《老子》、《周易》,同日发题,道俗听者二千人"⑥;隋李士谦"有姊适宋氏,不胜哀而死。士谦服阕,舍宅为伽蓝,脱身而出。诣学请业,研精不倦,遂博览群籍,兼善天文术数……客又问三教优劣,士谦曰:'佛,日也;道,月也;儒,五星也。'客亦不能难而止"⑦。这些事例,都是士族阶层兼弘三教的实例。

六朝是中国历史上贵族文化成就辉煌、影响深远的时期。这种文化具有浮华、颓唐的性格,思想上和表现形式上都有重大局

①《梁书》卷二五《徐勉传》,第 387 页。
②同上卷三〇《徐摛传》,第 447 页。
③同上卷四七《江紑传》,第 656 页。
④同上卷四一《王规传》,第 584 页。
⑤《陈书》卷二五《孙玚传》,第 321 页。
⑥同上卷一九,第 264 页。
⑦《隋书》卷七七《李士谦传》,第 1752、1754 页。

限,历来多受讥评。但是其成就及其在历史发展中的地位是不可否定的。正是在它的基础上,后来的唐人加以扬弃,踵事增华,推陈出新,创造了中国古代文化的又一个高峰。而佛教文化的高度发展乃是这一时期文化的重要内容;正是作为社会统治阶层的"大族盛门",特别在其知识精英的推动之下,这一时期佛教被尊崇到空前的高度,得到十分广泛的弘传,形成空前强大的信仰潮流,造就了中国历史上佛教文化高度发达、成就极其灿烂辉煌的局面。晋宋以来高度发达的佛教文化,不仅促进了佛教自身的发展,更极大地丰富和充实了中国固有文化传统,为隋、唐时期文化的鼎盛打下基础,作了准备。

第六章　法集结社及其衍变

一

本书开端就曾指出，在中国建立起出家人自愿结合的社会组织——僧团，乃是印度佛教对中国的一大贡献。印度佛教信徒包括所谓"四众"，即出家的比丘、比丘尼和在家的优婆塞、优婆夷。后两者在中国称为居士，本是教团的外护。印度佛教里这两类人没有相应的社会组织。而在中国，沿袭古代"社"这种宗族、地域性组织的传统，建设起名目各异的法社。这是中国佛教的创造。又按佛教的本来教理，在家修行比出家修行，要低一级，因而僧尼比居士地位更高，也更可珍重。但是中国佛教更多接受大乘居士思想，又受到本土伦理观念的影响，"居士佛教"十分发达，从而僧团外围的法集结社也相当兴盛。它们体现为中国佛教活动的一个重要形态。历史不同时期、不同类型的法社作为信仰团体，一方面给僧团和寺院提供支持，另一方面更从事多种多样的佛事活动，对于佛教的弘传和发展作出多方面贡献。特别是知识精英居士的结社活动，更对佛教文化的发展，对于扩大佛教在思想、文化各个领域的影响起到特殊的作用。而佛教结社的形式与内容随着时代而演变，又与佛教发展的总体趋势相适应。加拿大学者卜正民讨论明代士绅的佛教结社，曾说"它是由私人名义出现在公共领域的自治组织这一更大过程中不可分割的一部分"[①]。在中国的专制政治体制下，"公共领域的自治组织"一向不够发达，佛教的这种组织在这方面的意义也特别值得注意。

"社"的本义是指上古时期村社共同体，引申开来奉祠当方土地神也称为"社"。随着专制国家的形成，原始村社共同体解体，而"社"这种组织形式却被继承下来。从战国到汉代，"社"与基层政权合一，成为行政机构的一部分；也还保留一定的宗教功能，如春、秋二季举行祭祀土地神的社祭，社的成员向社神祈福、祛病、立誓等等。由于国家专制体制逐步完善，社的活动逐步私人化、自主化。东汉末是"社"作为社会组织形式发生巨大转化的关键时期：在功能上"社"与国家行政机构分离，私社大量出现。虽然以后不少朝代都曾有意把民间的"社"纳入到国家行政管理之下，例如唐代立国就曾有诏令在民间普遍立社，宋代的保甲制度更有意承续"社"的形式和精神，但实施上都没能奏效，私社乃成为民间社会的重要形式。这种专制社会体制下自由结合的私社，又可以区分为两大类：一类是世俗的，例如以家族血缘关系为纽带的"宗社"，以职业相结合的同业公会式的结社，唐末五代战乱时期或宋代抗辽、抗金斗争中地方武装组织的结社，等等；另一类是宗教性的，早期主要是佛教和道教的，宋元以后则更多民间宗教的[②]。这样，名称各异、内容不同的民间结社作为群众自由结合的团体，是在一定程度上逸脱现实政治体制的另类社会组织，根据组织成员和成立意图不同又各具特殊的社会作用和意义。例如具有同业公会性质的职业

[①]《为权力祈祷——佛教与晚明中国士绅社会的形成》(Timothy Brook：*Praying for Power：Buddhism and the Formation of Gentry Society in Late-Ming China*) 第 104 页，张华译，江苏人民出版社，2005 年。
[②] 参阅宁可《述"社邑"》，《北京师范学院学报》1985 年第 1 期。

结社,对于保护和推动本行业的发展起一定作用;文人的结社则多属
文化活动性质;而民间教派的结社则构成这些教派的组织基础。正
因此,各朝代对于各类民间结社活动所采取的方针、措施也有所不
同。对于上层社会从事一般文化活动的结社禁限较少;而且从整体
发展趋势看,越是到后来,禁限越多也越发严厉①。佛教的法社则是
在僧侣和居士的指导、监管之下的具有广泛群众性的宗教团体。

　　法社与整个佛教的发展同步,兴盛于东晋南北朝时期。赞宁
解释"结社法集"说:

　　　　晋宋间有庐山慧远法师,化行浔阳,高士逸人,辐凑于东
　　林,皆愿结香火。时雷次宗、宗炳、张诠、刘遗民、周续之等,共
　　结白莲华社,立弥陀像,求愿往生安养国,谓之莲社。社之名
　　始于此也。齐竟陵文宣王募僧俗行净住法,亦净住社也。梁

――――――――――

①《唐会要》卷二二《社稷》:"咸亨五年三月十日诏:春秋二社,本以祈农,比闻
　　除此之外,别立当宗及邑义诸色等社,远集人众,别有聚敛,递相承纠,良有
　　征求,虽于吉凶之家小有裨助,在于百姓非无劳扰,自今以后,宜令官司禁
　　断。"《续资治通鉴长编》卷一二:开宝四年十一月"禁军民男女结义社"。陆
　　游《渭南文集》卷五《条对状》:"一、自古盗贼之兴,若止因水旱饥馑,迫于寒
　　饿,啸聚攻劫,则措置有方,便可抚定,必不能大为朝廷之忧。惟是妖幻邪
　　人,平时诳惑良民,结连素定,待时而发,则其为害,未易可测。伏思此色人
　　处处皆有,淮南谓之二桧子,两浙谓之牟尼教,江东谓之四果,江西谓之金刚
　　禅,福建谓之明教、揭谛斋之类,名号不一。明教尤甚,至有秀才、吏人、军
　　兵,亦相传习。其神号曰明使,又有肉佛、骨佛、血佛等号。白衣乌帽,所在
　　成社,伪经妖像,至于刻板流布。假借政和中道官程若清等为校勘,福州知
　　州黄裳为监雕,以祭祖考为引鬼,永绝血食,以溺为法水,用以沐浴。其它妖
　　滥,未易概举。烧乳香,则乳香为之贵;食菌蕈,则菌蕈为之贵。更相结习,
　　有同胶漆,万一窃发,可为寒心。汉之张角,晋之孙恩,近岁之方腊,皆是类
　　也。欲乞朝廷戒敕监司守臣,常切觉察,有犯于有司者,必正典刑,毋得以习
　　不根经教之文,例行阔略。仍多张晓示,见今传习者,限一月听赍经像、衣帽
　　赴官自首,与原其罪。限满重立赏,许人告捕。其经文印版令州县根寻,日
　　下焚毁。仍立法,凡为人图画妖像及传写刊印明教等妖妄经文者,并从徒一
　　年论罪。庶可阴消异时窃发之患。"

僧祐曾撰法社建功德邑会文。历代以来,成就僧寺,为法会社
也。社之法,以众轻成一重,济事成功,莫近于社。今之结社,
共作福因,条约严明,愈于公法。行人互相激励,勤于修证,则
社有生善之功大矣。近闻周郑之地邑社多结守庚申会,初集
鸣铙钹,唱佛歌赞,众人念佛行道,或动丝竹,一夕不睡,以避
三彭奏上帝,免注罪夺算也。然此实道家之法,往往有无知释
子,入会图谋小利。会不寻其根本,误行邪法,深可痛哉!①

这里所述庐山慧远净土结社所谓"莲社"、竟陵王萧子良的净住社
与周郑之地的"邑社"显然是两种不同类型的结社。上面介绍南朝
统治者与高门士族的佛教信仰,相应结社活动的参加者主要是官
僚士大夫和义学沙门,其内容主要是讲论佛法并从事相应的文化
活动,更多发挥儒释、僧俗交流的作用。这是上层社会更具文化色
彩的法集。北方少数族政权统制下的佛教具有更浓厚的国家管制
色彩,本土士族无论是在政治上还是在文化领域里都不能占据南
方那样的地位。这也是北方佛教更重信仰实践的缘由之一,也决
定北方佛教突显更加普遍的群众性。从而北方更加活跃的是群众性
的邑社。当然这两类结社活动相互关联,有些结社在二者间难于归
类,不过总体看两大传统是清楚的。后来延续这两种传统,也就形成
佛教结社的两种基本类型。这南北不同地区佛教结社形态的分化,
也进一步推进了社会上层佛教与民众佛教"小传统"的分化。

二

　　先来考察特别兴盛于北方的一般民众和僧众的群众性的邑

---

① 《大宋僧史略》卷下,《大正藏》第 54 卷第 250 页下—251 页上。

社。这类结社基本按地域或家族来组织,领导者或指导者基本是普通僧侣,参与者则主要是平民百姓,组织上则以宗族或地域划分形成主体。地域性的邑社包括当地各阶层,地方官员往往起统领作用。这些结社的活动体现更单纯的信仰性质,目的大体是祈福禳灾,或报慈恩,或资冥佑等等,多是为普通人的身家福利,具有更突出的现实救济性质。这类结社有的规模相当盛大,形成一定的社会声势。

宗教生存的基础在民众。东晋十六国以来,佛教争得广大民众的崇信,成为其生机的主要源泉。特别是在北方,民众成为礼佛、斋僧、造寺、凿窟等等集体佛事活动的基本力量。正是在这样的环境下,形成大量以信仰为核心的群众性佛教社邑(或称"社"、"义邑"、"邑会"等)。这是支持寺院、以做功德为主、基本以乡党为基础的结社。这类"邑"、"义邑"、"邑会"等规模大小不一,少则二三十人,多则百千人,有"邑主"、"邑长"、"邑维那"来主持,又有僧人为"邑师",分别担任组织者和指导者。当时北方盛行凿窟造像,这成为结成社邑的主要目的,当然还举办其他各种佛事,有些又兼具民众互助的功能。这类社邑活动情况在造像记,例如云冈、龙门的造像题记里有比较详尽、清楚的记录。云冈第十一窟东壁第五号龛下刻太和七年(483)造像记谓:

> 太和七年岁在癸亥八月卅日,邑义信士女等五十四人,自惟往因不积,生在末代,甘寝昏境,靡由自觉,微善所钟,遭值圣主道教天下,绍隆三宝,慈被十方,泽流无外,乃使长夜改昏,久寝斯悟。弟子等得蒙法润,信心开敷,意欲仰获洪泽,莫能从遂,是以共相劝合,为国兴福,敬造庙形象九十五区及诸菩萨。愿以此福,上为皇帝陛下、太皇太后、皇子,德合乾功,威逾转轮,神被四天,国祚永康,十方归伏,光扬三宝,亿劫不堕;又愿义诸人命过诸师,七世父母,内外亲族,神栖高境,安养光接,托育宝花,永辞秽质,证晤无生,位超群首。若生人

天,百味天衣,随意餐服;若有宿疾,堕落三途,长辞八难,永与苦别;又愿同邑诸人,从今以往道心日隆,戒行清洁,明鉴宝相,晕扬慧日,使四流顷竭,道风堂扇,使慢山崩颓,生死永毕,佛性明显……①

在这篇发愿文南边刻有三比丘像,并有邑师法宗、昙秀、普明题名。这三人的名字都不见现存僧传,显然是活跃在民间的人物,他们指导民众信徒出资造像。又龙门北魏景明三年(502)高树等人题记:

景明三年五月卅日,邑主高树、维那解伯都卅二人等造石像一区,愿元世父母及现世眷属来身神腾九空,迳登十地……②

下面刻有三十二人名字,基本是高姓的,也有王、夏、林、左等姓的。这是以一个地方大姓为核心的地域性的社邑,又有"维那"作主事人。龙门类似题记颇多。正光三年(522)王珍之等造像记题名者八十余人,包括二十余位比丘尼和三位比丘,这个社邑里僧众占相当大的比重。赵明诚《金石录》里录有《后魏邑义一千人造像记(北魏正光五年[524]四月)》③,这是千人左右邑义;而东魏元象二年(539)的《凝禅寺三级浮图颂碑》,"为元氏县赵融兄弟率乡贤道俗二千余人创造三级浮图成,其乡人中兵参军郑鉴同邑义二千人记事所立……碑下截题名五百有九人,其中赵姓最多,程、贾、褚、吴四姓居十之三四,他如蛰姓、榆小姓,均不载姓氏书"④。这是规模更为巨大的社邑。北齐的《僧静明等修塔造像碑》、《刘碑造像铭》,题名人数都在三百人左右。社邑有如此巨大的规模,反映了当时

①转引阎文儒《云冈石窟研究》第97-98页,广西师范大学出版社,2003年。标点有改动。
②《八琼室金石补正》卷一二《邑主高树等题记》,第70页,文物出版社,1985年。
③《金石录》卷二。
④《八琼室金石补正》卷一八《凝禅寺三级浮图颂碑并两侧》,第107页。

佛教兴盛的实态，特别表明了地域为核心的佛教活动的普遍的群众性质。又《大吴村百人造像记》，这是"大魏兴和四年（542）岁次壬戌十一月五日，大吴村合邑一百人等，敬造石像□区"①，题名有比丘十二人，其他称"邑子"。"大吴村"不详所在。这是一个一般村落普通村民结成邑义从事造像活动。欧阳修《集古录跋尾》著录《北齐常山义七级碑》，云：

> 　　常山太守六州大都督仪同三司綦连公以天保九年（558）为国敬造七级浮图一区，至天统中，使持节都督瓜州诸军事骠骑大将军仪同三司瓜州刺史常山太守六州大都督频阳县开国子乐平县开国男慕容乐，及散骑常侍郎骠骑大将军前给事黄门侍郎缮州大中正食新市县干新除长山太守麹显贵与功曹石子和等增成之。

欧阳修判断是北齐碑，但他不太明白"邑义"概念，揣测说"义者，众成之名，犹若今谓义井之类也"②。这是一个地方官员为核心的邑义。隋初的《诏立僧尼二寺记》，碑阴有"比丘尼道深"等 104 人、"乡正张士"等 8 人、"邑人赵广远"等 214 人题名，碑侧有"邑人刘子光"等 140 人题名③；还有雕造于隋开皇六年（586）的著名的龙藏寺碑，其中写到"奉敕劝奖州内士庶一万人等共广福田"，碑额阴列举官员名衔，又写到"合州道俗邑义一万人等"④。这则是由地方官率领，僧俗共同组成义邑来兴造大型佛寺。从以上这些例子可以知道，当时的社邑有僧人主持的，也有由地方官主持的；有按地域结

---

①《八琼室金石补正》卷一九，第 113 页。
②《文忠集》卷一三七《集古录跋尾四》。
③《诏立僧尼二寺记》，见《金石萃编》卷三八《隋一》；碑阴、碑侧文未录，见罗尔纲《金石萃编校补》卷二，中华书局，1983 年。
④《金石萃编》卷三八《龙藏寺碑》；碑额阴文字未录，见罗尔纲《金石萃编校补》卷二。

成的,包括村落居民合成的,还有以某个家族为核心的。参与活动的有地方官等上层人物,但基本成分是一般平民百姓。

到隋唐时期,群众性的造像活动逐渐衰落,代替原来的邑、邑义等活动出现了新形式的结社,活动内容更为广泛。如"隋开皇关壤,往往民间犹习《提谓》,邑义各持衣钵,月再兴斋,仪范正律,递相鉴检,甚具翔集云"①。《提谓经》是典型伪经,这部适应本土需求的经典在民众间广为流行,这种结社是修习这部经典的团体。隋释法通出家后"即游化稽湖,南自龙门,北至胜部,岚、石、汾、隰,无不从化,多置邑义,月别建斋,但有沙门,皆延村邑,或有住宿,明旦解斋,家别一槃,以为通供。此仪不绝,至今流行,河右诸州,闻风服义"②,这是游行僧人建立邑义,举办斋会以行劝化,至道宣著书的唐初风气仍然流行。又隋"(普)安居处虽隐,每行慈救。年常二社,血祀者多,周行救赎,劝修法义,不杀生邑,其数不少"③;唐"(智)聪以山林幽远,粮粒艰阻,乃合率扬州三百清信,以为米社,人别一石,年一送之。由此山粮供给道俗,乃至禽兽通皆济给"④,这则是具有民众救济意义的义邑。唐初住成都福寿寺的"宝琼,马氏,益州绵竹人。少年出家,清贞俭素,读诵《大品》,两日一遍,为常途业。历游邑洛,无他方术,但劝信向尊敬佛法。晚移州治,住福寿寺,率励坊郭,邑义为先。每结一邑必三十人,合诵《大品》,人别一卷。月营斋集,各依次诵。如此义邑,乃盈千计。四远闻者,皆来造款。琼乘机授化,望风靡服"⑤,可见这种以读经为主的邑义多么普遍;盛唐时期有豪州刺史王弼,"夫人武氏……及男缅、绪

①《续高僧传》卷一《魏北台石窟寺恒安沙门释昙曜传附昙靖传》,《大正藏》第
　50卷第428页上。
②同上卷二四附见《释法通传》,《大正藏》第50卷第641页下。
③同上卷二七《隋京师郊南逸僧释普安传》,《大正藏》第50卷第682页上。
④同上卷二〇《唐润州摄山栖霞寺释智聪传》,《大正藏》第50卷第595页中。
⑤同上卷二八《唐益州福寿寺释宝琼传》,《大正藏》第50卷第688页上。

等……起普贤堂一级,写《法华经》千部,广化人吏,大起津途,即普贤台,立法华社。每年二月,重会一时"①;又同州也有普贤社,有传说记载,"开元初,同州界有数百家,为东西普贤邑社,造普贤菩萨像,而每日设斋。东社邑家青衣,以斋日生子于其斋次,名之曰普贤。年至十八,任诸愚竖,厮役之事,盖所备尝……",原来这个普贤是"菩萨变现"②。这些是以供奉具体经典为中心的义邑。山东《佛峪金刚会碑》里记载:

> □济州历城县维那刘长清等八人,为□中金刚经邑会之
> 长,曾同邑内信直者十数公俱礼南灵台山禅大德僧□方为出
> 世之师,师以大和六年受灵严寺,请命诣阙,进本寺图……功
> 德主及都维那、邑人等一百一十人结《金刚经》会,每会书经一
> 卷,每至正月十八日、九月十五日设斋……③

这类邑义则一方面供养寺院,也有群众互助救济的性质。天宝年间朝廷施赦文里说到"间阎之间,例有私社"④,表明当时这对于朝廷已经成为社会问题。

敦煌资料反映了唐后期至宋初私社流行的情形。其中除了从事经济活动和民间互助的以外,主要仍从事造窟、修寺、行像、燃灯、斋会、写经等佛事活动。敦煌文书 P.3128 号《社斋文》反映这些社邑的情况:

> 盖闻光辉鹫岭,弘大觉以深慈;敷演龙宫,契天明之胜
> 福……惟诸公并是高门胜族,百郡名家,玉叶琼枝,兰芳桂馥,
> 出忠于国,入孝于家……遂乃共结良缘,同增胜福,会斋凡圣,
> 连坐花台,崇敬三尊,希求胜福。故能年三不阙,月六无亏,建

---

①李邕《秦望山法华寺碑并序》,《全唐文》卷二六二,第 2665 页。
②《太平广记》卷一一五《普贤社》,第 3 册第 800 页。
③阙名《□□石弥勒像赞并序》,《八琼室金石补正》卷七三,第 502—503 页。
④《天宝七载册尊号赦》,《唐大诏令集》卷九。

竖檀那，守修法会……①

这是年三、月六的斋会，一方面礼拜三圣，祈愿往生，另一方面施舍资财，举行斋会。这些活动中有所谓"春座局席"、"秋座局席"。"座"指讲经集会，"席"指会后宴集，"春"和"秋"则表明是按季节举行的。这类斋会伴随有娱乐活动，"俗讲"和"转变"就是在这种场合表演的②。敦煌作为边远地区或许更多地保留着前代传统义邑的遗风。实际在内地这种结社也还相当流行，而且有些规模巨大，动员群众众多。如长庆二年（822）杭州龙兴寺僧南操请灵隐寺僧道峰讲《华严经》，"欢喜发愿，愿于白黑众中劝十万人，人转《华严经》一部，十万人又劝千人，人讽《华严经》一卷。每岁四季月，其众大聚会。于是摄之以社，齐之以斋。自二年夏至今年（宝历二年，826）秋，凡十四斋……又于众中募财，置良田十顷，岁取其利，永为斋用"③；又"唐开成五年（840）岁次庚申，皇帝升极，是岁夏五月，会稽禹寺请玄英法师讲《金刚经》于余姚平原精舍，会次募一千二百五十人，结九品往生社"④。这都是都会中建社邑的例子，参与人员更为复杂。

宋代这种群众性的结社之风仍然十分兴盛。当时净土信仰盛行，更多净土结社。北方的汴京和南方的杭州、湖州等地有许多净业社、净土会、莲华盛会、西资社等。道诚所著《释氏要览》说：

今释家结慕，缁白建法，祈福求生净土。净土广多，遍求则心乱，乃确指安养净土为栖神之所，故名莲社、净社尔。⑤

---

① 《法藏敦煌西域文献》第 21 册第 351 页。
② 日本学者那波利贞对唐代社邑活动进行过深入研究，参阅《佛教信仰に基き組織てせられたる中晚唐の社邑に就きて》，《唐代文化史の研究》，创文社，1977 年。
③ 白居易《华严经社石记》，《白居易集笺校》卷六八，第 6 册第 3661 页。
④ 处讷《结九品往生社序》，《唐文拾遗》卷五〇，《全唐文》第 10939 页。
⑤ 《释氏要览》卷上，《大正藏》第 54 卷第 263 页上。

宗晓在《乐邦文类序》中也说：

> 至今薄海内外，宗古立社，念佛之声，洋洋乎盈耳。①

民间这类结社当然不同于当年慧远主持的那种高层次的义学沙门和文人们以精神追求为目标的结社，也不同于六朝以来以信仰实践（造像、写经、斋会等）为主的群众性法社。它们的内容更为简单、单纯，就是以僧侣和寺庙为中心、以念佛为主要内容、形式松散的群众性法会组织。如北宋惟鉴（1012—1090）居湖州，十六岁从长水子睿剃度，学天台。后住湖州八圣寺，募万余人结社同修净业，以旃檀木刻三圣像供养；又灵芝元照（1048—1116）是宋代律宗的复兴者，他学天台，也热心净业，他曾结莲华净土念佛社，据《临安志》"崇福寺"条记载，这个结社至南宋孝宗（1163—1189在位）时仍在继续。他在《无量院造弥陀像记》一文中说：

> 近世宗师公心无党者，率用此法，诲诱其徒。由是所处立殿造像，结社建会，无豪贱，无少长，莫不归诚净土……净业之盛，往古无以加焉。②

南宋"慈照宗主师讳子元，号万事休，平江昆山茅氏子。母柴氏，夜梦佛一尊入门，次旦遂生，因名佛来。父母早亡，投本州延祥寺志通出家，习诵《法华经》。十九岁落发，习止观禅法。一日正定中闻鸦声悟道，乃有颂曰：'二十余年纸上寻，寻来寻去转沉吟。忽然听得慈鸦叫，始信从前错用心。'于是利他心切，发广度愿，乃慕庐山远公莲社遗风，劝人归依三宝，受持五戒：一不杀，二不盗，三不淫，四不妄，五不酒，念阿弥陀佛五声以证五戒，普结净缘。欲令世人净五根，得五力，出五浊也。乃撮集大藏要言，编成《莲宗晨朝忏仪》，代为法界众生礼佛忏悔，祈生安养。后往淀山湖，创立莲宗忏

————————

① 《乐邦文类》卷一，《大正藏》第47卷第149页上－中。
② 同上卷三，《大正藏》第47卷第187页中。

堂,同修净业,述《圆融四土三观选佛图》,开示莲宗眼目"[1]。他的身上典型地体现了"禅、净合一"潮流。这种教学水平低下的结社活动取代主要从事高水平佛教教学的法社,不管它们集聚的人数多么众多,形式多么浩大,还是表明佛教已无可挽回地步入衰败之局。

宋代之后,政府对于宗教组织管束渐趋严格。不过辽代还有"千人邑"组织[2]。房山云居寺有《重修云居寺一千人邑会之碑》,是辽穆宗耶律璟应历十五年(965)所造;又有《重修云居寺碑记》,是沙门智光于统和二十三年(1005)作。前文说到"今之所记,但以(云居寺主)谦讽等同德经营,协力唱和,结一千人之社,一千人之心,春不妨〔耕〕,秋不〔废获〕,立其信,〔导〕其〔教〕,无贫富先后,无贵贱老少,施有定例,纳有常期,贮于库司,补兹寺缺"[3]。这是以云居寺为中心的大规模的社邑。这类形式的"社邑"到这一时期已不多见。只是由于房山地处北方边远地区,还能够保存这种形式。

唐宋以后的佛教结社,内容主要是栖心净土,但所供奉又夹杂许多道教和民间信仰的神祇如上帝、司命、土地、城隍、南斗、北斗等等;从活动看则越来越多地关涉世俗事务。有些是一般社会福

---

①《庐山莲宗宝鉴·念佛正派卷第四》,《大正藏》第47卷第326页上。

②朱彝尊《曝书亭集》卷五一《辽释志愿葬舍利石匣记跋》:"康熙二十六年(1687)五月,宣武门西南居民掘地得石匣,匣旁有记,自称讲经律论大德志愿录并书,乃辽世宗天禄三年(949)瘗舍利佛牙于此,记后有'千人邑'三字,盖社名也。"

③《房山石经题记汇编》第20—21页。《曝书亭集》卷五一《辽云居寺二碑跋》谓:"右王正、智光云居寺二记,共勒一碑,碑额篆书'重修云居寺一千人邑会之碑'。一称'结一千人之社,一千人之心',一称'完葺一寺,结邑千人'。近年京城发地得《仙露寺石函记》后有'千人邑'三字,尼曰邑头尼,览者疑是地名,合此碑观之,则知千人邑者,社会之名尔。"二碑碑文见于多种文献,金申重加考订,见《房山云居寺〈千人邑会碑〉初探》,《佛教美术丛考》第304—309页,科学出版社,2004年。

利事业,如赈济饥荒、修桥补路、治病疗伤等;有些宗教性活动如放生、治丧等,也更多体现民俗性质;更有些结社的活动则扩大到传授"密法",向秘密宗教发展了;还有些是为了规避赋役乃至组织民间武装形成的,则具有反朝廷或反社会的性质。宋元以来势力巨大、影响深远的民间秘密宗教活动正是沿袭结社的形式发展、活跃起来的。

三

　　按上引赞宁说法,历史上一般把慧远在庐山组织的僧、俗结社作为法社创建之始。实际上儒、释结合的团体活动应早已存在,例如前述那些译经的团体,不过当时还没有"社"的名目,也没有严密的组织,因此可以把慧远的结社作为这类组织形成的里程碑。

　　这是义学沙门和社会上层信徒的结社。本书前面慧远一章已经较详细地介绍过。就宗教意义看,这是基于共同信仰的结社,成员有一致的阿弥陀佛西方净土信仰;另一方面,这又是知识精英的结社,参与成员都具有相当高的文化素养,因而这个结社能够活跃地进行多方面文化、学术活动:不仅讲论佛义,研习佛法,还讲习世俗学问如《易》、《诗》、《礼》之类,同时又诗文唱和,是个高水平的文化团体。它开创了历史上上层士大夫佛教结社的一种传统。后来的居士佛教加以继承和发扬,无论是组织形态还是实际作用都对于中国佛教的发展,对于社会文化造成巨大影响。

　　作为这一类型上层社会法社的典型例子,南北朝时期还有赞宁提到的齐竟陵文宣王萧子良募集僧、俗行净住法的净住社,以及前引赞宁《僧史略》所述僧祐撰写法社建功德邑会文里所说的法社。

　　到隋唐时期,禅宗兴起,礼佛、读经、斋僧等纯信仰的活动形式

大为淡化,禅宗神秀弟子、被北宗立为七祖的普寂曾组织邑社,僧传上记载逸事说:

> 寂师尝设大会,远近沙门如期必至,计逾千众。时有征士卢鸿,隐居于别峰,道高学富,朝廷累降蒲轮,终辞不起。大会主事先请鸿为导文,序赞邑社。是日鸿自袖出其文,置之机案。钟梵既作,鸿谓寂公曰:"某为数千百言,况其字僻文古,请求朗隽者宣之,当须面指擿而授之。"①

这样,禅门弟子和士大夫共同组成的高层次结社被赋予更多文化内涵。中唐时期江东地区形成禅、律结合之风,德宗年间,吴郡律师神皓"奉戒弟子开州刺史陆向前、给事中严况、服道弟子礼部侍郎刘太真、前大理评事张象、钦风弟子前廉史亚相李栖筠请纲任海隅。一邑缁伍,三变至于道。末年工于圆宗,别置西方法社,诵《法华经》九千余部"②。也正是在中唐时期,"白莲社"传说形成,仰慕和追随庐山结社之风的结社一时间流行起来③。如著名诗人白居易,在庐山与东西二林寺僧人结社,有诗曰:

> 本结菩提香火社,为嫌烦恼电泡身。不须惆怅从师去,先请西方作主人。④

他的《春游西林寺》诗说:

_____

①《宋高僧传》卷五《唐中岳嵩阳寺一行传》,上册第91页。
②同上卷一五《唐吴郡包山神皓传》,上册第371页。
③后人按禅宗树立祖统的方式,为白莲社杜撰了传承世系,即初祖慧远、二祖善导(613—681)、三祖承远(712—802)、四祖法照(?—821)、五祖少康(?—805)、六祖延寿(904—975)、七祖省常(959—1020)、八祖祩宏(1535—1615)、九祖智旭(1599—1655)、十祖实贤(1686—1734)、十一祖际醒(1742—1811)。这种祖统没有根据,但可见白莲社传说的影响。
④《兴果上人殁时题此诀别兼简二林僧社》,朱金城《白居易集笺校》卷一七,第2册第1084页。

身闲易澹泊,官散无牵迫。缅彼十八人,古今从此适。①

白居易是鼓吹"白莲社"传说的主要人物,对于推动后来的文人结社风气起了重要作用。到晚年,他对于"来生之计"更为关注,对西方的向往也更为强烈和热情,又"与香山僧如满结香火社"②。他在《重修香山寺毕题二十二韵以纪之》诗中说:"南祖心应学,西方社可投。"③这表现的是典型的禅、净统合观念,抒写出对于结社的热忱。刘禹锡有《送鸿举师游江西》诗说:

> 钟陵八郡多名守,半是西方社中友。④

这首诗的序言里提到建平即巫山,可考定是长庆四年(824)自夔州刺史转和州刺史途中所作。所谓"钟陵八郡",指江西观察史所辖洪州(豫章郡)、饶州(鄱阳郡)、虔州(南康郡)、吉州(庐陵郡)、江州(浔阳郡)、袁州(宜春郡)、信州(上饶郡)和抚州(临川郡),诗句是说在这八个州作刺史的人多是西方社成员。"安史之乱"后,朝廷财赋仰赖江南,派遣到那里的地方官多是朝廷干员,其中许多人又热衷佛法,参与结社活动。当时诗文中多有写到这方面情况的,如权德舆《酬灵彻上人以诗代书见寄》诗:

> 更喜开缄销热恼,西方社里旧相亲。⑤

权德舆在贞元年间曾主持朝政,又是文坛耆宿,灵彻是著名的诗僧。有更多诗人写到结社生活的具体情形,如陈羽《洛下赠彻公》,同样写到参加灵彻的结社:

①《白居易集笺校》卷七,第 1 册第 374 页。
②《旧唐书》卷一六六《白居易传》,第 4356 页。
③《白居易集笺校》卷三一,第 4 册第 2123 页。
④《刘禹锡集》卷二九,下册第 400 页,《刘禹锡集》整理组点校,中华书局,1990 年。
⑤《全唐诗》卷三二一,第 3618 页。

天竺沙门洛下逢,请为同社笑相容。①

又牟融《游报本寺》:

山房寂寂荜门开,此日相期社友来。②

李涉《游西林寺》:

如今再结林中社,可羡当年会里人。③

马戴《送僧归闽中旧寺》:

旧社人多老,闲房树半凋。④

许棠《寄敬亭山清越上人》:

旧许陪闲社,终应待此身。⑤

郑谷《宜春再访芳公言公幽斋写怀叙事因赋长言》:

顷为弟子曾同社,今忝星郎更契缘。⑥

有些诗则是抒写结社愿望的,如司空曙《题凌云寺》:

不与方袍同结社,下归尘世竟如何?⑦

姚合《送澄江上人赴兴元郑尚书招》:

闻结西方社,尚书待远公。⑧

许浑《送太昱禅师》:

---

①《全唐诗》卷三四八,第 3895 页。
②同上卷四六七,第 5316 页。
③同上卷四七七,第 5438 页。
④同上卷五五五,第 6436 页。
⑤同上第六○三,第 6972 页
⑥同上卷六七五,第 7736 页。
⑦同上卷二九二,第 3319 页。
⑧同上卷四九六,第 5631 页。

结社多高客，登坛尽小师。①

裴说《寄贯休》：

他年白莲社，犹许重相期。②

这些都反映中晚唐文人结社风气之盛。

宋代许多文人同样热衷结社活动，如苏轼兄弟均好佛习禅，他们都积极参与结社。苏轼《会客有美堂周邠长官与数僧同泛湖往北山湖中闻堂上歌笑声以诗见寄因和二首时周有服》诗第二首的后两联说：

僧侣且陪香火社，诗坛欲敛鹳鹅军。凭君遍绕湖边寺，涨渌晴来已十分。③

苏辙《次韵偶成》诗则说：

交情淡漠久弥新，吏役萦缠日益纷。香火社中真避世，簿书丛里强论文……④

这类结社显然具有儒、释交流的更自由、更开放的形态。王洋《和秀实别寄二篇》之二说：

香火社闲棋度日，溪山伴静酒为年。碧霄鹤唳诗情远，湖院僧知茶梦圆……⑤

又《然日诵法华数过因题壁间》诗：

事随过眼尘常静，愁不关心梦更清。八十五年香火社，残

①《全唐诗》卷五二九，第 6053 页。此诗或作杜牧诗。
②同上卷七二〇，第 8267 页。
③《东坡全集》卷五。
④《栾城集》卷八。
⑤《东牟集》卷五。

经七卷席平生。①

吕本中《赠王周士诸公》诗说：

> 空房夜气清，落月傍檐明。念我平生友，相望隔荒城。我老未厌书，破窗犹短檠。君亦不奈闲，默坐数残更。共结香火社，同寻文字盟……②

又孙觌《生公讲堂》二首之二：

> 多病身如寄，长贫气自华。只将穷事业，便当老生涯。泥饮醉生缬，挑灯喜见花。殷勤香火社，闲病到毗耶……③

这些作品都表明参与结社活动乃是当时士大夫生活的重要部分。这类结社形式显然更为松散，活动也更富于文化内涵。

宋代净土信仰兴盛，禅、净结合成为佛教的重要潮流，有许多官僚文人为居士，修净业。特别是自吴越以来，江东地区佛教兴盛，又是人文汇聚的地方，这类结社更为流行。北宋初淳化（990—994）中，天台省常（959—1020）住钱塘昭庆院，结白莲社，后改称净行社，据称社友三十比丘，一千大众，名"净行社弟子"，有"宰衡、名卿、邦伯、牧长又闻公之风而悦之，或寻幽而问道，或睹相而知真，或考经而得意，三十余年，为莫逆之交，预白莲之侣者凡一百二十三人"④。这一百二十三人恰符慧远结社之数，当然是象征性的说法。而参与这个结社的包括宰相王旦、参政苏易简等一时名流。另一位天台大师遵式（964—1032）亦广结缁素修净业，其《念佛三昧诗并序》文中说：

> 皇宋丙申（宋太宗至道二年，996）沙门（遵式）会四明高尚

①《东牟集》卷六。
②《东莱集》卷一四。
③《吴都文粹》卷四。
④智圆《钱塘白莲社主碑》，《乐邦文类》卷三，《大正藏》第47卷第184页上。

> 之宾百余人,春冬二仲一日一夜萃宝云讲堂,想无量觉,行汉、
> 魏经。壬寅(真宗咸平五年,1002)既废……①

这个结社延续了七年,以遵式离四明赴天台方告结束。后来他被
迎请到杭州天竺寺,王钦若率僚佐入山闻法,"始于寺东建日观庵,
送想西方,为往生之业"②。由天台知礼(960—1028)在明州延庆院
创立的念佛社更为有名。他是天台宗山家派的代表人物,曾应李
遵勖之请被朝廷赐"法智大师"之号。他主持的结社建立于大中祥
符六年(1013),据《延庆募众念佛疏》说:

> 今结万人以为一社,心心系念,日日要期。每岁仲春同集
> 一处,同修供养,同听法音,会彼万心,以为一志,俾成定业,誓
> 取往生。③

这个结社长期延续下来。元符二年(1099)定慧介然建成十六观
堂,陈莹中在《延庆寺净土院记》中说:其殿宇"十有六室,常无虚
室,期满者去,发心者来。依胜境而获善利者不知其几何人也"④。
其后到绍兴年间(1131—1162),圆辩道琛住此寺,每月二十三日启
建净土系念会,道俗毕至。再以后至乾道五年(1169),月堂慧询又
在这里募高士十八人建念佛三昧西归莲社⑤。石芝宗晓(1151—
1214)编有《四明教行录》,记载了这一结社至编书时近二百年的历
史。杭州本是繁华都会,人才济济,又有西湖昭庆寺省常慕慧远结
社遗风,"贻诗京师,以招卿大夫……士大夫咸寄诗以为结社之盟
文"⑥。知礼弟子有神照本如(981—1051),大中祥符四年(1011)以

---

①《乐邦文类》卷五,《大正藏》第47卷第221页中。
②《佛祖统纪》卷一〇,《大正藏》第49卷第208页中。
③《乐邦文类》卷四,《大正藏》第47卷第203页下。
④同上卷三,《大正藏》第47卷第185页上、中。
⑤《西归莲社序》,《乐邦文类》卷二,《大正藏》第47卷第175页中—下。
⑥丁谓《西湖结社诗序》,《全宋文》卷二〇八。

遵式之荐住台州东掖山能仁寺，岁在山中居小庵，募名士结白莲社，六七年间遂成巨刹①。本如以驸马都尉李遵勖闻于朝，"神照"是朝廷赐号。苏轼在杭州，与龙井辩才结交，辩才修净土。其弟子法宗（？—1117）启建净土道场，刻三圣像，每月集四十八人修净业，名卿贤士多与其会②。杭州作为五代以来的佛教中心，著名的上、中、下三天竺又是供奉观音的重要道场，一直也是结社盛行的地方。

　　以上所举例子，是以僧侣为核心的。另有一些达官贵人自主的结社。"宋元丰间，真净文禅师住归宗，时濂溪周先生自南康归老九江上，黄太史以书劝先生与之游甚力。以故先生数数至归宗，因结青松社，若以蹑白莲社者。又名寺左之溪曰鸾溪，以拟虎溪。其事为释氏所传"③。又如仁宗朝宰相文彦博热衷习佛，皇祐年间（1049—1053）担任过译经润文使，曾在京师与净严禅师结十万人，念佛往生。徽宗朝江公望字民表，睦州人，曾任右司员外郎等职，得罪编管南安郡，遇赦还乡而卒。他信奉净土，蔬食清修，述《菩提文》、《念佛方便文》等普劝道俗。钟离松撰《宝积莲社画壁记》中说："江民表左司公望作《念佛三昧咏》，大劝于世，予未弱冠，隶业上庠，早斯斯社。"④这是说他曾组织世俗结社。王古为王旦之孙，家世有习佛传统，他在绍兴年间（1131—1162）为户部侍郎，以与蔡京不和而被贬，他也以继承庐山结社传统而著称于世。《佛祖统纪》卷四六记载他早年的逸事，可以了解他的信仰情况：

　　　　（元符二年，1099）夏四月不雨，袁州守臣王古往祷于木平山圣塔，岩中放光，见白衣大士身金璎珞，获舍利五色，大如枣，中有台观之状。复往仰山塔所，见泗州大士、维摩、罗汉列

①《佛祖统纪》卷四五，《大正藏》第49卷第410页中。
②同上卷一三，《大正藏》第49卷第219页中—下。
③王祎《自建昌州还经行庐山下记》，《王忠文集》卷九。
④《乐邦文类》卷三，《大正藏》第47卷第189页上—中。

居左右。已而大雨沾足。郡闻于朝,诏赐木平塔曰会庆,仰山
塔曰瑞庆。①

此外如北宋钱端礼之孙钱象祖、西湖处士王衷、南宋泸州知事冯
楫、湖州人沈睿、秀州总管张伦等都以结社而闻名。其中冯楫,曾
参大慧宗杲,"出帅泸南,率道俗作系念会,以西方为归。时经建炎
兵乱后,名刹藏经多残毁,乃捐俸钱,造大藏经四十八所,小藏四大
部者,亦如其数,分贮诸刹"②。这些都是士大夫自主的结社。

　　上层官僚士大夫结社之风一直延续到后世。元代柳贯《晓望
金山》诗说:

　　　　六鳌连背负青山,直下中泠水一环。包络乾坤成地险,吐
吞云雨出天悭。浮幢影入龙渊底,若木光腾蜃气间。晚岁相
依香火社,从教黄鹤载诗还。③

至晚明时期,官僚士大夫居士结社形成又一个高潮。这种结社与
更为普及的民众香会之类组织并行,成为当时佛教活动的主要形
式。这两类组织都依附于寺院进行活动,但方式与作用不同。民
众的香会等由僧侣主持,具有更浓重的信仰性格;而官僚士大夫的
结社多数是俗人自主的团体,往往利用寺院为场地,组织严密程度
不一,参与者多又一起赋诗、作文、作画等,更像是文人交谊团体。
这两类组织同样给僧团提供经济方面的支持。如嘉靖年间南京栖
霞山的莲社,参与者有焦竑等人;"公安三袁"万历二十六年(1598)
在京城西崇国寺结葡萄社;黄山天都峰下的天都社创建于万历三
十八年(1610),是居士、僧侣共同参与的结社,活动既有禅诵念佛,
又有诗画作文④;明末冯梦祯主持的澹社,有佛石禅师和胡休仲、卓

---

① 《佛祖统纪》卷四六,《大正藏》第49卷第418页下。
② 彭际清《居士传》卷三一。
③ 《待制集》卷五。
④ 《黄山志》。

去病、吴之鲸等人参加,月一会,每选湖山最胜之处为集会之地,"随意谈《楞严》、《老》、《庄》,间拈一题为诗"①;他又组织放生社,有僧人莲池和邵重生、虞淳熙兄弟、朱大复、徐桂、屠隆等参加②。明末"四高僧"皆能文,活跃在士大夫间,成为结社活动的中心人物。如嘉靖年间顾清甫(名源)"与栖霞云谷禅师善,结西方社"③,得到憨山德清的印可;陶望龄与焦竑、袁中郎友善,曾参云栖袾宏,"受菩萨戒,因与诸善友创放生会于城南,以广云栖之化"④;虞长孺官司勋员外郎,乞归家向钱塘,"时(云栖袾)宏公方坐南屏演《圆觉经》,募钱赎万工池,立放生社。缁白数万,伽陀之音,震动川谷,一时清节之士,多与其会,实长孺倡率之"⑤。在结社风行的潮流中,又有各种专门内容的结社,如刘玉受持准提咒,"其后进之士,若杨子澄及其二子维斗、公幹,李子木,徐九一,刘公旦,姚文出诸贤,皆结准提社,择桃花坞桃花庵故址,辟精舍,修白业"⑥;戈以安"与僧元素结春秋二社,为念佛会";明末僧龙埜于京南永圣寺"纠合宰官、居士,结西方莲社于寺中",清钱谦益为序⑦;程季清"建讲社于莲居,以六年为期,请十法主,以次登座,说诸大乘经"⑧;清汪琬《皆山阁夜坐寄怀圣禅师》诗说:

烛花成烬篆烟微,枯坐藤床拥褐衣。世态惯看翻手易,尘劳深觉到头非。杜门憔悴蜗粘壁,涉境忧危鸟触机。赖有城东香火社,盋囊鞾袋合归依。⑨

①吴之鲸《澹社序》,《武林梵志》卷三。
②《(万历)钱塘县志·纪献·冯梦祯》。
③《居士传》卷四二《顾清甫传》。
④同上卷四四《陶望龄传》。
⑤同上卷四二《虞长孺传》。
⑥同上卷四七《刘玉受传》。
⑦《西方莲社小引》,《牧斋初学集》卷八一。
⑧《居士传》卷四八《程季清传》。
⑨《尧峰文钞》卷四七。

清乾隆年间彭绍升等结放生会①，等等，都以特定的内容相号召。

明末易代之际，形势如天崩地解，士大夫逃禅者多，更有多种多样遗民结社，则具有一定政治内容了。如粤中僧人函昰与番禺李云龙、李云子父子结净社于天关②；常州黄介子与同县人张大圆弃官结社，后来以谋起复被杀害；曾任浙江右参政、分守嘉湖的蔡维立"尝与金正希（声）、黄元公（端伯）、钱启忠、萧士玮诸贤，订为密社，究竟大事"③；前举北京南永圣寺僧人龙埜尊师愈光上人之命，"纠合宰官、居士，结西方莲社于寺中"，曾请钱谦益作文提倡，等等。

从上述情形可以看出，历代社会上层的佛教结社作为宗教活动，规模、性质和内容有很大差异。例如宋、明时期的莲社更注重虔诚的净土信仰实践，而明、清之际的遗民结社多带有强烈的政治性质。但上述这一类型的结社，作为核心人物的僧、俗都属于上层社会：僧人多是有地位的名僧，有些更是宗派佛教的宗师；俗人自宰衡到落魄文人，基本是官僚士大夫阶层人物。因而这类结社活动大都具有较丰富的文化内容，成为更广泛的社会文化活动的一部分；而作为结社形式，则具有某种社会自治组织的性质，这在那些遗民结社里反映得更清楚。

四

明、清以来，与居士阶层的结社取完全不同形态的，有民众间盛行的所谓"香社"、"香会"之类结社。这种松散的结社，有些是为

---

①彭绍升《文星阁重整放生会引》，《体仁要术》。
②参阅谢国桢《明清之际党社运动考》第165—169页，上海书店出版社，2004年。
③《居士传》卷五一《蔡维立传》。

"进香"活动组织起来的,有些则是僧、俗结合的念佛团体。特别是
在庙会等佛事活动期间,进香群众"倾街动市,奔走如狂"[1],成为城
乡生活的一道景观。

　　庙会活动兴起于明中叶成化、嘉靖、正德年间。正是伴随着庙
会进香,"香社"、"香会"普遍组织起来。这是一种更单纯的群众性
信仰组织。中国本来"无所谓烧香之说"[2],烧香供奉风俗是随佛教
输入的[3]。到唐、宋时期供佛烧香更加盛行起来[4]。不过民间的进
香活动始盛行于明代。明初,鉴于元末民间宗教曾利用聚众烧香
形式进行反抗政府的活动,朝廷对于进香曾加以禁限。但到正统、
景泰之后,禁律渐弛。特别是宫廷也举行进香活动,更起到推波助
澜作用。例如天顺年间(1457—1464),英宗患足疾,就派遣大臣到
寺观行香祈祷;成化元年(1465)每月朔望,宪宗都派遣宦官到白塔
寺"奉香烛灯油"[5]。民间行香本有历史渊源,一经朝廷提倡,很快
兴盛起来。正统四年(1439)十一月山东按察司副使王裕上奏,说
到泰山情形:

---

[1] 顾起元《客座赘语》卷二《尼庵》。

[2] 梁绍壬《两般秋雨盦随笔》卷六《烧香》,第 343 页,中华书局,1982 年。

[3]《魏书》卷一一四《释老志》记载汉武帝时征西域,"获其金人,帝以为大神,列
　　于甘泉宫。金人率长丈余,不祭祀,但烧香礼拜而已。此则佛道流通之渐
　　也"。第 3025 页。

[4] 关于"烧香"的起源,近人意见颇有分歧,如顾颉刚认为起自初民时期,见《琼
　　东读书记》一《道教》。但上古的"燔柴"之祭不同于佛教的烧香。宋人赵彦
　　卫《云麓漫钞》说:"《尚书》:'至于岱宗,柴。'又:'柴望,大告武成。'柴虽祭
　　名,考之《礼》'焚柴泰坛',《周礼》'升烟燔牲首',则是祭前焚柴升烟,皆求神
　　之义,因为祭名。后世转文,乃不焚柴而烧香,当于迎神之前用炉炭爇之。
　　近人多崇释氏,盖西方出香,释氏动辄烧香,取其清净,故作法事则焚香诵
　　咒。道家亦烧香解秽,与吾教极不同。今人祀夫子,祭社稷,于迎神之后,奠
　　帛之前,三上香。礼家无之。郡邑或用之。"(卷八,第 120 页,古典文学出版
　　社,1957 年)

[5] 蒋一葵《长安客话》卷二《皇都杂记·白塔寺》。

> 近年以来,四方愚民登山烧香,舍身跳崖,毁伤肢体,秽恶
> 亵渎,有伤和气。①

实际这已是遍及全国各地寺院的风气。这些活动吸引众多下层民
众,特别是农村妇女;它们具有更为功利、世俗的色彩,例如求子、
治病、保佑家人平安以及一般的祈福消灾等。这类庙会、香会没有
更多的文化内容,往往又和道教仙灵、民间俗神的祭祀相混合。例
如明清以来每年四月初北京西郊妙峰山香会,祭祀的主神是道教
女神碧霞元君,供奉庙宇为"娘娘庙",其主要祈愿内容是祛病疗
伤、加官进爵,特别是求得子嗣。仅北京一地城乡这种娘娘庙就有
数十座②。正逢四月八日佛诞前后,这种进香活动内容是佛、道相
混合的。庙会、香会作为民俗性的法事,具有浓重的"三教合一"性
质。它们也提供了城乡交易的时机和场所,又伴有各种游艺活动,
更是一般妇女少有的相携出游的机会。近世庙会、香会仍十分兴
盛,直到如今,风流未绝。

明清民间信仰的典型现象是所谓"家家阿弥陀,户户观世音"。
庙会、进香等活动,供养、祈祷对象众多。除了一般大雄宝殿上的
佛陀和西方弥陀、东方药师如来,还有地藏、弥勒等等,但主要则是
弥陀和观音。在民众信仰里,观音更以其具有捷如影响的救济功
能而占据比佛陀更重要的位置。一般有规模的寺庙大雄宝殿佛陀
尊像背后往往有南海观音绘画、壁塑,有些还建有专门的观音殿、
大悲阁等。各地专门供奉观音的庙宇更多。如在清代的北京,有
白衣庵、观音院、大悲坛、紫竹林等"庙宇不下千百"③。这颇能代表
各地一般情况。观音庙会、香会之类活动随之也十分活跃。

---

① 《明实录·英宗实录》卷六一《正统四年十一月》。
② 参阅范华(Patrice Fava)《妙峰山行香走会》、袁冰凌《北京东岳庙香会》、《法
　国汉学》丛书编辑委员会编《法国汉学》第 7 辑《宗教史专号》第 271—321
　页、第 397—426 页,中华书局,2002 年。
③ 潘荣陛《帝京岁时纪胜》"观音会"条。

　　民间一般定二月十九日为观音圣诞日,六月十九日为观音成道日,九月十九日为观音涅槃日。各地观音道场逢这些节期必定举行规模盛大的香会。不过这三个节日在各地传说中不完全相同。另有些地方在观音斋日也举行香会。在香会期间,远近民众,主要是妇女,到观音道场进香,许愿和还愿,为婴儿"寄名"(为避免小儿得病,请和尚为他取"法名",表示已施舍给观音)、"脱白"(一般"寄名"的孩子到十二岁时"脱离"寺庙,要具香烛、白鸡等到那里为孩子换掉原来的衣服,表示已"逐出山门"),或一般地祈求菩萨治病免灾、保佑平安等。香会期间,商侣云集,热闹非凡,寺庙又成为集市和游艺场所。时间短的一天、两三天,长的有十几天的。还有另外类型的"香会",如明清以来民间在"七七"盂兰盆节斋僧放生,举行"放生会"等,也相当普遍。

　　作为典型现象,明、清时期普陀山二月香会十分盛大。民众乘坐"香船"前往,香船分两层,上乘善男,下乘信女,有"香头"(多由寺庙里的和尚充任)带领①。明末战乱,朝海艰难,普陀进香曾一度消沉。但至清代,结社进香之风再度兴盛起来。一般从初七、八起,来自远近各地的香客就陆续上山,至十七、八、九三天已是人潮如涌。一般香客要沿妙庄严路到普济寺的大圆通殿进香,再登佛顶山礼佛。十八、十九两天,普陀山各寺庙都要举行盛大法会,礼佛诵经。杭州本是游览胜地,这里的灵隐寺等寺庙的观音香会更多游艺色彩。在明末普陀进香路阻时期,远近香客群趋杭州,以上、中、下三天竺寺香火最盛。杭州又以六月十九日为观音圣诞,这一天也举行盛大香会。自前一天夜里,游人即出涌金门,涌向各寺庙,夜里在西湖放灯,更是一道特殊景致。明、清时期各地都有类似活动。如钱谦益描述当时苏州寒山报恩寺,"此山之麓,有观音殿,灵响殊胜。春时士女焚香膜拜,项背相望。以故寒山俗号观

---

①张岱《琅嬛文集》卷二《海志》。

音山"①。清人更详细地写到供奉观音的各种活动：

> 《观音生日》：(二月)十九日为观音诞辰，士女骈集殿庭炷
> 香。或施佛前长明灯油，以保安康；或供长幡，云求子得子。
> 既生小儿，则于观音座下，皈依寄名，可保长寿。僧、尼建观音
> 会，庄严道场，香花供养。妇女自二月朔持斋，自是日止，俗呼
> "观音素"。六月九月朔至十九日皆如之。

> 《观音山香市》：观音诞日，有至支硎山朝拜者。望前后，
> 已联缀于途。马铺桥迤西，乃到山路也，人多赁坐竹舆，资以
> 代步，不帷不盖，两人肩之以行，俗呼观音山轿子。案：《府志》
> 云："府西二十五里，有支硎山，以山之东趾有观音寺，故又名
> 观音山。宋、元《吴志》皆云：'二月十九日为观音诞，支硎山士
> 女连袂进香。'"徐崧、张大纯《百城烟水》云："支硎山，俗称观
> 音山，三春香市最盛。"黄省曾《吴风录》云："二、三月，郡中士
> 女浑聚，至支硎观音殿，供香不绝。"沈朝初《忆江南》词云："苏
> 州好，二月到支硎。大士焚香开宝座，小姑联袂斗芳钿，放鹤
> 半山亭。"②

又扬州的情形也相似：

> 平山堂与观音山两寺，相望咫尺，各擅其胜，皆扬州古迹。
> 逢三月、六月、九月，进观音香者，远近趾错。平山堂之游人，
> 亦借以盛。③

这也成为江南繁华之地的一道风景。

一些较偏僻地区局面不如前述那样盛大，但民众的热诚是类
似的。云南大理传说三月十五日至二十日观音降临，也举行盛大

---

① 《有学集补》。
② 顾铁卿《清嘉录》卷二。
③ 百一居士《壶天录》。

的观音市;又如清代四川德阳县:

> 二月十九日为"观音会",在县北之仙女洞。先是,洞中多
> 宿流丐,僧因塞之。邑令黄河清以古迹不可湮没,复令重开。
> 僧于土中获观音石像,以为灵异,于是远近闻风,争来膜拜。
> 至日,进香者联络数十里,游人杂沓,喧哗鼎沸。凡饮食之物,
> 戏玩之具,填溢衢路,虽锦城蚕市未之过也。①

贵州平坝县:

> 二月十九日、六月十九日、九月十九日,相传为观音会,人
> 家妇女或在家中举行,或参加寺庙举行(妇女中信奉观音者极
> 多)。妇女中有食素者,期在二月、六月、九月(此种食素妇女
> 约占百分之一十;食初一、十五素者,约占百分之八十;食长素
> 之斋乃较少;未嫁者则一概不食)。②

四川雅安县香会日期不同:

> "娘娘会"凡三:治东慕义场白衣庵正月十五日,市农器;
> 城内患(惠)泽宫三月二十日,东城外惠泽宫三月二十二日,均
> 迎神演戏,岁率为常。

> "观音会"即蔡山香会,六月一日始,都人士女朝山礼佛,
> 登降不绝,越观音诞乃止。入夜,深岩绝壑,时见灯光数点,倏
> 明倏灭,参差不定,无异瓦屋圣灯。向晨观日出,云霞灿烂,洵
> 属奇景。③

这只是一些例子,全国各地情形大同小异。这种以进香为主的信
仰活动已带有浓厚的游艺性质。有些地方名之为"香市",则已成

---

①《(道光)德阳县新志》,《中国地方志民俗资料汇编》(西南卷上)上册第122
页,书目文献出版社,1991年。
②民国二十一年印本《平坝县志》。
③民国十七年印本《雅安县志》。

为村镇贸易活动的一种形式。

　　由南北朝的社邑发展到明清的香会,这种群众性佛教组织与活动的演变,正描绘出中国佛教在民众中传播、发展的轨迹。社邑的建立与活动本来具有单纯的信仰动机,民众为了现实福利动员、组织起来。这也充分体现了民众佛教的特色。而到明清时期,赴庙会,赶香市,已是万众欢腾的民众聚会,佛事与商贸、游艺结合在一起,民众在这里既拜佛、上供,祈求福佑和济度,又得到交易和娱乐的机会,成为一般劳动者平凡生活中少有的欢乐节期。他们期待着这些日子既能够提供精神上的慰藉,舒缓日常的紧张和焦虑,又得到商贸、游艺等机会。这样,与早期的社邑相比较,后来的庙会、香会不但组织和活动方式不同,而且在宗教意义之外,在古代民众的社会组织和社会活动稀少的情况下,这类活动更具有多方面的社会作用。这种活动形式一直延续到如今。尽管其宗教意义已经相对淡薄,民俗的、民间文化的、经贸的意义更凸现出来,但总保持着佛事活动的基本形态。

　　一个值得特别注意的事实是,正是在佛教民间结社组织形式的基础上,宋代以来形成多种多样的民间宗教教派;这些民间宗教受到统治者的压迫,转入秘密活动,就成了民间秘密宗教,又被统治者称为"邪教"。这后一类宗教活动成为社会上的不安定因素。特别自明中期以来,在有些时期它们活动的形势相当盛大,在社会上持续地产生多方面的、相当巨大的影响。这是佛教结社发展延伸出来的现象,则已超出本书讨论的范围了。

第七章 佛教节祭斋仪及其演变

一

与佛教结社活动相关联的另一类群众性的法事,是佛教的节祭斋仪。这是动员、团结信众的重要活动形式,也是群众性信仰实践的形式,构成民众宗教生活的主要内容,在历朝社会生活和精神生活中都占有重要地位。与结社活动一样,节祭斋仪也随时代变迁而不断发生变化。这些变化同样体现了广大群众佛教信仰的真实状态,并与下面将要谈到的佛教"通俗化"、"世俗化"的趋势相关联。这一章介绍历史上佛教的节祭斋仪及其演变情况。

宗教在一定日期、按仪轨举行各种仪式,是群众性活动的主要形式。英国宗教人类学家菲奥纳·鲍伊指出:

> 仪式有许多功能,无论是在个人层面上,还是在群体或社会层面上。它们可以成为情感的渠道并表达情感,引导和强化行为模式,支持或推翻现状,导致变化,或恢复和谐与平衡。①

---

① 菲奥纳·鲍伊《宗教人类学导论》(Fiona Bowie:*The Anthropology of Religion:An Introduction*)第 173 页,金泽、何其敏译,中国人民大学出版社,2004 年。

就佛教来说,那些以礼佛、斋僧为中心内容的仪式又具有某种宗教象征意义,参与者参加活动,不仅能够表达和强化个人的信仰心,更通过身在其中得到的宗教体验,在心理上建造和巩固宗教信仰的精神结构。这种结构一方面与世俗世界相抗衡,另一方面帮助人求得精神上的安慰与平衡。鲍伊又曾指出:

> 一个表演究竟是归属于仪式,还是归属于戏剧,有赖于（按照谢克纳的说法）它的背景和功能。在一个连续体的两面,一端是"功效"（能够产生转变的效果）,另一端是"娱乐"。假如一个表演的目的在于功效,那么它就是仪式。假如它的目的在于娱乐,那么它就是戏剧,但是没有任何演出是纯粹的仪式或戏剧。无论功效还是娱乐,两者都与表演的其它方面有联系。①

在宗教仪式中这种"功效"与"娱乐"的"关联",又使得它能够吸引更多信众广泛参与,从而扩展教化的作用。而作为群体活动,又会形成群体特有的鼓动力量,随着仪式进行往往会造成迷幻般的狂热。这也是各宗教都十分重视它们的主要原因。就是说,它们不仅给宗教活动提供了活跃的动力,更能够发挥出影响人群的巨大能量。

输入中土的佛教已形成一套完整的仪轨,其中对于民众生活产生重大影响的是群众性的节祭和斋仪。作为外来文化产物,它们本是在异民族文化土壤上形成的。它们随佛教输入被移植过来,在中国这样文化积淀深厚的环境里,不能不适应新的条件而加以改变,特别是融入中国传统礼乐文明的因素,掺杂某些固有的民众游艺活动的形式和内容,从而演变成具有中国特色的佛教节祭斋仪。中国佛教节祭斋仪丰富多彩,体现出十分丰厚的民族文化

---

① 《宗教人类学导论》第 182 页。

内涵和民俗特色,受到广大民众的欢迎。

中国传统礼乐祭祀的主持者和参与者主要是统治阶级,道教的斋醮科仪(特别是在早期)则带有浓厚的神秘色彩,相比较之下,佛教的这些节祭斋仪活动多具有更丰富的文化内涵,又体现高度的普及性和民众性。古代建立在个体小农经济基础之上的城乡社会生活,民众缺乏群众性的集团活动,包括游艺活动。佛教节祭斋仪正为民众提供了这样的机会和场所。在古代中国的具体条件下,仪式的"娱乐"性质和伴随仪式的游艺活动往往更强烈地被突出起来,给古代民众枯燥的日常生活添加一份欢愉、亮丽的色彩。这样,佛教节祭的狂欢放纵,斋仪所体现的宗教虔诚,一方面成为疏解民众苦难生活的焦虑、表达他们的心声与愿望的有效方式,另一方面这些活动又体现出社会教化、民俗、娱乐、经济等方面的功能,发挥多方面的社会作用,其意义更远远超越了宗教范畴。

这里特别值得玩味的是,鲍伊又曾指出仪式"富于戏剧性。一是可以被看作表演,它包括观众和演员两方面"。佛教的节祭斋仪显然具有明显的戏剧表演性质,而参与者则会产生"演员"身份的自觉。弗雷泽等英国十九世纪"剑桥学派"学者们认为希腊悲剧起源于宗教仪式。这种看法被当作"文艺起源于宗教"说的一个证明。人们或许对于这种理论并不认同,但宗教仪式与戏剧的密切关联是不容否定的。可以做一个大胆的、但并不是毫无道理的推断:中国上古时期的原始宗教仪式被儒家礼乐取代,正是中国戏剧艺术形成时间迟缓的原因,或者说起码是主要原因之一。而从另一方面来考察这一现象,则有诸多事实可以表明,中国佛教的节祭斋仪作为"表演"形式,对于中国各类表演艺术形式包括戏剧的形成和发展又造成了重要影响。不过这是题外话了。

一

最早的有规模的群众性佛事节祭活动主要是浴佛和行像。

浴佛仪式起源于佛传传说里悉达多太子诞生时有九龙灌顶的传说。印度寺院浴佛是每日灌洗佛像。义净曾记述印度寺院"灌沐尊仪"的具体做法,当然这反映的是稍后时期的情况:

> 但西国诸寺,灌沐尊仪,每于禺中之时,授事便鸣捷稚。寺庭张施宝盖,殿侧罗列香瓶。取金银铜石之像,置以铜金石木盘内。令诸妓女,奏其音乐。涂以磨香,灌以香水,以净白氎而揩拭之。然后安置殿中,布诸花彩。此乃寺众之仪,令羯磨陀那作矣。然于房房之内,自浴尊仪,日日皆为,要心无阙。但是草木之花,咸将奉献,无论冬夏,芬馥恒然……至于铜像,无问大小,须细灰砖末,揩拭光明,清水灌之,澄华若镜。大者月半月尽,合众共为。小者随己所能,每须洗沐。斯则所费虽少,而福利尤多。其浴像之水,举以两指,沥自顶上,斯谓吉祥之水,冀求胜利。[①]

宝思惟译《浴佛功德经》所记述的浴佛方式和义净在印度所见大体相同:

> 若浴像时,应以牛头栴檀、白檀、紫檀、沉水、熏陆、郁金香、龙脑香、零陵藿香等,于净石上磨作香泥,用为香水,置净器中。于清净处,以好土作坛,或方或圆,随时大小,上置浴床,中安佛像。灌以香汤,净洁洗沐,重浇清水。所用之水皆

---

① 王邦维《南海寄归内法传校注》卷四,第172—173页,中华书局,1998年。

须净滤,勿使损虫。其浴像水,两指沥取,安自顶上,名吉祥
水。泻于净地,莫令足踏。以细软巾,拭像令净。烧诸名香,
周遍香馥,安置本处。善男子,由作如是浴佛像故,能令汝等
人天大众,现受富乐,无病延年,于所愿求,无不遂意,亲友眷
属,悉皆安隐,长辞八难,永出苦源,不受女身,速成正觉。既
安置已,更烧诸香,亲对像前,虔诚合掌,而说赞曰:我今灌沐
诸如来,净智功德庄严聚,愿彼五浊众生类,速证如来净法身。
戒定慧解知见香,遍十方刹常芬馥,愿此香烟亦如是,无量无
边作佛事。亦愿三途苦轮息,悉令除热得清凉,皆发无上菩提
心,永出爱河登彼岸。①

从这里可以知道,浴佛仪式本来有祝颂、祈福、庆祝等获得现实利
益的目的,同时又带有娱神而兼娱人的游乐性质,因而受到群众的
普遍欢迎。但在中国浴佛在固定日期举行,"尚腊八或二月、四月
八日,乃是为佛生日也"②,这大概又和古代"洗儿"风俗有关系。

浴佛风俗在中国流行甚早。《三国志》记载笮融在徐州兴建浮
图祠已经写到浴佛:

> 每浴佛,多设酒饭,布席于路,经数十里,民人来观及就食
> 且万人,费以巨亿计。③

如此用酒饭招引群众,像是大规模的飨宴,已经和印度庄严肃穆的
仪式大不相同。又从相关记载看,由于佛诞日在哪一天说法有差
异,北朝浴佛多在四月八日,南方则梁、陈多在二月八日,后代各地
更日期不一④。也有定在十二月八日(佛成道日)的。

---

① 《浴佛功德经》,《大正藏》第 16 卷第 800 页中—下。
② 赞宁《僧史略》卷上,《大正藏》第 54 卷第 237 页上。
③ 《三国志》卷四九《吴书·刘繇传》,第 1185 页。
④ 关于佛诞日,印度南传、北传佛教记载不一,又涉及与汉地历法换算,因此有
　二月八日、四月八日等不同规定。

到两晋南北朝时期,浴佛在僧俗间已经相当流行。后赵国主
"(石)勒诸稚子,多在佛寺中养之。每至四月八日,勒躬自诣寺灌
佛,为儿发愿"①。东晋陆翙又写到石虎:

> 石虎性好佞佛,众巧奢靡不可纪也,尝作檀车,广丈余,长
> 二丈,四轮,作金佛像坐于车上,九龙吐水灌之。又作木道人,
> 恒以手摩佛心腹之间。又十余木道人,长二尺余,皆披袈裟绕
> 佛,行当佛前,辄揖佛礼,又以手撮香投炉中,与人无异。车行
> 则木人行,龙吐水,车止则止。亦解飞所造也。②

南方的例子,宋"(刘)敬宣八岁丧母,昼夜号泣……四月八日,敬宣
见众人灌佛,乃下头上金镜以为母灌,因悲泣不自胜"③;《荆楚岁时
记》记载:"四月八日,诸寺设斋,以五色香水浴佛,共作龙华会。"这
三例都是在四月八日佛诞日,而前两例更多体现传统家族伦理意
义。像刘敬宣那种灌佛为亲人祈冥福的观念,不是外来佛教本来
所有的。又元陶宗仪《说郛》卷三十二下引《北山录》:"徐陵浴佛以
莲叶露。"则表明南北朝时期浴佛方式多有变化。

隋唐以来,浴佛仪式遍行全国各地。如开皇十三年(593)十二
月八日,释尊成道日,隋文帝代含生在三宝前忏悔发愿,"于时台宫
主将、省府官僚、诸寺僧尼、县州佐史并京城宿老等,并相劝率,再
日设斋,奉庆经像,日十万人。寺别敕使,香汤浴像"④。这是朝廷
主持的。唐长安普光寺玄琬"以二月八日大圣诞沐之晨,追惟旧
绪,敬崇浴具,每年此旦建讲设斋,通召四众供含悲敬"⑤。这是僧
人主持的。而张籍《题清彻上人院》诗:"古寺临坛久,松间别起堂。

---

① 《高僧传》卷九《晋邺中竺佛图澄传》,第 348 页。
② 《邺中记》,《汉魏丛书》本。
③ 《宋书》卷四七《刘敬宣传》,第 1409 页。
④ 《历代三宝记》卷一二,《大正藏》第 49 卷第 108 页中。
⑤ 《续高僧传》卷二二《唐京师普光寺释玄琬传》,《大正藏》第 50 卷第 616 页上。

看添浴佛水，自合读经香。"①则是僧人个人的供佛行为。僧侣浴佛具有宗教修持意义，如南宋胡宏的诗：

> 今朝浴佛事如何，清净心田也洗么？尘垢不知何处得，古来明月照江波。②

宋代以后，随着佛教"世俗化"加深，浴佛仪式也不断增添世俗内容，被更多附加以庆贺的、娱乐的意义。孟元老记载北宋都城汴梁风俗：

> 四月八日，佛生日。十大禅院，各有浴佛斋会，煎香药糖水相遗，名曰"浴佛水"。
>
> 十二月……初八日，街巷中有僧尼三五人作队念佛，以银铜沙罗，或好盆器，坐一金铜或木佛像，浸以香水，杨枝洒浴，排门教化。诸大寺作浴佛会，并送七宝五味粥与门徒，谓之"腊八粥"。都人是日各家，亦以果子杂料煮粥而食也。③

南宋时的杭州：

> 浴佛：四月八为佛诞日，诸寺院各有浴佛会。僧尼辈竞以小盆贮铜像，浸以糖水，覆以花棚，铙钹交迎，遍往邸第富室，以小杓浇灌，以求施利。是日西湖作放生会，舟楫甚盛，略如春时。小舟竞卖龟鱼螺蚌放生。④

范成大记载吴郡（苏州）风俗："四月八日，浮屠浴佛，遍走闾里。"⑤以上都是采取担佛像游行的形式，和下面将要说的行像结合起来

①《全唐诗》卷三八四，第 4320 页。
②《四月八日示澄照大师》，《五峰集》卷一。
③伊永文《东京梦华录笺注》卷八、卷一〇，下册第 749、942－943 页，中华书局，2006 年。
④周密《武林旧事》卷三"浴佛"。
⑤《吴郡志》卷二。

了。陆游有诗说：

> 谁谓幽栖陋，茅茨足庇床。雨便梧叶大，风度练花香。浴
> 佛儿童喜，缲丝妇女忙。揭来三十载，吾鬓固宜霜。（乾道丙
> 戌始卜居镜湖之三山，今甫三十年矣。）①

这则是家庭里的活动，"浴佛"被当成家族里的喜庆日子。这种仪
式一直流行到南方的安南："八日磨沉檀水浴佛，以团饼供献。"②作
为具有聚众游乐性质的活动，已经普及到边远地区。

宋代浴佛时互送糖水；如果是在佛成道日的十二月八日，又做
腊八粥，这也成为居民联络感情的风俗。而"明故事，四月八浴佛
日，赐百官不落夹（荚）"③。这是朝廷举行的仪式，赏赐"不落荚"则
有赐福高升的寓意。杨慎记载友人家举办浴佛会的情景：

> 三花宝树下，八水香池边。鹫岭玄宗启，鱼山清梵传。日
> 华明震旦，云彩丽诸天。染衣岂尊宿，铿佩尽儒仙。虚界一那
> 刹，实际万由延。伊予漂戎旅，同君登法船。④

这种家庭的浴佛会，梵音嘹亮，繁华热烈。有趣的是，元代的陶宗
仪记载戏曲"院本名目"，在"诸杂砌"一类，和《模石江》、《梅妃》、
《三教》一起，又有《浴佛》⑤一目。其具体内容不明，但浴佛作为题
材已经是戏曲表演内容了。

在清代，朝廷规定"凡浴佛之礼，岁以孟夏上旬八日，司俎官率
执事人等自大内请佛至堂子祭神殿，陈香灯，献糕酒，王公各遣人
献糕，执事设盥盘，赞祀二人，浴佛毕，六酌献，三致祷如仪，礼成，

---

① 《幽栖》，《剑南诗稿》卷三二。
② 《安南志略》卷一。
③ 王士禛《古夫于亭杂录》卷四。
④ 《四月八日观李中溪元阳浴佛会》，《升庵集》卷二一。
⑤ 《南村辍耕录》卷二五《院本名目》。

奉佛还御。是日大内及军民人等不祈祷，不祭神，禁屠宰，不理刑名"①。这是朝廷正式祭仪的一种。而在民众间，则浴佛方式更多种多样。如在北京地区，"四月一日至八日，游戒坛、潭柘、香山、卧佛、碧云、玉泉、天宁寺诸名胜，为浴佛会也"②；河南"四月八日，俗传为'释迦生辰'，僧尼各建'龙华会'，以盆坐铜佛，浸以糖水，覆以花亭，铙鼓迎往。富家以小杓浇佛，提倡偈诵，布施财物"③，等等。这里所谓"花亭"，是一种特别的佛龛，饰以花鬘，内部安置作童子型的"降生佛"，同样用于下面讲到的行像。直到近代，寺院一般仍举行浴佛仪式，依照《敕修百丈清规》卷二"佛降诞"条规定，设方坛，置佛像于上，住持领众以香汤灌佛，同时祝香、唱偈、说法，并有"寺僧造青精饭相馈遗"④之类风习。

　　关于行像，法显西行在西域和印度都曾见到。他介绍于阗行像情形说：

　　　　在道一月五日，得到于阗……法显等欲观行像，停三月日。其国中十四大僧伽蓝，不数小者。从四月一日，城里便扫洒道路，庄严巷陌。其城门上张大帏幕，事事严饰，王及夫人、采女皆住其中。瞿摩帝僧是大乘学，王所敬重，最先行像。离城三四里，作四轮像车，高三丈余，状如行殿，七宝庄校，悬缯幡盖。像立车中，二菩萨侍，作诸天侍从，皆以金银雕莹，悬于虚空。像去门百步，王脱天冠，易著新衣，徒跣持华香，翼从出城迎像，头面礼足，散华烧香。像入城时，门楼上夫人、采女遥散众华，纷纷而下。如是庄严供具，车车各异。一僧伽蓝则一日行像。白月一日为始，至十四日行像乃讫。行像讫，王及夫

①《钦定大清会典》卷八八。
②《宛平县志》(抄本)，《中国地方志民俗资料汇编·华北卷》第15页，北京图书馆出版社，1989年。
③《(民国)郑县志》，《中国地方志民俗资料汇编·中南卷(上)》第5页。
④《(民国)英山县志》，《中国地方志民俗资料汇编·中南卷(上)》第369页。

人乃还宫耳。①

行像仪式在我国流行也相当早。北魏时期朝廷主持的行像已经制
度化:"世祖(太武帝拓跋焘)初即位(始光元年,424),亦遵太祖、太
宗之业,每引高德沙门,与共谈论。于四月八日,舆诸佛像,行于广
衢,帝亲御门楼,临观散花,以致礼敬"②。《洛阳伽蓝记》里对于洛
阳寺院行像情形有几处详细、生动的描述,如西阳门内的长秋寺是
长秋卿刘腾所立:

> 中有三层浮图一所,金盘灵刹,曜诸城内。作六牙白象负
> 释迦在虚空中。庄严佛事,悉用金玉。工作之异,难可具陈。
> 四月四日,此像常出,辟邪、师子,导引其前。吞刀吐火,腾骧
> 一面;彩幢上索,诡谲不常。奇伎异服,冠于都市。像停之处,
> 观者如堵,迭相践跃,常有死人。③

从这段描写,可见当时万民欢腾的热烈情形:行像队伍伴随着伎乐
表演,群众踊跃参与。洛阳各寺院行像都在四月八日佛诞前后,但
具体起讫日期不一,显然各寺院有意把这种节庆娱乐统筹加以安
排。如昭仪尼寺是在四月七日:

> 寺有一佛二菩萨,塑工精绝,京师所无也。四月七日,常
> 出诣景明,景明三像恒出迎之,伎乐之盛,与刘腾相比(指前引
> 长秋寺——著者)。④

而景明寺的情形:

> 伽蓝之妙,最得称首。时世好崇福,四月七日,京师诸像
> 皆来此寺。尚书祠曹录像凡有一千余躯。至八月(日),以次

---

①章巽《法显传校注》第13—14页,上海古籍出版社,1985年。
②《魏书》卷一一四《释老志》,第3032页。
③《洛阳伽蓝记校注》卷一《城内》,第43页。
④同上,第54页。

入宣阳门,向阊阖宫前受皇帝散花。于时金花映日,宝盖浮云,幡幢若林,香烟似雾。梵乐法音,聒动天地。百戏腾骧,所在骈比。名僧德众,负锡为群;信徒法侣,持花成薮。车骑填咽,繁衍相倾。时有西域胡沙门见此,唱言佛国。①

另外宗圣寺、河间寺也有类似记载。如宗圣寺:

> 宗圣寺有像一躯,举高三丈八尺,端严殊特,相好毕备,士庶瞻仰,目不暂瞬。此像一出,市井皆空,炎光腾辉,赫赫独绝世表。妙伎杂乐,亚于刘腾,城东士女多来此寺观看也。②

又景兴尼寺:

> 石桥南道有景兴尼寺,亦阉官等所共立也。有金像辇,去地三尺,施宝盖,四面垂金铃七宝珠,飞天伎乐,望之云表。作工甚精,难可扬推(推)。像出之日,常诏羽林一百人举此像。丝竹杂伎,皆由旨给。③

到四月七日,各寺院行像队伍齐集于景明寺,形成更大规模的欢乐巡游,像是一种总的检阅。

行像在南方又名为"行城":

> 二月八日,释氏下生之日,迦文成道之时,信舍之家,建八关斋戒,车轮宝盖,七变八会之灯,平旦执香花绕城一匝,谓之行城。④

唐宋时期,行像仪式遍行全国各地。如唐时"蜀土尤尚二月八日、四月八日,每至二时,四方大集,驰骋游遨,诸僧忙遽,无一闲

---

① 《洛阳伽蓝记校注》卷三《城南》,第132—133页。
② 同上卷二《城东》,第79页。
③ 同上,第88页。
④ 《荆楚岁时记》,《四部备要》本。后引此书俱出此本。

者"①。敦煌写卷保留了很多有关敦煌地区行像的资料。敦煌行像在二月八日,现存行像斋文仍保留有三十件之多。下引文是吐蕃时期的:

> 三春中律……爰集缁徒,竞持幡盖,引四门之盛会,延一郡之都城,像设金容,云飞鹫岭,眉开毫月,花步莲宫,倾市倾城,摇山荡谷。②

而归义军时期的行像则是"幡花隘路而前引,梵呗盈空而沸腾。鸣钟鼓而龙吟,吹笙歌而凤舞。群寮并集,缁素咸臻"③。从这些描写,可以想见当时手持香花的行像队伍簇拥着高大佛像,又在音乐歌舞相伴下巡游的盛况。沙洲僧团专门设有行像司,民间有行像社,寺院有行像堂。这个边关城市如此兴盛的行像状况,应能够代表唐代各地行像的普遍情形。赞宁记载宋代情况:

> 今夏台灵武,每年二月八日,僧戴夹苎佛像,侍从围绕,幡盖歌乐引导,谓之巡城。以城市行市为限,百姓赖其消灾也。④

《辽史》记载的"岁时杂仪"则有:

> 二月八日为悉达太子生辰,京府及诸州雕木为像,仪仗百戏导从,循城为乐。⑤

由此可知行像风俗也流传到北方契丹族中。

不过宋代以后,这种大规模的活动失去官方支持,声势逐渐消减。明代朝廷曾对行像加以限制:

---

① 《续高僧传》卷二五《隋益州天敕山释德山传》,《大正藏》第 50 卷第 661 页下。
② 敦煌写卷 S.2146 号,阙题,《英藏敦煌文献》第 4 册第 32 页,四川人民出版社,1991 年。
③ 《行城文》,敦煌写卷 P.2854 号,《法藏敦煌西域文献》第 19 册第 124 页。
④ 《僧史略》卷上《创造伽蓝》,《大正藏》第 54 卷第 237 页中。
⑤ 《辽史》卷五三《礼志六》,第 878 页。

宣德七年三月,申严僧人化缘之禁。上谓都御史顾佐曰:
"佛本化人为善,今僧人多不守戒律、务祖风,往往以创寺为
名,群异佛像,遍历州郡化缘,所得财物,皆非礼耗费。其申明
洪武中禁令,违者必罪之。"①

明清时期,除了五台山等个别地方,不再举办大规模的行像活动。
各寺庙浴佛仪式则延续至今,但也已不见原来的规模和声势了。

以纪念、礼拜佛陀为内容的外来佛教仪式浴佛和行像,流传在
中国,逐渐演变,增添祝祷的内容和狂欢的色彩。发展到后来,这
种宗教仪式越像是节庆的欢乐巡游了。而后来随着佛教衰败,这
类仪式也渐趋消沉了。

三

更能显示中土特色的佛教仪式是盂兰盆会。这是依据《盂兰
盆经》所形成的中国佛教特有的节祭活动。《盂兰盆经》本是一部
"疑经",学术界颇有人径直判定为伪经。而盂兰盆会作为超度亡
灵的仪式,其精神则是与中土传统祖先崇拜和祭祀活动一脉相承
的。这是盂兰盆会兴盛的重要原因,也是判定《盂兰盆经》为伪的
重要依据。

关于"盂兰盆"一语的含义说法很多,主要有两种:一种认为是
梵文音译,意思是孝顺、供奉、恩德等义;另一种认为"盂兰"是梵
音,义为"倒悬","盆"为华言,是盛食供僧的器皿,"盂兰盆"是音义
合译词,意思是奉佛施僧以解倒悬之苦。这不同的解释与作为佛
事的盂兰盆会关系都不大。《盂兰盆经》,还有后出的《净土盂兰盆

①《礼部志稿》卷八九《僧道备考·僧道禁令》。

经》，前面介绍伪经一章已经提到，是更能体现本土传统伦理的经典，因而在中国佛教内、外受到广泛重视和欢迎。包括唐宗密、宋元照、明智旭等许多名僧都撰有经疏。盂兰盆信仰更集中地体现了中土民众佛教的特色。这也是盂兰盆会这一仪式形成并广为流行的主要原因。

有资料记载南齐高祖萧道成已经举行盂兰盆会：

> 齐太祖高皇帝姓萧，讳道成，字绍伯……度僧立寺，大启福门，铸像持经，频修慧业。每七月十五日普寺送盆，供僧三百；朔望之日，不许杀生。[1]

被视作奉佛天子的梁武帝也建盂兰盆会，见《释氏六帖》"武帝送盆"条：

> 《弘明》云：梁武每于七月十五日普寺送盆供养，以车日送，继目连等。[2]

这样，这一活动已盛行于南北朝后期是可以肯定的。这也正是佛教仪轨急速"中国化"的时期。《荆楚岁时记》谓：

> 七月十五日，僧尼道俗悉营盆供诸佛。按《盂兰盆经》云：有七叶功德，并幡花、歌鼓、果食送之。盖由此也。经又云：目连见其亡母生饿鬼中，即以钵盛饭，往饷其母。食未入口，化成火炭，遂不得食。目连大叫，驰还白佛。佛言：汝母罪重，非汝一人所奈何，当须十方众僧威神之力，至七月十五日，当为七代父母厄难中者，具百味五果，以著盆中，供养十方大德。佛敕众僧皆为施主，祝愿代七代父母行禅定意，然后受食。是时目连母得脱一切饿鬼之苦。目连白佛：未来世佛弟子行孝

---

[1]《弘赞法华传》卷一〇，《大正藏》第51卷第42页下。
[2]《释氏六帖》卷二二《贮积称量部第四十五》，第454页，浙江古籍出版社，1990年。此条引自《弘明》，今本《弘明集》中未见。

顺者,亦应奉盂兰盆供养。佛言:大善。故后人因此广为华饰,乃至刻木割竹,饴蜡剪彩,模花叶之形,极工妙之巧。

如此盆供,装饰精巧,具有展示、欣赏意味;而其宗教意义是对僧众布施,其世俗意义则全然在张扬中土传统仁孝伦理。由于兼具这两方面的内容,也就受到僧、俗双方的普遍欢迎。学术界也是根据以上几条资料来确定《盂兰盆经》出现的大致时间,并证明所谓“盆供”的风俗是和经典结集大致同步发展起来的。

隋代长安风俗,“夏末,诸寺受盆,随有盆处,皆送物往,故俗所谓普盆钱也”①。在唐代,朝廷把盆供当作重大的祈福仪式,《法苑珠林》记载:

问曰:如七月十五日,圣教令造佛盆献供,于此日中复多人客,未知此物出何宾拟? 答曰:若有施主,通用之物此将宾待;若无施主,通用之物即须观寺大小、官私不定。如似小寺,非是国造,无外献供,复无贵胜,临时斟酌,随僧丰俭,出常住僧物,造食献佛及僧,此亦无过……如似长安西明、慈恩等寺,除口分地外,别有敕赐田庄。所有供给,并是国家供养。所以每年送盆献供种种杂物,及举盆音乐人等,并有送盆官人,来者非一。未知出何等物供给人客? 又官盆未至已前,佛前献供杂事供养,复出何物造作? 答曰。若有通用之物,先用此物。若无此物,复无别施,止得出常住僧物看待人客及造献食。②

可见唐时“盆供”已形成制度。京城大寺由朝廷举办,一应物品有朝廷供应,提供音声人,并委派专门的送盆官人。杨炯作《盂兰盆赋》,描写武则天如意元年(692)一次盂兰盆会:武则天御洛阳南

①《续高僧传》卷二九《唐京师会昌寺释德美传》,《大正藏》第50卷第697页上。
②《法苑珠林校注》卷六二《祭祠·献佛部》,第4册第1826页,本段文字、标点有改动。

门,会十方贤众,"陈法鼓,饰盂兰,壮神功之妙物,何造化之多端";作者夸张地描绘了盂兰盆的壮观华丽:在旌旗飘扬、剑戟曜日的侍卫下,"三公乃位,百僚乃入,铭佩锵锵,高冠岌岌";然后武则天"冠通天,佩玉玺,冕旒垂目,纩纊塞耳,前后正臣,左右直史,身为法度,声为宫徵,穆穆然南面以观矣";在送盆过程中,"铿九韶,撞六律,歌千人,舞八佾;孤竹之管,云和之瑟,麒麟在郊,凤凰蔽日",这很像是规模盛大的歌舞表演;然后是群臣上奏颂扬,"圣人之德,无以加于孝乎",表扬武则天亲自主持这次行动是"宣大乘,昭群圣,光祖考,登灵庆,发深心,展诚敬,刑于四海,加于百姓,孝之终也。夫孝始于显亲,中于礼神,终于法轮",最后归结到"周命惟新"①的祝愿歌颂之辞。这篇文字不仅详细描述了由宫廷所主持的盂兰盆会的盛况,而且最后清楚点明法会主题:《盂兰盆经》本来把佛教救济观念与儒家孝道融合在一起,朝廷的这种供盆仪式又加入了颂扬武后新朝的内容。有了如此明确的现实政治内涵,给推广这一佛教仪式平添了巨大动力。中唐时期,朝廷按定制举办盂兰盆会:"代宗七月望日,于内道场造盂兰盆,饰以金翠,所费百万。又设高祖已下七圣神座,备幡节、龙伞、衣裳之制,各书尊号于幡上以识之,舁出内廷,陈于寺观。是日,排仪仗,百僚序立于光顺门以俟之,幡花鼓舞,迎呼道路,岁以为常"②。这样书写已故皇帝尊号于幡竿,不仅有一般的纪念亡灵的意义,更是表达对朝廷的祝愿。而如元和十五年(820)七月十五日的一次,"上幸安国寺观盂兰盆……壬戌(二十二日——著者),盛饰安国、慈恩、千福、开业、章敬等寺,纵吐蕃使者观之"③,更是借此盛大仪式向少数民族使者炫耀朝廷声威。这就赋予仪式以现实政治的意义。

唐代民间供盆活动也十分兴盛。如"唐天宝后,有张某为剑南

①《全唐文》卷一九〇,第1919—1920页。
②《太平御览》卷三二《时序部十七》,第152页。
③《旧唐书》卷一六《穆宗本纪》,第479—480页。

节度使,中元日,令郭下诸寺,盛其陈列,以纵士女游观"①;又"贞元中……时中元日,番禺人多陈设珍异于佛庙,集百戏于开元寺"②。可见中元日风俗已流行全国,直到边远地区。晚唐的会昌四年(844)日僧圆仁到长安,看到"城中诸寺七月十五日供养,诸寺作花蜡花瓶、假花果树等,各竞奇妙。常例,皆于佛殿前铺设供养,倾城巡寺随喜,甚是盛会。今年诸寺铺设供养,胜于往年"③。由于当时正值毁佛,敕命供养花药等移送到兴唐观祭祀天尊。敦煌同样留下不少举行盂兰盆会的资料。当地七月十五日一般社众都要"洒庭宇,严道场,焚名香,列珍馔"④。值得注意的是这一天又有造花树的风习,一份酒帐反映了这一情况:从六夕上旬开始,"六夕供造花树僧逐日酒壹斗,至十日夜断。中间伍日,计给酒伍斗"⑤;又有文书描写庚申年(960)于阗公主新建官造花树:"新花树陆,内壹是瓶盏树;有新布树壹,又旧瓶盏树壹,又布树壹,纸树壹,新花叶壹佰陆拾柒叶,又旧花柒拾玖叶,新镜花肆,旧镜花陆,新绿叶壹拾捌,旧绿叶叁;紫台子壹拾壹,红台子壹拾叁,青台子壹拾壹,又新五色台子叁拾捌,又旧五色台子贰拾柒;摩(罗)睺罗壹拾,瓶子捌拾肆。"⑥这是说把花样繁多的花树布置在高台上。罗睺罗是佛陀俗家子、后来随佛陀出家为"十大弟子"之一,所写大概是制作象征罗睺罗的木偶供奉。到宋代,一种称为罗睺罗的玩具沿街叫卖,成为吉祥物。这样,由早年简单地致送五味百果的盆盎发展出更为

———————

①《太平广记》卷一二二《华阳李尉》,第860页。

②同上卷三四《崔炜》,第216页。

③《入唐求法巡礼行记》卷四,第177页,顾承甫、何泉达点校,上海古籍出版社,1986年。

④敦煌写卷 P.4536号,《七月十五盂兰盆会文》,《法藏敦煌西域文献》第32册第23页。

⑤敦煌写卷 P.2629号,《归义军酒破历》,《法藏敦煌西域文献》第16册第362页。

⑥敦煌写卷 P.3111号,《庚申年七月十五日于阗公主施舍簿》,《法藏敦煌西域文献》第21册329页。

丰富多样的供奉物品,包括施舍酒食和制作花树等,表现出更加
"民俗化"的特色。

南宋时的孟元老回忆北宋时期汴京(今河南开封)中元节情
形说:

> 七月十五日,中元节。先数日,市井卖冥器:靴鞋、幞头、
> 帽子、金犀假带、五彩衣服,以纸糊架子盘游出卖。潘楼并州
> 东西瓦子,亦如七夕。要闹处亦卖果食、种生、花果之类,及印
> 卖《尊胜目连经》。又以竹竿斫成三脚,高三五尺,上织灯窝之
> 状,谓之"盂兰盆"。挂褡衣服、冥钱,在上焚之。构肆乐人自
> 过七夕,便般《目连救母》杂剧,直至十五日止,观者倍增。中
> 元前一日,即卖楝叶,享祀时铺衬桌面。又卖麻谷窠儿,亦是
> 系在桌子脚上,乃告祖先秋成之意。又卖鸡冠花,谓之"洗手
> 花"。十五日供养祖先素食,才明即卖穄米饭,巡门叫卖,亦告
> 成意也。①

这里描写的是织成灯窝状的盂兰盆,陆游也曾写到:

> 七月中旬,俗以望日具素馔享先,织竹作盆盎状,贮纸钱,
> 承以一竹,焚之,视盆倒所向,以占气候……谓之盂兰盆。②

《都城纪略》记载:

> 中元   七月十五日,道家谓之"中元节"。各有斋醮等
> 会。僧寺则于此日作盂兰盆斋。而人家亦以此日祀先。例用
> 新米、新酱、冥衣、时果、彩段、面棋,而茹素者几十八九,屠门
> 为之罢市焉。③

南宋吴自牧也说:

①《东京梦华录笺注》卷八《中元节》,下册第794-795页。
②《老学庵笔记》卷七。
③《武林旧事》卷三。

七月十五日……僧寺亦于此日建盂兰盆会,率施主钱米,
与之荐亡。家市卖冥衣……以此祭祖宗,寓预报秋成之意。①

这样在宋代,割木刻竹、饰以花果等制作盂兰盆,盂兰盆会已成为
伴随着杂剧表演等的娱乐活动,当然仍保持追荐超度亡人的宗教
目的。

元明之后,寺院里继续流行举办盂兰盆会的风习,但内容主要
是讽经施食。无论是宗教意义,还是文化内涵都大为缩减,声势也
降低了。而在民众中,盂兰盆节则演变为"鬼节",并形成新一类祭
悼仪式,包括在七月七日夜荐亡度魂、燃放河灯等。这种具有浓厚
传统伦理色彩的节祭风俗一直延续至今,每当节期,人群聚集、杂
沓繁会的情形也仍延续着古老的传统。

四

上述各类法会,是群众性的礼佛、斋僧、祈福、祝祷性质的活
动。另有一种更单纯的法会形式——斋会,也体现同样的意义。

斋戒本属于中国古代传统礼仪。"斋"、"齐"古今字,"洗心曰
齐"②,本有肃穆、恭敬义。周礼大祭前斋戒十日,包括七天的"散
齐"和三天的"致齐",即所谓"致齐于内,散齐于外"。"散齐"要求
"不御,不乐,不吊"③,这即是所谓"戒"。"斋戒"一语在翻译佛典
时被借用。佛教的"斋"译自梵文 upoṣadha,意谓"净化的禁食",本
是古代印度宗教里半月一次断食以净化身心的集会。佛教纳入作

---

① 《梦粱录》卷四。
② 《周易·系辞》韩康伯注,《周易正义》卷七,《十三经注疏》上册第 70 页。
③ 《礼记正义》卷四七《祭义第二十四》,《十三经注疏》下册第 1592 页。

为一种修道行事。早期输入中土的斋戒主要是指"八关斋",这是在家信徒皈依佛门具有标志性的活动。共有八项规定,除了"五戒"(不杀生、不偷盗、不淫欲、不妄语、不饮酒)之外,还有不坐高广大床、不视听歌舞、不非时食(过午不食)。前七者为戒,后一项为斋①。八关斋在晋代已经流行。持八关斋可以是一昼夜,也可以是每月当中的某几天或更长时期。最为流行的是月六斋,即在每月初八、十四、十五、二十三、二十九、三十日持斋。后来梁代实行断酒肉的戒律,素食成为中土持斋的规定。"吃斋念佛"乃是在家信徒修持的主要内容,普及社会,影响很大。

对于社会广具影响的是有一定规模的群众性的斋会,逢佛事如讲经、浴佛、行像、造寺、凿窟等活动时举行。其中一种是佛教僧侣主持的"四众"斋会。较早如西晋惠帝时期的:

> 永熙元年(290)八月二十八日,比丘康那律于洛阳写《正法华品》竟。时与清戒界节优婆塞张季博、董景玄、刘长武、长文等手执经本,诣白马寺对,与法护口校古训,讲出深义。以九月大斋十四日,于东牛寺中施檀大会,讲诵此经,竟日尽夜。无不咸欢,重已校定。②

这是译经和讲经举办的斋会。支遁《八关斋诗》所描写的是另外一种,该诗有序说:

> 间与何骠骑期,当为合八关斋。以十月二十二日,集同意者在吴县土山墓下,三日清晨为斋始,道士、白衣凡二十四人。清和肃穆,莫不静畅。至四日朝,众贤各去。余既乐野室之寂,又有掘药之怀,遂便独住。于是乃挥手送归,有望路之想;静拱虚房,悟外身之真;登山采药,集岩水之娱。遂援笔染翰,

---

以慰二三之情。

这是僧、俗信众进行修持共同举行的一昼夜的斋会。三首一组诗描写集会情形，仅录第一首：

> 建意营法斋，里仁契朋俦。相与期良晨，沐浴造闲丘。穆穆升堂贤，皎皎清心修。窈窕八关客，无楗自绸缪。寂默五习真，亹亹励心柔。法鼓进三劝，激切清训流。凄怆愿弘济，阖堂皆同舟。明明玄表圣，应此童蒙求。存诚夹室里，三界赞清休。嘉祥归宰相，蔼若庆云浮。①

按这里所写，先要"沐浴"，又说到"清心修"，显然吸收了本土"斋戒沐浴"②的观念与做法。又刘宋初道冏：

> 释道冏……初出家，为道懿弟子。冏素诵《法花》，唯凭诚此业。元嘉二年九月，在洛阳，为人作普贤斋。于是澡雪庭除，表里清净，严遍吉之像，肃如在之心。道俗四十许人，已经七日，正就中食，忽有一人袴褶乘马，入至室堂前，下马礼佛。冏谓常人，不加礼异。此人登马挥鞭，忽失所在，便见赤光赫然竟天，良久而灭。后三年十二月，在白衣家，复作普贤斋。将竟之夕，有二沙门容眼如凡，直来礼佛。众中谓是庸僧，不甚尊仰，聊问何居。答云："住在前村。"时众白衣有张道，觉其有异，至心礼拜。沙门出门，行可数十步，忽飞空直上冲天。追目此僧，不复知所。③

这里是当作《法华经》神异纪录的，描写的是由沙门主持、一般民众

---

① 《八关斋诗三首并序》，逯钦立辑校《先秦汉魏晋南北朝诗·晋诗》卷二〇，中册第 1079 页。
② 《尚书·周书·顾命》孔传："王大发大命，临群臣必斋戒沐浴，今疾病故……"《尚书正义》卷一八，《十三经注疏》上册第 237 页。
③ 《弘赞法华传》卷一，《大正藏》第 51 卷第 14 页上。

参与的斋会,已经进行到第七天。从中可以看出当时的斋会制度和虔诚肃穆情形。

另一种是专门斋僧的斋会。斋僧对于在家信徒是重要善业。朝廷更有力量大规模斋僧。南北朝以来朝廷斋僧形成制度。圆仁曾描写他到五台山见到的情况:

> (开成五年)六月六日,敕使来,寺中众僧尽出迎候。常例每年敕送衣钵香花等,使送到山表施十二大寺:细絁五百领、棉五百屯、袈裟布一千端青色染之、香一千两、茶一千斤、手巾一千条,兼敕供巡十二大寺设斋。①

从这条记录可以知道唐代朝廷派人到名山寺院斋僧乃是成例。

斋僧的斋会往往有更多信众参加。圆仁具体描写了五台山竹林寺的一次斋会:开成五年五月五日,寺中七百五十僧斋,诸寺同设,并由齐州灵岩寺供主所摄。竹林寺斋礼佛式是:

> 午时打钟,众僧入堂。大僧、沙弥、俗人、童子、女人,依次列座了。表叹师打槌,唱"一切恭敬礼常住三宝,一切普念"。次寺中后生僧二人手把金莲,打蠡钹,三四人同音作梵。供主行香,不论僧俗男女,行香尽遍了。表叹先读施主设供香,次表赞了,便唱"一切普念"。大僧同音唱"摩诃般若波罗蜜",次唱佛菩萨名。大众学词,同礼释迦牟尼佛、弥勒尊佛、文殊师利菩萨、大圣普贤菩萨、一万菩萨、地藏菩萨、一切菩萨摩诃萨。为廿八天、释梵王等,敬礼常住三宝。为圣化无穷,敬礼常住三宝。为今日供主众善庄严,敬礼常住三宝。为师僧父母、法界众生,敬礼常住三宝。打槌唱云"施食咒愿"。上座僧咒愿了,行饭食。上下老少、道俗男女平等供养也。众僧等吃斋了,行水汤口,次打槌念佛。表叹师打槌云:"为今日施主善

---

① 《入唐求法巡礼行记》卷三,第125页。

庄严及法界众生,念摩诃般若波罗蜜多。"大众同音念释迦牟
尼佛、弥勒尊佛、大圣文殊师利菩萨、一万菩萨、一切菩萨摩诃
萨(如次学词同念)。念佛了,打槌随意,大众散去。①

可见这次斋会是道俗、男女、老少共同举行的。敦煌文献里有不少
题为《社文》、《愿斋文》、《施斋文》的斋会文书,可借以了解唐五代
民间斋会的具体情况,如 P.2226-3 号《社文》:

> 然今此会所申意者,奉为三长议之嘉会也。惟合邑人等,
> 气禀山河,量怀海岳,璞玉藏得,金石在心,秉礼义以立身,首
> 忠孝以成圣,故能结以宗兄弟,为出世亲邻,凭净界而洗涤众
> 愆,归法门而日新之善,冀资福于家国,永息灾殃。每至三长,
> 或陈清供,以兹设斋功德,回向福因,先用庄严,合邑人等,惟
> 愿身如玉树,恒净恒明,体若金刚,常坚常固,今世后世,莫绝
> 善根,此生他生,道涯转盛。又持是福,即用庄严,施主合门居
> 眷等,惟三覆护,众善庄严,灾悼不侵,功德圆满,然后散占法
> 戒,布施苍生,赖此胜因,齐灯佛果。磨河般若,利乐无边,大
> 众礼成,一切普诵。②

从这篇文字又可以知道,这是"合邑人"集体举行斋会,具有祈求佛
护与和睦亲邻的双重意义,其观念显然是宗教信仰和世俗伦理相
结合的。这也是斋会广泛群众性质的保证③。敦煌文书又表明,二
月六、七日城内行像的时候,寺院举行斋会与"燃灯",并得到民间
"社"的支持。

　　由单纯的斋僧到群众性的斋会,这一演变正反映佛教世俗化
的大趋势。到宋代,更发展出多种内容的群众性斋会,《梦粱录》记

---

① 《入唐求法巡礼行记》卷二,第 106 页。
② 《法藏敦煌西域文献》第 9 册第 253-254 页。
③ 参阅湛如《敦煌佛教律仪制度研究》第八章《敦煌的斋文斋会法会辨析》,第
　291-379 页,中华书局,2003 年。

载南宋杭州"社会"的情形：

> 奉佛者有上天竺寺光明会，俱是富豪之家及大街铺席，施
> 以大烛巨香，助以斋赍供米，广设胜会，斋僧礼忏三日，作大福
> 田。又有善女人，皆府室宅舍内司之府第娘子、夫人等，建庚
> 申会，诵《圆觉经》，俱戴珠翠珍宝首饰赴会，人呼曰"斗宝会"。
> 更有城东、城北善友道者建茶汤会，遇诸山寺院建会设斋，及
> 神圣诞日，助缘设茶汤供众。四月初八日，六和塔寺集童男、
> 童女、善信人，建朝塔会。九月初一日，湖州寺遇土神崇善王
> 诞日，亦以童男、童女迎献茶还心愫。每月遇庚申日或八日，
> 诸寺庵舍集善信人，诵经设斋，或建西归会。宝叔塔寺每岁春
> 季建受生寄库大斋会，诸寺院清明建供天会。七月十五日建
> 盂兰盆会。二月十五日长明寺及诸教院建涅槃会。四月八日
> 西湖放生池建放生会。顷者此会所集数万人耳。太平兴国传
> 法寺向者建净业会，每月十七日集善男信人，十八日集善女信
> 人，入寺诵经，设斋听法，年终以所收赍金建药师道场，七昼夜
> 以终其会，今废之久矣。其余白莲、行法、三坛等会，各有所日
> 分也。[①]

后来随着佛教逐步衰落，代替朝廷、官府和敕建大寺主持的具有更
丰富文化内涵的大规模斋会，民间的各种庙会、香会兴盛起来。这
方面的情况，上一章已经说明过。

　　另一类重要法事是忏法。这是采用大乘经典忏悔和礼赞的内
容而成。按佛教戒律，忏悔是灭罪消灾的重要手段，据以形成专门
的忏法。中国忏法的起源很早，晋、宋时期已经流行。道宣说：

> 但以诸佛大慈，善权方便，启疏往咎，导引精灵，因立悔罪
> 之仪，布以自新之道。既往难复，覆水之喻可知；来过易救，捕

①吴自牧《梦粱录》卷一九。

浣之方须列。遂有普贤、药上之侣，分衢而广斯尘；道安、慧远
之俦，命驾而行兹术。至于侯王宰伯，咸仰宗科；清信士女，无
亏诚约。昔南齐司徒竟陵王制布萨法净行仪，其类备详，如别
所显……

他列出当时流传的忏文，有《六根忏文》(梁简文)、《悔高慢文》(同
上)、《忏悔文》(沈约)、《陈群臣请隋武帝忏文》(江总，一说沈约)、
《梁陈皇帝依经悔过文》等①。可见齐、梁时期朝廷曾大力提倡，更
推进了忏法的流行。对于中国佛教忏法作出巨大贡献的是齐竟陵
王萧子良和天台大师智𫖮。萧子良别号"净住子"，有著作法集《净
住子》十卷，著录于《出三藏记集》卷十二，已佚②。他又有《净住子
净行法》，收录在《广弘明集》卷二七《诫功篇》，其中立"皇觉辨德
门"、"开物归信门"、"涤除三业门"、"修理六根门"等三十一门，相
当详细、完整地总括出忏悔的内容。如僧祐对他的评价所谓"苞括
儒训，洞镜释典，空有双该，内外咸照"③，观念显然是儒、释兼弘的。
至天台智𫖮，制《法华三昧忏法》，其内容为严净道场、净身、三业供
养、奉请三宝、赞叹三宝、立佛、忏悔、行道旋绕、诵法华法、思维一
实境界等十个步骤，忏法从而规范化。忏悔的内容则统合了佛教
戒律和儒家伦理，体现了佛教"中国化"的总体趋势。

　　至宋代，忏法向社会普及，成为群众性法事活动的主要形式之
一。宋、元以来经忏法事最为流行的是菩提会、放焰口和水陆法
会。举行菩提会要悬挂水陆画，诵经设斋，礼佛拜忏，放焰口，据说
可使未发菩提心者发菩提心，未成佛道者得成佛道。"焰口"全称
"瑜伽焰口"，本来是密教行仪，象征以饮食供给鬼神，又往往结合
俗家丧事、追荐亡魂等场合，在黄昏或夜间举行。放焰口要设坛、

----

①《悔罪篇序》，《广弘明集》卷二八，《大正藏》第 52 卷第 330 页中一下。
②敦煌写卷 S.721 号有《净住子》二十卷残卷。
③《齐太宰竟陵文宣王法集录序》，《出三藏记集》卷一二，第 448 页。

焚香、诵经，还用法器演奏佛乐并演唱。水陆法会是遵循《六道慈忏》(《梁皇忏》①)、结合唐代输入的密教仪轨发展而来的综合性大型法会，自宋代开始广泛流行。苏轼《水陆法像赞序》赞颂这种法会说：

> 盖闻净名之钵，属餍万口；宝积之盖，遍覆十方。若知法界本造于心，则虽凡夫皆具此理。昔在梁武皇帝，始作水陆道场，以十六名，尽三千界。用狭而施博，事约而理详。后生莫知，随世增广。若使一二而悉数，虽至千万而靡周。惟我蜀人，颇存古法，观其像设，犹有典刑。虔召请于三时，分上下者八位。但能起一念于慈悲之上，自然抚四海于俛仰之间。轼敬发愿心，具严绘事，而大檀越张侯敦礼乐闻其事，共结胜缘，请法云寺法涌禅师善本，差择其徒，修营此会，永为无碍之施，同守不刊之仪。轼拜手稽首，各为之赞，凡十六首。②

这种法会的供养对象从诸佛、菩萨、天龙八部，直到星宿、五岳、河海、大地以至冥官眷属、地狱众生、冤魂滞魄等等，其主要意义则是超度水陆一切亡灵。水陆法会要建立坛场。坛场布置、参与人数、念诵经典都有一定仪轨。一般是连续七天，也有少则三天、长达四十九天的；参与僧人则有七八十或更多的人。因为规模巨大，一般要在宽敞的大殿、法堂里举行，有更多的信众参加。又自宋代起，流行《大悲忏》和《净土忏》。前者是天台四明知礼依据《大悲咒》所集成；后者是四明遵式依据净土经创制。由于观音和净土信仰兴盛，这两部忏法又简洁明快，遂广泛流传于寺院和民众间。此外晚出的还有《地藏忏》、《药师忏》等。近代各类法会基本由施主雇请寺院僧人举办，往往又是佛、道合一的，即有僧人、道士共同参与，

---

①《梁皇忏》或称《慈悲道场忏法》，佛教内部传为梁武帝延请高僧所制，但无确据。中国佛教忏仪形成于唐代，宋代始广泛流行。
②《东坡全集》卷九五。

它们作为救济亡灵的法会，是民众通俗信仰的表现，没有更多的理论内容和文化内涵，也完全没有民众庙会、香会那种蓬勃、热烈的生机，已经流为一种僵化、空洞的仪式了。

五

如前所述，佛教自传入中国起就开始"中国化"过程，"通俗化"和"民俗化"是它的必然发展趋势。唐宋以来，佛教信仰更深浸到民众家庭日常生活之中，乃是这种"通俗化"和"民俗化"逐渐深入的必然结果。其重要表现就是净土信仰广泛流行，吃斋念佛，供养弥陀、观音等简易的修持方式成为民间普遍习俗。而作为普及性的家庭法事，最具代表性的则有为亡殁亲人、家属举行的"七七斋"。

相信人死后有生魂转生，本是中国民间信仰的核心内容之一。就佛教教理说，这有"中有"（中阴）观念为依据。"中有"是指众生轮回中"死有"（死亡瞬间）和"生有"（下一个受生）的中间状态。佛教基本教理主张人乃五蕴（色、受、想、行、识）和合而成；人死了，五蕴解散，所以"人我空"。但这样六道轮回也就没有承担的主体了。为挽救这个缺失，提出"中有"这一观念，把它作为承担轮回报应的主体。这显然又是与"人我空"相矛盾的。因而是否承认存在"中有"，成为印度佛教不同部派、学派的争执点之一。而且在印度佛教里，即使肯定存在"中有"的部派，也只认为它是意识作用，并不等同于精神实体的"灵魂"。然而中国佛教的"神不灭"论是肯定灵魂实存的，"灵魂不灭"、"生魂转生"信仰乃是中国佛教改造、修补外来教理的一个重点内容。这样，把灵魂不死、轮回报应、民间流传的地狱罪罚信仰以及中土以家族为主体的孝道结合起来，形成了纪念亡灵的"七七"斋仪。这种斋法又正可以和儒家"七日戒，三日斋"①、"散斋七日，致斋三日"②礼仪相调和。南宋志磐解释说：

> 中有：……今人亡每七日，必营斋追福，谓之斋七者，令中有种子不转生恶趣也（《释氏要览》）。述曰：孔子曰："子生三年，然后免于父母之怀，故报以三年之丧。"佛经云："人死七七，然后免于中阴之趣。"故备乎斋七之法。至于今人百日小祥大祥，有举行佛事者，虽因儒家丧制之文，而能修释门奉严之福，可不信哉！

还有所谓预修斋：

> 预修斋　普广菩萨白佛言："若善男女未终之时，逆修生七，然灯悬旛，请僧（即僧次请供也）转经（略举此四为例），得福多否？"佛言："其福无量。"又言："父母亲族命终受苦，为其修福得福多否？"佛言："七分获一。缘前生不信道德故。若以亡者严身之具，屋宅园林，以施三宝，可拔地狱之苦"（《随愿往生经》）。③

作为一种救济观念的体现，这种斋法内含中土传统伦理，因而受到人们的普遍欢迎，据以形成的家庭法事更长期、普遍地流传开来。

为死者举行斋会，东晋时已有例子：

> 晋阙公则，赵人也。恬放萧然，唯勤法事。晋武之世，死于洛阳。道俗同志，为设会于白马寺中……时复有汲郡卫士度，亦苦行居士也，师于则公……度善有文辞，作《八关忏文》，

---

① 《礼记正义》卷五一《坊记第三十》，《十三经注疏》下册第 1621 页。
② 《北堂书钞》卷九〇引《礼外传》。
③ 《佛祖统纪》卷三三《法门光显志》，《大正藏》第 49 卷第 320 页下。

晋末斋者尚用之。①

可见当时为祭祀死者举行斋会已成风俗，并且已有中国人制作的忏文。《梵网经》里也有规定，这部经一般被认为是南北朝时期形成的中土伪经：

> 菩萨应为一切众生讲说大乘经律。若疾病、国难、贼难、父母兄弟和上阿阇梨亡灭之日，及三七日，乃至七七日，亦应读诵讲说大乘经律。②

中国史籍关于"七七斋"的最早记载是公元五世纪初刘宋初年的，刘敬叔记述说：

> 沙门竺慧炽，新野人，住江陵四层佛寺，永初二年（421）卒，弟子为设七日会。其日将夕，烧香竟，沙门道贤因往视，炽弟子至房前，忽暧暧若人形，详视乃慧炽也，容貌衣服，不异生时，谓贤曰："君旦食肉美否？"曰："美。"炽曰："我生不能断肉，今落饿鬼地狱。"道贤惧奢，未及得答。炽复言："汝若不信，试看我背后。"乃回背示贤，见三黄狗形半似驴，眼甚赤，光照户内，状欲啮炽而复止。贤骇怖闷绝，良久乃苏。③

这里已经写到"七日"设会，也有明确的生魂落入地狱需要救济的观念。完整的"七七斋"最早是关于北魏宰相胡国珍的：

> 国珍年虽笃老，而雅敬佛法，时事斋洁，自强礼拜。至于出入侍从，犹能跨马据鞍。神龟元年（518）四月七日，步从所建佛像，发第至阊阖门四五里。八日，又立观像，晚乃肯坐。劳热增甚，因遂寝疾。灵太后亲侍药膳。十二日薨，年八十。给东园温

---

① 王琰《冥祥记》，鲁迅《古小说钩沉》，《鲁迅辑录古籍丛编》第 1 卷第 329—330 页。
② 《梵网经》，《大正藏》第 24 卷第 1008 页中。
③ 《异苑》卷五，第 48—49 页，范宁点校，中华书局，1996 年。

明秘器、五时朝服各一具、衣一袭,赠布五千匹、钱一百万、蜡千斤。大鸿胪持节监护丧事。太后还宫,成服于九龙殿,遂居九龙寝室。肃宗服小功服,举哀于太极东堂。又诏自始薨至七七,皆为设千僧斋,令七人出家,百日设万人斋,二七人出家。①

有一部《佛说十王经》的伪经,敦煌卷子里有二十多个写本,包括一些残卷。其中宣扬十殿阎王信仰。这部经明显是佛教与道教相结合的产物,在中国民间流行很广。与之相结合的一种斋法是前面已提到的预修"生七斋"并为亡人举行"七七斋"。一个名为《佛说阎罗王授记令四众逆修生七斋往生净土经》写卷说:

> 若有善男子、善女人、比丘、比丘尼、优婆塞、优婆夷,预修生七斋,每月二时,十五日、卅日;若是新死,从死依一七计至七七、百日、一年、三年并须请此十王名字。每七有一王下检查,必须作斋,功德有无,即报天曹地府。供养三宝,祈设十王,唱名纳状,状上六曹官,善恶童子,奏上天曹地府冥官等,记在名案。身到日时,当使配生快乐之处,不住中阴四十九日。身死已后,若待男女六亲眷属追救,命过十王。若阙一斋,乖在一王,并新死亡人,留连受苦,不得出生,迟滞一劫。是故劝汝作此斋事。如至斋日到,无财物及有事忙,不得作斋请佛,延僧建福,应其斋日,下食两盘,纸钱喂饲,新亡之人,并归在一王,得免冥间业报饥饿之苦。若是生在之日作此斋者,名为预修生七斋,七分功德,尽皆得之;若亡殁已后,男女六亲眷属为作斋者,七分功德,亡人惟得一分,六分生人将去,自种自得,非关他人与之。②

---

①《魏书》卷八三《胡国珍传》,第 1834—1835 页。
②敦煌写卷 S.3147 号,《佛说阎罗王授记令四众逆修生七斋往生净土经》,《敦煌宝藏》第 26 册第 244 页;录文参照杜斗成《敦煌本佛说十王经校录研究》第 46—47 页,甘肃教育出版社,1989 年。

敦煌写本还提供了当地流行"七七斋"的翔实资料。例如北图冈字44 号和天津艺术博物馆 4534 号两个卷子本是被割裂的长卷,是一个名叫翟奉达的人为母亲追福抄写的《佛说无常经》等七卷,其题记表明是做"七七斋"过程中每"一七"抄写经卷以为供养的。这也应是当时祭祀亡灵的风俗。

盛唐时期著名贤相姚崇反对铸像抄经,他在遗嘱里说:

> 吾亡后必不得为此弊法。若未能全依正道,须顺俗情,从初七至终七,任设七僧斋。若随斋须布施,宜以吾缘身衣物充,不得辄用余财,为无益之枉事,亦不得妄出私物,徇追福之虚谈。①

这些话正反映当时贵族官僚家庭为亡人举办"七七斋"的风俗。中唐李翱以反佛著名,他有《去佛斋》文,其中说"故温县令杨垂为京兆府参军时,奉叔父司徒命撰集丧仪,其一篇云《七七斋》,以其日送卒者衣服于佛寺,以申追福",又说:

> 佛法之流染于中国也,六百余年矣。始于汉,浸淫于魏、晋、宋之间,而烂漫于梁,萧氏遵奉之,以及于兹。盖后汉氏无辨而排之者,遂使夷狄之术行于中华,故吉凶之礼谬乱,其不尽为戎礼也无几矣。②

据此可见当时"七七斋"流行情形。从上面两段文字看,施舍死者衣服是"七七斋"的重要行事。敦煌写本中所存《佛说十王经》写卷,完整的名称是《佛说阎罗王授记令四众逆修生七斋功德往生净土经》,其中既宣扬"七七斋"功德,又要求生人作"生七斋"。题目标明为"净土经",据考与中唐时期流行的净土信仰及其"五会念

---

① 《旧唐书》卷九六《姚崇传》,第 3028－3029 页。
② 《去佛斋并序》,《李翱集》第 24－25 页,胡润华点校,甘肃人民出版社,1992 年。

佛"有关系,其经文里的赞颂,就是念佛的和诵部分①。到宋代则有
俞文豹的记载:

> 温公曰:"世俗信浮屠,以初死七日至七七日、百日,小祥、
> 大祥,必作道场功德,则灭罪生天;否则入地狱,受刲舂烧磨之
> 苦。夫死则形朽腐而神飘散,虽刲舂烧磨,又安得知?"……伊
> 川曰:"吾家治丧,不用浮屠,盖道场锣钹,番人乐也。天竺人
> 见僧必饭之,因作此乐。今用之于丧家可乎?"②

如司马光、程颐这样反对"七七斋",是知识精英基于儒学的看法,
正可见当时这种斋仪的盛行。到明代,据《明会典》,朝廷规定丧
礼,初丧、七七、百日、周年都要设坛祭奠。晚明贝琼说到当时
情形:

> 去古既远,王教不明,风俗大坏。自敛至殡,必主浮屠之
> 法,至有七七斋以邀福。淫昏之鬼,而小祥大祥,设道场越宿
> 以荐之,虽破产不吝,冀诚免于轮回,吾不知其何说也。③

又明末朝廷"递年以来,凡遇万寿、千秋等节,奉钦依修建吉祥好
事;或遇丧礼七七,修建荐扬好事,俱先期一日遣官诣大兴隆寺,祭
告释迦牟尼文佛;朝天宫,祭告三清、三境天尊"④。由此可见这种
法事是佛、道并举的。清代有"以初丧四十九日居于枢侧,谓之七
七"⑤的风俗,则是延续古人庐墓传统。直到晚近,全国各地仍然相
当普遍地举行"七七"丧仪。一般是请和尚、道士念经做道场,给亡

---

① 参阅塚本善隆《引路菩薩信仰と地藏十王信仰》,《塚本善隆著作集》第7卷,
大东出版社;小南一郎《〈十王经〉をめぐる信仰と禮儀——生七齋から七七
齋へ——》,《唐代と宗教》,京都大学人文科学研究所研究報告,2000年。
②《吹剑录外集》,《知不足斋丛书》本。
③《复古堂记》,《清江文集》卷三〇《中都集》。
④ 孙承泽《春明梦余录》卷三九。
⑤ 阎若璩《潜丘札记》卷五。

人烧纸上供,有些地方还有"请灵"、"送灵"之类仪式。在民间更简单的做法是人死后逢七烧纸祭奠。由隆重盛大的"七七"法事演变成简单的民间风习,作为仪轨变化很大,但其中所体现的轮回报应信仰,所贯穿的家族仁孝精神是不变的。佛教观念就这样深深地沉积在民众心灵里,一直对人们的精神生活发挥作用。

六

晋宋以来还有祝颂庆贺、祈福消灾(包括祈雨、治病这种颇有"道术"意味的法术)等各类佛教法会,到唐代形成高潮。它们既有现实功利作用,又伴随欢庆娱乐活动,受到人们的欢迎。《洛阳伽蓝记》里记录了北魏洛阳寺院伎乐主要用于各种法会。南北朝时期,朝廷亲贵从建寺、造像到讲经、受戒都举行法会。梁武帝几次舍身,在舍身和复位时更要举行大规模法会,并且是按一定"仪注"进行的。

唐代国势兴盛,佛教发展到鼎盛,城市里,特别是两京经常举办规模盛大的群众性法会,构成都城的独特景观。

朝廷和官府主持的大型法会,有所谓"行香",在节庆或国忌日举行。《唐六典》规定:

> 凡道观三元日、千秋节日,凡修金录、明真等斋及僧寺别敕设斋,应行道官给料……凡国忌日,两京定大观、寺各二散斋,诸道士、女道士及僧、尼,皆集于斋所,京文武五品以上与清官七品已上皆集,行香以退。若外州,亦各定一观、一寺以散斋,州、县官行香。应设斋者,盖八十有一州焉。①

---

① 《唐六典》卷四《尚书礼部》,第126—127页。

这是国家举行的规模盛大的祈福消灾祭祀活动。例如大历八年的一次：

> 五月庚子，以太宗讳日，命有司修四千僧斋于服成寺。
>
> 八月戊午，修一万僧斋于慈恩寺，为万姓祈福也。
>
> 九年丙戌，以肃宗讳日，度僧、尼、道士凡二百余人。①

从这段记述可见活动规模之盛大。地方寺院国忌日行香，有日僧圆仁所见扬州开元寺的例子：

> （开成三年十二月）八日，国忌之日，从舍五十贯钱于此开元寺设斋，供五百僧。早朝，寺众僧集此当寺，列坐东北西厢里。辰时，相公及将军入寺，来从大门，相公、将军双立，徐入来步，阵兵前后，左右咸卫，州府诸司皆随其后。②

这是道俗、公私聚集的大规模活动，包括作梵、行香、斋僧等节目，热闹繁华，轰动一时。

唐朝廷又兴内道场，在殿廷和宫内寺、观设斋行道，有时在太极殿或麟德殿举行，往往也有相当规模。太极殿本是宫城内太极宫正殿，是每月朔望举行朝仪的地方。自高宗龙朔年间，各朝皇帝常居大明宫，麟德殿是其中主要殿廷，用来举行重大庆典或接见外国使臣。例如庆祝唐肃宗生日的内道场：

> 上元二年九月甲申，天成地平节，上于三殿置道场，以内人为佛、菩萨像，宝装饰之。北门武士为金刚神王，结彩被坚持锐，严侍于座隅，焚香赞呗。大臣近侍作礼围绕。设宴奏乐，极欢而罢，各赐帛有差。③

从这里的描述看，有扮演佛、菩萨的表演，仪式的宗教意味已比较

---

①《册府元龟》卷五二，第 578 页。

②《入唐求法巡礼行记》卷一，第 23 页。

③钱易《南部新书》壬卷，第 107 页，中华书局，1958 年。

淡薄,更像是欢乐的文艺演出。

　　另有各种不同机缘举行的法会,和前面说过的浴佛、行香算是一类。如上元燃灯,本来"三元"(上元正月十五日、中元七月十五日、下元十月十五日)作为祭日是道教的,在魏晋南北朝时期形成①。正如佛教的盂兰盆祭与道教的中元相结合,在上元日同样也举行佛教法事。宋曾忄造记载长安情形:

　　　　正月十五日夜,许三夜夜行。金吾巡禁,察其寺观及前后街巷。会要盛造灯笼,烧灯光明若昼,山堂高百余尺。神龙(705—707)已后,复加严饬。士女无不夜游,罕有居者。车马塞路,有足不蹑地,被浮行数十步者。王公之家,皆数百骑行歌。苏味道诗曰:"火树银花合,星桥铁锁开。暗尘随马去,明月逐人来。"……②

日僧圆仁记载开成四年扬州的情况:

　　　　十五日夜,东西街中,人宅燃灯,与本国年尽晦夜不殊矣。寺里燃灯供养佛,兼莫祭师影,俗人亦尔。当寺佛殿前,建灯楼;砌下、庭中及行廊侧皆燃油,其灯盏数不遑计知。街里男女不惮深夜,入寺看事。供灯之前,随分舍钱。巡看已讫,更到余寺看礼舍钱。诸寺堂里并诸院,皆竞燃灯。有来赴者,必舍钱去。无量义寺设匙灯、竹灯,计此千灯。其匙竹之灯树,构作之貌如塔也;结络之样,极是精妙,其高七八尺许。并从此夜至十七日夜,三夜为期。③

敦煌文献里也有关于当地正月十五日"燃灯"的资料,有当地官吏

---

①参阅小南一郎《中国的神话传说与古小说》(《中國の神話と物語——古小説史の展開》),第50—56页,孙昌武译,中华书局,1993年;秋月观瑛《三元の思想について形成——道教の報應思想》,《東方學》第22辑,1961年。

②《灵异小录》,《说郛》卷一一七上。

③《入唐求法巡礼行记》卷一,第27页。

与社子参加。

还有各种临时机缘举行的法会。如《慈恩传》记述唐初贞观十九年正月玄奘求法归来：

> 是日有司颁诸寺，具帐舆、华幡等，拟送经、像于弘福寺，人皆欣踊，各竞庄严。翌日大会于朱雀街之南……拟迎新至经、像于弘福寺。
>
> 于是人增勇锐，各竞庄严，穷诸丽好，幡帐、幢盖、宝案、宝舆，寺别将出分布讫，僧尼等整服随之，雅梵居前，熏炉列后，至是并到朱雀街内，凡数百事。布经、像而行，珠佩流音，金华散彩，预送之侪莫不歌咏希有，忘尘遣累，叹其希遇。始自朱雀街内终届弘福寺门，数十里间，都人士子、内外官僚列道两傍，瞻仰而立，人物阗噎。所司恐相腾践，各令当处烧香散华，无得移动，而烟云赞响，处处连合。

又二十二年奉迎玄奘入慈恩寺的情形：

> 十二月戊辰，又敕太常卿江夏王道宗将九部乐，万年令宋行质、长安令裴方彦各率县内音声，及诸寺幢帐，并使务极庄严。己巳旦，集安福门街，迎像送僧入大慈恩寺。至是陈列于通衢，其锦彩轩槛，鱼龙幢戏，凡一千五百余乘，帐盖三百余事……又于像前两边各丽大车，车上竖长竿悬幡，幡后布师子、神王等为前引仪。又庄宝车五十乘坐诸大德；次京城僧众执持香华，呗赞随后；次文武百官各将侍卫部列陪从，太常九部乐挟两边，二县音声继其后，而幢幡钟鼓匐磕缤纷，眩日浮空，震耀都邑，望之极目，不知其前后……①

求法高僧归来，受到朝野欢迎，举办盛大法会，固然体现了当时佛教信仰的热烈气氛，也要有社会兴盛繁富为条件。又如代宗朝，不

---

① 《大慈恩寺三藏法师传》卷六、七，第 126－128、156 页。

空于永泰元年(765)奉诏重译《仁王护国经》,时当"安史之乱"刚刚结束,但朝廷仍面临严重内忧外患,这部以护国为主旨的经典被当做救世法宝来接受,在本经译出后的同年"九月,庚寅朔,置百高座于资圣、西明两寺,讲《仁王经》,内出经二宝舆,以人为菩萨、鬼神之状,导以音乐卤簿,百官迎于光顺门外,从至寺"①。接着连续讲经多次。当时的情形是"下紫微而五云抱出,经长衢而万姓作礼。阡郭充满,犹墙堵焉"②。这是朝廷出于国事需要的祝祷法会。再如著名的奉迎佛骨法会。佛骨即佛舍利信仰在我国由来已久,奉迎长安附近凤翔法门寺佛骨是唐朝廷每三十年一度举行的重大仪式。中唐时期的张仲素说:

> 岐阳法门寺鸣鹫阜,有阿育王造塔,藏佛身指节。太宗特建寺宇,加之重塔;高宗迁之洛邑;天后荐以宝函;中宗纪之国史;肃宗奉之内殿;德宗礼之法宫。据本传,必三十年一开,则玉烛调,金镜朗,氛祲灭,稼穑丰。③

自唐初就有奉迎佛骨入宫的纪录,此后有历史纪录的奉迎佛骨法会先后举行过七次,规模都相当盛大。这种法会与密教信仰和仪轨有直接关系④,带有祈祷国泰民安、人和年丰的喜庆色彩。唐宪宗元和十四年的一次,韩愈上疏反对,抨击为"诡异之观,戏玩之具",形容当时情形是"百姓何人,岂合更惜身命? 焚顶烧指,百十为群,解衣散钱,自朝至暮,转相仿效,唯恐后时,老少奔波,弃其业

①《资治通鉴》卷二二三《唐纪三十九》,第 7176 页。
②慧灵《新译仁王般若经陀罗尼念诵仪轨序》,《中国佛教经论序跋记集》第 1 册第 399 页,上海辞书出版社,2003 年。
③《佛骨碑》,《全唐文》卷六四四,第 6522 页。
④法门寺舍利塔已于一九八八年发掘,参阅《法门寺发掘简报》,《文物》1988 年第 10 期;该寺历史的一般情况,参阅陈景富《法门寺史略》,陕西人民出版社,1990 年。

次"①。晚唐懿宗咸通十四年那一次的情况则是：

> 十四年春,诏大德僧数十辈于凤翔法门寺迎佛骨。百官
> 上疏谏,有言宪宗故事者。上曰："但生得见,殁而无恨也。"遂
> 以金银为宝刹……其剪彩为幡为伞,约以万队。四月八日,佛
> 骨入长安,自开远门安福楼夹道,佛声振地,士女瞻礼,僧徒道
> 从。上御安福寺亲自顶礼,泣下沾臆。即召两街供奉僧赐金
> 帛各有差。而京师耆老元和迎真体者,悉赐银碗锦彩。长安
> 豪家竞饰车服,驾肩弥路。四方挈老扶幼来观者,莫不蔬素以
> 待恩福。时有军卒断左臂于佛前,以手持之,一步一礼,血流
> 洒地。至于肘行膝步,啮指截发,不可算数。又有僧以艾覆顶
> 上,谓之炼顶。火发痛作,即掉其首呼叫。坊市少年擒之不令
> 动摇,而痛不可忍,乃号哭卧于道上。头顶焦烂,举止苍迫,凡
> 见者无不大哂焉。上迎佛骨入内道场,即设金花帐、温凊(清)
> 床,龙鳞之席,凤毛之褥,焚玉髓之香,荐琼膏之乳,皆九年诃
> 陵国所贡献也。初迎佛骨,有诏令京城及畿甸于路旁垒土为
> 香刹。或高一二丈,迫八九尺,悉以金翠饰之。京城之内约及
> 万数。是妖言香刹摇动,有佛光庆云现路衢,说者迭相为异。
> 又坊市豪家相为无遮斋大会,通衢间结彩为楼阁台殿,或水银
> 以为池,金玉以为树。竞聚僧徒,广设佛像,吹螺击钹,灯烛相
> 继。又令小儿玉带金额白脚呵唱于其间,恣为嬉戏。又结锦
> 绣为小车舆以载歌舞。如是充于辇毂之下,而延寿里推为繁
> 华之最。②

这同样更像是热烈繁会的喜庆礼仪。美国学者薛爱华直接把它们
说成是"收入丰裕的佛寺中举办的各种大型的节日活动、舞会以及

①《论佛骨表》,《韩昌黎集》卷三九。
②苏鹗《杜阳杂编》卷下,第59-60页,中华书局,1958年。

戏剧演出等"①。城乡接连不断举办这类大规模的佛事活动,充分体现出群众性游艺活动的性质。他们不只是民众生活的点缀,作为文化现象对于社会精神和文化发展亦起到一定作用。不过唐代之后,那种社会上下共同参与,特别是由朝廷直接主持的极尽繁华热烈的盛大群众性法会很少见到了。这是因为以后佛教已逐步衰落,各朝推崇理学,对佛教更多所禁限,同时社会上也已失去制造那种盛大仪式的经济、文化和民众心理等方面的基础。当然,佛教的各类法事活动(特别是各种忏仪如水陆道场、梁皇忏等法会,香会、庙会等民间集会等都是更具民俗性质的佛事活动,上面已有介绍)仍然是民众生活的重要内容,但是在文化史上的价值与意义已相当有限了。

①谢弗(薛爱华)《唐代的外来文明》(Edward H. Schafer: *The Gorden Peaches of Samarkand, A Study of Tang Exotics*)第 36 页,吴玉贵译,中国社会科学出版社,1995 年。

第八章　南北王朝的排佛与毁佛

一

镰田茂雄曾总结说：

> 胡族统治下的北方佛教本身，即带有非常浓厚的国家色
> 彩，而南朝汉民族国家繁荣的玄学思想或重议论的佛教，与之
> 两相比较，其在实践方面的民众倾向，较为强烈。①

东晋十六国以后，佛教得到南、北王朝的普遍支持，僧团急剧扩展，
势力迅速深入到政治、经济、文化各个领域，形成足以影响整个社
会形势的显赫事态；另一方面，它在发展中也逐渐暴露出许多弊
端，这就更突显、激化了久已存在的各种矛盾、冲突。但南、北形势
不同，矛盾、冲突的性质和局面也有差异。大体说来，由于北方少
数民族政权管制下的佛教更紧密地依附于国家，又形成更广泛的
信仰实践活动，矛盾、冲突表现得更为尖锐，发展到一定程度就会
出现激烈的对抗，以致激化到朝廷采取酷烈的毁佛行动；而南方佛

---

① 《中国佛教通史》第 3 卷第 294 页，关世谦译，佛光文化事业有限公司，1999 年。

教更注重义学探讨,又有玄学思辨的传统,虽然造成的社会矛盾也相当尖锐,但排佛主要采取批驳、论辩的和缓形式。结果正如后来政治上北方统一南方,而思想、学术则南方统一北方一样,佛教也是南方义学取得更大成就,给宗派佛学的形成打下基础,宗派佛教在隋唐时期更成为中国佛教的主流。

前面叙说中土佛教早期发展情形,已经介绍十六国中石赵的中书著作郎王度上疏,说到此前历朝禁止汉人出家,"供养沙门"也有违禁令。王度作为汉人官员,基于本土传统立场,据此要求继续禁限佛教。针对他的提议,国主石勒认为"佛是戎神,正所应奉"[①],表明他作为外族统治者,对外来佛教抱有本能的亲切感。他利用朝廷力量提倡佛教。著名的佛图澄则以"神异"赢得石勒、石虎崇信,不仅辅助朝政,在治国方面多所贡献,更建设起包括弟子道安等后来发挥巨大影响的名僧在内的有规模的僧团。他的活动也标志中国佛教发展史上的一个重大转折:此后北方诸国均积极庇护佛教,佛教则成为支持世俗统治的重要力量。道安所谓"不依国主,则法事难立",正显示僧团方面依附世俗政权的充分自觉;姚秦、符秦政权都把佛教当作国家事业加以支持和保护。这样,与南方由分散的高门士族支持僧团的形势不同,北方佛教处在强大的世俗政权的严格管束之下。

北魏立国,继承北方诸国对待佛教的方针。隶属于鲜卑族的拓跋部本是活动在漠北的弱小部族,四世纪中叶拓跋什翼犍在代北建立代国,始置百官,分掌众职,并任用汉人为臣僚,接受汉文化影响,遂初具国家规模。至前秦符坚建元十二年(376)攻破代国,其部落离散,后"淝水之战"符秦政权颠覆,什翼犍之孙太祖道武帝拓跋珪趁机纠合旧部,扩展实力,逐步发展为塞外强国,尽领今山西、河北地方,奠都平城(今山西大同);又经过四十余年经营,终于

---

① 《高僧传》卷九《晋邺中竺佛图澄传》,第 352 页。

统一黄河流域,与江东的刘宋王朝成对峙之势,正式形成历史上的南北朝局面。北魏出自漠北,本不识佛。拓跋珪平中山,经略燕、赵,史称其"所径郡国佛寺,见诸沙门、道士,皆致精敬,禁军旅无有所犯。帝好黄老,颇览佛经"。这也是承续北方少数族崇信"夷教"的传统。至太宗拓跋嗣践位,"遵太祖之业,亦好黄老,又崇佛法,京邑四方,建立图像,仍令沙门敷导民俗"。皇始(396—398)中,赵郡有沙门法果,诚行精至,被太祖招赴京师,后被任命为道人统,绾摄僧徒。这是北方设置僧官之始,象征佛教正式被置于朝廷管束之下。天兴元年(398)朝廷有诏曰:

> 夫佛法之兴,其来远矣。济益之功,冥及存没,神踪遗轨,信可依凭。其敕有司,于京城建饰容范,修整宫舍,令信向之徒,有所居止。

前面已经提到的沙门法果,一方面作为佛门领袖,受到朝廷崇重,另一方面又膺受朝命,俨然成为朝廷臣属。法果更主动向皇帝致敬,颂扬"皇帝即如来"。这不应只看作是诌媚言辞,实则体现一种观念,即把世俗统治与宗教权威统一起来,自觉地把僧团归属到专制朝廷之下。法果的这种态度和做法,与南方慧远僧团山居修道、标榜不事王侯的观念和行为正形成鲜明对比。

到太武帝拓跋焘时期的情况是:

> 世祖初即位,亦遵太祖、太宗之业,每引高德沙门,与共谈论。于四月八日,舆诸佛像,行于广衢,帝亲御门楼,临观散花,以致礼敬。

这样,朝廷与僧团结下密切关系。后来平定凉州,"徙其国人于京邑,沙门佛事皆俱东,象教弥增矣。寻以沙门众多,诏罢年五十已下者"[1]。后来经过魏武灭佛,文成帝恢复佛法,"诏有司为石像,令

---

[1]《魏书》卷一一四《释老志》,第3030—3032页。

如帝身。既成,颜上足下,各有黑石,冥同帝体上下黑子。论者以为纯诚所感。兴光元年(454)秋,敕有司于五级大寺内,为太祖已下五帝,铸释迦立像五,各长一丈六尺,都用赤金二万五千斤"①。当时"君主以统制佛教的方便,积极地进行这些措施,(帝王形象)采取佛教的形态,其实具有祖庙的性质"②。这是对法果"皇帝即如来"即把佛法与世俗权威相统合的观念的进一步肯定和发挥。

北魏文成以下诸帝,均大力弘扬佛教。继承他的献文帝拓跋弘敦信尤笃,每引沙门及谈玄之士,与论理要;孝文帝元宏于永宁寺举行一次法会就度男女僧尼百余人,少室山阴的少林寺就是他为西域沙门跋陀创立的;宣武帝元恪笃好佛理,每年常在禁中广集名僧,亲自讲解经论,等等。在最高统治者皇帝带动下,王公亲贵群趋影附如不及,宫中后妃出家为尼更成为风气。北方统治者崇佛,除了译经讲论,张扬佛法,更特别注重功德利益,因此凿窟造像又一时成风。孝文帝迁洛前在今大同附近造云冈石窟,迁洛后在洛阳伊阙造龙门石窟,这两处浩大工程都充分体现当时上流阶层信仰的虔诚和热忱。这样,北魏朝廷乃是支持和推动佛教发展的巨大动力。北魏分裂后的东、西魏和继承东魏的北齐,大体采取同样崇重佛教的方针。

北朝统治者如此尊崇佛教,完全是基于镇护国家的立场。因此在竭尽全力对佛教加以支持和保护的同时,又把它严格管束在国家统制之下。僧官制度就是这样由北魏创设的。朝廷也采取过一些整肃僧侣的措施。正因此,佛教急剧地扩展势力,形成的矛盾比起南方诸朝就带有更严重的对抗性质,结果造成两度禁毁。虽然两次禁毁措施都不能贯彻始终,但对佛教的打击还是相当严重的。特别是这种暴力禁毁作为对待佛教的一种政策来实施,更表

---

①《魏书》卷一一四《释老志》,第3036页。
②镰田茂雄《中国佛教通史》第3卷第341页。

明在中国的专制政治体制下世俗政权的绝对权威。这无论是作为政治实践，还是作为一种思想观念，在世俗政权和僧团两个方面都是严肃的经验、教训。就现实意义说，则每一度禁毁，都对于进一步调整佛教与世俗政权、与本土传统的关系起到一定的作用，其影响更是长远的。

二

先来看南朝辟佛情况。

佛教在中土所遭遇的冲突是多层面的。最直接与明显的，是教理、教义层面的，这主要体现为与中土传统思想、文化、礼仪、风俗等方面的矛盾；其次是社会结构层面的，主要是宗教神权与世俗政权的关系。思想、文化、礼仪、风俗层面的矛盾，通过交流、融合容易趋向缓和；与世俗政权的关系则由于外来佛教主动地表示屈从，也得以不断地调节。还有起初表现并不突出、实则更难以调和的是经济层面的矛盾。佛教势力膨胀，大量寺院建立起来，僧尼人数剧增，国家编户流失严重，直接削减国库赋税收入，也影响世俗地主阶层的利益。特别是在南北朝战乱频仍环境下，更成为关系王朝存亡和民众生计的严重问题。这样，对待佛教就不只关系信仰层面，亦成为朝廷施政的具体问题。而佛教自身越来越严重的腐败趋势，更突显出问题的迫切性。从而南、北王朝都采取一些禁限佛教的措施。如上所述，由于背景不同、环境不同，采取的具体方式也不同。

前面介绍关于"尽敬"争论时曾提到，东晋元兴元年（402），专朝政的桓玄曾提议整肃僧尼。在此之前，已曾下令调查沙门名籍。

当时僧人"频被州符求抄名籍，煎切甚急……索然不知何以自安"①。桓玄下教令说：

> 佛所贵无为，殷勤在于绝欲，而比者凌迟，遂失斯道。京师竞其奢淫，荣观纷于朝市；天府以之倾匮，名器为之秽黩。避役钟于百里，逋逃盈于寺庙，乃至一县数千，猥成屯落，邑聚游食之群，境积不羁之众。其所以伤治害政，尘滓佛教，固已彼此俱弊，寔污风轨矣。便可严下在所诸沙门，有能申述经诰、畅说义理者，或禁行修整、奉戒无亏、恒为阿练者，或山居养志、不营流俗者，皆足以宣寄大化，亦所以示物以道，弘训作范，幸兼内外。其有违于此者，皆悉罢遣。所在领其户籍，严为之制，速申下之并列上也。唯庐山道德所居，不在搜简之例。②

这里已明确指出当时僧团腐败情形，特别揭露其内部弥漫着奢侈淫逸之风，并形成流民的逋逃薮，因而成为国家施政的大问题。但教令又明确表示，对于僧尼中精研佛理或认真修行的，则给以宽免，特别是对于影响巨大的慧远僧团更加以优遇。后来桓玄被刘裕讨伐西奔，教令没能贯彻实行。但这却是历史上以朝廷力量整肃僧团的开端。

南朝如宋文帝元嘉十二年(435)丹阳尹萧摩之上奏章曰：

> 而自顷以来，情敬浮末，不以精诚为至，更以奢竞为重。旧宇颓弛，曾莫之修，而各务造新，以相夸尚。甲第显宅，于兹殆尽，材竹铜彩，糜损无极，无关神祇，有累人事。建中越制，宜加裁检，不为之防，流遁未息。请自今以后，有欲铸铜像者，

---

① 《与桓太尉论州符求沙门名籍书》，《弘明集》卷一二，《大正藏》第 52 卷第 85 页下。前已指出此文《弘明集》收录作者作支遁，而文章开头已表明写于隆安三年，不可能为支遁所作。
② 《桓玄辅政欲沙汰众僧与僚属教》，《弘明集》卷一二，《大正藏》第 52 卷第 85 页上。

> 悉诣台自闻；兴造塔寺精舍，皆先诣在所二千石通辞，郡依事列言本州；须许报，然后就功。其有辄造寺舍者，皆依不承用诏书律，铜宅林苑，悉没入官。①

这里特别提出造像、造寺的糜费，要求加以限制。铸造金属佛像主要用铜，这是铸钱的基本原材料，直接影响国家财源。但奏章开头已经肯定"形像塔寺"的教化意义，表明只是反对佛教的浮末奢侈而已。朝廷可其奏，沙汰沙门，罢道者数百人。

某些地方政府也有采取限制佛教举措的。如元嘉初，雍州刺史、襄阳新野二郡太守刘粹"在任简役爱民，罢诸沙门二千余人，以补府史"②；他的弟弟刘道济为益州刺史，元嘉九年（432），帛氐奴叛乱，曾"召集商贾及免道俗奴僮，东西胜兵可有四千人……婴城自守"③。兄弟二人为政采取类似措施，当与家族的文化背景有关系。

宋孝武帝大明二年（458），有昙标道人与羌人高阇谋反，朝廷因下诏：

> 佛法讹替，沙门混杂，未足扶济鸿教，而专成逋薮。加奸心频发，凶状屡闻，败乱风俗，人神交怨。可付所在，精加沙汰，后有违犯，严加诛坐。④

于是设诸条禁，沙门非戒行精苦者并使还俗。但由于诸寺尼出入宫掖，交关妃后，此制没能执行。

同一时期，建平王刘宏的中军录事参军周朗上书论政，其中说到：

> 自释氏流教，其来有源，渊检精测，固非深矣；舒引容润，

---

① 《宋书》卷九七《夷蛮传》，第 2386 页。
② 同上卷四五《刘粹传》，第 1380 页。
③ 同上，第 1381—1382 页。
④ 《宋书》卷九七《夷蛮传》，第 2386—2387 页。

既亦广矣。然习慧者日替其修,束诫者月繁其过,遂至糜散锦帛,侈饰车从。复假精医术,托杂卜数,延姝满室,置酒浃堂,寄夫托妻者不无,杀子乞儿者继有。而犹倚灵假像,背亲傲君,欺费疾老,震损宫邑,是乃外刑之所不容戮,内教之所不悔罪,而横天地之间,莫之纠察,人不得然,岂其鬼欤。今宜申严佛律,裨重国令,其疵恶显著者,悉皆能遣,余则随其艺行,各为之条,使禅义经诵,人能其一,食不过蔬,衣不出布。若应更度者,则令先习义行,本其神心,必能革腐人天,竦精以往者,虽侯王家子,亦不宜拘。[1]

这里也是指斥佛教内部风气败坏,要求加以整肃。此议同样不行。

宋明帝时有虞愿直接批评皇帝造寺:

> 帝以故宅起湘宫寺,费极奢侈。以孝武庄严刹七层,帝欲起十层,不可立,分为两刹,各五层。新安太守巢尚之罢郡还,见帝,曰:"卿至湘宫寺未? 我起此寺,是大功德。"(虞)愿在侧曰:"陛下起此寺,皆是百姓卖儿贴妇钱,佛若有知,当悲哭哀愍,罪高佛图,有何功德?"尚书令袁粲在坐,为之失色。帝乃怒,使人驱下殿,愿徐去无异容。[2]

虞愿的意见也没有被接受。刘宋一朝正是佛教大发展的时期。从见于历史记载的上述情形看,正是从这一时期即公元五世纪上半叶开始,佛教与世俗统治的矛盾逐渐突显出来,因而才相当密集地出现上述反佛言论和一些限制佛教的措施。

南朝政权更迭频繁,但战乱较少,经济不如北方那样残破,出家避役的情况亦略差。但到齐、梁时期,朝廷大肆崇佛。据法琳记载,南齐寺院两千零一十五所,僧尼三万二千五百人;至梁,寺院激

---

① 《宋书》卷八二《周朗传》,第 2100 页。
② 《南齐书》卷五三《虞愿传》,第 916 页。

增至两千八百四十六所,僧尼八万二千七百余人,仅都下就有寺七
百所①。齐武帝萧赜及诸王都以佞佛著称,永明十一年(493)朝廷
有诏:

> 显阳殿玉像诸佛及供养,具如别牒,可尽心礼拜供养之。
> 应有功德事,可专在中。自今公私皆不得出家为道,及起立塔
> 寺,以宅为精舍,并严断之。惟年六十,必有道心,听朝贤选
> 序,已有别诏。②

可见佞佛如萧赜,也认识到僧尼无限制地出家和逾制建造塔寺对
于社会的危害,因而要加以限制。特别是梁武佞佛,大兴佛寺,广
度僧尼,造成佛教势力极度膨胀,激起士大夫激烈批判的浪潮,说
理的批判也逐渐被大胆揭露和猛烈抨击所代替。抨击的内容主要
已不在思想、学理层面,更集中在揭露佛教对于政治、经济等国计
民生的祸害;所提出的则是根本改变经世济民的施政之道,而不只
是消极限制的个别措施。后面还将介绍齐梁之际范缜提出神灭
论,他尖锐指出"浮屠害政,桑门蠹俗",痛切指陈其结果会使"家家
弃其亲爱,人人绝其嗣续。致使兵挫于行间,吏空于官府,粟罄于
惰游,货殚于泥木。所以奸宄弗胜,颂声尚拥,惟此之故,其流莫
已,其病无限"③。范镇的《神灭论》是从理论基础上批判佛教空前
深入的鸿文,其内容特点之一是同时从政治上对于佛教"害政"、
"蠹俗"加以声讨。这两者并重成为他反佛斗争的重大优长。大约
在此前后,又有道士托张融之名作《三破论》,指斥佛教入国破国、
入家破家、入身破身,对于佛教现实政治方面的危害的抨击同样十
分激烈。

　　对佛教批判的声浪随朝廷佞佛深重掀起高潮。梁武帝时有郭

①《辩正论》卷三《十代奉佛篇》,《大正藏》第52卷第503页上－中。
②《南齐书》卷三《武帝本纪》,第62页。
③《梁书》卷四八《范缜传》,第670页。

祖深，为南梁郡丞，徙后军行参军，舆榇上书，中谓：

> 都下佛寺五百余所，穷极宏丽。僧尼十余万，资产丰沃。
> 所在郡县，不可胜言。道人又有白徒，尼则皆畜养女，皆不贯
> 人籍，天下户口几亡其半。而僧尼多非法，养女皆服罗纨，其
> 蠹俗伤法，抑由于此。请精加检括，若无道行，四十已下，皆使
> 还俗附农。罢白徒养女，听畜奴婢。婢唯着青布衣，僧尼皆令
> 蔬食。如此，则法兴俗盛，国富人殷。不然，恐方来处处成寺，
> 家家剃落，尺土一人，非复国有。[①]

他又有封事说：

> 臣见疾者诣道士则劝奏章，僧尼则令斋讲，俗师则鬼祸须
> 解，医诊则汤熨散丸，皆先自为也。臣谓为国之本，与疗病相
> 类，疗病当去巫鬼，寻华、扁，为国当黜佞邪，用管、晏。今之所
> 任，腹背之毛耳。论外则有勉、舍，说内则有云、旻。云、旻所
> 议则伤俗盛法，勉、舍之志唯愿安枕江东。[②]

这里的"勉、舍"，指徐勉、周舍，都是信佛大臣；"云、旻"则指光泽寺
法云、庄严寺僧旻，列名于梁武帝朝的"三大法师"之中。他把矛头
直接指向这些教内外领袖人物。他的论奏基本不涉及信仰和观念
层面，集中在揭露佛寺逾制，僧尼腐败，尖锐指出形势如不加遏制，
对于国计民生会造成如何严重的后果。

接着有荀济，与梁武帝本布衣相知。及梁台建，不得志，常怀
悒怏二十余载。见到梁武佞佛，寺像崇盛，以八十高龄上书，指斥
佛教贪淫，奢侈妖妄，又讥刺建造同泰寺营费太甚，必为灾患。其
长长的表章是对佛教弊害空前详尽的揭露和抨击。特别如钱锺书
所说：当初周朗、郭祖深等人批评佛教，"并非辟佛废释"，"只斥僧

---

①②《南史》卷七○《郭祖深传》，第 1721－1722 页。

寺之流弊而不攻佛法为异端”，苟济则“一概摈弃”①。奏章首先
指出：

> 三坟五典，帝皇之称首；四维六纪，终古之规模。及汉武
> 祀金人，黄新以建国；桓、灵祀浮图，阉竖以控权。三国由兹鼎
> 峙，五胡仍其荐食，衣冠奔于江东，戎教兴于中壤。使父子之
> 亲隔，君臣之义乖，夫妇之和旷，友朋之信绝，海内散乱，三百
> 年矣。

这里把汉代以来国家分裂动乱的原因归之于佛教。他对佛教极尽
丑诋，詈佛陀为“胡鬼”，骂僧侣为“贼秃”，等供奉为“谄祭淫祀”。
他更具体提出五“不取”。首先据《汉书·西域传》加以臆断，说“释
种”本是当年居住敦煌被月支逐出的塞种，“不行忠孝仁义，贪诈甚
者，号之为佛。佛者，戾也，或名为勃。勃者，乱也，而陛下以中华
之盛胄，方尊姚、石羌胡之轨躅”，此为“不取一也”。又根据佛传传
说，指斥佛陀“剖胁而诞”、“背父叛君”、“变革常道”等等是“不行忠
孝”，“不取者二也”。苟济又提出所谓五“不经”：“今僧尼不耕不
偶，俱断生育，傲君陵亲，违礼损化，一不经也。”“凡在生灵，夫妇配
合，产育男女，胡法反之，多营泥木，专求布施，宁非臣庶，二不经
也。”“奸胡矫诈，自称大觉，而比丘徒党，行淫杀子，僧尼悉然。害
蝼蚁而起浮图，费财力而构堂宇。若牟尼能照而故纵淫杀，便是诈
称慈悲，徒能照而不能救；又是大觉于群生无益，而天下不觉，三不
经也。”“胡法悭贪，惟财是与，直是行三毒而害万方，未见修六度而
隆三宝，四不经也。”“佛家遗教，不耕垦田，不贮财谷，乞食纳衣，头
陀为务。今则不然，数十万众，无心兰若，从教不耕者众，天下有饥
乏之忧。违教设法不行，何须此法，进退未为尽理，五不经也。”这
则作为“不取”之三。他又集中攻击僧侣贪淫，列为十等：

---

① 《管锥编》第 4 册第 1455—1456 页。

> 僧出寒微，规免租役，无期诣道，志在贪淫，窃盗华典，倾夺朝权。凡有十等：一曰营缮广厦，僭拟皇居也；二曰兴建大宅，庄饰胡像，僭比明堂宗祐也；三曰，广译妖言，劝行流布，轹帝王之诏敕也；四曰交纳泉布，卖天堂五福之虚果，夺大君之德赏也；五曰豫征收赎，免地狱六极之谬殃，夺人主之刑罚也；六曰自称三宝，假托四依，坐傲君王，此取威之术也；七曰，多建寺像，广度僧尼，此定霸之基也；八曰三长六纪，四大法集，此别行正朔，密行征发也；九曰设乐以诱愚小，俳优以招远会，陈佛土安乐，斥王化危苦，此变俗移风征租税也；十曰法席聚会，邪谋变通，称意赠金，毁破遭谤，此吕尚之六韬秘策也。凡此十事，不容有一，萌兆微露，即合诛夷。今乃恣意流行，排我王化，方又击鸿钟于高台，期阙庭之箭漏，挂旛盖于长刹，仿充庭之卤簿，征玉食以斋会，杂王公之享燕，唱高越之赞呗，象食举之登歌，叹功德则比陈词之祝史，受儭施则等束帛之等差，设威仪则效旌旗之文物。凡诸举措，窃拟朝仪云云。

是为"四不取"。荀济更把矛头直接指向梁武帝：

> 陛下以因果有必定之期，报应无迁延之业，故崇重像法，供施弥隆，劳民伐木，烧掘蝼蚁，损伤和气，岂顾大觉之慈悲乎！胡鬼堪能致福，可废儒道；释秃足能除祸，屏绝干戈。今乃重关以备不虞，击柝以争空地，杀蝼蚁而营功德，既乖释典；崇妖邪而行谄祭，又亏名教。五尺牧竖，犹知不疑，四海之尊，义无二三其德。臣为陛下不取五也。

文章最后说：

> 宋、齐两代，重佛敬僧，国移庙改者，但是佛妖僧伪，奸诈为心，堕胎杀子，昏淫乱道，故使宋、齐磨灭。今宋、齐寺像见在，陛下承事，则宋、齐之变，不言而显矣。今僧尼坐夏，不杀蝼蚁者，爱含生之命也，而傲君父、妄仁于昆虫也；堕胎杀子，

反养于蚊虻也。夫易者,君臣、夫妇、父子,三纲六纪也。今释
氏君不君乃至子不子,纲纪紊乱矣。①

书奏,梁武大怒,召集朝士,拟加显戮。荀济密逃到北方的东魏,又
欲匡正孝静帝,事露,被北齐文襄烧杀之。

仔细分析荀济这篇奏章,实际上陈义匪高,也并没有做更深入
的理论上的分析、辩驳,而主要集中在揭露僧团贪淫,结穴则指出
朝廷特别是梁武帝本人崇佛的严重后果。作为一篇声讨佛教的檄
文,其主旨不在辩论教理的对错,而是空前全面地指出佛教膨胀所
造成的危害和统治者佞佛的严重后果,从而要求采取措施加以禁
限,把着眼点放在改革行政方面。这成为荀济论奏的特点和优点。
他的文章与范缜《神灭论》侧重理论辨析截然不同,二者正可相互
补充。

后来陈朝讨伐北周失利,朝廷也曾拟检括无籍僧侣。杭州灵
隐寺真观作《与徐仆射领军述役僧书》,说到“伏见今者皇华奉宣严
宪,凡是僧尼之类,不书名籍之者,并令捐兹法戒,就此黎民,去彼
伽蓝,归其里闬”②。陈后主太建十四年夏四月庚子有诏曰:“僧尼
道士,挟邪左道,不依经律,民间淫祀袄书诸珍怪事,详为条制,并
皆禁绝。”③陈王朝和梁代同样崇佛,形势所迫也不得不采取局部的
限制措施。

以上是南朝辟佛情况。正如前面指出的,当时佛教义学发达,
诸师说竞兴,中国佛教在教理方面正取得长足进展。但反佛方面
却很少有人能够从理论层面、文化层面进行有力的批判。如范缜
那样作出有深度理论分析的只是绝无仅有的个别人。多数辟佛文

---

① 《叙列代王臣滞惑解下》,《广弘明集》卷七,《大正藏》第 52 卷第 128 页下 -
　　131 页下中。
② 《广弘明集》卷二四,《大正藏》第 52 卷第 277 页上。
③ 《陈书》卷六《后主本纪》,第 108 页。

字在论理上都显得肤浅,着眼于僧尼腐败、寺院糜费等现象,往往又并不是针对佛教本身。因而这些批评文字的实际效用是有限的。当然它们对于遏制佛教无限制地膨胀、对于制止僧团的腐败趋势也起到一定作用,更给后世反佛提供了借鉴。另有一个相当重要的客观作用在促进佛教僧团自身的整肃,也促使佛教方面更自觉地对待无限制膨胀所造成的各方面矛盾。从更长远的角度看,后来律宗出现,强化戒律的研究;禅宗出现,直截地反对度僧造寺的有为功德,以致制造出达摩对答梁武帝"无利无功德"公案,在观念上和实践上都与南朝对佛教的批判有一定关系。

三

　　北朝在国家严格管制之下的佛教,与世俗政权矛盾激化到一定程度时,就会遭到严厉的处置。早在石赵时期,石虎已有沙汰僧人之议:

　　　　(佛图)澄道化既行,民多奉佛,皆营造寺庙,相竞出家,真伪混淆,多生愆过。虎下书问中书曰:"佛号世尊,国家所奉,里闾小无爵秩者,为应得事佛与不?又沙门皆应高洁贞正,行能精进,然后可为道士。今沙门甚众,或有奸宄避役,多非其人,可料简详议。"①

此议被臣下制止,没有实行。北凉沮渠蒙逊本来信佛,承玄二年(429)济河伐西秦乞伏暮末于抱罕,以世子兴国为前驱,为暮末军所败,兴国被擒。后乞伏失守,暮末与兴国俱被夏赫连定俘获,后

───────────

①《高僧传》卷九《晋邺中竺佛图澄传》,第 352 页。

为吐谷浑所破，兴国遂为乱兵所杀。蒙逊大怒，谓事佛无应，即遣斥沙门，五十已下皆令罢道。蒙逊先前曾为母亲造丈六石像，据传石像泣涕流泪，又有昙无谶言致谏，遂改心而悔①。这是北朝首次毁佛的尝试。

历史上第一次大规模毁佛是北魏太武帝拓跋焘施行的。拓跋焘继位，改年号为始光元年（424），距道武帝拓跋珪奠都平城（天兴元年，398）仅二十几年。继位初，亦循前朝旧制，尊礼佛教，每引高德沙门与共谈论。正值这一时期，天师道道士寇谦之活跃于北方，并迅速扩大影响。

寇谦之（365—448），士族出身，"早好仙道，有绝俗之心。少修张鲁之术，服食饵药"，又遇到"仙人"成公兴，预言他"未便得仙，政可为帝王师耳"。据说他在神瑞二年（415）于嵩山接遇太上老君，被授以"天师"之位并《云中音诵新科之诫》二十卷。老君指示他"清整道教，除去三张伪法，租米钱税，及男女合气之术"②。这在道教史上是规范教团、提升其文化层次的划时代的大事件。时有崔浩（381—450），出身北方著名士族清河崔氏，少好文学，博览经史，是北魏朝廷倚重的汉人政治家。宋永初三年（魏泰常七年，422），武帝刘裕病死，北魏拓跋嗣乘机攻宋，崔浩以相州刺史随军为谋主。次年，及军还，车驾至西河、太原，崔浩遇到天师寇谦之，"闻其论古治乱之迹，常自夜达旦"。谦之谓浩曰："吾行道隐居，不营世务，忽受神中之诀，当兼修儒教，辅助泰平真君，继千载之绝统。而学不稽古，临事暗昧。卿为吾撰列王者治典，并论其大要。"拓跋嗣死，子焘立，是为世祖太武帝。左右忌浩正直，共排毁之。他既不得志，"因欲修服食养性之术，而寇谦之有《神中录图新经》，浩因师之"③。始光元年（424），寇谦之道经平城，晋见道武帝，并奉献神

①参阅《高僧传》卷二《晋河西昙无谶传》，第78页。
②《魏书》卷一一四《释老志》，第3049—3051页。
③同上卷三五《崔浩传》，第814—815页。

书,朝野闻之,并没有重视。时值崔浩复出,进爵东郡公,拜太常卿,神䴥四年(431)迁司徒,受到重用,举凡朝廷礼仪,军国诏书,无不关掌。在他的鼓动下,寇谦之赢得太武帝信重。太延六年(440),寇谦之声称太上老君复降,授太武帝以"太平真君"之号,遂改年号为"太平真君";又二年,太武帝亲受道箓,封寇谦之为国师。北魏统治者器重崔浩和寇谦之,重视儒学和道教,客观上具有力图融入中原文化传统的意义。而拓跋部这样一个起自漠北的部落,在战争中扩大实力,对于具有高度文化内涵的佛教本来较少了解,更易于接受仙道方术之类功利意味浓厚的道教。

　　寇谦之经常在太武帝面前非毁佛教,指斥其虚诞,为世费害。加上太武帝正锐志武功,不满于沙门逾滥,寺院繁费,遂有太延四年(438)诏命"罢沙门年五十已下"①之举。《通鉴》胡三省注谓"以其强壮,罢使为民,以从征役"②。当时又正值北魏境内祸乱频繁,需要人丁服役,大量丁口出家使佛教与朝廷的矛盾更形尖锐。这成为灭佛的重要动因。六年以后的太平真君五年(444),朝廷又下令禁止官吏和百姓私自供养沙门,进一步沙汰游行四方的僧人。时有诏曰:

　　　　愚民无识,信惑妖邪,私养师巫,挟藏谶记、阴阳、图纬、方伎之书;又沙门之徒,假西戎虚诞,生致妖孽。非所以壹齐政化,布淳德于天下也。自王公已下至于庶人,有私养沙门、师巫及金银工巧之人在其家者,皆遣诣官曹,不得容匿。限今年二月十五日,过期不出,师巫、沙门身死,主人门诛。明相宣告,咸使闻知。③

到太平真君(446)六年九月,卢水胡盖吴在杏城(今陕西黄陵)起

―――――――――

①《魏书》卷四上《世祖纪上》,第 88 页。
②《资治通鉴》卷一二三《宋纪五》,第 3867 页。
③《魏书》卷四下《世祖纪下》,第 97 页。

义,上表归宋,各族民众群起响应,声势浩大,关中骚动。太武帝率军西征,"先是,长安沙门种麦寺内,御驺牧马于麦中,帝入观马。沙门饮从官酒,从官入其便室,见大有弓矢矛盾,出以奏闻。帝怒曰:'此非沙门所用,当与盖吴通谋,规害人耳!'命有司案诛一寺,阅其财产,大得酿酒具及州郡牧守富人所寄藏物,盖以万计。又为屈室,与贵室女私行淫乱。帝既忿沙门非法,浩时从行,因进其说。诏诛长安沙门,焚破佛像,敕留台下四方,令一依长安行事"①。当时太子拓跋晃监国,素敬佛道,虽一再启请,阻遏滥杀沙门、毁坏图像,不许。太平真君七年三月又下诏书说:

> 昔后汉荒君,信惑邪伪,妄假睡梦,事胡妖鬼,以乱天常,自古九州之中无此也。夸诞大言,不本人情。叔季之世,暗君乱主,莫不眩焉。由是政教不行,礼义大坏,鬼道炽盛,视王者之法,蔑如也。自此以来,代经乱祸,天罚亟行,生民死尽,五服之内,鞠为丘墟,千里萧条,不见人迹,皆由于此。朕承天绪,属当穷运之弊,欲除伪定真,复羲农之治。其一切荡除胡神,灭其踪迹,庶无谢于风氏矣。自今以后,敢有事胡神及造形像泥人、铜人者,门诛。虽言胡神,问今胡人,共云无有。皆是前世汉人无赖子弟刘元真、吕伯强之徒,接乞胡之诞言,用老庄之虚假,附而益之,皆非真实。至使王法废而不行,盖大奸之魁也。有非常之人,然后能行非常之事。非朕孰能去此历代之伪物!有司宣告征镇诸军、刺史,诸有佛图形像及胡经,尽皆击破焚烧,沙门无少长悉坑之。②

诏命一直下达给各州刺史,命令对沙门严加缉拿,一律坑杀,"胡经"、图像等全部焚毁。《高僧传》记载:

_____

①《魏书》卷一一四《释老志》,第 3033—3034 页。
②同上,第 3034—3035 页。

以伪太平七年（公元四四六年），遂毁灭佛法。分遣军兵，烧掠寺舍，统内僧尼，悉令罢道。其又窜逸者，皆遣人追捕，得必枭斩。一境之内，无复沙门。[①]

《南齐书》也记载：

初，佛狸讨羯胡于长安，杀道人且尽。及元嘉南寇，获道人，以铁笼盛之。[②]

这样，毁佛行动雷厉风行，十分严厉。北地佛法，一时遂绝。从毁佛诏书用语看，作为鲜卑族拓跋部的北魏统治者，斥佛陀为"胡神"，已俨然以中土礼乐政教传统的继承者和捍卫者自居，透露出这次毁佛具有维护本土文化传统的意义；而特别禁限制作图像，则显然又是出于经济方面的考虑。道教方面对于这次毁佛只能说是起到一种助力，所以毁佛不能归结为单纯的佛、道斗争。

这次毁佛时间短暂，正平二年（452）三月，拓跋焘死，中常侍宗爱矫皇后令，立南安王拓跋余；同年十月殿中尚书长孙渴侯立皇孙拓跋濬，改元兴安，是为文成帝。当初诏命毁佛，赖拓跋晃缓宣诏书，一些沙门得以逃匿，经像得以秘藏。后来禁限稍弛，僧俗笃信者秘密修习读诵，只是在京城还不能张扬。至文成帝践祚，立即下诏恢复佛教，中谓：

……释迦如来，功济大千，惠流尘境，等生死者叹其达观，览文义者贵其妙明，助王政之禁律，益仁智之善性，排斥群邪，开演正觉。故前代已来，莫不崇尚，亦我国家常所尊事也……朕承洪绪，君临万邦，思述先志，以隆斯道。今制诸州郡县，于众居之所，各听建佛图一区，任其财用，不制会限。其好乐道法，欲为沙门，不问长幼，出于良家，性行素笃，无诸嫌秽，乡里

[①]《高僧传》卷一〇《宋伪魏长安释昙始传》，第386页。

[②]《南齐书》卷五七《魏虏传》，第990页。

所明者,听其出家。率大州五十,小州四十人,其郡遥远台者
十人。各当局分,皆足以化恶就善,播扬道教也。①

这样,天下承风,佛教很快得到恢复。毁佛前后六年,虽然打击极
其严酷,但时间短暂,特别是佛教当时在民众间已有牢固基础,社
会上也已形成强大势力,统治集团内部意见亦不一致,也就不能动
摇其根基。不过这次由朝廷发动毁佛的酷烈行动,开启专制皇权
以强力灭佛的先例,也表明在中国皇权体制下,朝廷具有决定佛教
存亡的力量。从长远看,对于调整佛教与世俗统治的关系起到了
震慑、胁迫作用。

四

　　北魏孝文帝在位期间(471—499),大力振兴佛教。经过长期
战乱,民不聊生,当时更多的流民为避难而出家,僧尼数量激增。
佛教势力急剧扩张,造成社会危机越发严重。太和元年(477),“京
城内寺新旧且百所,僧尼二千余人,四方诸寺六千四百七十八,僧
尼七万七千二百五十八人”。十六年朝廷有诏曰:“四月八日、七月
十五日,听大州度一百人为僧尼,中州五十人,下州二十人,以为常
准,著于令。”不断如此大规模度僧,至延昌(512—515)中,“天下州
郡僧尼寺,积有一万三千七百二十七所,徒侣逾众”。就是说,四十
年左右寺院数量翻了一番。“正光(520—525)已后,天下多虞,王
役尤甚,于是所在编民,相与入道,假慕沙门,实避调役,猥滥之极,
自中国之有佛法,未之有也。略而计之,僧尼大众二百万矣,其寺

---

①《魏书》卷一一四《释老志》,第 3035—3036 页。

三万有余。"①杨衒之的《洛阳伽蓝记》描述洛阳一地情况,他说北魏立国之后,"王侯贵臣,弃象马如脱屣;庶士豪家,舍资财若遗迹。于是招提栉比,宝塔骈罗,争写天上之姿,竞摹山中之影"②。洛阳兴盛时期,佛寺达一千三百六十七所。天平元年(534)迁都邺城,洛阳残破,仍有佛寺四百二十一所。北齐刘昼上书,也说到"佛法诡诳。避役者以为林薮","今僧尼二百许万"③。人丁和赋税本是国家经济运转的基础,户口如此严重流失,必造成直接关系国家存亡的重大危机。面对这样严重的形势,社会上排佛声浪此起彼伏,朝廷不得不制定僧尼法禁,采取一些清整措施。

早在延兴二年(472)夏四月朝廷已有诏曰:

> 比丘不在寺舍,游涉村落,交通奸猾,经历年岁。令民间五五相保,不得容止。无籍之僧,精加隐括,有者送付州镇,其在畿郡,送付本曹。若为三宝巡民教化者,在外赍州镇维那文移,在台者赍都维那等印牒,然后听行。违者加罪。④

这是限制僧人在社会上活动,并检括无籍者。又诏曰:

> 内外之人,兴建福业,造立图寺,高敞显博,亦足以辉隆至教矣。然无知之徒,各相高尚,贫富相竞,费竭财产,务存高广,伤杀昆虫含生之类。苟能精致,累土聚沙,福钟不朽。欲建为福之因,未知伤生之业。朕为民父母,慈养是务。自今一切断之。⑤

这是限制造寺烦费。太和十年(486)冬,有司又奏:

> 前被敕以勒籍之初,愚民侥幸,假称入道,以避输课,其

①《魏书》卷一一四《释老志》,第3039、3042、3048页。
②《洛阳伽蓝记校注·原序》,第1页。
③《叙列代王臣滞惑解上》,《广弘明集》卷六,《大正藏》第52卷第128页上、中。
④⑤《魏书》卷一一四《释老志》,第3038页。

无籍僧尼罢遣还俗。重被旨，所检僧尼，寺主、维那当寺隐审。其有道行精勤者，听仍在道；为行凡粗者，有籍无籍，悉罢归齐民。今依旨简遣，其诸州还俗者，僧尼合一千三百二十七人。①

奏可。这是对粗行僧尼采取强迫还俗措施。十六年诏：

> "四月八日、七月十五日，听大州度一百人为僧尼，中州五十人，下州二十人，以为常准，著于令。"十七年，诏立僧制四十七条。②

这里诏命佛诞日和中元节朝廷度僧，但又制定"僧制"，即在佛教内律之外，朝廷制定管束僧人的普通法，把僧人更严格地纳入到国家法律管束之下。

孝文帝一朝采取这些限制僧侣活动、检括无籍僧尼的措施，与这一时期各地连续不断地爆发僧侣领导的民众造反有关系。而这些造反又往往是以畸形膨胀的僧团为群众基础的。当时出家为僧的人多数是破产流民。孝文帝初年卢渊上疏中说：

> 臣又闻流言，关右之民，自比年以来，竞设斋会，假称豪贵，以相扇惑。显然于众坐之中，以谤朝廷。无上之心，莫此之甚。愚谓宜速惩绝，戮其魁帅。不尔惧成黄巾、赤眉之祸。育其微萌，不芟之毫末，斧斤一加，恐蹈害者众。③

正是在这样的环境下，太和年间先后于五年（481）、十四年（490）发生沙门法秀和沙门司马惠卿的叛乱。后来宣武帝统治时期发生的十次有规模的民众起事，僧侣领导的就有六次。这也成为统治者采取禁限佛教措施的重要原因。

宣武帝元恪佞佛，时有治书侍御史阳固对答有关政治得失的

---

① ②《魏书》卷一一四《释老志》，第 3039 页。
③ 同上卷四七《卢玄传附卢渊传》，第 1048 页。

询问,奏章中要求"省徭役,薄赋敛,修学官,遵旧章,贵农桑,贱工贾,绝谈虚穷微之论,简桑门无用之费,以存元元之民,以救饥寒之苦"①;又中书侍郎裴延儁,也以宣武帝专心释典,不事坟籍,上疏谏曰:

> 陛下道悟自深,渊鉴独得,升法座于宸闱,释觉善于日宇,凡在听瞩,尘蔽俱开。然《五经》治世之模,六籍轨俗之本,盖以训物有渐,应时匪妙,必须先粗后精,乘近即远。伏愿经书玄览,孔释兼存,则内外俱周,真俗斯畅。②

这都是对皇帝佞佛直接提出批评,但并不是反对佛教。宣武帝在洛阳,永平元年(508)秋有诏曰:

> 缁素既殊,法律亦异。故道教彰于互显,禁劝各有所宜。自今已后,众僧犯杀人已上罪者,仍依俗断,余犯悉付昭玄,以内律僧制治之。

这进一步规定僧人犯杀人以上重罪按一般法律处置,其余罪行依"僧制"处理。二年冬,沙门统惠深上言:

> 僧尼浩旷,清浊混流,不遵禁典,精粗莫别。辄与经律法师群议立制:诸州、镇、郡维那、上坐、寺主,各令戒律自修,咸依内禁,若不解律者,退其本次。又,出家之人,不应犯法,积八不净物。然经律所制,通塞有方。依律,车牛净人,不净之物,不得为己私畜。唯有老病年六十以上者,限听一乘。又,比来僧尼,或因三宝,出贷私财。缘州外。又,出家舍著,本无凶仪,不应废道从俗。其父母三师,远闻凶问,听哭三日。若在见前,限以七日。或有不安寺舍,游止民间,乱道生过,皆由此等。若有犯者,脱服还民。其有造寺者,限僧五十以上,启

①《魏书》卷七二《阳尼传附阳固传》,第1604页。
②同上卷六九《裴延儁传》,第1529页。

闻听造。若有辄营置者,处以违敕之罪,其寺僧众摈出外州。
僧尼之法,不得为俗人所使。若有犯者,还配本属。其外国僧
尼来归化者,求精检有德行合三藏者听住,若无德行,遣还本
国,若其不去,依此僧制治罪。①

诏从之。惠深提出的是僧团内部有关执行戒律的问题,却请求朝
命加以决定,可见朝廷对于僧团管制的力度。

　　孝明帝元诩即位时(延昌四年,515)年仅七岁,不亲视朝,母亲
胡太后临朝。她过崇佛法,郊庙之事多委之有司。熙平元年
(516),胡太后造永宁寺,又在伊阙口开凿石窟寺。先是,世宗造瑶
光寺,未就,均极度繁费。时有扬州刺史李崇上表谓:

　　高祖迁都垂三十年,明堂未修,太学荒废,城阙府寺颇亦
颓坏,非所以追隆堂构,仪刑万国者也。今国子虽有学官之
名,而无教授之实,何异兔丝、燕麦,南箕、北斗! 事不两兴,须
有进退,宜罢尚方雕靡之作,省永宁土木之功,减瑶光材瓦之
力,分石窟镌琢之劳,及诸事役非急者,于三时农隙修此数条,
使国容严显,礼化兴行,不亦休哉!②

胡太后优令答之,但不用其言。由于胡太后好佛,民间多绝户为沙
门,又有高阳王友李场上言:

　　三千之罪莫大于不孝,不孝之大无过于绝祀,岂得轻纵背
礼之情,肆其向法之意,一身亲老,弃家绝养,缺当世之礼而求
将来之益! 孔子云:“未知生,焉知死?”安有弃堂堂之政而从
鬼教乎! 又,今南服未静,众役仍烦,百姓之情,实多避役,若

---

① 《魏书》卷一一四《释老志》,第 3040—3041 页。“出贷私财”下“缘外州”三字
文意不相连,疑有脱讹,《册府元龟》作“自此不得更尔”。
② 《资治通鉴》卷一四八《梁纪四》,第 4628—4629 页。

复听之,恐捐弃孝慈,比屋皆为沙门矣。①

当时都统僧遒等忿场称"鬼教",以为谤佛,泣诉于胡太后,太后责罚李场金一两。上述二人上疏谏净,都在佞佛的胡太后当政时,又都是针对朝廷行政的。李崇要求罢除修建寺窟的糜费,建议节减经费修建国学;李场则希望制止民众避役流亡为沙门,恢复慈孝的伦理。熙平二年(517)春,太后有令曰:

> 年常度僧,依限大州应百人者,州郡于前十日解送三百人,其中州二百人,小州一百人。州统、维那与官及精练简取充数。若无精行,不得滥采。若取非人,刺史为首,以违旨论,太守、县令、纲僚节级连坐,统及维那移五百里外异州为僧。自今奴婢悉不听出家,诸王及亲贵,亦不得辄启请。有犯者,以违旨论。其僧尼辄度他人奴婢者,亦移五百里外为僧。僧尼多养亲识及他人奴婢子,年大私度为弟子,自今断之。有犯还俗,被养者归本等。寺主听容一人,出寺五百里,二人千里。私度之僧,皆由三长罪不及己,容多隐滥。自今有一人私度,皆以违旨论。邻长为首,里、党各相降一等。县满十五人,郡满三十人,州镇满三十人,免官,僚吏节级连坐。私度之身,配当州下役。②

这是限制私度的规定,可见私度所造成后果之严重,佞佛如胡太后也不得不以朝命加以干涉。然而史称"时法禁宽褫,不能改肃也"。

神龟元年(518)司空公、尚书令、任城王元澄(467—520)鉴于"灵太后锐于缮兴,在京师则起永宁、太上公等佛寺,功费不少,外州各造五级佛图。又数为一切斋会,施物动至万计。百姓疲于土木之功,金银之价为之踊上,削夺百官事力,费损库藏,兼曲贲左

---

① 《资治通鉴》卷一四八《梁纪四》,第 4629 页。
② 《魏书》卷一一四《释老志》,第 3042—3043 页。

右,日有数千",上表谏净削减营造,节省功力。谏表中有谓"今墉
雉素修,厩库崇列,虽府寺胶塈,少有未周,大抵省府粗得庇憩理
务,诸寺灵塔俱足致虔讲道。唯明堂辟雍,国礼之大。来冬司徒兵
至,请筹量减彻,专力经营,务令早就。其广济数施之财,酬商互市
之弊,凡所营造,自非供御切须,戎仗急要,亦宜微减,以务阜积,庶
府无横损,民有全力"①。任城王元澄本是虔诚信仰者,然而他揭露
佛教所造成社会危机却如此沉痛,要求加以整肃的心情表达得也
特别迫切。在他去世前一年,更上长篇奏章,专事揭露私造寺庙,
滥度僧尼的弊端,其中说:

　　……然比日私造,动盈百数。或乘请公地,辄树私福;或
启得造寺,限外广制。如此欺罔,非可稍计。臣以才劣,诚忝
工务,奉遵成规,裁量是总。所以披寻旧旨,研究图格,辄遣府
司马陆昶、属崔孝芬,都城之中及郭邑之内检括寺舍,数乘五
百,空地表刹,未立塔宇,不在其数。民不畏法,乃至于斯!自
迁都已来,年逾二纪,寺夺民居,三分且一。高祖立制,非徒欲
使缁素殊途,抑亦防微深虑。世宗述之,亦不锢禁营福,当在
杜塞未萌。今之僧寺,无处不有。或比满城邑之中,或连溢屠
沽之肆,或三五少僧,共为一寺。梵唱屠音,连檐接响,像塔缠
于腥臊,性灵没于嗜欲,真伪混居,往来纷杂。下司因习而莫
非,僧曹对制而不问。其于污染真行,尘秽练僧,薰莸同器,不
亦甚欤!往在北代,有法秀之谋;近日冀州,遭大乘之变。皆
初假神教,以惑众心,终设奸诳,用逞私悖。太和之制,因法秀
而杜远;景明之禁,虑大乘之将乱。始知祖宗睿圣,防遏处深。
履霜坚冰,不可不慎。昔如来阐教,多依山林,今此僧徒,恋著
城邑。岂湫隘是经行所宜,浮喧必栖禅之宅,当由利引其心,
莫能自止。处者既失其真,造者或损其福,乃释氏之糟糠,法

①《魏书》卷一一九中《景穆十二王列传·任城王传》,第479—480页。

中之社鼠，内戒所不容，王典所应弃矣。非但京邑如此，天下州、镇僧寺亦然。侵夺细民，广占田宅，有伤慈矜，用长嗟苦。且人心不同，善恶亦异。或有栖心真趣，道业清远者；或外假法服，内怀悖德者。如此之徒，宜辨泾渭。若雷同一贯，何以劝善……①

这里相当细致地揭露了当时僧团窳败的情况。时有张普惠，善文学，为任城王元澄所信重，其书奏多出于普惠手笔。他本人也曾上疏说：

伏惟陛下……告朔朝庙，不亲于明堂；尝禘郊社，多委于有司。观射游苑，跃马骋中，危而非典，岂清跸之意。殖不思之冥业，捐巨费于生民。减禄削力，近供无事之僧；崇饰云殿，远邀未然之报。昧爽之臣，稽首于外；玄寂之众，遨游于内。愆礼忤时，人灵未穆。愚谓从朝夕之因，求祇劫之果，未若先万国之忻心，以事其亲，使天下和平，灾害不生者也。伏愿淑慎威仪，万邦作式，躬致郊庙之虔，亲纡朔望之礼，释奠成均，竭心千亩，明发不寐，洁诚禋祼。孝悌可以通神明，德教可以光四海，则一人有喜，兆民赖之。然后精进三宝，信心如来。道由礼深，故诸漏可尽；法随礼积，故彼岸可登。量撤僧寺不急之华，还复百官久折之秩。已兴之构，务从简成；将来之造，权令停息。仍旧亦可，何必改作。庶节用爱人，法俗俱赖。②

如元澄这样虔信佛教的权贵，也出面指斥佞佛愚妄，揭露事佛的祸患，可见佛教过分膨胀对于国计民生造成危机之严重。后来杨衒之作《洛阳伽蓝记》，记述北魏兴盛时期洛阳佛寺建筑盛况，集中描述寺宇穷极壮丽，王公竞相营造，侵渔百姓，糜烂政治，其主旨也是

---

①《魏书》卷一一四《释老志》，第 3044-3046 页。
②同上卷七八《张普惠传》，第 1737-1738 页。

同样的。

这一时期又有高谦之（486—527），初为奉朝请，转国子博士，著有《凉书》十卷，已佚，曾上疏朝廷曰：

> 释氏之化，闻其风而悦之。义生天地之外，词出耳目之表，斯奖教之洪致，九流之一家。而好之既深，则其术亦高。而图寺极壮，穷海陆之财，造者弗吝金碧，殚生民之力。岂大觉之意乎！然至敬无文，至神不饰。未能尽天下之牲，故祭天以茧栗；未能极天下之文，故藉神以槁秸。苟有其诚，则蘋藻侔于百品；明德匪馨，则烹牛下于礿祭。而况鹫山之术，彼岸之奇，而可以虚求乎？乃有浮游都鄙，避苦逃剧，原其诚心，百裁一焉。既朱紫一乱，城社狐鼠，秽大法之精华，损农蚕之要务。执契者不以为患，当衡者不以为言，有国者宜鉴而节之。

这里表现的态度也相当典型：他反对佛教腐败逾制，要求朝廷采取措施加以整顿，显然不是否定佛教，而是把它放在九流一家的位置之上。因而道宣虽然把他的议论选录在《广弘明集·叙列代王臣滞惑解》里，却又说高谦之是"护法之纯臣"，"高识之人"①，也是看到他对于僧团秽滥和执政失当的批评，实际是出于维护佛教正常发展的动机。

东魏元象元年（538）朝廷又有诏：

> 天下牧首令长，悉不听造寺。若有违者，不问财之所出，并计所营功庸，悉以枉法论。②

至北齐，佛法愈盛，抨击者继有其人。刘昼，渤海人，仕途不利，著《高才不遇传》以自况，亦上书言佛法诡诳，避役者以为林薮，

---

①《叙列代王臣滞惑解下》，《广弘明集》卷七，《大正藏》第 52 卷第 132 页下—133 页上。
②《魏书》卷一一四《释老志》，第 3047 页。

更诋诃僧尼淫荡、残害生灵：

> 有尼有优婆夷，实是僧之妻妾，损胎杀子，其状难言。今僧尼二百许万，并俗女向有四百余万，六月一损胎，如是则年族二百万户矣。验此佛是疫胎之鬼也，全非圣人。①

他同时又指责道士非《老》、《庄》之本，乃籍佛邪说张皇其教。这种攻讦之词，难免夸张不实。同样，有魏郡人仇子陀，齐武平（570—576）中为儒林学士，亦鉴于崇重佛法，造制穷极，乃上疏陈词：

> 帝王上事昊天，下字黎庶，君臣夫妇，纲纪有本。自魏、晋已来，胡妖乱华，背君叛父，不妻不夫，而奸荡奢侈，控御威福，坐受加敬，轻欺士俗。妃主昼入僧房，子弟夜宿尼室。

他更表示决心："臣不惶不恐，不避鼎镬，辄沐浴舆榇，奉表以闻。"②他的表章长达十余纸，书奏，齐后主高纬震怒，欲杀之，后禁令自死，从之。又樊逊本为临漳小史，梁州表举秀才，天保五年（554）正月，制诏对问，对于道、释二教给以尖锐批判。关于佛教他说：

> 又末叶已来，大存佛教，写经西土，画像南宫。昆池地黑，以为烧劫之灰；春秋夜明，谓是降神之日。法王自在，变化无穷，置世界于微尘，纳须弥于黍米。盖理本虚无，示诸方便。而妖妄之辈，苟求出家，药王燔躯，波论洒血，假未能然，犹当克命。宁有改形易貌，有异生人，恣意放情，还同俗物。龙宫余论，鹿野前言，此而得容，道风前坠。伏惟陛下受天明命，屈己济民，山鬼效灵，海神率职。湘中石燕，沐时雨而群飞；台上铜乌，㷀和风而杓转。以周都洛邑，治在镐京，汉宅咸阳，魂归丰、沛、汾、晋之地，王迹维始，眷言巡幸，且劳经略。犹复降情文苑，斟酌百家，想执玉于瑶池，念求珠于赤水。窃以王母献

---

①《叙列代王臣滞惑解上》，《广弘明集》卷六，《大正藏》第52卷第128页中。
②《叙列代王臣滞惑解下》，同上卷七，《大正藏》第52卷第131页下。

环，由感周德；上天锡佩，实报禹功。二班勒史，两马制书，未
见三世之辞，无闻一乘之旨。帝乐王礼，尚有时而沿革；左道
怪民，亦何疑于沙汰。①

上述这些议论表明，当时佛教极度膨胀，逾滥日甚，已引起朝野普
遍的不满；而朝廷崇佛日盛，挽救颓势无术，形势难以得到根本改
变。这些言论基本是针对某些现象加以揭露和抨击，普遍缺乏批
判的深度，如汤用彤所说：

> 北朝排佛，其尤激烈者见诸行事，而以笔舌争者甚少。并
> 且排佛文字，多从治道立说。罕有如南朝之争玄理，以致往复
> 不已者。②

这类基于现实"治道"的揭露和抨击，可以充分突显出矛盾的迫切
和尖锐，但如前所说理论内涵却是有限的。特别是与佛教教理的
繁复细密相比较，反佛方面在理论上更显薄弱。北朝排佛议论的
优点和弱点主要表现在这里。

五

　　魏武灭佛最终并没有取得多少实际效果，南、北方此起彼伏的
辟佛议论基本成了口舌之争，却为周武帝宇文邕另一次毁佛作了
舆论准备。周武毁佛同样有佛、道斗争在起作用，但同样不是决定
因素，根本上还是受到更紧迫的政治、经济形势所驱使。

　　北魏分列为东、西，后分别被权臣篡权，建立起北齐、北周。东

---

①《北齐书》卷四五《樊逊传》，第611—612页。
②《汉魏两晋南北朝佛教史》下册第383页。

胡鲜卑宇文部在北魏末年崛起,至西魏时期,宇文氏已专擅军政大权,最终取而代之,建立北周。北周开始实行均田制,确立府兵制,协调鲜卑族和汉族统治阶层的关系形成所谓"关陇集团"作为统治基础,民众也得以舒缓战乱、灾荒的压力。在一个短时期,国家形势趋于稳固,统一全国也成为可能。而当时施行统一国策的重大障碍是兵民不足,相关联的还有财赋紧张。造成这种状况的重大原因之一则是佛教膨胀,编户流失,避役出家者众。如前所述,北魏末年全国寺院已达三万余所。北齐僧侣二百万,北周一百万,均大约为所辖地区全部人口的十分之一。

　　实际上创建北周的宇文泰、继其位的北周明帝宇文毓、长期执掌北周政权的宇文护均崇重佛教。至武帝宇文邕即位,"英威电发,朝政惟新,内难既除,外略方始……修富民之政,务强兵之术"①。他有志统一国家,第一步规划用兵北齐,首先遇到的就是沙门逾滥、赋税流失问题。用后来反对毁佛的沙门昙积的话,就是要"求兵于僧众之间,取地于塔庙之下"②。先是,有卫元嵩者,蜀地人,梁末为僧,北周平蜀后入关。他在周武帝天和二年(567)上书辟佛,反对建造伽蓝,要求造"平延大寺",无选道俗,罔择亲疏,容贮四海万姓。他所设想的办法是:

> 以城隍为寺塔,即周主是如来,用郭邑作僧坊,和夫妻为圣众。勤用蚕以充户课,供政课以报国恩,推令德作三纲,遵耆老为上座,选仁智充执事,求勇略作法师。行十善以伏未宁,示无贪以断偷劫。于是衣寒露,养孤生,匹鳏夫,配寡妇,矜老病,免贫穷,赏忠孝之门,伐凶逆之党,进清简之士,退谄佞之臣。使六合无怨纣之声,八荒有歌周之咏。

①《周书》卷六《武帝纪下》,第108页。
②《谏周祖沙汰僧表》,《广弘明集》卷二四《僧行篇》,《大正藏》第52卷第279页中。

这就是要求以皇权为核心、创建以皇帝为教主的全民宗教来取代佛教。他指出历史上"齐、梁竞像法而起九级连云，唐虞忧庶人而累土阶接地；然齐、梁非无功于寺舍而祚不延，唐虞岂有业于浮图而治得久？但利民益国，则会佛心耳"。他说自己的提议是"兴佛法而安国家，实非灭三宝而危百姓也……劝行平等，非灭佛法，劝不平等，是灭佛法"①。卫元嵩的奏章成为再次毁佛的先声。武帝本来素信谶纬，其时恰有"黑衣当王"之谶，遂命僧衣改为黄色。当时又有道士张宾，指说黑为僧徒，黄为黄老之教，力陈佛教为国不祥、道教为国祥之议，也对于发动毁佛起了一定作用。

　　自东晋以来，历朝处理佛、道二教兴废已积累许多经验。对于北周政权来说，北魏毁佛而再兴更殷鉴不远，当时社会的主流意识又是主张稳健地调和三教的。周武帝本人起初也并不想消灭佛教。所以天和四年（569）二月有周武帝"御大德殿，集百僚、道士、沙门等讨论释老义"之举。自此开始，见于史册朝廷先后起码举行八次这种辩论。宇文邕本为宇文护所立，后者佞佛，乾纲独断，在这种情况下，几次辩论都没有结果。至建德元年（572），周武帝杀掉宇文护，始能政由己出。他出于国家政治、经济形势需要的全面考虑，次年即开始大规模毁佛。这次采取的办法，吸收北魏的教训，开始时相当缓和：建德二年"十二月癸巳，集群臣及沙门、道士等，帝升高座，辨释三教先后，以儒教为先，道教为次，佛教为后"；到次年五月，"初断佛、道二教，经像悉毁，罢沙门、道士，并令还民。并禁诸淫祀，礼典所不载者，尽除之"②，大规模毁佛行动从而开始。朝命寺庙赐给王公贵族，财物散给群臣，还俗僧、道据说达二百万人。

　　在下达禁断佛教的三十一天后，又有诏立通道观：

①《叙列代王臣滞惑解下》，《广弘明集》卷七，《大正藏》第 52 卷第 132 页上、中。
②《周书》卷五《武帝纪上》，第 76 页。

　　　　至道弘深，混成无际，体包空有，理极幽玄。但歧路既分，
　　派源逾远，淳离朴散，形气斯乖。遂使三墨八儒，朱紫交竞；九
　　流七略，异说相腾。道隐小成，其来旧矣。不有会归，争驱靡
　　息。今可立通道观，圣哲微言，先贤典训，金科玉篆，秘迹玄
　　文，所以济养黎元，扶成教义者，并宜弘阐，一以贯之。俾夫玩
　　培塿者，识嵩岱之崇崛；守碛砾者，悟渤澥之泓澄，不亦可乎。[①]

这表明北周打击佛教，主要是针对僧团膨胀的实际弊害，并不否定
佛教信仰。这当然也和北周历朝帝王尊崇佛教的传统有关系。周
武帝一再主持三教讲论，也透露出他兼容三教的立场。立通道观
实际是实现当初卫元嵩提议建立"平延大寺"的意旨，即是以皇权
为核心，以儒学为主导，建立儒、佛、道三教统合的新宗教。通道观
置学士一百二十人，朝廷派遣监护吏力来监督、服务，儒、释、道代
表人物充任学士。他们衣冠笏履，剪发留须，形式上同于世俗官
吏；他们集中起来研究佛、道教理，意在给朝廷提供思想和舆论方
面的支持。所以这次毁佛，并没有像北魏那样坑杀僧尼，只是迫使
一般僧侣还归编户，高级僧侣则由朝廷加以妥善安置，有的并委以
官职。有些虔诚的僧侣逃奔山林，官府也没有追究。不过当时遣
散僧尼、还归编户的措施还是实行得相当坚决的。建德六年，北周
灭齐，又把毁佛措施推广到齐国旧境。周武帝有诏书说：

　　　　自废（佛）已来，民役稍希，租调年增，兵师日盛。东平齐
　　国，西定妖戎，国安民乐，岂非有益？[②]

这表明毁佛措施一经施行，立即增加了民力和租调，对于平齐战事
产生了立竿见影的效果。而据《历代三宝记》记载：

---

①《周书》卷五《武帝纪上》，第83、85页。
②《任道林上表请开法事》，《广弘明集》卷一〇《辩惑篇》，《大正藏》第52卷第
　154页下。

> 至(周)第三主武帝邕世,建德敦牂(三年甲午)迄于作噩
> (六年丁酉),毁破前代关山西、东数百年来官私所造一切佛
> 塔,扫地悉尽,融刮圣容,焚烧经典。八州寺庙,出四十千,尽
> 赐王公,充为第宅。三方释子,减三百万,皆复军民,还归编
> 户。慧日既隐,苍生重昏。①

这里说归为编户的僧侣三百万,正是史载北周、北齐僧侣的总数。

建元七年(578)宇文邕病死,宇文赟即帝位,是为宣帝。即位
后即连续三次下诏复兴佛法。第三次诏书谓:

> 佛义幽深,神奇弘大,必广开化仪,通其修行。崇奉之徒,
> 依经自检,遵道之人,勿须剪发毁形,以乖大道,宜可存须发、
> 严服以进高趣。令选旧沙门中懿德贞洁,学业冲博,名实灼
> 然,声望可嘉者一百二十人,在陟岵寺为国行道。拟欲供给资
> 须,四事无乏。其民间禅诵,一无有碍。惟京师及洛阳,各立
> 一寺。②

起初规定各州郡佛寺不听恢复。第二年,宣帝病死,外戚杨坚执朝
政,正式下令恢复佛、道二教。又次年,杨坚代周称帝,建立隋王
朝。隋立国后即大力支持佛教,迎来又一个佛教大发展的兴盛时
期。而佛教急剧发展所造成的矛盾又成为促使隋王朝迅速覆灭的
重要因素之一,这是后话。

北朝两次毁佛,北魏的一次措施严厉,可是实际收效不大,后
来北方佛教反而更急剧地发展,可以说是北周毁佛的预演。北周
毁佛对僧团的整肃办法比较和缓,但成效却比较显著,有效地遏制
了佛教膨胀的总体趋势。即使到隋代大兴佛教,"(文帝、炀帝)二

---

①《历代三宝记》卷一一《译经齐梁周》,《大正藏》第49卷第94页中。
②《任道林上表请开法事》,《广弘明集》卷一〇《辩惑篇》,《大正藏》第52卷第
　157页上。

君四十七年。寺有三千九百八十五所，度僧尼二十三万六千二百人"①，僧侣数远远不及北齐、北周；唐代开元年间李林甫所修《唐六典》，记载"凡天下寺总五千三百五十八所，三千二百四十五所僧，二千一百一十三所尼"②，寺院数比隋代仅多出千余所。这表明，经北周毁佛后，寺院急速发展、僧团无限扩张的势头终于有效地被遏制了，此后历朝僧尼数量一般维持在数十万人，都远不及南北朝时期。这是国计民生可以负担的数量。

除了这种实际效果，北朝辟佛和毁佛的历史意义另有多个方面。首先，两次毁佛再次表明，中国专制制度下宗教的生存和发展取决于统治者的支持，宗教没有独立自主地生存的能力，一当统治者加以禁毁，几乎没有对抗的余地。就僧团自身说，接连两度毁佛造成严重的危机感，一方面迫使佛教进一步主动地依附专制朝廷，另一方面则推动"末法"思潮兴起。也正由于感受到这种危机形势，佛教方面才采取了一系列挽救的行动，包括教理、教义的发展，三阶教的出现，以致后来宗派佛教的形成。其次，对于中国历朝当权者来说，宗教的价值从根本上说主要取决于所提供的现实效用，而实践中却常常形成难于调和的矛盾：从信仰层面看，佛教基本上可以与统治意识调和，起到维护统治基础的作用；但其过度膨胀又危害国计民生。当这种矛盾尖锐、难以调和的时候，对佛教就必须加以限制以至禁毁。这成为一种规律，当然对待佛教的禁毁和限制有种种不同的方式和举措。第三，中国历史上佛教每次遭到禁毁，终究又得到恢复，也是因为佛教已融入中国文化传统之中，无论作为宗教信仰和思想学说，还是作为社会组织或论理体系，都已深深扎根，不可动摇；它作为维护统治的辅助手段和一般民众的精神寄托，又都是不可或缺的。结果是辟佛和毁佛的言论和措施无

---

①《法苑珠林校注》卷一〇〇《传记部》，第 6 册第 2894 页。
②《唐六典》卷四《尚书礼部》，陈仲夫点校，第 125 页，中华书局，1992 年。

论多么严厉、激烈,客观上反而会促使佛教更进一步调节与世俗政权、与本土传统的关系,促进其自身的发展和演变,从而建设更能够适应本土环境、更能体现中国文化发展需要的佛教。镰田茂雄说:

> 在中国佛教史上,确立中国所独自的佛教,而遂行其克服印度佛教,是在西历六百年前后的这段时期,亦即南北朝末年到隋代的这段期间。刚好即在这个时代,由北周武帝在华北全境,断然实施严格的毁佛。自北魏以来,好不容易渐趋隆盛的佛教,即此一举,便告断绝,顿时陷于废绝的边缘。但就此废绝的一端,反而得能见到中国人自己的宗教——中国佛教的成立……后汉以来,经过数百年,由于很多译经僧和中国佛教僧的移植与进行研究,使得这个繁荣的外来宗教,从公历五七四年直到五八〇年,虽然彻底被伐倒,其实际,乃是又从佛教废绝的土壤里重新地萌动。到了隋代一个崭新的中国佛教发芽了,渐渐成长起来,这样以来,北周毁佛,才正是孕育中国佛教的母体大地。[1]

从这样的意义看,毁佛客观上同样也起着促进佛教进一步"中国化"的作用。

---

[1]《中国佛教通史》第 3 卷第 477—478 页。

第九章　佛教给予道教发展的影响

一

　　本书上编介绍过晋宋至隋唐时期佛、道斗争情况，上一章讨论历朝排佛与毁佛也往往与佛、道二教的斗争相关联。从中国思想史、文化史发展的整体考察，历史上佛、道二教的关系还有更重要的相互交流、相互影响的方面，这也是具有更多积极意义、起到更多积极作用的方面。这正体现了中国固有文化传统的稳固性与同一性，也显示了它的包容精神。因而讲中国佛教文化的历史，不能不注意佛教在这方面所作出的贡献，特别是对于推动本土主要宗教道教发展的贡献。

　　东汉末年，在民间信仰、方仙道、阴阳五行、谶纬以及道家思想等本土思想、观念、方术的基础上，形成分散的民间道教教派，主要是五斗米道和太平道。这是草创阶段的中国民族宗教。王承文总结这一历史时期道教发展的形势说：

　　　　从汉末到东晋时代，道教的发展一方面是道派孳生分立，经典教法歧异纷呈，神灵系统散漫无统，因而表现了明显的分散与地域性的特征。而另一方面，则是道教内部联带意识和统一倾向的发展。①

而这一时期又已经是中国文化传统发展成熟并定型的时期。这种环境也决定了佛、道两大宗教并行发展的大趋势：一方面，它们哪一方都没有可能占据中国思想、文化的统治地位，不论如何扩展势力，只能成为在中国生存的宗教之一、中华文化的构成部分之一；另一方面，这两大宗教在发展中又必然相互矛盾、斗争并相互影响、借鉴，"取长补短"，从而更好地发挥各自的优势，争取各自最好的发展前景。这样，儒、释、道三者鼎立及其交流与融合就成为中国思想、文化发展的主要内容之一，也形成其鲜明特色之一。这也是中国文化传统丰富多彩、生机蓬勃的重要表现。

前已一再指出，佛教输入初期，更多地依附本土的神仙方术；后来道教逐步发展与成熟，对于佛教也一直发挥重要影响，特别是对于它的"中国化"提供了理论与实践多方面的资源。佛教"中国化"的基本内容是按中国固有文化传统对其面貌加以改造，道教作为本土产物在这方面自然成为佛教可资借鉴的重要对象。例如道教的"道体"观念中的本体论内涵；神仙信仰所体现的生命意识；"承负"信仰中的报应观念，等等，都被佛教所吸收，成为中国佛教教理的重要构成因素。这些在本书中已有介绍。从这样的角度看，佛教更多地吸收了道教所包含的中土传统内容。陈寅恪曾指出我国思想史上"其真能于思想上自成系统，有所创获者，必须一方面吸收输入外来之学说，一方面不忘本来民族之地位。此两种相反而适相成之态度，乃道教之真精神，新儒家之旧途径"②，对于佛教来说，不断地汲取"道教的真精神"，乃是它终于能够在中土扎根、发展的关键之一。

不过就宗教发展的整体形态说，外来佛教比本土的道教远为

①王承文《敦煌古灵宝经与晋唐道教》第 826 页，中华书局，2002 年。
②《冯友兰中国哲学史下册审查报告》，《金明馆丛稿二编》第 252 页。

成熟和完善;特别是处在原始、分散的教派分歧阶段的早期道教,各方面都不能与佛教相比①。到两晋时期,佛教经典翻译已比较完备,教义、教理介绍已相当系统和充分,适应本土环境的制度、戒律、仪轨等也已基本成型,在社会上下更争得相当广大的信众,包括得到社会上层的统治阶层的信仰和支持。而直到这一时期,道教的形态仍相当拙朴和原始,特别是仍保持民众教派的拙朴的、反体制的性格。这样,两大主要宗教的相互关系就发生了重大变化:如果说初传时期的佛教曾更多地依附道教(还有方术、祭祀),那么至此道教则多方面模仿佛教而得到提升;道教持续提供给佛教的主要是适应本土传统可资借鉴的思想内容,而佛教则给分散的教派道教提供了发展为成熟教团宗教的样板。这样,佛教对于中国文化的又一大贡献,就是在一个没有形态完备的教团宗教的国度提供出教义、教理和组织、行法等各方面均十分完备的宗教模式。道教正是按照这一模式发展而逐步成熟起来,以后所有输入中国的外来宗教和本土成长的民间宗教也都受到这个模式的规范。戴密微说:

> 佛教和道教的糅合最初主要是在哲学方面,后来继续发展到宗教方面,尽管它们双方的徒众争吵不已。可是,这两种宗教的交流逐渐变成了单方面的,因为道教从佛教输入的多,

---

① 李养正认为:东汉顺帝时"《太平经》的行世,即太平道的完成与行世;实际上《太平经》的出现与传播,即标志着道教的形成"(《道教概说》第22页,中华书局,1989年)。胡适说"道教运动的意义只是要造出一个国货的道教来抵制那外来的佛教"(《陶弘景的〈真诰〉考》,《胡适精品集·说儒》第171页,光明日报出版社,1998年)。这也是中国学术界的一般看法。而日本中国学家、也是著名的中国宗教学者小林正美指出,在中国历史上第一次作为宗教概念来使用"道教"一语的是顾欢于刘宋泰始三年(467)左右所作《夷夏论》;至北魏寇谦之则不仅严格区别出与儒教、佛教不同的"三教"之一的"道教",而且确定道教为唯一的正道,因而刘宋时期天师道形成标志着中国道教的形成;而以前的五斗米道、太平道、葛氏道、上清道则是"神仙道"。参阅小林正美《中國の道教》,创文社,1998年。

而（向）佛教输出的少，特别是在制度方面。①

这样，道教在教理组织、经典结集、教团构成和运作、戒律制定和修持等领域，都相当全面地借鉴和模仿佛教。因此可以说，道教形成后来教团宗教的面貌，佛教起了关键性作用。

当道教借鉴佛教的"形式"而成长为完善的教团宗教之后，它和佛教共生并立、"三教"并存的局面也就形成了。正因为中国的佛、道二者间自形成和传播伊始就存在如此密切的渊源关系，在后来的发展中更不断地相交流、相容摄，在中国统一的思想、文化土壤上形成"三教合一"潮流也就成为必然趋势；特别是在民众间，佛、道二教往往被不加分疏地相互混同。这有着源头上的根据，也充分体现了中华文化有容乃大、兼收并蓄的根本性格。

二

朱熹有一段批评佛、道二教的话，指出两者相互影响的基本脉络：

> 疑得佛家初来中国，多是偷老子意去作经，如说空处是也。后来道家作《清静经》，又却偷佛家言语，全做得不好。佛经所谓"色即是空"处，他把色、受、想、行、识五个对一个"空"字说，故曰"色即是空，受、想、行、识，亦复如是"，谓是空也。而《清静经》中偷此句意思，却说"无无亦无"，只偷得他"色即是空"，却不曾理会得他"受、想、行、识亦复如是"之意，全无道理。②

---

①《汉代至隋代之间的哲学与宗教》，《剑桥中国秦汉史》第937页。
②黎靖德编《朱子语类》卷一二六《释氏》，第8册第3008－3009页，中华书局，1986年。

这里指出的实际是佛、道二教发展早期相互借助的情形：起初佛教和佛典翻译更多地依附于老庄和玄学的语汇和观念；后来佛典翻译渐多，道教又反过来借助它们来制作自己的经典。陈寅恪也明确指出：

> ……即吾国道教虽其初原为本土之产物，而其后逐渐接受模袭外来输入之学说技术，变异演进，遂成为一庞大复杂之混合体，此治吾国宗教史者所习知者也。纵观二千年来道教之发展史，每一次之改革，必受一种外来学说之刺激，而所受外来之学说，要以佛教为主。故吾人今日傥取全部道藏与佛藏比较探求，如以真诰与四十二章经比较之例，必当更有所发明也。①

这里所谓"学说"，指教理、教义，经典乃是它们的载体。诸多道教经典是在佛教经典影响下、甚至是模仿佛经制作的。

东汉末年的道教教派情况，《三国志》裴松之注引《典略》记载说：

> 熹平中，妖贼大起，三辅有骆曜。光和中，东方有张角，汉中有张脩。骆曜教民缅匿法，角为太平道，脩为五斗米道。太平道者，师持九节杖为符祝，教病人叩头思过，因以符水饮之，得病或日浅而愈者，则云此人信道，其或不愈，则为不信道。脩法略与角同，加施静室，使病者处其中思过。又使人为奸令祭酒，祭酒主以《老子》五千文，使都习，号为奸令。为鬼吏，主为病者请祷。请祷之法，书病人姓名，说服罪之意。作三通，其一上之天，著山上，其一埋之地，其一沉之水，谓之三官手书。使病者家出米五斗以为常，故号曰五斗米师……②

---

① 《崔浩与寇谦之》，《金明馆丛稿初编》第 112 页。
② 《三国志》卷八《魏书·张鲁传》，第 264 页。

这样的教派道教,更注重民间信仰和方术、咒术等宗教实践活动,另一方面又具有鲜明的反体制性格,形成反抗社会统治体制的、声势浩大的群众运动。这一阶段的道教经典比起佛教来还相当单薄。由于黄老道是其立教重要典据之一,《老子》被当作根本经典,但《老子》本是一部哲理性质的子书。另有于吉献给朝廷的《太平清领书》,这是东汉时期民间信仰的集大成著作,其内容包括社会政治、宗教信仰、符咒方术等,十分纷杂而欠统绪。在中土文化环境下,无论是树立一种学说,还是宣传一种宗教,著之书帛的典籍都十分重要。而佛教在东汉末期已经翻译了一批经典。相比较之下,道教经典短缺、疏略的状况就显得更加突出,从而促成制作经典的"运动"。方便的办法,就是在大量借鉴佛教教理的同时,模仿佛典制作道典。

刘宋时期的谢镇之已经指出:

> 道家经籍简陋,多生穿凿,至如《灵宝》、《妙真》,采撮《法华》,制用尤拙。①

几部重要大乘经成为道教模仿和改编的主要对象。北周道安《二教论·明典真伪第十》里又指出:

> 老子《道经》,朴素可崇;庄生《内篇》,宗师可领。暨兹已外,制自凡情。《黄庭》、《元阳》,采撮《法华》,以道换佛,改用尤拙②。

这里的《元阳经》即《道藏》里面的《太上灵宝元阳妙经》,其《四问行品》与《法华经·序品》文字相类似,另一些部分则明显模仿《涅槃经》;同样《洞渊神咒经》的名相和内容多采自《法华经》;《洞玄灵宝太真人问疾经》的立意显然更借鉴了《维摩诘经》。陶弘景著《真

---

①《重书与顾道士》,《弘明集》卷六,《大正藏》第52卷第42页下。
②《广弘明集》卷八,《大正藏》第52卷第141页中。

诰》，叙述宗旨说：

> 仰寻道经，《上清》上品，事极高真之业；佛经《妙法莲华》，理会一乘之致；仙书《庄子》内篇，义穷玄任之境。此三道足以包括万象，体具幽明，而并各二十卷者，当是璇玑七政，以齐八方故也。①

作为道教宗师的陶弘景对佛经公然表示崇重，把它与道教经典并列。实际上许多激烈攻击佛教的道士，都是谙熟并著意袭取佛经的。

东晋道教两大派系上清派和灵宝派，都积极借鉴佛教经典来制作本派系的经典。上清派的根本典籍是《真诰》，现行本是陶弘景根据晋宋间流传下来的文本整理、编辑而成的。其中仙真的许多说教显然直接取自佛经，特别是《四十二章经》。例如这样一些段落：

> 西城王君告曰：夫人离三恶道得为人，难也；既得为人，去女为男，难也；既得为男，六情四体完具，难也；六情既具，得生中国，难也；既处中国，值有道父母国君，难也；既得值有道之君，生学道之家，有慈仁善心，难也；善心既发，信道德长生者，难也；既信道德长生，值太平壬辰之运为难也，可不勖哉！（三恶道者，生不得作人，得作鸟兽、虫、畜也，三恶也。）

> （太虚真人南岳赤君）又告曰：恶人害贤，有仰天而唾，唾不污天，还污己刑（凡"刑"字皆应做"形"）；逆风扬尘，尘不污彼，还灌其身。道不可毁，祸必灭己。②

这里所说的人生之苦、爱欲之害、贪嗔痴三毒、学道精进、树立信根其福无量等等，观念和语言都是佛教的。朱熹早经指出："道书中

---

① 《真诰》卷一九《翼真检第一》，《道藏》第 20 册第 601 页。
② 同上卷六《甄命授第二》，《道藏》第 20 册第 523、524 页。

有《真诰》,末后有《道授篇》(实为《甄命授》——著者),却是窃《四十二章经》之意为之。"①胡适作《陶弘景的〈真诰〉考》一文,列举出《甄命授》里二十段文字,与《四十二章经》相对照,附陶弘景的注释,认为这是陶弘景"自抄,自阙,自校,自补,又自己做出那种故设迷阵的注语来欺一世与后世的读者"②的。这样的论断或可商榷,但《真诰》确实可作为上清派窃取佛书的典型证据。

同样,古《灵宝经》的制作也多抄袭佛典。王承文详细考订敦煌写本中的古灵宝经《太上太极太虚上真人演太上灵宝威仪洞玄真一自然经诀上》和《太极左仙公请问经上》,指出它们从内容到表达方式都明显借用佛书。这里仅录两个段落,《自然经诀上》:

> 道言:由是与贤人结真因,死生天堂,世世当值圣师,居家富贵,转轮无有极时,常离愚恶八苦十难,当为人尊。福德魏魏,难可名喻。女人得转为男,女受圣智大智慧。福田之上,辟如种一木,获实无数,渐渐兹生,慰□□宝林,其子甚多,乃饱益□□。亦如种稻数顷,得□万斗,足丰□以济天下人。有如取鱼,当先善其筌,所□诸仙,得报自重。此分明实语,可不勉哉!但□□师难遇,遇者皆汝遭宿世有善缘今得会耳。一乘贤域,何当须有会因,子常思道言。③

这里所讲的因缘、轮回、报应观念是佛教的,"轮转"、"八苦十难"、"智慧"、"福田"、"善缘"等概念也是佛教的。又《太极老仙公请问经》卷上:

> 高上老子曰:"夫人修善精进,慈心触物,奉受大经,于家礼拜。专心不怠,亦必获灭度,得无为之道,会当升仙,世世生

---

① 《朱子语类》卷一二六《释氏》,第 8 册第 3010 页。
② 《说儒》,《胡适精品集》第 7 卷第 185 页,光明日报出版社,1998。
③ 敦煌写本 P. 2403 号,《道经》,《法藏敦煌西域文献》第 13 册第 220 页;引录参考王承文《敦煌古灵宝经与晋唐道教》附录一,第 141 页。

王侯家,是谓转轮圣王家,终入真仙之道也。"高上老子曰:"人根各有因缘,种种相生,悉从愿来,非愿不成。小乘之学故与大乘乖,不为因缘,妙绝玄流也。"①

这里借用佛教观念、词语的方式与前例完全一样。佛教的佛道与道教的仙道本来截然不同。模仿佛经制作道典,当然并没有抹煞这种根本差别。不过从整体内容和表达看,借用、抄袭的成分是很大的。

唐法琳《辩正论》卷八《出道伪谬篇第十》,专门有《偷改佛经为道经谬》一节,其中指出道典描写所谓"天尊八相"、"三十二相八十种妙姿"相好庄严,又有"十仙十胜十住处"、"十障及四道果"、"一乘二乘"等名相,"互跪合掌"、"回向"、"归命"等礼俗,并取自佛典。他特别举出《太玄真一本际经·护国品》卷第二所谓"是时元始天尊成就五方国土,度一切人君子","《圣行品》有三达、五眼、六度、四等、五浊、六通等语,亦有未度令度,未安令安,未脱令脱,化引三乘入一乘道,一念了达三世;《道性品》有正定、七小劫、三有、四魔、四趣、五道、六根、六尘、六识、三途等语;复有七十二相、八十一好、四摄、四辩、非因非非因、非果非非果之说",指出:

> 如前所列法门名字,并偷佛经,为其伪典,一一寻检,部部括穷,备取《涅槃》、《般若》之文,或偷《法华》、《维摩》之说。

《本际经》已经在敦煌文书中发现。这是典型的全面模仿佛经的道教经本。法琳还举出《升玄内教经》、《灵宝经》、《仙公请问经》、《太上消魔宝真经》等道典里的具体文字,证明其"例皆采撮"佛经,以致认为"凡是道书,除《五千文》之外,悉皆偷采","改换正经以为邪典"②。钱锺书也曾指出:

---

① 敦煌写本 S.1351 号,《太极老仙公请问经》卷上,《英藏敦煌文献》第 2 册第 273—274 页;引录参考王承文《敦煌古灵宝经与晋唐道教》附录二,第 156 页。
②《大正藏》第 52 卷第 542 页下—544 页下。

后世僧徒常嗤道士剽窃释典之天神地祇,换头面而改名称,如仿"三宝"而有"三清",拟"四天刚"而有"四天王"之类;然僧徒所言精怪,实又本诸道士之野语……二氏之搜神志怪,有无互通,不须相诮。[1]

至于道典的一般结构,如取天尊或真人说法的结构形式,以品划分章节,全篇大体可划分出序分、正宗分和流通分等等,显然也都是规仿佛典的。

把道教经典整理为系统,结集《道藏》,是道教发展中的大事,同样是在佛教影响下进行的。晋宋时期,道教教派纷起,大批经典被制作出来。但它们内容极其分歧,金丹、符箓、神仙等各派所述观念和行法大相径庭。随着道教的发展,对纷繁的典籍加以整理就成为必要,从而刘宋陆修静总括出"三洞",其后孟智周加上四辅,构成七部[2];三洞再分十二部。这就是后来《道藏》的基本结构。三洞四辅和十二部的组织与佛教"三藏"形式不同,但编辑过程有所借鉴是很明显的;十二部的划分显然也受到佛教"十二部经"的启发。而在三洞中分出高下,并借用佛教"三乘"观念来加以区分,则更明显是模拟佛教了。如《道教义枢》引《正一经》说:

> 三洞虽三,兼而该之,一乘道也。太玄为大乘,太平为中乘,太清为小乘,正一通于三乘也。[3]

这里不但利用了佛教的三乘概念,更借鉴《法华》"三乘归一"思想作为消弭不同教派分歧的办法。而努力把全部经典组成兼容并包的体系,无论是观念还是做法显然也对佛教有所借鉴。

---

[1]《管锥编》第 4 册第 1336 页。

[2] 参阅陈国符《三洞四辅经之渊源及传授》,《道藏源流考》第 1—104 页,中华书局,1963 年;小林正美《中國の道教》第二章《"道教"の成立》,第 67—101 页,创文社,1998 年。

[3]《道教义枢》卷二《七部义》,《道藏》第 24 卷第 815 页。

三

在更深刻层次上，道教在思想、观念方面也受到佛教多方面影响。这实际直接关系到道教教理体系的形成。戴密微论早期道教曾指出：

> 据认为，这些叛乱者的某些信仰和实际活动显示了约在那时正传入中国的佛教的影响。因此，他们也忏悔罪恶；劝人行善（例如施舍财物，济孤和救贫）；或者举办公益事业——这些都是佛教所推重的施舍（dāna）方面的行为。在这方面看重的另外一些项目则有戒除饮酒，或者至少只饮适度的酒；还有关于老子的圣洁怀胎说及其生于母亲右肋之说，虽然这种传说最初是在公元四世纪才有的。同样地，关于老子"变化"的想法恐怕也是受到了佛教的"化身"（nirmāna-kāya）的启发而来的。[1]

许里和讨论道教借用佛教情形，分为四个层面：形式的借用（formal borrowing），表现在词汇和文体上；概念借用（conceptual borrowing），如"三界"等概念；综合借用（borrowed complexes），指系列的宗教观念与实践；还有难以把握的佛教观念和实践对道教的普遍的影响[2]。当然在具体表现中，这四者是难以划分清楚的。不过从总体看，在道典制作过程中，前两个方面表现得显然更为突出，而

---

[1]《汉代至隋代之间的哲学与宗教》，《剑桥中国秦汉史》第881页。

[2] Erik Zürcher: *Buddhist Influence on Early Taoism：A Survey of Scriptural Evidence*，T'oung Pao，66，1980，PP，84—147；参阅王承文《敦煌灵宝经与晋唐道教》第20页。

后两个方面则体现出更深层次的、也是更为重要的影响。

到东晋、刘宋时期,葛氏道、上清派、灵宝派等更富理论思想内涵的道教教派相继形成。不同于早期群众性的民间教派,这些教派均向社会上层发展,随之反抗现实体制的倾向逐渐消泯。活跃在这一时期的那些构筑更具系统的教理体系的道教思想家们大都是社会上层知识分子。他们一方面从本土的道家、儒家汲取思想资源,另一方面也大力借鉴外来佛教的教理、教义。当时正值大乘佛教被广泛介绍进来,支谦、竺法护等传翻的早期大乘基本典籍广泛流传开来的时期。新一代道典制作者们在保持道教基本教理的前提下,大量汲取佛教的观念和思想来构建自己的教理、教义体系。如作为教理核心的"道性"观念;三十六天、三界、五道的宇宙观①;五阴、六情、三恶、十善的"人道"观;以元始天尊、太上道君、太上老君为最高神的神仙谱系以及洞天福地的仙界结构;福田、净土的修行目标;三皈、六度的修行方式;清心寡欲、高蹈超俗的人生态度,如此等等构成道教教理的基本观念和思想,许多都是从佛教直接移植或是有所借鉴形成的。这些也成为后来两教调和、融合的重要接合点。

例如"道性"说是道教教理中的重要思想,明显是借鉴大乘佛教普遍的"佛性"说发展起来的。大乘《涅槃经》上说"如来常住,无有变易",道经《海空智藏经》则说"真性常住无变易";涅槃佛性论主张"一切众生悉有佛性",《海空智藏经》则说"一切众生

---

① 镰田茂雄指出:"寇谦之的世界观于佛教的影响,就《魏书·释老志》所记述的加以检讨,即可明了。据说在二仪(天地)之间有三十三天,中有三十六宫,每宫有主",三十三天有二十八天分别在欲界、色界、无色界,而"把佛安排在道教的三十六天中的三十二天,作延真宫主,是想把佛也编入道教的神位中。可见寇谦之的道教,未必即想排除佛教而是有意利用佛教。在显示寇谦之思想的《老君音诵诫经》中,也找不到有排斥佛教或否定佛教的言语"。《中国佛教通史》第3卷第321-322页。

悉有道性"①,等等。普遍的"道性"说可以说是大乘"佛性"说的翻
版。本来由神仙幻想发展起来的神仙信仰,当初只是为统治阶层特
选人物制造幻想的神仙术。一直到葛洪时代,仍然强调仙道难成,不
但需要名师指点,还要秘密传授,修道人又要具有超世之志、强力之
才,更由于"命之修短,实由所值,受气结胎,各有星宿",所以"仙与不
仙,决于所值"②。这显然是一种"命定论"观念。而如小南一郎论
述大乘佛教"任何人都得以成佛"教理输入中国的意义所说:

> 而在中国古代的神仙思想里,根据古代的神仙说,只有特
> 选的英雄(帝王)才能接近神仙。但到了魏晋时期,作为一种
> 新神仙思想,认为任何人经过努力都可以成为绝对存在的神
> 仙(即对于成神仙来说只有努力才是重要的,除此以外不存在
> 天生特权的立场)的思想成长起来了。③

小南一郎称这种神仙观念为"新神仙思想"。就是说,在佛教大乘
佛性新说的影响下,神仙思想和神仙信仰发生了根本性的转变。
后来到唐代,司马承祯更提出"凡学神仙,先知易简"④;吴筠作《神
仙可学论》,批判主张神仙乃禀受异气而成、非修炼可致的观点,认
为只要修炼精、气、神,忘情全性,形神俱超,"虽未得升腾,吾必知
挥翼丹霄之上矣"⑤。这种神仙观念以及后来的内丹理论,显然与
涅槃佛性思想有渊源关系。

又如道教宇宙观中的"劫运"观念,则是由佛教"劫"的观念演
化而来。"劫"本来就是个音译词。王承文指出:

---

① 参阅镰田茂雄《中国佛教通史》序章《中国佛教的历史性格》,第 1 卷第 36—
　37 页,关世谦译,佛光文化事业有限公司,1998 年。
②《抱朴子内篇校释》(增订本)卷七《塞难》,第 136—137 页。
③《中国的神话传说与古小说》第 230 页。
④《天隐子·易简》,《道藏》第 21 册第 699 页。
⑤《神仙可学论》,《全唐文》卷九二六,第 9651 页。

柳存仁先生将《元始上真众仙记》中的宇宙开创神话称为"道教的创世纪"。而《枕中书》中的元始天王开天辟地就借鉴了佛教的"劫运"观念，是最早吸收佛教"劫运"思想的道教典籍之一。①

早期灵宝经如《太上请天灵书度命妙经》等已经清楚地阐发"劫运"思想；而《太上洞玄灵宝智慧罪根上品大戒经》则大力宣扬元始天尊开劫度人的传说。这从词语到观念都直接借自佛教。

再如"承负"观念。《太平经》里已经有"承负"说。如前所述，这是以家族血缘关系为基础的报应论，虽然与佛教的因果报应信仰有相通之处，但二者并不相同。"承负"说有命定论色彩，忽视行为善恶对于个人命运的作用②。但《抱朴子》引用的《龟甲文》里已说到"我命在我不在天"③。这已是命运决定于自身作为的观念，显然与佛教归结到个人行为的业报观念相一致了。不承认命运决定于宿命或自然，而突出个人所作的"业"（身所行、口所言、意所念三"业"）的决定作用，从而也就更突出宗教修持的意义。道教报应观在佛教影响下的这一转变，对于其修道论的发展所起的作用是相当重要的。日本学者神塚淑子曾明确指出古《灵宝经》的因果报应、轮回转生思想与支谦、康僧会译经的关系；小林正美则指明其与鸠摩罗什所译大乘经的关系。后来寇谦之更把业报思想系统地纳入到新天师道中来。如此把佛教的轮回报应观念糅入道教的"承负"说，大为增强了它的宗教感召力和吸引力。

至于神仙谱系的制作，战国以来的造仙运动创作出许多道教

---

① 《敦煌古灵宝经与晋唐道教》第47页。
② 汤一介指出《太平经》里提及"承负"百余处，其内容十分复杂，可分为：后人为前人"承负"；人为天地"承负"；自然界事物的"承负"；后人为前人邪说"承负"；后主为先主"承负"等。参阅《道教的"承负"说与佛教的"轮回"说》，《佛教与中国文化》第166页。
③ 《抱朴子内篇校释》（增订本）卷一六《黄白》，第287页。

神祇,《列仙传》、《神仙传》已经记录了一大批,但那些仙人作为修仙者的榜样,不相统属,也不成系统。正是按照大乘佛教的佛陀观,道教制造出作为信仰、崇拜对象的更多神明、教主并构造出谱系。王承文指出:

> 早期灵宝派实际上是要把佛教的"十方佛"以及各种"释神"和"佛真人"等,改造成灵宝经的护法神,也实际上是借佛神的传统威望以提高灵宝经的地位。唐初法琳《辩正论》卷八《偷改佛经为道经谬》,引古灵宝经《太上灵宝五炼生尸妙经》云:"天尊于香林园中,上智童子、轮天、观世音等前进作礼,上白世尊。"可见佛教尊神观世音亦同上智童子一道,奉受元始天尊的教法。①

如前已引用的朱熹的说法,道教所谓"三清"元始天尊、太上老君、太上道君,乃是模仿佛教的法身、报身、肉身(化身)制作出来的②。

至于更抽象的教理方面,佛教输入早期玄学化的"本无"观念、后来大乘的般若空观、中观学派非有非无的"中道"观以及瑜伽行学派的唯识思想,在逐步制作出来的道教经典里都有所反映。如《太上洞玄灵宝智慧定志通微经》说:

> 三界之中,三世皆空。知三世空,虽有我身,皆应归空。明归空理,便能忘身。能忘身者,岂复爱身。身既不爱,便能一切都无所爱,唯道是爱。③

这完全是在重复大乘空观的说法来宣扬"道"的绝对性。前面已经提到的《本际经》,这是一部典型地模仿佛经制作的道典,如戴密微所指出:

---

① 《敦煌灵宝经与晋唐道教》第 63 页。
② 《朱子语类》卷一二五《老氏庄子书》,第 3005 页。
③ 《道藏》第 5 卷第 889 页。

　　中世纪道教哲学著作,按其原来形式说,应上溯到隋代。这就是《本际经》,此书深深浸透了佛教气息,甚至它的标题也是这样,他和梵文 pūrva-koṭi 是相对应的。①

《本际经》不但在形式上,其整个教理体系也是模仿佛教的。

　　有关宗教实践,灵宝派"先度人后度身"观念与大乘佛教的菩萨救世思想亦大体一致。"自度度人"本是大乘佛教的主要信条之一,而救世度人也是灵宝经的中心思想。美国学者柏夷(Stephen R. Bokenkamp)更认为"灵宝经中的度人思想和概念直接源于三国吴支谦翻译的《阿弥陀经》"②。《阿弥陀经》乃是阐扬"自力本愿"救世度人信仰的典型佛典。

　　以上只是举出几方面例子,说明道教在固守本土宗教基本原理的前提下,广泛吸取佛教一些重要的思想、观念,组织、充实、完善了自己的教理体系。

四

　　第三方面,道馆的建立以及道士出家制度、戒律的形成,对于道教教团的发展起了重要作用。这些也是在佛教的直接影响下实现的③。

　　当初五斗米道的组织者是称为"祭酒"的人,活动地点则在他们的住处,称为"治",道民即信徒修道则在自家的静室,称为"靖"。

①《汉代至隋代之间的哲学与宗教》,《剑桥中国秦汉史》第939页。
②参阅王承文《敦煌古灵宝经与晋唐道教》第125、127页。
③关于道馆的建设与道教出家制度的形成,参阅小林正美《中國の道教》第二章第二节《教團の組織と教徒の生活》,第102—163页,创文社,1998年。

《三天内解经》说:"立二十四治,置男女官祭酒,统领三天,正法化民。"①祭酒是宗教职业者,作为"神官",其位置是世袭的。直到刘宋时期,道教教团仍采取这样的制度。例如谢灵运早年即寄养在"天师治"。这些"治"一般还很简陋,只是茅屋瓦舍而已②。但是随着教团扩大,道风堕落情况日趋严重,陆修静就曾批评"身无戒律,不顺教令,越科破禁,轻道贱法"③的情形。在整顿教团过程中,戒律谨严的道馆建立起来。见于记载的最早的道馆是宋明帝为陆修静建造的崇虚馆。后来陆续建立的还有庐山招真馆、衡山九真馆、桐柏山金庭馆、茅山曲林馆、太平山日间馆等等。根据《三洞奉道科戒营始》卷一《置观品》,道馆的营造布设方所各有轨制,凡有六种,即山门、城郭、宫掖(贵族殿庭)、村落、孤迥、依人;需要由帝王营护,宰臣创修(这当然是一些高级道士的御用道馆);建置则有天尊殿、天尊讲经堂、说法院、经楼、钟阁、师房、步廊、轩廊、门楼、门屋、玄坛、斋堂、斋厨、写经坊、校经堂、读经堂、熏经堂、浴堂、烧香院、升遐院、受道院、精思院、净人坊、骡马坊、车牛坊、俗客房、十方客房,等等④。当然不会是所有道馆都有这些建筑,规模大小更会有种种不同,但院落式的格局、殿堂式的建筑以及供奉尊像、作为修道诵经兼居住的功能等,则与中土的佛教寺院大体一致。而且仅从建筑名目就可以知道,道馆经济在当时也已经具有一定规模。就是说,大型道馆同时又是经济实体。这些都大体同于佛教。

　　唐释法琳引《陶隐居内传》中说"佛堂有像,道堂无像。所以然

---

①《太上三天内解经》卷上,《道藏》第 28 册第 414 页。

②参阅陈国符《道藏源流考》附录四《南北朝天师道考长编·设治第四》,《道藏源流考》下册第 330－339 页。

③《陆先生道门科略》,《道藏》第 24 册第 781 页。

④《洞玄灵宝三洞奉道科戒营始》卷一《置观品》,《道藏》第 24 册第 745 页。《三洞奉道科戒营始》大约形成于公元 550 年前后。

者,道本无形,但是元气"①。道观原来不立尊像。正是在佛教影响下,刘宋时期开始出现道教造像。据日本学者神塚淑子统计49例有关道教造像的记录,出于五世纪的4例,六世纪的25例,其余则更以后;所造有老君、太上老君、天尊、元始天尊等。叶昌炽记载:

> 齐天统元年姜纂记所造为老君像,而其文则云:灵晖西没,至理东迁。又有龙华初唱,六道四生等语,皆释家之词也。但知造像可以邀福,而道释源流并为一谈,亦古人之陋矣。又有天尊像,亦道家所造。泾阳有魏张相队一刻,隋绵州有西山观黄法暾诸刻,皆道流也……统观隋唐间造像,出于道家者不逮释氏百分之一……②

道教造像出现较晚,遗存较少,也是因为形成制度受到佛教影响,兴造远在其后;又值得注意的是,今存道教造像往往与佛像相混淆,也是受到佛教影响的结果。例如神塚淑子提到的《魏文郎造像碑》,三面佛像,一面道像,是典型的佛道并存形态;她又提出道像中有表现弥勒信仰的4例,即杨向绍、杨楞黑、正光二年铭道教三尊像和道民樊奴子造像碑③。这些都证明,正是模仿佛教的偶像崇拜和供奉尊像制度,道观里才供奉道像并形成相关科仪。唐太宗在茅山为王远智造太平观,"内殿奉为文德皇后造元始天尊像一躯,二真夹侍,拟香园之妙,写空歌之仪"④。唐太宗为道士王轨重

---

① 《辩正论》卷八,《大正藏》第52卷第547页下。
② 《语石　语石异同评》卷五,第312-313页,中华书局,1994年。
③ 《南北朝时代の道教造像——宗教思想史的考察を中心に》,砺波护编《中國中世の文物》,京都大学人文科学研究所,1993年。又参阅韩伟、阴志毅《耀县药王山的佛道混合造像碑》,《考古与文物》1984年第5期;《耀县药王山的道教造像碑》,《考古与文物》1987年第3期;丁明夷《从强独乐建周文王佛道造像碑看北朝道教造像》,《文物》1986年第4期。
④ 《唐国师昇真先生王法主真人立观碑》,《茅山志》卷二二,《道藏》第5册第641页。

造华阳观也是一样,"又于内殿奉造元始天尊像一躯,光跌八尺;左右真人夹侍,神仪肃穆"①。这些造像采取的显然都是一佛二菩萨(或罗汉)三身一铺形式。这样,唐代道观殿堂尊像的设置与佛寺在形式上相类似,不过一般规模略小而已。

模仿僧尼出家制度,形成了道士出家制度。《三洞奉道科戒营始》卷二《度人品》中说:

> 凡道士、女冠出家之后,先须纲纪整齐法教……以为弘轨。②

道士出家制度到唐代完善与定型,居住在道观的必须是出家道士或女冠。唐代朝廷对于佛寺、僧、尼与道观、道士、女冠的管理办法完全相同,表明二者无论是内部组织、营运方式还是在社会上的地位、作用,都被等同对待。特别是道观与佛寺一样,作为文化中心的功能也突显出来。道观文化的发展,与佛教寺院同样,并在多方面相互影响。实际到后来元代天师道正一派"火居道士"娶妻室,在家养炼,也是借鉴佛教居士在家修行的办法。

原始教派道教的仪式和戒律十分简单。五斗米道规定有悔过、上章等制度,《老君想尔戒》记载了九条:

> 行无为,行柔弱,行守雌勿先动,此上最三行。行无名,行清净,行诸善,此中最三行。行忠孝,行知足,行推让,此下最三行。

这九行"尊卑同科"③,基本是一般伦理修养方面的规定,体现的大体是本土传统伦理,适用于在家修行。后来在佛教影响下,道教戒律逐步完备起来。道教戒律的内容一方面沿袭汉魏以来教派道教

①《桐柏真人茅山华阳观主王先生碑铭并序》,同上第 643 页。
②《洞玄灵宝三洞奉道科戒营始》卷二《度人品》,《道藏》第 24 册第 751 页。
③《云笈七签》卷三八,第 2 册第 843-844 页,李永晟点校,中华书局,2003 年。

原有戒规,又纳入中土传统伦理规范和一些民间禁忌,另一方面更多地借鉴佛教的戒条,至于形式上则是与佛教相类似的。北周《无上秘要》卷四十四至四十六集录了各派戒律。如《升玄五戒》:

> 若见色利荣华艳彩,以戒掩目;若闻好恶之言、五音之属,以戒塞耳;若有八珍之馔、甘香之美,以戒杜口;若愿想财货、七宝奇珍、放情极欲,以戒挫心;若忆奸淫,贪趣恶事,以戒折意。①

这与佛教的五戒在基本精神上是一致的。而大体应是在梁代形成的《太上老君戒经》规定的五戒:一戒杀,二戒盗,三戒淫,四戒妄,五戒酒,则和佛教五戒完全相同。道教又有多种十戒,如出自《洞玄思微定志经》的"洞玄十戒":

> 一者不杀,当念众生;二者不淫,犯人妇女;三者不盗,取非义财;四者不欺,善恶反论;五者不醉,当思净行;六者宗亲和睦,无有非亲;七者见人善事,心助欢喜;八者见人有忧,助为作福;九者彼来如我,志在不报;十者一切未得道,我不有望。②

这里前五戒同佛教五戒,后五戒则是中土传统伦理要求,体现更多民族传统内容。后来道教戒条越来越复杂,到唐代张万福所列戒目有:三归戒,五戒,八戒,无上十戒,初真戒,七十二戒,百八十重律,天尊十戒十四持身品,太清阴阳戒,想尔二十七戒,洞神三洞要言五戒十三戒七百二十戒门,百二十九戒,闭塞六情戒,智慧上品大戒,三元百八十戒,智慧观身三百大戒,等等③。这样,条目逐步增多,内容也逐步扩充。其中有借自佛教的,有本土宗教的特殊规

①《无上秘要》卷四六,《道藏》第25卷第160页。
②同上第160、162页。
③《传授三洞经戒法箓略说》卷上,《道藏》第32卷第184-185页。

定,不同教派的要求又有所区别。这一点和佛教戒律基本统一、规范的情形是不同的。这也构成金元以后道教教派分化的重要缘由。不过从总体看,道教的戒规无论是条目内容还是构成方式对佛教的模仿是十分明显的。

寇谦之清整道教,除去三张(陵、衡、鲁)伪法、租米钱税及男女合气之术,以适应世俗礼法道德和专制统治体制的需要。他托言天神赐下的《云中音诵新科之诫》从形式到内容也都借鉴了佛教。陈寅恪指出:

> ……谦之复袭取当时佛教徒输入之新律学以清除整理其时颇不理于人口之旧传天师道,此则较前者(指采用佛教徒输入之天算医药之学——著者)更为重要者也……综合释老志中寇谦之与天神交接一节及高僧传中十诵律传播之记载并观之,则云中音诵新科之诫之名,明是与佛教拟配之戒律,姑无论"诵"与十诵律之诵同字而"科"及"诫"与律字意义不殊也。其新科"专以礼度为首",则当时格义之学礼律互相拟配必然之结果也。[1]

寇谦之拟定的道教仪轨有奉道受戒仪、求愿时所行仪、为死亡人祈请仪、为消除灾病祈请仪、为侑过祈请仪、三会仪式,等等,都明显对佛教有所借鉴。到隋唐时期,住观道士的法服、受戒、持戒、奉斋、烧香、礼拜、鸣钟等制度正式形成,大体也与佛教仪轨类似,很多也是模仿佛教的。佛教斋法本来吸取了中国古代传统祭祀的沐浴斋戒仪式,发展成系统的斋会制度,反过来又影响道教。道教的"六斋月"、"十斋日"等斋法显然与佛教有渊源关系。这也可作为中外文化相互作用与影响复杂关系的实例。

南北朝时期各王朝大体采取"三教齐立"方针,对佛、道二教基

---

[1]《崔浩与寇谦之》,《金明馆丛稿初编》第119—122页。

本兼容并重,采取同样管理办法。后来《唐律》有关僧、道的规定也大体一致,包括寺观管理,出家受度,僧、道籍登录,授田办法,罪责处罚等,都列在同一条目里;《唐六典》里所述朝廷举行斋会、行香等制度,也规定佛、道并行。二者同处在专制政治体制下,客观上对于它们相互交流和借鉴也起了促进作用。本来在历史上道教的规模一直远不如佛教,但它逐渐争得了与佛教平等的地位,一方面是因为历朝统治者对待二者基本是兼容并重,另一个很重要的条件就是道教在形式上、功能上都积极地向佛教看齐,从教理、教义到仪轨、戒律,以至宗教修习的终极目标、社会功能与作用等等方面,道教都努力追踪佛教。

在当初中国本来不存在成熟的教团宗教的环境中,外来佛教在形态上和功能上明显具有优势。正是佛教,从神祇谱系、经典、教团组织、戒律、科仪等诸方面提供出一个完善的样板,给道教的发展提供了十分全面的可资借鉴的资源;而道教方面尽管从教理体系到活动形态都与佛教不同,却能够对后者积极、主动地加以汲取,有效地充实、发展了自己。追随道教,后来其他民间宗教也采用类似的发展模式。从这样的角度看,从印度输入佛教在中国宗教发展史上的作用和意义是不可估量的。

曾担任印度总统的著名学者拉达克里希南指出:

> 道教给中国一种超验的神秘主义,并试图实现那种在中国人心目中根深蒂固的、要从外部世界的羁绊中解放出来的渴望。但是,它没有发展出一种有可能满足人的"理性"要素的形而上学。它总是从佛教那里不断借取新的成分,直到它发展成为和佛教具有同样势力的全民性宗教,并保持和与其竞争的佛教平行发展……①

①《关于道教的一般评价》(选自《印度与中国》),《中国印象——世界名人论中国文化》下册第 392 页。

在中国历史上,佛、道二教相互影响,相互借鉴,在相当程度上有效地消弭、缓和了二者间的矛盾。道教作为本土文化产物,更能体现本土的精神内涵,具有外来文化所取代不了的优势;而佛教作为外来宗教,又是外来文化载体,带来了对于中土极有价值的思想、学术内容。在这两大宗教的背后作为支撑的,则有世界两大历史悠久的优秀文化体系。它们在中国思想、文化土壤上交汇,相互滋养,取长补短,为中国文化的发展提供了丰富多彩的内容。儒、道、佛三家在这一过程中相互批判,接受检验,完善自身,共同演绎出一代代思想、文化发展的灿烂辉煌的新局面。

第十章　佛教信仰潮流勃兴

前面九章分别介绍了中国佛教的经典翻译,伪经制作与僧团组织,社会各阶层信仰佛教、参与佛教活动的状况。这些构成佛教文化发展的"物质""实体"。以下四章,介绍晋宋以来佛教信仰与教理方面的进展与成绩。这主要属于观念、理论层面,在佛教"三宝"中属于"法"的部分。这也是佛教影响中国思想史、文化史、学术史和人的一般精神史发展与演进的主要内容。

首先是信仰层面。如前面一再说到的,信仰构成宗教的基础与核心。

本书《导论》已经指出,佛教对中国的重大贡献之一,就是向中国传输了一种新的、系统的、具有严密理论论证的信仰。而东晋南北朝时期,乃是中国历史上宗教勃兴、宗教信仰形成高潮的时期。就信仰冲动的强烈与诚笃、信仰心的普及与热烈、宗教信仰在人们生活中所起作用之广泛与深刻说,历史上没有其他时期可与之相比拟。造成这种状况,原因和条件很多,主要有社会方面的,还有思想方面的,当然也有宗教自身发展的内在逻辑,等等。特别是社会剧烈动荡,传统纪纲与伦理分崩离析,社会秩序逸脱常规,在在使得人们更急切地到宗教幻想中寻求精神支持与安慰。再加上统治者大力倡导,更鼓动起声势巨大的信仰热潮。

东晋十六国和南北朝时期又是佛教教义、教理被中土人士积极地接受、消化、理解、发挥的时期,也是本土佛教教学兴盛、义学师说形成并发展的时期。本来佛教的教理、教义等思想理论层面与信仰实践层面分属不同的范畴,但又构成一个统一体系,二者是相辅相成的:宗教理论为信仰实践作出论证,信仰实践则实行、贯彻理论。不过二者在发展中产生分化,形成差异以至矛盾乃是诸宗教的普遍现象。而从中国佛教发展的实际状况看,群众的信仰实践与高层次的理论思想的分化更十分明显。这和中国历史上等级森严的社会制度有直接关系。从而不同社会阶层对待信仰与教理在理解和接受上也就明显体现不同的侧重点。在本土思想、学术传统中培养起来的知识精英,包括披上袈裟的义学沙门,更关注佛教的理论层面,更侧重教理、教义即佛教思想的探讨与研究,正是在这样的基础上,形成了南北朝一批义学师说和隋唐以降的中国佛教宗派;而社会上下,从上层统治者到一般民众间更广泛地普及信仰实践活动,这种信仰具有深厚的社会基础,深浸到社会生活与民众心理之中,具有强大的生命力。二者相互推动、相互支持,有力地促成佛教走向兴盛。而在后来佛教发展过程中,僧、俗知识精英的佛教教学与世俗盛行的民众佛教信仰一直成为相互区分又密切关联的两大潮流。

中国佛教信仰内容纷繁多样,与中国多神信仰的传统有直接关系。从全部人类宗教史看,一个国家与民族的信仰形态与社会政治形态直接相关联。一般说来,在强有力的世俗专制体制下难以形成具有绝对权威的一神教。这也是中国历史上多种宗教、多种信仰并存的主要原因之一。而就中国佛教本身说,信仰内容十分丰富:有佛及佛土信仰,如弥勒及其净土信仰、弥陀及其净土信仰、药王如来及其净土信仰等;有对于特定菩萨的信仰,如观音信仰、维摩信仰、地藏信仰、文殊信仰、普贤信仰等;有圣物信仰,如佛骨信仰、佛舍利信仰等;有经典信仰,如《金刚经》信仰,《法华经》信仰等;有对于某种教义的信仰,如轮回报应信仰,它界(阴间、地狱、天堂等)信仰;还有特殊的节祭信仰,如盂兰盆信仰等。这些信仰的兴盛与一定时代环境、社会条件有密切关系，因而兴盛的时期与地域并不平衡。值得注意的是，中国佛教信仰特别普遍地凸显人们所急需的救济功能，并与本土传统的鬼神、神仙、灵魂不死、家族报应等信仰相融合，因而能够征服更广大的民众。

群众性的信仰实践乃是中国佛教发展中充满活力的部分，也是对于社会生活与民族精神产生巨大影响的部分。信仰成为动员和凝聚信众、弘扬佛法、开展佛事活动的动力。佛教发挥其社会作用，成为有组织的社会与精神力量，无论是积极的还是消极的，都以信众的信仰心作为依托。所以信仰状态对于佛教的生存和发展是具有决定意义的。而如要了解古代民众生活，认识他们的精神世界，以及与他们的生活密切相关的伦理观念、风俗习惯、文学艺术等等，他们的信仰实态更提供了揭破谜团的不可取代的钥匙。

下面，重点介绍晋宋以来盛行的几种影响巨大深远又具有广泛意义的佛教信仰。

第一节　观音信仰

一

佛教是多神教。在佛教诸多信仰对象中，作为核心的当然是对于教主佛陀的信仰，其次就是努力精进成佛的罗汉（小乘佛教）、菩萨（大乘佛教）信仰（在中国，大、小乘佛教并传，罗汉、菩萨信仰一起流行）。这其中特别流行的当属观世音或简称观音信仰。观音是"菩萨"。观音信仰与大乘菩萨思想及其在中土的传播直接相关联。后世民众中往往径直用"菩萨"来称呼观世音。从一定意义说,观音在中国民众心目中的地位不下于甚至超越佛陀。流传广远而又十分普及的观音信仰乃是中国民众佛教信仰的典型体现。

所谓"菩萨",全称"菩提萨埵"(bodhisattva),意译为"觉有情","道心众生"。"'普提'是'悟'的意思,'萨埵'具有本质、实体、心、胎儿、勇士、有情等种种意思。如果取'萨埵'的本质义,'菩萨'就类似'其本质为觉悟的人'的意思,或更接近'佛陀'的意思。"①这个词,在部派佛教里本来是用于称呼前世历劫轮回之中的佛陀的,扩展开来,则又指一切为成佛而精进努力的人。部派佛教论书《大毗婆沙论》指出:

> 问:由阿耨多罗三藐三菩提故名菩提萨埵,何故未证得时,此名随转,及证得已,便不随转而更名佛陀耶?答:由此萨埵未得阿耨多罗三藐三菩提时,以增上意乐,恒随顺菩提,趣向菩提,亲近菩提,爱乐菩提,尊重菩提,渴仰菩提,求证欲证,不懈不息,于菩提中心无暂舍,是故名为菩提萨埵。彼既证得阿耨多罗三藐三菩提已,于求菩提,意乐加行,并皆止息,唯于成就觉义为胜,一切染污、不染污痴皆永断故,觉了一切胜义、世俗诸尔焰故,复能觉悟无量有情随根欲性作饶益故,由如是等觉义胜故,名为佛陀,不名菩萨。复次,萨埵是勇猛者义。未得阿耨多罗三藐三菩提时,恒于菩提精进勇猛,求欲速证,是故名为菩提萨埵;既得阿耨多罗三藐三菩提已,便于菩提,勇猛心息,唯觉义胜,故名佛陀。②

这是小乘佛教追求自证成佛的菩萨观。到了大乘佛教早期,《般若》类经典发展出内容更为丰富、系统的菩萨思想。它体现大乘佛教"自度度人"的更为崇高的理想和追求,为信仰者提供出更高远

①平川彰《大乘佛教の特質》,平川彰等编《大乘佛教》第一卷《大乘佛教とは何か》第14页,春秋社,1995年。
②《阿毗达摩大毗婆沙论》卷一七六,《大正藏》第27卷第887页上—中。

的修证目标。大乘菩萨不是只求自度，还要"上求菩提，下化众生"，即更重视济度所有在无尽轮回中受苦的众生。《道行般若经》中指出：

> 菩萨摩诃萨度不可计阿僧祇人，悉令般泥洹，无不般泥洹一人也。菩萨闻是，不恐，不畏，不悉，不舍，去就余道。知是则为摩诃僧那僧涅。[1]

《大品般若》更细致、充分地发挥了这种菩萨观念。《法华经》上则说：

> 若有众生，从佛世尊闻法信受，勤修精进，求一切智、佛智、自然智、无师智、如来知见，力无所畏，悯念安乐无量众生，利益天人，度脱一切，是名大乘。菩萨求此乘故，名为摩诃萨。[2]

菩萨实践慈、悲、喜、舍四无量心济度众生，怀抱一切众生不成佛自己永不成佛的宏愿。这种境界充分显示了大乘佛教救济理想的高远，也体现了它的广泛的群众性。

本来按照佛陀在世时的说教，人的修证建立在"自力"基础之上。就是说，人要从生死轮回中解脱出来，决定因素在于自我的"觉悟"——知苦、断集、证灭、修道。发展到大乘佛教阶段，随着佛陀逐步被神圣化、神秘化，他的救世愿力与能力也被扩大并现实化了：佛陀由现实中的修道者和成道者演变成具有三身（法身、报身、化身）、遍在三世十方、法力无边的神明和教主，他怀抱救世的宏愿，人们可以依赖他的"愿力"加持得到救济。而菩萨，就是佛陀救世理想的实践者，是佛陀在人世间的代理人。这样，佛与菩萨就演变成救世的神明了。佛教大规模传入中土，正值印度大乘佛教的

---

① 《道行般若经》卷一《道行品》，《大正藏》第 8 卷第 427 页下。
② 《妙法莲华经》卷二《譬喻品》，《大正藏》第 9 卷第 13 页中。

兴盛期。中国思想传统在天命观、命定论的笼罩下,本来缺乏救济意识。菩萨思想正适应中土人士渴求救济的精神需求,迅速地被张扬开来,成为民众信仰的主要内容之一。这种信仰在民众精神生活的价值,它所积极满足的现实需要,主要体现在以下三个方面:

首先,菩萨思想的核心观念是慈悲:"大慈与一切众生乐,大悲拔一切众生苦;大慈以喜乐因缘与众生,大悲以离苦因缘与众生。"①拔苦与乐,符合人们生存的基本需求。中土早期宣扬菩萨思想的有前面已经介绍的康僧会所译《六度集经》,其中辑录本生故事就是按大乘"六度"编辑起来的,它们集中体现了菩萨(即历劫轮回中的佛陀)的慈悲胸怀。后来郗超《奉法要》的内容代表东晋名士对于佛教基本概念的理解,其中解释菩萨慈、悲、喜、护(舍)"四无量心"("四等")说:

> 四等者何?慈、悲、喜、护也。何谓为慈?愍伤众生,等一物我,推己恕彼,愿令普安,爱及昆虫,情无同异;何谓为悲?博爱兼拯,雨泪恻心,要令实功潜著,不直有心而已;何谓为喜?欢悦柔软,施而无悔;何谓为爱护?随其方便,触类善救,津梁会通,务存弘济。能行四等,三界极尊。②

这样的观念,又正和儒家的仁爱观念、"民胞物与"精神、推己及人的恕道相通,甚至在表述上都大体一致,从而也更容易被人们理解和接受。

其次,菩萨把救世度人的理想付诸实践,又体现了大无畏的牺牲精神和强烈的担当感。另一位著名菩萨是阿弥陀佛的前身法藏菩萨。他在修行中发无量大愿,中土流行的署名康僧铠所译《无量寿经》里是"四十八愿",其中前三愿即所谓"国无恶趣愿"、"不堕恶

---

① 《大智度论》卷二七《释初品·大慈大悲义》,《大正藏》第25卷第256页中。
② 《弘明集》卷一三,《大正藏》第52卷第88页上。

趣愿"、"悉皆金色愿"，可以看作是诸愿基本内容的概括。这三愿是：

设我得佛，国有地狱、饿鬼、畜生者，不取正觉；

设我得佛，国中人、天，寿终之后，复更三恶道者，不取正觉；

设我得佛，国中人、天，不悉真金色者，不取正觉。[①]

这是表示，只要世界上不是所有有情都已成佛，自己决不成佛。因而菩萨又称为"一生补处"，即一生处在成佛的候补地位。中土传统伦理主张舍己为人，讲究"义、利之辨"，提倡为理想勇于牺牲，也是与菩萨的这种性格相通的。

还有相当重要的一点，佛教在中土遭遇抵抗最主要的原因之一是离俗出家，断绝后嗣，不合传统伦理，特别是违背孝道。而菩萨在家修行，菩萨思想反对保守的僧侣主义，打通了出家与在家的界限。从印度佛教历史看，大乘佛教的形成与发展本来与在家信徒的活动有密切关系。大乘经典中经常使用"善男子"、"善女人"称呼，指的就是在家男、女信众。在早期般若经典《道行般若经》里还没有明确的"在家菩萨"观念。但到《维摩诘经》出现，则已经塑造出一位在家菩萨的典型。《维摩诘经》的主人公是一位白衣居士，处世家居，享受世俗长者的富裕生活，其道行却远高于佛陀的声闻弟子和其他菩萨。这部经第一个译本是严佛调于灵帝中平五年(188)所出，距离《道行般若》的翻译不到十年。时隔仅二十余年的三国吴黄武年间(222—229)，支谦又在建业重译，称《维摩诘所说不思议法门经》。这是现存第一个译本，也是什译本出现前流行的文本。由此也可见菩萨思想在当时受到欢迎的程度。在中土，注重在家修行的菩萨思想特别受到重视，居士佛

[①]《佛说无量寿经》卷上，《大正藏》第 12 卷第 267 页下。

教在历史上十分兴盛，这也成为外来佛教适应本土伦理的集中表现之一。

在大乘菩萨思想输入的汉魏之际，苦难现实正促使人们普遍地、急切地寻求救济。道教在这一时期兴盛起来。救苦救难的菩萨也正是人们可以祈求、仰赖的神明。值得注意的是，在作为佛教教理基本内容的"业报"说里，所谓"业生"还是"愿生"显然存在矛盾。依据"业生"观念，人在前世历劫轮回中所作的"业"决定他现世以至来世的命运；而依据"愿生"观念，佛陀救世的愿力无量无边，它可以帮助人改变命运而得到解脱。大乘佛教突出发展了"愿生"思想，菩萨则成为实践佛陀救世愿力的救主。这是与中土传统的"命定"论全然不同的观念。它特别凸显出对于人得救的自信，其优越性是很显然的。如果说魏晋时期是"人的觉醒"时期，大乘佛教则是促成这一转变的重要推动力。当中土人士困顿于悲惨"命运"之中、渴求救济的时候，菩萨信仰让人们增强了改变命运的信心，看到得救的希望。

这样，无论是菩萨行还是菩萨道，都容易与中土传统相协调，又正是渴求救济的民众所需求的。从而菩萨信仰一经输入，即在中土民众中受到广泛、热烈的欢迎。

观世音就是众多菩萨中最能够突显菩萨精神的一位。

二

观世音（Avalokiteśvara），简称"观音"，异译"光世音"、"观自在"，"观世自在"，或音译"阿缚卢枳多伊湿伐罗"、"阿婆卢吉低舍婆罗"等等，本是印度大乘佛教中的一位菩萨。据学界考察，观音信仰应出现于公元纪元后即大乘佛教形成时期，大抵在一世纪末，至迟在二世纪初。晋法显《佛国记》记载摩头罗国（今印度北方邦马土腊 Mattra 西南五里处的马霍里 Maholi）的摩诃衍人供养观世音,据考应始于公元 1—2 世纪。值得注意的是,观音信仰所包涵的教义显然多有与佛教根本义理相悖之处①。特别是突出"它力救济"观念,把他描绘成"有求必应"的"神明",带有佛教本来否定的"救主"品格;又佛教追求的根本目标是"解脱",是从"五浊恶世"超脱出来,而观音的救济所体现的却主要是现世利益。这些都是和佛教教理的根本精神相悖的。大乘佛教的发展是个复杂的历史过程,不断地从印度本土和外来思想、宗教中吸收多方面新内容。观音正是这种发展的典型成果之一。印度佛教发展到部派佛教全盛时期,溺于"阿毗达磨"的名相分析,早期大乘又发展了富于哲理的"般若空"观,二者都注重理论辨析而削弱了信仰内涵。观音这一体现现实救济的菩萨被创造出来,正填补信仰方面的缺失,适应信众的精神需求。因此他一经出现,就在印度本土迅速流传开来,并很快传播到中国。所谓"观世音与此土有缘"②,他成为在中土民众中间赢得最为久远也最为真挚的信仰的神明之一。

中土最初传入的是《法华经·普门品》观世音③,即后来所谓"救苦观音"。该经据传有六出三存④,初译本为竺法护于晋太康七

------

① 苏轼的一段话明确指出了观音经与佛教根本教义的矛盾:"《观音经》云:'咒诅诸毒药,所欲害身者,念彼观音力,还著于本人。'东坡居士曰:观音,慈悲者也。今人遭咒诅,念观音之力,而使还著于本人,则岂观音之心哉!今改之曰:咒诅诸毒药,所欲害身者,念彼观音力,两家总没事。"(《东坡志林》卷一○)

② 智顗《观音玄义》卷下,《大正藏》第 34 卷第 891 页下。

③ 在此以前汉译经典里已出现观音名号,但还没有具体的"形象"。如三国时支谦在东吴建康所出《佛说维摩诘经》中有菩萨名"观音",康僧铠于魏嘉平四年(252)所出《郁伽长者所问经》中有"观世音"等。参阅拙著《中国文学中的维摩与观音》第三章《观音信仰的弘传》,高等教育出版社,1996 年;天津教育出版社,2004 年。

④ 《法华经》据传六出三存。三存的译本是:西晋竺法护《正法华经》十卷二十三品,太康七年(286)出;后秦鸠摩罗什《妙法莲华经》七卷二十七品(后人将南齐法献共达摩摩提译《提婆达多品》和北周阇那崛多译《普门品（转下页

年(286)所出,称《正法华经》,菩萨称"光世音"。《法华经》是早期大乘重要经典之一,中心内容有三大主题,一是发展了般若空观,宣说"空"为"诸法实相",也即是永久的本佛;二是发挥菩萨思想和菩萨住世观念;三是协调佛教发展中出现的大、小乘诸部派矛盾而主张"三乘归一"。《普门品》观音信仰显然又与该经总体构思不相协调。学术界一般认为它是《法华经》主体部分形成以后附加上去的。在中国,竺法护译出《正法华》后,其《普门品》即以《观世音经》或《普门品经》的名目作为单经流行。晋、宋之际的宗炳说:

> 有危迫者,一心称观世音,略无不蒙济,皆向所谓生蒙灵援,死则清升之符也。①

宋何尚之说:

> 且观世大士所降近验,并即表身世,众目共睹,祈求之家其事相继。所以为劝诚,所以为深功……②

对于在苦难中挣扎的历代民众来说,"救苦"是普遍的、现实的需求。后来观音信仰不断发展变化,出现了形貌和功能多种多样的观音,但"救苦"一直是观音信仰的基本内容。以后有"圣观音"称谓,一般也是泛指"救苦观音"。

　　《普门品》观音信仰主要有三方面内容:

(接上页)偈》编入,构成二十八品),弘始八年(406)出;隋阇那崛多和达摩笈多《添品妙法莲华经》七卷二十七品,仁寿元年(601)出。另有早期异译失译《萨昙分陀利经》,大约出于公元220年以前,内容相当于《见宝塔品》的一部分和《提婆达多品》。《开元释教录》载有三个缺本,即《法华三昧经》六卷、《萨芸芬陀利经》六卷和《方等法华经》五卷,但后人多以为是误传。现存三本的《普门品》内容基本相同。《普门品偈》为阇那崛多在北周时所译,至隋译附入,因而亦编入今传什译本,通行本还编入了玄奘译《药王菩萨咒》。

①《明佛论》,《弘明集》卷二,《大正藏》第52卷第16页上。
②《何令尚之答宋文皇帝赞扬佛教事》,《弘明集》卷一一,《大正藏》第52卷第70页上。

第一是普门救济，即普遍的救济。"普门"，梵语 samanta-mukhuā，为观音名号之一，本义是颜面向着一切方位。这个译语自竺法护开始使用，后来流行的什译本也沿袭下来。汉语字面的意义已包含普遍救济的意思，这显然是依据中土人士的理解构造的词语。本品一开始，即是佛告无尽意菩萨说：

> 善男子，若有无量百千万亿众生，受诸苦恼，闻是观世音菩萨，一心称名，观世音菩萨即时观其音声，皆得解脱。①

从佛教发展看，佛陀在世时本是反对咒语的。如此称名则立即获得解脱，显然有咒术的意味。观音闻声往救，突显出他全面的救济功能。他君临人世之上，加护、救助亿万芸芸众生，已具有鲜明的救世主性格。这是佛陀本人也不曾有过的能力。他作为佛与信仰者的中介，担负更强大的救济功能，对于民众显得比佛陀更为亲近，也有更大的吸引力。

第二是拔苦济难的简易与方便。经中提出称观音名号则济七难，即水、火、罗刹、刀杖、恶鬼、枷锁、怨贼（或加上"风"为"八难"）；念观音则离三毒：贪、嗔、痴；礼拜观音则满二求：求男得男，求女得女。在这些救济功能中，"救苦"是核心。"离三毒"是抽象的宗教目标；"满二求"则特别适应中国宗法观念的需求。观音实现如此普遍的救济，一方面简捷易行，一方面功效无边。特别是这些救济内容的重点在现世福利，即主要不是去救度人的灵魂，而是解脱人的现世苦难；不是许诺人以虚无缥缈的涅槃、净土，而是给予人当下利益。这就更适应困苦无告的民众的要求。

第三是化身示现，即观世音施设方便，以三十三化身为众生说法，施行救济。这三十三化身既有佛、天神，也有一般的居士、宰官，还有妇女、儿童等。这是大乘佛教化身观念的具体发挥，充分

---

① 《妙法莲花经》卷七，《大正藏》第 9 卷第 56 页下。

体现了观音的神变与变化能力。这三十三身实际只是例子，真实意义是说他可以化身为各种各样的"人物"，任意地出入世间，完成他的救济使命。他从而不再是人们不可接触的、高高在上的神明，而是人们可以亲近、呼之即来的"善友"。

除了《法华经·普门品》，另外还有不少经典宣扬观音信仰。但在历史上都不如《普门品》流传广泛。这也归因于《普门品》在表述上十分简洁、明晰、透彻。比较重要的还有《华严经·入法界品》。《华严经》作为早期大乘重要经典之一，是由一系列独立的经典集合而成的。最后一品《入法界品》描写善财童子在普贤菩萨指引下遍求"法界"，他历访五十三位"善知识"，参问"云何学菩萨行，云何求菩萨道"，第二十八位是观世音。经中说观世音住在光明山西阿。光明山，新译作"补陀落山"（Potaloka），又译为"普陀落迦"，其方位据说在南方，新译又补充说在海上。在《入法界品》里，观世音也是作为大乘济度精神的体现者出现的。

前面介绍伪经已经说到历代民众创造出许多"伪观音经"，更是中土观音信仰生动、具体的体现，下面还将提到。

三

反映中土早期观音信仰的情况，教内、外典籍里留下许多材料。宣传观音信仰、传说观音灵迹的首先是僧侣。他们把传说当做实事来宣扬，反映了他们真挚的宗教体验。例如东晋法显西行求法、浮海东还时，自师子国至耶婆提国，"东下二日，便值大风，船漏水入……法显亦以君墀及澡罐并余物弃掷海中，但恐商人掷去经像，唯一心念观世音及归命汉地众僧：'我远行求法，愿威神归流，得到所止。'如是大风昼夜十三日，到一岛边"；后来自耶婆提到长广郡界，又遇到黑风暴雨，亦以一心念观音而蒙救。法显自称

"不顾微命,浮海而还,艰难具更,幸蒙三尊威灵,危而得济"①。"三尊"指佛、法、僧,观音是被当作它们的具体体现的。宋黄龙国沙门昙无竭于永元初年(420)召集同志,西行求法,至罽宾国,求得《观世音受记经》梵文一部,后"复行向中天竺界。路既空旷,唯赍石蜜为粮。同侣尚有十三人,八人于路并化,余五人同行。无竭虽屡经危棘,而系念所赍《观世音经》未尝暂废。将至舍卫国,中野逢山象一群,无竭称名归命,即有师子从林中出,象惊慌奔走。后渡恒河,复值野牛一群,鸣吼而来,将欲害人,无竭归命如初,寻有大鹫飞来,野牛惊散,遂得免之。其诚心所感,在险克济,皆此类也"②;后来他译出《观世音受记经》传世,是中土观音信仰的重要传播者。著名天竺译师求那跋陀罗来华时,"随舶泛海。中途风止,淡水复竭,举舶忧惶,跋陀曰:'可同心并力念十方佛,称观世音,何往不感?'乃密诵咒经,恳到礼忏。俄而,信风暴至,密云降雨,一舶蒙济,其诚感如此";以后他来到江南译经,"自忖,未善宋言,有怀愧叹,即旦夕礼忏,请观世音,乞求冥应。遂梦有人白服持剑,擎一人首来至其前,曰:'何故忧耶?'跋陀具以事对,答曰:'无所多忧。'即以剑易首,更安新头。语令回转,曰:'得无痛耶?'答曰:'不痛。'豁然便觉,心神悦怿。旦起,道义皆备领宋言,于是就讲"③;求那跋陀罗以自身的体验来宣说,也成为观音传说的重要创作者和传布者。上述这些人都是历史上有名的高僧。其他例子,关于一般沙门的,如东晋义熙初,山阴嘉祥寺释慧虔忽然得病,寝疾少时,自知必尽,乃屡想安养(西方净土),祈诚观音;山阴北寺有净严尼,宿德有戒行,夜梦观世音从西郭门入,清晖妙状,光映日月,幢幡华盖以为七宝庄严,见便作礼,问曰:"不审大士今何所之?"答曰:"往嘉祥寺迎

<hr />

① 章巽《法显传校注》第167、177页,上海古籍出版社,1985年。
② 《高僧传》卷三《宋黄龙释昙无竭传》,第94页。
③ 同上卷三《宋京师中兴寺求那跋陀罗传》,第131—132页。

虔公。"因而便卒①；又宋长干寺沙门昙颖，"尝患癣疮，积治不除，房内恒供养一观世音像，晨夕礼拜，求差此疾。异时忽见一蛇从像后缘壁上屋，须臾有一鼠子从屋脱地，涎唾沐身，状如已死。颖候之，犹似可活，即取竹刮除涎唾。又闻蛇所吞鼠，能疗疮疾，即刮取涎唾，以傅癣上。所傅既遍，鼠亦还活。信宿之间，疮痍顿尽。方悟蛇之与鼠，皆是祈请所致"②，等等。这些观音灵验记述都传自僧侣，往往他们本人就是传说中得到观音救济的主角。这显示了僧团传播观音信仰的主导作用。

　　士族间热烈信仰观音的情形也有许多记载。东晋初名相王导，渡江后广交僧侣，如前所说其名声地位在推动一时信佛风气上起了相当作用，后面将介绍的《光世音应验记》里写到的竺法义就是他所"承风敬友"的，而法义"尤善《法华》"③，是早期观音信仰的传播者；宋王玄谟于元嘉年间为长沙王刘义欣镇军中兵参军，北伐魏国，滑台兵败，时辅国将军萧斌将斩之，"始将见杀，梦人告曰：'诵《观音经》千遍，则免。'既觉，诵之得千遍。明日将刑，诵之不辍，忽传呼停刑"④；梁刘霁"母明氏寝疾，霁年已五十，衣不解带者七旬，诵《观世音经》，数至万遍，夜因感梦，见一僧谓曰：'夫人算尽，君精诚笃至，当相为申延。'后六十余日乃亡"⑤。又梁"（王）琰稚年在交趾，彼土有贤法师者，道德僧也。见授五戒，以观世音金像一躯，见与供养"，后至江都，再还京师，多有灵异，常自供养，庶必永作津梁，"循复其事，有感深怀；沿此征觌，缀成斯记"⑥，即写成

---

①《高僧传》卷五《晋山阴嘉祥寺释慧虔传》，第209页。

②同上卷一三《宋长干寺释昙颖传》，第511页。

③同上卷四《晋始宁山竺法义传》，第172页。

④《宋书》卷七六《王玄谟传》，第1974页。

⑤《梁书》卷四七《刘霁传》，第657页。

⑥王琰《冥祥记自序》，鲁迅辑《古小说钩沉》，《鲁迅辑录古籍丛编》第1卷第313－314页。

了《冥祥记》；又陈后主沈皇后隋亡后于毗陵天静寺出家为尼，号观音①。这后一事例反映了贵族妇女信仰观音的情形。本来南朝士族间流行注重学理的佛教义学，贵族名士热衷于佛教经论的研究，但同时又盛行写经、礼佛、斋僧、造寺之类实践活动，观音信仰是其重要内容之一。

集中反映观音信仰具体实态的，是这一时期出现的鲁迅所谓"释氏辅教之书"，其中颇多辑录观音应验故事的。在文学史上，这些书被看作是早期志怪小说的一类。当时人还没有"作意好奇"、"有意为小说"②的观念和实践，人们是作为实事来记述这些传说的。因此那些有关观音传说的纪录，就成为了解当时信仰实态的绝好资料。

现存第一部这类专书——谢敷撰《光世音应验记》，成书于西晋安帝隆安三年（399）前，即在《搜神记》之后、《世说新语》之前，也在什译《法华经》出现之前。这也表明当时观音信仰已经广泛流行。谢氏把书传给傅瑗，在孙恩之乱中佚失，瑗子亮根据记忆加以记录；接着宋张演补充谢书，成《续光世音应验记》；齐陆杲再续，成《系观世音应验记》③。这相连续的三部书为研究这一时期观音信仰提供了相当集中的资料。

三种书前都有序言，从中可了解编撰动机与传播经过。傅亮《光世音应验记序》（三书引文均据拙校）曰：

> 右七条。谢庆绪往撰《光世音应验》一卷十余事，送与先君。余昔居会土，遇兵乱失之。顷还此境，寻求其文，遂不复存。其中七篇具识，余不能复记其事。故以所忆者更为此记，以悦同信之士云。

①《南史》卷一二《后妃传》，第 347 页。
②《中国小说史略》，《鲁迅全集》第 9 卷第 54、70 页。
③《观世音应验记三种》，第 1、10、19—20 页。

张演《续光世音应验记序》曰：

> 右十条。演少因门训，获奉大法，每钦服灵异，用兼缅慨。窃怀记拾，久而未就。曾见傅氏所录，有契乃心。即撰所闻，继其篇末，传诸同好云。

陆杲《系观世音应验记序》写得更详细：

> 陆杲曰：昔晋高士谢字庆绪记光世音应验事十有余条，以与安城太守傅瑗字叔玉。傅家在会稽，经孙恩乱，失之。其子宋尚书令亮字季友犹忆其七条，更追撰为记。杲祖舅太子中舍人张演字景玄又别记十条，以续傅所撰。合十七条，今传于世。杲幸邀释迦遗法，幼便信受。见经中说光世音，尤生恭敬。又睹近世书牒及智识永传，其言威神诸事，盖不可数。益悟圣灵极近，但自感激。信人人心有能感之诚，圣理谓有必起之力。以能感而求必起，且何缘不如影响也，善男善女人，可不勖哉！今以齐中兴元年（501），敬撰此卷六十九条，以系傅、张之作。故连之相从，使览者并见。若来哲续闻，亦即缀我后。神奇世传，庶广飨信。此中详略，皆即所闻知。如其究定，请俟飨识。

这些文字清楚表明，把观音传说编撰成书的是士族士大夫信徒，他们本人是虔诚的信仰者："钦服灵异"、"但自感激"，欲使"神奇世传，庶广飨信"而记录下这些传闻。这几篇序乃是当时观音信仰及其传播状况的生动说明。

如前所述，竺法护初出《法华经》是在晋太康七年（286）。而现存观音传说有年代记载最早的是《光世音应验记》里关于竺长舒的，事情发生在晋元康年间（291—299），即距《法华经》译出仅十年左右。另一件是关于帛法桥的，他于石虎末年九十余岁卒（石虎死于349年），相关传说也是三世纪末年的，可见观音信仰在当时弘传的速度。

　　三部《应验记》里以僧侣为主人公的二十八条,占总数八十六条的百分之三十强,而更多故事应是僧侣传出或制作的。如《光世音应验记》第二条关于帛法桥的传说,竺僧扶是他的沙弥,故事传出大概与此人有关;第三条邺西寺三胡道人事,则是僧道壹在邺所闻见;第四条窦传事,为僧人道山自江北来到江南后对谢庆绪述说;第六条徐荣事,为沙门支道蕴向作者亲述;第七条则是前述沙门竺法义事。这样七条中就有五条是僧侣传出的。《续光世音应验记》的第一条是徐义为"慧严法师说其事";第九条义熙中士人事是毛德祖向"法崇法师说其事";第三条惠简道人、第五条道泰道人、第六条释法融等所记都是僧侣事;多数没有说明传出途径的传说,肯定也有和僧侣相关的。《系观世音应验记》后出,流传途径较为复杂,作为传说的意味更为明显,因而征实的说明也就较少了。但如第十三条彭城北一人事,为"德藏尼亲闻本师释慧期所记";第二十七条王葵事,"是道聪所说";第四十九条张崇事,为"智生道人自所见闻",等等,也都是僧人传出的。

　　具体分析三种《应验记》,以僧侣为主人公的,有些人如竺法义、竺法纯、道汪等是一时名僧,而大部分是一般僧侣或无名道人;其他关于俗人的传说,有大臣、将军、官僚、士人,更多的是小吏、平民,包括饥民、商贩、渔夫、猎师、俘虏、罪囚、劫贼、寡妇等等。就是说,困苦无告的一般百姓是这些故事的重要主人公。大约同时期出现的《搜神记》着重写"古今神祇灵异人物变化"[①],而《世说新语》则被称为"名士玄谈的百科全书",它们记述的主要是特选阶层人物。而这些观音故事却把民众推上表现舞台的中心。这不仅能够更直接地反映民众的精神和生存状态,观念上更体现了对于苦难民众的重视,在思想史上具有重要意义。

　　这八十六个故事背景在北方的占五十个,南方的三十个,外国

[①]《晋书》卷八二《干宝传》,第 2150 页。

的三个,还有三个地点不明。尽管记录故事的三位作者都是南方士人,但大部分传说却是关于北方的。这是因为当时北方在少数族劫夺杀戮之下,民众的苦难更为深重,观音信仰也更为普及。另外,由于北方佛教也有重视修持、重视实践的特色,像《观音经》那样宣扬信仰的简短经典更易于流行。许多在北方产生的观音传说随着过江僧侣、难民流传到南方,被南方士大夫以杂事琐闻的形式记录下来,就是今天看到的三部作品。

所有这些观音传说的唯一主题是解危济难。这也是被称为"救苦观音"信仰的唯一重心。而值得注意的是,所述灾难主要不是贪、嗔、痴"三毒"等宗教意义上的灾难,而多是现实的、人世的患难。故事里几乎没有什么深奥义理,也没有更复杂的情节。按患难内容分析,在自然灾害和人为祸患中,后者又占更大比重。即以《系观世音应验记》中的六十九个故事为例,表现自然灾害(大火、大水、大病、恶兽、罗刹)的仅十五个,其余五十四个都是人为的灾祸(被害、检系、怨贼、路径、接还本土)。这也反映当时人面对的苦难主要来自现实生活,记录这些故事的人对这一点已有朦胧的自觉。而对于社会祸患,又特别突出被杀害、被囚系、逢怨贼等暴力行为,其中主要又是统治者所强加的军事的、政治的暴力。如《光世音应验记》第三条,写到"石虎死后,冉闵杀胡,无少长,悉坑灭之",所述即是冉闵杀后赵主自立以后滥杀"胡人"的情况;《系记》中张崇事,写到"晋太元(376—396)中,苻坚败,时关中千余家归晋,中路为方镇所录,尽杀,虏女",写的是南方将领杀戮归附居民、掠夺妇女情形;又南公子敖事,写到佛佛虏儿长乐公(即夏主赫连勃勃)破新平城(今陕西彬州),"城中数万人一时被杀",史书记载赫连勃勃嗜杀成性,杀戮动辄万人,这个传说正提供了印证;《续记》第四条,写"昔孙贼扰乱海隅,士庶多离其灾",是指讨平孙恩之乱时,官府诬民为贼,滥杀无辜;《系记》第十五条,写到高荀以"吏政不平,乃杀长官,射二千石,因被坎,辄锁颈,内土砌中",写的是民众以武力反抗暴政及其被镇压的情况;第四十六条写"道人释开达以晋隆安二年(398)北上垄掘甘草。时羌中大饿,皆捕生口食之。开达为羌所得,闭置栅里,以择食等伴肥者,次当见及",写饥民被北魏军人捕食,隆安二年即道武帝天兴元年,时当北魏立国伊始,史称其时"制定京邑……其外四方四维置八部帅以监之,劝课农耕,量校收入,以为殿最。又躬耕籍田,率先百姓,自后比岁大熟"[1],这是北魏发展生产、安定民生的兴盛期,而民间饥馑情形如此。在如此非人力所可抗拒的可怕的灾祸面前,人们求救于观音,也正表明他们改变命运、摆脱苦难的心愿。这在当时也是赤手空拳的无告平民生存下去的重要精神支持。

还应当注意到,在当时人的观念里,还看不出观音救济与传统伦理之间有必然关联。就是说,是否获得救济,往往决定于信仰心如何,而不是伦理层面的高下。前面说到高荀,是杀害长官起来反叛的人,按世俗道德应当算是罪人,却得到了救济;《系记》第十九条里的盖护"系狱应死",后来得救了,并没有说他为人如何,犯的是什么罪;第三十八条唐祖承"作大市令,为藏盗,被收",因为隐藏盗贼被捕,同样能够得救。这些传说一方面强调观音救济的威力,表明他的慈悲是无限的,这也是大乘佛教普遍、平等的救济观念的体现;另一方面,也表明当时的观音信仰还没有和中国传统伦理完全融合,这是和后来佛教报应观与中土传统伦理相统一的情况大不相同的。

日本学者小南一郎分析说:

> 本来的所谓观世音应验是一般民众(包含下级官吏和士兵)在走投无路的绝境中"诚心归请"或者"至心呼叫"观世音菩萨有感应而发生的。这种故事都宣传向佛教皈依时的心情的重要性。由于心情纯真,所以能够承蒙观世音菩萨的保护。

---

[1]《魏书》卷一一○《食货志》,第2850页。

这样我们可以推测，士人们对这种一般人的故事感觉特别兴趣的原因，就在于他们的佛教信仰重视心理状态这一倾向里。就是说，他们的唯心主义倾向，是与一般民众放弃一切而向观世音皈依的心情互相共鸣的结果……当时的佛教信仰的内容十分真挚，所以它具有向信徒们赋予对待社会和生活的视点的能力。用这样的视点来记录外界的事实时，虽然常常为了保护佛教而有意无意地歪曲事实，但在被歪曲了的事实背后仍然存在着真正的事实。所以只要透视到佛教性故事的背后，我们就会接触到当时社会的生动情景。①

这段论述清楚说明了这些作品中反映的观音信仰的状态，也指明了三部观世音《应验记》的价值和意义。

除了上述三部书之外，当时大量制作和流传的所谓"释氏辅教之书"（如刘义庆《宣验记》、王琰《冥祥记》等）大都记录一些观音灵验故事。这些传说情节大都凸显出"传奇"的特色，正体现这些故事的制作者和传说者的诚挚心态；其中不少故事是相互重复的，则一方面反映这些传说流传的广泛和普及，另一方面也是因为作为弘扬信仰的资料，本来就是在民众中相互传诵的。这种种状况，也正具体而微地体现了观音信仰在当时佛教发展中的地位和意义。

四

魏晋以后所出有关观音经典除上述之外还有很多。经录上记载的有竺法护译《光世音大势至受决经》一卷（《出三藏记集》卷二

---

① 《〈观世音应验记〉排印本跋》，《观世音应验记三种》第72、84页。

《新集撰出经律论录第一》)、祇多蜜译《普门品经》一卷(同上)①、沮
渠京声译《观世音观经》一卷(同上)、法意等译《观世音忏悔除罪咒
经》一卷(同上)、失译《观世音求十方佛各为授记经》一卷(经抄,同
上卷四《新集续撰失译杂经录》)、《观世音所说行法经》一卷(同
上)、《观世音成佛经》一卷(同上)等等。这些经本并佚,内容已不
可考,但可以确信其中一部分是所谓"伪经"。至于可以确认为伪
经的如《观世音三昧经》、《高王观世音经》等,前面介绍伪经一章已
经述及;还有更多伪经已经佚失,仅留有名目。伪经作为中土撰
述,更鲜明、更突出地体现了本土信仰,特别是一般民众间的信仰
实态;也反映了本土佛教发展状况的一个重要侧面。而历代制作
出来的大量伪观音经则十分清晰地反映了这些经典撰作时代的观
音信仰的真实面貌。

　　在这些"伪经"里,观音形象被重新塑造了,显现出更符合本土
心理的形态,信仰也体现了更强烈的民族性格。例如《观世音三昧
经》和《高王观世音经》,前面介绍中土伪经一章已作了较详细的说
明。前者更加突出本土观音信仰行法,具有具体指导信仰实践的
意义。其中宣说供养此经的具体做法:

　　　　若欲行此经,应净房舍中,悬诸幡盖,散花烧香,端坐七
　　　日,念无异想,诵此《观世音三昧经》。

接着说明七日间的灵应:

　　　　七日之时,观世音菩萨即自现身,其光晃耀,明过于日。行
　　　人见已,其心慌迫。观世音菩萨即举左手,摩行者顶,心得安稳;
　　　复举右手,指于西方妙乐国土,行人寻时即见西方无量寿国,国

---

①《出三藏记集》卷二《新集撰出经律论录第一》:"《普门品经》　一卷阙　右一
　部,凡一卷。西域沙门祇多蜜所出。传云晋世出,未详何帝时。"(第56页)
　不知此译本与《正法华经·普门品》的关系。

土清净,流离宝树,华园浴池,处处皆有。行人见已,烦恼消除,
无明根拔。此诸行人等,世世所生,常与观世音相值……

然后复见上下四方净土,得六通,具八解脱,得无碍智,具神通力。
接着,又从另一方面说"此经亦名安稳处,亦名离恼患,亦名除疑
惑,亦名离恶道",并具体指明避水、火、盗贼、刀杖、县官、枷锁、地
狱等灾害的功德,赞叹观世音有大威神力,现神通力,可以救众生,
度苦难,又说明受持此经的五种果报:

> 一者离生死苦,灭烦恼贼;二者常与十方诸佛同生一处,
> 出则随出,生生之处,不离佛边;三者弥勒出世之时,当为三会
> 初首;四者不堕恶道地狱、饿鬼、畜生、阿修罗中;五者生处常
> 值净妙国土,是为五种果报。[①]

然后指出世间五种不能成佛之人,若能受持此经七天七夜,读诵通
利,众罪消尽,皆得成佛,最后咐嘱流通。这里没有一般外来经论
那样繁琐的说教,也没有更深刻的教理,文字很粗浅,体现了中土
思维注重简洁的特色,又具有鲜明的民俗化特征。其中对于灵验
大肆夸张,正和那些观音应验传说相应,凸显出民众的精神需求;
注重具体行法的说明,则是对民众信仰实践的具体指引。经文中
由释迦之口说出"今我成佛,良由此经",并说"观世音菩萨于我前
成佛,号为正法明如来……佛、世尊,我于彼时,为彼佛下作苦行弟
子",则完全翻转了佛与观音的位置,具体表明中土民众更加推重
观音神力的倾向;还说到五种不能成佛之人:边地国王、旃陀罗人、
破戒比丘比丘尼、多淫之人、出家还俗破坏道法之人,他们受持此
经亦皆得善报,则显然受到涅槃佛性思想"阐提成佛"说的影响,也
反映了中土环境下普遍的"佛性"说受到欢迎的情形。

[①] 牧田谛亮《疑经研究》第 233、234—235、236、243 页,京都大学人文科学研究
所,1976 年。

《高王观世音经》是在士族士大夫阶层中结集起来的，是一部寓有赞颂帝王和祈福双重意义、具有强烈世俗性质的经典。它宣扬观音灵验威力的基本情节是负罪临刑折刀。这是以极度夸张、违反常识的事件来突显观音救济的神力。临刑折刀本来是观音传说中早已流行的情节。在陆杲《系观世音应验记》里，就有晋太元（376—396）中有人被枉作贼，以供养观音金像恒戴颈发中，受刑时刀折，三遍易刀，颈终无异；晋高荀、宋杜贺救妻司马氏、宋慧和道人等传说中均有折刀事；隋侯白《旌异记》里记载另一个折刀传说，主名是孙敬德：

> 元魏天平（534—537）中，定洲募士孙敬德，防于北陲，造观音金像，年满将还，常加礼事。后为劫贼横引，禁于京狱，不胜拷掠，遂妄承罪。并断死刑，明旦行决。其夜，礼拜忏悔，泪下如雨……少时，依稀如梦。见一沙门，教诵《观世音救生经》……比至平明，已满一百遍。右司执缚向市，且行且诵，临欲加刑，诵满千遍。执刀下斫，折为三段，不损皮肉，易刀又折。凡经三换，刀折如初。监当官人，莫不惊异，具状闻奏。丞相高欢表请其事，遂得免死。敕写此经传之，今所谓《高王观世音》是也……①

这是折刀故事的另一个版本，显示出与"高王"更密切的关系。这种程式化的、不合情理的情节，凸显观音的不可思议的威力，正反映民众信仰心的热烈与诚挚。高王观世音信仰流传久远，在唐、宋时期的笔记、小说里经常出现相关故事②，后来一直传承不绝，并在

---

① 鲁迅《古小说钩沉》，《鲁迅辑录古籍丛编》第 1 卷第 419—420 页。
② 如张鹭《朝野佥载》卷三："孟知俭，并州人，少时病，忽亡。见衙府如平生时，不知其死，逢故人为吏，谓曰：'因何得来？'具报之，乃知是冥途。吏为检寻，曰：'君平生无修福处，何以得还？'俭曰：'一生诵《多心经》及《高王经》，虽不记数，亦三四万遍。'重检，获之，遂还……"第 67—68 页，赵守俨点校，中华书局，1979 年。又洪迈《夷坚志》里记述高王观世音信仰故事甚多。

民间流传过程中不断增饰,表现了这一经典强大的生命力。而其生命力的主要来源正在于群众坚定不移的信仰之中。

在六朝时期发达的佛教义学中,也有对《法华经》及其《普门品》的研究。现存如梁法云的《法华义记》、隋智顗的《法华文句》、吉藏的《法华义疏》以及智顗的《观音玄义》、《观音义疏》和《请观音经疏》等。这类著作在教理上的价值当然不能忽视,但是对于民众信仰实践的影响却是极其有限的。普及社会上下的是《普门品》和伪观音经以及遵循它们的简单通俗的观音信仰。特别是《普门品》观音即一般称为"救苦观音"的更奠定了后来流传久远的中土观音信仰的基本内容。唐代以后,尽管净土观音和密教变形观音特别是大悲观音(千手千眼观音)信仰兴盛起来,救苦观音信仰却一直流传广远,历久不衰。这是因为观音作为救济之神,他解救现实苦难的功能更适应中土意识重视现世的特性,也更符合民众的心理和意愿。这样,本来是汉传佛教发展中出现的、并非代表佛教思想主流的一位菩萨,在中国却成为民众信仰的主尊。尽管这种信仰的理论层次比较之下相当低俗,内容往往更显得荒诞无稽,但它确实包含着极其诚挚的信念和极其热烈的激情,深深根植于民众心灵深处,因而能够传之广远。佛教给中国人带来对外来菩萨观音的信仰,中国人把它加以丰富和发挥,演变为深入人心的、具有鲜明民族特色的信仰,也体现了中土思维的特色与规律。这一被中国人发展了的信仰又随着汉传佛教远播到东亚、东南亚诸国,所及之处均受到普遍而热烈的欢迎。

五

前面较详细介绍了观音灵验传说反映的信仰实态。另一种同样可以清楚显示这方面情况的是传世造像。主要盛行于北魏到唐前期的观音造像,为民间无名工匠所造,题记则多出于活动在民间的一般僧众或普通供养者之手，它们相当真切地表现了民间观音信仰的实情，从中更可以看出随时代演进观音信仰内容上的变化。它们作为形象化的资料对于了解相关情况具有不可替代的价值。

今存最古老的观音造像是炳灵寺石窟169窟第六龛内一佛二菩萨"西方三圣"像，该龛外东上方有题记，为西秦建弘元年（420）作；其次有明确纪年的净土变造像①，是四川成都万佛寺出土的一块有元嘉二年（425）造像铭的浮雕，上半部已毁损，已看不到阿弥陀佛，但可以看出宝池和生长的莲花以及两个类似菩萨的人物，应当是观音和势至。这是早期"西方三身佛"造像。麦积山石窟第127号窟为北魏后期（六世纪初至534年北魏灭亡）所凿，俗称"壁画窟"，以其中有大幅西方净土变壁画而得名，这已是发展成熟的净土变相。画面上有众多建筑和人物，构图严谨，气势宏伟，在美妙的净土佛国里，阿弥陀佛结跏趺坐在须弥座上，大势至和观世音侍立左右②。这表明在当时净土信仰特别是"净土三身佛"信仰（包括净土观音信仰）已经流行。北齐时代的南响堂山第二号窟的净土变，里面也有胁侍菩萨，应当包括观音③。不过从总体趋势看，隋、唐以前观音造像以单体为多。这和同是阿弥陀佛胁侍的大势至没有单体形成鲜明对照，特别显示了观音在民众信仰中独特而重要的地位。

现存观音单体造像最古者，是北魏兴皇四年（470）金铜莲花手菩萨像④。这是一尊救苦观音像。但据河南巩县石窟寺六号窟东

①"建弘"为西秦乞伏炽盘年号，元年为420年。尚不能确定造龛和题记是否同时，不过时间距离不会太远是可以肯定的。分别在西南和西北地区出现"净土三身"造像，可推测其普及情形。
②《中国美术全集·绘画编》第17册《麦积山等石窟壁画》。
③参阅姜亮夫《莫高窟年表》第73页，上海古籍出版社，1985年；陈清香《西方净土变相的源流及发展》，《东方宗教研究》第2期，1988年。
④丁明夷《谈山东博兴出土的铜佛造像》，《文物》1984年第4期。

魏天平三年(536)杨大造像记、三十一号窟北齐天保八年(557)梁弼造像记和四十八号窟北齐天统二年(566)秋进和造像记,所造观音都是以替亡殁亲族祈请托生西方妙乐净土为内容的。又据河北曲阳修德寺塔基下出土的 2200 座石造像分析,其中有纪年的 247 座,时代在北魏神龟三年(520)至唐天宝九年(750)这二百三十年间。早期造像以释迦、弥勒为多,至隋代阿弥陀像超过了弥勒像;菩萨像在有记年的像里的比例,北魏 35%,东魏 75%,北齐 82%,隋 93%,这其中虽难以明确判定哪些是观音像,但他们居多数应是没有疑问的①。又据山东博兴出土的北魏至隋铜造像分析,自北魏太和二年(478)到太和十八年,观音造像以单体为多数;至北齐天保元年(550)仍是如此;到隋代,观音形象出现了较复杂的组合②。在山西寿阳发现的东魏至唐代的造像,其中东魏、北齐的观音像也都是单体。这一情况表明,即使是在净土信仰已经发展起来以后,观音作为阿弥陀佛胁侍地位的观念早已明确,但他仍被大量地单独供奉,有时甚至超越了阿弥陀佛的地位。即使到唐代,虽然大量出现一佛二菩萨的"西方三圣"造像,单体观音造像仍然兴盛不衰。

　　以下仅借用《八琼室金石补正》龙门北魏窟录文,再参照近年新发现造像遗物,对当时信仰状况略作分析。先看龙门的材料:

　　　　《尹伯成妻题记》:"永平四年(511)十二月十二日,清信女尹伯成妻□,为亡夫伯成造观世音像一躯,愿使时佛文法,永离三途,一切众生,普同斯……"

　　　　《奉朝请题记》:"延昌(512—515)□□二月一日,佛弟子奉朝请□□□敬造□□音一躯,愿……"

　　　　《王永安题字》:"佛弟子王永安造观世音像一区,为父母。"

---

① 《河北曲阳县修德寺遗址发掘记》,《考古》1955 年第 3 期。
② 李少男《山东博兴出土百余件北魏至隋代铜造像》,《文物》1984 年第 5 期。

　　《王仲和题记》："观世音像，为贵中子，愿托生安乐处。正光二年(521)九月四日，王仲和敬造。"

　　《阳景元题记》："正光四年三月廿三日，清心男佛弟子阳景元供养观世音佛时。"

　　《王□□妻田题字》："正光四年□月十六日，□□□校尉□□□主王□□□妻田□□夫敬造□世音像□堪。"

　　《比丘尼僧□题记》："孝昌元年(525)七月廿七日，比丘尼僧□割己衣□之余，仰为皇帝□下、师僧父母、四辈像主敬造弥勒像一堪，观音、药师，今已就达愿，以此善庆钟皇家、师僧、父母、己身、眷属，□□无穷□□倾四气行禁积晕思悟三宾地狱舍刑□□离苦□存愿如是。"

　　《清信欲会题记》："孝昌二年五月十五日，清心欲会为亡女比丘尼法明、一切含识，敬造观世音像一躯，愿登紫极，永与苦别。"

　　《张欢题记》："大魏永安二年(529)三月十一日，父张欢□亡女苟汝造观□音佛一区，因缘眷属，□使安者生天，超□□成佛。妄息全□。妄息永年。清信女佛弟子……"

　　《尼法光题记》："比丘尼法光为弟刘桃扶北征，愿平安还，造□世音像一区，友为忘父母造释迦像一区，愿见在眷属、一切众生共同斯福。"

　　《黄妙素题字》："黄妙素为身己□造观世音佛。"

　　《阳元夔题字》："阳元夔为亡母敬造观世音佛，愿亡□□难成佛。"

　　《比丘惠题名》："比丘惠造观世音一区供养。"

　　《安□王为间散骑入法题记》："安□王为女夫间散骑□故入法，敬造观世音像二躯，圣教□昒，真相景发，妙极天□，含生仰化，愿使间散骑缘此入法之功，当令永离尘躯，即真无碍，开朗元门，常为龙华唱首，又愿缘眷万善，归祐吉祥，征集一切群生,咸同兹愿。"①

以上共计十四则,在该书北魏造像记总数九十八则录文里约占七分之一。在其他题记里另有提到造"菩萨"像的,应含有实际是观音像的;有些题记残缺过甚,也应有是造观音像的。仅这一地的情况已可以表明,在当时佛教信仰里,观音信仰已占有相当大的比重(不过因为新的净土法门还没有形成,观音信仰还没有发展到唐代那样兴盛的程度)。而从上面所录题记看,有关教理的说明均比较浅薄,许多观念更是相当混乱的。如所谓"愿登紫极",本是道教神仙飞升观念;又如供奉观音而希望"龙华唱首",则和弥勒信仰相混淆了。当时一般民众难以深究教理,出现这类"错讹"可以说是很自然的。但上述材料所反映观音作为当时信仰重点的情况却是十分清楚的,而信仰则集中在祈求"救苦"。这里面有些是属于宗教性的祈愿,如希望脱离"三途",祝愿"生安乐处"、"生天"、与佛相值等等(值得注意的是并不见有追求神秘的涅槃的,甚至期望成就佛果的也不多);而祈求现世利益的内容更为突出,从国祚永固、天下太平、庆钟皇家到家口平安、子孙繁茂、无病长寿、俱受此福,等等,都是着眼于现世人事利益的。

今存这一时期金铜造像题记,内容大体也是如此。祈愿对象包括皇帝陛下,诸天圣贤,群僚百官,亡过父母,现存眷属,己身及师僧,法界众生等。在提到赐福对象时,往往首先是皇帝和百官,这也是当时皇权崇高在观念上的反映;而在家族中则是已故和现在父母、亲属占主要地位,突显出强烈的世俗伦理意识。如此期望福报及于家族以至国家,这已经是本土传统的以血缘宗族为主体的报应论。这也体现观音作为家庭守护神的品格越来越突出,乃是佛教"中国化"的具体体现之一。

再一个有趣现象是出现了"观世音佛"称谓。在教理上"佛"和

① 《八琼室金石补正》卷一三,第73-78页,文物出版社,1985年。

"菩萨"本是两个截然不同的概念。如前面指出的,菩萨思想本是大乘佛教发展出来的革新教义,有其特定含义。把观音菩萨说成是"佛",显然意在提高其地位。在造像里则相应地出现了佛装观音。例如山东博兴出土的北魏太昌元年(532)观音夹侍二菩萨像,铭文里明确有"冯二郎为父母造观世音像一躯"字样,而造像却是褒衣博带、内着僧祇衣的佛装,背后带有应是佛像才有的长尖舟形背光①;上海博物馆所藏梁大同七年(541)金铜佛像,铭文是"为七世父母、所生父母、因缘眷属敬造观世音像一躯……";故宫博物院所藏东魏兴和三年(541)金铜二佛像,铭文也说"兴和……观音像……见存□福";而山东曲阜果胜寺出土的北齐武平三年(572)金铜像是菩萨装,铭文却说"利为息女□生造观音佛一躯"②。出现"观世音佛"这个不伦不类的称呼,反映了观音在民众信仰中地位的提高,也是菩萨思想在中土的独特发挥。又《法华经·宝塔涌出品》里写到释迦在灵鹫山说法,大地宝塔涌出,尔时多宝佛于宝塔中分半座与释迦牟尼佛,大众见二如来在七宝塔中师子座上结跏趺坐,因此六朝造像中多有双体佛像,而同时期也出现了双体观音像。据统计北齐时期的已发现八件,隋代的则有十九件。这同样是极力提升观音信仰地位与意义的具体反映。

这样,如今遗存的造像实物充分反映了南北朝时期民众间观音信仰兴旺发达的实态,特别是直观地显示出当时民众间观音信仰内容上的特征以及这一外来菩萨信仰内容在中国被发挥和改造的情形。

六

到南北朝后期,观音信仰普及到中土民众之中,深浸到人们的

---

① 丁明夷《谈山东博兴出土的铜佛造像》,《文物》1984年第5期,第32—43页。
② 参阅张总《佛教造像与宗教仪轨的矛盾现象》,《美术研究》1991年第3期,第57—62页。

思想感情深处,成为他们生活实践的一部分。在中土民众中,许多并不相信佛教的人,也会相信观音灵迹,祈求观音救济。观音几乎成了全民的神祇。在后来的道教以及民间宗教里,观音也成为被膜拜的神明之一。

观音信仰当然要有经典(包括伪经)加以鼓吹,也要有教理上的解说。如上所说义学沙门即作有不少有关观音的经疏。但是在民众间流行的却是更简单、更易于普及的供养方式,形成更通俗的"中国化"仪轨。它们除了适应民众生存条件之外,更突显出信仰的简易、明晰、重实际、重"灵验"的特征。这些供养方式往往借鉴中土传统的和民间的祭祀形式,适应中土民俗和心理。它们主要有:

称名:《普门品》里提出只要"一心称名"就可以获得观音救济,这也是后来净土宗"称名念佛"的滥觞。称名显然有咒术意味,而咒术是佛陀当初所反对的。中土古代有通神信仰。以言告神曰祝,请神加殃曰诅。称名祈祷的方法显然和中土祝诅传统有关系。在南北朝观音传说里有许多称观音名号得救的故事。后来昙鸾、道绰、善导等新一代净土法门的提倡者们提倡"称名念佛"的"易行道",更普及为民众中最为流行的信仰实践方式。一句"观世音菩萨"取代所有烦难琐细的修持,这种方式当然会特别受到无知无识的民众的欢迎。

忆念:这是与"称名"相关连的行法,即所谓"念观世音"。"念"可以是称名的念,也可以是忆念、观想的念。这是一种诚心皈依的心态。有不少传说往往描写那些并没有信仰心的人,危难急迫,无以自救,或是受到别人启发,或是由于某种感悟,诚心归请,得到即时救护。这种忆念方式和念佛三昧的禅思相通,特别强调内心的虔诚,也是禅观的一种具体内容。

诵观音经:《观世音经》一般指《普门品》。《金刚经》里佛说:"当来之世,若有善男子善女人,能于此经受持读诵,则为如来以佛智慧，悉知是人，悉见是人，皆得成就无量无边功德。"①大乘佛教特别重视读诵经典的功德。《普门品》文字简短，通俗易懂，读诵、记忆都比较容易。而中土传统本来注重经典的传习、诵读，中土僧团也把诵读经典当做功德。《续高僧传·惠恭传》记载，北周末年的惠恭"为性暗劣"，只能诵读《观世音经》一卷，和他同寺的惠远讥讽说"《观世音经》小儿童子皆能诵之"②。这也从侧面反映这部经普及、流行的情形。而从传说灵迹看，有时候又并不需要背诵全经，只要念诵几句经文就会产生神效。

顶戴经、像：一种方式是到寺庙里礼拜观音经、像；另一种是随身携带观音经或观音像，随时顶戴、膜拜。据说这样经或像就会发挥救济、防护的奇效。这显然已和道教符箓的作用相类似了。在较隆重的场合，供养观音像除礼拜之外，还有烧香、燃灯、献花、供物等礼仪，这也是礼佛的一般方式。

造像：造像是大乘佛教的主要功德。自佛教传入中国，即兴起造像之风。在观音信仰兴行之后，造观音像，供养、礼拜观音像的风气很快兴盛起来。造像往往配有题铭。如上所说，它们成了反映观音信仰实态直接、可靠的第一手材料。前面已经举出一些实例。造观音像形成风气本应当远在现存遗物可考年代之前。《系观世音应验记》里有一条记载"晋泰元中，北彭城有一人，被枉作贼。本供养观世音金像，恒戴颈发中"。这里的"泰元"（太元），是晋孝武帝年号，即公元 376－396 年；还有一条说"蜀有一白衣，以旃檀函贮观世音金像，系颈发中。值姚苌寇蜀，此人身在阵临战……"，姚苌建后秦在 384 年，393 年去世。上述两个传说所反映的大体是同一时期即四世纪后期的事。当时什译《法华》还没有翻译，是观音信仰刚刚兴盛起来的时候。造观音像的风气到北魏中

①《金刚般若波罗蜜经》，《大正藏》第 8 卷第 750 页下。
②《续高僧传》卷二八《隋益州招提寺释惠恭传》，《大正藏》第 50 卷第 686 页下。

期渐渐进入高潮。北魏时期凿造的石窟里观音造像不少。北魏到隋、唐时期流行制作金铜佛像，其中观音像数量占有很大比例，所存题记见于各种金石书录。侯旭东按所搜集自公元 400－580 年（道武帝天兴三年至北周静帝大象二年）有纪年的 1437 种造像记统计，明确可以判定是释迦、弥勒、无量寿、观音像的，分别为 158、137、33、183 身，即其中观音像最多；又相对于弥勒造像到六朝后期已经衰落（释迦造像也相对减少），观音造像自进入六世纪一直兴盛不衰①。值得注意的是，更为流行的观音造像一般是小型的，主要是个人或家庭制作和供养的。这又和弥勒像多为合邑众人所造形成对比。在大型石窟群里供养观音的龛、窟，一般也相对地较小。现存考古发现中也多有北魏后期石雕或金、铜等小观音像。这也是因为观音信仰主要是一般民众的个人行为。又从现存六朝后期造像中数量最多的释迦、弥勒和观音三者造像人身份比例分析，一般平民造观音像的人数远较造释迦或弥勒的为多。供养释迦或弥勒，体现的观念是敬仰现世佛或未来佛，主要目的是祈求成佛，而供养观音则是希望得到现世救济，对于困苦无告的普通民众来说，现世救济当然是更为迫切的。

吃"观音斋"："八关斋"本是佛教基本戒律。而中土佛教的"斋"又与道教"供厨"、"厨会"仪轨有关系。道教的这些仪轨本是与天神、祖灵共食的象征②。敦煌文书 S.2673、S.2680 号有伪经《佛说三厨经》，其中有"观音受我法，仙人赐我粮"③的句子，直接表明观音斋会与道教的密切关联。《宣验记》里记载刘宋时期的安苟，"身婴重疾，良药必进，日增无损……于宅内设观音斋，澡心洁

---

① 参阅侯旭东《五、六世纪北方民众佛教信仰》中篇《造像记所见民众信仰研究》，中国社会科学出版社，1998 年。

② 参阅小南一郎《中国的神话传说与古小说》第四章《〈汉武帝内传〉的形成》第六节《会与厨——与群神共食》，第 328－345 页。

③ 敦煌写卷 S.2680 号，《佛说三厨经》，《敦煌宝藏》第 22 册第 216 页。

意,倾诚载仰,扶疾稽颡,专念相续。经七日初夜,忽见金像……即觉沉痾豁然消愈"①;《冥祥记》里记载秦沙门释道冏,元嘉十九年(442),临川康王坐镇广陵,请冏供养,其年九月,作十日观世音斋,据说九日后,感得灵异,壁中现佛和无数沙门,拈香授冏,一沙门语云:"冏公可为受香,以覆护主人。"②这样的斋会一连七天或十天,非有一定的物力、财力不能备办。平民百姓个人的斋会当然应比较简易。

拜观音忏:晋代佛教中已流行忏法,这是忏悔并礼赞诸佛的一种仪轨。观音忏据记载起源于天台智𫖮,他曾"躬自率众作观音忏法"③;而从佛教忏法发展看,观音忏很可能以前就有,到智𫖮被定型了。

诵观音咒:如前所述,自东晋以来,观音咒已传译不少。和其他经咒一样,早期主要在僧侣间流行。梵语音译的观音咒对于一般群众难于诵读,民众中流行的是更简易、通俗的如《观世音三昧经》里的咒语。

以上是普及到民众间的供养观音的主要形式,后来一直延续下来。它们作为佛教仪轨,乃是大乘禅观的具体实践,显然又对于本土传统的咒术、斋戒等有所借鉴。这些供养形式,特别是普遍流行的称名、忆念、供养经像等等,简单易行,并不需要什么特殊条件,适合民众的实际需要,又充分体现民族特色,容易被人们接受。这些仪轨形态上的特征也是观音信仰得以广泛普及的条件之一。南北朝时期,特别是在北方,凿窟造像盛行,需要动员大量人力、物力。唐宋以后则利用各种材料制作小型观音像,特别是成批的烧瓷和木雕等材料的小造像、印刷图像用于商贩,家庭里还盛行妇女

①鲁迅《古小说钩沉》,《鲁迅辑录古籍丛编》第1卷第270页。
②同上第1卷第388页。
③《续高僧传》卷一七《隋国师智者天台山国清寺释智𫖮传》,《大正藏》第50卷第565页中。

绣像；吃斋、念咒、拜忏等规模、形式则大小不一，可以在寺庙里在寺僧主持下举行，也可以在家里或个人随宜进行。这些供养方式形成民俗，又进一步推动了信仰的普及。本来宗教仪式或仪轨具有参与者主观的和客观的双重功效。从主观说，仪式中的"表演"是一种内心的宣泄，表达对于神明的崇敬和祈求，求得心理的安慰与平衡；从客观角度看，仪式或仪轨又具有真实的能量，可能把观念层面的信仰转换为现实行动。特别是在聚集起一定数量群众的时候，信仰心在群体中更会相互促进，不断增强，从而激发起成规模的信仰潮流以致群众运动。不过就上述中土供奉观音的仪式或仪轨看，主要是个人行为，已融入平凡的日常生活之中，又主要以祈福消灾为目的，难以形成群众性的狂热态势。佛教信仰与社会秩序易于协调的特征，在中土观音信仰里也充分地体现出来。不过在后来的民间宗教里，观音信仰往往成为狂热的群体运动的诱因，则不属于本书讨论范围了。

第二节　净土信仰

一

　　佛教追求从六道轮回的苦海里解脱出来，达到涅槃圣境，但在中国重现世的传统意识里，这种神秘莫测的境界难以被一般民众所了解和接受。人们更多地寄希望于现世救济。但佛以一大事因缘示现于世，就是解决人们必然面临的生死问题。这也是宗教学上所谓"终极关怀"的问题。佛教修证的终极目标是成就涅槃佛果，即是对这一问题的解答。这种观念显然是与儒家超凡成圣的理想截然不同的。大乘佛教的一个派别提出净土成佛说,在中国人的理解中,这和道教所追求长生不死的仙界正有类似之处,因而传入中土立即受到广泛欢迎。从而净土信仰成为中国佛教信仰的又一个主要内容。不过如下面将要介绍的,中国佛教的净土信仰已掺杂了本土意识,已经是中国佛教的独特产物了。

在中国古代重理性、重现世的传统宇宙观里,关于"它界"的想象既不完整,也不明晰。殷周时期人们信仰"天帝",卜辞上有"宾天"的记载;《诗经》上也说到"文王在上,於昭于天"①;《逸周书》上则记载王子晋说:"吾后三年,上宾于帝所……"②这都表明当时人的意识里有类似"天宫"、"天堂"的观念,那里是天帝所居。但这天界的具体面貌如何,并没有明晰的认识,而且有可能上升到那里的显然只是特选的人物。同样中土自远古以来就有灵魂不灭观念,有冥界观念;但灵魂的去处同样并不明确,冥界情形如何更不清楚。当然作为死后的世界是可怕、可厌恶的,如《楚辞·招魂》里描写的那样。后来随着神仙思想发展,构想出仙人所居住的仙界。神仙信仰成为以后形成的道教的重要内容。再以后,随着仙人队伍不断扩大,仙界景象在人们的意识里逐渐清晰、完整起来,并出现了海外仙山和西极昆仑的构想。正是在这样的思想背景下,随着佛教输入,在中国传播了大乘佛身论和佛土论,即除了这个"四圣"、"六道"(人、天、阿修罗、畜牲、地狱、饿鬼)活跃的娑婆世界,过、现、未三世的每一位佛都有他的佛国土。中国人在接受这种宇宙观的时候,又按自身的通俗理解,把作为轮回状态的"六道"观念加以改造。一方面把三世十方诸佛的佛国土和信仰者修行境界的"三十三天"相混淆,成为天界;把"三恶道"里的畜牲归入人世;再把死后的饿鬼归到地狱。这就成了"三界",恰恰与中国传统宇宙

---

① 《毛诗正义》卷一六之一《大雅·文王之什》,《十三经注疏》上册第503页。
② 《逸周书》卷九《太子晋解第六十四》。

观里的人世、上天、幽冥（后二者名目各种各样，包括天堂、冥界等等）三界相合。中国人作为来生的"它界"由于佛土观念的输入也就进一步丰富起来：在传统的"天界"（天堂）和神仙家（和后来的道教）的"仙界"之外，又增加了"净土"。如上所述，传统的"天界"（天堂）本来模糊，基本被当作特选人物的去处；仙界乃是人世的延伸，虚无飘渺，是体现出强烈的生命意识的幻想；而净土作为死后灵魂的美好归宿，对于修行人既十分明晰、具体，又是对于众生完全平等的果报，这正给中国人探讨和思索灵魂"终极"去处提供了理想的、广阔的场所。这种信仰被组织到系统的宗教教理之中，就更增添了它的说服力。"它界"信仰另一面的"恶道"，佛教里有地狱、饿鬼、畜牲，下面另外讨论。

这样，在本土传统的鬼神观念、"神不灭"思想的背景下，净土信仰特别容易被理解和接受，成为佛教输入早期即备受重视的内容。特别由于在净土系经典里观音作为西方阿弥陀佛胁侍出现，观音被说成是往生净土的教导者和接引者，观音信仰与西方净土信仰二者结合，更相互推动而得到弘扬。不过净土信仰所体现的观念又和观音信仰有明显不同：观音的功能主要在现世救济，净土信仰则提供来世安养的处所。这又恰好相辅相成地替人们解决了现世和来世双方相接续的救济课题。结果从魏晋直到南北朝后期的几百年间，净土类经典大量传译，净土信仰流行开来。特别是到北魏后期，更发展出新的简易的净土念佛法门，给这一信仰在民众间的传播注入了巨大活力。到隋、唐时期宗派佛教兴起，净土信仰发展到鼎盛，追求往生净土基本成为佛教各宗派的共同内容，并形成了专门弘扬净土法门的一派，后来被称为净土宗。

据现存资料，中土最早翻译净土佛典的是后汉支娄迦谶。众所周知，他本是大乘般若经典的译介者。他所译《阿閦佛国经》是汉译最古老的净土类经典。这部经的原典据考与《般若经》结集于同一时期。阿閦佛意译为不动佛、无动佛、无怒佛等。该经说过去

东方去此前佛刹有阿比罗提世界，大目如来示现其中，为诸菩萨说
六度无极之行，有一菩萨发无上正真道意，发愿断嗔、恚、淫意，遂
成最正觉，被赐号阿閦，遂于东方阿比罗提世界成佛，在彼说法。
这阿比罗提世界就是阿閦佛土。在后出的《维摩经》、《法华经》里
都说到阿閦佛。但这一信仰在中国并没有产生大的影响。向中国
弘传净土信仰的另一部重要经典是支楼迦谶所出《般舟三昧经》①。
不过值得特别注意的是，其中讲到"西方阿弥陀佛"和它的"国土"，
国土名称是"须摩提"②，并没有使用"净土"一词。《维摩经》也是较
早介绍净土思想的经典。后出的什译本《佛国品》宝积长者子白佛
言："……愿闻得佛国土清净，唯愿世尊说诸菩萨净土之行"，该译本
共使用"净土"一词二十次。对比在吴支谦初译本里，却不见"净土"
一词，上引同一处作"……愿闻得佛国土清净，佛惟解说如来佛国清
净之行"③。据考什译的二十处有十七处原文是 buddha-kṣetra 即
佛国土，另外三处原文大概是 buddha-kṣetra-pariśuddhi 即使佛土
清净④。就是说，印度原典里并没有"净土"概念。同样，《法华经》
里写到佛土的地方很多，例如《五百弟子授记品》里的各弟子都有
自己具体的佛土。在竺法护译《正法华经》里都是使用"佛之土"、
"佛土"等字样；什译《法华经》也同样，只是在《五百弟子授记品》和
《如来寿量品》的偈颂里两次用了"净土"。但考梵文原文，前者是
kṣetravara，意即"妙土"，后者是 kṣetra，意即"国土"。这样，在印度
佛教里，"净土"并不是一个固定词语。"净土"作为概念在中国佛
教里被确立下来，并发展出更为丰富、系统的净土思想，更加突出

———————

①《般舟三昧经》今存一卷本和三卷本，一般以为三卷本是支译。
②《般舟三昧经》卷一《行品》，《大正藏》第 14 卷第 538 页上。"须摩提"即
　Sukhāvatī，后译为"安乐"、"安养"、"极乐"。
③鸠摩罗什译《维摩诘所说经》卷上《佛国品》，《大正藏》第 14 卷第 538 页上；
　支谦译《佛说维摩诘经》卷上《佛国品》，《大正藏》第 14 卷第 520 页上。
④藤田宏达《原始淨土思想の研究》第 509—510 页，岩波书店，1970 年。

净土作为有形有相的真实存在，乃是中国佛教在本土传统意识基础上发展的产物。特别是后来阿弥陀净土信仰流行，"净土"一般又用来特指西方净土。这样，"净土"乃成为中国佛教对于大乘"佛土"的独特表述方式；净土信仰则是大乘"佛土"信仰在中国的发挥。还有一个现象可作旁证，即在法显、玄奘、义净等人旅印时，见过释迦、弥勒、观音以及过去佛的造像，却未见有阿弥陀像；又在今日南传佛教兴行之地如斯里兰卡、缅甸、泰国等地均不见净土变相遗存，可知在当地净土和佛土信仰远没有在中国这样流行和发达。

根据现有资料，净土信仰应是在北印和中亚地区形成（从这类经典的早期汉译者多为北印或中亚人可作旁证）的，并显然接受了佛教以外的思想和信仰，如印度古代宗教与神话、西亚宗教以及基督教的天国观念、恩宠观念的影响①。但对于研究中土民众中的净土信仰来说，比起关于印度佛教早期佛土思想和信仰的来源与发展等种种疑难问题来，更为重要的是认识中土人士是如何接受和理解相关观念，在中土特定环境里又是如何加以发挥的。因为归根到底，中土的净土思想已是中国人接受、消化外来宗教信仰并加以发展、改造的产物，其内容和表现已跟印度佛教本来的佛土信仰大有不同了。

佛教佛土思想本是对于业报轮回前景的一种解释。按佛教本来教义，作为有情一类的人如要得到解脱，证入涅槃，需要经过无数世代的艰难修行过程。《梵网经》上记载佛陀说"吾今来此世界八千返"②，是说自己在成佛前曾来此娑婆世界历劫修行。《本生

---

① 关于早期净土思想的形成，参阅藤田宏达《原始淨土思想の研究》；岩本裕《佛教説話研究》第三卷《佛教説話の傳承と信仰》第一部分《阿彌陀佛——その光と影》，开明书院，1978 年版。藤田书对于东西方学界有关问题的不同意见有较详细的介绍、分析。

② 《梵网经菩萨戒序》，《大正藏》第 24 卷第 1003 页下。

经》记录的就是佛陀前世修行的故事。而中国的净土信仰则把重
点转移，主要是指示人以死后可以立即往生的前景。宗教给苦难
人生以慰藉，要解决人们生存中所面临的难题。要解脱现世苦难，
也要有所谓"来生之计"。现世中那些人生欲望得到满足的人更希
望把幸福无限地延续下去；在苦难中挣扎求生的人对现实绝望，也
把希望寄托到来世。随着大乘佛教中"它力救济"观念的发展，解
决来世出路的净土信仰遂兴盛起来。又大乘教理中有"秽土成佛"
和"净土成佛"两种对立的修行观念。"秽土成佛"观念注重现世，
主张修行在现世，得果也在现世，自早期的维摩信仰到后来的禅
宗，倡言"心净则佛土净"，逐渐把这一观念发挥到了极致；而"净土
成佛"则向往另外的佛国土，追求解脱到另一个世界去。西方净土
信仰把这二者联系起来，幻想存在与秽土并存的另一个净土世界，
修行得果的人跨过生死界限，一步就得以往生到那里。而这种"永
与佛俱"的向往是和道教追求的永生前景相通的。中土人士就这
样在本土意识的基础上积极地接受了净土思想和净土信仰。这种
信仰从而也成为外来"佛土"论经过"中国化"的、典型的中土意识
的产物。

　　中土的净土信仰又把净土加以具体化、"有相"化了。从大乘
"佛土"论的本义说，清净佛土是绝对的境界，是不可言说形容的。
可言说者只是方便与权宜。所以龙树说：

　　　　净佛世界者，有二种净：一者菩萨自净其身；二者净众生
　　心，令行清净道。以彼我因缘清净故，随所愿得清净世界。①

大乘佛教的净土观指示信徒修习禅定，是以《般若经》中宣扬的"般
若空"观为教理基础的。中土最早介绍阿弥陀佛和净土观念的大
乘经支楼迦谶所出《般舟三昧经》，宣扬"观佛"的禅观即所谓"般舟

---

①《大智度论》卷五○《释发趣品第二十之余》，《大正藏》第25卷第418页中。

三昧",意思是"佛立现前三昧"。该经的《行品》说到比丘、比丘尼、优婆塞、优婆夷,持戒完全,独居闲处,一心念西方阿弥陀佛,若一日夜乃至七日七夜,即可见阿弥陀佛;若不于觉中见,亦可于梦中见。这部中土传翻的首次出现阿弥陀信仰的经典,其净土观念是与观佛思想相结合的。中土后来传译的观佛经典还有很多,如《观佛三昧海经》、《观普贤菩萨行愿经》、《观虚空藏菩萨经》、《观弥勒菩萨上生兜率天经》、《观药王药上二菩萨经》等。其中所宣扬的"净土之行"都是通过观想念佛而达到佛的境界,实际是习禅实践的结果。这种净土也被称为"唯心净土"。同样较早译出的《维摩诘经》,更明确提出"心净土净"观念。据什译本,宝积长者子问"菩萨净土之行",佛陀答称"……直心是菩萨净土……深心是菩萨净土……菩提心是菩萨净土……四无量心是菩萨净土……回向心是菩萨净土"①,总括起来即大乘心是菩萨净土。这种观念后来也被中土学人所重视,更成为禅宗的重要依据。龙树所造《十住毗婆沙论》是解释菩萨行的重要论著,其中论及净土也说:

> 不净略说有二种:一以众生因缘,二以行业因缘。众生因缘者,众生过恶故;行业因缘者,诸行过恶故。此二事上已说。转此二事,则有众生功德,行业功德。此二功德,名为净土。是净国土,当知随诸菩萨本愿因缘。诸菩萨能行种种大精进故,所愿无量,不可说尽,是故今但略说,开示事端,其余诸事,应如是知。略说净土相,所谓菩萨善得阿耨多罗三藐三菩提,佛功德力法具足,声闻具足,菩提树具足,世界庄严,众生善利,可度者多,大众集会,佛力具足。善得菩提者,以十事庄严:一离诸苦行,二无厌劣心,三速疾得,四无求外道师,五菩萨具足,六无有魔怨,七无诸留难,八诸天大会,九希有事具

①《维摩诘所说经》卷上《佛国品》,《大正藏》第14卷第538页中。

足，十时具足。①

这里说众生功德和行业功德就是净土，接下来又说"净土之相"，也和净土类经典所描绘的"有相净土"并不相同，强调的也是个人修持禅观的功德。可是在中国，净土信仰在传播过程中却逐渐被积极地"有相"化了。这对净土信仰在民众间的普及是起了决定性作用的。就是说，按中土人士重现实、重实际的理解，净土被当成了具体的、实存的"国土"。从而人们从重视"净土之行"转变为更加重视"净土之相"。这一观念上的转变在六朝以来的造像里非常清楚地表现出来。例如敦煌壁画把人世的繁华富丽集中、夸饰地"移植"到净土之中，并把它表现成来世托生之所，净土里的"人物"从衣着、饮食、宫室到自然环境也都被具体化、形象化了，这样的净土乃是按照人们理想的人生模式来构想的死后永生的乐国。

这样，从总体说，中国佛教的净土信仰在两个方面对大乘思想作了重大发展：一是佛教本来追求"涅槃"，是超离生死的绝对境界，而中国佛教的净土信仰却主张存在有形有相的具体的"国土"；二是佛教修持的目标是超脱轮回，而中国人却追求在净土中获得无限幸福的永生。这是十分符合中土民族性格的观念上的巨大转变。

又根据大乘佛教的佛陀观和佛土观，三世十方有无数佛，也有无数佛国土即所谓"净土"。例如东方有阿閦佛国土，还有药师如来净土，等等。不过在中土影响最大的是阿弥陀佛西方净土和未来佛弥勒兜率天净土。阿弥陀佛给人们提供死后的"来生之计"，"未来佛"弥勒允诺人未来的幸福世界。二者内容不同，又正可相互补充。西方净土作为安顿来生的处所，更接近现世人生，也有着更大的诱惑力，因此也流行得更为广泛和久远。

――――――――――

①《十住毗婆沙论》卷三，《大正藏》第 26 卷第 32 页上―中。

二

如前所说，后世所谓"净土"，一般指西方弥陀净土。唐荆溪湛然指出："诸教所赞，多在弥陀。"[1]据统计，今存全部大小乘译经计九百四十余部，有关净土的经典达二百九十部左右[2]。这也反映了净土信仰在中国受到多么广泛、热烈的欢迎。

对中国佛教净土信仰影响巨大的是后来被净土宗所依为"正明净土经典"的"净土三部经"即《无量寿经》、《阿弥陀经》、《观无量寿经》；加上世亲的《往生论》，俗称"三经一论"。这是中土净土信仰的基本典据。

其中最早译出、内容也最为充实的是《无量寿经》。该经异译传有十二种，五存七缺，通行本是题为康僧铠所译二卷本，名称就是《无量寿经》[3]。该经述说佛陀在王舍城耆阇崛山，应阿难之请，讲说过去自在王佛时，有国王法藏出家为比丘，在佛前立下四十八大愿，累计无量功德，于十劫前成佛，号无量寿。本经主要内容就是阐扬菩萨本愿思想和三辈往生行相，并对净土佛国进行细致描

---

[1]《止观辅行传弘决》卷第二之一，《大正藏》第 46 卷第 182 页中。

[2] 矢吹庆辉有《漢譯淨土經論表》，列出有关经论 254 部（见《阿彌陀佛の研究》）；上引藤田书里扩充至 290 部，具体书名可参阅。

[3] 据考该译本后出，或以为是刘宋宝云（吕澂《新编汉文大藏经目录》第 5 页，齐鲁书社，1980 年）、竺法护所出（水野弘元等编《佛典解题事典》［第 2 版］第 87 页，春秋社，1989 年）。译本五存另外四种是：支谦译《大阿弥陀经》二卷（吴译），支楼迦谶译《无量清净平等觉经》四卷（汉译）、菩提流志编译《大宝积经·无量寿如来会》二卷（唐译）和法贤译《无量寿庄严经》三卷（宋译）。有一种看法认为净土思想在中亚地区得到特殊发展，而《观无量寿经》即是中亚撰述，是受到这一地区犍陀罗自由主义思潮影响的产物。参阅春日井真也《〈觀無量壽經〉における諸問題》，《佛教文化研究》第 3 号，1953 年。又《无量寿经》的异本及其译者问题，学术界长期争论，一时难以定论，参阅上引藤田书。

写。后世各种资料一般有关净土的描写大致与之相同。四十八愿的主要精神是拯救所有众生往生净土,誓言这些愿望不得实现便不取正觉成佛。这正是"一生补处"的菩萨的本怀。关于三辈往生,是把众生分为三类,上辈舍家离欲为沙门,即出家人;中辈在家修善,指信佛居士;下辈是一般平时不做功德的人。关于三辈往生的描述,虽然有在家、出家的不同,有功德的不同,得果也不同,却同样要求发菩提心,诚心念佛,愿生佛国。这是以大乘般若思想为基础的禅观的实践。其中值得注意的是下辈,经中说:

> 佛告阿难:"十方世界诸天人民,其有至心愿生彼国,凡有三辈……其下辈者,十方世界诸天人民,其有至心愿生彼国,假使不能作诸功德,当发无上菩提之心,一心专意,乃至十念,念无量寿佛,愿生彼国。若闻深法,欢喜信乐,不生疑惑,乃至一念念于彼佛,以至诚心,愿生其国,此人临终梦见彼佛,亦得往生,功德智慧,次如中辈者也。"①

这样,除了犯五逆重罪和诽谤佛法者,即使是平时不做功德的人,只要临终发心念佛,就一样能够往生净土。从而佛国向更广大的群众敞开大门,平凡众生得救的机会和可能也就大为增加了。这也是净土信仰得到更广大信众的原因。这部经里已经出现观音作为阿弥陀佛胁侍的观念,是为"净土三身佛"的滥觞。又该经后面有所谓"五恶段"即断"五恶"行"五善",又说到"度世长寿"、"名籍记在神明"等,乃是中国道教的观念和语言;经文中更多有"父母之恩"、"师友之义"、"尊圣敬善"、"国丰民安"等说法,则是儒家观念。因此学术界多认为这一部分是中土翻译时所窜入。无论事实是否如此,这些都表明在净土信仰传入初期,其内容已有与中土传统伦理相融合的部分。这对于它在中土传播是大有帮助的。

---

① 《佛说无量寿经》卷下,《大正藏》第 12 卷第 272 页中一下。

《阿弥陀经》一卷,通行本为鸠摩罗什所译。另有两种异译:一种是刘宋求那跋陀罗所译,久佚;另一种是玄奘所译《称赞净土佛摄受经》。这部经在中国净土思想的发展中起着特殊作用。经本短小精练,不过三千多字。因此相对于《无量寿经》称为"大经",它被称为"小经"。其主要篇幅是佛在祇树给孤独园向长老舍利弗述说西方极乐国土阿弥陀佛依报(依报指宿业召感的环境方面的果报,如国土、家屋、衣食等)和正报的功德庄严,并告以执持阿弥陀佛名号、一心不乱即可往生彼国,同时六方诸佛各出广长舌证成佛陀所说真实不虚,并对念佛众生加以护念。经中说:

> 若有善男子,善女人,闻说阿弥陀佛,执持名号,若一日,若二日,若三日,若四日,若五日,若六日,若七日,一心不乱,其人临命终时,阿弥陀佛与诸众圣现在其前,是人终时,心不颠倒,即得往生阿弥陀佛极乐国土。[①]

这是所谓"称名念佛"的简单法门,对后来净土宗的形成影响极大,典型地表现出这部经典十分适应中土意识崇尚简要的性质。罗什译文平易流畅,文词优美,易于在民众间流通。对于中土净土思想的发展具有更为重要意义的是,它主要突出依报功德的"净土之相",大大促进了中国佛教"有相净土"观念的发展。其中对于西方净土景象的描绘,本来和《无量寿经》没有大的不同,但其影响却大得多。这种所谓"依报功德庄严",为后来造像和文字中描写西方净土提供了摹本:

> 尔时佛告长老舍利弗:"从是西方过十万亿佛土,有世界名曰极乐,其土有佛,号阿弥陀,今现在说法。舍利弗,彼土何故名为极乐? 其国众生,无有众苦,但受诸乐,故名极乐。又舍利弗,极乐国土,七重栏楯,七重罗网,七重行树,皆是四宝

---

① 《大正藏》第 12 卷第 347 页中。

周匝围绕，是故彼国名曰极乐。又舍利弗，极乐国土有七宝池，八功德水充满其中，池底纯以金沙布地。四边阶道金银、琉璃、颇梨合成，上有楼阁，亦以金、银、琉璃、颇梨、车磲、赤珠、马瑙而严饰之。池中莲花大如车轮，青色青光，黄色黄光，赤色赤光，白色白光，微妙香洁。舍利弗，极乐国土成就如是功德庄严。又舍利弗，彼佛国土，常作天乐，黄金为地，昼夜六时天雨曼陀罗华。其国众生常以清旦，各以衣裓盛众妙华，供养他方十万亿佛，即以食时，还到本国，饭食经行。舍利弗，极乐国土成就如是功德庄严。复次舍利弗，彼国常有种种奇妙杂色之鸟，白鹤、孔雀、鹦鹉、舍利、迦陵频伽共命之鸟，是诸众鸟，昼夜六时出和雅音，其音演畅五根、五力、七菩提分、八圣道分如是等法。其土众生闻是音已，皆悉念佛、念法、念僧。舍利弗，汝勿谓此鸟实是罪报所生。所以者何？彼佛国土无三恶趣。舍利弗，其佛国土，尚无三恶道之名，何况有实？是诸众鸟，皆是阿弥陀佛欲令法音宣流变化所作。舍利弗，彼佛国土，微风吹动诸宝行树及宝罗网，出微妙音，譬如百千种乐，同时俱作，闻是音者，皆自然生念佛、念法、念僧之心。舍利弗，其佛国土成就如是功德庄严。

接下来说正报功德庄严：

舍利弗，于汝意云何，彼佛何故号阿弥陀？舍利弗，彼佛光明无量，照十方国，无所障碍，是故号为阿弥陀。又舍利弗，彼佛寿命及其人民无量无边阿僧祇劫，故名阿弥陀。[①]

这样，一方面把无限遥远的"过十万亿佛土"的西方乐土形象地置于人们眼前，另一方面阿弥陀佛光明无量、寿命无量，并允诺往生其国土的人可以同样享有这无量光明和寿命。自鸠摩罗什开始使

①《阿弥陀经》，《大正藏》第12卷第346页下－347页上。

用"极乐"(起初是被音译为"须摩提"、"须呵摩提"或意译为"安养"、"安乐"的)这一译语,作为净土景象鲜明精辟的概括,即受到人们普遍欢迎而被固定下来。这个词语后来成了"净土"的同义语,它的字面含义则成了中国佛教净土观念的概括。接下来提出执持名号的修持方法,到前面已引述的临终往生一段,又向人们指示实现极乐理想的十分简易而有效的修持方法和道路。

《观无量寿经》又称《无量寿观经》一卷,刘宋畺良耶舍译。在所谓"净土三部经"里,这一部最后译出。它是大乘思想发展新层次结集的经典,净土信仰的内容又有大的发挥。正如题目所表示的,这是一部反映大乘禅观实践的"观佛"经典。经文以阿弥陀佛及其胁持——作为化佛的观世音、大势至以及极乐净土为描述对象,阐明观想念佛方法,说明三福(世福、戒福、行福)、十六观往生法门和上、中、下三辈往生行相。十六观指示观想的具体做法,三辈往生则指出修持不同的人的往生前景。值得特别注意的是,作为"过去、未来、现在三世诸佛净业正因"的"三福"的第一项是孝养父母,奉事师长,慈心不杀,行十善业。这完全符合中土伦理。而讲九品往生形相的最后一等"下品下生"说:

> 下品下生者,或有众生,作不善业,五逆十恶,具诸不善,如此愚人以恶业故,应堕恶道,经历多劫,受苦无穷。如此愚人临命终时,遇善知识,种种安慰,为说妙法,教令念佛。彼人苦逼,不遑念佛。善友告言:"如若不能念彼佛者,应称归命无量寿佛。"如是至心,令声不绝,具足十念,称南无阿弥陀佛。称佛名故,于念念中,除八十亿劫生死之罪。命终之时,见金莲花犹如日轮,住其人前,如一念顷,即得往生极乐世界。[1]

————————
[1]《大正藏》第 12 卷第 346 页上。

这一方面显示弥陀信仰的殊胜，更重要的是进一步突出了《无量寿经》宣扬的临终念佛对于全部众生（这里包括犯重罪者）的功效。这就发挥了大乘佛教普遍救济思想，向更多的人敞开进入净土的门径；另一方面则给往生定出等级，鼓励信徒攀登更高的信仰层次。经中进一步确定"净土三身佛"（阿弥陀佛及其胁侍观音、势至）的关系，对后来中国净土观音信仰的发展也起了推动作用。

后来被中国净土宗所特别重视的还有世亲所造、魏菩提流支译《无量寿经优婆提舍愿生偈》，俗称《往生论》。这部论由二十四行九十六句偈颂和敷衍它们的长行构成。偈颂的内容是抒写观想安乐世界、忆念阿弥陀佛、往生阿弥陀佛净土的志愿，述说作为观想对象的阿弥陀佛净土庄严，最后以回向语句作结；长行则敷衍往生方法为修持"五念门"（礼拜门、赞叹门、作愿门、观察门、回向门），得"五果门"（近门、大会众门、宅门、屋门、园林游戏地门），进而往生安乐国。解释"五念门"，重点在观察门，详细描绘了作为观察对象的净土景象即"净土之相"，细致叙说"彼佛国土功德庄严"十七事、"佛功德庄严成就"八种、"菩萨功德庄严成就"四种。其中佛土功德庄严十七事为：

> 观察彼佛国土功德庄严者，有十七种事应知。何者十七？一者清净功德成就，二者量功德成就，三者性功德成就，四者形相功德成就，五者种种事功德成就，六者妙色功德成就，七者触功德成就，八者庄严功德成就，九者雨功德成就，十者光明功德成就，十一者声功德成就，十二者主功德成就，十三者眷属功德成就，十四者受用功德成就，十五者无诸难功德成就，十六者大义门功德成就，十七者一切所求功德成就。

以下结合偈颂对这些功德成就一一加以解释，如说明净土庄严的第八项："庄严功德成就者，有三种应知。何等三？一者水，二者地,三者虚空。庄严水者,偈言'宝华千万种,弥覆池流泉,微风动华叶,交错光乱转'故。庄严地者,偈言'宫殿诸楼阁,观十方无碍,杂树异光色,宝栏遍围绕'故。庄严虚空者,偈言'无量宝交络,罗网遍虚空,种种铃发响,宣吐妙法音'故。"又第十六项:"大义门功德成就者,偈言'大乘善根界,等无讥嫌名,女人及根缺,二乘种不生'故。净土果报,离二种讥嫌过应知。一者体,二者名。体有三种,一者二乘人,二者女人,三者诸根不具人。无此三过故,名离体讥嫌。名亦三种,非但无三体,乃至不闻二乘、女人、诸根不具三种名故,名离名讥嫌。等者,平等一相故。"[①]对净土形相的这种说明更为概括,也更为全面。然后是八种佛庄严、四种菩萨庄严,总计"三严"二十九种。这部论所讲"净土之行"仍是"唯心净土"思路,指出"菩萨智慧心、方便心、无障心、胜真心,能生清净佛国土",其"随顺五种法门",主要是礼拜、赞叹阿弥陀佛,即观想念佛的实践。龙树的《十住毗婆沙论·易行品》提出阿弥陀信仰适应于下劣众生,显然表现出轻视这一信仰的倾向。而这部论却把"净土之行"当作大乘菩萨道来加以弘扬,强调阿弥陀信仰的崇高地位,对后来中土净土法门的发展和净土宗宗义的形成具有特殊意义。

翻译佛典传述的是外来宗教思想,但哪一部佛典被重视却有着中土自身的原因;而一部经典哪一部分特别受到欢迎并被加以发挥则更是本土思想土壤所决定的。净土类经典自魏晋以后被大量传译并得到广泛弘传,无疑主要是因为它们适合中土民众信仰的需要。而翻译这些佛典又并不是被原原本本地照搬过来,在翻译过程中有所改动,在接受和流传中更多有特殊的解释和发挥,这则能够反映出接受方的信仰实态,作为宗教文化的内容也更有价值和意义,因而更值得重视。

---

①《无量寿经优婆提舍愿生偈》,《大正藏》第26卷第231页中－232页上。

三

三世十方无数佛和佛国土之中,在中国佛教里影响巨大的还有弥勒菩萨待机的兜率天即弥勒净土。弥勒信仰自东晋开始兴盛,北魏至隋极盛一时,到唐代逐渐衰落。以后仍流传在民间,并不断衍变分化,在后来的民间宗教里更发挥了极其重要的影响,这是另一个重大课题。弥勒信仰和弥陀信仰的发展在中国大体有同样的社会和思想背景,曾出现过二者并盛的局面,但前者却较早地衰微并蜕化了,而弥陀信仰却一直兴盛不衰,以至渐成中土净土信仰的主流。二者间如此鲜明对比的发展趋势,主要决定于各自信仰的内容及其适应中土民众心理需要的程度。观音信仰和弥陀信仰相互结合和辅助当然也是促使后者更加发达的重要因素。

弥勒名号最早出现在后汉支楼迦谶所出《道行般若》和吴支谦所出《无量寿经》的异译《大阿弥陀经》里,是听佛陀说法的一个菩萨。他作为众多菩萨(如观音菩萨、文殊菩萨、普贤菩萨等)之一,同样是大乘菩萨信仰潮流的产物。他乃是"现世中持续教化众生的菩萨,在某种意味上可以说是完成修行的菩萨"[1],即是不同于凡夫菩萨的大菩萨。在中土发展中,弥勒和阿弥陀佛地位相当,又被径称为弥勒佛;他所在的兜率天则被称为弥勒净土。虽然后来也有把观音称为"观音佛"的,但观音基本被看作菩萨,这和弥勒菩萨被称为佛形成鲜明对照。早在支谦所译《维摩诘经》最后《累嘱品》(什译同),佛陀咐嘱在未来世流通该经,已表现出"未来佛"观念。后来弥勒被赋予未来佛的性格,进而又形成具有独特内涵的弥勒信仰。

弥勒异译为"慈氏",据相关经典说本来实有其人,是中印波婆

---

①武内绍晃《佛陀观の变迁》,平川彰等编《大乘佛教とは何か》第 168－169 页。

利国人，曾师事婆罗门教，后来接受佛陀教化，成为佛弟子，得佛授记，未来作佛。所谓兜率天，为欲界第四天；"兜率"意为"知足"，即五欲境知止足的意思。据说这个天界一昼夜等于人间四百年。弥勒作为菩萨，如今正在兜率天待机，等待在久远的未来降临人间作佛。这样，弥勒信仰虽然同样是大乘佛陀观与佛土观的产物，显然具有不同于西方弥陀信仰的内涵。主要是相对于弥陀信仰的"净土成佛"，弥勒信仰主张"秽土成佛"。弥陀净土在十万亿佛土之外的遥远西方，是神秘的佛国；而弥勒净土乃在欲界六天之中，对于有情更为接近。因而弥勒信仰虽然展现的是未来境界，从一定意义上说却具有更强烈的现实性格。经典里描绘的弥勒净土景象更像是现实中统治者享乐生活的缩影。

宣扬弥勒信仰的主要是所谓"弥勒六部经"，即西晋竺法护所出《弥勒下生经》《弥勒成佛经》、《弥勒当来下生经》）、鸠摩罗什所出《弥勒下生成佛经》和《弥勒成佛经》（俗称《弥勒大成佛经》）、失译《佛说弥勒来时经》、唐义净所出《弥勒下生成佛经》以及北凉沮渠京声所出《弥勒上生经》（《观弥勒菩萨上生兜率天经》）。这当中前五部经内容大体相同，都是宣扬弥勒下生信仰的，据考形成较早；后一部经则是宣扬弥勒上生信仰的，属于"观佛"经典一类，应形成于四世纪后期。六部经里第三、四、五为同本异译；第一、三、六更为流行，又称"弥勒三部经"，是中土弥勒信仰的主要典据。此外宣扬弥勒信仰的还有竺法护所出《弥勒菩萨所问本愿经》等众多经典。应当指出的是，《法华经》也宣扬弥勒信仰。由于《法华经》是在中土流行极广的大乘经，这部经的流通，对于推动弥勒信仰的传播也起了相当作用。而从翻译经典的数量就可以看出，比较起来，弥勒下生信仰显然在中土更具优势。

由于弥勒信仰里下生信仰和上生信仰相结合，比起弥陀信仰来构成更复杂的内容。弥勒下生是说弥勒在佛陀生前命终，上生兜率天，五十六亿七千万年以后穰佉转轮圣王时，正法治化，四大宝藏应时出现,他将降神于大婆罗门家,自右胁生,出家学道,在金刚庄严道场龙华菩提树下成佛,先后在龙华树下华林园中为人、天众生三会说法,广度群生。这一信仰向人们允诺未来的美好世界,经中描写"弥勒佛国"的庄严说:

> 智慧威德,五欲众具,快乐安隐,亦无寒、热、风、火等病,无九恼苦;寿命具足八万四千岁,无有中夭;人身悉长一十六丈,日日常受极妙安乐,游深禅定以为乐器……有一大城名翅头末,纵广一千二百由旬,高七由旬,七宝庄严,自然化生七宝楼阁,端严殊妙庄校清净,于窗牖间列诸宝女,手中皆执真珠罗网,杂宝庄校以覆其上,密悬宝铃声如天乐。七宝行树,间树渠泉,皆七宝成,流异色水,更相映发,交横徐逝,不相妨碍,其岸两边纯布金沙。街巷道陌广十二里,悉皆清净,犹如天园扫洒清净。有大龙王名多罗尸弃,福德威力皆悉具足,其池近城,龙王宫殿如七宝楼,显现于外,常于夜半化作人像。以吉祥瓶盛香色水,洒淹尘土,其地润泽譬如油涂,行人往来无有尘坌。是时世人福德所致。巷陌处处有明珠柱,光喻于日,四方各照八十由旬,纯黄金色,其光照耀昼夜无异,灯烛之明犹若聚墨,香风时来吹明珠柱,雨宝璎珞,众人皆用,服者自然如三禅乐。处处皆有金、银、珍宝、摩尼珠等,积用成山,宝山放光,普照城内,人民遇者皆悉欢喜,发菩提心……时世人民若年衰老,自然行诣山林树下,安乐淡泊,念佛取尽,命终多生大梵天上及诸佛前。其土安隐,无有怨贼劫窃之患,城邑聚落无闭门者,亦无衰恼水火刀兵,及诸饥馑毒害之难。人常慈心,恭敬和顺,调伏诸根,如子爱父,如母爱子,语言谦逊,皆由弥勒慈心训导,持不杀戒,不啖肉故……①

①《佛说弥勒大成佛经》,《大正藏》第14卷第429页上一下。

值得注意的是，这是不同于遥远的西方净土的此方地上"天国"，当然也是宗教幻想的美好境界；而下生的弥勒则已经是"佛"，所以在中土造像里作佛装；参与"三会"的人则全都能够现世值佛，共享佛果。六朝时期的许多弥勒造像就是表现祈愿与佛相值、参与龙华三会的内容的。

表现弥勒上生信仰的主要是《观弥勒菩萨上生兜率天经》。实际这种信仰在更早时期已在流行。竺法护所出《正法华经》已说到：

> 一心勤修《正法华经》，书持经卷，常当思惟，一切不忘。当礼此人，用书写此经至德所致，而为千佛所见授臂，临寿终时面见千佛，游在吉安，不堕恶趣，寿终之后生兜术天。适生天上，八万四千诸玉女众，往诣其所，鼓诸伎乐而歌颂德，在诸玉女以法相乐。是族姓子，书此经者功德如斯，何况诵说思惟其义？是故勤修、书写、宣传《正法华经》，思惟奉行，皆令具足，专精一心，志未曾乱，千佛授臂，临寿终时，面见千佛，不堕恶趣，于是寿终，生兜术天，在弥勒佛所，成菩萨身，三十二相庄严其体，亿千玉女眷属围绕。[1]

《观弥勒菩萨上生兜率天经》则更细致、生动地叙述了弥勒命终后往生兜率天的上生故事。兜率天作为"六欲天"的第四天，生在这里的"兜率天子"身体长大，寿命很长，可以享受五欲之乐，弥勒上生到那里乃是"供养一生补处菩萨"。他在善法堂教化诸天，六时说法，教化世人持戒修行，奉行十善，念佛名号，观佛形象，死后超九十六亿劫生死之罪，得往生此土；经文更进一步提出"是诸大众，若有得闻弥勒菩萨摩诃萨名者，闻已欢喜，恭敬礼拜，此人命终，如弹指顷，即得往生，如前无异。但得闻是弥勒名者，命终亦不

---

[1]《正法华经》卷一〇《光世音普门品》，《大正藏》第9卷第133页中—下。

堕黑暗处、边地、邪见诸恶律仪,恒生正见,眷属成就,不谤三宝"①。
该经进而又指出,如有人犯戒造恶,听到弥勒之名,礼拜忏悔,也可
立即除罪。经中对兜率天景象的描写比下生经细致得多,显然受
到西方弥陀净土经典的影响;而强调往生除罪,则把大乘的普遍成
佛观念具体化了。值得特别注意的是,兜率天作为"六欲天"之一,
可以享受五欲之乐,这也成为此方净土的特征。所以在净土描写
中有许多"天女"、"宝女"作为侍御,弥勒上生到那里,度过的并不
是枯寂无味的修道生活,而是在亭台楼阁、杂花宝帐、祥云缭绕、歌
舞伎乐之中尽情享乐。他讲经说法的"内院",更像是南朝贵族沙
龙。因此有人说"上升信仰是一种'贵族信仰'"②。这种"贵族"性
格,也是造成它终于衰落的主要原因之一。

　　中国佛教里弥勒信仰流传也很早。支道林作十一首菩萨赞,
其中就有《弥勒赞》:

　　　　大人轨玄度,弱丧升虚迁。师通资自废,释迦登幽闲。弥
　　勒承神第,圣录载灵篇。乘乾因九五,龙飞兜率天。法鼓振玄
　　宫,逸响亮三千。晃晃凝素姿,结跏曜芳莲。寥朗高怀兴,八
　　音畅自然。恬智冥微妙,缥眇咏重玄。盘纡七七纪,应运莅中
　　潘。挺此四八姿,映蔚花林园。亹亹玄轮奏,三摅在昔缘。③

这里从弥勒上生兜率天写到下生华林园说法。在支道林时代,"弥
勒六部经"中仅有竺法护翻译的《弥勒下生经》一部。支遁是根据
《大阿弥陀》、《维摩》等来描写的。他作为一代佛门领袖,如此热情
宣扬弥勒信仰,自然会在名士间造成影响。

　　东晋佛门龙象释道安对于推动这一信仰的传播起了重要作

①《佛说观弥勒菩萨上生兜率天经》,《大正藏》第14卷第418页中、420页中。
②参阅杜继文《漫说中国佛教的弥勒上生信仰》,《中国佛教与中国文化》第
　105—125页,宗教文化出版社,2003年。
③《广弘明集》卷一五,《大正藏》第52卷第197页上。

用。他"每与弟子法遇等,于弥勒前立誓,愿生兜率"①。道安的弟子昙戒病重时称诵弥勒名不辍口。其弟子问为何不愿往生安养,他答说:"吾与和上等八人,同愿生兜率。和上及道愿(也是道安弟子)等皆已往生,吾未得去,是故有愿耳。"②在西晋末年饥乱中曾和道安等同隐于濩泽的竺僧辅,"后憩荆州上明寺……誓生兜率,仰瞻慈氏。时琅琊王忱为荆州刺史,藉辅贞素,请为戒师,一门宗奉。后未亡二日,忽云:'明日当去。'至于临终,妙香满室,梵响相系,道俗奔波,来万数。是日后分,无疾而化"③。南朝士族孟顗、周颙、竟陵王萧子良等也都信仰弥勒净土,可见当时弥勒信仰在士族间传播情形。

从前面的介绍可以知道,著名译师鸠摩罗什传翻了包括西方净土和弥勒净土信仰的各类经典。其弟子僧叡在《毗摩罗诘提经义疏序》中说到:"此土先出诸经,于识神性空,明言处少,存神之文,其处甚多。《中》《百》二论,文未及此,又无通鉴,谁与正之? 先匠(指道安——著者)所以辍章遐慨,思决言于弥勒者,良在此也。"④这里是说,当初《中》《百》二论的大乘中观学派"般若空"观还没有介绍到中土,人们还按照中土传统理解认"神识"为实有,所以道安想到兜率天宫去请教弥勒。设想信仰者如此修习禅定,到兜率天从弥勒受教,乃是弥勒信仰的一个特殊内容。弥勒信仰在义学沙门间特别流行,这也是一个原因。南方刘宋著名译师枳园寺智严"昔未出家时,尝受五戒,有所亏犯,后入道受具足,常疑不得戒,每以为惧。积年禅观而不能自了,遂更泛海,重到天竺,谘诸明达。值罗汉比丘,具以事问,罗汉不敢判决,乃为严入定,往兜率宫

---

① 《高僧传》卷五《晋长安五级寺释道安传》,第 183 页。
② 同上《晋长沙寺释昙戒传》,第 204 页。
③ 同上《晋荆州长明竺僧辅传》,第 196 页。
④ 《出三藏记集》卷八,第 312 页。

谄弥勒,弥勒答云:'得戒。'严大喜,于是步归。至罽宾,无疾而
化"①。这一事例被当作通过禅观上升兜率天会见弥勒,接受教化
的例证。南北朝时期僧尼中信仰弥勒净土的很多。据僧传,慧览、
道法、法上等名僧,玄藻、光静、净秀等比丘尼也都是弥勒信仰者。

　　另有一位对于树立弥勒信仰具有重大贡献的是梁著名居士双
林大士傅翕(497—569)。他受到梁武帝敬重,曾为后者讲《金刚
经》。徐陵为他撰碑,记载他"自叙元系","则云补处菩萨,仰嗣释
迦;法王真子,是号弥勒……但分身世界,济度群生,机有殊源,应
无恒质,自序因缘,大宗如此"②。不仅他自己如此自负地表白,他
的徒众更用力加以宣扬。如弟子慧集游行郡国,尝说一偈,为人间
普遍传唱:

　　　　大士兜率来,震动游诸国。莲花匝地生,特许迎弥勒。普
　　光初学道,无边世界动。回天复转地,并入一毛孔。③

这样,傅大士已经不是兜率天上的弥勒,而是现实世界的弥勒分
身。这种观念应是受到观音化身说的影响。梁陈以后,傅大士为
弥勒分身示现成为普遍说法。唐初法琳《辩正论》里称赞他"常转
法轮,绍隆尊位;分身世界,济度群生"④。梁陈间傅大士与宝誌同
被看作是"神僧",而宝誌被认为是观音化身,他们遂分别成为两种
不同净土信仰的代表人物⑤。

　　后来的著名学僧如慧思、智𫖮、灌顶、玄奘、道宣、玄朗等都信
仰、宣扬弥勒。这与相信弥勒在兜率天"说法"有直接关系。据说

---

①《高僧传》卷三《宋京师枳园寺释智严传》,第 100 页。
②《东阳双林寺傅大士碑》,《徐孝穆集笺注》卷五。
③《善慧大士录》卷四,《续藏经》第 69 册第 128 页上。
④《辩正论》卷三,《大正藏》第 52 卷第 506 页上。
⑤关于傅翕的弥勒信仰,张勇《傅大士研究》论述甚详,参阅其下编第九章《弥
　勒应化和维摩禅行的统一》,第 305—340 页,巴蜀书社,2000 年。

慧思"梦弥勒、弥陀说法开悟,故造二像并同供养;又梦随从弥勒与诸眷属同会龙华。心自惟曰:'我于释迦末法受持《法华》,今值慈尊。'感伤悲泣,豁然觉悟。"[1]天台智颛现存传记材料不见弥勒信仰的记载,但他的弟子灌顶、智晰都说他"上生兜率内院",应是有根据的;而据传灌顶等也是往生兜率天的。天台宗的左溪玄朗也发愿往生兜率。应当注意到,天台宗是大力鼓吹观音信仰的,可是对弥勒信仰同样热衷。玄奘所传瑜伽行学派的两大论师无著和世亲,据说是经弥勒指点由小乘改习大乘;又据说无著曾多次上生兜率天咨问弥勒,弥勒为其讲述大乘深义,其所著《瑜伽师地论》、《中边分别论》等就是弥勒所传授。而世亲也数度上生弥勒内院,弥勒曾为他讲授大乘空观。玄奘早在印度巡礼时,在伊烂钵伐多国即曾对观自在菩萨像发三大愿,其二是"所修福慧,愿生睹史多宫(兜率天宫)事慈氏菩萨"[2];他临命终时和翻经大德并门徒辞别,又说"愿以所修福慧回施有情,共诸有情同生睹史多天弥勒内眷属中奉事慈尊,佛下生时亦愿随下广作佛事,乃至无上菩提"[3]。玄奘弟子也多修弥勒净业,嫡传窥基、大乘灯等亦均发愿往生兜率。在窥基时代,新兴的西方净土法门正在蓬勃发展,他有意识地突出弥勒净土,说:

> 又念弥陀、弥勒功德无有差别,现国现身,相成胜劣。但以弥勒恶处行化,慈悲深故;阿弥陀佛净土化物,慈悲相浅。又净土多乐,欣生者多,厌心不深,念令福少,非奇特故;恶处多苦,欣生者少,厌心深重,故念福多,甚希奇故。虽知佛力,念亦可生,圣教不同,屡生心惑,知足天宫,同在此界,外道内

①《续高僧传》卷一七《陈南岳衡山释慧思传》,《大正藏》第50卷第562页下。
②《大慈恩寺三藏法师传》卷三,第78页。
③同上卷一〇,第221页。

　　道、大乘小乘所共信许,既是化身,决定得生。①

这和前面所述净土宗人的论调正好相反,突出强调弥勒净土的殊胜。这也表明像窥基那样的义学沙门确实不太适应当时群众的信仰潮流,而更赞赏弥勒的"教学"性格。

　　在六朝时期,弥勒信仰在社会各阶层曾形成相当大的势力。如宋明帝刘彧写有《龙华誓愿文》,齐竟陵王萧子良有《龙华会记》,周颙有《京师诸邑造弥勒像三会记》,均佚,存目见《出三藏记集》卷一二《法苑杂缘原始集目录序》;又沈约为皇太子造弥勒像,作《弥勒赞》,文见《广弘明集》卷十八。在传说中较早的有宋安荀事,他于宅内设观世音斋,同时"诵《法华经》,菜食长斋,三十七载。常翘心注想,愿生兜率。宋元嘉十六年(439),出都造经,不测所终"②。王琰的《冥祥记序》里说:"夫镜接近情,莫逾仪像;瑞验之发,多自此兴。经云:'镕研图缋,类形相者,爰能行动,及放光明。'今西域释迦、弥勒二像,晖用若冥,盖得相乎。"③亦可见当时供养弥勒的风气相当流行。

　　从造像所反映的信仰实况看,在宋元嘉至元徽之间(424—477),有僧人建弥勒精舍,造夹苎弥勒像④;宋尼道琼"以元嘉八年,大造形像,处处安置。彭城寺金像二躯,帐座完具;瓦官寺弥勒行像一躯,宝盖璎珞……"⑤;尼慧玉"在长安,于薛尚书寺见红白色光,烛曜左右,十日小歇。后六重寺沙门四月八日于光处得金弥勒像,高一尺云"⑥。这是现存文献的纪录。实物方面,较早的在龙门

————————

①《观弥勒菩萨上生兜率天经赞》卷上,《大正藏》第38卷第277页中—下。
②刘义庆《宣验记》,鲁迅《古小说钩沉》,《鲁迅辑录古籍丛编》第1卷第270页。
③《鲁迅辑录古籍丛编》第1卷第314页。
④宝亮《名僧传抄》。
⑤《比丘尼传》卷二《建福寺道琼尼传》,《大正藏》第50卷第938页上。
⑥同上《江陵牛牧寺慧玉尼传》,同上。

石窟古阳洞有北魏太和十九年(495)长乐王丘穆陵亮夫人尉迟氏
为亡子造像记,所造为弥勒像,所求是"若存托生,生于天上诸佛之
所;若生世界妙乐自在之处,若有苦累,即令解脱,三途恶道,永绝
因趣,一切众生,咸蒙斯福"①。丘穆陵亮尚中山长公主,封赵郡王,
徙封长乐王。弥勒造像乃是北魏时期造像的主要题材。分析龙门
北魏窟造像可以看出,当时释迦和弥勒像远较弥陀和观音像为多,
即表明当时对前二者的信仰更为兴盛。还有值得注意的一点是,
早期弥勒造像主要是菩萨装的立像和交脚像,这是在兜率内院作
为菩萨的弥勒形象;而到后来,更多的则是佛装像,即弥勒佛未来
降临在龙华树下说法的形象。这正和信仰内容的变化相一致:越
是到后来,弥勒下生信仰占有更重要位置。这也是信仰者更重视
现世利益的心态所决定的。表现在造像记里,民众祈求弥勒的主
要是皇帝王侯、父母师僧、居家眷属等"离苦受乐","子子孙孙,咸
受福庆","老者延年,少者益算","同登正觉"②,等等。从这些内容
看,弥勒和弥陀信仰显然又有共同的一面。当年名僧支遁就是把
弥勒、弥陀同时供养的。也正因此,在六朝时期的某些造像里,弥
勒信仰和弥陀信仰又往往被混淆了。如北魏永平三年(510)尼法
庆造弥勒像,题记中却希望"托生西方妙乐国土"③;神龟二年(519)
杜永安造弥陀像,却说"弥勒三唱,恒登先首"④;神龟三年翟蛮造弥
勒像记,又说"愿使亡者上生天上,托生西方"⑤。这种观念中的混
淆,表明一般民众往往并不重视两种信仰在教理上的分歧,他们只

---

①《八琼室金石补正》卷一二,第 69 页。
②参阅北魏太平真君三年(442)鲍纂《石佛造像记》,《陶斋藏石记》卷六;延昌
  元年(512)《刘洛真造像记》,《金石萃编》卷二七;神龟三年(520)《翟蛮造弥
  勒像记》,《陶斋藏石记》卷六;东魏武定六年(548)《广武将军奉车都尉唐小
  虎造像记》(残石),《陶斋藏石记》卷九。
③《八琼室金石补正》卷一三,第 71—79 页。
④同上,第 74 页。
⑤《陶斋藏石记》卷六。

是需要通过信仰来寻求现世的救济。

本来佛教在中国的发展过程中，对于世俗统治总体上是采取积极顺应的姿态，无论在观念上还是实践中都有效地消弭了与本土传统的对抗和矛盾。但作为特异现象，弥勒信仰却往往被赋予反抗现实体制的内涵。弥勒出世的未来太平世界，被形容为地上的佛国，容易被看作是改天换地的新世界。这就给改造现实社会、推翻现存体制的观念和行动提供了依据。在南北朝时期由僧侣率领的民众起义中，多有以弥勒信仰相号召的。最著名的是北魏冀州法庆的大乘教起义："（宣武帝延昌四年，515）六月，魏冀州沙门法庆以妖幻惑众，与勃海人李归伯作乱，推法庆为主。法庆以尼惠晖为妻，以归伯为十住菩萨、平魔军司、定汉王，自号大乘。又合狂药，令人服之，父子兄弟不复相识，唯以杀害为事。刺史萧宝寅遣兼长史崔伯骥击之，伯骥败死。贼众益盛，所在毁寺舍，斩僧尼，烧经像，云'新佛出世，除去众魔'。"直到两年后的孝明帝熙平二年，"魏大乘余贼复相聚，突入瀛州，刺史宇文福之子员外散骑侍郎延帅奴客拒之。贼烧斋阁，延突火抱福出外，肌发皆焦，勒众苦战，贼遂散走，追讨，平之"①。正光五年（524），又"时有五城郡山胡冯宜都、贺悦回成等以妖妄惑众，假称帝号，服素衣，持白伞白幡，率诸逆众，于云台郊抗拒王师。（章武王元）融等与战败绩，贼乘胜围城。（裴）良率将士出战，大破之，于阵斩回成，复诱导诸胡令斩送宜都首"②。素服白幡乃是弥勒信仰的标志。后来隋炀帝"（大业）六年（610）春正月癸亥朔，旦，有盗数十人，皆素冠练衣，焚香持华，自称弥勒佛，入自建国门。监门者皆稽首。既而夺卫士仗，将为乱。齐王暕遇而斩之。于是都下大索，与相连坐者千余家"③。直到宋代的白莲教，以至明清的一些民间秘密宗教，也都往往以弥勒

①《资治通鉴》卷一四八《梁纪四》，第 4615－4616、4630 页。
②《魏书》卷六九《裴延儁传》，第 1531 页。
③《隋书》卷三《炀帝纪上》，第 74 页。

佛出世相号召。中国佛教中的弥勒信仰往往被赋予明显的反抗现实体制的性格，形成信仰中的一个"异端"潮流。

与弥勒信仰渐次衰落形成鲜明对比的是，弥陀信仰和与之相关联的净土观音信仰却一直兴盛不衰。了解造成这种状况的深层原因，对于深入认识净土信仰和净土观音信仰是有意义的。

首先，弥勒信仰和弥陀信仰同样是净土信仰，是来世往生信仰，但首先从形态看，弥陀信仰比较起来简易得多，单纯得多；另一方面，它提供的"来生之计"又直捷得多，方便得多。特别是经过隋、唐新一代净土大师的发挥，允诺人修持"易行道"的念佛法门，死后立即得到往生，而不是如弥勒信仰所允诺的那样要等到久远的五十六亿年以后。这样，同是解决"来生之计"的问题，弥陀信仰显然更为优胜。

其次，弥勒待机的兜率天宫是人们可望而不可及的神秘世界，据传只有少数高僧去过。它又是修习禅定才能达到的极高的境界，如无著、世亲等大菩萨到那里咨问弥勒，把大乘妙理传回世间。在中土，这样的境界也只有像智顗、玄奘那样的高僧大德才能企求。这就使弥勒信仰带有更浓厚的"贵族"性格和学理色彩，从而某些义学高僧和富于高深学养的贵族士大夫对它更感兴趣。从造像情况看，如从比例说，也是僧侣、贵族所造弥勒像比弥陀像更多。就是说，弥陀信仰更能适应一般民众的要求，也更受到一般民众的欢迎。

再次一点也是至关重要的，就是如上所述，弥勒信仰有可能往往在实际上并赋予一定的政治性质。弥勒作为"未来佛"，将于未来出现在婆婆世界。那是改天换地的新世界，是天下承平、五谷丰登、民生安乐的盛世。统治者如武则天就是利用这种幻想来施行其篡权阴谋的。而更多的情况则是民众利用弥勒降世的预言来反抗现实统治。前面已举出一些例子。又如唐初有并州沙门昙选，看到义兴新寺沙门智满为当涂众主，王臣倾重，三百余僧受其制约，赴告曰："卿等结聚，作何物在？依何经诰？不有冒罔后生乎？"
又说："自佛法东流，矫诈非少。前代大乘之贼（指法庆大乘教），近
时弥勒之妖（指隋建国门之变），诖误无识，其徒不一。闻尔结众，
恐坏吾法。"[1]可见历史上利用弥勒信仰的变乱所造成的危机。弥
勒"未来佛"信仰所具有的这种对抗现存体制的能量，更给以后具
有反叛意识的民间宗教的形成与发展以推动力。而当正统佛教中
的弥勒信仰衰微之后，它却被众多的民间宗教教派所吸收和发挥，
并赋予新内容。对于统治阶级来说，这种倾向是要加以防范和遏
制的。相对比之下，弥陀信仰绝不带有这种不安定的性质。

　　弥勒信仰在兴盛一时之后衰败了，弥陀信仰却不断展现出新
生机，两相比较，探究造成这种发展趋势的原因，会更清楚地认识
到阿弥陀净土和净土观音信仰的内涵、作用与意义。

　　传说五代后梁有名契此的和尚，号长汀子，住明州奉化县（今
浙江奉化）岳林寺，出语无定，随处寝卧，荷杖布袋就人行乞，人称
布袋和尚。世人传说是弥勒垂迹。至北宋崇宁（1102—1106）中，
朝廷更赐"应定大师"之号。这是民众基于化身弥勒观念的创造。
直到如今寺庙里塑造的笑口常开的大肚弥勒造像，形态幽默，体现
笑傲世界、开朗乐观的精神，得到民众的欢迎，则是弥勒信仰的世
俗化的发挥了。

四

　　僧史里所见最早宣扬弥陀净土信仰的是东晋竺法旷（327—
402），时代较支遁稍晚（支遁的生卒年是314—366）。他"止於潜青
山石室。每以《法华》为会三之旨，《无量寿》为净土之因，常吟咏二

---

[1]《续高僧传》卷二四《唐并州大兴国寺释昙选传》，《大正藏》第50卷第641页
　　中—下。

部,有众则讲,独处则诵"。他在"晋兴宁中,东游禹穴,观瞩山水。
始投若耶之孤潭,欲依岩傍岭,栖闲养志,郗超、谢庆绪并结居尘
外"①。谢庆绪,如上所述,本是观音信仰者,竺法旷的净土信仰显
然已经传播到士族中间。

　　传说中有时间在竺法旷之前的净土往生故事,如《冥祥记》里
的阙公则:

　　　　晋阙公则,赵人也。恬放萧然,唯勤法事。晋武(266—
　　290)之世,死于洛阳。道俗同志,为设会于白马寺中。其夕转
　　经,宵分,闻空中有唱赞声。仰见一人,形器壮伟,仪服整丽,
　　乃言曰:"我是阙公则,今生西方安乐世界,与诸菩萨共来听
　　经。"合堂惊跃,皆得睹见。是复有汲郡卫士度,亦苦行居士
　　也,师于公则。其母又甚信向,诵经长斋,家常饭僧……有浩
　　像者作《圣贤传》,具载其事,云度亦生西方。②

《冥祥记》在今天虽被看作是志怪小说,但如上所说,当时人是作为
实事来做记录的。阙公则师弟子是居士,这反映的是居士阶层的
信仰状况。又僧显于东晋初的大兴年间(318—321)为避刘曜之乱
自北方来江南,晚年感疾,"属想西方,心甚苦至。见无量寿佛,降
以真容,光照其身,所苦都愈"③。后来在北方,五世纪初鸠摩罗什
翻译《阿弥陀经》,其弟子僧叡是西方净土信仰者。他的传记记载:
"初叡善摄威仪,弘赞经法,常回此诸业,愿生安养,每行住坐卧,不
敢正背西方。后自知命尽,忽集僧告别,乃谓众曰:'平生誓愿,愿
生西方,如叡所见,或当得往,未知定免,狐疑成不。但身口意业,
或相违犯,愿施以大慈,为永劫法朋也。'于是入房洗浴,烧香礼拜,

①《高僧传》卷五《晋於潜青山竺法旷传》,第 205 页。
②《冥祥记》,鲁迅《古小说钩沉》,《鲁迅辑录古籍丛编》第 1 卷第 329—330 页。
③《高僧传》卷一一《晋江左竺僧显传》,第 401 页。

还床向西方合掌而卒。是日同寺咸见五色香烟，从叡房出……"①
稍后在南方，畺良耶舍于元嘉（424—453）初年来到建康，居止道林
寺，"沙门僧含请译《药王药上观》及《无量寿观》，含即笔受。以此
二经是转障之秘术，净土之洪因，故沉吟嗟昧，流通宋国"②。文献
中所记载的早期往生故事，还有宋魏世子、释昙远、葛济之、尼慧木
等人的。可见在晋、宋时期，弥陀净土信仰已经开始流行。但从整
体看，当时弥勒净土信仰更为兴盛，弥陀信仰还不像后来那样占主
导地位。

　　后来被尊奉为中国净土宗始祖的慧远是西方净土信仰的热烈
提倡者③。他于庐山之阴般若云台精舍阿弥陀佛像前集合刘遗民
等僧俗一百二十三人"建斋立誓，共期西方"，从而开创以后兴盛的
净土结社的先河；他提倡念佛法门，所作《念佛三昧诗集序》里说
"又诸三昧，其名甚众，功高易进，念佛为先"④。他对后来净土信仰
的发展造成很大影响。但他的净土观与后来的净土宗有很大不
同。以他为领袖的庐山僧团是一批具有高深内、外学养的学僧，围
绕这个僧团的士大夫是热衷于佛教教学的居士群。他们的活动在
佛教史上体现的是不同于民众信仰的另一种潮流。他们所向往的
净土并非实存的所谓"有相净土"。如刘遗民所说："盖神者可以感

---

①《高僧传》卷六《晋长安释僧叡传》，第245页。
②同上卷三《宋京师道林寺畺良耶舍传》，第128页。
③关于"净土宗"这个提法及其法系的形成，都是在南宋时期。早期从慧远到
　昙鸾等人虽然同是净土法门的提倡者，但各自的教学观念相当分歧。后来
　在注重行法方面逐渐统一而为重视修行实践的一派，但净土信仰和净土法
　门一直为众多宗派所共享。至南宋宗晓编《乐邦文类》，立《莲社始祖庐山远
　法师传》和《莲社继祖五大法师传》，确立慧远、善导、法照、少康、省常、宗赜
　为祖师；而志磐于1268年编《佛祖统纪》，承灵芝元照之说，又立"莲宗七祖"
　即慧远、善导、承远、法照、少康、延寿、省常，后代续有增加。但这样的宗祖
　传承，无论教学上还是教理上都没有坚实依据。
④《广弘明集》卷三〇，《大正藏》第52卷第351页中。

涉,而不可以迹求。必感之有物,则幽路咫尺;苟求之无主,则渺茫何津。"①这显然是大乘禅观的所谓"念佛三昧"的实践。如日本佛教学者塚本善隆分析的,慧远的佛教教学本是以当时流行的以道安为代表的《般若》经典为基础的,他又生活在玄学思想兴盛的东晋贵族知识阶层环境中,因此他"指导集合了杰出知识界人物的庐山念佛集团的核心教义,乃是树立在以《般若》经义为中心的道家化的'空观'佛教基础之上的、《般舟三昧经》的念佛佛教"②。这种倾向与支遁的情形相类似。支遁作为名士而兼名僧,是《般若》学者又兼玄学者,他也曾宣扬弥陀信仰。他也是主张通过精思凝虑的感应来"见佛神悟"③的。慧远则说:

> 夫称三昧者何?专思寂想之谓也。思专,则志一不分;想寂,则气虚神朗。气虚,则智恬其照;神朗,则无幽不彻。斯二乃是自然之玄符,会一而致用也……鉴明,则内照交映而万像生焉,非耳目之所至而闻见行焉。于是睹夫渊凝虚镜之体,则悟灵根湛一,清明自然;察夫玄音之叩心听,则尘累每消,滞情融朗。非天下之至妙,孰能与于此哉!④

这里说的显然是观佛禅定的体验。对于他,净土信仰乃是观想念佛的实践,是义学沙门和信佛居士阶层的精神修持,是与后来净土法门追求的来世往生的净土信仰全然不同的。慧远弟子僧济感笃疾时,"要诚西国,想像弥陀……因梦见自秉一烛,乘虚而行,睹无量寿佛,接置于掌,遍至十方,不觉欻然而觉,具为侍疾者说之"⑤;又释昙鉴,"常愿生安养,瞻觐弥陀";释道海等也"并愿生安养,临

①《高僧传》卷六《晋庐山释慧远传》,第214页。
②《支那净土教の展开》,《塚本善隆著作集》第4卷第24页,大东出版社,1976年。
③《阿弥陀佛像赞序》,《广弘明集》卷一五,《大正藏》第52卷第196页下。
④《念佛三昧诗集序》,《广弘明集》卷三〇上,《大正藏》第52卷第351页中。
⑤《高僧传》卷六《晋庐山释僧济传》,第234页。

终祥瑞焉"①；释慧通"常祈心安养，而欲栖神彼国。微疾，乃于禅中见一人来，形甚端严，语通言，良时至矣。须臾见无量佛光相晖然。通因觉禅，具告同学所见，言讫便化"②，等等。这些都表明，当时信仰者所见的阿弥陀佛，是禅定中观想的境界，而不是另有一个实存的佛土。因此后来著名的净土学者迦才批评说：

> ……上古之先匠，远法师、谢灵运等，虽以金期西境，终是独善一身，后之学者，无所承习。③

又如上所述，在南北朝时期，义学沙门和贵族阶层的寺院佛教教学，以龙树等人的大乘学理为主，讲习《般若》、《维摩》、《法华》、《涅槃》、《成实》等经论，致力于佛教教理的研讨。这在客观上也阻碍了注重信仰实践的净土法门的发展。而涉及到修持行法方面，早期西方净土信仰也还没有形成本土独创的轨范。就是说，修习净土还没有和大乘佛教一般教学和禅观修持区别开来。

这样从总体趋势看，在六朝前期，相对于观音信仰、弥勒信仰，西方净土信仰不算发达。根本原因在于现实中还不具备这一信仰充分发展的社会条件。当时动乱连年，民不聊生，高蹈的义学沙门和士族知识阶层热衷于教理研讨，试图用佛说来陶炼神明，修养心性；而在广大民众间，则更热衷于追求现实救济，期望出现法力无边的、如观音那样的神明来解救现实危难。对当时的平民百姓来说，得救成佛还是过于渺远的事，一片唾手可得的乐土更是难以想象的。就是说，当时一般佛教徒祈望的主要是得救，而不是成佛。人们把佛、菩萨看成是救主，当做实现"它力救济"的神明，而难以期望自己成佛、往生佛国。以佛陀为榜样，相信自身可以与佛相值或者自身成佛，这一净土教理与行法上的转变，要到六朝末期才兴

---

①《高僧传》卷七《宋江陵辛寺释昙鉴传》，第 273、274 页。
②同上卷一一《宋长安太后寺释慧通传》，第 416 页。
③《净土论序》，《大正藏》第 47 卷第 83 页中。

盛起来,到隋、唐时期才成为强大潮流。后来净土信仰进入"黄金时代","达到隆盛的顶峰",其"作为社会的宗教,作为一般大众的生活动力,是有其深刻根据的"[1]。

又就中国佛教自身发展说,六朝佛教义学的繁荣带来的重大弊端之一,就是繁琐的教理研究成了少数高级僧侣和知识阶层的寺院的、贵族化的学问。这就不仅脱离了广大群众,也淡化了信仰内涵,从而大为削弱了佛教作为宗教的救济功能与意义。新兴的净土信仰作为更单纯的实践法门,体现了更浓厚的宗教救济精神,则是这一倾向的反动。北魏立国以后一段时期,北方佛教获得朝廷保护而得到更大发展,特别是在这里形成了与南方重义学不同的重视实践修习的传统[2],从而无论是餍足了现世享乐的统治阶层,还是深陷苦难中的民众,都会滋生对现世之外的乐土的向往。这就给净土信仰进一步发展提供了新的活力。

具体实现这一转变的代表人物主要是新一代净土思想的宣扬者昙鸾(476—542)、道绰(562—645)和善导(613—681)等人。这其中昙鸾是新的净土法门的倡导者,经道绰进一步发挥,由善导总其大成。他们在北魏到唐初的百余年间相继活动在北方,由今山西地区发展到政治中心的关中。这里远离义学发达的江东,具有北方注重修持实践的风气和传统。这样的环境为新的净土法门的发展提供了广阔空间。昙鸾等人又都出身和活动在民众间,对民众的生活与心态有深入的了解。他们深知民众信仰的实际需要。

他们总结净土信仰发展的经验教训,对于外来净土经典指示的教理和行法进行积极的改造和发挥,适应本土现实需要融入新的内容,从而创造了净土信仰的极盛期。在他们活动基础上,形成了专修往生净土法门的宗派净土宗。相关的情况,本书下编将利用专门篇幅介绍。

第三节　地狱与地藏信仰

一

在中国佛教的"它界"信仰中,与"净土"相并立的是"地狱"。如上所说,佛教的"六道"在中土的理解中已被"改造":一方面"四善"当中佛所在的佛国土在概念上更明确为"净土";另一方面把"三恶道"分别归并到人间(畜牲)和地狱(包含饿鬼)之中。"六道"中的地狱一道本是有情轮回中的一种状态,但在中土理解中却被当成一个处所,即罪恶的有情接受惩罚的地方,并把承续婆罗门教作为冥界总司的焰摩(或译为"阎罗"等)看作是它的主宰。这在思路上是和把"净土""落实"的情形完全一致的。相信罪恶要遭到报应,并且有个具体场所地狱来实施报应,成为中国民众信仰的又一个重要内容。"谈无常,则令心形战栗;语地狱,则使怖泪交零。"①所设想的地狱恐怖具体而形象,是宣教中最令人震惊和恐怖的部分之一。

中土本来没有与佛教的地狱相应的观念,更没有灵魂在这类地方接受惩罚或得到超度的设想。《礼记·檀弓》记载孔子说:"骨

---

① 《高僧传》卷一三《唱导论》,第 521 页。

肉归复于土,命也;若魂气,则无不之也。"①上古人又往往以为魂升于天,魄藏于地,所以《诗经》上有"济济多士,秉文之德,对越在天"②的说法。在战国时期帛画(如长沙陈家大山墓和子弹库帛画)里,清楚地显示当时人的灵魂升天观念。又《楚辞·招魂》则说:"魂兮归来,君无下此幽都些。"王逸注:"幽都,地下后土所治也。地下幽冥,故称幽都。"③这"后土"应当是与"天帝"对应的幽都主宰。王逸所释体现的已是汉代人的观念。《礼记·檀弓》里又说"葬于北方,北首……之幽之故也"④。先秦典籍里还有"黄泉"、"九原"之类概念,都被说成是灵魂归宿之地。而在 1986 年甘肃天水放马滩出土的秦简里又曾发现一个人死而复生的故事,记叙秦昭王三十八年(前 269)年秦国邸丞赤向御史报告昭王七年犀武的仆从大梁人丹自杀身亡,经主人司命史公孙强求情,得以复活,述说阴间见闻,并告诫人们如何祭墓祭神⑤。这已明确显示死后世界的观念。到汉代,《汉书·武帝纪》里有祭"高里"的记载,挽歌《蒿里曲》咏叹说:"蒿里谁家地,聚敛魂魄无贤愚。鬼伯一何相催促,人命不得少踟蹰。"⑥"鬼伯"显然是死后世界的官属。到东汉时期,随着"鬼论之兴",又形成了"泰山治鬼"说⑦,则"泰山"又被当成死后灵魂聚居之处,而"蒿里"则被指为泰山下的小山。但无论是泰山

---

①《礼记正义》卷一〇《檀弓下》,《十三经注疏》上册第 1314 页。

②《毛诗正义》卷一九《周颂·清庙》,《十三经注疏》上册第 582 页。

③王逸《楚辞章句》卷九。

④《礼记正义》卷九《檀弓下》,《十三经注疏》上册第 1302 页。

⑤夏德安(Donald Harper):《战国民间宗教的复活问题》,《简帛研究译丛》第 1 辑第 27—43 页,陈松长、熊建中译,湖南出版社,1996 年。李学勤认为此件是秦始皇时期的,参阅《放马滩简中的志怪故事》,《文物》1990 年第 4 期第 43—47 页。

⑥沈德潜《古诗源》卷三,第 72 页,文学古籍刊行社,1957 年。

⑦顾炎武《日知录》卷三〇。关于泰山神的起源具体时期,学术界多有异说,但真正盛行则是在汉末魏晋之间。

还是蒿里，还都不是灵魂接受报应惩罚的地方。对于死后境界，当然会有恐怖的设想，如《招魂》里所描写的"幽都"是"土伯九约，其角觺觺些。敦脄血拇，逐人驱驱些。参目虎首，其身若牛些。此皆甘人，归来归来，恐自遗灾些"①，等等。前汉文帝时期马王堆一号墓帛画下段地下幽冥世界的描绘，站在两条巨鲸身上的裸体神怪拱托着大地，有长龙、豹、长蛇、大龟、鸱枭、怪兽等分布四周。人们想象中未知的死后世界必然是神秘、恐怖、令人厌恶的。但是另一方面，从出土汉代墓券内容看，当时人又设想死后灵魂度过大体与尘世同样的生活，所以要为他们购置土地，遣送奴仆，制备衣物等②。即使在佛、道二教兴起初期，中土传统的亡灵观念仍被延续下来。晋宋以后志怪里有不少鬼魂传说，著名的如《搜神记》里"胡毋班"（卷四）、"李娥"（卷一五），《列异传》里"蔡支"、"蒋济"，《幽冥录》里"陈良"以及《晋书》里戴洋等人，在这些故事里并没有地狱的设想，只是区分出人与鬼的幽、明二界，并认为鬼魂会作用于人世，或致福或降灾，二界能够相交通。这类故事体现的基本还是中土鬼魂观念的传统形态。

　　地狱，梵名那洛迦（niraka）、尼犁（niraya），有不乐、可厌、苦具、苦器、无有、恶者等义，是"六道"轮回的一道。作为佛教教理的一个关键内容，在早期佛教《阿含》类经典里已有相当清晰、充分的描述。中文翻译为"地狱"，从字面看有地下牢狱的意味，也体现了中土人士的理解。追溯佛教教理中地狱思想的形成，情形相当复杂，现在尚有许多不明确的地方。按一般看法，印度佛教的地狱观念，有古婆罗门教传统为其渊源，更受到古埃及、希腊冥世观念的影响。在吠陀经典《五十奥义书》里已有明确的"地狱"、"琰摩之城"

---

① 《楚辞章句》卷九。
② 关于这一课题的最新研究成果，参阅刘屹《敬天与崇道——中古经教道教形成的思想史背景》，中华书局，2005年。所谓"墓券"，是概括性概念，泛指被称为"买地券"、"镇墓券"、"解注文"、"衣物疏"等各类随葬文书。

等观念。而据考古埃及中王国时期(前2133—前1789)已经有冥府审判设想；希腊神话里的坦塔罗斯(Tantalus)和西绪福斯(Sisyphus)在冥府接受罪罚的情景,则与早期佛典如《长阿含经》里亡灵在地狱里接受惩处的描写极其相似。希腊神话里的英雄也有到过冥间的,如赫剌克勒斯(Heracles)和俄底修斯(Odysseus)。这些资料都可以证明佛教地狱思想的形成确实接受了西方宗教观念的影响。本来诸多翻译佛典里对于地狱的描写有许多含混、矛盾的地方,在中土理解中又和传统的幽都、黄泉、泰山等等观念相混同,中国佛教的地狱信仰更有个形成和发展过程。因而总地说来,中国佛教的地狱信仰乃是包容范围十分广泛、复杂的中、外文化交流的成果。

中土传统的"神不灭"论和各种"冥界"说,以及善恶报应思想,成为接受外来佛教地狱罪罚观念的土壤。"地狱"作为出自宗教玄想的"它界",在中土人士的理解中被赋予强烈的现实性。一方面"地狱"的形态被更为"落实"了。中国传统的"黄泉"、"幽都"等被设想处在深深的地下或寒冷的北方,佛教经典里关于地狱的记载,有说在地下的,有说在高山上的,也有说在第二大铁围山的(如《大楼炭经·尼犁品》),又有说在第二大金刚山的(如《长阿含经·世纪经》),等等。在中国,人们基本把地狱设想为相对于天上、人间的地下幽冥世界。后来佛、道二教观念相交融,更把地狱设想成一个与人间类似的具有严密社会组织的世界。这在观念上已经和佛教作为"有情"轮回一道的地狱大相径庭了。另一方面,中国佛教所宣扬的地狱又是与人世相接续的,几乎每个人都有可能下地狱的宿命。因而作为"它界"的地狱信仰更以其紧迫的现实性吸引并困扰、威胁着人们。

有关地狱的经典传入中土甚早,传播亦十分迅速和广泛。鲁迅说汉末"鬼道愈炽,会小乘佛教亦入中土……皆张皇鬼神,称道

灵异"①,所指即包括有关地狱的内容。东汉支楼迦谶所出《道行般若经》里已有专门的《泥犁品》②,其中说:

> 若闻深般若波罗蜜,复止他人不令说之。止般若波罗蜜者,为止萨芸若;其止萨芸若者,为止过去当来今现在佛。用是断法罪故,死入大泥犁中若干百千岁,若干亿千万岁。当更若干泥犁中,具受诸毒,痛不可言。其中寿尽,转生他方摩诃泥犁中。其寿复尽,展转复到他方摩诃泥犁中生。③

三国吴支谦所译《大明度无极经》是《道行般若》异译,里面的《地狱品》已把"泥犁"改译为"地狱"。同时他所译《撰集百缘经》集录一百个因缘故事,如卷一写五百商主入海采宝,说到"以惭愧心供养"佛陀,"不堕地狱、畜生、饿鬼,生天上人中,常受快乐。过三阿僧祇劫,当得作佛,号曰宝盛,度脱众生不可称量"④。这里的"不堕地狱、畜生、饿鬼,生天上人中,常受快乐"是关于行善得到好报的程式化的表述。吴维祇难译《法句经》里也有专门的《地狱品》。康僧会译《六度集经》里同样有不少地狱故事,如第一篇《布施度无极章》里的第一个故事:

> 昔者菩萨,其心通真,睹世无常,荣命难保,尽财布施。天帝释睹菩萨慈育群生,布施济众,功勋巍巍,德重十方,惧夺己位,因化为地狱,现于其前曰:"布施济众,命终魂灵入于太山地狱,烧煮万毒,为施受害也,尔惠为乎?"菩萨报曰:"岂有施德而入太山地狱者乎?"释曰:"尔其不信,可问辜者。"菩萨问曰:"尔以何缘处地狱乎?"罪人曰:"吾昔处世,空家济穷,拯拔众厄,今受重辜,处太山狱。"菩萨问曰:"仁惠获殃,受施者如

①《中国小说史略》第五篇《六朝之鬼神志怪书(上)》,《鲁迅全集》第9卷第43页。
②又《佛说十八泥犁经》,《祐录》作失译,后误作安世高译,应为早期译品。
③《道行般若经》卷三《泥犁品第五》,《大正藏》第8卷第441页中。
④《撰集百缘经》卷一,《大正藏》第4卷第205页上。

之乎?"释曰:"受惠者命终升天。"菩萨报曰:"吾之拯济,唯为
众生,假如子云,诚吾愿矣。慈惠受罪,吾必为之,危己济众,
菩萨上志也。"释曰:"尔何志愿尚斯高行?"答曰:"吾欲求佛擢
济众生,令得泥洹,不复生死。"释闻圣趣,因却叩头曰:"实无
布施慈济众生远福受祸入太山狱者也。子德动乾坤,惧夺吾
位,故示地狱,以惑子志耳。愚欺圣人,原其重尤。"既悔过毕,
稽首而退。菩萨慈惠度无极行布施如是。①

这里有两点值得注意:一是中土的"太山"与外来的"地狱"观念相
混淆;再是所谓"化为地狱",正是当时对于轮回的表述方式。《六
度集经》里宣扬"王以十善化民,靡不欣戴,王逮臣民终生天上。罪
人夫妻死入地狱"②,"言顺行逆,死入太山地狱"③等等,涉及罪罚、
报应、地狱与天堂的对比等观念都已十分明确。南方吴国传译地
狱经典较多,应与当地流行巫术、鬼神信仰更为兴盛的传统有关
系。西晋法炬译《大楼炭经》是《长阿含经·世纪经》异译,其中对
于地狱有更详细的描绘。东晋十六国是地狱经典大量译介的时
期。晋宋以降的重要译师大都翻译过有关地狱信仰的经典。东晋
更出现《泥犁经》(勘出《中阿含经》第五十三卷)、《铁城泥犁经》(勘
出《中阿含经》第十二卷)、《四泥犁经》(勘出《长阿含经》第四十八
卷)、《五苦章句经》、《自爱经》等一批地狱经典。上述经典《祐录》
作失译,后出的经录把它们集中到昙无兰名下。这类经典成批地
译出,显然是基于现实的需要。后来著名译家鸠摩罗什(如《十住
毗婆沙论》、《大智度论》)、真谛(如《阿毗达摩俱舍释论》)等人的译
籍里也包含大量相关内容。北魏般若流支所译《正法念处经》从第
五卷到第十一卷描写地狱部分共有十一品。而僧祐《出三藏记集》

①《六度集经》卷一,《大正藏》第3卷第1页上—中。
②同上卷二,《大正藏》第3卷第7页上。
③同上卷三,《大正藏》第3卷第14页上。

里著录更多地狱经,其中有些如《十八泥犁经》作失译(后出经录归到安世高名下),有些"未见其本",其中大都已经佚失①。唐代密典大量输入,其中也包含大量关于地狱的内容。

这些宣扬地狱恐怖的经典内容大体集中在三个方面。第一方面是极度夸张地描绘地狱的构成及其景象的酷烈残暴。关于地狱构成,有四、八、十、十八、二十地狱种种说法。不同经典的描述十分矛盾、繁复,实际上大同小异。据《大智度论》卷十六《释初品中毗梨耶波罗蜜义第二十七》,八大地狱名为活、黑绳、合会、叫唤、大叫唤、热、大热、阿鼻;周围又有十六小地狱,名为炭坑、沸屎、烧林、剑林等等。从这些名称就可以知道那里所受惩罚的残忍恐怖。第二方面是详细说明十恶五逆之类罪行在地狱所接受的相应的报应。再一方面讲到地狱主,其中已经出现阎罗王的名称,给后来发挥出统治地狱的复杂组织系统留下了余地。

真切、细致的地狱描写极大地丰富、补充了中土思维中作为"它界"重要部分的死后世界的观念。特别是与"泰山治鬼"之说以及"灵魂不死"观念结合,把地狱的方位、结构、具体面貌等等更加"落实",使得人们对于死后境界的感知更加清晰起来。加上佛教僧尼出于宣教目的大肆宣扬,包括利用唱导等通俗活泼、群众喜闻乐见的形式,制做出众多包含这方面内容的伪经,等等,从而在南北朝时期,具有浓烈现实色彩又极富形象性的地狱以及灵魂在那里接受罪罚的观念在民众中广泛、迅速地普及开来。

二

据传汉末江南郏亭神庙蟒身神本是著名译师安世高同学,以

---

① 参阅《出三藏记集》卷四《新集续撰失译杂经录》。

嗔恚故"身灭,恐堕地狱"①。这是现存有关佛教地狱传说年代最早的记载。三国时康僧会曾对吴主孙皓说:"周孔虽言,略示显近,至于释教,则备极幽远。故行恶则有地狱长苦,修善则有天宫永乐。"②表明当时僧侣已经有意识地把地狱报应当作宣教的有效手段。慧远论报应,也张扬地狱罪罚之说:"恶积而天殃自至,罪成则地狱斯罚,此乃必然之数,无所容疑矣。"③

　　民众间的情况,较早的有晋昙始事。他于晋孝武太元(376—396)末年往辽东宣化,为高句骊闻道之始,"义熙初,复还关中,开导三辅。始足白于面,虽跣涉泥水,未尝沾湿,天下咸称白足和上。时长安人王胡,其叔死数年,忽见形还,将胡遍游地狱,示诸果报。胡辞还,叔谓胡曰:'既已知因果,但当奉事白足阿练。'胡遍访众僧,唯见始足白于面,因而事之"④。这是早期关于地狱巡游的民间传说。同样关于刘萨河(诃,荷)事:"释慧达,姓刘,本名萨河,并州西河离石人。少好畋猎,年三十一,忽如暂死,经日还苏。备见地狱苦报,见一道人云是其前世师,为其说法训诲,令出家,往丹阳、会稽、吴郡觅阿育王塔像,礼拜悔过,以忏先罪。既醒,即出家学道,改名慧达。"⑤这同样是民间传说。刘萨河故事后来流传甚广,被赋予更丰富的情节和内涵。

　　净影慧远逢周武帝毁佛,他对武帝进行谏净,提到地狱惩罚。周武帝曾攻击佛教违背孝道,"远曰:'佛亦听僧冬夏随缘修道,春秋归家侍养,故目连乞食饷母,如来担棺临葬。此理大通,未可独废。'帝又无答。远抗声曰:'陛下今恃王力自在,破灭三宝,是邪见人。阿鼻地狱不拣贵贱,陛下何得不怖?'帝勃然作色大怒,直视于

---

① 僧祐《出三藏记集》卷一三《安世高传》,第 509 页。
② 同上《康僧会传》,第 514 页。
③ 《明报应论》,《弘明集》卷五,《大正藏》第 52 卷第 33 页下。
④ 《高僧传》卷一〇《宋伪魏长安释昙始传》,第 385－386 页。
⑤ 同上卷一三《晋并州竺慧达传》,第 477 页。

远曰：'但令百姓得乐，朕亦不辞地狱诸苦。'远曰：'陛下以邪法化人，现种苦业，当共陛下同趣阿鼻，何处有乐可得？'帝理屈言前，所图意盛，更无所答"①。这里慧远的说法和前引康僧会告诫吴主孙皓的话类似，周武帝显然并不相信地狱罪罚之说。又隋唐之际的慧因曾说："妄想颠倒，知何不为？吾被阎罗王召夏坐，讲《大品般若》，于冥道中谓经三月；又见地狱众相五苦次第。非夫慈该幽显，行极感通，岂能赴彼冥祈，神游异域。"当时"陈仆射徐陵，高才通学；尚书毛喜，探幽洞微，时号知仁，咸归导首"②。这是一位有地位、有影响的和尚，他所述为自己禅观所见，并没有做更多的发挥，宣教时得到著名官僚文人徐陵等的辅助。

　　知识阶层对于地狱教理同样早有了解。在郗超《奉法要》这部介绍佛教基本教理的早期著作里，讲到报应原理，已经明确提到"地狱"："凡在有方之境，总谓三界。三界之内，凡有五道：一曰天，二曰人，三曰畜生，四曰饿鬼，五曰地狱。全五戒则人相备。具十善则生天堂……反十善者谓之十恶，十恶毕犯则入地狱。""外发为瞋，内结为恚……地狱苦酷，多由于恚。"③这表明在当时，五道轮回、地狱罪罚等等，已经是佛教的基本常识。他又引用经典说："盖生死之原本，罪苦之所由，消御之方，皆具载众经。经云：'心作天，心作人，心作地狱，心作畜生。乃至得道者也，亦心也。'凡虑发乎心，皆念念受报，虽事未及形，而幽对冥构。"④这里引用的是失译《般泥洹经》："得道者，亦心也。心作天，心作人，心作鬼神、畜生、地狱。"⑤他又引用"《本起经》云：'诸天虽乐，福尽亦丧。贵极而无

①《续高僧传》卷八《隋京师净影寺释慧远传》，《大正藏》第50卷第490页下。
②同上卷一三《唐京师大庄严寺释慧因传》，《大正藏》第50卷第522页上、中。
③《弘明集》卷一三，《大正藏》第52卷第86页下、87页上。
④同上第87页上。
⑤《般泥洹经》卷上，《大正藏》第1卷第181页上。

道,与地狱对门.'"①这里引用的是支谦译《太子瑞应本起经》:"诸
天虽乐,而亦非常,福尽则惧,罪至亦怖.祸福相承,生死弥久.观
见人间,上至二十八天,贵极而无道,皆与地狱对门."②这都表明,
郗超作为士族居士对于经典中有关地狱的记述十分熟悉,并已经
有比较深入的理解.这也是构成他佛教信仰基础的一部分.

同样宗炳的《明佛论》里也说到:"众变盈世,群象满目,皆万世
以来精感之所集矣.故佛经云:'一切诸法,从意生形.'又云:'心
为法本,心作天堂,心作地狱.'义由此也.是以清心洁情,必妙生
英丽之境;浊情滓行,永悖于三涂之域."③这里"一切诸法,从意生
形"④,出支译《佛说维摩诘经》卷上;"心为法本"云云,同上郗超所
引《般泥洹经》;又昙无兰译《五苦章句经》里说到"一切壮无过心.
心是怨家,常欺误人.心取地狱,心取饿鬼,心取畜生,心取天、人.
作形貌者,皆心所为"⑤,意思相同.宗炳显然同样熟悉经典中的地
狱观念.

从有关文献看,在六朝士族信仰中,地狱罪罚观念已经相当普
遍.在后面将讲到的关于释慧琳《白黑论》的争论中,宗炳说:"夫
心不贪欲,为十善之本,故能俯绝地狱,仰生天堂,即亦服义蹈道,
理端心者矣."他又说:"至于启导粗近,天堂、地狱,皆有影响之实.
亦由于公以仁活招封,严氏以好杀致诛.畏诛而欲封者,必舍杀而
修仁矣.励妙行以希天堂,谨五戒以远地狱,虽有欲于可欲,实践
日损之清途,此亦西行而求郢,何患其不至哉!"⑥这里已明确指出
天堂、地狱之说对于"启导粗近"即对于民众教化的作用.而天堂、

---

①《大正藏》第 52 卷第 88 页上.
②《太子瑞应本起经》卷上,《大正藏》第 3 卷第 475 页下.
③《弘明集》卷二,《大正藏》第 52 卷第 11 页上.
④《佛说维摩诘经》卷上,《大正藏》第 14 卷第 523 页上.
⑤《五苦章句经》,《大正藏》第 17 卷第 545 页上.
⑥《宗答何(承天)书》,《弘明集》卷三,《大正藏》第 52 卷第 18 页中、下.

地狱作为一对概念形成鲜明对比,本是中土早期佛教常见的、适应中土人士习惯的表现方法。接着他举出历史人物作例证:汉代于定国的父亲为狱吏,执法公正,一门繁盛;而严延年寒中论囚,流血数里,坐怨望弃世,这则是用本土文献中的报应实例来验证佛教的报应之说了。

　　而值得注意的是,当时对佛教进行批判的一方,也曾着力攻击天堂地狱、祸福报应之说。例如何承天就说:"若据外书报应之说,皆吾所谓权教者耳。凡讲求至理,曾不析以圣言,多采谲怪,以相扶翼,得无似以水济水耶?⋯⋯致饰土木,不发慈愍之心;顺时搜狩,未根惨虐之性。天宫华乐,焉赏而上升?地狱幽苦,奚罚而沦陷?昌言穷轩轾,立法无衡石,一至于此。"①他认为"报应"之说本是"权教",即施行教化的方便之计,实际上是谲怪之谈、不可验证的。对待地狱的这种理性态度在知识阶层中也具有一定的代表性。与这种情况相关联,晋宋以来弘法文献汗牛充栋,相关辩论不断掀起热潮,但如果就义学沙门和士族居士的言论看,有关地狱的说教和辩护又相对薄弱。这一方面固然由于地狱是否存在不是通过论辩可以解决的,更主要的是当时更高文化层次的佛教学术已经超越了这种粗陋的信仰。这也显示出中土理性的思维方式对于信仰的制约。也正因此,特别是在较高层次的知识阶层中,一般说来,地狱信仰并没有牢固地扎根。

三

　　如上所述,晋宋以来,地狱信仰已成为佛教广泛传播并影响巨大的内容之一,特别是与本土固有的冥界观念,与当时正兴盛起来的道教的地狱信仰相结合,形成了鲜明的民族特色,从而发挥出更

①《重答颜永嘉》,《弘明集》卷四,《大正藏》第52卷第24页上一中。

大的影响力。

首先是中土"司命"、"泰山治鬼"之说与佛教地狱观念相结合，确定地狱和人间一样，有相类似的机构，有治理它的主宰。佛教里的"地狱主"阎罗，其译名和含义在不同经典中颇多歧义。在《长阿含经》里，阎罗王是与阎浮提州"千四天王、千忉利天、千焰摩天、千兜率天"①等并列的天神一类，王宫在阎浮提南大金刚山内，是凶恶的天神。他自己受到地狱惩罚，最后发愿出家修行。而宋释法云《翻译名义集》记述说：

> 琰魔，或云琰罗，此翻静息，以能静息造恶者不善业故；或翻遮，谓遮令不造恶故；或阎磨罗，《经音义》应云："夜磨卢迦，此云双，世鬼官之总司也；亦云阎罗焰魔，声之转也；亦云阎魔罗社，此云双王。兄及妹皆作地狱主，兄治男事，妹治女事，故曰双王。或翻苦乐并受，故云双也。"《婆沙》、《显扬》并《正法念》，皆言鬼趣所收；《瑜珈》，地狱趣收。又《瑜珈论》："问：'焰摩王为能损害，为能饶益，名法王？'答：'由饶益众生故。若诸众生执到王所，令忆念故，遂为现彼相似之身，告言汝等自作，当受其果，由感那落迦，新业更不积集，故业尽已脱那落迦，是故焰摩由能饶益诸众生，故名法王。'"②

"那落迦"本意是"恶者"即指地狱。这里引用了《大毗婆沙论》、《显扬圣教论》、《正法念处经》、《瑜伽师地论》和玄应《一切经音义》等经论，从解说看，作为"地狱主"的阎罗在冥界施行救济，还没有作为统治者的意味，更不是凶恶残忍的魔王式人物。又有另外的记载说"此赡部洲下过五百逾缮那，有焰魔王国，纵广亦尔"③，阎罗则是他自己特有国土的统治者。然而早在东晋僧伽提婆所出《增一

---

①《长阿含经》卷一八《第四分世记经》，《大正藏》第 1 卷第 114 页下。
②《翻译名义集》卷二，《大正藏》第 54 卷第 1085 页下－1086 页上。
③同上第 1086 页上。

阿含经》里已经有阎罗王在地狱里施行惩罚事，说到"或复有众生，身、口、意行恶，造不善行，诽谤贤圣，命终之后，生地狱中。是时，狱卒将此罪人示阎罗王，并作是说：'大王，当知此人前世身、意行恶，作诸恶行已，生此地狱中。大王，当观此人，以何罪治？'是时，阎罗王渐与彼人私问其罪"，又令诸天使按问，问毕，便敕狱卒，速将此人往著狱中，"是时狱卒受王教令，将此罪人往著狱中。地狱左侧极为火然，铁城铁廓，地亦铁作，有四城门，极为臭处，如似屎尿，所见染污，刀山剑树，围绕四面，复以铁疏，笼而覆其上"①，等等。而东晋帛尸梨蜜多罗翻译的《佛说灌顶拔除过罪生死得度经》里说：

> 救脱菩萨语阿难言："阎罗王者，主领世间名籍之记。若人为恶，作诸非法，无孝顺心，造作五逆，破灭三宝，无君臣法；又有众生不持五戒，不信正法，设有受者，多所毁犯。于是地下鬼神及伺候者，奏上五官。五官料简，除死定生，或注录精神，未判是非。若已定者，奏上阎罗。阎罗监察，随罪轻重，考而治之。世间痿黄之病，困笃不死，一绝一生，由其罪福，未得料简。录其精神，在彼王所，或七日，二、三七日乃至七七日，名籍定者，放其精神，还其身中，如从梦中，见其善恶。其人若明了者，信验罪福。是故我今劝诸四辈，造续命神旛，然四十九灯，放诸生命。以此旛灯、放生功德，拔彼精神，令得度苦，今世后世，不遭厄难。②

这已是关于阎罗作为地狱王施行惩罚的记述，并可看到后来"七七斋"的滥觞。所说"五官"，应和《大楼炭经》里阎罗王与老、病、死"三天使"及《阎罗王五天使经》里的"天使"有关系。正是这后一种

---

① 《增一阿含经》卷二四《善聚品》，《大正藏》第 2 卷第 674 页中－675 页中。
② 《佛说灌顶拔除过罪生死得度经》卷一二，《大正藏》第 21 卷第 535 页下－536 页上。

作为地狱统治者的阎罗王的形象,很容易与中土治鬼的泰山神统一起来。而既然把冥界当作人世的延伸,阎罗自然可以被设想为冥王,他手下就应当有一套臣仆胥吏和相应的机构,如官府、牢狱等处所。

中国早期道教已有关于"土府"①、"土皇"②等关于冥界的设想。不过道教的"五道轮转"教义显然受到佛教的影响,同样关于"九幽地狱"、"酆都地狱"诸说也是承自佛教的。道教的地狱说里更多包含中土传统内容,又反过来促进了中国佛教地狱观念的演变。《经律异相·地狱部》所引录《问地狱经》和《净度三昧经》等中土伪经所描写的地狱,鲜明地显示这些经典撰集时期中土民间的地狱观念,如:

> 阎罗王者,昔为毗沙国王,缘与维陀始王共战,兵力不敌,因立誓愿,愿为地狱主。臣佐十八人,领百万之众,头有角耳,皆悉怒恚,同立誓曰:"后当奉助治此罪人。"毗沙王者,今阎罗是;十八人者,诸小王是;百万之众,诸阿傍是,隶北方毗沙门天王(出《问地狱经》,《净度三昧经》云:"总治一百三十四地狱。")。

毗沙门天王是佛教四大天王之一,毗沙门义谓"多闻",福德多故。据说他居于北方须弥山半,统领千万夜叉。把阎罗附会成毗沙门天王,显然是认为他居于北方,让人联想到中土传说的幽都。又:

> (十八地狱及狱主名字四)十八小王者:一迦延,典泥犁;二屈遵,典刀山;三沸逴寿,典沸沙;四沸曲,典沸屎;五迦世,典黑耳;六蹉佷,典火车;七汤谓,典镬汤;八铁迦然,典铁床;

①王明《太平经合校》卷一一四《不用书言命不全诀》:"为恶不止,与死籍相连,传付土府……复见掠治,魂神苦极,是谁之过乎?"下册第615页,中华书局,1960年。
②如《上清太上开天龙跷经》等。

> 九恶生，典嶬山；十寒冰（经失王名）；十一毗迦，典剥皮；十二
> 径头，典畜；十三提薄，典刀兵；十四夷大，典铁磨；十五悦头，
> 典冰地狱；十六铁栅（经阙王名）；十七身，典蛆虫；十八观身，
> 典洋铜（出《问地狱经》）。

给各地狱小王命名，则是出于冥界统治结构的一种设想。又有所谓"五官"：

> 五官者，一鲜官禁杀，二水官禁盗，三铁官禁淫，四土官禁
> 两舌，五天官禁酒（出《净度三昧经》）。

这地狱"五官"的概念又显然借鉴自道教的上元天官、中元地官、下元水官"三官"。"三官"信仰本是基于中土对于天、地、水的自然崇拜形成的。又：

> 阎罗王城之东、西、南面列诸地狱，有日月光而不明净，唯
> 黑耳狱光所不照。人命终时，神生中阴。中阴者，已舍死阴，
> 未及生阴。其罪人者，乘中阴身，入泥犁城。泥犁城者（梁言
> 寄系城，又云闭城也），是诸罪人未受罪之间，共聚是处，巧风
> 所吹，随业轻重，受大小身。臭风所吹，成就罪人粗丑之形。
> 香风所吹，成就福人微细之体（出《问地狱经》）。

"中阴"即"中有"、"中蕴"，前面已经提到过。这里把它说成是有形的"身"，又有"粗丑"、"细微"的区别，则同于中土人士神魂不灭的构想了。又：

> 生天、堕地狱，各有迎人。人病欲死时，眼自见来迎。应
> 生天上者，天人持天衣、伎乐来迎。应生他方者，眼见尊人，为
> 说妙言。应堕地狱者，眼见兵士，持刀、楯、矛、戟、索围绕之。
> 所见不同，口不能言，各随所作，得其果报。天无枉滥，平直无
> 二，随其所作，天网治之（出《净度三昧经》）。

设想升天、入地狱各有人来迎，这已经和净土信仰宣扬的命终"西

方三圣"金台来迎相仿佛,也是把报应加以落实的想法。又:

> 八王日,诸天帝释、镇臣三十二人,四镇大王、司命、司录、
> 五罗大王、八王使者,尽出四布覆行。复值四王十五日三十日
> 所奏,案校人民,立行善恶。地狱王亦遣辅臣、小王,同时俱
> 出,有罪即记。前斋八王日犯过,福强有救,安隐无他,用福原
> 赦。到后斋日重犯,罪数多者,减寿条名克死,岁月日时,关下
> 地狱。地狱承文书,即遣狱鬼持名录召。狱鬼无慈,死日未
> 到,强推作恶,令命促尽。福多者增寿益算,天遣善神,营护其
> 身,移下地狱,拔除罪名,除死定生,后生天上(出《净度三昧
> 经》)。①

八王日也是按中土风俗制定的。《法苑珠林》引录伪经《提谓经》:
"何等八王日? 谓立春、春分、立夏、夏至、立秋、秋分、立冬、冬至,
是谓八王日。天地诸神阴阳交代,故名八王日。"②司录、司命本是
道教神明。说八王日天上、地下使者巡行四方,考察善恶,决定或
生天上,或下地狱,又有增寿益算之说,也全然都是道教的说法。

　　由此可见,到《经律异相》编撰的时期,中土佛教里流行的已主
要是经过改造的本土的地狱观念,与外来翻译大、小乘经论所描述
是有所区别的。这种地狱观念融入了本土神祇、信仰内容,表述也
更为具体和落实,因而对于一般民众也能够产生更大蛊惑力。值
得注意的是,这种地狱观念在不断"世俗化"的过程中被赋予更多
的现世内容和人生情趣,又更多融入世俗伦理。而设想地狱有着
十分严密的组织机构,施行着严格的奖惩制度,则完全是现实世界
统治秩序的缩影。这方面的典型例子有目连救母传说,后面将加
介绍。唐宋以后,地狱信仰更成为中国各种宗教包括民间宗教(民
间秘密宗教)、民间信仰的主要内容之一。不过就源头说,佛教的

---

① 《经律异相》卷四九《地狱部上》,《大正藏》第 53 卷第 258 页下－259 页下。
② 《法苑珠林校注》卷八八《受戒篇·八戒部》,第 6 册第 2537－2538 页。

地狱观念乃是所有这些信仰的根本与核心。

有趣的是,在中土民间传说中,那些历史上被赞扬的清官良吏死后也被设想成地狱里的阎王。如谢肇淛记载:

> 人有死而为阎罗王者,如韩擒虎、蔡襄、范仲淹、韩琦等,皆屡见传记。而近日如海瑞、赵用贤、林俊,皆有人于冥间见之。人鬼一理,或不诬之。刘聪为遮须国王,寇准为浮提王,亦此类耳。[①]

这种传说显然表达了人们对于清官良吏的怀念;也寄托一种幻想,期望在"它界",即使在地狱里也好,有另外一种力量主持公道,惩恶劝善。

四

与地狱观念相关联,中土还特别发展了地藏菩萨信仰。到唐宋时期,地藏信仰与观音信仰相并列,成为民俗佛教的重要内容,形成一系列祭仪、习俗。九华山称作"四大佛教名山"之一,就因为它是地藏菩萨道场。

地藏菩萨本来是大乘佛教众多菩萨之一,在经典里往往被排列在重要位置,甚至置于众菩萨之首(如北凉昙无谶所出《大方广三戒经》,勘同《大宝积经·三律会第一》)或与普贤、文殊等并列。在后来的密教典籍里,地藏作为"八大菩萨"之一,其地位和功能更被大肆夸张。他的特殊神通在于能入地狱,救拔众生出离一切烦苦。专门的地藏经典有失译《大方广十轮经》(玄奘异译本《佛说大集大乘地藏十轮经》)。初译一般以为出于北齐。三阶教创始人信行的《三阶佛法》引用达百余处之多,显然二者在末法观念上有相

---

①《五杂组》卷一五《事部》,第308页,上海书店出版社,2001年。

通之处。本经宣扬地藏功德，以愿力成就十佛轮，用以破除末世十轮，已有后来的十王信仰的萌芽。《大集经》的《须弥藏分》是北齐那连提黎耶舍所出，其中《禅本业品》讲菩萨禅，具体说到地藏菩萨行愿：

> 又菩萨复作是愿：随我住定时节已来，欲灭地狱种种诸苦，畜生之中互相残食等苦，阎魔罗界饥渴等苦及寒热苦，怨憎会苦，爱别离苦，求不得苦。随愿分齐，令诸众生离一切苦恼及不善法，成就一切善法。令诸众生慈心相向，生利益心、不动心、无怨心、无诤心、无斗讼心、哀愍心，乃至禅正受善住心、不迷惑心，及灭众生愚惑之心。又灭众生常见、断见及诸见聚，于三宝所恭敬供养，生希有心。令诸众生离四颠倒，住四不颠倒，于四圣谛及第一义谛心善安住。①

在这些神通、功德中，灭地狱种种苦、救拔众生出离地狱是核心内容。地藏受佛陀咐嘱，在释迦既灭、弥勒未出世之前，自誓度尽众生，拯救诸苦，特别是他的地狱不空永不成佛、众生度尽方证菩提的悲愿，充分体现了大乘救济精神，更与中土儒家仁爱理想相合，因而特别受到民众的欢迎。

前面已经说到，在中土伪经里，创造出许多地狱主的名称，但地藏并没有纳入其中。除了上面已经引用过的《问地狱经》里十八小王名字，同样在梁宝唱《经律异相·地狱部》里还引录著名伪经《净度三昧经》里的三十地狱及狱主名：

> 三十地狱及狱主名字五：一曰平潮王，典主阿鼻大泥犁；二曰晋平王，典治黑绳重狱；三曰荼都王，典治镬白狱；四曰辅天王，典治合会狱……三十原都王，主治铁轮狱。是为三十大

_____

① 《大方等大集经》卷五七《须弥藏分第十五》，《大正藏》第 13 卷第 384 页上一中。

　　　苦剧泥犁……(出《净度三昧经》)。①

把上述两部经的地狱主名相互对照可以发现,后者显然更加"中国化"了。正是在这样的基础上,到晚唐以降,出现了以《十王经》为代表的一系列关于十殿阎王及其所辖地狱状况的经典②。其中《佛说十王经》有《佛说阎罗王授记令四众逆修生七斋功德往生净土经》、《佛说阎罗王经》等长短不同的十多个题目,今存白文和附有图、赞(P. 2003、P. 2870、S. 3961)两个系统文本,不同文本又有繁简不同。以敦煌写本为主的现已发现的文本已达三十余之多。据P. 2003写卷,开头说:

　　　谨启:讽阎罗王预修生七往生净土经,誓劝有缘以五会启经入赞念阿弥陀佛。成都府大圣慈寺沙门藏川述。③

这表明本来有《预修生七经》,藏川在主持净土五会念佛时加入赞文。就是说,这部经与净土信仰有直接关联。又益州治所改建为"成都府"是在"安史之乱"中玄宗幸蜀时,据以可考本经制作于唐后期,而写本则应是五代宋初的。经文开始采用佛经一般形式,先是佛陀说法的时、地、人因缘,说佛临涅槃时,"普照大众及诸菩萨摩诃萨、天龙神王、天主帝释、四大天王、大梵天王、阿修罗王、诸大国王、阎罗天子、太山府君、司命司禄、五道大神、地狱官典,悉来集会,礼敬世尊,合掌而立"。这已经是外来佛典和中土传说中的神祇的集合。佛向大众解说阎罗天子处断冥间和将来在华严国土作普贤王如来的授记作佛因缘,进而说明修造此经、受持读诵的功

---

① 《经律异相》卷四九《地狱部上》,《大正藏》第 53 卷第 259 页上—中。
② 关于《十王经》的研究,参阅杜斗城《敦煌本佛说十王经校录研究》第 139—151 页,甘肃教育出版社,1989 年。
③ 敦煌写卷 P. 2003 号,《佛说阎罗王授记四众预修生七往生净土经》,《法藏敦煌西域文献》第 1 册第 26 页。本经引文利用杜斗城《敦煌本佛说十王经校录研究》P. 2003 号写卷录文,第 3—14 页。

德,一方面是:

> 在生之日,煞父害母,破斋破戒,煞猪、牛、羊、鸡、狗、毒
> 蛇,一切重罪,应入地狱,十劫五劫。若造此经及诸尊像,记在
> 冥案,身到之日,阎王欢喜,判放其人生富贵家。

这里讲的是死后果报。接着重点讲"预修生七斋"功德,即四众"每
月二时,供养三宝,所设十王,修名纳状,奏上六曹,善恶童子奏上
天曹、地府官等,记在名案",表明斋仪不是教团内部的,而是以解
救一般民众为目的的。接着佛告阿难,令众菩萨等发慈悲心,"可
容一切罪人、慈孝男女,修福荐拔亡人,报生养之恩,七七修斋造
像,以报父母恩,令得升天"。下面重点按顺序解说"过十王若缺一
斋,滞在一王,留连受苦,不得出生",分别讲十王和亡魂按顺序过
十王、被审判的情形。十王的名称是:秦广王、初江王、宋帝王、五
官王、阎罗王、变成王、太山王、平正王、都市王、五道转轮王。亡魂
过前七王由一七日到七七日计四十九天,第八王是百日,第九王是
一年,第十王是三年。这是佛教的七个忌日与本土丧葬制度百日
卒哭、一年小祥、三年大祥忌日的结合。"十斋具足,免十恶罪",放
亡魂升天。最后是佛陀普劝有缘预修功德,发心归佛,转愿息轮
回。佛教斋仪中有"七七斋",是对于死灵祭祀的斋仪,本书前面介
绍佛教斋仪已经说到。这里则既讲"生七斋",又重点讲对地狱十
王的祭祷和祈愿,从而把"七七斋"的内容扩展到生前。到《十王
经》出现,民间信仰中的所谓"十殿阎君"正式形成,阎罗王则被提
升为其中的代表人物,他所治理的地狱及其官署的构成也更加完
整了。

如上所述地藏本是大菩萨,在翻译地狱经典里并不见他作为
地狱主的内容。正是基于阎罗王作为地狱主和地藏具有拔济众生
诸苦的性格,在中国流传中,创造出《地藏菩萨本愿经》、《地藏十轮
经》、《占察善恶业报经》等所谓"地藏三大经",把地藏和阎罗结合

起来:地藏菩萨成为幽冥教主,而阎罗王则是地狱的主持者。特别是在具体反映民间信仰实态的石窟和寺院壁画以及绢画、水陆画里,描绘地狱情景,地藏菩萨往往占据更重要的位置①。例如描绘冥界十王的"地狱变相",一般构图大体是地藏菩萨在中心或上部位置,十殿审判的图像分列周围或左右。在地藏信仰流传过程中,又制作出《地藏十斋日》(S.2568)、《延命地藏菩萨经》等更多伪经。同时又形成《道明和尚还魂记》(S.3092)这样的唐人小说,记述襄州开元寺道明于大历十三年(778)二月八日生魂被冥司勾摄,经过对勘,乃为误判;遂得见地藏,旁有文殊菩萨侍奉,较旧传尊像庄严,令传之于世;并告以"闻吾名者罪消灭,见吾形者福生,于此殿□□者,我誓必当相救"②;道明苏息后,图写真容,流传于世。敦煌第220窟复壁有这一故事的变相,幡画里亦有此类地藏和道明画像。这体现了晚唐五代民间传说中地藏信仰的形态。

　　由于阎罗与地藏被结合,到中唐时期,出现了关于新罗王子金地藏应化事迹传说,九华山作为地藏道场从而被确定下来。现存资料中最早关于金地藏的记载见于费冠卿《九华山化城寺记》,收录在《全唐文》第六九四卷。费冠卿事迹见《唐摭言》等,是池州青阳(今安徽青阳)人,元和二年(807)登进士第,后隐居于九华山,死后住宅为当地名胜。其文章渊源有自,当是可信的。后来《宋高僧传》为金地藏立传,即隐括费文曰:

　　　　释地藏,姓金氏,新罗国王之支属也……尝自诲曰:"六籍
　　寰中,三清术内,唯第一义与方寸合。"于时落发涉海,舍舟而
　　徒,振锡观方,邂逅至池阳,睹九子山焉。心甚乐之,乃径造其

————————

① 关于这方面的具体资料,较早的有上述杜斗成书,有专节介绍,第232—239页;张总《地藏信仰研究》大量利用图像,有关内容十分详尽,宗教文化出版社,2003年。
② 敦煌写卷S.3092号,《道明还魂记》,《英藏敦煌文献》第5册第9页。

峰，得谷中之地……其山天宝中李白游此，号为九华焉……藏素愿持四大部经，遂下山至南陵，有信士为缮写，得以归山。至德年初，有诸葛节率村父自麓登高，深极无人，云日鲜明，居唯藏孤然闭目石室。其房有折足鼎，鼎中白土和少米，烹而食之。郡老惊叹曰："和尚如斯苦行，我曹山下列居之咎耳。"相与同构禅宇，不累载而成大伽蓝。建中初张公严典是邦，仰藏之高风，因移旧额奏置寺焉。本国闻之，率以渡海相寻，其徒且多，无以资岁。藏乃发石得土，其色青白，不碜如面，而供众食。其众请法以资神，不以食而养命。南方号为枯槁众，莫不宗仰。龙潭之侧有白墡硎，取之无尽。以贞元十九年夏，忽召众告别，罔知攸往。但闻山鸣石陨，扣钟嘶嗄，加趺而灭。春秋九十九。其尸坐于函中，洎三稔开将入塔，颜貌如生，举异之动骨节，若撼金锁焉。乃立小浮图于南台，是藏宴坐之地也。时征士右拾遗费冠卿序事存焉。大中中僧应物亦纪其德哉。[①]

这是中国佛教里的"四大菩萨"中唯一一位本土应化人物，是纯中土的产物。后来又流传出许多地藏灵验故事。其中一个出自《神僧传》的故事，说有闵公阁老，每斋百僧，必请在九华山洞中修行的地藏以足数；地藏向闵公乞一袈裟地，许之，袈裟遍覆九华，遂尽喜舍；闵公子求出家，即道明和尚。这是地藏信仰传播过程中形成的关于九华山作为地藏道场及其佛寺来历的传说。

这样，地藏菩萨在中国传播过程中，与具有本土特色的地狱主阎罗王形象相结合，给地狱信仰赋予了新内容。而新罗王子金地藏的本缘传说形成，则是古代中国与三韩繁荣、密切的宗教与文化交流的具体成果。

----

① 《宋高僧传》卷二○《唐池州九华山化城寺地藏传》，下册第 515—516 页。

五

对于地狱罪罚这种更具实践意义的信仰,关系人们的"生死大事",得到社会各阶层的普遍信重,遂陆续传翻更多有关地狱的经论,义学沙门更热衷对于轮回报应、地狱罪罚作出详细论证。但对于一般民众来说,更具体、更形象的关于地狱的传说具有更大的吸引力,对于树立和传播信仰也有更强大的感染力和鼓动力。翻译佛典中那些本事、本生、因缘之类故事,已经有大量讲作恶下地狱、受处罚的恐怖情节。梁释宝唱编辑《经律异相》,按照佛教宇宙观划分部类,始于《天部》,终于《地狱部》,其中《地狱部》引录不少关于地狱的内容(其中多有伪经),其他部分也多有和地狱相关的。在强大的信仰潮流中,中土信徒又不断创造出有关地狱的传说。这些传说乃是信仰实态的极其真切的反映,进一步推动了信仰的传布。其中有关地狱巡游的构想,无论是思想内容还是思维方式,都具有相当的典型意义;又无论是对于了解佛教对中国文化的影响,还是探讨佛教"中国化"的道路,都极具价值。

如上所述,佛教教理中的地狱观念,与中土民众的理解和发挥大有不同。按"六道轮回"之说,地狱和饿鬼、畜生并列,是有情依自身业报而流转的"三恶道"之一;但在中土,地狱却被看作是生人死后归宿的冥界的一部分,成为罪恶亡灵接受惩罚的"官府"了。这显然是对"六道"观念的"曲解"。又按佛教教理,地狱作为轮回的一道,人只能被动地沦没,并不是可以随意游览的地方。自由地出入三界需要有特殊神通。如佛弟子目犍连,经典里有他与舍利弗入定同赴地狱,与提婆达多、六师外道等相会并听其诉说受难事[1];又失译《鬼问

---

[1]《根本说一切有部毗奈耶破僧事》卷一〇,《大正藏》第 24 卷第 150 页中－151 页上。

目连经》里记述目连答饿鬼所问因缘①。这是因为目连"神通第
一",在佛弟子中也是难以具有的能力。设想普通人到地狱巡游,
再回归人世,这种奇妙的构思,是基于中土幽、明二界和灵魂不灭
观念的想象。

地狱巡游的构想,从维吉尔(Publius Vergilius Maro)到但丁
(Dante Alighièri),欧洲文学里有许多名著写到这一内容。前面说
过,佛教里的地狱思想与欧洲古代宗教信仰有关联,这也是一个证
明。而在中土传统中,上古的巫筮担负着人、神交通的功能,神仙
家和辞赋家也有幻游"它界"的设想。战国、秦、汉时期活跃一时的
方士就曾以沟通仙、凡炫惑人主。前面也曾提到战国时期已经有
人死而复生传说。正是在这样的传统中,由地狱信仰演化出冥游
地狱故事。具体构思之一,就是设想某人死而复生,向人世间传达
地狱残酷景象。有传说三国吴戴洋年十二,遇病死,五日而苏,天
使曾命为藏酒吏,上蓬莱、昆仑诸山,既而遣归②。这个死而复生故
事里还没有明确的地狱观念。西晋时有传说僧人竺叔兰无病暴
亡,三日而苏,自云死后被驱入竹林中,见猎伴为鹰犬所啮,流血号
叫;又值牛头人,欲叉之,由于他是佛弟子,得以救免③。这里虽然
没有明指地狱,但业报罪罚观念已经很清楚了。又传说东晋时王
坦之与沙门竺法师甚厚,每共论幽明报应,后竺死经岁,忽然来报
罪福不虚④。这里同样没有指明地狱,但冥界报应观念同样已很清
晰。这类故事可以说是后来地狱巡游传说的雏形。

完整的地狱巡游传说初见于宋刘义庆《幽明录》,其中以赵泰
的传说最为详细、生动。故事使用当时志怪小说常见的把传说组
织到事实框架之中的写法。这也显示在当时人的观念中传闻的轶

①《鬼问目连经》,《大正藏》第 17 卷第 535 页中－536 页中。
②参阅《晋书》卷九五《戴洋传》,第 2469 页。
③《出三藏记集》卷一三《竺叔兰传》,第 520 页。
④许嵩《建康实录》卷九,第 196 页。

事还没有和真实的事件分辨清楚，当然也是因为这种写作手法更容易取信于人。故事说赵泰以太（泰）始五年（469）七月十三日夜半忽然心痛而死，停尸十日后复活，自说冥游事：初死时，被捉入锡铁大城勘问，以无恶犯，被任为水官监作吏；后转水官都督总知地狱事，从而得以按行地狱，倍谙地狱之苦：

> 给马，东到地狱按行，复到泥犁地狱，男子六千人，有火树，纵广五十余步，高千丈，四面皆有剑，树上然火，其下十十五五，堕火剑上，贯其身体，云："此人咒诅骂詈，夺人财物，假伤良善。"泰见父母及一弟在此狱中涕泣。见二人赍文书来，敕狱吏，言有三人，其家事佛，为有寺中悬幡盖烧香，转《法华经》，咒愿救解生时罪过，出就福舍……

然后他又访问了佛度人的"开光大舍"和经地狱考治、受更变报的"受变形城"；在开光大舍见到泰山府君对佛作礼，这是把"泰山治鬼"说融入故事之中了；在受变形城又看到男女分别以善恶事状托生为虫豸、鸟兽和鬼趣：

> 泰按行毕还，主者问："地狱如法否？卿无罪，故相浼为水官都督；不尔，与狱中人无异。"泰问："人生何以为乐？"主者言："唯奉佛弟子，精进，不犯禁戒为乐耳！"又问："未奉佛时罪过山积，今奉佛法，其过得除否？"曰："皆除。"[1]

后来主者召都录使者检其纪年之籍，发现他尚有算三十年，遂被遣还魂。在这个故事里，冥界的社会组织与人间相同，人情事态也和人间类似，地狱是按人间牢狱的状态夸张地加以描写的。

类似的还有康阿得故事。内容是康阿得死，三日还苏，自说死后被捉入几重黑门，见府君，以尚有余算三十五年，也是因为未到死期被放还。这种命由天定，行为善恶可以增算减算等观念，纯粹

---

[1] 鲁迅《古小说钩沉》第 3 集，《鲁迅辑录古籍丛编》第 1 卷第 256—258 页。

是道教的。然后写到他按行地狱：

> 府君曰："今当送卿归，欲便遣卿按行地狱。"即给马一匹，及一从人，东北出，不知几里，见一城，方数十里，有满城上屋，因见未事佛时亡伯，伯母，亡叔，叔母，皆著杻械，衣裳破坏，身体脓血。复前行，见一城，其中有卧铁床上者，烧床正赤。凡见十狱，各有楚毒，狱名"赤沙"，"黄沙"，"白沙"，如此"七沙"，有刀山剑树，抱赤铜柱，于是便还……①

后来写他又来到"福舍"，见佛弟子福多者升天，福少者住其中；又见到事佛后亲属。这里"七沙"地狱的名目出于中土杜撰（竺法护译经里有"雨黑沙地狱"）；"福舍"也是佛典里不见的虚构；升天则是神仙观念；"府君"应是指中土传说的泰山府君。地狱官府的面貌，从建筑到吏役，显然是现世官府的缩影。

在《幽明录》关于舒礼的故事里，舒礼病死被送诣太山。因为他曾佞神杀生，罪应上热熬地狱。太山府君"使吏牵著熬所，见一物，牛头人身，捉铁叉，叉礼著熬上，宛转，身体焦烂，求死不得。已经一宿二日，被极冤楚"。以其仍有余算八年，被放生还，"遂不复作巫师"②。这里描写主人公自己受刑罚，情节已超出单纯的巡游；明确地狱就是"太山"，也是"中国化"的提法；对"巫神"加以抨击，则是当时佛、道斗争的反映。

王琰《冥祥记》关于释慧达即刘萨荷（河）的故事更为曲折生动，前面已经提到过。慧达《高僧传》卷十三有传，记载说：

> 释慧达，姓刘，本名萨河，并州西河离石人。少好畋猎。年三十一，忽如暂死，经日还苏，备见地狱苦报。见一道人云是其前世师，为其说法训诲，令出家，往丹阳、会稽、吴郡觅阿

---

①鲁迅《古小说钩沉》第 3 集，《鲁迅辑录古籍丛编》第 1 卷第 266 页。

②同上第 201 页。

育王塔像，礼拜悔过，以忏先罪。既醒，即出家学道，改名慧
达。精勤福业，唯以礼忏为先。[①]

以下记述阿育王塔像灵迹和慧达寻觅、礼拜事。《冥祥记》里特别
对地狱情景进行了详细描绘，写他"暴病而死。体尚温柔，家未殓。
至七日而苏"；自述死后经历，见到地狱情状：

> ……因随沙门俱行。遥见一城，类长安城，而色甚黑，盖
> 铁城也。见人身甚长大，肤黑如漆，头发曳地。沙门曰："此狱
> 中鬼也。"其处甚寒，有冰如席，飞散著人，著头，头断；著脚，脚
> 断。二沙门云："此寒地狱也。"荷便识宿命，知两沙门，往维卫
> 佛时，并其师也。作沙弥时，一犯俗罪，不得受戒。世虽有佛，
> 竟不得见从。再得人身，一生羌中，今生晋中。又见从伯，在
> 此狱里。谓荷曰："昔在邺时，不知事佛。见人灌像，聊试学
> 之；而不肯还直，今故受罪。犹有灌福，幸得生天。"次见刀山
> 地狱。次第经历，观见甚多。狱狱异城，不相杂厕。人数如
> 沙，不可称计。楚毒科法，略与经说相符。

以下又写他亲聆观音说法。说法的内容是为亡人设福、忏悔罪过、
制作塔寺、礼拜经像等，并受嘱出家作沙门，至洛阳、临淄、建业、鄮
县、成都礼拜阿育王塔，至吴中礼拜阿育王使鬼神所造石像。因为
他曾射杀鹿、雉、燕，应受汤镬之罚；但以罪轻，又为福力所扶，终得
附形苏活，遂精勤奉法，出家为沙门，法名慧达。最后说"太元末，
尚在京师。后往许昌，不知所终"[②]。刘萨荷传说内容十分丰富，
包括观音信仰、佛塔信仰、阿育王信仰以及民族间和南、北佛教传
播情形等等。其中地狱罪罚观念是重要内容，表明其在民众信仰
实践中的地位。这一传说流传很广，在唐道宣《集神州三宝感通

①《高僧传》卷一三《晋并州竺慧达传》，第477页。
②鲁迅《古小说钩沉》第3集，《鲁迅辑录古籍丛编》第1卷第351—354页。

录》里有记载,在敦煌写卷里保存有《刘萨诃和尚因缘记》(P.3570、P.2680、P.3727),敦煌第 98 号窟、第 61 号窟存描绘有关传说的壁画,第 72 号窟有他的瑞相变,又敦煌绢画,存五代刘萨诃与番和瑞像(藏大英博物馆,S.20 号绘画)等。

《洛阳伽蓝记》"崇真寺"条关于比丘惠凝"死一七日还活,经阎罗王检阅,以错名放免"的传说具有特殊意义。惠凝在地狱里与五比丘同被检阅,其中一人是宝明寺智圣,坐禅苦行,得升天堂;一比丘是般若寺道品,以诵四〔十卷〕《涅槃》,亦升天堂;有一比丘云是融觉寺昙谟最,讲《涅槃》、《华严》,领众千人,阎罗王云:"讲经者,心怀彼我,以骄凌物,比丘中第一粗行。今唯试坐禅诵经,不问讲经。"结果阎罗王敕付司,即有青衣十人,送昙谟最向西北门,屋舍皆黑,似非好处。有一比丘禅林寺道弘,自云教化四辈檀越,造一切经、人中像十躯。阎罗王曰:"沙门之体,必须摄心守道,志在禅诵,不干世事,不作有为。虽造作经像,正欲得他人财物;既得他物,贪心即起;既怀贪心,便是三毒不除,具足烦恼。"亦付司,仍与昙谟最同入黑门。有一比丘灵觉寺宝明,自云出家之前尝作陇西太守,造灵觉寺,寺成后弃官入道,虽不禅诵,礼拜不缺。阎罗王曰:"卿作太守之日,曲理枉法,劫夺民财,假作此寺,非卿之力,何劳说此。"[①]亦付司,青衣送入黑门。这个相当曲折有趣的传说应当出自民间,其中对于讲经、造像等"有为"功德加以否定,而提倡禅诵,表明北方佛教重视坐禅修持一派的观念,也反映了民间注重信仰实践的风气。

在后出刘敬叔《异苑》、唐临《冥报记》、张读《宣室志》等作品里,有许多情节类似的地狱罪罚故事。其框架大体是:

(1)暂死"入冥"——这种设想本是中土传统中固有的;

(2)经过"冥判"——设想冥间有与人世相类似的统治机构。

---

①《洛阳伽蓝记校注》第 79—81 页。

这直接或间接地保留有"泰山治鬼"观念的痕迹；但确信生前作业，身后受报，则是佛教观念；

（3）巡游地狱——故事中人物由于不同缘由得到这种机会；地狱的描写基本根据佛典记述加以敷衍；

（4）复活还魂，回到阳间——往往是因为阳寿未尽或作福得报；

（5）说明故事传说缘由——这是取信于人的做法，也是志怪、传奇作品的通用程式。

其中描写冥判，往往表明善恶报应之不爽，寄托着在阴间实现公正审判的愿望；地狱巡游更极力渲染刀山剑树、牛头马面之类恐怖，则寓有诅咒人世间恶人、暴行的意味。人们即使不一定相信地狱实有，也能够起到相当的震慑作用。描绘中极力夸饰，更增强了它的威吓力量。

后世面向民间的通俗宣教和民间传说中，有关地狱的内容占重要地位。同样内容也大量反映在传奇、笔记和后来的小说、戏曲里。文人创作往往从民间汲取这方面素材；而通过文人的手笔，这些故事更增强了艺术性，也得以更广泛的传播。唐代如唐临《冥报记》、张鷟《朝野佥载》、牛僧孺《玄怪录》、戴孚《广异记》、段成式《酉阳杂俎》，宋代如苏轼《东坡志林》、张邦基《墨庄漫录》、洪迈《夷坚志》，还有宋初所编小说总集《太平广记》等，都包含许多这一题材作品。后出的文人创作（有些是经他们纪录的传说）故事情节往往更为生动，并被赋予更积极的意义。如牛僧孺的《玄怪录》是唐传奇鼎盛时期具有代表性的作品集，其中具有典型意义的地狱巡游故事《崔环》，描写主人公元和五年五月遇疾将亡，被追入冥府判官院，判官原来是他的父亲，传语曰："何故不抚幼小，不务成家，广破庄园，但恣酒色！又虑尔小累无掌，且为宽恕，轻杖放归……"在冥吏送归途中，过一大林，冥吏乘机往取贿赂；在等待中，崔环误入"人矿院"，见其中杻械枷锁者数千人，有付硙狱者、付火狱者、付汤狱者。崔环被误拽受锻，一魂立，一魂卧大石上，大锤锤之，骨肉皆碎；经冥吏来寻，知是判官之子，主狱将军及诸鬼皆惧，乃请濮阳霞以药末糁于矿上团扑，做成人形，时濮阳霞：

> 以手承其项曰："起！"遂起来，与立合为一，遂能行。大为二吏所责。相与复南行。将去，濮阳霞抚肩曰："措大，人矿中搜得活，然而去不许一钱？"环许钱三十万。霞笑曰："老吏身忙，当使小鬼枭儿往取，见即分付。"遂行。①

像这样的作品，地狱罪罚只是情节一部分，主题远远超出了单纯的"辅教"意义。其中描写阴间官吏贿赂公行，谄上骄下，明显具有讽世意味，表达上也富于幽默感。另一篇有名的故事《杜子春》情节更为曲折生动，据考与玄奘《大唐西域记》里的"烈士池"传说有关系。故事写杜子春在道人指点下于华山云台峰下炼丹，被嘱"慎勿语，虽尊神、恶鬼、夜叉、猛兽、地狱，及君之亲属为所囚缚，万苦皆非真实，但当不动不语耳，安心莫惧，终无所苦。当一心念吾所言"。他看守丹炉，见到身长丈余的将军催斩争射、毒蛇猛兽争攫于前、流电吼雷山川开裂、妻子被鞭扑烧煮寸寸锉碓，以至自己被杀下地狱：

> 斩讫，魂魄被领见阎罗王。王曰："此乃云台峰妖民乎？"促付狱中。于是镕铜、铁杖、碓捣、砲磨、火坑、镬汤、刀山、剑林之苦，无不备尝。然心念道士之言，亦似可忍，竟不呻吟。

这样，狱卒告受罪毕，被配送到宋州单父县丞王勤家为女，生而多病喑哑；后与进士卢珪成婚，生一男；一日，卢抱儿与言，以其无语，乃持儿两足，"以头扑于石上，应手而碎，血溅数步。子春爱生于心，忽忘前约，不觉失声云：'噫！'噫声未息，身坐故处，道士者亦在

①《玄怪录》卷二，第28—30页，程毅中点校，中华书局，2006年。

其前"①,炼丹终于失败了。在这篇故事里,地狱恐怖被当作构造情节的因素,主题显然另有寓意。

这样,地狱情节被广泛地表现在文学艺术、民间传说之中,影响人们的精神生活,也为佛教争得更多的信众。

六

在中土创作的地狱巡游故事里,目连救母传说具有典型意义。一方面这个传说流传极其广泛而久远,其情节综合了佛教地狱信仰的基本内容;另一方面情节中佛、道二教观念相交织,又贯穿儒家伦理,乃是佛教的地狱观念"中国化"的典型体现。

目连救母事初见于《盂兰盆经》。关于这部经典,本书前面已在几处介绍过。它不见梵文原典,亦无西藏语译本,核之具体内容,中外学术界一般以为是中土伪撰;当然也有人坚持经录上的判断,认为是真经,并进而论证出于部派佛教昙无德派(法藏部)比丘之手。但它至迟于齐、梁时期开始流传是可以肯定的,证据是已被僧祐《出三藏记集》所著录;在宗懔《荆楚岁时记》及其杜公瞻注里也记述了其时流行的"盆供"习俗。《盂兰盆经》所述情节还很简单,只讲目连得六通,欲报父母哺育之恩,以道眼观视世间,见亡母生饿鬼道;即以钵饭往饷其母,但饭未入口即化成火炭;目连悲号白佛,请佛救济;佛告以在僧自恣日设盆供养,现在父母、七世父母、六种亲属等即得脱三途之苦。在这部经里,只说到目连给饿鬼送饭,地狱巡游情节还没有具体展开。

如上所述,在佛典里,目连在佛诸弟子中以"神通第一"著称,具有出入三界、和饿鬼交往的能力。关系到救母情节,佛典里有《根本说一切有部毗奈耶药事》卷四所记载目连从摩利支世界救母

---

① 《玄怪录》卷一,第1—4页。

事和《撰集百缘经》卷五《目连入城见五百饿鬼缘》①。但对照《盂兰盆经》所述，后二者情节虽有与之类似之处，观念上却根本不同。佛典里所说目连从摩利支世界救母，是以四谛真理除其意乐、随眠种性；目连见五百饿鬼，则是依世尊之教，使之舍贪欲而得道法。其中讲的都是以佛法促成精神济度。其母亲或饿鬼得到解脱，又都是以主观发心为前提，而不是纯然依靠它力。然而在《盂兰盆经》里，是目连以其诚孝千方百计地去解救转生为饿鬼、在地狱里受苦的母亲，其母亲得到解救也并不是由于自己"觉悟"，而是依靠孝子目连的努力。在这个救母故事里，纯粹是人子"孝心"的外在力量使亡母得到解脱。这样就把中土伦理和佛教业报观念融合在一起，实现了家族中的他力救济，从而使得地狱罪罚观念的基本精神转化了。

前引《续高僧传·慧远传》里慧远对周武帝毁佛进行谏净，已经说到"目连乞食饷母"②。这个"乞食"情节不见于《盂兰盆经》，显然另有包括"乞食"情节的更为复杂的故事在当时流传。在敦煌文书中发现有同样被判断为"伪经"的《净土盂兰盆经》和一系列内容大体相同的以目连救母为题材的变文（P.2193《目连缘起》、S.2614、P.2319《大目乾连冥间救母变文并图一卷并序》及数个残卷、北京成字96号《目连变文》，参阅王重民等编《敦煌变文集》，人民文学出版社，1957年），则体现了目连救母故事在唐代流传的新形态。这在本书相关部分将另行介绍。

《净土盂兰盆经》所述情节和变文里的故事相类似，变文显然是根据这部经文加以演绎的。唐道宣《大唐内典录》卷九、武周明诠《大周刊定众经目录》卷十四都著录有《净土盂兰盆经》，标明"未知所出"；《开元释教录》卷十八《疑惑再详录》记述较详，谓"一卷五

---

①分别见《大正藏》第24卷第16页和第4卷第224页。
②《续高僧传》卷八《隋京师净影寺释慧远传》，《大正藏》第50卷第490页下。

纸。右一经，新旧之录皆未曾载，时俗传行，将为正典，细寻文句，亦涉人情，事须详审，且附疑录"①，明确把它作为疑伪经记载。这部经显然是根据《盂兰盆经》演化出的新一代伪经。又正如《开元录》所说，其中更多地关涉"人情"，即被充实以世俗的观念与情节。其主要内容（即所谓"正宗分"）有三部分：第一部分是讲目连宿世因缘，故事大体同于《盂兰盆经》；第二部分是叙说目连施行教化传道事迹，讲目连以救母因缘广说七月十五日造盆献供事，十六大国国王、夫人、居士举行盛大供养；第三部分是目连母子过去世本事，即往昔五百劫前定光佛出世时罗陀国婆罗门家小儿罗卜解救堕为饿鬼的母亲青提夫人故事。这后一部分即是变文所述。作为流行在民众间的说唱文学作品，变文的情节更为复杂，描写更加细致，内容更加世俗化，作为艺术创作也更为完整了。

目连救母故事在宣扬因缘业报、地狱罪罚的本来意义之外，在整个描述中地狱的恐怖与人情的温馨相互衬托，报应的铁律、地狱的牢固更烘托出目连那种为寻母、救母而不畏艰辛、百折不挠的仁孝精神。目连诚挚的孝心终能战胜业报的规律，成为不可抵挡的巨大的救济力量，摧毁了地狱的铜墙铁壁，救母故事的意义从而被进一步升华：在宣扬因缘业报、地狱罪罚的本来意义之外，更突出强调了儒家伦理的伟大威力。从而这个意在宣扬佛教报应观念的古老传说演变成贯穿儒家道德的美好人性的颂歌。《盂兰盆经》的内容的这种发展、变化，具体而生动地显示了佛教的地狱信仰与中土思想传统相融合的轨迹。

唐、宋以后，在民众间，在各种各样的文学艺术作品里，目连救母故事，包括地狱的描绘广泛传播开来。众所周知，《东京梦华录》里已有关于中元节上演目连杂剧的记载。历代戏曲中有众多以目连传说为题材的剧目，如宋《目连杂剧》、元佚名《行孝道目连救

①《大正藏》第 55 卷第 671 页下－672 页上。

母》、明《目连救母劝善记》、清张照《劝善金科》等；直至晚近各地方剧种大都有目连戏。民间创作如宝卷里有《目连三世宝卷》，鼓词里有《目连僧救母》等。各地民间传说也有众多的目连故事。至于以地狱为内容的文学艺术作品更是不计其数。蒲松龄在《聊斋》里说：

> 呜呼！幸有阴曹兼摄阳政。不然，颠越货多，则卓异声起矣，流毒安穷哉！①

蒲松龄有感于人世的不公、许多残忍罪恶之事得不到惩罚，对于小说里表现冥界有主宰者施行报应、主持公道表示庆幸。这当然只能给予人心灵上的安慰。不过地狱信仰又寄托着人们真挚的意愿和幻想，凝聚着人们精神上的渴求，这些往往会转化为物质力量。

正是这样，在佛、道二教的共同推动下，地狱信仰成为中国人宗教信仰的主要内容之一，牢牢地扎根在民众意识之中，极大地影响着人们的心理、伦理和精神生活。

第四节　轮回转世、因果报应信仰

一

中土民众的佛教信仰，相对于对菩萨、净土、地狱等具体"对象"的信仰，还有某种教义及观念层面的信仰。这后一方面，往往形成牢固的信条，深深扎根在人们的意识之中，同样对于人们的精

---

① 《全本新注聊斋志异》卷六《潞令》，第 712 页。

神生活造成巨大影响。

前面引用过萧子显《南齐书》卷五四《高逸传》论赞,把儒家、诸子和佛教相比较,称赞佛教"有感必应,以大苞小,无细不容","树以前因,报以后果,业行相酬,连琐相袭"[1]。胡应麟论及隋唐以后思想界发展的大势则说:

> 百家壅底,正途之弊虽息,而神仙服食之说盛,释家因果之教兴,杂然与儒者抗衡,而意常先之。[2]

这都是把因果报应作为佛教教理的基本内容,并指出其在民众精神生活中的重要地位和巨大作用。

佛教的轮回转世、因果报应之说奠基于其基本教理"缘起"、"业报"说。所谓"缘起",简单的解释是"此有故彼有,此生故彼生"[3]。这在逻辑上是把因果抽象化和绝对化了,从而把宇宙万物存在的根据归结为单纯的因果关系。这种观念体现在人生中,则具体化为"业报"说:把人所做"业"归结为身(所行)、口(所言)、意(所思)三类(三业),宗教意义上的"业"又有善、恶、无记之分,进而根据有因必有果的逻辑肯定三业兴则必有报应,善、恶不同的"业"则感得苦、乐不同的"果"。这种"缘起"、"业报"观念被加以详细的教理论证,就给有情的轮回转世提供了理论依据:对于有情个体来说,报应的结果就体现在轮回之中,积累善业就会在"六道"中向上一级流转,否则就会堕落到下一级,直到沉沦到无间地狱而永劫不得翻身。这样,肯定积累足够的善业则会超越轮回,得到解脱,进入涅槃圣境,也就是成就佛果。这也成为修持的最终目标。以上就是作为佛教信仰重要内容的"轮回报应"说的大致轮廓。

在佛教长期发展中,不同部派、学派关于轮回转世、因果报应

---

[1]《南齐书》卷五四《高逸传》,第946—947页。
[2]《少室山房笔丛》卷二六《玉壶遐览一》。
[3]《杂阿含经》卷一〇,《大正藏》第2卷第67页上。

在具体主张和论证方面歧义甚多。是否存在轮回转世的主体？如果有，这一主体的形态如何？报应又是通过什么途径、如何实现的？外来经论和本土僧俗有各种各样的看法并长期进行论争。问题的关键在于，大乘基本教理的般若空观里面没有长存不灭的轮回主体存在的位置。但在中国，灵魂实存、神识不灭乃是先民早已牢固树立起来的观念。正因此，小乘有部的思想在中土特别受到欢迎。即使在大乘般若经典大量传译、广泛流行之后，释道安仍从罽宾请来许多有部论师，翻译有部论书（后来鸠摩罗什也翻译了有部总结性论书《大毗婆沙论》）。道安"著《法性论》曰：'至极以不变为性，得性以体极为宗。'"①这就肯定了宗极"法性"的实存。而他的弟子慧远更明确主张"神不灭"论。正是在这样的思想潮流中，形成了中国佛教独特的"业感缘起"报应观。按这种观念，众生行为业力感召产生宇宙万象，其中无明、三毒（贪、嗔、痴）等恶业是心之病，表现在行为上就是身之恶，如此起惑造业，牵引出苦果，从而形成生死果报，在三恶道中流转不息，不得解脱。本书一开始就曾指出，中国佛教的基本教理是大乘的，因为大乘教理与中土文化的传统精神有一致之处；但具体到某些观念和信仰，又兼容小乘教理。这种"业感缘起"的报应观正是部派佛教的"因缘"、"业报"观念与中土传统的"灵魂不死"说相融合的产物，也是中国信众消化外来佛教信仰的典型成果。

　　轮回转世、因果报应关系到每个人的当下与未来，因此极具强大的吸引力和震撼力，在佛教输入早期就引起人们的关注。《后汉书·西域传论》说西来的佛教"好大不经，奇谲无已，虽邹衍谈天之辩，庄周蜗角之论，尚未足以概其万一。又精灵起灭，因报相寻，若晓而昧者，故通人多惑焉"②，正反映了因果报应教理在佛教初传时

①《高僧传》卷六《晋庐山释慧远传》，第218页。
②《后汉书》卷八八《西域传》，第2932页。

期的影响与作用;《后汉纪》上也记载说:

> 善为宏阔胜大之言。所求在一体之内,而所明在视听之
> 外,世俗之人以为虚诞,然归于玄微,深远难得而测,故王公大
> 人观死生报应之际,莫不瞿然自失。[①]

后来佛教通俗宣传形式的唱导也把"征昔因,则如见往业;核当果,则已
示来报"作为重要内容,以求得让人"遑迫怀抱,载盈恋慕"[②]的效果。

又根据宗教社会学原理,轮回转世信仰在许多民族里普遍存
在,其形成与现实中严格的等级制度有一定关系。一个社会等级
越是森严,身受等级隔离与压迫的民众越容易把"翻身"的希望寄
托在来世。秦汉以后的中国正是在统一皇权之下阶级、阶层等级
森严的社会。这也是佛教轮回转世、因果报应信仰在中国得以迅
速普及的社会学的原因。从这样的意义看,因果报应、轮回转世信
仰又曲折地体现了民众改变自身命运的愿望与自信,特别是这种
信仰有可能转化为改变现实的实际行动,就具有更大的积极意义。

二

中土自古有"予攸好德,汝则锡之福"、"于其无好德,汝虽锡之
福,其作汝用咎"[③]、"积善之家必有余庆,积不善之家必有余殃"之
类观念。这是在血缘宗族制度之下,基于天命观念由上天实施报
应。又《墨子》主张有鬼论,提出人死为鬼,可以施报,举出《春秋》
(事见《左传》、《国语》)杜伯传说:

> 周宣王杀其臣杜伯而不辜。杜伯曰:"吾君杀我而不辜,

---

①袁宏《后汉纪》卷一〇《孝明皇帝纪》下卷。
②《高僧传》卷一三《唱导论》,第521,522页。
③《尚书正义》卷一二《洪范第六》,《十三经注疏》上册第190页。《洪范》近人
　一般以为是战国人所作。

若以死者为无知则止矣；若死而有知，不出三年，必使吾君知之。"其三年，周宣王合诸侯而田于圃田，车数百乘，从数千人，满野。日中，杜伯乘白马素车，朱衣冠，执朱弓，挟朱矢，追周宣王，射入车上，中心折脊，殪车中，伏弢而死。当是之时，周人从者莫不见，远者莫不闻，著在周之《春秋》。①

到汉代的董仲舒宣扬"天人感应"之说，强调"天人相与之际"②，更突出天命对于人事的干预，其中重要方式就是报应。汉代有许多传说反映这种观念，如贾谊《新书》上说：

> 孙叔敖之为婴儿也，出游而还，忧而不食。其母问其故。泣而对曰："今日吾见两头蛇，恐去死无日矣。"其母曰："今蛇安在？"曰："吾闻见两头蛇者死，吾恐他人又见，吾已埋之也。"其母曰："无忧，汝不死。吾闻之，有阴德者，天报以福。"人闻之，皆谕其能仁也。及为令尹，未治而国人信之。③

这是汉代人记述当代人事。在后代典籍里，"结草"（《左传》宣公十五年）、"衔环"（吴均《续齐谐记》）之类报应故事更广泛流传。各种史书里这方面的记载也不少。如《三国志》注引《吴书》说"（程）普杀叛者数百人，皆使投火，即日病疠，百余日卒"④，等等。中国史家本有重"实录"的传统，但也利用这类报应传说来评论史事，表达褒贬。可见报应观念是如何地深入人心。

先秦以来的"天道报应"思想在后来的道教里得到继承和发展，成为道教信仰的核心内容之一。早期道教基本经典《太平经》里已明确指出人有过恶，"或身即坐，或流后生"，"死中尚得有余

---

① 《墨子》卷八《明鬼下》。
② 《汉书》卷五六《董仲舒传》，第 2498 页。
③ 贾谊《新书》卷六《春秋》。
④ 《三国志》卷五五《吴书十·程普传》，第 1284 页。

过,故流后生也"①;道教里又有"一人得道,鸡犬升天"的神仙传说,这也是家族为主体的报应观念。因为道教的形成已经是在佛教输入中土之后,二者间教义、教理的相互渗透与借鉴关系相当复杂。就报应信仰说,二者间的交流虽然难以追寻更确切的脉络,但相互影响是十分明显的。

早期民间教派道教有所谓"承负"说,而"承负"的原理则归结为天道运行规律。从而"承负"也是"天道报应"观念的具体体现。《太平经》里说:

> 天者好生道,故为天经;积德者地经,地者好养,故为地经;积和而好施者为人经,和气者相通往来,人有财相通,施及往来,故和为人经也……本正以是为之,故得天心,不负地意,四时周,五行安,子孙不相承负,各怀至德,不复知为邪恶也。②

这是说天、地、人三统都仁德好施,是它们(主要是"天心")在决定"承负"。对于"承负"的具体解释,《太平经》里又说:

> 承者为前,负者为后;承者,乃谓先人本承天心而行,小小失之,不自知,用日积久,相聚为多,今后生人反无辜蒙其过谪,连传被其灾,故前为承,后为负也。负者,流灾亦不由一人之治,比连不平,前后更相负,故名之为负。负者,乃先人负于后生者也;病更相承负也,言灾害未当能善绝也。③

这是说前人积累过失,后人要蒙受责罚,前者为承,后者为负。又认为"人而守其道德礼义,则刑罚不起矣;失其道德礼义,则刑罚兴起矣"④,则除了主张报应延及后嗣即报应以家族为主体,更提出道

---

①《太平经合校》卷六七《六罪十治诀第一百三》,上册第241、244页。
②同上卷七三至八五《阙题》,上册第307—308页。
③同上卷三九《解师策书诀第五十》,上册第70页。
④同上卷九二《三光蚀诀第一百三十三》,下册第374页。

德礼义的标准,即是与所谓"天心"、"王法"、"道德礼义"相一致的。
这样,道教报应思想乃是奠基于中土传统观念之上的。后来的抱
朴子葛洪是早期道教教理的总结者。他大力宣扬报应思想,同样
主张决定于"天理"。他反对祭祀祈福、祝祷鬼神,认为"诱于可欲,
而天理灭矣;惑乎见闻,而纯一迁矣。心受制于奢玩,情浊乱于波
荡,于是有倾越之灾,有不振之祸"①。不过作为宗教修持的要求,
他已经把祸乱根源归结到自身了。又古代民间报应信仰中有"夺
算"之说,谓在庚申之日,身中三尸上天白司命,说人罪过;又有说
法以为月晦之夜灶神上天白人罪状,大者夺纪,纪三百天,小者夺
算,算三天。即是说,做恶必然受到上天惩罚,按罪过大小减少寿
命。抱朴子对于这种观念表现出比较理性的姿态:"吾亦未能审此
事之有无也。然天道邈远,鬼神难明。"②不过他又举出《史记·赵
世家》记载赵简子曾说自己梦至上帝所,帝赐二笥皆有副云云;又《史
记·封禅书》记载秦缪公言梦见上帝,命平晋乱,从而证明天道报应
之不虚。道教的"夺算"、"夺纪"之说后来广泛流传于民间信仰中。

　　这样,从中土传统宗教观念到早期道教教理,都存在报应观
念,并已成为民众中普遍流行的信仰。这也形成佛教因果报应信
仰在中土传播的良好土壤,更进一步影响并决定了中国佛教报应
观念的形态和特征。

三

　　僧叡说:

　　　　此土先出诸经,于识神性空,明言处少,存神之文,其处

---

①王明《抱朴子内篇校释》(增订本)卷九《道意》,上册第 171 页,中华书局,
1985 年。
②同上卷六《微旨》,上册第 125 页。

甚多。①

这是说,在中土早期翻译经典中,依据大乘空观来阐释"识神性空"的很少,而多讲"存神"即"灵魂"实存。僧肇在《长阿含经序》中说:

> 玩兹典者,长迷顿晓,邪正难辨,显如昼夜;报应冥昧,照若影响;劫数虽辽,近犹朝夕;六合虽旷,现若目前。②

《长阿含经》是小乘经典,僧肇说的是佛教输入早期中土人士"玩兹典"的一般理解。特别是早期翻译经典中那些譬喻故事,所谓"皆是如来随时方便四说之辞,敷演弘教训诱之要。牵物引类,转相证据,互明善恶罪福报应,皆可寤心,免彼三涂"③。如支谦所出《撰集百缘经》,基本内容是宣说因缘果报的;康僧会《六度集经》辑录的本生故事也多宣扬报应观念;后出的元魏吉迦夜共昙曜译《杂宝藏经》、慧觉等译《贤愚经》以及各种譬喻、本生经典,都多用生动故事来宣说报应规律牢不可破;梁宝唱编撰《经律异相》,从浩瀚经典里分门别类辑录出 667 个段落,因果报应故事占相当大的部分。本生、譬喻一类经典本是部派佛教的产物,但这些故事在大乘教理中也被当作是宣教的一种"方便施设"。特别是在佛教初传时期,这类情节生动的故事更容易被接受。加上中国本土有适宜的思想土壤,容易迅速传播开来,并被当作佛教信仰的重要内容流传下去。

中国佛教早期撰述如牟子《理惑论》,阐述对于佛理的认识,为佛教作辩护,即已明确主张神魂不灭之说:

> 有道虽死,神归福堂;为恶既死,神当其殃。愚夫暗于成事,贤智预于未萌。道与不道,如金比草;善之与福,如白方黑。

———————————

① 《毗摩罗诘提经义疏序》,《出三藏记集》卷八,第 312 页。
② 《出三藏记集》卷九,第 336 页。
③ 康法邃《譬喻经序》,《出三藏记集》卷九,第 354-355 页。

这里讲的是死后魂神受到报应,已经把灵魂及其所受果报都落到实处了;论及布施,又说:

> 阴施出于不意,阳报皎如白日。况倾家财、发善意、其功德巍巍如嵩、泰,悠悠如江海矣。怀善者应之以祚,挟恶者报之以殃,未有种稻而得麦,作祸而获福者也。[①]

这同样是宣扬报应实存,用种稻不能得麦作比喻,和后来谚语所谓"种瓜得瓜,种豆得豆"一样,直截了当地表明报应不爽乃是不可变更的"规律"。三国时期的康僧会"在吴朝,亟说正法,以(孙)皓性凶粗,不及妙义,唯叙报应近验,以开讽其心焉"[②],则表明早期僧侣宣教业已有意识地利用浅近的报应传说。

这样,"神不灭"论乃是中国佛教信仰的重要基石,而中国的因果报应信仰正奠定在这个基石之上。特别是在民众信仰实践中,般若空观的"识神性空"观念没有多少市场,普遍相信不灭的灵魂在生死中流转,接受报应。这实际已是外来佛教的因果报应教理在中国思想土壤上改造与发挥的结果。

再则,按佛教本来教义,业报只及于行为者自身,接受轮回报应的是个人,修证得果也是个人,是任何人不能替代的。这种观念在中国造成相当大的影响,并发挥了积极的伦理作用。但在中土流行的佛教的报应观又加入了血缘关系为纽带的家族报应观念。上述两种观念的矛盾本来十分显然,但却能够并存不悖,各适其用。典型的表现如郗超的《奉法要》。这部著作作为士族居士对于佛教基本教义的解说,报应观念是重要内容。其中大力宣扬行为善恶决定或升天堂、或下地狱的果报,"罪福之于逆顺,固必应而无差";并特别强调"形正则影直,声和而响顺"的立竿见影的效用。但他一方面引用中国典籍所谓"古人云:'兵家之兴,不过三世。'陈

---

①《牟子丛残新编》第 9、13 页。
②《康僧会传》,《出三藏记集》卷一三,第 515 页。

平亦云：'我多阴谋，子孙不昌。'引以为教，诚足以有弘"，有意识地把佛教的轮回报应与中国传统伦理调和起来，把是否符合"忠孝"、"仁德"当作实现报应的重要根据，强调"世教之兴，岂不以情受所存，不止乎己，所及弥广，则诚惧愈深"，从而肯定以家族为主体的报应观"无亏于惩劝，而有适于物宜"①的意义；但另一方面又引用《泥洹经》上所谓"父作不善，子不代受；子作不善，父亦不受。善自获福，恶自受殃"②，主张报应只落实到本人身上。这里表现的矛盾固然体现佛教初传时期人们对于某些外来观念还不能准确理解，同时也表明对于接受外来教理，本土传统观念正是重要媒介。

　　在后出一般认为是伪经的《盂兰盆经》里，得道的目连在佛陀愿力帮助下，通过自己的努力把罪恶的母亲从地狱里救拔出来；在南北朝时期的许多造像记里，人们也是希望通过造像功德赐福给"七世父母"和子孙后代。这种观念更已超出了外来佛教报应观念的本来意义。但也正因此，在以血缘家族为社会基础的中国社会里，佛教也就赢得了更广大的信众。

　　再次，报应的依据是行为的善恶，而佛教的所谓善恶有特定的宗教内涵，原本主要以佛陀所制经戒为标准，比如"五戒"的不杀、不盗、不淫等等。但在中国，如前所述，又把本土传统伦理，如忠孝、仁爱等等观念补充进来。这样，中土的报应信仰就不仅激励人们进行宗教修持，坚守戒律，更起到一般教化作用。唐人柳宗元曾说，对于一般民众，"董之礼则顽，束之刑则逃，唯浮图事神而语大，可因而入焉，有以佐教化"③。而宣扬因果报应，又被当做一种"事神而语大"的具体做法，可以补充作为统治手段的"礼"与"刑"的不足，起到辅助社会教化的作用。中国佛教要求"奉行一切诸善"，大

---

① 《奉法要》，《弘明集》卷一三，《大正藏》第 52 卷第 87 页下、88 页上、87 页中、下。
② 《般泥洹经》卷上，《大正藏》第 1 卷第 181 页中。
③ 《柳州复大云寺记》，《柳河东集》卷二八。

幅度地改造和充实了佛教本来的伦理内涵，从而也能够发挥出更巨大的教化力量。

四

在中国灵魂不死、精灵起灭、因报相寻的"神不灭"论基础上，报应信仰又形成具有中国特色的一些独特形态。

其中影响深远的形态之一，就是构想出"冥报"、"冤报"等各种报应方式。《幽明录》、《冥祥记》、《冥报记》这类故事集的名称已经突显出这方面内容。这类报应观念所依据的是对于"六道"的中国式的通俗理解："六道"被简化、转换为幽、明两个世界，并设想死者在阴界（冥界）仍过着与常人一样的生活，更设想冥冥之中有一种力量在对人世间的行为进行衡量、评判，决定应得的果报。进而形成所谓"冥报"、"冤报"之类信仰，乃是民众复仇愿望的曲折反映：现实中恶人为非作歹、贪淫劫掠、作恶多端，特别是有地位的人仰仗手中的权力仗势欺人、贪赃枉法、滥杀无辜等等，民众的冤屈没有办法申诉，他们期望另外的世界有一种力量对这些恶德恶行加以审判、惩罚。而表现这类观念的那些无稽传说被当作真人实事来宣扬，则给人以震慑和警醒，诱导、胁迫人改恶向善，特别是归心佛教。这类"冥报"、"冤报"传说本来没有多少教理根据，又杂糅了中土传统的天道观念、鬼神迷信，然而对于没有多少文化的平民百姓而言，却比那些正规经论来得更容易接受。民间宣教的一般僧众也喜欢讲说这类故事。实际上一般人往往是通过这类传说来认识、接受佛教的。

例如佛教基本戒律"五戒"里的第一大戒是"杀"戒。这是与人类普遍伦理相一致的戒条。在南北朝乱世中，人命危浅，朝不保夕，诅咒草菅人命、残杀无辜的暴虐行径，幻想冥间有力量实行惩罚，乃是民众意志和愿望的曲折体现。不少"冥报"故事就是表达这一观念的，例如：

> 江陵陷时，有关内人梁元晖，俘获一士大夫，姓刘。此人先遭侯景丧乱，失其家口，惟余小男，始数岁。躬自担负，又值雪泥，不能前进。梁元晖监领入关，逼令弃儿。刘甚爱惜，以死为请。遂强夺取，掷之雪中，杖棰交下，驱蹙使去。刘乃步步回顾，号叫断绝，辛苦顿毙。加以悲伤，数日而死。死后，元晖日见刘伸手索儿，因此得病。虽复悔谢，来殊不已。元晖载病到家而卒。①

这个故事的背景是承圣三年(554)西魏攻破梁都江陵，梁元帝被俘遇害，西魏挑选男女百姓数万口为奴婢，驱还长安，小弱者皆杀之。故事写的是西魏军劫掠俘虏的一幕。这里所述的报应结局显然正体现人们伸张正义的幻想。又：

> 梁武昌太守张绚，尝乘船行。有一部曲，役力小不如意，绚便躬捶之，杖下臂折，无复活状。绚遂推江中。须臾，见此人从水而出，对绚抚手曰："罪不当死，官枉见杀，今来相报。"即跳入绚口，因得病，少日而殂。
>
> 梁杨思达为西阳郡守，值侯景乱，时复旱歉，饥民盗田中麦。思达遣一部曲守视。所得盗者，辄截手腕，凡戮十余人。部曲后生一男，自然无手。②

上面三则传说，都出于颜之推《冤魂志》(《还冤记》)。颜之推是诚挚的佛教徒，又是有成就的儒学家，他有意识地把儒、释伦理统合起来。这些传说也正体现了二者相统合的伦理思想，具有相当的典型意义。这类传说中所讲的"冥报"客观上显然具有惩恶劝善、规范社会秩序的意义。

---

① 《太平广记》卷一二〇，第 3 册第 842 页。
② 同上第 844 页。

　　所谓"冤报"或"冤冤相报"是指加在他人身上的祸害,反过来报应到自身,有时更彼此循环、往复不已地遭到恶报。这当然也是复仇幻想的一种寄托。同样是《冤魂志》的例子:

　　　　北齐阳翟太守张善,苛酷贪叨,恶声流布。兰台遣御史魏辉儁就郡治之,赃贿狼籍,罪当合死。善于狱中,使人通诉,反诬辉儁为纳民财,枉见推缚。文宣帝大怒,以为法司阿曲,必须穷正。令尚书令左丞卢斐覆验之。斐遂希旨,成辉儁罪状。奏报,于州斩决。辉儁遗语令史曰:"我之情理,是君所见。今日之事,可复如之。当办纸百番,笔二管,墨一锭,以随吾尸。若有灵祇,必望报卢。"令史哀悼,为之殡敛,并备纸笔。十五日,善得病,唯云叩头,未旬日而死。才两月,卢斐坐讥驳魏史,为魏收奏,文宣帝焩杀之。[1]

又同书"弘氏"一条,记述梁武帝替尊为文帝的父亲造寺,派曲阿人弘氏往湘州寻访木材,弘氏多有财物,被南津校尉孟少卿诬陷,结正处死,财物充寺用;一个月后,少卿呕血而死,凡参与狱事的人都相继亡殁,寺庙建成后也被大火烧毁,柱木入地成灰[2]。这类报应故事,揭露了官吏贪渎枉法的罪行,客观上更暴露了梁武造寺耗财害人,显然对当时大肆造寺做功德取批评态度。

　　另有些报应传说体现出更曲折的寓意。例如任昉《述异记》有记载:

　　　　汉宣城郡守封邵,一旦忽化为虎,食郡民。民呼之曰封使君,因去不复来。故时人语云:"无作封使君,生不治民死食民。"夫人无德而寿则为虎。虎不食人,人化虎而食人,盖耻其类而恶之。[3]

①《太平广记》卷一一九,第 3 册第 838—839 页。
②同上卷一二〇录《还魂记》,第 3 册第 845 页。
③《述异记》卷上。

这样的情节乃是因果报应与传统的变化观念的结合。说地方官化为吃人的老虎，显然意在影射"苛政猛于虎"的现实，是对盘剥百姓的酷吏的揭露和讽刺。后来杨升庵记载："张禹山诗曰：'昔者汉使君，化虎方食民。今日使君者，冠裳而食人。'又曰：'昔日虎使君，呼之即惭止。今日虎使君，呼之动牙齿。'又曰：'昔时虎伏草，今日虎坐衙。大则吞人畜，小不遗鱼虾。'"①这种报应传说的内容已远超出宗教意义之外了。

"冥报"、"冤报"传说不限于人事，更扩展到一切生物，甚至宣扬伤害虫豸蚊蝇以至胞卵也遭到报应。有许多好畋猎以至吃鸡蛋而遭到冥报的传说，如：

> 隋鹰扬郎将天水姜略，少好田猎，善放鹰犬。后遇病，见群鸟千数，皆无头，围绕略床，鸣叫曰："急还我头来！"略辄头痛气绝，久之乃苏，曰："请为诸鸟追福。"许之，皆去。既而得愈，遂终身绝酒肉，不煞生命。临在陇右夏见姜也，年六十许，自临说云尔。②

还有些传说讲打折鸭腿，自己折脚；割吃牛舌，生子无舌；杀死猿猴母子，全家遭瘟疫，死尽灭门，等等。这类故事在客观上也具有一定的现实意义。例如反对杀牛，因为耕牛本是农民生计所需；又如刘义庆《宣验记》里的吴唐传说，他靠打猎致富，春天射杀母鹿和所携幼鹿，结果当他再次射鹿时"发箭反激，还中其子"③，这已透露出朦胧的环境保护意识。

大量出现"冥报"、"冤报"之类传说，正表明这类观念在民众间受到欢迎的程度。其中体现的对于六道轮回的简单化、通俗化的理解，伦理观念上儒、释的交融，也可看作佛教"中国化"的一种表现。

---

① 《杨升庵全集》卷六〇《封使君》。
② 《冥报记》卷下，第 53 页，方诗铭辑校，中华书局，1992 年。
③ 《古小说钩沉》第 3 集，《鲁迅辑录古籍丛编》第 1 卷第 272 页。

五

前面引录的一些传说，不但没有多少教理依据，观念上更多与教理枘凿不合。这些故事情节大都相当单纯，又有严重的教条化、程式化倾向，可是它们却流传广远，同类传说更不断地创造出来，成为民众宗教信仰的重要内容。也正因此，一些义学大师疏释教理，也往往引用这些传说作为经证；一般僧侣更热心结集和传播这些故事。这又体现了民众信仰对于高层次的佛教学术的影响，也是中国佛教发展史上值得注意的现象。

僧传里记载不少这类报应传说，表明它们已被佛教主流所接受。早期的如《高僧传》里记载吴主孙皓在地下得一金像，在四月八日佛诞日溺像头上，结果阴囊忽肿，疼痛难忍，后来亲自具香汤浴佛，叩头谢过，方始痊愈，因此接受五戒①。又东晋初年干宝撰《搜神记》，立意在"发明神道之不诬"②，有些故事也是把因果报应作为主题，后来一直被佛教徒所称道。例如其卷二十弘农杨宝故事，说他九岁时救一只黄雀，原来是西王母使者，得赠白环四枚，并预言"子孙洁白，位登三事"。历史上杨宝一家是所谓"四世三公"，故事被当作得到善报的"证明"。西王母本来是上古神明，后来被道教纳入作为女仙，她被组织到报应故事里，被佛教吸收了。后来吴均《续齐谐记》里也记载了这个传说。

六朝到唐代撰集一大批"释氏辅教之书"，除了前已提到的三部《观世音应验记》、刘义庆《宣验记》、王琰《冥祥记》、唐临《冥报记》等之外，还有东晋荀氏《灵鬼志》三卷（已佚）、署名陶渊明《搜神后记》（又名《搜神录》）十卷、宋刘义庆《幽明录》三十卷（已佚）、王

---

① 见《高僧传》卷一《魏吴建业建初寺康僧会传》，第 17 页。
② 《搜神记序》，汪绍楹校注《搜神记》，中华书局，1979 年。

延秀《感应传》八卷(已佚)、南齐萧子良《冥验记》三卷(已佚)、梁王曼颖《续冥祥记》十一卷(已佚)、朱君台《征应传》二卷(已佚)、任昉《述异记》二卷、北齐颜之推《冤魂志》三卷、北周释亡名《验善知识传》一卷(已佚)、隋侯白《精异记》(又名《旌异记》)十卷(已佚)、净辩《感应传》十卷(已佚)、彦琮《鬼神录》一卷(已佚)、道宣《道宣律师感通录》一卷、怀信《释门自镜录》二卷等。唐宋的志怪、笔记类著作里也多记载报应故事。后代这类作品仍不断编撰出来。出于释氏之手的如辽非浊《三宝感应要略录》三卷、明智旭《见闻录》一卷、清戒显《现果随录》四卷、弘赞《六道集》五卷等。如此大量报应故事被编撰出来并广泛流行,显示了民众佛教信仰实态的重要一面。

敦煌讲唱文学中所谓"因缘"一类也多是讲报应的。现存三篇,其中两篇有明确出典。《金刚丑女因缘》今存五个写本。相关故事见于《百缘经》、《杂宝藏经》、《贤愚经》等譬喻类经典,本来是佛教中十分流行的故事。变文是按照《贤愚经》卷二《波斯匿王女金刚品》改编的。《贤愚经》的这个故事又被编入类书《经律异相》卷三四,题名《波斯匿王女金刚形丑以念佛力立改姝颜》。这个题目已经隐括了故事基本情节。《频婆娑罗王后宫彩女功德意供养塔升天因缘变》有三个写卷,相互对勘可知今存部分为原来完整作品的二分之一左右。故事出《撰集百缘经》卷六《功德意供养塔升天缘》,题目同样说明了故事梗概。还有一篇《欢喜国王缘》有两个写卷,故事出《杂宝藏经》卷十《优陀羡王缘》。作品情节只取其前一段,写国王在有相夫人歌舞时见其面有死气,夫人离开宫殿,便入山中,礼拜比丘尼,受八关斋戒,一日一夜,至心敬持,得生兜率天,又下天界,劝说国王持戒升天,福德自随。原来的故事还有国王让位太子,太子谋杀父王等复杂情节,作品中没有继续叙说。佛典里的因缘故事在民间实际流传的当然不会仅此几种①。但今存

---

① 以上三种变文的考订和校勘,参阅黄征、张涌泉《敦煌变文校注》第 1081—
　1130 页,中华书局,1997 年。

这几篇作品却相当典型地表现了当时民众间报应信仰的基本形态：一方面故事中造成果报的"因"的部分善恶分明，另一方面引出"果"的部分直接而显豁。这些民间讲唱作品只取经典所述传说的框架，情节加以简化，对具体细节又大加夸饰，从而更突出了报应主题。值得注意的是，作品中同样掺入一些本土观念和语汇，例如频繁出现"升天"字样，就与道教信仰有直接关系。

在宋元以后的小说、戏曲和民间文学创作里，因果报应更成为构成情节的主要依据。好人好报、恶人受罚的"大团圆"结局成为一种固定程式。明清公案小说往往更直接地把因果报应作为解破案情的关键，《包公案》、《施公案》、《海公案》等作品一方面表扬清官，一方面宣扬因果报应为铁定的规律。这一主题的文学作品，有民间创作，也有不少出于文人之手，后者大抵和民间传统有一定的渊源关系。这些在本书后面介绍文学创作部分还会讲到。

这样，外来的轮回转世、因果报应教理经过中国人消化、改造，形成具有中土特色的报应信仰。这种信仰作为中国佛教特别是民众信仰的重要内容，不仅对人们的精神生活，更在现实世界中发挥作用，又成为推动佛教传播的重要力量。

第十一章　义学与禅学的发展
——创建中国佛学

一

前面已一再提到,中国佛教在发展中明显形成两个传统:一般民众(包括社会各阶层的人)侧重信仰实践的传统和上层知识精英(包括教内、外)注重学理的传统。晋宋以来佛教蓬勃发展,这两大传统并兴。当然,二者间相互支持、相互交流、相互推动,并不是各自独立发展的;就具体状况而言,二者又难以截然分开。如一代佛教宗师道安或慧远,都注重佛教教理的传习,在高水准的佛教教学领域取得巨大成就,同时又是信仰活动的积极实践者和有力推动者。上一章介绍晋宋以来佛教信仰流行的状况,下面讲这一时期佛教思想即学理方面的发展及其成就。

陈寅恪论及东晋十六国时期佛教说:

> 其时神州政治,虽为纷争之局,而思想自由,才智之士亦众。佛教输入,各方面皆备,不同后来之拘守一宗一家之说者。尝论支那佛教史,要以鸠摩罗什之时为最盛时代。中国自创之佛宗,如天台宗等,追稽其原始,莫不导源于罗什,盖非

偶然也。①

这一段话与许多史书有关这一时期文化发展的一般论断不同,高
度肯定这是一个思想收获丰硕的时期;而其成就特别体现在佛教
方面,即中国佛教已经从翻译、介绍外来经典进入到独立进行教理
研究的阶段。当然,大规模、高水平的译经事业仍在兴盛地进行,
二者间的进展是相辅相成的。《高僧传·义解论》也指出:

> 远公既限以虎溪,安师乃更同辇舆……其后荆陕著名,则
> 以翼、遇为言初;庐山清素,则以持、永为上首。融、恒、影、肇,
> 德重关中;生、叡、畅、远,领宗建业;昙度、僧渊,独擅江西之
> 宝;超进、慧基,乃扬浙东之盛。虽复人世迭隆,而皆道术悬
> 会。故使像运余兴,岁将五百。功效之美,良足美焉。②

这里所说在"荆陕著名"的昙翼和法遇是释道安弟子;"庐山清素"
的法持和慧永指慧远僧团;以下关中和建业的道融、道恒、昙影、僧
肇、竺道生、僧叡等都出身鸠摩罗什译场。这就指出,道安、慧远、
鸠摩罗什开创了义学研究风气,把中国佛教推向了发展的全新阶
段。如果从北方道安僧团和南方慧远僧团的义学研究算起,到隋
唐宗派佛学逐步形成,与前一阶段注重外来经典的翻译、介绍相比
较,中国僧俗更多致力于在本土思想文化基础上对佛教教理加以
理解、阐释和发挥。在此基础上,形成研究专经专论的师说即发达
的义学。在这二百年左右的时期里,本土的义学沙门逐步取代外
来译师,成为佛教活动的主角。经过几代高水平的义学沙门(还包
括俗人信徒)的努力,具有本土特色的中国佛学逐步建设起来,并
成为中国思想、学术的有机构成部分而发挥巨大、长远的影响。

秦家懿论及佛教输入中土后与中国文化传统相互影响,提出:

---

①《大乘义章书后》,《金明馆丛稿二编》第181页。
②《高僧传》卷八《义解论》,第343—344页;标点有改动。

"这种相互的影响带来一个重大的历史问题:究竟是佛教征服了中国还是中国征服了佛教?"①这就涉及所谓佛教"中国化"问题。有的学者又认为"中国化"的提法还不足以突出中国佛教的特殊性,更提出"汉化佛教"这一概念。应当肯定,自从佛教在中国弘传,就在不断纳入本土内容,逐步采取适应本土的形式,即进入了"中国化"的过程。在输入早期,本土鬼神信仰和神仙方术已被纳入进来,形成所谓"道教化的佛教";大乘般若思想曾被混同于玄学,形成所谓"玄学化的佛教";外来佛教的分析的、抽象的思维方法也被按中土思维方式简单化和实用化,等等,这些都应当说是"中国化"的体现。这样的过程随着佛教进一步融入中土思想文化传统而不断深入。中国佛教义学的形成和兴盛就是外来佛教在中国传播中进一步"中国化"的重要表现。当然无论怎样"中国化",都不意味着改变了佛教的根本性质和特征。

本书上编介绍道安和慧远,肯定他们乃是中国佛教发展史上的重要里程碑,他们的活动标志着消极地接受外来佛学时期的结束和积极地创建中国佛学时期的开始。道安在这方面成绩尤为突出。《高僧传》上记载说:

> 初经出已久,而旧译时谬,致使深藏隐没未通,每至讲说,唯叙大意转读而已。安穷览经典,钩深致远,其所注《般若道行》、《密迹》、《安般》诸经,并寻文比句,为起尽之义,乃析疑甄解,凡二十二卷。序致渊富,妙尽深旨,条贯既叙,文理会通,经义克明,自安始也。②

就是说,对于外来翻译经典的旨趣加以发挥与会通,对于经义重新加以阐发,道安作出了开创性的成绩。他和他的弟子慧远创建的僧团的成规模的讲学活动,标志着中国佛教教学风气的根本转变。

---

① 秦家懿、孔汉思《中国宗教与基督教》第 170 页。
② 《高僧传》卷五《晋长安五级寺释道安传》,第 179 页。

他们之后的五、六两个世纪约二百年间，义学名僧辈出，讲学之风大盛。继起的人们之中贡献最大的，是五世纪初分别活跃于南、北方的两位学人——僧肇和竺道生。这两个人都曾参与鸠摩罗什译场，是他的杰出弟子。因此按前面所引《高僧传·义解论》的表述，需要高度肯定鸠摩罗什的功劳。如果说前此玄学化的佛学还是以玄学的语言和思路来演绎佛学教理，那么新兴的义学则努力摆脱玄学的羁绊，在中国思想、学术土壤上来阐释、发挥佛理真谛，从而使中国佛学走上独立发展的道路。此后一大批义学沙门活跃在教内、外，形成中国佛学发展的一个高峰，也是中国思想史上的一个高峰。那些杰出的义学大师乃是代表这一时期整个思想理论水平的卓越的思想家。从另一个角度说，除了佛门的义学大师，这一时期整个思想、学术领域没有出现更重要的人物（道教也出现几位重要思想家，但成就远不能与佛教相比；而且道教在思想理论方面的建树许多是借助佛教的）。这样，佛教义学带动了这二百年左右的思想潮流，不但促进了佛教的大发展，更对于此后的中国思想学术造成长远影响。

决定中国佛教这一重大的、决定性转变的，首先是佛典传译渐趋完备，这给创造性的佛学研究提供了条件，也使得更正确地认识、理解和独创性地发挥佛教思想成为可能。在这方面鸠摩罗什的劳绩是必须大力肯定的。罗什"四大弟子"之一僧叡说到东汉以来佛教传播和发展情况指出：

> 昔汉室中兴，孝明之世，无尽之照，始得辉光此壤，于二五之照，当是像法之初。自尔已来，西域名人安侯之徒，相继而至，大化文言，渐得渊照边俗，陶其鄙倍。汉末魏初，广陵彭城二相出家，并能任持大照，寻味之贤，始有讲次。而恢之以格义，迂之以配说。下至法祖、孟详、法行、康会之徒，撰集诸经，宣畅幽旨，粗得充允，视听暨今。附文求旨，义不远宗，言不乖实，起之于亡师。及至苻并龟兹，三王来朝，持法之宗，亦并与

> 经俱集。究摩罗法师至自龟兹,持律三藏集自罽宾,禅师徒众
> 寻亦并集关中。洋洋十数年中,当是大法后兴之盛也。①

这里着重表扬了"先师"鸠摩罗什,还提到道安组织从罽宾来的有
部译师僧伽跋澄、僧伽提婆等人的译业,"禅师"则是指佛驮跋陀
罗。正是由于这些人的努力,使得大、小乘经典传译基本齐备。特
别是在罗什主持下系统传译大乘中观学派龙树等人一系论书,这
是大乘思想发展的最新成果,其非空非有的"中道"思想对于厘清
玄学关于本末、有无的争论具有特殊意义。而在南北统治者和世
家大族支持下的、兼具教学和研究功能的大规模译场的运作,更有
助于提高佛教教学的水平。这都为佛教义学的发展提供了坚实
基础。

　　义学发达的另一个重要条件是僧团队伍的变化,成批具有高
度学养,特别是熟悉中国传统学术的学人出家为僧,使得僧团内部
形成更浓厚的学术空气,佛教教学水平随之大为提高。佛教在中
土初传,被当作外来方术,并不被高层次的知识阶层所重视。正因
此,东汉、三国文人著述基本不见关于佛教的纪录。就是说,佛教
还没有被当作学术纳入到他们的视野之内。随着佛教流传渐广,
争取到众多具有更高文化素养的信徒,其中有些人更出家为僧。
历史上有记载的第一位西行求法的朱士行,就"少怀远悟,脱落尘
俗,出家已后,专务经典"②。他为求得大本《般若》西行,没有相当
文化基础是不可能对这部经典的妙理做深入研究的。不过这在当
时还只是个别人。西晋时期支孝龙与"陈留阮瞻、颖川庾凯,并结
知音之交,世人呼为八达"③;《说郛》中署名陶潜所作《群辅录》也记

---

① 《喻疑》,《出三藏记集》卷五,第234页。
② 《高僧传》卷四《晋洛阳朱士行传》,第145页。
③ 同上《晋淮阳支孝龙传》,第149页。

载董昶、王澄、阮瞻、庾敱、谢鲲、胡毋辅之、沙门于法龙、光逸为"八达"①。这样的名目正反映士族与沙门交往逐渐兴盛起来的实情。东晋时期以提倡"格义"著名的竺法雅也是"少善外学，长通佛义，衣冠士子，咸附谘禀"②。当时已出现一批支遁那样名僧兼名士的人物。道安和慧远僧团则集中更多知识精英，这些人的参与不仅改变了僧团成分，更带动起教团内部钻研内、外学术的新风气。南、北方形成几个高水平的佛学研究中心，许多有高深学养和杰出才能的人物参与其中。正是这些人有条件在中土思想传统的基础之上理解、抉择、消化外来佛学，进而创造出中国佛学诸"师说"。在这样的学术环境中，一批优秀的义学大师成长起来。

还有一点，就是中土传统学术环境和思维方式也促进了义学的建设与发展。钱穆指出：

> 在此我们需要特别指出一点，印度佛教，本与其它宗教不同，它虽亦有偶像崇拜和神话粉饰，但到底是更倾向于人生哲学之研寻，并注重在人类内心智慧之自启自悟的。尤其在当时中国的佛教，更可说是哲理的探求远超过宗教的信仰。因此在印度，佛教以"小乘"为正统，"大乘"为闰位。但在中国，则小乘推行时期甚短，两晋以后即大乘盛行。在印度，大乘初起，与小乘对抗极烈。在中国，则开始即二乘错杂输入，兼听并信。此后大乘风靡，亦不以傍习小乘为病。至于持小乘讥毁大乘者，在中国几绝无仅有。中国佛教显然更偏重在学理而偏轻于信仰的，这又可说是中国文化一种特殊精神之表现。③

这里指出的倾向特别反映在知识精英阶层之中。一般来说，他们接受佛教，对于信仰层面往往淡漠甚至全然忽视，而更重视其学理

①陶宗仪《说郛》卷五七上。
②《高僧传》卷四《晋高邑竺法雅传》，第152页。
③《中国文化史导论》（修订本）第147页，商务印书馆，2001年。

的意义和价值，即当作一种新鲜的思想、学术来研究、接受。这在早期对待《般若》学的态度中已现端倪，后来一直被延续、发挥。中国佛教注重"定、慧双修"，而知识阶层更重视"慧"即义解方面。这也大大有助于义学的发展。

佛教思想自身所具有的开放性格，更给中国佛学的建设和发展留下了广阔余地。龙树造、鸠摩罗什译《十住毗婆沙论》说到"我今为何事故住阿练若处，应成办其事，长者何等为事"三十四项，最后四项是"依义不依语"，"依智不依识"，"依了义经不依不了义经"，"依法不依人"①。这就是所谓"菩萨学四依"，其主要精神本来在调和不同时期、不同层次结集成的经典的矛盾，但同时又给发展教理、教义留出了广阔空间。中土全面地翻译大、小乘经典，其中异见歧出，客观上也给接受者留出了选择余地，有助于消弭一般宗教教理所具有的教条的、凝固的性质。加之中国学术本来就有百家争鸣的传统，魏晋以后经学统治动摇，"三玄"之学兴盛，整个学风比较开放、自由。这些都给义学的发挥与创新提供了启发和前提。汤用彤指出：

> 佛教玄理既亦主得意忘象，则自推翻安世高系之小乘毗昙，于是大乘义学因之兴盛，小乘数学由之消沉。故得意之说虽亦会通内外，而与格义比附，精神上迥然有别。格义限于事数，而忘言则超于象外。东晋佛徒释经遂与名士解儒经态度相同。均尚清通简要，融会内外，通其大义，殊不愿执著文句，以自害其意。故两晋之际有名僧人，北方首推释道安，则反对格义；南方倾倒支道林，则不留心文句。于法开"深思孤发，独见言表"。释慧远本不废儒经。然道既忘言，故读般若经而叹儒道九流皆为糠秕，其所持理由疑与荀粲之言相同。②

————————————

①《十住毗婆沙论》卷一六，《大正藏》第26卷第112页中。
②《言意之辨》，《汤用彤学术论文集》第230页，中华书局，1983年。

"荀粲之言",指他论儒术所谓"六籍虽存,固圣人之糠秕"①。这里是说,注重"得意",就意味着重视个人对于义理的富于独创性的理解。有人又曾说"僧肇是中国佛教史上第一个趋向于独立思考的人物"②。实际上《般若》六家已经在进行独立思考,不过僧肇是站在大乘佛学立场上进行更积极、大胆地独立思考,为后来中国佛学义学研究作出了楷模。

这样,一批新型的义学沙门出现,他们专注于专经、专论研究,形成一批中国佛教"师说"即学派。义学的成就以阐释具体经论的论师为代表。主要有讲习说一切有部《阿毗昙》的毗昙师,讲习《成实论》(中天竺诃梨跋摩著,鸠摩罗什译)的成实师,讲习《大般涅槃经》的涅槃师,讲习《十地经论》(世亲著,北魏勒那摩提、菩提流支合译)的地论师,讲习《摄大乘论》(无著论,世亲释,真谛译)的摄论师,讲习《俱舍释论》(世亲著,真谛译)的俱舍师等③。这些学派对于经、论的研习和弘传,一方面给后来宗派佛学的形成作了准备,另一方面也给中土学术思想的发展提供了资源和启发。这些学派经世代传习,形成一定系统,已和儒学家法传承颇有相似之处;而发挥义解主要采取疏释经论的方式,又和经学利用注疏来发展新说的方式相一致。这对于中国学术的发展都造成了深远影响。在义学讲习中出现的杰出的佛教学者、义学大师,就是前面说到的这一时期创建中国佛学的代表人物,也是领导这一阶段整个思想潮流的杰出人物。

---

①《册府元龟》卷八二九《总录部·论议一》,第 9837 页。

②韦政通《中国思想史》下册第 517 页,上海书店出版社,2003 年。

③上述学派的情况,参阅中国佛教协会编《中国佛教》第 1 卷《中国佛教宗派源流》,第 227－265 页,知识出版社,1980 年;镰田茂雄《中国佛教通史》第 3 卷第 311－396 页。

一

早年蒋维乔归纳中国大乘佛学两大系统谓：

> 若以在中国之大乘教言之：认罗什、觉贤所传者，为二大潮流之发源，则谓前者为龙树系，后者为世亲系，亦可；即谓中国佛教史之初期，有大乘教二大思潮并传而成，亦无不可。[①]

南北朝佛教义学正体现这两大潮流，而僧肇和竺道生则分别是发展这两大潮流并取得卓越成果的代表人物。这两个人都出于罗什门下。仅据这一点就可以看出罗什在中国佛教史和中国文化史上的地位。

僧肇（374？—414）[②]，京兆人，是罗什杰出弟子，实际如果单纯就理论层面说，其成就更超越本师。汤一介曾指出"僧肇则是魏晋玄学的终结者，同时又开创了中国的佛教哲学"[③]。僧肇接受、消化罗什传译的大乘中观学派教理，更准确地阐释般若空观，发展了中国佛学的大乘空宗即他所谓"虚宗"教理。法国著名汉学家戴密微曾评论说：

> 僧肇在他的文章中又讨论了王弼和郭象所曾经讨论过的主要问题，如"体"与"用"等。僧肇把这和佛教中诸如"慧"（prajñā）与"方便"（upāya），或"真谛"与"俗谛"之间的对立联

[①]《中国佛教史》第 60 页，上海古籍出版社，2004 年。

[②] 参阅塚本善隆《佛教史上における肇論の意義》，京都大学人文科学研究所《肇論研究》第 120—121 页，法藏馆，1955 年。

[③]《僧肇的〈肇论〉在中国哲学史上的地位》，《佛教与中国文化》第 42 页，宗教文化出版社，1999 年。

系起来。在他的著作中,新的"理"还带有大大不同于印度哲学的宇宙秩序的意味,因此有时使人怀疑他究竟是一位佛教徒还是一位道教徒。①

这是说,他并没有完全脱离或抛弃本土传统思想的影响,相反地是在继承、利用它的基础上来发展佛学的。正由于他的思想扎根在民族文化土壤上,才有可能不仅极大地促进了中国佛学的发展,更在中国思想史上作出了重大贡献。

僧肇的生卒年关系生平行事。据《高僧传》记载卒于义熙十年(414),活了三十一岁。但这涉及下面讲到西去姑臧,师从鸠摩罗什,依此推算起来当时年纪过小,因此日本学者塚本善隆将其生年提前十年到苻秦的建元十年(374,晋宁康二年)。关于他早年受教育情况,僧传上记载:

> 家贫以佣书为业,遂因缮写,乃历观经史,备尽坟籍。爱好玄微,每以《庄》《老》为心要。尝读《老子·德章》,乃叹曰:"美则美矣,然期神冥累之方,犹未尽善也。"后见《旧维摩经》,欢喜顶受,披寻玩味,乃言始知所归矣。因此出家,学善方等,兼通三藏。及在冠年,而名振关辅,时竞誉之徒,莫不猜其早达,或千里趋负,入关抗辩。肇既才思幽玄,又善谈说,承机挫锐,曾不流滞。时京兆宿儒,及关外英彦,莫不挹其锋辩,负气摧衄。②

这里除了说明他的早慧和刻苦向学,还有两点值得注意:一是他的《老》、《庄》和玄学素养,这乃是他从事佛学研究的理论准备的一个重要方面;再一点是他当时所处学术环境,义学研究正在兴盛起来,这也给他学术上的成长提供了良好条件。

---

① 《汉代至隋代之间的哲学与宗教》,《剑桥中国秦汉史》,第921—922页。
② 《高僧传》卷六《晋长安释僧肇传》,第249页。

　　当年罗什至姑臧，名声轰动关右。僧肇跋涉千里，自远从之，体现了他虚心好学的精神。其时他在佛学上应已具备相当基础。如果按塚本善隆的说法他活了四十一岁，到姑臧应当是二十几岁。他在姑臧师事罗什的时间长短不详。后来罗什被迎请来长安，他当是大力劝请者之一。由于他具有良好学养以及个人的刻苦努力，也因为罗什教导有方，他回到长安之后参与罗什译事，成了译场主力，同时个人的研究和著述也取得良好成绩。罗什译场本来同时是教学和研究机构，人才济济，英达辈出，僧肇成为受到罗什嗟赏的最为杰出的弟子之一。正是在僧肇的质疑和请求之下，罗什把翻译龙树和提婆的中观学派论书作为重要工作，首先翻译了《百论》、《大智度论》等。弘始七年（义熙元年，405），僧肇总结心得，著《般若无知论》凡二千余言，呈送给罗什，罗什称赞说：“吾解不谢子，辞当相挹。”两年后，竺道生南下时把这篇文章送给庐山刘遗民，后者又称赞说：“不意方袍，复有平叔。”①这是把他比拟为玄学大师何晏，实际也是注意到他的文章的玄理色彩。刘遗民曾和慧远一起研读这篇著作，并致书僧肇。又经过两年，僧肇托南来的人回信给刘遗民，说自己是“贪道劳疾，多不住耳”，预感到积劳成疾，大概不能久住于世了。在这种情况下，他仍然完成了《物不迁论》、《不真空论》等中国佛教史和思想史上具有极其重要价值与意义的著作，并批注了新译《维摩经》②。终于英年早逝。他还作有《长阿含经序》、《梵网经序》等一系列具有重要学术价值的文章。

　　僧肇的著作，至南朝陈慧达把上述三篇论文加上《涅槃无名论》、《隐士刘遗民问无知论》、《肇法师答刘隐士书》等，合为《肇论》一书。

---

①《高僧传》卷六《晋长安释僧肇传》，第 249 页。
②今存三家注本《注维摩诘所说经》，包括罗什、僧肇、竺道生三人注，是历代众多《维摩经》注疏中最早的也是最能反映当时中国大乘佛教思想发展状况的一种。

这是代表中国佛教义学开创期成就的一批重要著作的结集。①

　　僧肇著作的主要内容,也是他的重要贡献,在于它们一方面接受和发挥大乘思想的最新成果,批判小乘教理;另一方面又有意识地摆脱玄学矩矱,阐发大乘空观真义,从而为中国佛学进一步发展开拓出新的方向。在后一方面,他概括前此玄学化的般若学为三派,加以明确而中肯的清算:

> 　　心无者,无心于万物,万物未尝无。此得在于神静,失在于物虚。即色者,明色不自色,故虽色而非色也。夫言色者,但当色即色,岂待色色而后为色哉! 此直语色不自色,未领色之非色也。本无者,情尚于无,多触言以宾无。故非有,有即无;非无,无亦无。寻夫立文之本旨者,直以非有非真有,非无非真无耳。何必非有无此有,非无无彼无? 此直好无之谈,岂谓顺通事实,即物之情哉!

这里批判的"心无"、"本无"、"即色"三家,实际包含了前此般若学"六家七宗"对大乘空观的基本理解。他指出它们陷溺于玄学本末、有无的框架,并没有解明"般若空"的真谛。他基于大乘中观思想,阐明了万法因缘生、无自性、非有非无的般若空教理。他说:

> 　　然则万物果有其所以不有,有其所以不无。有其所以不有,故虽有而非有;有其所以不无,故虽无而非无。虽无而非无,无者不绝虚;虽有而非有,有者非真有。若有不即真,无不夷迹,然则有无称异,其致一也。
>
> 　　欲言其有,有非真生;欲言其无,事象既形。象形不即无,非真非实有。然则不真空义,显于兹矣。故《放光》云:"诸法

---

① 僧肇著作主要是"四论"。现行本《肇论》前有《宗本义》,一般判定非僧肇所作;又《涅槃无名论》,汤用彤也认为不是僧肇作品。关于《肇论》编撰情况,参阅塚本善隆《佛教史上における肇論の意義》。

假号不真，譬如幻化人，非无幻化人。幻化人非真人也。"

他指出，由于有待缘而生，所以非真有；而由因缘生起事相，所以又非无。这样非有，并不意味着万物虚无，而只是指它们不是"真"的存在；非无，也不意味着一切实存，因为它们本质上是虚幻相。最后他得出结论说：

> 是以圣人乘千化而不变，履万惑而常通者，以其即万物之自虚，不假虚而虚物也。故经云："甚奇，世尊，不动真际，为诸法立处。"非离真而立处，立处即真也。然则道远乎哉？触事而真；圣远乎哉？体之即神。[1]

般若空观本是大乘佛教思想的基石，到僧肇，中国人方才真正认识到非有非无"中道"空观的真切内容，从而中国佛教在这一重大理论课题上才算基本上摆脱了玄学的羁绊，对于印度佛教大乘教理有了正确的认识，在此基础上，也才有可能建设和发展独立的中国佛教教理体系。

在确立"中道"空观的基础上，僧肇的《物不迁论》进一步阐释了"动静未始异"这一新命题。汉代经学有"天不变，道亦不变"的"常道"观念，而恰相对照，"诸行无常"则是佛教"三法印"的第一项。这样，视万法为"常"还是"无常"就形成根本对立。著名的《中论》中有"八不偈"说：

> 不生亦不灭，不常亦不断，不一亦不异，不来亦不出。[2]

这就明确要求不能执着于缘起对立双方的片面理解，僧肇发挥说：

> 夫生死交谢，寒暑迭迁，有物流动，人之常情。余则谓之不然。何者？《放光》云："法无去来，无动转者。"寻夫不动之

---

[1]《肇论·不真空论》，《大正藏》第 45 卷第 152 页上－153 页上。
[2]《中论》卷一《观因缘品》，《大正藏》第 30 卷第 1 页中。

作,岂释动以求静,必求静于诸动。必求静于诸动,故虽动而常静;不释动以求静,故虽静而不离动。然则动静未始异,而惑者不同。缘使真言滞于竞辩,宗途屈于好异,所以静躁之极,未易言也。何者? 夫谈真则逆俗,顺俗则违真。违真,故迷性而莫返;逆俗,故言淡而无味。缘使中人未分于存亡,下士抚掌而弗顾。近而不可知者,其唯物性乎! 然不能自已,聊复寄心于动静之际,岂曰必然? 试论之曰:《道行》云:"诸法本无所从来,去亦无所至。"《中观》云:"观方知彼去,去者不至方。"斯皆即动而求静,以知物不迁明矣。

针对"生死交谢,寒暑迭迁"的常识现象,他提出物无去来,动静一如的具有辩证意味的观点。他指出,假如承认了今若至古,则古应有今;而古若至今,则今应有古。但《中论·观去来品》正集中批判这种执着于来、去的观念。又如果承认来、去为实有,则从昔至今为实有,就意味着承认三世实有。所以相对于常识观察万物变迁的观念,必须承认有不变、不迁者在。这乃是非有非无教理运用到事物变迁、时间来去现象的具体发挥。

僧肇的这种思路完全截断了因与果、来与去的联系,独断的性质很明显。如此肯定有不变、不迁的"中道"存在,是为了树立对于如来的信仰。他说:

是以如来功流万世而常存,道通百劫而弥固。成山假就于始篑,修途托至于初步,果以功业不可朽故也。功业不可朽,故虽在昔而不化。不化故不迁,不迁故则湛然明矣。故经云:"三灾弥纶,而行业湛然。"信其言也。何者? 果不俱因,因因而果;因因而果,因不昔灭;果不俱因,因不来今;不灭不来,则不迁之致明矣。①

---

① 《肇论·物不迁论》,《大正藏》第 45 卷第 151 页上—下。

这样,不来亦不去,因、果不相往来,法性永不变迁,常住于世。在否定小乘片面执着"无常"、迁变观念的同时,阐明了如来教法万世长存、永恒不变的道理。

在认识论领域,僧肇同样发挥"中道"教理,作《般若无知论》,提出般若无知即最高级的般若之知。因为经验的知识、世俗的知识能够认识缘生的事相,也就有所限制,而真正的般若智则是超越事相、无所限制的。他说:

> 试论之曰,《放光》云:"般若无所有相,无生灭相。"《道行》云:"般若无所知,无所见。"此辨智照之用,而曰无相、无知者,何耶?果有无相之知,不知之照,明矣。何者?夫有所知,则有所不知。以圣心无知,故无所不知。不知之知,乃曰一切知。故经云:"圣心无所知,无所不知。"信矣。是以圣人虚其心而实其照,终日知而未尝知也。故能默耀韬光,虚心玄鉴,闭智塞聪,而独觉冥冥者矣。然则智有穷幽之鉴,而无知焉;神有应会之用,而无虑焉。神无虑,故能独王于世表;智无知,故能玄照于事外。智虽事外,未始无事;神虽世表,终日域中。所以俯仰顺化,应接无穷,无幽不察,而无照功。斯则无知之所知,圣神之所会也。然其为物也,实而不有,虚而不无,存而不可论者,其唯圣智乎!何者?欲言其有,无状无名;欲言其无,圣以之灵。圣以之灵,故虚不失照;无状无名,故照不失虚。照不失虚,故混而不渝;虚不失照,故动以接粗。是以圣智之用,未始暂废,求之形相,未暂可得。

他在这里同样以非有非无、不有不无的逻辑对般若智进行了说明:般若智无状无名,所以是不有;但超越的圣智又有无所不知之用,因此是不无。正是这种"照"不失"寂","寂"不失"照","智弥昧,照逾明;神弥静,应逾动"的般若智达到了"以圣心无知,故无所不知;

不知之知,乃曰一切知"①的最高智慧境界。

僧肇利用上述三篇文字阐述了他的基本思想,在大乘佛教的几个重大理论课题即关于万法的空有、迁住、认知等问题上发挥了中观学派教理。从这个角度说,他较前人更正确地理解和阐发了外来大乘佛教的真谛,坚持了印度大乘佛教的基本教理和终极旨趣。但从另外的角度说,他的思想又"未能完全摆脱所受玄学的影响,不仅运用了玄学的词句,思想上也与玄学划不清界限"②。因为如果仔细分析他的整个思想脉络就会发现,他对于般若空观的理解仍是基于中土思想传统的本体论。所以他既是使中国佛学摆脱玄学矩矱而得以独立发展的第一人,又是开拓不同于外来佛学的中国佛学独立发展道路的先行者。

这后一方面在他对于般若空的基本解释中清楚地体现出来。如日本学者蜂屋邦夫所指出:"僧肇对般若空的解释,在理论上相当正确,但同时又存在从根本上没有脱离老庄一派关于实体的无的构想。"③例如在《不真空论》里他说到"审一气而观化","乘千化而不变","物我同根,是非一气"④,如此等等,在观念上都明显与道家的本体论相通。又他虽然主张非有非无的"中道",但这"中道"又是"立处即真","触事而真"的,这也体现了肯定理事、体用、本末关系的内涵,本质上也仍是中土传统的本体论思想。在《般若无知论》里他又形容理想的人格:"至人处有而不有,居无而不无。虽不取于有无,然亦不舍于有无。所以和光尘劳,周旋五趣,寂然而往,怕尔而来,恬淡无为而无不为。"⑤在《答刘遗民书》里又说:"若能舍

①《肇论·般若无知论》,《大正藏》第45卷第153页上—中。
②吕澂《中国佛学源流略讲》,《吕澂佛学论著选集》第5卷第2592页。
③《空と老荘思想の無》,日本佛教思想研究会编《佛教思想》第7卷《空下》第661页,平乐寺书店,1982年。
④《肇论·不真空论》,《大正藏》第45卷第152页上—153页上。
⑤《肇论·般若无知论》,《大正藏》第45卷第154页中—156页下。

己心于封内,寻玄机于事外,齐万有于一虚,晓至虚之非无者,当言至人终日应会,与物推移,乘运抚化,未始为有也。圣心若此,何有可取?"①这些更与庄子所欣赏的齐物逍遥的"至人"在精神上相通。至于认识论上,老庄对他的影响更为明显。僧肇讲般若无知而无不知,主张破除是非与对待,而老子曾说无为而无不为,庄子则说"知止其所不知,至矣"②,二者间无论是语言还是逻辑都是相通的,只不过达成的结论不同而已。又庄子论名、实关系,说"道行之而成,物谓之而然"③,认为名、实间没有必然联系,从而否定了"名";而"名实无当"又正是僧肇论证万物非真的根据之一。至于他形容佛道为"绝言之道"(《答刘遗民书》)、"象外之谈"(《般若无知论》)、"独拔于言象之表,妙契于希夷之境"(《般若无知论》)等等,无论是表述还是观念也都还是玄学的。

僧肇的思想不能最终割断与玄学的关联,如果从对于外来大乘佛学理解的角度说,仍有模糊、局限之处;但从中国佛学发展的角度看,却另有重大的意义。正由于僧肇十分熟悉中国传统思想并能够将其融入自己对于大乘教理的理解之中,才能够适应本土环境发展中国佛教教理,从而保证他的理论思想体现出鲜明的民族特色,有力地推进了中国佛学的建设,进而在中国思想史上作出巨大贡献,发挥巨大影响。

这样,僧肇在中国佛教发展的重大转折时期,作为早期佛教义学建设的杰出代表,以其卓越的理论成就开拓了中国佛学发展的方向和道路。

---

①《肇论·答刘遗民书》,《大正藏》第 45 卷第 156 页下。
②③《庄子》卷一《齐物论》。

三

　　如果说僧肇对于佛教思想的发展主要在宇宙观和认识论方面,那么另一位义学大师竺道生的贡献则主要在心性论方面。这正是中国思想史上以客观世界和主观世界为探讨对象的两大理论课题。从本质上说,在这两个方面,僧肇和竺道生两个人都是在本土思想基础上积极地吸纳外来思想创造出新的理论成果的。不过加以比较,二人的治学倾向又有所不同。时人评论罗什门下有个说法:"通情则(道)生、(法)融上首,精难则(慧)观、肇第一。"[1]这是说,竺道生和法融的特点在"通情"即在情理上更通达,而慧观和僧肇的优长则在"精难"即义理上更精确。如前引蒋维乔所归纳的,僧肇继承和发挥的是大乘佛教另一个"有宗"体系。从中国佛教史的发展看,僧肇的主要贡献在于在精研印度佛教教理的基础上发展中国佛教思想,而竺道生则进而成为"第一位自成佛学思想体系的中国人"[2]。

　　竺道生(?—434),俗姓魏,钜鹿(今河北巨鹿)人,寓居彭城(今江苏徐州)。他幼而颖悟,依竺法汰出家,十五岁便登讲座,二十岁受具足戒;"中年游学,广搜异闻,自扬徂秦,登庐蹑霍。罗什大乘之趣,提婆小道之要,咸畅斯旨,究举其奥。所闻日优,所见逾赜。既而悟曰:'象者理之所假,执象则迷理;教者化之所因,束教则愚化。'是以征名责实,惑于虚诞,求心应事,芒昧格言。自胡相传,中华承学,未有能出斯域者矣"[3]。他自东晋隆安元年(397)到庐山从

①《高僧传》卷七《宋京师道场寺释慧观传》,第264页。
②韦政通《中国思想史》下册第532页。
③慧琳《龙光寺竺道生法师诔》,《广弘明集》卷二三,《大正藏》第52卷第265页下。

慧远问学七年,元兴三年(404)又和慧叡、慧观、慧严等北上长安从鸠摩罗什受学。他和僧肇同为罗什门下最有才能的学者,特别是能够"慧解入微,玄构文外"①,不拘束于经典教条,治学观念和方法十分开阔自由。秦后主姚兴曾命他与罗什另一高第道融论难,往复百翻,言无不切,众人皆服。后来南下回到建康,宋文帝和王弘、范泰、颜延之皆相从问道,倍受礼敬。他曾说:"夫象以尽意,得意则象忘;言以诠理,入理则言息。自经典东流,译人重阻,多守滞文,鲜见圆义。若忘筌取鱼,始可与言道矣。"这是借用玄学"得意忘象"之说,表达对于佛教教理理解上的圆通态度。他著有《二谛论》、《佛性当有论》、《法身无色论》、《佛无净土论》、《应有缘论》等,僧传上评论这些著作"笼罩旧说,妙有渊旨。而守文之徒,多生嫌嫉,与夺之声,纷然竞起"②。他的自由解经的方式不为守旧的义学沙门所赞同。特别是关于涅槃教理"阐提"成佛的争论,旧学以为他主张邪说,元嘉七年(430)把他摈除僧团。他先是到吴(今江苏苏州)之虎丘,后至庐山,息影岩岫。直到大本《涅槃》传到建康,证明他的观点是"孤明先发",与经典合若符契,他才重新升座讲说,于法席上端坐而卒③。其著作今存有《维摩诘经注》(佚文存僧肇等三家注《注维摩诘所说经》等著作中)、《妙法莲花经疏》(传存二卷)、《大般泥洹经义疏》(即《关中疏》,佚文存题为宝亮撰集《大般涅槃经集解》等著作中)和《答王弘书》;又谢灵运《辨宗论》传述"新论道士"学说,是他的佛性思想的概括。

---

① 《高僧传》卷二《晋长安鸠摩罗什传》,第53页。
② 同上卷七《宋京师龙光寺竺道生传》,第256页。
③ 道暹《涅槃经玄义文句》谓:"……宋朝道俗众共披寻,乃云众生悉有佛性,咸叹生公妙释幽旨,善会圆宗,即以表陈,请生通锡。宋主惊叹,发使迎生。旋至都城,披录本,略叙疏义五十余纸,其义宏深,其文精邃……后讲者称为《关中疏》。"(《续藏经》第34册第40页下)则道生晚年曾被迎请到建康讲经说法。

竺道生早年从学慧远,接触到有部教理;后来到罗什门下,又接受了新进的中观思想。他游学南北,得以广泛了解佛学发展的新成就。他又长期生活在南方比较活跃自由的学术空气之中,钱穆曾指出:

> 南朝自东晋以后,佛教亦大盛。那时南方佛教的风尚,与北方颇不同。北方佛法常受王室拥护,颇想造成一种神权政治而没有成功。南方佛法则多由士大夫自由研习,他们多用纯哲学的探究,要想把佛教哲学来代替儒家思想,成为人生真理之新南针。他们大体都是居士而非出家的僧侣。因此北方佛教常带"政治性",南方佛教则多带"哲学性"。北方佛教重在"外面的庄严",南方佛教重在"内部的思索"。在这方面,南方佛教实较北方佛教为解放。①

南、北义学学风不同,竺道生则是南方义学的典型代表。关于竺道生思想的特征,张曼涛又指出:

> 就中国文化的本身说,他继承了儒家的思维特质,道家的思维形式,而后溶解佛教。此儒家的思维特质,就是他思想中一贯所持的"理",此理可说是遥承孟子而来,孟子讲穷理尽性,道生在《妙法莲花经疏》中则直承此义,而以之解《法华》的无量义,语曰:"穷理尽性,则无量义定。"此直是把儒家的心脉移来解佛。他既装进了"穷理尽性"此一儒学的心脉,而处处又用"理"字谈佛性义,谈顿悟义,则其思维本质自是来自此一脉络。②

当初僧肇用"穷理尽性"解说佛义,如他在《注维摩诘所说经》中说:

---

① 《中国文化史导论》(修订本)第 144 页。
② 《中国佛教的思维发展》,《中国佛教的特质与宗派》第 66 页,大乘文化出版社,1978 年。

"佛者,何也？盖穷理尽性、大觉之称也。"[1]如此用"性"、"理"解释佛说,正是佛理与中土观念相融合的体现。而竺道生则更频繁地讲佛"理"。如"佛为悟理之体","菩提既是无相理极之慧"(《注维摩诘所说经·弟子品》),"以佛所说,为证真实之理"(《大般涅槃经集解·纯陀品》),"无物之空,理无移易"(同上《德王品》)等等。不是讲神秘、超然的"悟",而讲"穷理尽性"之"理",强烈体现出重理性的意味。这也是竺道生日久潜思,校阅真俗的结果。

何尚之对答宋文帝曾说：

> 范泰、谢灵运每云："六经典文,本在济俗为治耳。必求性灵真奥,岂得不以佛经为指南耶!"颜延年之折《达性》、宗少文之难《白黑》,明佛汪汪,尤为名理并足,开奖人意。[2]

范泰、谢灵运都是竺道生俗弟子。他们强调佛教在解决"性灵"问题上的优越性。何尚之同时又指出当时护法论辩文字形式上的优点在"名理具足"。竺道生在内容与形式这两个方面,正是当时佛教思想界的代表人物。

竺道生对于中土佛教"佛性"论的贡献,首先在发挥了大乘新一代教理的普遍的佛性说。佛教史上记述了他的一段著名事迹：

> 又六卷《泥洹》先至京师,生剖析经理,洞入幽微,乃说阐提人皆得成佛。于时大本未传,孤明先发,独见忤众。于是旧学以为邪说,讥愤滋甚,遂显大众,摈而遣之。生于大众中正容誓曰："若我所说反于经义者,请于现身即表厉疾；若与实相不相违背者,愿舍寿之时,据师子座。"言竟拂衣而游。
>
> 初投吴之虎丘山……俄而投迹庐山,销影岩岫,山中僧众

---

①《注维摩诘所说经》卷九《阿閦佛品第十二》,《大正藏》第38卷第410页上。
②《何令尚之答宋文皇帝赞扬佛教事》,《弘明集》卷一一,《大正藏》第52卷第69页中。

咸共敬服。后《涅槃》大本至于南京，果称阐提悉有佛性，与前所说合若符契。①

主张众生悉有佛性的涅槃佛性说本是大乘佛教发展的新义，集中反映这一思想的是大乘《大般涅槃经》。当初法显在中印度求法，得到它的初分，于东晋义熙十三年（417）在建康道场寺与佛驮跋陀罗一起译出，这就是六卷本《大般泥洹经》，慧叡记述当时情形说：

> 此经云："泥洹不灭，佛有真我。一切众生，皆有佛性。皆有佛性，学得成佛。"佛有真我，故圣镜特宗，而为众圣中王。泥洹永存，为应照之本。大化不泯，真本存焉。而复致疑，安于渐照，而排跋真诲，任其偏执，而自幽不救，其可如乎？②

范泰讨论"踞食"问题时给道生、慧观的信里也说：

> 提婆始来，义、观之徒莫不沐浴钻仰，此盖小乘法耳。便谓理之所极，谓无生方等之经，皆是魔书。提婆末后说经，乃不登高座。法显后至，《泥洹》始唱，便谓常住之言，众理之最，《般若》宗极，皆出其下。以此推之，便是无主于内，有闻辄变，譬之于射，后破夺先。③

就都表明，六卷《泥洹》的普遍的佛性说已经遭到教团内部坚持旧学的保守派的反对。但实际这部经里对于佛性的普遍性又有所保留，卷四里有"一切众生皆有佛性，在于身中无量烦恼，悉除灭已，佛便明显，除一阐提"④的说法。而竺道生发挥独立思考，根据众生

---

①《高僧传》卷七《宋京师龙光寺竺道生传》，第 256 页。
②《喻疑》，《出三藏记集》卷五，第 235 页。
③《弘明集》卷一二《范伯伦与生观二法师书》，《大正藏》第 52 卷第 78 页中。
④《大般泥洹经》卷四《分别邪正品》，《大正藏》第 12 卷第 881 页中。

"悉有"的逻辑,认为"禀质二仪,皆是涅槃正因,阐提含生之类,何得独无佛性? 盖是此经来未尽耳"①,从而提出"阐提皆得成佛"的论断。至元嘉年间,中印度昙无谶所译北本《涅槃经》传到江南,终于证明竺道生的佛性新说符合经义。这种包容更为广阔的佛性新说,体现了更为博大也更为积极地肯定人性的精神,在中国思想史上乃是人性理论的一大进展。蒋维乔论述《大般涅槃经》在中国的影响说:

> 盖《大乘涅槃经》法身常住之思想,在我国佛教教理发展上,影响极大;何则?《大乘涅槃经》之教理,其重大之根本要点,不外法身常住;而《大般涅槃经》四十卷所说,亦不外乎法身常住,佛陀真身不灭而已。故我国学者,呼为涅槃常住教,其法身常住说,一转而成佛性遍通论;唯佛之法身,非仅常住;我等一切生类之法身,与佛之法身,并无差别;因此之故,"一切众生,悉有佛性";而佛性遍通论,即由之而生。且法身常住与佛性遍通二义,颇于我国佛教开示新意义。②

这样,竺道生为佛性思想在中国的发展增添了全新的内容,也开拓出全新的方向。

竺道生又说:

> 理既不从我为空,岂有我能制之哉! 则无我矣。无我,本无生死中我,非不有佛性我也。③

这是说,肯定"无我"并不是否定"佛性我","佛性我"的存在是"理"的体现。他又一再说"本有佛性,即是慈念众生也"④。正因为这

①澄观《大方广佛华严经随疏演义钞》卷八,《大正藏》第36卷第59页中。
②《中国佛教史》第25页。
③《注维摩诘经》卷三《弟子品》,《大正藏》第38卷354页中。
④《大般涅槃经集解》卷一八,《大正藏》第37卷448页中一下。

"佛性我"遍在众生,所以众生皆当成佛。所谓众生"本有",显然和孟子讲人性本善、人人可以成尧、舜的思想相通;讲佛性之"理",则又进一步肯定了这一观念的客观性质。这也是在中土传统思想基础上对于佛教般若空观所作的具有根本意义的变革,是对于佛教"佛性"思想的创造性的发展,进而开拓了中土学术讲"性理"的先河。

在佛性新说的基础上,竺道生提出被称为"大顿悟"的"顿悟成佛"说。佛教传统上讲修持成佛,本来主张需要经过繁难修持过程。一般按菩萨修行"十地"(十住)的说法,需要一地一地"渐悟",至第七住得"无生法忍"方能彻悟,到第八位才能不退转。竺道生之前的支遁和道安都是这样的看法。刘虬曾说:

> 而讲求释教者,或谓会理可渐,或谓入空必顿……寻得旨之匠,起自支、安。支公之论无生,以七住为道慧阴足,十住则群方与能,在迹斯异,语照则一。安公之辩异观,三乘者,始篑之日称,定慧者,终成之实录,此谓始求可随根而三,入解则其慧不二。①

如支道林说:"神悟迟速,莫不缘分。分暗则功重,言积而后悟。"②道安则说:"经之大例,皆异说同行。异说者,明夫一行之归致;同行者,其要不可相无,则行必俱行。全其归致,则同处而不新;不新故顿至而不惑,俱行故丛萃而不迷也。所谓知异知同,是乃大通;既同既异,是谓大备也。以此察之,义焉廋哉!义焉廋哉!"③这些说法虽然都承认顿悟,但又强调渐修的必要,并认为达到七地以后才能实现,被称为"小顿悟"。而竺道生所主张的则被称为"大顿悟"。他认为,无生法忍的佛慧,不需要从初住到十住一个个经历

①《无量义经序》,《大正藏》第9卷第383页下—384页上。
②《大小品对比要抄序》,《出三藏记集》卷八,第300页。
③《十法句义经序》,《出三藏记集》卷一〇,第370页。

菩萨阶位,只要悟得一乘之理,凡夫作为大乘菩萨立即可以成佛。这是疾速成佛的观念。他说:

> 夫真理自然,悟亦冥符。真则无差,悟岂容易?不易之体,为湛然常照。但从迷乖之,事未在我耳。苟能涉求,便反迷归极。归极得本,而似始起。始则必终,常以之昧,著寻其趣,乃是我始会之。[1]

慧达传述他的顿悟义则说:

> 而顿悟者,两解不同。第一竺道生法师大顿悟云,夫称顿者,明理不可分,悟语照极。以不二之悟,符不分之力。理智惠释,谓之顿悟。见解名悟,闻解名信。信解非真,悟发信谢。理数自然,如果熟自零。[2]

就是说,因为"理"不可分,一切惑必然可以顿断,从而成佛。这里所谓"归极得本",显然又与孟子"尽心知性"、"至诚返本"的逻辑相通;而论"悟"取"自然"义,不讲因缘,又近于《庄子》的"体尽无穷"[3]、"体性抱神"[4]的"睹道"方式。所以崔大华指出:

> 在六朝的佛教学者中,感受了中国思想,特别是庄子思想最深刻有力影响的就是竺道生。这不仅表现在他的"涅槃佛性"说带有庄子人性论、认识论和精神修养方法等三个方面的思想烙印,而且更加惊人的是他不是凭借佛教经典或单纯的佛教信念,而是根据庄子思想中"气"的观念和理性的逻辑力量对"阐提成佛"的论证……竺道生的涅槃学说开始显现了中

---

①《大般涅槃经集解》卷一,《大正藏》第 37 卷第 377 页中。
②《肇论疏》,《续藏经》第 54 册第 55 页下。
③《庄子》卷三《应帝王》。
④同上卷五《天地》。

国佛学有可能离开印度佛学的固有理论轨道而独立发展的前景。①

后来谢灵运作《辨宗论》，意在辨析"求宗之悟"即成佛之道、作圣之道，对"新论道士"的观点表示赞赏。这"新论道士"指的就是竺道生。他说：

> 释氏之论，圣道虽远，积学能至，累尽鉴生，方应渐悟。孔氏之论，圣道既妙，虽颜殆庶，体无鉴周，理归一极。有新论道士，以为寂鉴微妙，不容阶级，积学无限，何为自绝？今去释氏之渐悟，而取其能至；去孔氏之殆庶，而取其一极。一极异渐悟，能至非殆庶。故理之所去，虽合各取，然其离孔、释矣。余谓二谈救物之言，道家之唱，得意之说，敢以折中自许，窃谓新论为然。②

这是说，按佛教传统看法，成佛的宗极之悟十分艰难，需要渐悟，但灭惑（累尽）就可以达到目标（鉴生）；而儒家圣道高妙，本是常人难以达到的（就是孔门高弟颜渊也只是"殆庶"），但是理不可分，从而肯定一极之悟。按汤用彤的解释：

> 中国传统谓圣不能至固非，而圣不能学则是。
> 印度传统谓圣可至固是，而圣能学则非。
> 生公去二方之非，取二方之是，而立顿悟之说，谓圣人可至，但非由积学所成要在顿得自悟也。自此以后，成圣成佛乃不仅为一永不可至之理想，而为众生均可企及之人格。③

这样，竺道生的佛性新说又是儒、释兼弘的。它一方面发挥了大乘"众生悉有佛性"的教理，另一方面又牢牢植根于中土传统思想土

---

① 《庄学研究》第 518—519 页，人民出版社，1992 年。
② 《广弘明集》卷一八，《大正藏》第 52 卷第 224 页下—225 页上。
③ 《谢灵运〈辨宗论〉书后》，《汤用彤学术论文集》第 293 页。

壤上。所以如日本学者小林正美所说：

> 虽然道生没有摆脱"无"的玄学态度，但他的玄学的般若解释却形成了他的顿悟成佛说等特异的思想，从而开拓出中国佛教独立发展的道路。①

竺道生在义学上另有颇多贡献：他是中国佛教史上最早从事"判教"者之一，并提出著名的"生公四轮"（善净、方便、真实、无余四种法轮）判释体系；他又倡导法身无色、佛无净土、善不受报诸义。不过由于相关作品已佚，具体论述不得其详，仅从零星资料可揣测其大意：因为佛本无相，因此无形无色；本无有相之佛，当然没有有相的净土，净土只能是善巧方便之说；净土既为方便，则行善受报之说也是方便。这些观点乃是他阐提有性和顿悟成佛新说的重要补充和发挥。

竺道生的这些贡献对中国思想、学术影响至为深远。胡适曾总括地评价说：

> 把印度佛教变成中国佛教，印度禅变成中国禅，非达摩亦非慧能，乃是道生！②

这样的判断是显得片面和绝对了，因为无论是整个佛教的演变，还是禅的演变，都是一种潮流，不是一个人的功劳。但竺道生乃是推动这种潮流的一员主将，则是毫无疑义的。特别是他开创了义学中与僧肇"虚宗"并立的"有宗"传统，他们二人分别树立起中国佛学的两大体系。他作为义学大师的自由开阔的观念，他的开放活泼的治学态度，在中国佛学建设的关键时期沾丐无数学人；他的勇于探求真理、坚守信念的精神，也为后学树立了榜样。

---

① 《竺道生佛教の思想》，《六朝佛教思想の研究》第 148 页，创文社，1993 年。
② 《中国禅学的发展》，《胡适学术文集·中国佛学史》第 75 页，中华书局，1997 年。

四

　　如前所述，"禅"与"慧"传统上形成中国佛教修持的两个重点。"禅"本来是一种修行实践，不属理论范畴。但在中土环境下，佛教教理中却形成专门的禅学，在发达的佛教义学中也是重要构成部分。

　　本来禅数和般若是佛教初传中国的两大系统。由小乘禅到大乘禅，最后发展出中国禅宗的禅，经历了复杂的演变过程。如前所述，汉末安世高所传为小乘禅，述五停心（数息〔安般〕观、不净观、慈悲观、因缘观、界分别〔念佛〕观）、四念处、三十七道品等义，因为排列名相采用所谓"带数释"方式，称"禅数之学"。自安世高经康僧会，递传到道安，道安曾为安世高所译禅籍作批注，已发出"每惜兹邦禅业替废"①之叹。这主要是因为晋代大乘般若思想流行，被视同方术的禅一时为名僧和名士所冷落。后来僧叡也说：

> 　　禅法者，向道之初门，泥洹之津径也。此土先出《修行》、大小《十二门》、大小《安般》，虽是其事，既不根悉，又无受法，学者之戒，盖阙如也。②

正因此，鸠摩罗什来到长安的第六天，僧叡立即开始从受禅法。慧远说：

> 　　每慨大教东流，禅数尤寡，三业无统，斯道殆废。顷鸠摩耆婆宣马鸣所述，乃有此业。虽其道未融，盖是为山于一篑。③

---

①《十二门经序》，《出三藏记集》卷六，第253页。
②《关中出禅经序》，《出三藏记集》卷九，第342页。
③《庐山出修行方便禅经统序》，《出三藏记集》卷九，第344页。

这是说，鸠摩罗什起废补缺，传译新出一代禅籍。鸠摩罗什应慧叡之约，首先编译《禅要》三卷，慧叡介绍：

> 寻蒙抄撰众家禅要，得此三卷，初四十三偈，是鸠摩罗罗陀法师所造，后二十偈，是马鸣菩萨之所造也。其中五门，是婆须蜜(世友——著者，下同)、僧伽罗叉(众护)、沤波崛(近护)、僧伽斯那(众军)、勒比丘(胁尊者)、马鸣、罗陀禅要之中，抄集之所出也。六觉中偈，是马鸣菩萨修习之以释六觉也。初观淫、恚、痴相及其三门，皆僧伽罗叉之所撰也。息门六事，诸论师说也。菩萨习禅法中，后更依《持世经》，益《十二因缘》一卷，《要解》二卷，别时撰出。[1]

就表明，这部《禅要》是根据印度大、小乘论师所著禅籍抄集而成的，以五门组织。后面提到的两部书，《十二因缘》一卷已佚，《(禅法)要解》今存。这部经说不净观和四禅、四定诸义，也是杂采大、小乘各部的说法。其中解释禅定说：

> 定有二种：一者观诸法实相，二者观法利用。譬如真珠师，一者善知珠相贵贱好丑，二者善能治用。或有知相而不能用，或有治用而不知相，或有知相亦能治用。行者如是。贤圣未离欲者，能观法相四真谛等而不能用，不行四无量故。如凡夫离欲行诸功德，能有利用，生四无量心，不能观实相故。如俱解脱阿罗汉等，能观实相，具禅定故，生四无量。四无量者，得解之法，以利用故，非为颠倒。[2]

这里把"观诸法实相"放在首位，和"观法利用"兼重，重视生起慈、悲、喜、舍四无量心，则明显突出了大乘禅的性质。正因为罗什所传禅法的这种综合内容，所以又受到各方批评。曾为他的弟子的

---

[1]《关中出禅经序》，《出三藏记集》卷九，第342页。
[2]《禅法要解》卷上，《大正藏》第15卷第290页中。

慧观后来说：

> 禅典要密，宜对之有宗。若漏失根原，则枝寻不全；群盲
> 失旨，则上慢幽昏，可不惧乎！①

这是不满于罗什所传禅籍师承统绪不明。据吕澂考定，罗什在关
中传授禅法是公元401年至407年的事，408年罽宾沙门佛驮跋陀
罗（觉贤，359—429）来到长安，同样弘传禅学，其所传系统与罗什
不同。后来他以"显异惑众"的罪名受到在长安僧众中居主导地位
的罗什弟子们的摈斥，遂南下庐山依慧远，在庐山译出《修行方便
禅经》。慧远在介绍这部禅经的序里说：

> 今之所译，出自达磨多罗与佛大先。其人西域之俊，禅训
> 之宗，搜集经要，劝发大乘，弘教不同，故有详略之异。达磨多
> 罗阖众篇于同道，开一色为恒沙。其为观也，明起不以生，灭
> 不以尽，虽往复无际，而未始出于如。故曰："色不离如，如不
> 离色；色则是如，如则是色。"佛大先以为澄源引流，固宜有渐。
> 是以始自二道，开甘露门，释四义以反迷，启归涂以领会。分
> 别阴界，导以正观，畅散缘起，使优劣自辨。然后令原始反终，
> 妙寻其极，其极非尽，亦非所尽，乃曰无尽，入于如来无尽法
> 门。非夫道冠三乘，智通十地，孰能洞玄根于法身，归宗一于
> 无相，静无遗照，动不离寂者哉！②

佛驮跋陀罗受教于佛大先（佛陀斯那），佛大先是有部系统的达摩
多罗（法救）弟子，所以这部经又被称为《达摩多罗禅经》。慧远说
他们讲的本是大乘思想，为了辨明源流而做循序渐进的解说，所以
开始讲方便、胜进二道，立不净观、数息观二门，解释退、住、升进、
决定四义，进而分别五阴、十八界，开导正观，使人对于缘起性空的

①《修行地不净观经序》，《出三藏记集》卷九，第346页。
②《庐山出修行方便禅经统序》，《出三藏记集》卷九，第345页。

大乘教理有所觉悟，最后领悟法身无相、通达菩萨十地的境界。意思是说，这种禅法是从小乘五门讲起，最终达到大乘境地。这是慧远的理解。吕澂评价说："大小乘禅法融贯的关键，在于把禅观与空观联系起来，罗什所传就是同实相一起讲的。""禅学虽出于小乘系统，却已贯串着大乘思想而是大小乘融贯的禅了。这与安世高所传是不同的。鸠摩罗什如此，佛陀跋陀罗也是如此。"①

后来中天竺求那跋陀罗（功德贤，394—468）于元嘉十二年（435）来华，元嘉二十年译出四卷本《楞伽阿跋多罗宝经》简称《楞伽经》。该经凡有三译，除求那跋陀罗所出四卷本，还有北魏延昌二年（513）菩提流支译《入楞伽经》十卷和唐久视元年（700）实叉难陀译《大乘入楞伽经》七卷。宋译只有《一切佛语心》一品，文字简古，接近现存梵本。该经以"五法"、"三种自性"、"八识"、"二种无我"概括全部佛法，阐发唯识无境和如来藏佛性义，又对大乘禅观作了发挥。在第二卷里分别禅为四种：愚夫所行禅、观察义禅、攀缘如禅和如来禅。愚夫所行禅指观人无我的二乘禅，观察义禅指观法无我的大乘禅，攀缘如禅指观诸法实相的大乘禅，如来禅则指"自觉智境"即内证佛性境界的禅。这后一种禅当然居于最高层次。卷三又讲到"说通"与"宗通"。"说通"指言教，"宗通"指内证，也是把"宗通"当作最高境界。由于北方有罗什、南方有佛驮跋陀罗宣扬禅法的基础，又陆续有禅籍翻译，《楞伽经》遂受到普遍的重视。

以上所述都是以翻译经论为典据的禅，即所谓"印度禅"。无论是"安般守意"的小乘禅还是"导以正观"的大乘禅，都是修持方法，是求得解脱的手段或途径。但在中土注重学理的环境中，比起禅的实践来，更重视理论或思想层面的阐发。这就是胡适所说"印度禅重在'定'，中国禅重在'慧'"②。在义学研究兴旺发达的环境

---

① 《中国佛学源流略讲》，《吕澂佛学论著选集》第 5 卷第 2557 页。
② 《中国禅学的发展》，《胡适学术文集·中国佛学史》第 69 页。

中,所谓"禅观"即禅思想的研讨随之发展起来。特别是禅作为心性修养的实践,本来与心性理论有直接关联。而有关人的心性的研究本来是中土学术的薄弱方面,却又正是佛教教学的重点之一。这样在翻译经论和相关研究所提供的基础上,中国禅学主要在学理方面进行发挥,形成了"中国禅"。它已不单纯是"悟道"的方法或途径,而是一种思想,一种境界,是指示修道实践的理论。阐发这种禅学的是"涅槃师"和"楞伽师"。竺道生是涅槃师的代表,也是"中国禅"的重要建设者。实际上在六朝佛学中,义学大师们大都十分关心禅学,遂造成禅学的兴盛局面,也给后来禅宗形成作了准备。其中成就杰出、影响深远的又有菩提达摩。

在达摩出世时期,传统的小乘禅仍在流行。佛驮跋陀罗弟子道场寺慧观宣扬达摩多罗禅法,主张定慧相合以定真如,把五门观统一到不净观。佛驮跋陀罗的另一弟子玄高"隐居麦积山。山学百余人,崇其义训,禀其禅道",后来被摈斥到河北林阳堂山,徒众三百,禅慧弥新,多有灵异,据说"磬既不击而鸣,香亦自然有气。应真仙士,往往来游。猛兽驯伏,蝗毒除害"。玄高学徒之中优异者百有余人。其中有玄绍,"学究诸禅,神力自在",据说也灵异异常,"手指出水,供高洗漱,其水香净,倍异于常。每得非世华香,以献三宝"。而玄高门下灵异如绍者有十余人之多①。同时北方又有佛陀跋陀、菩提流支、勒那摩提三大家,也宣扬旧的禅法。跋陀弟子僧稠,受到魏、齐皇室优礼,行"四念处","受十六特胜法,钻仰积序,节食鞭心,九旬一食,米惟四升,单敷石上,不觉晨宵,布缕入肉,挽而不脱。或煮食未熟,摄心入定,动移晷漏,前食并为禽兽所噉,又常修死想"②。这都反映守旧的禅风流行一时的情形,也是达摩的革新禅法"多生讥谤"、后来并一度零落的原因。

---

① 《高僧传》卷一一《宋伪魏平城释玄高传》,第 409—410 页。
② 《续高僧传》卷一六《齐邺西龙山云门寺释僧稠传》,《大正藏》第 50 卷第 553 页下。

关于菩提达摩，留下史料不多，且多有矛盾和令人疑惑之处。现存最早记载达摩事迹的是北魏杨衒之《洛阳伽蓝记》，其中第一卷写到胡太后所立永宁寺建九级浮图，"时有西域沙门菩提达摩者，波斯国胡人也。起自荒裔，来游中土，见金盘炫日，光照云表；宝铎含风，响出天外。歌咏赞叹，实是神功。自云：'年一百五十岁，历涉诸国，靡不周遍。而此寺精丽，阎浮所无也。极物（佛）境界，亦未有此。'口唱南无，合掌连日"①。另一份重要史料道宣的《续高僧传》所述则大有不同，略谓：

> 菩提达摩，南天竺婆罗门种，神慧疏朗，闻皆晓悟，志存大乘，冥心虚寂，通微彻数，定学高之。悲此边隅，以法相导，初达宋境南越，末又北度至魏。随其所止，诲以禅教，于时合国盛弘讲授，乍闻定法，多生讥谤。有道育、慧可，此二沙门，年虽在后而锐志高远，初逢法将，知道有归，寻亲事之。经四五载，给供谘接，感其精诚，诲以真法……摩以此法，开化魏土，识真之士，从奉归悟，录其言诰，卷流于世。自言年一百五十余岁，游化为务，不测于终。

对照两方记载，所述达摩出身国度不同，来路不同，表达观念也不同（《洛阳伽蓝记》表现达摩赞叹塔寺建筑，并不符合后传他的禅观大意）。所幸今存"二入四行"论可确定为达摩所传，据道宣记录：

> 入道多途，要唯二种。谓理、行也：藉教悟宗，深信含生同一真性，客尘障故，令舍伪归真，疑住壁观，无自无他，凡圣等一，坚住不移，不随他教，与道冥符，寂然无为，名理入也。行入四行，万行同摄：初报怨行者，修道苦至，当念往劫舍本逐末，多起爱憎，今虽无犯，是我宿作，甘心受之，都无怨怼。经云："逢苦不忧，识达故也。"此心生时，与道无违，体怨进道故

①《洛阳伽蓝记校注》第5页。

也。二随缘行者,众生无我,苦乐随缘,纵得荣誉等事,宿因所
构,今方得之,缘尽还无,何喜之有?得失随缘,心无增减,违
顺风静,冥顺于法也。三名无所求行,世人长迷,处处贪著,名
之为求,道士悟真,理与俗反,安心无为,形随运转,三界皆苦,
谁而得安?经曰:"有求皆苦,无求乃乐也。"四名称法行,即性
净之理也。[①]

把禅如此概括为"二入四行",显然重点在"理入"的教理方面,即在
佛教心性思想的基础上发展新的禅观即禅思想,表述上也充分体
现了中国学术尚简明的特色。"理入"的"深信含生同一真性",显
然又是继承竺道生"众生悉有佛性"说的思路而来。前面说过,竺
道生的"佛性"说与孟子"性善"说有渊源关系。《楞伽经》本来主张
"五种种姓"说,把众生分为声闻乘、辟支佛乘、如来乘、不定乘和无
性乘五类,而无性乘没有佛性。达摩的思想与之正相反对。他显
然并不墨守经典。在"行入"方面,讲的是修行实践,胡适说:

> 达摩的四行,很可以解作一种中国道家式的自然主义的
> 人生观:报怨行近于安命,随缘行近于乐天,无所求行近于无
> 为自然,称法行近于无身无我。[②]

这是说,达摩所主张的禅修方式与道家有相当密切的关联。今天
所传达摩事迹,有关他的教养情况不明,但中国传统思想已融入到
他的禅观里面则是肯定的。就是说,达摩融合中土思想发展新的
禅观,后来的禅宗正继承了这种精神。

达摩初"以四卷《楞伽》授(弟子慧)可曰:'我观汉地,惟有此
经,仁者依行,自得度世。'可专附玄理……"[③],这就是后来所谓"楞

---

①《续高僧传》卷一六《齐邺下南天竺僧菩提达摩传》,《大正藏》第 50 卷第 551
　　页中一下。
②《楞伽宗考》,《胡适学术文集·中国佛学史》第 101 页。
③《续高僧传》卷一六《齐邺中释僧可传》,《大正藏》第 50 卷第 552 页中。

伽师"的出现。正如上面所指出，达摩的禅观有些部分是和《楞伽经》正相反的。但当时他"藉教悟宗"，又标榜是《楞伽宗》的传承者。达摩之后，《楞伽》师说兴盛一时。慧可是"外览坟素，内通藏典"的中土知识分子。他四十岁师从达摩，"从学六载，精究一乘，理事兼融，苦乐无滞，而解非方便，慧出神心"①。《续高僧传》卷二十六《法冲传》详细记载了达摩以后楞伽师的传承，说达摩禅法"传之南北，忘言忘念、无得正观为宗。后行中原，慧可禅师创得纲纽，魏境文学多不齿之。领宗得意者时能启悟"②。达摩有两个著名弟子，慧可之外是道育，他受道心行，口未曾说；第三代慧可弟子众多，有些人口说玄理，不出文记；还有些作有《楞伽》抄疏。以后著有抄疏的还有多人，但明确的传承法系已不明了。达摩禅直到唐初重新被"发现"，并发扬光大，禅宗以之作为先驱，另有机缘。

这样从罗什、慧远到达摩、慧可，印度禅被中土学人发展、变化，首先使拘守外来"五停心观"的小乘禅逐渐融入大乘观念，再进一步形成义学师说之一的禅学、禅思想，成为中国佛教思想中富有特色、成就巨大、影响深远的部分，后来更直接推动了中国禅宗的形成。

五

上述禅学的发展基本在北方。这有北方重视修行实践的传统为基础。在南方则讲学风气更盛，更注重学理的论辩和发挥。一方面是义学沙门、白衣居士举行大规模法会，讲经解论；另一方面

---

① 《续高僧传》卷一六《齐邺中释僧可传》，《大正藏》第 50 卷，第 551 页下－552 页上。
② 同上卷二五《兖州法集寺释法冲传》，《大正藏》第 50 卷第 666 页中。

从事著述:注疏经典,编撰各类佛学著作(如类书、史传、目录等),勘定伪经等。到齐、梁时期,诸家义学师说竞盛,建立起许多中国佛学学派。集中从事这些活动的分别有齐末以"竟陵八友"为核心的僧、俗集团和梁武帝时期朝廷支持的建康僧团。具体情形僧传里有生动、详细的描述,从中可以看出当时南方义学兴盛的一般形势。

这一时期十分活跃的有生活在齐、梁两朝的宝亮。当初"齐竟陵文宣王躬自到居,请为法匠,亮不得已而赴。文宣接足恭礼,结菩提四部因缘。后移憩灵味寺,于是续讲众经,盛于京邑。讲《大涅槃》凡八十四遍,《成实论》十四遍,《胜鬘》四十二遍,《维摩》二十遍,其《大》《小品》十遍。《法华》、《十地》、《优婆塞戒》、《无量寿》、《首楞严》、《遗教》、《弥勒下生》等,亦皆近十遍。黑白弟子三千余人,谘禀门徒常盈数百"①。后来到天监年间,他又接受梁武帝敕命,编撰《大涅槃经义疏》,今传本七十卷,是六朝涅槃师说的总结性著作。

再一位更有名的是僧祐,他热衷佛教文史研究,从事著述,建立经藏,编撰经录,今存《弘明集》和《出三藏记集》,是研究佛教史的基本资料。他精律学,"齐竟陵文宣王每请讲律,听众常七八百人。永明中,敕入吴,试简五众,并宣讲《十诵》,更申受戒之法"。后来"年衰脚疾,敕听乘舆入内殿,为六宫受戒,其见重如此。开善智藏、法音慧廓,皆崇其德素,请事师礼。梁临川王宏、南平王伟、仪同陈郡袁昂、永康定公主、贵嫔丁氏,并崇其戒范,尽师资之敬。凡白黑门徒,一万一千余人"②。

曾任僧主的慧基善《小品》、《法华》、《思益》、《维摩》等,刘宋时期已经"遍历三吴,讲宣经教,学徒至者千有余人","司徒文宣王钦

---

①《高僧传》卷八《梁京师灵味寺释宝亮传》,第 337 页。
②同上卷一一《齐京师建初寺释僧祐传》,第 440 页。

风慕德,致书殷勤,访以《法华》宗旨,基乃著《法华义疏》,凡有三卷。及制《门训义序》三十三科,并略申方便旨趣,会通空有二言,及注《遗教》等,并行于世"①。

京城谢寺的慧次,"迄宋季齐初,归德稍广,每讲席一铺,辄道俗奔赴。沙门智藏、僧旻、法云等,皆幼年俊朗,慧悟天发,并就次请业焉。文慧、文宣悉敬以师礼,四事供给"②。这是说梁武帝朝廷御用名僧智藏等"三大法师"都是他的弟子。法安"永明中还都,止中寺,讲《涅槃》、《维摩》、《十地》、《成实论》,相继不绝。司徒文宣王及张融、何胤、刘绘、刘瓛等,并禀服文义,共为法友……著《净名》、《十地义疏》并《僧传》五卷"③。

僧印"学涉众典,而偏以《法华》著名,讲《法华》凡二百五十二遍","司徒文宣王、东海徐孝嗣,并挹敬风猷,屡请讲说"④。

梁台建,武帝萧衍本来是萧子良门下"竟陵八友"之一,与一时著名义学沙门多有往还。称帝之后,以弘扬佛教为国策,继续网络著名义学沙门。僧旻、法云、智藏等"三大法师"都曾活跃在竟陵王门下。他们盛弘讲说,并树立起新的学风。僧传上论及僧旻说:

> 自晋宋相承,凡论议者,多高谈大语,竞相夸罩。及旻为师范,棱落秀上,机变如神,言气典正。座无洪声之侣,重又性多谦让,未常以理胜加人。处众澄眸,如入禅定。其为道俗所推如此。时人称曰:"折剖磐隐,通古无例;条贯始终,受者易悟。庶方荡诸异论,大同正法矣。"⑤

晋宋时期的"高谈大语",指的是玄谈;到了僧旻,能够"折剖磐隐",

---

① 《高僧传》卷八《齐山阴法华山释慧基传》,第 324 页。
② 同上《齐京师谢寺释慧次传》,第 326 页。
③ 同上《齐京师中寺释法安传》,第 329 页。
④ 同上《齐京师中兴寺释僧印传》,第 330 页。
⑤ 《续高僧传》卷五《梁扬都庄严寺沙门释僧旻传》,《大正藏》第 50 卷第 462 页中。

"条贯始终",即对于经论进行更细致、更严密的剖析。这正是义学讲习进步的表现。法云曾与僧旻同在道林寺进学,僧传记载他的讲学风格说:

> 建武四年(497)夏,初于妙音寺开《法华》、《净名》二经。序正条源,群分名类,学徒海凑,四众盈堂,金谓理因言尽,纸卷空存。及至为宾,构击纵横,比类纷鲠,机辩若疾风,应变如行雨,当其锋者,罕不心务。宾主咨嗟,朋僚胥悦,时人呼为作幻法师矣。讲经之妙,独步当时。齐中书周颙、琅琊王融、彭城刘绘、东莞徐孝嗣等一代名贵,并投莫逆之交。①

这样恢宏凌厉的风格,显然也是有义理的探幽析微作基础的。

在梁武帝支持下,义学讲学著述甄于极盛。如法云,"天监二年(503),敕使长召出入诸殿,影响弘通之端,赞扬利益之渐,皇高亟延义集,未曾不敕令云先入。后下诏,令时诸名德,各撰《成实》义疏,云乃经论合撰,有四十科,为四十二卷。俄寻究了,又敕于寺三遍敷讲。广请义学,充诸堂宇,敕给传,诏车牛吏力,皆备足焉。至七年制《注大品》,朝贵请云讲之……因从之。寻又下诏礼为家僧,资给优厚,敕为光宅寺主。创立僧制,雅为后则。皇太子留情内外,选请十僧,入于玄圃,经于两夏,不止讲经,而亦悬谈文外"②;僧旻,"以天监五年(506)游于都辇,天子礼接下筵,亟深睐悦,敕僧正慧超衔诏至房,欲屈与法宠、法云、汝南周舍等,时入华林园讲论道义。自兹已后,优位日隆。六年,制《注般若经》,以通大训,朝贵皆思弘厥典。又请京邑五大法师,于五寺首讲,以旻道居其右。乃眷帝情,深见悦可,因请为家僧,四事供给。又敕于慧轮殿讲《胜鬘经》,帝自临听。仍选才学道俗释僧智、僧晃、临川王记室东莞刘勰等三十人,同集上定林寺,抄一切经论,以类相从,凡八十卷。皆令

①《续高僧传》卷五《梁扬都光宅寺沙门释法云传》,《大正藏》第 50 卷第 464 页上。
②同上第 464 页上-中。

取衷于旻"①；智藏，"凡讲《大》、《小品》、《涅槃》、《般若》、《法华》、《十地》、《金光明》、《成实》、《百论》、《阿毗昙心》等，各著义疏行世"②。梁武帝除敕命门下学僧盛弘编撰经疏，又亲自撰著《制旨大般涅槃经讲疏》一百零一卷、《摩诃般若波罗蜜子注经》五十卷（或曰百卷）、《三慧经讲疏》、《净名经义记》、《制旨大集经讲疏》十六卷、《发般若经题论义并问答》十二卷等。当时士族文人从事佛教著述的情形前面已经介绍过。僧俗义学研究和著述的活跃情形是历史上空前绝后的。

　　正是这种情形之下，大大推进了经论的深入研讨并作出系统的解释和发挥。诸家"师说"并盛、义学学派并立的局面从而形成。这对于佛教"中国化"的进展是决定性的又一步，中国佛学从此走上独立发展的道路。

　　南北朝至唐初义学师说除了前面已经介绍的涅槃师和楞伽师，较早出现的有成实师。这是阐扬鸠摩罗什译、中印诃梨跋摩著《成实论》的学派。这部论书本是自小乘向大乘教义过渡的重要著作。罗什门下昙影、僧叡都以善《成论》著称。梁代"三大法师"、时称"三杰"的僧旻、宝云、智藏也都是著名的成实师。他们被称赞"挹酌《成论》，齐骛先驱"③。

　　道安早已重视说一切有部的毗昙学。东晋到刘宋初年，有三种注释僧伽提婆译说一切有部论书《阿毗昙心论》的《杂阿毗昙心论》译本出现，以僧伽跋摩于元嘉十二年（435）所出最为流行。由此毗昙学大兴，南方有慧基，北方有灵裕等一大批毗昙师。直到初唐，玄奘重新译出这一派论书，毗昙学仍在延续。

　　北魏永平元年（508）至四年，勒那摩提和菩提流支译出大乘瑜

---

① 《续高僧传》卷五《梁扬都光宅寺沙门释法云传》，《大正藏》第50卷《梁扬都庄严寺沙门释僧旻传》，《大正藏》第50卷第462页下。
② 同上《梁钟山开善寺沙门释智藏传》，《大正藏》第50卷第467页中。
③ 《续高僧传》卷一五《义解论》，《大正藏》第50卷第548页中。

伽行学派的重要论书《十地经论》，开创研究《地论》的学派，出现慧光、法上、道凭、道宠等地论师，阐扬瑜伽行学派的佛性思想，对后来法相宗的形成起了奠基作用。

另外还有摄论师、俱舍师等师说，不具述。

大量的义学书疏，如今基本已湮没不存。一方面固然由于后起的宗派佛学发达，在理论层面已经超越它们，这些著作已完成历史使命，自然不再被人们重视；另一方面也是因为它们思辨过于繁难，表述过于琐细，成为大型寺院和贵族沙龙里的专门学问，一般人包括文人士大夫都很少能够了解，在民众间更难于普及。不过义学师说在历史上的价值和作用不可低估：它们乃是开创、探索阶段的，独立发展中的中国佛学；它们对于中国佛学长期发展的几乎所有命题都有所解答，并作出了成绩；正是在它们所取得的成就的基础上，隋唐宗派佛学才得以形成；如此等等，对于中国思想、学术的发展都是重要贡献。后来的中国佛学确实超越了它们，扬弃了它们，但是全然否定它们的成就，认为它们只是繁琐无用的经院学问，就历史发展看也是不公平的。另一方面值得注意的是，义学师说还发展出独特的治学方法，也是外来佛学与中土学术相结合的产物，对于以后中国思想、学术的发展造成了重大影响。这在下一章加以说明。

第十二章　义学学风及其影响

一

　　上一章介绍的是南北朝佛教义学发展的大致情形，着重介绍几位贡献卓著的义学沙门的活动。他们代表当时佛教思想发展的主要成就，也体现了佛教融入本土思想、学术传统的总趋势。这些有影响的佛学思想家是在义学普遍繁荣的环境里培养起来的。只要把三种《高僧传》分科卷数相比较就会发现，记述齐、梁以前内容的《高僧传》，在除《叙录》的十三卷中，《义解》占五卷；主要记述齐、梁到唐初的《续高僧传》（宋、元藏本），三十卷中《义解》占十一卷；主要记述唐五代的《宋高僧传》三十卷中，《义解》占四卷。相对比之下，《译经》则分别是三卷、四卷和三卷；《习禅》分别是半卷、六卷和六卷。这几部僧传分科篇幅的变化从一个侧面十分清晰地反映了中国佛教发展的总体趋势和不同时期的重点。《续高僧传》的《义解》部分占全部篇幅三分之一以上，直观地表明所涵盖时期义学沙门在整个僧团中人数之众多，地位之重要。上述僧肇、竺道生、僧祐和菩提达摩等人是其中的佼佼者。当时另有不计其数的人从事义学研习，其中不少是著述宏富、地位崇高、声名远扬的人物。不过如前一章末尾所说，多数义学研究成果在以后的发展中逐渐被扬弃了，卷帙浩繁的著作绝大多数也佚失了，但这并不表明义学师说的成就不足称道。

义学师说除了上述对于思想、学术的贡献之外，还有一个方面成绩相当重要，即其治学方法和学风对中国学术发展具有特殊的价值和意义，对以后整个思想、学术的发展造成极其深远的影响。

在中国学术史上，儒学（这是指旧儒学）即经学长期占据主导地位。关于经学学风的演变，皮锡瑞有一段话说：

> 治经必宗汉学，而汉学亦有辨。前汉今文说，专明大义微言；后汉杂古文，多详章句训诂。章句训诂不能尽餍学者之心，于是宋儒起而言义理。此汉、宋之经学所以分也。[①]

这是概括指出经学中汉学和宋学的内容和方法的不同。后来钱穆论及宋儒以下讲学则说：

> 说到讲学的风气，最先亦由佛寺传来。宋、明儒的讲学，与两汉儒家的传经，可说全属两事。[②]

这则是指出佛教在儒学转变中所起的作用。学术史上自汉学向宋学演变的中间环节，前有玄学的兴盛，继有佛学的繁荣。而这些对于造成这一转变都起了决定性的作用。特别是魏、晋以降，玄学已经衰落，南北各朝传经庠序亦有名无实，相对应的则是佛教讲学鼎盛。这种宣教目的的讲学，必然不同于汉代经学专注章句训诂，而特别重视经义的疏解和阐扬，具体方法则注重议论和辩难，从而也就形成佛家"义疏"之学的一系列特色。

义学的发展，与所谓"判教"有直接关系。"判教"或称"教判"、"教相判释"，是中国佛教所创造的构建佛教思想体系的方法。中

---

① 《经学历史》第 89—90 页，中华书局，1963 年。
② 《中国文化史导论》（修订本）第 190 页。

土翻译佛典,起初是依靠外来译师"口解",后来依据输入的梵(胡)本。印度和西域不同年代和地区流行不同佛教部派,结集的经典各成系统,新经典更层出不穷。中土往往是随到随译,内容纷杂矛盾的各类大、小乘经典大都被陆续译出。这在客观上使得汉译佛典成为一个开放的体系,却又增添了理解和接受上的诸多困惑。至罗什来华,全面传译新出的大乘中观学派经论,法显、昙无谶、佛驮跋陀罗等人又翻译了大乘新层次的《涅槃经》,这是与所谓"空宗"在教理体系上截然不同的"有宗"的新经典,从而空、有二宗在思想观念方面的重大矛盾就更加凸显出来。在中土专制政治体制的环境中本来有统一思想、学术的传统。如何把矛盾、繁复的翻译经典的内容整理出一个体系,就成为中国佛教面临的迫切课题,从而"判教"这种方式即被义学沙门创造并流行开来。

首先从事系统判教的是罗什及其门下。僧叡传述罗什教诲:"大圣随宜而进,进之不以一途,三乘杂化由之而起。三藏祛其染滞,《般若》除其虚妄,《法华》开一究竟,《泥洹》阐其实化,此三津开照,照无遗矣。"这就是所谓"大法三门"[1],是对大乘空、有二宗的几部代表性经典从义理上进行判别,但还没有分别出层次的高下。

罗什弟子竺道生在其《法华经疏》卷上提出所谓"四种法轮"之说,他的看法是:

> 始自道树,终乎泥洹,凡说四种法轮:一者善净法轮,谓始说一善乃至四空,令去三涂之秽;故谓之净。二方便净法轮,谓无漏道品,得二涅槃;谓之方便。三真实法轮,谓破三之伪,成一之美;谓之真实。四者无余法轮,斯则会归之谈,乃说常住妙旨。谓无余也。[2]

与"四种法轮"相应的经典是《阿含》、《般若》、《法华》、《涅槃》。这

---

[1] 《喻疑》,《出三藏记集》卷五,第234—235页。
[2] 道液《净名经关中释抄》卷上,《大正藏》第85卷第507页上。

大体同于老师的看法。

接着在南方,同样出于罗什译场的慧观"改治"《涅槃》,提出"五时"判教,被看作是中国佛教教学系统判教之始。据吉藏记述:

> 昔《涅槃》初度江左,宋道场寺沙门慧观仍制经序,略判佛教,凡有二科:一者顿教,即《华严》之流,但为菩萨具足显理;二者始从鹿苑,终竟鹄林,自浅至深,谓之渐教。于渐教内开为五时:一者三乘别教,为声闻人说于四谛,为辟支佛演说十二因缘,为大乘人明于六度,行因各别,得果不同,谓三乘别教;二者《般若》,通化三机,谓三乘通教;三者《净名》、《思益》,赞扬菩萨,抑挫声闻,谓抑扬教;四者《法华》,会彼三乘,同归一极,谓同归教;五者《涅槃》,名常住教。自五时已后,虽复改易,属在其间。教虽五时,不出二谛。①

这里分立"二教"、"五时"。所谓"二教"的"顿"、"渐",是从说教方式划分;所谓"五时",是从说教时序划分的。二者又都关系教义深浅的不同,而具体分别则体现在不同的经典里。其中"渐教五时"把所传佛陀教法归纳为他一生五个时期由浅入深的说法,构筑成一个系统。如此把不同内容的经典安置在佛陀一人说法的某一时期,给它们以"合理"地位,厘定出经典高下层次,进而确定佛陀的最终了义说法,教相判释从而就成为构筑理论体系的依据,也是义学内容的重要构成部分。

南北朝到隋、唐时期,各义学学派、各宗派都提出自己的判教主张。按地域分,有所谓"南三北七"之说,即南方三家,北方七家。而实际上家数不下二十个②。根据现存资料,其中主要的,在南方有成实师的"三教四时"和"三教五时"说,在北方则有地论师的"四

---

① 《三论玄义》,《大正藏》第 45 卷第 5 页中。
② 参阅吕澂《中国佛学源流略讲》,《吕澂佛学论著选集》第 5 卷第 2692—2697 页;田光烈《判教》,《中国佛教》第 4 册第 298—303 页,知识出版社,1998 年。

宗"和"三教"说①。由判教风气之兴盛可以知道其在义学发展中的地位。各学派都是基于对佛教教理的不同理解提出各自的判教体系的。即是说,判教乃是人们对于外来佛教经典加以理解、阐释的结果。如此主观构造出来的系统与释迦教化的实际情形并没有关系,大多数也并不符合经典形成的真实历史状况(有个别判释基本合于佛教思想发展的层次,只是例外),所以陈寅恪说:

> 就吾人今日佛教智识论,则五时判教之说,绝无历史事实之根据。其不可信,岂待详辨? 然自中国哲学史方面论,凡南北朝五时四宗之说,皆中国人思想整理之一表现,亦此土自创佛教成绩之一,殆未可厚非也。②

不过虽然判教完全出于主观臆断,但根据不同判释方法,确定具体经论的位置、价值和意义,并作出解说,归纳出层次,体现对于佛法真义的理解,对于中国佛教思想的进一步发展就十分重要了。吕澂说:

> 有了判教的框框,就会吸取中国已有的一切说法,组成为中国人所理解的大乘学说;从而与印度大乘如龙树、无著等人的说法,不能完全契合,或者是格格不入。这种情况,在这时期已开始表现出来,以后就一直存在于中国佛学之中了。③

特别是到隋、唐时期,各宗派都以独自的判教方法来确立立宗典据,则判教更成为宗派佛学建设的理论基点之一。其中天台、华严二宗在吸收前人成果基础上,提出体系更为严整的判教理论,乃是中国佛学的重要成果。下面介绍宗派佛学时还会讲到。

这样,就一般意义而言,判教作为辨析、归纳学术思想体系的

---

① 参阅廖明活《中国佛教思想述要》第 174—184 页,台北商务印书馆,2006 年。
② 《大乘义章书后》,《金明馆丛稿二编》第 164 页。
③ 《中国佛学源流略讲》,《吕澂佛学论著选集》第 5 卷第 2639 页。

方法，又具有统合佛教中不同思想、学说的意义。它们虽然具有纯任主观的偏颇，但却又体现出一种开阔的视野和包容的精神。这两个方面对于中国学术的发展都具有积极意义。中国传统经学有家法传承，有今、古文之争，后来又有汉学、宋学之分，宋学中又有不同学派之争。学术思想的统合一直是经学中的重大难题。一些思想家正是受到佛教判教启发，走创造性地整理学术体系的路子，不但在经学领域打破"家法"、学派等人为矩矱，往往更能够统合儒、玄、佛、道，广泛汲取各家精华，从而取得思想、学术的积极成果。在这样的做法中可以发现受到佛学"判教"启发和影响的影子。

二

陈寅恪又曾说：

> 前所言之"格义"与"合本"皆鸠摩罗什未入中国前事也。什公新译诸经既出之后，其文精审畅达，为译事之绝诣。于是为"格义"者知新译非如旧本之含混，不易牵引傅会，与外书相配拟。为"合本"者见新译远胜旧文，以为专据新本，即得真解，更无综合诸本参校疑误之必要。遂捐弃故技，别求新知。所以般若"色空"诸说盛行之后，而道生、谢灵运之"佛性""顿悟"等新义出焉。此中国思想上之一大变也。[1]

这里所说也正是本书把罗什新译的出现界定为中国佛学发展全新阶段的根据之一。罗什以前的佛学研究，无论是"格义"还是"合

---

[1]《支愍度学说考》，《金明馆丛稿初编》第 165—166 页。

本"，都是佛典传译初期曾经流行的理解、阐释经典的方式。一个是内典与外书的概念或观念相比附，一个是同一部佛典同本异译相参校。罗什"新译"出现之后，特别是经过僧肇等人的努力，一方面更确切地认识了大乘佛教真义，在很大程度上摆脱了玄学的羁绊，中国佛学从而得以独立发展；另一方面水平更高的"新译"确立起权威，不再需要利用比较不同译本的方法来探究、把握经典真谛。这样，后来的义学研究就有可能以具体经论为依归，而内容则重在疏解、阐发经论大义。这样一来，繁荣的佛教义学研究无论是观念还是方法，必然和重在经典训诂的儒家章句之学大不相同。义学教学的开阔、融通的性格，显示为义学的一大优长，不仅有力地促进了中国佛学的建设，也给困于繁琐章句的儒家经学以冲击，并给它提供了变革的启示。

罗什以前的"合本子注"，已经体现一种不同于儒家"章句之学"的更为开阔、融通的研究方法。陈寅恪在《支愍度学说考》一文里给这种方法以精确、概括的解说和评价。他指出，"合本"之作始于三国时的支谦"合《微密持陀邻尼总持》三本"；他引述昙斐记述说："其中文句参差，或胡或汉音殊，或随意制语，各有左右，依义顺文，皆可符同。所为异处，后列得法利、三乘阶级人数，及动地、雨华、诸天妓乐供养，多不悉备，意所未详。"[1]这是说，当时所存《微密持经》的三个异译本，译文有所不同。其中有翻译用语的差异，也有意义理解的不一致。实际上不同译文出现差异在传译外文过程中是不可避免的。除了译者水平的差别之外，对于中土佛典翻译来说，还有传来原典文本的不同。所谓"合本子注"，就是对不同译本进行比较，取一本为"母"，取别本义同文异者列小注为"子"。陈寅恪说此"与今日语言学者之比较研究法暗合"，而"格义"与"合本""二种似同而实异之方法及学派，支敏度（敏，一作愍）俱足以代

---

[1]《合微密持经记》，《出三藏记集》卷七，第 279 页。

表之。故其人于吾国中古思想史关系颇巨"①。"合本子注"方法从魏晋以后一直流行到隋代,一些重要经典如《维摩经》、《摩诃般若波罗蜜经》、《涅槃经》以及戒本如《大比丘二百六十戒》等,都有"合本子注"文本。这类似于今天古籍整理的会校会注,作为方法体现了研究的深入和精密,对于义学形成与发展所起的作用是不言而喻的。

义学继而又发展出内容和形式都具有特色的、不同于汉儒"章句之学"的义疏之学。班固当年已经批评汉代经学的窳败说:

> 后世经传既已乖离,博学者又不思多闻阙疑之义,而务碎义逃难,便辞巧说,破坏形体;说五字之文,至于二三万言。后进弥以驰逐,故幼童而守一艺,白首而后能言;安其所习,毁所不见,终以自蔽。此学者之大患也。

颜师古注谓:"言其烦妄也。桓谭《新论》云:'秦近君能说《尧典》,篇目两字之说至十余万言,但说'曰若稽古'三万言。"②经学讲究师法。至东汉,师法之下又有家法,兼杂以今、古文之争,形成的风气一方面是矜奇炫博,另一方面是破碎繁琐。到东汉末年,前有郑玄,后有王肃,为学都杂糅古今,今文之师法遂亡,所以有"郑学出而汉学衰,王肃出而郑学亦衰"之说。三国时的董昭描述当时学风说:

> 窃见当今年少,不复以学问为本,专更以交游为业;国士不以孝悌清修为首,乃以趋势游利为先。合党连群,互相褒叹……③

在这种情况下,魏晋玄学兴起,学风为之一变。今传《十三经》注,除《孝经》为唐明皇御注,六种是汉人注,即郑玄笺《毛诗》、注《三

---

① 《支愍度学说考》戊《"格义"与"合本"之异同》,《金明馆丛稿初编》第 165 页。
② 《汉书》卷三〇《艺文志》,第 1723—1724 页。
③ 《三国志·魏书》卷一四《董昭传》,第 442 页。

礼》，何休注《公羊》，赵岐注《孟子》；三种魏人注，即王肃伪撰孔安国《尚书传》，王弼注《易》，何晏作《论语集解》；三种晋人注，即杜预作《左传集解》，范宁作《穀梁集解》，郭璞注《尔雅》。何晏、王弼都是著名祖尚玄虚的玄学家。王弼注《易》，空谈名理，更附会以老、庄之义；何晏作《论语集解》，杂采包咸、周氏《鲁论》，孔安国、马融《古论》，亦杂糅莫辨。其他几部魏晋人所注经，风格也与汉人的朴茂翔实大相径庭。这从经学历史发展看，当然是学风衰败的表现；但从整个学术史发展角度看，却又是打破汉学教条牢笼的一大步。佛教义学适逢这一时期兴起，不但给学术领域增添了大量新鲜思想内容，更进一步冲击、改变了治学方法和学术风气。

又经学的基本精神是"述而不作"，要阐发体现"天不变道亦不变"的"圣人之道"，因此以笺注经典为主要治学方法。而且要"注不驳经"，"疏不破注"，所以重在章句训诂。早期的佛家遵循这样的路数，倾注心力于批注以阐释经义。例如支遁、释道安等，都用很大力量从事经典注释。但在经学领域，汉代已经有些人向传统挑战，著书立说，成一家言，如王充、桓谭等人。如上所说，玄学的兴盛，已经给汉儒拘守"章句"的繁琐细碎学风以巨大冲击。而佛学从根本上说是为树立信仰服务的，自然更重在义理的阐发。特别是僧肇以后，陆续有更多的义学沙门著书作论，正面阐释和发挥自己的理论主张。这种情形在本书相关章节已经提到。经学史上往往说传统的汉儒"章句之学"先是变乱于玄学，继而变乱于佛学。实际上，儒、玄、佛三者本来处在统一思想环境之中，治学方法和学风的变化是相互影响、相互促进的。因而，在中土环境下发展的佛教义学，一方面必然要继续延用批注经典这种传统治学方式，但另一方面则适应形势要求，在具体做法上进行重大变革。其表现是虽然仍沿用注释经典形式，但具体方式、方法与儒家传统的注经已大有不同。最大的差别在相对于训诂名相概念，更注重疏释大义。即由重章句转而更重义解。这种新的注疏方式，是义学沙门阐发自己佛学思想的主要手段之一，对于后来整个学术发展的影响是十分巨大的。而就经学的发展说，正是在佛教义学这种方法的影响下，采取同样路数，由"章句之学"逐渐转化为"注疏之学"，从而才能够在更大程度上打破传统章句的束缚，争得更大自由发挥的空间，后来终于促成"宋学"出现，以至形成"我注六经，六经注我"的局面。

经录里著录南北朝时期义学沙门和世俗信徒所作这类注疏名目很多。下面仅举出两个例子，以窥义学经典注释方式的一斑。

一部是今传鸠摩罗什、僧肇、竺道生三家《注维摩诘所说经》。这是早期经注的代表作。《维摩经》作为"先哲之格言，弘道之宏标"①，自从传译以来，即特别受到教内、外重视。在自两晋直到唐代的几百年间，义学沙门普遍注重研习《维摩经》，学徒则往往把它当作佛学入门书。这一时期出现许多义疏。而对于弘扬这部经，罗什一门贡献尤为巨大。罗什本人不仅重译了《维摩》，成为后来流行的经本，而且"注《维摩》，出言成章，无所删改，辞喻婉约，莫非玄奥"②。可惜其注本早佚，现存佚文散见于唐道液所编《净名经集解关中疏》及《关中释抄》等著作中。罗什弟子对《维摩》亦多有疏释。其中道融曾参与译事，作有义疏；僧叡也亲预译场，"即于讲次，疏以为记"③，此二疏均佚。僧肇少时历观群籍，尤善《老》、《庄》，由于读到旧《维摩经》，欢喜顶受，披寻玩味，乃始知所归，因而出家。他在罗什译场中，参与重译，亲任笔录，楷定辞义，"时预听次，参承之暇，辄复条记成言，以为注解"④，可知他的注解是承袭、发挥罗什见解的。这部注释佚文留存较多，亦见道液书。罗什另一位弟子竺道生，也作有新疏，亦佚。什、肇、生三家注所存佚文

①支愍度《合维摩诘经序》，《出三藏记集》卷八，第310页。
②《高僧传》卷二《晋长安鸠摩罗什传》，第53页。
③《毗摩罗诘提经义疏序》，《出三藏记集》卷八，第312页。
④《答刘遗民书》，《肇论》，《大正藏》第45卷第155页下。

被后人辑录为《注维摩诘所说经》十卷，留传至今。此后注《维摩》者甚多，见于僧史、僧传的，如晋慧远弟子昙诜、宋河东慧静、宋下定林寺僧镜、齐京师中寺法安、齐道辩、齐僧范、齐惠顺、齐灵询、梁宝琼、隋灵裕、隋智脱、隋慧觉、隋法常、隋灵润、唐义忠、唐神楷、唐澄观等，均有疏记，今并不传。在敦煌写卷中发现一批六朝时期的注经残卷[1]。现仍传世的有隋净影慧远的《维摩经义记》八卷（金陵刻经处本十六卷），隋智顗的《维摩经大疏》二十八卷（弟子灌顶的续补附后）、《维摩经玄义》（《净名玄义》、《维摩经略玄》）六卷，智顗说、唐湛然略《维摩经略疏》十卷，唐吉藏的《净名玄论》八卷、《维摩经义疏》六卷（卷首又称《维摩经游意》）、《维摩经略疏》五卷，唐窥基的《说无垢称经疏》六卷（现存四卷），唐湛然的《维摩经疏记》三卷，唐道暹的《维摩经疏记抄》三卷，唐道液的《净名经集解关中疏》二卷、《净名经关中释抄》二卷，宋智圆的《维摩经略疏垂裕记》十卷等。在这些著作者中，净影慧远是著名的地论师，智顗是天台宗创始人，湛然是"中兴台教"的宗师，吉藏是三论宗创始人，窥基是慈恩宗的实际创始者，等等，可见这部经典如何受到各学派、宗派的重视，它在中土的受容是多么广泛，研究又多么深入[2]。而只要从这些著作的名称如"大疏"、"玄义"、"玄论"、"游意"等就可以看出，它们重在疏释大义，而不重注释文字。这显然已和汉儒重在章句训诂的传统做法明显不同。其中僧肇和竺道生是开创风气的人，

---

[1] 敦煌写卷里古《维摩经》注残存情况，据商务印书馆编《敦煌遗书总目索引》；又矢吹庆辉《鸣沙余韵》中收录并解说了敦煌遗书中的《维摩经》注释残卷，可参阅。详拙著《中国文学中的维摩与观音》第 40 页，高等教育出版社，1996 年。

[2] 入唐日僧的"将来录"（即传入日本图籍的目录）里如最澄、常晓、圆仁、圆珍、惠运等人的记载中有关《维摩经》的注疏甚多。亦可见当时这类著作繁荣的情形。又据日本入唐僧常晓说："今见大唐真典，近代兴盛，讲文学义之类，总此疏（指道液疏）等以为指南。是故每寺讲《净名》典，化度白衣，以液公疏提撕缁徒。"《常晓和尚请来目录》，《大正藏》第 55 卷第 1069 页下。

可以举出他们的几段注释文字做例子。僧肇解释"菩提"义：

> 道之极者，称曰菩提，秦无言以译之。菩提者，盖是正觉
> 无相之真智乎！其道虚玄，妙绝常境。听者无以容其听，智者
> 无以运其智，辩者无以措其言，像者无以状其仪。故其为道
> 也，微妙无相，不可为有；用之弥勤，不可为无。故能幽鉴万物
> 而不曜，玄轨超驾而弗夷，大包天地而罔寄，曲济群惑而无私。
> 至能导达殊方，开物成务，玄机必察，无思无虑。然则无知而
> 无不知，无为而无不为者，其唯菩提大觉之道乎！此无名之
> 法，固非名所能名也。不知所以言，故强名曰菩提。斯无为之
> 道，岂可以身心而得乎！①

这里他将菩提解为"真智"，指出它非有非无的性质，正体现了中道
观念；但又把它等同为"无为之道"，显然是一种玄学化的解释；至
于"开物成务"、"无为而无不为"等，更是中土传统语言。他是积极
地利用本土概念来疏释外来名相的大意的。再如对"佛"的解释：

> 佛者，何也？盖穷理尽性，大觉之称也。其道虚玄，固以
> 妙绝常境。心不可以智知，形不以像测，同万物之为而居不为
> 之域，处言数之内而止无言之乡，非有而不可为无，非无而不
> 可为有，寂寞虚旷，物莫能测。不知所以名，故强谓之觉。其
> 为至也，亦以极矣。何则？夫同于得者，得亦得之；同于失者，
> 失亦得之。是以则真者同真，伪者同伪。如来灵照冥谐，一彼
> 实相。实相之相，即如来相。故经曰："见实相法为见佛也。"
> 净名自观身实相，以为观如来相，义存于是。②

这里讲的是体现为"诸法实相"之"佛"，同样贯彻了非有非无的中
道观；而解释"佛"的"大觉"为"穷理尽性"，则体现了本土学术重理

---

① 《注维摩诘所说经》卷四《菩萨品》，《大正藏》第38卷第362页下。
② 同上卷九《菩萨行品》，《大正藏》第38卷第410页上。

性的性格。如以上两段解释"菩提"和"佛"涵义的话，又都注重对于佛教根本义理的阐发，而不单纯是文字的训诂。这是与中国传统注经方式截然不同的。僧肇的这些解说又清楚透露出道家本体论的影响，和他在《肇论》中表达的观念相一致。就是说，他是在中土传统思维的框架中发挥佛教义理的。

竺道生的注释情况也类似。例如解释"法无众生，离众生垢故"一句：

> 法有二种：众生空，法空。众生空、法空，理诚不殊……
> "法无众生"者，以无众生为法也；"离众生垢故"者，释之也，言众生自出著者之情，非理之然也。情不从理，谓之垢。若得见理，垢情必尽。以离垢验之，知无众生也。①

又解释"毕竟空是无常"义：

> 夫言无常者，据事灭验之也……推无在之为理，是诸法之实也。实以不生不灭为义，岂非无常之所存耶？②

又解释"我、无我而不二"义：

> 理既不从我为空，岂有我能制之哉？则无我矣。无我，本无生死中我，非不有佛性我也。③

又解释欲除烦恼"当行正念"义：

> 夫有烦恼，出于惑情耳，便应观察法理以遣之也。然始观之时，见理未明，心不住理。要须念力，然后得观也。④

上面竺道生对于几个判断的解释，都归结为"理"。这在竺道生的

---

① 《注维摩诘所说经》卷二《方便品》，《大正藏》第38卷第346页上。
② 同上卷三《弟子品》，第354页上。
③ 同上第354页中。
④ 《注维摩诘所说经》卷六《观众生品》，《大正藏》第38卷上第386页上。

思想里是一个重要观念，也是明确体现"有宗"教理的观念。注重"理"的阐发，显然不同于汉儒章句训诂的办法。而把佛道归结为不变的"理"，同样与道家本体论相通，是和僧肇的思想倾向相一致的。竺道生疏释经义体现的这一观念，同样反映了当时佛学发展的基本倾向，对后代理学亦有重大影响。

另一部重要经典注疏是《大般涅槃经集解》七十一卷（目录别为一卷，因此有些文献著录为七十二卷），题为宝亮撰。但据近人考定，此书为僧法朗奉梁武帝敕命集录，明骏为撰集负责人，宝亮是撰稿人之一。这是一部辑录疏释《涅槃》诸师说的总结性著作。南北朝诸家判教，一般都把《涅槃》置于终极说法位置，因此南、北方讲习《涅槃》兴盛一时。上述《集解》卷端列名的就有道生、僧亮、法瑶、昙济、僧宗、宝亮、智秀、法智、法安、昙准等十家，都是作有疏记的；另外还有昙爱、昙谶、道慧、慧朗、慧诞、智藏、明骏等七家师说和法莲、敬遗二仁述僧宗记。由于编辑时代的关系，梁"三大法师"法云、僧旻、智藏只及收录智藏一家，且仅存一则。陈、隋《涅槃》讲习仍传承不绝，书中当然不可能反映。又《集解》一书仅四十余万言，在编撰时有意删削繁词，就文敷义，而殊鲜引证，已非各家之旧。但从中却可以窥知当时注经的具体风格。

下面举出对于《如来藏品》的注释，这是关于《涅槃经》里关键的"佛性"概念所作的解说。经中记载佛陀说"我者即是如来藏义，一切众生悉有（佛性）"。接下来作譬喻，谓有贫女人家藏黄金，自己并不知道，经人指点，果真掘出黄金，以喻"一切众生所有佛性，为诸烦恼之所覆蔽，如彼贫女人有真金藏不能得见"，等等，这是《如来藏经》里的比喻；但是众生佛性的根据（因）是什么，各家却有不同看法，义学不同师说各有发挥：

迦叶白佛言："世尊，二十五有，有我不耶？"

案：道生曰："前云佛法中我即是佛性，是则二十五有应有真我，而交不见，犹似无我。教理未显，故有此问也。"僧亮曰:"将显真归,自归未来身中三宝故,先定有无也。"法瑶曰:"若自审身中有常住三归,则理无异趣,可得勤作众善也,是故先辨有真我佛性,然后广明身中有三归之体,但应归此而行善业也。"僧宗曰:"前言生死无我。计有我者,则名为倒。今问定有定无者,意谓若定无者,则无佛性;若有者,不应言倒也。"智秀曰:"若生死之中永无我者,则一化便断,云何而得作善业耶?"

佛言:"善男子,我者即是如来藏义,一切众生悉有。

案:僧亮曰:"夫如来藏、我及佛性,体一而义异也。具八自在为我义,乘如实道,名为如来,以不改故,谓佛性也。悉有者,常乐我净是佛性也,本由行也。有心求得,故因果不断,互得相有,因亦有果,果亦有因,故言一切众生悉有也。"僧宗曰:"答问中有四段:第一寄五譬,辨性之有无;第二劝信,明迷则坠苦,解则资神,以理深难服,岂可不深生仰信耶?虽复仰信,若凭心失所,虽信无益,故劝行人,但归自身三宝,不假近舍自身,远归他佛。能如此解,是则标宗有地,案心得所也。虽复拟心有地,要须万行,趣常之要,事在中道。是故次三归后,明中道劝行,此即善业义也。"宝亮曰:"问云何作善业,而答之以正因者,欲明作善业者,必须先识因果。若指南不立,则善业不建,故先辨正因也。下频有五譬,正传明此理也。"智秀曰:"悉有者,悉有当成佛果之性也。以此义故,能令众生生死相续不绝,得造善业也。"昙谶曰:"答问有二意:第一言有,第二言虽有而不见也。"明骏案:"答有两意:第一判有也,第二既云有而所以不见者,有二理。一者明唯有不见之因,无有见缘。

何者？以烦恼覆故，自无见因。既有惑障之法，佛不得为说，是以自虽不见，不伤于有也。说而不得其所，故言必成倒。下以五譬备广斯旨也。"

"佛性即是我义。

案：道生曰："种相者，自然之性也。佛性必生于诸佛。向云我即佛藏，今云佛性即我，互其辞耳。"

"如是我义，从本已来，是故众生不能得见。

案：道生曰："既翳成佛之理，又障见成之明也。"僧亮释藏义也。僧宗曰："此理曾不暂无，但以隐显为异也。何者？夫解之与惑，二途而已。若乖理起惑，则生死纷纭；若扶理生解，则涅槃寂静。正以烦恼所覆，则隐而不彰。义称为藏，理非始造，不得言无；未有见用，不得言有。中道之说则非病。若计已有，则成倒也。"

"善男子如贫女人，

案：道生曰："本有佛性，即是慈念众生也。"僧宗曰："与有而不见作譬也。女性爱宝也，以不知处，故为贫也。众生愿乐不得所，故生死。"法瑶曰："众生有成佛之理，理由慈恻，为女人也。成佛之理，于我未有用，譬贫也。"僧宗曰："迦叶向问，使反复成过，如来今譬，明二俱无患也。理如金藏，不可为无；未现用故，不得有也。女以能生为义，亦牧育为德，譬此行人，必怀常解，取能生之义；道兼未闻，取牧育之德也。"宝亮曰："为譬之意有五：第一譬明六道众生，皆有正因，非是起始。第二譬释所以不得即说之意也。时人于此二譬更生疑惑，谓若必不无，应有现用，迦叶因为十一重难也。第三譬总答云：虽复性理不无，而失解起惑，流转生死，岂得现用耶？第四譬上虽已明先得而后失,未明既失而复得,又明众生之中,自有不曾得解而经离六道者。若于此人,复何必为有,是以今譬广此二旨也。前明虽曾失而后得,次明正因不阻坏,是则经失之与未得,皆不无也。第五譬偏喻得者,明必成之义也。贫女者,譬一切众生也。"

"舍内

案:僧亮曰:"五阴相续,取其栖庇之义也。因果之理,不从外来,譬内也。"

"多有真金之藏,

案:道生曰:"藏者,常乐之理,隐伏未发也。"僧亮曰:"得金藏者必能富人,若见佛性则成佛也。"法瑶曰:"身中佛性,理必屛然,如彼舍内宝藏之义也。"昙济曰:"备因果为藏也。"僧宗曰:"果上法宝,其德无穷,譬多有也。性理宝贵,取譬于金,为惑所隐,义称为藏。"智秀曰:"性理无二,随众生不一,故言多有也。"

"家人大小无有知者。

案:道生曰:"共所安故,是为一家也。"僧亮曰:"凡夫譬小,二乘譬大也。"法瑶曰:"众生万品不同,为大小也;同居累内,为家人也;俱迷于理,为无有知者也。"昙济曰:"身有优劣,为大小也。"僧宗曰:"闻慧为小,修慧为大也。"宝亮曰:"旷举六道不知故,言小大也。"智秀曰:"佛法一家之中,凡是学人,佛未说故,谓不知也。"

"时有异人……"[1]

---

[1]《大般涅槃经集解》卷一八《如来性品》,《大正藏》第 37 卷第 448 页上－449 页上。

这里不避繁复，大段引述，其中除表达各家见解的差异，更可以清楚看出义学沙门的疏释方式和儒家经典训诂明显不同。他们当然也要对陌生名相加以解说，但主要却是对于义理进行阐发，即集中在所谓"义疏"方面。如上面这一段，是各家阐释对于如来藏佛性的理解。其中竺道生的几段话，即集中阐发了他关于众生悉有、从当果（即可以成就佛果）以明佛性的主张。其他的人则另有不同看法。后来隋吉藏《大乘玄论》卷三总结诸家涅槃佛性说十一种，加上他本人的计十二种。按吕澂的归纳，这十二家是：一，以众生为正因佛性，梁僧旻为代表；二，以六法为佛性，三大法师之一智藏为代表；三，以心（识）为佛性，亦以智藏为代表；四，以冥传不朽为佛性，以法安为代表；五，以避苦求乐为佛性，以法云为代表；六，以真神为佛性，以梁武帝萧衍为代表；七，以阿梨耶识自性清净心为佛性，是地论师和摄论师提出的；八，从当果讲佛性，如上所述以竺道生为代表；九，从得佛果之理上讲佛性，以慧令为代表；十，以真如为佛性，以宝亮为代表；十一，从第一义空讲佛性，是北方涅槃师的看法；十二，以中道为佛性，吉藏自己的观点。这是经过整理得更系统的解说。吕澂又曾加以概括说：

　　　　吉藏分上述诸说为三类：第一类是一、二两家，他们所主张的佛性都是指人而言，但因为有假（人）有实（五蕴）而分为二。第二类是三至七的五家，都是由心上讲佛性的。第三类是八以下各家，都是指理而言的，换言之，都是由境上成立佛性的。"假实"、"心"、"理"这三类，本质上有主观和客观两方面的区别……①

《大般涅槃经集解》还没有像吉藏梳理得那样周详、系统（有些人的观点也未及纪录），但吉藏确实是按《集解》的路数作出总结的。如

①《中国佛学源流略讲》，《吕澂佛学论著选集》第 5 卷第 2621—2622 页。

此更为注重义理的发挥，显然体现与儒学重章句全然不同的治经路数。上面的例子也表明义学沙门对于具体教理问题解析的细密周详。这也是义学兴盛的具体表现。

还可以看看梁武帝说到召集名僧注释《大品经》情形：

> 朕以听览余日，集名僧二十人，与天保寺法宠等详其去取；灵根寺慧令等兼以笔功，探采《释论》，以注经本，略其多解，取其要释。此外或捃关河旧义，或依先达故语，时复间出，以相显发。若章门未开，义势深重，则参怀同事，广其所见，使质而不简，文而不繁，庶令学者有过半之思。①

这是说，他召集义学沙门批注《大品》，首先是根据龙树《大智度论》，删繁就简地取其要义，然后参考新旧诸说，使学者对于般若深义有大致了解。这也是当时义学研究的典型做法。这部《大品》的注释书也已经佚失了。

义学的这种注疏体制对于汉代以来儒家经学也有沿袭的地方，但二者根本不同又是很明显的。二者都是通过注解经典来阐发自己的主张，立论同样要从经典寻找根据，这是延续中土思想学术尊经法古的传统精神；但佛教义学把疏释佛陀教义作为重点，周叔迦又曾指出："征之六朝隋唐诸经疏注，莫不融会群经，广征异部。"②即疏释经典时往往要荟萃各种经论和诸家著述，综合研判，得出结论，从而形成会通、兼容不同思想观点的特征。就这样，在义学发展中一种新的注疏方式成熟起来，广泛影响到世俗著述形式与内容。

众所周知，儒家经学从汉人章句之学发展到唐宋义疏之学，不仅是治学方法和学风的一大转变，也是学术内容的转变，更带动了整个中国思想、文化和学术风气的转变。从上面介绍南北朝佛教

①《注解大品序》，《出三藏记集》卷八，第 296 页。
②《周叔迦佛学论著集》下册《释典丛录》，第 1004 页，中华书局，1991 年。

义学义疏体例的发展可以知道,在推动这一转变中后者起了决定性的作用。到唐初,孔颖达受诏编撰《五经正义》,乃是新时代儒家义疏之学的典型著作。本来在六朝时期,经学南、北学风不同,《北史·儒林传》说:

> 大抵南北所为章句,好尚互有不同。江左,《周易》则王辅嗣,《尚书》则孔安国,《左传》则杜元凯。河洛,《左传》则服子慎,《尚书》、《周易》则郑康成。《诗》则并主于毛公,《礼》则同遵于郑氏。南人约简,得其英华;北学深芜,穷其枝叶。考其终始,要其会归,其立身成名,殊方同致矣。①

而孔颖达等综合选择南、北旧注,不废今、古,"正义"部分更集中进行义理的疏释。这样就一方面改变了师法、家法的传承旧规,另一方面打破了墨守传统章句的限制,而同时又能避免义学的过度繁琐细密,行文力求简洁畅达,新疏从而十分便于研习和使用。后人对这部书多有非议,但是它广为流通,影响深远,优点是不可否认的。不过《五经正义》对于具体经义的疏释还是专主一家,不取异义,并遵守注不驳经、疏不破注的旧传统。到中唐时期赵匡、啖助、陆质的新《春秋》学出现,以及后来韩愈、李翱提倡儒学复古,更进一步挢撠先儒旧义,采取空言说经、以经驳传的方法,专以己意推断"圣人之意",进一步打破汉儒解经的旧模式。这同样有佛学义疏之学提供借鉴和启发。至宋儒创建新儒学,不仅在内容上融会佛理,同样也更积极地吸纳佛教义疏方法并加以发挥,在著述体例、方法、学风上都综合儒、释,舍短取长并加以发展。宋儒著述兴用语录体,在观念上和方法上又借鉴了禅宗语录,而禅宗语录体也可以说是对于义学注疏体裁的扬弃和发展。关于禅宗语录,本书介绍禅宗还将说到。

---

① 《北史》卷八一《儒林传序》,第 2709 页。

三

李慎之说:

> 为什么中学非要吸收佛学不可,除去社会政治等等原因之外,就学术本身讲,实由于佛学的抽象思维能力强于儒学,中国人如不能高攀而化之,实在不能满足人类天性中要求不断提高思维能力的天然要求。①

这里提出"天然要求",实际还有学术发展本身的逻辑必然性。先秦以来的经学和诸子著述大体不以逻辑严密见长,与之相对比,佛经特别是其论藏却正以论证的细致、繁复为特征,体现了抽象思维高度发达的优长。义学沙门治学相当充分地继承、发扬了这一方面,善于使用名相辨析方法和逻辑细密的论说方式,不仅极大地丰富了论辩和分析技巧,更促进了逻辑思维大发展。这也是他们对于中国学术的又一贡献。宋代新儒学与汉儒章句之学在表达上的重大差异也体现在这一方面。

通过名相分析来进行义理论证本是佛陀教化的重要方法。佛教初传施行教化,就把对于"四谛"、"五蕴"、"六处"、"十二缘生"、"十八界"等名相分析作为确立基本教义的主要手段。部派佛教各部派撰著《阿毗昙》(《毗昙》,《阿毗达摩》,"对法"),形成"论藏",把这种方法发展到极致。对于中国人来说,这是一种十分新颖别致的思维方式和表达方法,早已引起注意。早期中土僧俗著作,如支遁、郗超、孙绰等人文字,已经有意借鉴这类论说方式。而作为早

———————

① 《什么是中国现代学术经典》,《李慎之文集》下册第 403 页,2004 年。

期佛学承前启后大师的道安和慧远先后组织系统地翻译《阿毗昙》，把它的独特的叙述和论证方法更全面地介绍给中国学术界。

　　符秦时期，道安在关中，有大批西域学僧来华，其中包括从罽宾先后来到长安的僧伽提婆、僧伽跋澄等，都是有部学者。前者翻译了《阿毗昙》《阿毗昙心》等，后者译出了《鞞婆沙》（《大毗婆沙》的部分异译）。太元十六年（391）僧伽提婆南下庐山，见到慧远，慧远请他重译《阿毗昙心论》和《四阿鋡暮抄解》（后改名为《三法度论》）。这样，在鸠摩罗什来华前的一段时间，传译《阿毗昙》一度形成高潮。属于小乘的毗昙学在内容上本是和大乘思想相对立的，但在中土、在同一时期它们却同样引起人们的关注。这固然是中国佛教弘通开阔精神的体现，实际上也适应了义学发展的实际需要。慧远概括《阿毗昙心》的内容，说它"美发于中"大要在三个方面："一谓显法相以明本，二谓定己性于自然，三谓心法之生，必俱游而同感。"①所谓"显法相以明本"，是指一切法相用五蕴、十二处、十八界等义来组织、解说，明其本之于心；所谓"定己性于自然"，是说分析诸法，皆为自性所摄，这里"自然"取"自类"、"自性"义；所谓"心法之生，必俱游而同感"，是说"智慧性能了，明观一切有"②，心不孤起，必与心所相应，心与心所同一所缘境界。毗昙学肯定一切法有，特别是肯定识神为"胜义有"。有部的这种教义融入中土的大乘思想中，很容易和中土传统的本体论和神不灭观念相调和。另一方面毗昙学的论证和表述方法特别被重视与借鉴，即人们更注重其作为"工具"的价值和意义。毗昙学对整个中国学术史的影响特别体现在这后一方面。

　　下面简单介绍一部《阿毗昙》作例子。印度论师法胜的《阿毗昙心论》，前面已经说到，僧伽提婆曾经翻译，是毗昙学的概要著

①《阿毗昙心序》，《出三藏记集》卷一○，第378页。
②《阿毗昙心论》卷三《智品第六》，《大正藏》第28卷第820页中。

作。后来另一位著名论师法救补注《阿毗昙心论》,扩充原二百五十颂为六百颂,长行直解亦大为扩充,增加第十《择品》,较《心论》十品多出一品,成《杂阿毗昙心论》十一卷,刘宋僧伽跋摩于元嘉十二年(435)译出,著名义学沙门慧观笔受。这是一部典型地发挥名相分析方法的佛教论书。全书前面有序颂,结尾有结颂,正文十一品,内容集中在说明、论证四谛要义。第一、二《界品》《行品》说苦谛,论诸法缘生皆有自性。先按三科列举五蕴、十二处、十八界诸法,明其自相、共相、有漏、无漏诸义,分疏其相互关系,总括法界、意处、色蕴,总摄一切法,明确各有自性;然后说明一切法均为缘生,处在生、住、异、灭的流转变化之中;又把一切法划分为色法、心法、心相应行法和心不相应行法四类,明确此四类法俱为因缘生,有六因四缘,即能作因、俱有因、同类因、相应因、遍行因、异熟因;因缘、次第缘、缘缘、增上缘,再分别说明它们的关系与作用。第三、四《业品》《使品》论集谛,解释生死轮回的根源,首先说众生流转于三界六趣,皆由于“业”的作用,业分为思业和思已业(即身业、口业),三业各有成就、失坏、差别、业果;然后说“业”促成的七种烦恼(七使):欲贪、有贪、嗔、痴、慢、疑、见;又从行相、界系、部类分为九十八使,明其自性、所缘及相应,以及四种断义和九种遍知,并以四义说明与心相应。第五《圣贤品》论灭谛,先明正精进、善方便、正智三种修行方便;次说四果、四向、二十七坚圣;再次以未知、已知、无知三无漏根,明利根、钝根得果不同;最后说明渐修现观、顿得修果和三种渐次无间之义。第六、七《智品》《定品》论道谛,说明智之自性在于能观察四谛实相,智有十种即有漏智、法智、类智、苦智、集智、灭智、道智、他心智、尽智、无生智,此十智摄一切智;十智观十六行相,而诸智修习成就又分为见道、修道、无学三位;然后明定为智所依,定有四禅、四等、一切三昧等,依定生起六通、四无量心、十遍处、八胜处、八解脱、十智等,定能成就诸圣共同功德、十四变化心及其他功德。第八《修多罗品》,依识、智、使三毗昙门,解释施、戒、修、三界、七识住、九众生居、二十二根等义，归于界、谛等。第九《杂品》对前面诸品未尽之义加以抉择、解说，计五十三义。第十《择品》广择《修多罗品》及前面诸品的重要义理再加解说，计四十二义。第十一《论品》提出问题，列举实例，计二十六义。以上是本论的纲领大要。①

　　只要看看这个简单的提纲就清楚，《杂阿毗昙心论》的全部论说建筑在名相分析上，而名相分析的细密繁复、组织结构的严整浩瀚，都是中土著述所未见的。例如关于七种烦恼、九十八使的分析，区分心理现象细如毫发；同样分析"十智"不但与"识"相区别，更区分出"智"的层次。这种分析与结构方法固然显得过分繁琐，但对于阐明义理却是有意义、有作用的：正是细密的思维、严谨的逻辑保证了论证的全面和深入。道安称赞阿毗昙的内容和表现特点说：

　　　　其为经也，富莫上焉，邃莫加焉……其说智也周，其说根也密，其说禅也悉，其说道也具。周则二八（十六智）各适其时，密则二十（二十犍度）迭为宾主，悉则昧净遍游其门，具则利钝各别其所。以故为高座者所咨嗟，三藏者所鼓舞也。②

慧远则说：

　　　　又其为经，标偈以立本，述本以广义。先弘内以明外，譬由根而寻条，可谓美发于中，畅于四肢者也。③

这都指出了阿毗昙逻辑细密严谨的优点。

　　名相辨析与形式逻辑有密切关联。后者也是中国传统思维的

①以上解说，参照刘保金《中国佛典通论》第五章《阿毗昙杂心论》，第123—126页，河北教育出版社，1997年。
②《阿毗昙序》，《出三藏记集》卷一〇，第376页。
③《阿毗昙心序》，《出三藏记集》卷一〇，第378页。

薄弱方面。比如《论语》里一个"仁"字就有各种各样解说。当然这是孔子"因材施教"的权宜手段，但就形式逻辑而言显然是有缺陷的。概念判断必须明确内涵、外延乃是形式逻辑的基本要求，像《论语》这样的儒家典籍显然没有做到。根据儒家传统，注重伦理道义，讲究微言大义，也就不必注重具体语义的辨析。孔子的做法也就被称赞为善于诱导、启发学徒的教学上的优点。但这和佛教把辨析名相当作立论重要手段大相径庭是显然的。佛典在这方面的成就和优长被中土义学借鉴和发扬，注重利用细密的名相分析来发挥义理成为论说的基本方式。例如在僧肇和竺道生的著作里，有关"诸法"的"真"、"实"、"性"、"理"、"有"、"无"、"体"、"寂"诸概念，有关"心"的"心"、"直心"、"真心"、"净心"、"静心"、"圣心"、"神心"、"无心"、"悟心"、"虚心"诸概念，有关"心"的作用的"知"、"智"、"照"、"明"、"神"诸概念，等等，论说中对其含义都做出清晰的界定。他们正是借助于对这些概念的辨析来立义明理的。后来宋代新儒学辨析"心"、"理"、"性"、"命"等，显然也借鉴和发挥了这样的方法。概念辨析是逻辑分析的第一步。义学沙门在这方面的成就乃是丰富和发展中土逻辑思维的重要贡献。

在名相分析的基础上，毗昙学又善于使用条分缕析、层次渐然的论说结构。中土义学同样善于使用这种方法。前面引用过的慧远《阿毗昙心序》已经明确指出过。又刘宋刘虬的《无量义经序》说：

> 《无量义经》者，取其无相一法，广生众教，含义不赀，故曰无量。夫三界群生随业而转，一极正觉任机而通。流转起灭者，必在苦而希乐，此叩圣之感也。顺通示现者，亦施悲而用慈，即救世之应也。根异教殊，其阶成七：先为波利等说五戒，所谓人天善根，一也。次为拘邻等转四谛，所谓授声闻乘，二也。次为中根演十二因缘，所谓授缘觉乘，三也。次为上根举六波罗蜜，所谓授以大乘，四也。众教宜融，群疑须导，次说

《无量义经》，既称得道差品，复云未显真实，使发求实之冥机，
用开一极之由绪，五也。故《法华》接唱，显一除三，顺彼求实
之心，去此施权之名，六也。虽权开而实现，犹掩常住之正义，
在双树而临崖，乃畅我净之玄音，七也。过此以往，法门虽多，
撮其大归，数尽于此。①

这一段文字前面说"叩圣之感"、"救世之应"，接着讲"根异教殊"的
七个层次，也正是有取于《阿毗昙》寻根讨源、层层分析的方法，行
文中显然又照顾到本土接受习惯而避免了过度繁琐的弊端。

可以举出一个事实，在世俗文字里，刘勰的《文心雕龙》正是有
意利用《毗昙》论述方式来阐述内容的。他在讲"总文理，统首尾，
定与夺，合涯际，弥纶一篇"的"附会之术"时，直接说到文章写作
方法：

凡大体文章，类多枝派，整派者依源，理枝者循干，是以附
辞会义，务总纲领，驱万途于同归，贞百虑于一致，使众理虽
繁，而无倒置之乖，群言虽多，而无棼丝之乱；扶阳而出条，顺
阴而藏迹，首尾周密，表里一体，此附会之术也。②

毗昙使用的正是这种枝派清晰、寻根讨源的分析方法。他在具体
论述中，如讲"文能宗经，体有六义：一则情深而不诡，二则风清而
不杂，三则事信而不诞，四则义直而不回，五则体约而不芜，六则文
丽而不淫"③；"若总其归涂，则数穷八体：一曰典雅，二曰远奥，三曰
精约，四曰显附，五曰繁缛，六曰壮丽，七曰新奇，八曰轻靡。典雅
者，镕式经诰，方轨儒门者也；远奥者，馥采典文，经理玄宗者
也……"④，如此等等，频繁使用数字和名数，在论述中采取分析的

①《出三藏记集》卷九，第352页。
②范文澜《文心雕龙注》卷九，下册第650—651页，人民文学出版社，1961年。
③同上卷一，上册第23页。
④同上卷六，下册第505页。

结构,正是借鉴了毗昙学的论说技巧。范文澜早已明确指出刘勰对《阿毗昙》的借鉴:

> 彦和精湛佛理,《文心》之作,科条分明,往古所无。自《书记篇》以上,即所谓界品也,《神思篇》以下,即所谓问论也。盖采取释书法式而为之,故能鳃理明晰若此。①

这段评论中有关二者具体篇章的比附或可商榷,但总的精神是没有疑问的。日本学者兴膳宏也著有长文,详细论说《文心雕龙》从概念使用到全书结构安排、论证方式如何借鉴佛教《阿毗昙》的表述方法,认为这是中土学者著述借鉴佛藏的著例②。虽然后来中土一般著述里少见如此整齐、繁复的同类结构,但其形迹在唐宋人议论文字里却随处可见。

还有一点也很重要,就是以数字统摄概念的所谓"带数释"的运用。这种方法在中土早期著述里也有,如《墨子》的"言必有三表"③、《淮南子》的"兵有三势"④等,但佛典论书里运用得更为普遍。从原始佛教的"四圣谛"、"五蕴"、"六根"、"六境"、"十二缘生"、"九分教"等等开始,在阿毗昙中成为构成论说结构的框架,以后更成为组织大乘教理的主要形式,助成前面介绍的分析、论说方法的主要手段。这虽然属于简单的构词法或修辞法,但作为思维方式的具体体现,不仅丰富了语言概念,对于促进逻辑思维的发展也起到一定作用。

众所周知,佛教义学为后来中土佛教宗派的形成打下了理论基础。而其独特的分析、论说方法对于中土思维和学术的影响也

①《文心雕龙注》卷一〇,下册第 728 页。
②《文心雕龍と出三藏記集——その秘められた交涉をめぐって——》,福永光思编《中國中世の宗教と文化》第 127—238 页,京都大学人文科学研究所,1982 年。
③《墨子》卷九《非命上第三十五》。
④《淮南鸿烈解》卷一五《兵略训》。

是十分深远的。关于这一点,梁启超的论断是相当有见地的:

> 犹有一事当注意者,则组织的解剖的文体之出现也。稍治佛典者,当知科判之学,为唐宋后佛学家所极重视。其著名之诸大经论,恒经数家或数十家之科判,分章分节分段,备极精密(道安言诸经皆分三部分一序分二正宗分三流通分此为言科判者之始以后日趋细密)。推原斯学何以发达,良由诸经论本身,本为科学组织的著述。我国学者,亦以科学的方法研究之,故条例愈剖而愈精。此种著述法,其影响于学界之他方面者亦不少。夫隋唐义疏之学,在经学界中有特别价值,此人所共知矣。而此种学问,实与佛典疏钞之学同时发生。吾固不敢径指此为翻译文学之产物,然最少必有彼此相互之影响,则可断言也;而此为著述进化一显著之阶段,则又可断言也。①

这里明确指出了六朝义学的科判义疏之学在组织和表达方面所具有的明显特征和优长。它的影响首先及于隋唐宗派佛学,进而影响到唐宋经学,更长时期推动了整个中国学术的演变。这是佛教对于逻辑思维发展的贡献,也是对于整个学术发展的贡献。

---

① 《佛学研究十八篇》,《翻译文学与佛典》第 29 页,台北中华书局,1976 年。

第十三章　明佛护法论争

　　齐梁之际的僧祐以极大的护法热情编辑围绕佛教论争的相关文献,在作为后序的《弘明论》中说:

　　　　夫二谛差别,道、俗斯分。道法空寂,包三界以等观;俗教封滞,执一国以限心。心限一国,则耳目之外皆疑;观等三界,则神化之理常照。执疑以迷照,群生所以永沦者也。详检俗教,并宪章五经,所尊唯天,所法唯圣,然莫测天形,莫窥圣心。虽敬而信之,犹蒙蒙不了,况乃佛尊于天,法妙于圣,化出域中,理绝系表,肩吾犹惊怖于河汉,俗士安得不疑骇于觉海哉!既骇觉海,则惊同河汉:一疑经说迂诞,大而无征;二疑人死神灭,无有三世;三疑莫见真佛,无益国治;四疑古无法教,近出汉世;五疑教在戎方,化非华俗;六疑汉魏法微,晋代始盛。以此六疑,信心不树,将溺宜拯,故较而论之。①

从这段话,可以清楚看出当时反佛和护法双方斗争的内容、激烈情形以及佛教方面对于这一斗争的重视。

　　"孔子自认是一种衰落文化的保护者和修复者"②,"述而不作,

---

① 《弘明集》卷一四,《大正藏》第 52 卷第 95 页上。
② 葛瑞汉《论道者——中国古代哲学论辩》(Angus C. Graham: *Disputers of the Tao: Philosophical Argument in Ancient China*)第 13 页,张海宴译,中国社会科学出版社,2003 年。

信而好古"是儒家的重要原则。先秦诸子百家并兴,后来谶纬神学和玄学大盛,以至道教兴起,都大为变乱了儒家正统,但矛盾、冲突总还算限制在中国固有文化传统之中。佛教则全然是外来异民族的宗教,是异质文化的产物,体现的是与本土截然不同的思想、文化、伦理传统;加之中国人的"华、夷之辨"、大国意识,这种宗教移植过来,就更多一层阻力。这样,佛教从输入那一天起,反佛与"护法"的斗争就从未间断过。

如上所述,佛教输入中国早期,基本是被当作一种方术、祭祀形式来对待的。从《理惑论》可以看出,当时的论争,主要集中在外来僧人的行为规范、教团的组织与活动、经典内容与风格等方面。其时般若和禅数的基本教理已经传译过来,却并没有引起理论层面认真的交锋。这是因为当时人对于外来宗教的教义、教理还缺乏深入了解。出现玄学与般若相合流的现象,也从侧面表明对于外来佛教思想层面的认识还相当肤浅。但到东晋十六国时期,佛典翻译日渐充分,一批中土学人参与僧团,对佛教教义、教理的理解日渐深入;另一方面僧团规模迅速扩大,造成的矛盾和问题也越来越多。这些矛盾和问题不仅有社会实践领域的,更广泛涉及思想、理论层面。这样,在僧、俗之间,在世俗朝野,以至在僧团内部,围绕中国佛教发展出现的相关事相和理论问题展开的论争日趋热烈。东晋南北朝时期作为中国佛教大发展的时期,也是历史上这种争论最为复杂、激烈的时期。

本来自汉武帝"罢黜百家",儒术(已经不同于原始的"儒家",而是儒家与名、法、阴阳等诸家相结合的产物)已经牢固地确立起在思想、文化领域的统治地位。后来谶纬之学更把儒术神学化,即使有道教兴起、玄学兴盛,却都不足以动摇儒术的统治地位。而佛教带来的是纯粹异质的外来思想,又具有严整、系统的理论体系,自然成为与中国传统思想相抗衡的重要的、就声势说更是相当强大的力量。这样,儒、释之间的交锋与论争,就不仅是中国历史上中、外思想交锋与交流的重要内容,也成为整个中国思想史的主要构成部分。另一方面历史上并兴的佛、道二教之间除了信仰、教理等领域的纯宗教层面的争论,还有二者在社会体制中的地位高下、作用如何等等的斗争,同样涉及多方面的思想理论内容。这样,中国历史上反佛和护法双方的斗争内容十分复杂,关系思想、理论领域的方方面面。这长期、复杂的斗争从整体上促进了全民族思维能力和理论水准的提高,在中国思想史上占有重要地位,取得了重要成就。而就佛教自身的发展说,在客观上更迫使它主动地适应本土思想、文化传统,从而促进了"中国化"的进程。

宗教具有神圣、绝对的性质,宗教论争带有特有的热忱和冲动,往往体现为对抗的态势。佛教在中国传播伊始,面对强大而优越的本土传统,自身又具有特殊的调和、包容性格,特别由于处在专制政治体制威压下,更需要寻求世俗方面主要是世俗统治者的支持,决定它必须采取柔韧、调和的姿态。另一方面,华夏传统文明对于外来文化又具有兼容并蓄的精神,无论是作为信仰,还是作为学理,都可能把佛教当作"百家"的一家来容纳。因而与世界宗教史上一般的宗教矛盾、冲突相比较,总体看来中国佛教所遭遇的对抗和缓得多。反佛和护法双方采取的主要是理论、思想层面的论争,而很少形成实际行动上的抗争。世俗政权的"三武一宗"采取过毁佛的暴烈措施,但时间都很短促,并不能贯彻到底;佛教方面有过个别、零星的反抗世俗统治的武装斗争,但基本不是出于宗教方面的原因,在历史发展中所起的作用也很弱小。僧祐《弘明集》和后来的类似相关文献的编撰,正反映言论争执乃是中国历史上有关宗教矛盾与斗争的主要形式。而且出自佛教徒之手的这类书,编辑方法上具有很多长处,重要一点是同时收录争论双方文字,即使是对方极其激烈的攻驳以至骂詈也照录不误。这反映出迎战对方的充分自信,从中也可以清晰地看出论争的形态和性质。佛教方面态度如此,持反佛立场的人大体也一样。

　　僧敏《华戎论》一文概括攻击佛教的言论为："轻弄笔墨，仰卜圣旨，或混道、佛合同，或论深浅为异，或说神邦优劣，或毁清正虚实。"①这里实际提出了争论的四大课题，即：一，佛、道二教的异同；二，夷、夏思想的浅深；三，道教仙界和佛教乐邦的优劣；四，佛教追求悟境的虚实。这也是历史上"三教"争论的主要课题。当然另有涉及礼制、戒律、习俗等方面的争论。本章下面选择其中几个论争题目介绍论争情况。这些课题是：

　　哲学层面即"教理"方面，论争主要集中在两个问题上，一是关于是否存在不灭的灵魂（神）；再是关于是否存在因果报应；

　　涉及中国传统伦理和佛教戒律的冲突，论争集中在是否应当"致敬王者"；

　　关系中国传统习俗和外来习俗之争，具体争论对象包括所谓"祖服"之争、"踞食"之争，论争集中在所谓"华、夷之辨"，这些实际也体现不同文化的冲突；

　　在纯宗教领域，则集中在本土宗教道教与外来佛教的高下、存废之争。

　　这几个课题论辩多有相互关联、交叉之处，历史上争论的课题也不限于这几个。但这几个问题是主要的，内容涵盖政治、思想、伦理、宗教等诸多领域。它们不但关系佛教的存续和发展，更涉及中国文化、学术的许多重要层面。

　　中国自周秦以来，特别是经过春秋战国时期的"百家争鸣"，形成了成熟的思想、学术论辩的传统。佛教输入之后，又继续实践并发展了这一传统。特别因为这种宗教论争，实际又是世界上两大具有优秀传统和丰富内容的思想、文化体系的论争，内容与意义十分宽泛、丰富，从这样的角度看，中国人从中受益是不可估量的。

_____

① 《弘明集》卷七，《大正藏》第52卷第47页上。

第一节　关于"神不灭"的争论

一

齐、梁时期的著名道士陶弘景,区分道教与佛教对于形、神关系的不同观点说:

> 凡质像所结,不过形、神。形、神合时,是人是物,形、神若离,则是灵是鬼;其非离非合佛法所摄,亦离亦合仙道所依。①

道教追求"长生久视"或"飞升成仙",当然主张存在着"不灭"的"神",即所谓"灵魂",所以认为形、神"亦离亦合",即二者相分;而依据佛教教理,人是五蕴和合而成的,所以"人我空",作为实体的"不灭"的"灵魂"、"神识"、"精神"等等与五蕴和合的人身一样,也是"空"的,所以形、神"非合非离佛法所摄"。不过在中国民众的佛教信仰中,一般却是把不灭的灵魂当作轮回果报主体看待的。而早自佛教初传,就宣扬"精灵起灭,因报相寻",因而使得"若晓而昧者,故通人多惑焉"②。即使是在大乘教理被中土人士更准确地理解以后,在形、神关系上,仍保持形、神相分的思路。中国佛教的"神不灭"论,乃是外来佛教教理在中土环境中受到固有传统宗教思想影响而加以发挥的成果,也是佛教"中国化"的一种典型表现。在齐、梁时期关于"神不灭"的论争中,议论焦点就集中在形、神是否合一,"神"是否长存不灭。护法一方均坚持形、神为二、"神不

①《答朝士访仙佛两法体相书》,《华阳陶隐居集》卷上,《道藏》第 23 册第 646 页。
②《后汉书》卷八八《西域传论》,第 2932 页。

灭";反对一方则主张形销神灭。

灵魂不死,肉体与精神分离,本来是世界许多民族自原始时期即已产生的观念。这种观念在中土先民中同样早已形成。即使后来经过"百家争鸣",知识分子精英的理性精神已经主导思想意识领域之后,这种"神不灭"观念仍然沉积下来。具有符号意义的是墨子的"有鬼论"。在诸子百家之中,墨子学派被认为是代表平民阶层思想观念的。这一学派主张有鬼论,正表明这一信仰在民众中具有更深厚的基础。儒家的祖师孔子不语怪、力、乱、神,却又说"未知生,焉知死",对于死后的境界置而不论,显然对于鬼神的存在并不取坚决否定态度。后来的儒家经典《礼记》也说:"大凡生于天地之间者皆曰命,其万物死皆曰折,人死曰鬼。此五代之所不变也。"[1]又说"天下之礼,致反始也,致鬼神也……致反始,以厚其本也;致鬼神,以尊上也……"[2]这都是基于灵魂不死观念的说法。不过总体说来,关于游离肉体的灵魂、神识的存在状态,在古代中国人的传统观念里却始终是模糊不清的问题。有魂气无不之的"游魂"观念,有灵魂聚集在"幽都"的观念,有"魂气归于天,形魄归于地"的魂、魄相分观念,等等。正是在这些观念基础上,形成后来中国特有的"长生久视"的神仙观念,这种观念进而演化为道教信仰的基本内容。不过中国传统的"神不灭"即灵魂不死思想与佛教的死而复生的轮回观念是绝不相同的,更和佛教的因缘果报教理无关。这样,佛教轮回报应的"神不灭"说输入中国,既有中土传统的灵魂观念为基础,又对于后者有所丰富和补充,再加上客观环境的实际需要,也就容易被积极地接受和广泛地传播,并进一步被改造、融合,形成为中国佛教教理的一个重要观念。

---

[1]《礼记正义》卷四六《祭法》,《十三经注疏》下册第 1588 页。
[2]同上卷四七《祭义》,同上第 1595 页。

又如本书前面所指出,中国人所接受的佛教缘起观念主要是"业感缘起"说。作为佛教根本教理的"十二缘生"中,"行缘识"指由"业"生"识",这作为关键的一环,五蕴合和的生命个体即在此基础上产生。而在中国人的理解中,"识"又被看成是"神",即所谓"神识",也就是精神、灵魂。三国吴支谦翻译《法句经》已经相当明晰地表述了"神不灭"观念。其最后一品《生死品》阐明"说诸人魂,灵亡神在,随行转生",计十八颂,其第十至十四颂谓:

> 神以身为名,如火随形字,著烛为烛火,随炭草粪薪。
> 心法起则起,法灭而则灭,兴衰如雨雹,转转不自识。
> 识神走五道,无一处不更,舍身复受身,如轮转著地。
> 如人一身居,去其故室中,神以形为庐,形坏神不亡。
> 精神居形躯,犹雀藏器中,器破雀飞去,身坏神逝生。①

这里讲的正是形、神相分的道理,并肯定轮回的是不灭的"神"、"精神"。这是部派佛教有部的思想,本是与大乘般若空观相抵触的。牟子《理惑论》的两节则表明佛教传入早期在有关"神不灭"争论中本土信徒的看法,一节说:

> 问曰:"佛道言人死当复更生。仆不信此之审也。"牟子曰:"人临死,其家上屋呼之。死已,复呼谁?"或曰:"呼其魂魄。"牟子曰:"神还则生;不还,神何之呼?"曰:"成鬼神。"牟子曰:"是也,魂鬼固不灭矣,但身自朽烂耳。身譬如五谷之根叶,魂神如五谷之种实;根叶生必当死,种实岂有终亡,得道身灭耳。老子曰:'吾所以有大患,以吾有身也;若吾无身,吾有何患?'又曰:'功成名遂身退,天之道也。'"或曰:"为道亦死,不为道亦死,有何异乎?"牟子曰:"所谓无一日之善,而问终身之誉者也。有道虽死,神归福堂;为恶既死,神当其殃。愚夫

①《法句经》卷下,《大正藏》第4卷第574上一中。

　　暗于成事，贤智豫于未萌。道与不道，如金比草；善之与福，如白方黑。焉得不异，而言何异乎？"

这里先是用古代招魂的风俗来证明"神还则生"。实际上招魂的风俗只可用来证明灵魂的存在，并不能证明轮回。接着又用五谷种实作比喻，但是前种已非后种，所作比喻也并不恰当。然后引用《老子》的话，显然也是有意作曲解。最后说到灵魂去处，善恶报应，则更与轮回的本义无关。这番论述显然是夹杂中土观念对于"神不灭"所作的论证。另一节说：

　　问曰："孔子云：'未能事人，焉能事鬼？未知生，焉知死。'此圣人之所纪也。今佛家辄说生死之事，鬼神之务，此殆非圣哲之语也？夫履道者，当虚无淡泊，归志质朴。何为乃生死以乱志，说鬼神之余事乎？"牟子曰："若子之言，所谓见外未识内者也。孔子疾子路不问本末，以此抑之耳。《孝经》曰：'为之宗庙，以鬼享之；春秋祭祀，以时思之。'又曰：'生事爱敬，死事哀戚。'岂不教人事鬼神、知生死哉！周公为武王请命曰：'旦多才多艺，能事鬼神。'夫何为也？佛经所说生死之趣，非此类乎！老子曰：'既知其子，复守其母，没身不殆。'又曰：'用其光，复其明，无遗身殃。'此道生死之所趣，吉凶之所住，至道之要，实贵寂寞。佛家岂好言乎？来问不得不对耳。钟鼓岂有自鸣者，抟加而有声矣。"①

这里反方进一步用孔子的怀疑态度来进行驳难，指出鬼神之事非圣人之所贵。牟子则引用《孝经》、《老子》上的话争辩，证明生死鬼神之说为中国传统所固有。这两段话都是借助中国本土传统观念来论证佛教"神不灭"之说的。

　　这样，支谦译经，牟子著论，都张扬"神不灭"论，可见这已是佛

①《牟子丛残新编》第9—10页（标点有改动）。

教输入早期的基本内容。如上所说他们所讲的"神不灭"，显然和大乘佛教的根本立场大不相同，反而和中国传统的鬼神观念相通。这体现了佛教初传必须适应中国思想土壤的现实状况，同时也清楚表明外来思想与本土意识相调和的趋势，从而也确定了中国佛教"神不灭"论发展的总体趋向。

东晋时期，佛教被社会上下广泛接受，当时无论是知识精英还是平民百姓普遍相信人死为鬼，灵魂实存。例如郗超和孙绰分别留下护法著作《奉法要》和《喻道论》，都宣扬"有神论"，并且已经把"有神论"与轮回报应教理结合起来。郗超论修道守戒说：

> 全五戒则人相备，具十善则生天堂。全一戒者则亦得为人。人有高卑，或寿夭不同，皆由戒有多少。反十善者谓之十恶。十恶毕犯则入地狱。抵捍强梁，不受忠谏，及毒心内盛，殉私欺绐，则或堕畜生，或生蛇虺。悭贪专利，常苦不足，则堕饿鬼。其罪若转少而多阴私，情不公亮，皆堕鬼神，虽受微福，不免苦痛。此谓三途，亦谓三恶道。[1]

考察当时民间流传的佛教传说，大都也是把鬼魂当作接受报应的实体。这样，当义学沙门即佛教界的精英们尽心钻研中观学派和瑜伽行派关于心识的精致教理的时候，主张形灭神存的较粗俗的"有神论"却在社会上下广泛传布。它为信仰提供了依据，更受到民众的尊信和欢迎。"神不灭"论从而成为中国佛教信仰的重要理论支柱之一，因而也成为反佛与护法双方激烈论争的主要课题。有关争论十分复杂：涉及佛教教理，也体现儒、道、佛之间的分歧与冲突；有哲理层面的，也有信仰实践层面的；参与论辩的，亦包括僧、俗不同方面人士。

---

[1]《奉法要》，《弘明集》卷一三，《大正藏》第52卷第86页下。

二

中国佛教史上第一位从理论高度系统阐发"神不灭"论、批判"神灭"论的是慧远。他本来对《老》、《庄》进行过相当深入的研究，而道家的"自然"说是与"神不灭"论相抵触的。他着重厘清两种观念的界限，从而提升了相关辩论的理论水平。又，他在庐山时期，曾邀请罽宾沙门僧伽提婆翻译《阿毗昙心》、《三法度论》等部派佛教犊子部论书。犊子部主张有"我"即"补特加罗"（数取趣）作为轮回主体存在。慧远的"神不灭"思想显然受到这一派理论的直接影响。

慧远之前有罗含，是名门出身的文人，曾为庾亮属下江夏从事。桓温镇荆州（345），他任征西参军，著《更生论》，其中根据向秀的话："天者何？万物之总名；人者何？天中之一物。"①主张"万物不更生，则天地有终矣"。他所谓"更生"，是指人"聚散隐显，环转我无穷之途，贤愚寿夭，还复其物"，而"神之与质，自然之偶也；偶有离合，死生之变也"②，因而主张今生乃是昔生的延续。从而他认为精神与形体相分，也就是主张"神不灭"论。另一位著名文人、"竹林七贤"之一的孙盛读后致书，表示反对。他则认为"形既粉散，知亦如之。纷错浑化为异物，他物各失其旧，非复昔日"，因此没有所谓"更生"的可能。这则是主张"神灭"论。后来罗含又有答辩，坚持原来的意见。这次争论没有直接涉及佛教，《晋书》卷九十二《罗含传》里也没有关于他信仰佛教的记载。两人所谈都归结到是否"齐生死"这一庄子学说的论题。不过这一争辩表明，当时人

①向秀的这句话出处不可考；据其《庄子注》，有"天地者，万物之总名也"（《逍遥游注》），"接乎有生之类，会而共成一天耳"（《齐物论注》）等语。
②《更生论》，《弘明集》卷五，《大正藏》第52卷第27页中。关于他与孙盛争论文字，见同书第27页中一下。

的意识中灵魂存灭已经是重要的思想理论课题。另一方面,如汤
用彤指出:

> 盖自东晋以来,形神之争议杂作。阮修不信鬼。阮瞻素
> 执无鬼论。(见《晋书》四十九)庾阐作《神不更受形论》。(见
> 《祐录》,今佚。《晋书》九十二载其吊贾谊辞有曰:"夫心非死
> 灰,智必存形,形托神用,故能全生"云云。)而据《高僧传》所
> 载,谓东晋时,异学之徒,咸谓心神有形,但妙于万物,纷纭交
> 诤,互相催压。竺僧敷乃著《神无形论》,以有形便有数,有数
> 则有尽。神既无尽,固知无形矣。敷之所言,亦颇与罗含之旨
> 相似。[1]

正是在人们普遍关注的形势下,慧远对"神不灭"作出系统论证。

慧远是在讨论出家人是否需要致敬王者时提出"神不灭"之说
作为依据的。他区别"方内"、"方外":"方外"之人"求宗不顺化"、
"体极不兼应",而这"宗"、"极"就是超越现世的"不灭"的"神"。他
直接把《庄子》关于"神、形俱化"乃是"自然之数"、生死为"形化"的
观点作为批驳对象:

> 夫禀气极于一生,生尽则消液而同无。神虽妙物,故是
> 阴阳之化耳。既化而为生,又化而为死;既聚而为始,又散而
> 为终。因此而推,故知神、形俱化,原无异统,精、粗一气,始
> 终同宅。宅全则气聚而有灵,宅毁则气散而照灭;散则反所
> 受于大本,灭则复归于无物。反复终穷,皆自然之数耳。孰
> 为之哉![2]

他又引用《庄子·知北游》一段文字:"人之生,气之聚。聚则为生,

---

[1]《汉魏两晋南北朝佛教史》下册第 305－306 页。

[2]《沙门不敬王者论·形尽神不灭第五》,《弘明集》卷五,《大正藏》第 52 卷第
31 页中。以下本篇引文均据此本 31 页中－32 页上。

散则为死。若死生为彼徒苦，吾又何患？"①如此以气的聚散来解释生死，证明"理极于一生，生尽不化"之义，就从根本上否定了作为"宗"、"极"的"不灭"的"神"的存在。正如崔大华所指出：

> 在先秦，庄子思想始终都是单纯地处在以儒家思想为背景、为基础的文化环境中，精神生活总是在现实的画面上展开。②

庄子的生死观显然是极富理性色彩的。然而《庄子》又曾指出：

> 人生天地之间，若白驹之过隙，忽然而已。注然勃然，莫不出焉；油然漻然，莫不入焉。已化而生，又化而死，生物哀之，人类悲之，解其天弢，堕其天袠，纷乎宛乎，魂魄将往，乃身从之，乃大归乎！③

又说：

> 一受其成形，不亡以待尽，与物相刃相靡，其行尽如驰而莫之能止，不亦悲乎！终身役役而不见其成功，苶然疲役而不知其所归，可不哀邪？人谓之不死，奚益？其形化，其心与之然，可不谓大哀乎！④

这则是基于自然生死观所做的对于人生意义的深刻反省，显然已经意识到处在无限宇宙中的有限人生的困境。所以《庄子》更进一步，幻想超越时空限制的"至人"、"真人"、"神人"等理想人生形态的存在，从而为神仙观念开启了端倪。这一点则显示了庄子思想

---

① 今本《庄子·知北游》这段话作"人之生，气之聚也。聚则为生，散则为死。若死生为徒，吾又何患？"即后一句文字不同，慧远的引文显然混入了人生是苦的佛教观念。
② 《庄学研究》第148页，人民出版社，1992年。
③ 《庄子》卷七《知北游》。
④ 同上卷一《齐物论》。

宗教性的一面,也突显出它的内在矛盾。

慧远则正是从庄子所提出的人生困境一点上找到了批驳的突破口。他在给桓玄的信里说:

> 庄周悲慨人生天地之间,如白驹之过隙,以此而寻,孰得久停,岂可不为将来作资?①

摆脱这一困境的办法,他论"形尽神不灭",进一步赋予"神"以超越"形"的特殊性质:

> 夫神者何耶? 精极而为灵者也。
>
> 神也者,圆应无主,妙尽无名,感物而动,假数而行。感物而非物,故物化而不灭;假数而非数,故数尽而不穷。有情则可以物感,有识则可以数求。数有精粗,故其性各异;智有明暗,故其照不同。

这样,他肯定有"神"作为超越物质世界的存在:它"感物"即感应于物;又"假数","数"指具体物象,《易·系辞上》有曰:"参伍以变,错综其数。通其变,遂成天下之文;极其数,遂定天下之象。"②这本是对于"自然"说的解释,但慧远却用来说明"神"凭借现实物象运行。慧远既肯定"有情"、"有识"能与现实世界相感应,又认为"神"的作用有精粗、明暗差别。福永光司批注慧远这段文字指出:

> 在这里慧远把"情"与"数"视为形成现象世界(因缘、报应或轮回的世界)的因素,借用《易经》哲学,论证"神"是超越"情"与"数"的。③

接着慧远更直接引用庄子的话来论证"神"为实有,不过引用中显然作了曲解。他说:

---

① 《答桓南郡书》,《弘明集》卷一一,《大正藏》第 52 卷第 75 页上。
② 《周易正义》卷七,《十三经注疏》上册第 81 页。
③ 《慧遠文集·譯注篇》,《慧遠研究·遺文篇》第 394 页,创文社,1960 年。

推此而论，则知化以情感，神以化传。情为化之母，神为情之根。情有会初之道，神有冥移之功。但悟彻者反本，惑理者逐物耳。古之论道者，亦未有所同，请引而明之。庄子发玄音于《大宗〔师〕》曰："大块劳我以生，息我以死。"又以生为人羁，死为反真。此所谓知生为大患，以无生为反本者也。

这里引用的是《庄子·大宗师》里的话，原文应是："夫大块载我以形，劳我以生，佚我以老，息我以死。"接下来的"又以生为人羁，死为反真"，据福永注，是根据《大宗师》哀悼子桑户的歌词："嗟来桑户乎！嗟来桑户乎！而已反其真，而我犹为人猗！""猗"本是语辞，慧远引做"羁"，或据别本；"羁"或通"寄"；《淮南子·精神训》："生，寄也。"①慧远的解释依据佛教的因缘观，指出"情"是引起万化的缘由，"神"则为其根本。《庄子》的归根反本之说本意是说死去回归于自然大化，慧远却曲解为佛教的"无生"即无生无灭的绝对境界，从而证明不灭的"神"的存在。

有趣的是，慧远又借用早已见于中土典籍的薪、火之喻。《庄子》上已有"指穷于为薪，火传也，不知其尽也"②的说法。《淮南子》论"形神相失"，曾举出"膏烛之类也，火逾然而消逾亟。夫精神气志者，静而日充者以壮，燥而日耗者以老"③。桓谭《新论》中则说："精神居形体，犹火之燃烛矣。"④这里第一段庄子的话，"指"、"脂"通借，按闻一多的说法，"脂"为薪指、烛薪，庄子是说人由生而死，乃自然变化，不必悲哀；《淮南子》上那一段话是讲养生的，指出保养精神有益于身体；桓谭那句话讲的同样是养生之道。这三段话使用薪、火之喻，都把形、神区别开来，都没有"神不灭"的意思。而

①《慧遠文集·譯注篇》，《慧遠研究·遺文篇》第 395 页。
②《庄子》卷二《养生主》。
③何宁《淮南子集释》卷一《原道训》，上册第 87、89 页，中华书局，1998 年。
④《新论·祛蔽第八》，《全上古三代秦汉三国六朝文·全后汉文》卷一四，第 1 册第 544 页。

且就桓谭的思想论,他是说要爱养精神,犹火之燃烛,须善自扶持,否则"烛无火,不能独行于虚空",实际是薪尽火灭的常识观点。按科学常识,火本是物质燃烧(氧化)现象,不是独立的存在。然而按佛教教理,"火"是四大色之一,是独立的色法,所以"薪"与"火"可以分离开来,也就可以用来作"神不灭"的比喻。慧远正是这样借用薪、火之喻来证明"神不灭",并说"火木之喻,原自圣典"。所谓"圣典",如龙树《中论》里说:

> 五阴常相续,犹如灯火炎,以是故世间,不应边无边。
>
> 从五阴复生五阴,是五阴次第相续,如众缘和合有灯炎,若众缘不尽,灯则不灭,若尽则灭。是故不得说世间有边、无边。①

又《大智度论》:

> 今未得实道,是人诸烦恼覆心,作生因缘业,死时从此五阴相续生五阴,譬如一灯更然一灯。②

这个"火木之喻"与谷种之喻一起,在佛典里常被当作形、神可以分离的根据。慧远发挥说:

> 火之传于薪,犹神之传于形。火之传异薪,犹神之传异形。前薪非后薪,则知指穷之术妙;前形非后形,则悟情数之感深。惑者见形朽于一生,便以为神情俱丧,犹睹火穷于一木,谓终期都尽耳。

这正是按"火"为色法的观念,把"薪"的燃烧当作薪与火的因缘和合,因而得出"火"虽穷于一木,但并不可能消灭的结论。然后,慧远又就人身来阐明形、神因缘和合的主张:

---

① 《中论》卷四《观邪见品》,《大正藏》第 30 卷第 38 页下－39 页上。
② 《大智度论》卷一二《释初中品檀波罗蜜法施之余》,《大正藏》第 25 卷第 149 页下。

就如来论，假令神形俱化，始自天本，愚智资生，同禀所受。问：所受者为受之于形耶？为受之于神耶？若受之于形，凡在有形，皆化而为神矣；若受之于神，是为以神传神，则丹朱与帝尧齐圣，重华与瞽叟等灵。其可然乎！其可然乎！如其不可，固知冥缘之构，著于在昔，明暗之分，定于形初，虽灵钧善运，犹不能变性之自然，况降兹已还乎？验之以理，则微言而有征；效之以事，可无惑于大通。

这样就又从人性不齐，推导出"冥缘"存在，从而再次证明"神"在"形"外、"神"附于"形"，从而得出"神不灭"的结论。

慧远为了突出沙门"宗"、"极"的追求，对"神不灭"论进行了上述较深入的论证。他利用《周易》和《庄子》为典据，体现了竭力调和外来教理与中土传统的努力。他论辩中逻辑上的漏洞是很明显的，更有许多模糊或矛盾的地方。如这不灭的"神"有没有善恶？与人的善恶是什么关系？人的善恶又是怎么形成的？等等，这些与轮回果报直接相关的问题，他都没有做出明确回答。然而他把有关形、神的辩论提升到较高的理论层面上，对于形、神各自作用的分析也确有深刻之处。所以他对于进一步解决这一思想史上的重大理论课题的贡献是不可否定的。到后来宗炳做出篇幅更长、论证更细密的《明佛论》（亦名《神不灭论》），对相关问题给出了更清楚的解答。宗炳本是他的俗弟子，又曾直接和他谈论过相关问题。宗炳的论述应当也包含有他的认识在内。

三

宗炳（375—443），字少文，出身于士族家庭，居荆州（今湖北荆州），有重名。都督荆州的殷仲堪、桓玄都曾征辟他，不就。义熙八年（412）总揽朝权的刘裕攻破盘踞荆州的刘毅，也曾辟宗炳为主簿，仍不起，"问其故，答曰：'栖丘饮谷，三十余年。'（宋）高祖（刘裕）善其对。妙善琴书，精于言理，每游山水，往辄忘归。征西长史王敬宏每从之，未尝不弥日也。乃下入庐山，就释慧远考寻文义"①。他的《明佛论》《神不灭论》结尾说："昔远和上澄业庐山，余往憩五旬。高洁贞厉，理学精妙……神明之化，邃于岩林。骤与余言于崖树涧壑之间，暧然乎有自言表而肃人者。凡若斯论，亦和上据经之指云尔。"②可知《明佛论》是其晚年所作，并曾直接得到慧远的启示和指点。后来他的兄长宗臧为南平太守，强逼他下庐山，在江陵隐居。宋室建，屡经征辟，并不出，一直度过漫游山水、结交僧侣的闲散生活。他善音乐、绘画，所著《画山水序》是美术史上的重要文献。后人编造慧远结"白莲社"传说，如前所说曾把他列为"十八高贤"之一。

　　如前所述，关于是否有常驻不变的"神"（即灵魂）存在，是关乎整个佛教教理能否成立的大问题。因此教内、外就这个题目发表意见的人特别多，争辩也特别激烈。俗人中比宗炳稍早还有郑鲜之（364—427），出身荥阳郑氏，是刘毅的舅父，在刘裕门下为咨议参军；宋室建立后为豫章太守，进尚书右仆射。他曾作《神不灭论》，说"余坠弱丧，思拔沦溺"③，表明自早年即是佛教信徒。他论"神不灭"，仍从形、神的"精、粗异源"出发，认为"神体灵照，妙统众形"，他也用薪火比喻，提出了独特的"火本"、"火理"概念：

　　　　夫火因薪则有火，无薪则无火。薪虽所以生火，而非火之本。火本自在，因薪为用耳。若待薪然后有火，则燧人之前，其无火理乎。火本至阳，阳为火极，故薪是火所寄，非其本也。神、形相资，亦犹此矣。相资相因，生途所由耳。安在有形则

---

①《宋书》卷九三《隐逸传》，第 2278 页。
②《明佛论》，《弘明集》卷二，《大正藏》第 52 卷第 16 页上。以下引用《明佛论》均据此书第 9 页下－16 页上。
③《神不灭论》，《弘明集》卷五，《大正藏》第 52 卷第 28 页上。以下引用《神不灭论》均据此书第 28 页上一中。

神存，无形则神尽？其本惚恍，不可言矣。请为吾子广其类以明之：当薪之在水则火尽，出水则火生，一薪未改，而火前期，神不赖形，又如兹矣。神不待形，可以悟乎！

这里不是一般地讲薪尽火存，而提出一个"火理"为"本"。这个"火理"无关于具体"火"的存灭，而是在燧人氏取火之前就已经存在的。如此把"火"抽象为理念，用来比喻作为理念的"神"，从而得出"形、神不相资，明其异本耳"的结论，把具体事象与它的抽象的"理"区分开来，明确分成两个层次，就辩论逻辑说显然前进一大步（当然这是在错误方向上前进的一步）。这种思辨方式一旦被正确一方所应用，则可以有力地推动真理的证明。涉及佛教教理的许多辩论往往就是在这样复杂的矛盾中进行的。

宗炳作《明佛论》是在元嘉十年（433）前后[1]，缘于僧人慧琳作《白黑论》。僧祐说：

是时有沙门慧琳，假服僧次而毁其法，著《白黑论》。衡阳太守何承天，与琳比狎，雅相击扬，著《达性论》，并拘滞一方，诋呵释教。永嘉太守颜延之、太子中舍人宗炳，信法者也，检驳二论，各万余言。琳等始亦往还，未底踬乃止。炳因著《明佛论》以广其宗。[2]

慧琳"少出家，住冶城寺（在江陵），有才章，兼外内之学"，曾"注《孝经》及《庄子·逍遥篇》、文论，传于世"[3]，是一位相当有教养的学僧。当时庐陵王刘义真年少，聪明爱文义，与谢灵运、颜延之交游。

---

[1] 《明佛论》的写作时间，根据下面所引宗炳致何承天信，可确定在宗炳与何承天辩论以前或辩论过程中。信称何为"何衡阳"，据考何承天贬衡阳内史在元嘉九年（432）至元嘉十二年之间。参阅牧田谛亮编《弘明集研究》卷中《遗文篇上》第162页，京都大学人文科学研究所，1974年。

[2] 《弘明集》卷一一，《大正藏》第52卷第69页上—中。

[3] 《宋书》卷九七《夷蛮传》，第2388、2391页。

这些人都是好佛人士,慧琳亦参与其间。刘义真于景平二年(424)被杀,他们的交往当在此数年之前。后来慧琳得到宋文帝刘义隆的器重,参与朝廷机要,有"黑衣宰相"之称。他写作《均善论》即《白黑论》,设代表"中国圣人"的"白学先生"与代表佛教的"黑学道士"对论,立意本在调和儒、释,正与谢灵运《辩宗论》的精神相一致。他又作有竺道生的诔文(《广弘明集》卷二三),显然对大乘涅槃思想有较深入的了解。他的结论是:

> 白曰:幽冥之理,固不极于人事矣。周、孔疑而不辨,释迦辨而不实,将宜废其显晦之迹,存其所要之旨。请尝言之。夫道之以仁义者,服理以从化;帅之以劝戒者,循利而迁善。故甘辞兴于有欲,而灭于悟理;淡说行于天解,而息于贪伪。是以示来生者,蔽亏于道、释不得已,杜幽暗者,冥符于姬、孔闭其兑。由斯论之,言之者未必远,知之者未必得,不知者未必失,但知六度与五教并行,信顺与慈悲齐立耳。殊途而同归者,不得守其发轮之辙也。①

这样,他主张对"幽冥之理"采取置而不论的态度。根据是"周、孔疑而不辨,释迦辨而不实",因而要"废其显晦之迹,存其所要之旨",即注重实践效果,使"六度与五教并行,信顺与慈悲齐立"。慧琳对于佛教大乘空观有所认识,文中分辨释氏和老氏所言之"空"的不同说:"释氏即物为空,空物为一;老氏有无两行,空有为异。"因而"空其自性之有,不害因假之体","兴灭无常,因缘无主,所空在于性理"。这里讲的已是所谓"实相"之"空"的道理。根据这种般若"空"观,必然导致否定"来生"存在的结论。这又涉及"神不灭"论与大乘基本教理的矛盾。所以白学先生说:"咨嗟金刚之固,安羡不朽之质。""要天堂以就善,曷若服义而蹈道;惧地狱以敕身,

①《宋书》卷九七《夷蛮传》,第 2391 页。以下引用《白黑论》均据此书第 2388 页-2391 页。

孰与从理以端心。礼拜以求免罪，不由祗肃之意；施一以徼百倍，弗乘无吝之情。美泥洹之乐，生耽逸之虑，赞法身之妙，肇好奇之心，近欲未弭，远利又兴，虽言菩萨无欲，群生固以有欲矣。"虽然黑学先生反驳说："若不示以来生之欲，何以权其当生之滞。物情不能顿至，故积渐以诱之。夺此俄顷，要彼无穷，若弗勤春稼，秋穑何期？端坐井底，而息意庶虑者，长沦于九泉之下矣。"但这样的辩驳总显得苍白无力。所以文章结尾才得出"释迦辨而不实"的结论，使得"论行于世，旧僧谓其贬黜释氏，欲加摈斥"。

何承天（370—447）自幼聪明博学，儒史百家，莫不该览。刘裕建宋，召为祠部员外郎，与傅亮共撰朝仪。元嘉十九年（442），朝廷立国子学，以著作佐郎领国子博士，迁御史中丞。他是儒学家，又是有成就的天文学家、历法学家，删并《礼论》三百卷，并改定《元嘉历》。他在自然科学方面的高度素养，培养了他富于理性的科学精神。在当时的环境下，他对于佛教当是相当了解的，在与宗炳辩论中他说：

> 昔在东邑，有道含沙门自吴中来，深见劝譬，甚有恳诚，因留三宿，相为说练形澄神之缘，罪福起灭之验，皆有条贯。吾拱听谠言，申旦忘寝，退以为士所以立身扬名、著信行道者，实赖周、孔之本。子路称"闻之而未之能行，唯恐有闻"。吾所行者多矣，何遽舍此而务彼？又寻称情立文之制，知来生之为奢；究终身不已之哀，悟受形之难再。圣人我师，周、孔岂欺我哉！①

这里表明他特别不能相信"来生"、"受形"之说。他赞赏慧琳的《均善论》，也应是由于在这方面观念相同。他把慧琳的文章送给宗炳，并致书说"足下勤西方法事，贤者志大……冶城慧琳道人作《白

----

① 《释均善难》，《弘明集》卷三，《大正藏》第 52 卷第 20 页上。

黑论》,乃为众僧所排摈……足下试寻二家谁为长者。吾甚昧然,
望有以佳悟"①。这样就引起一场往复辩论。现存两问两答。从辩
论文字看,何承天实际并不绝对地否定佛教的作用。他在第一封
回信里说:"以为佛经者,善九流之别家,杂以道、墨,慈悲爱施,与
中国不异。大人君子仁为己任,心无忆必,且以形像彩饰,将谐常
人耳目,其为靡损尚微,其所引益或著,是以兼而存之。至于好事
者遂以为超孔越老,唯此为贵,斯未能求立言之本,而眩惑于末说
者也。"这也体现当时某些知识分子对待佛教的一种典型态度。经
过辩论,他表面上更承认对方"证譬坚明,文辞渊富",佛教教理是
"中外宜同"。可是他坚持说"犹有所怀:夫明天地性者,不致惑于
迂怪;识盛衰之径者,不役心于理表",即表示自己并没有服输。也
许正因为宗炳了解这一点,所以在后一封信里附上《明佛论》:"足
下所诘前书中语,为因琳道人章句耳,其意既已粗达,不能复一二
辩答,所制《明佛论》已事事有通,今付往。"宗炳在往复论辩中充分
发扬了善于言理的特长和佛学方面的高度素养,对"神不灭"论进
行了充分发挥。

　　宗炳的主张如《明佛论》开头所概括的,是"须弥之大,佛国之
伟,精神不灭,人可成佛,心作万有,诸法皆空"。所述基本内容有
三点,即:"神之不灭,及缘会之理,积习而圣"。他的论证利用了大
乘佛学发展的新成果,即"人可成佛"的涅槃佛性学说,又结合了中
土传统的有神论,达到当时中国佛学就相关问题论辩的最高水平。
首先他沿袭慧远的观点,强调"神"的超越的特性:

　　　　神也者,妙万物而为言矣。若资形以造,随形以灭,则以
　　　形为本,何妙以言乎? 夫精神四达,并流无极,上际于天,下盘
　　　于地,圣之穷机,贤之研微,逮于宰、赐、庄、嵇、吴札、子房之

①《宗居士炳答何承天书难白黑论》,《弘明集》卷三,《大正藏》第52卷第17页
　下－18页上。以下引用何、宗辩难文字均据此书第17页下－21页下。

伦，精用所乏，皆不庄不行，坐彻宇宙。而形之臭腐，甘嗜所资，皆与下愚同矣。宁当复禀之以生，随之以灭耶？

这样，他主张"神"与"形"相分，乃是超越万物的绝对的存在，并以儒家圣贤与"下愚"同形来反证"神"有精粗的不同。因而他又说：

若使形生则神生，形死则神死，则宜形残神毁，形病神困。

为了反驳反方观点，他一再使用中土文献，特别是借用传统的有神论为根据。他引用《易经·系辞上》所谓"阴阳不测之谓神"的论断，认为"自道而降，便入精神"；又广引儒家经典说：

周公郊祀后稷，宗祀文王，世或谓空以孝。即问谈者，何以了其必空，则必无以了矣。苟无以了，则文、稷之灵不可谓之灭矣。斋三日，必见所为斋者，宁可以常人之不见而断周公之必不见哉？嬴博之葬曰："骨肉归于土，魂气则无不之。"非灭之谓矣。

这里"周公"句引自《孝经·圣治章》："昔者周公郊祀后稷以配天，宗祀文王于明堂以配上帝……夫圣人之德，又何以加于孝乎！"[1]"斋三日"句引自《礼记·郊特牲》："齐之玄也，以阴幽思也，故君子三日齐，必见其所祭者。"[2]"嬴博之葬"句引自《礼记·檀弓下》："延陵季子适齐，于其反也，其长子死，葬于嬴博之间……既封，左袒，右还其封，且号者三，曰：'骨肉归复于土，命也。若魂气则无不之也，无不之也。'"[3]如此利用儒家典籍来证明佛教"神不灭"论，也并不完全是出于曲解和附会，而是基于中土思想传统在"灵魂不死"观念上确实与佛教有相通的一面。而值得注意的是另一方面：慧琳曾利用大乘"般若空"观来批判"神不灭"论，举例说：

①《孝经正义》卷五，《十三经注疏》下册第 2553 页。
②《礼记正义》卷二六，《十三经注疏》下册第 1457 页。
③《礼记正义》卷一〇，《十三经注疏》上册第 1313—1314 页。

今析豪空树，无□乘荫之茂，离材虚室，不损轮奂之美，明无常增其愒荫之情，陈若偏笃其竞辰之虑。贝锦以繁采发辉，和羹以盐梅致旨，齐侯追爽鸠之乐，燕王无延年之术。恐和合之辩，危脆之教，正足恋其嗜好之欲，无以倾其爱竞之惑也。①

这是指出"神不灭"论适足以增加人的贪欲。宗炳在给何承天的信里回答说：

佛经所谓本无者，非谓众缘和合者皆空也。垂荫轮奂处，物自可有耳，故谓之有谛；性本无矣，故谓之无谛。吾虽不悉佛理，谓此唱居然甚安。自古千变万化之有，俄然皆已空矣。当其盛有之时，岂不常有也；必空之实，故俄而得以空耶？亦如惠子所谓物方生方死，日方中方睨。死睨之实，恒豫明于未生未中之前矣。

这是用大乘中观学派空、有二谛理论来证明形空神有，最后又用惠施的相对论作为佐证。据此宗炳推断出"人形至粗，人神实妙"，进而推导出精神不灭的结论。

他在《明佛论》里进一步认定精神正是产生万有的根源：

夫《洪范》庶征休咎之应，皆由心来。逮白虹贯日、太白入昴、寒谷生黍、崩城陨霜之类，皆发自人情，而远形天事，固相为形影矣。夫形元无影，声元无响，则亦情元无报矣，岂直贯日陨霜之类哉！皆莫不随情曲应，物无遁形，但或结于身，或播于事，交赊纷纶，显昧眇漫，孰睹其际哉！众变盈世，群象满目，皆万世以来精感之所集矣。故佛经云："一切诸法，从意生形。"又云："心为法本，心作天堂，心作地狱。"义由此也。

这里引用《尚书·洪范》天、人交感，如影随形的说法，以肯定人心

---

① 《宋书》卷九七《夷蛮传》，第 2389 页。

的感应力量,并举出中土史籍上的例证,证明佛经上"心造万有"说教的正确。他在这段话里引用的佛经难以查明出典,不过大体意思见于《维摩经》《大般泥洹经》等多种经论。他的另一层论证则用了"因缘"说,这更切合佛教根本教理。他说:

> 夫生之起也,皆由情兆。今男女构精,万物化生者,皆精由情构矣。情构于己而则百众神受身,大似知情为生本矣。至若五帝三后,虽超情穷神,然无理不顺;苟昔缘所会,亦必俯入精化,相与顺生,而敷万族矣。

这是根据三世因缘观念,指出精由情构,因而神得以受身;一身死后,复受一身,所以神不灭而身身无穷。儒、道两家都把"道"作为万物的法则或本源,宗炳则更把"神"置于比"道"更高一层的地位:

> 夫常无者,道也,唯佛则以神法道。故德与道为一,神与道为二。二故有照以通化,一故常因而无造。夫万化者,固各随因缘,自于大道之中矣。今所以称佛云"诸法自在,不可思议"者,非日为可不由缘数,越宿命而横济也。盖众生无量,神功所导,皆依崖曲畅,其照不可思量耳。譬之洪水、四凶、嚚顽、象傲,皆化之固然,尧、舜不能易矣。而必各依其崖,降水流凶,允若克谐,其德岂不大哉! 夫佛也者,非他也,盖圣人之道不尽于济主之俗,敷化于外生之世者耳。

这样宗炳把"道"与"德"相统一,又认为"神"与"道"不在一个层次上。万化以"神"为根据,各随因缘,具体则体现在"道"之中。正由于人身为因缘所生,所以有凡圣、善恶的区别。也是基于这样的道理,决定佛之导众,有上、中、下三品之分。这就又和轮回报应教理相关联了。

慧远论"沙门不敬王者",最后一点说到"形尽神不灭",是说沙门追求的宗极目标是"不灭"的"神"。但对这"神"的性质还没有明确、深入的阐发。宗炳"神不灭"论的第三层意思"积习而圣",理由是他所谓的"神"指两个对象："一是作为轮回受体的神,另一个是法身涅槃的神。"①这二者被他统为一体,作为"人可作佛"的根据。宗炳的这一观点,是对于大乘涅槃思想的独特运用与发挥。在答复何承天的第二封信里,有一段同样引用薪火之喻的对论:

> 又云:"形神相资,古人譬之薪火。薪弊火微,薪尽火灭。虽有其妙,岂能独存?"夫火者薪之所生,神非形之所作。意有精粗,感而得形随之,精神极则超形独存。无形而神存,法身常住之谓也。是以始自凡夫,终则如来,虽一生尚粗,苟有识向,万劫不没,必习以清升。"螟蛉有子,蜾蠃负之。"况在神明,荫宝积之盖,升镫王之座,何为无期?

驳论的反方以薪尽火灭来比喻形销神灭,宗炳则说"火者薪之所生,神非形之所作"。他不是如前人仅就对方比喻强作辩解,而是从根本上指出这个比喻不能成立。因为火为薪之所生是事实,他把形、神关系与之加以区别,在逻辑上显然是可以站住脚的。接着他又利用因缘相感原则,说明妙万物的"神"超形而独存,而这独存的"神"就是法身。这在辨驳的逻辑思路上显然更高一筹。

"法身"本是大乘佛身论的概念,《维摩经·弟子品》上说:"佛身者,即法身也。"僧肇注谓:"肇曰:经云:'法身者,虚空身也。'无生而无不生,无形而无不形,超三界之表,绝有心之境,阴入所不摄,称赞所不及,寒暑不能为其患,生死无以化其体故。"②这样,"法身"是佛法的抽象化,法性的人格化。宗炳把法身等同于不灭的"神",是对于众生普遍具有佛性的大乘涅槃佛性思想的发挥。正是基于这样的认识,他在《明佛论》里又说:

> 况今以情贯神,一身死,情安得不复受一身,生死无量乎!

①小林正美《六朝佛教思想の研究》第 221 页,创文社,1993 年。
②《注维摩诘所说经》卷二《弟子品》,《大正藏》第 38 卷第 343 页上。

> 识能澄不灭之本,禀日损之学,损之又损,必至无为无欲。欲
> 情唯神独映,则无当于生矣;无生则无身,无身而有神,法身之
> 谓也。

这样,生死轮回中的平凡人的"神",通过修行就能够不断地得以澄
净,最后达到纯粹的"无生"、"无身"的境界,从而与"法身"合而为
一。在这里宗炳又引用《老子》第四十八章:

> 为学日益,为道日损,损之又损,以至于无为,无为而无
> 不为。

这则是利用道家的无为、无欲观念来说明佛家的无生了。这也是
宗炳思想中佛、道融合的又一例。小林正美分析说:

> 宗炳把死后存续的轮回的受体和常住的法身这两个意义
> 加以合一为不灭的神,又把这两个神当作同一受体的两个形
> 态的不同而联系起来。同时转生一词的使用,不只具有在迷
> 界轮回的意义,还有在成佛路程上的往生净土的意义。但是,
> 他把不灭的神附会到基于无我论的佛性和法身观念,是违背
> 了佛教的根本思想的。这是由于他把外道"我"与佛性"我"相
> 混同,或把佛性观念与道家的"性"或"神"的观念相比类而联
> 系起来了。[①]

无论是语汇还是理论,宗炳都广引佛、道作为典据。这表明他的
"神不灭"论已不是纯粹的印度佛教思想,也即小林所指出的"违背
了佛教的根本思想"。他是在中国文化土壤上对于外来佛性论做
出发挥的,体现了中国人性论思想的新发展。他把"神不灭"论作
为"人可成佛"的根据,在基本思路上与竺道生、谢灵运的佛性说相
一致,在内容上则可以作为补充。这样,肯定竺道生、谢灵运佛性

[①]《六朝佛教思想の研究》第 258 页。

新说在思想史上的重大意义,不可忽略宗炳在这方面的贡献。

四

这样看来,宗炳对于"神不灭"的论证尽管在基本方向上是错误的,但具有丰富的理论内涵,在相关课题的辩论中达到了前所未有的理论高度。在不到百年后的齐梁时期,就这一课题又掀起另一次激烈争辩。这一次则是反佛方面取得了重大理论成果。范缜明确提出"神灭论"命题,写出一篇无神论思想史上的名文。范缜在理论上取得重大成就,决定因素当然很多,不可忽略的一点正在于有护法方面(包括宗炳)高水平的挑战。由于护法一方的论证越来越细密、充实,逼迫批判一方必须寻求更有说服力的理论和事实为依据来加以反驳。从这样的角度看,范缜的理论贡献也是双方论战的成果。

范缜(约450—约515),字子真。范氏本是晋宋以来的高门士族,"竟陵八友"中的萧琛是他的姻亲(表弟),范云是他的堂兄弟,可以推测他的出身环境。他年轻时拜刘瓛为师。刘瓛"儒业冠于当时,都下士子贵游,莫不下席受业,当世推其大儒,以比古之曹、郑"[1],也是竟陵王萧子良门下的重要人物。《梁书》记载范缜:"刘瓛聚众讲说,始往从之,卓越不群而勤学,瓛甚奇之,亲为之冠。在瓛门下积年。"[2]刘瓛死后,萧子良派遣范缜和另一位从学者刘绘至宅营斋,可见其在刘门下的地位。

如果回顾此前护法与反佛双方有关形、神关系的辩论,反佛一方在理论与思维的细密程度上显然落后于对方。"到了范缜才吸

---

① 《南史》卷五〇《刘瓛传》,第1237页。

② 《梁书》卷四八《范缜传》,第664页。以下引用《梁书·范缜传》及传中所录《神灭论》均据同书664—671页。《弘明集》卷九在萧琛《难神灭论》里作为批驳对象所录《神灭论》,文字略有不同,但可确定出于同一来源。

收了士族的名理教养,将本来为宗教家和玄学家玩弄的方法,转化为反佛的斗争武器"[1]。《梁书》上又记载:"瓛门多车马贵游,缜在其门,聊无耻愧。既长,博通经术,尤精《三礼》,性质直,好危言高论,不为士友所安;唯与外弟萧琛善,琛名曰口辩,每服缜简诣。"范缜在名理方面的优势,是造成他理论成就的因素之一,而师从刘瓛无疑对于他在这方面的锻炼起到积极作用。萧琛是虔诚的佛教信徒,范缜与他那样的信佛名士密切交往,也有助于加深对佛教教理的了解。《神灭论》在《弘明集》里即被节录在萧琛的驳论之中。

《梁书》又记载:

> 初,缜在齐世,尝侍竟陵王子良。子良精信释教,而缜盛称无佛。子良问曰:"君不信因果,世间何得有富贵,何得有贱贫?"缜答曰:"人之生譬如一树花,同发一枝,俱开一蒂,随风而堕,自有拂帘幌坠于茵席之上,自有关篱墙落于粪溷之侧。坠茵席者,殿下是也;落粪溷者,下官是也。贵贱虽复殊途,因果竟在何处?"子良不能屈,深怪之。[2]

《南史》则记载:

> 子良使王融谓之曰:"神灭既自非理,而卿坚执之,恐伤名教。以卿之大美,何患不至中书郎,而故乖剌为此,可便毁弃之。"缜大笑曰:"使范缜卖论取官,已至令仆矣,何但中书郎邪。"[3]

这写的是第一次集中辩论的情况,发生在齐永明年间(483—493)。有人推测辩论的契机是刘瓛去世,萧子良遣范缜等至瓛宅营斋。但实际形、神关系作为当时思想领域的重要课题,应当是萧子良周

---

[1]侯外庐等《中国思想通史》第3卷第374页,人民出版社1957年。
[2]《梁书》卷四八《范缜传》,第664—665页。
[3]《南史》卷五七《范缜传》,第1421—1422页。

围以"竟陵八友"为代表的"西邸学士"们集中讨论的问题之一。萧子良周围的思想氛围本来相当活跃和宽松,这种环境也是范缜的理论思想得以形成并发展的条件之一。

在萧子良门下,范缜应当已和后来建立梁朝的梁武帝萧衍建立密切关系。齐建武年间(494—498)范缜曾为宜都太守,后以母忧居南州。萧衍起兵至南州,据《南史》,"缜墨缞来迎。武帝与缜有西邸之旧,见之甚悦。及建康城平,以缜为晋安太守"。后来他入朝,又曾一度谪徙广州。至天监六年(507),召还为中书郎,发表《神灭论》,引起又一次大规模论争①。本来梁武帝即位之后,以崇佛为国策,在这样的环境中提出这篇具有鲜明论战色彩的著作,更显示了范缜鲜明的论战性格和大无畏的勇气②。

范缜在《神灭论》的末尾一段说:

> 浮屠害政,桑门蠹俗,风惊雾起,驰荡不休,吾哀其弊,思拯其溺。夫竭财以赴僧,破产以趋佛,而不恤亲戚,不怜穷匮者何? 良由厚我之情深,济物之意浅。是以圭撮涉于贫友,吝情动于颜色;千钟委于富僧,欢意畅于容发。岂不以僧有多稔之期,友无遗秉之报,务施阙于周急,归德必于在己。又惑以茫昧之言,惧以阿鼻之苦,诱以虚诞之辞,欣以兜率之乐。故舍逢掖,袭横衣,废俎豆,列瓶钵,家家弃其亲爱,人人绝其嗣续。致使兵挫于行间,吏空于官府,粟罄于惰游,货殚于泥木。

---

① 参阅《中国思想通史》第 3 卷第 375—377 页《范缜生年学行略表》。《梁书》谓《神灭论》发表在与竟陵王辩论之后,记述含混;有人认为《神灭论》发表两次,分别在齐永明年间和梁天监六年,则属臆测,没有根据。应当是辩论延续齐末梁初一个长时期,后来范缜把自己的意见系统整理成文后加以发表。
② 史称梁武帝即位的第三年天监三年(504)曾下舍道事佛敕文即《舍事李老道法诏》,日本学者内藤龙雄(《梁の武帝の捨道の非事實性》,《印度學佛教學研究》第 5 卷第 2 号,1957 年)、太田悌藏(《梁武帝捨道奉佛について疑う》,《結城教授頌壽紀念・佛教思想史論集》,1964 年)等考证为伪撰,但这无害梁武帝舍道事佛的事实。

> 所以奸宄弗胜，颂声尚拥，惟此之故，其流莫已，其病无限。若陶甄禀于自然，森罗均于独化，忽焉自有，恍尔而无，来也不御，去也不追，乘夫天理，各安其性。小人甘其垄亩，君子保其恬素，耕而食，食不可穷也，蚕而衣，衣不可尽也，下有余以奉其上，上无为以待其下，可以全生，可以匡国，可以霸君，用此道也。

从这段话可以清楚看出范缜著论所具有的鲜明的目的性。他对当时佛教发展中出现的弊害了解得十分透彻和痛切，因而力图改变他以前的友人、当今皇帝梁武帝所制定的崇佛国策。他把批驳的力量集中在作为佛教、实际也是一切宗教根本的有神论，同时又突显出争论关系国计民生根本的现实针对性。

按侯外庐等著《中国思想通史》的分析，《神灭论》分为五个段落。第一段是立论的主旨：

> 或问予云："子云（此二字据《弘明集》本增补）神灭，何以知其灭也？"答曰："神即形也，形即神也，是以形存则神存，形谢则神灭也。"
>
> 问曰："形者无知之称，神者有知之名，知与无知，即事有异，神之与形，理不容一，形神相即，非所闻也。"答曰："形者神之质，神者形之用，是则形称其质，神言其用，形之与神，不得相异也。"

这里首先指出神有知而形无知，二者"相即"而不"相异"。《中国思想通史》解释说：

> "即""异"二字是问题的关键。"即"者"来即我谋"（《诗·卫风·氓》）之"即"，意谓"接近"；译为哲学用语，则与"结合"、"涵蕴"、"渗透"等词可以互训。"异"者"群居五人则长者必异席"（《礼·曲礼》）之"异"，义谓"分离"……据此可知，所谓"形神相

即"、"不得相异",就是说灵魂和形体永远相互涵蕴,不能分离。①
具体论及形、神关系,则提出二者是"质"(体)与"用"的关系,即不
是二元的、平行的关系,"形"是本质存在,而"神"则是派生的。

接下来的一段,范缜使用"刃"(此据《弘明集》,《梁书》作"刀")
与"利"来说明上述"形"与"神"的关系。他没有利用传统的薪火之
喻。"利"本是"刃"的功能,又是"无知(觉)"的,用来比喻人的
"神",当然有不合理的地方。所以接下来对方有"木之质,无知也;
人之质,有知也"的诘问。而范缜的回答是:

> 问曰:"人之质所以异木质者,以其有知耳。人而无知,与
> 木何异?"答曰:"人无无知之质,犹木无有知之形。"

> 问曰:"死者之形骸,岂非无知之质邪?"答曰:"是无
> 人质。"

> 问曰:"若然者,人果有如木之质,而有异木之知矣。"答
> 曰:"死者有如木之质,而无异木之知;生者有异木之知,而无
> 如木之质也。"

这就回避了利与刃比喻的缺陷,体现出对于生命现象的十分深刻
的认识。他显然已经清楚动、植物生命现象的区别及其质的变化,
也表明他在辩论中利用自然科学成果所做出的努力。历史上自然
科学的成就乃是发展"神灭论"思想的重要根据。

接下来的两段把论辩继续深化。一段是就人体本身展开,分
析作为人的器官的"心器"的"知"和"虑"的功能,答复"形即是神
者,手等亦是神","神既能虑,手等亦应能虑","是非之虑,不关手
足,当关何处"等诘难,从而对人体的知觉与思虑的关系作出基本
正确的说明(以"心器"为"虑本"是古人一般看法,当然是不正确
的)。另一段解释凡圣之殊与形神的关系,提出凡圣的"心器"不

---

① 《中国思想通史》第 3 卷第 382—383 页。

同,又涉及经典上关于鬼神祭祀的记载,他采取神道设教或不可知的立场,则是局限了。

最后一段即是前面引述的关于写作主旨那一大段话。

此论一出,朝野喧哗。萧琛说他"自谓辩摧众口,日服千人"[①]。梁武帝下诏书,组织对范缜这篇文章声势浩大的批判,"有敕令云(大僧正法云)答之,以宣示臣下。云乃遍与朝士书论之"[②],并特别致书沈约,沈约亦回应著文批驳。现存僧俗六十六人的七十五篇文字。其中曹思文的文章名《难范中书神灭论》,留有范缜的辩驳《答曹录事难神灭论》和曹思文的《重难》。范缜是否曾作有其它答辩文字,已难以考察。梁武帝《敕答臣下神灭论》中说范缜是"运其隔心,鼓其腾口,虚画疮疣,空致诋呵。笃时之虫,惊疑于往来;滞瞀之蛙,河汉于远大。其故何也?沦蒙昬而争一息,抱孤陋而守井干,岂知天地之长久,溟海之壮阔",又说"观三圣设教,皆云不灭,其文浩博,难可具载"[③],可知朝廷对范缜的态度相当严厉。但考之论辩实际,对于范缜的论点,反方的辩驳并没有提出什么有价值的新看法和新理据,基本是"背经"、"乖理"、"灭圣"等攻击之词,重复"神、形相离"、"形、质相分"、"形毁神不灭"等陈词滥调。曹思文写作第一篇驳论后上梁武帝启中说到,《神灭论》自为宾主有三十余条,难论大旨二条而已,自己"情用浅匮,惧不能征折诡经,仰黩天煦,伏追震悸";在接受范缜答辩的第二篇批驳写成后,又上奏梁武帝,更不得不承认"思文情识愚浅,无以折其锋锐"。而梁武帝则回答说:"缜既背经以起义,乖理以致谈,灭圣难以圣责,乖理难以理诘,如此则言语之论,略成可息。"[④]这实际都是承认众人对于范缜

---

① 萧琛《难神灭论》,《弘明集》卷九,《大正藏》第 52 卷第 54 页下。
②《续高僧传》卷五《梁扬都光宅寺沙门释法云传》,《大正藏》第 50 卷第 464 页中。
③《弘明集》卷一〇,《大正藏》第 52 卷第 60 页中。
④ 曹思文《难范中书神灭论并二启诏答》,《弘明集》卷九,《大正藏》第 52 卷第 58 页中－59 页下。

的论点是无力驳倒的。

范缜的论辩技巧极其杰出。钱锺书说他的《神灭论》是"精思明辨,解难如斧破竹,析义如锯攻木,王充、嵇康以后,始见斯人。范氏词无枝叶,王逊其简净,嵇逊其晓畅,故当出一头地耳。六朝文阐说义理,稍钩深造微,便未免释氏经论机调,范氏独摆落悠悠,避之若浼。"[①]特别是范缜以孤立一人与帝王及其支持之下的群臣僧俗论战,理论的优势和道德的勇气更是值得赞赏的。他的议论以思致的严整、论证的明晰、逻辑的严密推动了中国"无神论"思想的发展,极大地发挥了中国传统的人文主义和理性精神。当然由于时代限制,他终究不可能取得最后胜利。当时的思想领域还没有提供出最终解决有关形神存灭问题的可能。特别是佛教正处在极度发达、兴盛阶段,作为教理基础的"神不灭"论的流行具有广泛的社会和思想基础。相关问题必然还要长期困扰一代代中国人。

从历史上看,历朝士大夫基于儒家思想对佛教的批判,还有道教对佛教的攻击,都是属于唯心主义阵营内部的斗争,很少有在理论层面攻击佛家教理要害的。范缜是第一位从物质与精神基本关系的理论高度入手、在理论上又达到相当深度的批判"神不灭"论的人。这样对比,范缜"神灭论"的优长就显得更为突出。他的理论遗产不仅为当时和后代反佛斗争提供了资源和借鉴,在整个中国无神论思想史上的贡献也是难以估量的。

五

南北朝时期,北方玄理思辨欠发达,有关佛教的理论斗争基本都发生在南方。不过北齐杜弼和邢邵间有关形、神的辩论也达到相当水平,展现了北方义学的成绩。

----

① 《管锥编》第 4 册第 1421—1422 页。

杜弼(491—559)，北魏时任侍御史，典掌机密；东魏时为卫尉卿，以助高洋建齐有功，官至胶州刺史。他性好名理，兼通佛说，曾升狮子座说法，对答名僧问难，往复数十番，莫有能屈。邢邵(496—?)，字子才，能文善史，与温子昇、魏收齐名文坛，在北齐官至太常卿、中书监，摄国子祭酒，授特进。他们二人的辩论是在高洋的东山别墅进行的，前后往复再三，也具有相当的深度。

邢邵认为"神不灭"论的"人死还生"之说"恐为蛇画足"。杜弼反诘说："盖谓人死归无，非有能生之力。然物之未生，本亦无也，无而能有，不以为疑。因前生后，何独致怪？"邢邵回答："圣人设教，本由劝奖，故惧以将来，理望各遂其性。"这是"神道设教"说。杜弼反问说："就如所论，福果可以镕铸性灵，弘奖风教，为益之大，莫极于斯。此即真教，何谓非实？"邢邵回答说："死之言'澌'，精神尽也。"这也是断然否定灵魂不灭之说。杜弼又举出"无情之卉，尚得还生，含灵之物，何妨再造"为依据，认为"若云草死犹有种在，则复人死亦有识。识种不见，谓以为无者"。这里提出"识种"之说，是利用了当时新近传入的唯识理论。邢邵则提出《论语》记载吴季札"魂气则无不之"的说法，证明"亦言散尽，若复聚而为物，不得言无不之也"。可是杜弼对季札的话又另作解释："骨肉下归于土，魂气则无不之，此乃形坠魂游，往而非尽。如鸟出巢，如蛇出穴。由其尚有，故无所不之；若令无也，之将焉适？"而邢邵则另提出："神之在人，犹光之在烛，烛尽则光穷，人死则神灭。"这实际同于薪火之喻，是"神不灭"争论中的陈旧比喻。所以杜弼回答说："旧学前儒，每有斯语，群疑众惑，咸由此起。盖辨之者未精，思之者不笃。窃有末见，可以核诸。烛则因质生光，质大光亦大；人则神不系于形，形小神不小。故仲尼之智，必不短于长狄；孟德之雄，乃远奇于崔琰。神之于形，亦犹君之有国。国实君之所统，君非国之所生。不与同生，孰云俱灭？"他指出薪烛"因质生光"，即肯定"光"生于"烛"，显然已明了烛的燃烧不同于人的肉体与精神的关系，应当说是有道理的。所以邢邵只好退守："舍此适彼，生生恒在。周、孔自应同庄周之鼓缶，和桑扈之循歌？"如此经过往复辨难，邢邵"理屈而止"①。

这场辩论，体现北朝形、神关系论争也已达到相当高的水准。因为这是佛教发展必然引发的重大理论课题，不能不引起人们的普遍关注。但另一方面也可以清楚看出，当时针对"神不灭"的批判终究普遍缺乏更有力的理论武器。这实际也是整个时代思想发展的局限。

自从佛教输入中国，历代多有坚决反佛的人，但是从"神不灭"的基本理论层面上挖掘佛教教理的根基，从而对佛教信仰给予致命打击，并能够作出有说服力的论证的，范缜可以说是绝无仅有；像范缜那样能够把对于佛教教理的批判与尖锐的政治批判紧密结合起来的人也很稀少。对于"不灭"的"神"，历代知识精英中颇有人采取"莫须有"态度，并不认真地信服，却又无力或不愿明确地否定。而作为佛教基本观念，在广大民众中却一直保持广大的影响，得到普遍的认可。而且这又是中国流传的所有宗教，包括道教和各种民间宗教的共同信仰。从这样的角度看，就更能够了解有关这一理论斗争在思想史上的重大价值与意义。

第二节　关于因果报应之争

一

如上所述，形毁神存、灵魂不灭本是中土自远古以来传统的宗

①《北齐书》卷二四《杜弼传》，第351—352页。

教观念之一，这也成为中国接受外来佛教的有利因素之一。而外来佛教的"六道轮回"思想与本土的神魂不灭观念相结合，肯定处在不间断的轮回链条之中的"神"即"灵魂"接受业报，决定"转生"前途，乃是"神不灭"论的进一步延伸，从而形成因果报应信仰。本书前面对于这一信仰已有介绍。南北朝时期反佛与护法论争中，因果报应的有无也是重要题目。在具体辩论里，"神不灭"、"轮回"、"报应"等相关联的观念往往是交织在一起的。几方面的争论有分有合，所涉及问题层面很多，本节集中讨论有关业报的争论。

轮回报应观念是佛教教理中给予中国人震慑重大、影响深远的内容之一。这在前面已经介绍过。接受这一观念，有本土传统意识为基础。《周易》里说到"积善之家必有余庆，积不善之家必有余殃。臣弑其君，子弑其父，非一朝一夕之故，其所由来者渐矣。由辩之不早辩也。《易》曰：'履霜坚冰至。'盖言顺也"①，这是肯定世间庆殃是家族世代累积所致。这是以血缘家族为主体的报应观。中土这种报应观又和天命论相关联。《周易》上又说："夫大人者，与天地合其德，与日月合其明，与四时合其序，与鬼神合其吉凶。先天而天弗违，后天而奉天时。天且弗违，而况于人乎？况于鬼神乎？"②这里是讲"大人"德合天地、鬼神，那么"小人"当然做不到，所以"大人"能够得到上天佑护。这则是特选阶层的报应观。这种报应观更与"天人感应"观念相一致。"感应"本来是物理现象。《周易·咸》卦说到二气相感，本是一种朴素的科学认识。但《汉书》上说："《书》云：'击石拊石，百兽率舞。'鸟兽且犹感应，而况于人乎？况于鬼神乎？"③这则是神秘的"天人交感"说了。董仲舒大力发挥"天人感应"思想，成为他所宣扬的"天命论"的重要基础。以上就是中国传统报应观念的三个要点：以家族为主体，施报主体

---

①《周易正义》卷一《坤文言》，《十三经注疏》上册第19页。
②同上第17页。
③《汉书》卷二二《礼乐志》，第1039页。

归之"天命",天人之间相交感。这是与佛教决定于个人"业行"的因果报应教理不同的,但却给接受佛教的因果报应信仰提供了思想基础。且如上所述,轮回的存在是以承认接受报应的不灭的精神主体存在为依据的,中土传统的"神不灭"论不仅为接受佛教轮回报应信仰提供了方便,更进一步充实和发展了它的内容。这样,中国佛教融合了本土传统观念的因果报应信仰同样也是外来佛教"中国化"的成果。

　　早在佛教初传时期,关于是否存在轮回业报就成为争论焦点之一。牟子《理惑论》里引述反佛一派人发出疑问:"佛道言:人死当复更生。仆不信此之审也。""为道亦死,不为道亦死,有何异乎?"牟子在举出中土招魂风俗,证明神魂不灭后说:"有道虽死,神归福堂;为恶既死,神当其殃。愚夫暗于成事,贤智豫于未萌。道与不道,如金比草;善之与福,如白方黑。焉得不异,而言何异乎?"在辩论布施是否得福一段,他又说:"僖负羁以壶飧之惠,全其所居之间;宣孟以一饭之故,活其不赀之躯。阴施出于不意,阳报皎如白日。况倾家财、发善意,其功德巍巍如嵩、泰,悠悠如江海矣。怀善者应之以祚,挟恶者报之以殃,未有种稻而得麦,作祸而获福者也。"[1]这里举出的僖负羁故事,见《左传》僖公二十三年、二十四年,《淮南子》曾概括转述说:"晋公子重耳出亡,过曹,无礼焉。釐负羁之妻谓釐负羁曰:'君无礼于晋公子。吾观其从者,皆贤人也,若以相,夫子反晋国,必伐曹。子何不先加德焉!'釐负羁遗之壶飧,而加璧焉。重耳受其飧而反其璧。及其反国,起师伐曹,克之,令三军无入釐负羁之里。"[2]牟子举出的后一个关于宣孟故事,孟宣即晋宣子赵盾,事出《左传》宣公二年:"初,宣子田于首山,舍于翳桑,见灵辄饿,问其病。曰:'不食三日矣。'食之,舍其半。问之,曰:'宦

①《牟子丛残新编》第9、13页。
②何宁《淮南子集释》卷一二《道应训》,中册第857—858页。

三年矣，未知母之存否，今近焉，请以遗之。'使尽之，而为之箪食与肉，置诸橐以与之。既而与为公介，倒戟以御公徒而免之。问何故。对曰：'翳桑之饿人也。'问其名居，不告而退，遂自亡也。"①这两则救人得报故事，本来与佛教轮回报应说无关。牟子举为报应事例，亦可见佛教输入早期信徒们对其教理认识仍很模糊、与中土观念相混淆的情形。

到郗超在《奉法要》里说到"全五戒则人相备，具十善则生天堂"等等，对于佛教"轮回"教义则有了相对正确的解释。他又利用历史上的具体事例进一步发挥说：

> 古人云："兵家之兴，不过三世。"陈平亦云："我多阴谋，子孙不昌。"引以为教，诚足以有弘。然齐、楚享遗嗣于累叶，颜、冉靡显报于后昆，既已著之于事验，不俟推理而后明也。且鲧殛禹兴，鲧鲋异形，四罪不及，百代通典。哲王御世，犹无淫滥，况乎自然玄应，不以情者，而令罪福错受，善恶无章，其诬理也，固亦深矣。且秦制牧孥之刑，犹以犯者为主。主婴其罚，然后责及其余。若衅不当身，而殃延亲属。以兹制法，岂唯圣典之所不容，固亦申、韩之所必去矣。是以《泥洹经》云："父作不善，子不代受；子作不善，父亦不受。善自获福，恶自受殃。"至矣哉斯言！允心应理。②

《后汉书·耿弇传》上说"三世为将，道家所忌"③；晋代华谭给顾荣的信上说"兵家之兴，不出三世"④；《史记》上记载陈平的话："我多阴谋，是道家之所禁。吾世即废，亦已矣……"⑤郗超引用这些说

①杨伯峻《春秋左传注·宣公二年》，第 2 册第 660－662 页，中华书局，1990 年。
②《奉法要》，《弘明集》卷一三，《大正藏》第 52 卷第 87 页中。
③《后汉书》卷一九《耿弇传》，第 715 页。
④《晋书》卷一〇〇《陈敏传》，第 2616 页。
⑤《史记》卷五六《陈丞相世家》，第 2062 页。

法,认为它们有助于弘扬佛教,表明他所理解的佛教报应观仍与中土传统报应观念相混淆。但接下来他举出历史上一系列事例,说的却是报应只限于一身的道理:据《史记》记载,齐吕尚本是兵家,楚穆王弑其父成王自立,但后来齐桓公(吕尚孙)和楚庄王(穆王子)都曾称霸;而孔子弟子贤如颜回和冉伯牛,却都短命早死,没有留下后嗣。"鲧殛禹兴"见于《尚书·洪范》;"舒鲋异形"指春秋齐国叔向(羊舌肸)和叔鱼(羊舌鲋)兄弟,二人同出一系而贤愚迥异;"四罪"指被舜流放的共工、驩兜、三苗和被杀掉的鲧,这四个著名的恶人都没有报应及于后昆。郗超以这些例子证成《般泥洹经》上"父作不善……"的观点①。这就合于佛教所谓"自作孽,自遭殃"的观念了。不过郗超接着又着重指出:

> 然原夫世教之兴,岂不以情受所存,不止乎己,所及弥广,则诚惧愈深。是以韬理实于韫椟,每申近以敛粗,进无亏于惩劝,而有适于物宜。有怀之流,宜略其事,而喻深领幽旨。若乃守文而不通其变,殉教而不达教情,以之处心循理,不亦外乎!

这是说,世间一般教法认为果报及于后昆的传统观念,还是有益的;把报应范围说得更广泛些,会让人更加戒惧。这样一来,他一方面为报应不爽、及于自身的观点进行辩解,却又承认中土传统中以家族血缘关系为主体的报应观有价值,并在此基础上提出"归诸宿缘,推之来世"的教理,得出"审影响之难诬,废事证而冥寄。达天网之宏疏,故期之于靡漏,悟运往之无间,混万劫于一朝,括三世而玄同,要终归于必至"②的三世报应论。从郗超的理解,可以看出当时佛教信仰者为了更正确地理解外来轮回报应观念所做出的努力,也表明这种报应观为广大中土人士所接受必须与固有传统相

---

①《般泥洹经》卷上,《大正藏》第 1 卷第 181 页中。
②《奉法要》,《弘明集》卷一三,《大正藏》第 52 卷第 87 页中—下。

调和的大趋势。

孙绰的佛教信仰在这方面颇具典型性。他的《喻道论》之所"喻",报应有无乃是首要问题。所以在文章开头,在对"佛"下了"体道者"的定义之后,接着就讲"训致之术"的"或精或粗"会招来报应:

> 且君明臣公,世清理治,犹能令善恶得所,曲直不滥,况神明所苴,无远近幽深,聪明正直,罚恶祐善者哉!故毫厘之功,锱铢之衅,报应之期,不可得而差矣。历观古今祸福之证,皆有由缘,载籍昭然,岂可掩哉!何者?阴谋之门,子孙不昌;三世之将,道家明忌。斯非兵凶战危,积杀之所致耶!若夫魏颗从治,而致结草之报;子都守信,而受驄骥之锡;齐襄委罪,故有坠车之祸;晋惠弃礼,故有弊韩之困,斯皆死者报生之验也。至于宣孟愍翳桑之饥,漂母哀淮阴之惫,并以一餐拯其悬馁,而赵蒙倒戈之祐,母荷千金之赏,斯一获万,报不逾世。故立德暗昧之中,而庆彰万物之上,阴行阳曜,自然之势,譬犹洒粒于土壤,而纳百倍之收,地谷无情于人,而自然之利至也。①

这里说的"报应"主要还是给予家门"子孙"的,"报应之期"则在后世。就是说,这仍然是以家族为主体的传统的报应观。尽管孙绰是坚定的佛教信仰者,又热心地为这种信仰辩护,但观念上还是不能摆脱本土传统的框架;他举为例证的,也都出自本土史书的记载。

以上是佛教输入早期对于报应观念理解的大致状况。大体说来都还是根据本土传统意识来理解外来思想。就是说,还没有确切把握佛说报应说的真谛。但这种状况又正反映了自佛教在中国传播早期儒、释两种报应思想即在相融合的大趋势。

---

① 《弘明集》卷三,《大正藏》第52卷第16页中—下。

二

这样，中土人士当初接受佛教报应观念，在相当长时期存在相当大的"误解"。随着佛教教理被更加全面和真切地了解，这个问题才有可能逐渐得以正确地解决。在理论上较准确地阐发佛教因果报应教理的也是慧远。在这一点上同样体现了他在中国佛教史上承前启后的位置。

东晋末年慧远著《三报论》，后来在《沙门不敬王者论》里又专门写《形尽神不灭》一节，对因果报应进行了系统、充分的论述。作为一代佛门领袖的慧远写作这些具有鲜明论战色彩的作品，当然是出于弘法的需要，近因则起自戴逵的论难。

慧远在庐山以其巨大威望和影响团结僧、俗一批人，戴逵是其中之一。戴逵（？—395），字安道，在历史上以优秀的佛教艺术家著称，是绘画史上最早作佛画的画家之一。孝武帝时他累征不仕，得到著名护法檀越太子太傅司马道子、詹事王珣等人的器重。他本是佛门弟子，却对因果报应之说提出诘难，作《释疑论》呈送给慧远。

《释疑论》设安处子与玄明先生对答，首先以安处子名义提出质疑说：

> 盖闻"积善之家必有余庆，积不善之家必有余殃"。又曰："天道无亲，常与善人。"斯乃圣达之格言，万代之宏标也。此则行成于己身，福流于后世；恶显于事业，获罪乎幽冥。然圣人为善，理无不尽，理尽善积，宜历代皆不移；行无一善，恶恶相承，亦当百世俱暗。是善有常门，恶有定族，后世修行，复可益哉？又有束修履道，言行无伤，而天罚人楚，百罗备缨；任性恣情，肆行暴虐，生保荣贵，子孙繁炽。推此而论，积善之报，竟何在乎？夫五情六欲，人心所常有，斧藻防闲，外事之至苦，

苟人鬼无尤于趣舍,何不顺其所甘而强其苦哉! 请释所疑,以祛其惑。①

这里所设安处子的问题,显然仍然把中土传统的以家族为主体的报应观与佛教的以有情个体为本位的轮回业报说相混淆了。所谓"积善之家"等等,仍是说每人所为善恶,报应及于后昆,并就此提出祸福命定、修善无益的疑问;接着他又举出世上善恶与果报相互错谬的现象,进一步证明报应之不验。戴逵对于所批判的佛教轮回报应信仰显然还没有正确了解。他借玄明先生之口正面阐述自己的观点说:

> 善哉! 子之问也。史迁有言:"天之报施善人,何如哉?"荀悦亦云:"饰变诈而为奸宄者,自足乎一世之间;守道顺理者,不免饥寒之患。"二生疑之于前而未能辨,吾子惑之于后,不亦宜乎!

这里引用司马迁的话,出自《伯夷列传》:"或曰:'天道无亲,常与善人。'若伯夷、叔齐,可谓善人者非邪? 积仁洁行如此而饿死! 且七十子之徒,仲尼独荐颜渊为好学。然回也屡空,糟糠不厌,而卒蚤夭。天之报施善人,其何如哉?"②引用荀悦的话出自《前汉纪》:"……篡杀取国者为王公,劫夺成家者为侯伯,礼义不足以制君子,刑戮不足以威小人。富者土木被文绣,犬马喂菽粟;贫者裋褐不完,食疏饮水。俱为编户齐民,而以财力相窘,虽为仆虏,犹无愠色。故夫饰变诈为奸宄,自足乎一世之间;守道随理,不免乎饥寒之患。"③这些都是感慨"天道"不公、报应无验的经典说法。进一步戴逵提出人的寿夭贤愚的"分命"决定于"性"和"气"的主张:

---

① 《释疑论》,《广弘明集》卷一八,《大正藏》第 52 卷第 221 页下-222 页上。以下引用此次论辩文字均据同书第 221 页上-224 页上。
② 《史记》卷六一《伯夷列传》,第 2124-2125 页。
③ 《前汉纪》卷七;大体同样文字见《汉书》卷九一《货殖列传》,第 3682 页。

> 夫人资二仪之性以生，禀五常之气以育。性有修短之期，故有彭、殇之殊；气有精粗之异，亦有贤愚之别。此自然之定理，不可移者也。是以尧、舜大圣，朱、均是育；瞽叟下愚，诞生有舜；颜回大贤，早夭绝嗣；商臣极恶，令胤克昌；夷、叔至仁，饿死穷山；盗跖肆虐，富乐自终；比干忠正，毙不旋踵；张汤酷吏，七世珥貂。凡此比类，不可称言。验之圣贤既如彼，求之常人又如此。故知贤愚善恶，修短穷达，各有分命，非积行之所致也。

这里所谓"二仪之性"、"五常之气"，具有儒家先验道德的含义；而后面的"分命"，则与庄子命定论的看法一致。对于人生现象的这种解释显然流于另外一种"命定"论的偏颇。但他对因果报应的否定确实是相当明确、有力的。由于他所列举的例证都是著之典籍的人所共知的事实，论点就显得更具说服力。他接着指出，"以天地之玄远，阴阳之广大"，人在其中是太渺小了，不可能"一善一恶，皆致冥应"。不过他也并不完全否认报应说的意义："然则积善积恶之谈，盖施于劝教耳。何以言之？夫'人生而靖，天之性也；感物而动，性之欲也'，性欲既开，流宕莫检，圣人之救其弊，因神道以设教"。这样，他把因果报应归结为权宜方便之说，从而主张对于贤人君子，只需礼学以开其大蒙，名法以束其形迹，完全没有必要修教责实，以期应报。

戴逵主要是用传统的命定论来诘难报应论，所批评的报应论又是中、外两种报应观念纠结在一起的。他更没有明确决定人的命运的所谓"性"和"气"的物质基础。就是说，他还不可能对于人生现象作出科学的说明。而肯定"神道设教"，又留下了宣扬因果报应的余地。这些都成为他的论点的瑕隙。戴逵的看法，显然包含有对于个人命运不济的感慨。他在把文章送给慧远时所写的信中说，自己是"一生艰楚荼毒备经，顾景块然不尽。唯已夫冥理难推，近情易缠，每中宵幽念，悲慨盈怀"。正如庄子的命定论体现了个人与现实环境相矛盾的紧张感，戴逵在这里也表现出对于命运的无奈，流露出寻求解脱的强烈意愿。

慧远在庐山接到戴逵的文章，曾拿来和众人讨论，大家意见并不一致。这也显示庐山治学比较开阔、活泼的学风。慧远自己并没有急于作答，而是把周续之的驳论送给戴逵。周文的意见显然是慧远所赞同的。

周续之（377—423），字道祖，本书前面介绍慧远时已经提到过。他少师名儒范宁，名冠同门；宋武帝礼遇甚厚，辟太尉掾，不就。他通《五经》，善《老》、《易》，曾开馆讲授《礼记》；又入庐山师事慧远，与刘遗民、陶渊明并称"浔阳三隐"，是儒、释兼修的典型人物。他批驳戴逵的《难释疑论》，得到慧远的赞赏，但仔细寻绎，却并无多少新意。他在文章开头就承认，"福善莫验，亦仆所常惑；虽周览六籍，逾深其滞"。这表明戴逵文章里提出的乃是中土人士普遍存在的疑问。他接着说，"及睹经教，始昭然有归"。下面他是从两方面具体加以批驳的。一方面他集中批评"分命"观点，主要是运用逻辑推理：如果"宅情于理"即从道理上看，善恶纷纭，报应不一，很难说出道理来；如果"忘怀暗昧"，在感情上采取放任态度，却又难以做到。这并不是就"分命"论本身加以辨析，而只是说这种观点难于被人们所接受。另一方面他又举出历史上的一些例证，以说明"通厄之来，其过非新；贤愚寿夭，兆明自昔。楚穆以福浓获没，蔡灵以善薄受祸，郤苑以衅深莫救，宋桓以愆微易唱。故洗心以怀宗，练形以闻道，拔无明之沉根，翳贪爱之滞网。不祈验于冥中，影响自征；不期存于应报，而庆罚以彰"，最后用中国古语所谓"天网恢恢"作结。这后一部分史实的证明，实际在逻辑上又正可作为否定报应说的论据。

戴逵接到周续之的驳论，给慧远写信，礼貌地说"甚有趣致"，但坚持说与自己所论"理本不同"，所以再次作文加以答辩。他说，自己的"分命"论，是"识拔常均，妙鉴理宗，校练名实，比验古今"得来的,据以可知修短之自然,得愚圣之有分,明冥中之无罚,识祸福之非行,从而做到"分命可审,不祈冥报"。如上所说,就所辩论题目而言,根据历史事例本是难以得出肯定的结论的。但是戴逵仍只能使用这样的办法,证明"分应没身,非履仁之所移;命当为后,非行僭之能罚。岂异比干忠正,而婴剖心之戮;张汤酷吏,而获七世之祜哉!苟斯理之不殊,则知分命之先定矣","善恶祸福,或有一见,斯自遇与事会,非冥司之真验也"。他更否定"积善之家必有余庆"之类说法,指出事实是"或恶深而莫诛,或积善而祸臻,或履仁义而亡身,或行肆虐而降福"。因而他坚持自己的结论:

> 人之生也,性分夙定。善者自善,非先有其生,而后行善以致于善也;恶者自恶,非本分无恶,长而行恶以得于恶也。故知穷达善恶,愚智寿夭,无非分命。分命玄定于冥初,行迹岂能易其自然哉!天网不失,隐见微显,故是劝教之言耳,非玄明所谓本定之极致也。①

对于"报应"论的这种批驳是相当中肯的。不过这样就不仅否定了宗教修持,更流于"非道德"论。而重伦理乃是中土思维的重要特点,这又留下了理论上的重大缺失。

戴逵的批驳让周续之难以答辩。后者求援于慧远。慧远有信给戴逵说:

> 佛教精微,难以事诘,至于理玄数表,义隐于经者,不可胜言。但恨君作佛弟子,未能留心圣典耳。②

这是说佛教的义理是难于用世俗事理来说明的。实际上这是指出宗教教理、教义的一个重要特征,即它们是先验的、绝对的,是靠感悟而不须证明的。慧远遂寄上所作《三报论》。

---

①《释疑论答周居士难》,《广弘明集》卷一八,《大正藏》第 52 卷第 223 页中—下。
②《远法师书》,《大正藏》第 52 卷第 224 页上。

《三报论》有题注："因俗人疑善恶无现验作。"这里"俗人"当然包括戴逵。开章明义说：

> 经说业有三报：一曰现报，二曰生报，三曰后报。现报者，善恶始于此身，即此身受；生报者，来生便受；后报者，或经二生三生百生千生，然后乃受。①

经典里说到"三报"处甚多。如僧伽提婆与慧远在太元元年（376）合译的《阿毗昙心论》里就说到："若业现法报，次受于生报，后报亦复然。"②鸠摩罗什所译《成实论·三报业品》的解释也与慧远的说法完全一致：

> 问曰："经中佛说三种业，现报、生报、后报业，何者是耶？"答曰：若此身造业，即此身受，是名现报；此世造业，次来世受，是名生报；此世造业，过次世受，是名后报，以过次世，故名为后。③

这种"三报"之说可以作为对于现实中报应不爽的辩解。至于证明"三报"存在的理由，慧远则借用中土的感应论：

> 受之无主，必由于心；心无定司，感事而应。应有迟速，故报有先后。先后虽异，咸随所遇而为对；对有强弱，故轻重不同。斯乃自然之赏罚，三报之大略也。

他更利用当时"九品中正制"的"九品"概念，说善恶九品，非现报所摄，"世或有积善而殃集，或有凶邪而致庆，此皆现业未就而前行始应。故曰：贞祥遇祸，妖孽见福，疑似之嫌，于是乎在"。他的"三报"论把报应落实到个人身上，肯定报应在历世轮回中实现，是符

---

① 《三报论》，《弘明集》卷五，《大正藏》第52卷第34页中—下。以下引用此文均据此本。
② 《阿毗昙心论》卷一《界品》，《大正藏》第28卷第814页中。
③ 《成实论》卷八，《大正藏》第32卷第297页中—下。

合佛教教理本意的。另一方面值得注意的是，他的辩解又并不限于个体轮回，更联系到"积善""积恶"的家族福报。他承认"善恶之报，殊错而两行"、"积善之无庆，积恶之无殃"的事实，乃是"大道翳于小成，以正言为善诱"，而"原其所由，由世异典以一生为限，不明其外。其外未明，故寻理者自毕于视听之内。此先王即民心而通其分，以耳目为关键者也"。他认为"先王"是根据"民心"，以耳目所接事实来发出议论的。他说这也是"尼父之不答仲由"，即孔子当年没有确切回答子由关于生死的疑问的原因。他从而提高了"方外之宾"的地位，说他们"服膺妙法，洗心玄门，一诣之感，超登上位，如斯伦匹，宿殃虽积"，可以超越报应规律；而"佛经所以越名教、绝九流者，岂不以疏神达要，陶铸灵府，穷源尽化，镜万像于无像者也"，从而肯定佛教教理绝对、超越的性质。

戴逵读到《三报论》，回复慧远，依后者的地位，当然表示虚心受教。但又说"俗见之怀，诚为未尽，然三报旷远，难以辞究"，仍然坚持认为慧远的论点是难以验证的。

慧远后来又作《明报应论》，他的名著《沙门不敬王者论》也涉及报应问题，意见大体不出上述内容。从双方辩论的具体情形看，赞同一方的人既没有提出有说服力的道理，更不可能拿出让人信服的事实来证明；反对一方却往往陷入"命定"论，完全否定人的活动的能动作用。而实际上在当时，佛教因果报应作为一种信仰，不仅对于佛教的传播起相当大的作用，也确实可以发挥教化以至儆戒的意义。后来萧子显曾说：

> 而诸张米道，符水先验，相传师法，祖自伯阳。世情去就，有此二学，僧尼道士，矛楯相非。非唯重道，兼亦殉利。详寻两教，理归一极。但迹有左右，故教成先后。广略为言，自生优劣。道本虚无，非由学至，绝圣弃智，已成有为。有为之无，终非道本。若使本末同无，曾何等级。佛则不然，具缚为种，转暗成明，梯愚入圣。途虽远而可践，业虽旷而有期。劝慕之

道,物我无隔。而局情浅智,鲜能胜受。世途揆度,因果二门。
鸡鸣为善,未必余庆;脍肉东陵,曾无厄祸。身才高妙,郁滞而
靡达;器思庸卤,富厚以终生。忠反见遗,诡乃获用。观此而
论,近无罪福,而业有不定,著自经文,三报开宗,斯疑顿晓。
史臣服膺释氏,深信冥缘,谓斯道之莫贵也。①

这里把佛、道二教相比较,也是强调佛教轮回报应之说可以诱人向
善,制人作恶,促成人的个体责任的自觉,具有积极的伦理意义。
因此慧远等人的因果报应思想的意义不全是负面的。而且轮回报
应之说作为佛教教理的基本内容,属于信仰范畴,最终只能作为信
条对待,本是不可能诉诸理性证明的。所以尽管许多杰出的思想
家参与论辩,议论纷纷,但终究难以得出确定的结论。

三

戴逵死于太元二十年(395),周续之生于太元二年(377),据此
可以知道他们之间的论争应在四世纪九十年代初。四十年后的元
嘉十年(433),释慧琳作《白黑论》,掀起又一场有关论战。

前面已经介绍过慧琳所造《白黑论》,其基本思想倾向虽主儒、
释、道三教"均善",但"意党道教"。文章开头黑学先生贬斥"中国
圣人"是"不照幽冥之途,弗及来生之化,虽尚虚心,未能虚事,不逮
西域之深也",对答中又作比较说:

周、孔为教,正及一世,不见来生无穷之缘,积善不过子孙
之庆,累恶不过余殃之罚,报效止于荣禄,诛责极于穷贱,视听
之外,冥然不知,良可悲矣。释迦关无穷之业,拔重关之险,陶
方寸之虑,宇宙不足盈其明,设一慈之救,群生不足胜其化,叙

───────────
① 《南齐书》卷五四《高逸传》,第947—948页。

地狱则民惧其罪,敷天堂则物欢其福,指泥洹以长归,乘法身以遐览。①

而白学先生有力地对这种论点加以批驳,说:

> 今效神光无径寸之明,验灵变罔纤介之异,勤诚者不睹善救之貌,笃学者弗克陵虚之实,徒称无量之寿,孰见期颐之叟,咨嗟金刚之固,安觌不朽之质。苟于事不符,宜寻立言之指,遗其所寄之说也。且要天堂以就善,曷若服义而蹈道,惧地狱以敕身,孰与从理以端心。礼拜以求免罪,不由祗肃之意;施一以徼百倍,弗乘无吝之情。美泥洹之乐,生耽逸之虑,赞法身之妙,肇好奇之心,近欲未弭,远利又兴,虽言菩萨无欲,群生固以有欲矣。甫救交敝之氓,永开利竞之俗,澄神反道,其可得乎。

这里不但揭露报应之无验,更指出这种宣传所留下的严重弊害,并认为它根本不符合佛教的基本精神。在文章结论里又说:

> 幽冥之理,固不极于人事矣。周、孔疑而不辨,释迦辨而不实,将宜废其显晦之迹,存其所要之旨。请尝言之。夫道之以仁义者,服理以从化;帅之以劝戒者,循利而迁善。故甘辞兴于有欲,而灭于悟理;淡说行于天解,而息于贪伪。是以示来生者,蔽亏于道、释不得已,杜幽暗者,冥符于姬、孔闭其兑。由斯论之,言之者未必远,知之者未必得,不知者未必失,但知六度与五教并行,信顺与慈悲齐立耳。殊途而同归者,不得守其发轮之辙也。

这又明确表示“幽冥”之理不可信,而主张导民以仁义道德,并在这个意义上肯定佛、道二教的作用。这也是一种“神道设教”意义的宗教观念,已经与信仰有相当大的距离。

---

①《宋书》卷九七《夷蛮传》,第 2389 页。以下引用本文均据同书第 2388—2391 页。

　　这一场争论,理论层面主要是形、神离合问题,属于哲学范畴,在前一节已经介绍;涉及实践即信仰层面,则集中在轮回报应的有无。这后一方面不但对于群众树立信仰十分重要,更直接关系到佛教自身存在的意义,所以相关争论也特别激烈。但正如慧琳所说,这后一方面,历史上"周、孔疑而不辨,释迦辨而不实",本是难以用事实来检验的,所以无论是赞同一方,还是反对一方,当时还是难以得出确切的结论。

　　上一节已经说过,何承天把慧琳的文章送给宗炳,显然赞成文章中的观点;宗炳有两封信回答,又作《明佛论》进行驳斥。在第一封信里他解答"效神光无径寸之明,验灵变无纤介之实,徒称无量之寿,孰见期颐之叟",诸若此类,皆谓于事不符的诘难说:

> 　　夫神光、灵变及无量之寿,皆由诚信幽奇,故将生乎佛土,亲映光明,其寿无量耳。今没于邪见,慢诞灵化,理固天隔,当何由睹其事之符乎? 夫心不贪欲,为十善之本,故能俯绝地狱,仰生天堂,即亦服义蹈道,理端心者矣。①

他再次把问题提到信仰层面上来,更试图从两个侧面加以论证:

> 　　夫佛家大趣,自以八苦,皆由欲来。明言十二因缘,使高妙之流,朗神明于无生耳。欲此道者,可谓有欲于无欲矣。至于启导粗近,天堂地狱,皆有影响之实。亦由于公以仁活招封,严氏以好杀致诛,畏诛而欲封者,必舍杀而修仁矣。励妙行以希天堂,谨五戒以远地狱,虽有欲于可欲,实践日损之清途,此亦西行而求郢,何患其不至哉!

他在这里提出,从教理说,佛教的"缘生"法可以导出涅槃"无生"教理;但对于"启导粗近"即不大了解佛理的人,则要利用地狱天堂之

---

　①《宗答何书》,《弘明集》卷三,《大正藏》第52卷第18页中。以下引用此文均据同书第18页中一下。

说加以教化。他举出两个例子：西汉于定国的父亲于公，曾为县狱吏，执法公平，后来一门繁盛，事见《汉书》第七十一卷；又酷吏严延年寒中论囚，血流数里，终于坐怨望弃世，事见《汉书》第九十卷。这仍然是主观地选择个别事例作为论据的办法。而对于大量不合报应之理的现象，他则归结为例外，如"王莽窃《六经》以篡帝位，秦皇因觋朝而构阿房，宁可复罪先王之礼教哉"，云云。

值得注意的是，在文章开头，讲精神不灭，说到死而更生，他曾援引感应论：

> 今人形至粗，人神实妙，以形从神，岂得齐终？心之所感，崩城陨霜，白虹贯日，太白入昴；气禁之医，心作水火，冷暖辄应。况今以至明之智，至精之志，专诚妙彻，感以受身，更生于七宝之玉，何为不可实哉！

这里举出的都是中国古代讲感应的著名事例："崩城"指《烈女传》杞梁妻传说；"陨霜"指《淮南子》邹衍故事；"白虹贯日""太白入昴"均见《汉书》五十一卷《邹阳传》，前者见于荆轲刺秦王事，后者见于卫先生为长平画策事。认为精神可以感天动地，与佛教报应观念本无关系，而宗炳却引为证明。

正如前面所说，何承天并不是完全否定佛教的作用，但他特别不满于佛教"未能求立言之本，而眩惑于末说"的做法。他反对"唯取信天堂、地狱之应，因缘不灭之验，抑情菲食，尽勤礼拜，庶几荫宝称之盖，升弥灯之坐"的迷信和繁费，因而他首先求援于圣人："若果有来生报应，周、孔宁当缄默而无片言耶？若夫婴儿之临坎，凡人为之骇怛，圣者岂犹不仁哉！"他针对对方"崩城陨霜，贯日入昴"的例证，辨驳说"不明来生之譬，非今论所宜引也"，从而明确报应之无验，并进而指出：以之"启导"粗近，不但不能达到佛教追求的"无欲"，反而会引起人的贪欲。在文章结尾他说：

> 昔在东邑，有道含沙门自吴中来，深见劝譬，甚有恳诚，因

留三宿，相为说练形澄神之缘，罪福起灭之验，皆有条贯。吾拱听谠言，申旦忘寝，退以为士所以立身扬名，著信行道者，实赖周、孔之本。子路称"闻之而未之能行，唯恐有闻"。吾所行者多矣，何遽舍此而务彼；又寻称情立文之制，知来生之为奢，究终身不已之哀，悟受形之难再。圣人我师，周、孔岂欺我哉！

这是表示，自己确曾对佛教报应之说做过深入的探讨和认真的思考，但仍然坚信儒家圣人之道，并决心身体而力行之。

宗炳再度回复何承天，不过有关轮回报应并没有提出什么值得注意的新见解。倒是他附信所送《明佛论》即《神不灭论》，对报应问题作了更充分的论述。其中值得注意的是，他讲报应，把形、神区别开来。这是补充慧远所引经中"三报"之说的另一种辩护方法。反对报应之说一方提出的一个重要证据，是战国时期白起、项籍一次坑杀六十万人，这六十万人善恶不同，但同时被消灭了。这不仅让人对佛陀的慈悲说教产生怀疑，更难以用报应之理来加以解释。这种具体事例，特别突显出历史实际与报应之说的矛盾。宗炳用形尽神不灭来解释这种颇难辩驳的诘难：

> 夫天地有灵，精神不灭明矣。今秦、赵之众，其神与宇宙俱来，成败天地而不灭。起、籍二将，岂得顿灭六十万神哉！神不可灭也，则所灭者身也。岂不皆如佛言，常灭群生之身。故其身受灭，而数会于起、籍乎！何以明之？夫乾道变化，各正性命，至于鸡彘犬羊之命，皆乾坤六子之所一也。民之咀命充身，暴同蛛蝥为网矣。鹰虎非搏噬不生，人可饭蔬而存，则虚己甚矣。天道至公，所希者命，宁当许其虐命而抑其冥应哉！今六十万人，虽当美恶殊品，至于忍咀群生，恐不异也。美恶殊矣，故其生之所享，固可实殊；害生同矣，故受害之日固亦可同。①

----

① 《明佛论》，《弘明集》卷二，《大正藏》第52卷第13页中一下。以下引录此文均据同书第13页中一15页中。

这是说,被坑杀的六十万众,肉体虽然死掉了,精神并没有消灭,他们在轮回中的命运并不相同。这里又把报应和中土传统的"气数"论相结合,说被杀掉的六十万人所遇气数一致。接着,宗炳又举出另外的历史事例说:

> 至若于公、邴吉、虞怡德应于后,严延年、田蚡、晋宣杀报交验,皆书于汉、魏,世所信睹。夫活人而庆流子孙,况精神为杀活之主,无殃庆于后身乎! 杀活彼身,必受报己身,况通塞彼神,而不荣悴于己神乎!

这显然又是把中土传统的报应观与佛教的轮回信仰相混淆了。接着更引用儒家的仁爱观念说:

> 是以圣王庖厨其化,盖顺民之杀,以减其害,践庖闻声,则所不忍。因豺獭以为节,疾非时之伤孕;解罝而不网,明含气之命重矣。孟轲击掌于衅钟,知王德之去杀矣。先王抚鹿救急,故虽深其仁,不得顿苦其禁。如来穷神明极,故均重五道之命,去杀为众戒之首。萍沙见报于白兔,释氏受灭于黄鱼,以示报应之势。皆其窈窕精深,迂而不昧矣。若在往生能闻于道,敬修法戒,则必不坠长平而受坑马服矣,及在既坠,信法能彻,必超今难;若缘衅先重,难有前报,及戒德后臻,必不复见坑来身矣。所谓洒神功于穷迫,以拔冤枉之命者,其道如斯,慈之至矣。

这就再次突显出把儒家的仁爱观念与佛教的报应论相调和的努力。至于对长平之难的解释,显然是过于勉强了。

宗炳在文章后面明确用"神不灭"论来支持轮回报应说,并用以应答反对者的批判:

> 若鉴以佛法,则厥身非我,盖一憩逆旅耳,精神乃我身也,廓长存而无已。上德者,其德之畅于己也无穷;中之为美,徐

> 将清升以至尽；下而恶者，方有自新之迥路，可补过而上迁。是以自古精粗之中，洁己怀远，祗行于今，以拟来叶，而迈至德者，不可胜数，是佛法之效矣。此皆世之所壅，佛之所开，其于类岂不旷然融朗，妙有通途哉！若之何忽而不奉乎？

这就把人归类为三品，指出各有不同的修道前途，从而把争论归结到信仰上来。然后又强调信仰的成效说：

> 资此则信以往，终将克王神道，百世先业，皆可幽明永济，孝之大矣；众生沾仁，慈之至矣；凝神独妙，道之极矣；洞朗无碍，明之尽矣。发轸常人之心，首路得辙，纵可多历劫数，终必径集玄极，若是之奇也。等是人也，背辙失路，蹭蹬长往，而永没九地，可不悲乎！

这种说法，一方面可以明显看出儒家思想的影响，另一方面又突显出不同于儒家的信仰的思路。

宗炳的信和《明佛论》都没能说服何承天，所以后者表示"夫明天地性者，不致惑于迂怪；识盛衰之径者，不役心于理表。傥令雅论不因善权笃诲，皆由情发，岂非通人之蔽哉"？就是说，他只能从"神道设教"的"善权"方便角度承认对方观点的意义，而就实际说报应论是暗昧不通的。

何承天应是在这次辩论之后，又作《达性论》，使用简洁显豁的笔墨，更明确地表达自己关于形毁神灭、报应不实的主张。他说：

> 故天地以俭素训民，乾坤以易简示人，所以训示殷勤若此之笃也。安得与夫飞沉蠕蠕并为众生哉！若夫众生者，取之有时，用之有道，行火俟风暴，畋渔候豺獭，所以顺天时也；大夫不麛卵，庶人不数罟，《行苇》作歌，宵鱼垂化，所以爱人用也；庖厨不迩，五犯是翼，殷后改祝，孔钓不网，所以明仁道也；至于生必有死，形弊神散，犹春荣秋落，四时代换，奚有于更受形哉！诗云："恺悌君子，求福不回。"言弘道之在己也；"三后

在天。"言精灵之升退也。若乃内怀嗜欲,外惮权教,虑深方
生,施而望报,在昔先师未之或言,余固不敏,囷知请事焉矣。①

这里反对把人"与夫飞沉蜎蠕并为众生",意义主要在反对"六道"
轮回观念。他所信守的人生原则,完全是儒家圣人所指引的;至于
主张"生必有死,形弊神散",否定人死后重新"受形",则是一种唯
物的生死观,更是十分通达的人生观。他最后指出"施而望报"正
是贪欲的表现,也是对于生死的畏惧,指出了轮回报应信仰的思想
基础。在当时的条件下,生物学还没有对人体与人的精神的关系
作出科学解释,何承天的见解确已达到相当的理论高度了。

　　对于何承天的《达性论》,他的友人、佛教信徒颜延之出来进行
驳辩,然后两人又反复进行辩难。但如上所说,在当时的理论水平
上,双方都不可能做出更有说服力的突破。比如关于"众生",何承
天说不能把"飞沉蜎蠕"与人并称"众生";但颜延之说"不异之生,宜
其为众"。至于众生如何轮回,两个人都没有作过深入的论证。与之
有关的报应问题,颜延之在《释达性论》里说:"凡气数之内,无不感
对,施报之道,必然之符。"在《重释何衡阳》里他进一步解释说:

　　　　报施首称气数者,以为物无妄然,各以类感;感类之中,人
　　心为大;心术之动,隶历所不能得,及其积致于可,胜原而当,
　　断取世见,据为高证。庄周云:"莽卤灭裂,报亦如之。"孙卿
　　曰:"报应之势,各以类至。"后身著戒,可不敬与?慈护之人,
　　深见此数,故正言其本,非邀其末,长美遏恶,反民大顺,济有
　　生之类,入无死之地,令庆周兆物,尊冠百神,安宜祚极子胤,
　　福限卿相而已。

这同样又是把中土的感应论作为佛教轮回报应说的根据了;而且

---

①《达性论》,《弘明集》卷四,《大正藏》第 52 卷第 22 页上;以下引录相关争论
　文字据均同书第 22 页上－23 页下。

他引为典据的也是诸子书上的话。"莽卤灭裂"云云出《庄子》:"昔予为禾,耕而卤莽之,则其实亦卤莽而报予;芸而灭裂之,其实亦灭裂而报予。"①"报应之势"云云出《汉书》:"时唯孙卿明于王道而非之曰:'……至于末世,苟任诈力,以快贪残,争城杀人盈城,争地杀人满野。孙、吴、商、白之徒,皆身诛戮于前,而国灭亡于后。报应之势,各以类至,其道然矣。"②这讲的显然都是中土传统想法,当然也显示颜延之作为中土士大夫的性格。

　　以上是南北朝时期就佛教"轮回报应"说进行辩论的大致概况。当时正是佛教义学大发展的时期,论争双方对于中土学术和外来佛教都已具有相当高的素养,在争论中又借鉴了佛教论辩的细密的逻辑方法,所以有关辩论在理论上是达到一定水准的。不过正如前面一再指出的,限于当时科学发展水平,有关灵魂存灭、报应有无之类问题,还没有彻底解决的可能。借助于逻辑推理或事实归纳来论证,是不可能得到全称肯定的结论的。信仰本来具有先验的、绝对的特征,这类辩论必然会一直延续下去。但正是通过这一系列辩论,护法一派在精致的理论层面更多借助中土传统的天、人"感应"论,在粗俗的信仰层面则融合了传统的"报应"论,进而把外来佛教关于形神关系、关于三世缘生的繁琐的论证"改造"成形态简单、易于接受的报应信条。这适应了中土思维重实际、重现世的精神,也就容易得到更广泛的群众的信重。结果尽管外来佛教的不同部派、学派关于因果报应教理议论纷纷,抵牾、矛盾之处又甚多,本土经论注疏和义学辩论更有各种各样的论说,但在民众的信仰实践中,基本是把"不灭"的"神"等同于不死的"灵魂",并相信"报应"在"灵魂"的"轮回"中实现。又这种信仰本来与大乘佛教般若空观大相径庭,作为外来佛教"轮回报应"说适应中

①《庄子注》卷八《则阳》。
②《汉书》卷二三《刑法志》,第1085—1089页。

土思想土壤、实现"中国化"的结果,却在中土民众中广泛流传,对人们的精神生活造成深远影响。

第三节　关于沙门尽敬王者之争

一

宗教礼仪不同于世俗礼法,具有特殊的信仰内涵和神圣性质。而作为外来宗教的佛教的仪轨和礼仪,无论是形式还是内容,又必然存在与中土传统的矛盾。关于沙门是否应当尽敬王者之争,就是这种矛盾的集中体现之一。作为佛教发展史上关键时期代表人物的慧远同样是这一斗争的主要参与者。

东晋十六国时期南、北佛教大发展,自佛教初传即已出现的佛法与王权的矛盾、佛教与本土传统伦理的矛盾更突出地显现出来。当时在北方,石赵、苻秦、姚秦政权均大力支持佛教,南方的东晋朝廷和士族信仰佛教也成为风气。但就佛教与国家的关系说,北方与南方差异却比较明显,这在前面已经提到过。北方少数族政权对于作为"外夷"宗教的佛教抱有特殊的亲切感,由于本民族的文化积累有限,吸纳佛教也更容易;特别由于当时文化重心南移,注重信仰和修持实践的潮流在北方更为流行。因而一方面,如佛图澄、释道安、鸠摩罗什等众多中外名僧倍受礼遇;另一方面在少数族军事强权统治之下,这些佛门领袖人物又主动地屈居臣属地位。到北魏时期的情况则是:

> 初,皇始(396—398)中,赵郡有沙门法果,诚行精至,开演法籍。太祖(道武帝拓跋珪)闻其名,诏以礼征赴京师,后以为

道人统，绾摄僧徒。每与帝言，多所惬允，供施甚厚。至太宗（拓跋嗣），弥加崇敬，永兴（409—413）中，前后授以辅国、宜城子、忠信侯、安成公之号，皆固辞。帝常亲幸其居，以门小狭，不容舆辇，更广大之。年八十余，泰常（416—423）中卒。未殡，帝三临其丧，追赠老寿将军、赵胡灵公。初，法果每言，太祖明睿好道，即是当今如来，沙门宜应尽礼，遂常致拜。谓人曰："能鸿道者人主也，我非拜天子，乃是礼佛耳。"①

法果的这一说法鲜明地反映了北方国家政权对于佛教的统制关系，是具有相当典型意义的。正因此，北方也就不会出现僧人是否"尽敬"王者的争论。

但南方情形则大不相同。晋室南迁，被视为华夏正统的代表、固有文化传统的承担者。外来佛教在社会上、在思想领域遇到的冲突也就较为突出。另外还有两个客观因素在起作用。一是南方作为统治基础的是士族阶层，各世家大族之间、高门与寒门之间纷争不断，造成朝代更迭，朝廷没能形成北朝那样的专制权威；另一方面南方本来有玄学思辨传统，思想一直比较开放、活跃。在这样的环境下，佛教的超越性和独立性被更多地强调，也就容易引发实践中和观念上的冲突。这也是护法和反佛的一系列论辩主要发生在南方的重要理由。而一个关系僧团建设与发展的重大问题，就是僧人是否应当致敬王者、父母。僧团内部有不同看法，朝廷上下也产生激烈论争，僧、俗之间更是意见纷杂，辩论延续达数百年之久。

关于争论的性质，多数学者认为是"中国在接纳佛教过程中，象征着国家权力和佛教势力之间斗争或对抗关系的王法与佛法的斗争"②。这是把斗争的规模和性质看得过于严重了，也就把斗争的意义拔高了。实际上，在统一、强大的中国专制体制之下，佛教方面

①《魏书》卷一一四《释老志》，第 3030—3031 页。
②砺波护《隋唐佛教文化》第 87 页，韩昇、刘建英译，上海古籍出版社，2004 年。

根本没有力量使自己的势力超越、压倒王权,基本上也不会有脱离专制体制统治的企图(当然不能否认个别的例外)。从主要倾向看,这场争论的主旨只是争取某种自主的、独立的地位,而这种地位更主要是礼仪上象征性的,意在取得在社会上相对有利的位置。

关于尽敬王者的正面争论始于东晋初年:

> 晋咸康六年(340),成帝幼冲,庾冰辅政,谓沙门应尽敬王者。尚书令何充等议不应敬。下礼官详议。博士议与充同,门下承冰旨为驳。①

这还是佛教势力在社会上层刚刚扩展开来的时候,也即是支遁等名僧和诸名士活跃的时期。当时僧团与世俗政权的关系还没有确立起一定的规范。但是僧团不断扩大,僧侣作为方外之宾的地位显然已有碍于世俗政权的统一。论争在朝廷上进行,僧团没有参加。争执由庾冰提出"沙门应尽敬王者"引起。庾冰(296—344)与兄庾亮是东晋初年权臣,咸康五年,王导死,冰辅政。他勤于政务,颇任威刑,提出"尽敬"是在执政的第二年。他有意改变王导当初对待佛教的优容、亲近态度,固然表明他关注僧侣势力扩张带来诸多社会问题,显然也有树立朝廷威权的用意。起来辩驳的是信仰佛教的何充与散骑常侍、左仆射褚翌,散骑常侍、右仆射诸葛恢,尚书冯怀,守尚书谢广等一批朝臣。现存文献除何充等人的简单答辩外,有庾冰以成帝名义发表的两封诏书和何充等人相对应的两篇答复。争论集中在朝廷政策层面上,焦点则在怎样才算合乎国家、朝廷的礼教。这次辩论没有在更高的学理层面上展开,也没有涉及僧团地位等根本问题。这一方面是由于当时僧团与王权的矛盾还没有足够尖锐化,另一方面也反映在具体环境下辩论双方都还没有从更高理论层面思考问题。

---

① 《弘明集》卷一二,《大正藏》第 52 卷第 79 页中。以下引用此次争论文字均据同书第 52 卷第 79 页中－80 页中。

庚冰所作诏书中说到：

> 且今果有佛耶？将无佛耶？有佛耶，其道固弘；无佛耶，
> 义将何取？

而何充等人答复时说：

> 有佛无佛，故非臣等所能定也。

这表明，双方对待佛教，起码从这些言论看，都没有表现出很诚挚
的信仰心。而另一方面争论双方的具体看法又表明，他们的基本
出发点和落脚点是基本一致的。庚冰代表朝廷起草诏书提出的
"尽敬"理由，是所谓"因父子之敬，建君臣之序，制法度，崇礼秩"，
"王教不得不一，二之则乱。斯曩圣所以宪章体国，所宜不惑也"。
他指出，僧人"凡此等类，皆晋民也；论其才智，又常人也"，因此不
论按习俗还是论国典，他们都不能抗礼于万乘之前。这是从维护
法度和礼制着眼的。而从根本上说，何充等反对"尽敬"一派人的
观点在精神上与这种看法并没有冲突。他们认为佛法是"修善之
法"，"不变其修善之法，所以通天下之志也"；他们更强调僧侣的修
行本来有助于王化："寻其遗文，钻其要旨，五戒之禁，实助王化"；
"每见烧香咒愿，必先国家，欲福祐之隆，情无极已。奉上崇顺，出
于自然，礼仪之简，盖是专一守法。是以先圣御世，因而弗革也"。
他们不主张"尽敬"，并不是要使佛教超然于王权之上或世俗之外，
只是认为这样并不会对教化有所危害。他们特别肯定僧侣的活动
有助于王权的稳固，认为不礼拜王者并不影响王法的执行。这实
际也反映了当时佛教在中国的实际立场和地位。

　　何充等人反对"尽敬"的理由还基于对已有习俗的肯定："且兴
自汉世，迄于今日，虽法有隆衰，而弊无妖妄，神道经久，未有比
也"，"汉魏逮晋，不闻异议，尊卑宪章，无或暂亏"，因此"宜遵承先
帝故事，于义为长"。庚冰则举出更古老的先王典则来加以反驳：
"名教有由来，百代所不废，昧旦丕显，后世犹殆。殆之为弊，其故

难寻。而今当远慕芒昧,依稀未分,弃礼于一朝,废教于当世,使夫凡流傲逸宪度,又是吾之所甚疑也。纵其信然,纵其有之,吾将通之于神明,得之于胸怀耳。轨宪宏模,固不可废之于正朝矣。"这种观点实际是以中国传统礼制的普遍性来否定佛教礼法的特殊性,主张外来佛教应当顺从中土固有制度。与这一点相关联的,还有是否承认佛教作为外来文化的特殊地位的问题。何充等主张应当容纳外来的殊俗异法,"今一令其拜,遂坏其法。令修善之俗,废于圣世。习实生常,必致愁惧,隐之臣心,窃所未安"。而庾冰则针对那种"方外之事,岂方内所体? 而当矫形骸,违常务,易礼典,弃名教"的看法,提出"是吾所甚疑也","大都百王制法,虽质文随时,然未有以殊俗参治,恢诞杂化者也。岂曩圣之不达,来圣之宏通哉!且五戒之才善,粗拟似人伦,而更于世主,略其礼敬耶? 礼重矣,敬大矣,为治之纲尽于此矣"。这里争论的实际又是如何对待外来习俗、礼法即接受外来文化的问题了。

　　这次辩论以"庾冰议寝,竟不施敬"结束。主要是因为当时僧团势力与活动有限,还没有构成大的社会矛盾。就争论本身说,如后来桓玄所说,"何、庾虽已论之,而并率所见,未是以理相屈也。庾意在尊主,而理据未尽;何出于偏信,遂沦名体"①,双方论理都没有达到一定深度,特别是在涉及朝廷教化的看法上双方没有大的原则分歧,争论也就容易不了了之了。

二

　　六十年后的东晋末年,朝廷重新掀起又一轮关于"尽敬"的论争。这次论争范围更广,涉及问题更多、更复杂,延续时间也更长。

――――――――――

① 《桓玄与八座书论道人敬事》,《弘明集》卷一二,《大正藏》第 52 卷第 80 页中。关于此次辩论引用文字俱见同书 80 页中－85 页下。个别文字利用《高丽藏》校定。

参加者不但有众多朝官，还有僧侣，包括高僧慧远。这是中国佛教史上相关论争最重要的一次。

触发这次争论，除了前面所说的各种因素，还和朝廷内部斗争形势有关。到东晋后期，包括孝武帝司马曜、安帝司马德宗和众多朝臣都信仰佛教，盛建塔寺，使得僧侣激增，佛教发展带来的社会问题更加突显出来。这一次主张"尽敬"的代表人物是权臣桓玄，他主张对佛教采取禁限方针，显然更多出于施政方面的考虑。

桓玄（369—404），权臣桓温之子，袭爵南郡公，早有不臣之心。安帝隆安二年（398），兖州刺史王恭、荆州刺史殷仲堪起兵作乱，他曾起兵响应；次年，朝廷用离间计，命他击杀仲堪，他遂领荆、江二州刺史，都督荆、司等八州，兵马日盛。安帝元兴元年（402），会稽王世子司马元显领兵讨伐桓玄，反被所执；桓玄挥师东下，攻入建康，自署太尉，领平西将军、豫州刺史，执掌朝政。应是在这次从荆州东下的时候，他曾上庐山会见过慧远。他当权执政时间很短，第二年十二月称帝，两个月后的元兴三年（404）二月刘裕等起兵，三月攻入建康，他于五月被杀。就在他执政的暂短时期，曾下令沙汰众僧，又致书朝廷重臣八座（即吏部尚书、祠部尚书、五兵尚书等），提出当初何、庾关于"尽敬"的辩论"未是以理相屈也"，因此要求对此"一代之大事，宜共求其衷，想复相与研尽之"；同时并致书佛教信徒、晋初名相王导之孙、时任中书令、领军将军的王谧。可是当时包括他的从兄桓谦在内的重臣都认为佛法和礼教完全是不同范围的事，维持不致敬的现状才是王恩广被之道。王谧也回信表示相同意见。桓玄与王谧曾往复辩难，现存有三次辩论的书信。最后桓玄下达强行致敬的命令并整肃僧众。由于庐山慧远声望正隆，桓玄又特别写信给他，要求他解释反对致敬的理由。慧远的回复，一方面肯定王法应得到尊重，出家人修行道业，正可惠及人类，有助王化；另一方面又强调出家人属于"方外"，已经超世离俗，不应受到世俗礼法约束。对于慧远的答复，不知道桓玄是否曾做过反驳。但是元兴二年(403)桓玄宣布自立为天子,同一天下诏即撤回沙门礼敬王者命令。这应该是他争取僧团支持的策略。但几个月后,他就被刘裕杀掉了。

这次辩论以维持现状告终,但慧远却针对东晋初年以来的争论,作出总结性的论述,写成《沙门不敬王者论》五篇。他显然意识到这是外来佛教在中土发展所遇到的根本矛盾,意在给予总的解决,因此写成五篇佛教史上的名文。慧远的见解下一节介绍。

桓玄主张沙门"敬事"王者,首先从宇宙观角度提出根据:

> 夫佛之为化,虽诞以茫浩,推于视听之外,然以敬为本,此处不异。盖所期者殊,非敬恭宜废也。老子同王侯于三大,原其所重,皆在于资生通运。岂独以圣人在位,而比称二仪哉?将以天地之大德曰生,通生理物,存乎王者,故尊其神器,而礼寔惟隆。岂是虚相崇重,义存君御而已哉?沙门之所以生生资存,亦日用于理命,岂有受其德而遗其礼,沾其惠而废其敬哉!既理所不容,亦情所不安。①

《老子》上说:"故道大,天大,地大,王亦大。域中有四大,而王居其一焉。"②据此,桓玄说"老子同王侯于三大",突出王权的地位;所提出的理由,则"在于资生通运"。"天地之大德曰生"出《周易·系辞下》,所说王者"通生理物",实际是说它是天道的体现者、执行者。而沙门"以生生资存,亦日用于理命",是说本在王者荫庇之下,理所当然要对后者致敬。这是根据儒家"君权天授"观念,把致敬的理由提到"天命"观上来,实际主张王权应扩展到普天之下,僧侣也不应例外。这样,他利用中国传统道家和儒家思想为论据,把"致敬"提到实现天地之"理"的高度。接下来双方的争论,就在这中土传统的"理"是否具有绝对意义这一关键点展开。

―――――――――――

① 《桓玄与八座书论道人敬事》,《弘明集》卷十二,《大正藏》第 52 卷第 80 页中。
② 《老子》上篇。

首先是桓谦的回答，他是坚持存在不同于老、孔的礼教的：

> 然佛法与尧、孔殊趣，礼教正乖：人以发肤为重，而髡削不疑；出家弃亲，不以色养为孝；土木形骸，绝欲止竞，不期一生，要福万劫。世之所贵，已皆落之；礼教所重，意悉绝之。资父事君，天属之至，犹离其亲爱，岂得致礼万乘，势自应废。弥历三代，置其绝羁，当以神明无方，示不以崖检。视听之外，或别有理。今便使其致恭，恐应革者多，非惟拜起。又王者奉法出于敬，信其理而变其仪，复是情所未了。

这是根据僧侣出家、废弃孝养的事实，指明儒家伦理并不是普遍的、绝对的；又指出僧侣所求不只一生，而是邀福万劫，追求来世果报，进而归结到佛家"礼教"不同于世俗，因而尧、孔的"理"也就不具有普遍意义。

桓玄继续征询王谧的意见，现存五问四答。涉及内容包括六十余年前庾、何等人辩论中已经提出的华夷关系、历史传统、礼仪的形式与内涵等诸多方面。值得注意的事，王谧本来是诚挚的信徒，但在辩论中却以退为进，并没有从信仰角度理论，反而说：

> 夫佛法之兴，出自天竺，宗本幽遐，难以言辩。既涉乎教，故可略而言耳。

他先是承认佛说是否真理本"难以言辩"。这是因为在信仰层面争论双方一时还难以取得一致意见。他把焦点集中在"教"即"礼教"方面。他说：

> 意以为殊方异俗，虽所安每乖，至于君御之理，莫不必同。今沙门虽意深于敬，不以形屈为礼，迹充率土，而趣超方内者矣。是以外国之君，莫不降礼。良以道在则贵，不以人为轻重也。寻大法宣流，为日谅久，年逾四百，历代有三，虽风移政易，而弘之不异。岂不以独绝之化，有日用于陶渐，清约之风，

> 无害于隆平者乎！故王者恭己，不恨恨于缺户；沙门保真，不自疑于诞世者也。承以通生理物，存乎王者，考诸理归，实如嘉论……

这段话基本道出了反对"尽敬"一方的基本思路：因为是"殊方异俗"，在致敬问题上也就不必求同；而"沙门意深于敬"，则由于王权崇高，沙门本来意存恭敬；但沙门"趣超方内"，"不以形屈为礼"。而且佛法流传汉魏晋三代已四百年，一向受到保护和支持，从来没有强求尽敬王者之事。这就强调沙门的存在，根本无害于国家致治，因此王者与沙门在形迹上应当不相关涉。这样并不影响王权通生理物的功能和权威。

对立双方接下来的论辩，即就上述内容进一步深入展开，特别集中到两点：一是佛教作为外来宗教，礼仪制度要不要随顺中国礼法；二是佛教宣扬的信仰是否真实、有益，有没有必要依据中土意识加以改变。这是因为王权的绝对性和普遍性原则双方都已经承认，因而争论深入到具体的礼仪和信仰层面上来。

就前一点，桓玄说：

> 历代不革，非所以为证也。曩者晋人略无奉佛，沙门徒众，皆是诸胡，且王者与之不接。故可任其方俗，不为之检耳。今主上奉佛，亲接法事，事异于昔，何可不使其礼有准？日用清约，有助于教，皆如君言。此盖是佛法之功，非沙门傲诞言之所益也。今笃以祗敬，将无弥浓其助哉！

这是说，晋代以前，佛法基本在外族人中流传，现在则举国上下奉佛，自应按中华礼仪行事；即使沙门有益教化，佛法有功，也不应傲诞非礼。就后一点则说：

> 外国之君，非所宜喻。而佛教之兴，亦其指可知，岂不以六夷骄强，非常教所化，故大设灵奇，使其畏服。既畏服之，然后顺轨。此盖是大惧鬼神福报之事，岂是宗玄妙之道耶？道

在则贵,将异于雅旨。岂得被其法服,便道在其中?若以道在
然后为贵,就如君言,圣人之道,道之极也,君臣之敬,愈敦于
礼,如此则沙门不敬,岂得以道为贵哉?

这里涉及对于佛教信仰的认识:桓玄认为佛教是"神道设教"的产
物,适用于骄强难化的外族,并不是真正的"玄妙之道"。如果说道
在为贵,则圣人有道,正是沙门应当致敬的。桓玄的这些看法在逻
辑上是有说服力的。

王谧对桓玄的反驳则显得软弱无力了。如对于"历代不革"因
而不需致敬,他说"非谓已然之事,无可改之理也,此盖言势之所
至,非划然所据也"。这明显是表示屈退了。对于佛教"神道设
教","大设灵奇",则提出三世罪福的报应之说:

> 夫神道设教,诚难以言辨,意以为大设灵奇,示以报应。
> 此最影响之实理,佛教之根要。今若谓三世为虚诞,罪福为畏
> 惧,则释迦之所明,殆将无寄矣。常以为周孔之化,救其甚弊,
> 故言迹尽乎一生,而不开万劫之途。然远探其旨,亦往往可
> 寻。孝悌仁义,明不谋而自同;四时之生杀,则矜慈之心见。
> 又屡抑仲由之问,亦似有深旨。但教体既殊,故此处常昧耳。
> 静而求之,殆将然乎,殆将然乎!

这里提出三世果报为佛教"实理"、"根要",周、孔之道只尽乎一生
因而不及佛教。这还是孙绰"周、孔救极弊,佛教明其本"的观点。
"仲由之问",见《论语·先进》:"季路问事鬼神。子曰:'未能事人,
焉能事鬼?''敢问死。'曰:'未知生,焉知死。'"这本来是一种不可
知论,但王谧却从中求取"深旨",勉强用作魂神不灭的论据了。

桓玄针对这种主张,进一步指明宗教宣扬灵异的危害:

> 夫以神奇为化,则其教易行,异于督以仁义,尽于人事也。
> 是以黄巾妖惑之徒,皆赴者如云。若此为实理,行之又易,圣
> 人何缘舍所易之实道,而为难行之末事哉!其不然也,亦以明

> 矣。将以化教殊俗，理在权济，恢诞之谈，其趣可知。

这实际是指明宗教社会作用的复杂性：神异之说固然有助教化，但在一定条件下会成为动员群众、对抗现实体制的力量。他更拿教内师徒关系与君臣关系作对比，说明"君道"的意义：

> 非君道则无以申遂此生，而通其为道者也。是为在三之重，而师为之末。何以言之？君道兼师，而师不兼君。教以弘之，法以齐之，君之道也。岂不然乎？岂可以在理之轻而夺宜尊之敬？

这就又归结到君权超然、绝对的论点上来。

最后王谧不得不服输："示为师无该通之美，君有兼师之德，弘崇主之大礼，折在三之深浅，实如高论！实如高论！"辩论以"尽敬"一方失败而告终。王谧"已命庾桓施行其事，至敬时定，公私幸甚"。

然而桓玄却下如下诏书：

> 门下：佛法宏诞，所不能了。推其笃至之情，故宁与其敬耳。今事既在己，苟所不了，且当宁从其略，诸人勿复使礼也。便皆使闻知。

这大概已是桓玄篡位以后的事。当初桓玄专掌朝廷大权，一言九鼎，辩论取得胜利是很自然的。取得帝位后取消原议，显然与他个人处境有关。当初他进军建康，谋取朝权，身居太尉，要巩固自己的权威，需要压制朝野崇重的佛教。特别是晋孝武帝崇佛，朝中掌权的王恭（其妹孝武帝后，其叔母哀帝后）、王谧等士族名家都信仰、支持佛教。但一旦取得帝位，则要笼络各方势力，取得已有相当实力的佛教的支持是十分必要的。

纵观历史上佛教与王权产生矛盾，决定性的因素最主要的有两个，一是佛教势力扩张，威胁到统治体制的统一；再是佛教寺院经济膨胀，侵害国计民生。但就这一次辩论的实际情况看，基本没有涉及这两个方面，大体限制在礼制范围之内。就桓玄的表现而论，对佛教态度出尔反尔，主要是权衡政治斗争形势而决定策略。这也是因为在当时具体环境下，佛教方面根本没有凌驾王权的欲望和可能，所争论的礼制问题本质上属于文化观念范畴。而在当时两种文化还没有充分融合的条件，即使桓玄依靠权势得到辩论的胜利，"尽敬"问题终究不可能根本解决，基本理由也在这里。

三

前面已提到，就"尽敬"问题，桓玄曾征求在庐山上的慧远的意见。

隆安二年(398)桓玄为江州刺史。《弘明集》收录有《支道林法师与桓玄论州符求沙门名籍书》，开头是"隆安三年四月五日，京邑沙门等顿首白"。支遁死于废帝太和元年(366)，题目显然有误；又隆安三年桓玄还不是太尉，称谓应是后加的。文中说到"四海之内竟自无宅，邦乱则振锡孤游，道洽则欣然俱萃，所以自远而至，良有以也……而顷频被州符求抄名籍，煎切甚急，未悟高旨"[1]，指的是桓玄担任江州刺史，曾令沙门抄录名籍，当是加强寺院管理的措施。桓玄在江州，曾亲自入庐山拜访慧远，后来又曾致书劝令出仕。桓玄辅政，下令沙汰众僧，但特许"唯庐山道德所居，不在搜简之例"[2]。这固然是由于慧远的人望、才能为其敬重，也是因为庐山僧团势力强盛、影响巨大而有所顾忌。因而在与王谧辩论"沙门敬事"问题的时候，又专门请江州刺史转达书信，征求意见。桓玄提出"敬事"措施本是"沙汰"的延续。而当初实行"沙汰"曾得到慧远

---

①《大正藏》第 52 卷第 85 页下。
②《高僧传》卷六《晋庐山释慧远传》，第 219 页。

的支持。桓玄的沙汰沙门教令说：

> 佛所贵无为，殷懃在于绝欲，而比者凌迟，遂失斯道。京师竞其奢淫，荣观纷于朝市；天府以之倾匮，名器为之秽黩。避役钟于百里，逋逃盈于寺庙，乃至一县数千，猥成屯落，邑聚游食之群，境积不羁之众其所以伤治害政，尘滓佛教，固已彼此俱弊，寔污风轨矣。便可严下在所诸沙门，有能申述经诰、畅说义理者，或禁行修整、奉戒无亏、恒为阿练者，或山居养志、不营流俗者，皆足以宣寄大化，亦所以示物以道，弘训作范，幸兼内外。其有违于此者，皆悉罢遣。所在领其户籍，严为之制。①

这里指陈当时僧团风气窳败，对于国计民生造成危害，起码表面文章是意在整顿僧风，慧远也就没有理由反对。因而应其所求，表示支持，在回复中说：

> 佛教凌迟，秽杂日久，每一寻思，愤慨盈怀，常恐运出非意，混然沦溷，此所以夙宵叹惧，忘寝与食者也。见檀越澄清诸道人教，实应其本心。夫泾以渭分，则清浊殊流，枉以正直，则不仁自远。推此而言，符命既行，必二理斯得。然令饰伪取容者，自绝于假通之路；信道怀真者，无复负俗之嫌，如此则道世交兴，三宝复隆于兹矣。贫道所以寄命江南，欲托有道，以存至业。业之隆替，寔由乎人。值檀越当年，则是贫道中兴之运。幽情所托，已冥之在昔。是以前后书疏，辄以凭寄为先。每寻告慰，眷怀不忘。但恐年与时乖，不尽檀越盛隆之化耳。②

---

① 《与桓太尉论料简沙门书》，《弘明集》卷一二，《大正藏》第 52 卷第 85 页上—中。慧远与桓玄关于"料简沙门"和"敬事王者"的通信，见《大正藏》第 52 卷第 83—85 页。
② 《桓玄与僚属沙汰众僧教》，《弘明集》卷一二，《大正藏》第 52 卷第 85 页上。

慧远呼应桓玄语意,不仅同意沙汰,更肯定这是"三宝复隆"的措施,即称赞桓玄是振兴佛教的恩人。这固然表明慧远本人同样有整顿僧风的要求,却也反映他依附权势的姿态。正因此,桓玄希望在"敬事"争论中再次得到他的支持是有理由的。

慧远的回答表面上并不反对桓玄的意见,但却一方面肯定桓玄的主观意图,另一方面继续把争论引导到纯礼制的方向上来。他首先赞赏桓玄提出"敬事"的立意:"义在尊主崇上,远存名体",并完全同意他儒家与道家资生通运的观点,"贫道亦不异于高怀"。但他笔锋一转,"求之于佛教,以寻沙门之道,理则不然"。他把信奉佛教的人区分为"方内"和"方外":"一者处俗弘教,二者出家修道"。他认为对于前者,"处俗则奉上之礼,尊亲之敬,忠孝之义,表于经文……檀越所明,理不容异也"。而对于后者则认为:

> 出家则是方外之宾,迹绝于物。其为教也,达患累缘于有身,不存身以息患;知生生由于禀化,不顺化以求宗。求宗不由于顺化,故不重运通之资;息患不由于存身,故不贵厚生之益。此理之与世乖,道之与俗反者也。是故凡在出家,皆隐居以求其志,变俗以达其道。变俗则服章不得与世典同礼,隐居则宜高尚其迹。夫然,故能拯溺俗于沉流,拔幽根于重劫,远通三乘之津,广开人天之路。是故内乖天属之重,而不违其孝;外阙奉主之恭,而不失其敬。若斯人者,自誓始于落簪,立志成于暮岁。如令一夫全德,则道洽六亲,泽流天下,虽不处王侯之位,固已协契皇极,大庇生民矣。如此岂坐受其德,虚沾其惠,与夫尸禄之贤同其素餐者哉!

这是从修道目标立论,指出无论是伦理还是礼法,对于方内和方外,在俗与出家,都不能同样要求。而值得注意的是慧远说,出家人保持特别的礼俗,不但不违反孝敬之道,反而能起到"协契皇极,大庇生民"的作用。接着他又联系到沙汰沙门一事,再次表明支持态度,不过要求澄汰之后,根据"可以道废人,固不应以人废道"的原则:"以道废人则宜去其服,以人废道则宜存其礼。礼存则制教之旨可寻,迹废则遂志之欢莫由。"要求保留作为沙门"道家之殊制,俗表之名器"的服章法用。因为"礼存则法可弘,法可弘则道可寻,此古今所同,不易之大法也"。他的这些辩解里,"方外"对抗王权的意味是相当微弱的,反而是在主动地表示对于王权的支持,事实上只是争取僧团作为具有特殊伦理、礼法的群体的存在空间而已。

这样,慧远全篇论述显然并不否定儒家伦理和礼制的权威性,在一定意义上反而是以之为立论前提的。只不过他在肯定儒家理念的基础上,更强调作为"方外"之人的沙门的独特性格和行为的特殊性,肯定其超凡脱俗的一面,而最后又归结到与世俗礼法精神一致上来。

慧远意犹未尽,接着又写下《沙门不敬王者论五篇并序》。序中回溯成、康之世庾、何的论辩,继而说到桓玄挑起这场争论,使他痛感"斯乃交丧之所由,千载之否运,深惧大法之将沦,感前事之不忘,故著论五篇,究叙微意"[1]。五篇分别是《在家一》,《出家二》,《求宗不顺化三》,《体极不兼应四》,《形尽神不灭五》。前两篇区别出家和在家,基本是重复给桓玄信里的看法,只是讲在家的部分作更多发挥。而值得注意的是文字中体现出的浓厚的儒、释调和性格。例如讲"在家奉法则是顺化之民",理由是:

> 情未变俗,迹同方内,故有天属之爱,奉主之礼。礼敬有本,遂因之而成教;本其所因,则功由在昔。是故因亲以教爱,使民知有自然之恩;因严以教敬,使民知有自然之重。二者之来,寔由冥应。应不在今,则宜寻其本。故以罪对为刑罚,使

---

[1]《弘明集》卷五,《大正藏》第 52 卷第 30 页上。以下引用《沙门不敬王者论》均据同书第 52 卷第 29 页下－32 页中。

> 惧而后慎；以天堂为爵赏，使悦而后动。此皆即其影响之报而
> 明于教，以因顺为通，而不革其自然也。

这里明确肯定礼教，又把它归结到"冥应"，并主张这是"自然"之
道。诚如小林正美所指出："这一节，儒教、佛教和道家思想相混
合，其思考方法值得注意。"①实际不限于这一节，全部论述都贯穿
同样的精神。第二部分《出家二》的观点甚至字句都基本与致桓玄
信相同。接下来的三部分深入阐述反对尽敬观点的理由。

所谓"求宗不顺化"的"求宗"，即"反本求宗"，本是道家语言。
主张"敬事"的观点是："寻夫老氏之意，天地以得一为大，王侯以体
顺为尊。得一，故为万化之本；体顺，故有运通之功。然则明宗必
存乎体极，求极必由于顺化。"这也是从道家的宇宙观出发，以天地
运通为宗极，认为求得宗极必须顺应自然之化。慧远更指明出家
人追求的终极目标应是冥神绝境的涅槃，已超越生生不易的原理：

> 夫生以形为桎梏，而生由化有。化以情感，则神滞其本，
> 而智昏其照；介然有封，则所存唯己，所涉唯动。于是灵辔失
> 御，生途日开，方随贪爱于长流，岂一受而已哉？是故反本求
> 宗者，不以生累其神；超落尘封者，不以情累其生。不以情累
> 其生，则生可灭；不以生累其神，则神可冥。冥神绝境，故谓之
> 泥洹。泥洹之名，岂虚构也哉！

这是说，被视为"天地之大德"的"生"本来是"化有"即因缘而有，而
"化以情感"即"情"乃是缘生的根据，所以出家人是"不以情累其
生"、"不以生累其神"的，所求的宗极乃是超越于人世的涅槃。因
而，"义存于此，斯沙门之所以抗礼万乘，高尚其事，不爵王侯，而沾
其惠者也"。这里严正提出与王权相抗衡的人生态度，具有维护人
格尊严的意味，则远远超越争辩僧、俗高下的意义了。

---

① 《六朝佛教思想の研究》第 70 页，创文社，1993 年。

如果说"求宗不顺化"一节的主要观点涉及"天地"即宇宙观问题，那么第四篇"体极不兼应"则关系社会体制，即社会上各有宗极追求的人群要不要有统一相兼的制度。主张"敬事"一方认为"百代同典，咸成一统，所谓'唯天为大，唯尧则之'"，所以只要是在"视听之内"的现实世界，都应遵循统一的制度。而慧远则说：

> 既涉乎教，则以因时为检。虽应世之具，优劣万差，至于曲成在用，感即民心而通其分。分至则止其智之所不知，而不关其外者也。若然，则非体极者之所不兼，兼之者不可并御耳。

由此他推论出教化必有"阶差"，"理或有先合而后乖，有先乖而后合"，"道法之与名教，如来之与尧、孔，发致虽殊，潜相影响，出处诚异，终期则同"。这样，在求得宗极之悟的总目标下，礼法在现实中有差异就是必然的，强求相兼一致是不合理的。

最后一篇论"形尽神不灭"，是从更高的教理层次上为自己上述主张寻求根据。前面已专门讨论过，这里从略。

从这一次论争的总体情形看，与前此相比较，理论层次更高，涉及问题也更多。当初庾冰与何充争论的，主要是沙门是否应当对"通生理物"的世俗统治者致敬。而这一次主张"尽敬"的一方则基于儒家和道家的宇宙观和礼教原则，强调方外的沙门同样处在宇宙变化之内和帝王德化之下，理应向体现宇宙意识的帝王致敬，实际是否定佛教的超越的修道目标和修行方式。这在理论论证上体现出相当的深度。而慧远，则如小林正美所分析的：

> 慧远对于桓玄从儒教统于一尊的立场而要求沙门隶属于帝王权力之下，不是加以否定、排斥，而是融通儒、释，在儒教里看出佛教轮回报应的教义，进而把轮回报应与天地、帝王的德化同一起来，阐明超越轮回报应的涅槃与对它的追求，全都超越了天地与帝王的德化。因而在慧远看来，存在有天地与帝王之德所及的轮回报应的礼敬的世界和超离它的涅槃的世

界。到底从属于哪个世界,则由个人的自觉所左右。执着于现世人生的在家信徒和平民百姓拘泥于报应、礼敬的世界,而离弃人生执著、祈求涅槃的出家人则关联着涅槃的世界。慧远对于在家信徒和平民百姓心怀冷淡,是由于他根据是否离弃现世、追求涅槃的宗教自觉来对人进行评价,并在此自觉基础上以激励修业的出家为理想。①

如果对比慧远和王谧的思想,虽然同样采取反对"敬事"的立场,王谧更突出政治上的考虑,而慧远则提出更高的教理上的依据。另外慧远所阐发的观点,具有更明显的调和儒、释的色彩,在态度上又更鲜明地体现与世俗政权合作的意图。如日本著名中国佛教学者塚本善隆所指出的:

> 具有"震主之威"的桓玄和以隐逸方外之士自任的慧远之间的交涉,提出了初期中国佛教史上难以避免的中国思想和印度思想抗争的问题,得出了符合佛教在中国存在形态的答案。即太尉桓玄与沙门慧远围绕着兴元元年发出的整顿沙门的命令进行的往复辩难,到慧远的《沙门不敬王者论》,维护中国传统礼教的政治家和外来印度佛教的信奉者之间终于达成妥协,表明了历史悠久的中国佛教的性质。②

四

东晋初、末期两度关于沙门"尽敬"或"敬事"王者的集中辩论,都以主动提出的一方做出让步而告结束。这固然如岛田虔次所说,并不是出于朝廷方面的宽容或王权的松弛,只是形势不容许而不能强行,即朝廷没有足够力量改变佛教仪轨制度。但也有另一

①《六朝佛教思想の研究》第107—108页。
②《中國初期佛教史上における慧遠》,《慧遠研究·研究篇》第54页。

层原因,就是佛教在中国的存在与发展,从根本说并没有构成与现世统治相对抗的力量。它既有追求超脱现实统治体制的一面,又有支持和辅助世俗政权的更重要的一面。它的超越的追求主要体现在观念和礼仪上,而不是在实际社会活动和最终目的上。这也是它终归得到世俗统治者普遍的容认、加护或崇信的重要原因。

在中土被当作大乘律重要典籍的《梵网经》中说到"出家人法,不向国王礼拜,不向父母礼拜,六亲不敬,鬼神不礼"[①]。这部经典题为鸠摩罗什所译,古代已有人认为是伪经,但起码梁代已经开始流行[②]。它体现了南北朝后期僧团中支持慧远等人所提倡的不敬王者的思潮。早在宋孝武帝大明六年(462)九月,有司奏曰:

> "……夫佛法以谦俭自牧,惠虔为道,不轻比丘,遭人必拜,目连桑门,遇长则礼。宁有屈膝四辈而间礼二亲,稽颡耆腊而直骸万乘者哉? 故咸康创议,元兴载述,而事屈偏党,道挫余分。今鸿源遥洗,群流仰镜,九仙赆宝,百神从职。而畿辇之内,含弗臣之氓;阶席之间,延抗礼之客。惧非所以澄一风范,详示景则者也。臣等参议,以为沙门接见,皆当尽虔礼敬之容。依其本俗,则朝微有序,乘方兼远矣。"帝虽颇信法,而久自骄纵,故奏上之日,诏即可焉……及景和之中,此制又寝,还遵旧章。[③]

《广弘明集》上也记载:

> 世祖以大明六年,使有司奏议,令僧致敬。既行刿斫之虐,鞭颜竣面而斩之,人不胜其酷也。且僧拜非经国之典,亦

[①]《梵网经卢舍那佛说菩萨心地戒品》第一〇卷下,《大正藏》第 24 卷第 1008 页下。

[②] 梁慧皎撰《梵网戒义疏》,智颛有讲解本经的《菩萨戒义疏》;隋《法经录》著录本经于《律部·疑惑类》。

[③]《高僧传》卷八《齐上定林寺释僧远传》,第 318—319 页。

不行之。①

可见一时间"尽敬"规定曾十分严厉,但终究不能贯彻到底。北周武帝毁佛之后,紧接着隋文帝杨坚夺取帝位,大力复兴佛、道二教。到隋炀帝大业三年(607)颁定《大业律》,其格式令规定:"诸僧、道士等有所启请者,并先须致敬,然后陈理。"②可是虽有此令,仍竟不行。到唐代,有关"致敬"的辩论又几经反复。从现存资料看,朝议规定变动数次,执行则没有定准。而且拜君和拜亲两个问题,规定往往又相区分。唐太宗贞观五年(631)正月,有诏"僧、尼、道士致拜父母"③。据《贞观政要》:

> 贞观五年,太宗谓侍臣曰:"佛道设教,本行善事,岂遣僧尼、道士等妄自尊崇,坐受父母之拜,损害风俗,悖乱礼经。宜即禁断,仍令致拜于父母。"④

这里不讲致敬王者,而要求礼拜父母,而且僧尼与道士并提。至显庆二年(657),朝廷又有《僧尼不得受父母拜诏》⑤;五年后的龙朔二年(662)四月十五日,又有《命有司议沙门等致拜君亲敕》,要求"道士、女冠、僧、尼于君、皇后及皇太子、其父母所致拜"⑥,这次引起教团反弹,从而引发历史上规模更大的一场辩论。一个月后的五月十五日,朝廷集合九品以上文武百僚和州县官千余人在中台都堂(即尚书省)详议,时有西明寺沙门道宣、大庄严寺沙门威秀、大慈恩寺沙门灵会、弘福寺沙门会隐等三百余人持状拟参与辩论,但被明令退下。这几位所隶属都是京邑大寺,本人又是名望素著的佛

---

①《广弘明集》卷六《辩惑篇》,《大正藏》第 52 卷第 126 页上。
②道宣《彦琮〈福田论序〉》,《广弘明集》卷二五,《大正藏》第 52 卷第 280 页下。
③《资治通鉴》卷一九三《唐纪九·贞观五年》,第 6086 页。
④《贞观政要》卷七《礼乐第二九》。
⑤《唐大诏令集》卷一一三《政事·道释》。
⑥《全唐文》卷一四,第 164—165 页。

门领袖。当时朝官议论纷纷,主张不拜的有令狐德棻等五百三十九人,主张礼拜的有阎立本等三百五十四人。至六月八日,朝廷下《停沙门拜君诏》,规定:

> 前欲令道士、女冠、僧、尼等致拜,将恐振骇恒心,爰俾详定。有司咸引典据,兼陈情理,沿革二途,纷纶相半。朕商榷群义,沉研幽赜。然箕、颍之风,高尚其事,退想前载,故亦有之。今于君处,勿须致拜;其父母所,慈育弥深,祗伏斯旷,更将安设。自今已后,即宜跪拜。①

这又是一个妥协的决定。时有弘福寺彦悰编辑《集沙门不应拜俗等事》六卷,网罗东晋以来直至此次辩论的文书以纪录僧团方面的胜利。至唐玄宗继位之初,姚崇执政柄,在其主持之下,朝廷采取一系列限制佛教措施。开元二年(714)闰二月朝廷下《令道士女冠僧尼拜父母敕》,中云:

> 今若为子而忘其生,傲亲而徇于末,背礼而强名于教,伤于教则不可行;行教而不废于礼,合于礼则无不遂。二亲之与二教,复何异焉。自今已后,道士、女冠、僧、尼等,并令拜父母,丧纪变除,亦依月数。庶能正此颓弊,用明典则,罔亏爱敬之风,自叶真仙之意。②

开元二十一年十月再申此议,下《僧尼拜父母敕》,规定"自今已后,僧、尼一依道士、女冠例,兼拜其父母"③。这个情况,当然也透露二年诏书并没有得到认真贯彻。到"安史之乱"后的上元二年(761)

---

① 《广弘明集》卷二五,《大正藏》第52卷第289页下-290页上。
② 《唐大诏令集》卷一一三《政事·道释》。
③ 同上《政事·道释》。这篇敕文收入《册府元龟》卷六〇(672页),发出时间作"二十一年七月";收入《全唐文》卷三〇(341页),题作《令僧尼无拜父母诏》,"无"为"兼"字之讹。

九月有敕:"自今以后,僧、尼等朝会,并不须称臣及礼拜。"①晚唐的
开成五年(840),日本留学僧圆仁在登州开元寺,适逢接到朝廷诏
书,使君、判官、录事、诸军并百姓尽俱再拜,"但僧尼道士不
拜"②,则当时"不拜"还是习俗。从现存宋代以后资料看,是否致
拜并没有一致规定。从整体形势看,佛教势力大为衰落,僧团在
任何方面都已没有和朝廷抗衡的力量。即使有个别人在言论或
行动上对帝王傲岸不礼,也没有普遍的意义。明清时期,律文则
已明确规定僧尼道士礼拜父母与常人同③。这也是形势发展的必
然结果。

　　正如日本学者砺波护所说:"礼敬问题乃是中国接受外国文化
历史上的一幕。"④实际上,佛教在中国得以立足、扎根,固然由于得
到广大群众的信重,专制国家的容认或支持也是必要条件。所以
在中国历史上,教权不可能与王权形成根本的对立。延续数百年
的关于"尽敬"、"敬事"君主、父母的争论,虽然形式上往往表现为
僧团与世俗政权间相当激烈的对抗,但争执主要还是礼制层面的,
即属于文化范畴的问题,并不能改变佛教驯服于世俗统治的基本
格局。不过相关议题反复辩论,还是有一定客观意义的。重要一
点是,正是通过长时期不间断的争论,僧团方面逐步明确了其在中
国现实体制下对于世俗统治、世俗伦理应当采取的立场,而世俗政
权也逐步了解并在一定程度上肯定了佛教教团的特殊的仪轨制
度、行为方式,从而促进了佛教与世俗政权关系的调整并逐渐制度

①《通典》卷六八《礼二十八·僧尼不受父母拜及立位》,第1893页,王文锦等
　点校,中华书局,1988年。
②圆仁《入唐求法巡礼行记》卷二,第88页,顾承甫、何泉达点校,上海古籍出
　版社,1986年。
③《明会典》卷一二九:"僧道拜父母　凡僧、尼、道士、女冠,并令拜父母,祭祀
　祖先丧服等第,皆与常人同,违者杖一百,还俗。"《大清律例》卷一七同。
④《唐代政治社會史研究》第479页,同朋舍,1986年。

化。这也成为佛教"中国化"的重要表现。而慧远等人所提倡的
"不敬王侯,高尚其事"的态度,作为一种独立人格与高蹈风范的体
现,尤其在知识阶层中长远发挥着巨大影响。

第四节　涉及佛教仪轨的夷夏之争

一

"尊王攘夷",谨"夷夏之防",是周、秦以来形成的治理国家的
重要理念,后来更成为中国历史上普遍承认的政治和伦理的根本
原则之一。这种观念具有双重意义:一方面表现出对于边疆少数
民族的轻蔑和歧视,成为中央王朝实行民族压迫和对外扩张的根
据;另一方面更主要的是"古代中原各国,即'诸夏',是文明进化较
高的国家,而周边少数民族,即'夷狄',是处于文明程度较后进的
阶段。抵御和防止夷狄对诸夏的侵扰,是保证文明向前发展的需
要……由于华夏文化的传播、吸引,和原先后进族自身的努力,文
明程度显著进步,达到了与华夏族相同的水平,原先的夷夏界限也
随之消失。这是中华民族文明不断向前发展的强大动力"①。佛教
输入的正是强大的"外夷"文化潮流,"夷夏"之争不可避免地贯穿
佛教在中国发展的全过程。而上述两方面的意义在这种论争中必
然直接间接、或隐或显地体现出来。

实际上,佛教在中土传播引起的所有争论都可以说是广义的

①姜广辉主编《中国经学思想史》第 1 卷第 569－570 页,中国社会科学出版
　社,2003 年。

"夷夏之争"，从信仰内容到修持方式，从教义到教理，都涉及中国和外国、中原政权和边疆少数民族的矛盾、冲突与斗争。本节讨论接受佛教仪轨层面的某些具体论争。"夷夏之争"虽然更多集中在一些具体行为与制度上，却也体现了更普遍的文化意义。

夷、夏本来是民族概念。在后来的发挥中，这一对概念又往往被转化为单纯文化层面的含义，即不是以民族身份来区分，而是以文明程度来区分。《春秋》公羊学特别发挥了这种观念。例如《春秋》记载宣公十二年楚国与郑、晋之战，楚庄王伐晋而舍郑，得胜后又能够退让，行文称楚庄王为"楚子"，按《春秋》笔法理解，这是以进爵赏其"有礼"。董仲舒解释说：

> 春秋无通辞，从变而移。今晋变而为夷狄，楚变而为君子，故移其辞以从其事。夫庄王之舍郑，有可贵之美；晋人不知其善而欲击之，所救已解，如挑与之战，此无善善之心，而轻救民之意也。是以贱之，而不使得与贤者为礼。①

董仲舒发挥《春秋》大义，有许多类似论述，表明如果夷狄有礼义则应视同华夏，相反如果华夏人无礼义则应视为夷狄。后来的韩愈是"申明夷夏之大防"②的，但他又明确说："孔子之作《春秋》也，诸侯用夷礼，则夷之；进于中国，则中国之。"③同样表现出一种比较开阔弘通的民族观念。这样的观念对于中华民族的融合，对于接受外来文化起着积极的作用。中国人积极地接受佛教，也有这样的观念在起作用。

在佛教初传中国引发的冲突中，"夷夏"之分已经是论争焦点之一。牟子《理惑论》里就有一段直接涉及这一点：

> 问曰："孔子曰：'夷狄之有君，不如诸夏之亡也。'孟子讥

---

① 《春秋繁露》卷二《竹林》。
② 《论韩愈》，《金明馆丛稿初编》第 293 页。
③ 《原道》，《韩昌黎集》卷一一。

陈相更学许行之术曰：'吾闻用夏变夷，未闻用夷变夏者也。'
吾子弱冠学尧、舜、周、孔之道。而今舍之，更学夷狄之术，不
已惑乎？"牟子曰："此吾未解大道时之余语耳。若子可谓见礼
制之华，而暗道德之实；窥炬烛之明，未睹天庭之日也。孔子
所言，矫世法矣；孟轲所云，疾专一耳。昔孔子欲居九夷，曰：
'君子居之，何陋之有？'及仲尼不容于鲁、卫，孟轲不用于齐、
梁，岂复仕于夷狄乎！禹出西羌而圣哲，瞽叟生舜而顽嚚，由
余产狄国而霸秦，管、蔡自河洛而流言。《传》曰：'北辰之星，
在天之中，在人之北。'以此观之，汉地未必为天中也。佛经所
说，上下周极，含血之类，物皆属佛焉。是以吾复尊而学之，何
为当舍尧、舜、周、孔之道？金玉不相伤，精魄不相妨，谓人为
惑，时自惑乎！"①

这里辩论双方都拿中国圣人作依据。反佛方面显然是在坚持"夷
夏之防"的保守立场，而护法方面则表现佛教与中土传统相调和的
柔韧姿态，极力发挥"夷夏"观念的开放内涵。双方的对立已经显
示出中国佛教史上"夷夏之争"的基本格局，即都是就外来佛教与
本土文化的异同立论。正是基于此，护法方面就既能在实际上肯
定不同文化的差异，更有可能找到儒、释并行或融合的接合点。

中国佛教的"夷夏"之争特别明显而集中地表现在以戒律为中
心的行为规范和礼俗方面。印度佛教的行为规范和礼俗是基于本
地区、本民族的客观环境和实际条件形成的，它们移植到中土，必
定有不相适应的部分，因而冲突不可避免。例如早在佛教初传时
期的《理惑论》里就记载有"沙门剃头"不合乎"圣人之语"、"孝子之
道"；"沙门弃妻子，捐财货，或终身不娶""违福孝之行"；沙门"披赤
布，见人无跪起之仪"违背"貌服之制"等等责难。这都关系佛教戒
律的执行，实际在深层次上也关涉教义、教理层面。看似争论的只

――――――――――
①《牟子丛残新编》第10－11页。

是具体处事形迹的是非,但对于佛教在中国的存续和发展却是干系重大的。

　　争论至东晋义熙年间(405—418)更趋激烈起来。这当然与佛教的急速发展形势有关。直接刺激则来自佛教律藏的翻译和传播,所谓"中夏闻法,亦先经而后律。律藏稍广,始自晋末"①。北方后秦弘始(399—416)中先后译出《十诵律》和《四分律》,南方法显和佛驮跋陀罗于义熙十二年(416)至十四年译出《摩诃僧祇律》,宋景平元年(423)至次年佛陀什等译出《五分律》。印度部派佛教的五部广律在短短十几年间翻译四部。这反映了急剧发展的中国佛教对于戒律的迫切要求。戒律译出后,对于具体戒条是严格遵守还是容许变通,就成为现实问题。这虽然是僧团内部事务,却又关系到在外来冲击下如何坚持中国礼法的问题。因此相关争论的意义就远远超出佛教戒律和僧团礼俗的范围。参与争论的包括僧、俗双方,再加上有道教徒参与其中,使得形势更加复杂;争论的焦点则不只是反佛还是护法,更延伸到如何才能正确把握佛教的基本精神,如何促进佛教在中国健康发展等重大课题,内容逐渐扩展。激烈争论几乎延续刘宋一朝。正像有关佛教的另一些争论一样,这种争论往往难以分出胜负,也不能得出确定的结论。实际上真理因素包含在各方议论之中。正是通过往复辩论,推进了对于所争论问题的认识。而从更广阔的视野看,这种争论对于辨明接受外来文化的原则和实践更具有长远的意义。

二

　　服制本是中国礼制的重要方面。而在印度佛教戒律中,"主要

———————

①《出三藏记集》卷三《新集律来汉地四部记录第七》,第116页。

内容是食物和衣服,而这两点正是律制的核心部分之一"①。如《理惑论》所表明,僧人"披赤布"这一外来服制早在佛教传入初期就引起许多人的反感。到东晋末年,终于引发出高僧慧远与何无忌就僧侣"袒服"制度的辩论。

　　争论起源于何无忌对慧远的质问。何无忌(? —410)于义熙二年(406)任都督江、荆二州、八郡军事、江州刺史,进镇南将军。《高僧传》记载:"后镇南将军何无忌作镇浔阳,陶(据汤用彤校:宋、元、明及金陵本均无'陶'字)爱集虎溪,请永及慧远。远既久持名望,亦雅足才力,从者百余,皆端整有风序,及高言华论,举动可观。"②何无忌与慧远的交谊即在此以后。慧远本来十分重视戒律问题。后秦弘始中,罽宾沙门弗若多罗来到关右,诵出《十诵律》胡本,鸠摩罗什主持译出十分中的二分。慧远致慨于律藏未备,在他的督促下,昙摩流支继续翻译,后来罽宾律师卑摩罗又来到南方寿春(今安徽寿县),加以重校、分品为定本。佛驮跋陀罗在北方受到摈斥,也是慧远邀请他来到南方,后来在建康道场寺译出《僧祇律》。慧远本人更严守戒律,例如他圆寂前的情形:"以晋义熙十二年八月初动散,至六日困笃,大德耆年,皆稽颡请饮豉酒,不许,又请饮米汁,不许,又请以蜜和水为浆。乃命律师,令披卷寻文,得饮与不,卷未半而终。"③从这种典型细节,可见他的僧团严守戒律的一般情形。

　　"袒服",偏袒右肩,本是适应南亚地区热带气候的服制,作为戒条起初亦被中土僧团所遵行。慧远在与桓玄辩论沙门尽敬王者时,说明方内、方外礼制不同,就曾举服制为例说:

　　　　礼存则制教之旨可寻,迹废则遂志之欢莫由。何以明其

---

① 湛如《净法与佛塔——印度早期佛教史研究·内容提要》,中华书局,2006年。
②《高僧传》卷六《晋庐山释慧永传》,第232页。
③ 同上《晋庐山释慧远传》,第221页。

　　　　然？夫沙门服章法用，虽非六代之典，自是道家之殊制，俗表
　　　　之名器。名器相涉，则事乖其本；事乖其本，则礼失其用。是
　　　　故爱夫礼者，必不亏其名器，得之不可亏，亦有自来矣。夫远
　　　　遵古典者，犹存告朔之饩羊。饩羊犹可以存礼，岂况如来之法
　　　　服耶！推此而言，虽无其道，必宜存其礼。礼存则法可弘，法
　　　　可弘则道可寻，此古今所同，不易之大法也。又袈裟非朝宗之
　　　　服，钵盂非廊庙之器，军国异容，戎华不杂，剃发毁形之人，忽
　　　　厕诸夏之礼，则是异类相涉之象，亦窃所未安。①

他所强调的是服制的本来意义，即认为作为服制的"名器"乃是礼
法的具体体现，因而僧、俗自然应当严格加以区别。何无忌应是就
他的这一看法发出疑问的。来问现已遗失，现存慧远的回答和二
人往复论难各一篇。

　　提问方首先提出的是佛教规定的沙门袒服"是礼与?"②慧远作
出肯定回答。对方继续发问："三代殊制，其礼不同，质文之变，备
于前典，而佛教出乎其外，论者咸有疑焉。若有深致，幸诲其未
闻。"这是根据中国礼制提出的诘难。慧远则回答说这是"方内之
格言"，即承认这只是世俗看法，是不了解"中国之所无"的"天竺国
法"。从一定意义说，这当然也算是一种具有世界眼光的更开阔的
看法。他据此加以发挥，进一步解释"袒服"这一服制的宗教意义：

　　　　尽敬于所尊，表诚于神明，率皆袒服，所谓去饰之甚者也。
　　　　虽记籍未流兹土，其始似有闻焉。佛出于世，因而为教，明所
　　　　行不左，故应右袒。何者？将辩贵贱，必存乎位，位以进德，则
　　　　尚贤之心生。是故沙门越名分以背时，不退己而求先。又人
　　　　之所能，皆在于右。若动不以顺，则触事生累，过而能复，虽中
　　　　贤犹未得，况有下于此者乎！

———————————

①《答桓太尉书》，《弘明集》卷一二，《大正藏》第 52 卷第 84 页上。
②以下引用论辩文字均据《弘明集》卷五，《大正藏》第 52 卷第 32 页中－33 页中。

这是说，沙门袒服，本意在去其华饰，是道德的表现；又因为僧人超越了等级名分，更不像道家那样"后其身而身先"①，所以根据世俗尚右的风俗而右袒。他强调假若"动不以顺"，则遇事必然产生过失。所以他进而总结袒服的意义：对于出家人是"形理相资"，"以袒服笃其诚而闲其邪，使名实有当，敬慢不杂。然后开出要之路，导真性于久迷"；对于在家"服膺圣门者"，则"咸履正思顺，异迹同轨，缅素风而怀古，背华俗以洗心，专本达变，即近悟远，形服相愧，理深其感"。这样就从更高的教理层次上肯定了"袒服"的合理性与必要性。

何无忌的答辩，一方面承认慧远的说法"资形理于近用，使敬慢殊流，识服俱尽"，但是对于袒服所以明顺的说法，则表示不能苟同。他认为"仪形之设，盖在时而用，是以事有内外，乃可以浅深应之。李、释之与周、孔，渐世之与遗俗，在于因循不同，必无逆顺之殊明矣"，即是说，袒服只是一种时俗，方内、方外则只有认识上浅、深的区别，没有礼俗逆顺的等差。这表明他并不是反对佛教，只是认为袒服不适应中土的实际情况。接着他用有关中国传统礼制的议论和事例来批驳袒服为"顺"的看法。一方面他引老子"兵凶处右"之说：《老子》第三十一章谓"夫佳兵者，不祥之器……吉事尚左，凶事尚右"；再则引《礼》以丧制不左：《礼记·檀弓》上说："我则有姊之丧故也，二三子皆尚左。"②另一方面又提出《左传》宣公十二年"郑伯肉袒"的记载，以说明右袒并不意味着"顺"。这是利用中土传统礼俗所作出的辩解。

慧远答复何无忌，首先承认对方意见"令精粗并顺，内外有归，三复斯诲，所悟良多"，实际是表明与对方并没有根本立场上的冲突。接着提出关于儒与释，佛教教理与世俗名教关系的看法：

①《老子》卷上第七章；又第六六章："欲先民必以身后之。"
②《礼记正义》卷七，《十三经注疏》上册，第1283页。

> 常以为道训之与名教,释迦之与周、孔,发致虽殊,而潜相
> 影响;出处诚异,终期则同。

这样,他认为儒与释不只是深、浅的区别,而是出发点(发致)有所
不同,并相互影响;具体表现(出处)也不同,但所追求的终极目的
又是一致的。他再次举出儒家经典里的一系列言论和典故,如《论
语·述而》所谓"钓而不网",《周易·比卦》所谓"王用三驱失前
禽",《诗经·行苇》赞扬"仁及草木"等等,肯定其与"释迦之慈"精
神上完全一致,但他又强调说:

> 然自迹而寻,犹大同于兼爱;远求其实,则阶差有分。分
> 之所通,未可胜言。故渐慈以进德,令事显于君亲。从此而
> 观,则内外之教可知,圣人之情可见。

这就指出,虽然儒、释二者同样主张"兼爱",但差异不容否定;具体
到"祖服之义",则正是更高一层的佛教教理的具体体现。他重又
提出"左右"逆顺原则,把争论上升到根本修道观的原则高度:生死
是自然现象,人情咸悦生而惧死,因而先王因民性,顺自然,"令吉
凶殊制,左右异位。由是吉事尚左,进爵以厚其生;凶事尚右,哀容
以毁其性。斯皆本其所受,因顺以通教,感于事变,怀其先德者
也";但一般人都贵生求进,沙门则不然,"后身退己而不嫌卑,时来
非我而不辞辱。卑以自牧谓之谦,居众人之所恶谓之顺",他们遁
世遗荣,反俗而动,这与方内之贤,虽貌同而实异。这也是他在《沙
门不敬王者论》里主张的"求宗不顺化"的意思。因而他认为"向之
所谓吉凶成礼、奉亲事君者,盖是一域之言耳,未始出于有封",是
"滞名教以殉生,乘万化而背宗",而从佛教至"顺"的立场看来,则
是悖"逆"的了。

从这次关于祖服是非的辩论看,比起双方的矛盾来,精神上的
一致之处更为明显。双方都肯定儒、释的终极目标相同,不同的礼
俗都有存在的意义和价值;双方都在追求超越一家之见的更广阔

的视野。不过何无忌是要说服慧远承认儒家名教为真理,慧远则是希望何无忌了解儒、释的不同而坚持佛教的礼俗。两者在争论中都能采取虚心、平等的讨论姿态。这实际正反映当时社会上努力调和儒、释的主导潮流。值得注意的是,双方又都从儒家经典来求得理据,显示出佛教主动融入中土传统的倾向。

至于右袒衣制,显然不适应中土气候,在中国终究不能坚持遵行。据《僧史略》,"后魏宫人见僧自恣,偏袒右肩,乃一施肩衣,号曰偏衫,全其两扇衿袖。失祇支之体,自魏始也"①。这也是因为北方气候更寒冷,右袒办法自然改变得更早。后来中国佛教僧服制度渐趋与中土服装大体相一致了。

三

宋元嘉(424—453)初年,在京城建康又发生一场类似争论,即所谓"踞食"之争。这也是在佛教内部,即信佛的士族居士和部分义学沙门之间的争论。辩论的虽然也是关于一个具体戒条的实行,但当时"京城(僧团)的'经律主义',抵制所有的中国化做法,与慧远通过中国的礼教教养来理解印度沙门风俗的态度相比较,自然与之不同"②,所以相关争论相当激烈。参与者有重臣郑鲜之、范泰和沙门慧义、竺道生、慧观等,僧、俗双方都是名重一时的人物。争议后来又被提到宰相王弘等人那里,以至请求宋文帝出面评判,竟在朝廷掀起轩然大波。这次辩论的题目虽然琐末,形势却很盛大。也是因为执行戒律这种枝节的是非也涉及外来佛教如何在中国生存和发展的大原则。

踞食,踞坐而食,是印度沙门的饮食制度。《摩诃僧祇律》规定

---

① 《僧史略》卷上《服章法式》,《大正藏》第 54 卷第 238 页上。
② 木全德雄《慧遠と宗炳をめぐって》,《慧遠研究・研究篇》第 307 页。

"洗钵应踞坐","盛(食物)时当踞坐"[1]。直到唐译《根本说一切有部毗奈耶杂事》,仍有关于"踞坐饭食"[2]的规定。当时中土寺院坐法有方、偏两种。方坐即正坐,是中国席地而坐的传统坐法;偏坐则是印度传来的踞坐,盘踞而坐。首先提出问题的是郑鲜之(364—427),东晋末年他是大司马琅琊王司马叡(晋元帝)录事参军,与后来的宋武帝刘裕有旧,元嘉三年(426)王弘入朝为相,举荐他为尚书右仆射。他是佛教信徒,所作《神不灭论》,提出"神形相资"的主张,是有关辩论中护法一方的重要论著。他反对踞食,把问题提给慧义。慧义(372—444)是著名义学沙门,晋末曾向刘裕献符瑞,因而特受礼重;及宋室初建,礼遇弥深,也是与朝廷和权贵有密切关系的名僧。"宋永初元年(公元四二〇年),车骑范泰立祇洹寺,以义德为物宗,固请经始。义以泰清信之至,因为指授仪则,时人以义方身子,泰比须达。故祇洹之称,厥号存焉。后西域名僧多投止此寺,或传译经典,或训授禅法。"[3]后来参与讨论的僧人还有慧观,曾师事庐山慧远,又曾北上访学于鸠摩罗什,时人有"通情则生(竺道生)、融(道融)上首,精难则观、肇(僧肇)第一"的赞誉,可见其名重当时。刘裕未建宋时已与他倾心相接,他又曾和后来的文帝刘义隆交游。入宋,居建康道场寺。他"妙善佛理,探究《老》《庄》,又精通《十诵》"[4],多有著述传世。竺道生更是名著史册的学养精深的义学沙门。当时正值四部广律译出未久,这些京城佛门领袖精研律学,主张坚守戒律规定是很自然的事。

郑鲜之提出自己观点的根据是:

　　夫圣人之训,修本祛末,即心为教,因事成用,未有反性违

---

[1]《摩诃僧祇律》卷三四《明威仪法之一》,《大正藏》第 22 卷第 506 页上、中。

[2]《根本说一切有部毗奈耶杂事》卷三五《第八门第九子摄颂之余说》,《大正藏》第 24 卷第 382 页中。

[3]《高僧传》卷七《宋京师祇洹寺释慧义传》,第 266 页。

[4]同上《宋京师道场寺释慧观传》,第 264 页。

　　形而笃大化者也。①

这里"圣人"指佛陀。所谓"修本祛末,即心为教"②,经典里有许多
"修本为获得胜果"②,"因心生罪福"③之类的话。"本"指根本教
义,与形迹的"末"相对。"修本祛末"即是主张注重内心修持,相对
待的一切属于"末"的事象要有利于达到这一目标。郑鲜之据以做
出论断,以为"踞食为心用,遗仪为敛粗"是"事理相违,未见其通"
的。郗超《奉法要》曾说"申近以敛粗",是指用浅近的事象来规范
凡夫粗迹的意思。郑鲜之这里是说踞食这种"敛粗"的"遗仪"是
无益于修持的。因而他主张"拜敬之节,揖让之礼,由中所至,道
俗不殊也。故斋讲肆业,则备其法服,礼拜有序,先后有伦,敬心
内充而形肃乎外。稽首至地,不容企踞之礼;敛衽于拜,事非偏坐
所预"。这是要求沙门同样要讲究礼仪,而礼仪本是"道俗不殊"
的,即主张僧侣的行为同样要以世俗礼法为准则。像郑鲜之那样
的士族权贵,他们信仰佛教,但不能接受与华夏礼俗相悖的某些
戒律规定。他们主张的实质是试图以华夏礼仪来规范佛教的某
些制度。

　　范泰(355—428)出身于奉佛世家。祖父范汪,列名在何尚之
答宋文帝举出的东晋初年信佛名士之中;父亲范宁是著名《春秋》
学者,《春秋》学名著《谷梁传集解》作者,范泰也参与了这部书的写
作。家学传统对他造成相当深刻的影响。他早年在谢安和司马道
子门下为参军;后从刘裕,得到器重;入宋以后,担任国子祭酒等学
官,曾上表朝廷,敦崇儒术。他在朝直言敢谏,议论往往以儒学为
依据。而他又热衷佛说,《出三藏记集》所录陆澄《法论目录》里有

---

① 《与禅师书论踞食》,《弘明集》卷一二,《大正藏》第 52 卷第 77 页中。以下引
　　用争论文字均据同书第 77 页中—79 页中。
② 《阿毗达摩藏显宗论》卷三六《辩智品第八之二》,《大正藏》第 29 卷第 955 页上。
③ 《成实论》卷七《不相应行品第九》,《大正藏》第 32 卷第 290 页上。

他的《问竺道生诸道人佛义》、《与诸道人论大般泥洹经义》等多种探讨佛教义理的著作。《高僧传》上记述竺道生，曾说"王弘、范泰、颜延之，并挹敬风猷，从之问道"①。何尚之上书宋文帝刘义隆赞扬佛教，把他与谢灵运并列为信佛典型，曾引用他们关于"六经典文，本在济俗为治耳。必求性灵真奥，岂得不以佛经为指南"的说法。他生活在晋宋之际政局纷争之中，刘宋初年，他和谢灵运、颜延之、慧琳道人等出入庐陵王刘义真门下。宋武帝刘裕死后，少帝刘义符继位（422），两年后顾命权臣徐羡之、傅亮等杀刘义真，废少帝，范泰对所亲说："吾观古今多矣，未有受遗顾托，而嗣君见杀，贤王婴戮者也。"范泰与徐等素不相睦，他被迫出都，曾拟上表给文帝说："但猥蒙先朝忘丑之眷，复沾庐陵矜顾之末，息晏委质，有兼常款，契阔戎阵，颠狈艰危，厚德无报，授令路绝，此老臣兼不能自已者也。"②后以诸子禁之未奏，可见他的精神状态。元嘉三年（426），徐羡之等伏诛，他回朝任职。刘宋立国的永初元年（420），范泰立祇洹寺，由慧义主持。僧传上记载：

> 义以泰清信之至，因为指授仪则……宋元嘉初，徐羡之、檀道济等专权朝政，泰有不平之色，尝肆言骂之，羡等深憾。闻者皆忧泰在不测，泰亦虑及于祸，乃问义安身之术。义曰："忠顺不失，以事其上，故上下能相亲也，何虑之足忧。"因劝泰以果竹园六十亩施寺，以为幽冥之佑，泰从之……③

从这段记述可见范泰与慧义的亲密关系。他在给友人谢灵运的信里说道："祇洹中转有奇趣，福业深缘，森兮满目，见形者所不能传，闻言而悟亦难其人。"谢灵运回复中说："承祇洹法业日茂，随喜何

---

①《高僧传》卷七《宋京师龙光寺竺道生传》，第 256 页。
②《宋书》卷六〇《范泰传》，第 1620、1621 页。
③《高僧传》卷七《宋京师祇洹寺释慧义传》，第 266－267 页。

极,六梁微缘,窃望不绝。"①范泰并曾请求谢灵运为祇洹寺佛像作
赞文,可知对于范泰来说祇洹寺是多么重要。而慧义作为义学沙
门,以精通寺院"仪则"著称一时;另一方面当时"西域名僧多投止
此寺,或传译经典,或训授禅法"。因而在祇洹寺里,僧侣实行方坐
和偏坐踞食两种制度,而慧义正是僧侣中坚持踞食最力的。这对
于范泰来说,无疑是一种观念上的巨大挑战。

范泰把问题提到宰相王弘那里,这是试图利用朝廷力量来干
涉寺院内部事务。范泰的道理很简单:

> 今之沙门,坐有二法。昔之祇洹,似当不然。据今外国言
> 语不同,用舍亦异。圣人随俗制法,因方弘教,尚不变其言,何
> 必苦同其制? 但一国不宜有二,一堂宁可不同?

范泰认为印度偏坐方式是根据时俗制定的,应当适应所处环境有
所变化;又无论是一个国家,还是一所寺庙,都不应当并存两种制
度。他更具体分析踞坐是"一国偏法",不可作为普遍的规则。他
又主张"礼以和贵,僧法尚同",虽然释道安在襄阳已行偏法,但还
是应当"存大略小,理不兼举",舍难取易,统一为方坐为是。

祇洹寺慧义等五十人对范泰的回答态度坚决,十分明确:"祇
洹自有众已来,至于法集,未尝不有方、偏二众。"理由也很简单,就
是要谨守戒规。他们在对论开端就说:

> 夫沙门之法,政应谨守经律,以信顺为本。若欲违经反
> 律,师心自是,此则大法之深患,秽道之首也。

又质问说:

> 如来立戒,是画一之制,正可谨守而行,岂容以意专辄
> 改作?

---

① 《范特进书》、谢灵运《答范特进书送佛赞》,《广弘明集》卷一五,《大正藏》第
52 卷第 199 页下、200 页上。

接着举出儒家经典《左传》的一个例子："桓公十四年夏五"一句本来缺"月"字，但阙文不补，这是出于"深防穿凿之徒，杜绝好新乐异"的必要。又认为改偏从方，乃是"求不异之和"。最后他们指出自己所在祇洹寺，受持《僧祇律》已久，必须遵行戒律明文，不得改作。不过又留有余地说："戒律是沙门之秘法，自非国主，不得预闻。"这实际也表明当时僧团受制于皇权的现实；也正因此，导致后来范泰把争论提交到宋文帝那里。

范泰又针对慧义等人的批驳加以辩解。如慧义等曾举出对于溺水女人可以援之以手来说明戒有开闭，这正成为"凡夫之疑，果足以改圣人之律"的例证；又佛教戒律中有"手食"的规定，但在中国并不实行。他用这些证明比丘二百五十戒本非自然定法，"随俗变律"是正当的。最后他以戏谑的语气说："一堂两制，上人之同；泯焉莫逆，弟子之和。了然单独，何敢当五十大阵？是用畏敌而默，庶乎上善之救。"他请求援救的对象，一方面是教团长老，他致书于慧观和竺道生；另一方面又三次上奏宋文帝。在这些书信里，他反复说明"外国之律，非定法也"，"外国风俗不同，言语亦异。圣人不变其言，何独苦改其用？言以宣意，意达言忘；仪以存敬，敬立形废。是以圣人因事制戒，随俗变法"，以致得出"达道乃可无律"的极端结论。

但是求救双方都没有支持他。宋文帝的诏书指示他"可与诸道人更求其中"，王弘同样也不赞同他的意见，所以他只好泯默作罢。一场相当激烈的争论也就此结束。

这就是范泰这样的士族居士和部分坚持"经律主义"的保守沙门之间就具体戒条执行的一场争论。争论的内容虽然没有更深入地涉及教理、教义根本，但是对立双方的意见却关涉如何对待外来习俗和文化的大原则。而且尽管在当时范泰是失败了，历史事实却证明他的意见在基本方向上是正确的。就更广泛的意义说，外来文化必须适应所移植民族的具体环境而改变；而就这次所争论的"踞食"具体规定说,与前面"袒服"之争一样,外来礼俗也终究不能不适应中土实际条件而发生变化。当然,外来文化的改变不能只求其"同",还要求"合"。就是说,改变确实要出于必要,有个限度。事实上印度佛教的基本戒律在中土一直没有大的改动;如果改得和中国礼法、制度完全一致,就不成其为佛教了。

值得注意的是,范泰的后人都不信佛教。"及泰薨,第三子晏谓义昔承厥父之险,说求园地,追以为憾,遂夺而不与。义秉泰遗疏,纷纠纭纭,彰于视听,义乃移止乌衣,与慧叡同住。宋元嘉二十一年(公元四四四年)终于乌衣寺,春秋七十三矣。晏后少时而卒。晏弟晔后染孔熙先谋逆,厥宗同溃。"①这是出于佛门的记述,意在表明业报之不爽。范晔著《后汉书》,其中《天竺传》介绍佛教,对于这个在当时社会上有巨大势力和影响的宗教,仅仅用了不到一百个字;在《西域传论》里,更有"至于佛道神化,兴自身毒,而二汉方志莫有称焉……神迹诡怪,则理绝人区,感验明显,则事出天外。而骞、超无闻者,岂其道闭往运,数开叔叶乎! 不然,何诬异之甚也! ……然好大不经,奇谲无已,虽邹衍谈天之辩,庄周蜗角之论,尚未足以概其万一。又精灵起灭,因报相寻,若晓而昧者,故通人多惑焉"②云云,也对佛教取严厉的批判态度。又"晔常谓死者神灭,欲著《无鬼论》……又语人:'寄语何仆射(尚之),天下决无佛鬼,若有灵,自当相报。'"③范氏家族信仰的这种转变是有一定典型意义的。日本学者吉川忠夫说:

范泰否定作为佛教带来的印度风俗的踞食,和范晔否定佛教本身,都是以存在于不同国度的历史、社会条件之不同为立论根据。因此他们两个人首先都是把礼教作为中国固有的

①《高僧传》卷七《宋京师祇洹寺释慧义传》,第 267 页。
②《后汉书》卷八八《西域传》,第 2931－2932 页。
③《宋书》卷六九《范晔传》,第 1828－1829 页。

> 历史性和社会性。考虑到这一点，可以说作为祇洹寺檀越的
> 父亲和否定佛教的儿子，二者立场虽然不同，实际上立场是相
> 当接近的。[①]

父子两人对佛教态度上的差异，正代表这一时期以儒家礼教安身
立命的士族文人对待佛教的两种趋向。这里也埋藏着中土传统与
佛教连续不断的冲突、辩论的深层原因。

四

在关于"踞食"辩论的五十年后，已经是刘宋末年，有道士顾欢
作《夷夏论》，重又掀起直接以"夷夏"为题目的一场大辩论。这一
次辩论针对的是陈旧命题，是道教方面挑起的，双方的对立具有明
显的反佛与护法的敌对性质，情况与前两次有所不同。涉及"夷
夏"礼制之争只是这次整个辩论的一部分，更重要的是佛、道二教
之争。

顾欢早年（二十余岁）曾从雷次宗（386—448）咨询玄、儒诸义。
雷次宗于元嘉十五年（438）在鸡笼山开馆教授，顾欢卒年六十四，
据此可大致推算后者行年在 418 年到 490 年之间。他在宋末曾任
扬州主簿，齐永明元年（483）征为太常博士。但他不乐仕进，嗜黄
老道，是历史上杰出的道教思想家。

参与这次辩论的僧、俗两方面人数不少。有袁粲（420—477），
称"司徒"，任职应是在宋明帝泰豫元年（472）之后；又谢镇之，称
"常侍"，也是明帝时所任职务。据此大体可以推断辩论的年代。

这次辩论内容远超出戒律、礼法范围。顾欢立论，虽合同佛、
道二法，而意党道教。所以辩论主旨集中在佛、道二教的高下，但
作为双方主要论据的是夷、夏风俗的不同。本节只讨论争论的后

---

① 《六朝精神史研究》第 162 页，同朋舍，1986 年。

一方面,有关佛、道高下问题在下一节另行讨论。

顾欢关于佛、道关系的基本论点是:

> 道则佛也,佛则道也。其圣则符,其迹则反……其入不同,其为必异。各成其性,不易其事。是以端委搢绅,诸华之容;翦发旷衣,群夷之服。擎跽磬折,侯甸之恭;狐蹲狗踞,荒流之肃。棺殡椁葬,中夏之制;火焚水沉,西戎之俗。全形守礼,继善之教;毁貌易性,绝恶之学。

这样,他承认华、夷风俗、礼法有差异,而在“继善”与“绝恶”的区别中已明显包含有褒贬之意。他进而使用鸟兽鸣号、舟川车陆的例子来说明:

> 今以中夏之性,效西戎之法,既不全同,又不全异。下育(弃)妻孥,上废宗祀。嗜欲之物,皆以礼伸;孝敬之典,独以法屈。悖礼犯顺,曾莫之觉。弱丧忘归,孰识其旧?且理之可贵者,道也;事之可贱者,俗也。舍华效夷,义将安取?若以道邪?道固符合矣。若以俗邪?俗则大乖矣。

最后他又提到偏坐踞食问题:

> 夫蹲夷之仪,娄罗之辩,各出彼俗,自相聆解。犹虫嚾鸟聒,何足述效。①

这样,顾欢反对以夷变夏,立意显然不限制在礼法风俗范围,而是要借此明确道教所遵行的华夏礼法远高于佛教的夷“俗”,因而引起佛教方面的抗辩。首先有司徒袁粲。袁粲少好学,宋孝武帝时除尚书吏部郎,受宋明帝遗命,以尚书令与萧道成等辅佐后废帝刘昱;后来萧道成杀后废帝,立顺帝,他参与谋划讨伐,被杀。他是以权臣身份托名道人通公出面进行反驳的。他认为佛、道二教宗旨、

---

① 《南齐书》卷五四《顾欢传》,第 931—932 页。

目标全然"乖诡",道教虽然有"可存者",但"终异吾党之为道耳"。
涉及夷、夏礼法问题,他说:

> 西域之记,佛经之说,俗以膝行为礼,不慕蹲坐为恭,道以
> 三绕为虔,不尚踞傲为肃。岂专戎土,爰亦兹方。襄童谒帝,
> 膝行而进;赵王见周,三环而止。今佛法在华,乘者常安;戒善
> 行交,蹈者恒通。文王造周,大伯创吴,革化戎夷,不因旧俗。
> 岂若舟车,理无代用。佛法垂化,或因或革。清信之士,容衣
> 不改;息心之人,服貌必变。变本从道,不遵彼俗,教风自殊,
> 无患其乱。①

他采取的是以退为进的论法。他举出踞坐为例,说佛教本来就不
以踞坐为恭敬,即是说在这方面,佛教与华夏风俗并不矛盾;他又
举儒家圣贤事例,说无论是华夏的周文王创建周王朝,还是南蛮的
吴太伯创建吴国,都能够革化戎夷风俗;最后又举出佛教服制,说
入道的居士保持华服,僧人则改穿袈裟,具体风俗是有因有革的。
这些看法显得相当通达,表明护法方面虽在言词上理直气壮,实际
却容忍退让,采取的是自我辩解姿态。

顾欢对于上述批驳加以答辩,他说:

> 佛起于戎,岂非戎俗素恶邪? 道出于华,岂非华风本善
> 邪? 今华风既变,恶同戎狄,佛来破之,良有以矣。佛道实贵,
> 故戒业可遵;戎俗实贱,故言貌可弃。

这仍是归结到教有文质、道有本末的认识层面上来,指出"道教执
本以领末,佛教救末以存本",所以理当"归在常住"②,即以执行华
夏礼仪为是。

袁粲之外,有僧俗多人著文对顾欢《夷夏论》加以反驳。最重

---

①《南齐书》卷五四《顾欢传》,第 933 页。
②同上,第 934 页。

要的当数散骑常侍谢镇之。他与顾欢反复论难,今存他的批驳书信两封。在第一封信里,他先是肯定"人参二仪,是谓三才。三才所统,岂分夷夏"。这是天、地、人为"三才"的中国传统的宇宙观;而他又肯定"佛兴世也,古昔一法,万界同轨"。这又把佛法放在普世的、至高无上的地位。他更说中国"久迷生死,随染俗流,暂失正路,未悟前觉",所以需要佛法传入加以救济。这就再次指出佛教对于中国的崇高价值和意义。进而他更肯定佛法"真道唯一,法亦不二",这又是从护法角度把儒、道、佛统一起来,以"夷夏一致"论来反对"优劣论"。正因此,他认为佛教与华夏在礼法风俗方面的不同只是"小异",并无关圣道的宏旨。至于佛教戒律规定的服制等等不同,他解释说:

> 夫俗礼者,出乎忠信之薄,非道之淳。修淳道者,务在反俗。俗既可反,道则可淳。反俗之难,故宜祛其甚泰。祛其甚泰,必先堕冠削发,方衣去食。堕冠则无世饰之费,削发则无笄栉之烦,方衣则不假工于裁制,去食则绝想嗜味。此则为道者日损,岂夷俗之所制?[①]

他把僧侣剃发、穿袈裟、素食等等戒律规定,都看作是修道"反俗"行为,即不单是外国的风俗习惯,更是修行的自然需要。顾欢对这封信的答辩文书已佚。谢镇之的第二封信仍申述原来立场,坚持"三才均统,人理是一。俗训小殊,法教大同";"夫道者,一也;形者,二也。道者,真也;形者,俗也。真既犹一,俗亦犹二。尽二得一,宜一其法",而"灭俗归真,必其违俗",仍是强调佛教违俗的礼法、行为正是"灭俗归真"的需要和表现。他更指出儒家是"乃为尽美,不为尽善",相比之下,仍把佛教抬到至高无上的位置。

---

① 《谢镇之书与顾道士》,《弘明集》卷六,《大正藏》第52卷第41页下－42页上。以下引用夷夏辩论文字均据《弘明集》卷六、七,《大正藏》第52卷第41页中－48页上。

接着朝臣中有朱昭之、朱广之，僧侣中有慧通、僧敏等接连出来对顾欢加以批驳。其中朱昭之、朱广之的意见颇有新意。

朱昭之为文主旨同样反对顾欢在佛、道二教间分出高下即"意党道教"。但他不满意当时的争论"互相攻激，异端遂起，往反纷频（颣），斯害不少"，因此主张更彻底的"三教并用"论。他认为：

> 智无不周者，则谓之为正觉；通无不顺者，则谓之为圣人。开物成务，无不达也，则谓之为道。然则圣不过觉，觉不出道，君可知也，何须远求哉！但华夷殊俗，情好不同，圣动因故，设教或异。然《曲礼》净戒，数同三百；威仪容止，又等三千。所可为异，正在道、佛之名，形、服之间耳。

这里所谓"正觉"当然是指佛陀；所谓"通无不顺"，按《白虎通义》："圣人者何？圣者，通也，道也，声也。道无所不通……"①"开物成务"，见《易·系辞上》："夫《易》，开物成务，冒天下之道，如斯而已者也。"②。他这样就把儒、释、道"三教"的"圣人"统一起来。进而认为：

> 今当言之，圣人之训，动必因顺。东国贵华，则为衮冕之服，礼乐之容，屈申俯仰之节，衣冠簪佩之饰，以弘其道，盖引而近之也；夷俗重素，故教以极质，髡落徽容，衣裳不裁，闲情开照，期神旷劫，以长其心，推而远之也；道法则采饵芝英，餐霞服丹，呼吸太一，吐故纳新，大则灵飞羽化，小则轻强无疾，以存其身，即而效之也。三者皆应之感之一用，非吾所谓至也。夫道之极者，非华非素，不即不殊，无近无远，谁舍谁居，不偏不党，勿毁勿誉，圆通寂寞，假字曰无，妙境如此，何所异哉！

---

① 《白虎通义》卷下《圣人》。
② 《周易正义》卷七《系辞上》，《十三经注疏》上册第81页。

他又说"夫圣人之抚百姓，亦犹慈母之育婴儿，始食则饵以甘肥。甘肥既厌，复改以脂蜜；脂蜜既厌，则五体休和，内外平豫，为益至矣"。他一方面肯定佛教正是适应中土需要而传来，另一方面又主张妄生分别为无理。接着他分别就十个方面对顾欢进行详细驳难，内容已远超出"夷夏之辨"范畴。他如此从精神实质方面肯定儒、释、道相一致，正代表当时"统合三教"的潮流与努力。

朱广之本来是释、道兼修的。如他自己所说："仆夙渐法化，晚味道风，常以崇空、贵无，宗趣一也，蹄网双张，义无偏取，各随晓人，唯心所安耳。何必龙衮可袭而璎珞难乘者哉？"他在读过顾欢和谢镇之往复辩论的书信后，表达的看法更为弘通。他的文章所取题目是《疑夷夏论谘顾道士》，"疑"不是"反"，"谘"不是"驳"，已透露出商榷的姿态。文章涉及内容同样相当宽泛。论及"夷夏"问题，他明确采取兼容并蓄立场，认为"邦殊用隔，文自难均，至于各得所安，由来莫辩"，"夫法者所以法情，情非法也。法既无定，由情不一。不一之情，所向殊途，刚柔并驰，华戎必同。是以长川浩漫，无当于此矣；平原远陆，岂取于彼耶？舟车两乘，何用不可"。特别是概括地论及人性问题，顾欢谈道、释优劣，说"佛是破恶之方，道是兴善之术"，意味着印度的人性是"恶"的，而中夏则是"善"的，所以"中夏之性，不可效西戎之法"。而朱广之质疑说：

> 兴善之谈美矣，勿效之言侮矣，意所未安。请问中夏之性
> 与西戎之人，为夏性纯善，戎人根恶？如令根恶，则于理可破；
> 使其纯善，则于义可兴。故知有恶可破，未离于善；有善可兴，
> 未免于恶。然则善恶参流，深浅互别。故罗云慈惠，非假东
> 光；桀、跖凶虐，岂钟西气？何独高华之风，鄙戎之法耶？若以
> 此善异乎彼善，彼恶殊乎此恶，则善恶本乖，宁得同致？

这里所谓"戎人根恶"，即承认印度人本性是恶的，但作者推理说，既然承认这种"恶"是可破的，那就表明还有"善"在；而如果肯定中

夏人性善,则既然有"善"可兴,那就意味着还有"恶"在。罗云即罗
睺罗,是佛陀在俗之子、十大弟子之一,有《罗云忍辱经》,称赞他
"忍辱慈惠济众"①。文章即以罗云和夏桀、盗跖为例,反证夷、夏本
性善恶不同的说法为不足据,从而说明佛教所传西戎之法不可鄙
弃。这样,朱广之不是纠缠在一事一法的善恶或是否可行来立论,
而是把问题提到人性论高度,提出在古代十分难能可贵的夷夏人
性平等的观点,从而把有关戒律的辩论扩展到一个新的理论领域。
而就具体礼制风俗而言,他则主张:"道义所存,无系形容,苟造其
反,不嫌殊同。今狐蹲狗踞,孰曰非敬? 敬以申心,孰曰非礼?"这
可以说是关于夷、夏高下争论的相当通达的看法。

朱广之所持兼容并蓄的观点和态度,在当时的知识阶层里具
有一定典型意义,也体现了中国文化传统的包容精神。而对比之
下在僧团方面,议论则多显得偏狭、激烈。例如冶城惠通的《驳顾
道士夷夏论》,贬斥对方为"盲""聋","凶鬼助恶,强魔毁正"等等,
文章中充斥大量对道教的攻击之词,又多作无理强辩。例如为了
抬高佛教礼制,就说中土的仁义、孝敬、礼教,是出于"忠信之薄,乱
之首也";辩护外来习俗的正当,则利用佛教"天竺中国"之说:"夫
胡跪始自天竺,而四方从之。天竺,天地之中,佛教所出者也。斯
乃大法之整肃,至教之齐严。吾子比之狐蹲,厥理奚征?"慧通也主
张夷夏合一,但却是站在"以夷变夏"的立场,所谓"大教无私,至德
不偏,化物共旨,导人俱致,在戎狄以均响,处胡汉而同音。圣人宁
复分地殊教,隔寓异风? 岂有夷耶? 宁有夏耶?"这实际上是使中
国"佛化"的主张。而如此把夷、夏文化的比较和交流之争,变成单
纯的宗教斗争,自然难以保持持平态度,也得不出有价值的结论。

广陵释僧敏的《戎华论折顾道士夷夏论》大体与惠通取同样立
场,同样以"天竺中国"论为主要理据,也是从道、释高下相比较立

---

① 《大正藏》第 14 卷第 769 页下。

论,更多是单纯宗教方面的内容。他说:

> 君言夷夏论者,东有骊济之丑,西有羌戎之流,北有乱头
> 被发,南有剪发文身。姬孔施礼于中,故有夷夏之别。戎华
> 者,东则尽于虚境,西则穷于幽乡,北则逾于溟表,南则极乎空
> 阔。如来扇化中土,故有戎、华之异也。君责以中夏之性、效
> 西戎之法者,子出自井坎之渊,未见江湖之望矣。如经曰"佛
> 据天地之中而清导十方",故知天竺之土是中国也。周孔有雅
> 正之制,如来有超俗之宪。雅正制故有异于四夷,超俗宪故不
> 同于周孔……夫正礼巨易,真法莫移。正礼巨易,故太伯则于
> 吴越而整服;真法莫移,故佛教则东流而无改。

僧敏根据当时人的地理知识,已认识到各地风俗习惯不能齐一,但
结论仍是佛教礼制至优至上的偏颇观点。

又有明僧绍(?—483),明经术,兼好佛,刘宋时隐居长广郡崂
山,聚徒讲学;北魏时南下,渡江栖止建康摄山。他有《正二教论》,
题注曰"道士有为《夷夏论》者,故作此以正之"。他虽然采取崇佛
贬道立场来论证二教高下,却基本采取兼容并包态度。他作为中
土文人,主张维护中国礼法而对外来礼制加以变通。文章直接涉
及夷、夏制度的一段说:

> 论曰:"端委搢绅,诸华之容也;翦发缁衣,群夷之服也。"
> 正曰:将求理之所贵,宜先本礼俗。沿袭异道,唯其时物。故
> 君子豹变,民文先革;颛孙膺训,丧志学殷。夫致德《韶》《武》,
> 则禅代异典,后圣有作,岂限夷、华? 况由之极教,必拘国服
> 哉! 是以系其恒方,而迷深动踬矣。水陆既变,致远有节,舟
> 车之譬,得无翻乎! 而刻舡守株,固以两见所归。[1]

这里提出礼俗要根据环境而改变,引用儒家经典为根据:颛孙即孔

---

[1]《正二教论》,《弘明集》卷六,《大正藏》第 52 卷第 37 页下—38 页上。

子弟子子张,曾说孔子教训他不要固守殷礼,而舜乐《韶》和周武王乐《武》也并非尽善尽美,所以后代圣人制礼作乐,并不限华、夷。他讽刺不知变通的人为刻舟求剑、守株待兔之徒。

　　如本章开头所说,有关"夷夏"之争乃是佛教传入中国后延续时间相当长久的争论,且中国历史上全部有关佛教的辩论实际都可看作是广义的"夷夏"之争。上述这些争论是其中集中的一次,僧、俗参加人数众多,俗人中更包括上至帝王、下到隐士的各阶层人物。这也是因为"夷夏"之争不仅关系戒律的持守,更与佛、道二教教理、教义以及地位高下的论争相纠缠,进一步更关涉国家、民族间文化交流的方方面面,内容十分广泛;而当时又正值外来佛教"中国化"深入的时期,争执的相关课题正与是否需要和如何进行"中国化"相关联。正因此,各方意见纷纭,论争十分激烈,议论中片面、偏颇处不少,相关题目的论难一时多难以得出肯定的、一致的结论。但正是通过这样的反复争辩,对于在民族文化传统基础上接受和发展外来佛教,对于佛教"中国化"的必要和途径等事关佛教以至中国文化发展的重大原则逐渐清晰起来。

　　僧祐的《弘明集》的《后序》总结反佛斗争内容为六个方面,第五个方面是"疑教在戎方,化非华俗"[1],指的就是"夷夏之辨",到北齐颜之推《颜氏家训·归心篇》总结对于佛教"俗之谤者"五项,则已经不提"夷夏"问题;又相对《弘明集》大量收录有关"夷夏"之争的论辩文字,初唐道宣《广弘明集》则大为减少了这个题目的内容。这些都表明,从总体形势看,南北朝时期外来佛教已逐步适应本土环境,又是在中华诸民族进一步的大融合之后,这个问题在原则上已经基本得到解决。当然不是说后来"夷夏"问题不再被提起,例如唐初傅奕和中唐韩愈的反佛都曾以佛教是"夷狄之教"作为攻击的口实,但此时佛教在中国民族文化土壤上已经牢牢扎根,这个问

———————

[1]《大正藏》第 52 卷第 95 页上。

题显然没有先前那样重大、突出的意义了。

从更广泛的角度看,南北朝有关"夷夏之辨"激烈争论的时期,正值中国历史上又一个民族大融合时期。中土是否需要接受佛教和如何接受佛教,佛教是否需要适应本土思想文化环境加以改造,相关争论从根本上说也关联华夏本土居民如何接纳外来文化的现实课题。从基本倾向说,有关争辩体现了本土传统开放、包容的性格,外来佛教方面则采取了妥协、融合态度。这不仅对于中国接受佛教,对于中国历史上各民族的融合与团结也起了积极作用;而多民族的交流与融合,合作与团结,正是中华民族发展的巨大动力。

与这一方面相关,可以提出唐初关于李唐氏族的一个公案。朱熹曾指出"唐源流出于夷狄"①;陈寅恪更曾论证李唐王室是"西凉后裔"②,具有突厥族血统,并进而指出种族和文化二问题,是李唐一代史事之关键③。而关于李唐氏族所出这一重大的历史事实,正是佛教方面留下了重要史料。彦琮记载法琳针对李唐王朝把老子认作祖先,对答唐太宗曾说:

> 琳闻拓拔达阇,唐言李氏,陛下之李,斯即其苗,非柱下陇西之流也……又《符子》云:"老氏之师号释迦文。"《尹喜内传》云:"老子曰:王欲出家,吾师号佛,觉一切人也。今受天帝请食,还当为王及群臣等一时受戒。"窃以拓拔元魏北代神君,达阇达系,阴山贵种。经云:"以金易鍮石,以绢易缕褐,如舍宝女与婢交通。"陛下即其人也。弃北代而认陇西,陛下即其事也。④

---

① 《朱子语类》卷一三六《历代三》,第 3245 页。
② 《李唐氏族之推测》,《金明馆丛稿二编》第 283 页。
③ 参见《唐代政治史述论稿》上篇《统治阶级之氏族及其升降》,第 1—48 页,上海古籍出版社,1997 年。
④ 《唐护法沙门法琳别传》卷下,《大正藏》第 50 卷第 210 页上—中。

法琳敢于这样说,固然表明当时这或许已是一种流行说法;但他利用这一点来证明佛教的价值,也是基于肯定外来民族对于中华民族历史发展作出伟大贡献的信念。所以法琳指出这一事实,客观上也表明民族交融与佛教传播二者的密切关联及其取得的成果,又可以看作是替有关佛教的"夷夏"之争所作出的形态独特的结论。

第五节　佛、道二教高下与存废之争

一

前面介绍的是围绕佛教的护法与反佛论争,多已关系道教。道教参与这些辩论,基本是站在反佛立场上的。不过纵观佛、道二教的发展,又会发现二者间交涉情形十分复杂。虽然经常处在矛盾、冲突、斗争之中,但两教间又有相当重要的相互辅助、借鉴、融合的一面。本节介绍晋唐间二者直接交锋的情形。另有许多更复杂的课题,如二者间的相互影响与交流,本书已另有说明。

众所周知,中国历史上有组织的道教运动兴起于东汉末年,即在佛教传入中土以后。当时初传的外来佛教势力单弱,所以出现依附黄老之道传播的情况。而初起的道教本是教义单纯、组织分散的民众群体,固然在东汉末形势发展一时间较佛教更为浩大,但无论教义、教理层面,还是戒律、仪轨层面,都显得十分谫陋。起初二者间并没有形成重大冲突:一方面当时的中国还是教团宗教的拓荒地,无论是佛教还是道教,都有十分宽广的活动空间,而且二者传播的范围各有重点,各自的优势又可以互为补充;另一方面对于一般民众来说,无论是对于佛教还是道教,教理、教义层面并不明晰,以致当时的佛教往往被认为是道教的一个分支,道士中也有信佛的人。本书前编曾引用汤用彤发现的两通碑文《三公碑》和《白石神君碑》,分别立于光和四年(181)和六年,俱在元氏县。三公与白石神君均为元氏山名。汤用彤据《般舟经记》认为其中提到的"元士"、"子碧"是翻译《般舟三昧经》的助手,并据以推断汉末佛教信徒仍兼好道术方技,由此可见汉代佛教的特性[1]。汤用彤在书中作犹疑之词,行文态度严谨,所举出的事例、得出的结论是可信的。在佛教与道教同样初传民间时期,人们还不可能从思想理论层面严格分辨二者。实际上当时两个宗教也都没有提供出严整、清晰的理论和信仰体系。

　　另外在中国,涉及历史上佛、道二教关系,又有一个十分重要的因素在起作用,就是专制政治体制下皇权的绝对权威。佛、道二教间不论有多少矛盾、冲突,在中国的现实条件下,要受到皇权的统辖和制约是一致的。就是说,二者都不可能使自己的宗教神权凌驾于世俗政权之上或超离在这个权威之外。由于佛、道同被置于皇权管束之下,二者兼重以至"三教齐立"又是历代王朝的基本国策,就注定了佛、道二教在社会生活中的基本地位及其相互争论的基本态势。

　　这里介绍晋唐间佛、道相争的概况。宋代以后又是另一番局面了。

二

　　佛教与道教第一次也是延续长久的直接冲突是所谓"老子化胡"之争。一个宗教的教主不仅是崇拜偶像,也被看作是宗教教

---

[1] 参阅《汉魏两晋南北朝佛教史》上册第49—50页。

义、教理、仪轨、戒律等的制定者和体现者。道教把老子确定为教主,与佛教的佛陀分别作为两大宗教的代表。这两大宗教的冲突围绕教主突显出来,从而出现所谓"老子化胡"传说,继而形成一批《老子化胡经》。"老子化胡"传说经过衍化、充实,成为佛、道辩论的口实,斗争一直延续到唐代,至《化胡经》被禁毁,相关争论才基本告一段落。

《高僧传》里记载活动在西晋惠帝(290—306)时译师帛远(法祖)的传说:

> ……有一人,姓李名通,死而更苏云:"见祖法师在阎罗王处,为王讲《首楞严经》,云:'讲竟,应往忉利天。'又见祭酒王浮,一云道士基公,次被锁械,求祖忏悔。"昔祖平素之日,与浮每争邪正,浮屡屈,既瞋不自忍,乃作《老子化胡经》,以诬谤佛法,殃有所归,故死方思悔。①

这里明确记述是西晋王浮伪撰了《老子化胡经》。

关于"老子化胡"的传说和相关经典,中外学者作了大量研究,已得出丰硕成果②。其形成、发展有个相当长的过程。现存资料所

---

① 《高僧传》卷一《晋长安帛远传》,第27页。
② 桑原骘藏《老子化胡经》,《艺文》第9号,1910年;刘国钧《老子神化考略》,《金陵学报》第4卷第2期,1931年;王维成《老子化胡经考证》,《国学季刊》第4卷第2号,1934年;汤用彤《两汉魏晋南北朝佛教史》第一部分《汉代之佛教》第四章《汉代佛法之流布·太平经与化胡说》,上册第41—43页;吉冈义丰《道教と佛教(第一)》第一编《研究编》Ⅰ《老子变化思想の展开》,日本学术振兴会,1959年;许里和《佛教征服中国》第六章《"化胡"说:佛道冲突的早期历史》;福永光司《道教思想史研究·道教における天神の降临授诫》,岩波书店,1987年。近年研究成果则主要有刘屹《试论〈化胡经〉产生的年代》,陈鼓应主编《道家文化研究》第13辑,生活·读书·新知三联书店,1998年;刘屹《敬天与崇道——中古经教道教形成的思想史背景》中篇第2节《〈老子铭〉研究》,中华书局,2005年;李小荣《〈弘明集〉〈广弘明集〉述论稿》第三章《化胡说再检讨》,巴蜀书社,2005年。

见第一个把老子与佛教联系起来的是襄楷于汉桓帝延熹九年
(166)奏疏,曾说"又闻宫中立黄老浮屠之祠。此道清虚,贵尚无
为,好生恶杀,省欲去奢。今陛下嗜欲不去,杀罚过理,既乖其道,
岂获其祚哉! 或言老子入夷狄为浮屠。浮屠不三宿桑下,不欲久
生恩爱,精之至也"①。从这段话可以推测,在当时佛教刚刚流行、
道教还没有形成有规模的群众运动的草创时期,就有了"老子入夷
狄为浮屠"的传说;而从时代背景看,这种传说显然具有把佛、道二
教相调和的动机,当时又是基于肯定佛教的观念编造出来的。据
汤用彤推测:老子化胡"故事之产生,自必在《太平经》与佛教已流
行之区域也"。他认为:

> 汉世佛法初来,道教亦方萌芽,分歧则势弱,相得则益彰。
> 故佛道均借老子化胡之说,会通两方教理,遂至帝王列二氏而
> 并祭,臣下亦合黄老、浮屠为一,故毫不可怪也。②

而另一方面从史实看,老子被神化,直到成为道教教主有个漫长过
程,与汉代黄、老道的流行有直接关系。《史记》上所记载的老子传
记曾说到:

> 老子修道德,其学以自隐无名为务。居周久之,见周之
> 衰,乃遂去。至关,关令尹喜曰:"子将隐矣,强为我著书。"于
> 是老子乃著书上下篇,言道德之意五千余言而去,莫知其
> 所终。③

对老子的这种记述已经具有相当神秘的色彩,反映的是当时人的
看法,也为后人神化老子留下了余地。后汉安、顺时代(107—144)
李尤作《函谷关赋》,其中说到:

---

① 《后汉书》卷三〇下《襄楷传》,第1082页。
② 《汉魏两晋南北朝佛教史》上册第42—43页。
③ 《史记》卷六三《老子韩非列传》,第2141页。

> 惟函谷之初设险,前有姬之苗流。嘉尹喜之望气,知真人
> 之西游。爰物色以遮道,为著书而肯留。①

这表明在李尤作赋时期,老子"西游"已是普遍流行的传说。至桓
帝延熹八年(165)正月,遣中常侍左悺之苦县祠老子;十一月,又遣
中常侍管霸祠之,陈相边韶作《老子铭》,则已经把老子奉为神明,
中有云:

> 显虚无之清家,云先天地而生。乃守真养寿,获五福之所
> 致也……同光日月,合之□星;出入丹庐,上下黄庭;背弃流
> 俗,舍景匿形;苞元神化,呼吸至精。世不能原,卬其永生。②

如此把老子神化,正是后来道教奉他为教主在观念上的滥觞。

　　敦煌本《老子变化经》(S. 2295)残卷,颂扬老子名称、法相的变
化,其观念正与边韶《老子铭》的描写相一致,所以一般断定为东汉
末年所作,即是早期道教的作品。其中描写老子"能明能冥,能亡
能存,能大能小,能屈能申……在火不焦,在水不寒"等等,又写到
"大(人)胡时号曰浮庆(屠)君"③,从这些说法看,一方面,老子"变
化"观念显然受到佛教对于佛陀神通描写的影响;另一方面说老子
"变化"为佛,则应当是后来化胡说的原始形态。

　　《魏书·乌丸鲜卑东夷传》注引录《魏略·西戎传》说:

> 临儿国,《浮屠经》云其国王生浮屠。浮屠,太子也。父曰
> 屠头邪,母云莫邪。浮屠身服色黄,发青如青丝,乳青毛,蛉赤
> 如铜。始莫邪梦白象而孕,及生,从母左胁出,生而有结,堕地
> 能行七步。此国在天竺城中。天竺又有神人,名沙律。昔汉

---

①张溥《汉魏六朝百三家集》卷一五《汉李尤集》。
②严可钧《全上古三代秦汉三国六朝文·全后汉文》卷六二,第 1 册第 813 页。
③《英藏敦煌文献》第 4 卷第 58 页;参照据刘屹校录文,见《敬天与崇道——中
　古经教道教形成的思想史背景》第 377、379 页。

哀帝元寿元年（前 2），博士弟子景卢受大月氏王使伊存口受
《浮屠经》曰复立者其人也。浮屠所载临蒲塞、桑门、伯闻、疏
问、白疏间、比丘、晨门，皆弟子号也。《浮屠》所载与中国《老
子经》相出入，盖以为老子西出关，过西域之天竺，教胡。浮屠
属弟子别号，合有二十九，不能详载，故略之如此。①

鱼豢，魏明帝（227—239 在位）时为郎中，卒于晋武帝太康（280—
289）之后，《魏略》当作于三世纪中叶，所引《浮屠经》当是早期输入
的佛传一类经典。这里所记述佛陀及佛教传入中土的传说，真切
地体现了当时人还相当朦胧的认识，作为文献应是可信的。关系
到老子的记载，只说他西去教导天竺人，并没有肯定地表述佛、道
二教的具体关系，也还没有涉及二者的高下。

　　正是在上述这类老子西行传说的基础上，道教徒出于和佛教
争夺正统的动机，制造出一部《老子西升经》，宣扬"老子西升，道开
竺乾"。据李养正考证，这部经的作者是魏晋时期楼观道士梁谌②。
他是就宗祖起源问题掀起佛、道直接抗辩的第一人。

　　这类神化老子的传说，客观上当然有中土与天竺交流的背景。
这也给道教徒创造更完整的"化胡"传说提供了依据。王浮正是借
用这些传说并加以整理、改造、发挥，制作成《老子化胡经》。此书
久佚，但据近人考察，唐道宣在《辩正论》里所引《明威化胡经》即是
此书佚文：

────────────

①《三国志》卷三〇《魏书·乌丸鲜卑东夷传》，第 859－960 页。这里最后一句
　可校点为"过西域之天竺教胡浮屠属，弟子别号合有二十九，不能详载，故略
　之如此"，则与"化胡"说相合了。唐代法琳《九箴篇》引道教徒的言论说：
　"《魏书·外国传》、皇甫谧《高士传》并曰：'桑门《浮图经》，老子所作。'……
　袁宏《后汉纪》云：'老子入胡，分身作佛。'道家经诰，其说甚多。"（《大正藏》
　第 52 卷第 185 页中）这里所录《后汉纪》的话，不见今本。《魏书·外国传》
　当指所引《魏略》，文意有所不同。所引皇甫谧《高士传》的话亦不见今本。
　但从法琳的引述可以知道当时流传典籍中多有"老子化胡"的记载。
②参阅《道教概说》第 81－82 页，中华书局，1989 年。

　　《明威化胡》等经并云：胡王不信老子，老子神力伏之，方求悔过，自髡自剪，谢愆谢罪。老君大慈，愍其愚昧，为说权教，随机戒约。皆令投陀乞食，以制凶顽之心；赭服偏衣，用挫强梁之性；割毁形貌，示为剔鬋之身；禁约妻房，绝其悖逆之种。①

从现有资料可以知道，这部《化胡经》在观念上基本已经从试图调和佛、道二教的立场明确地转变为强调道教高于佛教的立场，不过很显然还不是否定佛教，主旨乃是说道教教主老子创立了佛教。当时正处在北方"异族"步步侵逼局面之下，对"胡人"的丑化，压低其位置，正符合本土思想潮流。道教徒积极利用了这一潮流。

　　晋宋至隋唐正是道教经典结集的时期，多种《化胡经》被陆续创造出来。其中两种节略见于唐代王悬同所编《三洞珠囊》卷九《老子化西胡品》。一种称鬼谷先生撰《文始先生无上真人关令内传》，一种称《老子化胡经》。前者叙述老子携尹喜西出关，至罽宾国，经过国王火烧、沉渊考验，终于制服国王，"王大谢罪，不敢中怠"，发誓举国男女，一世不婚娶，髡剃须发，老子推尹喜为师，"号为佛"，"遂还东游"。后者内容略同，不过没有尹喜作佛和老子东还传道的情节②。后一种之所以去掉尹喜作佛情节，应当是因为只说老子东归，传法中国，更适合把他当作本土道教教主的构想。

　　唐代又传有十卷本《老子化胡经》，俞正燮判定为"晋宋间撰，与裴松之同时"③，应当产生于前两书略后。此书现存敦煌写本残卷多种。前有魏明帝序，显系伪托。又有《太上灵宝老子化胡妙经》一卷(S. 2081)，首残，据考应是灵宝系经典。

<hr>

①《广弘明集》卷一三，《大正藏》第52卷第185页中。
②参阅《三洞珠囊》卷九《老子化西胡品》，《道藏》第25册第355－359页。
③《癸巳类稿》卷一四《道笑论》，涂小马等校点，第2册第493页，辽宁教育出版社，2001年。

敦煌本《化胡经》略曰：

太上老君，以殷汤庚申二月十五日，脱胎玉女玄妙口中。
尔时老君须发皓白，九日之后，身长九尺，生有老容，故曰老
子。百有余年，殷亡周继。康王甲子，为柱下史。照王癸丑，
西迈山谷，授尹喜五千文《道德》章句。又渡流沙，至于阗国，
召诸仙人玉女十余万众，大月氏等国八十余王，及其后妃眷
属，周绕听法，说《夜叉经》，令其断肉。又以神身，化为佛影，
丈六金身，令诸见者，发慈悲心。俄越葱岭，而镇毒龙。入摩
碣国，唱浮屠教。历年三八，至穆王时，又返中夏，至于扶桑，
教诸士女。又历八王，二百余岁，更作西游，召十方神仙大士，
校量功德。又二十余年，桓王甲子，与尹喜同乘月精，降中天
竺国，入白净夫人腹中，托之以生。号曰悉达，舍太子位，成无
上道，号为佛陀。广说经戒，求无上法，历年七十，乃示涅槃。
襄王乙酉，我还中国，乃教孔丘仁义等法。后经四百五十余
年，我乘光明自然道气，飞入西那玉界苏邻国中，降诞王室，立
为太子，舍家入道，号末摩尼，转大法论，说经戒律。摩尼之
后，年乘五九，吾法将盛。西方圣象，考采自然，来入中国。当
是之时，三教混齐，同归于一，是为总摄一切法门。

这里除了说到总摄三教，还兼及摩尼教。志磐《佛祖统纪》已指出
这种经本已经过后人增益①。其中所述"化胡"情节也显然被大加
充实、发展了。如历史上一般佛、道教徒所制作的通俗经典一样，
这部书内容也是杂凑中国史书和两教典籍上的一些缘由，再加以
虚构、生发而形成的。这类经典内容荒诞，表达粗陋，本来难于被
知识阶层所接受，但作为佛、道二教辩论的材料还是起作用的。制
作出的经本不只一种，正反映流传及不断被增饰的情况。

———————————

① 参阅陈登原《国史旧闻》第 1 分册第 522—523 页，中华书局，2000 年。

顾欢著《夷夏论》，如前所述主旨是会同佛、道二法但意党道教，其中引用《道经》云："'老子入关之天竺维卫国，国王夫人名曰净妙，老子因其昼寝，乘日精入净妙口中，后年四月八日夜半时，剖左腋而生，坠地即行七步，于是佛道兴焉。'此出《玄妙内篇》。"①后来明僧绍《正二教论》引用这段文字更为详尽，又说到"事在《玄妙内篇》，此是汉中真典，非穿凿之书"②。这部《玄妙内篇》里所述"化胡"事，同上述《化胡经》，显然是"化胡"类经典的一种。

老子化胡故事流传颇广。东晋著名史学家孙盛(302—374)作《老耽非大贤论》，其中说到：

> 又不达老聃轻举之旨，为欲著训戎狄，宣导殊域乎？若欲明宣导殊类，则左衽非玄化之所，孤逝非嘉遁之举。诸夏凌迟，敷训所先，圣人之教，自近及远，未有辂张退岭如此之游也。③

这是明确批评"化胡"说的。北齐魏收作《魏书》，在《于阗传》里说到"于阗西五百里有比摩寺，云是老子化胡成佛之所"④，表明当时这一传说已经远播西域。二教辩论中道教方面往往以"化胡"说为口实。如刘勰《灭惑论》，反驳攻击佛教的《三破论》。《三破论》里说到"有此三破(指入国而破国，入家而破家，入身而破身——著者)之法，不施中国，本正西域。何言之哉？胡人无二，刚强无礼，不异禽兽，不信虚无，老子入关，故作形像之教化之"⑤。

在直到唐代的佛、道论辩中，双方常常就"化胡"题目展开争论。北周天和五年(570)甄鸾《笑道论》第五段"明五佛并兴"，引述

①《南齐书》卷五四《顾欢传》，第 931 页。
②《弘明集》卷六，《大正藏》第 52 卷第 37 页中。
③《集古今佛道论衡》卷甲，《大正藏》第 52 卷第 366 页中。
④《魏书》卷一〇二《于阗传》，第 2263 页。
⑤《弘明集》卷八，《大正藏》第 52 卷第 50 页下。

多种道经，涉及到"化胡"传说：

> 《文始传》云："老子以上皇元年下为周师，无极元年乘青牛薄板车度关，为尹喜说五千文，曰：'吾游天地之间，汝未得道，不可相随，当诵五千文万遍，耳当洞听，目当洞视，身能飞行，六通四达，期于成都。'喜依言获之，既访相见，至罽宾檀特山中。乃至王以水火烧沉，老子乃坐莲华中诵经如故。王求哀悔过，老子推尹喜为师，语王曰：'吾师号佛。佛事无上道。'王从受化，男女髡发，不娶于妻。是无上道承佛威神，委尹喜为罽宾国佛，号明光儒童。"

这节文字正与前面《三洞珠囊》所引略同。甄鸾的答复则说：

> 臣笑曰：《广说品》云："始老国王闻天尊说法，与妻子俱得须陀洹果。清和国王闻之，与群臣造天尊所，皆白日升天。王为梵天之首，号玄中法师。其妻闻法同飞，为妙梵天王。后生罽宾，号愤陀力王，杀害无道。玄中法师须化度之，化生李氏之胎，八十二年剖左腋，生而白首，经三月，乘白鹿与尹喜西游，隐檀特三年，愤陀力王猎，见便烧沉。老子不死，王伏，便剃发改衣，姓释名法号沙门，成果为释迦牟尼佛。至汉世法流东秦。"又《文始传》："老子化胡，推尹喜为师而化胡。"《消冰经》云："尹喜推老子为师也。"《文始传》云："吾师号佛，佛事无上道。"又云："无上道承佛威神，委尹喜为佛。"推此众途，师弟乱矣，何名教之存乎？又《化胡》、《消冰经》皆言老子化罽宾，身自为佛。《广说品》："愤陀力王，老之妻也，得道号释迦牟尼佛，即秦、汉所流者。"《玄妙篇》云："老子入关，至天竺维卫国，入于夫人清妙口中，至后年四月八日，剖左腋而生，举手曰：'天上天下，惟我为尊。三界皆苦，何可乐者。'"寻罽宾一国，乃有五佛俱出：一是尹喜，号儒童者；二是老子，化罽宾者；三老子之妻愤陀王，号释迦者；四老子，在维卫作佛，亦号释迦；

五白净王子悉达作佛,复号释迦。案《文始传》云:"五百年一
贤,千年一圣。"今五佛并出,不觉烦乎? 若言圣人能分身化
物,说经亦必多方,何为老化则多,经惟二卷不变。至于儒童、
尹喜、愤陀,佛经无闻于今,但是白净王子所说。以此推之,
老、喜为佛,虚妄可曝。且老经秘说,不许人闻,前后相番,诚
有远意。然老能作佛,止是一人,道士不知奉佛,惑之甚矣。
如父为道士,岂以道人子为道士,岂以道人故而不认其父乎!①

　　这里引述多种涉及"化胡"说的道教经典,除《玄妙篇》、《文始传》,
还有《消冰经》,《广说品》也不明出自什么经典。又《笑道论》卷中
"老子作佛"条里除引用《玄妙内篇》,还有《化胡经》云:"老化罽宾,
一切奉佛。老曰:'却后百年,兜率天上更有真佛,托生舍卫白净王
宫。吾于尔时,亦遣尹喜下生从佛,号曰阿难,造十二部经。'老子
去后百年,舍卫国王果生太子,六年苦行成道,号佛字释迦文,四十
九年欲入涅槃。老子复见于世,号迦叶,在双树间,为诸大众请启
如来,三十六问讫,佛便涅槃。迦叶菩萨焚烧佛尸,取舍利,分国造
塔。阿育王又起八万四千塔。"这里说老子本不作佛。又引《造天
地经》,说到"西化胡王,老子变形而去,左目为日,右目为月";而所
引《玄妙经》又说"老子乘日精入清妙口中"②。这些经典情节歧出,
无稽捏造的痕迹十分显然。即使从昙鸾的反驳看,佛教方面的论
辩显然也具有较高水平。而据宋人记载,"《老子化胡经》明言:'我
乘自然光明道气,飞入西那玉界,降为太子,舍家入道,号末摩尼,
说戒律、定惠等法。'"③这类后出的《化胡经》则已包含有摩尼教内
容,表明这一"化胡"的古老论争在后代仍不断流行的情形。
　　针对道教方面的"化胡"说,佛教方面也制造出相应的故事。

①《笑道论》卷上,《广弘明集》卷九,《大正藏》第52卷第145页下—146页上。
②同上第148页中—下。
③《黄氏日钞》卷八六《崇寿宫记》。

如伪经《清净法行经》云："佛遣三弟子振旦教化，儒童菩萨彼称孔丘，光净菩萨彼云颜渊，摩诃迦叶彼称老子。"①《天地经》里也说到："佛遣三圣，化彼东土，迦叶菩萨彼称老子。"②不过比起道教方面的传说来，这些说法都比较简单。佛教本来具有较高的学术水准，在制作这类无稽传说方面显然没有更多用心。

　　到隋唐时期，关于"老子化胡"传说和《化胡经》真伪仍在进行激烈争辩。唐高宗显庆五年（660），沙门静泰和道士李荣等奉诏集洛阳宫，辩论《化胡经》真伪；武后万岁登封元年（696），福光寺沙门请依前朝例毁《化胡经》，但这个所谓"前朝"指哪一朝不明，朝廷辩论也没有结果；中宗神龙元年（705），诏僧、道集内廷辩论，经沙门明法抗争，终于下诏禁毁《化胡经》。但后来该经一直仍在流传。直到元代，再次掀起佛、道二教争论，《化胡经》重又成为重要题目。至元世祖至元十八年（1281），朝廷下诏除《道德经》之外，一切道教典籍悉行焚毁，《老子化胡经》首当其冲。从实际情况看，这次焚毁之后，唐代流传下来的道教重要典籍基本都保存下来了，而《化胡经》在敦煌本出现前却不见踪影。这大概是因为虽然它曾广为流传，就其真伪和内容又进行过长期争论，但这样一部以无稽传说为核心的、矛盾百出的所谓"经典"，有关内容往往只能够当作相互攻击的由头，并没有多大理论意义；而宋元以后的佛、道斗争已没有以前那样的尖锐程度，它自然也就被淘汰了。不过相关的长期争论却具体反映了中国古代宗教在专制体制下相互关系上的一些特点，作为典型事例，值得重视。

　　值得注意的一点是，关于"化胡"说的形成，前已引述汤用彤曾指出佛、道二教初兴时期，二者"均借老子化胡之说，会通两方教理"。许理和则说：

---

① 周道安《二教论·服法非老第九》，《广弘明集》卷八，《大正藏》第 52 卷第 140 页上。

② 法琳《破邪论》卷上，《大正藏》第 52 卷第 478 页下。

事实上，化胡说不过是提供了一个把道教的思想和实践与一知半解的佛教相混合的佐证，而这种佛教明显带有汉代佛教的特征……正如汤用彤所说，这个理论很可能受到了成长中的道教阶层以及最初的佛教教团领袖的双重欢迎。因为一方面这能促使道教徒吸收佛教的实践和制度，尽管它似乎起源于外国但却能溯本于老子；另一方面，它又能通过把佛教说成是"道教的外国分支"而使佛教对中国百姓更具亲和力。①

从历史事实看，尽管后来"化胡"传说对佛教如何贬低和丑化，也不管佛、道双方就《化胡经》进行的争论多么长久、激烈，上述基本"意义"并没有消失：情节多种多样的"化胡"故事都在把佛、道从根源上联系起来，特别是把佛教和本土传统联系起来。这在客观上也显示在统一文化传统中不同宗教相调和的努力。

三

晋宋以后，随着佛、道二教的发展，知识阶层中在佛、道二教信仰间游移的人不少。人们接触到两大宗教的经典增多，对教义、教理的了解逐渐深入，不同信仰的人必然就二教教理高下掀起论争。和关于"化胡"的争论相比较，参与这种争论的有更多教外人士，争论的内容在文化上、学术上往往更有价值也更有意义。

庐山慧远所述自己学术企向的一段话是具有一定典型意义的：

> 每寻畴昔，游心世典，以为当年之华宛也。及见《老》、《庄》，便悟名教是应变之虚谈耳。以今而观，则知沉冥之趣，岂得不以佛理为先？苟会之有宗，则百家同致。②

①《佛教征服中国》第497页。
②《与隐士刘遗民等书》，《广弘明集》卷二七，《大正藏》第52卷第304页上。

他钻研过儒、道、释三家而终于归心佛说，却又认为在有所宗主之后，要会通百家之学。这是从佛教徒的立场发言，却正体现了中土学术注重综合、融通的态度。这也是晋宋以来三教并存环境之下，佛、道二教内、外人士所怀抱的具有典型意义的态度：即信仰尽管不一，但对于不同学说、教理能够不同程度地采取兼容并包立场。佛、道二教正是在这样的思想氛围下展开关于教理的争论的。

　　前述慧琳《白黑论》、顾欢《夷夏论》所引起的争论已多关系佛、道二教教理内容及其高下。南齐张融（444—497）晚年"制是《门律》，以律其门"①，明确提出二教一致的观点。他阐述对于二教基本教理的理解，并把文章送给何点（437—504）、何胤（446—531）兄弟，孔仲智、孔稚珪（447—501）兄弟和周颙。前面已经说到，庐江何氏是著名奉佛世家，何点、何胤都是虔诚的佛教信徒；会稽孔氏是著名的奉道家族②；周颙则既相信佛教，又对儒学有很高素养。这些人信仰不同，相互间却保持相当密切的关系。《南齐书·孔稚珪传》上说他"与外兄张融情趣相得，又与琅邪王思远、庐江何点、点弟胤并款交"③。这种现象本身就体现了一定意义。张融把文章送给他们，显然意在张扬自己的见解。今存《弘明集》里收录了《门律》、张融的信和他与周颙反复辩难的文字。

　　张融出身于江南著名"吴姓"士族。前面已经介绍过的《系观世音应验记》等资料里有关于张氏佛教信仰的具体记载，从中可以了解这个家族的信仰特别侧重在修行实践方面。张融在刘宋时任新安王行参军，入齐，累官太子中庶子、司徒左长史，在当时朝廷和文坛上均有相当地位。历史上有关他的著名轶事是他死前遗令

①《重与周书并答所问》，《弘明集》卷六，《大正藏》第52卷第39页中。有关争论均据同书第38下—41页中。《门律》，诸本多作《门论》，《南齐书》卷五四本传作《门律》。

②参阅陈寅恪《天师道与滨海地域之关系》，《金明馆丛稿初编》第21—25页。

③《南齐书》卷四八《孔稚珪传》，第840页。

"三千买棺，无制新衾。左手执《孝经》、《老子》，右手执《小品》、《法华经》"①。这被看作是南朝士族名士在思想观念上兼容"三教"的具有象征意义的表现。他的《门律》说：

> 吾门世恭佛，舅氏奉道。道也与佛，逗极无二。寂然不动，致本则同；感而遂通，逢迹成异。其犹乐之不治，不隔五帝之秘；礼之不袭，不吊三皇之圣。岂三与五，皆殊时故，不同其风；异世故，不一其义。安可辄驾庸愚，诬问神极？吾见道士与道人战儒、墨，道人与道士狱是非。昔有鸿飞天首，积远难亮，越人以为凫，楚人以为乙。人自楚越耳，鸿常一鸿乎！夫澄本虽一，吾自俱宗其本。泻迹既分，吾已翔其所集。汝可专尊于佛迹，而无侮于道本。②

这里开头所说的"奉道"舅氏指孔氏，表明自己兼承自家佛教和外家道教两方面传统，佛、道兼修。进而他提出，从宗极角度看，佛、道二教乃是本同迹异的。所谓"本"，按他的说法即是《易·系辞上》所谓"寂然不动"。《系辞》上说："《易》，无思也，无为也，寂然不动，感而遂通天下之故，非天下之至神，其孰能与于此。"依据孔颖达《正义》的解释，"寂然不动"意谓"既无思无为，故寂然不动，有感必应，万事皆通"③，讲的是儒家的感应论。张融这里说的，显然是另作解会：他是从追求超脱世情、寂灭（佛）无为（道）的角度，把佛、道统合起来，并进而统一到儒家经典《易经》的说法上来。基于这样的立场，他认为佛、道没有高下之别。这也是当时知识阶层中主张统合"三教"的一种认识。据此他认为当时佛、道之间以及诸家与佛教、道教之间的辩论是没有必要的，并进而表明自己既遵崇佛

---

①《南齐书》卷四一《张融传》，第 729 页。
②《弘明集》卷六，《大正藏》第 52 卷第 38 页下；据《南齐书》卷五四《顾欢传》校订，第 935 页。
③《周易正义》卷七，《十三经注疏》上册第 81 页。

迹,又不反对道教根本教义的立场。

　　周颙好玄理,有辞义,宋明帝曾引入内殿,出为剡县令;入齐,迁中书郎、国子博士兼著作。他泛滥百家,长于佛理,对于《三论》有精深研究,作有《三宗论》等。他也承认"自释之外,儒纲为弘。过此而能与仲尼相若者,黄老实雄也。其教流渐,非无邪弊,素朴之本,义有可崇"。但是他对于二教基本教理"致本则同"却加以质疑:

> 论云"致本则同",请问何义是其所谓"本"乎? 言道家者,岂不以《二篇》为主;言佛教者,亦应以般若为宗。《二篇》所贵,义极虚无;般若所观,照穷法性。虚无、法性,其寂虽同,位寂之方,其旨则别。论所谓"逗极无二"者,为逗极于虚无,当无二于法性耶? 将二途之外,更有异本? 傥虚无、法性,其趣不殊乎? 若有异本,思告异本之情;如其不殊,愿闻不殊之说。

这里所讲与佛教对立的"道",所依据是老子《道德经》,完全不涉及晋宋以下道教经典。就是说,他所理解的道教教理是以《道德经》为准的。《道德经》主张有生于无,归结到玄之又玄的"虚无";而佛教则主般若空、法性空。他认为二者不可能合一。除非二者之外更有所本,但这个"异本"显然是不存在的。他还表示自己是"心持释训,业爱儒言。未知足下雅意,佛、儒安在? 为当本一末殊,为本末俱异耶?"这就与儒、佛相比较,把道教放在次一等的位置上了。

　　张融回答周颙关于"本"一的质疑,用的是道家观点:

> 伯阳专气致柔,停虚任魄,载营抱一,居凝通静。静唯通也,则照无所没;魄绪停虚,故融然自道。足下欲使伯阳不静,宁可而得乎? 使静不泊道,亦于何而可得? 今既静而两神,神静而道二,吾未之前闻也。

这是根据道家"唯道集虚"观念,肯定与道合一的境界。他认为这种境界作为"道"是唯一的,因而佛、道"逗极所以一"。针对言道

家、佛家者"二篇所贵,义极虚无;般若所观,照穷法性"的不同,他回答说:

> 神地悠悠,精和坐废,寂然以湛,其神遂通,以冲其用。登其此地,吾不见释家之与老氏;涉其此意,吾孰识老氏之与释家。逗极之所以无二,亲情故妙得其一矣。

即是说,追求"寂然以湛,其神遂通"的境界,佛、道二教是没有区别的。周颙本来主《三论》空、假、中三谛中观教理,对道家的有、无和佛教的空、有严格加以区分。但张融显然对《三论》缺乏深入理解,所以他答复说"今万象与视听交错,视听与万象相横,著之既已深,却之必方浅。所以苦下之翁,且藏即色,顺其所有,不震其情;尊其所无,渐情其顺……卿若疑老氏尽有而不亮以教,则释家有尽,何以峻迹斯时?卿若以释家时宜迹峻,其犹老氏时峻此迹,逗极之同,兹焉余意"。这全然还是玄学有、无之辩的观点。他认为老子面对视听万象,只是暂且不讲"即色"而空的道理而遂顺世情来讲有生于无。他更反问说:如果怀疑老子从根本上否定"有"却没有在教化上加以体现,那么佛教讲"空",又何必时时强烈地加以表现呢?因而在这方面二者是一致的。最后他答复对方"心持释训,业爱儒言。未知足下雅意,佛、儒安在"的疑问,是"吾乃自元混百圣,同投一极",再次表明自己坚持兼容百家的姿态。

周颙再次作书答辩,进一步明确老子关于"无"的理论与佛教"即色"而空教理的区别:

> 夫有之为有,物知其有;无之为无,人识其无。老氏之署有,题无出斯域,是吾《三宗》鄙论,所谓取舍驱驰,未有能越其度者也。佛教所以义夺情灵,言诡声律,盖谓即色非有,故擅绝于群家耳。此途未明,在老何续?但纷纷横沸,皆由著有,迂道沦俗,兹焉是患。既患由有滞,而有性未明,矫有之家,因崇无术。有性不明,虽则巨蔽,然违谁尚静,涉累实微,是道家

之所以有裨弘教,前白所谓黄老实雄者也。

就是说,关于有、无之辩,老子的思想还没有从根本上超越常识的领域,而与自己在《三宗论》里已经阐述的看法不同。《三宗论》已佚,《南齐书·周颙传》说到他"著《三宗论》。立空假名,立不空假名。设不空假名难空假名,设空假名难不空假名。假名空难二宗,又立假名空"①。汤用彤说这篇文字"不但会合当世诸说,而且亦自谓尽摄一切佛学",是"三论学者对《成〔唯识〕论》下攻击之第一声","按周氏本意,本性空寂,无名无著。世人著有,故为有失。若人著无,亦未为得。唯释迦究竟义,乃无所著,乃为大圣……据此则老氏矫有,因崇空无,(佛家则言空以遣有,非去有以存空。)虽不及圣,而有裨世道"②。周颙上面一段话讲的就是这个道理。所以他又说:

> 尽有尽无,非极莫备;知无知有,吾许其道家。惟非有非无之一地,道言不及耳。非有非无,三宗所蕴。

周颙的议论体现当时士族文人中某些人对于中观教理的理解,代表对于佛教教理更高一层的认识水平。

围绕张融《门律》的论争,是士族知识阶层内部关于佛、道教理的辩论。从双方的议论看,辩论双方无论是理论上还是逻辑上都已达到相当高度。这种辩论和上述关于"化胡"说的争论相比较,显然具有更高的理论水平,在思想史上也具有更重要的意义。这种意义突出表现在两个方面:一是双方对佛、道关系的态度固然不同,某些观点甚至相互对立,但都采取兼容二者的立场,只不过对于二者的内容、价值和地位的判断不一致;另一方面从周颙的情况看,当时士大夫阶层中某些人对于佛教教理已经具有相当高的修养。就

---

① 《南齐书》卷四一《周颙传》,第 731 页。
② 《两汉魏晋南北朝佛教史》下册第 532、540－541 页。

他本人说,对于《三论》的研究已相当深入,而当时《三论》乃是佛学中新进的学问。这也显示当时整个社会佛学水平的一个侧面。

从这次辩论的理论内涵说,周颙严格区分佛、道二教教理当然是正确的;但从思想倾向看,张融等观二者则更能够体现当时相当普遍的思想潮流。后来刘勰作《灭惑论》,也明确说:"至道宗极,理归乎一;妙法真境,本固无二。"①萧子良则说:"真俗之教,其致一耳。"②当然具体人在分析其所"致"之"一"的重点有所不同,如上面两例都归于佛教。又如沈约,信仰上兼融佛、道,作《均圣论》,也提出等观"三教"。梁武帝作《会三教诗》,说"少时学周孔,弱冠穷六经。孝义连册府,仁恕满丹青。践言贵去伐,为善存好生。中复观道书,有名与无名。妙术镂金版,真言隐上清。密行贵阴德,显证表长龄。晚年开释卷,犹月映众星。苦集始觉知,因果乃方明。示教惟平等,至理归无生。分别根难一,执著性易惊。穷源无二圣,测善非三英……"③虽然他写作这首诗时已舍道归佛,但却同样宣扬会通三教。而会通三教从另一个角度看,则正表现了信仰上的游移。这也是中国宗教思想的一个重要特征。

四

又一次佛、道二教论争发生在周武毁佛之前。关于这次毁佛情况,本书有专章介绍。北周武帝宇文邕在北朝乱世之中是相当有作为的君主,史书上评论他"英威电发,朝政惟新,内难既除,外略方始……修富民之政,务强兵之术……五年之间,大勋斯集"④。他曾以帝王之尊,多次亲自在殿廷讲《礼记》,参加者除朝臣百僚,

①《灭惑论》,《弘明集》卷八,《大正藏》第 52 卷第 51 页上。
②《与中丞孔稚珪释疑惑》,《弘明集》卷一一,《大正藏》第 52 卷第 72 页上。
③《先秦汉魏晋南北朝诗·梁诗》卷一,中册第 1531—1532 页。
④《周书》卷六《武帝纪下》,第 108 页。

还有沙门、道士,表明他敦崇儒术的立场。而他在位十八年的晚期,一举禁毁佛、道二教,正是贯彻其致治方略的重要举措之一。

正史上记载他首次集合百僚、道士、沙门讲论释、老义,是在天和四年(569):

> 二月······戊辰,帝御大德殿,集百僚、道士、沙门等讨论释老义。

这是后来禁毁二教的准备,也开启朝廷直接组织大规模宗教辩论的先河。接着,建德元年(572)"正月戊午,帝幸玄都观,亲御法座讲说,公卿道俗论难";二年"十二月癸巳,集群臣及沙门、道士等,帝升高座,辨释三教先后,以儒教为先,道教为次,佛教为后";三年"五月······丙子,初断佛、道二教,经像悉毁,罢沙门、道士,并令还民"①。

天和四年这种论辩举行多次,相当激烈。在两次辩论之后,"帝曰:'儒教道教,此国常遵;佛教后来,朕意不立。佥议如何?'时议者陈理,无由除削。帝曰:'三教被俗,义不可俱。'"这样必然加深佛教方面的危机感。"至四月初,更依前集。必须极言陈理,无得面从。又敕司隶大夫甄鸾详度佛、道二教,定其深浅,辩其真伪。天和五年,鸾乃上《笑道论》三卷,用笑三洞之名。至五月十日,帝大集群臣,详鸾上论,以为伤蠹道法。帝躬受之,不惬本图,即于殿庭焚荡。时道安法师又上《二教论》······"②

先后奏上的甄鸾《笑道论》和道安《二教论》都是从佛教的立场批驳道教的,但内容和风格全然不同。这也体现佛教应战道教全面攻击的两种方式。甄鸾正史无传,今本《笑道论》启文后面题名为"前司隶毋极县开国伯臣甄鸾"③。据唐张说《唐故广州都督甄公

① 《周书》卷五《武帝纪上》,第76、79、83、85页。
② 《周灭佛法集道俗议事》,《广弘明集》卷八,《大正藏》第52卷第136页上、中。
③ 《笑道论》,《广弘明集》卷九,《大正藏》第52卷第144页上。以下引用《笑道论》均据同书第144页上-152页下。

碑》,碑主甄彙,是甄鸾五世孙,中称甄鸾"仕齐,为太山太守、司隶
校尉、无极县伯,撰《笑道论》,行于代"①。不过唐代《笑道论》已残
佚,今存《广弘明集》的三卷三十六章是节抄本,可反映其基本
内容。

甄鸾在奏上《笑道论》启文中首先明确说:

> 佛之与道,教迹不同;出没隐显,变通亦异。幽微妙密,未
> 易详度。且一往相对,佛者以因缘为宗,道以自然为义。自然
> 者无为而成,因缘者积行乃证。守本则事静而理均,违宗则意
> 悖而教伪。理均则始终若一,教伪则无所不为。案老子五千
> 文,辞义俱伟,谅可贵已,立身治国君民之道富焉。所以道有
> 符书厌诅之方,佛禁怪力背哀之术。彼此相形,致使世人疑其
> 邪正。此岂大道自然、虚寂无为之意哉! 将以后人背本,妄生
> 穿凿故也。又道家方术,以升仙为神,因而诳惑偷润目下。昔
> 徐福欺妄,分国于夷丹;文成、五利,妖伪于汉世;三张诡惑于
> 西梁;孙恩搔扰于东越。此之巨蠹,自古称诬。以之匡政,政
> 多邪僻,以之导民,民多诡惑。验其书典,卷卷自违;论其理
> 义,首尾无取。

这里严格区分以老子为代表的道家与作为宗教的道教。对于道家
与佛教的关系,甄鸾的看法接近张融,认为"守本则事静而理均",
"理均则始终若一",而《老子》其书则"辞义俱伟",对于修身、治国
均有价值。他集中批判的是道教符书、厌诅、升仙之类方术,并举
出历史事实以明其蠹害:徐福即《史记·秦始皇本纪》上的徐市,
《后汉书》卷七十五《东夷传》说他带领童男女求蓬莱神仙不得,遂
留在海上夷洲和澶洲;汉武帝拜方士齐人少翁为文成将军,栾大为
五利将军,受其迷惑,这些都是帝王迷信神仙方术的例子;"三张"

---

①《全唐文》卷二二七,第 2291 页。

指汉末五斗米教的张陵、张衡、张鲁；孙恩是东晋时期天师道暴动的领袖，都是道教徒叛乱的例子。甄鸾拿这些事例证明道教及其神仙方术的危害，重点在从政治上加以揭露和抨击。

甄鸾借用《老子》"下士闻道大笑之"说法，立题是自居于"下士"，行文采用讥嘲方式，并没有对于道教教理进行深入的理论分析和批判。这正表明极端轻蔑的态度。今存全文三卷计三十六条，"三卷者，笑其三洞之名；三十六条者，笑其经有三十六部"，表明立论是明确针对流行的道教经典的。本来道教的教理水平远较佛教为低，特别是民间教派制作的经典，充满荒唐无稽之说，又杂凑世典和佛书，经不起学理上的推敲。三十六条从"造立天地"到"诸子道书"，即从各种传说、方术到经典，涉及面十分广泛，主要是揭露道教的荒谬不经、低俗浅陋，并不做具有理论深度的辨析。然而这样一部书又是"必须真正十分珍视的。因为它提供了了解六朝后期佛、道争论所围绕课题的一种资料，更让我们具体认识当时只是为了揭短而开展争论的态势：捉住对方缺陷加以攻击，有时为了有利于自身而不惜伪造经典"[1]。前面介绍"化胡"说的争论已经引述过两章，其中保留不少《老子化胡经》佚文，可借以了解其内容与风格的大概。从总体看，《笑道论》提供的关于六朝道教发展状况的资料是相当丰富和有价值的。例如第二十二《树木闻诫枯死》章揭露"三张之术"：

> 又造黄神赤章杀鬼，朱章杀人。或为涂炭斋者，黄土泥面，驴辗泥中，悬头著柱，打拍使熟。自晋义熙中，道士王公期除打拍法，而陆修静犹以黄土泥额，反缚悬头。如此淫祀，众望同笑。又案汉婕妤，帝疑其诅，对曰："若鬼神有知，不受无理之诅；如其无知，诅之何益。故不为此。"以事推测，常人之

---

[1] "六朝隋唐时期の佛道論爭"研究班《〈笑道論〉譯注》，《東方學報》（京都）第60辑第483页，京都大学人文科学研究所，1988年。

智尚识达之,况鬼有灵,聪明正直而受愚厌者,未之有也。今
观其文,词义无取,有同俗巫解奏之曲。何期大道若此,容而
不非乎! 将不耽嗜糟汁,湎淫终岁,以理推诚,岂得尔耶!

这反映的是道教涂炭斋和诅咒术盛行情形。又第三十五《道士合
气法》章:

《真人内朝律》云:真人曰:"凡男女至朔望日,先斋三日,
入私房诣师,所立功德,阴阳并进,日夜六时。"此诸猥杂,不可
闻说。又《道律》云:"行气以次,不得任意排丑近好,抄截越
次。"又《玄子》曰"不禹戾,得度世。不嫉妒,世可度。阴阳合,
乘龙去"云云。臣笑曰:臣年二十之时,好道术,就观学,先教
臣《黄书》合气,三五七九,男女交接之道,四目两舌正对,行道
在于丹田,有行者度厄延年。教夫易妇,惟色为初,父兄立前,
不知羞耻,自称中气真术。今道士常行此法,以之求道,有所
未详。

这则是当时房中术流行的情况。再如第三十六《诸子为道书》章,
揭露当时道教典籍及其传播状况,在学术史上也具有相当的意义。

《笑道论》在朝廷上被焚毁,主要当是因为不符合周武反佛主
旨,可能也和内容过于浅陋有关系。北周僧道安继而奏上《二教
论》,内容集中在理论分析层面,从而把论争提到新的理论高度。

北周道安是一代名僧,初隐太白山,后住京城大陟岵寺、大中
兴寺。他义学精深,特别专精《涅槃经》和《大智度论》。他的《二教
论》显示相当丰富的理论内涵,因此周武帝当时已有意废毁佛教,
"初览安论,通问僚宰,文据卓然,莫敢排斥。当时废立遂寝,诚有
所推"[1]。这篇文章计分十二篇,即归宗显本第一、儒道升降第二、
君为教主第三、诘验形神第四、仙异涅槃第五、道仙优劣第六、孔老

[1]《续高僧传》卷二三《周京师大中兴寺释道安传》,《大正藏》第50卷第629页中。

非佛第七、释异道流第八、服法非老第九、明典真伪第十、教指通局第十一、依法除疑第十二等,涉及佛、道二教教理及其分歧的内容甚广,大都是佛、道长期论争的课题。如第四"诘验形神"、第五"仙异涅槃",是依据佛教"神不灭"论来批判道教追求长生不死的虚妄的,其中第五"仙异涅槃"云:

> 灵飞羽化者,并称神丹之力;无疾轻强者,亦云饵服之功。哀哉! 不知缮绩前成,生甄异气,寿夭由因,修短在业。佛法以有生为空幻,故忘身以济物;道法以吾我为真实,故服饵以养生。生生不贵,存存何勖? 纵使延期,不能无死。①

第十一"教指通局"讨论因果报应,批评因果问题上的断见(人死神灭,更无来生)、常见(聚散莫穷,心神无间)、他因外道(吉凶苦乐,皆天所为)和无因外道(诸法自然,不由因得)等,而称赞"佛经所以越六典、绝九流者,岂不以疏神达要,陶铸灵府,穷原尽化,水镜无垠者矣"。有关佛、道关系,作者更提出一些新看法。

文章设反方东都逸俊童子和正方西京通方先生对问的形式展开。对于佛、道二教的总认识,前者主张"三教虽殊,劝善义一;途迹诚异,理会则同。至于老嗟身患,孔叹逝川,固欲后外以致存生,感往以知物化,何异释典之厌身无常之说哉"。这是传统的三教一致观点。而代表正面意见的通方先生则首先区分儒、释:

> 故救形之教,教称为外;济神之典,典号为内。是以《智度》有内、外两经;《仁王》辩内、外二论;《方等》明内、外两律;《百论》言内、外二道。若通论内、外,则该彼华、夷;若局命此方,则可云儒、释。释教为内,儒教为外,备彰圣典,非为诞谬。详览载籍,寻讨源流,教唯有二,宁得有三?

①《二教论》,《广弘明集》卷八,《大正藏》第 52 卷第 139 页上。以下引用此文均据同书第 136 页中一143 页下。

他利用《汉书·艺文志》关于"九流"的记述,指出中国思想学术"若派而别之,则应有九教;若总而合之,则同属儒宗",进而一方面论定"惟释氏之教,理富权实:有余不了,称之曰权;无余了义,号之为实。通云善诱,何成妙赏? 子谓三教虽殊,劝善义一。余谓善有精粗,优劣宜异。精者超百化而高升,粗者循九居而未息。安可同年而语其胜负哉",这样就把佛教抬到至高无上的地位;另一方面则判定道教只是儒家的一派:

> 然老氏之旨,本救浇浪,虚柔善下,修身可矣。不上贤能,于治何续? 既扶《易》之一《谦》,便是儒之一派。幸勿同放,兼弃五德。

道教立老子为教主,以《老子》五千言为根本经典,又利用道家思想为教理依据。在古代儒、释、道"三教"划分中,"道"一般是包含了道家和道教的,又往往认为道教由道家发展而来。《二教论》的"道仙优劣"一篇开头点明题旨,明确区分作为学术思想的道家的"道"和作为宗教信仰的道教的"仙":"道以恬虚寡欲,优在符于谦德;仙则饵服纷纭,劣在徒勤无效。"针对对方"高谈寿夭,缮绩前生,业果虽详,芝丹仍略。且道家之极,极在长生,呼吸太一,吐故纳新。子欲劣之,其可得乎"的质问,他回答说:

> 老氏之旨,盖虚无为本,柔弱为用,浑思天元,恬高人世,浩气养和,得失无变,穷不谋通,达不谋己。此学者之所以询仰余流,其道若存者也。若乃练服金丹,餐霞饵玉,灵升羽蜕,尸解形化,斯皆尤乖《老》《庄》立言本理,其致流渐,非道之俦,虽记奇者有之,而言道者莫取。昔汉武好方技,遂有栾大之妖;光武信谶书,致有桓谭之议。书为方技,不入坟流;人为方士,何关雅正? 吾子曷为舍大而从小,背理而趣诞乎!

对方本来归纳"道家厥品有三:一者老子无为,二者神仙饵服,三者符箓禁厌"。作者肯定前者而否定后二者。在"服法非老"篇里,更直接揭露道教各种经典、方术、符箓、戒律、仪轨等等的伪妄。这样客观上也是把佛教尊为唯一的宗教。

更有一点值得注意,就是文中一而再地强烈表露对于朝廷的颂谀之情。其中有专门一篇"君为教主",开头题旨说"世谓孔、老为弘教之人,访之典谟,则君为教主"。他反对道教的符箓禁厌,另一方面却肯定天命、符瑞。在"服法非老"篇里又说:

> 惟王者兴作,非诈力所致,必有灵命,以应天人。至于符瑞,不无阶降。上则《河图》、《洛书》,次则龟龙麟凤,此是帝皇之符箓也。今大周驭宇,膺历受图,出震为神,电轩流景。上宣衢室,下辟灵台,列彼三光,摇兹二柄。而德侔终古,动植效灵,仁并二仪,幽明荐社。故真容表相,不假寻于具茨;澄照渊猷,无惑求于象罔……皇帝之尊,极天人之义;王者之名,尽霸功之业。当受命神宗,廓风化于寰宇;封禅山岳,报成功于天地。不见鬼言,豫经论之始;曾无诡说,达致远之宗。徒讹惑生民,败伤王教,真俗扰动,归正无从。惟孔子贵知命,伯阳去奇尚,奚取鬼符,望致其寿? 若言受之必益,今佩符道士,悉可长年;无录生民,并应短寿。事既不征,何道之有?

道安赞同天命、符瑞的迷信,又用来反驳道教对于符箓的迷信,清楚表明他屈从于朝廷的谦卑姿态。这也是因为这次佛、道讲论本来是在朝廷主持之下进行的,二者要争夺在统治体制中的地位,实际功利的意义远高于宗教的意义。正是在这样的形势下,遂有朝廷"至建德三年(574),岁在甲午,五月十七日,乃普灭佛、道二宗,别置通道观"①之举,而二教在此严峻事态下均没有任何招架之力。

《二教论》还有另外一些内容,如关于道教经典"真伪"的批评、关于佛教内部腐败的揭露等等,都具有相当的史料价值。

---

① 《续高僧传》卷二三《周京师大中兴寺释道安传》,《大正藏》第50卷第629页中。

五

　　唐王朝立国,沿袭南北王朝"三教齐立"方针。朝廷以"三教并立"为国策,继续举行"三教"讲论。如高祖时期的一场:

　　　　高祖尝幸国学,命徐文远讲《孝经》,僧惠乘讲《金刚经》,道士刘进嘉(喜)讲《老子》。诏刘(陆)德明与之辩论。于是诘难锋起,三人皆屈。高祖曰:"儒、玄、佛义,各有宗旨,刘、徐等并当今杰才,德明一举而蔽之,可谓达学矣。"赐帛五十四。[①]

这次讲论的结论是以儒学统摄佛、道,正反映唐统治者并用"三教"而尊崇儒术的基本方针。后来张九龄的《贺论三教状》反映的是玄宗朝的情况:

　　　　右:伏奉今日墨制,召诸学士及道、僧讲论三教同异。臣闻好尚之论,事踬于偏方;至极之宗,理归于一贯。非夫上圣,孰探要旨。伏惟陛下道契无为,思该玄妙,考六经之同异,诠三教之幽赜,将以降照群疑,敷化率土。屏浮词于玉殿,辑精义于金门。一变儒风,再扬道要。凡百士庶,罔不知归。臣等幸侍轩墀,亲承至训,忭跃之极,实倍常情。望宣付史馆,谨奉状陈贺以闻。谨奏。[②]

这同样是宣扬讲论"三教"而归于儒道,以期达到辅助教化的目的。

　　自唐室初建即开始的这种讲论,主要是在佛、道之间进行,高宗朝极盛一时。当时正值唐王朝步入兴盛时期,统一大帝国不但实现了对疆域内政治、经济、文化的全面统治,对于宗教也实现了

---

① 刘肃《大唐新语》卷一一《褒锡》,第165页,古典文学出版社,1975年。此次论辩亦记录于《旧唐书》卷二四《礼仪志》,谓在武德七年。
② 《全唐文》卷二八九,2934－2935页。

有效的管制。佛、道二教在中国从来没有独立于体制之外,到这一时期则带上更浓重的御用性质。而且,有关佛、道教理的一些重大问题,经过南北朝几百年双方的阐发和论争已无多剩义,到这一时期宗派佛教的各宗都提出自宗系统的宗义,把中国佛学发展到新的阶段。南北朝时期那种佛、道讲论形式从而也就失去了原来的意义和作用。唐朝的佛、道论争或"三教论衡"遂主要成为朝廷宣示文化统治的形式,兼有庆贺、娱乐的作用。例如贞观十二年(638)皇太子李治集合三教学士于弘文殿讲论,结果是"皇储怡然大笑,合坐欢跃,今日不徒法乐以至于斯"①;显庆五年(660)在洛阳宫里的一次辩论,道士李荣论难失利,自解说:"若不如此,恐陛下不乐。"②这都充分表现出参与者的诙谐态度以及辩论的逸乐性质。如果说这种辩论有什么直接的现实意义,则主要体现在佛、道二教争夺在朝廷地位上下、前后的功利方面。

　　本来无论从历史传统还是从社会实力看,道教与佛教相比较一直处于弱势。可是在唐代,它作为民族宗教,特别由于老子又被尊为皇室宗祖,从而在与佛教相抗衡中取得了均势,在某种意义上说甚至是有利位置。而佛、道二教的这种均势正可供朝廷更便利地加以操纵、利用。贞观十二年诏道士女冠宜在僧尼之前;上元元年(674)又诏公私斋会及参集之处道士女冠在东,僧尼在西,不须更为先后;武则天天授二年(691)敕释教宜在道教之上,僧尼处道士之前;景云二年(711)诏自今以后僧尼、道士女冠并宜齐行并集③,等等。仪制上如此频繁的变动当然反映朝廷对于二者的畸轻畸重,但总体上又并无碍佛、道并用的大格局,却只能激化二者之间的矛盾。

　　从形式上看,当时佛、道争辩的题目主要集中在某些基本教理

①《集古今佛道论衡》卷丙,《大正藏》第 52 卷第 383 页中。
②同上卷丁,《大正藏》第 52 卷第 392 页下。
③《唐会要》卷四九《僧道立位》。

和概念上,佛教方面提出如"五蕴"义、"九断知"义、"摩诃般若波罗蜜"义等,道教方面相对应地提出如"道生万物"义、"老子名义"义、"六洞"义、"本际"义等,还有前面提到的已经延续久远的关于"老子化胡"说等。双方参与辩论的,佛教方面有会隐、神泰、义褒、静泰、灵辩、子立等,道教方面有李荣、黄頤、黄寿、张惠元、姚道士、方惠长等。值得注意的是,这些人都是朝廷御用法师,而并不是代表当时二教教理水平的宗教思想家。辩论的场所主要是殿廷,有臣僚百官参加,有时由皇帝(或皇太子)主持。论争基本并不做高深的理论辨析,主要是相互诘难、讥嘲。当时宗派佛教正兴盛起来,宗派佛学代表佛学思想的新水平;同样,道教也出现王远知、潘师正、司马承祯等一批有建树的思想家。相比较之下,朝廷上的这种辩论无论表面上多么激烈,理论意义是有限的。又由于现存辩论记录主要是佛教方面的,所述自然偏向僧侣一方。可以看一个例子:显庆五年名僧静泰和名道士李荣在洛阳宫辩论"化胡"说真伪,延伸到佛、道高下:

> ……李荣辞穷,遂嘲云:"静泰语莫悼惶,我未发汝剩扬。"静泰云:"李荣乌鵙,何异蛣蜣。先师米贼,汝亦不良。"李荣遂云"汝头似瓠芦"等语云。静泰奏言:"此对旒冕,宜应雅论。幸许剧谈,敢欲间作。"亦请嘲李荣头。圣旨便曰:"可。"令连脚嘲。泰曰:"李荣道士额前垂发,已比羊头;口上生须,还同鹿尾。才堪按酒,未足论文,更事相嘲,一何孟浪。"泰又奏言:"向承圣旨。令连脚嘲。"便曰:"李荣腰长,即貌而述,屡申驼项,亟蹙蛇腰,举手作奋驴蹄,动脚时摇鹤膝。"李荣频被嘲急,不觉云:"静泰不长不短。"静泰奏云:"静泰加之一分则太长。"李荣云:"向共相嘲,便诵《洛神》之赋。"静泰云:"此关宋玉之语,未涉陈王之词。义屈言穷,周悼迷妄。"李荣是蜀郡词人。泰云:"泰是洛阳才子。"荣云:"贾生已死,才子何关?"静泰奏云:"严、杨不嗣,江汉灵衰。荣为蜀郡词人,一何自枉?"李荣

无词，又转语云："个是灵衰，那得灵辉？"静泰云："夷歌耀曲，
自谓成章，鸟韵左言，用闲音赏。"李荣又转语云："何意唤我为
李王？"因言："大唐天子，故是李王。"静泰云："汝此语为自属
耶？为属帝耶？如其自属，尔是何人？如其属帝，言王非帝。"
李荣云："我经云：'域中有四大，王居一焉。'言王何过？"静泰
云："管子曰：'明一者皇，察道者帝，通德者王。'汝言域中有四
大者，汝教自浅，汝复不闲。以帝为王，汝过之极。"李荣既急，
不觉直云："静泰言是。"静泰奏言："李荣既称泰是，伏乞宸
鉴。"李荣又转语云："大道老君皇帝所尚，何物绿精胡子，剃发
小儿，起自西戎而乱东夏。"静泰云："如来出现，彼处为天中；
我皇御宇，此间为地正。佛法有嘱，委以皇王，有感必通，何论
彼此？若限以华裔，恐子自弊于杜邮。老是楚人，未知何地？
又荣向云'绿精胡子'自是葱岭已东，李仲卿之鄙辞，亦无关于
佛事。虽然，无言不酬，请商略汝家之秽法：无知鬼卒，可笑颠
狂；或灰狱围身，或牛粪涂体，或背擎水器，或背负杨枝，或解
发却拘，交绳反系，以厕溷而为神主，将井灶而作灵师；自臣奴
仆之辞，又引顽愚之称；醮祭多陈酒脯，求恩唯索金银，礼天曹
而请福，拜北斗而祈寿；淫祀之党，充斥未亡，炫惑之徒，置罔
纲纪；加又扣头搏颊，衔板缠绯，三点九冈之方，丹门玉柱之
术，既无惭于父子，宁有愧于弟兄，并是汝天师之法，岂非汝之
教耶？"李荣不觉云是。静泰云："李荣既屡云泰是，如何不伏？
重乞宸鉴。"李荣又奏云："静泰所言，荣疑宿构，请共嘲烛，即
是临机之能。"静泰奏言："泰虽无德，言若成诵。"又语李荣云：
"汝欲嘲烛，汝宿构耶？烛与李荣，无情是同，烛明胜汝。"李荣
奏言："道之与佛，非荣、泰等之所言。"委时又请休。静泰奏
言："李荣知难而退，重乞天鉴。夜久更阑，恐疲圣旨。"帝令
休，荣遂走下基云去也。于时静泰脚痹未行，少选停立。泰自
奏言："静泰先患风痹。"帝令人扶之。荣于阶下云："静泰已

死，两人扶侍。"泰云："帝者之前，理须战栗，辞而复语，一何失敬也。"①

这一段辩论文字，显示当时所谓"佛道论衡"的典型风格：相互攻驳不遗余力，但并不是作理论辨析，而主要是讥嘲、调笑、谩骂，客观上也暴露当时佛、道二教的一些具体弊端。值得注意的一点是，主持辩论的皇帝既是听众又是评判人，往往对胜利一方给以实际褒奖。例如贞观十二年太子李治主持的弘文殿那一次，纪国寺慧净和道士蔡晃辩论，之后"净频入宫闱，抗论无拟。殿下目属其神锐也，寻下令曰：'纪国寺慧净法师，名称高远，行业著闻，纲纪伽蓝，必有弘益，请为普光寺主，仍知本寺上座事。'复下书与普光，及以净所广述寺纲住持惟人在寄等事也"②。又如显庆三年在内廷百福殿的一次辩论，佛教方面是慧立，道教方面是张慧元和李荣，开始的时候唐高宗就说："佛道二教，同归一善。然则梵境虚寂，为于无为；玄门深奥，德于不德。师等栖诚碧落，学照古今，志契宝坊，业光空有。可共谈名理，以相启沃。"这就已经做出佛、道并立的结论。慧立回答称："陛下叡性自天，钦明纂历，九功包于虞夏，七德冠于嬴刘，遂使天平地成，遐安迩肃。既而宇内无事，垂虑玄门，爰诏缁黄，考核名理。但僧、道士等，轻生多幸，滥沐恩光，遂得屡入金门，频升玉砌。所恐闻见寡狭，词韵庸疏，虚烦听览，不足观采，伏增悚汗。"高宗遂降敕命令开始辩论。意味深长的是，慧立的发言显然是用佛、道双方代表的口气。他来自幽州，属西明寺，是玄奘弟子，《大慈恩寺三藏法师传》作者。辩论使得高宗"解颐大笑"，"告奘云：'幽州师大好。'斯言有旨，至七月，内敕鸿胪卿韦庆俭补充西明寺都维那"③。这个例子颇能反映这些辩论的性质、意义和

①《集古今佛道论衡》卷丁，《大正藏》第52卷第392页上—下。
②同上卷丙，《大正藏》第52卷第383页下。
③同上，《大正藏》第52卷第389页上—下。

朝廷与佛、道二教的关系。

更有趣味的是贞观十四年西华观道士秦世英和济法寺沙门法琳关于交报显应的辩论。法琳是护法龙象,作《辩正论》,曾和反佛的傅奕辩论,著名于史册。太宗下敕云:"汝所著《辩正论·信毁交报篇》曰:'有念观音,临刃不伤。'且赦七日,令尔念之。试及刑期,能无伤不。"念观音则临刃不伤的说法本来著之《高王观世音经》,南北朝时期又曾有许多类似传说。法琳用这种无稽的说法来驳斥反佛方面的攻难。在太宗威逼之下,"琳外缠桎梏,内迫刑期,冰炭交怀,惟祈显应。恰至限满,忽神思影勇,横逸胸怀,顿亡死畏,立待追对。须臾敕至云:'今赦期已满,即事加刑。有何所念,念有灵不?'琳答曰:'自隋季扰攘,四海沸腾,役毒流行,干戈竞起,兴师相伐,各擅兵威,臣佞君荒,不为正治,遏绝王路,固执一隅。自皇王吊伐,载清海陆,斯寔观音之力,咸资势至之功,比德连衡,道齐上圣,救横死于帝庭,免淫刑于都市。琳于七日已来,不念观音,惟念陛下。'又敕治书侍御韦悰问琳:'有诏令念观音,何因不念,乃云惟念陛下?'琳答:'伏承观音圣鉴,尘形六道,上天下地,皆为师范。然唐光宅四海,九夷奉职,八表刑清,君圣臣贤,不为枉滥。今陛下子育恒品,如经即是观音。既其灵鉴相符,所以惟念陛下。且琳所著《辩正论》,爰与书史符同,一句参差,任从斧钺。陛下若顺忠顺正,琳则不损一毛;陛下若刑滥无辜,琳则有伏尸之痛。'以状奏闻,遂不加罪"①。法琳本来无理可循,只好做颂谀的狡辩,实际是以卑下姿态祈求饶恕,结果朝廷仍下敕流徙于益州僧寺。而这种丑态在道宣那里是作为值得表扬的事例来记述的。这个例子也典型地显示了佛教在中国古代专制制度下的困境:它试图利用信仰来树立超越世俗的权威,在现实中却不得不屈从于世俗权威之下。

如果说在唐前期,这种辩论主要集中于佛、道二教的高下优

---

① 《集古今佛道论衡》卷丙,《大正藏》第52卷第385页中。

劣,还有某些实质内容和实际意义,那么到中唐,定型为"三教论衡",则进一步仪式化了。贞元十二年四月"庚辰,上降诞日,命沙门、道士加文儒官讨论三教,上大悦"①。当时的具体情况是:

> 德宗降诞日,内殿三教讲论,以僧鉴虚对韦渠牟,以许孟容对赵需,以僧覃延对道士郗惟素。诸人皆谈毕,鉴虚曰:"诸奏事云:玄元皇帝,天下之圣人;文宣王,古今之圣人;释迦如来,西方之圣人;今皇帝陛下,是南赡部州之圣人。臣请讲御制《赐新罗铭》。"讲罢,德宗有喜色。②

在白居易文集里存留有《三教论衡》一篇,是文宗朝一次论争的记录。如陈寅恪所说:"其文乃预设问难对答之言,颇如戏词曲本之比。又其所解释之语,大抵敷衍'格义'之陈说,篇末自谓'三教谈论,承前旧例'。然则此文不过当时一种应制之公式文字耳。"③中、晚唐这种"应制"的"谈论"已难以见到宗教的神圣性质。而从"三教讲论"发展到仪式化的"三教论衡",正典型地显示出唐代统治者对于宗教的真实态度:一方面让"三教"并为我用;另一方面信仰的虔诚又大为消减了。

就佛、道二教自身发展看,经过几百年的斗争、交流,二者相互渗透,内容与形式得以多方面融摄,矛盾逐步在消泯,互补的作用更突显出来。唐代佛教各宗派宗义,普遍具有浓厚的儒、释调和色彩。中唐时著名佛教学者宗密的观点是具有典型性的。他在名著《原人论》序文里说:

> 孔、老、释迦,皆是至圣,随时应物,设教殊途,内外相资,共利群庶。

---

①《旧唐书》卷一三《德宗纪下》,第 383 页。
②周勋初《唐语林校证》下册第 519 页,中华书局,1987 年。
③《白乐天之思想行为与佛道关系》,《元白诗笺证稿》,第 331 页,上海古籍出版社,1978 年。

其《斥偏浅》一章更明确指出：

> 天竺世教,仪式虽殊,惩恶劝善无别,亦不离仁义等五常,
> 而有德行可修……不杀是仁,不盗是义,不邪淫是礼,不妄语
> 是信,不饮啖酒肉,神气清洁益于智也。①

本来道教在和佛教的辩论中经常强调的一点,是其伦理上的优越
性。唐代是道教经诫的总结时期,系统阐述戒律的《三洞众戒文》
(原书二卷,《道藏》本一卷,张万福撰,武后、玄宗时期人)、《传授三
洞经戒法箓略说》(二卷,张万福撰)、《要修科仪戒律抄》(十六卷,
朱法满撰,为玉清观道士,年代不详)等,儒家色彩都十分明显。
佛、道二教在伦理上都积极地向中土儒家伦常靠拢,在观念上泯和
与中国传统意识的矛盾,更强化了三教间进一步交流和融摄的大
趋势。

　　佛、道二教作为在中国并立的两大宗教,此后矛盾、冲突仍然
延续不断。有时也会酿成严重冲突。例如唐武毁佛,道教就是参
与推动的重要力量。北宋时期佛、道二教势力消长几经起伏变化,
朝廷的偏好与支持固然是重要因素,僧侣和道士的活动也起了相
当大的作用。但从总体看,唐代以后佛、道二教的争论表现出更加
功利的目的,理论的或文化的意义则更为削弱了。这也是因为在
文化、学术各领域,在知识阶层中,理学已居于思想上的统治地位,
"三教"间的争执很大程度上已失去原来的作用和意义了。

---

①《原人论》,《大正藏》第 45 卷第 708 页上、下。

孙昌武文集

23

中国佛教文化史

第三册

中华书局

第十四章 寺院——文化中心与救济机构

一

以下各章把记述范围扩展一步,内容是佛教对于文化各个领域的影响,即佛教的弘传与发展在文化诸部门造成的变化、取得的成就。佛教在中国历史上发挥作用,在不同领域、不同历史阶段是不平衡的。就一般情况而言,相对于政治制度、伦理原则,对于思想、学术、文学、艺术等等即狭义的文化各部门所造成的冲击和影响更为巨大,取得的成就也更显著和重要,在有些部门甚至促成了关键性的转变;而发挥影响则主要是在东晋十六国到两宋之际这七百年左右时间(当然在此前和此后,这种作用和影响也不可低估)。这当中,东晋十六国后期和南北朝即五、六两个世纪正是佛教在中国大发展的时期,也是佛教“中国化”深入进行、逐步完成,也即是“中国佛教”(或称“汉传佛教”)建设的关键时期。在这一历史时期,佛教在中国急速发展,同时也在大幅度地改变自己的本来面貌。而促成这一转变的最主要的因素,除了中国政治体制的制约和限制,就是中国优秀而丰厚的固有文化传统在发挥作用。另一方面,佛教在中国这样具有卓越文化传统的国度生存和发展,又必须保有文化上的某种优势,在文化领域突显某种能够与中国固有文化相颉颃、相资助的品质和价值,从而在急速扩张自己实力的同时,有可能冲击、充实、进而改变中国固有的文化传统。这就形成佛教与中国文化在发展中相互作用、相互交流、相互融合的复杂关系。以下各章即就具体文化部门中体现的这种关系及其所造成的后果加以描述。重点在各文化部门接受佛教影响及其取得的成就方面。

　　寺院乃是佛教生存的实体、活动的基地。东晋十六国时期随着佛教在社会上下广泛传播,以本土人士为主的僧团规模迅速扩展,随之寺院在各地城乡普遍创建起来。如上所述,佛教本来具有浓厚的文化品格,在中国发达的文化环境下有条件发挥文化上的优势。具有相当规模的寺院一般多注重文化建设,开展各种文化活动,成为传播佛教文化的中心,同时又是地方文化建设的大大小小的中心,从而把它们的影响扩展到世俗文化的各个领域。这样中国佛寺无论是组织结构还是活动方式,都凸显出文化上的某种优势。这种优势也是中国佛教旺盛生命力的源泉之一。

　　据唐代法琳统计,东晋已有寺院一千七百六十八所;北方十六国开始大量开凿石窟,中国大规模的石窟群基本是这一时期开始凿造的。自此直到唐代,建造大型寺院和石窟的风气一直兴盛不衰,以致北魏时期出现洛阳一地就有上千所寺院的畸形繁荣景象。在中国古代以宫廷、官署和民居为主体的城市建筑格局中,佛寺发挥的某些社会功能甚至是唯一的或不可替代的。特别是古代城市本来缺乏面向一般民众的文化活动场所与自然景观的规划和建造;在乡村更谈不到民众集中进行活动的地方。佛教本来是面向民众的,在中国独特文化环境中建设起来的寺院(还有道观等其他宗教的寺院或殿堂),除了发挥其宗教功能之外,又成为城乡文化活动中心和民众游艺场所,往往又形成自然景观和公共绿地,有些还是商贸交易场所,从而在民众生活,特别是在文化活动中发挥重要作用。法国汉学家谢和耐曾就佛教最为兴盛的隋唐时期的情况指出:

> 佛教在隋唐时代是中国文化圈中的社会文明和政治制度所不可分割的组成部分。那里的寺院同时是世俗和宗教的中心、中国文化和佛教文化的中心。①

隋唐这种局面是东晋十六国大量建造寺院以来逐渐形成的,五代以后仍延续下来。直到晚近,虽然整体形势已大不相同,但寺院仍发挥这方面的作用,并成为支撑趋向衰败的佛教存续的主要原动力。

可以说佛教的全部功能、其所取得的全部文化成就都离不开寺院的活动。涉及具体文化领域的内容本书有专章叙述。这一章先行概略介绍几方面的一般状况。

二

中国佛教寺院担负着研究和传播学术的功能,而中国佛教学术的成就乃是中国学术的重要构成部分,与世俗学术的发展密切关联。

在古代社会里,学术掌握在统治阶层手里。学术机构基本是两部分:一部分是朝廷和官府设置的,另一部分是民间的。汉代立经学博士,专门研究儒家经典;刘宋时期立儒、玄、史、文四学馆,

---

①《中国社会史》(Jacques Gernet：*Le monde Chinois*)第 234 页，耿昇译，江苏人民出版社,1995 年。

"聚徒教授","监总诸生"①;国学和州、县学至隋唐时期形成完整体系。这是朝廷、官府的教育系统。私家讲学则早自春秋战国时期已形成传统,晋宋以来学术分裂,又有很大发展。而在这些之外,佛教寺院(还有道观)的出现,特别是那些大型寺院更成为新型的另类学术机构。它们的许多功能是朝廷、官府和民间讲学不能承担的,无论是治学内容还是治学方法、学风又都具有特点和优长。

　　前面已经提到,佛陀创建的佛教,本来具有丰富的理论内容和浓厚的学术品格。尼赫鲁曾指出:

　　　　佛勇于攻击流行的宗教,迷信,祭仪和祭司,以及其它一切属于它们的特权。他也斥责形而上学的观点和神学的观点,奇迹、天启和对付超自然物的一些做法。他号召的是逻辑、理性和经验;他着重在伦理方面,而他的方法是一种心理的分析,一种不讲灵魂的心理学。他的整个看法好像来自高山的一道清风,吹到这形而上学的空论的陈腐空气里。②

在印度佛教发展的漫长历史中,尽管不断增添大量宗教信仰的非理性的内容,但这种注重学术(包括所谓内、外学)的传统一直延续下来。而丰富的学术内涵和高度的学术水平也是佛教得以在中土立足和发展的重要条件之一。在具有悠久而丰厚的文化传统土壤上发展的中国佛教,重视学术又是它的重要特质。自晋宋以来,大批上层士大夫热衷佛说,高门出家参与僧团;佛教自身也培养起一批内、外学养兼具的学僧,寺院从而集中起一大批社会上文化层次很高的人。这成为寺院从事学术活动的人力资源。成规模的寺院建设,特别是寺院经济的发展,又保证了从事学术活动的物质基础。寺院里的学术研究当然主要是佛教教学,首先要研习、阐述、发展佛学,而各种"外学"也同时受到重视。结果在中国历史上,作

①《宋书》卷九三《雷次宗传》,第 2293 页。
②《印度的发现》第 140 页,世界知识出版社,1956 年。

为佛教活动中心的那些大寺院有不少同时成为重要的学术中心，往往一个寺院的学术水平成为决定其在社会上的地位、价值与影响的重要因素。

梁慧皎所确立的撰写僧传体例大体为后代所遵行。几部重要僧传分科占第一、二位的都是"译经"和"义解"，而且在全书里都占很大比重。这反映在它们所记述的时期，中、外著名僧人主要活跃在这两个领域，中国佛教的重要成就也在这两个领域。

佛教经典以理论内涵丰富、深刻，逻辑细密、严整见长。许多作品同时是高水平的思想、学术著作。主要是通过"译经"，把印度和西域历史上所积累的大量学术成果介绍到中国来；"义解"则是中土人士通过对于外来教义、教理消化、理解做出的阐释和发挥，从而把具有独特理论内涵的中国佛学体系创建起来。这两方面的工作主要是传播和弘扬佛教的基本手段，但是它们独立的学术价值是十分巨大的。而在中国重视学术的传统中，信仰佛教与接受佛学往往并行而不悖，因而特别注重学理的研究和阐释。南北朝时期众多学僧从事"义学"探讨，形成许多学派；在这些学派的基础上，隋唐时期又形成一批中国佛教宗派，各宗派都提出自成系统的宗义。义学师说和宗派佛学造成了中国佛学理论和思想的高峰。这样，特别是在南北朝和隋唐时期，中外译师和义学沙门集中的大型寺院就成为义学师说和宗派佛学的重镇。

如上所述，中土初期的佛典翻译，是在外来译师主持下，有中土檀信参与和辅助集体进行的。即使是在佛教初传时期，翻译佛典的选择已经注意到对于中国学术的价值与意义。本书前面讨论的玄学与早期般若学的关系，已经表明这一点。而从四世纪后期释道安开始，更有计划、有针对性地进行佛典的翻译和研究。他本人在襄阳活动时期，在白马寺和檀溪寺集中一批优秀弟子，其中包括慧远那样的卓越人才。他们师弟子集中精力考释经本，注释经文，并对已有佛典加以整理和系统化并做成经录。这两所寺院遂

成为当时研究佛教学术的基地。后来他北上长安,正是在他的推
动下,鸠摩罗什被迎请前来,并在姚秦政权支持下建立起长安逍遥
园和草堂寺译场,从事规模宏伟的译经事业。大体同一时期,南北
各地建立起规模不一的译场,著名的如西凉闲豫宫、建康道场寺
等。在学术史上值得称道的是,这些译场不仅在翻译佛典方面创
造出辉煌业绩,作为佛教教学和研究机构,更培养出一大批学养精
深的学僧,有力地推动了中国佛学的建设。隋代南北统一,朝廷崇
信佛教,着力推动翻译事业,建立起长安兴善寺、洛阳上林园等译
场。这是敕建官营的译场。唐室初建的贞观元年(627)即下诏恢
复兴善寺译场,命波颇主持译经。贞观十九年玄奘西行回国,受到
朝野热烈欢迎,先是受命在长安弘福寺译经,后来朝廷创建慈恩
寺,为他建立专门的译经场所和队伍;至高宗显庆三年(658)又建
立西明寺译场。兴善、慈恩、西明成为长安三大译场,一时译业呈
彬彬之盛。唐时长安、洛阳和其他一些地方的诸多寺院都有译师
从事译经。除玄奘主持的几个大型译场,智通住总持寺,从贞观至
永徽年间在那里传译密典,所出《千臂千眼经》是该经众多译本的
第一译,传布了影响广远的大悲观音信仰;永徽年间无极高(阿地
瞿多)在慧日寺传翻《陀罗尼集经》,这是一部新出密咒总集;武后
朝实叉难陀住清禅寺,日照(地婆诃罗)住弘福寺、西太原寺、广福
寺译经;义净先后在东都大遍空寺、福先寺、长安西明寺、大荐福寺
译经;中宗时菩提流志在崇福寺编译《大宝积经》;密教大师不空曾
在长安大兴善寺、大明宫南桃园译经;直到宪宗时般若在醴泉寺译
出《本生心地观经》,等等。唐初有僧人灵佳说:"昔苻、姚两代,翻
经学士乃有三千;今大唐译人,不过二十。"①唐代译场人数较少,是
因为参与者都是经过遴选的高水准的专业人才。例如玄奘组织弘

_____

① 《续高僧传》卷三《唐京师胜光寺中天竺沙门波颇传》,《大正藏》第 52 卷第
440 页中。

福寺译场，就选"证义大德暗解大小乘经、论为时辈所推者，一十二人"①。这样就保证了翻译水平，翻经寺院作为专业研究机构的功能也就更加突出了。

"定、慧双修"本是中国佛教的传统。佛教教学与研究在中国佛教里一直倍受重视。虽然历代都有专注禅修、隐遁山林或以遗身、兴福来弘法的僧人，但在中国的文化环境下，高水准的学僧的活动更得到朝野推重，他们在社会上也有更广大的活动空间。这些人往往也成为一代佛教界的核心人物。他们广开门庭，授徒讲学，所在寺院俨然成为僧俗集中的学府。东晋支遁所在的会稽灵嘉寺、建康东安寺、吴县支山寺，都聚集大批名士，在那里讲经传道，同时儒、释交往，从事多方面文化活动；慧远住庐山东林寺，也吸引众多名流，创建起著名的净土结社，是江南高水平的学术活动中心。南北朝佛教各学派代表人物在所居住寺院阐扬义解，形成师说，均汇集众多僧俗门徒。例如竺道生在吴县虎丘山龙光寺，僧祐在建康建初、定林诸寺，宝亮在建康灵味寺，等等。他们所在寺院也成为某一义学学派活动的基地。不过当时这些寺院的学术活动，还主要决定于那些义学高僧的行止，寺院本身还没有形成稳固的学术基础。到了隋、唐时期，随着宗派佛教形成，宗派传承系统和宗派祖庭稳固下来，一些寺院就成了某一宗派活动的中心。这当然又与寺院经济发展相关联。一些作为祖庭的寺院同时是大型庄园和经济实体。例如天台智顗死后，晋王杨广据其遗愿在天台山立寺纪念，创建天台山国清寺，成为天台宗祖庭。禅宗南派慧能晚年在南华寺传禅，直到如今韶关南华寺一直是禅宗祖庭。一些宗派得到朝廷支持，它们得以占据两京一些大寺从事活动。能否占有某寺院作为自宗稳固基地，甚至决定了这个宗派发展的前景。如三论宗创始人吉藏自隋代居住在长安，入唐，受到朝廷礼重，被

①慧立、彦悰《大慈恩寺三藏法师传》卷六，第131页。

选为"十大德"之一，先后住实际、定水、延兴诸寺；其弟子慧远住蓝田悟真寺，再传弟子元康住安国寺。但这个宗派始终没有稳固的基地，成为它很快衰落的重要原因。对比之下，玄奘住慈恩寺，培养出大批弟子，他死后弟子窥基阐扬师说，著述宏富，有"百部疏主"之称，推动中国的法相唯识之学更加系统化；玄奘另一个弟子新罗圆测在西明寺发展唯识学的另一派。这两个寺院成为传习法相唯识之学的道场。智俨在云华寺讲《华严经》，其弟子法藏也在同一所寺院开讲，后者成为华严宗的实际创立者，直到中唐时期澄观仍然在这里传授华严学说。云华寺作为华严宗的传习中心达二百年之久。不空在兴善寺弘传密教，他得到朝廷支持，势力和影响都很大；其高足惠果住青龙寺，中唐时期这里成为密教的又一个中心，新罗（如惠日）、日本（如最澄、圆仁、圆珍）留学僧都曾到这里留学。兴善寺和青龙寺从而成为密教主要道场。律宗则有道宣住南山丰德寺，怀素住西太原寺，加上住相州日光寺的法砺，并称"律宗三家"。后来南山一系独盛，传承不绝。禅宗形成于远离政治中心的僻远地区，在相当长的时期保持着超脱品格，主要活动在江南和西蜀地区。后来"五家"分宗，除临济一派祖庭在河北，各派祖庭分散在南方。这样，在唐代寺院经济繁荣的形势下，作为宗派祖庭的大型寺院在学术研究方面不但有物质条件（包括住所、财物、侍应人等）、图书资料等方面的保证，更有可能集中大批学僧从事专门的学术研究。玄奘在学术方面的贡献本书有专门介绍。他的主要弟子大多学有成就：窥基著述等身，前面已经提到；神昉著《成唯识论要集》、《十轮经录》等；普光著《俱舍论记》等；圆测著《解深密经疏》、《仁王经疏》等；慧沼著《成唯识论了义灯》、《因明入正理论义断》等。玄奘再传弟子道证、智周、胜庄等也各有论著。法相唯识之学把名相辨析、理论思辨发挥到极致，其著作以琐细精密见长，非受过专门训练、具有专门知识的人不能了解，而培养出这样的人则需要必要的学术环境和条件。各宗派思想、学术成就不一，但都确立自宗的系统宗义,并积极进行学理的阐发则是共同的。宗师们在寺院潜心研究,专心撰著,取得成绩。没有寺院提供的环境和条件,宗派传承难以为继,取得重大学术成果也是不可能的。

　　值得注意的是,寺院里所进行的学术活动内容十分广泛,并不限于佛学。有些是佛学外围科目,广义上也算是佛教学术的一部分。例如本书下面章节讨论的佛教史学、目录学(经录)、语言学(声韵、音义、悉昙、字书等)、佛教类书编纂等等。更有些是纯粹的所谓"俗学"。如慧远所在庐山乃是一代佛学重镇,他本人博综六经,尤善《老》、《庄》,"讲《丧服经》,雷次宗、宗炳等,并执卷承旨"[1];而"周续之与雷次宗同受慧远法师《诗》义"[2]。庐山遂同时成为儒学教学中心。僧祐专精于文史著述,所著诸书有关佛教文史的学术价值十分宝贵,他对于外典文纪也有相当深入的研究,所以刘勰才有可能在他的培养下写出《文心雕龙》那样的著作。唐代的宗密是著名佛教学者,他"家贯果州,因遂州有义学院,大阐儒风,遂投诣进业。经二年后,(道圆)和尚从西川游化此州,遂得相遇"[3]。这表明当年遂州的佛寺(大云寺)在儒学研究领域有相当高的水平,这对于宗密学术方向的形成起了一定作用。唐代密宗善无畏弟子一行是卓越的天文学家,他在天文学方面的造诣也是参访各地寺院养成的,据《宋高僧传》,他曾到天台山国清寺从一大德学算,"尽授其决"[4],可见当时寺院里天算之学的水平。出于塔寺建筑的需要,僧人中对于建筑和工艺有研究的人甚多。例如僧祐、善导、善无畏等既是佛学宗师,又是卓越的建筑家和工艺家,他们在寺院建筑、工艺等方面都达到相当高的水平。

　　在古代中国,无论是由国家创建的学术机构还是民间讲学组

---

[1]《高僧传》卷六《晋庐山慧远传》,第221页。
[2]陆德明《经典释文》卷五《毛诗音义上》,第53页,中华书局,1983年。
[3]《圆觉经大疏释义钞》卷一之下,《续藏经》第9册第478页上。
[4]《宋高僧传》卷五《唐中岳嵩阳寺一行传》,第92页。

织,教学内容集中在传经授道,即主要是传授居于思想、学术统治地位的儒家经典,当然还有"小学"等普及教育内容,总地说来学术观念和内容都比较狭小。而具有相当物质和人力条件的寺院作为另类学术机构,所从事的佛学和与佛教有关的学术研究内容是多方面的,取得众多学术成就,丰富和充实了整个思想学术诸多领域。又由于寺院具有"方外"地位,较少受到政治权势与世俗传统的约束,思想比较开阔,学风比较自由,提供了世俗社会所不具备的学术环境,有可能担负起更广泛、更丰富的学术功能,作为世俗学术的重要补充,对于推动整个学术发展也就能够起到特殊作用。从而中国佛教寺院作为学术活动基地的意义和价值是十分重大、不可替代的。而从佛教自身发展说,随着寺院学术活动的活跃,僧众文化水准的普遍提高,大有利于佛教的传扬,也有助于扩大寺院的影响。

三

中国寺院又成为民众一般文化活动的场所、地方文艺活动的中心,在民众的文化生活中占有重要地位。

寺院作为群众聚集之地,常常兼为游乐场所,如北魏洛阳的禅虚寺:

> 禅虚寺在大夏门御道西。寺前有阅武场,岁终农隙,甲士习战,千乘万骑,常在于此。有羽林马僧相善觚角戏,掷戟与百尺树齐等;虎贲张车(渠)掷刀出楼一丈。帝亦观戏在楼,恒令二人对为角戏。①

①《洛阳伽蓝记校注》卷五《城北》,第 247 页。

这类寺院的戏场乃是舞乐、杂技以及后来的戏弄表演的场所。北齐僧人法上,俗姓刘,朝歌(今安徽凤阳)人,"六岁随叔寺中观戏"①。这是一个县城寺院的情况。隋薛道衡有《和徐给事善心戏场转韵诗》,"善心"是洛阳寺院名。其中描写这所寺院新年期间演出"百戏"情形:

> 京洛重新年,复属月轮圆。云间璧独转,空里镜孤悬。万方皆集会,百戏尽来前。临衢车不绝,夹道阁相连。惊鸿出洛水,翔鹤下伊川。艳质回飞雪,笙歌韵管弦。佳丽俨成行,相携入戏场。衣类何平叔,人同张子房……②

唐高宗有《禁幻戏诏》,称"如闻在外有婆罗门胡等,每于戏处,乃将剑刺肚,以刀割舌,幻惑百姓"③。这里所谓"戏处"即是"戏场",有外族人表演,有些应是附属于寺院的。北宋人钱易记述唐时情形:

> 长安戏场多集于慈恩;小者在青龙,其次荐福、永寿。④

这是说在一所寺院里,大小戏场不只一处。唐人张固记载一件逸事:

> 玄宗嘱念万寿公主,盖武皇世有保护之功也。驸马郑尚书之弟颢尝危疾,上使讯之。使回,上问公主视疾否。曰:"无。""何在?"曰:"在慈恩寺看戏场。"⑤

则长安慈恩寺戏场也是亲贵妇女游乐场所。李公佐《南柯太守传》写主人公淳于棼梦游大淮安国,群仙调笑,一女对他说:

> 昨上巳日,吾从灵芝夫人过禅智寺,于天竺院观右延舞

①《续高僧传》卷八《齐大统合水寺释法上传》,《大正藏》第 52 卷第 485 页上。
②《先秦汉魏晋南北朝诗·隋诗》卷四,下册第 2684 页。
③《全唐文》卷一二,第 145 页。
④《南部新书》戊卷,第 50 页,中华书局,1958 年。
⑤《幽闲鼓吹》第 26 页,中华书局,1958 年。

《婆罗门》。吾与诸女坐北牖石榻上,时君少年,亦解骑来看。
君独强来亲洽,言调笑谑。吾与琼英妹结绛巾,挂于竹枝上,
君独不忆念之乎?又七月十六日,吾于孝感寺侍上真子,听契
玄法师讲《观音经》。吾于讲下舍金凤钗两只,上真子舍水犀
合子一枚。时君亦讲筵中于师处请钗合视之。赏叹再三,嗟
异良久。①

这里反映的也是佛寺里技艺表演和仕女游乐情形。舞《婆罗门》的
"右延"可能是僧人,讲《观音经》应是俗讲。

地方州县也一样。宝历(825—827)中,越州宝林寺,"军吏州
民,大陈伎乐"②;汉阳郡,"每四月八日,市场戏处,皆有续生。郡人
张孝恭不信,自在戏场,对一续生……"③,四月八日是佛诞,所说戏
场当在佛寺。裴铏记载书生崔炜故事,他在今两广之地的南海,不
事家产,"多栖止佛舍。时中元日,番禺人多陈珍异于佛庙,集百戏
于开元寺"④。番禺即今广州市,地处边远,寺院同样有戏场。唐人
薛用弱记载发生在楚州(今江苏淮南)的故事:

> 有二客笑语于河桥……曰:"……不如只于此郡龙兴寺
> 前,与吾子较技耳。"曰:"君将何戏?"曰:"寺前古槐仅百株,我
> 霆震一声,剖为纤茎……"答曰:"寺前素为郡之戏场,每日中,
> 聚观之徒,通计不下三万人。我霆震一声,尽散其发,每缕仍
> 为七结。"二人因大笑,约诺而去……是时晴朗,已午间,忽有
> 二云,大如车轮,凝于寺上。须臾昏黑,咫尺莫辨。俄而霆震
> 两声,人畜顿踣。及开霁,寺前槐林,劈析分散……而寺前负

①鲁迅《唐宋传奇集》卷三,《鲁迅辑录古籍丛编》第 2 卷第 76 页。
②《太平广记》卷四一《黑叟》,第 259 页。
③同上卷八三《续生》,第 532 页。
④《裴铏传奇》第 14 页,上海古籍出版社,1980 年。

贩、戏弄、观看人数万众,发悉解散,每缕皆为七结。①

楚州不算一个大都会,龙兴寺戏场竟有容纳几万人的规模。

宋代开封的大相国寺更商旅云集,是商贸、娱乐一大繁会之处。《东京梦华录》记载,"寺内有智海、惠林、宝梵、河沙、东西塔院,乃出角院舍,各有住持僧官,每遇斋会,凡饮食茶果、动使、器皿,虽三五百分,莫不咄嗟而办"②,其中包括"殿庭贡献乐部"。这乐部不知道是僧人还是一般乐工。曾巩有《相国寺维摩院听琴序》文,其中说到"治平三年夏,得洪君于京师,始合同舍之士,听其琴于相国寺之维摩院"③,这位"洪君"显然是乐工,在相国寺维摩院举行听琴的雅集。

寺院是佛教文学活动的主要场地。佛寺早期的转读和讲经是具有文艺演出性质的宗教宣传,到后来的唱导、俗讲,则是民众所接触和欣赏的文学创作了。慧皎记述唱导情形说:

> 唱导者,盖以宣唱法理,开导众心也。昔佛法初传,于时齐集,止宣唱佛名,依文致礼。至中宵疲极,事资启悟,乃别请宿德,升座说法。或杂序因缘,或傍引譬喻。其后庐山释慧远,道业贞华,风才秀发。每至斋集,辄自升高座,躬为导首。先明三世因果,却辩一斋大意。后代传受,遂成永则。故道照、昙颖等十有余人,并骈次相师,各擅名当世。

慧远本人具有高度文学素养,他对于在群众中推行唱导,提高唱导的艺术水平作出了重大贡献。接着又有道照等一批唱导的专门家出来,发展了这一门艺术技巧。慧皎接着说:

> 夫唱导所贵,其事四焉:谓声辩才博。非声则无以警众,

---

① 《集异记·补编》第 61 页,中华书局,1980 年。
② 伊永文《东京梦华录笺注》卷三,上册第 289 页。
③ 《元丰类稿》卷一三。

非辩则无以适时,非才则言无可采,非博则语无依据。至若响
韵钟鼓,则四众惊心,声之为用也。辞吐后发,适会无差,辩之
为用也。绮制雕华,文藻横逸,才之为用也。商摧经论,采撮
书史,博之为用也。若能善兹四事,而适以人时。如为出家五
众,则须切语无常,苦陈忏悔。若为君王长者,则须兼引俗典,
绮综成辞。若为悠悠凡庶,则须指事造形,直谈闻见。若为山
民野处,则须近局言辞,陈斥罪目。凡此变态,与事而兴。可
谓知时知众,又能善说。虽然故以恳切感人,倾诚动物,此其
上也。①

由此可见唱导者多方面的艺术才能和修养,表演时又能够注意到
不同的对象,采用适当的表达方式和技巧。民众从这样的表演中
受到宗教的启蒙,同时也接受了文学和艺术教养。

唐代道宣《续高僧传》立《杂科声德》一科,更广泛地讲到寺院
的通俗宣传:

且大集丛闹,昏杂波腾,卒欲正理,何由可静。未若高扬
洪音,归依三宝,忽闻骇耳,莫不倾心。斯亦发萌草创,开信之
奇略也。世有法事,号曰《落花》,通引皂素,开大施门,打刹唱
举,抽撤泉贝,别请设坐,广说施缘。或建立塔寺,或缮造僧
务,随物赞祝,其纷若花,士女观听,掷钱如雨。至如解发百
数,数别异词,陈愿若星罗,结句皆合韵。声无暂停,语无重
述,斯实利口之铦奇,一期之走捷也。②

这里所讲的,既表明这种通俗宣传形式的作用,也说明了它们的效
果。其中提到的《落花》,是一种新型的演唱形式。这类形式被不
断创造出来。僧传里还讲到唐长安宝岩和尚的例子:

————————

① 《高僧传》卷一三《唱导论》,第 521 页。
② 《续高僧传》卷三〇《杂科声德篇》,《大正藏》第 50 卷第 706 页下。

　　　　岩之制用,随状立仪,所有控引,多取杂藏百譬,异相联
璧,观公导文,王孺忏法,梁高、沈约、徐、庾、晋、宋等数十家,
包纳喉衿,触兴抽拔。每使京邑诸集,塔寺肇兴,费用所资,莫
匪泉贝。虽玉石通集,藏府难开,及岩之登座也,案几顾望,未
及吐言,掷物云崩,须臾坐没。方乃命人徙物,谈叙福门。先
张善道可欣,中述幽途可厌,后以无常遍夺,终归长逝。提耳
抵掌,速悟时心,莫不解发撤衣,书名记数,克济成造,咸其功
焉。时有人云:"夫说法者,当如法说,不闻阴界之空,但言本
生本事。"岩曰:"生事所明,为存阴入无主。但浊世情钝,说阴
界者,皆昏睡也。故随物附相,用开神府,可不佳乎。"①

这是一位善于进行通俗宣讲的专门家。他专门讲《本生》、《本事》
等佛教譬喻故事,具有高度的语言表现技巧,应用这种形式又相当
自觉。像他这样的人在当时佛门中应所在多有。本书后面将讲到
俗讲和宝卷,那些俗讲僧和宣卷人即是佛教文学创作者或表演者。
著名的文溆是其中的一个典型。

　　晚唐孙棨写到一个有趣的现象,是说唐代长安妓女的:

　　　　诸妓以出里艰难,每南街保唐寺有讲席,多以月之八日,
相牵率听焉。皆纳其假母一缗,然后能出于里。其于他处,必
因人而游,或约人与同行,则为下牒,而纳资于假母。故保唐
寺每三八日士子极多,盖有期于诸妓也。②

这里的"讲席"应当是俗讲,长安妓女集中住在平康里,保唐寺在平
康里南门之东,她们到寺院来听讲,这里成为士子和她们相识和结
交的场所。这和前面引用《南柯太守传》里的描写正可相互印证。

　　佛教仪式具有舞乐成分。中国佛教早期输入的浴佛、行像等

————————

① 《续高僧传》卷三〇《唐京师法海寺释宝岩传》,《大正藏》第 50 卷第 705 页
中一下。
② 《北里志》第 26 页,古典文学出版社,1958 年。

仪式均配合乐舞,具有浓厚的游艺色彩。这也是它们能够动员群众的重要原因。东晋十六国时期,伴随"胡部新声"输入,印度和西域的舞蹈也大量传入中国,刺激了中国佛教乐舞的发展。佛事活动往往演变成舞乐并作的大规模的聚众狂欢活动。相关内容在前面节祭斋仪一章已经介绍过。寺院作为这些仪式的组织者,有意无意间也担负着娱乐群众的功能。在古代民众群众性游乐活动有限的情况下,无论就规模说,还是就活动内容的丰富多彩说,佛教的仪式和法会都是这类活动的重要形式,以致成为民众生活的不可或缺的组成部分。

寺院舞乐对于中国舞乐艺术发展起着多方面推动作用。例如唐代宫廷的"燕乐"中包含大量西域舞乐成分,其中就有佛教的;而民间"曲子词"这一音乐文学样式的形成与南北朝时期"胡部新声"的流行有直接关系,佛教正提供了天竺、龟兹等"胡乐"输入的渠道。流行"曲子词"调式中有些是佛教的,它们显然是从外来佛教音乐演变出来的。

美国学哲薛爱华说到唐代情况:

> 长安城里的居民可以通过各种各样的途径来寻求安慰……他可能会参加收入丰裕的佛寺中举办的各种大型的节日活动、舞会以及戏剧演出等。这样的佛寺遍布长安。佛寺举办的这些新奇的文娱活动最初可能起源于印度和突厥斯坦的佛教国家。这些活动不仅具有强烈的诱惑力,而且还可以起到教化人心的作用。[①]

来源于印度和中亚的佛教仪式,本来具有群众游艺性质,在中国更吸收了本土传统的舞乐、技艺等,发展成规模盛大、极尽热烈繁华的法会和各种民众喜闻乐见的游艺活动。从早期的浴佛、行像等

[①]谢弗(薛爱华)《唐代的外来文明》第36页。

比较单纯的佛教仪式,发展为后来歌舞喧天、百戏杂沓、万众欢娱的大型法会,寺院成为群众游乐活动的中心,其宗教教化的意义随之淡化了,而更突出了广大民众享受娱乐、宣泄感情的功能。这类游乐活动对于中国人的思想观念和审美趣味产生了多方面的深远影响。谢和耐指出:

> 人们肯定不会不重视宗教节日和表演一般都会对艺术活动的发展所产生的影响。对于中世纪的基督教所提出的看法也适用于佛教。大批艺术家、画家、铸造家、雕刻家、建筑家都依赖寺院、世俗集团或富裕信徒们向他们的订货而生活。行佛仪轨和表演节目、窟中燃灯、定期展示保存在大型香火圣地的宝物,都可以同时服务于下述目的:传播佛法以及它的传说故事与其主要教义、以导致每个人的合作与参加的活动来使社会团结和宗教感情得以加强,以及一种全新的美学界的形成。大家可以把感受性的一种深刻而又全面的变化归功于佛教,这种新宗教把装饰、对同种图案的不知疲倦的重复(产生了木版印刷的宗教活动)之兴趣和追求豪华的兴致(涂金佛像、珍贵织物……)传入了中国社会中,但同时传进去的还有追求宏伟和风雅。所有这些倾向都与在线条和动作方面的那些由条理性、严格的明确性和正确性形成的古典传统背道而驰。[1]

从历史发展看,寺院自主举行的群众性的、具有娱乐性质的大型法会,唐代形成高潮,宋代以后渐趋沉寂。由于市民社会形成和发展起来,城乡出现新的娱乐形式,戏剧、曲艺等民间文艺兴盛起来。在新形势下,寺院又给这些民间艺术活动提供了场地。在各地城乡“进香”、庙会等佛事场所,各种戏曲、曲艺等文艺表演麇集,成为

---

[1]《中国社会史》第 195 页。

群众性游乐活动的大好时机。在城乡大多数地方,作为地方艺术表演中心的戏台就建筑在寺庙对面或附近。这一时期佛教盛行超度亡灵、度脱众生的水陆法会之类纯宗教仪式已经没有多少文化内涵可言,而围绕寺院的这些游艺活动(还有经贸活动)一直显示着活泼生机。直到晚近,中国城乡各地兴盛的庙会,仍然发挥着作为民众游乐场所的功能。这也是延续了佛教寺院与民众游艺生活密切关联的久远传统。

四

　　中国佛教在建筑、雕塑、壁画、碑刻等各艺术领域作出了极其巨大、杰出的贡献,本书下面有专章介绍。这里仅概括地指出,寺院作为这些艺术成果的集中地,从一定意义说,也是广大群众可以享受的、特殊的公共文化设施。在古代社会条件下,一般民众接受艺术教育、享受艺术成果的机会很少。在这方面还没有其他场所能够比得上佛教寺院所起的作用(道观也起同样的作用,但无论是内容,还是水准,都远不及佛教寺院)。寺院本来是面向群众的,它的各类艺术基本是为了教化群众的,广大民众能够在这里十分容易地接触到各类艺术成就,接受艺术教育。
　　佛教在中国被称为"象教",特别注重发挥形象教化作用,这也成为它的一大特色。自佛教初传,造像即已输入,后来逐渐发展起丰富多彩、成就辉煌的艺术形式。各种形式的佛教造像,包括寺院的,石窟的,社邑、家庭供养的,除了信仰意义之外,更具有独立的艺术价值。而且一般说来,这后一方面的价值时代越是靠后显得越是突出。又晋、宋以来佛教绘画艺术兴盛起来,同样取得杰出成就。除了绘制在绢帛、纸等材料上的,石窟、寺院壁画也成为重要的艺术样式。到唐代,寺院壁画创作更进入黄金时代,两京和地方各大寺的壁画多出自著名画家之手。张彦远《历代名画记》卷三专门有《记两京外州寺观画壁》部分,从中可以知道,从唐初的展子虔、杨契丹、尉迟乙僧等人开始,吴道子、杨光庭、杨惠之、王维、周昉等,几乎所有唐代大画家都替寺院作画,创作一大批精美作品。其中尤其以“画圣”吴道子的成绩最为杰出。朱景玄记载说:

又按《两京耆旧传》云:“寺观之中,图画墙壁,凡三百余间。变相人物,奇踪异状,无有同者。”……景玄元和初应举,住龙兴寺,犹有尹老者年八十余,尝云:“吴生画兴善寺中门内神圆光时,长安市肆老幼士庶竞至,观者如堵。其圆光立笔挥扫,势如风旋,人皆谓之神助。”又尝闻景云寺老僧传云:“吴生画此寺地狱变相时,京都屠沽渔罟之辈,见之而惧罪改业者,往往有之,率皆修善。”所画并为后代之人规式也。①

从这段记述可以知道吴道子所作寺院壁画的艺术成就及其在群众间的影响。武宗毁佛时两京寺院连同壁画被拆毁,段成式后来作《寺塔记》叙述经过,对于包括“画迹”被毁特别表示痛惜,从中可以看出这些艺术成果当初被珍视的情形:

武宗癸亥三年(843)夏,予与张君希复善继、同官秘书郑君符梦复,连职仙署,会暇日,游大兴善寺……游及慈恩,初知官将并寺,僧众草草,乃泛问一二上人及记塔下画迹,游于此遂绝。后三年,予职于京洛。及刺安成,至大中七年归京,在外六甲子,所留书籍,揃坏居半,于故简中睹与二亡友游寺,沥血泪交,当时造适乐事,邈不可追……②

即使如韩愈,本是反佛的,但他所到之处,游历佛寺,特别欣赏其中

①《唐朝名画录》第3—4页,温肇桐注,四川美术出版社,1985年。
②《寺塔记上》,《酉阳杂俎》续集卷五,第245页,方南生点校,中华书局,1981年。

的壁画。例如应当是在元和元年在潮州量移荆州途中，经过南岳衡山，有《谒衡岳庙遂宿岳寺题门楼》诗，其中说：

> 森然魄动下马拜，松柏一径趋灵宫。粉墙丹柱动光彩，鬼物图画填青红。升阶伛偻荐脯酒，欲以菲薄明其衷……①

又一次也是在南方，他曾借宿一个山寺，写诗也说到"僧言古壁佛画好，以火来照所见稀"②。这都是在僻远的南方，有高水平的寺院壁画供人欣赏。敦煌石窟壁画则可以代表当时普通僧众和民间无名艺术家的艺术成就。这些寺院、石窟成为开放的画廊，人们在那里留连，耳濡目染，所接受的艺术熏陶是多方面的。宋代以降，画坛风气变化，在寺院作画的主要是民间工匠了，艺术水平已远不及隋、唐时期。不过随着佛教"世俗化"程度加深，寺院绘画的题材、技法等增添了民间成分，体现出特殊的艺术风格，往往为一般民众喜闻乐见，在民众生活中仍起着重要作用。这样，开放的佛教寺院集中大量各类美术精品，一般民众在这里接受宗教感化的同时，也在接受艺术滋养，提高艺术修养。

再以书法为例。一些保留碑刻、题记的寺院和石窟又可以看作是书法博物馆。寺院和石窟里的优秀书法作品像壁画、雕塑一样，同样面向群众，而不是仅供少数人玩赏的。佛教创造出"龙门十二品"那样的代表北魏隶书艺术最高水平的精品。历代有众多书法大家书写释教碑；僧团也培养出许多精于书法的大家。唐代著名书家的传世释教碑版，许多都是他们最精彩的代表性经典作品，如褚遂良《伊阙佛龛碑》、《雁塔圣教序》、薛稷《信行禅师碑》、李邕《岳麓寺碑》、颜真卿《长安千福寺多宝塔碑》、柳公权《安国寺玄秘塔碑》等。禅宗兴起之后，丛林中更出现一批艺僧，不少是精书法的。丛林里的书家特别在草书方面多所创造，这与禅宗提倡的

---

①《韩昌黎集》卷三。
②《山石》，《韩昌黎集》卷三。

豪爽不拘的精神境界有关,著名的如怀素、高闲、贯休、怀浚等人,不仅代表一代草书的伟大成就,在全部中国书法史上也是最杰出的人物。他们的书法艺术精品成为普及性的书艺教材,给历代书法教育提供了范本。直到如今,这些碑刻拓本许多仍是学书不可替代的摹本。这样,寺院的书法碑刻对后来书法艺术的发展,特别是群众性的书法教育产生了不可估量的影响。至于历代僧、俗大众写经,成为群众锻炼书艺的良好机会,对于提高全社会的书法水平也起了重大作用。唐、宋以来又盛行在寺院题壁的风习。例如白居易给元稹写信,就说到"自长安抵江西,三四千里,凡乡校、佛寺、逆旅、行舟之中,往往又题仆诗者"①。又如宋代开封大相国寺"大殿两廊,皆国朝名公笔迹"②,它们与壁画交相辉映,成为寺院里珍贵的艺术精品。

在工艺方面,从晋宋到隋唐佛教大发展时期,有大批最卓越的艺术家和技艺精良的工匠参与寺院建设和佛像雕造。寺院建筑从设计、建造到装修、布置等,造像从形象设计、金属熔铸、雕造,竹木等材料雕刻、装饰,颜料配制与使用等等,都需要相当精湛的工艺。特别是在古代,作为神圣事业的佛教工程,在工艺方面必定精益求精。在长期创造过程中,技艺不断积累起大量成功经验,艺术水平也不断得以提高。这有今存许多遗物可以证明,在本书相关部分将具体介绍。佛教在工艺方面的创造与成就在许多方面是世俗工艺不可企及的,有效地带动了后者的发展与提高。

古代许多寺院在环境保护方面也发挥了重要作用,提出了许多相关的观念(当然有些是相当朦胧的),在实践中更多有业绩,也为民众提供了公共的自然景观观赏场所。俗谚有所谓"天下名山僧占多"。由于寺院经济发展,寺院广占田园、山林,在国计民生方

---

① 《与元九书》,《白居易集笺校》卷四五,第 5 册第 2793 页。
② 《东京梦华录笺注》卷三,上册第 289 页。

面造成许多问题,可是从实际情况看,寺院所在的山林、郊野又往往是自然生态保护得很好的地方。特别是寺院附近,一般说来拓荒垦殖较少,植被得到比较充分的维护。许多僧众都热心植树造林,这与实践"护生"观念有直接关系。例如天台山,自东晋以来,经过佛、道二教的经营,成为"禽兽草木长生之福地"[1]。唐代禅宗兴起,丛林中提倡劳作,植树造林乃是重要一项。例如临济义玄热心栽松,"黄檗问:'深山里栽许多作什么?'师云:'一与山门作境致。二与后人作标榜。'"[2]又青林师虔"在洞山栽松次,有刘翁者求偈。作偈曰:'长长三尺余。郁郁覆青草。不知何代人,得见此松老。'刘得偈呈师(洞山良价)。师谓曰:'此是第三代洞山主人。'"[3]五代时禅师玄泰在南岳,"每病土民畬种,因作《畬山谣》,其略云:'由道今年种不多,明年阔斫当阳坡。国家寿岳尚如此,不知此理如之何。'马氏(唐末五代楚国马殷)闻之禁止"[4]。这首《畬山谣》可说是古代少见的专门宣传环境保护的作品。这些都反映禅门对于植树造林的意义具有相当的自觉。正如临济禅师的答话表明的,僧众这类行动,在一定意义上也成为社会的"标榜"。

　　这样,许多寺院作为净国佛土"清净地",对于培养人们对待大自然的健全态度,对于保护自然环境,往往起着示范作用。而都会里的多数寺院,也大多林木繁茂,花树葱茏,成为民众的休憩场所、都市中的公共绿地。古代城市建筑以宫殿、官署为中心,以民居为主体,没有规划专门的公共活动场所;空闲地区则是耕田和荒地,没有营造公共绿地的观念。直到隋代建设长安城,才有意识地规划出曲江一带大片池沼、林木,这是古代城市建设的一大进步。而一些寺院和道观却一直起到绿化城市的作用。《洛阳伽蓝记》曾描

①徐灵府《天台山记》,《唐文拾遗》卷五〇,《全唐文》第 11 册第 10944 页。
②《镇州临济慧照禅师语录》,《大正藏》第 47 卷第 505 页上。
③《筠州洞山悟本禅师语录》,《大正藏》第 47 卷第 514 页上。
④《南岳总胜集》卷中,《大正藏》第 51 卷第 1076 页上一中。

写北魏洛阳一些寺院遍植花树、广建亭台的情形。隋唐之际的并州武德寺慧觉，"闻往生净土，园施为功，不远千里，青州取枣，于并城开义寺种之。行列千株，供通五众，日呈茂美"①；苏州通玄寺慧旻"入海虞山隐居二十余载，远方请业常百余人。地宜梓树，劝励栽植数十万株，通给将来三宝功德"②；中唐陈鸿的《东城老父传》写一个名叫贾昌的人，"安史之乱"后出家，大历年间住长安东市旁的资圣寺，"植美草甘木。昼把土拥根，汲水灌竹"，后来他的师僧逝世，他在东门外镇国寺构小舍洒扫，也"手植松柏百株"③，等等，都是典型例子。

　　唐代长安的一些寺院更以花树繁盛有名，成为民众观赏游乐的好去处。例如著名的慈恩寺"竹木深邃，为京城观游之最"④。因为它地处曲江附近，旁边有以杏花著名的杏园，寺内又有高耸的宝塔，遂成为游观胜地。又从天宝年间起，长安盛植牡丹，"兴唐寺有牡丹一窠，元和中，著花一千二百朵……又有花叶中无抹心者，重台花者，其花面径七八寸。兴善寺素师院，牡丹色绝佳，元和末，一枝花合欢"⑤。寺僧显然掌握了培植牡丹的专门技术。到中唐时，"长安三月十五日，两街看牡丹甚盛。慈恩寺元果院花最先开，太平院开最后"⑥。另一处著名寺院西明寺的牡丹也很有名，元稹、白居易等都写过到那里赏花的诗。蒋防传奇《霍小玉传》里写到主人公李生："时已三月，人多春游。生与同辈五六人诣崇敬寺玩牡丹花，步于西廊，递吟诗句。"⑦则当时许多寺院都栽种牡丹，争奇斗

①《续高僧传》卷一二《唐并州武德寺释慧觉传》，《大正藏》第 50 卷第 521 页上。
②同上卷二二《唐苏州通玄寺释慧旻传》，《大正藏》第 50 卷第 619 页下。
③鲁迅辑《唐宋传奇集》卷三，《鲁迅辑录古籍丛编》第 2 辑第 110 页。
④《资治通鉴》卷一九九《唐纪一五》胡注引《西京杂记》，第 6264 页。
⑤段成式《酉阳杂俎》前集卷一九，第 186 页。
⑥计有功《唐诗纪事》卷五二，第 786 页，上海古籍出版社，1987 年。
⑦《唐宋传奇集》卷三，《鲁迅辑录古籍丛编》第 2 卷第 67 页。

盛。李肇说："京城贵游，尚牡丹三十余年矣。每春暮车马若狂，不
以耽玩为耻。执金吾铺官围外寺观种以求利，一本有值数万者。"①
执金吾是京城维持秩序的官员，也借寺观隙地种花以牟利。白居
易《秦中吟》里有《买花》一篇，正是讽刺全城如痴如狂的赏花热潮
的。直到会昌毁佛前，赏花一直是长安暮春时节的一道风景。段
文昌在毁佛后有诗说：

> 前年帝里探春时，寺寺名花我尽知。今日长安已灰烬，忍
> 能南国对芳枝。②

上述资料表明当时人对长安花季风景态度不一，但有一个事实是
清楚的，长安寺僧（还有道观）以超群技艺培植许多花木，提供给民
众观赏，可以看作是古代绿化城市的卓越成绩。直到今天，无论是
在城市还是处山林，寺院一般仍都是林木葱茏、生态环境较佳的地
方，也是供人们观赏、享受自然美景的游览胜地。寺院风光培植了
人们热爱自然的心理，诱使艺术家们用各种方式歌颂那里的自然
美景，则间接培养了人们感受自然美的情趣和能力。

五

　　在古代社会，士大夫阶层是创造社会文化的主要承担者。士
大夫参与寺院生活和活动，与寺院紧密相联系，对于寺院发挥文化
功能起了推动或中介作用。本书许多章节的内容都关涉到这一方
面。这里只就士大夫与寺院直接相关联的几个现象略作说明。
　　儒、释交流在中国乃是历史悠久的传统，自古以来寺院就是这

---

①《国史补》卷中，第45页，古典文学出版社，1957年。
②《桃园僧舍看花》，《全唐诗》卷五八四，第6772页。

种交流的主要场所。特别是那些名僧住持的寺院，更广泛吸引社
会各阶层人士，其中不乏代表一代思想、文化水平的卓越人物。这
在本书讨论历代思想家、文学家接受佛教的章节里有相当充分的
说明，不烦赘述。

　　寺院本来是释门四众的家园，又是面向众生的。中国佛教寺
院接纳、欢迎俗人居停，也给他们提供了接触、接受佛教的机会。
这也充分体现了中国寺院的开放性格。南北朝时期，已经有人或
为就学，或求隐逸，或为避祸等种种不同原因而寓居寺院，进而"以
僧寺停客"①渐成风俗。一些寺院规模宏大，房舍充裕，膳食方便，
容纳客居更有条件；也有的寺院经营邸店以谋利。到隋唐时期，寺
院和世俗联系更为紧密，俗客留居寺院更是普遍现象。玄宗开元
十九年（731）有诏书说："如闻远就山林，别为兰若，兼亦聚众，公然
往来。或枉托生缘，辄有俗家居止。"②这是说当时有俗家居住在寺
院，说的还是山林间小寺的情况。而代宗朝《禁断公私借寺观居止
诏》则说："如闻州县公私，多借寺观居止，因兹亵渎，切宜禁断。"③
同时期常衮起草的《禁天下寺观停客制》又指出另一现象："如闻天
下寺观，多被军士及官吏、诸客居止，狎而渎之，曾不畏忌。"④表明
当时寺院居停人员相当猥杂，情形混乱。《新唐书》又记载："天宝
后，诗人多为忧苦流寓之思，及寄兴于江湖僧寺。"⑤著名诗人如韦
应物，安史之乱后辞洛阳尉，寓居同德寺；晚年罢苏州刺史，住苏州
永定寺；又如张祜，"性爱山水，多游名寺，如杭之灵隐、天竺，苏之
灵岩、楞伽，常之惠山、善权，润之甘露、招隐，往往题咏唱绝"⑥；典

①《北史》卷三三《李灵传》，第1212页。
②《不许私度僧尼及住兰若敕》，《唐大诏令集》卷一一三《政事》。
③《全唐文》卷四六，第508页。
④《全唐文》卷四一〇，第4204页。
⑤《新唐书》卷三五《五行志二》，第921页。
⑥傅璇琮主编《唐才子传校笺》卷六，第3册第174页，中华书局，1990年。

型的例子还有颜真卿,他有短文自叙说:

> 予不信佛法,而好居佛寺,喜与学佛者语,人视之,若酷信佛法者然,而实不然也。予未仕时,读书讲学,恒在福山。邑之寺有类福山者,无有无予迹也。始僦居,则凡海印、万福、天宁诸寺,无有无予迹者。既仕于昆,时授徒于东寺,待客于西寺。每至姑苏,恒止竹堂。目予实信其法,故为张侈其事,以惑沙氓,则非知予者矣。①

他后来与诗僧皎然交往,与众多文士集会于皎然所住杼山寺,本书后面将再提及。颜真卿本来更倾心道教,他自承"不信佛法",但也喜居佛寺。前面提到他的《长安千福寺多宝塔碑》,乃是中国书法史上的经典作品。和他在信仰观念上不同的有晚唐裴休,以奉佛著名,"家世奉佛,休尤深于释典。太原、凤翔近名山,多僧寺。视事之隙,游践山林,与义学僧讲求佛理"②。还有些落拓失意或遭受贬谪的人,往往托身佛寺。如杜甫在四川"随意宿僧房"③,先后住在成都草堂寺、梓州草堂寺、蜀州新津寺等;元稹贬官阆州,住开元寺;柳宗元贬永州,先后住在龙兴寺和法华寺,等等,不烦列举。

寺院作为邸店的补充,也成为安置旅客的方便处所。前面引用过白居易《与元九书》写到自己诗作在佛寺、僧徒中流传,是因为有许多文人旅行居住在那里。他自己也常住佛寺。如元和十年(815)贬江州司马,南下途中到蓝田辋川,住在王维舍宅所建清源寺;太和四年(830)南下杭州,再次住在那里。宋代的情况也同样。如苏轼晚年贬海南,来往都曾在南华寺停留。张弓指出:

> 宋以后商品经济发展,佛寺寄寓功能又有新变化。明代出现了"以居停为业"的佛寺,专供"四方之寓公"租居。明代金陵

---

① 《泛爱寺重修记》,《全唐文》卷三三七,第3419页。
② 《旧唐书》卷一七七《裴休传》,第4594页。
③ 《和裴迪登新津寺寄王侍郎》,《杜少陵集详注》卷九。

鹫峰寺有"租房壹拾陆间";普惠寺有"租房壹拾叁间"。大多数佛寺仍把接纳四方客人寄住,当作普惠众生的福田功德。①

明代的李贽于万历五年(1577)辞姚安知府,入鸡足山阅佛藏,后来回到湖北麻城,长期住在龙潭芝佛院。"公安三袁"中年以后曾在京西崇国寺结葡萄社,又曾住德山塔院,大有助于他们学佛的长进。文人寄居佛寺的风气一直延续到近代。

南北朝以降,又逐渐形成在寺院读书习业的风气。如上所述,慧远的庐山僧、俗结社,就有共同研习世俗学问的内容。刘勰在定林寺僧祐门下就学,更是文人在寺院学有成就的著例。到唐代,这种风气大为兴盛。其原因除佛教寺院发展、影响增强之外,更由于实行科举制度,没有身份、财产依恃的庶族文人"觅举求官",寺院可以提供衣食住等习业的方便条件。而另一方面,当时私学发达,个人读书习业者增多,一些出身贫乏的人正是借助寺院提供的帮助,使进学、入仕成为可能。王定保《唐摭言》"起自孤寒"部分列举六个人的轶事,其中一半即三个人是读书寺院而得出身的:

> 王播(759—830,穆宗、文宗两朝宰相——著者)少孤贫,尝客扬州惠昭寺木兰院,随僧斋飧。诸僧厌怠,播至,已饭矣。后二纪,播至重位出镇是邦,因访旧游,向之题已皆碧纱蒙其上……
>
> 徐商(生卒年不详,武宗、玄宗朝宰相)相公常于中条山万固寺泉入院读书。家庙碑云"随僧洗钵"。
>
> 韦令公昭度(? —895,僖宗、昭宗朝宰相)少贫窭,尝依左街僧录净光大师,随僧斋粥。净光有人伦之鉴,常器重之。②

以上三例主人公都是晚唐时期宰相,因此被特别加以表扬。这种习业寺院风气在"安史之乱"以后流行,又和社会动乱、国学衰颓有

①《汉唐佛寺文化史》下册第 1023—1024 页,中国社会科学出版社,1997 年。
②《唐摭言》卷七,第 73、74 页,古典文学出版社,1957 年。

关系。如中唐时期的赵璘："浙东观察治勾践故城，其东北二里有山曰蕺……余长庆中始冠，将为进士生，寓此肄业。"①李浚曾记述父亲李绅的情况："金陵之属郡毗陵南无锡县，有佛寺曰惠山寺，浚家山也。贞元（785—805）、元和（806—820）中，先丞相太尉文肃公，心宁色养，家寓是县，因肄业于惠山，始年十五六……庶人（李锜）兵败，公以忠节闻于天下……遂退归惠山寺僧房，犹孜孜勤经史，泊十年，手写书籍前后约五百轴。"②咸通年间（860—874）任江西观察使的李骘回忆说："太和五年（831）四月，予自江东将西归浔阳，路出锡邑，因肄业于惠山寺。居三岁，其所讽念《左氏春秋》、《诗》、《易》及司马迁、班固史、屈原《离骚》、庄周、韩非书记及著歌诗数百篇……"③他同样住在惠山寺。郑谷有《谷自乱离之后在西蜀半纪之余多寓止精舍与圆昉上人为净侣……》诗④，是说在黄巢之乱后他多年寓居西蜀佛寺，后来到光启二年（886）入京，登进士第，又住在曲江旁边的寺院里，有诗说："虽近曲江居古寺，旧山终忆九华峰。春来老病厌迎送，剪却牡丹栽野松。"⑤庐山也是士子集中的地方："（庐山）永安院者，唐乾宁（894—898）中高僧如义卜焉……师（惠从）又运四无量心，行四摄法事，以诗礼而接俗儒，以衣食而求孤茕。来者安之，终者葬之。其间羁旅书生，咸成事业，告行之日，复遗资粮。登禄仕者甚多，荣朱紫者不一。"⑥偏僻如福建莆阳莆山灵岩寺，也有几代学人在那里读书肄业："初，侍御史济南林公藻与其季水部员外郎蕴，贞元中兹谷而业文，欧阳四门（詹）舍山泉而诣焉，其后皆中殊科……大中（847—860）中，颍川陈蔚、

①《书戒珠寺》，《全唐文》卷七九一，第 8288 页。
②《惠山寺家山记》，《全唐文》卷八一六，第 8591 页。
③《题惠山寺诗序》，《全唐文》卷七二四，第 7453 页。
④《全唐诗》卷六七四，第 7723 页。
⑤《题慈恩寺默公院》，《全唐诗》卷六七五，第 7731 页。
⑥陆元浩《仙居洞永安禅院记》，《全唐文》卷八六九，第 9100—9101 页。

江夏黄楷、长沙欧阳碣兼愚，慕三贤之遗躅，戢斋于东峰十年。"①对于来长安秋举失利的士子，长安还有风俗：

> 长安举子，自六月以后，落第者不出京，谓之过夏。多借静坊庙院及闲宅居住，作新文章，谓之夏课。亦有十人五人醵率酒馔，请题目于知己朝达，谓之私试。②

实际上，不只是落第者借住寺院，来京求举者也同样，如：

> 奇章公（牛僧孺）始举进士，致琴书于灞、浐间，先以所业谒韩文公（愈）、皇甫员外（湜）……公因谋所居。二公沉默良久，曰："可于客户坊税一庙院。"公如所教，造门致谢。③

严耕望辑录唐代"习业山林寺院"者达二百余人，其中宰相二十人，统计远不算完全（他列举的并不全都住在寺院，也有在道观或另有居所的）。他总结说：

> 除极少数几条外，皆在开元以后，中叶以后尤盛……士子习业大抵以名山为中心。北方以嵩山、终南山、中条山为盛，华山次之。东岳泰山盖盛于安史之乱以前，其后遂衰；而僻处其东北之长白山则较盛。南方以庐山为最盛，衡山、罗浮山、九华山次之。浙东西及剑南道皆为人文蔚盛之区，士子习业山林寺院之风甚盛，但不集中；就中以惠山、会稽、剡中、青城诸山为盛。扬州大都市，士子读书寺院者亦多。而闽中诸山亦颇有之……是则虽曰山林寺院，却非荒徼僻壤，而为交通便利，经济繁荣，人文蔚盛之区域。④

---

① 《莆山灵岩寺碑铭》，《全唐文》卷八二五，第8699—8700页。
② 钱易《南部新书》卷乙，第17页，中华书局，1958年。
③ 《唐摭言》卷七《升沉后进》，第75页。
④ 《唐史研究丛稿》第八篇《唐人习业山林寺院之风尚》，第414—415页，新亚研究所，1969年。

这样,寺院给文人、士子提供居留、习业条件,实际也是为社会培养人才作出贡献。

五代以后,读书佛寺的风气渐衰。一方面是理学兴起,儒、释隔阂加深;另一方面则是私家书院开始普遍兴建,成为士子进修更适宜的处所。而值得注意的是,有些书院正是在当初士子们集中读书寺院所在的名山兴办的,例如最早创办的庐山白鹿洞书院。宋代以后居士佛教盛行,依托寺院的文人结社活动又兴盛起来,成为士大夫与寺院联系的又一种形式。

六

古代寺院还兴办多方面的社会公益事业。特别是某些寺院从事社会救济活动,担负着社会救济机构的功能。大乘佛教要求普度众生,反对独善自救,具有强烈的积极入世和人文关怀精神。这在观念上与中国儒家所讲"仁爱"之道相通。这也成为佛教兴办社会救济事业的指导思想。

中国佛教开展公益事业对道教有所借鉴。原始道教已经突显出民众救济性质。五斗米教建立义舍,置义米、肉供给过往行人,太平道以符水治病,都具有救济贫弱的意义,也是吸引、召集信众的手段。佛教在与道教的长期竞争中也有必要争取这方面的优势。

佛教要解决人的生死大事,注重的主要本是精神层面的救度。但慈悲作为基本信条,救济贫苦、解救人们现世苦难也是应有之义。在部派佛教四《阿含》、《僧祇律》、《摩诃僧祇律》等经典里,已经提到兴办作井、架桥、设船等民众福利事业。大乘讲施舍,除了"法施",还讲"财施";又有"福田"观念,把出家修道、自度度人看作

积累善业,种植"福田"。西晋法立并法炬译《佛说诸德福田经》对"福田"观念进一步加以引申,其中说:

> 复有七法广施,名曰福田,行者得福,即生梵天。何谓为七? 一者兴立佛图、僧房、堂阁;二者园果、浴池,树木清凉;三者常施医药,疗救众病;四者作牢坚船,济度人民;五者安设桥梁,过度羸弱;六者近道作井,渴乏得饮;七者造作圊厕,施便利处。是为七事,得梵天福。[1]

这就是所谓"七福田"之说。这里除了救济贫病、架桥、掘井等公益事业,还有兴建公厕这种公共卫生设施一项。敦煌石窟第 296 号北周窟有壁画《福田经变》,描绘的就是其中第 2、3、5、6 项等五个场面;第 302 号隋窟《福田经变》也表现类似内容。这种民众福利与救济观念,更容易与中土儒家传统的仁民爱物、民胞物与精神相沟通,因而受到群众的广泛欢迎。流行颇广的伪经《像法决疑经》则宣扬:

> 复有众生,见他聚集作诸福业,但求名闻,倾家财物以用布施,及见贫穷孤独,呵骂驱出,不济一毫。如此众生,名为颠倒作善,痴狂修福,名为不正作福,如此人等,甚可怜愍,用财甚多,获福甚少。善男子,我于一时告诸大众,若人于阿僧祇身供养十方诸佛并诸菩萨及声闻众,不如有人施畜生一口饮食,其福胜彼百千万倍无量无边。善男子,我于处处经中说布施者,欲令出家在家人修慈悲心,布施贫穷孤老乃至饿狗。我诸弟子不解我意,专施敬田,不施悲田。敬田者,即是佛法僧宝;悲田者,贫穷孤老乃至蚁子。此二种田,悲田最胜。善男子,若复有人多饶财物独行布施,从生至老,不如复有众多人众,不同贫富贵贱,若道若俗,共相劝他各出少财,聚集一处,

---

①《佛说诸德福田经》,《大正藏》第 16 卷第 777 页中。

　　随宜布施贫穷孤老、恶疾重病困厄之人,其福甚大。假使不
　　施,念念之中,施功常生无有穷尽,独行布施其福甚少。[①]

如此把布施贫穷孤老的"悲田"放在布施"佛法僧宝"的"敬田"之
上,体现这种伪经的民间性格,鲜明地反映了贫苦民众的意愿。

　　佛教提倡的"财施",本义是信徒向寺院施舍财富;寺院取其部
分回馈社会,同样被看作是一种"功德"。而作为主要受惠方的僧
团,正可以通过救济活动扩大影响,争取到更多布施。在这一过程
中,尽管寺院方面取得更多利益,但确也起到社会救济的实际作
用。在古代,基本没有专门的社会保障机构。对于民众的福利、救
济,主要出于朝廷、官府恩施或富人怜悯,更没有形成制度。佛教
开展一系列救济活动,建立起一些福利机构,形成初具规模的社会
福利体系。无论是作为一种观念的体现,还是实际社会效果,都是
具有积极意义和作用的。这类活动包括:

　　赈济饥民,特别是每当遭遇各类灾害的时候,成为朝廷、官府
赈灾的补充。

　　前一章介绍寺院经济状况,曾谈到北魏设僧祇户,收纳僧祇
粟;后来三阶教建无尽藏,都是聚敛民财的办法。但搜罗到的财物
部分用来救济民众,则又具有社会福利意义。北魏永平四年(511)
夏有诏书说:

　　　僧祇之粟,本期济施,俭年出贷,丰则收入。山林僧尼,随
　　以给施,民有窘弊,亦即赈之。但主司冒利,规取赢息,及其征
　　责,不计水旱,或偿利过本,或翻改券契,侵蠹贫下,莫知纪极。
　　细民嗟毒,岁月滋深。非所以矜此穷乏,宗尚慈拯之本意也。
　　自今已后,不得传委维那、都尉,可令刺史共加监括。

又尚书令高肇奏言:

─────────
[①]《大正藏》第 85 卷第 1336 页上一中。

> 谨案：故沙门统昙曜，昔于承明元年，奏凉州军户赵苟子
> 等二百家为僧祇户，立课积粟，拟济饥年，不限道俗，皆以拯
> 施。又依内律，僧祇户不得别属一寺。而都维那僧暹、僧频
> 等，进违成旨，退乖内法，肆意任情，奏求逼召，致使吁嗟之怨，
> 盈于行道，弃子伤生，自缢溺死，五十余人……请听苟子等还
> 乡课输，俭乏之年，周给贫寠，若有不虞，以拟边捍。其暹等违
> 旨背律，谬奏之愆，请付昭玄，依僧律推处。[①]

这都是批评僧祇粟管理弊端的，但却清楚表明，设置当初本来是有
岁俭济民的用意的。同样，三阶教出于“末法”观念，建无尽藏，聚
敛财物，除了用于修缮塔庙，同样也布施或借贷给贫苦信徒。敦煌
本《无尽藏法略说》里规定：

> 无尽藏，种子多少者，法别有两：一者田无尽，所谓供养
> 佛、法、僧及众生，日日常不断是；二者种子无尽，此明能施人，
> 日日布施，相续不尽。是无尽藏。[②]

《太平广记》上记载长安三阶教化度寺的情形：

> ……置无尽藏。贞观之后，舍施钱帛金玉，积聚不可胜
> 计。常使此僧(指信行——著者)监当。分为三分：一分供养
> 天下伽蓝增修之备，一分以施天下饥馁悲田之苦，一分以充供
> 养。无碍士女，礼忏阗咽，舍施争次不得。更有连车载钱绢，
> 舍而弃去，不知姓名。[③]

开元年间查禁三阶教，聚敛钱财是其罪状之一。但三阶教本是具
有平民性质的教派，它当初是以救济贫弱来吸引群众的。

僧人从事救济活动有久远的传统，如晋僧法相，常年山居，发

---

①《魏书》卷一一四《释老志》，3041—3042 页。
②敦煌写卷 S.190 号，《无尽藏法略说》，《敦煌宝藏》第 2 册第 188 页。
③《太平广记》卷四九三《裴玄智》，第 10 册第 4047 页。

现山祠有大石函，"其函石盖，重过千钧，相试提之，飘然而起，于是取其财以施贫民"①；北凉时期的释法进，当"岁饥荒，死者无限。（国主安）周既事进，进屡从求乞，以赈贫饿。国蓄稍竭，进不复求"，后来割身肉以饲饿人，死后"（安）周敕以三百斛麦以施饿者，别发仓廪以赈贫民"②；又隋末群雄逐鹿，"东都婴城自固，肌骨相望，有若块焉。寺有金像二躯，各长一丈。（法）素不忍见斯穷厄。取一融破，籴米作糜，喂诸饿者，须臾米尽"③，这件事曾引起寺僧争议；兴国寺释昙选，"大业末岁，兵饥交接，四方僧游寄食无地。兴国虽富，俭啬者多，每食时禁门自守……许选停客，自余不得然。其慈济之深，感激府俞。房内廓然，财什不积，唯置大钵一口。每日引诸乞儿，所得食，调总钵中，选请食分，亦和其内，杂为饘粥，便行坐乞人，手自斟酌"④；又德美，所住慧云寺，利养颇丰，德美主持时，"悲、敬两田，年常一施，或给衣服，或济粻粮。及诸造福处，多有匮竭，皆来祈造，通皆赈给。又至夏末，诸寺受盆，随有盆处，皆送物往，故俗所谓'普盆钱'也。往住禅定，斯事无殆"⑤；等等。这些是僧众施行赈济以至舍己以救人的典型例子。

　　一般寺院建施食道场，则是临时的救济举措，但对于解救饥民一时危困不无小补。如唐代"安史之乱"，"上皇驻跸成都，内侍高力士奏，城南市有僧英干，于广衢施粥，以救贫饿，愿国运再清，克复疆土，欲于府东立寺，为国崇福。上皇说，御书大圣慈寺额，赐田一千亩"⑥。这个事例，表明寺院的施食活动得到社会支持，而对于

①《高僧传》卷一二《晋越城寺释法相传》，第 459 页。
②同上《宋高昌释法进传》，第 447 页。
③《续高僧传》卷二九《唐京师清禅寺释慧胄传》附法素传，《大正藏》第 50 卷第 697 页下－698 页上。
④《续高僧传》卷二四附见《释昙选传》，《大正藏》第 50 卷第 641 页中。
⑤同上卷二九《唐京师会昌寺释德美传》，《大正藏》第 50 卷第 697 页上。
⑥《佛祖统纪》卷四〇，《大正藏》第 49 卷第 376 页上。

寺院本身也不无利益。僧传上记载不少寺僧建施食道场的事迹，如中唐晋州大梵寺代病，"汾隰西河人有疾，止给与净水，饮之必瘳。凡属荐饥，必募粮设食。后于赵州救斯荒歉，作施食道场，前后八会，遐迩赖之，道感多类"[①]；晚唐汉州开照寺鉴源，"日供千人粥食……沿夏涉秋，未尝告匮"[②]；又有长安清禅寺慧思、赵州和尚等人；还有向狱中囚犯施食的，如太原洗尘等。

除此之外，东晋以来，佛教里密咒、禁祝之法流行。这与本土道教符箓、禁咒等法术有相通之处。唐代密教输入，密法被大力推崇和张扬。每逢天地灾变，包括遭遇旱魃、水患，都举行法会攘除。这些当然是迷信活动，但也有动员和抵抗灾变的救济意义。

设置悲田院、养病坊，作为救助孤老病患的机构。

智𫖮的《菩萨戒义疏》提出所谓"八福田"之说："八福田者，一佛，二圣人，三和尚，四阇黎，五僧，六父，七母，八病人。"[③]中土大乘戒《梵网经序》更指出"八福田中看病福田第一福田"[④]。治病施药，佛教本来有久远传统。僧传上记载许多僧人治病救人的事迹。特别值得注意的是还包括救助一些被社会遗弃的癞病患者。南北朝后期更形成有组织的活动。南齐"（文惠）太子与竟陵王子良俱好释氏，立六疾馆以养穷民"[⑤]；梁武帝在即位后不久所下诏书中宣布："凡民有单老孤稚不能自存，主者郡县咸加收养，赡给衣食，每令周足，以终其身。又于京师置孤独园，孤幼有归，华发不匮。若终年命，厚加料理。尤穷之家，勿收租赋。"[⑥]竟陵王萧子良和梁武帝都是虔诚的佛教信徒，他们这些活动显然都是实践佛教救济观

①《宋高僧传》卷二六《唐晋州大梵寺代病师传》，下册第 670 页。

②同上卷一五《唐汉州开照寺鉴源传》，上册第 366 页。

③《菩萨戒义疏》卷下，《大正藏》第 40 卷第 577 页下 。

④《梵网经菩萨戒序》，《大正藏》第 24 卷第 1005 页下。

⑤《南齐书》卷二一《文惠太子传》，第 401 页。

⑥《梁书》卷三《武帝本纪下》，第 64 页。

念的具体措施。陈释慧达创建"药藏",则是专门的施药机构:

> 有陈之日,疠疫大行,百姓毙者,殆其过半,达内兴慈施,
> 于杨都大市建大药藏,须者便给,拯济弥隆。①

至隋代,寺院专门设置悲田、敬田。南宋赵彦卫解释说:

> 释氏法论,供父母曰恩田,佛僧曰敬田,贫穷曰悲田。②

又那连耶舍"好起慈惠,乐兴福业,设供饭僧,施诸贫乏。狱囚系畜,咸将济之。市廛闹所,多造义井,亲自漉水,津给众生。又于汲郡西山建立三寺,依泉旁谷,制极山美。又收养疠疾,男女别坊,四事供承,务令周给"③;唐僧洪昉"于陕城中,选空旷地造龙光寺,又建病坊,常养病者数百人……常行乞以给之"④;僧智岩"往石头城疠人坊住,为其说法,吮脓洗濯,无所不为"⑤。这些还都是僧人个人活动。涉及唐朝廷的措施,如会昌灭佛期间,李德裕上奏论悲田养病坊:

> 右:恤贫宽疾,著于周典;无告常饩,存于王制。国家立悲田养病,置使专知。开元五年,宰臣宋璟、苏颋奏,所称悲田,乃关释教,此是僧尼职掌,不合定使专知,请令京兆按此分付其家,玄宗不许。至二十二年十月,断京城乞儿,悉令病坊收管,官以本钱收利以给之。今缘诸道僧尼,尽以还俗,悲田坊无人主领,必恐病贫无告,转致困穷。臣等商量,缘悲田出于释教,并望更为养病坊。其两京及诸州,合于录事耆寿中拣一人有名行谨信,为乡间所称者,专令勾当。其两京望给寺田十

---

① 《续高僧传》卷二九《隋天台山瀑布寺释慧达传》,《大正藏》第50卷第694页上。
② 《云麓漫钞》卷三,第41页,古典文学出版社,1957年。
③ 《续高僧传》卷二《隋西京大兴善寺北天竺沙门那连耶舍传》,《大正藏》第50卷第432页下。
④ 《太平广记》卷九五《洪昉禅师》,第2册第633—634页。
⑤ 《续高僧传》卷二〇《丹阳沙门释智岩传》,《大正藏》第50卷第602页下。

顷,大州镇望给田七顷,其他诸州望委观察使量贫病多少,给田五顷、三二顷,以充粥饭。如州镇有羡余官钱,量与置本收利,最为稳便。若可如此方圆,不在更望给田之限。各委长吏处置讫闻奏。①

这是缘于会昌毁佛,僧尼还俗,寺院管理的悲田坊无人料理,李德裕提出解决办法。上述玄宗开元五年(717)宰相宋璟和苏颋的奏章中说:"悲田养病,从长安已来置使专知。且国家矜孤恤穷,敬老养病,至于按此,各有司存。今遂聚无名之人,著收利之使,实恐逋逃为薮,隐没成奸……伏望罢之。"②这里提议罢除朝廷所设管理悲田坊专职,玄宗没有允准。关于开元二十二年"断京师乞儿,悉令病坊收管",记载亦见《资治通鉴》,胡三省注谓:"时病坊分置于诸寺,以悲田养病,本于释教也。"③所以曾慥《类说》有记载说:

开元中,京城乞儿,官为置病坊,给廪食,近代改为悲田院,或曰养病院。④

又据会昌五年(845)十一月甲辰有敕:

悲田养病坊,缘僧尼还俗,无人主持,恐残疾无以取给,两京量给寺田赈济。诸州府七顷至十顷,各于本管选耆寿一人勾当,以充粥料。⑤

这是根据李德裕奏章采取的举措。这些文献表明,唐朝廷设立悲田坊是由僧人在主持、管理的。咸通八年(867)诏书说:

应州县病坊,贫儿多处,赐米十石;或数少处,即七石、五

①《论两京及诸道悲田坊》,《会昌一品集》卷一二。
②《册府元龟》卷三一三,第 3690 页。
③《资治通鉴》卷二二四《唐纪三十》,第 6809 页。
④曾慥《类说》卷三五,《四库全书·子部·杂家类·杂纂》。
⑤《旧唐书》卷一八上《武宗纪》,第 607 页。

石、三石。其病坊据元敕,各有本利钱,委所在刺史、录事参军、县令纠勘,兼差有道行僧人专勾当,三年一替。如遇风雪之时,病者不能求丐,即取本坊利钱,市米为粥,均给饥乏。如疾病可救,即与市药理疗。其所用绢、米等,且以户部属省钱物充。[1]

又僖宗广明元年(880)黄巢军队进攻长安,神策军士皆富家子,闻当出征,"多以金帛雇病坊贫人代行"[2],表明当时悲田坊仍然存在。又唐末天祐元年(904),江都开元寺僧惠镜于乌江县建七十间的汤泉院,"东西二汤,相去百步,源流清洁,味美香和,澡身而渐失疮痍,饮腹而都忘热恼……故男女缁素,道路累累,呻吟而来,笑语而去,前后蠲除疾疹二万其徒"[3]。这则是僧人个人设置的救治疾病机构,也是古代温泉疗疾的纪录。这些都表明,即使是在唐末衰乱时期,无论是朝廷还是个人主持的病坊救济事业,都仍在运行。

宋代"英宗嘉祐八年(1063)十二月庚寅诏:京师老疾孤穷丐者,虽有东西福田院,给钱米者才二十四人。可即宝胜、寿圣禅院置南北福田院,并东西各盖屋五十间,所养各以三百人为额,岁出内藏钱五千贯给之"[4]。又周煇记载:

　　苏文忠公知杭州,以私帑金五十两助官缗,于城中置病坊一所,名安乐,以僧主之,三年医愈千人,与紫衣。后两浙漕臣申请,乞自今管干病坊僧三年满所医之数,赐紫衣及祠部牒一道,从之,仍改为安济坊。煇四十年前见祥符寺一老僧言之:先师实隶安济坊,坊元在众安桥,迁于湖上亦未多年。今官府既无提督,纵多生全,亦无以激劝。驻跸之地,理宜优异。若

①《咸通八年疹复救恤百姓僧尼敕》,《唐大诏令集》卷一〇。
②《资治通鉴》卷二五四《唐纪七十》,第8237页。
③韩熙载《汤泉院碑》,《全唐文》卷八七七,第9177页。
④《宋朝事实》卷一五。

　　举行旧制,推广仁政,以幸疾苦之民,州县长吏其毋忽。①

这些反映的是宋代制度。当时福田院即病坊仍然主要由僧人管理,有些就设在寺院里。北宋又置漏泽园安厝无主棺椁,置居养院、安济坊,安置贫病或鳏寡孤独,均"命僧主之"或"募僧主之";对于"遗弃小儿,(官府)雇人乳育,仍听宫观、寺院养为童行"②。

　　提倡和注重公共卫生。

　　僧团度过集体生活,加之佛教又形成于印度热带气候条件下,因此十分注重公共和个人卫生。中国佛教寺院一般都是卫生良好的地方,对于社会的卫生事业起到一定示范作用。

　　例如沐浴,在戒律里就做出明确、严格的规定。《法苑珠林·兴福篇》有专门的《洗僧部》,引录不少这方面经律。经典里有专门的《温室经》,宣扬"澡浴之法",其中指出沐浴之利,能够"除去七病,得七福报……何谓除七病? 一者四大安隐,二者除风,三者除湿痹,四者除寒冰,五者除热气,六者除垢秽,七者身体轻便眼目清明。是为除七病。得七福者:一者四大无病,所生常安;二者所生清净,面首端正;三者身体常香,衣服净洁;四者肌体濡泽,威光德大;五者饶多人从,拂拭尘垢;六者口齿香好,所说肃用;七者所生之处,自然衣服"③。这是对于洗浴作用的细致说明。敦煌写卷里有《温室经讲唱押座文》(S.2440,P.3210),可见这部经典在民众间流行情形。寺院建设的公共浴室向民众开放,僧史、僧传涉及这方面的材料颇多。例如唐杭州华严寺玄览,"开元十年于寺营浴室,患地势斗高,清泉在下,桔槔无用,汲引步遥,终以为劳。思虑不迨,无由改作。忽一宵下流顿涸,距造浴室所二十余步,清泉迸出,

----

①《清波别志》卷一。
②《宋史》卷一七八《食货上六》,第 4339—4340 页。
③《法苑珠林》卷三三《兴福篇》,第 3 册第 1052 页。

时谓神功冥作，移此泉耳。七闽之民罔不归信"①；五代时洛阳智晖，"采药于山谷，救病于旅僧，惟切利他，心无别务。洎梁乾化四年，自江表来于帝京，顾诸梵宫，无所不备，唯温室洗雪尘垢事有阙焉。居于洛洲，凿户为室，界南北岸，葺数亩之宫，示以标榜，召其乐福业者占之。未期渐构，欲闳皆周，浴具僧坊，奂焉有序。由是洛城缁伍，道观上流，至者如归，来者无阻。每以合朔后五日，一开洗涤，曾无间然。一岁则七十有余会矣"②；五代的另一位僧人常觉，"起后唐天成至汉乾祐，每黑白月三取八日，浴京大众，累岁费钱可一百三十六万，数计缗千万矣。虽檀施共成，实觉公化导之力也"③。这类活动虽然是作为法事功德进行的，却事关群众的公共卫生，而在古代这类公益事业是政府不能顾及的。

至于个人卫生，涉及衣、食、住、行以至洁齿、如厕等生活细节，戒律里都有详细规定。在寺院里得以遵行，也影响到全社会。

从事修桥补路、植树造林等社会公益事业。

北魏洛阳景乐寺"北连义井里。义井里北门外有桑树数株，枝条繁茂，下有甘井一所，石槽铁罐，供给行人，饮水庇阴，多有憩者"④。白居易撰写的泗洲开元寺明远碑铭记述：

> 元和元年……补为本州僧正，统十二部。开元寺北地二百步，作讲堂七间，僧院六所。又淮、泗间地卑多雨潦，岁有水害。师与郡守苏遇等谋于沙湖西隙地创避水僧坊，建门廊厅堂厨厩二百间，植松杉楠柽桧一万本。由是僧与民无垫溺患。⑤

---

①《宋高僧传》卷二六《唐杭州华严寺玄览传》，下册第 661 页。

②同上卷二八《后唐洛阳中滩浴院智晖传》，下册第 697－698 页。

③《宋高僧传》卷二八《大宋东经普净院常觉传》，下册第 707 页。

④《洛阳伽蓝记校注》卷一，第 52 页。

⑤《唐泗洲开元寺临坛律德徐泗濠三州僧正明远大师塔碑铭并序》，《白居易集笺校》卷六九，第 3728 页。

白居易本人与僧道遇一起开凿龙门八节滩,更是历史上的著名事例。昙融在三十余州架设四十八座桥梁;蒲州明度一生作船夫渡人过河,等等事例,史料记载无数。

寺院作为住宿旅社;设置普通院,作为免费旅店向群众开放。

前面已经说到,古代寺院可供俗人居停。有些僧人建造房舍接待行旅,给行人提供方便,如唐天宝年间在金华的神邕:

> (神邕)又以(金华)县南路通衢婺,其中百余里殊无伽蓝,释侣往来宴息无所。邕愿布法桥,接憩行旅,遂于焦山可以为梵场也。得邑人骑都尉陈绍钦等率群信构净刹,一纪方乃集事焉。[1]

又有普通院,则完全免费供给食宿,主要是便利信徒到寺院朝拜,也有救助行旅作用。日僧圆仁唐末旅行中驻泊镇州行唐县普通院,得到很多便利,相关情形他做了详细记载:

> (开成五年四月)廿三日早朝,吃粥。向西北行廿五里,到黄山八会寺断中,吃茶饭。世人称之为上房普通院。长有饭粥,不论僧俗,来集便僧宿,有饭给与,无饭不与,不妨僧俗赴宿,故曰"普通院"。

他又继续写到住在解普通院情形:"巡礼五台山,送供人僧尼、女人共一百余人,同在院宿,廿六日天晴,吃粥了。"[2]这里是供应百余人的饭食。一路还在净水、塘城、龙泉、张花等普通院住宿或进食。他也写到正逢灾荒,深山里的菓苑普通院没有粮食,只能"吃少豆为饭"。

历史上的寺院经济是盘剥民众形成的,但僧众中确实多有慈悲为怀、献身于救世济民宏愿的人。他们从事的社会救济工作,不

---

① 《宋高僧传》卷一七《唐越州大历寺神邕传》,上册第 422 页。
② 《入唐求法巡礼行记》卷二,第 103—104 页。

但在疏解民困上起了一定作用,更有助于提高佛教的社会品格,带动起社会上慈悲为怀、救贫济难的风气。

除上述几个方面,佛寺在社会文化方面所做的工作和贡献还有很多。例如寺院弘扬佛教,宣传相关知识,普及佛教典籍,客观上也具有一定的民众教育意义;寺院保藏文物,不仅有佛教文物,还包括许多古代书画、图籍等各类文物,赖寺院收藏得以保存、流传下来;古代许多僧人善于医道,有些寺院在医疗卫生、普及医药卫生知识方面做了许多工作,例如龙门石窟留有"药方碑",就是向群众宣传医药知识的;某些寺院成为特殊的文化活动场所,如"进士题名,自神龙之后,过关宴后,率皆期集于慈恩塔下题名"①,这是科举中的重要活动,在社会上颇有影响,等等。

佛教寺院本是佛、法、僧"三宝"寄托的实体,在中国发展为内涵丰富、积累丰厚的文化载体。从上面介绍可以知道,中国遍布城乡的大小寺院不仅仅是宗教活动场所,更与社会诸多领域和民众生活诸多方面广泛相关联,发挥社会文化功能也遍及方方面面。许多具有一定规模的寺院,可以看作是民间业余学校、文化馆、博物馆、图书馆、游艺场所、公园绿地、救疗机构,等等。在古代公共文化设施缺乏、民众文化生活贫乏的情况下,佛教寺院对于文化发展和普及作出的贡献是十分巨大、无可替代的。

---

① 《唐摭言》第 28 页。

第十五章　佛教戒律与伦理

一

　　如上所述,佛教对于中国的政治体制、伦理体系没有造成大的影响。相反地,是在逐步适应这些才争取到立足和发展的空间的。就伦理体系而言,对于传统的孝悌忠信、仁义道德的大的原则,佛教不仅没能改变,没有动摇,反而把相关内容纳入到教理、教义之中,在相当程度上改变了自身的面貌。这也成为佛教"中国化"的重要体现。不过具体分析起来,佛教的宗教伦理在性质和内容上又都具有独特形态和内容,特别是其道德条目更多有和世俗伦理截然不同而又具有特殊价值的部分。这样,在伦理的具体内容方面,佛教又给中国传统伦理提供不少可资借鉴的成分。在民族文化与社会生活中,伦理的地位和作用十分重大。所以尽管佛教伦理并没有改变中国传统伦理的根本原则,影响还是相当重要的。也正因此,本书《导论》介绍佛教影响中国历史发展的几个主要方面,佛教伦理作为其中一个方面。

　　佛教伦理作为中国伦理发展的宝贵资源,内容体现在全部"三藏"典籍中,而最为集中地则表现在佛教"三学"中的"戒学"里。

宗教要引导人们树立信仰，实现人生的某种终极目标，这就是所谓"终极关怀"层面；另一层面，在实践中则要规范人的行动，依照一定宗教理想来塑造、提高人们的品质，持续地为达到这一目标创造条件。虽然不同宗教关于"善"、"恶"的标准并不一致，塑造人的终极标准也不相同，但就世界范围内传播的几大"历史宗教"而言，其伦理思想及其所提倡的行为规范均具有反映人类生存和发展正当要求的积极内容，体现出普世的价值和意义。这也成为这些宗教长久而广泛流传的重要缘由。人们信仰宗教或亲近、同情宗教，进行宗教修持或参与宗教活动，除了寻求精神上的寄托和慰藉，同样看重其伦理修养上的价值。在中国传统上极其重视伦理的具体环境下，这一层面尤其被注重。而现代科学高度发展，对各种形态的有神论和宗教迷信给与有力冲击，宗教存在的伦理价值与意义就更被突显出来。二十世纪西方宗教社会学研究，比如人们所熟知的马克斯·韦伯（Max Weber）关于新教伦理推动资本主义形成和发展的理论，大都强调宗教意义的伦理层面。

佛教教义、教理的一个重要特点和优点也在于它极富伦理性格，极其注重调节人际伦理关系。佛陀创建佛教伊始，即十分重视伦理教化的作用和意义。佛陀在世时明确反对偶像崇拜、诅咒迷信，也不赞成纠缠于形而上的抽象思辨，更关注的是所谓人的"生死大事"，就是要引导人们从罪恶的轮回中得到解脱，重要途径就是伦理修养。史华兹指出：

> 历史中的佛陀本人，其主要的和压倒一切的关怀是把人类从苦海中拯救出来，这是"人文主义的"实用主义的关怀。他的"八正道"（eightfold path）当然首先强调的是为了实现这一目标所需的人类伦理——精神上的先决条件。[1]

---

① 《古代中国的思想世界》（Benjamin I. Schwartz：*The World of Thought in Ancient China*）第 117 页，程钢译，江苏人民出版社，2004 年。

又"四谛是原始佛教的中心思想",而"四谛的重点放在人生现象上"①。凯思概括佛陀的教义说:

> 佛陀认为,痛苦的解除在于充分领悟痛苦的真相,领悟痛苦的原因、痛苦的原因的中止以及达到自由的方法。修苦行和世俗的奋斗并不能达到这种自由。可循的途径只有中道,这就包括自我修养,放弃欲望,修习甚深禅定。②

这样,每个人解脱轮回、证得涅槃的过程实际就是提高自我身心的过程。从而注重伦理就成为佛教的传统。在这一点上,佛教与儒学具有类似的优长。特别是佛教教理十分重视对于人的感受、感情、意志等心理现象的分析。从部派佛教的阿毗达摩到瑜伽行学派的唯识教理充分反映了这方面的成就。而这种分析又正突显出独特而丰富的伦理内容。这样,佛教着眼于个人心理建设的伦理又远比思孟学派的心性理论发展得更为细密和周详。

《阿含经》的大量篇幅是讲人生伦理的。俄国著名佛学家舍尔巴茨基指出:

> ……佛教第一时期,即"初转法轮"阶段的主要教义,几乎不能说它代表一种宗教。它最具宗教特性的方面,即关于解脱方式的学说完全是人性的。人通过道德的及理智的完善,凭借自己的力量获得解脱,我们应该了解,当时的佛教并无太多的崇拜;僧团中都是一些没有家庭,没有财产的修行者。他们每日两次聚会忏悔并持守戒行,从事禅定和哲学讨论。③

近代印度政治家尼赫鲁又曾说:

---

① 吕澂《印度佛学源流略讲》,《吕澂佛学论著选集》第 4 卷第 1929—1930 页。
② 凯思《印度和锡兰佛教哲学》(Arthur Berriedale Keith: *Buddhist Philosophy in India and Ceylon*)第 19 页,上海古籍出版社,2004 年。
③ 《佛教逻辑》(F. Th. Stcherbatsky: *Buddhist Logic*)第 11—12 页,宋立道、舒晓炜译,商务印书馆,1997 年。

>　　佛曾经屡次警告人们不要在形而上学的各种问题上作学
>究式的争论……真理要在人生本身中去寻求,而不是在对人
>生领域以外的各种事件的争辩中去寻求,因为那些事情不是
>人类理智所能及的。他又强调人生的伦理方面;显然他认为
>人们由于全神贯注在形而上学的玄秘微妙上反而使伦理方面
>没有受到注意而遭受了损失。①

这都指出丰富的伦理性乃是佛教教理和教义的重要特点。所谓
《七佛通戒偈》应是在部派佛教时期形成的,提出简洁明确的要求:
"诸恶莫作,诸善奉行,自净其意,是诸佛教。"②如此把"佛教"归结
为劝"善"制"恶",正体现了它的高度伦理精神。当然,佛教所谓
"善"、"恶"有其宗教标准,不过其基本内涵又多是与世俗伦理一致
或相通的。从印度到中国,严格的道德修养一直是建设僧团的根
据和原则。而道德上的优越性则是僧团存在并发挥影响的重要条
件和保证。尽管在具体实践中问题多多,教团窳败、僧侣伪滥一直
伴随着佛教发展的历史进程,但作为原则,作为理想,伦理的崇高
和严肃是佛教僧团的基本要求;僧侣自认为优越于凡人很重要的
依据也在这一点,世俗间尊重、供养"僧宝"也主要基于这一点。

　　佛教伦理的另一个特点,也是优点,是注重人格的塑造,并肯
定每个人的人格是平等的,因而具有真正的"有教无类"的教育性
质。这是与汉代以后儒家"人性论"里居统治地位的"性三品"说截
然不同的。当然这种"塑造"也有一定的宗教标准。早自部派佛教
时期,关于人的心性是本净还是有染就成为教理争论的大问题。
就对于人生的基本认识说,以"无明"作为"十二缘生"总根源,肯定
人处在"六道轮回"的"苦聚"之中,把人从轮回中求得解脱出来作

---

①《印度的发现》第 208 页。
②此偈已见于早期部派佛教的经(如《增一阿含经》)和律(如《四分律》、《有部
　　毗奈耶》)里。

为修道的最终目标,这些看法都具有一定的"原罪"涵义。而指引、鼓励人皈依佛法,一心修道,度过清净梵行生活,则是实现自我教育的过程。特别是大乘佛教"一阐提悉有佛性"、"皆可成佛"的普遍的佛性说,更无限地确认对人实行教育、改造的可能性,从而也极大地肯定了伦理教化的作用。在此基础上所制定的僧团戒条,汉译为"学处",即意味着借助学养可得;另一方面违反戒律的处罚比起世俗法律来则是相当轻微的,最终不过是"不共住"即驱逐出僧团而已。这也体现了僧团注重教育的性质。

佛教伦理的第三个特点是对于不同的人提出不同的伦理方面的要求,把接受三皈依的佛教徒即"七众"分成三个层次:男、女出家人比丘、比丘尼;年幼的男、女出家人沙弥、沙弥尼(另有年满十八岁受过沙弥戒的女性称式叉摩那);男、女在家的优婆塞、优婆夷(中国称为"居士"、"女居士")。这三个层次的人执行戒律的规定有明显的高下层次。简单地说,在家居士受"五戒"即可,沙弥、沙弥尼受"十戒",比丘、比丘尼则要受"具足戒"。从佛教的基本观念说,出家高于在家,因此对于出家人提出更严格的要求,也是所有在家信徒努力的方向和榜样。这种区分也给修道提出了循序渐进的、层次不同的途径。

佛教伦理的第四个特点是注重个人的主观能动作用。众生皈依佛法是自愿的,加入或退出僧团也是自愿的。当初佛陀只是给人树立一个修道、觉悟的榜样,并没有强制他人皈依自己。实际上他当时也没有这样的权威。佛教戒律又十分重视个人内心忏悔。许多过犯都可以通过忏悔而免除罪责。忏悔是自心的主动的悔过心,是人"自净其意"的精神上的提升。佛教各派教理有关"有染"的人性的转化、清净佛性的实现做出许多细密论证,多方向人们指引修道成佛的道路,归根结底是肯定人转染成净、转识成智、超脱轮回、证得涅槃圣境的可能性和现实性。

最后,佛教把不断精进努力地提高个人品质作为永无止境的崇高目标。从佛教创立与存在的根本意义说,广施教化是其重要任务,首要的就是僧团成员的自我教育。一个出家人从发心到皈依,还只是走出修行道路的第一步;即使接受过具足戒,成为真正意义上的比丘、比丘尼之后,距离证得佛果还十分遥远。这就要求僧人精进努力,修行不止。僧人的一生实际应是主动地接受教育的过程。当初佛陀创建僧团,并不自封为救世主和造物主,而主要是作为导师带领追随门徒,谆谆善诱地教化他们。他本人就是修道的榜样,又是伟大的教育者。他为后世树立了实施教化的榜样,每个发心修道的人都要努力接近那永远不能齐肩的榜样。

当然,佛教伦理内容十分复杂。由于基本教理的出发点对人生采取悲观、虚无立场,伦理思想中必然包含许多消极、落后部分。例如作为其基本内容的"出世"观念,众多经论宣扬离俗出家的好处,就是与一般社会伦理相悖离的;又它所宣扬的业报轮回,则带有浓厚的"宿命论"色彩;而宣扬忍辱,主张不抵抗"恶",消极作用就更为明显。在中国,佛教伦理与中土传统更多有枘凿不合之处,形成一些基本原则上的矛盾。特别是中国传统伦理建筑在血缘关系基础上,注重维护社会人际关系的和谐,并以维持家庭基础的"孝"为根本。《孝经》第一章《开宗明义章》明确提出:

> 子曰:"夫孝,德之本也,教之所由生也……身体发肤,受之父母,不敢毁伤,孝之始也;立身行道,扬名于后世,以显父母,孝之终也。夫孝,始于事亲,中于事君,终于立身……"①

因而历代统治者往往标榜"以孝治天下"。而佛教追求个人解脱,其伦理原则奠基在个人基础之上。修道则要脱俗出家,割断与家庭和世俗社会的联系(当然居士佛教有助于缓和这方面的矛盾),形迹上更要毁伤受之父母的须发,甚至服饰也要和一般人相区别。

---

①《孝经》卷一,《十三经注疏》下册第 2545 页。

所以佛教初传中国虽没有造成政治上、经济上的冲突，却立即突显出伦理层面的矛盾。如牟子《理惑论》里说"今沙门剃头发，被赤布，见人无跪起之礼，威仪无盘旋之容止"等等，拿来与华夏"'正其衣冠，尊其瞻视'。原宪虽贫，不离华冠；子路遇难，不忘结缨"的传统相比较，立即发现"何其违貌服之制，乖搢绅之饰也"①。这种矛盾和冲突在中国佛教长期发展历史中一直存在，也是儒、佛、道"三教"争论、斗争的焦点之一，相关情况本书前面已经介绍过。

陈观胜总结佛教缓解与中土传统伦理的矛盾主要通过三种方式：

> 第一，提出在佛典里有诸多强调"孝"的经典；第二，大量伪造以"孝"为中心主题的强调"孝"的文献；继而第三，主张佛教的"孝"的观念以普度一切众生为目的（死后托生为恶鬼畜牲的祖先也是对象），而儒家所谓"孝"仅限定在家族，因此，佛教徒有关"孝"的看法远较儒家优越。②

这里举出的第二点，前面介绍伪经已经讲到《盂兰盆经》、《父母报恩经》等自南北朝以来制作的诸多伪经。关于翻译佛典中宣扬孝道的经典，典型的如有几种异译《六方礼经》③，其中要求敬事、礼拜父母、师长、妻子、亲族、僮使、沙门。对待父母一项说到：

> 善生，夫为人子，当以五事敬顺父母。云何为五？一者供奉能使无乏，二者凡有所为先白父母，三者父母所为恭顺不逆，四者父母正令不敢违背，五者不断父母所为正业。善生，

---

① 《牟子丛残新编》第 8 页。
② 《佛教と中国社会》（Kenneth K. S. Ch'en：*The Chinese Transformation of Buddhism*）第 16 页。
③ 初译为竺法护译《大六方拜经》（《开元释教录》误题为安世高译《尸迦罗越六方礼经》），同本异译有西晋支法度译《善生子经》，东晋僧伽提婆译《中阿含经》卷三三《善生经》，后秦佛陀耶舍共竺佛念译《长阿含经》卷一一《善生经》。

夫为人子，当以此五事敬顺父母。父母复以五事敬亲其子。
云何为五？一者制子不听为恶，二者指授示其善处，三者慈爱
入骨彻髓，四者为子求善婚娶，五者随时供给所须。善生，子
于父母敬顺恭奉，则彼方安隐，无有忧患。①

这里所宣扬的完全符合中土伦理观念。有些本生故事也是宣扬仁
孝的。典型的如《睒子本生》，是菩萨托生为人子供养双盲父母的
故事：他隐遁森林二十年供养父母，为了不惊动林中鸟兽，到水边
汲水总是披上鹿皮，结果被国王射杀，后来佛陀听到他的"真实
行"，使他重生，尽到孝心。这个故事最初见于吴康僧会译《六度集
经》，西晋圣坚译有单行《佛说睒子经》，又收入中国佛教类书《经律
异相》（卷一○）和《法苑珠林》（卷四九），玄奘《大唐西域记》（卷二）
里也曾提到。特别有趣的是在南宋赵孟坚《赵子固二十四孝书画
合璧》里把它改编为本土故事，睒子被说成是周朝人物。陈观胜指
出的第三点，牟子《理惑论》里正是这样为佛教辩护的，其中提到著
名的本生故事《须大拏本生》。须大拏向远人和怨家施舍财物妻
子，被指责为不仁不孝，书中辩解说：

> 须大拏睹世之无常，财货非己宝，故恣意布施，以成大道。
> 父国受其祚，怨家不得入，至于成佛，父母兄弟皆得度世。是
> 不为孝，是不为仁，孰为仁孝哉？②

这是说，虔诚的佛教徒个人修道，使父母从轮回苦海中得到解脱，
这是更大的孝心。北周卫元嵩攻击佛教，王明广回答中说到：

> 沙门之为孝也，上顺诸佛，中报四恩，下为含识。三者不
> 匮，大孝一也。是故《诗》云："恺悌君子，求福不回。"若必六经
> 不用，反信浮言，正道废亏，窃为不愿。若乃事亲以力，仅称小

---

① 《长阿含经》卷一一《善生经》，《大正藏》第 1 卷第 71 页下。
② 《牟子丛残新编》第 12 页。

孝；租丁奉上，忝是庸民……若言沙门出家，即涉背亲之讥，亦可曾参事于孔丘，便为不孝之子。①

这里也是同样的意思。唐初傅奕反佛，违反孝道是他攻击佛教的焦点之一，沙门明槩答复中说：

> 若言欲求忠臣孝子，佐世治民，只读《孝经》一卷、《老子》二篇，不须广读佛经者，寻此经但明世间忠孝，未及出世忠孝。何者？夫处俗躬耕，奉亲以竭力；出家修道，尊法以兴慈。竭力者，答现前之小恩；兴慈者，报将来之大德。虽暂乖敬养，似若慢亲，终能济拔，方为至孝。斯则利沾三世，岂唯旦夕之劳；恩润百生，宁责晨昏之养。校其在生，胜劣明矣。②

唐代重要的佛教思想家宗密十分重视《盂兰盆经》，专门作有经疏，在其序言中说：

> 始于混沌，塞乎天地，通人神，贯贵贱，儒、释皆宗之，其唯孝道矣。应孝子之恳诚，救二亲之苦厄，酬昊天恩德，其唯盂兰盆之教焉。③

继而他分别儒、释，说明佛教的孝道更为广大和彻底。特别是他更提出规范僧人行为的戒律以"孝"为根本：

> 释教以孝为本者，然一切佛皆有真、化二身。释迦化身，说随机权教；舍那真身，说究竟实教。教者，经、律也。经诠理智，律诠戒行。戒虽万行，以孝为宗。故我卢舍那佛最初成正觉时，便说《华严》大经，菩萨大戒。又经标云："尔时释迦牟尼

---

① 王明广《周祖天元立对卫元嵩上事》，《广弘明集》卷一〇，《大正藏》第 52 卷第 158 页下。
② 明槩《决对傅奕废佛法僧事（并表）》，《广弘明集》卷一二，《大正藏》第 52 卷第 175 页上—中。
③ 《盂兰盆经疏》卷上，《大正藏》第 39 卷第 505 页上。

> 佛初坐菩提树下,成无上正觉已,初结菩萨波罗提木叉,孝顺
> 父母、师僧、三宝。"孝顺至道之法,孝名为戒,亦名制止。《涅
> 槃》亦云:"奇哉父母,生育我等,受大苦恼。满足十月,怀抱我
> 身;既生之后,推干就湿,除去不净,大小便利,乳哺长养,将护
> 我身。"以是义故,应当报恩,随顺供养。①

如此从戒律角度把"孝"纳入为佛教立教的基础,意在完全消解与
儒家在这一点上的矛盾。

另一方面,佛教伦理包含的一些与中土传统不合或对立的特
殊要求,例如不得娶妻生子、不得饮酒食肉等等,只限制在僧团内
部;对于在家居士则允许按世俗行事。这就避免或缓和了与世俗
伦理的直接冲突,有利于僧团与世俗社会相安无事地存在与活动。

总地说来,佛教伦理以其诸多积极内涵,构成人类伦理史上的
巨大成就。就其内容的丰富、细致、详实说,佛教伦理远超过中土
"百家"的任何一家。从而佛教输入中国,虽然并没有改变或动摇
固有的传统伦理体系,却极大地补充和丰富了中国伦理的内涵。
佛教伦理融入到中国伦理体系之中,在历史上发挥了巨大积极作
用,当今仍具有重大现实意义。这也是佛教对中国文化的又一贡
献。而对于佛教自身发展说,丰富的伦理内涵更有力地推动了其
向中国广大社会层面的普及。而逐步缓和或消弭在伦理层面的矛
盾、冲突,也是佛教在"中国化"过程中一直努力并取得了成效的。

二

佛教伦理具体而集中地体现在戒律里。阐释戒律内容的主要

①《盂兰盆经疏》卷上,《大正藏》第 39 卷第 505 页下。

是"三藏"中的"律藏"。汉译戒律有部派佛教时期不同部派结集的广律和戒本,还有翻译的和中土撰述的解释戒律的释论之类典籍。此外许多经、论也广泛包含有关戒律内容。大乘佛教本来是以反对小乘僧侣主义和教条主义面目出现的,初期大乘并没有专门的戒律。早期大乘戒主要体现在《华严》、《维摩》、《法华》等方广经典里。后来在发展过程中,中观学派、瑜伽行学派都发展了有关戒律的思想,在它们的论书里加以表述。又署名鸠摩罗什所译《梵网经》被视为大乘律,近人多以为是中土伪撰;北凉昙无谶和唐玄奘分别译有《菩萨戒本》,也是大乘律,但不为中土僧众所持守。中国佛教教义、教理属于大乘体系,但执行的却是《十诵律》、《四分律》等小乘律,只是接受了大乘关于戒律的某些观念和规定。印度大乘佛教在戒律方面本来就有融合大、小乘的倾向①,在中国大乘思想居主导地位的环境里,更往往用大乘思想阐释、发挥小乘戒律,对于具体戒条又适应本土传统和环境加以改革和发挥,形成独具特色的中国佛教的戒学。到唐代又发展出具有系统宗义的律宗。

　　印度佛教戒律的形成有个长期、复杂的过程。僧团形成初期只有简单的"净法"即对于日常行为的规定。原始佛教分裂为部派佛教,对于"净法"的认识不同是所谓"根本分裂"的基本原因②。后来各个部派的波罗提木又逐渐完善和固定下来,形成戒本。所谓"波罗提木叉"(prātimokṣa),意译为"别解脱",专指对于身戒(杀、盗、淫)和口戒(妄语、两舌、绮语、恶口)等外在行为的规定。据传

---

① 关于大乘戒学的发展,参阅冲本克己《大乘戒》,平川彰等主编《大乘佛教講座第一卷·大乘佛教とは何か》第183—221页,春秋社,1995年。

② 关于佛教早期发展中戒律形成的研究,参阅平川彰《律藏の研究》,山喜房佛书林,1960年;王邦维《南海寄归内法传校注·代校注前言——义净与〈南海寄归内法传〉》第二章《〈南海寄归内法传〉研究之一——论义净时代印度佛教的部派及大小乘问题》,中华书局,1995年;湛如《净法与佛塔——早期印度佛教史研究》,中华书局,2006年。

佛陀成道之后的十二年间,在僧团布萨(poṣadha,出家人每月在一定日期的集会,发露忏悔,洗心斋戒)时宣说一些道德劝诫性的偈颂,作为行为规范,是为"教授波罗提木叉(戒经)";后来有弟子须提那犯淫戒,佛陀遂制定出第一个强制性戒条①,以后"随犯随制",即针对弟子具体过犯制定出更多的条目,决定后就成为僧团成员自觉持守的条目,是为"威德波罗提木叉"。这当然只是后出传说,但应当反映制戒的真实层次。即先是有正面的规范,然后逐步形成制止的戒条。在后来的戒学里又把戒和律加以区分。所谓戒,音译"尸罗"(sila,本意为清凉、清净等),分为"禁止"和"可行"两个方面。前者即所谓"止持",指各种戒条;后者即所谓"作持",指"犍度",是关于僧团与僧人修法仪式与日常生活的规定;律,音译"毗奈耶"、"毗尼"(vinaya,本义为灭、调伏),是"灭诸恶法"、强制律他的,是专门针对教团和僧人的禁限。因此有"律由戒生,而戒为律本"之说。《增一阿含经》上说:

> 我今如来出现于世,一会圣众千二百五十人,十二年中,无有瑕秽,亦以一偈为禁戒:
> 护口、意清净,身行亦清净,
> 净此三行迹,修行仙人道。

---

① 关于第一次制戒缘由,见于各部广律,说弟子须提那与其在家妻子行淫事,"佛言:'汝愚痴人,所作不善,非清净行,非沙门法,不随顺道。此不能令未信者信,令信者退。汝不闻我种种呵欲,欲想、欲觉、欲热;赞叹断欲,离欲想,除欲觉,灭欲热……汝初开漏门,为此大恶,波旬常伺诸比丘短。汝今便为开魔径路,摧折法幢,建立魔麾。须提那,宁以身分内大火坑若毒蛇口,不应以此触女人身。汝所犯恶,永沦生死,终不复能长养善法。'佛种种呵责已,告诸比丘:'以十利故,为诸比丘结戒。何等为十? 所谓僧和合故,摄僧故,调伏恶人故,惭愧者得安乐故,断现世漏故,灭后世漏故,令未信者信故,已信者令增广故,法久住故,分别毗尼梵行久住故。从今是戒,应如是说:若比丘行淫法,得波罗夷,不共住。"(《五分律》卷一,《大正藏》第22卷第3页中—下)

> 十二年中说此一偈，以为禁戒。以生犯律之人，转有二百五十
> 戒。自今已后，众僧集会，启白如律。①

这就是说，佛陀传教当初本来只有身、口、意清净的"一偈为禁戒"。
可是由于有"犯律之人"，"随犯随制"，遂形成比丘二百五十戒和比
丘尼三百四十八戒（这是汉传佛教《四分律》的说法）。结集这些戒
条，成为"戒本"。又按照佛教说法，佛陀寂灭后的第一次结集，已
经结集出经藏和律藏，即已形成完整的戒律。不过事实是现存几
部"广律"乃是部派佛教时期不同部派结集起来的。现存律藏中除
广律外，重要的还有戒经和律论。它们构成完整的戒学思想体系。

　　把律与戒统一为"戒律"一词，形成一个完整概念，是中国佛教
的产物。释道安曾说：

> 世尊立教，法有三焉：一者戒律也，二所禅定也，三者智慧
> 也。斯三者，至道之由户，泥洹之关要也。戒者，断三恶之干
> 将也；禅者，绝分散之利器也；慧者，齐药病之妙医也。具此三
> 者，于取道乎何有也！②

中国佛教把"戒、定、慧"立为"三学"，戒学成为佛教学术的一个重
要部门。中国佛教不仅重视律典的传翻、持戒的实践，更注重对于
戒学义理的发明并适应本土环境对戒律加以变革和发展，形成汉
传佛教的具有独特内涵的戒学理论。这对于形成中国佛教的独特
面貌也是相当重要的决定因素。

　　如上所述戒律内容记载在许多经论里，更具体体现在僧众行
动之中。所以佛教输入早期，随着外来佛教信徒来到中国，戒律在
中国逐步传播并被了解。这从《四十二章经》、《理惑论》等早期文
献里看得很清楚。例如《四十二章经》的前四条：

---

① 《增一阿含经》卷四四，《大正藏》第 2 卷第 787 页中。
② 《比丘大戒序》，《出三藏记集》卷一一，第 412 页。

　　　佛言：辞亲出家为道，名曰沙门，常行二百五十戒，为四真
道行，进志清净，成阿罗汉……

　　　佛言：除须发，为沙门。受道法，去世资财，乞求取足，日
中一食，树下一宿，慎不再矣。使人愚弊者，爱与欲也。

　　　佛言：众生以十事为善，亦以十事为恶。身三，口四，意
三。身三者：杀，盗，淫；口四者：两舌，恶骂，妄言，绮语；意三
者：嫉，恚，痴。不信三尊，以邪为真。优婆塞行五事，不懈退，
至十事，必得道也。

　　　佛言：人有众过而不自悔，顿止其心，罪来归身，犹水归
海，自成深广矣。有恶知非，改过得善，罪日消灭，后会得
道也。①

这里说到"二百五十戒"，是后来《四分律》的规定，说法显系后人增
饰。但从总体看，核之《理惑论》里所涉及的相关论辩内容，佛教一
些基本戒条如剃须发、穿僧服、不婚娶等，应在佛教初传的汉末已
经输入中土。不过从楚王刘英和汉桓帝奉佛情形看，当时的佛教
更注重斋戒祭祀，僧侣被等同于神官、方士，显然还没有受戒制度，
当然也没有完整的戒律。《高僧传》里记载曹魏时期有昙柯迦罗传
翻律典：

　　　（昙柯迦罗）以魏嘉平中，来至洛阳。于时魏境虽有佛法，
而道风讹替，亦有众僧未禀归戒，正以剪落殊俗耳。设复斋
忏，事法祠祀。迦罗既至，大行佛法。时有诸僧共请迦罗译出
戒律，迦罗以律部曲制，文言繁广，佛教未昌，必不承用。乃译
出《僧祇戒心》，止备朝夕。更请梵僧立羯磨法受戒。中夏戒
律，始自于此。②

---

① 《四十二章经》，《大正藏》第 17 卷第 722 页上一中。
② 《高僧传》卷一《魏洛阳昙柯迦罗传》，第 13 页。

根据这一记述,周叔迦说:

> 自汉明帝时佛法传入中国,汉人出家,但剃发披紫衣,亦示殊俗而已,未有皈戒也。至曹魏高贵乡公时,昙柯迦罗始请梵僧立羯磨受戒。于时康僧铠出《四分杂羯磨》一卷,昙无谛出《昙无德羯磨》一卷,是为东夏戒律之始。[1]

但是这位昙柯迦罗在《祐录》里并没有踪迹,慧皎所述依据什么也不清楚,所以有人怀疑这一记载的真实性。不过从形势发展推测,其中所说戒法疏略情形,如说三归戒没有被遵行,当是可信的;经录著录《僧祇戒本》一卷,初见于《法经录》,已佚,真伪亦很难确定。经录上著录的"古译"戒经,还有归属到安世高、支谦名下的,则更不可靠[2]。从历史实情看,应是到东晋时期,戒律传播始渐繁渐广。例如有记载说"支遁立《众僧集仪度》,慧远立《法社节度》"[3],则中土僧人其时已在制定自己的戒规。

支遁已经与名士们一起营法斋,他有《八关斋诗》,序文说:

> 间与何骠骑期,当为合八关斋,以十月二十二日,集同意者在吴县土山墓下。三日清晨为斋始,道士白衣凡二十四人。清和肃穆,莫不静畅。至四日朝,众贤各去。余既乐野室之寂,又有掘药之怀,遂便独住。于是乃挥手送归,有望路之想。静拱虚房,悟外身之真;登山采药,集岩水之娱。遂援笔染翰,以慰二三之情。

---

[1]《释家艺文提要》卷三《四分律删繁随机羯磨》二卷,第 188 页,北京古籍出版社,2004 年。

[2] 据诸经录,冠以译者名字的翻译律典还有后汉安世高《佛说犯戒罪报轻重经》一卷、《大比丘三千威义经》二卷、三国吴支谦《佛说戒消灾经》一卷、魏康僧铠《昙无德律部杂羯磨》一卷、昙谛《羯磨》一卷等,据考均为后代译品;参阅平川彰《律藏の研究》,山喜房佛书林,1960 年。

[3]《大宋僧史略》卷中,《大正藏》第 54 卷第 241 页中。

诗的第一首是：

> 建意营法斋，里仁契朋畴。相与期良晨，沐浴造闲丘。穆穆升堂贤，皎皎清心修。窈窕八关客，无楗自绸缪。寂默五习真，亹亹励心柔。法鼓进三劝，激切清训流。凄怆愿弘济，阖堂皆同舟。明明玄表圣，应此童蒙求。存诚夹室里，三界赞清休。嘉祥归宰相，蔼若庆云浮。①

这里的何骠骑即何充，任骠骑将军是在成帝殁后的咸康八年(342)七月至次年十月的事。"八关斋"是在家信徒的斋戒，前面介绍斋仪已经提到过，即"五戒"(不杀生，不偷盗，不淫欲，不妄语，不饮酒)加上不华服化妆，不睡高广大床，不非时食(过中不食)；前七者为戒，后一项为斋。这种斋戒可摘时举行。支遁与何骠骑等僧俗二十四人已经合营八关斋，可见这是当时流行的法事。他又有《五月长斋诗》，也是描写营八关斋会的。支遁又已奉行蔬食：

> 遁幼时，尝与师共论物类，谓鸡卵生用，未足为杀，师不能屈。师寻亡，忽见形，投卵于地，壳破雏行，顷之俱灭，遁乃感悟，由是蔬食终身。②

这表明支遁已信守蔬食戒条。他应是根据个人理解制定了《众僧集仪度》，这是现在所知中国人自己制定的第一部有关戒律的著作。

郗超《奉法要》里已经系统地说到"五戒"、"十善"等，并且说到每年三次斋和月六斋的斋会制度，表明当时相关规定已经在社会上广泛施行，成为一般信徒的修持方式。

就是说，在部派佛教广律被传译之前③，中土已经有戒律流行。

---

① 《八关斋诗三首并序》，《先秦汉魏晋南北朝诗·晋诗》卷二〇，中册第 1079 页。
② 《高僧传》卷四《晋剡沃州山支遁传》，第 163 页。
③ 广律对于每一戒条(学处)详加解说，包括制缘(随犯随制的事项)、律文(戒条)、犯缘(构成过犯的条件)和开缘(开脱犯戒的缘由)。而集合戒条则成《戒本》、《戒经》或称《波罗提木叉经》，后者构成律藏的核心内容。

它们应得自外来僧人的传授,也许有某些戒本传译。当时已经传翻过来的经典也包含不少有关戒律的内容,因此中土僧俗对于"五戒"、"十善"等基本戒律已有相当清楚的了解,并已在实践中遵行。在这种状况下,戒律所体现的佛教伦理当然也随着在民众间传播开来。

在佛教早期传播过程中,从《理惑论》到后来的《奉法要》《喻道论》,又显然体现出佛教伦理融入本土传统的大趋势。例如佛教以"淫"为大戒,认为这是造成人世轮回的根据,所以制定出家制度。初期外来比丘来到中土,离俗出家的生活形态与本土家族制度的对立立即突显出来;观念上更与作为儒家伦理核心的"孝道"不相容。面对这方面的疑问和责难,牟子《理惑论》解释说:

> 孔子曰:"可与适道,未可与权。"所谓时宜施者也。且《孝经》曰:"先王有至德要道。"而泰伯短发文身,自从吴越之俗,违于身体发肤之义。然孔子称之,其可谓至德矣,仲尼不以其短发毁之也。由是而观,苟有大德,不拘于小。沙门捐家财,弃妻子,不听音,不视色,可谓让之至也。何违圣语,不合孝乎? 豫让吞炭漆身,聂政剡面自刑,伯姬蹈火,高行截容,君子以为勇而有义,不闻讥其自毁没也。沙门剔除须发,而比之于四人,不已远乎?

又说:

> 妻子财物,世之余也;清躬无为,道之妙也。老子曰:"名与身孰亲? 身与货孰多?"又曰:观三代之遗风,览乎儒墨之道术,诵《诗》《书》,修礼、乐,崇仁义,视清洁,乡人传业,名誉洋溢,此中士所施行,恬惔者所不恤。故前有随珠,后有虓虎,见之走而不敢取,何也? 先其命而后其利也。许由栖巢木,夷、齐饿首阳,孔圣称其贤,曰:"求仁得仁者也。"不闻讥其无后无货也。沙门修道德以易游世之乐,反淑贤以贸妻子之欢。是

不为奇,孰与为奇? 是不为异,孰与为异哉?①

这里所作辩护不但利用了中土传统观念,理据更用了圣贤著作;立论则强调佛教不是反对孝道,而是肯定出家制度更能够体现孝道。后来郗超、孙绰等人大体也循着同样思路进行辩护。这在客观上正显示佛教融入中土传统的努力。再例如"杀"是第一大戒,但佛图澄这样对答石虎:

> 虎常问澄:"佛法云何?"澄曰:"佛法不杀。""朕为天下之主,非刑杀无以肃清海内。既违戒杀生,虽复事佛,讵获福耶?"澄曰:"帝王之事佛,当在心体恭心顺,显畅三宝,不为暴虐,不害无辜。至于凶愚无赖,非化所迁,有罪不得不杀,有恶不得不刑。但当杀可杀,刑可刑耳。若暴虐恣意,杀害非罪,虽复倾财事法,无解殃祸。愿陛下省欲兴慈,广及一切,则佛教永隆,福祚方远。"②

意思相类似,孙绰在《喻道论》里也为"杀"作辩护:

> 爰逮三代,刑罔滋彰,刀斧虽严,而犹不惩。至于君臣相灭,父子相害,吞噬之甚,过于豺虎。圣人知人情之固于杀,不可一朝而息,故渐抑以求厥中。犹蝮蛇螫足,斩之以全身;痈疽附体,决之以救命。亡一以存十,亦轻重之所权。③

这样,中国早期佛教对于一些基本戒条,已经根据本土传统加以变通或改造了。

罗什弟子道恒针对当时社会上的责难作《释驳论》,涉及僧人从事生产劳动和营利事业的指责:"营求孜汲,无暂宁息;或垦殖田圃,与农夫齐流;或商旅博易,与众人竞利;或矜恃医道,轻作寒暑;

①《牟子丛残新编》第7—8页。
②《高僧传》卷九《晋邺中竺佛图澄传》,第351页。
③《弘明集》卷三,《大正藏》第52卷第16页下。

或机巧异端,以济生业;或占相孤虚,妄论吉凶;或诡道假权,要射时意;或聚畜委积,颐养有余;或抵掌空谈,坐食百姓。斯皆德不称服,行多违法,虽暂有一善,亦何足以标高胜之美哉!"这里实际涉及两方面的问题:一方面是僧人追求、蓄积资财,另一方面是参加生产劳动。他做辩护说:

> 然体无毛羽,不可袒而无衣;腹非飽瓜,不可系而不食。自未造极,要有所资。年丰则取足于百姓,时俭则肆力以自供,诚非所宜,事不得已。故蝮蛇螫手,斩以求全,推其轻重,盖所存者大。虽营一己,不求无获。求之不必一途,但令济之有理,亦何嫌多方!①

道恒所举出的"不得已"的理由,正表明在中国现实条件下,寺院经济有其存在和发展的必要性和必然性。晋、宋以来寺院经济大发展,相当一部分僧人从事商贩、典质之类活动以牟利,倍受指责,确实是对于禁戒的破坏。但中国僧团自主经营土地山林,部分僧人参加劳动自谋生计,改变受人供养的寄生办法,则具有一定的积极意义,因而在持戒方面也不得不有所变通。释道安年轻时作沙弥,一边参加劳动,一般读书学习。同样关于法显也有出家后尝与同学数十人在田中刈稻的记载。南北朝时期寺院里有许多劳役僧。到中唐时期,禅宗丛林又树立"一日不做,一日不食"的观念,后来僧人参加劳动成为丛林制度,一直延续下来。

实际上佛教"中国化"的一个主要方面就是戒律的"中国化"。这个过程伴随着佛教的传播逐步深入地进行。后果就是戒律的变革。冲本克己指出:

> 大乘佛教是针对小乘佛教的出家主义和独善的、高蹈的繁琐哲学倾向,从在俗的立场出发加以革新,以回归到佛陀本

---

①《弘明集》卷六,《大正藏》第52卷第36页上。

意为目标而兴起的真挚的宗教改革运动,必然是以本来具体的实践活动为中心的。这样统摄具体的日常生活诸世相和修习佛道实际层面的就是戒学思想。①

这样,中国佛教发扬大乘的开放、弘统精神,从不同层面充实和发展了戒学思想,打破了小乘狭隘的僧侣主义和教条主义,在戒律思想和实践两方面都做到所谓"义理相符,敢违先诰"②。这对于形成中国佛教的独特面貌也起了重要保证作用。

三

在中土,传翻完整律典已是在佛教发展到一定阶段之后。僧祐曾指出:

> 至于中夏闻法,亦先经而后律。律藏稍广,始自晋末。③

这是指中土系统地传译广律是晋末的事。这也是中国僧团大发展及其内部运作与规范正在形成制度的时期。几部广律的翻译正适应了现实需要。首先是竺佛念于建元十三年(383)译出《鼻奈耶》十卷。敦煌写本里发现有"建初二年"所写《有部戒经》,十六国时期以"建初"为年号的有后秦姚苌、西凉李暠,元年分别是公元387年和406年。无论确定在哪一年,这部经的汉译都在四部广律译出以前。印度佛教不同部派所传五个部派的广律内容基本一致,其中只有迦叶维部即饮光部律中土未传。首先翻译的是《十诵律》

─────────────

① 《大乘戒》,平川彰等主编《大乘佛教講座第一卷·大乘佛教とは何か》第184页。
② 《续高僧传》卷二二《唐京师弘福寺释智首传》,《大正藏》第50卷第614页上。
③ 《出三藏记集》卷三《新集律来汉地四部纪录》,第116页。

（萨婆多部即说一切有部律），后秦弘始六至七年（404—405）由弗若多罗和鸠摩罗什共同翻译，未及删定，罗什入灭，后经西域沙门卑摩罗叉补译，成六十一卷完本；先是，天竺人佛陀耶舍在竺佛念帮助之下于弘始十二年至十四年（410—412）在长安译出《四分律》（亦称《昙无德律》，法藏部律）四十卷（今本六十卷）；又当初法显西行求法，主要是鉴于中土律藏残缺，他在印度抄得《摩诃僧祇律》（大众部律）梵本，于晋安帝义熙十四年（418）于道场寺共佛陀跋陀罗译出；又同是法显自天竺携回的弥沙塞部（化地部）律即《五分律》，宋景平二年（424）罽宾沙门佛陀什应竺道生等人之请，和于阗沙门智胜共同译出。这样在短短的二十年间，四部广律先后译出，正反映了佛教教团迅速发展与扩充，因而急需完整的戒律来规范的客观形势。另有根本说一切有部律，是到唐代才由义净系统传译的。

　　这样到五世纪初，中国佛教对于外来戒律的介绍基本完成，从此中土僧团无论是信守律仪的实践，还是戒学的研习，都进入一个崭新时期，即由介绍、消化外来戒律的阶段，转入建设中国佛教自身戒律和律学的阶段。如上所说，这也是佛教"中国化"的不可或缺的一面。

　　这一时期对于戒律建设贡献最大的是道安和慧远，正与他们在僧团建设方面的努力与贡献相应。道安说：

　　　　大法东流，其日未远，我之诸师，始秦受戒，又乏译人，考校者鲜。先人所传，相承谓是，至澄和上多所正焉。余昔在邺，少习其事，未及检戒，遂遇世乱，每以怏怏不尽于此。至岁在鹑火，自襄阳至关右，见外国道人昙摩侍讽《阿毗昙》，于律特善。遂令凉州沙门竺佛念写其梵文，道贤为译，慧常笔受。经夏渐冬，其文乃讫。[1]

----

[1]《出三藏记集》卷一一《比丘大戒序》，第412页。

可知他在佛图澄门下已经注意研习戒学。佛图澄在战乱环境中传播佛教,争取统治者的信重以求得立足之地,不可能对于戒律加以更精密的考校、阐释,只是承续先人所传而已。到他的弟子道安,由于对佛教教理有了更精深的理解,方能更深入地领会佛陀制戒精神。他建设襄阳僧团,"既德为物宗,学兼三藏,所制《僧尼轨范》《佛法宪章》,条为三例:一曰行香定座上讲经上讲之法;二曰常日六时行道饮食唱时法;三曰布萨差使悔过等法。天下寺舍,遂则而从之"。这是第一次根据外来戒律精神系统制定出本土僧团活动规范。他所领导的僧团执行这些规范十分严格、有效,习凿齿称赞"师徒肃肃,自相尊敬,洋洋济济,乃是吾由来所未见"①。

道安弟子慧远在庐山建设的僧团也以持戒精严著称。慧远曾致书来长安的昙摩流支说:

> 佛教之兴,先行上国,自分流以来,四百余年,至于沙门德式,所阙尤多。顷西域道士弗若多罗,是罽宾人,甚讽《十诵》梵本。有罗什法师,通才博见,为之传译。《十诵》之中,文始过半,多罗早丧,中途而寝,不得究竟大业,慨恨良深。传闻仁者赍此经自随,甚欣所遇,冥运之来,岂人事而已耶。想弘道为物,感时而动,叩之有人,必情无所吝。若能为律学之徒,毕此经本,开示梵行,洗其耳目,使始涉之流,不失无上之津,参怀胜业者,日月弥朗。此则慧深德厚,人神同感矣,幸愿垂怀,不乖往意。一二悉诸道人所具。②

正是在慧远坚请之下,得到姚兴支持,昙摩流支和罗什继续《十诵律》译业,后来《十诵律》的传译在江南最后完成。他又亲自制定《远规》,这是他的老师道安《僧尼轨范》、《佛法宪章》之后另一种本土制定的戒规。北方的姚兴曾下书说:"大法东迁,于今为盛,僧尼

---

①《高僧传》卷五《晋长安五级寺释道安传》,第183、180页。
②同上卷二《晋长安昙摩流支传》,第62页。

已多,应须纲领,宣授《远规》,以济颓绪。"①可见这部《远规》在当时的作用和影响。

慧远本人更是严守戒律的典范。他"神韵严肃,容止方棱,凡预瞻睹,莫不心形战栗。曾有沙门持竹如意,欲以奉献,入山信宿,竟不敢陈,窃留席隅,默然而去";"卜居庐阜三十余年,影不出山,迹不入俗。每送客游履,常以虎溪为界焉"。他临终前为是否可以饮"以蜜和水为浆,乃命律师,令披卷寻文,得饮与不,卷未半而终"②,更是佛教史上高僧持律的著名逸事。至于他不应桓玄之请,上奏朝廷主张不敬王者,表现出不畏权势的高蹈绝尘风格,也体现了戒律的精神。

中国佛教起初弘传《十诵律》。僧祐年十四投法达法师,竭诚奉事,年满具戒,又受业于著名律师法颖,二十余年无懈昏晓,终于精通律部,著称于时。法颖于齐建元四年(482)去世,僧祐从而取得戒学领袖地位。在齐永明年间(483—493),齐竟陵王结交僧俗,大弘佛法,屡开讲习,每请僧祐讲律,听众常七八百人。他又曾奉梁武帝之命,去三吴(今湖州、苏州、绍兴地区)检视五众,宣讲《十诵律》,重申受戒之法。他自承"祐幼龄凭法,年逾知命,仰前觉之弘慈,奉先师之遗德。猥以庸浅,承业《十诵》,讽味讲说,三纪于兹"③。在北方的北魏,则《四分律》代兴。这部律又称《昙无德律》,昙无德意译为法藏,他于上座部律中搜括博要,契同己见者采集成文,随说随止,即为一分,凡经四番,一部方成,因称《四分律》。因此这部律具有综合性质,在中国为大、小乘所供学。先是有法聪在平城弘传,后经过道覆、慧光、道云、安廪等几代传习,奠定了精研的基础。至唐代道宣,专门弘传《四分律》,遂建设起中土律宗。周

---

①《高僧传》卷六《晋长安大寺释僧䂮传》,第240页。
②同上卷六《晋庐山释慧远传》,第215、221页。
③《萨婆多部师资记目录序》,《出三藏记集》卷一二,第466页。

叔迦说："中华受戒,遂依乎《四分》,始终一贯。"①唐宋以后,疏释
《四分律》者甚众,不下四十家,多数已经亡佚。在隋唐发展起来的
宗派里,律宗是相当特殊的宗派。实际上戒律本是所有佛教信徒
共同持行的。律宗更为重要的意义,在于根据外来戒律,适应本土
条件与需要发挥戒学思想,对于《四分律》加以阐释和订补,确立起
中国佛教的持律规范。这实际也是数百年来中国佛教对于外来戒
律加以消化、改造的总结性成果。

　　"随犯随制"的戒律具有强烈的针对性和实践品格。以《四分
律》为例,主要内容有两部分:一部分是僧侣个人必须遵行的规则
即僧、尼二部戒,这是僧尼制止身口不作诸恶的别解脱戒,即前面
已经提到的"止持戒";另一部分是作为僧团组织和营运规则的二
十犍度,前面也已经提到,这是行持轨则的"作持戒"。另外加上
《调部》和《毗尼增一》两章,是对于前两部分的补充说明。二部戒
中比丘戒二百五十条,即四波罗夷(杀、盗、淫、妄等四种驱逐出僧
团的重罪)、十三僧伽婆尸沙(僧残,在众僧前悔过得灭的罪行)、二
不定、三十尼萨耆波逸提(舍堕,舍弃财物和忏悔即可解除的轻
罪)、九十波逸提(单堕,在个别人面前忏悔即得解脱的轻罪)、四波
罗提提舍尼(有关吃食的轻罪)、百众学(有关一般行为规范的轻
罪)、七灭诤(僧团内部争论的裁定方法)等;比丘尼戒的组织和内
容与比丘戒大体相同,只是没有不定法,而条目则增至三百四十八
条,其中二百零五条与比丘戒相同。犍度部分由规定受戒法的受
戒犍度开始,至广说各种杂事的杂犍度结束,依次是有关说戒、安
居、自恣等各种规定。集合戒律条文成为戒本。每条戒律附加戒
缘、犯缘、开缘等则成为广律。戒条的规定十分具体、详密,佛教强
烈的伦理性质从中清楚地体现出来。

　　具体分析戒律及其在中土的传播、施行,有以下情形值得注意。

────────────

①《经典丛录》,《周叔迦佛学论著集》下册第 1032 页,中华书局,1991 年。

戒律所规定的僧、尼二部戒,戒条是针对出家人的。但是就具体内容分析,则只有一部分是属于专门宗教修持范畴的,更多的是体现普世伦理规范的。这就突显出戒律的一般伦理性质。以《四分律》比丘戒为例:"四波罗夷"第二、三"盗戒"、"杀戒",同样是世俗伦理和法律所禁止的;第一"淫戒"虽然只针对出家人,但淫欲无度或不正当性关系同样是世俗伦理不允许、不赞同的;第四"大妄语戒"所指是"实无所知、自言又得上人法戒",与一般所说"妄语"不同,具有特定的宗教内涵,但其精神是通于世俗的;第五"不饮酒"是特别针对出家人的,但酗酒同样被世俗看作恶习。对于"五戒"的具体解说当然有更多宗教内容,可是从具体规定看,在基本精神上是与世俗伦理大体一致的。以下如属于"僧残"的"与女人粗恶淫欲语戒"、"舍堕"中关于限制奢侈的戒条等,则完全合于世俗伦理要求。"九十单提(单波逸提,单堕)法"和"百众学法"里对于比丘行为的许多具体规定,如"知而故妄语戒"、"种种毁訾戒"、"两舌语戒"以及如何穿衣、如何吃饭等等,也大都属于一般道德修养范畴,或只是规定得比世俗更为严格、苛刻。当然另有仅适用于出家人的条目。这样,一方面,二部戒里的许多戒条本来与世俗伦理相一致,完全适用于普通人;另一方面,对比丘、比丘尼又提出一些特殊要求。这些要求有些本来适用于世俗,只是更为严格;另有些则是专门的宗教条目。这样从一定意义说,这些戒条又是给出家人规定了更严、更高的道德标准。就僧团内部要求说,则每个参与者在社会上都应当成为伦理道德的典范。

另一方面,对于佛教戒律的规定,中国佛教又进行了一定幅度的抉摘和修订,即所谓"删繁补阙":一方面基本保持体现佛教特质的规定,从离俗出家的生活方式到剃除须发的外在行仪等,另一方面更积极地增添并发挥具有普世价值的规定,并根据本土传统加以解释和发挥。例如早自郗超《奉法要》里讲三自归、五戒,就说到执行戒律则"忠孝之士,务加勉励,良以兼拯之功,非徒在己故也"①。这就在戒律中融入了"忠孝"等世俗道德要求。以至到后来教内、外普遍地把"五戒"附会到仁、义、礼、智、信"五常"上来。而对于不合于中土环境或传统的某些律条则加以变通。这种变通也体现了中国佛教戒学的创新精神。

再一点,翻译的四部广律都是部派佛教即小乘律,具有浓厚的僧侣主义、独善主义和教条主义性格。而中国所接受的基本是大乘佛教。这样遵行的教义、教理和持守的戒律二者间在基本精神上就存在着矛盾。中土佛教的戒学采取融通姿态,在解释发挥上努力与大乘思想相沟通。更重要的是积极接受和发展大乘戒学和戒条,包括《般若经》、《十地经》的"十善道"②、《涅槃经》的"菩萨戒"③、《解深密

---

① 《弘明集》卷一三,《大正藏》第 52 卷第 86 页中。

② 《小品般若波罗蜜经》卷六:"阿惟越致菩萨自不杀生亦不教他杀生,自不偷劫,不邪淫,不妄语,不两舌,不恶口,不无益语,不贪嫉,不瞋恼,不邪见,亦不教他令行邪见。是十善道,身常自行,亦教他行。是菩萨乃至梦中不行十不善道,乃至梦中亦常行十善道。"《大正藏》第 8 卷第 564 页上。《佛说十地经》卷二:"唯诸佛子菩萨住此离垢地时,自性成就十善业道,远离杀生,弃舍刀杖,不怀瞋恨,有惭有愧,仁恕具足,于诸有情有命之者,常有慈愍利乐之心。"《大正藏》第 10 卷第 542 页中—下。

③ 昙无谶译《大般涅槃经》卷一一:"迦叶,是菩萨摩诃萨复有二种戒:一者受世教戒,二者得正法戒。菩萨若受正法戒者终不为恶,受世教戒者白四羯磨,然后乃得。复次善男子,有二种戒:一者性重戒,二者息世讥嫌戒。性重戒者,谓四禁也。息世讥嫌戒者,不作贩卖轻秤小斗欺诳于人,因他形势取人财物,害心系缚,破坏成功,然明而卧,田宅种植,家业坐肆,不畜象马车乘……童男童女大男大女奴婢僮仆,金银琉璃……常受一食,不曾再食,若行乞食及僧中食,常知止足不受别请,不食肉,不饮酒,五辛能熏悉不食之……所受衣服才足覆身,进止常与三衣钵具……高广大床,象牙金床,杂色编织,悉不用坐……终不观看象斗马斗车斗兵斗……不作王家往返使命,以此语彼,以彼语此,终不谀谄、邪命自活,亦不宣说王臣盗贼、斗诤饮食、国土饥馑恐怖、丰乐安隐之事。善男子,是名菩萨摩诃萨息世讥嫌戒。"《大正藏》第 12 卷第 432 页下—433 页上。

经》、《菩萨善戒经》的"三净戒"①，以及《梵网经》、《菩萨璎珞本业经》的"大乘戒"经等，后来更有禅宗的"清规"。关于《梵网经》等，下面还将讲到。中国佛教戒律从而在内容上能够更加符合或体现本土伦理传统，在执行上也更适应本土环境和习俗。其中某些内容关乎佛教的生存、发展，包括调整与世俗统治的关系，接受世俗法律和伦理的制约等方面的规定，更体现所受专制政治体制约束的实情。中土发展的戒学思想又具有明显的积极入世性格，例如把"诸恶莫作，诸善奉行"的"通戒"与世俗道德的"善"、"恶"融会贯通，大为增强了它的普世性质，更容易被社会普遍信受，也更容易顺利地执行。

这样，道安、慧远等一代代大德已经为僧团制定出适应本土环境的规范，四部广律的传译又给中国律学建设提供了理论资源，在

---

① 菩提流支译《深密解脱经》卷四："尸罗波罗蜜有三种，所谓离诸恶行戒、修诸善行戒、利益众生戒。"《大正藏》第 16 卷第 682 页上。异译玄奘译《解深密经》卷四："戒三种者，一者转舍不善戒，二者转生善戒，三者转生饶益有情戒。"《大正藏》第 16 卷第 705 页下。《瑜伽师地论》卷三〇："云何菩萨一切戒？谓菩萨戒略有二种，一在家分戒，二出家分戒，是名一切戒。又即依此在家、出家二分净戒，略说三种：一律仪戒，二摄善法戒，三饶益有情戒。律仪戒者，谓诸菩萨所受七众别解脱律仪，即是苾刍戒，苾刍尼戒，正学戒，勤策男戒，勤策女戒，近事男戒，近事女戒。如是七种，依止在家、出家二分。如应当知，是名菩萨律仪戒。摄善法戒者，谓诸菩萨受律仪戒后，所有一切为大菩提，由身、语、意积集诸善，总说名为摄善法戒……云何菩萨饶益有情戒？当知此略有十一相。何等十一？谓诸菩萨于诸有情能引义利，彼彼事业与作助伴；于诸有情随所生起疾病等苦，瞻侍病等亦作助伴；又诸菩萨依世、出世种种义利，能为有情说诸法要，先方便说，先如理说，后令获得彼彼义利；又诸菩萨于先有恩，诸有情所善守知恩，随其所应现前酬报……又诸菩萨若隐若露显示所有真实功德，令诸有情欢言进学；又诸菩萨于有过者内怀亲昵，利益安乐，增上意乐，调伏诃责，治罚驱摈，为欲令其出不善处，安置善处；又诸菩萨以神通力方便示现那落迦等诸趣等相，令诸有情厌离不善，方便引令入佛圣教，欢喜信乐生希有心，勤修正行。"《大正藏》第 30 卷第 511 页上－下。

此基础上，东晋十六国之后，中土僧团受戒、持戒遂逐步走上正轨，并发展出独具特色的中国佛教的戒学。而随着僧团内部更全面地贯彻、执行戒律，僧团建设与活动更加规范化，对社会伦理也就发挥更大的影响。这也成为中国佛教在社会上发挥作用的十分重要的方面。

四

正如为了追求佛陀教法的真义，中土信徒要不断地求得更完全、更正确的经本，进行更准确的翻译。修道持戒也同样，出于更全面、更准确地了解制戒思想和具体戒规的要求，因此有前述各种广律和戒本的翻译。道安就《比丘戒本》的传译说：

考前常行世戒，其谬多矣。或殊失旨，或粗举意。昔从武遂法潜得一部戒，其言烦直，意常恨之。而今侍（昙摩侍）戒规矩与同，犹如合符，出门应辙也。然后乃知淡乎无味，乃真道味也。而嫌其丁宁，文多反复，称即命慧常，令斥重去复。常乃避席谓："大不宜尔。戒犹礼也，礼执而不诵，重先制也，慎举止也。戒乃径广长舌相三达心制，八辈圣士珍之宝之，师师相付，一言乖本，有逐无赦。外国持律，其事实尔。此土《尚书》及与《河》《洛》，其文朴质，无敢措手，明祇先王之法言而慎神命也。何至佛戒，圣贤所贵，而可改之以从方言乎？恐失四依不严之教也。与其巧便，宁守雅正。译胡为秦，东教之士犹或非之，愿不刊削以从饰也。"众咸称善。于是按胡文书，唯有言倒，时从顺耳。前出戒《十三事》中起室与檀越议，《三十事》中至大姓家及绮红锦绣衣及《七因缘法》，如斯之比，失旨多矣。将来学者，审欲求先圣雅言者，宜详览焉。诸出为秦言，便约不烦者,皆蒲萄酒之被水者也。①

道安认为,翻译戒律,即使为了删繁就简而变动原文,也是不适宜的;甚至忠实的译文也被他讥评为"蒲萄酒之被水"。这在翻译理论上是所谓"翻译不可能"论,在经典传译上则显然是墨守成规的教条态度。作为追求外来佛教真谛的做法和原则,这固然是理所当然。然而在实践中,这种教条主义却决然难以通行。在佛教"中国化"过程中,戒律也必须"中国化"。这也成为建设和发展中国僧团的必要条件。前面介绍外来佛典传译已经指出,为了适应中土具体环境,在翻译过程中已经加入一些本土传统内容,其中很大一部分是有关伦理的。例如康僧会翻译《六度集经》,就大量掺入仁爱、忠孝等儒家传统观念。后来制作出来的伪经,则更集中体现了中土伦理原则。这些在本书相关章节里已经多有说明。各种广律里的规定本来是古代外国环境下的产物,必定有许多内容不适应中土环境和条件。典型的例子如前面已经介绍过的关于"踞食"的规定。范泰作为施主的祇洹寺住持慧义等人坚持施行"偏食"即"踞食"法,认为:"此寺受持《僧祇律》为日已久,且律有明文,说偏食法,凡八议,若元无偏食之制,则无二百五十矣。云'食不得置于床上','所弃之食置于右足边',又云'不得悬足累胫',此岂非偏食之明证哉!"②范泰则回答说:

> 戒以防非,无非何戒,故愚惑之夫,其戒随俗变律。华夏本不偏企,则聚骨交胫之律,故可得而略。手食之戒,无用匙箸之文,何重偏坐而轻乎手食?律不得手近女人,寻复许亲溺

①《比丘大戒序》,《出三藏记集》卷一一,第413页。
②《释慧义答范伯伦书》,《弘明集》卷一二,《大正藏》第52卷第78页上。这里所引律文,不见今本《僧祇律》。《摩诃僧祇律》卷三四《明威仪法之一》有"洗钵应踞坐","盛(食物)时当踞坐"等规定(《大正藏》第22卷第506页上、中)。

可援，是为凡夫之疑，果足以改圣人之律。益知二百五十，非
自然定法。如此则固守不为全得师心，未足多怪。①

这就明确提出比丘二百五十条戒律应当随俗更动。又例如广律规
定的僧侣头陀乞食制度，也显然与中国寺院经济条件下僧侣依附
寺院的生存状态不相适应。在中国，不只一个朝代曾禁止僧尼游
行市廛，这实际是与戒律规定的头陀乞食办法完全相悖的。沈约
后来说到刘宋时期京师寺院的情况是"见诸寺尼僧，多有不如
法"②；而梁武帝又曾对智藏表示要亲自为僧团"立法"："比见僧尼，
多未诵习；白衣僧正，不解科条……弟子暇日欲自为白衣僧正，亦
依律立法。"③这种"不如法"有些是属于僧团腐败、戒律败坏问题，
有些则因为客观环境所迫不可能"如法"。这样，建设中国佛教的
戒学从而成为形势发展所必需。

发展中国佛教戒学，制作伪经同样是重要途径。早期例子如
被列入支谦译品的《佛说戒消灾经》一卷，《出三藏记集》著录为失
译，其中宣扬"三自归五戒十善"，叙说守五戒者有善神守护，可免
除鬼神加害，并举出例证。所说"五戒"是："一曰慈仁不杀，二曰清
信不盗，三曰守贞不淫，四曰口无妄言，五曰孝顺不醉。"④佛教五戒
本来包含特定的宗教内容，这里加上修饰词，则全然是在表达中土
观念了。

前面已经提到的另一部更重要的律典《梵网经》二卷，全名
《梵网经卢舍那佛说菩萨心地戒品第十》，又称《梵网菩萨戒经》、
《菩萨戒本》，旧署鸠摩罗什译。根据晚近研究，应是出于刘宋时

①《答义公》，《弘明集》卷一二，《大正藏》第 52 卷第 78 页中。
②《南齐禅林寺尼净秀行状》，陈庆元《沈约集校笺》卷七，第 229 页，浙江古籍
　出版社，1995 年。
③《续高僧传》卷五《梁钟山开善寺沙门释智藏传》，《大正藏》第 50 卷第 466 页中。
④《大正藏》第 24 卷第 945 页上。

代的伪经①。其中所规定戒律称"梵网戒",重要特点是对于出家、在家不加区别的、以开发自身佛性为目的的"佛性戒"。上卷宣扬卢舍那佛信仰,阐发十发趣心、十长养心、十金刚心、十地等四十阶位。这显然是根据华严教理所作的发挥。其中更注重的是求道者个人的发心,所谓"一切有心者,皆应摄佛戒。众生受佛戒,即入诸佛位"②。下卷显示十波罗提木叉即十重戒、四十八轻戒的大乘戒戒相。一般戒律规定犯重罪波罗夷则驱逐出僧团,《梵网经》里则宣扬犯十重罪即杀生、劫盗、无慈行欲、妄语、沽酒、谈他过失、自赞毁他、悭生毁辱、嗔不受谢、毁谤三宝等堕入地狱。这体现了超越教团权威的罪罚观念。四十八轻戒包括不敬师长、饮酒、食肉、食五辛、不举教忏、住不请等。其中如禁食肉、禁食五辛、放生、禁止名利私欲、追善供养等有关日常生活的条目,都是后来僧团所遵行的。第三"肉食戒"规定:

> 若佛子故食肉,一切肉不得食,断大慈悲性种子,一切众生,见而舍去。是故一切菩萨不得食一切众生肉,食肉得无量罪。若故食者,犯轻垢罪。③

---

①《出三藏记集》卷十一收录未详作者《菩萨波罗提木叉后记》,说波罗提木叉出《梵网经》,作鸠摩罗什译;但僧祐在卷二鸠摩罗什译籍里未见著录。而慧皎《高僧传》曾记载罗什出《菩萨戒本》,《菩萨波罗提木叉》应即此《戒本》。或以为此书相当于《梵网经》下卷,或以为其中有部分是罗什旧译而附以中土戒律,至梁代伪作上卷,成上下两卷今本。又《高僧传》卷一一《齐钟山灵曜寺释志道传》:"释志道……学通三藏,尤长律品。何尚之钦德致礼,请居所造法轮寺。先时魏虏灭佛法,后世嗣兴,而戒授多阙。道既誓志弘通,不惮艰苦,乃携同契十有余人,往至虎牢。集洛秦雍淮豫五州道士,会于引水寺。讲律明戒,更申受法。伪国僧禁获全,道之力也。"(第 435 页)汤用彤推测,"志道律师特往洛阳明戒,《梵网经》或于此时应需要而伪造"(《汉魏两晋南北朝佛教史》下册第 595 页)。
②《梵网经卢舍那佛说菩萨心地戒品第十卷下》,《大正藏》第 24 卷第 1004 页上。
③同上第 1005 页中。

这与梁武帝倡导的戒绝酒肉规定一致，或许后者受到它的影响。特别值得注意的是这部经把"孝"作为制戒的根本原则，经文开头就说：

> 尔时释迦牟尼佛初坐菩提树下，成无上觉，初结菩萨波罗提木叉，孝顺父母、师僧、三宝，孝顺至道之法。孝名为戒，亦名制止。[①]

明旷删补的《天台菩萨戒疏》对这一点进行发挥："孝即顺教无违，名为持戒，故言孝名为戒。"并具体分析说：

> 言孝顺等，孝谓志心敬养，顺谓随从尊命，从谁孝顺，略举三境：一父母生育恩，二师僧训道恩，三三宝救护恩。言父母者，过、现曾生养育于我，轮回六道，并是父母，为是义故，起无缘慈悲，竭诚敬养，令发道心，拔苦与乐；二师僧恩者……[②]

这样，就把中国传统伦理思想作为佛教戒律的根本原则了。第四十七轻戒规定：

> 若佛子皆以信心受佛戒者，若国王、太子、百官、四部弟子，自恃高贵，破灭佛法戒律，明作制法，制我四部弟子，不听出家行道，亦复不听造立形像、佛塔、经律，破三宝之罪，而故作破法者，犯轻垢罪。[③]

这里的说法又与《仁王经》类似，应是针对北魏毁佛而发的。这也是它被当作伪撰的证据之一。

另有一部《菩萨璎珞本业经》二卷，署竺佛念或智严译。《出三藏记集》把它列入《失译杂经录》，今人研究认为也应是出于梁代的伪经。上卷说菩萨戒位和修行，下卷《大众受学品》讲"三聚净戒"

---

①《梵网经卢舍那佛说菩萨心地戒品第十卷下》，《大正藏》第 24 卷第 1004 页上。
②《天台菩萨戒疏》卷上，《大正藏》第 40 卷第 586 页上、第 585 页下。
③《梵网经卢舍那佛说菩萨心地戒品第十卷下》，《大正藏》第 24 卷第 1009 页中。

即"摄律仪戒"、"摄善法戒"和"饶益有情戒"，是对于菩萨戒更宽泛也更简洁的概括。其中说：

> 初发心出家欲绍菩萨位者，当先受正法戒。戒者，是一切行功德藏根本，正向佛果道一切行本。是戒能除一切大恶，所谓七见六著正法明镜。佛子，今为诸菩萨结一切戒根本，所谓三受门：摄善法戒，所谓八万四千法门；摄众生戒，所谓慈悲喜舍，化及一切众生皆得安乐；摄律仪戒，所谓十波罗夷。

这里的"八万四千法门"即所谓"奉行诸善"，后来发挥为"诸恶莫作，诸善奉行"，则把中国的伦理包容在内了。而"摄律仪戒"与"十波罗夷"，则与《梵网经》的十重禁戒相一致，表明二者间有所关联。其中又说：

> 佛子，若一切众生初入三宝海，以信为本；住在佛家，以戒为本。佛子，始行菩萨，若信男若信女中，诸根不具、黄门、淫男、淫女、奴婢、变化人，受得戒，皆有心向故。①

这则是普遍的菩萨佛性说的发挥。在中国佛教里，这部经典由于天台智顗的高度推崇而特别得到重视。

中国戒学的另一种主要发展方式是对外来戒律加以疏释。这也是中土传统经学的主要方法，即通过经典注疏来发挥自己的主张。尤其是中土律宗以《四分律》为典据，建立起系统的戒学理论，对具体戒条做出许多新的规定。道宣的两部主要著作是《四分律删繁补阙行事钞》和《四分律删补随机羯磨》。所谓"删繁"是鉴于广律释文繁杂，因而加以删减；"补阙"即利用它部补足《四分律》的缺义；"随机"则是随顺中土大乘机缘加以发挥、变革。道宣的具体原则是对于《四分律》这部小乘律的解释会通大、小而通于大乘，从而最终确定了中国佛教依大乘教理执行小乘戒律的总体模式，对

①《菩萨璎珞本业经》卷下，《大正藏》第 24 卷第 1020 页中。

于戒条内容则适应环境加以变通。例如《四分律》十三僧残里有"不处分过量无主房屋戒"和"不处分过量有主房屋戒",规定僧人不可占有房产。可是中国大小寺院都有一定数量房产,道宣"补阙"说只要归于"常住"就不算过犯。唐宋两代对于《行事钞》的疏释达六十余家,基本精神和做法都是如此。

另一方面,中国佛教又制定出适合本土传统的戒律。如前面已经提及的,郗超、道安、慧远都曾自行撰著戒规。后来的竟陵王萧子良,《出三藏记集》卷十二《齐太宰竟陵文宣王法集录》里也著录有关于僧制和戒律的著作如《僧制》一卷、《清信士女法制》一卷、《教宜约受戒人》一卷、《受戒并弘法式》一卷等。这些书均已散佚。他又著《净行法门》,终南太一山释氏有序曰:

> 昔南齐司徒竟陵王文宣公萧子良者,崇仰释宗,深达至教,注释经论,钞略词理……以齐永明八年,感梦东方普光世界天王如来树立净住净行法门,因其开衍,言净住者,即布萨之翻名。布萨天言,净住人语,或云增进,亦称长养,通道及俗,俱禀修行。所谓净身口意,如戒而住,故曰净住也。子者绍继为义。以三归七众,制御情尘,善根增长,绍续佛种,故曰净住子也。言净行法门者,以诸业净,所以化行于世,了诸法门,故有性相差别。始于怀铅,终于绝笔,凡经七旬,两帙都了。①

可知《净住子》是关于"布萨"制度的,其内容今已不得其详。后来道宣撰《四分律删繁补阙行事钞》说:

> 昔齐文宣王撰《在家布萨仪》,普照沙门;道安开士撰《出家布萨法》,并行于世。但意解不同,心相各别,直得承用,文

---

① 《统略净住子净行法门序》,《广弘明集》卷二七,《大正藏》第52卷第306页上。

据莫凭。今求以经意,参以所闻,粗重撰次,备如后列。①

由此可见,后来道宣律宗的布萨制度,就是根据道安、萧子良的意见制定的。

梁武帝对于戒律十分重视。他集合僧众编撰的典籍里有一批是关于戒律的,如宝唱撰《众经饭供圣僧法》五卷、《众经产毁灭罪方》三卷、《出要律仪》二十卷等。他又以帝王之尊,禁绝酒肉,四度舍身,造成极其深远的影响。本来按戒律规定不必全面禁绝肉食,是允许僧人吃"三净肉"②的。但是梁武帝请法云讲解《大涅槃经·四相品》,根据己意阐发佛陀究竟之说,主张断一切肉,从而把素食观念发挥到极致。梁武帝作长篇《断酒肉文》,其中说:

> 弟子萧衍于十方一切诸佛前,于十方一切尊法前,于十方一切圣僧前,与诸僧尼共申约誓:今日僧众还寺已后,各各检勒,使依佛教。若复饮酒、啖肉不如法者,弟子当依王法治问;诸僧尼若被如来衣,不行如来行,是假名僧,与贼盗不异。如是行者,犹是弟子国中编户一民,今日以王力足相治问。若为外司听察所得,若为寺家自相纠举,不问年时老少,不问门徒多少,弟子当令寺官集僧众鸣捷槌,舍戒还俗,著在家服,依《涅槃经》还俗策使。唯取老旧者,最多门徒者,此二种人最宜先问……③

这就做出硬性规定,并以世法对治僧尼中肉食者。又为法舍身观念,出《法华经·药王菩萨本事品》、《大涅槃经·圣行品》和《金光

---

① 《四分律删繁补阙行事钞》卷上,《大正藏》第40卷第34页中。
② 《大涅槃经》、《十诵律》等均有食"三净肉"的规定。如《十诵律》卷三七:"痴人,我听啖三种净肉。何等三? 不见,不闻,不疑。不见者,不自眼见为我故杀是畜生;不闻者,不从可信人闻为汝故杀是畜生;不疑者,是中有屠儿,是人慈心,不能夺畜生命。我听啖如是三种净肉。"《大正藏》第23卷第265页上。
③ 《广弘明集》卷二六,《大正藏》第52卷第297页下。

明经·舍身品》等经典,都是讲烧身供佛的。但梁武帝舍身却是降低身份,舍戒为奴,为寺院和僧众服劳役来磨练身心,积累福德;又布施自己的乘舆、财宝、服玩等供养三宝。这也是一种具有中国特色的舍身行为。就客观意义说,虽属愚妄,其所体现的鄙弃世俗尊荣、甘愿自我牺牲的精神,在伦理上还是有一定意义的。

唐代以后兴盛的禅宗从一般寺院分化出来,建立起丛林制度,制定出禅门专门的戒律即《清规》。最初制定者是中唐时期马祖道一弟子百丈怀海:

> 海既居之(指新吴百丈山),禅客无远不至,堂室隘矣。且曰:"吾行大乘法,岂宜以诸部阿笈摩教为随行邪?"或曰:"《瑜伽论》、《璎珞经》,是大乘戒律,胡不依随乎?"海曰:"吾于大小乘中博约折中,设规务归于善焉。"乃创意不循律制,别立禅居。初自达磨传法至六祖已来,得道眼者号长老,同西域道高腊长者呼须菩提也。然多居律寺中,唯别院异耳。又令不论高下,尽入僧堂。堂中设长连床,施椸架挂搭道具。卧必斜枕床唇,谓之带刀睡,为其坐禅既久,略偃亚而已。朝参夕聚,饮食随宜,示节俭也。行普请法,示上下均力也。长老居方丈,同维摩之一室也。不立佛殿,唯树法堂,表法超言象也。其诸制度,与毗尼师一倍相翻,天下禅宗如风偃草。禅门独行,由海之始也。[①]

怀海制定的《百丈清规》久佚,僧传里只是略举大意。其中重要一条是参与劳动的"普请"法,与戒律里规定僧团不劳而食、由俗人供养的办法截然不同。这也是适应丛林经济发展的变革。劳政武指出:

> 丛林的设立目的固然是供僧众生活修持的地方,实际上

---

①《宋高僧传》卷一○《唐新吴百丈山怀海传》,上册第236页。

它融合了中国传统文化精神,包括儒家以礼乐为主的制度、道家乐于自然的思想,可谓融合礼乐真意和佛教戒律的典型。[1]

徽宗崇宁二年(1103)长芦宗赜祖述古清规遗义,制定《禅苑清规》,又称《崇宁清规》;南宋度宗咸淳十年(1274)惟勉编撰《丛林校定清规总要》即《咸淳清规》;元代东阳德辉受顺宗之命,利用上述资料"复原"九章二卷本《百丈清规》。九章的题目为祝釐、报恩、报本、尊祖、住持、两序、大众、节腊、法器。开端祝釐章叙述圣节、景命四斋日祝赞、旦望藏殿祝赞、每日祝赞、千秋节、善月等,祈求帝王圣寿万岁,体现禅宗丛林已经完全屈从国家专制体制的现实形态;以下报恩、报本、尊祖各章,对于俗家祖先和禅宗祖师祭祀祈祷做出规定,则是本土传统宗法观念的体现。后面五章是关于宗教组织与活动的规定,如住持章规定禅院住持种种仪式和入院、退院、迁化等事项;大众章则收录坐禅仪等,是禅院修业生活的规范,也多体现世俗传统习俗。明末云栖袾宏集各家清规之大成,制定《云栖共住规约》。明清各寺院普遍遵行的即是《敕修百丈清规》和《云栖共住规约》。

清中叶以后,佛教更形颓败;特别是进入二十世纪,更面临许多新的矛盾。圆瑛、敬安、太虚、印光等佛门领袖都力图挽救颓势而致力于佛教革新,包括整顿佛教组织和改革规约。他们制定和执行的已完全是适应现实需要的新型戒规。在相应的组织原则方面,寺院已不再是独立于世俗的、自由结合的、内部平等的出世团体,执行的戒律也是服务于世俗、贯彻宗法原则的,只是在纯属个人修行方面保持对于出家人的特殊要求。

从总体看,外来佛教戒律正是一方面逐渐融入本土伦理观念与原则,另一方面又适应本土环境加以改变,才能够有效地保证僧团组织的运作和发展;而不断加深"中国化"的佛教戒律又对于世

---

[1]《佛教戒律学》第 14 页,宗教文化出版社,1999 年。

俗生活施加一定的影响。

五

　　佛教对中国伦理的影响，直接的方面是戒律本身。如前所述，有些条目本来与世俗伦理有本质的一致之处，如不杀、不盗等，佛教这些戒律有助于强化世俗伦理；另有些僧团内部的特殊规定，如素食、戒淫等，在世俗社会中也造成相当影响。间接的方面则基于佛教戒律所体现的精神，具有一定的普世价值与意义，补充、丰富了世俗伦理的内涵。在现代科学急速发展、更多宇宙奥秘被揭破的形势下，宗教的信仰层面渐趋衰弱，其伦理价值则更被突显和强调起来。佛教的情况也是如此。

　　概括起来看，"中国化"佛教伦理的积极精神与重要价值特别体现在这样几个方面：

　　平等：僧团戒律规定的内部组织原则和运作规范体现了人格平等精神。僧伽是众人合和的集体组织，就根本教理说，其内部成员有法腊长短之分，有师资授受关系，但没有等级高下、管理与被管理的等级区别。僧团有"羯磨"制度，"羯磨"异译为"业"或"办事"，戒律里有授戒、说戒、灭诤、忏悔等各类羯磨，"清净比丘"一律平等有权参加，僧团的重要事务要大家同意。即使有一个人不同意也算"僧不和合"，羯磨不成，议案则不能成立。所以有的学者说，戒律的规定充分显示了"佛教戒律的绝对尊重个人意愿精神、完全看重在内心的教化精神。这也是一种真正的开放理念、彻底的人文主义、充分的自由平等制度"①。有关这些方面的规定当然

---

① 《佛教戒律学》第 292 页。

是理想化的,在现实中不能彻底实行。在中国历史发展中僧团更逐步官僚化、贵族化,一方面受世俗政权的管辖,另一方面内部也形成等级森严的管理制度。不过戒律规定的僧团组织形式及其所体现的观念却成为中国历史上发展有关"人"的平等观念的宝贵资源。

慈悲:佛教基本戒律五戒的第一条,四部广律里波罗夷重罪的第一项"戒杀"正是佛教慈悲观的具体体现。《梵网经》里十重罪的第一条说:

> 佛子,若自杀、教人杀、方便赞叹杀、见作随喜乃至咒杀,杀因,杀缘,杀法,杀业,乃至一切有命者不得故杀。是菩萨应起常住慈悲心、孝顺心,方便救护一切众生。而自恣心快意杀生者,是菩萨波罗夷罪。[①]

同样的精神贯彻在禁肉食一项:

> 故食肉,一切肉不得食,断大慈悲性种子,一切众生,见而舍去。是故一切菩萨不得食一切众生肉,食肉得无量罪。若故食者,犯轻垢罪。[②]

这是一种广及于一切有情的"博爱"。另外还有不少这类直接体现慈悲观念的戒条。正是依据这种观念,历代正直佛教徒救荒济贫、救死扶伤、造桥修路、关怀鳏、寡、孤、独,反对贩卖奴婢等等,从事多种慈善事业。如上所述,中国古代社会的许多社会救济机构(如悲田院等)是佛教创建的。当然,佛教的慈悲也有其理想化的或不彻底的方面;佛门历来确实也多有聚敛财物、贪得无厌的奸恶之徒。但按戒律说那些是所谓"狮子身中虫",是违反佛教根本精神的。

---

①《大正藏》第 24 卷第 1004 页中。
②同上第 1005 页中。

　　护生：这也是佛教伦理中有价值的内容之一。戒杀已充分体现了对生命的爱惜和关注。《四分律》里"九十单提法"第六十一条是"故杀畜牲命戒"，第六十二条是"故饮用有虫水戒"以至五十七条"露地燃火戒"，都体现护生精神。《梵网经》四十八轻戒里规定：

　　　　不得畜一切刀杖、弓箭、鉾斧、斗战之具及恶网罗杀生之器，一切不得畜。而菩萨乃至杀父母尚不加报，况余一切众生。若故畜一切刀杖者，犯轻垢罪。[①]

又有一条是禁止放火的：

　　　　以恶心故，放大火烧山林旷野，四月乃至九月放火，若烧他人家屋宅、城邑、僧房、田木及鬼神官物。一切有主物不得故烧。若故烧者，犯轻垢罪。[②]

这里特别提出禁止放火焚烧山林旷野，已透露一种朦胧的保护林木意识。大乘经《金光明经·流水长者品》把放生作为菩萨行之一来宣扬。这是在中土造成极大影响的经典，形成了流传广远的放生习俗。《梵网经》里同样鼓吹放生：

　　　　以慈心故，行放生业。一切男子是我父，一切女人是我母，我生生无不从之受生，故六道众生皆是我父母。而杀而食者，即杀我父母，亦杀我故身。一切地、水是我先身，一切火、风是我本体，故常行放生，生生受生常住之法，教人放生。若见世人杀畜生时，应方便救护解其苦难。常教化讲说菩萨戒，救度众生。若父母兄弟死亡之日，应请法师讲菩萨戒经，福资亡者，得见诸佛，生人天上。若不尔者，犯轻垢罪。[③]

这是依据轮回观念来宣扬放生的道理，其中体现的环境保护意识

---

①《大正藏》第 24 卷第 1005 页下。
②同上第 1006 页上。
③同上第 1006 页中。

也是十分可贵的。

和平：与护生有关系的，就是反对战争，主张和平。佛教认为嗔恚是"三毒"之一，进而禁绝怀有恶意、仇恨，主张宽容、谅解。僧人出家，当然不得参与军事（中国历史上寺院组织僧兵，征调僧人当兵，都是特例）。《四分律》的单提法第四十八至五十条有"往观军阵戒"、"有因缘至军中过二夜至三夜戒"、"观四军斗战力事戒"等；《梵网经》四十八轻罪里有一条"不得为利养恶心故，通国使命，军阵合会，兴师相伐，杀无量众生。而菩萨不得入军中往来，况故作国贼。若故作者，犯轻垢罪"①。而"五戒"第一戒杀，反对战争就是应有之义。所以佛教和其他一些宗教一起，在当今世界反对战争、维护和平的事业中起着重要作用。

淡于利欲：佛法认为贪、嗔、痴乃是根本烦恼。觉悟我、法两空，就要摆脱一切对于利欲的执着。佛教伦理贯彻节制个人欲念的精神。特别是僧团要求成员度过清心寡欲生活，衣、食、住以维持生命的最低需要为标准。进而戒绝贪欲也当成修道的主要内容和手段。戒律里有许多规定涉及这一方面。例如关于衣食和行住坐卧都有十分细致的规定，不但不能手捉金银、蓄积财物、参与贩卖，而且做屋不能过量、不能用杂野蚕绵做卧具，只能保有简单的三衣、食物不得过量、不非时食，等等；至于涉及色欲方面，不但严禁性事，对于和女人包括与比丘尼交往也有十分严格的规定。这些细致、复杂的禁限，意在约束人度过清净无染、超然离欲的生活。后来随着环境变化，对于某些戒条有所变通，但节欲的基本精神和规定没有变化。如《梵网经》里明确规定：

> 自为饮食、钱物、利养、名誉故，亲近国王、王子、大臣、百官，恃作形势，乞索、打拍、牵挽横取钱物，一切求利，名为恶

---

① 《大正藏》第 24 卷第 1005 页下。

求、多求、教他人求，都无慈心、无孝顺心者，犯轻垢罪。①

当然就实际情形而言，僧团腐败情形一直不能杜绝，有些时候，有些人特别是僧团上层更相当严重。另一方面有些戒律不近人情，难以全面、严格地执行；有些是当初根据印度客观环境作出的，不适合中国寺院的具体状况，等等。然而戒律作为硬性的行为规范确定下来，提出一种理想的人生方式，历代又确有虔诚的修道者认真持守，对于整个社会的影响是很大的。柳宗元称赞"凡为其道者，不爱官，不争能，乐山水而嗜闲安者为多，吾病世之逐逐然唯印组为务以相轧也，则舍是其焉从"②，正是意识到这一点。

忏悔：根据戒律，只有极少数波罗夷大罪受到摈除僧团的处罚，一般犯戒的人只要忏悔就可以恢复清净之身。所以戒律里规定了不同的忏悔方式，从内心的悔过到在众人面前公开忏悔，在僧团忏悔或在一个人面前忏悔。这也是基于一种观念：处在五浊恶世、身在轮回中的人不可能是清净无缺的。这是对于人性的相当客观的、实事求是的认识。也正因此，又确信转染成净、出家修道的必要和可能，而忏悔则是修道的主要方式。这也体现一种尊重事实的德育思想。具体实现这种原则，则有布萨和自恣制度。道宣《四分律删繁补阙行事钞》上说：

> 善见云：云何得知正法久住？若说戒法不坏是。《摩得伽》云：布萨者，舍诸恶不善法及诸烦恼有受，证得白法，究竟梵行事故名也。又云：半月半月自观身，从前半月至今半月，中间不犯戒耶？若有犯者，于同意所忏悔。③

所谓"布萨"本来有三义：半月一次集会说戒；向他人忏悔；六斋日

①《大正藏》第24卷第1005页下。
②《送僧浩初序》，《柳河东集》卷二五。
③《四分律删繁补阙行事钞》卷上，《大正藏》第40卷第34页下。

实行八戒。戒律规定的是前两项内容。所谓"自恣"，是三个月夏安居结束时僧众集合，个人检讨自身过犯，举出他人过失，《行事钞》上规定：

> 然九旬修道，精练身心，人多迷己，不自见过，理宜仰凭清众，垂慈诲示，纵宜己罪，恣僧举过。内彰无私隐，外显有瑕疵，身口托于他人，故曰自恣。故《摩得伽》云：何故令自恣？使诸比丘不孤独故，各各忆罪发露悔过故，以苦言调伏得清净故，自意喜悦无罪故也。①

又佛教中有主张历劫刻苦修行的一派，也有主张"顿悟"成佛一派，不论哪一派都把内心觉悟当作修道的目标。这和儒家所谓"至诚反本"的主张相通，容易被中土人士接受。特别是"顿悟"说，更把个人内心自觉的作用提到极其重要的位置。儒家主张"吾日三省吾身"，强调通过内心反省提高个人品质。佛教突出忏悔作用，在许多情况下要求在僧众或整个僧团面前忏悔，更加突出集体监督的作用，作为教育方式也是有效的。

另如提倡乐善好施、勇于牺牲、精进不怠，等等，都在伦理上具有重大价值和实践意义。

当然，佛教伦理在观念上和实践上都具有宗教所特有的蒙昧和绝对性质。例如讲施舍，就不分敌友；讲忍辱，就不论是非。又如《梵网经》里规定：

> 不得以瞋报瞋，以打报打。若杀父母、兄弟、六亲，不得加报。若国主为他人杀者，亦不得加报。杀生报生，不顺孝道。尚不畜奴婢打拍骂辱，日日起三业口罪无量，况故作七逆之罪。而出家菩萨无慈报仇，乃至六亲中故报者，犯轻垢罪。②

---

①《四分律删繁补阙行事钞》卷上，《大正藏》第40卷第42页中。
②《大正藏》第24卷第1006页中。

这则是无原则的不抵抗主义。另外,佛教伦理在实践中又带有一定的伪善性质:绝对的平等是没有的,没有来由的善、恶也是不存在的。在充分肯定佛教伦理的价值、继承其具有历史价值和现实意义的部分的时候,也必须坚持批判的、分析的态度和立场。这在当下无论是对于僧团进一步完善、发挥佛教长期发展中形成的伦理体系的积极作用,还是对于现实中一般人汲取佛教伦理中有价值的部分,作为提高精神品质的借鉴,都是必要和有益的。

第十六章　寺院教育与外学

一

上一章所述佛教伦理，即是佛教教育的重要内容。这还是狭义的僧团宗教修道教育、依照宗教理想的人格教育。僧团作为"一种新型的社会组织形式"存在，无论是从组织构成还是成员养成看，一般的教育都起着关键作用。僧团成员各方面素质不断提升，必然会对社会文化和精神生活造成影响，从而成为社会教育的重要部分。从这样的意义说，僧团具有社会教育机构的性质，寺院则可看作是特殊意义的教育机构。特别是那些学有素养的高僧、名僧主持，集中一批学有专长的僧人的具有一定规模的寺院，在一定意义上更成为当时、当地社会教育中心；那些僧人领袖则可看作是教育家。可贵的是僧团成员的修持又是终生不渝的，因此寺院又可看作是施行终身教育的机构。

中国佛教发扬了佛陀所开创的教育传统。当初它作为外来宗教输入中土，没有任何可凭借的势力，只能依靠宣传、教育来争取群众；另一方面，当时的中国又已经是文化高度发达的国家，外来的宗教如要争得一席之地，也必须体现出可以和本土文化相颉颃的具有一定高度的文化素质，在一般教育方面也能够发挥一定的作用甚至是优势。因此佛教在中国生存和发展必须突出重视教育的特征。许里和指出：

> 公元四世纪，寺院的实际领导者几乎无一例外的是来自士大夫阶层的出家人；但大多数有教养的僧人来自于社会底层。这意味着中国文化史上的一种新现象：作为印度传统一部分而传入中国的佛教出家修行的观念已经创造出一种新型的社会组织形式，在那里，中国中古时期严格的等级界限渐渐消失，出身不同的人均能从事智力活动。作为学术和文化中心的寺院，其形成与这种出家修行生活密切相关。①

中国僧团从事教育的内容十分广阔。

首要的当然是宗教教育。灌输佛教教义、教理，用戒律和仪轨来训练和约束成员，教授有关佛教的各种知识等。任何宗教的内容都有信仰实践和宗教理论两个大的方面，群众的实践活动应当是基本方面。但是在中国高度发达的文化土壤上，"定、慧双修"成为传统，而"慧"即掌握、理解佛法即佛教的思想理论则被摆在十分突出的地位。从各种僧传的记述可以知道，诵读、研习经典一向被看作是僧人修行必备的基本功。就具体发展情况而言，在佛教输入早期，翻译、解释、传播佛典的过程已是一种教育过程。以某位外来僧人为中心的译经小团体，内部形成师弟子关系，实际也是具有教育功能的组织。这方面的具体情况前面已经介绍过。后来译经团体规模逐渐扩大，参与者渐多，遂出现有规模的译场。如前所述，这些译场是译经机构，同时也是教学场所即进行佛学教育的机构。例如鸠摩罗什主持的逍遥园译场，参与者达数百人至两三千人，佛门一批优秀人才如僧肇、僧䂮、僧迁、僧叡、道标、道恒、道悰

---

① 《佛教征服中国》第 1 章《绪论》，第 13 页。

等就在这里培养出来。例如在重译《思益经》的时候，"既得更译梵音，正文言于竹帛，又蒙披释玄旨，晓大归于句下。于时谘悟之僧二千余人，大斋法集之众，欣豫难遭之庆。近是讲肆之来，未有其比"①。这样的译场又被称为"讲肆"，听讲的两三千人。自先秦时期，中土就有私家讲学传统，这种"讲肆"显然借鉴了中土传统讲学方式。而它作为教学机构又具有明显的特点和优点：翻译过程与一般讲学由导师主讲、学生听受不同，有更多的辩难讨论；又汉代以来，儒家经典教学有固定的师法、家法，传授所谓"章句"之学，而佛典翻译过程则留有更多理解、表述和发挥的余地，有助于形成比较自由、开放的学风。译经从而成为具有鲜明特色的佛学教育的有效形式。后来南、北各地大型寺院纷纷建立起来，众多义学沙门在其中培养起来，有一定规模的寺院作为教育、讲学、研究机构的性质进一步稳固下来。具有高度学理水平的义学师说在这样的环境下形成，所谓"外学"即世俗学问也成为寺院教育的重要内容。

与上一方面相联系，体现寺院教育的特征，是特别注重对于僧众的宗教伦理教育。如上所说，宗教的意义与作用要通过实践活动来体现，因此注重"信"与"行"，具体体现在僧众个人行为和僧团运作之中。这需要具有一定素质的全体成员来保证。僧团戒律是约束僧众的手段，而戒律的执行则促成僧众素质的提升。这样僧人进入佛门，也就进入了教育过程。历史上寺院在僧众教育方面积累了相当成熟的经验，有许多行之有效的做法。例如根据"自力本愿"原则，每个人的证悟固然要靠佛陀救世愿力来加持，但更强调个人努力，因此十分重视自证自悟，从而也特别注重发挥个人主观能动性；僧团内部则师资相须，僧众和合，有讲经说戒、忏悔布萨等一整套制度，师弟子间、僧人之间在修持上相互帮助，结为"善友"，这则是成员间的相互教育；修道过程注重循序渐进，出家人从

①僧叡《思益经序》，《出三藏记集》卷八，第 308 页。

初发心的"三皈依"、受"五戒",到一定年龄、打下一定基础之后授予"具足戒",并要求持之不懈地终生以至在历世轮回中不断修行,这则是强调教育的长期性;修行实践中注重理论指导,强调经典的诵读和研习,这对于提高教育水平更具有多方面意义,等等。这样,僧团努力把成员塑造成具有完善人格的、具有高度精神素质的人。当然这是根据宗教标准。由于佛教伦理的许多内容本是与世俗相通、具有普世价值,有些要求甚至是更为严格、具有更高理想内涵的,其意义和影响也就相当巨大。

第三方面,是僧团的"外学"教育和研究。前面一再说过,佛教又是印度和传播所及各民族文化的载体。印度佛教教学包括"五明":在"内明"即佛学之外,还有因明(佛教逻辑学)、声明(语言文字之学)、医方明(医药学)和工巧明(工程技艺之学)等世俗学术。早期西方来华僧人多兼擅医药、方技。王邦维根据义净《大唐求法高僧传》和《南海寄归内法传》的记载,梳理印度僧团构成,其中"进入寺院,学习佛典,准备出家,但还未正式出家的年轻人被称作'童子'";"和童子地位一样,但不学习佛典,而是学习'外典',也不准备以后作僧人的年轻人被称作'学生'"①。这是当时印度的情况。关于"外学"为弘扬佛法所必需,赞宁有议论说:

> 夫学不厌博,有所不知,盖阙如也。吾宗致远,以三乘法而运载焉。然或魔障相陵,必须御侮;御侮之术,莫若知彼敌情。敌情者,西竺则韦陀,东夏则经籍矣。故祇洹寺中有四韦陀院,外道以为宗极;又有书院,大千界内所有不同文书并集其中,佛俱许读之。为伏外道,而不许依其见也。此土古德高僧,能摄伏异宗者,率由博学之故。譬如夷狄之人,言语不通,饮食不同,孰能达其志、通其欲? 其或微解胡语,立便驯知矣。

---

① 王邦维《义净与〈南海寄归内法传〉——代校注前言》,《南海寄归内法传校注》第121、122页,中华书局,1995年。

是以习凿齿、道安以诙谐而伏之；宗、雷之辈，慧远以《诗》、《礼》而诱之；权无二，复礼以辨惑而柔之；陆鸿渐，皎然以《诗式》而友之。此皆不施他术，唯通外学耳。况乎儒、道二教，义理玄邈，释子既精本业，何妨钻极，以广见闻，勿滞于一方也。①

这是说，从维护佛教、宣扬佛教角度出发，"外学"研习是不可或缺的；实际上就中国具体环境而论，佛教的生存与发展除了有和儒家、道家与道教相斗争、相抗衡的一面，还有相交流、相交融的一面；而僧人具有相当水准的"外学"知识，乃是适应这种斗争的需要，也是在社会上进行活动的必要条件，是有助于开展与社会上层，特别是与知识阶层的交往的。因此中国僧团对于"外学"特别重视，取得成就也相当可观。许里和又曾说：

> 我们因而可以推断出：僧团，一旦成为学术和文化中心就必然对有才能的出身低贱的人产生极大的吸引力，他们一旦进入寺院就能够分享到某种程度的士大夫生活。有充分的证据证明，公元四世纪的寺院发挥了作为世俗学术和教育机构的第二功能。公元323年11岁出家的道安，至少部分教育是在寺院中获得的。昙徽以同样的年龄皈依道安，道安令其研习外典："两三年中，学兼经史。"道安的另一弟子也是少年出家，由于他在后来的生涯中以《老》、《庄》、《易》专家而著称，我们只能认定他是在寺院中研习这些著作（并阐释它们）的。这同样适用于出家后"通六经及三藏"的僧略和11岁出家后受师之命投入外典研究的道融。僧济是慧远弟子，在慧远指导下在同时也讲授儒家诗礼的佛教中心庐山研究内外典。②

中国寺院里的"外学"门类繁多，有不同层次。初级的也是最为普

---

① 《大宋僧史略》卷上，《大正藏》第54卷第240页下—241页上。
② 《佛教征服中国》第1章《绪论》，第12页。

及的是识字、读书等一般教养。僧人中不少年幼出家，大多数又来自社会底层，一般都缺少文化知识，甚至不识字。而寺院的运作，要诵读经典，要接受教理、教义，要了解、熟悉戒律，一定的读写能力就是必备的。因此寺院必然要担负起普及教育，首先是让僧众识字读书的责任。梅维恒发挥许里和的看法指出：

> 许里和证实，早在四世纪，佛寺已发展了它作为世俗教学场所的第二功能。唐代许多学郎事实也是去佛寺求取世俗教学的。开元（七一三年二月至七四二年二月）之后，在佛寺中寻求世俗教育非常流行，敦煌是学生们最乐于趋集的地方之一。敦煌卷子中常见的名号如学师、学郎、学士（仕）郎、学生（后三个表示学生身份）证实了这一点。从吐蕃魔掌下拯救了敦煌的张议潮，自己即这样的一个学生。P3620 号卷子为一无题诗，有如下题记："未年三月二十五日学生张议潮写。"①

在更高一级语言文字教养方面，佛典翻译、经典注疏等则需要达到更高的水准，如音韵、文字、训诂等学科以至一般文化的更高素养。中国僧团在这些领域所取得的成绩是骄人的，下面还将介绍。中国寺院教育教授和研习一般世俗学问门类十分广泛。曹仕邦著论阐明汉末至五代僧侣外学情形，分为经学、小学、史学、诸子、赋诗、文章、书法、绘画、音乐、医药、兵法、占候等十二门，另外又举出天文、历法、数学、农艺、机械和道教的密咒符箓，没作具体论说②。可以说，世间的学问没有寺院不曾加以关注的。这样，寺院就成为历代"官学"之外的"私学"的重要部分。本书介绍中国佛教在众多学术、文学、艺术等领域的成就，主要是在僧团普及教育的基础上，由众多有才能、肯努力的僧人取得的。

---

① 《唐代变文》（Victor H. Mair：*Tang Transformation Texts*）上册第 264—265页，杨继东、陈引驰译，中国佛教文化出版有限公司，1999 年。
② 《中国沙门外学的研究·自序》第 7 页，东初出版社，1994 年。

再有一个方面,就是寺院教育更扩展到周边和外围,起到部分社会教育功能。在古代,寺院往往是所在地文化活动中心。有些俗人在寺院读书,接受教育,前引梅维恒所说敦煌的情况就是例子,下面还将举出另一些例子。在中国也有如印度那样借住在寺院里学习"外典"的世俗青年,一般称为"行者",依身份他们并不包括在僧团之内。而作为僧团外围的居士阶层,其中多有文化程度很高的人,在寺院教育中更起着僧、俗双方互动的作用:他们推动寺院教育活动,又接受它的教化。至于寺院的各项法事活动,客观上也都具有群众教育或世俗教化的功能。

中国寺院作为教育机构又输入一套全新的教育观念,形成一些优秀的特征。

中国古代教育的根本原则是"政、教合一";而教育的主要目的则是培养经国治民的专才,就是所谓"养士";《周礼》里作为教育理想所规定的主要内容是"六艺":礼、乐、射、御、书、数,这是治国、治人的能力。根据天降圣人为之君、为之师的观念,"君"(或作为君的代表的地方官)与"师"是一体的。这样,所有学徒只能有一种理想与前途,即所谓"学而优则仕"。这是作为专制统治体制的构成部分的教育。而寺院教育则不属于这一体系。它的目的在按宗教理想塑造理想人格。从这个意义说,它真正是教育"人"的。由于它按宗教理想来培养人,要宣扬、灌输以宗教信仰为核心的教育内容,在世俗看来属于"方外"、"异端",就具体内容论,则确实显得偏狭,有许多蒙昧、消极、落后的东西,但就社会教育整体构成讲,又在"政、教合一"的专制国家的教育体系之外另成体系,而且内容上和形式上均有某些特异之处,从而对世俗教育发挥某些积极影响。

首先值得表扬的,就是僧团教育是更彻底的"有教无类"的。因为僧团内部原则上没有身份高下的区别,比如一个幼年沙弥,无论是出身富家还是贫民,在寺院里接受教育的机会是平等的。僧侣阶层从而成为古代社会中教育最为普及的人群。古代没有留下有关民众教育水准的统计数字，但可以推测，僧团的识字率及其一般文化程度都远远超出社会一般水平。在东晋十六国至隋唐佛教最为兴盛的时期，僧团更集中起一批高水平的文化精英，他们作为社会知识阶层的核心部分之一，对于整个社会文化、学术事业的发展起着极其重大的作用。

其次，佛教的教育风气是相对开放、自由的。自秦汉以来，朝廷主持的官学从属于专制国家。汉代"独尊儒术"，此后历代"官学"教育与学术一以儒家典籍为标准，发展到后来更限定以官定注疏为准绳。对比这种"官学"传统，延续先秦学术传统的"私学"学风则是比较开放和自由的。而中国寺院教育作为特殊的"私学"的一种，在这方面表现得尤为突出。就僧团"外学"传授说，魏晋以来，儒学与《老》、《庄》等各家学说在僧团间得到普遍重视。而就"内学"佛学讲，基于"依法不依人"的"方便"原则，各部派、各学派、各宗派的典籍和学说都得以传授。总体说来，寺院学术比起世俗学问内容上更少受到限制，传授也更加自由，从而具有更广阔的发挥空间。这就推动晋宋以来寺院"外学"取得辉煌成就，义学学派和隋唐宗派佛学也正是在这样的环境中形成的。

再次，就僧团内部关系看，具有良好的师资相承传统。这种传统同样体现出教育的开放性质。佛陀当初作为导师，传道中习惯和弟子们自由讨论。在中国，从大型译场到义学师说讲席，都具有自由讨论、发挥众长的风气。有关教理方面的具体问题，往往是诸说并举，论辩繁兴。这从现存的义疏类著作中可以清楚地看出来。到后来的禅宗，丛林中形成师弟子间请益商量、相互勘辩的制度，更充分体现大胆怀疑、破除陈规的精神。从总体看，中国寺院教育体现出世俗教育中难以见到的师资相长、活泼开放的特色。

由于僧团重视教育，持续致力于提高僧人内、外学多方面的素质，有效地增强了其作为社会组织的功能。无论是对于扩展自身的势力，还是发挥更积极的社会作用，都成为有利条件，造成一定优势。

　　关于佛教伦理,关于佛教在思想、学术各部门及文学、艺术诸领域的活动及其成就,本书相关章节有较详细的介绍,以下仅针对僧团"外学"教育的一般情况作简要说明。

二

　　中国寺院教育制度的形成有个过程,大体与佛教在中国的传播、发展情况相应。从初期草创,到东晋时期初具规模,后来南北朝、隋唐逐渐发展形成制度。

　　佛教在中国初传,基本是个别僧人的传教活动,采取师弟子间传授形式。例如康僧会本是天竺人,他的父亲经商移居到南海交趾,他算是侨民子弟。他自述"余生末踪,始能负薪,考妣徂落,三师凋丧"①,"丧师历载,莫由重质"②云云。就是说,他曾有三位老师。不知道这三位是本土人还是外族人。但这段话表明当时在南海,已有些僧人在教授弟子,康僧会是受教育的一员。康僧会的传记里又记述了汉灵帝时支谶来华译经,"有支亮字纪明,资学于谶,(支)谦又受业于亮"③。这样,支谶、支亮、支谦是三代师弟子传承关系。西晋竺法护世居敦煌,"年八岁出家,事外国沙门竺高座为师,诵经日万言,过目则能"④,他是作为小沙弥拜师学徒的。又例如西晋末年得到河间王司马颙敬重的帛远:

①《安般守意经序》,《出三藏记集》卷六,第244页。
②《法镜经序》,《出三藏记集》卷六,第255页。
③《高僧传》卷一《魏吴建业建初寺康僧会传》,第15页。
④《出三藏记集》卷一三《竺法护传》,第518页。

> 帛远,字法祖,本姓万氏,河内人也。父威达,以儒雅知
> 名,州府辟命皆不行。祖少发道心,启父出家,辞理切至,其父
> 不能夺,遂改服从道。祖才思俊彻,敏朗绝伦。诵经日八九千
> 言,研味方等,妙入幽微,世俗坟索,多所该贯。乃于长安造筑
> 精舍,以讲习为业。白黑禀受,几出千人。①

这些都反映当时佛教师资教学逐步发展、规模由小到大的一般情
形。从教学角度讲,这些僧俗团体所研习的主要是佛教经典与义
理。另外早期来华的外来沙门多善天文图纬、医方数术,借炫耀或
利用新奇方术来吸引信徒。这方面虽然学术内涵有限,也应成为
师资传授的内容。到东晋十六国时期,佛教被社会上层广泛接受,
有规模的佛教僧团形成,佛教寺院成批地建设起来。标志性的成
果是佛图澄与道安师弟子先后在石赵邺都和东晋襄阳建立的僧
团。这类僧团既有高水平的佛门领袖来领导,又有相当规模的寺
院作为活动基地,从而有可能担负起更多的教育功能。那些大型
寺院的教学内容更为宽泛。一批具有传统学养的中土僧人活跃于
其中,他们许多人都是对于"外学"具有高深素养的专门家,从而极
大地提升了僧团文化水平,他们也成为寺院教育的主导力量。另
一方面在南、北各地建立起一批大型译场,也是教育机构中特殊
的、起重大作用的一类。这在前面已经提到过。

对于发展寺院教育起决定作用的是一批高门士族人士出家为
僧。这些人具有家学渊源,出家前往往已接受过扎实的传统教育,
"外学"已具有相当水准。实际上对于其中许多人来说,早年的世
俗学养又成为他们接受佛学的基础。本书第一编讲到《世说新语》
里记述的那些与名士相交往的名僧中就多有这一类人。例如支遁
在会稽既讲《维摩》,也讲《庄子》,而他作为讲经的主讲法师,采用
的正是儒家讲经制度。就是说,他不但以僧人身份讲"俗书",更把

---

①《出三藏记集》卷一五《法祖法师传》,第559页。

世俗讲学方式引入僧团,并使之逐渐制度化了。又如竺法雅,他作为"以经中事数,拟配外书"的"格义"方法的代表人物,"少善外学,长通佛义,衣冠士子,咸附谘禀"①,懂得"外书"正是他从事"格义"的必要基础。又如活跃在东晋中期的释道壹,"贞正有学业"②,为时论所宗,得到朝廷和臣僚的器重。南北朝时期的义学沙门,隋唐时期宗派佛教的宗师,大都是"外学"素养相当精深的专门家。例如竺道生,"家世仕族,父为广戚令……幼而颖悟,聪哲若神,其父知非凡器,爱而异之。后值沙门竺法汰,遂改俗归依,伏膺受业。既践法门,俊思奇拔,研味句义,即自开解。故年在志学,便登讲座,吐纳问辩,辞清珠玉。虽宿望学僧,当世名士,皆虑挫词穷,莫敢酬抗"③。他的佛学思想具有综合儒、释性格,显然与家庭出身、与幼年所受教育有重要关系。宋初曾得到宋文帝器重、又和谢灵运、范泰等著名"慧业文人"交好的慧严,"年十二为诸生,博晓诗书,十六出家,又精炼佛理"④;与慧严同样曾入罗什译场、其后在建康与谢灵运一起"改治"大本《涅槃经》的慧观,"十岁便以博见驰名,弱年出家,游方受业……既妙善佛理,探究《老》《庄》,又精通《十诵》,博采诸部"⑤;与沈约交谊深厚的慧约,"祖世蝉联东南冠族……七岁便求入学,即诵《孝经》、《论语》,乃至史传,披文见意……宋泰始四年,于上虞东山寺辞亲翦落,时年十七,事南林寺沙门慧静"⑥;竺道生的弟子僧瑾是隐士朱建之子,"少善《庄》《老》及《诗》《礼》"⑦;宋齐之际十分活跃的玄畅,"洞晓经律,深入禅要,

①《高僧传》卷四《晋高邑竺法雅传》,第 152 页。
②同上卷五《晋吴虎丘东山寺竺道壹传》,第 206 页。
③同上卷七《宋京师龙光寺竺道生传》,第 255 页。
④同上《宋京师东安寺释慧严传》,第 260 页。
⑤同上《宋京师道场寺释慧观传》,第 264 页。
⑥《续高僧传》卷六《梁国师草堂寺智者释慧约传》,《大正藏》第 50 卷第 468 页中一下。
⑦《高僧传》卷七《宋京师灵根寺释僧瑾传》,第 294 页。

占记吉凶,靡不诚验。坟典子氏,多所该涉。至于世伎杂能,罕不
必备"①;出身于北方的僧诠,"少游燕齐,遍学外典,弱冠方出家。
复精炼三藏,为北土学者之宗"②;慧远的再传弟子荆州僧主僧慧,
"能讲《涅槃》《法华》《十住》《净名》《杂心》等。性强记,不烦都
讲,而文句辩折,宣畅如流。又善《庄》《老》,为西学所师,与高士南
阳宗炳、刘虬等,并皆友善"③;京城枳园寺法楷,"素有学功,特精经
史,琅琊王奂、王肃并共师焉"④,等等。这样,僧团的"外学",从一
定意义说乃是士族接受佛教的基础,更保证了僧团的一般学术
水准。

值得注意而又具有重大意义的是,僧人出家之后在寺院里往
往继续从事"外学"研习。中国寺院的教育性质、中国佛教学术的
开放性格,在这一点上清晰地显现出来。早期如竺法护,"天性纯
懿,操行精苦,笃志好学,万里寻师。是以博览六经,涉猎百家之
言,虽世务毁誉,未尝介于视听也"⑤。由于他出家之后仍热衷于
"六经"、"百家",所以得到"世务毁誉",受到那些拘守佛门戒律的
人的非难。与支遁同时的竺道潜,晚年"隐迹剡山,以避当世,追踪
问道者,已复结旅山门。潜优游讲席三十余载,或畅方等,或释
《老》《庄》。投身北面者,莫不内外兼洽"⑥。实际上当时佛门研究
《老》、《庄》三玄乃是一时风气,也是般若与玄学合流的体现。同样
提倡"心无"义的竺法汰,有"弟子昙一、昙二,并博练经义,又善
《老》《易》,风流趣好,与慧远齐名"⑦。南北朝时期,在佛寺里研究

①《高僧传》卷八《齐蜀齐后山释玄畅传》,第 314 页。
②同上卷七《宋余杭方显寺释僧诠传》,第 272 页。
③同上卷八《齐荆州竹林寺释僧慧传》,第 321 页。
④同上卷一〇《齐京师枳园寺沙弥释法匮传》,第 391 页。
⑤《出三藏记集》卷一三《竺法护传》,第 518 页。
⑥《高僧传》卷四《晋剡东仰山竺法潜传》,第 156 页。
⑦同上卷五《晋京师瓦官寺竺法汰传》,第 193 页。

一般世俗学问,僧传里有明确记载的,如慧观的弟子法瑗,"笃志大乘,傍寻数论。外典坟素,颇亦披览"①;同时的释昙光,随师止江陵长沙寺,性意嗜五经诗赋,及算数卜筮,无不贯解,年将三十,喟然叹曰:"吾从来所习,皆是俗事。佛法深理,未染一毫,岂剪落所宜耶?"②乃屏旧业,听诸经论,就是说,他常把主要精力用在"五经诗赋"等等"俗事"上;梁代著名义学沙门僧旻,"姓孙氏,家于吴郡之富春,有吴开国大皇帝其先也。幼孤养,能言而乐道。七岁出家,住虎丘西山寺,为僧回弟子。从回受五经,一闻能记。精神洞出,标群独秀,每与同辈言谑,及诸典礼,未尝不慨然欲为己任"③,他是进入佛门后,从师傅那里学习《五经》的;隋灵裕少年时已"通览群籍",出家后,"誓曰:我今将学,必先要心,三藏微言,定当穷旨,终无处中下之流。暨于儒、释两教,遍须通晓也",他是著名地论师,著述甚多,包括《孝经义记》三卷行世④,通过研究佛理他更认识到"遍晓""儒、释"的必要;天台智顗的高足灌顶"七岁还为拯公(慧拯)弟子,日进文词,玄儒并骛,清藻才绮,即誉当时"⑤,也是从和尚那里接受儒学的;唐初参与护法斗争的法琳,"少出家,游猎儒、释,博综词义"⑥;僧海顺,"少处寒素,生于田野……故年在志学,尚未有闻……求道出家,依于沙门道逊,道光玄胄,名扇儒宗,具见后传。顺躬事学《礼》,昼夜诵经"⑦,这一对师弟子实际是以儒学知名;华严四祖澄观已经出家多年,佛学上有所成就,"自谓己曰:'五地圣人,身证真如,栖心佛境,于后得智中起世俗念,学世间技艺。

①《高僧传》卷八《齐京师灵根寺释法瑗传》,第 312 页。
②同上卷一三《宋灵味寺释昙光传》,第 513 页。
③《续高僧传》卷五《梁扬都庄严寺沙门释僧旻传》,《大正藏》第 50 卷第 461 页下。
④同上卷九《隋相州演空寺释灵裕传》,《大正藏》第 50 卷第 495 页中-497 页下。
⑤同上卷一九《唐天台山国清寺释灌顶传》,《大正藏》第 50 卷第 584 页中。
⑥同上卷二四《唐终南山龙田寺释法琳传》,《大正藏》第 50 卷第 636 页中。
⑦同上卷一三《唐蒲州仁寿寺释海顺传》,《大正藏》第 50 卷第 524 页中。

况吾学地,能忘是心?'遂翻习经、传、子、史、小学、《苍》、《雅》、天竺《悉昙》诸部异执,《四围》、五明、秘咒、仪轨,至于篇颂笔语书踪,一皆博综。多能之性,自天纵之"[1];晚唐知玄年十一出家,后来入京,入文宗朝廷备顾问,"后学《唯识论》于安国信法师。又研习外典,经籍百家之言,无不该综"[2],等等。这些记载,反映当时佛门一般情况:即那些学问有成的僧人,大都在研习"外学"上继续做出努力,往往取得可观的成绩。

黄侃讨论玄学说:

> 僧祐所撰集之《弘明集》,虽浮屠之籍,而亦有所独创,仍亦目为此土之言;唯其附会老、庄,多所粉饰佛乘,不能如《列子》之自成一家。然观支道林解庄生,别立逍遥之训;慧远虽名儒大德,乃为《诗》、《礼》之经师;雷次宗经术,在晋宋间最为卓尔,亦佛之徒也,雷之经术,即受远公,是知尔时儒术、玄言,并与浮屠相齐和,是故论中世玄学,不得舍《弘明》而不谈。[3]

这里只就《弘明集》讲南北朝玄学发展与佛学相关的一般情况,也可以作为僧人重"外学"的一个例证。

僧人热衷"外学"研究,首先决定于中土具体的文化环境和实际需要;而一批具有高深"外学"素养的僧人活跃在寺院,除了在诸多世俗文化、学术领域创造出重要成就之外,从更深远的意义说,又促进了佛理与"外学"的交流,从而有力地推进了儒、释或儒、释、道"三教"的交融,对于佛教"中国化",对于中国佛学的进一步发展都起了重要作用。至于对于僧团建设,特别是对于提高僧团素质的意义,更是多方面的。

---

[1]《宋高僧传》卷五《唐代州五台山清凉寺澄观传》,第 105 页。
[2] 同上卷六《唐彭州丹景山知玄传》,第 129 页。
[3]《汉唐玄学论》,王元化名誉主编《释中国》,第 2 册第 981－982 页。

三

前面说到，许多幼年出家的沙弥，还有众多在俗时不可能接受教育的贫苦人家出身的僧人，寺院给他们提供了识字读书、接受启蒙教育的条件。上节已举出一些例子。又如曾为二秦"译人之宗"的竺佛念，"弱年出家，志业坚清，外和内朗，有通敏之鉴。讽习众经，粗涉外学，其《仓》、《雅》诂训，尤所明练。少好游方，备贯风俗。家世西河，洞晓方语，华戎音义，莫不兼解。故义学之徒虽阙，而洽闻之声甚著"①。他在译经事业上取得成就，与这种语言方面的学养有直接关系，而相关学问是他出家后学习的。又道融少年时期投师罗什门下之前情形："释道融，汲郡林虑人。十二出家，厥师爱其神彩，先令外学，往村借《论语》，竟不赍归，于彼已诵，师更借本覆之，不遗一字，既嗟而异之，于是恣其游学。迄至立年，才解英绝，内外经书，暗游心府。"②这是说佛门以《论语》作为教育门徒的入门教材。下面介绍另几个僧团教育的典型事例。

先看道安僧团。道安十二岁出家为沙弥，驱役田舍至于三年，然后才"启师求经，师与《辩意经》一卷，可五千言。安赍经入田，因息就览，暮归，以经还师，更求余者。师曰：'昨经未读，今复求耶？'答曰：'即已暗诵。'师虽异之，而未信也。复与《成具光明经》一卷，减一万言，赍之如初，暮复还师。师执经覆之，不差一字，师大惊嗟而异之"。这样，道安年幼出家，先是在寺院服劳役，是师傅教他阅读经典。对于出家人来说，读经首先就要掌握读、写等基本技能。

①《出三藏记集》卷一五《佛念法师传》，第 572 页。
②《高僧传》卷六《晋彭城郡释道融传》，第 241 页。

后来在襄阳，习凿齿给谢安写信称赞他，说他"理怀简衷，多所博涉，内外群书，略皆遍睹，阴阳算数，亦皆能通，佛经妙义，故所游刃"①，又说他"无变化技术"来"惑常人之耳目"，即不同于早期外来僧人（包括他的老师佛图澄）依靠方技数术吸引群众。而关于他的"外学"水平，僧传里记载：

> 安外涉群书，善为文章。长安中，衣冠子弟为诗赋者，皆依附致誉。时蓝田县得一大鼎，容二十七斛。边有篆铭，人莫能识，乃以示安，安云："此古篆书，云鲁襄公所铸。"乃写为隶文。又有人持一铜斛于市卖之，其形正圆，下向为斗，横梁昂者为斗，低者为合，梁一头为篙，篙同钟，容半合，边有篆铭。（符）坚以问安，安云："此王莽自言出自舜，皇龙集戊辰，改正即真，以同律量，布之四方，欲小大器钧，令天下取平焉。"其多闻广识如此。坚敕学士内外有疑，皆师于安。故京兆为之语曰："学不师安，义不中难。"②

可见他已成为"外学"的大学问家，而这正是在僧团内部接受教育的结果。他所建立的僧团中有许多少年弟子，他又给他们提供了良好的教育条件。如弟子昙徽，"年十二，投道安出家，安尚其神采，且令读书，二三年中，学兼经史，十六方许剃发"③。这是说，他首先教昙徽读书识字，让他学习世俗经史，这应是道安僧团教育的一般做法；另一位弟子法遇"弱年好学，笃志坟素"④；道立，"不知何许人。少出家，事安公为师，善《放光经》。又以《庄》《老》三玄，微应佛理，颇亦属意焉"⑤；昙戒，"晋外兵部棘阳令潜之弟也。居贫务

---

①《高僧传》卷五《晋长安五级寺释道安传》，第 177、180 页。
②同上，第 181 页。
③同上《晋荆州上明释昙徽传》，第 202 页。
④同上《晋荆州长沙寺释法遇传》，第 201 页。
⑤同上《晋长安覆舟山释道立传》，第 203 页。

学,游心坟典。后闻于法道讲《放光经》,乃借衣一听,遂深悟佛理,废俗从道"①。对于这些人,道安都指导他们兼习儒、道典籍。正由于道安教育方面的成功,培养出一大批学有专长的弟子。后来他北上长安,襄阳僧团解散,分遣弟子到庐山、荆州、建康、西蜀等地,这些弟子也才有能力建设起几个重要的佛教中心。后来南方佛教义学发达,取得很高的学术成就,又具有统合儒、释的特点,与道安的教育有直接关系。这都充分显示他在教育方面的成就和贡献。

　　道安弟子慧远继承乃师传统。他博综六经,尤善《庄》、《老》,同样是杰出的学问家和教育家。上一编介绍他,已经提到他在道安门下讲"实相"义,"乃引《庄子》义为连类,于是惑者晓然。是后安公特听远公不废俗书"。他给雷次宗、周续之、宗炳等讲《丧服经》、《毛诗》,可见在儒学方面的素养。他所领导的僧团十分注重世俗学问。如弟子僧济,"晋太元中来入庐山,从远公受学,大小诸经及世典书数,皆游炼心抱,贯其深要"②;前面已经提到慧远的又一位再传弟子僧慧,世为冠族,专心义学,善《庄》、《老》,与高士南阳宗炳、刘虬等,并皆友善③;有趣的是,"远有弟子慧要,亦解经律,而尤长巧思,山中无刻漏,乃于泉水中立十二叶芙蓉,因流波转,以定十二时,晷景无差焉。亦尝作木鸢,飞数百步"④,这则是工程技术方面的技能了。

　　齐梁之际的僧祐和在其门下接受教育的刘勰是另一个典型例子。刘勰(466?—537?)字彦和,是中国文学史上杰出的文学思想家。他早年家贫,寄居在僧祐住持的上定林寺读书。僧祐于"永明中,敕入吴,试简五众,并宣讲《十诵》,更申受戒之法。凡获信施,悉以治定林、建初及修缮诸寺,并建无遮大集舍身斋等,及造立经

---

① 《高僧传》卷五《晋长沙寺释昙戒传》,第 204 页。
② 同上卷六《晋庐山释僧济传》,第 234 页。
③ 同上卷八《齐荆州竹林寺释僧慧传》,第 321 页。
④ 同上卷六《晋吴台寺释道祖传》,第 238 页。

藏,搜校卷轴。使夫寺庙开广,法言无坠,咸其力也"。他"集经藏既成,使人抄撰要事,为《三藏记》、《法苑记》、《世界记》、《释迦谱》及《弘明集》等"①。刘勰曾参与这些工作。范文澜考定,"永明十年,彦和年未及三十,正居寺定经藏时也。假定彦和自探研释典以至校定经藏撰成《三藏记》等书,费时十年,至齐明帝建武三四年,诸功已毕,乃感梦而撰《文心雕龙》"②。刘勰撰写文学史上名著《文心雕龙》,准备工作显然是在定林寺完成的;定林寺经藏中有充足"俗书"供刘勰研读、使用。这种"俗学"也是僧祐所关注和熟悉的学问。

齐、梁以降,寺院里讲学风气大盛,更带动起宫廷、贵族间讲习佛典之风。著名的如齐竟陵王萧子良鸡笼山开馆讲学,梁武帝支持下建康大寺的讲经活动,等等。这些活动也都是释典与俗书并举的。

值得注意的还有敦煌文书表明,当地佛寺设有作为"寺学"的义塾,即是由寺院主持的民间教育机构。据现有资料考察,起码当地有十所寺院设有这样的私学。这种机构当然要进行宗教教育,同时也起到民间义务教育的作用。又例如杜牧为朝廷起草的《敦煌郡僧正慧菀除临坛大德制》一文:

> 敕:敦煌管内释门都监察、僧正兼州学博士僧慧菀:敦煌大藩,久陷戎垒,气俗自异,果产名僧。彼上人者,生于西土,利根事佛。余力通儒,悟执迷尘俗之身;譬喻火宅,举君臣父子之义。教尔青襟,开张法门,显白三道。遂使悍戾者好空恶杀,义勇者徇国忘家,裨助至多,品地宜峻。领生徒坐于学校,贵服色举以临坛。若非出群之才,岂获兼荣之授。勉宏两教,用化新邦。可充京城临坛大德,余如故。③

---

① 《高僧传》卷一一《齐京师建初寺释僧祐传》,第440、441页。
② 《文心雕龙注》卷一〇《序志》,下册第731页。
③ 《全唐文》卷七五〇,第7770—7771页。

这里写的是归义军时期的事。这位慧菀显然内、外学兼通。他是僧官，又兼州学博士。他在寺院里创办寺学，也教授俗学典籍。敦煌世家大族子弟，如张义潮本人就曾在寺学就读。寺院里也居住称为"学郎"、"学仕郎"的住寺学员（见 P. 2483 号文书题记等）。敦煌俗曲里多有规劝人读书识字、提高文化水平的内容，也和这种普及教育的背景有关系。现存敦煌文书里包含许多普通经籍，也是基于同样的原因。敦煌佛教乃是唐五代地方佛教的缩影，这种寺院教育普及情形应当是具有一定普遍性的。

四

　　前面提到，中国佛教讲学制度，是吸收了本土传统教学方式形成的。但又反过来影响世俗讲学。关于佛教的教学方法和学风影响到一般世俗学术和教育，本书介绍义学发展部分已经涉及。这里补充指出，禅宗丛林形成特殊的组织体制，每个禅院或禅寺成为一个教学单位，发展了独特的教学方式和方法，对于唐宋以后世俗教育的影响值得重视。

　　明人何良俊说："夫讲论愈多，则枝叶日繁，流派日广。"[①]这里是指宋元以降的私家讲学与理学的发展有相互推动的关系。实际上唐宋以后的私家讲学在许多方面又对禅宗丛林的教学方式有所借鉴。在禅宗发展早期，慧能、神秀等人仍采用登坛说法的传统教学方法。但到中唐时期，随着宗门从"教下"进一步分化，禅院、禅堂也从一般佛寺独立出来，禅宗独特的丛林制度形成，其中也包括独特的说禅、习禅方法。"明心见性"的禅本来是靠自证自悟的，因

———————
① 《四友斋丛说》卷四。

此就要扬弃传统的读经讲论做法，因而也大大降低了师道权威。禅堂作为教学场所，更彻底地贯彻了"有教无类"精神。禅门对人们一律平等地开放，不加歧视；禅宿上堂示法，取代传统的讲经说法，采用"请益""商量"方式。师资间斗机锋，讲话头，平等地问答，自由地勘辩，体现高度的自主精神，树立起相当开阔、自由的学风。特别是许多杰出禅师那种大胆怀疑、批判的治学态度，张扬起勇于向一切权威挑战的大无畏作风，更给思想领域注入清新活泼的空气。后来在宋明理学统治之下，这种"异端"学风又具有某种思想解放的意义。禅宗丛林的这种教学方式和学风，对于民间"私学"包括某些理学家的私家讲学发挥了相当的影响。

又在中国学术史和教育史上占有重要地位的书院制度，其形成和发展，同样也多方面借鉴了禅宗丛林的教学体制。中国历史上最早的"书院"是唐玄宗开元十三年朝廷创设的"集贤殿书院"，本是朝廷掌管经籍图书的机构，其御用学士兼具承旨咨询的职能。而作为单纯教育机构的书院则肇始于五代。第一所著名书院白鹿洞书院，据王应麟记载：

> 唐李渤与兄涉俱隐白鹿洞，后为江州刺史，即洞创台榭。南唐昇元中，因洞建学馆，置田以给诸生，学者大集，以李善道为洞主，掌教授，当时谓之白鹿国庠。宋朝太平兴国二年三月庚寅，知江州周述言庐山白鹿洞学徒数千百人，请赐九经书肄习，诏从其请，仍驿送之。①

庐山作为佛教圣地，在这里建立书院，显然对于慧远以来的教学传统有所借鉴。自宋初，书院逐渐普及开来，本来有官立、私立之分。后来州学建立，官学的任务基本由州学负担，私家讲学则主要在书院。到南宋，诸儒大都以书院为活动基地。《续文献通考》记载：

_____

① 《玉海》卷一六七。

　　　宋自白鹿、石鼓（即嵩阳）、应天、岳麓四书院后，日增月
益，书院之建，所在有之。宁宗开禧中，则衡山有南岳书院，掌
教有官，育士有田，略仿四书院之制。嘉定中，则涪州有北岩
书院。至理宗时尤伙，其得请于朝，或赐额，或赐御书，及间有
设官者。应天有明道书院，苏州有鹤山书院，丹阳有丹阳书
院，太平有天门书院，徽州有紫阳书院，建阳有考亭书院、庐峰
书院，崇安有武夷书院，金华有丽泽书院，宁波有甬东书院，衢
州有柯山书院，绍兴有稽山书院，黄州有河东书院，丹徒、道州
有濂溪书院，兴化有涵江书院，桂林有宣成书院，全州有清湘
书院。度宗朝则淳安有石峡书院，衢州有清献书院。其他名
贤戾止，士大夫讲学之所，自为建置者不与焉。[①]

这样，书院繁盛与理学的发展有直接关系。柳诒徵指出："北宋诸
儒，多讲学于私家。南宋诸儒，多讲学于书院，故南宋时书院最
盛。"[②]"宋、元之世，自有国学及府县之学，而此外又有书院者，该学
校多近于科举，不足以餍学者之望，师弟子不能自由讲学，故必于
书院之外，另辟一种讲学机关。"[③]正如理学的发展与禅宗有密切关
系，书院在许多方面有意无意间也借鉴禅宗的丛林制度和活动方
式。就教学目的而论，官学唯一的目的是为科举、禄仕做准备，教
学内容主要是儒家经典和应付考试的技能；而只有在私家书院里，
师长才有条件宣讲个人的论学主张，讲学才真正具有传道、授业、
解惑的内容。而对于尊重德性的理学家来说，书院又是培养健全
人格的场所。张栻说：

　　　国朝之学视汉唐为盛。郡县皆得置学，郡有教授，以掌治
　　之。部刺史、守、令佐又得兼领其事，亦既重矣。而士之居焉

①《续文献通考》卷五〇《学校考》。
②《中国文化史》下册第 640 页，上海古籍出版社，2001 年。
③同上第 643 页。

者，大抵操笔习为文辞，以求应有司之程耳。嗟乎！是岂国家
所望于多士之意哉？……然则学之所务果何以外于人伦哉？
虽至于圣人，亦曰尽其性而为人伦之至耳。呜呼！今之学者
苟能立志尚友，讲论问辩，而于人伦之际，审加察焉，敬守力
行，勿舍勿夺，则良心可识而天理自著。驯是而进，益高益深，
在家则孝弟雍睦之行兴，居乡则礼逊廉耻之俗成，一旦出而立
朝，致君泽民事业可大，则三代之风何远之有？岂不盛欤！又
岂可不勉欤！①

这里讲的是官学，其根本目的在明人伦，人伦则体现为良心和天
理，其内容与形式的局限都是很明显的。而私家讲学则可能沿袭
禅宗丛林的传统：禅门的教育重在启发人们的觉悟，改造人的精
神。至于禅门教学注重诱导启发，强调发挥学人的自我觉悟和主
观能动性，反对墨守经典的教条主义和保守主义，实行师资平等、
自由讨论的教学方式，提倡开阔、自由、活泼的学风，等等，也都给
予私家讲学提供了借鉴。

明、清时期，寺院成为私家讲学的重要场所，王阳明《传习录》
曾记述当时讲学盛况：

先生初归越时，朋友踪迹尚寥落。既后，四方来游者日
进。癸未年已后，环先生而居者比屋。如天妃、光相诸刹，每
当一室，常合食者数十人，夜无卧处，更相就席，歌声彻昏旦。
南镇禹穴、阳明洞诸山远近寺刹，徙足所到，无非同志游寓所
在。先生每临讲座，前后左右环坐而听者，常不下数百人。送
往迎来，月无虚日。②

选择在寺院讲学，教学内容不一定与佛教有关，但在活动方式上受

---

①《彬州学记》，《南轩集》卷九。
②《王文成公全书》卷三《语录三》。

到影响则是肯定的。特别是后来王学深受禅宗影响,而王学后继者多利用寺院为讲学场所。如冯从吾,就"初讲于家,后讲于宝庆寺"①,除了可利用的场所方便,也是因为教学方式上二者有相通的地方。

这样,禅宗丛林作为特殊的教育机构,作为"私学"教育的一个分支,在教育内容、形式、方法等诸多方面形成鲜明特点,对世俗教育的影响是多方面的。

五

关于佛教"外学"成就,以下有章节分别加以介绍。在这里仅附带略述一个相对薄弱的部门——科学技术的情况。佛教承载外来科技在中国传播情形,本书上编已有介绍,这里仅略述中国僧人从事科技事业的成就。

天算之学在古代印度十分发达,其内容大量反映在翻译佛典之中,大体包括宇宙论、星宿体系、历法与节气以及相关联的数学等②。佛典翻译中有关天文学的典籍本书上编已有说明。其中还介绍了陈寅恪考证佛教输入新盖天说改进旧浑天说,以及著名的天文学家何承天的历法改革受到印度影响等情形。

关于僧团内部治天算之学的成就,如宋关康之"尝就沙门支僧纳学算,妙尽其能"③,则支僧纳是数学家;又僧含"幼而好学,笃志

①《少墟集》卷一五《关中书院科第题名记》。
②参阅钮卫星《西望梵天——汉译佛经中的天文学源流》,上海交通大学出版社,2004 年。
③《宋书》卷九三《隐逸传》,第 2296 页。

经史,及天文算术。长通佛义,数论兼明"[1],也是天算之学的专家。又北魏殷绍,长乐人,好阴阳术数,游学诸方,达《九章》、《七曜》,太武帝时为算学博士,给事东宫西曹,后为文成帝所知,太安四年(458)上《四序堪舆》,表曰:

> 臣以姚氏之世,行学伊川,时遇游遁大儒成公兴,从求《九章》要术。兴字广明,自云胶东人也,山居隐迹,希在人间。兴时将臣南到阳翟九崖岩沙门释昙影间。兴即北还,臣独留住,依止影所,求请《九章》。影复将臣向长广东山见道人法穆。法穆时共影为臣开述《九章》数家杂要,披释章次意况大旨。又演隐审五藏六府心髓血脉,商功大算端部,变化玄象,土圭、《周髀》。练精锐思,蕴习四年,从穆所闻,粗皆仿佛。穆等仁矜,特垂忧闵,复以先师和公所注《黄帝四序经》文三十六卷,合有三百二十四章,专说天地阴阳之本……以此等文传授于臣……自尔至今,四十五载,历观时俗堪舆八会,径世已久,传写谬误,吉凶禁忌,不能备悉。或考良日而值恶会,举吉用凶,多逢殃咎。又史迁、郝振,中古大儒,亦各撰注,流行于世。配会大小,序述阴阳,依如本经,犹有所阙。臣前在东宫,以状奏闻,奉被景穆皇帝圣诏,敕臣撰录,集其要最。仰奉明旨,谨审先所见《四序经》文,抄撮要略,当世所须吉凶举动,集成一卷……依先撰录奏,谨以上闻……[2]

后来《四序堪舆》大行于世。这里记述传授天算之学的是沙门昙影和法穆,成公兴则是道教的真人。

中国佛门最著名的科学家是唐僧一行(683—727),他本是密教大师善无畏弟子,"少聪敏,博览经史,尤精历象、阴阳、五行之事……时《麟德历经》推步渐疏,敕一行考前代诸家历法,改撰新

---

①《高僧传》卷七《宋京师灵味寺释僧含传》,第 276 页。
②《魏书》卷九一《殷绍传》,第 1955—1956 页。

历……于是一行推《周易》大衍之数,立衍以应之,改撰《开元大衍历经》"①。唐初历法几经变革,武德二年(619)行傅仁均《戊寅元历》,麟德二年(665)行李淳风《甲子元历》,而实践证明开元十七年(729)开始行用的《大衍历》更为精密。隋代历法家刘焯根据北齐张子信的观察立太阳盈缩缠差法,但这个办法对于太阳运行速度变化的认识与实际差距较大。一行则认识到太阳在冬至运行速度最快,以后逐渐变慢,至春分,速度平,到夏至最慢,然后加快,到秋分,速度平,如此一年往复。这就能够更准确地依据太阳在黄道上的运行实际以定气。又刘焯当年曾建议进行大地测量,以否定刘宋以来被怀疑的日影"一寸千里"之说,一行起草《大衍历》,曾派人到各地测量日影长度,根据开元十二年(724)南宫说观测所得数据,证明日影差与距离的关系并不固定。一行又改用北极高度来计算,得出地差 351 里 80 步北极高相差一度,这实际是世界上第一次测出子午线长度(当然误差较大)。一行通过实测还发现,恒星去极度数古今并不一致,从牵牛到东井十四宿古大今小,从舆鬼到南斗十四宿则相反。这实际是发现了恒星自行现象,这一发现也远在欧洲人之前。在直到元代郭守敬的《授时历》以前,一行的《大衍历》在诸历法中是最称精密的。不过一行在历法方面是否借鉴了外来成果难以详考。

本书第一编介绍佛教输入外来文化时也曾讲到佛教医学的传入。陈寅恪指出:

> 自来宗教之传播,多假医药天算之学以为工具,与明末至近世西洋之传教师所为者,正复相类,可为明证。吾国旧时医学,所受佛教之影响甚深,如耆域(或译耆婆)者,天竺之神医,其名字及医方与其他神异物语散见于佛教经典,如柰女耆婆经温室经等及吾国医书如巢元方病源候论王焘外台秘要之

①《旧唐书》卷一九一《方技传》,第 5112 页。

类,是一例证。①

佛陀被称为"医王",他要医治人的"无明""三毒"等精神病症。连类而及,关心人的身体疾患就是应有之义。何况医术又是慈悲救人之术,所以历代僧人多有杰出的医药方面的专家,佛教在医药学领域也就多所贡献。

《高僧传》记载耆域事迹说:

> 耆域者,天竺人也……以晋惠之末,至于洛阳……时衡阳太守南阳滕永文在洛,寄住满水寺。得病经年不差,两脚挛屈,不能起行。域往看之,曰:"君欲得病疾差不?"因取净水一杯,杨柳一枝,便以杨柳拂水,举手向永文而咒,如此者三。因以手搦永文两膝令起,即起行步如故……尚方暑中有一人病癥将死,域以应器著病者腹上,白布通覆之。咒愿数千言,即有臭气熏彻一屋。病者曰:"我活矣。"域令人举布,应器中有若垩淤泥者数升,臭不可近,病者遂活。②

这些内容是作为"神异"来记述的。而在孙思邈《千金要方》卷十二《万病丸散》部分有"耆婆万病丸",《千金翼方》里又有"耆婆治恶病"方十一首、论七首和"耆婆大士治人五脏六腑内万病及补益长年不老方"。这些当与僧人所传印度医药学有关系。而《千金翼方》卷十二收录的"服菖蒲方",则著明是隋大业年间天竺王舍城邑陀寺三藏法师跋摩米帝传入的。

僧传里有不少中土僧人精通医术的记载。如佛图澄"时有痼疾世莫能治者,澄为医疗,应时疗损,阴施默益者,不可胜记"③;东晋竺法旷,"时东土多遇疾疫,旷既少习慈悲,兼善神咒。遂游行村

---

①《崔浩与寇谦之》,《金明馆丛稿初编》第 113—114 页。
②《高僧传》卷九《晋洛阳耆域传》,第 364—365 页。
③同上《晋邺中竺佛图澄传》,第 346 页。

里,拯救危急,乃出邑止昌原寺,百姓疾者,多祈之致效"①;安慧则,
"晋永嘉中,天下疫病,则昼夜祈诚,愿天神降药以愈万民。一日出
寺门,见两石形如瓮,则疑是异物,取看之,果有神水在内。病者饮
服,莫不皆愈"②;敦煌人于道邃"学业高明,内外该览,善方药,美书
札"③;同时的敦煌人单道开"能救眼疾,时秦公石韬就开治目,著药
小痛,韬甚惮之,而终得其效"④。敦煌人的医术应当与西域有关
系。又于法开,"祖述耆婆,妙通医法……或问:'法师高明刚简,何
以医术经怀?'答曰:'明六度以除四魔之病,调九候以疗风寒之疾,
自利利人,不宜可乎。'"⑤这里所讲正是佛教医学的理论概括。《世
说新语》有记载:

> 郗愔信道甚精勤,常患腹内恶,诸医不可疗。闻于法开有
> 名,往迎之。既来,便脉云:"君侯所患,正是精进太过所致
> 耳。"合一剂汤与之。一服,即大下,去数段许纸如拳大;剖看,
> 乃先所服符也。

刘孝标注谓:

> 《晋书》曰:"法开善医术,尝行,莫投主人,妻产,而儿积日
> 不堕。法开曰:'此易治耳。'杀一肥羊,食十余脔而针之。须
> 臾儿下,羊膋裹儿出。其精妙如此。"⑥

又在北凉活动的"罽宾沙门曰昙无谶,东入鄯善,自云'能使鬼治
病,令妇人多子',与鄯善王妹曼头陁林私通。发觉,亡奔凉州。蒙
逊宠之,号曰'圣人'。昙无谶以男女交接之术教授妇人,蒙逊诸

---

①《高僧传》卷五《晋於潜青山竺法旷传》,第205页。
②同上卷一〇《晋洛阳大市寺安慧则传》,第372页。
③同上卷四《晋敦煌于道邃传》,第169页。
④同上卷九《晋罗浮山单道开传》,第361页。
⑤同上卷四《晋剡白山于法开传》,第167-168页。
⑥《世说新语笺疏》卷下之上《术解》,第709页。

女、子妇皆往受法。(北魏)世祖闻诸行人,言昙无谶之术,乃召昙无谶。蒙逊不遣,遂发露其事,拷讯杀之"①。则昙无谶精于"房中术"之类医术。刘宋时期有支法存、仰道人,孙思邈《千金要方》里记载:

> 考诸经方,往往有脚弱之论,而古人少有此疾。自永嘉南渡,衣缨士人多有遭者。岭表江东,有支法存、仰道人等并留意经方,偏善斯术。晋朝仕望,多获全济,莫不由此二公。又宋齐之间,有释门深师师道人,述法存等诸家旧方为三十卷,其脚弱一方近百余首。②

这是专治脚气病的。北魏时的道人统师贤,在毁佛时"假为医术还俗"③,显然早有医术方面的基础。北魏李修,"平阳馆陶人。父亮。少学医术,未能精究。世祖时,奔刘义隆于彭城,又就沙门僧坦研习众方,略尽其术,针灸授药,莫不有效"④。如僧坦这样活动在民间的善医僧人当不是个别的。北齐道丰"练丹、黄白、医疗、占相,世之术艺,无所不解"⑤;净土大师昙鸾"调心练气,对病识缘,名满魏都。用为方轨,因出《调气论》。又著作王邵,随文注之"⑥,另有其他医方著作,见下引《隋书·经籍志》;北周宝象"外典佛经,相续训导,引邪归正,十室而九。又钞集医方,疗诸疾苦,或报以金帛者,一无所受"⑦。天台大师的《摩诃止观》是阐发天台止观学说的根本论书,其中《观病患境》一节是一篇极其精要的佛教医学论著。其中首先指出:

①《魏书》卷九九《卢水胡沮渠蒙逊传》,第 2208－2209 页。
②《备急千金要方》卷二二《风毒脚气方·论风毒状第一》。
③《魏书》卷一一四《释老志》,第 3036 页。
④同上卷九一《艺术传》,第 1966 页。
⑤《续高僧传》卷二五《齐相州鼓山释道丰传》,《大正藏》第 50 卷第 647 页中。
⑥同上卷六《魏西河石壁谷玄中寺释昙鸾传》,《大正藏》第 50 卷第 470 页下。
⑦同上卷八《周潼州光兴寺释宝象传》,《大正藏》第 50 卷第 486 页下－487 页上。

> 观病为五：一明病相，二病起因缘，三明治法，四损益，五明止观。

然后对这五点一一加以分疏，如"明病相"：

> 一病相者，若善医术，巧知四大。上医听声，中医相色，下医诊脉。今不须精判医法，但略知而已。夫脉法关医道，不可言具，略示五藏病相。若脉洪直，肝病相；轻浮是心病相；尖锐冲刺，肺病相；如连珠，肾病相；沉重迟缓，脾病相。委细如体治家说。若身体苦重，坚结疼痛，枯痹痿瘠，是地大病相；若虚肿胀胮，是水大病相；若举身洪热，骨节酸楚，嘘吸顿乏，是火大病相；若心悬忽悦，懊闷忘失，是风大病相。又面无光泽，手足无汗，是肝病相；面青皅，是心病相；面梨黑，是肺病相；身无气力，是肾病相；体涩如麦糠，是脾病相……

如此描述病相十分细致，接着：

> 二明病起因缘有六：一四大不顺故病，二饮食不节故病，三坐禅不调故病，四鬼神得便，五魔所为，六业起故病。[1]

然后对病因一项项详加说明。接着是"治法"、"损益"，归结到"明止观"。他的论述当然夹杂宗教神秘内容，最后则归结到修持止观，但其中的科学成分是相当丰富和有价值的。

唐代著名僧人波颇、地婆诃罗、菩提流志、不空等也都以善医术著称。而如江州五老峰法藏：

> 释法藏，俗姓周氏，南康人也。稚龄爽俊，始研寻史籍，而于医方明得其工巧，同支法存之妙用焉。有门僧卧疾，几云不救，藏切脉处方，信宿平复。其僧多接谈玄，自尔萌出尘之意。年已长矣，恳辞亲，投本郡平田山宝积院从愿师下受教，纳戒。

---

①《摩诃止观》卷八（上），《大正藏》第46卷第106页中、下。

后游谒大寂禅师,言喻若石之投水。①

又有以神异著称的僧伽,"昔在长安,驸马都尉武攸暨有疾,伽以澡罐水噀之而愈,声震天邑。后有疾者告之,或以柳枝拂者,或令洗石师子而瘳,或掷水瓶,或令谢过。验非虚设,功不唐捐"②。这里主要是宣扬神异,但应当有医术的根据。唐玄宗时李宪病重,"僧崇一疗宪疾瘳,上大悦,特赐绯袍鱼袋"③。又有一位东都福先寺僧思谷,"精通医道",被人称赞是"采药活人心是佛","婆心国手","药师"等④。这类不著名的善医僧人,后来历代所在多有。

《隋书·经籍志》著录本土僧人"医方"著作有:

《寒食散对疗》一卷　释道洪撰。

《解寒食散方》二卷　释智斌撰。梁《解散方》二卷。

《解寒食散论》二卷　梁有……《释慧义寒食解杂论》七卷,亡。

《杂散方》八卷　梁有……《解释慧义解散方》一卷,亡……

《医方论》七卷　梁有……《支法存申苏方》五卷……

《范东阳方》一百五卷　……梁又有……《释僧深药方》三十卷……

《陶氏效验方》六卷　……《摩诃出胡国方》十卷,摩诃胡沙门撰……

《单复要验方》二卷　释莫满撰。

《释道洪方》一卷　……

① 《宋高僧传》卷二〇《唐江州庐山五老峰法藏传》,下册第520页。
② 同上卷一八《唐泗州普光王寺僧伽传》,下册第450页。
③ 《旧唐书》卷九五《让皇帝宪传》,第3012页。
④ 言文《□故大□思谷禅师□□铭》,陕西省古籍整理办公室编《全唐文补遗》第5辑第3页,三秦出版社,1998年。

《疗百病杂丸方》三卷　释昙鸾撰……

《议论备豫方》一卷　于法开撰……

《论气治疗方》一卷　释昙鸾撰……

《释僧匡针灸经》一卷……①

这些都是中国历史上僧人有关医药学的专门著作。其中如于法开，本是以医术著名的；昙鸾则是佛教史上著名人物。敦煌文书包含许多佛教医学资料，敦煌壁画对于医术也有形象的表现。直接与医药学有关的，如 S. 5598 号《佛家神妙补心方》、P. 3777 号和 P. 3244 号《佛家养心方》、P. 3930《治妇人难产方》咒法、P. 2665 号《佛家医方》、P. 2637 号和 P. 2703 号《佛家避谷方》和 P. 3596《不知名医方第九种残卷》等，都是一般僧人治病使用的流行药方②。

印度有十分发达的外科和眼科。特别是眼外科，南北朝到唐宋曾一度十分发达。梁简文帝第十子萧恢"后有目疾，久废视瞻。有道人慧龙得疗眼术，恢请之。及至，空中忽见圣僧。及慧龙下针，豁然开朗，咸谓精诚所致"③。北周"(张)元年十六，其祖丧明三年，元恒忧泣，昼夜读佛经，礼拜以祈福佑。后读《药师经》，见盲者得视之言，遂请七僧，然七灯，七日七夜，转《药师经》行道……如此经七日。其夜，梦见一老公，以金篦治其祖目……遂即惊觉，乃遍告家人。居三日，祖果目明"④。这些被当作神异事迹记载，正反映了僧人眼外科的水平。刘禹锡有诗说：

三秋伤望远，终日泣途穷。两目今先暗，中年似老翁。看

①《隋书》卷三四《经籍三》，第 1041—1647 页。

②参阅陈明《沙门黄散：唐代佛教医事与社会生活》第 259 页，荣新江主编《唐代宗教信仰与社会》，北京大学出版社，2003 年。

③《南史》卷五二《鄱阳忠烈王恢传》，第 1295 页。

④《周书》卷四六《孝义传》，第 833 页。

朱渐成碧，羞日不禁风。师有金篦术，如何为发蒙？①

这位婆罗门眼医是印度医生，"金篦术"则是治疗白内障的眼科手术。杜牧弟杜𫖮得眼病"暗无所睹"，他听朋友说"同州有眼医石公集，剑南少尹姜沔丧明，亲见石生针之，不一刻而愈"，他迎接石公至扬州禅智寺看杜𫖮的眼病，石曰："是状也，脑积毒热，脂融流下，盖塞瞳子，名曰内障。法以针旁入白睛穴上，斜拨去之。如蜡塞管，蜡去管明。"他又说得等到"后一周岁，脂当老硬如白玉色，始可攻之。某世攻此疾，自祖及父，某所愈者不下二百人"②，所以杜牧求朝廷任命他做湖州刺史，以便就近替弟弟治病。这里所描写的白内障病情和手术方法都十分具体、清楚。直到元、明时期，这种技术仍然流传，如《明史》记载：

> 周汉卿，松阳人，医兼内外科，针尤神。乡人蒋仲良，左目为马所踶，睛突出如桃。他医谓系络已损不可治。汉卿封以神膏，越三日复故。华州陈明远瞖十年，汉卿视之，曰："可针也。"为翻睛刮瞖，欻然辨五色。③

不过中国有身体发肤受之父母不可毁伤的传统，外科医术难以发达，这种眼科手术技术也失传了。

唐代以后，丛林开放，禅师业医的更多。从宋人强至的《送药王圆师》诗颇能看出当时这方面情形：

> 吴僧甚商贾，嗜利角毫芒。或以医自业，利心剧虎狼。今时愚鄙人，平居吝私囊。寒饿来求仁，一毫不肯将。不幸病且亟，呼医计仓忙。惟医所欲求，万金弗较量。吴僧业医者，十

---

① 《赠眼医婆罗门僧》，《刘禹锡集》卷二九，下册第397页，整理组点校，卞孝萱校订，中华书局，1990年。

② 《〈上宰相求湖州〉第二启》，《全唐文》卷七五三，第7803—7804页。

③ 《明史》卷二九九，《方伎传》，第7637页。

室九厚藏。张口待人哺，喋喋厌酒粱。求其不尔徒，萧丛拣兰芳。圆师何许人，出家本衢梁。自圆之先师，三世为医王。圆尤得术精，一丸起膏肓。难挂吴僧籍，亦吴其衣章。仁义薰厥心，愈彼不愿偿。人以财啖圆，恶如唾沾裳。晨斋未有余，一饼蔬充肠。行橐无长物，秋风药裹香。昨因赴人急，挈然来浦阳。始见已可爱，气温语端详。再见结所好，佛外喜缣缃。住久见益数，乃知数事长。作诗聊纪师，岂曰为行光。①

圆师出身业医世家，以能医名。这里反映当时僧人行医风气之盛，不过显然具体人情形不同。像圆师这样以慈悲至心救护众生的是少数，多数人是赚取衣食之资以至谋财图利，厚自奉养，成为僧风堕落的一种表现。

此外，中国的养生气功有古老传统。印度的瑜伽功和佛教禅法，与中国的传统气功相"合流而进一步发展，为佛、道、儒、医各界乐用，可以算文化交流中的一个特例了"②。

本书前面已经提到，中国佛教兴办诸多社会福利事业，重要一项是救济病患。包括设置养病坊这样的具体措施，还有向群众普及医药知识。龙门石窟有所谓"药方洞"，该洞开凿于北齐武平六年(575)至唐垂拱四年(688)。根据《邑师道兴造石像记并治疾方》，这是社邑"合邑人"为宣传"疗兹聋瞽"而"勤栽药树"开凿的。洞中共计镌刻佛像450余尊，药方计129个(或另有统计140个)，可治疗疾病41种(或另有统计45种)，用药122种(或另有统计175种)③。研究这些药方，与《千金要方》对照，"与此方无一同者"④。因而可以确定这基本都是流传民间的验方，具有普及价值，

①《祠部集》卷一。
②马伯英《中国医学文化史》第389页，上海人民出版社，1994年。
③参阅李永谦《我国现存最古的石刻古方》，《中国医史杂志》1986年第4期。
④《八琼室金石补正》卷二○，第126页。

也有研究价值。

　　在中国古代,士大夫阶层疏于学习和研究科学技术。佛教在这方面多所贡献,特别是重视输入外来科技知识,做出一定成绩,是值得表扬的。

第十七章　寺院藏书与佛教目录学

一

　　中国自古以来就有搜集、保藏、整理经籍图书的传统。早在先秦时期，列国朝廷、私家藏书已成风气。自董仲舒罢黜百家，独尊儒术，儒家基本典籍被看成千古不可磨灭的"经"，经典的搜集、研究更成为国家的重要事业。佛典输入中土，也称为"经"，被信仰者当作至圣的真传、不易真理的载体。翻译佛典渐多，中土相关著述亦盛，佛家必然重视这些典籍的收藏、保存和整理。一些大的寺院藏有大量佛书，往往连带搜集"外典"，形成有规模的图书积累；有的寺院更建起储藏经籍之类专门建筑，藏书从而成为中国佛教寺院的重要职能之一。这也是它们成为文化、教育中心的物质条件和基础。另一方面，沿袭中国已有的整理文籍图书、编制目录的传统，佛家也对逐渐增多的翻译的和本土的典籍加以整理；为了便于保管和研习，遂有专门的佛教典籍目录的编制。汉语佛教经目乃是中国佛学的重要成就，对于中国目录学亦作出重大贡献。在此基础上，又有总括全部经藏的《大藏经》的编纂、刊刻和流通。这是规模更为宏伟的弘法事业，对于整个中国思想、学术的影响亦至为深远。这后一方面将有专章介绍。

在全世界诸多宗教中,就典籍的丰富而言,无出佛教之右者;而就南传、汉传、藏传佛教三大系统而言,又以汉传佛教的汉语典籍最为丰富。这是因为在三大系统中,汉传佛教流传和繁荣的时期最为长远,传播地域最为广阔,又是在十分丰厚的文化土壤上弘传和发展起来的。加上中国自古以来传统上就重视文字记录和著述收藏,佛教沿袭和发展了这一传统。另一方面,佛经输入到一定时期,朝廷、官家藏书依例也及于佛典。牟子《理惑论》记载早期佛教传说,就说到汉明帝遣张骞等出使西域,于大月氏写佛经四十二章,收藏在兰台石室。兰台本是汉代宫廷藏书的地方。这种传说并不一定属实,但佛书传入,朝廷加以收藏是合乎逻辑的。再以后,阮孝绪《七录序》所附《古今书最》记载“晋《中经簿》:四部书一千八百八十五部二万九百三十五卷,其中十六卷佛经”[①]。《中经簿》为晋秘书监荀勖所撰,首创图书四部分类,这一记载应是可靠的,表明当时朝廷已经注意佛典收藏。后来如南朝梁“尚书阁内别藏经史杂书,华林园又集释氏经论,自江左篇章之盛,未有逾于当今者也”。华林园是台城内宫苑,“梁武大崇佛法,于华林园中,总集释氏经典,凡五千四百卷”[②]。“至(天监)十四年(515),又敕沙门僧绍撰《华林佛殿众经目录》四卷。犹以未委,至十七年,又敕沙门宝唱更撰经目四卷”[③]。正是在此基础上,阮孝绪才能够“披录内省,多有缺然,其遗隐记,颇好搜集。凡自宋、齐以来,王公搢绅之馆,苟蓄聚坟籍,必思致其名簿。凡在所遇,若见若闻,校之官目,多所遗漏。遂总集众家,更为新录”。这就是于梁普通四年(523)编著的《七录》。阮孝绪鉴于“释氏之教,实被中土,讲说讽味,方轨孔籍。王氏虽载于篇(指宋王俭所编《七志》),而不在志限。即理

①阮孝绪《七录序》附录,《广弘明集》卷三,《大正藏》第52卷第110页上。
②《隋书》卷三五《经籍志》,第1098页。
③《历代三宝记》卷一一,《大正藏》第49卷第94页中。

求事,未是所安,故序《佛法录》为外篇第一……今合叙《仙道录》为外篇第二。往即先道而后佛,今则先佛而后道,盖所宗有不同,亦由其教有浅深也"①。这里提到的宋王俭是根据朝廷秘书所藏著录的,也已经包括佛典。隋代朝廷搜集佛经、建立经藏情形,隋炀帝有《宝台经藏愿文》说:

> 菩萨戒弟子杨广和南。
>
> 仰惟如来应世,声教被物,殷勤微密,结集法藏。帝释轮王既被付嘱,菩萨声闻得扬大化,度脱无量,以迄于今。至尊拯溺百王,混一四海,平陈之日,道俗无亏。而东南愚民,余燔相煽。爰受庙略,重清海滨,役不劳师,以时宁复。深虑灵像尊经,多同煨烬,结蔓绳墨,湮灭沟渠。是以远命众军,随方收聚,未及期月,轻舟总至。乃命学司,依名次录,并延道场义府,覃思澄明,所由用意推比,多得本类,庄严修葺,其旧惟新。宝台四藏,将十万轴。因发弘誓,永事流通,仍书愿文,悉连卷后。②

这是说在平陈战役中,他注意搜罗经卷,并辇运到北方,建立起经藏。这样,南北朝时期教内、外共同收藏和整理佛教典籍已形成相当规模,更取得相互资助之功效。

随着佛教弘传,特别是书写、顶礼、供养、传播佛典被当作重要功德,民间也兴起收藏佛典风气。而那些有财力、有影响的大寺院更成为大规模收藏佛典的重镇。由于早期佛典翻译工作主要在寺院里进行,那里自然成为保存外来梵(胡)夹和翻译经典的地方。南、北各地译场是翻译兼讲学机构,当然也成为收藏典籍的中心。例如"敦煌菩萨"竺法护,游历西域诸国,"大赍胡本,还归中夏。自敦煌至长安,沿路传译,写为晋文。所获大小乘经《贤劫》、《大哀》、

①阮孝绪《七录序》,《广弘明集》卷三,《大正藏》第52卷第109页上、中。
②《广弘明集》卷二二,《大正藏》第52卷第257页中。

《正法华》《普耀》等凡一百四十九部。孜孜所务,唯以弘通为业,终身译写,劳不告倦"①。他在长安青门外立寺,所搜集的佛典胡本和所译经籍应当收藏在那里。其他译师情形亦应类似。由于经籍数量庞大,门类繁富,遂有条理明晰地加以著录的必要,经录从而出现。而编撰经录正以大量典籍集中为前提。从现存道安《综理众经目录》可以看出当时佛典搜集的规模。汤用彤指出:

> (道安)必须目见经本,乃可入录(《祐录》所引安公语中,未言经阙而仍著录者)。故《安公注经录》(《祐录》五)云:"遇残出残,遇全出全。"盖谓经无论残缺,必须过目,乃可入录。②

道安一生流泊不定,从河北流落襄阳,又北归长安,他所见经典应主要是各地寺院所收藏。慧远在庐山建东林寺,那里成为译经中心,同样搜集大量经典,僧祐记载:

> 初经流江东,多有未备,禅法无闻,律藏残缺。远大存教本,愤慨道缺,乃命弟子法净等远寻众经,逾越沙雪,旷载方还。皆获胡本,得以传译。每逢西域一宾,辄恳恻谘访。屡遣使入关,迎请禅师(佛陀跋陀罗——著者),解其摈事,传出禅经。又请罽宾沙门僧伽提婆出数经。所以禅法经戒,皆出庐山,几且百卷。③

这样,庐山成为一时译业中心,也是藏书中心。梁元帝萧绎说自己聚书四十年,得八万卷,他在叙述搜集图书经过时说到:

> 僧正法持绖经书是其家者,皆写得;又得招提琰法师众义疏及众经序;又得头陀寺昙智法师阴阳、卜祝、冢宅等书;又得州民朱澹远送异书,又于长沙寺经藏就京公写得四部⋯⋯又

①《出三藏记集》卷一三《竺法护传》,第518页。
②《汉魏两晋南北朝佛教史》上册第150页。
③《出三藏记集》卷一五《慧远法师传》,第568页。

> 就东林寺智表法师写得书法书……又就会稽宏普、惠皎道人
> 搜聚之……①

这里的惠（慧）皎就是《高僧传》编撰者。萧绎从僧人那里得到大量图书，可见一些义学沙门个人藏书之丰富。同样如僧祐，在后半生数十年中，一方面致力于弘传律学，一方面"凡获信施，悉以治（建业）定林、建初及修缮诸寺，并建无遮大集舍身斋等，及建立经藏，搜校卷轴。使夫寺庙开广，法言无坠，咸其力也"。正是在这样的基础上，他才有可能从事规模巨大、水平很高的学术研究，写出一批代表一代佛学水平的著作。僧传上又说：

> 祐集经藏既成，使人抄撰要事，为《三藏记》（即《出三藏记集》）、《法苑记》（《法苑杂缘原始记》）、《世界记》、《释迦谱》及《弘明集》等，皆行于世。②

这应是当时大型佛寺藏书的典型状况。

北朝同样重视经藏建设。如曾担任中书舍人的冯亮笃好佛理，"延昌二年（513）冬，因遇笃疾，世宗敕以马舆送令还山，居嵩高道场寺，数日而卒……乃焚于山。以灰烬处，起佛塔经藏"③。

经目编撰是与结集"一切经"即"大藏经"同时进行的。这又进一步刺激了寺院的经籍收藏。至隋室初建的"开皇元年（581），高祖普诏天下，任听出家，仍令计口出钱，营造经像。而京师及并州、相州、洛州等诸大都邑之处，并官写《一切经》，置于寺内；而又别写，藏于秘阁。天下之人，从风而靡，竞相景慕，民间佛经，多于六经数十百倍"④。至"平陈之后，于扬州装补故经，并写新本，合六百

---

①《金楼子》卷二《聚书第六》。
②《高僧传》卷一一《齐京师建初寺释僧祐传》，第 440、441 页。
③《魏书》卷九〇《冯亮传》，第 1931 页。
④《隋书》卷三五《经籍四》，第 1099 页。

一十二藏、二万九千一百七十三部、九十万三千五百八十卷"①。隋代在京师大量收藏经像,这方面的积累也给唐代佛教的繁荣准备下物质条件。

隋唐时期译经基本已经是朝廷官营事业,寺院经典收藏及目录编撰也逐步纳入到朝廷指导和管理之下。如:

> 龙朔三年正月二十二日,敕令于敬爱道场写一切经典;又奉麟德元年正月二十六日敕,取履味沙门十人惠概、明玉、神察、道英、昙邃等,并选翘楚,尤闲文义,参覆量校,首末三年。又置官寮,是途供给。敕使洛州长史银青光禄大夫南康郡开国公韩威、判官洛州司功参军李亮、台使郑州司士参军卢行诩、判官王屋县尉郑祖均等,精加检覆。写旧经论七百四十一部、二千七百三十一卷;又写大唐三藏法师新译经论七十五部、一千三百三十五卷,合新旧八百一十六部、四千六十六卷入藏。其有古来有目而无本者,合三百八十二部、七百二十五卷,随访随写。真所谓伟哉法宝,内外无瑕,洞矣流法,皎镜深浅,纯一无杂,具足清白而已哉!②

汤用彤指出:

> 隋唐藏经之所,想遍天下。文集中常见藏经序文,方志中所记寺庙常有藏经之院,其最著名者有四:一为隋时江都之宝台经藏……盖聚江南佛典,所收六朝章疏至为可贵,当已毁于隋末之乱。二为丹阳牛头山佛窟寺经藏,此为刘宋初刘司空所造,访写七藏,分为一佛经,二道书,三佛经史,四俗经史,五医方图符,至唐贞观十九年火灾全毁。三为西明寺经藏,显庆中御造藏经,道宣为之作录(详上文),至贞元中慧琳在此作

---

①《辩正论》卷三,《大正藏》第 52 卷第 509 页下。
②静泰《大唐东京大敬爱寺一切经论目序》,《大正藏》第 55 卷第 181 页上。

《大藏音义》一百卷,贮本于其中。四为庐山东林寺经藏,元和年云门僧灵彻流窜而归,栖泊此山,将去,言之江南西道观察使武阳公韦丹,请建经藏。①

这里所说庐山经藏,如上所述,早在慧远时已经具有相当规模。汤用彤列举的四个藏经院可以代表当时经藏的不同类型。

唐玄宗开元初年,朝廷有意限制佛教,有诏禁断坊市铸佛写经。这也印证当时民间写经之盛并已成为赢利事业。诏书中明令规定:

> 自今已后,禁坊市等不得辄更铸佛写经为业。须瞻仰尊容者,任就寺拜礼;须经典读诵者,勒于寺取读;如经本少,僧为写供。诸州寺观并准此。②

这是限定寺院作为专门收藏佛经的地方。当时通都大邑的大寺由朝廷出资抄写、收藏经藏,作为天下寺院的范本。从而到隋、唐时期,收藏佛经连及收藏外典成为寺院制度,而施写、施舍经藏作为功德的风气也更加盛行。例如唐"元和初,江西观察使韦君丹于庐山东林寺神运殿左、甘露坛右,建修多罗藏一所……一切经典,尽在于内,盖释宫之天禄、石渠也"③;又如白居易晚年助修洛阳香山寺,"乃于诸寺藏外杂散经中得遗编坠轴者数百卷帙。以《开元经录》按而校之,于是绝者续之,亡者补之,稽诸藏目,名数乃足。合是新旧大小乘经律论集凡五千二百七十卷,乃作六藏,分而护焉"④。在唐代,士人寄居寺院成为风气,寺院藏书丰富,也提供了习业、进修的方便。

唐代有些寺院已有专门的经藏院或经藏阁之类建筑。如翊善

①《隋唐佛教史稿》第 102—103 页,中华书局,1982 年。
②唐玄宗《禁坊市铸佛写经诏》,《全唐文》卷二六,第 300 页。
③白居易《东林寺经藏西廊记》,《白居易集笺校》卷四三,第 5 册第 2751 页。
④《香山寺新修经藏堂记》,《白居易集笺校》卷七一,第 6 册第 3805 页。

坊保寿寺,本高力士宅,天宝九载舍为寺,"经藏阁规构危巧"①。宋、元以下,中国寺院建设格局形成规范,藏经楼成为具有一定规模的寺院的必要构成部分。宋代端明殿学士王应辰上奏:"窃见所在道宫佛寺,造作经藏,装饰像貌,所用金箔动以万计。虽法所不许,而令未必行,公然抵冒,视为常事,日甚一日,岁甚一岁。"②侍御史赵抃上奏则说:"伏见京师寺宇宫观,营造连年……至于洪福寺屋宇、兴国寺经藏、开宝寺佛塔等处,纷纷营建,竞相夸尚……"③这都表明当时某些寺院所建藏经楼的巨大规模与奢华程度。

　　一些大型寺院富于藏书,又起到公共图书馆的作用,也是它们作为所在地文化中心的主要条件。寺院的收藏当然主要是三藏圣典,但中国佛教本来具有浓厚的学术性格,许多高僧大德都学该内外,兼通儒玄,他们必然也会热心搜集各类世俗典籍。前面引述汤用彤的话,已说到寺院经藏收藏外典情形。唐道宣著《量处轻重仪》,是关于处置寺院财物的规定,其中"内外经籍"分为"内法经部"和"外俗书记"两大类,关于"外俗书记"的意义说到:

　　　　谓凡有纪传,皆存外有,上则顺天奉地,匡国化民;中则孝事父母,立身行道;下则营卫六府,五行备附。据事以求,莫非身计,纵闲放林泽,无非养生,故名外书。

又具体分类说:

　　　　初谓九流史籍(九流者:一道,二儒,三名,四法,五墨,六纵横,七阴阳,八农流,九杂流),即六经、纬候、诸子、史传、杂说、文纪等;二谓三古字书(谓三苍,古文,篆籀,隶、楷、真、草诸迹等也);三所盛书器(即上内经所列者,并余纸笔墨砚等)。④

---

①段成式《酉阳杂俎》续集卷六,第257页。
②《历代名臣奏议》卷一九二。
③同上卷三一六。
④《量处轻重仪》,《大正藏》第45卷第842页下。

汤用彤提到的中唐时期法融所住丹阳牛头山佛窟寺,有辟支佛窟,
原来"有七藏经画:一佛经,二道书,三佛经史,四俗经史,五医方图
符",这个经藏本是"昔宋初有刘司空造寺,其家巨富,用访写之,永
镇山寺,相传守护"①,于贞观十九年夏旱失火焚毁。又如前面提到
的建康定林寺僧祐,所搜校的卷轴中必定有许多外典,所编《弘明
集》作为护法著作,也抄录范缜《神灭论》等反佛著作,正表明这一
点。刘勰博通经论,也曾利用定林寺经藏从事著述。慧皎修《高僧
传》,在序录中说:

> 尝以暇日,遇览群作,辄搜检杂录数十余家,及晋、宋、齐、
> 梁春秋书史,秦、赵、燕、凉荒朝伪历,地理杂篇,孤文片记。并
> 博咨古老,广访先达,校其有无,取其异同。②

他所利用的史、地等各类图书,应当是寺院的收藏。梁武帝大通元
年(527)立同泰寺,"其年三月六日,帝亲临幸,礼忏敬接,以为常
准,即舍身之地也。虽亿兆务殷,而卷不辍手,批阅内外经论典坟,
恒以达曙为则。自《礼记》、《古文》、《周书》、《左传》、《庄》、《老》、诸
子、《论语》、《孝经》,往哲所未详悉,皆为训释"③。而得到梁武帝器
重的僧祐弟子宝唱,编著大量典籍,其中包括卷帙浩繁的类书,显
然也利用了寺院的丰富藏书。敦煌写卷中包含类别丰富的四部
书,其中很多是寺院僧侣或写经生抄录的,也是佛寺收藏和研读外
典的实证。诗人白居易晚年几次把自己的文集送到庐山东林寺、
东都圣善寺、苏州南禅院、龙门香山寺收藏,固然表现他"愿以今生
世俗文字、放言绮语之因,转为将来世世赞佛乘转法轮之缘"④的心

---

①《续高僧传》卷二〇《唐润州牛头沙门释法融传》,《大正藏》第50卷第604页中。
②《高僧传》卷一四《序录》,第524页。
③《续高僧传》卷一《梁扬都庄严寺金陵沙门释宝唱传》,《大正藏》第50卷第
　427页中。
④《苏州南禅院白氏文集记》,《白居易集笺校》卷七〇,第6册第3789页。

愿,也表明这些经藏里包含世俗著作。这乃是当时寺院藏书的风
俗。宋代以后,教内学术空气降低。但雕版印刷兴起,典籍收藏更
容易,寺院藏书更为普遍。由于经籍有大量印本流通,私家藏书随
之兴盛起来,不过仍有些人利用寺院藏书。如周濂溪曾在庐山研
习佛书,李贽罢云南姚安知府任后即入鸡足山阅读藏经,是士大夫
利用寺院收藏的著例。

　　寺院普遍地收藏图书,建立专门藏书机构,发挥作为公共图书
馆的作用,这是中国佛教的优良传统之一。对于图籍的传播与保
存,对于文化事业的发展,都是具有重大意义的事。

二

　　汇集图书渐多则需要目录,以便于收藏和使用。收藏佛教典
籍也一样。南北朝时期,佛教翻译经典和本土相关著述渐多,制作
目录即"经录"也就显得必要和紧迫。自此进行的佛典目录编制工
作遂成为中国目录学建设中独具特色、贡献突出的一部分。

　　中国古代目录不同于近代西方单纯作为图书分类、方便编排
插架的目录,有其独特的传统。中国最早的分类图书目录是刘向
《七略》,其撰著情形是:"至(汉)成帝时……诏光禄大夫刘向校经
传诸子诗赋……每一书已,向辄条其篇目,撮其指意,录而奏之。
会向卒,哀帝复使向子侍中奉车都尉歆卒父业。歆于是总群书而
奏其《七略》"[1]。后来班固撰《汉书》,立《艺文志》,目录被纳入为史
学一部分。在中国图书主要分类方法的四部分类里,"目录"也属
于史部,这对中国目录学思想与理论的发展关系十分重大。刘向

<hr>

[1]《汉书》卷三〇《艺文十》,第1701页。

当初著录经籍,已经不单纯是"条其篇目",更"撮其指意"。这已经是具有"辨章学术,考竟源流"意义的中国目录学的滥觞。中国完整、详细的目录书除了著录典籍的名目、作者、年代、卷数、存佚等情况之外,又根据图书内容加以归纳,标出类目,并就某一类书的学术源流加以考辨、叙说、评论,作成叙论,这已类似某一学科简明的学术史;对于具体典籍,则不仅记载其形态、内容和价值,往往更辨析真伪,指明其版本源流、校勘情况,总结历代研究成果,做出评价等等,成为叙录,乃是对一部书整体状况和价值的总结。这样,逐步发达起来的中国目录学就具有独特的学术史的内容与功能。而治中国传统学问,在一定意义上研习目录书就成为第一要务,也是深入研究一门学问和一个作者、一部书的起点。

中国佛教目录即经录正是继承了这一传统,而又根据佛教典籍的具体情况有所变通、发展,从而为佛学研究提供了便利、有效的工具,更成为佛教学术研究的重大收获。作为中国目录学的一个分支,形态独特的佛教经录作出了特殊贡献。

现存最早一部完整经录是僧祐所著《出三藏记集》。其中引述以前一些经录,如"安录"、"安公录"、"安公杂录"、"安公大录",指的是下面将说到的道安《综理众经目录》;另有"旧录"、"别录"、"古录"、"古异录"、"王宗经录"等,如今已不能确知作者及其撰作年代。但在他之前,在道安编撰经录的前后,已经有许多人在做同样工作则是可以肯定的。至隋代,费长房编撰《历代三宝记》,在第十五卷末著录"搜寻并见"的"六家目录"和"检传记有目"的"二十四家录"。后一部分著录从秦代释利防的所谓"古录"直到《灵裕法师译经录》(或以为是后人伪增)、《众经都录》等,实际是二十六家。其中有些可能即是僧祐所说的"旧录"、"古录";有几部如西晋《竺法护录》(《众经目录》)、《聂道真录》(《众经目录》)和东晋《支敏度录》(《经论都录》和《别录》),据今人研究,一般认为是草创期经录;

其余在文献上别无它据,特别是所述秦代经录,则判定是伪托或误传①。

对于中国佛教目录学作出重大贡献的首推释道安。他的《综理众经目录》是如今可考经录的开山之作。僧祐说:

> 原夫经出西域,运流东方,提挈万里,翻转胡汉。国音各殊,故文有同异;前后重来,固题有新旧。而后之学者,鲜克研核,遂乃书写继踵,而不知经出之岁,诵说比肩,而莫测传法之人。授受之道,亦已阙矣。夫一时圣集,犹五事证经,况千载交译,宁可昧其人事哉!昔安法师以鸿才渊鉴,爰撰经录,订正闻见,炳然区分……②

这里说到释道安当初面临的状况:随着译籍增多,译者、译出年月、文本异同、传授情形等等都出现混乱,编撰经录就是要解决这些问题。僧祐一再说:"法轮届心,莫或条叙。爰自安公,始述名录,诠品译才,标列岁月。妙典可征,实赖伊人。"③"寻大法运流,世移六代,撰著群录,独见安公。"④道安的《综理众经目录》久已佚失,但僧祐编撰《出三藏记集》拿它作为依据,保存了基本部分。这一事实本身就可以证明其价值。依据《出三藏记集》考定,道安这部经录大体分为四部分:第一部分按时代顺序编列译人和每位译师的译籍,"始述名录,诠品译才,标列岁月"(这一部分僧祐收录在《出三藏记集》第二卷《新集撰出经律论录第一》里,自安世高至竺法立共

---

① 梁启超、姚明达、汤用彤、吕澂等人已不同程度地对费长房所录致疑,日本学者小野玄妙(《佛教经典总论》中译本,新文丰出版公司,1983年)、谭世保(《汉唐佛史探真》,中山大学出版社,1991年)、李富华与何梅(《汉文佛教大藏经研究》,宗教文化出版社,2003年)则对于这些经录的存在完全加以否定。
② 《出三藏记集序》,《出三藏记集》卷一,第2页。
③ 同上卷二,第22页。
④ 同上卷四《新集续撰失译杂经录第一》,第123页。

十六家①，僧祐继续补充至刘宋时期的圣坚及其译籍），这是总目录；第二部分编列佚失译人姓名和不同翻译年代、翻译地区的译本（收入《出三藏记集》卷三，为《新集安公古异经录第一》、《新集安公失译经录第二》、《新集安公凉土异经录第三》、《新集安公关中异经录第四》）；第三部分甄别真伪，编列怀疑为伪撰的经典（收入《出三藏记集》卷五《新集安公疑经录第二》）；第四部分编列汉地佛典注疏和撰述（收入《出三藏记集》卷五《新集安公注经及杂经志录第四》）。由于作者著述态度严谨，所录经籍均曾过目，因此内容相当可靠；门类区分也很有特点：著录"异经"，提出不同时期、不同地区的异译本；又分别疑伪，即注意佛教流传后中土制作的伪经。这些对于认识、研究中国佛教都极有价值，在中国目录编制中更是开创体例之举。全部著录基本按时代顺序，提供出清晰的历史脉络，这又体现了中国目录学重视历史发展的传统特征。由于古代印度著述缺乏历史观念，道安经录所体现的这些优长对于整个佛教研究具有极其重大的意义。

目录编撰成为道安门下治学的传统，也是他一门佛学研究的重要成果。前面提到他的弟子慧远在庐山聚集经藏，集录有《庐山录》一卷；慧远另一弟子道流编撰《众经录》四卷，未就而卒，由其同学竺道祖完成；道安另一弟子僧叡后来参加罗什译场，编成《二秦众经目录》。东晋南北朝译事繁荣，义学兴盛，经典编目工作成果丰富，南北各朝先后出现十几种经录。其中著名的有前面提到的梁天监十四年僧绍依据华林殿经藏所编《华林佛殿众经目录》四卷等。不过这些经录均已亡佚②。主要是因为经录作为工具书，后出转精，新的更丰富、更准确的经录出现，一般旧录也就失去应用价值。今传最早的经录是前述僧祐的《出三藏记集》，因为它不仅作

---

①本有"昙摩罗察"一家计十七家，但其人即竺法护，道安和僧祐均误分为二人。
②敦煌写卷里有《众经别录》上卷残片，学术界对其作者和年代尚无一致看法。

为目录体现极高的质量,更具有多方面的学术价值。

僧祐(445—518)在本书已经一再提到过。他俗姓俞,原籍彭城下邳(今江苏睢宁西北),生于建康(今江苏南京)。十四岁投定林上寺出家,后受业于著名律师释法颖,钻研律部,著名当时。齐竟陵王萧子良每请讲律,听众常数百人。他自少迄老,搜集经藏,专心著述,成为有成就的佛教学者;他又精通工艺,善设计佛像,享有盛名。由于他戒行高严,博学多才,齐、梁间受到朝野器重,门下僧俗弟子达万人之多,著名者有宝唱、智藏、刘勰等人,均各有专长。他有著作十二种,内容涉及释迦的教化胜迹、历代高僧行迹、佛典翻译和著述情况、佛教制度律仪以及在中土发展情形等,多已亡佚。今存三种,即辑录历代弘法文献的《弘明集》十四卷、佛传类的《释迦谱》五卷和《出三藏记集》十五卷。

《出三藏记集》的内容已远远超出一般目录范围,在以后介绍佛教史学时还将说到。全书分为四部分,即"撰缘起"(一卷)、"诠名录"(共四卷)、"总经序"(共七卷)和"述列传"(共三卷)。其中狭义的目录只是"诠名录"四卷。但如果从"辨章学术,考竟源流"角度看,另外三部分也包含目录学内容。而如果仅就"诠名录"来分析,除前面的《序》和后面《小乘迷学竺法度造异仪记第五》及《喻疑》一篇,总计十五录,其中卷二《新集表序四部律录第三》阙。这十五篇里,七篇是照抄《安录》或据以改写的,另八篇是僧祐创制的。这八篇中有两篇内容性质《安录》已有,即卷四的《新集续撰失译杂经录第一》和卷五的《新集疑经伪撰杂录第三》,是著录失译、别生和疑伪经的。因为越是时间靠后,这类经典越多,内容有所补充,辨别也更为重要,因此另立篇目。其他六篇,卷二《新集条解异出经录第二》著录异译经典;卷五《新集抄经录第一》著录经抄,是别生经的一种;卷二《新集表序四部经录第三》(阙)、卷三《新集律分为五部记录第五》、《新集律分为十八部记录第六》、《新集律来汉地四部记录第七》都是记述律部传译情形的。道安时期律藏的传译和研究成果有限,僧祐又是律师,精律学,因此对律学源流、派别及其流传情况更为重视和熟悉,所以增添了这些部分。

《出三藏记集》作为经录,有许多不够规范、严密之处。如作为狭义经录的《诠名录》部分,分类比较凌乱,有的类别重出,有的分类界限不清;最重要的《新集经律论录》只是依次著录译人、经典名目,多有脱漏,又缺乏历史概况的说明;作为佛教目录,也没有作部派、学派的分类,"大、小雷同,三藏杂糅"。实际早在"未详作者,似宋时述"的《众经别录》二卷里,已作大、小乘的区分,僧祐没能加以继承和发展。此外如上所述,全书由四个大的部分构成,第一部分"撰缘起"记叙天竺结集"三藏"状况和汉地早期翻译情况,是属于佛教经籍史和翻译史内容;第三部分"总经序"、第四部分"述列传"则是关于具体经典和译人的记叙和评论,都大大超出目录范围。但是作为第一部完整经录,编撰者眼光开阔,记述详密,它不仅成为佛教目录学史上的丰碑,更是研究中国佛教历史最重要的基本史料之一。

三

前面已经提到,南北朝是编撰经录兴盛期。一般说来,南、北各朝都依据收藏经典编制目录。这些目录都已佚失,只能从后代记述中大体了解某些书的情况。例如前面说到"似宋时述"的《众经别录》,已经明确区分大、小乘经典①。正是在这诸多经录的基础上,又由于隋代南、北统一迎来佛教繁荣的新形势,朝廷又崇重佛教,才有可能搜罗南、北所传典籍,编撰更精密、详细的经录,遂有

---

① 参阅《历代三宝记》卷一五,《大正藏》第 49 卷第 125 页中一下。

大兴善寺沙门法经等二十人奉敕于开皇十四年(594)完成的《众经目录》,因人命名又称为《法经录》。法经等进呈该经录表章中说:

> 大兴善寺翻经众沙门法经等敬白皇帝大檀越:去五月十日,太常卿牛弘奉敕须撰《众经目录》,经等谨即修撰。总计众经合有二千二百五十七部五千三百一十卷,凡为七卷:别录六卷,总录一卷。缮写始竟,谨用进呈……比逮东晋、二秦之时经律粗备,但法假人弘,贤明日广,于是道安法师创条诸经目录,铨品译材,的明时代,求遗索缺,备成录体。自尔达今二百年间,制经录者十有数家。或以数求,或用名取,或凭时代,或寄译人,各纪一隅,务存所见。独有杨州律师僧祐撰三藏记录,颇近可观,然犹小、大雷同,三藏杂糅,抄集参正,传记乱经,考始括终,莫能该备。自外诸录,胡可胜言。僧众既未获尽见三国经本,校验异同,今唯且据诸家目录,删简可否,总标纲纪,位为九录,区别品类,有四十二分。九初六录三十六分,略示经、律三藏大、小之殊,粗显传译是非真伪之别;后之三录,集传记注。前三分者并是西域圣贤所撰,以非三藏正经,故为别录;后之三分并是此方名德所修,虽不类西域所制,莫非毗赞正经,发明宗教,光辉前绪,开进后学,故兼载焉。[①]

从上面这段"自述"就可以知道,这是一部立意在前人基础上补偏救弊的总结性著作。作者们特别重视道安和僧祐的成就,但又明确指出了他们的不足,所以编制新目录特别注重纠正前人的偏失。作者们又是在南北朝义学高度发达的情况下著述的,有可能把前人研究成果吸收到自己著作之中。不过作者们主要是根据前人各种经录加以著录,并没有如道安那样逐一检阅经本,则不能不留下严重缺失了。

---

① 法经等撰《众经目录》卷七,《大正藏》第 55 卷第 148 页下－149 页上。

　　前一段引文已说明全书结构：分为七卷，主要部分是《别录》前六卷，"总标纲纪，位为九录，区别品类，有四十二分"；第七卷是《总录》，包括进呈所上表章和总目录。《别录》的具体情况是："初六录三十六分，略示经、律三藏大、小之殊，粗显传译是非真伪之别"，即分别著录大、小乘修多罗（经）藏，毗尼（律）藏和阿毗昙（论）藏，构成六录；每一录又区分为一译、异译、失译、别生、疑惑、伪妄六分，这样总共三十六分。如此严格区别开大、小乘经、律、论，又就经典的翻译、真伪等具体情况加以分类，具有开创意义，是基于长期研究结果作出的，对于总括认识全部经典也是重大进展。所谓"一译"，指具体经典只有一个译本，并不意味着没有节（单品或部分）译本；"异译"指全经或单品的重译本，由于多数译本已无原本用资考订，保存不同译本就显得特别重要；"失译"指翻译时代和译者已经佚失的；"别生"指从大本抄出流行的；"疑惑"即所谓"疑经"，是真伪难以判断的；"伪妄"则是肯定为中土编撰的伪经。这后两部分主要是区分真伪，对于认识佛教真义当然十分重要。但前面讨论伪经已经说过，疑伪经大体是佛教流传后中土人士所制作，正反映了制作者对佛教的理解，在中国佛教研究中意义重大。此书首次将在中土备受重视的《大乘起信论》列在《疑惑》一类，乃是关于该论真伪长期争论的滥觞。后三录六分，每录二分，分别编录佛灭度后西域和中土的抄集、传记和著述，内容主要是印度和中国佛教史资料。

　　这部经录也有不少疏漏之处。特别由于是根据诸家经录编撰的，抄录时省略了出处，又往往简省文字，著录异译不按年代先后次序，对于具体经典的著录又有错误，等等，都影响目录书必要的准确和详明。但这部经录改变了此前以译人、年代编制目录的做法，创造了区别大、小乘，再划分经、律、论的更符合佛教典籍特殊形态和性质的新模式；又区分、列出"西方诸圣贤所撰集"、"此方诸德传记"和"此方诸德著述"，中土人士著作从而首次被编辑入录，更符合佛教在中国发展的实际情况和需要；又注重考辨"疑伪"，这些都是总结性成果，奠定了后世编制经录的基本格局，其价值和影响是相当巨大的。

《法经录》完成三年以后，费长房以一人之力，编撰成《历代三宝记》又名《开皇三宝录》，因人立名亦称《长房录》或《房录》。费长房，成都人，本为僧，周武废佛还俗，入隋，招为翻经学士。他在《总目序》里记叙编撰情况说：

> 臣幸有遇，属此休时，忝预译经，禀受佛语，执笔暇隙，寝食敢忘。十余年来，询访旧老，搜讨方获，虽粗缉缀，犹虑未周。广究博寻，求敬俟来俊。今之所撰集，略准三书以为指南，显兹三宝。佛生年瑞，依周夜明；经度时祥，承汉宵梦；僧之元始，城堑栋梁；毗赞光辉，崇于慧皎。其外傍采隐居《历年》、国志典坟、僧祐《集记》、诸史传等仅数十家。摘彼翠零，成斯纪翩……昔结集之首，并指在某国城；今宣译之功，理须各宗时代。故此录体，率举号称为汉、魏、吴及大隋录也；失译疑伪，依旧注之。人以年为先，经随大而次。有重列者，犹约世分，总其华戎、黑白、道俗，合有一百九十七人，都所出经、律、戒、论、传，二千一百四十六部、六千二百三十五卷，位而分之为十五轴，一卷总目，两卷入藏，三卷帝年，九卷代录。①

由这个自叙可以知道，费长房显然具有更明晰的历史观念。他创设"代录"体，给经录编撰提供了又一个新模式。其书分为四部分：帝年三卷，代录九卷，入藏录二卷和总目一卷。"帝年"如前引文所说，"佛生年瑞，依周夜明"，把佛陀立教年代上溯到周庄王十年（前687），以下记叙直到当朝（隋）的甲子、朝代、年号，下面注以国家和佛教大事。这是简要的佛教年表或编年史。"代录"历叙各朝译经

---

① 《历代三宝记》卷一五，《大正藏》第 49 卷第 120 页下。

情况,就具体朝代首述王朝始末及佛教传播、佛典翻译和流传情形,然后列出译者及其译籍数目,有些朝代还附失译经数目,又以主要篇幅著录每位译撰者所出经典名称、卷数及其生平履历。由于作者早年生活在北朝,又分别著录南北朝各朝情况,专立苻秦、姚秦、西秦、北凉、元魏、高齐等录,这是以前各种经录所不见的。"入藏录"二卷分大乘和小乘,反映当时藏经编撰情况。费长房创设"代录"和"入藏录",是经录编撰方面的重要贡献,对后代影响巨大。可是因为他是以个人力量从事如此巨大、繁重的工作,难免考核不精,多有伪滥,这也是被后人多所诟病的。

隋唐时期是经录著述最为弘富的时期。无论是从创新角度,还是从总结角度,都达到了顶峰。隋代《房录》之后,还有彦琮《众经目录》。入唐,经藏流通更广,出现更多、质量也更高的经录。首先值得注意的是初唐著名佛教学者道宣的《大唐内典录》。

道宣(596—667)是唐代著名佛教学者,律师,中土律宗创始人。有关生平事迹在下面介绍唐代佛教宗派时还将介绍。他著述弘富,《大唐内典录》作为经录著作,是佛教目录学的又一重要成就,其序文说:

> ……故尊者迦叶,集四箧于崛山;大智文殊,结八藏于围表。遂能流被来际,终七万之修龄;余波东渐,距六百之嘉运。详夫爰始梵文,负之亿计香象;今译从于方言,大约五千余卷。迁贸更袭,浇薄互陈;卷部单重,疑伪凡圣。致使集录奔竞三十余家,举统各有宪章,征核不无繁杂。今总会群作,以类区分,合成一部,开为十例。依条显列,无相夺伦,文虽重张,义绝烦乱。①

从以上所述可以看出,以前经录编撰方式大体可分为两大流派:一派是道安、僧祐以下至法经等,偏重经典分类和真伪辨析;另一类

---

① 《大唐内典录序》,《大正藏》第 55 卷第 219 页上。

以费长房为代表，更注重经典年代和译人生平即历史的叙述。而到《大唐内典录》，总结三十余家编制经录的经验教训，融合两大传统的优长而加以发挥，梁启超评论说：

> 唐代经录学大家，则前推道宣，后有智昇。道宣学风，酷类僧祐传称其为僧祐转生，同为明律大师，同谙悉佛门掌故，《续高僧传》以继慧皎，其精审殆突过之。有名之《大唐内典录》十卷——省称《内典录》，实彼七十岁时之著作原跋云"余以从心之年，强加直笔，舒通经教"，其书法集法经、长房两派之所长而去其所短，更为有系统的且合理的组织，殆经录中之极轨矣。①

这里称赞为"极轨"，因为后来又有水平更高的《智昇录》，未必得当。但《内典录》作为又一个总结性的目录著作，价值重大是可以肯定的。

道宣所录共计十八代经典，总数二千二百三十二部七千二百卷，"以类区分"，"开为十例"，即分为十录。分别为卷一至卷五《历代众经传译所从录》，记载从汉至唐十八朝（包括南北朝）的译经和撰述；第六、七两卷《历代翻本单重人代存亡录》，大、小乘各一卷，记载三藏单本和重翻经典译人、译时、译地和篇幅（用纸）；卷八《历代众经总摄入藏录》，由于经典部类繁多，以帙入藏要以类相从，此录说明某类经典有几帙，置于藏经处左、中、右哪一隔，因此有人推测这一录是当时西明寺实际藏经目录②；第九卷《历代众经举要转读录》，这是重译本善本目录；第十卷《历代众经有目阙本录》、《历代道俗述作注解录》、《历代众经支流陈化录》、《历代所出疑伪经论录》、《历代众经录目始终序》和《历代众经感应兴敬录》计六录，根据名目可以了解其内容。其中《阙本录》和《支流陈化录》仅有序言，没有具体经典名目，"支流陈化"指别生经；《历代众经录目始终

---

①《佛家经录在中国目录学之位置》，《佛学研究十八篇》第21页。
②参阅陈世强《佛典精解》第49页，上海古籍出版社，1992年。

序》著录前出经录；最后的《感应兴敬录》是感应缘，与目录无关。十录中以《历代众经传译所从录》、《历代众经举要转读录》和《历代道俗述作注解录》最为重要。

《历代众经传译所从录》是所谓"代录"，继承《房录》格式，即按历史十八朝顺序，首先列出朝代和佛教大事以及译人、出经总数；然后汇列一朝译人译出经目和失译经数；以下按译人一一记述经名、卷数并注出出经年月、别称、重译的译次和以前经录著录情况；每位译人的译籍之后有小结并附以小传。书中对隋代以前《房录》已经记载的内容多仍其旧（包括错误处），但有所增补，接续部分则是新撰。《历代众经举要转读录》是道宣新创。在漫长的译经史上，出现众多重译（异译）本。考察这些译本，有所据梵本的同异，有全本和单品的差别，情况相当复杂，不只使人们阅读、研习经典无所适从，而所据经本不同更会造成理解方面的障碍。早在东晋时期就有人注意到这一状况，创造出对异译经典"合本子注"形式。此后各种经录也有相关记载。把这些情况总括起来，形成单独一录，一方面进行"勘同"，即辨别众多"别品异译"的同一母本，另一方面选择异译中的善本，并对不同异译本的优劣加以评析，这无论是对于佛教历史和教理、教义的研究，还是对于经典的阅读、研习都大有裨益。当时道宣做出的判断今天看来不无可商榷之处，但其见解大抵精审，体现了广博、扎实的学问功底。《历代道俗述作注解录》是汉地佛教著述目录，也是道宣首创。这部分集中反映中土佛学发展的成就，显示佛教"中国化"的轨迹，也是相当重要的。

四

蒋伯潜说："佛经翻译事业，至唐代而极盛，佛教书目，至智昇而登峰造极。"①《大唐内典录》之后,有大敬爱寺沙门静泰于麟德二年(665)完成的《大唐东京大敬爱寺一切经论目》、东京佛授记寺沙门明佺等于天册万岁元年(695)奉敕撰成的《大周刊定众经目录》等多种。这也都反映了当时寺院和朝廷收藏和研究佛典的盛况。正是在这样的基础上,出现了经录的总结性成果——智昇的《开元释教录》。

智昇(669—740),生缘不详,长安崇福寺沙门。他"义理悬通,二乘俱学,然于毗尼,尤善其宗。此外文性愈高,博达古今"②。南北朝以来,善律学的沙门多重经录,也是因为严于持律必然重视经典。《开元释教录》序文说:

> 夫目录之兴也,盖所以别真伪,明是非,记人代之古今,标卷部之多少,摭拾遗漏,删夷骈赘,欲使正教纶理,金言有绪,提纲举要,历然可观也。但以法门幽邃,化网恢弘,前后翻传,年移代谢,屡经散灭,卷轴参差,复有异人时增伪妄,致令混杂,难究踪由。是以先德儒贤,制斯条录,今其存者,殆六、七家,然犹未极根源,尚多疏阙。昇以庸浅,久事披寻,参练异同,指陈臧否,成兹部帙,庶免乖违。幸诸哲人俯共详览……自后汉孝明皇帝永平十年岁次丁卯,至大唐神武皇帝开元十八年庚午之岁,凡六百六十四载,中间传译缁素总一百七十六人,所出大、小二乘三藏圣教及圣贤集传并及失译,总二千二百七十八部,都合七千四十六卷,其见行阙本并该前数。新录合二十卷,开为总别:总录括聚群经,别录分其乘藏。二录各成十卷,就别更有七门……③

由此可见智昇编撰这部经录是抱着对于前人成果"参练异同,指陈

①《校雠目录学纂要》第 67 页,北京大学出版社,1990 年。
②《宋高僧传》卷五《唐京兆西崇福寺智昇传》,第 95 页。
③《开元释教录》卷一,《大正藏》第 55 卷第 477 页上。

藏否"、做出总结的明确目的的。他无论是在著述体例上还是著录内容上确实都达到了这一目标。

　　序言里所谓"总录括聚群经,别录分其乘藏",指《总括群经录》十卷和《别分乘藏录》八卷,另有《入藏录》两卷,全书计二十卷。《总括群经录》是"代录",和《长房录》、《大唐内典录》相关部分类似,不过更加详明,对每一位译人、译籍都加以详细考订。对于判定为可靠的经本,又区分"见存"和"阙本",分别注出异名、卷数、译次、译时、目录著录的新旧异同等,并对前人误刊加以剔除,列在译人小传之后。而其主要创获则在《别分乘藏录》,分为"七门"。第一《有译有本录》,把现存所有流传经本加以考核,分类著录;类例细致明晰,考证精详。这一门又分为三录,即《菩萨三藏录》、《声闻三藏录》、《圣贤传记录》。前二者区分大、小乘,又分别"契经藏"、"调伏藏"和"对法藏"即经、律、论三部分,每一部分再分子目。更详细的部类划分反映了对于教理的清晰认识和对于具体经典的定位。例如《菩萨契经藏》子目有六:"《般若经》新旧译"、"《宝积经》新旧译"、"《大集经》新旧译"、"《华严经》新旧译"、"《涅槃经》新旧译"、"五大部外重译经"。这是首次明确大乘经五大部。而律藏则辨析大、小乘律的不同特征,等等。这些都表现出著者见解的清晰和认识的精确。第二《有译无本录》著录阙本,也分大、小乘和圣贤集传,大、小乘下亦分子目。第三《支派别行录》著录所谓"别生"经,下分十五类,可统摄在上述大、小乘和圣贤集传类别之中。第四《删略繁重录》的"删繁"指大部经典删繁摘要,另为一书,又分为四类。第五《补阙拾遗录》著录旧录缺题和新翻未载诸经,又分旧译大乘三藏、新译大乘三藏、小乘律和此方撰集。第六《疑惑再详录》著录"疑经"。第七《伪妄乱真录》著录伪经,分为十三类,分别著录前人经录里明确为伪撰的经典,其中《新论伪经》则是智昇个人研判的成果;《隋沙门信行三阶集录》是三阶教经典集录,这是对曾流行过而又被禁绝的这一教派经典的著录,具有很高的学术价值。上述各部类入藏部分，又编辑为《入藏录》，分为《大乘入藏录》、《小乘入藏录》和《贤圣集》三部分。

　　《开元释教录》在结构上把前人的"代录"体和"部类"体发挥得淋漓尽致，著录内容更空前精详；对具体经典的考订则总结迄至当代的研究成果。它垂为范例，成为后代编撰经录的样板。智昇又编撰《开元释教录略出》四卷，实即《入藏录》，但与《开元释教录》里的相关部分略有不同。北宋以后刊刻《大藏经》，《开元释教录》被当作选择和编辑经典的指南。李富华、何梅指出：

　　　　《开元录》"有译有本录"提出了汉文佛教大藏经迄今最为
　　完善的分类法；规定了汉文佛教大藏经所录经典先后排列的
　　位次；又为书写后的经本的包装和排架做出了规定。进而，在
　　"入藏录"中又为每种经本的抄写规定了纸数，从而使经文的
　　抄写有了固定的格式，使整部藏经有了定式。这一切都为真
　　正意义的汉文佛教大藏经的编刊创造了一切前提条件。可以
　　这样说，《开元录》的编定完成了从一般经录到汉文佛教大藏
　　经目录编辑的历史过程。我国唐代的写本大藏经和之后宋初
　　开始的刻本大藏经就是以《开元录》为目录依据而成书问
　　世的。①

《开元录》以后，历代继续有经录编撰，大体可分为两类：一类是总录，重要的有圆照分别于贞元十一年（795）和十六年编撰的《大唐贞元续开元释教录》、《贞元新定释教目录》，北宋惟净等于天圣五年（1027）编撰的《天圣释教总录》（三册，佚存中、下二册），元庆吉祥等于至元二十四年（1287）完成的《至元法宝勘同总录》等；另一类是译经录，有北宋赵安人等于大中祥符八年（1015）完成的《大中祥符法宝录》（二十二卷，佚存十六卷）、北宋吕夷简等于景祐四年

──────────

①《汉文佛教大藏经研究》第 60 页，宗教文化出版社，2003 年。

(1037)编撰的《景祐新修法宝录》、元庆吉祥于至元二十二年(1285)编撰的《至元弘法入藏录》等。这些后出经录对开元以后佛典翻译、著述情形有所补充,但就体例和学术内涵看总体上都没能超出《开元录》的水平。这和整个佛教的发展形势有关系;另一方面到开元年间佛典翻译实际已近尾声,宋代虽曾一度恢复翻经院,但印度佛教已经衰落,没有重要经典可译,元代以后更只有零星译业,经籍著录已没有多少新的来源,经录的著述也就难为无米之炊了。

又蒋伯潜介绍佛教目录指出:

> 所可注意的,别有二事:(一)元武宗时,尝刊西藏文及蒙古文佛藏,清高宗时,尝刊满洲文佛藏,满蒙藏三藏,当亦各有目录。(二)宋徽宗时,释惟白撰《大藏经纲目指要录》,同时清源居士王古撰《大藏圣教法宝标目》,明末,释智旭撰《阅藏知津》,是三部伟大的佛书解题。[①]

这当中,"明末四高僧"之一的蕅益智旭以二十年功力完成《阅藏知津》,可以说是《开元录》以后佛教目录学比较重要的成果。智旭于经、律、论三藏均研习有得,著述数十种。正是基于这样的素养,他完成了《阅藏知津》四十八卷,包括《总目》四卷,正文四十四卷。所作《叙》中说"旭以年三十时,发心阅藏……每展藏时,随阅随录,凡历龙居、九华、霞漳、幽栖、石城、长水、灵峰八地,历时二十载,始获成稿"[②],可见其用功之勤。由于作者是在认真研读经典的基础上著录的,不同于间接地抄撮而成,这部书无论是体例还是内容都有明显的优长。全书是按天台宗五时判教组织编排的,分为四藏。第一经藏分大、小二乘,大乘经按天台判教分为五部即华严、方等(又分显说和密咒两部)、般若、法华和涅槃;第二律藏分大、小乘

---

① 《校雠目录学纂要》第 67—68 页。
② 《阅藏知津叙》,《法宝总目录》第 3 册第 1007 页中。

律,附疑似杂伪律;第三论藏,分大、小乘,大乘论又分释经论、宗经论、诸论释,每一部分都包括西土和此方两部分,这样不但首次给大乘论分了类,又把大量中土僧人的章疏论著纳入经录;第四杂藏,分西土撰述和此方撰述两类,附外道论两部和疑伪经一部,这一部分的此方撰述又分为十五类,即忏仪、净土、台宗、禅宗、贤首宗、慈恩宗、密宗、律宗、纂集、传记、护教、音义、目录、序赞诗歌、应收入藏此土撰述;应收入藏此土撰述又区分为十项。杂藏收录本土撰述,无论是数量之众多还是分类之细密都是空前的。这部经录在各部类下有概述,多数经典有解说,包括内容和流通情况、学术价值的评论等。这也符合中土目录学的传统体制。《阅藏知津》无论作为研究工具书还是学术著作,都具有较高的水平和价值。

如前所述,我国古代发展到完备形态的目录有三方面内容:一是某一图书部类的绪论,这实际可当作简单的学术史看;二是对典籍本身的著录,主要是作者、时代、卷次、版本、内容概述、存佚等;三是对典籍优缺点及其价值、影响的评论。把诸多佛教经录汇集起来看,同样包含这三方面内容,而且有些经录在某些方面比一般目录更为详明。特别是对于勘同、辨伪、流通等方面的辨析、考证致力尤多,成绩远远超出一般目录书。梁启超论述佛教经录"有优胜于普通目录之书者数事"曰:

> 一曰历史观念甚发达,凡一书之传译渊源、译人小传、译时、译地,靡不详叙;二曰辨别真伪极严,凡可疑之书皆详审考证,别存其目;三曰比较甚审,凡一书而同时或先后异译者,辄详为序列,勘其异同得失,在一丛书中抽译一二种或在一书中抽译一二篇而别题书名者,皆一一求其出处,分别注明,使学者勿惑;四曰搜采遗逸甚勤,虽已佚之书,亦必存其目以俟采访,令学者得按照某时代之录而知其书佚于何时;五曰分类极复杂而周备,或以著译时代分,或以书之性质分,性质之中,或以书之函义内容分,如既分经律论,又分大小乘,或以书之形

式分,如一译多译、一卷多卷等等,同一录中,各种分类并用,一书而依其类别之不同交错互见动至十数,予学者以种种检查之便。吾侪试一读僧祐、法经、长房、道宣诸作,不能不叹刘《略》班《志》荀《簿》阮《录》之太简单太朴素,且痛惜于后此踵作者之无进步也。[①]

这就指出,佛教经录在许多方面取得了独创性成就,在许多方面充实了我国古代目录学的内容,一般目录与之相较在某些方面多有不及之处。佛教经录的成果是在发达的中国传统目录学的基础上取得的,而一般目录学又从佛教经录取得借鉴。这也可看作是古代中外文化交流成绩的一部分。

---

① 《佛家经录在中国目录学之位置》,《佛学研究十八篇》第 1 页。

第十八章　佛教史学的繁荣

一

　　我国自古以来就有重视修史的传统。春秋时期列国有国史，如孟子所谓"晋之乘，楚之梼杌，鲁之春秋"①等。当时各国设有史官，是朝廷重要职务。重视历史，对于统治阶层具有明得失、著鉴戒、褒有功、贬邪佞等现实意义，更是中国文化人文精神传统的具体体现。而后来被历代王朝确立为统治思想的儒家"游文于六经之中，留意于仁义之际，祖述尧舜，宪章文武，宗师仲尼，以重其言"②，因此也十分重视史学。古称"左史记言，右史记事"，《春秋》和《尚书》分别是"记言"、"记事"的儒家经典典范。后来经、史分途，关于"记言"、"记事"孰轻孰重有一种说法，谓"经以载道，史以记事，史与经不可同日语也"。但给《资治通鉴》作注的胡三省却说："夫道无不在，散于事为之间，因事之得失成败，可以知道之万世亡弊，史可少欤！"③又中国古代史学传统，一方面强调"实录"，一

---

①《孟子注疏》卷八下《离娄下》，《十三经注疏》第 2728 页。
②《汉书》卷三〇《艺文志十》，1728 页。
③《新注资治通鉴序》，《资治通鉴》卷首第 28 页。

方面注重褒贬,即要求在客观真实的历史记述中体现一定的价值观和思想性。英国史学家卡尔(E. H. Carr)曾指出:

> 所谓历史,开始于人们对于一系列特殊事件关联的思考,这些事件不是在时间长河中的自然过程(比如四季循环或人的一生等等),而是人们有意识地参与其中,并有意识地施与影响的。①

中国史学完全符合这样的精神。所以国史《春秋》成为替万世立法的经典,另一方面又有"六经皆史"之说。也正因此,在汉代儒术被确立为统治思想之后,史学一直得到推重,成为中国学术成就巨大、辉煌的部门之一。

相对于中国古代历史观念清晰、史籍丰富、早在公元前九世纪已经形成确切的编年史传统,古印度的历史观念则十分模糊,关于古代史事和历史发展状况,基本没有明确的记载。这种情况是南亚民族特有的思维方式决定的,也和当地学术传统中宗教文化占主导地位有直接关系。绝对的信仰应当是超越历史、不受客观历史规律制约的。这样,印度宗教,包括佛教同样缺乏历史叙述,因而印度佛教学术中史学也就欠发达。而相对比之下,中国却形成了十分发达的佛教史学。除了中国历史观念高度发达的思想土壤之外,这也是由中国古代文化特有的重现实、重人事的传统促成的。

佛教输入中土的两汉之际,中国史学已十分成熟,因此有关佛教的各方面情况也就陆续被著录于文字。到传入四百年左右的晋、宋以降,有关其流传、发展、演变情形,参与活动的人物、发生的事件等等,已经积累起大量资料。面对丰富的材料,中国人利用成熟的史学著述经验,开始积极地加以总结,进行记叙、评述,撰著各

---

① E. H. Carr《歴史とは何か》(What is History?)第200页,清水几太郎日译本,岩波书店,1962年。

种各样有关佛教历史的著作。在一般史书如晋袁宏《后汉纪》、《魏略·西戎传》（陈寿《三国志》裴注引）、宋范晔《后汉书》里，也记录了有关佛教的内容。杂纂类著述如宋刘义庆《世说新语》及其刘孝标注里，也记载大量僧人活动史料。僧团内部亦开始撰著佛教史书。这样，僧俗学界共同努力，开创出中国佛教史学建设的繁荣局面。这种情形也是中土重视历史的优良传统的具体体现。这种传统又决定了中国佛教史学的一些总体特征：清晰的历史脉络，对历史事实的重视，比较浓厚的理性精神，丰厚的文化底蕴，等等。这些特征在下面对于佛教史学成果的具体介绍中会清楚地显现出来。

严格意义的中国佛教史学主要指佛教内部的史学著述。一般史学著作里也包含佛教历史内容，例如"正史"《魏书》里有《释老志》、《元史》里有《释老传》（这也是"正史"里立有专志、专传的仅有的两部书），也可以算作广义的佛教史学的内容。

佛教史学的成就和意义是多方面的。教团内部撰写的历史文献，毫无疑问提供了研究佛教史的第一手资料（当然，由于出自教团，必然不同程度地包含有偏见和不实成分）；由于印度佛教缺乏历史的叙述，这些史籍里包含众多关系南亚和中亚佛教历史和一般史、地材料，对于相关领域研究提供了重要的、往往是独一无二的资料；佛教是中国历史上的重要宗教之一，佛教文化又是支撑中国文化的三大支柱之一，佛教的历史乃是中国历史的重要构成部分，佛教史学也成为中国史学的重要部分；就史学研究而言，佛教史籍所记述往往与列朝史事相关，其中许多史料可补一般史籍的缺失和不足，因而具有特殊价值，等等。而佛教史籍除了担负描述历史的任务，还被当作弘教护法的手段。就宣扬佛教思想、影响佛教进一步发展的实际作用来说，这些史籍往往并不下于卷帙浩繁的"三藏"经典，因此它们又不同于一般史书，对于宗教和一般的思想、学术研究具有重要价值。这些著作在中国佛教建设中更发挥了巨大作用和长远影响,又成为推动佛教"中国化"的一份助力。

唐代著名史学家刘知几在《史通》里提出修史必须具备史德,概括才、学、识三事。清代的章学诚加以阐发说:"非识无以断其义,非才无以善其文,非学无以练其事。"[1]在中国传统史学里,修史要求体现出作者的卓识、博学和美文。佛教史籍撰述同样也遵循着这样的原则;而就教内人士说,还要具有诚挚的信仰心和高昂的护法热忱。这后一方面,也是形成他们著述的独特内容与风格的重要因素,也在相当程度上决定了它们的优缺点。

就僧团所著述佛教史籍范围论,诸家认识宽狭不一。如陈垣先生,即"略依《阅藏知津》,将此土撰述中之目录、传记、护教、纂集、音义等各类"著作均包含到"中国佛教史籍之范围"[2]之中。而一般按狭义区分,目录、音义以及护教等类著作应属于另外的学术门类。这一章介绍佛教史学,酌情采用后一种立场。

中国佛教史学兴盛于南北朝,一批优秀的佛教史学家在这一时期出现,是由教内外、主客观诸多条件所促成的。

从教内情况说,到南北朝时期,随着佛教发展的兴盛、影响的扩张,描述其传入中土并广泛弘传的历史状况,总结经验教训,不仅必要,而且成为可能。佛教作为外来宗教,在中土异质文化环境中扎根、发展,已经历数百年与本土文化冲突、交流、适应的过程。总结这一历史过程,不仅可以如一般史籍那样明鉴戒、垂教训,也是弘扬佛法的实际需要。当时又适逢中国史学发达期,南北王朝统治者普遍注重文事,重视修史,私家修史也成为普遍风气,这不但为佛教史学的发展提供了丰富的借鉴和经验,也直接刺激和推动了佛家史家从事著述。

就一般史学发展而言,汉代以前,修史乃是朝政大事,史学也

---

[1]《文史通义内篇》卷五《史德》,《章氏遗书》第 5 册,第 40 页,文物出版社,1985 年。

[2]《中国佛教史籍概论·缘起》,第 2 页,中华书局,1962 年。

还没有从经学中独立出来。西汉刘歆叙《七略》,东汉班固著《汉书·艺文志》,诸史均附入儒家《春秋》部类。到魏秘书监荀勖分别甲、乙、丙、丁(经、子、史、集)四部书,这是史学观念转变和修史实践成就的集中体现,标志着史学取得独立的学术地位,从而为史学发展走向繁荣开辟了坦途。如梁启超所说:"两晋、六朝,百学芜秽,而治史者独盛,在晋尤著。"[1]这一时期史学著述内容更加丰富,体裁更为多样,成果也更为众多。而与佛教史学有密切关联者更有三事。

一是南北分裂,北方建立起一批少数民族政权,引起人们对于边疆,特别是北方少数族和异域诸国情况包括历史状况的关注。北方十六国均有国史。北魏崔鸿加以鸠集,著成《十六国春秋》。南朝宋范晔《后汉书》有《西域传》,梁沈约《宋书》有《夷蛮传》,其中也包括天竺诸国传记。当时的西域是中土佛教来源之地,佛教在中国又十分发达,相关史料自然普遍地被教内、外史家所重视。

二是地理之学在这一时期得到突出发展。当初司马迁著《史记》只述河渠,班史《汉书》始有专门的《地理志》。魏晋以来,海内外交通发达,出现许多地理著作,如晋虞挚《畿服经》、齐陆澄《地理书》、陈顾野王《舆地志》等。当时边疆和外国地理成为人们普遍关注的对象。如法显《佛国记》那样的佛教旅行记正是在这样的背景下出现的。

三是自魏实行"九品中正制",士族政治之下"官有世胄,谱有世官"[2],氏族传承、人文谱系特别受到重视,谱学从而发达起来,出现了许多谱牒、姓苑之类著作。佛法也有传承的历史,自然也引起人们的重视。陈真谛译有《部执异论》,就是记述部派佛教历史的;而如僧祐著《萨婆多记》,则是记述萨婆多部(说一切有部)"偏行齐

---

[1]《中国历史研究法》第2章《过去之中国史学界》,《梁启超史学论著四种》,第122页,岳麓书社,1998年。

[2]《陔余丛考》卷一七《谱学》,栾宝祥、吕宗力点校,河北人民出版社,1990年。

土,盖源起天竺,流化罽宾,前圣后贤,重明叠耀"①的史实的。佛教
人物及其行迹,佛法传承的关系、谱系等等,构成佛教历史的重要
内容,也是佛教史籍的重要内容。

　　然而佛教史学与一般史学又有重大差别。除了内容及其侧重
点不同之外,更重要的是佛教徒修史从根本说是一种弘教、护法事
业,在观念上学术意义是被置于第二位的。例如纪录中国佛教流
传、发展的源流,就是要阐扬佛法的基本观点,说明正法输入和流
行的伟大意义,批评反对、阻碍佛法的人物和事实,总结佛教在中
土发展的经验教训;编写高僧传记,则不是单纯记述人物,主要是
树立修持、传播佛法的典范,等等。这样就难免多有夸诞、失实之
处,意识中更难免多有偏颇和错谬。特别是佛教史料许多来自传
闻,则与宗教一般的流传方式有关系,也和宗教所必然具有的玄
想、夸张的性格有关系。佛教史书中玄想的、夸张失实的内容往往
和真实的史实掺杂在一起,这也会给治史者造成不少混乱或困扰,
利用起来则是必须抱批判态度、加以认真分析的。当然从另一个
角度说,就佛教史研究说,那些玄想的、夸诞的成分也是历史真实
的一部分,同样具有宝贵的"史料"价值。

二

　　中国佛教史学兼具开拓和总结意义的重要成果,首先当数僧
祐的《出三藏记集》。这部书本来是经录类著作,已经在前面关于
佛教目录学一章介绍过。而它作为史籍的价值同样重大。

　　僧祐是律学大师和优秀的佛教学者,著作由本人结集为《释僧

---

①《出三藏记集》卷一二,第466页。

祐法集》，有自序叙述治学状况说：

> 僧祐漂随前因，报生阎浮，幼龄染服，早备僧数。而慧解
> 弗融，禅味无纪，刹那之息徒积，锱毫之勤未基。是以惧结香
> 朝，惭动钟夕，茫茫尘劫，空阅斩筹。然窃有坚誓，志是大乘，
> 顶受方等，游心《四含》。加以山房寂远，泉松清密，以讲席闲
> 时，僧事余日，广讯众典，披览为业。或专日遗餐，或通夜继
> 烛，短力共尺波争驰，浅识与寸阴竞晷。虽夫管窥迷天，蠡测
> 惑海，然游目积心，颇有微悟……①

他的八部著作今存《释迦谱》、《弘明集》和《出三藏记集》三种。前
者是依据翻译经、律撰集而成的现存中土撰述的第一部佛传；第二
部书辑录自东汉末至梁僧俗宣扬佛法的论著，立意主要在弘教、护
法，保存了有关佛教论辩的一批重要资料；第三部书则是现存最早
的完整经录。三部书都是开创体例之作。《出三藏记集》内容所涉
及年代可靠的史事，最晚的是卷五《新集安公注经及杂经志录第
四》所述及的天监九年(510)郢州头陀道人妙光造作《萨婆若陀眷
属庄严经》一卷，因而可以推断这部书完成于其后，即是僧祐晚年
学术成熟期著作。作为佛教目录学经典作品，这部书的内容远远
超出单纯的目录范围，具有多方面学术价值。仅从史学角度看，这
部书乃是中国早期佛教历史资料的宝库，提供了研究佛教史和一
般历史的许多基本史料。作者自述书的内容和特点说：

> 缘记撰则原始之本克昭，名录诠则年代之目不坠，经序总
> 则胜集之时足征，列传述则伊人之风可见。并钻析内经，研镜
> 外籍，参以前识，验以旧闻。若人代有据，则表为司南；声传未
> 详，则文归盖阙。秉牍凝翰，志存信史，三复九思，事取实录。
> 有证者既标，则无源者自显。庶行潦无杂于醇乳，燕石不乱于

①《释僧祐法集总目录序》，《出三藏记集》卷一二，第 457 页。

荆玉……①

从这些话也可见作者极端认真的著述态度。如上引自述表明的，《出三藏记集》全书四个部分。第一部分"撰缘记"，记述译经因缘及其历史，也关系到印度佛教史；第二部分"诠名录"是经录部分，前面已经详细介绍过，是根据道安《综理众经目录》加以扩充、重新编写的；第三部分"总经序"和第四部分"述列传"，包含佛典翻译、佛教教理和中国佛教史等多方面内容。

"述列传"是僧传，当另行论述；"总经序"辑录历代出经序言，乃是集合众人文章而成，这些文章的作者包括三国时的康僧会到僧祐本人，大都是佛教史上著名的、对中国佛教发展作出重大贡献的人（其中一些不详作者的文字，也应出自学养高深的僧人之手）。这一批文章所述除经典译出、流传等情形之外，更对于教义、教理多有发明，成为中国佛教接受和发展史、中国思想史研究的极其宝贵的资料。而其中所透露的史学观念，所提供的历史资料，在中国古代史学史上同样具有重大价值、弥足珍贵。

前面已经提到，印度佛教经典中体现的历史观念极其淡薄，而形成鲜明对比的是中土人士极其重视历史事实和发展状况，并对之加以考信、征实。经序的作者多是译者或译事参与者，他们往往对每一部译出经典，详细记录其传来、译出过程。这种纪录也就成为考订原典结集年代、教理形成层次的主要依据。例如大乘中期的重要经典大乘《涅槃经》，凉州释道朗有经序说：

> 天竺沙门昙摩谶者，中天竺人，婆罗门种……将乘运流化，先至敦煌，停止数载。大沮渠河西王者，至德潜著，建隆王业，虽形处万机，每思弘大道，为法城堑。会开定西夏，斯经与谶自远而至，自非至感先期，孰有若兹之遇哉。谶既达此，以

───────────

① 《出三藏记集》卷一，第 2 页。

玄始十年，岁次大梁，十月二十三日，河西王劝请令译。谶手执梵文，口宣秦言……此经梵本正文三万五千偈，与此方言数减百万言。今数出者一万余偈。如来去世，后人不量愚浅，抄略此经，分作数分，随意增损，杂以世语，缘使违失本正，如乳之投水。下章言(原校："此句语意未尽，下有脱文也。")，虽然，犹胜余经，足满千倍。佛涅槃后，初四十年，此经于阎浮提宣通流布，大明于世。四十年后，隐没于地。至正法欲灭，余八十年，乃得行世，雨大法雨。自是已后，寻复隐没。至于千载，像教之末，虽有此经，人情薄淡，无心敬信。遂使群邪竞辩，旷塞玄路，当知遗法将灭之相。[1]

大乘《涅槃经》是四世纪结集成的新层次经典，先传至西凉，玄始十年(421)开始翻译。经序说该经长期隐没，佛灭千年后方始传出，这是依据佛经全部是佛陀金口所说的传统观念的说法，实际已透露出该经出现的较确切年代。道朗还忠实记录了流传版本增损情形。这就成为考订《涅槃经》形成年代、流传情形的重要依据。而涅槃佛性思想的出现标志着佛教教理的重大转折和发展，在中国更造成极其巨大的影响。

经序包含大量关于中国佛教历史发展的记述。例如第一篇即未详作者的《四十二章经序》，记载汉明求法传说，被当作中土"道法流布"的起始。而几篇出禅经序，则清晰地记录了禅法从印度流传到中国的情况。如僧叡说：

禅法者，向道之初门，泥洹之津径也。此土先出《修行》、《大小十二门》、《大小安般》，虽是其事，既不根悉，又无受法，学者之戒，盖阙如也。鸠摩罗法师以辛丑之年十二月二十日，自姑臧至长安。予即以其月二十六日从受禅法。既蒙启授，

---

[1]《出三藏记集》卷八，第314—315页。

乃知学有成准，法有成修……寻蒙抄撰众经禅要，得此三卷。初四十三偈，是鸠摩罗罗陀法师所造，后二十偈，是马鸣菩萨之所造也。其中五门，是婆须蜜、僧伽罗叉、沤波崛、僧伽斯那、勒比丘、马鸣、罗陀禅要之中，抄集之所出也……①

又慧远说：

如来泥曰未久，阿难传其共行弟子末田地，末田地传舍那婆斯。此三应真，咸乘至愿，冥契于昔……其后有优波崛，弱而超悟……八万法藏，所存唯要，五部之分，始自于此……每慨大教东流，禅数尤寡，三业无统，斯道殆废。顷鸠摩耆婆宣马鸣所述，乃有此业……今之所译，出自达摩多罗与佛大先。其人西域之俊，禅训之宗，搜集经要，劝发大乘……②

又慧观说：

此一部典，名为《具足清净法场》。传此法至于罽宾，转至富若蜜罗。富若蜜罗亦尽诸漏，具足六通。后至弟子富若罗，亦得应真。此二人于罽宾为第一教首。富若蜜罗去世已来五十余年，弟子去世二十余年，昙摩多罗菩萨与佛陀斯那具共谘得高胜，宣行法本……昙摩罗从天竺来，以是法要传与婆陀罗，婆陀罗传与佛陀斯那。佛陀斯那愍此旃丹无真习可师，故传此法本流于东州。③

利用以上几段记述，大体可以勾勒出禅法早期在中土传承的历史面貌。

经序还大量记述了译师们的活动，也是佛教史的重要资料。例如康僧会的《安般守意经序》，是最早记述安世高事迹的文献：

①僧叡《关中出禅经序》，《出三藏记集》卷九，第342页。
②慧远《庐山出修行方便禅经统序》，《出三藏记集》卷九，第343—345页。
③慧观《修行地不净观经序》，同上卷九，第347—348页。

有菩萨名安清字世高，安息王嫡后之子，让国与叔，驰避本土，翔而后进，遂处京师。其为人也，博学多识，贯综神模，七正盈缩；风气吉凶，山崩地动；针脉诸术，睹色知病；鸟兽鸣啼，无音不照……徐乃陈演正真之六度，译安般之秘奥，学者尘兴，靡不去秽浊之操，就清白之德者也。

余生末纵，始能负薪，考妣徂落，三师凋丧，仰瞻云日，悲无质受，睠言顾之，潜然出涕。宿祚未没，会见南阳韩林、颍川皮业、会稽陈慧，此三贤者，信道笃密，执德弘正，烝烝进进，志道不倦。余从之请问，规同矩合，义无乖异。陈慧注义，余助斟酌。非师不传，不敢自由也。①

这篇关于安世高的记载，又提供出当时中土人士信仰佛教、参与佛经"注义"的情况。后来释道安（《安般注序》、《阴持入经序》等）、谢敷（《安般守意经序》）的经序继续提供有关这方面的宝贵资料。同样，康僧会的《法镜经序》称：

骑都尉安玄、临淮严浮调，斯二贤者，年在龆龀，弘志圣业，钩深志远，穷神达幽。愍世蒙惑，不睹大雅，竭思译传斯经景模。都尉口陈，严调笔受，言既稽古，义又微妙。然时干戈未戢，志士莫敢或遑，大道凌迟，内学者寡……②

这也反映出早期外来僧侣和中土信徒共同译经和在战乱中佛教艰难弘传的实情。又如释道安的《道行经序》，详细记录了东汉末年竺朔佛传译该经节本和朱士行前往于阗寻求全本的经过；未详作者的《放光经记》则进一步详细记载了朱士行西行、遣弟子传回《放光》经本和在陈留译出情形。

经序所述翻译佛典状况更为详悉，例如前面引述的鸠摩罗什

①《出三藏记集》卷六，第 244 页。
②同上，第 255 页。

弟子僧叡所说参与《大品》翻译情形。通过大量这类纪录，不仅可以明了具体译师的活动，而且能够知道翻译方式、译场组织以及世俗政权对译经事业的支持等史实。如竺法护翻译《正法华经》的出经后记《正法华经记》说：

> 太康七年八月十日，敦煌月支菩萨沙门法护手持胡经，口宣出《正法华经》二十七品，授优婆塞聂承远、张仕明、张仲政共笔受，竺德成、竺文盛、严威伯、续文承、赵叔初、张文龙、陈长玄等共劝助欢喜。九月二日讫。天竺沙门竺力、龟兹居士帛元信共参校，元年二月六日重覆。又元康元年，长安孙伯虎以五月十五日写素解。①

这里记述了早在西晋时期中外僧俗共同参与译经的盛况，亦反映了当时居士佛教发展情形。

当然经序里也有一些无根传说，例如王僧孺的《慧印三昧及济方等学二经序赞》说明《慧印三昧经》等的传出：

> 有广州南海郡民何规，以岁次协洽，月旅黄钟，天监之十四年十月二十三日，采药于豫章胡翼山，幸非放子逐臣，乃类寻仙招隐。登峰十所里，屑若有来。将循曲陌，先限清涧，或如止水，乍有洁流，方从揭厉，且就褰揽。未济之间，互不自觉，见涧之西隅有一长者，语规勿渡，规于时即留。其人……手捉书一卷，遥投与规。规即捧持，望礼三拜。语规："可以此经与建安王。"兼言王之姓字。"此经若至，亦作三七日宿斋。若不晓斋法，可问林下寺副公。"副法师者，戒行精苦，恬淡无为，遗嗜欲，等豪贱，蔬藿自充，禅寂无息。此长者言毕便去。行十余步间，忽不复睹。②

---

① 《出三藏记集》卷八，第 304 页。
② 同上卷七，第 275 页。

像这样的故事，显然是模仿道教神仙传授经书的情节编造的。有趣的是，王僧孺（464—521 或 465—523）是梁著名文人，多识古事，又是与沈约、任昉齐名的当时三大藏书家之一。他在这里表现的历史观念显然较众多学僧相差很远了。

　　总之，《出三藏记集》里的出经序言，作为佛教历史文献，其内容也是极其丰富、极其珍贵的。

<h1 style="text-align:center">三</h1>

　　狭义的佛教史学的成绩，首先当推僧传。南北朝时期这类著作不但种类繁多、数量巨大，而且作为历史著作的价值也极高。它们不仅提供了大量有关佛教历史的材料，对于一般历史研究也具有重大价值和意义。

　　僧传著作的繁荣与中国史学传统也有直接关联。司马迁著《史记》，首创"列传"一体，其中又有别传和类传之分，确立起中国古代正史中主要文体之一。东汉清议品评人物，魏晋以来九品中正诠选人才，也都刺激了人物传记的写作。《隋志 》"杂传类"著录有魏明帝《海内先贤传》、习凿齿《襄阳耆旧传》、皇甫谧《高士传》等各种类型传记作品。中国佛教僧团在具有浓厚历史意识的环境中发展起来，又出现一大批贡献卓越的人物，记述这些人物的生平事绩，表扬他们的精神，是为信徒树立榜样，也是宣教的实际需要。又佛教本来也有创作传记的传统，佛传就是经典中重要一类；还有佛弟子和菩萨传记，中土早有传译，如鸠摩罗什译《龙树菩萨传》等。不过在中土环境中撰写宗教人物传记，不会像翻译佛典的"佛记"那样充满玄想、传说内容。虽然不可避免地对人物有"神化"，有夸饰，但中国史学有重"实录"的传统，佛教史家生存在这一传统之中,所作史传也注重记述人物真实的历史。这样,僧传乃成为中国佛教史学的重要体裁,也是一般史学中史传的特殊一类。

汤一介说:

> 两晋南北朝时期之史书以僧人传记最为发达,其名见于慧皎《高僧传》、《隋书·经籍志》及诸目录、类书者极多。有一人之传记,如《佛图澄传》(《艺文类聚》八十一引)、《支遁传》(《太平御览》引),可考者计二十余种。有一类僧人之传记,知名者有四:《高逸沙门传》一卷,竺法济撰;《志节传》五卷,释法安撰;《游方沙门传》,释僧宝撰;《沙婆多部相承传》五卷,僧祐撰。有一时一地僧人之传记,《高僧传序》曰:"中书郗景兴(超)《东山僧传》、治中张孝秀《庐山僧传》、中书陆明霞(杲)《沙门传》,各竞举一方,不通古今,务存一善,不及余行。"此三书当均属此类。有尼传,如梁释宝唱《比丘尼传》四卷,今存,历叙晋、齐、梁之女尼;又据《隋志》著录慧皎有《尼传》二卷,已佚。有《感应传》,与佛教有关,今知名者有十余种,且如《宣验记》、《冥祥记》等多有辑佚(见鲁迅《古小说钩沉》)。而最重要者为通撰僧传,此不以时地性质为限者也。一则附之他书……一则叙列历代诸僧,另立专书,所摄至广,因至重要。①

这里第一类"附之它书"者,汤一介列出竟陵王萧子良钞《三宝记》十卷和僧祐《出三藏记集》十五卷;"叙列历代诸僧"者列出宋法进《江东名德传》三卷、齐王中《僧史》十卷、梁宝唱《名僧传并序录》三十一卷、梁慧皎《高僧传》古本十四卷近刊十六卷、梁裴子野《众僧传》二十卷(据《隋志》,《内典录》著录裴子野《沙门传》三十卷,并注明其中十卷刘璆撰)、梁虞孝敬《高僧传》六卷、北齐明克让《续名僧传记》一卷等。上述诸书今仅存僧祐《出三藏记集》、宝唱《名僧传》

---

① 汤用彤校注《高僧传·绪论》,第 1 页。

节钞一卷和慧皎《高僧传》三种。

如上所述，僧祐完成《出三藏记集》在天监九年(510)之后。作《名僧传》的宝唱是僧祐弟子，是在"天监九年，先疾复动，便发二愿：遍寻经论，使无遗失；搜括列代经录，创区别之，撰为部帙，号《名僧传》三十一卷，至十三年始就"。其《名僧传序》里又明确记载，"律师释僧祐道心贞固，高行超邈，著述集记，振发宏要，宝唱不敏，预班二落，礼颂余日，捃拾遗漏"①，则他的这部著作显然是有意补充乃师著述的。慧皎《高僧传》所述人物迄于天监十八年。就是说，现存的这三部僧传(包括《出三藏记集》其中"述列传"三卷)，相继完成于天监九年以后的十年间。佛教史传如此集中地创作出来，直接原因显然和梁武帝崇佛的环境有直接关系，扩展开来看更决定于大批有声望、有影响的僧人在历史上出现并已在教内、外造成广泛而深远的影响。而高水平的僧传相继撰作，也是佛教兴旺发达的一个标志。

僧祐精通内、外学，文学水平很高，前一节已经介绍了《出三藏记集》经序部分的史学价值。其"述列传"三卷，作为他个人著述，充分显示了他的学养、文采。三卷中前两卷传主二十二人，附传十三人，是西来译师的传记；后一卷传主十人，附传三人，是汉地弘法和求法大师的传记。这些都是佛教早期(从东汉到南齐)在中国弘传中卓有贡献和影响的人物。写作这些传记，僧祐无论在观念上还是写法上，都继承和发扬了中国古代史学注重写实的优良传统，所谓秉牍凝翰，志存信史，三复九思，事取实录；特别是仿效《史》、《汉》以来的列传体裁，记叙史实，描摹物态，努力塑造出具有鲜明性格的人物形象。僧祐善于叙写，文笔相当优美，加上多有机锋俊语，善用利用玄想、夸饰情节，使得文笔生动活泼，兴味益然。如写道安避石氏之乱南行一段：

---

① 《续高僧传》卷一《梁扬都庄严寺沙门宝唱传》，《大正藏》第 52 卷第 427 页下。

及石氏之乱，乃谓其众曰："今天灾旱蝗，寇贼纵横，聚则不立，散则不可。"遂率众入王屋女机山。顷之，复渡河依陆浑，山栖木食修学。俄而慕容俊逼陆浑，遂南投襄阳。行至新野，复议曰："今遭凶年，不依国主则法事难立。又教化之体，宜令广布。"咸曰："随法师教！"乃令法汰诣扬州，曰："彼多君子，好尚风流。"法和入蜀："山水可以修闲"。安与弟子慧远等五百余人渡河，夜行值雷雨，乘电光而进。前得人家，见门里有一双马枊，枊间悬一马篼，可容一斛。安便呼林伯升。主人惊出，果姓林，名伯升。谓是神人，厚相礼接。既而弟子问何以知其姓字？安曰："两木为林，篼容百升也。"遂住襄阳。

习凿齿闻而诣之。既坐而称曰："四海习凿齿。"安曰："弥天释道安。"时人咸以为名答。凿齿尝饷安梨数十枚。正值讲坐，便手自割分，梨尽人遍，无参差者。高平郗超遣使遗米千石，修书累纸，深致殷勤。安答书曰："损米弥觉有待之为烦！"……其为时贤所重如此。①

这样的记叙与描写，生动地展现出一位高僧的道德与学养，机智与风采。当然作为宗教文献，有些虚妄不实成分也是难免的。

宝唱《名僧传》三十卷是第一部僧人类传。宝唱作为僧祐弟子，学养精深，著述弘富，今存他所编撰的类书《经律异相》是具有多方面价值的早期佛教文献。他致慨于"外典鸿文，布在方册，九品六艺，尺寸罔遗，而沙门净行，独亡记述，玄宗妙德，名绝终古"，虽然有他的老师僧祐"著述集记"（指《出三藏记集》），感到仍有缺失，遂"礼诵余日，捃拾遗漏"②，于天监十三年(514)作成《名僧传》。该书在中土久佚，日本存文历二年(端平二年，1235)沙门性宗摘抄本一卷。该抄本的内容包括原书目录、节抄和"说处"（逐卷摘录的

---

①《道安法师传》，《出三藏记集》卷一五，第562—563页。
②《续高僧传》卷一《梁扬都庄严寺沙门宝唱传》，《大正藏》第52卷第427页下。

要点)。从目录看,收录后汉至南齐僧人四百二十五人,并划分为
法师、律师、禅师、神力、苦节、导师、经史等七科。这种分类并不严
密,却是僧传中"类传"体的滥觞。现存节抄和"说处"的内容主要
是关于弥勒信仰的,反映节抄者的兴趣所在。后来慧皎《高僧传》
流行,这部《名僧传》即湮没不闻了,但其在僧传创作历史上的贡献
和地位是不可磨灭的。宝唱另有《比丘尼传》四卷,今存,记录自东
晋至梁普通年间六十五位比丘尼的事迹,也如《名僧传》一样分科。
一般以为中国佛教史上东晋净检从西域沙门智山受十戒为中土出
现沙弥尼之始,净检四人从昙摩羯多受具足戒为出现比丘尼之始。
六朝时期世家大族信佛成为风气,王公贵族妇女多有出家的;而比
丘尼中人才辈出,也成为推动佛教发展的重要力量;佛教在女性包
括家庭妇女中传播更是历史上关系重大的事。《比丘尼传》记叙相
关人物,同样提供了有关佛教和一般历史状况的大量材料。

　　慧皎(497—554)博通内、外典,尤精于律学。他生活在江南浓
郁的文化环境中,受其熏陶,学养甚高。梁元帝萧绎任江州刺史,
曾到他那里"搜聚"文书①,可见他个人藏书之富。除《高僧传》外,
他还著有《涅槃经义疏》、《梵网经疏》等,均佚。

　　慧皎《高僧传》是在批判地继承前人成果基础上的又一部总结
性著作,代表了当时僧传一体著作的最高水平。在序言里,他明确
表示不满于前人著述:

　　　　然或褒赞之下,过相揄扬;或叙事之中,空列辞费。求之
　　实理,无的可称。或复嫌以繁广,删减其事,而抗迹之奇,多所
　　遗削,谓出家之士,处国宾王,不应励然自远,高蹈独绝。寻辞
　　荣弃爱,本以异俗为贤。若此而不论,竟何所纪?

他又说:

_____

①萧绎任江州刺史在武帝大同六年(540)至中大同二年(547);其所撰《金楼
　子·聚书》有"就会稽宏普惠皎道人搜聚"的记载。

> 自前代所撰，多曰名僧。然名者，本实之宾也。若实行潜
> 光，则高而不名；寡德适时，则名而不高。名而不高，本非所
> 纪；高而不名，则备今录。①

这里除了阐明自己的写作方法和取材标准外，更主要的是表明著
书立场，就是肯定"高而不名"的高蹈隐逸之风。齐梁时期，许多
"义学沙门"活跃在王公贵族间，以名誉相夸炫，行迹已同于权门清
客。慧皎作为精于律学的律师，有意抵制并试图改变这种风气，从
而使得"此书之作，实为一部汉魏六朝之高隐传，不徒详于僧家事
迹而已"②。这也决定了这部书的总体格调。在古代基本是作为
"帝王将相家谱"的传统史学里，这种观念和实践无论是对于史学
还是文学都是具有积极意义和价值的。

　　本书传主自后汉至梁初凡二百五十七人，附见二百余人。受
到作者见闻限制，所述基本是江左人物。作者写作态度谨严，内容
取材书史文献，均有所本；虽然出入诸家，但善于抉摘取舍，融会贯
通，浑然成一家言。本书的史料价值历来为治史者所公认。特别
是关于佛教史事，六朝史书大体忽略；即使如《世说新语》，纪录有
僧人二十余人事迹，主要是有关名士与名僧交往的轶事趣闻；直到
后来唐人修《晋书·艺术传》，僧人也仅存佛图澄、鸠摩罗什等数
传。本书则提供了早期佛教在中土流传的相当全面、详细的资料。
而更值得表扬的是，慧皎著述视野十分宽广。他并不拘泥于记述
佛教内部事迹，更把人物放在广阔社会背景之中，又注意到世俗社
会与佛教的关系；特别是在六朝时期，世家大族是从事文化事业的
主体，本书详于记载有关世家大族的信仰和他们与僧人交往情形，
更可补充一般世俗著述的缺失。

　　这部书在宝唱所首创类传体的基础上加以完善，分为十门，即

---

① 《高僧传》卷一四《序录》，第 524、525 页。
② 陈垣《中国佛教史籍概论》卷二，第 24 页。

译经、义解、神异、习禅、明律、亡身、诵经、兴福、经师、唱导，计十三卷，另有一卷《序录》。其中《译经》三卷，占《序录》以外全书篇幅的23％，这是因为在佛教输入早期，中土人士接受它首先要明其源流。《译经》一门除了记述人物，更通过译人传记简明地阐发了佛教教义、教理及经典翻译、传播的历史等；《义解》五卷，即近全书的五分之二，则反映了当时中国佛学发展的实际，也由于著述当时义学兴盛，佛教义理及其传播情形自然得到重视。而这后一方面正是当时佛教的重要成就，也是中国佛教传统上的优势。译经和义学两门并兴，则表明在中土传播、发展的佛教特别重视有关经典和教理的教学和研究，对思想、文化诸多领域作出巨大、持久的贡献。以下八门所占篇幅合起来不及上述二门。这种分类及其篇幅分配，清楚反映当时佛教发展的实际状况和著者历史观念的明晰与深刻。以后各种僧传大体同样相循分门而名目有别，各门篇幅多寡往往反映所述时代佛教发展的实际情形，而慧皎这种重视经典与学理的精神则一直被延续下来。正是基于这样的精神，《高僧传》才能写成不仅具有重要史料价值，而且具有重大学术意义的著作。这部书不仅是中国佛教史学的经典，更成为一般中国史学史和学术史上的巨著。

《高僧传》每门之后，系以论说，类似有关门类的史志和评述。由于作者识见精审，这些论说也具有相当高的学术和史料价值。例如《译经》的总论，实际是一篇简明精要的佛典传译史；《经师论》记述善声沙门事迹，是关系汉语音韵学的不可多得的材料；而《唱导》篇的总论描写当时流行的佛教文艺形式——唱导盛行情形：

> 至如八关初夕，旋绕行周，烟盖停氛，灯惟靖耀，四众专心，又指缄默。尔时导师则擎炉慷慨，舍吐抑扬，辩出不穷，言应无尽。谈无常，则令心形战栗；语地狱，则使怖泪交零。征昔因，则如见往业；核当果，则已示来报。谈怡乐，则情抱畅悦；叙哀戚，则洒泪含酸。于是阖众倾心，举堂恻怆。五体输

席,碎首陈哀。个个弹指,人人唱佛……①

　　这就生动展现了民众佛教生活的一幅风俗画,也为佛教通俗文学发展历史留下了鲜明生动的缩影,等等。

　　慧皎具有相当高的文学素养。《高僧传》行文流畅,辞采颇为可观,作为文学作品也是不可多得的。从传记文学角度看,这部书在内容和写法上也均有独特之处。一方面,书中记述的是宗教人物,不能没有神怪诡异成分,这正给文学表现的内容和手法开拓了空间,这些内容作为史料看往往荒诞不实,从艺术角度看却是相当具有创意的部分。中土《左》、《国》、《史》、《汉》的史学传统重"实录"和"褒贬",这些史书中虽然有夸饰、想象,但分量和程度都有限。但慧皎的书却大量包含宗教悬想成分。特别是"神异"两卷,描绘佛图澄、耆域、杯度、保志等"神僧"形象,极度夸饰地描写他们预言、射覆、分身、隐形、化物、秘咒、交通神仙、役使鬼物、治疗痼疾等等神奇变化。作者在描述这些内容时又像是有凭有据,利用在事实框架里进行虚构的独特表现方式。这种构思方式和所创造的"神异"情节,在后世小说、戏曲里被普遍地借鉴和发挥。另一方面,作者显然深谙中土《史》、《汉》以来的史传写作艺术,刻画人物、描摹事件技巧相当高超。善于以简洁的文笔、清晰的脉络叙述事实,又检选具有典型意义的细节加以生发,多角度、多层面地刻画出人物性格。例如译师康僧会求取舍利一段:

　　　　……(孙权)乃谓会曰:"若能得舍利,当为造塔,如其虚妄,国有常刑。"会请期七日,乃谓其属曰:"法之兴废,在此一举,今不至诚,后将何及。"乃共洁斋静室,以铜瓶加几,烧香礼请。七日期毕,寂然无应,求申二七,亦复如之。权曰:"此寔欺诳。"将欲加罪,会更请三七,权又特听。会谓法属曰:"宣尼

―――――――――

① 《高僧传》卷一三,第521—522页。

有言曰：'文王既没，文不在兹乎。'法灵应降，而吾等无感，何假王宪，当以誓死为期耳。"三七日暮，犹无所见，莫不震惧。既入五更，忽闻瓶中鎗然有声，会自往视，果获舍利……①

这里写的当然是怪异不经之事，但利用层层递进的渲染手法，对人物行为、语言细致地加以刻画，把一个坚定执着的布道者形象呈现在人们面前。又如对竺道潜的描写：

　　……乃隐迹剡山，以避当世，追踪问道者，已复结旅山门。潜优游讲席三十余载，或畅方等，或释《老》《庄》，投身北面者，莫不内外兼洽。至哀帝好重佛法，频遣两使殷勤征请，潜以诏旨之重，暂游宫阙……潜常于简文处，遇沛国刘惔，惔嘲之曰："道士何以游朱门？"潜曰："君自睹其朱门，贫道见为蓬户。"……潜虽复从运东西，而素怀不乐，乃启还剡之仰山，遂其先志，于是逍遥林阜，以毕余年。支遁遣使求买仰山之侧沃州小岭，欲为幽栖之处，潜答曰："欲来辄给，岂闻巢、由买山而隐。"遁后与高丽道人书云："上座竺法深，中州刘公之弟子。体德贞峙，道俗纶综。往在京邑，维持法网，内外具瞻，弘道之匠也。"顷以道业靖济，不耐尘俗，考室山泽，修德就闲。今在剡县之仰山，率及同游，论道说义，高栖皓然，遐迩有咏……②

书中说竺道潜是丞相王敦之弟，并非事实；但作为铺垫笔法，却更加突显出他山居求道的难能可贵。叙写中选择两个具体细节，分别用教外人刘惔和教内人支遁作衬托。与刘惔的对答取自《世说》，富于机趣；支遁买山情节更意味深长，后来成为著名典故。

　　同时代人王曼颖这样评论慧皎书：

　　法师此制，始所谓不刊之笔。绵亘古今，包括内外，属辞

---

① 《高僧传》卷一《康僧会传》，第16页。
② 同上卷四，第156—157页。

比事,不文不质,谓繁难省,元约岂加。以高为名,既使弗逮者耻;开例成广,足使有善者劝。同之二三诸子,前后撰述,岂得挈长量短、同年共日而语之哉![1]

当然从史学角度评价,这部宗教性的史传也有不可避免的缺憾。除了前面论及的真实历史与无稽传说相混淆之外,为僧人立传则必然要担负起传达教义、教理的任务,描述人物不可避免地带有重教训、程式化倾向,这一点特别表现在宣扬信仰实践的门类如《神异》、《忘身》、《诵经》、《兴福》各传中。

总起来说,慧皎《高僧传》作为佛教史传的经典作品,给后人写作僧传树立一个样板,亦对后世一般史学著述和文学创作造成深远影响。

四

僧人创作中极富独创性而又影响巨大的文体还有求法行记。前面已经提到过,古代中国与外国交往基本是单向的。由于中国是东方文明大国,周边、远近各国有大量使臣、商人、留学生、宗教徒以及一般移民、流民前来,对比之下,中国人出访外国的比较稀少,佛教徒乃是稀有中的例外。因为佛教的源头在印度,历代遂有大量求法僧人西行。这些人中不乏学养高深的人士。中国又有著述以"立言"的传统,求法行记从而被创作出来。这是史学中史志的一体,也是文学中游记的一类。这类著作作为求法僧人个人经行的纪录,遵循中国文化传统的"知行"和"实录"精神,忠实于见闻,举凡著者经行之地的地理形势、道里山川、物产交通以及社会

---

[1]《与沙门慧皎书》,《全上古三代秦汉三国六朝文·全梁文》卷六七,第3353页。

状况、风土人情等等,都翔实地加以记述;而著者们又是虔诚信徒,对于宗教信仰、佛教胜迹以及相关神话传说等记载尤为详悉。这样,这类著作中就包含有关各国、各民族历史、地理、宗教、民俗、艺术、文化等多方面的、极其丰富的内容。又这类著作无论是内容还是写法,都和当时流行的地志一类作品不同,因而具有特殊价值。

佛教历史上的"西行求法运动"艰苦卓绝。自有纪录的曹魏末年朱士行西行,后继者络绎不绝,大致情况本书前面已介绍过。在魏晋以来西行求法潮流中,成绩最为突出的首推东晋末年的法显,他的事迹前面也已述及。他从陆路去,从海道回,十四年间遍游西域、印度和南亚诸国,访学圣迹,寻求经本,成为西行求法活动中贡献空前的人物。他记录旅途见闻,成《佛国记》(异名《法显传》等)一书,乃是有关中南亚史地和中西交通的经典著述,也是中国文献中旅行记即游记一体的开创性著作①。这部书篇幅巨大,文采斐然,创始体例,学术价值是多方面的。

《佛国记》历叙作者所西行寻访的三十余国的山川、道里、气候、物产等自然风貌和典章、制度、宗教、风俗等社会状况,对于佛教遗迹、寺庙、信仰、礼仪和相关故事、传说等记述尤详,所述基本是前此内、外典籍中所未见的。如赴印途中经过于阗(今新疆和田)的情况:

> 在道一月五日,得到于阗。其国丰乐,人民殷盛,尽皆奉法,以法乐相娱,众僧乃数万人,多大乘学,皆有众食。彼国人民星居,家家门前皆起小塔,最小者可高二丈许。作四面僧房,供给客僧及余所须。国主安堵法显等于僧伽蓝。僧伽蓝名瞿摩帝,是大乘寺,三千僧共犍槌食。入食堂时,威仪齐肃,次第而

---

① 《佛国记》有《法显传》、《佛游天竺记》、《历游天竺记传》等各种异名;而关于后二者是否同一书有不同看法,参阅章巽《法显传校注序》、《法显传校注》,上海古籍出版社,1985年。

坐,一切寂然,器钵无声。净人益食不得相唤,但以手指麾。①

这里用十分简洁的文字,具体描述当地的社会形势、风俗习惯,特别是佛教派系、制度、威仪等等。这就成为了解当时这一地区的社会状况和佛教历史的宝贵资料。法显游历印度,正当笈多王朝兴盛时期。即使是印度本土,有关这一时代存留史料也不多。因而这部书的有关记述对于研究古代印度这一段历史和佛教史也就弥足珍贵。如记叙在巴连弗邑写律情形:

> 从波罗㮈国东行,还到巴连弗邑。法显本求戒律,而北天竺诸国皆师师口传,无本可写,是以远步,乃至中天竺。于此摩诃衍僧伽蓝得一部律,是《摩诃僧祇众律》,佛在世时最初大众所行也,于祇洹精舍传其本。自余十八部各有师资,大归不异,于小小不同,或用开塞。但此最是广说备悉者。复得一部抄律,可七千偈,是《萨婆多众律》,即此秦地众僧所行者也。亦皆师师口相传授,不书之于文字。复于此众中得《杂阿毗昙心》,可六千偈。又得一部《綖经》,二千五百偈。又得一部《方等般泥洹经》,可五千偈。又得《摩诃僧祇阿毗昙》。故法显住此三年,学梵书、梵语,写律。②

这里不仅记叙访求经典的经历,更对当时印度和中国佛教律学的状况作出清晰描述。又如写摩竭提国巴连弗邑(今印度比哈尔邦巴特那)行像仪式:

> 凡诸中国,惟此国城邑为大。民人富盛,竞行仁义。年年常以建卯月八日行像。作四轮车,缚竹做五层,有承栌、揠戟,高二匹余许,其状如塔。以白氎缠上,然后彩画,作诸天形象。以金、银、琉璃庄校其上,悬缯幡盖。四边做龛,皆有坐佛,菩

---

① 章巽《法显传校注》第 13—14 页。
② 《法显传校注》第 141 页。

> 萨立侍。可有二十车,车车庄严各异。当此日,境内道俗皆
> 集,作倡伎乐,华香供养。婆罗门子来请佛,佛次第入城,入城
> 内再宿。通夜然灯,伎乐供养。国国皆尔。①

这里用朴素的白描笔法描绘场面,把盛大仪式热烈庄严的气氛烘
托出来,从中可见当时印度佛教传播情形及其礼佛风俗;再如写到
游历加耶城,转述佛陀成道传说时提到诸天神"唱导"②,这是后来
在中国得到突出发展的宣教形式,这一记述给考察其源流提供了
重要线索;关于师子国王城,写到城中多居住"萨薄商人"③,"萨薄"
即"萨宝",指阿拉伯商人,他们在南北朝直到唐代历史上曾活跃一
时,这一记述证明当时印度早已有他们活动的踪迹,等等。书中这
样有史料价值的细节多有。由于法显从陆路去,从海道回,游行时
间长、阅历广,他见闻、记录的中南亚史地、中外交通等方面的状况
也就空前地翔实、广泛,因而更显得珍贵。

　　作为史传文学,这部书叙写技巧十分杰出。全书以质朴无华的
文笔,历述了自长安出发到浮海东还十四年间不顾身命、艰难具更的
历程;结构则注重详略剪裁,以求法行迹为主线,穿插描述所到之处
的见闻,有关社会现状、风俗、名胜古迹以及佛教史事和故事传说等
等,绘形绘影,使人如临其地;在质朴述说中亲身经历聚结成的浓厚
感情又洋溢在字里行间,动人心扉。如在小雪山慧景冻死一段:

> 住此冬三月,法显等三人南度小雪山。雪山冬夏积雪。
> 山北阴中遇寒风暴起,人皆噤战。慧景一人不堪复进,口出白
> 沫,语法显云:"我亦不复活,便可时去,勿得俱死。"于是遂终。
> 法显抚之悲号:"本图不果,命也奈何!"复自力前,得过岭。④

---

① 《法显传校注》第 103 页。
② 同上第 122 页。
③ 同上第 154 页。
④ 同上第 51 页。

这里用简短笔触,写尽了艰辛旅途中求法者的勇气和相互间的深情。特别应当指出的是,当时文坛骈体正在流行,这种质朴生动的散体文字也在文坛上保存了一股清新风气。

法显之后,西行求法者继有其人,多有写作行纪一类书的。见于著录的有智猛《游行外国传》、释昙景《外国传》、释法盛《历国传》等①。而北魏孝明帝神龟元年(518)比丘惠生和宋云受胡太后派遣西行求法,经于阗,越葱岭,至北印乌场国等地,携回大乘经典,宋云撰有《行记》,惠生撰有《家纪》。二书久佚,佚文存于杨衒之《洛阳伽蓝记》卷五"凝圆寺"条。杨衒之引述二人旅行记,又参照另一位西行求法者所作《道荣传》以补缺文。从现存三种书佚文看,内容同样是按旅行路线,叙写山川形势、社会风俗,而着重记述佛教史迹,夹叙相关传说,大体与《法显传》类似。杨著本是记叙塔寺的,因而引述也重在有关塔寺的描写,其中关于雀离浮图的记载尤其详悉生动。北魏佛教造像艺术成就突出,与接受西域影响有直接关系。宋云等人的记述也表明当时人对于西方艺术的重视。

佛教徒写求法行记,主要目的当然在弘扬佛法。这些著作成为中国文化史上的名著,特别是在中外史地之学和文学两个领域作出无可替代的重大贡献,大概是作者们始料所不及的。

五

北魏留下两部历史上占有重要地位的长篇巨著——郦道元的《水经注》和杨衒之的《洛阳伽蓝记》。前者是地理书,也是优秀的

---

① 参阅向达《汉唐间西域及海南诸国古地理书叙录》,《唐代长安与西域文明》第565—578页,生活·读书·新知三联书店,1979年。向达考释昙景即昙无竭,见上文。

山水记和游记作品,其中包含大量古代宗教、民俗资料。后者是世俗作品,记述北魏京城洛阳的佛寺兴废,本属于方志一体,开创了寺塔记这一独特的体裁,也应算作是广义的佛教史学的成绩。

作者杨衒之[①],生年、爵里、家世均不可详考。道宣《广弘明集》卷六《王臣滞惑篇》记载他是"北平人",而北魏有两北平,分别相当于今河北遵化和满城一带。他在魏孝庄帝永安年间(528—530)曾任奉朝请;以后担任过期城(今河南泌阳)太守和抚军府司马等职。据其自述,《洛阳伽蓝记》完成于魏孝敬帝武定五年(547)之前[②]。

北魏立国,拓跋族入主中原,对"夷狄之教"的佛教自然抱有亲近感。除太武帝拓跋焘一度毁佛,朝廷一直是大力加护佛教的。孝文帝拓跋宏迁都洛阳后,进一步全盘汉化,弘扬佛教乃是汉化内容的一部分;更大建塔寺,洛阳一地佛寺达一千余所。至北魏末年,尔朱荣叛乱,攻占洛阳,高欢乘机掌握朝政,立年仅十一岁的元善见为帝,是为孝敬帝,改元天平(534),迁都邺城。洛阳在东西魏攻防战乱中残破,佛寺亦遭毁弃。《洛阳伽蓝记》即以动人心弦的笔触,凭记忆叙写洛阳繁荣时期的塔寺盛景。

关于写作动机,杨衒之在序文里说:

> 暨永熙(532—534)多难,皇舆迁邺,诸寺僧尼,亦与时徙。至武定五年,岁在丁卯,余因行役,重览洛阳。城郭崩毁,宫室倾覆,寺观灰烬,庙塔丘墟。墙被蒿艾,巷罗荆棘,野兽穴于荒阶,山鸟巢于庭树。游儿牧竖,踯躅于九逵;农夫耕稼,艺黍于双阙。"麦秀"之感,非独殷墟;《黍离》之悲,信哉周室。京城

---

①《广弘明集》作"阳衒之";《魏书》卷七二《阳尼传》附《阳固传》有二子休之、伫之,或以为"衒之"与其同族同辈分,姓"阳"为是。

②参阅曹道衡《关于杨衒之和〈洛阳伽蓝记〉的几个问题》,《文学遗产》2001年第3期。

表里,凡有一千余寺,今日寮廓,钟声罕闻。恐后世无传,故撰斯记。①

这清楚表明,作者是想通过塔寺兴废来表达对于洛阳的兴衰之感。这也决定了这部书实际内涵的深广程度。关于作者对佛教的态度,是牵涉到本书思想倾向的一大问题。书里对于佛教确实多有相当严厉的批判。但如果仔细分析就会发现,这些批评主要是针对僧团风气、僧尼伪滥和塔寺靡费的,并没有从根本上否定佛教教义;另一方面书中又多有宣扬灵验、赞扬胜迹的文字,在塔寺描写里更时时流露赞叹之情,所以陈寅恪有"衒之习染佛法"②之说。实际这后一方面也正是作者写作激情的真正来源。

《洛阳伽蓝记》的学术价值是多方面的。这也与这部书的体例有关系。据考原书体例与现存文本不同。今本关于塔寺的记述是与一般史事混合在一起的,而原本体例应是采用翻译佛典合本子注形式。唐刘知几已经指出此书原本采用"列为子注"③的体例。清人纪昀等人据以进行过深入讨论。陈寅恪对佛书合本子注体例曾进行过深入探讨,认为这种著述方式"与今日语言学者之比较研究法暗合","与吾国中古思想史关系颇巨"④,并在清人研究基础上,明确提出"其书制裁乃模拟魏晋南北朝僧徒合本子注之体"⑤。周祖谟据此校理本书,指出:

> 此书凡记伽蓝者为正文,涉及官署者为注文。其所载时人之事迹与民间故事,及有衒之按语者,亦为注文。如卷一永宁寺条,《开元释教录》引之,而不录常景之传记及宋云西行求法一节所载《道荣传》云云,亦均为子注。考《法苑珠林》卷三

① 《洛阳伽蓝记校注》第1—2页。
②⑤《读洛阳伽蓝记书后》,《金明馆丛稿二编》第158页。
③《史通》卷五《补注》。
④《支愍度学说考》,《金明馆丛稿初编》第165页。

十八引雀离浮图一节，全不引《道荣传》语，即其证也。陈寅恪
先生谓此即本于魏晋南北朝僧徒合本子注之例，诚不可易。[1]

这样，杨衒之把"合本子注"方式用于史志，在史书体例上乃是一种
创举。

在史学观念方面，杨衒之同样继承了古人著史重"实录"的传
统。在书中他借隐士赵逸之口说：

> 自永嘉以来，二百余年，建国称王者十有六君，皆游其都
> 邑，目见其事。国灭之后，观其史书，皆非实录。莫不推过于
> 人，引善自向。符生虽好饮嗜酒，亦仁而不煞。观其治典，未
> 为凶暴，及详其史，天下之恶皆归焉。符坚自是贤主，贼君取
> 位，妄书生恶。凡诸史官，皆类是也。人皆贵远贱近，亦为信
> 然。当今之人，亦生愚死智，惑已甚矣。[2]

由此可见，杨衒之对当时修史伪滥的弊端看得很清楚，自己在史事
记述和评论中当然要避免出现同样的偏颇。这就决定了本书反映
史实的基本立场。当时文坛又正盛行骈骊雕琢之风，作者的文字
力求质朴无华，用朴素的散文体进行记述，显示了文体观念上的卓
识，也保证了写作艺术上的优长。

这部书今本凡五卷，作为记述主体的是洛阳城内和东、南、西、
北四方的寺庙；以佛寺景物为中心，兼述时事，上而追述史迹，旁及
传说逸闻，提供出一代名都洛阳的极其丰赡、生动的写照。毛晋绿
竹亭本《洛阳伽蓝记跋》说：

> 魏自显祖好浮屠之学，至胡太后而滥觞焉。此《伽蓝记》
> 之所繇作也。铺扬佛宇，而因及人文。著撰园林歌舞鬼神奇

---

[1]周祖谟《洛阳伽蓝记校释·叙例》第 4—5 页，世纪出版集团、上海书店出版
社，2000 年。
[2]《洛阳伽蓝记校注》第 89 页。

怪兴亡之异，以寓其褒讥，又非徒以记伽蓝已也。妙笔葩纷，奇思清峙，虽卫叔宝之风神，王夷甫之姿态，未足以方之矣。①

《四库提要》则评论说：

其文秾丽秀逸，烦而不厌，可与郦道元《水经注》肩随。其兼叙尔朱荣等变乱之事，委曲详尽，多足与史传参证。其他古迹艺文，及外国土风道里，采撝繁富，亦足以广异闻。②

作为例证，可举城内永宁寺塔的描写为例：

中有九层浮图一所，架木为之，举高九十丈。有刹复高十丈，合去地一千尺。去京师百里，已遥见之……绣柱金铺，骇人心目。至于高风永夜，宝铎合鸣，铿铿之声，闻及十余里……衒之尝与河南尹胡孝世共登之，下临云雨，信哉不虚。时有西域沙门菩提达摩者，波斯国胡人也。起自荒裔，来游中土，见金盘炫日，光照云表；宝铎含风，响出天外。歌咏赞叹，实是神功。自云："年一百五十岁，历游诸国，靡不周遍。而此寺精丽，阎浮所无也。极物境界，亦未有此。"口唱南无，合掌连日。至孝昌二年中，大风发屋拔树。刹上宝瓶随风而落，入地丈余。复命工匠，更铸新瓶。③

这里有描写，有烘托，有亲身的体验，有客观的比较，描摹出高塔的奇丽景观，更由于作者胸中郁积着兴衰沧桑之感，叙写间处处流露出深厚的感慨。写到达摩，是有关这一重要历史人物的最早资料，也是关系禅宗发展史的重要记述。

记叙佛寺而涉及当时佛教发展状况，如著名的"崇真寺"条惠

①《洛阳伽蓝记校注·原序》第15页。
②《四库全书总目》卷七〇《地理类·古迹之属》，上册第619页，中华书局，1965年。
③《洛阳伽蓝记校注》第1—5页。

凝事：

> 惠凝具说："过去之时，有五比丘同阅。有一比丘是宝明寺智圣，坐禅苦行，得生天堂。有一比丘是般若寺道品，以诵四（十卷）《涅槃》，亦升天堂。有一比丘云是融觉寺昙谟最，讲《涅槃》《华严》，领众千人。阎罗王云：'讲经者，心怀彼我，以骄陵物，比丘中第一粗行。今惟试坐禅诵经，不问讲经。'其昙谟最曰：'贫道立身已来，惟好讲经，实不谙诵。'阎罗王敕付司，即有青衣十人，送昙谟最向西北门，屋舍皆黑，似非好处。有一比丘云是禅林寺道弘，自云：'教化四辈檀越，造一切经，人中象十躯。'阎罗王曰：'沙门之体，必须摄心守道，志在禅诵，不干世事，不作有为。虽造作经象，正欲得它人财物；既得它物，贪心即起，既怀贪心，便是三毒不除，具足烦恼。'亦付司，仍与昙谟最同入黑门。有一比丘云是灵觉寺宝明，自云：'出家之前，尝作陇西太守，造灵觉寺成，即弃官入道。虽不禅诵，礼拜不缺。'阎罗王曰：'卿作太守之日，曲理枉法，劫夺民财，假作此寺。非卿之力，何劳说此！'亦付司，青衣送入黑门。"……凝亦入白鹿山，居隐修道。自此以后，京邑比丘悉皆禅诵，不复以讲经为意。[1]

这里所述本是无稽传说，却反映了当时佛教里重禅诵和重义学两种倾向的斗争，显示当时北朝禅诵一派居于主导地位。这种状况可看作是唐代禅宗兴起的先声。

书中对寺院生活有十分细致的描绘，如城内瑶光寺：

> 有五层浮图一所，去地五十丈。仙掌凌虚，铎垂云表，作工之妙，埒美永宁。讲殿尼房五百余间，绮疏连亘，户牖相通，珍木香草，不可胜言。牛筋狗骨之木，鸡头鸭脚之草，亦悉备

---

[1]《洛阳伽蓝记校注》第 79—81 页。

焉。椒房嫔御,学道之所,掖庭美人,并在其中。亦有名族处女,性爱道场,落发辞亲,来仪此寺,屏珠丽之饰,服修道之衣,投心入(八)正,归诚一乘。永安三年中,尔朱兆入洛阳,纵兵大掠,时有秀容胡骑数十入瑶光寺淫秽。自此后颇获讥讪。京师语曰:"洛阳男儿急作髻,瑶光寺尼夺作婿。"①

这里除了形容寺院壮丽,更写出当时贵族妇女出家风俗,以及动乱中寺院风气败坏情形。又如景乐寺:

有佛殿一所,象辇在焉,雕刻巧妙,冠绝一时。堂庑周环,曲房连接,轻条拂户,花蕊被庭。至于大斋,常设女乐。歌声绕梁,舞袖徐转,丝管寥亮,谐妙入神。以是尼寺,丈夫不得入。得往观者,以为至天堂。及文献王薨,寺禁稍宽,百姓出入,无复限碍。后汝南王悦复修之。悦是文献之弟。召诸音乐,逞伎寺内。奇禽怪兽,舞抃殿庭,飞空幻惑,世所未睹。异瑞奇术,总萃其中。剥驴投井,植枣种瓜,须臾之间皆得食。士女观者,目乱睛迷。自建义以后,京师频有大兵,此戏遂隐也。②

这里记述佛寺内的舞乐、技艺,而当时尼寺舞乐已经成为贵族娱乐之具,可见佛寺滋生严重腐败风气的一端。这类情形是难以在其他文献里见到的。

如上所述,一般史事原是作为子注在书中出现的,而这部分内容在全书中也占很大篇幅。其中有些内容在学术上相当有价值。如卷四法云寺记述洛阳"皇宗所居"的"王子坊":

而河间王琛最为豪首……琛在秦州,多无政绩,遣使向西域求名马,远至波斯国,得千里马,号曰"追风赤骥"。次有七百里者十余匹,皆有名字。以银为槽,金为锁环,诸王服其豪

①《洛阳伽蓝记校注》第46—47页。
②同上第52—53页。

富。琛（常）语人曰："晋室石崇乃是庶姓，犹能雉头狐掖，画卯（卵）雕薪；况我大魏天王，不为华侈？"造迎风馆于后园，窗户之上，列钱青琐，玉凤衔铃，金龙吐佩，素奈朱李，枝条入檐，伎女楼上，坐而摘食。琛常会宗室，陈诸宝器，金瓶银瓮百余口，瓯檠盘盒称是。自余酒器，有水晶钵、玛瑙（杯）、琉璃碗、赤玉卮数十枚，作工奇妙，中土所无，皆从西域而来。又陈女乐及诸名马，复引诸王按行府库，锦罽珠玑，冰罗雾縠，充积其内。绣、缬、油（紬）、绫、丝、彩、越、葛、钱、绢等不可数计。琛忽谓章武王融曰："不恨我不见石崇，恨石崇不见我！"融立性贪暴，志欲无限，见之怏叹，不觉生疾，还家卧三日不起。江阳王继来省疾，谓曰："卿之财产，应得抗衡，何为叹羡，以至于此？"融曰："常谓高阳一人宝货多（于）融，谁知河间，瞻之在前？"继笑曰："卿欲作袁术之在淮南，不知世间复有刘备也？"融乃蹶起，置酒作乐。①

这里把北魏王公的豪奢淫佚描写得淋漓尽致，有典型概括，也有人物语言、行为等细节点染，具体情境如在眼前，字里行间的褒贬意味更昭然若揭。关系时代风俗的，如卷二"景兴尼寺"条写洛阳县门外《洛阳令杨机清德碑》，连带写到前面引述的隐士赵逸识鉴之能，还记载了他对当时墓志文溢美扬善风气的批评，揭露当时文风的败坏；卷三"报德寺"条王肃事，反映当时南北分立局面下地域、种族畛域之见的严重，等等，都有相当的史料价值。

这部书的艺术手法，以塔寺为主轴，夹叙传说异闻，许多段落仿佛志怪小说。这些段落内容是佛教的，写法与盛行的佛教灵验报应故事类似，在"事实"的框架中加以虚构，利用真人实事的传说以寄托主旨。前引崇真寺惠凝事"送入黑门"的描写留给人发挥想象的余地，相当巧妙地利用了象征和联想手法。再如卷三菩提寺崔

---

① 《洛阳伽蓝记校注》第 206—208 页。

涵事,写主人公死而复生说阴间事,是六朝志怪常见题材;又写到父母不认已故之子,时人以为是鬼,使情节显得更为曲折。大统寺洛子渊事,写民间流传的洛水神传说,塑造了与曹植《洛神赋》所描写全然不同的另一个嗜血杀人的洛神形象。这些段落又兼具散文和小说的文体特征,创造出史志文的新体例和新风格。黄裳评论说:

> 文字雅洁,亦复炫丽,似不经意,转多媚姿。异于汉赋之流。间有清言玄理,颇近世说。小说志怪,更开唐人蹊径。有俾考史,尤可珍重。①

《洛阳伽蓝记》本不算严格意义的佛教典籍,但确实是佛教影响下的创作成果。它开创的寺塔记这一佛教史和佛教文学重要文体,后来得到发展,在佛教著述中蔚为大国。但同类著作价值突出的并不多见。

此后僧人有关历史地理方面的重要成就,有隋释彦琮,"以(达摩)笈多游履具历名邦,见闻陈述,事逾前传(指裴矩撰《西域图记》三卷),因著《大隋西国传》一部,凡十篇。本传一方物,二时候,三居处,四国政,五学教,六礼仪,七饮食,八服章,九宝货,十盛列山河、国邑、人物"②。这应是达摩笈多与彦琮合作的成果。从简单介绍可知,这已具唐初玄奘《大唐西域记》体例的雏形。彦琮又和裴矩合著《天竺记》。他是专攻西域史地并有相当成就的专门家。

六

另有一篇并不是佛教典籍而与佛教密切关联的历史著作《魏

①《来燕榭读书记》卷一,第20页,辽宁教育出版社,2001年。
②《续高僧传》卷二《隋东都洛滨上林园翻经馆南贤豆沙门达摩笈多传》。

书·释老志》，也可以作为广义佛教史学的成就。

在中国传统"正史"中，魏收的《魏书》是唯一一部为佛、道二教立有专志的(宋濂等修《元史》有《释老传》；又近人柯绍忞修《新元史》，立《释老志》，不在二十四史之列)。他的《上魏书十志启》说到"释老当今之重"①，即认识到佛、道二教在北魏一朝得到突出发展，占有重要地位，因此专门立志叙述。古代正史志书乃是有关政治、经济、文化各领域的专史，魏收《释老志》也是中国第一部专门的宗教史——佛、道二教的历史。

魏收(506—572)，字伯起，小字佛助，巨鹿下曲阳(今河北晋州西)人。他早在北魏时就文才颖脱，位既不遂，求修国史；后来长期担任修史之任，东魏时仍兼国史之职；北齐天保元年(550)，除中书令仍兼著作郎；二年，朝廷设修史局，诏修《魏史》，以太保录尚书事高隆之监修，著房延祐等六人编撰，实际主持其事的是魏收。他在前人撰著基础上，与房延祐等人搜采亡遗，缀叙后事，成《魏书》一百一十卷，于天保五年三月表上；十一月，又奏上十志，合成全书分为一百三十卷。由于其部分内容谄媚权贵，褒贬失当，加之又冒犯了某些世家大族，书成后聚讼纷纭，历来有"秽史"之称。但客观地评价，这部书所收资料相当丰富，特别是其中的十篇志，多载录其他文献所缺失者。《北史》评论说：

> 伯起少颇疏放，不拘行检，及折节读书，郁为伟器。学博今古，才极从横，体物之旨，尤为富赡，足以入相如之室，游尼父之门。勒成魏籍，追踪班、马，婉而有则，繁而不芜，持论序言，钩深致远。但意存实录，好抵阴私，至于亲故之家，一无所说，不平之议，见于斯矣。②

这种评论是比较公允的。自《北史》流通，此书即不被重视，残佚甚

①《前上十志启》，《魏书》卷一〇五之一，第2331页。
②《北史》卷五六《论》，第2048页。

多，今传本是利用《北史》补阙而成，已非本来面目了。

如前指出，《释老志》是历代正史中唯一的宗教史志。周一良为《魏书》辩诬，论述《释老志》的成就说：

> 《释老志》之作尤为卓见。考《魏书》七二《阳尼传》云："奏佛道宜在史录。"是伯起之前已有人创议矣。后人之诟《释老志》，皆出于儒家排诋佛老异端之心，其言每固陋可哂，如《史通·书志篇》及皮日休《文薮》八《题后魏〈释老志〉》一文，其著者也。既不从修史着眼，宜收之真知灼见不为此辈所解矣！《魏书》以前，裴松之注《三国志》，以佛家事附于《东夷传》，沈约《宋书》附于《夷蛮传》。然其时佛教未盛，犹可说也。魏收以后，佛教日盛行，修史者犹不肯为立志。《晋书》以之入《艺术传》，《唐书》以降入《方伎传》。皆勉强比附，终属未安。至近世柯绍忞修《新元史》，始毅然仿《魏书》立《释老志》焉。①

这可说是持平之见。

魏收的父亲子建，曾任东益州刺史，如当时一般官僚士大夫，礼敬僧徒，养有家僧，所以魏收自幼对于佛教就有一定了解。但他并不是佛教徒。他亲见北魏末年佛教极度猥滥及其在战乱中迅速衰败情形，对朝廷崇佛、佛教膨胀的流弊认识相当深刻，在《释老志》最后说：

> 正光已后，天下多虞，工役尤甚，于是所在编民，相与入道，假慕沙门，实避调役，猥滥之极，自中国之有佛法，未之有也。略而计之，僧尼大众二百万矣，其寺三万有余。流弊不归，一至于此，识者所以叹息也。②

可见他对于佛教的了解既客观又深刻。《释老志》作为史籍，撰著

---

①《魏收之史学》，《魏晋南北朝史论集》第 281 页，北京大学出版社，1997 年。
②《魏书》卷一一四《释老志》，第 3048 页。

者的史学观念是首先值得注意的。中国古代官修史书，主要是以
儒家正得失、明褒贬为取材原则，有意无意间忽视宗教现象，所以
不仅如上引周一良所说，各种正史不为宗教立专志，各种史籍也很
少写到宗教人物和宗教现象。魏收《释老志》作为创举，第一次在
"正史"里把宗教提高到关系国家命运的重要地位，是相当有见识
的。魏收在奏上十志的疏启中明确表示：

> 窃谓志之为用，网罗遗逸，载纪不可，附传非宜。理切必
> 在甄明，事重尤应标著，搜猎上下，总括代终，置之众篇之后，
> 一统天人之迹。褊心末识，辄在于此。是以晚始撰录，弥历炎
> 凉，采旧增新，今乃断笔。时移事易，理不刻船，登阁含毫，论
> 叙殊致。《河沟》往时之切，《释老》当今之重，《艺文》前志可
> 寻，《官氏》魏代之急，去彼取此，敢率愚心。①

这表明，撰著十志，包括《释老志》，是鉴于相关史实的"理切"、"事
重"，有必要加以专门、详细的说明，因而他记述佛、道二教也是特
别重在"理"和"事"，即与有关河沟、艺文、官氏等志内容一样，是当
作一种重大社会观念和现象对待的。如对佛教的介绍：

> 浮屠正号曰佛陀，佛陀与浮图声相近，皆西方言，其来转
> 为二音。华言译之则为净觉，言灭秽成明，道为圣悟。凡其经
> 旨，大抵言生生之类，皆因行业而起。有过去、当今、未来，历
> 三世，神识常不灭。凡为善恶，必有报应。渐积胜业，陶冶粗
> 鄙，经无数形，澡练神明，乃致无生而得佛道。其间阶次心行，
> 等级非一，皆缘浅以至深，藉微而为著。率在于积仁顺，蠲嗜
> 欲，习虚静而成通照也。故其始修心则依佛、法、僧，谓之三
> 归，若君子之三畏也。又有五戒，去杀、盗、淫、妄言、饮酒，大
> 意与仁、义、礼、智、信同，名为异耳。云持奉之，则生天人胜

---

① 《前上十志启》，《魏书》卷一〇五之一，第2331页。

处,亏犯则坠鬼畜诸苦。又善恶生处,凡有六道焉。①

如此采用客观叙述方式,简括地介绍佛教基本内容,这就是所谓
"理"。他把皈依三宝等同于《论语·季氏》所谓"君子有三畏:畏天
命,畏大人,畏圣人之言";又把"五戒"等同于儒家的"五常"仁、义、
礼、智、信,则正反映了当时人对于教理的理解。又对魏初佛教兴
盛情况的描述:

> 承明元年(476)八月,高祖于永宁寺,设大法供,度良家男
> 女为僧尼者百有余人,帝为剃发,施以僧服,令修道戒,资福于
> 显祖。是月,又诏起建明寺。太和元年(477)二月,幸永宁寺
> 设斋,赦死罪囚。三月,又幸永宁寺设会,行道听讲,命中、秘
> 二省与僧徒讨论佛义,施僧衣服、宝器有差。又于方山太祖营
> 垒之处,建思远寺。自兴光(454—455)至此,京城内寺新旧且
> 百所,僧尼二千余人,四方诸寺六千四百七十八,僧尼七万七
> 千二百五十八人。四年春,诏以鹰师为报德寺。九年秋,有司
> 奏,上谷郡比丘尼惠香,在北山松树下死,尸形不坏。尔来三
> 年,士女观者有千百。于时人皆异之。十年冬,有司又奏:"前
> 被敕以勒籍之初,愚民侥幸,假称入道,以避输课,其无籍僧尼
> 罢遣还俗。重被旨,所检僧尼,寺主、维那当寺隐审。其有道
> 行精勤者,听仍在道;为行凡粗者,有籍无籍,悉罢归齐民。今
> 依旨简遣,其诸州还俗者,僧尼合一千三百二十七人。"奏
> 可……②

这则是所谓"事",即佛教发展的史实。叙述中有概括,有事例,有
数字,还有细节的描绘,把历史状况十分真切地叙写出来,给人以
相当鲜明、确切的印象。

①《魏书》卷一一四《释老志》,第3026页。
②同上第3039页。

　　另一方面，魏收又注意到"时移事易"即时代环境的变化，基于历史发展观念，认识到佛、道二教在北魏一代历史中的作用。这样，他又能够以相当理性的态度对待宗教现象，基本能够保持史家平允的、客观的立场。在全篇记述中，既没有对于佛、道二教作明显的赞誉或诋毁，也没有在二者间抑此扬彼，而是在一代社会发展的大环境中对二者分别叙写，从发展观点来阐述它们的兴衰变化。这就能够从不同于宗教家的史家立场对佛、道二教历史作出总体说是平实的描述。

　　魏收自幼能文，和温子升、邢子才并称"北地三才"，《北齐书》本传记载他有文集七十卷。如上所述《魏书》虽然得到"秽史"讥评，但就史笔而言，叙事流畅，表述详密，在古代史籍中堪称上乘。所述人、事众多，头绪纷繁，而运笔按部就班，条分缕析，繁简得当，既能够提纲挈领，把握重点，又照顾到典型人事的细节。例如叙述北魏以前佛教，突出释道安、浮图澄、鸠摩罗什、法显、昙无谶等几个代表人物，就相当清晰地勾勒出历史发展脉络。其中对法显的记述：

　　　　又沙门法显，慨律藏不具，自长安游天竺。历三十余国，随有经律之处，学其书语，译而写之。十年，乃于南海师子国，随商人泛舟东下。昼夜昏迷，将二百日。乃至青州长广郡不其劳山，南下乃出海焉。是岁，神瑞二年也。法显所迳诸国，传记之，今行于世。其所得律，通译未能尽正。至江南，更与天竺禅师跋陀罗辩定之，谓之《僧祇律》，大备于前，为今沙门所持受。先是，有沙门法领，从扬州入西域，得《华严经》本。定律后数年，跋陀罗共沙门法业重加译撰，宣行于时。①

这里仅用了一百七十余字，就把法显求法缘由、经过、回国后著《佛国记》、辩定《僧祇律》等主要贡献极简括、极生动地传写出来。古

───────────

①《魏书》卷一一四《释老志》，第 3031－3032 页。

代史籍代表著作如《左》、《国》、《史》、《汉》，表述均极富文学性，注重人物、场面的刻画，讲究语言的形象、鲜明，魏收显然有意继承、发扬了古代史家在这些方面的优秀传统。

《释老志》总体结构是分叙佛教和道教，而以佛教为主。全文佛教所用篇幅接近道教的四倍，这也符合当时佛教势力更巨大、影响更广远的实际。叙述中国佛教的历史，从佛教传入讲起，首先介绍佛教基本教义、教理，然后按照历史顺序记叙佛教在中国五百年发展过程，举凡重要人物、事件，佛典翻译、义学研究、戒律制度等方面的沿革，王权与教权的关系，佛、道二教的矛盾、斗争，僧祇户、佛图户等寺院经济的发展，世俗地主与僧侣地主的矛盾，特别是对于当朝重大事件，如魏武毁佛、文成复法、云冈石窟开凿、洛阳永宁寺等寺院建设、僧官制度建立、僧团风气败坏等等，都有简明扼要的说明；其撰作取材十分广泛，既利用了佛教典籍和传说，又多使用一般文献，还有朝廷诏令等文书；全部叙述略于前而详于后，多录入当代资料和统计数字，显示出强烈的时代感和现实性；如此等等，能够全面地、系统地把握佛教的历史发展脉络并用洗练、生动的文字展现出来，是要有丰富的历史资料作基础，又要有高超的文字表述功力，更要有观察和认识历史的通识的。当然，由于叙述的是宗教历史，又受到时代局限，难免夹杂无稽传说；有些史实如佛教传入早期情形等等疏于考证，则是难以避免的瑕疵了。

两晋南北朝时期是佛教史学发轫时期，也是取得成就最为重大、辉煌的时期。这当然与当时整个佛教及佛教文化的发展形势有直接关系，也和当时整个史学的兴盛有关系。就中国佛教史学的发展说，众多的僧传、求法行记、寺塔记等作品，奠定了中国佛教史学的基本体例、规模，并以其鲜明的理性精神和丰厚的文化内涵确立起此后发展的内容和方向。这一时期的佛教史学作为整个佛教文化中成就十分突出的部分，又成为具有特殊内容和独特价值的学术遗产。

七

　　唐、宋以降，借鉴世俗史学高度发达的传统，佛教内部仍十分注重史书撰作。著述颇多，其中不乏具有相当高的学术价值的。但就其在学术史、文化史上的意义和作用讲，这一时期的佛教史学是大不如前了。这一方面决定于佛教自身发展形势：已急剧地步入衰落，佛教史学也同样。历史本来是现实的纪录，现实中佛教已不再呈现六朝到隋、唐时期那种兴旺发达的局面，新的历史记述也就缺少了资源。另一方面，到这一时期中国史家著述体例已经形成，佛门不可能再有重要的创造。六朝时期佛教史学在中国史学中独树异帜，曾有过许多重大创新。宋代以后佛教史学基本是利用前人材料进行撰述（当然补充了后来的史实和后出的新材料），贡献基本在史学的总结、整合方面。这一时期佛教史学真正具有创新意义又有价值和特色的是禅宗的禅史、灯录等。但这些基本是阐释宗义的禅籍，并非真正的史书。

　　唐宋时期佛教史学著述中史料价值最高的是唐、宋两部僧传——唐道宣《续高僧传》（《唐高僧传》）三十卷（明、清藏本四十卷），宋赞宁《宋高僧传》三十卷，是相续慧皎书所作。这两部书同样采取慧皎的分科类传体，同样有门类的论述。不过《续传》是承慧皎把"论"附在每科之后，而《宋传》则以"系"或"通"为论，附在相应人物传记之末。这两部书都写作于统一王朝的兴盛期，因而有可能广泛搜求资料；作者又都学有专长，且著述态度十分认真，所述多有所本；又两部书的内容所涵盖正是南北朝后期至隋唐五代中国佛教发展的鼎盛时期，因此具有很高的学术和史料价值。

　　此后僧传类著作有几部续《宋高僧传》的。一部是明释如惺的

《大明高僧传》八卷，这是一部未完成著作；另一部是明释明河的
《补续高僧传》二十六卷，也是至清初经弟子道开加工编纂完成；民
国喻谦有《新续高僧传四集》六十六卷。这些著作使用资料包括历
代文集、碑志等，记述范围较广，虽然内容较芜杂、失统绪，仍有相
当的价值。又清著名居士彭际清著《居士传》。唐宋以来居士佛教
发达，这部书搜罗和整合旧籍，提供了较集中的材料。

　　宋代佛门开始仿照世俗史书编撰通史类著作。这也是佛教史
学的总结性成果。两部水平较高也较重要的佛教通史类著作，一
部是宋释志磐于南宋咸淳五年（1269）撰《佛祖统纪》五十四卷，另
一部是元释念常于至正元年（1341）集《佛祖历代通载》二十二卷
（或三十六卷）。前者仿正史纪传体，分本纪、世家、表、志、列传、载
记等门类。在《佛祖统纪》以前，释宗鉴有《释门正统》八卷，志磐实
际是以之为蓝本加以扩充的。这两位作者都属天台宗，这是两部
从天台立场所写的史书，因此以天台为正统，不过对其他宗派也并
未忽略。编年体佛教史书，南宋隆兴二年（1164）祖琇编撰《隆兴佛
教编年通论》（《隆兴佛运通论》），这是按朝代兴废编排的佛教通
史；咸淳六年（1270）本觉编《历代编年释氏通鉴》，从名称看就可以
知道是模仿司马光《通鉴》的；元至正七年（1347）念常编撰《佛祖历
代通载》，以其后出，资料比较详备，特别是对于历史上佛、道交涉，
摩尼、袄教也有所记述，保留了一些稀有资料。至正十二年，觉岸
编《释氏稽古略》四卷，是更简要的编年体史书。

　　唐、宋禅宗兴盛，以致一时间曾居诸宗里的独尊地位。标榜
"不立文字"的禅宗留下了庞大文字堆积，其中多具有史学价值。
禅宗史籍门类众多。早期禅史一类，有敦煌写本中发现的北宗一
派净觉撰《楞伽师资记》、杜胐撰《传法宝纪》和蜀地保唐宗的《历代
法宝记》。这些史书都是按早期禅宗传法统绪记述的。这是一种
独特的列传体史书。后来这样按传法体系叙述人物事迹、言论的，
还有宋惠洪撰《禅林僧宝传》等。

属于禅宗史籍最多的一类是灯录。这是取佛法灯灯相传、薪火不灭之意,记述一代代禅宿的传法统绪和言句偈颂。现知最早的一部是据考成书于八世纪末释慧炬所撰《宝林传》。慧能当年住曹溪宝林寺,书即以之命名,所述自释迦牟尼传大迦叶以下西天二十八祖和东土六祖传法事迹和言句。这部书内容颠倒错乱,文字粗疏,所述又仅止于六祖,但却是开创体例之作。接下来最重要的灯录是南唐保大十年(952)由净、筠二禅师编撰的《祖堂集》。此书上世纪初在韩国伽耶山海印寺发现,是当年《高丽藏》藏外刻本的一种。这部书相当完整地记述了南宗禅青原和南岳两大系的传承,奠定了以后灯录撰述的基本格局。由于编纂年代早,又能够利用当时传世资料,比较真实地保存了早期丛林面貌,史料价值很高。不过书著成于南方的泉州,著者眼界所限,所述详于吴越史实,关于北方状况则较为疏略。宋初,道原在文坛耆宿杨亿等人辅助下,奉敕编撰灯录,因完成于真宗景德元年(1004),称《景德传灯录》三十卷。这部书记述禅宗人物五十二世一千七百零一人,进一步按“五家”划分卷次,最后两卷收录著名禅宿的“赞颂偈诗”和“铭记箴歌”。由于得到统一王朝的支持,所述内容空前详备,且保存了早期禅门部分文学创作,弥足珍贵。此后灯录类著作续有编撰,进入兴盛期。至南宋淳祐十二年(1252),普济以《景德传灯录》和后出的《天圣广灯录》、《建中靖国续灯录》、《联灯会要》、《嘉泰普灯录》卷帙繁复,内容多有重叠,遂删繁就简,合而为一,成《五灯会元》二十卷。这成为直到如今在中国流行最广的灯录书。但是这部书当初选材依据不明,又多夹杂后出传说,就史料价值看已经远不如《祖堂集》和《景德录》了。再后出的同类书均可作如是观。流传较广的有明瞿汝稷的《指月录》三十二卷。值得注意的是从总体看,现存灯录都是南宗一系所出,对于其他派系多贬抑、忽略,因此被胡适说成是“南宗的伪史”,局限是很明显的。又禅宗这些史籍本是为阐发宗义撰述的,不能算作严格意义的史书,利用时应该考虑到。

上述属于禅宗史籍的各类著作，宗教史上的价值自不待言。它们特别具有文学、语言学等多方面的价值，在本书相关部分另有介绍。

当年陈寅恪慨叹说："严格言之，中国乙部之中，几无完善之宗教史。"[1]佛教史籍正可部分地聊补这方面的不足；又由于"中国佛教史籍，恒与列朝史事有关，不参稽而旁考之，则每有窒碍难通之史迹"[2]，这些著作的学术价值和意义就显得更为重要。而就佛教发展而言，佛教史学著作乃是佛教"中国化"的客观纪录，又成为推进"中国化"的助力，因而其作用和影响远远超出了学术层面。

---

[1]《陈垣明季滇黔佛教考序》，《金明馆丛稿二编》第 240 页。

[2]《中国佛教史籍概论·缘起》，《中国佛教史籍概论》卷首第 1 页，中华书局，1962 年。

第十九章　佛教对中国语言和语言学的贡献

一

　　佛教对于中国是外来宗教,输入的经典以外族语文(包括佛教语言的梵文、巴利文和古代西域各民族语言)书写。中国人接触和了解佛教,首先要通过翻译。正是在翻译佛典的过程,给中国人接触并掌握相关外语提供了机缘。从而在古代僧侣"外学"之中,语言文字之学成为十分重要的门类。随着更多的中国人掌握不同的语言,关于语言的知识也不断丰富起来。

　　自古以来中国就是多民族国家,中华民族一直和域外诸民族进行广泛的交流。《礼记·王制》上说:"五方之民,言语不通,嗜欲不同,达其志,通其欲,东方曰寄,南方曰象,西方曰狄鞮,北方曰译。"①这里说的就是今天的"翻译",乃是国家与民族间古已有之的、不可或缺的联系和交流手段。不同语言间的互译又必然会对各自的语言造成影响,成为语言发展极其重要的外在动力之一。

----

① 《礼记正义》卷一二《王制》,《十三经注疏》上册第 1338 页。

而语言的发展变化又必然会促使语言学的进步。

我国远古时期汉语受到其他语言影响的情形，资料阙如，已难以做出具体描述。但可以确定，汉语正是在与各民族语言的交流中、在所接触的各种语言的影响下形成和发展起来的。也正是在此基础上，中国语言思想和语言科学才逐步形成和发展起来。

本书前面已经对佛典翻译情况作了较全面的介绍：我国自东汉后期起（这是根据现存译籍），大规模的佛典翻译一直进行到北宋中期，在这长达千余年的时间里，译出经籍数量达数千卷（这也是根据现存译本统计）；这些译本的原典不仅有梵语的，还有巴利语和各种古代中亚语言的；佛教传入初期没有经本，全靠"口解"，以后不同文字的经本才陆续传入；早期翻译主持者是外族人，有中国人助译者帮助，后来逐渐有更多具有高深学养的中国人参与其事。在这一长远过程中，翻译水准不断提高，出现许多优秀译人和译籍，创造出世界翻译史上内容极为丰富、成就极为卓越的业绩。在此基础上，外语知识随之在中国逐步普及开来。

另一方面，佛教输入时期的汉语，又已经是经过长期发展、十分成熟的语言。就其内容的丰富、规范的严整、表现力的强大等方面说，汉语都堪称当时世界上最为发达的语言之一。翻译佛典要把外语经典所传达的内容纳入到汉语已有规范之中，有可利用的方便条件（例如词汇，汉语词汇积累极其丰富，下面还将讲到，多方面利用汉语现成词语是翻译外来词语的主要方式），但也有相当大的困难。属于汉藏语系的汉语是单音节语言，利用象形文字来记录，而印度和西域各民族语言多属印欧语系，是多音节的拼音语言。汉语和这些语言所反映的思维方式更有巨大差异。这样，进行翻译就不单纯是两种语言的置换，更是深层次的思维方式的交流、沟通，并要在此基础上不断追求译文的信、达、雅。而正是在这一过程中，人们逐渐认识到本属不同语系的中、外语言在语音、词汇、语法、表现方式和技巧等方面的差异，并逐步有意识地总结其间的规律。这样,佛典翻译不但促进了中国人外语水准的提高,加深了对这些外语的规律的认识,持续久远的翻译过程更是汉语不断丰富和演进的过程,进而促成中国语言学的进步,培养出一批卓越的语言学家。这也成为佛教对中国的又一重要贡献。而语言学的发展对于文化、学术各方面的影响是难以估量的。

语言乃是思维的外壳。语言的变化及其与思维发展的关系,对于整个文化发展所产生的作用,则更是涉及领域十分广阔的问题,这早已有中、外学者注意到。根据维根斯坦(Ludwig Wittgenstein)的看法,一种语言的文法体现的是一种生活方式,并与其他生活方式即其他的文化相区别。汉译佛典实际体现不同于中土传统的思维形式和文化特质。这方面的影响反映在本书介绍的思想、文化的各个领域。本章只阐述佛典翻译对于汉语发展的直接影响。

<h2 style="text-align:center">二</h2>

词汇是语言中最活跃的因素。新事物出现和外来语输入是造成这种"活跃"的两个主要原因。佛教对于中国完全是新事物,反映其教义与活动的是一大批新的概念,从而传播佛教、翻译佛典带来无数外来语词,这就极大地丰富了汉语词汇,促进了汉语的发展变化。而不同时期、不同译师翻译同一外来词语常常使用不同译法。除了有音译和意译的不同,又往往使用多种不同的相对应汉语词。这也是出于翻译过程中推敲更精确的词语译法的努力。正是在这一过程中,更准确、精粹的新词语被大量创造并确定下来,融入到民族共同语之中。

首先是汉语增添大量新词。构成这些新词大体有三种情况:

一是有相当一部分佛教带来的新概念是利用汉语已有词语表达的,但实际含义是全新的,应当算作新词。如表达佛教基本教义的空、有、法、性、相、因、缘、自然、无为(后两个是所谓早期"格义"常使用的词)等,又如"十二缘生"的无明、行、识、名色、六入、触、受、爱、取、有、生、老死等,基本都是古汉语原有词语,但在翻译佛典里表达的却是佛教特有概念了。这类作为佛教名相的词语已经全然不同于原来的意义;二是翻译佛典时创造新词,如佛、如来、菩萨、罗汉、比丘、比丘尼、皈依、净土、解脱、轮回、袈裟、伽蓝、波罗蜜、阿耨多罗三邈三菩提等等,这些都是中土原来没有的事物和概念,必须有新词语来表达,这些词语里作为词素使用的汉字有些保留本义,有些则基本和新词的意义没有关系;第三种是利用汉语词和造词法创造反映佛教新概念的新词,如实际、真实、世界、有情、心地、功德、方便、无常、无我、判教、平等性等,这类词语的意义和作为词素的汉字的本义仍有密切关联,就是说,在翻译外来词语时借用了汉字本义,但组合成新词则已和汉语词的原义全然不同了。

佛典翻译对于汉语词汇和构词方法的丰富与扩充是十分明显的。作用和意义重大的,首先是创造出大量双音词和多音词,这在汉语词的结构由单音向双音和多音转化中起了重要作用。单音节的汉语每个字(除虚字)的形、音、义合一,构成单音词。上古时期需要表达的内容单纯,基本使用单音词。这从《说文》和《尔雅》可以看得很清楚,当时表达基本概念的都是单音词。随着社会发展,思想观念越来越复杂,汉语词汇有逐渐向双音节和多音节发展的趋向。汉魏六朝是汉语史上双音词大量增加即"双音化"急速进行的时期,其中有一大部分双音词是佛典翻译过程中创造的。佛典翻译从而成为促进汉语从单音向双音发展的重要动力。梁晓虹总结"翻译佛经语词的双音节化",举出四个具体事例:一是许里和在《佛教征服中国》里指出东汉翻译的二十九部佛经里出现双音词1080个,其中四分之一是后来汉语中常用的;二是什译《法华经·

譬喻品》7750 个字,双音词约 1500 个;三是她制作了一个《单篇梵汉双音节词对照表》,比较自后汉到刘宋前后翻译的三部经典单品和世俗著作一篇,即后汉支娄迦谶译《般舟三昧经·譬喻品》(字数1700 多,双音词 220 多)、后秦鸠摩罗什译《法华经·序品》(字数900 多,双音词 170 多)、刘宋求那跋陀罗译《菩萨念佛三昧经·弥勒神通品》(字数 1400 多,双音词 250 多)和刘义庆的《世说新语·政事》(字数 1400 多,双音词 60 多),统计表明翻译佛典使用双音词呈日益增多趋势,而相比较之下,外典里则显然较少使用双音词;四是她举出慧琳《一切经音义》,其中录入大量双音词①。这些双音词的构成,上面提出的三种方式都被采用;具体结构则有并列的、从属的。前者如智慧、秘密、吉祥、慈悲、根本、成就、变化、贡献、思议、习惯、污染等,后者如浴佛、烧香、忍辱、还愿、持斋、合十、妙悟、彼岸、悲观、僧坊、法雨、恒沙等;从属的又有主从、动宾(前面举出的十二例中,前六是主从,后六是从属)等方式。这也显示出佛典翻译创造的词语无论是构词方式还是词语构造都多种多样,特别丰富多彩,具有强大的表现力。许多翻译佛典使用的词语都成为汉语词汇中的重要成分,有些如今已看不出来自佛教的痕迹。而汉语词汇的构成发展至以双音词为主,无论对于思维表达,还是对于文章写作、文学创作的影响之巨大是不可估量的。此外,佛教还向汉语输入许多多音词,比如菩提心、功德水、正思维、波罗蜜多、一切种智、如来藏识、非想非非想、无上正真道意、无上正等正觉等等。古代汉语里多音词很少。多音词的输入也造成了语言的显著变化。

　　另一方面是输入大量音译词。其中不少已完全融入汉语成为普通词,如劫、僧、业、禅、刹那、三昧等。如前所述,外来概念的翻

---

① 参阅《佛教词语的构造与汉语词汇的发展》第 175—176 页,北京语言学院出版社,1994 年。

译往往有音译、意译的不同,这又涉及保持音译的原则。完整总结这方面经验的是玄奘提出的"五种不翻",即在五种情况下保持音译[1]:一是"秘密故",如经中的陀罗尼即经咒,为了保持神秘意味而不用意译;二是"含多义故",某一梵名原来有多种意义,翻译成一个汉语词不能表达出全部含义,因此保留音译,如"薄伽梵"原有六义,又如"波罗蜜"、"阿耨多罗三邈三菩提"等都是如此;三是"此所无故",即中土本来没有的概念,因而也就没有相对应的词语,只好保持音译,如一种树名"阎浮树",一种鸟名"迦陵频伽"等,实际上最初定下来的"佛陀"、"比丘"、"僧伽"等译名都是如此;四是"顺古故",有些原先翻译的音译词人们已使用习惯,不必加以改变,如"菩提"可以译为"觉",但已约定成俗,就相沿不改了;又如"摩诃衍"、"辟支佛"、"萨婆若"等都是如此;五是"生善故",例如"般若"可以翻译为"智慧",但为了表示恭敬,启发人们信仰,译为"般若";又如"释迦牟尼"义为"能仁","阿耨菩提"义为"正遍知","菩提萨埵"义为"道心众生",三者中的后者缺乏神圣意味,皆掩而不翻。大量音译词同样极大地丰富了汉语词汇。

　　第三方面,随着佛教发展,形成许多新的成语。有些本来出自佛典,如"唯我独尊"、"不二法门"、"不可思议"等;更多地出于禅籍,乃是中土创造,如"如鱼得水,冷暖自知"、"百尺竿头"、"向上一路"等。从内容看,有些是对于佛理的概括,如"四大皆空"、"一尘不染"、"镜花水月"、"不即不离"、"慈悲为怀"、"善有善报,恶有恶报"等;有些是概括佛教事典,如"盲人摸象"、"天花乱坠"、"步步生莲花"、"敲骨吸髓"、"认贼作子",等等。这些成语或短语多由四字构成,简练精粹,新颖生动,极富表现力。唐宋古文家锤炼语言,不仅直接借用,更往往用类似的构造词语方法。

　　还有一个方面,就是针对佛典特有的词语结构,系统总结出构

---

[1] 参阅周敦颐《翻译名义集序》,《大正藏》第54卷第1055页上。

词法。外来拼音文字的"音"和"名"（概念，词）明显有区别，由"音"
构成"名"。早在部派佛教典籍中，在对佛教基本概念的"法"的分
类中，"心不相应行法"里即有名身、句身、文身，分别指概念、判断
和文句。这种区别在单音词中是难以辨析出来的。当然先秦诸子
如荀子，还有名家，辨析"名""实"关系，推进了汉语语言学对于
"词"的认识。而翻译佛典不可能移植外语的"音"，而只能翻译对
应的"名"，则大大有助于进一步厘清"词"的概念，这样也就促进了
汉语中"字"与"词"的区分。佛典更总结出所谓"六离合释"的六种
构词方法。窥基解释说：

> 六合之释，解诸名中相滥可疑，诸难者故，此六合释，以义
> 释之，亦可名为六离合释。初各别释，名之为离；后总合解，名
> 之为合。[①]

本来这说的是对于名相即概念的解释，采取先离后合的办法。即
首先解释构成词语的各个部分，是为"离"；然后再合起来加以解
释，是为"合"。这六者分别是：一持业释，这是根据体用关系立名，
例如"藏识"，"藏"为用，"识"为体，这样构成的词语很多，如以"法"
为用的"法身"、"法性"、"法体"、"法相"等，以"禅"为用的"禅心"、
"禅力"、"禅观"、"禅悟"等；二依主释，按主从关系立名，如"金刚
身"、"功德水"、"根本烦恼"、"无余涅槃"等，这类词语可分为表示
主从关系的两部分；三有财释，依所具内涵立名，如"空门"、"火
宅"、"苦海"，"空"、"火"、"苦"是规定后面的"门"、"宅"、"海"的性
质的；四相违释，依联合关系立名，如因缘、果报、生灭、恭敬、究竟、
踊跃等，这里的关系又有并列和对立之分；五邻近释，指同义词，如
"涅槃"和"寂灭"、"烦恼"和"有漏"、"五阴"和"五蕴"、"六道"和"六
趣"等，都是同义概念，这在汉语里多是不同时期、不同译者的不同

[①]《大乘法苑义林章》卷一，《大正藏》第 45 卷第 255 页上。

译法；六带数释，这是标数以立名，是佛典论藏习用的方式，把并列名相总括起来以数定名，如"四谛"、"五蕴"、"六道"、"七觉支"、"八正道"、"十二缘生"等，由于佛教名相繁复，又特别重视名相辨析，这种构词方式使用十分频繁。"六离合释"总结的六种构词方法，本来也是汉语构词的一般方法，但如此自觉地总结出规律，对于词汇的发展和研究是很有意义的。当然，这六种构词方式中体现的具体关系在逻辑上并不属于同一范畴，显得有些混乱。这在古代词汇学的萌芽期是难免的。

这样，佛典翻译对于丰富和发展汉语词汇，对于古代汉语词汇学的进步作出了极大贡献。通过介绍佛教、翻译佛典创造大量新词语，它们融入汉语之中，极大地增强了汉语表现功能，进而丰富了表现技巧。日本望月信亨的《佛教大辞典》收录汉语词条三万五千个左右，就是说，汉语里有这么多表达佛教义理或与佛教有关的词语，其中大多数是翻译过程中新创造的。当然其中有许多重复的、生僻的、被淘汰的等等，但仍在使用并具有鲜活生命力的占有相当大的比重。

佛教词语融入普通民众的语言生活之中，直接推进了佛教观念、佛教信仰的普及和传播。例如"梦幻泡影"、"人生如梦"、"四大皆空"、"空花水月"、"好有好报，恶有恶报"、"放下屠刀，立地成佛"等等，都是对于佛教义理的简明通俗的概括，古往今来在民众间广泛流行，以致成了口头流传的谚语。这在社会上发挥的潜移默化的作用更是巨大、多方面的。

三

翻译佛典对于汉语文体的影响也十分明显。翻译外来文字必不可免地要借鉴一些外语的修辞、句式和表达方法,体现特有的风格。赞宁称赞鸠摩罗什翻译《法华经》"有天然西域之语趣"①就是典型例子。如上所述,当初在佛典翻译初期,采用的基本方式是首先由外来译师诵出原典,按原典语序对翻成汉语,再按汉语行文习惯加以写定。这种方式的弊端当然十分显著,勿须细说,但对于保存外语的体式和风格却是起了相当大的作用的。

关于佛典翻译影响于一般文字表达,梁启超总结三点,即第一,国语实质之扩大;第二,语法及文体之变化;第三,文学的情趣之发展②。关于第一点,涉及上一节所谈词汇的丰富与发展,梁启超进一步扩展到对于语言观念的影响,他说:

> 盖我国自汉以来,学者唯古是崇,不敢有所创作,虽值一新观念发生,亦必印嵌一古字,而此新观念遂淹没于囫囵变质之中。一切学术,具带灰色。职此之由佛学既昌,新语杂陈,学者对于梵义,不肯囫囵放过,搜寻语源,力求真是,其势不得不出于大胆的创造。创造之途既开,则益为分析的进化,此国语内容所以日趋于扩大也。

关于第二点语法和文体,他提出十个方面。下面即根据这十个方面略加解说:

(一)"普通文章中所用'之乎者也矣焉哉'等字,佛典殆一概不用(除支谦流之译本)。"这一特点决定于佛典表达内容偏重说理和叙事,感情色彩较淡薄,也和后来"译经体"多使用"四字"句的限制有关系(使用四字句则是为了诵读经典的方便)。

(二)"既不用骈文家之绮词俪句,亦不采古文家之绳墨格调。"佛典大量翻译的南北朝时期正是文坛上骈俪化日趋严重的时期,

---

① 《宋高僧传》卷三《译经论》,第56页。
② 参阅《翻译文学与佛典》第26—31页,《佛学研究十八篇》,台北中华书局,1976年。

佛典翻译基本不使用骈体,在文坛上独树一格,对于后来文体变革是起了一定作用的。

（三）"倒装句法极多。"例如一般佛经的第一句"如是我闻"就是倒装句(当初译作"闻如是",则是汉语的动宾句式)。还有句式和词语的倒装,例如"法无众生,离众生垢故;法无有我,离我垢故;法无寿命,离生死故;法无有人,前后际断故……"[1],这样就改变了汉语表现一般先因后果的句式,并且把表因果的介词置于句后。这是佛典常用的句法结构。

（四）"提挈句法极多。"其中又有几种类型:一是多用提示性的疑问句,如佛陀说法时多用"何以故?""所以者何?""汝意云何?"等加以提示;再是经文中多用呼语:佛陀对弟子说法,常常呼唤弟子的名字以引起对方注意;三是把呼语置于句子中间,以造成提顿,如"时我,世尊,闻说是语,得未曾有"之类,等等。这类句式造成语气和行文的变化,特别是增添了生动活泼的口语色彩。

（五）"一句中或一段落中含解释语。"例如《阿弥陀经》里佛告长老舍利弗说西方净土:"从是西方过十万亿佛土,有世界名曰极乐。其土有佛号阿弥陀,今现在说法。舍利弗,彼土何故名为极乐? 其国众生无有众苦,但受诸乐,故名极乐。又舍利弗,极乐国土七重栏楯、七重罗网、七重行树,皆是四宝周匝围绕,是故彼国名曰极乐……"[2]这是一种复合句式,多层次地说明事物。

（六）"多复牒前文语。"这是使用回转反复的表现手法来加强宣传效果。比如《维摩诘经·不二法门品》,三十二个菩萨讲不二法门,意思都是讲对于"不二"即"绝对"的理解,只是角度不同,所用句式一样,然后文殊师利提出"无言无说"即没有计较分别的"不可说"乃是真正的不二法门,最后以维摩一默做结。又如《法华

---

[1]《维摩诘所说经》卷上《弟子品》,《大正藏》第 14 卷第 540 页上。
[2]《佛说阿弥陀经》,《大正藏》第 12 卷第 346 页下。

经·普门品》讲观世音以三十三种化身解救众生：

> 无尽意菩萨白佛言："世尊，观世音菩萨云何游此娑婆世
> 界？云何而为众生说法？方便之力，其事云何？"佛告无尽意
> 菩萨："善男子，若有国土众生应以佛身得度者，观世音菩萨即
> 现佛身而为说法；应以辟支佛身得度者，即现辟支佛身而为说
> 法；应以声闻身得度者，即现声闻身而为说法；应以梵王身得
> 度者，即现梵王身而为说法；应以帝释身得度者，即现帝释身
> 而为说法；应以自在天身得度者，即现自在天身而为说法；应
> 以大自在天身得度者，即现大自在天身而为说法；应以天大将
> 军身得度者，即现天大将军身而为说法；应以毗沙门身得度
> 者，即现毗沙门身而为说法……"①

接下来是小王、比丘、比丘尼、优婆塞、优婆夷、长者、居士、宰官、婆
罗门等计三十三身，这样的重复，突显出观世音化身示现、无所不
能的救济功能。

（七）"有联缀十余字乃至数十字而成之名词——一名词中，含
形容格的名词无数。"这是由长修饰语构成语句。用这种词语构成
长句，可以造成悠扬绵长、抑扬顿挫的效果。如"七宝满尔所恒河
沙数三千大千世界"、"恒河沙数三千大千世界微尘等诸佛"、"十佛
世界微尘等数一切妙觉光明云"等形容语。

（八）"同格的语句，排列铺叙，动至数十。"这也是一种重复方
式，在重复之中把议论逐层深化。《维摩诘经》里维摩诘向文殊师
利解释什么是"菩萨行"：

> 文殊师利，有疾菩萨应如是调伏其心：不住其中，亦复不
> 住不调伏心。所以者何？若住不调伏心是愚人法，若住调伏
> 心是声闻法，是故菩萨不当住于调伏、不调伏心，离此二法是

---

① 《妙法莲花经》卷七《观世音菩萨普门品》，《大正藏》第9卷第57页上一中。

菩萨行;在于生死,不为污行,住于涅槃,不永灭度,是菩萨行;非凡夫行,非贤圣行,是菩萨行;非垢行,非净行,是菩萨行;虽过魔行而现降众魔,是菩萨行;求一切智,无非时求,是菩萨行;虽观诸法不生,而不入正位,是菩萨行;虽观十二缘起而入诸邪见,是菩萨行;虽摄一切众生而不爱著,是菩萨行……①

以下还有二十三个同样形式的语句,都是从泯合对立的"不二"角度来解释什么是"菩萨行"的。如此面面俱到,把道理解释得十分透彻。

(九)"一篇之中,散文诗歌交错。"

(十)"其诗歌之译本为无韵的。"这后两点说的是经文中所谓"长行"和"偈颂"并用的行文方式,对于中国文学体裁发展的影响极其深远,此不赘叙。

梁启超提出以上十点,涉及翻译佛典的语法、修辞和表现上的特征,也是它们带给汉语的新鲜表现方法。实际还有一些重要方面可以补充:

如在议论方面,佛典注重名相辨析,特别是论藏,往往采用条分缕析、寻源逐末的方式,条理十分详密,层次十分清晰。南北朝以来发达的义学论著在表现方法上正接受了翻译佛典这方面的影响。例如本书前面已经介绍过的《杂阿毗昙心论》,是部派佛教论书的典型著作,它以"四谛"组织一切法,讲三世(过、现、未)、六种因(所作因、共有因、自分因、遍因、相应因、报因)、四种缘(因缘、次第缘、所缘缘、增上缘)等,总体结构运用严密的排比方式。经文中进行具体解说也是一样,如讲"四谛",分别讲苦、集、灭、道;讲"苦",又分别讲八苦,等等,如此依次逐一解说。这样的论说,特点一是繁复,二是严密,都是中土议论文字所不及的。

又在描写方面,翻译佛典特别是大乘经多有极其夸张的刻画

---

① 《维摩诘所说经》卷中《文殊师利问疾品》,《大正藏》第 14 卷第 545 页中—下。

和细致的形容,多使用比喻、象征、夸张等手法,造成强烈的效果。作为宗教典籍,为了发挥大胆玄想的功效,表达多有不合情理、荒诞悖谬的地方,但却自有其特殊的作用。

又在行文方面,初期译文相当拙朴。从现存经典看,用语还没有形成严格规范,文句亦多隔碍难通。但随着译事进步,译文水准逐步提高。西晋竺法护的译籍表达上已经相当流畅。到鸠摩罗什,译文更臻于精美。当时形成了一种独特的四字句为主的行文体制,被称为"译经体"。这也是出于宣讲和诵读的需要:四字句长短合宜,读起来有固定节奏,琅琅上口(前面提到的少用虚词也是适应这种要求)。例如《妙法莲花经·譬喻品》描写"火宅"一段,按读诵语气点断如下:

> 舍利弗,若国邑聚落,有大长者,其年衰迈,财富无量,多有田宅,及诸僮仆,其家广大,唯有一门,多诸人众,一百二百,乃至五百人,止住其中,堂阁朽故,墙壁隤落,柱根腐败,梁栋倾危,周匝俱时,欻然火起,焚烧舍宅,长者诸子,若十二十,或至三十,在此宅中,长者见是大火,从四面起,即大惊怖,而作是念,我虽能于,此所烧之门,安隐得出,而诸子等,于火宅内,乐著嬉戏,不觉不知,不惊不怖,火来逼身,苦痛切己,心不厌患,无求出意,舍利弗,是长者,作是思惟,我身手有力,当以衣裓,若以机案,从舍出之,复更思惟,是舍唯有一门,而复狭小,诸子幼稚,未有所识,恋著戏处,或当堕落,为火所烧,我当为说,怖畏之事,此舍已烧,宜时疾出,无令为火,之所烧害,作是念已,如所思惟,具告诸子,汝等速出,父虽怜愍,善言诱喻,而诸子等,乐著嬉戏,不肯信受,不惊不畏,了无出心,亦复不知,何者是火,何者为舍,云何为失,但东西走戏、视父而已,尔时长者,即作是念,此舍已为,大火所烧,我及诸子,若不时出,必为所焚,我今当设方便,令诸子等,得免斯害,父知诸子先心,各有所好,种种珍玩,奇异之物,情必乐著,而告之言,汝等所

可玩好，希有难得，汝若不取，后必忧悔，如此种种，羊车鹿车牛车，今在门外，可以游戏，汝等于此火宅，宜速出来，随汝所欲，皆当与汝，尔时诸子，闻父所说，珍玩之物，适其愿故，心各勇锐，互相推排，竞共驰走，争出火宅……①

这就是梁启超所说的典型的既不同于骈文家之绮词俪句也不同于古文家之绳墨格调的译经体。这种文体又如梁启超所说是在"文章结构形式上，划然辟一新国土。质言之，则外来语调之色彩甚浓厚，若与吾辈本来之'文学眼'不相习，而寻玩稍进，自感一种调和之美"。

梁启超所说的第三点"文学的情趣之发展"，涉及佛典翻译的文学特征，另有论说，此不赘述。

四

汉译佛典主要译自梵语、巴利语和中亚语文，都是拼音语言。出于译经的需要，中土人士逐步学习、熟悉了这些语言。掌握这些拼音语言，直接促进了对于汉语语音规律的认识和总结，对于汉语语音学的进步造成了决定性的影响。这主要体现在两个方面：一是切韵的发明，一是四声的总结。

《隋书·经籍志》说：

> 自后汉佛法行于中国，又得西域胡书，能以十四字贯一切音，文省而义广，谓之婆罗门书。与八体、六文之义殊别。②

---

① 《妙法莲华经》卷二《譬喻品》，《大正藏》第 9 卷第 12 页中一下。
② 《隋书》卷三二《经籍志一》，第 947 页。

这里"八体"指古代汉文的八种字体,即大篆、小篆、刻符、虫书、摹印、署书、殳书、隶书;"六文"即"六书",指六种造字体例,即指事、象形、形声、会意、转注、假借(这是按通行的许慎《说文解字》的说法,另有它说)。所谓"胡书"概指佛书原典的拼音文字。后来一般把佛经原本叫"梵本",意思是梵文(或巴利文)写成的。事实上直接从"梵本"翻译佛典是稍后的事,早期许多是从西域各种"胡语"翻译或转译的。

　　汉语音韵研究的突破,首先在音素的分析。这种分析正得力于随佛教传入的"音训诡蹇,与汉殊异"①的梵语(胡语)拼音知识的传习和借鉴。佛典初传,靠的是西来僧侣或信徒的"口解","天竺言语与汉异音"②的现象必然会引起人们的注意和探讨。后来"梵(胡)本"大量传入,更给深入了解和研究语音现象提供了方便。在了解外语拼音规律的基础上,就有可能加以仿照,把每个汉字音节分为声和韵两部分,这就是翻切的发明;第二步则进而分析韵的部分,归纳出声调。这后一部分工作,是经过所谓"西邸学士"沈约、周颙等人的努力而系统化、规范化的。

　　声明即语言文字之学,本来是印度佛教教学的"五明"之一(其他为内明、因明、工巧明、医方明)。佛教教理把声音包括在所要分析事物名相即诸"法"之内,给以相当的重视。佛教教学里有"声是常、无常"这一论题,以证明"诸法无常"义。南本《大般涅槃经》里则有一段经文用"半字"、"满字"来说明"如来之性":

　　　　……是故半字于诸经书、记论、文章而为根本,又半字义皆是烦恼言说之本,故名半字;满字者乃是一切善法言说之根本也……何等名为解了字义?有知如来出现于世,能灭半字,是故名为解了字义;若有随逐半字义者,是人不知如来之

①《出三藏记集》卷一三《安世高传》,第510页。
②《法句经序》,《出三藏记集》卷七,第273页。

性……善男子，是故汝今应离半字，善解满字。①

这里半字指没有组成词的字母，满字指由字母组合成的词②。接下来经文对半字加以解释，又举出"十四音名为字义"，指《隋书·经籍志》里说的"贯一切音"的梵语"十四字"，即阿、短伊、长伊、短优、长优、堙、乌、庵、迦、伽、遮、咤、波、邪等。经文在对这十四音一一作出描述之后，再附会以佛理的解释，当然已与语音学无涉。而接下来又说到"吸气、舌根、随鼻之声，长、短、超声，随音解义，皆因舌、齿而有差别"，则又是对发音方法的说明了。梁僧伽婆罗所译《文殊师利问经》里有专门的《字母品》，指出"一切诸法入于字母及陀罗尼字"③，然后列出元音和辅音的五十个字母（也另有它说）。经典里解说教理的这些段落，直接关系拼音文字的语音理论；而佛典传译的实践更使人们直接接触到拼音语言，这些都必然使人们对于汉语音素的分析有所启发。特别是《大涅槃经》，自从法显传翻六卷《泥洹》以后，继有完整的北本、南本传出，在整个中土佛教界以至一般思想界造成巨大影响，出现了专门传习和研究这部经的"涅槃师"。包括对于《文字品》的研究，必然会促进对梵文拼音知识的关注和研习。

可以举出一个明显的例子。著名的文学家、山水诗人谢灵运通晓梵语，并相当深入地探讨过梵语的拼音规律，这当和他参与翻译《涅槃经》直接相关。僧传上记载：

陈郡谢灵运笃好佛理，殊俗之音，多所达解。乃谘（慧）叡以经中诸字，并众音异旨，于是著《十四音训叙》。条例梵汉，

---

①慧观等译《大般涅槃经》卷八《文字品》，《大正藏》第 12 卷第 414 页上—中。
②这里是根据安然《悉昙藏》卷七《字义解释》篇次第二《谢灵运传》里惠观的说法："以音为半，字音合说，名之为满也。"参阅饶宗颐《唐以前十四音遗说考》，《梵学集》第 159－178 页，上海古籍出版社，1993 年。
③《文殊师利问经》卷上，《大正藏》第 14 卷第 498 页上。

　　　　昭然可了,使文字有据焉。①

这里提到的慧叡是当时一位著名译师。他少年游方,到蜀之西界,
得机会游历诸国,直至南天竺,"音译诂训,殊方异义,无不必晓"。
谢灵运向他请教梵文知识,并写了关于梵文语音的专门著作《十四
音训叙》。这部著作中土久佚,在日本平安朝僧安然所撰《悉昙藏》
里存有佚文,是研究古梵语的重要材料。像谢灵运这样代表一代
文坛成就的文人,掌握一定的梵文拼音知识,必然会对两种语言进
行比较,从而在汉语语音的分析方面得到启发。例如他说:"胡字
一音不得成语,既不成语,不得为物名。"②"《大般涅槃经》中有五十
字,为一切字之本,牵彼就此,反语为字。"③这些说的就是梵语由字
母组合成词,也涉及到前面提到的"半字"、"满字"概念。"反语"的
"反"即"反(翻)切"的"反",就是拼音。谢灵运并对所谓"十四音"
一一举出梵语例词加以解说。对这个问题,王邦维有细致考论,可
以参阅④。

　　古梵文称悉昙(Siddham),"成就"、"吉祥"的意思,相传是梵天
所造、经典使用的语言。齐、梁时期已经成为相当流行的学问。像
灵味寺宝亮所集《大般涅槃经集解》卷二十一《文字品》就广引道
生、僧亮、僧宗等人对"十四音"的解释。例如僧宗说:"传译云十四
音者,为天下音之本也。如善用宫商,于十四音中随宜制语,是故
为一切字本也。"⑤文人中懂梵文的也不只谢灵运一个人。如梁武
帝萧衍同样探讨过"十四音"问题。所以这也应是齐竟陵王门下
"西邸学士"们讨论的课题。关于齐、梁时期悉昙的传习情况,饶宗

①《高僧传》卷七《宋京师乌衣寺释慧叡传》,第260页。
②《悉昙藏》卷一,《大正藏》第84卷第371页下。
③同上卷五,《大正藏》第84卷第409页中。
④《谢灵运〈十四音训叙〉辑考》,《北京大学百年国学文粹·语言文献卷》第
　631—646页,北京大学出版社,1998年。
⑤《大般涅槃经集解》卷二一《文字品》,《大正藏》第37卷第464页中。

颐有详细考辨，可以参看①。

关于翻切的发明，学术界历来有不同看法。一种意见以为早在汉代以前中土人士已经知晓，与后来和西域的交流无涉②，顾炎武就是这种看法；另一种意见则主张出现于东汉末。早期主张后一种看法的，如颜之推说："孙叔言创《尔雅音义》，是汉末人独知反语。"③唐人更具体指出反切创始于汉灵帝时的服虔。宋人陈振孙则提出："反切之学，自西域入中国，至齐、梁间盛行。"④实际顾炎武提出作为自己说法例证的所谓"急声"如"茨，蒺藜"、"壶，瓠芦"等，本是合音词，不能算是真正的反切。它们至多可以算作是反切现象的萌芽。应当承认严格意义上的反切是借鉴西方拼音知识才出现的，其中包括前面讨论的梵语拼音知识。晋孝武帝（373—396）在位晚年造清暑殿，同年驾崩，"有识者以为'清暑'反为'楚'声，哀楚之征也"⑤，这是说"清暑"切为"楚"，这是明确的反切观念。后来对四声的发明作出贡献的周颙"好为体语"⑥，"体语"即"体文"、"反语"，是两个字先正切、再倒切的一种文字游戏。这也正显示了反切在当时已经相当普及。由于有了反切，不但使汉语注音在常常使人困扰的"譬况"、"假借"之外找到一种更准确、更简便易行的方法，而且有可能进一步分出"声"与"韵"，也就为四声的发明奠定了基础。

魏李登著《声类》，晋吕静著《韵集》，是最早的汉语韵书。韵书

---

①《文心雕龙声律篇与鸠摩罗什通韵——论四声说与悉昙之关系兼谈王斌、刘善经、沈约有关诸问题》、《鸠摩罗什通韵笺》、《论悉昙异译作"肆昙"及其入华之年代》、《北方泽州慧远所述之悉昙章》、《唐以前十四音遗说考》，见《梵学集》。
②如顾炎武，见《潜研堂文集》卷二十五《杜诗双声叠韵谱序》。
③《颜氏家训集解》卷七《音辞》，第473页。
④《直斋书录解题》卷三《韵补五卷》。
⑤《晋书》卷九《帝纪第九》，第242页。
⑥封演《封氏闻见记》卷二《声韵》。

的编纂,前提必须是"韵"(反切下字所代表的韵母)被明确起来,而这正是反切的成果。按时代看,这也正是佛典拼音文字大量传入的时期。只有区分出每个汉字的音素,形、音、义相统一的汉字的"音"被分离出来,才能有真正的音韵之学。到唐末,僧守温以若干汉字为表记来表示汉语声韵系统,从而奠定了汉语等韵学基础,造就了汉语音韵学决定性的进步。

在"声"、"韵"区分清楚之后,才可能区分出"调"来。李登和吕静的书均已不传。关于《声类》,唐封演说:

> 魏时有李登者,撰《声类》十卷,凡一万一千五百二十字,以五声命字,不立诸部。①

又《魏书》载江式有云,"(吕)静别放故左校令李登《声类》之法,作《韵集》五卷"②。则吕静的书也是按"五声"分类编纂的。对所谓"五声"(宫、商、角、徵、羽)的解释,汉语史学界有很大分歧。按郭绍虞先生说法,"是喻义而不是实义"③。核之当时音韵知识的发展程度分析,按"五声"对韵字进行分类,应是包含对于声调的区分的。但当时"韵"和"调"显然还未能区别得很清楚。对韵母部分的"声"与"调"加以区分是音韵学发展到另一阶段的事。完成这一任务,正是借助于对梵呗的"审音定声"。这是在齐梁之际,由萧子良周围的一批文人最后完成的。

以萧子良为中心的"竟陵八友"这一贵族文人集团进行了多方面的文化活动。其重要贡献之一,就是"审音定声",总结出汉语语音的四声规律。这对于文章写作,特别是对于韵文创作的影响是十分巨大的。而这种"审音定声"则是通过诵读佛经的"经呗新声"

---

① 《封氏闻见记》卷二《文字》。
② 《魏书》卷九一《江式传》,第1963页。
③ 《声律说考辨》,《照隅室古典文学论集》下册第264页,上海古籍出版社,1983年。

总结出来的。

关于呗赞流行情形,慧皎说:

> 自大教东流,乃译文者众,而传声盖寡。良由梵音重复,汉语单奇。若用梵音以咏汉语,则声繁而偈迫;若用汉曲以咏梵文,则韵短而辞长。是故金言有译,梵响无授。[①]

所谓"梵响"是指"作偈以和声"的"西方之赞"。这里所说是佛教初传的情形:如果按拼音文字的外来声调来谱汉文偈颂,则显得"声繁而偈迫";如用汉地本土的声调来配合拼音的梵语,则"韵短而辞长"。这就突显出声调和文辞配合上的矛盾。早期那些不娴汉语的外来译师是照传"梵响"的。例如东晋初年来到南方的尸梨蜜,就"不学晋语",他"授弟子觅历高声梵呗,传响至今"。在周顗死后,他"往省其孤,对坐作胡呗三契,梵响凌云"[②]。这种"胡呗"的音调、偈颂全是外来的。可是它们在中土难以流行,这就需要制作汉语梵呗。随着佛教的传播,又有大量西域舞乐输入,"乐"就应包括歌唱的梵呗。慧皎说:

> 始有魏陈思王曹植,深爱声律,属意经音。既通《般遮》之瑞响,又感渔山之神制。于是删治《瑞应本起》,以为学者之宗。传声则三千有余,在契则四十有二。其后帛桥、支籥亦云祖述陈思,而爱好通灵,别感神制,裁变古声,所存止一十而已。[③]

这里说曹植在东阿渔山由神灵感应而创制梵呗,应是佛教徒的附会,但所反映中土制作汉语梵呗一事则是真实的。所说传声三千有余的"声",指的当是所发之声;在契四十二的"契",则指曲辞小

---

① 《高僧传》卷一三《经师论》,第 507 页。
② 《出三藏记集》卷一三《尸梨蜜传》,第 522 页。
③ 《高僧传》卷一三《经师论》,第 507 页。

节。僧传又记载与曹植大体同时的支谦在吴国亦"依《无量寿》、《中本起》制菩提连句梵呗三契"①。从这些记载看，魏晋时期汉语梵呗已经开始出现应是可信的。东晋以后，在传教中转读和唱导兴盛，从梵语经呗发展出来的汉语经呗也随之流行起来。特别是在南朝，比起习禅、造寺等信仰实践活动来，讲读经典更受到重视。建康一地集中了许多善经呗的沙门，成为发展这一门技艺的中心。《高僧传·经师》里所说的"善声沙门"大部分活动在建康。早期如东晋时月氏人建初寺支昙龠及其弟子祇洹寺法平、法等兄弟，刘宋时期白马寺僧饶、安乐寺道会、谢寺智宗等，都已经以善经呗著称。入齐，有昙迁，出身月氏，先后住祇洹寺和乌衣寺，与彭城王刘义康、文人范晔、王昙首相过从，也曾制作一种梵呗新曲。

　　法会中歌赞梵呗从而形成一种"专业"技巧，培养出众多"善声沙门"。著名者如前面提到的昙迁，"巧于转读，有无穷声韵，梵制新奇，特拔终古"②。他卒于齐初建元四年（482），活了九十九岁。他的弟子道场寺法畅、瓦官寺道琰并富声哀婉。另有僧辩亦以善赞呗著名。这些人都是萧子良法会的常客。子良本人也"冥授于经呗"③。《高僧传》记载：

　　　　逮宋齐之间，有昙迁、僧辩、太傅、文宣等，并殷勤嗟咏，曲意音律，撰集异同，斟酌科例。存仿旧法，正可三百余声。④

这里"三百余声"的"声"，也是指具体发声方法。经师中有慧忍，他也善于经呗：

　　　　（慧忍）止是爱好音声。初受业于安乐辩公，备得其法。

----

①《高僧传》卷一《魏吴建业建初寺康僧会传》，第15页。
②同上卷一三《齐乌衣寺释昙迁传》，第501页。
③道宣《统略净住子净行法门序》，《广弘明集》卷二七，《大正藏》第52卷第306页上。
④《高僧传》卷一三《经师论》，第507—508页。

而哀惋细妙，特欲过之。齐文宣感梦之后，集诸经师。乃共忍
斟酌旧声，诠品新异。制《瑞应》四十二契。忍所得最长妙。
于是令慧满、僧业、僧尚、超朗、僧期、超猷、慧旭、法律、昙慧、
僧胤、慧豪、法慈等四十余人，皆就忍受学，遂传法于今。①

又有僧辩：

> 永明七年（公元四八九年）二月十九日，司徒竟陵文宣王
> 梦于佛前咏《维摩》一契……便觉韵声流好，著工恒日。明旦
> 即集京师善声沙门龙光普智、新安道兴、多保慧忍、天宝超胜，
> 及僧辩等，集第作声。辩传古《维摩》一契、《瑞应七言偈》一
> 契，最是命家之作。②

这里说萧子良梦中咏《维摩》，就是前一节引文提到的"文宣感梦"。
陈寅恪先生特别提出七月二十日这一次活动，认为"实为当时考文
审音之一大事"③。当然类似活动不会只此一次，"考文审音"也不
会是一次可以完成的。

当时流传的赞呗之声今已不传，"考文审音"的具体做法同样
也已不得其详。但从现存文字记载可以推知其成绩和达到的水
准。僧祐编有《法苑杂缘原始集目录》，见《出三藏记集》卷十二，其
六《经呗导师集》共收录二十一段文字的题目。其前六篇《帝释乐
人般遮琴歌呗》等是关于经、律中的赞呗文字的；以下六篇分别是
关于帛法桥、曹植、支谦、康僧会、觅历、药练等感得梵呗的记载；接
下来的七篇均与齐高帝萧道成和萧子良有关，即《齐文皇帝制法乐
梵舞记》、《齐文皇帝制法乐赞》、《齐文皇帝令舍人王融制法乐歌
辞》、《竟陵文宣撰梵礼赞》、《竟陵文宣制唱萨愿赞》、《旧品序元嘉
以来读经道人名并铭》、《竟陵文宣王第集转经记》等；最后两篇是

---

① 《高僧传》卷一三《齐北多宝寺释慧忍传》，第 505 页 。
② 同上卷一三《齐安乐寺释僧辩传》，第 503 页
③ 《四声三问》，《金明馆丛稿初编》第 329 页。

总论性质的《导师缘记》和《安法师法论旧制三科》①。在同书所收
《齐太宰竟陵文宣王法集》目录里,收录了萧子良所作《赞梵呗偈
文》、《梵呗序》等有关梵呗作品,还有《转读法并释滞》这样专讲转
读方法的文章,又有《法门赞》②等赞呗文字。赞宁说萧子良"将经
中偈契,消息调音,曲尽其妙"③,称赞后者在赞呗方面达到了很高
水平。他身居高位,又是一代文坛领袖,如此热衷于赞呗的传诵、
制作,对于文坛"考文审音"必然会大有推动。

　　在"考文审音"中,音调的分析是个重要方面。对于汉语声调,
不能说在"四声"说成立之前人们绝无认识。但总结出声调的规律
则确实要有个过程。如前所述,其前提是先要分出字的"声"和
"韵",这一点是借助于外来拼音文字的知识逐步明确起来的。由
"韵"再分出几个"调",则赞呗的审音给予了决定性的启发。"善声
沙门"之所"善",不只在声音的优美,还在音调的丰富多变化。如
法邻"平调牒句,殊有宫商",慧念"少气调,殊有细美"④等等,所说
的"调"即应指声调;如上所说"宫商"是当时以"五音"(宫、商、角、
徵、羽)指代"四声"的习惯称谓。郭绍虞指出:

　　　　梁慧皎《高僧传》说:"智欣善能侧调,慧光喜骋飞声。"飞
　　侧对举,飞声可看作平声。又说:"道朗捉调小缓,法忍好存击
　　切。"以缓与切对举,则可能是平入之分,同样也包括在平仄律
　　范围以内。⑤

《高僧传》的一段记述则表明当时审音之精细:

　　　　若能精达经旨,洞晓音律。三位七声,次而无乱;五言四

①《出三藏记集》卷一二,第485—486页。
②同上卷一二,第452、451页。
③《僧史略》卷中《赞呗之由》,《大正藏》第54卷第242页。
④《高僧传》卷一三《经师论》,第505—506页。
⑤《声律说考辨》,《照隅室古典文学论集》下册第286页。

句，契而莫爽。其间起掷荡举，平折放杀，游飞却转，反迭娇弄。动韵则流靡弗穷，张喉则变态无尽。故能炳发八音，光扬七善。壮而不猛，凝而不滞；弱而不野，刚而不锐；清而不扰，浊而不蔽。谅足以起畅微言，怡养神性。故听声可以娱耳，聆语可以开襟。若然，可谓梵音深妙，令人乐闻者也。①

这里的"三位"，指前引《涅槃经》中所谓吸气、舌根、随鼻三个发音部位；"七声"又名"七转声"，原指梵语名词语尾变化的声音；"五言四句"是汉语呗赞的一个单位，即一个偈；"八音"为经典说如来所得八种声音：极好、柔软、和适、尊慧、不女、不误、深远、不竭；"七善"即所谓正法所具七善：初善、中善、后善、义善、语善、独法、具足。上引文字的"起掷荡举"一节，细腻生动地刻画了音调变化情形。如此高低曲折、舒徐急促、"变态无穷"，正体现了包括"调"的汉语语音特征。在佛教赞呗里自觉地利用声调来加强效果，客观上有助于"四声"规律的总结。

陈寅恪先生在其音韵学名著《四声三问》里对南朝僧、俗法会上赞呗盛行的情形作了相当充分的描述，具体指出了梵语声调和汉语四声的对应关系，从而论证了四声的发明得力于梵语知识的输入。他的关于梵语声调与汉语四声关系的论点，学术界有不同看法；但佛教的转读、赞呗促进了汉语音韵学的进步则是不易之论。原作具在，读者可以复按。

从以上材料，当然还不能了解"考文审音"的具体情形，也不能看出其与四声发明的具体关系。但有一个历史事实是具有说服力的，即总结出四声的，正是积极参加竟陵王法会的"西邸学士"周颙、沈约等人。"四声"说出现的这种时机、背景，已清楚表明其与佛教"考文审音"的关系。

还值得注意的是，齐、梁之际的许多文人都精研音律，而这些

---

① 《高僧传》卷一三《经师论》，第508页。

人大多信仰佛教。如文惠太子萧长懋"解声律","音韵和辩",同时
又"好释氏"①;"竟陵八友"之一的萧琛也"常言'少壮三好:音律、
书、酒'"②;钟嵘说:

> 齐有王元长(融)者,尝谓余云:"宫商与二仪俱生,自古词
> 人不知之。惟颜宪子(延之)乃云律吕音调,而其实大谬;唯见
> 范晔、谢庄,颇识之耳。尝欲造《知音论》,未就。"王元长创其
> 首,谢朓、沈约扬其波。三贤或贵公子孙,幼有文辩。于是士
> 流景慕,务为精密,襞积细微,专相凌架。故使文多拘忌,伤其
> 真美。③

这段话道出了钟嵘对于当时诗歌声律发展的看法,表明了其演进
过程,同时也反映出文士们热烈讨论音律的情形。王融为"八友"
之一,范晔、谢庄等都活动在周、沈之前不久。日僧空海说:"宋末
以来,始有四声之目。沈氏乃著其谱论,云起自周颙。"④这也明确
肯定周、沈对于总结四声的决定性的贡献。《南史》上则说:

> (永明末)时盛为文章,吴兴沈约、陈郡谢朓、琅邪王融以
> 气类相推毂,汝南周颙善识声韵。约等文皆用宫商,将平上去
> 入四声,以此制韵,有平头、上尾、蜂腰、鹤膝。五字之中,音韵
> 悉异,两句之内,角徵不同,不可增减。世呼为"永明体"。⑤

从这段文字看,更可以看出沈、周等人做了两方面的工作:一是制
作四声谱,再是将四声应用于诗歌创作。史料也记载周颙"始著
《四声切韵》行于时"⑥;并说沈约"又撰《四声谱》,以为'在昔词人累

---

① 《南史》卷四四《文惠太子传》,第 1099、1100 页。
② 《梁书》卷二六《萧琛传》,第 397 页。
③ 《诗品·总论》,陈延杰《诗品注》第 5 页,人民文学出版社,1980 年。
④ 《文镜秘府论》天卷《四声论》,第 25—26 页,人民文学出版社,1980 年。
⑤ 《南史》卷四八《陆慧晓传附陆厥传》,第 1195 页。
⑥ 同上卷三四《周朗传附周颙传》,第 895 页。

千载而不悟,而独得胸襟,穷其妙旨'"①。周、沈书均已不传。据考
《文镜秘府论》所录《调四声谱》一段即取自沈书。把一个个汉字排
列为谱表,就意味着已明确地按声调对它们做了分类。这是只有
在分辨出四声之后才能做到的。而也只有区分出"韵"与"调",才
能在创作中由不自觉地采纳发展到自觉地、规范化地运用。如前
所述,魏李登《声类》对汉字以"五声"分类,大概是韵和调混合的分
类。只有发明了四声,才终于把声调的四个类别独立出来。所以
沈约说:

> 自古辞人,岂不知宫羽之殊,商徵之别？ 虽知五音之异,
> 而其中参差变动,所昧实多,故散意所谓"此秘未睹"者也。以
> 此而推,则知前世文士便未悟此处。②

这也明确指出了,人们对于四声的认识经过了从感性上升到理性
的过程,在应用上则是从不自觉逐渐走向自觉的。这里所谓"宫羽
之殊,商徵之别",用的仍是旧的"五声"称谓,实际是指四声的
差别。

沈约等人把四声应用于文学创作,发展了诗文(主要是诗歌)
格律。沈约说:

> 夫五色相宣,八音协韵,由乎玄黄律吕,各适物宜。欲使
> 宫羽相变,低昂互节,若前有浮声,则后须切响。一简之内,音
> 韵尽殊,两句之中,轻重悉异。妙达此旨,始可言文。③

这样,诗文音律就逐渐形成新的规范。

正是在明确四声的基础上,才能够提出应当避忌的"八病"。
钟嵘《诗品序》里说"蜂腰鹤膝,里闾已具"。这是说,在当时已有针

---

①《南史》卷五七《沈约传》,第 1414 页。
②《答陆厥书》,陈庆元《沈约集校笺》第 137 页,浙江人民出版社,1995 年。
③《宋书》卷六七《谢灵运传论》,第 1779 页。

对这两种病犯的规定。不过说到"八病"，后来一般认为是沈约提出的。"八病"指平头、上尾、蜂腰、鹤膝、大韵、小韵、正纽、旁纽，都是当时人认为作诗应当避免的"病犯"，具体内容此不赘述。不过如钟嵘仍说"平上去入，则余病未能"，表明当时四声的运用还在初始阶段，就是作为诗歌理论专家的钟嵘也还没有完全掌握。同样梁武帝对四声也"雅不好焉。尝问周舍曰：'何谓四声？'舍曰：'天子圣哲是也。'然帝竟不甚尊用（沈）约也"①。这种情况，更表明沈约、谢朓总结四声的先导之功。后来人往往对"八病"规定的繁琐加以苛评，以为弊法不足为据。但正如明确了四声才能归纳出平、仄两声一样，能够消极地避免"八病"才能逐步掌握声调"粘"与"对"的规律，从而最终促成近体诗格律的定型。而格律精严的近体诗正体现汉语古典诗歌声韵极其精致优美的艺术特征。

郭绍虞又曾说过：

> ……汉字的读音早已打好了这个基础，所以沈约等受到转读佛经声调的影响，自然会受到启发而创为四声之论。
>
> 大抵古人读音，长言短言，缓气急气之间，声调本有出入，由于转读佛经的关系，遂使这些出入之处更加明确，渐趋固定，才可以写定声谱。所以转读之说只是一种近因。②

这样说，并不能抹煞沈约等人的功绩，也不能低估转读佛经的作用。沈括说："音韵之学，自沈约为四声，及天竺梵学入中国，其术渐密。"③这样说也还显得过于简单，因果关系表述得也不够明确，但他的"渐密"一语用得十分贴切。他肯定了随着佛教输入中土的外来拼音语言对于推动汉语音韵学发展所起的重要作用，也肯定了沈约（等人）在这方面的贡献，但又有分寸地表明他（们）取得的

---

①《南史》卷五七《沈约传》，第 1414 页。
②《声律说考辨》，《照隅室古典文学论集》下册第 266、274 页。
③《梦溪笔谈》卷一四《艺文一》。

成绩只是汉语"音韵之学"进展的一步。而这一步乃是佛教通过复杂的因缘影响于中国文化和文学发展的一例。

　　古代汉语音韵学的另一个巨大成就是等韵学的创建。等韵学以"等呼"来分析汉字的韵母结构，用"七音"来分析声母发音部位，以"清浊"来分析发音方法，这是详密分析声韵之后才能够总结出来的。郑樵说：

> 　　七音之韵，起自西域，流入诸夏，梵僧欲以其教传之天下，故为此书。虽重百译之远，一字不通之处，而音义可传，华僧从而定之，以三十六为之母，轻重清浊，不失其伦。[①]

这里"华僧"指唐末守温，他参照梵藏字母创制三十字母，乃是宋人制作三十六字母的蓝本。敦煌唐写卷里有守温音韵学著作的残卷，其中有"四等轻重例"等内容，证明他乃是汉语等韵学的创始人[②]。而等韵学的创建乃是中国音韵学史的重要里程碑。

五

　　佛教在汉语语言学上的另一方面成果，是专门语言工具书的

---

①《通志》卷三六《七音略》，第 1 册第 513 页。
②日本学者尾崎雄二郎更进一步认为："等韵学里韵图四等的划分，是直接受到梵语学中（发声的）四分法的启发而制作的，当是没有疑问的。关于韵图的制作，近来学者一般认为是借助胡僧提供的指示，或受到胡僧的直接帮助，为了供汉地僧俗使用，由汉地人士制作的；但我以为有可能是胡僧为了学习汉语的方便，借助于他们的丰富而又精密的梵语学知识而制作的。"（《漢語史における梵語學》，《中國語音韻史の研究》第 78 页，创文社，1986年）这就把创建等韵学的功劳归之外来僧人了。但无论实际情况如何，对于等韵学的建设佛教作出了决定性的贡献是可以肯定的。

编著。这些书本是为阅读、研究佛经编撰的。但它们实际上不只
为教内人所需要，作为一般语言工具书，对于汉语语言学以及一般
学术史也都具有极高价值。

其中最重要的是音义类著作。音义是中国传统的著述体裁，
是全面解释文字形、音、义的字书，本来是儒家小学"章句之学"的
一部分。相传最早的一部音义书是后汉孙炎所撰《尔雅音义》。这
是字书《尔雅》的注释书。后来"音义"引申为解释一般典籍的概
念。唐初陆德明的《经典释文》是儒家典籍音义的总结性著作。佛
教音义书是借鉴外典音义类著述，适应阅读和解说经典的需求而
编撰的。它们具有独特内容，许多可补一般语言工具书的不足。

据《大唐内典录》，早在北齐就有释道慧著《一切经音》，久佚。
又隋智骞，"偏洞字源，精闲通俗，晚以所学，追入道场。自秘书正
字雠校著作，言义不通，皆谘骞决……造《众经音》及《苍雅字苑》，
宏叙周赡，达者高之，家藏一本，以为珍璧"[1]。这里提到的两部书
亦久佚，但敦煌文书里有他所著《楚辞音》残卷。到唐代，出现了玄
应、慧苑和慧琳的几部高水平的音义著作。

玄应是大总持寺沙门，以字学之富著名当时，曾参与玄奘译
场。现存《一切经音义》原名《大唐众经音义》，或略称《玄应音义》，
二十五卷（或十五卷）。"一切经"即三藏经典。该书解释佛典音
义，依据陆德明《经典释文》例，录出难字，详注音训，广引字书和外
典以明之。他的同学，也是著名佛学家道宣在《大唐内典录》里著
录该书说：

　　　《大唐众经音义》一部十五卷　右一部，京师大慈恩寺沙
　　门释玄应所造。应博学字书，统通林苑，周涉古今，括究儒释。
　　昔高齐沙门释道慧为《一切经音》，不显名目，但明字类。及至

---

①《续高僧传》卷三〇《隋东都慧日道场释智果传》附智骞传，《大正藏》第50卷
　第704页中一下。

　　临机,搜访多惑,应愤斯事,遂作此音。征核本据,务存实录,
　　即万代之师宗,亦当朝之难隅也。恨叙缀才了,未及覆疏,遂
　　从物故。惜哉!①

这样,这部书在前人取得成果的基础上,仿陆德明《经典释文》体
例,训释四百五十六部汉译佛典的文字音义。全书基本按大、小
乘,经、律、论安排,最后是圣贤集传和玄奘新译两部分。所训释包
括外来翻译佛典的音译词和意译词,而主要是汉语词;除了辨释
形、音、义,并对经文中的错误加以辨证。这部书征引更相当广博,
阮元说:

　　　　所引群籍,如郑康成《尚书注》、《论语注》、三家《诗》,贾
　　逵、服虔《春秋传注》,李巡、孙炎《尔雅注》以及《仓颉》、《三
　　仓》,葛洪《字苑》、《字林》、《声类》,服虔《通俗文》、《说文音
　　隐》,多不传之密册。玄应通晓儒术,著书该博,……②

全书援引外典计达一百数十种,这些书或久已佚失,或存有异文,
在辑佚和校勘方面也具有很高价值。

　　慧苑有《新译大方广佛华严经音义》,简称《新译华严经音义》、
《慧苑音义》,二卷,是唐代新译八十卷本《华严经》的音义。慧苑是
华严宗宗师法藏的上首门人,内外该通,认识华严宗义尤其精博,
“以新译之经未有音释,披读之者取决无从。遂博览经书,恢张诂
训,撰成二卷,俾初学之流不远求师,览无滞句,旋晓字源”③。慧苑
这部《音义》是单经音义,内容更为详密。所训释词语较玄应书外
来翻译词显著增多(玄应书大约占三分之一,慧苑书则居半)。释
文则考释、辨证更为细致。同样也征引不少久已失传的典籍,特别
是古代的字书和注释书。

─────────────

①《大唐内典录》卷五,《大正藏》第 55 卷第 283 页中。
②《一切经音义二十五卷提要》,《揅经室外集》卷二。
③《宋高僧传》卷六《唐洛京佛授记寺慧苑传》,上册第 115 页。

　　与玄应著作同名的有中唐慧琳撰《一切经音义》或称《大藏音义》、《慧琳音义》，一百卷。这部书在中土久佚，光绪年间自日本传回。慧琳本是疏勒国人，"始事不空三藏，为室洒，内持密藏，外究儒流，印度声明，支那诂训，靡不精奥。尝谓翻梵成华，华皆典故，典故则西乾细语也。遂引用《字林》、《字统》、《声类》、《三苍》、《切韵》、《玉篇》、诸经杂史，参合佛意，详察是非，撰成《大藏音义》一百卷。起贞元四年迄元和五载，方得绝笔，贮其本于西明藏中。京邑之间，一皆宗仰。琳以元和十五年庚子卒于所住，春秋八十四矣。殆大中五年，有奏请入藏流行。近以海中高丽国，虽三韩夷族，偏尚释门，周显德中，遣使赍金入浙中求慧琳《经音义》，时无此本，故有阙如"①。可见该书在当时的声望。该书系在玄应等诸家著作的基础上纂集而成，部帙更大于玄应书数倍，所收佛典以《开元录》的《入藏录》为主，兼收其他典籍，训释佛典一千三百余部五千七百余卷里文字的音义。太常寺奉礼郎景审序说：

　　　　师掇其阙遗，叹其病惑，览兹群经，纂彼诂训。然则古来音反，多以傍纽而为双声，始自服虔，元无定旨，吴音与秦音莫辩，清韵与浊韵难明。至如"武"与"绵"为双声，"企"以"智"为叠韵，若斯之类，盖所不取。近有元庭坚《韵英》，及张戬《考声切韵》，今之所音，取则于此。大略以七家字书释谊（七书谓《玉篇》、《说文》、《字林》、《字统》、《古今正字》、《文字典说》、《开元文字音义》）。七书不该，百氏咸讨。又训解之末，兼辩六书，庶因此而识彼，闻一以知十。师二十余载，傍求典籍，备讨经论，孜孜不倦，修缉为务。以建中末年创制，至元和二祀方就，凡一百轴，具释众经，始于《大般若》，终于《护命法》，总一千三百部，五千七百余卷。旧两家音义合而次之，标名为异（两家谓玄应、慧苑等）。浩然如海，吞众流以成深；皎兮若镜，

————————————
①《宋高僧传》卷五《唐京师西明寺慧琳传》，第108—109页。

照群物以无倦。元和十二年二月三十日绝笔于西明寺焉。①

这部书结构与玄应书相同，只是把玄奘新译纳入各部类之中，释文则包括注音、释义、析字、辨形、正讹等方面。引用佛典十分广泛，同样及于古代韵书、字书及大量外典，不少是久佚的著述。陈士强指出：

> 《慧琳音义》既是一部辅导学人阅读《大藏经》的佛学辞典，也是一部诠释详密的古汉语大辞典。由于作者生于中唐，所引的典籍大多为唐初的古本，故此书不仅可以用来考订词或字的古音古义，校正今本文句上的讹夺衍倒，而且可以用来补辑逸书。清末，陶方琦辑《苍颉篇》（补孙星衍所辑之不足）、《字林》（补任大椿所辑之不足）、易硕辑《淮南子许注钩沉》、顾震福辑《小学钩沉续编》（辑《苍颉》等四十六种）、汪黎庆辑《小学丛残》（辑《字样》、《开元文字音义》、《韵诠》、《韵英》四种）、龙璋辑《小学搜佚》（辑《苍颉》等七十六种）、近人丁福保考订今本《说文》的逸字逸句以及讹误，其主要数据都取于《慧琳音义》，小部分来源于《希麟音义》和其它古书。《慧琳音义》在文字学、音韵学和训诂学上的巨大影响由此略见一斑。②

这里提到的辽代希麟编著《续一切经音义》十卷是续补慧琳《音义》的，也是近代从日本传回。该书名义上收录佛典一百一十部二百六十一卷，实际其中十六部仅列举书名。该书内容以训释《开元录》编成后新译密教经咒和说一切有部毗奈耶为主，征引古籍六十余种，亦具有独特的学术价值。

宋代法云编有《翻译名义集》七卷，共收录音译梵文词语二千零四十条，各注出处、异译并加以解释。所释广引经论，旁及音义、

---

① 《一切经音义序》，《大正藏》第 54 卷第 311 页下－312 页上。
② 《佛典精解》第 1018－1019 页，上海古籍出版社，1992 年。

注疏和外典等广泛文献，计达四百余种。此书和宋道诚编佛教类书《释氏要览》、明编《三藏法数》合称"佛学三书"，广为习佛者所应用，是旧时初学佛教的重要工具书。

又唐义净编有《梵唐千字文》，是我国第一部双语辞书。

以上著作，在语言学方面的意义自不待言，清代以来学术界更把它们应用于校勘、辑佚等领域，其更广泛的价值尚有待开掘。

另外，对于语言学研究，禅宗语录提供了极其丰富的资料。禅门师弟子上堂示法，请益商量，斗机锋，说公案，保存了大量口语材料。这是其他内、外文献不可替代的。禅门形成独特的语言观，兼在语言的应用上具有突出、鲜明的特点，在汉语发展和语言学上的贡献是极其重大的。这是在汉语史研究中是一个值得深入开掘的领域。

总之，佛教自输入时期起，就成为推动汉语发展的重要力量：一方面提供出推动汉语发展的大量资源，另一方面又持续地发挥对于语音、词汇、语法以及语言学理论发展的积极影响。可以毫不夸张地说，在古代各家、各宗教之中，佛教由于具有多种语言比较与应用的优势，对于汉语和中国语言学发展的贡献是最为巨大的。

第二十章　僧人的诗文创作成就

一

在中国佛教的"外学"里,文学创作是成就十分突出的部门。本来佛教有"绮语"一戒。据传宋代黄庭坚写艳词就被斥责破这一戒而应下地狱。但是从东晋开始,诸多僧人不但与文人密切往还,更积极参与创作,成为文坛上十分活跃的力量。

形成这种现象,当然与外来佛教固有传统有关系:自佛陀创教伊始,就注重利用文学创作来阐扬教义、教理,翻译佛教典籍里有大量文学成分,包括艺术性很高的文学作品。这在本书里有专章讨论过。而中国的情况又有所不同。在中国文学高度发达、崇文尚艺成为风气的传统中,许多有文学才能的人参与僧团,文学创作乃是僧团的重要活动:僧人利用各种文学样式来传教弘法,对于推动佛教传播和发展起了重要作用;他们积极与文人交往,成为佛教与世俗文坛交流的津梁,扩大了佛教对文坛的影响;他们的创作在内容、形式、表现方法等诸方面具有特色,在创作上取得成绩,作出贡献。还值得注意的是,中国许多能文善艺的僧人本来出身于士大夫阶层,他们往往是带着自觉的创作意识从事文学写作的。当

然其中有些作品是表现佛教教义、宣扬信仰的,而更多是抒情写志
的一般作品。这些人当中相当一部分以文字为佛事的观念已经淡
漠,行迹常混同于一般文人。这种发展趋势越是到后来越是严重,
终于出现了唐、宋以降的"诗僧"这类畸形人物。这当然也体现了
中国僧团重视文化事业的特征。这样,僧人从事文学创作,无论是
对于推动佛教和佛教文化的发展,还是对于文学的发展,都起着不
可忽视的作用。

　　早在西晋,僧人与文人结交已经开启先河。如竺叔兰,与名
士乐广交游①;本书前面已经提到支孝龙与陈留阮瞻、颍川庾凯
(顗)结知音之友,并被世人呼为"八达",等等。东晋已降,更出
现高门为僧的风气。在门阀体制下,士族具有政治权威,也代
表着文化传统。他们的子弟出家为僧,对扩大佛教势力特别是
对佛教扩展在文化领域的影响所起的作用往往是关键性的。
王伊同说:

　　　　一时谈议之士,如道安慧远支遁佛图澄辈,人主致敬,贤
　　俊周旋。值政出高门,权去公室,贵胄子弟,性喜出家,情好落
　　发。知五朝私门政治,亦大有功于佛义哉。②

东晋以来名僧和名士交往、在文坛上活跃的情形,本书前面已有专
章介绍过。佛门注重和参与文事,也体现了作为本土传统的浓厚
的人文精神。

　　晋宋以来十分兴盛的僧人创作,成就遍及各种文学体裁。在
小说、史传、游记等领域,都有僧人活跃,并取得引人注目的成就与
贡献。这些本书相关章节已有介绍。以下简要地说明诗歌和散文
创作情况。

---

① 《出三藏记集》卷一三《竺叔兰传》,第520页。
② 《五朝门第》上册,第256页,香港中文大学出版社,1978年。

二

　　佛教本来有使用偈颂的传统。翻译佛典的许多偈颂从一定意义上说就是外语翻译诗歌,不过汉译采用了不同于传统诗歌格律的形式。佛教偈颂无论是体制还是写作手法与技巧对于汉语诗歌的发展都造成相当大的影响。前面已经介绍过,为了吟诵梵呗,制作出汉语呗赞,这是汉语的偈颂。在中国这样诗的国度,佛门自然也要利用传统诗歌形式,僧人的诗歌创作从而逐渐兴盛起来。晋宋以来僧人有文集传世见于史籍的(现已全部散佚,部分作者的作品有辑本),据《隋书·经籍志》,有支遁(八卷,梁十三卷)[①]、支昙谛(六卷)、僧肇(一卷)、慧远(十二卷)、惠琳(五卷,梁九卷、录一卷)、智藏(五卷)、亡名(十卷)、惠标(三卷)、洪偃(八卷)、释瑗(六卷)、灵裕(四卷)、策上人(五卷)、释嵩(六卷)等。这些文集大部分包含诗歌作品。实际《隋书》著录并不完全,如前面讲到以"善声"著名的昙迁、昙瑗都曾有集传世,但不见《隋志》。后人辑录僧诗更远不只以上诸家。

　　僧人有其特殊的生活环境、精神境界、写作传统等等,因而僧诗也形成一些鲜明特点。总体说来主要体现在两个方面:一方面是把与佛教相关的内容引入诗歌。余嘉锡早经指出:"支遁始有赞佛咏怀诸诗,慧远遂撰念佛三昧之集。"[②]这是说支遁、慧远首开以佛理与禅思入诗的风气。支遁在本书上编已经介绍过。他的"赞

①括号里所记为《隋志》卷数,《旧唐书·经籍志》、《新唐书·艺文志》、《通志·艺文略》著录多有不同。参阅兴膳宏、川合康三《隋書經籍志詳攷》,汲古书院,1995年。

②《世说新语笺疏》卷上之下《文学》,第265页。

佛咏怀"诗今存《四月八日赞佛诗》、《咏八日诗三首》、《咏怀诗五首》等。如《咏怀诗五首》之四：

> 闲邪托静室，寂寥虚且真。逸想流岩阿，朦胧望幽人。慨矣玄风济，皎皎离染纯。时无问道睡，行歌将何因。灵溪无惊浪，四岳无埃尘。余将游其嵋，解驾辍飞轮。芳泉代甘醴，山果兼时珍。修林畅轻迹，石宇庇微身。崇虚习本照，损无归昔神。暧暧烦情故，零零冲气新。近非域中客，远非世外臣。憺怕为无德，孤哉自有邻。①

作者表示向往山林水涯，与"幽人"优游行歌，在离世绝俗的环境里洗落凡情，度过"近非域中客，远非世外臣"的逍遥淡泊人生。这里没有佛语，但那种"虚且真"的境界，显然有佛教空观和无常感的影子。支遁的诗情基本是把般若空观融入到老庄的虚玄境界之中。也是在这一点上，他的诗与当时流行的玄言诗相比较是颇见创意的。不过如下面还将讲到的，用诗歌来说佛理，偏枯如翻译偈颂，则少有艺术价值可言了。这也是后来某些僧诗通常的弊病。

另一方面山居乐道乃是六朝僧侣的一种风气，僧传里有许多这方面的记载，这就给先秦以来中土士人的隐逸传统增添了新内容，在诗歌中表现出来，无论是题材、意象、语言等也都增添了创意，形成一种高蹈脱群、空灵悠远的情趣。同样是支遁，与众名士徜徉于会稽佳山水之间，成为魏晋风流的典型表现之一。他的《八关斋诗三首序》说：

> 间与何骠骑期，当为合八关斋。以十月二十二日集同意者在吴县土山墓下。三日清晨为斋始，道士白衣凡二十四人。清和肃穆，莫不静畅。至四日朝，众贤各去。余既乐野室之寂，又有掘药之怀，遂便独往。于是乃挥手送归，有望路之想。

---

① 逯钦立《先秦汉魏晋南北朝诗·晋诗》卷二〇，中册第 1081 页。

静拱虚房,悟身外之真;登山采药,集岩水之娱。遂援笔染翰,
以慰二三之情。

他把山水之游当做"悟身外之真"的机缘,因而对于自然风光之美
自有独特领会,写出含义深远而又形容优美的歌咏山水的篇章。
而从这篇序的描述,又可以看出当时僧俗相偕的生活情境的一面。
这也成为僧诗流行的客观环境。如《八关斋诗三首》之三:

靖一潜蓬庐,怡怡咏初九。广漠排林筱,流飙洒隙牖。从
容遐想逸,采药登重阜。崎岖升千寻,萧条临万亩。望山乐荣
松,瞻泽哀素柳。解带长陵陂,婆娑清川右。泠风解烦怀,寒
泉濯温手……①

支遁把自己潇洒不羁的情怀寄托在这种清幽、寂寞的境界里。又
《咏怀诗五首》之三:

晞阳熙春圃,悠缅叹时往。感物思所托,萧条逸韵上。尚
想天台峻,仿佛岩阶仰。泠风洒兰林,管濑奏清响。霄崖育灵
霭,神蔬含润长。丹砂映翠濑,芳芝曜五爽。苕苕重岫深,寥
寥石室朗。中有寻化士,外身解世网。抱朴镇有心,挥玄抚无
想。隗隗形崖颓,炯炯神宇敞。宛转元造化,飘瞥邻大象。愿
投若人纵,高步振策杖。②

这里描写山光水色,幽林响泉,借幽寂的自然风光抒写解脱世网、
穷神入化的幻想。这样的诗写法上虽然仍多用"理语"(实际"谢公
卒章"亦"多托玄思③"),但对于改变当时诗坛上"理过其词,淡乎寡
味",诗作"平典似《道德论》"的玄风,则确实有所突破和创新。文
学史上一般认为首创山水诗体的是谢灵运,但沈曾植指出:

———————————

①《先秦汉魏晋南北朝诗·晋诗》卷二〇,中册第 1079—1080 页。
②同上卷二〇,中册第 1081 页。
③《八代诗选跋》,《海日楼题跋》卷一。

　　　　"老、庄告退，山水方滋"，此亦目一时承流接响之士耳。
　　　　支公模山范水，固已华妙绝伦；谢公卒章，多托玄思，风流祖
　　　　述，正自一家。①

"老、庄告退，而山水方滋"是《文心雕龙·明诗》评论"宋初文咏"的
话。而沈氏指出支遁已经"模山范水"且"华妙绝伦"，即认为他在
山水诗创作上有开创风气的功劳。

　　在文学创作领域取得更高成就的是慧远。无论是一般文化素
养，还是文学修养，慧远在当时僧俗中都堪称翘楚。慧远到庐山
后，步入他思想和著作上的成熟期。他今存文学作品不多，但从有
限资料可以知道，他注重把文学活动与修道实践密切联系起来，文
学创作也是以他为核心的庐山僧团的重要活动。他对于从事文学
活动有相当充分的自觉，在所作《念佛三昧诗集序》里也清楚地反
映出来，这篇序后面还将讲到。而他作为山居修道的典范，生活实
践也给写作提供了丰富素材。因此，无论是在文学观念上，还是创
作实践上，他都有所创获，并对当时、后世造成深远影响。

　　他的《庐山记》和《游山记》乃是具有创新意义的优秀山水记。
后者仅存数句，前者也只有断章。现存《庐山记》七百余字，以壮阔
的笔墨替庐山绘影绘形，夹叙史迹、传说，把雄伟的奇山异水展现
在读者面前。如总述庐山形势一段：

　　　　山在江州浔阳南。南滨宫亭，北对九江。九江之南为小
　　　　江，山去小江三十里余。左挟彭蠡，右傍通州，引三江之流而
　　　　据其会……其山大领，凡有七重。圆基周回，垂五百里。风雨
　　　　之所摅，江山之所带，高岩仄宇，峭壁万寻，幽岫穿崖，人兽两
　　　　绝。天将雨，则有白气先抟，而缨络于山岭下。及至触石吐
　　　　云，则倏忽而集。或大风振岩，逸响动谷，群籁竞奏，其声骇

────────────
①《八代诗选跋》，《海日楼题跋》卷一。

人。此其化不可测者矣。

又描写香炉峰一段：

> 东南有香炉山，孤峰独秀，起游气笼其上，则氤氲若香烟；白云映其外，则炳然与众峰殊别。将雨，则其下水气涌出如车马盖。此龙井之所吐。其左则翠林，青雀白猿之所憩，玄鸟之所蛰……①

如此用风云、动植来渲染山水，在动态中描绘自然风光，创造出如画的境界，凸显出山水的文化韵味，是十分高超的写作技巧。这样的文字实开唐人山水记的先河。他又佚存有描写庐山的五言《庐山东林杂诗》一首：

> 崇岩吐清气，幽岫栖神迹。希声奏群籁，响出山溜滴。有客独冥游，径然忘所适。挥手抚云门，灵关安足辟。流心扣玄扃，感至理弗隔。孰是腾九霄，不奋冲天翮。妙同趣自均，一悟超三益。②

结句里"三益"用《论语》典："友直、友谅、友多闻，益矣。"③是说悟得佛理则会获得超越世俗的福利。沈德潜评论这篇作品说："高僧诗，自有一种清奥之气。唐时诗僧，以引用内典为长，便染成习气，不可向迩矣。"④这首诗借描写山水来表达出世之志，还没能摆脱当时流行的玄言格调，但作为草创时期的山水题材作品，艺术上算是相当杰出的。

应当提及的是，慧远对于推动唱导这种艺术形式的发展起了重大作用。慧皎《高僧传·唱导论》中说：

---

① 《全上古三代秦汉三国六朝文·全晋文》卷一六二，第 3 册第 2398、2399 页。
② 《先秦汉魏晋南北朝诗·晋诗》卷二〇，中册第 1085 页。
③ 《论语注疏》卷一六《季氏》，《十三经注疏》下册第 2521 页。
④ 《古诗源》卷九，第 214 页，文学古籍刊行社，1957 年。

　　　　其后庐山释慧远，道业贞华，风才秀发。每至斋集，辄自
　　　　升高座，躬为导首。先明三世因果，却辩一斋大意。后代传
　　　　授，遂成永则。故道照、昙颖等十有余人，并骈次相师，各擅名
　　　　当世。①

这是说，慧远在斋会上曾作为"导首"即唱导主持者，他的方法更被
后人所效法。这里提到的道照、昙颖都是唱导名师，《高僧传》里各
有专传。许里和特别重视慧远在这方面的贡献，他说：

　　　　慧远似乎引进了讲经说法的新方法，据说后来广为采用。
　　　　令人遗憾的是，唯一提到这项创新的一份资料对此仍语焉不
　　　　详。根据慧皎《高僧传・唱导》总论部分，在中国佛教发轫之
　　　　初，这种讲经方式在法会上还不普遍。当时礼拜仪式主要包
　　　　括宣唱佛名，依文致礼。当大家精疲力竭时，一些年长的和尚
　　　　被请来升座说法，或杂叙因缘，或旁引譬喻。慧远改变了这种
　　　　局面。②

这样，唱导乃是慧远发挥文艺才能和文学创作成就的重要方面。
　　南北朝时期专以诗名的僧人当数汤惠休。元嘉二十四年
(447)徐湛之由中书令转南兖州刺史，"广陵城（今江苏扬州）旧有
高楼，湛之更加修整，南望钟山。城北有陂泽，水物丰盛。湛之更
起风亭、月观、吹台、琴室，果竹繁茂，花药成行，召集文士，尽游玩
之适，一时之盛也。时有沙门释惠休，善属文，辞采绮丽，湛之与之
甚厚。世祖命使还俗。本姓汤，位至扬州从事史"③。《隋志》著录
"宋宛朐令汤惠休集三卷，梁四卷"④，已佚；逯钦立辑录佚诗十一
篇。据传颜延之"每薄汤惠休诗，谓人曰：'惠休制作，委巷中歌谣

①《高僧传》卷一三《唱导论》，第521页。
②《佛教征服中国》第341页。
③《宋书》卷七一《徐湛之传》，第1847页。
④《隋书》卷三五《经籍志四》，第1075页。

耳,方当误后生。'"①另一位诗人江淹选择自古以来五言名篇拟作《杂体诗三十首》,所选唯一僧诗是汤惠休的《怨别》(萧统《文选》作《别怨》;所拟应即《乐府诗集》卷四十一《怨诗行》)。钟嵘《诗品》品评僧人三位,第一位是惠休上人(另外两位是道猷上人、释宝月,下面将论及),他说:

> 惠休淫靡,情过其才;世遂匹之鲍照,恐商、周矣。羊曜璠云:"是颜公忌鲍之文,故立休、鲍之论。"②

从这种争论,正可以透视出汤惠休在当时诗坛上的地位。刘师培在其名著《中国中古文学史讲义》中指出:"晋、宋之际,若谢混、陶潜、汤惠休之诗,均自成派。"这就把汤惠休与陶潜等人并列,作为创造一派诗风的人物。他在论述"梁代宫体"时又有具体分析:

> 宫体之名,虽始于梁,然侧艳之词,起源自昔。晋、宋乐府,如《桃叶歌》、《碧玉歌》、《白苎词》、《白铜鞮歌》,均以淫艳哀音,被于江左。迄于萧齐,流风益盛……其以此体施于五言诗者,亦始晋、宋之间,后有鲍照……前则惠休。

下面注文里又说到"绮丽之诗,自惠休始"③。就是说,汤惠休诗风侧艳,乃是后来流行的宫体诗的滥觞。沈德潜《古诗源》录《怨诗行》:

> 明月照高楼,含君千里光。巷中情思满,断绝孤妾肠。悲风荡帷帐,瑶翠坐自伤。妾心依天末,思与浮云长。啸歌视秋草,幽叶岂再扬。暮兰不待岁,离华能几芳。愿作张女引,流悲绕君堂。君堂严且秘,绝调徒飞扬。④

---

① 《南史》卷三四《颜延之传》,第 881 页。
② 《诗品注》第 66 页。
③ 《刘师培学术论著》第 292、311 页,浙江人民出版社,1998 年。
④ 《先秦汉魏晋南北朝诗·宋诗》卷六,中册第 1243 页。

沈就这首诗评论说:"禅寂人作情语,转觉入微。微处亦可证禅也。"①这是一首代言体情诗,其"入微"处主要在绘影绘形,情真意切,写得缠绵悱恻,至于说"证禅",则显然是曲解了。他的《杨花曲》三首则是民歌风的小诗:

> 葳蕤华结情,宛转风含思。掩啼守春心,折兰还自遗。
> 江南相思引,多叹不成音。黄河西北去,衔我千里心。
> 深堤下生草,高城上入云。春人心生思,思心长为君。②

这几首诗颇得江南乐府风韵,清丽自然,而涉想奇妙,意味深长。"黄河西北去,衔我千里心",更是意象超绝。

上述三个人的创作,表明僧人甫入诗坛就取得了好成绩,而且在多样的体裁、题材和风格中作出有益尝试。现在留存南北朝时期僧诗不多,但历朝均有创作,大体可分为以下几类:

一类是沿袭玄言诗传统,利用诗歌来敷衍佛理。就表现艺术说,这一类诗显得缺乏情韵,但有些作品表达富于理致,艺术手法不无特色。较早的如康僧渊,本是西域康国人,生于长安,晋成帝(326—342)时过江,和庾冰、殷浩等诸名士交往,有名于士林。时有张君祖赠诗给僧頵,他代为作答,序曰:

> 省赠法頵诗,经通妙远,亹亹清绮,虽云言不尽意,殆亦几矣。夫诗者,志之所之,意迹之所寄也。忘妙玄解,神无不畅。夫未能冥达玄通者,恶得不有仰钻之咏哉!吾想茂得之形容,虽栖守殊途,标寄玄同,仰代答之。未足尽美,亦个言其志也。

由此可见,在创作观念上,他完全遵循传统的"言志"论,不过所景仰者是"冥达玄通"的内容。诗曰:

> 真朴运既判,万象森已形。精灵感冥会,变化靡不经。波

　　浪生死徒，弥纶始无名。舍本而逐末，悔吝生有情。胡不绝可
　　欲，反宗归无生。达观均有无，蝉蜕豁朗明。逍遥众妙津，栖
　　凝于玄冥。大慈顺变通，化育曷常停。幽闲自有所，岂与菩萨
　　并。摩诘风微指，权道多所成。悠悠满天下，孰识秋露情。

这样的诗无论是内容还是语言都是佛、玄交织的：一方面反对舍本
逐末，要求返璞归真；另一方面又感叹生死变化无常，追求"无生"，
而归结到大慈之道和维摩的榜样。这样的内容正体现当时人对于
佛教教义的一般理解，而写法则全然是玄言体格。诗的结尾一联
颇有意味。张君祖有赠诗，遂有代答第二首，则较富情韵：

　　遥望华阳岭，紫宵笼三辰。琼岩朗璧室，玉润洒灵津。丹
　　谷挺樛树，季颖奋晖薪。融飔冲天籁，逸响互相因。鸾凤翔回
　　仪，虬龙洒飞鳞。中有冲漠士，耽道玩妙均。高尚凝玄寂，万
　　物息自宾。栖峙游方外，超世绝风尘。翘想晞眇踪，矫步寻若
　　人。咏啸舍之去，荣丽何足珍。濯志八解渊，辽朗豁冥神。研
　　几通微妙，遗觉忽忘身。居士成有党，顾盼非畴亲。借问守常
　　徒，何以知反真。[1]

总体看，这样的诗少有描写，而更多比喻形容，尚不能构成完整的
意象。语言也比较生硬，音律更欠谐畅。这些也是玄言诗的一般
缺点。

　　又晋竺僧度，俗名王晞，本来独与母居，事母尽孝。曾求婚于
杨家，女名苕华，后来母亲亡故，苕华亦父母双亡，遂感世事无常，
舍俗出家；苕华赠诗五首，希望重圆旧好，他答诗五首。《高僧传》
上各录一首，分别自叙义理情志。竺僧度的一首谓：

　　机运无停住，倏忽岁时过。巨石会当竭，芥子岂云多。良
　　由去不息，故令川上嗟。不闻荣启期，皓首发清歌。布衣可暖

---

[1]《先秦汉魏晋南北朝诗·晋诗》卷二〇，中册第1075－1076页。

身，谁论饰绫罗？今世虽云乐，当奈后生何。罪福良由己，宁云己恤他。①

二人际遇乃是人间生死之常情。感念人生无常而舍俗出家，则是佛法的实践。两人以诗相赠答，表达的则是凡情与佛法间的冲突，成为张扬佛理的手段。而诗中利用比喻、事典等传统艺术技法，说理中流露出一往情深，正显现隐伏着的内心矛盾。

梁武帝有《述三教诗》，历述自己勤学三教经历，归结到佛教至高无上，前已引录。"三大法师"之一的开善寺智藏有奉和诗一首：

> 心源本无二，学理共归真。四执迷丛药，六味增苦辛。资缘良杂品，习性不同循。至觉随物化，一道开异津。大士流权济，训义乃星陈。周孔尚忠孝，立行肇君亲。老氏贵裁欲，存生由外身。出言千里善，芬为穷世珍。坦空非即有，三明似未臻。近识封歧路，分镳疑异尘。安知悟云渐，究极本同伦。我皇体斯会，妙鉴出机神。眷言总归辔，回照引生民。雇惟惭宿植，邂逅逢佳辰。愿陪入明解，岁暮有攸因。②

梁武帝与智藏诗的写作应当与法会讲经有关系，内容主旨在表达对于佛义的理解。义学讲习风气促进了这种以玄言述说佛理的写作风气。当时不少文人也都热衷于写作这种格调的诗，如梁简文帝萧纲有《蒙华林园戒诗》、《十空诗六首》；昭明太子萧统也有《开善寺法会诗》，描述在开善寺举行法会情景；还有他的《钟山解讲》诗及陆倕、刘孝绰等人的奉和诗；江总也有《摄山栖霞寺山房夜坐简徐祭酒周尚书共游诸彦》及徐陵等人的和作，等等。

昙迁（541—607），俗姓王，博陵饶阳（今河北饶阳）人。备练六经，偏通《易》道，善诗文，有《禅藻集》，久佚。他游学南北，隋王朝

---

① 《高僧传》卷四《晋东莞竺僧度传》，第 174 页。
② 《梁开善寺藏法师奉和武帝三教诗一首》，《广弘明集》卷三〇《统归篇》，《大正藏》第 52 卷第 360 页中。

建立,与同侣俱辞建业,"缁素知友,祖道新林,去留哀感,各题篇什"。沙门慧晓命他赋诗曰:

> 生平本胡越,关吴各异津。联翩一倾盖,便作法城亲。清谈解烦累,愁眉始得申。今朝忽分手,恨失眼中人。子向泾河道,慧业日当新。我住邗江侧,终为松下尘。沉浮从此隔,无复更来因。此别终天别,迸泪忽沾巾。

当时"余之名德,各有缀词,久失其文"①。像这样的诗,主旨虽然也在说理,但情境宛然,与偏枯的说教不同。当时僧侣们祖道告别,赋诗唱和,已完全是文人的风气。

另一类是以山居修道为题材的诗,往往对自然山水有比较生动真切的描绘。这也是所谓"山林佛教"发展的产物。慧远作为山居修道的榜样,也促进了这类山水题材的创作。由于写作这类诗往往基于一定生活体验,艺术上也就比较值得玩味。

当初集合在慧远周围的僧俗信徒把徜徉山水作为修道生活的一部分,抒写生活中的感受,按佛理说是宣扬"念佛三昧",按文学创作说则是个人情致的抒发。现仅存"庐山诸道人"《游石门诗》一首,前面有长序,是一篇相当优秀的小品文。这篇序首先说明庐山一隅的石门一地乃是"人兽迹绝,径回曲阜"的"奇观",接着叙写慧远与僧俗弟子同游的因缘,描绘石门景致说:

> 释法师以隆安四年(400)仲春之月,因咏山水,遂杖锡而游。于时交徒同趣三十余人,咸拂衣晨征,怅然增兴。虽林壑幽邃,而开途竞进;虽乘危履石,并以所悦为安。既至则援木寻葛,历险穷崖,猿臂相引,仅乃造极。于是拥胜倚岩,详观其下,始知七岭之美蕴奇于此。双阙对峙其前,重岩映带其后,峦阜周回以为障,重岩四营而开宇。其中则有石台石池,宫馆

─────────

① 《续高僧传》卷一八《隋西京禅定道场释昙迁传》,《大正藏》第50卷第572页中。

之象,触类之形,致可乐也。清泉分流而合注,渌渊镜净于天池,文石发彩,焕若披面,柽松芳草,蔚然光目。其为神丽,亦已备矣。

接下来写这一天众人游览风景的观感,归结到宇宙幽远、良辰难再的感怀,则是禅机的表现了。下面诗曰:

> 超兴非有本,理感兴自生。忽闻石门游,奇唱发幽情。褰裳思云驾,望崖想曾城。驰步乘长岩,不觉质有轻。矫首登灵阙,眇若凌太清。端坐运虚论,转彼玄中经。神仙同物化,未若两俱冥。①

这首诗当然还没有摆脱玄言诗的偏枯格调,但构思已比较完整,句律亦大致协调,有生动的场景描写,比起前面引录的康僧渊诗,艺术上已前进了一大步。

写作这类题材诗成绩突出的有帛道猷,也是钟嵘所品评过的诗人。他"本姓冯,山阴人,少以篇牍著称。性率素,好丘壑,一吟一咏,有濠上之风"。他给另一位著名学僧竺道壹的信中说:"始得优游山林之下,纵心孔释之书,触兴为诗,陵峰采药,服饵蠲痾,乐有余也。"他性喜作诗,并达到相当水准,如今仅存一首,就是在信里引述的:

> 连峰数千里,修林带平津。云过远山翳,风至梗荒榛。茅茨隐不见,鸡鸣知有人。闲步践其径,处处有遗薪。始知百代下,故有上皇民。②

这已是相当优秀的山水诗:简短的篇幅颇能描摹出意境,抒情也相当真挚。特别是"茅茨"以下两联,写过访友人,使用烘托手法,全从虚处着笔,于无人处见有人。后来王维《辋川绝句》里的"深山不

①《先秦汉魏晋南北朝诗·晋诗》卷二〇,中册第1086页。
②《高僧传》卷五《晋吴虎丘东山寺竺道壹传》,第207页。

见人,但闻人语响"以及唐人某些寻访僧、道不遇的诗(著名的如李白《访戴天山道士不遇》、贾岛《访羊尊师》等)都沿用这种手法。

陈末有僧人慧标,与叛乱的陈宝应有交。"慧标涉猎有才思,及宝应起兵,作五言诗以送之,曰:'送马犹临水,离旗稍引风。好看今夜月,当入紫薇宫。'宝应得之甚悦……后竟坐是诛"①。这是一位颇有叛逆意识的僧人。他留存有《咏山》、《咏水》诗各三首,值得一读。前者的第一首:

> 灵山蕴丽名,秀出写蓬瀛。香炉带烟上,紫盖入霞生。雾卷莲峰出,岩开石镜明。定知丘壑里,并伫白云情。②

写庐山,巧妙地把几处峰峦名称组织到诗句之中,描绘出庐山高耸入云、烟霞氤氲的景观,结尾处抒写超越的情愫,意境相当完整。后者的第二首:

> 骊泉紫阙映,朱浦碧沙连。岸隔莲香远,流清云影深。风潭如拂镜,山溜似调琴。请君看皎洁,知有淡然心。③

这一首也大体做到情景交融,结尾的"述志"则是六朝诗常见笔法。

释洪偃(504—564),被梁武帝优礼。梁末动乱,避地缙云;陈武受禅,乃复出都,学徒大集。他能诗善书,文采洒落,时称其貌、义、诗、书为"四绝",有集八卷。又昙瑗(501—582),陈宣帝时住光宅寺,任僧正,有才术,能诗文,有集五卷。他在苦辞僧正之职以后,"栖托不竞,闭房自检,非夫众集,不忘经行,庆吊斋会,了无通预,山泉林竹,见便忘反。每上钟阜诸寺,遍造道贤,触兴赋诗,览物怀古。洪偃法师傲岸泉石,遍见朋从,把臂郊垧,同游故苑。瑗题树为诗曰:'丹陵粉叶少,白水黍苗多。浸淫下客泪,哀怨动人

---

①《陈书》卷一九《虞荔传附虞寄传》,第 262—263 页。
②《文苑英华》卷一五九《地部一》,第 2 册第 754 页,中华书局,1966 年。
③同上卷一六三《地部五》,第 779 页。

歌。春蹊度短葛,秋浦没长莎。麋鹿自腾倚,车骑绝经过。萧条肆野望,惆怅将如何。'偃续题曰:'龙田留故苑,汾水结余波。怅望伤游目,辛酸思绪多。凉烟惨高树,浓露变清萝。泽葵犹带井,池竹下侵荷。秋风徒自急,无复白云歌。'"①两人的诗都能借景物抒写世事沧桑之感,颇有情韵。洪偃另存《登吴升平亭》等二首,格调类似。

智炫,俗姓孙,益州成都(今四川成都)人。北周毁佛,集僧侣、道士和"有妖术者"于太极殿辩论,他出面抗辩,不得已逃亡北齐。后归西蜀,隐于三学山,触目有感,作《游山诗》曰:

> 秀岭接重烟,嵚岑上半天。绝岩低更举,危峰断复连。侧石倾斜涧,回流泻曲泉。野红知草冻,春来鸟自传。树锦无机织,猿鸣讵假弦。叶密风难度,枝疏影易穿。抱袟依闲沼,策杖戏荒田。游心清汉表,置想白云边。荣名非我顾,息意且萧然。②

这首诗写作时期稍后,写景述情已能兼顾。"侧石倾斜涧,回流泻曲泉",描写水石风光;"游心清汉表,置想白云边",情趣超逸,可见用笔功力。

再有一类是更富讽刺意味的通俗诗。后来被称为"神僧"的宝誌,初见于《高僧传》卷一《畺良耶舍传》,住建康钟山道林精舍,尊崇畺良耶舍禅法。唐代以后的记载把他加以神化,并附会许多诗颂,乃是禅宗的创造,本书相关章节将有说明。《隋书》记载他的神异事迹,作为"诗妖"写到他的讽刺诗:

> 梁天监三年六月八日,武帝讲于重云殿,沙门誌公忽然起舞歌乐,须臾悲泣,因赋五言诗曰:"乐哉三十余,悲哉五十里。

①《续高僧传》卷二一《陈扬都光宅寺释昙瑗传》,《大正藏》第50卷第609页上。
②同上卷二三《隋益州孝爱寺释智炫传》,《大正藏》第50卷第632页中。

但看八十三,子地妖灾起。佞臣作欺妄,贼臣灭君子。若不信吾语,龙时侯贼起。且至马中间,衔悲不见喜。"梁自天监至于大同,三十余年,江表无事。至太清二年,台城陷,帝享国四十八年,所言五十里也。太清元年八月十三,而侯景自悬瓠来降,在丹阳之北,子地。帝惑朱异之言以纳景。景之作乱,始自戊辰之岁。至午年,帝忧崩。十年四月八日,誌公于大会中又作诗曰:"兀尾狗子始著狂,欲死不死啮人伤,须臾之间自灭亡。患在汝阴死三湘,横尸一旦无人藏。"侯景小字狗子。初自悬瓠来降,悬瓠则古之汝南也。巴陵南有地名三湘,即景奔败之所。①

这里记述的两首诗被看作是"诗谶",史官在记录和解释中或有篡改和臆断,但作为风格独特的通俗讽刺诗则确有一定创意。

北周释亡名的《五苦诗》表达更为浅俗和直白,包括《生苦》、《老苦》、《病苦》、《死苦》、《爱离》五首,附《五盛阴》一首。其《老苦》、《病苦》二首谓:

少时欣日益,老至苦年侵。红颜既罢艳,白发宁久吟。阶庭惟仰杖,朝府不胜簪。甘肥与妖丽,徒有壮时心。

拔剑平四海,横戈却万夫。一朝床枕上,回转仰人扶。壮色随肌减,呻吟与痛俱。绮罗虽满目,愁眉独向隅。②

这里用通俗语言述说佛教所谓"苦谛",描摹世态,对于人的贪著痴迷作尖刻讽刺。虽然诗的格调悲观消极,但其中确含有真切体验和深痛感慨。用这样的作品配合佛理宣讲,必定会产生不错的宣教效果。

第四类则汤惠休也有后继者。义学沙门活跃在宫廷和贵族沙

---

①《隋书》卷二二《五行上》,第636—637页。
②《广弘明集》卷三〇《统归篇》,《大正藏》第52卷第358页下。

龙中,有些是能诗的,颇有写作迎合世俗潮流的艳情诗的。如齐武
帝萧赜曾作乐府诗《估客乐》,使僧宝月奏之管弦,宝月更奏上两曲
凡四章:

> 郎作十里行,侬作九里送。拔侬头上钗,与郎资路用。
> 有信数寄书,无信心相忆。莫作瓶落井,一去无消息。
> 大艑珂峨头,何处发扬州。借问艑上郎,见侬所欢不。
> 初发扬州时,船出平津泊。五两如竹林,何处相寻博。①

这和汤惠休的《杨花曲三首》相仿,同样利用江南乐府情歌体格,语
言纯朴、清丽,颇得其神似。从这样的作品也可以透视当时某些僧
人活动及其性格的一面。《玉台新咏》又有《行路难》一首,也是代
言体清歌,《诗品》谓为柴廓所做,宝月窃为己有。如果真是如此,
也可见当时僧团风气的一斑。同类的作品还有梁僧正惠偘的《咏
独杵捣衣诗》:

> 非是无人助,意欲自鸣砧。照月敛孤影,乘风送迥音。言
> 捣双思练,似奏一弦琴。令君闻独杵,知妾有专心。②

梁释法云《三洲歌》:

> 三洲断江口,水从窈窕河旁流。啼将别共来,长相思。
> 三洲断江口,水从窈窕河旁流。欢将乐共来,长相思。③

隋唐之际的法宣居常州弘业寺,有《爱妾换马》诗:

> 朱鬣饰金镳,红妆束素腰。似云来蹀躞,如雪去飘飖。桃
> 花含浅汗,柳叶带余娇。骋先将独立,双绝不俱标。

又《和赵郡王观伎应教诗》:

---

①《先秦汉魏晋南北朝诗·齐诗》卷六,中册第 1479－1480 页。
②③《先秦汉魏晋南北朝诗·梁诗》卷三〇,下册第 2191 页。

桂山留上客,兰室命媱妖。城中画眉黛,宫中束纤腰。舞袖风前举,歌声扇后娇。周郎不相顾,今日管弦调。①

上述惠偘、法云的作品也是民歌格调,后者的诗又是长短句,格式新颖;法宣的作品则完全同于宫体了。

从总体看,现存南北朝僧诗并不算多,艺术上杰出的也不多见。但从上述四类作品看,僧人创作对于丰富诗坛的题材与内容,发展艺术形式和表现技巧,是有所贡献的。特别是在山水诗创作上,更有导源开拓之功;"侧艳"情诗的创作也取得一定成绩;即使是那些述说佛理的诗,表达显得偏枯无味,但某些观念、感受却是有新意的,表现技巧也有一定特点。其中如支遁、慧远、汤惠休、宝月等人,更是当时诗坛的佼佼者,在诗歌史上占有一席地位,得到后世的赞誉,也造成一定影响。

三

比较起来,历朝僧人文章中,南北朝时期并不算多,可是无论从佛教自身的发展看,还是就文学创作实践说,其成绩和影响却是相当大的。这主要是由佛教发展总的形势决定的,也和当时文坛的具体状况有关系。就佛教发展说,当时正是积极地融入中土文化的兴盛阶段,无论是正面阐发义理,还是参与护法论辩,都需要写好文章。佛教面对的又是十分激烈的争斗局面。正是在生死拼搏的辩论中,锻炼出杰出的写作技巧。今存这一时期的僧人文字,许多能够紧密配合佛教大发展的形势,在思想史、宗教史上具有不可替代的价值和意义。就文学创作角度讲,由于僧人中多有能文

---

①《先秦汉魏晋南北朝诗·陈诗》卷一〇,下册第 2771 页。

之士,有可能借鉴和发挥中国传统文章写作技巧;同时他们的文章要反映发达的义学师说成果,又要作为与儒、道(道家和道教)斗争的工具,必然体现一个重大优点,就是有为而作,从而也就和当时文坛流行的那种空洞华靡之作大不相同。这一点突出表现在文章体裁和行文体制上。在文章体裁方面,僧文主要是议论文字,并以论议辩难见长。又六朝时期正是许多散文文体形成或创新时代,僧人也积极参与创造,在议论、赞颂、书序等文体创新中成绩颇为突出。在行文体制方面,当时文坛流行的是骈体,许多僧人也受过这方面训练而习惯写作骈体文,但是受到表达内容的制约,即使利用骈体,一般也不像世俗文字那样过于密集地使典用事,过于严格地讲求偶对音律,加之受到外来"译经体"影响,行文一般较为松散自由,表达上也较为质实清通。在南北朝文坛雕琢藻绘的文风中,北朝两部散体名著《水经注》和《洛阳伽蓝记》独树异帜,对于后来唐人革正文体造成长远影响;当时的僧文内容和技巧同样突显出一些特色,体现与文坛主流不同的风格,在这方面也发挥了积极作用。

　　本来中土自先秦发达起来的议论文字,基本属于政论体,讨论的主要是形而下的政治、伦理等社会现象和课题,例如贾谊、晁错都以争论名家。形而上的抽象议论不是没有,但相对比较薄弱。而僧文论说和争辩的主要是教理、教义,相对于具体事象,这是更单纯的抽象学理。因而在表达方面,与传统论说文字就具体社会现象进行分析、讨论显然有所不同。僧文特别注重名相概念的辨析和逻辑推理,发展出十分精致发达的思辨技巧。今存《出三藏记集》、《弘明集》、《广弘明集》里的许多文章,无论是文体、文风还是具体表现技巧都别具这种特色。

　　阮元曾说:"晋代沙门,多墨名而儒行。若支遁,尤矫然不群,宜其以词翰著也。"①支遁是否"墨名而儒行"又当别论,他在文学上

---

①《支遁集二卷提要》,《揅经室外集》卷二。

则确有成就。关于他的诗歌前面已经介绍。写作释氏议论文章他同样有所建树。据僧传，他作有《即色游玄》、《圣不辩知》等论和《道行指归》、《学道戒》等关于戒律、修学著作，皆佚；议论文字今存《大小品对比要钞序》，充分显示了他的论辩技巧。这篇长文结构严整，注重名相辨析和细密的推理；兼用正论、反诘、设问、感叹等修辞手法，行文语气多提顿、变化；运用相对松散的骈体，在整饰中见疏散，文字清简可读。他的议论文字和诗作一样，总体上看善述玄理，这和当时玄学盛行风气有关，也和他自身的般若学修养有关。而严密细致的玄理思辨正是中土传统文字所缺乏的。因此他的议论文章的整体风貌在当时文坛上是颇具特色的。对于文章写作，玄学家在这方面作出了独特贡献，支遁等佛学家也同样。

支遁今存赞颂体文字多篇，是赞佛或赞菩萨的。《释迦文佛像赞》和《阿弥陀佛像赞》均有序，是韵、散结合的文字。它们颂扬佛的功德，宣扬佛的威力，文字精练、生动。如《释迦文佛像赞序》里的一段：

> 伟准丈六，体佩圆光，启度黄中，色艳紫金。运动凌虚，悠往倏忽，八音流芳，逸预扬采。妙览未兆，则卓绝六位；曲成已著，则化隆三五。冲量弘乎太虚，神盖宏于两仪。易简待以成体，大和拟而称劲。员著者象其神寂，方卦者法其智周。照积祐之留祥，元宿命以制作。或绸之以德义，或疏之以冲风。亮形摇于日新，期妙主于不尽。美既青而青蓝，逞百练以就粹。导庶物以归宗，拔尧、孔之外捷。属八亿以语极，罩《坟》《素》以兴典。掇道行之三无，络聃、周以曾玄。神化著于西域，若朝晖升于旸谷；民望景而兴行，犹曲调谐于宫商。当是时也，希夷缅邈于羲风，神奇卓绝于皇轩；蔚采冲漠于周唐，颂味有余于邹鲁。信可谓神化之都领，皇王之宗谟也。①

————————

① 《广弘明集》卷一五，《大正藏》第52卷第196页上。

这里形容佛陀至高无上的功德，语言精粹；用中国圣贤、经典、事功相衬托和相对比，具有论战意味；行文虽全用骈偶，却善于利用句式变化和虚词提掇，造成音情顿挫的效果。《阿弥陀佛像赞序》描写弥陀净土：

> 佛经纪西方有国，国名安养，迥辽迥邈，路逾恒沙。非无待者不能游其疆，非不疾者焉能致其速。其佛号阿弥陀，晋言无量寿。国无王制班爵之序，以佛为君，三乘为教；男女各化育于莲花之中，无有胎孕之秽也。馆宇宫殿，悉以七宝，皆自然悬构，制非人匠；苑囿池沼，蔚有奇荣，飞沉天逸于渊薮，逝寓群兽而率真。闉阇无扇于琼林，玉响自喈于箫管。冥霄贾华以阖境，神风拂故而纳新。甘露征化以醴被，蕙风导德而芳流。圣音应感而雷响，慧泽云垂而霈清。觉父喩予而贵言，真人冥宗而废玩。五度凭虚以入无，般若迁知而出玄。众妙于兹大启，神化所以永传。别有经记，以录其懿云。①

这是中土文字中关于弥陀净土的最早描写之一，是根据《阿弥陀经》等净土经典加以隐括的，用骈文作夸张描述，起到特殊的宣传效果。同样如《诸菩萨赞十一首》、《维摩诘赞》，后者隐括《维摩诘经》文殊与维摩对论情节，利用简洁的诗语概括经文主旨，显示出作者运用语言的功力，又表述对于佛理的精深领会。

慧远的外学根底更深厚，文字修养更高，文章写作也达到更高水平。他著述宏富，举凡书、序、论、赞等各体文字都能驾轻就熟。这些都是当时文坛上正在兴盛起来的文章体裁。特别是他的议论文字，行文晓畅，析理透彻，议论滔滔，感情充沛，具有相当大的鼓动力。在关于沙门尽敬王者的争论中，他"深惧大法之将沦，感前事之不忘，故著论五篇，究叙微意"。这一组文章的理论意义在本

---

① 《广弘明集》卷一五，《大正藏》第 52 卷第 196 页中—下。

书相关章节中已经介绍过。就文章而论，它们无疑是高水平的、极富战斗力的论辩文字。这组文章前有小序，说明著论缘起，表白自己坚决护法的迫切心情。五篇文章就总体结构看，分为两组。第一组两篇《在家一》《出家二》，正面论述佛教关于在家、出家的一般原则，重点在说明出家的超越地位，从而替反对尽敬的主张打下基础；第二组三篇《求宗不顺化三》《体极不兼应四》《形尽神不灭五》，设为问答，把议论逐步引向深入，采取传统的对论手法，既给自己留出驳辩的更多空间，又可显示正义在手、胜券在握的气势。在这三篇里，慧远把"尽敬"的争论提高到人生观、宇宙观层面，也是对佛教出家制度、僧侣地位的有力辩护。这样从整体看，五篇文章循序渐进，逐层深入；而具体论述技巧也相当高妙：并不是就事论事，而是把议论提到理论原则高度上来；注重说理和推论，而不取强辩姿态；又往往以退为进，外柔内刚，造成百炼钢化为绕指柔的效果。如说出家的意义：

> 若斯人者，自誓始于落簪，立志形乎变服。是故凡在出家，皆遁世以求其志，变俗以达其道。变俗则服章不得与世典同礼，遁世则宜高尚其迹。夫然，故能拯溺俗于沉流，拔幽根于重劫，远通三乘之津，广开天人之路。如令一夫全德，则道洽六亲，泽流天下，虽不处王侯之位，亦已协契皇极，在宥生民矣。是故内乖天属之重而不违其孝，外阙奉主之恭而不失其敬。从此而观，故知超化表以寻宗，则理深而义笃；照泰息以语仁，则功末而惠浅。若然者，虽将面冥山而旋步，犹或耻闻其风，岂况与夫顺化之民、尸禄之贤同其孝敬者哉！①

这里完全回避论难者所指斥的出家制度对社会经济、政治、伦理等方面造成的弊害，而直接就"志"与"道"的原则来论说，归结到出家

---

① 《沙门不敬王者论·出家第二》，《弘明集》卷五，《大正藏》第 52 卷第 30 页中。

为僧不仅不与儒家主张的"孝"、"敬"发生矛盾,反而在这方面达到了更高境界。接着一篇继续深入说明出家人超越了世俗教化即"求宗不顺化",设为问难,以道家所谓"体极"必须"顺化"为依据,首先肯定同禀"大化"的大原则,但又提出"有灵""无灵"、"有情""无情"的区别,然后说:

> 是故经称:泥洹不变,以化尽为宅;三界流动,以罪苦为场。化尽则因缘永息,流动则受苦无穷。何以明其然?夫生以形为桎梏,而生由化有。化以情感,则神滞其本而智昏其照;介然有封,则所存唯己,所涉唯动。于是灵辔失御,生途日开,方随贪爱于长流,岂一受而已哉!是故反本求宗者,不以生累其神;超落尘封者,不以情累其生。不以情累其生,则生可灭;不以生累其神,则神可冥。冥神绝境,故谓之泥洹。泥洹之名,岂虚构也哉!请推而实之:天地虽以生生为大,而未能令生者不化;王侯虽以存存为功,而未能令存者无患。是故前论云:达患累缘于有身,不存身以息患;知生生由于禀化,不顺化以求宗,义存于此。义存于此,斯沙门之所以抗礼万乘,高尚其事,不爵王侯而沾其惠者也。[1]

这里强调佛教追求的涅槃境界乃是崇高、超越的目标,区分其与世俗的"化"、"生"在原则上的不同,从而明确指出求得"宗极"之悟的途径,最后肯定出家人离俗高蹈、傲视万乘的地位和精神,更突显出作者不受世俗羁束的超然姿态。所谓"抗礼万乘,高尚其事",不只是"高僧"的处世风格,更成为后世许多士大夫所企羡和追求的风范。

慧远的书信也写得很好。这也是东晋以来兴盛起来的文体。他的书信行文谦和而恭顺,谆谆善诱,表现出大师的风度;而文字

---

[1]《沙门不敬王者论·求宗不顺化第三》,《弘明集》卷五,《大正藏》第 52 卷第 30 页下。

内涵却质实刚正，不容辩驳。例如《与桓太尉论料简沙门书》，以
"佛教凌迟，秽杂日久"的现状开端，以退为进，再说自己对于桓玄
"隆替"佛教的期望，这是有意抬高对方，然后逼出反对料简沙门的
正面意见。又如《与隐士刘遗民等书》：

> 每寻畴昔，游心世典，以为当年之华苑也。及见《老》、
> 《庄》，便悟名教是应变之虚谈耳。以今而观，则知沉冥之趣，
> 岂得不以佛理为先。苟会之有宗，则百家同致。君诸人并为
> 如来贤弟子也。策名神府，为日已久，徒积怀远之兴，而乏因
> 籍之资，以此永年，岂所以励其宿心哉！意谓六斋日，宜简绝
> 常务，专心空门。然后津寄之情笃，来生之计深矣。若染翰缀
> 文，可托兴于此。虽言生于不足，然非言无以畅一诣之感。因
> 骥之喻，亦何必远寄古人。①

开头三句，从"世典"说到《老》、《庄》，再说佛理为先，归结到百家同
致，层层逼进；然后嘱咐对方要简绝常务，专心空门，关注来生之
计。因为刘遗民等到底是文人，所以又谈到"染翰为文"的原则。
这个短篇内涵丰富，尺幅具千里之势；说理明晰，层次井然，谆谆嘱
托，提顿有致。

慧远的《三报论》、《明报应论》、《沙门袒服论》等论文和多篇经
序、铭赞等在写作技巧上也都达到了相当高的水准。

与慧远论料简沙门有关，《弘明集》上署名支遁的《与桓太尉论
州符求沙门名籍书》值得一读。文章开头表明写于隆安三年，其时
支遁早已亡殁，署名显然有误，应系伪托。这篇文字简短，但论理
深刻，技巧亦相当杰出。文章开头说：

> 隆安三年(399)四月五日，京邑沙门等顿首白：夫标极有
> 宗，则仰之者至；理契神冥，则沐浴弥深。故尼父素室，颜氏流

---

①《广弘明集》卷二七，《大正藏》第52卷第304页上—中。

连，岂不以道隆德盛，直往忘反者哉？

这里开门见山，明确宗旨，并以儒家典范作为论说根据，是以子之矛攻子之盾的技法。接着从自身说到沙门这一阶层的社会地位和处世风格：

> 贫道等虽人凡行薄，奉修三宝，爱自天至，信不待习，但日损功德，抚心增忾。赖圣主哲王，复躬弘其道，得使山居者骋业，城傍者闲通。缘皇泽旷洒，朽干蒙荣。然沙门之于世也，犹虚舟之寄大壑耳。其来不以事，退亦乘闲，四海之内，竟自无宅。邦乱则振锡孤游，道洽则欣然俱萃。所以自远而至，良有以也。将振宏纲于季世，展诚心于百代。

这就用极简括的语言说明了沙门应当独立于世俗体制的理由。比喻其处世如"虚舟之寄大壑"，形象生动，也正显示超越君主专制体制的努力。以下归结到对于求取沙门名籍的意见：

> 而顷频被州符，求抄名籍，煎切甚急，未悟高旨，野人易惧，抱忧实深。遂使禅人失静，勤士废行，丧精绝气，达旦不寐，索然不知何以自安。伏愿明公扇唐风于上位，待白足于其下，使怀道获济，有志俱全，则身亡体尽，毕命此矣。天听殊邈，或未具简，谨以上闻，伏追悚息。①

这篇文章短小而层次井然，说理透彻，语气不卑不亢，表面是委曲求情，却流露出不可辩驳的强硬气势，高傲绝俗的姿态溢于言表。

在议论文字写作方面成绩更为突出的是鸠摩罗什弟子僧肇和僧叡。如上所述，僧肇在中国佛教发展史上占有特殊地位。他后来被集结为《肇论》的几篇论文标志着玄学化佛教在中国的结束，中土人士对大乘真谛的了解进入新阶段。而它们作为论说文字，

---

① 《弘明集》卷一二，《大正藏》第 52 卷第 85 页下。

论证详悉,辞严义密,纯熟地使用当时流行的骈体,音情顿挫,精赅晓畅,是历史上不可多得的优秀论辩文字。钱锺书指出:

> 吾国释子阐明彼法,义理密察而文词雅训,当自肇始;慧远《明报应论》(辑入卷一六二),《鸠摩罗什法师大乘大义》(未收)等尚举止生涩,后来如智顗、宗密,所撰亦未章妥句适。僧号能诗,代不乏人,僧文而工,余仅睹惠洪《石门文字禅》与圆至《牧潜集》;契嵩《镡津集》虽负盛名,殊苦犷率,强与洪、至成三参离耳。然此皆俗间世法文字,非宣析教义之作,《憨山老人梦游集》颇能横说竖说,顾又笔舌伧偖,不足以言文事。清辩滔滔,质文彬彬,远嗣僧肇者,《宗镜录》撰人释延寿其殆庶乎?[①]

这里讨论僧人文章,特别突出僧肇的成就与地位。据说僧肇写出《般若无知论》,上呈罗什,被称赞说"吾解不谢子,辞当相挹"[②]。罗什译经文字十分高超,却这样对他这位弟子的文辞甘拜下风。庐山隐士刘遗民读过《般若无知论》后也赞叹说:"不意方袍,复有平叔。"[③]更把他比拟为玄学大师何晏。玄学家发展了抽象论辩技巧,僧肇的文字在这方面更有所发挥。

僧肇议论的特征,一方面是善于进行演绎推理,注重形式逻辑的严密;另一方面是使用佛教论书习用的名相分析方法,借助界定名相的内涵和外延,进而辨明义理所在;在结构上则条分缕析,罗列排比,回旋往复,不厌详尽。这样,他的文字就不是以气势压人,而是以强大的逻辑力量服人。当然,作为宗教义理的论证,他在理论上和逻辑上的漏洞是难免的;但就对于具体论题的辨析而言,其逻辑又往往是无懈可击的。如《不真空论》一文,是批驳当时流行的三种般若空观即心无、本无、即色三义的。这是三种对于大乘

---

① 《管锥编》第 4 册第 1270 页,中华书局,1979 年。
②③《高僧传》卷六《晋长安释僧肇传》,第 249 页。

"般若空"观的片面的、玄学化的理解,是早期格义佛学的主要观点。《不真空论》的开头,首先明确基本立场:

> 夫至虚无生者,盖是般若玄鉴之妙趣、有物之宗极者也……则万象虽殊,而不能自异。不能自异故,知象非真象;象非真象故,则虽象而非象。然则物我同根,是非一气,潜微幽隐,殆非群情之所尽……

这就确立起"不真故空"的主旨,然后引出"众论竞作"的心无、即色、本无三种观点,一一加以简要精赅的批驳;其后再依据一系列大乘经典,辨析大乘空观的真义。议论中特别利用中观学派的理论,反复阐明"真谛以明非有,俗谛以明非无"的道理,通过真俗、有无的详细辨析,得出"欲言其有,有非真生;欲言其无,事象即形。象形不即无,非真非实有。然则不真空义,显于兹矣"的结论。最后一段,进一步引申说:

> 夫以名求物,物无当名之实;以物求名,名无得物之功。物无当名之实,非物也;名无得物之功,非名也。是以名不当实,实不当名,名实无当,万物安在? ……故知万物非真,假号久矣。是以《成具》立强名之文,园林托指马之况。如此,则深远之言,于何而不在? 是以圣人乘千化而不变、履万惑而常通者,以其即万物而自虚,不假虚而虚物也。故经云:"甚奇,世尊,不动真际,为诸法立处。"非离真而立处,立处即真也。然则道远乎哉? 触事而真。圣远乎哉? 体之即神。①

这样,由确立"不真故空"的荡相遣执,转向对于世俗事物正面肯定的立场,体现了中土佛教重现世、重人生的基本精神。所谓"立处即真"、"体之即神"在观念上更与后来禅宗宗义相通,成为禅宗立宗的理论资源。僧肇使用的这种细密、精致的名相辨析和丝丝入

---

① 《肇论》,《大正藏》第 45 卷第 152 页上、第 152 页下－153 页上。

扣的推理方法，是当时世俗文字里所不见的。而他又善于使用清通晓畅的骈体，对仗的工整、语气的流畅又是同时代骈体议论文字鲜有其比的。

《物不迁论》则是针对小乘佛教执着于无常而不了解大乘"中道"空观的真义立论。其中对动与静、往与常等对立概念进行辨析。文章依据《放光般若》"法无去来，无动转者"的论断，提出"必求静于诸动"，"不释动以求静"，"静而常往"，"往而常静"，主张即动即静，体、用一如，"如来功流万世而常存，道通百劫而弥固"，从而发挥了龙树《中论》的"八不中道"思想。《般若无知论》同样先引用《放光般若》"般若无所知，无所见"的论断，根据知与不知相对待的关系，指出有所知即有所不知，圣心无知，所以无所不知；再进一步指出圣人之心"虚不失照，照不失虚"，"用即寂，寂即用"，从而阐明动静相即、体用一如的道理。像这样，主要是依据经典来演绎，辨析概念以明理，通过丝丝入扣地推理展开论证，文心之细，细如毫发。

僧肇的《鸠摩罗什法师诔并序》是一个高足对导师的诔文，虽然也是使用严格的骈体书写，但叙事述情，哀思满纸。如颂扬来华译经之功一段：

> 自公形应秦川，若烛龙之曜神光，恢廓大宗，若羲和之出扶桑。融冶常道，尽重玄之妙；闲邪悟俗，穷名教之美。言既适时，理有圆会，故辩不徒兴，道不虚唱。斯乃法鼓重振于阎浮，梵轮再转于天北矣。自非位超修成，体精百炼，行藏应时，其孰契于兹乎。以要言之，其为弘也，隆于春阳；其除患也，厉于秋霜。故巍巍乎，荡荡乎，无边之高韵！

这里极尽形容夸饰，设譬取喻，颂扬先师至高无上的功德。下面是长篇诔文，结尾部分说：

> 伟哉大人，振隆圆德，标此名相，显彼冲默。通以众妙，约

以玄则，方隆般若，以应天北。如何运遭，幽里冥克，天路谁通，三途谁塞。呜呼哀哉！至人无为，而无不为，权网遐笼，长罗远羁。纯恩下钓，客旅上摛，恂恂善诱，肃肃风驰。道能易俗，化能移时，奈何昊天，摧此灵规。至真既往，一道莫施，天人哀泣，悲恸灵祇。呜呼哀哉！公之云亡，时唯百六，道匠韬斤，梵轮摧轴。朝阳颓景，琼岳颠覆，宇宙昼昏，时丧道目。哀哀苍生，谁抚谁育，普天悲感，我增摧衄。呜呼哀哉！昔吾一时，曾游仁川，遵其余波，纂承虚玄。用之无穷，钻之弥坚，曜日绝尘，思加数年。微情末叙，已随化迁，如可赎兮，贸之以千。时无可待，命无可延，惟身惟人，靡凭靡缘。驰怀罔极，情悲昊天。呜呼哀哉！①

本来高僧圆寂是一种解脱，但这里却一唱三叹，极力抒写罔极之悲，完全是人间真情的自然流露。特别是最后一节写到自己从游门下，以至想以身相赎，但却靡凭靡缘，把终天之痛发露得淋漓尽致。在全部古代哀祭文字里，这一篇也算得是上乘之作。

　　僧肇和僧叡的经序在佛教史上具有重要价值，写作技巧也值得称道。它们往往叙议结合，一方面明晰地记述译经过程、译师劳绩，更以简洁精赅的文字概括经典大意，论述有关佛教义理和翻译方法等佛教发展和佛典翻译中出现的问题。这在本书相关章节里已多有论及，避烦不赘。

　　南北朝时期义学发达，佛教与儒、道论难激烈，义学沙门写作议论驳辩文章颇多，本书上面讲到义学师说部分已多所涉及。其中富于文学意味的更有两类：一类是杂文式的短篇评论，再一类是俳谐体文字。

　　适应辩论需要，义学沙门写了许多长篇议论文章，具见《出三

①《鸠摩罗什法师诔并序》，《广弘明集》卷二三，《大正藏》第52卷第264页下一第265页中。

藏记集》、《弘明集》、《广弘明集》等书所辑录。而写法上更具特色的是那些运笔自如、构思机智的短篇。如南齐玄光有《辩惑论》，是批评道教的，序言中说，鉴于当时"矫诈谋荣，必行五逆，威强导蒙，必施六极，蛊气霾慢，致患非一"，因而要"照迷童于玄乡，显妙趣于尘外"，遂写成十一段文字，对"五逆"（禁经上价、妄称真道、合气释罪、侠道作乱、章书代德）、"六极"（危鬼带符妖法之极、制民课输欺巧之极、解厨墓门不仁之极、度厄苦生虚妄之极、梦中作罪顽痴之极、轻作寒暑凶佞之极）进行揭露和抨击。每一段百余字到二百字，引经据典，证以实例（当然不一定是事实），揭穿所论事相的悖谬虚妄。如第一段《禁经上价是一逆》是批评贩卖道教经典的，篇幅算较长的：

> 夫玄籍云舒，贯空有之美，圣贤功绩，何莫由斯？实学者之渊海，生民之日月。所以波仑菩萨，慈悲等照，震声光于冥途，弭尘贼于险泽；泛灵舟于信风，接浮生于苦水。闻道诸经，制杂凡意，教迹邪险，是故不传，怪哉道化，空被禁锢。观今学者，不顾严科，但得金帛，便与其经。贫者造之，至死不睹，贪利无慈，逆莫过此。又其方术，秽浊不清，乃扣齿为天鼓，咽唾为醴泉，马屎为灵薪，老鼠为芝药。资此求道，焉能得乎？昔秦皇、汉武，不获轻身，使徐福、公孙，远冥云波，祈候通仙，影响无陈。夫闲心祛欲，则事与道邻。岂假骤涉之劳，咽唾嗑齿者乎。[①]

这里首先利用佛典功德做衬托出道典的伪妄，后面又连带揭穿道教方术的荒诞，言辞犀利，暴露深刻，虽是宗教间的攻击之词，却也是了解当时道教实态的绝好材料。

又梁释僧顺有《答道士假称张融三破论（十九条）》，也都是尖

---

① 《辩惑论》，《弘明集》卷八，《大正藏》第 52 卷第 48 页上一中。

锐犀利的讽刺文。每一条首先以"论云"举出所批评论点，然后以"释曰"加以批驳。如第一条：

　　论云：泥洹是死，未见学死而得长生，此灭种之化也。

　　释曰：夫生生之厚，至于无生，则张毅、单豹之徒是其匹矣。是以儒家云：人莫不爱其死而患其生；老氏云：及吾无身，吾有何患？庄周亦自病痛其一身。此三者圣达之流，尚以生为患。夫欲求无生，莫若泥洹。泥洹者，无为之妙称。谈其迹也，则有王宫双树之文；语其实也，则有常住常乐之说。子方轮回五道，何由闻涅槃之要。或有三盲摸象，得象耳者，争云：象如簸箕；得象鼻者，争云：象如舂杵。虽获象一方，终不全象之实。子说泥洹是死，真摸象之一盲矣。①

这一则前面引儒和老、庄作典据，证明"无生"是"圣达"的共同愿望，使用的是入其彀中反戈相击的办法；后面用佛典中盲人摸象典故，指斥对方实为"一盲"。第十一条是批驳佛教"入身破身"的攻击的：

　　论云：入身破身。

　　释曰：夫身之为累，甚于桎梏。老氏以形骸为粪土，释迦以三界为火宅。出家之士，故宜去菁华，弃名利，悟逆旅之难常，希寂灭之为乐。流俗之徒，反此以求全，即所谓杀生者不死，生生者不生也。近代有好名道士，自云神术过人，克期轻举，白日登天，曾未数丈，横坠于地。迫而察之，正大鸟之双翼耳。真所谓不能奋飞者也。验灭亡于即事，不旋踵而受诛。汉之张陵，诬罔贡高，呼曰米贼，亦被夷剪。入身破身，无乃角弓乎！②

────────

① 《答道士假称张融三破论（十九条）》，《弘明集》卷八，《大正藏》第 52 卷第 51 页下。
② 同上第 52 页下—53 页上。

这里也是引用老子作陪衬,证明寂灭为乐的道理;接着揭露道士的飞升骗局更有讽刺意味;最后用被尊为道教祖师张陵受诛作结。这篇文章的"论证"中有许多随意曲解之处,如说"浮图"之名得自浮海而至;"桑门"之门是大丧之门,等等。但也有些相当有趣的联想,如说"外书以仲尼为圣人。内经云:尼者,女也。或有谓仲尼为女子,子岂信之哉",则意趣十分幽默。这种随意生发、不拘一格的写法,开拓了议论文字的境界,可以看作是唐宋小品文的滥觞。

具有鲜明特点的僧人作品,还有一种俳谐体文章,如竺道爽《檄太山文》、释智静《檄魔文》、宝林《破魔露布文》、唐初蒲州普济寺沙门行友编撰《伐魔诏并书檄文并魔答》一卷等。汉代以来世俗文字中早有写作谐隐杂文的传统,如东方朔《答客难》、扬雄《解嘲》之类。佛传里"八相成道"有破魔一项,对佛陀与"魔波旬"的斗争有相当细致、生动的描绘;晋宋以来佛教论辩文字又多用主客辩驳形式,而这种手法本来也是汉赋等文体常用的。灵活借鉴和发挥这多种传统技法,就出现一批以破魔为题材的俳谐体文字,进而更发展出具有一定情节的系列文章。

释智静生缘不详,他的檄文设对方为"魔将军",首先指出"法王御世,九服思顺"的形势,回顾他"抚育黎元,善安卿士;奖导群贤,慰喻有疾"的功德,然后指斥魔王扰乱,宣扬法王威力:

> 有伪痴天魔,不遵正节,干忤圣听,陈挠神虑。领卒塞虚,权形万变,精甲照曦,霜戈拂域。灵鼓竞兴,响冲方外,矫步陆梁,自谓强盛。王师一奋,群邪殄丧,众迷革心,望风影伏。

接着写魔将军却"单将骁然,介士无方",违理违常,敢与抗衡,引来释迦名将出师,以下极尽夸饰地描绘说:

> 故命……使持节威远大将军四天都督忉利公导师(昙无竭),武胜群标,文超纮谋,妙思绝尘,心栖梦表,忧时忘身,志必匡世,领众百万亿,鸾飞天衢;使持节征魔大将军六天都督

兜率王解脱月，妙思虚玄，高步尘表，略并童真，功侔九地，悼
愍三途，忿若纵害，援剑慷慨，龙回思奋，领众四百万亿，云回
天门……

接着法王命金刚藏、维摩诘、文殊师利、观世音、大慈氏等虚构人
物，"勇出之徒，充溢大千，金刚之士，弥塞八极，咸思助征，席卷六
合。乘诸度之宝轩，守八正之修路，跨六通之灵马，控虚宗之神辔，
弯四禅之劲弓，放权见之利箭。鸣骥桓桓，轻步矫矫，奉命圣庭，曾
无有阙"。这一段把佛理中的名相形象化，使用排比手法，极力描
写法王的堂堂之阵、正正之师。然后继续晓以利害，指出狂迷自高
必然破败，而迷途知返则能免除祸患。这则是晓之以理，动之以
情，要对方"深致思言，善自量算"①。从文体看，这篇文章使用的是
传统檄文体裁；从构思看则全然出于玄想。把佛陀教化比喻为治
理国家，把他与弟子关系比拟为君臣，而与魔王则势不两立，从而
护法与毁佛的斗争又被比拟为世间战争，这正体现了中土传统的
政治观念；写法上则发挥骈文排比、形容的特长，造成夸张、重叠的
效果。值得注意的是，写作檄文一体文章，"大抵唐以前不用四六，
故辞直义显"②，"俪语始于唐人"③，而这篇文字相当长，又使用了
相当整饰、熟练的骈俪文体。至于文章总体风格则亦庄亦谐，明显
带有游戏意味。如此处理严正的护法题材，把严肃的论争化为诙
谐的戏谑，乃是比喻讽刺文学的创获。

　　宝林是义学沙门，住建康龙光寺，祖述竺道生涅槃新义，有《涅
槃记》等著作。他写《破魔露布文》，明确目的说"余以讲业之暇，聊
复永日，寓言假事，庶明大道"，写法则和上述智静文章相似，不过
写的是破魔胜利后发布露布的内容。其中描写双方战斗的一段：

---

①《檄魔文》，《弘明集》卷一四，《大正藏》第 52 卷第 92 页下－93 页上。
②吴讷《文章辨体序说》第 40 页，人民文学出版社，1982 年。
③徐师曾《文体明辨序说》第 126 页，人民文学出版社，1982 年。

　　且其形势也,则痴山嵝嶙固其前,爱水浩汗涨于后,邪林蔚荟蒙其左,痴涧渊玄带其右。尘劳之卒,豺视于交境;六师之将,虎步于长逵。望若云起蔽天,雾塞六合。其为盛也,开辟罕有。臣等于是承圣朝之遐威,出超图之奇略,盖以高算之笼,弥以玄策之围。精骑千重,步卒万匝,游师翳野,屯塞要害。使前将军檀那,望悭麈以直进;后军毗耶,蹴懈卒于其后。禅那略游骑于其左,尸罗防密奸于其右⋯⋯挥干将而乱斩,动戈矛而竞捷。横尘尸以被野,流劳血于长川。崩痴山之嵯峨,竭爱水之洪流。穷僭于诸见之窟,挫高于七慢之樑。于是魔贼进无抗鳞之用,退无愧脱之隐,虑尽路穷,回遑靡据。魔王面缚于麈庭,群将送命于军门。诸天电卷以归化,迷徒风驰于初晖。皇威扫荡,其犹太阳之扑晨霜,注洪流以灭火。故使万世之逋寇,土崩于崇朝;中华之昔难,肃清于俄顷。斯诚圣皇神会之奇功,旷代著世之休烈。

最后归结到对于如来的赞颂:

　　经云:“涅槃无生而无不生,至智无照而无不照,其唯如来乎。”战胜不以干戈之功,略地不以兵强天下,皇王非处一之尊,霸臣非桓文之贵。丘、旦之教,于斯远矣;聃、周之言,似而非当。故知宗极存乎俗见之表,至尊王于真鉴之里,中人踌躇于无有之间,下愚惊笑于常迷之境。今庶览者舍河伯秋水之自多,远游于海若之渊门,不束情于近教,而骇神于荒唐之说也。[1]

这样的文字借鉴了辞赋排比声韵、铺张扬厉的写法,又使用佛教名相拟人化手法,赋予抽象义理以形象,技巧十分纯熟,在当时必定造成相当大的宣传效果。

　　这类破魔题材的文章作为僧文中特殊一类,全凭比喻立意,注

---

[1]《破魔露布文》,《弘明集》卷一四,《大正藏》第52卷第94页中—95页上。

重描摹刻画，又讲究词采，技法颇为教内、外所借鉴。后来唐行友撰集《伐魔诏》一卷，发展了上述《檄魔文》的写法。序文首先说明写作缘起，假托僧懿的口吻，说北魏迁都洛阳后，得到道安的《檄魔文》，实即前述智静所作，自己又作《伐魔诏》、《慰劳魔书》、《魔主报檄》、《破魔露布文》和《平魔赦文》等系列文字，以《檄魔文》为主体，勒成一卷，按照世俗伐叛出师、战斗制胜的全过程，把文章纳入到一定情节之中，从而成为同类文字的集大成之作。这些后出文章，不再是单纯演绎佛陀破魔故事，实际是更进一步用比喻手法来辨析教理，成为义学学派争辩的产物。文中所讨伐对象是"伪心主阿黎耶识"，其部将有阿陀那识、迦毗罗仙（数论外道之祖）、迦旃延子（有部论师，《阿毗达摩发智论》作者）以及师子铠（诃梨跋摩，《成实论》作者）、达摩多罗（有部论师，又《达摩多罗禅经》传早期禅法）等，出征的有阿逸多（佛典里未来翅头国转轮王）、婆薮盘豆（世亲）和正念、真如等。这样虚虚实实，把佛教内部有关唯识学理的抽象争论表现为一场真实的战争，以取得更强烈的讽喻效果。佛教的这类文章，就整体看是此前世俗文字中所未见的，无论是体裁、题材的处理，还是文字技巧、表现方法都体现相当的独创性。杜继文评论这些文章说：

> 以"道"平魔；以"真"平假，把当时北朝的佛教功能和佛教特色大体勾画了出来，而这确实是形象地、又故事情节地、艺术地表现出来的。[1]

这些后出的文字文采修饰更加充分，比拟夸张也更为熟练。如《魔主报檄》里的一段：

> 直以心城无主，邪戏尘劳。沓沱欲流，将心源而共远；忽

---

[1]《杜继文序》，王志远《中国佛教表现艺术》卷首第4页，中国社会科学出版社，2006年。

恍大梦,与永夜而俱长。还因假寐,吊民伐罪。先遣聚沫大将
军黄玄侯,率空华之卒,策阳炎之马,即干城之隅,结浮云之
阵,戈甲昱烁,弓戟参差,锋刃未交,服兵先败;次命洞响大将
军丝竹公,领宫商之众,据传声之谷,随闻随剪;次命百和大将
军兰麝伯,领馨香之旅,乘风抒阵,千里无云;次命六味大将
军,领肥美之卒,为面门都督,守沧溟之口,吞噬无遗;次命七
触大将军,领细滑之众,战鼓才击,身城瓦解,五军前讨,百战
恒捷。自天是祐,馨无不宜。朕虑未穷巢穴,躬行问罪,戎衣
既整,出自空窟。发渊泉之智,动山岳之威,承妄想之兵,数盈
兆载,并潜神识海,隐影心山……①

　　这里把色、香、味、触形象化,排比堆砌,极尽夸饰,又隐含幽默的意
趣,表达很有特点。

　　就整体水平说,上述僧文在写作水平上还不能与世俗文人相
颉颃,但其水平、价值和影响是应当给予充分评价的。后来唐宋人进
行文体和文风革新,创造新型“古文”,全面地总结和借鉴了前人经
验,其中也包括六朝僧人的创作成果。考察韩愈《原道》、《原毁》、柳
宗元《封建论》之类议论文章,到晚唐诸家讽刺小品,再到宋人欧、苏
等人文字,都可以发现对于六朝僧文多方面的借鉴与发挥的痕迹。

　　南北朝时期僧人诗文创作不仅给文坛增添了新内容,艺术形
式上也多所创获,在某些方面甚至作出了具有开拓意义的贡献。
而僧人创作作为这一时期文坛业绩的一部分,又与世俗创作相互
影响与推动。而从更广阔的视野看,僧人热衷文事并形成风气和
传统,对中国僧团的进一步发展和建设,对于佛教文化的发展和建
设,都造成了重大、长远的影响。不过六朝僧人这方面的成绩,后
来一向不被人们所看重。这实际也反映佛教在文化领域中的贡献
往往被忽视的总体遭遇。

────────────

① 《广弘明集》卷二九,《大正藏》第 52 卷第 345 页下。

第二十一章　两晋南北朝文人与佛教

一

　　在古代，从事精神创造的文人显然更容易接受宗教的熏染。文学创作从而成为受到佛教广泛而深刻影响的领域之一。不过外来佛教逐步深入地发挥对中国文人的影响经过一个相当长的过程。

　　前面已经提到，据现存资料，古代文人中第一位在作品里提到佛教的是张衡。他的《西京赋》里说到"展季桑门，谁能不营"，是在描写长安景致时顺便提及的。这表明公元一、二世纪之交活动在洛阳的张衡已经注意到沙门在社会上的存在。今存东汉文人作品里说到佛教的仅此一例。如前所述，在公元二世纪中叶襄楷的文章里，佛教是被等同于黄、老方术的；而东汉末《牟子理惑论》里更曾明确地说对于佛教"世人学士多讥毁之"，"视俊士之所规，听儒林之所论，未闻修佛道以为贵，自损容以为上也"①。在这种形势下，佛教对文人及其创作实践还不可能发挥什么作用。

―――――――――
①《牟子丛残新编》第17、19页。

佛教被文人广泛接受，并在文学创作中有所表现，要到两晋之际。西晋末年"八王之乱"，北方王弥、石勒起兵，匈奴攻逼，加以灾荒饥馑，使得中原萧条，白骨涂地，民众破产流亡，一些世家大族、文人士大夫纷纷逃奔南方。这种人命危浅、朝不保夕的环境，给宗教传播提供了有利土壤。中国本土宗教道教在这一时期急速发展，佛教也在更广泛的社会层面上传播开来。加之传统儒家章句之学衰落，玄学空洞的思辨也失去了吸引力，如陈寅恪指出：

> 夫清谈既与实际生活无关，自难维持发展，而有渐次衰歇之势，何况东晋、刘宋之际天竺佛教大乘玄义先后经道安、慧远之整理，鸠摩罗什师弟之介绍，开震旦思想史从来未有之胜境，实于纷乱之世界，烦闷之心境具指迷救苦之功用，宜乎当时士大夫对此新学说惊服欢迎之不暇。回顾旧日之清谈，实为无味之鸡肋，已陈之刍狗，遂捐弃之而不惜也。①

值得注意的是，正如本书前面讨论名士习佛所指出的，新传入的佛教义理给困于儒家教条和玄学思辨的文人们提供了新鲜内容，也给玄谈充实了新材料，大乘般若学与玄学相合流，遂有力地促进了佛教浸润知识界的进度。

另一方面，当年佛教初传，传播者和信仰者主要是外国或外族人，无论是语言还是教养等诸多条件都限制了和中土士大夫的交流。而至两晋之际，情况大变，如僧祐所说：

> 自晋氏中兴，三藏弥广，外域胜宾，稠叠以总至；中原慧士，炜烨而秀生。提（僧伽提婆）、什（鸠摩罗什）举其宏纲，安（释道安）、远（释慧远）振其奥领，渭滨务逍遥之集，庐岳结般若之台。像法得人，于斯为盛。②

---

①《陶渊明之思想与清谈之关系》，《金明馆丛稿初编》第194页。
②《出三藏记集序》，《出三藏记集》第1页。

一方面外来僧侣众多，其中不乏对于中国语言、文化有高度修养的；另一方面中土僧团培养出一批能文善艺之士，他们各方面的教养水平都足以与士大夫相颉颃，并成为文坛上积极活跃的力量。后来柳宗元曾说：

> 昔之桑门上首，好与贤士大夫游。晋、宋以来，有道林、道安、远法师、休上人，其所与游则谢安石、王逸少、习凿齿、谢灵运、鲍照之徒，皆时之选。由是真乘法印，与儒典并用，而人知向方。①

这样，僧团和文人密切往还，儒、释平等地交流，逐渐形成风气。

再有一点就是佛典翻译进一步繁荣，新的译籍不断涌现。它们不仅向中土人士传述了新鲜信仰与思想，而且由于翻译水平和技巧不断提高，也给写作提供了更多借鉴。特别是如《六度集经》（吴康僧会译）、《生经》（西晋竺法护译）以至《维摩经》（吴支谦译）、《正法华经》（西晋竺法护译）等富于文学性的经典大量传翻、流行，被文人广泛接受，以致阅读佛典成了士大夫的日常功课，更直接影响到文学创作。

晋室南渡之后，中土知识阶层中的"名士"与"名僧"交流情形，本书前面已有较详细的介绍。著名文人中如许询、孙绰都是坚定的信仰者，"三世之辞"已融入他们的创作之中。尤其是孙绰，更写过《灭惑论》那样的护法名作。不过在早期，就文学创作的具体情况而言，佛教的影响还限于思想、观念和生活方式等层面，在涉及精神更深层次的创作内涵中还没有得到更圆熟的表现。值得注意的是中国文学史上屈原以后第一位重要诗人陶渊明（365—427），辞官后住在江州柴桑，就在庐山旁边，其时慧远正在那里弘法并引领僧、俗结成著名的"西方社"。据佛教方面资料，陶渊明和慧远曾

---

①《送文畅上人登五台遂游河朔序》，《柳河东集》卷二五。

有过交往;陶渊明集里也留有赠给参加慧远结社的主要人物刘遗民(程之)等人诗作,但他本人作品中却不见与慧远来往的记载。陈寅恪分析陶诗所抒写的乃是"任生委运乘化乐天之宗旨",论定他"绝对未受远公佛教之影响"。他举出陶的《形影神》诗,认为主旨是表现"己身别有发明之新自然说","与范缜同主神灭论"①。逯钦立更具体分析说:

> 《形尽神不灭论》是慧远为佛教因果报应说制造的理论根据……慧远又于义熙八年(公元 412),在庐山刻石立佛影,义熙九年写出《万佛影铭》……可以说慧远为了宣扬佛教教义,把形、影、神三者成系统地端了出来。在立佛影铭的时候,他又鼓动大批人来参加,并邀请当时著名文士谢灵运撰写《万佛影颂》。为了宣扬"神不灭论",慧远可说进行了他力所能及的一切活动。正是在这种历史背景下,陶渊明写了《形影神》诗,"以子之矛,攻子之盾",对慧远的谬论进行了批驳。②

陶渊明对佛教的这种态度,作品里所体现的宗教观念,也反映当时佛教对于文坛的整体作用有限:像陶渊明那样的杰出人物即使对佛教已经有所接触和了解,却完全采取漠然甚或抵制态度,以致近在身边、被许多人膜拜敬仰的大德慧远对他也无多甚至完全没有影响。

文学史上著名作家中第一位真挚而深入地接受佛教而又在创作中得到突出体现的是晋宋之际的谢灵运。他比陶渊明迟生二十年。但就思想环境说,特别是就佛教的发展和实际影响论,这却是关键的二十年。谢灵运出生那一年释道安去世;在这之前七年慧远已经来到庐山;他十七岁的时候鸠摩罗什在长安开始宏大的译经事业。这是中国佛教迅速发展和产生巨大转折的时期。时代环

①《陶渊明之思想与清谈之关系》,《金明馆丛稿初编》第 203、200 页。
②《关于陶渊明》,《陶渊明集》第 214—215 页,中华书局,1979 年。

境造就了他与佛教的密切因缘。

二

　　谢灵运(385—433)，陈郡阳夏(今河南太康)人，出生于会稽始宁(今浙江上虞)。谢氏是东晋以来的高门士族，"王、谢"并称，历来被视为六朝士族的代表。灵运祖父谢玄是东晋名将，在著名的秦、晋"淝水之战"里担任晋军前军都督。灵运出生"旬日，而谢玄亡。其家以子孙难得，送灵运于杜治养之。十五方还都，故名'客儿'"[①]。钱塘杜氏是天师道世家，"治"是奉道之家的靖室、道教活动中心，可知他的家庭和晋宋许多世家一样本来是信奉天师道的[②]。但后来他却成为虔诚的佛教信仰者。陈寅恪指出："……治魏晋南北朝思想史，而不究家世信仰问题，则其所言恐不免皮相。"他又说：

> 中国自来号称儒释道三教，其实儒家非真正之宗教，决不能与释道二家并论。故外服儒风之士可以内宗佛理，或潜修道行，其间并无所冲突。他时代姑不置论，就渊明所生之东晋、南北朝诸士大夫而言，江右琅邪王氏及河北清河崔氏本皆天师道世家，亦为儒学世家，斯其显证。然此等天师道世家中多有出入佛教之人，惟皆为对于其家传信仰不能独具胜解者也。[③]

[①] 陈延杰《诗品注》，第 29 页，人民文学出版社，1980 年。
[②] 参阅陈寅恪《天师道与滨海地域之关系》，《金明馆丛稿初编》，第 14－15、20－21 页；王叔岷《钟嵘诗品笺证稿》，第 204－205 页，"中研院"中国文哲研究所筹备处，1992 年。
[③]《陶渊明之思想与清谈之关系》，《金明馆丛稿初编》第 200、196 页。

陈寅恪的论断特别适用于像谢灵运这样的人。

　　谢灵运早年受到良好教养，与从兄弟谢瞻、谢晦等同为谢氏一门之秀，袭封康乐公。义熙元年（405）二十一岁，被琅邪王司马德文（即后来东晋的最后一个皇帝恭帝）辟为大司马行参军；刘毅寻为都督豫州扬州之淮南历阳庐江安丰堂邑五州诸军事、豫州刺史，驻节姑孰（今安徽当涂），他被辟为记室参军。义熙七年，刘毅以讨伐卢循叛乱丧师失利，转为江州都督。至迟到这个时候，谢灵运有机会见到驻锡庐山的慧远。他写《庐山慧远法师诔》，说"予志学之年，希门人之末"①；慧远传里也说"陈郡谢灵运负才傲俗，少所推崇，及一相见，肃然心服"②。慧远当时已是七十余岁的高僧，曾请青年谢灵运作庐山《佛影铭》，可见后者所受器重和二人相契之深厚。

　　刘毅和刘裕都是东晋军事主力北府军将领，二人争权不谐，渐成水火。谢灵运的叔父谢混支持刘毅；刘毅又"爱才好士，当世名流莫不辐凑"③，谢灵运多年为他的幕下士。义熙八年，刘毅移镇荆州，阴有图裕之志，裕诏书罪状毅与谢混等图谋不轨，起兵讨伐，毅兵败被杀，混赐死。当年谢玄是北府军创建者，大概以此之故，刘裕对其后人谢灵运表示优容，置之幕下，为太尉参军，入为秘书丞，寻坐事免。义熙十二年，谢灵运为骠骑将军刘道邻的谘议参军，曾两次至彭城慰劳正在进行北伐的刘裕。恭帝元熙元年（419），终以擅杀门人罪名免官，实则因为他与权势正隆的刘裕的罅隙难以弥补。次年刘裕代晋立宋，灵运降爵为侯，后又起为散骑常侍，转太子左卫率。灵运负才自傲，自以为宜参权要，既不见重，又遭到猜忌，心怀愤懑，终以构扇异同，非毁执政，永初三年（422）出为永嘉（今浙江温州）太守。他又过父、祖所居也是出生之地的会稽始宁，

---

①《全上古三代秦汉三国六朝文·全宋文》卷三三，第 3 册第 2619 页。
②《高僧传》卷六《晋庐山释慧远传》，第 221 页。
③《资治通鉴》卷一一五《晋纪三七》，第 3611 页。

一路游放，来到永嘉，"郡有名山水，灵运素所爱好，出守既不得志，遂肆意游遨，遍历诸县，动逾旬朔，民间听讼，不复关怀。所至辄为诗咏，以致其意焉。在郡一周，称疾去职"①。在永嘉，他与僧法勖、僧维等人游，写下佛学史上名著《辩宗论》。少帝景平元年（423）他称疾去职，回到故乡始宁，度过一段山居修道生活，又与昙隆、法流等诸道人游，这也是他信佛更加精进的时候。他作《山居赋》，描写卧疾山顶，顺适性情，得山居之乐，中有云：

> 敬承圣诰，恭窥前经，山野昭旷，聚落膻腥。故大慈之弘誓，拯群物之沦倾，岂寓地而空言，必有贷以善成。钦鹿野之华苑，羡灵鹫之名山，企坚固之贞林，希庵罗之芳园。虽粹容之缅邈，谓哀音之恒存，建招提于幽峰，冀振锡之息肩。庶镫王之赠席，想香积之惠餐，事在微而思通，理匪绝而可温……谢丽塔于郊廓，殊世间于城旁，欣见素以抱朴，果甘露于道场。苦节之僧，明发怀抱，事绍人徒，心通世表，是游是憩，倚石构草，寒暑有移，至业莫娇。观三世以其梦，抚六度以取道，乘恬知以寂泊，含和理之窈窕。指东山以冥期，实西方之潜兆，虽一日以千载，犹恨相遇之不早……安居二时，冬夏三月，远僧有来，近众无阒。法鼓即响，颂偈清发，散花霏蕤，流香飞越。析旷劫之微言，说像法之遗旨，乘此心之一豪，济彼生之万理。启善趣于南倡，归清旸于北机，非独惬于予情，谅佥感于君子……②

他把山林作为修道场所，抒写山居求道的乐趣，山水、隐逸、求道三者在他的观念里统合起来，在创作内容和具体描写上都是具有开拓意义的。

宋文帝刘义隆即位后的元嘉三年（426），谢灵运被召为秘书

---

①《宋书》卷六七《谢灵运传》，第 1753—1754 页。
②《全上古三代秦汉三国六朝文·全宋文》卷三一，第 3 册第 2606—2608 页。

监,并受命撰《晋书》。但实际仍不见任遇,因而意有不平,多称疾不朝,游行无度,遂被讽令自解。他元嘉五年祈假,再度东归,与弟谢惠连、何常瑜等畅游山水,吟咏唱和。他率领义故门生数百,凿山浚湖,寻峰陟岭,在深山幽谷间寻幽探胜,直至临海(今浙江临海)。元嘉八年,会稽太守孟顗为灵运所轻,遂构嫌隙,诬以有异志。灵运诣阙上表,虽未被治罪,但朝命却不使东归,任命为临川(今江西抚州)内史。他在郡,游放不异永嘉时,又为有司纠弹。他屡遭排遣,遂有逆志,被送廷尉治罪,徙送广州。元嘉十年,四十九岁,在广州被杀。原有集二十卷(或作十五卷),久佚。[①]

谢灵运晚年曾参与《大涅槃经》的"改治"。昙无谶于北凉玄始十年(421)在姑臧译出全本《大般涅槃经》三十六卷,后经补订成四十卷,是为北本《涅槃》。按硕法师《三论游意义》,此经于元嘉七年(430)传入建业,名僧慧严、慧观等以其文言质朴、品数疏简而加以"改治",谢灵运参与的就是这项工作,遂成三十六卷南本《涅槃》。然而元嘉五年以后谢灵运并没有在建业长期居住的机会,硕法师所记载年代或许有误。唐元康《肇论疏》上说"谢灵运文章秀发,超迈古今"[②],特别赞扬他修饰经文的贡献。谢灵运能够与一代名僧一起从事重要经本的改订,表明他的佛学水平是被公认的。又释慧叡曾西行求法,至南天竺界,"音义诂训,殊方异义,无不必晓","陈郡谢灵运笃好佛理,殊俗之音,多所达解。乃谘叡以经中诸字,并众音异旨,于是著《十四音训叙》。条列梵汉,昭然可了,使文字有据焉"[③]。由此可知谢灵运学习过并熟悉梵文。这在本书介绍中国佛教对语言学发展的贡献一章曾作为特例提到过,在历代文人中是少见的。南本《涅槃经》文字精美,得到广泛弘传,当有谢灵

---

① 谢灵运生平事迹考定,参阅杨勇《谢灵运年谱 附陈郡阳夏谢氏世系表》,刘跃进、范子烨编《六朝作家年谱辑要》上册,黑龙江教育出版社,1999年。

② 《肇论疏》卷上,《大正藏》第45卷第162页下。

③ 《高僧传》卷七《宋京师乌衣寺释慧叡传》,第259-260页。

参与修订的劳绩。例如北本里有一句说"手把足蹈，得到彼岸"，谢改为"运手动足，截流而渡"，即是被经常举出的一例。

　　谢灵运出身天师道世家而好佛，是接受了当时江南士族的普遍信仰，又和自身处境有关系。他身处两朝交替之际，谢氏家族和权势显赫的刘氏本有嫌隙，后来刘氏篡权，他心怀旧主而勉仕新朝，受到猜忌、排挤是必然的。寄情山水和吟咏之外，能给他精神慰藉的就是佛说。他特别有取于佛教的心性理论。他曾说："六经典文，本在济俗为治耳。必求性灵真奥，岂得不以佛经为指南耶？"[1]当时中国佛教的佛性理论正取得重要进展。以竺道生为代表的"新论道士"提出阐提有性、顿悟成佛等新说。现存资料虽不见谢灵运与竺道生直接交往的记载，但从他的友人范泰、颜延之、僧慧琳均和竺道生密切往还[2]，可以推测二人间会有直接或间接的往来。谢灵运赞同竺道生对于佛性理论的新发挥。在《辩宗论》里，他折衷儒、释之言来阐扬竺道生的观点，论旨大体是：

　　　　释氏之论，圣道虽远，积学能至，累尽鉴生，不应渐悟。孔氏之论，圣道既妙，虽颜殆庶，体无鉴周，理归一极。有新论道士，以为寂鉴微妙，不容阶级，积学无限，何为自绝？今去释氏之渐悟而取其能至，去孔氏之殆庶而取其一极。一极异渐悟，能至非殆庶。故理之所去，虽合各取，然其离孔、释矣。余谓二谈，救物之言，道家之唱，得意之说，敢以折中自许，窃谓新论为然……[3]

这里所谓"新论道士"，就是指竺道生和竺道生一派涅槃师。这里

---

[1]何尚之《答宋文帝赞扬佛教事》，《弘明集》卷一一，《大正藏》第52卷第69页中。

[2]范泰有《与(竺道)生(慧)观二法师书》，见《弘明集》卷一二，《大正藏》第52卷第78页中；慧琳有《龙光寺竺道生法师诔》，见《广弘明集》卷二三，《大正藏》第52卷第265页下－266页上。

[3]《与诸道人辩宗论》，《广弘明集》卷一八，《大正藏》第52卷第224页下－225页上。

是说,按佛教传统观念,圣道虽然遥远,但每个人可以达到,不过要渐修而得;儒家承认宗极的圣道存在,但如孔子所说,就是颜渊也不能达到极致;而"新论道士"否定传统佛教的渐悟之说,取其普遍的佛性说;扬弃儒家传统上认为只有少数人能够超凡成圣的等级人性论,取其认可的宗极之悟,从而提出"不容阶级,积学无限"的顿悟成佛说。谢灵运认为这是折衷儒、释两大传统而又有所超越的新观念。在中国佛教思想史上,竺道生的佛性新说乃是佛教"中国化"潮流中吸取儒家心性理论的新发挥。汤用彤评论说:

> 康乐承生公之说作《辨宗论》,提示当时学说二大传统之不同,而指明新论乃二说之调和。其作用不啻在宣告圣人之可至,而为伊川谓"学"乃以至圣人学说之先河。则此论在历史上有甚重要之意义盖可知矣。①

这样,谢灵运所肯定的"新论道士"的佛性新说乃是印度佛教的佛性思想与儒家心性理论相融合的产物,开创所谓"有宗"一系教理,是中国佛教心性学说的重大发展,也是唐代禅宗和宋儒性理学说的滥觞。谢灵运赞同这一派理论,表明他的佛学思想是代表当时佛学发展的先进潮流的。

谢灵运写过许多颂佛、护法作品。前面论及的《辨宗论》是阐扬佛理的;更多有表述信仰、反映修道实践的。如《无量寿佛颂》:

> 法藏长王宫,怀道出国城。愿言四十八,弘誓拯群生。净土一何妙,来者皆清英。颓年欲安寄,乘化好晨征。②

这是隐括《无量寿经》法藏国王为菩萨立下四十八个救世本愿故事,表述对于西方净土的倾心。他的《和范光禄祇洹像赞》、《维摩经十譬赞》则分别是赞佛和赞颂经典的。又据说天竺有佛影,是当

---

① 《谢灵运〈辨宗论〉书后》,《汤用彤学术论文集》,第 294 页。
② 《全上古三代秦汉三国六朝文·全宋文》卷三三,第 3 册第 2617 页。

初佛陀教化毒龙所留,"会有西域道人叙其光相,(慧)远乃背山(庐山)临流,营筑龛室,妙算画工,淡彩图写,色疑积空,望似烟雾,晖相炳焕,若隐而显"①,慧远本人制铭,又请谢灵运作《佛影铭》。《庐山慧远法师诔》《昙隆法师诔》则是纪念高僧的诔文,前文最后抒写对慧远的追仰之情:

> 呜呼法师,何时复还? 风啸竹柏,云霭岩峰,川壑如泣,山林改容。自昔闻风,志愿归依,山川路邈,心往形违。始终衔恨,宿缘轻微,安养有寄,阎浮无希。呜呼哀哉! ②

这一段文章写得文情并茂,一唱三叹,把景仰恋慕之情表达得淋漓尽致。

谢灵运在文学史上的主要贡献是山水诗创作。沈约写他的传记后评论说:

> 有晋中兴,玄风独振,为学穷于柱下,博物止乎七篇,驰骋文辞,义单乎此。自建武暨乎义熙,历载将百,虽缀响联辞,波属云委,莫不寄言上德,托意玄珠,遒丽之辞,无闻焉尔。仲文(殷仲文)始革孙(绰)、许(询)之风,叔源(谢混)大变太元之气。爰逮宋氏,颜(延之)、谢腾声。灵运之兴会标举,延年之体裁明密,并方轨前秀,垂范后昆。③

唐人所修《南史》说:

> (颜)延之与陈郡谢灵运俱以辞采齐名……延之尝问鲍照己与灵运优劣,照曰:"谢五言如初发芙蓉,自然可爱。君诗若铺锦列绣,亦雕缋满眼。"……是时议者以延之、灵运自潘岳、

---

① 《高僧传》卷六《晋庐山释慧远传》,第 213 页。
② 《广弘明集》卷二三,《大正藏》第 52 卷第 267 页中。
③ 《宋书》卷六七《谢灵运传》,第 1778—1779 页。

> 陆机之后,文士莫及,江右称潘、陆,江左称颜、谢焉。①

这些都肯定了谢灵运的诗作在文学史上的里程碑地位。白居易《读谢灵运诗》说:

> 吾闻达士道,穷通顺冥数。通乃朝廷来,穷即江湖去。谢公才廓落,与世不相遇。壮志郁不用,须有所泄处。泄为山水诗,逸韵谐奇趣。大必笼天海,细不遗草树。岂唯玩景物,亦欲摅心素。往往即事中,未能忘兴谕。因知康乐作,不独在章句。②

这里又指出了谢灵运山水描写中的深刻内涵。他的诗既体现庄子的"逍遥"、"齐物"观念,又抒写了信仰佛教、游放山林的修道生活感受。

谢灵运现存诗可确定写作年代的有六十余首,基本创作于永初三年初任永嘉太守之后。这表明他热衷山水诗写作与交往僧侣、优游山水的生活有密切关联。昙隆法师本来居止庐山,谢灵运回到会稽时招致上虞徐山。他们同游始宁西南的峚山和剡县的嵊山等名山水,诗人追忆其时情景说:

> 缅念生平,同幽共深,相率经始,偕是登临。开石通涧,剔柯疏林,远眺重叠,近瞩岖嵚。事寡地闲,寻微探赜,何句不研,奚疑弗析。帙舒轴卷,藏拔纸襞,问来答往,俾日余夕……③

就这样,他结交僧人,一面得游赏胜景之乐,一面共同辨析佛教义理。与谢灵运同时代的画家宗炳(375—443)也是佛教信徒,曾说道:

---

① 《南史》卷三四《颜延之传》,第 881 页。
② 《白居易集笺校》卷七,第 1 册第 369 页。
③ 《昙隆法师诔》,《广弘明集》卷二三,《大正藏》第 52 卷第 267 页上。

> 夫圣人以神发道,而贤者通;山水以形媚道,而仁者乐,不亦几乎!……峰岫峣嶷,云林深渺,圣贤映于绝代,万趣融其神思,余复何为哉? 畅神而已。神之所畅,孰有先焉![1]

这表明当时信佛士大夫不只借山水以畅达心神,更把它们当作体道的对象来描绘。谢灵运也正是如此。他的作品里常常"否定以'事'、'物'为代表的世俗事相的世界,赞美以'道'、'理'为代表的超俗的本原的世界"[2]。而这"道"与"理"体现的往往正是竺道生新的佛学思想。"正由于这'新'思想,在左迁永嘉的山水里他才能看到'表灵''蕴真'(《登江上孤屿》)的内涵,进而在栖隐始宁时肯定追求'乘恬知以寂泊'(《山居赋》)的自我的存在"[3]。

谢灵运的山水描写中往往直接抒发宗教体验,如《登石室饭僧诗》:

> 迎旭凌绝嶝,映泫归溆浦。钻燧断山木,掩岸墐石户。结架非丹甍,藉田资宿莽。同游息心客,暧然若可睹。清霄飏浮烟,空林响法鼓。忘怀狎鸥鲦,摄生驯兕虎。望岭眷灵鹫,延心念净土。若乘四等观,永拔三界苦。[4]

据《永嘉县志》,此诗题目为《过瞿溪山饭僧》。瞿溪山在永嘉西南三十五里。面对荒凉静谧的山水,诗人内心的一切妄念都消释净尽了;听到伽蓝法鼓声,更滋生起皈依佛法的信心。在永宁、安固二县中间,渚山溪涧,凡有五处,谢灵运在南面第一谷创立石壁精

---

①《画山水序》,《全上古三代秦汉三国六朝文·全宋文》卷二〇,第 3 册第 2545－2546 页。

②矢渊孝良《謝靈運山水詩の背景——始寧時代の作品を中心にして——》,《東方學報》(京都)第 56 辑第 123 页,京都大学人文科学研究所,1984 年。

③荒牧典俊《南朝前半期における教相判釋の成立について》,《中國中世の宗教と文化》,第 381 页,京都大学人文科学研究所,1982 年。

④《先秦汉魏晋南北朝诗·宋诗》卷二,中册第 1164 页。

舍,作《石壁立招提精舍诗》:

> 四城有顿踬,三世无极已。浮欢昧眼前,沉照贯终始。壮龄缓前期,颓年迫暮齿。挥霍梦幻顷,飘忽风电起。良缘迨未谢,时逝不可俟。敬拟灵鹫山,尚想祇洹轨。绝溜飞庭前,高林映窗里。禅室栖空观,讲宇析妙理。①

诗人把自己创建的精舍比拟为佛陀说法的灵鹫山和祇洹精舍。在永恒、阒寂的山水风光中,他痛感人世虚幻,完全沉浸在宗教玄想境界里。

如果说上面两首诗还有抒扯事典的痕迹,那么另一些作品则把宗教感情融入对于山水胜景的生动描绘中,佛教义理被化为体验和感受表现出来。如《石壁精舍还湖中作诗》:

> 昏旦变气候,山水含清晖。清晖能娱人,游子憺忘归。出谷日尚早,入舟阳已微。林壑敛暝色,云霞收夕霏。芰荷迭映蔚,蒲稗相因依。披拂趋南迳,愉悦偃东扉。虑澹物自轻,意惬理无违。寄言摄生客,试用此道推。②

这里抒写在石壁精舍与道人们讲论之后的感受:"虑澹物自轻,意惬理无违"——看到在夕阳映照下大自然一片生机,体会到一种超然物外的愉悦。这正是高蹈出世的禅悦之境。他的诗更多有描摹自然景物的十分生动的句子,如"白云抱幽石,绿筱媚清涟"(《过始宁墅诗》),"池塘生春草,园柳变鸣禽"(《登池上楼诗》),"扬帆采石华,挂席拾海月"(《游赤石进帆海诗》)等等,这些诗句不仅描绘出如画的境界,那种对待自然的物我一如的体验更能感动人心。他在作品里经常用到"赏心"一语:"含情尚劳爱,如何离赏心"(《晚出西射堂诗》),"我志谁与谅,赏心为良知"(《游南亭诗》),"赏心不可忘,妙善冀能同"(《田南树园激流植援诗》),等等;他又曾感慨"天

---

① ② 《先秦汉魏晋南北朝诗·宋诗》卷二,中册第 1165 页。

下良辰、美景、赏心、乐事,四者难并"①。诗人所谓"赏心",不只是一种玩赏的眼光和态度,而是物、我无碍,心、物交融的轻安愉悦的心态。这显然与佛家宇宙观和人生观有着直接关系。

谢灵运出身于天师道世家,实际上"从佛而未弃道,抑复见其虽奉事佛法,而于道家仍敦宿好"。所以他的《山居赋》"言好生惜物命两节,旨本释教,而皆仅引老、庄以自助,殊耐思量"②。如此兼融佛、道,也正体现出当时士族文人的一种典型心态。

不过谢灵运的时代,还是中土文人接受佛教的早期,山水文学也处在开拓阶段。他描摹山水兼表佛理,难免有隔碍、空疏之处。这又如王瑶曾指出:

> 我们说山水诗是玄言诗的改变,毋宁说是玄言诗的继续。这不只是诗中所表现的主要思想与以前无异,而且即在山水诗中也保留着一些单讲玄理的句子。③

在谢灵运的山水描写里,正往往加入谈玄说理的句子,描摹中也多有欠浑融的一面。至于他的心态受到佛教一些消极影响,更是无可讳言的。

刘勰曾指出:"宋初文咏,体有因革,老庄告退,而山水方滋。"④实现这一转变的代表人物就是谢灵运。缪钺评价谢灵运在文学史上的贡献说:

> 魏晋以来对于文学之新理想,在能以玄理佛义融于五言诗体中,造成特美,此理想至谢灵运而实现(余别有《六朝五言

---

① 《拟魏太子邺中集诗八首序》,《先秦汉魏晋南北朝诗·宋诗》卷三,中册第1181页。
② 《管锥编》第4册第1291、1290页。
③ 《中古文学史论》第276页,北京大学出版社,1998年。
④ 范文澜注《文心雕龙注》卷二《明诗》,下册第67页。

诗之流变》一文,阐述此义,载拙著《诗词散论》中)。①

而从一定意义说,谢灵运乃是文学史上真正的"慧业文人"。他的诗歌创作成就也可算是中国佛教影响下文学创作领域所取得的第一个突出的重要实绩;而他作为统合儒、释的榜样,对后代更产生巨大、深远的影响。

与谢灵运并称的颜延之(384—456),字延年,琅邪临沂(今山东临沂)人。他同样出身士族,是晋光禄卿颜含孙。义熙中被后将军、吴国内史、江州刺史刘柳辟为行参军,转主簿;入宋,补太子舍人;少帝即位,以正员郎兼中书郎,出为始安(今广西桂林)太守;文帝时,官至金紫光禄大夫领湘东王师等职。有集三十卷(或作二十五卷),已佚。

颜延之创作上的总体成就远不及谢灵运。他的诗以纪游、赠答、颂赞等一般应酬之作为多,喜欢铺陈排比,不如谢诗的清新秀美,鲍照曾批评说"如铺锦列绣,雕缋满眼";散文则颇有传世之作,如《赭白马赋》、《陶征士诔》、《五君咏》等。而他一生倾心佛说,结交名僧慧静、慧彦等,具有相当高的佛学修养,著有一批重要护法作品,也是文人信佛的典型。

宋文帝曾说:"颜延年之折《达性》,宗少文(炳)之难《白黑》,论明佛法汪汪,尤为名理并足,开奖人意。"②这里的"折《达性》"指他所作《释何衡阳达性论》和《重释》、《又释》等三篇。相关内容在本书介绍关于"神不灭"论争中有简要说明:时有僧人慧琳以才学为宋文帝所赏识,朝廷政事多与之谋,作《白黑论》批判佛教,并得到著名天文学家何承天的支持。宗炳著文批评《白黑论》,何作《达性论》与之论辩。颜延之为此写作《释何衡阳达性论》等文章。这次论辩是佛教思想与中土传统意识的一次正面交锋。何承天的《达

①《清谈与魏晋政治》,《释中国》第3册第2060页。
②何尚之《答宋文帝赞扬佛教事》,《弘明集》卷一一,《大正藏》第52卷第69页中。

性论》、《报应问》等文提出"生必有死,形弊神散","施而望报,在昔
先师或未之有"等论断,反对佛教的神不灭论和轮回报应之说。而
颜延之则主张"精灵必在",张扬"施报之道"。值得注意的是,何尚
之以传统的"人以仁义立"的儒家观点批评佛教,而颜延之等同样
利用儒家(还有道家的庄子)典据加以反驳。这表明在晋、宋之际,
颜、谢等一批士族文人已经努力在融通儒、释的思想基础上接受佛
说,佛教势力因而也大为扩展了。据陆澄《法论目录》,颜延之的护
法论著还有《通佛影迹》、《通佛顶齿爪》、《通佛衣钵》、《通佛二齯不
燃》、《离识观》、《妄书禅慧宣诸弘信》、《书与何彦德论感果生灭》、
《论检》、《广何(〈断家养论〉)》[1]等,均佚。从题目看,前几篇是颂佛
的,后几篇是讨论佛义的,内容相当广泛。宋文帝曾命慧严就颜著
《离识观》和《论检》辩其异同,二人"往复终日,帝笑曰:'公等今日,
无愧支、许。'"[2]这里"支、许"指支遁和许询,意在表扬其议论水平
的高超和杰出风采。

　　颜延之有《庭诰》一文,题目取"闺庭之内……诰尔在庭"的意
思,是对后人的训喻之词。文已散佚,现存五个片断。其中收在
《弘明集》里的一段集中反映他的佛教信仰:

　　　　达见同善,通辩异科:一曰言道,二曰论心,三曰校理。言
　　道者本之于天,论心者议之于人,校理者取之于物。从而别
　　之,由途参陈;要而会之,终致可一。若夫玄神之经,穷明之
　　说,义兼三端,至无二极。但语出戎方,故见猜世学;事起殊
　　伦,故获非恒情。天之赋道,非差胡华,人之禀灵,岂限外内。
　　一以此思,可无臆裁。为道者盖流出于仙法,故以練形为上;
　　崇佛者本在于神教,故以治心为先。練形之家必就深旷,支飞
　　灵,糇丹石,粒芝精,所以还年却老,延华驻彩,欲使体合缥霞,

────────────

① 《出三藏记集》卷一二,第 434—447 页。
② 《高僧传》卷七《宋京师东安寺释慧严传》,第 262 页。

軌遍天海,此其所长;及伪者为之,则忌灾祟,课粗愿,混士女,乱妖正,此其巨蠹也。治心之术,必辞亲偶,闭身性,师净觉,信缘命,所以反一无生,克成圣业,智邈大明,志狭恒劫,此其所贵;及诡者为之,则藉髡落,狎菁华,傍荣声,谋利论,此其甚诬也。物有不然,事无终弊。衡石日陈,犹患差忒,况神道不形,固众端之所假,未能体神,而不疑神无者,以为灵性密微,可以积理知;洪变欻恍,可以大顺待。照若镜天,肃若窥渊,能以理顺为人者,可与言有神矣。若乃罔其真而责其弊,是未加心照耳。①

作者在这里从同归于善的立场,为"语出戎方"的"玄神之经,穷明之说"作辩护。文章对佛、道二教的修道实践及其意义作具体比较,兼论二者流弊,从而说明"佛以治心为先"的优胜。这样的作品又已清楚表明,在南北朝佛教广泛弘传、大规模渗透文化领域的时期,即使是那些对它抱有虔诚信仰心的人,对于儒与道一般也并不取排它态度。这是因为,在中土传统的家族宗法制度和专制等级政治体制之下,儒家的礼乐文化乃是士族文人安身立命的依归,而佛、道二教的思想、信仰、人生态度、生活方式等等对于身处社会矛盾中的他们又同样具有强大吸引力,并容易付诸实践。本来中国文化传统上就具有开放、融通性格,在这种情形下,儒、释、道"三教"并立、交流,融合到士族文人意识之中并渐成社会潮流也就是必然的了。谢灵运和颜延之作为先行者,在思想上和创作上都相当典型地体现、推动着这一潮流。

三

颜、谢之后,齐竟陵王萧子良周围以所谓"竟陵八友"为核心的

---

①《弘明集》卷一三,《大正藏》第52卷第89页中。

文人们乃是一代士族文化的典型代表,也体现了文坛上儒、释交融的新进展。

萧子良(460—494)字云英,是南朝齐开国皇帝高祖萧道成之孙、武帝萧赜第二子,文惠太子萧长懋的弟弟。他在刘宋末年任会稽太守,次年辞官。齐室建,任征虏将军、丹阳尹。及武帝继位(483),封竟陵郡王,历使持节都督南徐、南兖二州诸军事、镇北将军、南徐州刺史;翌年,转任侍中、都督南兖兖徐青冀五州、征北将军、南兖州刺史;入为护国将军兼司徒,镇西州;永明四年(486),进为车骑将军,次年正位司徒。兰陵萧氏在刘宋朝已权倾天下,萧子良门下网罗不少文人,培植起自己的势力。齐立国后,他以王侯之尊广交士流,历史上著名的事件是他在建康郊外鸡笼山开西邸,起古斋,多集古人服器,结纳文士。史书记载:

> (永明)五年(487),正位司徒,给班剑二十人,侍中如故。移居鸡笼山邸,集学士抄《五经》、百家,依《皇览》例为《四部要略》千卷。招致名僧,讲语佛法,造经呗新声,道俗之盛,江左未有也。①

这里所记永明五年应是纂集《四部要略》年代,而不是西邸开馆年代。西邸的创建或许在南齐初年。又《梁书》记载:

> 时竟陵王亦招士,(沈)约与兰陵萧琛、琅邪王融、陈郡谢朓、南乡范云、乐安任昉等皆游焉,当世号为得人。②

以上提到的六人加上后来的梁武帝萧衍和陆倕,就是所谓"竟陵八友"。此外一时名士如柳恽、王僧孺、孔休源、江革、范缜等,也是西邸常客。齐、梁之际的许多名僧大德亦参与其间。萧子良门下儒、释聚集,一时呈彬彬之盛。

---

① 《南齐书》卷四〇《武十七王传》,第 698 页。
② 《梁书》卷一三《沈约传》,第 233 页。

　　萧子良西邸纳士，显然有政治上的动机。齐武帝在位时，他和太子萧长懋势力相当，太子亦热衷结纳朝士。及太子死，子良任萧衍、范云、王融为帐内军主。武帝死后，王融等曾谋立子良，失败被杀。次年，子良死。《南齐书》本传说："帝常虑子良有异志，及薨，甚悦。"①从这个情况，可见当时朝廷内部权力斗争之激烈以及子良受到猜忌的情形。但值得注意而在文化史上有重要意义的是，西邸常客多是以才学文词见重的人，在子良周围结成的文人集团具有浓厚的文化性格。姚察曾对两汉与齐、梁士风不同作过对比说："观夫二汉求贤，率先经术；近世取人，多由文史。"②萧子良等皇亲贵戚自身即多是第一流文人。在南北朝易代频仍、武夫跋扈、统治阶级内部残杀劫夺不断的情况下，这些人热衷于文事，并为发展文化做出一定努力，是值得称道的。另一方面，兰陵萧氏本是奉佛世家，子良亦敬信甚笃。而这一时期贵族士大夫习佛又表现出新的特征。一方面他们往往具有更诚挚的信仰心，另一方面对佛理的研究也更为专注。这和晋、宋名士们主要是借佛理谈玄的风气已大不相同。而就佛教发展情况而言，这一时期佛典翻译已相当完备，在对经论深入研究的基础上，义学师说发达，众多义学沙门积极地活跃在王公贵族沙龙里。这些人无论是学养还是风格，又都已和庐山慧远僧团的隐居山林、不乐世务大不相同。这种情况也直接影响到信佛的贵族士大夫。如萧子良等人，不仅礼佛斋僧，造像施寺，更集合僧俗，讲经著论。他本人的弘法文字梁时辑录为十六帙一百十六卷，自名为《净住子》。道宣称赞他"崇仰释宗，深达至教，注释经论，钞略词理，掩邪道而辟正津，弘一乘而扬七众"③。西邸学士们大多同样信仰佛教又热衷讲论，熟悉佛说。

　　萧子良门下聚集了一大批名僧。汤用彤《汉魏两晋南北朝佛

①《南齐书》卷四〇《武十七王传》，第701页。
②《梁书》卷一四《江淹任昉传论》，第258页。
③《统略净住子净行法门序》，《广弘明集》卷二七，《大正藏》第52卷第306页上。

教史》里列举了玄畅、僧柔、慧次、慧基、法安、法度、宝誌、法献、僧祐、智称、道禅、法护、法宠、僧旻、智藏等十五人；见于僧传的还有僧远、宝亮、僧印、法通、智顺、慧明、僧审、僧辩等人。关于讲经具体情形，沈约《为齐竟陵王发讲疏》说：

> 乃以永明元年二月八日，置讲席于上邸，集名僧于帝畿，皆深辨真俗，洞测名相，分微靡滞，临疑若晓，同集于邸内之法云精庐，演玄音于六霄，启法门于千载，济济乎实旷代之盛事也。①

僧祐《略成实论记》说：

> 齐永明七年十月，文宣王召集京师硕学名僧五百余人，请定林僧柔法师、谢寺慧次法师于普弘寺迭讲。②

以上两次讲经法会一在竟陵王京邸，一在普弘寺，规模都很盛大。而庾杲之《为竟陵王致书刘隐士（虬）》书中又有记述说：

> 君王卜居郊郭，萦带川阜，显不徇功，晦不标迹，从容人野之间，以穷二者之致。且弘护为心，广敷真俗，思闻系表，共剖众妙。③

这里说的则应是鸡笼山讲经的盛况了。

"竟陵八友"中文学成就最高的当数沈约，他是继陶（渊明）、谢之后，活跃在宋、齐、梁三朝最有影响的作家。如果说"竟陵八友"乃是南朝文坛具有典型意义的文人集团，沈约则是当时士族文人的典型代表。

沈约（441—513），字休文，吴兴武康（今浙江吴兴）人。他的父亲沈璞因为参与宋文帝末年皇族争夺帝位的斗争被杀。他在宋时

---

①《沈约集校笺》卷八，第 244—245 页。
②《出三藏记集》卷一一，第 405 页。此文未注作者，《全梁文》题僧祐作。
③《全上古三代秦汉三国六朝文·全齐文》卷二四，第 3 册第 2925 页。

曾任蔡兴宗征西记室参军,回朝为尚书度支郎;入齐,为文惠太子萧长懋太子家令,并受到竟陵王萧子良信重,先后任东阳(今浙江金华)太守、五兵尚书、国子祭酒等职;他与萧衍友善,积极参与了萧衍代齐的篡权活动;萧衍受禅,除尚书仆射,封建昌县侯,后迁尚书令,太子少傅。沈约著述宏富,《梁书》本传上记载"所著《晋书》百一十卷、《宋书》百卷、《齐纪》二十卷、《高祖纪》十四卷、《迩言》十卷、《谥例》十卷、《宋文章志》三十卷、《文集》一百卷,皆行于世。又撰《四声谱》……"①。而据《隋书·经籍志》,还有属于《史部·职官》类的《新定官品》二十卷,属于《子部·杂家》类的《俗说》三卷、《杂说》二卷、《袖中记》二卷、《袖中略记》一卷、《珠丛》一卷、《梁有子钞》十五卷,属于《集部·总集》类的《集钞》十卷并注《梁武联珠》一卷等。又他曾撰次起居注,或以为撰者不详的《齐永明起居注》二十五卷即出自他的手笔②。这样,其著作遍及经、史、子、集四部,可见他学术、文章成就之广博。

沈约如当时一般士大夫同样,以儒术立身,一生积极进取,有经世之志,而对佛、道二教又都十分热衷和虔诚。《梁书》记载沈约临终前情形说:

> 初,高祖有憾于张稷,及稷卒,因与约言之。约曰:"尚书左仆射出作边州刺史,已往之事,何足复论。"帝以为婚家相为,大怒曰:"卿言如此,是忠臣邪!"乃辇归内殿。约惧,不觉高祖起,犹坐如初。及还,未至床,而凭空顿于户下,因病,梦齐和帝以剑断其舌。召巫视之,巫言如梦。乃呼道士奏赤章于天,称禅代之事,不由己出。高祖遣上省医徐奘视约疾,还具以状闻。先此,约尝侍谯,值豫州献栗,径寸半。帝奇之,问曰:"栗事多少?"与约各疏所忆,少帝三事。出谓人曰:"此公

①《梁书》卷一三《沈约传》,第 243 页。

②兴膳宏、川合康三《隋書經籍志詳攷》,第 323 页,汲古书院,1995 年。

护前,不让即羞死。"帝以其言不逊,欲抵其罪,徐勉固谏乃止。及闻赤章事,大怒,中使谴责者数焉,约惧遂卒。[1]

他临终前让道士代为上表天神,表示忏悔,这是道教习俗;而所述内容则是齐、梁易代之际,他帮助萧衍篡夺帝位。从这段记述可以看出,他虽然是梁朝开国功臣,但却不得信重。开头提到他的"婚家"张稷,出身于吴郡张氏,也是萧衍的"佐命"功臣,后受到猜忌,由尚书左仆射出为安北将军、青冀二州刺史,在镇被州人所杀,有司奏削爵土[2]。从沈约和萧衍的争论中,可以看出他对张稷的同情。他亦竟以此危惧,终至不起。

吴兴沈氏本是源远流长的江东士族,有着信仰道教的悠久传统。他的父亲沈璞以参与宋文帝刘义隆太子刘劭等人谋反被杀,而刘劭等人信仰道教。陈寅恪论东南滨海地区天师道,也曾举出吴兴沈氏一例,说"据此,则休文受其家传统信仰之熏习,不言可知";"迨其临终之际,仍用道家上章首过之法。然则家世信仰之至深且固,不易涤除,有如是者。明乎此义,始可与言吾国中古文化史也"[3]。沈约本人与当时正在盛行的上清派道教有密切关系。上清派茅山道教代表人物陶弘景于永明二年(484)为兴世馆主,"一时名士沈约、陆景真、陈宝识等咸学焉,弟子百余人"[4]。梁台建,沈约与陶同为秉策佐命者。"(梁)武帝弱年好事,先受道法。及即位,犹自上章,朝士受道者众。三吴及边海之际,信之逾甚"[5]。沈约曾有《和竟陵王游仙诗二首》,《古诗纪》题下注"王融、范云同赋"[6],西邸学士大多又是兼容佛、道的。天监初年,沈约作《均圣

<hr />

[1]《梁书》卷一三《沈约传》,第242—243页。
[2]参阅《梁书》卷一六《张稷传》。第270—272页。
[3]《天师道与滨海地域之关系》,《金明馆丛稿初编》,第33页。
[4]《茅山志》卷一〇《上清品》,《道藏》第5册第599页。
[5]《隋书》卷三五《经籍志四·道经》,第1093页。
[6]《沈约集校笺》卷一〇,第356—357页。

论》,陶有《难镇军沈约〈均圣论〉》,沈约继有《答陶华阳》,往复辩
难。天监七年(508),陶改名氏曰王整,官称外兵,沈有《奉华阳王
外兵诗》。沈约作品里与陶弘景酬赠的还有《酬华阳陶先生诗》等。
"齐梁间侯王公卿从(陶)先生授业者数百人,一皆拒绝。唯徐勉、
江祐、丘迟、范云、江淹、任昉、萧子云、沈约、谢瀹、谢览、谢举等,在
世日早申拥篲之礼;绝迹之后,提引不已。"①沈约热衷结交道士,写
作相关作品不少。

　　沈约早年又已接受佛教。他有《长栖禅精舍铭》,其中说"此寺
征西蔡公所立。昔厕番麾,预班经创之始。今重游践,览旧兴怀,
故为此铭,以传芳迹"②。宋泰预元年(472)蔡兴宗为征西将军、荆
州刺史,沈为其记室参军,同年八月蔡卒。这篇作品是此后三年的
元(原作"永")徽三年(475)所作,是现存沈约护法作品中年代可考
最早的一篇。加深沈约佛教信仰的重大机缘是他进入文惠太子萧
长懋和竟陵王萧子良门下。萧长懋以建元元年(479)为雍州刺史,
封南郡王,出镇襄阳,其时沈约为征虏记室,带襄阳令,在军中曾作
《为南郡王让中军状》(建元二年,萧长懋为中军将军)。建元四年,
长懋立为太子,"引接朝士,人人自以为得意。文武士多所招集,会
稽虞炎、济阳范岫、汝南周昉、陈郡袁廓,并以学行才能,应对左
右"③。沈约时为东宫步兵校尉掌书记,被亲重。文惠太子和竟陵
王经常组织讲论佛法的大型法会,沈约是积极参加者之一。现存
《南齐皇太子解讲疏》是为建元四年(482)四月至七月"集大乘望僧
于玄圃园安居"④所作;《齐竟陵王发讲疏》则是"永明元年(483)二
月八日,置讲席于上邸,集名僧于帝畿"⑤时所作;又有《为齐竟陵王

①《华阳陶隐居内传》卷中,《道藏》第5册第509页。
②《沈约集校笺》卷六,第198页。
③《南史》卷四四《齐武帝诸子传》,第1099页。
④《沈约集校笺》卷八,第243页。
⑤同上,第244页。

发讲疏》等。而他的《和王卫军解讲诗》则是和同时参加法会的王俭的，王于永明元年为卫军将军。在这些法会上，沈约得以和高层义学沙门密切交往。沈约出为东阳太守时，曾携国师、草堂寺慧约同行；三年后罢郡，又一起还都。沈约对之"恭事勤肃，礼敬弥隆，文章往复，相继晷漏。以沈词藻之盛，秀出当时，临官莅职，必同居府舍，率意往来，未尝以朱门蓬户为隔。齐建武中（慧约）谓沈曰：'贫道昔为王、褚二公供养，遂居令仆之省。檀越为之，当复入地矣。'"①这是沈约和名僧交往的一例。

沈约有《临终遗表》说：

　　臣约言：臣抱疾弥留，迄今即化，形神欲离，月已十数。穷楚极毒，无言以喻，平日健时，不言若此。举刀坐剑，比此为轻。仰惟深入法门，厉此苦节，内矜外恕，实本人情。伏愿圣心，重加推厉。微臣临途，无复遗恨，虽惭也善，庶等鸣哀。谨启。②

这样临终前，沈约说自己已"深入法门"，自认所受病痛乃是对生命的考验，表白要"厉兹苦节，内矜外恕"，因而"无复遗恨"。这则表达了他信仰佛教更为执着的态度。

在佛教信仰与儒学的关系上，沈约又认为"内圣外圣，义均理一。而蔽理之徒，封著外教"③。当时范缜作《神灭论》批判佛教，包括沈约在内的许多人著论加以反驳。他肯定这不只是为了护法，而是"孔、释兼弘，于是乎在"④的。即是说，在他看来，弘扬佛法和张扬儒道是一致的。在具体论述里，他更突出阐述了佛教戒律与

――――――――――

① 《续高僧传》卷六《梁国师草堂寺智者释慧约传》，《大正藏》第 50 卷第 469 页上一中。

② 《沈约集校笺》卷三，第 93－94 页。

③ 《均圣论》，同上卷五，第 148 页。

④ 《答释法云难范缜〈神灭论〉》，同上卷四，第 126 页。

儒家伦理的共同性。正是这种统合儒、释或"三教"并用的观念,决定了他一生中对于佛、道二教兼容并蓄的态度。当然二者在他生命中的某一具体时期,作用上畸轻畸重有所不同。

梁武帝萧衍曾说"江左以来,代谢之际,必相屠灭"①。沈约处身统治集团上层,屡经残杀屠戮的恐怖。前面说过,他的父亲因为参与宋文帝元嘉末年刘劭、刘濬叛乱被杀,他当时年仅十三岁,就曾被迫"潜窜",遇赦得免。在统治集团纷争劫夺中,罹害的许多是他的亲朋好友。如齐武帝死后,皇族争权,他的朋友王融即因矫诏立竟陵王而死。沈约写了《伤王融》诗:

> 元长秉奇调,弱冠慕前踪。眷言怀祖武,一篑望成峰。途艰行易跌,命舛志难逢。折风落迅羽,流恨满青松。②

次年竟陵王亦以忧愤死。萧鸾(齐明帝)即位后,在位五年,高帝十九子、武帝二十三子中除高帝次子萧嶷一支外,后人全部被杀掉。明帝死,东昏侯即位,始安王遥光叛乱。时为左卫将军的"沈约闻变,驰入西掖门,或劝戎服,约曰:'台中方扰攘,见我戎服,或者谓同遥光。'"③他这一次又险些遇害。在事变里他的朋友、诗人谢朓被杀掉了。他又作《伤谢朓》诗:

> 吏部信才杰,文锋振奇响。调与金石谐,思逐风云上。岂言陵霜质,忽随人事往。尺璧尔何冤,一旦同丘壤。④

他的另一位朋友刘沨则因参与叛乱被杀掉,他写了《伤刘沨》诗。包括上述三篇作品的《怀旧诗九首》,称扬友人的才具,特别是痛悼其中无辜被害的几位,流露出人命危浅、世事飘忽的无常感。

①《资治通鉴》卷一四五《梁纪一》,第4519页。
②《怀旧诗九首》,《沈约集校笺》卷一〇,第412页。
③《资治通鉴》卷一四二《齐纪八》,第4449页。
④《怀旧诗九首》,《沈约集校笺》卷一〇,第413页。

　　沈约晚年更倾心佛法，体现在他对于教理有较深入的理解。这也是在义学兴盛环境中活跃的奉佛名士的新的特征。他在《内典序》里曾说："虽教有殊门，而理无异趣。故真、俗两书，递相扶奖，孔发其端，释穷其致。"①这与前面所引《均圣论》的说法一致，表明在他的内圣、外圣均一的理解中，佛教被认为是终极之道。在天监年间，他除了写下更多的礼佛、舍身、忏悔等作品，还作有《佛知不异众生知义》、《六道相续作佛义》、《因缘义》、《论形神》等多篇护法论著。梁武帝曾命虞阐、到溉、周舍等编纂《佛记》三十卷，亦命沈约为序。在当时发达的义学中，他的这些论著达到相当高的水平。他认为"佛者，觉也；觉者，知也。凡夫之与佛地，立善知恶，未始不同也"；而决定这普遍的佛性的，则是"知性"，"众生之为佛性，实在其知性常传也"②。这样，把"佛性"看作"知性"，汲取儒家认识论，指出实现"佛性"的现实途径。他主张因缘相续，"一念之间，众缘互起"③，"有此相续不灭，自然因果中来"④。他说，假如今生陶炼之功渐积，则来果所识之理转精，如此不断不绝，即可作佛；假如今生无明，来果所识转暗，则处于六道轮回之中不得解脱。由此他一方面指出修道前途，另一方面说明因果报应之理，这是明确的"业报缘起"观念。具体到生命个体，他依据大乘空观，以为"寻六尺所本，八微是构（指地、水、风、火"四大"和色、香、味、触"四微"），析而离之，莫知其主。虽造业者身，身随念灭"⑤。他认为由于一念既召众缘，众缘各随念起，所以"一念而暂忘，则是凡夫；万念而都忘，则是大圣"⑥。这则是"顿悟"说了。在形、神关系上，他主张

————————

①《沈约集校笺》卷六，第 177 页。
②《佛知不异众生知义》，《沈约集校笺》卷六，第 182－183 页。
③《因缘义》，《沈约集校笺》卷六，第 184 页。
④《六道相续作佛义》，《沈约集校笺》卷六，第 183 页。
⑤《忏悔文》，《沈约集校笺》卷八，第 238 页。
⑥《论形神》，《沈约集校笺》卷五，第 156 页。

"神不灭"论。这是当时思想界争论的重大课题。前已说过,他参与对同是西邸学士的范缜所著《神灭论》的驳辩,作《难范缜〈神灭论〉》,基本论点是"生既可夭,则寿可无夭;既无矣,则生不可极,形神之别,斯既然矣"①。他认为:"总百体之质谓之形,总百体之用谓之神"②,因而从体、用关系看二者是不合一的:耳、眼不同形,而神用则一;形是渐灭的,但形病神不病,据此他得出形灭而神存的结论。他参与辩论,为信仰辩护,尽管结论是错误的,但理论上却有相当深度,在思辨的逻辑、推论的方法上也是比较精密的。

　　负罪和忏悔则渴望救济,忧惧和怜悯则祈求解脱。经历仕途波折,更促使沈约滋长高蹈长往之想。他在晚年的天监八年(509)退居钟山麓东田,招僧俗百人为八关斋,作《郊居赋》。这可看作是一生心志的总结。他述说自己"迹平生之耿介,实有心于独往。思幽人之轸念,望东皋而长想。本忘情于徇物,徒羁绁于天壤。应屡叹于牵丝,陆兴言于世网"。即是说,自己早年已有超世"独往"志向,但受到仕途环境的羁束,不得不忘情徇物,而在饱阅世情险巇、目睹杀戮劫夺之后,"观二代之茔兆,睹摧残之余隧","伤余情之颓暮,罹忧患其相溢",更使自己"敬惟空路邈远,神宗遐阔,念甚惊飙,生犹聚沫。归妙轸于一乘,启玄扉于三达。欲息心以遣累,必违人而后豁",结果就立志"栖余志于净国,归余心于道场"③了。

　　沈约作为齐、梁间的文坛宗主,著述弘富,各体兼擅,声望很大。文的方面多诏、诰、碑、铭,诗的方面多侍从应制之作,再就是拟古乐府,内容显得比较贫乏,艺术表现走典丽精工一路。与佛教有关而值得提及的,有《瑞石像铭》、《释迦文佛像铭》、《千佛颂》、《弥勒赞》等铭赞文字,锤字炼句,巧用事典,显示较高的技巧。又

———————————

①《神不灭论》,《沈约集校笺》卷五,第 158 页。
②《难范缜〈神灭论〉》,《沈约集校笺》卷五,第 160 页。
③《沈约集校笺》卷一,第 6—10 页。

如《长栖禅精舍铭》：

> 岩灵旅逸，地远栖禅。兰房葺蕙，峤薲架烟。南瞻巫野，
> 北望淮天。遥哉林泽，旷以江田。空心观寂，慧相淳荃。眷惟
> 斯践，怆属颓年。游仁厕远，宅赏凭旃。颂创神苑，陪构灵橡。
> 瞻禁拓圃，望鹭疏山。制石调响，栖理凝弦。旷移羽旆，眇别
> 松泉。委组东国，化景西莲。恋隰夷改，蓬锋粗迁。重依汉
> 远，复逐旌悬。往辞妙幄，今承梵筵。八翻海鹤，九噪山蝉。
> 佩华长掩，懋迹空传。或籍云拱，敢告祥缘。①

如此在山水描写中加入佛理，显得另具特色。但从整体看，行文锤炼有余而流畅不足。钟嵘品诗，把沈约列入"中品"，说"于时谢朓未逝，江淹才尽，范云名级故微，故约称独步"；又说他的诗"五言最优……长于清怨"②。沈德潜则评论他"较之鲍、谢，性情声色，俱逊一格矣。然在萧梁之代，亦推大家。以边幅尚阔，词气尚厚，能存古诗一脉也"③。他的诗直接宣扬佛理的不多，但他抱有那样的信仰心，文字中自然会隐含佛教的意趣。除前已论及的，他的名作如《登畅玄楼诗》、《直学省愁卧诗》、《应王中丞思远咏月诗》、《别范安成诗》、《游沈道士馆诗》等，流露人生无常的哀愁，抒发世事沧桑的感伤，突显出"长于清怨"的特点，正体现浓郁的宗教情怀。至于当时佛教宣教流行歌呗声赞，西邸法会里创造"经呗新声"，启发了对于汉语文的"考文审音"，经过他和周颙等人的努力，发明了汉语四声；运用于诗歌，创造讲究"四声八病"的"永明体"；在此基础上，到唐代发展出精美的近体格律诗。这作为佛教对于文化史的间接贡献之一，在本书讨论语言声韵部分已经介绍过。

---

① 《沈约集校笺》卷六，第 198 页。
② 陈延杰《诗品注》，第 52—53 页。
③ 《古诗源》卷一二，第 294 页。

四

　　建立齐、梁二朝的兰陵萧氏是著名奉佛世家。前面已介绍过文惠太子萧长懋、竟陵王萧子良及"竟陵八友"的活动。这个几乎网罗一代文人精英的集团,佛教信仰可以说是它的精神纽带。这些声势赫奕的王公贵族和士林名流极大地推动了佛教在知识阶层中的传播。梁武帝萧衍是"竟陵八友"之一。他本来也信仰道教,即位后舍道事佛,竭力把梁朝建设成一个"佛教王朝"。萧衍长子昭明太子萧统、继承萧衍的第三子简文帝萧纲、继承萧纲的萧衍第七子元帝萧绎,还有齐豫章王萧嶷之子萧子显、萧子云,以及建立后梁的宣帝萧詧、明帝萧岿等都是虔诚的佛教信徒。陈代诸帝对待佛教的态度亦因循不改。而这些人又普遍地热衷文事,网罗文人,其中有些人还是具有相当水准的文学家。这样,他们的佛教信仰在文坛上就起到推波助澜的作用。

　　萧衍(464—549),字叔达,博学能文,多才多艺。他早年在南齐历官宁朔将军、雍州刺史,出入萧子良门下,与众文人结交;齐和帝中兴二年(502)代齐建梁;晚年诸皇子争夺帝位,引起东魏降将侯景叛乱,饿死台城。他勤于著述,有集二十六卷(或作三十二卷)、《诗赋集》二十卷、《杂文集》六卷等,均佚;他在位四十八年,注重文事,重用文学之士,本人又儒、玄、道、释通习,善文学,精音律,是南朝贵族文化的代表人物。受齐禅后,治国敦用儒术,信仰则笃敬佛教①。

---

① 唐法琳《辩正论》、《广弘明集》等后出文集收录有梁武帝《舍道归佛文》,定为初登帝位的天监三年(504)所作。但今人研究此文应是伪撰,参阅太田悌藏《梁武帝捨道奉佛について疑う》,《結成教授頌壽紀念‧佛教思想(转下页)

作为宗教实践家,他除了大力从事造像建寺、组织法会、亲自参与讲经、译经等活动外,更有两件事影响深远:一是戒绝酒肉,作《断酒肉文》,提倡蔬食,至此在中国佛教内部正式形成素食制度①;再是四次舍身同泰寺为奴,成为后世舍身奉佛的榜样。陆云公有文章写到他晚年讲经盛况:

> 以大同七年(541)三月十二日讲《金字般若波罗蜜三慧经》于华林园之重云殿……凡诸听众,自皇太子、王侯、宗室、外戚,及尚书令何敬容、百辟卿士、虏使主崔长谦、使副汤休之及外域杂使一千三百六十人,皆路逾九驿,途遥万里,仰皇化以载驰,闻大华而跃踊。头面伸其尽礼,赞叹从其下陈。又别请义学僧一千人,与同泰寺夜覆制义……凡讲二十三日,自开讲迄于解座,日设遍供,普施京师,文武侍卫,并加班赉。②

皇帝亲自主持讲经法会,声势如此浩大,可以设想其影响之巨大。萧衍的护法文字存留不少,艺术上有特色的当数《净业赋》,主旨是提倡修持净行的,其中说:

> 外清眼境,内净心尘,不与不取,不爱不嗔。如玉有润,如竹有筠,如芙蓉之在池,如芳兰之生春。淤泥不能污其体,重

(接上页)史論集》,大藏出版,1964 年;镰田茂雄《中國佛教通史》第 3 册第
  202—204 页,佛光文化事业有限公司,1999 年。

①佛教戒酒,本为"五戒"之一;戒肉亦非自梁武帝始。戒肉乃戒杀的延伸。
  《楞伽经》《一切佛语心品》之四佛告大慧:"我有时说遮五种肉,或制十种,
  今于此经一切种、一切时,除开方便,一切悉断。"《大正藏》第 16 卷第 514 页
  上)、《大般涅槃经》《如来性品》第四之一佛告迦叶:"我从今日制诸弟子不
  得复食一切肉也。"《大正藏》第 12 卷第 626 页上)已有明确规定。梁武帝借
  助王权加以推行,起了更大效应。参阅俞正燮《癸巳存稿》卷一三《佛教断肉
  义述》;钱锺书《管锥编》第 4 册第 1374—1378 页。

②《御讲般若经序》,《全上古三代秦汉三国六朝文·全梁文》卷五三,第 4 册第
  3260 页。

昏不能覆其真。雾露集而珠流，光风动而生芬……患累已除，
障碍亦净，如久澄水，如新磨镜。外照多像，内见众病，既除客
尘，又还自性……唯有哲人，乃能披襟，如石投水，莫逆于心。
心清泠其若冰，志皎洁其如雪，在欲结其既除，怀忧畏其亦
灭……①

钱锺书批评这篇文字"铺陈'净业'，徒成'绮语'，曲说巧言，非'直
心为道场'也"②。而实际这正体现了梁武帝的文人本色，"曲言巧
说"在一定意义上也是其作品艺术价值的一个方面。即如上面这
段文字，借鉴佛典常用的"博喻"手法，加上简洁的描绘，把抽象义
理表达得比较生动、显豁。

　　以梁武帝为代表的萧梁皇室假帝王之尊大力倡导佛教，供佛
敬僧，创建塔寺，率先躬行，当时和后代都受到严厉批评。许多人
特别指斥梁武帝最后国破家亡、饿死台城正是佞佛的结果。但实
事求是地说，佞佛虽然有害于国计民生，却只是国家破灭的一个原
因，并不是唯一的原因。另一方面也应当看到梁武帝早年用心致
治，颇有成效，更能饰之以文事，使得他在位的近半个世纪，成为南
朝动乱不绝局势中的相对安定时期。道宣《续高僧传》上说："所以
五十许年，江表无事，兆民荷赖，缘斯力也。"③这里所谓"斯力"指佛
教的力量，当然是僧人偏见。但梁武帝一朝治绩确实不能一笔抹
煞。而他对文学的热衷和对佛教的提倡又都是其"文治"的一部
分。所以就当时具体环境作客观评价，不只是他的文章，就是他崇
佛的作用也不全是负面的。

　　南北朝后期政治更加腐败，思想界也更加颓靡，文人普遍地沉

①《全上古三代秦汉三国六朝文·全梁文》卷一，第 3 册第 2951 页。
②《管锥编》第 4 册第 1369 页。
③《续高僧传》卷一《梁扬都庄严寺金陵沙门释宝唱传》，《大正藏》第 50 卷第
　426 页下。

迷宗教,特别是佛教。

江淹(444—505),字文通。他活动在宋、齐、梁三朝,仕途不得志,自叙平生"深信天竺缘果之文"①。他创作中最突出的成绩是抒情小赋,其中《恨》、《别》二赋传诵千古。其中虽然没有佛教观念的直接表露,但如《恨赋》结尾,在历历叙写自古及今令人遗恨无穷的事例之后,慨叹说:

> 已矣哉! 春草暮兮秋风惊,秋风罢兮春草生。绮罗毕兮池馆尽,琴瑟灭兮丘垄平。自古皆有死,莫不饮恨而吞声!②

这是从人世变迁中体验到宇宙万物的"无常"之感;同样如《别赋》,那种不可解脱的凄苦寂寞之情,正是痛切感受人生之"苦"的自然流露。

徐陵(507—583),字孝穆。其父徐摛曾在萧纲幕下任职;萧纲立为太子,他被任为东宫学士。他作为一代文宗,文章精于骈体,诗歌创作上是萧纲、萧绎提倡的"宫体诗"的重要作者。家庭环境和所处境遇都决定他倾心佛教。据说他四岁时被家人带领拜见"神僧"宝誌,即被许为"天上玉麒麟"。他对于经论多有精解。陈后主在东宫,命他讲《大品》,义学名僧自远云集,每讲筵商较,四座莫能与抗。自陈室创业,一代文檄军书及禅授诏册,均出其手。他与智者大师交,有上智者书状三首,其中《五愿上智者大师书》直接表白奉法的虔诚,文曰:

> 弟子思出樊笼,无由羽化,既善根微弱,冀愿力庄严:一愿临终正念成就,二愿不更地狱三途,三愿即还人中不高不下处托生,四愿童真出家如法奉戒,五愿不堕流俗之僧。凭此誓心,以策西暮,今书丹款,仰乞证明。③

---

① 《自序传》,《全上古三代秦汉三国六朝文·全梁文》卷三九,第 3178 页。
② 萧统编《文选》卷一六,上册第 236 页,中华书局,1977 年。
③ 《国清百录》卷二,《大正藏》第 46 卷第 801 页中。

他的《谏仁山深法师罢道书》是劝阻想还俗的和尚的,写到为僧有
十种大利:

> 佛法不简细流,入者为尊,归依为贵,上不朝天子,下不让
> 诸侯,独玩世间,无为自在,其利一也;身无执作之劳,口餐香
> 积之饭,心不妻妾之务,身饰刍摩之衣,朝无践境之忧,夕不千
> 里之苦,俯仰优游,宁不乐哉,其利二也;躬无任重,居必方城,
> 白壁朱门,理然致敬,夜琴昼瑟,是自娱怀,晓笔暮诗,论情顿
> 足,其利三也;假使棘生王路,桥化长沟,巷使门儿,何因仰唤,
> 寸绢不输官库,升米不进公仓,库部仓司,岂须求及,其利四
> 也;门前扰扰,我且安眠,巷里云云,余无惊色,家休小大之调,
> 门停强弱之丁,入出随心,往还自在,其利五也……①

如此缕缕细数为僧之"利",客观上真切反映了当时僧侣生活的实
态。他又有《东阳双林寺傅大士碑》,碑主傅大士名弘,号双林大
士、善慧大士,自称国主救世菩萨,梁武时居建业钟山下定林寺。
据说他曾预知梁灭,恨怜灾难,燃臂供养。文章开头说:

> 夫至人无己,屈体申教;圣人无名,显用藏迹。故维摩诘
> 降同长者之仪,文殊师利或现儒生之像。提河献供之旅,王城
> 趣众之端,抑号居士,时为善宿。《大经》所说,当转法轮;《大
> 品》之言,皆绍尊位。斯则神通应化,不可思议者乎!

文章极力表扬碑主作为在家居士的"神通应化,不可思议",宣扬居
士思想。又歌颂说:

> 尔其蒸蒸大孝,肃肃惟恭,厥行以礼教为宗,其言以忠信
> 为本。加以风神爽朗,气调清高,流化亲朋,善和纷诤,岂惟更
> 盈毁璧、宜僚下丸而已哉!②

---

① 《全上古三代秦汉三国六朝文·全陈文》卷一〇,第 3455 页。
② 同上卷一一,第 3463 页。

这里更明确地宣扬儒、释调和观念。文中还述说灵迹，表扬傅大士"神仙影响，示现祯祥"，"天眼所照，预睹未来"，极力夸张其方术之神奇，从而塑造出一个理想化、神秘化在家信徒形象。如此塑造的傅大士形象成为在家居士的典型，后世影响极其广远。

徐陵家族信仰形成传统，也是具有典型意义的。他的弟弟孝克年轻时通《五经》，谈玄理，善文章；侯景之乱时，被饥馑所困，妻子改嫁，自己削发为沙门，法号法整；还俗"后东游，居于钱塘之佳义里，与诸僧讨论释典，遂通《三论》。每日二时讲，旦讲佛经，晚讲《礼传》，道俗受业者数百人。天嘉中，除郯令，非其好也，寻复去职。太建四年，征为秘书丞，不就，乃蔬食长斋，持菩萨戒，昼夜讲诵《法华经》"①，以后一直作到国子祭酒，又是著名的孝子。徐陵子份，有父风，善属文，"陵尝遇疾，甚笃，份烧香泣涕，跪诵《孝经》，昼夜不息"②。这个细节，同样表明这个士族家庭佛教信仰和儒家伦理兼重，也显示当时士族文人生活的典型形态。

江总（519—594），字总持，出身豪门，早年即以才名为梁武帝所赏识，官至太常卿；入陈，为中书侍郎、尚书令；入隋，为上开府。这种在改朝换代中毫无持操的经历在六朝文人中是相当普遍的。他特别得到陈后主宠重，"当权宰，不持政务，但日与后主游宴后庭"，为其"狎客"之一，以写作宫体艳诗著名。而他弱年起即寄心佛说，年二十余入钟山，从灵曜寺法则受菩萨戒；晚年仕陈，与摄山慧布上人游，悟人生苦、空，菜食持戒。他两度入山，却终于不能割断俗务。他所作佛教题材作品不少。当年台城陷，他入会稽，栖止龙华寺，寺为六世祖宋吏部尚书江湛所建。在"华戎莫辨，朝市倾沦"之际，他郁结伤情，作《修心赋》，表示要"幸避地而高栖，凭调御之遗旨。析四辩之微言，悟三乘之妙理。遣十缠之系缚，祛五惑之

---

① 《陈书》卷二六《徐陵传》，第 337 页。
② 同上，第 336 页。

尘滓。久遗荣于势利,庶忘累于妻子……"①。可是后来一有出仕机会,就食言而肥了。他入栖霞山,作《摄山栖霞寺碑》,历叙建寺经过和历代住寺僧侣,杂以神异荒唐之说,写景叙事表现出相当的技巧,是弘教的名文。又有《入摄山栖霞寺诗》:

> 净心抱冰雪,暮齿逼桑榆。太息波川迅,悲哉人世拘。岁华皆采获,冬晚共严枯。濯流济八水,开襟入四衢。兹山灵妙合,当与天地俱。石濑乍深浅,崖烟递有无。缺碑横古隧,盘木卧荒途。行行备履历,步步辚威纡。高僧迹共远,胜地心相符。樵隐各有得,丹青独不渝。遗风伫芳桂,比德喻生刍。寄言长往客,凄然伤鄙夫。②

这首诗是至德元年(583)作;至祯明元年(587)入山见慧布,又作《游摄山栖霞寺诗》。这些作品有意规仿谢灵运,但不如谢诗的清新生动。一个高官、狎客,是不可能抒写出高蹈超世的真情的。到他的晚年,屡经兴亡丧乱之后,作《明庆寺诗》、《哭鲁广达诗》等,则颇能抒写出较真切的苍凉之感了。

傅縡(531—585),字宜事,北地灵州(今宁夏灵武)人。七岁能诵古诗赋十余万言,长好学,善属文,陈文帝召为撰史学士,掌诏诰,后被谗,下狱死。他笃信佛教,从僧惠朗学《三论》,作《明道论》阐扬其说,钱锺书高度评价这篇文章,说它"俊辩不穷,六朝人为释氏所作说理文字,修词雅净,斯为首出,刘勰相形亦成伧楚矣";"吾国文人如傅氏隶事及之者,不数数见也"③。

更重要也更有成就的作家有颜之推(531—590?),字介,梁时萧绎为湘东王,为其国左常侍;萧绎称帝,为散骑侍郎;西魏攻破江陵被俘,遂投奔北齐,仕齐二十年;后入北周、隋。他历仕四朝,历

---

① 《全上古三代秦汉三国六朝文·全陈文》卷一○,第 4068 页。
② 《先秦汉魏晋南北朝诗·陈诗》卷八,第 2583 页。
③ 《管锥编》第 4 册第 1485、1486 页。

尽人世艰辛。晚年作《观我生赋》,缕缕叙述一生遭遇,感叹"予一生而三化(指三次遭亡国之痛——著者),被荼苦而蓼辛。鸟焚林而铩翮,鱼夺水而暴鳞。嗟宇宙之辽旷,愧无所而容身"①,被认为是可与庾信《哀江南赋》并称的感伤时事的杰作。他的《颜氏家训》被推为古今家训之祖,"篇篇药石,言言龟鉴"②。所言以儒家伦理为主旨,又"徘徊于玄、释之间,出入于'内外两教'之际"③,而比较畸重佛教。其中有《归心》一篇,开头说"三世之事,信而有征,家世归心,勿轻慢也";然后提出:"内外两教,本为一体,渐积为异,深浅不同。内典初门,设五种禁;外典仁义礼智信,皆与之符:仁者,不杀之禁也;义者,不盗之禁也;礼者,不邪之禁也;智者,不酒之禁也;信者,不妄之禁也。"这里明确地以佛教五戒匹配儒家的五常,统合两者,这种观念屡屡被后人所发挥。接着,他列举出"俗之谤者"五条,逐一为释氏之说辩护。他告诉子弟:"汝曹若观俗计,树立门户,不弃妻子,未能出家;但当兼修戒行,留心诵读,以为来世津梁。人生难得,无虚过也。"④他的这些话反映了士大夫居士佛教观念,也对以后居士佛教的发展起了推动作用。

姚察(533—606),字伯审,历仕齐、梁、隋三朝,博通典籍,善文章,精史学,撰梁、陈二史,未就而卒。"幼年尝就钟山明庆寺尚禅师受菩萨戒,及官陈,禄俸皆舍寺起造,并追为禅师树碑,文甚遒丽。及是(陈灭入隋),遇见梁国子祭酒萧子云书此寺禅斋诗,览之怆然,乃用萧韵述怀为咏,词又哀切,法俗益以此称之"⑤。他于大业二年(606)卒于东都,有遗命薄葬,略曰:

　　　　吾家世素士,自有常法。吾意敛以法服,并宜用布,土周

①《全上古三代秦汉三国六朝文·全隋文》卷一三,第 4090 页。
②王钺《读书丛残》。
③王利器《颜氏家训集解·叙录》,第 5 页。
④《颜氏家训集解》第 335、339、364 页。
⑤《陈书》卷二七《姚察传》,第 352 页。

于身。又恐汝等不忍行此,必不尔,须松板薄棺,才可容身,土
周于棺而已。葬日,止鹿车,即送厝旧茔北。吾在梁世,当时
年十四,就钟山明庆寺尚禅师受菩萨戒,自尔深悟苦空,颇知
回向矣。尝得留连山寺,一去忘归。及仕陈代,诸名流遂许与
声价,兼时主恩遇,官途遂至通显。自入朝来,又蒙恩渥。既
牵缠人世,素志弗从。且吾习蔬菲五十余年,既历岁时,循而
不失。瞑目之后,不须立灵,置一小床,每日设清水,六斋日设
斋食果菜,任家有无,不须别经营也。

史称"初,察愿读一藏经,并已究竟,将终,曾无痛恼,但西向坐,正
念云'一切空寂'。其后身体柔软,颜色如恒"①。这些都反映姚察
个人信仰之诚笃,另一方面也表明当时佛教礼仪已经如何深入到
士大夫家庭生活和礼俗之中。

　　梁、陈是中国历史上真挚的信仰空气弥漫文坛的时代,几乎所
有文人的活动与创作都与佛教有关联。在易代频仍、战乱连年的
动荡时期,佛教会引导人们走向消极和颓唐;更有些人谈空说有,
却沉溺于颓废享乐生活,则又表现出信仰心的虚伪。但在厮杀劫
夺不绝的环境中,佛教的慈悲之义、报应之说及其所提倡的离欲出
世的人生观念、高蹈绝尘的生活方式,不能说没有一定的积极意
义。这些多角度地体现在诸多文人的作品之中。当然这类作品不
少在思想观念上消极倾向十分明显,艺术表现也受到局限:叙写往
往还不能化为生动的意象、鲜明的意境;说理多显得空疏、教条;述
情则多流于偏枯、浅露。这和当时中国佛教发展的整体形势有关
系,也和这一题材的写作还处在摸索、初创阶段,没有可资借鉴的
艺术典范有关系。但这一代文人所开拓的调和儒、释、道"三教"的
方向和道路,包括其创作的成功经验和失败教训,都成为后代文人
可资借鉴的滋养。

---

① 《陈书》卷二七《姚察传》,第352—353页。

　　而如果从更广阔的中国文化发展的角度讲，这一代文人接受、理解、消化并在作品里自觉地表现佛教内容，意义和作用则是相当重大的。魏晋南北朝作为中国文化丰富、发展的重要时期，也是巨大转折时期，思想领域空前地活跃，正集中表现在儒、玄、释、道并立和纷争，打破了儒术独尊的封闭、一统局面，变乱了沉溺于经学章句的繁琐、教条学风，从而使思想意识得到一定程度的解放，也给文化各个领域的发展和创新提供了条件和机会。这一时期思想、文化的冲突与活跃，斗争与交流，为隋唐时期的大发展作了准备。而文人们普遍地接受佛教，熟悉佛说，并在作品中加以表现，作为佛教影响中国文化的重要方面，则从整体上促进了佛教对中国文人和文学影响的普及和深入，正是这一时期总的文化潮流的重要组成部分。

第二十二章　佛教义学对中国文学思想的影响

一

佛教义学作为系统的学理体系,对于文学思想、文学批评的影响同样十分巨大:注入了许多全新的观念,丰富了文学理论,推动了文学思想的发展。当然,文学理论领域的演变决定于、反映着文学创作的实践,佛教义学只是作为外在因素提供启发和借鉴。不过由于其所阐发的宇宙观、人生观、认识论、方法论等都包含大量与中国传统学术截然不同的内容,又由于佛教促使文人生活和创作实践发生巨大变化,而这些变化又可作为理论的印证,所以无论是直接还是间接,佛教义学对于中国文学思想的影响是相当明显、重要的。

佛教对于中土文学思想早期的、直接的影响,是翻译佛典的理论总结和翻译过程中所涉及语言、文体等方面的讨论。这也关系到文体、文风和文学语言建设等诸多层面。宗教经典的翻译是项十分虔诚、认真的工作,众多中、外译师前赴后继、尽心竭力地从事这一工作,并对于相关问题进行细致、认真的探讨,得出许多有价

值的结论。这些结论多与文章写作和文学创作相通,对后者具有
重大的启发和借鉴意义。

译经史上把东汉到鸠摩罗什时代的译籍称为"古译",以后称
"旧译",唐玄奘开始的译业称"新译"。"古译"时期的译文已经明
显体现出"直译"即重"质"和"意译"即重"文"两种倾向,从而引起
翻译实践中尚文、尚质的讨论。这种实践和理论关联着文学创作
的重要课题。

中土初期翻译佛典采取直译方式。如对于安世高翻译《人本
欲生经》,道安评论说:

> 斯经似安世高译为晋言也。言古文悉,义妙理婉。睹其
> 幽堂之美,阙庭之富者或寡矣。安每览其文,欲疲不能。①

后来慧皎则说,世高所出经是"义理明晰,文字允正,辩而不华,质
而不野,凡在读者,皆亹亹而不倦焉"②。支娄迦谶的情况也大体一
样。从他们的现存译本看,表述还相当生涩,多有窒碍难解之处。
这当然不利于阅读和流通。这也是因为当初外来译师基本不通汉
语,本土助译者的语学知识和文化水平也比较低下,双方又都缺乏
翻译经验;助译者对经典的理解本来若明若暗,采取生硬的对译办
法实在是不得不然,著录于文字也就难免似通非通。正是鉴于这
方面的教训,稍后的支谦、无罗叉等人则改变办法,注意顺适汉语
表达习惯,采取意译方式。道安说:

> 前人出经,支谶、世高,审得胡本难系者也;叉罗、支越(支
> 谦名越号恭明),斫凿之巧者也。巧则巧矣,惧窍成而混沌终
> 矣。若夫以《诗》为烦重,以《尚书》为质朴,而删令合今,则马、
> 郑所深恨者也。③

---

① 《人本欲生经序》,《出三藏记集》卷六,第 250 页。
② 《高僧传》卷一,第 5 页。
③ 《摩诃钵罗若波罗蜜经钞序》,《出三藏记集》卷八,第 290 页。

道安本人反对像支谦、无罗叉那样注重文字修饰，所以用《庄子》的混沌凿窍做譬喻，并以儒家经典《诗》、《书》为样板，对意译办法表示不满。僧叡则指出：

> 而恭明前译，颇丽其辞，乃迷其旨。是使宏标乖于谬文，至味淡于华艳。虽复研寻弥稔，而幽旨莫启。①

这样，安世高和支谦代表早期译经的两种方式、两种风格。从后人评论看，那种不重经旨、但求"文丽"的做法基本是被否定的。这也是因为翻译宗教圣典，重视传达原意当然是更为重要的。

随着大量梵（胡）本传入，又逐步积累起实践经验，译事逐渐成熟起来。西晋时期来华的竺法护是"古译"最后一位代表人物，译出经论一百五十余部。他的译风既忠于原文而又不厌详尽，一改前人随意删略的偏向，"言准天竺，事不加饰"，给人以辞质胜文的印象。后来至道安与鸠摩罗什从事翻译，更把水平提高到全新的层次。道安本人是优秀佛教学者，虽然不懂外语，却是译经的卓越组织者。前秦时在长安，僧伽提婆等译经，他与法常等诠定音字，详核文旨，起了重大作用。至于罗什，对于译业贡献尤巨，本书前面已有专章介绍。他领导大规模译场，每译一文，都靠集体力量详其意旨，审其文义，一言三复，然后写出，再加润色。这就保证了译文的高质量。例如重译《法华》，做到"曲从方言，而趣不乖本"②；重译《维摩》，则"陶冶精求，务存圣意。其文约而诣，其旨婉而彰，微远之言，于兹显然"③。他的译籍做到在忠实本意的基础上，以文应质，信、达兼重。道安当初曾把为求便约而随意删改原文的做法比拟为"葡萄酒之被水"，强调忠实传达经旨为翻译的首要原则。罗什实践这一基本原则而又兼顾文采，创造了准确精赅而又典雅流

---

① 《思益经序》，《出三藏记集》卷八，第 308 页。
② 慧观《法华宗要序》，《出三藏记集》卷八，第 306 页。
③ 僧肇《维摩诘经序》，《出三藏记集》卷八，第 310 页。

畅的译文。南方的慧远是学养高深的文士,他则更明确地主张文、理兼重的折衷论,说:

> 譬大羹不和,虽味非珍;神珠内映,虽宝非用。信言不美,固有自来矣。若遂令正典隐于荣华,玄朴亏于小成,则百家竞辩,九流争川,方将幽沦长夜,背日月而昏逝,不亦悲乎!于是静寻所由,以求其本,则知圣人依方设训,文质殊体。若以文应质,则疑者众;以质应文,则悦者寡……于是简繁理秽,以详其中,令质文有体,义无所越。①

这样,经过长期实践,逐步形成注重忠实传达经义而又文、质兼重的译经规范。

与表达上的文、质相关联的,是翻译文体问题。佛典作为外来文化产物,译文必然会保留一些外来语汇和表述方式;而它们是面向中土信众的,又要照顾到更广大的群众能够接受和诵读。加之佛典的体裁是韵、散兼行的,偈颂在诵读中起着特殊作用。兼顾到这些方面,经过长期实践,遂形成汉译佛典华梵结合、韵散间行、雅俗共赏的文体。一种流行的且具代表性的行文体制是基本由四字句构成的"译经体"。这在汉语中是一种创新的文体,一个短句两个节奏,少用虚词,读起来琅琅上口,特别适宜于诵读和记忆。什译《法华》、《维摩》等正熟练地使用了这种文体。

关于译经文风和文体的特征与成就,本书讨论早期译经和佛教语言部分已有较详细的说明,这里避烦不赘。涉及当时文学观念与文学创作的一个重要方面,是译经兴盛的魏晋南北朝正当文坛上浮靡雕凿的骈俪文风盛行的时候,而译经无论是文体还是文风都体现与当时文坛流行的骈俪文体和华丽文风截然不同的另外一种潮流,这对于当时和以后的文学创作和文学思想都造成一定

---

① 《大智论钞序》,《出三藏记集》卷一〇,第391页。

影响。例如齐梁时期著名的文学思想家刘勰,所著《文心雕龙》的基本观念是宗经尊儒的,其中有关文、质关系提出许多有价值的看法。在当时文坛上普遍追求华靡、雕琢、浮艳的风气中,他独树异帜,强调"风骨"、"气质",主张"文质相称"①、"质文交加"②。他本人与佛教有密切瓜葛,本书相关章节曾一再讲到。他的这种文体观念显然受到翻译佛典的启迪。后来唐代文坛上出现"文体复古"潮流,韩、柳等唐代"古文"家们大都十分熟悉翻译佛典,他们提倡散体"古文",有关革正文体、文风和文学语言的主张与实践也明显总结和借鉴了佛典翻译有关文、质关系的理论与做法。

一

佛教追求"诸法实相",佛教义学的一个关键概念是"真谛"、"真实"。佛陀教法的根本目的就是启发人们体悟宇宙和人生的真谛。中国佛教义学对这种"真谛"、"真实"观念进行了充分的讨论和发挥。这也就涉及文学创作中一个重要问题:即要不要反映"真实",什么是"真实"?

在中国重理性、重人事的思想传统中,重现实,重人生,重伦理,重教化是文学创作的基本原则,强调"兴、观、群、怨",强调"经夫妇,成孝敬,厚人伦,美教化,移风易俗"③的社会功能与作用。因而要求创作重"实录"、"征实"、"诚实","恶淫词之淈法度"④,反对

---

①范文澜《文心雕龙注》卷一〇《才略》,第 698 页。
②同上卷一〇《知音》,第 714 页。
③《毛诗序》,《毛诗正义》卷一、《十三经注疏》上册第 270 页。
④杨雄《扬子法言》卷二九《吾子》。

"增益实事","造生空文"①。这是一种基于朴素反映论的求实观念。在这种观念基础上形成的追求忠实地反映现实生活的文学思想具有重大价值和积极意义。这就是吉川幸次郎所说的中国文学"重视非虚构素材"的"特长"②。但也不可否认,这种真实观留给艺术虚构和想象的空间是有限的。

《说文解字》上说:"真,仙人变形而登天也。"段注:"此真之本义也。经典但言诚实,无言真实者。诸子百家乃有真字耳……亦充实上升之义也。"③诸子百家中使用"真"的概念最多的当属道家,如"真宰"、"真君"、"真人"之类,基本有二义,一是"仙真"的真,一是体道的真。而外来的佛教经典所讲"真实",宣扬的则是另一种更具形而上意味的全新的"真实"观。

《华严经》上说:

> 令一切众生乘无比智乘,随顺修行一切法界,见真实性,是为菩萨摩诃萨以诸宝乘奉现在诸佛及灭度后舍利塔庙善根回向。④

> 深解一切诸佛法,了达诸法真实性,于法性中无所著,永离诸法虚妄相。⑤

《大般涅槃经》上说:

> 菩萨摩诃萨,观内六入空无所有,如彼空聚。何以故?虚诳不实故,空无所有作有想故,实无有乐作乐想故,实无有人作人想故。内六入者亦复如是:空无所有而作有想,实无有乐

①张衡《论衡》卷二九《对作》。
②《中国文学论》,《我的留学记》第 168 页,钱婉约译,光明日报出版社,1999 年。
③段玉裁《说文解字注》八篇上,第 384 页下,中华书局,1988 年。
④《大方广佛华严经》卷一六《金刚幢菩萨十回向品》,《大正藏》第 9 卷第 503 页上。
⑤同上卷一九《金刚幢菩萨十回向品》,《大正藏》第 9 卷第 520 页下。

而作乐想,实无有人而作人想。唯有智人,乃能知之,得其真实。①

云何名为如法修行? 如法修行,即是修行檀波罗蜜乃至般若波罗蜜。知阴入界真实之相。亦如声闻、缘觉、诸佛同于一道而般涅槃。法者即是常乐我净,不生不老,不病不死,不饥不渴,不苦不恼,不退不没。②

这些所谓"真实",就是《法华经》所谓"诸法实相",即诸法性空的"真谛"。这是从大乘"般若空"教理引申出来的"真实"观。孙绰在《喻道论》里则说:

缠束世教之内,肆观周、孔之迹,谓至德穷于尧、舜,微言尽乎《老》、《易》,焉复睹夫方外之妙趣,冥中之玄照乎! 悲夫,章甫之委裸俗,《韶》、《夏》之弃鄙俚,至真绝于漫习,大道废于曲士也。③

这里称赞佛道远高于中国的圣人尧、舜、周、孔,因为后者是所谓"世教",而佛法则是更高一层的"方外之妙趣,冥中之玄照"。这是完全超越现实世界的抽象理念。后来僧肇根据大乘佛教新层次的中观学派教理,作《不真空论》,对于"真实"观再进行新的发挥,把认识更提高一步。他说:

是以圣人乘千化而不变,履万惑而常通者,以其即万物之自虚,不假虚而虚物也。故经云:"甚奇,世尊,不动真际,为诸法立处。"非离真而立处,立处即真也。然则道远乎哉? 触事而真;圣远乎哉? 体之即神。④

---

① 《大般涅槃经》卷二三《光明遍照高贵德王菩萨品》,《大正藏》第 12 卷第 500 页下—501 页上。
② 同上卷二五《光明遍照高贵德王菩萨品》,《大正藏》第 12 卷第 511 页中。
③ 《弘明集》卷三,《大正藏》第 52 卷第 16 页中。
④ 《不真空论》,《肇论》,《大正藏》第 45 卷第 153 页上。

他采取中观学派的立场，基于"假有"与"真空"统一的"中道"观念，主张"立处即真"，"触事而真"，从而避免了"般若空"荡相遣执太过的偏颇，肯定了现实存在的意义。而就"真际"的本质说，万物则是"自虚"即是"不真故空"的。

这样，佛教所追求的"真实"与中土传统的"真实"在观念上是截然不同的。就教理内涵说，佛法的真实是绝对、超越的"诸法实相"、"真谛"；就思维方式说，这是基于宗教玄想的绝对境界，与现实的现象界完全无关；而达到这个境界的途径，则要靠内心的"觉悟"，需要全然摆脱常识的认识。体现在文学创作中，则要追求超越客观实际的另一种"真实"。支遁的《八关斋诗三首序》说：

> 余既乐野室之寂，又有掘药之怀，遂便独住，于是乃挥手送归，有望路之想。静拱虚房，悟外身之真，登山采药，集岩水之娱。遂援笔染翰，以慰二三之情。[①]

这里是说自己写诗，是要表现"身外之真"，即超然觉悟的境界。这显然与中国传统诗论的"真实"观不同。本书前面提到画家宗炳，是佛教徒，与慧远结交，精于佛说，曾与何承天辩论，作《明佛论》盛赞佛教，鼓吹"神不灭"论。他说："周、孔所述，盖于蛮触之域，应求治之粗感，且宁乏于一生之内耳。逸乎生表者，存而未论也。若不然也，何其笃于为始形，而略于为终神哉。登蒙山而小鲁，登太山而小天下，是其际矣。"[②]他不满于周、孔，主要在其内容限于"一生之内"的粗迹，他追求的是"逸乎生表"之"神"，所以他论画理说：

> 夫圣人以神发道，而贤者通，山水以形媚道，而仁者乐，不亦几乎！[③]

---

①《先秦汉魏晋南北朝诗·晋诗》卷二〇，中册第 1099 页。
②《明佛论》，《弘明集》卷二，《大正藏》第 52 卷第 9 页下。
③《全上古三代秦汉三国六朝文·全宋文》卷二〇，第 3 册第 2545－2546 页。

他认为描绘山水不能仅仅"以形写形"，而应当是体道的，即形而下的图像应当表达形而上的"道"和"理"，做到会理畅神，尺幅千里。这就必须"神超理得"，"万趣融其神思"，描绘出形迹之外的、表达更高一层"真实"的意境。

诗人陶渊明在作品里也一再提出"真"的观念，与传统的世俗理解截然不同。他追求"抱朴含真"①，表示要"养真衡茅下"②，又说"真想初在襟，谁谓形迹拘"③，"此还有真意，欲辨已忘言"④，等等。陶渊明的思想是否接受佛教影响是有争议的问题，前面已经介绍过陈寅恪等人的观点，但这里的所谓"养真"、"含真"、"真想"、"真意"显然不是指现实世界的真实，而是观念上的、形而上的超越境界。这有道家本体论的意味，思路上又是和上面所说佛教求"真"的观念相通的。谢灵运更是直接接受佛教深刻影响的诗人。他的山水诗通过模山范水地刻画自然风景，抒写超然物表的玄理与情思。他写《入道至人赋》，描写"荒聪明以削智，遁肢体以逃身"，"超尘埃以贞观，何落落此胸襟"的"入道而馆真"的"至人"⑤。这也是超越现世束缚的人，是他所理想的人格和人生境界。

刘勰作为僧祐俗弟子，早年在佛寺读书，又参与僧祐著述。他的文学观从思想倾向说基本是儒家的，但在许多方面显然也受到佛教影响，特别是在认识论和方法论层面。例如《文心雕龙》里有这样一段话：

> 次及宋岱郭象，锐思于几神之区；夷甫裴頠，交辨于有无

---

①《劝农诗》，《先秦汉魏晋南北朝诗·晋诗》卷一六，中册第 969 页。

②《辛丑岁七月赴假还江陵夜行途中诗》，《先秦汉魏晋南北朝诗·晋诗》卷一六，中册第 983 页。

③《始作镇军参军经曲阿诗》，《先秦汉魏晋南北朝诗·晋诗》卷一六，中册第 982 页。

④《饮酒诗二十首》之六，《先秦汉魏晋南北朝诗·晋诗》卷一七，中册第 998 页。

⑤《全上古三代秦汉三国六朝文·全宋文》卷三〇，第 3 册第 2600 页。

之域，并独步当时，流声后代。然滞有者，全系于形用；贵无者，专守于寂寥；徒锐偏解，莫诣正理；动极神源，其般若之绝境乎。①

这里讲论说技巧，涉及到玄学思辨。刘勰明确指出玄学"贵有"、"贵无"两派的不足，认为都是"偏解"而非"正理"，而真理的极致则是佛教的般若思想，实际是把它当作文学创作表达的最高境界。对照他的著名佛学论文《灭惑论》下面一段话：

至道宗极，理归乎一；妙法真境，本固无二。佛之至也，则空玄无形，而万象并应；寂灭无心，而玄智弥照。幽数潜会，莫见其极，冥功日用，靡识其然。②

这里所谓"妙法真境"的"真实"，一方面与万象并应，另一方面又玄照无形，也是一种超越现实行迹的绝对境界。这样，刘勰在《文心雕龙》里辨析真、伪，要求"习亦凝真"③，"要约而写真"④，"壮辞可以喻其真"⑤，等等，这些所谓的"真"，显然和王充《论衡》"艺增"、"语增"各篇里所要求的"真实"不同，包含有抽象的、形而上的思想内涵。

这样，就对于文学艺术所反映内容的认识说，佛教义学输入了关于"真实"的全新观念：即不是追求朴素地反映事象的"真"，而是揭示超越现象的本质的"真"。佛教教理所肯定的"真实"，是般若智所体悟的"空"，而非如实反映现实客观规律的"实"。作为认识论，这种观念从本质上说是颠倒的，却又是具有辩证内容的，即明确区分出本质与现象，区分出相对的"事实"与绝对的"真实"。

---

①范文澜《文心雕龙注》卷四《论说》，上册第 327 页。
②《弘明集》卷八，《大正藏》第 52 卷第 51 页上。
③《文心雕龙注》卷六《体性》，下册第 506 页。
④同上卷七《情采》，下册第 538 页。
⑤同上卷八《夸饰》，下册第 608 页。

这是佛教义学在认识领域的贡献,进而影响到文学思想的进展:
在中国重视"征实"、"实录"的传统中注入另一种"真实"观念。文
学创作反映生活本来不应当也不可能像镜子一样提供忠实的映
像,而要经过作者主观意识的折射;在折射过程中作者要超越现
象去追求、表现更本质、更具典型意义的内容,而这内容是体现一
定思想内涵的。这就是文艺理论中十分重要的生活真实与艺术
真实的关系问题,扩展开来又涉及作者创作的主观意图和作品体
现的客观意义的关系问题。对于这些重要问题,佛教和中国佛教
义学当然还不能完全明确和完整地加以解决,但其有关"真谛"、
"真实"的思想确实在理论与实践层面都给文学理论与实践提供了
多方面的启发和借鉴,对于中国文学思想建设也起到了积极的推
进作用。

三

与上述"真实"观相关联的,佛教影响文学思想和创作实践更
为直接的还有关于"形象"的理论。

佛教的"形象"概念概指相互关联的两方面内容:一是指直观
的具象即塔寺、造像等,这在艺术上被看作是造型艺术作品;再一
方面是指经典表述中大量使用的形象描绘方式。这些在后面讨论
造像艺术时还将涉及。

在翻译佛教经典里,"形像"概念最早出现在支娄迦谶于汉灵
帝光和二年(179)所译《道行般若经》里,表述的是上述"形象"的第
一方面含义,其中说:

> 譬如佛般泥洹后,有人作佛形像。人见佛形像,无不跪拜
> 供养者。其像端正姝好,如佛无有异,人见莫不称叹,莫不持

香花缯彩供养者。①

他同年又出《般舟三昧经》,现存一卷和三卷二本。一卷本《四事品》里也说到:

常造立佛形像,常教人学是法。②

三卷本《四事品》则说:

菩萨复有是事,疾得是三昧。何等为四?一者作佛形像若作画……③

在中国本土文献里最初出现肖像意义的"形象"一语则是在东汉初年张衡所著的《论衡》里④。现在还不能确证汉语里"形象"一词是否从佛典借用来的,但翻译佛典里开始大量使用它并促进了它的流通则是可以肯定的。另一方面,佛教在公元纪元前后传入中土,到东汉时期更形成巨大规模,正值印度兴起制作佛像风气的时候。《四十二章经》里说到汉明帝永明年间(58—75)"遣使者张骞、羽林中郎将秦景、博士弟子王遵等十二人,至大月支国,写取佛经四十二章,在第十四石函中,登起立塔寺"⑤,只说到塔寺,还没有涉及佛像,实际塔寺也是"形象"的一类。但《理惑论》里说到同一件事,则加上了"于南宫清凉台及开阳城门上作佛像。明帝存时预修造寿陵,陵曰显节,亦于其上作佛图像"⑥一节文字。后来东晋袁宏的《后汉纪》、宋范晔的《后汉书》亦有类似记述。又《三国志》裴松之

---

①《道行般若经》卷一〇《昙无竭菩萨品》,《大正藏》第 8 卷第 476 页中。

②《般舟三昧经·四事品》,《大正藏》第 13 卷第 900 页上。

③《般舟三昧经》卷上《四事品》,《大正藏》第 13 卷第 906 页上。

④《论衡·解除篇》:"如谓鬼有形象,形象生人……"《吕氏春秋·慎大览·顺说》所谓"不设形象,与生与长"云云,"形象"一词含义不同,指具体事物。

⑤《四十二章经》,《大正藏》第 17 卷第 722 页上。

⑥《牟子丛残新编》第 15 页。

注记载笮融治广陵等三郡"大起浮图祠"①事,则是有关中土造像的最早的文字纪录。征之以建国以后,在四川麻浩崖、山东沂南、内蒙和林格尔等地陆续发现东汉时期的佛像和有佛像的画像砖等,表明佛教造像风俗在东汉时期已经流行。到东晋十六国时期,南北统治者大力提倡佛教,造寺立像作功德更成为风气。据传"昔竺乾有康僧会者,初入吴,设像行道。时曹不兴见西国佛画仪范写之,故天下盛传曹也"②。曹不兴被认为是中土第一位佛画家。此后晋代的卫协、张墨、司马绍,特别是名画家顾恺之,都善佛画。当时的画家们不但画佛陀像,还画过去七佛以及维摩诘等菩萨像。后来的何尚之说:"塔寺形像,所在千计,进可以系心,退足以招劝。"③著名文学家沈约则说:"夫理贯空寂,虽镕范不能传;业动因应,非形相无以感。"④佛教造像对中国造型艺术以至整个文学艺术发展的影响是十分巨大、深远的。而佛典里涉及"形象"更有许多理论上的说明,对于探讨和总结文学理论关于"形象"的认识,对于发挥文学创作的"形象性",也都具有重大的启发和借鉴意义。而经典里阐发的形象观念、有关塑造形象的理论等又与前面讨论的"真实"观念相关联,具有相当丰富的理论内涵。

《增一阿含经》里有关于佛像起源的传说。据说佛陀在祇树给孤独园说法,"四部之众,多有懈怠,替不听法,亦不求方便使身作证",佛陀只好到三十三天为亡母摩耶夫人说法。其时"四部之众,不见如来久",优填王与波斯匿王亦"渴仰欲见","遂得苦患","优填王即以牛头栴檀作如来形像,高五尺",波斯匿王闻知,亦以紫磨

---

① 《三国志》卷四九《吴书·刘繇传》,第 1185 页。

② 郭若虚《图画见闻志》卷一《论曹吴体法》,第 37 页,米田水译注,湖南美术出版社,2000 年。

③ 《答宋文帝赞扬佛教事》,《弘明集》卷一一,《大正藏》第 52 卷第 69 页上。

④ 《竟陵王造释迦像记》,《全上古三代秦汉三国六朝文·全梁文》卷三〇,第 3 册第 3123 页。

金作五尺如来形像，"尔时阎浮里内始有此二如来形像"①。这个关于创造佛像因缘传说反映一种观念，当初造佛形象的目的是通过再现佛的色身来启发、坚定信仰心，并借以思念佛陀、追忆佛陀的。这实际也表明一个与文学艺术相关的观念：造像本是取法现世佛陀的形貌的。这一观念提升为理论，则成为造型艺术的一条重要规律：人们是依据现实人的真实面貌来提炼、概括、创造佛陀的形象的。这一原则当然也适用于文学创作。

但佛教造像不以模拟生人形貌为最终目的，在它们身上应寄托更深远的意义，从而形象才能够体现更深刻的内涵，发挥出更巨大的作用。《无极宝三昧经》里有一段极富辩证意义的说明：

> 见佛像者为作礼。佛道威神岂在像中？虽不在像中，亦不离于像。②

因为形象本是用泥土、石头、金属等制作或画在墙壁、布帛等材料上面的，佛当然不在像中；但绝对的、无限的佛法却又通过相对的、具体的造像表现出来，因而又不离于像。《法华经》大力宣扬形象崇拜，有偈说：

> 又诸大圣主，知一切世间，天、人、群生类，深心之所欲，更以异方便，助显第一义。③

这里所谓"第一义"即大乘深义，而"异方便"则指般若等六波罗蜜，还包括善软心，供养舍利，造佛塔，画佛像，以花、香、幡、盖供养佛塔、佛像，歌赞佛功德，礼佛等等。这表明，造像虽然只是方便施设，却有显扬第一义的功用，所以又有偈说"若人为佛故，建立诸形

---

①《增一阿含经》卷二八《听法品》，《大正藏》第 2 卷第 705 页下－706 页上。
②《无极宝三昧经》卷上，《大正藏》第 15 卷第 512 页上。
③《妙法莲华经》卷上《方便品》，《大正藏》第 9 卷第 8 页下。

像,刻雕成众相,皆已成佛道"①。《华严经》作为大乘早期经典,其中也多论及形象的意义和作用。八十《华严》卷一有偈曰:

> 彼诸如来灭度已,供养舍利无厌足,悉以种种妙庄严,建立难思众塔庙。造立无等最胜形,宝藏净金为庄严,巍巍高大如山王,其数无量百千亿。②

这是说如来灭度以后,信徒们以无限美好庄严造立百千万亿形象来加以供养。而《观佛三昧海经》则解释说:

> 云何名为观诸佛境界? 诸佛如来出现于世,有二种法以自庄严。何等为二? 一者先说十二部经,令诸众生读诵通利,如是种种,名为法施;二者以妙色身示阎浮提及十方界,令诸众生见佛色身具足庄严,三十二相、八十种随形好,无缺减相,心生欢喜。③

又说:

> 佛告阿难:"汝从今日持如来语遍告弟子,佛灭度后,造好形像,令身相足,亦作无量化佛色像,及通身光,及画佛迹,以微妙彩及颇梨珠安白毫处,令诸众生得见是相。但见此相,心生欢喜,此人除却百亿那由他恒河沙劫生死之罪。"
>
> 若有众生于佛灭后,造立形像,幡、花、众香持用供养,是人来世必得念佛清净三昧;若有众生知佛下时种种相貌,系念思维,必自得见。④

这是说,佛在世时已有意以色身教化众生,认为这与宣说教法起着同样作用;那么佛灭度后制作、礼拜佛的形象,也是在宣扬佛的教义,

---

①《妙法莲华经》卷上《方便品》,《大正藏》第 9 卷第 8 页下。
②《华严经》卷二四《十回向品》,《大正藏》第 10 卷第 128 页下-129 页上。
③《观佛三昧海经》卷一《序观地品》,《大正藏》第 15 卷第 647 页中。
④同上卷六《观四威仪品》,《大正藏》第 15 卷第 675 页下、678 页中。

同样会发挥教化作用。这又正如《超日明三昧经》里记载佛告居士所说，"有四事常不离佛"，其中之一就是"常念如来，立佛形像"①。

正因为造像在显扬佛法方面具有如此重大的意义，它从而也就成为重大功德。大乘佛典里有许多宣扬这种功德的。如《作佛形像经》说：

> 作佛形像，后世得福无有穷极尽时，不可复称数。四天下江海水尚可斗量枯尽，作佛形像其得福过于四天下江海水十倍，后世所生为人所敬护。作佛形像譬若天雨水，人有好舍，无所畏。②

本经又详细叙说这种福报包括身体完好、生富贵家以及离恶道、升梵天等等。这部经是早期翻译经典，经录里被附于后汉录。《华手经》里也说到菩萨若于四衢道中，多人观处，起佛塔庙，造立形像，即是作佛功德因缘。此外如《造立形像福报经》、《大乘造像功德经》等许多经典同样都是宣扬造像功德的。

这样，从中又可以总结出涉及文学艺术创作的另一原则：形而下的具体形象是体现形而上的佛道的，即造像是以有形表无形、以相对表绝对的，在物质的、有形的形象中寄托着无限的精神内容。本书前面说到，六朝时期受到佛教影响的画家宗炳，已经明确意识到"山水以形媚道，而仁者乐"③的道理。谢灵运写山水诗，更有意在自然景物中寄托更深一层意蕴，创造出"虑澹物自轻，意惬理无违"④的境界。范晔在狱中写给侄子的信里，也表示反对"事尽于形，情急于藻"，要求作文表达"事外深致"⑤。这些都表明，六朝时

---

① 《超日明三昧经》卷上，《大正藏》第 15 卷第 536 页中。
② 《作佛形像经》，《大正藏》第 16 卷第 788 页下。
③ 《画山水序》，《全上古三代秦汉三国六朝文·全宋文》卷二〇，第 3 册第 2545—2546 页。
④ 《石壁精舍还湖中作诗》，《先秦汉魏晋南北朝诗·宋诗》卷二，中册第 1165 页。
⑤ 《宋书》卷六九《范晔传》，第 1830 页。

人们对于文学艺术所创造的形象需要表现"道"、"意"等等更深一层内涵已有相当明晰的自觉,这样的看法显然是与前述佛教造像观念相通的。

支楼迦谶所译《般舟三昧经》是宣扬大乘禅观的早期经典。前面已经介绍过。"三昧"又译作"定",指经过修证得到的专注一境、心不散乱的精神状态;"般舟三昧"又称"佛立三昧",意谓修此禅定则佛立现前。这是宣扬观像念佛的重要经典,其中说:

> 菩萨如是持佛威神力,于三昧中立,在所欲见何方佛,欲见则见。①

根据佛教"心性本净"说,以心性洁净故,自我观照,则可自见其影,进入清净禅定状态;清净心性与佛性合一,佛即映现其中。经中又说做四件事即可迅速得到这种三昧,第一件就是"作佛形像,若作画"②。《华严经》又提出一个重要观念:心、佛与众生,是三、无差别。心、佛既然是一致的,清净心自然能够映现佛的境界。

又有一部《观佛三昧海经》,前面已引用过,是集中宣扬观佛思想的。其中说:

> 未来世中,诸善男子、善女人等,及与一切,若能至心系念在内,端坐正受,观佛色身,当知是人心如佛心,与佛无异。③

又说:

> 佛告阿难:"我涅槃后,诸天、世人,若称我名及称南无诸佛,所获福德,无量无边,况复系念、念诸佛者,而不灭除诸障碍耶?"④

---

① 《般舟三昧经》卷上《行品》,《大正藏》第13卷第905页下。
② 同上《四事品》,《大正藏》第13卷第906页上。
③ 《观佛三昧海经》卷一《六譬品》,《大正藏》第15卷第646页上。
④ 同上卷三《观像品》,《大正藏》第15卷第661页上。

这些都强调"系念思索，心不散乱"地念佛的神秘作用。这部经典用更大篇幅描写观佛时的心理状态，实际是宗教幻想的境界。一共写了六十三观，一一观想佛顶、佛发、佛额直到佛足等等相好。在观想过程中，激发起对于佛陀的伟大超凡的想象。如在观"降魔时白毫光相"时，就出现了佛与魔王、地狱作斗争以及地狱、恶鬼恐怖的联想；观"如来成佛时大人相"，就出现了广大美丽的化佛世界。这样，观照具体的形象，系念佛的境界，思维也就沉浸在宗教幻想之中了。

《离垢施女经》里离垢施女对佛发十八问，其中一项是作佛形象的作用，佛答曰：

> 若散塔、寺……若能习是德称行，则得化生尊导前。①

这里说的是幻想中见佛。《般舟三昧经》里则说：

> 其有比丘、比丘尼、优婆塞、优婆夷，持戒完具，独一处止，心念西方阿弥陀佛……一心念若一昼夜，若七日七夜，过七日以后见阿弥陀佛，于觉不见，于梦中见之。②

这里则说梦中见佛，似乎是更合乎情理的。

著名净土经典《观无量寿经》集中宣扬观想念佛的禅观，一一描述观想西方净土的十六观。把幻想当作真实，乃是宗教思维的重要形式，是形成信仰的主要心理基础。而在艺术思维里，人们的想象采取的是真实形态，创造者和接受者同样把艺术形象当作某种真实事相来接受。这一点正是宗教与艺术在思维方式上的共通性，也是宗教幻想与艺术想象的相通之处。从而翻译佛典中有关"形像"的理论，涉及形象的创造和表现、形象的形式与内涵、形象的主观意义和客观意义等诸多方面，对于中土人士认识文学艺术

---

① 《离垢施女经》，《大正藏》第 12 卷 95 页上。
② 《般舟三昧经》卷上《行品》，《大正藏》第 13 卷 905 页上。

的形象性规律也就具有启迪和借鉴意义。六朝时期正是文学观念的自觉时期，也是整个艺术创作观念的自觉时期，当时文论与画论都相应地兴盛起来。文学理论如陆机的《文赋》、刘勰的《文心雕龙》、钟嵘的《诗品》以至萧绎的《金楼子》涉及文学形象性的论述，虽然内容各异，都不同程度地受到佛教有关形象教理的影响，画论创作的情形也同样如此。

涉及形象的另一个对于文学艺术具有重要意义的论题是"言意"关系。这本是玄学的重要论题。佛学在这个问题上采取了类似玄学的思路，但又依据"真谛"、"实相"的思想提出了新的论证，具有新的内容。大乘佛教的绝对的"空"本是"言语道断"、非名言可以表达的。什译《维摩诘经》的《入不二法门品》写到三十二位菩萨各说"不二法门"之后，文殊师利说："如我意者，于一切法无言、无说、无示、无识，离诸问答，是为入不二法门。"而维摩诘默然无言。文殊师利叹曰："善哉！善哉！乃至无有文字语言，是真入不二法门。"①这里所表现的观念与从《易经》到玄学的"言不尽意"理论正有相通之处。这是关于语言有限性的认识，对于后来文学创作中处理言、意关系的理论和实践都起了一定作用。例如前述诗人陶渊明追求"抱朴含真"，"投迹高轨"②，"此还有真意，欲辨已忘言"③的境界；谢灵运的山水诗追求在模山范水中"体道"、"蕴真"，等等，都在追求"寄言出意"、"意在言外"、"言有尽而意无穷"的艺术效果。这也成为后来中国美学所推崇的一种境界。发展到禅宗，更提出禅本是"不立文字"、"教外别传"的，其具体宗义又当别论，对于言、意关系理论显然进一步有所发挥。有关禅宗宗义对于文学理论和创作实践的影响，将来另有专章介绍。

---

①《维摩诘所说经》卷中《入不二法门品》，《大正藏》第 14 卷第 551 页下。
②《劝农诗》，《先秦汉魏晋南北朝诗·晋诗》卷一六，第 969－970 页。
③《饮酒诗二十首》，《先秦汉魏晋南北朝诗·晋诗》卷一七，第 998 页。

四

前面已经引述过范泰、谢灵运一个著名论点：

> 六经典文，本在济俗为治耳。必求性灵真奥，岂得不以佛经为指南耶？①

宗炳又说：

> 中国君子明于礼义而暗于知人之心，宁知佛之心乎？②

"心性"问题本是中国传统学术探讨比较薄弱的方面。佛教的"心性"论在中国思想史上发挥了多方面的影响，推动了相关理论的发展。对于表现人和人的生活、心理的文学创作，对于文学思想，这种影响亦相当突出。

中国传统文学思想主张"感物而动"，强调"言志"、"缘情"。这"志"要符合圣人之志，最高境界的"情"则是至诚反本的情。这是具有一定客观伦理规范而忽视纯任主观的个人感受的心性理论。而根据佛教所谓"万法唯心"、"三界所有，唯心所作"教理，则绝对地强调人的主观心性的作用与功能。这也是佛教基本教义所决定的：平常人成佛主要靠的是内心的觉悟；义学师说探讨成佛"正因"，归之于人的心性的观点是主要一派。这种观念体现在文学观念与创作实践中，则不同于中国传统上强调表现社会政治、伦理教化内容，而更注重主观心性的感悟和抒写。

---

① 《何令尚之答宋文皇帝赞扬佛教事》，《弘明集》卷一一，《大正藏》第 52 卷第 69 页中。
② 《明佛论》，《弘明集》卷二，《大正藏》第 52 卷第 9 页中。

支遁作为佛教徒,度过优游山水的生活,采取高蹈出世的立场,做到所谓"任心独往,风气高亮"①。他主张"绥心神道,抗志无为",晚年更"宴坐山门,游心禅苑"②。他作《逍遥论》,提出解释《庄子》"逍遥"的新义,要求忘怀于得失,窒欲净心。他所宣扬的"达人"、"至人",当然有佛理为标准,但也体现了摆脱世情束缚、争得心性自由的状态。这种观念体现在他的创作里,也正显示出文学观念的变化。

直接提出有关个人心性在文学创作中的意义与作用的见解的是慧远。庐山僧俗结社的成员曾一起创作"念佛三昧诗",作品久佚,今仅存一首,前面已经引录过。从内容看是抒写体悟禅悦的心境的,创作方式则显然与中土传统遵循的言志述情原则不同。慧远辑录这些诗并写诗序,对其独特的创作方法有所说明:

> 夫称三昧者何? 专思寂想之谓也。思专则志一不分,想寂则气虚神朗。气虚则智恬其照,神朗则无幽不彻。斯二乃是自然之玄符,会一而致用也。是故靖恭闲守,而感物通灵,御心惟正,动必入微。此假修以凝神,积功以移性,犹或若夫尸居坐忘,冥怀至极,智落宇宙而暗蹈大方者哉!

这里描绘的是一种内心绝对沉冥的状态,在这种状态下体悟到佛理的真实。他又具体说明内心、感官与外物的关系:

> 明则内照交映而万像生焉,非耳目之所至而闻见行焉。于是睹夫渊凝虚镜之体,则悟灵根湛一,清明自然。察夫玄音之叩心听,则尘累每消,滞情融朗。非天下之至妙,孰能与于此哉!③

①《世说新语笺疏》卷上之上《言语》刘注引《沙门高逸传》,第122页。
②《高僧传》卷四《晋剡沃洲山支遁传》,第160、161页。
③《念佛三昧诗集序》,《广弘明集》卷三〇,《大正藏》第52卷第351页中。

这样,对"真理"的认识,全然是内心的作用,感官见闻为内心所支配。这样能否真正写出好诗姑且不论,但慧远作为创作原则提出的这种重视内心感悟的看法确实是文学思想中的新观念。

谢灵运是竺道生的佛性新说的支持者。他明确主张到佛教教理中寻求"性灵真奥"。他的《归途赋序》说:

> 昔文章之士,多作行旅赋,或欣在观国,或怅在斥徙,或述职邦邑,或羁役戎阵,事由于外,兴不自已,虽高才可推,求怀未惬。今量分告退,反身草泽,经途履运,用感其心。[1]

这里举出一般写作行旅赋的四种缘由,都是"事由于外,兴不由己",即有感于外物,这样的结果是"求怀未惬"。而如今自己所重在"用感其心"。这实际是区分写作过程中心与物关系的两种境界:一是内心有感于外物,再一种是外物引发内心的感动。他所追求和赞赏的是后一种。他的《山居赋序》又说:

> 古巢居穴处曰岩栖,栋宇居山曰山居,在林野曰丘园,在郊郭曰城傍。四者不同,可以理推。言心也,黄屋实不殊于汾阳;即事也,山居良有异乎市廛。抱疾就闲,顺从性情,敢率所乐,而以作赋。[2]

这里是"言心"与"即事"对举,显然也是突出"心"的创造功能。"黄屋"指帝王的车盖,象征王位;《庄子·逍遥游》上说"尧治天下之民,平海内之政,往见四子藐姑射之山,汾水之阳,杳然丧其天下焉","汾阳"指隐士的居处。这里说就"理"推,山居固然与市廛不同,但就内心感受说,身居王位或隐居山林是一样的。这个"理"乃是万法平等的佛理,使人想起《世说新语》记载竺法深逸事,名士刘

---

① 《全上古三代秦汉三国六朝文·全宋文》卷三〇,第3册第2599页。
② 同上卷三一,第3册第2604页。

惊问他:"道人何以游朱门?"回答说:"君自见其朱门,贫道如游蓬户!"①谢诗里常常提到的"赏心"观念,显然也是受到佛教"心性"理论另一面的启发。如他说:

> 将穷山海迹,永绝赏心悟。②
> 含情尚劳爱,如何离赏心。③
> 我心谁与亮,赏心惟良知。④
> 赏心不可忘,妙善冀能同。⑤
> 永绝赏心望,长怀莫与同。⑥

他在《拟魏太子邺中集诗八首序》里又总括说到"天下良辰、美景、赏心、乐事,四者难并"⑦。他所说的不只是表达一种赞叹外物的心情,更注重抒写内心感受自然美的主观体验。这种创作意识,与单纯地强调感物而动,饥者歌食、劳者歌事的传统观念截然不同。谢灵运以后,如谢朓、江淹、沈约等都提倡"赏心"。这是一种注重主观心性作用的创作观念,对于文艺创作过程中主、客关系的认识更加辩证。当然这种认识上的进展也是当时创作实践的体现。就六朝诗歌创作的具体情况而论,总体上思想意义与价值较汉魏时期是大为衰败了,特别突出地表现在反映现实缺乏深度和广度方面;但就创作方法说,这一时期的作者们普遍注重主观心性的抒发,积极发挥内心虚构、玄想的功能,又确实体现出明显的优长。后来一旦有可能克服前一方面的缺憾,创作实践中更好地发挥出主观心

---

① 《世说新语笺疏》卷上之上《言语》,第 108 页。
② 《永初三年七月十六日之郡初发都诗》,《先秦汉魏晋南北朝诗·宋诗》卷二,中册第 1159 页。
③ 《晚出西射堂诗》,同上第 1161 页。
④ 《游南亭诗》,同上第 1162 页。
⑤ 《田南树园激流植援诗》,《先秦汉魏晋南北朝诗·宋诗》卷三,中册 1172 页。
⑥ 《酬从弟惠连诗五章》之一,同上第 1175 页。
⑦ 《先秦汉魏晋南北朝诗·宋诗》卷二,第 1181 页。

性的创造作用,做到主、客观辩证地促进与交融,就会创造出全新的、更高的艺术境界。

这种境界,到唐宋时期终于出现了。当时宗派佛教盛行,佛教各宗派,特别是"明心见性"的禅宗十分重视心性理论的探讨,取得了更大成绩。有唐一代的文学,特别是诗歌创作取得辉煌成就,这种心性观念的影响是决定因素之一。体现在诗歌创作实践中,唐诗的重要特征是所谓"惟在兴趣","尚意兴","往往能感动激发人意"①,理论上则总结出强调主观心性表现的观念,如盛唐时期殷璠提倡"兴象"②,高仲武明确指出"诗人之作,本诸于心"③,诗僧皎然系统地产发"境界"说等,后来直到明清的"童心"、"性灵"、"意境"等新说,都从各自角度、不同方面强调在创作实践中积极地发挥主观心性的能动作用。这些新的观念又进一步不断促成创作中多方面的新变。这当中诗僧皎然著《诗品》,是钟嵘《诗品》之后另一部重要的诗论之作。钟嵘重在对于世人的品评,在品评中阐述理论主张;皎然的著作则更系统地阐发了关于创造"境界"的新说。在作为他诗论纲领的"辨体有一十九字"一节开头就说:

> 评曰:夫诗人之思初发,取境偏高,则一首举体便高;取境偏逸,则一首举体便逸……④

这就把"取境"当做创作成败的关键。但这"境"并不是客观反映于主观的现实情境。他又指出:

> 彼天地日月,元化之渊奥,鬼神之微冥,精思一搜,万象不能藏其巧。⑤

---

①郭绍虞《沧浪诗话校释》第24、137、182页,人民文学出版社,1961年。
②《河岳英灵集序》,《河岳英灵集》。
③《中兴间气集校文》,《中兴间气集》。
④《诗式》卷一,张伯伟《全唐五代诗格汇考》第241页,江苏古籍出版社,2002年。
⑤同上《序》,张伯伟《全唐五代诗格汇考》第222页。

　　　　诗人意立变化,无有倚傍,得之者悬解其间。①

"悬解"一语出《庄子·养生主》:"适来夫子时也,适去夫子顺也。安时而处顺,哀乐不能入也,古者谓是帝之县解。"郭注:"以有系者为县,则无系者县解也。县解而性命之情得矣。"②这样,"取境"得自"精思"、在"县解之间",无所系缚,无所依傍,所取乃心造之境,也就是所谓"惟在妙悟"③的。所以皎然又有诗说:

　　　　如何万象自心出,而心淡然无所营。④

　　　　积疑一念破,澄息万缘静。世事花上尘,惠心空中境。⑤

正因为境由心造,所以不是心随外境转,而是外境随着心境转变:

　　　　逸民对云效高致,禅子逢云增道意。白云遇物无偏颇,自是人心见同异。⑥

他又说"性起之法,万象皆真"⑦。万象称性而起,这是诗人所取之境;这里所说的"真",显然不是客观真实,而是前面所说的绝对的真境。因而他又特别强调内心的"作用"。佛教教义中的"作用"概念,指的本是万法的生灭变化。心的作用是指内心的变化状态。他说:

　　　　精思一搜,万象不能藏其巧。其作用也,放意须险,定句

---

①《诗式·立意总评》,《全唐五代诗格汇考》第 346 页。
②郭象注《庄子》卷二。
③《沧浪诗话校释》第 10 页。
④《奉应颜尚书真卿观玄真子置酒张乐舞破阵画洞庭三山歌》,《全唐诗》卷八二一,第 9255 页。
⑤《白石上人精舍寻杼山禅师兼示崔子向何山道上人》,《全唐诗》卷八一五,第 9185 页。
⑥《白云歌寄陆中丞使君长源》,《全唐诗》卷八二一,第 9258 页。
⑦《诗式》卷五《复古通变体》,《全唐五代诗格汇考》第 331 页。

须难,虽取由我衷,而得若神表。①

这是说诗情乃是诗人主观上心的作用的结果,好诗就在于能够充分发挥这种作用。皎然更常常以"作用"论诗:

> 其五言,周时已见滥觞,及乎成篇,则始于李陵、苏武。二人天予真性,发言自高,未有作用。《十九首》辞精义炳,婉而成章,始见作用之功。②

> 曩者与诸公论康乐为文,真于情性,尚于作用,不顾词采,而风流自然。③

他曾说苏、李诗"未有作用",是指它们浑然天成,不见用心的痕迹。这在他看来是可望不可即的理想境界。人力可为则是"深于作用",这也是他称赞谢灵运的缘由。

皎然作为谢灵运后裔,评论乃祖"性颖神彻。及通内典,心地更精。故所作诗,发皆造极,得非空王之道助邪"④。他本是出家人,又处在禅宗兴盛时期,对禅理有亲切体会;他本人又有创作实践经验,作品中深于佛理禅趣的表现,他的关于"境界"、"作用"的理论,都体现了佛教特别是禅宗心性理论的影响。

与皎然"取境"说相呼应,另有许多诗人对于创作中表现"兴象"、"兴趣"的观念加以发挥,也都是强调创作中主观心性的作用,这也形成为一时潮流。如刘禹锡说:

> 能离欲则方寸地虚,虚而万景入,入必有所泄,乃形乎词……因定而得境,故倏然以清。由慧而遣词,故粹然以丽。⑤

这是论僧人诗,指出僧人内心清净所以取境亦清,即所谓"虑静境

---

①《诗式》卷一《序》,《全唐五代诗格汇考》第 222 页。
②同上《李少卿并古诗十九首》,《全唐五代诗格汇考》第 228 页。
③④同上《文章宗旨》,《全唐五代诗格汇考》第 229 页。
⑤《秋日过鸿举法师寺院便送归江陵》,《刘宾客文集》卷二九,下册第 394 页。

亦随"①,所以能够做到"片言可以明百意,坐驰可以役万景,工于诗者能之"②。白居易也同样常常以"境"论诗,如:

> 凡此十五载,有诗千余章。境兴周万象,土风备四方。③
> 暖有低檐日,春多飏幕风。平生闲境界,尽在五言中。④
> 尽日前轩卧,神闲境亦空。有山当枕上,无事到心中。⑤

而吕温亦直接提出"造境"概念,论诗说"研情比象,造境皆会"⑥。到中唐时,署名王昌龄的《诗格》更系统总结出诗有三境:物境,情境,心境。如果加以区分,前者可以说是所取之境,后者则是心造之境。其中论"物境"说:

> 物境一。欲为山水诗,则张泉石云峰之境,极丽绝秀者,神之于心。处身于境,视境于心,莹然掌中,然后用思,了然境象,故得形似。⑦

又论"诗有三思",其中第一"生思":

> 久用精思,未契意象。力疲智竭,放安神思。心偶照境,率然而生。

第三"取思":

> 搜求于象,心入于境,神会于物,因心而得。⑧

---

①《和河南裴尹侍郎宿斋太平寺诣九龙祠祈雨二十韵》,《刘宾客文集》卷二三,上册第 298 页。
②《董氏武陵集纪》,《刘宾客文集》卷一九,上册第 237 页。
③《洛中偶作》,《白居易集笺校》卷八,第 1 册第 451 页。
④《偶题阁下厅》,《白居易集笺校》卷一九,第 3 册第 1277 页。
⑤《闲卧》,《白居易集笺校》卷二三。第 3 册第 1543 页。
⑥《联句诗序》,《吕衡州集》卷三。
⑦《诗格》卷下,张伯伟《全唐五代诗格汇考》第 172 页。
⑧同上第 173 页。

这都是强调创作当中主观心识的决定作用,也是当时创作实践在观念上的总结。

这样,接受佛教心性说影响形成的"境界"说,一方面反映了创作艺术的实际成就,另一方面又指引诗人的创作实践,具有重要的理论和实践价值。

前面已经谈到唐代禅宗心性理论在文学创作领域的意义与作用。禅宗作为"心的宗教",以"明心见性"为宗旨,对于"心性"思想更做出重大的发挥。唐宋文人普遍热衷习禅,禅对他们的生活、思想和创作发挥了全面的影响。具体情形本书下编将作介绍。

第二十三章 敦煌——中国古代佛教文化宝库

一

本编以下除最后讲民族关系一章,都是介绍东晋十六国到隋代佛教艺术成就的。在分门别类地解说之前,把敦煌石窟提出来放在首位,是因为敦煌石窟及其所收藏的文书作为古代艺术和学术的宝藏,乃是集中体现中国古代伟大文化成就的典型;也是因为其中所涉及的内容和成就极其广泛,难以分割,不得不作总括性的说明。讲敦煌之前,先简要介绍中国各地遗存的石窟寺的情况。

在中国佛教艺术中,石窟寺的成就极为突出,地位也极为重要,其内容涵盖造像、绘画、建筑、书法以及其中保存的文献图籍等诸多领域。梁思成曾指出:

> 自魏受汉禅,三国鼎立,晋室南迁,五代迭起,南北分立……政潮汹涌,干戈无定,佛教因之兴盛,以应精神需求。中国艺术与建筑遂又得宗教上之一大动力,佛教艺术乃其自然之产品,终唐宋之世,为中国艺术之主流,其遗迹如摩崖石窟造像刻画等,因材质坚久之故,得以大体保存至今,更为研

究艺术史稀有实物资料之大部。①

"石窟",或称"石室",是开凿于山岩间的佛寺或僧舍。这种建筑形制本起源于古印度。古印度石窟有两类:一种称为"毗诃罗"即僧寺,是信徒集会、供佛处所,又称"塔庙"、"僧伽蓝";一种称"支提"即窟殿,是沙门修行、住宿的地方,又称"僧房"、"禅窟"。石窟遍布于佛教兴盛的印度和中亚各地。渥德尔在其名著《印度佛教史》中指出:

> 当佛教通俗化发展的时候,自然会得到绘画、雕刻、建筑方面的表现(这三种艺术在印度尤其有密切的内部联系,有时当做一种艺术:建筑连带它的附属部分)正像诗歌、故事和戏剧方面一样。建筑宝塔,设置有象征雕刻的纪念石柱和建造庙宇……同时还利用故事性雕刻(浮雕),无疑是源于现在更少例子存在的叙事绘画。②

这样,除了信仰的和实用的功能之外,石窟也是建筑、雕塑和绘画(在中土还有书法和文献图籍保存等)艺术的综合载体。印度本土最著名的石窟是马哈拉施特拉邦北部的阿旃陀石窟,营造于公元一世纪至八世纪;中亚则有今阿富汗喀布尔西北230公里处的巴米扬石窟(两尊大佛前被塔利班政权毁掉)。外来的这种建筑样式随着佛教传播输入中土,适应本土环境得到改造和发展。中国石窟分布很广,从西域的库车、拜城到东南的杭州飞来峰、南京栖霞山,从东北的义县到西南的大足、剑川,大型石窟群有二十个左右,小型的更不计其数。

中国石窟开凿始于公元二世纪中叶,正当佛教成规模输入的时候。中国主要大型石窟的分布是从新疆迤逦向东,沿丝绸之路

---

①《中国建筑史》第69页,百花文艺出版社,1998年。
②《印度佛教史》,王世安译,第321页,商务印书馆,2000年。

到中原一线,再向南、向东两方扩展。这正是从西方输入佛教的路径。又大型石窟主要开凿于十六国至隋唐时期。特别是北朝佛教重修持、重践履,开窟造像乃是佛教徒的重要功德。当时上有朝廷帝王提倡,下有民间法社盛行,给兴建大规模佛教工程提供了条件。到唐代,佛教发展进入鼎盛阶段,朝野积累起充足的财力、物力,凿造石窟形成高潮,至宋、元渐趋衰落。此后虽有旧窟修补,新窟续造,规模一般不大,艺术价值也不能和前朝相比。

历朝兴建的石窟群成为佛教活动中心,除了本来宗教方面的意义与作用,更在建筑、雕塑、绘画等多方面取得杰出的艺术成就,有些还保存大量文献、抄本、图画以及其他文物、法器,成为一个个综合性的佛教艺术博物馆。这样,众多石窟作为佛教文化的宝贵积累,具体而微地表明了当地佛教发展的历史面貌,更体现了古代人民的才能和智慧,显示了不同历史时期的艺术和技术水平。它们如璀璨明珠遍布祖国大地,以极高的文化价值和艺术水平饮誉世界。

自西向东历数中国石窟,首先在新疆地区有十几处。比较重要的有拜城克孜尔石窟(现有洞窟二百三十六个)、库车库木吐拉石窟(现有洞窟九十九个)、鄯善吐峪沟石窟(现有洞窟九十四个)、吐鲁番柏孜克里克石窟(现有洞窟五十一个)等。魏晋以来今新疆属于西域地方政权统治,佛教艺术受到印度和犍陀罗更直接的影响。例如吐峪沟44号窟,"窟内的千佛,皆着通肩袈裟,禅定印,坐于莲花座上。千佛袈裟的颜色按朱红、赭石、石青、粉红、石绿相间排列,形成条条色带,光光相接,极富装饰效果。窟内壁画,以土红色铺底,色调温暖、厚重而浓丽,自成一格";而柏孜克里克石窟"壁画以线描为主,轮廓线用黑色或黑红两色勾勒,面部和肢体涂色晕染。色调以红色为主,配以浅红、绿、蓝、黄色,画面艳丽而气氛热烈"[①]。这些

[①]温玉成《中国石窟与文化艺术》,第97—98、101页,上海人民美术出版社,1993年。

都是典型的异域风格。古代新疆是向内地输送南亚、中亚艺术的桥梁,新疆石窟无论是凿造还是内部布局、彩绘装饰等等都对内地造成巨大影响。

迤逦向东是河西石窟,共有石窟十七处。这些石窟基本是十六国和北朝时期凿造的,主要有敦煌莫高窟、永靖炳灵寺石窟(现有窟龛一百九十余个)、天水麦积山石窟(现有窟龛一百九十余个)、庆阳寺沟石窟(现有窟龛二百八十余个)、裕固马蹄寺石窟(现有洞窟六十余个)等。"这些石窟始创于北朝的有 12 处,其中有中心塔柱窟共 45 个,现存造像的精品基本上都集中在这批中心柱窟之中。这种中心柱窟来源于印度支提窟和西域龟兹石窟,但也受到中原佛教艺术的影响……'凉州模式'出现于 5 世纪 10 至 20 年代,它是在固有的凉州文化基础上融会于阗和龟兹佛教文化而产生的。"①这其中如莫高窟、麦积山、炳灵寺、马蹄寺开凿时期很长,内容与风格前后演变明显,这种演变表现出外来艺术与本土艺术交流的复杂关系,鲜明地体现中国佛教艺术发展历史的轨迹。

依次再向东是分布极广的内地石窟。其中主要有宁夏固原须弥山石窟(现存窟龛六十余)、河南洛阳龙门石窟(现存窟龛两千一百余)、河南巩县石窟寺石窟(现存窟龛二百五十余)、山西大同云冈石窟(现存窟龛大小千余)、河北邯郸南北响堂山石窟(窟龛十六个)、四川广元皇泽寺石窟、江苏南京栖霞山石窟(现存窟龛二百九十个)、辽宁义县万佛堂石窟(现存石窟二十六个)等。上述石窟都具有相当规模,一般开凿时间也较长,又由于地域的不同,因此风格多种多样,内容十分丰富。

新疆和甘肃的石窟建造在砂砾岩底层,不适于雕刻,窟内主要是彩塑和壁画。东部的石窟建造在岩石底层,可以摩崖或石雕,在石面敷彩;雕刻则有圆雕、浮雕等不同,有数十尺高的巨像,也有长

---

①《中国石窟与文化艺术》第 117-119 页。

仅数厘米的精巧小像；佛龛、四壁、门檐等雕造出各种各样美轮美奂的装饰。无论是哪一类石窟，都在洞窟中布置造像，有的还有中心塔柱，墙壁上雕造佛龛或描绘壁画，门檐等处也巧加装饰，从而构成一个整体。从宗教角度看，好像是一个个佛国的缩影；从艺术角度看，则各种内容和艺术成分相互组合，互相衬托，造成强烈的感官效果。不过具体进行分析、描述，写在文章和书里，则不得不把各种成分加以"解构"，这也是无可奈何的事。

　　作为文化遗产，石窟在两方面体现突出的意义。一是中国石窟随着外来佛教的输入而不断开凿，因此它们必然在不同程度上汲取外来的建筑技术和艺术成果，从而成为在这些领域古代中、外交流的结晶。具体考察石窟开凿、演变的过程，明显可以看出当初人们如何借鉴外来的建筑和艺术形式，适应本土需要，结合民族传统，创造出多种多样的石窟形制和绘画、雕塑等艺术精品。再是石窟作为佛教产物，其内容原本是宗教的，但中国石窟基本是由中土民众营造在本土文化环境之中，必然保存某些本民族的内容与形式、传统与风格，从而又是宗教文化和世俗文化相互交流和相互影响的成果。综合这两个方面来考察各地石窟，则又可以"明显看出从西而东石窟形制的民族化过程"①。如果从历史发展看，雕造时间越是靠后的石窟，越是更多地体现民族特色。另外值得注意的是，中原传统艺术也在不断向西方扩散，甘肃、新疆后期开凿的各石窟显然又接受了中原样式和艺术的影响。中国石窟艺术就是这样在中外、东西文化交流的过程中吸收各民族艺术创造的优长创造出来，成为具有中国特色的民族文化遗产。就其内容的丰富多彩与艺术高度看，在全世界是独一无二的。

　　所谓"民族化"，首先在石窟形制上清楚地表现出来。如上所

_____

① 中国艺术研究院《中国建筑艺术史》编写组编写、萧默主编《中国建筑艺术史》上册第 274 页，文物出版社，1999 年。

述,印度佛教石窟有支提窟和毗诃罗窟两大类。毗诃罗窟作为僧众居住、习禅的场所,其布局中间是供集会的大厅,周围是作为僧房的窟室。中土盛行大乘佛教,自佛教初传就逐渐形成以寺院为中心的建筑体制,毗诃罗窟式的禅窟建造不多,主要是仿照寺庙建筑的、有一定规模的支提窟式石窟。在印度和西域作为僧俗四众讲经、礼拜场所的支提窟由两部分构成:前部是纵长方形、拱形窟顶的厅堂,后部呈半圆形,穹隆顶,中间树立塔柱。如此布局是为了适应信徒礼拜绕佛的需要。在中国,也曾模仿这种形制建成一批中心塔柱式石窟,主要营造于北朝早期,但其布局已和印度有所不同。克孜尔和敦煌早期这种形制的石窟同样分成前后两部分,但后部的塔柱凿成直通顶部的方墩,而云冈同一类型石窟则作方形,中间雕凿成佛塔。后来这种中心塔柱石窟去掉中间的佛塔,逐渐演化成覆斗式石窟,凿出方形或长方形石室,覆斗顶或攒尖顶,后壁或左、右、后壁三面凿龛供佛。这种形制的石窟出现于北朝,到隋唐时期大为盛行,成为中国石窟的典型形制。这种形制显然已吸收了中国传统的殿堂建造形式。印度大乘佛教早期流行佛塔崇拜,所以中心塔柱式石窟以佛塔为中心。但在中国,这种形制到北朝时期就开始逐渐让位于宅院殿堂式了。又中国的覆斗式石窟乃是供佛殿堂的一种变形,已经融合了中国与西域双方的建筑样式,往往又在石窟前方加造窟檐,也是模仿本土寺院建筑结构。从遗迹考察,新疆和敦煌早期石窟已有加造木构窟檐的,不过久已毁损,现在只留下一些痕迹;但在云冈、麦积山、响堂山石窟群还保存着某些石构的窟檐。其中以麦积山"上七佛阁"最具代表性,这是模仿大型佛殿凿造的:五列八柱七开间,阔三十一米,八角列柱高近九米,上面凿出屋顶。这就巧妙地利用了山崖的地理条件,构造上又增添了中国殿堂的庄严与华贵。此外还有云冈和龙门供奉大像的穹隆窟,同样是中、外样式交融的产物。自公元五世纪起,雕凿大佛风气流行西域,例如今阿富汗被塔利班政权毁坏的巴米扬大佛就是著名遗迹。这是所谓"巨佛崇拜"观念的体现。这种形制在中国同样没有完全按原来样式流行，而是开凿规仿殿堂的大型穹窿窟，在其中供奉大型佛像。

至于石窟内部的布局、造像、壁画等，"民族化"表现得更为明显，在下面介绍中将作说明。

中国石窟规模巨大、艺术成就最为突出的有四处，即甘肃敦煌石窟（始凿于前秦建元二年［366］，延续至西夏、元代）、甘肃麦积山石窟（始凿于后秦，延续至宋代）、山西大同云冈石窟（开凿于北魏兴安［452—454］至正光五年［524］间）和河南洛阳龙门石窟（主要开凿于北魏太和七年［483］，延续至唐代）。本章首先介绍敦煌石窟。又本书对于佛教造像和壁画另有专章说明，但敦煌石窟中的造像和壁画乃是构成其艺术整体的一部分，本章一并加以介绍。了解造像和绘画的一般状况，则请与相关章节相互参照。

一

所谓"敦煌石窟"，狭义讲是指甘肃敦煌市东南鸣沙山麓的莫高窟，广义讲还包括附近另外几个石窟群，即敦煌市西南的西千佛洞、安西县南的榆林窟、东千佛洞、水峡口下洞子、肃北蒙古族自治县五个庙、玉门市昌马石窟等。自中亚东传的佛教循两条路线经新疆地区向中国内地传播：北路自大月氏经姑墨（阿克苏）、温宿（乌什）、龟兹、焉耆、高昌、哈密至敦煌，南路自迦什弥罗（克什米尔）经于阗（和阗）、疏勒、莎车、且末、楼兰（鄯善）至敦煌。这样敦煌就成为面向广阔西域的门户。自敦煌向东则是甘肃省河西走廊，自古就是中原通向西域的孔道。敦煌雄踞的这条大道上，南临青藏高原，北界腾格里沙漠和巴丹吉林沙漠，中间点缀着一连串绿州。古玉门关在敦煌西北约一百公里处,阳关在西南约二十公里处。在古代,"西出阳关无故人",出了玉门关和阳关,就是广阔的"异域"了。从而敦煌成为西行者迈向"异域"的最后休憩之地,也是迎接东来者的前哨。

全部敦煌石窟群现存内有彩塑和壁画的洞窟计七百多个[①],其中莫高窟的主体部分四百九十二个,西千佛洞二十二个,榆林窟四十二个,东千佛洞八个,五个庙五个;莫高窟北区还有僧房窟、禅窟、瘗窟、佛殿窟、仓库窟等二百四十三个。莫高窟主要是隋唐时代开凿的,其中隋窟九十四个,唐窟二百七十九个;此前自十六国时期的有五十二窟(北凉窟六个,魏窟十四个,西魏窟十七个,北周窟十五个),以后五代、北宋、统治这里的西夏和沙洲回鹘直到元代续有开凿,并修补过部分已有洞窟。

敦煌石窟中发现的一大批写卷是另一类极其珍贵的文化遗产。它们是光绪二十六年(1900)住在三清宫(下寺)的道士王圆箓在清除16号窟前和甬道里的积沙时偶然发现的。甬道北壁一个小洞,今编为第17号窟,就是名传遐迩的"藏经洞"。藏经洞内发现有文书、绘画和法器等。文书约五六万件,是五至十一世纪多种文字的写本和少量印本;它们出自北魏到五代时期,而以唐代的居多;其中百分之九十以上是汉文的,还有藏文、梵文和古代西域各种文字的,包括少数希伯来文、阿拉伯文、西夏文和蒙文。从内容看,主要是佛经写本,占百分之八十五,也有道教、祆教、景教、摩尼教等其他宗教文献,还包括大量四部典籍、文学作品和官方、寺院、民间的档案、文书等。绘画有画在绢、布、纸上的,也有少量印制的;有些文书上也插图;另外还有一些刺绣品。敦煌遗存的发现是世界考古史上的重大成就之一,大幅度地改写了文化史诸多领

---

① 本书有关敦煌石窟的统计数字,据敦煌研究院编《敦煌图史》,上海古籍出版社,2000 年。

域的篇章。

　　敦煌市如今已是名闻世界的城市，"敦煌学"更成为国际上的"显学"。百余年前敦煌宝藏的发现及其以后国内、外开展的多方面的研究工作乃是二十世纪学术史上的重要一页。不过如许多学者所指出的，"敦煌学"这一概念很难界定：对于历史上敦煌地区的一般研究难以成为一门学问，而敦煌石窟和从中发现的文物等等几乎涵盖所有学术领域，各有专门之学从事研究。本书仍立一专章来讨论，一方面是鉴于敦煌石窟和敦煌宝藏作为伟大的历史发现有必要集中叙述，作为佛教文化的典型可以强化读者的整体印象，另一方面因为涉及到敦煌、敦煌佛教及其文化的全部事实，作为一个个案，从中也能够透视中国古代一个相当长时期佛教和佛教文化的历史发展面貌。敦煌对于中国来说是地处西陲，但扩展开来从整个亚洲看，它却处在大体中心的位置。因而一方面，它成为古代世界几个大的文化传统交通和交流的枢纽，另一方面又如日本学者塚本善隆、砺波护等人所指出的[①]，敦煌又处在中原佛教扩大圈的范围之内，因而其佛教的发展又真切地反映了古代中原文化扩展影响的结果，并在很大程度上显示了中国佛教文化的特质。这样，敦煌佛教及其文化既体现鲜明的地域特征，又具有中外、中原与边疆交流的多方面的意义，因而也更增添了其在文化史上的价值。

　　敦煌由西方偏远地区的小小绿洲发展成边疆重镇，主要是由于历代中原王朝经营西域，和西方、南亚诸国与东方大国中国进行交流促成的。历史上有关敦煌的文字记载，可以上溯到战国时期。不过敦煌真正得到开发并起到重要作用则是在汉武帝经营西域以后。元狩二年（前121）霍去病击匈奴，出陇西，过祁连，西汉王朝置

———————

[①] 参阅塚本善隆《敦煌佛教史概说》，《塚本善隆著作集》第3卷，大东出版社，1975年；砺波护《唐中期的佛教与国家》，《隋唐佛教文化》第55页，韩升译，上海古籍出版社，2004年。

武威、酒泉二郡,敦煌一带属酒泉郡所辖;元鼎六年(前 111),朝廷遣公孙贺、赵破奴分道击破匈奴,深入二千里,乃分武威、酒泉地别置张掖、敦煌二郡,徙民实之。夏鼐总结说:

> 汉武帝以前,敦煌沃州曾先后为乌孙、月氏和匈奴所居。汉武帝元狩二年(前 121)击破匈奴,收河西走廊入版图。十年后(元鼎六年)便将酒泉郡的西部,分置敦煌郡,即以敦煌为郡治。修水利,置屯军,移民实边,敦煌成为汉族经营西域的重要据点。军事上成为西陲国防的最前线,是长城的西端起点,有玉门关和阳关两要隘。交通上是中国和西域间的孔道。文化上是中原文化圈的边缘,是西方文明输入的门户。敦煌维持了这由地理和历史交织所造成的地位,达一千余年之久。汉代匈奴的威胁解除后,安西哈密这一道交通线是开辟了,但是敦煌仍不失为中西交通孔道之一。佛教艺术由印度经中亚传入中国的历程中,敦煌占很重要的地位。[1]

敦煌设郡后,作为丝绸之路上的要冲,随着东、西交流兴盛而日趋繁荣,很快发展起来。元始二年(2)下辖六县,有户 11,200,口38,335,在西部边陲已经是人口相当密集的地区。汉末中原动乱,更有大批中原移民迁到河西定居,使华夏文化进一步在这一地区扩散。时值北匈奴强盛,重新控制西域,敦煌成为汉王朝西部边疆的政治、军事中心。三国时期,敦煌隶属魏国,由于远处西边,在中原扰攘中相对安定,从而进一步得到发展。西晋在短暂统一后即陷入动乱,北方诸族争战,晋室南迁,又有大批中原流民逃避到河西。十六国时期,敦煌先后归属前凉、前秦、后凉、西凉、北凉政权。其时河西地区相对比较平定,经济文化都得到一定发展。这一时期的敦煌一直保持作为东西交通要冲的地位,东来西往的人流经

---

[1]《敦煌考古漫记》第 37 页,百花文艺出版社,2002 年。

过这里,其中多有僧人在这里驻锡,有力地推动了佛教的发展。后来北魏统一北方,大兴佛法,敦煌继续成为佛教发展的中心。宗室元太荣自孝昌元年(525)至大统八年(542)任瓜州刺史十七年,在任内被晋封为东阳王。他信仰佛教,开窟写经,有人以为第285窟就是他开凿的,在敦煌遗书里已发现他的五件写经。直到后来的西魏、北周时期,敦煌地区基本仍保持安定局面,没有受到中原动乱多少影响,佛教仍得到持续发展的良好条件。到隋唐时期,随着大规模开发西域,特别是唐前期经营安西四镇,更提高了敦煌的地位,再度突显出它作为东西交通要冲、经营西域后方基地的重要作用,敦煌也迎来了最为繁荣的时代。唐时在敦煌置沙州,有文献描写天宝年间"中国盛强,自安远门西尽唐境万二千里,间阎相望,桑麻翳野,天下称富庶者无如陇右"[①],生动反映了包括敦煌一带丝绸之路一线人口繁盛、经济发达的状况。经过"安史之乱",唐王朝国势渐衰,势力逐渐退出河西地区。西北边疆回纥兴起,西南方吐蕃侵逼,敦煌成为这些民族活跃的地区,曾一度陷没于吐蕃。晚唐大中二年(848),沙州土豪张议潮率众起义,敦煌名义上再度归属唐朝中央,实际上是张氏及当地世家大族的割据政权,一直延续到十一世纪中叶。后来敦煌一带被西夏所控制。在晚唐至宋初这百余年间,虽然中原战乱,敦煌也处在动乱纷争中,但控制当地的政权都崇信佛教。这当然也是因为这里的佛教已具有雄厚的群众基础。西夏与宋争战,曾向东方迁徙敦煌居民,敦煌形势遂大为削弱。继而蒙古兴起,于南宋理宗宝庆三年(1227)占据敦煌,敦煌被划入拔都大王领地。蒙元的都城先设在和林,后来移到北京,西去交通走北路,不再经过敦煌,自此敦煌一蹶不振。延续千余年的敦煌佛教及其极度繁荣的佛教文化活动,包括凿窟造像,至西夏时期已经式微,到元代终于沉寂下来。

---

① 《资治通鉴》卷二一六《唐纪三二·天宝十二载》,第6919页。

从中国历史发展形势看,汉代以来,西北边疆的经营、中原王朝与活跃在那里的少数民族的交往、斗争一直影响着全国的形势,从而作为东西交流枢纽的敦煌的兴衰就与中原王朝的盛衰兴亡直接相关联。一方面与中原的紧密联系乃是推动敦煌发展的决定性因素;另一方面从更广阔的视野看,当地历史上政治斗争与民族斗争造成的持续不断的变动,对于社会发展所起的作用,又并不完全是负面的。正是在不断的动荡、斗争中,促进了各民族及其文化的交流与融合。敦煌既是外来佛教源源不断输入中国的津梁,又聚集了中原文明包括汉传佛教发展的成果,两者在这里交汇,遂结成敦煌佛教文化这一世界文明史上的丰硕成果。如张广达所指出:

> 分析一下敦煌文书的内容便可以看到,敦煌的文化基本上是由三部分构成的:(一)以儒、道、汉化佛教为主的汉文化;(二)当时混杂居住在敦煌和西域地区的汉、吐蕃、回鹘、退浑、龙家、昭武九姓(粟特)、于阗等民族多边交往、相互作用而产生的混合文化;(三)印度、中亚、西亚等外来异质文化与当地民族文化相汇聚而产生的"嫁接"文化。这三部分内容分别适应各民族的不同阶级、不同阶层以及不同的文化教养的人士的需要,而又细分为从上层精英到下层大众的多层次文化。不同层次的文化又在相互渗透、相互影响的过程中不断产生种种变体。①

这段话概括了敦煌及其文化极其丰富、极具特点的内涵。仅就文化层面看,包括敦煌在内的河西地区的发展、兴盛,伴随着佛教输入中国和中国佛教发展的全过程,正显示中国佛教文化发展及其取得伟大成就的轨迹。另一方面从历史发展整体看,作为丝绸之路上的重镇、中原进出西域的关隘,中央王朝经营西域、联系西方

---

① 《唐代的中外文化汇聚和晚清的中西文化冲突》,王元化名誉主编《释中国》
第 1 卷第 78—79 页。

的后方基地,古代敦煌不仅为东西各民族及其文化交流作出了贡献,也对整个中国的历史发展作出了巨大贡献。

三

　　敦煌的地理位置与社会发展状况给佛教的兴旺发达提供了有利条件。敦煌佛教的兴盛正与这一地区整个形势的发展同步。而从另一个角度看,则佛教对于敦煌社会与文化的发展又起着决定性作用。

　　追溯敦煌佛教的历史,石窟中相关记录关涉历史事实年代最早的是第 156 窟前室北壁唐咸通六年(865)的《莫高窟记》,其中写到"晋司空索靖题壁号仙岩寺"。索靖(239—303)是敦煌人,也是著名书法家。他和佛教史上另一位在敦煌活动的重要人物竺法护大略同时,曾在佛寺题壁是合乎情理的[1]。竺法护卒于西晋建兴(313—316)末年,年七十八,生当魏明帝景初(237—239)前后。他以"敦煌菩萨"的名号著称史册,是中国佛教史上"古译"时期四大译家的最后一位,也是成就最为杰出的一位,翻译过《光赞般若》、《法华》、《维摩》、《弥勒成佛》等重要经典计七十四部一百七十七卷[2]。《高僧传》上曾高度评价说"经法所以广流中华者,护之力也"。他本是世代侨居敦煌的月氏人,精通多种外国语言,本书前面译经情况部分已经介绍过;他曾经到西域求法,游历诸国,是东、

----

[1] 参阅贺世哲《从供养人题记看莫高窟部分洞窟的营造年代》,敦煌研究院编《敦煌莫高窟供养人题记》,文物出版社,1986 年。

[2] 据吕澂《竺法护》,《中国佛教》第 2 辑第 14 页,知识出版社,1982 年;法护译经诸家记载不一,《出三藏记集》记有九十五部二百零六卷,《高僧传》一百六十五部,《开元录》九十一部二百零八卷。

西方交流中的代表人物。他在敦煌所译经典的一篇记录里说到，太康五年（284）十月十四日，他从龟兹副使美子侯得此梵书《不退转法轮经》，口敷晋言，授沙门法乘使流布，一切咸悉闻知①。这表明当时在敦煌，已经聚集有西从龟兹来的、本地的、还有内地的佛教徒，共同推动当地佛教的发展。他的弟子竺法乘，僧传里说"未详何人"，即不知道籍贯是哪里，曾随侍他到长安，后来"西到敦煌，立寺延学，忘身为道，诲而不倦。使夫豺狼革心，戎狄知礼，大化西行，乘之力也"②。孙绰作《道贤论》，以名僧比名士，把他比拟为"竹林七贤"里的王戎。他从长安回到敦煌立寺传教，是早期中原佛教西传的具体事例。当时从事这类佛教交流的应不只法乘一人。这对于敦煌佛教的发展是有重大意义的事。

十六国时期敦煌佛教取得更大的发展。《魏书·释老志》上说：

> 凉州自张轨后，世信佛教。敦煌地接西域，道俗交得其旧式，村坞相属，多有塔寺。③

张轨于永宁元年（301）被西晋朝廷任命为凉州刺史，其子长茂于东晋大兴三年（320）自立为凉州牧，改元永元，是为十六国的前凉。《晋书》记载：

> 初，苻坚建元之末，徙江汉之人万余户于敦煌，中州之人有田畴不辟者，亦徙七千余户。郭黁之寇武威，武威、张掖已东人西奔敦煌、晋昌者数千户。及玄盛东迁，皆徙之于酒泉，分南人五千户置会稽郡，中州人五千户置广夏郡，余万三千户分置武威、武兴、张掖三郡，筑城于敦煌南子亭，以威南虏。④

----

① 《阿维越致遮经记》，《出三藏记集》卷七，第 274 页。
② 《高僧传》卷四《晋敦煌竺法乘传》，第 155 页。
③ 《魏书》卷一一四《释老志》，第 3032 页。
④ 《晋书》卷八七《凉武昭王李玄盛传》，第 2263 页。

这里记述了当时中原民户大量流向西方情形。在中原扰攘之际，前凉割据地区保持相对安定，农牧业没有受到破坏，中原流亡移民在这里安居下来，汉族先进文化遂得以传播。正是在这样的背景下，佛教也更加兴盛起来。据武周时期树立的《李君莫高窟佛龛碑》，谓前秦建元二年（366，前凉张天锡太清四年）沙门乐僔在鸣沙山东麓开凿第一个石窟。也有人把这一值得纪念的年代提前13年。但无论哪一种说法，当时敦煌在前凉统治之下，都正符合《魏书》上"多有塔寺"的记述。

南北朝时期，以凉州为中心的河西地区与中原的长安、江南的建业鼎足而三，是中国佛教最为发达的地区。敦煌一地作为河西重镇，更是高僧辈出。后来活跃在中原的单道开（《高僧传》卷九《神异上》）、竺昙猷、释道法（《高僧传》卷一一《习禅》）、释法颖（《高僧传》卷一一《名律》）、释超辩（《高僧传》卷一二《诵经》）以及著名的净影慧远（《续高僧传》卷八《义解》）等都来自敦煌。

随着本地佛教发展，东来西往的僧侣不绝于途，地处交通枢纽的敦煌逐渐开凿出规模庞大的石窟群。有了充裕的活动场所，必然又会吸引更多僧俗前来寄居、礼拜，这就进一步促进这里佛教的繁荣。前秦建元十二年（376）灭前凉，敦煌归前秦所辖。前秦继而平定西域，曾一度中绝的中原与西域的交通得以恢复。苻坚派遣吕光进攻龟兹，为了经营西域，曾迁移江汉百姓一万户、中原百姓七千户到敦煌。由于前秦在"淝水之战"后瓦解，吕光滞留河西，建立后凉。中国佛教史上贡献卓著的鸠摩罗什随从吕光到凉州，曾途经敦煌。后秦弘始元年（399）法显西行，经张掖，"坐夏讫，复进到敦煌。有塞，东西可八十里，南北四十里。共停一月余日。法显等五人随使先发，复与宝云等别。敦煌太守李暠供给度沙河"①。当时东来西往的僧侣，都如法显一样，把敦煌当作中顿的基地。公

---

① 《法显传校注》第 3 页，章巽校注，上海古籍出版社，1985 年。

元 400 年,李暠建西凉,以敦煌为都城。敦煌写本里发现有"建初元年"所写《十诵比丘戒本》(S.797)。十六国时期以"建初"为年号的有后秦姚苌、西凉李暠,元年分别是公元 386 年和 405 年,都在汉译四部广律译出以前,文中有曰:

> 建初元年(405)岁在乙巳十二月五日戊时,比丘德祐于敦煌城南受具戒,和尚僧法性,戒师宝意,教师惠观。时同戒场者,道辅惠御等十二人,到夏安居写到戒讽之文,成具拙字而已,手拙用愧,见者但念其意,莫笑其字也。故记之。①

当时正是戒律初传时期,敦煌佛教的戒学显然走在中原前头,敦煌僧团业已有相当完整的授戒仪式。后来沮渠蒙逊建北凉,同样尊崇佛教,新一代大乘重要经典《大涅槃经》的翻译就是著名译师昙无谶在北凉都城姑臧进行的。而他到姑臧之前,也曾"先至敦煌,停止数载"②,时间在沮渠蒙逊平定西凉前,即北凉玄始九年(420,东晋元熙二年)的时候。又有罽宾沙门昙摩密多,经过龟兹,"遂度流沙,进到敦煌。于旷野之地建立精舍,植柰千株,房阁池林,极为严净"③,后来他到凉州,于宋元嘉元年辗转入蜀。他住敦煌应在北凉时期。西凉与沮渠蒙逊所建北凉相对抗而败亡,敦煌作为争战据点,损失惨重。再以后的北魏时期,"太延(435—440)中,凉州平,徙其国人于京邑,沙门佛事皆俱东,象教弥增矣"④。这次移民给兴盛的北魏佛教的发展注入了巨大推动力。北魏后期的神龟元年(518)西行求法的宋云也是敦煌人。北周时期,东西交通畅通,

---

① 《敦煌遗书总目索引新编》第 27 页录文,中华书局,2000 年;据矢吹庆辉《鸣沙餘韻——敦煌出土未傳古逸佛典開寶·戒律部》(岩波书店,1930 年)解说,本经卷为斯坦因所劫经卷中有年代记录最古的一种,可能为现存《十诵比丘戒本》的最早译本。
② 道朗《大涅槃经序》,《出三藏记集》卷八,第 314 页。
③ 《出三藏记集》卷一四《昙摩密多传》,第 546 页。
④ 《魏书》卷一一四《释老志》,第 3032 页。

著名诗人庾信曾到瓜州,有诗描写莫高窟:

> 三危出凤翼,九阪度龙麟。路高山里树,云低马上人。应岩泉溜响,深谷鸟声春。驻马来相问,应知有姓秦。①

隋王朝立国之后,大兴佛法。同时又经营西域,开通"丝绸之路",敦煌的地位更形重要。裴矩在《西域图记序》中说:

> 发自敦煌,至于西海,凡为三道,各有襟带。北道从伊吾,经蒲类海铁勒部,突厥可汗庭,度北流河水,至拂菻国,达于西海。其中道从高昌,焉耆,龟兹,疏勒,度葱岭,又经鏺汗,苏对沙那国,康国,曹国,何国,大、小安国,穆国,至波斯,达于西海。其南道从鄯善,于阗,朱俱波,喝盘陀,度葱岭,又经护密,吐火罗,挹怛,忛延,漕国,至北婆罗门,达于西海。其三道诸国,亦各自有路,南北交通。其东女国、南婆罗门国等,并随其所往,诸处得达。故知伊吾、高昌、鄯善,并西域之门户也。总凑敦煌,是其咽喉之地。②

这段描述十分清楚地说明了当时交通西域的形势和敦煌地位之重要。隋炀帝曾亲巡河西,至燕支山下,命裴矩至敦煌,遣使招诱西域诸王前来朝见。敦煌佛教在这一时期更加繁盛起来。隋国祚短促,不到四十年,但敦煌现存隋代洞窟达九十四个,占总数近五分之一。足见当时佛教的繁荣和东西交流对佛教发展所起的推动作用。

唐五代近四百年间,敦煌地区形势前后发生剧烈变化,但佛教一直持续兴盛不衰,石窟营造也始终在进行。唐初,重开隋末战乱中绝的"丝绸之路",大力经营西域,扩展版图疆域远及中亚,并在今新疆地区设置安西四镇。敦煌作为中西交通枢纽和经营西域后

---

①《初学记》卷二五《器物部》,下册第 600 页,中华书局,2004 年。
②《隋书》卷六七《裴矩传》,第 1579－1580 页。

方的重要性更突出起来。从敦煌写卷《沙州都督府图经》等地志残卷可以清楚了解，当时的敦煌人口增加，城池坚固，田园开辟，沟渠整齐，驿路畅通，商贸发达。其时正值印度佛教又一个发展的高峰期，也是中国与天竺、西域诸国的佛教交流十分活跃的时期。东来西往的各族僧侣都要在敦煌驻足，敦煌本地的佛教随之空前地兴旺。接续隋代的形势，这里又出现一个大规模开凿石窟的高潮。现存石窟中两个最高的造像——96 号窟的北大像（释迦坐像，通高33 米）和 103 号窟的南大像（释迦坐像，通高 26 米）即分别建造于万岁通天元年（696）和开元年间。

自七世纪后期，西藏高原上吐蕃王朝势力兴起，与唐王朝争夺安西四镇并进逼河西。由于中原发生"安史之乱"，河西防兵撤回，唐王朝西方边鄙日蹙。广德二年（764）吐蕃攻陷凉州（今甘肃武威），继而扫荡河西全境，大约在建中二年（781）攻陷敦煌。敦煌遂进入吐蕃占领时期。在吐蕃占领下佛教繁荣的形势得以延续，不过当地行政制度连同寺院管理办法均有所变更。本来唐王朝自建国之初已和吐蕃结成友好关系，进行了繁盛的佛教交流。唐王朝曾派遣汉僧入蕃，每岁一更；吐蕃也分别聘请汉地和天竺僧侣讲经传教。吐蕃占据敦煌后，弘扬佛教也成为实行统治的重要手段，所以石窟开凿仍相当兴盛。正是在这一时期，中原曾发生大规模的武宗毁佛，吐蕃统治下的敦煌却避过了这一劫难。

至宣宗大中二年（848），沙州本地豪杰张义潮率众起义，驱逐吐蕃，收复河西；五年，向唐朝廷献上瓜（今甘肃安西东）、沙等十一州地图、户籍，朝廷赐名归义军，张义潮被任命为节度使。这一地区在脱离中原王朝近七十年之后又重归唐朝版图。但当时唐王朝内外交困，瓜、沙地区孤悬边鄙，已无力实行有效的统辖。张氏政权实际是地方豪族掌管的割据政权。张氏的统治仅传二世即发生内乱，经过豪族之间的争斗，至五代时期，曹氏继续执掌敦煌地区统治权。当时甘州（今甘肃张掖）回鹘和盘踞凉州的吐蕃势力强大,张氏政权周旋于强邻之间,统治地区局蹙于西部瓜、沙一隅。
至十一世纪初,终于被新兴起的西夏所攻灭。在归义军和后来曹
氏统治的二百余年间,汉族统治者同样笃信佛教,又向往中原文
化,曾有过一段相对和平、安定的时期,又凿造许多石窟,并补修一
些旧窟。其中巨大的当家窟就是新造洞窟中的一类。

宋景祐三年(1036),西夏在扫平河西东部、战胜甘州回鹘和青
唐羌之后,挥师西指,连破瓜、沙、肃诸州,平定河西全境。曹氏下
落不明。上世纪发现的敦煌遗书,一般推测就是在这次战乱中被
仓皇封存起来的。在西夏统治下,敦煌作为东西方交流和西域与
新兴辽国的商贸转运站,仍然起过重要作用。十三世纪初,马可·
波罗经过这里,曾看到许多寺院和佛教徒,还有不少土耳其人和基
督徒。元代在敦煌设沙州路,明初降为沙州卫。嘉靖三年(1524),
明朝廷封闭玉门关,东西交通断绝,遂弃守敦煌。这里重被吐鲁番
人占据,石窟寺也全部荒废。直到清康熙年间出兵嘉峪关,重新领
有河西诸郡,莫高窟才开始引起人们的注意。但其时中国本土佛
教已经衰败,新疆地区则已伊斯兰化,敦煌一直处在荒凉毁弃
状态。

二十世纪初,敦煌遗书被发现,消息轰动世界,敦煌石窟及其
丰富的文化宝藏也被国内外重视起来。不过清政府、北洋政府、民
国政府都无力加以有效地保护与维修,而一任各帝国主义国家疯
狂劫掠。1920年至1921年间,自苏联逃亡来的沙俄九百余人栖居
莫高窟,更给洞窟造成极大破坏。这一段敦煌历史,被国人看作是
伤心史。当时在极端困难的条件下,国内部分学者为保护敦煌、研
究敦煌付出了艰苦卓绝的努力。在抗日战争艰苦年代,从1938年
开始,著名艺术家李丁陇、张大千、常书鸿等人来到敦煌,研究敦煌
艺术,临摹敦煌壁画,并呼吁国人重视敦煌石窟的保护和研究。自
1941年开始,国民政府教育部艺术文物考察团、中研院西北科学考
察团陆续赴莫高窟考察;1943年,国立敦煌艺术研究所成立,常书

鸿任所长。建国后的 1950 年,西北军政委员会文化部文物处接管敦煌艺术研究所,次年成立敦煌文物研究所,隶属于教育部,后归国家文物局。1985 年,成立敦煌研究院。1961 年,敦煌石窟被国务院确立为全国重点文物保护单位。迄今国内外已建立起众多专门的敦煌研究机构,"敦煌学"从而逐渐发展成为国际显学。

敦煌作为古代中国西陲兴盛发展近千年的中外文化交流和佛教发展的中心、佛教文化遗产宝库,是由多方面的条件形成的,因此也体现出多方面的意义。这里地处东西方交流孔道,又是中原进入西域的咽喉,因此长时期是中外经济、文化交流的集散地。而这种交流对中国历史发展的影响极其深远。这里自古以来又是众多民族栖息、活动地区,十六国时期的"五凉"政权有三个是"胡人"建立的(后凉,氐人;南凉,鲜卑人;北凉,匈奴人),后来鲜卑拓跋部建立的北魏管辖这里,隋唐时期这里又是匈奴、回鹘、吐蕃诸族活跃和争夺的地方,因此集中了各民族文化发展的成果,佛教则成为团结各民族的纽带。而从总体上说,自汉代以来,中国汉地主流文化以其优秀传统和强大声势向四方边远地区渗透,为敦煌文化发展打下了雄厚基础,也提供给当地文化发展以巨大推动力;而世俗文化的高度发达,加上雄厚的经济实力,又形成接受佛教、发展佛教文化的优越环境。由于这种种机缘,铸造了敦煌佛教和佛教文化的成就与地位,也决定了其丰富多彩、斑驳陆离的特色,敦煌石窟艺术从而成为古代中国佛教文化的卓越典型。

四

敦煌文化遗产主要有两大部分,一部分是石窟,内部有壁画和彩塑,这是古代佛教建筑和艺术创造成果;另一部分是上世纪初在今编 17 号洞窟即"藏经洞"里发现的文书、图籍和其他文物。先介绍前一部分。

佛教石窟本是外来建筑样式,属于佛寺的一类。石窟作为建筑空间,与其中供奉的佛像、壁面上的绘画、装饰形成一个整体。对于佛教信徒来说,每一个石窟都是佛国的象征,当初建造、装饰不遗余力,调动了无数无名艺术家、工匠的才能与技艺。不同时代的洞窟反映当地当时的建筑与艺术成就。而把千余年先后建造的洞窟和它们内部的艺术创作串联起来,就是一部具体而生动的中国建筑史与艺术史的重要构成部分。

石窟建造首先要依赖地质、地貌等方面的条件。莫高窟是依鸣沙山崖面的延长线开凿的。山体地质属于玉门系砾岩,由砂砾胶结而成,比较疏松,容易开凿洞室,但却不能作精细的雕刻。因此窟内不宜如云冈和龙门那样雕造佛像,只能因地制宜制作彩塑、绘制壁画。

敦煌北朝时期洞窟有三种形制:中心塔柱窟、禅窟和覆斗式窟。

中心塔柱窟本来是模仿印度支提窟开凿的。不过印度有些支提窟是木结构的地面建筑。这种窟形分为前后两部分,前面已经介绍过:前部是纵长方形的"礼堂",后部平面半圆,中间凿出圆形塔,供绕佛礼拜之用,总体呈狭长的马蹄形,沿窟壁有列柱,一般规模较大。这种形制流传到中国,从新疆到敦煌,再到云冈,可以明显看出发展、变化的轨迹。敦煌早期中心塔柱窟也分前后两部分,不过前部已改变为横长方形,顶部是双坡屋顶;后部因为石质疏松不易雕刻,只在中心部凿出一层或两层塔形,四面开龛塑造佛像及胁侍,顶部是平棋顶。整体体制显然有意模仿中国传统的木结构样式。

印度的"毗诃罗"本是僧人居住的精舍或学园,是呈平面方形的庭院,周围建造供僧人坐禅修行的小室;毗诃罗窟模仿这种形制,开凿出大的方形洞室,除前面是入口,其余三面凿出小的支洞。这是适应部派佛教重视禅定修行的需要凿造的。北朝时期部派佛教仍在敦煌地区流行,也开凿一些这类禅窟,呈方形或长方形,只在左右两壁开凿几个小型洞室(如北魏第487号窟);有的正壁开出佛龛,塑造佛像(如西魏第285号窟),覆斗式顶。这些改变,同样体现了本土实际需要和"民族化"精神。莫高窟中这类禅窟不多,因为当年已有另外的房舍供僧人居住,不像印度僧人基本住在毗诃罗窟里。

北朝时期已出现覆斗式窟,这是印度没有的纯本土形制。这种洞窟反映了中心塔式佛寺逐渐转化为庭院式佛寺的过渡趋势。覆斗式窟取消了中心塔柱,而在左、右、后三面或后方一面开凿佛龛,顶部作覆斗状。这种形制出现在北朝晚期。后壁佛龛实际是模拟佛寺主殿,左、右佛龛则模拟配殿,而覆斗状屋顶则模拟古代的斗帐。如下面所述,这演变成为具有广阔发展前途的本土石窟形式。

敦煌北朝洞窟与新疆等地一样,曾建造有木构窟檐,今已不存。这种"凿为灵龛,上下云矗;构以飞阁,南北霞连","檐飞雁翅,砌盘龙麟"[1]的外观同样也是模仿本土殿堂形制构筑的。

隋唐时期,石窟形制终于完成了向中土殿堂式转化。隋代的中心塔柱石窟有一种是塔柱前方设置塑像,另三面开龛塑像,这基本已经采用了佛堂供奉形式;另一种是塔柱呈倒塔形,上部塔刹有四龙环绕,后来上部消失,底部变矮就变成了佛坛。有的覆斗式窟则除了正面,在另两个壁面开龛,依壁造像,这演变成为唐代石窟的主要形制。唐代佛龛又吸取民族建筑形式,做成帐形龛,即底部由半圆平面变为梯形,圆形龛门变为矩形,覆以盝形佛帐式龛顶。

――――――――――――

[1] 杨绾《大唐陇西李府君修功德记》,马德《敦煌莫高窟史研究》录文,第282、284页,甘肃教育出版社,1997年。

这样的洞窟很像一座殿堂,佛龛就像是殿堂内的佛帐了。由于覆斗式窟顶部高起,壁面开阔没有遮挡,适于描绘净土变之类大型壁画;内部光线充足,也更便于观赏。此外唐代还出现大像窟。延载二年(695)所造第96号窟,供奉通高33米的北大像,开元九年(721)所造第130号窟,供奉通高26米的南大像,都是大型石胎泥塑倚坐像。围绕大像凿出供绕佛礼拜的隧道。由于内部开阔,下大上小,仰视会产生透视上的错觉,使佛像显得更为高大。又大卧佛窟,平面呈长方形,后部凿出平台,上塑佛涅槃像,盛唐第148号窟和中唐第158号窟都是这样的涅槃窟。大佛窟的建造更能体现高超的建筑工艺与技术。

　　五代以后到元代,敦煌石窟除了修补旧窟,也凿造一些新窟。因为唐代已经完成石窟向殿堂形制的转化,这一时期仅在"殿堂"内部布局方面继续有所变化。一种是覆斗式窟的变形,成为背屏式窟。样式同样是覆斗顶,但呈平面方形;不是在壁面上开佛龛,而是在窟室后部置佛坛,佛坛上竖背屏,前面设置佛像。另一种是洞窟甬道作梯形顶,窟前建木结构殿堂,形成前殿后窟形式。这些样式就与一般佛寺里的佛殿更接近了。

　　莫高窟凿造受到地质限制,与另外一些地方在坚硬石质上凿造的窟龛不仅形制不同,在建筑上发挥创造性的空间也不大,亦不适于佛像的雕造。但历代艺术家们却能够扬长避短,根据已有条件,创造出适宜于本土条件和需要的窟形,利用洞窟发展出举世惊叹的彩塑和壁画艺术。

五

　　如果说石窟是移植外来的建筑样式,那么壁画则是外来样式与本土传统卓越结合的产物；又如果说石窟寺是典型的佛教建筑，那么壁画则更集中地体现了佛教艺术与世俗艺术两大传统相交流与相融会的成果。

敦煌石窟内布满壁画，总计达四万多平方米。这些壁画内容十分丰富。主要是佛画，大体可分为经变画、佛教故事画、佛教史迹画、尊像画、供养人画像等，另外还有多种多样的风俗画、装饰画以及少数汉族神话题材的图画等。从题材看，这些绘画涵盖了佛教经、律、论、史以及民间信仰、民众生活等方方面面内容。值得注意的是，窟壁给艺术创造提供了广阔空间。首先是画幅比在绢帛或纸上作画是大为扩展了；在中国古代绘画以人物为主的传统中，画幅扩展又有可能表现恢宏的场面和复杂的情节，无论是内容还是技法都得以大幅度地创新。这些对于中国绘画发展的影响是极其深远的。

具体看佛画，各时代的题材又有所变化，而这种变化正反映了信仰方面的演变。北朝壁画的主要内容是说法图和佛传、本生故事画，主题是宣扬释迦牟尼如何积累功德而成佛，意在给众生树立榜样，教化他们皈依佛法，求得解脱。如北周第 428 窟是大型中心塔柱窟，其中汇集多铺本生和佛传壁画：东壁绘有萨埵太子本生和须大拏太子本生，北壁有降魔变，西壁有涅槃变，南北壁有多幅说法图，这些说法图正和中心塔柱上所塑趺坐说法的坐佛相对应。隋代作为过渡阶段，从内容看，沿袭了前代这些题材，但经变图显著增加了；在表现技巧方面，由于艺术上已经积累了二百年经验，更由于国家南、北统一，汉、晋以来形成的中土传统绘画风格和技巧大规模地向西传播，敦煌画师们得以借鉴，积极地汲取，绘画也更多体现中原的民族风格。到唐代，则经变图占据主要地位了。说法图着力表现佛陀说法场面，风神崇高和超越；本生故事图描绘他在历劫轮回中忍辱负重、为拯救众生勇于牺牲的精神，格调悲苦凄绝；而经变图表现大乘经里更复杂、更宏伟的场面，斑斓华丽。

净土变中主要是西方净土变,计有二百二十八壁之多,其他还有药师净土变、报恩经变、弥勒经变、维摩变、法华经变等。隋423窟、初唐220窟、盛唐335窟(垂拱二年,686,后屡经重修)、172窟(开元、天宝年间,八世纪前半)、103窟、晚唐156窟(张义潮所造,有咸通六年[865]所题莫高窟画记)等窟经变可以作为不同时期的代表作品。它们以绚丽多彩的手法,描绘幻想的佛国景象:重楼叠阁,宝树莲花,回水祥云,构成广阔深远的空间,其中佛、菩萨由供养人供奉,娱以歌舞伎乐,花团锦簇,一片富丽繁华景象。如此描绘大乘佛教所宣扬的净土的璀璨繁华,表达众生对于未来世界的向往和得救的前途,反映了民众信仰中的美好理想与期望。其中第220窟南壁贞观十六年(642)的净土变标志着新的变相的定型。在这幅画面上,阿弥陀佛结跏趺坐在宝池中央莲台上,左右是观音、势至胁持,众菩萨围绕四周,莲池左右对峙着楼阁,前方琉璃地上是歌舞伎乐,上方是华树宝幢,有散花天女,彩云飘荡,整个画面结构紧凑,主次分明,彩绘鲜艳,描摹精致。盛唐窟的典型格式是左壁(南壁)画《西方阿弥陀净土变》,右壁(北壁)画《东方药师如来净土变》,入口处的两边往往有《维摩变》。如果同一壁面有两幅以上图画,则左壁加《法华变》,右壁加《华严变》,还有画《金刚经变》、《楞伽经变》、《报父母恩重经变》、《劳度叉斗圣变》的。到中唐时期,《净土变》更加流行,乃是净土信仰兴盛的反映。又早期经变图画幅较小,内容相对单纯;越是往后画幅越是加大,内容也越加丰富多彩,更有把多种经变汇聚在一起的。以至到晚唐时期的第85窟集中了十五种经变,开成四年(839)所造家窟(阴家窟)也有经变十二种。一个值得注意的题材是《维摩变》,经常描绘在窟门内壁两侧,主要是表现维摩诘与文殊师利辩论场面。如第332窟(圣历年间)、220窟、103窟的,人物描绘都十分鲜明、生动,相貌、表情、服饰、姿态栩栩如生。维摩诘辩才无碍,咄咄逼人,文殊师利则从容应对,神态自若。这里的维摩诘相貌已不见顾恺之所描绘的"清羸示病之容",而是面目丰颐,情态慷慨奋迅,是新一代精神进取的士大夫形象。总体看经变"所绘的佛、菩萨、诸天、力士等,都是美丽与健康的化身,对于美和健康的赞赏,这和唐代的社会生活、人民的爱好是完全一致的";"这些洞窟壁画,虽则出于无名画家之手,但是研究它的作风,应该与吴道子、阎立本诸大家的作品是相一致的。例如壁画中的维摩诘经变,在座前的听众,有诸王贵官,与现存的阎立本的帝王图相似。由此可以推知这些图像应有共同的画法,为当时的规范"①。特别值得珍贵的是有些经变图里还穿插了现实生活场景,如耕作、收获、伐木、射猎、挤奶、拉纤等,生动展现出当时的社会生活场面,富有浓郁情趣。如盛唐 103 窟《维摩变》、榆林 25 窟《弥勒变》即是如此。而五代第 61 窟的《五台山图》则细致描绘了五台山景象,其中包含不少现实生活的真实场景。而从总的发展趋势看,壁画里的内容又逐步加多中土成分。例如北魏作品里有黄羊、高轮车等本地特有事物的图像;第 249 窟主室藻井上有东王公、西王母、朱雀、玄武四神和风神、雷神等中土神祇画像,他们和阿修罗等印度天神混合在一起。这也具体反映了当时文化交流包括宗教信仰交流的情形。

　　壁画中所画佛、菩萨、罗汉、天王、力士、供养人像,实际都是人物肖像画。特别是那些端庄美丽的菩萨,往往是以现实中的女性为原型的;而那些体魄强健的力士则是按照体力劳动者形象创造的;出于浪漫想象的飞天同样有人的乐舞的原型,她们更是容颜姣好,用随风飘举的巾帔来表现飞翔的姿态,极其优美动人;而那些供养人像,则以现实人物为蓝本,十分真切地描绘出不同社会阶层的人物面貌。从发展趋势看,北朝时期的供养人像多是数寸小像,置于供养壁画下方;后来逐渐扩大,到唐代成为二三尺乃至等身

---

① 常任侠《中国佛教美术的来源及其概况》,《常任侠文集》第 1 卷第 386、385页,安徽教育出版社,2002 年。

像,排列在甬道两旁的显著位置。其中著名的如盛唐天宝年间
(742—756)130窟晋昌太守乐庭瓌及其夫人王氏像。画像背景是
园林,两组人物分别置于南、北两壁。北壁男像四身,后面跟随持
仗、拂等器物的侍从四人;南壁女像三身,后面跟随侍婢九人。两
组像的第一人分别是乐庭瓌及其夫人王氏,各有榜题。乐庭瓌像
高6.7尺,乌帽青袍,持长柄香炉,美须髯;王氏像高4.8尺,锦衣红
裙,钗钿簪花,容貌接近周昉笔下的仕女。气魄更为宏伟的是第
156窟里南壁至东壁右面下段的《张议潮出行图》和北壁至东壁左
面下段的《宋国夫人出行图》。张议潮于大中二年(848)率众驱逐
吐蕃镇将,收复河西,唐朝廷任命他为归义军节度使,领有沙、瓜
(今甘肃安西东南一带)等十一州。156号窟是张议潮家窟,两幅出
行图实际是家主供养人像。《张议潮出行图》前列是骑马乐手四
对、大旗手一对、小旗手一对、鼓手三对、前驱一对、骑士五对,骑士
间有舞女四对,其后是十二人组成的乐队、旗手、持伞者、兵丁等,
占主要位置的是在两名骑士护卫下的张议潮,白帽红袍,身骑白
马,后面再有随从十几个骑士,持大纛前进;《宋国夫人出行图》则
更为绮丽华贵,前面是头戴长竿的力士,长竿上面有四个杂技艺人
在表演,接着是由四个音声人、四个舞女、七人组成的舞乐队,再后
面是三对兵丁、三名骑士,侍女数人之后是二轮轩车、六角舆一对、
有车盖马车二对,在这些人前导下是骑白马的夫人,男女九人持团
扇等殿后。这两个队伍浩浩荡荡,极其壮观,再现了唐代贵族的豪
华气魄,也可见当时敦煌文明和风俗的一斑。供养人形体的这种
变化,显示了在信仰观念中对于人的重视在强化,也是整个社会人
文精神增长的体现。盛唐之后,壁画中密教内容显著增加了。那
些形貌奇诡的神祇、景象用华艳、夸饰的手法表现出来,别有一种
艺术上的魅力。这极其丰富多彩的石窟壁画构成一个个十分美丽
壮观的人物画廊。

敦煌早期作品以土红为底色,色调质朴单纯;人物形象以深墨

色线条钩勒;面部轮廓和眼眶用朱红色晕染,眼睛和鼻梁敷以白粉。这和克孜尔石窟的技法十分接近。后来北周时期,"壁画突出之点是西域式佛画的再度输入。菩萨造型,面相丰圆,头大腿短。面部晕染特殊,出现了白鼻、白眼、白连眉、白齿、白下巴的五白形象。有的更在人物的两颧、额际、鼓起的腹部饰绘浓重的白粉,以示高光,用表立体之感。这种'五白'晕染法应是来自龟兹壁画……隋代及唐初,画风为之一变。人物面部造型趋向多样化,菩萨的脸型,或略方圆,或作长方,或广额秀颐;罗汉形象,或老或少,头形或圆或扁。诸形象衣纹更加流畅,服饰喜用波斯图案,姿态也更加生动自然。在技法上,既有精细的铁线描,也孕育、发展着豪放的兰叶描;晕染方法,将凹凸法与中原式染色法熔于一炉;土红线不仅用于起稿,而且用于定型;色彩由质朴转向华丽、辉煌……"①。考古工作者对西域和敦煌壁画所用颜料进行分析表明,大量使用的青色和绿色,是利用中亚地区的青金石和绿松石制作的。把这些颜料与本土出产的朱砂、赭石、铅粉、土红等相配合,造成既沉稳又鲜明的强烈对比效果。发展到隋唐时期,敷彩晕染方法与中国传统线描技法更完美地结合起来,画面也显得更为和谐而瑰丽;人物形象则逐步变得神情恬静,肌肤丰盈,姿态雍容,衣纹流畅潇洒,显示出强烈的质感,已经接近当时中原流行的画风。这一时期的绘画不仅构图、造型、色彩等技艺层面更为纯熟,更重要的是所表现的内在精神更为深邃:人物个性鲜明,姿态、表情都显示出思想、感情的深度;山水、建筑、花鸟、树石等描摹也更为准确和精美。特别是到盛唐时期,反映大唐帝国的繁荣、强盛和勃勃生机,以鸟瞰式或散点式透视法,气势磅礴地展现大幅丰富多彩、富丽堂皇的经变。当今所见壁画经过千年上下侵蚀,色彩已变得暗淡,当初本是极其华丽鲜艳的。可以想象,当年在宽阔的洞窟里,艳丽的壁画与

---

① 《中国石窟与文化艺术》第 235 页。

鲜活的彩塑相映衬,金碧辉煌,耀人眼目。傅雷称赞敦煌壁画的艺术成就说:

> 人物刻画之工(不是工细!),色彩的鲜明大胆,取材与章法的新颖,绝非唐宋元明正统派绘画所能望其项背。中国民族吸收外来影响的眼光、趣味,非亲眼目睹,实在无法形容。那些无名作者才是真正的艺术家,活生生的,朝气蓬勃,观感和儿童一样天真朴实。但更有意思的是愈早的愈 modern,例如北魏壁画色彩竟近于 Rouault,以深棕色、浅棕色和黑色交错;人物之简单天真近于西洋野兽派。中唐盛唐制作,仿佛文艺复兴的威尼斯派。可是从北宋起色彩就黯淡了,线条繁琐了,生气索然了,到元代更是颓废之极。①

石窟壁画本来是作为供奉尊像的背景描绘的。从这个意义上说,彩塑才是敦煌石窟内容的主体。敦煌地区石质不适于雕刻,造像采用泥塑(下面介绍的麦积山石窟也一样)敷彩的办法,遂创造出辉煌灿烂的彩塑艺术。像敦煌这样大规模的泥塑造像群,在世界雕塑史上也是首屈一指的创造。犍陀罗佛像是岩石雕造或青铜铸造的;在今阿富汗发现许多公元 5 世纪后的灰泥雕塑品,优雅而纤巧,显然受到大食萨珊艺术的影响。敦煌彩塑借鉴、吸收沿丝绸之路输入的这些艺术成果,在本土雕塑传统的基础加以发展、创新,取得了杰出的成就。

敦煌石窟现存敷彩或金箔装銮的彩塑二千余身,主要是佛、佛弟子、菩萨、天王、力士等塑像。它们是礼拜对象,是作为石窟的主体塑造的,内容单纯,又受到“粉本”的严格限制,制作中发挥艺术创造的空间本来有限。不过比起金属铸造和木雕来,泥塑在材质上给制作较多发挥的自由,特别是容易把造像细部做得更为精致

---

① 《致刘抗》,《傅雷书简》第 35 页,生活·读书·新知三联书店,2001 年。

生动，真切自然。而且越是到后来，一铺造像躯体更多，在组合关系和"人物"性格表现方面也就有更多发挥艺术想象的余地。这些泥塑不经窑烧，上施彩绘，与中国制作陶俑的传统技艺显然有继承关系。它们历千年而不破损，显示了高超的制作工艺技术，艺术表现更是巧夺天工，达到了极高的水平，成为世界艺术史上的另一份瑰宝。

前面介绍过，敦煌北朝石窟主要是中心柱窟式，长方形窟内凿方形塔柱，柱体四面开龛；后来出现了方形平面的覆斗顶式窟。到隋唐时期，后一种窟型成为主要形制，即南、西、北面三面凿龛，龛口敞开，龛顶上仰，龛内供奉造像。北朝窟型相对较小，塑像多是一佛二菩萨或在旁边加两弟子即三身或五身一铺的组合。到隋唐时期，窟型扩大了，内部造像组合也相应地丰富起来，往往在佛、菩萨、弟子之外增加二天王、二力士，成为七身或九身一铺的组合，还有加四天王、四力士的。此外还有三身立佛像、七佛像、佛涅槃像以及供养菩萨像和高僧像（如 17 号窟洪䛒像）等，题材也丰富起来。前面已经提到的唐前期兴造的大像窟高三十余米，正壁前为大型倚坐像，两侧和后面是绕行通道。营造于大历十一年（776）的 148 号窟里面的佛涅槃像主尊长十五米，后面排列七十二弟子，表情、姿态各异，生动展现了佛陀涅槃、弟子们悲痛欲绝的场面。

敦煌唐代彩塑多已经过后人重妆或修补，但仍可窥见本来面貌，其艺术技法的精美和纯熟令人惊叹。由于当时佛龛形制加深，壁面垂直，塑像可以直立起来，不必如北朝塑像那样让躯体前倾；大多数塑像也不再做高浮雕而采用脱离壁面的圆雕形式，就显得更为生动、逼真。隋代塑像已经逐步改变头大、体长、腿短、面容清癯、形体"曹衣出水"的北朝拙朴风格，但作为过渡，造像下肢仍嫌短小，面部扁平，身材也显得僵直。到唐代，躯体形态更加匀称，面目变得丰腴饱满，鼻梁降低，耳轮加大，姿态更加自然，表情也更为真切，衣纹则体现"吴带当风"格调，飘动流畅。它们如同这一时期壁画里的人物一样,形容生动,个性鲜明。在那些佛、佛弟子、菩萨、力士、飞天等等身上,寄托着美好人性的理想,充分体现了时代的人文精神。如第5窟、第328窟的坐佛,第322窟的立佛,体态雍容大度,表情慈祥睿智;著名的第45号窟里的弟子像,阿难宛如端庄美丽的少女,迦叶则如博学的高僧在沉思。这些精美的形象,都包蕴丰富的思想内涵,闪烁着美好人性的光辉。

立体的彩塑作为信仰的核心,矗立在精心结构的洞窟空间,布置在花团锦簇、五彩斑斓的壁画当中,这样每个石窟都形成各种艺术成分相互映衬、圆融完美的整体。这无论是在寺院形制方面,还是建筑艺术方面,都是重大的创新,也给寺院建造和装饰提供了丰富借鉴。

藏经洞里还保存一批绢画、纸画、版画。因为绢、纸等是易损材料不易保存,唐前实物在世界上已存留无多。藏经洞所存都是晚唐到宋初的遗存,是绘画史和文化史上极其珍贵的宝藏。如有一幅唐绘彩色绢画引路菩萨图(英藏),引路菩萨足踏莲花,一手持香炉,一手持幡,在祥云缭绕中引导前往极乐世界的亡人,构图极其精美,人物造型接近盛唐周昉笔下的贵妇人。又吐蕃时代的药师净土图(836)绢画(英藏),上部是药师如来及其眷属,下部是密教千手千眼观音等变形观音,题记则并用汉文和吐蕃文,多方面反映了当时当地的信仰实态,艺术技法则更多体现了外来画风。咸通九年(868)雕版印刷的《金刚经》扉页(英藏),构图严整,雕造精细,是早期雕版图像杰作,也是显示我国古代印刷工艺成就的典范之作。

敦煌石窟建造的兴盛期延续六百余年(从十六国时期到唐五代)。就艺术层面说,它们具体生动地反映了中国吸收、消化、融合外来艺术的历史过程,这也是在本土传统基础上对外来艺术"民族化"并加以再创造的过程。早期敦煌造像和壁画更多模仿西域"粉本",最为接近的来源是犍陀罗艺术。在十六国时期,诸多罽宾僧

人东来内地,许多西行求法的人前往罽宾。他们除了传来大量经典,也输入造像"粉本"。渥德尔指出:

> ……用雕刻表现佛陀,甚至他的最后生活。已知最早例子的年代似乎是接近公元一世纪开始时,原地点大概是孔雀城或憍赏弥……孔雀城活跃的文化在贵霜帝王下面更加丰富了,他们的时代这个城市变成了大都会(是个著名的戏剧中心),佛教的和其它艺术在那里盛极一时。同期在犍陀罗我们发现一种奇特杂种风格的雕刻,显然出于佛教徒(或为佛教徒工作的)希腊手工艺师:他们的主题是佛教的而他们的技巧大部分来源于希腊主义学派。与印度雕刻的热情奔放比较起来,他们的作品表现希腊传统的冷静性。在贵霜时期,苏罗婆和犍陀罗两个学派之间已经追迹出来有些交互影响,但犍陀罗的艺术逐渐被吸收到印度的主流传统,经过犍陀罗传播到中亚和中国。①

敦煌乃是接受这类外来艺术的前哨。而如上引渥德尔所说,犍陀罗艺术又吸取了希腊(还有大食)雕塑的艺术经验。同样 G. A. 普加钦科娃等人也曾指出:

> 犍陀罗艺术中的佛陀是个理想化的人物,他拥有令人喜爱的面容,丝毫不受年龄或痛苦的影响。他赤足站立或盘腿而坐,始终穿着一件内衣和一件僧袍。在佛陀的"大人相"中,肉髻、眉、法轮通常是可见的。他的阿波罗型面容,虽然只是无数脸型中的一种,但无疑是为其他脸型提供楷模的最早者。站立的佛陀像可能是模仿希腊神祇和希腊英雄,甚至模仿穿着大披肩或宽外袍的罗马皇帝……坐着的佛陀与或坐或立的菩萨(后者是犍陀罗艺匠的独特发明),均无古典或印

---

① 《印度佛教史》,第 322—324 页。

度的先例。①

这样,敦煌石窟艺术就是在本土优秀传统的土壤上,吸收古代世界上另外两个伟大的艺术传统——希腊和印度艺术进行再创造的卓越成果。因而从一定意义说,敦煌艺术也是古代人类文明重大的总结性的成就之一。

六

　　敦煌遗留下来五六万卷文书的绝大部分,即百分之八十五左右是佛经写卷;其余部分多数也是与佛教相关的文书。就佛经写卷而言,内容相当丰富,多方面地反映了历代佛教发展的状况,可补史籍记载的不足,具有极高的价值。

　　有关佛教写卷的价值是多方面的。佛经抄卷首先提供了可供校勘佛藏的重要典据。前面已经提到,这些抄卷中有纪年最早的一件是 S.797 号《十诵比丘戒本》,写于建初元年(386 或 405)②。当然可能有更早的写本。但由于写经风习形成于十六国时期,可以肯定写本不会有太早的。写本以唐代的最多,又以《大般若经》、《金刚经》、《法华经》、《金光明经》、《维摩经》等流行的大乘经为多。在隋代刊刻石经、唐代零星印刷佛经、宋初雕造《大藏经》以前,这些抄本真实地反映了当时经典的面貌,可作为校勘和研究的重要参考。

---

① 《中亚文明史》(J. Harmatta：*History of Civilizations of Central Asia・Ⅱ, The Development of Sendentary and Nomadic Civilizations*)第二卷第十五章《贵霜艺术》,第 287 页,中国对外翻译出版公司,2002 年。
② 参阅池田温《中國古代寫本識語集錄》第 80 页,东京大学东洋文化研究,1990 年。

　　敦煌写卷中有一批佛典目录，表明当时佛藏结集的一般情形，也反映了当时当地藏经构成的情况。P.3432号文书的背面是《龙兴寺器物历》。龙兴寺是唐朝廷敕建寺院，在敦煌佛教里占有重要位置。这篇文书的第二部分以"经目录如后"领起，末尾是"以前都计三千一十（百）八十卷，经帙二百八十八个……"①，可以判断这是一部《大藏经》目录。据考察，其内容正与《大唐内典录》的《入藏录》相合。同样，还有P.3010号文书"是历年配补藏经的纪录"；又P.4664号和P.4741号，据考是被割裂的同一件文书，是某寺院的杂经目录。这些文书也都标明是按《大唐内典录》编目的。敦煌文书里保存各种经目计十九种（不包括俄藏部分），主要是《大唐内典录》②。这也显示当时寺院经藏的实态。又，参之写卷里的经典内容，表明当时远在西陲的敦煌，所传佛典大体是与中原相一致的。就是说，在接近西域佛教输入来源地的地区，当时当地传播的是汉传佛教。这也显示在唐王朝国家统一局面下全国佛教发展的总体形势。

　　又根据P.3807号、S.2079号（方广锠拟名为《吐蕃统治时期敦煌龙兴寺藏经目录》）和P.3202号、P.4962号（方广锠确定为"大录内无名典籍"）进行的研究表明，"敦煌僧人并非忠实地完全依据《内典录·入藏录》来组织藏经，而是依照自己的现实目的而有所改造，有所创新"。后两种目录著录的三十六部经典，可分为以下几种情况：

　　1.《内典录》撰成后译出的经典，如《浴佛功德经》、《随求陀罗尼经》；

　　2. 不是在中原译出的经典，如《佛说金刚坛广大清净陀罗尼经》；

①《法藏敦煌西域文献》，第24册第182页，上海古籍出版社，2000年。
②参阅方广锠《八—十世纪佛教大藏经史》第94—120页，中国社会科学出版社，1991年。

3．大部别行经典，如《菩萨藏具善根经》；

4．抄经，如《法华抄》、《密严经抄》；

5．三阶教经典，如《三阶佛法》等；

6．疑伪经，如《首罗比丘经》等；

7．各类疏释，包括经疏……；

8．目录，如《大方广佛花严经总目》。①

这种目录又反映了敦煌当时当地佛典传播的实际状况。

在敦煌写本里发现的佛教文献中，有几个部分具有特殊价值。由于它们的发现，不同程度地改变了有关学术领域研究的面貌。

敦煌写卷里包含一千件左右疑伪经。关于疑伪经的价值与意义，本书前面已经有专章介绍过。由于敦煌文献的发现，许多历史上长久湮没的重要疑伪经得以重见天日，多方面开拓和充实了中国佛教史和一般文化史、思想史研究的内容。其中如《提谓波利经》，是北朝时期民众间十分流行、真实反映当时民间佛教信仰实态的经典，《出三藏记集》里早有著录，但久已佚失，所幸在敦煌文书中发现多种抄本。同样还有《净度三昧经》、《观世音三昧经》、《佛说三厨经》等，都具有重大的价值和意义。另外还有二十余种经录不见的疑经，如《佛说解百生冤家陀罗尼经》、《普贤菩萨行愿王经》、《僧伽和尚欲入涅槃说六度经》等。根据这些疑经中有纪年的写本，可判断它们大约流行在北朝至隋唐五百年间；又据推测，"在敦煌文献里占大多数的佛教经典之中，疑经类又占相当大的比重。而在这些疑经里很难看出敦煌独有的特殊性格。正如当地'一切经'要仰赖长安补充，疑经类的供应来源也在本土长安等地"②。所以这些疑伪经反映的应是当时中国佛教的普遍情况。这一大批疑伪经又多有关系本土民间宗教信仰的。这方面的历史资

①方广锠《八—十世纪佛教大藏经史》第 124、145 页。

②牧田谛亮《疑經研究》第 39 页。

料本来短缺,更具有重大价值。

南北朝后期佛教内部"末法"思潮泛滥,集中体现这一潮流,隋信行创建了三阶教。但三阶教在创立不久的开皇二十年(600)就被朝廷明令禁止。不过这个教派在唐初仍活跃一时,广有影响,直到开元十三年(725)经朝廷屡次发出禁令,始被禁断。这个教派存在时间虽然短促,但作为体现民间信仰潮流又是一时广有影响的教派,在中国佛教史上占有重要地位,被禁断后仍发挥长远影响。但有关情况仅在金石文献或其他佛教典籍中保存零星资料,历朝经藏里也没有收录相关典籍。在敦煌文书里却保留十九部三十余件三阶教经卷和资料,学术界从而有可能借助它们恢复历史上这一重要教派的面貌。

敦煌写卷里早期禅籍的发现大幅度地改变了人们对于禅宗史的认识。由于中唐以后禅宗南宗一系居主导地位,后来禅籍大都是这一系制作的,甚至被称之为"伪史"。由于在敦煌写卷里发现了《楞伽师资记》、《传法宝纪》、《历代法宝记》以及一批《达摩论》等禅宗形成早期的以及其他派系的典籍,这些资料更全面地展现了禅宗发展的面貌;又敦煌本《六祖坛经》、《神会录》的发现,也使人们能够对于南宗历史得到更准确、清晰的认识。众多禅宗文献的发现,造成禅宗和禅宗史研究的革命性变化。

唐代"安史之乱"后西部边疆受到吐蕃和回纥侵逼,敦煌曾一度沦为吐蕃属地,后来的归义军又与回纥保持密切关系,回纥的一支曾迁移到沙州和甘州,史称沙州回纥和甘州回纥。敦煌文书里藏文写卷达五千余卷之多,另有一批回纥文文献,关系到这些民族、民族佛教及其与内地交流等情形。汉文资料里也有不少涉及到这些民族及其佛教信仰状况的。例如根据藏文佛教史籍,自赤松德赞赞普(755—797)在位时期,入藏印度僧人莲花戒曾与汉地僧人摩诃衍等辩论,被法国学者戴密微称为"拉萨宗论"(或译作"拉萨宗教会议")。双方分别主张渐修和顿悟,正反映印度佛教与中国佛教根本观念的分歧,根据藏传资料,最后摩诃衍失败,被遣返汉地。但敦煌写本里发现的 P.4646、S.2672 号写卷,是河西文人王锡奉摩诃衍之命所写《顿悟大乘正理决》,所述结论恰恰相反,论战以摩诃衍胜利结束,反映了中土禅宗传入西藏的真实情况①。在吐蕃统治时期,汉传佛教与藏传佛教的交流更为密切。其时昙旷和法成两位学僧贡献尤大。昙旷是河西(今张掖、酒泉之间)僧人,曾到长安西明寺游学,学成后重回河西,多有著述,有《金刚般若经旨赞》、《大乘起信论略书》、《大乘入道次第开决》等(敦煌文书中多有写本残卷),晚年回答赤松德赞垂询,撰《大乘二十二问》(敦煌文书里计保存九件,以 S.2674 号、P.2287 号、P.2690 号较完整,另有藏文本,藏巴黎),明显反映了中原佛教对吐蕃的影响。法成是吐蕃人,出身于达那(今西藏谢通门县)贵族家庭,精通汉、藏、梵文,在张议潮起事后,受到挽留,长期居留敦煌,著述宏富。他把《金光明经》、《解深密经疏》、《楞伽经》等二十余部汉文佛典译成藏文,又把《般若心经》、《诸星母陀罗尼经》、《萨婆多宗五事论》等藏文经典译成汉文,并编著有《大乘四法经论及广释开决记》等著作,并培养一批汉、藏弟子。他们的活动具体反映了汉地佛教在吐蕃传播与发展以及汉、藏佛教交流的历史状况②。据今人研究,早在回纥初登历史舞台的七世纪初佛教已经开始在其民族间传播,后来立摩尼教为国教,但这个民族活跃在佛教发达的河西地区,佛教在民众中一直具有相当大的势力。在敦煌、吐鲁番、哈密等地发现的回纥文文书中,佛教典籍占绝大部分③。值得注意的还有汉文伪

①参阅《拉萨僧诤记》(*Le concile de Lhasa*),耿升中译本,甘肃人民出版社,1984 年;张广达《唐代禅宗的传入吐蕃及其有关的敦煌文书》,《学林漫录》第 3 辑,中华书局,1981 年。

②参阅杨富学、李吉和辑校《敦煌汉文吐蕃史料辑校》,甘肃人民出版社,1999 年。

③参阅杨富学《回鹘文献与回鹘文化》第 38－57、197－223 页,民族出版社,2003 年。

经《佛说天地八阳神咒经》发现达 186 种之多,其中部分写本又体现了波斯拜火教的影响。以上这些写卷对于研究和了解敦煌和广大河西地区民族文化与宗教的发展与交流具有重大价值。

敦煌写卷里还保有一大批题写在写本、绢画、幡缯和洞窟壁面上的各种各样表达信仰的文书,它们同样是当时社会各阶层佛教信仰状况真切、生动的反映。这些文书名目繁多,学术界进行研究,归纳、分类、定名并不一致。主要部分可分为以下三大类。一类可称为"愿文",这类文书按原来写本和洞窟壁面的标题名目不一,有的径直写作"愿文",或称"发愿文"、"咒愿文"等,学术界一般把"用于表达祈福禳灾及兼表颂赞的各种文章"都归纳到"愿文"之中,同类的还有"燃灯文"、"临圹文"、"行城文"、"布萨文"、"印沙佛文"、"追福文"、"亡文"、"驱傩文"等,还有"儿郎伟"这种特别的类似诗词的体裁①。这些文字往往能够具体表达信徒的心声。例如这样一件:

> ……然今此会焚香,意者为男远行之所崇也。惟男积年军旅,为国从征,远涉边戎,虔心用命。白云千里,望归路而何期;青山万重,思顾(故)乡而难见。虑恐身投沙漠,命谢干戈,惟仗百灵,仰凭三宝。故于是日,洒扫庭宇,严饰道场,请佛延僧,设斋追福,又舍净财,造谋功德,并以成就。谨因此辰,用申庆赞。所有设〔斋〕转经种种功德,总用庄严,行人即体。惟愿观音引路,世(势)至逢迎,千佛一一护持,四大天王双双围绕,恒沙菩萨供共慈悲,百亿释迦常为覆护,原早回还,平安相见。②

唐前期经营西域,敦煌地区有许多人从军出征。这一篇是祈求保佑征人平安的发愿文。当时人舍财开窟造像,完成后建斋会庆祝,

---

①参阅黄征、吴伟编校《敦煌愿文集》蒋鸿礼《序》及《前言》,岳麓书社,1995 年。
②敦煌号卷 S. 343—14 号《文样》,《英藏敦煌文献》第 1 册第 144 页。

写下这样的文字。从中可以清楚看到征人及其家属从事宗教活动的心情。

第二类是写经题记和石窟中供养人题记,后一类据统计达七千条之多。其中包括上述部分发愿文和后面将讲到的功德记。书写这些题记的有寺院僧人,有地方官吏,也有平民百姓和戍边将士;还有匈奴、鲜卑、吐蕃、回纥、党项、蒙古等少数族人写的,其中有些是少数民族文字的。早期供养人题记大都很简略,只写"某某一心供养"或"某某之像"作为榜题。以后渐趋繁复,如果是官员,往往写明官职(职事官、文、武散官、勋官等)、食邑、封户、封号等。有些是画工和历代游人的纪录。例如晚唐第196号窟甬道北壁供养人列西向第一人题名:

> 敕归义军节度瓜沙伊西等州管内观察处置押番落营田等使守定远将军检校吏部尚书兼御史大夫巨鹿郡开国公食邑二仟户实封二百户赐紫金鱼袋上柱国索勋一心供养。①

这是反映敦煌大姓索氏家族信仰状况的实例。把众多这样的实例组合起来,也就构成当地佛教信仰的一幅全景。

第三类是碑、铭、赞等文书。这类文书早期有唐初的《常何墓碑》,主要是晚唐五代的;除个别是中原抄本,绝大部分是敦煌当地的。今人郑炳林辑录为《敦煌碑铭赞辑释》凡四十七卷一百三十五篇,其中碑文三十二篇(五篇重出)、墓志铭八篇、别传一篇、邈真赞九十四篇(三篇重出)②。敦煌壁画和彩塑里有些是按真实人物描绘或塑造的,是为邈真像,作赞文即为邈真赞(或称"貌真赞"、"写真赞"等)。年高德劭者往往在生前即画像作赞,用来题写遗像或作供养人像。这第三类作品都是真实事件或人物的纪录,具有史料价值。如果钩稽敦煌石窟的历史,这些碑铭可作为基本资料。

①敦煌研究院编《敦煌莫高窟供养人题记》第87页。
②参阅《敦煌碑铭赞辑释》,甘肃教育出版社,1992年。

　　上述三类文书作为信徒供养文字，对于佛教研究的意义是不言而喻的，对于广泛的史学、民俗学、语言学、文学等众多学术领域，也都有重大价值。

　　重要资料的发现会改变学术研究的面貌。上述敦煌有关佛教文献的发现正大幅度地改变了佛教研究的面貌。特别因为这些资料不少是直接表达当时民间佛教信仰实态的，又多出自当事人（许多是普通民众）之手，反映情况更为真切、生动，也就更值得宝贵。

　　敦煌写卷里还有道教、景教（基督教）、袄教、摩尼教（后三者俗称"三夷教"）、拜火教等等其他宗教的文献。除道教外，其他宗教如今所存文献都很少，敦煌的发现显得更为重要。

　　敦煌写卷里的世俗文书同样具有极其重大的学术价值。文书中包含许多珍贵的四部典籍残卷。经部如《诗经》及其《毛传》、伪《古文尚书》、《周易》王弼注、《左传》、《穀梁传》、《论语》、《孝经》、陆德明《经典释文》等；史部如《史记》、《汉书》、《氏族志》等；子部如《老子》、《庄子》、《孔子家语》、《列子》、《文子》、《抱朴子》、李绩、苏敬《新修本草》等；集部如《文选》、《玉台新咏》和唐人陈子昂、李峤、高适、李白、王昌龄、邱为、陶翰、白居易、韦庄等人诗、《文心雕龙》等。这些写本基本反映了这些著作印本出现以前的原始面貌。其中还有一大批属于经典古注和古佚书，更值得珍贵。唐人佚著有虞世南《帝王略论》（P.2636）、杜正伦《百行草》（P.3053）、张仁亶《九谏书》（P.3399）、崔融《珠英学士集》（S.2717）、李筌《阃外春秋》（P.2668）等，它们在学术上的意义是不言而喻的。而如六朝人著《毛诗音》（P.3383）、智顗弟子智骞《楚辞音》（P.2494）、陆法言《切韵》（P.2017 等）及孙愐《补正》（P.2018）残卷等，都是古代语言、音韵学史的宝贵资料；慧超《往五天竺国传》（P.3532）是《大唐西域记》以后关于中、印交通史的重要史料；一批地志书如《沙州都督府图经》、《沙州伊州地志》、《西州图经》、《敦煌录》等对于研究当时当地的地理、人文和中、西交通状况等都很有价值。

又有大量当地社会公私文书，其中既有户籍、家传、士族志、告身等，也有契约、书仪、账簿、借据、转贴等，还包括朝廷的《令》、《式》、判辞等，都是有关政治、经济和社会生活的重要文献。特别是有关经济制度（如均田制）和经济活动的具体资料，更可补一般史籍的不足，包括提供出许多具体个案。一批通俗教育读物如《太公家教》、《兔园策府》、《开蒙要训》等应是寺院所办寺学的教材或民间家庭教育读物，是研究古代教育和民众文化的第一手材料。一批有关民俗的文献如《葬录》、《卜筮书》、《星相占录》、《相书》、《历日》、《医方》之类也是现存典籍中少见的，它们直接反映了民间信仰和生活的实态。而一大批变文、曲辞、话本、俗赋和通俗诗（包括王梵志诗）则是典型的民间创作，填补了文学史研究的空白。以上所列举文献的某些部分，在本书相关部分另有论说。

敦煌寺院保存内容如此庞杂的文献，这件事本身就体现了当地寺院的复杂性格。这也成为有关中国佛教史值得研究的课题。而地处边疆的寺院竟保存（有些是无意的，许多写本被当作废纸处理，有些用来练习书法等）如此巨大的一批珍贵文化财富，也是当时文化繁荣昌盛的证明。

七

敦煌石窟及其所保存的文书等文化遗产的意义，还在于提供出古代一个具体地域佛教的典型个案。如前所述，敦煌的情况有一定的普遍意义，又有其特殊点。敦煌的石窟寺、大量的遗书和文物，具体、生动地显示了当地佛教千余年的发展轨迹，既有历史的清晰脉络，又体现具体的时代特征。

仅就莫高窟最为兴盛的唐代而言，据前蜀乾德四年（922）《凉国夫人重修北大像记》,当时有"一十七寺";又据 S.2614 号写卷《敦煌各寺院僧尼名簿》残卷,寺院名称有报恩寺、莲台寺、显德寺、灵图寺、三界寺、开元寺、龙兴寺、乾元寺、净土寺、大云寺和尼寺圣光寺、大乘寺、灵修寺等。唐代敦煌(沙州)户口数,据《新唐书·地理志》天宝元年统计,辖县 2,户 4265,口 16250;《元和郡县图志》记载户数是 6466。当时边疆地区人口统计必然会有更多隐漏等失实情形,但推断敦煌人口一直在两万上下应是合理的。据日本学者藤枝晃考订,吐蕃占领敦煌初期,当地有僧寺九所,尼寺四所,僧尼三百一十人;而到末期,则有如上所说寺院十七所,僧尼人数增至千余;归义军时期的乾宁二年(895)前后,有僧 447 人,尼 693 人,计 1140 人①。这样,尽管不同时期僧尼人数有升降,但在人口中的总体比例应在百分之五到百分之十中间。这也是前面介绍南北朝到唐代佛教提到的僧尼在总人口中所占比例的一般水平。对于敦煌地区具有特殊意义的,是除僧众外,佛寺还蓄养更多奴仆,更有一大批与寺院密切关联的寺户。这样,敦煌佛教在整个社会上的势力是相当巨大的。

如前已指出,敦煌佛教发展形势整体上亦与中原相一致。即使是在"安史之乱"之后,中原动乱,远在边鄙的敦煌已经大大削弱以至阻断了与中原的联系,并曾一度沦没在吐蕃统治之下,但这里传播的仍然是中原大乘佛教。从这个意义说,中原佛教起到联系边疆诸民族、传播汉族先进文化的作用。从寺院建设看,这里的大云寺、龙兴寺、开元寺分别是根据武后天授元年(690)、中宗神龙元年(705)、玄宗开元二十六年(738)的朝廷敕命全国统一建立的官寺。就是说,朝廷为祝熹祈愿,命天下诸州建立官寺的办法,在西陲的敦煌也应命执行了。又从前面所介绍敦煌寺院所收经藏看,

① 藤枝晃《敦煌の僧尼籍》,《東方學報》(京都)第 29 辑,1959 年;郝春文《唐后期五代宋初敦煌僧尼的社会生活》第 97—101 页,中国社会科学出版社,1998 年。

也是按中原通行的经录构成的。S.2140号写卷被推定是唐肃宗以后的某一年向长安求取佚失经典的文书,其中所列经典名称及其纸数,正与《大唐内典录》、《开元录》相合。当然如上所述,敦煌流传大量伪经,信仰上也有地方特点,但并无碍于总体上与中原相一致的面貌。

在唐代,敦煌地区地方豪族居于统治地位,具有强大势力。这是当地社会结构的特点,也是边陲地区中央集权统治相对薄弱的表现。西晋初年,著名的书法家索靖"与乡人氾衷、张甝、索紾、索永俱诣太学,驰名海内,号称'敦煌五龙'"①。这三个家族都是由中原迁居到敦煌的士族,他们的势力一直延续到唐代。后来领导反抗吐蕃的起义的张义潮则出身于南阳张氏。除了这三族,见于造像题记的还有陇西李氏、广平宋氏、颍川陈氏、谯国曹氏、太原王氏、令狐氏等,都是中原望族后裔。从题记看,这些世家大族相互联姻,结成相互支持、扶助的关系②。他们是营建洞窟的主要主持人,更是当地佛教活动的参与者和支持者。营建洞窟的主要目的之一就是为这些家族祈福、祝祷。特别是归义军时期,建立河西都僧统司,整顿寺院,清理财产,进一步加强对于僧众的管理。世家大族不仅在经济上支持当地佛教,又起到监督、管理的作用。而上层僧侣则多出身于高门望族,或与达官贵人有姻亲关系。他们出入官府,参与地方行政事务。另一个现象是大族妇女热心向佛,出家的不少。例如张义潮、曹议金两大家族的妇女都有出家为尼的。以上种种情况也反映当时佛教发展中贵族官僚的作用,也构成具有一定典型意义的发展形态。

---

① 《晋书》卷六○《索靖传》,第1648页。
② 例如继承张义潮的张淮深,母亲出河南索氏;义潮女亦嫁索氏;曹议金妻陇西李氏、巨鹿索氏、武威阴氏、广平宋氏,也都是著名士族。参阅万庚育《珍贵的历史资料——莫高窟供养人画像题记》,敦煌研究院编《敦煌莫高窟供养人题记》,第179—183页。

　　敦煌佛教的又一个重要特点是寺院的极度发达及其极广泛的群众性。除了宗教的和社会的诸因素，主要更由于寺院有强大的经济实力为后盾。从有关文书可以看出，当地民众在经济上与寺院保持各种各样的联系，在许多方面需要仰赖寺院，寺院经济关联他们日常生活的方方面面。加上敦煌地处东西交通枢纽，是持续长久的佛教交流中心，东西来往僧侣不绝于途，还有边境地区宗教氛围更加浓厚的独特文化环境，这些也都促使广大民众更积极地参与寺院活动。因而寺院在民众生活中显然占有更重要的位置，也起多方面的、更大的作用。

　　关于"寺户"，指当地寺院领有的人户，名目已见于《魏书·释老志》，当初是北魏沙门统昙曜创设的。但敦煌寺院领有寺户是不完全占有形式。寺户保有少量家产，采取个体经营方式，接受僧官管理，并具有世袭身份，有在都司与寺院土地上或寺院劳务中负担力役的义务。这是北朝僧祇户经济的遗存，是当时寺院经济活动的一种滞后形态。另外敦煌民间盛行社邑组织，负责举行佛教活动并组织营建洞窟等[①]，也是北朝风俗的延续。寺户与社邑作为南北朝制度的遗存，当时在中原已不流行。这也是因为在敦煌这样的边陲地区，社会发展形势要较中原落后一步。

　　由于敦煌僧众人数众多，与整个社会运作关系重大，寺院管理就成为大问题。历史上记载南北各朝僧官制度十分简略，而敦煌文书记录了当地相当完善的僧官制度及其运作情况。即作为行政区划的州设都教授或都僧统，总管佛教事务，机构称都司，设在龙兴寺；都司下有副教授或副都统、都法律或都僧正、法律或僧正、都判官、判官；都司下设管理各项事务的诸司，如管理布施及其分配

[①] 参阅谢和耐《中国五—十世纪的寺院经济》（Jacques Gernet：*Les Aspects économiques du Bouddhisme dans la société chinoise du Ve au Xe siècle*），耿升中译本，甘肃人民出版社，1987 年；姜伯勤《唐五代敦煌寺户制度》，中华书局，1987 年。

的僦司,以及功德司、经司、灯司等。都司还管理僧籍,实际也担负民事管理任务。这同样是北朝制度的遗存。寺院内部则有寺主总管一切,下设上座和都维那,则与内地情形相同了。

　　敦煌写卷和造像题记等文献里记录了大量敦煌僧尼活动细节,包括出家、受戒、日常宗教活动(布萨,安居,斋会等)①、生活状况、财产及遗产处理办法等,可以帮助人们清晰勾画出当时寺院生活的具体图景。本来中唐以后的敦煌地区如内地一样,佛教内律遵行《四分律》,不过实际执行情况则有很大差异,而这些差异并不是个别"伪滥"行为。例如一些僧人并不住在寺院里,官府或僧官也并不加干预;寺院不负担僧众饮食;僧人也和百姓一样向官府纳税,等等。这样,这里的僧团形态是相当松散的。僧人通过接受布施、做法事、"出唱"(分卖布施衣物)等得到并享有财产;寺院所得布施则按一定规则在僧众中分配(当然是上层僧侣得到大部分);亡故僧人遗产则由家族或亲戚继承,等等。这些都是关系寺院经济活动的重要现象。敦煌僧人生活与活动中上述种种情形,同样反映了中国佛教逐步"蜕化"的大趋势,具有一定的典型意义②。就具体表现说,这些做法对于内律都作了相当大的变动,而这些变动从根本上说是当时当地佛教发展的具体政治、经济、文化等环境所决定的。

　　透过敦煌,可以看到隋唐五代佛教极盛期一个地区的具体而微的缩影。

---

①参阅湛如《敦煌佛教律仪制度研究》,中华书局,2003年。
②参阅郝春文《唐后期五代宋初敦煌僧尼的社会生活》。

第二十四章 佛教石窟艺术

一

　　如上所述,我国大型石窟群有二十个左右,哪一个都是无比珍贵的宝藏,并具有一定的特点。因篇幅限制,在介绍过敦煌石窟之后,不得不违心割爱,只能再略述另几个最重要的石窟。

　　学术界研究中国石窟,按形制划分一般分为四个时期:第一期约当北魏复法之初,主体是传统的"三佛造像"型大像窟;第二期为其后到孝文帝迁洛之前,大像窟减少,多造佛殿窟和塔庙窟,主像多为释迦和弥勒,也有造释迦、多宝对坐像的;第三期为迁洛后至西魏时期,出现了布满千佛的佛殿窟,造像内容大体与第二期相同,值得注意的是这一时期出现较多的无量寿佛像和观音像;第四期为北周以后,造像有了更多种形式的组合,无量寿与观音像也大量增加了。实际这个变化过程正显示了佛教信仰的变化。以下介绍敦煌以外几个大型石窟群,基本是跨越上述分期建造起来的,从其形态变化可以探讨它们发展的历史轨迹。

　　中国石窟中,气势恢宏的首推云冈石窟,而其特殊重大意义在于它是北方少数民族拓跋族"草原帝国"主持建造的。拓跋族南下，接触佛教，树立起佛教信仰，这也成为其接受汉文化的媒介。这个大型石窟群的建造正显示拓跋族佛教信仰的实态，也反映了佛教信仰对于拓跋族融入中华民族大家庭所起的作用。就艺术成就说，巨像的雕造，是这个石窟的主要内容，也是其重要特点。这是西域"巨像信仰"影响下的产物。无论是造像形制，还是表现方式，都鲜明地体现了东、西方艺术交流、融合的成果。

云冈石窟位于山西大同市西十六公里武州山南麓，坐北朝南，绵延约一公里，现存石窟群的主体有洞窟五十三个。其中大型窟二十一个，中小型窟三十二个。另有未编号小窟小龛一千一百余个；大小造像五万一千余身。这里根据环境和石质凿建大型窟龛，雕造巨形佛像，就其整体布局的紧凑多变、主像的壮观伟岸而言，在全国石窟群中是无与伦比的。由于山石质地较疏松，易于风化，现存窟龛和造像多已剥蚀或圮塌。不过由于形制巨大，如今仍能基本保存原来的形制和面貌。

大同古称武州塞，历来是北部边疆重镇。北魏道武帝拓跋珪于天兴元年（398）定都在这里，改称平城，遂成为北方政治、文化中心。北魏太武帝拓跋焘于太平真君七年（446）"灭佛"，后文成帝拓跋浚继位，改元兴安（452），恢复佛教；二年昙曜入京，开始凿造石窟①。石窟最后一个北魏铭记纪年是正光五年（524）。石窟群主体即凿建在这七十余年间。后来到唐初又续有营建，辽、金两朝曾进行过大规模整修。

郦道元《水经注》写作于石窟雕造后不久，其中《漯水》条描述当年景致说：

---

① 关于云冈石窟开凿年代有异说，此据阎文儒《云冈石窟的开创和题材的分析》，《社会科学辑刊》1980年第5期；王仲荦《魏晋南北朝史》下册第993页，上海人民出版社，1980年；李浴《中国美术史纲》上册第492—494页，辽宁美术出版社，1986年。

　　　　武州川水又东南流,水侧有石祇洹舍并诸窟室,比丘尼所
　　居也。其水又东转迳灵岩南,凿石开山,因崖结构,真容巨壮,
　　世法所希,山堂水殿,烟寺相望,林渊锦镜,缀目新眺。①

从这段描述,可见当初凿造的这一规模巨大石窟群的繁华壮观景
象。唐玄宗时人宋昱有《题石窟寺即魏孝文之所置》诗描写说:

　　　　梵宇开金地,香龛凿铁围。影中群象动,空里众灵飞。帘
　　櫳笼朱旭,房廊挹翠微。瑞莲生佛步,宝树挂天衣。邀福功虽
　　在,兴王代久非。谁知云朔外,更睹化胡归。②

这里表现的则是唐时繁盛情景,致慨于奉佛的北魏王朝的衰亡。
　　关于石窟建造缘起,《魏书·释老志》有详细记载:

　　　　京师沙门师贤,本罽宾国王种人,少入道,东游凉城,凉平
　　赴京。罢佛法时,师贤假为医术还俗,而守道不改。于修复
　　日,即反沙门,其同辈五人。帝乃亲为下发。师贤仍为道人
　　统。是年,诏有司为石像,令如帝身。既成,颜上足下,各有黑
　　石,冥同帝体上下黑子。论者以为纯诚所感。兴光元年(454)
　　秋,敕有司于五级大寺内,为太祖以下五帝,铸释迦立像五,各
　　长一丈六尺,都用赤金二十五万斤……和平(460—465)初,师
　　贤卒。昙曜代之,更名沙门统。初昙曜以复佛法之明年,自中
　　山被命赴京,值帝出,见于路,御马前衔曜衣,时以为马识善
　　人。帝后奉以师礼。昙曜白帝,于京城西五洲塞,凿山石壁,
　　开窟五所,镌建佛像各一。高者七十尺,次六十尺,雕饰奇伟,
　　冠于一世。③

从这里所述开窟、造像缘由,可以知道"昙曜五窟"的开凿明确以替

①《水经注》卷一三,第 262 页,陈桥驿点校,上海古籍出版社,1990 年。
②《文苑英华》卷二三四,第 2 册第 1181 页。
③《魏书》卷一一四《释老志》,第 3036—3037 页。

帝王祈福为目的。这也体现北魏佛教接受国家统制的性质。最初开凿的"昙曜五窟"成为整个石窟群的主体,其中编号19窟的是这一组石窟的中心窟,主尊是释迦牟尼坐佛,高16.8米,另有两尊高8米的倚坐佛像在两旁耳洞;第18窟居中是释迦立像,高15.5米;第20窟窟顶已经坍塌,完全露天,正中是结跏趺坐的释迦像,高13.7米,两侧有两立像;第17窟是交脚弥勒像,高15.6米;第16窟是释迦立像,高13.5米。据前引《魏书·释老志》记载,北魏朝廷先前曾造"如帝身"石佛像,这五座大佛乃是它们的翻版,分别相当于太武帝(18窟)、明元帝(19窟)、道武帝(20窟)、景穆帝(17窟)和孝文帝(16窟)。这样,五个窟室的巨型佛像,依据西域"巨佛信仰"形态建造,又明显体现了以帝身为佛体的御用佛教意识。

北魏太祖拓跋珪早在天兴元年(398)即曾下诏,命有司于京城建饰容范,修整宫舍,作五级浮图、耆阇崛山及须弥山殿,别构讲堂、禅堂。这是北魏朝廷大兴佛教之始,也是佛教艺术在北魏发展的起点。这一阶段建造的浮图、禅堂等早已荡然无存,但从记载看,构建当是以本土形制为基础的。魏明元帝拓跋嗣泰常二年(417)灭后秦,迁移长安工匠二千人于平城,遂把中原佛教艺术引入北方;太延五年(439)灭北凉,迁徙当地三万户民吏到平城及中山等地,又把"五凉"发达的佛教及其艺术引入当地。这批迁移到平城的长安和姑臧吏民中包括不少能工巧匠。特别是"五凉"发达的造像艺术更成为这里雕造佛像的样板,而包括敦煌石窟艺术的"五凉"佛教艺术与犍陀罗艺术有着密切渊源关系。犍陀罗艺术又包含有波斯、希腊因素。如雷奈·格鲁塞所指出:

　　如此佛教艺术的一种晚期形式正从这些希腊—罗马成分中,创造一种哥特式风格……历史上,碰巧是北魏受到在远东的这种哥特式影响的冲击……北魏艺术法则在这方面的主要特色:即形象的修长、朴素、直截了当。但自453年以后,佛教成了北魏的国教,君王们对这伟大的印度信念表现出强烈的热忱。因此,这"佛教的哥特式"美学准则——如果我们可以这样称呼它——即幸运地在远东找到了于某种意义上说的处女地,因为接受它的是一个新鲜而异常易感受的民族。[①]

这里仅指希腊艺术的影响。实际这一时期又正值印度笈多王朝(约公元320年至六世纪)黄金时代,兴盛的笈多王朝新兴佛教艺术也加入到输入中土的外来艺术潮流之中。云冈石窟在这复杂丰富的外来滋养之下遂由中土艺术家兴造起来。

关于"昙曜五窟",温玉成从发展观点加以分析说:

> 北魏早期的石窟,以云岗昙曜5窟为代表,约作于公元460—470年间。此五窟造像尺度高大,而窟内空间局促,雕像似置于牢笼中,颇有压抑感,从雕刻艺术的布局看,是一大缺欠。而雕像本身,比例亦不当:肩宽逾矩;身躯上长下短;体态僵硬,面目呆板,缺乏神韵;衣纹多作贴身之平行曲线,平雕凸起,另加线刻。凡此种种,大抵草创之初取法西域,并以传统手法表现之,致有生硬滞重之感。但作为一代大型雕刻之发端,颇具开创之功,意义重大。云岗石窟之历受赞叹者,以其"真容巨壮"、"雕饰奇伟"而冠于一世也。自昙曜5窟之后,以云岗5—13窟为代表,约作于公元470—500年间,开始了北魏雕刻艺术的革新期。凡此诸窟雕像,身躯比例适当,体态较自然,脸型略长,面呈微笑,亲切动人,富于活力。衣纹始用直平阶梯式刀法,着重线条的装饰意味,有优美的韵律感。主像衣裾下垂,呈两侧张开如鸟展翅状,势如迎风倾立,飘然欲动,奠定了北魏雕像的基调。至龙门、巩县虽稍有变革,如体态由略具动态变为静态;面容由微笑渐趋稍具笑意的神秘情态,下垂衣纹张开的强劲之势渐弱等等,但终未离开云岗基调。龙门

————————————

①《东方的文明》下册第505页。

在人物造型上以秀骨清相为尚,衣饰以褒衣博带为美,最具时代风范。[①]

阎文儒更具体分析第 17 窟大像指出:

> 这个大像的衣纹刻法,完全是在汉画像石"减地平钑"的基础上,吸收抹菟罗佛教造像的刻风而创造的新技法。[②]

关于第 18 窟的一组立像,他又分析说:

> 这组大立像与胁侍菩萨的雕刻技法,全部用浅直平阶梯式剖面表现衣纹,与印度(Sahethmahet)出土有迦腻色迦王纪年铭文露足结跏趺坐于狮子座的佛像刻法大致相同。至于僧祇支边的连珠纹,法国哈金(J. Hackin)等人认为是受到波斯萨珊式艺术的影响。大衣袖下作折带纹,又与塔克西拉·占利安(Taxila—Janlian)发现的半残身犍陀罗后期造像的形式相似。这三身大像的粉本,完全可能来自印度或犍陀罗,因而衣饰与雕刻技法都与之相近。[③]

温玉成又这样描述第 20 窟的大像:

> 20 窟的大佛肩宽体壮,身材短粗,不合比例;大佛上唇有翘起的小胡;光头接近两肩处,另外刻出一小撮火焰;身光上部左右,各有一身飞天,相向飞翔。这种形制,与阿富汗哈达出土的"燃灯佛"像颇相近,与炳灵寺 169 窟 6 号龛主像也颇多类似。络腋上的连珠文,则是波斯萨珊朝常用的装饰纹样。[④]

从这些分析,可以知道当时的能工巧匠们是如何积极地学习、汲取

---

①《中国石窟与文化艺术》第 214—215 页。
②《云冈石窟研究》第 19 页,广西师范大学出版社,2003 年。
③同上第 20—22 页。
④《中国石窟与文化艺术》第 140 页。

外来的艺术资源来进行创作的。而从云冈早期造像的总体形态看,本土民族形貌和气质已在努力压倒"胡相"。一方面,造像头上有高肉髻,深目高鼻,口唇单薄,是"胡人"形貌;除16窟立佛外都身着通肩或右袒大衣,也是早期造像的两种外来典型服式;像体有凸起衣褶,给人以厚重的质感,后有火焰形背光,这些也都表现出浓厚的犍陀罗艺术风格。至于那些小型菩萨和比丘像则更多保留外来形貌。然而另一方面,窟室虽然基本是模拟西域草庐形制,呈椭圆形,穹隆顶,但正面上有长方形明窗,下有圆拱长方形窟门,窟内正壁迎门置大佛,显然又是按照本土殿堂建筑形式安排的布局;巨像身躯伟岸,肩背宽厚,面相方圆,表情端庄,又多体现本土形象的特征。造像整体显然更多继承了汉代以来中土雕塑雄伟浑厚、饱满深沉的传统风格。至于16窟立佛身着中土褒衣博带式的"衮服",更是佛像服饰"汉化"的前兆。这样,"昙曜五窟"及其造像既大胆借鉴了外来艺术成果,又注意把它们融入到本土传统之中,体现出外来艺术逐渐民族化的大趋势。

文成帝去世后,至孝文帝迁都洛阳(494)这三十年间,云冈石窟继续大规模地兴造,这就是温玉成所说的"革新期"。现存洞窟按建造年代可分为五组。第7、8一组双窟建造于孝文帝在位初期,从形制布局看均分前、后室,主像在后室,为三世佛,壁面是本生和佛传故事浮雕。建于太和八年至十三年(484—489)的第9、10双窟为第二组,也分为前、后室,主尊分别是释迦倚坐像和交脚弥勒像,壁面多两佛并坐像。其他三组均建造于迁都洛阳之前。第5、6双窟主像都是三世佛。第5窟正壁(北壁)是一身高达17米的坐佛,左右壁二立佛,壁面满布小龛(非一时所造)。第6窟是所谓"塔庙窟",略呈方形,边长13米,正中是高约15米的中心塔柱,分上下两层,下层各面开佛龛,塔身和壁面布满佛传故事三十三幅,上层将塔身缩小,作为中间过渡在四角各雕长鼻大象,象背立九层出檐舍利塔,塔身四面雕出典型的褒衣博带式释迦像。值得注意的是表现佛传故事的浮雕,有些分布在佛龛两旁,有的单独表现在佛龛之中,还有的像似是一种布置在窟室壁面的连环画。这也是后来这类题材作品的三种典型形式。早期造像多以佛传、本生故事为题材,乃是这一期内容上一大特色。第 11、12、13 三窟为一组,第 11 窟外崖面左上方另有附号 14 窟,后壁的释迦、多宝两像造于太和十三年(489),是有纪年最早的褒衣博带式佛像;第 12 窟是中心窟,就岩面雕出四阿式屋檐,由四根八角柱支撑,颇为壮观,前室东、西壁雕出庑殿式佛龛,后室后壁主尊上层龛中是交脚弥勒像,下层是两佛并坐像;第 13 窟主尊是高 13 米的交脚弥勒像。第 1、2 窟为另一组,都是中心塔柱窟,塔柱正面主龛是释迦、多宝像,前壁两侧是维摩变。这一时期造像题材显然更加丰富了,无论是窟龛形制还是造像形貌都更多变化,又已体现出更浓厚的民族风格。

这一时期造像在主尊释迦和弥勒之外,又附添众多力士、飞天、伎乐人、供养人像相陪衬。它们千姿百态,生动鲜活,雕造技法娴熟,繁复多变,主次分明,与主像相配合,使每个窟龛在艺术上都构成完美、和谐的整体。而工匠们刻画这些“人物”,比起雕造主尊来又有更丰富地发挥想象力的空间,也显现出更大的创造力,造像从而更富于生活气息,也能够比较地“个性化”。第 8 窟窟门两侧的摩醯首罗天三头八臂、鸠摩罗天五头六臂,造型圆满丰硕,孔武有力,体现了中国北方民族朴实淳厚的性格、神态,显然继承、发挥了汉、晋雕塑古朴单纯的技法;第 7 窟俗称“六美人洞”,拱门内壁上楣雕出横龛,龛门饰以水波状帷幕,下部是六个半跪姿供养人菩萨,婉丽肥硕,憨态可掬;第 7 窟藻井和第 9 窟明窗上部的飞天,借助飘扬的佩帛裙裾,描摹出如围绕莲花飞旋的姿态,轻灵飘逸,婀娜多姿;第 9、10 窟窟门列柱是印度式的,但木结构的建筑样式和龛楣纹饰却是本土民族形式的,风格独特新异,富丽华贵;那些佛传、本生故事则采用接近平雕的浅浮雕手法,与东汉墓室石雕相比较,可以发现明显的继承关系。值得注意的是第 6 窟的佛传故事,以连续的画幅雕造出释迦牟尼从受胎、降生到成佛、说法的一生经历,整体结构完整、紧凑,情节生动,人物性格鲜明,雕刻手法精致细密,显示出纯熟的浮雕艺术技巧。在第 1、2、5、6、7、8 等窟像龛或入口两侧,都有后来流行的维摩与文殊辩论图象,人物体态硕壮,头戴毡帽,着对襟窄袖服装,踞坐在胡床上,还是鲜卑人的相貌。这种义学辩论场面本是在南方流行的,却也传流到北方,体现了南北佛教的交流。由于云冈石窟具有皇家"家窟"性质,因而整体表现手法极力追求豪华繁缛,造成庄严尊贵、富丽堂皇的格调和强烈的装饰效果。这也体现在从窟门到室内佛龛、四壁的装饰上:多使用细密繁缛的忍冬、莲花纹样,山林树木背景上浮雕出供养菩萨、化生童子以及鸟、兽等形象,等等。大量使用的装饰图案有些是中国固有的,如龙、凤、螭首、饕餮;有些则是外来的,如狮子、金翅鸟来自波斯、印度,忍冬纹来自希腊。它们被和谐地搭配在一起。北魏当时正盛行"胡部新声",石窟也多表现乐舞场面。图象上的本土乐器有横笛、竖笛、腰鼓、排箫等,更有大量西域传来的乐器如琵琶、箜篌、筚篥等。第 9、10 窟明窗上方各有伎乐天,所持是曲项琵琶、竖箜篌等,整幅画面表现的是热烈演奏场面;第 6 窟后室中心柱北面小龛龛楣有三个舞乐艺人,中间一个像在急速旋转,伴舞者伸臂勾腿,与之相呼应,场景生动活泼。这些都是当时贵族音乐生活的真实写照。

至云冈石窟雕造晚期,佛、菩萨、金刚、天神等造像已更多摆脱了"胡相"成分,无论是石窟的整体形制还是细部装饰,中土传统艺术因素显著增加了,表明具有民族特色的造像艺术正在成熟起来。王子云说:

> 佛教石窟造像艺术,从印度传来中国后,不论是雕塑还是绘画,或是其它的如佛窟建筑装饰……都已经过了中国富有才智的民间艺术家们的融合消化,演变为自己的民族艺术风

格。尤其是属于雕塑的宗教偶像，更为突出地成了当时当地的人间现实形象，而且是经过艺术概括的美的典型形象。①

云冈石窟雕造的前后演变，正清楚体现了王子云所说的这一历史过程。常任侠分析云冈石窟的成就及其影响也说：

> 云冈石窟艺术的渊源，与印度笈多王朝的黄金时代发生着亲密的联系。许多艺术史学者，并且从它的风格上、图案上，看出与古代的波斯、古代的希腊也有一些关系。这些古代西方的艺术，经过复杂的途径，逦迤向东，达到西域诸民族的领域，然后再到达中国。特别是波斯萨珊时代，印度笈多时代的艺术，从云冈石窟的柱头纹样上，石佛的雕刻造型上，隐隐的透露出密切的关联。这种多样的民族文化交流在一起，又复汇聚融合而产生出新的东西。在东方它成长了自己的形式，它接受了上代的遗产，但它自身却有飞跃的发展。可以说是那一时期的划时代的艺术。继之而起的，如洛阳龙门、太原天龙山、巩县石窟寺、武安响堂山、义县万佛洞等，其雕凿的艺术手法，表现出中国自己创造的技巧更多，中国气派、中国作风更逐步地发挥，向前迈进了。②

实际上，云冈石窟集中雕造的时间前后不过四十余年。但是在这历史流程的短暂时期，艺术风格的变化却是十分巨大的：从初始时更明显地体现中亚、南亚以至希腊、波斯的影响，很快即步入对于外来艺术加以消化、改造、创新的过程；在积极地接受、汲取外来艺术营养的同时，更着力继承、发扬民族艺术的优良传统，并在这一传统的基础上进行创造和发挥。云冈石窟从而成为中、西艺术交流的伟大成果，也是本土艺术传统革新与创造的辉煌成就。

---

① 《中国雕塑艺术史》上册第 117 页，中国美术出版社，1988 年。
② 《云冈石窟艺术》，《现代佛学》1958 年第 2 期；《常任侠文集》第 1 卷第 124—125 页，安徽教育出版社，2002 年。

一

　　麦积山石窟位于甘肃天水市东南四十五里秦岭山脉西端。地理上与敦煌石窟相对应,正处在丝绸之路甘肃走廊东段,西来文化输入中原敞开的出口处。在西来的佛教艺术输入中国的同时,中原和江南艺术也开始流向西方,首先到达麦积山,融入到它的石窟艺术之中,有力地推进了其民族化进程。东、西方双向艺术交流的成果在麦积山石窟里得到更突出的体现。

　　麦积山本来是一个分水岭山头,垂直高 142 米,山形高耸如收割堆积成的麦堆,故有此称谓。现存石窟即分布在山的东崖和西崖峭壁上。原来石窟群本在同一山崖连成一片,唐代开元二十二年(734)大地震,大片崖面坍塌,被断做两截。窟龛编号一百九十四个。峭壁最上层的石窟下距地面七十米以上,各窟龛间有上下十余层栈道相联结,形势极其壮观。由于山体石质疏松,与敦煌石窟相仿,这里的造像主要是泥塑,计存三千五百一十九身;洞内同样满布壁画,今存千余平方米,大都已残损漫漶;又有石雕十九身,碑刻千佛三千六百余身,这部分所用石料显然是从外地运来的。这里也是中国泥塑保存最多的石窟。

　　十六国西秦乞伏炽盘(412—428)时期,著名禅师"(玄)高乃杖策西秦,隐居麦积山。山学百余人,崇其义训,秉其禅道。时有长安沙门释昙弘,秦地高僧,隐在此山,与高相会,以同业友善"[1]。麦积山石窟即应开凿在这一时期。北周庾信作《秦州天水郡麦积崖佛龛铭》,其中写道:

<hr>

[1]《高僧传》卷一一《宋伪魏平城释玄高传》,第 409—410 页。

　　麦积崖者,乃陇底之名山,河西之灵岳。高峰寻云,深谷
无量,方之鹫岭,迹遁三禅……乃作铭曰:镇地郁盘,基乾峻
极,石阙十上,铜梁九息。百仞崖横,千寻松直,阴兔假道,阳
乌回翼。载葇疏山,穿凫驾岭,纠纷星汉,回旋光景。壁累经
文,龛重佛影。雕轮月殿,刻镜花堂,横镌石壁,暗凿山
梁……①

可见当时这里雄伟壮观景象。唐代地震之后,石窟大片坍塌,从而
失去昔日繁荣景象,形成东、西两部分。也正因此,现存最重要、最
有价值的遗物是隋代以前的。不过五代人王仁裕有描写说:

　　古记云:六国共修,自平地积薪至于岩巅,从上镌凿其龛
室、佛像功毕,旋旋拆薪而下。然后梯空架险而上,其上千房
万屋,缘空蹑虚,登之者不可回顾。将及绝顶,有万菩萨堂,凿
石而成。②

到宋人祝穆仍记载说:"瑞应院(麦积山前有瑞应寺——著者)在麦
积山,后秦姚兴凿山而修,千崖万象,转崖为阁,乃秦川胜境。"③此
后历代续有修造。不过明、清时期的修补和妆銮,反而破坏了部分
窟龛的原貌。所幸部分山顶难以攀登的石窟未经后人更动,得以
保存本来面目。比如最高处的"天堂"窟,王仁裕又曾说:

　　自此室(万佛堂)上,更有一龛,谓之天堂。空中倚一独
梯,攀援而上,至此,则万人无一人敢登者,于此下顾,其群山
皆如坵埁。王仁裕于唐末年辛未独能登之,题诗于天堂西壁
曰:"蹑尽悬空万仞梯,等闲身与白云齐。檐前下视群山小,堂
上平分日月低。"④

――――――

① 《全上古三代秦汉三国六朝文·全后周文》卷一二,第 4 册第 3940 页。
②④ 《玉堂闲话》,《渊鉴类函》卷二四。
③ 《方舆胜览》卷六九。

直到如今,这里仍保持当年险峻的气势和雄伟的风格。

麦积山早期泥塑造像,与敦煌石窟同一时期的作品相比较,姿态、服饰、衣纹更为简洁洗练、富于变化,敷彩也更为朴素典雅,也体现出更为浓厚的民族风格。这完全合乎石窟建造时间越是靠后、地点越是靠近中原,民族化程度越高的总体发展趋势。

麦积山早期北魏窟龛开凿年代大体与云冈昙曜五窟同时。第74、78、70、71号等多是敞口窟龛,内塑三身一铺佛像(或一佛二菩萨),形象风格也和云冈早期造像相类似。至北魏中期,窟龛增多。其中第23号窟里的菩萨立像虽已剥蚀严重,但仍然清楚显现造型的优美;第133号窟俗称"万佛堂",是平面呈介字型的大窟,规模巨大,窟内开龛十三个,形制复杂,内有生动的浮雕和彩塑。窟内保存十八块造像碑,它们究竟是原在窟室内还是后来移置的,已不可稽考,多数是北朝晚期作品,极富艺术价值。其中第10号碑高155厘米,宽76厘米,刻有八幅佛传故事,结构精巧,富于情趣。如乘象入胎一幅,大象张开四足,扬起长鼻,作奔跑状;象背上飘起两条长带,造成飞奔的气势;表现佛涅槃一幅,在卧佛背后围绕的弟子表情各异,显示出人物的不同心态和个性;第16号造像碑正面雕出七个大小不等的佛龛和三排千佛,整体结构和谐优美,雕刻手法简洁洗炼。到北魏晚期,更多受到中原和南朝影响,窟龛和造像显得更加洗炼流畅、圆润和谐。其中第142号窟造像众多,主像是三世佛,其他造像千姿百态,丰富多彩;第121窟左右壁转角处的童子和菩萨似在窃窃私语,表情生动;第127号窟正壁佛龛的造像坐佛为石雕,姿态祥和稳重,其背光上有十二个体态优美的伎乐天围绕,各持乐器,左、右壁龛为泥塑,窟壁画有七佛、本生故事、涅槃变、西方净土变、维摩变等,整个石窟一派富丽繁华景象。

西魏时期的窟龛有第123、102、44、60号等,计十六个。第123窟左右壁外侧有一对供养童子和童女像,表情纯真,装束带有明显的鲜卑族特征。北周窟龛有三十九个,多为七佛题材,艺术风格的民族化在这些洞窟里得到进一步发展。其中最著名的是俗称"散花楼"或"上七佛阁"的第4窟。这是大都督李允信建造的大窟,在距地面高出50米的绝壁上凿出八柱七间殿堂式崖阁,柱内是高敞窟廊,后面是并列大龛,通宽31米,高15米,平面呈方形,盝顶,龛内是勇健威武的天龙八部浮雕,虽经后代重修,仍不失原作精神;长廊七龛上楣有七幅壁画,每幅四身伎乐天,手持各种乐器,她们的面、手、足都是俗称"薄肉雕"的浅浮雕,而衣裙、飘带、乐器等则是彩绘的,人物整体给人的印象如浮出壁面。由于各个飞天裙带间绘有花朵,给人以彩花飞舞的印象。又俗称"千佛廊"的第3号窟依山雕出六列千佛像,极其壮观。隋窟最重要的是第5、14、24号窟,其中俗称"牛儿堂"的第5号窟里的天王踏牛塑像形象生动传神,构形富于创意。

　　麦积山石窟的主要部分建造在孝文帝推行汉化之后。时代变化反映在造像风格上,一方面"人物"面貌体态更为匀称、自然,衣饰已多是褒衣博带式,着方头或云头履,这已是中原服饰样式;另一方面塑造技法由追求敦实健硕逐渐演变为"秀骨清像",佛、菩萨薄衣透体,衣褶做浅凹线,颇能凸显体态之美,又显示出魏晋以来南方洒脱高妙、清俊自然艺术风格的影响。这样从整体看,麦积山石窟比起云冈石窟来,民族化程度又大大前进了一步。

三

　　龙门石窟是规模宏伟的另一个大型石窟群。它地处中原中心,主要部分也是艺术成就最为突出的部分是古代文化鼎盛时期的唐代凿造的。这已是外来佛教艺术民族化完成的时期,也是中国佛教艺术发展最为辉煌的时期。

　　龙门南距河南洛阳市十三公里,伊水南流,两岸群山夹峙,石窟群东、西临水,延展约一公里,主体部分在西岸。根据古阳洞孙秋生等造像题记,龙门石窟始建于北魏孝文帝拓跋宏太和七年(公元483年)①,孝文帝迁都洛阳(494)以后,始大规模凿造,而大盛于唐代。唐代窟龛占全部窟龛三分之二以上。至北宋续有雕造。现存窟龛两千一百余个,造像十万余躯,碑刻题记三千六百余品,佛塔四十余座。由于龙门石窟基本建造于中国石窟雕造艺术成熟时期,民族化的艺术特征体现得十分明显;又集中大量碑刻,建有不少佛塔,从艺术样式说,更为丰富多样,只是没有壁画。又龙门地区是石灰岩地质,石质坚密,雕凿比较困难,这是巨像较少的原因之一;但却宜于精雕细刻,可以在艺术表现细微处下功夫,所以许多小型造像都刻画入微,细致传神。

　　龙门石窟最早开凿的是古阳洞,这里也是北魏皇戚贵族造像集中之处。开凿顺序是从上部、窟顶逐步向下延展,孝文帝时期开始凿造,最后完成一坐佛二菩萨三铺尊像,已经是正始二年(505)。其次是宾阳洞,关于建造情形,《魏书·释老志》记载:

　　　　景明(500—503)初,世宗诏大长秋卿白整准代京灵岩寺石窟,于洛南伊阙山,为高祖、文昭皇太后营石窟二所。初建之始,窟顶去地三百一十尺。至正始二年中,始出斩山二十三丈。至大长秋卿王质,谓斩山太高,费工难就,奏求下移就平,去地一百尺,南北一百四十尺。永平(508—512)中,中尹刘腾奏为世宗复造石窟一,凡为三所。从景明元年至正光四年(523)六月已前,用功八十万二千三百六十六。②

这是龙门大规模造像之始。大长秋卿、中尹都是宦官。所谓"凡为三所",就是今天的"宾阳三洞"。从这条记述可以知道,当初是有

<hr />

① 据阎文儒《中国石窟艺术总论》第58页,广西师范大学出版社,2003年。
②《魏书》卷一一四《释老志》,第3043页。

意识地继承云冈"昙曜五窟"传统,造像明确地以替帝王祈福为目的。龙门造像的另一个高潮在唐初,集中在高宗和武则天时期(约660—704)。这在整个龙门石窟建造史上也是规模上和艺术上的鼎盛期,显示了中国石窟艺术最为成熟、辉煌的成就。唐玄宗以后,龙门石窟凿造规模和数量逐渐减少,形势逐渐凋零了。

龙门北魏石窟艺术在云冈石窟雕造的基础上进一步有所发展。这一期窟型主要是穹窿顶的草庐式,呈平面马蹄形;还有一种方形的,平顶略呈圆形。这种窟型已经取消了中心塔柱和明窗,并扩大窟门,有些窟门外雕出仿木结构屋檐;主像安置在后壁,使前庭显得宽阔。这样的结构和布局都更接近中土寺庙殿堂样式。造像以释迦和弥勒为主,则反映了这一时期信仰内容的特征;配置则已由三身(一佛二菩萨)发展到五身(加二弟子)、七身(加二力士)一铺,规模更为扩展了。最早开凿的古阳洞正壁置一佛二菩萨像,左右壁排列三层佛龛。较后凿造的第二层大龛里的交脚弥勒像和大龛间、壁面上的许多释迦、弥勒像,已经是典型的南方流行的颀长瘦削的"秀骨清像";而以僧尼为前导的贵族男女供养人行列则著宽袍大袖的汉族服装,显得雍容华贵。值得注意的还有龛楣上的佛传和维摩与文殊辩论图象,这本是云冈石窟屡见的题材,不过这里的面相眉目、神情姿态已完全是中土人士的气韵风度。这些都明显反映外来艺术融入民族艺术取得的进展。接着开凿的宾阳中洞完成于正光四年(523),平面呈马蹄形,宽11.1米,进深9.8米,高9.3米。虽然较云冈的昙曜五窟为小,但显得更宽敞,形制也更接近中国式殿堂。窟门两侧立柱,柱头是希腊艾奥尼亚式样,立柱外侧有屋形龛楣,下刻金刚力士;窟内正壁是一佛二弟子二菩萨五尊一铺造像,其他三个壁面布满浮雕,左右壁是三世佛,其前上方是维摩、文殊坐像和舍身饲虎、须大拏太子本生图象,前壁上部是帝后礼佛图(已被盗往国外),下部是十神王像。佛像在雕饰华丽的背光衬托之下,更凸显出高大伟岸、庄严肃穆的气象。前壁上部浅浮雕维摩与文殊论辩场面,已和云冈石窟里的形象完全不同:维摩相貌清癯,身形颀长,手执麈尾,神情自若,已经是中土士大夫风格。与古阳洞相比较,宾阳洞的题材、内容更为丰富,表现手法更加繁富,发展的轨迹十分明显。莲花洞与上述二窟被称为北魏"龙门三窟",供奉的也是一佛二菩萨像。这一时期的造像多是所谓"秀骨清像",身形瘦削,褒衣博带,衣褶稠叠;窟檐、藻井、佛龛门楣有繁复华丽的装饰。这些都体现出具有鲜明外来特色的云冈风格向唐代更加民族化的风格过渡的特色。

到唐代,龙门石窟步入建造最为兴盛的时期。贞观十五年(641)唐太宗第四子魏王李泰为亡母文德皇后开凿第一个唐窟;至武则天专政时期,随着朝廷崇佛进入高潮,石窟雕造也进入极盛阶段。先是永徽、显庆年间建造敬善寺,接着从咸亨三年(672)四月开始,用了近四年时间建造奉先寺,雕造出代表龙门造像艺术最高成就的以卢舍那大佛为中心的群像。在同一时期,惠简洞、狮子洞、万佛洞等著名洞窟也陆续营造起来。

唐代造像的特征首先在题材选择上显现出来。温玉成根据龙门北魏时期造像铭所作题材统计,一百零八个龛中,造释迦牟尼佛的五十一龛,占47%,弥勒菩萨像三十二龛,占29%。北魏自永平年间(508—512)开始有造观世音菩萨像的;神龟年间(518—520)开始有造无量寿佛的。此外还有释迦·多宝二佛并坐造像。而根据龙门隋唐时代造像题材有明确记载的二百六十八龛统计,阿弥陀佛像一百三十七龛,占52%,观世音菩萨像五十六龛,占21%,两项合计占73%。此外,弥勒佛像十四龛,释迦牟尼佛像十二龛,优填王像九龛,地藏像十龛,药师佛像七龛,卢舍那佛像三龛,七佛像三龛,业道像二龛等[1]。虽然另有大部分窟龛造像题记已经佚失,具体情形难以确考,但这些数字基本反映了造像内容的大体发展

---

[1]《中国石窟与文化艺术》第295-296,306-307页。

趋势。而造成这种趋势，显然与净土信仰的兴盛有直接关系。在唐初，净土大师善导正是龙门造像的主持人之一。

　　在艺术表现方面，唐代取得的进展同样十分明显。一方面这一时期的造像组合增加到七身、九身以至十一身一铺，规模更为庞大，结构也更为丰富多彩了；另一方面，自隋代"有立体感的形体现在又盛行起来，雕塑家们意识到自己的能力，圆雕被处理得得心应手，并具有萨拉那特或犍驮罗任何艺术家相等的那种对形体美的感觉"，而"唐代艺术意味着将它由于在中亚接触到罗马—波斯的影响而获得的外国因素纳入原有的中国基础中"①，就是说，外来的艺术滋养已经完美地融入到本土传统之中，加上本土艺术南、北交流的成果，从而创造出民族雕塑艺术的不可逾越的高峰。

　　唐代洞窟建造可分为三期。第一期从唐初至高宗显庆末年（661），以完成于贞观十五年（641）的魏王李泰为亡母长孙氏做功德的宾阳三洞南洞为代表。这个洞窟仍然保持平面马蹄形、穹窿顶的早期形制，正壁五身大像，主尊是结跏趺坐的阿弥陀佛。造像从整体比例看较云冈更为匀称，面相方圆，高眉大眼，嘴唇宽厚，着双领袈裟，衣纹呈圆线条；作陪衬的伎乐供养人姿态潇洒，藻井图案典雅优美，体现典型的初唐艺术风格。第二期至武则天统治时期结束（704），这是龙门石窟建造的高峰期。代表龙门石窟最高艺术成就的奉先寺摩崖像龛就建造在这一期的咸亨三年（672）至上元二年（675）。这是十分庞大的工程：首先要劈山形成平面，凿出坐西向东、面宽 30 米、进深 35 米的巨大像龛，依山石凿造的巨像以卢舍那佛为主尊，包括弟子、菩萨、天王、力士共计十一尊，形成一铺雄伟壮丽的群像。就整龛造像的组合排列说，并不显得特殊；但整个像龛布局严谨，疏密得当，在整齐中见变化，却极富创意。位于中心的卢舍那佛高 17 米，结跏趺坐在须弥座上，着通肩大衣，气

————————

① 《东方的文明》下册第 510、518 页。

宇轩昂,姿态端庄,面相丰满,眉目低垂,口唇似隐含微笑,体现出慈祥善良、雍容典雅的气度。这是充分体现中土美学理想的、具有鲜明民族性格的形态。其他像身也都凝重伟岸,显示出不同身份的性格特征:主尊两旁的二弟子谦和恭顺,迦叶不同于一般造像作老年头陀状而作青年相,突显出聪慧纯真的性格;二菩萨衣饰华丽,端庄矜持;天王、力士躯体厚重,威风凛凛,孔武有力。全部造像雕凿精确细腻,技法纯熟,达到了极高的艺术和技术水平。当初武则天曾施两万脂粉钱助修像龛,据说卢舍那大像就是按她的容貌雕造的。可惜大像右手已被盗往国外,左手和腹部以下也有损毁,但基本无害于整体艺术效果。万佛洞是高宗、武后及其诸子所造的另一大窟,正壁九尊一铺一佛、二弟子、二菩萨、二天王、二供养人造像,南、北壁面满布一万五千尊坐佛,窟门外侧有二力士。整个洞窟描摹出欢愉祥和的阿弥陀佛国景象。可惜部分造像亦已遭到盗窃或破坏。东山擂鼓台中洞又名大万伍佛龛,表现的也是净土世界,其中二十五身罗汉像是一组大型浅浮雕,表现得极其生动自然,充满鲜活的生命力。如上所述,从玄宗到德宗时期(705—790)龙门石窟虽续有建造,但已渐趋中衰。这一时期的特点是密宗造像大盛,与当时密教流行有直接关系。擂鼓台北洞的大日如来像、万佛沟的千手千眼像龛是这一时期的代表作品。

如前所述,唐代是中国窟龛和造像艺术最为成熟的时期。发展到这一阶段,外来的石窟艺术已经完全"中国化"了。主要窟型已经由中心塔柱形和穹庐型演化为接近方形的殿堂式;造像则突显出鲜明的民族特色:人物躯体修长丰腴,婀娜多姿,比例更加匀称;表情或肃穆端庄,或温厚优雅,有的凝心沉思,有的含睇若笑,显露出一种特有的温润、高雅的民族气质;衣饰、装饰等细节也已完全摆脱外来面目。这样,外来的佛教造像艺术已演变成为奠基于民族传统之上的、具有鲜明民族风格的本土艺术创造。

龙门石窟保存的碑刻题记是石刻艺术的又一大门类,其数量居全国石窟之冠。其中绝大部分是造像记，也有少量做工题记和游客游记。造像记有些是王室亲贵的，也有些是一般比丘、比丘尼和社邑、百姓的。它们保留了大量极其珍贵的史料。特别是有关佛教史、中西交通史方面的资料，多可补史籍的遗阙。书法艺术成就则更为突出，以魏碑中所谓"龙门二十品"为代表，乃是公认的隶书典范之作。唐碑最著名的则有贞观十五年(641)岑文本撰、褚遂良书《伊阙佛龛碑》和开元十五年(727)补刻的大卢舍那像龛记碑，宋碑则有陈尧叟书宋真宗《龙门铭》，分别代表一代书法艺术的高度水平，在本书介绍书法部分另有说明。

四

　　除了上面简单介绍的敦煌、云冈、麦积山、龙门即被称为"四大石窟"的石窟群之外，有规模、有重大艺术价值的石窟还有很多。今新疆地区当年是东、西交通孔道，也是东、西方艺术交流的津梁。这里的石窟艺术一方面典型地体现了这种交流的成果，另一方面又对中国本土艺术发展造成长远影响，在文化史上值得关注。后来迤逦向东扩展，重要的有主要建造于西秦时期的甘肃永靖县小积石山大寺沟的炳灵寺石窟、创建于北魏的河南巩义市的石窟寺、始建造于东魏的山西太原市东天龙山的天龙山石窟、北齐建造的河北邯郸市峰峰煤矿矿区内的南、北响堂山石窟等。唐代以后，开窟造像风气渐衰，但有一定规模的建造仍有不少。除了几处大的石窟群续有修建(或补修、妆銮)，内地的建造以杭州、四川、陕西等地较为集中。其中如四川，早在南北朝时期已开始建造石窟，自唐末至南宋的两个半世纪是繁盛期，今存有石窟的市县达五十余个，其中大足宝顶山摩崖造像最为著名。

　　巡礼中国各地石窟,有两个重要现象值得特别重视:一是从中可以清楚看出外来艺术民族化的过程。中国各地石窟建造过程中,历代艺术家和工匠们在本土传统的基础上不断吸收、消化、借鉴外来艺术形式与技巧,发挥创造精神,终于熔铸成辉煌的民族艺术成就;二是作为宗教艺术的石窟艺术,逐渐趋于"世俗化"而更多地表现现实生活内容,这方面在洞窟壁画里体现得更为明显。这固然是佛教深入到民众生活之中的后果,但也显示了艺人和工匠们真实地反映现实生活的努力。石窟中描绘的这类民众生活图象朴素、真实,无论是内容还是风格,在文人画中都是极少见到的。

　　前面已经一再指出,中国石窟建造得到犍陀罗艺术的启示和滋养。法国学者雷奈·格鲁塞在其名著《东方的文明》中指出:

> 在旁遮普及阿富汗的希腊—佛教(或哥特—佛教)艺术与伊朗—佛教艺术,好像成了中亚艺术的前厅。我们以后将看到,在和阗、库车、吐鲁番,甚至远达敦煌所发展的各流派都于此形成。[1]

新疆的几个石窟群,由于地理和环境因素,更鲜明地体现了来自西方的外来影响。古代的新疆作为东、西方佛教交流的孔道,又是佛教发达地区。这里当年大量土坯垒砌的寺院已经颓圮,只有在砂岩陡壁上开凿的石窟得以保存下来。最大也最重要的石窟群是拜城县东六十公里处的克孜尔石窟,营造于十六国时期至唐初即四至七世纪,编号洞窟二百三十六个,就窟数说仅次于敦煌。其主要窟型是中心塔柱式的"龟兹式"石窟,具体形制是在前后室和左右甬道之间建塔柱,有些塔柱正面开龛,龛内浮雕立佛像。这是印度中心塔式石窟和古代龟兹洞窟相结合的产物。库木吐喇石窟位于新疆库车县西约 30 公里处,营造时间稍晚于克孜尔石窟,直到中

---

[1]《东方的文明》上册第 263 页。

原的宋代即这里的回鹘时期仍兴盛不衰,石窟群分南、北二区,编号洞窟共一百一十二个。除了新发掘出来的几个洞窟,其他仅存窟形。吐鲁番市东北五十公里处的柏孜克里克石窟现有洞窟八十三个。鄯善县高昌古城东十五公里处吐峪沟石窟现有四十六个。上述石窟群里禅窟较多,反映受到印度部派佛教影响盛行禅修的实况。如今这些石窟里的彩塑已严重破坏,壁画则存留稍多,亦已严重剥蚀。其中克孜尔石窟留有壁画的达七十余个,柏孜克里克石窟留有壁画的居半即四十余个。壁画中早期的题材以本生、因缘、佛传故事为主,后期出现千佛等图象。这是和同一时期内地石窟的情形大体一致的。具体画法采用线描和晕染相结合,用线条勾勒轮廓,再晕染突显出明暗,造成立体效果;颜色多用红、绿、兰等鲜明色彩,形成强烈对比,而总体色调则偏于冷艳;人物形体颀长,面相丰圆,具有明显的西域人相貌特征。如温玉成指出:

> 玉门关以西的"西域画风",虽然承受了印度、波斯、希腊乃至汉族文化的余绪,但它毕竟是西域人民的特有的艺术。从画面上我们可以清晰地看出当时艺术匠师们已纯熟地把握住了人体的结构,但他们又不是纯自然主义地去描绘。他们用富有旋律的装饰线条,准确而生动地刻画出人体的美。造型严谨,用线圆润而劲健,挺秀中显出柔和,被称之为一种富有韵律的"屈铁盘丝"描。在着色上,大多用石青、石绿、白色等冷色为主调,适当地加以朱色、赭色的提点,使画面色调瑰丽、明快、和谐,达到一种富有民族特点的装饰性色彩效果。总之,整个画法是采用勾线、平涂和晕染相结合的重彩画法,展示出来明朗、爽快、严谨而洒脱的效果。[①]

这样,新疆几个石窟从直观上就可以清楚看出所受外来艺术的影

---

①《中国石窟与文化艺术》第90页。

响,但又具有鲜明的汉地艺术特征。特别的如库木吐喇石窟群中有不少"汉风窟",虽然仍沿用中心塔柱形制,但壁画以经变为主,人物则是典型的中原装束,作为背景的楼阁亭台、山石树木也是汉地形貌。这显然是当地中原移民艺术家的作品。这也是鲜明地反映外来艺术随所移植的文化环境而演变的具体事例。实际考察中国各地石窟就会清楚看出,位置越是向东方,向内地,民族化趋势就更为强烈。外来的影响在玉门关以东的石窟虽然仍多所体现,但对于外来艺术的消化和借鉴却表现得越加成熟。正基于这样的发展趋势,终于逐步演进为如唐代龙门那样脱卸外来面貌的真正的民族艺术。雷奈·格鲁塞又曾指出:

> 唐代的现实主义常给人造成一种有些类似犍驮罗艺术的印象。然而,我们认为在表达宗教感情方面,唐代艺术是超过犍驮罗艺术的,因为这里已不复是自远方输入的、并在新奇的条件下适应一个异族信念的艺术,而是其适应过程早已完成的一种艺术了,因为它早已和这同一种宗教感情联系起来了。[1]

李泽厚也曾评论说:

> 今天留下来的佛教艺术尽管都在北方石窟,但他们所代表的,却是当时作为整体中国的一代精神风貌。印度佛教艺术从传入起,便不断被中国化,那种种接吻、扭腰、乳部突出、性的刺激、过大的动作姿态等等,被完全排除。连雕塑、壁画的外形式(结构、色、线、装饰、图案等)也都中国化了。其中,雕塑——作为智慧的思辨决疑的神,更是这个时代、这个社会的美的理想的集中表现。[2]

---

[1]《东方的文明》下册第514页。
[2]《美的历程》,《美学三书》第117页,安徽文艺出版社,1999年。

正是在丰厚的民族艺术的土壤上吸收借鉴外来艺术成果,无数无名艺术家们发挥杰出的才能,才创造出民族风格和特色越来越突出、艺术上越来越精美的新一代石窟壁画艺术作品。这也体现了中国石窟艺术发展的总体形势,也是其艺术上得以成功的主要原因。

另一方面,石窟艺术的发展又显现出明显的"世俗化"轨迹。作为佛教艺术,石窟艺术的内容原则上应是教理、教义的图解,基本是宗教玄想的产物。但在实际创作中,那些基于宗教幻想的构思又离不开民众现实生活。特别是那些优秀的民间艺术家和工匠,在艺术构思中善于把宗教内容与民众现实生活情景紧密结合起来。因而那些神奇瑰丽的宗教图象就具有了丰富的现实生活内容。它们体现了宗教玄想与现实世界巧妙的结合,也是发挥了本土传统艺术重现实、重人生的优长。而且越是到后来,这种发展倾向也越加显著。例如唐、宋时期建造的石窟,内容上普遍具有更浓郁的现实生活气息,艺术上也增添了地方民俗色彩。这也体现石窟艺术民族化的一个重要方面。从这个意义说,众多的石窟又是反映各时代、诸民族现实生活的艺术画廊。

石窟艺术"世俗化"的趋势根据题材大体可分为两种方式。一种是佛教内容的,如佛、菩萨、天王、力士造像,佛教题材的壁画等。这些作品一方面发挥大胆艺术想象,使用超越常识和凡情的表现手法,极尽夸饰与装饰的能事;另一方面构思和表现又扎根于现实生活土壤,造像和绘画往往体现出浓郁的生活情趣。佛、菩萨等等的衣冠服饰、动作表情是以现实的人为根据的;绘画上各类"人物"相貌、供拜仪式、歌舞伎乐以及作为环境的城垣屋宇、楼阁亭台、草树鸟兽等等是根据现实场景描绘的。例如经变画里描绘佛国土,不论是西方极乐世界(阿弥陀净土)还是东方琉璃世界(药师如来净土)、兜率天宫(弥勒净土)等,整体布局以当方佛为主尊,配置于画面中央;大小菩萨、化生童子散列四方;背景是崇楼叠阁,歌舞伎乐,宝盖高悬,祥云缭绕,一片繁华富丽景象。这些当然是出自宗教玄想的产物。但从背景到具体物象的描绘却都是有现实根据的。又如自北朝直到隋唐一直十分流行的维摩变相,主要是描绘维摩和文殊师利辩论场面,但是人物却逐渐演变为中土士大夫形貌,场面则像是名士与名僧辩难的缩影。北朝时期的维摩诘一般是倚坐在胡床上,手持麈尾,做"清羸示病之容,隐几忘言之状";到唐代则体态魁梧、精神矍铄,全然是当时士大夫形象了。著名的敦煌初唐 220 窟维摩变,维摩气宇轩昂,神采飞扬,文殊安详优雅,风度翩翩,座前分别是作番王和中土帝王与群臣形象的人物,举止、服饰已经全然是民族风格。这幅图画的构思和技法,已经和同时期阎立本的《帝王图》、《职贡图》相近似。至于那些表现佛传、本生、因缘故事的壁画,许多情节本来就源于民间传说,本身具有强烈的现实性,描绘出来则更多真实生活的图景。例如早期石窟最为普遍的割肉贸鸽、舍身饲虎、须大拏太子乐善好施等故事壁画,题材本来是玄想的,但构图却完全是现实的,故事情节、人物表现都是以现实生活为依据的;人物面貌、服饰起初像是"胡人",但越是到后来越"中国化"了。如男人作胡帽汉装,女人则是窄袖小衫长裙。敦煌唐代五百强盗皈依故事壁画,描绘五百强盗造反,与官军交锋,被镇压受刑剜眼,画面上细致地描绘强盗们遭受酷刑,哀声遍野,后来佛陀施以灵药,他们盲而复明,终于皈依佛法的情景;又如劳度叉斗圣变相,北朝已经出现,晚唐特别盛行,描绘的是一个富于喜剧色彩的斗法故事:舍利弗和劳度叉各坐一方相互对垒,较量法力:金刚杵击破大山,金翅鸟啄龙,六牙白象吸干池水,狮子吞掉巨牛,毗沙门天王降服夜叉,而以狂风撼动劳度叉变化的大树场面作重点,所描绘舍利弗形象神情安详镇定,似胜券在握,劳度叉则由于屡遭挫败张慌失措,整个画面热闹而紧张,充满了戏剧性,所描绘场景全然是世俗的。如果剔除其宗教意义,可以看作是一幅具有一定寓意的民间传说的图画。

另一种情况则本来是非宗教题材的,如李泽厚所指出:

> 在敦煌,世俗场景大规模地侵入了佛国圣地,它实际标志着宗教艺术将彻底让位于世俗的现实艺术。正是对现实生活的审美趣味的加浓,使壁画中的所谓"生活小景"在这一时期也越发增多:上层的得医、宴会、阅兵……中下层的行旅、耕作、挤奶、拉纤……虽然其中有些是为了配合佛教经文,许多却纯是与宗教无关的独立场景,它们表现了对真正的现实世俗生活的同一意兴。它的重要历史意义在于:人世的生活战胜了天国的信仰,艺术的形象超过了宗教的教义。①

如前面提到的《张议潮出行图》、《宋国夫人出行图》,描绘张议潮夫妇盛大华丽的出行队伍,歌颂收复失地的英雄的显赫威严,显然是根据真实场面描绘的。唐代画幅最大的供养人像敦煌盛唐130窟晋昌郡太守乐庭瓌和都督夫人太原王氏画像,描绘的是当时贵族男女富贵、豪华的相貌。王氏夫人和两个女儿面相丰腴,云髻高起,长裙曳地,身着珠翠绮罗,手捧香炉或鲜花,背景有伞盖、垂柳,全然是一幅生动的仕女画。敦煌第159窟中唐时期土蕃赞普礼佛图,第61窟五代时期回鹘公主供养像、于阗公主供养像等,则真实地反映了当时当地少数民族人物风采,体现了民族关系和睦、友好的一面。另外有些壁画里更有许多描绘家居劳作、婚丧嫁娶、游乐宴饮等现实真实图景的。如耕田、狩猎、纺织、酿酒之类劳动、生产场面是取自生活实际的;官府、民居以至娼寮、酒肆等建筑,战争、商贸、歌舞、博弈等活动,从整体构图到细节描摹同样都按照真实情景来表现。而且越是到后期,如敦煌晚唐壁画,这方面的内容越是真切生动,丰富多彩。

石窟艺术世俗化程度与民族化程度又是相互关联的。宗教的

①《美的历程》,《美学三书》第122页。

世俗化本是对其神圣性的腐蚀,信仰会随着世俗化而蜕化。但对于宗教艺术创作来说,这却又是一种解放,一种超越:从宗教教条的束缚中解放出来,超越宗教的内容与目的而创作出更富思想性和现实性的艺术作品。而从另一方面看,把特有的宗教玄想融入到自由的艺术构思之中,又会创造出别具特殊的幻想、浪漫性格的作品,极大地丰富和发展了传统艺术表现方法和技巧。

这样,中国石窟艺术正是循着民族化与世俗化的途径一步步向前迈进,创造出一批批辉煌灿烂、丰富多彩、具有巨大魅力的艺术精品。

第二十五章　隋唐以前寺塔建筑艺术 *

一

　　寺塔建筑是中国古代建筑艺术的重大成就。寺院是信众供奉、礼拜经像和僧侣寄居的场所,佛塔原本是作为其中的纪念性建筑物,二者均有其特殊的宗教的和实用的功能。建造寺塔的工程涉及建筑、艺术和工艺等众多部门,更多方面地体现宗教观念和美学观念,其成就具有巨大的文化意义和价值。由于建造寺塔被当作一种重要功德,是诚挚信仰心的表现,因而从事这些工程,僧俗常常倾尽财力,极尽壮丽奢华之能事。唐代武则天时期,狄仁杰曾就营造大像谏净说:"今之伽蓝,制过宫阙,穷奢极壮,画缋尽工,宝珠殚于缀饰,瑰材竭于轮奂。"①又如唐时"五台山有金阁寺,铸铜为瓦,涂金于上,照曜山谷,计钱巨亿万"②。唐武宗毁佛,所发诏书中

＊佛教塔寺包含前两章所介绍的石窟寺。本章介绍中国佛教的庭院(殿堂)式寺院。
①《旧唐书》卷八九《狄仁杰传》,第 2893 页。
②同上卷一一八《王缙传》,第 3418 页。

也说到"寺宇招提,莫知纪极,皆云构藻饰,僭拟宫居"[1]。透过这些记载,可见古代营造寺塔耗费之极大,而无论是规模还是工艺水平又都是极高的。这样,历代建造寺院与佛塔也就极大地促进了建筑工艺与技术的发展,其成就往往可以体现一代建筑的最高水准。

寺和塔这两种建筑样式都来源于印度,但移植到中国,受制于现实的自然与社会环境,又依据本土宗教观念和美学思想,经历了民族化过程,逐渐摆脱外来模式,发展出具有鲜明民族特色、更富实用性和欣赏性的形制。石窟寺的情况上一章已介绍过。庭院式佛寺则是中国佛教在本土传统基础上的创造。从总体看,中国古代寺塔建筑的众多优异成果与宫室、官府、祠庙、民居以及道教的道观建筑等相并列,乃是祖国建筑遗产的重要组成部分。中国寺塔建筑的形制、工艺与美学成就在古代已远播三韩、日本和东南亚,近代更传播到世界各地[2]。直到如今仍给各类建筑和其他艺术部门提供广泛、丰富的借鉴。直观的例子如当今有些纪念性建筑物,还有高层楼宇、广播电视塔等,其形制规模和艺术表现往往从中国的佛寺或佛塔得到启发。

塔,梵文 Stūpa、巴利文 Thupa,完全音译为窣堵波、苏偷婆等,本义是"柱","塔"是缩略音译。在中国又称为"浮图"、"浮屠",则是梵文 Buddha 的音译。后者本来也是"佛陀"的另一种译法,古人并用来指称佛塔。早在古印度"吠陀"时代,这已是一种流行的象征性纪念建筑。当时帝王死后,有树塔以颂扬其崇高伟大功德的习俗。佛陀圆寂之后,遗体被火化,据传当时崇拜他的各族八分舍利,起塔供养。但从实际情况看,佛教树塔,把它当作对于佛陀的纪念性建筑物,应兴起在部派佛教时期,是与新的佛陀观、佛身论

①《旧唐书》卷一八上《武宗本纪》,第 605 页。
②关于寺塔建筑,参阅梁思成《中国建筑史》,百花文艺出版社,1998 年;中国艺术研究院《中国建筑艺术史》编写组编写、萧默主编《中国建筑艺术史》,文物出版社,1999 年;张驭寰《中国塔》,山西人民出版社,2000 年。

的形成相关联的。印度佛塔中除埋藏佛舍利（如佛发、佛骨、佛牙等），还用来供养所谓"法身舍利"如经文、法器等。后来僧人圆寂也起塔埋葬，是为塔坟。在印度又有所谓"支提"，是 Caitya 的音译，本义是集聚，又指火葬时堆积的木柴，死者遗骨在火葬后造塚以作纪念，或植树为标志。后来成为塔的同义词。《摩诃僧祇律》里说"有舍利者名塔，无舍利者名枝提"[①]，两个译语的汉语语义并没有不同。据传印度阿育王统治时期（前 304？—前 232？）把原收藏在八个窣堵波里的佛舍利分开，建八万四千座塔。这种传说反映了阿育王时期随佛教广泛弘传佛塔大量建造起来的事实。据考今存印度早期佛塔确实有阿育王时期建造的。著名的可以今中央邦博帕尔城东约 45 公里处的桑契大塔为代表。当地有塔四座，俗称为桑契大塔的特指一号塔，始建于公元前三世纪的阿育王时期，前二世纪巽伽王朝时期又经拓展，前一世纪增建了石栏、石门等。这是一座典型的覆钵式塔。圆塔形如覆钵，平面直径 36.6 米，高 16.5 米；下面是两层台基；顶上竖立围成正方形的石栅栏，正中立一石杆，上有三层串连的伞盖。本来塔的伞盖下即是安放舍利的地方。但阿育王时期在各地建塔，主要用意在纪念佛陀、传播佛教，塔从而逐渐发展成为具有单纯纪念意义的建筑样式[②]。佛教在西域传播中，塔的形制又融入多种西方因素。B. A. 李特文斯基指出：

> 中亚建筑风格中的某些要素可以溯源至印度。建筑方面的装饰艺术反映出印度、巴克特里亚和希腊—罗马风格的融合。佛教的建筑物极受印度和中亚城市外观的影响，有些佛

[①]《摩诃僧祇律》卷三三，《大正藏》第 22 卷第 498 页中。

[②] 关于印度佛教佛塔崇拜与建造的起源和发展，参阅高田修《佛像の起源》，岩波书店，1987 年；湛如《净法与佛塔——印度早期佛教史研究》，中华书局，2006 年。

舍利塔具有特别的以天空为背景映出的垂直的轮廓。①

在印度部派佛教时期,佛塔乃是供奉、礼拜佛陀的中心,僧人住在周围,形成寺院,称为塔寺。在石窟建筑中则是中心塔柱式的所谓"支提窟"。但是在中国,佛教初传,外来僧侣被看作方术之士,等同于主持祭祀祈祷的方士,他们被朝廷礼接,居住在"寺"里(当然会有更多的人混居民间)。"寺"本是汉代官署名。汉代朝廷接待外宾的官署称为鸿胪寺。佛教僧侣来自外邦,因而也把他们居住的地方称为"寺",如传说中最早的中土寺院称白马寺;当时又把供奉佛陀的地方称为"祠",即被等同于祭祀场所的祠庙。这就是汉明帝永平八年(65)给楚王刘英的诏书上说到的"尚浮屠之仁祠"②;延熹九年(166)襄楷上书说到的宫中立"浮屠之祠"③。佛教寺院最初的这两个名称,一个把它等同于朝廷属下官署,一个当作中土传统祭祀的场所,都透露当时人对佛教的看法。即一方面在中国专制政治体制之下,佛教输入伊始就被积极地纳入到国家统治体制之下;另一方面,这个外来宗教又被看作是祀祷方式的一种。这两种看法从表面看,都表明当时人对于佛教的认识尚不够清晰,实质上又正是按中国传统观念理解外来宗教的必然结果。这样的认识一直影响到后来的寺塔建造:印度寺塔是独立于世俗的信仰中心,多建造在远离尘嚣的地方,而中国的大型寺院许多建造在政治、经济中心城市;在印度寺、塔是合为一体的,是禅修和礼佛场所,但在中国文化高度发达的情况下,寺庙担负着多种多样的文化功能,城乡有一定规模的寺院乃是一地文化中心,由早期那种更多沿袭外来形制与功能的祠庙、窟龛逐渐演变成有规模的庭院殿堂式建筑群落,而由于塔、寺功能不同,二者逐渐分离,塔逐渐取

①《贵霜王国的城市与城市生活》,《中亚文明史》第二卷第十三章,第240页。
②《后汉书》卷四二《楚王英传》,第1428页。
③同上卷三〇下《襄楷传》,第1082页。

得独立地位,有些更从寺院独立出来。另外,周秦以来中国已形成完整的建筑体系,发展出相当成熟的建筑美学,与宗教相关的纪念性建筑还有宗庙、陵墓等,外来的佛教建筑样式不能不接受这些在当时是相当先进的、成熟的建筑经验,用以充实和改造自己。结果不同于外来印度样式的寺院和佛塔建筑艺术逐渐发展起来,形成本土寺塔独特的形制和风格。中国的寺塔作为本土建筑艺术不断积累、创新的成果,也成为古代建筑遗产中重要的、珍贵的分支。

寺塔建造对于佛教信徒乃是重大功德。部派佛教重要论书《阿毗昙毗婆沙论》中说到:

> 佛经说四种人得梵福。云何为四?若人于未曾起塔坊处,能于此处以如来舍利起塔,是名初梵福;复次,若人于未曾起圣众精舍坊处,能于是处起圣众精舍,是名第二梵福;复次,若如来弟子众破还令和合,是名第三梵福;复次,若人能修四梵住法,是名第四梵福。[1]

又《佛说造塔功德经》里说:

> 若此现在诸天众等及未来世一切众生,随所在方未有塔处能于其中建立之者,其状高妙出过三界,乃至至小如庵罗果,所有表刹上至梵天,乃至至小犹如针等,所有轮盖覆彼大千,乃至至小犹如枣叶,于彼塔内藏掩如来所有舍利、发、牙、髭、爪下至一分,或置如来所有法藏十二部经,下至于一四句偈,其人功德如彼梵天,命终之后生于梵世,于彼寿尽生五净居,与彼诸天等无有异。[2]

寺塔既是佛教徒信仰上和实践中所必需,又被看作是功德无量的事业,因而自佛教在中土初传就逐渐兴造起来,晋宋之后更形成高

---

[1]《阿毗昙毗婆沙论》卷四二,《大正藏》第28卷第319页中。
[2]《佛说造塔功德经》,《大正藏》第16卷第801页上一中。

潮。所谓"南朝四百八十寺,多少楼台烟雨中",杜牧这两句诗生动如画地描绘南朝江南春天的特有风光,突显出那大大小小佛寺建筑所形成的优美景观。随着佛教势力扩展,寺院经济扩张,隋唐时期大规模的寺塔建设更臻于极盛。宋元以后,尽管佛教总体已走向衰败,寺塔建筑仍兴盛不衰。中国佛寺无论是庭院式的还是石窟寺,都借鉴宫室、民居建筑模式,隋唐以后发展为主要以庭院为主体的建筑群落的体制;佛塔建筑则从古代楼阁、宫阙建筑吸取借鉴,形成汉传佛教特有的形制、功能和风格多种多样的佛塔。这些遍布城乡四方、山间水崖的巍峨高耸的佛塔,除了作为佛教建筑物的意义之外,更多方面地体现不同时代的建筑风貌和艺术成果,成为标志着一代文化、艺术成就的象征建筑物。

中国寺塔建筑的兴建和发展,形成不同于来源地印度的特有形态和风格,受到中国固有文化传统的制约,又体现中国佛教发展的实际需要和特色。

首先,在中国专制政治体制之下,宗教神权不能凌驾于世俗政权之上,而要隶属于皇权之下,所以寺、塔的布局一般不会代替宫廷和官府居于城乡聚落中心,建筑样式也不会追求凌驾一切的崇高和神秘,而成为融入城乡建筑整体中和谐的一部分。这一特点越是到后来体现得越加突出。由于不同时代统治者对于佛教的态度不同,这方面的表现并不一致。例如北魏大肆崇佛,洛阳建造下面将介绍的高达数十丈的永宁寺塔;但到唐代,朝廷为玄奘建慈恩寺和塔,规模当然也很大,但选址在城市东南角落的曲江附近,已远离宫廷了。

其次,中国寺、塔建筑风格又直接体现了中国佛教思想的特质。汉传佛教的主流是大乘佛教,具有重现世、重人生、乐观向上、面向大众的性格。这种观念体现在建筑上,就不是强调风貌的神圣和怪异,不像西方教堂哥特式建筑那样加给人威压和惊惧,也不是力求诱导人超越现世而寻求超脱与寂灭。中国的塔、寺被当作地上佛国的缩影,乃是人间的幻想乐土,因此其建筑和装饰的格调庄严而不失亲切,兼重崇高与华美。

　　第三,中国的寺、塔建筑与世俗建筑无论样式还是功能又有明显的一致之处,即体现民族传统,具有浓重的世俗性格。当然这有个逐步发展过程。外来的支提窟和毗诃罗窟逐渐演化为庭院殿堂式寺庙;而半圆丘型的窣堵波在佛教传播的不同国度形成了不同样式,随着佛教的发展而不断增高(例如南传佛教的尖顶宝塔,藏传佛教的瓶式塔),在中国则层叠的楼阙式成为主流形式。中国寺院殿堂和佛塔注重实用性,佛寺殿堂高敞开阔,有些佛塔可以登眺,取得让人赏心悦目、喜闻乐见的效果。这是和天主教的教堂、伊斯兰教的清真寺之类宗教建筑性质与风格明显不同的,从而也更增添了它们在建筑美学上的特色与价值。

　　梁思成论及魏晋南北朝时期建筑历史说:

　　　　虽在当时政治动荡,战争频繁,民不聊生的情况下,宫殿与佛寺之建筑活动仍极为澎湃。而佛教之兴盛则为建筑活动之一大动力。实物之在艺术表现上吸收有"希腊佛教式"(Greece Buddhist)之种种圆和生动之雕刻,纹饰、花草、鸟兽、人物之表现,乃脱汉时格调,创新作风,遗存至今者有石窟、佛塔、陵墓等。[1]

这就从总体上指出了寺塔建筑在整个中国建筑史上的地位和意义。总之,中国人从印度输入这两种独特的宗教建筑样式,吸收了它们所体现的艺术成果,在民族传统基础上加以消化和再创造,逐步形成了完全民族化的中国寺塔建筑的样式规范;这些建筑又给予中国本土各类建筑以广泛而深刻的影响。特别是由于佛教建筑历来得到更多保护,在今天遗存的古代建筑遗产中,寺、塔是宫殿、

————————

[1]《中国建筑史》第22页,百花文艺出版社,1998年。

民居之外最为重要也是留存较多的部分。它们又成为研究古代建筑历史、继承古代建筑遗产的直观资料,具有极高的学术、文化价值。

二

　　中国佛教塔、寺建筑的发展有个漫长过程。这也是外来建筑艺术被容纳、消化并逐步得到改造,终于融入本土传统,形成民族建筑艺术体系的过程。

　　从文献记载看,佛教初传的汉末时期已经有寺、塔建造起来,当时显然是按照外来形态移植过来的。大体说来,自东汉末年到两晋之际是中国塔、寺建造的肇端时期,当时佛寺的布局采取天竺以塔为中心的建筑形式;东晋以降的南北朝时期,塔、寺建筑普遍兴盛起来,外来样式也逐渐"中国化",大型佛寺显然仍多采用中心塔形制,但已有廊庑和院墙围绕,并建造起一大批宅院式小型寺院,这两种形制都在不同程度上融合了本土建筑因素;发展到隋、唐时期,中国的塔、寺建筑艺术完全成熟,中心塔型佛寺已很少见,体现中国建筑美学原则的宅院式建筑群落成为大型佛寺的基本结构方式,佛塔则从作为寺院建筑的构成部分逐渐独立出来。这样,中国塔、寺建筑的发展历史清晰地显示出这类外来建筑演化为中国民族建筑的过程。

　　除了石窟寺之外,隋、唐以前的寺院建筑如今已不存在,佛塔则有个别遗存。但是借助相关文献记载和考古发现,参照石窟寺,可以推测早期寺、塔的大致面貌。

　　牟子《理惑论》记载汉明帝求法传说,提到"时于洛阳城西雍门外起佛寺,于其壁画千乘万骑,绕塔三匝"①。这是有关中土佛寺建造最古老的纪录,所指就是后来的白马寺。这虽是传说,但反映的情况应当是真实的:当时的寺院显然是以塔为中心的。东汉末年笮融在徐州"大起浮图祠,以铜为人,黄金涂身,衣以锦采,垂铜盘九重,下为重楼阁道,可容三千余人"②。后出《后汉书》记录同一事件则说"大起浮屠寺,上累金盘,下为重楼,又堂阁周回,可容三千许人,作黄金涂像,衣以锦采"③。这里表述得比较含混,但所说"上累金盘"显然即是塔刹,"下为重楼"即是塔身,寺院应以塔为中心。《水经注》"汳水"条引《续述征记》:

> 夏侯坞至周坞,各相距五里。汳水又东径梁国睢阳县故城北,而东历襄乡坞南……西去夏侯坞二十里,东一里,即襄乡浮图也。汳水径其南,汉熹平中某君所立。死因葬之,其弟刻石树碑,以旌厥德,隧前有狮子、天鹿,累砖作百达柱八所,荒芜颓毁,凋落略尽矣。④

这是北魏时期尚存的汉塔遗迹,当初也是一座中心塔式寺院。三国时康僧会于赤乌十年(247)到达建邺(今江苏南京),起初"营立茅茨,设像行道"。《金陵梵刹志》上说吴大帝建阿育王塔:"在都城外南城,地离聚宝门里许,即古之长干里。吴赤乌间,康僧会致舍利,吴大帝神其事,置建初寺及阿育王塔,实江南塔寺之始。"⑤僧传上记载则为孙权时事,康僧会说:"如来迁迹,忽逾千载,遗骨舍利,神曜无方,昔阿育王起塔,乃八万四千。夫塔寺之兴,以表遗化也。"据说由于感得舍利,孙权"大叹服,即为建塔,以始有佛寺,故

---

①《牟子丛残新编》第 15 页上。
②《三国志》卷四九《吴书四》,第 1185 页。
③《后汉书》卷七三《陶谦传》,第 2368 页。
④《水经注》卷二三《汳水》,第 453 页。
⑤葛寅亮《金陵梵刹志》,《中国佛寺志丛刊》本。

号建初寺"①。依佛教流传情形推测,当时江南已建有寺、塔是合乎情理的,寺院显然也是以佛塔为中心。资料所记载早期佛寺还有:东汉光和二年(179)竺朔佛、支谶等翻译《道行经》,"洛阳城西菩萨寺中沙门佛大写之"②;又大体同一批人在洛阳翻译《般舟三昧经》,"在建安十三年(208)于佛寺中校定……又言,建安三年,岁在戊子,八月八日于许昌寺校定"③。这里前面提到的佛寺大概就是菩萨寺;"许昌"是地名还是寺名难以确考。从这些记载看,当时的寺院已是雏形的译场,必然建有较多可居住的房舍。不过记载里没有提及寺院房舍的具体布局。

五十年代在新疆库车县西北确尔山南麓苏巴什古城发现两处古塔寺遗址,据碳十四测定,西寺的建成相当于汉献帝至魏明帝时期(200—230),东寺相当于西凉建初至魏孝文帝时期(410—475)。这两所古寺也都是以天竺覆钵式塔为中心建造的④。又今新疆喀什附近的汉诺依城土塔,也是覆钵式,据推测是汉代遗物,当初也应是中心塔式寺院。《魏书·释老志》上说:"自洛中构白马寺,盛饰佛图,画迹甚妙,为四方式。凡宫塔制度,犹依天竺旧状而重构之,从一级至三、五、七、九。世人相承,谓之'浮图',或云'佛图'。晋世,洛中佛图有四十二所矣。"⑤可见到西晋时期,佛寺仍依照中心塔型的"天竺旧状"来建构。而新疆克孜尔早期石窟建造于十六国时期,分为前后两部分,前一部分纵长方形,圆拱顶,后一部分方形,中心是方墩型塔,是典型的中心塔柱式石窟。又《水经注》"河

①《高僧传》卷一《魏吴建业建初寺康僧会传》,第16页。
②《出三藏集集》卷七末详作者《道行经后记》,第264页。原记载年代为正光二年(521),为北魏孝明帝元诩年号,显然有误。
③《出三藏集集》卷七末详作者《般舟三昧经记》,第268页。
④参阅黄文弼《新疆考古的新发现》,《考古》1959年第2期;文保所碳十四实验室《碳十四年代测定报告(二)》,《文物》1980年第2期。
⑤《魏书》卷一一四《释老志》,第3029页。

水"条：

> 大河故渎又东径艾亭城南，又东径平晋城南，今城中有浮
> 图五层，上有金露盘，题云：赵建武八年，比释道龙和上竺浮图
> 澄，树德劝化，兴立神庙。浮图已坏，露盘尚存，炜炜有光明。[①]

史载十六国石赵佛图澄大规模造寺，这应是其中的一个遗迹，显然
也是以五层佛塔为中心。大体同一时期敦煌早期中心塔柱石窟同
样分为两部分，前一部分凿成双坡屋顶，模仿中国木结构建筑样
式，后一部分凿出一层或两层方墩型塔。而云冈第六窟——著名
的"塔庙窟"，建造于迁都洛阳以前，边长 13 米，高 15 米，呈正方形，
中心是一座双层大塔，塔的四面造佛龛，窟室左、右壁和前面下部
浮雕出一圈廊庑，后壁是大型佛龛。这正象征中心塔寺以佛塔为
中心、周围绕以回廊、塔后树立佛殿的形制。根据敦煌、云冈这些
早期石窟形制，大体可以推测同时期寺院建筑的一般样式。这种
样式的寺和塔显然已融入更多本土建筑艺术的成分。

　　了解北朝寺院建设最真实、详尽的资料是杨衒之所撰《洛阳伽
蓝记》。书中记载洛阳极盛时期有佛寺一千三百六十七所，后来孝
静帝天平元年（534）迁都邺城，洛阳残破，仍余寺四百二十一所。
书里列入目录记载的四十五个寺院（不算附带提及的），都是所谓
"大伽蓝"。上面所说千余所寺院，绝大多数只是"三五少僧"的小
寺，应当只有简单的房舍。在建筑上更有意义的当然是那些大型
伽蓝。

　　《洛阳伽蓝记》记述的四十五所寺院里，十五个里面有塔，其中
有十三座塔是当时新建的，都是规模宏伟的大寺。就是说，中心塔
型寺院当时仍是大型佛寺的规范样式。但从具体描述可以看出，
寺院中塔的位置的重要性显然降低了。著名的永宁寺以高塔为

[①]《水经注》卷五《河水》，第 99 页。

中心：

> 永宁寺，熙平元年(516)，灵太后胡氏所立也……中有九
> 层浮图一所，架木为之，举高九十丈，有刹，复高十丈，合去地
> 一千尺。去京师百里，已遥见之……刹上有金宝瓶，容二十五
> 石。宝瓶下有承露金盘三十重，周匝皆垂金铎，复有铁锁四
> 道，引刹向浮图。四角锁上亦有金铎，铎大小如一石瓮子。浮
> 图有九级，角角皆悬金铎，合上下有一百二十铎。浮图有四
> 面，面有三户六窗，户皆朱漆。扉上有五行金钉，其十二门二
> 十四扇，合有五千四百枚。复有金环铺首，殚土木之功，穷造
> 形之巧……浮图北有佛殿一所，形如太极殿。中有丈八金像
> 一躯、中长金像十躯、绣珠像三躯、金织成像五躯、玉像二躯，
> 做工奇巧，冠于当世。僧房楼观一千余间，雕梁粉壁，青锁绮
> 疏，难得而言……是以常景碑云："须弥宝殿，兜率净宫，莫尚
> 于斯也。"①

郦道元《水经注》上说：

> (穀)水西有永宁寺，熙平中始创也。作九层浮图，浮图下
> 基方十四丈，自金露槃下至地四十九丈，取法代都七级，而又
> 高广之，虽二京之盛，五都之富，利刹灵图，未有若斯之构。按
> 《释法显行传》，西域有爵离浮图，其高与此相状，东都西域，俱
> 为庄妙矣。②

这里记载塔的高度大致与《魏书·释老志》相同，而与杨衒之所述
不一致。按情理说，四十余丈的说法当更可信。该寺位于今洛阳
市东 15 公里处汉魏洛阳故城城址内，1979 年作了考古发掘，发现
遗址庭院的西南角有夯土楼基，依据对称原则，可能原来有庭院围

---

①《洛阳伽蓝记校注》卷一，第 1—3 页。
②《水经注》卷一六《穀水》，第 329—330 页。

绕,四角有过角楼,与文献记载正相吻合①。值得注意的是郦道元指出这座大塔与爵离浮图相似。爵离或译为雀离、雀梨,是富楼沙(今巴基斯坦白沙瓦)城东南一所古塔,建于公元二世纪贵霜王朝迦腻色迦王时期。前引文里《释法显行传》即《佛国记》里说此塔"高四十余丈,众宝校饰。凡所经见塔庙,壮丽威严都无此比"②。永宁寺的建造显然参照了犍陀罗浮图模式。而且据《洛阳伽蓝记》,洛阳的有些寺院是胡人所立,保持外来格局是很自然的。不过高耸的大塔固然让人赞叹,而塔北面供奉高大佛像的佛殿和"雕梁粉壁"的千余间"僧房楼观"显然占据更大面积,具有更重要的地位。这些记载表明,在当时的具体环境中,寺院除了高塔,还建有越来越多的佛殿、僧房等建筑物,寺院从而就成为佛塔与殿堂的组合了。洛阳那十几所有塔的寺院应都是如此,如:

> 瑶光寺……有五层浮图一所,去地五十丈。仙掌凌虚,铎垂云表,作工之妙,埒美永宁讲殿。尼房五百余间,绮疏连亘,户牖相通,珍木香草,不可胜言。③

> 胡统寺,太后从姑所立也,入道为尼,遂居此寺。在永宁南一里许。宝塔五重,金刹高耸。洞房周匝,对户交疏,朱柱素壁,甚为佳丽。④

> 秦太上君寺,胡太后所立也……中有五层浮图一所,修刹入云,高门向街。佛事庄饰,等于永宁。诵室禅堂,周流重叠,花林芳草,遍满阶墀。常有大德名僧,讲一切经。受业沙门,亦有千数。⑤

---

① 参阅中国社会科学院考古研究所洛阳工作队《北魏永宁寺塔基发掘简报》,《考古》1981年第3期。
② 章巽校注《佛国记校注》第39页,上海古籍出版社,1985年。
③《洛阳伽蓝记校注》卷一,第46页。
④ 同上第59页。
⑤ 同上卷二,第94页。

从这些寺院建筑布局又可以发现,早期中心塔型寺院周围的廊庑或院墙已经被更多的殿堂和房舍所取代。这是因为中国的寺院集中更多僧尼居住,又是讲习或翻译经典的场所;特别是寺院经济发展,又担负着更多社会功能,必须有相当数量的居停处所。在这样的发展过程中,塔和寺各自的功能也就逐渐分离开来。

如前所述,有些寺院是建好殿堂后才竖起佛塔,如杨衒之所说:

> 景明寺,宣武皇帝所立也。景明(500—503)年中立,因以为名……山悬堂观,光盛一千余间,复殿重房,交疏对霤……至正光(520—525)年中,太后始造七层浮图一所,去地百仞。①

值得注意的是,南北朝时期石窟的开凿与建构也在向殿堂转化。如北魏云冈石窟第19、20窟高大坐佛前面留有辽代铺地砖,可以证明当初所建昙曜五窟前面是有窟檐建筑的。"第九、十是同样的两个窟,窟前雕出列柱,与壁上宫殿式屋形龛的凿出,是云冈石窟中新型的建筑形式,这些列柱正是汉民族建筑形式'金楹齐列'的风格。当然也可能受到印度石窟群中的窟内凿出列柱的影响,但基本上还是中国的民族形式"②。《水经注》"济水"条记载:

> 济水又东北,右会玉水。水导源太山朗公谷,旧名琨瑞溪,有沙门竺僧朗,少事佛图澄,硕学渊通,尤明气纬,隐于此谷,因谓之朗公谷。故车频《秦书》云:符坚时,沙门竺僧朗,尝从隐士张巨和游,巨和常穴居,而朗居琨瑞山,大起殿舍,连楼累阁,虽素饰不同,并以静外致称,即此谷也,水亦谓之琨瑞水也。③

---

①《洛阳伽蓝记校注》卷三,第132页。
②阎文儒《云冈石窟研究》第89页。
③《水经注》卷八《济水》,第165—166页。

这是北魏著名的僧朗在朗公谷所建寺院。其中大起"连楼累阁"的僧房,里面即使有佛塔,显然也不会占主要位置了。因为僧朗以禅居著称,在所建寺院里集中大批习禅僧人,必须建造成批僧房供居止。

北魏神龟元年(518)任城王元澄上疏中说:

> 自迁都以来,年逾二纪,寺夺民居,三分且一……今之僧寺,无处不有。或比满城邑之中,或连溢屠沽之肆,或三五少僧,共为一寺。

其中还明确指出那些小寺是"简括寺舍,数乘五百,空地表刹,未立塔宇"①的。而北魏"经河阴之役,诸元歼尽,王侯第宅,多题为寺。寿丘里间,列刹相望,祗洹郁起,宝塔高凌。四月初八日,京师士女,多至河间寺。观其廊庑绮丽,无不叹息,以为蓬莱仙室,亦不是过"②。"河阴之役"指武泰元年(528)契胡部落出身的尔朱荣溺杀专政的胡太后和幼主元钊于河阴,杀丞相高阳王雍以下二千人。这些王公宅邸改建成的寺院多数也应该没有佛塔,起码改建之初不会有塔。下面的"河间寺"是以河间王住宅建成的寺院,正是以房舍华丽引人注目。又如建中寺:

> 建中寺,普泰元年,尚书令乐平王尔朱世隆所立也。本是阉官司空刘腾宅。屋宇奢侈,梁栋逾制,一里之间,廊庑充溢,堂比宣光殿,门匹乾明门,博敞弘丽,诸王莫及也……建义元年(528),尚书令乐平王尔朱世隆为(尔朱)荣追福,题以为寺,朱门黄阁,所谓仙居也。以前厅为佛殿,后堂为讲室,金花宝盖,遍满其中。③

---

① 《魏书》卷一一四《释老志》,第 3045 页。
② 《洛阳伽蓝记校注》卷四《法云寺》,第 208 页。
③ 同上卷一《建中寺》,第 38－39 页。

这种利用豪宅建造的佛寺,以佛殿为中心,后面有讲堂,是一个由殿堂构成的建筑群落。这都表明当时有些寺院建造已经与树塔没有必然关联。

南北分裂之后,北方兴盛开凿石窟,南方更注重建寺造像。北方更多接受西域的影响,特别是早期石窟建造多采取中心塔式,也影响到寺院建设形制。南方本是华夏文化正统传承之地,庭院式寺院自然成为建筑形制的主流。具体形制的变化,一方面是建有佛塔的寺院厅堂扩展,佛寺整体重心由塔转向殿堂,塔的作用随之发生变化而逐渐独立出来;另一方面大量建造起没有佛塔的庭院式佛寺。这与当时舍宅为寺风习也有直接关系。即使是在改建的寺院里建塔,也成为附属部分了。

下面是唐许嵩《建康实录》记载南方士族大姓造寺情况:

东晋著名居士许询"隐于永兴西山……遂舍永兴、山阴二宅为寺,家财珍异悉皆是给。既成,启奏孝宗。诏曰:'山阴旧宅为祇洹寺,永兴新居为崇化寺。'询乃于崇化寺,造四层塔。物产既罄,犹欠露盘相轮,一朝风雨,相轮等自备"①。这里是两座舍宅营造的佛寺,其中一座建有佛塔。

又有注引《寺塔记》,谢尚"于永和四年(348),舍宅造寺,名庄严寺。宋大明中,路太后于宣阳门外大社西药园造庄严寺,改此为谢镇西寺"②。

又晋穆帝"时置僧尼寺三所,何皇后寺在县东一里,南临大道。彭城敬王造彭城寺,在今县东南三里,西大门临古御街。镇西将军谢尚造谢寺,今改名兴严寺,即延兴寺,东隔运沟东岸也"③。这里的兴延寺就是镇西谢寺。

---

①《建康实录》卷八《孝宗穆皇帝》,第 162 页,孟昭庚等点校,上海古籍出版社,1987 年。

②同上第 169 页。

③同上第 171—172 页。

又晋废帝时"侍中、中书令王坦之造临秦、安乐二寺。在今县南二里半,南门临秦淮水也"①。

又晋孝武帝太元"六年春正月,帝初奉佛法,立精舍于殿内,引诸沙门居之"②。这是宫廷内的小型佛寺,只是僧人居停处所。

以上是东晋时期的情况。此外还有释道安到襄阳后所立寺:

> 安以白马寺狭,乃更立寺,名曰檀溪,即清河张殷宅也。大富长者,并加赞助,建塔五层,起房四百。③

这里有塔,但房舍有四百间,显然后者乃是主体。

又宋文帝元嘉二年(425)"置清园寺,东北去县二里"。注曰:"案《塔寺记》,驸马王景琛为母范氏,宋元嘉二年以王坦之祠堂地与比丘尼业首为精舍,十五年,潘淑仪施西营地以足之,起殿,又有七佛殿二间,泥素精绝,后代希有及者。置严林寺,西北去县四十五里,元嘉二年僧招、贤二法师造。"④这里清园寺是在祠堂基础上改建的,只讲到佛殿和殿上泥塑。

又元嘉四年"置永丰寺,去县七十里"。注曰:"案《塔寺记》:元嘉四年,谢方明造,本名长乐寺,为同郡延陵有之,改焉毕,置南林寺。建康□□三里。元嘉四年,司马梁王妃舍宅,为晋陵公主造,在中兴里,陈亡废。"⑤

又十一年"置竹园寺,西北去县一里,在今建康东尉蒋陵里檀桥"。注曰:"案《寺记》:宋元嘉十一年,县城东一里,宋临川公主造。"⑥

又二十二年"置延寿寺,西北去县八十里"。注曰:"案《寺记》,

①《建康实录》卷八《废皇帝奕》,第180页。
②同上卷九《烈宗孝武皇帝》,第202页。
③《高僧传》卷五《晋长安五级寺释道安传》,第179页。
④《建康实录》卷一二《太祖文皇帝》,第306页。
⑤同上第312页。
⑥同上第320页。

元嘉二年,义阳王昶母谢太妃造,隋末废,上元二年重置,又名延熙寺。"①

又宋黄门侍郎萧惠开"丁父艰,居丧有孝性,家素事佛,凡为父造四寺:南冈下,名曰禅冈寺;于曲阿旧乡宅,名曰禅乡寺;于京口墓亭,名曰禅亭寺;于所封邑封阳县,名曰禅封寺"②。这类个人在宅邸和墓亭基础上营造的佛寺,规模不会很大,是否建塔不得而知。

又鄂州(今湖北武汉武昌区)头陀寺是著名的大寺,是由简陋的房舍逐步扩建起来的:

> 宋大明五年(461),始立方丈茅茨,以庇经像。后军长史、江夏内史会稽孔府君讳觊,为之薙草开林,置经行之室;安西将军、鄂州刺史、江安伯济阳蔡使君讳兴宗,复为崇基表刹,立禅诵之堂焉。③

南朝早期佛寺也有采取中心塔型的,例如宋文帝刘义隆时事:

> 帝以故宅起湘宫寺,费极奢侈。以孝武庄严刹七层,帝欲起十层,不可立,分为两刹,各五层。④

这座寺以塔为中心,并首先建塔,而且是双塔。记载中没有明确塔的位置,因为是改宅为寺,塔可能分立殿堂两侧。后来五代十国时期吴越建造的杭州灵隐寺双塔、北宋建苏州罗汉院双塔等应是继承这种布局的⑤。这已经初具中轴线建筑群的模式。

梁代高祖萧衍佞佛,造寺掀起高潮。天监年间,武帝本人置法王寺、解脱寺、劝善寺、大爱敬寺、同泰寺等。其中如同泰寺:

---

① 《建康实录》卷一二《太祖文皇帝》,第330页。
② 同上卷一四《列传》,第384页。
③ 王简栖《头陀寺碑文》,《文选》卷五九,下册第813页。
④ 《南史》卷七○《虞愿传》,第1710页。
⑤ 参阅《中国建筑艺术史》上册第264页。

　　　　梁武普通中起,是吴之后苑,晋廷尉之地,迁于六门外,以
　　其地为寺,兼开左右营,置四周池堑,浮图九层,大殿六所,小
　　殿及堂十余所……起寺十余年,一旦震火焚寺,唯遗瑞仪、柏
　　殿,其余略尽。即更构造,而作十二层塔。未就而侯景作乱,
　　帝为贼幽馁而崩。①

当时皇族、后妃、臣下也纷纷造寺,如李师利造永建寺,礼部侍郎卢
法震造敬业寺,颖州刺史刘威造净居寺,后阁舍人王昙明造明庆
寺,东阳太守王均造果愿尼寺,后阁主书高僧猛造猛信尼寺,后阁
舍人吴庆之造众造寺,穆贵妃造善觉尼寺,舍人元均造园居尼寺,
严祛之造禅岩寺,张文达造法苑寺,舍人石兴造头陀寺,湘州刺史
萧环造本愿尼寺,邵陵王萧纶造慈恩、一乘寺(即著名的凸凹
寺),安丰县令张延造普光寺,江宁县令陶道宗造化成寺,袁平造福
兴寺,萧恪造善业尼寺,常侍陈景造寒林寺,后阁舍人章法护造履
道寺,永康公主造幽岩寺,宫获造仪香尼寺,昃待公造灵隐寺,等
等②。另外更有众多僧人造寺。

　　以上这些主要是舍宅改建的寺院,到底哪些有佛塔已不清楚,
但却可以肯定它们的主体是殿庭,即有佛殿供奉佛像,左近建筑僧
房,周围有院墙环绕,形成大小不等的建筑群落。院内或有佛塔,
但基本应已不居中心。有些置于佛殿后方或两旁,如果是双塔则
应取对称位置配置。

　　从石窟建筑看,中心塔柱式延续到隋代虽仍有建造,但基本已
退出兴建的历史。相应地到隋唐时期,中国式的殿堂群落佛寺体
制已经定型了。促成这一演变顺利完成的,主要是中土的环境和
中国佛教的特质,寺院必须提供适应这种环境和特质的功能。梁
思成指出:

---

①《建康实录》卷一七引《舆地志》,第478页。
②据《建康实录》卷一七《高祖武皇帝》,第472-484页。

> 我国寺庙建筑,无论在平面上、布置上或殿屋之结构上,
> 与宫殿住宅等素无显异之区别。①

这样,中国佛寺建筑汲取外来建筑艺术有益的成果,以中国固有的
殿庭、祠庙和民居建筑传统为基础,发展出独具特色的寺院建筑模
式,谱写出中国建筑史上的辉煌篇章。

三

　　如上所述,外来的以佛塔为中心的寺塔建筑形制在中国逐渐
被以殿堂院落为主体的庭院式形制所取代。在这个过程中,寺与
塔的功能逐渐区分,演变为相互组合的关系,佛塔逐步发展为寺院
之中或其外的独立建筑。随着佛塔对于寺院在地位与功能上的改
变,它的发展也取得更加广阔、自由的空间。
　　如上所述,塔本来是用来埋藏佛舍利的,后来被赋予更多纪念
与象征的意义,在建筑上也更加讲究样式、结构和装饰的完美。例
如前面提到的现存东印度中央邦博帕尔城东的桑契一号塔,形势
极其壮观,雕饰更十分精致华美。而在中国,虽然也有筑塔埋藏、
供奉舍利的习俗,但在后来的发展中佛塔的象征、纪念以至景观等
方面的意义逐步被突出起来。特别是佛塔与供奉佛像的殿堂逐渐
分离开来以后,这后一方面的意义就更加突显起来。又中国建筑
传统以木结构为主,又早已掌握构建高耸的楼阁、亭阙的工艺技
术。佛塔建筑要突显宗教的神圣、崇高性质,要向高度发展,并增
添欣赏的、美学的性格,自然要吸收和借鉴本土传统建构楼阙的方
法与工艺。这样,中国佛塔建筑继承外来的形制与建筑方法,又在

---

①《中国建筑史》第 311 页。

民族传统基础上进行创造性的发挥,形成独具特色的丰富多彩的形制和卓越的艺术技巧。除了保留外来形制的窣堵波式(包括重迭窣堵波式),更发展出楼阁式、重檐式、金刚宝座式等各种样式的形制;历代匠人们驰骋才思与想象,各出新意,对佛塔进行修饰和装饰,突显出时代风格和个性特征。佛塔从而成为中国传统建筑中独具特色的一类、建筑艺术史上的宝贵遗产。直到如今,遗留在各地寺院和山崖水滨的佛塔,点缀着祖国大地,以至成为地方的标志性景观建筑。

　　唐前的佛塔如今留存不多。但利用相关文献和考古资料,特别是参照石窟寺里的塔柱和壁画,可以了解中国早期佛塔建筑情形和各种类型佛塔的具体面貌。

　　中土早期佛塔移植印度窣堵波的覆钵型,可以从考古发现的小型石塔推测。这种小型石塔本是室内供奉的,据考古报道,现已发现北凉时期所建造共十四座。其中在甘肃敦煌、酒泉发现十二座,新疆吐鲁番发现两座,大多已经残损。最大的敦煌岷州庙塔残高96厘米,估计原高150厘米左右;最小的索阿后塔残高16.9厘米,估计原高25厘米左右。如今保存较好的几座(酒泉程段儿塔、高善穆塔、敦煌三危山塔、沙山塔),虽然具体而微,但其形制却大体和桑契大塔相似:下部是基座,呈八角柱形,每面刻供养菩萨和力士;中间分两段,下段是圆柱形经柱,刻《增一阿含经·结禁品》一段经文和发愿文,上段塔的主体是半球形覆钵;上部是由杆、伞演化的华盖和六七重的相轮[①]。在敦煌北魏、北周时期的壁画里也描绘有这种形制的塔。又今存北魏天安元年(466)小石塔,为内小臣曹天度为其亡父颖宁及亡子玄明所造。石塔原藏山西朔县崇福寺弥陀殿,抗战期间为日人所掠夺,一度收藏于日本东京帝室博物馆,现藏台北。当初日人劫掠时塔顶被保护下来,今存山西朔县文

---

① 参阅《中国建筑艺术史》上卷第265—266页。

物保管所。该塔塔身九层,造型依《法华经·见宝塔品》所描述"七宝塔",底座正面分三栏,中间刻置香炉及合十比丘,左右两栏分刻双狮,两侧分刻男女供养人九躯和十躯,背面刻造像记一百二十六字及男女供养人像各一;塔身第一层各面刻有方柱,上面刻四排小佛,壁面正中设佛龛,前后两面是释迦、多宝佛并坐和交脚弥勒,两侧则为释迦坐像;以上各层逐渐缩小,九层共计刻有千佛像1332尊。这座石佛雕造于云冈石窟开凿时期,正是北魏雕刻艺术的黄金时代,制作精美,可代表一代石刻艺术水平。此外上世纪初西域考古发现的古寺遗址,例如今新疆若羌县东北,据推测建于公元三四世纪的米兰古寺也是以覆钵式塔为中心的①。小型石塔中还有一种变形,被称为"层叠窣堵波式",现存有白双且塔,覆钵部分是双层重迭的。

　　《洛阳伽蓝记》所录宋云《行记》,记录他自神龟元年(518)至正光三年(522)西行求法经历,写到巡礼雀离浮图,同行者"惠生遂减割行资,妙简良匠,以铜摹写雀离浮图仪一躯及释迦四塔变"②,可见当时人十分注意学习印度和西域的筑塔样式和技艺。前引《魏书·释老志》已说到早期造塔"依天竺旧状",就是学习印度窣堵波模式造塔;又说中国人"重构之",并说有层叠至九层的,则是指在中国被改造和发展的样式。敦煌五代时期第61号窟《五台山图》里即画有几座这种类型的塔。印度覆钵式塔本是土石建筑,而中土传统上大型建筑则是木结构的重楼叠阁。前述那种"重迭窣堵波式"可以说是覆钵式向楼阁式的过渡形式。这种样式后来没有流行。藏传佛教的瓶形塔在形制上则和这种塔有一定渊源关系。

　　中土汉代盛行楼阁建筑,称为"重楼"。在佛塔建筑中,把印度、西域的窣堵波和中国的重楼两种形制加以结合,就成为主要是

①参阅向达译《斯坦因西域考古记》第7章。
②《洛阳伽蓝记校注》卷五,第329页。

木结构(也有砖石结构)的楼阁式塔。另外在古代仙道传说中,本来有神仙居高楼的观念。当初人们把佛与仙相混淆,这也成为建造高耸佛塔的缘由之一。笮融在徐州建"浮图祠","垂铜盘十重,下为重楼阁道","铜盘"即指相轮,"重楼"应当就是草创时期的楼阁式塔。在小型石塔中也有楼阁式的。如酒泉发现的北魏曹天护氏造像塔,就是底座上雕造三重楼阁。还有一种一石一叠重迭而成的石塔,如浪庄北魏卜氏造石塔、西魏大统二年权氏造像塔,则是楼阁式的变形。有遗迹可考的楼阁式塔则有著名的洛阳永宁寺塔。据发掘报告,原址下层是东西约 101 米、南北约 98 米的夯土层,其上是 38.2 米见方、高 2.2 米、青石包砌的夯土基座,基座上有开间、进深均为九间的纵横柱网[1]。今人加以复原,推测正方形的塔中间应是实心的,底部核心部分是纵横排列的十六根密集中心柱束,从一层到六层木柱和土墼的实心体逐渐收束,七层以上则是全木建构,塔顶是"塔刹"。塔刹部分根据有关资料推测,下部是刹座,一般是须弥座,中间是覆钵,上部是刹杆和相轮[2]。这种建筑样式,下部保存印度窣堵波高台式建筑模式,上面的塔刹则是缩小了的印度窣堵波,而中间主体部分则采用中国传统的楼阁建筑形制,从而把中、外建筑艺术巧妙地结合起来,构成中国佛塔的一种主要类型。楼阁式塔的建造随着中国建筑艺术的发展而演进、变化,又形成多种变形,成为中国古代建筑遗产中体现高度技艺而又最为美丽壮观的一类。

　　另一类型是砖石结构的密檐式塔,塔身总体呈抛物线形、由叠涩砌出的密接层檐重叠构成。我国现存的最古老的塔——河南登封市嵩山嵩岳寺塔就是密檐式塔,建于北魏正光四年(523)。塔为砖建,塔身中空,通高 39.8 米,平面十二角形,周长 33.3 米;基座低

---

[1] 参阅中国社会科学院考古研究所洛阳考古队《北魏永宁寺塔基发掘简报》,《考古》1981 年第 3 期。
[2] 参阅杨鸿勋《关于北魏洛阳永宁寺塔复原草图的说明》,《文物》1992 年第 9 期。

平,朴素无饰;底层分上、下两段,下段四面砌圆卷门,上段八面,各面砌壁龛;以上是叠涩砖砌十五层密檐,檐间每面有小窗(多数是假窗);顶部是石制塔刹,由浮莲和七层相轮、宝珠构成。各层向内收分,形成柔和圆润的轮廓,加上各檐叠涩的内凹曲线,造成富于韵律的轻盈秀丽、优美动人的视觉效果。分析这座塔的结构,"其最令人注目的密檐实即小石塔比例颇巨的层层相轮,它的接近圆形的平面、塔身分为上下段、上段所辟八座小室,以及柔圆饱满的抛物线轮廓,都同小石塔非常接近"①。这座塔已经大幅度地变化了外来覆钵式结构:其塔身和卷面融入印度样式,如柱础作覆盆状,柱头饰垂莲纹,等等,但又全然是独创的中国特有的密檐式形制。这座嵩岳寺塔作为早期遗物,显示了外来较单纯的建筑样式按中国美学理想加以发展的卓越成果,包括其复杂的十二角形底座的建构,直到后来都鲜见其例。如此成熟的建造技法和艺术,应当不是草创期作品,在它之前应已有更多的同类型建筑,已积累起足够的建造经验。

楼阁式和密檐式成为后来中国造塔的主要形制。另外还有多种多样形制的塔。如金刚宝座式塔、亭式塔等。这些类型塔的早期实物见于某些石窟,在敦煌壁画里也有描绘。不过这些富于匠意的造型并没有成为中国塔的主流样式。其中金刚宝座式塔在藏传佛教中流行,明清时期在内地多有兴造。此外,各地寺院还有数量众多、形制各异的墓塔。历史悠久的寺院往往有众多墓塔,形成塔林,也成为一种景观。著名的如河南登封少林寺塔林和山西交城玄中寺塔林。还有集中建造塔群的,如新疆交河故城仍保存一百零一塔的遗迹,说明唐代已经兴建塔群;宁夏青龙峡市黄河西岸的一百零八塔,据考是元代建造的。从上至下依山建造,最上端仅一座,依次每行递增两座,共十二行,最下端十九座。每座塔底座2

---

① 《中国建筑艺术史》上册第 271 页。

米左右、高 2.5 米左右，舟行黄河远眺，景象十分壮观。又有造像塔，主要在北魏到隋唐时期流行，在塔上雕出佛龛或雕造佛像；还有建在殿堂内或放置在香案、供桌上的不同类型的小塔；另有经幢，实际也采取塔的形制，等等[①]。

在我国南传上座部佛教主要流行地区云南西双版纳和德宏，寺庙和佛塔的形制受到泰、缅建筑影响，又有所发挥和创造。本书主要探讨汉地佛教文化，这里不做讨论。

应当指出的是，中国佛塔在形制之外，重要的还有装銮和雕饰艺术方面的成就。佛塔上建造佛龛、雕造佛像、建造相轮等，使用多种多样的艺术手法，表现出卓越的工艺技巧。梁思成曾指出：

> 佛教传入中国，在建筑上最显著而久远之影响，不在建筑本身之基本结构，而在雕饰。云冈石刻中装饰花纹种类奇多，什九为外国传入之母题，其中希腊、波斯纹样，经健陀罗输入者尤多，尤以回折之卷草，根本为西方花样，不见于中国周汉各纹饰中。中国后世最通用之卷草，西番草，西番莲等等，均导源于希腊 Acantlus 叶者也。
>
> 莲花为佛教圣花，起源虽出于印度，但其莲瓣形之雕饰，则无疑采自希腊之"卵箭纹"（rgg-and-dart）。因莲瓣之带有象征意义，遂普传至今。它如莲珠（beads），花绳（garlands），束苇（reeds），亦均为希腊母题。前述之爱奥尼亚式卷耳柱头，亦来自希腊者也。
>
> 以相对兽头为斗拱，无疑为波斯柱头之应用。狮子之用，亦颇带波斯色彩。锯齿纹，殆亦来自波斯者……中国固有纹饰，见于云冈者不多……[②]

[①] 参阅张叙寰《中国塔》第三章《论塔之分类》，第 85－128 页，山西人民出版社，2000 年。

[②]《中国建筑史》第 92 页。

在借鉴和使用外来建筑艺术方面，由于佛塔更具装饰性，这方面的成绩也十分突出和富于创意。

这样，从佛教初传到南北朝，外来的寺、塔从建筑形制到艺术面貌逐步"中国化"并走向成熟，奠定了中国寺、塔建造的基本规模和格局。如果比较印度和南亚诸国的寺院和佛塔，中国寺、塔在形制之多样、特征之突出、艺术水准和建筑技法之高超等方面都是极富特色、无与伦比的。而单就建筑艺术说，中国寺、塔更是吸收外来建筑艺术而加以创造性发挥的典范。这一大类佛教建筑取得巨大的艺术成就，被赋予丰厚的美学价值，又给予其他各类建筑以影响，其在宗教史上和艺术史上的价值和意义是多方面的。

第二十六章　隋唐以前佛教造像艺术*

一

前面介绍佛教义学对文学思想的影响，已经讲到佛教创造形象的实践和有关"形象"的观念。佛教被称为"像教"（象教），正如慧皎曾指出：

圣人资灵妙以应物，体冥寂以通神，借微言以津道，托形像以传真。[1]

这里"圣人"指佛陀；"微言"指经典；"形像"则是指佛陀妙好庄严的身像，意思是说佛陀一方面使用深微言辞来宣扬教义，另一方面用"形像"来传达"真理"。周武帝平齐，拟废立佛教，净影慧远起来抗辩，也说过"赖经闻佛，藉像表真"[2]的话，即认为宣扬佛教，造像与经典起到同等的作用。文学批评家刘勰则说：

---

* 古代佛教造像包括石窟造像，有关内容在本书介绍石窟部分叙述。

[1]《高僧传》卷八《义解论》，第 343 页。"形"下"像以"二字据别本校补。

[2]《广弘明集》卷一〇《周祖平齐召僧叙废立抗拒事》，《大正藏》第 52 卷第 153 页中。

　　双树晦迹,形像代兴,固已理精无始,而道被无穷者矣。[①]

"双树晦迹"是说佛陀涅槃。据传佛陀是在末罗国拘尸那迦(今印度联合邦迦夏城)娑罗双树下逝世的。刘勰说他寂灭之后就出现了造像,使得无始以来就存在的佛法借以传之久远。慧皎、刘勰的话代表六朝人对于佛教"形像"的认识。当然就历史实际而言,佛教的"形像"既不是佛陀本人创造的,也不是佛陀寂灭后即刻出现的。但上述说法已清楚地指出"形像"对于佛教的巨大作用,而他们的认识则反映了佛教在中国发展的实际状况,即中国佛教十分注重利用"形像"。这当然与中国固有的十分发达的造型艺术传统有关系,也和弘传佛教的实际需要有关系。

　　竺法护译《正法华经》上明确宣扬:

　　　　假使供养,诸佛舍利,大圣最胜,及灭度者,兴立佛庙,众亿百千;黄金、白银,水精、琉璃,若以马瑙,造作塔、寺;车渠异宝,及明月珠,若以墼泥,立作形像,斯等皆当,成得佛道……若为如来,作宝模像,三十二相,执持殊最;假使复有,诵经说谊,斯等皆当,成得佛道。设为安住,兴立彩像,后致七宝,觉意道路,其光遍照,通彻众行,斯等皆当,成得佛道。若复以铜,刻镂碧玉,为大圣尊,立殊特形,设以经字,载妙素帛,斯等皆当,成得佛道。若缮坏寺,修立形像,功德志性,有百福相,出家学法,书佛经卷,斯等皆当,成得佛道。[②]

这也是在大力张扬修建寺塔、制作形象、书写经卷的功德。类似的观点在前面介绍石窟、寺塔章节里已经一再提到过。

　　广义的佛教"形像"还包括文学创作、建筑、书法等,狭义的"形像"则指造型艺术,主要是造像和绘画。造像指以铸造、塑造或雕

---

①《理惑论》,《弘明集》卷八,《大正藏》第 50 卷第 50 页下。
②《正法华经》卷一《善权品》,《大正藏》第 9 卷第 71 页上—中。

刻等技艺制作的佛教题材的形象，主要是人物（佛、菩萨、罗汉等）像；有些有山石、草木、鸟兽等作背景，并多配合各类纹饰，也是造像的重要构成部分。造像方法主要是雕和塑。"雕"有圆雕（塑）、半圆雕（塑）、浮雕（塑）、摹刻；形制有单体的，有各种合体的；又分为金、铜等金属铸造或锤揲的，石（包括玉石、琉璃等）、木、牙、角等材料雕制的；"塑"指泥塑。此外还有漆纻、陶瓷、编织（丝、珠等材料）的，等等。造像有供寺庙、洞窟或家庭中供奉的，有随身携带的，也有刻在造像碑、佛塔、经幢、铜镜等等之上的。佛教造像本来是从外国输入的艺术样式，但在中国却得到巨大发展。从材质看，印度与西域造像主要是金石的，也有部分泥塑的，但在中国却利用上述多种多样的材料，相应的制作方法也更多种多样。特别是大量金铜铸造的小型佛像，还有刻石的造像碑，更是中土广泛流行的独特的艺术创作样式。中国发展起来的卓越的造像艺术随汉传佛教远播三韩和日本等地，产生巨大、深远的影响。无论从什么意义讲，中国佛教在这一领域所取得的成就都是极其巨大而辉煌的。这也成为中国佛教文化的重要内容。

在全部如今遗留下来的古代雕塑作品中，佛教这一部分数量十分庞大。古代遗物本来保存不易，在中国，历史上改朝换代频仍，自然灾害频繁，又经历过几次毁佛，佛教造像损毁更为严重。但是金、铜、石等刻制的造像终究不像塔寺建筑和绘画那样易于破损，一些供奉在石窟和寺院里的雕像和塑像更不易遭到破坏，加上宗教所具有的神圣性质，历代众多僧俗献身护法事业加以保护，这种种条件使得许多佛教造像能够留存至今。本书前面介绍石窟和寺院已连带介绍了部分造像，本章介绍一般造像情况。

印度部派佛教时期主张"佛形不可量"，即是说，神圣的、绝对的佛的形象是不可具体描摹的，所以在部派佛教时期描绘本生、因缘故事的图象里只能用法轮、圣树、佛足迹等象征物来替代佛陀形象。直到公元一世纪，随着大乘佛教兴起，才出现按照人的形象来表现佛陀的佛像。关于佛像最初出现的地域,学术界有不同说法,主流意见认为是在公元一世纪后期,最初产生于中亚犍陀罗地区[①],也有主张把时间上推到公元前一世纪,最初出现在本土马土腊的。而普加钦科娃等人则认为:

> 犍陀罗的贵霜雕塑主要为佛教制品……在视觉艺术中,首次允许将佛陀画成人形……一方面直接源自印度的土著艺术,另一方(犍陀罗)则从西方的风格发展而来。先前,通常认为,最早的佛像出现在迦腻色伽时期,但是很久以前,马歇尔在其著述中就谈到公元一世纪即已发展成的早期犍陀罗风格。意大利考古团在斯瓦特地区的发掘,以及对塔克西拉证据的再评价,使得某些学者将第一尊佛像出现的时间上推到公元前一世纪。[②]

不论具体时间和情况如何,佛像的出现与大乘佛教的发展、新的佛陀观的形成有直接关系是可以肯定的。它是大乘佛身论和大乘教派佛陀信仰的产物。查尔斯·埃利奥特在《印度教与佛教史纲》里指出:

> 外来影响刺激了神话和想象力。在阿育王时代的浮雕中从未出现过佛陀的偶像,这和最早的基督教艺术一样,雕刻家的意图是说明有训导意义的纪述,而不是提供崇拜对象。但是在健陀罗雕刻中——这些雕刻是希腊罗马艺术的一个支

[①] 首先出现的是佛传图里的佛像,然后才出现单体佛像。据温玉成指出,"犍陀罗地区发现的最早的佛像约作于公元 1 世纪,这是一块表现释迦牟尼接受商人捐赠花园的浮雕"。"犍陀罗最早的一身佛陀圆雕立像,出土于白沙瓦西北的马尔丹,约作于公元 1 世纪末,2 世纪初。"(《中国石窟与文化艺术》第 34、35 页);又高田修认为前者应在公元一世纪后期,后者大约出现在公元 2 世纪 20—30 年代,见《佛像の誕生》第 91—109 页,岩波书店,1987 年。

[②] G. A. 普加钦科娃等《贵霜艺术》,亚诺什·哈尔玛塔主编《中亚文明史》第 2 卷第 286 页。

派——却惯常用模仿阿波罗传统形式的人像来代表佛陀……
波斯影响较希腊影响更强大些。在大乘佛教万神殿中大放慈
悲之光的许多光芒四射的神祇，以及菩萨是佛的化身这一教
义，可能都是由于波斯影响而产生的。斯坦因、伯希和以及其
它人士的发现，说明了这种影响越过中亚细亚到达了中国。[1]

原来早在公元前四世纪，亚历山大大帝东征，塞留古拥兵自立，希
腊势力已扩展到犍陀罗地区。希腊人带来了高水平的雕刻艺术。
公元一世纪，大月氏以犍陀罗为中心建立贵霜王朝，国王迦腻色伽
大力提倡佛教，结合了印度、希腊、波斯风格的犍陀罗造像艺术从
而兴盛起来。雷奈·格鲁塞论及犍陀罗艺术指出：

> 希腊—佛教派的艺术，也可以其主要中心之一为名而称
> 为犍陀罗派，它系希腊—罗马艺术在亚洲的最东部的一派，是
> 为宣扬佛教服务的……这派艺术约于公元一世纪达到其最高
> 峰……犍陀罗艺术的主要变革，是将佛陀和佛教中圣者的本
> 像在雕刻中表现出来，而在旧时本土的巴尔胡特和桑奇派中，
> 则是仅以象征来代表的。[2]

由于大乘佛教徒把雕造和供养佛像当作重要功德，强大的信仰潮
流成为推动造像艺术发展的巨大动力。佛教大规模输入中土正是
在这一时期，随着僧侣、商队和使臣等来到中国的信徒们也把新兴
的佛教造像艺术带到已有丰厚造像艺术积累的东方土地上来。

如建筑、绘画等一样，中国自殷、周以来已发展出高水平的雕
塑艺术。殷商时期已经盛行青铜、陶土、玉石、牙骨等材料的雕塑，
其成就和水准只要举出极其精美的青铜器就足够了。秦始皇墓兵
马俑、汉代的霍去病墓石雕以及大量砖刻、石刻、陶俑更代表了当

---

①《印度教与佛教史纲》第 1 卷第 22—23 页。
②《东方的文明》上册第 252—253 页。

时雕塑艺术的高度水平。本土这些艺术成果一方面给接受外来的佛教雕塑艺术提供了极其有利的条件，另一方面也决定了对这种外来艺术不会全盘领纳、接受，必然要在本土传统基础上加以消化、改造、借鉴，创造出具有民族风貌的新的艺术作品。当然这要有个过程。而且不同时代、不同地域接受外来艺术并加以创新的具体情况、发展程度不会相同。一般从地域说，越是距离西来源头更近的地方，外来影响表现得越直截也越明显；从发展说，越是时代靠后，外来艺术越是被更多地民族化，中国作风、中国气魄也会越加充分、突出地表现出来。而外来滋养逐渐融入中土艺术创造的过程，也就是具有民族特征的中国佛教造像艺术形成和发展的过程。

中国佛教造像艺术的发展可分为四个时期。这种分期大体符合中国佛教总体发展脉络，又和整个中国艺术发展水平相适应。东晋以前是外来造像艺术输入早期，即中国佛教造像艺术的草创时期；十六国南北朝时期对域外传来的造像艺术积极地消化、吸纳，与本土传统相融合，是造像艺术迅速发展的时期；隋唐是第三个时期，在这一时期造像艺术的"中国化"已经完成，具有鲜明民族特色的造像艺术已经成熟，创造出它的艺术成就的高峰；五代以后，从总体说是造像艺术的蜕化时期，但是在"世俗化"的强大潮流中仍有新变，有创造，元代以后受到西藏、尼泊尔造像艺术影响，又有新的发展。不过唐宋以后的造像，基本已失去以前那种雄浑伟大的气魄和令人震撼的艺术效果，也缺乏那种新颖、丰富的文化底蕴和宗教艺术应有的庄严神圣精神，更加注重表现的华丽和修饰，无论是艺术创新还是艺术水平层次上显然都不及前代了。

本章先来简要介绍第一、二期的情况。

一

　　东汉后期佛教输入渐成规模,正值贵霜王朝造像之风兴盛时期,在外来影响和推动下,中土开始相当普遍地营造佛像。传说中说到汉明帝遣使求法、白马驮经,带来释迦立像,遂创建白马寺。故事虽非事实但记录在距东汉年代不远的晋代文献(袁宏《后汉纪》)里,应真实地反映佛教输入早期已有造像。有关中土造像的可靠资料是《后汉书·陶谦传》里经常被引用的笮融督广陵、下邳、彭城运粮,遂断三郡委输,大起浮屠寺,作黄金涂像一事,表明在笮融所建寺院里已有圆雕佛像,并在这座具有相当规模的寺院举行隆重的浴佛仪式。后来沈约也说“自汉氏始有佛像”[1]。上世纪的考古发现包括一批东汉时期佛教造像实物,不但有助于具体认识当时佛教艺术的面貌,也可借以了解当时佛教发展的一般状态。有关资料本书前面已经提到过。

　　考古发现早期佛像遗迹主要是后汉桓、灵(147—189)时期的,这表明早期造像活动正与安世高等人的译经事业相呼应。就是说,译经沙门在一些文化中心地区翻译、写定经典、介绍教理、教义的时候,佛教在民众间的传播已形成相当规模,遂在各地出现造像以供奉的习俗。如今发现的造像遍及相当广阔的地域,主要有内蒙古和林格尔小板申一号墓前室顶部的佛像[2]、山东沂南画像石墓佛像、四川乐山市郊麻浩和柿子湾崖墓浮雕坐佛像以及四川彭山

────────────────

[1]《宋书》卷九三《隐逸传》,第 2277 页。
[2] 有的学者认为这是纯粹中土的“仙人骑白象图”,而不是佛教图像。一些被判定为中国早期佛教造像的遗物或遗迹,由于模糊不清,多有被怀疑为非佛教的。

东汉墓、四川绵阳何家山 1 号墓、绵阳白虎崖墓中出土摇钱树上的陶制或铜铸佛像、江苏连云港孔望山摩崖石刻中的佛像等①。上述这些遗迹或遗物有些是否佛教题材的,学术界还有争论,但把它们集中起来,足以证实佛教造像在东汉晚期已经开始流行:从四川到东海,在联贯中原的大片土地上都有遗存。而且现在发现的造像具有大体共同的特征,即着通肩袈裟,顶有肉髻,背有圆光,右手置胸前作说法印或施无畏印。显然这些特征在当时已形成固定程式。这也表明造像已经普及到相当程度,流传各地的基本样式是一致的②。

　　四川麻浩崖墓的释迦牟尼浮雕像刻在一号墓后室门楣上方,通高 37 厘米,面部已残,结跏趺坐,身穿通肩袈裟,顶有肉髻,背有圆光,右手作施无畏印,左手提袈裟角,整体姿态生动,颇有气势。类似的图像在四川柿子湾亦曾发现。摇钱树是古代巴蜀地区遗物,用作祭器或明器,是由底座、枝干构成的成组雕塑,一般装饰以西王母像和仙禽等仙界物象,反映的主要是神仙信仰。而四川发现了带有佛像的摇钱树,且不只一株。具有典型意义的是出土于彭山 166 号崖墓的一件陶质摇钱树,底座雕有佛像,这原本应是西王母的位置。这座佛像是高浮雕,同样是头上有发髻,结跏趺坐,着通肩袈裟,这些都是外来模式;但拱手端坐,面庞丰满,则又与本土神仙造像类似;左右各有一立像,似为一佛二弟子结构,座下底层是龙虎衔璧浮雕,则是西王母像应有的装饰。日本学者小南一郎分析说:

---

① 参阅俞伟超《东汉佛教图像考》,《文物》1980 年第 5 期。

② 1984 年河南省孟津县文化馆在民间征集一面铜镜(见洛阳博物馆编《洛阳出土铜镜》,文物出版社,1988 年),被认为是东汉永元五年(93)铸"老子浮屠铜镜",进而用以说明当时佛、老并存的情况(参阅温玉成《公元 1 至 3 世纪中国的仙佛模式》,《敦煌研究》1999 年第 1 期第 159—170 页)。但一般学术界以为这是唐代仿汉镜。

　　　　摇钱树和摇钱树座,不言而喻是一个东西。相对于摇钱
　　树座表示宇宙山,摇钱树本身则表示宇宙山顶生长的世界树。
　　再广而言之,摇钱树座象征着整个大地,摇钱树象征天空。天
　　与地以各自的中心部分相联结,而在二者相接触的中轴上有
　　西王母占据着。可以推断,从中原文化的角度看来,当本来不
　　过是群神之一的西王母占据了昆仑山的时候,它也就兼备了
　　宇宙论性质的机能了。①

如此把佛陀放在西王母位置上,显示信仰上的混同,正反映佛教初
传时期与道教神仙信仰观念上的混淆。孔望山摩崖石刻位于连云
港市锦屏山东北山坡,凿造在东西长约 17 米、上下高约 8 米的垂直
面上。对于其年代和内容学术界还有不同看法。多数学者根据人
物服饰、相貌和表现手法(类似汉画像石技法)肯定是东汉作品;内
容则认为十八组 105 躯图像中六组是道教内容的,其余都是佛教
的;后者又可分为佛传故事、佛像和供养人像三类。前一类由于剥
蚀严重,多数形象已漫漶不清,具体内容难于确考,只有第二组可
判定为《涅槃图》,第十组可判定为本生故事《舍身饲虎图》。佛像
和菩萨像有些清晰可以辨认,特征也很明显。如第八组里编号
X71—X75 五个人像,其中 X71 为佛立像,头上有肉髻,背后有圆
光,穿圆领长衫;X72 是带风帽的力士头像;另外三人是胡人像,应
是供养人②。信立祥指出:

　　　　画像群中的人物特征也具有鲜明的时代性。如 X2、X61,
　　都是右手施无畏印,左手置于胸前作握衣状,与四川彭山崖墓

---

① 《中国的神话传说与古小说》第 74—76 页;又参阅于豪亮《钱树、摇钱树和鱼
　龙漫衍之戏》,《文物》1961 年第 11 期。
② 参阅连云港市博物馆《连云港市孔望山摩崖造像调查报告》,《文物》1981 年
　第 7 期;俞伟超、信立祥《孔望山摩崖造像的年代考察》,同上;阮春荣《孔望
　山佛教造像时代考辨》,《考古》1986 年第 1 期。

　　出土摇钱树陶座上的坐佛像、乐山麻浩 1 号崖墓享堂的坐佛
像、沂南北寨村画像石墓立柱上的坐佛像的手势完全一样。
一些结跏趺坐的佛像,深目高鼻,头戴有翘的三角形风帽,为
魏晋以后所不见。很显然,这是北方或西北苦寒之地胡人的
形象,而不应是古印度即天竺人的特征。这一点,说明当时的
人们只知佛教来源于"夷狄",对天竺的气候和风土人情尚一
无所知,主观地把释迦牟尼理解为苦寒之地的胡人。[1]

这里描述的表现方式,不应单纯归结为当时人的误解,应是把西域
传来的佛教教主佛陀看作是胡人这一观念的反映。孔望山摩崖又
把黄帝、老子、释迦像组合在一起雕造,正体现当时佛、道并行的实
际状况和由之形成的祭祀习俗,也可作为永平年间朝廷给楚王刘
英诏书中所谓"诵黄老之微言,尚浮屠之仁祠,絜斋三月,与神为
誓"[2]和汉桓帝刘志"设华盖以祠浮图、老子"[3]的形象的说明。山
东沂南北寨村画像石墓前室和中室中央各有一根支撑过梁的八角
石柱,柱身雕刻仙人、神怪、仙禽、神兽,中室石柱的东侧面和西侧
面分别表现昆仑山上的西王母和东王公,下部配置仙禽、神兽等;
南侧面和北侧面上部各雕刻一个头有背光、双手合十、正面站立的
形象,南侧面中部刻有一个肩生双翼、双手作施无畏印的端坐人
像。这三个形象我国学术界一般判定为佛像,并认为这种表现方
式正表明当时中土对于佛教的理解,即把佛教当作道教的一个支
派,把佛陀和菩萨理解成和西王母、东王公同样的仙人,所以全部
形象才会这样来配置[4]。

　　巫鸿指出:"佛作为来自西方的'外神',又有助人不死之力,在

①《汉代画像石综合研究》第 349 页,文物出版社,2000 年。
②《后汉书》卷四二《光武十王列传》,第 1428 页。
③同上卷七《孝桓帝纪》,第 320 页。
④参阅俞伟超《东汉佛教图像考》,《先秦两汉考古论文集》第 157－169 页,文
　物出版社,1985 年;信立祥《汉代画像石综合研究》第 255 页。

汉代人心目中也就很自然地与东王公和西王母的形象发生了联系。这种观念导致了佛像功能的一次重要转变,在麻濠墓中,这尊圣像不再是公共场合中的参拜对象,而是死者期望死后升仙的个人愿望的象征。"①从这样的意义说,早期汉代佛陀图象从实证角度清晰展现了当时人信仰的实态。

这样,东汉后期雕造佛像已开始在中土流行。不过反映草创期的特点,艺术表现还只是粗具轮廓,观念上又与神仙信仰相混淆。此后经三国、西晋,造像继续普及。见于史料的,如《高僧传》记载,康僧会"以吴赤乌十年(247)初达建邺,营立茅茨,设像行道"②;又吴后主孙皓"使宿卫兵入后宫治园,于地得一金像,高数尺,呈皓,皓使著不净处,以秽汁灌之,共诸群臣笑以为乐"③。《洛阳伽蓝记》记述城内昭仪尼寺南宜寿里苞信县令段晖宅地下曾掘得"金像一躯,可高三尺。并有二菩萨,跌上铭曰:'晋太始二年五月十五日侍中中书监荀勖造。'"④太(泰)始二年为公元266年,是晋武帝立国的第二年。康僧会所记载佛像是寺庙供奉的,荀勖的佛像是家庭供养的;前者是僧侣造的,后者是俗人造的。

不过至今还没有发现这一时期单体造像遗物,但已发现陶瓷和铜器装饰物上的佛像,可藉以窥测当时佛像的一般样式,也体现外国佛教艺术的因素如何逐渐融入本土的传统之中。三国至西晋随葬品中有魂瓶,其上堆塑较复杂的人物、楼阁、动物等。1980年在江苏吴县枫桥何山出土的一件,青瓷制,通高48.6厘米,底径15

①《礼仪中的美术　巫鸿中国古代美术史文编》(Wu Hung: *Art in its Ritual Context Essays on Ancient Chinese Art*)下册第295页,郑岩、王睿编,郑岩等译,生活·读书·新知三联书店,2005年。

②《高僧传》卷一《康僧会传》,第15页。

③同上,第17页。

④《洛阳伽蓝记校注》卷一,第55页。

厘米,上部有三层堆塑。上层是楼阁人物,中层前后各塑门廊,两侧依次有双阙和龟趺碑,碑额刻"再福"二字,碑身分三行刻"出始宁用此/宜子孙作吏高/其乐无极"字样,碑两侧和下层以及罐身贴塑人物,其中有双膝结跏、着通肩大衣、顶有肉髻的佛像。在中国本土和日本出土一批铸有佛像的铜镜,据考制作于三国西晋时期。在日本出土的一般以为是自中国输入的(起码是自中国东渡的匠人制作的)。其中宫内厅收藏有三国时期的三角缘佛兽铜镜,直径21.2厘米,镜面作三人三兽构图,三人皆结跏趺坐,手结定印,一人有顶髻和项光,其他二人头戴三山冠,这显然也是佛陀与仙人相结合的造像。又湖北武昌莲西寺永安五年(262)校尉彭卢墓出土一鎏金铜带饰,上面镂刻有坐在莲花座上的佛像,袒上身,下着裙,有肉髻和圆光,这是现存最早的金铜佛造像。从这些遗物造型看,都具有佛像的主要特征,如结跏趺坐、手结定印、头有肉髻、有顶光等,但整体形貌一般比较模糊。这当然和造像材料质地有关,但主要还是因为当时人对佛像的了解还很简单,另一方面观念上又与道教神仙形象相混淆。而这些造像的实际意义和作用,无论是安置在魂瓶上,还是铸造在日常用品上,显然都是用于祈愿、祝祷的。魂瓶、铜镜、衣带等都是民间日用品,在它们上面雕塑佛像,也显示了当时民众间佛教信仰的实态。

总体看,早期佛教造像规模有限,制作还比较粗糙。但从流传、普及情况看,还是相当广泛、迅速的,并已显示出外来艺术题材、艺术方法与中土传统相结合的大趋势,也表明造像无论作为信仰手段还是作为艺术形式,在中土都具有强大生命力和广阔的发展前景。随着佛教的急遽发展,在西域通向中原的孔道上,形成一系列佛教中心(考虑到佛教从南海输入的可能,还包括滨海地区)。众多中外工匠(其中有佛教信徒,也有以技艺谋生的俗人)中不乏优秀艺术家,他们一方面把天竺和西域的石窟移植到中土,创造出中外结合的石窟群中一座座文化、艺术瑰宝,同时也输入各种类型的造像。这样,东汉时期粗陋的造像揭开了中国佛教伟大造像艺术的序幕,预示着它辉煌的未来。在以后漫远的发展过程中,造像艺术循着三条线索演进:一是这种外来艺术形式逐渐脱卸外来面貌,在中国固有传统土壤上不断地"中国化",一个重要方面是与神仙信仰合流,体现为与神仙(如西王母)形象各种样式的结合与"混淆";二是在中国理性主义文化传统中发展,不断地"现实化"和"世俗化",脱卸其神秘的、神圣的色彩,更多地融入现实精神和人生内容,以至成为民众心理与愿望的表现;三是在中国艺术创作强大潮流中发展的造像艺术,必然会吸收世俗艺术的成果和经验,其水平必然与各时代艺术发展的总体形势相应而不断提高。这三者形成复杂的相互作用关系。也正因此,各时期造像艺术的形态和成就各有特色,发展也不是直线的、平衡的。

三

东晋十六国时期,中国佛教步入急速发展的阶段,佛教造像也兴盛起来。无论是文献记载还是遗存实物都逐渐增多。中国除了与南亚(印度、斯里兰卡)、中亚的交流,又通过多种渠道从陆路、海路输入经像。东南亚诸国也是经像的重要来源地。公元二至六世纪,佛教在扶南(今柬埔寨境内)、占婆(今越南南部)等地相当兴盛。而自三国时吴国立国,已和这些国家频繁交流,使臣往来不绝,同时进行佛教的交流。这样,东南亚诸国制作的佛像也源源不断地流入,给中土提供了更多范本。

在南方,"师子国……晋义熙初,始遣献玉像,经十载乃至。像高四尺二寸,玉色洁润,形制殊特,殆非人工。此像历晋、宋世在瓦棺寺"①;法显西行求法,从师子国回国,航行中遇到风暴,商人将财货抛到海里,"法显亦以君墀及澡罐并余物抛掷海中,但恐商人掷去经像"②;宋"元嘉五年(428),(师子国)国王刹利摩诃南奉表曰:……欲与天子共弘正法,以度难化。故托四道人遣二白衣送牙台像以为信誓"③;法献"以宋元徽三年(公元四七五年),发踵金陵,西游巴蜀,路出河南,道经芮芮。既到于阗,欲度葱岭,值栈道断绝,遂于于阗而反。获佛牙一枚,舍利十五身,并《观世音灭罪咒》及《调达品》,又得龟兹国金锤鍱像,于是而还"④,等等。"锤鍱"是一种新的金属打制技术。齐永明二年(484)扶南国王侨陈如阇耶跋摩进贡,包括"金镂龙王座像一躯,白檀像一躯,牙塔二躯"⑤;"梁祖武帝以天监元年正月八日梦檀像入国,因发诏募往迎……时决胜将军郝骞、谢文华等八十人应募往达……至天监十年四月五日,骞等达于杨都。帝与百僚徒行四十里,迎还太极殿,建斋度人……湘东王在江陵即位,号元承圣,遣人从杨都迎上至荆都承光殿供养。后梁大定八年,于城北静陵造大明寺,乃以像归之。今现在,多有传写,流被京国云。"⑥又地处岭南的番禺毗耶离精舍有得自扶南国(今柬埔寨)的石佛像,"莫知其始"⑦,想传入甚早。

　　在北方,与西域交流更为直截。北魏"太安初(455),有师子国胡沙门邪奢遗多、浮陀难提等五人,奉佛像三,到京都。皆云,备历西域诸国,见佛影迹及肉髻,外国诸王相承,咸遣工匠,摹写其容,莫能及难提所造者,去十余步,视之炳然,转近转微。又沙勒胡沙

①《梁书》卷五四《诸夷列传》,第800页。

②《法显传校注》,第167页。

③《宋书》卷九七《夷蛮列传》,第2384页。

④《高僧传》卷一三《齐上定林寺释法献传》,第488页。

⑤《南齐书》卷五八《扶南国传》,第1016页。

⑥《法苑珠林校注》卷一四《敬佛篇》,第2册第476页。

⑦道宣《集神州三宝感通录》卷中,《大正藏》第52卷第418页下。

门,赴京师致佛钵并画像迹"①;北魏洛阳的"永明寺,宣武皇帝所立
也,在大觉寺东。时佛法经像,盛于洛阳,异国沙门,咸来辐辏,负
锡持经,适兹乐土,世宗故立此寺以憩之。房庑连亘,一千余间。
庭列修竹,檐拂高松,奇花异草,骈阗阶砌。百国沙门三千余人,西
域远者,乃至大秦国……"②;"永平四年(511)九月,(蠕蠕国)丑奴
遣沙门洪宣奉献珠像"③。

　　另有许多关于外国佛像来华的传说,不一定是事实,但它们所
反映当时外来佛像流传和人们对它们崇敬、供养情形则是真实的。
如"昔晋咸和(326—334)中,丹阳尹高悝,于张侯桥浦里,掘得一金
像,无有光趺,而制作甚工。前有梵书云是育王第四女所造。悝载
像还至长干巷口,牛不复行,非人力所御,乃任牛所之,径趣长干
寺。尔后年许,有临海渔人张系世,于海口得铜莲华趺,浮在水上,
即取送县。县表上上台,敕使安像足下,契然相应。后有西域五僧
诣悝云,昔于天竺得阿育王像,至邺遭乱,藏置河边。王路既通,寻
觅失所。近得梦云,像已出江东,为高悝所得,故远涉山海,欲一见
礼拜耳。悝即引至长干,五人见像,歔欷涕泣,像即放光,照于堂
内。五人云,本有圆光,今在远处,亦寻当至。晋咸安元年(公元三
七一年),交州合浦县采珠人董宗之,于海底得一佛光。刺史表上,
晋简文帝敕施此像。孔穴悬同,光色一重。凡四十余年,东西祥
感,光趺方具。"④又东晋昙翼,"常叹寺立僧足,而形像尚少。阿育
王所造容仪,神瑞皆多,布在诸方,何其无感,不能招致。乃专精恳
恻,请求诚应。以晋太元十九年(公元三九四年)甲午之岁二月八
日,忽有一像现于城北,光相冲天,时白马寺僧众,先往迎接,不能
令动。翼乃往祇礼,谓众人曰:'当是阿育王像,降我长沙寺焉。'即

①《魏书》卷一一四《释老志》,第3036—3037页。
②《洛阳伽蓝记校注》卷四《永平寺》,第235—236页。
③《魏书》卷一一三《蠕蠕传》,第2297页。
④《高僧传》卷一三《晋并州竺慧达传》,第478页。

令弟子三人捧接,飘然而起,迎还本寺,道俗奔赴,车马轰填。后罽宾禅师僧伽难陀从蜀下,入寺礼拜,见像光上有梵字,便曰:'是阿育王像,何时来此?'时人闻者方知翼之不谬"①。这些外来佛像乃成为中土造像的样板。而南北朝时期流传出许多关于阿育王像的传说,内容和背景甚为复杂(如宣扬护法君主阿育王,体现佛教依附王权的观念,正适应中土的现实需要,等等),也反映外来佛教流行情形。

这样,有了大量外来范本,又正值佛教大发展时期,中国佛教造像很快取得长足进展。据文献记载,汉末已有"浴佛"仪式,东吴已经"设像行道"。石赵时,每年四月八日佛诞日举行灌佛会,据东晋人记载:

> 石虎……尝作檀车,广丈余,长二丈,四轮,作金佛像,坐于车上,九龙吐水灌之。又作木道人,恒以手摩佛心腹之间;又十余木道人,长二尺余,皆披袈裟绕佛行,当佛前辄揖礼佛,又以手撮香投炉中,与人无异。车行则木人行,龙吐水;车止则止。亦解飞所造也。②

解飞任中御史,是能工巧匠。从上述情形可以推测当时制作、供养佛像风气之兴盛。

东晋戴逵(347—396)善画佛像,雕塑技艺也同样著名。唐张彦远记载:

> 逵既巧思,又善铸佛像及雕刻。曾造无量寿木像,高丈六,并菩萨。

有无名氏注谓:"此像曾在越州嘉祥寺。今亦有逵手铸铜佛,并二

---

①《高僧传》卷五《晋荆州长沙寺释昙翼传》,第199页。
②陆翙《邺中记》。

菩萨,在故洛阳城白马寺。"①张彦远说他"以古制朴拙,至于开敬,不足动心,乃潜坐帷中,密听众论,所听褒贬,辄加详研,积思三年,刻像乃成"。其子戴颙(378—441),艺术上继承乃父传统,史载"自汉世始有佛像,形制未功,(戴)逵特善其事,颙亦参焉。宋世子铸丈六铜像于瓦官寺,既成,面恨瘦,工人不能治,乃迎颙看之。颙曰:'非面瘦,乃臂胛肥耳。'既错减臂胛,瘦患即除,无不叹服焉"②。又唐李绰《尚书故实》记载:

> 佛像本胡夷朴陋,人不生敬,今之藻绘雕刻,自戴颙始也。颙尝刻一像,自隐帐中,听人臧否,随而改之,如是者积十年,厥功方就。③

这也是表扬戴逵的艺术技巧,与张彦远记载为同一事,并把积思修改三年夸张为十年。而特别指出"佛像本胡夷朴陋"云云,则是说相对于本土艺术表现的精致华美,还保持外来拙陋朴实的风貌。戴逵、戴颙在艺术上精心加工,则是按中土欣赏习惯对外来模式加以改变。由此亦可见他们的造像技巧已经相当娴熟,而且在努力根据本土传统和艺术趣味加以创新。又戴颙结交的僧诠,"先于黄龙国造丈六金像,入吴,又造人中金像,置于虎丘山之东寺"④。这也是一位精于造像的僧侣艺术家,戴颙必然和他多有交流。上述有关戴逵父子的传说,内容显然有相混淆之处,但反映的观念当是真实、典型的。中土艺术家不愿意原原本本照搬外来模式,在汲取、借鉴的同时已经在积极地加以再创造。《法苑珠林》记载:

> 自泥洹以来,久逾千祀。西方像制,流式中夏。故依经熔铸,各务仿佛。名士奇匠,竞心展力。而精分密数,未有殊绝。

---

① 《历代名画记》卷五《晋》。
② 《宋书》卷九三《隐逸列传》,第2277—2278页。
③ 《尚书故实》。
④ 《高僧传》卷七《宋余杭方显寺释僧诠传》,第272页。

> 晋世有谯国戴逵,字安道者,风清概远,肥遁旧吴。宅性居理,
> 游心释教。且机思通赡,巧拟造化。思所以影响法相,咫尺应
> 身,乃作无量寿挟侍菩萨,研思致妙,精锐定制。潜于帷中密
> 听众论,所闻褒贬,辄加详改。核准度于毫芒,审光色于浓淡。
> 其和墨点彩,刻形镂法,虽周人尽策之微,宋客象楮之妙,不能
> 逾也。委心积虑,三年方成。振代迄今,所未曾有。①

实际上戴逵父子乃是众多艺术家的典型,他们的成就反映了当时
造像的一般发展趋势。

当时造像在社会上已形成风气。如东晋末年恭帝(419—420
在位)信佛,铸货千万,造丈六金像,躬亲奉迎至瓦官寺,这是帝王造
像;又"释僧洪,豫州人,止于京师瓦官寺。少而修身整洁。后率化有
缘,造丈六金像,镕铸始毕,未及开模。时晋末铜禁甚严,犯者必死。
宋武于时为相国,洪坐罪系于相府,唯诵《观世音经》……"②,这是僧
人造像。由于大兴铸铜造像,竟造成朝廷财政的危机。仅此一端,
就可见形势的兴盛。

对于造像艺术的发展,中国佛教的两大"功臣"——东晋的道
安和慧远师弟子更起到推动作用,作出了巨大贡献。

道安一生除专注于佛学研究和著述外,又注意制定"僧尼仪
范",包括行香定座、布萨悔过等仪轨,并热心寺院建设,包括造像。
例如他在襄阳,"以白马寺狭,乃更立寺,名曰檀溪,即清河张殷宅
也。大富长者,并加赞助,建塔五层,起房四百。凉州刺史杨弘忠
送铜万斤,拟为承露盘,安曰:'露盘已讫,汝公营造,欲回此铜铸
像,事可然乎。'忠欣而敬诺。于是众共抽舍,助成佛像,光相丈六,
神好明著,每夕放光,彻照堂殿。像后又自行至万山,举邑皆往瞻
礼,迁以还寺。安既大愿果成,谓言:'夕死可矣。'苻坚遣使送外国

---

① 《法苑珠林校注》卷一六《敬佛篇》,第 2 册第 542—543 页。
② 《高僧传》卷一三《宋豫州释僧洪传》,第 484 页。

金箔倚像,高七尺,又金坐像、结珠弥勒像、金缕绣像、织成像,各一张。每讲会法聚,辄罗列尊像,布置幢幡,珠佩迭晖,烟华乱发。使夫升阶履闼者,莫不肃焉尽敬矣。有一外国铜像,形制古异,时众不甚恭重。安曰:'像形相致佳,但髻形未称。'令弟子炉治其髻,既而光焰焕炳,耀满一堂。详视髻中,见一舍利,众咸愧服。安曰:'像既灵异,不烦复治。'乃止"①。由此可见道安在整齐寺院规范时对供奉佛像的重视,而其时正是大量佛像从外国输入的时期。

慧远在庐山,于般若台精舍阿弥陀像前,集合刘遗民等息心贞信之士一百二十三人,建斋立誓,往生西方。这是佛教史上的大事。观像念佛是禅观的一种,经慧远提倡而大为流行。慧远曾听到天竺佛影传闻,是说北天竺月氏国那竭呵城南古仙人室中,有佛陀当初教化毒龙所留影像,西域来人叙其光相,慧远遂营筑龛室,加以描绘,并为制铭。又有传说当年陶侃镇广州,于海上得阿育王像,送武昌寒溪寺,后陶侃移镇,遣使迎接,数十人举之上船,船即覆没,慧远既创东林寺,"祈心奉请,乃飘然自轻,往还无梗"②。从这类传说,可见慧远对佛像的重视。

以上是文献纪录。现存造像遗物最早是北方十六国的。这当然也和北方佛教的整体发展形势有关系。十六国与西域有更多的直接交流,外来造像范本遂源源不断地输入;另一方面在热烈的信仰潮流驱动下,制造和供奉佛像也成为普遍的社会习俗。从这一时期遗存佛像看,制作基本还是以外来的即犍陀罗艺术为范本,因而总地看来,"十六国佛像是含有犍陀罗因素的中国式的佛像"③。现存带有名款的中国最早金铜造像是美国旧金山亚洲美术馆所藏后赵建武四年(338)铸造的镀金释迦牟尼坐像。这座造像在中国佛教艺术史上树立了一个坐标,可据以确定国内、外收藏同类造像

---

①《高僧传》卷五《晋长安五级寺释道安传》,第179-180页。
②同上卷三《晋庐山释慧远传》,第214页。
③金申《十六国时期的铜佛造像》,《佛教美术丛考》第5页,科学出版社,2004年。

的年代。此像出土地点不明,通高 39.7 厘米,佛陀坐在四足方座上,作禅定印,着通肩大衣,胸前和前襟衣纹作 U 形,高肉髻,波浪形发纹,宽额平,大眼横长,面形已经明显具有汉人特征,底座前部是本土传统的博山炉和对狮。J. 勒鲁瓦·戴维森指出:

> 这尊佛像……仍然保持有犍陀罗传统,但是中国艺术家将衣饰的褶痕稍许弄平,又对佛像的面容加以抽象化,因而留下了中国艺术的痕迹。[1]

陕西西安市博物馆和北京首都博物馆等也都收藏有造型和表现技法类似的造像,可以判定大体是同一时期铸造。另有两尊现收藏在外国的与之相似的造像,应制作于四世纪末。一尊是日本京都斋藤齐成会有邻馆藏金铜菩萨立像,通高 33.3 厘米,相传出土于陕西三原县,无铭文,一般认为是弥勒像。此像躯体丰厚威严,右手作施无畏印,左臂下弯持净瓶(这是判断为弥勒菩萨的根据),头大额宽,西域人面容,头上有宝髻,发式中分垂至双肩;上身赤裸,肌肉丰满,披阔布衣,从肩部下垂至腕,下身着裙,衣褶波浪起伏。这尊造像形体还不够匀称,比例也不够协调。另一尊是美国福格美术馆藏金铜佛坐像,通高 32.9 厘米。此像整体丰硕稳重,形制和上述带有建武四年铭文的佛像相似,其特别处一是背有锯齿形背光,再是肉髻顶上有容藏舍利的小孔。全身从颈部以下密布流水衣纹,覆盖双臂和双膝。上述这些造像,外来的影响主要是犍陀罗的,还有马土腊以至希腊的影响也相当明显,而无论是人物造型还是整体形制、装饰,又明显体现汉地民族风格。又建国以后曾在石家庄市北宋村二号汉墓扰乱层出土铜佛像二躯和佛座、佛像背光各一件,据判定也是后赵遗物。

---

[1]《印度对中国的影响》,巴沙姆主编《印度文化史》(*A Cultural History of India*,Oxford University Press,New Delhi, 1984)第 674 页,闵光沛等译,商务印书馆,1997 年。

今存带有赫连夏胜光二年(429)铭文的金铜佛坐像是确切年代可考的第二尊佛像。这已经是十六国末期,实际已正式进入南北朝时代。这尊佛像原为日本神户芦屋某人所藏,现藏日本大阪市立博物馆。佛像通高 19 厘米,和前面几尊相比较,虽然形制大体类似,但显然更多中土韵味:头额更低,眉目湾长,鼻梁挺直,面颊略微收缩,显得比较丰颐;高肉髻,束发,左右中分而不做螺纹;着通肩大衣,对称矩形衣纹;座下铸四足高坐床,与像身相连。这些都体现出更加明显的中土特色。

这样,十六国时期佛教造像已兴盛起来,并已经达到相当的水准。这一时期的造像虽然更多地模仿外来范本,却已经在"民族化"的道路上起步,显然已走上中国造像创新的发展道路。

四

进入南北朝,迎来了造像大繁荣时期。这也是外来造像艺术民族化迅速进展的时期。独具特色的金铜造像、造像碑都在这一时期兴盛起来。而从艺术角度看,正是在这一时期,外来的技法和风格已较和谐地融入中土传统。另一方面在佛教造像中,南、北方不同的艺术潮流也在交流,而更能够体现民族传统的南方艺术风格发挥出更大的影响力。

南北朝近二百年间,相对于南方注重义学讲习,北方更重视禅修和功德,开凿出大量石窟,这方面的艺术成就前面已经介绍过。特别由于北魏太延五年(439)攻破北凉,占领姑臧(今甘肃武威),迁北凉民众三万余家到平城,把"五凉"佛教引入中原;再是直接沟通了与西域佛教的交流,吸引许多印度和中亚艺术家来华,中、外造像艺术从而得到进一步交流、融合的机会。中土造像艺术一方面再度有机会接受丰富的外来滋养，一方面继续循着民族化方向演进，遂创造出更加多姿多彩、辉煌灿烂的新局面。

这一时期造像虽然仍主要以犍陀罗或马土腊样式为模本，造型丰硕健壮，气势雄浑，容貌、形态也体现出浑穆沉静、神秘幽远的宗教精神，但从发展总体趋势看，则本土的美学理想和艺术特色显然是逐渐浓重了。就是说，民族化的脚步加速了，从而也为隋唐极其卓越的造像艺术开辟出一条坦途。（当然这后一方面发展不是直线的，例如北魏末年以后出现"鲜卑化"倾向的回潮，外来的影响又有所增强。）

北魏早期造像基本沿袭十六国传统而有所发展。现存可见到的较早期实物，一是太平真君元年（440）朱雄造坐佛像，一是日本东京国立博物馆所藏北魏太平真君四年（443）菀申造铜镀金释迦牟尼立像。后者通高53.5厘米，佛像站立在四足方形莲花座上；右手施无畏印，左手与愿印；高肉髻，面相圆满，双耳垂肩；身着通肩袈裟，衣纹呈U字形双折线，下摆宽阔。这些特征都糅合了犍陀罗和马土腊表现手法。另一件北京首都博物馆藏镀金释迦牟尼佛坐像，通高27厘米，结跏趺坐在双层台座上，台座上层作倒梯形，与下层结合处左右有对狮，下层四角床座，刻有精细的纹饰；佛像高肉髻、螺旋发，面目长圆；右手施无畏印，左手置右膝上；内着僧祇衣，外披袒右袈裟。整个形制已更多体现本土风貌，衣着也是本土式样。又皇兴五年（471）造交脚弥勒坐像，通高86.9厘米，其特点是有十分精美的舟形背光：正面浮雕火焰纹和化佛，背面分为六栏，每栏又分成若干部分，浮雕佛传故事，雕工十分精细。这一时期除了立佛、坐佛之外，还出现了观音菩萨像，释迦、多宝并坐像等。菩萨衣饰也有明显变化：高耸的天冠，长长的宝缯，缨络手钏，短袖天衣，显然对于想象中神仙形象有所模仿，也体现了鲜明的民族审美情趣。

孝文帝太和十八年（494）自平城迁都洛阳是北魏政权进一步

"汉化"的里程碑。孝文帝明确意识到"此间（平城）用武之地，非可文治，移风易俗，信为甚难"①。"移风易俗"乃是迁都的重要目的之一。这一措施对于中国北部地区整个政治、经济、文化等各领域的发展所起的作用是不可估量的。"风俗"的变革在造像艺术上很快得到明显的体现。在到北魏末年（534）的四十年间，造像艺术中民族成分明显增多。特别是南朝的影响在造像面貌、衣着和整体风格等方面都更加清楚地表现出来：人物躯体由丰实苗壮变得瘦削修长，神情由庄严肃穆变得柔和俊美，衣服由通肩大衣或偏袒右肩变化为曲领下垂、褒衣博带的汉族样式。这些都是受到江南"秀骨清像"艺术风格的影响。表现手法则趋于优美细密，也是南朝艺术的特色。西藏文管会收藏的北魏正始三年（506）鎏金铜佛坐像，原在拉萨采集，通体鎏金，结跏趺坐，肉髻高耸，螺发垂肩，着右袒袈裟，右手作施无畏印，左手置膝上。这虽然仍是早期形制，但整个造型变得典雅流畅；额头降低，下颌收缩，细密的衣纹富于流动感；配合北魏特有的高脚台座，给人以庄严而不失优美的印象。鲜明体现民族化发展趋向的还有现藏美国纽约市大都会博物馆正光五年（524）新市县（属定州）午猷为亡儿造弥勒像。在四方双重床座上是一立佛、二立菩萨、二思惟菩萨、四供养菩萨、二力士，通高 77厘米；主像居中，面容清癯，褒衣博带，衣折宽平，衣裾外张如翼；有舟形背光，外缘饰以十一飞天，均镂空雕造；菩萨宝缯飞扬，衣帔交叉，起到联结作用；下部是博山炉和对狮。人物已是典型的"秀骨清像"，潇洒秀丽；整体结构于严整中见变化；由于全体镂空，更体现出繁缛华丽的装饰性。

这一时期的大型石造像有原存山东临淄市龙泉寺址、现藏青岛市博物馆的四尊。其中两尊是佛像，两尊是菩萨像，均立在莲花座上。佛像通高约 5.8 米，菩萨像高约 3 米。佛像的面容瘦削，明

①《魏书》卷一九中《元澄传》，第 464 页。

显体现"秀骨清像"特征,衣装也是褒衣博带的本土样式;菩萨像本是佛像胁侍,惜头部已经破损。又广饶县所存比丘道休造弥勒石佛像,通高 3.46 米,也是立在下有方台的莲座上,面容慈祥,特殊处在舟形背光上有浅浮雕飞天围绕、以香花供养的主尊,台座上有线刻的护法双狮和供养比丘,雕造极其精致。日本大阪博物馆所藏石灰岩北魏三身佛立像,则更具民族风格。这是一佛二菩萨像,主尊整体肃穆修长,头上肉髻已明显收缩,面容狭长,长眉弯曲,鼻梁高耸,嘴角上翘,给人以温柔祥和的印象;颈部挺直,连接斜削的肩部,躯体显得更加修长;加上典型的褒衣博带装束,疏朗的衣纹自然流畅;巨大的尖形背光,上面雕刻精美的佛像和花纹。整体雕造手法显然和汉代画像石一脉相承,风格明显更高程度地汉化了。值得注意的是这一时期的小型石刻造像,雕造往往更为细腻纤巧。代表作有现藏美国堪萨斯市纳尔逊博物馆的太和十八年(494)尹受国砂岩造石佛像,出土地点不明。通高 54 厘米,佛像趺坐在束腰方座上;高肉髻,发纹作浅波浪状,宽头额阔,面形丰俭适中;袒右大衣,左手提一角,右手作施无畏印;有莲瓣火焰纹大背光,背光左右有胁侍;束腰左右是对狮,中间是两个供养人对持由二龙托起的供盘。整体结构舒展,形象端庄浑厚,纹饰极其精美。

　　北魏泥塑造像留存不多,可以举出洛阳永宁寺塔基遗址出土的一批作品为例。1979 年发掘时出土的大批泥塑佛像残件,其中原属大像的很少,且难以复原;小像较多,达三百余身,多是贴在墙上的影塑,一般头高约 7 厘米,通高约 15 厘米,包括菩萨、弟子、飞天和供养人等;供养人有文武官员、男女侍仆、武士等。人物表情生动,神态各异,富于生活情趣,发髻、帽冠、衣袍、鞋履等都细腻逼真,体现出很高的艺术技巧。

　　造像碑是中土独创的艺术样式,是由碑碣制度转化来的,布局和表现手法显然和汉代画像石和画像砖有继承关系。有扁体和四面柱体两大类,以前一类为多。上面一般刻有造像因缘和造像者姓名、身份、籍贯等即所谓"造像记",许多具有书法艺术价值,更具体反映造像当时佛教信仰的实态,具有多方面社会学价值。造像碑具体形制、繁简情形不一。有的有碑额、碑座。碑额一般作双龙蟠曲状,有的还有仿木结构建筑样式的碑顶,这些显然是有意模仿中土碑碣形式;碑面上有的凿出佛龛;除了雕刻佛、菩萨、力士等像外,往往还有供养人像和题榜;供养人像姿态多样,个别的仿佛有情节的风俗画。有些柱式造像碑四面造像或雕刻图案。宋赵明诚《金石录》记载前赵光初五年(322)佛图澄造释迦像碑,是见于文献中年代最早的,不过是否真确难以考定。造像碑盛行于北朝,今存多发现于河南、陕西、山西、甘肃等地区,唐代的已很稀少。早期结构比较简单的造像碑,只在碑身上雕刻出一个或两个佛龛,下面刻造像者姓名等,或线刻出单个或成列的供养人像。时间越是往后,结构发展得越是复杂,制作也更为精细。整体看由于是在碑石上雕刻,主要是在石面上做高浮雕,形制一般较石窟造像为小,构思、布局、雕造都受到限制,不过工艺技巧则留有更大发挥的余地。不同时期作品的具体风格则与同时代的一般造像相一致。现存完整的精美作品如太和二十三年(499)比丘僧欣造弥勒三尊立像碑、神龟三年(520)吕氏一族造像碑、正光六年(525)曹望憘造像碑(存碑座)、永安元年(528)高神婆造像碑、永安二年(529)五十人等造像碑等,都是雕造精致、艺术水准极高的精品。又美国波士顿博物馆所藏一铺石佛像碑,是从北魏永熙二年(533)开始制作至东魏武定元年(543)十年间完成的,规模恢宏,雕刻精良,是艺术极品。图像上下分为四层:最上层是佛像,第二层是护法,第三层是维摩变,第四层是供养人像,下面是碑文。整体结构复杂,描摹生动,人物形象多姿多彩。特别是中间的维摩变,一边是在丈室帷幔中孤独的维摩,一边是率领佛弟子、众菩萨等前来问疾的文殊,生动地描摹出两相对垒的情形,表现出热烈的论辩气氛。

北魏末至北周末这不到半个世纪时期,造像风格又有新的变化,形态由修长又回归到半圆形,技法则由流畅回归拙朴,头部变得稍大,面相趋于丰硕,腹部微觉突出。这是北方民族传统的所谓"鲜卑化"模式的回潮。而与造像本身的雕刻日渐疏简相对照,背光、莲座、坐床的装饰却日趋繁缛,出现了花枝交织形的镂空透雕,这则是铸铜技术更加成熟的结果。这种"回潮"现象的出现,固然是艺术观念和情趣发生变化的具体体现,但也反映了不同民族艺术风格交流的复杂多变情形。艺术的进步正是在这种回环往复的前进过程中实现的。另一方面,这一时期东方的东魏、北齐与西方的西魏、北周在艺术风格上又有所不同。东部地区技法比较拙朴凝重,西方则较为繁缛精细。东魏和北齐朝廷都曾大力推崇佛教,开窟造像风气极盛,也取得更高的艺术成就。南北响堂山石窟和天龙山石窟就是这一时期开凿的。这一地区还留存有大量金铜和石造像,其中多有精品。如现存费城大学博物馆天平三年(536)定州中山上曲县乐家兄弟造弥勒立像,典型地体现了"鲜卑化"倾向:面相和身体轮廓浑圆,头部较小,身躯比例显得矮壮丰实;又武定元年(543)杨回洛造观音像,通高47.5厘米,头部与身躯比例增大,面容丰满,腹部微凸,姿态安详;东京龙泉堂藏天保二年(551)观音像,有二胁侍菩萨,身着交叉式帔帛,造型同样宽肩凸胸,丰满厚重;河清元年(562)比丘尼员度等造弥勒像,通高93厘米,宝床上半跏趺坐双弥勒像,两侧雕出树干,透雕出枝条交织的穹隆状佛龛,上附化佛、飞天、宝塔、蟠龙等,构造极其繁复;背面布局和正面相似,只是代替弥勒的是双思惟菩萨倚坐像。这都体现各民族艺术风格交流不断深化的趋势,后来到唐代,终于达到完美的交融境界,结成丰硕的艺术果实。

　　建国以来,这一时期的造像遗物不断有新发现,而且往往是成批地出土。这些发现又透露出另一种新的潮流,就是在"鲜卑化"回潮的同时,东魏后期新的西方艺术风格的输入和影响。1954年在河北曲阳县修德寺遗址前后两批发掘出石造像两千二百余件,可考年代最早的一件青砂石高脚菩萨三尊像,相当于云冈时期的,最晚的是唐末的;其中有纪年的二百四十七件,最早是北魏神龟三年(520)的,最晚是唐天宝九年(750)的,而以东魏(40件)、北齐(101件)、隋代(81件)作品居多。1958年山东曲阜市胜果寺遗址中出土六铺鎏金铜造像。1976至1984年山东博兴县崇德村出土石、铜造像二百余件,这是我国至此出土金铜造像最多的一次。其中多是小型的,最大的通高28厘米,最小的只有7厘米。根据铭文和纪年考察,主要也是北魏和东魏、北齐作品①。1988年至1990年在山东诸城发掘一处古代寺庙遗址,出土石造像残体三百余件。1996年在山东青州市龙兴寺遗址出土造像残身、佛像头、菩萨头等计四百余件,其中较完整的残身二百余尊,年代从北魏到北宋,也以东魏、北齐为多。这当中数量较大、价值更高的是曲阳修德寺和青州龙兴寺两批。特别因为这两批造像制作年代延续时间长,可以从对比中看出自北魏到隋唐造像题材、技法和风格的演变轨迹,成为了解、研究造像艺术史的绝好资料。修德寺有纪年的北魏造像中以弥勒像为最多(七躯),东魏时期,观音像显著增多(13躯),出现了思惟菩萨像和释迦、多宝并坐像,到北齐,菩萨像已占全部造像一半之多。这些正反映民众信仰发生变化的实况。北魏时期的佛像造型总体转为方圆,头部前倾,作施无畏印,有舟形背光,上饰莲花或火焰纹,佛衣下摆垂至底座,衣褶厚重,重叠作弧形。如神龟三年(520)的一身弥勒下生像就是典型例子。东魏时期则造型趋于简约,头部变小,衣着变薄。到北齐,造像面目又回复丰硕,圆肩鼓腹,肌肉饱满,衣着透体,衣褶简略,与北魏晚期的秀骨清像显然又有所不同。《清理简报》说:

　　　　这批造像中,单体造像占很大的比例。他们有的身穿轻薄的纱质服装,使其紧贴肢体,真实而自然地体现出丰满、健

① 李少南《山东博兴出土百余件北魏至隋代铜造像》,《文物》1984年第5期。

美的躯体;有的身上线刻或凸刻出简单的衣纹,又给人以简洁明快之感;有些则垂纹遍身,显示出雍容华贵的艺术效果。单体造像的菩萨像周身雕饰得披金佩玉,长裙、披帛折线多变,飘逸自然。这些均充分显示出当时雕刻技法的精细和高超。更为珍贵的是,这批造像大部分还保留着原来的彩绘和贴金。彩绘的颜色有朱砂、宝蓝、赭石、孔雀绿、黑、白等天然矿物质颜料。有部分造像躯体或衣饰上甚至还有用各种颜色绘制的人物故事画面,更显珍稀可贵,应为这次清理出的极品。①

这种衣裙贴身、轻薄透体、体态婀娜的造像,给人以无限的庄严、神秘感。当时正是印度笈多王朝兴盛时期,这种形态与风格显然受到居于热带的印度马土腊造像艺术的影响。如宿白指出:

> 高齐流行的新兴的稠叠薄衣佛像,即是当时粟特人所工的"曹衣出水"式的天竺佛教形象。②

另一方面,这种形态与技法又与南方清秀优雅的艺术风格有关系。当初刘裕攻灭南燕,青齐地区在相当长的时期处在江左政权控制之下,南方文化在这一带留下巨大影响。中外、南北艺术传统在青州造像中从而得以结合。这一时期造像艺术所表现出的看似"复旧"的倾向,实际乃是在积极地接受和融会中、外来艺术成果的创新;表面上看外来艺术影响再度强化,实际并不是在民族化方向上的倒退或发展中遇到挫折,而正是外来艺术与本土传统交流过程中曲折前进的体现。当进一步消化新的外来艺术成就之后,艺术水准整体上又提高一大步,民族艺术也结出新的果实。从这个意义说,造像艺术发展的这一"曲折"也为隋唐更大繁荣做了准备。

这一时期的造像碑形制更加多样,也有许多艺术精品。如山

---

① 山东省青州市博物馆《青州龙兴寺佛教造像窖藏清理简报》,《文物》1998 年第 2 期。
② 《青州龙兴寺窖藏所出佛像的几个问题》,《文物》1999 年第 10 期。

西新绛出土的东魏武定二年(544)释迦多宝造像碑,有双龙盘曲状的碑额,居中刻立佛,这是典型的中、外结合的形制;碑身上部开龛,内雕一佛、二菩萨,下部是铭文;碑侧上部亦开龛造像,下部是线刻三列供养人。河南襄县出土的北齐天统四年(568)造像碑,碑首方形,雕出幔帐轮廓,碑面三列,每列两个佛龛,下面是香炉和对狮。河南浚县出土的北齐武平三年(572)造像碑是四面柱形的,上有单檐歇山式碑顶,下有碑座,碑身四面均造三层小龛,龛内造像;所造有释迦、弥勒、弥陀佛,也有观音菩萨等;有单尊,有双尊,也有维摩变、涅槃变等,整体布局复杂多变;碑面四边雕刻龛柱,柱头有宝珠,周围雕出树木枝叶,细部装饰十分复杂精细。其他如东魏武定元年(543)骆子宽造像碑、西魏大统十三年(547)僧悦造像碑、北齐天保二年(551)坐佛九尊造像碑、西魏恭帝拓跋廓元年(554)薛氏造像碑、北齐天保八年(557)比丘法阴造像碑、北齐天保十年张噉鬼造像碑等,形制丰富多彩,风格则兼具壮观、精致之美。

五

南朝的情况,刘宋元嘉十二年(435)丹阳尹萧摹之上书朝廷说到"佛化被于中国,已历四代。塔寺形像,所在千计……不以精诚为至,更以奢竞为重"云云,并"请自今已后,有欲铸铜像者,悉诣台自闻",反映当时南朝造像兴盛情形。[1]

如上所说,相对于北朝注重开窟造像作功德,南朝更注重讲经、义解,建造庭院式的佛寺。到梁、陈时期,更形成中国历史上一

---

[1]《何令尚之答宋文皇帝赞扬佛教事》,《弘明集》卷一一,《大正藏》第 52 卷第 69 页上。

个造寺高峰期。造寺当然要造像，但这主要是庭院式寺庙里的佛像。另外当然还有家庭供奉的佛像。如梁武帝佞佛，广建佛寺，他在建康营建大爱敬寺、智度寺、同泰寺、光宅寺等，都穷极宏丽，佛像巍峨。据佛教方面的记载，陈宣帝在位十三年，造像二万尊，修治旧像一百三十万尊。这或有夸炫，亦可见风气之盛。北方石窟造像风气也流传到南方。如四川广元千佛崖和南京栖霞山两处就是这一时期开始凿造的，但规模都远不及北方。南朝造像艺术也形成一定艺术特征，成就不可低估。

从遗存看，"北朝石像多而铜像少，南朝铜像多而石像少"①。清光绪八年(1882)以后陆续于成都市西门外万佛寺出土一批南朝至唐末造像二百余躯，有纪年的从宋元嘉二年(425)到唐大中元年(847)。这批佛像带有明显的地域性特征，反映了当地造像艺术的历史演变。著名的带有宋元嘉二年(425)铭文的净土变浮雕已流失国外，是早期净土信仰的实物，本书下面还将介绍。又日本东京永青文库藏元嘉十四年(437)金铜坐像，被看作是刘宋时期造像艺术标本②。佛像通高29.2厘米，结跏趺坐在双层台座上，有舟形大背光和头光，背光上有精致火焰纹，整体结构和谐、优美。这尊佛像姿态类似十六国样式，但面貌和衣饰处理则是地道的中土风格：肉髻如汉人发髻，额面宽阔，五官清秀，着圆领衣，衣褶形成由肩部下滑的流水纹，在胸前呈U字形。从具体技法和风格看，这些都相当典型地体现了民族艺术传统，整体面貌让人联想起秦汉时期的陶俑。拿这样的作品与北魏造像相对比，既可以明显看出二者间艺术上的密切交流、借鉴关系，又可以发现汉地的审美趣味和艺术技巧显然已得到更多体现，南朝贵族艺术的优雅风格和精致品味在其中也得到较充分的发挥。

---

①叶昌炽《语石》，《语石　语石异同评》第312页，中华书局，1994年。
②参阅《陶斋吉金录》。

　　反映南朝民众的信仰实况,造像碑较北方少得多。国内现存年代最早的是四川博物馆藏齐永明八年(490)弥勒佛造像碑。此碑通高64厘米,顶部破损,弥勒佛居中结跏趺坐,两旁二菩萨,下面是高莲座,左右有蹲狮;弥勒右手施无畏印,左手与愿印;面形圆润,后有莲瓣形头光;颈部细长,双目微睁,嘴角上翘,隐含笑容;身着双领袈裟,胸前系结,衣摆垂至莲座。这本来是南北朝时期坐佛的一般形制,但整体形态显得比较瘦削,面貌也比较俊俏,具有鲜明的"秀骨清像"特色。现存较多的是分别由梁和北周占领时期的今四川地区的造像。成都万佛寺出土的造像中有五身是梁武帝时代的,北周时期的则更多,主要是观音菩萨像,而很少北方流行的释迦、多宝并坐像、交脚弥勒像或思惟菩萨像。这也是当地民众信仰实态的反应。这些造像大体面形方正,衣着繁缛,衣褶细密,姿态潇洒清秀。如普通四年(523)的康胜造像碑,上部已破损,正中佛像体态修长,立在莲花座上,右手施无畏印,左手与愿印;头面椭圆,双耳垂肩,顶髻已经矮平,后有莲花状头光;内着斜领僧祇衣,外着大衣,搭在双肩,下摆搭在左肘,肩帔下垂向左侧飘起,阴刻流畅的四道衣纹,一派潇洒气象;主像左右有弟子、菩萨等十人,脚下左右有对狮,阶下是六个护法作为点缀,整体结构美观和谐;背面上部分三层,中间是莲花上的坐佛;上层右上角有帷幕,其中横卧一人,前面聚集十个人,左上角有一带冠人物,佩带飘扬,给人以似在飞翔的印象,当是在迎接死去的灵魂;下层是左右相对、排成队列的供养人,身着南朝流行的褒衣博带式冕服;整幅碑面点缀着山峦、树木;最下面是铭文,左右有护法矗立。这样的作品显然更多体现了南朝名士潇洒飘逸的情韵,无论是风格还是技法,都表现出浓郁的中土传统审美情趣。另有些造像装饰完全取自当时南方风俗。如一身大同三年(537)释迦立像,胸前结带上刻有华丽的花饰和珠饰;一尊天和二年(567)菩萨像,足蹬南方民间流行的草鞋。南朝造像更多体现南朝士大夫潇洒倜傥的姿态,也更多融入中土民族审美观念,显然与当地艺术传统有关系,也是在"中国化"的道路上先行了一步。

这样,由于南朝艺术风格更多沿袭本土固有传统,更重形容的秀美、温婉、精致,造像的体态、面貌、衣饰也更多表现出华美流畅、温润秀丽的情韵,和当时北朝的拙朴雄健全然不同;工艺技法也更为细致,达到了更高的水准。南、北造像艺术风格和表现手法的不同,显示出吸收外来艺术并追求、实现民族化的不同形态,更体现南、北艺术风格的多样性。正是在这样的基础上,到隋代全国重新统一,在南北、僧俗文化相统合的恢宏局面下,迎来了隋唐造像艺术发展的新高潮。

第二十七章　隋唐以前佛教绘画艺术 *

一

关于佛教绘画传统,部派佛教有部律《根本说一切有部毗奈耶杂事》卷十七有记载说:

> 给孤长者施园之后,作如是念:若不彩画,便不端严,佛若许者,我欲庄饰。即往白佛。佛言:"随意,当画。"闻佛听已,集诸彩色,并唤画工,报言:"此是彩色,可画寺中。"答曰:"从何处作? 欲画何物?"报言:"我亦未知,当往问佛。"佛言:"长者,于门两颊应作执杖药叉,次傍一面作大神通变,又于一面画作五趣生死之轮,檐下画作本生事,佛殿门傍画持鬘药叉,于讲堂处画老宿苾刍宣扬法要,于食堂处画持饼药叉,于库门傍画执宝药叉,安水堂处画龙持水瓶著妙璎珞,浴室火堂依天使经法式画之,并画少多地狱变,于瞻病堂画如来像躬自看病,大小行处画作死尸形容可畏,若于房内应画白骨髑髅。"是

---

* 古代佛教绘画包括石窟和寺院壁画,有关内容在本书相关章节叙述。

时长者从佛闻已,礼足而去,依教画饰。①

这段记载反映的实际是部派佛教时期佛画流行的观念与情形:这是庄严佛法所必需,内容则主要是本生、佛传及各种变相。

可以推测,佛教东传,和造像流行起来同时,也出现了佛像绘画。牟子《理惑论》里记载汉明帝派遣张骞等西行求法,已经说到"于洛阳城西雍门外起佛寺,于其壁画千乘万骑,绕塔三匝,又于南宫清凉台及开阳城门上作佛像。明帝存时预修寿陵,曰'显节',亦于其上作佛图像"②。后来又有《后汉书》所谓"(汉明)帝于是遣使天竺问佛道法,遂于中国图画形像焉"③等记载。这些虽然只是传说,但当初已有"图画形像"则应是历史事实。按逻辑推论,既然在佛教输入早期各类塔寺、造像已兴造起来,在中国绘画艺术高度发达的环境中,佛画流行起来也是势所必然。到东晋时期,支遁作《阿弥陀佛像赞》,宣扬"西方有国,国名安养……其佛号阿弥陀,晋言无量寿"的西方净土信仰,说到"此晋邦五末之世,有奉佛正戒,讽诵《阿弥陀经》,誓生彼国。不替诚心者,命终灵逝,化往之彼,见佛神悟,即得道矣。遁生末踪,忝厕残迹,驰心神国,非所敢望。乃因匠人,图立神表,仰瞻高仪,以质所天"④,可见当时已有"匠人"应人之求绘制佛像。而这绝不会是孤立的一件事。

唐人沈亚之曾说:

西域之有神教流于东域之中者,其教像法……验其经之说,佛去世而后模其形焉,像其真与众瞻仰之,故法之言像由斯也。其或范金铁以为之,合土木以为之,坚之以脂胶,饰之以丹漆五色,然后形神俨然成其像。举其数体,有为尊而坐

---

①《大正藏》第 24 卷第 283 页上—中。
②《牟子丛残新编》第 15 页。
③《后汉书》卷八八《西域传》,第 2922 页。
④《广弘明集》卷一五,《大正藏》第 52 卷第 196 页中—下。

者,有为卑而拱立者,有跪而如受教喻者,有执乐而弦者吹者,有具其形怪荷戈而勉强者,有嗔目咤叱者,模鬼神焉,此为像之外者焉。其性之旨为戒慎,正邪去恶为济度,力道盲聋,警沉溺,使民无不善,如我仁谊慈惠然,此为像之内者焉……意者欲使群生随其机以悟之。其机高者性惠,见其内像而觉发其心,而能致其正,其机下者其性回,见其外变反其心,而后归其正。是故精粗其内外之像以陈之。①

这是从外在形象到内在含义较全面地阐发了图象在佛教传播中所起的作用。这里所谓"其机高者",指能够体悟佛像体现的本质内容者,当然只是少数人;而对于大多数"其机下者",则形象的奇异"外变"更能引发其警觉和皈依。这样,图象对于树立信仰的作用是十分重大的。同样南朝佚名《正诬论》中也写道:

> 诸奉佛者,仰慕遗迹,思存仿佛,故铭列图像,致其虔肃……故上士游之,则忘其蹄筌,取诸远味,下士游之,则美其华藻,玩其炳蔚。先悦其耳目,渐率以义方,三途汲引,莫有遗逸。②

这里也是说,对于佛教图像,"上士"即沈亚之所谓"其机高者",会得鱼忘筌,得兔忘蹄,离相得意,体会到佛法的真谛;而"下士"即那些"其机下者",则会欣赏它们的华美。但作者补充说,即使是这样,也可以让人通过赏心悦目的享受,得到佛法的熏染。这则是从护法立场对佛教图像社会效果的又一种简括说明。不过这里也透露出一个重要信息,即有相当一部分人观赏佛像,是"美其华藻,玩其炳蔚",即是从审美角度来接受的。而美的享受却又正能够启发、诱导人的信仰心,美感从而会起到或增强宗教教化作用。这些

---

① 《移佛记》,《沈下贤文集》卷六,鲁迅点校本,《鲁迅辑录古籍丛编》第 4 册第 226—227 页。
② 《弘明集》卷一,《大正藏》第 52 卷第 8 页中。

都是对佛教艺术的宗教的和美学的双重价值的说明。而在中国文化高度理性传统的环境之下，佛教图象作为文化创造的美学意义和价值会得到更多的重视和发挥，从而也有更广阔的传播、普及空间。

绢本和纸本的绘画不像金石造像那样坚固得以传之永久，唐代以前的这类佛画如今已渺无痕迹可寻。考古发现的佛画遗迹，存有前面已提到的内蒙古和林格尔东汉墓壁画，其前室顶部绘有东向的东王公和西向的西王母，另有南向骑白象人物，据判断是佛院"乘象投胎"画面，北向又画有盛球装物的盘子，榜题"猞猁"（舍利）二字。这作为佛教产物，所体现的显然是当时"道教化的佛教"的形态。又如山东沂南汉墓石刻据考出于二世纪晚期至三世纪，其线刻部分和中国绘画传统技法有密切关系。加上一些文字记载和诸多后来的石窟壁画，综合起来，可以大体追踪古代佛教绘画艺术的具体发展状态。

可以推断，佛教初传时期的外来僧人中也会有一些善佛画的。早期佛画更多应出自无名的民间画匠之手。当时描绘佛陀和相关图象应有外来"粉本"为依据，这和造像情况是同样的。起初是中、外民间匠人奠定了中国佛画的基本规范与格调。在他们开创的基础上，汲取他们的艺术经验与成果，后来社会上层的艺术家们才能够创作出水平更高的作品。一旦进入专门家的创作领域，艺术水准就会迅速提高。有关这方面情况的记载，后出资料留下来不少，如道宣说：

> 阿弥陀佛五十菩萨像者，西域天竺之瑞像也。相传云，昔天竺鸡头摩寺五通菩萨，往安乐界，请阿弥陀佛。娑婆众生，愿生净土，无佛形像，愿力莫由，请垂降许。佛言："汝且前去，寻当现彼。"及菩萨还，其像已至：一佛五十菩萨，各坐莲花，在树叶上。菩萨取叶，所在图写，流布远近。汉明感梦，使往祈法，便获迦叶、摩腾等至洛阳。后腾姊子作沙门，持此瑞像，方

达此国，所在图之。未几赍像西返，而此图传不甚流广。魏晋已来，年载久远，又经灭法，经像湮除，此之瑞迹，殆将不见。隋文开教，有沙门明宪，从高齐道长法师所得此一本。说其本起，与传符焉。是以图写流布，遍于宇内。时有北齐画工曹仲达者，本曹国人，善于丹青，妙尽梵迹，传模西瑞，京邑所推。故今寺壁正阳皆其真范。①

这里说的是阿弥陀佛像"粉本"流传中土情况。前一段是传说，却反映了实际情形：中土早期佛像是根据外来"瑞像"制作的；后一段讲北齐道长所传"粉本"流布宇内，画家曹仲达"传模西瑞"。有传说谓这一"粉本"是中印度阇那达摩于北齐时传来，见日本真福寺藏《戒珠往生传》卷中②。

关于西来僧人传播印度、西域绘画艺术，文献里多有记述。如刘宋时期著名译师、从罽宾来的求那跋摩就是杰出画家，他在始兴灵鹫寺，"寺有宝月殿，跋摩于殿北壁，手自画作罗云像，及定光儒童布发之形，像成之后，每夕放光，久之乃歇"③；《历代名画记》记载梁代的僧吉底和僧摩罗菩提都是"外国人"，被列入"中品"；同样"僧迦佛陀（中品）禅师，天竺人，学行精懿，灵感极多。初在魏，魏帝重之；至隋，隋帝于嵩山起少林寺，至今房门上有画神，即是迦佛陀之迹（见《续高僧传》。有《拂菻国人物图》，器物样，外国兽图，鬼神画，并传于代）。姚最云：已上三僧，既华夷殊体，亡以知其优劣"④。所谓"华夷殊体"，是指出他们创作作品的外国风格。又梁天监元年，千陀利国王瞿昙修跋陀罗"本工画，乃写梦中所见（梁）武帝容质，饰以丹青，乃遣使并画工奉表，献玉盘等物。使人既至，

①《集神州三宝感通录》卷中，《大正藏》第52卷第421页上—中。
②参阅戴蕃豫《中国佛教美术史》，第126—128页，书目文献出版社，1995年。
③《高僧传》卷三《宋京师祇洹寺求那跋摩传》，第107页。
④《历代名画记》卷七《梁》。

摸写帝形以还其国，比本画则符同焉。因盛以宝函，日加礼敬"①。
这也是中外绘画艺术交流的实例。这种交流必然促进国人对于印
度、西域佛画的认识和借鉴。而据《王玄策传》，唐初王玄策使印
时，带有画工，曾在那里摹写佛像。据传当地有弥勒造佛像，"其像
自弥勒造成已来，一切道俗规模图写，圣变难定，未有写得。王使
至彼，请诸僧众及此诸使人至诚殷请，累日行道忏悔，兼申来意，方
得图画，髣髴周尽。直为此像出其经本，向有十卷，将传此地。其
匠宋法智等巧穷圣容，图写圣颜。来到京都，道俗竞摸"②。就是
说，到唐代，已经是中国佛画艺术相当成熟的时期，人们仍热心求
取外来"粉本"，积极地汲取外来的艺术技巧。

　　魏晋南北朝时期本土人士以从事绘画创作著称史册的，严格
说来都不能算是专业艺术家。他们乃是士族阶层中的艺术爱好
者。当时社会分工还没有画家之类专业。但这些身居主流社会的
上层人物与那些民间工匠不同，他们具有更高层次的传统文化素
养，已养成民族的美学意识和艺术趣味，因而他们有可能在中国传
统绘画艺术的基础上进行佛画创作。他们一旦参与，就能够在积
极吸收和借鉴外来艺术经验的基础上，把中土传统艺术观念和技
法融入创作之中，逐步地实现佛画艺术的民族化。上层人物的创
作会影响民间工匠。民间艺人众多，创作中自有其多方面的独特
优势。在如此相互促进之中，中国佛教绘画艺术健康地发展起来。
还应当指出的是，绘画和造像同是造型艺术，同样有外来"粉本"作
为创造的依据，而从事造像的基本是民间工匠，绘制绢帛和纸上作
画的则主要是上层人士。后者显然有更高的艺术修养，他们的作
品必然体现出更浓重的民族特色。因而在促使整个佛教艺术民族
化的进展方面，绘画整体上也就能够发挥更积极的作用。

①《文献通考》卷三三一《四夷·乾陀利》，第2601—2602页。
②《法苑珠林校注》卷二九《感通篇》，第2册第907页。

二

　　唐代以前绘画"以人物居先"①。这是自古以来形成的传统,鲜明地体现了中国古代绘画艺术的人文主义特征。这又是古代中国绘画的特殊功能决定的,早期的绘画主要用于纪念或祭祀。因此上古的岩画、汉墓里的帛画、汉代画像石、画像砖里的线刻图画等,基本都是以人物为题材。本土这种传统正给佛画输入并在中土流传提供了客观条件。伴随着佛教在中土流传,唐代以前的画家大都参与佛画创作,并做出了相当优异的成绩。

　　文献上记载最早创作佛画的人是曹不兴,三国时吴兴(今浙江湖州)人,被称为"佛画之祖"。他的生卒年不详,活动年代大体与吴大帝孙权同时,是吴宫廷画家。他善画人物、佛像,尤以画龙著名。"蜀僧仁显《广画新集》言:'曹(北齐曹仲达)曰:昔竺乾有康僧会者初入吴,设像行道,时曹不兴见西国佛画,仪范写之,故天下盛传曹也。'"②这里指出他是以外来佛画为粉本的。这正符合佛画初传的情况。这种以外来样式为模本的做法,一直延续到后来,从前面引述的资料可以知道。又据谢赫说:"江左画人吴曹不兴,运五十尺绢画一像,心敏手运,须臾立成,头面手足,胸臆肩背,无遗失尺度,此其难也。"③这五十尺的巨幅"一像"不知道是否佛像,但总反映了他擅长画大幅人物的卓越技巧。而佛画一般是幅面较大的。

①朱景玄《唐朝名画录序》,《唐朝名画录·序》第1页,四川美术出版社,1985年。
②郭若虚《图画见闻志》卷一《论曹吴体法》。
③《太平广记》卷二一〇,第5册第1606页。

两晋之际，由于佛教开始在社会上层广泛弘传，并开始在思想、文化领域发挥普遍影响，佛画创作从而也迅速兴盛起来。

东晋明帝（323—326 在位）司马绍"手画如来之容，口味三昧之旨"①。他"善书画，有识鉴，最善画佛像。《蔡谟集》云：帝画佛于乐贤堂，经历寇乱，而堂独存"②。司马昭以帝王之尊亲自制作佛画，可以推想影响会是很大的。

当时以善佛画著名的有卫协，生卒年不详，应活动在西晋末、东晋初，时有"画圣"之称。谢赫《古画品录》把他列在第一品，称赞他"六法""颇为兼善"，"陵跨群雄，旷代绝笔"。他师法曹不兴，当包括佛画创作。据说他作《七佛图》，"人物不敢点眼睛"，意思是点了眼睛画像就会活起来。顾恺之论画，盛赞其《七佛》，说它"伟而有情势"③。可见卫协的佛画艺术上已经相当成熟。师事卫协的有荀勖和张墨，生卒年均不详。荀勖是著名书法家，出身于显贵世家，曾祖父是汉司空荀爽，他本人是太傅钟繇的外孙、大将军钟会的从甥。前面《造像》一章引述《洛阳伽蓝记》记载，曾在他的旧宅发现二菩萨像，上有"晋太始二年五月十五日侍中中书监荀勖造"铭文，可证明他是虔诚的佛教信徒。而张墨和卫协同享"画圣"之名。他有《维摩诘变相图》一卷，至隋代尚存官本。这是现在所知文人画里的第一幅维摩诘像，也是东晋名士间维摩信仰的实证。

东晋最为杰出的画家是顾恺之（345？—406？），字长康，晋陵无锡（今江苏无锡）人。顾氏本是江南显族。顾恺之年轻的时候，就被权倾朝野的桓温起用为大司马参军，经常陪同桓温论书画；晋武帝宁康元年（373）桓温病死，他又投靠殷仲堪，仍为参军；殷仲堪被桓玄所杀，他又投靠桓玄；元兴三年（404）桓玄起兵叛乱败死，他

---

① 习凿齿《与释道安书》，《弘明集》卷一二，《大正藏》第 52 卷第 76 页下。
②《历代名画记》卷五《晋》。
③《历代名画记》卷五《晋》。

不久后也去世了。他博学有才气,但在政治上无所作为,唯热衷于书画。所作《女史箴》,现存唐人(存英国伦敦大英博物馆)和南宋人(存故宫博物院)两种摹本,从中可以窥知他的创作风格。他也以画维摩有名:

> 长康又曾于瓦棺寺北小殿画《维摩诘》,画迄,光彩耀目数日。《京师寺记》云:兴宁中,瓦棺寺初置,僧众设会,请朝贤鸣刹注疏。其时士大夫莫有过十万者。既至长康,直打刹注百万。长康素贫,众以为大言。后寺众请勾疏,长康曰:"宜备一壁。"遂闭户。往来一月余日,所画维摩诘一躯工毕,将欲点眸子,乃谓寺僧曰:"第一日观者请施十万,第二日可五万,第三日可任例责施。"及开户,光照一寺,施者填咽,俄而得百万钱。[1]

这段轶事或许有夸饰,但它生动地反映了顾恺之绘画技艺之超群,也表明了当时维摩信仰的热烈情形。维摩像成为建康瓦官寺寺宝,流传后世。《梁书》记载:"师子国……晋义熙初,始遣献玉像,经十载乃至。像高四尺二寸,玉色洁润,形制殊特,殆非人工。此像历晋、宋世在瓦官寺,寺先有征士戴安道手制佛像五躯,及顾长康维摩画图,世人谓为'三绝'。"[2]顾恺之所作维摩诘,描摹出"清羸示病之容,隐几忘言之状",这种形象的相貌与风格被认为是他的"首创","陆(探微)与张(僧繇)皆效之,终不及矣"[3]。就是说,他把维摩诘表现为南朝名士模样,表达的是当时名士们对于维摩的理解。而这样的维摩诘形象已经与外来佛像"粉本"截然不同,鲜明地体现了民族传统风格。直到唐代,年轻的杜甫游历瓦官寺,曾向友人讨得顾恺之《维摩图》样,有诗说:"看画曾饥渴,追踪恨渺茫。

---

[1]《历代名画记》卷五《晋》。
[2]《梁书》卷五四《诸夷列传》,第 800 页。
[3]《历代名画记》卷二《论画体工用拓写》。

虎头金粟影,神妙独难忘。"①顾恺之曾为虎头将军,而佛教传说维摩为金粟如来化身,从杜甫的赞许之词可见顾恺之《维摩图》给他留下多么深刻的印象。顾恺之在绘画理论方面也有一些相当新鲜、深刻的见解。他论画重视传神,曾说描绘"手挥五弦易,目送归鸿难"。意思是说准确地描绘出人物形态容易,而传达出内在神情困难。这是得自成功的创作实践的精微透辟之言。他的创作可以说是理论思想的具体实践。据说他画人,或数年不点睛,人问其故,回答说:"四体妍媸,本无关于妙处;传神写照,正在阿睹中。"又据说他画裴叔则,颊上益三毛,同样有人问其缘故,他回答说:"裴楷俊朗有识具,正此是其识具。"②像这样在形似之外更注重神似的精神内涵,显然又与佛教重视性灵的表现,也与玄学家的人物品评有关系。文献上记载顾恺之佛教题材的作品还有《天女》(《三天女美人图》)、《康僧会像》等。

又戴逵(347—396)字安道和戴颙(378—441)字仲若父子,前面讲造像一章已提到过。他们都是晋、宋间著名隐士。不过戴逵并不是甘心隐遁山林、不干世务的人。他以高蹈避世的姿态来制造声誉,以求赢得朝廷征辟、权门重视。他们父子都是贵族文化的典型代表人物,能文善艺,书法、音乐样样精通,绘画、雕刻只是能事的一种。值得注意的是,从戴逵留下的文字看,他受到儒家教育,又有道家思想,并不相信佛教因果报应之说。他的《释疑论》说:"夫人资二仪之性以生,禀五常之气以育……故知贤愚善恶,修短穷达,各有分命,非积行之所致也。"③他如此反对轮回冥报之说,实际就抽掉了佛教教理的一条主要基石。但他却又是以佛教造像和绘画著称于世的艺术家。这一事实正表明当时佛教绘画艺术的

①《送许八拾遗归江宁觐省甫昔时尝客游此县于许生处乞瓦棺寺维摩图样志诸篇末》,《杜少陵集详注》卷六。
②《世说新语笺疏》卷下之上《巧艺》,第722、720页。
③《广弘明集》卷一八,《大正藏》第52卷第222页上。

巨大影响。同时也说明，在中土人文主义思想占主导地位的环境中，佛教艺术也以其独立的美学价值赢得普遍赞赏，艺术家们往往把佛教造像和绘画当作一种艺术创作来钻研、实践。这后一点对后来佛教艺术的发展是起着重要作用的。

戴逵在造像方面既善于铸造金铜，又善于木雕，他又把佛画艺术提高到一个新的水平。宋代名画家米芾说：

> 戴逵观音，亦在余家。家山乃逵故宅，其女舍宅为寺，寺僧传得。其相夭男端静，举世所睹观音作天女相者，皆不及也。《名画记》云：自汉始有佛，至逵始大备也。①

又据刘义庆记载："戴安道中年画行像甚精妙。庾道季看之，语戴云：'神明太俗，由卿世情未尽。'戴云：'唯务光当免卿此语耳。'"②务光是传说中夏朝人，据说汤克天下，让位给他，他负石自沉于卢水。这里评论戴逵所画行像的佛像"神明太俗"，意味着他在具体艺术表现方面已经相当"世俗化"了。而这正是佛画"中国化"的一种体现。戴逵佛画见于记载的还有《五天罗汉图》、《金人铭》和在大殿外北壁的《文殊》等。

戴颙同样善于佛教造像，在艺术上又有所创新。《宋书》记载：

> 自汉世始有佛像，形制未工，逵特善其事，颙亦参焉。宋世子铸丈六金像于瓦官寺，既成，面恨瘦，工人不能治，乃迎颙看之。颙曰："非面瘦，乃臂胛肥耳。"既错减臂胛，瘦患即除，无不叹服焉。③

这段话本书前面已经引述过。当时一般造像按照犍陀罗样式，躯体雄健，双肩圆润，而戴颙按中土审美观念削减双肩，从而使形体

显得更为修长、匀称。唐人李绰又曾指出,佛像本胡夷朴陋,自戴
颙造像,始加以藻绘雕刻①,也是指出他依据本土传统有所创新。
他的艺术趣味和创作风格显然与他的父亲相类似。关于戴逵父子
在佛画方面的贡献及其在绘画史上的地位,张彦远说:

> 后晋明帝、卫协皆善画像,未尽其妙。洎戴氏父子,皆善
> 丹青,又崇释氏,范金赋采,动有楷模。至如安道潜思于帐内,
> 仲若悬知其臂胛,何天机神巧也。其后北齐曹仲达,梁朝张僧
> 繇,唐朝吴道玄、周昉,各有损益,圣贤肸蠁,有足动人,璎珞天
> 衣,创意各异。至今刻画之家,列其模范,曰曹曰张、曰吴曰
> 周,斯万古不易矣。②

这里指出戴氏父子"崇释氏",如上所说值得讨论;但从这段评论可
以知道,父子二人在造像、绘画两个领域,不但创作丰富,而且影响
巨大。特别是在外来艺术"中国化"方面,贡献尤为突出。他们的
事例,又显示了士族阶层参与佛教艺术创作所能起到的特殊作用。
而他们的创作实践也证明,外来艺术只有融入到本民族传统之中,
在民族土壤上扎根,才能够获得生机,健康发展。

三

在南、北对峙局面下,南朝作为华夏文化正统所在,艺术创作
更多地发展了本民族固有传统。虽然动乱频仍,朝代更替不绝,但
有一批世家大族的文人在活动,各朝又多注重文事,各个艺术领域
都取得长足进展。这也为创造后来唐、宋文化的高峰奠定了基础。

---

① 《尚书故实》,《丛书集成初编》本。
② 《历代名画记》卷五《晋》。

南朝出现一批相当优秀的画家,佛画乃创作的主要门类之一。和北朝积极输入外来技法形成鲜明对照,南朝佛画沿着东晋开拓的更加向中土传统靠拢的方向继续发展。重要画家有陆探微、张僧繇等人。

陆探微,生卒年不详,吴(今江苏苏州)人,活动在宋、齐两朝。他是宋宫廷画家,多作皇帝和朝臣肖像,另有佛像;入齐情形大概仍一样。他的艺术成就很高,谢赫《古画品录》评论他的画是“穷理尽性,事绝言象”,列在第一等;《历代名画记》更列为第一等第一人。张怀瓘评论说:

> 张(僧繇)得其肉,陆得其骨,顾(恺之)得其神。神妙亡方,以顾为最。比之书,则顾、陆、钟(繇)、张(芝)也,僧繇,逸少也。俱为古今独绝,岂可以品第拘?

关于“张得其肉”,下面将另有说明;“顾得其神”,从前面的介绍已经可以看得很清楚;而所谓“陆得其骨”,张怀瓘又有所说明:

> 陆公参灵酌妙,动与神会,笔迹劲利,如锥刀焉。秀骨清像,似觉生动,令人懔懔若对神明。虽妙极象中,而思不融乎墨外。[1]

这是指陆探微创造性地把书法技巧用之于绘画,“形成笔势‘连绵不断’的‘一笔画’作风。在历史上,这是正式以书法入画的开始”[2],从而造成笔迹“劲利”,坚挺如骨骼的特殊画法。在人物形象上,则能很好地凸显出清瘦潇洒的风度。这也正是南朝士大夫所欣赏的风度。这样的技巧和风格,就是所谓“秀骨清像”,成为影响广泛而深远的艺术风格的一体,以致西陲的敦煌和北朝的大同、龙门、麦积山,都可以看到它的风流余绪。文献上记载陆探微的佛画

---

①《历代名画记》卷六《宋》。

②王伯敏主编《中国美术通史》第 2 卷第 65 页,山东教育出版社,1987 年。

很多,有《阿难维摩图》、《立释迦像》、《佛因地图》、《降灵文殊像》、《净名居士像》、《托塔天王图》、《北门天王图》、《天王图》、《摩利支天菩萨像》等;长安甘露寺殿后有《菩萨》壁画;还有高僧像《释僧虔像》、《天安寺慧明板像》、《灵基寺瑾统像》等。

陆探微的高足袁倩(一作蒨)也善人物画。谢赫评论"比方陆氏,最为高逸,象人之妙,亚美前贤,但志守师法,更无新意"①。《历代名画记》无名氏注谓有"《维摩诘变》一卷,百有余事,运思高妙,六法备呈,置位无差。若神灵感会精光,指顾得瞻仰威容,前使顾、陆知惭,后得张(僧繇)、阎(立本)骇叹。"②所谓"百有余事",指画中描绘人物、事物有百余体,可见构图之复杂;而"六法备呈",则显示了技巧的全面和纯熟。当时不少画家以画维摩诘名世,反映了南朝士大夫与维摩信仰精神上的契合;表现在绘画之中,必然会在维摩形象中注入南朝名士的精神与风貌。

萧梁崇佛达到高潮,也是佛画十分发达的时期。当时大造寺院,而寺院都要有壁画装銮。其成就首屈一指的是张僧繇。僧繇生卒年不详,也是吴人,主要活动在梁武帝时期,也是御用画家。他和顾恺之、陆探微并称为东晋南北朝画坛三大家;加上吴道子,又被称为绘画史上的"画家四祖"。而从一定意义说,在诸家中他的影响最大、时间最长。唐代精于书画的李嗣真评论他的画说:

> 顾、陆已往,郁为冠冕,盛称后叶,独有僧繇。今之学者,望其尘躅,如周、孔焉,何寺塔之云乎!且顾、陆人物衣冠,信称绝作,未睹其余。至于张公,骨气奇伟,师模宏远,岂唯六法精备,实亦万类皆妙。千变万化,诡状殊形,经诸目,运诸掌,得之心,应之手。意者天降圣人,为后生则,何以制作之妙,拟

①《古画品录》,《丛书集成初编》本。
②《历代名画记》卷六《宋》。

　　于阴阳者乎!①

而从师法渊源看,"画圣"吴道子也确是从张僧繇来。李嗣真说他"衣冠人物"之外,特别善于"千变万化,诡状殊形",指的应主要是佛画。《历代名画记》详细记录了他作佛画情形:

　　　　武帝崇饰佛寺,多命僧繇画之……江陵天皇寺,明帝置,内有柏堂,僧繇画卢舍那佛像及仲尼十哲。帝怪问:"释门内如何画孔圣?"僧繇曰:"后当赖此耳。"及后周灭佛法,焚天下寺塔,独以此殿有宣尼像,乃不令毁拆……又画天竺二胡僧,因侯景乱,散拆为二。后一僧为唐右常侍陆坚所宝。坚疾笃,梦一胡僧告云:"我有同侣,离拆多时,今在洛阳李家,若求合之,当以法力助君。"陆以钱帛,果于其处购得,疾乃愈。刘长卿为记述其事。张画所有灵感,不可具记。(彦远家有僧繇《定光如来像》,元和中进入内,曾见维摩诘并二菩萨,妙极者也。)②

文献上记载张僧繇所作佛画很多。除了上面提到的之外,还有《行道天王图》、《醉僧图》、《悉达太子纳妃图》、《灵祥寺塔样》、《释迦会图》、《宝积经变》(《历代名画记》)、《佛像》、《文殊菩萨像》、《大力菩萨像》、《佛十弟子图》、《十六罗汉像》、《十高僧图》、《摩利支天菩萨像》(《宣和画谱》)等,以及江陵惠聚寺、延祚寺、江宁高座寺、开善寺等处大量寺院壁画。张僧繇的风格称"张家样",在绘画史上与曹仲达的"曹家样"、吴道子的"吴家样"并称。他改变陆探微的"秀骨清像"为"面短而艳"③的丰硕形貌,就是张怀瓘所谓"张得其肉"。在具体艺术技巧方面他也有突破与创新。张彦远评论说:

　　　　张僧繇点、曳、斫、拂,依卫夫人《笔阵图》,一点一画,别是

_____

①②《历代名画记》卷七《梁》。
③米芾《画史》,陶宗仪《说郛》卷九二。

一巧,钩戟利剑森森然……顾、陆之神,不可见其盼际,所谓笔迹周密也。张、吴之妙,笔才一二,像已应焉,离披点画,时见缺落,此虽笔不周而意周也。若知画有疏、密二体,方可议乎画。①

这是说,他同样吸收书法的用笔技巧,变"春蚕吐丝"似的线条为"笔不周而意周"的"点、曳、研、拂",即把绘画史上传统的所谓"密体"演变为"疏体"。

张僧繇又善于吸收外来技法,运用色彩的浓淡加以烘托,形成立体感。史载"(梁大同)三年……置一乘寺,西北去县六里,邵陵王纶造,在丹阳县之左……寺门遍画凹凸花,代称张僧繇手迹。其花乃天竺遗法,朱及青绿所成,远望眼晕,如凹凸,就视即平,世咸异之,乃名凹凸寺"②。这种所谓"凹凸花"技法,印度佛教论师无著所作《大乘庄严经论》曾提到:

　　　复次,更有似画譬喻,能遮前二怖畏。偈曰:譬如工画师,画平起凹凸,如是虚分别,于无见能所。释曰:譬如善巧画师,能画平壁起凹凸相,实无高下而见高下,不真分别,亦复如是。③

张僧繇是在借鉴这种自西方传入的技法的基础上进行再创造的。温玉成解释说:

　　　玉门关以西的"西域画风"……用富有旋律的装饰线条,准确而生动地刻画出人体的美。造型严谨,用线圆润而劲健,挺秀中显出柔和,被称之为一种富有韵律的"屈铁盘丝"描。在着色上,大多用石青、石绿、白色等冷色为主调,适当地加以

①《历代名画记》卷二《论顾陆张吴用笔》。
②许嵩《建康实录》卷一七,第481页。
③《大乘庄严经论》卷六《弘法品》,《大正藏》第31卷第622页下。

朱色、赭色的提点,使画面色调瑰丽、明快、和谐,达到一种富
有民族特点的装饰性色彩效果。总之,整个画法是采用勾线、
平涂和晕染相结合的重彩画法,展示出来明朗、爽快、严谨而
洒脱的效果。[1]

所谓"凸凹花"法沿着"丝绸之路"先是传入新疆、敦煌,然后进入
内地,再传到江南。中土传统绘画本来重线描,这从古代帛画、画
像石、画像砖的绘画中可以看得很清楚。借鉴外来的技法发展晕
染技法,是绘画艺术的一大进展。而"疏体"的"笔不周而意周",
更符合中国传统注重达意传神的艺术观念,对后来造成长远的
影响。

后来唐代人物画大家阎立本"尝作《醉道图》,或以张僧繇《醉
僧图》比。立本尝至荆州,视僧繇画,曰:'定虚得名耳。'明日又往,
曰:'犹是近代佳手。'明日又往,曰:'名下定无虚士。'坐卧观之,留
宿其下,十日不能去"[2]。可见张僧繇画艺术底蕴之深厚。

四

与南朝相比较,北朝更重视开窟造像,绘画创作不够发达。这
也和前面所说二者创作主体不同有直接关系。北朝画坛比起南朝
绘画艺术的繁荣来显得寂寞多了。而如敦煌和麦积山,由于地质
条件关系发展了杰出的壁画创作,则属例外。石窟壁画的作者主
要是民间艺人的工匠。在古代,作画本是更为精致也更为文雅的
社会上层所热衷的艺术形式,民间绘画属于另一个层次。见于记

---

① 温玉成《中国石窟与文化艺术》第90页。
② 《宣和画谱》卷一《道释》。

载的北朝画家较少。著名的有北魏画家蒋少游、杨乞德、王由。前者"工书画，善画人物及雕刻"，不知道是否包括佛画。"杨乞德，封新乡侯，归思释门，施身入寺，善画佛像，价凌昙度。王由，字茂道，善书画，摹画佛像，为时所服，官至东莱太守"①，这两个人则是擅画佛像的。

不过北朝绘画也有特殊成绩。北方更接近西方外来艺术源头，许多外来艺术家来华首先到达北方。例如前面提到的僧吉底俱、僧摩罗菩提、僧迦佛陀，都是天竺人，初到北魏，后入隋。姚最说"即华、戎殊体，无以定其品差"②。姚最本来是梁人，北魏击败梁元帝萧绎，他随魏军进入洛阳，有机会熟悉京洛艺事。他说到的这三位画家的创作，显然更多汲取了外国风格和技法。大概由于他对外来艺术还不够了解，因而"无以定其品差"。

北朝最重要、成就最为突出的画家是曹仲达，生卒年及事迹均不详。只知道他是"曹国人也，北齐最称工，能画梵像，官至朝散大夫。"注谓"国朝宣律师撰《三宝感通记》，具载仲达画佛之妙，颇有灵感"。释彦悰评论说"曹师于袁（袁倩或袁昂——著者），冰寒于水，外国佛像，亡竟于时"③。文献里没有关于他作佛画的具体纪录（世俗题材作品记录较多），只知道他在长安兴善寺等处留有壁画。但对于他的创作风格特征却留有清晰描述。郭若虚说：

> 曹、吴（道子）二体，学者所宗。按唐张彦远《历代名画记》称，北齐曹仲达者，本曹国人，最推工画梵像，是为曹；谓唐吴道子曰吴。吴之笔，其势圆转，而衣服飘举；曹之笔，其体稠叠，而衣服紧窄。故后辈称之曰：吴带当风，曹衣出水。④

①《历代名画记》卷八《后魏》。
②《续画品》，《丛书集成初编》本。
③《历代名画记》卷八《北齐》。
④《图画见闻志》卷一《论曹吴体法》。

今存北齐造像，特别是近年青州出土造像，可以帮助我们具体认识"曹衣出水"的风格特征：衣薄透体，衣纹稠密，富于质感，真切地显现出躯体曲线，不同于身体外罩宽袍大袖的"冕服"式大衣，也不同于张、吴用笔的疏朗潇洒。这是西域和中土传统艺术成功地相结合的成果，成为后来佛画艺术的重要一体。

北齐画家还有杨子华、刘杀鬼等，都有佛寺壁画创作，但真迹与具体艺术成就则均难以详考了。

魏晋南北朝时期政治动乱，民生凋敝，却又是贵族文化大发展的时期，造型艺术所取得的成就尤其巨大、突出。宗教，主要是佛教在推动这一发展中起了重要的作用。而绘画又是其中成绩特别杰出的部门。这又正当国际和民族间文化交流十分繁荣的时期，中土佛画艺术得以积极吸取外来滋养，融入到本民族的优良传统之中，发展出多种技法，创造出多种风格、多种流派。正是这一时期绘画艺术的巨大成就，为后来隋唐画坛形成百花争艳的局面奠定了基础。

第二十八章　佛教乐舞艺术及其影响

一

在佛教艺术中,乐舞是相当重要的部门。本来佛陀当初制戒,是禁止出家人视听歌舞的,因为它们显然会煽动欲念,扰乱心神,妨碍"正定"修行,因此也被规定为基本戒律"八关斋戒"中的一项。根据佛传记载,佛陀本人也不接受伎乐供养。然而随着佛塔建造与信仰的逐渐盛行,在部派佛教时期,形成了以香花、伎乐供养的风习。这在当时结集起来的律藏里有清楚的记载。后来在大乘佛教的发展中,乐舞更被当作是供佛、颂佛的重要手段。《法华经》上说:

> 若使人作乐,击鼓吹角贝,箫笛琴箜篌,琵琶铙铜钹,如是众妙音,尽持以供养,或以欢喜心,歌呗颂佛德,乃至一小音,皆已成佛道。①

这样,歌舞伎乐就又是成就"佛道"所必需的。六十《华严》宣讲菩

---

① 《妙法莲华经》卷一《方便品》,《大正藏》第 9 卷第 9 页上。

萨道的《十地品》里又说：

> 又复常求转胜利益众生法，是菩萨利益众生故，知世所有
> 经书技艺、文章算数、金石诸性、治病医方、干消癫病、鬼著蛊
> 毒等，妓乐歌舞，戏笑欢娱……哀众生故，出如此法，令入诸佛
> 无上之法。[①]

从而乐舞又成了修菩萨道的具体途径。形成这些观念，当然和印
度佛教在进一步发展中不断融入世俗内容、纳入十分发达的乐舞
艺术有关系。当初鸠摩罗什对僧叡论说印度辞体，也曾指出：

> 天竺国俗，甚重文制，其宫商体韵，以入弦为善。凡觐国
> 王，必有赞德，见佛之仪，以歌叹为贵。经中偈颂，皆其式也。[②]

这段话也透露出，当时印度礼佛仪式使用歌赞，实际是与世俗宫廷
一致的。后来义净到印度求法，特别注意当地寺院仪轨制度。他
曾写到在那烂陀寺，人众殷繁，僧徒数出三千，"此寺法，差一能唱
导师，每至晡西，巡行礼赞。净人童子持杂香华，引前而去，院院悉
过，殿殿皆礼。每礼拜时，高声赞叹，三颂五颂，响皆遍彻。迄乎日
暮，方始言周"；他又说当时印度有古老相传下来的"赞佛功德"四
百赞和一百五十赞，"文情婉丽，共天花而齐芳；理致清高，与地岳
而争峻。西方造赞颂者，莫不咸同祖习。无著、世亲菩萨悉皆仰
止。故五天之地，初出家者，亦既诵得五戒十戒，即须先教诵斯二
赞，无问大乘小乘，咸同遵此"[③]。这些都表明印度寺院乐舞繁盛的
状况，歌舞更成为众多僧人的技能。

　　如其他艺术部门一样，中国自古以来就有悠久、发达的乐舞艺
术传统。外来佛教乐舞和随佛教输入的印度和西域乐舞丰富、补

---

①《华严经》卷二五《十地品》，《大正藏》第 9 卷第 556 页中—下。
②《高僧传》卷二《晋长安鸠摩罗什传》，第 53 页。
③ 王邦维《南海寄归内法传校注》卷四第 177、179 页，中华书局，1995 年。

充了这一艺术传统，对于推进中国乐舞艺术的发展发挥了重大作用。

　　广义的佛教乐舞可划分为两个系统，影响中土的具体情形也不相同。一个系统是附属于宗教仪轨的。这一系统就"乐"的方面说，就是奉佛、颂佛的呗赞，在中国佛教里发展出汉语的歌赞（梵呗），并广泛应用到讲经、唱导、俗讲等仪轨中，直到后来演化为各种斋醮里的曲辞；就"舞"的方面说，则是佛教斋仪所包括的舞的成分，如行像、浴佛、绕佛以至后来的盂兰盆会、水陆法会等各种仪式里，参与者"手之舞之，足之蹈之"，往往有一定节奏、模式，可以看作是一种"舞"。这些"乐"和"舞"乃是广义的宗教艺术，但还不能算是具有独立美学价值的、严格意义上的艺术创作。相关情形在本书介绍节祭斋仪等部分里已有说明。属于另一个系统的则是作为独立艺术形态的乐舞，它们有些本是印度和西域各民族的舞蹈和音乐，被赋予佛教内容，当然还有为了弘教护法专门制作的歌舞和音乐。这后一类是真正的宗教艺术作品。这些作品一方面有外来的僧人、居士们积极地向中国民众介绍，在中土传播；另一方面又作为整个外来乐舞艺术的重要部分大量输入。在南北朝时期，从西方输入舞乐艺术成为强大的潮流。这类舞乐作品具有十分鲜明的艺术特色和相当高的艺术水平，因而对于本土乐舞的发展造成直接、巨大的影响。当然，具体到个别现象、个别作品，上述两个系统、影响中国的两种渠道并不能截然划分清楚。

二

　　中国佛教音乐中最早形成也最为流行的是赞呗。早期来华的印度、西域僧侣许多人都熟悉音乐，并在中国传教中利用赞呗。他们不熟悉汉语,所传是外语的梵呗。例如三国时的康僧会,"世间技艺,多所综习",他的技艺包括歌赞艺术,他曾"依《无量寿》、《中本起》制菩提联句梵呗三契"①;又如东晋时来华的帛尸梨蜜,不娴汉语,"授弟子觅历高声梵呗,传响于今"②;支昙钥,本月支人,"特禀妙声,善于转读。尝梦天神授其声法,觉因裁制新声。梵响清靡,四飞却转。反折还喉迭唭……所制六言梵呗,传响于今"③。这些都是早期传播外文赞呗的纪录。慧皎《高僧传》对于这一音乐体裁在中国的发展作出描述说:

> 论曰:夫篇章之作,盖欲申畅怀抱,褒述情志。咏歌之作,欲使言味流靡,辞韵相属。故《诗序》云:情动于中,而形于言。言之不足,故咏歌之也。然东国之歌也,则结韵以成咏;西方之赞也,则作偈以和声。虽复歌赞为殊,而并以协谐钟律,符靡宫商,方乃奥妙。故奏歌于金石,则谓之以为乐;设赞于管弦,则称之以为呗。夫圣人制乐,其德四焉:感天地,通神明,安万民,成性类。如听呗,亦其利有五:身体不疲,不忘所忆,心不懈倦,音声不坏,诸天欢喜。是以般遮弦歌于石室,请开甘露之初门,净居舞颂于双林,奉报一化之恩德。其间随时赞咏,亦在处成音。至如亿耳细声于宵夜,提婆飏响于梵宫。或令无相之旨,奏于篪笛之上;或使本行之音,宣乎琴瑟之下。并皆抑扬通感,佛所称赞。故《咸池》《韶武》无以匹其工,《激楚》《梁尘》无以较其妙。自大教东流,乃译文者众,而传声盖寡。良由梵音重复,汉语单奇。若用梵音以咏汉语,则声繁而偈迫;若用汉曲以咏梵文,则韵短而辞长。是故金言有译,梵响无授。始有魏陈思王曹植,深爱声律,属意经音。既通般遮

①《高僧传》卷一《魏吴建业建初寺康僧会传》,第 15 页。
②同上卷一《晋建康建初寺帛尸梨蜜传》,第 30 页。
③同上卷一三《晋京师建初寺支昙钥传》,第 498 页。

之瑞响，又感鱼山之神制。于是删治《瑞应本起》，以为学者之宗。传声则三千有余，在契则四十有二。其后帛桥、支籥亦云祖述陈思，而爱好通灵，别感神制，裁变古声，所存止一十而已。至石勒建平中，有天神降于安邑厅事，讽咏经音，七日乃绝。时有传者，并皆讹废。逮宋齐之间，有昙迁、僧辩、太傅、文宣等，并殷勤嗟咏，曲意音律，撰集异同，斟酌科例。存仿旧法，正可三百余声。自兹厥后，声多散落。人人致意，补缀不同。所以师师异法，家家各制。皆由昧乎声旨，莫以裁正。夫音乐感动，自古而然。是以玄师梵唱，赤雁爱而不移；比丘流响，青鸟悦而忘翥。昙凭动韵，犹令鸟马蜷局；僧辩折调，尚使鸿鹤停飞。量人虽复深浅，筹感抑亦次焉。故夔击石拊石，则百兽率舞；箫韶九成，则凤凰来仪。鸟献且犹致感，况乃人神者哉。[①]

这一段话，首先表明赞呗的作用和意义，已明确指出这是具有重大价值与效应的、与本土传统不同的另一个系统的音乐。接着记述了汉语赞呗的发展过程，包括一些重要人物对于发展这一体裁的贡献。作为汉语梵呗的缘起，特别提到曹植在东阿鱼山感神而制作佛传题材的赞呗故事。这是佛教内部传说，本来难以考信。但是这个传说却也表明创制出汉语梵呗的大致情况：输入的外来梵呗曲调难以填入汉语曲辞，形势所迫则要创造用汉语传诵的呗赞。当初应当是很多人尝试、探索，而最初制作的以赞佛为内容的呗赞，大体出现在曹植活动的汉魏之际，应是合乎情理的。这正是佛教积极输入的时期，赞呗是进行普及宣传的有效形式，而佛传则正是民众容易接受的具体、形象的内容。

　　如上引文指出，晋、宋以来，随着佛教兴盛，仪轨不断整肃，僧俗六时行道、拜佛礼忏、讲经说法已广泛使用赞呗。在法会上，专

----

①《高僧传》卷一三《经师论》，第507—508页。

设有"梵呗"一职,呗赞成为定制。僧传上记载一个传说,说北魏僧意受天帝命讲经,他回答说:"法事所资,独不能建,都讲、香火、维那、梵呗,咸亦须之。"就是说,"法事"中"梵呗"是不可或缺的。传说里说相关这些人后来果然一起去世了①。这一时期使用的基本已经是汉语呗赞了。当然梵语赞呗一直还在袭用。特别是后来密教兴盛,梵语赞呗又曾兴盛一时。

东晋慧远的僧俗结社诸人、刘宋的谢灵运都热心赞呗创作。这些都是高水平的僧俗精英。后来到齐梁时期,汉语赞呗得到蓬勃发展。当时正是士族佛教兴盛、义学沙门活跃、讲经活动极度兴盛的时候。朝野不断举行各种类型的法会,赞佛之声扬扬盈耳。前面所引慧皎文中提到的齐文宣王萧子良,他作有《赞梵呗偈文》、《梵呗序》、《转读法并释滞》等关于赞呗的专门文字②。他的儿子巴陵王萧伦则是"观其摛赋经声,述颂绣像,《千佛愿文》,《舍身》弘誓。《四城》、《九相》之诗,释迦十圣之赞,并英华自凝,新声间出。故仆射范云笃赏文会,雅相嗟重,以为后进之佳才也"③。与萧子良交好的诗人王融作有《法寿乐》曲辞十二首,分别是《歌本处》、《歌灵瑞》、《歌下生》、《歌在宫》、《歌田游》、《歌出国》、《歌得道》、《歌宝树》、《歌贤众》、《歌学徒》、《歌供具》、《歌福应》等,这已是以佛传为题材的套曲。《隋书》记载:

> (梁武)帝既笃敬佛法,又制《善哉》、《大乐》、《大欢》、《天道》、《仙道》、《神王》、《龙王》、《灭过恶》、《除爱水》、《断苦轮》等十篇,名为正乐,皆述佛法。又有法乐童子伎、童子倚歌梵呗,设无遮大会则为之。④

---

① 《续高僧传》卷一《魏南台永宁寺北天竺沙门菩提流支传》,《大正藏》第 50 卷第 425 页下。
② 《齐太宰竟陵文宣王法集录序》,《出三藏记集》卷一二,第 452 页。
③ 《齐景陵王世子抚军巴陵王法集序》,同上,第 455 页。
④ 《隋书》卷一三《音乐上》,第 305 页。

这是说梁武帝自制赞呗。《高僧传》里记载当时许多"善声沙门"如道照、慧琚、昙宗、道慧、智周、慧明、法称、真观等,并对他们在声乐方面的技能做出细致的描写。本书介绍佛教对于语言文学之学的贡献时,曾提到当时佛教歌赞的"审音定声"对于汉语声韵学发展的推进作用。从另一个角度说,这些"善声沙门"也是杰出的佛教声乐家。这一时期赞呗繁荣情形,道宣在《续高僧传》里描述说:

> ……东川诸梵,声唱尤多。其中高者则新声助哀,《般遮》《掘势》之类也。地分郑、魏,声亦参差,然其大途,不爽常习。江表、关中,巨细天隔,岂非吴、越志扬,俗好浮绮,致使音颂所尚,惟以纤婉为工;秦壤、雍梁,音词雄远,至于咏歌所被,皆用深高为胜。然则处事难常,未可相夺。若都集道俗,或倾郭大斋,行香长梵,则秦声为得;五众常礼,七贵恒兴,开发经讲,则吴音抑在其次。岂不以清夜良辰,昏漠相阻,故以清声雅调,骇发沉情。京辅常传,则有大、小两梵;金陵昔弄,亦传长、短两引。事属当机,不无其美。剑南、陇右,其风体秦,虽或盈亏,不足论评。故知神州一境,声类既各不同;印度之与诸蕃,咏颂居然自别。义非以此唐、梵用拟天声,敢惟妄测,断可知矣。[①]

这里又指出当时各地赞呗已形成不同风格。按道宣的看法,它们适用于不同的场合。这也从一个侧面表明当时赞呗发达、繁盛的情形。

唐代律宗形成,遵循《四分律》,又依据本土环境和条件进行删繁补缺,制定出各宗派共同执行的戒律。道宣说到对于讲经仪式的要求:

> 夜集说法,座高卑无在,三千威仪,上高座读经。先礼佛,

---

①《续高僧传》卷三〇《杂科声德篇》,《大正藏》第50卷第706页中。

次礼经法及上座,后在座正坐,向上座坐,楗椎声绝,先赞偈呗,如法而说。若不如法问,不如法听,便止。①

道宣弟子元照具体加以说明:

初礼三宝,二升高座,三打磬静众(今多打木),四赞呗(文是自作,今并他作,声绝秉炉说偈、祈请等),五正说,六观机进止,问听如法,乐闻应说(文中不明,下座今加续之),七说竟回向,八复作赞呗,九下座礼辞。②

这样,赞呗就被规定为讲经仪轨的重要环节。日僧圆仁,晚唐时旅行到山东文登赤山院,他曾记述那里的讲经仪式,略曰:

赤山院讲经仪式:辰时,打讲经钟,大众上堂,方定众钟。讲师上堂,登高座间,大众同音称叹佛名。讲师登座讫,时有下座一僧作梵,即"云何于此经"等一行偈矣,至"愿佛开微密"句,大众同音唱"戒香、定香、解脱香"等。颂梵呗讫,讲师唱经题目。释题目讫,维那师出来,于高座前读会申会兴之由。讲师把麈尾,闻问者语,帖问帖答。论议了,入文读经。讲讫,大众同音长音赞叹,赞叹语中有回向词。讲师下座,一僧唱《处世界如虚空》偈。讲师升礼盘,一僧唱三礼了。讲师大众同音,出堂归房。③

这是唐代一个寺院的仪式,从中可以知道利用赞呗的具体情形。当时的俗讲和后来的宣卷也都使用赞呗,有许多资料可以说明④。

唐代佛教歌赞的突出特点是更加民族化和世俗化了。即是

---

①《四分律删繁补阙行事钞》卷下之三,《大正藏》第40卷第138页中。
②《四分律行事钞资持记》卷下之三,《大正藏》第40卷第404页中。
③参阅《入唐求法巡礼行记》卷二,第73页。
④参阅孙楷第《唐代俗讲轨范与其本之体裁》,周绍良、白化文编《敦煌变文论文录》上册,上海古籍出版社,1982年。

说,外来的呗赞已经逐渐与本土民间音乐传统相合流。唐代禅与净土是最为兴盛的两个宗派。禅宗利用歌赞,本书下编将具体介绍。例如神会的《五更转》就是典型例子,胡适推测当年演唱这个曲调必定是相当哀婉动人的。不过这是利用民间俗曲形式。中唐时期青原一系禅师以善偈颂著称,多有善乐曲的。特别值得注意的还有由于昙鸾、道绰、善导等提倡新的念佛法门,把唱念佛号当作修持的一个主要方式,从而净土赞呗广泛流行。宋赞宁给中唐净土大师少康作传说:

> (少康)遂于乌龙山,建净土道场,筑坛三级,聚人午夜行道,唱赞二十四契,称扬净邦。每遇斋日云集,所化三千许人。登座,令男女弟子望康面门,即高声唱阿弥陀佛。佛从口出,连诵十声,十佛若连珠状……
>
> 系曰:康所述偈赞,皆附会郑卫之声,变体而作,非哀非乐,不怨不怒,得处中曲韵。譬犹善医以饧蜜涂逆口之药,诱婴儿之入口耳。苟非大权入假,何能运此方便,度无极者乎?唱佛佛形从口而出,善导同此作佛事,故非小缘哉。[①]

这里说少康的赞呗夹杂"郑卫之声"即民间曲调,表明其形式已相当"世俗化"了。后来法照出来,提倡"五会念佛",撰有《净土五会念佛诵经观行仪》等。至今在敦煌卷子里仍保存有法照的《归去来》、《出家乐》(拟调名)等曲辞。"五会念佛"那"响彻山谷"的念佛声,更是沿着世俗化趋向进一步发展了。敦煌写本里现存法照所作歌词在形式上已完全是民间俗曲一体了。

　　赞呗流传后世,直到如今,仍在佛教仪轨中广泛应用。已经完全脱卸了外来形式,成为民族音乐的一部分。当代的歌赞可分为赞、偈;另外有诵咒语、书声白也带有歌赞性质,广泛用于寺院早、

---

① 《宋高僧传》卷二五《唐睦州乌龙山净土道场少康传》,下册第 631—632 页。

晚课、放焰口、水陆法会以及各种忏仪、祝仪等法会上。一般最为通行的是《三宝赞》、《香赞》、《净三业偈》、《大悲咒》等，还有合称为《四大祝延》、《八大赞》的。演唱形式则有独唱、领唱、合唱等多种。在大型放焰口仪式上，曲调由多种曲牌组成，唱腔相当复杂，结构宛如一部大合唱。伴奏的除了一般乐器如笙、管、笛、箫、唢呐等，还有佛教特殊的"法器"如磬、引磬、木鱼、钟、鼓、铃等。由于多使用打击乐器和管乐器，造成一种特殊的高亢、凄厉、激烈的效果。

佛教赞呗对于世俗文艺造成相当大的影响。它们独特的曲调、语言以及表现风格都影响世俗音乐，也影响文人诗歌创作；作为"法器"的钟磬等乐器也多被应用到世俗音乐演奏之中。唐代俗讲和变文中大量夹入赞呗，后来的讲唱文学也延续了同样做法；如后来宣（宝）卷开头、结尾都有赞偈，也是在直接模仿讲经制度。

三

对于中国音乐和舞蹈艺术发展起到更重要作用的，是随佛教输入的印度和西域的乐舞。属于这一系统的主要是一般世俗内容的，佛教内容的只是其中一部分。下面首先介绍外来乐曲的输入及其影响。在很多情况下，乐曲是配合舞蹈的，这将另有说明。

东晋十六国时期，正值佛教输入中国的兴盛时期，包括佛教音乐的外来音乐大量输入。首先是佛教来源地的天竺乐："张重华时，天竺重译贡乐伎。后其国王子为沙门来游，又传其方音"[1]；"天竺者……歌曲有《沙石疆》，舞曲有《天曲》。乐器有凤首箜篌、琵琶、五弦、笛、铜鼓、毛员鼓、都昙鼓、铜拔、贝等九种，为一部，工十

---

①《旧唐书》卷二九《音乐志二》，第 1069 页。

二人"①；"天竺乐，工人皂丝布头巾，白练襦，紫绫袴，绯帔。舞二人，辫发，朝霞袈裟，行缠，碧麻鞋。袈裟，今僧衣是也"②。从这样的装束看，一定包括佛教舞蹈艺人。又扶南即今柬埔寨，音乐属于天竺佛教系统："扶南乐，舞二人，朝霞行缠，赤皮靴。隋世全用天竺乐，今其存者，有羯鼓、都昙鼓、毛员鼓、箫、笛、筚篥、铜拔、贝"③。更重要的是后来所谓"胡部新声"即西域诸国包括今新疆地区的西域音乐，这一地区正是中土佛教的直接来源地，居住在这里的民族传统上又能歌善舞。其中在晋、宋以后给予中原音乐影响最大的是西凉乐，而西凉乐的来源则主要是龟兹和于阗。这又是分属丝绸之路南、北道的两个佛教中心，它们的文化受到包括犍陀罗和西域其他国家的深刻影响。史载"西凉乐者，起苻氏之末，吕光、沮渠蒙逊等据有凉州，变龟兹声为之，号为秦汉伎。后魏太武既平河西，得之，谓之西凉乐。至魏、周之际，遂谓之国伎。魏代至隋咸重之。其曲项琵琶、竖箜篌之徒，并出自西域，非华夏旧器。《扬泽新声》、《神白马》之类，生于胡歌，非汉、魏遗曲，故其乐声调悉与书史不同。其歌曲有《永世乐》，解曲有《万代丰》，舞曲有于阗佛曲"④；又"自周、隋以来，管弦杂曲将数百曲，多用西凉乐，鼓舞曲多用龟兹乐，其曲度皆时俗所知也"⑤。《大唐西域记》记载屈支国（即龟兹）"管弦伎乐，特善诸国"⑥。《乐书》记载："龟兹，乃回鹘别种也，其国主自称师子王。其乐有竖箜篌、琵琶、五弦、笙、箫、横吹觱篥、毛员鼓、都昙鼓、答腊鼓、腰鼓、羯鼓、提鼓、鸡娄鼓、铜钹等，十五种，为一部，工十人。歌曲有《善善摩尼》，解曲有《婆伽儿》，舞曲有《小天》、《疏勒盐》。盖自吕光灭其国而得之也。吕氏既亡，其

①《隋书》卷一五《音乐志下》，第 379 页。
②③《旧唐书》卷二九《音乐二》，第 1070 页。
④《通典》卷一四六《乐六》，第 4 册第 3731 页。
⑤同上，第 4 册第 3718 页。
⑥季羡林等《大唐西域记校注》卷一，第 54 页，中华书局，1985 年。

乐散失，至后魏据有中原，获之，故隋有西国龟兹之号凡三部。"批注说："《西国龟兹》、《齐鼓龟兹》、《土龟兹》，凡三部也。唐曲调有《龟兹佛曲》。又《普光佛》旧名《龟兹》。"①又"于阗，其俗以十二月一日肆筵设席，拍手拨胡琴唱歌，故隋代胡部舞曲亦有于阗佛曲焉"②。从这些记述，可以看出龟兹和于阗音乐在中原广泛传播的情形，西凉则是这些乐曲流向中原的中转站，这些乐曲中佛曲占相当部分。

　　到唐时，又输入"多演释氏之词"的骠国乐。古骠国在今缅甸境内："骠国乐，贞元十八年正月骠国王来献，凡有十二曲，以乐工三十五人来朝。乐曲皆演释氏经论之词。骠国在云南西，与天竺国相近，故乐多演释氏之词。每为曲，皆齐声唱，各以两手十指齐开齐敛，为赴节之状。一指一抑，未尝不相对，有类中国《柘枝舞》。骠一作僄。其西别有弥臣国，乐舞亦与骠国同，多习此伎以乐。后制使袁滋、都土美至南诏，并皆见此乐。"③

　　这样，在晋宋以来一个相当长的历史时期，从南亚、西域广阔地域输入了各民族的外来音乐，它们以其新鲜、活泼、富于异域风格的节奏、曲调征服了中国人。这统称"胡部新声"的乐曲对于隋唐时期舞乐造成巨大影响。隋王朝统一南北，文化诸多领域都是一向被视为华夏正统的南方统一北方，但音乐却是"胡部新声"的影响超越了南方的"华夏正声"。典型的表现是在朝廷制定礼乐时它们被奉为正宗，而古代审定音乐乃是朝政中的大事。隋王朝刚刚立国的开皇二年(582)，齐黄门侍郎颜之推上言"礼崩乐坏，其来自久。今太常雅乐，并用胡声"④云云，请凭梁国旧事，考寻古典，但隋文帝不从。至开皇九年(589)灭陈，初定律令，置七部乐，分别是

①《乐书》卷一五八《乐图论·胡部·歌·四夷歌》。
②《文献通考》卷一四八《乐考二一·夷部乐》，上册第1295页。
③《唐会要》卷三三《雅乐下》。
④《隋书》卷一四《音乐志中》，第345页。

《国伎》（实为《西凉乐》）、《清商乐》、《高丽乐》、《天竺乐》、《安国乐》、《龟兹乐》和《文康乐》。其中除了《清商乐》，其他六部都是外族音乐。大业中，又增加《疏勒》、《礼毕》为九部乐。隋亡唐兴，置十部乐，基本因循未改，只是取消《礼毕》，增加《燕乐》和《康国乐》，而《燕乐》乃是汉化的龟兹乐，即仍以外族音乐为主体。唐代乐工分为立部伎和坐部伎，元稹作新乐府，《立部伎》题下注引友人李公垂的话："太常选坐部伎无性灵者，退入立部伎。又选立部伎无性灵者，退入雅乐部，则雅乐可知矣"①。可见本土传统雅乐不受重视，外来的"胡部新声"占据重要地位，发挥重大影响。

外来音乐对于本土音乐影响的重大事件有音乐家郑译根据龟兹人苏祇婆所传琵琶曲整理乐调。这件事并不与佛教直接关联，但却是与佛教一起输入的外来音乐发挥影响的实例。《隋书》上记载郑译说：

> 考寻乐府钟石律吕，皆有宫、商、角、徵、羽、变宫、变徵之名。七声之内，三声乖应，每恒求访，终莫能通。先是周武帝时，有龟兹人曰苏祇婆，从突厥皇后入国，善胡琵琶。听其所奏，一均之中间有七声。因而问之，答云："父在西域，称为知音。代相传习，调有七种。"以其七调，勘校七声，冥若合符。

这里所说"七声之内，三声乖应"，指三个半音位置错乱；利用苏祇婆所传龟兹琵琶曲的七个音阶加以校勘，始得七声之正。又"（郑）译遂因其所捻琵琶，弦柱相引为均，推演其声，更立七均。合成十二，以应十二律。律有七音，音立一调，故成七调十二律，合八十四调，旋转相交，尽皆和合"②。这是说由七个音阶配合古代音乐的十二律，成八十四调。如此规范和统一乐制，大为丰富了乐调，也就可以创造出新声叠变的乐曲。不过实践中隋唐音乐只使用宫、商、

---

①《元稹集》上册第 284 页，冀勤点校，中华书局，1982 年。
②《隋书》卷一四《音乐中》，第 345－346 页。

羽、角四声二十八调,即四弦琵琶定弦的音调。

前面提到,这种外族音乐中包括大量"佛曲"。关于"佛曲"这一概念,狭义的说法如向达:

> 佛曲者,是由西方传入中国的一种乐曲,有宫调可以入奏。内容大概都是颂赞诸佛菩萨之作,所以名为佛曲。大约为朝廷乐署之中所有,不甚流行民间。[1]

任半塘不同意这种定义,认为:

> "佛曲辞"……乃指齐言之辞或其声为佛徒所制,直接间接用以宣扬教义,迷惑人心,而音乐性较强,不止于吟讽,且不附有说活等杂技者。[2]

向达的定义特别突出"佛曲"作为外来音乐的特征;任半塘的定义则可以看作是更广义的概念,还包括所有吟唱技艺。认识唐人佛曲,首先应提到的是晚唐南卓的《羯鼓录》。如这部书的开头所说:

> 羯鼓出外夷,以戎羯之鼓,故曰羯鼓。其音主太簇一均,龟兹部、高昌部、疏勒部、天竺部皆用之。[3]

其中《诸宫调》所录曲名,有"诸佛曲辞"十首,名称是:《九仙道曲》、《卢舍那仙曲》、《御制三元道曲》、《四天王》、《半阁么那》、《失波罗辞见柞》、《草堂富罗》(二曲)、《于门烧香宝头伽》、《菩萨阿罗地舞曲》、《阿弥陀大师曲》。其中前三种从题目看应是道教曲辞。接着又录有《食曲》三十三种,其名目则多有关系佛教的:

> 《云居曲》、《九巴鹿》、《阿弥罗众僧曲》、《无量寿》、《真安

---

① 《论唐代佛曲》,《唐代长安与西域文明》第279页,生活・读书・新知三联书店,1957年。
② 《唐声诗》上册第449页,上海古籍出版社,1982年。
③ 《羯鼓录》第1页,古典文学出版社,1957年。

曲》、《云星曲》、《罗利儿》、《芥老鸡》、《散花》、《大燃灯》、《多罗头尼摩诃钵》、《婆娑阿弥陀》、《悉驮低》、《大统》、《蔓度大利香积》、《佛帝利》、《龟兹大武》、《僧箇支婆罗树》、《观世音》、《居么尼》、《真陀利》、《大与》、《永宁贤者》、《恒河沙》、《江盘无始》、《具作》、《悉家牟尼》、《大乘》、《毗沙门》、《渴农之文德》、《菩萨缑利陀》、《圣主与》、《地婆拔罗伽》。[1]

向达曾经拿宋陈旸《乐书》卷一五九《诸胡曲调》与之对照，证明这些都是外来的以颂佛为内容的音乐。就是说，它们和利用本土曲调如《五更转》、《十二时》的乐曲在音调上应是完全不同的，当然和前面所引《隋书·音乐志》记载的王融、梁武帝所制赞呗曲调也不相同。

关于南北朝、隋唐时期外来音乐的影响，《旧唐书》上说：

> 自周、隋已来，管弦杂曲将数百曲，多用西凉乐，鼓舞曲多用龟兹乐，其曲度皆时俗所知也。[2]

如前面已经指出，"西凉乐"实际是中国传统音乐与西域音乐融合的产物。到唐代开、天年间，大力拓边，外来文化自西域更大规模地输入中原。《新唐书》记载关于"法曲"的情况，略曰：

> 初，隋有法曲，其音清而近雅。其器有铙、钹、钟、磬、幢箫、琵琶。琵琶圆体修颈而小，号曰"秦汉子"，盖弦鼗之遗制，出于胡中。玄宗既知音律，又酷爱法曲，又好羯鼓，常称："羯鼓，八音之领袖，诸乐不可方也。"盖本戎羯之乐，其音太蔟一均，龟兹、高昌、疏勒、天竺部皆用之，其声焦杀，特异众乐。开元二十四年，升胡部于堂上。而天宝乐曲，皆以边地名，若《凉

---

①《羯鼓录》第 14—15 页。
②《旧唐书》卷二九《音乐志二》，第 1068 页。

州》、《伊州》、《甘州》之类。后又诏道调、法曲与胡部新声
合作。①

这段记述也表明,隋唐时期是中、外音乐进一步融合十分关键的时
期。如代表唐代舞乐水平的著名的《霓裳羽衣曲》就是《法曲》,一
般被当作道教音乐典型作品。但根据下面将讲到的天宝年间改乐
曲名,原名为《婆罗门》,显然是根据胡乐改编的,乃是典型的中、外
音乐结合的作品。白居易《新乐府》里有一首《法曲歌》,其中写道:

> 法曲法曲合夷歌,夷声邪乱华声和。以乱干和天宝末,明
> 年胡尘犯宫阙。乃知法曲本华风,苟能审音与政通。一从胡
> 曲相参错,不辨兴衰与哀乐。②

天宝十三载朝廷太乐署同时改变一大批曲调名,有些从名称看显
然是外来的或就是外来佛教的:如大簇宫时号沙陁调的《龟兹佛
曲》改为《金华洞真》,《急龟兹佛曲》改为《急金华洞真》,太簇商时
号太食调的《帝释婆野娑》改为《九野欢》,《优婆师》改为《泛金波》,
黄钟羽时号黄钟调的《思归达菩提儿》改为《洞灵章》,中吕商时号
双调的《俱磨尼佛》改《紫府洞真》,金风调《婆伽儿》改为《流水芳
菲》等。另有一些显然是外来语音译的调名,应当也有本来是佛曲
的。当时曾把新调名立石太常寺③。这件事本身就是中、外音乐相
融合的体现。中唐以后,民族矛盾加剧,边鄙日蹙,客观上却促进
了民族间的文化交流。陈鸿的《东城老父传》里借主人公贾昌之口
说:"今北胡与京师杂处,娶妻生子。长安中少年,有胡心矣。"④当
时甚至饮食、服装以至妇女化妆都受到外族主要是西域文化的影
响。元稹和白居易的《法曲》是《新乐府》的一首,二者都是与李绅

①《新唐书》卷二二《礼乐志十二》,第 476—477 页。
②《白居易集笺校》第 1 册第 145 页。
③《唐会要》卷三三《诸乐》。
④鲁迅《唐宋传奇集》卷三,《鲁迅辑录古籍丛编》第 2 卷第 112 页。

相唱和的。元稹诗说：

> 明皇度曲多新态，宛转浸淫易沉著。《赤白桃李》取花名，
> 《霓裳羽衣》号天落。雅弄虽云已变乱，夷音未得相参错。自
> 从胡骑起烟尘，毛毳腥膻满咸洛。女为胡妇学胡妆，伎进胡音
> 务胡乐。火凤声沉多咽绝，春莺啭罢长萧索。胡音胡骑与胡
> 妆，五十年来竞纷泊。[1]

这讲的也是陈鸿所说的"胡化"情形，其中清楚表明音乐是更进一
步地与"夷音""相参错"了。白居易《新乐府》里还有《骠国乐》、《西
凉伎》等，都是直接对外族乐舞流行加以讽刺的。元、白在当时条
件下，在这方面坚持的显然还是"夷夏之辨"的保守观念。

佛教发挥对于音乐的影响，僧人起相当大的作用。介绍、推广
外来音乐，中、外僧人付出巨大的努力。历朝僧人中善音律的不
少。如今不能考证他们具体人对于外来音乐的了解和是否对于介
绍外来音乐有所贡献。但从总体推测，他们必定会起到积极的中
介作用。前面已经提到的南齐诗僧宝月，齐武帝萧赜未即位时，作
《估客乐》歌，"使太乐令刘瑶教习，百日无成，或启释宝月善音律，
乃使宝月奏之，便就敕歌者重为感忆之声"[2]；又时有"《永平乐歌》
者，竟陵王子良与诸文士造奏之。人为十曲。道人释宝月辞颇美，
上常被之管弦，而不列于乐官也"[3]。宝月又是相当卓越的音乐家，
他在诗歌创作方面的成就显然和音乐素养有关系。唐代禅宗兴
盛，宗风开放，戒律松弛，禅师们多与士大夫交往，出现许多诗僧、
艺僧。僧众有许多善歌的，如关于善本的一段逸事：

> 贞元中，有康昆仑(弹琵琶)第一手。始遇长安大旱，诏移
> 两市祈雨，及至天门街，市人广较胜负，及斗声乐，即街东有康

---

[1]《元稹集》上册第 282 页。
[2]《文献通考》卷一四二《乐十五》，第 1251 页。
[3]《南齐书》卷一一《乐志》，第 196 页。

昆仑琵琶最上，必谓街西无以敌也。遂请昆仑登彩楼，弹一曲
新翻羽调《录要》。其街西亦建一楼，东市大诮之。及昆仑度
曲，西市楼上出一女郎，抱乐器，先云："我亦弹此曲，兼移在枫
香调中。"及下拨，声如雷，其妙入神。昆仑即惊骇，乃拜请为
师。女郎遂更衣出见，乃僧也。盖西市豪族，厚赂庄严寺僧善
本，以定东鄽之胜。翌日，德宗召入，令陈本艺，异常嘉奖，因
令教授昆仑。①

又著名的还有中唐洛京慧林寺圆观"通音律"，善歌《竹枝》，"词切
调高，莫知所谓"②。僧人善琴艺的很多。如李白表扬过的僧浚：

> 蜀僧抱绿绮，西下峨眉峰。为我一挥手，如听万壑松。客
> 心洗流水，遗响入霜钟。不觉碧山暮，秋云暗几重。③

后来宋僧知白的琴艺曾得到欧阳修赞赏，有诗形容其风格是"孤禽
晓警秋野露，空涧夜落春岩泉……岂知山深水深意，久以写此朱丝
弦"。欧阳修的诗里又曾说到"吾闻夷中琴已久，常恐老死无其
传"④，夷中号慧日大师，得琴法于"天下第一"的待诏朱文济，授其
法于越僧义海，海尽夷中之艺，乃入越州法华山习之，谢绝过从，积
十年不下山，昼夜手不释弦，遂穷其妙天下。从海学琴者辐辏。沈
括评论说"海之艺不在于声，其意韵萧然得于声外"⑤。后世善歌、
善琴的僧人仍有不少，也成为与世俗交流的一个渠道。

敦煌写卷 P.3808 号即后唐《长兴四年(933)中兴展应圣节讲
经文》的背面写有二十五首曲谱，P.3539 号北面有残谱两行，是当
时佛曲流行的实证，也是中国古代音乐史研究的宝贵资料。

---

①《乐府杂录》第 30 页，古典文学出版社，1957 年。
②《宋高僧传》卷二〇《唐洛京慧林寺圆观传》，下册第 518、519 页。
③《听蜀僧浚弹琴》，《李太白集》卷二四。
④《送琴僧知白》，《文忠集》卷五三。
⑤《补(梦溪)笔谈》卷上。

　　民间流行的佛曲，又有许多是利用传统民间乐调的。这从现存敦煌曲辞可以看得很清楚，本书后面将予以介绍。民间套曲《五更转》、《十二时》等被广泛应用；唐代著名僧人如法照、寰中、贯休等都写俗曲曲辞，一部分借敦煌写卷流传至今。又有些新制的佛曲如《文淑子》："长庆中，俗讲僧文叙善吟经，其声宛畅，感动里人。乐工黄米饭，依其念四声观世音菩萨，乃撰此曲。"[1]宋王灼《碧鸡漫志》卷五转引《卢氏杂记》谓为文宗作曲。即使真地如此，也是按民间曲调创作的。这在佛教音乐的来源中另成一个系统。

　　现代佛教音乐的源头，可以追溯到宋、元时期。如上所述，与佛教文化发展的整体形势一致，到这一时期，中、外两大系统佛曲音乐的融合过程已经完成，本土佛教音乐更加"世俗化"了。宋人吴曾记载：

> 京师僧念《梁州》、《八相太常引》、《三皈依》、《柳含烟》等，号"唐赞"；而南方释子作《渔父》、《拨棹子》、《渔家傲》、《千秋岁》唱道之辞。盖本《毗奈耶》云："王舍城南方有乐人，名腊婆，取菩萨八相，缉为歌曲，令敬信者闻生欢喜。"[2]

这里所谓"唐赞"，应是前代流传下来的，而新的《渔父》则是流行曲子词曲牌。这一时期，新一代民间俗曲发展起来，这些曲牌也被广泛应用到佛教音乐之中。明清以来，各地不同寺院所传佛乐曲调不一，但基本都是迎合世俗趣味，也为了制作方便，大量使用流行的民间曲艺曲调。例如今存嘉靖三十年（1551）浙江嘉兴府桐乡县僧会司下青镇宝阁禅寺捐赀抄写的《孔雀经尊科仪》，除了大量使用四、五、七言句式，还用了《挂金锁》、《寄生草》、《清江引》、《浪淘沙》、《采茶声》等俗曲曲牌[3]。永乐二年（1404）搜集宋、元以来流传的佛曲四百余首编成的《诸佛世尊如来菩萨尊者名称歌曲》五十卷,其中除多采用本土古代传统曲调,也利用当时流行乐曲,包括词牌和曲牌。这部曲谱广泛流行,影响直至如今。又北京智化寺存有清康熙三十三年(1694)编辑的曲谱集,包括传统的赞呗,有《望江南》《千秋岁》等唐教坊曲,也有宋、元词牌或曲牌。目前全国南、北各地、各门派寺院许多都传有佛曲,大都渊源有自,各有一定特色。如常州天宁寺、宁波天童寺、扬州大明寺、山西五台山寺院等处的佛乐都很有名。这也是祖国音乐文化遗产值得重视的一部分。

四

古代的舞有乐曲伴奏,乐与舞往往是相结合的。在输入外来乐曲的同时,所配合的舞蹈也传入中国。前面说过,佛教仪轨中如行像、浴佛以及后来的各类法会包含丰富的舞蹈成分。下面讲的是一般佛教内容的或配合佛教活动的舞蹈。

关于早期佛教舞蹈及其流传情形,有关资料存留不多,已难得其详。在江宁上坊村出土的东吴时期带有佛陀造像的陶魂瓶底层,塑有一排正在演奏的伎乐俑,表明当时已经流行以伎乐供佛的观念,同时也显示了乐舞的具体形态。在南北朝时期的石窟如敦煌、麦积山、云冈、龙门石窟里的造像、壁画有不少表现乐舞的。例如北魏云冈第二窟天井壁上部有形仪端正的奏乐天人一队,所持乐器有琵琶、阮咸、箫、篪(横笛)、钥(三孔纵笛)、箜篌、鼓等,反映的正是当时寺庙供奉乐舞的盛况。敦煌壁画里更多有描绘乐舞场面的。隋唐时期净土变盛行,乐舞的描绘成为其中背景的重要构成部分。有学者统计,莫高窟吐蕃、张氏统治时期,仅配有乐舞场面的《药师经变》就有 32 幅之多，这些乐舞场面有附属于经变主体的，有独立的；舞蹈有单人的、双人的、群体的，人数最多的有达二十人的群舞①。这些都是现实生活中寺院乐舞艺术实态的反映。

唐初道宣的《量处轻重仪》，记述关于寺院财物处置的规定。如上所述，道宣是律宗大德。这部书里有"诸杂乐具"一项，其例有四：

> 初谓八音之乐（一金乐，谓钟、铃等；二石乐，谓磬等；三丝乐，谓琴、瑟等；四竹乐，谓笙、笛等；五匏乐，谓竿篌等；六土乐，即埙等；七革乐，谓鼓等；八木乐，即上音柷、敔者也）。二所用戏具（谓傀儡戏、面竽、桄影，舞师子、白马，俳优传述众像变现之像也）；三服饰之具（谓花冠帕索、裙帔袍裩、缠束杂彩、众宝绮错之属也）；四杂剧戏具（谓蒲博碁奕、投壶牵道、六甲行成，并所须骰子、马局之属）——已上四件，并是荡逸之具，正乖念慧之本，宜从重收。然僧非贮畜之家，执捉非无过咎，宜准论出卖得钱，还入僧中，随常住杂用。

这四类中有乐器，还有乐舞、杂技的服装、道具等。道宣郑重地作为寺院器材、设备事项提出来，可见当时寺院中存储这些是普遍现象，也是南北朝以来形成的一种传统。不过道宣认为这些"并是荡逸之具，正乖念慧之本，宜从重收。然僧非贮畜之家，执捉非无过咎，宜准论出卖得钱，还入僧中，随常住杂用"②，主张把它们卖掉。道宣的意见体现他个人作为律学权威的观念，却正反映了当时寺院里这些"荡逸之具"存在的实情，而这些都是兴办乐舞活动时使用的。也正是在当时那些大寺竞相蓄养舞乐队伍的风气中，才能够培养出众多杰出的僧人艺术家。

从北魏时期到隋唐，寺院乐舞盛行的实际情形，史料里多有反映。

----

① 参阅江琳《莫高窟〈药师经变〉中乐舞的研究》，《舞蹈艺术》1989 年第 3 期。
②《大正藏》第 45 卷第 842 页下。

以北魏时洛阳为例,大型寺院里蓄养有专门伎乐班子。如景乐寺:

> 至于大斋,常设女乐。歌声绕梁,舞袖徐转,丝管寥亮,谐
> 妙入神。以是尼寺,丈夫不得入。得往观者,以为至天堂。及
> 文献王薨,寺禁稍宽,百姓出入,无复限碍。后汝南王悦复修
> 之。悦是文献之弟。召诸音乐,逞伎寺内。①

景乐寺大斋时不只"召诸音乐,逞伎寺内",又有"奇禽怪兽,舞抃殿
庭","异端奇术,总萃其中"②,即还有杂技、魔术等表演,极其繁闹
热烈。又当时五台山一座古寺大孚灵鹫寺:

> 昔有朔州大云寺惠云禅师,德行崇峻,明帝礼重,诏请为
> 此寺尚座。乐音一部,工技百人,箫笛筌篌,琵琶筝瑟,吹螺振
> 鼓,百戏喧阗,舞袖云飞,歌梁尘起。随时供养,系日穷年。乐
> 比摩利天仙,曲同维卫佛国。往飞金刚窟内,今出灵鹫寺中。
> 所奏声合苦空,闻者断恶修善,六度圆满,万行精纯。像法已
> 来,唯兹一遇也。③

这里描写的是北魏元明帝拓跋嗣时期的事,当时这个寺院的舞乐
队伍竟达百人之多。

南朝宋明帝命僧瑾为僧主,"给法伎一部,亲信二十人,月给三
万"④。可见南方大型寺院蓄养"法伎"也是习俗。后来梁荀济批评
佛教蠹害,第九条是"设乐以诱群小,俳优以招远会"⑤,也直接指斥
当时寺院盛行畜养俳优伎乐的弊端。

隋末唐初,慧胄住清禅寺,"寺足净人,无可役者,乃选取二十
头,令学鼓舞。每至节日,设乐像前,四远同观,以为欣庆。故家人

---

①②《洛阳伽蓝记》卷一《城内》,第52页。
③延一《广清凉传》卷上,《大正藏》第51卷第1107页上。
④《高僧传》卷七《宋京师灵根寺释僧瑾传》,第294页。
⑤《叙列代王臣滞惑解下》,《广弘明集》卷七《辩惑篇》,《大正藏》第52卷第130
　页下。

子弟,接踵传风,声伎之最,高于俗里"①。当时清禅寺是长安有规模的大寺,这里是说选取"净人"学习舞乐,并指出这所寺院声伎胜于民间里闾。开元五年(717)宋璟奏:"承前诸寺、观,多动音声。今传有仗内音声,拟相夸斗,官人百姓,或有缚棚。"②这是说寺、观音乐可以和宫廷争胜。关于寺院在都会参与斗声伎的情形,前面引述《乐府杂录》记载的善本一事是例子。韩愈《华山女》诗描写佛、道在长安朱雀门大街斗"俗讲",所谓"街东街西讲佛经,撞钟吹螺闹宫庭。广张罪福资诱胁,听众狎恰排浮萍"③等等,反映的乃是佛、道宣教利用声伎的风俗,俗讲和乐舞都是"诱胁"兼娱乐群众的有效形式。中唐李公佐在《南柯太守传》里写到主人公淳于棼梦梦入大槐安国,有众女调笑,一女说到曾"从灵芝夫人过禅智寺,于天竺院观右延舞《婆罗门》"④,反映的也是现实中寺院中的乐舞,演员"右延"应当是艺僧。唐末开成三年(838)日僧圆仁来到扬州,住在开元寺,淮南节度使任命鹤林寺律师光义为僧正,此年"闰正月三日,当寺庆僧正入寺,屈诸寺老宿于库头官茶官饭,百种具足,兼设音声"⑤。这种"音声"即歌舞伎乐也应是归属寺院的。

　　前面说过,禅宗兴盛,丛林里多有艺僧。宋钱易记载丛林故事:

　　　　道吾和尚上堂,戴莲花笠,披襕执简,击鼓吹笛,口称"鲁三郎"。⑥

禅师游戏禅悦,上堂示法,扮演"鲁三郎"。关于"鲁三郎",故事情

①《续高僧传》卷二九《唐京师清禅寺释慧胄传》,《大正藏》第52卷第697页下。

②《册府元龟》卷三一三《宰辅部·谋猷三》,第4册第3690页。

③《韩昌黎集》卷六。

④鲁迅《唐宋传奇集》卷三,《鲁迅辑录古籍丛编》第2卷第76页。

⑤《入唐求法巡礼行记》卷一,第29页。

⑥《南部新书》己卷,第65页,中华书局,1958年。

节不明,但从这条记载可以知道当时禅门的艺术风气,禅师多有善乐舞的。又禅门话头,药山惟俨与云岩昙晟斗机锋:

> 药山乃又问:"闻汝解弄师子,是否?"师曰:"是。"曰:"弄得几出?"师曰:"弄得六出。"曰:"我亦弄得。"师曰:"和尚弄得几出?"曰:"我弄得一出。"师曰:"一即六,六即一。"师后到沩山。沩山(灵祐)问曰:"承长老在药山弄师子,是否?"师曰:"是。"曰:"长弄耶? 还有置时?"师曰:"要弄即弄,要置即置。"曰:"置时师子在什么处?"师曰:"置也,置也。"①

又:

> 师住庵后,雨里来相看。药云:"尔来也。"师曰:"是。"药云:"可杀湿。"师曰:"不打遮个鼓、笛。"云岩云:"皮也无,打什么鼓?"道吾云:"鼓也无,打什么皮?"药云:"今日大好曲调。"僧问:"一句子还有该不到处否?"师曰:"不顺世。"药山斋时自打鼓。高沙弥捧钵作舞入堂。药山便掷下鼓槌云:"是第几和?"高曰:"第二和。"曰:"如何是第一和?"高就桶内舀一杓饭,便出去。②

如药山门下这些对答勘辨,都配合有关于乐舞的譬喻,其中有什么禅机暂且不论,起码表明当时丛林对于这类乐舞是熟悉的,甚或这些禅师平时也以奏乐作舞来愉悦情志。

敦煌写卷里面也有涉及敦煌寺户中"乐人"和"音声"的材料,表明当地寺院或是自养、或是资助民间舞乐班子。敦煌边地如此,显然这也是遍及各地的习俗。这些乐舞班子主要用于佛寺庆典和法会。可资对照的材料如前引日僧圆仁记述扬州开元寺情形,用"音声"来迎接僧正,明显具有娱乐助兴的功能。

---

①《景德传灯录》卷一四《潭州云岩昙晟禅师》,《大正藏》第51卷第315页上。
②同上卷一四《药山高沙弥》,《大正藏》第51卷第315页下。

外来舞蹈的输入,同样在南北朝、隋唐时期达到高潮。史料记载当时流行的乐舞有《钵头》、《苏莫(幕)遮》、《舍利佛》、《婆罗门》、《师子》等。这些是歌舞还是戏曲早期发展阶段的"戏弄",学术界尚有不同意见。但它们从印度、西域输入,形式上都以乐舞表演为主,则是肯定的。就与佛教的关联说,起码有一部分是佛教题材的。关于《苏莫遮》,唐般若三藏所译《大乘理趣六波罗蜜多经》里有相关的一段,是说生、老、病、死之苦的:

> 云何老苦?所谓众生从少至老,时节代谢,所有充实,悉皆损减……壮膏既尽,不久将死。又如苏莫遮帽,覆人面首,令诸有情见即戏弄。老苏莫遮,亦复如是,从一城邑至一城邑,一切众生被衰老帽,见皆戏弄。以是因缘,老为大苦。①

慧琳《一切经音义》对"苏莫遮"有注释说:

> 苏莫遮冒:下毛报反,《说文》云:"小儿及变夷头衣也,从目,曰声。"曰音与上同。《文字集略》从巾,作帽,亦同。苏莫遮,西戎胡语也,正云"飒磨遮",此戏本出西龟兹国,至今由有此曲。此国《浑脱》、《大面》、《拨头》之类也。或作兽面,或象鬼神,假作种种面具、形状,或以泥水沾洒行人,或持胃索搭钩捉人为戏。每年七月初公行此戏,七日乃停。土俗相传云:常以此法攘厌驱趁罗刹恶鬼食啖人民之灾也。②

希麟《续一切经音义》卷一解说略同。从这些说明看,《苏莫遮》显然是自龟兹输入的"龟兹乐曲"之一,是佛教内容的乐舞;又从演出时间在七月初的七天,以及作为驱逐恶鬼的法事看,或许和七月七日盂兰盆会有关系。中宗神龙(705—707)初,清源县尉吕元泰上疏陈时政所宜,中有云:

---

① 《大乘理趣六波罗蜜多经》卷一,《大正藏》第 8 卷第 867 页中—下。
② 《一切经音义》卷四一,《大正藏》第 54 卷第 576 页上。

比见都邑坊市,相率为浑脱队,骏马胡服,名为《苏莫遮》。
旗鼓相当,军阵之势也;腾逐喧噪,战争之象也;锦绣夸竞,害
女工也;征敛贫弱,伤政体也;胡服相观,非雅乐也;浑脱为号,
非美名也。①

这则是《苏莫遮》乐舞的具体景象。

在《乐府诗集》里,《舍利佛》被与《阿那瓌》、《摩多楼子》、《法寿
乐》并列在《杂曲歌辞》里。据批注,阿那瓌本是蠕蠕国主名。但仿
前二例,或许是另一位佛弟子阿那律的另一译名。《法寿乐》今存
有齐王融词,前面已提到过②。但在郑樵《通志》里,在作为《逸诗》
的《逸声》里,上述四曲置于《神仙二十二曲》和《蕃胡四曲》中间,被
归纳为《梵竺四曲》,即全部看成是与佛教有关的③。舍利佛是佛陀
十大声闻弟子之一,"解空第一";摩多楼子是目犍连(目连)另一个
译名,"神通第一"。李白有《舍利佛》和《摩多楼子》歌词④;李贺也
有《摩多楼子》歌词,其前四句是:"玉塞去金人,二万四千里。风吹
沙作云,一时渡辽水。"⑤"金人"用"浮图金人"典⑥,歌词写的是来
自天竺的舞者。前面介绍佛教对于中国戏曲发展的影响,提到上
世纪初(1923)在新疆吐鲁番发现三个梵剧剧本,其中一个是马鸣
所作《舍利补特罗婆罗加兰拏》九出,内容是舍利佛和目连皈依佛
陀故事。据此有理由推测唐代《舍利佛》乐曲(乐舞)和它们应有渊
源关系。又《婆罗门》,据《乐书》:

婆罗门,舞衣绯紫色衣,执锡镮杖。唐太和初,有康乃、米

---

①《册府元龟》卷五三二《谏净部·规谏九》,第 7 册第 6363 页。

②参阅《乐府诗集》卷七八。

③《通志》卷四九《乐略第一》,第 1 册第 625、633 页。

④《李太白全集》卷三〇。

⑤叶葱奇编订《李贺诗集》卷三,第 245 页,人民文学出版社,1959 年。

⑥《史记》卷一一〇《匈奴列传》"破得休屠王祭天金人"句"索隐",第 2909 页。

禾稼、米万槌，后有李百媚、曹触新、石宝山，皆善弄婆罗门
者也。①

从这样的扮相装束看，正是僧人形象，而据演出者姓氏，则应是九
姓胡的康国、米国、石国人②。晚唐时期具有典型意义的是乐舞《菩
萨蛮》的创作。据晚唐苏鹗记载：

> 大中（847—859）初，女蛮国贡双龙犀……其国人危髻金
> 冠，璎珞被体，故谓之"菩萨蛮"。当时倡优遂制《菩萨蛮》曲，
> 文士亦往往声其词。③

又说：

> 上敬天竺教……创修安国寺，台殿廊宇制度宏丽……上
> 亲幸赏劳，观者如堵。降诞日于宫中结彩为寺，赐升朝官已下
> 锦袍，李可及尝教数百人，作四方菩萨蛮队。④

又据宋陈旸《乐书》记载：

> 《菩萨蛮》之舞，衣绛绘窄砌衣，卷云冠。唐咸通中，伶人
> 李可及常于安国寺作《菩萨蛮》舞，懿宗爱之，尝赐银樽酒二，
> 启之乃金翠也。⑤

李可及是朝廷御用伶人，《旧唐书》说他"善音律，尤能转喉为新声，
音辞曲折，听者忘倦，京师屠沽效之，呼为《拍弹》"⑥。他是富于创
新能力的著名音乐家，借鉴外来佛教乐舞创造出《菩萨蛮》。

---

① 《乐书》卷一八四《舞》。
② 任半塘认为："弄婆罗门与婆罗门弄，二者应有别。唐代僧侣，有自为俳优者，
　故指为婆罗门弄也。"《唐戏弄》上册第 316 页，上海古籍出版社，1984 年。
③ 《杜阳杂编》卷下，第 49－50 页，中华书局，1958 年。
④ 同上第 58－59 页。
⑤ 《乐书》卷一八五《女乐下》。
⑥ 《旧唐书》卷一七七《曹确传》，第 4608 页。

宋代之后，中国汉传佛教的乐舞急剧地衰落了。就"乐"的方面说，虽然在水陆法会等仪式里仍广为流行，但如前面指出的，总体说是愈趋"世俗化"、"程式化"了，已鲜有发展和创新。就"舞"的方面说，则衰落形势更甚，斋醮仪轨里的舞蹈成分更已相当僵化、庸俗，基本丧失了艺术上的活力。这样，佛教乐舞的整体艺术水准大为降低了。这当然与佛教自身走向衰败的总形势，包括僧团自身的文化水平下降直接相关。而就具体原因说，中国佛教乐舞取得独特成就，在很大程度上取决于借鉴外来音乐，唐代以后这个滋养源头已基本断绝；而自唐代道宣确定《四分律》为根本戒律，包括后来禅宗丛林制定的各种《清规》，都对于寺院"歌舞"、"俳优"作出严格限制，如南北朝、隋唐时期那样由寺院组织大型乐舞，畜养、培养优秀乐舞人才已不可能；还有一个重要因素，宋、元以来，各朝对于僧侣活动禁限远比隋唐及南北朝严格，特别是法律上对于僧人参与世俗活动作出许多规定，等等。这样，佛教乐舞无论是在社会生活中，还是在艺术发展中所占地位都大为缩减了。

当然，直到今天，佛教斋醮、法会等仪式的乐舞在民众中仍发挥一定影响。至于元代以来具有久远传统和独特成就的藏传佛教输入中原，随之而来的藏传佛教乐舞，给汉传佛教艺术和各族一般舞乐提供了借鉴，对中国乐舞发展作出新的贡献，则是另外的研究课题了。

第二十九章 佛教对于中国书法艺术的贡献

一

佛教对于中国书法艺术的发展同样作出了巨大贡献。陈垣曾指出：

> 诗文杂学之外，释门所尚者，厥为书法。[①]

特别由于中国佛教的发展和鼎盛时期（东晋至唐代），正是中国书法成就最为辉煌的时期。无论是对于书法艺术水平的创新和提升，还是对于推动书法在群众间的普及，佛教都起了重大作用。

僧人"外学"中注重书法，除了中国佛教注重文化的一般原因之外，更与写经、刻经（碑版、摩崖、雕刻、印刷等）有直接关系。鸠摩罗什译《大品般若》的最后，佛陀咐嘱流通经典说：

> 须菩提，诸菩萨摩诃萨若欲学六波罗蜜，欲深入诸佛智慧，欲得一切种智，应受持般若波罗蜜，读诵、正忆念、广为他

---

① 《明季滇黔佛教考》第 110 页，中华书局，1989 年。

人说,亦书写经卷,供养、尊重、赞叹、香华乃至伎乐。何以故?
般若波罗蜜是过去、未来、现在十方诸佛母,十方诸佛所尊
重故。①

北凉昙无谶译《大集经》亦大力宣扬读诵、书写经典的功德:

释迦如来灭度之后,随有是经流布之处,若有听受、持读、
诵说、书写经卷,乃至一偈一句一字,而其国主一切恶事即得
消灭;所有树木、谷米、药草,四大天王降施甘露而以益之;国
土王法悉得增长;邻国恶王勤求和同,各各自生喜心慈心;一
切诸天、佛弟子者悉来拥护。如是国土、王子、夫人及诸大臣,
各各生于慈愍之心;谷米丰熟,食之无病;亦无斗讼,兵革不
起;无诸恶兽及恶风雨;远离一切过去恶业。若诸众生有女业
者,现受、生受及以后受,即能令灭除五逆罪;谤方等经及以圣
人,犯四重禁一阐提辈,其余恶业如须弥山,悉能远离,增长善
法,具足诸根身、口、意善,远离恶见,破坏烦恼,修集正道,供
养诸佛,具足善法及内外事,令诸众生寿命增长,念慧成就。②

本来皈依佛、法、僧"三宝"是取得僧人身份的起码条件,而供养"三
宝"则是起码职责。在中国重视经典和典籍的传统环境中,诵读佛
经乃是供养法宝的主要形式,而书写传播佛教经典更是传教的主
要手段之一。又在僧人普遍研习外学的环境中,本来有些人或者
在未出家前曾经习书,或者出家后开始学书,僧团普遍作功德的写
经更推动了研练书法的风气。这种种因素,就造成本章开头引用
陈垣所说释门尚书情形。宋姑苏景德寺云法师的《务学十门》里专
有一门说:

---

①《摩诃般若波罗蜜经》卷二七《法尚品》,《大正藏》第 8 卷第 423 页下。
②《大方等大集经》卷二一《宝幢分第九中·陀罗尼品第六》,《大正藏》第 13 卷
　第 150 页上一中。

　　　　不工书无以传。书者，如也。叙事如人之意，防现生之忘
　　失，须缮写而编录，欲后代以流传，宜躬书以成集，则使教风不
　　坠，道久弥芳。故释氏经律，结集贝多；孔子《诗》、《书》，删定
　　竹简。若不工书，事难成就。①

这里总结书法的重大意义，把佛门与儒学并列，肯定"工书"乃是成
就佛事的关键。在中国具体文化、教育环境中，佛门重书，僧人工
书，就有其必然性了。

　　中国历代僧人中出现许多精研书艺、书法高超的人，有些更是
书法大家，创造出书法艺术的辉煌业绩。而十分发达的群众性的
写经、刻经，作为书法的特殊表现形态，也有力地推动了书法艺术
的普及和提高。以下分门别类加以介绍。

二

　　如前所述，东晋名僧中多有文化素养极高的人，其中不少人善
书法。如许里和所指出，在当时"书法多少已是大多数名士和政客
用以消遣的高雅艺术……一俟佛法和僧人开始影响有教养的上层
社会的生活，这种技术或艺术自然就会在寺院中流传"②。历史上
有记录的早期僧人书法名家有康法识和康昕，他们是东晋初年即
四世纪之初的人。康法识"以草隶知名。尝遇康昕，昕自谓笔道过
识，识共昕各作右军草，旁人窃以为货，莫之能别。又写众经，甚见
重之"③。这条材料表明，当时写经已渐成风气，而康法识和康昕的

――――――――

① 《缁门警训》卷一，《大正藏》第 48 卷第 1046 页上—中。
② 《佛教征服中国》第 208 页。
③ 《高僧传》卷四《晋山东仰山竺法潜传附康法识传》，第 157－158 页。

书法模拟王羲之并已得其神似。其他见于记载的,如于法兰弟子
于道邃"学业高明,内外该览,善方药,美书札"①;稍后的若耶山帛
道猷,"本性冯,山阴人,少以篇牍著称"②;在北方的僧肇年轻时曾
以佣书为业,他在书法方面应当训练有素;东晋末年慧远的弟子道
温,"姓皇甫,安定朝那人,高士谧之后也。少好琴、书,事亲以孝
闻"③,等等。而像道温这样世家出身又有相当教养的人,幼年时期
一般都会接受书法方面的训练;慧远在庐山结成的具有高度文化
水平的僧团中,类似道温那样书艺优秀的人当有不少。后来齐昙
迁"又工正书,常布施题经"④。这也是直接表明书法与写经关系的
例子。又在梁代曾任大僧正的慧超,被吏部谢钥称之为"君子",
"尤能草、隶"⑤;梁陈之际的洪偃出身于著名世家谢氏,他在寺院里
"昼读经论,夜讽《诗》《书》……寻绎阅史,广求多见。秋水春台,清
文迥出;壮思云飞,英词锦烂。又善草、隶,见称时俗,纤过芝叶,媚
极银钩。故貌、义、诗、书,号为四绝。当时英杰,皆推赏之"⑥。慧
超可说是广泛地研习"外学"的僧人中的精英,书法乃是他所掌握
的"外学"的一种。有"神僧"称号的宝誌善小篆,体式完具⑦。陈隋
之际的智舜,"少为书生,博通丘索,工书善说,庠序附焉。年二十
余,厌世出家"⑧。他出家较迟,书艺当得自在俗时的训练。而在北
方,洛阳大市寺沙门安惠则,"手自细书黄缣,写《大品经》一部,合
为一卷。字如小豆,而分明可识,凡十余本,以一本与汝南周仲智

---

① 《高僧传》卷四《晋敦煌于道邃传》,第 169 页。
② 同上卷五《晋吴虎丘东山寺竺道壹传附帛道猷传》,第 207 页。
③ 同上卷七《宋京师中兴寺释道温传》,第 287 页。
④ 同上卷一三《齐乌衣寺释昙迁传》,第 501 页。
⑤ 《续高僧传》卷六《梁大僧正南涧寺沙门释慧超传》,《大正藏》第 50 卷第 468
   页上。
⑥ 同上卷七《陈扬都宣武寺释洪偃传》,《大正藏》第 50 卷第 476 页中—下。
⑦ 《书林纪事》卷三。
⑧ 《续高僧传》卷一七《隋赵郡障洪山释智舜传》,《大正藏》第 50 卷第 569 页下。

妻胡母氏供养,胡母过江赍经自随,后为灾火所延,仓卒不暇取经,悲泣懊恼,火息后,乃于灰中得之。首轴颜色,一无亏损。于时同见闻者,莫不回邪改信。此经今在京师简靖寺首尼处"①。周仲智名嵩,周氏乃著名信佛世家,兄弟顗、闵均事佛精进。《冥祥记》记载此事,或作周闵家事。把一部大品《般若》缩写在一卷之内,字如小豆,这是技艺特殊的微缩书法;而书写十余本,应当是作为功德,或许是用来贩卖的。以上是见于史籍的一些例子,反映了东晋南北朝时期僧人书艺的一般情况。当然这些人的真迹不可能留存下来。

今存佛教书法最早实物,是上世纪初日本大谷探险队在新疆土峪沟石窟发现的佛经抄本竺法护译《诸佛要集经》残卷(藏旅顺博物馆)。卷末题记称:

　　□康二年正月廿二日月支菩萨法护手执□□口授聂成远和上弟子沙门竺法首笔□□今此经布流十分载佩弘化速成□□元康六年三月十八日写记②

这段简短记述具有多方面的意义。就写经历史角度看,这段记述表明《诸法要集经》是在元康二年(292)由竺法护翻译,四年后即已广为流传,并有人书写。抄写的竺法首或许就是竺法护的弟子。这个抄卷书体近于楷书,全篇结构严谨,笔画工整,显示了很高的书艺水平。这件实物确切地反映了中国佛教早期的抄经风气。可以推测,当时佛教写经应当是领导了书法艺术的潮流的,而竺法首只是有幸留下书迹和姓名的一位僧人。又可以推测写经在当时已经是僧人间普遍的功课。

南北朝时期僧人间书法训练之普及,一些外来僧人的情况也反映出来。刘虬记述《无量义经》传译情形说,齐建元三年(481),

①《高僧传》卷一〇《晋洛阳大市寺安慧则传》,第372—373页。
②《六朝寫經集》,二玄社,1964年。

武当山比丘慧表访奇搜秘,远到岭南,"于广州朝亭寺遇中天竺沙门昙摩伽陀耶舍,手能隶书,口解齐言,欲传此经"①;北魏洛阳法云寺是西域沙门昙摩罗所造,他"学穷释氏,至中国,即晓魏言及隶书"②;又如来到北方的著名译师天竺菩提流支"晓魏言及隶书"③。读经、写经都与书法相关,外来僧人来华后尽快掌握书法也就十分必要了。

书法艺术到唐代发展到高峰。唐释善书的更多。叶昌炽指出:

> 然综论有唐一代,工行书者,缁流为盛。上溯智永,下迄无可。二百余年,衣钵相传不绝。④

他又具体描述说:

> 自智永传山阴家法,书苑一灯,亦如火传之不绝。怀仁大雅,虽云集字,实与怀恽隆阐法师碑,同为邯郸之步耳。嵩高三刻,勤行之灵运禅师铭,温古之景贤大师塔,不失晋贤矩矱,是其上也。灵迅之同光大师塔铭,亦无愧后劲,此如祇园衣钵,一脉相传。若汶江县侯张阿难碑,普昌所书也,颇似虞永兴。右虞侯副率乙速孤神庆碑,行满所书也,颇似薛少保。此在碑版为正格,所诣出怀仁诸僧之上。契元之学颜,无可、建初之学柳,皆晚出。虽笔力崭然,而神韵则少匮矣。又若唐怀素之狂草,宋梦英之古籀,别为一派。宋初惟昙潜学苏长公,能乱真。金之沙门洪道,元之李雪庵,皆有书名,亦从颜、柳出。⑤

---

①《无量义经序》,《出三藏记集》卷九,第 353 页。
②《洛阳伽蓝记校注》卷四《法云寺》,第 201 页。
③同上《融觉寺》,第 231 页。
④《语石 语石异同评》卷一,第 23 页。
⑤同上卷八,第 491 页。

这里举出的是今存僧人碑版文字中卓荦杰出的部分。

值得特别提出的是初唐智永,他是王羲之七世孙,山阴永欣寺僧。他的真、行、草书"妙得家法",精熟过人,无奇态,当时甚得高名。由于唐太宗酷爱王(羲之)书,一时影响巨大,相传有唐太宗派臣下萧翼到他那里赚取《兰亭序》真迹的逸事。他曾手写《真草千字文》八百余本,分送诸寺,今仍传有数种墨迹。他这样做,当然有传播、保留个人书艺的目的,但也可见当时一般寺院里书法艺术的普及。启功咏智永千字文八百本题诗说:

> 砚臼磨穿笔作堆,千文真面海东回。分明流水空山境,无数花林烂漫开。

这是咏日本所藏墨迹本,说是"非独智永面目于斯可睹,即以研求六朝隋唐书艺递嬗之迹,烟幕不受枣石遮障者,舍此又将奚求乎?"①智永的《千字文》如启功所咏如"流水空山"的简净,又内涵"花林"葱茏的蓬勃生机。这些作品已足以奠定智永在书法史上的地位。他另有行书《归田赋》著名。

活跃在隋唐之际的慧铨亦以书艺著称。他出身南朝萧氏,是后梁明帝孙,唐太宗朝宰相萧瑀的堂兄弟,"颇怀篇什,尤能草隶,随笔所被,用为模楷。故经题、寺额,咸推仰之"②。贞观三年(629)唐王朝初开译场,慧赜与慧净、法琳等都被遴选任缀文之职,他"特明古迹,偏晓书画,京华士子,屡陈真伪,皆资其口实,定其人世。文章词体,颇预能流;草、隶笔功,名疏台府。每有官供胜集,必召而处其中。公卿执纸,请书填赴,赜随纸赋笔,飞骤如风,藻蔚雄态,绮华当世。故在所流咏,耽玩极多,悬诸屏障,或铭座右"③,可见慧赜的才艺、风采与声望。又玄续,"出家既久,经纶道业……达

---

①《论书绝句一百首》,《启功丛稿·艺论卷》第 14 页,中华书局,1997 年。
②《续高僧传》卷二八《唐京师大庄严寺释慧铨传》,《大正藏》第 50 卷第 689 页下。
③同上卷三《唐京师清禅寺沙门释慧赜传》,《大正藏》第 50 卷第 441 页下。

外书,工草隶,时吐篇什,继美前修"①;箕州慧思,"少学儒史,宗尚虚玄,文章书隶,有声乡曲"②;智周,"笃爱虫篆,尤工草、隶,傍观图史,大善篇什"③。以上几位都是初唐人。唐中期之后,禅宗门庭兴盛,其开放的宗风更有助于丛林各门类技艺的推广和提高,包括书法艺术。禅门里活动着许多艺僧,其中包括不少杰出的书法家。如佛窟遗则,"始从张怀瓘学草书,独尽笔妙"④;四明无作,"善草隶,笔迹遒健,人多摹写成法"⑤;后周智佺,"殆临八十一,而克意学欧、王书体,仅入能妙。或问之,曰:'吾习来生字耳。'"⑥等等。

唐释书法以草书成就最高。《宣和书谱》论草书说:

> 隋得释智永,唐得张颠、释怀素、亚栖辈二十人。⑦

这当中首屈一指的是怀素。谢稚柳说:

> 唐代新兴的草书,自"张旭三杯草圣传",接着是"以狂继颠"的怀素,千百年来为后学所宗仰,奉为典范。⑧

怀素(725—785),字藏真,俗姓钱,长沙人。幼年刻苦学书,曾问学于颜真卿,接悟张旭笔法,能学善变,以草书著名。《宣和书谱》上评论他说:

---

① 《续高僧传》卷一三《唐蜀都寺释玄续传》,《大正藏》第 50 卷第 530 页下—第 531 页上。
② 同上卷二〇《唐箕州箕山沙门释慧思传》,《大正藏》第 50 卷第 593 页中。
③ 同上卷一九《唐南武州沙门释智周传》,《大正藏》第 50 卷第 580 页中。
④ 《宋高僧传》卷一〇《唐天台山佛窟岩遗则传》,上册第 229 页。
⑤ 同上卷三〇《梁四明山无作传》,下册第 748 页。
⑥ 同上卷七《周魏府观音院智佺传》,上册第 157 页。
⑦ 《宣和书谱》卷一三《草书叙论》。
⑧ 《唐怀素〈论书帖〉与〈小草千文〉》,《中国古代书画研究十论》第 56 页,复旦大学出版社,2004 年。

初励律法，晚精意于翰墨，追仿不辍，秃笔成冢。一夕观夏云随风，顿悟笔意，自谓得草书三昧。斯亦见其用志不分，乃凝于神也。当时名流如李白、戴叔伦、窦臮、钱起之徒，举皆有诗美之。状其势，以谓若惊蛇走虺，骤雨狂风，人不以为过论。又评者谓张长史为颠，怀素为狂，以狂继颠，孰为不可。及其晚年益进，则复评其与张芝逐鹿，兹亦有加无已，故其誉之者亦若是耶！考其平日得酒发兴，要欲字字飞动，圆转之妙，宛若有神，是可尚者。①

李白有《草书歌行》，赞扬说：

少年上人号怀素，草书天下称独步。墨池飞出北溟鱼，笔锋杀尽中山兔。八月九月天气凉，酒徒词客满高堂。笺麻素绢排数箱，宣州石砚墨色光。吾师醉后倚绳床，须臾扫尽数千张。飘风骤雨惊飒飒，落花飞雪何茫茫。起来向壁不停手，一行数字大如斗。怳怳如闻神鬼惊，时时只见龙蛇走。左盘右蹙如惊电，状同楚、汉相攻战。湖南七郡凡几家，家家屏障书题遍。王逸少，张伯英，古来几许浪得名。张颠老死不足数，我师此义不师古。古来万事贵天生，何必要公孙大娘浑脱舞。②

其他时人、后代有关他书法的题咏甚多，大都指出他纵横驰骋、狂放不拘的风格特征。这种纵恣的笔墨，蕴含着无限的生机和高昂的热情，反映他壮浪豪爽的精神境界。唐代传有他与著名书法家颜真卿逸事：

颜真卿曰："师亦有自得乎？"素曰："吾观夏云多奇峰，辄常师之。其痛快处，如飞鸟出林，惊蛇入草，又遇拆壁之路，一

①《宣和书谱》卷一九《草书七》。
②王琦《李太白集注》卷八。

一自然。"真卿曰:"何如屋漏痕?"素起,握公手曰:"得之矣。"①

这段故事《佩文斋书画谱》记载录自陆羽《怀素别传》,陆文别无可考,但故事含义当是真实的。怀素书法遵循自然变化,不事造作,正体现了禅宗任心自主的精神。怀素今传书迹较多,有狂草和行书,笔势狂放雄健,内涵饱满的神理情致。流传较广的有《自叙帖》(台北故宫博物院藏)、《苦笋帖》(上海博物馆藏)、《论书帖》(辽宁省博物馆藏)、《小草千文》和刻石《藏真帖》、《圣母帖》(西安碑林)等。

中唐时期有高闲,以草书著名。韩愈有《送高闲上人序》称赞说:

> 往时张旭善草书,不治他伎。喜怒窘穷、忧悲愉佚、怨恨思慕、酣醉无聊不平,有动于心,必于草书焉发之。观于物,见山水崖谷、鸟兽虫鱼、草木之花实、日月列星、风雨水火、雷霆霹雳、歌舞战斗,天地事物之变,可喜可愕,一寓于书。故旭之书,变动犹鬼神,不可端倪。以此终其身而名后世。今闲之于草书,有旭之心哉!不得其心而逐其迹,未见其能旭也。为旭有道:利害必明,无遗锱铢,情炎于中,利欲斗进,有得有丧,勃然不释,然后一决于书,而后旭可几也。②

这段话的意义,解释者多有争议:有人主张正表明韩愈的反佛立场,强调书艺与佛教修养相抵触。但无论如何,这总是对于创作心态的生动描述,也反映了高闲草书作品给人留下的强烈印象。

晚唐贯休多才多艺,诗、书、画诸艺均相当杰出。他诗、画方面的成就在本书相关章节里有介绍。他的书法行、草、隶、篆均佳,《宣和书谱》上说他"作字尤奇崛,至草书益胜,崭峻之状,可以想见

---

① 《佩文斋书画谱》卷五《论书五》。
② 《送高闲上人序》,《韩昌黎集》卷二一。

其人"①。明代的郎瑛又曾说到"米（芾）字法"："米字宕逸可爱，近多效之，原米法贯休也，有石刻《弥勒赞》可证。"②由此可见其书法影响之深远。从贯休本人的诗也可以看出他在书法上的艺术追求，如《观怀素草书歌》：

> 张颠颠后颠非颠，直至怀素之颠始是颠。师不谭经不说禅，筋力唯于草书朽，颠狂却恐是神仙。有神助兮人莫及，铁石画兮墨须入。金尊竹叶数斗余，半斜半倾山衲湿。醉来把笔狞如虎，粉壁素屏不问主。乱拏乱抹无规矩，罗刹石上坐伍子胥，蒯通八字立对汉高祖。势崩腾兮不可止，天机暗转锋铓里。闪电光边霹雳飞，古柏身中早龙死。骇人心兮目眪眜，顿人足兮神辟易。乍如沙场大战后，断枪橛箭皆狼籍。又似深山朽石上，古病松枝挂铁锡。月兔笔，天灶墨，斜凿黄金侧剉玉，珊瑚枝长大束束，天马骄狞不可勒。东却西，南又北，倒又起，断复续，忽如鄂公喝住单雄信，秦王肩上剔著枣木槊。怀素师，怀素师，若不是星辰降瑞，即必是河岳孕灵，固宜须冷笑逸少，争得不心醉伯英。天台古杉一千尺，崖崩劂折何峥嵘。或细微，仙衣半拆金线垂，或妍媚，桃花半红公子醉。我恐山为墨兮磨海水，天与笔兮书大地，乃能略展狂僧意。常恨与师不相识，一见此书空叹息。伊昔张谓任华叶季良，数子赠歌岂虚饰。所不足者浑未曾道著其神力，石桥被烧烧，良玉土不蚀。锥画沙兮印印泥，世人世人争得测。知师雄名在世间，明月清风有何极。③

对怀素书艺的描述应当体现他本人的艺术观念。

---

①《宣和书谱》卷一九《草书七》。
②《七修类稿》卷二六《辩证类·米字法贯休》，第282页，上海书店出版社，2001年。
③《全唐诗》卷八二八，第9335页。

　　与怀素同时期有昙光,是初唐著名史学家吴竞后裔,才华杰特,"多作古调诗,苦僻寡味,得句时有得色。长于草隶,闻陆希声谪宦于豫章,光往谒之。陆恬静而傲气,居于舟中,凡多回投刺,且不之许接。一日设方计干谒,与语数四,苦祈其草法,而授其五指拨镫诀。光书体当见遒健,转腕回笔,非常所知。乃西上,昭宗诏对御榻前书,赐紫方袍。后谒华帅韩建,荐号曰广利。自华下归故乡,谒武肃王钱氏,以客礼延之。而性畔岸,弗惬王情,乃归甬东终焉。有文集,知音者所贵。出笔法弟子从瑰、温州僧正智琮,皆得墨诀。有朝贤赠歌诗,吴内翰融、罗江东隐等五十家,仅成一集"①,可见他的书法得到多么广泛的赞誉;他把书艺传之弟子,也是佛门外学传授的事例。对于他的书法,《宣和书谱》评论说:

　　　　潜心草字,名重一时。吴融赠其歌曰:"忽时飞动更惊人,一声霹雳龙蛇活。"司空图亦为之歌曰:"看师逸迹两师宜,高适歌行李白诗。"当时称美著于篇籍者不可胜数。苟非研精覃思,讵能至是耶!昔智永学书四十载,不下经阁,世号铁门限;怀素观夏云随风,顿悟笔意。彼皆不以外物撄拂其心,遂能造妙。观昙光墨迹,笔势遒健,虽未足以与智永、怀素方驾,然亦自是一家法。为时所称,岂一朝夕之力欤!②

这样,唐释中最为著名的书法家怀素、高闲、贯休均善草书,创造了古代草书艺术的高峰。这些人又都是禅宗弟子。他们特别精于任心随意、狂放不拘的草书,与禅的观念正有直接关系。所以这也可看作是禅宗影响书法艺术取得的成就。

　　宋代以后,随着佛教整体上走向衰退,僧团的文化水平及其在社会文化上的地位与作用已不能与隋唐及其以前同日而语。不过善书法的僧侣代有其人。这也是由于僧人更多地参与了社会文化

————————

① 《宋高僧传》卷三〇《后唐明州国宁寺昙光传》,第 753 页。
② 《宣和书谱》卷一九《草书七》。

生活。北宋僧人书法著名的有希白，他的书法风韵和亚、骨肉匀停，苏轼称赞有"江左风味"，即近似东晋人风格①。

北宋人江少虞记载说：

> 近年释子中多善书者。庐山僧颢彬、茂蒋善王书，关右僧梦贞善柳书，浙东僧苑基善颜书。多写碑石印板，皆不下前辈。寿春僧惠崇善王书，又其次。②

金代木庵也以书法著称，刘秉忠有诗说：

> 书法都归篆意圆，木庵别有笔中天。一家楷式由来妙，半世功名非偶然。我欲穷源苍颉上，谁能得趣鲁公前。鳌山成道宁无日，更为挑灯续断篇。③

这里把木庵的书艺与颜真倾相比并。

明初的名僧梵琦，工行、草，有书名。释德祥，书宗晋人，颇为可观。释克新，能文，有《雪庐集》刻梓以行，亦能古隶。释静慧，正书师虞永兴，甚得其法。明末"四高僧"中的憨山德清多才多艺，诗文具佳，书法也颇为可观。启功论书绝句评论憨山德清和另一位善书法的破山海明：

> 憨山清后破山明，五百年来见几曾。笔法晋、唐原莫二，当机文（征明）、董（其昌）不如僧。

有注文解释说：

> 明世佛子，不乏精通外学者，八法道中，吾推清、明二老。憨山悬笔作圣教序体，传世之迹，亦以盈寸行书为多。观其行笔之际，每有摇曳不稳处，此正袍袖宽博，腕不贴案所致。而

---

① 《容斋四笔》卷一〇《东坡题潭帖》。
② 《事实类苑》卷五二《僧喜书》。
③ 《藏春集》卷三《再观木庵书》。

疏宕之处,倍饶逸趣。破山多大书行草,往往单幅中书诗二
句。不以顿挫为工,不作姿媚之势,而其工其势,正在其中。
冥心用笔,又十分刻意所不能及者。[1]

明清之际的著名诗僧担当、大错,画僧如石涛、渐江、朱耷均善书。
担当与董其昌、陈眉公交游,曾在董其昌门下二十年,追摹不遗余
力。他也特工草书,有诗《与索书者三首》,其一曰:

　　　为人挥洒最殷勤,是纸皆为百练裙。笔底有光余万丈,峥
嵘高过斗间文。[2]

由此可见他个人意趣之高远。

朱耷行草学钟、王,楷书学欧阳询,同样也得力于董其昌。他
的字结体端庄,笔画圆润刚劲,布局小大参差,追求超逸奇特的意
趣。张庚评论说他的“书法有晋唐风格”[3]。石涛本以善画著名,擅
长行楷,参以隶体,运笔圆熟,朴散有致。

清僧南潜诗清淡,草书奇逸;明光,善诗,尤工草书;虚谷,善
画,书法古冷绝俗;又尼僧石岩,工书画,等等,有书名的很多。

近代佛门习书亦为风气,颇有善书者。作为代表的佼佼者如
弘一法师。他本来多才多艺,诗歌、戏曲、绘画等无不精,亦工书,
嗜篆刻。参加西泠印社,与书法大家吴昌硕等交好。自己说出家
以后,诸艺皆废,唯书法不辍。实际上直到晚年他仍从事一些绘
画、歌曲创作之类艺术活动。佛门本有重书艺的传统,他在这一领
域也确实倾注更多精力,取得了更大成就。传世作品颇多。代表
作《清凉歌》五首,结构严整,用笔圆融,行楷而有隶意。另有小楷
写经(如《阿弥陀经》)、大幅题榜(如新昌“天然胜竟”)等,均精工
可观。

---

①《论书绝句一百首》,《启功丛稿·艺论卷》第89—90页。
②《担当诗文全集》第365页,云南人民出版社、云南美术出版社,2003年。
③《国朝画征录》。

又陈垣说过:"和尚袍袖宽博,写字时右手提起笔来,左手还要去拢起右手袍袖,所以写出的字,绝无扶墙摸壁的死点画,而多具有疏散的风格。和尚又无须应科举考试,不用练习那种规规矩矩的小楷。如果写出自成格局的字,必然常常具有出人意表的艺术效果。"启功称这种风格为"僧派"①。对这种"僧派"或"僧体"历来褒贬不一,但作为一种独特风格,应当说是具有创意的,在书法史上有一定的地位和贡献。

唐代以后僧人书法作品多有真迹传世。

三

再来看看碑刻和石刻的成就。

中国书法从甲骨、金文、篆、隶、草、真,每一新的发展,大都先在民间酝酿、探索。在这一过程中逐渐被专门家(书法家)所接受,加以提炼,推陈出新,从而把书法艺术推向另一个新的发展阶段。而佛、道二教并兴之后,书法艺术的演进过程更与之发生密切关联。陈寅恪在名著《天师道与滨海地域之关系》里有专门一节论述《天师道与书法之关系》,其中精辟指出了"艺术之发展多受宗教之影响。而宗教之传播,亦多倚艺术为资用"的普遍规律,并具体阐明了"东西晋南北朝之天师道为家世相传之宗教,其书法亦往往为家世相传之艺术"②。他说的是抄写道经。实际上佛教写经更为普及和兴盛。而直接关系书法艺术的一大门类则有碑刻。

---

①《溥心畬先生南渡前的艺术生涯》,《启功丛稿·题跋卷》第66页。
②《金明馆丛稿初编》第34页。

　　由于碑刻和写经都是极其认真的宗教行为,作者往往是带着宗教虔诚来从事这类事业的。从魏晋到隋唐这几百年,又恰值中国书法发展的成熟期,无数僧尼和善男信女以极其严肃恭敬的姿态凿窟刻碑,抄写经典,把它们当作一种重要功德来做,这也就为书写、镌刻水准提供了保证。如今存留的早期碑刻基本是这类民间作品。这种群众性的创作,有力地促进了书法艺术的发扬光大,佛教从而也参与创造了中国书法的辉煌时代。

　　书法史上有"北碑南书"之说。这是指北朝盛行凿窟造像,创造大批碑版题记;南方则由隶法发展出楷书、草书、行书,培养出一批卓越的书家。从前一节介绍也可以看出,包括僧人在内的著名书家主要出身在南方。当然南、北之间存在相互影响,共同促进了各方水平的提高。而代表碑版书艺成就的当数北方的释教碑刻。

　　佛教碑刻主要是指造像题记、刻经和其他各种碑碣。最具代表性的成就是龙门石窟的遗存,共有三千六百块左右。它们镌刻于北魏到唐代,主要是北魏作品,约二千块。其中精品众多,有"古碑林"之称。后人加以拣选,相继有四品、十品、二十品、三十品、百品以至一千五百品等称谓①。这些作品中今天留下作者名字的只有书写慧成碑的朱义章和书写孙秋生碑的肖显庆二人。这两个人显然也不是显赫人物,他们的事迹已无从稽考。龙门大量作品出于众工刀笔之下,正反映了当时社会上书法的普遍水平。这种高水平是大量、长期的书写、镌刻实践锻炼出来的。也正是在这种长期实践过程中,作为中国书法艺术巅峰之一的魏碑体得以形成。这也是凿窟、造像直接促进书法艺术发展的实证。

　　龙门造像题记中约定俗成、定名流传的杰作一般是所谓"龙门

①古阳洞北壁有光绪十六年题记曰:"光绪庚寅春,长白丰二、文十三住潜溪寺,拓龙门造像记共得千五百品。"

二十品"①。这二十件作品都是北魏碑刻的顶尖之作。其中只有慈香品存慈香窑,其余十九品均在古阳洞。窟龛的造像主都是随同孝文帝南迁的有身份的王公贵戚,因而题记文字大多比较讲究,篇幅长而书法精。其中十四品年代可考。最早的是太和十九年(495)长乐王丘穆陵亮夫人尉迟为亡息牛橛造弥勒像记;最迟的是神龟三年(520)比丘尼慈香、慧政造像记;有三品年代存疑;另三品无纪年②,不过可以肯定镌刻年代大体在上述时限范围之内③。作为这二十品造像题材的主要是弥勒和释迦,正反映当时佛教信仰的实态;造像记的内容则贯穿三世因果、轮回报应、往生佛国等观念。值得注意的是,祝愿内容特别突出"皇道赫隆"、"国祚永宁"即表达对朝廷祝愿的忠爱之义,显示北方佛教受世俗政权统制的特色;另一方面则是为亡父母、现世父母祈愿,或是往生佛土,或是身体延康,则又显示了浓重的中土伦理色彩。"龙门二十品"之外,北魏龙门造像记里另外还有不少精品,如花洞的《李兴造像记》,构想奇拔,历来受到人们赞赏。还有些看似不计工拙的率尔之作,但结体奇肆,点画放逸,虽然风格比较拙朴,但不拘一格,体现相当浓厚的审美意趣。

以"龙门二十品"为代表的龙门大量造像记和碑刻的书体是前

———————————

①关于这二十品包含哪些作品,诸家纪录本来有出入,命名方式亦多有歧异,如有的以发愿人命名,有的以所悼念人命名,还有的以发愿人官爵命名,等等。本书根据今人宫大中意见,一律以发愿人命名,并按年代顺序,定名为"慧成"、"尉迟"、"一弗"、"元详"、"解伯达"、"高太妃"、"道匠"、"郑长猷"、"孙秋生"、"高树"、"惠感"、"侯太妃"、"马振拜"、"侯太妃"、"法生"、"杨大眼"、"魏灵藏"、"元燮"、"元祐"、"慈香"等共二十方碑文。参阅宫大中《谈龙门二十品》,《龙门石窟艺术》第205—224页,上海人民出版社,1981年。
②参阅宫大中《龙门石窟艺术》第224页《二十品名称时代尺寸表》。
③其中比丘慧成为亡父始平公造像记,有造于太和十二年(488)或廿二年两说。这关系古阳洞开凿时间:如果能够证明此碑刻于太和十二年,则意味着古阳洞开凿于北魏迁都洛阳之前。

面提到的"魏碑体"。这是一种由汉、晋隶书向隋、唐楷书过渡的书体，在当时是书法艺术的新创造，对后来书法的发展更造成广泛、深远的影响。这种书体总的特征是结体、用笔在隶、楷之间，字形端正大方，用笔浑朴刚健，兼有沉着凝重和雅致秀丽之美。当然二十品每一品的水准不同，表现风格也有差异。有的比较粗犷厚重，有的则更灵秀爽利。这又正体现了当时书艺多方面的艺术探索，也是提高书法总体水平的保证。就当时书法发展的总体趋势说，南、北方风格明显不同。以"龙门二十品"为代表的"北碑"，总体上正体现北方典型的浑朴、刚健的艺术风格。这些造像记的书艺又直接影响当时的墓志铭。如《元羽墓志》(501)、《石婉墓志》(508)、《皇甫驎墓志》(515)、《张玄墓志》(531)等，笔意都气象雄浑，刚健凌厉，带有浓重的雕镂意味。这样，魏碑的"厚重、生拙和大气是碑版书法的三大特征"[1]，这些对于后来各体书法都造成巨大影响，并为隋唐楷书的繁荣作了准备。北魏时期龙门以外的碑刻优秀作品还有不少，如辽宁义县楷书《元景造石窟记》(498)，字体奇矍俊伟，是魏碑精品。

　　北朝刻石除了碑版的巨大成就，另外又因山摩崖，凿龛建柱，书法内容的主要部分是做功德的刻经。所谓"刻经"又分三类，即摩崖、经碑和经幢。特别是北齐始创的佛经石刻，倏而勃兴，后来更蔚为大观。

　　摩崖刻石现所知以元嘉二十七年(450)徐州云龙山悬崖上"阿弥陀佛"四个楷书大字为最早。著名摩崖有山东泰山石经峪《金刚经》、徂莱山《大般若经》以及邹县"四山摩崖刻石"(尖山大佛岭、铁山、岗山、葛山)、东平白佛山、河北邯郸鼓山南北响堂寺等，皆始于北齐。泰山《金刚经》刻在泰山南麓龙泉山谷石坪上，存1390字，字径二尺，面积六千平方米，形体宽博疏放，凝重含蓄，被康有为

---

①沃兴华《插图本中国书法史》第515页。

称为"榜书之宗"。"四山摩崖刻石"迄于北周,刻有《匡喆刻经颂》、《大集经》、《文殊般若经》、《摩诃般若波罗蜜经》、《如是我闻》、《刻经题名》、《观无量寿经》等,其中尖山摩崖的"文殊般若"四字,字径一米余;"大空王佛"四字,字径二米余;铁山刻经字径则在40—69厘米之间。叶昌炽《语石》说:"四山摩崖,其字径尺,妥帖力排奡,巨刃摩天扬。"①康有为《广艺舟双楫》说:"四山摩崖,通隶楷,备方圆,高浑简穆,为擘刻书之极轨也。"这些作品的书法大部分接近魏碑,篆、隶、楷意趣交融;和隋、唐以后基本是楷书的摩崖石刻不同。

　　佛经刻石著名者有太原风峪山岩洞内刻于天保二年(551)的《华严经》碑石百余块。此后《般若》、《华严》、《法华》等大部经典均曾上石。其中邯郸响堂山、中山法果寺有名。房山石经始于隋静琬发誓刊刻,持续到辽、金、元、明、清,工程历时千余年,共镌刻佛教典籍一千一百余种,三千五百余卷,一万五千余石,另碑刻和题记六千八百余条②。叶昌炽说:

> 　余尝怪释氏刻经遍天下,房山雷音洞二千三百于石,伟矣。中山之法果寺,宝山之万佛沟,或建石,或摩崖,莫不大书精刻。③

房山石经的具体情形在本书介绍《大藏经》编辑、刊刻部分另有说明。

　　"释教碑"也是历代碑刻中的重要部分。典型的楷书碑刻较早的有北魏《马鸣寺根法师碑》(523),"书用侧笔,极尽变化,茂密雄

---

①《语石　语石异同评》卷四,第286页。
②此据徐自强《房山石经题记汇编·前言》第2页,《房山石经题记汇编》,书目文献出版社,1987年。
③《语石　语石异同评》卷三,第184页。

强,结构整然"[①];河南嵩山会善寺《中岳嵩阳寺碑铭》(535),无撰人名,笔法颇含风致,被评为汉后唐前隶书之冠;北齐的《高叡修寺记》(557),书法宽宏,结体精美,开唐颜真卿等先河;河北正定著名的隋《龙藏寺碑》(586),历来被认为是隋楷第一,"无北魏寒俭之风。此碑不仅字体结构朴拙,用笔沉挚,给人以古拙幽深之感。且自南北朝至唐,在书学的递嬗上亦影响颇大"[②]。

　　进入唐朝,佛教步入发展极盛期。寺院林立,大量信众都把抄写经卷当作功德来做,而寺院及其塔钟、经幢等等多有碑刻,有势力的高僧大德得到朝廷封号、赐紫或荼毗后往往有碑文记述,释教碑从而大量创作出来。一些著名作家如"古文运动"的先驱李华、"古文运动"领袖柳宗元等,多倾力写作释教碑。这一时期楷书艺术已达到成熟阶段,出现了以欧、褚、颜、柳等大书家所创作的一大批精美作品。唐时碑版行用楷书,包括龙门石窟中的唐碑也是如此。著名书家大都有楷书释教碑名作传世,如欧阳询的《化度寺碑》、褚遂良的《孟法师碑》、《伊阙佛龛碑》、《雁塔圣教序》、颜真卿的《多宝塔感应碑》、柳公权的《玄秘塔碑》等。这些大家的代表作,精美绝伦,历来被当作书法的典范,一直成为后人学习、临摹的范本。

　　龙门碑刻中唐人精品也不少,同样代表唐代的书法水平。如前面提到的褚遂良《伊阙佛龛碑》,为贞观十五年唐太宗文德皇后次子、魏王李泰发愿所刊。碑文三十二行,行五十一字,凡一千六百余字,结体工整,运笔超妙,兼具端庄、秀丽之美,是唐楷中的极品。又奉先寺《河洛上都龙门之阳大卢舍那像龛记》,始建于咸亨三年四月,开元十年补刊,二十一行,行二十八字,清秀俊美,也是堪称标准的唐楷。

　　汉字书法本是实用的,在教育和审美等关系民众日常生活各

---

①杨震方《碑帖叙录》第 134 页,上海古籍出版社,1982 年。
②同上第 237 页。

领域长期发挥着重大的积极作用。上述各类佛教书法作品兼具宗教的和审美的多方面意义与价值，被历代长期所珍爱，作为宝贵的民族文化遗产广泛流传，自古及今发挥着实用的和艺术的双重功能。

四

今存古代书法真迹最多的是写经。这些多是无名作者的写本，也是历朝公私、社会各阶层留下来的墨宝。它们技巧不一，但总体上体现了一代代书法艺术的水准，特别是显示了古代民众书法艺术高度普及的实态。写经如造像一样，本来是一种功德。正是受到虔诚的宗教信仰驱使，有力地推进了全社会广泛参与这种具有多方面文化意义的活动。写经直接给更多的人提供了练习书法的机会，提高了民众的书写水平。这在民众文化、教育方面是具有重大意义的。

写经有相当长的历史。翻译佛典当然要书写出来。前面提到的新疆发现的竺法首书写于元康六年（296）的竺法护所出《诸佛要集经》残卷即是幸存的早期实物。不过有意识地做功德的写经当在稍后。佛教史上著名居士谢敷，东晋人，已"手写《楞严经》，当在都白马寺中，寺为灾火所延，什物余经，并成煨尽，而此经止烧纸头界外而已"①。数万卷敦煌写本提供了众多世代写经的大量实物。这些写经的数量还没有精确统计，据现有编号，五六万件写卷中佛典抄本大约占全部85％，汉文的又占其中的90％，所写经典达400

① 王琰《冥祥记》，鲁迅辑《古小说钩沉》，《鲁迅辑录古籍丛编》第1卷第344页。

余种①。其中带有题记的,"年代最早的是一件戒本(S.797),时间为建初元年(386或405年);最晚的是列宁格勒所藏编号为M.1696(Φ.32A)的一件写本,时间为公元1002年"②。从总体看,大规模写经在北魏形成风气。据《释迦方志》记载:太祖道武帝"于虞地造十五级塔。又立开泰、定国二寺写一切经,造千金像,三百名僧每月法集"③。这是朝廷组织书写成部经藏,可见当时写经的规模。

南北朝时期从事写经的有僧尼,也有一般文人士大夫。如梁处士刘慧斐,"居于东林寺。又于山北构园一所,号曰离垢园,时人乃谓为离垢先生。慧斐尤明释典,工篆隶,在山手写佛经二千余卷,常所诵者百余卷"④。一般百姓写经,有的是个人做功德,有的是受他人雇用。如北魏时做到中书侍郎的刘芳,年轻时"昼则佣书,以自资给……芳常为诸僧佣写经论,笔迹称善,卷直以一缣,岁中能入百余匹,如此数十年,赖以颇振。由是与德学大僧,多有还往"⑤。而贵族信徒写经既有物力,又能够集中高水准的书手,对于推进这一门艺术的发展助力尤大。敦煌本地有规模的写经情形是具有相当典型性的,可以东阳王元荣为例。元荣正史无传,他是北魏明元帝的玄孙,据考最迟至孝昌元年(525)开始任瓜州刺史,直到北周取代北魏以后,仍留任此职。据《大唐李君修佛龛碑》,他也曾凿造石窟。敦煌写卷北京服46号《仁王护国般若波罗蜜经》写于魏孝庄帝永安三年(530),据姜亮夫考定为元荣所造,题记云:

①郑汝中《敦煌书法管窥》,《敦煌研究》1991年第4期。
②藤枝晃《敦煌写本概述》,徐庆全等译,《敦煌研究》1996年第2期。这是藤枝晃剔除赝品所作的关于有纪年敦煌写本时限的判断。还有把年限提前的其他说法。
③《释迦方志》卷下,《大正藏》第51卷第974页中。
④《梁书》卷五一《刘慧斐传》,第746页。
⑤《魏书》卷五五《刘芳传》,第1219页。

　　　　永安三年七月二十三日，佛弟子元□集，为梵释天王……
　　若经一部，合三百部，并前立须乞延年……

又有写于两年后的普泰二年的三卷带有题记的写经，一件是日本
中村不折所藏《律藏初分第十四卷经》，尾题为：

　　　　大代普泰二年，岁次壬子；三月乙丑朔，二十五日乙丑，弟
　　子使持节散骑常侍都督领（？）西诸军事车骑将军开府仪同三
　　司瓜州刺史东阳王元荣……敬造《无量寿经》一百……造《摩
　　诃衍》一部百卷……《内律》五十五卷……造《贤愚》一部……
　　《睹佛三昧》一部……《大云》一部……①

又 P. 2143 号卷子，是《大智度论第廿六品释论》的题记，所写造经
题目与前件同；另一件是 S. 8926 号卷子，是所造《维摩经》百部之
一。据推断，"负责为东阳王元荣抄经的是一个专门以写经为职业
的组织，并有组织与领导者，只有写经者的协调与配合，才能在有
限时间里抄完佛经"②。又敦煌写卷 S. 996 号是魏太和三年（479）
昌黎王冯熙所写《杂阿毗昙心经》卷六，有长篇题记，中云：

　　　　使持节侍中驸马都尉、羽真、太师、中书监领秘书事、车骑
　　大将军都督诸军事、启府洛州刺史、昌梨王冯晋国，仰感恩遇，
　　撰写十《一切经》，一一经一千四百六十四卷，用答皇施，愿皇
　　帝陛下、太皇太后，德苞九元，明同三曜，振恩阐以熙宁，协淳
　　气而养寿……大代太和三年岁次己未十月己巳廿八日丙申与
　　洛州所书写成迄。③

饶宗颐指出：

　　　　孝文之喜华化，似得力于母教；而魏氏宫廷佛法复盛，燕

①《莫高窟年表》第 131－132 页，上海古籍出版社，1985 年。
②王元军《六朝书法与文化》第 283 页，上海书画出版社，2002 年。
③《六朝寫經集》，二玄社，1964 年。

之冯氏,与有力焉……冯熙一门显贵,其二女并为孝文皇后;
姊即幽皇后,尝出家为尼;妹即废后,为练行尼,终于瑶光寺。[1]

与史书相印证,"熙为政不能仁厚,而信佛法,自出家财,在诸州镇
建佛图精舍,合七十二处,写一十六部一切经。延致名德沙门,日
与讲论,精勤不倦,所费亦不赀。而在诸州营塔寺,多在高山秀阜,
伤杀人牛。有沙门劝止之,熙曰:'成就后,人唯见佛图,焉知杀人
牛也。'"[2]冯熙在洛阳的写经卷子,流入西陲的敦煌而存留至今,亦
可见史籍记载真实不虚。

　　南北朝时期的写经对于楷书艺术的发展作出了重大贡献,而
楷书是后来唐代书法成熟期的主要成就。沃兴华的《中国书法史》
利用年代可考的具体写卷总结出南北朝时期抄经楷书发展的三个
阶段,即第一平正期,他举出晋人写经《诸佛要集经》(296 年)、《大
涅槃经》、《譬喻经》(359 年)、《法句经》(368 年)、《十诵比丘戒本》
(405 年)以及《佛说辨易经》(455 年)等为例,指出"将上述作品按
年代先后排列,我们发现分书的痕迹在逐渐减弱,楷书的成分在逐
渐增加……形式日趋丰富。但是结体基本上还沿用分书横平竖直
的方法";第二险绝期,以敦煌写卷 S. 1996《阿毗昙心经卷第六》
(479 年)、S. 1427《成实论卷第十四》(511 年)、S. 2067《华严经》
(513 年)、S. 2724《化严经》(512 年)等为例,指出这一时期"人们看
到了楷书点画和结体的冲突,开始改变结体方法来适应点画的变
化……这一时期的作品点画方折骏利……转折处雄奇角出,风格
沉猛刚毅";第三期复归平正,举出 S. 1318《金刚般若波罗蜜经》
(564 年)、S. 635《佛经佛名经卷》等,说"大致从公元六世纪中期开
始……结体复归平正。但这种平正是建立在变化(点画左右两边

---

①《北魏冯熙与敦煌写经——魏太和写〈杂阿毗昙心经〉跋》,《饶宗颐史学论著
　选》第 484 页,上海古籍出版社,1993 年。
②《魏书》卷八三上《冯熙传》,第 1819 页。

轻重粗细不同)与和谐(横画的右端根据左右两边粗细的对比情况相应地抬起)的基础之上的……标志着楷书已走向成熟"①。

另一方面值得注意的是,南北朝时期南、北书风明显不同。这在佛教写经里也表现得十分明显。如戴蕃豫指出:

> 当夫晋室南渡,中原地带为僭伪诸国所据,魏晋书流皆出仕焉。如属于晋卫瓘、索靖一派之崔氏,传魏钟繇、晋索靖之流之卢氏仕于后赵及前燕,事实班班可考也。自五胡之盛也,其势渐陵江表,故书风亦渐变。昔日之魏晋者(中国正统派)今变而为胡人流矣。前凉之《大云无想经》(343)犹存西晋风;前秦之《譬喻经》(359,中村氏藏)例以竹针式之横画上承晋人之《诸佛要集经》之技巧。西凉所书《十诵比丘戒本》(405,斯坦因氏发掘)之纤劲,《法华经》(411,大谷氏发掘)之丰润,乃至北凉之《优婆塞戒经》(427,大谷氏)破片,皆各具特殊面目,暴露野性之热情也。反之,南朝虽正统所属,其写经仅一《持世经》存,为宋元嘉廿六年书(449),其丰丽之情趣与巧致之技法,殊仿佛法帖中二王之书风也。②

又北朝写卷如上述《佛说菩萨藏经》(457),风格雄奇浑厚,明显具有刻削的意趣;而南朝写卷如上述《持世经》(449)、S.81《大般涅槃经》(506)等,则追求表现的清朗俊逸,端庄秀丽。这样的发展为后来隋唐时期两种风格的融合作了准备。

隋立国后,即"令计口出钱,营造经像。而京师及并州、相州、洛州等诸大都邑之处,并官写一切经,置于寺内;而又别写,藏于秘阁。天下之人,从风而靡,竞相景慕,民间佛经,多于六经数十百倍"③。唐贞观九年(635)四月,奉敕于宫苑内写一切经。大总持寺

①《中国书法史》第255-258页,上海古籍出版社,2001年。
②《中国佛教美术史》第81页。
③《隋书》卷三五《经籍志四》,第1099页。

僧智通,共使人秘书郎褚遂良等附新译经校定申奏,奉敕施行[1];龙朔三年(663)正月二十二日,敕令于敬爱道场写一切经典;又"奉麟德元年(664)正月二十六日敕,取履味沙门十人惠概、明玉、神察、道英、昙邃等,并选翘楚,尤闲文义,参覆量校,首末三年,又置官寮,是途供给,敕使洛州长史银青光禄大夫南康郡开国公韩威、判官洛州司功参军李亮、台使郑州司士参军卢行讷、判官王屋县尉郑祖均等精加捡覆,写旧经论七百四十一部二千七百三十一卷,又写大唐三藏法师新译经论七十五部一千三百三十五卷,合新旧八百一十六部四千六十六卷入藏"[2]。由朝廷组织如此巨大规模的写经事业,特别是后两次都是在武则天为了篡权而极力推尊佛教的时候,更推动起民间书写的风潮。

　　藤枝晃调查了各地搜集的三十余件唐代《妙法莲华经》和《金刚经》写本,其中主要是敦煌写本,发现它们的题记内容具有相同之处,具体反映了当时朝廷的写经制度,即都纪录有:(1)书写年代(在公元671年—677年期间);(2)书手姓名及其职衔(这两项写在第一行);(3)用于该卷的纸张数;(4)装潢手;(5)一至三校的校书者;(6)经文详阅者(太原寺的四位高僧);(7)判官;(8)写经使。担任写经使的前期是虞昶、"书圣"虞世南之子;后期是阎玄道和嘉尚、灵辨等四位太原寺僧人,是玄奘门下的高足。所以藤枝晃推断:

　　　　这些卷子是在京师长安宫廷内由高级官员和若干高僧主持的缮写机构中的书手或皇家图书馆的书手抄写而成的。可以肯定的是,这所缮写机构必然制成了这两种经典的成千件卷子,因为其中许多在敦煌保存下来。[3]

---

①参阅《众经目录》卷一,《大正藏》第55卷第188页下—第189页上。
②同上,《大正藏》第55卷第181页上。
③藤枝晃《敦煌写本概述》,徐庆全等译,《敦煌研究》1996年第2期。

这些实物具体反映了唐代宫廷写经实况。同样,武则天为父母写
《妙法莲华经》达三千部①,亦可见皇家写经规模。S.2433《佛说示
所犯者法镜经》是唐代抄写的定本,卷后有长篇题记,不仅详细记
载了译场里的译主、缀文、证义、译语等译者,还有参与"详定"的朝
官,更记载了"延和元年六月廿日大兴善翻译经沙门师利检校写,
奉敕令昭文馆学士等详定入目录迄流行",文字共十七款,写得极
其工整。又敦煌文书京辰46号《四分律删补随机羯磨》有题记:

> 午年五月八日,今光明寺僧利济初夏之内为本寺上座金
> 耀写此《羯磨》一卷,莫不研精尽思,庶教流而用之也。至六月
> 三日毕,而复记焉。

则这卷经典曾认真书写近一个月。敦煌文书 P.2100 号《四分律并
论要用抄》卷上为沙门明润抄写,同样极其工整,题记有"纵有笔墨
不如法"的话,反映对于书写技巧的重视。

　　权贵阶层的写经,如天宝七载(748),贵妃兄银青光禄大夫弘
农县开国男上柱国鸿胪卿杨铦奉为圣主写一切经五千四十八卷,
般若四教天台疏论二千卷俾镇寺等②。中唐时期施行割据的魏博
节度使田承嗣因为魏州开元寺"经典旧多残缺,哀彼学徒访问无
所,乃写《一切经》两本,并造二楼以贮之。三四五佛,初中后善,龙
宫所不备矣,耳所未闻,庄严圆满,卷帙充足,其阐化之功,方有如
此"③。五代南唐李后主手书金字《心经》一卷,赐其宫人乔氏,乔氏
后入(宋)太宗禁中。同是五代的"释应之,姓王,其先闽人,能文
章,习柳氏笔法,以善书冠江左。初举进士,一黜于有司,遂学为浮
屠。保大中,授文章应制大德,赐紫。元宗喜《楞严经》,敕应之书,

---

①参阅启功《武则天所造经》,《启功丛稿·题跋卷》第 133 页。
②李邕《五台山清凉寺碑》,《文苑英华》卷八五九,第 6 册第 4536 页。
③封演《魏州开元寺新建三门楼碑》,《文苑英华》卷八六三,第 6 册第 4554 页。

镂版既成,上之"①,等等。

隋唐时期一般僧侣和平民百姓写经更十分普遍。《法苑珠林》上记载隋释法藏写经传说:

> 隋鄜州宝室寺沙门法藏,戒行精淳,为性质直。至隋开皇十三年,于洛交县韦川城造寺一所……兼造一切经,已写八百卷,恐本州无好手纸笔,故就京城旧月爱寺写。至武德二年闰二月内,身患二十余日……藏师虽写余经,未写《金刚般若》……并造《般若》,得一百卷。未经三五日,临欲舍命,具见阿弥陀佛来迎。由经威力,得生西方,不入三途。②

这里反映的只是一位沙门写经的情况,可以清楚看出在这一活动里人们倾注多么真诚的信仰热忱。著名史实还有净土大师善导,利用布施所得净财书写《阿弥陀经》数万卷,画《净土变相》三百余壁,在吐鲁番和敦煌出土的古写经中都发现了善导所书《阿弥陀经》残卷真迹。又如"弘文学士张静者,时号笔工,罕有加胜。(终南山僧法诚)乃请至山舍,令受斋戒,洁净自修,口含香汁,身被新服。然静长途写经,不盈五十。诚料其见财,两纸酬其五百。静利其货,竭力写之"③。这实际是僧人雇文人写经。又岑参《观楚国寺璋上人写一切经院南有曲池深竹》诗:

> 璋公不出院,群木闭深居。誓写《一切经》,欲向万卷余。挥毫散林鹊,研墨惊池鱼。音翻四句偈,字译五天书……④

这是一位和尚凭个人力量发愿写《大藏经》。同官令虞咸颇知名,开元二十三年(735)春往温县,道左有小草堂,"有人居其中,刺臂

---

①《佩文斋书画谱》卷三一。

②《法苑珠林校注》卷一八《敬法篇·感应缘》,第 2 册第 601—602 页。

③《续高僧传》卷二八《唐终南山蓝谷悟真寺释慧超传》,《大正藏》第 50 卷第 689 页上。

④《全唐诗》卷一九八,第 2040 页。

血朱和用写《一切经》，其人年且六十，色黄而羸瘠，而书经已数百卷，人有访者必丐焉"①。这是刺血写经，以后虔诚信徒多有仿效的。这些都是社会上下普遍从事写经的事例。值得注意的事，对于推进书法艺术进展的，大型寺院里还有专职写经生；而寺院里的年轻沙弥写经兼练习书法，更是一举两得的事。

　　隋朝本是北方政权而统一南方，但在学术上、艺术上却基本是南方统一北方。不过南、北交流、容摄则是大趋势。隋唐时期书法的发展也是南书占有绝对优势。特别是唐太宗酷爱二王（王羲之、王献之）书法，大力提倡，楷体成为朝廷官文书和科举功令文字的标准字体，这也成为促进唐楷艺术发展的重要因素。佛经的抄写要用楷书，对于楷书发展的贡献同样重大而直截。怀仁集王羲之成《圣教序》，利用"书圣"文字写帝王鸿文，又是表扬佛教的作品，可以推知其影响之巨大。台静农指出：

　　　　楷书艺术到达最高峰，当然在南北朝的时代，尤其北朝的碑志书与写经书促进楷书艺术的成功为最有力量。当时江南还在追寻钟繇，而钟又不可得……南朝偶有刻石文字，与北朝字体，亦无异致。至于"化圆为方"的今体楷书，即智永一派的楷书，形成于梁、陈、隋三代，今能见到的开皇大业年间的碑志就颇多。②

唐人写经中有极其精美的作品，技巧不次于专门的书家。如敦煌写卷 P. 2056 号《阿毗昙毗婆沙卷第五十二》，点画圆润精美，起承转折分明，书写技巧几近完美无缺。启功论及初唐时期的一卷《妙法莲花经·方便品》，说"此卷笔法骨肉得中，意态飞动，足以抗颜欧、褚"，他进而又说"余平生所见唐人经卷，不可胜计。其颉颃名

---

①《太平广记》卷一〇〇《屈徒仲任》，第 2 册第 667—668 页。
②《智永禅师的书学及其对于后世的影响》，《台静农论文集》第 310 页，安徽教育出版社，2002 年。

家碑版者更难指数。而墨迹之笔锋使转,墨华绚烂处,俱碑版中所绝不可见者"[1];又有《金刚般若波罗蜜经》残卷一件,他则评之为"书体精妙","笔势瘦健",并题诗为赞曰:

> 虹光字字腾麻纸,六甲西升谁擅美。李家残本此最似,佛力所被离火水。缓步层台见举趾,日百面看益神智。加持手泽不须洗,墨缘欲傲襄阳米。[2]

从这样的实例,可以推测当时一般民间书法的发达情形及其高度艺术水平,更可以知道历史上著名的书家正是在书艺普遍提高的环境中培养起来的。不过另一方面,大量经卷是写经生或僧众抄写的,难免出现严重的程式化倾向。所谓"千人一面,一字万同",缺乏艺术创作所要求的个性。此外,在当时士大夫间楷书已趋成熟的情况下,这种带有浓厚隶书意味的"写经体"从书法发展趋势看又显得落伍了。

但是写经作为一种具有广泛群众性的活动,确实创造了书法史上的重要一页,其巨大贡献是值得大书特书的。而有些经卷另有较高的校勘、辑佚等方面的学术价值,则是受到重视的另外的理由[3]。

总之,在今存古代书法作品中,与佛教相关的占有很大一部分,佛教对于古代书法艺术的发展是贡献巨大的。

---

① 《唐人写经残卷跋》,《启功丛稿·题跋卷》第 298 页,中华书局,1997 年。
② 同上第 297 页。
③ 参阅杨仁恺主编《中国书画》第二章第三节《南北朝的写经》,第 51—53 页,上海古籍出版社,1990 年。

第三十章　作为民族融和
与文化整合纽带的中国佛教

一

中国自古以来就是多民族构成的国家。从地缘角度看,不断形成、壮大并积极活跃在周边的诸民族,正是在与中原的交流中发展了本民族的经济与文化;其中许多更逐渐融入中华民族大家庭之中。特别是北方、西北边疆一些少数民族南下、东进,本来是为了谋取自身的生存、发展,而融入中华民族大家庭之中乃是这些民族的最佳选择,也成为历史发展的客观趋势。这往往是通过和平的和非和平的手段,经过相当长时期的政治、军事、经济、文化等领域斗争与交流的历史过程实现的。这就造成历史上中原王朝与周边诸民族极其复杂的关系。在这种关系中,各种宗教,特别是作为世界性宗教的佛教发挥了极其巨大的积极作用。

杜继文指出:

> 没有对新文化形态的需要,就不会有外来佛教的进入中国;没有少数民族的推动,就不会有中国佛教的出现。因此,中国佛教和中国文化一样,不是汉民一族所有,而是融会了世

界性思潮，为中国各族人民所共同造就。我以为，这是中国文
化在历史上的一个大走势。[①]

而从中国佛教输入和发展的实际状况看，活跃在西域的诸民族曾
长期作为印度、中亚佛教输入中原的中介；后来的藏族、蒙古族又
积极推进了汉、藏、蒙各族佛教的交流；另一方面，佛教作为中原与
边疆诸民族的共同信仰，又成为各民族交流与团结的精神纽带，对
于形成和凝聚中华民族大家庭起了不可替代的积极作用。

按照陈寅恪的看法，历史上边疆诸民族的活动与中原政权的
兴衰有相互呼应的关系。实际历史上各民族的发展与中原王朝的
兴衰有更紧密的关联。有些民族在与中原王朝的密切交流中长期
独立发展，例如西藏高原上的藏族，西北地区的回纥族；另有些民
族曾在中原建立割据政权，如十六国时期的"五胡"（匈奴、羯、鲜
卑、氐、羌）和后来的党项、契丹、女真等；蒙古族和女真族后裔满族
更曾统一中国。这些民族都为建设和发展中华民族大家庭作出了
巨大贡献。而实现这一点，它们接受佛教、通过佛教与汉族和其他
民族进行交流起了重要作用。中国历史上几度形成分裂割据局面
而终归于统一，统一国家的根基始终能够保持稳固，中华民族表现
出极其强大的凝聚力，其重要原因与条件之一是具有自古形成的
历史悠久、内容丰厚的文化传统。而中国佛教作为中华文化的三
大支柱之一，正是促进民族团结、巩固国家统一的主要因素。特别
由于宗教奠定在信仰基础之上，共同的信仰更可能凝聚成巨大的
精神力量，起到不可替代的特殊作用。

又中国幅员广阔，人口构成中除了民族差异，南北东西地域的
地理、气候等自然条件和经济发展状况差别很大，各地文化发展状
况、民风民俗等也大有不同。而文化的整合乃是实现政治统一的

---

①《从中国佛教看中国文化的走向》，《中国佛教与中国文化》第 6—7 页，宗教
文化出版社，2003 年。

必要条件。历史上形成的统一的意识形态、统一的文化传统乃是凝聚民心、巩固统一国家、消弭内部各种矛盾的重要因素。汉代以来，历朝都以"儒术"为统治意识形态，佛教（还有道家和道教）则是主要辅助手段。宗教主要作用于人们的精神层面。它一方面能够深入影响到社会上更广泛阶层，包括从上层统治者到最底层的群众，甚至是国家政令难以达到的地方；另一方面信仰心又能够有力地调动起人们的主动精神，发挥出政治强力起不到的作用。全中国佛寺供奉同样的佛像，诵读同样的经典，各民族、各地方的信徒具有同样的信仰，遵守同样的戒规，等等，这无形中又会演化为十分巨大而又不可替代的物质力量。

本书一再提及中国佛教的调和、包容的性格。总观中国佛教发展的历史过程，它对于异教一般不是采取简单的排斥态度，更不鼓动不同宗教、教派的仇杀和战争。统一的中华民族中的各民族有不同的宗教信仰，在多宗教、多信仰并存的局面下生存和发展。这种局面促成、保证了中华民族文化的多样性，成为其取得丰富多彩、辉煌灿烂成就的重要条件之一。而佛教在诸宗教中得到各民族相当普遍的信重，积极地促进和保证了这种局面的形成和巩固。当然无可讳言，佛教对于一些少数民族的发展，如其在汉地一样，也曾起到一定的消极作用。但这无碍于其整体上对于民族团结、对于文化整合、对于巩固国家统一与安定所作出的巨大贡献。

二

东晋十六国和南北朝是中国历史上最长一段分裂时期。清朱彝尊曾就北魏当初开凿云冈石窟的意义说：

> 彼十六国之君，杀人若剿羊豕。而佛氏倡好生断杀之旨，

　　　世主信之,往往少回其残忍之习。是佛像之有益于当日,亦事
　　　理所有也。①

实际上佛教在当时所起的社会作用远不止此。更重要的是当初这
些经济、文化后进的少数民族进入中原接受佛教,积极促进了各民
族的"汉化",佛教又作为精神纽带,强化了各分立政权之间的交
流,从而对于最终促成国家统一起了巨大作用。

　　西晋时期佛教在中国得到长足发展,特别是作为输入西来佛
教通路的"丝绸之路"横贯的一线,正是后来南下的匈奴、羯、鲜卑、
氐、羌等各族活跃地区,也是佛教昌盛的地方。当初南下伊始的少
数族渠帅们多数对于佛教显然没有多少了解。而本土佛教界主要
是两部分人,一部分是外来的西域或印度人,这些人主要从事译经
和传教;另外就是本土信众,包括一部分上层人士。这后一部分人
数已相当众多,他们的活动能够体现中国佛教的发展方向。这两
部分人对于推动少数族统治者接受佛教分别起了重要作用。

　　十六国中最早立国的是匈奴人刘渊的前赵,接着是羯人石勒
的后赵。当初这两个政权的统治阶层对于中华文化虽已多有接
触,但都热衷于厮杀征战,以掠获为能事,对于立国安民没有长远
的规划。开始认真接受佛教的是石赵国主石勒和石虎,起关键性
作用的人物是龟兹僧人佛图澄。慧皎在《高僧传·神异论》里赞
扬说:

　　　自晋惠失政,怀、愍播迁,中州寇荡,群羯乱交。渊、曜篡
　　虐于前,勒、虎潜凶于后。郡国分崩,民遭屠炭。澄公悯锋镝
　　之方始,痛刑害之未央。遂彰神化于葛陂,骋悬记于襄、邺。
　　藉秘咒而济将尽,拟香气而拔临危。瞻铃映掌,坐定吉凶。终
　　令二石稽首,荒裔子来,泽润苍萌,固无以校也。其后佛调、耆

――――――――――
①《云冈石佛记》,《曝书亭集》卷六七。

域、涉公、杯度等；或韬光晦影，俯同迷俗，或显现神奇，遥记方
兆；或死而更生，或窆后空墎。灵迹怪诡，莫测其然。①

这里所谓"彰神化于葛陂"，是指"石勒屯兵葛陂，专以杀戮为威，沙
门遇害者甚众。澄悯念苍生，欲以道化勒，于是杖策到军门。勒大
将军郭黑略素奉法，澄即投止略家，略从受五戒，崇弟子之礼。略
后从勒征伐，辄预克胜负"，经过郭黑略的介绍，佛图澄在石勒面前
表演道术（"取应器盛水，烧香咒之。须臾生青莲花，光色曜目"），
"勒由此信服。澄因而谏曰：'夫王者德化洽于宇内，则四灵表瑞。
政弊道消，则彗孛见于上。恒象著见，休咎随行。斯乃古今之常
征，天人之明诫。'勒甚悦之。凡应被诛余残，蒙其益者十有八九，
于是中州胡晋略皆奉佛"②。从这段记载可以看出，石勒当初并不
信佛，佛图澄感化他不是通过宣说教理，而是利用方术、灵异、瑞应
等手段。这正是文化程度有限的少数族渠帅容易接受的。而后来
佛图澄又辅之以仁义道德等说教，表明他熟悉并有意识地利用中
土传统观念来推行教化。后来石勒成为虔诚信徒，"勒诸稚子，多
在佛寺中养之。每至四月八日，勒躬自诣寺灌佛，为儿发愿"，以致
在后赵"澄道化既行，民多奉佛，皆营造寺庙，相竞出家，真伪混淆，
多生愆过"。石虎臣下中书著作郎王度建议按照汉魏旧制，禁止国
人诣寺烧香，已出家者悉令还俗，石虎下书有云：

> 朕生自边壤，忝当期运，君临诸夏。至于飨祀，应兼从本
> 俗。佛是戎神，正所应奉……乐事佛者，悉听为道。③

这是中国历史上第一次由政府明令度僧，是国家管理佛教的一种
新尝试，对于后来佛教的发展具有重要意义。前面提到现存知道
确切年款的第一尊金铜佛坐像就是石虎在位的建武四年（338）的，

---

①《高僧传》卷一〇《神异论》，第 398—399 页。
②《高僧传》卷九《晋邺中竺佛图澄传》，第 345—346 页。
③同上第 348、352 页。

还有几尊形制、风格类似的佛像大体出于同一时期,表明当时佛教在后赵传播的程度。佛图澄不只大量兴建佛寺,更培养出一批杰出弟子如道安、法雅等。这些人发展了佛教教学,对后来高水平的中国佛教义学建设作出了决定性的贡献。而在中国的文化环境中,理论水平的高度对于佛教的生存和发展又是起关键作用的。

佛图澄弟子中地位重要的有僧朗。他和道安等人不同,继承老师善于政治活动的一面,活跃在纷争各国之间而游刃有余,取得几个少数族国主的信重。《水经注·济水》记载:

> (玉)水导源太山朗公谷,旧名琨瑞溪,有沙门竺僧朗,少事佛图澄,硕学渊通,尤明气纬,隐于此谷,因谓之朗公谷。[①]

僧朗同样借助于少数民族统治者容易接受的方术进行活动。他隐居泰山,招引学众,"创筑房室,制穷山美,内外屋宇数十余区,闻风而造者百有余人,朗孜孜训诱,劳不告倦。秦主苻坚钦其德素,遣使征请,朗同辞老疾乃止,于是月月修书赠遗"[②]。下面是苻坚给僧朗的一封信:

> 皇帝敬问太山朗和上:大圣膺期,灵权超逸,荫盖十方,化融无外,若山海之养群生,等天地之育万物,养存生死,澄神寂妙。朕以虚薄,生与圣会,而隔万机,不获辇驾。今遣使人安车相请,庶冀灵光回盖京邑。今并送紫金数斤,供镀形像,缣绫三十匹,奴子三人,可备洒扫。至人无违,幸望纳受。想必玄鉴,见朕意焉。[③]

对于苻坚的招请,僧朗以老病加以婉拒。"及后秦姚兴亦佳叹重。燕主慕容德钦朗名行,假号东齐王,给以二县租税,朗让王而取租

---

① 《水经注》卷八《济水》,第 165 页。
② 《高僧传》卷五《晋泰山昆仑岩竺僧朗传》,第 190 页。
③ 《秦天子苻坚书》,《广弘明集》卷二八,《大正藏》第 52 卷第 322 页中。

税,为兴福业。晋孝武致书遗,魏主拓跋珪亦送书致物。其为时人所敬如此。"①后燕主慕容垂给他写信又说:

> 皇帝敬问太山朗和上:澄神灵绪,慈荫百国,凡在含生,孰不蒙润。朕承藉纂统,方夏事膺。昔蜀不恭,魏武含慨。今二贼不平,朕岂获安。又元戎克兴,征扫暴乱,至人通灵,随权指化。愿兵不血刃,四海混伏,委心归诚,久敬何已。今遣使者,送官绢百匹,袈裟三领,绵五十斤,幸为咒愿。②

这表明慕容垂也希望借助僧朗法术之力,取得克敌制胜的成效。而南燕慕容德和前秦作战,对于选择滑台、彭城还是广固为都城难以决断,也咨询僧朗:

> 德犹豫未决。沙门朗公素知占候,德因访其所适。朗曰:"敬览三策,潘尚书之议可谓兴邦之术矣。今岁初,长星起于奎娄,遂扫虚危,而虚危,齐之分野,除旧布新之象。宜先定旧鲁,巡抚琅邪,待秋风戒节,然后北转临齐,天之道也。"德大悦,引师而南,兖州北鄙诸县悉降,置守宰以抚之。③

僧朗就这样积极地利用自己的"法术"来干预政治,其作为与风格正和佛图澄类似。北方分立各国的少数民族国主几乎一致地向僧朗表达敬意和信重,正是在信仰上趋同的具体表现。

当时一些有声望的高僧,大都活跃在各分立政权间,得到各方推重。例如道安,从北方避乱来到襄阳,不但东晋封疆大吏和文人学士纷纷礼敬,南北帝王(如晋孝武帝司马曜、前秦主苻坚)也频通书问。至东晋太元四年(379)前秦苻丕攻破襄阳,道安和习凿齿同被罗致北归长安,深得苻坚器重。针对苻坚计划南征,他谏净说:

---

① 《高僧传》卷五《晋泰山昆仑岩竺僧朗传》,第 190 页。
② 《燕天子慕容垂书》,《广弘明集》卷二八,《大正藏》第 52 卷第 322 页中。
③ 《晋书》卷一二七《慕容德载记》,第 3166 页。

　　　　陛下应天御世,居中土而制四维,逍遥顺时,以适圣躬,动
　　　则鸣銮清道,止则神栖无为,端拱而化,与尧舜比隆,何为劳身
　　　于驰骑,口倦于经略,栉风沐雨,蒙尘野次乎? 且东南区区,地
　　　下气疠,虞舜游而不返,大禹适而弗归,何足以上劳神驾,下困
　　　苍生。《诗》云:"惠此中国,以绥四方。"苟文德足以怀远,可不
　　　烦寸兵而坐宾百越。①

同样慧远在庐山,山居修道,迹绝于物,也得到南北各国、各方政治
人物的敬重和支持:东晋安帝致书慰问,权臣刘裕捐赠粮米,北方的
姚兴信赏连接,实行篡窃的桓玄和造反的卢循都和他交结。当时这
些有声望的僧人依靠其"方外"身份,有可能调停于各地方政权、各种
政治势力之间,对于各方的交往和了解起了不可替代的作用。

　　经过佛图澄等人的积极活动,后来的前秦、后秦、五凉诸国都
相当虔诚地加护佛教。长安和凉州的译经事业就是在这些政权的
支持下开展起来的。五凉的五个政权分别由汉、鲜卑、匈奴人所创
建,立国在中原通往西域的要道上,成为东来西往佛教徒的必经之
路,都城凉州则成为当时佛教一大中心。"五凉"政权第一个前凉
立国时间学界尚有争议。最初是张轨于西晋永宁元年(301)被任
命为凉州刺史,至西晋灭亡(317),前赵刘耀率大军西击凉州失败,
张氏政权得以巩固。至张骏执政达二十余年(324—345),势力更
大为扩展,领地南逾河湟,东至秦陇,西包葱岭,北暨居延,并在高
昌设郡。这也是汉人在高昌地区设郡之始。又"遣将杨宣伐龟兹、
鄯善,于是西域诸国焉耆、于阗之属,皆诣姑臧朝贡"②。而"凉州自
张轨后,世信佛教。敦煌地接西域,道俗交得其旧式,村坞相属,多
有塔寺"③。后来建后凉的吕光本来是苻秦派出征讨西域的,值苻

---

①《晋书》卷一一四《苻坚载记下》,第2913—2914页。
②《资治通鉴》卷九五《晋纪十七》,第3004页。
③《魏书》卷一一四《释老志》,第3032页。

秦败亡,乘机回师在姑臧立国。吕光回军时带来著名的鸠摩罗什,后者终于来到长安,在中国佛教史上作出巨大贡献。在以后占据河西的北凉、西凉、南凉之中,北凉势力最大,经营西域达五六十年之久,立国的沮渠蒙逊"亦好佛法。有罽宾沙门昙摩谶,习诸经论。于姑臧,与沙门智嵩等,译《涅槃》诸经十余部。又晓术数、禁咒,历言他国安危,多所中验。蒙逊每以国事谘之"①。至公元 439 年,北凉国灭。当北凉立国时,西方有李嵩建立的西凉,虽然国祚仅二十年,但建都于敦煌,这正是敦煌石窟开始营造的时候。"五凉"政权总共相沿百余年间,佛教在这一地区得到长足发展。后来北魏征服北凉,统一北方,把当地三万吏民迁移到平城,对于推动北魏佛教发展起了巨大作用。而佛教建立起来的信仰上和文化上的广泛联系,又成为北魏政权统一北方和巩固统治的重要基础。值得一提的是,北凉国灭后,沮渠无讳、沮渠安周西度流沙,在高昌建立流亡政权,推动了高昌佛教的发展。在高昌故城曾掘得承平三年(445)《沮渠安周造寺功德碑》,在土峪沟石窟又曾出土《岁在己丑(449)凉王大沮渠安周所供养经》写本,表明这一地区佛教的繁荣,而所传为中原佛教,正体现与中原文化上的联系。

建立北魏的鲜卑族拓跋氏原来活动在大兴安岭周边,逐渐向西南移动,势力扩展至今陕西北部一带。在没有立国之前,已和曹魏、西晋交往。后来被尊为文帝的沙漠汉曾作为魏宾久居洛阳,对于佛教应当有所了解。《魏书》记载:

　　　魏先建国于玄朔,风俗淳一,无为以自守,与西域殊绝,莫能往来。故浮图之教,未之得闻,或闻而未信也。及神元(始祖)与魏、晋通聘,文帝久在洛阳,昭成又至襄国,乃备究南夏佛法之事。太祖平中山,经略燕赵,所径郡国佛寺,见诸沙门、道士,皆致精敬,禁军旅无有所犯。帝好黄老,颇览佛经。但

---

① 《魏书》卷一一四《释老志》,第 3032 页。

天下初定,戎车屡动,庶事草创,未建图宇,招延僧众也。

而起关键作用的又是僧朗:

> 然时时旁求。先是,有沙门僧朗,与其徒隐于泰山之琨瑞谷。帝遣使致书,以缯、素、旃罽、银钵为礼。今犹号曰朗公谷焉。天兴元年,下诏曰:"夫佛法之兴,其来远矣。济益之功,冥及存没,神踪遗轨,信可依凭。其敕有司,于京城建饰容范,修整宫舍,令信向之徒,有所居止。"是岁,始作五级佛图、耆阇崛山及须弥山殿,加以缋饰。别构讲堂、禅堂及沙门座,莫不严具焉。太宗践位,遵太祖之业,亦好黄老,又崇佛法,京邑四方,建立图像,仍令沙门敷导民俗。[①]

到北魏立国之后,北方佛教在已有的基础上,又得到朝廷推动,很快兴盛起来。虽然后来经过魏武毁佛,但时间短暂,佛教迅速得以恢复。其深层原因主要也在于强大的信仰潮流不可扭转。北魏政权一方面强化对于佛教的管制,使之带上浓厚的御用性格;另一方面又大力崇重佛教,把皇权和宗教神权统合起来。对于北魏朝廷,佛教乃是"敷导民俗"的重要手段;对于一般民众,则是乱世精神生活的依托,也是现实苦难的逋逃薮。这样,北魏开创的北朝成为中国历史上佛教最为兴旺发达的地区和时期之一。

一般说来,起源北方的各少数民族南下之初攻城略地,掠夺杀戮,都相当地残暴,对经济、文化造成的破坏也很严重。但立国之后,接受汉族文化,又多有汉族知识分子参与辅佐,逐渐转变施政方针,一般能够比较关注民生,注重文事,使所辖地区经济、文化有所恢复和发展。接受佛教对于推动这一转变则起了相当大的作用。同样,佛教更直接推进了这些民族和地区思想、学术和文学艺术诸领域的发展,这在前面相关各章多所涉及。

---

① 《魏书》卷一一四《释老志》,第 3030 页。

就南、北双方的关系说，当时南、北分裂，僧人的活动对于双方的联系与交流同样起着重要作用。比如前面说到的僧朗，还有北方的鸠摩罗什、南方的慧远等著名僧人，都普遍得到南、北各分立政权、社会上下的信重。更有许多僧人南来北往。东晋初年，随着大批北方居民南渡，有许多僧人南下，如尸黎蜜多罗、康僧渊、康法畅、支敏度等人；道安南下襄阳带去一批北方弟子，后来向四方分张徒众，众弟子分散到沿长江西至四川、东到三吴的一线；西方五凉的僧人与内地南、北方均有频繁的往还，如此等等。僧人们憧憧往来，不绝于途，客观上担负、完成着思想、文化交流的使命。从这种种情况看，东晋十六国、南北朝时期兴盛的佛教，又成为当时南、北方交流的纽带。

这样，东晋南北朝作为中华民族融合与发展的重要历史阶段，在这一时期十分活跃的佛教，对于推动南下诸少数民族实现"汉化"并进而融入中华民族大家庭，对于处在分裂局面下的各地域的交流与融合，起了重大、积极的作用；更为后来隋唐重新实现全国统一，进而发挥各民族的优长而促进经济、文化的全面繁荣打下了基础，创造了条件。

三

唐王朝在与周边少数民族的交流中，佛教继续起着重要作用。唐初，"丝绸之路"重又畅通。唐王朝大规模经营西域，有力地促进了外来佛教和汉传佛教的双向交流，对于这种交流集中的西域及其周边地区影响尤其深远。即以敦煌为例，唐代是这一地区又一个经济、文化高度发达的时期，也是佛教发展的鼎盛期，佛教正是促进敦煌繁荣的关键因素之一。即使在中唐以后唐王朝势力基本退出这一地区,回纥族、藏族等先后在这里活跃,一方面这些民族的统治者继续支持佛教的发展,另一方面佛教对于加强当地各民族间、各民族与中原政权间的经济、文化联系仍起着巨大的作用。在东北边疆,一度十分兴旺繁荣的渤海国也是佛教十分发达的地区。至于吐蕃即今藏族在与中原交往中佛教起的重要作用,下面还将专门讲到。

中国历史上另一个长期分裂时期是从五代经两宋直到蒙古族建立起元朝这数百年间。这一时期的中国佛教虽然已经度过了它的繁荣昌盛期,但对于自北方南下的、文化相对后进的诸少数民族仍保持强大的吸引力。这些民族一般在南下前已经和中原建立起较长期的经济、文化联系,并逐步接受了中原传入的佛教。佛教是它们所接受汉地文化的主要内容之一,也成为它们进一步融入中华民族大家庭的津梁。另一方面,这一时期藏传佛教正在繁荣兴盛起来。藏传佛教在与汉传佛教密切交流中发展,一些少数民族又与藏传佛教发生关系。这种关系往往与各民族间复杂的政治、经济领域的斗争、交流有密切关联。随着西藏地区逐步融入祖国大家庭的进程,藏传佛教也成为支持和巩固这一大家庭的重要力量。

"五代十国"分裂割据乃是唐代藩镇割据的延续。这一时期除了北方的后周曾短暂施行毁佛,南、北诸分立政权大都支持佛教。特别是江东的吴越和南唐,西川的前、后蜀,所辖地区佛教都得到长足发展。信仰的统一乃是民族精神统一的重要方面。南、北佛教的发展乃是后来宋王朝实现统一的重要思想基础。

宋朝立国伊始,北方即受到新兴契丹族所建立的辽国的压迫,西北方则受到另一个割据政权西夏的威胁。至北宋末年,北方另一个民族女真族兴起,建立金王朝,宋王朝被迫南迁,造成中国历史上又一度南、北分裂割据局面。南宋偏安政权一直处在与强大的金兵对峙之下,直到蒙古人南下,建立元朝。在这一时期复杂的民族斗争中,这几个新兴的少数民族都积极地接纳佛教,包括藏传佛教。而从更广阔的历史背景看,宋、辽、西夏、金、元这几个政权存在的几百年间,是中国历史上民族斗争、民族融合的又一个关键时期。在这一过程中,佛教对于民族团结与融合再次起了巨大的推进作用。

宋初,属于西羌一支的党项羌拓跋部首领李继迁背宋自立,至其孙景宗李元昊于公元 1038 年建立大夏国,建都兴庆府(今宁夏银川)。西夏兴盛时期的领土包括今宁夏、甘肃大部和青海、陕西、内蒙古部分地区,先后与北宋、辽、金、南宋相对峙,直到公元 1227 年被蒙古人灭亡,计传十帝,立国一百九十年。西夏领地基本是唐代吐蕃曾经占有的地区,本是汉、藏、回纥、契丹等多民族活跃的地方。陈寅恪曾指出,“迨吐蕃衰败之后,其役属之党项别部复兴起焉。此党项部后裔西夏又为中国边患,与北宋相始终”①。这一地区的文化带有吐蕃文化特征,藏传佛教和汉传佛教都十分兴盛。早在景德三年(1006),李元昊的父亲德明“母罔氏薨……及葬,请修供五台山十寺,乃遣阁门祗候袁瑀为致祭使,护送所供物至山”②。可见其时党项族已经确立起佛教信仰。天圣八年(1030),派遣使臣向宋王朝献马,并请求颁赐佛经,得到《大藏经》一部。自李元昊建国,经毅、惠、崇三朝百余年间,西夏积极地与内地进行佛教方面的交流。元昊大兴佛事,规定每年的四孟期即四季中的第一天为“圣节”,普令官民礼经拜佛,并在兴庆府东十五里地方建高台寺和佛塔多座,延请回纥僧人讲经。西夏曾六次向宋王朝请求颁赐《大藏经》③。例如宋熙宁五年(1072)的一次,曾“遣使进马赎《大藏经》,(宋)诏赐之而还其马”④。这实际也是通过佛教进行的

①《唐代政治史述论稿》第 130 页,上海古籍出版社,1997 年。
②《宋史》卷四八五《夏国传上》,第 13990 页。
③参阅李蔚《简明西夏史》第 325－326 页,人民出版社,1997 年。
④《宋史》卷四八五《夏国传上》,第 14009 页。

外交活动。其后并开始把《大藏经》翻译为西夏文，与儒学一起大力宣扬佛教也成为西夏的国策①。西夏兼用原来吐蕃王朝和汉地朝廷管理佛教制度，设管理佛教的机构功德司和由王室任命的帝师、国师以及寺院的大勾当、僧众提举等僧职。仁宗在位五十五年(1140—1194)，是西夏佛教发展的鼎盛时期，大规模校刻佛经事业在此时期继续进行。西夏后期藏传佛教发挥更大的影响，王室与藏传佛教的一些教派建立起更密切的联系，迎请不少西藏僧人前来弘法。例如曾派人去西藏楚布寺迎请个噶玛噶举派创始人都松钦巴，后者派遣弟子格西藏波哇前来，被礼尊为国师。不过到桓宗李纯佑继位(1194)，西夏已处在衰败危机之中，佛教的发展则只能继承前朝余绪了。但具有重要历史意义的是，这一时期西夏与西藏建立起更密切的文化、宗教方面的联系，对于新兴起的蒙古汗国与西藏、东部藏区的交往起了关键性的中介作用。后来成吉思汗建立蒙古汗国，三次领兵进攻西夏，继而进入阿里和甘青藏族边缘地区。正是在1227年攻灭西夏之后，成吉思汗死在六盘山征途中。这样，在用兵西夏和征服中亚的战争中，蒙古王室与藏族建立起联系，接触到藏传佛教，对于后来中华民族中发挥重要作用的蒙、藏关系奠定了基础。在汉文文献里，有关西夏佛教的记载不多，但相关文物遗存和考古发现却十分丰富，足可勾勒出一朝佛教极度兴盛的情形。西夏盛建塔寺，至今仍保留许多遗迹。例如今存著名的甘肃张掖大佛寺即建于崇宗永安元年(1098)，庞大的建筑群占地两万三千平方米，正殿的木胎泥塑卧佛身长三十五米，是现存国内最大的室内卧佛。又据《嘉靖宁夏新志》，至明代，仅贺兰山中就残存西夏颓寺百余所。至今仍保存有各种形制的西夏古塔，著名的如银川承天寺塔、贺兰山麓拜寺口双塔、青铜峡市一百

① 以下介绍西夏佛教，参照中国社会科学院民族学与人类学研究所白滨研究员2004年11月在香港《佛教与辽金元文化国际学术研讨会》上的报告《佛教与西夏文化》。

零八塔等。在河西西夏故地,遍布更多西夏时期的塔、寺遗址。值
得重视的是二十世纪在敦煌和黑水城(今内蒙古额济纳旗)的考古
发现,借助它们可以相当全面而真切地了解西夏佛教的面貌。敦
煌石窟中西夏新开石窟十四个,改建修补的一百零九个;安西榆林
窟新开窟四个,重修的五个;东千佛洞新开窟四个;肃北五个庙重
修窟三个。这些洞窟留下大量壁画和题记。敦煌藏经洞里还发现
一批西夏文的写卷和刻本。公元 1909 年,俄国人科兹廖夫在黑水
城掘获大批西夏文献,包括西夏、汉、藏文佛经 500 种以上,达数千
卷。此后在今宁夏、甘肃各地陆续发现许多西夏文写经、刻经、卷
轴画(200 幅左右)、木刻版画(150 幅左右)和雕版残件等①。近年
在敦煌石窟北区的洞窟里又发现一批西夏文书,包括佛经印本②。
毕昇发明活字印刷术在十一世纪中叶,而十二世纪中叶即西夏中
期已经用活字印刷佛经。繁荣的西夏佛教乃是其立国的重要基
础,也是与内地交流的纽带。西夏境内生存着汉、吐蕃、回纥、契丹
等众多民族,佛教也是凝聚了这些民族的精神力量。后来西夏被
蒙古人灭亡,当地佛教又成为新王朝赖以统治和安定的因素。

　　建立辽国的契丹族在其发祥伊始,就着意吸收南方汉族先进
文化。而"契丹接受汉族的文化,以佛教成为主流"③。契丹族本来
信仰萨满教,南下劫掠,俘获僧人,给予优遇,遂逐步接受佛教。后
来逐渐加强与南方的中原地区、东边的高丽和西方的西夏往还,佛
教交流是重要内容之一。据传早在唐天复二年(902)辽太祖耶律
阿保机设置龙化州(今内蒙古昭乌达盟八仙筒一带),已经创建开
教寺。后梁贞明二年(916),耶律阿保机称帝,建契丹国,年号神
册,后世称辽太祖。太祖继位后的第六年,"以兵讨两冶,以所获僧
崇文等五十人归西楼(即契丹国都,今昭乌达盟巴林左旗南),建天

①大量的西夏文献收藏在俄国,至今尚待进行整理、研究。
②彭金章、沙武田《敦煌莫高窟北区洞窟清理发掘简报》,《文物》1998 年第 10 期。
③周叔迦《中国佛教史》,《周叔迦佛学论著集》上集第 256 页,中华书局,1991 年。

雄寺以居之,以示天助雄武"①;又"别做一城,以实汉人,号曰汉城,城中有佛寺三,僧尼千人"②。时有同州合阳县令胡峤被掠获,后来他作《陷虏记》,其中说上京"有绫锦诸工作、宦者、翰林、技术、教坊、角抵、秀才、僧、尼、道士等,皆中国人,而并、汾、幽、冀之人尤多"③。天显二年(927)辽国攻陷渤海国故地,而渤海国本是佛教十分发达的地区,又进一步吸收了那里的佛教。就在这一年,太宗耶律德光改国号为辽。至太宗会同元年(938)夺取燕云十六州,其地又历来是佛教十分兴盛的地方,更促进朝野佛教信仰的繁盛。会同五年(942)皇太后患病,太宗"仍告太祖庙,幸菩萨堂,饭僧五万人"④。可见当时朝廷崇信的一斑。契丹族继续南下加速了汉化过程,而佛教僧侣乃是传播汉族文化的一支主力。这也成为他们得到朝野敬重的主要原因。景宗保宁六年(974)以沙门昭敏为三京诸道僧尼都总管兼侍中,以"生口"赏赐寺院,二分其税,半输官,半留寺。这一措施有效地保证寺院经济得到更大发展。到圣宗、兴宗、道宗三朝即十世纪末至整个十一世纪的百余年间,辽国佛教更呈极盛之势。辽兴宗耶律宗真(1031—1054)在位时"僧有正拜三公、三师兼政事令者凡二十人。贵戚望族化之,多舍男女为僧尼。如王纲、姚景熙、冯立辈,皆道流中人,曾遇帝于微行,后皆任显官"⑤。辽道宗耶律洪基(1055—1100)通梵文,对于华严学颇有造诣,在内廷设坛授戒,讲习戒律,在位时期并以国家力量搜集、整理佛典,刊刻流通。在朝廷大力支持下,辽代佛教文化取得了独特、突出的成就。辽圣宗太平元年(1021)得到宋刻蜀本《大藏经》,遂据以刊刻《契丹藏》,工程始于兴宗重熙年间(1032—1054),至道宗

①《辽史》卷一《太祖本纪上》,第 6 页。
②《旧五代史》卷一三七《外国列传》,第 1830 页。
③《新五代史》卷七三《四夷附录》,第 906 页。
④《辽史》卷四《太宗纪下》,第 52 页。
⑤《契丹国志》卷八《兴宗文成皇帝》。

清宁八年(1062)完成。全藏五百七十九帙,改卷子本为折本,填补宋版不少缺本,是在诸版《大藏经》里有重大价值的版本。1974年修检山西应县木塔,塔中发现《契丹藏》残卷十二轴,得以了解其真实面貌。《契丹藏》对于后代藏经编辑、刊刻产生较大影响。其印本东传高丽,适逢其地再雕《高丽大藏经》,曾用以校补订正。今存《丽藏》是公认的高水平藏经,正反映了《契丹藏》的水准。又北京房山区石经山的石经是中国刻经史上的壮举,工程始于隋代,至唐末中绝,辽圣宗(983—1031)时地方官韩绍芳打开石室,奏请续刻,得到朝廷支持,遂募集资财,重新大规模地雕造。现存石经《涅槃》、《华严》、《般若》、《宝积》四大部都是这一时期刻成的。辽代补刻石经自圣宗至天祚帝(1101—1125)进行了百余年,不仅补充大量经典,实际也是对于佛经进行一次较大规模的校勘、整理;又石经中保存六千余则施刻人题记,有明确纪年的约占四分之一,其中辽代的占大多数,其次才是唐代和金代的。题记不仅反映了不同时代刻经盛况,更具有多方面的史料价值。又辽代对于土木工程颇能慎重其事,塔寺建设尤其不遗余力,实物至今多有遗存。辽建塔寺风格独特,雄伟壮观。寺院如天津蓟县独乐寺观音阁,山西大同上、下华严寺,辽宁义县奉国寺等,都是规模巨大、独具风格的建筑群。辽道宗特好建塔。辽塔形制特殊,在建筑艺术方面多所创新。今存山西应县佛宫寺塔系辽道宗时建,高360米,是国内现存最古老的木塔;著名的还有北京天宁寺塔、河北涿县云居寺塔等。另外在辽宁辽阳、内蒙赤峰、山西云冈等地均有辽代开凿的石窟,成为中国石窟开凿历史上的后殿。

　　源自白山黑水间的女真族早期活动部落色彩浓厚,依靠武力扩张势力,南下攻辽,肆意掠夺子女玉帛;进而骚扰宋土,需索岁币银绢。南下攻占江淮诸城,往往焚毁屠戮,所至郡邑残破。后来占领辽和北宋故地,推行女真文化,汉族居民也逐渐习染女真风俗。而女真族本来是契丹族领属,与契丹族接受佛教的同时,也从高丽、渤海国输入佛教。后来南下，所辖地区渐广，统治策略有所变更，包括广度僧尼，建寺斋僧。正由于接受佛教，有力地促进了"汉化"过程。金代国祚短促，但佛教发展的成绩却足以骄人。金太宗时期（1123—1137），朝廷已经每年设会斋僧，并迎旃檀像于悯忠寺（即今北京法源寺）。与辽国比较，金王朝由于边事未定，财用匮乏，不得不采取一些限制佛教的措施，但对于僧尼基本是优遇的。朝廷立僧官为国师，威仪如王者，并接受皇帝礼拜；地方也相应设置僧官。大部分寺院承袭辽代旧规，广占田园，朝廷更大量布施。南宋初年，洪皓出使燕京，记述当地奉佛情形说：

> 金俗奉佛尤谨，公卿诣寺，则僧坐上坐。燕京兰若相望，大者三十有六，然皆律院。自南僧至，始立四禅，曰太平、招提、竹林、瑞像。贵游之家多为僧，衣盂（衣钵也）甚厚。延寿院主有质坊二十八所。僧职有正、副判录，或呼司空（辽代僧有兼官至检校司空者，故名称尚存），出则乘马佩印，街司五伯各二人前导，凡僧事无所不统。有罪者得挞之，其徒以为荣。出家者无买牒之费。金主以生子肆赦令，燕、云、汴三台普度，凡有师者皆落发，奴婢欲脱隶役者，才以数千嘱请即得之。得度者亡虑三十万。[1]

这样，金国继辽更加张扬崇佛之风。熙宗时期（1138—1149），金国领土已扩展到淮河以北，典章制度、风俗习惯急速汉化，又受到宋代佛教的巨大影响。至海陵王天德五年（1153），"金国移都燕京，敕建大庆寿寺成，诏请玄冥禅师颛公开山第一代，敕皇子燕王降香，赐钱二万，沃田二十顷"[2]；金世宗大定二十四年（1184）"大长公主降钱三百万，建昊天寺，给田百顷，每岁度僧尼十人"[3]；大定二十

---

①《松漠纪闻》卷一。
②《历代佛祖通载》卷二〇，《大正藏》第49卷第689页中。
③《钦定日下旧闻考》卷五九。

六年(1186)"幸香山寺,赐名大永安寺,给田二千亩,栗七千株,钱二万贯"①,如此等等,可见佛教兴盛、僧尼受到优遇的情形。金朝末期章宗承安四年(1199),赵太后病逝:

> 起大明寺,造九级浮图,遣太后殿内侍候衍往监造,务极壮丽。且度僧三万人,施以度牒。时征行调发,民方厌苦,有度僧之命,远近奔赴,遂及五万人,于寺边建八寺以处之。②

金王朝奉佛糜费,是其在与蒙元战争中处于弱势的重要原因。金朝廷管理佛教的特点是,虽然统治阶级上层崇重有加,却又多设条禁,比如禁民间兴创寺院(还有道观),严禁避役为僧,实行礼部考试僧尼制度,等等。再有就是后期公开贩卖度牒,以补军需。这主要是因为金国一直处在战争环境之中,寺院经济的扩张严重威胁军储财用。不过朝廷对佛教的这种矛盾姿态,并没有影响佛教在社会上层的优越地位。而由于金代寺院经济得到发展,不仅有力量对旧有塔寺进行维护,又新建一批塔寺。塔寺建筑、造像壁画从而成为金代佛教文化的重大成就。这些建筑融入女真族的民族特色,形成了新的艺术风格。梁思成说:

> 宋、辽、金均注重于宫殿之营建;其宫殿虽已毁尽,其佛寺殿宇之现存者,尚遍布华北各省;至于塔幢,为数尤夥。作风手法,特征显著,规例谨慎,循旧制之途径,增减嬗变不已。③

如今在河北、辽宁、山西各地仍遗存许多金代塔寺建筑遗物,所存雕塑、壁画等在艺术上也体现高度水准。房山石经金代又续有补刻,是继辽代之后又一个石经雕造的兴盛时期。在汉文大藏经编撰史上,《金藏》的成就更值得特别重视。其刊刻始于熙宗皇统九

---

①《续通志》卷五一《金纪五》。
②《大金国志》卷二〇《纪年·章宗皇帝中》。
③《中国建筑史》第 23 页,百花文艺出版社,1998 年。

年(1149)之前,由比丘尼崔姓女法珍发愿,信众资助,工程历时三十余年,至世宗大定十三年(1173)完成。全藏六百八十二帙,现存四千九百五十七卷。这是古代民间刻经的辉煌成就。1933年偶然在山西赵城县广胜寺发现印本,后经八路军抢救得以保存。《金藏》具有重大学术价值,是新编《中华大藏经》的重要底本之一。

四

　　唐末割据形成"五代十国",经过两宋,中国在三百几十年间再度处在不同政权分立状态之下。至元王朝建立,不仅在空前辽阔的国土上实现了政治、经济的重新统一,也实现了文化的统一。而值得注意的是,这个国家虽然是由蒙古族创建和统治的,但实际延续的却是中华文化的固有传统。正是在蒙古人建立的这个大帝国中,进一步实现了中华民族的融合。在这一过程中,佛教同样起了极其重要、积极的作用。

　　关于蒙古族在历史上的地位,著名历史学家汤因比曾做过这样的评论:

　　　　蒙古帝国使得许多地域性文明发生了迅速的互相接触,而在此之前,这些文明在其发展中很少把自己彼此联系在一起,甚至很少知道同时代的其它文明,他们与同时代的其它文明只是通过传导性的欧亚大平原被潜在地联系在一起。[1]

而一当蒙古族在中华大地上建立起巩固的王朝,中华文化就成为

_____

[1]《人类与大地母亲》第469页,上海人民出版社,2001年。

这种"地域性文明"的核心。多种宗教的传播,则是这种"地域性文明"相互接触的桥梁。蒙古族统治者接受并信仰佛教,进而把弘扬佛教当作国策,佛教同样成为促进所统治地域各族民众接受、融入中国传统文化的重要力量。

有记载表明,早在成吉思汗(1162—1227)在位时期,藏传佛教不同教派的僧人已通过西夏进入蒙古族活动地区,在成吉思汗宫廷中也已有他们的踪迹。这成为蒙古王室尊崇藏传佛教的端倪。成吉思汗作为有见识的政治家和征战四方的战略家,显然清楚地意识到宗教的社会作用,对外来各种宗教,包括西方的基督教、犹太教和汉地的佛教、道教等给予平等待遇,表现出远大的眼光和开阔的胸襟。南宋宁宗嘉定十六年(1223),蒙古人灭西夏,大汗窝阔台(太宗)次子阔端入主凉州,称西凉王。河西地区历来是佛教兴行地区,又毗邻西藏,与西藏地区佛教早有密切接触。1239年,阔端派遣部将多达那波帅蒙古军队进军西藏,其主要目的之一就是与藏传佛教领袖建立联系,并争取得到他们的帮助,进而征服西藏。这一行动的直接后果就是促成了执掌西藏实权的萨迦派第四代祖师萨迦班智达来到凉州。当时萨迦班智达不仅是握有实权的藏传佛教萨迦派大师,又是一位有远见、有抱负的政治领袖。他把侄子、后来成为藏传佛教领袖人物的八思巴带在身边,经过两年跋涉,于1246年到达凉州,并于次年初举行了蒙、藏双方具有重大历史意义的会盟。这次会盟不仅确立了藏传佛教在此后蒙元一朝的地位,更实现了蒙古汗国对西藏政府的管辖,西藏地区从而顺利地正式被纳入中国版图。这是中国历史上统一大业的重要一环。而作为萨迦班智达活动的另一方面成果,则是在凉州六年,成功地向蒙古皇室和贵族传播了藏传佛教,终于使佛教在阔端宫廷中取得高居蒙古族萨满和也里可温(景教徒)之上的地位。其时在蒙古族中传播佛教的不只是萨迦班智达一伙人。另有迦叶弥尔人斡脱赤与那摩兄弟,学浮屠法,"太宗礼遇之。定宗(贵由)师事那摩……

宪宗(蒙哥)尊那摩为国师,授玉印,总天下释教"①。蒙哥汗(宪宗,1251—1259 在位)又曾遣使到吐蕃迎请噶玛噶举派教主噶丽麻八哈什,后者于 1256 年亦到达蒙古宫廷传播佛教。蒙哥汗曾评论各宗教说:

> 譬如五指,皆从掌出。佛门如掌,余皆如指。不观其本,各自夸衔,皆是群盲摸象之说也。②

这表明,蒙哥汗在位,明确地兼容各种宗教,而把佛教置于十分崇高的地位。

元世祖忽必烈(1215—1294)早在即位以前,也已经和藏传佛教噶举派僧人有过交往。1251 年蒙哥即大汗位,命他领治蒙古汉地民户,尽嘱以漠南汉地军国庶事。当时金朝已经灭亡,蒙古人正经营入侵南宋。1252 年,忽必烈受命进攻四川,由于军事受阻,拟迁回云南大理包抄宋军。在驻军六盘山的时候,他曾经派人去凉州迎请萨迦班智达,意在争取进入藏区时得到藏传佛教方面的帮助。适逢萨迦班智达去世,根据遗嘱,八思巴继任为萨迦派第五任教主,时年十七岁。忽必烈遂请八思巴前来相见。这次会见,成为八思巴一生辉煌的政治与宗教活动的开始。八思巴极受忽必烈尊崇。忽必烈夫妇等从受萨迦派喜金刚灌顶,明确与他在宗教上的师徒关系,在颁赐的诏书中有云:

> 善逝佛陀释迦牟尼具有不可夺移之智慧及无边慈悲,其福德与智慧犹如满月,又如日光破除无名黑暗,又如兽王狮子战胜邪魔外道。对其功德、圣业、教法,吾与察必可敦已生起信仰,此前已任教法及僧伽之施主。现今,复由法主萨迦巴及上师八思巴处获得信仰,归依佛法,于阴水牛年接受灌顶,听

---

①《元史》卷一二五《铁哥传》,第 3075 页。
②《辩伪录》卷三,《大正藏》第 52 卷第 770 页下。

受甚多教法,更易为当任教法及僧伽之施主。故此,特赐给上
师八思巴此项褒护藏地方三宝之所依处及僧伽不受侵害之诏
书,作为对教法之奉献。①

至中统元年(1260),忽必烈正式即位,年前八思巴已来到燕京。他
成为文献记载中藏传佛教领袖来到中原的第一人,也是藏传佛教
在汉地活动的先驱。这一年十二月,"以梵僧八合思八为帝师,授
以玉印,统释教"②。八思巴从而成为中原法主,掌天下佛门,自此
形成后来蒙元拜藏传佛教僧人为帝师的制度。

《元史》上说:

> 释、老之教,行乎中国也,千数百年,而其盛衰,每系乎时
> 君之好恶。是故,佛于晋、宋、梁、陈,黄、老于汉、魏、唐、宋,而
> 其效可睹矣。元兴,崇尚释氏,而帝师之盛,尤不可与古昔同
> 语……元起朔方,固已崇尚释教。及得西域,世祖以其地广而
> 险远,民犷而好斗,思有以因其俗而柔其人,乃郡县土番之地,
> 设官分职,而领之于帝师。乃立宣政院,其为使位居第二者,
> 必以僧为之,出帝师所辟举,而总其政于内外者,帅臣以下,亦
> 必僧俗并用,而军民通摄。于是帝师之命,与诏敕并行于西
> 土。百年之间,朝廷所以敬礼而尊信之者,无所不用其至。虽
> 帝后妃主,皆因受戒而为之膜拜。正衙朝会,百官班列,而帝
> 师亦或专席于坐隅。且每帝即位之始,降诏褒护,必敕章佩监
> 络珠为字以赐,盖其重之如此。③

由此可以看出,元朝廷尊崇佛教是有意识地利用来发挥辅助教化
的功能的。终元一朝,每逢皇帝继位,必先就帝师受戒;喇嘛僧享
有诸多特权;喇嘛寺院受到朝廷保护,接受施舍、供养,等等。在朝

---

①转引陈庆英、高淑芬主编《西藏通史》第186页,中州古籍出版社,2003年。
②《元史》卷四《世祖本纪一》,第68页。
③同上卷二〇二《释老列传》,第4517、4520—4521页。

廷支持下,藏传佛教渐次进入中原。这在中国佛教史和文化史上影响都是相当重大的。

　　元世祖统一天下,于中统五年(1264)正式建都于上都(燕京),改年号为至元。佛教在蒙古族的传播从而进入鼎盛时期。多桑《蒙古史》上说:

　　　　成吉思汗后人之首先偏重一种宗教者,盖为忽必烈也。时忽必烈业已归依佛教,而佛教已开始传播于蒙古人中。[①]

忽必烈本人“万机之暇,自奉施食,持数珠而课诵”[②]。中统五年底,朝廷设总制院(宣政院),这是处理佛教和西藏事务的机构,命国师八思巴为领总制院事,从而确立起历任帝师作为全国佛教最高领袖和西藏地区政教首领的地位。这对于藏传佛教在汉地的传播,对于西藏政教发展的影响也是极其深远的。八思巴在进京前的1257年,曾经在忽必烈支持下朝拜五台山,标志这位佛教大师开始把藏传佛教与汉传佛教联系起来。后来八思巴主持宣政院,引荐藏族僧俗人员来到汉地任职,客观上加强了藏族与各族民众、藏传佛教与汉传佛教的联系与交流。占领南宋旧都临安(1276)之后,朝廷又设置江南释教都总统,统管南方汉传佛教。

　　元朝廷在建都大都以后,作为统治中华大地的新王朝,又十分重视本土兴盛已久的汉传佛教。当时实际情形已经表明,当宋、辽、西夏、金、元争锋、征战之际,所在兵连祸结,生民涂炭,本土民众更熟悉的汉传佛教在安定形势、疏解民困方面显然发挥重要作用。因而元朝廷同样注意延揽汉族僧人,给予优遇。如活动在金、元之际的万松行秀是曹洞宗禅师,金章宗曾迎请到内廷说法,赐锦绮大衣,建普度会;入元,太祖又敕命主持万寿寺,道行盛极一时。他的弟子耶律楚材本是汉化契丹人后裔,其人和父、祖均在金朝为

---

①《多桑蒙古史》上册第 296 页,冯承钧译,中华书局,2004 年。
②《佛祖历代通载》卷二二《元世祖皇帝》,《大正藏》第 49 卷第 723 页中。

官；蒙军南下围攻燕京，他为左右司员外郎留守；燕京陷落后，成吉思汗器重他的才学，招致幕下，随成吉思汗西征；后来窝阔台继位，他被任命为中书令，是元朝任命的第一位汉化少数族人高官。他一直以虔诚的佛教居士面貌活动，在给师傅万松的信中说：

> 且五善十戒，人天之浅教，父益慈，子益孝，不杀之仁，不妄之信，不化自行于八荒之外，岂止有耻且格哉！是知五常之道，已为佛教之浅者……①

这里清楚地表明他"儒、释合一"的观念和态度。他正是用这样的思想观念来辅佐元初政治的。忽必烈在藩时期，在桓州、抚州之间的金莲川开设幕府，延揽汉族人士为幕僚，"仪文制度，尊用汉法"②，所采取的措施也包括延招大批佛教人物，支持佛教的弘传。其时名僧印简海云被罗致幕下，忽必烈曾从受菩提心戒。印简"凡主大会七，度弟子千余名，王（公）才侯受戒律者百数，士民奔走依向者以千万计。皇太后尤深敬礼。累号燕赵国大禅师、佑圣安国大禅师、光天镇国大士"③。他曾向忽必烈进谏说："宜求天下大贤硕儒，问以古今治乱兴亡之事，当有所闻也。"④经过他的中介，刘秉忠（1216—1274）得入忽必烈幕府。秉忠出身于金朝官宦之家，曾为邢台节度令史，弃官出家，法号子聪，游云中，结交印简，后进入忽必烈幕府，屡承顾问；他强调"以天地好生为德，佛氏以慈悲济物为心"，每以戒杀为劝，活人不计其数。他虽身在枢机，不改僧衣，后忽必烈令其还俗，复刘姓，赐名秉忠。这样，忽必烈执政期间，既较少民族偏见，又对不同宗教表示宽容。他充分体现出政治家的远见，一方面儒、释并用，另一方面汉传和藏传两大系佛教并重，从

①《寄万松老人书》，《湛然居士文集》卷一三，第293页，中华书局，1986年。
②《元史》卷一二五《高智耀传》，第3073页。
③程文海《雪楼集》卷六《海云简和尚塔碑》。
④《补续高僧传》卷一二《海云大士传》。

而能够吸纳更多汉族知识阶层的代表人物,包括一批有影响的汉传佛教僧人。有元一代,汉传佛教名僧如万松行秀、高峰元妙、中峰明本等均享有崇高威望,得到朝廷崇重;元代居士佛教发达,赵孟頫等著名文人居士,在社会上也都发挥重要作用。藏传和汉传两大系佛教并盛,无论是对于佛教自身,还是对于一般社会文化的建设、发展,都造成极其深远的影响。

陈垣的名著《元西域人华化考》,讨论元代西域(畏吾儿、突厥、波斯、大食、叙利亚)人华化现象。他举出三世精佛学的佛教世家出身的阿鲁浑萨理"先儒而后释","以释教都总统之子,而主张用儒术治天下";又举出丁鹤年,"回回教世家之儒者,然其后复由儒而入佛,则其所受中国化之浓厚,又比专门儒者为甚也"①。这些事例,都表明佛教在外族人"华化"中所起的作用。这同样是佛教对于国家统一发挥作用的体现。

元代佛教文化也取得突出成就。藏传佛教作为西藏文化的载体流传汉地,对于此后明清文化的影响相当深远。特别是由于大规模地输入藏传佛教艺术,"梵式佛像"盛行一时,形成一种独特的造像风格。杭州灵隐寺飞来峰岩壁上的几百尊风格独特的精美密教造像就是元代雕造的。元代又曾刊刻《普宁藏》和《元官版大藏经》,再刻《毗卢藏》,并于大德年间(1297—1307)在萨迦派主持下把藏文大藏经译成蒙古文,称为《如来大藏经》或《番藏经》,在西藏刻印②。

元朝灭亡后,宗室部族退入北疆,和原在该地的蒙古游牧部落会合,形成一些军事集团,活跃在明王朝北疆。明嘉靖年间,土默特部俺达汗把新兴起的藏传佛教格鲁派(黄教)引入蒙古。这不只对于蒙古族未来发展造成了巨大影响,更影响到中央政权与蒙、藏三方长远关系的发展。这种关系所造成的后果极其复杂。但就对于中华民族

---

① 《元西域人华化考》第 29—30、44 页,上海古籍出版社,2000 年。
② 蒙文《大藏经》明、清两代继续翻译、刊刻。

各民族的交流和中华民族大家庭的团结与巩固说，客观上无疑又是起了积极作用的。关于蒙、藏宗教关系，下面还将说到。

　　总地看来，在宋、元割据纷争时期，佛教对于提高各民族的文化水平，对于促进各民族的发展是起了重要的作用的。一方面，佛教的慈悲、平等、和平的教义，普度众生的理想，在相当程度上遏制了战乱纷争中的野蛮屠戮之风，也给民众提供了精神上的慰藉和支持；另一方面，统一的宗教信仰更在思想观念上为政治统一做了准备。著名英国佛教学者查尔斯·埃利奥特在其名著《印度教与佛教史纲》里说：

> 　　甚至佛教的反对者也不得不承认它具有许多优良性质。它宣讲道德和仁爱，而且是第一个宗教向全世界——而不是向一个种姓和国家——宣称这两件事是教法的基础，如果遵守这个教法，就能获得快乐。它教化了许多民族，例如西藏人和蒙古人。它如果不是毫无例外地也至少是比任何其它伟大宗教更普遍地实行容忍和真正的超凡脱俗。它直接鼓舞了艺术和文学，而且就我所知它未反对过知识的进步。[1]

不仅是对于西藏人和蒙古人，对于党项人、契丹人和女真人同样可以如是说。体现中华文明特色、具有悠久历史的中国佛教乃是中华民族大家庭各民族共享的文化财富、联接他们的精神纽带，在形成、维护和巩固中华民族大家庭的历史中一直持续地发挥着积极作用。

五

　　在藏族人民融入中华民族大家庭、西藏纳入中国版图的过程

---

[1]《印度教与佛教史纲》第1卷第88页，商务印书馆，1982年。

中,佛教起了更具关键性的作用。

历史上第一位在政治上统一西藏民族的政治领袖是松赞干布赞普(629?—650)。而作为西藏有记载的文化史正式开端的则是与唐王朝的文化交流,其重要内容之一则是输入佛教[①]。唐贞观十五年(641)松赞干布迎娶文成公主,文成公主信佛,入藏时有众多沙门随行,并携带一大批经像、法器,佛教遂输入西藏;大约在同时期,松赞干布又迎娶泥婆罗(尼泊尔)墀尊公主,泥婆罗当时是佛教国家,又从那里输入了印度佛教。唐景龙三年(709)唐王朝又下嫁金城公主给赤德祖赞赞普,金城公主又一次成规模地输入汉传佛教,并把文成公主带到西藏的释迦牟尼像移至大昭寺,安排汉族僧人管理这座寺庙。在至九世纪上半叶的二百余年里,西藏创建佛寺,组织僧团,翻译经典,并与汉地佛教持续地进行交流。

公元755年至796年赤松德赞赞普统治时期,消灭叛服不常的羊同国,实现了高原的统一。这是吐蕃国势最为强盛的时期之一,也是佛教得到长足发展的时期。在这一时期,西藏王朝设置"却论"(僧相),开创僧人执政柄的先河。敦煌写卷 P.4646 号河西文人王锡撰《顿悟大乘正理诀》,记载自汉地入藏的大乘僧人摩诃衍与从印度招请来的莲花戒就顿悟与渐修进行辩论的情形。这次辩论根据藏传史料是摩诃衍失败,被遣返汉地,而王锡文章却说"婆罗门等随言理屈,约义辞穷",赞普肯定摩诃衍的观点,命道俗遵行。这一事件被称为"拉萨宗论"或"拉萨宗教会议",乃是汉地佛教影响西藏的典型事例。

天宝十四载(755)"安史之乱"爆发,吐蕃乘势东进西蜀,北出关陇,唐王朝西方边鄙日蹙,吐蕃和唐王朝的关系持续紧张。唐穆宗即位,改元长庆(821),吐蕃可黎可足可汗曾遣使朝贺,并与唐宰相、大臣会盟;次年,唐使入藏,五月六日在逻些(拉萨)设坛会盟。

---

①关于松赞干布之前西藏佛教已有流传,只有传说,不足凭信。

当时西藏最高僧职称钵掣逋,仪式举行时在上位设一榻,他升座读誓文,读讫歃血,于佛像前作礼,使僧人讽文以为誓约;再次年,在大昭寺前立下著名的《唐蕃会盟碑》。从这些事实,可见共同的佛教信仰在和解汉、蕃双方中所起的作用。这次会盟之后,唐朝廷与吐蕃的关系基本稳定下来。经过五代、两宋,吐蕃势力一直在西边活跃,至前面提到的十三世纪凉州会盟,西藏地区终于正式归并到元朝版图。

值得提及的是,"安史之乱"后吐蕃进占河西,甘、凉、瓜、沙各州先后失守,其中敦煌(沙州)是在贞元二年(786)沦陷的。直到大中二年(848),敦煌沦没于吐蕃统治之下达六十余年之久。在这期间,内地有唐武(841—846)毁佛,吐蕃有朗达玛(841?—846)灭佛,所幸敦煌对于两方都处在边地,并没有波及。在此期间敦煌佛教反而得到一定发展:"在吐蕃统治敦煌初期,沙州有僧寺九所,尼寺四所,僧尼三百一十人。到吐蕃统治末期,寺院增加到十七所,僧尼猛增到数千人,而沙州的总人口只有两万五千人左右"①。在敦煌写本里发现一批藏译禅宗文献,还有汉藏对译的佛教文献,多数应是这一时期的遗物。其中包括躲避西藏灭佛逃来的著名学僧法成的译著。他把许多汉文和梵文经典译成藏文,并著《释迦牟尼如来像法灭尽之记》,记载了佛教在西藏地区的兴衰历史。这样,敦煌又成为汉、藏佛教交流的基地,也是西藏佛教后来进一步发展的基地。而藏地佛教的发展,与藏族最终融合到中华民族之中又有着直接关系。

前面已经说到,忽必烈在潜邸时已经会晤过萨迦派第五代祖师八思巴,夫妇二十五人并曾接受喜金刚灌顶,感其法恩,进奉西藏十三万户作为供养。在此后的七十余年间,萨迦派掌握了西藏政教大权。忽必烈即位后,尊八思巴为国师,任命为中原法主,统

---

①荣新江《敦煌学十八讲》第 26 页,北京大学出版社,2001 年。

天下教门。元代藏传佛教喇嘛教由于得到朝廷支持,在汉地迅速扩展势力,在蒙古族中也得到更大发展。终蒙元一朝,聘请西藏喇嘛、颁给帝师封号成为制度,朝廷承认并支持西藏地方的政教合一政权,而西藏喇嘛教主持的地方政府则归顺中央统辖。明、清两代,中原各地多有喇嘛僧活动,建立起许多喇嘛庙,藏传佛教得到一定的普及。

至元末,萨迦派的统治被噶举派取代。噶举派同样又得到元、明朝廷的册封。自明中叶起,格鲁派势力渐盛。这一派创始人是宗喀巴(1357—1419),青海人,自幼游学西藏,广习经论,慨于当时僧团戒律废弛,遂锐意进行改革。他健全寺院制度和僧侣戒规,提倡显、密兼修、先显后密的修行次第。他的弟子中人才辈出,建设起格鲁派四大寺即甘丹寺、哲蚌寺、色拉寺、扎什不伦寺和密教的下密院和上密院,弘扬教法至今青海、甘肃、内蒙和今蒙古人民共和国以至俄罗斯远东广大地区,在内地也继续得到扩展。明"洪武初,帝惩唐世吐蕃之乱,思制御之。惟因其俗尚,用僧徒化导为善,乃遣使广行招谕"[1]。明室仍沿袭元代遗规,继承其封授藏族僧俗首领为帝师(后来帝师名号取消)、国师、司徒、国公的办法,赐以厚利,宠以名号,特别注重发挥他们管理青藏地区的作用。明成祖曾多次迎请藏僧入京,在京城和五台山建法会,躬亲参加,又册封西藏活佛为大法王,表现出相当明确的怀柔羁縻以御边的意图。《明史》谓:

> 迨成祖,益封法王及大国师、西天佛子等,俾转相化导,以共尊中国,以故西陲宴然,终明世无番寇之患。[2]

至宣宗宣德年间(1426—1435),仍沿袭成祖时成例,前往藏地召请活佛喇嘛,封宗喀巴弟子释迦也失为大慈法王,其时"京师诸寺,法

---

[1]《明史》卷三三一《西域三》,第 8572 页。
[2]同上,第 8589 页。

王、国师、番僧尚有四五百人"①。宪宗成化、孝宗弘治、武宗正德年间，对藏传佛教僧人的封赏达到高峰。宪宗好方术，崇任番僧与他热心寻求秘术也有关系。当时京城"大慈恩、大能仁、大隆善护国三寺番僧千余，法王七人，国师、禅师多至数十"②。直到明世宗，亲信道士，好长生，炼仙药，打击佛教，藏传佛教在京城的活动遂一蹶不振。

格鲁派的兴起是明代藏传佛教发展的重大事件。这是在印度佛教衰亡之后由藏族高僧自创的宗派，宗喀巴被尊为祖师。蒙元灭亡后，退居塞北的蒙古族分裂为若干部，并把势力扩展到漠西今新疆地区。起初在蒙古部族活动的多是萨迦派（花教）、宁玛派（红教）僧人。其中活跃于今青海地区的土默特部强盛，叛服不常。后于明中叶臣服明朝，明封为顺义王，俺答汗曾遣使明廷，请求派遣藏族喇嘛到本部传教。正在强盛起来的格鲁派（黄教）从而传播到蒙古各部之中。嘉靖二十六年（1547），宗喀巴弟子根敦主巴第三世索南嘉措到哲蚌寺坐床，被确认为达赖喇嘛二世转世灵童，是为三世达赖，格鲁派转世制度从而创立。万历四年（1576）土默特部俺达汗迎请索南加错到青海相会；万历六年又被土默特蒙古俺答汗迎至青海供养，赠以"圣识一切瓦奇尔达喇达赖喇嘛"称号，此为创建达赖名号之始。当年三世达赖即上书明朝廷请封，并贡纳方物。万历十六年，朝廷遣使册封三世达赖为"朵儿只唱"（执金刚）。这可看作是蒙、藏佛教史和中央朝廷与蒙藏关系史新时期开始的标志。当年达赖三世在前往蒙古和汉地传教途中于喀尔沁入寂。翌年诞生的俺达汗长孙被格鲁派确认为达赖转世，是为达赖四世，取名云丹嘉措。本来是藏族的活佛却转世于蒙古族中，对于凝聚蒙、藏关系所起的巨大作用是不言而喻的。但在这一时期，传统教

---

①《明实录》卷一一四《宣宗实录》。
②同上卷二六〇《宪宗实录》。

派的红教在西藏仍有强大势力,与格鲁派纷争不绝。至明末,蒙古和硕特部兴起,固始汗扶持达赖喇嘛,于天聪九年(1635)、崇德三年(1638)两次亲赴拉萨,了解形势。五世达赖赠予他"执教法王"尊号,固始汗也赠与达赖属下官员名号。崇德五年(1640)蒙古人再次出兵,两年后攻下日喀则,平定全藏。固始汗授予五世达赖十三万户,扶植他为全藏政教领袖;又安置宗喀巴四传弟子罗桑却吉坚赞主持扎什伦布寺,划后藏地区归其管辖;清顺治二年(1645)又拜罗桑却吉坚赞为师,封以"班禅博克多"尊号,为四世,这是创建班禅尊号之始。这样,格鲁派在蒙古强有力的军事力量支持下,巩固了在藏传佛教各教派中绝对优势的地位,对后来藏传佛教和西藏地区的发展起决定性的作用。而蒙古族接受格鲁派,对于蒙古地区的政治、经济、社会生活、思想文化以及风俗习惯的发展与演变关系更是十分重大。

六

　　公元 1616 年,女真(满族)人努尔哈赤在赫图阿拉建立金国,史称"后金",立国后即迅速走上汉化道路。也是在这一时期,满族制定官制,改革文字(改革"老满文"为满文),更特别注重结纳汉族降将、文人,并参照汉人制度,改革满人旧俗,同时也开始接受汉传佛教。清王朝建立起唐代、元代以后幅员广阔、多民族聚居的大帝国。这个新王朝统治、管理着汉族居民占主要成分的辽阔国土。为了实现对广阔国土和广大民众的牢固统治,如历史上许多少数民族政权一样,也要利用具有悠久历史和强大实力的汉传佛教。另一方面,汉传佛教对于入主中原的满族又是远比原来信仰的萨满教形态更为先进、文化层次更高的宗教。循着历史发展规律,接受汉传佛教也是这个民族实现"汉化"的一个重要途径。

清王朝开国的第一位皇帝顺治曾从浙江召请名僧玉林通琇、木陈道忞入京说法，选僧众千五百人从通琇受戒。这些都标志新王朝统治者已经认可并且崇重汉传佛教。康熙、乾隆在位，进入清王朝的所谓"盛世"。他们南巡时常驻在名山巨刹，赋诗题字，对于汉传佛教同样极表尊崇。雍正本人好参禅，自称"圆明居士"，辑录古德参禅语要为《御选语录》十九卷。满族统治者迅速、全面地接受汉传佛教，乃是有意识地积极推行同化政策的具体措施，也是尊重和自觉地继承华夏文化正统的体现，当然也有利用佛教来辅助教化的意图。至于清王朝对待佛教的具体方针、政策和管理制度等层面，则基本沿袭前朝办法。一方面采取"三教齐立"方针，另一方面加强对僧团的管理和统制。朝廷设立僧录司，由礼部考选僧官，吏部任命；各州县僧官则由布政司遴选，吏部授职，等等。这些基本都是沿袭明代做法。正是在朝廷的大力支持和积极推动下，作为统治民族的满族虽然保持了原来的萨满教，却又积极地接受、信仰佛教，汉传佛教在全国范围内也得以存续并发挥相当影响。

在中国历史上清王朝统治的国土是除元朝之外最为广阔的。边疆地区活跃着许多少数民族，包括实力强大的蒙古族、藏族，朝廷亟需与他们建立稳定、良好的关系。当初满族在入关前后，已曾借助蒙、藏势力实现南进，继而达成稳定中原的目标；立国之后，从安定边陲的目的出发，更需要确保对于这些地区的统治。而蒙、藏地区长期以来乃是藏传佛教活动的领地，因而清廷十分注意处理、调整与藏传佛教的关系。从总体看，所采取政策和措施是相当成功的。

早在后金时期，已经有藏传佛教喇嘛到关外传教，女真族在接受汉传佛教的同时也接触到藏传佛教。至太宗皇太极（1627—1643）改国号为清，统一漠南信仰喇嘛教的蒙古各部，与藏传佛教又建立起更密切的联系。崇德三年（1638）清朝廷把原来的蒙古衙门更名为理藩院,专门管理外藩事务;并在盛京西郊三里外建实胜寺,于次年派遣察汗喇嘛赴西藏延请高僧前来弘法。当时西藏地区正发生内乱,蒙古和硕特部固始汗扶植五世达赖,地方势力藏巴汗结纳红教与之交战,双方于崇德七年俱遣使盛京(辽宁沈阳市),表示向清廷归顺。这也直截地显示了这个新王朝的实力与威望。在这一年,红教一派失败,藏巴汗被处死。次年,皇太极派遣使臣随固始汗的来使入藏,致函固始汗和藏传佛教领袖,中谓:

> 朕思自古圣王致治,佛法未尝断绝。今欲于图白忒部落敦礼高僧,故遣使伊拉古克三胡士克图偕行,随处咨访,以弘佛教,以护国祚,尔其知之。[①]

这里已明确显示笼络喇嘛教来扶助建国的意图。至 1644 年,清世祖福临定都北京,建元顺治,继承太宗皇太极推尊藏传佛教的做法,继续采取积极地利用藏传佛教来怀柔蒙、藏上层贵族的政策。清礼亲王昭梿曾明确表示:

> 国家宠幸黄僧,并非崇奉其教以祈福祥也,只以蒙古诸部敬信黄教已久,故以神道设教,借仗其徒,使其诚心归附,以障藩篱。[②]

实际上当然不能说清朝廷没有诚心皈依佛教"以祈福祥"的人,但清代统治者更加有意识地利用藏传佛教来达成笼络蒙藏上层、安定边疆地区的政治目的是相当明显的。

顺治即位后,立即遣使迎请达赖五世;顺治三年,达赖五世遣使晋京祝贺顺治即帝位;九年,亲自来京朝见。在第二年回程途中,朝廷派遣礼部尚书觉罗郎求和理藩院侍郎席达礼赶至代噶(今内蒙古凉城)赐给金印,册封为"西天大善自在佛所领天下释教普

---

①《清太宗实录》卷六四。
②《啸亭杂录》卷一○《章嘉活佛》。

通瓦赤喇怛喇达赖喇嘛"。这是新王朝正式确认达赖喇嘛在西藏
的统治地位。次年,加封实际控制西藏的蒙古固始汗为"尊文行义
敏慧顾实汗",赐以金册、金印。后来到康熙五十二年(1713),清廷
又册封班禅五世罗桑益西为"班禅额尔德尼"。这样,清廷确认藏
传佛教两大活佛系统,标志着已经确立起对于西藏的有效统治。
此前的康熙二十一年(1682),五世达赖去世,西藏地方分裂势力密
不发丧,乘达赖喇嘛转世之机发动变乱,接着漠西蒙古准噶尔部亦
在西北发动叛乱。喇嘛教各派势力曾参与到复杂的纷争战乱之
中。至康熙五十九年(1720),朝廷终于成功地派兵护送六世达赖
格桑加措进藏,在布达拉宫升座坐床。为了稳定局势,清廷创例,
在拉萨驻军四千,并主持改革西藏政治体制,废除第巴执政旧规,
设立政务官噶伦四人,封赏有威望的贵族担任。康熙并亲自撰写
碑文,立石拉萨,再度明确中央政府对于西藏地方完整的主权。在
同一时期,朝廷又先后在蒙古族中确立起另外两个活佛转世系统,
即内蒙古的章嘉活佛系统和外蒙古的哲布尊丹巴活佛系统。这两
个活佛系统和西藏的达赖、班禅情形一样,转世同样需要经过朝廷
认可和册命。朝廷还册封蒙古藏传佛教一系列大喇嘛。这样又有
效地巩固了藏传佛教在蒙古族中的地位,也为发挥其宗教的和政
治的作用提供了保证。雍正六年(1728),清政府设立驻藏大臣,直
接派员管理西藏政务。乾隆五十八年(1793)制定《钦定藏内善后
章程》二十九条,进一步确定西藏政教合一制度。清朝廷始终注意
采取措施,结纳、团结上层喇嘛,招请他们晋京,专门在京城和承德
避暑山庄建立喇嘛庙,用来接待朝觐僧众。康熙皇帝曾说:"盖中、
外黄教,总司以此二人(指达赖和班禅),各部蒙古,一心归之。兴
黄教,即所以安众蒙古,所系非小,故不可不保护之。"[1]。又据说乾
隆皇帝曾认真地学习藏语,可见其结纳藏族人物的苦心。清廷借

----

[1]《清高宗实录》卷一四。

助达赖喇嘛的宗教力量来号令蒙、藏诸部,有效地维护了西北、西南地区的安定,对于加强和巩固蒙、藏民族与中央政府的联系,对于蒙、藏地区的发展,对于维护祖国西南、西北边疆的安定都起了重大作用。

自十九世纪初开始,英国和俄国帝国主义图谋分裂、侵略西藏的活动猖獗,英帝国主义更曾发动两次武装入侵,西藏僧、俗积极参与了抗击外来入侵的斗争,在斗争中僧众上下作出重大贡献。不过在清政府支持下,由格鲁派独占地方政权,形成庞大的宗教统治集团,维护落后的农奴制度,极大地阻碍了藏区社会、经济、文化的发展。到清末,外来势力侵逼日甚,西藏统治集团上层纷争不绝,英帝国主义得以扶植分裂势力,西藏地方政府出现离心倾向。直到辛亥革命推翻清王朝统治,中华民国历届政府在维护西藏主权方面均坚持一贯立场;至中华人民共和国成立,终于迎来了西藏地区以及藏传佛教发展的全新局面。

纵观有清一代蒙、藏地区的发展形势,清政府扶植藏传佛教的政策和做法客观上对于维护民族团结、国家统一,对于蒙、藏地区的发展是起了积极作用的,藏传佛教在这些方面也作出了贡献。这也是各族民众共同谱写的中国佛教历史的重要篇章。

如上所述,自宋代以来,中国佛教已经走向衰败。这种形势到清代更为严重,而有两方面的情况值得注意。

前面已经提到,清朝廷对于僧团的管理和限制十分严格,如严格度牒制度,不许私度僧尼,京城内外不许擅造寺庙等等。由于明、清以来统治者大力推行程朱理学,严格控制汉族知识阶层,大兴文字狱,这又从根底上限制了佛教的发展。既缺少了朝廷和知识阶层的更多支持,僧团的文化层次又大幅度降低,本来存在高文化水准的僧团是中国佛教的优秀传统,也是它得以健全发展的必要条件。乾隆年间废除度牒制度,僧团衰败的局势并没有改变。多数无知僧尼不过是通过募化、举办法事来谋取生活之资,民众一般则把佛教当作檀施供养、祈福消灾的手段。乾隆年间根据汉文《大藏经》编译、刊刻《满文大藏经》，乾隆在序言中明确表示，编译的目的，并非溺于祈福之说，而是鉴于已有汉、藏、蒙三种文字的《大藏经》，独缺满文的，似为不可①。这样的表述清楚地反映满族统治者对待佛教的实用主义立场。社会上下信仰心的普遍迷失，更与佛教衰败的整体趋势相互推动，成为佛教衰败日甚的重要原因。

　　另一方面则自明中叶以来，反抗朝廷的诸多民间秘密宗教此起彼伏。特别是明朝灭亡后，民间多有借宗教结社形式来从事抗清活动的。民间宗教的勃兴对于佛教造成十分复杂的影响。一些民间教派本来与佛教有渊源关系，甚至是以佛教教派面目出现的，清廷禁限、打击这些教派，也就连累到佛教；大批民众信仰民间宗教，又褫夺了佛教的阵地；而如太平天国那样以外来基督教面貌创建的民间教派更与佛教相敌对，在太平天国起事期间，所扫荡、占据的广大地区寺院被焚毁，僧尼被驱散，佛教受到极其沉重的打击。这种种因素，又造成清末佛教的进一步衰败。

　　至晚清，国家内忧外患交逼，随着民族危机日加深重，维新和革命运动兴起，佛教界内部分有识之士积极参与这一潮流，并为佛教的革故鼎新做出努力。一些主张革新的人士也有意利用佛教来从事活动。中国佛教从而面临新的机遇和使命，进入一个新的发展时期。

　　这样从总体看，佛教在中国的长期发展中已经成为中华民族各民族共同的宗教。中国佛教在确立诸民族的共同信仰、建设统一的民族文化、形成中华民族大家庭统一的精神面貌、从而对于统一国家的巩固和发展发挥了极其重要的作用。佛教在这方面对于中华民族的伟大贡献是不可估量、值得重视的。

①参阅童玮"满文大藏经"条，《中国大百科全书·宗教卷》第 261 页，大百科全书出版社，1988 年。

孙昌武文集

24

中国佛教文化史

第四册

中华书局

第 三 编

目　录

第一章　中国佛教的成熟与兴盛——宗派佛教

一

佛教自两汉之际传入中国,经过长期的适应与发展过程,逐步实现"中国化"。这个过程经历六百年左右的时间。牟宗三说过:

> 魏晋之后接着是南北朝隋唐,在这个长时期里,中国文化发展的着重点,或谓民族文化生命的主要流向,是在吸收佛教、消化佛教。这是个长时期的工作。要了解、消化另一个民族的文化系统,都要靠长时期的努力,短时间是不行的。[①]

六朝以来,佛教义学诸师说对大乘教理进行了范围广泛、深入的解释和创造性的发挥。在此基础上,隋唐宗派佛教才有可能确立起各宗派的宗义体系。中国第一个佛教宗派天台宗于隋代出现,标志着"中国化"过程基本完成,中国佛教已步入独立发展的全新阶段。中国佛教各宗派虽然还都确认某种或某几种翻译佛典为立宗

[①]《中国哲学十九讲》第 236 页,上海古籍出版社,1997 年。

典据,但实际上遵行的却是本宗派宗师的论疏或著作,建立起自宗的宗义体系;而各宗宗义基本已经超脱外来经典的羁绊,在中国本土传统思想、文化土壤上发挥教理,思想、信仰、语言等都具有鲜明的中国特色,体现成熟的民族文化性格。日本学者金谷治在总结中国思想发展时曾概括指出:

> 印度思辨的彼岸的佛教终于没有成为主流,至隋、唐时期形成的天台、华严、禅等中国佛教各宗派,全都轻彼岸而重现世、避繁琐而简易直截、轻思辨而重实践,成为中国式的佛教。①

近年日本和西方佛教界兴起一种"批判佛教"思潮,认为中国广泛弘传的心性"本觉"说不是佛教,禅宗的"明心见性"说更不是佛教,等等。这种观点拿中国佛教与印度佛教相比较,认为在许多基本观念上已经大有不同,因而不能算是真正的佛教。应当说这是一种颇为偏激的看法。不能否认中国宗派佛教还是佛教:一是因为它们是从印度佛教的总源头逐步发展来的;再是作为它们思想、信仰核心的基本教义并没有改变;三是教团组织、制度、戒律等仍基本保持印度佛教的固有形态。正如由原始佛教发展出不同部派,从部派佛教发展出大乘佛教,乃是佛教自身的历史发展过程一样;中国人接受外来佛教,经过理解、消化而与本土思想、文化传统融会贯通,发展出中国的宗派佛教,当然应看作是佛教的一种形态,即汉传佛教的完成形态。

　　隋王朝建立,在近四百年分裂割据之后,实现了中国的再度统一,开创了政治、经济、文化诸领域发展的全新局面。从历史总的过程看,隋代统一王朝的出现,不只是改朝换代的政权更迭,更是中华民族经过几百年分裂、动乱,在政治、经济、文化诸领域孕育、积累凝聚成的果实。佛教在这一发展中扮演着重要角色。一方

---

① 《中國思想を考える——未來を開く傳統》第 236 页,中央公论新社,2000 年。

面,如果说魏晋南北朝时期是思想史、文化史上儒、佛、道激烈交锋、密切交流、积极融合的时期,佛教作为"三教"之一在这一过程中占有重要地位,作出了巨大贡献;另一方面,在战乱频仍、社会动荡、民族矛盾和阶级斗争复杂交织的环境下,佛教作为各民族间、分裂割据的南北双方交流和交融的强有力纽带,对于实现政治、经济的统一起到积极的推动作用。佛教也正是在这一剧变时代里,逐步实现了自身的"中国化",从而进入在中国发展的全新阶段——宗派佛教时期。宗派佛教作为中国佛教特有的形态,从总体说,乃是中国人在自己的思想、文化土壤上接受、理解、消化外来佛教的成果。宗派佛教的形成与发展,不仅造就了中国佛教历史的全新局面,对于社会生活、思想文化方方面面造成的影响更是极其巨大、深远的。

韦政通论及中国佛教史上第一个宗派的宗师天台智𫖮说:

> 一个大思想家的思想,就像一棵生机充沛的树,不但枝叶丰茂,它的根须也必既深且广,智𫖮的思想即可作如是观。他思想的根须,不但延伸到整个的佛教传统,甚至也扩及到中国的学术大传统。①

日本的佛学专家铃木大拙则说:

> 尤其智𫖮的天台哲学、法藏的华严哲学是中国人最高智能的结晶。尽管他们的思维方式大抵是印度型的——这是当时时潮使然——但通观前后的中国思想史,我相信再没有比它们更博大精深的思维体系……他们是在中国人的心理和逻辑基础上,将印度型思维发挥到极点的最初和最后的两个人。②

上面两位的论断表明,智𫖮等宗派佛教大师的思想,一方面是中国

---

①《中国思想史》下册第 549 页,上海书店出版社,2003 年。
②《禅的思想史研究》,《中国印象——世界名人论中国文化》下册第 344 页。

和印度两大学术传统相交流、相结合的产物，另一方面更是中国传统智慧发展的高度结晶。不过关于铃木认为智顗等人的思维方式"大抵是印度型的"看法，需要做些保留。从历史发展实际看，宗派佛教的宗师（特别是下面将要论及的反映中国思想更浓厚的那些宗派）基本是一批体现中华文化传统性格和思维方式的卓越的思想家。当然，不同宗派在接受外来佛教并融合本土传统（这实际是同一现象的两个侧面）的具体状态有所不同：有的宗派更多保持外来教理体系和活动方式的原貌；另一些则更多地融入中土传统思想的内容，宗风也有更鲜明的特色。但是从总的倾向看，中、外两大传统的融合乃是宗派佛教所体现的主导潮流和基本特征，在思想文化史上成就突出、影响巨大的也是更多体现这一潮流的宗派。

中国佛教各宗派又是在中国具体的社会、思想环境下形成的。

就佛教内部而言，义学师说的发展和相互交流与辩难促进了各学派思想体系的完善与系统化。南北朝南北各派义学"师说"的内容不限于对于外来佛教教义、教理的探讨与辨析，更从历史渊源到现实意义，从思想理论到修持实践等诸多方面进行独创性的阐释和发挥。各派"师说"既体现了对外来经、论接受、理解的不同，更各自不同程度地融入了中土传统思想内容。特别是南北朝后期，南、北学术思想交流日趋密切。隋王朝建立，不仅在政治上统一了全国，也给思想、学术统一创造了条件。这种统一的形势更给佛教发展提供了新的动力。中村元等主编的《中国佛教发展史》举出隋代洛阳佛教吸收南方学僧的情况，曾说：

> 无论从东都内道场的名称，或其中的高僧来看，东都内慧日道场，均可视为江都慧日道场，经京师日严寺，重现于东都的道场。日严寺中僧侣，来自江都慧日道场即为总数三分之一；而直接自日严寺入东都内道场的僧侣，亦大抵如此；且与此三道场均有关连的高僧多达六人。同时，江都——京

师——东都，此推移又含有晋王——皇太子——皇帝，地域及
政治上的意义。无异乎居住道场的高僧，已非全出身于江南
而遍及全国各地。[①]

当时如吉藏、智炬、法灯、慧頵、智顗等一批佛门精英，都从南方北
上长安。正是在这种南北交流极其兴盛的环境中，发达的义学师
说才能够在融合外来佛教与中国思想传统方面取得突出进展，并
在此基础上推动能够突显中国传统文化内容和特色的宗派佛教逐
步形成起来。

宗派佛教这一特殊形态又与中土以血缘关系为基础的宗法观
念与制度有直接关系。佛陀创立佛教，广施教化，当时并没有尊祖
立宗的观念。《出三藏记集》里录有《萨婆多部师资记目录》和《长
安城内齐公寺萨婆多部佛大跋陀罗师宗相承略传》，是部派佛教有
部律传承的记录，僧祐说其记载方法是"前圣后贤，重明叠耀。或
德升住地，或道证四果，或显相标瑞，或晦迹同凡，皆秉持律仪，阐
扬法化。旧记所载，五十三人。自兹以后，睿哲继出，并嗣徽于在
昔，垂轨于当今"[②]。这里还看不出祖孙相承的观念。中土流传的
《付法藏因缘传》，明确记载佛陀逝世后嫡传弟子大迦叶、阿难至师
子二十四人传法世系，这是在本土佛教文献里首次出现系统地传
宗继祖观念。历史上该传凡有三译，即南朝宋宝云、北魏和平三年
（462）释昙曜、北魏延兴二年（472）吉迦夜等的三个译本。其中所
体现的许多观念显然不合佛说本意，因此近人多疑为中土撰述。
中土创立的各宗派又都拟出基本是一代一人的传法统绪。这实际
是中国宗法观念的体现。宗派祖统的建立有助于保持宗义的稳
定、发展和传播。各宗派都确认自宗是佛陀最终了义说法的正统
传承，从而确立自宗在佛教中的主导地位。

---

①中村元等《中国佛教发展史》上册第 200 页，余万居译，天华出版公司，1982 年。
②《出三藏记集》卷一二，第 466 页。

　　宗派的建立有中土佛教经济和寺院体制的发展为基础。在中国具体环境下,僧众不可能采取游行四方、头陀乞食的办法来维持生计,从输入早期就确立起群居寺院的生活和修道方式。特别是到南北朝后期,作为佛教发展基地的那些通都大邑或名山胜地的大型寺院,形成具有相当规模的经济实体。梁郭祖深上疏梁武帝辟佛,其中说到"都下佛寺五百余所,穷极宏丽。僧尼十余万,资产丰沃。所在郡县,不可胜言。道人又有白徒,尼则皆畜养女,皆不贯人籍,天下户口几亡其半。而僧尼多非法,养女皆服罗纨,其蠹俗伤法,抑由于此"[①]。北朝佛寺同样侵夺细民,广占良田。北魏更划定僧祇户和佛图户(寺户)即确定寺院占有民户的制度。有关情形本书前面已有介绍。到唐代实行均田制,又明文规定僧、道授田办法。大型寺院僧众人数众多,即使按均田规定也可以分配大量土地。寺院更通过捐赠、赏赐、买卖、垦殖等施行兼并,广占良田。在南北朝时期,某些学派即以经济上有实力的寺院为依托,一些大寺则成为某些义学大师相对固定的弘法场所。寺院经济发展带来财产继承问题。寺院主持者实际是大大小小的僧侣地主,寺院的土地、资财在师弟子间传继。因而随着寺院经济扩展,佛门也就有必要采用世俗的宗法继承制度。自从中国佛教史上第一个宗派天台宗在天台山建立起第一个弘法基地,陆续形成的各宗派(或某宗派的具体派系)都以一个或几个大型寺院为活动据点。某一宗派确立具体寺院为自宗的道场,具有一定规模的寺院经济乃是宗派佛教生存和发展的物质保障。

　　中国佛教宗派的确立首先依据一定的判教体系。如上所述,所谓判教是中国佛教对于传为佛陀一代全部教法所作出的判释,乃是中国人对于佛教长期发展所形成的教义、教理所作出的系统理解、整理和阐发。如前所述,判释经教在中国已有长期的发展历

---

①《南史》卷七〇《郭祖深传》,第 1721—1722 页。

史。陈寅恪说到天台宗的判教谓：

> 天台五时判教之义，本非创自天台诸祖，不过袭用旧说，
> 而稍变易之耳。①

南北朝时期有所谓"南三北七"各种判教方法，已经相当复杂。后来各宗派的判教体系即是在前人基础上进行调整和补充形成起来的。各宗派根据自宗的判教得出结论，确认某部（或某几部）经典是佛陀了义说法，从而确定本宗派所宗的经或论，并在此基础上组织、阐发自宗的思想即宗义体系。虽然中国佛教各宗派的宗义与印度佛教思想渊源关系的具体状况各有不同，但在中国佛教史和思想史上贡献突出、影响巨大的宗派都是牢固地扎根在中土思想、文化的土壤之上，对外来思想进行充分地消化理解、发挥改造的成果。

各宗派又都依据自宗宗义，确定各自的修持实践方式，从而形成独自的宗风。宗风的不同也决定了各自的弘传方式、范围、效果等等的不同。大体说来，更多保持外来面貌的宗派不易流行，具有更多理论内涵的宗派则易于被知识阶层所接受，而注重简易修行法门的宗派更易于普及到广大民众间。

构成宗派要确立自宗传法统绪，构成祖孙相承的宗门传承系统。本来中国佛教的宗派观念是在隋唐以后宗派创立之后才出现的，但各宗派都要尽可能向前追溯更久远的祖统，甚至上溯到印度的祖师乃至佛陀本人。实际上多数宗派所立祖统的前几辈都是捏造的，后世纪录的传法统绪有些也并不反映师弟子相承的真实关系。确立祖统基本是出于保证自宗正统地位的实际需要，往往又和世俗权益特别是经济利益有关联。

宗派佛教造就了佛教在中国发展的鼎盛局面。这不是指僧侣的众多，僧团实力的强大，社会上下信仰心的热诚和强烈等等。在

---

① 《大乘义章书后》，《金明馆丛稿二编》第 164 页。

这些方面隋唐时期显然比不上南北朝时期。更主要的是宗派佛教体现中国佛教高度成熟的程度,创造了中国佛学思想的高峰。在思想史上,隋唐时期往往被简明地概括为"佛学时期"。在从公元六世纪末(陈隋之际)到十二世纪初(两宋之交)这五百余年间,在思想、学术领域贡献卓著的佛教人物不计其数,基本都是宗派佛教的宗师。如智𫖮、玄奘、法藏、慧能、神会等人乃是领导一代思想潮流的卓越思想家,对思想、文化的发展作出了巨大贡献,造成了决定性的影响。当然,宗派佛教的发展又必然导致宗义的凝固化与形式化,结果各宗派最终先后走向没落或发生衍变了。可是宗派佛学的思想成果却融入到中土传统思想、学术之中。宋代儒学转变、作为"新儒学"的理学形成,正积极汲取了宗派佛学,主要是华严与禅的宗义;至于禅宗和净土宗对于士大夫阶层和一般民众思想与生活造成的影响更十分广泛和深远。

以下简要介绍中国宗派佛教的一般发展状况。不是按形成历史的先后顺序,而是按性质、内容划分为三种类型,以期更清晰地说明各自作为思想、文化现象的价值、意义及其独特的发展过程。至于在历史上几个地位重要的宗派和几位贡献巨大的宗师,容另作介绍。

<h1 style="text-align:center">二</h1>

可以把三论宗、慈恩宗(法相宗,唯识宗)和密宗(金刚乘)归纳为中国佛教宗派的第一类。这是三个更多保持外来佛教本来面貌的宗派,他们恰和印度大乘佛教发展的三个阶段相对应。前两个宗派三论宗和慈恩宗分别阐释和发挥大乘佛教中观学派和瑜伽行学派教理,所宗主要是这两个学派的论书,具有鲜明的"重论不重

经"和重义理不重修持的倾向；后一个宗派密宗则基本是抄袭印度大乘佛教烂熟时期的金刚密教，所宗主要是印度大乘佛教新结集的一批密教经典。金刚密教体现大乘佛教烂熟、向印度教（新婆罗门教）复归的潮流。外来的教派既然在中国弘传，当然要适应本土意识和需要有所改变。不过这三个宗派的改变幅度都有限。这成为他们最终不能得到广泛传播的主要原因。

三论宗创始者是吉藏。自罗什东来，译介"三论"（龙树造、青目注《中论》，龙树造颂并释《百论》，龙树造颂并释《十二门论》），门下僧肇、道生、道融、僧叡等都盛弘"三论"之学。但北方佛教更重修持而不重义学；加上后来姚秦灭亡，赫连勃勃坑杀僧侣，北魏一度反佛，义学在北方受到打击。而南朝自僧朗大弘"三论"，传僧佺，再传法朗，"三论"学理遂形成规模。到吉藏，作为宗派的三论宗终于成立。吉藏（549—623），本姓安，其先为安息国人，出生于金陵，家世奉佛。七岁从法朗出家，受《百论》；十九岁聚众讲学，教理精深，大受赞誉。隋王朝平定江南，他移居会稽（今浙江绍兴）秦望山嘉祥寺，开讲《法华》并著章疏，从学者千余人，被称为"嘉祥大师"，受到晋王杨广延请，进入扬州慧日道场。开皇十九年（599），随杨广北上长安，住日严寺，完成"三论"注疏。唐室初建，他被朝廷任命为管理佛教事务的十大德之一，后来又受到齐王李元吉礼重，住延兴寺。他弘法五十余年，倍受陈、隋、唐三朝尊崇，门下弟子众多，著名者有慧远（蓝田悟真寺）、智拔、智凯、智命等。他著述甚丰，主要有《中观论疏》十卷、《百论疏》三卷、《十二门论疏》三卷、《三论玄义》一卷、《净名玄论》八卷以及几种注释《法华》的著作。经过他的努力，三论之学在中土的发展遂臻于极盛。但是"三论宗"名称并不是出于中土著述，而是在三论之学传入日本后，日僧凝然（1240—1321）在《八宗纲要》里首先提出的[①]，也是他撰制了本

[①] 凝然作为"八宗"的，除三论之外是俱舍、成实、律、法相、天台、华严、真言。

宗传承统绪：中土罗什以下为竺道生、昙济、道朗、僧诠、法朗至吉藏凡七传；在印度则追溯到龙树，以下是提婆、罗睺罗、青目、须利耶苏摩、鸠摩罗什。

　　三论宗判教主张佛陀一代教法以"无得"（破一切有所得）、"正观"（二谛空观）为宗，以二藏三论说法。二藏是"从人立名"，即声闻藏和菩萨藏；又"从法为称"①，即大乘和小乘。这是所谓"横判"。又"如《法华经》总序，十方诸佛及释迦一化凡有三轮：一根本法轮，谓一乘教也；二枝末法轮之教，众生不堪闻一故，于一佛乘分别说三，三从一起，故称枝末也；三摄末归本，会彼三乘，同归一极。此之三门，无教不收，无理不摄，如空之含万像，若海之纳百川"②。据此，确认阐扬根本法轮的为《华严经》，是法会上讲给菩萨们听的；枝末法轮为《般若经》，是对小乘人说的；摄末归本法轮指《法华经》和《涅槃经》，是普对大众说的。这是所谓"竖判"。如此判教，正坚持了他的无得正观的根本立场。由于吉藏的"枝末法轮"中已包含大乘和小乘，因此又可分为"四时"和"四种显密"，说法是和"三种法轮"相一致的。

　　吉藏说：

　　　　佛虽说一切名教，意在无所得一相一味，谓离相、解脱相。③

而"无所得"也必须加以排遣：

　　　　若定用无得为是，还成有得，不名"无所得"。一无所依，乃名"无得"。④

吕澂概括说：

――――――――――

① 《净名玄论》卷七，《大正藏》第 38 卷第 900 页下。
② 《中观论疏》卷一《因缘品》，《大正藏》第 42 卷第 8 页中。
③ 同上《因缘品》，《大正藏》第 42 卷第 32 页上。
④ 《涅槃经游意》，《大正藏》第 38 卷第 232 页下。

三论宗的方法论是着眼于"无所得"的,不但对"立"说如此,对"破"来说也是如此。他们既不执于"立",也不执于"破",都是以否定的方式来表达他们的观点的。①

这也正是"三论"所发挥中观学派诸法性空的"中道实相"教理的基本精神。关于"三论",吉藏又曾说:

论虽有三,义唯二辙:一曰显正,二曰破邪。破邪则下拯沉沦,显正则上弘大法。故振领提纲,理唯斯二也。但邪谬纷纶,难可备序,三论所斥,略辨四宗。一摧外道,二折《毗昙》,三排《成实》,四呵大执。

他概括分析这里所说"四宗"的错误说:

外道不达二空,横存人法;《毗昙》已得无我,而执法有性;跋摩(指诃梨跋摩的《成实论》)具辨二空,而照犹未尽;大乘乃言究竟,但封执成迷。自浅至深,四宗阶级。②

这都清楚表明,吉藏相当准确地把握了各种对于"空"在认识上的偏失,他"破邪"所斥包括了外道和大、小乘各部派、学派对于"二谛中道"的一切错误认识。而对"外道"的批判,他特别针对中国的道家和玄学:

罗什昔闻三玄与九部同极,伯阳与牟尼抗行,乃嘳然叹曰:"《老》、《庄》入玄故,应易惑耳目。凡夫之智,孟浪之言,言之似极,而未始诣也;推之似尽,而未谁至也。"略陈六义,明其优劣:外但辨乎一形,内则朗鉴三世;外则五情未达,内则说六通穷微;外未即万有而为太虚,内说不坏假名而演实相;外未能即无为而游万有,内说不动真际建立诸法;外存得失之门,

---

①《中国佛学源流略讲》,《吕澂佛学论著选集》第 5 卷第 2706 页。
②《三论玄义》,《大正藏》第 45 卷第 1 页上。

内冥二际于绝句之理；外未境、智两泯，内则缘、观俱寂。以此
详之，短羽之于鹏翼，坎井之于天池，未足喻其悬矣。秦人疑
其极，吾复何言哉！问：伯阳之道，道曰太虚；牟尼之道，道称
无相。理源既一，则万流并同，什、肇抑扬，乃诣于佛（此王弼
旧疏以无为为道体）。答：伯阳之道，道指虚无；牟尼之道，道
超四句。浅深既悬，体何由一？盖是子佞于道，非余诣佛。
问：牟尼之道，道为真谛，而体绝百非；伯阳之道，道曰杳冥，理
超四句。弥验体一，奚有浅深（此梁武帝新义，用佛经以真空
为道体）？答：九流统摄，《七略》该含，唯辨有无，未明绝四。
若言老教，亦辨双非，盖以砂糅金，同盗牛之论（周弘政、张机
并斥老，有双非之义也）。①

这是继续发挥僧肇《不真空论》等著作的思想，针对的是道家和玄
学，实际也是对于玄学化的般若空观的总清算。

以上是"破邪"方面。"显正"则与上述"四宗阶级"相一致，立
"四重二谛义"，进一步发挥"中论"的二谛观念。他主张"二谛是佛
法根本"②。基于他的"无所得"的否定立场，他针对二谛的错误理
解分四重加以排遣：

　　他家二谛，住有、无故，名不了。今明说有，欲显不有，说
无，欲显不无，有、无显不有不无故，名了义。他但以有为世
谛，空为真谛，今明若有若空，皆是世谛，非空非有，始名真谛。
三者空、有为二，非空有为不二，二与不二，皆是世谛，非二非
不二，名为真谛。四者此三种二谛皆是教门，说此三门，为令
悟不三，无所依得，始名为理。③

如此就以否定逻辑排遣了对于空、有双方的肯定，确认二谛只是随

①《三论玄义》，《大正藏》第45卷第2页上。
②同上第11页上。
③《大乘玄论》卷一，《大正藏》第45卷第15页下。

顺众生的虚设，从而彰显非有非空、无所得、无所依的中道实相观念。根据这种二谛中道空观，本来诸法寂灭，无众生可度，无佛道可得，说迷说悟，都只是世谛方便。而如能把握无住法不生不灭、湛然寂灭的实相，则烦恼顿除，妄想顿歇，本具的法身佛性自然显现，也就成就佛道了。

三论宗基于性空的立场发挥中观学派的二谛实相教理，以"四重二谛义"突出其方便本义，观念上富于辩证内容；其迷悟成佛义属于佛性说的"性起"一派，发展了顿悟观念；其论证逻辑细密、严整、清晰。这些都对于中国佛学的整体发展有所贡献。它这些有价值的内容多被其他宗派所汲取。不过从总体看，它基本是抄袭印度中观学派的理论，特别是中国佛教关于辨析玄学有无、佛说空有关系的课题到僧肇已经基本得到解决，因而总的说来吉藏的发挥新义无多，而其树立宗义的方法又过于繁琐，不合中土思维贵简要、重简洁的性格。因此"三论"之学虽然在初唐兴盛一时，很快就衰败不振了，以至到中唐已渐成绝学。不过此宗后来却东传日本，持续发展相当长一段时期。

慈恩宗又称"法相宗"、"唯识宗"，作为宗派是玄奘及其弟子窥基创立的。印度佛教无著、世亲所创立的瑜伽行学派本是对于龙树中观学派教理的反动。相对于中观学派的"实相空"，瑜伽行学派提出阿赖耶识缘起，认为有"识"体存在，其流转变化成就一切法。这就是所谓"唯识无境"，"识有境空"宗义。这是正与般若空观、缘起性空观念相对立的思想。宋元嘉（424—453）末，求那跋陀罗译出《相续解脱地波罗蜜了义经》一卷，是瑜伽行学派主要经典《解深密经》的后两卷。当时中土正处在南、北分裂局面下，这一派佛学由海路传入南方，发展出中土摄论学派；由陆路传入，在北魏发展出地论学派，均曾弘传一时。有一部无著造、世亲释的《摄大乘论》，北魏佛陀扇多曾译出论本，但流传不广。后来真谛受邀来华，在陈代译出《摄大乘论本》三卷、《论释》十五卷，此论始广行中

土,遂造成南、北摄论师说的繁盛局面。又世亲造《十地经论》是瑜
伽行学派的另一重要典籍,北魏永平元年至四年(508—511)中天
竺勒那摩提、北天竺菩提流支共译为十二卷。但在二人传习当时
已产生异见,地论师说遂分化为南、北二道。这样,摄论与地论师
说均发挥瑜伽行学派教理,在南北朝后期直到唐初兴盛一时。其
各派师说矛盾不一,也是促成后来玄奘西行求法的直接原因之一。
玄奘到印度的当时,瑜伽行一系思想正是那里的显学。他在一代
名师戒贤门下研习唯识、中观及小乘各部毗昙、因明、声明等,对于
世亲一系的瑜伽行学说尤其精研深造。回国之后从事翻译,瑜伽
行一系的论书被作为重点之一。系统阐释瑜伽行学派思想的所谓
"一本十支"("一本"指题为弥勒菩萨造《瑜伽师地论》百卷,"十支"
指无著造《显扬圣教论》二十卷,《摄大乘论本》三卷,《大乘庄严经
论》十三卷,世亲造《百法明门论》一卷,《五蕴论》一卷,《辨中边论》
三卷,《唯识二十论》一卷,《唯识三十论颂》一卷,安慧造《阿毗达摩
杂集论》十六卷,另有弥勒《分别瑜伽论》未译),他基本都翻译或重
译过;他又糅译印度唯识学护法、亲胜、火辨等十大论师注释《唯识
三十颂》论书,成《成唯识论》十卷。这部书成为中土唯识宗的基本
典据。不过玄奘回国后倾注精力于传译,并没有留下有规模、有体
系的论著传世。法相学统是有赖他的高足窥基确立起来的。窥基
(632—682)俗姓尉迟,出身于以武功受封的贵族家庭。玄奘旅印
归来,搜罗译经弘法人才,窥基于贞观二十二年(648)受度为弟子。
他随侍受业,勤奋好学,参与玄奘译事。玄奘去世后,他重返大慈
恩寺,专事著述。玄奘的许多译籍是他笔受的;糅译《成唯识论》也
是出于他的创意。玄奘致力于翻译,而窥基有"百部疏主"之称,著
作重要者有《成唯识论述记》二十卷、《成唯识论掌中枢要》四卷、
《唯识二十论述记》二卷、《瑜伽师地论略纂》十六卷、《大乘法苑义
林章》七卷、《因明入正理论疏》三卷等,又曾注释《法华经》、《维摩
经》、《观无量寿经》、《心经》等重要大乘经典。因而法相立宗,窥基

功劳为大。玄奘弟子著名者有神昉、嘉尚、普光等,窥基弟子有慧沼、智周等,均有论疏。不过至智周弟子如理,本宗即告衰败不振。

此宗根据《解深密经》等经、《瑜伽师地论》等论,以有、空、中道判释佛陀一代经教为三时:第一时佛在鹿野苑,破异生实我之执,开示四谛、五蕴、十二缘生之理,说《阿含》等经,这相当于小乘佛教;第二时在灵鹫山等处,破诸法实执之理,说《般若》等经,开示诸法皆空,这相当于早期大乘佛教;第三时于解深密等会,破执着有、空,说诸法唯识,心外无法,内识非无,识有境空,这是最终了义说法的所谓"中道教"。如此三时判教,从印度佛教发展的实际情形看,是最为接近历史真实脉络的。另有所谓"八宗"的评判,根据《说无垢称经疏》卷一,分为我法俱有宗,有法无我宗,法无去来宗,现通假实宗,俗妄真实宗,诸法但名宗,胜义皆空宗,应理圆实宗等八宗①。这是所谓"以理据宗",即根据不同学派的教义来加以判别。其前后顺序,前四是小乘部派佛教,五、六兼通大、小,七、八是大乘。其中七指中观学派,八指自宗即瑜伽行学派,是为应理的圆满真实的教理。这同样符合印度佛教思想发展的基本顺序。

法相宗义不同于中观学派主张实相空缘起,而肯定有一个阿赖耶识为缘起的总根据,提出八识三自性教理。八识的前六识,眼、耳、鼻、舌、身、意,即一般佛教教理通称的"六识"、"内六处",是常识中的感觉器官与功能。唯识教理又另立第七末那识和第八阿赖耶识。关键是阿赖耶识,又名"一切种识"、"异熟识",有摄藏种子、执持色根、变现诸法的功能,是轮回果报的精神主体和宇宙万法的总根源。而末那识的自相和行相则是恒审思量,一方面以阿赖耶识为依,另一方面执着有我,是前六识和第八识的桥梁。《唯识三十论颂》开头说:

> 由假说我法,有种种相转,彼依识所变,此能变唯三。谓

---

① 《大正藏》第 38 卷第 999 页上—中。

异熟、思量,及了别境识。①

这是说八识分为三类即三能变:第一异熟能变,即阿赖耶识,又称藏识;第二思量能变,即末那识;第三了境能变,即前六识。所谓"能变"意谓能够变现我、法。其中作为万法总根据的阿赖耶识含藏无量种子(潜能)。种子有两类:清净种子和染污种子。清净种子乃是一切出世法之因,染污种子则是一切世间法之因,藏识则是种子相互熏习、转依的根本依据,所以它又称为"染净依"。种子由染而净的转变在藏识中实现,归之于"心";而由迷而悟则归之于"理"。这就是修道过程。这样"心"即是法,"理"则是法性,二者不一不异。清净种子聚集到最后,就会转识成智;相反,种子受到污染,就会堕入邪见,执著我、法,轮回生死。吕澂用现代语言概括解说唯识宗义,谓:

> 一切客观现象都与人的经验联系着,不能脱离人的意识而独立存在。对于意识,他们(唯识家)描述得相当丰富,其中包括了很细微而又经常不自觉地在活动着的保存一切经验的基本意识,这就是"藏识"(阿赖耶识)。同时还有一种处在不自觉状态中的自我意识,即"染污意"(末那识)。另外,又有反映由藏识中的经验重新显现出各种各样的现象的表面活动的一些意识,即前六识。这种活动又构成新的经验并继续保存于藏识,以后再显现而发生新的认识,这样就构成了因果关系——积累的经验就是"种子",经验所显现的现象就是"现行",这二者互为因果,联翩不断,这就是瑜伽行派唯心论的构图。②

这样,主张我、法唯识所变,因而被称为唯识宗。就教理看,法相宗

---

① 《唯识三十论颂》,《大正藏》第31卷第60页上。
② 《中国佛学源流略讲》,《吕澂佛学论著选集》第5卷第2724页。

宗义确实有优胜的地方。窥基说：

> 由此内识体性非无，心外我、法体性非有，便遮外计离心
> 之境实有增执，及遮邪见恶取空者拨识亦无损减空执。即离
> 空、有，说唯识教……可谓无上处中道理。①

这种内识非无、外境非有的宗义，实际上更能体现佛家的中道精神。

从对待外境的角度，此宗又有三自性之说。因为万法都是阿赖耶识的变现，没有不从缘生而独立自在的实体，而名言表诠之境又并非无所有，因此万法就体现为虚妄分别和性空两个方面：按分别的自性说，万法依因缘而生，是为依他起性；依虚妄之境说，因为周遍计度执着我、法为实有，是为遍计所执性；而排除一切虚妄分别，体认唯识无境，即是圆满成就的中道实相，是为圆成实性。

法相宗继承了部派佛教《阿毗昙》对于宇宙万法的分类为五位百法：心法八种，即八识；心所有法五十一种，即与八识相应而生起的心理现象和精神现象（如作意、触、受、想、思等）；色法十一种，即依心、心所分别而起的外境（眼、耳、鼻、舌、身五个感官与色、声、香、味、触五种所对境，加上法处所摄色）；心不相应行法二十四种，即借助前三者而施设假有的运动、关系、语言等现象或范畴（如得、命根、无想定、无想报、名身、句身、方、时、数等）；这前四类统归为有为法；又无为法六种，借助前四类断染成净所显示，即虚空、择灭、非择灭、不动灭、想受灭、真如。如此区分，意味着一切法均非实体，而是假立的外境。心法又称为"心王"，最为殊胜，其他诸法均由它所变现。如此认识宇宙万有，是唯识思想的另一种表现方式。在此基础上，更建立起五重唯识观：第一重为遣虚存实识，谓观遍计所执自性为虚妄，故需遣除，观依他起自性及圆成实自性为诸法实相，故应存留，这是正确认识空、有关系；第二重为舍滥留纯

---

① 《成唯识论述记》卷一，《大正藏》第43卷第243页下。

识,谓内识中有心("见分"和"自证分")有境("相分"),与外境相涉为"滥",故应舍,须体认"一切唯识",故应留,这是正确认识内心与外境关系;第三重舍末归本识,谓相分为内识所取之境,见分为内识能取之用,此二者为末,故应舍,识体的自证分为本,故应归,这是正确认识心识的体、用关系;第四重隐劣显胜识,谓心所较心王为劣,故应隐,心王较心所为胜,故应显,这是正确认识心识和心功能的关系;第五重遣相证性识,谓遣除依它起的事相,证得圆成实自性,这是最终正确认识事、理关系,也是转识成智的究竟。五重唯识观由窥基在《大乘法苑义林章》中所勘定,形成本宗系统的观法。

依据阿赖耶识种子教理,不仅出世者分为三乘即声闻、缘觉、菩萨乘,还有不定入哪一种姓的"不定种姓"和根本不得入三乘的"无种姓",这就是"五种姓说"之说。根据这种说法,并不是人人可以成佛。这则是从涅槃佛性说的倒退了,是印度社会落后的种姓制度的曲折体现,也不合中土传统普遍"性善"的人性说。

法相宗系统传译了印度佛教因明论书。印度论师对于佛教逻辑因明的发展贡献巨大,玄奘本人在这一领域也造诣极高。他译出商羯罗主《因明入正理论》一卷、陈那《因明正理门论》一卷,并口授讲义,门下诸师竞造疏论。因明乃是希腊亚里士多德的形式逻辑和中国墨家墨辩之外世界上另一种重要的逻辑体系,具有重大价值。但它基本是依附于瑜伽行教理发展的,作为论证唯识思想的工具输入中土,因此在中国不能广泛流传。不过影响还是存在的。特别是十九世纪末"唯识复兴",因明更曾被当作研究重点之一。

在佛教诸宗派里,法相宗应当说是保持外来面貌最为忠实的宗派。其内容背离了佛教"中国化"的大趋势,其极端繁琐的分析方式也不适合中土思维习惯,其保守的种姓观念更落后于佛教发展的总形势,在中土不能流传是有必然性的。不过法相宗作为中观教理的反动,纠正般若空观荡相遣执太过的偏颇,并为因缘业报提供了更充分的教理依据。如果排遣其繁琐论证,构成其教理体系的根本概念——阿赖耶识和种子,作为轮回主体则正与中土灵魂观念相通①,而且采取的是更为精致、更具思辨特色的形式;再具体到修持方法方面,它又注重人的内心世界的修习与转变,这与禅有密切关联;它对于心理和精神现象的分析极其细密、精确,特别是关于心识与外境关系的理论具有辩证、合理成分,则是对于心理学的贡献;又如上所述,因明作为逻辑思想体系亦有价值,并发挥一定影响。如此等等,虽然作为佛教宗派的法相宗二传而绝,但对于中国佛教的发展,特别是对于律宗、华严宗、禅宗以及后来宋儒理学的形成都提供了理论资源,产生相当大的影响。

　　中国佛教密宗与上面两个宗派注重理论分析不同,更重视信仰实践。不过在主要是承袭印度佛教原貌一点上密宗则是和前二者一致的。从历史顺序看,印度佛教的这一派又正是前两派发展的延续。

　　佛教在印度发展一直与本土的和外来的宗教、外来思想相交流并相互影响。这种影响实际也是推动其发展的重要因素。早期大乘佛教已积极地融入婆罗门教和印度民间信仰的教义、神祇、仪轨、经咒等重视信仰实践一派内容,并在三国时期开始传入汉地,后来被称为"古密教"。东晋十六国已经有些僧侣兼习密咒,著名的如佛图澄等人。这一派重要典籍如《孔雀王神咒经》也相继传翻过来。至七世纪,印度迎来金刚密教大发展时期。从大乘佛教内部发展逻辑说,这是对于瑜伽行学派过度注重学理思辨的反动,是信仰实践回潮的表现,也是佛教烂熟期走向衰落的结果。其时正

————————————

①瑜伽行学派阿赖耶识作为"本识"观念在某些早期部派教理中已经出现,如经量部的"细心"、犊子部的"补特伽罗"等,用以说明轮回、记忆和精神生活延续等现象。参阅廖明活《中国佛教思想述要》第114—120页,台北商务印书馆,2006年。

当唐室初建,唐王朝攀附道教教主老子为宗主,道教的地位空前提高。道教的经咒、方术、仪轨及其神秘观念本来和印度密教有类似之处,二者在发展中早已相互借鉴。到唐代,这一倾向得到新的推动力。入唐后不少著名译师,包括玄奘、义净、菩提流志等一代佛门领袖都相继传译密典。唐太宗贞观年间智通译出《千眼千臂观世音菩萨陀罗尼神咒经》;唐高宗永徽、显庆年间天竺伽梵达摩来华,译出《千手千眼观世音菩萨广大圆满无碍大悲心陀罗尼经》一卷,这部经后来有多种异译,乃是在中国广为流行的千手千眼观音信仰的典据,是直到今天仍为僧俗信徒作为日课诵读的《大悲咒》所从出。大体同时有阿地瞿多撮要抄译《陀罗尼集经》十二卷,乃是集旧密咒大成的经典。到唐玄宗时期,密教三大师善无畏、金刚智、不空相继来华。其时朝廷正大力推崇道教。如前所述这个充满神秘灵异色彩的新教派正和道教有相似特征。在朝廷的支持、推动下,中土密宗从而形成。接着就是"安史之乱",天崩地解,朝廷奔窜,这个具有护国宗旨的神秘教派更得到朝野崇重,遂兴盛一时。

中土密宗正式创始于唐玄宗开元年间。创始人是善无畏及其弟子一行。善无畏(637—735),中印度摩揭陀国人,开元四年(716)来到长安,被礼为国师;一行(683?—727),俗姓张,魏州昌乐(今河南南乐)人,博览经史,遍访名师,又是著名的天文学家。他在天文学领域的成就前面介绍中国僧侣外学一章已有说明。开元五年,善无畏在一行帮助下译出印度金刚密教基本教典《大毗卢遮那成佛神变加持经》即《大日经》,是为汉地金刚密教传授之始。他所传授以胎藏界密法为主。所谓"胎藏界",即认为宇宙万法、佛与众生均为地、水、火、风、空、识六大所造,前五大为色法,属胎藏界,胎藏意为摄持、含藏,有理、因、本觉三义;意谓宇宙万法皆为大日如来的显现,它们隐藏在烦恼之中,喻如"胎藏"。在善无畏来华三年后的开元七年,南印密教高僧金刚智偕弟子不空来到广州,次年到达洛阳,旋入长安。金刚智(669—741),南天竺摩赖耶国人;不空(705—774),师子国(今斯里兰卡)人。师弟子二人弘传金刚界密法。前者译出《七俱胝佛母准提大明陀罗尼经》;后者传译广泛,包括显、密经典多种,属于密教的有《金刚顶一切如来真实摄大乘现证大教王经》等。所谓"金刚界",以六大中的"识"为心法,属金刚界,金刚意为坚固、利用,有智、果、始觉、自证四义,意谓大日如来的智德如金刚一样无有法可摧坏,反而可以摧毁一切烦恼。密宗宗义主张金、胎二界总赅万有,皆具众生心中,因此色、心不二,金、胎为一,从而建立起法空无相的教理。

密教的判教比较简单,认为释迦所说一切大、小乘教义皆是显教,而大日如来所传真言秘密教义才是最高教法。其法系上推到理、智不二的法身佛大日如来(毗卢遮那),以下是金刚萨埵、龙树、龙智,金刚智、善无畏。这显然是出于臆造的统绪。

密宗特别重视经咒和仪轨,强烈突出信仰实践层面。其修持方法主要是所谓"三密加持",即手结印契(身密),口诵真言(口密),心观佛尊(意密)。据说修炼三密瑜伽可使身、口、意三业清净,现证悉地,即身成佛。密宗的仪轨、行法十分复杂,包括设坛、诵咒、设供、灌顶、护摩等各种仪式。设坛在印度是修密法时防止魔众入侵所筑土坛,称为曼荼罗,意谓圆满具足,在坛上画佛、菩萨像,事毕像废。但是在中土(还有藏传佛教),则把图像画在纸帛上,成为永久的供物。曼荼罗分为四类:一种是描绘佛、菩萨形象的大曼荼罗;一种是描绘佛、菩萨器杖(刀、剑、莲花等)和印契(手印)的三昧耶曼荼罗,一种是描绘诸佛、菩萨种子(以梵字来象征)的法曼荼罗,一种是描绘佛、菩萨威仪、事业的羯磨曼荼罗。其中以大日如来为中心,四周聚集诸尊的大曼荼罗最为壮观、华美。曼荼罗表现的实际是密教所认识的神秘的宇宙,包含意味甚为深广。灌顶是僧人嗣阿阇黎位时举行的仪式,象征以四大海水灌头顶。护摩是将供物投到火里,表示以智慧之火焚烦恼之薪,求得消灾、增益、调伏等效果。而大量使用经咒，突显其无所不能的功效，汉语经咒又多使用梵语音译，更增加神秘色彩而强化其诱惑力。中国道教广泛利用符箓和咒语，无论是形式还是作用都与密教类似，二者后来在民间的发展中往往被混同了。

"开元三大士"的最后一位不空活跃在"安史之乱"前后，被玄、肃、代三帝礼为国师，亲从受菩萨戒。他接纳王宫贵臣，势倾朝野。作为中土密宗的总结者，他又开创显、密兼用的风气。他一方面热心密典的传译，一人所出达二十几种，又重视教学和整饬仪轨。有一部密典《仁王护国般若波罗蜜经》，本来早有译本①，其内容带有强烈护国色彩，早已被怀疑是中土伪经，近代更多以为是伪撰，本书前面已经提到过。在不空活动的"安史之乱"以后，这部经的内容正适应朝廷需要，遂有永泰元年（765）四月不空所出新译本，并特别得到朝廷重视。不管这部经真伪如何，不空曾大力弘传并相应地推广其仪轨之功则是肯定的。史载永泰元年"九月，于京城资圣、西明两寺置百高座，讲《仁王经》，内出二宝舆中，命有力者衣金甲舁出，又结彩为菩萨、神王及八部鬼神、羊车、鹿车、牛车。内侍鱼朝恩护送，宰臣及百官列班于光顺门观礼，宰臣等表请依班序节级，率钱以资僧供，二七日而罢"②；以后"每西蕃（吐蕃）入寇，必令群僧讲诵《仁王经》，以攘虏寇。苟幸其退，则横加锡赐"③。从这些情况可见朝廷推行密教仪式的情形及其现实目的。大历九年不空逝世的时候，朝廷辍朝三日，有诏曰：

　　　　特进、试鸿胪卿、大兴善寺三藏沙门大广智不空，我之宗师，人之舟楫。超诣三学，坐离于见闻；修持万行，尝示于化

①初译《仁王般若波罗蜜经》二卷，见《祐录》卷四，作失译。以后经录记载颇为分歧。至《历代三宝记》勘定为鸠摩罗什所出，后人相承不改，但近代学术界多以为是中土伪经。详本书第二编介绍伪经一章。
②《册府元龟》卷五二《帝王部·崇释氏第二》，第 1 册第 576 页。
③《旧唐书》卷一一八《王缙传》，第 3417 页。

灭。执律舍缚，护戒为仪。继明善教之志，来受人王之请。朕在先朝，早闻道要，及当付嘱，尝所归依。每每执经内殿，开法前席，凭几同胶序之礼，顺风比崆峒之问。而妙音圆演，密行内持，待叩如流，自涯皆悟，涤除昏妄，调伏魔冤。天人洗心于度门，龙鬼受职于神印，固以气消灾厉，福致吉祥。实惟弘我之多，宁止利吾之美，当有命秩，用伸优礼。而得师为盛，味道滋深，思复强名，载明前志。夫妙界有庄严之士，内品有果地之仪，本乎尚德，敬顺时典，可开府仪同三司，仍封肃国公，赠司空，谥曰大辩正广智不空三藏和尚。[1]

不空所受优礼之隆，正表明当时密教所受到的器重。中唐时期，如长安青龙寺等大寺成为密教道场。日本来华的留学僧有许多是学密法的。到唐武毁佛，本来受到朝廷支持又特别重视仪轨的密教受到打击畸重，遂衰败不振。后来密教在中土仍保留影响，例如某些经咒、仪轨一直流行不辍，特别是有些内容被表现在文学艺术（如造像）之中，还有前面说过的被道教借鉴，等等。但从总体看，这种以外来神秘信仰为核心内容的教派，不适应中土高度发达的文化环境。这成为它不能在中土长远弘传的基本原因。

　　以上三个宗派，三论宗、法相宗、密宗，可归为一类。如上所述，从宗义内容看，它们基本对应印度大乘佛教历史发展的三个阶段。它们把这三个阶段的内容移植过来，当然也作或多或少的改造和发挥，从而形成中国佛教的三个宗派。而作为大乘佛教前后发展层次三个段落的内容，它们能够大体同时被改造成中国佛教宗派，也正显示了中土文化多包容、善吸收的性格。但这种基本是按原型移植的办法，终究不能适应中土环境的需求，注定其走向衰败的命运。实际三论宗、法相宗从创建伊始基本就是少数高级沙门的经院学问；密法也更多得到统治者上层的支持。前者在民众

────────────

[1]《册府元龟》卷五二《帝王部·崇释氏第二》，第 1 册第 578 页。

生活中几乎没有影响,后者影响的内容与范围也都有限。它们只能够适应朝廷一时政治的或思想的需要,终究缺乏持久的发展动力。当然,它们作为历史存在,具有一定的文化内涵,教理层面和文化层面的价值和影响是不能抹煞的。

三

以下介绍另两类五个宗派。它们的内容和形态差异很大,但有个基本共同点,即都是相当彻底地"中国化"的佛教教派,在中国传播广远,影响巨大。当然流传和影响的范围与重点不同。这些宗派的主要宗师大都是贡献卓著的思想家,其中有几位本书另有章节介绍,也将讲到他们所倡导的宗义。这里只是概括说明这些宗派的一般情况。

第二类宗派有天台、华严二宗。钱穆指出:

> 两晋、南北朝时代的高僧,若论其内心精神,我们不妨径叫他们是一种"变相的新儒家"。他们研寻佛法,无非是想把他来代替儒家,做人生最高真理之指导。他们还是宗教的意味浅,而教育的意味深。个人出世的要求淡,而为大众救济的要求浓……此后印度佛教便在中国文化园地上生根结果,完全成为一种中国化的佛教,在中国开创了许多印度原来没有的新宗派。其中如天台宗,创自隋代高僧智顗(西元五三八至五九七),这是中国人前无所受而自创一宗的开始。又如隋、唐之际的华严宗,此亦中国自创。他们两宗所讲,如天台宗所谓"即空、即假、即中","三谛圆融",华严宗所谓"理事无碍,事事无碍","一即一切,一切即一"等,这些理论,都已把中国人传统观念所看重的现实人生,融入了佛教教义,这些全都是中

国化的佛教了。①

这就指出,天台和华严乃是两个具有丰富理论内涵又有机地融合了外来教理和本土思想而自成宗义体系的宗派。与前一节介绍的三个宗派的最明显的不同点在于,它们已经是外来佛教在中土环境中被改造、发展并作出独特发挥的产物,因而具有鲜明的本土思想、学术的特色。

韦政通论天台智𫖮说:"一个大思想家的思想,就像一棵生机充沛的树,不但枝叶丰茂,它的根须也必既深且广,智𫖮的思想即可作如是观。他思想的根须,不但延伸到整个的佛教传统,甚至也扩及到中国的学术大传统。"他分解开来说明"根"和"须",指出"智𫖮的思想,根植于几部大的经论",并根据荆溪湛然在《止观义例》里提出的看法,这即是《法华经》、《涅槃经》、《大般若经》和《大智度论》。仅从表面就可以直观地了解,这被区分为第二类宗派的天台宗(华严也同样)主要是以"经"为典据,与第一类三论、法相以"论"为典据正相对照。这就是所谓"重经"与"重论"的不同。按佛教传统说法,经是佛陀金口所说(当然从历史实际看乃是历代信仰者以佛陀名义的撰述),显现出具体、活泼、疏朗、开阔的表达特征,从而留下了解释、发挥的广阔空间,和菩萨所造"论"具有严密逻辑和论理体系大不相同。智𫖮解释天台四教义为什么要依据《维摩经》说:

> 今撰四教义,遍通诸经,别有大本,略撮其要,通此经文者,正言此经具明四教入道,故须知大意也。但诸师多采经通论,致令晚生皆谓论富经贫。今采经论通经意,欲令后生知经富论贫也。敬重大乘真佛所说功德无量,是入道正因,轻经重论甚可伤也。②

---

① 《中国文化史导论》(修订本)第 149 页。
② 《维摩经玄疏》卷三,《大正藏》第 38 卷第 534 页上。

这也是直接表明重经的立场。中土佛教这些突显本土特色的宗派以"经"为根，当然也表明不管它们的宗义融入多少本土传统内容，其根本思想还是佛教的，即其思想理论的核心内容是"缘起性空"，其终极追求是解脱涅槃，其全部实践立足于信仰，等等。可是它们又显然不同于印度佛教，因为还有韦政通所谓的"须"。韦政通继续说：

> 有人说，天台的学说很接近老、庄的思想，是根据中国人的思想发展成立的，乃中印思想融合的产物，所以中国人易于接受（法舫法师《唯识史观及其哲学》，页二五，慧日讲堂一九七四年再版——原注）。也有人说，天台宗是佛教宗派中道教意义最富的一宗（陈寅恪《冯著中国哲学史审查报告下》，见该书附录——原注）。此外，智顗的"性德善"与"性德恶"的观念，意义虽与孟、荀所言不同，可能也有些关系。至于天台宗所表现的"统之有宗，会之有元"的判教精神，更可能是受到中国传统的影响。①

这是说，天台宗的思想已经以中土传统思想内容充实而被改造过了。华严宗的情形也是如此。惟其有植于外来思想的"根"，才有丰富本土传统的价值和意义；惟其能够根据本土环境加以改造而生长出"须"，才能够在本土环境中发展出新的宗义体系，并把它融入到本土思想、文化的主流之中，成为其有机构成部分。这也是把天台和华严归为第二类宗派的主要根据。

天台宗和华严宗都有独立的、复杂的判教体系。判教作为中土学人根据自身理解重新组织教理体系的方法，乃是自宗宗义的一种具体体现形式。如上节所述第一类三个宗派的判教，不但都相当简单，基本上也还是遵循印度佛教发展的框架的。这正表明

---

① 《中国思想史》下册第 549 页。

它们在教理上还缺乏更多独创性的特征。而天台的"五时八教"和华严的"五教十宗"判教则都十分复杂，它们在批判地借鉴南、北义学纷杂的判教成果的基础上，总结出自宗独创的严整、细密的判教体系。当然从一定意义说，这些体系又完全出于主观臆造，没有外来佛教的依据；不过从另一方面说，它们却又绝不是随意拼凑的。

判教的结论是要判释自宗所依经典，即哪一部或几部经或论体现佛陀的了义说法。天台和华严都把这终极的教法称为"圆教"。这也是中国佛教中具有独特意义的新概念。牟宗三就华严"圆教"说：

> 而佛教所以提出圆教的观念，就是针对前面大小乘各种不同的系统所说的，其目的在于说明大小乘各个系统何以不是圆教，并由此透出圆教的意义。圆教虽然也是教，但并不是一个 alternative system①，假如它也是一个 alternative system 的话，它本身就不是圆教，而成为自我否定。

他又解释"圆有两个意义，一方面是指般若的圆通无碍，另一面则是指华严宗所说的圆满无尽，主伴俱足。照华严宗所说的圆，不但是圆通（圆融）无碍，而且是圆满无尽。所以它的圆具有圆通和圆满两层意义"②。这样提出圆教观念，并判定自宗为圆教，就意味着它是超越大、小乘所有其它教派的至高无上的教法，即是从根本上超越了外来佛教教理的、最为圆满具足、没有任何内在矛盾的自创的思想体系。自称为"圆教"，也正充分体现创造者的自豪和自信。

在内容上，天台、华严二宗均解、行兼重，具有浓厚的入世性格。就前一点说，它们不像三论宗、法相宗那样专注于教理探讨，成为只供义学沙门研讨的经院学问；就后一点说，它们不仅受到朝

---

①"alternative system"一语作者翻译为"套数"，直译为可供选择的或非常规的体系。
②《中国哲学十九讲》第303、305页。

廷的重视和尊崇,更被知识阶层所接受,与世俗社会保持密切联系。例如天台宗基于"一念三千"的宇宙观发展出"性具善恶"的人性论,一方面肯定圣界和俗界相一致,"恶中有道",热衷官宦的士大夫"带妻挟子,官方俗务皆能得道"①;同时指出修养心性的必要和可能,要求人们通过个人努力使邪僻心息,转凡成圣。这种思想是在吸取中国古代传统人性论(特别是荀子一派的"性恶"论)基础上对外来佛性说的发挥。而把心性修养作为转凡成圣的关键,亦充分显示了中国文化肯定现世、肯定人生的精神。天台的具体修道方法则是定、慧双修,止、观并重,反照心源,体得中道。智顗说:

> 若夫泥洹之法,入乃多途。论其急要,不出止、观二法。所以然者,止乃伏结之初门,观是断惑之正要;止是爱养心识之善资,观则策发神解之妙术;止是禅定之胜因,观是智慧之由藉。若人成就定、慧二法,斯乃自利利人,法皆具足。②

这样,修道的关键即是降服结习,断除惑念,爱养心识,启发"智慧",就是所谓"观心"。智顗的俗弟子中有许多高官大僚。后来天台八祖左溪玄朗(673—754)"因恭禅师重研心法"③;"中兴台教"的九祖荆溪湛然(711—782)"家本儒、墨",对传统学术亦深有了解。他依据依、正不二、色、心一如的道理,主张佛性遍于法界,不隔有情,提出"无情有性"新说,对心性学说做出重大发展。他行化于江南,声望甚高,有"搢绅先生高位崇名屈体承教者又数十人"④。天台宗广泛影响唐代文人,主要是其心性理论受到欢迎。李华为左溪玄朗作碑,特别推重天台"心法"。湛然弟子中有著名古文家梁肃,他研习天台教观颇有心得,以智顗的《摩诃止观》文意弘博,加

---

①智顗《摩诃止观》卷二下,《大正藏》第 46 卷第 17 页下。
②智顗《修习止观坐禅法要》,《大正藏》第 46 卷第 462 页中。
③李华《故左溪大师碑》,《全唐文》卷三二〇,第 3241 页。
④《宋高僧传》卷六《唐台州国清寺湛然传》,上册第 118 页。

以删定,成《删定止观》六卷(今本三卷);又述《止观统例》一卷。他认为天台止观是"圣人极深研几,穷理尽性之说","《止观》之作,所以辨异同而究圣神,使群生正性而顺理者也;正性顺理,所以行觉路而至妙境也"[①]。梁肃是中唐文坛上"古文运动"中相当关键的人物。贞元八年(792)兵部侍郎陆贽知贡举,梁肃、王础佐之,韩愈、李观、欧阳詹、冯宿等在这一榜及第,"皆天下选,时称'龙虎榜'"[②]。柳宗元对天台教观也研习有得。他在永州结交湛然再传弟子重巽,后来天台学人把他编入天台宗传法体系之中。他也写过一批宣扬天台宗义的文字。他就佛教和韩愈辩论,肯定"浮图诚有不可斥者,往往与《易》、《论语》合,诚乐之,其于性情奭然不与孔子异道……且凡为其道者,不爱官,不争能,乐山水而嗜闲安为多。吾病世之逐逐然唯印组为务以相轧也,则舍是其焉从"[③]。这也明确表白他是从心性角度接受佛教的。华严宗的情形大体类似。即以法藏的活动来说,咸亨元年(670)武则天为其母荣国夫人追福立太原寺,法藏得度出家,后来长期居止该寺,从事译经弘法,逐渐名满天下。他又活跃在长安各大寺,积极配合了武则天利用佛教篡权的活动。华严宗义本来有为现实体制辩护的意义,法藏更直接参与朝廷政治事务。如神功元年(697)朝廷出兵讨伐契丹,他建立十一面观音道场,以经教遏寇,武则天优诏劳之;中宗神龙元年(705)初,武则天病重,张柬之拥立中宗复位,武则天死,韦后、武三思专权,诛杀张柬之等"五王",崔致远的《法藏和尚传》说:"神龙初,张柬之叛逆。藏乃内弘法力,外赞皇猷,妖孽既歼,策勋斯及,赏以三品,固辞固授。"可见他又曾积极参与这场政治斗争并作出了贡献。正因此,当法藏请求把官职回授其弟朝议郎、行统万监副监康宝藏时,下达诏书里又说到"其兄法藏夙参梵侣,深入妙门。传无尽之

①《止观统例议》,《全唐文》卷五一七,第5257页。
②《新唐书》卷二〇三《欧阳詹传》,第5787页。
③《送僧浩初序》,《柳河东集》卷二五。

灯,光照暗境;挥智慧之剑,降伏魔怨。凶徒叛逆,预识机兆"①等等。法藏是中、睿二宗的菩萨戒师,朝官、后宫中也多有俗弟子。法藏弟子慧苑、慧苑弟子法诜,直到法诜弟子澄观在中唐弘扬法藏所传宗义。唐德宗和太子(后来的顺宗)对澄观均频接礼重,"朝臣归向,则齐相国杭,韦太常渠牟,皆结交最深。故相武元衡、郑絪、李吉甫、权德舆、李逢吉、中书舍人钱徽、兵部侍郎归登、襄阳节度使严绶、越州观察使孟简、洪州韦丹,咸慕高风,或从戒训"②。韩愈有《送僧澄观》诗,是贞元十六年在洛阳作,其中写到澄观修复泗州开元寺,澄观当年曾为之向李翱乞钟铭,诗中说:

> 借问经营本何人,道人澄观名籍籍。愈昔从军大梁下,往来满屋贤豪者。皆言澄观虽僧徒,公才吏用当今无。后从徐州辟书至,纷纷过客何由记。人言澄观乃诗人,一座竞吟诗句新。向风长叹不可见,我欲收敛加冠巾。洛阳穷秋厌穷独,丁丁啄门疑啄木。有僧来访呼使前,伏犀插脑高颊权。惜哉已老无所及,坐睨神骨空潸然。临淮太守初到郡,远遣州民送音问。好奇赏俊直难逢,去去为致思从容。③

这里生动地描绘了澄观的相貌风神和他在社会上活跃的情形。他的弟子宗密,一身兼祧禅与华严,在禅宗大盛的形势下开禅、教合流的先河,在中国佛教发展史上影响巨大。他同样热衷社会活动,具体情况下面还有专章介绍。这样,积极参与政治也是华严宗人的传统。这种态度和他们的宗义有必然关系。

　　这样,天台和华严这两个具有丰富理论内容、富于社会意义又在知识阶层中广有影响的宗派,都是积极发展大乘教义、给中土注入新鲜思想内容的宗派,也是充分体现本土传统精神与思维特征

---

①《唐大荐福寺故寺主翻经大德法藏和尚传》,《大正藏》第50卷第283页中。
②《宋高僧传》卷五《唐代州五台山清凉寺澄观传》,上册第106页。
③《韩昌黎集》卷七。

的中国佛教宗派。这一类型的宗派在高层次的理论领域中，创造了中国思想学术的新成果，其代表人物则是中国思想史上卓越的思想家。本书下面有专章介绍智𫖮、法藏和宗密，对于天台和华严二宗宗义进一步有所说明。

四

　　禅宗、净土宗可以算作中国佛教宗派的第三类；律宗也可归到这一类。这三个宗派宗义差别很大，但共同点是理论色彩都十分淡薄，重在修持实践，因而也更富于群众性，在更广泛的社会阶层中传播，并在群众生活中发挥巨大的作用。

　　关于禅与净土的宗义和发展，下面有专章介绍。这里仅略述其一般特点。

　　禅与净土本来都是佛教普遍的修行法门。在中土，随着佛教输入，南北朝时期这两个法门都已相当广泛地得到传习。就是在这两个宗派形成之后，另外的许多宗派仍把习禅坐禅、修习净土当作修道的重要内容。而实际上这两个宗派在很长时间里又都不以宗立名。关于禅宗的形成，自古及今人们看法分歧较大。后出的灯录、禅史一般把菩提达摩当作创始人。事实上今存资料所传早期禅史记述内容相当朦胧，直到"四祖"道信，才有较为清晰系统的宗义体系和传承统绪，而且当初是被称作"东山法门"、"楞伽宗"、"达摩宗"的。"禅宗"这个称呼虽然在南北朝时期已经使用，但当时是指习禅的人，并不指特定的宗派。直到中唐宗密活动时代，人们才把"禅宗"当作宗派来称呼。净土宗组织起法系，则更迟至宋代。隋唐之际的道绰在《安乐集》卷下列举"详审圣教，叹归净土"的"此土大德"六人：菩提流支、慧宠、道场、昙鸾、大海、齐朝上统

（法上），还不是正式的宗派观念，上述六人也没有师承关系。直到南宋四明宗晓（1151—1214）编辑《乐邦文类》，在卷三提出净土立祖之说，以慧远为初祖，以下善导、法照、少康、宗颐共五人；南宋末年四明志磐编著《佛祖统纪》，在卷二十六《净土立教志》才明确慧远、善导、承远、法照、少康、延寿、省常七祖传承。这些情况表明，净土与禅作为独立派系，无论是组织上还是观念上在相当长的时期里都不够清晰。可是这却正成就了两个宗派的特殊性格，即以相对简易的实践法门为基础，体现更广泛阶层的群众的宗教需求，构成比较松散、开放的派系。也正因此，它们能够十分充分地体现出本土特色，所以也流传广远，影响巨大。

禅宗和净土宗，无论是立宗典据还是基本宗义都大不相同，甚至是根本相抵牾的。慧能发挥《维摩》"心净土净"之说，激烈抨击净土信仰和念佛法门。但二者在心性观念上却又同属真常心系统，都发挥大乘普遍的佛性说。禅宗肯定自性清净，本性自足，不假外铄；净土宗作为典据的世亲《往生论》则说：

> 　　三辈生中虽行有优劣，莫不皆发无上菩提之心。此无上菩提心即是愿作佛心，愿作佛心即是度众生心，度众生心即摄取众生，生有佛国土心。[1]

这就把众生心当作成佛正因。以绝对清净的真常心代替阿赖耶识的染净转变之心，乃是佛性思想的一大转变。前者肯定"自性清净心"为长存的实体，是典型的中土意识，又与传统的"性善说"在精神上相吻合。这种观念更为弘通开阔，更能够体现普世救济的理想，因而更容易被人们所接受。

禅宗与净土宗又都突出修行的"自力"。在这一点上，显然也对于外来信仰作了根本的发挥与改造。大乘佛教的救济思想有所

---

[1]《无量寿经优婆提舍愿生偈婆薮槃头菩萨造并注》卷下，《大正藏》第 40 卷第 842 页上。

谓"自力本愿"和"它力本愿"之说,即在肯定佛陀救世愿力的基础上,有强调"自力"还是"它力"的区别。禅与净土都特别强调"自力"的决定作用。禅宗的禅不再只是导以正观或获得神通的法门,而是从所有教法里独立出来的最简捷、方便的成佛途径。禅悟乃是自性的觉醒。人们不需要凭借外力,只要反照心源,自性自度,觉悟自性本来清净,也就是自己发现自己,就能够成就佛果。而原来的净土信仰本来十分注重它力。阿弥陀佛和观世音、大势至乃是引导众生往生佛国的救主。但中土净土大师们宣扬的却是念佛往生的"易行道",强调实现往生的根本在于个人内心状态即发菩提心。这也是把往生得救的根据归结到个人的内心状态。这样,禅宗和净土宗的宗义又同样表现出对于平凡众生的坚强信心:他们的修道都没有艰难困苦的悲情,更不需要烦难长久的修持,成佛的前途掌握在他们自己手里。这同样也充分体现了中土思维重现世、重理性的精神。

禅宗和净土宗又十分富于现实精神。在这一点上,它们与天台、华严的性质类似,而且表现得更为突出。钱穆指出:

> 禅宗的精神,完全要在现实人生之日常生活中认取,他们一片天机,自由自在,正是从宗教束缚中解放而重新回到现实人生来的第一声。运水担柴,莫非神通。嬉笑怒骂,全成妙道。中国此后文学艺术一切活泼自然空灵脱洒的境界,论其意趣理致,几乎完全与禅宗的精神发生内在而很深微的关系。所以唐代的禅宗,是中国史上的一段"宗教革命"与"文艺复兴"。①

禅宗打破外来戒律的束缚,又鼓励在人生践履中得到觉悟,禅从而与现实生活进一步相融合。在唐宋时期,众多禅师活跃在社会生

---

① 《中国文化史导论》(修订本)第 166—167 页。

活的各个领域,禅的影响更广及于思想、文化和社会生活的各个方
面。净土信仰和修持则更能够满足一般大众的宗教需求,因而得
到更广泛的普及。它的现实性特别表现在与中土传统伦理的紧密
结合方面。净土修持不但有持诵、念佛等纯宗教的"正行",亦提倡
奉行世间一切诸善的"杂行"。后者乃是世俗伦理的实践。"诸恶
莫作,诸善奉行"的信条从而被充实以人间现世的伦理内容,使得
净土修持体现浓重的世俗性格。佛教基本教义从本质说是悲观
的、出世的。认为人生是苦,渴求解脱,追求超离轮回报应而达到
涅槃佛果。在这两个基本点上,禅宗和净土宗都体现出根本的转
变:它们都更关注现世,更注重个人心性的完善,对现世得救的前
途怀抱乐观的信心。

这样,禅宗和净土宗乃是中土民众所真正需要的佛教,是体现
民族精神的佛教。这是它们后来成为中国佛教主流的根本原因,
也是二者能够终于相融合、相合流的主要原因。

律宗在实践性和群众性方面与禅、净土类似。戒律乃是僧团
内部所持守的规范,是僧团运作和僧众行为必须遵行的,因而戒律
的研习和执行不限于一宗一派。前面已有专章讨论戒律的翻译、
传习与在中土执行的情况。在中国传统上重视理性的环境中,戒、
定、慧三者被平等地称为"三学"。戒律之学的相关研究,伴随几部
广律的翻译在南北朝时期曾兴盛一时。但翻译律藏里面的戒律本
是按照印度当地的社会条件、风俗习惯、地理气候等等规定的,不
可能完全适合中土环境;此外又有大、小乘观念的不同;随着社会
政治、经济的发展、变化,对于僧团和僧侣个人的行为规范也会有
不同的要求。如此等等,都给中国僧团的戒律研究提供大量课题。
比如前面介绍的历史上关于踞食、袒服以至礼拜君亲等争论,都涉
及戒律实践和戒学研究中的重大课题;又如中国寺院经济发展,寺
院广占田园,蓄养大量奴婢,显然与印度早期佛教情形不同,戒律
的相关条文也要有所变通。

　　律宗当作宗依的是姚秦佛陀耶舍共竺佛念所出《四分律》六十卷,其实际创始人是隋末唐初的著名义学沙门道宣。其法系追溯到三国魏嘉平年间(249—254)赍《四分律》来到洛阳的昙无德;接着是同时来华的昙柯迦罗,据说他首次译出摩诃僧祇律戒本,被认为是中土律学之始。但这些是否史实,近人颇多异议。再以下则是法聪、道覆、慧光、道云、道洪、智首至道宣,九世传承[①];道宣以下是周秀、道恒、省躬、慧正等。实际上自从北魏法聪在译成汉语的四部广律里特别重视《四分律》,其下诸人只是注重这部广律的传习,还谈不到形成宗派。

　　道宣(596—667),吴兴(今浙江湖州)人(一说丹徒人),俗姓钱,官僚家庭出身,自幼受到良好教育。他十一岁出家,时值隋王朝大兴佛教,二十岁依大禅定寺智首受具。智首是独步长安三十年的律学大德。他致慨于五部广律内容相互混杂,遂研核古今学说,撰成《四分律疏》等,抄疏山积,学徒云涌。道宣在他的门下打下了良好的律学基础,更广泛参学,自述谓“居无常师,追千里如咫尺;唯法是务,跨关河如一苇。周流晋、魏,披阅累于初闻;顾步江淮,缘构彰于道听。遂以立年,方寻铅墨。律仪博要,行事谋猷,图传显于时心,钞疏开于有识。或注或解,引用寄于前经;时抑时扬,专门在于成务”[②]。武德七年(624),他入居长安南终南山净业寺;武德九年(626),满三十岁,他撰成《四分律删繁补阙行事钞》三卷(今本十二卷),次年又撰成《四分律拾毗尼义钞》三卷(今本六卷)。这些被后来看作是开宗的标志。其后他四处游学,勤奋著述,又先后撰成《四分律删补随机羯磨疏》二卷、《四分律比丘含注戒本注》一卷、《四分比丘尼钞》三卷(今本六卷),合前两种形成四分律宗的“五大部”。贞观十九年(645),玄奘大师回国,他被招为弘福寺译

---

①律宗的这一法系,与另外一些宗派一样是后人追述的。初见宋元照《南山律宗祖承图录》列举各家不同立祖之说,而南山宗名称则始见于晚唐。

②《关中创立戒坛图经序》,《大正藏》第 45 卷第 807 页上。

场缀文大德。次年回到终南山，增补钞疏，学说统绪更加完备。显庆二年（657），他奉敕担任新建成的西明寺上座，迎请玄奘入寺译经。乾封二年（667）临终前，在终南山麓清宫精舍创立戒坛，依自己制定的规制授戒。他精勤持律终其一生，又是一位著述弘富、成就卓著的学僧。他续慧皎《高僧传》著《续高僧传》，继僧祐《弘明集》编《广弘明集》，编撰经录《大唐内典录》，都是学术价值很高的传世之作。他是中国佛教学术长期发展培养出来的优秀学人之一。唐代佛教的发展，正依靠了这样一批无论是戒行还是觉悟，也无论是人品还是学识都达到极高水平的龙象之材实现的。

道宣长期居住在终南山，所以他所开创的律宗又称"南山宗"、"南山律宗"。唐初研习《四分律》风气甚盛。除道宣外，还有法砺，居相州（今河南安阳），著《四分律疏》十卷等，称"相部律宗"。又玄奘弟子怀素，居西太原寺东塔，著《四分律开宗记》等，称"东塔律宗"。此二宗和道宣的南山宗合称"律宗三家"。这三家对《四分律》的解释互有争执，后来相部、东塔二宗衰微，南山律宗一家独盛。以后中土佛教所遵循的戒律即由这一宗的学理所规范。

道宣把佛所说一切经分判为三类，即小乘人行、观事生灭的性空教，小菩萨行、观事是空的相空教和大菩萨行、观事是心言意分别的唯识圆教，这三者统归为化教；另有行教，或称制教，是教戒众生对行为加以制御的教法，后者即是律部之所诠。制教与化教相应，也分三类，即实法宗、假名宗和圆教宗。专门划分出制教，是律宗宗义的特殊内容；而认唯识为圆教，则表明教理上以唯识为归依。律宗自认为是三教三宗中最为圆满的唯识圆教宗。

律宗宗义分为戒法、戒体、戒行、戒相四科。具有特殊理论内容的部分是戒体说，即以圆教清净种子为戒体。这是弟子从师受戒时领受于心的法体，进而认定戒律之所以能够防非制恶乃是戒体在起作用。道宣说：

　　欲了妄情，须知妄业，故作法受，还熏妄心，于本藏识，成善种子,此戒体也。[1]

这是根据阿赖耶识熏习之说,把律学与唯识学相沟通,归结到中土佛教"真常心"思想体系,从而解决了中国佛教小乘律和大乘教理的矛盾。戒法即戒律本身,戒行即戒律的实践,戒相即戒律的表现形态。《四分律》的前半部分是关于僧尼制止身、口不作诸恶的别解脱戒即止持戒的说明,后半部分是关于安居、说戒、悔过等僧团行为规范即作持戒的说明。由于本来的规定有许多已不适应中土客观环境和发展变化的形势,道宣的"南山五大部"在对律部加以总结的基础上,一方面做了删补工作,即以《四分律》为主,参照另几部广律异传,进行删繁补阙;另一方面又"随机"制定新规则,即针对社会环境和时代变迁的新情况,作出适时应变的规定。例如由于寺院经济发展,原来有关僧侣不得积蓄私财的戒条已不可能遵循,道宣在《量处轻重仪》里就重新规定,庄宅、田园、店肆、碾硙等资生事业和家畜、奴婢"本主身死,折入常住",即允许僧侣积蓄私财,只是死后要作为寺院集体财产加以传承。这是肯定以寺院(实际是主持寺院的僧侣地主)为主体的继承权,正适应寺院经济发展和继承的需要。而宗派佛教的发展,正需要有实力的、稳固的经济实体来支持。又如南北朝以来僧团风气败坏,对佛教发展造成危害,道宣的《行事钞》对于伽蓝买卖奴婢、蓄养妇人等腐败情形提出严厉批评,也是出于维护僧团秩序的实际需要。

中国佛教典籍里有大乘律(如前所述《梵网经》即被认为是大乘律书,或以为这部经是中土所造伪经),但历来执行的是部派律即小乘律。僧团成员严格执行受度出家制度,僧尼构成的僧团即僧伽形式上是独立于世俗的社会组织。如此实行小乘律,有效地保证了外来佛教的基本面貌和出世性格。而如何在此基础上适应本土环境对戒律加以变通、改造,又如何使之与大乘教理相适应、

---

[1] 元照《四分律行事钞资持记》中一下,《大正藏》第 40 卷第 270 页中。

相调和，就是佛教"中国化"过程中所面临的必须解决的重要课题之一。中土律学所研究的，基本即是从理论和实践两个层面来解决有关戒律的问题，勘定既符合佛陀立教本意又适合中土现实条件和实际需要的戒律。道宣所创立的律宗即是在总结前人探索与实践成果的基础上，在这一领域做出了总结性成绩。佛教各宗派本来都要执行戒律。律宗作为宗派，与其他宗派的不同点则不仅在执行戒律更加严格，还在于它的宗义构成一套更严整的理论体系。它一方面在持戒方面为全部佛教徒提出规范，另一方面又为已经大有变通的中国佛教戒律作出理论上的说明和论证。而在实践层面，律宗的贡献则一方面限制和制止佛教内部滋生的腐败堕落风气和戒律败坏倾向，比如寺院经济无限制地膨胀，僧侣积累大量私财，以及后来中唐禅宗的毁经灭教之风等等，这些对于佛教的生存和发展都造成威胁，赖有严格戒律加以整顿和维持；另一方面又根据实际环境和需要对外来传入的戒律加以改革、变通，制定出能够被全部僧团普遍接受和实行的规则，从而使僧团内部运作得以统一和稳定。所以尽管宋代以后中国佛教整体上走向衰败，却一直能够存续并发挥一定社会作用，在相当程度上也是有赖于严格的戒律在发挥作用。另一方面，僧团的运作，僧众的行为，从一定意义上又给一般民众做出表率。特别是对于信仰或亲近佛教的人，某些具体戒条、某些戒条所体现的伦理原则，被他们所遵循，从而起到一定的教化作用。从这样的意义说，僧人的持戒实践和戒学理论又具有普遍的社会意义，对于民众的伦理实践发挥巨大的影响。这样，律宗作为佛教"中国化"的重要结果和成绩，道宣作为戒学大师，不仅对于中国佛教，对于整个社会的贡献也是十分巨大的。

第二章　玄奘与佛典"新译"的成就

一

　　中国佛典翻译事业发展到唐代,出现一批新的译家,其代表人物是伟大的翻译家、佛学家也是成就非凡的旅行家玄奘。在其后百余年时间里,中、外一批优秀翻译家创造了佛典翻译又一个新高峰。这一时期的翻译事业比较鸠摩罗什开创的"旧译",无论是翻译内容还是质量,也无论是译风还是表述方式,都大有不同。译经史上一般称为"新译"。"安史之乱"爆发,中原动乱,回纥、吐蕃进占河西,西行道路受阻,中原与印度、西域佛教的交流大受影响。天宝十载(751)朝廷派遣悟空等四十余人西行求法,至贞元五年(789)始回到长安,翻经三本十一卷。这是历史上正式记载的唐代西行求法的最后一批人。朝廷主持的大规模的译经事业也就划上了句号。实际上后来西行求法仍不乏人,敦煌写卷里就保留不止一件晚唐、五代时期西行僧人的材料。不过就中国佛教自身发展说,到中唐,宗派佛教中禅与净土鼎盛,中国人已失去对于外来新经典的更多兴趣;发展到金刚密教阶段的印度佛教也难以提供对于中土更有价值的经典;加之朝廷内忧外患重重,已无暇顾及译事;晚唐又曾毁佛,等等,从而求法和译经事业在历史上也就消沉下去了。宋王朝立国,又多次派遣僧侣到印度求法,并曾建立翻经院主持译经;其后直到晚近,也仍有一些零星译业。但从总体看,中国佛教成规模、有影响的译经活动到中唐时期已基本结束[①]。此后的译业无论是内容、水平还是对于中国佛教发展的实际影响,都很有限了。

从总体形势看,中国佛教的发展与佛典翻译活动大体同步。梁启超说:

> 自唐贞观至贞元,为翻译事业之第三期。此期实全体佛教之全盛期,诸宗完全成立,卓然为"中国的佛教"之一大建设,而译事亦造峰极。[②]

纵观中国佛教的发展,到"新译"时期的唐代,已经完成了"中国化"过程,其标志就是前述中国佛教宗派的创立。自东晋以来,佛教"中国化"进程急速发展,这即是近年提倡"批判佛教"的人所说"由于各种原因,中国和其他东亚国家已经对印度佛教的理论和实践进行了修正,以至于远离、甚至背离于印度佛教了"[③]。在这种形势下,"新译"译家面临的任务,就是追求佛法真义,恢复佛教在中国发展中被大为"歪曲"了的本来面目。实现这一根本目标,工作集中在两个方面:一是如"新译"最为杰出的代表玄奘西行,目的就是到印度向当地佛教宗师学习佛法,当时的具体契机是为了解决南、北学者对于《摄论》、《地论》解释上的分歧;再是访求真经,介绍到

---

① 又宋代以后,先后有西夏文、藏文、蒙古文、满文等少数民族语文《大藏经》的编纂、翻译、刊刻,本书相关章节会说到。

② 《佛典之翻译》第 16 页,《佛学研究十八篇》,台北中华书局,1976 年。

③ 丹·拉斯豪斯《批判佛教与回归源头》,杰米·霍巴德、保罗·史万森主编《修剪菩提树——"批判佛教"的风暴》(Jamie Hubbard and Paul Swanson: *Pruning the Bodhi Tree: The Storm over Critical Buddhism*, University of Hawai'i, Press Hononulu, 1977)第 32 页,龚隽等译,上海古籍出版社,2004 年。

中国,玄奘回国后重点译介了印度大乘佛教瑜伽行学派新一代论书,后来"开元三大士"翻译了金刚密教的经典,等等。但由于到这一时期具有民族特色的中国宗派佛教已经形成,无论是学习印度佛法,还是译介外来经典,都不再是佛教发展面临的主要任务。就是说,这时翻译佛典,对于发展已相当成熟的中国佛教已经不再具有晋宋时期那样的必要与意义。因而虽然"新译"成果数量巨大,成就斐然,可是无论是在当代的弘传,还是在历史上发挥影响,都不能与"旧译"相比。甚至有些经典经过"新译"重译,有了更为精确的译本,后世也不能流传,流行的仍是"旧译"本。这固然有传授习惯的问题,但主要还是因为旧译经过长期传承,又经过义学师说的解释、发挥,已经包容了本土消化的成果,更能够体现"中国化"的趋势;而佛教"中国化"的形势是任何力量都不可能扭转的。

　　玄奘与大体同时的法冲间的一段争论是意味深长的。法冲"远师惠可",是著名的"楞伽师"。这一派学者"忘言忘念,无得正观为宗",乃是后来兴盛的禅宗的先驱。据说"三藏玄奘不许讲旧所翻经,冲曰:'君依旧经出家,若不许弘旧经者,君可还俗,更依新翻经出家,方许君此意。'奘闻遂止。"[①]这种故事或许出自杜撰,但反映的观念是耐人寻味的:尽管"旧译"不够准确,但却更受到人们的推重。又《续高僧传》作者道宣的卒年较玄奘后三年。他的《续高僧传》完成于贞观十九年(645),生前一直在作补充、修订,其中《玄奘传》里所记述玄奘回国以后事迹基本是后来补充的;《习禅篇》里许多禅宗史迹更是当时新出现的现象。道宣敏锐地意识到后者的重要意义,把它们大幅度地补写进来,而新兴的禅宗是不重经教的。这样道宣就有意无意间记录下当时佛教内部对待作为中国佛教源头的外来经典的两种态度、两大潮流。日本学者袴谷宪昭指出:

―――――――――――――

① 《续高僧传》卷二七《兖州法集寺释法冲传》,《大正藏》第 50 卷第 666 页下。

　　　　一般而言,追求语言意义正确的人们,并不了解语言流行
的真相……不可否认玄奘及其门下确实存在着这危险的一
面……玄奘尽管自负翻译正确,但佛教的新动向不可遏制则
是事实。虽然不能确切知道玄奘在什么程度上觉察、把握这
一动向,恐怕对经常处在宫廷近处(这未必是玄奘的意愿)的
玄奘来说,这种现实的动向大概是毫不关心的。①

从这样的意义看,"新译"的主观意图,以至于玄奘艰苦卓绝、备受
赞扬的求法活动,从根本上说又是与当时佛教发展的新潮流有相
当距离的。

　　但"新译"所取得的成就也不可低估,这主要表现在:

　　第一,"新译"补充、重译一批已有经典,翻译一批新结集的经
典,使得汉语佛教翻译经典更加完备,更加系统,至此中国基本圆
满完成了介绍外来佛典的工作,从而也奠定了汉语《大藏经》翻译
外来经典部分的规模。外来佛教发展不同时期结集起来的经典构
成一个思想、学术系统,这个庞大、完整的系统成为历代中国僧俗
据以接受和发展佛教的取之不尽的宝藏,同时又是一个内容极其
丰厚的文化宝库。"新译"的翻译工作补足、完善了这个系统和宝
库。人们一般认为(前面也这样介绍过)"新译"的唯识论书和密教
经典过分忠实于印度原典,成为它们在中国难以流传的重要原因
之一。但是从接受外来佛教整个理论体系的角度讲,译介它们却
又是必不可缺、十分重要的工作。又前面已经说过,玄奘及其弟子
窥基所开创的慈恩宗二传而绝,后来历史上研习法相学唯识之学
的人也不多,但这一宗派无论是对以后中国佛学的发展,还是对于
一般思想的发展,又都产生了相当深远的影响。而就金刚密教的
弘传而言,中土密宗唐末亦已衰败,但密宗的某些信仰、神祇、仪轨

─────────────

① 《佛教史の中の玄奘》,《人物　中國の佛教·玄奘》第 170 页,大藏出版,
　1981 年。

等却保留下来,继续流传,并融入到显教和民间信仰、民间宗教当
中,发挥了长远影响。

第二,就翻译的精确程度而言,"新译"达到了佛典翻译的最高
境界。前面已经说到,"旧译"时期最有代表性、成就最高的译家是
鸠摩罗什。他的译文往往删削烦重,更多有意译的地方。这主要
是基于方便中土人士接受的考虑,体现了适应本土环境和心理的
要求,当然也不无对于原典理解和表述方面的问题。赞宁在叙述
译经史上三个阶段的情形时说:

> 初则梵客华僧,听言揣意,方圆共凿,金石难和,碗配世
> 间,摆名三昧,咫尺千里,觌面难通;次则彼晓汉言,我知梵说,
> 十得八九,时有差违,至若怒目看世尊,彼岸度无极矣;后则
> (智)猛、(法)显亲往,(玄)奘、(不)空两通,器请师子之膏,鹅
> 得水中之乳,内竖对文王之问,扬雄得绝代之文,印印皆同,声
> 声不别,斯谓之大备矣。①

这里所说三个阶段,大体同于近人划分的"古译"、"旧译"、"新译"
三个时期。就是说,如果说第二个"旧译"时期的译文已经做到"十
得八九,时有差违",那么到了"新译"时期则原典和译文做到"印印
皆同,声声不别"了。提高翻译质量的重要条件除了一般佛学水平
的提高、中外语文水平的加强、长时期翻译取得的经验教训,还有
官营译场制度给予保障。自隋代朝廷在洛滨上林苑建立译场,内
部制定了更严密的分工办法和运作程序,证义、缀文、正字、证梵
文、笔受、执笔等各有专司。唐代因袭这一制度。立国后的贞观三
年(629)朝廷即下诏有司,搜扬硕德备精三教者十九人,助波颇于
大兴善寺创开传译,是为唐代朝廷创建译场之始。唐代的译场更
加严格地遴选参与人员,组成十分精干的专业班子。波颇主持下

―――――――――

①《宋高僧传》卷三《译经论》,上册第52―53页。

的译场已经与东晋南北朝时期的不同,译经已与讲学分开,因而有
人批评他"故聚名达,废讲经论,斯未是弘通者"。当时太府卿萧璟
作译经监护使辩护说:

> 颇远投东夏,情乖名利,欲使道流千载,声振上古。昔符、
> 姚两代,翻经学士乃有三千,今大唐译人不过二十,意在明德
> 同证,信非徒说,后代昭奉,无疑于今耳。①

后来玄奘回京,建立起更完备的译场,传译人员更加精干,译场制
度也更加完善,参与人员的品质也大为提升。隋彦琮总结"预翻译
有八备十条","八备"是:"一,诚心受法,志在益人;二,将践胜场,
先牢戒足;三,文诠三藏,义贯五乘;四,傍涉文史,工缀典词,不过
鲁拙;五,憷恼平恕,器量虚融,不好专执,沉于道术,淡于名利,不
欲高衒;六,要识梵言;七,不坠彼学;八,博阅《苍》《雅》,粗谙篆
隶,不昧此文";"十条"是:"一句韵,二问答,三名义,四经论,五歌
颂,六咒功,七品题,八专业,九字部,十字声"②。这里提出的是对
于参译者的要求,实际也反映了当时翻译队伍的水平。有了这样
的译场和富于献身精神又学业专精的队伍,又能够更充分地发挥
无论是专业水准还是一般品质都更为高超的专家的集体作用,也
就保证译文的更高水准和译事的效率。

第三,当时印度佛教已渐趋衰落,中国则发展为东亚的佛教中
心。译经事业也体现了当时中国佛教兴盛的一个侧面。特别是当
时培养出大量本土翻译人才,译经已经是中国人完全自主的活动,
对于中国佛教的发展就具有更大意义。日本学者池田温搜集九件
玄奘译场的列位写本,共计六十位参译者,有一位官员充笔受,其
余都是本土僧人,没有一个外国人。后来译经有更多朝官参与,确

①《续高僧传》卷三《唐京师胜光寺中天竺沙门波颇传》,《大正藏》第 50 卷第
　440 页中。
②《释氏要览》卷中,《大正藏》第 54 卷第 293 页中。

立了宰相监译制度。武则天朝参与译经、担任监译的宰相达十一人,包括韦巨源、萧至忠、宗楚客等;参与"润文"的则有张说、徐坚、李适等一时文坛名流。这样的译场成为僧、俗文化精英集中的场所,从一个侧面显示了中国佛教独立发展的实际,对于中国佛教进一步发展的关系也是十分重大的。

　　第四,也是相当重要的,唐代是中外交通畅达、文化交流鼎盛的时期,新译时期的译家们客观上担负着文化交流的使命。当时各国间官方的交往、经济领域的交流都有限,人员往来最为众多和频繁的是东来弘法和西行求法的僧侣(当然还有商人等)。如玄奘、义净等人,不仅热心求法、译经,他们又具有高度文化素养,在中国与印度、西域、南海等地的文化交流中发挥了重要作用。他们留下的论著不仅是佛教史上的经典,在文化史、学术史上更是内容极其丰富的宝贵文献。而他们无论是作为舍身求法的榜样,还是作为文化交流使者的形象与地位,都影响久远,辉耀史册。这也是新译译家们留给后人的宝贵精神遗产。

二

　　"新译"的开创者是玄奘。玄奘(600—664)[1],俗姓陈,名祎,原籍河南陈留(今河南开封),生于洛州缑氏县(今河南偃师),出身官宦之家。祖父陈康,北齐礼部侍郎;父陈慧,曾任陈留、江陵等县令,隋末动乱,辞官隐居。玄奘上有兄二人、姊一人。次兄陈素,出家为僧,法名长捷。玄奘生逢隋末动乱,又是隋朝廷大力崇佛的时

---

[1] 关于玄奘生卒年,异说颇多,兹采用道宣《续传》卒于麟德元年、世寿六十五岁之说,详考参阅杨廷福《玄奘年谱》,中华书局,1988年。又关于玄奘的行年、事迹,文献记载多有分歧,本书考订亦一依杨廷福书。

候。就佛教自身发展状况而言,齐梁以来,义学大兴,《地论》、《摄论》、《楞伽》、《涅槃》之学盛弘讲席,名师辈出。玄奘幼年时期曾穷研经史,由于家境困顿,十岁时(大业五年,609)兄长捷携往东都净土寺为童行,得到研习佛典的机会;十三岁,隋炀帝敕于东都度僧,玄奘受度出家,得法号玄奘。大业末年,李渊于太原起兵,中原群雄逐鹿,洛阳成为战场,玄奘与长捷西奔长安;又逢关中战乱,京师名僧相率奔蜀,玄奘兄弟二人又相随入蜀。时当唐王朝建立的武德元年(618)。玄奘在蜀四五年,寻师受业,研读大、小乘经论和南北地论、摄论诸家师说,学解大为精进。至二十四岁(623),泛舟出峡,游学荆州、扬州、吴会、赵州等地,二十六岁回到长安。这时候他已经颇有声誉,得到长安僧众的称赏。他的传记说:

> 自是学徒改观,誉满京邑。法师既遍谒众师,备飡其说,详考其义,各擅宗途,验之圣典,亦隐显有异,莫知适从,乃誓游西方以问所惑。①

就是说,他已经认真研习了当时发达的义学各学派所取得的成果,但仍不能满足,在长期访师求学过程中,深为南、北诸家学说不同所困扰。一个特殊机缘是时有天竺那烂陀僧人波颇蜜多罗(明友)来到长安,住大兴善寺,玄奘从他那里得知大本《十七地论》(即《瑜伽师地论》,真谛译本只是其中的一部分)总摄三乘,而印度那烂陀寺有戒贤法师,精通《瑜伽》并兼赅百家。这成为他发愿西行的直接原因。当时唐朝正与突厥相对抗,武德九年(626)八月突厥兵来犯,直至渭水便桥北。就是在这一年,玄奘"结侣陈表",要求出境,结果"有诏不许"②。次年秋,霜害秋稼,朝廷有敕道俗可随丰求食,玄奘遂乘机首途西行。

---

① 慧立、彦悰《大慈恩寺三藏法师传》卷一,第9—10页,孙毓棠、谢方点校,中华书局,1983年。
② 同上,第10页。《传》将此事系于贞观二年。

玄奘孑身犯险,偷渡关隘,沿途得到高昌王麴文泰和突厥叶护可汗帮助,越大漠,过雪山,穿越铁门关,风餐露宿,千难万险,经过一年多跋涉,进入北印度。唐太宗后来所写的《大唐三藏圣教序》形容说:

> 是以翘心净土,往游西域,乘危远迈,仗策孤征。积雪晨飞,途间失地,惊沙夕起,空外迷天。万里山川,拨烟霞而进影;百重寒暑,蹑霜露而前踪。诚重劳轻,求深愿达。周游西宇,十有七年,穷历道邦,询求正教……①

实际上这种描摹形容之词不能传达真实艰难困苦情形之万一。玄奘先是在迦湿弥罗(罽宾)停留年余,学习梵文经藏。前面已经提到过,这里曾是部派佛教中心、有部活动基地,也是向中国传播佛教的重要通道。然后南下,经过阎牟那河与恒河上游诸国,周游北印和中印,巡礼当年佛陀活动胜迹。在几年时间里,他随处叩问明师,特别注重学习小乘阿毗达摩和因明。约在贞观五年(631),他终于来到慕名已久的那烂陀寺(遗址在今印度比哈尔邦巴特那以东九十公里)。当时中亚佛教已渐趋衰落,中、南印成为佛教发展中心,那烂陀寺则是印度佛教的最高学府,"僧徒主客常有万人,并学大乘兼十八部,爰至俗典《吠陀》等书,因明、声明、医方、术数亦俱研习。凡解经、论二十部者一千余人,三十部者五百余人,五十部者并法师十人。唯戒贤法师一切穷览,德秀年耆,为众宗匠。寺内讲座日百余所,学徒修习,无弃寸阴。德众所居,自然严肃"②。玄奘在这里停留参学,晋谒戒贤大师,听讲《瑜伽论》,更广学经论,特别是系统学习了瑜伽行学派论书,披难决疑,且学且行。当时戒贤已经年迈,玄奘得到教益最多的是戒贤弟子玄鉴。由于他学解精深,在那里树立起很大声望,被推为精通三藏的"十德"之一,受

---

① 《大慈恩寺三藏法师传》卷六,第 143 页。
② 同上卷三,第 69 页。

到很高礼遇。他进学五年，贞观十年辞别戒贤，从那烂陀寺出发，先向东印，转南印，再向西印，巡行印度半岛，走遍五印全境。贞观十三年，玄奘再度回到那烂陀寺。次年，应戒贤之嘱，为寺众开讲《摄大乘论》、《唯识决择论》。时有中观学派论师师子光在寺中讲《中》、《百》二论，破《瑜伽论》，玄奘"以为圣人立教，各随一意，不相违妨，惑者不能会通，谓为乖反，此乃失在传人，岂关于法也。愍其局狭，数往征诘，复不能酬答……法师为和会二宗言不相违背，乃著《会宗论》三千颂。论成，呈戒贤及大众，无不称善，并共宣行"[①]。这显示了他游学的杰出成就；而他统会中观、唯识二宗，则体现了中华学术综合会通的精神。这部大著是用梵文写的，原著久佚，没有翻译成汉文，后人已不能了解它的具体观点如何，又是如何展开论述的。他又应当时统一全印的戒日王之请，为破除南印正量部反对大乘的异说而作《制恶见论》一千六百颂。戒日王又在羯朱嗢祇罗国会见玄奘，垂询中国形势，并在曲女城为玄奘举行无遮大会，有五印十八国王和谙熟大、小乘佛教徒三千余人、那烂陀寺僧千余人、婆罗门及外道二千余人参加。大会以玄奘的《会宗》、《制恶见》二论为标的，直至十八天终了，无人提出异议。玄奘遂受到大、小乘教徒的一致推崇，被分别赠以"解脱天"和"大乘天"尊号。贞观十五年，玄奘辞别戒日王，启程东归。回国时走南道，越葱岭，至于阗，于贞观十九年正月到达长安。当时唐太宗在洛阳，京城留守宰相房玄龄等百僚亲自恭迎，都城万民空巷。然后到洛阳进谒太宗。太宗殷勤慰问，敕居长安弘福寺传译。玄奘艰难而辉煌的西行求法活动以禁限开始，以得到朝廷荣崇而光荣结束。

　　玄奘回归的贞观十九年二月，唐太宗在接见他之后，就出发亲征高丽。当时东突厥早已破败，而西突厥叛服不常。来往经行西域又表现出杰出才能的玄奘自会得到正在大力经营西北边疆的太

————————
[①]《大慈恩寺三藏法师传》卷四，第97—98页。

宗的器重。所以太宗曾劝请玄奘罢道助秉俗务，固辞乃止。但太宗和后来的高宗一直不让玄奘离开左右。玄奘自回京直到圆寂，勤奋不倦地从事规模宏大的译经事业，大体可分为五个阶段。第一阶段是贞观十九年回归到二十二年前半，译场设在弘福寺；第二阶段贞观二十二年后半到二十三年前半，随从太宗迁徙不定，奔走在玉华宫（在陕西户县）、北阙弘法院、翠微宫，这一年间太子李治为生母文德皇后追福扩建慈恩寺，成为后来玄奘住持的主要译场；以上两个阶段在太宗时期；第三阶段贞观二十三年五月太宗死后到永徽年间（650—655），玄奘主要在慈恩寺译经；第四阶段是显庆年间（656—661），玄奘陪同高宗到过洛阳，回长安后在西明寺译经，又转赴玉华寺；第五阶段至麟德元年（664）圆寂，在玉华寺译经；后三个阶段是在高宗时期。这期间的永徽六年（655），武则天由昭仪册封为皇后，是她专权的开端。玄奘开始译经的时候，生活比较安定，因为太宗正亲征高丽，没有受到多少干扰；后来太宗回銮，他就要用很多时间陪侍左右了。显庆年间武则天开始得势，玄奘更多地陪同高宗活动，这和武则天大力推崇佛教有关系。这样从总体看，玄奘回国后，一直与朝廷保持密切联系，基本处在一个封闭的环境里活动。这当然给他所从事的译经事业提供了充分物质上的保证，但也使得他与更广泛的社会生活相隔离，学问也因此带有十分浓厚的经院色彩。

玄奘在中国佛教史、中国文化史、中外交流史等诸多领域的贡献是十分巨大的。

首先值得大书特书的当然是他的译经事业。

玄奘西行，求得经典计五百二十夹、六百五十七部，此外还有佛像、法物等。他在回国后的十九年间，共译出经论七十五部、一千三百三十五卷，另撰有《大唐西域记》。所译出部分虽然不及他带回经典总数的十分之一，但比起前人业绩是相当可观的。据元代《至元法宝勘同总录》，著录到至元二十二年（1285）的译经总数

是一千四百四十部、五千五百八十六卷(当然有大量佚失者未计),
从卷数看玄奘一人的成绩几占全部的四分之一。如果按年平均,
他实际从事翻译仅十七年半,每年要翻译七十五卷,还要考虑到他
很多时间陪侍在太宗、高宗身边。《慈恩传》描述说:

> (永徽改元)法师还慈恩寺。自此之后,专务翻译,无弃寸
> 阴。每日自立程课,若昼日有事不充,必兼夜以续之。遇乙之
> 后方乃停笔。摄经已复礼佛行道,至三更暂眠,五更复起,读
> 诵梵本,朱点次第,拟明旦所翻。每日斋讫,黄昏二时讲新经
> 论,及诸州听学僧等恒来决疑请义……①

由此可见玄奘工作过人的勤奋。在他生命的最后四年间,以六十
以上高龄,每年仍平均翻译一百七十卷。从上面的介绍又可以知
道,由于他转徙于多个译场之间,又常常陪侍皇帝行幸,生活并不
安定,但译事未曾中辍。直到临终前一个月,他仍开始翻译《大宝
积经》,由于自觉体力不支,遂绝笔辍译,嘱咐后事。其生生不息的
勤奋专精,千载之下仍令人无限感动。

学界评论中国译介外来佛典,谓"至鸠摩罗什而翻译始'大',
至玄奘而翻译始'备'"②。之所以这样说,是因为到玄奘,才算终于
圆满完成了系统传译大、小乘经论的工作。玄奘的译籍遍及大、小
乘三藏(除了小乘律),而特别集中精力翻译了大乘五大部(《般
若》、《宝积》、《大集》、《华严》、《涅槃》)之外的经典(许多是重译)和
大、小乘论书,而这些论书正体现了历代佛学发展的成就。回国后
甫抵长安,他首先翻译当初发愿西行所求《瑜伽师地论》一百卷和
瑜伽行学派的主要论书,这一派的所谓"一本十支"(细目见前)他
大都翻译了;他翻译或重译了宣扬唯识思想的《解深密经》(前有菩
提流支译《深密解脱经》)和《佛地经》,又糅译护法等印度十大论师

---

① 《大慈恩寺三藏法师传》卷七,第158页。
② 杨廷福《玄奘年谱》第218页。

对世亲《唯识三十颂》的释论而成《成唯识论》,这样反映印度佛学最新、最高成就的瑜伽行派典籍他就全面、系统地译介了;高宗时期,他翻译了有部基本论书《阿毗达摩大毗婆沙论》(前有北凉浮陀跋摩译《阿毗昙毗婆沙论》六十卷,相当于玄奘译二百卷本的一百一十一卷以前部分)和构成所谓"一身(《阿毗达摩发智论》[前有前秦僧伽提婆异译本《阿毗昙八犍度论》])六足(《集异门足论》、《法蕴足论》、《施设足论》[法护等译]、《识身足论》、《界身足论》、《品类足论》)"七部中的六部论书,从而完整介绍了有部典籍;他还重译了反映小乘向大乘教理转变的世亲的重要论书《俱舍论》(前有真谛译本)。在圆寂的前四年,他又集中精力编译六百卷《大般若经》,这是总汇汉译《般若》类经典的大丛书,其中新译四百八十一卷,其他是经校订的旧译本,这样大乘空宗的这一基本经典群就完整地译出了。他翻译的其他重要译籍还有:重译《称赞净土佛摄受经》(即罗什《阿弥陀经》同本异译),几部中观部论书如圣天的《广百论本》等,还有一批当时新兴起的密教的经咒等,甚至还译了一部外道论书《胜宗十句义论》。日本学者袴谷宪昭根据《开元录》等资料考订、整理出详细目录,著明经典著者、类别、译出年代、初译或重译情形以及原文、藏译存佚等,载《佛教史の中の玄奘》(《人物　中國の佛教·玄奘》,第266—289页),可以参看。

　　玄奘译经的成就,也得力于译经组织即新型译场的建设。如前所说,隋唐时期的译场规模并不大,由精干的专业班子组成,工作有更高的效率。玄奘的译场分工明细,人选尤其严格,而且延续工作时间长,参与者积累起足够丰富的学识和经验。这些方面都是空前绝后的。《慈恩传》记载:

　　　　(贞观十九年)三月己巳,法师自洛阳还至长安,即居弘福寺。将事翻译,乃条疏所须证义、缀文、笔受、书手等数,以申留守司空梁国公房玄龄,玄龄遣所司具状发使定州启奏。令旨依所须供给,务使周备。夏六月戊戌,证义大德谙解大小乘经、论为时辈所推者，一十二人至，即京弘福寺沙门灵润……
又有缀文大德九人至，即京师普光寺沙门栖玄……又有字学
大德一人至，即京大总持寺沙门玄应；又有证梵语、梵文大德
一人至，即京大兴善寺沙门玄謩。自余笔受、书手，所司供料
等并至。①

由此也可见当时朝廷对玄奘译经工作的重视以及安排之周密。显
庆元年(656)，在大慈恩寺为皇太子设五千僧斋，黄门侍郎薛元超、
中书侍郎李义府征询玄奘对"翻译仪式"的意见，玄奘说：

> 今汉、魏遥远，未可详论。且陈苻、姚已来翻宣经论，除僧
> 之外，君臣赞助者，苻坚时昙摩难提译经，黄门侍郎赵政执笔；
> 姚兴时鸠摩罗什译经，姚王及安城侯姚嵩执笔；后魏菩提留支
> 译经，侍中崔光执笔并制经序。齐、梁、周、隋并皆如是。贞观
> 初波颇罗那译经，敕左仆射房玄龄、赵郡王李孝恭、太子詹士
> 杜正伦、太府卿萧璟等监阅详缉。今独无此……公等能为致
> 言，则斯美可至。

两人启奏，得到高宗允诺，遂宣敕曰：

> 大慈恩寺僧玄奘所翻经、论，既新翻译，文义须精，宜令太
> 子太傅尚书左仆射燕国公于志宁、中书令兼检校吏部尚书南
> 阳县开国男来济、礼部尚书高阳县开国男许敬宗、守黄门侍郎
> 兼检校太子左庶子汾阴县开国男薛元超、守中书侍郎兼检校
> 右庶子广平县开国男李义府、中书侍郎杜正伦等，时为看阅，
> 有不稳便处，即随事润色。若须学士，任量追三两人。②

至此，由宰相兼领润文、监译成为制度。玄奘译场分工职务大体有
译主、证义、证文、笔受、缀文、书手、参译、勘定、润文、梵呗等；译场

---

①《大慈恩寺三藏法师传》卷六，第130—131页。
②同上卷八，第178—179页。

所须一切由朝廷供给。由于参译者多有能文的臣僚,他们可以帮助做文字修饰工作,这也有利于译文质量的提高。汉魏时期译经,由不懂汉语的外族僧侣与学养不高的中土人士合作,后来才逐渐有更多熟悉汉语的中、外僧俗参与,并由少数中、外人士对译发展到多数人集体翻译以至建立起大规模译场。南北朝时期的这些译场成为兼具讲学、讨论功能的群众性教学场所。至隋代朝廷的官营译场已收缩为少数精英人士组成的专业机构。到玄奘的译场,他本人作为主持者具有诸方面极高的学养,下面又有专精的工作班子,加上严密完善的制度,又有朝廷加护与支持,这都给译经工作的高水准提供了充分保证。

玄奘更在"旧译"长期积累的经验的基础之上,总结翻译原则和方法,形成"新译"独特的优长和译风。他特别强调忠实于原著,力求译文的准确精赅。这也是他自早年确立起来的学术追求所决定的。他当年本是为了解决对于经典内容的疑惑才决定西行的。后来回国译经,唐太宗曾问他前代翻译的《金刚经》"文义具不",他回答说:

> 此经功德实如圣旨。西方之人咸同爱敬。今观旧经,亦微有遗漏。据梵本具云"能断金刚般若",旧经直云"金刚般若"。欲明菩萨以分别为烦恼,而分别之惑,坚类金刚,唯此经所诠无分别慧,乃能除断,故曰"能断金刚般若"。故知旧经失上二字。又如下文,三问阙一、二颂阙一、九喻阙三,如是等……①

因而唐太宗建议他重译,他遂依梵本重翻为《能断金刚般若》②。后来至显庆五年正月,开始翻译《大般若经》,"梵本总有二十万颂,文

①《大慈恩寺三藏法师传》卷七,第153—154页。

②关于这里所说经本题名,玄奘所用梵本 vajra-cchedikā-prajñā, vajra, 义谓"(因陀罗的)闪电",意思是"如闪电一样撕裂烦恼的智慧"。参阅袴谷宪昭《佛教史の中の玄奘》,《人物　中國の佛教·玄奘》第169页。

既广大,学徒每请删略,法师将顺众意,如罗什所翻,除繁去重。作
此念已,于夜梦中即有极怖畏事以相警诫,或见乘危履嵮,或见猛
兽搏人,流汗颤栗,方得免脱,觉已惊惧,向诸众说,还依广翻"①。
关系到忠实原文问题,他还明确了音译、意译的处理原则,总结出
所谓"五种不翻"。这是道安的"五失本三不易"、彦琮的"八备"之
后在翻译理论上的又一重大建树。"五种不翻"是:

> 一秘密故,如陀罗尼;二含多义故,如薄伽梵,具六义;三
> 此无故,如阎浮树,中夏实无此木;四顺古故,如阿耨菩提,非
> 不可翻,而摩腾以来,常存梵音;五生善故,如般若尊重,智慧
> 轻浅。而七迷之作乃谓释迦牟尼,此名能仁,能仁之义,位卑
> 周孔;阿耨菩提,名正遍知,此土老子之教,先有无上正真之
> 道,无以为异;菩提萨埵,名大道心众生,其名下劣,皆掩而
> 不翻。②

这"五种不翻"照顾到译文"求真"和"喻俗"两个方面,对佛典翻译
当中处理"音译"这一难题提出了适当的解决原则。从实践成果
看,玄奘的"新译"不是像什译《妙法莲华经》那样不拘泥原文而适
当采用"意译"办法,也不是如什译《大智度论》那样有意改变原文
冗长句式而使用精炼通顺的表达方式,更不是如真谛译经为了让
读者了解文意而随意插入译者的注释语。玄奘的译文表达比较生
硬格碍,但却更为确切、精赅。就忠实原文一点看,是前人无法相
比的。例如《维摩经》的开头,什译本是:

> 如是我闻:一时佛在毗耶离庵罗树园,与大比丘众八千人
> 俱。菩萨三万二千,众所知识,大智本行,皆悉成就,诸佛威神
> 之所建立,为护法城,受持正法,能师子吼,名闻十方。众人不

---

①《大慈恩寺三藏法师传》卷一〇,第215－216页。
②周敦颐《翻译名义集序》,《大正藏》第54卷第1055页上。

> 请,友而安之,绍隆三宝,能使不绝,降伏魔怨,制诸外道,悉已清净,永离盖缠,心常安住,无碍解脱,念定总持,辩才不断。布施、持戒、忍辱、精进、禅定、智慧及方便力,无不具足,逮无所得,不起法忍,已能随顺,转不退轮,善解法相,知众生根,盖诸大众,得无所畏……①

而玄奘译本是:

> 如是我闻:一时薄伽梵,住广严城庵罗卫林,与大苾刍众八千人俱。菩萨摩诃萨三万二千,皆为一切众望所识,大神通业,修已成办,诸佛威德,常所加持,善护法城,能摄正法,为大师子,吼声敷演,美音遐振,周遍十方。为诸众生,不请善友,绍三宝种,能使不绝,降伏魔怨,制诸外道,永离一切障及盖缠,念定总持,无不圆满,建立无障解脱智门,逮得一切无断殊胜,念慧等持陀罗尼辩,皆获第一。布施调伏,寂静尸罗,安忍正勤,静虑般若,方便善巧,妙愿力智波罗蜜多,成无所得,不起法忍,已能随转不退法轮,咸得无相妙印所印,善知有情诸根胜劣,一切大众所不能伏……②

把这两个段落加以比较就可以看出,玄奘译文对于许多名相重新加以勘定过;表达上显然更为精确;同一段落的译文篇幅增加了,也是表述更为细密的结果。不过新译的文字和译风显然也有不足或弊病。总的说是过分求"信"即忠实原文而欠"达""雅"即不够顺畅,欠缺文饰,读起来让人感到艰深生涩。这大为影响了新译本的流通。又本来一部经论的梵本可能不同,有些教理在发展中必定会有变化(比如瑜伽行派的理论前后就大有不同),玄奘对于前人译文不同或有疑惑之处一律判定为错误并加以指斥,认识则显得

---

① 《维摩诘所说经》卷一《佛国品》,《大正藏》第 14 卷第 537 页上。
② 《说无垢称经》卷一《序品第一》,《大正藏》第 14 卷第 557 页下。

片面,态度也不够客观了。对于这些方面,不只是其他宗派的人,就是他的弟子也有表示不满的。以至窥基作《维摩》注疏,仍要利用旧译的什译本。不过总体上如吕澂所说:

　　公正地说,印度的佛学从汉末传来中国,直到唐初的几百年间,真正能够传译印度学说的本来面目的,还要算玄奘这一家。①

　　玄奘在中国佛教史上又一个重大成就是他更系统地介绍唯识思想,弘扬唯识学理,开创中国佛教宗派法相宗。玄奘本人著述如前面所提到的《会宗论》、《制恶见论》没有流传下来,但他在长期译经的间歇,黄昏二时讲解新译经论,到贞观二十二年,从他得度的弟子窥基参与译场,成为第一高足,随翻受旨,述记文疏,形成一批著作。这些注疏树立起法相一宗宗义的基本规模,实际应看作是师徒共同创作的结晶。

　　法相宗所依以立宗的瑜伽行派教理,是印度佛学思想发展的高峰。早期大乘佛教的般若思想,主张"我、法两空",但荡相遣执太过,全部排遣掉了信仰实践的主体和对象,从而使信仰失去依据,遂有后起的中观学派加以挽救。另有《华严经》最早结集成的《十地品》,也是作为般若空观的反动,提出"三界唯心"之说,即所谓"心、佛与众生,是三无差别"。这一派思想继续发展,分化为两大潮流。一种从直观上发挥"心"的理想一面,这就是如来藏思想。"如来"即佛陀,"藏"有胎儿和子宫二义。"如来藏"本义谓成佛的胎儿或佛陀寄宿的子宫。如来藏思想继承和发挥部派佛教大众部的心性本净说,主张一切众生有如来藏,也就是肯定一切众生悉有佛性,从而把佛与众生放在同等地位上。中土所翻译的阐述如来藏思想的经典有佛驮跋陀罗译《大方等如来藏经》(后来有不空异

①《中国佛学源流略讲》,《吕澂佛学论著选集》第5卷第2721页。

译《大方广如来藏经》)和勒那摩提译《究竟一乘宝性论》等。涅槃
佛性思想也属于这一系统。再一种是从实践上发挥"心"的现实一
面,这就是瑜伽行学派。"瑜伽"意谓相应,指与理相应,乃是一种
"观"法;"行"指修持,特指奢摩他即禅定修行。瑜伽行即通过止
观,转识成智,证得大菩提、大涅槃。如上所说,在玄奘以前译介这
一派典籍的主要是真谛。他译出了这一派基本论书《摄大乘论》和
《决定藏论》(《瑜伽师地论》第二部分《摄抉择分》的一部分)。又前
面已经指出,玄奘系统、完整地翻译了这一派论书,并广为弘扬,教
授门徒,门下高足更多有著述,弘传师说,从而创立起法相一宗。

　　关于法相宗的宗义,本书前面介绍宗派佛教一章已有简单说
明。这里只再指出,尽管法相宗被看作是印度佛教瑜伽行学派的
中国翻版,它的教理背离了当时中国佛教发展的总潮流,又具有严
重的经院性质,因而作为宗派不能长久弘传,无论是当时还是以后
几乎没有在民众中造成影响,但其在佛教史和文化史上的价值和
意义却不能简单地抹煞。它的关于阿赖耶识缘起、三自性(遍计所
执自性、依他起自性、圆成实自性)、三无性(相无性、生无性、胜义
无性)、唯识无境、转识成智、五位百法等教理,作为大乘思想的新
发展,均被中国佛教以不同形式汲取;特别是其心性学说中包含对
于人的心理的极其细密的分析,其认识论对于人的认识能力和形
式有相当深入的探讨,其说明宗义论证方法之周详细致更是方法
论方面的新开拓,等等,在佛教史和思想史上都留下了深远影响,
以至近代资产阶级革命时期仍有复兴"唯识"的努力,也是它的内
在价值的证明。

　　玄奘眼界开阔,学养深厚,在西行十八年中积累了极其丰富的
域外知识。他留下一部《大唐西域记》十二卷。写作这部求法行
记,基于主观条件与客观要求,作者又不像法显等人的求法行记那
样主要记述有关佛教的史迹和见闻,其内容之丰厚远远超过历史
上有关题材的众多僧俗著作,从而成为关于中亚、南亚(包括今阿

富汗、巴基斯坦、尼泊尔、印度、孟加拉国等国)史地、中西交通史、
中亚南亚佛教史的巨著。这部书季羡林校注本题"玄奘、辩机原
著",杨廷福认为是"玄奘口述,辩机笔录,最后由玄奘修润、审定的
著作",是"玄奘奉诏撰述"①。当时向朝廷进书,敬播有序说:

> 亲践者一百一十国,传闻者二十八国,或事见于前典,或
> 名始于今代。莫不餐和饮泽,顿颡而知归;请吏革音,梯山而
> 奉贶。欢阙庭而相抃,袭冠带而成群。尔其物产风土之差,习
> 俗山川之异,远则稽之于国典,近则详之于故老。邈矣殊方,
> 依然在目。无劳握椠,已详油素,名为《大唐西域记》,一帙十
> 二卷。窃惟书事记言,固已缉于微婉;琐词小道,冀有补于
> 遗阙。②

从这篇序看,玄奘撰写这部书,材料有的得自亲践,有的得自传闻,
有些取自典籍,有些取自故老,来源十分广泛。从中亦可见其搜求
的努力。写作目的这里也表现得很清楚:因为当时中、南亚诸国与
中国交流频繁,许多国家纷纷遣使入贡,希望这部书能够"有补于"
朝廷的"遗阙",即作为与外国交往的实际参考。玄奘在回国后的
第二年(贞观二十年,646)即撰成此书,显然也是有意配合唐王朝
经营西域的现实需要。

　　具体说来,《大唐西域记》的结构已经显示出作者开阔的视野
和丰厚的知识:书中首先将古印度的情况作一综述,包括名称、疆
域、数量、岁时、邑居、衣饰、馔食、文字、教育、宗教、族姓、兵术、刑

---

①《玄奘年谱》第 224 页。关于本书作者,由于今本结衔均作"三藏法师玄奘奉
　诏译,大总持寺沙门辩机撰",又《新唐书·艺文志》分别著录玄奘《大唐西域
　记》十二卷和辩机《西域记》十二卷,遂产生"译"与"撰"和著者问题。据考在
　唐代并没有该书是玄奘从梵文译出之说,以玄奘为译者之误始于宋代;而从
　书的内容看,大量材料出自见闻,有些内容虽或有梵文典籍为依据,亦非经
　玄奘亲自撰述不可。
②季羡林等校注《大唐西域记校注·序一》第 9 页,中华书局,1985 年。

法、敬仪、病死、赋税、物产等广泛内容;然后依自己求法旅行顺序,
在述说求法经历和所到各地佛教状况的同时,将包括今新疆丝绸
之路南、北两道和西域、五印百余"国"的地理形势、历史沿革、社会
制度、人口分布、民族源流、经济物产、风俗习惯、语言文字等等做
出翔实生动的描述,提供了研究古代中、南亚和今中国新疆地区史
地和交通的不可替代的宝贵资料。前面已在指出过,由于古印度
人缺乏历史观念,没有留下多少历史著作,别国的相关纪录就成为
研究印度历史的主要资料;而对于研究印度佛教史,中国的材料,
特别是中国僧人前往印度的求法行记就更为重要。玄奘这部书篇
幅空前,内容比此前同类著作远为详尽,特别是对于他所到之处佛
教的现状,如大、小乘各部派的活动、佛教学术的发展、民众信仰的
实态、佛教胜迹的现状等等,都有详细的记述;而关于印度佛教史
上历次结集、重要事件、重要人物(如马鸣、龙树、提婆、无著、世亲
等)的记载,由于印度方面的资料简略而混乱,这部书里的记述尤
其珍贵。例如季羡林讲到书中关于提婆达多的记载,就是其他佛
教史籍上所不见的,也给佛教史研究提供了重要"启发"[1]。季羡林
又曾举例指出,这部书"对印度古代和中世纪的历史上的许多大事
件都有所记述。比如关于伟大的语法学家波你尼,关于毗卢择迦
王伐诸释,关于阿育王与太子拘浪拏的故事等等。迦腻色迦王的
问题多年来在世界许多国家的历史学家中已经成为一个热门,《大
唐西域记》有四五处讲到迦腻色迦,给这个问题提供了宝贵的资
料。至于在玄奘时代,印度的政治、经济、宗教、文化、民族关系,等
等方面,《大唐西域记》都有非常翔实的论述"[2]。汉文文献里现存
有丰富的有关中亚、南亚、西域地区史地和交通的材料,包括史书
上的《西域传》、《西戎传》等,佛教西行僧人留下的求法行记是其中

─────────

① 参阅《玄奘与〈大唐西域记〉》,《大唐西域记校注》卷首,第130—133页。
② 同上,第127页。

重要部分,而最有价值的当属玄奘这一部。

　　关于玄奘在一般的中、外文化交流方面的贡献,还应当注意到他向外国传播中华文化的业绩。他求法旅行各地受到热烈欢迎,除了由于他宗教大师的身份,更因为他被看作是中国文化的特殊使者。各国、各民族尊敬他,也是出于对东方文明古国、当时又是东亚政治、经济、文化中心的中国的敬重和向往。所到之处,他积极地宣传中国佛教,宣扬中华文明,介绍和传播中国文化的知识和信息。著名事例如他在羯朱嗢祇罗国会见戒日王,曾向戒日王陈宣唐太宗英武,并谈及当时中国流行的《秦王破阵乐》乐曲。戒日王钦慕之下,即派遣使者,于翌年冬抵达长安①。在迦摩缕波国,拘摩罗王招请他,"拘摩罗王曰:'……今印度诸国多有歌颂摩诃至那国《秦王破阵乐》者,闻之久矣,岂大德之乡国耶?'曰:'然。此歌者,美我君之德也。'拘摩罗王曰:'不意大德是此国人,常慕风化,东望已久。山川道阻,无由自致。'曰:'我大君圣德远洽,仁化遐被,殊俗异域,拜阙称臣者众矣。'"②只可惜限于《大唐西域记》的性质,有关这方面情况没有做更多记述。玄奘回国,受到朝野、僧俗热烈欢迎。这当然是由于玄奘个人的求法成就和人格魅力,却又和当时国家整个形势有关系。唐朝初年积极地经营边疆,从根本上改变了朝廷与边疆各族交往中的被动形势。东突厥、薛延陀相继败亡,铁勒诸部、回纥等请求内附,并"请于回纥以南、突厥以北开一道,谓之参天可汗道,置六十八驿,各有马及酒肉以供过使"③。这样,北边无戎马之警,"丝绸之路"畅通,更加便利了中、外交流。在这种情况下,玄奘实际是树立了一个与外国、与各民族相交流的榜样。得到他的鼓舞,西行求法出现又一个热潮。百余年间,许多人追随他走上西去的长途。此外,玄奘在回国后繁忙从事译经期

①考见杨廷福《玄奘年谱》第 194—195 页。
②《大唐西域记校注》卷一〇,第 797—798 页。
③《资治通鉴》卷一九八《唐纪·贞观二十一年》,第 6245 页。

间,还把《老子》、《大乘起信论》译成梵文。后者如前所述,传为马鸣的著作;以前曾有真谛译本,梵本据传已经佚失,近人研究多以为是中土撰述。翻译这部书和翻译《老子》一样,实际上也是向外国介绍中国学术的工作。在这方面,玄奘是先驱者、开拓者。

在中国佛教漫长发展进程中,不畏艰险、舍身求法的僧俗人士不计其数,但就业绩的伟大、成就的壮观说,玄奘当属第一位。而值得特别表扬的是,他的一生奋斗,体现了一种精神,即鲁迅所说作为中华民族脊梁的"舍身求法"精神。他所留下的这份精神遗产,也是留给后人的巨大、持久的激励和鼓舞。

三

玄奘以后,在唐帝国强大昌盛、声威远播的形势下,丝绸之路畅通,南海所谓"海上丝绸之路"也繁荣起来。由于唐王朝执行柔远、开放的政策,又有玄奘的榜样在前,从陆路、海上西行的人往还不绝。同时西域、天竺诸国也更主动地密切与中国相往来,使臣、商侣络绎于途。许多天竺僧人来华,加入译场,从事翻译。盛大的局面延续一百几十年,直到天宝年间西边有大食兴起,继而发生"安史之乱"被阻隔。

鉴于玄奘译经的巨大成绩和崇高声望,这一期的译业一依玄奘开创的"新译"为范例。又由于至玄奘,大、小乘三藏已经相当系统地传译完毕,所以此后翻译业绩和以前相比较,成就和影响都有限了。当然仍出现一些大译家,也取得相当重要的翻译成果。主要成绩一方面是补译某些经典,再是翻译新兴起的金刚密教的典籍。值得注意的是,这一时期正是中国宗派佛教兴盛时期,一些影响重大、传播广远的宗派虽然以外来翻译经典为典据,实际上更注

重建立体现中国思想传统的自宗宗义,从而也更重视自宗宗师的
著述,对于翻译经论则注重义疏等即致力于基于自宗立场的阐释。
这当然也有碍"新译"扩大影响。

　　玄奘之后,唐代中土著名译师首屈一指的当属义净。义净
(635—713),俗姓张,字文明,齐州山茌(山东济南市长清区)人。
他出身于历代仕宦之家,但到他祖、父两代,"俱厌俗荣,放旷一
邱"①。这可能和隋末战乱有关系。义净七岁到齐州城西四十里的
土窟寺出家。玄奘回国那一年他十一岁。他后来在《大唐西域求
法高僧传》序言开头说:

　　　　观夫自古神州之地,轻生徇法之宾,显法师则创辟荒途,
　　奘法师乃中开王路。②

这就表明,古人法显和今人玄奘的事迹启发他西行求法的志愿,被
他当作榜样。在西行前的二十余年里,他曾到过洛阳、长安等地,
广泛游学,研读《对法》、《摄论》、《俱舍》、《唯识》等论著,特别专精
于律学。到咸亨二年(671)十一月,他三十七岁那一年,几经周折,
终于和另一位僧人善行一起,搭乘波斯商人船舶,踏上从海上赴印
的旅程。经过赤道"长截洪溟,似山之涛横海;斜通巨壑,如云之浪
滔天"③的狂风巨浪,先是到达南海中的室利佛逝国(今印度尼西亚
苏门达腊岛巨港)。这里是南海东、西交通和贸易枢纽,当时也是
佛教盛行的地方。义净在这里停留半年,然后重新起航,于咸亨四
年到达印度,开始巡行各地佛教胜迹。后来唐中宗在《三藏圣教
序》里概括叙述他的旅程说:

---

①唐中宗李显《(大唐龙兴)三藏圣教序》,《全唐文》卷一七,第211页。
②王邦维《大唐西域求法高僧传校注》卷上,第1页,中华书局,1988年。
③同上卷下,第152页。义净求法往来的具体路线和年代,现存资料记载并不
　详密,以下据王邦维《义净与〈南海寄归内法传〉》即校注本《代校注前言》所
　考定。

> 渐届天竺,次至王城。佛说《法华》,灵峰尚在;如来成道,
> 圣躅仍留。吠奢城中,献盖之迹不泯;给孤园内,布金之地犹
> 存。三道宝阶,居然目睹;八大灵塔,邈矣亲观。所经三十余
> 国,凡历二十余载。①

就是说,印度佛教胜地他是走遍了。当时印度处在割据时期,邦国
林立,旅行十分艰难,危机重重。他到印度不久,就遇到山贼洗劫,
险些丧命。这次巡礼之后,他和玄奘一样,于上元二年(675)来到
当时印度佛教学术中心那烂陀寺。当时戒贤法师已经去世,但这
里仍有许多饱学之士。义净曾从宝师子大德学《瑜伽十七地》。他
在这里住了十年,时间比玄奘长一倍。这十年间他求师访道,搜集
经籍。特别是他自早年就关心律部,他对这里的寺院规范、僧人生
活作了细致的实地观察,为后来写作《南海寄归内法传》作了准备;
他又遇到许多从中土前来的求法僧人,搜罗有关这些人物事迹,成
为他后来写作《大唐西域求法高僧传》的材料。垂拱元年(685),他
启程回国。途中在羯荼国停留近一年。大约在垂拱三年的一、二
月间,再次来到室利佛逝国。这次他在室利佛逝国停留六年多。
这期间,他曾经于永昌元年(689)回广州一次,可能是为了解国内
形势,作进一步的打算。也是在这里,他开始翻译经典并写成《内
法传》和《求法高僧传》,并派人送回国内。长寿二年(693)他又一
次来到广州。在这里停留一年多,于证圣元年(695)五月北上,回
到洛阳。当时武则天已经称帝,以释氏开革命之阶,正在大兴佛
教,他受到热烈欢迎:

> 天后敬法重人,亲迎于上东门外。洛阳缁侣,被设幢幡,
> 兼陈鼓乐,在前导引。敕于佛授记寺安置。所将梵本,并令
> 翻译。②

---

①《全唐文》卷一七,第211页。
②《开元释教录》卷九,《大正藏》第55卷第568页中。

武则天亲自出迎,可见他得到的荣崇。此后到他圆寂的先天二年(713),朝廷经过中宗复辟至玄宗即位几年间的动乱,他一直受到崇重不衰。他经常随驾往来于长安、洛阳间,并在两京大寺如洛阳佛授记寺、大福先寺、长安大荐福寺、西明寺以及宫内的内道场建立译场译经。他回国后先是参与实叉难陀《华严经》译事,担任诵梵。从久视元年(700)起开始独立组织译场,翻译《入定不定印经》,武则天曾亲制《大周新翻圣教序》;神龙元年(705),中宗又制《大唐龙兴三藏圣教序》;神龙三年翻译《药师琉璃光七佛本愿功德经》,中宗亲御法筵,手自笔受。他主持的这些译场沿袭玄奘译场的宰相监译制度,亦有高官显宦参与;另一方面与玄奘比较,又有更多梵僧参与翻译。例如景龙四年(710)的大荐福寺译场:

> 吐火罗沙门达磨末磨、中印度沙门拔弩证梵义;罽宾沙门达磨难陀证梵文;居士东印度首领伊舍罗证梵本;沙门慧积、居士中印度李释迦、度颇多等读梵本;沙门文纲、慧沼、利贞、胜庄、爱同、思恒等证义;沙门玄伞、智积等笔受;居士东印度瞿昙金刚、迦湿弥罗国王子阿顺等证译;修文馆大学士特进赵国公李峤、兵部尚书逍遥公韦嗣立、中书侍郎赵彦昭、吏部侍郎卢藏用、兵部侍郎张说、中书舍人李义、苏颋等二十余人次文润色;左仆射舒国公韦巨源、右仆射许国公苏瓌等监译;秘书大监嗣虢王(李)邕监护。[1]

由此可见,当时译场分工更加细密,有众多臣工担负不同任务。这也是中国佛教译场组织最为严密的时期。

据《开元释教录》,至景云二年(711),义净共计译出经典五十六部二百三十卷。王邦维在其《内法传校注》代序里编年列出目录,并对译地、参与译人、译名、经本勘同等加以考订,指出这五十

---

①《开元释教录》卷九,《大正藏》第 55 卷第 568 页下-569 页上。

六部译籍除《法华论》、《集量论》二部九卷外全部见存,此外还有有部律七部五十卷《开元录》未收,见《贞元录》。除译经外,他还留下五部著作:《求法高僧传》和《内法传》之外,还有《别说罪要行法》一卷、《受用三水要法》一卷、《护命放生轨仪》一卷。这样繁重的工作在短短十几年完成,可见他超强的学养和过人的勤奋。

从义净译籍内容看,他致力最多的是律藏翻译,特别是有部律。《根本说一切有部毗奈耶十七事》本经他全部译竣,中经散佚,现存《药事》、《破僧事》、《出家事》、《安居事》、《随意事》、《皮革事》、《羯耻那事》等七部。其他还有《根本说一切有部毗奈耶戒经》、《苾刍尼戒经》等。不属于有部律的有《根本萨婆多部律摄》等。他翻译的第二部分是瑜伽行学派论书,既有前期唯识著作如世亲《止观门论颂》,无著本、世亲释的《六门教授习定论》等,也有新一代唯识著作如护法《成唯识宝生论》、《观所缘论释》、陈那《掌中论》、《因明正理门论》、《集量论》(佚)等。第三部分是密教经咒,如《曼殊室利菩萨咒藏中一字咒王经》、《观自在菩萨如意心陀罗尼咒经》等。第一部分是补足律部翻译的缺失,后两部分则是反映印度佛教新发展的典籍。此外他还重译了《弥勒成佛下生经》(第六出)、《金光明最胜王经》(第五出)、《能断金刚般若波罗蜜多经》(第五出)、《大孔雀王咒经》(第八出)等。鉴于当时佛教发展状况,他所翻译的这些印度佛教典籍已不可能对中国文化造成更大影响。特别是他致力于戒律的研究和翻译,企图用印度的榜样来改造中国佛教已经定型的行为戒规,纠正当时佛教内部戒律荡弛的颓风,实际不可能收到多少成效。

义净的译文,在表述上体现"新译"的一般特征和风格,即偏于直译,不重润饰,行文显得生涩造作。而翻译语气的通顺流畅本是决定译本流通的重要因素。也是出于"新译"对于原文确切意义的执着追求,义净对于梵文音义的辨析十分认真。他采取在译文中加注的办法,"译音方面,除分别俗语、典语(如说明和尚是印度俗

语,非是典语,梵本经律皆云邬波陀耶,见《有部百一羯磨》卷一)及
校补略音(如说明褒洒陁旧译以为布萨之讹,褒洒为长养义,陁为
清净洗涤义,有遮现在及惩未来之慢法二义,不可省略,见《有部百
一羯磨》卷三)外,对咒语于中一些字的读音多附注四声或反切,分
别发声的长短轻重,弹舌音借字则加口旁(见《佛说大孔雀咒王
经·前方便法》),又对二三合音之字,选用适当字音,也能曲尽其
妙。译义方面,指出旧译如理作意应正翻寂音作意(见《六门教授
习定论》),以及《金刚般若经》译文保留陀罗译音,以见梵文一词含
多义之例(见《金刚般若论释》卷二)。考核名物方面如《有部百一
羯磨》卷二注释尼用五衣,卷八注释五种畜水罗等。在这些注文
里,可见他对于译事一丝不苟,有独到之处,不愧为新译时代之一
大家"①。此外在有些注文里,也保留一些佛教史料,则是这些译籍
的另一方面贡献。

四

　　如果说义净是"新译"时期中土译师的代表,这一阶段还另有
许多外来译师从事翻译。其中以活动在武则天朝的菩提流志和实
叉难陀、活动在玄宗朝的善无畏、金刚智和不空即所谓"开元三大
士"贡献可观。
　　菩提流志(?—727),意译觉爱;原名达摩流支,意译法希,南印
人。他本来从外道出家,熟悉数论,通晓声明、术数,后来改信佛
教,通习三藏,遍历五天。他于高宗永淳二年(683)被迎请入唐,正

---

① 游侠《义净》,中国佛教协会编《中国佛教》第 2 辑第 161 页,知识出版社,
　1982 年。

是武则天称帝前一年。武周长寿二年(693),他在东都佛授记寺翻译《宝雨经》,在序分末加入东方月光天子受记在中国现女人身统治世间一段,博得武则天欢喜,遂赐名菩提流志。接着他和义净等人一起参与实叉难陀翻译《华严经》译场。据《开元录》,他所译并有经本流通的经典四十三种一百零一卷。其中最重要的是编译的《大宝积经》。"宝积"意味着法宝聚集,这是四十九部(会)独立经典合成的经集,包括小乘佛教直到五世纪大乘佛教典籍。其中多数经典是利用已有译本或加以改译,只有十会是完全新译的。先天二年(713)译毕,刚登帝位的李隆基为制经序流通。他的译籍还有密教的,如《不空胃索神变真言经》(前有阇那崛多《不空胃索观世音心咒》和玄奘《不空胃索神咒经》为此经初品)等。他出身南印,那里正是密教流行的地方。

实叉难陀(652—710),意译学喜,于阗人,通习大、小乘,旁通异学。高宗朝,法藏大弘《华严》,慨叹晋译《入法界品》内有阙文,曾利用梵本重译、对校。武则天称帝,得知于阗有梵本,遂发使求访,并请译人。实叉难陀遂挟梵本来华,于证圣元年(695)在东都大内大遍空寺翻译。武则天亲临法座,制作序文,首题品名。当时义净、菩提流志、复礼、法藏等名僧大德均参与译场,一时呈彬彬之盛。至圣历二年(699)功毕,成新译《华严》八十卷。次年又在颍川三阳宫译《大乘入楞伽经》七卷,武则天又为制序。此后在东、西两都译经,前后总出一十九部。晚年以母亲衰老,曾回于阗。中宗即位,再度迎请,未遑翻译,病逝于长安大荐福寺。《华严》和《楞伽》都是大乘佛教的重要经典,又是在中土广有影响的经典,实叉难陀重译依据的是更为详尽的新梵本。新译较"旧译"无论是篇幅还是内容都增加不少。他的译文比较简约流畅,更多延续了"旧译"译风,有助于流通。这也表现在尽管"新译"某些名相的译音更准确或者意义更正确,他仍多沿用"旧译"译名,如塔(窣堵波)、由旬(逾缮那)、兜率陀(睹史多)、文殊师利(曼殊室利)、维摩诘(无垢称)

等。这也反映了"旧译"长远而巨大的影响。

从上面的介绍可以看出,"新译"时期的译家大都翻译过密教经典。这说明当时人们普遍注意到印度佛教发展的新动向,也显示在当时中土宗派佛教兴盛的情况下,部分人企图借助印度佛教这一新趋势来恢复信仰层面的努力。而集中、系统地传译密典的则是中土密宗的"开元三大士":善无畏、金刚智、不空,他们的业绩前面讲宗派佛教已经做过介绍。以下简单介绍他们译经方面的成就。

善无畏(637—735),梵名输波迦罗,意译净师子,中印摩揭陀国人。幼年嗣乌荼国王位,兄弟起兵相争,遂让位出家。后入那烂陀寺,学兼定、慧,汇通显、密,特别是得到密教大师达摩鞠多真传。然后又游学诸国,遍访贤圣,名声远播中土,遂经过西域,应请来华,于开元四年(716)到达长安。"天子(唐玄宗)光灵而敬悦之,饰内道场,尊为教主。自宁、薛二王而下,皆跪席捧器。为师宾大士于天台,接梵筵于帝座,礼国师以广成之道,致人主于如来之乘。巍巍法门,于此为盛。"[①]善无畏先是居内道场,经再三恳请,敕诸寺递养,先后住兴福寺和西明寺。开元十四年移住东都圣善寺,教授弟子。善无畏翻译的全部是秘密部经典,而以真言密教为中心,兼早期密教持明诸法。这两类典籍中,前者最重要的是《大毗卢遮那成佛神变加持经》七卷,即通称《大日经》的,阐扬胎藏部大法;后者主要有《苏悉地羯罗经》三卷和《苏婆呼童子请问经》三卷。另传有《无畏三藏禅要》一卷,是他和嵩山会善寺僧敬贤讨论佛法的记录。密典里经咒很多,善无畏翻译时全部写出梵字,用汉音记录,以求念诵精确,达到观想的神秘效果。这种方法后来一直被沿用。

金刚智(671—741),梵名跋日罗菩提,南印人。他本为王子,十岁入那烂陀寺出家,广学经论;三十一岁前往南印,从密教大师

———————

[①]李华《东都圣善寺无畏三藏碑》,《全唐文》卷三一九,第3240页。

龙智学金刚密法，承事供养七年之久。后来到楞伽山（在斯里兰卡）遍礼圣迹，发愿前往中国参礼文殊师利并传法，遂泛海经室利佛逝，于开元七年（719）到达广州，次年来到洛阳。玄宗时在东都，立即接见，敕令安置。后随驾至西京，先住大荐福寺，后住资圣寺。他所传为瑜伽密教金刚密法，翻译的主要是这一派经典。最重要的是《金刚顶瑜伽中略出念诵法（经）》四卷（另有不空异译三卷本），通称《金刚顶经》，是宣扬金刚界根本曼荼罗修法的。另有《七俱胝佛母准提大明陀罗尼经》等，则是密教持明经典。

不空（705—774），梵名阿目佉跋折罗，祖籍北印，父母早亡，随舅父迁居河西，故称西域人①。曾侍舅父内地观光，值金刚智来华，从此承事二十四年，禀受瑜伽法门。他二十岁受具足戒，以后曾担任金刚智译经的笔受。金刚智死后的天宝元年（742），他前往师子国求法，是循海路去的。到达师子国，受到热烈欢迎，在那里学习新发展的十八部金刚顶瑜伽密法，然后遍游五天，于天宝五载仍循海路回国，带回经论五百余部和大量法物、珍宝等。在此后的三年里，他开坛灌顶，译经弘法。至天宝八载，玄宗许回本国。其中缘由不得其详。他南下至韶州，停留四年。天宝十二载，河西节度使哥舒翰上疏朝廷，迎请他到河西（今甘肃武威），住当地开元寺，开设译场，大弘密教。安、史乱起，朝廷急召不空入朝。他入居长安大兴善寺不久，长安失守，玄宗逃往四川，太子李亨即位于灵武。不空虽身陷虏境，但密与朝廷通音问，对于收复两京有所襄赞。因此在长安收复之后，得到极高荣崇，并敕准广泛搜罗两京寺院和民间遗存梵夹，修补翻译。乾元元年（758）六月，祠部牒令不空在大兴善寺开设译场，他的译经事业得以更顺利地进行。肃、代二朝是大乱后的动荡不安时期，内有强藩割据，外有吐蕃侵逼，朝廷更乞

①不空籍贯和早年事迹，各种资料记述多有矛盾，此据吕建福《中国密教史》考订，中国社会科学出版社，1995年。

灵于佛教加护。不空在这一时期广开灌顶道场,举行诵经祈福法会,与朝廷结下极其密切的关系,受到更高的礼遇。史书记载:

> 始,上好祠祀,未甚重佛。元载、王缙、杜鸿渐为相,三人皆好佛;缙尤甚,不食荤血,与鸿渐造寺无穷。上尝问以"佛言报应,果为有无?"载等奏以:"国家运祚灵长,非宿植福业,何以致之!福业已定,虽时有小灾,终不能为害,所以安、史悖逆方炽而皆有子祸;仆固怀恩称兵内侮,出门病死;回纥、吐蕃大举深入,不战而退:此皆非人力所及,岂得言无报应也!"上由是深信之,常于禁中饭僧百余人;有寇至则令僧讲《仁王经》以禳之,寇去则厚加赏赐。胡僧不空,官至卿监,爵为国公,出入禁闼,势移权贵,京畿良田美利多归僧寺。敕天下无得捶曳僧尼。造金阁寺于五台山,铸铜涂金为瓦,所费巨亿;缙给中书符牒,令五台僧数十人散之四方,求利以营之。载等每侍上从容,多谈佛事。由是中外臣民承流相化,皆废人事而奉佛,政刑日紊矣。[1]

造金阁寺在永泰二年(766),是弟子含光操持的。当时每逢吐蕃入寇,则举行《仁王经》法会禳寇消灾,这也是不空的密教得以兴盛的直接原因。死后朝廷追赠诏书称赞说:

> 每每执经内殿,开法前席,凭几同胶序之礼,顺风比崆峒之问。而妙音圆演,密行内持,待扣如流,自涯皆悟。涤除昏妄,调伏魔冤,天人洗心于度门,龙鬼受职于神印。固以气消灾厉,福致吉祥,实惟宏我之多,宁止利吾之美……[2]

严郢《碑铭》序则记载说他"每斋戒留中,导迎善气,登礼皆答,福应

---

[1]《资治通鉴》卷二二四《唐纪·大历二年》,第7196—7197页。
[2]《追赠不空和尚诏》,《全唐文》卷四七,第519页。

较然"①。不空病重时,加开府仪同三司,封肃国公,食邑三千户,死后赠司空,追谥大辩证广智三藏。在中国历史上,僧人受到朝廷这样的荣宠是空前绝后的。他翻译的成果,据吕建福考定,"前后共译一百一十一部、一百四十卷。其中显教经典十三部、二十卷,密教经轨八十八部、一百二十卷。密典中属于金刚顶系统的有二十九部、三十三卷,持明系的有二十三部、三十一卷,以瑜伽法改编为经法系的有十四部、十四卷,陀罗尼系的有十二部、十五卷,胎藏系的有三部、三卷,其它的有二部、二卷"②。从以上统计可以看出,他翻译最多的是金刚顶系统经典。这也是弘扬其导师金刚智法系。其核心部分是《十八会金刚顶经》的选译,如《金刚顶一切如来真实摄大乘现证大教王经》三卷六品(即《金刚顶经》)、《金刚顶瑜伽中发阿耨多罗三邈三菩提心论》等。影响较大的还有《仁王护国般若波罗蜜经》二卷、《毗沙门天王经》一卷等。前者依据般若空观之旨,宣扬护国思想,今人或判定为中土撰述,本书前面已经介绍过;后者是后世兴盛的宣扬毗沙门天王信仰的典据。值得注意的是,朝命代替宰相监译《仁王经》等经典的是有名的大宦官鱼朝恩③,反映了当时宦官干预朝政情形;而在唐代,宦官普遍信佛,成为促进朝廷崇佛的重要力量,是佛教发展中的重要现象④。

　　"开元三大士"的译业,在佛教史上有其特别的地位和意义。中土密教兴盛于玄宗时期。玄宗信仰道教,他对密教的崇重主要着眼于神通法术、现世利益,是与他对道教的信仰相关联的。肃

①《大唐兴善寺大广智不空三藏和尚碑铭并序》,《全唐文》卷三七二,第3783页。
②《中国密教史》第265页,中国社会科学出版社,1995年。
③参阅慧灵《新译仁王般若经陀罗尼念诵仪轨序》,《中国佛教经论序跋记集》第1册第398-399页;李豫《大唐新翻护国仁王般若经序》,同上第403-404页。
④参阅拙作《唐代的宦官与佛教》,《国学研究》第9卷第213-232页,北京大学国学研究院中国传统文化研究中心,2002年。

宗、代宗时期形势动乱,统治者面对重重危机,向佛教求福佑,密教
以其神通威力继续得到崇信。密典的翻译正是因应这种现实政治
的需要。不空在这方面表现出强烈的自觉性,例如大历七年(772)
他给朝廷上疏,总结翻译成果说:

> 爰自幼年,承事先师大弘三教和尚二十有四载,禀授瑜伽
> 法门。后游五天,寻求所未授者外诸经论,更重学习。凡得梵
> 本瑜伽真言经论五百余部,奉为国家详译圣言,广崇福祐。天
> 宝五载却至上都,奉玄宗皇帝恩命,于宫内建立灌顶道场,所
> 赍梵经,尽许翻译。及肃宗皇帝配天继圣,特奉纶音,于内道
> 场建立护摩及灌顶法,又为国译经,助宣皇化。其所译金刚灌
> 顶瑜伽法门,是成佛速邪之路,其修行者必能顿超凡境,达于
> 彼岸。余部真言,诸佛方便,其徒不一。所译诸大乘经典,皆
> 是上资邦国,息灭灾厄,星辰不愆,风雨顺序,仰恃佛力,辅成
> 国家……①

这主要是从现世利益角度来说明译经意义的。但密教经典的内容
本是宣扬印度金刚密法的,从总体看不合当时中土佛教发展的总
潮流。这些经典主要又是供教内修行、仪式所使用的,具有强烈的
神秘性质,因而难以在一般民众间传播和接受。不过密教经典里
的神祇、仪轨、经咒、坛场等等,神奇怪异,夸饰绮丽,有些被显教所
吸收,或被纳入道教和宋元以后的民间宗教之中,进而融入到民间
信仰和民俗之中。它们也被文学艺术所汲取,在题材、形象、语言、
风格等多方面留下影响。如密教的经咒在佛教中普遍流行;密教
造像如今仍遍布各地寺院,变形观音中的千手观音、如意轮观音等
更是寺院普遍供奉的尊像。

　　不空以后的中晚唐时期,西行艰难,大规模的西行求法活动沉

---

①《册府元龟》卷五二《帝王部·崇释氏第二》,第 1 册第 577 页。

寂了,也少有新的梵本传入。天宝十载(751)敕宦官张韬光率四十余人西行,其中有车奉朝者,还至犍陀罗,因疾未归,遂出家,游历印度四十年,于德宗贞元五年(789)回国。这一时期仍陆续有零星译业,但已完全不见往昔那种规模,所出经本也不那么重要。这也是当时中国佛教独立发展的总形势决定的。值得一提的,有德宗朝北天竺人智慧翻译《大乘理趣六波罗蜜多经》等共十二卷,罽宾人般若译出《华严经》后分四十卷等;又文宗时满月译出《陀罗尼集》四卷,但未入藏。此后中土译事虽然寂然无闻,仍有西行求法的人络绎于途。特别是张义潮收复河西之后,直到后来的金山国、曹氏政权仍保持"丝绸之路"的畅通。所以在敦煌文书里保留一批来往求法僧人接受当地寺院接待的记录。例如后唐同光二年(924)定州开元寺僧归文、郿州开元寺观音院僧智严路过敦煌,接受供养,留下书状①。又国家图书馆冬字 62 号写卷《维摩诘所说经》后面有题记:"大周广顺八年(958)岁次七月十一日西川善兴大寺西院法主大师法宗往西天取经流于郡主大傅。""流于"史苇湘校作"留与",即这部写卷是名叫法宗的西行僧人留给"郡主太傅"的②。值得提出的是敦煌文书里发现有吐蕃人法称,精通华、梵、藏语文,住甘州、沙州等地,有汉文译(藏译汉)著多种,并译汉为藏,是活动在西陲的有贡献的学僧和译家,前面已介绍过。

　　北宋开国的"乾德三年(965),沧州僧道圆自西域还,得佛舍利一水晶器、贝叶梵经四十夹来献。道圆于晋天福(936—944)中诣西域,在途十二年,住五印度凡六年,五印度即天竺也;还经于阗,与其使偕至。太祖召问所历风俗山川道里,一一能记。四年,僧行勤等一百五十七人诣阙上言,愿至西域求佛书,许之。以其所历

---

①S. 5981 号《同光二年郿州开元寺智严往西天巡礼胜迹记(拟)》,S. 529 号《同光二年定州开元寺僧归文牒五通》。
②参阅《丝绸之路上的敦煌与莫高窟》,《敦煌历史与莫高窟艺术研究》第 96 页,甘肃教育出版社,2002 年。

甘、沙、伊、肃等州,焉耆、龟兹、于阗、割禄等国,又历布路沙、加湿弥罗等国,并诏谕其国令人引导之。开宝(968—976)后,天竺僧持梵夹来献者不绝"①。宋王朝立国之初译经形势如此,也反映了新王朝振兴佛教的努力。范成大《吴船录》所记载的继业三藏,也应是参与这些活动的,可以了解当时情况:

> (淳熙四年[1177]秋七月访问峨眉山牛心寺)此寺即继业三藏所作。业姓王氏,耀州人,隶东京天寿院。乾德二年(964),诏沙门三百人入天竺求舍利及贝多叶书,业预遣中。至开宝九年(976)始归。寺所藏《涅槃经》一函四十二卷,业于每卷后分记西域行程,虽不甚详,然地里大略可考,世所罕见,录于此,以备国史之阙:业自阶州出塞西行,由灵武、西凉、甘、肃、瓜、沙等州,入伊吾、高昌、焉耆、于阗、疏勒、大石诸国,度雪岭,至布路州国;又度大葱岭雪山,至伽湿弥罗国。西登大山,有萨埵太子投崖饲虎处,遂至健陀罗国,谓之中印土。又西至庶流波国及左烂陀罗国,国有二寺。又西过四大国,至大曲女城,南临滔牟河,北背洹河,塔庙甚多,而无僧尼。又西二程,有宝阶故基。又西至波罗奈国,两城相距五里,南临洹河。又西北十许里,至鹿野苑,塔庙佛迹最夥。业自云别有传记,今不传矣。南行十里,渡洹河,南大有浮图。自鹿野苑西至摩羯提国,馆于汉寺。寺多租入,八村隶焉……由故道,自此入阶州。太祖已晏驾,太宗即位。业诣阙进所得梵夹、舍利等,诏择名山修习。登峨眉,北望牛心,众峰环翊,遂作庵居,已而为寺。业年八十四而终。②

宋代朝廷主持的译业始于太平兴国七年(982),宋太宗命设译经院于太平兴国寺西端,夏竦《传法院碑铭》记载说:

---

①《宋史》卷四九〇《外国传六·天竺》,第14103—14104页。
②范成大《吴船录》卷上。

　　先朝乾德中，临遣僧行勤等一百五十有七人，各赐装钱，
访经西域，今继有还者。嗟其翻译之废，载祀二百，非国家削
平多垒，奄宅四海，通道夷貉，暨声葱雪，大事因缘，畴能复之。
会鄘畤守吏王龟从上中天竺印度僧法天、梵学比邱法进所译
经；又北天竺三藏天息灾与其受具母弟施护各持梵夹来献，符
帝雅意，天实启之。乃遣内侍郑守钧肇营兹馆，赐息灾、法天
等宣译，命光禄卿汤悦等润文，法进等笔受、缀文，义学苾刍慧
达等证义，高品王文寿等监译……①

重新设置机构译经，还有雕造蜀版《大藏经》，乃是新建立的宋王朝
"文治"事业的一部分。此后新王朝在与印度往还中陆续有佛教方
面的交流，史载：

　　太平兴国七年，益州僧光远至自天竺，以其王没徙曩表
来上……

　　八年，僧法遇自天竺取经回，至三佛齐，遇天竺僧弥摩罗
失黎语不多令，附表愿至中国译经，上优诏召之。法遇后募缘
制龙宝盖袈裟，将复往天竺，表乞给所经诸国敕书，遂赐三佛
齐国王遐至葛、古罗国主司马佶芒、柯兰国主赞怛罗、西天王
子谟驮仙书以遣之。

　　雍熙（984—987）中，卫州僧辞澣自西域还，与胡僧密坦罗
奉北印度王及金刚坐王那烂陀书来……②

但当时客观环境又发生重大变化，伊斯兰势力入侵印度，五印有众
多梵僧携经箧逃来中国。据夏竦碑铭，除了有西行求法者陆续归
来，自太宗继位至景祐年间梵僧来华者达八十人，携来经典一千四
百二十八夹。这当然只是根据知名人物的统计。可是这一时期译

---

①《文庄集》卷二六。
②《宋史》卷四九〇《外国传六·天竺》，第14104—14105页。

绩总体上已不能与六朝或隋唐同日而语。咸平二年（999），礼部侍郎陈恕上言传法院经费"久乏供亿"，诉请罢院。六年，转任开封知府的陈恕上疏中又指出：

> 僧徒往西天取经者，臣尝召问，皆罕习经业，而质状庸陋，或往诸藩，必招轻慢。自今宜试经业，察人材，择其可者令往。[1]

这表明当时僧人整体文化水平低下，更缺乏译经人材。仁宗朝以后，译业成绩已经寥寥。元丰元年（1078）译经证义慧询以缺乏译主人才为由，申请废止译场；至元丰五年（1082），终于废除译经润文使以下诸职，有关事务改属礼部尚书[2]。延续千年的宏伟的译经事业从而划上句号。据统计宋代译经共计二百五十九部七百二十一卷，数量远不及唐代的二千余卷；无论是经典的价值还是译文水平更远不及前朝。梁启超总结说：

> 自唐贞元迄宋太平兴国约二百年间，译业完全中止。太平兴国八年（应为七年，见前引夏竦《传法院碑铭》称"太平兴国七年六月建传法院于太平兴国寺"从事译经——著者），始复起译场，至景祐四年止。凡五十六年间，亦译出五百余卷。其著名译家，曰法护，曰施护，曰法贤，曰惟净，所译经多方等显密小品，惟论有数种特可观。惟净之《大乘中观释论》九卷、法护之《大乘宝要义论》十卷、《大乘集菩萨学论》二十五卷、《施设论》七卷、施护之《集诸法宝最上义论》二卷，此其选也。元至元间，亦有译经，然皆小乘小品，益不足道。故翻译事业，

---

① 《佛祖统纪》卷四四，《大正藏》第 49 卷第 402 页下。
② 参阅藤善真澄《宋代譯經始末考》，《關西大學文學論集·創立百週年紀念特輯》（上），1986 年。

虽谓至唐贞元而告终可也。[1]

南宋初期的十三世纪初,在印度本土佛教被伊斯兰势力消灭。这样可供翻译的原典已断绝来源。此后各朝虽然仍有个别译绩[2],直到晚近仍有法尊等人从事翻译,但成果有限,对于社会生活、文化领域也难以造成大的影响。何况这一时期的中国佛教又完全走上自主发展的道路,已从根本上摆脱了对于外来翻译佛典的依赖,翻译佛典的意义和作用与唐前相比是完全不可同日而语了。

---

[1]《佛典之翻译》第 22 页,《佛学研究十八篇》,台北中华书局,1976 年。这里所述译经院起讫年代、译经数量不确。
[2] 参阅周叔迦《宋元明清译经图记》,《周叔迦佛学论著集》下集第 582—604 页。

第三章　智顗、灌顶和天台宗

一

南北朝时期的义学沙门研究、弘扬专经、专论,形成所谓"师说"。各派"师说"以疏释经论的形式发挥自己的理解,已经包含有在中国文化土壤上消化外来思想的创新内容,所采取的著述(如注疏)形式也基本是本土传统经学所采用的。在南北朝义学讲学之风十分兴盛的情况下,诸家"师说"经过沉积提炼,渐具体系,形成中国佛教宗派。宗派佛教形式上虽然仍然到外来经论那里去寻求宗主,但又走出了更关键的一大步,即几个对于后来思想学术影响巨大的宗派都不同程度地摆脱了外来教义、教理的羁束,以更开阔的视野构筑各自的宗义体系。这些宗义作为佛教"中国化"的产物,建设起自成体系的中国的佛教思想,包含有丰富、有价值的理论内涵,在中国思想史上占据重要地位。也正是在义学师说水平普遍提高的基础上,一些卓越的大师型人物被培养起来,他们创立起宗派;他们作为宗师,则是中国历史上贡献卓著的思想家。

天台宗是中国佛教史上的第一个宗派,也是如上所说系统地发挥中国佛教思想、具有高度理论水平、在中国思想史上造成巨大影响的宗派。创立宗派的是活跃在陈、隋之际的智𫖮和他的弟子灌顶。

唐人李华讲到佛陀"心法"传授，在禅宗的北宗、南宗、牛头宗之后说：

> 至梁、陈间，有慧文禅师学龙树法，授惠思大师，南岳祖师是也。思传智者大师，天台法门是也。[①]

这是把天台宗归结为禅的"心法"一类。实际上天台宗自身溯源于中观学派大师印度的龙树，即自认为继承和发挥了大乘中观学派的思想，具有传统义学性格，和后来发展的禅宗在宗义内容和风格方面都大不相同。

如李华所说，天台宗义启蒙于活动在西魏、北齐的僧人慧文。龙树的《大智度论》曾说修习道种智（了解大、小乘佛道）、一切智（了解诸法共相）、一切种智（了解诸法自相）可"一心中得"，慧文据以树立所谓"因顿"观，即三智可以一时观察；他阅读龙树《中论·观四谛品》的"三是偈""众因缘生法，我说即是空，亦为是假名，亦是中道义"，又由"三智一心"领会到"一心三观"禅法。他传法于慧思（515—577）。道宣说：

> 自江东佛法，弘重义门，至于禅法，盖蔑如也。而思慨斯南服，定、慧双开，昼谈理义，夜便思择，故所发言，无非致远。便验因定发慧，此旨不虚，南北禅宗，罕不承绪。[②]

这是说，当时南方佛教受到传统玄学影响，重义学，重讲论，而北方佛教则主践行，主禅修，慧思由北入南，融合双方，发扬定、慧兼重风气，因此受到欢迎。《法华经·方便品》里说到"唯佛与佛乃能究

---

① 《故左溪大师碑》，《全唐文》卷三一九，第3241页。
② 《续高僧传》卷一七《陈南岳衡山释慧思传》，《大正藏》第50卷第563页下—564页上。

尽诸法实相"，而诸法实相又体现为如是相、如是性、如是体、如是力、如是作、如是因、如是缘、如是果、如是报、如是本末究竟，即所谓"十如是"①。慧思认为这就是"三智"的内容。实际这已显示他的禅学更富理论色彩的一面，其风格显然与北方禅法重修行实践的倾向大不相同。特别是天台宗推重龙树，又重视《大智度论》等中观学派论书，就发挥中观教理的意义说，与三论之学显然又有一定继承关系，只是大幅度地加以发挥了。

　　智顗（538—597），俗姓陈，祖籍颍水（今河南许昌），家居荆州华容（今湖北监利），出身于官宦家庭。十七岁，值梁末兵乱，颠沛流离，次年出家。先是到北方从真谛弟子慧旷律师处学大乘经。天嘉元年（560）二十三岁，入光州（今河南光山）大苏山，从慧思受禅法。慧思是慧文弟子。他昏晓苦到，勤奋研寻；慧思则悉心传授。智顗在光州七年，值陈代梁兴，山区兵乱，慧思避地南岳，付法给智顗，嘱咐他南下金陵。金陵乃是南方政治文化中心，也是义学讲习重镇。智顗来到这里，对其自身进一步发展起了决定性作用。光大元年（567），智顗受陈朝廷迎请，入居名寺瓦官寺，开讲《大智度论》；两年后开讲《法华经》，判释经教，奠定了天台教观的基础，受到陈宣帝君臣礼重。太建七年（575），智顗不满京城佛教的空疏学风，谢绝陈宣帝挽留，与慧辩等二十余人入居天台山，创立伽蓝，实修止观。他在光州时期，北方有周武毁佛，末法思想开始流行。在天台隐居时期，他提倡止观实践，就是有意识地对抗末法潮流，以期挽救正法的危机。他在山九年，于至德三年（585）受陈后主恳请，再度来到金陵，开始全面的弘法事业。此后他云游四方，曾在建康、庐山、扬州、荆州等地讲学，名声大振。这期间，再逢朝代更替，隋灭陈。隋晋王杨广羡慕智顗盛名，开皇十一年（591）于扬州金城殿设千僧会，请

---

①《法华经》卷一《方便品》："唯佛与佛乃能究尽诸法实相。所谓诸法如是相、如是性、如是体、如是力、如是作、如是因、如是缘、如是果、如是报、如是本末究竟等。"《大正藏》第 9 卷第 5 页下。

智顗授菩萨戒,赠以"智者"称号,并赏赐大量财物。这时的智顗声名更高,影响更广。他曾访问故乡荆州,在当地玉泉山讲学。开皇十六年(596)他重回天台山,整顿山寺。次年病卒。翌年,晋王为纪念智顗,创建寺院,名"天台";至大业元年(605),改号"国清"。智顗生逢乱世,经历国破家亡的惨剧,投身佛门;在佛教处境艰难、末法思想激荡的形势下,热心弘法,六十年生涯充满艰辛坎坷。他禅、慧兼重,开创天台宗,客观上担负起统一南、北佛学的重任,对中国佛教思想和中国传统文化的发展作出了重大贡献。

　　智顗至德三年出天台山,在金陵弘法讲《法华》,记录下来成为《法华文句》;后来回到故乡荆州,在当阳玉泉山讲出《法华玄义》和阐述止观理论的《摩诃止观》。这就是全面阐述天台宗义的"天台三大部"。他又有《观音玄义》二卷、《观音义疏》二卷、《金光明玄义》二卷、《金光明文句》二卷、《观经疏》一卷,合称"天台五小部"。这些著作的主要部分是弟子灌顶记录、整理成书的。由于这些智顗名下的著作多为他人记录,难免混入记录者的意见,留给研究者一层辨析的困难。

　　灌顶(561—632),临海(今浙江临海)人,弱冠登具,博闻强记。陈至德元年(583)到天台山修禅寺拜智顗为师,禀受观法,悟解日深。他随侍智顗左右,凡有讲说,皆作笔录,成上述天台大小部百余卷,智者之道赖之以传。晚年住会稽称心寺,讲演止观,一时称最。他著有《涅槃玄义》二卷、《涅槃经疏》三十三卷、《观心论疏》五卷等,还有关系宗史的《智者别传》、《国清百录》四卷等。天台的立宗与弘扬,灌顶之功为多。

　　天台宗后来成为流传久远、势力宏大的宗派。灌顶以下,有智威、慧威、玄朗、湛然,历世相承不绝。至中唐时期的湛然,从龙树算起是"九祖",中兴本宗,著有《法华玄义释签》、《法华文句记》、《止观辅行传弘决》,是注释"天台三大部"的。在他的笔下,天台宗义更加条理化。北宋时期,由于对智顗《金光明玄义》广本的真伪问题在宗门内部发生争论,内容涉及观境的心是真心还是妄心、事具三千诸法是否等义诸问题,形成山家和山外两派,争论一直延续到南宋末年。后来宗绪相承,至明、清绵延不绝。

天台宗又是在国际文化交流中起重要作用的宗派。灌顶门下有律师恒景兼学天台,弟子鉴真渡海初传天台三部于日本,在中日文化交流史上作出巨大贡献。湛然弟子有道邃,中唐贞元二十年(804)日僧最澄偕弟子义真来到天台山,从之传习天台宗义。次年携经论疏记二百余卷回国,在京都比叡山开创日本天台宗,成为日本佛教的主要宗派之一;从天台宗又派生出日莲宗。又中唐时期正值密宗兴盛,日本来华留学僧众中多有传习密法的。天台和密宗在日本相结合,形成"台密",是日本佛教特有的宗派。天台教典亦传入三韩。经唐末毁佛和五代战乱,这些教典在本土多遭湮灭,南方的吴越国曾派遣使臣到高丽访求。高丽沙门谛观送回若干论疏和著述,对北宋时期天台宗的振兴起了一定作用。

天台宗更是对于思想文化领域发挥较大影响的宗派。盛唐时期的李华、中唐时期的梁肃、柳宗元等都热心研习天台宗义,他们的思想、创作均受到不同程度的影响。前面介绍宗派佛教一章已经提到。梁肃是湛然的俗弟子,其发明教观的《删定止观》六卷(今本三卷)和《止观统例》都是高水平的佛学著作。北宋时期山家派的四明知礼、慈云遵式、山外派的孤山智圆都广交文人学士,递相唱和。特别是智圆,以佛徒而习儒,不但倡导佛门中儒、释交流风气,对于宋代新儒学的创立更有先导之功,本书下面有较详细介绍。

二

智顗和吉藏、净影慧远被称为隋代三大法师。但智顗的治学风格显然与后二者不同。这种不同也体现了智顗开拓治学新方向的努力与成果。六朝义学繁荣,诸家师说注重经、论义理的分析和阐发,因此特别注重论藏,如俱舍、成实、十地、摄论等论师,都是专精一部论书的。而从上面的介绍可以清楚发现,智顗则专注于解经,特别是早期大乘主要经典的《法华经》和《维摩经》。比较起来,经在形式上乃是佛陀对机说法的记录,主要是指导教行的内容,表达上更富于玄想性格;而论则主要是教义的阐释和辨析,以逻辑细密见长。从而经相对于论,也就留下更多独立发挥的余地。在这方面,中土儒家经师也有相似情形。智顗开创"重经不重论"的风尚,倾注全力于经的解说,正是出于发挥独创宗义的需要,也是中国佛教进一步摆脱外来思想的羁束而独立发展的体现。

　　智顗在批判地总结前人各种判教学说的基础上,提出了空前系统、严整的判教理论,作为天台立宗根据。如前所述,这种判教是依据中土的理解对外来大、小乘各派矛盾驳杂的经典、教义进行整理,安排位置,从而确立起体系,作为立宗典据。中土各宗派都有自宗的判教理论,用以表明对于各类经教的基本理解和立场。

　　智顗晚年著作《法华玄义》系统阐释天台宗义,以五重玄义解释《法华》经题,即"释名",解释《妙法莲华经》五字大义;"辨体",以诸法实相为经体;"明宗",以一乘佛(三乘归一)的因果为经宗;"论用",以断疑生信、增道损生为经用;最后是两卷"判教",发明一宗判教的基本观点。南北朝时期诸家判教,见解繁多。智顗批判前人各种"异解"共计十家,即前面所说的"南三北七"。实际上他的看法是在充分借鉴前人观点的基础上提出来的。在他之前的看法,归纳起来主要是从两个方面判释经教的,一是佛陀说法的"时"的先后,一是佛陀教法的"顿"与"渐"。智顗在前一方面继承"五时"的划分,而整理得更加明晰;对于后一方面,则兼顾教化的内容和方式,分为"化法"和"化仪"两类,成为"八教"。这种更加细密的判教方法,后人概括称为"五时八教"。

　　所谓"五时"就是把全部教法(即佛教发展中结集成的主要经典)安排在佛陀当年一生教化的五个时期之中。北本《涅槃经》卷十四《圣行品》以牛乳五味(生乳、酪、生酥、熟酥、醍醐)比喻佛陀说法,划分为五个层次:十二部经出修多罗,修多罗出"方等","方等"出《般若》,《般若》出《涅槃》,乃是最高的教法。天台以此为依据划分"五时",整理得更为明晰与系统:第一华严时,谓佛陀成道最初二十七日说大乘无上法门的《华严经》,这是先从教法的高处讲起,对大智人说,但是一般学人如聋如哑,悟解者少,比拟为乳味;因而接下来十二年在鹿野苑为根浅者说《阿含》小乘经,是为阿含时或鹿野时,比拟为酪味;再次八年为应根基者说大乘方广经《维摩》、《金光明》、《楞伽》等,是为方等时,比拟为生酥味;再后二十二年阐明大乘空观,说《般若经》,是为般若时,比拟为熟酥味;最后八年说《法华经》和《涅槃经》,最终发明出世本意,是为至高无上的妙法,称法华时,比拟为醍醐味。这样的安排当然是出于杜撰,从基本精神看则是襃扬大乘般若思想,对唯识思想显然加以贬抑,但作为一种理论体系在逻辑上是相当系统、严密的。智顗又认为不同根器的人悟解佛法真义不一定经历全部五时,因为五时说教又有共同内涵,这就是所谓"通五时";相对于"通五时",前述则为"别五时"。

　　所谓"八教",依教化的内容分为"化法四教",依教化的方式分则是"化仪四教"。"化法"的"法"是教理的意思,即藏(小乘经、律、论三藏,如《阿含》,说生灭四谛)、通(义通大、小,如《般若》等,三乘同禀,说无生四谛)、别(别前二教,别后圆教,不共二乘人说,如《维摩》、《华严》、《涅槃》等,显示大乘优越,说无量四谛)、圆(圆满、圆融的最高教法,《法华》,说无作四谛)四教。之所以有四教,是因为不同人的观法不同。比如"空"观,小乘人认为诸色法由极微构成,因而是所谓"析色成空";而大乘人则觉悟到所谓"当体成空"。这样,不同的教观适合不同的人来接受。"化仪四教"则分为顿、渐、秘密、不定。这是因为教化要根据对象的根基又有所不同:有的人

顿悟;有的人渐悟;有些人"同闻异解"、各不相知(秘密);有些人虽
然"异解",却相互了解(不定)。从而归纳出四种方式。教法的分
类主要以内容为准,所以"化法四教"更重要。后来一般说"天台四
教",指的是"化法四教"。这也成为天台判教的一个独特内容。

　　"五时"与"八教"相配合如下:

五　　　时	化法四教	化仪四教
华严时	圆兼别	顿、秘密、不定
阿含时	藏	渐、秘密、不定
方等时	圆对藏、通、别	渐、秘密、不定
般若时	圆带通、别	渐、秘密、不定
法华时	圆	非顿、非渐、非秘密、非不定

　　这样,智顗把佛教各种经论,各部派、学派的教理,整合成一个
当时最为系统、严密的判教系统,其思想之开阔、析理之深微,前所
未见,因而被称赞是"诸家判释说之集大成者"①。如上所述,中国
佛教史上的判教,是依据判释者的理解对于佛教思想的历史发展
进行梳理、安排,实际反映了对于教理发展的总体认识。这种工作
是只有在对于佛教整个历史发展过程进行充分的批判、分析、整理
的基础上才能进行的。智顗的判教不只表现出对于佛教及其在中
国发展情形相当全面、深入的了解,更充分显示出他思维境界的开
阔与思维方式的统摄精神。思想史上承前启后,正需要有人出来
作这种历史批判、整理工作。智顗在中国佛教史上出色地担当起
这样的任务。因而从一定意义说,智顗的判教在中国佛教思想史
上的贡献,可以比拟先秦《庄子·天下》、《荀子·非十二子》和经学
中的董仲舒、新儒学中的朱熹等人总结学术的工作。韦政通拿他

──────────

①蒋维乔《中国佛教史》第104页,上海古籍出版社,2004年。

和中国学术史上那些大师们的工作相比较说：

> 如以传统的统会和智顗的判教论相比，则各有殊胜。智
> 顗不但有一个标准，也不只是一些抽象的理论，且有具体的架
> 构以笼络并安置佛法的全体。中国传统的统会工作，显然还
> 没有发展出这种体系化的有机架构，原因是传统的学者所处
> 理的，不只是一个教派的东西，而是性质迥异、思想分歧的经
> 典和诸子百家。正因如此，所以能提出高于一切特有宗派的
> 标准，这在以佛教为范限的判教论中，是发展不出来的。①

这样，就佛教自身发展说，智顗的判教在总结前人各家学说方面是
集大成的工作，又给后起宗派提供了借鉴，开拓了方向，从而促进
唐代宗派并兴局面的出现；而从整个思想史、学术史的角度讲，智
顗的判教正从一个重要侧面反映了当时中国人接受佛教的实际状
况，给认识、分析中国人接受和发展佛教的层次、价值和意义等提
供了总体脉络。所以牟宗三说：

> 若不通过天台之判教，我们很难把握中国吸收佛教之发
> 展中各义理系统（所谓教相）之差异而又相关联之关节。②

可见智顗判教的成绩远远超越树立本宗宗义的目的，在佛教史、思
想史上更有普遍的价值与意义。

三

智顗天台宗义的学说体系又"是对当时各家学说做过一番抉

择去取工夫而组织成功的"[1]，其内容综合了此前南、北佛学的成就；更是在"统之有宗，会之有元"的"统会"精神指引下加以发挥和系统化的。他对于宇宙观、心性论、修道论等佛教思想的重要课题都深入探讨，做出了重大建树。

智顗的宇宙观是"性具实相"说。所谓"性具"，是说一切法都是自然存在，既非自生，亦非他生；另一方面这种存在又是相互联系的整体，而不是互不相关的单一个体。佛教原有的宇宙观是比较朴素、接近实际的：认为以须弥山为中心，外面一层层有七山八海相围绕，以铁围山为外郭，是为一个小世界；一千小世界为一小千世界；一千小千世界为一中千世界，一千中千世界为一大千世界，以有三种之千，故称"三千大千世界"，此即是一佛之化境。而智顗从人本立场出发，把凡、圣境界分判为六道（天、人、阿修罗、畜牲、饿鬼、地狱）四圣（声闻、缘觉、菩萨、佛）十个层次——界，每一界的存在形态依《法华经》的说法，又概括为"十如是"。"十界"和"十如是"涵盖了宇宙万有的一切事相。每一有情依主观所见一切法各不相同，成十法界；每一法界与"十如是"相配合，成为百法界；而十法界的每一种法界涵蕴其他九种法界，这样一多交摄，就成了千法界；一切法都是五蕴构成，是为五蕴世间，五蕴合和构成有情世间，有情所居则为器世间，这就有三种世间。大千世界配合三种世间，是为三千大千世界。这是对于有情所在的"世界"的全新解释，也是对于世间、出世间一切善恶、性相等人、物差别的总概括，而"此三千在一念心，若无心而已，介尔有心，即具三千"[2]。这样，一切法的存在不是自生、他生的，法界本然，无需依恃；三千法本在一念之中，由于业感缘起，所以有隐有显；整个现象界则真俗交融，一多相涵，乃是"不可思议境"；因而观一念心，就具足三千大千世

---

[1] 吕澂《中国佛学源流略讲》，《吕澂佛学论著选集》第 5 册第 2686 页。
[2]《摩诃止观》卷五上，《大正藏》第 46 卷第 54 页上。

界。这就是所谓"观不可思议境"的观法,也即是"一念三千"的"性具实相"说。智顗主张的本是一种彻底唯心的宇宙观,不过其中的"十界互具"、"善恶兼容"等观念却具有一定辩证、合理的内涵。特别是"性具"观念应用到人性论,比起中国传统的性善、性恶、善恶混等各类说法来,认识上都显得深刻得多,由此而发挥出的修道论也具有高度的伦理意义。

在修道论方面,智顗主张定、慧双修,止、观兼重。这也是他兼取南、北佛学之长的体现,同样也是发扬了中国佛学长期形成的传统。他的《摩诃止观》精彩地阐述了有关这方面的看法,既表现出慧解即教理方面规模之庞大与思致之深刻,又体现了修持实践功夫的认真与圆融。他发展了龙树空、假、中"三谛"和慧思"一心三观"思想,提出"三谛圆融"之说。因为从"性具实相"的角度看,一切法都是相互联系的,现实中的自他、男女、父子、老少、生死、美丑、善恶、贫富等等诸般事项,都是二相相依、相关联存在的。它们作为假有,其本性是空假不二的,这是由假入空;但空并不是实体,入空不应滞空,空是真而非真的,由此由空入假;如此观假为空,观空亦空,破假用空,破空用假,既不滞于从假入空,也不滞于从空入假,空、假双空双运,取空、假相即之中,是为中道第一义。从另一个角度看,诸法都具有三轨,即真性(本质)、观照(认识)、资成(对其他法发生作用)。三轨体现为空、假、中三谛,本是同时存在、互不妨碍的。这就是所谓"三谛圆融"。这种理论比起前人关于三谛关系的看法是更为圆通了。正是在此基础上,智顗发挥出止、观双运,解、行并重的修道论。他认为见空为一切智,见假为道种智,见中为一切种智。"三谛圆融"即是"三智圆融"。他又配合三观提出三止,即体真止,方便随缘止,息二边分别止。对于止观的具体做法他更有十分详细的说明。在《摩诃止观》里他提出"五略"(发大心,修大行,感大果,裂大网,归大处)"十广"(大意,释名,体相,摄法,偏圆,方便,正观,果报,起教,旨归);在全书主文的"正修止观"

一章里提出"十乘观法"观十种境,每一境都以十观法观之。这在方法上则是沿袭了义学细密的分析办法。但其总的精神是清楚的,即通过止观,体得一空一切空,假、中无非空;一假一切假,空、中无非假;一中一切中,空、假无非中。这就是空即假,假即空,不二而二、二而不二的中道第一义谛。所谓圆顿止观,观不思议境,破邪断惑,最后皆归结于此。这是智顗在修证功夫方面的总体主张,也是他所提倡的成佛实践的纲领。

止观理论本是印度佛学的重要内容之一。作为宗教学说,本来侧重在实践。在中国接受的过程中,亦明显具有与理论相脱离的倾向。到了智顗,不仅在理论上作出系统、细致的发挥,而且能够把理论论证与修持实践圆满地结合起来,一方面使得中国佛教更充分地发挥富于学理的性格,另一方面也体现出注重践行的现实精神。他所提倡的这种宗风成为楷模,对以后进一步完善和稳固中国佛教的规范起了重大作用。

值得注意的是,智顗总结出的天台宗义又体现出浓厚的世俗性格。他在所著《法华玄义》卷八上中就强调:

> 若周孔经籍、治法、礼法、兵法、医法、天文、地理、八卦、五行、世间坟典,孝以治家,忠以治国,各亲其亲,各子其子,敬上爱下,仁义揖让,安于百姓,霸立社稷。若失此法,强者陵弱,天下焦遑,民无聊生,鸟不暇栖,兽不暇伏。若依此法,天下太平,牛马内向。当知此法乃是爱民治国而称为实。

他又说:

> 若坚持五戒,兼行仁义,孝顺父母,信敬惭愧,即是人业。①

他就这样把世俗的学问、伦理与佛法统合起来,从而使他的天台教理具有更高的实践意义和社会价值。

---

①《法华玄义》卷八上、卷六下,《大正藏》第33卷第780页中、759页中。

总地看来,智顗生存和活动在国家由分裂走向统一的时代,又是义学学派向宗派佛教发展的关键时期。他不负时代的使命,总结南北佛学成就,做了义学师说没有也不可能完成的把中国佛学加以系统化、统一化的工作,从而开拓了宗派佛教的新时代。佛教发展的这一新趋势,实际是国家统一、强盛时代来临的先声,也为推进历史新时期的到来注入一份活力。

第四章　法藏、宗密和华严宗

一

前面介绍中国宗派佛教概况,把天台和华严列为一类。就中国佛教思想的充实与圆熟说,自诩为"圆教"的天台与华严可以说已发展到登峰造极的地步;而就教理体系的细密、严整说,天台与华严同样也已达到化境。二者同样在独自的判教体系的基础上发展了大乘"圆教"思想;二者都具有"统会"性质,广泛汲取并融合中土传统思想和大乘佛教在中土发展的理论成果;二者在教理层面的建树都具有相当高的理论水平与价值,在中国思想史上作出突出贡献,发挥了重大影响,等等。当然二者也有明显不同点,重要的是,早出的天台宗更富于创造性,而后出的华严宗则有机会更多方面地汲取其他宗派的内容,因而显得比较驳杂;再是华严宗形成于统一王朝的兴盛时期,又值武则天专权的特殊时期,与现实政治结合得更加紧密,理论内容从而也更富现实色彩。

华严宗的创始人是法藏,其法系勘定为杜顺、智俨、法藏、澄观、宗密五祖传承。实际上澄观并非法藏亲传弟子,中间还有慧苑、法诜。华严宗如此确立祖统显然是有意识地选择有成就、有影响的人物以期抬高本宗声望。华严宗根据所依典据《华严经》立名;因为法藏号贤首国师,又称贤首宗。

《华严经》是一部早出重要大乘经集。在刘宋佛陀跋陀罗传翻《六十华严》以前,其单品已经多有翻译。其中的《十地品》与世亲造《十地经论》十二卷(后魏菩提流支译)在魏、齐间更弘传一时,出现一批专门学者如慧光、道宠等"地论师"。至隋唐时期的法顺(557—640),俗姓杜,故又称杜顺,研习《华严》有成,受到唐太宗礼重,相传有《华严五教止观》一卷、《华严法界观门》一卷等著作。他的上首弟子智俨(602—668)从其传授禅法。智俨本来出身于摄论师法常门下,就学于智正处学《华严》,又研究《十地经论》和地论师慧光的经疏。他转益多师,通过《华严经》体会到"别教一乘"和"无尽缘起"教理,建立起"六相"、"十玄"新说,从而初步确立起华严一宗的规模。据传智俨著作有二十多种,今存有《大方广佛华严经搜玄分齐通智方轨》十卷、《华严一乘十玄门》一卷、《华严五十要问答》二卷、《华严经内章门等杂孔目章》四卷、《金刚般若波罗蜜经略疏》二卷等。

法藏(643—712),本是康居国(今乌兹别克斯坦)人,自其祖父侨居长安,始以康为姓。他年轻的时候,正值唐初佛教兴盛时期,环境有利于培养他对于佛教的浓厚兴趣。十七岁入终南太白山求法;二十岁前后,得知智俨在长安云华寺宣讲《华严》,遂前往听讲,师资道合,深领玄旨。但直到智俨去世,他也没有正式出家。咸亨元年(670),法藏二十八岁,武则天为亡母荣国夫人追荐冥福,舍私宅建太原寺,经过京城耆德连状举荐,法藏始受沙弥戒,朝命隶属太原寺。这一事实本身已表明了他与朝廷的密切关系。后来他得到武后、中宗、睿宗的器重。他作为一代宗主,这种状况也体现了宗派的性格。关于他受具足戒的时间,文献记载不同。一般根据《法界宗五祖略记》,谓上元元年(674)朝廷有旨命京城十大德为法藏授大戒,号"贤首"。在入居太原寺后的几十年间,法藏一方面参与译事,著书立说,另一方面讲经弘法,教授门徒。华严宗义终于在他的手下形成。

在译经方面，他先后参与洛阳魏国东寺、大遍空寺、福先寺、长安西明寺、大内林光殿译场，从事过《密严经》、《大宝积经》、《金光明最胜王经》等重要大乘经的翻译，而以新译《华严》最为重要。永隆元年(680)中印地婆诃罗来华，携来梵本《华严》，法藏拿来与《六十华严》对校，译出脱文。后来武则天遣使在于阗求得新的《华严》梵本，证圣元年(695)实叉难陀加以重译，法藏受邀担任笔受，补足缺文。译事历时五年，于圣历二年(699)告竣，他接受诏命在洛阳佛授记寺宣讲。武则天"以释教开革命之阶"，法藏为她所推尊，华严学也是她所热衷的。法藏到朝廷为武则天宣讲宗义，得到"帝王归信，缁伍所凭"。在圣历二年讲经那一次，讲到《华藏世界品》，据说"讲堂及寺中地皆震动，都维那僧恒景具表闻奏。敕云：'昨请敷演微言，阐扬密赜。初译之日，梦甘露以呈祥；开讲之辰，感地动以标异。斯乃如来降迹，用符九会之文；岂朕庸虚，敢当六种之震。披览来状，欣惕于怀'云。其为帝王所重，实称非虚"①。他就是这样在朝廷直接支持下开展活动的。

法藏在朝野获得崇高威望，中宗、睿宗都礼请他为菩萨戒师。他于玄宗先天元年(712)圆寂于长安大荐福寺，朝命赠鸿胪卿，秘书少监阎朝隐撰写碑文。前面已经说过，他晚年曾参与朝廷政争，以功朝命授以三品爵位。他坚辞不受，转授弟子宝藏。他除了奉旨讲经，还为朝廷做法事。如垂拱三年(687)于西明寺立坛祈雨；神功元年(697)为讨伐契丹建道场行道；长安四年(704)奉诏到凤翔法门寺迎佛舍利，等等。当年智顗极力摆脱朝廷笼络，大部分时间入山修道或游方弘法。法藏显然对朝廷保持更恭顺的姿态。这当然也是由于当时唐王朝声威正隆，佛教所面临的形势和智顗时代不同了。法藏前后讲《华严》三十余遍，著述今可考者四十余种

---

① 《宋高僧传》卷五《周洛京佛授记寺法藏传》，上册第90页。

（现存二十余种）、百余卷，大部分也是阐释《华严》教理的。今存《华严经探玄记》二十卷、《华严一乘教义分齐章》四卷（俗称《五教章》）、《华严经旨归》一卷、《修华严奥旨妄尽还源观》一卷、《华严经金师子章》一卷。其他还有经疏《般若波罗蜜多心经略疏》、《入楞伽心玄义》、论疏《大乘起信论义记》等。其中《华严经探玄记》是《华严经》的注释；《华严一乘教义分齐章》和《华严经金师子章》公认是阐发华严宗义的入门教材。

法藏生前声名卓著，从学如云，弟子众多，著名者有六人，即宏观、文超、智光、宗一、慧苑、慧英。其中以慧苑成就最为突出，由他所传出的一系后来有澄观、宗密，造就了中唐华严学的又一高峰。

二

廖明活指出：

> 在某意义上，法藏的华严教学可说是如来藏真心教学在中国的演化，跟智顗的天台教学与中观教学的关系类似。[①]

如果寻找中国宗派佛教的外来根源，这种看法简括、鲜明而有见地。不过如本书一再指出的，天台和华严乃是中国人大幅度作了独创发挥、内容上具有鲜明个性的中国佛教宗派。

关于华严宗判教，在智俨那里已具雏形，即根据慧光的渐、顿、圆三教说加以扩充，依"教"的浅深、高下而划分为"五位差别"。但是智俨并没有确定具体名称。到了法藏，归纳成"五教十宗"之说。实际上此前的天台判教已经十分完整、细密，法藏不过是在天台的

---

①《中国佛教思想述要》第 383 页。

基础上重新加以组织,其间又吸收了其他各家学说如慈恩宗的说法,这样在体系内部反而出现一些矛盾。

所谓"五教"是按"法"划分的。即第一小乘教,又叫"愚法二乘教",是对根基浅劣者的说法,包括《阿含经》,《僧祇》、《四分》、《十诵》等律,《俱舍》、《成实》等论。第二大乘始教,这是大乘入门教法,由于接受者大乘根基犹未成熟,所以称为始教,又分为空始教和相始教。空始教指《般若经》、《中论》、《百论》、《十二门论》等经论,这即是早期大乘;相始教指《解深密》,《瑜伽》、《唯识》等经论,即中期大乘瑜伽行学派。与天台相比较,这显然给予瑜伽行唯识思想以合理的位置。第三大乘终教,指《楞伽》、《密严》、《如来藏》、《胜鬘》、《起信》、《宝性》等经论,这相当于如来藏思想,被认为是大乘究极之说,因此判为终教。始教和终教还都是渐教,只有阶位上的差别。第四顿教,指《维摩》等经。"顿"是相对于"渐"而言的,无阶位,无历程,豁然而悟,顿见佛性。第五圆教,即最高、最圆满的《华严经》、《法华经》。但《法华经》讲"会三归一",即主张佛乘外别无二乘(声闻、缘觉)、三乘(加菩萨乘),三乘相通;而法藏在《华严经》之外别立三乘。所以称《法华》为"同教一乘",认定《华严经》是圆满具足、自在无碍的"别教一乘",从而把它作为立宗典据。用"别教一乘"观念来彰显《华严经》的殊胜,乃是华严宗的核心观念之一。

法藏的"五教"说显然来自天台分别教观浅深的"化法四教":小、始、终相当于藏、通、别;中间加"顿",则是从"化仪四教"取来。如上所述,"五教"合理安排了唯识,显得更完备一些,也给新兴起的禅宗留下了存在空间。当初智颢在进行天台判教时禅宗还没有形成。不过法藏把属于教化方式即"化仪"的"顿"教混同进来,逻辑上则显得混乱了。

法藏"依法"立"五教",再"依理"立"十宗"。十宗把印度佛教的部派和中国佛教的宗派混合在一起划分,基本采用了慈恩等派别的意见。十宗是:我法俱有宗,指犊子部等部派教义,主张人我、

法我都是真实存在的；法有我无宗，指说一切有等部派教义，主张
"五蕴诸法，三世实有"，"法体恒有"；法无去来宗，指大众部等部派
教义，主张诸法现在有，过去、未来无实体；现通假实宗，指说假部
教义，也是《成实论》的看法，主张只有五蕴真实存在，十二处、十八
界皆空；俗妄真实宗，指出世部等部派教义，主张世俗皆假，出世法
皆实；诸法但名宗，指一说部教义，主张一切现象皆是假名而非真
实存在；一切皆空宗，同于大乘始教，主张诸法性空；真德不空宗，
同于大乘终教，主张诸法皆是真如显现；相想俱绝宗，同于顿教，主
张唯一的真实乃绝言之理；圆明俱德宗，同于圆教，即别教一乘的
华严宗义。如此细密繁复的判教方法，确实体现了法藏对于全部
佛学了解的精深程度和他过人的逻辑分析能力。这可以看作是中
国佛教教学高度发展的果实。不过这种判教，就内容说基本是按
教义上我、法的空、有层次划分，比起天台同时兼顾心性、修持等方
面，显得内涵狭小；在结构上则过度繁琐；而且具体解析"十宗"，相
对于"五教"，前六宗都是小乘教，后四宗分别相当"五教"里的另外
四教，内容新意无多。实际上天台判教几乎已做到山穷水尽的地
步，对佛教发展历史结构的理解再也难于翻出更多花样了。这也
导致后来的禅宗和净土走向反面，对复杂的教理发展尽可能作出
简单的理解和说明。

三

　　华严宗义理论内涵的最有价值的部分，是它的"法界"观和"无
尽缘起"论。这特别在宇宙观和方法论方面作出了重要贡献，也是
中国古代辩证思想的重要收获，成为后来形成新儒学的主要理论
渊源之一。

　　所谓"法界"，按世亲的解释：

　　　　由圣法因义，说为法界，以一切圣法缘此生故。此中界
　　者，即是因义、无我等义，如理应知。[①]

法藏把这个概念加以发挥说：

　　　　界亦有三义：一是因义，依生圣道故，《摄论》云："法界者，
　　谓是一切净法因故。"又《中边论》云："圣法因为义故，是故说
　　法界。"圣法依此境生，此中因义是界义；二是性义，谓是诸法
　　所依性故，此经上文云"法界法性，辩亦然故"也；三是分齐义，
　　谓诸缘起相不杂故。[②]

后来裴休解释说：

　　　　法界者，一切众生身心之本体也。从本已来，灵明廓彻，
　　广大虚寂，唯一真之境而已。无有形貌而森罗大千，无有边际
　　而含容万有。昭昭于心目之间，而相不可睹；晃晃于色尘之
　　内，而理不可分。非彻法之慧目，离念之明智，不能见自心如
　　此之灵通也。甚矣，众生之迷也，身反在于心中，若大海之一
　　沤尔而不自知，有广大之威神而不能用，縠觫而自投于笼槛而
　　不自悲也。故世尊初成正觉，叹曰："奇哉！我今普见一切众
　　生，具有如来智慧德相，但以妄想执著而不证得。"于是称法界
　　性，说《华严经》，令一切众生自于身中得见如来广大智慧而证
　　法界也。[③]

这样，法界就是指宇宙万法，有为无为，千差万别，均依法性而存
在；它们又都是生圣法之因，相互依恃，相即相入，圆融无碍。这也
就是重重无尽的佛的境界。至后来的澄观，又发挥为"四法界"之

①《辨中边论》卷上，《大正藏》第 31 卷第 465 页下。
②《华严经探玄记》卷一八《入法界品》，《大正藏》第 35 卷第 440 页中。
③《注华严法界观门序》，《大正藏》第 45 卷第 683 页中。

说,即事法界、理法界、理事无碍法界、事事无碍法界。事法界即现象世界,五蕴、十八界所体现的世界,具体表现为"十对":教与义,理与事,境与智,行与位,因与果,依与正,体与用,人与法,逆与顺,应与感。理法界相对于事法界,指恒常如如的本体之理。理事无碍法界,指事法界和理法界相即相入,相互融摄,体现为体、相圆融的关系。事事无碍法界,谓万法分殊,一多相即,大小互容,体现为摄他同己、废己同他的关系。这样,宇宙万有就被理解为圆融互摄的统一的总相,这也就是佛法的体现。

法藏以极其繁琐细密的方法说明法界这种"无尽缘起"关系。吕澂简明地概括其理论思路说:

> 对于别教一乘的义理举出了四门:一、三性同异;二、因门六义,——这两门是构成缘起说的原理。三、十玄无碍;四、六相圆融,——这两门说明无尽缘起的内容。[1]

以下根据这样的概括略作解说。

所谓"三性同异",是对于摄论师关于"三自性"理论的发挥,即认为依他起、遍计执、圆成实三性一际无异,因为一切随缘而起的现象都是染净、真妄贯通的。从依他起自性说,由真见妄,由妄见真;从圆成实(性)和遍计执(相)自性说,二者也都是融通无碍的,这样就把法性(唯心)与法相(唯识)统合起来了。

所谓"因门六义",是《摄论》所述关于种子的六个特征,即刹那灭,果俱有,恒随转,性决定,待众缘,引自果。法藏进一步从外延和内涵就体之空、有,用之胜(有力)、劣(无力),待之有(待缘)、无(不待缘)加以分析。以空、有说明万法缘起彼此相即;以力的胜、劣显示缘起万法的相入;以待的有、无表明缘起万法彼此同体;通过这六义的一多交摄、主伴俱从关系,说明诸法之所以"无尽缘起"

---

[1]《中国佛学源流略讲》,《吕澂佛学论著选集》第5卷第2736页。

的根本原理。

　　"无尽缘起"的具体表现，即它的内容，则有"十玄门"。"玄之又玄，众妙之门"，见于《老子》开宗明义第一章。"十玄"的概括不仅仅在表达上有道家色彩，华严思想对于宇宙统一性的基本理解和道家"天地与我为一"的思想更明显有继承关系。"十玄"是智俨在《华严一乘十玄门》里总结出来的，后来法藏在《华严经探玄记》里重新加以修订、排列，更加突出唯识思想。智俨的称为"古十玄"，法藏的则称"新十玄"①。新十玄是：一、同时具足相应门，这是从时间关系上看万法相融无碍；二、广狭自在无碍门，这是就空间关系说；三、一多相容不同门，这是就数量关系说；四、诸法相即自在门，这是就诸法之间的相互关系说；五、隐密显了俱成门，这是就诸法的隐伏、显在关系说；六、微细相容安立门，这是就诸法形体大小关系说；七、因陀罗网法界门，这是总说无尽缘起之义；八、托事显法生解门，这是就事法界和理法界的关系说；九、十世隔法异成门，这是讲十世（过、现、未三世，三世各有三世为九世，总成一世，称十世）同时显现以成缘起；十、主伴圆明俱德门，指各有分齐的万法不论主伴，皆圆满明净，具足功德，成一真法界。"十玄门"描述了毗卢遮那佛悟境中映现的圆融无碍的世界：宇宙万有不论时间前后、空间广狭、表现隐显，都相即相入，互为主客，重重无碍，即是处在普遍的联系之中的整体。"十玄"即是就十种关系说明这种法界缘起重重无尽的道理，而这种缘起正归结为佛地心境的显现。相对于天台"性具"概念，称之为"性起"。

　　"六相圆融"义从另一个角度显示无尽缘起的实相。"六相"本来出自《十地经论》，法藏从中得到启发，推演到诸法关系上，说明全体与部分、一与多、一与一切等关系。据说法藏为了对武则天说明《华严》总别义纲，"乃指镇殿金师子为喻，因撰义门，径捷易解，

────────────

①参阅《华严经探玄记》卷一，《大正藏》第35卷第123页上－125页上。

号《金师子章》,列十门总别之相,帝遂开悟其旨"。他举出师子和它的构成器官的关系为例说:

> 师子是总相,五根差别是别相;共一缘起是同相,眼、耳各不相滥是异相;诸根合会是成相,诸缘各住自位是坏相。(宋承迁注:显法界中,无孤单法,随举一相,具此六相。缘起集成,各无自性,一一相中,含无尽相,一一法中,具无尽法。)①

这里总、别是就理言,同、异是就事言,成、坏是就现象过程言。依华严圆教观之,理即事,事即理,成即坏,坏即成,六相相即相入。据说法藏"又为学不了者设巧便,取鉴十面,八方安排,上下各一,相去一丈余,面面相对,中安一佛像,燃一炬以照之,互影交光。学者因晓刹海涉入无尽之义"②。他又曾说:

> 一即具多名总相,多即非一是别相,多类自同成于总,各体别异现于同。一多缘起理妙成,坏住自法常不作,唯智境界非事识,以此方便会一乘。③

"六相"概括了错综复杂的缘起关系。他总结说:

> 法界者,是总相也,包事包理,及无障碍,皆可轨持,具于性分。缘起者,称体之大用也。④

这样,诸法缘起的总根据则归于法界。

上述"四门"所陈圆融无碍境界,不外乎两个方面:一是如来藏真心与缘起万法的关系;二是缘起万法彼此间的关系。前一种圆融显示为"理事无碍";后一种圆融显示为"事事无碍"。这也是"四法界"教理的证明。

---

①《大方广佛华严金师子章》,《大正藏》第 45 卷第 670 页中。
②《宋高僧传》卷五《周洛京佛授记寺法藏传》,上册第 89—90 页。
③《华严一乘教义分齐章》卷四,《大正藏》第 45 卷第 508 页下—509 页上。
④《大华严经略策》,《大正藏》第 36 卷第 702 页上。

华严教理论证法界无尽缘起，作为宗教信仰，还要落实到修持上。因为法界以圣法为因，所以唯有净法，性起万法。《六十华严》有《宝王如来性起品》。"性起"意谓诸法缘起于法性，因而法性贯彻于一切法即法界中。智俨说：

> 佛性者，是一切凡圣因，一切凡圣皆从佛性而得生长。喻说者喻如乳是酪因，一切酪皆因于乳而得生长。一种相似当来佛者，一切恶、四众等现在，虽行邪、善行，皆当作佛。[①]

法藏注解《宝王如来性起品》更明确地说：

> 《佛性论·如来藏品》云："从自性住，来至得果，故名如来。"不改名性，显用称起，即如来之性起。又真理名如名性，显用名起名来，即如来为性起。[②]

这就从人和法两个方面说明了"性起"的意义。从人的方面说，一切众生自性皆与佛陀不异，自性不改而显用，称性而起；从法的方面说，如来即是真理，如、来二字正表性起。这样，诸法"称性"而起，与法性相称。因而众生唯有善性，本来清净，只要修习悟得无尽缘起的真义，即感得佛果。这种心性观与真妄和合的天台"性具"义正相对照。天台和华严代表中国佛教佛性说"性具"和"性起"两大派别。在法藏活跃的时期，除了天台教学，还有法相宗的"五种姓"宗义，主张"一分无性"而与如来藏佛性说相龃龉。法藏对普遍的佛性说加以发挥，乃是中国佛教佛性思想的总结性成果，因此历史上又把华严教学称为"性起法门"。

华严宗作为较后出的宗派，又是在佛教已经实现"中国化"的环境下形成的，兼之智俨、法藏等都是兼精内、外学的通人，他们发挥的宗义一方面有可能吸收其他宗派的思想成果，另一方面也能

---

① 《华严五十要问答》后卷，《大正藏》第 45 卷第 532 页中。
② 《华严经探玄记》卷一六，《大正藏》第 35 卷第 405 页上。

够更多地吸收中土传统思想和学术内容,从而也更充分地体现了中土传统思维的性格。即以作为华严宗义纲领的"法界"观和"无尽缘起"说而论,本是涉及佛教和佛学在中国发展的重大课题。自魏晋时期"玄学化"的般若学到南北朝义学的摄论师、地论师以及后来的天台、慈恩等宗派,都把本末、事理、体用关系等宇宙观和方法论的重大课题作为探讨的主要内容。华严宗做出了总结性成果,即把"法界"作为"缘起"的总根据,主张"法界"就是"法性"、佛性。这已经不是诸法性空、无我的"缘起"论。"法界"被认为是万法的本体。这样讲"缘起",显然融入了道家以"道"为体的思想。华严宗实际是继承了僧肇以来以本体观念解"空"的思路,在这个宇宙观和认识论的基本问题上,提出了不同于印度佛教教理的更为系统的原理,对佛教思想中作为关键的佛性理论作出了重大发展。研究中国佛教的中外学者,无论是从褒扬角度,还是从批评角度,都承认华严学理讲的已经完全是不同于外来佛教的"缘起性空",而是与道家论"道"体相通的法体常有。而根据本书一再表明的立场,应当承认华严宗义乃是中国人在中国传统思想土壤上接受外来宗教思想并加以融会贯通的重大发挥。即就其对于本体论的分析、论证说,华严宗所做的,比中国古代任何学派(包括道家和玄学)都细密、深刻得多。在这方面,华严宗直接启发和帮助了宋代的"新儒家"。因而尽管华严宗义有内在的驳杂、矛盾一面,但是从总体看,又概念清晰,论证详密,创造了中国佛学发展的一个高峰,也是整个中国思想史上的重大成就。

四

"安史之乱"以后,李唐王朝在内、外重重危机之中,开始走下坡路。虽然朝廷和统治阶层中有许多人不断做出种种重新振兴的努力，但总的颓势无法挽救。可是，就是在这种局面之下，中唐时期却出现了思想、文化发展的又一个高潮。佛学的兴盛也成为这个高潮的一部分。几个重要佛教宗派都有新的发展：其中禅和净土更臻于极盛，特别是二者的宗义即在教理上不断取得重大进展；天台宗由于九祖湛然的活动而得以"中兴"；华严宗则出现四祖澄观和五祖宗密这样的卓越人物而开创新机。特别是宗密，一身而兼祧华严与禅，又与世俗社会保持紧密联系，不仅对于发展本宗作出贡献，更推动了儒、释交流和禅、教合一的潮流。他和文人士大夫韩愈、李翱等人分别从释、儒两个方面有力地推动一代思想、学术的演进，共同为宋代新儒学的出现开创了先河。

澄观（737—838，一说738—839），俗姓夏，越州山阴（今浙江绍兴）人。十一岁出家，三十一岁受具。青年时期广习禅、律、三论、天台、华严学理，并热心研究外学。四十岁以后精研《华严经》，撰写《大方广佛华严经疏》、《大方广佛华严经随疏演义钞》等，并参与四十《华严》译事，作《贞元新译华严经疏》（即《华严经行愿品疏》）。他在德、顺、宪、穆、敬宗各朝倍受礼重，曾被授以"清凉国师"尊号。他以振兴华严为务，但思想上已表现出融汇诸宗、禅教一致的意趣。他的这一思想倾向，被弟子宗密加以发扬。

宗密（780—841），俗姓何，果州西充（今四川西充）人。少通儒术，宪宗元和二年（807）将去参加贡举考试，偶然遇见遂州道圆，言下相契，遂从之出家。道圆本属禅宗荷泽一系：荷泽神会传磁州法如，法如传益州惟忠，惟忠传道圆。神会以后，荷泽一系单弱，宗密出来继承，算是这一系后劲。元和五年，他游方到襄汉，遇见澄观弟子灵峰，得到澄观所撰《华严经疏》，遂寄书遥申弟子之礼。次年，到长安礼谒澄观，从此即随侍左右。自元和十一年，他基本住在长安终南山。文宗太和年间（827—835），曾屡次被召入内殿问法，赐紫方袍，敕号大德，朝臣士庶归信者众。死后追谥"定慧禅

师"号;又以曾居住终南山草堂寺南圭峰兰若,世称"圭峰禅师";并
被华严宗人追尊为五祖。他著述很多,解释华严宗义的有《华严经
行愿品疏钞》六卷、《注华严法界观门》一卷、《华严原人论》一卷等;
他特别重视署为佛陀多罗所译、近人多疑为伪经的《圆觉经》,撰有
《圆觉经大疏》十二卷、《圆觉经大疏释义钞》十三卷等;有关禅宗的
则有《禅源诸诠集》(今存《都序》四卷)、《中华传心地禅门师资承袭
图》一卷(裴休问,宗密答);此外还有《佛说盂兰盆经疏》二卷、《起
信论疏注》四卷等。仅从这些名目看,就可以知道其论学内容涉及
之广泛,而又十分关注佛教在当时的新发展。《圆觉经》和《盂兰盆
经》一般判定为中土伪经,因为其中体现的基本是中土传统观念,
却得到他的大力阐释和宣扬。这正显示他把中土思想与佛教进一
步融会贯通的努力。

　　在宗密的时代,一方面"儒学复古"思潮正在兴起,佛教正面临
严重的挑战;另一方面是禅宗的许多派系并兴,禅宗内部及其与其
他宗派的冲突都需要解决。宗密本人内、外学均学养精深,他义无
反顾地担负起从佛教的立场总结全部中国佛教教学和全部中国学
术的任务。

　　就对于佛教内部的总结说,他虽然兼祧华严和禅,却能够超越
二者的判教体系,站在更高的立场上,对全部佛教重新进行批判的
审视,从而确立起自己的主张。注意到当代佛教发展的新动向,他
首先划分为禅与教两部分:"教也者,诸佛菩萨所留经论也;禅也
者,诸善知识所述句偈也。""诸宗始祖,即是释迦。经是佛语,禅是
佛意。诸佛心、口必不相违。"①裴休为他作碑铭,总结他的思路说:

　　　　皆本一心而贯诸法,显真体而融事理,超群有于对待,冥
物我而独运矣。

―――――――――――――

①《禅源诸诠集都序》卷上之一,《大正藏》第 48 卷第 399 页下、第 400 页中。

又说：

> 夫一心者，万法之总也。分而为戒、定、慧，开而为六度，
> 散而为万行。万行未尝非一心，一心未尝违万行。禅者，六度
> 之一耳，何能总诸法哉？①

这样，一方面，他坚持禅宗万法归于一心的思想，另一方面又明确
指出禅不能代替整个佛教。作为华严学人，他又不同于传统的"五
教十宗"而提出新的"五教"说。在《禅源诸诠集都序》里，他把全部
经教划分为"密意依性说相教"、"密意破相显性教"、"显示真心即
性教"三类；前者的"说相教"又包括"人天因果"、"断惑灭苦"、"将
识破境"三种教义，是为五教。在《原人论》里，他又划分出人天教、
小乘教、大乘法相教、大乘破相教、一乘显性教等五教。前"五教"
"密意依性说相教"里的"人天因果教"等同后"五教"的"人天教"，
这还是"不了义教"，即不是真正意义的佛教。"密意依性说相教"
的后二者相当于后"五教"的"小乘教"和"大乘法相教"。如此讲
"说相"、"破相"、"真心即性"，利用的是更具有哲学意味的语言来
阐发"法性"思想。他所区分的这个层次，表明他对于佛教思想逻
辑发展的认识更接近历史真实，在表述上也更为简洁。所以有的
学者评论说：

> 他对佛教的批判是按照他自己的哲学标准和经验，自成
> 一家，别开生面……从中国判教历史上去观察，宗密的判教可
> 以说是后来居上，学术意义最大。②

具体到禅宗，宗密对于正在兴盛起来的各派系的认识相当全面也
相当客观。与"五教"相配合，他在《承袭图》里划分禅宗为四个系
统：北宗、洪州宗、牛头宗、荷泽宗；在《禅源诸诠集都序》里又分为

---

① 《圭峰禅师碑铭》，《全唐文》卷七四三，第 7692 页。
② 冉云华《宗密》第 119 页，东大图书公司，1988 年。

修心息妄宗、泯灭无寄宗、直显心性宗三宗。四宗与三宗的关系，北宗即修心息妄宗，又分北秀、南侁、保唐、南山四支；牛头宗即泯灭无寄宗；洪州与荷泽即直显心性宗。"三教"与"三宗"一一配合。"三教三宗是一味法，故须先约三种佛教，证三宗禅心，然后禅、教双忘，心、佛俱寂。俱寂即念念皆佛，无一念而非佛心；双忘即句句皆禅，无一句而非禅教。"[①]这种划分又相当全面地反映了当时中国佛教和禅宗发展的实际情形，在此基础上再加以批判地综合，表明他禅、教一致的立场，遂有力地推动了"禅、教合一"潮流的形成。应当指出，一般后出禅籍，对于除南岳、青原两系即所谓"南宗"很少记述，宗密的说法是更为全面的。

三教三宗中"教"的方面，他主张真心即性的一乘显性教；禅的方面，他主张本性莹净圆明的直显心性说。而这二者又统一为真常心。他在《都序》里分"心"为四种，即肉团心（纥利陀耶）、缘虑心（八识）、集起心（质多耶）、坚实心或贞实心或真心（乾栗陀耶）。他解释这"真实心"说：

> 此云坚实心，亦云贞实心，此是真心也。然第八识无别自体，但是真心。以不觉故，与诸妄想有和合、不和合义。和合义者，能含染净，目为藏识。不和合者，体常不变，目为真如。都是如来藏。[②]

这真常心是自性清净、灵知不昧、随缘不变、离性离相的绝对，是万法之源，是一切物质与精神现象的总根据。他又特别突出"灵知"的作用：

> 诸法如梦，诸圣同说。故妄念本寂，尘境本空；空寂之心，灵知不昧。即此空寂之知，是汝真性，任迷任悟，心本自知。

①《禅源诸诠集都序》卷下之一，《大正藏》第48卷第407页中。
②同上卷上之一，第401页下。

不藉缘生，不因境起，知之一字，众妙之门。[1]

这"灵知不昧"的"真心"即是绝对的本体。所以他解释"寂"与"知"的关系为体、用关系。他说：

寂是知寂，知是寂知。寂是知之自性体，寂是知之自性用。[2]

他又说：

然此真心，有二种用：一自性用，二应用。今言知者，即自性用。[3]

这样，体、用与寂、知都归于一心。他不同于华严的"法界缘起"，而主张"真心缘起"，"强调本觉或灵知的自我觉醒"[4]，从而把华严圆教教旨与禅宗"明心见性"说统合起来，做出更简洁、更明晰的结论。

在更广阔的意义上、依据佛教的立场总结全部学术方面，宗密表现出巨大的魄力，见解也相当深刻。在佛教教学判教的历史上，他第一次把中国的儒、道二教纳入到体系之中。在南北朝关于儒、释、道"三教"关系的争论中，有一种意见认为佛法已经包容中国诸子百家的内容，代表性的言论有本书第二编引录的萧子显在《南齐书》里所谓"佛法者，理寂乎万古，迹兆乎中世，渊源浩博，无始无边，宇宙之所不知，数量之所不尽，盛乎哉！真大士之立言也。探机扣寂，有感必应，以大苞小，无细不容"[5]云云。宗密则是在更高的理论层次上对外学即中国传统学术进行了深入地探讨和批判，

---

①《禅源诸诠集都序》卷上之二，《大正藏》第 48 卷第 402 页下－403 页上。
②③《圆觉经大疏钞》卷一之上，《续藏经》第 9 册第 468 页上。
④末木文美士《"批判佛教"的再考察》，杰米·霍巴德、保罗·史万森主编《修剪菩提树——"批判佛教"的风暴》第 330 页。
⑤《南齐书》卷五四《高逸传论》，第 946 页。

在此基础上再以佛教统摄中国传统学术,把二者加以"会通"。集中体现他这方面思想的是《华严原人论》。这虽然是一个短篇,构筑的理论体系却十分庞大,表现的思想也极其弘通、开阔。宗密的这篇著作写成于晚年,可看作他治学的定论。

值得注意的是,这篇文章的思想显然又是针对韩愈"五原"中的《原人》的,而"五原"五篇文字乃是唐人辟佛的纲领性文献。所以宗密这篇文章又有一定的论战性质。韩愈的《原人》篇幅也很简短,开宗明义即点出主题:

> 形于上者谓之天,形于下者谓之地,命于其两间者谓之人。

韩愈这样就严格区分出天、地、人即所谓"三才",而"天者,日月星辰之主也;地者,草木山川之主也;人者,昆虫禽兽之主也",最后得出"故圣人一视而同仁,笃近而举远"的结论。这是基于人本思想的宇宙观,实际是为儒家仁德道德思想体系提出坚实的依据。题目的所谓"原人",指探究关于"人"的真谛。宗密同样也要"原人",但他在《序言》里首先肯定儒与道的价值不同说:

> 然孔、老、释迦,皆是至圣,随时应物,设教殊途,内、外相资,共利群庶。策勤万行,明因果始终;推究万法,彰生起本末,虽皆圣意,而有实有权。二教唯权,佛兼权、实。策万行惩恶劝善,同归于治,则三教皆可遵行;推万法穷理尽性,至于本源,则佛教方为决了。①

这样,一方面他在惩恶劝善、穷理尽性的总的原则之下,统一儒、释、道三教;另一方面又以佛教为至尊,认为佛理乃是思想理论的极致。他在文章里对于儒家的道德、五常思想作了肯定评价,认为与佛教"五戒"相通。不过这一点他是在论"人天教"时说的,而"人

---

① 《原人论序》,《大正藏》第45卷第708页上。

天教"还是佛对"初心人"的非了义说法。这样他又回到当初孙绰《喻道论》和颜之推《颜氏家训》的崇佛而又尊儒的立场。这应当也是他积极参与世俗活动的理由。而文章第一段"斥迷执",则针对儒、道两家的"元气"说、"自然"说、"天命"说进行尖锐的批评,当然他同时又给儒家和道家留下余地。他说:

> 真性虽为身本,生起盖有因由。不可无端忽成身相,但缘前宗未了。所以节节斥之。

这里概括佛教教理,实际是提出两点:一是所谓"真性",即作为本体的"真心";二是真心为因,而形成我、法二执,形成轮回。他说:

> 谓初唯一真灵性,不生不灭,不增不减,不变不易。众生无始迷睡,不自觉知,由隐覆故,名如来藏。依如来藏故,有生灭心相(自此方是第四教,亦同破此已生灭诸相)。所谓不生灭真心与生灭妄想和合,非一非异,名为阿赖耶识。此识有觉、不觉二义(此下方是第三法相教中,亦同所说)。依不觉故,最初动念,名为业相。又不觉此念本无故,转成能见之识,及所见境界相现;又不觉此境从自心妄现,执为定有,名为法执(此下方是第二小乘教中,亦同所说)。执此等故,遂见自他之殊,便成我执。执我相故,贪爱顺情诸境,欲以润我,嗔嫌违情诸境,恐相损恼……①

这是从"真常心"的立场对唯识"八识"说的阐释。最后得出结论说:

> 然所禀之气,展转推本,即混一之元气也;所起之心,展转穷源,即真一之灵心也。究实言之,心外的无别法,元气亦从心之所变,属前转识所现之境,是阿赖耶相分所摄。从初一念

①《原人论》,《大正藏》第45卷第710页中。

业相,分为心、境之二,心既从细至粗,展转妄计乃至造业(如前叙列);境亦从微至著,展转变起,乃至天地(即彼始自太易五重运转,乃至太极,太极生两仪。彼说自然太道,如此说真性,其实但是一念能变见分。彼云元气,如此一念初动,其实但是境界之相)。业既成熟,即从父母禀受二气,与业识和合,成就人身,据此则心识所变之境,乃成二分。一分即与心识和合成人,一分不与心识和合即成天地山河国邑。三才中唯人灵者,由与心神合也。佛说内四大与外四大不同,正是此也。哀哉! 寡学异执纷然。寄语道流,欲成佛者,必须洞明粗细本末,方能弃末归本,返照心源,粗尽细除,灵性显现,无法不达,名法报身,应现无穷,名化身佛。①

这又是把"元气"统合到"真心"上来,认为它乃是"心之所变";进而推论无论是人还是山河大地都是"真心"的变现。他更有意相照应地提到韩愈作为依据的"三才"说,明白表示自己的文章是针对后者的《原人》加以批驳的。认为人心最灵,乃是成佛的根据,正与韩愈天、地、人三者严格相分的观点针锋相对。这也是在更高层次上把儒、道统合到佛说上来。关于这方面的意义,冯友兰在《中国哲学史》初版里有说明:

　　此论中又有许多见解,可以影响宋明道学者。其对于世界发生之见解,有大影响于宋明道学,上文已言及。此段所引"禀气受质"一段,宋明道学讲气质,亦恐受此影响。尤可注意者,即宋明道学中程朱、陆王二派对立之学说,此论中已有数点,为开先路。如云:"然所禀之气,展转推本,即混一之元气也。所起之心,展转穷源,即真一之灵心也。"心气对立;程朱一派,以理气对立,即在此方面发展。又云:"究实言之,心外

---

① 《原人论》,《大正藏》第 45 卷第 710 页下。

的无别法,元气亦从心之所变。"一切唯心;陆王一派,以"宇宙即是吾心",即在此方面发展。由此言之,则宗密学说之影响,可谓甚大。①

从这样的角度看,宗密的心性说,固然是发挥旧传"唯心"之说,但又确有新的辩证内容,而韩愈关于天、地、人的三分法则显得支离了。在这一方面,宗密同样如冯友兰所说给宋人"新儒学"提供了理论资源。

宗密晚年在长安声望甚隆,四众弟子众多,所谓"内众慕膻既如彼,朝贵答响又如此"②。他结交朝士,积极参与社会活动,发扬了中国佛教积极从事儒、释交流的传统。他所交往的白居易有《赠草堂宗密上人》诗曰:

> 吾师道与佛相应,念念无为法法能。口藏传宣十二部,心台照耀百千灯。尽离文字非中道,长住虚空是小乘。少有人知菩萨行,世间只是重高僧。③

在这首诗里,白居易表达了对宗密的敬仰赞叹之情,更表明了宗密热衷现实的性格和二人间的文字因缘。刘禹锡也有《送宗密上人归南山草堂寺因诣河南尹白侍郎》诗:

> 宿习修来得慧根,多闻第一却忘言。自从七祖传心印,不要三乘入便门。东泛沧江寻古迹,西归紫阁出尘喧。河南白尹大檀越,好把真经相对翻。④

宗密与白、刘等富于现实精神的诗人交往,这种交谊也透露了他本人的思想倾向,更表明他在文坛上的地位和作用。和他交往的还

①《中国哲学史》第329页,商务印书馆,2006年。
②《宋高僧传》卷六《唐圭峰草堂寺宗密传》,上册第125页。
③朱金城《白居易集笺校》卷三一,第4册第2115页,上海古籍出版社,1988年。
④《刘禹锡集》卷二九,下册第404页,卞孝萱校订,中华书局,1990年。

有萧俛、温造等，也多是一时名流。值得注意的还有裴休，是著名
居士，曾任监察御史，历更内外，太和六年（832）为相，秉政五年，后
来出任节度使，《新唐书》上说：

> 然嗜浮屠法，居常不御酒肉，讲求其说，演绎附著数万言，
> 习歌呗以为乐。与纥干臬素善，至为桑门号以相字，当世嘲薄
> 之，而所好不衰。①

主持编撰《新唐书》的欧阳修等人都是反佛的，所以这里作贬语。
裴休在所撰《圭峰碑》里说："休与大师，于法为昆仲，于义为交友，
于恩为善知识，于教为内外护。"②宗密的主要著作如《禅源诸诠集
都序》、《注华严法界观门》、《圆觉经大疏》等，裴休都为作序。与裴
休的关系，一向被看作是历史上高僧与朝士结交的典型，从中也可
见宗密声望之高和影响之巨。

宗密晚年曾牵涉进部分朝官与宦官斗争的"甘露之变"。中唐
以后，宦官专权乱政，太和九年（835）宰相李训、凤翔节度使郑注等
在不满受制于宦官的唐文宗的支持下，设计诛杀宦官失利，反为宦
官集团所乘，败露后，李训逃避到终南山宗密处：

> 是日，训中拳而仆，知事不济，乃单骑走入终南山，投寺僧
> 宗密。训与宗密素善，欲剃其发匿之，从者止之，乃趋凤翔，欲
> 依郑注。出山，为盩厔镇将宗楚所得，械送京师……训弟仲
> 景、再从弟户部员外郎元皋，皆伏法。仇士良以宗密容李训，
> 遣人缚入左军，责以不告之罪。将杀之，宗密怡然曰："贫僧识
> 训年深，亦知反叛。然本师教法，遇苦即救，不爱身命，死固甘
> 心。"中尉鱼弘志嘉之，奏释其罪。③

---

① 《新唐书》卷一八二《裴休传》，第 5372 页。
② 《圭峰禅师碑铭》，《全唐文》卷七四三，第 7694 页。
③ 《旧唐书》卷一六九《李训传》，第 4398 页。

这件事,颇能反映宗密的政治态度。这也是中国古代僧人积极参与政治活动的著名事例。

这样,宗密无论是思想还是行事,都体现一种新的作风。他对于佛教各派思想的了解十分开阔和深入,对于中国传统思想的认识也相当宽容和客观。在此基础上他构筑了统摄真、俗的理论体系,以对应正在兴起的"儒学复古"思潮的挑战。就这一体系规模之宏阔、论说之系统看,佛教史上无出其右者。就佛教自身说,他在思想上坚持"真心"观,在方法上创建新的判教体系,据以论证禅、教一致,是对于中唐时期毁经灭教禅风的反动,也为佛教包括禅宗的进一步发展指明一条出路。不过在洪州禅大盛的环境下,他的思想在教内并没有得到太大的反响;由于"儒学复古"思潮正在社会上强烈激荡,他更不可能扭转整个时代思想发展的大趋势。不过作为佛教内部一种新潮流的代表,他的思想、他的宗风与学风在五代宋初逐渐引起更多人的注意,后来更得到僧、俗双方的继承与发挥。晚唐五代佛教里"禅、教一致"观念渐成潮流,儒学也更积极地吸纳佛教教理,不能否认宗密有先行唱导之功。他无愧是兴旺发达的佛教义学和宗派佛学的后殿。冉云华评价其贡献说:

> 宗密在中国思想史上,的确是一位承前启后的人物,他不仅对佛教的各宗,以及禅门的主要派别,作出系统性的分析,指出其哲学的依据,修道的方法;并且对那些哲学及方法的长处和缺点,清楚加以说明。他在早期的佛学基础上,经过自己不懈的努力,能够对中国传统中的两大哲学流派,儒家和道家提出理论性很高的批评。在中国哲学史的发展过程中,这样的批评虽不能说是绝无仅有,但的确是非常罕见。
>
> 他对宋明新儒家的启后作用,源于他对中国古典儒道的哲学批评。他那些思路清楚,观察敏锐,措辞简练,富于逻辑性的质询,一方面刺激了儒家思想家,逼得他们不得不对那些问题,做出回答;另一方面也不得不从佛学里面寻找原始儒学

中所没有的新因素。新儒家思想家们一方面从中国儒家的固
有传统中，重新发现自身的力量和根据；另一方面又从佛道两
家吸取新的养分，从而形成了理学和心学的儒家主流思想。①

这样，从历史宏观角度看，宗密实际上和同时期的韩愈、李翱等"儒
学复古"思潮的倡导者相配合，从各自的方面，替新儒学的建设，也
替佛教的进一步发展演变作出了开拓。

天台和华严这两个宗派，就思想理论层面说，代表了中国佛学
的最高成就，因而它们对于其他宗派，对于中国文化、思想的各个
领域造成的有形无形的影响是至为巨大的。当然，在继承和发扬
发达的义学师说传统的同时，义学传统上说理的艰深、论证的烦琐
和表述的繁冗等特征在一定程度上也被这两个宗派沿袭了；而义
学的艰深与繁琐发展到极端，造成的困境同样困扰着这两个宗派，
使它们始终难以在更广大的群众间普及。比较禅与净土，它们显
然缺乏那种在群众实践领域里的活力。

①《宗密》第 263—264 页。

第五章　禅宗与神秀、慧能、神会等祖师

一

中土佛教发展到宗派并兴阶段，真正的"中国佛教"算是形成了。当然如上所述，所谓佛教"中国化"，各宗派情况不同。但从总体看，就具有典型意义并造成巨大影响的几个宗派而论，"中国化"的过程至此是已经完成了。而其中以禅宗和净土宗表现得最为彻底。它们后来各自发展，长时期兴盛，对于社会和文化各领域的影响也更为巨大而深刻。如上所述，当初这两个宗派本来都不以"宗"立名。"禅"本是印度古代瑜伽功的一种，是印度各宗教通行的修行方法，在佛教里亦是大、小乘各部派共同的修持手段；"禅、慧双修"也是中国佛教久远的传统。净土信仰则是大乘佛教信仰的主要内容之一，在中土被诸多学派、宗派所弘扬。直到中唐时期，才确立起"禅宗"的名称；而"净土宗"的传承法系则到南宋方始正式组织起来。不过如果按中国佛教划分宗派的标准看，则应当承认这两个宗派在唐初即同时形成了。它们的形成也可看作是佛教"中国化"完成的标志之一。

对于佛教在中国是否"中国化"了？如果做出肯定的答复，这

种"中国化"应当怎样认识与评价？这都是关系对于中国佛教总体
认识的根本问题。这些问题的解决对于禅宗的研究尤其重要。有
一种极端的看法，认为禅宗不是佛教；再一种相对和缓的批评则认
为中国佛教本来是以老庄思想为核心的广义的"格义"佛教，而这
种"格义"佛教发展到极致就成为禅宗①。扎根于中国文化土壤上
的佛教在发展中不断演变，融入到中国固有的思想、文化传统中，
这是主、客观诸多因素造成的必然趋势，也是中国文化恒久生命力
和活跃创造力的体现。

　　汤用彤论竺道生的佛性新说，说他是兼采儒、释"折中立言以
解决此一难题（指"圣人可学"问题——著者），显示魏晋思想之一
转变，而下接隋唐禅门之学"②。就是说，竺道生折中儒、释的佛性
新说，已经下开禅宗的先河。戴密微更精辟地指出：

　　　　释家和道家的诺斯之间在中世纪初期发生了深刻地互相
　　渗透的过程，对后来的宗教史和哲学史产生了不可磨灭的影
　　响。一个重要的后果是形成了禅（dhyāna；zen）宗，它从唐代
　　末年起以闪电般的速度推向整个远东。关于禅宗最伟大的一
　　个人物临济（公元866年或867年死），人们可以说他的思想是
　　用了佛教思想作调料的庄子思想，虽然很可能临济本人并不
　　熟悉庄子，他只是通过中世纪对庄子的思想的反响才接受了
　　庄子的影响。③

戴密微同样强调禅宗与庄子思想的关系，肯定它是在广泛汲取儒
家和道家思想的基础上形成的彻底"中国化"的佛教宗派。

────────────

①参阅伊藤隆寿《格義佛教攷——中國初期佛教の形成》，《東洋學報》第71卷
　第3—4期，1990年。
②《谢灵运〈辨宗论〉书后》，《汤用彤学术论文集》第288页，中华书局，1983年。
③《汉代至隋代之间的哲学与宗教》，崔瑞德、鲁惟一主编《剑桥中国秦汉史》第
　16章，第914页，中国社会科学出版社，1992年。诺斯（gnōsis），灵知，神秘
　知觉。

禅宗作为独特的宗教派别,不只确立起一种新的信仰,更体现为一种思想观念、精神境界、人生企向、美学趣味等等。这些都属于高层次的文化追求,因此这个宗派也就能够更广泛地流传在知识阶层、士大夫之间。范文澜把它称作"适合中国士大夫口味的佛教"①。李泽厚则说:

> 以庄、禅为代表,追求理想人格和人生境界的本体论哲学,构成了中国思想发展中的另一个重要方面。②

这样,禅宗的兴起和兴盛,不仅造成佛教内部的重大变革,更形成一个声势浩大的思想文化运动,以致在一段时期里禅宗在佛教诸宗中几乎是一家独大,对当时和后世思想、学术、文化各领域造成的影响更是深远无比。

值得注意的是,禅宗的这种发展形态和净土信仰普及到社会大众、鼓动起一种简易的信仰潮流形成鲜明对比。又众所周知,宋代以后的佛教逐步走向衰落,就高水平的文化层面而言,佛教的直接影响、贡献已经逐渐式微③。但如果单就禅宗说,却一直在发挥着长远、深刻、有时仍是相当巨大的作用。这种影响特别遍及众多文化领域,成为促进这一时期文化发展、变革的重要因素。这样,实际上宋代以后的佛教文化,作为主导的是禅宗和禅宗影响下的文化;在思想、文化领域佛教发挥影响,实际上主要是禅宗,而且是历史上的禅宗。

就中国佛教发展史看,早自安世高已传译过禅籍。作为小乘"八正道"之一的"正定"和后来大乘"六度"的"禅定",一直也是中

---

① 《中国通史简编》(修订本)第3编第2册第601页,人民出版社,1965年。

② 《漫述庄禅》,《中国社会科学》1985年第1期;收入《中国思想史论》上册《庄玄禅宗漫述》,第182页,安徽文艺出版社,1999年。

③ 这是指当时佛教的状态而言。宋代以后,中国佛教长期发展积累的遗产仍然发挥巨大影响,对于知识阶层的影响更相当显著,特别体现在居士佛教的发达及其成果之中。下面所说禅宗的影响也主要表现在居士佛教的活动之中。

土佛教徒修行的主要科目之一。但早期所传主要是部派佛教有部的"小乘禅"，即被唐代宗密定义为"悟我空偏真之理而修者"①，当时在中土往往被当作方术的一种。这就是所谓"印度禅"，在中土的传播和影响都还有限。直到东晋的释道安，仍说"于斯晋土，禅观弛废，学徒虽兴，蔑有尽漏"②；其弟子慧远则说"大教东流，禅数尤寡，三业无统，斯道殆废"③。经过道安、慧远等人提倡，禅学在中土得到长足发展。特别是鸠摩罗什所传禅法，则已包含大乘禅的内容，这在本书介绍鸠摩罗什时已经说过，下面还将讲到。但是外来的小乘禅传习已久，长时期仍是中国佛教禅法的主流。大体又分属两个系统。一个系统即是佛陀跋陀罗所传。他在庐山译出《达摩多罗禅经》，然后到金陵瓦棺寺传授禅道。其弟子道场寺慧观提出"禅智为出世之妙术，实际之义标"④，主张定慧相合以测真如，将五门禅法（五停心观：不净观、慈悲观、因缘观、界差别观、数息观）统一到不净观上来。佛陀跋陀罗的另一弟子玄高、玄高弟子玄绍传禅法于北地。玄高"隐居麦积山，山学百余人，崇其义训，禀其禅道"；后来又到河北林阳堂山，"高徒众三百，往居山舍。神情自若，禅慧弥新，忠诚冥感，多有灵异"。玄绍则是他的弟子中灵异特著的十一个人中的一个，据说他手指出水，香倍异常，"后入堂术山禅蜕而逝"⑤。可知玄高一派禅法是以聚众和灵异为特色的。另一个系统为跋陀禅师所传⑥。跋陀受到北魏孝文帝礼重，少林寺就是为他敕建的。他聚众数百，同样以灵异称。其禅法具体内容史

---

① 《禅源诸诠集都序》卷上之一，《大正藏》第 48 卷第 399 页中。
② 《阴持入经序》，《出三藏记集》卷六，第 249 页。
③ 《庐山出修行方便禅经统序》，《出三藏记集》卷九，第 344 页。
④ 《修行地不净观经序》，同上第 346 页。
⑤ 《高僧传》卷一一《宋伪魏平城释玄高传》，第 409－410 页。
⑥ 佛陀跋陀和佛陀扇多在《续高僧传》卷一六和卷一里分别立传，据近人考定为同一人；参阅水野弘原《禅宗成立以前のシナの的禅定思想史序説》，《驹澤大學研究紀要》第 15 号，1957 年。

无明文。他的著名弟子有僧稠，名重一时，得到北魏、北齐朝廷优礼供养。他"节食鞭心"，"常修死想"，显然也是以"四念处"（亦作"念住"、"意止"，指观察、思维"身"、"受"、"心"、"法"的禅观，大、小乘具体说法不同）和"十六特胜法"（亦作"十六胜行"等，指数息观中十六种禅观方法）为内容的小乘禅法。这两派流行的禅法，都是一方面注重实际修持，另一方面又表现出较严重的封闭性质。这就不但与当时正在流行起来的大乘精神不相协调，更难融入中土传统之中而被广大的知识阶层所接受。所以这样的禅只能供寺院和山林里的僧众修持。而在中土的现实环境里，与本土传统相枘凿的思想观念、修持方法是不可能有持久生命力的。在南北朝知识阶层已经成为接受和发展佛教主力的条件下，缺乏知识阶层参与，任何佛教派别都不可能顺利地得到发展。

这样，禅法的进一步变革就成为多方面形势发展所需要。把印度禅改造为中国禅，鸠摩罗什门下作出了决定性的贡献。罗什刚刚来到长安，僧叡就请他翻译禅经。由此也可知这项工作之紧迫，已经被当时佛教内部某些先进人士意识到。如上所述罗什编译的《禅法要解》是综合印度大、小乘禅要的。特别是到罗什弟子竺道生，根据悉有佛性、阐提成佛等革新教理，发挥出顿悟成佛、佛无净土、善不受报等一系列新观念。这已经不再把禅修当作手段，而提出一种禅思想，这种思想更成为新发展的大乘教理的一部分。再到菩提达摩出现，侧重点又在系统宣扬一种全新的禅观和习禅方式。经过这两方面的发挥，中国禅得到很大的充实。竺道生是涅槃师说开创者，菩提达摩是楞伽师说开创者。他们发展出另一种全然不同于传统禅风的新的禅思想，不同于印度禅的中国禅从而形成了。正是在禅学这种新潮流的基础上，在宗派佛教兴起的总形势下，形成了禅宗。

后来禅宗把菩提达摩当作创始人，并不符合史实；禅宗也不是形成于北魏。由义学师说中的禅学（主要是上述"涅槃师"、"楞伽师")发展到禅宗有个过程,从内、外学多方面汲取了理论资源。

二

后出的禅史奉菩提达摩为西天二十八代祖师、中土初祖,乃是禅门编造禅史的附会。达摩只是禅宗的主要先驱者之一。后来禅史上作为宗主描绘的达摩,已经被大加增饰、改造过了。从一定意义上说,不是达摩创造了禅宗,而是禅宗创造了达摩。当然达摩在禅宗前史发展中的地位还是相当重要的。

关于达摩,本书第二编介绍义学师说部分已经论及。有关他最早予以记载的文献是北魏杨衒之《洛阳伽蓝记》,其自叙说"武定五年(547),岁在丁卯,余因行役,重览洛阳"①,而达摩的卒年一般确定在公元536年或528年,则杨衒之的记载应得自耳闻。其中说到菩提达摩是"西域沙门","波斯国胡人也。起自荒裔,来游中土","自云年一百五十岁,历涉诸国",是说他本是游化四方的西域来的头陀僧;看到永宁寺的壮丽,他"歌咏赞叹,实是神功","口唱南无,合掌连日"②,则完全看不出后来禅宗否定经教的观念。另外较重要的材料则是唐初的。一种是道宣《续高僧传》,里面为达摩立了传。这部书记载史实的明确下限是唐高宗麟德二年(665);另一种是净觉的《楞伽师资记》,据考著成书年代约在玄宗开元初(713—716)。两种书的写作距离达摩活动年代都不算远。道宣记载的达摩事迹同样比较简单,说他是"南天竺婆罗门种,神慧疏朗,闻皆晓悟,志存大乘,冥心虚寂,通微彻数,定学高之。悲此边隅,

①《洛阳伽蓝记校注·原序》第1—2页。
②同上卷一第5页。

以法相导。初达宋境南越，末又北度至魏。随其所止，诲以禅教……自言年一百五十余岁，游化为务，不测于终"①。这样的记述显然与杨衒之不同。就是说，达摩的事迹在百余年后的唐初已经十分模糊。但是道宣明确说他是"大乘""定学"高僧，这应当是当时佛门对他的定位。再过几十年，到净觉笔下，达摩则是禅学一个新派系——楞伽宗的传承者了。今传被肯定为达摩著作的，有分别被录入《续高僧传》和《楞伽师资记》的被定名为《二入四行》的短篇。从佛教史和文化史角度看，这篇文字是否出自达摩手笔并不重要，重要的是它反映了唐初所谓"达摩宗"或"楞伽宗"的观点，成为后来禅宗宗义的重要内容。

　　阐述新禅观，所谓"理入"即教理依据，主张"深信含生同一真性"。这是出自新一代大乘《涅槃经》和如来藏思想的普遍的佛性说，也承袭了竺道生等中土涅槃师的佛性思想。竺道生的佛性思想乃是大乘佛性教理结合中土意识的新发展，是适应中土环境的产物。因此达摩的这一说法并不是他个人的创造。所谓"四行"即具体修持方法，则有佛教因缘果报教义为依据，也是对于大乘六度修行观念的发挥。

　　达摩的这种禅观实际是总结当时中国佛教思想发展的新潮流提出来的。就禅宗形成的理论渊源说，早期大乘经典《维摩经》等已经对于佛性思想和修证方法提出许多具有重大创新意义的新见解；后来宣扬如来藏思想的一系列经典，包括《如来藏经》、《宝性论》等，也给作为禅宗基本宗义的"自性清净"说提供了典据。又求那跋陀罗译四卷本《楞伽阿跋多罗宝经》，唯有《一切佛语心》一品②，这部经综合新一代大乘教理，宣扬众生本具如来法身即如来

①《续高僧传》卷一六《齐邺下南天竺僧菩提达摩传》，《大正藏》第50卷第551页中、下。
②后来异译有北魏菩提流支译《入楞伽经》十卷和唐实叉难陀译《大乘入楞伽经》七卷。

藏佛性。其中把禅分为愚夫所行禅、观察义禅、攀缘如禅和如来禅四个层次，而以如来禅为最高一级；又论"宗通"与"说通"，"说通"指教理的探讨和弘传，"宗通"则指依靠内证、自悟以达到除却客尘污染的自觉圣境。大乘佛教内部对于禅思想的这些新发展，都为达摩提出新的禅观与禅法作了理论准备。就中国本土佛教发展说，如上所述，义学师说中竺道生等"涅槃师"的佛性思想乃是后来禅宗佛性说的滥觞。特别值得注意的还有在中国佛教思想发展史上占有重要位置的署马鸣菩萨造、真谛译的《大乘起信论》，提出所谓"一心二门"，发挥"真常心"教理，对于原始佛教以来"心性本净"观念做出新发挥。本来按唯识学说，由迷而悟要经过转染成净的长久熏习过程，即"渐悟"；而按如来藏思想，因为迷悟不二，则通过"顿悟"就可以成佛。《大乘起信论》则立"依一心法有二种门。云何为二？一者心真如门，二者心生灭门。是二种门皆各总摄一切法"，认为"所谓不生不灭，与生灭和合，非一非异，名为阿梨耶识"。这样阿梨耶识就"有二种义，能摄一切法，生一切法。云何为二？一者觉义，二者不觉义"[1]，觉与不觉都被归为阿梨耶识的属性。真常心为"体"，世间生灭变化则是它的"用"。《起信论》又用水与波来比喻，说明二者的统一不异。如此解释修行、证悟的道理，实际也是贯彻了中土思维的体用、理事观念。既有外来经典的根据，又有本土学理的先驱，达摩所阐说又十分简约、明确，自然容易被人们接受，遂广泛流传开来。

　　达摩有弟子慧可、道育。道宣所作慧可传上记载："初，达摩禅师以四卷《楞伽》授可曰：'我观汉地惟有此经，仁者依行，自得度世。'可专附玄理，如前所陈。"[2]这就是所谓"楞伽宗"树立的缘起。不过达摩所传《楞伽》教义，主要是取其禅法。《楞伽经》里还讲到

---

[1]《大乘起信论》，《大正藏》第 32 卷第 576 页上—中。
[2]《续高僧传》卷一六《齐邺中释僧可传》，《大正藏》第 50 卷第 552 页中。

五乘佛性说，这是瑜伽行学派观点，则不为所取。在《续高僧传》的《法冲传》里，记录了《楞伽经》的传承，从中可见一时间达摩门下盛弘传授《楞伽经》情形。这一派就是所谓"楞伽师"，当初是作为义学师说之一出现的。直到唐初净觉作《楞伽师资记》，仍然认可这样的传承，因而把四卷《楞伽》译者求那跋陀罗当作第一代祖师。

　　而如果深入探讨达摩思想的构成，从整个思想体系看显然更多承袭了竺道生的佛性新说，并继续吸纳儒家和道家思想，使之和佛家的心性新说更和谐地调和与贯通。达摩所说的"真性"，与儒家思孟学派"致诚反本"的人性论有明显相通之处；而"四行"的人生观和修道论则与道家相近。值得注意的是，慧可本人就"外览坟素，内通藏典"，是对中土学术有相当修养的人。胡适曾指出：

　　　　慧可颇通中国典籍，所以他能欣赏达摩的简单教义。达摩的四行，很可以解作一种中国道家式的自然主义的人生观：报怨行近于安命，随缘行近于乐天，无所求行近于无为自然，称法行近于无身无我。慧可是中国文人出家……可见达摩的简单教义在那第一代已得他们的了解和接受。我疑心这种了解和魏晋以来的老庄思想不无关系。①

达摩的新禅法初传，"于是合国盛弘讲授，乍闻定法，多生讥谤"②；而慧可"后以天平（534）之初，北就新邺，盛开秘苑。滞文之徒，是非纷举。时有道恒禅师，先有定学，王宗邺下，徒侣千计。承可说法，情事无寄，谓是魔语。乃遣众中通明者，来诊可门。既至闻法，泰然心服，悲感盈怀，无心返告"③，则新禅法当初显然曾多受怀疑。

---

①《楞伽宗考》，姜义华主编《胡适学术文集·中国佛学史》第 101 页，中华书局，1997 年。

②《续高僧传》卷一六《齐邺下南天竺僧菩提达摩传》，《大正藏》第 50 卷第 551 页下。

③《续高僧传》卷一六《齐邺中释僧可传》，《大正藏》第 50 卷第 552 页上。

关于达摩禅法的意义和作用,道宣在《习禅篇》总论里说:

> 属有菩提达摩者,神化居宗,阐导江洛,大乘壁观,功业最高。在世流行,归仰如市。然而诵语难穷,厉精盖少,审其慕则,遣荡之志存焉;观其立言,则罪福之宗两舍。详夫真、俗双翼,空、有二轮,帝网之所不拘,爱见莫之能引,静虑筹此,故绝言乎。然而观彼两宗,即乘之二轨也。稠怀念处,清范可崇;摩法虚宗,玄旨幽赜。可崇则情事易显,幽赜则理性难通。所以物得其筌,初同披洗,至于心用壅滞,惟繁云之俦,差难述矣。[①]

这里明确拿达摩与僧稠相对比,指出达摩禅的特征是"大乘壁观","遣荡之志","罪福之宗两舍",与僧稠保守的禅法截然不同。这也表明达摩的禅已完全不同于保守的印度禅。这些记载同时又表明另外两方面情况:一是当时新禅法不能为教团内部守旧一派所接受,他们加以排斥、攻击;另一方面却又受到部分僧众的欢迎,所以能够逐渐传播开来。

直到唐初四祖道信被蕲州(今湖北蕲春)道俗迎请,在长江北岸的黄梅(今湖北黄梅)开法,接引四方学众,这一派禅法才渐成气候。本来一种新的宗教教理被接受需要有个过程,另一方面从北魏末年到唐初,南北分裂,战乱频仍,而这一新宗派主张苦乐随缘,多行头陀行,也有碍于道法在更广泛的社会层面传播。入唐以后,国家统一,佛教内部交流渐广,道信才有可能创建起这一派的基地,从而迎来所谓"东山法门"、"楞加宗"广泛弘传的新局面。

本来据道宣《法冲传》,达摩以下,有一系列直系的和"远承"的弟子,多是传授《楞伽经》的。慧可门下有"粲禅师",这个人是否就是后来所说的三祖僧璨,大有疑问;而道信嗣僧璨为四祖,早期文

---

①《续高僧传》卷二〇,《大正藏》第50卷第596页下。

献里也没有记载。就是说，四祖以下有五祖弘忍，由此再分出神秀、慧能两系祖统，是历史事实；但二祖惠可到四祖道信中间的三祖僧璨这个环节却很有可能是捏合起来的①。不过无论真情如何，并无碍于认识中国佛教里的禅这一新"运动"发展状况的总体面貌。

这样，应当认为，到道信、弘忍师弟子在黄梅开创"东山法门"，禅宗作为新宗派才算正式成立了②。这也是因为到这一时期，作为宗派重要标志的传法统绪才真正明确起来，并有了成规模的教团，有了被认可的称呼如"楞伽宗"、"东山法门"等，也有了更明确也较系统的宗义。这套宗义经道信、弘忍著论阐述，并有一批《达摩论》之类如今作者不可确考的著作加以发挥。刚刚形成的这一宗派在表现形态上又有其特点：第一，它仍然寻求外来经典作依据，比如援引《楞伽经》，当然还有其他经典，包括一些伪经，这就是所谓"藉教悟宗"，这也表明它还不能完全挣脱与外来经教的联系；第二，已经开始创造自宗的文献，主要采用问答体的对论形式，这已是后来语录的雏形，不过在当时这些著作形态上还是和中土著述的先秦语录更类似，与后来上堂说法、问答勘辩的表述方式不同；第三，当时出现许多假托"达摩"著作的论书，表明追溯到达摩立宗的观念也已经形成了。

道信在《入道安心要方便法门》中说：

---

① 值得注意的是，道宣《达摩传》里记载慧可门下有那禅师，那禅师弟子有慧满。贞观十六年(642)慧满到过洛州南会善寺，与道宣是同时代人。《慧可传》里又说到"那、满等师常赍四卷《楞伽》以为心要，随说随行，不爽遗委"，《大正藏》第50卷第552页下。这实际是达摩传法系统的一个真实统绪。
② 有些日本学者认为到马祖道一、石头希迁活动的八世纪后半中国禅宗才算正式成立，参阅田中良昭《禅学研究入门》第53－54页，大东出版社，1994年；又柳田圣山《純禅の時代》，日本禅文化研究所，1984年；《續純禅の時代》，日本禅文化研究所，1985年。

> 夫身心方寸，举足下足，常在道场，施为举动，皆是菩
> 提……离心无别有佛，离佛无别有心。念佛即是念心，求心即
> 是求佛。所以者何？识无形，佛无形，佛无相貌。若也知此道
> 理，即是安心。常忆念佛，攀缘不起，则泯然无相，平等不二。
> 入此位中，忆佛心谢，更不须征。即看此等心，即是如来真实
> 法性之身，亦名正法，亦名佛性，亦名诸法实性实际，亦名净
> 土，亦名菩提、金刚三昧、本觉等，亦名涅槃界、般若等。名虽
> 无量，皆同一体，亦无能观、所观之意。如是等心，要令清净，
> 常现在前，一切诸缘，不能干乱。何以故？一切诸事，皆是如
> 来一法身故。住是心中，诸结烦恼自然除灭。①

这样，道信把佛、佛性、诸法实性、净土、菩提、本觉、金刚三昧、涅
槃、般若等等佛教各部派所宣扬的神圣、绝对的境界，统统归之于
一心，从而把千经万论、"六度""十地"的烦难修持简单、直截地归
结到自我心性觉悟。佛教各部派有关心性理论有染净、性起性具
等等不同，但都是要求现实的人性向绝对的佛性靠拢，追求超越普
通的人性而得到解脱；道信的这段话却把心、佛统合起来，从而确
立起一种追求自性圆满的全新的禅观。肯定了"念佛心是佛，妄念
是凡夫"，由凡夫转化为佛，道信又提出五种善巧方便：

> 当知佛即是心，心外更无别佛也。略而言之，凡有五种：
> 一者知心体，体性清净，体与佛同；二者知心用，用生法宝，起
> 作恒寂，万惑皆如；三者常觉不停，觉心在前，觉法无相；四者
> 常观身空寂，内外通同，入身于法界之中，未曾有碍；五者守一
> 不移，动静常住，能令学者明见佛性，早入定门。②

这里从"体"、"用"、"觉"、"观"、"守"等五个方面说明了实现即心即

①《楞伽师资记》，柳田圣山校注《禅の語録 2・初期の禅史 I》第 186、192 页，
　筑摩书房，1985 年。
②同上第 225 页。

佛的途径。又正如道信著论题目里"入道安心"四个字所表达的，
"入道"关键在"安心"。具体论述如何安心，则提出了"看心"、"修
心"、"住心"、"敛心"等方法。这就把一般的禅修方法大幅度改变
了：不再注重对外在佛法的追求和体悟，而集中在内省功夫，要求
调适自心以达到"内外空净"、"心地明净"的境界。

　　弘忍的重要贡献主要在继续稳固和扩展了道信创建的僧团，
为新宗派未来的发展培养出一批杰出弟子。唐初黄梅还相当偏
僻。道信弟子后来可考见的除弘忍之外，仅有荆州法显、荆州玄
爽、衡岳善伏等数人。弘忍在接替道信领导僧团后，在原来的双峰
山东十里凭墓山建立禅院，广泛接引四方学众，"令望所归，裓履凑
门，日增其倍。十余年间，道俗受学者，天下十八九。自东夏禅匠
传化，乃莫之过"①，从而大为扩展了这个新宗派的影响。弘忍的著
作今存《最上乘论》，敦煌本又题为《导凡趣圣悟解脱宗修心要论》，
又一本题为《蕲州忍和尚》，从内容看基本都是道信思想的发挥。
后者的开头即说：

　　　　夫修道之本体，须识当身心本来清净，不生不灭，无有分
　　别。自性圆满清净之心，此是本师，乃胜念十方诸佛。

这同样是把佛心归于自心。接着，回答"何知自心本来清净"的提
问说：

　　　　《十地经》云："众生身中有金刚佛性。"犹如日轮，体明圆
　　满，广大无边，只为五阴黑云之所覆，如瓶内灯光不能照辉。
　　譬如世间云雾，八方俱起，天下阴暗，日岂烂也？何故无光？
　　光元不坏，只为云雾所覆。一切众生清净之心亦复如是，只为
　　攀缘妄念、烦恼诸见黑云所覆。但能凝然守心，妄念不生，涅

----

① 杜朏《传法宝纪》，柳田圣山校注《禅の語録2·初期の禅史Ⅰ》第386页。

槃法自然显现。故知自心本来清净。①

这是说被攀缘妄念、烦恼诸见所系缚的心本来就是清净心,实现心的清净就在于"了知守心","守本净心"、"守我本心"。因为"努力会是守本真心,妄念不生,我、所心灭,自然与佛平等不二",所以"此守心者,乃是涅槃之根本,入道之要门,十二部经之宗,三世诸佛元祖"②。

道信、弘忍师弟子弘扬的这种坐禅守心的新禅法是对六朝以来发达的义学的反动。它一举而截断众流,倡导一种"一切心为宗"的全新的宗义和简单易行、直截了当的学风和宗风。弘忍弟子众多,著名者有二十余人。其中慧能、印宗到广东,神秀到两京、荆州,玄赜、玄约、道俊在湖北,智诜到蜀中,义方、僧达到浙江,法照到安徽,慧明到江西,把"东山法门"的新佛教向四方传播。其中以神秀、慧能贡献尤著。他们对于新禅法做出重大的新发展,并使之在文化中心地区的中原广泛传播开来,更借助朝廷的力量使之发扬光大,遂造成这一新宗派波属云委、席卷全国的流行形势。这种新禅法的意义,胡适说:

> 总结一句话,禅宗革命是中国佛教内部的一种革命运动,代表着他的时代思潮,代表八世纪到九世纪这百多年来佛教思想慢慢演变为简单化、中国化的一个革命思想……佛教极盛时期(公元 700—850 年)的革命运动,在中国思想史上、文化史上,是很重要的。这不是偶然的。经过革命后,把佛教中国化、简单化后,才有中国的理学。③

当然,禅宗的意义和影响绝不仅限于对于理学形成的作用,在思想

---

①《最上乘论》,《大正藏》第 48 卷第 377 页上、中。
②同上第 337 页中、下。
③《禅宗史的一个新看法》,《胡适学术文集・中国佛学史》第 150—152 页。

史、文化史上的贡献是多方面的。

三

钱穆指出：

> 唐代禅宗之盛行，其开始在武则天时代，那时唐代，一切
> 文学艺术正在含葩待放，而禅宗却如早春寒梅，一支绝娇艳的
> 花朵，先在冰天雪地中开出。禅宗的精神，完全要在现实人生
> 之日常生活中认取，他们一片天机，自由自在，正是从宗教束
> 缚中解放而重新回到现实人生来的第一声。运水担柴，莫非
> 神通。嬉笑怒骂，全成妙道。中国此后文学艺术一切活泼自
> 然空灵脱洒的境界，论其意趣理致，几乎完全与禅宗的精神发
> 生内在而很深微的关系。所以唐代的禅宗，是中国史上的一
> 段"宗教革命"与"文艺复兴"。①

到武则天时代，新兴的禅宗得到进一步发展，开始中国佛教发展史
上一个重大转变时期。原来活动在偏远黄梅山区的提倡新禅法的
僧团，以其新鲜的思想、新颖的宗风急速扩大影响，势力很快伸展
到政治、文化中心的两京。先是有"五祖"弘忍弟子法如住嵩山少
林寺，武周垂拱（685—688）中有名德就请开法；后有弘忍的另一位
弟子神秀于久视元年（700）被迎请进入东都洛阳，武则天有"若论
修道，更不过东山法门"②的赞语。宋人周必大说：

> 自唐以来，禅学日盛，才智之士，往往出乎其间。迹夫舍

---

①《中国文化史导论》（修订本）第 166－167 页。
②净觉《楞伽师资记》，《禅の語録 2·初期の禅史Ⅰ》第 298 页。

> 父母之养，割妻子之爱，无名利爵禄之念，日夜求所谓苦空寂
> 灭之乐于山巅水涯、人迹罕至之处，斯亦难矣。宜其聪明识道
> 理，胸中无滞碍，而士大夫乐从之游也。①

朱熹则慨叹"人才聪明，便被他诱引将去"②。这种新的禅观和禅法的吸引力，在于它一方面适应了时代发展形势，特别是适应新兴庶族文人阶层的要求，在宗教形式下反映了具有革新意义的思想潮流；另一方面，当时整个思想、学术界关注中心正在发生根本转变，即由秦汉以来探讨"天人之际"为中心转向以探讨个人"心性"为中心，而禅宗的形成和发展正是这一转变的具体体现。这个宗派的新一代禅师更直接、积极地参与社会生活，在各个文化领域发挥巨大影响，并争得广大知识阶层的认同、支持和欢迎。

神秀(606—706)，俗姓李，汴州尉氏(今河南尉氏)人。他少览经史，博学多闻，应是有文化教养的士大夫家庭出身。武德八年(625)二十岁，他在洛阳天宫寺受具足戒，到五十岁来到黄梅弘忍门下。在弘忍处六年，深受器重，为学徒上首、"教授师"。弘忍去世后，他到荆州当阳山(今湖北当阳)玉泉寺开法，二十年间，学徒众多，名声大噪。久视元年(700)，以九十高龄被武则天迎请入东都。宋之问曾代东都诸僧草表，请与都城士庶以法事至龙门迎接，表文中说：

> 此僧契无生至理，传东山妙法，开室岩居，年过九十……
> 九江道俗，恋之如父母；三河士女，仰之犹山岳。③

由此可见其名望之盛大。张说描写他入都盛况则说：

> 久视年中，禅师春秋高矣，诏请而来。趺坐觐君，肩舆上

---

① 《寒岩升禅师塔铭》，《文忠集》卷四〇。
② 黎靖德编《朱子语类》卷一二六《释氏》，第3011页，中华书局，1986年。
③ 《为洛下诸僧请法事迎秀禅师表》，《全唐文》卷二四〇，第2432页。

殿。屈万乘而稽首，洒九重而宴居。传圣道者不北面，有盛德者无臣礼。遂推为两京法主，三帝国师。[1]

神秀圆寂于神龙二年(706)，身后影响十分巨大，僧传上记载：

> 士庶皆来送葬，诏赐谥曰大通禅师。又于相王旧邸造报恩寺，岐王范、燕国公张说、征士卢鸿各为碑诔。服师丧者，名士达官不可胜纪。门人普寂、义福并为朝野所重，盖宗先师之道也。[2]

按《楞伽师资记》的说法，神秀从弘忍处接受禅法之后，"禅灯默照，言语道断，心行处灭，不出文记"[3]。神秀显然没有留下多少著述。但神秀门下均以为《大乘五方便》(《北宗五方便门》、《大乘无生方便门》)为乃师所作；晚近在敦煌发现的《观心论》残卷，学术界一般也承认是神秀作品。或起码承认这些作品反映的是神秀一派所谓"北宗"的思想。张说概括神秀法要说：

> 尔其开法大略，则慧念以息想，极力以摄心。其入也，品均凡圣；其到也，行无前后。趣定之前，万缘尽闭；发慧之后，一切皆如。持奉《楞伽》，近为心要。过此以往，未之或知。[4]

敦煌本《观心论》里则有总结意味的话说：

> 但能摄心内照，觉观常明，绝三毒永使消亡，六贼不令侵扰，自然恒沙功德，种种庄严，无数法门，悉皆成就。超凡证圣，目击非遥，悟在须臾，何烦皓首。[5]

这些文字里所说的"息想"、"摄心"，即是道信所谓"安心"、"守心"。

---

①《唐玉泉寺大通禅师碑铭》，《全唐文》卷二三一，第 2335 页。
②《宋高僧传》卷八《唐荆州当阳山度门寺神秀传》，上册第 178 页。
③《楞伽师资记》，《禅の語録 2·初期の禅史Ⅰ》第 298 页。
④《唐玉泉寺大通禅师碑铭》，《全唐文》卷二三一，第 2335 页。
⑤《观心论》，《大正藏》第 85 卷第 1273 页上—中。

后来南宗攻击神秀代表的北宗是"凝心入定,住心看净,起心外照,摄心内证"的"渐修"之道,从这些说法看是有道理的。

武则天礼重的北宗禅师,不只是神秀一个人。除了前面提到的法如外,《楞伽师资记》又曾记载神秀和安州寿山寺玄赜、洛州嵩山会善寺老安,"此三大师,是则天大圣皇后、应天神龙皇帝、太上皇(睿宗),前后为三主国师也"①。而神秀门下高足则有普寂、敬贤、义福、惠福等,都是所谓"照世炬灯",活跃一时,声望甚隆。而从所述他们所接纳的人物,也已明确透露出新禅法的社会作用和思想意义。

张说碑文里说到的岐王李范,是睿宗第四子,"好学工书,雅爱文章之士,士无贵贱,皆尽礼接待"②。他以王侯之尊,为文坛后援,其观念、行为当然会对社会风气起带动作用。张说(667—731)字道济,一字说之,出身寒门,祖、父辈历代不显。武后策贤良方正,对策第一,以善文词为天下宗,是武后朝提拔起来的庶族新进人物的代表。神秀入都那一年,他预修《三教珠英》,同时参加者有李峤、阎朝隐、刘知几、沈佺期、宋之问、富嘉谟等人,皆文坛一时之选。这些人显然都是谙熟佛、道二教的。他向神秀问道应即是在这个时候。后来直到玄宗朝,他三秉大政,掌天下文学之任凡三十年,其三教并重的观念和作风体现一时风尚,发挥着持久的影响。

神秀的弟子普寂晚年住长安兴唐寺,"闻者斯来,得者斯止,自南自北,若天若人,或宿将重臣,或贤王爱主,或地连金屋,或家蓄铜山,皆毂击肩摩,陆聚水咽,花盖抚日,玉帛盈庭"③。死后及葬,"河南尹裴宽及其妻、子并缞麻列于门徒之次,倾城哭送,闾里为之空焉"④。给普寂作碑铭的李邕(678—747),字泰和,是著名《文选》

①《禅の語録2・初期の禅史Ⅰ》第295页。
②《旧唐书》卷九五《睿宗诸子传》,第3016页。
③李邕《大照禅师塔铭》,《全唐文》卷二六二,第2659页。
④《宋高僧传》卷九《唐京师兴唐寺普寂传》,上册第199页。

学者李邕之子。他少知名，则天朝以词高行直为李峤等荐举；后来任左拾遗，附宋璟举奏权佞张易之兄弟奸邪，又以和张柬之友善，被贬官；玄宗朝，以其不拘细行，矜夸躁急，屡遭贬抑。他名望甚高，被视为贾生、信陵之流。天宝初，为汲郡、北海太守，六载，被李林甫杀害。他一生遭遇多坎坷，但作为一代名士，风格气节，饮誉士林。李白早年有《上李邕》诗，所谓"大鹏一日同风起，抟摇直上九万里"云云，少年豪情与这位老名士相投契。杜甫漫游齐、赵时，也曾做时为北海太守李邕的座上客，写下了"海内此亭古，济南名士多"①的佳句。一家师事普寂的裴宽，"性通敏，工骑射、弹棋、投壶，略通书记"②，景云中为润州参军，以拔萃出身，在朝与张说相友善。后徙为河南尹，不避权贵，河南大治。哭送普寂应是在这个时候。后来也是以不附权奸李林甫被陷害。

　　神秀的另一位弟子义福，于开元十年（722）被道俗迎请入都，往来两京。严挺之给他写的碑铭中说：

　　　　禅师法轮，始自天竺达摩。大教东派三百余年，独称东山学门也。自可、璨、信、忍至大通，递相印属。大通之传付者，河东普寂与禅师二人。即东山继德，七代于兹矣。③

这里历数禅宗法系，是按北宗勘定的系统说的。义福的生荣死哀和普寂差不多。死后，"制谥号曰大智禅师，葬于伊阙之北。送葬者数万人。中书侍郎严挺之躬行丧服，若弟子焉，又撰碑文。神秀禅门之杰，虽有禅行，得帝王重之无以加者，而未尝聚徒开法也。洎乎普寂始于都城传教二十余载，人皆仰之。初，福往东洛，召其徒戒其终期，兵部侍郎张均、太尉房琯、礼部侍郎韦陟常所信

①《陪李北海宴历下亭》，仇兆鳌《杜少陵集详注》卷二。
②《新唐书》卷一三〇《裴潾传附裴宽传》，第4488页。
③《大智禅师碑铭》，《全唐文》卷二八〇，第2843页。

重……"①。这里也指出神秀当年并没有聚徒开法,到普寂、义福该系禅法才得以弘传,他们二人在传播新兴禅宗方面显然作出了特殊贡献。为义福作碑铭的严挺之(673—742),亦是寒门进士出身。神龙年间被宋璟所汲引。他直言敢谏,与张九龄相善。开元末年为尚书右丞,不附权臣李林甫,"薄其为人,三年,非公事竟不私造其门"②。张九龄罢相,他受牵连出为外州刺史,后被李林甫陷害,责令于东都养疾。他归心释氏,死后葬大照禅师塔侧。他为义福所作碑铭里提到的房琯是则天朝宰相房融之子,为张说所汲引,屡任内外官,不得大用。他在历史上有重名,是因为后来在"安史之乱"中扈从玄宗奔蜀有功拜相,肃宗称帝后曾授权统兵,失策兵败于陈陶斜,受到志大才疏、高谈虚说之讥。他热衷禅宗,不仅师事义福,并曾从南宗禅师神会请益。他又和杜甫友好,在习佛上二人可称同调。韦陟是武后朝宰相韦安石之子,早年风华峻整,独立不群,"于时才名之士王维、崔颢、卢象等常与陟唱和游处";张九龄为中书令,"引陟为中书舍人,与孙逖、梁涉对掌文诰,时人以为美谈③;天宝年间,他也遭到李林甫、杨国忠陷害;后于平定"安史之乱"中屡建功勋。

　　从上面介绍的这些人物的具体情形可以看出,神秀等人在两京弘扬的这一佛教新潮流,特别受到出身庶族的新进人物或被统治阶级当权派疏忌、打击的人所欢迎。在唐前期,庶族阶层乃是统治集团中势力正在急剧扩大、发挥积极作用的社会力量。张说、张九龄就是这一阶层的典型代表。还有如岐王李范那样的朝廷亲贵,本是玄宗亲兄弟,玄宗即位后,鉴于唐王朝开国以来宫廷政变不断,引为教训,对诸王防范甚严,"禁约王公,不令与外人交结。

---

①《宋高僧传》卷九《唐京兆慈恩寺义福传》,上册第 197 页。
②《旧唐书》卷九九《严挺之传》,第 3105 页。
③同上卷九二《韦安石传附韦陟传》,第 2958 页。

驸马都尉裴虚己坐与范游宴，兼私挟谶纬之书，配徙岭外。万年尉刘庭琦、太祝张谔皆坐与范饮酒赋诗，黜庭琦为雅州司户，谔为山茌丞"①，李范等诸王实际处在被疏忌、排斥的地位。李范结交的文人中即有王维和杜甫。王维早年入京求举，就受到李范的揄扬、提携；杜甫在京时也经常出入他的门下，晚年流落江南作《江南逢李龟年》诗，有"岐王宅里寻常见"的诗句。作为参照，还可以举出早期禅籍《楞伽师资记》作者净觉的情况。他是中宗李显韦皇后的弟弟。中宗复位后，韦皇后勾结安乐公主用事，拟效武则天称制故事，李隆基通过宫廷政变杀韦后，立李旦为帝，是为睿宗。净觉是在韦后弄权时出家的。王维在为其所作塔铭中说：

> 中宗之时，后宫用事，女谒浸盛，主柄潜移。戚里之亲，同分珪组，属籍之外，亦绾银黄。况乎天伦，将议封拜……（净觉）裂裳裹足以宵遁，乞食糊口以兼行。入太行山，削发受具。②

净觉显然是感受到处境险恶，不得已而出家的。他后来师事玄赜，成为南、北分宗后北宗的护法中坚，并根据后者的《楞伽人物志》著成《楞伽师资记》。

从上述分析可以清楚看出，代表庶族阶层的新进官僚、文人，还有统治阶层中受到排挤、打击的王公贵臣，乃是支持新兴的禅宗的主要社会力量。这些人需要争取更大的活动空间，就要反对士族权贵的品级特权。新的禅思想正提供了有力的思想武器。这一后来称为"禅宗"的法门主张"品均凡圣"、"行无前后"③，无视人们身份的不平等而肯定心性的平等；宣扬"道在心不在事，法由己不

---

①《旧唐书》卷九五《惠文太子范传》，第 3016 页。
②《大唐大安国寺故大德净觉禅师碑铭》，《王右丞集笺注》卷二四。
③张说《唐玉泉寺大通禅师碑铭》，《全唐文》卷二三一，第 2335 页。

由人"①,要求发扬人的主观心性,表现出对于个人能力的自信;又主张"佛性在烦恼之中,佛身即众生之体,大法平等,无所不同"②,泯合佛与众生的界限,把绝对的佛性落实到平凡的人生践履之中,等等,都表现出鲜明的反传统、反权威、反品级特权的性格,客观上体现了庶族阶层的要求。也正是在后者的支持下,这一新的佛教宗派迅速发展起来。

　　当时佛教整体形势和时代的思想潮流,也有力地推动着新的禅宗的发展和传播。就佛教自身而言,无论是其内在的发展逻辑,还是具体宗教实践,新的禅思想都代表了积极、进步的趋向。南北朝佛教形成两个鲜明特点:一个是义学高度发达,上层沙门讲经著论,贵族士大夫参与法会,热衷研析佛理,义学师说高度发达;再一个是普遍的信仰实践,礼佛斋僧,造像立寺,真诚地祈求"来生之计"。唐初的贵族佛教大体延续了这种传统。如唐太宗一朝重臣房玄龄、褚亮、杜正伦,特别是萧瑀等人,都热心地研习佛典,参味佛说,广交僧徒,精修梵行。武则天为了篡夺皇权,利用《大云经》女主出世谶言,推尊佛教,更造成僧风冒滥,神异迷信之说盛行。但是到她的晚年,即所谓"东山法门"开始流行的时期,朝臣中出现了批判写经、造像的潮流。久视元年(700)朝廷拟在洛阳北邙坂造大像,狄仁杰上疏,就说到"为政之本,必先人事",而"如来设教,以慈悲为主,下济群品,应是本心"。他更举出梁武、简文崇佛,"江表像法盛兴"③的教训,对穷民力以营佛事表示反对。同时李峤、张廷珪亦连续上谏表,大体提出类似意见。后来又有韦嗣立,针对中宗时期崇饰寺观、滥食封邑上书说:

---

① 严挺之《大智禅师碑铭》,《全唐文》卷二八〇,第 2843 页。
② 李华《润州天乡寺故大德云禅师碑》,《全唐文》卷三二〇,第 3243 页。此碑主法云是普寂弟子。
③ 《旧唐书》卷八九《狄仁杰传》,第 2893—2894 页。

> 苟非修心定慧，诸法皆涉有为。至如土木雕刻等功，唯是殚竭人力，但学相夸壮丽，岂关降伏身心？①

辛替否也指出：

> 损命则不慈悲，损人则不济物，荣身则不清净，岂大圣大神之心乎！臣以为非真教，非佛意，违时行，违人欲。②

特别是玄宗朝贤相姚崇，在开元八年(720)留下的遗令中说：

> 且佛者觉也，在乎方寸，假有万像之广，不在五蕴之中，但平等慈悲，行善不行恶，则佛道备矣。何必溺于小说，惑于梵僧，仍将喻品，用为实录，抄经写像，破业倾家，乃至施身亦无所吝，可谓大惑也……正法在心，勿效儿女子曹，终身不悟也。③

"正法在心"，是对佛教教义的一种新概括，体现了当时佛教发展的大方向，这在观念上正与禅宗宗义相合。这些情况都表明，佛教自身的发展已充分暴露了它的内在矛盾，现实形势在逼迫它作出转变。新禅宗正是适应这一发展总趋势而兴盛起来。

值得注意的是，当时道教教理同样也开始强调"心性"养炼，即转而更注重"心性"问题。到唐初，道教的外丹术、神仙术已发展到鼎盛阶段，斋醮科仪制度也已完备。就在佛教新兴的禅宗急速发展起来的同时，一批活跃在社会上层、在知识阶层中广有影响的道士们也提出了注重修心养性的新的修道观。唐初的成玄英被太宗所礼重，是新一代道教教理的开创者。他指出：

> 妙体真空，达于违顺，不与动争，故能合至理之自然，契古

---

①《旧唐书》卷八八《韦思谦附韦嗣立传》，第 2870 页。
②同上卷一〇一《辛替否传》，第 3157 页。
③同上卷九六《姚崇传》，第 3028 页。

始之极道。①

他主张静心守一,体道契真,就会长生成仙。另一位唐初著名道士王玄览则提出"恬淡是虚心,思道是本真,归志心不移变,守一心不动散"②,他说这样就能修得常道,不变不死。这乃是与道教传统上依靠外力(如丹药、符箓等)养炼全然不同的修道观念。把守静去欲当作成仙关键,也就意味着成仙决定于人的主观修养功夫。这种观念被以后的道教学者司马承祯、吴筠、施肩吾、杜光庭所发挥,终于促使"内丹"教理的形成。司马承祯在其所著《天隐子》、《坐忘论》、《太上升玄经注》等著作里,大力宣扬安心、坐忘之法,进而提出"神仙可学论"。他说:"凡学神仙,先知简易。""神仙亦人也,在于修我虚气,勿为世俗所论折;遂我自然,勿为邪见所凝滞,则成功矣。"③吴筠是开元年间在士大夫间广有影响的道教思想家,他有一篇名作题目就叫做《神仙可学论》,其中批判那种神仙乃秉异气自然而成、非修炼可致的观点,表示反对"以吸嘘为妙,屈申为要,药饵为事,杂术为利"的重视"形养"一派。他提出的养炼方法是"虚凝淡漠怡其性,吐纳屈申和其神",修炼精、气、神,做到忘情全性,形神俱超,这样,"虽未得升腾,吾必知挥翼丹霄之上矣"④。这都表明,唐初道教中同样涌现出重视"心性"的思想潮流,与佛教禅思想发展的趋势相一致。二者间的相互影响是一目了然的,从中也可以看出禅宗形成的大背景。

视野再扩展一步,经过隋唐之际的社会大动荡,阶级关系发生了巨大变化。随着庶族势力的急剧扩展,整个思想意识领域也出现了冲决旧的传统束缚、发挥个人主观心性的批判潮流。代表这

---

① 蒙文通辑校《道德经义疏》"是谓配天,古之极"疏,四川省立图书馆,1946年。
②《玄珠录》卷下,《道藏》第 23 册 629 页。
③《天隐子》,《道藏》第 21 册 699 页。
④《神仙可学论》,《全唐文》卷九二六,第 9651 页。

一潮流的有著名史学家刘知几。他"多讥往哲，喜述前非"，"成其一家独断而已"①。在其所著《史通》里，专立《疑古》、《惑经》等篇，对儒家经典与古先二帝三王传说大肆抨击，"上下数千载间，掊击略尽"②，充分体现了主观批判精神。与他同时的元行冲作《释疑》，也直接指斥"章句之士，坚持昔言，特嫌知新悫，欲仍旧贯"③，明确地对拘守旧传统的保守学风进行挑战。学术界如此，实际上初唐时期的整个社会政治、文化、文学、艺术各个领域，无不表现出力图从旧传统下解放出来的革新精神，呈现出一派自由、活泼、创新的气象。唐代社会与文化的繁荣正由于有着这样的思想环境为基础。当时新禅宗的发展则是这一潮流的组成部分，而且应当说是这一总潮流中积极、先进的部分。

宗教现象应当从世俗现象得到解释，从一定意义说禅宗的形成和发展乃是社会变动在佛教中的体现。正因为它有着深刻的社会和思想基础，才能够对整个社会生活、对文化、文学发展起到广泛、巨大的作用。文人们普遍地喜禅、习禅，在宗教情怀之外，还因为存在这样思想和文化的大环境。

四

就在被称为"楞伽宗"、"东山法门"的新禅法征服两京广大道、俗的时候，活动在僻远南海之滨的弘忍另一个高足慧能又对师门传授作出重大发挥。后来慧能弟子神会北上中原，于开元十八、十九、二十（730—732）连续三年于河南滑台举行无遮大会，树立所谓

①《史通》卷一〇《自叙》、《辨识》。
②陈傅良《题张之望文卷后》，《止斋集》卷四一。
③《旧唐书》卷一〇二《元行冲传》，第3179页。

"南宗"宗旨,批判神秀所传为"北宗",再度开拓出后来所称"禅宗"发展的新局面。

这个自称为"南宗"的新兴宗派把对于"涅槃"、"佛性"等外在绝对境界的追求转化为"明心见性"的自我心性体认,否定繁难的经论研习而代之以"无念"、"见性"的简易实践,不仅在信仰者中间,在一般官僚士大夫间也受到更广泛的欢迎。神秀师弟子在武则天统治晚期到开元前期曾推动起新禅宗发展的热潮,经过短暂的沉寂,天宝年间,这种进一步革新的禅法又掀起另一个新的热潮,把禅宗发展推进到一个全新阶段。其代表人物就是慧能,还有实际上对于树立新宗旨发挥巨大作用的他的弟子神会。正是神会把他们师弟子的禅法叫做"南宗",而贬称以前流行的神秀一派禅法为"北宗"[1]。

慧能(638—713),俗姓卢。其父行瑫,贬官到岭南新州(今广东新兴)。他在那里出生不久,父亲去世,家境很贫困。龙朔元年(661),二十多岁的慧能来到黄梅弘忍处做服劳役的行者。当时神秀已是"教授师"。不过由于慧能表现得见解出众,更得到弘忍器重。据说禅宗初祖达摩以来历代传法只传一人,有袈裟一领为信物,由弘忍传给了慧能。有的资料说慧能"不识字",可是从史料所述各种行迹看,这一说法并不可信。不过慧能的禅解高于已成"教授师"的神秀而学养本来低于他则应是事实。这也表明新禅法的一个重要特征:不重经论,不重文字,即对于禅悟来说,经卷、义解并不起决定作用。这种态度一直影响这一派的教学,意义是十分深远的,后面还将说到。慧能自弘忍处得法后,又回到岭南,混迹市廛,直到仪凤元年(676)才在南海(今广东广州)法性寺出家受戒。第二年回到韶州(今广东韶关)曹溪宝林寺,弘扬他所发展的

---

[1] 所谓"南宗"起初本是"南天竺一乘宗"的简称,因为求那跋陀罗所传《楞伽经》出自南天竺,新禅法借用了这样称呼。后来神会创"南顿北渐"之说,则是根据地域区分南北,改变了本来的意思。

新禅法。到这一时期，以袈裟为信物传法一人的办法已不能实行：随着新的禅宗僧团的扩大，墨守这种办法必然造成弟子间的争斗；更重要的是禅法本身的发展，也要求打破师资二人间相传继的封闭的系统。按《楞伽师资记》记载，弘忍门下已有"十大弟子"，各自弘法一方，慧能只是"一方人物"而已。关于南、北分宗，起初慧能僻处南荒，影响不会很大；再者比起神秀来，无论是年纪还是地位，慧能都属晚辈，也不会有打倒前者、取代地位的非分之想。据记载神秀还曾向武则天推荐过慧能。早期禅宗的兴盛局面，正是弘忍门下众多人共同努力造成的。

高张起"南宗"旗帜，倡导"南顿北渐"，大力攻击北宗的是慧能弟子神会。这里当然有宗派观念在起作用。但是神秀和慧能、神会的禅观和禅法虽然均承自道信、弘忍，后者却对传统经教采取了更激烈的批判、否定形式，带有更为激进的内容，因而引起纷争是必然的。在这种纷争过程中，两派的思想分歧也更为明晰、尖锐了。

神会（668—760），俗姓高，襄阳（今湖北襄阳）人。他初学"五经"和《老》、《庄》，具有相当高的俗学教养。这个方面，如前代许多学僧的情形一样，对他后来的著述、弘法活动起了重要作用。他读《汉书》，始知有佛教，遂倾心佛法而终于出家。他曾到荆州师事神秀三年。后来神秀被武则天召请入都，他遂南下岭南，于大足元年（701）抵曹溪，就学于慧能，成为慧能上首弟子。开元八年（720），已经是慧能去世数年以后，他被敕配南阳（今河南南阳）龙兴寺，显然当时已经有一定声望。开元十八年及其以后的两年间，他在中原的滑县（今河南滑县）连续举行无遮大会，树立南宗宗旨，攻击北宗。到天宝四年（745），他应请入居洛阳荷泽寺，表明这一派势力的扩展，因此他这一系又被称为"荷泽宗"。后来受到北宗弟子反击，他被迫出都。"安史之乱"中他返回洛阳，曾开坛度僧，敛香火钱供应军需，以功受到朝廷荣崇，死后谥"真宗大师"。神会是极其热忱又很有能力的宗教活动家。他历经挫折，不懈地为自己的思想主张作宣传。南宗禅得以发扬光大,当然是时代思潮发展所决定的,但与他坚持奋斗的精神和杰出的才能也有直接关系。胡适当年编辑、出版《神会和尚遗集》,在卷首《菏泽大师神会传》里热情洋溢地赞美说:

> 南宗的急先锋,北宗的毁灭者,新禅学的建立者,《坛经》的作者,——这是我们的神会。在中国佛教史上,没有第二个人有这样伟大的功勋,永久的影响。[1]

传达南宗基本宗义的根本典籍有慧能的《坛经》和神会的一批"语录"等。《坛经》是慧能回归曹溪宝林寺前应韶州刺史韦璩与道俗之请,在大梵寺说法授戒的法语,为门人法海所编录。今存文本众多,大致分属于四个系统,即敦煌本、惠昕本、德异本和宗宝本。在今存年代最早的敦煌本发现以前,中土通行的是宗宝本。但与敦煌本对照,这个本子内容已增饰很多。但是据考敦煌本也已不反映当年说法原貌。神会的语录有《菩提达摩南宗定是非论》、《南阳和上顿教解脱禅门直了性坛语》、《南阳和尚问答杂征义》(被胡适编订为《语录》),另外还有《显宗论》等。神会这些著作的思想内容大体与《坛经》相同,因此有的学者借以考订《坛经》"原本";上引胡适的话更断定《坛经》是神会所作,但只是推测。

王维的《能禅师碑》是应神会请托而作,据考写于天宝五、六年,是反映慧能禅观最早的可靠文献。其中写到慧能的宗义说:

> 于是大兴法雨,普洒客尘,乃教人以忍。曰:忍者,无生方得,无我始成,于初发心,以为教首。至于定无所入,慧无所依,大身过于十方,本觉超于三世;根尘不灭,非色灭空;行愿无成,即凡成圣。举足下足,长在道场,是心是情,同归性海。[2]

---

[1]《神会和尚遗集·卷首》第90页,台北胡适纪念馆,1982年。
[2] 陈铁民《王维集校注·编年文(天宝上)》,第3册第817页,中华书局,1992年。

这里所谓"忍",不是一般地忍耐、容忍的"忍",指的是不起心动念的入禅状态,也即是所谓"无念"。这里的意思是说:能"忍"则不必隔断六根六尘,就会直契本心,即所谓"见性";这样定、慧都不必修,即达到"顿悟"了。这就把"北宗"的基于"性净"观念的"摄心"、"安心"、"守心"等观念又大为推进一步,实际是对于"北宗"思想重大的新发展。北宗"发现"了实现清净自性的新方法,主张平凡的个人不需寻求外在的佛性并向它靠拢,只需自我修持的"修心"即可;《坛经》和神会的南宗禅更进一步主张对于自性既不必修持清除染污,也不需护持不使染污,因为它本来清净,只待人去发现、体悟。《坛经》里记载慧能参见弘忍的故事:

> 弘忍和尚问惠能曰:"汝何方人? 来此山礼拜吾,汝今向吾边复求何物?"惠能答曰:"弟子是岭南人,新州百姓,今故远来礼拜和尚。不求余物,唯求作佛。"大师遂责惠能曰:"汝是岭南人,又是獦獠,若为堪作佛!"惠能答曰:"人即有南北,佛性即无南北,獦獠身与和尚不同,佛性有何差别!"大师欲更共语,见左右在傍边,大师更不言。①

这里生动而清楚地阐明了普遍的佛性说,实际上与所谓"北宗"的观点还没有大的不同。但是在实现这普遍的佛性即如何"见性"方面,慧能的观点则大为前进了一步。他反对弘忍所提出的"摄心"、"守心"等法门,说:

> 今既如是,此法门中,何名坐禅? 此法门中,一切无碍,外于一切境界上念不起为坐,见本性不乱为禅。何名为禅定? 外离相曰禅,内不乱曰定。外若著相,内心即乱,外若离相,内性不乱。本性自净自定,只缘触境,触即乱,离相不乱即定。外离相即禅,内不乱即定,外禅内定,故名禅定。《维摩经》云:

①郭朋《坛经校释》第 8 页,中华书局,1983 年。

"即时豁然，还得本心。"《菩萨戒经》云："本元自性清净。"善知识！见自性自净，自修自作自性法身，自行佛行，自作自成佛道。①

神会在《菩提达摩南宗定是非论》里，同样宣扬"念不起为坐"，"见本性为禅"，大力批判北宗弟子的"凝心入定，住心看净，起心外照，摄心内证"的"教门"。他特别强调南、北二宗间有顿、渐的不同。他回答远法师"如此教门岂非是佛法，何故不许"的疑问说：

> 皆为顿、渐不同，所以不许。我六代大师一一皆言，单刀直入，直了见性，不言阶渐。夫学道者须顿见佛性，渐修因缘，不离是生，而得解脱。②

这就是所谓"顿悟"见性之说。《坛经》里记载了弘忍门下神秀和慧能呈偈示法故事，神秀偈曰：

> 身是菩提树，心如明镜台，时时勤拂拭，莫使有尘埃。

慧能偈曰：

> 心是菩提树，身为明镜台，明镜本清净，何处染尘埃。③

这个故事颇具戏剧性，或难以相信为史实，且陈寅恪也曾批评六祖"传法偈""譬喻不适当"，"意义不完备"，是掇拾前修余绪的"半通不通"的文字。但两个偈确实以鲜明的对比，表明了宗义顿、渐的不同，又颇具象征意义，因此被当作禅门故事流传广远。《坛经》里也说：

> 一切经书，及诸文字，大小二乘，十二部经，皆因人置，因智惠性故，故然能建立……故知不悟，即是佛是众生；一念若

---

① 《坛经校释》第 37—38 页。
② 《神会和尚遗集》第 286—287 页。
③ 《坛经校释》第 12、16 页。

悟,即众生是佛。故知一切万法,尽在自身中,何不从于自心顿现真如本姓。《菩萨戒经》云:"我本元自性清净。"识心见性,自成佛道。《维摩经》云:"即时豁然,还得本心。"①

这就把成佛作祖简单地归之于反照心源,顿悟自性:一念愚即般若绝,一念智即般若生;前念迷即凡,后念悟即佛。这样,三藏十二部经就成了方便施设,千言万语的佛所说法也是一样,追求涅槃、净土等外修觅佛都是虚妄的;从而也就进一步发展了"唯心净土"之说:心无不净,西方不远,起不净之心则达不到成佛的目标。

关于顿悟,志德法师曾问神会:"禅师今教众生,唯求顿悟,何故不从小乘渐修? 未有升九重之台,不由阶渐而能登者?"神会做长篇回答:

> 恐畏所登者,不是九重之台,恐畏登著土墱胡冢。若实是九重之台,此是顿悟义。念于顿中而如登九重之台,要籍阶渐,终不向渐中而立渐义。理智兼释,谓之顿悟。不由阶渐而解,自然故,是顿悟义。自心从本以来空寂者是顿悟。即心无所住为顿悟。存法悟心,心无所得是顿悟。知一切法是顿悟。闻说空,不著空,即不取不空,是顿悟。闻说我,不著我,即不取无我,是顿悟。不舍生死而入涅槃,是顿悟……又《经》云:"一切众(生),本来涅槃,无漏智性,本自具足。"与善分别自心现与理相应者,离心意识,离五法三自性八识二无我,离外见内见,离有无二法,毕竟平等,湛然常寂,广大无边,常恒不变。何以故? 本自性清净体不可得故。如是见者,即得本性。若人见本性,即坐如来地。如(是)见者,离一切诸相,是名诸佛。如是见者,恒沙妄念,一时俱寂。(如)是见者,恒沙净妙功德,一时等备。如是见者,名无漏智。如是见者,名一字法门。如

---

① 《坛经校释》第57—58页。

> 是见者,六度圆满。如是见者,名法眼净。如是见者,为无所得,即真解脱,即同如来知见,广大深远,无差别故。如是知者,是如来应正遍知。如是见者,放大智惠光,照无余世界。所以者何? 世界者,即心也。心空寂,更无余念,故言照无余世界。①

这样,以肯定自心清净为出发点,把佛教所追求的佛性、涅槃、般若等绝对的真实统统归之于一念"顿悟",从而对于"自性"加以绝对的肯定。"顿悟"本是中国佛教义学的传统观念。按佛教历史说,当初佛陀在菩提树下成道,就是"顿悟"的。在中土,自竺道生张扬"顿悟"说,以后许多人都称许"顿悟"。隋唐各宗派也大多把"顿悟"当作最高境界。实际上所谓"北宗"也并不否定"顿悟",另一方面"南宗"也并不排斥渐修。不过如慧能、神会这样把"顿悟"绝对化,把它与渐修对立起来,虽然有宗派情绪在起作用,但确也反映出这一派宗义的特殊内容和意义。

中土佛教传统上提倡定、慧双修,解、行兼重。因此才有发达的义学,佛教在思想、学术上也才能有大的建树。但是到慧能、神会的新禅法却由重《楞伽经》转而重《金刚经》,即更侧重荡相遣执,提倡"一行三昧"。所谓"一行三昧"本来是传统禅定的一种,指内心专于一行而修习的正定,又称为真如三昧、一相三昧、一相庄严三摩地等。《大智度论》说:

> 一庄严三昧者,得是三昧,观诸法皆一,或一切法有相故一,或一切法无故一,或一切法空故一,如是等无量皆一。②

《文殊师利所说摩诃般若波罗蜜经》则说:

> 欲入一行三昧,应处空闲,舍诸乱意,不取相貌,系心一

———————

① 《神会和尚遗集》第 130—133 页。
② 《大智度论》卷四七,《大正藏》第 25 卷第 401 页中。

佛,专称名字;随佛方所,端身正向,能于一佛念念相续,即是念中,能见过去、未来、现在诸佛。①

而慧能对它作出了新的解释,即所谓"定、慧(惠)等",他说:

> 善知识! 菩提般若之知,世人本自有之,即缘心迷,不能自悟,须求大善知识示道见性。善知识! 遇悟即成智。善知识,我此法门,以定、惠为本。第一勿迷言定、惠别。定、惠体一不二。即定是惠体,即惠是定用。即惠之时定在惠,即定之时惠在定。善知识! 此义即是定、惠等。学道之人作意,莫言先定发惠,先惠发定,定、惠各别。作此见者,法有二相,口说善,心不善,定、惠不等;心、口俱善,内外一种,定、惠即等。自悟修行,不在口诤,若诤先后,即是迷人,不断胜负,却生法、我,不离四相。一行三昧者,于一切时中,行、住、坐、卧,常行直心是。②

神会在回答哲法师"云何是定慧等义"的提问时则说:

> 念不起,空无所有,名为正定。能见念不起,空无所有,名为正惠。即定之时是惠体,即惠之时是定用,即定之时不异惠,即惠之时不异定。即定之时即是惠,即惠之时即是定。何以故? 性自如故。即是定、慧等学。③

神会在《坛语》中更说:

> 要须三学(等),始名佛教。何者是三学等? 戒、定、慧是。妄心不起名为戒,无妄心名为定,知心无妄名为慧。是名三学等。④

这就把"戒"也纳入到定、慧"见性"之中了。定不再是坐禅修行,慧

---

① 《文殊师利所说摩诃般若波罗蜜经》卷下,《大正藏》第 8 卷第 731 页中。
② 《坛经校释》第 24—27 页。
③ 《神会语录第一残卷》,《神会和尚遗集》第 128—129 页。
④ 《南阳和上顿教解脱禅门直了性坛语》,《神会和尚遗集》第 229 页。

不依靠研习经论,戒也不再执行繁琐严格的戒条,但行直心,见性即得。这样就把烦难的修持变成了内心省悟功夫,解脱了清规戒律的约束,宗风变得无比地简单清通。

这种"见性"的实践归结到"无念"境界,《坛经》上说:

> 善知识!法无顿、渐,人有利顿。迷即渐契,悟人顿修,自识本心,自见本性。悟即元无差别,不悟即长劫轮回。善知识!我此法门,从上已来,顿、渐皆立无念为宗,无相为体,无住为本。何名无相?无相者,于相而离相;无念者,于念而不念;无住者,为人本性,念念不住,前念、今念、后念,念念相续,无有断绝;若一念断绝,法身即离色身。念念时中,于一切法上无住,一念若住,念念即住,名系缚;于一切上,念念不住,即无缚也。此是以无住为本。[①]

又说:

> 悟般若三昧,即是无念。何名无念?无念法者,见一切法,不著一切法,遍一切处,不著一切处,常净自性,使六贼从六门走出,于六尘中不离不染,来去自由,即是般若三昧,自在解脱,名无念行。若百物不思,当令念绝,即是法缚,即名边见。悟无念法者,万法尽通;悟无念法者,见诸佛境界;悟无念顿法者,至佛位地。[②]

神会看法完全一样,他说:

> 云何为人演说?不取于相。云何不取于相?所谓如如。云何如如?所谓无念。云何无念?所谓不念有无,不念善恶,不念有边际无边际,不念有限量无限量。不念菩提,不以菩提为念。不念涅槃,不以涅槃为念。是为无念。是无念者即是

---

① 《坛经校释》第30—32页。
② 同上第60页。

般若波罗蜜。般若波罗蜜者，即是一行三昧……见无念者，六根无染。见无念者，得向佛知见。见无念者，名为实相。见无念者，中道第一义谛。见无念者，恒沙功德一时等备。见无念者，能生一切法。见无念者，能摄一切法。[1]

"无念"就是不做意，不起心动念。按慧能和神会的意思，这是对大乘般若"应无所著而生其心"教理的发挥。但大乘佛教的定学要求无所执着，离贪、嗔、痴而得解脱，这是一种最高的觉悟，决不是《庄子》所谓"堕肢体，黜聪明，离形去知，同于大通，此谓坐忘"[2]的境界。僧肇批评早期般若学"心无于万物"的"心无"一派，说"此得在于神静，失在于物虚"[3]。新禅宗所提出的这一"无念"观念显然突出表明了《庄子》"心斋"、"坐忘"、"虚而待物"、"唯道集虚"等观念的影响。《坛经》上解释"摩诃般若波罗蜜"即大乘空观的精粹说：

何名"摩诃"？"摩诃"者是"大"。心量广大，犹如虚空，若空心坐，即落无记空。虚空能含日月星辰、大地山河、一切草木、恶人善人、恶法善法、天堂地狱，尽在空中；世人性空，亦复如是。性含万法是大，万法尽是自性。见一切人及非人，恶之与善，恶法善法，尽皆不舍，不可染著，由如虚空，名之为大。此是摩诃。迷人口念，智者心行。又有迷人，空心不思，名之为大，此亦不是。心量大，不行是少。莫口空说，不修此行，非我弟子。何名般若？般若是智惠。一切时中，念念不愚，常行智惠，即名般若行。一念愚即般若绝，一念智即般若生。世人心中常愚，自言我修般若。般若无形相，智惠性即是。何名波罗蜜？此是西国梵音，唐言彼岸到。解义离生灭，著境生灭起。如水有波浪，即是为此岸；离境无生灭，如水承长流，故即

①《菩提达摩南宗定是非论》，《神会和尚遗集》第308—309页。
②《庄子今注今译》第205页，中华书局，1983年。
③《肇论·不真空论》，《大正藏》第45卷第152页上。

名到彼岸，故名波罗蜜。迷人口念，智者心行，当念时有妄，有
妄即非真有；念念若行，是名真有。悟此法者，悟般若法，修般
若行；不修即凡，一念修行，法身等佛。善知识！即烦恼是菩
提。前念迷即凡，后念悟即佛。善知识！摩诃般若波罗蜜，最
尊、最上、第一……①

这可以看作是慧能一系对大乘思想的全新理解，也是其基本宗义
的简明概括。肯定"万法尽是自性"，即把自性清净心当作宇宙万
物的本体；在此基础上，成就佛道的目标为"顿悟""见性"，其手段
为"定、慧等"，所达到的境界则是"无念"。"北宗"要求"修心"，主
张明心见性、转凡成圣，还要经过一个修证过程。平常人克服自己
的平凡心与本来清净心的距离，还需要拂拭、磨砺功夫。但到慧
能、神会却简单化为自我觉醒的一念之悟了。这也给新禅宗向社
会普及创造了条件。钱穆指出：

　　尤其是晚起的禅宗。他们的理论，主张"自性自修，自性
迷即众生，自性悟即是佛"。又说："万法尽在自心，从自心中
顿见真如本性"。他们常劝人在家修行，见取自性，直成佛道。
实在他们已完全脱落了宗教的蹊径。一切归依自性，尚何宗
教可言。"识心见性，自成佛道"，便何异儒家"尽心知性，尽性
知天"的理论。禅宗只把儒家的"天"字"圣"字换成"佛"字，其
他完全一样要从自心自性上认取。因此一到禅宗思想出世，
各人都回头到自己心性上来，不再有所为西方佛法要向外追
求。那时的佛教精神，早已为平民社会日常生活所融化。②

这里说禅宗"完全脱落了宗教的蹊径"，当然是一种极端化的判断。
因为禅宗终究是佛教的一个宗派，仍然有其绝对的信仰，只不过代

①《坛经校释》第49—51页。
②《中国文化史导论》（修订本）第180页。

表佛法的是"自性清净心"而已。但禅宗确实吸收了儒家、道家思想而充实、改造了佛教的心性论,大为弱化了信仰色彩而突出了思想内涵,使得这个新宗派带上了佛教前所未有的哲理化、世俗化的特征,从而更容易融入社会一般的思想潮流之中。李泽厚又说:

> 　　以庄、禅为代表,追求理想人格和人生境界的本体论哲学,构成了中国思想发展中的另一个重要方面……禅所强调的却是某种具有神秘经验性质的心灵体验……从而,它追求的便不是什么理想人格,而只是某种彻悟心境,某种人生境界、心灵境界。①

这就指出了新禅宗的另一个方面,即它特别体现为一种人生境界、心灵境界,而这又主要是士大夫阶层的精神所容易接纳的,因而特别受到他们的欢迎。这也成为它能够顺利地融入文化各个部门的有利条件。

五

　　当初神秀、普寂等人活动在两京,新禅宗得到朝廷部分高官显宦的支持,确立了在社会上的地位;经过慧能和神会的发展与提倡,宗义进一步演变,其影响普及到四方。这一方面与整个社会形势有关:"安史之乱"后,国家陷于分裂割据状态,经济中心南移,文化重心分散,宗教的发展也是一样;更重要的是禅宗宣扬的思想观念适应了广大庶族士大夫的需要,又得到地方势力的庇护,特别在江东、江南、西蜀等经济、文化正在发展起来的地区,势力迅速扩展开来。

---

①《中国思想史论》上册《庄玄禅宗漫述》第182、218页。

按今存灯录记载,继承南宗祖师慧能禅法的有十大弟子,子孙
繁衍昌盛的是南岳怀让和青原行思二系,至晚唐五代发展出"五
家",至北宋衍变为"七宗"。但这是后来南宗所作禅史的说法,并
不能概括禅宗发展的全貌。中唐时的宗密说:

> 禅有诸宗互相违反者,今集所述,殆且百家,宗义别者,犹
> 将十室。谓江西、荷泽、北秀、南侁、牛头、石头、保唐、宣什及
> 稠、那、天台等,立宗传法,互相乖阻。①

这里后三家属于传统禅法,另外八家均出自弘忍门下。韦处厚描
述弘忍、慧能以后禅宗发展情形大体相似:

> 自此脉散丝分,或遁秦,或居洛,或之吴,或在楚。秦者曰
> 秀,以方便显,普寂其胤也;洛者曰会,得总持之印,独曜莹珠,习
> 徒迷真,橘枳变体,竟成《檀经》传宗,优劣详矣;吴者曰融,以牛
> 头闻,径山其裔也;楚者曰道一,以大乘摄,大师(大义)其党也。②

如此"脉散丝纷"的兴盛形势,造成在佛教诸宗派中禅宗一家独大
的局面。武则天以后佛教发展臻于极盛,也主要体现在禅宗③。

上述"遁秦"的神秀一系,开元年间大盛于两京,其后仍传承不
绝,势力也延伸到南方。特别是神秀弟子降魔藏曾于八世纪末入
藏,向西藏地区传中土禅教,对于汉、藏宗教和文化交流作出了贡
献④。不过北宗一派受到南宗打击,没有出现有气魄、有能力与南

①《禅源诸诠集都序》卷上之一,《大正藏》第48卷第400页中－下。
②《兴福寺内道场供奉大德大义禅师碑铭》,《全唐文》卷七一五,第7352页。
③这是就在思想文化领域的整体形势说,另外净土法门同样流传颇广。但如
　下面将要介绍的,净土教理内容单薄,主要是群众性的信仰实践活动。
④敦煌写卷 P. 4646 号和 S. 2672 号《顿悟大乘正理诀》是降魔藏宣扬顿教思想
　在拉萨与印度渐教一派进行"宗论"的记录,其中记载顿教一派取得胜利,与
　藏文献所述不同。参阅藏密微《吐蕃僧净记》(Paul Demiéville : La Con-
　cile de Lhasa)、饶宗颐《神会门下摩诃衍之入藏兼论禅门南北宗之调和问
　题》,《选堂集林·史林》卷中,香港中华书局,1982 年。

宗相抗衡的大师级人物,思想观念方面也无多新的建树,因此影响有限。

"居洛"的神会一系称"荷泽宗",自诩为慧能嫡传,法系延续到中唐著名学僧宗密(神会—磁州法如—益州惟忠—遂州道圆—宗密)。这一系的思想发展到宗密以前也没有突出表现。至宗密兼祧华严,主禅教合一,又精儒学,已经不单纯是神会的南宗思想。

"之吴"的法融代表了禅宗的另一系牛头宗。据传牛头宗创自或认为是道信弟子的法融,以下智俨—慧方—江宁法持—牛头智威—牛头慧忠六祖传承。但实际情形是法持嗣法弘忍,将其禅法传至江东,至牛头慧忠、鹤林玄素及其下一代径山道钦、佛窟遗则等发挥出独具特色的宗义。这一派的主要观点是任心自在,绝观忘守,不做方便,明心见性,显然更多地接受了江东玄学和道家思想的影响。

韦处厚没有提到的有在西蜀发展的保唐宗,其传承是资州智诜经处寂、无相,四传至保唐无住,此后传承不明。敦煌遗书里发现这一系禅史《历代法宝记》,记录了上述传承并无相说法三句:"无忆,无念,莫忘。"这三句是这一派宗义纲领,显然也更多受到道家影响。后面将要讲到的马祖道一一系与这一派有一定渊源关系,值得注意。

影响最大、传承更为久远的是南岳怀让门下的马祖道一和青原行思门下的石头希迁两系。在《坛经》里,怀让和行思都还没有踪迹。只是在道一和希迁声势大显之后,他们才被突出起来。道一在江西,希迁在湖南,与江东的牛头、西蜀的保唐同时兴盛,构成禅宗发展大普及局面。其中尤以马祖道一创立的"洪州禅"最具特色,传播更广,也发挥了更大的影响。

实际上从发扬主观心性论的角度看,南宗禅已经臻于极致,后继者已经难以做出新的发挥。这也是以后禅宗一些派别难以多有建树的原因。至马祖道一,则另辟蹊径,进一步吸纳道家的理论和方法，从根本上扭转禅修方向，提出"平常心是道"的新纲领，从而开拓出禅宗发展的新境界。如上所述，在中唐发展的禅宗几派的宗义都更多地融入道家思想，更富于文化色彩，也体现更浓厚的士大夫性格。禅、道交融或"三教"融合的大趋势在禅宗的这种发展形势中突出地体现出来。

道一（709—788），俗姓马，被尊称为"马祖"，汉州什邡（今四川什邡）人。初从资州处寂习禅，本来出于智诜一系。李商隐作《唐梓州慧义精舍南禅院四证堂碑铭》，记述该堂图画供奉无相、无住、道一及其弟子西堂智藏四人，并曾写到道一"早从上首，略动遐心……遄违百濮，直出三巴。拂衡岳以徜徉，指曹溪而怅望"[①]，明确他早年师从处寂，后来到南岳参怀让，从习慧能曹溪禅法的经过。道一离开南岳，经过浙东、赣南漫长的游学旅程，一路招收门徒，于大历（766—779）中应江西观察使路嗣恭之请，来到洪州（今江西南昌）。当时的洪州是江南重要政治、文化中心之一，前后在那里主政的路嗣恭、李兼都是虔诚的护法檀主。他们曾网罗一批著名文士如权德舆、杨凭、柳镇（柳宗元的父亲）等人于幕府中。在地方权要支持下，道一门庭大盛，弟子众多，其中有许多才华出众者如西堂智藏、百丈怀海、大珠慧海、伏牛自在等人（其中有些是在游学期间已经师从的）。马祖以其新鲜思想和活泼宗风吸引广大学众。僧史上说："自江西主大寂，湖南主石头，往来憧憧，不见二大士为无知矣。"[②]特别由于他的禅观能够适应时代要求，因此不仅笼罩禅门，更广泛传习于士大夫间。道一圆寂后，据传有门徒千人，入室弟子百余人，各为一方宗主。其中鹅湖大义、章敬怀晖、兴善惟宽等相继北上京师，把洪州禅传入朝廷，扩展了这一系禅法的影响。当时石头、牛头二系学人也往来于洪州门下。道一的禅法

————————

①钱振伦笺、钱振常注《樊南文集补编》卷一○。

②《宋高僧传》卷九《唐南岳石头山希迁传》，上册第209页。

实际上代表了整个禅门的新潮流。

洪州禅的要点，如权德舆为道一所作碑铭中说：

> 佛不远人，即心而证；法无所著，触境皆如。岂在多岐，以泥学者。故夸父喫垢，求之愈疏；而金刚醍醐，正在方寸。[1]

白居易所作《传法堂碑》，胡适说是"九世纪的一种禅宗史料"，"正合道一的学说，故此碑不是潦草应酬之作"[2]，其中所记载禅要是：

> ……居易为赞善大夫时，尝四诣师，四问道。第一问云：既曰禅师，何故说法？师曰：无上菩提者，被于身为律，说于口为法，行于心为禅，应用有三，其实一也。如江湖河汉，在处立名，名虽不一，水性无二。律即是法，法不离禅，云何于中妄起分别。第二问云：既无分别，何以修心？师曰：心本无损伤，云何要修理？无论垢与净，一切勿起念。第三问云：垢即不可念，净无念可乎？师曰：如人眼睛上，一物不可住。金屑虽珍宝，在眼亦为病。第四问云：无修无念，亦何异于凡夫耶？师曰：凡夫无明，二乘执著，离此二病，是名真修。真修者不得勤，不得妄，勤即近执著，妄即落无明。其心要云尔。[3]

这样，"洪州禅"又从慧能、神会所主张的"顿悟""见性"进一步，肯定"即心即佛"，所以"道不用修"；进而认为勤于修道乃是另一种执着，与凡夫无明同样是"病"。《祖堂集》记载道一的教法：

> 每谓众曰："汝今各信自心是佛，此心即是佛心。是故达摩大师从南天竺国来，传上乘一心之法，令汝开悟。又数引《楞伽经》文以印众生心地，恐汝颠倒不自信此一心之法，各各有之。故《楞伽经》云：'佛语心为宗，无门为法门。'"又云：

---

[1]《唐故洪州开元寺石门道一禅师塔铭》，《权载之文集》卷二八。
[2]《白居易时代的禅宗世系》，《胡适学术文集·中国佛学史》第31、34页。
[3]《白居易集笺校》卷四一，第4册第2691—2692页。

"'夫求法者,应无所求。'心外无别佛,佛外无别心。不取善,不舍恶,净秽两边俱不依怙,达罪性空,念念不可得,无自性故。三界唯心,森罗万像,一法之所印。凡所见色,皆是见心。心不自心,因色故有心。汝可随时言说,即事即理,都无所碍。菩提道果,亦复如是。于心所生,即名为色。知色空故,生即不生。若体此意,但可随时著衣吃饭,长养圣胎,任运过时,更有何事?汝受吾教,听吾偈曰:心地随时说,菩提亦只宁。事理俱无碍,当生则不生。"①

《景德传灯录》又记载道一这样一段上堂法语:

> 示众云:道不用修,但莫污染。何为污染?但有生死心,造作趣向,皆是污染。若欲直会其道,平常心是道。谓平常心无造作,无是非,无取舍,无断常,无凡无圣。经云:"非凡夫行,非贤圣行,是菩萨行。"只如今行住坐卧,应机接物,尽是道。②

北宗讲"摄心",南宗讲"见性",虽然都肯定每个平凡人有清净心,但实现自心清净,还要摄护(北宗)或觉悟(南宗)。就是说,平常心还不是清净心,实现它还要有个过程。但道一却简单直截地把平常心与清净心等同起来,主张平常心就是清净心,没有相对的平常心之外的绝对的清净心。因此道不用修,日常的行住坐卧,穿衣吃饭,扬眉瞬目,皆是佛道。这种观念又被他概括为"非心非佛","不是心,不是佛"。这就完全破除了佛法和世间的樊篱,把禅悟境界与平常人生等同起来。

不过现实中凡夫与得道者终究有差别,道一弟子大珠慧海如此说明这种差别:

---

①《祖堂集》卷一四,下册第610—611页,孙昌武、衣川贤次、西口芳男点校,中华书局,2007年。
②《景德传灯录》卷二八《诸方广语》,《大正藏》第51卷第440页上。

> 有源律师来问："和尚修道,还用功否?"师曰："用功。"曰:
> "如何用功?"师曰："饥来吃饭,困来即眠。"曰:"一切人总如
> 是,同师用功否?"师曰："不同。"曰:"何故不同?"师曰："他吃
> 饭时,不肯吃饭,百种须索;睡时不肯睡,千般计校,所以不同
> 也。"律师杜口。①

实际这就是慧能、神会所谓"无念"的境界。不过到马祖道一及其
弟子那里,则把这一观念发挥得淋漓尽致了,从此引申出"作用是
性"的观点。所谓"作用",本来指有为法的生、住、异、灭,对于人即
是指一切见闻知觉,动作营为。《景德传灯录》里记载西土一位祖
师波罗提为王说偈一节,实际是按洪州禅观点附会的:

> 王怒而问曰:"何者是佛?"答曰:"见性是佛。"王曰:"师见
> 性否?"答曰:"我见佛性。"王曰:"性在何处?"答曰:"性在作
> 用。"王曰:"是何作用,我今不见。"答曰:"今见作用,王自不
> 见。"王曰:"于我有否?"答曰:"王若作用,无有不是;王若不
> 用,体亦难见。"王曰:"若当用时,几处出现?"答曰:"若出现
> 时,当有其八。"王曰:"其八出现,当为我说。"波罗提即说偈
> 曰:"在胎为身,处世名人,在眼曰见,在耳曰闻,在鼻辨香,在
> 口谈论,在手执捉,在足运奔。遍现俱该沙界,收摄在一微尘。
> 识者知是佛性,不识唤作精魂。"王闻偈已,心即开悟,乃悔谢
> 前非,咨询法要。②

马祖道一的另一个弟子、居士庞蕴有禅偈,则概括为"神通并妙用,
运水与搬柴"③两句。这作为一种任运随缘、无为无事的人生态度,
显然更多融入了庄子思想。这也是当时佛、道交流更加深刻化的
表现。这样,发展到洪州禅,禅而至于非禅,佛而至于非佛,佛教的

①《景德传灯录》卷六《南岳怀让禅师法嗣》,《大正藏》第51卷第247页下。
②同上卷三《第二十八祖菩提达摩》,《大正藏》第51卷第218页中。
③入矢义高编《龐居士語録》第15页,筑摩书房,1985年。

发展也就走向了绝境。习禅的目的就是要做到无是非，无取舍，无修无证，作一个"无事的阿师"，独立自主的"大丈夫儿"。

这样，中唐以后禅宗发展的主要成绩在洪州一系。而如上所述，禅门内部本来就有派系斗争。洪州马祖师弟子以后，大体又分化为两个方向：一个是继续向否定方面发挥，走向呵佛骂祖，毁经灭教，否定一切神圣权威，进而也否定了禅，否定了佛法；另一方向则力图挽救禅门以前否定过分的流弊，回归到教法，致力于禅、教合一。两种潮流，印顺总结为宣教的直说和巧说、戒法的随相和破相、对教门的尊教和慢教、对禅修的重定和轻定的不同内容①。当然，不同派别、不同人物的具体表现千差万别，但总不超出这两个大的方向。

禅门中慢教、灭相一派在道一和希迁之后的几代得到突出发展，在思想史上和佛教史上都造成相当大的声势和影响。其代表人物如丹霞天然、德山宣鉴、赵州从谂、临济义玄等人。他们以激烈的言词、凌厉的作风把纯任主观的意识发挥到极端，表现出极其大胆、活泼的否定精神，极大地振荡了当时的社会和思想界。中土传统历来反对、防范"异端"、"偏激"，鼓励言谈、行事合于"中庸"，而这一派表现出无所畏惧、无所顾忌、冲决一切网罗的观念和作风，展示出空前绝后的奇异光彩，具有极其诱人的人格魅力，在士大夫间造成相当大的影响。他们的观念和宗风当时乃是思想、学术界正在兴起的批判思潮的一部分，而且是极其激烈的部分，也给后来各种社会、思想的批判、叛逆精神与行为提供了一个样板。

天然（739—824），邓州（今河南邓州）人。少亲儒墨，业洞九经。起初与庞居士一起入京求选，道逢行脚僧，问："秀才去何处？"答曰："求选官去。"僧云："可惜许功夫，何不选佛去？"并指示"江西

_____

① 参阅《中国禅宗史》第 8 章第 2 节《禅风的对立》，第 326—351 页，台北正闻出版社，1987 年。

马祖今现住世说法,悟道者不可胜记,彼是真选佛之处"。这个细节颇有典型意义,常被用来作为例证,说明在动乱环境下,士大夫把逃禅当作人生出路。二人来到道一处。道一命他往参石头,遂在石头处作伙夫,过了两年才蒙剃度。剃度的故事充满机趣:

> 经一二载余,石头大师明晨欲与落发。今夜童行参时,大师曰:"佛殿前一搭草,明晨粥后刬却。"来晨诸童行竞持锹钁,唯有师独持刀、水,于大师前跪拜揩洗。大师笑而剃发。师有顶峰突然而起,大师按之曰:"天然矣。"落发既毕,师礼谢度,兼谢名。大师曰:"吾赐汝何名?"师曰:"和尚岂不曰'天然'耶?"石头甚奇之,乃为略说法要。师便掩耳云:"太多也!"和尚云:"汝试作用看!"师遂骑圣僧头。大师云:"这阿师! 他后打破泥龛塑像去。"

这些行为和对话,显示了丛林中师弟子间相互较量禅解、活泼开放的关系。掩耳不听师傅传法,声称说法"太多",正是对传统经教的否定。他更令人震惊的行为是:

> 以元和初上龙门香山,与伏牛禅师为莫逆侣。后于惠林寺遇天寒,焚木佛以御次,主人或讥。师曰:"吾茶毗觅舍利。"主人曰:"木头有何也?"师曰:"若然者,何责我乎?"主人亦向前,眉毛一时堕落。①

破坏佛像,刺佛身出血,在戒律里是波罗夷大罪。他的辩解更显示机智,也是对于传统戒律的大胆否定。

德山宣鉴(782—865),俗姓周,简州(今四川简阳)人,希迁下四世。他风格峻险,喜用棒喝。有僧问:"如何是菩提?"他便驱之曰:"出去! 莫向这里屙!"竟把恭敬的请教斥为便溺。又岩头问:

---

① 《祖堂集》卷四《丹霞和尚》,上册第210—211页。

"凡圣相去多少?"①他大喝一声代替回答。表明这根本不是问题。他上堂示法说:

> 我先祖见处即不然:这里无祖无佛。达磨是老臊胡,释迦老子是干屎橛,文殊普贤是担屎汉,等觉妙觉是颇执凡夫,菩提涅槃是系驴橛,十二分教是鬼神薄、拭疮疣纸,四果三贤、初心十地是守古冢鬼,自救不了。②

这就把佛教追求的一切神圣事物统统骂倒,从而也就否定一切外在的驰求和修持。

从谂(778—897),俗姓郝,曹州(今山东曹县)人。其玄言法语怪异激烈,传播丛林,称"赵州门风",如:

> 问:"如何是祖师西来意?"师云:"亭前柏树子。"僧云:"和尚莫将境示人。"师云:"我不将境示人。"僧云:"如何是祖师西来意?"师云:"亭前柏树子。"③

他还有类似问答:有僧问:"万法归一,一归何所?"他回答说:"老僧在青州作得一领布衫重七斤。"④如此答非所问,难以索解,成为供后人参详的话头。还有一些著名言教:

> 师有时云:"佛之一字,吾不喜闻。"僧问:"师还为人不?"师云:"佛也,佛也。"
>
> 镇州大王请师上堂。师升座,便念经。有人问:"请和尚上堂,因什摩念经?"师云:"佛弟子念经,不得摩?"又别时上堂,师念《心经》。有人云:"念经作什摩?"师云:"赖得阇梨道念经,老僧洎忘却。"

---

①《祖堂集》卷五,上册第 276 页。
②《五灯会元》卷七《德山宣鉴禅师》,中册第 374 页。
③《祖堂集》卷一八《赵州和尚》,下册第 789 页。
④《景德传灯录》卷一〇《赵州东院从谂禅师》,《大正藏》第 51 卷第 278 页上。

> 师问僧："还曾到这里摩?"云："曾到这里。"师云："吃茶
> 去!"师云："还曾到这里摩?"对云："不曾到这里。"师云："吃茶
> 去!"又问僧："还曾到这里摩?"对云："和尚问作什摩?"师云：
> "吃茶去!"

> 师问僧："你在这里得几年?"对云："五六年。"师云："还见
> 老僧也无?"对云："见。"师云："见何似生?"对云："似一头驴。"
> 师云："什摩处见似一头驴?"对云："入法界见。"师云："去! 未
> 见老僧在。"

> 师问僧："从什摩处来?"对云："从五台山来。"师云："还见
> 文殊也无?"对云："文殊则不见,只见一头水牯牛。"师云："水
> 牯牛还有语也无?"对云："有。"师曰："道什摩?"对云："孟春犹
> 寒,伏惟和尚尊体起居万福!"①

这都是对佛、法、僧的极端否定。"吃茶去"也成为禅门著名话头,
表达了一种无为无事、任运随缘的人生姿态。吃茶在唐代兴盛起
来,本来和禅修的需要有关系。宋代以后吃茶成为丛林生活习惯,
发展出精致的"茶道"艺术。

义玄(?—867),俗姓邢,曹州(今山东曹县)人,是临济宗创始
人。他也多用棒喝来显示大机大用,一时禅侣辐辏,得法者各弘四
方。至北宋,这一系更分化出黄龙、杨岐两派,各有龙象,影响深
远。他的法要是:

> 但一切时中,更莫间断,触目皆是,因何不会? 只为情生
> 智隔,想变体殊,所以三界轮回,受种种苦。大德,心法无形,
> 通贯十方,在眼曰见,在耳曰闻,在手执捉,在脚云奔。本是一
> 精明,分成六和合。心若不生,随处解脱。大德,欲得山僧见
> 处,坐断报、化佛头,十地满心犹如客作儿。何以如此? 盖为

---

① 《祖堂集》卷一八《赵州和尚》,下册第789—792页。

不达三祇劫空，所以有此障。若是真正道流，尽不如此。大
德，山僧略为诸人大约话破纲宗，切须自看。可惜时光，各自
努力！①

这段话正是朱熹曾严厉批判的"作用见性"的意思。他的著名公
案如：

> 师有时谓众云："山僧分明向你道，五阴身田内，有无位真
> 人，堂堂露现，无毫发许间隔，何不识取！"时有僧问："如何是
> 无位真人？"师便打之，云："无位真人是什摩不净之物！"②

"无位真人"本来是道教仙真，这里用来说明"真佛内里坐"、自身即
佛；而进一步追寻"无位真人"，则又加以否认，则从另一面说明佛
本来只是凡夫。他的说法大胆激烈，洋溢着冲决一切网罗的热情，
如说：

> 师云："……心外无法。内亦不可得，求什么物？尔诸方
> 言道，有修有证，莫错！设有修得者，皆是生死业。尔言六度
> 万行齐修，我见皆是造业。求佛求法，即是造地狱业；求菩萨
> 亦是造业；看经看教亦是造业。佛与祖师是无事人，所以有漏
> 有为、无漏无为为清净业。有一般瞎秃子饱吃饭了，便坐禅观
> 行，把捉念漏，不令放起，厌喧求静，是外道法……"
>
> 问："如何是心心不异处？"师云："尔拟问早异了也。性、
> 相各分，道流，莫错！世出世诸法，皆无自性，亦无生性。但有
> 空名，名字亦空。尔只么认他闲名为实，大错了也。设有，皆
> 是依变之境。有个菩提依，涅槃依，解脱依，三身依，境智依，
> 菩萨依，佛依。尔向依变国土中觅什么物？乃至三乘十二分
> 教皆是拭不净故纸，佛是幻化身，祖是老比丘。尔还是娘生已

---

① 《祖堂集》卷一九《临济和尚》，下册第 857 页。
② 同上，下册第 855 页。

否? 尔若求佛,即被佛魔摄;尔若求祖,即被祖魔缚。尔若有求皆苦,不如无事。有一般秃比丘向学人道:佛是究竟,于三大阿僧祇劫修行果满,方始成道。道流,尔若道佛是究竟,缘什么八十年后向拘尸罗城双林树间侧卧而死去。佛今何在?明知与我生死不别……"①

这就把禅宗的否定精神发扬到了极致,可以说是佛门内部对于经教的总清算,客观上也体现了对于当时混乱世态的愤激、批判态度。其扫荡一切神圣权威、绝对肯定主观个性的精神,更具有强烈的社会与思想批判意义,流传后世,造成长远的影响。

六

如果从唐初算起,到晚唐近三百年间,禅宗发展声势渐盛。它不但在佛教中凌驾诸宗,也成为整个思想界最富活力、极具影响的势力。由早期对于作为人的本质的"清净自性"的肯定,发展到把这"清净心"与每个平凡人的"平常心"相统一,思想发展的内在逻辑正与现实社会的实际需求相一致,因此在社会上、对思想界造成极大震动,多方面发挥巨大的积极作用。

禅宗的兴盛延续到两宋之际:北宋仍有大批禅僧活跃在思想、文化领域。但是作为思想体系,禅宗至晚唐五代已逐渐衰落了。此后禅门仍名师辈出,在社会上仍相当活跃,内部也有相当激烈的斗争,但已不再具有当初南、北二宗或洪州宗那样的思想意义了。因为这一阶段不同派系斗争中的理论创新已很有限,而这本来是禅宗发展生命力之所在。另一方面至晚唐,禅宗在社会活动中逐

---

① 《临济慧照玄公大宗师语录》,《大正藏》第 47 卷第 499 页中、下。

渐贵族化,在表现形态上则趋向严重的宗派性与形式化。这样,禅宗实际已经基本完成了它的历史使命,思想文化领域代替它的"新儒学"——理学,已在孕育、发展起来。

前面已经提到中唐时期禅门发展出不同宗风,至晚唐更导致"分宗"。法眼文益曾指出:

> ……(行)思出(希)迁师,(怀)让出马祖,复有江西、石头之号。从二枝下,各分派别,皆镇一方,源流滥觞,不可殚记。殆其德山、林际、沩仰、曹洞、雪峰、云门等,各有门庭施设,高下品提,至于相继子孙,护宗党祖,不原真际,竞出多岐,矛盾相攻,缁白不辨。①

文益在这里是从批评角度立论的。他列举出六派,显然是把自己(即法眼宗)置于六派之上。南唐时期的《祖堂集》仅划分出南岳和青原二系。北宋初赞宁著《宋高僧传》(982—988),撰述则不分宗派,一些著名禅师并没有列入《习禅篇》,甚至没有给云门立传。大体同时的杨亿在《汾阳无德禅师语录序》里则举出江西、石头、南泉、赵州、洞山、仰山、雪峰、云门诸人,同样没有明确划分出派系。道原编撰、杨亿参与修订的《景德传灯录》(1004)沿袭《祖堂集》的办法,按南岳和青原两个系统记述,不过已经包含"五家"的内容。后来宗门内部对于法系归属发生争议。直到建中靖国元年(1101)的《建中靖国灯录序》始最后明确"五宗",即马祖一系的沩仰宗、临济宗和石头一系的曹洞宗、云门宗和法眼宗。宋初,临济宗汾阳善昭一系特盛,从中又分化出杨岐、黄龙两派,从而又构成"七宗"。胡适曾指出现有禅史是南宗伪撰的,这一说法不无偏激之嫌,但归纳出"五家七宗"确实出自南宗。又正如历史上一切社会活动一样,出现宗派相争、划分出宗派,乃是僵化、衰落的表现。

---

① 《宗门十规论》,《续藏经》第 63 册第 37 页上。

晚唐五代对于禅宗发展有个特殊机缘,就是唐武毁佛给予佛教巨大打击,可是禅宗本来不重经律,丛林组织形态又相当松散、自由,后来恢复起来自然相对容易。还有一个更重要的条件,就是它得到地方割据势力的支持。例如活跃在河北的临济宗受到镇冀节度使王元逵、王绍懿、王景崇几代加护,唐武毁佛时"唯黄河已北,镇、幽、魏、潞等四节度,元来敬重佛法,不拆舍,不条流僧尼。佛法之事,一切不动之"①。云门、法眼皆出雪峰一系,雪峰受到闽王氏政权支持而扩展了势力;创立云门宗的文偃则得到南汉刘氏的支持;后来法眼宗文益更得到南唐李氏的保护。郑愚在为沩山灵祐所作碑铭中说:

> 近代言之者必有宗,宗必有师,师必有传,然非聪明瑰宏杰达之器,不能得其传;当其传,皆是时之鸿庞伟绝之度也。②

这样,由大宗师主持的丛林,往往聚徒千百人,并形成有规模的经济实体,再有地方割据势力给予保护和资助,乱世中的流民又提供无尽的人力资源,自然势力迅速扩展起来。

不过晚唐以后禅门领袖更多活跃在社会上层,禅宗作为宗派,又如上所说严重地"贵族化"了。这也是它们逐渐失去早年作为革新宗派的活力的重要原因。虽然当时各宗派声势仍相当巨大,人物众多,议论纷然③,但对于宗义已没有多少新的建树。各派的分歧主要体现在接引方式和所表现的宗风不同,而这些主要是吸引学人、扩展自派势力的手段。各宗派更总结出一些谈禅的公式,如

---

① 圆仁《入唐求法巡礼行记》卷四,第196页,顾承甫、何泉达点校,上海古籍出版社,1986年。
② 《潭州大沩山同庆寺大圆禅师碑铭》,《全唐文》卷八二〇,第8645页。
③ 今传一些"语录"就是在这一时期形成的。不过当初只是纪录师资言句的"册子",称为"语"、"语本"等,在丛林流传过程中不断增饰。参阅柳田圣山《語録の歴史——禅文献の成立史の研究》,《東方學報》(京都)第57辑,1985年。

曹洞的"五位君臣"，临济的"四料简"、"四照应"，云门的"一字关"
之类。禅的精粹本来主要在精神内涵，而这些派系所注重基本在
"方法"，新鲜、活泼的思想内容已无多了。后来影响较大的有曹洞
的"默照禅"和临济的"看话禅"，二者基本也在言句、形式的区别
而已。

　　不过宋代无多新意的禅宗，却也体现出一些特色，在社会上和
思想界仍发挥一定作用。第一，如日本学者镜岛元隆所说：

　　　　从社会史的角度看，宋朝的禅具有顺应世俗的门风，协助
　　国家的禅风。佛教在唐代已经调整为接近世俗、协助国家的
　　态势，但是在禅宗内部，仍然以超然世外为理想。可是到宋
　　代，国家对丛林的压力加强了，顺应这一点，禅僧协助国家的
　　态势也逐渐增强了。

当时的禅门趋向"贵族化"，必然密切与朝廷、与世俗社会的关系，
直接后果却也有助于扩展其在社会上的影响。宋代士大夫普遍地
与禅师直接交往、交流，禅宗对于文化诸领域的影响也更加普遍和
深入了。特别是大量的禅籍在这一时期结集、流传开来，在中国注
重典籍的环境中，也有助于推动禅宗的普及，发挥它们的影响。

　　第二，镜岛元隆又指出：

　　　　宋代虽然高唱"教外别传"思想，但另一方面又宣扬"三教
　　一致"说。这种"三教一致"说，是从佛教的立场寻求与儒教、
　　道教相融合，提倡儒、佛、道三教一致。[①]

关于这一点，本书下面《智圆与契嵩》一章将具体分析两个典型例
子。镜岛元隆还提出两宋之际的大慧宗杲，也是这种折衷思想的
代表人物。实际这也是禅宗世俗化的具体表现。

　　再有一点，就是从教团史的角度比较，如石井修道所说，唐代

---

① 《天童如淨禅師の研究》第106页，春秋社，1983年。

的禅是"修行中心"的禅,宋代的禅是"祈祷中心"的禅。唐人更重视追求"明心见性"的"悟",而严重"形式化"的宋人的禅则与净土相合流,更重视供养祈祷了。这也促进了禅、净合一潮流的形成。

值得特别提出的是,到明末,理学中出现一个"异端"潮流,这个潮流的代表人物多与佛教有关系。他们或接受禅宗思想影响,或模拟禅门宗风,或利用禅宗语言,行为显然受到唐、宋禅宗的启迪和激励,被批评为"狂禅"。禅宗又一度对于重要的社会思潮发挥出巨大影响。这也可以算作是禅宗生命的回光返照,是它走向衰败的历程中重新展现的光彩。

七

如上所述,禅宗兴盛延续时期很长,发挥影响巨大,在中国佛教史上写下了光彩照人的篇章,是佛教对中国文化贡献的最重要的一部分。

纵观禅宗的发展历史,从唐初道信开创"东山法门",发展至中唐凌驾诸宗而至极盛,到宋代逐渐衰落,在数百年的时间里,成为中国佛教思想(不是指信仰)的主导潮流。如果从两晋之际佛教被中国社会各阶层广泛接受,对思想、文化发挥重大影响算起,到两宋之际也就是八百年左右,禅宗兴盛的时期即占了一多半。依此亦可见其地位、作用之重要。陈善曾记录王安石和张方平的一段对话:

> 世传王荆公尝问张文定公曰:"孔子去世百年,生孟子,亚圣后绝无人,何也?"文定曰:"岂无? 只有过孔子上者。"公问:"谁?"文定曰:"江西马大师、汾阳无业禅师,雪峰、岩头、丹霞、云门是也。"公暂闻,意不甚解,乃问曰:"何谓也?"文定曰:"儒

　　门淡薄,收拾不住,皆归释氏尔。"荆公忻然叹服。[1]

张方平作为居士,当然要夸大佛教作用。但他的话确也道出一个事实:禅宗在一个相当长的时期里是代表先进的思想潮流的。它吸引大批有才华的知识精英,其中有诚挚的佛教信徒,也有对于佛教思想、文化在某种程度上赞赏、认同的人,甚至有一部分反佛的人。那些著名的祖师,许多人在当时都是具有鲜明个性、居于时代前列的思想家。他们推动了思想史、文化史的发展,创造出影响久远的巨大思想、文化成果。

　　本书前面的介绍已经充分表明,东晋以来,佛教已成为社会生活十分重要的构成部分,在政治、经济、文化诸领域发挥着极其重大的影响。禅宗出现,以截断众流的气魄创建"教外别传"的新佛教,以"明心见性"的实践代替传统的繁琐经教及其所张扬的对于佛与佛法的信仰。它让接受众人供养的、追求解脱出世的僧宝转变成人格独立、自我觉悟的普通人。它的简单宗义既适应思想发展的大趋势,又适合中土思维方式而容易被人们接受。它的世俗的性格和浓厚的艺术色彩更有助于迅速普及到各个文化领域。从这种种角度看,禅宗把佛教的影响空前地扩大、加强了。禅宗在知识阶层中尤其受到热烈欢迎。朱熹说:

　　　　佛学自前也只是外面粗说。到梁达摩来,方说那心性。但士大夫未甚理会做功夫,及唐中宗时有六祖禅学,专就身上做功夫,直要求心见性,士大夫才有向里者,无不归他去。[2]

他更一再发出这样的感慨:

　　　　释氏之教,其盛如此,其势如何拗得它转? 吾人家守得一

---

①陈善《扪虱新话》卷三。
②黎靖德编《朱子语类》卷一三七,第 8 册第 3274 页。

世再世，不崇尚它者，已自难得。三世之后，亦必被它转了。[①]

这里的"释氏"主要指的就是禅宗。人们把隋唐时期称为中国思想学术的"佛学时代"，这当中"禅学"占很大比重。而且如前面指出的，即使是在佛教已经衰落之后的明清时期，禅宗依靠其历史积累，仍对于思想、文化领域发挥相当巨大而深刻的影响。

但是，禅宗作为彻底"中国化"的佛教，作为标榜"教外别传"、竭力割断与传统经教联系的新宗教，特别是由早期的"藉教悟宗"发展到中、晚唐时期呵佛骂祖、毁经灭教的激烈宗风，对佛教自身的存在又造成极大冲击和破坏。中唐时期著名文人也是天台宗信徒的梁肃曾就当时禅宗流行的形势说：

> 今之人正信者鲜。启禅关者或以无佛无法、何罪何善之化化之；中人以下，驰骋爱欲之途，出入衣冠之类，以为斯言至矣，且不逆耳，私欲不废。故从其门者，若飞蛾之赴明烛，破块之落空谷，殊不知坐致焦烂，而莫能自出。虽欲益之，而实损之，与夫众魔外道为害一揆。[②]

另一位文坛重要人物柳宗元是相当虔诚的佛教信徒，他也批评说：

> 而今之言禅者，有流荡舛误，迭相师用，妄取空语，而脱略方便，颠倒真实，以陷乎己，而又陷乎人；又有能言体而不及用者。不知二者之不可斯须离也。离之外矣，是世之所大患也。[③]

本来佛教在中国的生存和发展一直面临一种困境，就是中土传统的理性精神形成对于宗教信仰强有力的制约。正如德国哲学家谢林曾指出的：

---

① 《朱子语类》卷一二六，第 8 册第 3041 页。
② 《天台法门议》，《梁肃文集》卷一，第 23 页，胡大浚等校点，甘肃人民出版社，2000 年。
③ 《送琛上人南游序》，《柳河东集》卷二五。

中国之本质不同于禅宗或者说佛教。禅宗或佛教可以被看做对极端多神论的一种抑制，是与多神论相反的理论。它通过反对神话过程中的多神论却证实了神话过程本身的威力和强制力。禅宗佛教是与多神教相对立的一种一元学说，在这种意义上人们也可以称它为一神教。然而在中国，坚定的无神论取代了一神论和多神论，在那里根本没有任何宗教原则。①

这样，中国传统的理性精神和人本主义传统本来对于宗教信仰发挥相当大的遏制作用（历代反佛的言论正是这种传统的集中体现），历史上几次毁佛又从政治上给佛教以沉重打击，而从客观意义说，禅宗又从内部对于信仰形成瓦解与动摇。禅宗以对于"自性"的回归为目标，实际是从根本上否定了传统的经教信仰。正如洪州禅从"是心是佛"向"非心非佛"转化，禅佛教也向非佛教转化。这样，禅宗又可以说是佛教"中国化"的终结。即发展到禅宗，中国佛教的真正的生命活力已经发挥殆尽，再也难以创出新义了。

总地看来，被胡适称为中国佛教发展中的"革命"的禅宗，相当彻底地改变了中国佛教的面貌，进而又促进了整个中国思想文化的演变，略举表现荦荦之大者有三个方面。第一，胡适说：

佛教极盛时期（公元700年—850年）的革命运动，在中国思想史上、文化史上，是很重要的。这不是偶然的。经过革命后，把佛教中国化、简单化后，才有中国的理学。②

主要是由竺道生阐发的佛性新说，经禅宗得以更充分的发挥，给后来理学的形成提供了重要的理论资源。宋代"新儒学"即理学的基本理论构架和逻辑体系实际是佛教的，而它的理论内容则主要借助于禅宗和华严宗。这在下面介绍佛教与理学关系各章将具体说明。

---

①《中国——神话哲学》，《中国印象——世界名人论中国文化》上册第211—212页。
②《禅宗史的一个新看法》，《胡适学术文集·中国佛学史》第151—152页。

而作为汉代以来中国历代正统思想学术的儒学由汉学向宋学的转变,乃是决定此后中国全部思想文化发展历史的根本性的转变。

第二,禅宗的禅已经不限于宗教修持,它也成为一种行为方式、人生状态、认识方法、感受形态。它是外来佛教的禅与中国的儒、道长期相交流、相结合的成果。宋代以后,佛教走向衰落,但知识阶层仍有许多人出于各种原因"逃禅"。这一时期的佛教也主要由居士阶层来护持。正是禅宗让士大夫们"外为君子儒,内修菩萨行",从而也使得"儒、释并用"、"阳儒阴释"成为可能。而居士阶层则成为这一时期思想、文化领域十分活跃的力量。

第三,上引谢林的话指出中国文化的非神话性和非宗教性。禅宗作为宗教,当它淡化以至否定了作为宗教核心的信仰的时候,也就突出了作为人生哲学和美学追求的性格,正如李泽厚所指出:

> 禅宗不要求某种特定的幽静环境(如山林)或特定的仪式规矩去坐禅修炼,就是认为任何执着于外在事物去追求精神超越,反而不可能超越,远不如在任何感性世界、任何感性经验中"无所住心"——这即是超越……它在客观上仍包含有对感性世界的肯定和自然生命的欢欣,而这也正是审美感受不同于宗教经验之所在。这是相当奇怪的:否定生命厌弃世界的佛教最终变成了这种具有生意的禅果,并且通过诗歌、绘画等艺术王国给中国士大夫知识分子们增添了安慰、寄托和力量。而这,不正是中国化吗?……总结起来,如果用一句话说,这就是:无论庄、易、禅(或儒、道、禅),中国哲学的趋向和顶峰不是宗教,而是美学。中国哲学思想的道路不是由认识、道德到宗教,而是由它们到审美。[①]

从这样的角度看,禅宗又成为推动文学艺术发展的重要因素。它

---

① 《庄玄禅宗漫述》,《中国思想史论》上册第 211、217—219 页。

既给文学艺术创作注入了内容和灵感,也启发形成新的思维和表现方式、方法。唐宋以降文学艺术的新变,特别是士大夫阶层的创作,很多成就取助于禅宗。这在后面将详细介绍。

这样,当禅宗走向衰落,作为佛教宗派已经不再能够提供多少新的、有价值的思想内容的时候,它所创造的思想、文化成果,它的丰厚的文化积淀,却继续发挥着相当大的影响力。因而宋代以后直至当代,禅宗对于思想文化领域的作用和影响一直兴盛不衰,不可忽视。

第六章 净土信仰和净土宗

一

在隋、唐时期盛行的中国佛教诸宗派中,净土和禅二者是最具群众性的。这也鲜明反映两个宗派内容和形式"中国化"的程度。相对于禅主要在知识阶层中流行并在思想文化领域发挥影响,净土则争得了更广泛阶层的民众,同时信仰的内容和形态也发生巨大变化。即如砺波护所说,在此之前,"不仅一般的世俗信众,甚至是僧尼,虽然具备死后能够往生弥勒菩萨和无量寿佛等特定净土的相关知识,但是,其信仰的实际状况却停留于宽泛地祈愿往生天上诸佛诸菩萨之乐土的阶段,还没有达到唐代净土教那样专注于一佛一净土的信与行,并且论辩阿弥陀净土与弥勒净土孰优孰劣的热烈而纯粹的信仰的程度"①。如果肯定信仰乃是宗教核心内容,那么隋、唐以降,对于西方净土的信仰可以说是民众佛教的主流。正由于形成了强大潮流,又具有独特的行法和比较系统的思想主张,后来宋人组织起特别的传法统绪,称之为净土宗。

①《隋唐佛教文化》第 61 页,上海古籍出版社,2004 年。

　　前面介绍隋、唐宗派佛教已经简要地说明净土宗的基本特征及后人组织起来的传法系统。本来如上所述，净土信仰乃是大乘佛教的重要内容，被众多的学派与宗派所信奉和宣扬，难以确定一个特别的传承系统。宋人所确立的慧远以下的传承统绪，并不是根据真实的师资传授关系，观念和行法上也不成统绪。真正发挥出净土信仰独特的思想观念和修持方式的是唐初的善导（613—681），而活跃在北魏的昙鸾（476—542）和隋、唐之际的道绰（562—645）则是他的主要先驱。北魏末年到唐初这百余年间，民众佛教的发展和现实客观环境有力地推动了这具有独特内容的一派——净土信仰的弘扬，从而使之逐步形成佛教宗派的规模。

　　在昙鸾时代，在他活动的北方，净土信仰在民众中已经有相当基础。从反映民众信仰实态的造像分析，北魏时期龙门造像以释迦和弥勒为主，仅有一定数量无量寿佛像和净土观音像；不过造释迦像或弥勒像已有祈求"托生西方"①的。在北魏发展起来的佛教结社"邑义"（"邑"、"法义"等）里，也已经出现一批民众性的净土社。例如《北魏崔永高等三十六人造像记》（"为往净土"）、《北齐邑主晕禅师等合邑造阿弥陀玉像记》（"俱投净土"）②等即是证明。正是在这样的群众基础上，昙鸾发展出新的净土信仰法门。他在《往生论注》里引述龙树所著《十住毗婆沙论》，发挥说：

　　　　谨案龙树菩萨《十住毗婆沙》云："菩萨求阿毗跋致，有二
　　　种道：一者难行道，二者易行道。"难行道者，谓于五浊之世，于
　　　无佛时，求阿毗跋致为难。此难乃有多途，粗言五三，以示义
　　　意：一者外道相善，乱菩萨法；二者声闻自利，障大慈悲；三者
　　　无顾恶人，破他胜德；四者颠倒善果，能坏梵行；五者唯是自

———————————

① 前者如永平三年（510）《尼法庆造像》、《尼惠智题记》，后者如正始五年（508）《比丘惠和题记》，见《八琼室金石补正》卷一三。
② 《北京图书馆藏中国历代石刻拓本汇编》第4册145页；第8册43—45页。

> 　　力,无他力持。如斯等事,触目皆是,譬如陆路步行则苦。易
> 　　行道者,谓但以信佛因缘,愿生净土,乘佛愿力,便得往生。彼
> 　　清净土,佛力住持,即入大乘正定之聚。正定即是阿毗跋致,
> 　　譬如水路乘船则乐。①

龙树的《十住毗婆沙论》里说"如世间道有难有易,陆道步行则苦,
水道乘船则乐。菩萨道亦如是。或有勤行精进,或有以信,方便易
行,疾至阿惟越致(不退转法)者……";而"易行道"则是"念是十方
诸佛,称其名号","更有阿弥陀等诸佛,亦应恭敬礼拜,称其名号",
因为"阿弥陀佛本愿如是"②。昙鸾据此生发,他特别针对当前是
"五浊之世,无佛之时"(这里明确体现了"末法"意识。由于北魏、
北周连续两次毁佛,这种意识浓厚起来),提出"唯是自力,无他力
持",难得成佛,而乘阿弥陀佛本愿之力,则可以轻易地得以往生。
这是十分简易的成佛之道。同时他对于净土教义也做出重大发
挥。首先,作为往生之地的净土的性质,他论定为"报土"而不是
"化土"。所谓"报土"是报身佛(即修习佛法所得的佛果,如阿弥陀
佛就是报身佛)的国土,"化土"则是为诱导众生施设方便而示现的
国土(净影慧远、吉藏等都宣扬弥陀净土为化土)。这就把成佛的
前景和佛土都"落实"了。"净土"不被当成禅观之境,而是实存的
得以往生之地。这是教理上由"唯心净土"向"有相净土"的决定性
转变。他更特别强调阿弥陀佛"他力本愿"的殊胜,主要是指《无量
寿经》四十八愿的第十一("设我得佛,国中人、天不住定聚、必至灭
度者,不取正觉")、第十八("设我得佛,十方众生至心信乐,欲生我
国,乃至十念,若不生者,不取正觉……")、第二十二("设我得佛,
他方国土诸菩萨众,来生我国,究竟必至一生补处……不取正

---

①《无量寿经优婆提舍愿生偈婆薮槃头菩萨造并注》卷上,《大正藏》第 40 卷第
　826 页上—中。
②《十住毗婆沙论》卷五《易行品》,《大正藏》第 26 卷第 41 页中—43 页上。

觉")、第二十三愿("设我得佛,国中菩萨承佛神力,供养诸佛,一食之顷不能遍至无量无数亿那由他诸佛国者,不取正觉")等四大愿,把阿弥陀佛的愿力当作往生的强有力的增上缘。在具体修持方面,则简化为自利利他的"五愿门":礼拜门、赞叹门、作愿门、观察门、回向门。其中更特别强调称名念佛的法门,认为"名"即是"法",称名念佛能破众生一切无明,能满足众生一切志愿,即使是恶人通过念佛亦可往生。这是发挥净土经典里提出的不信佛的"下辈"、作恶多端的"下辈下生"也可以往生的观念。他更强调临终念佛的功效,说其时具足十念,念念相续,便得往生。所谓"念"则取忆念义。他的思想中显然融入了儒家伦理和道家、道教的内容。这也是他的净土法门易于被民众接受的条件之一。

道绰是继承和发展昙鸾净土思想的又一位大师。日本佛教学者也是净土宗信徒的塚本善隆指出:"如果说昙鸾具有思想上的深度,那么道绰则具有庶民宣教者的广度。"[1]道绰在所著《安乐集》里广引众经四十余部,阐扬新的净土法门。他的净土观的重要特点是进一步突出了"末法"意识[2]。本来各种不同经论(包括伪经)关于什么时候进入"正法欲灭"的"末法"时期有不同看法。《安乐集》引用《大集经》卷五五《月藏分》里的说法:

> 是故《大集月藏经》云:"佛灭度后第一五百年,我诸弟子学慧得坚固;第二五百年,学定得坚固;第三五百年,学多闻、读诵得坚固;第四五百年,造立塔寺、修福忏悔得坚固;第五五

---

[1] 塚本善隆、梅原猛《佛教の思想8·不安と欣求》第125页,东京角川书店,1985年。

[2] "末法"思想的基本观点是当前已进入佛法衰落的"末法"时期,因而有适应浊世的特殊教行。关于"末法"思想,参阅汤用彤《隋唐佛教史稿》第四章《三阶教》一节,中华书局,1982年版。净土思想的发展与"末法"意识有关,参阅塚本善隆《中國净土教史研究》第2章《中國净土教の發展》,《塚本善隆著作集》第4卷,大东出版社,1976年。

> 百年，白法隐滞，多有诤讼，微有善法得坚固。"……计今时众
> 生，即当佛去世后第四五百年，正是忏悔、修福、应称佛名号时
> 者。若一念称阿弥陀佛，即能除却八十亿劫生死之罪。一念
> 既尔，况修常念，即是恒忏悔人也。[①]

所谓"第四五百年"，计算起来，正值道绰时代。他身经社会动乱和
北周灭佛的"浩劫"，内心里充满了佛法衰败的危机感和济世度人
的迫切感，又具有强烈地挽救佛法衰败的担当意识，从而把目光集
中到现世救济。他继承昙鸾的观点，特别重视念佛的意义和作用，
认为时当"末法"时期来临，应修福忏、除罪障，而念佛一门最为应
机。他把佛法分为圣道、净土二门。他说作为一般佛教教学和修持
方法的圣道门非"末法"时期的钝根众生所能实行和达成，只有净土
一门简单易行，能够被了解和实行。他又特别强调根器劣下的凡夫
依靠阿弥陀佛的愿力得救，大力发挥"它力信仰"观念，他说：

> 诸大乘经所辨一切行法，皆有自力、他力，自摄、他摄。何
> 者自力？譬如有人怖畏生死，发心出家，修定发通，游四天下，
> 名为自力。何者他力？如有劣夫，以己身力，掷驴不上，若从
> 轮王，即便乘空，游四天下，即轮王威力，故名他力。众生亦
> 尔，在此起心立行，愿生净土，此是自力。临命终时，阿弥陀如
> 来光台迎接，遂得往生，即为他力。故《大经》云："十方人、天
> 欲生我国者，莫不皆以阿弥陀如来大愿业力为增上缘也。"若
> 不如是，四十八愿便是徒设。语后学者，既有他力可乘，不得
> 自局己分，徒在火宅也。[②]

他宣扬的修习方式更简单：以发菩提心为根本，以念佛三昧为要
行。他说念佛能消灭三世一切罪障，具足"四摄"、"六度"一切善

行，修此三昧，必能见佛，临命终时，必生佛前。他进一步发挥弥陀净土为"报土"之说，并极力夸张其殊胜，说它已经超离三界：

> 净土胜妙，体出世间。此三界者，乃是生死凡夫之暗宅。虽复苦乐少殊，修短有异，统如观之，莫非有漏之长津，倚伏相乘，循环无际，杂生触受，四倒长沟，且因且果，虚伪相习，深可厌也。是故净土，非三界摄。①

他对于佛教史上有关"净土成佛"与"秽土成佛"、"弥陀净土"与"弥勒净土"优劣的长期争论给予明确解决，说：

> 弥陀、释迦二佛比校者，谓此佛释迦如来八十年住世，暂现即去，去而不返，比于忉利诸天，不至一日。又释迦在时，救缘亦弱。如毗舍离国救人现患等……释迦如来，不申己能，故显彼长，欲使一切众生，莫不齐归。是故释迦处处叹归，须知此意也。是故昙鸾法师正意归西故……②

这样，他把阿弥陀佛的位置放在释迦之上，从而主张西方净土信仰高于一般佛教信仰之上。道绰还从四个方面比较了弥勒净土和弥陀净土的优劣。一是退转不退转之分，认为即使上生兜率，也还住是退处；二是寿数不同，兜率寿命四千岁，而西方寿与佛齐；三是有欲、无漏之分，兜率仍顺于五欲，不资圣道，而西方位是无漏，出过三界；四是净国优美状况有高下。他就这样贬抑弥勒信仰而对西方净土大加鼓吹。而西方净土又并非虚无缥缈的幻想境界，乃是延伸现世幸福的来世，显示出强烈的现实性格。后来迦才《净土论》，怀感《群疑论》，道镜、善道《念佛镜》以及题为智顗所撰《净土十疑论》等都用力分疏这些问题并赞叹阿弥陀佛及其西方净土的殊胜。道绰提倡称名念佛，自己每天念佛，以七万遍为限，并广劝

①《安乐集》卷上，《大正藏》第47卷第7页上—中。
②同上卷下，《大正藏》第47卷第19页上—中。

道俗称阿弥陀佛名号。据传每当他讲经散席，大众欢喜赞叹，念佛
之声响彻林谷。经过他的发挥，本来简单的净土念佛法门更易于
实行，因而也更普及了。

隋唐之际是中国佛教信仰的重大转折时期。陈代的栖霞慧布
"或见诸人乐生西方者，告云：'方土乃净，非吾愿也。如今所愿，化
度众生，如何在莲花中十劫受乐，未若三途处苦救济也。'"他又"常
愿生边地无三宝处，为作佛事去也"①。这是典型的"秽土成佛"观
念。对比之下，到初唐时期，这种观念已经很少见到了。"欣求净
土"成了普遍的信仰潮流，往生则成为人们普遍的宗教祈求。初唐
净土信仰声势相当盛大：如大庄严寺功迴临终愿"往生乐土，因不
食二十日而终"②；蒲州栖岩寺神素临终时"正威容已，令读《观经》
两遍，一心静听，自称南无阿弥陀佛，如是五六……不觉久逝……
又感祥瑞"③；绵州隆寂寺灵睿，"（贞观）七年八月二十五日夜，睿梦
有衣冠者来迎，骞往西方去……至二十年八月二十一日四更，大风
忽起，高声言曰：'灵睿法师来年十月往南海大国光明山西阿观世
音菩萨所受生也。'至期，十月三日，合寺长幼道俗，见幡华、菩萨满
寺而下。晚讲入房，看疏读经，外有僧告，幡华异香充寺及房。睿
闻，捉经出看，敛容立终"④，这是把南海观音道场当做受生之处了，
等等。隋唐时期，"西方三圣"临终来迎成了净土信仰的主要瑞应，
也是信仰者普遍的追求。栖岩智通有入室门人顶盖，其母王氏"久
怀笃信，读诵众经，礼忏发心，以往生为务。贞观十一年二月，临将
舍命，弥加勤至，目见床前有赤莲花大如五斛瓮许，又见青莲花满
宅，阿弥陀佛、观音、势至一时俱到。盖与侄薛大兴供侍，亲闻所
述。而兴见有佛，色形甚大，并二菩萨，久而自隐"。当时有"沙门

行友,蒲晋名僧",联系此事,针对怀疑往生的看法著论,其中说:

> 惑者以暗识生疑,谓净土越度三有,超过九定,绝域廖廊,
> 经途夐远,自非三乘极位及十地圣人,积行累功,安能生彼?
> 何其谬欤! 观斯上人,虽禀性温柔,为人清洁,其所修习,则福
> 德偏长,定慧之功,盖不足纪。直以一生之散善,临命之虚心,
> 遂能目睹光明,亲见幢相,动摇神像,梦感旁人。是知九品之
> 业有征,十念之功无爽,凡我同志,可不勖哉![①]

行友的这段文章强调,即使是佛教修养不高的人,只要能行"散善"
即世俗一般善行,同样可得来迎往生。这正和下面所介绍的善导
的主张类似。

善导是新一代净土思想的总结者。他同样继承昙鸾的观点,
坚持西方净土为"报土"之说。本来"摄论师"也承认阿弥陀净土是
报土,但却认为凡夫不能往生。但他说:

> 又看此《观经》定善及三辈上下文意,总是佛去世后,五浊
> 凡夫但以遇缘有异,致令九品差别。何者? 上品三人,是遇大
> 凡夫;中品三人,是遇小凡夫;下品三人,是遇恶凡夫。以恶业
> 故,临终藉善,乘佛愿力,乃得往生,到彼华开,方始发心,何得
> 言是始学大乘人也。若作此见,自失误他,为害兹甚。今以一
> 一出文显证,欲使今时善恶凡夫同沾九品,生信无疑,乘佛愿
> 力悉得生也。[②]

善导不但主张凡夫同样能往生弥陀报土,更主张犯五逆、谤佛法者
也可以往生。《无量寿经》和《观经》在这一点上本有矛盾,他说:

> 问曰:"如四十八愿中,唯除五逆、诽谤正法不得往生,今

---

① 《续高僧传》卷一八《隋河东栖岩道场释智通传》,《大正藏》第 50 卷第 577 页
下－578 页上。
② 《观无量寿经疏》卷一,《大正藏》第 37 卷第 249 页上－中。

此《观经》下品下生中简谤法，摄五逆者，有何意也?"答曰:"此义仰就抑止门中解。如四十八愿中除谤法、五逆者，然此之二业，其障极重，众生若造，直入阿鼻，历劫周惶，无由可出。但如来恐其造斯二过，方便止言不得往生，亦不是不摄也。又下品下生中取五逆、除谤法者，其五逆已作，不可舍令流转，还发大悲，摄取往生。然谤法之罪未为，又止言若起谤法，即不得生，此就未造业而解也。若造，还摄得生……"①

这是说，《无量寿经》的第十八愿里说犯五逆、谤佛法重罪者不得往生，但《观经》在说到下品下生时包括犯五逆罪也可以往生，善导在这里显然是在有意弥合矛盾，把净土经典的普遍救济观念发挥到极致，允诺广大民众净土得救的出路。在行法方面，他系统地总结净土修持方法为安心、起行、作业三者。一方面强调"具足三心"即至诚心、深心、回向心，另一方面提倡念佛法门。而除念佛"正行"之外，同样重视奉行世间一切诸善的"杂行"，从而使得净土修习与世间伦理实践更紧密地结合起来。他还制定了转经行道、六时礼忏的仪轨。这都使得净土法门作为宗派的特征更为清晰。善导于唐初在长安广行教化，受到朝廷大力推重，净土法门从而更加兴盛。僧传上记载的一个事例，反映了善导的影响和当时净土信仰的狂热情形:

近有山僧善导者，周游寰宇，求访道津。行至西河，遇道绰师，惟行念佛弥陀净业。既入京师，广行此化，写《弥陀经》数万卷，士女奉者其数无量。时在光明寺说法，有人告导曰:"今念佛名，定生净土不?"导曰:"念佛定生!"其人礼拜讫，口诵南无阿弥陀佛，声声相次，出光明寺门，上柳树表，合掌西

---

① 《观无量寿经疏》卷四，《大正藏》第 37 卷第 277 页上—中。

望,倒投身下,至地遂死。事闻台省。①

光明寺在长安西市附近的怀远坊,正是京城繁华地区。在那里发生这样的事件,可以推测当时会多么轰动。史料上说善导用布施所得净财,书写《阿弥陀经》数万卷,画《净土变相》三百余壁。上世纪初,日本大谷探险队在吐鲁番发现古写经,其中有残卷上有愿文:"愿往生比丘善导,愿写《弥陀……》……第上品生,专心者皆同此辈往生。"②在敦煌同样发现了善导所书《弥陀经》残卷。这些善导写经的真迹,表明道宣记载真实不虚,也是当时西方净土信仰兴盛的实证③。

应当指出,在净土信仰的发展过程中,《无量寿经》、《观无量寿经》关于"净土三身佛"的观念起了重要作用。观音和势至两位大菩萨作为西方净土阿弥陀佛的胁侍,三位一体,把现世救济和来世往生两种信仰结合在一起,更充分地体现了"他力救济"观念。而早在北魏的昙鸾,作《赞阿弥陀佛偈》,就大力宣扬归命阿弥陀佛、观音世、大势至及诸菩萨,他有偈说:

> 又观世音、大势至,于诸众圣最第一。慈光照耀大千界,侍佛左右显神仪。④

隋唐之际的道绰在《安乐集》卷下则说:

> 阿弥陀佛与观音、大势至,先发心时,从此界去,于此众生偏是有缘,是故释迦处处叹归。

他还宣扬:

---

① 《续高僧传》卷二七《唐终南豹林谷沙门释会通传》,《大正藏》第50卷第684页上。
② 写卷由日本学者橘瑞超发现,见《二乐丛书》第1号。
③ 《西域考古圖谱》卷二,国华社,1915年;又《西域文化研究第一　敦煌佛教资料》,法藏馆,1958年。
④ 《大正藏》第47卷第421页下。

> 若能生信,归向净土,策意专精,命欲终时,阿弥陀佛与观
> 音圣众光台迎接。行者欢喜随从,合掌乘台,须臾即到,无不
> 快乐,乃至成佛。①

善导的《转经行道愿往生净土法事赞》卷上记载依法召请诸佛的仪
轨,首先召请的就是弥陀、观音和势至。其中《请观世音赞》说:

> 奉请观世音,慈悲降道场……愿舍阎浮报,发愿入西方。

其卷下说:

> 愿往生,愿往生,弥陀侍者二菩萨,号曰无边观世音,一切
> 时中助佛化,分身六道起慈心,年年随机为说法。

结尾又说:

> 窃以弥陀妙果,号曰无上涅槃,国土则广大庄严,遍满自
> 然众宝。观音大士左侍灵仪,势至慈尊则右边供养……②

观音信仰本来具有广泛的群众基础,被纳入到"净土三身"当中,与
净土信仰起到相互推动的作用。唐代又有密教观音输入,体现更
加神秘、更加巨大的威力,也给中土观音信仰增添了更大的活力。

　　与善导同时还有迦才,善导弟子中有怀感,还有稍后的慈愍、
飞锡,中唐时又有法照、少康、善道、道镜等,这一大批净土法师广
泛活跃在民众中。他们宣扬在"末法"时代,身处"五浊恶世"的凡
夫所急迫需要解决的不是对于义理的"证悟",而是自身如何得救。
而这种救济,又正是阿弥陀佛救世的"本愿"。他们提倡"舍圣道
门,归净土门",也就意味着放弃释迦一般教化,而专注于净土法门
的实践。如此把实现救济的目标摆在头等重要地位,又提倡简易的

---

①《大正藏》第 47 卷第 18 页上、第 21 页上。
②《转经行道愿往生净土法事赞》卷上,《大正藏》第 47 卷第 427 页上、第 433
　　页下、第 437 页下。

修行法门,充分体现中土民众意识重现实、思想方法重简约的特性。而进一步把净土观念向具体的、实际的"乐土"方向发展,又肯定"一切众生,即未来诸佛"①,描绘出一个花团锦簇的极乐世界,作为人人可以企及的幸福乐园,对民众具多么大的吸引力是可以想见的②。

正是在净土信仰的强大潮流中,中唐时期乱世之中,净土教史上又出现了一位重要人物法照。他于代宗永泰年间(765—766)到南岳,师事净土师承远,修习念佛三昧;大约在大历四年(769)创"五会念佛"法门③。所谓"五会念佛",谓"五者是数,会者集会,彼五种音声从缓至急,唯念佛、法、僧,别无杂念"④。这是一种引声念佛的方式,是道绰等人倡导的称名方法的发展。法照于大历九年(774)前后北上并州,十二年到五台山,当时那里是北方佛教一大中心;大历末年他来到长安,受到朝廷礼重,隶属于新建的大章敬寺。同时人王士詹有《五台山设万僧供记》一文记载说:

> 弥陀居西国,照师宗焉;帝尧在位,邠公辅焉。是知佛宝、国宝,殊躅而同体也。竹林精刹,应现施工,已立西方教主。大师法照,自南岳悟达真要,振金锡之清凉,根瑞相以徘徊……⑤

这里的邠公指窦文场,是德宗朝专权的大宦官,也是虔诚的佛教徒,章敬寺的大施主。法照既得到他的供养,在内廷里也就扩大了影响。在其所著《净土五会念佛诵经观行仪》⑥里,收录了念佛赞叹

---

① 飞锡《念佛三昧宝王论》卷上,《大正藏》第47卷第134页下。
② 唐代净土信仰的繁荣,还与统治者的提倡有关,参阅砺波护《唐代政治社會史研究》第Ⅳ部《佛教と國家》第一章《唐中期の佛教と國家》,同朋舍,1986年。
③ 关于法照生平事迹,塚本善隆有详细考订,参阅《中國净土教史研究》,第209—510页。
④ 参阅法照《净土五会念佛略法事仪赞》,《大正藏》第47卷第474页下—490页下。
⑤《全唐文》卷六二一,第6267页。
⑥《净土五会念佛略法事仪赞》一卷本,收入《大正藏》第47卷,俗称"略本";又在敦煌文书中发现几个《净土五会念佛诵经观行仪》三卷本的残卷,收入《大正藏》卷八五,俗称"广本"。

诗,其内容以赞叹西方净土为中心,包括《维摩赞》、《涅槃赞》等。该书今传广、略二本。他的赞文中一般是赞叹"净土"或"西方极乐"的,也包括赞颂观音的内容。法照富于文学才能,在敦煌文书里还留下一些歌辞,如被题为《归去来》的:

> 归去来,宝门开。正见弥陀升宝座,菩萨散花称善哉。称善哉。
>
> ⸱⸱⸱⸱⸱⸱⸱⸱⸱⸱⸱⸱
>
> 归去来,见弥陀。今在西方现说法,拔脱众生出爱河。出爱河。
>
> 归去来,上金台。势至、观音来引路,百法明门应自开。应自开。[①]

这也是热烈歌颂"西方三尊"和"观音接引"的。法照的活动从南到北,最后进入首都和宫廷,亦可见当时净土信仰流传之广泛。依他的奏请,朝廷赐其师南岳承远道场"般舟"之号;后来吕温为道州刺史,又奏授"弥陀"之额,有文记述说:

> 大历末,门人法照辞谒五台,北辕有声,承诏入觐,坛场内殿,领袖京邑……奏陈师德,乞降皇恩,由是道场有般舟之号,贞元岁,某获分朝寄,廉问湘中,近照德辉,获探众妙……表求兴崇,诏允诚愿,台虽旧号,其命维新,寺由是有弥陀之额。[②]

柳宗元也作有承远碑,说到:

> 在代宗时,有僧法照为国师,乃言其师南岳大长老有异德,天子南向而礼焉……初,法照居庐山,由正定趋安乐国,见蒙恶衣侍佛者。佛告曰:"此衡山承远也。"出而求之,肖焉,乃

---

①敦煌写卷 P. 2066 号;引据任半塘《敦煌歌辞总编》中册第 1063 页,上海古籍出版社,1987 年。

②《南岳弥陀寺承远和尚碑》,《全唐文》卷六三○,第 6355 页。

　　从而学，传教天下……①

由此可见法照在当时的地位和影响。直到晚唐开成五年（840），日本留学僧圆仁到五台，"行到竹林寺断中。斋后，巡礼寺舍。有般若道场，曾有法照和尚于此堂念佛，有敕谥为大悟和尚。迁化来二百年，今造影安置堂里"②。这里"二百年"云云显系讹传，但这一记载表明当时法照已被当成古代圣人了。法照弟子众多，知名的有尼悟性、镜霜、居士李知遥等。镜霜曾作《章敬寺法照和尚塔铭》③。日僧圆仁在《行记》里讲到：

　　　　（会昌元年［841］二月八日）又敕令章敬寺镜霜法师于诸寺传阿弥陀净土念佛教。廿三日起首至廿五日，于此资圣寺传念佛教。又巡诸寺，每寺三日，每月巡轮不绝。④

由此也可见当时净土念佛在京城流行的具体状况。白居易描绘中唐时期净土信仰的兴盛情形说：

　　　　谛观此娑婆世界，微尘众生，无贤愚，无贵贱，无幼艾，有起心归佛者，举手合掌，必先向西方；怖厄苦恼者，开口发声，必先念阿弥陀佛；又范金合土，刻石织文，乃至印水聚沙，童子戏者，莫不率以阿弥陀佛为上首，不知其然而然。⑤

　　晋宋以来，发达的佛教义学诸学派把佛教教理进一步学院化、思辨化了，它成了寺院中的义学沙门和贵族居士们论难的对象，因而渐渐失去了宗教应有的群众性和实践性。在这种情况下，新一

①《南岳弥陀和尚碑》，《柳河东集》卷六。
②《入唐求法巡礼行记》卷二，第105页。
③《宝刻丛编》卷八："《唐章敬寺法照和尚塔铭》，僧镜霜述并书，大中十三年（859），京兆。"
④《入唐求法巡礼行记》卷三，第147页。
⑤《画西方帧记》，《白居易集笺校》卷七一，第6册第3801—3802页。

代净土法门的宣扬者们开拓出佛教发展的新途径,建立起本土的更具群众性和实践性的新法门,赋予佛教发展以新的生机。这种新的净土教虽然仍以外来大乘净土经典为依据,实际却是大不相同于传统三藏及义学研究的净土教理。这一法门适应了时代的、民众的需要,因而具有强大的生命力。又从外在表现看,净土法门与大体同时兴盛的禅宗正相反。禅宗是明确反对追求西方净土的。但二者在内在意义上却有相当多的一致之处:它们都是在消化外来宗教教理基础上发展出来的简易修持法门;都具有与中土传统更紧密结合的特色;都是佛教彻底"中国化"的成果。而与禅宗主要在知识阶层中流行相照应,净土信仰更广泛地传播于广大民众之中;禅宗主要以其思想观念和修习方式影响思想与文化,净土信仰则凝聚着更诚挚的祈愿和更热烈的感情,反映民众的心声,形成形势更为盛大与影响更为深远的信仰潮流。

二

　　唐时净土作为宗派还没有立名,实际上在昙鸾、道绰活动的时期,不同学派、宗派的学人很多都信仰和宣扬西方净土信仰。中国佛教史上有一种说法,把净土宗称作"寓宗",意谓是寄寓在其他宗派之中的特殊宗派。情况确实如此。唐代长安敕建大寺分成许多"院",如著名的荐福寺、兴唐寺、资圣寺、光明寺、章敬寺等都有净土院;院数众多的慈恩寺、西明寺也应当有净土院。地方的情况也同样,如太原崇福寺怀玉曾增饰净土院①;即使如永州那样僻远地

———————————

① 参阅《宋高僧传》卷二六《唐太原府崇福寺怀玉传》,下册第669页。

方的小寺院龙兴寺也有净土院①。这种供养净土佛的地方或叫"般
舟道场"②。较小的寺院则有净土堂。在净土院或净土堂里，当然
要供养净土三身佛。实际这些都是住院僧侣修习净土法门的地
方。正由于各宗派相呼应地弘扬净土信仰，遂推动了净土作为特
殊的宗派形成了。

　　周、隋之际的昙延受到朝廷礼重，是著名的涅槃师，晚年住京
城大寺延兴寺，他"恒以西方为正任，语默之际，注想不移，侍人观
之，若在深定。属大渐之始，寺侧有任金宝者，父子信向，云见空中
幡盖，列于枢前，两行而引，从延兴寺南达于山西"③。三论宗吉藏
著《无量寿经义疏》、《观无量寿经义疏》等，观点与昙鸾一系虽然有
所不同，但宣扬西方净土是一致的。天台宗是唐、宋时期流传广
远、声势强大的宗派。创建人智者大师的净土信仰很复杂，同样宣
扬弥勒净土和弥陀净土，他临终时命"施床东壁，面向西方，称阿弥
陀佛、波若观音"，又听诵《无量寿经》，有问其位者，答称"只是五品
内位耳，吾诸师友，从观音、势至皆来迎我……"④。他作为天台宗
师，影响当然是很大的⑤。阿弥陀净土信仰后来一直是台教传承的
内容。署名智顗的《净土十疑论》为净土信仰辩护，在唐代已开始

①参阅《永州龙兴寺修净土院记》，《柳河东集》卷二八。
②参阅穆员《东都龙兴寺镇国般舟道场均上人功德记》，《全唐文》卷七三八；柳
　宗元《南岳弥陀和尚碑》，《柳河东集》卷六。
③《续高僧传》卷八《隋京师延兴寺释昙延传》，《大正藏》第50卷第489页下。
④同上卷一七《隋国师智者天台山国清寺释智顗传》，《大正藏》第50卷第567
　页上、中。
⑤今传智顗《净土十疑论》、《观无量寿佛经疏》等，又其弟子窥基著《西方要决
　释疑通规》、《阿弥陀经疏》、《阿弥陀经通赞疏》等，都宣扬西方净土，不过观
　点与昙鸾一系有所区别。如《阿弥陀经通赞疏》提出"净土十胜"和"天宫十
　劣"（卷中，《大正藏》第17卷第343页上），对推动净土信仰影响很大。近人
　研究系后人伪托。但这些书唐代已经流行，显示当时净土信仰异说纷呈的
　兴盛局面。

广泛流传。宋代天台宗一度"中兴"。更有所谓"台、净合一"潮流出现。宋初的四明知礼(960—1028)被称为天台十七祖,住明州延庆院,修习弥陀忏法,结万人社,每岁仲春念佛。慈云尊式(964—1032)住台州宝云寺,集僧俗专修净土,作《往生净土忏愿仪》等念佛礼忏著作。宋代天台名僧如省常(959—1020)、神照本如(981—1050)及其弟子有严(1020—1101)、道琛等,都是西方净土的积极宣扬者和实践者。

　　唐代禅宗学人对待传统佛教及其他宗派的态度,本有尊教和慢教的不同。慧能主张心净土净,猛烈抨击西方信仰。但根据宗密的意见,分禅宗为七派,其中第六为"南山念佛宗"。晚唐五代禅门中颇有些人修习净土,崇拜观音,其中有些是广有影响的重要人物。如著名禅师法眼宗的永明延寿(904—975)重视净土法门,他在观念上把唯心净土和西方净土统一起来。云门宗天衣义怀(989—1060)、圆照宗本(1020—1099)等也都是禅、净双修的。义怀的再传弟子长芦宗赜于元祐(1086—1094)中居真州长芦山,遵庐山之规建莲华盛会,普劝僧俗,修习念佛。义怀第四代法孙慈受怀深常建西方道场,苦劝修习净土,集众念佛。真歇清了(1089—1151)著《净土宗要》,以净土为公案。天童正觉(1091—1157)曾经专门到明州礼拜补陀大士,后来宗晓编《乐邦文类》,把他定为莲社宗祖之一。禅宗作为与净土并盛的宗派,向净土宗靠拢,终于形成宋代以后佛教"禅、净合一"为主流的局面。

　　另一些宗派在晚唐灭佛后脉系单弱,同样转向以修习净土为宗。如南宋时期华严宗的圆澄义和,作《华严念佛三昧无尽灯》,把念佛当作方便门;律宗的元照(1048—1116)注释《阿弥陀经》和《观经》,主张持戒与净土并重。这些宗派宋元之后基本已衰败无闻,融入净土是其衰落的表现,也为挽救衰败寻求一个出路。

　　元、明时期,不重教理而又富于群众性的禅和净土更进一步合流,形成佛教发展的大趋势。元代崇信喇嘛教,诸宗受到压抑。中峰明本(1263—1323)是元代九位被封为国师的僧人之一,法席甚盛,提倡禅、净一致,作《劝修净土偈》,得到著名居士赵孟頫的赞许。弟子天如惟则同样宣扬西方净土。到明代,净土更一宗独盛。明末出现云栖袾宏(1535—1615)、紫柏真可(1543—1603)、憨山德清(1546—1623)、蕅益智旭(1599—1655)等所谓"四高僧",在以他们为首的僧俗推动下,佛教出现起衰振弊之势。而袾宏大力提倡念佛,说"入道多门,直捷简要,无如念佛。念佛一门,上度最胜利根,下至极愚极钝,盖是彻上彻下之道,勿以俗见摇惑"①,他被尊为莲宗第八祖。德清一方面融合三教,同时也大力提倡净土。他说:"佛说修行出生死法,方便多门,惟有念佛求生净土最为捷要……此之法门,乃佛无问自说,三根普被,四众齐收,非是权为下根设也。"②智旭则综合禅、教、律而归于净土,作《参究念佛论》,认为净土为了义中最了义。经这些人提倡,"禅、净合一"作为潮流更加发展,成为此后佛教发展的主流。清代净土宗师有十祖行策(1626—1682)、十一祖实贤(1686—1734)、十二祖际醒(1741—1810),至十三祖印光(1861—1941)等。

三

民众信仰乃是宗教发展的基础。少数宗师得到群众的支持才能够从事活动,发挥影响,进一步又推动群众信仰的发展。净土信仰和净土宗的情形正是如此。不过一般历史文献里关于民众信仰实况记载很少。所幸留下很多实物资料,主要是造像、壁画,还有笔记、小

---

① 《与南城吴念慈居士广蒯》,《云栖净土汇语》,《续藏经》第62册第7页下。
② 《示修净土法门》,《憨山老人梦游集》卷九,《续藏经》第73册第519页中。

说、民间文学创作等,十分具体而形象地反映了民众信仰的实态。

早年日本学者塚本善隆根据龙门石窟自北魏后期(495—535)至唐高宗、武后时期(650—704)这一个半世纪里的造像,对民众信仰状态的转变进行了精辟分析。他所取正是龙门造像两个全盛时代的遗物,分别统计,列出下表:

	北魏(495—535)	高宗、则天(650—704)
〔造像总数〕	206	459
释 迦	43	9
弥 勒	35	11
多 宝	3	0
定 光	2	0
无量寿	8	0
阿弥陀	0	110
观世音	19	34
救苦观音	0	11
地 藏	0	7

这是上世纪前期的调查和统计,当然有不精确的地方,但所反映的大体发展趋势是没有问题的。又侯旭东据其所调查的1437种六朝后期造像做另一种统计,结果如下:

时 间	释 迦	弥 勒	观世音	无量寿
440—449		1		
450—459	1		1	
460—469		3		1
470—479	4	6	4	

时　　间	释　迦	弥　勒	观世音	无量寿
480—489	5	6	4	2
490—499	8	8	3	
500—509	16	16	4	
510—519	13	20	12	2
520—529	22	29	22	5
530—539	25	16	20	3
540—549	18	11	26	1
550—559	10	37	3	
560—569	19	6	34	8
570—579	21	5	16	8①

　　上面二表所取时代断限不同,反映的趋势是完全一致的。从中可以清楚看出,弥勒信仰在兴盛一时之后即衰落了,而观音信仰则持续地得到发展;对释迦的崇拜基本保持稳定,净土信仰则在缓慢地增长之中。塚本根据他的统计分析说:

　　　　释迦是曾出现于此人间世界的过去佛。弥勒是作为释迦的后继者、现在天上的菩萨、将来会出现于人间世界而成佛的下一代的佛。北魏造像里的定光佛,是昔曾于释迦的前生时代出世、并预言释迦将来成佛的佛;多宝佛曾于释迦灵鹫山说法的《法华经》中出现,据信是在涌出的宝塔里和释迦并坐的佛。要而言之,定光、多宝、弥勒都是这个世界的释迦佛传里的尊像。与之相对应,阿弥陀佛是自此土过西方十万亿佛土

①《五、六世纪北方民众佛教信仰》第105页,本表取表 B2－1《主要造像题材时间分布表》一部分,中国社会科学出版社,1998年。

　　的彼土的主宰,是作为把众生自五浊恶世的"此土"引接往生
　　到"彼土"的现在佛而被信仰的。①

这样,龙门石窟的遗存作为典型例证,清楚地反映了中国佛教信仰
演变的大势:净土信仰在这一转变中清楚突显出来。塚本更联系
观音信仰分析说:

　　　　唐代的观世音造像,虽承前代而继续兴盛,但其信仰的倾
　　向已发生显著变化,即不只是信仰《法华经》观世音,还信仰净
　　土教的观世音,后者和地藏菩萨一起是与死后往生净土信仰
　　紧密结合的。要而言之,在唐代的龙门造像中,相对于前代的
　　释迦、弥勒此土佛、菩萨的信仰,对以阿弥陀佛为中心的彼土
　　佛、菩萨的信仰成为新势力而勃兴起来,以至形成压倒之势。
　　这是从各种造像的总体可以确认的。②

前面已提到过,四川成都万佛寺曾出土一块有元嘉二年(425)造像
铭的净土变相浮雕,被认为是现存最早有明确纪年的净土变造
像③。麦积山石窟第127号窟是北魏后期(六世纪初至公元534年
北魏灭亡)所凿,俗称"壁画窟",正是由于其中有大幅西方净土变
壁画而得名。画面上有众多建筑和人物,构图严谨,气势宏伟,在
美妙的净土景象中,阿弥陀佛端坐在须弥座上,大势至和观世音侍
立左右④。这反映当时净土信仰已在民众间广为流行,特别是"净
土三身佛"信仰(包括净土观音信仰)在兴盛起来。南响堂山北齐

---

①《支那佛教史研究·北魏篇》,第380—381页,东京清水弘文堂,1969年。
②同上第594页。
③炳灵寺西秦第169窟内第六龛为西方净土龛,龛外东上方有建弘元年题记。
　"建弘"为西秦乞伏炽磐年号,元年为420年。但不能确定造龛和题记是否
　同时。然而其间距离不会太远是可以肯定的。分别在西南和西北地区出现
　"净土三身"造像,可推测其在全国开始传播的情形。
④《中国美术全集·绘画编》(17)《麦积山等石窟壁画》,上海美术出版社,1987年。

第２号窟净土变,也有胁侍菩萨①。不过值得注意的是,隋、唐以前的观音造像仍以单体为多。参照这一时期同被当作阿弥陀佛胁侍的大势至没有单体造像,观音显然主要还是作为单独的救苦形象出现,还没有和净土信仰更紧密地结合在一起。

　　观音造型的形态和内涵一再发生明显变化。这种变化反映了民众信仰的大趋势。现存观音单体造像最古者,是北魏皇兴四年(470)金铜莲花手菩萨像②,这是一尊救苦观音像。而据河南巩义市石窟寺六号窟东魏天平三年(536)杨大昇造像记、三十一号窟北齐天保八年(557)梁弼造像记和四十八号窟北齐天统二年(566)秋进和造像记,所造观音都已是为亡殁亲族祈请托生西方妙乐净土的③。又据河北曲阳修德寺塔基下出土的 2200 座石造像分析,其中有纪年的 247 座,时代在北魏神龟三年(520)至唐天宝九年(750)这二百三十年间。早期的以释迦、弥勒为多,至隋代,阿弥陀像超过了弥勒像;菩萨像在纪年像里的比例,北魏 35％,东魏 75％,北齐 82％,隋 93％。这其中虽然难以明确判定多少是观音像,但占多数是没有疑问的④。又据山东博兴出土的北魏至隋的铜造像分析,自北魏太和二年(478)到太和十八年,观音造像以单体为多数;至北齐天保元年(550)仍是单体;到隋代,观音形象出现了较复杂的组合⑤。而到唐初,出现了一佛二菩萨的"西方三尊"造像。这些都显示了净土信仰逐渐兴盛起来的态势。

　　再从造像题记看,隋代以前,有关西方净土的内容数量不多,所祈愿有些是往生"西方妙乐国土"、"安养国土"的,还有是上升

①参阅姜亮夫《莫高窟年表》第 73 页,上海古籍出版社,1985 年版;陈清香《西方净土变相的源流及发展》,《东方宗教研究》第 2 期。
②丁明夷《谈山东博兴出土的铜佛造像》,《文物》1984 年第 4 期。
③河南省文化局文物工作队《巩县石窟寺》,文物出版社,1963 年版。
④李锡经《河北曲阳县修德寺遗址发掘记》,《考古》1955 年第 3 期。
⑤李少南《山东博兴出土百余件北魏至隋代铜造像》,《文物》1984 年第 5 期。

"兜率"、"天宫"的,但更多的是"生天"、"托生安乐处"、"一时成佛"之类笼统提法。而到了唐代,"往生净土"、"上品往生"等说法则相当普遍了,相应的"俱登正觉"、"愿登彼岸"、"咸同妙果"之类祈愿也显著增加了。可作参照的还有一个情况,即单就西方净土造像的祈福对象看,在隋、唐以前,普遍地突出"七世父母",一般的"见在眷属"、"一切众生"、"己身"及"师僧"当然也占有一定地位;而到唐代,已亡殁的"七世父母"提法少见了(不是没有),更多的是活着的父母、亲属和自己。这则明确体现为现世人祈福的观念增强了。以下从《八琼室金石补正》过录几则具有典型意义的唐代龙门净土观音造像题记。《赵善胜题记》:

> 佛弟子清信女赵善胜,敬造救苦观世音菩萨一躯,愿法界含生,悉令解脱,回向菩提,俱登正觉。永徽三年(652)八月廿七日记。

《相原校尉宫士安铭记》:

> □州□□□相原府校尉柱□(宫)士安,普为苍生存亡、父□及诸眷属乞愿平安,敬造救□观音菩萨一躯。□斯因□,上资　帝王,下润群生,同出□门,齐登佛岸。显庆二年(657)十月廿六日刊留铭记。

《甘大娘题记》:

> 弟子甘大娘,奉为二亲及以自身,敬造观世音菩萨、地藏菩萨二躯,此功德普及法界众生,俱登佛果,入……

这几则内容完全是着眼于现世生人的祈愿,在六朝时期是见不到的。

　　另一方面是寺院壁画。前面提到过,在唐初,仅善导一个人就募集资财画净土变三百壁。从张彦远《历代名画记》、朱景玄《唐朝名画录》、段成式《寺塔记》(《酉阳杂俎》)以及宋黄休复《益州名画录》等文献中,可以了解唐时寺院高度繁荣的壁画中西方净土变占有相当大的比重。张彦远的《历代名画记》详细记录了两京寺观壁画的内容和作者。其中典型的是描写得十分详尽的东都敬爱寺情形:大殿内计三壁,有"西壁西方佛会　赵武端描","十六观及阎罗王变　刘阿祖描";西禅院计七壁,北壁门西"佛会及山水　何长寿描";东禅院殿内三壁,有"西方变　苏思忠描,陈庆子成",等等。另一些著名寺院如西京光宅寺东菩提院殿内"尹琳画西方变",兴唐寺小殿内"西方变,亦吴画",云花寺"小佛殿有赵武端画净土变"①,等等。文献资料里记载唐代画家画"西方变及十六对事"(范长寿)②以及"感应观音"、"观音像"的很多,其中大画家吴道子尤其著名。

　　敦煌壁画所反映的发展趋势也同样。在全部敦煌壁画里,包括无量寿经变、阿弥陀经变,属于净土变的达二百余铺③。北魏作品里已出现有莲花、宝池装饰的大型说法图,应当是西方净土变,但画幅不大,构图也还较简单。经过不断演进,到了隋代,第306、390、393、400等窟已出现完整的阿弥陀经变。至初唐,则出现了无量寿经变和西方净土变的煌煌巨制。无量寿变与西方净土变的不同,在于前者多出"未生怨"故事和"十六观",有的还有"九品往生"内容。十分精彩的是依《阿弥陀经》描绘的初唐第220窟净土变(有贞观十六年题记),中间是阿弥陀佛结跏趺坐,神态安详,两侧是观音、势至,周围有众多头戴宝冠、身披天衣、姿态各异的小菩萨,后方是重楼叠阁,上有祥云缭绕,前方是歌舞伎乐,围绕着七宝池、八功德水,一片富丽繁华景象。盛唐172窟的净土变则是另外

---

① 《历代名画记》卷三《记两京外州寺观画壁》。
② 段成式《酉阳杂俎》续集卷五《寺塔记》上,第249页,方南生点校,中华书局,1981年。
③ 史苇湘《关于敦煌莫高窟内容总录》,《敦煌莫高窟内容总录》第187页,文物出版社,1982年。

一番景致,在庄严美丽的楼台、栏楯、平台间,突出阿弥陀佛主尊,周围是莲池、天花、异鸟相陪衬,五彩斑斓,金碧辉煌。李泽厚在《美的历程》里指出:

> ……社会向前发展,门阀士族已走向下坡,非身份性的世俗官僚地主日益得势,在经济、政治、军事和社会氛围、心理情绪方面都出现了新的因素和景象。这也渗入了佛教及其艺术之中。
>
> 由于下层不像南北朝那样悲惨,上层也能比较安心地沉浸在歌舞升平的世间享乐中。社会的具体形势有变化,于是对佛国的想望和宗教的要求便有变化。精神统治不再需要用吓人的残酷苦难,而以表面诱人的天堂幸福生活,更为适宜。于是,在石窟中,雕塑与壁画不是以强烈对比的矛盾(崇高),而是以相互补充的和谐(优美)为特征了。唐代壁画"经变"描绘的并不是现实的世界,而是以皇室宫廷和上层贵族为蓝本的理想图画;雕塑的佛相也不是以现实的普通的人为模特儿,而是以享受着生活、体态丰满的上层贵族为标本。跪倒在经变和佛相面前,是钦羡、追求,与北魏本生故事和佛像叫人畏惧而自我舍弃,其心理状态和审美感受是大不一样了。天上和人间不是以彼此对立而是以相互接近为特征。这里奏出的,是一曲幸福与幻想,以引人入胜的幻景颂歌。①

总之,这类净土变有着深厚的现实生活基础,同时又充分发挥出艺术想象力。虽然说到底不过是虚幻想象的产物,但总给身在苦难中的人带来一丝希望,寄托了民众的美好愿望。对于享受荣华富贵的统治阶级来说,表现的则是让人生享乐无限延续下去的幻想了。这大量表现西方净土的壁画,也正是民众间净土信仰繁荣的

---

① 《美的历程》,《美学三书》第 120－121 页,安徽文艺出版社,1999 年。

体现。

中唐以后盛行的"转变"是僧侣对民众进行通俗宣传的方式，讲经文和变文是其文字记录。还有佛教内容的歌辞，当然也主要作为宣教之用。现存的这些体裁的作品也都是真切反映民众信仰实况的可靠资料。表现净土信仰的讲经文最有代表性的是敦煌文书 P. 2133 号被勘定名为《妙法莲华经讲经文》的写卷，其所讲经文为《普门品》中自"无尽意菩萨，若有人受持六十二恒河砂菩萨名字"到"得如是无量无边福德之利"一段计一百二十字。《普门品》观音本是救苦观音，但在这部讲经文里，除了一般地歌颂"礼拜观音福最强，灵山会上佛称扬。天龙闻了称稀有，菩萨听时赞吉祥"的功德利益之外，更特别强调往生净土内容。文中把"来世示君何处好，西方净土证无生"作为修持目标来宣扬，已经和《普门品》的本来精神大不相同。在解释经文"善男人善女人"时说：

> 修行净行不贪嗔，向佛于僧意自纯，每日参禅求问道，终年结社作良因。不交意地迷三惑，岂遣心因涉六尘，凡是修行诸弟子，经中唤作善男身……不把花钿粉饰身，解持佛戒断贪嗔，数珠专念弥陀佛，心地长修解脱心，三八镇游诸寺舍，十斋长具断昏（荤）辛，如斯净行清高众，经内呼为善女人。①

这里宣扬的也是净土法门。这样的作品表明，当时人在祈求观音救苦救难的同时，更期望"十方化佛总亲临"、"西方净土必遨游"，即更注重依赖观音作为往生净土的"接引佛"的神力了。

敦煌文书中保存几种被称为《阿弥陀经讲经文》的讲经文。这也正是当时西方信仰盛行的体现。在 S. 6551 号《讲经文》里，描写无量寿佛国的景象时，有一段有趣的比喻：

> ……无有刀兵，无有奴婢，无有欺屈，无有饥馑，无有王

---

① 王重民等编《敦煌变文集》下集，第 502—509 页，人民文学出版社，1984 年。

官，即是无量寿佛为国王，观音、势至为宰相，药上药王作梅
录，化生童子是百姓……①

这是把西方净土描绘成幻想中平等安乐的乌托邦，而阿弥陀佛则
是治理这个国家的国王，观音、势至是他的"宰相"，这正是民众按
世间状况的通俗设想，也是他们所理想的佛国的缩影。

　　还有《无常经讲经文》，利用中土故事来说明"人生无常，喻若
漂蓬，贵贱虽殊，无常一盖"的道理。其中所用对比，则指西方净土
为解脱之路，因而宣扬"净土好，卒难论"，"争如净土，菩萨为怜"，
并劝人礼拜三圣：

　　　　念观音，求势至，极乐门开随取意，一弹指顷到西方，大圣
　　弥陀见欢喜。

有趣的是接着又说：

　　　　更闻经，兼受记，必定当来值慈氏，永抛浊世苦娑婆，不向
　　三途受沉坠。②

这讲的又是弥勒净土，表明在普及到一般民众的宣传里，弥勒与弥
陀两种净土直到这一时期仍然没有分辨得十分清楚。

　　从现存资料看，俗讲有日僧圆仁《入唐求法巡礼行记》所记载
那些长安朝廷敕建大寺受朝命举行的，也有如敦煌社邑那类民间
僧、俗举办的。二者听讲对象不同，所讲内容与风格也应有差异。
以上举出的例子，都出自面向民众的作品，是更多反映民众信仰面
貌的。

　　现存敦煌歌辞里有前面提到的法照所作定格联章曲辞《归去
来》和《归去来·归西方赞》，也都是劝归西方的。应有大量这类通

---

①《敦煌变文集》下集，第 475 页。
②同上第 662 页。

俗歌辞在流传中佚失了。

　　以上所述有关净土信仰的艺术创作，造像和壁画也好，民间通俗作品也好，许多都是"解说"经典、教义的，但它们又表现出一种独出心裁的"理解"。当时人所"理解"、"期待"的净土，已不再是虚无缥缈、难以企及的神秘境界，而是人们衷心向往的、有形有相的乐土了。当人们在创造和流传这些作品的时候，他们也在发展民众自己的净土思想，并不断按自己的理想给净土信仰增加新的内容，从而又推动了净土信仰的发展和弘扬。净土作为宗派就是在这种潮流中扩展、定型起来。

　　关于民众信仰状况，还应当注意到民间结社。上一编介绍佛教结社，大体区分为两种类型，社会上层主要是知识阶层更具文化内容的和民众间主要从事信仰实践活动的。而就民间结社划分，又可分为两种：一种是主要从事经济活动和生活互助的，另一种则是主要从事佛事活动的。当然也有两者内容兼具的。此前的六朝时期，从事宗教活动的私社还较为松散，主要是为造像、建塔等功德而建立的①；到了唐代，其活动内容更加丰富了，包括营窟、造像、修寺、斋会、写经、刻经、诵经、念佛、燃灯、印沙佛、行像等②。到唐后期，由于净土法门在民众间盛行，净土念佛从而也成为结社更重要的内容。上编介绍敦煌文书 P. 3128 号《社斋文》正反映了当地社邑里净土信仰的情况：

　　　　盖闻光辉鹫岭，弘大觉以深慈；敷演龙宫，契天明之胜福……惟诸公并是高门胜族，百郡名家，玉叶琼枝，兰芳桂馥，出忠于国，入孝于家……遂乃共结良缘，同归胜福，会斋凡圣，

①郝春文《东晋南北朝时期的佛教结社》，《历史研究》1992 年第 1 期第 99—105 页。
②关于宋代佛教结社的一般状况，参阅铃木中正《宋代佛教结社の研究——元代以後の所謂白蓮教匪との關係より見て——》(一)(二)(三)，《史學雜志》第 52 编第 1、2、3 号，1941 年。

> 连坐花台,崇敬三尊,希求胜福。故能年三不阙,月六不亏,建
> 竖檀那,守修法会……①

敦煌壁画许多应是民间社邑描绘的。联系起来看,也可以知道当地民间净土信仰兴盛的情况。宋宗晓在《乐邦文类序》中说到宋代:

> 至今薄海内外,宗古立社,念佛之声,洋洋乎盈耳。②

灵芝元照《无量院造弥陀像记》则说:

> 近世宗师公心无党者,率用此法诲诱其徒。由是在处,立
> 殿造像,结社建会,无豪贱,无少长,莫不归诚净土……净业之
> 盛,往古无以加焉。③

这种民众间净土结社规模有达千人万人的。又净土念佛中往往掺入许多道教和民间俗神内容,如上帝、司命、南斗、北斗、山神、水神、城隍、土地等。这也是净土信仰通俗化所带来的特色④,从而有力地推动信仰在群众中更加普及。

四

　　隋、唐时期,净土信仰面向社会更广泛层面普及。相对照之下,对高层次的思想文化领域则影响较小。这类内容简单、表现通

---

① 《法藏敦煌西域文献》第 21 册第 351 页,上海古籍出版社,2001 年。
② 《大正藏》第 47 卷第 149 页上—中。
③ 《乐邦文类》卷三,《大正藏》第 47 卷第 187 页中。
④ 宁可《述"社邑"》,《北京师范学院学报》,1985 年第 1 期第 12—27 页。

俗的信仰,本是难于被具有更高文化素养又是生活在唐代那种丰厚而开阔的思想学术环境之中的士大夫所重视的。但十分盛大的信仰潮流,也不能不在士大夫间造成影响。唐代兴盛的禅宗被称为"士大夫佛教",在士大夫间广泛弘传。而禅宗的基本宗义是与西方信仰和追求正相反对的。但是一些接受禅宗的人同时又信仰净土。这也特别典型地反映了知识阶层宗教信仰游移(相关联的则是淡薄)的特征,也给后来"禅、净合一"潮流开启端倪。

唐代士大夫中很多人修习净土。以道教徒面貌著称的李白也写过有关净土信仰的文章。他的《金银泥画西方净土变相赞》是替已故湖州刺史的未亡人为亡夫祈福而作,其中按《阿弥陀经》对西方极乐世界作了描绘,然后说:

> 若已发愿及未发愿,若已当生及未当生,精念七日,必生其国,功德罔极,酌而难明。

并有赞曰:

> 向西日没处,遥瞻大悲颜。目净碧海水,身光紫金山。勤念必往生,是故称极乐……①

李白这篇作品是应人请托写的,客观上也表明了官僚家庭净土信仰的状态。王维也有类似作品。他在开元后期担任河西节度判官时,节度使崔希逸夫人为亡父祈福作《西方净土变》,他写了《西方净土变画赞》,不过其中发挥的是"净土无所"的唯心方便之说。他是作为下僚为长官家庭作这种文章。杜甫早年热衷习禅,晚年却倾心净土了②。中唐权德舆有《画西方变赞》,系"(范)传正、传质奉

----

① 《李太白全集》卷二八;据《唐文粹》校改。
② 参阅郭沫若《李白与杜甫》二《关于杜甫·杜甫的宗教信仰》,人民文学出版社,1971年版;吕澂《杜甫的佛教信仰》,《哲学研究》1978年第6期。

为先姚博陵崔夫人既练所画"①。梁肃有《绣西方像赞》,是赞颂中
书舍人朱君妻马氏为丈夫求冥福所绣西方三圣像的②。于頔有《潭
州法华院记》,写到"中丞(杨凭)先太夫人荥阳郑氏,以闺门尊重之
德,奉西方清净之教"③,杨凭是柳宗元的岳父,是一时文坛名流。
柳宗元习禅,又是天台宗信徒,天台本来是信仰净土的,所以他称
赞署名智颛的《净土十疑论》,作《永州龙兴寺修净土院记》,宣扬西
方极乐世界④。中唐时期文人间净土结社开始盛行,从形式看主要
是追模东晋慧远在庐山与刘遗民等人的结社念佛。"十八高贤"结
白莲社的传说就是这一时期形成的⑤。不过这时结社的具体内容
已经和庐山有所变化。例如白居易,他本来对禅素有兴趣,而净土
信仰在他的思想中同样占有相当重要的位置。早在元和十年
(815)贬浔阳时,他就在庐山与东、西林二寺僧结社修净土。其《兴
果上人殁时题此诀别兼简二林僧社》诗说:

> 本结菩提香火社,为嫌烦恼电泡身。不须惆怅从师去,先
> 请西方作主人。⑥

不过白居易的净土信仰前后期显然有所变化。如果说他早年结社还
主要是追慕东晋以来僧、俗交游的风流习尚,那么到了晚年,对西方
的向往就带有更真挚、更强烈的热情了。他的《临水坐》诗中有云:

> 昔为东掖垣中客,今作西方社内人。⑦

---

①《全唐文》卷四九五,第 5047 页。
②同上卷五一九,第 5282 页。
③同上卷五四四,第 5520 页。
④参阅拙作《论柳宗元的禅思想》,《文学遗产》1991 年第 2 期,又收入《诗与
　禅》,东大图书公司,1994 年版。
⑤据汤用彤的考证,"法照以后,庐山莲社故事乃大传于世",详见《隋唐佛教史
　稿》第 192—193 页。
⑥《白居易集笺校》卷一七,第 2 册第 1084 页。
⑦同上卷一六,第 2 册第 1033 页。

《重修香山寺毕题二十二韵以纪之》诗说：

> 南祖心应学，西方社可投。①

当时流行的南宗禅排斥净土，这里却又把二者统合在一起。特别的是韦皋作《西川鹦鹉舍利塔记》，写其妾"河东裴氏者志乐金仙之道……以此鸟名载梵经，智殊常类……教以持佛名号"②，念阿弥陀佛，据说鹦鹉死后火化，获舍利十余粒。这表明净土信仰已深入到士大夫家庭生活之中，并与一般人的伦理与感情更密切地结合起来了。

宋晁说之说：

> 我释迦牟尼佛与阿弥陀佛，悯此众生，乃同一愿力，于无量无边法门之外，建立此一法门。释迦宾之也，弥陀主之也；释迦生之也，弥陀家之也；释迦于病药之也，弥陀使之终身不病也；释迦之土犹逆旅也，弥陀之土犹乡间也。③

在宋代，士大夫间禅、净双修之风更为盛行。前编介绍佛教结社一章已经涉及宋代士大夫净土信仰状况。仁宗朝宰相文彦博在京师和净严禅师一起结社十万人，念佛往生；江公望曾任右司员外郎等职，得罪编管南安郡，遇赦还乡而卒，他信奉净土，著《蔬食清修净土文》、《念佛方便文》等普劝道俗；王古在绍兴（1131—1162）中为户部侍郎，以与蔡京不和被贬谪，他亦以继承庐山结社之风而名世；见于著述的还有北宋钱端礼之孙钱象祖、居于西湖的处士王衷、南宋初泸州知事冯楫、湖州人沈睿、秀州总管张抡等人，都以虔诚的净土信仰者著称。

值得注意的是唐宋以降净土信仰成为家庭宗教生活的基本内

---

①《白居易集笺校》卷三一，第 4 册第 2123 页。
②《全唐文》卷四五三，第 4631 页。
③《净土略因》，《乐邦文类》卷四，《大正藏》第 47 卷第 208 页下。

容。家庭,特别是其中的妇女,是一个文化素质相对较低的、感情重于理性的世界,也是更需要宗教信仰来安慰的世界。而家庭又是社会细胞,是整个社会建构的基础。在中国重视家族关系的社会结构中,家庭的动态和作用显得尤其重大。在贵族、官僚、士大夫家庭中,妇女又是与官宦经世追求有距离的另外一群人。在六朝时期的应验故事里,已经有妇女作主人公的,但还只是少数。这是因为当时参与佛教活动的主要是男性。而据《八琼室金石补正》所录造像记,在北魏龙门观音造像里,女性发愿者明显增多了;而到唐代,则女性更多,已占全数约三分之一。其中有的称"清信女"、"佛弟子清信女"、"弟子"某或某人,如"清信女赵善胜"、"清信女朱"等;有的称某某妻或女,如"崔元表妻郭"、"王德仁女小娘"等;有的则直称名字,如"甘大娘"、"刘大娘"等。这些人所祈愿的内容更贴近平常人的平凡生活,如家人安宁、行人平安、病得离身等等。有关平民信仰的状况史料里也多有记载。这里举出几个典型的士大夫家庭的例子。盛唐时期有豪州刺史王弼,"夫人武氏……及男缅、绪等……起普贤台一级,写《法华经》千部,广化人吏,大起津途。即普贤台,立法华社,每年二月,重会一时"[1]。苏轼的思想、信仰十分驳杂,他曾先后命画工绘阿弥陀佛像替母亲和亡妻追冥福,并分别作有阿弥陀佛赞偈,晚年更做水陆法像,作赞十六篇,据说"眉山水陆会"就是他创始的。

从现存唐人墓志同样可以明显看到,当时各阶层妇女相当普遍地信仰佛教,特别是晚年寡居者更多。而往生净土则是她们祈愿的主要内容之一。以下从周绍良主编《唐代墓志汇编》里摘录一些例子。

　　咸亨一○四号《唐故夫人何氏墓志铭并序》:……资神解液,藻十范而流襟;识净明珠,绚四心而耀首。行阶无替,期□

————————————

[1] 李邕《秦望山法华寺碑并序》,《全唐文》卷二六二,第2665页。

有凭,胜业既成,魂飞净域。

　　永淳二六号《大唐故房州竹山县主簿杨君夫人杜氏(芬)墓志铭并序》:情超苦海,思入□□,将开净域之因,夙奉玄□之律。

　　大足六号《大周故府君柏善德夫人仵氏墓志铭并序》:灵和受气,廉顺凝姿,将开净土之因,兼奉祇园之律。情超俗境,思入禅津。

　　开元四三〇号《刘府君(秦客)杨夫人铭并序》:……至于暮年,恭崇释道,知四大咸假,五蕴皆空,莫不毒火焚躯,爱河溺性,自非西方之圣,孰能拯兹苦焉! 于是舍荣辱去我,妥心禅门,颖悟深旨。

　　天宝一五号《唐上殇姚氏(号功德藏,父和章,东京皇城副留守)墓志铭并序》:……爰自受病之初,誓心□域,将不退转,行陀罗尼。

　　天宝一〇二号《大唐故宣威将军守右武卫中郎将陇西董君(昭)墓志铭并序》:夫人南阳郡君张氏……柔顺贞明,宴息禅慧。莲花照水,岂方清净之心;薤露晞阳,将生极乐之界。[1]

还有更多是表示一般佛教信仰的,也应包含净土内容。另一方面,当时一些官僚士大夫造像也多有为家中妇女祈愿的。例如龙门石窟显庆五年(660)《御侮副尉杨君植题记》,是为亡妻造阿弥陀和救苦观音像;开元三年(715)《秘书少监韦利器等弥陀赞》,邱悦所作,是为韦的亡母造弥陀像;《临涣尉左中孚弥陀龛铭》,是为亡妻造阿弥陀像;孟利贞撰《龙门敬善寺石龛阿弥陀佛观音势至二菩萨像赞》,是蹇味道为其亡母范氏所造,其时蹇为同州司户参军。还有些没有具体说明造像名目的,如《豫州参军王有铭记》,是为亡母造

---

[1]《唐代墓志汇编》上册第 585、705、988 页,下册第 1454、1541、1603 页,上海古籍出版社,1992 年。

像;《苏州长史崔元久妻卢氏题记》,是妻子为丈夫造像。四川大足
佛湾第 58 号窟供养观音、地藏,龛门左侧柱上有乾宁三年(896)
题记:

> 敬造救苦观世音菩萨、地藏菩萨一龛。右为故何七娘镌
> 造,为愿成此功德,早生西方,受诸快乐。乾宁三年九月二十
> 三日,设斋表赞毕。检校司空守昌州刺史王宗靖造。

龛外右侧柱上有另一则题记:

> 乾宁三年九月二十三日,节度左押衙、检校左散骑常侍兼
> 御史大夫上柱国赵师恪,奉为故外姑何氏妆饰。[1]

皇室的情况也同样。李邕的《五台山清凉寺碑》中记载:

> 开元二十有八载,帝之元女曰永穆公主,银汉炳灵,琼娥
> 耀质,发我上愿,归乎大雄。爰舍金钱,聿崇妙力,奉为皇帝恭
> 造净土诸像。[2]

上述例子都表明社会上层佛教信仰的实态,净土信仰逐步成为家
庭信仰的核心内容之一。

　　这样,尽管古代知识阶层传统上一般能够以理性态度对待宗
教,加上对于他们来说多所熟悉的禅思想又往往会起到对于天堂
净土、轮回报应之类说教的抵制作用,但净土信仰在他们中间,特
别是在他们的家庭中仍得以相当普遍的传播。这样,就争得群众
的众多、普及层面的广阔说,没有其他宗派可以和净土相比。明清
时期有谚语说"家家阿弥陀,户户观世音"。明蒋德璟又曾指出:
"今世士大夫无不礼《楞严》,讽《法华》,皈依净土。"[3]正反映当时净

---

①刘长久、胡文和、李永翘《大足石刻内容总录》,第 26 页,四川省社会科学院
　出版社,1985 年。
②《全唐文》卷二六四,第 2679 页。
③《理学经纬十书序》,《明文海》卷二二九。

土信仰盛行的真实状态。就是说,无论是平民百姓,还是官僚士大夫,宋元以来,净土信仰往往成为他们精神生活的重要内容。而由于这一时期佛教又和蓬勃兴起的各种民间宗教、民间信仰相合流,净土信仰作为简易、通俗的宗教实践形式,又普遍地被融入到各民间宗教之中,从而更推动了它的普及。结果尽管净土信仰教理单薄,行法谫陋,在佛教诸宗已经普遍衰退的情势下,却成为流传广远的真正的民众佛教的主要内容。

由以上描述,可以清楚看出中国佛教史上净土信仰发展的轨迹:本来是大乘佛教信仰的内容之一,因为适应中土各阶层的普遍精神需求,在南北朝时期逐渐扩大影响,普及开来;隋唐之际,在中国佛教各宗派并兴之际,一批弘扬净土的宗师出来,对流传已广的净土信仰的内容和行法加以整理和发挥,融入本土传统意识和习俗,形成宗派的规模,推动净土信仰更加广泛地普及;至两宋之际,佛教各宗派相继衰落,只有禅与净土由于宗义更符合本土民众的意识,作为修行法门又十分简易,即使是在理学严酷统治之下,仍得到社会普遍的信重,从而争得了生存空间;二者在发展中更相互交融,也相互推动,终于形成"禅、净合一"的、更加民俗化的佛教信仰,从而成为宋、元以来佛教的主流形态。又净土信仰本来是超越宗派的,这一时期更进而超越了佛教,已成为一种民间普遍流行的宗教信仰,直到如今仍然对于民众发挥重大而深远的影响。

第七章 诗僧及其创作

一

东晋以降，一批士大夫栖身佛门，僧众的文化水平大幅度提高，儒、释交流也成为风气。东晋南北朝僧侣中多有能诗善艺者。声名卓著并留有文集的，即有支遁、慧远、汤惠休、慧琳等人，本书前面已经介绍过。到唐代，更有一批才华卓著的"诗僧"出现；宋、元、明、清历朝都有僧人步其后尘。他们以独具特色的诗歌创作丰富诗坛，其行为和作风进一步影响一代代僧团和文坛风气。

刘禹锡在《澈上人文集纪》中说：

> 世之言诗僧多出江左。灵一导其源，护国袭之。清江扬其波，法振沿之。如么弦孤韵，瞥入人耳，非大乐之音。独吴兴昼公能备众体。昼公后，澈公承之。至如《芙蓉园新寺诗》云："经来白马寺，僧到赤乌年。"《谪汀州》云："青蝇为吊客，黄耳寄家书。"可谓入作者阃域，岂独雄于诗僧间邪？①

这段话概括了中唐时期自灵一到灵澈等主要活动在江左地区的诗

---

① 《刘禹锡集》卷一九，上册第 240 页，卞孝萱校订，中华书局，1990 年。

僧的情况。这也是真正意义上的"诗僧"活动的开始。

虽然在此以前能诗的僧人不少,但严格意义上的"诗僧"应当是到中唐才出现的。被称为"诗僧",不仅因为这些人能诗,更重要的是他们在佛教发展的一定阶段被培养出来,表现出特有的活动方式,显示出特殊的创作风格,取得了独特的成就。白居易《题道宗上人十韵诗序》说:

> ……予始知上人之文为义作,为法作,为方便智作,为解脱性作,不为诗而作也。知上人者云尔,恐不知上人者,谓为护国、法振、灵一、皎然之徒与?①

这里指出当时写诗的僧人有两种基本类型。白居易意在表扬道宗,所以强调对方为宣扬佛法而写诗;相对应地则把护国等四人划归另一类,指出其作品是"为诗而作"的。这实际正是护国等后起被称为"诗僧"的与支遁、慧远以至道宗等善诗文的僧人的区别。除了个别例外,这些人对于佛教教学并不感兴趣,也不重修持,对佛法的建设也没有做出什么努力。钱锺书指出:

> 僧以诗名,若齐己、贯休、惠崇、道潜、惠洪等,有风月情,无蔬笋气;貌为缁流,实非禅子,使蓄发加巾,则与返初服之无本贾岛、清塞周朴、惠铦葛天民辈无异。②

这种人物出现并活跃一时,乃是佛教史和文学史上的新现象,也反映僧团结构和风气变化的一面。

《唐才子传》里记载诗僧中"乔松于灌莽,野鹤于鸡群者"八人:灵一、灵澈、皎然、清塞、无可、虚中、齐己、贯休,并说"皆东南产秀,共出一时"③,即全都出于江左。其中前四位是前面刘禹锡提到过

---

①《白居易集笺校》卷二一,第 3 册第 1445 页。
②《谈艺录》(修订本)第 226 页,中华书局,1984 年。
③ 傅璇琮主编《唐才子传校笺》第 1 册第 534 页,中华书局,1987 年。

的。被他赞扬"导其源"的灵一卒于宝应元年(762),灵澈卒于元和十一年(816)。这大体涵盖"安史之乱"后半个世纪的时期。无可活动年代靠后,直到文宗朝(827—840)。虚中、齐己和贯休则属于晚唐、五代了。所谓"江左",指长江下游江南地方,即润州(今江苏镇江)、常州(今江苏常州)、苏州(今江苏苏州)、湖州(今浙江湖州)、杭州(今浙江杭州)、越州(今浙江绍兴)、台州(今浙江临海)一带。"安史"乱后,一批诗僧在这一地区活跃。他们开创的风气被延续下来,直到五代和北宋。

诗僧在这一时期出现于"江左",有其社会和教团内部的条件。"安史"动乱,中原凋敝,江左基本保持安定,乱后更成为中原财赋仰赖之地。从而那里的经济、文化得以发展,并有大批士大夫聚居。有些人是为了躲避战乱而流寓;另一些人则把那里当作营生或栖身之地;再是由于朝廷倚重江左财赋,多派遣有政能文才的儒臣、干吏出任地方官,他们之中不少人本身就是文人,或热心结纳文士,从事写作和倡导诗文,等等。就代、德、顺、宪、穆、敬、文七朝即被称为"中唐"时期的近八十年(763—840)看,在江左各州任刺史的著名文人即有(按到任时间先后为序)李栖筠、颜真卿、独孤及、韦应物、韦夏卿、孟简、钱徽、李德裕、白居易、元稹、韩泰、刘禹锡、李绅、杨虞卿、姚合、李宗闵等人。其中李德裕任浙西观察史,刺史是兼职。至于没有在江左任职而活动在那里的文人则更多。有关上述诸人,更有两点值得提出。一是他们中有些人在任职时期曾大力提倡文艺。如颜真卿在湖州,广聚"三教"能文之士,编辑大型辞书《韵海镜源》,是当时文化建设的盛事;元、白先后在苏、杭、越州任刺史,以诗坛领袖身份,接纳友朋,诗文唱和,大大活跃了当地诗歌创作,等等。再一点是这些人多与佛门,特别是与禅宗有关系。这从下面将要介绍的唐代文坛情况可以知道。

就佛教僧团自身情况而论,当时禅宗正发展到极盛阶段,而江左则是禅宗重要的活动中心之一。禅宗把烦难的修持简化为自心体悟功夫,从而破除繁琐戒律的束缚,也进一步打破了僧、俗界限。禅师们离开僧院,走向社会,更开放的禅门也吸纳更多文人,丛林中出现了孝僧、艺僧等畸形人物。有些文人出家为僧,如钱锺书提到的贾岛法名无本,周朴法名清塞;一些有文化的僧人则出入官场文坛,甚至专门以诗文写作为务。佛教本来就有创作偈颂的传统,宗门又大兴写作禅偈之风,更对于推动佛门的诗歌创作起了巨大作用。

　　兴盛于江东的禅宗牛头一系热衷诗歌创作并成为宗风。当初五祖弘忍弟子江宁法持传禅法于江东,经牛头智威到牛头慧忠、鹤林玄素、径山道钦,都是杰出禅匠,推动这一派发展臻于极盛。牛头宗义的核心是"无心"、"绝观",较多接受老、庄和玄学的内容,与江东文化传统有密切关系。牛头慧忠(638—769)居牛头山,"州牧明贤,频诣山礼谒,再请至郡,施化道俗。天宝(742—756)初年始出止庄严"①。庄严寺是金陵南朝旧寺。他著有《见性序》和《行路难》,精旨妙密,盛传于世。《见性序》已佚;《行路难》疑即今传署名傅大士的歌行体《行路难》。其弟子有继主庄严寺的慧涉,《宋高僧传》称赞说"若考师之艺文,则草堂、庐岳,各美于当代矣"②。草堂指宗密,庐岳指慧远,都以文学知名。由此可见慧忠一门的文学气氛。鹤林玄素(668—752)有名于开元(713—741)中,死后,当时的文坛领袖也是他的俗弟子李华为作《碑铭》,其中记载从其受菩萨戒者有"故吏部侍郎齐澣,故刑部尚书张均,故江东采访使、润州刺史刘日正,故广州都督梁昇卿,故采访使、润州刺史徐峤,故采访使、常州刺史刘同昇,故润州刺史韦昭理,故给事中韩延赏,故御史中丞李丹,故泾阳县令万齐融,礼部员外郎崔令钦,道流人望,莫盛于此"③。这些人都是一时名流。玄素弟子径山道钦(714—792),约当天宝末年开法于杭州径山,从学者众;大历三年(768),代宗召

———————

① 《宋高僧传》卷一九《唐昇州庄严寺惠忠传》,下册第495页。
② 同上卷二九《唐金陵庄严寺慧涉传》,下册第735页。
③ 《润州鹤林寺故径山大师碑铭》,《全唐文》卷三二〇,第3248页。

请入京,赐号国一大师。晚年回到径山,杭州刺史王颜请至龙兴寺供养。《宋高僧传》说他"在京及回浙,令仆公王节制州邑名贤执弟子礼者,相国崔涣、裴晋公度、第五琦、陈少游等";死后,"刺史王颜撰碑述德,比部郎中崔元翰、湖州刺史崔玄亮、故相李吉甫、丘丹各有碑碣焉"①。牛头慧忠有弟子佛窟遗则(754—830),南游天台,至佛窟岩而居,影响颇大。他"善属文,始授道于钟山,序集融祖师文三卷,为宝志《释题》二十四章、《南游傅大士遗风序》,又《无生等义》。凡所著述,辞理粲然。其他歌诗数十篇,皆行于世"。由此可知,署名牛头法融和宝志、傅大士的作品,都是经他传出的。他隐居天台的时候,"盖薜荔、荐落叶而尸居,饮山流、饭木实而充虚,虎豹以为宾,麋鹿以为徒,兀然如枯"②,加之兼善诗歌,因此有人以为他就是寒山的原型,甚或是寒山诗的作者之一。上述诸人体现了牛头一派学人的文学气质。他们对推动当时、当地的诗颂创作是起到相当大的作用的。

唐代诗僧较集中地出现于两个时期:一批在中唐,有前述灵一、清江等人,其中以皎然最为杰出;另一批在晚唐、五代,以贯休、齐己为中心,包括处默、修睦、尚颜、栖一、虚中、自牧、玄泰等人。以下分别加以讨论。

二

皎然(720—793),字清昼,湖州长城(今浙江长兴)人。俗姓谢,郡望陈郡阳夏(今河南太康),自称是谢灵运十世孙,实为谢安

---

① 《宋高僧传》卷九《唐杭州径山法钦传》,上册第211—212页。
② 同上卷一〇《唐天台山佛窟岩遗则传》,上册第229页。

后裔。大约在开元、天宝之际应进士举不第,失意出家。有《效古》诗,题下注曰"天宝十四年";又有《答李侍御问》诗曰:"入道曾经离乱前,长干古寺住多年。"①则他天宝前曾住江宁长干寺。以后游方各地,到过长安,与公卿士大夫交游。至德(756—758)后定居湖州,先后住白萍洲草堂、苕溪草堂、龙兴寺和杼山妙喜寺等处。他作佛川惠明《塔铭》,惠明是慧能弟子东阳玄策法嗣,其中说到"菩萨戒弟子刺史卢公幼平、颜公真卿、独孤公问俗、杜公位、裴公清,惟彼数公,深于禅者也"②,这些也都是他所交往的人。《宋高僧传》则说:

> 观其文也,靡靡而不厌,合律乎清壮,亦一代伟才焉。昼生常与韦应物、卢幼平、吴季德、李萼、皇甫曾、梁肃、崔子向、薛逢、吕渭、杨逵,或簪组,或布衣,与之交结,必高吟乐道。道其同者,则然始定交哉。③

如上所述当时的江左乃文人荟萃之地。除以上诸人外,与皎然交往、唱和的还有著名诗人刘长卿、张志和、李端、顾况、李嘉祐、秦系、朱放、权德舆、诗僧灵澈、道士吴筠、女道士李季兰、隐士陆羽等。颜真卿大历七年(772)任湖州刺史,曾集合僧、俗修订大型工具书《韵海镜源》,次年移席杼山寺。《妙喜寺碑》里列出参加者名单,均为文坛一时之秀。孟郊和刘禹锡早年都曾从皎然学诗,李端也自称是皎然门人,曾从之问诗法。

福琳作《唐湖州杼山皎然传》,说他"及中年,谒诸禅祖,了心地法门,与虎丘山元浩、会稽灵澈为道交"④。皎然初从律师守真受具

---

① 《全唐诗》卷八二〇、八一六,第 9246、9193 页。
② 《唐湖州佛川寺故大师塔铭》,《全唐文》卷九一七,第 9559 页。《塔铭》中有"方岩即佛川大师也"的记述,"大"字衍,参阅贾晋华《皎然年谱》第 101 页,厦门大学出版社,1992 年。
③ 《宋高僧传》卷二九《唐湖州杼山皎然传》,下册第 729 页。
④ 《全唐文》卷九一九,第 9573 页。

足戒,习律学,后来转而习禅。禅、律交融乃是当时江左佛教的特征。于頔为湖州刺史时,曾为朝廷征集皎然文集作序,并有《郡斋卧疾赠昼上人》诗,其中称赞皎然"吻合南、北宗,昼公我禅伯。尤明性不染,故我行贞白"①;皎然留有《达摩大师法门义赞》、《二宗祖师赞》、《能、秀二师赞》、《唐大通和尚法门义赞》等赞颂禅祖文字,表明他对南、北二宗是并重的。皎然又作有《唐鹤林和尚法门义赞》,可见与牛头禅也有关系。实际上当时禅门派系并不像后来灯史记述得那样分明,而他更热衷文事,对宗义的分别也不会那么认真、明确。

　　宋人严羽论诗,取法甚高,主意兴,尚兴趣。他称赞"释皎然之诗,在唐诸僧之上"②,肯定皎然在唐诗僧中成就最为突出。这也是文学史上的一般看法。皎然创作颇丰,有《杼山集》十卷传世。其中直接宣扬佛法的只占一小部分,大多是游赏山水、酬答友朋之作,也不乏以时事和咏史为题材的,如《从军行五首》、《咏史》等。他有诗说:"吾高鸥夷子,身退无瑕摘。吾嘉鲁仲连,功成弃珪璧。"③表示羡慕救危济难、不慕名利的范蠡和鲁仲连,流露出用世之志和侠士意识。他的《读张曲江集》是颂扬开元年间贤相张九龄的。他在颜真卿幕参与修订《韵海镜源》,工作完成后写诗向众人表示:"国语思开务,王言欲致君。"④意思是说这部书宣达王言,可以起到致君尧舜的作用。他对民生也相当关心,如《赠乌程李明府伯宣沈兵曹仲昌》诗:

　　　　水国苦凋瘵,东皋岂遗黍。云阴无尽时,日出常带雨。昨
　　夜西溪涨,扁舟入檐庑。野人同鸟巢,暴客若蜂聚。岁晏无斗

①《全唐诗》卷四七三,第5366页。
②郭绍虞《沧浪诗话校释·诗评》,第172页,人民文学出版社,1961年。
③《苕溪草堂自大历三年夏新营泊秋及春弥觉境胜因纪其事简潘丞述汤评事
　衡四十三韵》,《全唐诗》卷八一六,第9187页。
④《奉陪颜使君修〈韵海〉毕东溪泛舟饯诸文士》,《全唐诗》卷八一九,第9228页。

粟，寄身欲何所。空羡鸾鹤姿，翩翩自轻举。①

这种痛陈民间疾苦之作在大历诗坛上并不多见。不过最能体现其创作风格的还是那些抒情、应酬之作。僧人的社会地位和生活环境养成他独特的精神世界，而这种境界必然自觉或不自觉地在诗作里流露出来。韦应物《寄皎然上人》诗云：

> 吴兴老释子，野雪盖精庐。诗名徒自振，道心常晏如……愿以碧云思，方君怨别余。茂苑文华地，流水古僧居。何当一游咏，倚阁吟踟蹰。②

皎然答诗则说：

> 诗教殆沦缺，庸音互相倾。忽观《风》、《骚》韵，会我夙昔情。荡漾学海资，郁为诗人英。格将寒松高，气与秋江清……③

韦应物赞赏皎然诗风格之"清"，皎然又反过来用以称赞韦应物。而苏轼也以"清"字评价皎然诗：

> 沽酒独教陶令醉，题诗谁似皎公清。④

黄宗羲曾说："诗为至清之物。僧中之诗，人、境俱夺，能得其至清者。故可与言诗，多在僧也。"⑤皎然的优秀作品正体现"人、境俱夺"的静谧、超逸、洒脱境界。所以辛文房评价他说"公性放逸，不缚于常律……外学超然，诗兴闲适……"⑥。例如名作《寻陆鸿渐不遇》：

---

① 《全唐诗》卷八一五，第 9179 页。
② 陶敏、王友胜《韦应物集校注》第 199 页，上海古籍出版社，1998 年。
③ 《答苏州韦应物郎中》，《全唐诗》卷八一五，第 9172—9173 页。
④ 《与舒教授张山人参寥师同游戏马台书西轩壁兼简颜长道二首》之二，《东坡集》卷一〇。
⑤ 《平阳铁夫诗题辞》，《南雷文定三集》卷一。
⑥ 《唐才子传校笺》卷四，第 2 册第 204—205 页。

移家虽带郭,野径入桑麻。近种篱边菊,秋来未著花。扣门无犬吠,欲去问西家。报道山中去,归来每日斜。[1]

这首五言律通篇作散语,浑朴自然,不露一丝雕琢之痕,但构想极其精密:往访友人而写"不遇"、不见,更凸显出人物的飘忽、神秘,再加上景物衬托,颇能描摹出隐士陆羽的超然风神,表白自己的倾慕之意。再如《送刘司法之越》:

萧萧鸣夜角,驱马背城濠。雨后寒流急,秋来朔吹高。三山期望海,八月欲观涛。几日西陵路,应逢谢法曹。[2]

谢灵运族弟谢惠连曾为彭城王刘义康法曹参军,有名作《西陵遇风献康乐》诗五章,抒写客游的悲慨。刘姓友人是同样职务,这首诗结尾用作出典,十分贴切;而描写旅途的寂寞、凄凉,运笔简括,可以上追惠连。又《怀旧山》:

一坐西林寺,从来未下山。不因寻长者,无事到人间。宿雨愁为客,寒花笑未还。空怀旧山月,童子念经闲。[3]

纪昀批这首诗是"吐属清稳,不失雅音"[4]。胡应麟评论说:"皎然《杼山集》清机逸响,闲淡自如。读之觉别有异味,在咀嚼之表。当骎雅慕曲江,取则不远尔。"[5]。

皎然也写了不少古体诗,但远不如这些五言近体精美。白珽与友人论唐诗僧,以皎然、灵澈为称首;具体论及皎然的《戛铜碗为龙吟歌》,引"万籁无声天境空"作者自注:"听专一境,则众音不闻,非万籁之无声也。"接着评论说:"皎然此说更精到,事亦不凡,诗家

---

①③《全唐诗》卷八一五,第 9178 页。

②同上卷八一八,第 9223 页。

④方回编,纪昀批点《瀛奎律髓》卷四七《释梵类》,中国书店影印扫叶山房本,1990 年。

⑤胡震亨《唐音癸签》卷八,第 69 页,古典文学出版社,1957 年。

未见有引用者。"①皎然诗格的"清"正有得于他心境的宁静专注,而这正与他的禅解有关。

本书第二编介绍佛教义学对于文学理论的影响,曾分析皎然《诗式》提倡的"取境"说。他把"取境"当作决定创作成败的关键,而这"境"并不是客观实境,而是"万象自心出"②的。他的创作正是这种观念的实践。清人冯继聪《论唐诗绝句·皎然》说:

> 刺史编来《韵海》成,高僧论著亦从容。诗篇独有清超处,十里松生万壑钟。③

这里也是表扬皎然近体,称赞其"清超"的风格。这是他创作上的主要特征和成就,却也正是四库馆臣指出的"弱"的方面:局面较狭小,内容较平淡,格调较单薄,表达也较单调。这当然也和僧人枯淡寂寞的生活有关系。但从诗歌史总的发展趋势看,中唐时期韦、柳的高简闲淡一派诗风,正与皎然的创作风格有相通之处。而思致的闲淡转而为理致的追求,则又开拓以后宋诗重性理的先河。

三

晚唐、五代是又一个诗僧辈出并十分活跃的时期。经过黄巢起义大动乱,朝廷元气丧失殆尽;割据强藩纷纷独立,终于形成"五代十国"分裂局面。这一时期中原地区战乱不绝,而江南和两川则

---

① 《湛渊静语》卷二;皎然诗见《全唐诗》卷八二一,第 9260 页。
② 《奉应颜尚书真卿观玄真子置酒张乐舞破阵画洞庭三山歌》,《全唐诗》卷八二一,第 9255 页。
③ 郭绍虞等编《万首论诗绝句》第 3 册第 1191 页,人民文学出版社,1991 年。

比较安定。江东的钱镠、江陵的成汭、两川的王建等在其割据地区都采取一些保境安民、发展生产的措施;同时又比较注重文事,容纳文人。文化包括文学在这些地区从而得到一定程度的发展。例如后来蔚为大国的"曲子辞"就是在这一时期、在这些地区兴盛起来的。就佛教而论,唐武毁佛以后,不重经戒又与世俗社会结合紧密的禅宗恢复较易。禅宗本来与士大夫阶层有密切关系,动乱时期更有不少文人习佛逃禅。这种种条件都促成新一代诗僧出现,其中心人物是贯休和齐己。

贯休(832—912),字德隐,有《禅月集》传世。他七岁在家乡兰溪(今浙江兰溪)和安寺出家,勤奋好学;"与邻院童子法号处默偕,年十余岁,同时发心念经,每于精修之暇,更相唱和。渐至十五六岁,诗名益著,远近皆闻"①。青年时期的贯休山居修道,已结交诗人方干和李频,并曾上书处州(今浙江丽水)刺史、著名文人段成式。约在咸通四、五年(863—864)移居洪州(今江西南昌)开元寺,结交诗人陈陶。陶"不求进达,恣游名山,自称'三教布衣'"②。其时诗僧栖隐亦住洪州开元寺,"平常与贯休、处默、修睦为诗道之游,沈颜、曹松、张凝、陈昌符皆处士也,为唱酬之友。隐为群士响臻,淡然若水"③。这是一个相当典型的僧、俗诗人的集会活动。后游吴越,访方干于旧居,并结识诗人周朴。景福元年(892)南返浙东。时钱镠割据江东,乾宁三年(896)领镇海(浙西,今浙江杭州市)、镇东(浙东,今浙江绍兴市)两镇节度使。贯休前往拜谒,后来有他献诗传说。诗曰:

> 贵逼人来不自由,龙骧凤翥势难收。满堂花醉三千客,一剑霜寒十四州。鼓角揭天嘉气冷,风涛动地海山秋。东南永

---

① 昙域《禅月集序》,《全唐文》卷九二二,第 9604 页。
② 《唐才子传校笺》卷八,第 3 册第 415 页。
③ 《宋高僧传》卷三〇《唐洪州开元寺栖隐传》,下册第 746 页。

作金天柱，谁羡当时万户侯。①

据说钱镠命他改“十四州”为“四十州”，不从，与钱氏不契，遂匆匆离去。继而他西至鄂渚，会见诗僧栖一。复至江陵，依荆南节度使（治荆州，今湖北荆门市）成汭。当时荆州是又一个文人荟萃之地，贯休在那里结交吴融、令狐涣、姚洎、王溥、韩偓等人。吴融为其初编诗集《西岳集》（后改名为《禅月集》）作序说：

……止于荆门龙兴寺。余谪官南行，因造其室。每谈论，未尝不了于理性，自是（旦）而往，日入忘归，邈然浩然，使我不知放逐之感。此外商榷二《雅》，酬唱循环，越三日不相往来，恨疏矣。如此者凡期有半。上人之作，多以理胜，复能创新意。其语往往得景物于混茫之际，然其旨归，必合于道。太白、乐天既没，可嗣其美者，非上人而谁？②

可见当时贯休作为禅师和诗人的声望。但贯休不久即离开荆州。关于原因，史料记载不一。据《十国春秋》，他因为得罪成汭被递解到黔中；而据《五代史补》，是不得意而自动离去的。此后他曾游黔中、南岳，在长沙会见诗僧齐己。天复三年（903）前后至蜀，正是王建酝酿至实行称帝的时候。他和前蜀重臣也是著名文人韦庄、毛

①《献钱尚父》，《全唐诗》卷八三七，第9436页；又收录《唐僧宏秀集》卷六。此诗《禅月集》未收。《宋高僧传》卷三〇《梁成都府东禅院贯休传》载：“乾宁初，赍志谒吴越武肃王钱氏，因献诗五章，章八句，甚惬旨，遗赠亦丰。”下册第749页。计有功《唐诗纪事》卷七五《僧贯休》载：“钱镠自称吴越国王，休以诗投之曰：‘贵逼身来不自由，几年辛苦蹈林丘。满堂花醉三千客，一剑霜寒十四州。莱子衣裳宫锦窄，谢公篇咏绮霞羞。他年名上凌烟阁，岂羡当时万户侯。’镠谕改为‘四十州’，乃可相见。曰：‘州亦难添，诗亦难改。然闲云孤鹤，何天而不可飞。’遂入蜀。”《唐诗纪事》下册第1089页，上海古籍出版社，1987年。这里不仅诗的字句有出入，且钱镠进爵吴越王在天复二年（902），与贯休行事不符。

②《禅月集序》，《全唐文》卷八二〇，第8643页。

文锡、欧阳炯等往还唱和，对王建亦多有颂美之作。贯休生在乱
世，作为僧人，奔走在豪门权贵之间，形如俳优、清客；但他又相当
地关注世事，具有较强的正义感。据说王建僭位后游龙兴寺，有诸
王贵戚陪侍，召贯休，令诵近诗，休读《公子行》：

> 锦衣鲜华手擎鹘，闲行气貌多轻忽。稼穑艰难总不知，五
> 帝三皇是何物。①

这样，贯休虽然依附权势，却自恃以"闲云野鹤"的身份，在一定程
度上坚持其批判姿态。表现在诗作里，也就留下一批可读的作品。

齐己称赞贯休是"南宗一句印灵台"②。他们二人都是南宗禅
师。日本宽元二年（1244）信瑞撰《泉涌寺不可弃法师传》里提到
"唐代禅月大师"有注曰："后素得名，曾在石霜和尚会下，掌知客
职。"③他与士大夫结交，以谈禅为乐。他的《酬韦相公见寄》诗，是
在西川赠给韦庄的，其中说到"秦客弈棋抛已久，《楞严》禅髓更无
过"④。他平居习禅修道十分认真，在《山居诗二十四首》里描写自
己的志趣和生活说："终须心到曹溪叟，千岁楮根雪满头。"⑤表明自
己一生追求南宗禅的心迹。

按四库馆臣说法，贯休诗的写法显得"粗"，表现技巧不及前面
的皎然和后来的齐己。可是就题材的广阔和思致的高远论，贯休
实则超过二人。贯休比齐己年长三十岁左右，经历过黄巢起义战
乱，目睹割据强藩的纷争劫夺和民众所受苦难，一些作品相当真实
地反映了现实的黑暗和严酷。如他有《阳春曲》说：

> 为口莫学阮嗣宗，不言是非非至公。为手须似朱云辈，折

---

① 《全唐诗》卷八二六作《少年行》，此为三首之一，第 9305 页。
② 《荆门寄题禅月大师影堂》，《全唐诗》卷八四五，第 9562 页。
③ 参阅小林太市郎《禅月大师の生涯と藝術》第 50 页，淡交社，1974 年。
④ 《全唐诗》卷八三五，第 9410 页。
⑤ 同上卷八三七，第 9426 页。

槛英风至今在。男儿结发事君亲,须学前贤多慷慨。历数雍熙房与杜,魏公、姚公、宋开府,尽向天上仙宫闲处坐。何不却辞上帝下下土,忍见苍生苦苦苦。①

这首诗题下有注"江东广明初作"。广明元年(880)春黄巢起义军攻下江东,同年入长安。诗中表示反对像诗人阮籍那样空作无谓的慨叹,希望出现汉代朱云那样直言敢谏、肃清朝廷的大臣,又讽刺当政者自比为唐初能臣房(玄龄)、杜(如晦)等人却尸位素餐,无视民隐。诗的结句更倾诉对于民生苦难的痛切感受。他入蜀后向王建献《尧铭》、《舜铭》,当然有颂谀意味,又显然所望匪人,但却也表明对于理想的致治清明的期望。他更写了直接批评时政的诗如《富贵曲二首》、《陈宫词》、《行路难》等,对权幸的倒行逆施和世道的腐败黑暗加以揭露和抨击。如《偶作五首》其一:

　　谁信心火多,多能焚大国。谁信鬓上丝,茎茎出蚕腹。尝闻养蚕妇,未晓上桑树。下树畏蚕饥,儿啼亦不顾。一春膏血尽,岂止应王赋。如何酷吏酷,尽力搜将去。蚕蛾为蝶飞,伪叶空满枝。冤梭与恨机,一见一沾衣。②

唐诗颇多写蚕妇题材的,但写得如此痛切、深刻是不多见的。又如《酷吏词》,对酷吏的控诉尖锐激烈,指出天下滔滔,逃避无所,正是现实状况的真实写照。贯休的一些描写战事军旅的诗写得也很有气势。宋代诗僧智圆称赞说:"属兴难忘水与山,救时箴戒出其间。读终翻恨吾生晚,不得斯人一往还。"③当然他作为诗僧,写的最多的还是禅悟修道和赠答应酬之作。

　　与贯休同时代的诗人李咸用有诗说:

①《全唐诗》卷八二六,第 9302—9303 页。
②同上卷八二八,第 9329 页。
③《读禅月集》,《闲居篇》卷四六,《续藏经》第 56 册第 934 页上。

> 李白亡，李贺死，陈陶、赵睦寻相次。须知代不乏骚人，贯
> 休之后，唯修睦而已矣。①

这是把贯休和另一位诗僧修睦看作李白、李贺的流亚。一个有趣的事实是，今传《李白集》里有《赠怀素草书歌》、《笑矣乎》等篇，据苏轼说是曾巩编辑《李太白集》窜入的，"皆贯休、齐己辞格"②。贯休有诗《读离骚经》等对屈原表示敬仰，又有诗说"常思李太白，仙笔驱造化"③，还有《观李翰林真二首》等赞美李白的诗。他在精神上是和李白有契合之处的。他更欣赏孟郊、贾岛的风格。他的《读孟郊集》诗说："清刳霜雪髓，吟动鬼神司。举世言多媚，无人师此师。"④孟、贾诗风凄苦寒俭，以"苦吟"著称，追求构思奇辟，注重造句、练字功夫。贯休赞赏他们，与他本人的艺术趣味有关。他身处晚唐五代黑暗衰败的时代，不再可能具有李白那种盛世培养出来的激昂奋进精神，心理上自然倾向幽辟偏枯一途，作诗境界比较窘狭，所描写多为琐细幽僻景物，这就颇与孟、贾有类似之处了。范晞文批评说：

> "枫根支酒瓮，鹤虱落琴床。"贯休诗也。"鹤虱"两字，未
> 有人用。又"童子念经深竹里，猕猴拾虱夕阳中"，亦生。⑤

这类句子还可以举出很多，如"乳鼠穿荒壁，溪龟上净盆"（《桐江闲居作十二首》），"浮藓侵蛩穴，微阳落鹤巢"（同上），"石獭衔鱼白，汀茅浸浪黄"（《秋末入匡山船行八首》），"印缺香崩火，窗疏蝎吃风"（《寄怀楚和尚二首》），等等，都是描写涉想不凡、难以入诗的景物，造成的意境则极其生辟怪诞。

---

① 《读修睦上人歌篇》，《全唐诗》卷六四四，第 7386 页。
② 《东坡志林》卷一。
③ 《古意九首》之八，《全唐诗》卷八二六，第 9308 页。
④ 《全唐诗》卷八二九，第 9343 页。
⑤ 《对床夜语》卷五，丁福保辑《历代诗话续编》上册第 446 页，中华书局，1983 年。

贯休诗也有在艺术上相当精致的,如代表作《山居诗二十四首》。这篇组诗是咸通年间在南昌开始创作的,中和元年(881)避乱于山寺,修改定稿。其第一、二首:

> 休话喧哗事事难,山翁只合住深山。数声清磬是非外,一个闲人天地间。绿围空阶云冉冉,异禽灵草水潺潺。无人与向群儒说,岩桂枝高亦好扳。

> 难是言休即便休,清吟孤坐碧溪头。三间茆屋无人到,十里松阴独自游。明月清风宗炳社,夕阳秋色庾公楼。修心未到无心地,万种千般逐水流。①

这组诗表面是抒写山居之乐,实际是表白自己的处境和心情。与他同时的著名诗人吴融说其诗所谓"多以理胜,复能创新意"②,《山居诗》正切合这样的评价。

贯休的有些小诗也写得简净透脱,意象鲜明。如《招友人宿》:

> 银地无尘金菊开,紫梨红枣堕莓苔。一泓秋水一轮月,今夜故人来不来。③

又《马上作》:

> 柳岸花堤夕照红,风清襟袖辔璁珑。行人莫讶频回首,家在凝岚一点中。④

这样的作品,体现了贯休创作精致、迥永的一面。

贯休还是取得独特成就的书法家和画家。本书相关部分另有介绍。

---

① 《全唐诗》卷八三七,第 9425 页。据诗序,修订于"乾符辛丑岁",然乾符起甲午终己亥(874—879),辛丑为广明二年(881),七月改元中和。
② 《禅月集序》,《全唐文》卷八二〇,第 8643 页。
③ 《全唐诗》卷八三六,第 9424 页。
④ 同上卷八三五,第 9411 页。

四

　　齐己（864—943），俗姓胡，字得生，益阳（今湖南益阳）人，自号"衡岳沙门"，有《白莲集》传世；又今传《风骚指格》一卷，是否齐己所作尚有疑问。他幼孤贫，居家近大沩山（在潭州，今湖南长沙市），据说七岁为大沩山同庆寺放牛，就用竹枝画牛背作小诗，老僧异之，遂共推挽授戒。出家后，游历江、湘一带，曾居于长沙道林和庐山东林等寺，后入京城长安，遍览名胜，诗名渐高。他曾到襄州（今湖北襄樊），拿自己的作品请教大诗人郑谷，据说其《早梅》诗有句曰："前村深雪里，昨夜数枝开。"郑谷说："数枝非早也，未若一枝佳。"当时齐己不觉下拜说："我一字师也。"①郑谷有赠诗赞扬他："格清无俗字，思苦有苍髭。讽味都忘倦，抛琴复舍棋"②。他又到豫章（今江西南昌）西山，访问施肩吾、陈陶故居。天复年间（901—904），后来的楚国国主马殷割据湖南，招纳文士，有沈彬、廖宁、刘昭禹、李宏皋、徐中雅、诗僧虚中、尚颜等，齐己俨然为盟主。应是在这个时候他和贯休见过面。成汭之后，高季兴割据荆南，搜聚四方名节之士，齐己前往依附。龙德元年（921）礼于龙兴寺，净院安置，给其月俸，命为僧正。时孙光宪亦在江陵，于后晋天福三年（938）给《白莲集》作序说：

　　　　江之南，汉之北，缁侣业缘情者，靡不希其声彩。自非雅道昭著，安能享兹大名。鄙以旅宦荆台，最承款狎，较风人之

---

①《唐才子传校笺》卷九《郑谷》，第 4 册第 170 页。
②孙光宪《白莲集序》，《全唐文》卷九〇〇，第 9391 页。

情致,赜大士之旨归,周旋十年,互见阃域。①

可见齐己当时的声望。他在荆州日久,交往的还有欧阳炯、贯休弟子昙域、可准等人。见于其诗作、与之往还的有陆龟蒙、司空图、李洞和诗僧修睦、自牧等一时名家。齐己晚年曾入长安。胡震亨谈到诗僧涉世而受到迫害,举出"齐己附明宗东宫谈诗,与宫僚高辇善,东宫败,几不保首领"②。"东宫"指后唐明宗李嗣源第二子从荣,长兴四年(933)明宗病危时起兵欲夺取皇位被杀。而"从荣为诗,与从事高辇等更相唱和,自谓章句独步于一时,有诗千余首,号曰《紫府集》"③。齐己被他接纳,结果从荣败死,齐己险些罹祸。

齐己在各地参学中广泛结交禅门学人,同时也接触社会,对世事有更多了解。他和贯休一样,以"闲云野鹤"的姿态奔走于强权豪势之间,内心是充满矛盾的。他有诗说:

> 禅外求诗妙,年来鬓已秋。未尝将一字,容易谒诸侯。④

他在乱世之中不得已而投靠权势,而对于统治者的残暴、腐败又有一定认识。他有《看金陵图》诗说:

> 六朝图画战争多,最是陈宫计数讹。若爱苍生似歌舞,隋皇自合耻干戈。⑤

这首诗影射现实,指斥统治者骄奢淫逸,不恤民命,又暗示社会动乱的责任在他们身上。

齐己也写了不少揭露社会黑暗、同情民间疾苦的诗。其中有

---

① 《全唐文》卷九〇〇,第 9391 页。
② 《唐音癸签》卷二九《丛谈五》,第 253 页,古典文学出版社,1957 年。
③ 《旧五代史》卷五一《秦王从荣传》,第 693 页;又参阅卷四四《明宗纪第十》,第 609—610 页。
④ 《自题》,《全唐诗》卷八四三,第 9530 页。
⑤ 《全唐诗》卷八四六,第 9580 页。

些用乐府体,如《猛虎行》、《苦热行》、《西山叟》等,颇能发扬中唐"新乐府运动"讽喻精神。又如《耕叟》:

> 春风吹蓑衣,暮雨滴箬笠。夫妇耕共劳,儿孙饥对泣。田园高且瘦,赋税重复急。官仓鼠雀群,共待新租入。①

像这样的作品,以质朴的语言揭露苛政暴赋对民众的残害,与晚唐杜荀鹤、皮日休、聂夷中的同类诗歌相似。他的《乱后经西山寺》诗写到"松烧寺破是刀兵,谷变陵迁事可惊"②,描绘亲身经历战祸带给他的沉痛印象;他的《谢炭》诗写寒冬珍惜炭火"必恐吞难尽,唯愁拨易销",没有切身体验恐怕难于写出这样曲折的心情;而结尾说"豪家捏为兽,红迸锦茵焦"③,以鲜明的对比,揭露贫富不均的沉痛现实;他的《读岘山碑》更是立意新颖,不是正面歌颂当年羊祜的功德如何受到民众爱戴,而说"何人更堕泪,此道亦殊时……那堪望黎庶,匝地是疮痍"④,在今昔对比中揭露当今世道的黑暗。这类作品清楚表明齐己虽依附豪门,却并非被受豢养的奴仆,而能持比较清醒的批判态度,代民众抒写不平和愤慨。

　　齐己同样推重贾岛、孟郊。他的《经贾岛旧居》诗说:"若有吟魂在,应随夜魄回。地宁销志气,天忍罪清才。"⑤《览延栖上人卷》诗则说:"贾岛苦兼此,孟郊清独行。"⑥他赞赏孟、贾,首先是因为同样怀才不遇而引为同调;并且又和贯休一样,有意追模孟、贾作诗的苦吟功夫。他曾说"觅句如探虎"⑦。写到自己的创作体验说:

---

① 《全唐诗》卷八四七,第9584页。
② 同上卷八四五,第9553页。
③ 同上卷八四一,第9498页。
④ 同上卷八三九,第9466页。
⑤ 同上卷八三八,第9443页。
⑥ 同上卷八三九,第9469页。
⑦ 《寄郑谷郎中》,同上卷八四〇,第9478页。

"诗在混茫前，难搜到极玄。有时还积思，度岁未终篇。"①这样，他的不少作品雕琢字句，如"霜杀百草尽，蛩归四壁根"②，"影乱冲人蝶，声繁绕堑蛙"③，"鹤静寻僧去，鱼狂入海回"④等等，也和贯休所作相似，用语险怪，意境显得窄狭。

四库馆臣评论说：

> 齐己七言律诗不出当时之习，其七言古诗以卢仝、马异之体缩为短章，诘屈聱牙，尤不足取。惟五言律诗居全集十分之六，虽颇沿武功一派，而风格独道，如《剑客》、《听琴》、《祝融峰》诸篇，犹有大历以还遗意。⑤

齐己的五言律清润平淡，兼有冷峭之致，所以后人称赞他仍能保有唐调。如前面提到的《剑客》诗：

> 拔剑绕残樽，歌终便出门。西风满天雪，何处报人恩。勇死寻常事，轻仇不足论。翻嫌易水上，细碎动离魂。⑥

这首诗描写义士反抗强暴、不畏牺牲、只身慷慨赴敌的情景，显露出作者精神世界的另一侧面。当然作为诗僧，齐己的更多作品或抒写修道体验，或描写自然风光，或表现交际应酬。这后面几类作品中也颇有可读的篇章，如《秋夜听业上人弹琴》：

> 万物都寂寂，堪闻弹正声。人心尽如此，天下自和平。湘水泻秋碧，古风吹太清。往年庐岳奏，今夕更分明。⑦

---

①《寄谢高先辈见寄二首》之二，《全唐诗》卷八四一，第 9504 页。
②《永夜感怀寄郑谷郎中》，同上卷八三八，第 9449 页。
③《残春》，同上卷八三八，第 9453 页。
④《严陵钓台》，同上卷八三九，第 9462 页。
⑤《四库全书总目》卷一五一《集部·白莲集十卷》，下册第 1304 页。
⑥《全唐诗》卷八三八，第 9452 页。
⑦同上卷八四一，第 9495 页。

这样的作品清通闲雅,而寄托遥深。又《登祝融峰》:

> 猿鸟共不到,我来身欲浮。四边空碧落,绝顶正清秋。宇宙知何极,华夷见细流。坛西独立久,白日转神州。①

这首诗境界开阔,立意高远,在晚唐五代诗里是不可多见的。清人许奉恩《兰苕馆论诗》说:

> 《杼山》、《禅月》足随肩,不染尘氛唯《白莲》。绝妙早梅深雪里,前村开见一枝先。②

这里把齐己的成就置于皎然、贯休之上。其中论及的《早梅》诗,是前面已经提到过的名篇:

> 万木冻欲折,孤根暖独回。前村深雪里,昨夜一枝开。风递幽香去,禽窥素艳来。明年如应律,先发望春台。③

古人截取这首诗的前四句,成为精美绝句。纪昀又曾评论说"不失格韵","起四句极有神力";方回则说"五六亦幽致"④。全篇意趣深远,情景鲜明,特别是写出"早"梅的神韵,在盎然生趣中暗示出一种强韧、昂扬的风格,在古今咏梅诗中堪称佳作。

五

　　前面引录过的《唐才子传》论诗僧,先列出灵一等八人,接着又列出四十五个名字,说这些人"其或虽以多而寡称,或著少而增

---

① 《全唐诗》卷八四一,第 9489 页。
② 《万首论诗绝句》第 3 册第 1382 页。
③ 《全唐诗》卷八四三,第 9528 页。
④ 《瀛奎律髓》卷二〇《梅花类》。

价",又指出他们"名既隐僻,事且微冥"①。但仅仅这些名字就足以看出一代诗僧的众多及创作之繁荣。其中一些人的生平行事今人储仲君有考订,见傅璇琮《唐才子传校笺》第一册;有些人作品流传至今,可大体窥知创作面貌。

"江左诗僧"里行年最早的是灵一(727—762),俗姓吴,广陵(今江苏扬州)人。九岁出家,十三削发。据李华《扬州龙兴寺经律院和尚碑》,他是龙兴寺律师怀仁弟子。怀仁禅、律双修,体现江东佛教的特征;又"以文字度人,故工于翰墨;法皆佛法,兼采儒流"②,显然具有浓厚的文人色彩。独孤及所作灵一《塔铭》说:

> 公智刃先觉,法施无方,每禅诵之隙,辄赋诗歌事,思入无间,兴含飞动。潘、阮之遗韵,江、谢之阙文,公能缀之。盖将吻合词林,与儒、墨同其波流,然后循循善诱,指以学路。由是与天台道士潘清、广陵曹评、赵郡李华、颍川韩极、中山刘颖、襄阳朱放、赵郡李纾、顿丘李汤、南阳张继、安定皇甫冉、范阳张南史、清河房从心相与为尘外之友,讲德味道,朗咏终日……③

和他为诗友的,还有刘长卿、严维、陆羽等人。

高仲武评灵一诗说:

> 自齐、梁以来,道人工文多矣,罕有入其流者。一公乃能刻意精妙,与士大夫更唱迭合,不其伟欤! 如"泉涌阶前地,云生户外峰",则道猷、宝月曾何及此?④

这里所引诗句出《宿天柱观》:

---

①《唐才子传校笺》第 1 册第 534 页。
②《扬州龙兴寺经律院和尚碑》,《全唐文》卷三二〇,第 3245 页。
③《唐故扬州庆云寺律师一公塔铭》,《全唐文》卷三九〇,第 3963 页。
④《中兴间气集》卷之下。

> 石室初投宿，仙翁喜暂容。花源隔水见，洞府过山逢。泉
> 涌阶前地，云生户外峰。中宵自入定，非是欲降龙。①

"泉涌"一联不仅得体物之妙，而且从流泉、白云的变化透露出无拘
无碍的精神，全篇意境清和高妙，潇洒透脱。灵一住杭州宜丰寺
时，有名作《宜丰新泉》诗，刘长卿、严维均有和作。诗云：

> 泉源新涌出，洞澈映纤云。稍落芙蓉沼，初淹苔藓文。素
> 将空意合，净与众流分。每到清宵月，泠泠梦里闻。②

这首诗同样意境鲜明，清新淡雅。灵一诗特别善于以简洁的笔触
描摹生动的物态，如《溪行即事》的"野岸烟初合，平湖月未生"，《春
日山斋》的"晴光拆红萼，流水长青苔"，《酬陈明府舟中见赠》的"稻
花千顷外，莲叶两河间"，等等，神清气爽，表露出方外之士抖落尘
埃的情怀。所以辛文房评论其风格为"气质淳和，格律清畅"③。灵
一只活了三十多岁，在诗坛上他却导夫诗僧创作的先路。

灵澈(746？—816)，一作灵彻，俗姓汤，字源澄，会稽(今浙江
绍兴)人。幼年出家于云门寺，是左溪玄朗门下越州焦山大历寺神
邕弟子，本属天台宗；年轻时曾从严维学诗，即以诗名闻于江南。
约在大历末年至吴兴，住何山寺，与皎然结交，广受时人赞誉。他
往来南北各地，广泛与文坛名流如卢纶、陈羽、窦庠、柳宗元、韩泰、
吕温等交游。刘禹锡为他的文集作序，评论说：

> 以文章接才子，以禅理说高人，风仪甚雅，谈笑多味。贞
> 元中，西游京师，名振辇下。缁流疾之，造飞语激动中贵人，因
> 侵诬得罪，徙汀州。④

①《全唐诗》卷八〇九，第9123—9124页。
②同上，第9124页。
③《唐才子传校笺》卷三，第1册第531页。
④《澈上人文集纪》，《刘禹锡集》卷一九，上册第239页。

关于此次被谪事件,有的学者以为与结交刘、柳,和"八司马事件"有关,但难于确证。元和初年,他栖泊庐山,后又至湖、越、宣州等地,结交李肇、韦丹、熊孺登、范传正、李翱、李逊等人。

灵澈平生作诗两千余首,门人秀峰删取三百首,编成《澈上人文集》十卷;又有五十年间与人唱和诗十卷,均已散佚;佛学著作《律宗引源》二十一卷亦佚。在唐诗僧中他历来评价较高。杨慎评论说:

> 僧灵澈有诗名于中唐。《古墓》诗云:"松树有死枝,冢墓惟莓苔。石门无人入,古木花不开。"《天台山》云:"天台众山外,岁晚当寒空。有时半不见,崔嵬在云中。"《九日》云:"山僧不记重阳节,因见茱萸忆去年。"诸篇为刘长卿、皇甫冉所称。余独取《天台山》一绝,真绝唱也。[1]

《天台山》一诗全称《天姥岑望天台山》,短短二十字,以虚实相生的笔法写出天台山遗世独立的风姿和磅礴的气势,更体现出一种高蹈绝尘的情怀。他的《初到汀州》诗曰:

> 初放到沧洲,前心讵解愁。旧交容不拜,临老学梳头。禅室白云去,故山明月秋。几年犹在此,北户水南流。[2]

这是他流放中所作。虽被流言中伤,身处困境,却心境豁达,超然物外的神情溢于言表。

江左诗僧护国、清江、法振等均有时名,今存作品不多,但都颇有可读篇章。稍后存诗较多的有无可(生卒年不详),俗姓贾,范阳(今河北涿州)人。他是贾岛从弟,少年出家,居长安著名的密宗道场青龙寺,与贾岛、姚合等相唱和。后来云游越州、湖州、庐山等地。他广交文人,以雕章琢句为务。诗人张籍、马戴、喻凫等都和他交往。他工五言律,诗风与姚、贾相近,追求清奇简淡境界,注重

---

①《升庵诗话》卷一四,《历代诗话续编》中册第933页。
②《全唐诗》卷八一○,第9131页。

句律文辞的推敲。释惠洪说：

> 唐僧多佳句，其琢句法，比物以意，而不指言某物，谓之象外句。如无可上人诗曰："听雨寒更尽，开门落叶深。"是以落叶比雨声也。又曰："微阳下乔木，远烧入秋山。"是以微阳比远烧也。①

"听雨"一联出《秋寄从兄贾岛》，全篇是：

> 暝虫喧暮色，默思坐西林。听雨寒更澈，开门落叶深。昔因京邑病，并起洞庭心。亦是吾兄事，迟回共至今。②

诗的前四句秋雨寒林，声情并茂，形容真切，以景物烘托出落寞寂寥情怀。又《同刘秀才宿见赠》：

> 浮云流水心，只是爱山林。共恨多年别，相逢一夜吟。既能持苦节，勿谓少知音。忆就西池宿，月圆松竹深。③

方回评论这首诗"中四句苦淡，末句脱洒高妙"④。无可善于用情景交融的手法描写"清苦"情境，正与他个人的生活体验有关，也是诗僧创作中颇具代表性的风格。

　　唐朝廷兴内道场，晚唐时期供奉内廷的僧人中有一批诗僧。身为僧人而专心于作诗已经很特殊，兼为御用诗人就更为特殊。这在历史上无论是对于佛门还是诗坛都是相当独特的现象。

　　供奉朝廷的广宣（生卒年不详）就是这种类型诗僧的代表。他是交州（今越南河内）人，贞元年间居蜀，与著名女诗人薛涛相唱和。元和年间（806—820）来到长安，初住大兴善寺，又诏住安国寺。他作为供奉僧人应制唱和，其后曾一度得罪遣归，直至文宗

---

① 《冷斋夜话》卷六。
② 《全唐诗》卷八一三，第 9152 页。
③ 同上卷八一四，第 9162 页。
④ 《瀛奎律髓》卷一五《暮夜类》。

(827—840 年在位)朝,长时期侍奉内廷。由于他的特殊地位,著名文人如元稹、刘禹锡、白居易、李益、张籍、雍陶等,甚至包括以反佛著名的韩愈等皆与之交游。他住在红楼院,因称"红楼广宣",集名称《红楼集》。今存他的作品基本是应制之作。如《驾幸天长寺应制》:

> 天界宜春赏,禅门不掩关。宸游双阙外,僧引百花间。车马喧长路,烟云净远山。观空复观俗,皇鉴此中闲。①

如此把佛教观念和词语用于歌功颂德之中,正显示他作为内廷供奉的御用性格。

晚唐作为内廷供奉的诗人还有栖白、子兰、可止、尚颜等。他们一身而兼有僧侣、诗人、朝廷侍从三种身份,又与世俗诗坛广有交往,创作中也有些可读的作品。这类人的存在作为佛门的特殊现象,典型地反映了当时僧团上层的御用性质,当然也可看作是唐代诗坛繁荣的一种体现。

唐末、五代在南方有更多的诗僧活动。这与乱世更多士大夫进入禅门有关系。他们大多与贯休、齐己有交谊,共同推动了丛林的创作风气。著名的有处默、修睦、虚中、栖蟾、可朋等。纵观他们的作品,虽然总体风格大体和当时一般文人接近,但无论是题材还是写法又都体现出鲜明的特点。基于清修生活的体验,他们自然善于描绘枯寂、脱俗的情境,抒写高蹈、超世的情怀;又由于他们云游四方,有机会较多接触和了解社会,又颇能写出反映民生疾苦的篇章;在写作手法上,他们或追求浅俗,这和禅宗的总体写作风格有关系,或追求奇僻,热衷"苦吟",也体现诗坛一时风气。他们的创作当然摆脱不了晚唐诗整体的衰飒趋势,但也不无艺术表现上具有特点的可读作品,作为当时诗坛创作成绩的一部分,在唐诗史上理应占有一席位置。

---

①《全唐诗》卷八二二,第 9270 页。

六

　　入宋以后,虽然佛教整个发展形势已渐趋式微,但就其对于文化诸领域的影响说,在许多方面却又有所深入。特别是居士佛教兴盛起来,僧人和文人阶层的交流更加密切,僧人中善诗的也仍然不少。当然无论从作品的思想内容和艺术成就看,还是从对于诗坛的影响看,这一代诗僧都不能和唐、五代同日而语了。一方面宋代以降,诗僧中再没有出现如皎然、贯休、齐己那样能够侧席于当代诗歌大家的杰出人物;另一方面这一阶段诗僧创作的更多是"文人之诗",已鲜有独创的特征。不过就具体诗僧的创作成绩而论,有些仍相当可观。特别由于能诗的僧人数量众多,而且他们几乎人人有集流传,其中出类拔萃者还是值得称道的。

　　宋初以诗名的九位僧人被概称"九僧",即淮南惠崇、剑南希昼、金华保暹、南越文兆、天台行肇、沃州简长、青城惟凤、江南宇昭、峨眉怀古,作品合集名《九僧诗集》。关于他们的创作成绩,欧阳修有一段评论:

　　　　国朝浮图,以诗名于世者九人,故时有集号《九僧诗》,今不复传矣。余少时闻人多称之。其一曰惠崇,余八人者,忘其名字也。余亦略记其诗,有云:"马放降来地,雕盘战后云。"又云:"春生桂岭外,人在海门西。"其佳句多类此。其集已亡,今人多不知有所谓九僧者矣,是可叹也! 当时有进士许洞者,善为词章,俊逸之士也。因会诸诗僧分题,出一纸,约曰:"不得犯此一字。"其字乃山、水、风、云、竹、石、花、草、雪、霜、星、月、禽、鸟之类,于是诸僧皆阁笔。洞咸平三年进士及第,时无名子嘲曰"张康浑裹马,许洞闹装妻"者是也。①

由这一则简短评论可知,到欧阳修活动的北宋中期,"九僧"已鲜为人知,而欧阳修是为之深表惋惜的;他只记得惠崇,在肯定惠崇诗的同时,又借许洞的逸事对一般僧诗的创作提出批评。司马光稍后写《续诗话》,提及欧阳修所说九僧诗亡佚事,说到"元丰元年(1078)秋,余游万安山玉泉寺,于进士闵交如舍得之",并列举出九僧名字,又评论其诗说"美者亦止于世人所称数联耳"②。欧阳修记得惠崇,也是因为他在九人中确是佼佼者。

惠崇生卒年不详,不但能诗,又多才多艺,以绘"惠崇小景"闻名。他的诗作表达放逸情致,幽而不僻,颇有意趣。如《访杨云卿淮上别墅》:

> 地近得频到,相携向野亭。河分岗势断,春入烧痕青。望久人收钓,吟余鹤振翎。不愁归路晚,明月上前汀。

这首五律,写访问友人别墅,移步换形,描绘出清净寂寥风光和自己的超逸情怀。方回曾评论说:"九僧之七惠崇最为高者。三四虽取前人二句合成此联,为人所诋,然善诗者能合二人之句为一联亦可也。"③这里三、四用唐人成句,司马光也曾提到:

> 惠崇诗有"剑静龙归匣,旗闲虎绕竿"。其尤自负者,有"河分冈势断,春入烧痕青"。时人或有讥其犯古者,嘲之:"河分冈势司空曙,春入烧痕刘长卿。不是师兄多犯古,古人诗句犯师兄。"④

这段话颇能指明惠崇创作特征:善于描绘琐细荒凉的景物,注重雕

①《六一诗话》,《历代诗话》上册第 266 页。
②《续温公诗话》,《历代诗话》上册第 280 页。
③《瀛奎律髓》卷四七《释梵类》。
④《温公续诗话》,《历代诗话》上册第 274 页。

琢字句,追求清幽冷僻的境界。而把古人两句诗镶嵌得如此妥帖,
恰如己出,也应当说是一种技巧。

　　晚唐僧诗,代表人物如贯休、齐己都倾慕、追摹姚合、贾岛等被
称为"武功诗派"在晚唐五代颇有影响的诗人。方回曾评价姚合
说:"姚之诗专在小结裹……又所用料不过花、竹、鹤、僧、琴、药、
茶、酒,于此几物,一步不可离,而气象小矣。"①这和前面欧阳修批
评九僧以后僧诗所写不离山、水、风、云等等看法类似,都是指出其
境界的偏枯窘窄。贾岛本人曾为僧,"武功诗派"诗人与佛门关系
十分密切,诗僧与他们在创作风格上相一致是有缘由的。但是,更
早的皎然也好,后来的贯休、齐己也好,都处在时代矛盾的漩涡之
中,因此又颇能感应时代脉搏,写出一些具有现实意义的作品。而
宋代的九僧及其以后的诗僧所处时代形势却不同了:社会相对安
定,佛教又已趋衰落,在宋王朝专制集权的庞大层叠的官僚架构之
下,僧人更被边缘化了。他们有条件度过优游自在的生活,感情上
则更为空洞、落寞了。因此写诗不能不刻意冥搜,力逞工巧,诗境
也不能不窘窄,主要是留连光景,描写琐细景物和闲适情怀。宋代
僧诗创作风格的这种转变,也形成一种传统,一直长久地影响到后
来。这就是所谓僧诗"多幽独衰病枯槁之辞"②,所谓"读书不多,故
变态少。观其体格,亦不过烟云、草树、山水、鸥鸟而已"③,所谓作
为僧诗特征必然带有"蔬笋气"④、"酸馅气"⑤,等等。

　　北宋最著名的诗僧当数道潜和惠洪。道潜(1043—1102),字

①《瀛奎律髓》卷一○《春日类》姚合《游春》批语。
②郑獬《文莹师诗集序》,《郧溪集》卷一四。
③葛立方《韵语阳秋》卷四,论祖可诗;《历代诗话》下册第514页。
④刘克庄《江西诗派小序》:"三僧……祖可煞读书,诗料多,无蔬笋气,僧中一
　角麟也。"《后村集》卷二四。
⑤杨慎《升庵诗话》卷一二:"僧皎然《冬日送客》:'平明走马上村桥,花落梅溪
　雪未消。日短天寒愁送客,楚山无限路迢迢。'无酸馅气,佳甚。"《历代诗话
　续编》中册第880页。

参寥,赐号总妙大师,居杭州智果寺。善诗文,为时推重,与诗人秦观、陈师道等文士交,与苏轼过从尤密。苏以抵触"新法"贬官,他也受到牵连,谪居兖州(今山东兖州)。直到建中靖国初年(1101)放还,至徽宗崇宁(1102—1106)末归老江湖。有《参寥子诗集》传世。他的诗风格多样,走的基本是高简闲淡一路,而特别工于描绘田园风光、自然景物,颇得陶渊明、储光羲神髓,构思精炼而含蓄,描写往往入微。他有《秋江》诗曰:"赤叶枫林落酒旗,白沙洲渚夕阳微。数声柔橹苍茫外,何处江村人夜归。"①又《东园》诗曰:"曲渚回塘谁与期,杖藜终日自忘机。隔林仿佛闻机杼,应有人家在翠微。"②惠洪《冷斋夜话》说:

> 道潜作诗追法渊明,其语逼真处:"数声柔橹苍茫外,何处江村人夜归。"又曰:"隔林仿佛闻机杼,知有人家住翠微。"时从东坡在黄州。京师士大夫以书抵坡曰:"闻公与诗僧相从,真东山胜游也。"坡以书示潜,诵前句,笑曰:"此吾师十四字师号耳。"③

又有《夏日龙井书事》四首著名,题下注:"呈辩才法师兼寄吴兴苏太守并秦少游,少游时在越"。纪昀评论说:"四诗皆音节高爽,无醒醍酸馅之气。"④如其二:

> 雨过千岩爽气新,孤怀入夜与谁邻? 风蝉故故频移树,山月时时自近人。礼乐汝其攻我短,形骸吾已付天真。露华渐冷飞蚊息,窗里吟灯亦可亲。⑤

这一首写杭州龙井夏夜景色,刻画景物,烘托感情,富于创意。又

---

①《参寥子诗集》卷一。
②《东园》三首之二,《参寥子诗集》卷二。
③《冷斋夜话》卷四。
④《瀛奎律髓》卷四七《释梵类》。
⑤《参寥子诗集》卷四。

《梅花寄汝阴苏太守》：

> 湖山摇落岁方悲，又见梅花破玉蕤。一树轻明侵晓岸，数枝清瘦耿疏篱。良辰易失空回首，习气难忘尚有诗。所向皆公旧题墨，肯辜鱼鸟却来期。①

方回解说此诗写作背景：

> 道潜师在西湖智果，八月，坡为贾易等所弹，出为龙学颍州，此诗其年冬所寄也。盖犹有望于坡之复来。绍圣元年甲戌，坡南行，而师亦下平江狱，屈其服编管邕州，谓之何哉！②

可见写梅是有所寄托的。从上面两首诗可见道潜与苏轼的交谊。

惠洪（？—1128），字觉范，学识、文才均秀出当时。他得到丞相，也是著名居士张商英的器重。张得罪，他受牵连流放崖州（今属海南）。放还后，又再次被诬入狱。他生平坎坷，但处之泰然，用心于文章，有《石门文字禅》、《冷斋夜话》、《天厨禁脔》等传世。论诗见解亦颇为可观。他的诗辞意挺秀，在当时诗坛上别具一格，如《上元宿百丈》：

> 上元独宿寒岩寺，卧看篝灯映薄纱。夜久雪猿啼岳顶，梦回清月在梅花。十分春瘦缘何事，一掬乡心未到家。却忆少年行乐处，软红香雾喷京华。③

黄庭坚谪宜州，过长沙，惠洪在湘西作此诗，写得深情绵渺。其中流露对俗情的眷恋，显然缺少僧诗应有的清雅，为人们所诟病。又《次韵谒子美祠堂》：

> 颠沛干戈际，心常系洛阳。爱君臣子分，倾日露葵芳。醉

①《参寥子诗集》卷七
②《瀛奎律髓》卷二〇《梅花类》。
③《石门文字禅》卷一〇。

> 眼盖千古,诗名动八荒。坏祠湘水上,烟树晚微茫。①

这是赞杜甫的,也表明自己虽处身方外,却仍怀抱着经世之志。这也是一般诗僧热衷结交士人的原因。又《早行》:

> 失枕惊先起,人家半梦中。闻鸡凭早晏,占斗辨西东。缕湿知行路,衣单怯晓风。秋阳弄光影,忽吐半林红。②

这样的作品则得自行脚体验,描摹人情物态颇能入微。

代表宋诗风格特征的是所谓"江西诗派"。被杨万里列名在这派诗人之中的有"三僧":如璧、善权和祖可。如璧,本名饶节,字德操。有《倚松老人集》。陆游说:

> 饶德操诗为近时僧中之冠。早有大志,既不遇,纵酒自晦,或数日不醒。醉时往往登屋危坐,浩歌恸哭,达旦乃下。③

从这段话,可见他当时在诗僧中的地位,亦可知他胸中郁积难消的垒块。他显然是仕途不得意而出家的。吕本中又说:"德操为僧后,诗更高妙,殆不可及。"④其《次韵答吕居仁》诗曰:

> 向来相许济时功,大似频婆饷远空。我已定交木上座,君犹求旧管城公。文章不疗百年老,世事能磨双颊红。好贷夜窗三十刻,胡床趺坐究幡风。⑤

这是规劝友人吕本中学道的,慨叹文章事功难以成就,还是去参悟风动幡动的禅机吧。全篇使典用事,新颖精密,正体现江西诗派的总体风格特征。同样如《题宗子赵明叔盘车图后》:

> 跌宕平生万里程,盘车一展老心惊。溪昏树暗牛争力,似

---

① ②《石门文字禅》卷九。
③《老学庵笔记》卷二。
④《紫微诗话》,《历代诗话》上册第363页。
⑤《倚松诗集》卷二。

听当年风雨声。①

这是通过描写老牛拉盘车（磨）的画面来隐喻人生，意味深长。

　　善权，字巽中，俗姓高，人物清癯，人目为瘦权。落拓嗜酒，有《真隐集》。善权五古自然闲淡。其《寄致虚兄》诗曰：

　　　　避寇经重险，怀君屡陟冈。空余接淅饭，无复宿春粮。衣袂饶霜露，柴荆足虎狼。春来何所恨，棣萼政含芳。②

《真隐集》里律诗仅三首，这一首内容写避寇寄兄，颇能得杜甫风神，只是缺乏杜甫的细润工致。他有些长篇颇为可读，如《王性之得李伯时所作归去来图并自书渊明词刻石于琢玉坊为赋长句》：

　　　　王郎言语妙天下，眉宇清扬聚风雅。道山延阁归有时，吐雾珠绡已无价。乃翁勋业谁与俦，惠爱宛同陈太丘。胡床夜据兴不浅，江波涨月明江楼。邺侯牙签三万轴，玉川五千贮枯腹。掌上双珠照户庭，人间爽气侵眉目。爱君羲、献来仍昆，草圣真行事逼真。是家此癖古不少，奇书异画元通神。龙眠解说无声句，时向烟云一倾吐。戏拈秃笔临冰纨，写出渊明赋归去。林端飞鸟倦知还，陌上征夫识前路。因君勒石柴桑里，便觉九原人可起。庐山未是长寂寥，挽著高风自君始。③

这首诗借题画行议论，运笔自如，波澜起伏，颇有气势。

　　祖可字正平，俗姓苏，葛立方介绍说：

　　　　伯固之子，养直之弟也。作诗多佳句。如《怀兰江》云"怀人更作梦千里，归思欲迷云一滩"，《赠端师》云"窗间一榻篆烟碧，门外四山秋叶红"等句，皆清新可喜。然读书不多，故变态

――――――――

① 《倚松诗集》卷二。
② 《瀛奎律髓》卷四七《释梵类》。
③ 《宋诗纪事》卷九二。

少。观其体格,亦不过烟云、草树、山水、鸥鸟而已。而徐师川作其诗引,乃谓自建安七子、南朝二谢、唐杜甫、韦应物、柳宗元、本朝王荆公、苏、黄妙处,皆心得神解,无乃过乎![1]

他住庐山,被恶疾,人号癞可,有《东溪集》、《瀑泉集》。《西清诗话》评论说:

> 可得之雄爽,权得之清淡。可诗如"清霜群木落,尽见西山秋",又"古口未斜日,数峰生夕阴",皆佳句也。[2]

他有《绝句》曰:

> 坐见茅斋一叶秋,小山丛桂鸟声幽。不知叠嶂夜来雨,清晓石楠花乱流。[3]

陈岩肖《庚溪诗话》谓此诗"能状霁后景物,语不凡也"[4]。又《秋屏阁》:

> 袖手章江净渺然,倚风残叶舞翩翩。霜鸥睡渚白胜雪,雾雨含沙轻若烟。杨柳一番南陌上,梅花三弄远云边。匣鸣双剑忽生兴,我欲因从东去船。[5]

这些诗都显示他的创作的清淡格调和琢词炼句功夫。

七

　　元代以后僧人能诗者更多。这与佛教的急遽"世俗化"有直接

①《韵语阳秋》卷四,《历代诗话》下册第514页。
②魏庆之《诗人玉屑》卷二〇《禅林》,第449—450页,古典文学出版社,1958年。
③⑤《宋诗纪事》卷九二。
④《历代诗话续编》上册第174页。

关系。可观者如元代的中峰明本、蒲室大欣,明代的楚石梵琦、天界宗泐、憨山德清,明末的戒显、澹归、担当、大错,清代的苍雪、天然、道忞木陈、觉浪道盛、戒庵、笠云、寄禅等人。这些人所处时代环境不同,生平境遇和思想观念亦异。有的是当代名僧,禅修之余,写诗遣怀;另一些则是地道的诗僧;还有些本是士大夫,由于时势变动逃禅,等等,因而具体人的创作内容与风格也多种多样。其中个别人的创作成绩比起同时某些著名诗人亦未遑多让,在诗坛上占有一定地位。

　　偈颂创作本来是禅门传统,写作禅偈也是禅宗学人的基本功。南宋已降,临济宗的"看话禅"盛行,"文字禅"形成一时潮流。丛林中人几乎人人有语录,颂古、提唱成为风气,上堂、示法往往是韵语、诗颂联翩,其表现形式与技法更已经和一般诗歌十分接近。宋末元初有高峰原妙(1238—1295)活动在江南,一门甚盛,弟子数百,受戒者数万,他正以"看话禅"名世。门下盛行诗颂创作,其成就最突出的是第一高足中峰明本。

　　明本(1263—1323),俗姓孙,号中峰(以住天目山中峰得名),钱塘(今浙江杭州)人。年轻时云游四方,随从者众,宰相大臣曾以五山主席交聘,俱力辞;延祐五年(1318)回到天目山。元仁宗欲召见阙廷,终不一至。死后谥号智觉,塔曰法云,有《中峰广录》三十卷。一时著名文人赵孟頫、冯子振皆与之交好。艺文监丞揭傒斯为《广录》作序,谓其提倡激扬,如四渎百川,千盘万转,冲山激石,鲸吞龙变,不归于海不已,其大机大用,见于文字有如此者。中锋屡辞名山,屏迹自放,时或住一船,或偶居城隅土屋。若入山脱笠,即束茅而栖,俱名曰"幻住",因自作《幻住庵记》。名作有"四居"诗,即《船居十首己酉舟中作》、《山居十首六安山中作》、《水居六首东海州作》、《廛居十首汴梁作》,皆为避地时所作,写景述情,妙句联翩。如《船居》之一:

　　　　一瓶一钵寓轻舟,溪北溪南自去留。几逐断云藏野壑,或

因明月过沧洲。世波汩汩难同辙,人海滔滔孰共流。日暮水
天同一色,且将移泊古滩头。

又《山居》之一:

> 头陀真趣在山林,世上谁人识此心? 火宿篆盘烟寂寂,云
> 开窗槛月沉沉。崖悬有轴长生画,瀑响无弦太古琴。不假修
> 治常具足,未知归者谩追寻。[1]

如此抒写自己闲云野鹤情怀,对于汩没在名利纷争中的生活表达
鄙弃。它如《船居》的“随情系缆招明月,取性推蓬看远山”,“主张
风月蓬三叶,弹压江湖橹一寻”;《山居》的“雪涧有声泉眼活,雨崖
无路藓痕深”,“偷果黄猿摇绿树,衔花白鹿卧青莎”,“白发不因栽
后出,青山何待买方归”;《水居》的“波底月明天不夜,炉中烟透室
长春”;《廛居》的“锦街破晓鸣金镫,绣巷迎猿拥翠钿”,“月印前街
连后巷,茶呼连舍与西邻”,“玩月楼高门巷永,卖花声密市桥多”,
如此等等,并颇有意趣,精美可读。又《省庵》诗:

> 一声幽鸟到窗前,白发老僧惊昼眠。走下竹床开两眼,方
> 知屋外有青天。[2]

又有《田歌(留天童寺作)》诗:

> 村南村北春水鸣,村村布谷催春耕。手捧饭盂向天祝,明
> 日插秧还我晴。[3]

明本继承临济传统,提倡“看话禅”,反对机锋、棒喝之类狂放作风,
这大有助于他的诗歌创作。像上面两首小诗,都清新自然,禅意盎
然,韵味特别深长。他又有《梅花百咏和冯学士海粟作》,在古今众

---

[1]顾嗣立《元诗选》二集卷二六,第 5 册第 1372、1373 页,中华书局,1987 年。
[2]同上第 1376 页。
[3]同上第 1381 页。

多的咏梅诗里也算杰出的作品,其中之一:

> 横影伶仃似有神,半清浅处独呈真。数枝冲澹晚唐句,一
> 种孤高东晋人。上苑清房谁耐雪,庐山玉峡肯蒙尘。是中天
> 趣那能识,惜被东风漏泄春。[①]

他的声望、影响不能不引起朝廷的重视。当然还有他作为宗教领
袖的吸引力。俗弟子中包括宰相脱欢、丞相别不花等王公贵胄。
担任江浙儒学提举的赵孟頫专程叩问心要,拜翰林学士后更曾遣
问《金刚经》大义,他作《略义》一卷为答。他作为禅宗学人,主张妙
悟本心,又把见性的唯心净土和净土宗的极乐净土等同起来,把参
禅和念佛统一起来。他著名的一句话是:

> 禅者净土之禅。净土者禅之净土。[②]

他又说:

> 殊不知参禅要了生死,而念佛亦要了生死。原夫生死无
> 根,由迷本性而生焉。若洞见本性,则生死不待荡而遣矣。生
> 死既遣,则禅云乎哉? 净土云乎哉?[③]

他曾作《劝修净土偈》一百零八首。"禅、净合一"成为元代汉传佛
教的强大潮流,中峰一系学人起了很大作用。武宗至大元年
(1308),在藩的仁宗赐给他"法慧禅师"尊号;延祐三年(1316),仁
宗又赐给他"佛慈圆照广慧禅师"尊号,并赐锦襕袈裟,升所住天目
山狮子禅院为狮子正宗禅寺,御赐匾额,诏翰林学士撰写《敕建西
天目山狮子正宗禅寺碑记》。至治二年(1322)英宗特旨降香,再赐
金襕袈裟,诏行宣政院使张闾诣山宣喻恩意。祖顺说到他的声望、
影响:

---

① 《元诗选》二集卷二六,第 5 册第 1377 页。
② 蕅益《净土疑辨》,《大正藏》第 47 卷第 420 页上。
③ 《天目中峰和尚广录》卷五下。

　　　　道德所被,上自天子,万里延慕,屡欲召至阙庭,而卒莫之
　　　能致也;王公大人,北面事师而向道者,倾动一世;下逮屠沽、
　　　负贩、优伶、工伎、厮舆、暴悍之徒。师一真慈相,与随宜说法,
　　　未尝以高下贵贱而尊易诮渎之也。得师半偈,不啻重宝,或藏
　　　师所剃发,辄产舍利。有疑谤者,一接言容,无不迁善,为师外
　　　护。远至西域、北庭、东夷、南诏,接踵来见。[1]

实际上,朝廷的礼重也是造成他巨大名声的重要因素,当然也扩大
了他在诗坛上的影响。

　　元代有所谓"诗禅三隐",即天隐圆至、笑隐大䜣、觉隐本诚。
其中以大䜣更著名,艺术成就亦较高。大䜣(1284—1344),字笑
隐,江州(今江西九江)陈氏子,家世业儒,去而学佛。是晦机元熙
弟子,随侍师傅于杭州净慈寺,先后住湖州乌回寺和杭州大报国
寺,泰定二年(1325)应丞相欢脱之请,移住杭州中天竺,僧徒相从
者千辈。天历元年(1328),文宗诏改金陵潜邸为大龙翔集庆寺,勒
冠五山之上,遴选笑隐为开山第一代住持,赐号广智全悟大禅师。
顺帝继位后,优渥更逾于前朝,加赐释教宗主兼领五山寺号,敕外
台护视,俾安居终老。他身在佛门,志在庙堂,是典型的僧官。这
也是中国佛教史上相当普遍的现象。所著有《蒲室集》十五卷,虞
集为作序;赵孟頫、袁桷等人皆委心纳交;死后黄溍为《塔铭》。写
诗多应酬之作,但有些颇具气势,一变南宋末年疲弱诗风。如《月
支王头饮器歌》:

　　　　呼韩款塞称藩臣,已知绝漠无王庭。驰突犹夸汉使者,纵
　　　马夜出居延城。我有饮器非饮酒,开函视之万鬼走。世世无
　　　忘冒顿功,月支强王头在手。帐下朔风吹酒寒,凝酥点血红烂
　　　斑。想见长缨系马上,髑髅见血如奔湍。手麾欲回斗杓转,河

----

[1]《元故天目山佛慈圆照广慧禅师中峰和尚行录》。

决昆仑注尊满。酒酣剑吼浮云悲,使者辞欢归就馆。古称尊俎备献酬,孰知盟誓生戈矛。斩取楼兰县汉阙,功臣犹数义阳侯。①

这里歌颂汉将军卫青经营西域的武功,慷慨激昂,意气昂扬。大欣特善歌行,以磊落长句抒写怀抱,又如《太白观瀑布图》:

我本白云人,见山每回首。披图得松泉,感我尘埃久。我家只在九江口,从此扁舟到牛斗。翻愁天上银涛堆,石转云崩万雷吼。水行地底不上天,龙泓岂与沧溟连。风叶无声飞鸟绝,月光云影天茫然。丈人何来自空谷,谪仙招隐当不辱。林梢喷雪舞飞华,尚想随风唾珠玉。马首青山如唤人,归来好及松华春。泉香入新酿,解公头上巾。今者孰不乐,荒坟委荆榛。遂令画师意,万古留酸辛。酸辛复何益,东海飞红尘。②

这是一首题画诗,假画中人物抒写感慨,笔致豪放,颇得几分李白风神。又《骏马图》:

世无伯乐亦久矣,骏马何由千里至。披图犹似得权奇,岂伊画师知马意。何人致此铁色骊,悬毛绕腹新凿蹄。帝闲远谪天驷下,驰来月窟浮云低。古王有土数千里,八极周游宁用尔。方今万国效奔命,合遣龙媒献天子。飙驰电没争辟易,万里所向无前敌。男儿马上定乾坤,腐儒诗书果何益。几愁骨折青海烟,黄沙野血穿庐前。幸逢好事写真传,似向长鸣谁与怜。嗟我身如倦飞鸟,十年茧足愁山川。安得千金购神骏,揽辔欲尽东南天。③

像这样的作品,讴歌"万国效命",赞叹"周游八极",显然有当时大

---

① 《元诗选》初集卷六七,第 3 册第 2484—2485 页。
② 同上第 2485 页。
③ 同上第 2486 页。

蒙古国西征的武功为背景。而致慨"世无伯乐",希望自己有机会
纵马揽辔,则不合他出家人的身份地位了。但正因为他没有忘却
世情,才能够写出这类值得一读的作品。

清珙(1272—1352),字石屋,常熟温氏子。亦出高峰门下,与
明本为师兄弟,退居雪溪之西曰天湖,吟讽其间以自适。所作名
《山居稿》。代表作《山居吟》五十六首,自说是"山林多暇,瞌睡之
余,偶成偈语自娱",这是些相当精致的抒情小诗,如:

> 满山笋蕨满园茶,一树红花间白花。大抵四时春最好,就
> 中尤好是山家。

> 茅屋低低三两间,团团环绕尽青山。竹床不许闲云宿,日
> 未斜时便掩关。

> 独坐穷心寂杳冥,个中无法可当情。西风吹尽拥门叶,留
> 得空阶与月明。①

这些称得上"清词丽句",是情真意切的七言绝句。又组诗《闲咏》,
录三首:

> 柴门虽设未尝关,闲看幽禽自往还。尺璧易求千丈石,黄
> 金难买一生闲。雪消晓嶂闻寒瀑,叶落秋林见远山。古柏烟
> 销清昼永,是非不到白云间。

> 优游静坐野僧家,饮啄随缘度岁华。翠竹黄花闲意思,白
> 云流水淡生涯。石头莫认山中虎,弓影休疑盏里蛇。林下不
> 知尘世事,夕阳长见送归鸦。

> 历遍乾坤没处寻,偶然来住此山林。茅庵高插云霄碧,薜
> 径斜过竹树深。人为名利惊宠辱,我因禅寂老光阴。苍松怪
> 石无人识,犹更将心去觅心。②

---

① 《元诗选》初集卷六八,第3册第2504页。
② 同上第2502页—2503页。

这里当作"偈语"写作的乃是格律精严的七言律诗；比起前述七绝，多有雕凿痕，但写景述情，字里行间显现浓郁的诗情。清珙意在写作诗偈，表露禅机，而作抒情诗看，抒写隐居求道、优游闲适的情趣，隐含着深刻的人生哲理。

大圭，号梦观，字恒白，有《梦观集》。为文简严古雅，诗作尤有致。晋江（今福建晋江）有金钗山，所作《募修石塔疏》云："山势抱金钗，耸一柱擎天之雄观；地灵偵玉几，睹六龙回日之高标"，作为名句，一时传诵。其诗颇能表现民间疾苦，如《筑城曲》：

> 筑城筑城胡为哉？使君日夜忧贼来。贼来犹隔三百里，
> 长驱南下无一跬。吏胥督役星火催，万杵哀哀亘云起。贼来
> 不来城且成，城下人语连哭声。官言有钱雇汝筑，钱出自我无
> 聊生。收取人心养民力，万一犹能当盗贼。不然共守城者谁？
> 解体一朝救何得。吾闻金汤生祸枢，为国不在城有无。君不
> 见泉州闭门不纳宋天子，当时有城乃如此。①

元朝末年，"盗贼"蜂起，这里写官府不恤民命，筑城避寇，实则是官逼民反。此外还有《夜闻水车》、《僧兵守城行》等，内容与风格类似。四库馆臣评论说："其诗气骨磊落，无元代纤秾之习，亦无宋末江湖蔬笋之气，吴鉴原序称其华实相副，词达而意到，不雕镂而工，去纂组而丽，屏耘耡而秀，虽朋友推奖之词，然核以所作，亦不尽出于溢美。"②这是一位颇为关心民间疾苦的僧人。

值得一提的还有元叟行端，有《寒拾里人稿》，其中《拟寒山诗四十一首》，传颂丛林。如：

> 权门有贪恨，掠脂又剥肉。一己我喜欢，千家尽啼哭。溢
> 窖堆金银，盈箱叠珠玉。只知丹其毂，不知赤其族。

---

①《元诗选》二集卷二六，第 5 册第 1396 页。
②《四库全书总目》卷一六七《集部·别集类二〇》，下册第 1450 页。

　　　　城中一少年，容貌如神仙。身披火浣服，手把珊瑚鞭。常
　　骑紫骝马，醉倒春风前。三日不相见，闻说归黄泉。

　　　　近来林下人，多学尘中客。养妇兼养儿，买田复买宅。善
　　果无二三，恶因有千百。他日阎王前，恐难逭其责。①

这样的作品言辞之犀利，感情之激愤，都确能得寒山诗的神似。历
代僧、俗拟寒山诗的作者颇多，但如此得其神似的并不多见。

　　元代国祚短促，但诗僧的成就却相当可观。这也是因为当时
汉族士大夫受到压抑，逃禅出家者众，其中有一部分能诗者。这样
在元代诗坛上，诗僧的创作就颇显光彩。

八

　　明初名僧梵琦（1296—1370），字楚石，象山（今浙江象山）人，
居海盐（今浙江海盐）天宁寺，属临济宗。历住杭州、嘉兴等地大
寺，受到元、明两代帝王礼重。明洪武（1368—1398）初年朝廷两度
大做法事，均由他主持，称"国初第一宗师"。他善诗颂，对一代诗
坛风气颇有影响。朱彝尊说：

　　　　楚石僧中龙象，笔有慧刃，《净土诗》累百，可以无讥。和
　　寒山、拾得、丰干韵，亦属游戏。读其《北游》一集，风土物候，
　　毕写无遗，志在新奇，初无定则。假令唐代缁流见之，犹当瞠
　　乎退舍，矧癫可、瘦权辈乎？愚庵智及挽章云："麻鞋直上黄金
　　殿，铁锡时敲白下门。"诵之足以豪矣。②

---

①《元叟行端禅师语录》卷六，《续藏经》第 71 卷第 537 页中—下。
②姚祖恩编《静志居诗话》卷二三，下册第 733 页，黄君坦点校，人民文学出版
　　社，1998 年。

这里所说的《北游》一集，是他在元末的作品。其《漠北怀古》十首组诗之二：

> 旷野多遗骨，前朝数用兵。烽连都护府，栅绕可敦城。健鹘云间落，妖狐塞下鸣。却因班定远，牵动故乡情。
>
> 北入穷荒野，人如旷古时。天山新有作，耶律晚能诗。地坼河流大，风高月上迟。自言羊可种，不信茧成丝。[1]

这组诗是早年北游所作，是"风土物候，毕写无遗，志在新奇，初无定则"的典型作品。同时还有《居庸关》：

> 天畔浮云云表峰，北游奇险见居庸。立排剑戟三千士，门掩山河百二重。渠答自今收战马，兜铃无复置边烽。上都避暑频来往，飞鸟犹能识衮龙。[2]

这样的作品也写得意气豪放，慷慨苍凉。入明，他成了御用名僧，也就难以写出这样抒写真情实感的篇章了。他的名作还有《晓过西湖》：

> 船上见月如可呼，爱之且复留斯须。青山倒影水连郭，白藕作花香满湖。仙林寺远钟已动，灵隐塔高灯欲无。西风吹人不得寐，坐听鱼蟹翻菰蒲。[3]

沈德潜评论说："释子诗取无蔬笋气者，寥寥数章，已尽其概。"[4]

又一位明初名僧宗泐（1318—1391），字季潭，号全室，天台宗人。住持径山，为第五十五代，有"昏途慧炬"之称。洪武初举高行沙门居首，十年（1377）被遣往西域求遗经，十五年返回，命住金陵天界寺，掌理天下僧教。有《全室集》。朱彝尊记述其后期事迹说：

---

① 《明诗综》卷八九。
② 钱谦益《列朝诗集·闰集》卷一，《续修四库全书》本。
③ 《明诗综》卷八九。
④ 沈德潜《明诗别裁》卷一二。

　　洪武十四年六月,开设僧录司,掌天下释教事,曰善世,曰阐教,曰讲经,曰觉义,左右各一员。府设僧纲司、都纲,有副。州设僧正司、僧正,县设僧会司、僧会。明年四月,以戒资为左善世,宗泐为右善世……来复为左觉义……先是九年春,孝陵幸天界,泐公主持斯寺,赏其识儒书,知礼义,命蓄髭发,发长数寸矣。欲授以官,固辞。帝亲作《免官说》。时宋学士景濂好佛,帝目为宋和尚;泐公好儒,帝呼以泐秀才。尝奉诏制赞佛乐章,帝嘉叹,赐和平日所作诗。晚奉旨佚老,归奉阳之槎峰。帝降书曰:"寂寞观明月,逍遥对白云。汝其往哉!"其后僧智聪坐胡惟庸党,词连泐及来复,谓"泐西域取经,惟庸令说土番举兵为外应",有司奏当大辟,诏免死。孝陵御颁《清教录》,僧徒坐胡党者六十四人,咸服上刑,唯泐得宥,盖受主知者深矣。止庵读其《西游集》,赋诗云:"一字一寸珠,一言一尺玉。"其推重若此。[1]

四库馆臣评其诗:

　　宗泐虽托迹缁流,而笃好儒术,故其诗风骨高骞,可抗行于作者之间。徐一夔作是集序,称其如霜晨老鹤,声闻九皋,清庙朱弦,曲终三叹,彷佛近之。皎然、齐己,固未易言,要不在契嵩、惠洪下。[2]

宗泐诗多语近情遥,意味深长。如《江南曲》:

　　泛舟出晴溪,溪回抱山转。欲采芙蓉花,亭亭秋水远。心非樯上帆,随风岂舒卷。但得红芳迟,何辞岁年晚。[3]

这首诗写得清新婉约,流露出的对于美好事物的赏爱和追求,正是

---

①《静志居诗话》卷二三,第734页。
②《四库全书总目》卷一七〇《集部·别集类二二》,下册第1479页。
③《全室外集》卷二。

其人格的表露。而如《采芹》：

> 深渚芹生密，浅渚芹生稀。采稀不濡足，采密畏沾衣。凌
> 晨携筐去，及午行歌归。道逢李将军，驰兽春乘肥。[1]

这里是以比兴手法抒写所谓"献芹"之志，表明作者虽然出家弃世，却未能忘情世事，而最后一结，讽刺权豪庸腐，更具深意。又《登相国寺楼》：

> 冬日大梁城，郊原四望平。云开太行碧，霜落蔡河清。欲
> 问征西路，兼怀吊古情。夷门名尚在，无处觅侯嬴。[2]

这是登北宋京城汴梁（今河南开封）相国寺楼的抒情怀古之作，境界开阔，结句更寄托遥深。

来复（1315—1391），字见心，号竺昙叟。洪武初，曾召见京师，在蒋山法会说法，得到明太祖朱元璋的器重，授左觉义。他又通儒术，善诗文，诗亦受到朱元璋的称赞，创作与宗泐齐名于朝，亦得到宋濂等人的赞许。有《蒲庵》、《淡游》二集。他早年与元代著名文人虞集等交游，本是典型的诗僧，杨士奇评论说："复公丰腴条邑，中朝大夫士多推让，而求者日接踵户限。"[3]他善近体，如《游石湖兰若二首》：

> 荷花荡西湖水深，上有兰若当高岑。客吟时见猿鸟下，僧
> 定不闻钟磬音。雨香秋林橘子熟，云落空碉棠梨阴。闲来扫
> 石坐竹里，静与山人论素心。
>
> 五龙之峰云作屏，双崖削出芙蓉青。何人碉里拾瑶草，有
> 客松间寻茯苓。林风不惊虎卧石，山雨忽来龙听经。吴王台

---

①《全室外集》卷三。
②同上卷五。
③《东里集续集》卷二三。

榭今寂寞,秋香薛荔花冥冥。①

这样的诗锻炼字句,造境奇僻,写无人之境,抒超逸之情,颇显格调
高古。又《西湖杂诗三首》中两首:

> 宝网金幢变劫灰,瞿昙寺里尽蒿莱。鸟窠无树山夔泣,不
> 见谈禅太傅来。
> 荷锄耕叟饷蒸藜,家在官塘九曲西。白发强谈兵后事,眼
> 枯无泪向人啼。②

这是以短小篇幅描写元、明易代之际西湖乱后景象。前一首用鸟
窠禅师和白居易谈禅典故,描写寺院残毁破落;后一首写民间疾
困,感伤无限。来复的长歌也颇有气势,如《题庐山瀑布图》:

> 庐山瀑布天下闻,白河倒泻千丈云。长风吼石吹不断,一
> 洗浩劫消尘氛。我昔浔阳看五老,探湫直上青龙巘。六月飞
> 涛喷雨来,洒作冰花满晴昊。是时谪仙邀我锦叠屏,山瓢共酌
> 夸中澶。冷光直疑山骨裂,清味不作蛟涎腥。尔来漫游身已
> 倦,归老芝岩寄淮甸。枕流三峡杳莫期,高寒每向图中见。可
> 怜问津之子徒纷纭,高深谁得穷真源。大千溟渤敛一滴,污潢
> 绝港焉足论。我知山中有泉无,若此便欲临渊弄清泚。是非
> 不到烟萝关,两耳尘空何必洗。③

这是一首题画诗,利用夸张、想象笔法,把图画与实境、神游与怀古
结合起来,描绘出迷离倘恍的意境,抒写出豪壮的情思。他后来终
以文字罹祸,牵连进胡惟庸案,指为"吟诗含讽",被凌迟处死。

又守仁、德祥、宗衍等创作亦称可观。至明末,"四高僧"云栖
袾宏、紫柏真可、憨山德清、蕅益智旭都广交士人,具有相当广泛的

①《明诗综》卷八九。
②《古今禅藻集》卷二七。
③《御定历代题画诗类》卷二七。

社会声望,多有海内知名之士为俗弟子。如云栖袾宏门下有宋应昌、张元、冯梦祯、陶望龄等;紫柏真可门下有陆光祖、瞿汝稷、王肯堂等,著名戏曲家汤显祖亦曾从之受记;憨山德清门下有汪德玉、吴应宾、钱谦益、董其昌等。他们本人禅、讲之余,也写作诗文,成就突出的当数德清。

德清(1546—1623),俗姓蔡,安徽全椒(今安徽全椒)人,临济宗人。年轻时云游四方,广有声誉;万历年间,住东海崂山(今山东青岛);二十三年(1595),明神宗不满于皇太后佛事糜费,迁罪于他,充军雷州(今广东雷州),至四十二年始遇赦复僧服,后示寂于曹溪。他学养甚高,论学、论诗均有精到语,如说:

> 尝言为学有三要:所谓不知《春秋》,不能涉世;不精《老》、《庄》,不能忘世;不参禅,不能出世。此三者,经世、出世之学备矣。①

这可见他统合三教的立场。又论诗说:

> 昔人论诗,皆以禅比之。殊不知诗乃真禅也。陶靖节云:"采菊东篱下……"此等语句,把作诗看,犹乎蒙童读"上大人丘乙己"也。唐人独李太白语,自造玄妙,在不知禅而能道耳。若王维多佛语,后人争夸善禅。要之,岂非禅耶? 特文字禅耳。非若陶、李造乎文字之外。②

这里表达关于诗、禅关系的看法,颇有见地。他的诗也颇有可读篇章。如《将之南岳留别岭南法社诸子十首》的最后三首:

> 时把纶竿见素心,《竹枝》唱罢几知音。扁舟归去霜天夜,明月芦花何处寻。

> 寒空历历雁声孤,踪迹从今落五湖。无限烟波寄愁思,片

---

① 《学要》,《憨山老人梦游集》卷三九,《续藏经》第 73 册第 746 页中。
② 《杂说》,《憨山老人梦游集》卷三九,《续藏经》第 73 册第 745 页下。

帆天际是归途。

> 为法宁辞道路赊，岂云瘴海是天涯。频将一滴曹溪水，灌溉西来五叶花。①

这样的作品禅情、诗意相交织，抒写云游四方的心境，真诚求道的坚定意志、超然物外的洒脱情怀溢于言表。他又有《山居诗六言》二十首，下面是第一、四两首：

> 松下数椽茅屋，眼前四面青山。日月升沉不住，白云来去常闲。
>
> 一片寒心雪夜，数声破梦霜钟。炉内香销宿火，窗前月上孤峰。②

这里只是以简括笔墨，质朴地勾画出眼前景致，把安闲自如的心境发露无余。他南贬雷州，有《从军诗》十七首，作引曰：

> 余以弘法罹难，蒙恩发遣雷阳，丙申春二月入五羊，三月十日抵戍所。时值其地饥且疠，已三岁矣。经年不雨，道殣相望，兵戈满眼，疫气横发，死伤蔽野，悲惨之状，甚不可言。余经行途中，触目兴怀，偶成五言律诗若干首。久耽枯寂，不亲笔砚，其辞鄙俚，殊不成章，而情境逼真，谅非绮语，聊纪一时之事云。

从这篇引，可以看出他感时伤世的情怀。下面是其中的第三、十一两首：

> 旧说雷阳道，今过电白西。万山岚气合，一锡瘴烟迷。末路随蓬累，残生信马蹄。那堪深树里，处处鹧鸪啼。
>
> 旅宿悲寒食，兵戈老岁年。身经九死后，心是未生前。北

---

① 《憨山老人梦游集》卷三八，《续藏经》第 73 册第 738 页上。
② 同上卷四九，《续藏经》第 73 册第 801 页上—中。

伐思山甫,南征忆马渊。梅花何处笛,听彻不成眠。①

这就把含冤负累、奔走长途的凄凉,身经动乱、九死一生的感慨,通过鲜明的景致抒写出来。

论及明清易代之际士大夫的归佛逃禅,钱锺书引用柳宗元的文章说:

> 柳宗元《送玄举归幽泉寺序》:"佛之道大而多容。凡有志乎物外而耻制于世者,则思入焉。故有貌而不心,名而异行,刚狷以离偶,纤舒以纵独,其族类不一,而皆童发毁服以游于世。其孰能知之!"柳语犹为无事平世而发,至夷夏鼎革之交,若明与清之递代,则"有志而耻制于世"者,投佛门"以游于世",更可揣而知矣。②

在乱世里,方外之人被裹挟在变乱之中。诗僧中亦多有性情中人,慷慨咏怀,抒写兴亡之感。最为杰出者当数读彻苍雪和椒庵担当。

苍雪(1588—1656),名读彻,云南人。出家于鸡足山,万里巡游,住吴(今江苏苏州)之中峰。江南本来是文人荟萃之地,南明王朝时期这里曾一度成为抗清复明斗争的中心。清室定鼎北京之后,有许多前朝遗民汇集在这里。与苍雪交谊深厚的有钱谦益、吴伟业、毛子晋、陈继儒、朱彝尊、姚希孟、朱鹤龄等,这些都是当代著名人物。

苍雪的诗"气盛骨劲,想幽语隽"③。王渔洋评论说:

> 南来苍雪法师名读澈,居吴之中峰,常夜读《楞严》,明月如水,忽语侍者:庭心有万历大钱一枚,可往捡取。视之果然。

①《憨山老人梦游集》卷四七,《续藏经》第73册第791页下－792页上。
②《管锥编》第4册第1267页。
③陆汾《南来堂诗集序》。

师贯穿教典,尤以诗名,尝有句云:"斜枝不碍经行路,落叶全埋入定身。""一夜花开湖上路,半春家在雪山中。"此类甚多。己未二月,师弟子秋皋过访,说此。秋皋有句云:"鸟啼残雪树,人语夕阳山。"亦有家法。①

这里所引的第二首诗《别九玉徐公订铁山看梅》全篇是:

> 我欲求闲不得闲,君诗删过又重删。灯前预订看梅约,岁暮遥怜破冻还。一夜花开湖上路,半春家在雪中山。停舟记取溪桥外,望见茅庵直叩关。②

这篇作品典型地体现了苍雪的风格:格律工稳,语丽情深,余意无限。

中年以后的苍雪声名籍甚,在教内外已有相当崇高的地位。但他一直不忘民生疾苦,抒写民隐的诗写得情真语切。如《杂木林百八首》中的三首:

> 青天犬吠云,白日花无语。农心那得月,偿租似求雨。
> 今秋山下田,莫问收几许。愁课不愁饥,那得上仓米。
> 斗水卖十钱,掘井深何底。而我山中人,犹幸富于此。③

这是描写大旱之年农民无以为生的苦况的。又《赠蜀僧挝鼓篇》:

> 打鼓发船船下滩,滩回石转几千盘。掉头拨尾鼓为令,尔自蜀来非所难。轻衫短袖单搭帽,腰系丝绦三五道。势如擒虎不放松,初下一椎惊铁跑。一椎渐急一椎催,骤雨狂风大作雷。天门豁达三十六,古宫铁树顿花开。腕无力兮心亦苦,宫商变尽声凄楚。满座闻之涕泪哼,不见祢衡三挝鼓。④

---

① 王士禛《带经堂诗话》卷二〇《禅林类》,下册第580页,张宗柟纂集,夏闳点校,人民文学出版社,1963年。
②《南来堂诗集》卷三上,姚子甫校印本,1940年。
③ 同上卷四。
④ 同上卷一。

这是描写长江上纤夫生活的,得自他的出川见闻,由此可见他民胞物与的情怀。苍雪生逢明清易代之际,对王朝末代的痛惜,鼎革后的故国情思,使他感时伤世,在作品里都有十分痛切的表现。这与当时遗民间的抗清思潮相呼应,成为他诗作里最激动人心的部分之一。其中最著名的是《金陵怀古四首》:

> 倚楼何处听吹笙,二十四桥空月明。岸断青山京口渡,江翻白浪石头城。长生古殿今安在? 饿死荒台枉受名。最是劳劳亭上望,不堪衰柳动秋声。
>
> 天子何年下殿走,萧萧变起事先征。挺戈一卒当洪武,骂贼孤臣泣孝陵。青草天涯无限路,白头宫禁有归僧。乾坤莫大袈裟角,覆得云山到几层。
>
> 浪打山根断铁绳,降帆曾见出金陵。三军天堑如飞渡,六月江流忽冻冰。剪尺杖头悬宝志,山河掌上照图澄。可怜白帽逢人卖,道衍终是未了僧。
>
> 石头城下水淙淙,水绕江关合抱龙。六代萧条黄叶寺,五更风雨白门钟。凤凰已去台边树,燕子仍飞矶上峰。抔土当年谁敢盗,一朝伐尽孝陵松。①

这是用传统的怀古为题,写明初惠帝朱允炆和成祖朱棣争夺帝位之事,来寄托对于明室灭亡的感慨。因为明王朝本在金陵立国,南明王朝又在金陵败亡,影射意味就更为明显。第一首借咏南朝萧梁的败灭,以江山依旧表达世事变幻的悲哀,特别是用梁武帝"饿死台城"的典故,批判惠帝腐败无能而丧家灭国。第二首写燕王破金陵,惠帝君臣回天无力的境况。孝陵是明太祖朱元璋陵墓,在今南京东北钟山南。后来赵翼《过前明故宫基》诗曰:"孝陵灵爽如重过,应有沧桑涕泪流。"也是以哭孝陵来寄托明社既亡的悲哀的。

---

① 《南来堂诗集》卷三下。

第三首咏道衍事,道衍(1335—1418),俗名姚广孝,《明史》卷一四五有传,年十四度为僧,博学多才,能诗善画,元末兵乱,深自韬晦,参径山愚庵智及得法,洪武中,以宗泐之荐,随燕王赴北京,燕王起兵有天下,用力为多,论功居第一,赐复俗姓,复命蓄发。冠带而朝,退则缁衣,曾监修《太祖实录》,参与编纂《永乐大典》。这也切合作者自己僧人的身份。作者以道衍来表达自己始终未能忘记世情的感慨。第四首描写金陵一地时移世易的景象,结以明室的残破荒凉,抒写朝代更易的悲愤。这一组诗沉郁苍凉,慷慨凝重,历来受到推重。陈垣评论苍雪说:

> 僧能诗不奇,为当时僧中第一,或竟为当时诗中第一,则奇矣。[1]

担当(1593—1673),俗姓唐,名泰,字大来,法名普荷,号担当,云南晋宁人。幼承家学,工诗文;应举不第,遂无意仕进。中年归滇,居家养母。五十三岁参与滇南土司沙定州起兵反叛;沙定州败亡后出家,结茅于鸡足山。后来至清顺治十年(1653),南明永历帝入滇,他曾以云游为名,到保山一带寻找明军。后来南明朝廷灭亡,恢复之志破灭,仍回到鸡足蛰居,直至去世。他的诗生前编有《翛园集》八卷,存五十岁以前作品;又《橛庵草》七卷,存其后作品。今人编辑有《担当诗文全集》。他以僧人身份所作的诗编在后一部集子里。关于这部诗集的编选,他在序言里明确说过"有类偈颂者不入,有类《香奁》、诗余者不入,有悲歌慷慨、触时忌者不入,不啻十去其九矣"[2],表明言辞激烈的讽时刺世之作多已刊落。但实际上抒写国难家愁、表达高卧苍山、持守节操风范的感慨悲凉的篇章仍然保存不少。如《漫兴八首》第三、第八:

①《明季滇黔佛教考》卷三,第102页,中华书局,1962年。
②《担当诗文全集》第371页,余嘉华、杨开达点校,云南人民出版社、云南美术出版社,2003年。

　　　　韵高千古大王风,玩世居然亶不工。新旧河山天鼎革,羁
　　离日月我西东。监边不必逢杨亿,床下何妨拜德公。莫炉短
　　筇常矍铄,老僧原是布衣雄。

　　　　谁云太上无儿孙,即今有我血尚存。前三日非黄叔度,后
　　半生亦李长源。狂歌曾用铁为板,大隐不须柴作门。骨高若
　　问倔强处,携绿玉杖游昆仑。①

他有更多篇章是描绘自然风光、友朋赠答的,还有许多题画的作
品。担当本人亦善书画,后一类诗颇能反映当时艺坛风气,有些更
语多感慨,如《画梅二首》:

　　　　数椽残雪以为家,一领单衫度岁华。傲骨自无人敢屈,画
　　梅折断铁丫槎。

　　　　时危红紫炉天香,风雪癫狂莫可当。不是老夫挥铁爪,人
　　间谁信有春王。②

他的山水、咏物诗也颇有可读之作。如《山茶花》,这是云南山地常
见的风物,他寄托以深情:

　　　　滇南花事将茶谱,有色涂硃不羡香。象郡一团雕软珀,蛮
　　家几树茜枯霜。谁留习战丹旌影,化作烧空火齐光。草木岂
　　能无血性,也披赤胆觐春王。③

如此咏物,显然是在抒写怀抱。

　　担当早年诗作已经得到当代名公极高评价,如李维桢《儵园集
序》说:

　　　　子独能作开元、大历以前人语,清而不薄,婉而不伤,法古
　　而不袭迹,卑今而不吊诡,后来之彦,如子诗典雅温淳,指不数

─────────

①《担当诗文全集》第 219—220 页。
②同上第 342 页。
③同上第 237 页。

僂也……①

董其昌《鶺园集引》说：

> 读其诗，温淳典雅，不必赋《帝京》而有四杰之藻，不必赋
> 前后《出塞》而有少陵之法……②

龚锡瑞比较苍雪和担当的诗，则说：

> 二公旷世逸才，遭时之乱，沦落不偶，不得已而为僧，又不
> 得已而发之于诗歌。其拳拳忠爱之意，时时流露，即士大夫中
> 亦罕有其匹，何况衲子。读其诗，想见其人，大抵苍公学养尤
> 为纯粹，担公必是血性男子，故虽粗沙大石，不暇磨制，正不失
> 其天然之趣也。③

苍雪和担当都是有志于经世济民的士大夫，在明清易代之际都有
报国恢复之志，但时不我与，不得已而遁入佛门，在诗僧中是颇具
典型性的一类。

九

　　清代佛教进一步衰败不振。但"鸦片战争"之后，中华民族陷
于空前危机之中，佛教界的爱国、爱教之士也投身救亡图存的潮流
之中。他们多方为重新振兴佛教而努力，有些人从事诗文创作，也
取得一定成就。

　　近代诗僧中成就最为杰出的当属寄禅。寄禅（1852—1912），

---

①《担当诗文全集》第 3 页。
②同上第 5 页。
③《滇南诗略·担当诗跋》。

法名敬安,以字行,湘潭(今湖南湘潭)人。以参礼阿育王寺割臂燃指,自号"八指头陀"。后游江浙名蓝,声动四方。其诗才卓著,一时名流皆与往还。民元初,在上海设中华佛教总会,被选为会长。有《八指头陀诗集》等。他的诗不主故常,宗法六朝,追求风格的自然古朴;又规仿中唐姚合、贾岛,走枯淡一路。作品备受同时诸大家称许,谭嗣同称赞他的诗是"当代之秀"①。梁启超则说:

> 寄禅者,当世第一流诗僧,而笠云之徒也。诗曰:"每看大海苍茫月,却忆空林卧对时。忍别青山为世苦,醉游方外更谁期。浮生断梗皆无著,异国倾杯且莫辞。此地南来鸿雁少,天童消息待君知。""知君随意驾扁舟,不为求经只浪游。大海空烟亡国恨,一湖青草故乡愁。慈悲战国谁能信,老病同胞尚未瘳。此地从来非极乐,中原回首众生忧。"②

陈曾《读近人诗》曰:

> 为儒为佛两相宜,世外诗心辟一奇。如此才华销受得,宣尼不学学牟尼。③

寄禅诗多感慨伤时,如《郑州河决歌》:

> 呜呼圣人千载不复生,黄河之水何时清。浊浪排空倒山岳,须臾沦没七十城。蛟龙吐雾蔽天黑,不闻哭声闻水声。天子宵衣起长叹,诏起师臣出防捍。帑金万镒添洪流,黄河之工犹未半。精卫含愁河伯怒,桃花水讯益汗漫。明庭下诏罪有司,有司椎胸向天悲。吁嗟乎时事艰难乃如此,余独何心惜一

①《论艺绝句六篇》之三,蔡尚思等编《谭嗣同全集》(增订本)第77页,中华书局,1981年。

②《饮冰室诗话》第118—119页,人民文学出版社,1959年。

③郭绍虞等编《万首论诗绝句》第4册第1604页。

死。舍身愿入黄流中,抗涛速使河成功。①

这是写1887年黄河决口的惨状的。又《感怀叠前韵》二首之二:

> 我亦哀时客,事成有哭声。寒暄看世态,生死见交情。野鹤愁将侣,闲云悔入城。会须冥物我,妙善岂能名。②

如此短短的四十字,长歌当哭,极其真切沉痛。1898年作《书胡志学守戍牛庄战事后五绝句并序》,所写为甲午中日战争的牛庄之役:

> 胡君志学从左文襄,积功至守备,乙未牛庄之役,胡君负营主尸,力杀数贼,中炮折足,遂擒羁海城六月。和议成始还至上海,西人续以木足。戊戌秋,晤余长沙,出木足及身上枪痕以示,为之泣下,感为五绝句:

> 折足将军勇且豪,牛庄一战阵云高。前军已报元戎死,犹自单刀越贼濠。

> 海城六月久羁留,谁解南冠客思忧。夜半啾啾闻鬼语,一天霜月晒骷髅。

> 一纸官书到海滨,国仇未报耻休兵。回首部卒今何在,满目新坟是旧营。

> 收拾残旗入汉关,阴风吹雪满松山。路逢野老牵衣泣,不见长城匹马还。

> 弹铗归来旧业空,只留茅屋惹秋风。凄凉莫问军中事,身满枪痕无战功。③

牛庄失陷在1895年2月,当时湘军苦战,死伤近两千,日军进入牛庄后大肆杀掠。这首诗歌颂抗敌壮举和壮士失志的悲哀,慷慨苍凉。至辛亥革命前夜,国事艰危,作《杭州白衣寺苦雨不寐》诗:

---

①《八指头陀诗集》卷四。
②同上卷七。
③同上卷一〇。

> 谯楼鼓声咽,积雨暗重林。似洒天人泪,如伤佛祖心。潮横孤艇立,愁入一灯深。寂寂不成寐,神州恐陆沉。①

诗中抒写佛家的慈悲心肠,表现出深沉的忧患意识。在他圆寂之后,僧人大醒撰《题像》诗二首,描写八指头陀作为一代高僧悲天悯人情怀。其一曰:

> 吾爱头陀意,慈悲何太深。毫无私己处,惟有利人心。弘法宣禅偈,忧时作苦吟。那堪思往事,荆棘满丛林。②

近代佛门能诗者不少,如宗仰(1865—1921)、弘一(1880—1942)等不仅是一代佛门龙象,诗歌创作亦取得突出成绩。宗仰早年出家,遍游南北名山,后积极投身革命,曾任中国教育会会长,成立爱国学社,主编《苏报》。以《苏报》案亡命日本,结识孙中山,参加同盟会,后隐居山林,闭户读经。梁启超说:

> 宗仰上人,可谓我国佛教界中第一流人物也。常慕东僧月照之风,欲为祖国有所尽力。海内志士,皆以获闻说法为欣幸。吾友汤觉顿礼之归,呈三诗以表景仰,读之可以想见上人之道行矣。诗云:"不离佛法不离魔,出世还凭入世多。好是音云演真谛,八千里下泻黄河。""纵浪朱华道自存,心内渊渊有活源。六月霜飞冬自暖,一生从不异寒暄。""不言施报亦施报,不落言诠亦言诠。山僧自有山僧相,那得人间再与言。"觉顿之诗,亦渊渊有道心矣。上人固好为诗,诗肖其为人,屡见《诗界潮音集》中,自署乌目山僧者是也。③

弘一大师更才、艺双全,诗、书、画、乐无一不精,出家前已饮誉士林。进入佛门后精心修持,成为持律的典范。他力图振兴佛法,提

---

①章亚昕编著《八指头陀》第100页,中国文史出版社,1998年。
②《八指头陀》第44页。
③《饮冰室诗话》第45—46页。

倡"人间佛教",从事僧团教育事业,为民族复兴作出贡献。诗歌创作的成绩是他多方面文化活动的一个方面。

历代众多僧人从事诗歌创作,也从一个侧面显示了中国佛教关注人生、关注社会的弘通性格。僧人的诗作作为弘法的手段,扩大了佛教在世间的影响,更以其实绩丰富了历代诗坛,推动了儒、释间的交流,其意义和贡献是多方面的。源远流长、硕果累累的僧诗,无论在佛教史上还是在文学史上,都是值得重视的遗产;诗僧从事创作,作为中国佛教史上独具特色的现象,也是佛教文化高度发达的结晶的一部分。

第八章　唐、宋时期的禅文学

一

　　如上所述,中国佛教中禅宗的形成和发展,不仅是佛教史上的根本变革,同时也造成文化史包括文学史上一系列重大变化。特别是南宗禅在玄宗开元、天宝年间异军突起,文人士大夫习禅很快成为风潮。本书前面曾说过,南北朝时期是中国人宗教信仰最为热烈、诚挚的时代;同样可以说,唐代乃是中国历史上宗教在思想、文化领域最为普及、影响最为广泛、深入的时代。唐代宗教的这种鼎盛状态,也是南北朝时期合乎逻辑的发展。当信仰的热潮沉静下来之后,所积淀的文化优势就渐次发挥出来。唐代佛教对思想、文化领域的影响可以说是无所不在的。这一时期知识阶层的几乎所有的人,包括那些反佛的人,都以不同角度、不同方式从佛教那里接受滋养,取得借鉴。而当时佛教的影响主要来自禅宗。

　　唐代又是中国文学发展历史的一个高峰期。就禅宗的影响说,一方面它的以"明心见性"为核心的宗义被文人们普遍地亲近和认同,其思想内容、思维方式、表现方法等众多层面也广泛、深刻地影响文学创作。另一方面,禅宗自身不仅积极地借助文学形式和手段来表达、宣扬宗义,而且这种创作活动本身往往又成为禅修实践的重要方式。一代禅与文学的密切关系,正是禅宗富于人生实践性格的体现。而在文学与禅如此十分密切的相互影响、交流中,更极大地丰富了禅宗的文学性质,进而造成禅文学的兴盛。这种禅文学创作遂成为中国佛教文学中具有特色、成就十分突出的部分。

禅宗本是以和传统经教对立的面貌出现的,因而有所谓"不立文字,教外别传"之说。但历代禅师又制作出大量禅文献。这是"不立文字"的文字,是弘扬禅法的新经典。所谓"禅文学",可以有广义和狭义之分。广义的禅文学概指所有禅宗文献;狭义的禅文学则缩小范围,指以文学形式来表现禅宗宗义、抒写禅思的作品。这后一类作品在数量巨大的禅文献里占有相当大的比重,其主要体裁是偈颂和语录。它们随禅宗的历史发展而逐渐丰富与成熟。中、晚唐作为禅宗发展的高峰期,又成为禅文学最为兴盛、成就最为突出的时期。进入北宋,禅宗总体上逐步走向衰落,但仍有新的禅文献陆续被创造出来,禅文学的创作又发生新变,继续取得可观的成绩。就禅宗历史发展看,禅文学乃是禅宗在文学领域的实践成果,也从一个重要方面体现了禅宗的发展轨迹及其在文化上的成就和意义。

禅文学乃是典型的宗教文学,禅宗宗义决定了它的基本特征与发展趋势。

禅宗宗义的核心是所谓"见性"说,即众生自性清净,本来圆满具足;自见本性,直了成佛;只需"自身自性自度"①,不需向外驰求。这样,本来是宗教修持方法的禅在一定意义上就演变为人的精神体验和认识方法了。从而禅而至于非禅,即不再是本来意义的禅。文学是通过作者的主观来反映客观世界的;从根本上说是要表达

①郭朋《坛经校释》第44页。

个人心灵的认识和感受，即所谓言志缘情，"抒写性灵"。这样，禅自然而然地可以作为抒写内容，禅与文学从而也就相沟通了。

禅宗比起佛教其他学派、宗派来的一个重要特点，是更富于积极的入世精神和实践品格。禅师们常说"如人饮水，冷暖自知"①。对禅的体悟是一种"默契"，是任何其他人不可替代的。而另一方面，所谓"神通与妙用，运水与搬柴"，禅悟又落实在人生日用里，穿衣吃饭、扬眉瞬目都是禅。我们看禅籍上的记载，往往是过水、观花以至除草、摘菜、拾柴等实际作为成了悟道机缘。百丈怀海法嗣大慈寰中上堂示法说："说取一丈，不如行取一尺；说取一尺，不如行取一寸。"②这就直截了当地表明对于"行"的重视。雪峰义存门下保福从展说："举得一百个话，不如拣得一个话；拣得一百个话，不如道取一个话；道得一百个话，不如行取一个话。"③这里的"话"指"话头"，禅门里把古德的言句行事加以拣选，通过问答商量来体悟禅机。从展是说不论如何熟悉这些"话头"，都不如身体力行之。因而禅不在说，而在做。禅门中人对读经看教、墨守言句的做法大加抨击，有"承言者丧，滞句者迷"，"一句合头意，千载系驴橛"之类说法。这样禅宗就把信仰更密切地融入到生活之中。而生活本是文艺的源泉，禅从而必然更接近文学艺术。黑格尔曾说宗教与艺术这两种意识形态是最为接近的，这在禅宗表现得特别突出。

禅又体现出极其开放的创造精神。禅悟得自每个人的自心、个人的独特解会。禅宗本来是中土人士的创造，从内容到形式都已是截然不同于外来佛教的本土宗教。如前所述，中国佛教各宗派都到外来经论中寻求典据，但唯独禅宗却明目张胆地制作了自己的"经"——慧能的《坛经》，后来更用自宗的"祖师"取代了外来的佛、菩萨，用他们的语录、偈颂取代了翻译的千经万论。如果说

①希运《黄檗山断际禅师传心法要》，《大正藏》第 48 卷第 384 页上。
②《祖堂集》卷一七《大慈和尚》，第 741 页。
③同上卷一一《保福和尚》，第 506 页。

义学大师们还通过疏释经论的方式来阐发自己的学说,那么禅宗宗师的语录、偈颂则全然是个人的创造了,这样也就从根本上破除了外来翻译经典的羁束。早期禅宗还借四卷《楞伽》讲"如来禅","藉教悟宗";到中唐时期则改而讲"祖师禅",即放弃了印度佛教的宗祖而树立起中土自己的祖统,也就进一步摆脱了与所谓"教下"的联系。在禅门内部,较研习文句更注重师资传授,提倡学人超越师说,勇创新解。禅籍里记载百丈怀海的一句话:"见与师齐,减师半德;见过于师,方堪传授。"①纵观禅史,在在都显示出开放性和独创性的特征,从早期的"楞伽宗"到"南宗",再到"五家"、"七宗",新态百出,花样翻新,从观念到语言,从内容到方法,都在不断创出新局面。当然,具体创新的意义和价值应另做别论。文学本是心灵的创造,禅宗的这种创造性同样也是与文学艺术相通的。

与文学创作关系更为密切的是,禅宗宗义表现多使用文学的形象、象征手段。本来利用文学艺术手段来宣扬教理、教义乃是佛教的传统,在中国这样文学传统丰厚的国度这一传统更得到发扬,而到禅宗,这一传统则发挥得越加充分。就禅宗根本宗义说,求"见性",重"证悟",一般的讲经说法、疏释禅观的普通语言文字已显得乏力了。因而禅师们上堂、示法、斗机锋、说公案以及参访请益、问答商量等等,多使用形象的、象征的语言,创造出众多具有鲜明文学性的歌赞、偈颂、语录、灯录等等。这乃是"不立文字"的文字,是文学形式的禅,也是宣扬禅的文学作品。真正的禅在这些文字之中,又在它们之外。禅门经常用"指月"来做比喻。有僧问法眼:"指即不问,如何是月?"答说:"阿那个是汝不问底指?"又问:"月即不问,如何是指?"答曰:"月。"又问:"学人问指,和尚为甚么对月?"答说:"为汝问指。"又有僧问:"如何是第二月?"答说:"森罗

---

① 《五灯会元》卷三《马祖一禅师法嗣》,上册第 132 页。《祖堂集》卷七《岩头全 奯章》引作"智慧过师,方传师教;智慧若与师齐,他后恐减师德",第 342 页。

万象。"又问:"如何是第一月?"又答:"森罗万象。"①这些问答表明,指月的"指"和被指的"月"是一而二、二而一的,作为语言文字的"指"只是具象,只是象征。顾随说:

> 禅者何?创造是。禅者何?象征是。何以谓之创造?试看作家为人,纵然千言万语,比及要紧关头,无一个不是戛然而止,一任学人自己疑去悟去,死去活去……何以谓之象征?祖师开口无一句一字不是包八荒而铄四天,决不是字句所能限。所以者何?象征也。是故棒不可作棒会,骂不可作骂会,一喝亦且不可作一喝会。遗貌取神,正复大类屈子《离骚》之美人香草,若其言近而指远,语短而心长,且又过之。②

这样,谈禅的文字本身具有鲜明的象征性,从另外的意义说,就是它们带有浓厚的文学性质。当然就前面所说狭义的理解,并非所有禅文献都是文学作品。

这样,无论是禅的性质所决定,还是禅的表达所需要,禅门文字与文学创作都有重要的相通之处和基本的共同之处。实际上许多禅宗文献作为文学创作也达到了相当高的水平。由于它们具有独特的内容、风格和表现手法,作为文学作品也就取得了特殊成就,具有独特的价值,成为古典文学珍贵遗产中不可忽略的一部分。这也是它们对当时和以后文坛发挥重大影响的主要条件之一。

从历史发展看,早期禅门留下的文字记录不多,这也和当时禅宗的发展形势有关系。当时的禅籍形式上大体同于一般论书,如上面提到的达摩《二入四行论》、道信《入道安心要方便法门》、弘忍《最上乘论》以及一批佚名的《达摩论》等。大约于神龙二年(706)净觉撰成《楞伽师资记》,这是今存第一部禅史;至法海记录慧能说

①《金陵清凉文益禅师语录》,《大正藏》第 47 卷第 588 页下、590 页上。
②《揣籥录》,《顾随说禅》,第 47 页,上海古籍出版社,1998 年。

法为《坛经》、神会在南阳说法记录为《坛语》、刘澄记录《南阳和尚问答杂征义》、在河南滑台无遮大会上发表《菩提达摩南宗定是非论》,出现了具有特点的说法记录,这也可看作是雏形期的禅宗语录;到中唐时期,南宗确立起自己的传法统绪,禅宗学人记录下师门事迹和言句、偈颂,形成一些流传丛林、供学徒参学的"册子",称为"语"、"语本"等等,这是更具特色的禅宗语录;中唐时期智炬作记录西天二十八祖至东土六祖的传法统绪成《宝林传》十卷(今存七卷),这是目前留存的禅宗第一部灯录;禅门从开创伊始就注重利用偈颂体裁,敦煌本《坛经》里已记载有自达摩至六祖慧能六位祖师的传法偈,《宝林传》里记载的每一位祖师都留有传法偈,到五代招庆省僜编辑《泉州千佛新著诸祖师颂》),是为今存最早一部中土祖师的偈颂专集。这样,禅史、语录、灯录、偈颂集等作为禅门文献的主要体裁相继形成,成为表达禅解的主要手段,更是禅门确立祖统、嗣法传承的根据和记录。这些著述形式兴旺发达,内容与形式不断衍变,一直行用到清代,积累起来数量十分庞大的文字堆积。明、清时代几乎每一位小有名气的僧人都留有偈颂,都刻印语录。也正因此,现存禅门文献无论是宗教史的意义,还是学术价值、文学价值很不一致。就内容看,一般说来唐五代时期禅宗兴旺发达,也是创造力最为高涨的时期,因此这一时期的作品内容新意叠出,富有创意;语言和表现也新鲜活泼,大胆泼辣,体现出鲜明的特色。这些作品文学价值一般较高,其中多有精品,因而受到人们的欣赏,流传更广,也造成更大的影响。下面重点介绍这些作品。

二

　　禅籍里文学性质最为浓郁的作品当数偈颂或称禅偈,这是"禅文学"的主要形式之一。禅门偈颂作为表达禅解的主要形式,在发展中形成了具有鲜明本土特色的体制、风格和表现方法。一般所谓"禅偈"是指表达悟禅内容、采用佛典里"偈颂"体的作品,而广义上还包括利用中土传统韵文体裁的诗歌、赞颂等。这后一类往往具有更高的艺术性。宗密曾说:

> 教也者,诸佛、菩萨所留经论也;禅也者,诸善知识所述句偈也。但佛经开张,罗大千八部之众;禅籍撮略,就此方一类之机。罗众则浩荡难依,就机即指的易用。[1]

他把禅、教的区别归结为偈颂与经论的区别,可见偈颂在禅宗里的重要地位。"此方"指中土,即是说,偈颂是适应中土需要的表达方式。晚唐、五代是禅偈创作十分兴盛的时期,法眼文益则指出:

> 宗门歌颂,格式多般,或短或长,或今或古,假声色而显用,或托事以伸机,或顺理以谈真,或逆事而矫俗。虽则趣向有异,其奈发兴有(不)殊。总扬一大事之因缘,共赞诸佛之三昧。激昂后学,讽刺先贤,皆主意在文,焉可妄述。[2]

这里是说禅偈形式多样,在强调表达禅解的多种方式和意义的同时,又突出其"主意在文"的特征,即特别注重文采。唐、宋是诗歌高度繁荣的时期,优秀诗人辈出,民间诗歌创作也成为风气;禅门不只集中一批在诗歌创作方面具有相当水准的人,更普遍进行创作偈颂的训练。因此不但创作偈颂的风气兴盛,而且就艺术表现角度说,水准也会不断得以提高。

禅门偈颂收录在众多禅籍里。前面提到《宝林传》,其中记录的祖师传法偈实际是本土的创造,但是艺术水平不高,下面还将提到。具有更高思想、艺术价值,又显示出独创性的是本土宗师们创

---

① 《禅源诸诠集都序》卷上之一,《大正藏》第48卷第399页下。
② 《宗门十规论》,《续藏经》第63册38页中。

作的偈颂，收录在现存第一本完整灯录《祖堂集》里的有二百五十首左右；另一部重要灯录《景德传灯录》里约存一百八十首，后者还用专卷辑录这一体作品。二者相互重复的有五十多首，不过文字多有不同。这也是因为宗门著述作为宗教文献，后人纪录、传承多有变动。现存的许多偈颂在流传过程中被不断改写过，还有许多是后人伪托的。比如宋时传出唐代船子德诚和龙牙居遁的偈颂各有数十首，所出情形不明，就应出于后人托名伪撰。这是阅读和研究时必须注意的。

多种多样的禅门偈颂大体可划分为两大类：一类是阐明禅理的，这类作品更多地采取佛典偈颂和中土诗歌（主要是玄言诗和民间歌谣）的表现形式和方法；另一类是禅师们开悟、示法、明志、劝学、顺世等等机缘所作或后来的投机、颂古、宗纲之类偈颂，这是禅门特有的作品体裁，表达形式多样，更富创造性。先讨论前一类作品。

如上所述，禅宗初兴时期，这一新宗派宣讲创新宗义，制造出许多论书。同时为了广为宣传，也采用了语言通俗、容易上口的韵文形式。当时曾使用民间俗曲体裁。如后来被定为二祖的慧可得法后即"纵容顺俗，时惠清猷，乍托吟谣"[1]，他显然已经在有意识地利用歌谣来宣说禅解。这还是新禅观正在形成的时候。陈、隋以来在民间广泛流传《五更转》、《十二时》、《行路难》等俗曲，也是当时佛教宣传所广泛采取的。禅门也方便地加以利用。敦煌写卷里保存一批早期禅门创作的这类俗曲，如《十二时·"佛性成就"》（S.2679）[2]、《十二时·"禅门"》（P.3604；P.3116；P.3821；S.5567）、《五更转·"假托'禅师各转'"》（S.5996；S.3017；P.3409）和题为释裹中的《悉昙颂（佛说楞伽经禅门悉昙章）》（P.2204；

---

① 《续高僧传》卷一六《齐邺中释僧可传》，《大正藏》第50卷第552页上。
② 敦煌曲辞题名、校释据任半塘《敦煌歌辞总编》，上海古籍出版社，1987年。

P. 2212;S. 4583;P. 3099;P. 3082)等,都是表达早期"楞伽宗"住心、看心观念的;又如《行路难·无心律》(S. 6042)宣扬的则是牛头宗"无心"宗义;还有一些是表现南宗思想的,如《五更转·南宗赞》(P. 2963;S. 4173;S. 4654;S. 5529;P. 2984;周 70;列 1363)、《归常乐·证无为》(P. 3065;P. 306)、《失调名·"一室空"》(S. 2651)、《失调名·劝诸人一偈》(S. 3017;P. 3409)等。值得特别提出的是神会的两首《五更转》,这是早期南宗禅的重要作品,也是具有代表性的禅文学作品。

神会"年方幼学,厥性惇明,从师传授五经,克通幽赜。次寻《庄》、《老》,灵府廓然"①,对外学具有高度素养。因此他运用诗歌体裁达到相当圆熟的地步。他的《南宗定邪正五更转》(或题为《五更转》、《大乘五更转》、《南宗定邪五更转》)今存十多个抄本②。所谓"定邪正",即是他在《定是非论》里说的"为天下学道者定宗旨,为天下学道者辨是非"。这是利用民间俗曲形式来形象、概括地表达南宗宗旨的论战性作品。据胡适校本如下:

> 一更初,妄想真如不异居。迷即真如是妄想,悟即妄想是真如。念不起,更无余,见本性,等空虚。有作有求非解脱,无作无求是功夫。
>
> 二更催,大圆宝镜镇安台。众生不了攀援病,由斯障蔽不心开。□□□,□□□。(此处脱了六字,依别本应是"本自净,没尘埃")无系著,绝轮回。诸行无常是生灭,但观实相见如来。
>
> 三更侵,如来智惠本幽深。唯佛与佛乃能见,声闻缘觉不知音。处山谷,□禅林,入空定,便凝心。一坐还同八万劫,只

①《宋高僧传》卷八《唐洛京荷泽寺神会传》,上册第 179 页。
②S. 2679;S. 6103;S. 4634;S. 4654;S. 6083(1);S. 6083(2);S. 6923(1)(3);
　P. 2045;P. 2270;咸 18;露 6 等。

为担麻不重金。

　　四更阑,法身体性不劳看。看即住心还作意,作意还同妄想团。放四体,莫攒扪,见本性,自公官。善恶不思即无念,无念无思是涅槃。

　　五更分,菩提无住复无根。过去舍身求不得,吾师普示不忘(原作"知",涂去,改"望"字,即"忘"字)恩。施法药,大张门,去障□,豁浮云。顿与众生开佛眼,皆□□性免沉沦。①

这已是一首相当整齐的哲理诗。其中宣扬的思想与《坛语》一致,因此和另外一组《五更转》同被确定为神会所作。其表达方式基本是说理,这是中土玄言诗和佛典偈颂的传统写法;但把新的禅观加以概括,纳入到民间俗曲形式之中,则是需要相当技巧的。这种三、三、七句式本是民间流行曲调,音律曲折多变化,表达上更为自由。胡适评论说:神会的两首《五更转》"词都不算美,但这个《五更调》唱起来必是很哀婉动人的"②。他又把它们称为"有趣味的讽刺文学"③。

　　出于宣教需要,佛教僧侣在运用民间曲调方面相当普遍。《五更转》的三、三、七句式直到中唐早期文人词("曲子词")里才开始使用,所以神会利用这种形式具有开创风气的意义。以后禅门中有更多人模仿这种曲调来写作。如马祖弟子高城法藏就有这种类型的作品。而更著名、技巧也更为纯熟的则数题为永嘉玄觉所作《永嘉证道歌》。这是一篇六十三段、三百四十四句、以三、三、七、七、七字为基本句式的长歌,语辞相当精美,表达更富于诗情,文学价值比神会的《五更转》高得多。不过无论是从文献学角度考察,

①《神会和尚遗集》第461—463页。
②《神会和尚语录的第三个敦煌写本》,《"中研院"历史语言研究所集刊外编》第四本;《神会和尚遗集》第455页。
③《新校定的敦煌写本神会和尚遗集两种》,《"中研院"历史语言研究所集刊》第二十九本;《神会和尚遗集》第254页。

还是从内容看,这篇作品都不可能是初唐时期的玄觉写定的。它与众多禅门文献一样,应当是经过长时期流传逐步定型的,其最后写定应该在晚唐①。这篇长歌每一段有独立意义,许多段落都像是精美的小诗;合起来又表达统一主题,宣扬相当系统的思想主张。如这样的段落:

> 入深山,住兰若,岑崟幽邃长松下。优游静坐野僧家,阒寂安居实潇洒……

> 江月照,松风吹,永夜清霄何所为。佛性戒珠心地印,雾露云霞体上衣。

这里写人,从侧面着笔,描摹清幽静谧的境界,衬托出山居生活的优游自在,体现一种超离尘俗的精神追求。歌里更多用比喻,如:

> 心镜明,鉴无碍,廓然莹彻周沙界。万相森罗影现中,一颗圆光非内外。

这是利用禅门常用的明镜之喻,以说明自性的清净圆满。又如:

> 一性圆通一切性,一法遍含一切法。一月普现一切水,一切水月一月摄。②

这则是著名的水月之喻,体现出华严事理圆融观念的影响。这些

---

① 玄觉有《禅宗永嘉集》,未收《证道歌》;《宋高僧传》玄觉传也没有提到它。杨亿《无相大师行状》说"……《证道歌》一首,并盛行于世";他参与编撰的《景德传灯录》始收录今存完整文本。敦煌写卷里仅存几个传本片断(S.4037;S.2165;S.6000;P.2105)。据僧传记载,玄觉遍探三藏,尤精天台止观,所以其《永嘉集》里把禅宗思想与天台圆教教旨相调和,而《证道歌》则明显地融入华严教理;其中的"二十八代西天记"、"六代传衣天下闻"之类说法,体现的则是中唐以后二十八代传承说形成以后的观念。又在敦煌写卷里《证道歌》又称《禅门密要诀》(P.2014)。参阅胡适《海外读书杂记》,《胡适文存》第三集;又收入姜义华主编《胡适学术文集·中国佛学史》第22—30页。
② 《大正藏》第48卷第396页上-中。

比喻都十分生动、贴切,富于表现力。后来宋儒即借用水月之喻来说明"理一分殊","事理不二"的道理。《证道歌》全篇感情充沛,用语精粹优美,节奏朗朗上口,写作技巧是相当高超的,因此也流传久远。

有些禅偈采取一般诗歌形式,可以看作是"禅理诗"。在前引神会《南宗定邪正五更转》的三个写卷上,附有五言诗一首,从体裁看是真正的五言律诗:

真乘实难遇,至理信幽深。欲离相非相,还将心照心。髻中珠未得,衣里宝难寻。为报担麻者,如何不重金。①

胡适当年猜测这首诗也是神会所作。这种格律整齐的哲理诗,即使不是出自神会之手,禅门里创作出来也是值得注意的现象。另外如普寂作《夜坐号》一首:

端坐寂无事,敛思入禅林。妄花随动落,迢迢天籁心。②

这则是相当工整的五绝。此外如署名傅大士的《心王铭》、署名僧粲的《信心铭》和牛头法融的《心铭》等禅门重要作品,也都采用传统诗歌体裁。《心王铭》讲即心即佛、放心自在的道理,已经是成熟的禅宗观念,署名陈代傅大士显然是伪托;《信心铭》也应当是南宗学人的作品,同样是经过长期流传逐渐形成的③;牛头法融的文集为佛窟岩遗则所编④,《心铭》也应写定于中唐。可见到中唐时期,

①《新校定的敦煌写本神会和尚遗集二种》,《神会和尚遗集》第257页。
②敦煌写卷P.3559,冉云华点校本,《敦煌卷子中的两份北宗禅书》,《中国禅学研究论集》,第171页,东初出版社,1991年。
③今本《信心铭》断句最初见于《百丈广录》,在"三祖云"下引用三次;华严澄观在《华严经随疏演义钞》卷三十七、临济义玄、洞山良价等人语录里也一再引用,但只限于今本前四句。敦煌写卷里发现四个文本,只有今本一百四十六句中的二十四句(前一十六句、中间六句、结尾二句),大概即是当初流行的本子。今本应是逐渐增饰,至宋初才最后写定的。
④《宋高僧传》卷一〇《唐天台山佛窟岩遗则传》,上册第228-229页。

以诗明禅已成风气。这类铭赞体诗与那些面向群众的民间曲辞体作品在写法和风格上大有不同，它们主要解说禅理，文学趣味相对淡薄，不过在锤炼语言方面却大都很见功夫，所以也有一定艺术价值。如《信心铭》的前十六句：

> 至道无难，唯嫌拣择。但莫憎爱，洞然明白。毫厘有差，天地悬隔。欲得现前，莫存顺逆。违顺相争，是为心病。不识玄旨，徒劳念静。圆同太虚，无欠无余。良由取舍，所以不如。[①]

这里的"至道无难"，就是后来临济所说"佛法无多子"；"唯嫌拣择"，就是神会所说"不作意"。两句话八个字就简要精确地说明了禅的荡除计度分别、无念无相、直契大道的观念。以下进一步说明一切违顺之念皆是"心病"；而不体认这样的"玄旨"，坐禅"念静"是徒劳无益的，因此关键是要认识自性的圆满具足、无所欠缺。这里用四言诗体，确实能发挥其简洁凝重的长处，表述得也相当精炼显豁。

石头希迁的《参同契》是另一篇著名禅理诗，题目是借用传为东汉魏伯阳所作道典《周易参同契》。后者原本是一部讲炼丹修仙的著作，题意为《周易》、黄老、服食三者同出一门，皆妙契大道。相传希迁受《肇论》"圣人会万物为己"一句启发，取其"参同"之义。"参"谓诸法万殊各守其位；"同"谓万殊统于一元；"契"谓修证者领此玄旨，征之以日用行事，灵照不昧，从而体悟事理交融、圆转无碍、如环无端的道理。全诗五言四十四句，二百二十字，从"竺土大仙心，东西密相付。人根有利顿，道无南北祖"开始，至"谨白参玄人，光阴莫虚度"结束，意在概括禅理，宣示给信众。诗里把佛陀称为"大仙"，称"参禅"为"参玄"，体现石头禅法中的道教影响和玄思性格。全诗也是用谈玄的思辨语言，辅以比喻，来说明一心本"灵

[①]《景德传灯录》卷三〇《铭记箴歌》，《大正藏》第51卷第457页上。

源明皎洁"而又"支派暗流注",万法被它所统合,所以各自"依位"
而住,事、理"回互"相涉;这样,"事存函盖合,理应箭锋拄",依此而
达到"归宗"、"会道"的目标①。这篇作品论理深微,言辞精密,史称
"辞旨幽浚,颇有注解,大行于世"②。

　　上述作品实际还是袭用佛典偈颂的传统写法,形式和手法又
和魏晋以来的民间俗曲、玄言诗以及六朝时期发达的道教仙歌形
式有类似之处,表达方式则主要是以思辨明禅理,缺少形象和情
趣,因而大为局限了它们的文学价值。到中唐时期,禅宗发展走向
鼎盛,偈颂创作更为兴盛,成绩也更为突出。特别是又有另外两类
明禅的体制兴盛起来:一类是抒写修道生活的歌谣体作品;还有一
类是在当时禅门兴起的请益勘辩风气中出现的表达禅机、禅趣的
更纯粹的禅偈。它们的兴盛也体现当时禅门更浓郁的文学风气。
这种风气当然也和这一时期禅门学人与士大夫更密切的交往有直
接关系。

三

　　首先看第一类歌谣体作品。

　　禅宗作为具有群众性的、富于创新精神的教派,其发展中的重
大变革主要发生在教团底层。当初黄梅的"东山法门"如此,岭南
的"南宗"如此,江西的马祖、湖南的石头也是如此。马祖道一和石
头希迁进一步发展了南宗"无念"、"见性"的"顿悟"法门,提出"即
心即佛"、"平常心是道"的新禅观,把禅落实到人生日用之中,从而

①《景德传灯录》卷三〇《铭记箴歌》,《大正藏》第 51 卷第 459 页中。
②同上卷一四《南京石头希迁法师》,《大正藏》第 51 卷第 309 页下。

使得禅更接近平凡人的生活,也更接近抒写人们情志的文学。石头和洪州门下都积极地利用文字表禅解,但侧重点有所不同。大体说来,洪州门下更重言句,石头门下更重偈颂。这与二者宗风不同有直接关系:洪州禅兴起伊始,就得到官僚士大夫的支持,马祖弟子百余人传法四方,因此留下更多传法记录,成为后来的"语录";而石头一系学人多山居乐道,在超脱凡俗的修道生活中体悟禅机,把玄思和禅情用如歌如颂的形式表现出来,遂流传出许多乐道逍遥的歌行。即以《祖堂集》和《景德录》所收作品为例,诗歌体作品被收录五篇以上的,马祖一系仅三人:居士庞蕴、长沙景岑和香岩智闲;而石头一系的则有丹霞天然、雪峰义存、玄沙师备、镜清道怤、般若启柔、临溪竟脱、龙牙居遁、南岳玄泰、清凉文益、同安常察等十人。所以就诗歌创作而论,石头一系贡献更为突出。

马祖弟子庞蕴(740?—808)后来被看作是佛教居士的典型。据传他父亲是衡阳太守,如有关他的身世一样,这别无其他史料可做旁证。但《祖堂集》、《景德录》所述行迹与《语录》相合,《宗镜录》所引庞居士诗偈亦见于《语录》,所传生平事迹当是基本可靠的。从留下的作品看,他确实具有较高文化素养,应出身于士大夫家庭。他在马祖门下得法后,居止襄阳,被山南东道节度使于頔礼重。今存《庞居士语录》署名于頔编,分上、中、下三卷,中、下二卷是诗偈集。但传承脉络不详,当非原貌。他有一首著名的诗偈:

> 日用事无别,唯吾自偶谐。头头非取舍,处处没(勿)张乖。朱紫谁为号,丘山绝点埃。神通并妙用,运水与搬柴。[①]

据传他在马祖门下得法后,北游襄汉,度过云水生涯,有妻和一男一女,市鬻竹器为生。这首诗偈表现解脱名缰利索、不忮不求的潇洒情怀,把禅悟完全体现在人生日用之中,以简洁的字句透彻地表

---

① 入矢义高编《龐居士語録》,第 15 页,筑摩书房,1985 年。

现一种新的禅解。无论是作为人生理想，还是个人情志的抒发，都让后来人十分神往。对于庞蕴，从苏轼、黄庭坚到董其昌、焦竑、李卓吾、袁宏道等名高一代的人物，都曾表示赞叹、羡慕之情。

长沙景岑是南泉普愿法嗣，《祖堂集》、《景德录》里存诗偈达二十四首，是个很有文学才能的人。或以为今传《永嘉证道歌》即出于其手。香岩智闲嗣法沩山灵祐，和司空图交往甚密，也是很有文学才能的人。

马祖一系偈颂创作可称道者如此。而相比较之下，石头一系善诗偈的学人很多，文学成就也更为突出。体现这一门宗风，这一系学人特别善于利用一种长篇歌谣体裁来抒写禅解，创作出一批表达山居乐道的浪漫情怀的篇章，艺术上也更富特色。

石头弟子药山惟俨与李翱、崔群、殷尧藩等一时文坛名流有交往。他避居朗州（今湖南常德）芍药山，发扬乃师山居乐道作风。相传李翱曾入山向他问道，他答以"云在天，水在瓶"，以简洁诗语表达禅机，意味极其迥永，李翱因而述偈曰：

> 练得身形似鹤形，千株松下两函经。我来问道无余说，云在青天水在瓶。[1]

就具体事实而论，这个传说可能出于附会，但反映的情境应是真实的。这个故事和所述诗偈传诵后世，影响很大。

石头的另一个弟子丹霞天然善偈颂，以象征手法写了《玩珠吟》、《弄珠吟》、《骊龙珠吟》等，是几篇真正的歌谣体作品[2]。佛典里经常提到如意珠、摩尼珠，或谓生自佛舍利，或谓生自龙脑，或谓是天帝释与阿修罗战斗时所执金刚碎落而成，并说此珠可福德众

---

[1]《景德传灯录》卷一四《澧州药山惟俨禅师》，《大正藏》第51卷第312页中。
[2] 见《祖堂集》卷四；《景德录》卷三〇收录前二首，题名《丹霞和尚玩珠吟》；敦煌写卷 P.3591 亦录有《景德录》的第二首。下引文据《祖堂集》卷四《丹霞和尚》，第217—218页，并据敦煌本校勘。

生。但在禅门里又往往用它来比喻心性的圆满皎洁。如马祖法嗣慧海本姓朱，作《顿悟入道要门论》，被玄晏窃出江外呈马祖，祖览讫，告众曰："越州有大珠，圆明光透，自在无遮障处也。"①这里以"珠"谐"朱"，称赞慧海已证得清净明彻自性。丹霞的诗颂则是通过描写宝珠，以比喻立意。艺术上更有特色的是《骊龙珠吟》：

> 骊龙珠，骊龙珠，光明灿烂与人殊，十方世界无求处，纵然求得亦非珠。珠本有，不升沉，时人不识外追寻，行尽天涯自疲极，不如体取自家心。莫求觅，损功夫，转求转觅转元无，恰如渴鹿趁阳焰，又似狂人在道途。须自体，了分明，了得不用更磨莹，深知不是人间得，非论六类及生灵。虚用意，损精神，不如闲处绝纤尘，停心息意珠常在，莫向途中别问人。自迷失，珠元在，此个骊龙终不改，虽然埋在五阴山，自是时人生懈怠。不识珠，每抛掷，却向骊龙前作客，不知身是主人公，弃却骊龙别处觅。认取宝，自家珍，此珠原是本来人，拈得玩弄无穷尽，始觉骊龙本不贫。若能晓了骊龙后，只这骊龙在我身。②

这里描绘骊龙珠，反复咏唱，以比喻清净自性的本自具足，不劳外铄；"此珠原是本来人"，自身即是主人公，禅解表达得鲜明而贴切。形式是七言歌行体裁，加入了三、三、七民间曲辞句法，行文流利晓畅，又保持民间通俗歌行的格调，易于传诵。

以宝珠作喻的同一类型作品还有不少。今存还有马祖弟子石巩慧藏的《弄珠吟》、盐官齐安法嗣关南道常的《获珠吟》(《景德录》作《乐道歌》)、夹山善会法嗣韶山寰普的《心珠歌》、法眼文益的《僧问随色摩尼珠颂》等，辞旨大体相同。同样以类似的比喻立意的，还有以镜(洞山良价《宝镜三昧歌》、清凉泰钦《古镜歌三首》、南岳惟劲《赞镜灯颂》)、剑(乐普元安《神剑歌》)、浮沤(乐普元安《浮沤

---

① 《景德传灯录》卷六《越州大珠慧海禅师》，《大正藏》第51卷第246页下。
② 《祖堂集》卷四，第217—218页。

歌》》等作喻体的。这类作品明确地以比喻说禅,纳入到整齐的诗句里,有一定的形象描写,也显示运用语言的一定技巧。它们更多保持了"玄思"性格,如钱锺书评禅偈所谓"每理胜于词,质而不韵,虽同诗法,或寡诗趣也"①。钱锺书所指出的弊病在这类作品里表现得比较突出。

更富诗情、艺术上也更为成熟的则是那些抒写山居乐道情趣之作。它们可看作是真正的抒情诗。石头一系更多度过隐居修道生活,他们对于山林隐逸情趣也有更亲切的体验,也就善于抒写出在这种环境中放舍身心的超脱情怀。这类作品被称为"乐道歌"。如《祖堂集》记载庞蕴"平生乐道偈颂可近三百余首",即把庞蕴的诗偈称为乐道歌;同样伏牛和尚诗颂里有"乐道逍遥三不归"之句;贯休诗里也对友人说到"子爱寒山子,歌惟乐道歌"②,等等。更有不少作品径直以"乐道"题名。石头希迁作为禅门耆宿,又是开创禅门一系风气的重要人物,其《草庵歌》虽不以"乐道"为题,却是具有典型意义的"乐道歌":

> 吾结草庵无宝贝,饭了从容图睡快。成时初见茅草新,破后还将茅草盖。住庵人,镇常在,不属中间与内外。世人住处我不住,世人爱处我不爱。庵虽小,含法界,方丈老人相体解。上乘菩萨信无疑,中下闻之必生怪。问此庵,坏不坏,坏与不坏主元在。不居南北与东西,基上坚牢以为最。青松下,明窗内,玉殿珠楼未为对。衲帔蒙头万事休,此时山僧都不会。住此庵,休作解,谁夸铺席图人买。回光返照便归来,廓达灵根非向背。遇祖师,亲训诲,结草为庵莫生退。百年抛却任纵横,摆手便行且无罪。千种言,万般解,只要教君长不昧。欲

---

①《谈艺录》(修订本)第 227 页。
②《寄赤松舒道士二首》,《全唐诗》卷八三〇,第 9360 页。

　　识庵中不死人,岂离而今遮皮袋。①

这篇作品描述隐居草庵、不涉外缘、摆脱人间一切束缚的自由自在
生活,抒写住庵人的清净自如心态。"世人住处我不住,世人爱处
我不爱",安于"结草为庵"的简陋生活,对"玉殿珠楼"表示轻蔑,张
扬与世俗荣华富贵相对立的人生价值与生活方式。而所谓草庵虽
有成坏但基础牢固,暗示人的灵明不昧的心性是不会败坏的。这
样,歌中赋予草庵以象征意义,又典型地体现出早期禅理诗重思辨
的特征;构思上把比喻与写实相结合,写法上则说理和描写并重,
都体现鲜明的艺术特征。

　　表现出更强烈主观抒情特色的有署名懒瓒和尚和腾腾和尚的
《乐道歌》。在《祖堂集》卷三里两人名下仅录有这两篇作品,别无
其他记述。懒瓒本是北宗普寂弟子;腾腾嗣法弘忍门下的慧安国
师。可是从作品风格和内容看,表达的完全是中唐时期南宗禅观
念,作品应是当时山居修道的禅僧所作,假托在他们名下。署名懒
瓒的《乐道歌》如下:

　　　　兀然无事无改换,无事何须论一段。真心无散乱,他事不
须断,过去已过去,未来更莫算。兀然无事坐,何曾有人唤?
向外觅功夫,总是痴顽汉。粮不畜一粒,逢饭但知餐。世间多
事人,相趁浑不及。我不乐升天,亦不爱福田。饥来即吃饭,
困来即卧暝。愚人笑我,智乃知贤。不是痴钝,本体如然。要
去即去,要住即住。身被一破衲,脚著娘生裤。多言复多语,
由来反相误。若欲度众生,无过且自度。莫谩求真佛,真佛不
可见。妙性及灵台,何曾受勋练?心是无事心,面是娘生面。
劫石可移动,个中难改变。无事本无事,何须读文字?削除人
我本,冥合个中意。种种劳筋骨,不如林间睡兀兀。举头见日

————————

① 《景德传灯录》卷三〇《铭记箴歌》,《大正藏》第51卷第461页下。

高，乞饭从头喂。将功用功，展转冥蒙。取则不得，不取自通。吾有一言，绝虑忘缘，巧说不得，只用心传。更有一语，无过直与，细如毫末，本无方所。本自圆成，不劳机杼。世事悠悠，不如山丘，青松蔽日，碧涧长流。卧藤萝下，块石枕头，山云当幕，夜月为钩。不朝天子，岂羡王侯？生死无虑，更须何忧？水月无形，我常只宁，万法皆尔，本自无生。兀然无事坐，春来草自青。[1]

这篇作品用的是杂言歌行体，行文自由舒展，把山居生活无为无事的心境抒发得淋漓尽致。这乃是洪州禅兴盛后众多禅师的人生取向。一方面"不乐升天"、"不爱福田"，既不羡慕道教的神仙，也没有"教下"轮回福报的追求；另一方面"不朝天子，岂羡王侯"，对世俗的功名利禄也表示鄙弃。遣除一切向外"须索"、"计较"之心，保持"父母未生时本来面目"的清净自性，从而得到精神上的绝对自由。当然这只能是内心中虚拟的、幻想的境界。这种境界与老、庄思想显然有密切关联。这也表明中唐时期禅宗受到老、庄更多的影响。而老、庄特别是庄子本来富于艺术气质，其观念适宜于在文学艺术中表现。更多地汲取老、庄意识的禅门学人运用这类诗颂来表现更加"生活化"的禅，并体现更浓厚的艺术性格，也是很自然的。

　　药山门下有船子德诚，契药山密旨后，隐于澧源深邃绝人烟处，避世养道为生，其生活方式本身就富于诗情。他有禅语说："竿头丝线从君弄，不犯轻波意自殊。"[2]短短两个诗句描摹出随缘度日、如如自在的心境。船子门下夹山善会、夹山门下乐普元安都继

---

①《祖堂集》卷三《懒瓒和尚》，第148—151页。

②《祖堂集》卷五《华亭和尚》，第259页。北宋时期传出船子和尚诗颂四十余首，见释惠洪《冷斋夜话》、普济《五灯会元》等道、俗诸书，并吕益柔在北宋大观四年(1110)刻石三十九首于风泾海会寺，称《船子和尚拨棹歌》，流传甚广。但所出情况不明，当系伪托。录文见陈尚君辑校《全唐诗续拾》卷二六，《全唐诗补编》中册，第1054—1057页，中华书局，1992年。

承乃师传统,善于利用诗境表达禅解。这一系学人诗颂创作十分繁荣,对答言句也颇富诗意。如有僧问善会:"如何是夹山境地?"答曰:"猿抱子归青嶂后,鸟衔花落碧岩前。"[1]两句十四个字,造境鲜明、新颖,情趣盎然,作为诗语亦堪称警句。后来宋代禅文学名著《碧岩录》即依此取名。

中、晚唐禅门中,特别是在石头一系,创作这种乐道歌谣成为风气。药山的另一位弟子云岩昙晟;昙晟弟子洞山良价,作有前面提到的《宝镜三昧歌》;洞山弟子有龙牙居遁,诗僧齐己评论说:

> 洎咸通初,有新丰(洞山良价)、白崖(香岩智闲)二大师,所作多流散于禅林。虽体同于诗,厥旨非诗也。迷者见之,而为抚掌乎……龙牙之嗣新丰也,凡托像寄妙,必含大意,犹夫骊颔蚌胎,炟耀波底。试捧玩味,但觉神虑澄荡,如游寥廓,皆不若文字之状矣。[2]

今存龙牙名下的诗偈见于宋释子昇、如祐所编《禅门诸祖师偈颂》卷上之上的计九十五首,其中仅部分见于《祖堂集》(十八首)和《景德录》(七首);另有收入《禅林僧宝传》一首。与禅门流传作品一般情形类似,部分可能出于伪托。但其中见于早出《祖堂集》和《景德录》的当较为可靠。齐己说洞山和香岩的偈颂"厥旨非诗",即指出他们的作品旨在明禅,并不是有意作诗;又拿龙牙的作品对比,称赞后者艺术上的长处。但实际上今传龙牙所作,同样没有脱却谈玄说理的痕迹。不过它们更灵活地运用了晚唐流行的七绝和五绝形式,构思、用语也更用功夫。如见于《祖堂集》的:

> 万般施设不如常,又不惊人又久长。如常恰似秋风至,无意凉人人自凉。[3]

---

[1]《祖堂集》卷七《夹山和尚》,第 328 页。
[2]《龙牙和尚偈颂序》,《续藏经》第 66 册第 726 页下。
[3]《祖堂集》卷八《龙牙和尚》,第 405 页。

同见于《祖堂集》和《景德录》的：

> 心空不及道空安，道与心空状一般。参玄不是道空士，一
> 乍相逢不易看。①

后出的某些作品就更具诗情，如：

> 柳色含烟花枝笑，莺啼林下几人知。后生正好寻玄路，莫
> 弃光阴虚度时。②

这类比较少涉理路、如诗如歌的作品当是文字禅大兴之后的产物，情形和宋代传出的船子和尚的一批作品一样。不过从齐己的评论看，龙牙的创作在当时确已具有较大影响。

药山门下另一弟子道吾圆智，圆智门下石霜庆诸，均善偈颂。著名诗僧贯休就出于石霜门下。石霜弟子南岳玄泰，"平生所有歌行、偈颂遍于寰海道流耳目"③。终南慧观说：

> 南岳泰公著五赞十颂，当时称之以美谈。及乐浦、香岩犹
> 长厥颂，斯则助道之端耳。④

玄泰还写过《畬山谣》，是一篇表现山民畬山开田情景的作品，反映当时还很朦胧的环境保护意识。

石头另一弟子天皇道吾，道吾下有龙潭崇信，崇信下有德山宣鉴，宣鉴下有雪峰义存，一门甚盛。这一系学人禅解超群，云门、法眼二宗皆出其下，同样有制作偈颂的传统。如雪峰门下的云门文偃、南岳惟劲、翠岩令参、玄沙师备等，都多有制作。惟劲"著五字

---

①《祖堂集》卷二〇《隐山和尚》，第 900 页；《景德传灯录》卷二九《赞颂偈诗》，《大正藏》第 51 卷第 453 页上。

②《禅门诸祖师偈颂》卷上之上，《续藏经》第 66 册第 728 页上。

③《祖堂集》卷九《南岳玄泰和尚》，第 444 页。

④敦煌写卷 S. 1635《泉州千佛新著诸祖师颂序》，《大正藏》第 85 卷第 1320 页下。

颂五章,览之者悟理事相融"①。他还作有《续宝林传》、《南岳高僧传》行世,是禅门著作家。云门下临溪竟脱,玄沙下罗汉桂琛,桂琛下清凉文益,也都有不少偈颂传世。

晚唐、五代禅门中偈颂创作兴盛一时,但大量作品失传了。仅据《景德录》记载,卷二十洞山下四世重云智晖"诲人之暇,撰歌颂千余首";卷二十一雪峰下三世报恩清护,有"语要、偈颂,别行于世";卷二十四罗汉桂琛弟子清溪洪进"多为偈颂";龙济绍修"著偈颂六十余首及诸铭、论、《群经要略》等,并行于世";雪峰下四世归宗道诠"颇有歌颂,流传于世";卷二十六清凉文益隔世法嗣瑞鹿本先"所著《竹林集》十卷,诗篇歌辞,共千余首";齐云遇臻"著歌偈,皆触事而作,三百余首流行",等等,今皆不传。以上均出于石头一系。

从神会时代起直到晚唐、五代,禅门中以诗明禅的诗偈创作极其兴盛,其后即逐渐衰落了。大量作品失传,即表明它们已失去存在的意义。这是因为到晚唐、五代,禅门分宗,文字禅兴起,众多学人已不在禅解上下功夫。代替上述歌谣体"明禅诗"的是另外一类禅修中表达禅机、禅解的更纯粹的禅偈。又从中唐起,一些有文学才能的禅师转而从事真正的诗歌创作,这就是众多诗僧的涌现。这样,上述一类诗偈也就完成了历史使命。这一大批作品不仅对于推动禅宗的弘扬和发展起过重要作用,也给诗坛输入了一些新的内容和新的语言、新的表现方法,对于文学发展是有相当贡献的。

四

关于诗僧的创作本书已有专章介绍。这里讨论的是中、晚唐

---

① 《景德传灯录》卷一九《南岳惟劲禅师》,《大正藏》第51卷第360页中。

禅门另一类明禅诗偈。禅本来是"不可说"的，忌直陈，忌说教。至中唐，随着禅宗发展，宗门扩大，派系随之出现，丛林逐渐形成师资传承制度。一批有实力、有影响的禅宿各自立下门庭；禅门学人则奔走在四方名宿之间，寻求老师的印可，以争得派系中的一席有利地位。适应这种形势，一种不同于法师登坛说法和义学师资传授的教学制度出现了。由于丛林中无论是开悟还是传法都已不重经论而重自心体悟，师门权威也就丧失殆尽。禅宿上堂示法，与学人问答商量，相互测度，风气开放而自由。问答勘辩中特别发展了两方面内容。一是就某一现象、某一题目各自表达禅解，这种场合往往是机语络绎，此之谓"斗机锋"；再是取古德的行迹、言句相互辩难，此之谓"举话头"。这样，师弟子在示法传心和问答商量中争奇斗胜，相互测度，努力出对方一头地，力求使用机锋隽语来压倒对方。语言修辞技巧从而就成了禅门的基本训练，实际也成为师弟子间相互勘验的内容之一。当初马祖曾对丹霞天然说"石头路滑"，就是指石头希迁善于使用模棱两可的暧昧言句，使前来访学的人颠坠失利。这实际也是禅宿普遍使用的伎俩。而且越是到后来，这种方法越加发展，所谓"绕路说禅"成了禅门示法的一般特征。师弟子某一方如果对于禅语作常识的、表面的理解，那就是"钝根"、"不了汉"、"不了的阿师"，是被"葛藤"缠缚而不能自拔了。

在这种种机缘之中，和语录一起，一种新型的诗偈被创造并流行起来。它们应用在问答商量中间，不同于上述"禅理诗"作为独立篇章出现；其表达的主要特征是充分发挥汉语修辞中比喻、联想、象征、暗示等特殊技巧，更多运用间接、跳跃的思维方式，竭力摆脱常识的情解。前面引用顾随的论断说"禅是象征"，特别切合这一类诗偈。从总体说，它们的语言只是象征，达意在言词之外。因为这类作品终究是明禅之作，严格说来并不能算是诗歌创作，但它们在语言锤炼和表现手法上又确有特点，并与诗歌有明显相通之处，有些篇章当作诗读也是相当有意味的。钱锺书指出：

　　　　唯禅宗公案偈语,句不停意,用不停机,口角灵活,远迈道
　　士之金丹诗诀。词章家隽句,每本禅人话头。如《五灯会元》
　　卷三忠国师云:"三点如流水,曲似刈禾镰";卷五投子大同云:
　　"依稀似半月,仿佛若三星";皆模状心字也。秦少游《南歌子》
　　云:"天外一钩斜月带三星",《高斋诗话》谓是为妓陶心儿作;
　　《泊宅编》卷上极称东坡赠陶心儿词:"缺月向人舒窈窕,三星
　　当户照绸缪",以为善状物;盖不知有所本也。《五灯会元》卷
　　十六法因禅师云:"天上月圆,人间月半";吾乡邹程村祗谟《丽
　　农词》卷下《水调歌头·中秋》则云:"刚到人间月半,天上月团
　　圆";死灰槁木人语,可成绝妙好词。①

这里提到的投子大同(819—914)嗣翠微无学,曾对学人说:

　　　　汝诸人来遮里,拟觅新鲜语句、攒华四六,口里贵有可道……②

这也表明在当时丛林中普遍注重机锋言句的宗风下,寻章觅句也
已成风气。法眼文益《宗门十规论》不满于这种状态,曾提出尖锐
批评:

　　　　……稍睹诸方宗匠,参学上流,以歌颂为等闲,将制作为
　　末事。任情直吐,多类于野谈;率意便成,绝肖于俗语。自谓
　　不拘粗犷,匪择秽屑,拟他出俗之词,标举第一之义。识者览
　　之嗤笑,愚者信之流传。③

他在这里直接抨击丛林中人"不关声律,不达道理"而好作歌辞。
不过他所指摘的"任情直吐"、"类于野谈"、"肖于俗语"等等,则正
表明这类作品的语言和表达方式已接近世俗曲辞,也就是与一般
的文学创作相接近了。

―――――――――――

① 《谈艺录》(修订本),第 226 页。
② 《景德传灯录》卷一五《舒州投子山大同禅师》,《大正藏》第 51 卷第 319 页上。
③ 《宗门十规论》,《续藏经》第 63 册第 38 页中。

　　禅语与诗语能够更多地相通,与当时禅思想的发展也有关系。中唐以后,禅门所追求的"清净心"被进一步等同于"平常心","即心即佛"发展为"非心非佛",禅被落实到人生日用之中。而现实中的人生践履本是文学艺术的源泉,禅与诗在表现上从而有了更多契合点。结果禅思转化为诗情,被广泛表现在文人和宗门的偈颂作品里,就是上一节讨论过的;另一种宗门谈禅也更多使用诗的语言、诗的形式,就是这一节讨论的禅偈。

　　实际上不只是写作偈颂,中晚唐的许多禅师表达禅解,语言也往往是诗的,艺术化的。如《景德录》卷七马祖弟子渤潭常兴,僧问:"如何是曹溪门下客?"答曰:"南来燕。"又问:"学人不会。"又答:"养羽候秋风。"又卷十四药山惟俨问道吾圆智:"子去何处来?"答说:"游山来。"药山曰:"不离此室,速道将来。"又答说:"山上乌儿白似雪,涧底游鱼忙不彻。"又卷二十杭州佛日参夹山善会,夹山问:"子未到云居前在什么处?"答说:"天台国清。"夹山又问:"天台有潺潺之瀑,渌渌之波,谢子远来,子意如何?"又答说:"久居岩谷,不挂松萝。"夹山再问:"此犹是春意,秋意如何?"佛日良久未答,夹山说:"看君只是撑船汉,终归不是弄潮人。"如此等等,都是借用富于诗语的情境来表达禅意,对答语句是形象的,象征的,是如诗如歌的。

　　这后出的一类禅偈在禅门中兴盛起来,如上所说本是禅宿和学人谈禅的手段。从而在体制上与上一节所介绍明禅理的偈颂有所不同。那些明禅理的偈颂无论是采取民间歌辞体还是诗颂体,均独立成篇,类似佛典里的偈陀即孤起颂;而这后一类禅偈则多出现在对答商量的言句之间,或是出现在一定的时节因缘之中,是语录的有机构成部分。它们作为一定环境下个人悟解的产物或启示他人的手段,意旨全靠揣摩,难以得出确解。读者只能在可解不可解之间强作领会,得出的意念也只能是模糊的、朦胧的。而正因为情境是具体的、形象的,就给参悟者的想象留下了更广阔的空间。

这种不确定性也成为体现这类禅偈的文学性质的另一特征。

　　按创作机缘不同，这类禅偈的具体内容和表达方式多种多样。以下分类举例加以讨论。出于前述理由，所作分类和解释只能是后人一般的（或笔者个人的）领会。优秀禅偈的内涵本是无穷无尽的。

　　开悟偈：

　　南宗禅讲"顿悟"，"悟"在刹那之间。但总需要一定的时节因缘：或是得到禅宿的诱导，或是得自某一境遇的启发，等等。而一悟之后，心灵就会展现出全新的境界。以诗偈诵出个人的领悟，就是"开悟偈"。刹那间的"顿悟"，本来类似诗歌创作中灵感的激发，把悟解表达出来，也就富于诗意。在禅籍里，这类开悟偈多被记述在具体学人发悟的故事之中。由于开悟过程往往被有意地神秘化了，"悟"的表现也往往故作艰深，从而这类诗偈也就在可解、不可解之间。由于意念的含蓄，它们就更与诗类似了。

　　洞山良价在云岩昙晟处，问："和尚百年后，有人问还邈得师真也无，向他作摩生道？"云岩回答说："但向他道：只这个汉是。"良价很久不能理解，总是心存疑惑。有一次过水睹影，大悟云岩旨意，因述一偈曰：

　　　　切忌随他觅，迢迢与我疏，我今独自往，处处得逢渠。渠今正是我，我今不是渠，应须与摩会，方得契如如。①

前面说的"真"指写真，即肖像；洞山问是否可以画出先师肖像，意谓能否真正恢复、传承先师禅法。云岩答说"只这个汉是"，洞山不解所谓。后来过水看见水中影像，忽然开悟：水里的影子和本人当然不是一码事，描摹出的老师肖像不等于老师。就是说，禅法要靠自悟，因而"切忌从他觅"；影像"是"本人又"不是"本人，从禅宿学习所得也是同样。禅门经常用水中影像来说明禅悟道理，《永嘉证

————————

① 《祖堂集》卷五《云岩和尚》，第253—254页。

道歌》里的水月之喻就是后人常常使用的。又曾有法师数人来谒
大珠慧海，说："拟申一问，师还对否？"大珠答："深潭月影，任意撮
摩。"又问："如何是佛？"答说："清潭对面，非佛而谁？"这同样说的
是"只这个汉是"的道理。

　　香岩智闲博学利辩，才学无当，在沩山众中问难，对答如流，但
未契根本。有一次沩山问："汝初从父母胞胎中出，未识东西时本
分事。"他遍拣册子，无一言可对。遂烧尽册子，决心作长行粥饭
僧。"册子"就是前人的语录。礼辞沩山后，到香岩山慧忠国师遗
迹栖心憩泊，一天因除草木，偶击瓦砾开悟，乃作偈曰：

　　　　一挃忘所知，更不自修持。处处无踪迹，声色外威仪。十
　　方达道者，咸言上上机。①

所谓"初从父母胞胎中出，未识东西时本分事"，即禅门常说的"本
地风光"、"本来面目"，也就是未受凡情污染的本来清净心。叩击
瓦砾的一声响动，使香岩截断常识情解，忘却了"所知"，也就是恢
复了"从父母胞胎中出"的状态，一切"踪迹"、"声色"都被排遣在
外，也就除去了向外驰求之心，恢复了"本来面目"。在他发悟过程
中，"册子"即记录禅宿的书籍不起作用，因而被焚弃了。这也表明
参禅"不关言句"的意思。

　　后来流传禅门的著名公案还有沩山另一位法嗣灵云志勤见桃
花而悟道。据传他一造大沩，闻其教示，昼夜忘疲，一次偶睹春时
桃花繁盛，喜不自胜，忽然发悟，作偈说：

　　　　三十年来寻剑客，几逢花发几抽枝。自从一见桃花后，直
　　至如今更不疑。②

他从而被沩山称赞说"从缘悟达，永无退失"。这首偈里所"寻"之

----

①《祖堂集》卷一九《香岩和尚》，第 827－828 页。
②《祖堂集》卷一九《灵云和尚》，第 849 页。

"剑"，如"骊龙珠"等一样，指绝对的禅解。禅门常常把禅法比喻为"神剑"，意思是说它可以斩断凡情。灵云禅偈的意思是说，自己三十年来专心求道，看过多少次花开花落，直到这次见到桃花，心里疑惑才顿然消失了。花开花落本是宇宙间永恒规律的体现，正如禅理是如如不动的；可是以前却视而不见，是因为被常情所阻遏；透出凡情，才体悟这个道理，从而疑念顿消了。

禅门流传的开悟机缘，特别显示出禅富于实践性的品格。对禅的体悟往往在一机一境之中，表达开悟境界的禅偈也这样通过具体事象来指示宗旨。一些优秀开悟偈的禅思与诗情相交融，如哲理诗，含义深厚，耐人寻味。

示法偈：

前面说过，到中晚唐，禅堂上、师资间商量问答，棒喝交驰，互斗禅机。在这种状况下创作的示法禅偈，注重发挥禅语多用比喻、象征、暗示、联想、多义等特点，务使其经得起揣摩，寄托更深微的内涵。

洞山良价问马祖法嗣潭州龙山和尚："和尚见什么道理，便住此山？"这实际问的是他禅悟的境界。龙山回答说："我见两个泥牛斗入海，直至如今无消息。"这是比喻自己已经体悟到万法性空的道理，无所系缚了，进而作颂说：

> 三间茅屋从来住，一道神光万境闲。莫作是非来辨我，浮生穿凿不相关。①

这像是一首抒写山居乐道情趣的小诗。"一道神光"写的本是阳光，又是暗示忽然开悟、豁然开朗的心境。诗偈是说多年山居，一旦开悟，对一切人间是非、浮生穿凿都不再挂怀。洞山问他"道理"，而禅是"不涉理路"的，所以先后用两个比喻来开示自己的

①《景德传灯录》卷八《潭州龙山和尚》，《大正藏》第51卷第263页中。

悟境。

前面已说到南泉普愿法嗣长沙景岑以善诗偈著称,他的示法偈很有名:

> 百尺竿头不动人,虽然得入未为真。百尺竿头须进步,十方世界是全身。

时有三圣和尚问:"承师有言:'百尺竿头须进步。'百尺竿头则不问,百尺竿头如何进步?"景岑答:"朗州山,澧州水。"进曰:"更请和尚道。"景岑说:"四海五湖王化里"[1]景岑用古代杂技缘橦作比喻:已经爬上百尺高竿,毫无畏惧,但偈里却说这还不算达到绝对境界,因为仍有所执着,应当更进一步,让自身与宇宙合一。三圣问"如何进步",意思间表明他显然仍摆脱不了执着;回答说"朗州山,澧州水",意谓绝对境界就在具体的一山一水之中。接着要求再进一步解释,又用五湖四海皆在王化之中作譬喻,以表明事事物物皆与绝对相契合,这也就是所谓"立处皆真"的境界。这首禅偈不但包含深刻禅理,其中透露出的不断精进、永不满足的精神也是很感人的。

有僧问河中公畿和尚:"如何是道? 如何是禅?"公畿以偈答曰:

> 有名非大道,是非俱不禅。欲识此中意,黄叶止啼钱。[2]

北本《涅槃经》卷二十记载有佛说以天上之乐果作比喻,谓犹如以杨叶为金诳小儿止啼。禅宗有的学人据以发挥,把佛陀全部说法都比喻为"黄叶止啼",体现破除一切语言执着的否定精神。公畿和尚的这个偈是说一切名相、是非、讲"道"说"禅",都是"黄叶止啼钱",而非真正的禅,让人到名相、是非之外去体悟禅机。这也正是南宗"心法"的精神。

---

①《祖堂集》卷一七《岑和尚》,第 770 页。
②《景德传灯录》卷九《河中公畿和尚》,《大正藏》第 51 卷第 270 页上。

　　子湖岩利踪禅师有示众偈曰：

　　　　三十年来住子湖，二时斋粥气力粗。每日上山三五转，问
汝时人会也无？①

这里是说三十年来自己山居修道，每天过的是无为无事的闲适生
活，表明禅就在这种平凡的人生日用之中。这篇偈更像一首山居
乐道的抒情诗，与大珠慧海所谓"饥来吃饭，困来即眠"同一意趣，
体现了洪州禅"平常心是道"的禅理。最后一问表明自己的见解远
超"时人"，充满了自信与自负。

　　从上述几个例子可以看出，禅门各派、具体禅师风格不同，示
法偈的表现风格也各种各样：有比喻暗示的"理语"，也有富于情趣
的"诗语"。而且越是到后来，越是讲究语言技巧，往往也更富于
"诗情"。北宋时圆悟克勤参五祖法演有一段轶事：

　　　　方半月，会部使者解印还蜀，诣祖问道。祖曰："提刑少
年，曾读小艳诗否？有两句颇相近：'频呼小玉元无事，只要檀
郎认得声。'"提刑应："喏喏。"祖曰："且子细。"师适归，侍立
次，问曰："闻和尚举小艳诗，提刑会否？"祖曰："他只认得声。"
师曰："'只要檀郎认得声'，他既认得声，为什么却不是？"祖
曰："如何是祖师西来意？庭前柏树子聻！"师忽有省，遽出，见
鸡飞上栏杆，鼓翅而鸣，复自谓曰："此岂不是声？"遂袖香入
室，通所得，呈偈曰："金鸭香销锦绣帏，笙歌丛里醉扶归。少
年一段风流事，只许佳人独自知。"祖曰："佛祖大事，非小根劣
器所能造诣，吾助汝喜。"祖遍谓山中耆旧曰："我侍者参得禅
也。"由此，所至推为上首。②

这里用来示法的是世俗间的艳诗。偈里是用情人间心心相印的

_____

①《景德传灯录》卷一〇《子湖岩利纵禅师》，《大正藏》第51卷第279页上。
②《五灯会元》卷一九《昭觉克勤禅师》，下册第1254页。

"认得声",来比喻禅全靠自心的感悟,不可言说,也不可替代。如果不是用在谈禅的环境之中,这样的作品已与一般情诗无异。这也是"文字禅"发展到烂熟境地的结果。

投机偈:

在学人参访禅宿时,往往要测验对方禅解,提问商量,即所谓"斗机锋";有时也投以诗偈,譬如投石入水,测其浅深,称"投机偈"。

南泉普愿有《久住投机偈》:

> 今日还乡入大门,南泉亲道遍乾坤。法法分明皆祖父,回头惭愧好儿孙。

景岑答曰:

> 今日投机事莫论,南泉不道遍乾坤。还乡尽是儿孙事,祖父从来不入门。①

这里所谓"还乡"、"入门",应是比喻对清净自性的回归;"祖父"、"儿孙"则是指古德和后辈学人。南泉普愿的意思是说古德已经悟解万法归于一心的道理,并以此来启发后辈儿孙。长沙景岑的回答用的是宋人所谓"梵志翻着袜法",把普愿的"亲道"翻案为"不道",指出"还乡"全靠儿孙自己,不可模仿、追随古德来求发悟。后者的禅解显然又进了一步。

国清师静睄教中幻义,乃述一偈以问学流:

> 若道法皆如幻有,造诸过恶应无咎。云何所作业不亡,而藉佛慈兴接诱。

这是提出佛教教理上的一大矛盾:如果诸法全部如幻如化,那么业报何在?佛法何用?时有小静上座答曰:

---

① 《景德传灯录》卷一〇《长沙景岑禅师》,《大正藏》第 51 卷第 276 页上。

> 幻人兴幻幻轮围,幻业能召幻所治。不了幻生诸幻苦,觉
> 知如幻幻无为。①

小静上座的回答首先肯定了大乘空观诸法如幻如化的基本观念,他由之生发,以为幻人、幻事招来如幻的业报,这正是人生之苦所在,因而要觉悟如幻的真谛,达到无为无事的禅境。这当然还没有摆脱对于般若空的玄学化的理解,但在表述上确有辩证意味。

明志偈:

禅德往往以偈颂明志,这样的作品已更接近于一般"言志"的诗了。

伏牛自在放小师行脚时有颂曰:

> 放汝南行入大津,碧潭深处养金鳞。等闲莫与凡鱼伴,直
> 透龙门便出身。

这里是用中土传统鲤鱼跳龙门典故,指示弟子要立大志,成大事。小师回答:

> 鱼龙未变志常存,变了还教海气浑。两眼不曾窥小水,一
> 心专拟透龙门。千回下网终难系,万度垂钩誓不吞。待我一
> 朝鳞甲备,解将云雨洒乾坤。②

这是袭用老师的比喻,表示自己一定要透过龙门,超凡成圣。这篇作品是七律格式,押韵、对仗均较工稳。七律是晚唐时期流行的诗体,从这样的酬答可以看出诗坛风气对禅门的影响。这首偈表达的以法雨弘济天下的悲愿,也具有道德训喻的意义。

曹山本寂住曹山(今江西抚州市临川区吉水山),割据江西的"钟陵大王"(实为"南平王")钟传再三遣使迎请。第三次遣使时,使者说如不赴王旨,弟子一门便见灰粉,时本寂附上古人(马祖弟

---

① 《景德传灯录》卷二一《天台国清师静上座》,《大正藏》第51卷第374页上。
② 《祖堂集》卷一五《伏牛和尚》,第662页。

子大梅法常）偈一首：

> 摧残枯木倚青林，几度逢春不变心。樵客见之犹不顾，郢
> 人那更苦追寻。①

这像是托物咏怀的七绝。据说使回通偈，王遥望山顶礼拜。古人
以松柏之后凋比喻人的志节，这篇偈的立意即由之蜕化而来：枯木
逢春而不花，表明不为荣华所诱，耐得起枯淡，坚拒迎请的决心。
这里所谓"古人偈"，是指禅门流行的作品。

越州观察使差人问五泄灵默："依禅住持？依律住持？"灵默以
偈答曰：

> 寂寂不持律，滔滔不坐禅。俨茶三两碗，意在钁头边。②

这又像是一首咏志的五绝。抒写自己在吃茶、作务的平常生活中，
淡泊安闲，无所追求，也不受任何经教羁束，只是任运随缘，达到禅
而非禅的境界。这正是洪州一系禅观的体现。

唐武毁佛，大批僧侣被迫还俗。由于习禅不需要住寺、读经
等，一些还俗或避居民间的禅师仍能够保持初衷，这对后来禅门得
以较快地恢复起了重要作用。有些人在毁佛时述偈言志，如龟山
智真有偈二首：

> 明月分形处处新，白衣宁坠解空人。谁言在俗妨修道，金
> 粟曾为长者身。
>
> 忍仙林下坐禅时，曾被歌王割截支。况我圣朝无此事，只
> 令休道亦何悲。③

第一首用禅门流行的"一月普现一切水"典故，来说明禅无处不在，

---

① 《祖堂集》卷八《曹山和尚》，第 378 页。
② 同上卷一五《五泄和尚》，第 671 页。
③ 《景德传灯录》卷九《福州龟山智真禅师》，《大正藏》第 51 卷第 269 页下；第
　一首亦见《祖堂集》卷一七。

因此在俗不妨修道。第四句是维摩居士典：六朝以来传说维摩本是金粟如来现身，他虽着白衣，不害其道行远远超过佛的声闻弟子和众菩萨。后一首用歌利王残害忍辱仙人的本生故事：歌利王为了试验佛陀前世忍辱仙人是否还有贪著，割其耳，再刵鼻削手，但仙人坚忍不改其志，最终恢复相好圆满，无少变化。偈里是说唐王朝虽然迫使僧侣还俗，但总还没有施以酷刑。这是一种反讽，表示对现实迫害的蔑视和执著修道、坚韧不回的决心。

龟山慧忠也曾被迫还俗。但在宣宗恢复佛法后，却"不宇而禅"，即没有再住寺复僧形。他有三首偈以明志：

> 雪后始谙松桂别，云收方见济河分。不因世主教还俗，那辨鸡群与鹤群？
>
> 多年尘事谩腾腾，虽著方袍未是僧。今日修行依善慧，满头留发候然灯。
>
> 形容虽变道常存，混俗心源亦不昏。更读善财巡礼偈，当时何处作沙门？①

第一首用了三个比喻，说法难乃是检验道心的机会，表明自己内心的坚定；第二首更进一步，说以前虽然身穿僧衣，但心地染于尘俗，现在则如梁朝傅大士，虽蓄发在俗，却真正度过修道生活；第三首直截表白道心不变，用《华严经》里的善财童子作比：善财是福城长者子五百童子之一，在佛弟子文殊师利处发心求菩萨道，并在文殊师利指点下，南行巡礼五十三位善知识，乃是白衣求道者的典型。这三篇偈抒写虽受迫害而不改初衷的坚定意志。其中的混迹世俗而道心不变的观念，体现禅在人生日用的道理，也是宣扬一种禅解。

这些明志偈颂主要有两方面的意义：一方面是信仰心的表现，

①《景德传灯录》卷二三《泉州龟洋慧忠禅师》，《大正藏》第 51 卷第 395 页下。

坚定的信仰心乃是宗教信徒应有的心态,那种不为环境所迫、不为权势所屈的求道意志又有着普遍的伦理意义;再一方面是禅解的表露,抒写个人对于禅的独特感悟。

劝学偈:

洪州禅讲"道不要修",认为"修"道已是一种驰求、知见;但禅宗学人又纷纷奔竞于禅宿门下,寻求启发、开悟的机缘。这种行为看起来是与禅的自主精神相矛盾的。这样,也就形成禅门"教学"的独特的、生动活泼不拘一格的形式,例如使用拳打棒喝、举指竖拂之类特别动作,还有前面说的"不立文字"的特殊文字等等。因而学人参禅也要通过特殊的进路、特别的方式。指点学人修道和悟解的方法,形成一批"劝学偈"。

长沙景岑的《劝学偈》:

> 万丈竿头未得休,堂堂有路少人游。禅师欲达南泉去,满目青山万万秋。①

这是发挥他的示法偈"百尺竿头不动人"的主旨:是说到了万丈竿头,前面仍然有路,只是很少有人去走;只有无所畏惧地去摆脱所有系缚,斩断一切凡情,才算见到满目青山的无限风光。这是指示一种超越相对的绝对境界,也即是他的老师南泉普愿的境界。后来天台德韶有偈说:"通玄峰顶,不是人间。心外无法,满目青山。"②即是从这篇偈蜕化而来,表达的是同样的意旨。

香岩智闲的《劝学偈》:

> 出家修道莫求安,失念求安学道难。未得直须求大道,觉了无安无不安。③

---

① 《祖堂集》卷一七《岑和尚》,第769页。
② 《景德传灯录》卷二五《天台山德韶国师》,《大正藏》第51卷第408页中。
③ 《祖堂集》卷一九《香岩和尚》,第841页。

这篇勘辩玄理,在如何"安心"上立意。早期"楞伽宗"求"安心",到洪州禅观念则全然不同:"求安"仍有所求,并未悟解"无心是道"的道理,所以被说成是"失念";只有超越"安"与"不安",才算真正达到"无不安"的境地。这也是指示学人必须断绝向外驰求的禅理。

雪峰义存初出家时,有"儒假大德"送给他三首偈,这实际是托名的劝学偈:

> 光阴轮谢又逢春,池柳庭梅几度新。汝别家乡须努力,莫将辜负丈夫身。

> 鹿群相受岂能成,鸾凤终须万里征。何况故园贫与贱,苏秦花锦事分明。

> 原宪守贫志不移,颜回安命更谁知?嘉禾未必春前熟,君子从来用有时。①

这三篇偈勉励学人要立志高远,努力不懈,并预言将来的远大前程。在表达方式上,不止风格已与一般七绝无别,更以孔门弟子颜回和原宪、"挂六国相印"的纵横家苏秦为榜样。这正符合"儒假大德"的口吻。

雪峰弟子翠岩令参的劝学偈写法和风格都很特别:

> 苦哉甚苦哉,波里觅干灰。劝君收取手,正与摩时徕。②

这首偈讽刺向外驰求如"波里觅干灰",永远不可能求得;让人"收取手",即立即放下驰求之心,才是得道之时。"正与摩时徕"意谓"正是这个时候",也就是"只这是"、当下即是的意思。全篇二十个字,构思奇崛,纯用口语,体现一种奇僻风格。

顺世偈:

禅宿在去世时往往说偈付法,留下遗偈,也就是传法偈。这类

---

① 《祖堂集》卷七《雪峰和尚》,第 358－359 页。
② 同上卷一〇《翠岩和尚》,第 478－479 页。

临终付法事迹多出于传说,遗偈多数也应是弟子们神化先师的假托之作,实际乃是明禅的一种形式。顺世偈设置的是面临生死的环境,因此表达生死观就是这类作品常常抒写的独特内容。而生死观本是人生观的核心内容之一,关系到所有人普遍需要安排的"来生之计"。禅师们针对这个问题的具有特殊意趣的感悟,也引人关注,让人深思。

顺世偈的创作又与禅宗建立祖统有关。在敦煌本《坛经》里,已记载有法海所述自达摩至六祖慧能六位祖师的传法付心颂。达摩颂曰:"吾本来唐国,传教救迷情。一花开五叶,结果自然成。"已经预记其后五祖传承事。慧能的付法颂曰:"心地含情种,法雨即花生。自悟花情种,菩提果自成。"①《坛经》里还记载了慧能的另外两首顺世偈。据考应成书于中唐时期的《宝林传》整理出西天二十八祖传承祖统,每位祖师都有传法偈。如释迦传给迦叶的偈曰:"法本法无法,无法法亦法。今付无法时,法法何曾法。"②到后来的《祖堂集》里,过去七佛也各有偈传出。这些显然都是后人附会的。它们的写法遵循一定格式:取五言二十字绝句韵文体,组织进心、法、境、菩提、无生、因缘等观念,又用种、花、果等作比喻,说明一般的禅理。这样就树立起一个传统,即禅宿临终有一首总结性的偈颂留给后人,付法留偈的习俗从而形成。不过后来制作的遗偈内容广泛得多,形式也自由得多,颇有些意味深刻、表达技巧也相当高明的。如归宗智常弟子五台智通遗偈:

> 举手攀南斗,回身倚北辰。出头天外见,谁是我般人。③

这是一个顶天立地的巨人形象,和李白"欲上青天览明月"④的气概

①《坛经校释》第 103、104 页。
②《双峰山曹侯溪宝林传》卷一,中文出版社影印《宋藏遗珍》本。
③《景德传灯录》卷一〇《五台山智通禅师》,《大正藏》第 51 卷第 281 页上。
④《宣州谢朓楼饯别校书叔云》,《李太白全集》卷一八。

颇有相通之处。其中表现一种遗世独立、超越群伦、绝对地肯定自我的精神世界，可以看作是一首富于浪漫精神的抒情小诗。

洞山良价弟子疏山光仁的遗偈同样用想象、夸张手法，直接表达面对死亡的态度：

> 我路碧天外，白云无处闲。世有无根树，黄叶送风还。①

这里把人生比喻为无根树，寒风一吹则叶黄枝枯；但这风中的树叶却永远在天空自由地遨游，就如天上的白云一样。这里用了唐代诗人常用的"白云"意象。这本是一个象征任运随缘的人生和无限自由的意志的意象。如王维的"悠然远山暮，独向白云归"②，李白的"秦山楚山皆白云，白云处处长随君"③，权德舆的"山僧半在中峰住，共占青峦与白云"④，姚合的"白云向我头上过，我更羡他云路人"⑤，等等。这后两个例句是关系僧人的。诗僧皎然也经常写到白云，还有《白云歌寄陆中丞使君长源》那样的名篇。禅师们谈禅也喜欢借用白云形象，如长庆慧棱法嗣灵隐广严院咸泽，有僧问："如何是广严家风？"答曰："一坞白云，三间茅屋。"⑥光仁的诗偈把落叶和白云两个意象贯穿起来，构想更为新颖，也更显深意。

白水本仁弟子重云智晖善偈颂，"诲人之暇，撰歌颂千余首"，有遗偈说：

> 我有一间舍，父母为修盖。住来八十年，近来觉损坏。早拟移住处，事涉有憎爱。待他摧毁时，彼此无相碍。⑦

---

① 《祖堂集》卷八《疏山和尚》，第401页。
② 《归辋川作》，赵殿成《王右丞集笺注》卷七。
③ 《白云歌送友人》，《李太白全集》卷一八。
④ 《戏赠天竺灵隐二寺寺主》，《权载之文集》卷三。
⑤ 《游天台上方》，《全唐诗》卷五〇〇，第5685页。
⑥ 《景德传灯录》卷二一《杭州广严咸泽禅师》，《大正藏》第51卷第376页上。
⑦ 《景德传灯录》卷二〇《京兆重云智晖禅师》，《大正藏》第51卷第367页上。

这也是一首表达生死观的偈。把人身比喻为房舍,早已见于《阿含经》等早期佛典,主要是利用房舍的成坏来说明人我空观念。石头希迁《草庵歌》则从另一个角度作比喻,说草庵坚牢,内有真主,比喻灵明自性常住不变。智晖的偈立意更朴素,只是说自己身体如房舍一样已经破损,表达对待生死的洒脱态度。最后一联的设想十分诡异:身体被当作是外物,这是十分透彻的超然遗世之想。这也是当年韩愈称赞潮州大颠"实能外形骸,以理自胜,不为事物侵乱。与之语,虽不尽解,要自胸中无滞碍"[1]的境界。这种通达超脱的心性,自有其批判意义和伦理价值。

同样,保福清豁的遗偈也表现生死面前的通达姿态:

> 世人休说路行难,鸟道羊肠咫尺间。珍重苎溪溪畔水,汝归沧海我归山。[2]

他不但把死亡看作如百川归海那样的自然归宿,而且对人生患难也全取坦然态度,毫无患得患失之念。

顺世偈所表达的对待人生的态度,特别是对于生死的感悟往往体现禅所具有的虚无色彩,又显然受到庄子"等生死"、"齐物我"观念的影响。但面对死亡,不恐惧,不悲观,真正能够"放下",对于解答生死这个人生面对的大课题则确有不可否认的高明之处。

以上讨论的是问答商量里的禅偈的主要几类。尽管它们在风格上有侧重谈玄说理和侧重抒情明志的不同,但都是意在明禅,又大多是"意在言外"的。其中不少优秀篇章,诗情浓郁,表达上又有一定特点,置之当时诗坛也是堪称佳作的。

---

①《与孟尚书书》,《韩昌黎集》卷一八。
②《五灯会元》卷八《保福清豁禅师》,中册第 492 页。

五

晚唐五家分宗后,禅宗各派总结接引学人的不同方法,如曹洞宗的"五位君臣",临济宗的"四宾主"、"四料简"、"四照应",云门宗的"云门三句"等等,这就是不同的"宗纲"。用偈颂来描述这些宗纲,就形成宗纲颂。宗纲颂乃是宗义的一种总结,是宗门教学的一种教材。不过当时宗风已普遍衰落,所总结的基本是宗义的表达形式方面。这就限制了它们的内容与价值。

宗纲颂的形成有个过程。每一位禅师对于禅境的特殊体验,往往以形象的、如诗如颂的言句来形容,已如上述。这种办法到中唐时期开始流行。夹山善会曾用"猿抱子归青嶂后,鸟衔花落碧岩前"这如诗如画的境界来形容禅境,就是一个成功的例子。这也是谈禅中象征性语言的活用。类似的回答不少都意境鲜明,作为禅解含蓄而耐人寻味,作为诗语也是优美、生动的。后来这种方法大为普及,渐成谈禅的公式。如有僧问慧观光睦:"如何是南源境致?""南源"是他所住的地方,这里是探问他的禅境如何。答曰:"几处峰峦猿鸟啸,一带平川游子迷。"①这里描写的应是南源真实景物,但回答者显然意在言外,言句的内涵并不确定,引人揣摩。这也是斗机锋的要求。同样,有僧问灵泉归仁:"如何是伏龙境?"答曰:"山峻水流急,三春足异花。"②问开先圆智:"如何是开先境?"答曰:"最好是'一条界破青山色'。"③后一句借用唐代诗人徐凝咏

---

①《景德传灯录》卷一七《吉州南源山行修禅师》,《大正藏》第51卷第342页中。
②同上卷二〇《延州延庆奉璘禅师》,《大正藏》第51卷第368页中。
③同上卷二一《庐山开先绍宗禅师》,《大正藏》第51卷第375页中。

庐山瀑布的名句①。禅宗学人多精于诗,往往把诗、禅相沟通。这类例子不胜枚举。

这样,利用诗颂已经成为学人对答勘辩的普遍风气。这特别在善偈颂的石头一系学人中更为流行。他们的一问一答往往像是联句作诗。如夹山善会弟子落浦(乐普)元安善偈颂,有僧问:"瞥然便见时如何?"这问的是如何"见"道。答曰:"晓星分曙色,争似太阳辉。"又问:"恁么来不立、恁么去不泯时如何?"答曰:"鬻薪樵子贵,衣锦道人轻。"问:"经曰饭百千诸佛不如饭一无修无证者,未审百千诸佛有何过? 无修无证者有何德?"曰:"一片白云横谷口,几多归鸟夜迷巢。"问:"日未出时如何?"曰:"水竭沧溟龙自隐,云腾碧汉凤犹飞。"②这里的答话全用象征的诗语,意义是不确定的,全靠听者自己去体会。如最后一问所谓"日未出",本指禅法尚未出世则光明未现;回答说大海虽然枯干但蛟龙仍在,云雾虽然遮天但凤鸟仍飞,意谓禅法是绝对的、永恒的存在,不论是否有人发现它,领悟它。又有僧问:"如何是西来意?"这是禅门勘验的常用题目。答曰:"飒飒当轩竹,经霜不自寒。"僧拟再问,答曰:"只闻风击响,不知几千竿。"③这实际是"西来无意"的传统回答,四句话组合起来恰是一首意境浑融的五绝。

南岳一系也有善诗颂的人物。前面已提到风穴延沼,有僧问:"如何是佛?"答曰:"嘶风木马缘无绊,背角泥牛痛下鞭。"又问:"随缘不变者急遇知音人时如何?"答曰:"披莎侧笠千峰里,引水浇蔬五老前。"④针对前一问"如何是佛",回答的意思是,正如木马、泥牛不能奔走,求佛者绊木马、打泥牛也是徒然。后一问习禅者随缘不

---

①《庐山瀑布》,《全唐诗》卷四七四,第5377页。

②《景德传灯录》卷一六《澧州乐普山元安禅师》,《大正藏》第51卷第331页中。

③《祖堂集》卷九《落浦和尚》,第416页。

④《景德传灯录》卷一三《汝州风穴延沼禅师》,《大正藏》第51卷第302页下、303页上。

变,遇到真正的知音人应如何对待? 答话里"披莎侧笠"是说将要下雨,可是这时仍要继续引水灌园,是说即使机缘来临,也不能消极等待,要积极地参访、请益。

再进一步,师资间斗机锋问答全用诗语。如遵布衲问韶山寰普说:"凤凰直入烟霄去,谁怕林间野鹊儿。"对曰:"当轩画鼓从君击,试展家风似老僧。"遵曰:"一句迥超今古格,松萝不与月轮齐。"对曰:"饶君直出威音外,犹较韶山半月程。"①两个人全以诗句相互测度,都试图以难以索解的语句压倒对方。这与其说是在禅解上比高下,不如说是在较量语言技巧了。

晚唐丛林中宗派观念逐步明晰,辨别宗门派系也成为师弟子勘辩的重要内容。石头一系多问"如何是和尚家风"? 洪州一系则多问"师唱谁家曲,宗风嗣阿谁"? 对方同样都多用如歌如诗的形容语来作答。如有僧问吉州禾山:"如何是和尚家风?"答曰:"满目青山起白云。"②又有僧同样问钦山文邃,答曰:"锦帐银香囊,风吹满路香。"③后者像是艳情诗句。有僧问风穴延沼:"师唱谁家曲,宗风嗣阿谁?"答曰:"超然迥出威音外,翘足徒劳赞底沙。"④这都是用具体意境来表现不同宗风的特征。

值得注意的是,谈禅所用语句,有些是现成诗句,往往采取"断章取义"办法,赋予所用诗句以新的含义。从中也可以看出当时诗歌在丛林中多么普及,禅宿和学人对诗人创作多么熟悉。前代名家警句如"枯桑知天风,海水知天寒"(《古诗十九首》)、"行到水穷处,坐看云起时"(王维)、"水流心不竞,云在意俱迟"(杜甫)等等是常常被利用的;甚至时代在后的诗人作品,如杜牧(或作许浑)的"深秋帘幕千家雨,落日楼台一笛风"、杜荀鹤的"时挑野菜

① 《景德传灯录》卷一六《洛京韶山寰普禅师》,《大正藏》第 51 卷第 333 页上。
② 同上卷一七《吉州禾山无殷禅师》,《大正藏》第 51 卷第 339 页上。
③ 同上《澧州钦山文邃禅师》,《大正藏》第 51 卷第 340 页中。
④ 同上卷一三《汝州风穴延沼禅师》,《大正藏》第 51 卷第 302 页下。

和根煮,旋斫生柴带叶烧"等,也曾被引用。寒山诗亦常常出现在问答商量之中。至于僧人和古德语句使用起来就更为方便。如有僧问药山圆光:"药峤灯连,师当第几?"对曰:"相逢尽道休官去,林下何曾见一人。"①这是用灵澈《东林寺酬韦丹刺史》诗;又僧问白云令弇:"三台有请,四众临筵,既处当仁,请师一唱……"对曰:"夜静水清鱼不食,满船空载月明归。"②这是用相传船子和尚偈颂。这样,以诗明禅,诗、禅合一作为"文字禅"的表现,在禅门中就成为一时风尚。

正是在这样的宗风之下,宗纲颂的创作形成潮流。其中以曹洞和临济二宗纲领更为系统,宗纲颂创作也更为丰富。

如前所述,中唐以后禅门逐渐形成宗派,但并没有明确为"五家";后出禅籍所记载作为"五家"纲领的那些公式,起初也并没有定型。但是在禅门利用诗语成风的形势下,宗派形成时期已经在利用诗语表明各自宗义。如临济义玄与弟子涿州纸衣和尚的一段对话:

> 涿州纸衣和尚初问临济:"如何是夺人不夺境?"临济曰:"春煦发生铺地锦,婴儿垂发白如丝。"师曰:"如何是夺境不夺人?"曰:"王令已行天下遍,将军塞外绝烟尘。"师曰:"如何是人境俱不夺?"曰:"王登宝殿,野老讴歌。"师曰:"如何是人境俱夺?"曰:"并汾绝信,独处一方。"师于言下领旨。③

所谓夺境、夺人,是指破除对人我和法我的执着,这里指示学人全是利用诗语。临济所说"春煦"句形容春光烂漫,草木萌发,是"不夺境";"婴儿"句说小儿发白如丝,未老先衰,是"夺人",等等。这就是后来所说的"四料简"。曹洞宗有"五位君臣"之说。但《祖堂

①《景德传灯录》卷二三《澧州药山圆光禅师》,《大正藏》第51卷第391页上。
②同上《建州白云令弇禅师》,《大正藏》第51卷第393页中。
③同上卷一二《涿州纸衣和尚》,《大正藏》第51卷第295页下－296页上。

集》和《景德录》均未录《五位君臣颂》，当是后人总结出来的。不过早自洞山良价弟子华严休静与皇帝一段对话，已用君臣关系说明禅解，回答也是用诗语：

> 师在京中赴内斋，他诸名公悉皆转经，唯有师与弟子不转经。帝问师："师也且从不转经，弟子为什么不转经？"师云："道泰不传天子令，时人尽唱泰平歌。"问："王子未登九五时如何？"师云："贪游六宅戏，不觉国内亏。""王子正登九五时如何？"师云："朱帘齐卷上，四相整朝仪。""登九五后如何？"云："金箱排玉玺，御辇四方归。"……①

这里第一问为什么"不转经"，答以"道泰"两句，是说普天之下已经太平无事，意谓禅本来如如自在，不假外求；"王子未登九五"本是说未继帝位，意指尚未悟禅，安于迷误，如王子之"贪游六宅戏"，以下类此。

这类问答，均意在树立自宗宗旨。后来随着作为各宗纲领的公式形成，解说"宗纲"的偈颂被陆续创作出来。它们大量出现在五代、北宋时期，这也正是五家七宗逐渐定型时期。它们多采取组诗形式。南宋初晦岩智昭所编《人天眼目》六卷采录不少这类作品。它们以诗语来形容禅境，有相当浓郁的艺术趣味。如佛鉴惠勤颂"四料简"：

> 瓮头酒熟人皆醉，林上烟浓花正红。夜半无灯香阁静，秋千垂在月明中。（夺人不夺境——著者，下同）
>
> 莺逢春暖歌声滑，人遇时平笑脸开。几片落花随水去，一声长笛出云来。（夺境不夺人）
>
> 堂堂意气走雷霆，凛凛威风掬霜雪。将军令下斩荆蛮，神剑一挥千里血。（人境俱夺）

---

① 《祖堂集》卷八《华严和尚》，第 392 页。

　　圣朝天子坐明堂，四海生灵尽安枕。风流年少倒金樽，满院桃花红似锦。（人境俱不夺）

　　总颂：千溪万壑归沧海，四塞八蛮朝帝都。凡圣从来无二路，莫将狂见逐多途。①

像这样的偈颂，全然用诗的写法，表达的是诗的意境，禅意完全通过暗示、联想体现出来。又如汾阳善昭颂"五位君臣"：

　　正中来，金刚宝剑拂天开。一片神光横世界，晶辉朗耀绝纤埃。

　　偏中正，看取法王行正令。七金千子总随身，犹自途中觅金镜。

　　正中偏，霹雳机锋著眼看。石火电光犹是钝，思量拟议隔千山。

　　兼中至，三岁金毛爪牙备。千妖百怪出头来，哮吼一声皆伏地。

　　兼中到，大显无功休作造。木牛步步火中行，真个法王妙中妙。

　　五位参寻切要知，丝毫才动即相违。金刚透匣谁能用，唯有那吒第一机。举目便令三界静，振铃还使九天归。正中妙叶通回互，拟议锋铓失却威。总颂。②

"五位君臣"亦称"曹洞五位"、"洞山五位"，是把禅理中的"正"（体、空、净等绝对）、"偏"（用、俗、染等相对）、"兼"（非正非偏的"中道"）比拟为君臣关系，以说明禅的真谛。这后一组写法与前面不同，把"五位"关系先行提出，再用"君"、"臣"事相来描摹。按一般解释，"正中来"是说清净自性本体，比拟为"君"位；"偏中正"指万物事

――――――――――――

① 《人天眼目》卷一，《大正藏》第 48 卷第 301 页中。
② 同上卷三，《大正藏》第 48 卷第 315 页上。

相,比拟为"臣"位,等等,这样表达观念更为明确,但诗意则打折扣了。

这种宗纲颂不论具体写作方式有什么不同,以象征性的诗语作为表现手段是共同的。这是特殊形态的"意在言外":偈颂的含义和文字表达是相间隔的,二者的联系也是不明确的。这样就形成表达上的一种格式,可以说是"以诗明禅"、"绕路说禅"发展到极端的结果。

"以诗明禅"的另一种定型格式,也是后来发展起来的一类特殊的偈颂是"颂古"。这是伴随禅门中兴起"看话头"、"说公案"风气的产物。由于禅门确立起祖师传灯统绪,先师的言句、行为以至佛门掌故就成为后学参学的材料。所谓"颂古",就是捻出古德言行,加以评唱。这也成为表达禅解的形式。这类偈颂在晚唐已经出现,不过当时还是个别的。如马祖弟子石巩接待大颠弟子三平义忠有一公案:三平到石巩处参学,石巩却架起弓箭,叫道:"看箭。"三平擘开胸受;石巩抛下弓箭云:"三十年在者里,今日射得半个圣人。"三平住持后云:"登时将谓得便宜,如今看却输便宜。"①后来罗山道闲法嗣灌州灵岩颂云:

> 解擘当胸箭,因何只半人。为从途路晓,所以不全身。②

石巩射出一箭,意谓要夺取对方性命,即斩断他的凡情;三平明白他的用意,所以擘胸接受。但在石巩看来,三平这个行动表明他仍心存知解,虽悟却并不透彻,因此只算是半个圣人。灵岩所颂也是这个意思。

这种取古德为题材加以歌颂的写法,显然受到中唐诗坛上发达的"咏古"、"怀古"体裁的影响。但是诗歌中这类作品多是"发思古之幽情"或"借古以讽今"的,而禅门的"颂古"则是明禅解的。

———————

① 《祖堂集》卷一四《石巩和尚》,第 631 页。
② 《景德传灯录》卷二三《灌州灵岩和尚》,《大正藏》第 51 卷第 393 页下。

和咏古、怀古诗比较起来,禅门颂古更能体现偈颂的"象征"特色。

第一位大量写作颂古诗偈的是北宋初年的汾阳善昭(947—1124)。他少而习儒,文学修养甚高,一时文坛盟主杨亿称赞他"愿力勇猛,学解淹博"①。弟子慈明楚圆编辑他的语录三卷传世。中卷是颂古一百则和"代别"二百条,下卷是前面已提到的诗、歌、偈、颂。他是当时具有代表性的禅文学家,颂古体即在他的手下定型。下面是两则:

> 二祖问达磨:"请师安心。"磨云:"将心来与汝安。"祖云:"觅心了不可得。"磨云:"与汝安心竟。"　　九年面壁待当机,立雪齐腰未展眉。恭敬愿安心地法,觅心无得始无疑。

> 僧问赵州:"如何是祖师西来意?"州云:"庭前柏树子。"云:"和尚莫将境示人?"云:"我不将境示汝。"云:"如何是祖师西来意?"云:"庭前柏树子。"　　庭前柏树地中生,不假犁牛岭上耕。正示西来千种路,郁密稠林是眼睛。②

这里前一则是达磨与慧可安心公案,"九年面壁"和"立雪齐腰"是禅史所传二人的著名故事,诗颂的意思是显豁的。后一则是赵州从谂公案,"祖师西来意"是谈禅著名话头,赵州看似答非所问,大概意思是禅如庭前柏树,自然长成,不假耕耘扶植,不须修剪;最后一句的"眼睛"指"顶门眼":传说摩醯首罗天有三眼,其顶门一只竖眼超于常眼,偈中用以喻见道的特识。汾阳一百则所颂都是禅门著名公案,从中也可以看出当时丛林中公案流行情形。上面两个例子代表善昭颂古的一般风格:表达比较质朴直率,内容也都还比较浅显,易于揣摩。

进一步发展颂古一体并更牢固地确立其地位的是汾阳稍后、造成所谓"云门中兴"的雪窦重显(980—1152)。他是云门三世智

---

①《汾阳无德禅师语录序》,《大正藏》第 47 卷第 595 页中。
②《汾阳无德禅师语录》卷中,《大正藏》第 47 卷第 607 页下、第 610 页下。

门光祚法嗣,早年游方,后住明州雪窦山资圣寺,是一代著名禅匠,卒谥"明觉大师"。他著述甚富,有《颂古百则》、《祖英集》和《语录》等多种,也是成就卓著的禅文学家。云门宗风险峻高古,常于一言一句中见机趣,有所谓"涵盖乾坤"、"截断众流"、"随波逐浪"等"云门三种句",追求以简洁含蓄的言句显示大机大用。他的颂古正体现这种风格。他颂古的题材更加开阔了,除禅宗公案外,还有取自《维摩》、《金刚》、《楞严》等经典的。取自公案的,关于云门文偃的十四则,赵州从谂的十一则,其次是百丈怀海四则,马祖道一、雪峰义存、南泉普愿各三则,显然多取时代较近的晚唐禅门故事;又以云门为多,则因为他是云门宗人。他的颂古更讲究语言修辞和表现技巧,象征意味也更为浓郁,体现了"文字禅"发达兴盛的状态。

雪窦颂古流传丛林,到北宋末,有杨岐派的圆悟克勤(1065—1135),本来宿习儒业,博通能文,广参东林常总、黄龙晦堂等人,在五祖法演门下得法。徽宗政和(1111—1118)中,在荆州遇到著名官僚居士张商英,经其劝请,对雪窦颂古加以评唱,门人记之,因为书成于夹山灵泉院,取夹山善会"鸟衔花落碧岩前"典故,名其书为《碧岩录》。书的体例是在雪窦颂古的每一则公案和偈颂前加"垂示",引录公案和颂诗中间夹批"著语",然后加上自己的评唱解说。雪窦颂古藉《碧岩录》而更广泛流行。下面取比较简短而意思又较明晰的三则做例子,只录公案和颂古(仿宋体字是公案,楷体是颂古,小字是著语,垂示和评唱省略):

第七则:举:僧问法眼:道什么,担枷过状。"慧超咨和尚,如何是佛?"道什么,眼睛突出。法眼云:"汝是慧超。"依模脱出,铁馂馅,就身打劫。

江国春风吹不起,尽大地那里得这消息,文采已彰。鹧鸪啼在深花里。喃喃何用,又被风吹别调中,岂有怎么事。三级浪高鱼化龙,通这一路,莫谩大众好,踏著龙头。痴人犹㢮夜塘水。扶篱摸壁,挨门傍户，衲僧有什么用处，守株待兔。①

第三十六则：举：长沙一日游山，归至门首。今日一日，只管落草，前头也是落草，后头也是落草。首座问："和尚什么处去来？"也要勘过这老汉，头过新罗。沙云："游山来。"不可落草，败缺不少草里汉。首座云："到什么处来？"拶，若有所至，未免落草，相牵入火坑。沙云："始随芳草去，又逐落花回。"漏逗不少，元来只在荆棘林里坐。座云："大似春意。"相随来也，将错就错，一手抬一手搦。沙云："也胜秋露滴芙蕖。"土上加泥，前箭犹轻，后箭深，有什么了期。雪窦著语云："谢答话。"一火弄泥团汉，三个一状领过。

大地绝纤埃，豁开窗牖，当轩者谁，尽少这个不得，天下太平。**何人眼不开**。顶门上放大光明始得，撒土撒沙做什么。**始随芳草去**，漏逗不少，不是一回落草，赖值前头已道了。**又逐落花回**。处处全真，且喜归来，脚下泥深三尺。**羸鹤翘寒水**，左之右之，添一句更有许多闲事在。**狂猿啸古台**。却因新着力，添一句也不得，减一句也不得。**长沙无限意**，便打，末后一句道什么？一坑埋却，堕在鬼窟里。**咄！**草里汉，贼过后张弓，更不可放过。②

第四十五则：举：僧问赵州："万法归一，一归何处？"拶著这老汉。堆山积岳，切忌向鬼窟里做活计。州云："我在青州作一领布衫重七斤。"果然七纵八横，拽却漫天网，还见赵州么？衲僧鼻孔曾拈得，还知赵州落处么？若这里见得，便乃天上天下，唯我独尊，水到渠成，风行草偃。苟或未然，老僧在尔脚跟下。

编辟曾挨古老锥，何必拶著这老汉，挨拶向什么处去？**七斤衫重几人知**。再来不值半分钱，直得口似扁担，又却被他赢得一筹。**如今抛掷西湖里**，还雪窦手脚始得，山僧也不要。**下载清风付与谁**。自古自今，且道雪窦与他酬唱，与他下注脚，一子亲得。③

---

①《碧岩录》卷一，《大正藏》第48卷第147页上—下。
②同上卷四，《大正藏》第48卷第174页中—下。
③《碧岩录》卷五，《大正藏》第48卷第181页下—182页上。

《碧岩录》本是为弟子提唱制作,实际也是讲解公案的纪录。本来为明禅而说公案,再利用公案作颂古,已落入了文字障;对颂古再加解说,则又加上一层文字障。这就与禅的"不立文字"的精神背离太远了。何况所用的文字又是象征、暧昧、不可解的诗语。不过在"看话禅"流行的风气里,这样的书正是学习谈禅技巧的好教材,所以一时间被称赞为"宗门第一书"。但"文字禅"已是禅宗衰落的表现。这种专门在文字言句上用功夫的做法,不但对于禅解已鲜有新的发挥,就是表现方面也少见创新。它的某些机锋俊语和诗情画意的表达当然会给喜禅的人提供文字借鉴或欣赏材料,但一般说来,对文坛的影响是有限的。《碧岩录》以后,同类的书续有撰作。如曹洞宗的投子义青、丹霞子淳、宏智正觉等均有《颂古百则》之作,其后分别有人模仿《碧岩录》加以提唱。如辽、金之际万松行秀提唱正觉《颂古》而为《万松老人评唱天童觉和尚颂古从容庵录》(《从容录》),元代行秀弟子林泉从伦评唱子淳《颂古》而为《林泉老人评唱丹霞淳禅师颂古虚堂集》(《虚堂集》),又评唱义青《颂古》而为《林泉老人评唱投子青和尚颂古空谷集》(《空谷集》)等。然而这些书的影响远不如《碧岩录》。主要原因是禅宗本身的生命力已大为丧失,这些书从内容到形式也都严重地形骸化了。

在南宋已出现颂古总集。淳熙二年(1175),法应宝鉴编成《禅宗颂古联珠集》,收宗师122人,公案325则,颂古2100余首。元鲁庵普会加以增集,增收宗师426人,公案达493则,颂古3050首,成《禅门颂古联珠通集》四十卷。到清代,集云堂性音编《宗鉴法林》七十二卷,集拈颂之大成,收公案2720则,颂诗近万首。这些都进入禅宗十分庞大的文字堆积之中,文献意义之外,已没有多大价值了。

六

　　禅史、语录、灯录是禅文学的另一类作品。特别是语录，更是散文史上值得注意的成就，对思想、学术，对文坛也造成相当广泛、深刻的影响。梁启超说：

　　　　自禅宗语录兴，宋儒效焉，实为中国文学界一大革命。然此殆可谓为翻译文学之直接产物也。盖释尊只有说法，并无著书，其说法又皆用"苏漫多"。弟子后学汲其流，即皆以喻俗之辩才为尚。入我国后，翻译经典，虽力谢雕饰，然犹未敢径废雅言。禅宗之教，既以大刀阔斧，抉破尘藩，即其现于文字者，亦以极大胆的态度，掉臂游行，故纯粹的"语体文"完全成立。然其动机实导自翻译。①

胡适也曾说：

　　　　六朝以下，律师宣律，禅师谈禅，都倾向白话的讲说；到禅宗的大师的白话语录出来，散文的文学上遂开一生面了。②

早期禅宗"藉教悟宗"，无论是内容还是方法，都与传统经教紧密联系。如注重对经典《楞伽经》、《金刚经》等的研习和解释，著论（如各种《达摩论》）来阐发禅理等。但随着"不立文字，教外别传"观念越加明晰，不但禅观内容，就是表现形式也逐渐全盘加以创新了。前面所述偈颂是一种形式；另一种重要形式即基本是散文体的禅

---

① 《翻译文学与佛典》第 29 页，《佛学研究十八篇》，台北中华书局，1976 年。
② 《白话文学史》（上）第十章《佛教的翻译文学》（下），131 页，上海古籍出版社，1999 年。

史、语录、灯录。

　　上述这些体裁都属于广义的僧史一类史书,是随祖统的形成而撰集起来的,记录的是历代祖师传法的行迹、言论和传继关系。最初出现的是《楞伽师资记》之类禅史。由它们逐渐演变出灯录,如《祖堂集》《景德传灯录》,还有后来流行的《五灯会元》等,主要记述历代禅德按世代传承的统绪、事迹、言句等,大量公案、话头、偈颂就记载在里面。语录从中唐时期开始大量创作出来,成为编撰僧史、灯录的基本材料,上面讨论的偈颂许多就记录在里面。由于这些都是宗门文献,后辈弟子们要对祖师或先德加以美化、神化,所述事实和言论必然有相当多创造成分。特别有些禅师又不是著名人物,甚至出身下层,又常常游行四方,行迹本多有不明之处,就更给后人留下了创作、发挥的余地。另外从撰集这些著作的目的看,主要不是写出信史,而是要表现禅解,即通过对历代禅德的记述来传达禅观。从这个意义上说,它们与其说是历史著作,不如说是阐明禅观的宗门经典。其中所写人物,主要是后人所塑造的历代祖师和禅宿形象,在不同程度上是出自想象的艺术创造产物,是宗义的体现者。当然就具体作品和具体记述而言,其真实成分多寡是不同的。大体说来,越是早期纪录,虚构的成分就更多些;晚期的记载则大体比较平实,可信成分也较多。

　　可以举一个例子,南宋时期编撰的《五灯会元》里有二祖慧可嗣法的完整故事:

　　　　时有僧神光者,旷达之士也。久居伊、洛,博览群书,善谈玄理。每叹曰:"孔、老之教,礼术风规;《庄》《易》之书,未尽妙理。近闻达磨大士住止少林,至人不遥,当造玄境。"乃往彼,晨夕参承。祖常端坐面壁,莫闻诲励。光自惟曰:"昔人求道,敲骨取髓,刺血济饥,布发掩泥,投崖饲虎。古尚若此,我又何人?"其年十二月九日夜,天大雨雪。光坚立不动,迟明,积雪过膝。祖悯而问曰："汝久立雪中，当求何事？"光悲泪曰："惟愿和尚慈悲，开甘露门，广度群品。"祖曰："诸佛无上妙道，旷劫精勤，难行能行，非忍而忍。岂以小德小智，轻心慢心，欲冀真乘，徒劳勤苦。"光闻祖诲励，潜取利刀，自断左臂，置于祖前。祖知是法器，乃曰："诸佛最初求道，为法忘形；汝今断臂吾前，求亦可在。"祖遂因与易名曰"慧可"。可曰："诸佛法印，可得闻乎？"祖曰："诸佛法印，匪从人得。"可曰："我心未宁，乞师与安。"祖曰："将心来，与汝安。"可良久曰："觅心了不可得。"祖曰："我与汝安心竟。"……①

这是插在达摩传里的传法因缘，主要通过立雪、断臂、易名、安心四个情节，塑造出慧可这样一个坚忍不拔、舍身求法的祖师形象。但考之事实，这却是虚构、捏合起来的故事。最早记述较完整达摩故事的道宣《续高僧传》里写慧可，只说"年登四十，遇天竺沙门菩提达摩游化嵩、洛。可怀宝知道，一见悦之，奉以为师"等，并无"立雪"事，而在记述那禅师弟子慧满居洛阳南会善寺时，说道"四边五尺许雪自聚集，不可测也"；其中有"断臂"情节，但却是"遭贼斫臂，以法御心"，而非自断其臂。道宣又写到慧可后来"埋形河涘"、"纵容顺俗"②，对他传法的态度和成绩似有微词。在开元初编成的杜胐《传法宝纪》里有了简单的断臂故事，却又没有写立雪。到《楞伽师资记》，才有慧可自述："吾本发心时，截一臂，从初夜雪中立，直至三更，不觉雪过于膝，以求无上道。"③但这里又没有说为什么断臂。直到大历末年的《历代法宝记》，故事线索才清楚了："初事大师，前立，其夜大雪，至腰不移。大师曰：'夫求法不贪躯命。'遂截

①《五灯会元》卷一《东土祖师》，上册第 44 页。
②《续高僧传》卷一六《齐邺中释僧可传》，《大正藏》第 50 卷第 552 页上。
③《楞伽师资记》，柳田圣山编《禅の語録 2·初期の禅史Ⅰ》，第 162 页，筑摩书房，1985 年。

一臂,乃流白乳……"①综合上述材料,加以比对,可以发现慧可形象的形成过程:人物经过想象、加工逐步完整、生动,这是与某些文学典型"杂凑"起来的情形类似的。

达摩形象也同样,也是后人不断加工、充实而形成的。现存典籍里最早记载达摩的是北魏杨衒之的《洛阳伽蓝记》,其卷一"城内·永宁寺"条里记载是:

> 沙门菩提达摩者,波斯国胡人也。起自荒裔,来游中土,见金盘炫日,光照云表;宝铎含风,响出天外。歌咏赞叹,实是神功。自云:"年一百五十岁,历涉诸国,靡不周遍。而此寺精丽,阎浮所无也。极物(佛)境界,亦未有此。"口唱南无,合掌连日。②

道宣的《续高僧传》成书于传说中达摩卒年百余年后,历来公认其记述史实比较忠实严密。但其卷十六《达摩传》的主要篇幅只记录弘法情况,抄录其所作《二入四行》,对本人行迹则只是说"南天竺婆罗门种……悲此边隅,以法相导。初达宋境南越,末又北度至魏,随其所止,海以禅教……有道育、慧可……寻亲事之,经四、五载,供给谘接……自言年一百五十余岁,游化为务,不测于终"③。这里除了年龄一百五十岁一点之外,与《洛阳伽蓝记》的记载几乎没有什么相同处。这表明,到初唐时期,达摩已是真相相当朦胧的人物。达摩的真实面貌是学术界探讨的课题,此不具论。但后来流传于禅门的祖师达摩形象,如说他于普通年间来梁、梁武问法、一苇渡江、少林面壁、付法说偈、只履西归等充满传奇色彩的故事,

---

①《历代法宝记》,柳田圣山编《禅の語録 3·初期の禅史Ⅱ》,第 77 页,筑摩书房,1984 年。

②《洛阳伽蓝记校注》卷一,第 5 页,上海古籍出版社,1978 年。

③《续高僧传》卷一六《齐邺下南天竺僧菩提达摩传》,《大正藏》第 50 卷第 551 页中—下。

实际也是经过唐五代数百年间一代代人加工创造出来的。从达摩形象的形成,同样可以看到如何从关于一个人物的简单传说生发情节,铺衍故事,终于塑造出一个风神飘逸而有坚定执著、聪慧颖悟而又神奇灵异的求道者与传道者的典型。所以才可以说不是达摩创造了禅宗,而是禅宗创造了达摩。就禅宗史而言,祖师形象的形成正反映宗门发展的过程;就禅文学而言,这也是一批文学典型被创造出来的过程。

早期禅史现存有敦煌写本中属于北宗的杜朏所撰《传法宝纪》、净觉所撰《楞伽师资记》和属于保唐宗的《历代法宝记》等;到宋代还有慧洪所撰《禅林僧宝传》三十卷、石室祖琇所撰《僧宝正续传》七卷等。

六祖慧能的《坛经》作为中土人士所说"经",实际基本是祖师个人说法的记录。被胡适定名为《神会录》的《南阳和尚问答杂征义》则已有问有答,可是从语气看,神会仍是处在导师地位在说法。而他的《南阳和上顿教解脱禅门直了性坛语》、《菩提达摩南宗定是非论》也同样。真正具有特色的禅门语录乃是中唐以后开放的禅门风气的产物,其表达方式已和慧能、神会的上述作品不同,和中土古代诸子百家的语录则有更大差异。

中唐时期禅宗已确立起"教外别传"格局,不同于佛门一般戒律的丛林"清规"也已确立起来。已经有一批专门的禅寺,附属一般寺院的禅院、禅堂则已成为独立部分,禅门师资教学也已形成全新的方式。学人们游方参访,来往于有名望的禅宿门下;师资间扣问商量,相互探询禅解高下;为了不落言诠,问答之间就要破除常识情解,使用机锋转语。在禅门上堂、示法制度形成以后,祖师的言句、禅堂的对答就成为学人研习的主要对象。如此等等,就积累下一大批风格特殊的"机缘语句"。把这些言句记录下来,就是禅宗"语录"。这是禅文学的新成果。

语录的繁荣与禅宗派系的分化、禅风的转变又有直接关系。

石头一系重偈颂,马祖一系重言句,因而最初的语录也是马祖一系的。不过当初不叫"语录",而叫"语"、"语本"、"广语"等等。那些语录当然也不是禅师自己写下来的。如东寺如会曾说"自大寂禅师去世,常病好事者录其语本,不能遗筌领意"①,就表明是后人采录马祖言句做成语录,而且是不同人编撰,还不止一种。马祖弟子一辈如南泉普愿、大珠慧海、居士庞蕴等均留有语录,成为这一时期禅文献的流行形式。上述几个人的语录都被收集在《景德传灯录》里,应是较忠实地保留着早期语录的本来面貌。以后直到晚唐,丛林间各种"册子"已积累很多,流传也很广。由于古德的言行在众口中喧传,记录他们的"册子"也就不会定型,必然会不断地充实、改变。因而现在所见到的单本语录如《镇州临济慧照禅师语录》署名是唐慧然编辑起来的,实则与其他唐人语录一样基本是入宋以后逐渐编写起来的。由于编写情况不同,保存当初说法原貌的情形也就不会相同。

语录和禅史相结合,就形成了独特的禅宗史书——"灯录"。这是按禅门传法统绪、辈分所作的记录,以每位禅师的言句和偈颂为主要内容。因此这也是综合性的禅文献。唐智炬的《宝林传》十卷(佚存七卷)据考写作于德宗建中年间,记载西土二十八祖和东土祖师行迹,已具有后来灯录的基本格局。因为智炬是南宗禅师,住曹溪宝林寺,作传意在宣扬慧能,因而记述到慧能截止。而作者智炬显然知见有限,所述芜杂错乱,作为史书难以凭信,但是其开创体例的意义还是应当肯定的。五代南唐泉州招庆寺静、筠二禅师于保大十年(952)著成《祖堂集》二十卷,内容包括释迦牟尼、迦叶直到晚唐五代凡二百四十六位祖师的事迹、言句。该书于上世纪初在韩国海印寺被发现,是现存第一部完整翔实的灯录。这部书按南宗观念记述,已分出青原、南岳两系。著者著述态度严谨,

———————

① 《祖堂集》卷一五《东寺和尚》,第 679 页。

大体有当时流传的行录等文献为凭据，可藉以了解当时丛林制度、风气、语言等方面的真实面貌。不过由于编撰者局处闽南一方，对于其他更广泛地区的资料多所缺失。例如北方的情况，书里的记述就多简略。下一部受到重视的是北宋真宗景德元年（1004）道原撰《景德传灯录》三十卷。这部书是在宋王朝统一的局面下编撰的，因而得以在广取各种禅文献成果的基础上编写，叙述禅宗世系五十二世一千七百零一人，其中载有语录等记录者九百五十四人，并附录神会、慧忠至法眼文益等十二人的语录和所辑录的一批诗、颂、歌、赞等。这部书受朝命编撰，有著名文人杨亿等参与撰写。这固然使记述的辞章文采更为讲究，但却在相当大程度上失去了对答商量的原貌。对比之下，《祖堂集》则显示出更高的资料价值。《景德录》流行以后，续有李遵勖撰《天圣广灯录》、惟白撰《建中靖国续灯录》、南宋悟明撰《联灯会要》、正受撰《嘉泰普灯录》，各三十卷。鉴于"五灯"多有重复，南宋时期普济于理宗淳祐十二年（1252）删繁就简，博贯综要，合"五灯"为一，成《五灯会元》二十卷，是为后来最为流行的灯录书。以后同类著作续有撰著。不过主要是因为禅宗本身发展已经式微，所作徒增篇幅，已没有更大的价值和意义。后来比较重要且流行较广的还有明瞿汝稷撰《水月斋指月录》三十九卷和朱时恩撰《居士分灯录》二卷等。

禅史、语录、灯录体制不同，但其重在记录祖师言句的内容则一。从发展状况看，这些记录的表现形态并不一致。大体说来，至中唐，即洪州、石头所代表的南宗禅极盛期之前，文字还比较质朴；虽然已多用对话的语录体，但还是多作正面陈述。洪州、石头之后到晚唐、五代，兴起参问请益之风，学人们朝参夕聚，激扬宗要；禅门间形成派系，相互争胜；禅客较量禅解，互斗机锋。这就是所谓"机缘语句"。这是禅门宗风十分活泼、富于创造力的时代。入宋以后，禅门严重地贵族化，禅的表现也逐渐形式化了。"五家"分灯，"七宗"形成，各宗都总结出自己的"宗纲"，表述方式被定出程式。虽然仍利用貌似前人的机锋转语,但多已徒具形骸,失去了活泼泼的创造精神。以后佛门中几乎人人有语录,动辄数十卷,大多数只是徒灾枣梨而已。

从禅文学的角度看,禅史、语录和灯录是独特的白话散文。其中优秀篇章艺术上具有明显特征,取得相当突出的成绩,在散文发展史上占有重要地位,造成相当深远的影响。总括这三种体裁的作品,艺术表现成就主要在如下三个方面。

首先是这些文献描绘出一系列生动的人物形象。自诩为"教外别传"的禅宗特别是南宗禅的历代祖师是以传统佛教的改革者,甚至是叛逆者的面目出现的。禅宗的活动掀起具有重大革新意义的思想潮流,吸引一批才华横溢、具有创造精神的杰出人物进入丛林。中唐到北宋初这二百余年间,是禅思想新见叠出、十分自由活泼的时期。禅门中多有才智过人、个性突出的人物。他们中许多人不止表现出求道者、传道者的热忱和坚定,普遍更具有两个特点:一是创新的、叛逆的个性,不为传统所拘束,具有大胆怀疑精神,因此行动上多有惊世骇俗之举;再是多具有浓厚的艺术气质,言动里表现出强烈的艺术色彩。这样,无论是记录这些人的言句,还是对他们作客观的描绘,都会创造出一批相当鲜明、生动的艺术形象。如临济义玄的一段示众:

> 问:"如何是心心不异处?"师云:"尔拟问早异了也。性、相各分,道流,莫错,世、出世诸法,皆无自性,亦无生性,但有空名,名字亦空。尔祇么认他闲名为实,大错了也。设有,皆是依变之境。有个菩提依,涅槃依,解脱依,三身依,境智依,菩萨依,佛依,尔向依变国土中觅什么物?乃至三乘十二分教,皆是拭不净故纸,佛是幻化身,祖是老比丘。尔还是娘生已否?尔若求佛,即被佛魔摄;尔若求祖,即被祖魔缚。尔若有求皆苦,不如无事……道流,真佛无形,真法无相。尔祇么幻化上头作模作样,设求得者,皆是野狐精魅,并不是真佛,是外道

见解。夫如真学道人，并不取佛，不取菩萨、罗汉，不取三界殊胜，迥然独脱，不与物拘。乾坤倒覆，我更不疑。十方诸佛现前，无一念心喜；三途地狱顿现，无一念心怖。缘何如此？我见诸法空相，变即有，不变即无，三界唯心，万法唯识。所以梦幻空花，何劳把捉……道流，尔欲得如法见解，但莫受人惑。向里向外，逢着便杀：逢佛杀佛，逢祖杀祖，逢罗汉杀罗汉，逢父母杀父母，逢亲眷杀亲眷，始得解脱，不与物拘，透脱自在……①

临济义玄是体现南宗禅里一种典型性格的人物。上面节录的是他的一段示众（当然是经后世门徒编纂的），正充分显示了他的个性。这一段全文有三千余字，大胆激烈，雄辩滔滔，反映了南宗禅慢教破相一派批判怀疑、呵佛骂祖的精神，用的也是最能体现禅宗反传统、重个性的语言。再如前面引述马祖弟子丹霞天然的行迹：江西选佛，石头赐名，慧林烧佛，等等，独特奇诡的言语、行动不但描摹出其思致的机敏、见解的深刻，更突显出他满怀自信、蔑视传统、敢于挑战权威的品格。

　　如上所说，后人传述、记载的祖师行迹、言论不少当出自传闻，反映的主要应是传说者的观念。这样从一定意义说，禅史、语录、灯录就创造出一批性格鲜明、具有一定典型性的人物形象。如聪慧机敏、活泼大胆的马祖道一，机智深沉、绵密亲切的石头希迁，机锋峻峭、恃才佯狂的德山宣鉴，还有前面说到的丹霞天然、临济义玄等等。众多禅门祖师都具有鲜明个性，表现出特殊的艺术魅力。宋以后的理学家写道学传，写学案，著述形式显然受到禅史、灯录等的启示和影响。但比较那些著作里所描写的道学家们就会发现，禅宗祖师们形象更鲜明、更富个性、更具典型性，也更富艺术光彩。这些形象被广泛传颂，被历代文人所认识和亲近。他们无可争辩地可以列入古典文学人物典型的行列之中，无论是所体现观

①《镇州临济慧照禅师语录》，《大正藏》第 47 卷第 499 页下－500 页中。

念还是所使用描写方法,都给后人提供了宝贵的借鉴。

禅史、语录、灯录作为文学散文,另一个突出成就是创造出独具特色的语录文体和文风。如上所说,中唐以后,参访问答不但已成为学人请益的主要方式,而且也是宣扬禅解的主要手段。一位学人往往由于一句富于机趣的问答就被确定为宗统继承人,从而确立起在丛林中的地位。那些著名言句流传丛林,成为一代代学人参学的"教材"。这样,讲究言句就成了宗门的一门重要功课。禅文献则集中起那些可作典范的言句。

如上所说,禅是"不说而说"的。因而重在言外,形成了独特的语言观念。朱自清说:

> ……禅家却最能够活用语言。正象道家以及后来的清谈家一样,他们都否定语言,可是都能识得语言的弹性,把握着,运用着,达成他们的活泼无碍的说教。①

这指出了禅对于语言的矛盾态度。日本学者末木文美士又指出:

> 公案的语言试图解构日常的意义系统,以便指向语言遮蔽的世界的另一面。由于这个理由,公案既不否认语言,也不自称为寻求超越语言的真理的某种方法。它毋宁是试图将人向某种观察世界的新方法敞开的语言形式。②

他举出《碧岩录》里的三个公案,是沩山、五峰和云岩分别对答百丈怀海的问难:"并却咽喉唇吻,作么生道?""并却咽喉唇吻",意思是闭嘴不说话,但却又问说了什么,这显然是个两难的悖论。三个人的回答不同,而以百丈的回答最有代表性,他说:"我不辞向汝道,

---

① 《禅家的语言》,《朱自清古典文学论文集》上册,第 141 页,上海古籍出版社,1987 年。
② 《"批判佛教"的再考察》,杰米·霍巴德、保罗·史万森主编《修剪菩提树——"批判佛教"的风暴》第 331 页。

恐已后丧我儿孙。"①意思是我可以对你说,但恐怕所说的意思让人误解,将来误人子弟。这又是个两可的答复,正凸显出禅对于语言的矛盾立场。这是对于传统上"言不尽意"观念的发展。正是这种观念促使禅门特别重视语言的运用。

立足于这样的立场,形成禅语言的一系列特点。

中唐以后,南宗禅由心性的探求逐渐转而注重接引学人的手段和方式。表达方式可以是无言无说,拳打棒喝,利用奇异的动作,但主要还是要靠语言,不过是特殊的语言。方便使用的是中国古代传统的语录体。但丛林中师弟子间问话驳难,如临大敌,必须讲究技巧,尽力压倒对方,师弟子间是完全平等的关系,风气与春秋战国时期诸子百家师资授受情形大不相同,从而决定禅家语录与古代传统语录无论是结构还是文风都根本不同。汉魏以来文坛又兴盛论辩文字,包括一种"问对"体文章,"载昔人一时问答之辞,或设客难以著其意"②,乃是议论文字的变体。六朝义学大师和文人居士常常利用这种"问对"体写护法文字。禅宗学人借鉴了传统语录和后来问对辩难文章的文体与技巧,再加以探索、创新,形成了多利用所谓"机缘语句"的独具特色的禅宗语录体。

这种语录无论是记载禅匠上堂示法,还是传述学人辩难问答,其表现特点都是力求不落窠臼,不循旧辙,灵活多变,花样翻新。前面已提到"云门三种句":涵盖乾坤句、截断众流句、随波逐浪句。这实际是言句方式的一种总结。云门文偃法嗣德山缘密更提出"参活句":

> 但参活句,莫参死句。活句下荐得,永劫无滞。一尘一佛国,一叶一释迦,是死句。扬眉瞬目,举指竖拂,是死句。山河

①《碧岩录》卷七,《大正藏》第48卷第199页中。
②吴讷《文章辨体序说》,第49页,于北山校点,人民文学出版社,1982年。

大地，更无諸讹，是死句。①

他反对谈禅流于一定公式（包括举指竖拂之类动作），而要求根据内容、对象不同，采取灵活多变的表现方法来启发学人。其原则消极的是避免承言者丧，滞句者迷；积极的则是创造出灵活多变的言句——活句。这同样也是禅语言的重要特征。丛林间总结出所谓"透法身句"、"临机一句"、"盖天括地句"、"绝渗漏底句"、"提宗一句"、"直示一句"、"当锋一句"、"为人一句"等句法，力图做到所谓"死蛇弄活"，"活泼泼的"，等等。这些都表现出谈禅的独特风格。

早期语录记载的问话大体分明，对答虽然往往答非所问，但总体说来还比较质朴，也容易参详。例如弟子向马祖请益：

> 问："请和尚离四句，绝百非，直指西来意，不烦多说。"师云："我今日无心情，不能为汝说。汝去西堂，问取智藏。"其僧去西堂，具陈前问。西堂云："汝何不问和尚？"僧云："和尚教某甲来问上座。"西堂便以手点头云："我今日可杀头痛，不能为汝说。汝去问取海师兄。"其僧又去百丈，乃陈前问。百丈云："某甲到这里却不会。"其僧却举似师。师云："藏头白，海头黑。"②

又马祖弟子大珠慧海：

> 有源律师来问："和尚修道，还用功否？"师曰："用功。"曰："如何用功？"师曰："饥来吃饭，困来即眠。"曰："一切人总如是，同师用功否？"师曰："不同。"曰："何故不同？"师曰："他吃饭时不肯吃饭，百种须索；睡时不肯睡，千般计校，所以不同也。"律师杜口。③

---

① 《五灯会元》卷一五《德山缘密禅师》，下册第 935 页。
② 《祖堂集》卷一四《江西马祖》，第 615 页。
③ 《景德传灯录》卷六《越州大珠慧海禅师》，《大正藏》第 51 卷第 247 页上。

这样的对答,双方意思大体可以揣度。可越是到后来,不但答话力求超绝,问话也常常不知所谓,奇突难解了。如南泉弟子赵州从谂:

> 问:"如何是祖师西来意?"师云:"亭前柏树子。"僧云:"和尚莫将境示人。"师云:"我不将境示人。"僧云:"如何是祖师西来意?"师云:"亭前柏树子。"
>
> 师问僧:"还曾到这里么?"云:"曾到这里。"师云:"吃茶去!"师云:"还曾到这里么?"对云:"不曾到这里。"师云:"吃茶去!"又问僧:"还曾到这里么?"对云:"和尚问作什么?"师云:"吃茶去!"①

这是《祖堂集》的记载,后出禅籍有更离奇的对话,是赵州从谂的:

> 问:"承闻和尚亲见南泉,是否?"师曰:"镇州出大萝卜头。"
>
> 问:"万法归一,一归何所?"师曰:"老僧在青州作得一领布衫,重七斤。"②

又如云门文偃:

> 僧问:"何异释迦当时?"师云:"大众立久,快礼三拜。"问:"如何是超佛越祖之谈?"曰:"蒲州麻黄,益州附子。"问:"一口吞尽时如何?"师云:"老僧在你肚里。"僧曰:"和尚为什么在学人肚里?"师曰:"还我话头来。"③

著名禅宿那些莫知所以或模棱两可的话,成为学人热心参悟的话头,也成为前面讨论过的颂古的题材,广泛流传在丛林间,一代代学人各自作出解说,但永远得不出确定的、众口一致的答案。这类问答中当然有故弄玄虚或东施效颦的无谓之谈,但那些优秀大德所表现出的思致的机敏、见识的超绝以及使用象征、暗示、联想等

---

① 《祖堂集》卷一八《赵州和尚》,第789、791页。
② 《五灯会元》卷四《赵州从谂禅师》,上册第200、205页。
③ 《祖堂集》卷一一《云门和尚》,第516页。

修辞手段的独创与娴熟,都特别突显出语言运用的创造性。如朱熹所说:

> 至达磨以来,始一切扫除。然其初答问,亦只分明说。到其后又穷,故一向说无头话,如"干矢橛"、"柏树子"之类,只是胡鹘突人。既曰不得无语,又曰不得有语,道也不是,不道也不是;如此,则使之东亦不可,西亦不可。置此心于危急之地,悟者为禅,不悟者为颠。虽为禅,亦是蹉了蹊径,置此心于别处,和一身皆不管,故喜怒任意。然细观之,只是于精神上发用。①

这也就是所谓"爱说一般最险绝底话,如引取人到千仞之崖边,猛推一推下去。人于此猛省得,便了"②。这样,禅人的问答形成了一种舒卷自如、杀活无方、趋奇走险、大胆泼辣的文风,无论是其思维方式,还是语言运用,都取得了特殊的成就,因而也被许多文人欣赏、借鉴和汲取。

第三方面贡献是禅文献中相当真切地记录了当时的口语、俗语。一方面,祖师作为宗教偶像,其言论要保持说法本来面貌,记录下来,则要传达说法的声情口吻;另一方面,"教外别传"的禅则有意避开经典的语言。而作为反权威、反传统精神的一种体现,还要避免使用经过修饰的典雅语言。这样,禅文献更多地保存了中古汉语口语、俗语资料,无论在文学史还是在语言史的研究中都具有不可替代、不可估量的价值。当然如前所述,后出的材料或者经过修饰、加工,或者撰著者、辑录者本人比较讲究词藻文章,在不同程度上已改变了当时口语的本来面目。但总地说来,禅师、语录、灯录是历史上少见的白话作品。清人钱大昕下面的话是从否定角度来评论语录的:

---

① 黎靖德编《朱子语类》卷一二六《释氏》,第 8 册第 3028 页。
② 同上,3029 页。

  佛书初入中国,曰经、曰律、曰论,无所谓语录也。达磨西来,自称教外别传,直指心印。数传以后,其徒日众,而语录兴焉。支离鄙俚之言奉为鸿宝;并佛所说之经典,亦束之高阁矣。甚者诃佛骂祖,略无忌惮,而世之言佛者,反尊尚之,以为胜于教律僧。甚矣,人之好怪也!释子之语录始于唐,儒家之语录始于宋。儒其行而释其言,非所以垂教也。君子之"出辞气,必远鄙倍",语录行而儒家有鄙倍之词矣。有德者必有言,语录行则有德而不必有言者矣。①

钱大昕所谓"支离鄙俚之言"、"鄙倍之词",正是不同于文言的口语、俗语,有其特殊的艺术价值。近人刘师培也是从批判角度评语录的:

  若六朝之时,禅学输入,名贤辩难,间逞机锋,超以象外,不落言诠,善得言外之旨;然此亦属于语言。而语录之文,盖出于此。且所言不外日用事物,与辞旨深远者不同。其始也,讲学家口述其词,弟子欲肖其口吻之真,乃以俗语笔之书,以示征实。至于明代,凡自著书者,亦以语录之体行之,而书牍序记之文,杂以俚语,观其体制,与近世演说之稿同科,岂得列之为文哉?②

这是从文体立论的。当初刘勰提出"有韵为文,无韵为笔"的主张,刘师培是主张"新文体论"的,所以干脆不承认语录为"文"。但这段话却又正表明了语录作为新文体的巨大影响。特别是早出的语录,是真正的口语文、白话文,创造出一种新鲜的通俗文体。胡适从文学历史发展角度高度评价禅宗语录的意义与价值,他说:

①《十驾斋养新录》卷一八《语录》,第382—383页,江苏古籍出版社,2000年。
②《论近世文学之变迁》,舒芜等编《中国近代文论选》,下册第579页,人民文学出版社,1981年。

　　　　唐朝的诗的白话化，是无可疑的了。在文的方面，平常人
　　只注意中唐的韩柳散文，却不知道韩柳的时代便是白话散文
　　产生和发展的时代。这种白话散文的发起，应该归功于禅门
　　的语录。

他举出慧能、黄檗希运、临济义玄的几段上堂示法的文字说：

　　　　这种白话，无论是从思想看或从文字上看，都是古今来绝
　　妙的文章。我们看了这种文章，再去看韩愈一派的古文，便好
　　像看了一个活美人之后再来看一个木雕美人了。

他更进一步具体分析说：

　　　　白话语录的大功用有两层：一是使白话成为写定的文字，
　　一是写定时把从前种种写不出来的字都渐渐的有了公认的假
　　借字了。从此以后，白话的韵文与散文两方面都有了写定的
　　文字了：白话的发展，谁也挡不住了，什么压力也压不住了。①

今天看这些论断，当然有片面、绝对的地方。胡适当初强调禅宗的
贡献，多有"矫枉过正"的言辞，不只这一处。但禅宗语录在中国文
体发展史、文学发展史上的意义确是应当大力肯定的。而且纵观
中国著述和文学创作的历史，言与文、口语和书面记录文字一直存
在重大差异，成为关系语言表现和写作技巧的重要现象。先秦诸
子散文、秦汉史传、唐宋"古文"，还有乐府诗、唐诗、宋词、元曲等等
取得重大艺术成就，都和语言不同程度地更贴近口语、从民间吸收
语言养料有直接关系。这里讨论的禅文献，包括前面讨论过的歌
谣、偈颂，作为通俗的口语作品，不仅所包含的大量的新鲜词语、句
式、修辞方式具有创新意义，更体现出一种全新的文字表现风格，
对推动当时和以后文人在语言、表现方法和文体等方面的革新提

①《禅宗的白话散文》,《胡适学术文集·中国佛学史》第1、4、8页。

供了可贵的借鉴,促使文章写作和文学创作发生变化,贡献是巨大的。

　　总之,禅门文献数量庞大,内容和表现形式多种多样。特别是它们不仅具有独特的思想内容和丰富的理论内涵,文体、文风、语言和表现方式更体现突出的文学性和强烈的艺术性。它们作为宗门文献,是表达宗义的手段,是宗教典籍;它们亦具有多方面的意义和价值,特别突出的一方面是作为文学创作宝贵成果的意义与价值。

第九章　隋唐五代文人与佛教

一

　　唐代是中国古代文化发展的又一个高峰期,而当时在文化诸领域中最为繁荣的是文学艺术与宗教。唐代经学衰微,成绩有限。经学本是中国传统学术中居于主导地位的学问。当时科技的成就与兴盛的时代也并不相称。而中国历史上的两大宗教,佛教和道教,都在唐代发展到鼎盛阶段;唐代的文学艺术更兴旺发达。就文学说,大家辈出,杰作如林,传统的诗、文各种体裁创作都取得了总结性成就,小说、戏曲和新兴的曲子词也都展现出广阔的发展前景。宗教与文学这两个领域的发展本来相互促进,有着密切关联。这在唐代表现得尤为突出。

　　如汤用彤所说:

　　　　且自晋以后,南北佛学风格,确有殊异,亦系在陈隋之际,始相综合,因而其后我国佛教势力乃达极度。隋唐佛教,因或可称为极盛时期也。①

————————

① 《隋唐佛教史稿》第 1 页,中华书局,1982 年。

本编前面几章已经描述了隋唐时期佛教发展的盛况。特别是到这一时期,佛教已完成了"中国化"过程,作为思想体系与儒家、道家相并立、相辅助,作为宗教与本土宗教道教相抗衡、相交流,从而成为这一时期思想、文化领域里十分活跃、积极的因素,与儒、道并立的文化发展的主要支柱,对文学创作更发挥了空前巨大的影响。

臻于极盛的隋唐佛教,与文学发展关系密切,举其荦荦大者有以下几个方面:

首先,就佛教与文人的关系而论,虽然在隋唐时期人们信仰心的真挚、热烈程度普遍不及以前的南北朝,但作为安身立命的依据却被全社会普遍接受,特别是有更多的人注重汲取它的文化内涵。就佛教方面说,这一时期进一步调整了与世俗政权的关系,已完全纳入到现实统治体制之中,随之僧团也急剧地"世俗化"了:僧人积极参与社会生活,以致出现了诗僧、艺僧、书僧等畸形人物。这样儒、释交流传统大为发扬,从一定意义上说,文坛已成为僧、俗相互交流、共同耕耘的场地。

其次如上所述,宗派佛教的形成乃是佛教"中国化"的成果,也是"中国化"完成的标志。但不同宗派的内容和特征不同,对文化各领域的影响也各有差异。就对于文人与文学创作的影响而言,作用更巨大而深刻的当数净土宗和禅宗。这两个宗派宗义不同,却又有共同点:它们都具有突出的实践性和群众性;它们都不同于繁琐的义学教学,注重启发人的内心觉悟;它们都是相对简易的成佛法门,对于众生成就佛果具有坚强信心,等等。禅宗的"明心见性"是要实现现世解脱;净土则给人提供"来生之计"。这又都是人生所面临的现实课题,而二者的作用又正可相互补充。它们不再像六朝时期义学师说那样成为义学沙门和士族信徒的专门学问,也不同于同时期的天台、法相、华严宗那样更侧重义理探讨。它们很容易贯彻到人生日用之中,因而也更能够吸引文人,融入他们的生活,从而作用于文学创作。

　　第三方面,虽然这一时期人们在心态上对待佛教不如南北朝时期那样诚挚和热烈,但佛教对文学创作的实际影响却更加深入了。南北朝时期的信佛文人热心地礼佛斋僧,钻研佛说,参与法会,讲经著论。他们写了许多颂佛、护法之类作品,但表现多显得概念化,艺术上一般也都比较浅露、拙朴。比如在作品里进行“苦”、“空”、五戒、十善之类说教,宣扬神魂不灭、因果报应观念,等等。即使如谢灵运、沈约等大作家也难免这类弊端。而到隋唐时期,文人们对佛教的接受和理解程度大为拓展也明显加深了。佛教不只是作为信仰,更深入到他们的意念、感情、情绪、生活方式、处世态度等精神生活和人生践履的各个层面,在一定程度上已经成为他们人生和意识的有机组成部分。即使对于那些反对佛教的人这种影响也难以避免。这样,不只是那些以佛教为题材和主题的创作显然是佛教影响下的产物,佛教的作用更广泛地体现在作品所表达的意念、感受、情绪、审美观念等精神层面,也表现在所使用的语言、艺术技巧、风格等艺术层面。因此,佛教的影响已经更有机地融汇到作品的思想内容和艺术表现之中。

　　这样,隋唐时期乃是中国历史上佛教对文学的影响空前扩大、对文学的发展给以有力推动的时期。应当说,这一阶段文学的辉煌成就,在很多方面、很大程度上正得力于佛教。而文学创作又作为佛教实践活动的重要领域,其成就也突出地反映了佛教自身兴旺发达的形势。当然,佛教的消极作用,特别是对一些作家思想方面的消极影响,也是不可忽视的。这在下面将具体说明。

二

　　隋文帝取代北周称帝,距灭佛的周武帝去世仅三年。他以得天下仰赖佛教佑护之力,立国后即大举复兴佛教。继承他的隋炀帝对佛教的态度亦相沿不改。佛教在隋代短短几十年间得到很大发展。其国祚短促,佛教势力膨胀加重了社会危机是个重要因素。因而隋末农民战争中佛教受到打击也十分严重。唐室初建,承袭南北各朝"三教齐立"方针,佛教在朝廷支持下又迅速得到恢复。不过初唐诸帝对佛教的具体态度有别:在中原逐鹿中建立起新王朝的高祖李渊和太宗李世民对佛教显然缺乏诚挚信仰,而如武则天则主要是出于篡权的政治目的而积极利用佛教的。但总体看,当时各朝对于佛教采取一系列优容的政策和支持的做法,促使其势力很快地发展起来。也正是在这一时期,中国佛教各宗派相继创立,包括禅与净土这两个分别在文人和民众间影响巨大的修行法门也兴盛起来。在这样的环境下,文人们沿袭六朝以来传统,普遍地好佛习禅,成为在文化领域支持、推动佛教发展的重要力量。

六朝末期好佛文人如徐陵、江总、颜之推等都继续活跃到隋代。隋代有成就的文人如卢思道、杨素等均亦好佛。唐初文坛上活跃的多是陈、隋遗老,习佛风气相沿不改。代表人物如虞世南,酷慕徐陵,多为侧艳之诗,又是佛教的虔诚信徒。

初唐时期力图变革文坛风气并做出成绩的首先是活跃在高宗朝的王(勃)、杨(炯)、卢(照邻)、骆(宾王)"四杰"。从创作实绩看,王、骆二人更为杰出,他们都受到佛教较深的影响。

王勃(649?—676?),字子安,绛州龙门(今山西河津)人。才华早著,对策高第,乾封(666—668)初为沛王李贤侍读,两年后因作《檄英王鸡》文被逐出王府;总章二年(669)起,滞留巴蜀二载;后补虢州参军,又因擅杀官奴被除名;上元年间(674—676),南下探访贬官交趾的父亲,渡海落水,惊悸而死。他才高命蹇,又处在佛教兴盛的环境之下,自然容易滋生对它的亲近感。他自叙说"我辞秦、陇,来游巴蜀,胜地归心,名都惬足"①。巴蜀自古即是佛教兴行

---

① 《梓州郪县兜率寺浮图碑》,《全唐文》卷一八四,第1869页。

之地,王勃遭遇打击,来到这里,遂"归心"佛教。王勃擅长骈体文,杨炯称赞他"西南洪笔,咸出其词,每有一文,海内惊瞻"①。这些使"海内惊瞻"的文字就包括一批释教碑,如《益州绵竹县武都山净慧寺碑》、《益州德阳县善寂寺碑》、《梓州郪县兜率寺浮图碑》、《梓州慧义寺碑铭》、《梓州元武县福会寺碑》、《彭州九陇县龙怀寺碑》等。这些碑文典丽工赡,艺术技巧堪称上乘;所纪录巴蜀佛教兴衰情形,具有史料价值;而其中说到"三千净土,八万名山……禅居不杂,觉路长闲","茫茫庶类,巍巍净土,鹈鹭同归,华夷共聚"②等等,则表现他热诚的净土信仰。当时正是净土念佛法门兴盛起来的时候。王勃又作有《四分律宗记序》,是晚年南下前为怀素的《开四分律宗记》作③。其时怀素已是律学权威,王勃给他的著作作序,可知其佛学的修养和名声。王勃又有《释迦如来成道记》,这是中土文人自撰的佛传作品之一。

卢照邻(636?—695?),字昇之,幽州范阳(今河北涿州)人。他自幼博学能文,出仕为邓王府典签;乾封初,出为益州新都尉,秩满,游蜀中;后寓居洛阳,曾被横祸下狱,为友人营救获免;晚年染风疾,不堪病痛,投颍水而死。他一生同样多遭不幸。在蜀中与王勃相识,当时他也已经倾心佛教。他有《石镜寺》诗说:"铢衣千古佛,宝月两重圆。隐隐香台夜,钟声彻九天。"游彭州,有《游昌化山精舍》诗:"宝地乘峰出,香台接汉高。稍觉真途近,方知人事劳。"④在益州他还作了《益州长史胡树礼为亡女造画赞》、《相乐夫人檀龛

---

① 《王勃集序》,《全唐文》卷一九一,第 1930 页。
② 《梓州慧义寺碑铭》,《全唐文》卷一八四,第 1875 页;《梓州通泉县惠普寺碑》,《全唐文》卷一八五,第 1879 页。
③ 据王勃《序》(《全唐文》卷一八〇,第 1834—1835 页),谓为"西京太原寺索律师"作,此"索律师"姓氏、籍贯与怀素正合;又据《宋高僧传》,怀素"至上元三年丙子归京,奉诏住西太原寺",可证《序》中"索"为"素"之讹。
④ 《全唐诗》卷四二,第 524、532 页。

赞》等奉佛文字。他体弱多病，相信道教外丹术，曾访求、服食丹药；但自承"晚更笃信佛法"①，显然佛教后来给他更大的精神安慰。他作《五悲文》，最后一篇批驳儒、道二家的"高论"说：

> 若夫正君臣，定名色，威仪俎豆，郊庙社稷，适足夸耀时俗，奔竞功名，使六艺相乱，四海相争，我者遗其无我，生者哀其无生；孰与平身肉手足，济生人之涂炭，国城府库，恤贫者之经营，舍其有爱以至于无爱，舍其有行以至于无行。若夫呼吸吐纳，全身养精，反于太素，飞腾上清，与乾坤合其寿，与日月齐其明，适足增长诸见，未能永证无生；孰与夫离常离断，不始不终，恒在三昧，常游六通，不生不住无所处，不去不灭无所穷，放毫光而普照，尽法界与虚空，苦者代其劳苦，蒙者导其愚蒙，施语行事，未尝称倦，根力觉道，不以为功……②

这就认为佛法高于儒、道，他是全心皈依了。

陈子昂（661？—702？），字伯玉，是唐代诗文革新运动的先驱者，对一代文学的发展和繁荣作出巨大贡献。他才华早著，曾受到武后拔擢，但频遭打击。他年轻时爱好黄、老，耽味《易》象，并曾在家乡蜀中学神仙之术。后来到东都，曾从嵩山处士田游岩游，作《酬田逸人游岩见寻不遇题隐居里壁》、《题田洗马游岩桔槔》等诗。他又结交僧人，在家乡即与晖上人游。在《夏日晖上人房别李参军崇嗣》序里曾说到"讨论儒、墨，探览真striking，觉周、孔之犹述，知老、庄之未悟。遂欲高攀宝座，伏奏金仙，开不二之法门，观大千之世界"③，明确表示皈依佛法的愿望。他的《秋园卧疾呈晖上人》诗里又说：

> 宿昔心所尚，平生自兹毕。愿言谁见知，梵筵有同术。④

---

①《寄裴舍人遗衣药直书》，《全唐文》卷一六六，第1690页。
②《全唐文》卷一六六，第1700页。
③徐鹏校点《陈子昂集》卷二，第37页，中华书局，1960年。
④同上，第43页。

这表明他转向佛教与切身遭遇有关系。他后来从建安王攸宜北征契丹,登幽州台慷慨怀古,发出"前不见古人,后不见来者"的呼号,也透露出感念存殁的宗教情怀。

而文学创作真正广泛而深入地体现佛教影响,同时又显示巨大实绩则要到盛唐时期。文学史上论盛唐诗歌,一般划分出两大流派即山水田园诗派和边塞诗派。在这两派之上更雄踞着被称为"双子星座"的李白和杜甫。这一时期有成就的诗人大体都与佛教,特别是与禅宗有密切因缘;他们又大都有或长或短、或认真或随缘地学佛习禅的经历;他们普遍地热心研读佛教经典,与僧侣密切交往;他们的创作中包含有相当数量的佛教题材作品;而不论其有无信仰和信仰的真挚程度如何,他们作品的思想、观念、感受、情绪等等之中总流露佛教的影响。盛唐时期正是文学大繁荣的时代,又是诗歌史上承前启后、发挥巨大创造力的时代,佛教乃是促成文坛繁荣和发展的重要推动力量。

下面讨论文坛上几位代表人物的情况。

三

诗人王维以"诗佛"著称。他生前即被友人称赞为"当代诗匠,又精禅理"[①],是文学史上受到佛教深刻影响的典型人物。

王维(701?—761?),字摩诘,太原祁(今山西祁县)人。母崔氏,"师事大照禅师三十余岁,褐衣蔬食,持戒安禅,乐住山林,志求寂静"[②]。大照普寂卒于开元二十七年(739),上溯三十年,时当中

---

① 苑咸《酬王维》,《全唐诗》卷一二九,第1317页。
② 王维《请施庄为寺表》,陈铁民《王维集校注》卷一一,第1085页,中华书局,1997年。以下引用王维诗文均据此本,卷次随文括注。

宗景龙三年，正是神秀死后普寂代领其众的时候。其时王维不到十岁。王维开元九年（721）及进士第，受到诸王驸马、豪右贵势器重，"宁王、薛王待之如师友"①，而岐王李范正是神秀门徒。他进入仕途的年代，正值"东山法门"在朝野兴盛，他的友人多与这一新兴宗派有联系。如本书介绍禅宗一章提到的韦陟、房琯与他有密切交谊，以及与他作诗相唱和的裴迪、崔兴宗等，也都是热心习禅的人。此外，王维的胞弟王缙"官登封，因学于大照"，与大照弟子广德"素为知友"；广德弟子昙真，死后谥大证禅师，王缙为他制碑文；而大证弟子正顺，"视缙犹父"②。这是王缙与普寂门下一系的关系。后来代宗信佛，王缙在朝，是以佞佛著称的大臣之一。兄弟二人的佛教信仰显然有家庭渊源。

　　王维好佛习禅，也和他个人遭遇、性格有关系。他生逢"开元盛世"，和当时一般读书人一样，有志于凭借政能文才效力当世。这种豪情壮志，在他早年所写的那些踔厉风发的诗歌里有鲜明生动的反映。可是后来仕途并不顺利。特别是对他有拔擢知遇之恩的贤相张九龄于开元二十四年（736）罢相（有些历史家把这件事当作标志唐王朝兴衰的分界线），对他更是很大打击，也是他个人命运与心态的转折点。此后虽然他的官职不断迁转，但思想上、政治上却明显地趋向消极、超脱。他说"中岁颇好道"（《终南别业》，卷二），表明的乃是真实心态。开元二十五年，他奉使赴河西节度副大使（驻节凉州，今甘肃武威市）崔希逸幕下任书记，而崔氏一家是虔诚的佛教信徒。开元末年，他以殿中侍御使知南选，在南阳遇见正在大力宣扬南宗禅的神会并向其请益，从而使他对新兴的南宗禅有了较深入的理解。后来他受神会请托写《能禅师碑》，这是一篇现存有关慧能和南宗禅的最早的可靠文献之一，从中也可以看

①《旧唐书》卷一九〇下《王维传》，第5052页。
②王缙《东京大敬爱寺大证禅师碑》，《全唐文》卷三七〇，第3757－3758页。

出他对南宗禅的了解。天宝年间,王维官职继续得到升迁,但他基本取消极自保态度,亦官亦隐,与世浮沉。他得到宋之问在蓝田辋川的别业,和友人裴迪等优游闲放,赋诗酬唱为乐。他表示"一生几许伤心事,不向空门何处销"(《叹白发》,卷六),更尽心地参禅习佛。"安史之乱"叛军占领长安,他被迫接受伪职;两京收复后被论罪,其弟王缙请削官为赎,得以贬降为太子中允,后累迁至给事中。这一时期他的意志更加消沉,奉佛也更加虔诚,以至终老。

　　王维对于佛教不只有真诚的信仰,更是笃实的实践家。《旧唐书》写他晚年奉佛生活情形说:

> 维弟兄俱奉佛,居常蔬食,不茹荤血,晚年长斋,不衣文彩。得宋之问蓝田别墅,在辋口,辋水周于舍下,别涨竹洲花坞,与道友裴迪浮舟往来,弹琴赋诗,啸咏终日。尝聚其田园所为诗,号《辋川集》。在京师日饭十数名僧,以玄谈为乐。斋中无所有,唯茶铛、药臼、经案、绳床而已。退朝之后,焚香独坐,以禅诵为事。妻亡不再娶,三十年孤居一室,屏绝尘累。乾元二年七月卒。临终之际,以缙在凤翔,忽索笔作别缙书,又与平生亲故作别书数幅,多敦厉朋友奉佛修心之旨,舍笔而绝。[①]

这样,他礼佛、读经、坐禅、斋僧、施庄为寺,等等,奉佛十分虔诚。他还写过一些赞佛(如《赞佛文》,卷八)、赞观音(如《绣如意轮像赞》,卷一二)、赞净土(如《给事中窦绍为亡弟故驸马都尉于孝义寺浮图画西方阿弥陀变赞》,卷一〇)之类文字。当时民众中供佛祈福活动广泛流行,文人们也相当普遍地参与,王维对这种所谓"檀施供养"之佛同样表现出相当的热情。当然他更为热衷的还是新兴的禅宗。他与一些禅门僧侣保持密切联系。

---

①《旧唐书》卷一九〇下《王维传》,5052—5053页。

　　他作《大唐大安国寺故大德净觉禅师碑铭》(卷一二),碑主净觉,是神秀弟子玄赜门人、北宗禅史《楞伽师资记》作者。王维在文中写到"无量义处,如来之禅,皆同目论,谁契心传",即是指他宣扬楞伽宗的功绩;又说他"经典深宗,毫厘剖析",表明对他的著作是很熟悉的。王维有《过福禅师兰若》诗,"福禅师"应是神秀门人义福或惠福,他们二人在开元年间活跃一时,朝野群趋影附,王维应当与他们相识。直到后来唐肃宗为神秀、普寂题写塔额,王维还写了《为舜阇黎谢御题大通大照和尚塔额表》(卷一一),中有"御札赐书,足报本师之德"语,这位舜阇黎为北宗弟子。以上是王维与北宗禅人的关系。而他活动的开元末年到天宝年间正是南宗确立宗旨的时候,他与南宗学人有更密切接触,也接受了更大影响。这也体现他对于新宗教思潮认识之敏锐。前面已提出他与神会有长期交往。《神会录》记载王维在南阳临湍驿与神会一见相契,称赞"南阳郡有好大德",和慧澄禅师一起"语经数日",神会教以"众生本自心净,若更欲起心有修,即是妄心,不可得解脱"等等;慧澄大概是北宗学人,主张以定发慧,神会则提出了"定慧等"的新见解[1]。王维有《同崔兴宗送衡岳瑗公南归》诗(卷四),作于天宝癸巳即十二载(753),其中说到"滇阳有曹溪学者,为我谢之","曹溪学者"指南宗弟子;诗的结句是"一施传心法,惟将戒定还",而崔兴宗原唱则说"南归见长老,且为说心胸"[2],此长老即应是神会。神会于"天宝十二载,被谮聚众,敕黜弋阳郡,又移武当郡"[3],"弋阳"为汉县名,唐时为定城县(今河南潢川),属光州;王文里的"滇阳",应为"真阳"(今河南正阳)之讹,临近光州。王维序是劝说瑗公南行到真阳访问在那里的神会。王维一直是神会热情的支持者。神会请他写

①参阅《神会语录第一残卷》,胡适校敦煌唐写本《神会和尚遗集》,第137—139页。

②《同王右丞送瑗公南归》,《全唐诗》卷一二九,第1316页。

③宗密《圆觉经大疏钞》三之下,《续藏经》第9册第532页。

《能禅师碑》,亦可见二人相契之深厚。这篇碑文也清楚表明王维对南宗宗义的深刻理解。王维诗文里涉及到的僧人甚多,有些法系已难确考。如荐福寺道光、青龙寺昙壁、嵩山乘如。又金陵钟山元崇,于"安史之乱"后"于辋川得右丞王公维之别业。松生石上,水流松下,王公焚香静室,与崇相遇,神交中断"①,是王维晚年亲密的法侣。

王维有许多诗文直接阐明自己的佛教思想。他有《西方变画赞》说:

> 法身无对,非东、西也;净土无所,离空、有也。若依佛慧,
> 既洗涤于六尘;未舍法求,厌如幻于三有。故大雄以不思议
> 力,开方便门。我子犹疑,未认宝藏;商人既倦,且息化城。究
> 竟达于无生,因地从于有相。(卷八)

这是王维在河西为崔希逸夫人作《净土变》所题赞辞,其主旨是宣扬"心净土净"的唯心净土观念。在他看来,净土只是一种施设方便,是引导人达到"无生"境界的手段。他在《荐福寺光师房花药诗序》里又说:

> 心舍于有、无,眼界于色、空,皆幻也;离,亦幻也。至人
> 者,不舍幻而过于色空、有无之际。故目可尘也,而心未始同;
> 心不世也,而身未尝物。(卷八)

他要求做到凝然守心,不滞于物,认识到有、无皆幻,从而虽混迹于世,也可以做超然世外的"至人"了。

这样,王维的佛教思想体现了当时士大夫信仰的一个重要特点,即把宗教追求作为应对人生患难的手段,从中寻求慰藉。他在晚年所作《与魏居士书》里表示不满于许由洗耳,说是"此尚不能至于旷士,岂入道者之门欤?"又批评嵇康《与山巨源绝交书》里所说

———————————

①《宋高僧传》卷一七《唐金陵钟山元崇传》,上册第418页。

入仕则如禽鹿而羁，必"顿缨狂顾，逾思长林而忆丰草"，以为这是
"异见起而正性隐，色事碍而慧用微"；还讥讽陶潜"不肯把板屈腰
见督邮，解印绶弃官去，后贫，《乞食》诗云'叩门拙言辞'"，说这是
"人我攻中，忘大守小，不恤其后之累也"。因为以上这些表现还都
有计较分别，都有所追求执着。而他提出自己的人生态度是：

> 孔宣父云："我则异于是，无可无不可。"可者适意，不可者
> 不适意也。君子以布仁施义、活国济人为适意；纵其道不行，
> 亦无意为不适意也。苟身、心相离，理、事俱如，则何往而不
> 适？此近于不易。愿足下思可不可之旨，以种类俱生、无行作
> 以为大依，无守默以为绝尘，以不动为出世也。（卷一一）

这里王维首先标举孔子，是有意保持儒生本色，而他所发挥的身、
心相离，理、事俱如的观念则是禅宗的。由此他要求摆脱一切分别
计较，去住自如，混世随俗，以内心的解脱达到现世的解脱。他在
《能禅师碑》里转述慧能的话，也是他个人对禅的理解：

> ……乃教人以忍，曰：忍者，无生方得，无我始成，于初发
> 心，以为教首。至于定无所入，慧无所依，大身过于十方，本觉
> 超于三世；根、尘不灭，非色灭空；行愿无成，即凡成圣。举足
> 下足，长在道场，是心是情，同归性海……（卷一〇）

《坛经》提出"自性不染著"，"心但无不净"，与王维这里表达的看法
完全一致：做到"忍"即不起心动念，从而体认无生而达到无我，成
就超越十方、三世的觉悟，这样六根不受六尘污染，也就"即凡成
圣"，个人的净心就汇入佛性的海洋了。

　　王维早年心怀大志，但正值国是日非、矛盾丛生的肇乱之世，
经国济民的志愿不得施展，心中自会有怨抑不平。这在他的作品
里屡屡有所表现。但从主导方向说，他并没有把心中的不平发展
为对世事的揭露、抨击和批判，而是采取消极退避、委顺随缘的态
度。这和他的教养、地位、性格有关系，而佛教特别是禅宗的影响

更是重要的决定因素。他有《送綦毋校书弃官还江东》诗,是送友人回乡隐居的,开头慨叹"明时久不达,弃置与君同",对朝廷遗弃贤才微露讽刺之意,到最后却归结到"余亦从此去,归耕为老农"(卷三),表示自己要超然隐逸了。他的不少作品都体现这样的思维逻辑。《冬日游览》写都城繁华,揭露冠盖征逐的腐败,但最后徒然感伤老病无能:"相如方老病,独归茂陵宿"(卷四);《送綦毋潜落第还乡》诗前面说"既至君门远,孰云吾道非",对自己的理想充满自信,但结尾却说"吾谋适不用,勿谓知音稀"(卷一),仍然是知音难得、无可奈何的哀伤。贯穿王维诗歌的这一主旋律客观上也反映了社会矛盾对他的压力,因而他的那种高蹈超脱的人生理想也不能说完全没有一定批判意义,但从总的倾向看是消沉的、悲观的。这也显示了佛教影响的消极方面。

相对于思想观念方面,佛教对王维诗歌创作艺术则起了更为积极的作用。如以上所表明的,王维对待佛教不只是接受其教理,他度过长期、认真的修道生活,佛教信仰已化为他的人生践履。特别是他所亲近的南宗禅,对于他已不单纯是一种心性理论,更深浸到他思想深处而转化为亲切的感受、体验。这样,佛思和禅意被他演化为浓郁的诗情和新鲜的美感,体现在他的诗作里,开拓出诗歌表现的新领域、新境界。李泽厚说:

> 禅宗非常喜欢讲大自然,喜欢与大自然打交道。它所追求的那种淡远心境和瞬刻永恒,经常假借大自然来使人感受或领悟。其实,如果剔去那种种附加的宗教的神秘内容,这种感受或领悟接近于一种审美愉快。审美愉快有许多层次和种类。其中有"悦志悦神"一大类……许多禅诗实际比不上具有禅味的诗更真正接近于禅。例如王维的某些诗比好些禅诗便更有禅味……这似乎可以证明禅的所谓神秘悟道,其实质即是某种审美感受。我们今天应该揭去禅的宗教包裹,还"瞬刻

永恒""万物一体"的本来面目。①

本来在王维之前,六朝和唐初的文人多有在诗文中述佛理、用禅语的。但就佛教对文学创作的影响说,那些应当说是初步的、肤浅的。王维也有类似作品,如《与胡居士皆病寄此诗兼示学人二首》,其一曰:

> 一兴微尘念,横有朝露身。如是睹阴界,何方置我人。碍有固为主,趣空宁舍宾。洗心诡玄解,悟道正迷津。因爱果生病,从贪始觉贫。色声非彼妄,浮幻即吾真。四达竟何遣,万殊安可尘。胡生但高枕,寂寞与谁邻。战胜不谋食,理齐甘负薪。子若未始异,诡论疏与亲。(卷六)

这首诗发挥《维摩经》"从痴有爱则我病生"②的"荡相遣执"观念,说明了作意住心、趣空取净并是虚妄的禅理,全篇的表达方式也仿佛偈颂。纪昀曾说"诗可参禅味,不欲作禅语"③。明末四高僧之一的憨山德清论以禅入诗,也曾说:

> 昔人论诗,皆以禅比之。殊不知诗乃真禅也。陶靖节云:"采菊东篱下,悠然见南山。山气日夕佳,飞鸟相与还。"末云:"此中有真意,欲辨已忘言。"此等语句,把作诗看,犹乎童蒙读"上大人孔乙己"也。唐人独李太白语,自造玄妙,在不知禅而能道也。若王维多佛语,后人争夸善禅。要之,岂非禅耶? 特文字禅耳。非若陶、李造乎文字之外。④

这里把诗与禅等同起来,把陶、李诗全归之于禅,看法并不全面、确

---

① 《庄玄禅宗漫述》,《中国思想史论》上册第 214－216 页,安徽文艺出版社,1998 年。
② 僧肇《注维摩诘所说经》卷五《文殊师利问疾品》,第 96 页下,上海古籍出版社,1990 年。
③ 《瀛奎律髓》卷四七郑谷《宿澄泉兰若》批语。
④ 《杂说》,《憨山老人梦游集》卷三九,《续藏经》第 73 册第 738 页上。

切。但指摘王维多用佛语，不能把禅意流露在文字之外，却正指出了《与胡居士》这类诗的缺点。

而王维更多优秀诗作并不是这样空疏地讲说佛理。他善于让禅意与诗情相交融，创造出意境浑融的境界。如《终南别业》：

> 中岁颇好道，晚家南山陲。兴来每独往，胜事空自知。行到水穷处，坐看云起时。偶然值林叟，谈笑无还期。（卷二）

这首诗抒写他终南隐逸生活的情趣，元人评论说：

> 此诗造意之妙，至与造化相表里，知其蝉蜕尘埃之中，浮游万物之表者也。①

诗中除第一句点出"好道"之外，全篇不用一字理语。但那种安逸自得、毫无羁束的情趣，正是一种禅悦的体验。特别是"行到水穷处，坐看云起时"一联，白云、流水的意象成为生动的象征，抒写出物我无间、随遇而安的乐道情怀，后来成为禅门参悟的话头。

王维创作的主要成就是山水田园诗。他的这类诗在艺术上最为成功之处，在于能够鲜明地描摹自然风光静谧恬淡的境界，笔墨间充满萧散闲逸的意趣，也就是表现出李泽厚所谓宇宙间"瞬刻永恒"、"万物一体"的"本来面目"。他有诗明确说："一悟寂为乐，此生闲有余。"（《饭覆釜山僧》，卷六）这种境界的创造正与他的禅悟有关系。王士禛指出：

> 严沧浪以禅喻诗，余深契其说，而五言尤为近之。如王、裴辋川绝句，字字入禅。他如"雨中山果落，灯下草虫鸣"，"明月松间照，清泉石上流"，以及太白"却下水精帘，玲珑望秋月"，常建"松际露微月，清光犹为君"，浩然"樵子暗相失，草虫寒不闻"，刘眘虚"时有落花至，远随流水香"，妙谛微言，与世

---

① 何汶《竹庄诗话》卷一三。

尊拈花，迦叶微笑，等无差别。通其解者，可语上乘。①

这里联系李白等人的作品，举例说明王维诗"字字入禅"的特征。而值得赞赏的是，王维诗在高简闲淡的总风格之下，更体现出多种不同的艺术特色。如《山居秋暝》：

空山新雨后，天气晚来秋。明月松间照，清泉石上流。竹喧归浣女，莲动下渔舟。随意春芳歇，王孙自可留。（卷五）

这里描绘的境界清新自然，景物如画。又如《过香积寺》：

不知香积寺，数里入云峰。古木无人径，深山何处钟。泉声咽危石，日色冷青松。薄暮空潭曲，安禅制毒龙。（卷七）

这里的景色则幽寂清冷，萧瑟肃穆，呈现出禅意冷峻的一面。而他的那些五言绝句，短短二十个字描摹一个景象片断，情景交融，意味迥永，如《皇甫岳云溪杂题五首·鸟鸣涧》：

人闲桂花落，夜静春山空。月出惊山鸟，时鸣春涧中。（卷七）

《辋川集·辛夷坞》：

木末芙蓉花，山中发红萼。涧户寂无人，纷纷开且落。（卷五）

这样的诗则如胡应麟所评论的，是"五言绝之入禅者"，"读之身世两忘，万念皆寂"②。

禅之所以能够入诗，是因为禅宗的禅已经成为一种心灵境界、人生体验和感受。当然要在以禅入诗上做得成功，除了需要对禅意、禅趣有深切领会，还要有表达上的技巧。在这两个方面，王维都是成功的。宋人黄庭坚是对诗与禅都有深刻了解并有亲切体验的人，他有诗说：

---

①《带经堂诗话》卷三，上册第 83 页。
②《诗薮》内编卷六《近体下·绝句》，第 112、115 页，中华书局，1958 年。

> 丹青王右辖，诗句妙九州。物外常独往，人间无所求。袖
> 手南山雨，辋川桑柘秋。胸中有佳处，泾渭看同流。①

这就指出王维诗句之妙，是因为胸中有"佳处"。又正如上面分析
的，其中重要意念正得自禅的习染。不可否认，佛教信仰，包括习
禅也给王维的人生带来相当大的消极影响。但他的诗歌艺术，特
别是他的艺术方法、艺术风格的形成，却在很大程度上得力于佛
教，特别是禅宗。他从而也成为佛教滋养中国文人和文学创作的
卓越典型。

四

中唐诗人杨巨源有诗说：

> 扣寂由来在渊思，搜奇本自通禅智。王维证时符水月，杜
> 甫狂处遗天地。②

这里说诗、禅一致的道理，用王维、杜甫作例证。这样的诗表明，在
唐代，已经有人认识到杜甫的诗歌和王维一样也与禅有密切关联。
但如果具体考察，杜甫虽然同样与佛教僧侣有密切交往，受到佛教
熏染甚深，但其基本思想倾向却与王维不同，佛教信仰的形态和表
现也不一致，在创作中的体现更有很大差异。而这些又正表明禅
宗影响文坛的多样和深度。

杜甫（712—770），字子美，出生在"奉儒守官"的官僚家庭。在
中国文学史上，他历来被看作是儒家诗教的代表人物。晚唐人孟

---

① 《摩诘画》，史容《山谷外集诗注》卷八。
② 《赠从弟茂卿》，《全唐诗》卷三三三，第3717页。

榮曾评论说:"杜逢禄山之难,流离陇蜀,毕陈于诗,推见至隐,殆无遗事,故当时号为'诗史'。"①"诗史"这个概念相当精确地表明了杜甫诗歌丰富的社会内容和现实精神。而宋人不只高度评价他的诗富于"美刺比兴",更突出表扬他作为儒家道德理想的人格。著名的革新政治家王安石有诗说:

> 吾观少陵诗,谓与元气侔。力能排天斡九地,壮颜毅色不可求……吟哦当此时,不废朝廷忧。常愿天子圣,大臣各伊、周。宁令吾庐独破受冻死,不忍四海赤子寒飕飀……推公之心古亦少,愿起公死从之游。②

这里特别称赞杜甫的忠爱之心、济民之志,则确实捕捉到他的思想和创作的基本精神。本来杜甫早年的生活环境和遭遇与王维大体相同。但他不是像王维那样回避社会矛盾、安于优游自在的官僚士大夫生活。他以仁民爱物为心怀,以致君尧舜为职志,汲汲世用,奋斗不息。他仕途同样不得志,又遭逢"安史之乱",不得不混迹于难民队伍之中,漂泊西南,流落江湘。但人生的波折坎坷并没有使他颓唐消沉。他的精神在患难中得到升华,他的创作也结出了更丰硕的果实,终于成为一代"诗圣"而彪炳史册。

儒家的仁爱忠义观念和积极用世精神构成杜甫世界观和人生观的核心。但他生存在佛、道二教盛行的环境下,不能不受到熏染。特别是如前所述,新兴的禅宗在客观上体现了具有积极意义的思想潮流,对于杜甫这样热心于精神探索的人,不能不引起关注和共鸣。对于道教,他也曾热心探索,亲自求仙访道。而对于佛教,他更始终保持着持久的热情,佛教对他的思想和创作也产生了不容忽视的作用。这对于他个人说,亦从一个侧面展现了精神世界的丰富开阔、精深博大;作为历史现象看,则是统合"三教"的思

---

①《本事诗·高逸第三》,《历代诗话续编》上册第15页。
②《杜甫画像》,李壁《王荆公诗注》卷一三。

想潮流在一代伟大诗人身上的体现。

杜甫晚年在夔州作《秋日夔府咏怀奉寄郑监李宾客一百韵》诗,有"身许双峰寺,门求七祖禅"①句。"双峰"、"七祖"具体所指,涉及南、北宗法统之争,历史上有不同看法;但这两句诗确切表明了他的家庭信仰禅宗的传统。接着又写到"本自依迦叶,何曾藉偓佺"。按《上林赋》,"偓佺"为仙人名,这后一句诗的意思是"虽然也信仰道教,但并没有入道籍"②;再联系前一句,则表示自己更倾心单传直指的禅宗。也有旧注谓这里是"仙不如佛"的意思。后面又写到"晚闻多妙教,卒践塞前愆……勇猛为心极,清羸任体孱",则更进一步表示晚年热衷习佛、仍不断地在精进努力。

杜甫在乾元元年(758)所作《因许八奉寄江宁旻上人》诗说:

> 不见旻公三十年,封书寄与泪潺湲……棋局动随幽涧竹,袈裟忆上泛湖船……(卷六)

这里写的是他开元十九年(731)游吴越时事,当时他已经和旻上人结交,直到三十年后的"安史之乱"中,二人仍保持联系。同时期还作有《送许八拾遗归江宁觐省甫昔时尝客游此县于许生处乞瓦棺寺维摩图样志诸篇末》诗。江宁瓦棺寺维摩诘像是晋代著名画家顾恺之的名作、镇寺之宝。杜甫诗结句说"虎头金粟影,神妙独难忘","虎头"是恺之小字,维摩诘据传是"金粟如来"化身,可见画像给杜甫留下了多么深刻的印象。这也表明在杜甫生存的佛教文化环境里,他曾多方面深受熏染。

《巳上人茅斋》(卷一)诗一般系于开元二十四年(736)求举落第、浪游齐赵时期,结句谓"空忝许询辈,难酬支遁词",用的是《世说新语·文学》篇支遁在山阴讲《维摩经》、许询为都讲的典故,是说巳上人曾与自己研讨佛理。从诗人这表面自谦的话里,可以觉

---

①《杜少陵集详注》卷一九。以下引用杜甫诗文均据此本,卷次随文附注。
②郭沫若《李白与杜甫》,第191页,人民文学出版社,1971年。

察出对于自己佛学水平的自得之意。

天宝年间(742—756)杜甫在长安,仕途不利,度过"朝扣富儿门,暮随肥马尘"的极其潦倒艰窘的生活。当时社会上一个值得注意的现象是,尽管唐玄宗及其周围正在大力提倡道教,但士大夫间奉佛习禅风气不减。这种风气特别在部分官僚文人间流行,显然带有一定的对抗现实体制的意味。即从杜甫周围的人看,如李邕、房琯、王维等人均好佛。杜甫的《饮中八仙歌》赞颂佯狂傲世、以酒浇心中磊块的八个人。其中崔宗之是所谓"潇洒美少年","与李白、杜甫以文相知"①,其父日用以翼戴玄宗功封齐国公,宗之袭封,《神会录》里向神会问道的崔齐公就是他。又苏晋,所谓"苏晋长斋绣佛前,醉中往往爱逃禅"(卷二),《神会录》里记载他也是向神会问道者之一。杜甫与张垍善,张垍是张说之子,与其弟张均都信仰禅宗②。杜甫的《赠翰林张四学士垍》中说"傥忆山阳会,悲歌在一听"(卷二),"山阳会"用嵇康、吕安灌园于山阳典故,可见二人交谊之密切。

杜甫在长安结交大云寺赞公。他在至德二年(757)身陷安、史叛军占领的长安,作《大云寺赞公房四首》诗,称赞赞公"道林才不世,惠远德过人",把赞公比拟为支遁和慧远;又说"把臂有多日,开怀无愧辞……汤休起我病,微笑索题诗"(卷四),则把赞公比拟为南朝善诗的僧人汤惠休。这里也透露出他们之间相契无间、诗文唱和的情形。后来到乾元二年(759),杜甫弃官流落秦州(甘肃天水市),就是投奔在那里的赞公。又赞公是房琯门客,杜甫与房有深交,而房也是禅宗弟子,杜甫结交赞公可能是房为中介。

杜甫逃难到蜀中,是去投奔西川节度使严武。严武就是前面提到的禅门弟子严挺之之子。这也是一个信佛世家。这一时期身处患难中的杜甫对佛教表现出更高的热情。他在写给时为彭州刺

---

① 《新唐书》卷一二一《崔日用传》附子宗之传,第4331页。
② 张均是鹤林玄素的俗弟子,见李华《润州鹤林寺故径山大师碑铭》,《全唐文》卷三二〇。

史的友人高适的《酬高使君相赠》(卷九)诗中说"双树容听法,三车
肯载书",娑罗双树是释迦入灭处,"三车"用《法华经》牛车、羊车、
鹿车典,比喻三乘佛法。他的《赠蜀僧闾丘师兄》诗里又说:

> ……穷秋一挥泪,相遇即诸昆……飘然薄游倦,始与道侣
> 敦……漠漠世界黑,驱驱争夺繁。惟有摩尼珠,可照浊水源。
> (卷九)

这位俗姓闾丘的僧人是武后朝太常博士闾丘均之孙,杜甫的祖父
当年和闾丘均交好,所以杜甫视他如兄弟。诗里直接表明遭受离
乱后,需要到佛教中求取安慰。杜甫在蜀中游览佛教胜迹,结交僧
人,写了不少这方面题材的诗作。如宝应元年(762)冬在梓州作
《谒文公上方》诗:

> 野寺隐乔木,山僧高下居。石门日色异,绛气横扶疏。窈
> 窕入风磴,长萝纷卷舒。庭前猛虎卧,遂得文公庐。俯视万家
> 邑,烟尘对阶除。吾师雨花外,不下十年余。长者自布金,禅
> 龛只晏如。大珠脱玷翳,白月当空虚。甫也南北人,芜蔓少耘
> 锄。久遭诗酒污,何事忝簪裾。王侯与蝼蚁,同尽随丘墟。愿
> 闻第一义,回向心地初。金篦刮眼膜,价重百车渠。无生有汲
> 引,兹理傥吹嘘。(卷一一)

这首诗表示羡慕文公的出世修道生活,倾诉自己追求佛教精义、叩
问心法的愿望。"'汲引'、'吹嘘',皆传法之意"[1],这里已经明确流
露皈依的志愿。广德元年(763),杜甫在梓州,游历牛头、兜率、惠
义诸寺。《上兜率寺》诗说:

> 庾信哀虽久,周颙好不忘。白牛车远近,且欲上慈航。
> (卷一二)

---

[1]张戒《岁寒堂诗话》卷下,《历代诗话续编》上册第471页。

庾信逢乱伤时,周颙则好佛,杜甫用以自比。白牛车是《法华经》对大乘佛法的比喻。杜甫在四川,更多受到当时作为佛教新潮流的禅宗的影响。前述他的朋友即多是亲近禅宗的。杜甫有《送李校书二十六韵》诗,作于乾元元年(758)。校书名舟,时任校书郎归省。据姚宽记述,李舟作《能大师传》,言及五祖传衣及慧能潜归南方①,表明他是熟悉南宗禅的人。杜甫来到蜀中,那里正是禅宗发展的又一个中心。原来弘忍弟子智诜受到武则天礼重,回到资州(今四川资中),住德纯寺传法,圆寂于长安二年(702)。智诜传处寂,处寂传无相,人称"金和尚"。开元初章仇兼琼镇蜀,请无相开法。无相住成都净众寺,教化众生二十余年,是为"净众宗"。无相死于宝应元年(762),嗣法者为保唐寺无住,受到西川节度使崔旰加护。永泰二年(766),杜鸿渐讨崔旰入蜀,就白崖山请无住,顶礼问法,称为"保唐宗"。杜甫于乾元二年冬入蜀,永泰元年(765)春夏间离成都南下戎、渝,这一时期正是保唐宗大盛的时候。杜鸿渐与元载、王缙是代宗朝著名的佞佛大臣。杜甫在夔州有《送殿中杨监赴蜀见相公》、《送李八秘书赴杜相公幕》诗,都是送人去杜鸿渐幕府的,表明他与后者的关系。二人间在佛教信仰上应是有相契合之处的。

　　杜甫在蜀中的有些诗,直接使用禅语来表现佛理,也更多地抒写清安愉悦的禅悦境界。如《后游(修觉寺)》:

　　　　寺忆曾游处,桥怜再渡时。江山如有待,花柳更无私。野润烟光薄,沙暄日色迟。客愁全为减,舍此复何之。(卷九)

这里不用佛家语,但所表现的那种对现世不忮不求、对外物不粘不滞的心态,让人体会到自心与万物生机契合如一,从而难解的"客愁"得以消解。这里"江山"一联为后来的禅师们所赞赏,常被拿来

---

①姚宽《西溪丛语》卷上。

作谈禅的话头。如果说杜甫那些沉郁顿挫的讽世刺时之作以其深刻丰富的现实内容和奋斗精神令人感动，那么那些抒写人情物理，表达内心隐微变化的小诗则以深婉的情致和精巧的艺术感染力打动人心。如历史上所有艺术大家一样，杜甫在形成鲜明的个人风格的同时，艺术手法和格调又是多种多样的。在其千汇万状的艺术表现中，这惬理适心、平顺自然的一类，正体现出活泼泼的禅趣或禅机。范温曾指出：

> 老杜《樱桃》诗云："西蜀樱桃也自红，野人相赠满筠笼。数回细写愁仍破，万颗匀圆讶许同。"此诗如禅家所谓信手拈来，头头是道者。直书目前所见，平易委曲，得人心所同然，但他人艰难，不能发耳。①

禅门主张触事而真，当下即是。这种思维方式体现在艺术里，就是即兴而发，不事雕琢，简易平顺，直透心源。

　　晚年的杜甫，年事已高，在乱世中飘零荆湘，所到之处，访僧问法，佛教更成为他的精神安慰。大历二年（767）在夔州，作《谒真谛寺禅师》诗说：

> 问法看诗妄，观身向酒慵。未能割妻子，卜宅近前峰。（卷二〇）

真谛寺禅师是杜甫常去问法的人，他希望搬到山前就近居住。次年秋，杜甫顺江东下，至公安，作《留别公安太易沙门》诗，中有云：

> 隐居欲就庐山远，丽藻初逢休上人……先踏垆峰置兰若，徐飞锡杖出风尘。（卷二二）

这里也是把对方比拟为慧远和汤惠休，并期待东下庐山后，置兰若邀对方相会。直到临终前一年的大历四年在长沙，作《岳麓山道林

---

① 《潜溪诗眼》，郭绍虞《宋诗话辑佚》上册，第314页，中华书局，1980年。

二寺行》,仍表示:

> 飘然斑白身奚适,傍此烟霞茅可诛……久为谢客寻幽惯,
> 细学何颙免兴孤。(卷二二)

"谢客"指谢灵运,他和僧人们一起寻幽探胜,乃是历史上流传的雅
事;"何颙"为著名信佛名士周颙之讹。这都是用以自比的。从以
上这些诗作看,蜀中以后的杜甫更经常直接表白投身佛门的愿望。
当然事实上他并没有认真地实行,直到终老他一直怀着经世济民
的理想,不懈地追求实现抱负的途径。但不可否认的是,在其思想
深处确实时时涌动着佛教出世观念,这也成为他思想矛盾的一个
不容忽视的侧面。

杜甫热衷习禅,又曾表现对净土的热衷。天宝十四载的《夜听
许十一诵诗爱而有作》诗中说:

> 许生五台宾,业白出石壁。余亦师粲、可,心犹缚禅寂。
> 何阶子方便,谬引为匹敌。离索晚相逢,包蒙欣有击……(卷
> 三)

这里说许生到五台山习佛,又到石壁寺,后者是自北魏昙鸾以来经
道绰、善导弘扬的净土法门的著名道场。"白业"指感得清白乐果
的善行,净土法门中把修习净土叫做白业。"包蒙"是《易经》"蒙
卦"语,指包容愚昧的人。杜甫在这里说曾师法二祖惠可和三祖僧
璨,为禅所缚,幸得许生以净土相启迪。有一种看法认为这表明他
对净土的皈心[①]。不过从总体看,无论是观念上还是人生践履上,
禅对于他显然更有吸引力,也发挥出更实际的影响。习禅而为禅
所缚本是南宗对北宗的批评,这首诗实际也反映杜甫所接受的南
宗观念。

[①] 吕澂认为由此可知杜甫已由习禅转修净土,见《杜甫的佛教信仰》,《哲学研
究》1986 年第 4 期。

这样，佛教思想一方面作为杜甫儒家积极用世之道的补充，另一方面又是他失意困顿时的安慰与寄托。就前一方面说，佛教的慈悲观念、平等意识、为实现道义的大无畏牺牲精神等等，都成为他奋斗生涯的鼓舞；佛家高蹈超脱的风格、对世俗权威的鄙视，以至禅宗实现心性自由的要求，也给他的心灵以支持，有时甚至会促使他去挣脱统制体制加给的精神束缚，发出"儒术于我何有哉，孔丘盗跖俱尘埃"（《醉时歌》，卷三），"纨绔不饿死，儒冠多误身"（《奉赠韦左丞丈二十二韵》，卷一）的呼号。就后一方面说，杜甫在怀念君国、"沉郁顿挫"的志向受到挫折的时候，佛教给他提供了维护心灵平静的那一片自由明净的天地，帮助他治疗精神上的创伤。杜甫本是儒家诗教的忠实实践者。他把儒家文学传统的政治原则、现实精神、道德理想和讽喻比兴艺术手法发扬到了极致。然而他在具体创作当中，特别是艺术思维方式和美学趣味等方面却又受到佛教相当深刻的影响。特别是在蜀中那几年，经过流离失所的逃难生涯，在鏖战纷争间歇的相对安定环境中，他咀嚼人生物理，体察内心委曲，写下那些潇洒闲淡、趣味悠然、充满禅趣的小诗，成为他的创作中特色鲜明、风格独特的一部分。

日本学者吉川幸次郎十分注意佛教给予杜甫诗歌创作的积极影响，他说：

> 杜甫所处的唐代与关汉卿所处的元代，正是中国史上与外国接触最多的时代。耳闻目睹异民族的生活方式，促进了中国人对新的美的探求之心。而杜甫首次给唐诗注入如此丰富的幻想力，也正是得到了从印度传入的佛教经典的无意识的启示。①

吉川幸次郎在这里并没有就杜甫与佛教关系展开论述，他也没有

---

①《中国文学与外国文学》，《我的留学记》第212页，钱婉约译，光明日报出版社，1999年。

具体说到禅宗。不过作为研究杜甫的大家,他强调杜甫的创作成就得自佛教影响是有见地的。杜甫这样坚定信守儒家传统的人又兼容佛教,创作中更多方面汲取佛教的滋养,再次替历史上佛教文化融入中国文化并发挥积极作用提供一个极好的例证。

五

　　再来看盛唐时期另一些成就突出的作家,可以发现佛教在他们的生活和创作中所发挥的不同层面、不同形式的作用,充分证明佛教对于繁荣一代诗坛的影响是相当巨大的。

　　孟浩然(689—740),字浩然,活动时期比王维、杜甫稍早,正当"开元盛世"。他的经历比较简单:三十六七岁以前一直在家乡度过隐居生活,曾短时期到过洛阳、长安、蜀中,晚年进入贬为荆州长史的张九龄幕府。他没有科举及第,也没作过官,是真正的布衣诗人。这一类以"布衣"身份活动在社会上且取得一定地位的人,是直到唐代那样的社会环境才能培养出来并生存下去的。李白也是这样的人。孟浩然身份低微,但名声很大,一代文坛重要人物如李白、王维、李颀、王昌龄等都和他有密切交往。他的创作成就主要是表现隐逸情趣的山水田园诗。他继承和发展陶、谢诗的传统,境界清空淡远,语言简净明丽,创造出盛唐诗坛重要一派风格。在隐逸生活中,他自然多结交僧、道和隐士,对佛教也相当热衷。他特别赞赏佛家超然出世的态度,把僧人看作是高蹈隐逸的典型。这也体现他对于佛教的一种独特理解。如名作《晚泊浔阳望香炉峰》:

　　　　挂席几千里,名山都未逢。泊舟浔阳郭,始见香炉峰。尝

　　读远公传,永怀尘外踪。东林经舍近,日暮空闻钟。①

诗人遥望香炉峰,追想东晋高僧慧远不事王侯的风范,表示无限向
往。他是从颂扬高蹈隐逸风格的角度着笔的。王士禛评论说:"诗
至此,色相俱空,正如羚羊挂角,无迹可求,画家所谓逸品是也。"②
这样的诗往往被后人当作体现"神韵"的典型作品。孟浩然写佛教
题材的优秀作品另有不少,如《寻香山湛上人》、《宿终南翠微寺》、
《游明禅师西山兰若》、《登总持寺浮屠》、《过融上人兰若》等,大多
对佛教徒的清净生活、高蹈品格以及心性修养功夫流露仰慕之情。
他的那些与僧侣赠答唱和之作,往往直接表达对于修道生活的向
往。如《题大禹寺义公禅房》:

　　　　义公习禅寂,结宇依空林。户外一峰秀,阶前众壑深。夕
　　阳连雨足,空翠落庭阴。看取莲花净,方知不染心。③

这首诗写人,用风物环境衬托,从侧面突显义公的高洁风范,运笔
清幽恬静,结句表明诗人对禅门所追求的清净心性的赞赏。他的
诗集编者王士源总结他的生平说:

　　　　浩然文不为仕,伫兴而作,故或迟;行不为饰,动以求真,
　　故似诞;游不为利,期以放性,故常贫。④

他是一位能够真正敞露真实性灵的诗人。他亲近佛教的缘由主要
也缘于此。

　　李白(701—762),字太白,被认为是典型的道教诗人,俗称"诗
仙",在盛唐诗坛上与"诗圣"杜甫、"诗佛"王维鼎足而三。他的个
性豪放不拘,不循常轨,一生热心求仙访道,击剑任侠,思想深处又

---

①许鹏《孟浩然集校注》,第 66 页,人民文学出版社,1989 年。
②《带经堂诗话》上册第 71 页。
③《孟浩然集校注》第 158 页。
④《孟浩然集序》,《孟浩然集校注》卷首第 2 页。

潜藏着坚定的经世之志,对佛教也有密切的接触和相当的了解。唐代"三教调和"思潮在他的身上十分鲜明而又独特地体现出来。宋人葛立方说:

> 李白跌荡不羁,钟情于花酒风月则有矣,而肯自缚于枯禅,则知淡泊之味贤于啖炙远矣。白始学于白眉空,得"大地了镜彻,回旋寄轮风"之旨;中谒太山君,得"冥机发天光,独照谢世氛"之旨;晚见道崖,则此心豁然,更无疑滞矣,所为"启开七窗牖,托宿掣电形"是也。后又有谈玄之作云:"茫茫大梦中,惟我独先觉。腾转风火来,假合作容貌。问语前后际,始知金仙妙。"则所得于佛氏者益远矣。[1]

葛立方所引述是《赠僧崖公》诗,应作于"安史之乱"前游历江南时。李白在其中叙述自己学佛经历,可见他对于佛理也颇下过一番功夫。这一点另有许多诗文可作证明。早年出川游佛教圣地庐山,写了一系列作品,其中如《庐山东林寺夜怀》诗:

> 我寻青莲宇,独往谢城阙。霜清东林钟,水白虎溪月。天香生虚空,天乐鸣不歇。宴坐寂不动,大千入毫发。湛然冥真心,旷劫断出没。[2]

这表明青年时代的李白对于禅已有相当深刻的领会。天宝初入京前在当涂,他作有《化城寺大钟铭》,赞颂"天以震雷鼓群动,佛以鸿钟惊大梦"[3]。他的《金银泥画西方净土变相赞》,是为湖州刺史韦景先的未亡人作,韦景先天宝十二载(753)任湖州刺史[4],这是一篇宣扬净土信仰的文字。他结交禅侣,谈禅论道,发而为诗,还有《自

---

①《韵语阳秋》卷一二,《历代诗话》下册576页。
②《李太白全集》卷二三,中册第1075页,中华书局,1979年。
③同上卷二九,下册第1339页。
④参阅郁贤皓《唐刺史考》第4册第1705页,江苏古籍出版社,1987年。

梁园至敬亭山见会公谈陵阳山水兼期同游因有此赠》、《赠宣州灵源寺仲濬公》、《秋夜宿龙门香山寺奉寄王方城十七丈奉国莹上人从弟幼成令问》、《别东林寺僧》、《将游衡岳过汉阳双松亭留别族弟浮屠谈皓》、《别山僧》、《送通禅师还南陵隐静寺》、《答族侄僧中孚赠玉泉仙人掌茶》、《寻山僧不遇作》等；又有《地藏菩萨赞》那样的单纯的护法之作。唐人范传正论及他求仙，说他"好神仙非慕其轻举，将不可求之事求之，欲耗壮心、遣余年也"①，揭示他求仙访道的内心隐衷。对于他倾心佛教也可作如是观。

"安史之乱"标志着唐王朝各种社会矛盾的总爆发。经过朝廷九年艰苦经营，战乱虽然勉强平定，但往昔盛世的形势已难以振起。代、德两朝四十余年间，国家基本处在因循衰败局面之下。文人间也已难得见到盛唐那种经国的激情、奋斗的理想、豪迈的气度，文坛从而也失去了往昔昂扬奋厉的精神和绚烂夺目的光彩。这一时期也出现一些有成就的作家如韦应物、刘长卿等，还有代表一代风气的"大历十才子"（据《新唐书·卢纶传》，"十才子"为卢纶、吉中孚、韩翃、钱起、司空曙、苗发、崔洞［或作"峒"］、耿湋、夏侯审、李端等十人，异说甚多，或把李嘉祐、郎士元、李益等包含在内）等诗人。不过从总体看，这一代诗人多是失意士大夫，或沉迹下僚，或栖身权门，精神境界比较窄狭；作品虽然也有思想比较深刻、内容比较充实的，但更多的或描绘风光，或应酬唱和，或抒写怀才不遇之情、流落羁旅之思，表达的主要是个人琐细感受和感伤情致。这又正是佛、道二教大发展的时代。特别由于朝廷崇佛，禅、净土和密教广为流行。这些都正适应处境惨淡的文人们的精神需求，结交僧侣、游居佛寺、谈禅问道就成为他们生活的重要内容，也是作品的一个主要题材。在宋初所编《文苑英华》卷二一九《释门》374篇作品中，大历时期作品占四分之一以上；"寺院"类409篇作品中，比例也

①《唐左拾遗翰林学士李公新墓碑铭并序》，《唐文粹》卷五八。

大体相同。可知佛教在当时文人生活与创作中的地位。

　　同样是亲近佛说，接受佛教，时代不同，人们的精神境界不同，所得也大不相同。当年处在盛世的王维、李白、杜甫等人接受佛教，多能够从积极方面加以发挥，丰富了作品所表现的境界，促进了艺术上的开拓；而在衰败社会局面下，人们就会更多地从佛教接受消极的熏染。当然这两相对照的情况也不是绝对的。

　　这一时期创作成就最突出的当数韦应物和刘长卿。韦应物（733？—790？），出身于式微的显赫世家，天宝年间以门荫补三卫郎，侍从玄宗游宴。安、史乱起，改变了他的命运。代宗朝，他转徙各地为官，屡遭贬黜。德宗时期曾先后担任滁州、江州刺史，尚书左司郎中、苏州刺史。"天宝后，诗人多为忧苦流寓之思，及寄兴于江湖僧寺"①，寺院成为文人们寄居、习业、游览的场所。韦应物在这方面可算作代表人物。永泰元年（765）他自洛阳丞去官，大历四年（769）自河南府兵曹参军去官，均寓居洛阳同德寺；大历十四年（779）自栎阳令去官，寓居沣上善福精舍；晚年罢苏州刺史任，寓居苏州永定寺。这样，他习惯佛家清修生活，对寺院抱有特殊的感情。他"立性高洁，鲜食寡欲，所居焚香扫地而坐"②，生活方式以至性情都受到佛教熏染。朱熹评论："韦苏州诗高于王维、孟浩然诸人，以其无声色臭味也。"③这当然是一家之言，但韦诗更善于表现那种高简闲淡、澄净精致的艺术境界，确实体现为其风格上的主要特点和艺术上的成就。而做到这一点，重要原因之一也在于他常年接近佛说，对禅也有亲切体会。如他的《听嘉陵江水声寄深上人》诗：

　　　　凿崖泻奔湍，称古神禹迹。夜喧山店门，独宿不安席。水

---

① 《新唐书》卷三五《五行志二》，第921页。
② 周勋初《唐语林校证》卷二，上册第181页，中华书局，1987年。
③ 黎靖德编《朱子语类》卷一四〇《论文下》，第3327页。

性自云静,石中本无声。如何两相激,雷转空山惊。贻之道门旧,了此物我情。①

这首诗被认为是"默契禅宗"之作,"不得尚谓之诗"②。诗人从水、石相激体认人生物理,如雷鸣的涛声发露无尽深意。他长期寄住僧院,写了许多表达佛寺印象的诗,如《起度律师同居东斋院》:

> 释子喜相偶,幽林俱避喧。安居同僧夏,清夜讽道言。对阁景恒晏,步庭阴始繁。逍遥无一事,松风入南轩。③

这样的诗情致悠远,淡而有味,体现的是一种诗人所理想的人生境界。他的《移疾会诗客元生与释子法朗因贻诸曹》、《慈恩伽蓝清会》、《夜偶诗客操公作》等都具有同样的艺术特征。值得注意的是,韦应物对道教也相当热衷,结交道士,熟悉道典,也写过一些表现神仙信仰的诗。他对佛、道二教采取融通无碍态度,在唐代文人中也是相当典型的。

刘长卿(约 726—790?),字文房。他和韦应物同样,活动于玄宗至德宗四朝,人生经历漫长和坎坷。他年轻时屡试不第;出仕后两次遭到贬黜;晚年为随州(今湖北随州)刺史,又逢"建中之乱",居官地的随州被叛军占领,屈抑而终。他本"有吏干",但屡屡被迫隐逸山林或退居闲职,内心抑郁不平,也就更加亲近佛、道来寻求安慰。这种情形也和韦应物相似。他的诗以五言近体为佳,风格恬淡清秀,颇有韵致,有"五言长城"之誉。贬睦州(今浙江建德)时结交诗僧灵澈,《送灵澈上人》诗云:

> 苍苍竹林寺,杳杳钟声晚。荷笠带夕阳,青山独归远。④

---

① 陶敏、王友胜《韦应物集校注》卷二,第 65 页,上海古籍出版社,1998 年。
② 李邺嗣《慰弘禅师集天竺语诗序》,《杲堂文钞》卷二。
③ 《韦应物集校注》卷七,第 471 页。
④ 储仲君《刘长卿诗编年笺注》下册第 435 页,中华书局,1996 年。

短短二十字,言简意长,有王维辋川诗风味。在睦州又有《喜鲍禅师自龙山至》诗:

> 故居何日下,春草欲芊芊。犹对山中月,谁听石上泉。猿声知后夜,花发见流年。杖锡闲来往,无心到处禅。①

诗中流露出对超逸境界的神往,结句则直呈禅解,表明他对于禅确有心得。

中唐时期以"大历十才子"为代表的一批诗人经历不同,成就亦不一,创作成绩均不及韦、刘,但其总体艺术特色却有类似之处,亲近佛、道则更是共通的。其中如吉中孚作过道士,戴叔伦晚年亦入道。不过多数人与佛教关系更为密切。其中钱起(710—780)年事较长,诗名亦大,诗史上有"前有沈(佺期)、宋(之问),后有钱、郎(士元)"之说。他的《东城初陷与薛员外王补阙暝投南山佛寺》诗,写的是"安史之乱"期间与王维等人避乱经历:

> 日昃石门里,松声山寺寒。香云空静影,定水无惊湍。洗足解尘缨,忽觉天形宽。清钟扬虚谷,微月深重峦。噫我朝露世,翻浮与波澜。行运遭忧患,何缘亲盘桓。庶将镜中象,尽作无生观。②

显然是世事丧乱使诗人更体会到人事无常,因此要到"无生"法中求取安慰。钱起最有名的作品是《省试湘灵鼓瑟》诗:

> 善鼓云和瑟,常闻帝子灵。冯夷空自舞,楚客不堪听。苦调凄金石,清音入杳冥。苍梧来怨慕,白芷动芳馨。流水传潇浦,悲风过洞庭。曲终人不见,江上数峰青。③

唐代科举考试的试帖诗少有可读的,这一篇从整体看亦不见得超

---

① 《刘长卿诗编年笺注》下册第 458—459 页。
② 《全唐诗》卷二三六,第 2615 页。
③ 同上卷二三八,第 2651 页。

绝,但结尾一联,意境鲜明,余意无限,确是佳构。而这种含而不露
的格调,正与禅境相通。司空曙的《过钱员外》诗是描写晚年钱起
生活的:

> 为郎头已白,迹向市朝稀。移病居荒宅,安贫著败衣。野
> 园随客醉,雪寺伴僧归。自说东峰下,松萝满故扉。①

钱起官终考功郎中,因此有首句的慨叹。正是在那种困顿落漠境
遇中,他与僧侣结伴,奉佛求道,度过寂寞的生涯。

钱起可以代表当时众多文人普遍的境遇与感受。如韩翃,天
宝十三载(754)进士,长期转徙幕职,直至德宗朝才擢任中书舍人。
他的《题玉山观禅师兰若》诗说:

> 披垣挥翰君称美,远客陪游问真理。薄宦深知误此心,回
> 心愿学雷居士。②

雷居士次宗,是参与慧远结社的名士,被诗人当作人生榜样。耿湋
则一生未致通显,晚年由拾遗贬许州司法参军,他的《春日游慈恩
寺寄畅当》诗说:

> 浮世今何事,空门此谛真。死生俱是梦,哀乐讵关身。③

《寻觉公因寄李二端司空十四曙》诗说:

> 少年尝昧道,无事日悠悠。及至悟生死,寻僧已白头。④

这些赠答之作,表达的实际也是“大历十才子”等诸多人的共同感
受。李端,字正己,大历五年进士,曾为郭子仪子郭暧门下清客,初
授校书郎,移疾江南,官杭州司马卒。他的《书志赠畅当并序》说:

---

① 《全唐诗》卷二九二,第 3314 页。
② 同上卷二四三,第 2730 页。
③ 同上卷二六八,第 2985 页。
④ 同上,第 2991 页。

> 余少尚神仙，且未能去。友人畅当以禅门见导。余心知必是，未得其门，因寄诗以咨焉。

> 少喜神仙术，未去已蹉跎。壮志一为累，浮生事渐多。衰颜不相识，岁暮定相过。请问宗居士，君其奈老何。①

这样，李端本来学神仙术，转而从畅当习禅。他把畅当比拟为刘宋著名居士宗炳。他也写了许多佛教题材的作品。如《赠衡岳隐禅师》：

> 旧住衡州寺，随缘偶北来。夜禅山雪下，朝汲竹门开。半偈传初尽，群生意未回。唯当与樵者，杖锡入天台。②

南岳慧隐是神秀弟子降魔藏法嗣，李端与这些禅僧有密切交往。卢纶，字允言，大历初累举进士不第，仕途不达，贞元中始得到德宗器重，超拜户部郎中。他经历坎坷，对佛、道同样均表热衷。有《夜投丰德寺谒海上人》诗：

> 半夜中峰有磬声，偶寻樵者问山名。上方月晓闻僧语，下路林疏见客行。野鹤巢边松最老，毒龙潜处水偏清。愿得远公知姓字，焚香洗钵过余生。③

又《洛阳早春忆吉中孚校书司空曙主簿因寄清江上人》诗：

> 值迥逢高驻马频，雪晴闲看洛阳春。莺声报远同芳信，柳色邀欢似故人。酒貌昔将花共艳，鬓毛今与草争新。年来百事皆无绪，唯与汤师结净因。④

这里投寄诗篇的清江是著名诗僧，被比拟为汤惠休。诗里描写了

---

①《全唐诗》卷二八五，第 3255 页。
②同上，第 3247 页。
③同上卷二七九，第 3273 页。
④同上卷二七八，第 3158 页。

文人与僧人交往、游赏、唱和的具体情境。他们从中得到心灵上的安慰。

这样，在大历、贞元这一动荡、中衰时代，对宗教的热烈关切成为文人精神生活的重要内容。当然与宗教关系密切，有关题材作品众多，并不意味着怀有足够的虔诚。当时的诗人们主要是在宗教世界里寻求精神寄托，力图藉以化解苦难现实和不平际遇造成的心灵痛楚与矛盾。升华为诗情的宗教情思主要是内心苦闷和矛盾的体现，宗教幻想所寄托的是一种理想的人生境界。而宗教意识的虚幻和偏狭，又必然引向意念的消极、颓唐和境界的窘狭、低沉，这也是形成大历诗风衰飒的重要因素。

自贞元末年到元和、长庆年间，中间经过短命的"永贞革新"，继而到宪宗时期平藩取得胜利，唐王朝得以短暂"中兴"，知识阶层的精神境界从而有所振起，文学创作随之也出现了盛唐之后的第二个高潮。但这一时期的总体社会形势和思想面貌显然和盛唐时期大不相同了。主要是那种反映所谓"盛唐气象"的乐观、浪漫的精神不见了，更多的是对于世事衰变的批评和思考、挽救颓势的希冀和努力。其代表性成就是诗歌的"新乐府运动"和散文的"古文运动"。当时禅与净土信仰广泛弘扬，也正与这种社会形势和由此造成的社会心态有关系。活跃在这一时期的作家们大体也和佛教有密切关联。以下分别加以叙述。

六

白居易（772—846），字乐天，晚号香山居士、醉吟先生。他以和李绅、元稹等人提倡和创作"新乐府"而闻名，是文学史上"新乐府运动"的领袖。所作"讽喻诗"针砭时事，激烈陈词，以鲜明的艺术特征造就了唐代诗歌的又一个高峰,在当时、对后代影响至巨。他又倾心宗教。他曾热心地求仙访道,尝试炼丹,长期服用云母散等"仙药"。他更形容自己是"白衣居士紫芝仙,半醉行歌半坐禅"①。就是说,他是把所向往的神仙生活与佛教的修证实践等同看待的。实际上他更为热衷的是佛教。他所信仰的内容颇为庞杂,主要是禅与净土。这后二者本是宗义根本对立的也是当时最为流行的两个宗派,白居易却一并宗奉之,也算是开启后来"禅净合一"潮流端倪的人物之一。

白居易不像王维那样长期专心过着习禅修道清寂脱俗的生活,也不是如下述柳宗元那样认真钻研复杂的教理、宗义并多有心得。对他来说,比起信仰层面,佛教主要是提供了一种理想的人生方式、精神境界、处世态度和审美理念。这与当时洪州禅宣扬的体现在"平常心"中的禅、人生日用的禅在精神上是相一致的。这在下面将要讲到。也正因此,佛教的影响渗透到他的日常生活之中,体现在思想、观念、感情、情绪等精神世界的各个层面,化为诗情,在诗文创作中得到清晰的反映,特别成为他自己所划分的"闲适诗"、"感伤诗"和"格律诗"的主要内容。同样,佛教的影响对于形成他的创作的艺术特征和表现风格也起了重大作用。他代表唐代文人佛教信仰的又一种典型。

白居易早年为准备科举考试拟作《策林》,中有《议释教》一篇,对佛教蠹国害民提出尖锐批评。内容虽不出儒生辟佛的常谈,但却也表明他是认识到佛教对于国计民生、社会伦理等方面的弊害的。可是他却又终生习佛,老而弥笃。这典型地反映了当时文人对待佛教的矛盾姿态:即在作为朝廷命官或准命官的"公"的立场上,是根据儒家大义反佛的;但基于个人的"私"的立场,又对佛教

①《自咏》,朱金城《白居易集笺校》卷三一。以下引用白居易诗文均据此本,卷次随文括注。

采取通融、理解、赞赏、支持的态度。

贞元十五年（799）二十八岁，他由宣城（今安徽宣城）北归洛阳，曾师事圣善寺凝公；十九年，凝公圆寂；次年，他作《八渐偈》纪念，其序言说：

> 居易常求心要于师，师赐我八言焉，曰观、曰觉、曰定、曰慧、曰明、曰通、曰济、曰舍。由是入于耳，贯于心，达于性，于兹三四年矣。（卷三九）

可见当时他对佛说已有相当深入的领会。他元和二年（807）入翰林院，同事中有崔群，他作《答崔侍郎钱舍人书问因继以诗》诗，曾说"吾有二道友，蔼蔼崔与钱"（卷七）。崔即崔群，钱谓钱徽，都是他习佛的"道友"。后来他写《答户部崔侍郎书》回忆说：

> 顷与阁下在禁中日，每视草之暇，匡床接枕，言不及他，常以南宗心要互相诱导。（卷四五）

这是当年在朝时事。朝堂直宿时谈禅，可见当时朝廷上的习佛风气。他在元和十五年所作《钱虢州以三堂绝句见寄因以本韵和之》诗又说：

> 同事空王岁月深，相思远寄定中吟。遥知清净中和化，只用金刚三昧心。（卷一八）

下有注曰："余早岁与钱君同习读《金刚三昧经》，故云。"《出三藏记集》著录失译《金刚三昧本性清净不坏不灭经》，从题目看是宣扬本性清净思想的，钱、白一起读的或许就是这一部经。

白居易早年立志颇高，斗志甚盛，但忠言见忌，不断受到排挤、打击。他在服母丧退居下邽时所作《渭村退居寄礼部崔侍郎翰林钱舍人诗一百韵》诗中发感慨说：

> 渐闲亲道友，因病事医王。息乱归禅定，存神入坐亡。
> （卷一五）

因而他要在禅悟中求得精神解脱。元和十年（815）他被贬到江州
（今江西九江），近旁的庐山是佛、道二教圣地。他更迫切地到宗教
中寻求安慰。合炼丹药就是在这个时期。他在《郡斋暇日忆庐山
草堂兼寄二林僧社三十韵皆叙贬官已来出处之意》诗中说：

> 谏诤知无补，迁移分所当。不堪匡圣主，只合事空王。

（卷一八）

政治上失意，亲经世路倚伏，对时势危机无力俾补，使他不得不走
"事空王"的"独善"之路。他在给友人元稹叙说自己心迹的长篇书
信中又说：

> 古人云："穷则独善其身，达则兼济天下。"仆虽不肖，常师
> 此语。大丈夫所守者道，所待者时。时之来也，为云龙，为风
> 鹏，勃然突然，陈力以出；时之不来也，为雾豹，为冥鸿，寂兮寥
> 兮，奉身而退。进退出处，何往而不自得哉！故仆志在兼济，
> 行在独善。奉而始终之，则为道；言而发明之，则为诗。（《与
> 元九书》，卷四五）

他就这样确立起立身行事的总原则。佛、道正是体现他"独善"之
志的主要人生方式。但从上面这段话也可以知道，他"行在独善"
之时，也并没有放弃"兼济"理想，所以他并没有完全沉溺在宗教玄
想之中。而从信仰角度看，无论对于佛教还是道教，他的态度又都
是比较淡漠的。陈寅恪曾说："乐天之思想乃纯粹苦县之学，所谓
禅学者，不过装饰门面之语。"[①]关于白居易思想是否"纯粹苦县之
学"，是另一个问题。但认为他的"禅学"不过是"装饰门面之语"，
则却也道出真情的重要一面。实际上道教对于他同样有装饰门面
的意味。唐代的禅学已更多地融入老、庄内容，白居易的"乐天安

---

①《白乐天之思想行为与佛道关系》，《元白诗笺证稿》第327页，上海古籍出版
　社，1978年。

命"、"知足保和"等观念又是禅、道相通的。

　　白居易的时代马祖道一的"洪州禅"正在兴盛起来。马祖于贞元四年(788)圆寂,众多弟子弘法于四方。鹅湖大义、章敬怀晖、兴善惟宽先后北上进京,很快把这一派的影响扩展到中原。元和九年(814)冬,白居易授太子左赞善大夫,曾四次到兴善寺向惟宽问道,作《传法堂碑》,胡适说这是"九世纪的一种禅宗史料","不是潦草应酬之作","正合道一的学说"①。次年,白居易贬江州司马,其时马祖法嗣归宗智常在江州弘法,白居易也曾前往请益,有《晚春登大云寺南楼赠常禅师》诗,中有"求师治此病,唯劝读《楞伽》"(卷一六)之句。他在江州结交的兴国神凑、东林上宏等也都是洪州或曹溪弟子。他晚年寓居洛阳龙门,与嵩山如满为空门友,这位如满也是道一高足。洪州禅主张"平常心是道","非心非佛",把南宗"明心见性"、顿悟本来清净心的禅发展为随缘应用、肯定平常人心性的禅。即不是要求"顿悟"不同于"平常心"的"清净心",而是肯定平常心即清净心。这样,穿衣吃饭、扬眉瞬目的日常营为都是道。南宗禅的"无念""无相"之说本来与老、庄有密切关联,洪州禅则把庄、禅更进一步统合起来。马祖所谓"平常心是道"②,正和《庄子》的道"无所不在","物物者与物无际"③观念相通;马祖提倡无造作、无是非、无取舍、无断常、无凡无圣的人生态度,也与《庄子》等是非、齐物我的观念在精神上有一致之处。白居易在《病中诗十五首序》里说:"余早栖心释梵,浪迹老、庄,因疾观身,果有所得。"(卷三五)是把老、庄与"释梵"等同看待的,又是从解决人生"疾患"的角度来对待二者的。白居易的"感伤诗"主要是感伤人事,"闲适诗"则多抒写超脱闲适之情,都有洪州禅的观念为底蕴。元和九年所作《游悟真寺诗》说:

---

①《白居易时代的禅宗世系》,《胡适学术文集·中国佛学史》第31、34页。
②《景德传灯录》卷二八《江西大寂道一禅师语》,《大正藏》第51卷第440页上。
③《庄子·知北游》。

身著居士衣,手把《南华篇》。终来此山住,永谢区中缘。
（卷六）

在江州作《睡起晏坐》诗说:

淡寂归一性,虚闲遗万虑。了然此时心,无物可譬喻。本
是无有乡,亦名不用处。行禅与坐忘,同归无异路。

下有注曰:"道书云'无何有之乡',禅经云'不用处',二者殊名而同
归。"(卷七)长庆元年(821)作《新昌新居书事四十韵因寄元郎中张
博士》诗说:

大底宗庄叟,私心事竺乾。浮荣水划字,真谛火生莲。梵
部经十二,玄书字五千。是非都付梦,语默不妨禅。(卷一九)

晚年所作《拜表回闲游》诗又说:

达磨传心令息念,玄元留语遣同尘。八关净戒斋销日,一曲
狂歌醉送春。酒肆法堂方丈室,其间岂是两般身。(卷三一)

像这样,对于白居易,佛、道一致,禅、教一致,真谛与世法一致,他
完全把乐天无为、优游自在的生活等同于禅,等同于修道实践了。
这对于禅与道的认识当然不无曲解,但却正体现当时文人士大夫
对待宗教的一种典型立场。他所宣扬的是一种谦退、柔弱的人生
态度,是受到打击后的自我慰安之道,但这又是处在困顿中寻求安
顿身心的不得已的办法。因而如此自保、自适、避世韬晦,却也不
完全是消极的。如宋人叶梦得分析的:

白乐天与杨虞卿为姻家,而不累于虞卿;与元稹、牛僧孺
相厚善,而不党于元稹、僧孺;为裴晋公所爱重,而不因晋公以
进;李文饶素不乐,而不为文饶所深害者,处世如是人,亦足
矣。推其所由得,惟不汲汲于进,而志在于退,是以能安于去
就爱憎之际,每裕然有余也。自刑部侍郎以病求分司,时年

> 才五十八，自是盖不复出。中间一为河南尹，期年辄去；再除
> 同州刺史，不拜。雍容无事，顺适其意而满足其欲者十有六
> 年。方太和、开成、会昌之间，天下变故，所更不一。元稹以
> 废黜死；李文饶以馋嫉死；虽裴晋公犹怀疑畏；而牛僧孺、李
> 宗闵皆不免万里之行。所谓李逢吉、令狐楚、李珏之徒，泛泛
> 非素与游者，其冰炭低昂，未尝有虚日。顾乐天所得岂不
> 多哉！①

这就指出，对于白居易，庄、禅修养使得他能够保持自性的清净镇
定，处患难不惧不馁，对名位不伎不求。这当然是在求自足保身，
却并没有与世浮沉，同流合污；再进一步，这又是一种"以退为进"
的手段：进退不萦于怀，苦乐不滞于心，百炼钢化为绕指柔，时刻等
待实现济世利民宏愿的时机。

　　禅宗主张"心净土净"，如上所说西方净土向外驰求的它力信
仰是禅宗所反对的。但特别是到晚年，白居易对净土却十分热衷。
这和杜甫的情形相类似：老之将至，不得不顾念"来生之计"。不过
白居易的净土信仰也有其特殊内涵。一方面，他官太子少傅时作
《画西方帧记》，表示愿为"一切众生"修弥陀净土业，有偈说：

> 极乐世界清净土，无诸恶道及众苦。愿如老身病苦者，同
> 生无量寿佛所。（卷七一）

这样，在他的净土信仰里明显体现了普度众生的理想，而不是单纯
追求自救的。另一方面，他的《重修香山寺毕题二十二韵以纪之》
诗中又说：

> 南祖心应学，西方社可投。先宜知止足，次要悟浮休。
> （卷三一）

---

① 《避暑录话》卷上。

这里的"西方社"指东晋慧远的庐山结社。中唐时演化出庐山十八高贤结"白莲社"传说，白居易在宣扬这一传说中起了相当大的作用。他很羡慕庐山儒、释交游的风流余韵。他的西方净土信仰在形式上有规仿庐山结社的意思，在内容上则明显倾向慧远的"唯心净土"观念。这也是具有鲜明士大夫性格的净土信仰。晚年的白居易受八关斋戒，更热衷于修持实践。但他终不能忘情于世事，作文说洛阳西郊山水之盛龙门为首，龙门游观之盛香山为首，自己作为"山水主"，做到了"足适"、"身适"、"心适"，在《香山寺二绝》里他描写自己的生活：

> 空门寂静老夫闲，伴鸟随云往复还。家酝满瓶书满架，半移生计入香山。（卷三一）

他希望作个富贵闲人，知足保和、优游自在地了却一生。可实际上他终其一生又不能忘情世事，晚年住龙门香山，仍主持开龙门八节石滩，有《开龙门八节石滩诗二首》诗说：

> 他时相逐西方去，莫虑尘沙路不开。（卷三七）

他又把这种解救民众疾苦的事业当作往生的"净业"了。

在白居易创作中，最有价值的当然是那些"惟歌生民苦"的讽喻现实的诗篇。其他占作品绝大部分的抒写"感伤"、"闲适"情致的诗作，思想、艺术价值则不可一概而论。从总体看内容比较空泛，格调是比较消沉的，当然也有不少精彩篇章，包括《长恨歌》、《琵琶行》那样传世经典之作。抒写"感伤"、"闲适"之情，当然多与宗教观念、宗教信仰有关。在这一部分作品里，包括不少谈佛说禅的，有些运笔粗率空疏，概念化，更有些内容显得消极颓唐；但也另有许多作品抒写放舍身心、超绝万缘的旷达胸怀，表达有为有守、不慕荣利的高蹈情致，时时流露出现实压迫下内心矛盾、痛苦的隐微，如此等等，又不是灰心灭志的悲观，也不做无所用心、无所事事的颓唐，往往能够给人以深切的感动。刘禹锡曾称赞他说：

> 散诞人间乐，逍遥地上仙。诗家登逸品，释氏悟真筌……吏隐情兼遂，儒玄道两全。①

这是肯定白居易儒、释、道兼用，无不适其情；以之指引人生，为官，作诗，无不通达无碍，遂创造出一代诗坛的"逸品"。这样的"感伤"、"闲适"体现在诗歌风格上，也就与孟郊、贾岛、姚合等人的凄苦寒俭截然不同。宋人葛立方曾作过比较：

> 孟郊诗云："食荠肠亦苦，强歌声无欢。出门即有碍，谁谓天地宽。"许浑诗曰："万里碧波鱼恋钓，九重青汉鹤愁笼。"皆是穷蹙之语。白乐天诗云："无事日月长，不羁天地阔。"与二子殆霄壤矣。②

白居易很少嗟悲叹老，更不作懦弱可怜之态，虽然有时达观得盲目，但对人生一直保持乐观的信心。他自称"乐天"，面对苦难现世，他不畏祸，不颓唐，不厌世，顺适自然，态度是让人钦佩、赞叹的。

　　白诗在表达上走平易浅显一路，努力做到所谓"老妪能解"。这种艺术风格和表达方式与他的世界观、人生观，与他接受禅的影响有直接关系。所谓"性海澄淳平少浪，心田洒扫净无尘"（《狂吟七言十四韵》，卷三七），"身觉浮云无所著，心同止水有何情"（《答元八郎中杨十二博士》，卷一七），这样的精神境界体现为美学观念，表现为诗情，必然是纯净浅显的。在形式、语言运用等具体表现技巧上，白居易诗显然又对当时流行的禅宗诗偈和言句有所借鉴。

---

① 《酬乐天醉后狂吟十韵》，《刘禹锡集》卷三四，下册第 500—501 页，《刘禹锡集》整理组点校、卞孝萱校订，中华书局，1990 年。
② 《韵语阳秋》卷二，《历代诗话》下册第 501 页。

七

　　散文创作同样是唐代文学取得重大成就的领域。其成就之一就是成功地开展了"古文运动"。这是一次全面地革正文体、文风和文学语言的运动,也是散文创作的革新运动。这一"运动"从根本上变革了统治文坛几百年的形式僵化的骈俪文体和空洞浮华的文风,也使中国散文发展进入一个全新阶段。倡导"古文运动"的主要人物韩愈是文化史上著名的辟佛健将,后起的古文家中也多有反佛的。因而人们往往强调文体复古与儒学复古的联系。但实际上在佛教昌盛的唐代,不少古文家同样信仰佛教或与佛教有密切关系。与韩愈并称的柳宗元就是主张"统合儒、释"的。他是佛教坚定的信仰者和维护者,下面有专节另述。从历史发展的实际状况看,以革正文体为主要目标的"古文运动"与儒学复古并没有必然的关联。"古文运动"取得成功反而是借助了佛教提供的滋养和借鉴的。

　　前面已提到的陈子昂是革新文体先驱。另一位初唐时期作为一代文宗的张说在改革文体和文风方面也作出了相当的贡献。他曾写有《大通禅师碑》、《陈州龙兴寺碑》、《般若心经序》等释氏文字。他的文章典雅浑朴,特别长于碑状记序,当时与苏颋并称"燕、许大手笔"。作为开创文坛风气的人物,他对佛教的态度广有影响。

　　韩、柳以前,对"古文运动"有开拓之功的有萧颖士、李华、元结、独孤及、梁肃、权德舆等人。在文学史上,这些人被称为"古文运动"的"先驱"。其中李、独孤、梁、权等人都热衷佛说,或是热诚的信仰者。

　　李华(715—766),字遐叔,天宝年间入仕。他早岁修君子儒,

同时又喜读佛书。"安史之乱"中受伪职贬官,以后一蹶不振,只短
期担任过幕僚。他晚年从天台九祖荆溪湛然受业,被视为天台学
人①。他作《故左溪大师碑》,碑主是天台八祖玄朗。他对唐代佛教
各宗派又多有相当深入的了解。他的《东都圣善寺无畏三藏碑》,
碑主是中土密教创始人之一的善无畏;《润州天乡寺故大德云禅师
碑》,碑主法云是大照普寂弟子;《润州鹤林寺故径山大师碑铭》,碑
主则是牛头宗径山道钦。为这些著名宗师撰写碑铭,也可见他在
当时佛教界的名声与地位。他对于儒、释交流十分赞赏,说:

> 昔支遁与谢公为山水之游,竺法师与王度为生死之约,古
> 今同道,如见其人。②

他又说:

> 五帝三王之道,皆如来六度之余也。③

这就明确把儒道放在佛教的附属地位了。他提出"儒、墨者,般若
之笙簧;词赋者,伽陀之鼓吹"④,肯定辞章可作为宣扬佛说的工具。
他本人更身体力行,以文章"传佛教心要",是唐代文人中写作释教
碑较多的人之一。

　　独孤及(725—777),字至之,"体黄老之清净,包大雅之明
哲"⑤,他宗道家,又兼容佛教。晚年为舒州刺史,曾赞助湛然等为
禅宗三祖僧璨建塔,亲自撰写《舒州山谷寺觉寂塔隋故镜智禅师碑
铭》。如前所述,僧璨其人在早期禅籍中模糊不明,是后人组织禅

---

①志磐《佛祖统纪》卷七《东土九祖纪第三之二》,《大正藏》第49卷第188页中—
　189页上;卷四一《法运通塞志第十七之八》,《大正藏》第49卷第379页中。
②润州天乡寺故大德云禅师碑》,《全唐文》卷三二〇,第3243页。
③《台州乾元国清寺碑》,《全唐文》卷三一八,第3224页。
④《杭州余姚县龙泉寺故大律师碑》,《全唐文》卷三一九,第3234页。
⑤梁肃《朝散大夫使持节常州诸军事守常州刺史赐紫金鱼袋独孤公行状》,《全
　唐文》卷五二二,第5304页。

宗法系确立其地位,并形成相关传说的。独孤及表扬他,正当南宗禅确立法系的时候,也是这一活动的一环。他概括僧璨禅观说,"其教大略以寂照妙用摄群品,流注生灭观四维上下,不见法,不见身,不见心,乃至心离名字,身等空界,法同梦幻,亦无得无证,然后谓之解脱禅门"①。这是南宗宗义的概括,实际也是表明他个人的禅解。他与诗僧灵一交好,作《唐故扬州庆云寺律师一公塔铭》,称之为"善友",赞扬后者"吻合词林,与儒、墨同其波流"②。他还写过《金刚经报应述》、《佛顶尊胜陀罗尼幢赞》等护法文章。

梁肃(753—793),字敬之,一字宽中,是"古文运动"承前启后的人物。他就学于独孤及。贞元八年(792)陆贽以兵部侍郎知贡举,他作为辅佐,推举韩愈、李观等一批才名之士及进士第,享誉士林。梁肃是虔诚的佛教信徒,又是学养甚高的佛教学者。他学天台之道于荆溪湛然,又是湛然弟子元浩门徒。他对天台教理认识甚深,以智者大师的《摩诃止观》文义弘博,览者费日,删定为《止观统例》,是阐扬止观学说的重要文献。他还作有《天台法门议》、《台州隋故智者大师修禅道场碑铭》、《天台智林寺碑》(佚)、《荆溪大师碑》(佚)、《常州建安寺止观院记》、《维摩经略疏序》等文章,都是阐述天台教理的。后来天台宗人著僧史,把他列入到传法统序之中。他是唐代文人中对禅宗持否定态度的少数人之一。在禅宗的毁经灭教、流荡往返的激烈宗风兴起之际,他起来正面加以抨击,对于整肃宗风以及后来佛教的发展都有所影响。

权德舆(761—818),字载之,在贞元年间作为文坛宗主,对于韩、柳是先辈,有提携奖掖之恩。他的创作实践和"尚理、尚气、有简、有通"的文论影响一代文坛。他周流三教,体现当时文人的一般思想倾向。贞元二年(786),他以大理评事兼监察御史充江西观

①《全唐文》卷三九〇,第3973页。
②同上,第3963页。

察使李兼判官,在洪州(今江西南昌)游于马祖道一门下;马祖圆寂,他作《唐故洪州开元寺石门道一禅师塔铭》,这是宣扬"洪州禅"的重要文献。其时柳宗元的父亲柳镇、岳父杨凭和他同为李兼幕僚,少年柳宗元也随同父亲在洪州任所。权德舆还写过《唐大兴善寺故大宏教正辩三藏和尚影堂碣铭》(碑主是密教大师不空)等一系列张扬佛教的文字。他也是唐代文人中写作释氏文字较多的人。在晚年为百岩禅师所作碑铭里说:

> 尝试言之,以《中庸》之自诚而明,以尽万物之性,以《大易》之寂然不动,感而遂通,则方袍、褒衣,其极致一也。向使师与孔圣同时,则颜生、闵损之列欤? 释尊在代,其大慧、纲明之伦欤?[①]

这则十分明确地表述了统合儒、释观念。

情况比较复杂的是韩愈及所谓"韩门弟子"李翱等人。韩愈(768—824),字退之,与柳宗元一起,是"古文运动"的旗手和领袖。他们二人共同以"古文"创作的卓越实绩推动了新文体的建设和普及。他更就革正文体、文风和文学语言提出系统的理论主张,又善于团结和指导同道与后进,从而根本扭转了文坛的形势。韩愈一生以弘扬儒道为己任,力辟佛、老。后来宋人讲理学,大力表扬他"道济天下已溺"之功,把他当作"儒学复古"的一面旗帜;宋代古文家如欧阳修等人亦循例反佛,标榜尊韩,也强调古文与儒学复兴的关系。但如果仔细分析起来,韩愈辟佛立志颇高,态度颇坚,出言颇壮,而理论深度并不相称。他指斥佛教以夷乱华、败坏纲常、不事生产等等,基本是六朝以来反佛的常谈,不过现实针对性更强、表现姿态更为坚定而已。特别由于他处在佛教势力笼罩社会的环境下,朝廷又正极力推尊佛教,他能够旗帜鲜明地大加挞伐,表现

---

① 《唐故章敬寺百岩大师碑铭并序》,《全唐文》卷五〇一,第5104页。

出绝大的胆识和勇气。但当时的佛教特别是禅宗正适应时代要求，提出并在解决许多新的思想理论课题，已经深浸到广大知识阶层的灵魂深处和文化层面的各个领域，韩愈不能不受其熏染；另一方面他所面临和要解决的许多问题实际正是禅宗提出并加以解决的。例如韩愈特别推崇孟子，发挥《中庸》、《大学》正心诚意、修齐治平之说，力图以此来恢复儒道，整顿纪纲，把关键置于个人心性修养之上。而当时在这方面用力最多、贡献最大的则是禅宗。又如韩愈论人性，严分"性"与"情"，说"性也者，与生俱生也；情也者，接于物而生也"①。这正和禅宗的性净情惑说相通。这样，无论是他所提出的心性课题，还是解决相关问题的思路，实际上都和禅宗相呼应。他贬潮州时结识石头法嗣大颠，在给友人孟简加以辩解的信里说：

> 有人传愈近少信奉释氏，此传之者妄也。潮州时，有一老僧号大颠，颇聪明，识道理，远地无可与语者，故自山召至州郭，留十数日，实能外形骸，以理自胜，不为事物侵乱。与之语，虽不尽解，要自胸中无滞碍；以为难得，因与来往。及祭神至海上，遂造其庐；及来袁州，留衣服为别，乃人之情，非崇信其法，求福田利益也。②

这本是自我辩解的话，但其中所称赞的"外形骸，以理自胜"、"胸中无滞碍"云云，正是南宗禅所提倡的"无心"、"无念"境界；而所谓"求福田利益"等等也是禅宗所反对的。这样，韩愈已不自知地落入了禅的理路。至于他虚构出尧、舜、禹、汤、文、武、周公一脉相承的传法统绪，更是借鉴了禅宗树立祖统的形式。陈寅恪精辟地指出：

---

① 马其昶《韩昌黎文集校注》卷一，第 20 页，上海古籍出版社，1986 年。
② 同上卷三，第 212 页。

> 退之从其兄会谪居韶州，虽年颇幼小，又历时不甚久，然其所居之处为新禅宗之发祥地，复值此新学说宣传极盛之时，以退之之幼年颖悟，断不能于此新禅宗学说浓厚之环境气氛中无所接受感发，然则退之道统之说表面上虽由孟子卒章之言所启发，实际上乃因禅宗教外别传之说所造成，禅学于退之之影响亦大矣哉！宋儒仅执退之后来与大颠之关系，以为颇获赃据，欲夺取其道统者，似于退之一生经历与其学说之原委犹未达一间也。

他又说：

> 新禅宗特提出直指人心见性成佛之旨，一扫僧徒繁琐章句之学，摧陷廓清，发聋振聩，固吾国佛教史上一大事也。退之生值其时，又居其地，睹儒家之积弊，效禅侣之先河，直指华夏之特性，扫除贾、孔之繁文，原道一篇中心旨意实在于此……①

这就指出在时代大环境中韩愈与佛教的复杂关系。而从中国思想史的总体发展脉络说，批判地容纳佛教教理乃是构建宋代"新儒学"重要途径，而韩愈及其门下正是开拓道路的先驱。

李翱（772—841），字习之，是韩愈侄婿，为学为文皆宗韩愈。韩愈提倡"古文"，后学分化出尚理、尚文两种倾向。李翱致力于弘扬儒道，是前一类人的代表。他生活在禅宗大盛的时代，与著名禅师药山惟俨、紫玉道通、鹅湖大义、开元澄观等都有交往。他在主观上是坚定的辟佛者，作《去佛斋》文，借批判当时流行的"七七斋"丧仪，指斥佛教传入中国使得"礼法迁坏"，进而揭露佛道"非圣人之道"，其徒"不蚕而衣食具，弗耨而饮食充，安居不作、役物以养己者，至于几千百万人，推是而冻馁者几何人可知矣"，并警告"溺于

---

① 《论韩愈》，《金明馆丛稿初编》，第 286、287 页。

其教者，以夷狄之风而变乎诸夏，祸之大者也"[1]。他所提出的反佛内容和根据与韩愈看法相同，正相呼应。他作《复性书》上、中、下三篇，"全篇主旨，可以《乾卦》爻辞'君子终日乾乾，夕惕，若厉'一语概括，盖言复性之功夫"[2]，其中杂引《易传》、《中庸》、《孟子》诸说，俨然在阐述孔孟圣人之道。但其中所阐发的心性说却明显汲取了禅宗内容，甚至语言也是禅宗的。上篇开头就依韩愈思路，严分"性"与"情"，提出"情既昏，性斯匿矣"；进而论述"百姓之性与圣人之性弗差"，问题在"人之昏也久矣"，所以关键是要"复其性"。而复性的方法，第一步要做到"弗虑、弗思，情则不生；情既不生，乃为正思"，即"斋戒其心"；进一步则要"知本无有思，动静皆离，寂然不动者，是至诚也"[3]；最后达到"视听昭昭，而不起于见闻"的境界。如此发挥儒家"正心诚意"、"致诚返本"之说，完全通于禅的思路，实际是把儒、禅二者的心性说统合起来，从而也为宋代新儒学的"性理"学说开了先河。灯录上记载他问道于药山惟俨的传说，并传出他写给惟俨的两首赠诗，作为事实本难以凭信；但他与禅僧惟俨等有交往则是可信的，而他受到当时流行的禅思想的深刻熏陶则更是十分明显的。

　　"古文运动"的后劲杜牧也曾著文大力反佛，但他在观念中、创作上同样留有佛教的深刻痕迹，这在后面将有所论及。

　　关于佛教对唐代"古文运动"的影响，还有一点值得注意，即翻译佛典和六朝释氏文字对于唐人革正文体、文风提供了借鉴。就文体说，佛典翻译形成所谓"译经体"，不同于六朝流行的骈体；翻译佛典行文灵活、结构巧妙但又不尚藻饰，创造一批新的语汇、修辞方式和语法形式，等等，这些成果都被古文家们所继承和发展；

①郝润华校点《李翱集》卷四，第25—26页，甘肃人民出版社，1992年。
②韦政通《中国思想史》下册第666页，上海书店出版社，2003年。
③《复性书》（上、中），《李翱集》第6、10页。

南北朝释氏文字重视内容的充实,发展了论辩方法,对于"古文"家们处理文、道关系,提高写作技巧也给以有益的启发,等等。因此可以说,唐宋古文的巨大成就中包含着佛典翻译家和教内外释氏文字作者的贡献。

八

柳宗元(773—819),字子厚,是与韩愈并称的唐代"古文运动"另一位领袖。他的诗歌、辞赋创作成绩同样十分突出,又以杰出的革新政治家和进步的思想家的身份彪炳史册。中唐时期造成重大影响的"永贞革新",他是主要参与者之一;革新失败被流贬到南方,一斥不复,终老于柳州任所。他的佛教信仰与他的思想、创作有直接关联。

与唐代另外两位和佛教关系甚深的作家王维、白居易比较,柳宗元显然另有特点。王维受南宗禅影响较深,白居易则更多地接受洪州禅和净土信仰。他们信仰的诚笃情形不同,但都倾心佛教,以之为安身立命之计,特别是禅给他们提供不同于儒家传统的人生理念、生活方式、审美趣味等等。而柳宗元则具有思想家善于思辨、长于论理的品格,他是唐代文人中少见的对佛教教理进行过认真探讨并有深入理解的人。他代表古代文人习佛的另一种典型。宋代之后他的这种传统得到更多人的继承和发挥。

柳宗元曾说:"吾自幼好佛,求其道,积三十年。"①这番话写在元和六年(811)四十岁前后,就是说他自幼年起已经接触佛教。他

---

①《送巽上人赴中丞叔父召序》,《柳河东集》卷二五,上海人民出版社,1974年。以下引用柳诗文,均据此本,卷次随文括注,标点有所更动。

的父亲柳镇于建中年间(780—783)在鄂、岳、沔三州节度使李兼处作幕僚,李兼迁江西,柳镇带领宗元赴洪州任所。前面已经提到,其时正值马祖道一在洪州开法,李兼"勤护法之诚,承最后之说"①,作为一方守臣,又是护法檀越。李兼门下人才济济,其中有杨凭,后来是柳宗元的岳父,也是佛教信徒。应是在这一时期,柳宗元对佛教已有所接触和了解。

　　柳宗元贬永州(今湖南永州),身心受到打击甚大,主、客观环境都使他更多地习染佛说。他贬为司马,既无官守,又无居所。初到永州,他寄居在龙兴寺,当时贬谪官员居处佛寺也是一般习俗。住持重巽是天台九祖湛然再传弟子,柳宗元称赞他对佛教"穷其书,得其言,论其意",是"楚之南""善言佛"的第一人;又说对于佛教"世之言者罕能通其说,于零陵,吾独有得焉"(《送巽上人赴中丞叔父召序》,卷二五)。他从重巽研习天台教理,更加精进。他当时结交的僧人觉照、琛上人等也应是天台学人。天台宗自八祖玄朗(673—754)到九祖湛然(711—782),渐呈"中兴"之势。特别是湛然,发挥天台智者大师宗义,又接受华严教理的某些内容,倡"无情有性"说,在社会上包括文人间广有影响。前面说到李华就曾从学于湛然,梁肃也是学养甚深的天台学者。而柳宗元视为思想导师、在"永贞革新"中起了重大作用的《春秋》学者陆质也亲近天台宗。后者在贞元末年任台州刺史时曾供养湛然弟子道邃,请他讲《法华》止观学说②。天台教学本来具有浓厚的统合儒、释的性格,对于"心性"问题又特别给予重视,受到柳宗元等业儒文人的欢迎是有缘由的。

　　如果说柳宗元在学理上更多地接受天台教理,那么在实践上

①权德舆《唐故洪州开元寺石门道一禅师塔铭》,《权载之文集》卷二八。
②日本入唐僧最澄《显戒论缘起》录有《天台传法道邃和尚形迹》、《陆淳印信》、《最澄入唐牒》、《台州刺史陆淳送最澄阇黎还日本诗》等资料可证,见户崎哲彦《唐代中期の文学と思想》,第1—26页,滋贺大学经济学部,1990年。

则更倾心禅与净土。这也符合这两个宗派在中唐流行的大趋势。柳宗元结交不少禅师。如他所写《南岳弥陀和尚碑》的碑主承远，即"始学于成都唐公，次资川诜公"（卷六）。"唐公"指资州德纯寺处寂，"诜公"则是弘忍弟子智诜，这是属于"保唐宗"的一系。他到柳州后有来往的荆州文约、龙安如海等也都是禅宗弟子。元和十年，柳宗元任柳州刺史，岭南节度使、广州刺史马总疏请朝廷追褒六祖慧能，朝廷赐谥"大鉴禅师"称号，宗元应请作《曹溪第六祖赐谥大鉴禅师碑》。这是王维《能禅师碑》后唐代著名文人所写的又一篇慧能碑文，俗称"第二碑"；刘禹锡也作一碑，为"第三碑"。关于佛教与南宗禅，在碑文中柳宗元转述马总的看法说：

> 自有生物，则好斗夺相贼杀，丧其本实，悖乖淫流，莫克反于初。孔子无大位，没以余言持世，更杨、墨、黄、老益杂，其术分裂。而吾浮图说后出，推离还源，合所谓生而静者。梁氏好作有为，师达摩讥之，空术益显。六传至大鉴……其道以无为为有，以空洞为实，以广大不荡为归；其教人，始以性善，终以性善，不假耘锄，本其静矣。（卷六）

这实际也应是柳宗元个人的看法：他一方面强调儒、释相一致，认为佛说可作儒术的补充；另一方面他所重在"心性"，认为佛教的空观可以引导人实现"性善"的目标。马祖道一的洪州禅肯定"平常心"，由"即心即佛"发展到"非心非佛"，极大地发挥了禅的否定方面，形成呵佛骂祖、毁经灭教一派。柳宗元则从完善心性、有益世用的角度来肯定佛教，所以对当时禅风的流荡忘返表示反对，提出尖锐批评，在《送琛上人南游序》中他说：

> 今之言禅者，有流荡舛误，迭相师用，妄取空语而脱略方便，颠倒真实，以陷乎己而又陷乎人；又有能言体而不及用者，不知二者之不可斯须离也，离之外矣——是世之所大患也。（卷二五）

他反对狂放不拘、戒律荡然的宗风,强调体、用相一致,并显然更重视"用"的方面。梁肃作为天台学人,也曾对当时禅门作过相似的批评说:

> 今之人正信者鲜。启禅关者或以无佛无法、何罪何善之化化之。中人以下,驰骋爱欲之徒,出入衣冠之类,以为斯言至矣,且不逆耳,私欲不废。故从其门者,若飞蛾之赴明烛,破块之落空谷,殊不知坐致焦烂,而莫能自出……①

这些看法显然受到天台教理的影响。天台强调"止观双修",要求通过修证转凡成圣,是和儒家"致诚反本"的主张有一致之处的。柳宗元又有《东海若》一文,也批评那种"无善无恶,无因无果,无修无证,无佛无众生",因而安于幽秽之说,要求达到"去群恶,集万行,居圣者之地,同佛知见"(卷二〇)的修证目标。

天台宗宣扬净土信仰,在这方面柳宗元和同时代许多人一样,也未能免俗。他初到永州居住的龙兴寺有净土院,已经残破。他与刺史冯叙等施资修整,在回廊壁上书写传为智𫖮所作《净土十疑论》。他的《永州龙兴寺修净土院记》说:

> 中州之西数万里,有国曰身毒,释迦牟尼如来示现之地。彼佛言曰:西方过十万亿佛土,有世界曰极乐,佛号无量寿如来。其国无有三恶八难,众宝以为饰;其人无有十缠九恼,群圣以为友。有能诚心大愿归心是土者,苟念力具足,则往生彼国。然后出三界之外,其于佛道无退转者——其言无所欺也。(卷二八)

他就这样对有相净土表示坚定的信心。

柳宗元作为积极的政治家,以章明"大中"、"辅时及物"为职志。关于佛教对人生的价值,"来生之计"的部分对于他显然不是

---

① 《天台法门议》,《全唐文》卷五一七,第5256页。

主要的。他从"统合儒、释"，"有益于世用"的认识出发，更注重佛
教作为意识形态的文化的、教化的意义。他在《送元十八山人南游
序》一文中批评儒、道相攻，提出"老子亦孔氏之异流"，进而肯定
杨、墨、申、商、刑名、纵横等百家杂说都"有以佐世"，并把"释氏"列
为其中之一，进而主张"悉取向之所以异者，通而同之，搜择融液，
与道大适，咸伸其所长，而黜其奇邪"（卷二五）。涉及对佛教的态
度，他与韩愈间进行过长期、激烈的争论，清楚地表明了自己的立
场。他在《送僧浩初序》里说：

> 儒者韩退之与余善，尝病余嗜浮图言，訾余与浮图游。近
> 陇西李生础自东都来，退之又寓书罪余，且曰："见《送元生
> 序》，不斥浮图。"浮图诚有不可斥者，往往与《易》、《论语》合，
> 诚乐之，其于性情奭然不与孔子异道……退之所罪者其迹也。
> 曰髡而缁，无夫妇父子，不为耕农蚕桑而活乎人，若是，虽吾亦
> 不乐也。退之忿其外而遗其中，是知石而不知韫玉也。吾之
> 所以嗜浮图之言以此。与其人游者，未必能通其言也。且凡
> 为其道者，不爱官，不争能，乐山水而嗜闲安者为多。吾病世
> 之逐逐然唯印组为务以相轧也，则舍是其焉从？吾之好与浮
> 图游以此。（卷二五）

这是说，对于佛教徒无视传统伦理、不事生产，他是反对的；他所赞
赏的是佛说与《易》、《论语》相合的一面。他并特别强调佛教心性
观念及其实践方面的优长，进而对世情的衰败堕落进行批判。他
显然并不注重檀施供养、因果报应的佛教。这也清楚表明他积极
用世的理性批判精神。

柳宗元作为思想家，更从佛教教理吸取不少滋养来构筑自己
的理论体系。他借鉴佛教般若"空"观，批判唯心主义的"天命"观，
反对鬼神、符瑞、封禅之类迷信，借以发挥自然哲学朴素的唯物观
念；他和韩愈一样重视"心性"问题，基于调和儒、释的立场来发扬

佛家"心性"理论的价值;他的"统合儒、释"观念和对待学术、宗教
的批判态度和方法,也体现唐代思想、学术领域批判地融会"三教"
的潮流。在这些方面,他都对于宋代"新儒学"有开拓之功,在后代
造成深远影响。

　　柳宗元在文学创作中得益于佛教甚多。他的议论文字以精赅
细密见长,不同于韩愈的气势雄健,猖狂恣睢,显然更多借鉴了佛
典论书的议论技巧。他的寓言文创作在散文史上具有特殊的价值
与地位,则明显汲取了佛典譬喻故事的写法。他的散文创作最重
要的成就是山水游记。不同于六朝人"留连光景"的"模山范水",
他赋予自然景物以生命和感情,从而使文字具有"静气"、"画理"和
"诗情"①。在他的笔下,弃置在南荒的美好景物体现出浓厚的象征
意味。他与山水在感情上相交流,在自然山水中体会到"心凝神
释,与万化冥合"(《始得西山宴游记》,卷二九),"悠然而虚者与神
谋,渊然而静者与心谋"(《钴鉧潭西小丘记》,同上)的境界。这种
感情也是与禅悟的境界相通的。他的有些诗作更是禅意盎然,如
《巽公院五咏》,其中《禅堂》说:

　　　　发地结菁茅,团团抱虚白。山花落幽户,中有忘机客。涉
　　　　有本非取,照空不待析。万籁俱缘生,窅然喧中寂。心境本同
　　　　如,鸟飞无遗迹。(卷四三)

这里描写空有双亡、心物一如的清净愉悦的禅境,表现超越痛苦、
摆脱尘滓的精神追求。他的这类作品不少,如《法华寺石门精室三
十韵》、《戏题石门长老东轩》、《法华寺西亭夜饮》等。再如名作《与
浩初上人同看山寄京华亲故》:

　　　　海畔尖山似剑铓,秋来处处割愁肠。若为化得身千亿,散
　　　　上峰头望故乡。(卷四二)

---

① 林纾《韩柳文研究法》,第 120－121 页,台北广文书局,1980 年。

这首诗中的化身观念、剑锋比喻都取自佛教,借以构造出新颖的意象,烘托出浓郁的诗情。又如《晨诣超师院读禅经》:

> 汲井漱寒齿,清心拂尘服。闲持贝叶书,步出东斋读。真源了无取,妄迹世所逐。遗言冀可冥,缮性何由熟。道人庭宇静,苔色连深竹。日出雾露余,青松如膏沐。澹然离言说,悟悦心自足。(卷四二)

宋人范温评论说:

> 识文章者,当如禅家有悟门。夫法门百千差万别,要须自一转语悟入,如古人文章直须先悟得一处,乃可通其他妙处。向因读子厚《晨诣超师院读禅经》诗,一段至诚洁清之意,参然在前。[1]

在这样的诗里,禅的体悟转化为诗语,造成苏轼所谓浓郁的"清劲纤余"[2]的艺术情趣。

佛教当然带给柳宗元一些消极东西,比如时时流露出虚无或颓唐意识,又曾陷溺于净土的迷恋,等等。但他作为卓越的思想家和文学家,确实能够以分析、批判的态度从佛教吸取滋养,并时常能够化腐朽为神奇,创造出思想上、艺术上有价值的成果。

九

如前面已经指出,中、晚唐是佛教鼎盛时期。在这一时期,南宗禅进一步发展,特别是"洪州宗"勃兴;另一方面则净土信仰盛

---

[1]《潜溪诗眼》,郭绍虞《宋诗话辑佚》上册,第 328 页。
[2]《东坡题跋》卷二《书柳子厚南涧诗》。

行。两大潮流正可相互补充:洪州禅教人安顿身心的途径,净土法门示人以"来生之计"。而两者都关注人生,关注个人命运,也都更多地影响人的意念、感情、愿望、理想等心理层面,从而广泛影响到思想、文化的各个领域,也容易通过诗歌创作表现出来。特别是当时整个社会处在衰败趋势之中,文人们大多仕途蹇滞,求进艰难,内心普遍存在着危机感和失落感。这成为他们接受佛教的心理基础。而禅宗丛林风气更加开放,众多禅师积极地参与社会生活,不少文人则亲近佛门,甚至逃禅进入丛林。这都更加密切了文人与佛门的关系。在这种种条件之下,中、晚唐诗人大都对佛教抱有更大的热情,佛教多方面的影响也在他们的创作里表现出来。

刘禹锡(772—842),字梦得,早年曾在吴兴(今浙江湖州)陪侍诗僧皎然、灵澈吟诗,结下与佛门的因缘。他少有经世之志,求举出仕,与柳宗元交谊深厚,共同参与"永贞革新";失败后被贬谪,得朗州(今湖南常德)司马。在朗州,土风弊陋,举目殊俗,在挫抑困顿中,心情抑郁难平,更倾心佛说。他在《送僧元暠南游并引》里说:

> 予策名二十年,百虑而无一得,然后知世所谓道,无非畏途,唯出世间法可尽心耳。由是在席砚者,多旁行四句之书;备将迎者,皆赤髭白足之侣。深入智地,静通还源,客尘观尽,妙气来宅。内视胸中,犹煎炼然。①

这就袒露了他当时"事佛而佞"的心态。但另一方面他和柳宗元一样,虽然遭受严酷打击,经世理想并没有销泯,奋斗意志也没有衰歇。虽然竭力到佛门寻求心灵寄托与安慰,并没有沉溺于因果报应之类信仰,对于佛教更注重"性理"的理解和实践。他在《赠别君素上人》诗引里说:

_____

① 《刘禹锡集》下册第 392 页。

　　曩予习《礼》之《中庸》，至"不勉而中，不思而得"，慢然知圣人之德，学以至于无学。然而斯言也，犹示行者以室庐之奥耳，求其径术而布武，未易得也。晚读佛书，见大雄念物之普，级宝山而梯之，高揭慧火，巧镕恶见，广疏便门，旁束邪径，其所证入，如舟沿川，未始念于前而日远矣。夫何勉而思之耶？是余知突奥于《中庸》，启键关于内典，会而归之，犹初心也。不知予者，诮予困而后援佛，谓道有二焉。夫悟不因人，在心而已。其证也，犹喑人之享太牢，信知其味，而不能形于言以闻于耳也。口耳之间兼寸耳，尚不可使闻，他人之不吾知，宜矣。[1]

《中庸》所谓"不勉而中，不思而得"，讲的是圣人之"诚"，"性合于天道自然"[2]。这是儒家"致诚返本"的心性。刘禹锡认为佛说正指出达到这一目的的途径，所以二者是一致的。这清楚地表明他倾心佛教的立意所在。他讲儒家注意《中庸》，与韩愈一致；又认为佛说与《中庸》的道理相合。中唐时期《礼记》里的《中庸》一篇得到推重，韩愈开其端，李翱继其后，刘禹锡也是重要襄赞者之一。后来宋人调合儒、释，也正循同样的思路，大力张扬《中庸》。刘禹锡在为神会弟子乘广所作《袁州萍乡县杨岐山故广禅师碑》里又说：

　　儒以中道御群生，罕言性命，故世衰而寝息；佛以大慈救诸苦，广启因业，故劫浊而益尊。自白马东来，而人知像教；佛衣始传，而人知心法。弘以权实，示其摄修。味真实者，即清净以观空；存相好者，怖威神而迁善；厚于求者，植因以觊福；罹于苦者，证业以销冤。革盗心于冥昧之间，泯爱缘于生死之际，阴助教化，总持人天。所谓生成之外，别有陶冶；刑政不

---

①《刘禹锡集》卷二九，下册第 389 页。
②《礼记正义》卷五三《中庸》孔颖达疏，《十三经注疏》下册第 1632 页。

及，曲为调柔。其方可言，其旨不可得而言也。①

这就更清楚地阐述了他认为佛教有助于教化的见解。

刘禹锡诗风格简练沉著，委顺自然，不同于白居易、元稹的辞繁言激，也不同于韩愈、孟郊的刻意高古，深为流辈所激赏，在当时诗坛上自成一格。他的这种诗风的形成也与佛教修养有关系。他在《秋日过鸿举法师寺院便送归江陵》诗引说：

> 梵言沙门，犹华言去欲也。能离欲，则方寸地虚，虚而万景入；入必有所泄，乃形乎词。词妙而深者，必依于声律。故自近古而降，释子以诗闻于世者相踵焉。因定而得境，故翛然以清；由慧而遣词，故粹然以丽。信禅林之花萼，而诚河之珠玑耳。②

这里具体分析心灵境界和诗歌创作的关系：有了佛教"离欲"虚净之心才能领纳万象，创造出翛然以清、粹然以丽的境界。这是他所理想的诗境，也是他在创作中所追求的。他的独创风格，他在创作上的成功，相当程度上得力于这种观念的实践。

元稹（779—831），字微之，与白居易齐名，也是"新乐府运动"的倡导者。贞元十年（794）十六岁，曾寓居西京开元观，与住在永乐南街寺庙里的姨兄胡灵之为邻。二十余年后作《答姨兄胡灵之见寄五十韵》诗，回忆当时情形，有"尽日听僧讲，通宵咏月明"③之句，可知他当年生活的具体环境。白居易元和五年（810）所作《和梦游春诗一百韵》序里说：

> 况与足下外服儒风、内宗梵行者有日矣。而今而后，非觉路之返也，非空门之归也，将安返乎？将安归乎？

---

①《刘禹锡集》卷四，上册第 57 页。
②同上卷二九，下册第 394 页。
③《元稹集》卷一一，上册第 124 页，冀勤点校，中华书局，1982 年。

诗的结句说:"《法句》与《心王》,期君日三复。"有注曰:"微之常以《法句》及《心王头陀经》相示,故申言以卒其之志也。"[1]元、白二人政治上是同志,思想上是同道,也是习佛的法侣。元和五年,元稹以触怒专权宦官被贬到江陵,不幸的遭遇使他到佛理中寻求安慰,他与众多僧人建立起更密切的交谊。这一时期他有一首诗,题目是《僧如展及韦载同游碧涧寺各赋诗予落句云"他生莫忘灵山别满壁人名后会稀"展共吟"他生"之句因话释氏缘会所以莫不凄然久之不十日而展公长逝惊悼反覆则他生岂有兆耶其间展公仍赋黄字五十韵飞札相示予方属和未毕自此不复撰成徒以四韵为识》[2]。碧涧寺在荆州,从这个长长的题目可以了解他与僧侣交往的活动内容和内心隐微。在荆州他还有《度门寺》诗,这曾是神秀所住寺,诗的结尾说:

> 心源虽了了,尘世苦憧憧。宿荫高声谶,斋粮并力春。他生再来此,还愿总相逢。[3]

由此可见他当时情绪的矛盾、内心的希冀。元稹的后半生,依附权阉,颇受讥评,但其心里总沉积着不可解脱的纠葛和苦闷,因而寻求宗教安慰的心态终其一生也没有改变。

元稹和白居易一样,对于佛教所希求的,一是现世安慰,再是"来生之计"。关于前述白居易《和梦游春》诗结句所谓"《法句》"与《心王》",陈寅恪指出:

> 寅恪少读乐天此诗,编检佛藏,不见所谓心王头陀经者,颇以为恨。近岁始见伦敦博物院藏斯坦因号贰肆柒肆,佛为心王菩萨说投陀经卷上,五阴山室寺惠辨禅师注残本,(大正续藏贰捌捌陆号。)乃一至浅俗之书,为中土所伪造者。至于

---

① 《白居易集笺校》卷一四,第 2 册第 863—866 页。
② 《元稹集》卷八,上册第 93 页。
③ 同上卷一三,上册第 152 页。

法句经,亦非吾国古来相传旧译之本,乃别是一书,即伦敦博物院藏斯坦因号贰仟贰壹佛说法句经,(又中村不折藏敦煌写本,大正续藏贰玖零壹号。)及巴黎国民图书馆藏伯希和号贰叁贰伍法句经疏,(大正续藏贰玖零贰号。)此书亦是浅俗伪造之经。夫元白二公自许禅梵之学,叮咛反复于此二经。今日得见此二书,其浅陋鄙俚如此,则二公之佛学造诣,可以推知矣。[1]

就是说,元稹和白居易一样,学佛既不如东晋名士的溺于玄辨,也不像南朝文人那样热衷斋僧礼佛,祈求济度。他们对于佛学的理解都相当浅显,从另一个角度说,就是更注重对于人生实践的价值与意义。这样浸渍于创作,反而能够得到更切实也更动人的体现。

宋人张耒说:

> 唐之晚年,诗人类多穷士,如孟东野、贾浪仙之徒,皆以刻琢穷苦之言为工。[2]

造成当时所谓"诗人类多穷士"的局面,主要是社会原因:元和年间短暂"中兴"之后,藩镇之乱又起,朝廷内部宦官干政,朋党相争,政出多门,仕途艰难。文人处境普遍地更加困顿,许多人不得不到方镇求庇护和出路。官僚士大夫出于不同因由普遍地好佛喜禅。刘禹锡有诗说:"钟陵八部多名守,半是西方社中友。"[3]所谓"钟陵八郡",指洪州都督府所辖洪、饶、抚、吉、虔、袁、江、鄂八州,刘诗是说这八个州的刺史一半以上是净土结社成员。这也反映了当时官僚士大夫的普遍状况。

李绅(772—864),字公垂,早年与元、白友善,是"新乐府运动"

---

①《元白诗笺证稿》第99页,上海古籍出版社,1978年。
②胡仔《苕溪渔隐丛话·前集》卷一九《孟东野贾浪仙》。
③《送鸿举师游江西》,《刘禹锡集》卷二九,下册第400页。

倡导者之一。他年轻时与僧鉴玄"同在惠山（寺）十年"①，终生怀抱对佛教的亲近感。他居官所至，在苏州虎丘、报恩寺，杭州天竺、灵隐寺，常州建元寺，润州鹤林寺等寺院，游赏题咏，抒写感慨。所谓"官备散寮身却累，往来惭谢二莲宫"②，"自叹秋风劳物役，白头拘束一闲人"③，等等，发露宦途烦扰、希求解脱的心情。

　　对寺院有特殊感情，典型的还有张祜。他举进士不第，奔走权门，与世浮沉，诗作受到杜牧、陆龟蒙等人赞赏。他"性爱山水，多游名寺，如杭之灵隐、天竺，苏之灵岩、楞伽，常之惠山、善权，润之甘露、招隐，往往题咏唱绝"④。其名作《题润州金山寺》诗：

　　　　一宿金山寺，超然离世群。僧归夜船月，龙出晓堂云。树色中流见，钟声两岸闻。翻思在朝市，终日醉醺醺。⑤

佛寺的清幽生活使他生发对于奔竞市朝的叹惋。

　　贾岛（779—843），字浪仙，是著名"苦吟"诗人。他早年为僧，还俗后，"谈玄抱佛，所交悉尘外之人"⑥。他抒发的愁苦幽独之情和枯寂清峭的诗风与这种生活有密切关系。与贾岛并称"姚、贾"的姚合（781?—846?），诗风与贾岛近似，但表达比较平浅。他同样多与僧人结交、酬唱，喜欢游历或寓居佛寺僧社，对佛家超然出世的风格表示向往或赞美。贾岛的《青门里作》诗说：

　　　　燕存鸿已过，海内几人愁。欲问南宗理，将归北岳修。若无攀桂分，只是卧云休。泉树一为别，依稀三十秋。⑦

―――――――――

① 《重到惠山》，《全唐诗》卷四八二，第 5485 页。
② 《苏州不住遥望虎丘报恩两寺》，《全唐诗》卷四八二第 5483 页。
③ 《望鹤林寺》，《全唐诗》卷四八二第 5487 页。
④ 《唐才子传校笺》卷六，第 3 册第 174 页。
⑤ 《全唐诗》卷五一○，第 5818 页。
⑥ 《唐才子传校笺》卷五，第 2 册第 332 页。
⑦ 《全唐诗》卷五七三，第 6658 页。

青门里在长安,诗应是屡举不第困居时所作。出仕无路而向往退隐,"南宗理"是他精神的依托。类似的主题姚合也经常加以表现。他在武功主簿任上作《武功县中作三十首》,其中有句曰"净爱山僧饭,闲披野客衣","从僧乞净水,凭客报闲书"①。他有《寄郁上人》诗:

> 此生修道浅,愁见未来身。谁为传真谛,唯应是上人。自悲年已长,渐觉事难亲。不向禅门去,他门无了因。②

又《闲居》诗:

> 不自识疏鄙,终年住在城。过门无马迹,满宅是蝉声。带病吟虽苦,休官梦已清。何当学禅观,依止古先生。③

这些都清楚显露出他倾心佛说的心路历程。"姚、贾"在当时诗坛上影响很大。同时或稍后的马戴、喻凫、李频、曹松、李洞等人的创作大体都走同样的奇僻清峭一路,致力于雕琢字句,摹写冷僻琐细的景物,被称为"武功诗派"。本书前面讲僧诗已经提到过,晚唐五代僧诗创作风格与之有相通之处。这种诗风的形成正和所处颓败的社会环境以及这种处境造成的落寞凄苦情怀有关系。这成为晚唐诗人不同程度地心仪佛说的主要缘由。而由于这一代诗人的感情、语言和表现技巧与佛门因缘密切,他们的创作也特别受到丛林的赞赏,这也是他们被诗僧欣赏和模拟的原因。

晚唐诗坛最重要的人物是被称为"小李杜"的李商隐和杜牧。他们诗歌创作成就杰出,而佛教在他们身上的影响也都相当突出,不过具体表现不同。

李商隐(813?—858),字义山,号玉溪生,又号樊南生。他早年

①《全唐诗》卷四九八,第5658页。
②同上卷四九七,第5639页。
③同上卷四九八,第5660页。

崇信道教,曾到玉阳山学道,与男女道士们交往,其缥缈艳丽的诗风与道教神仙幻想有密切关系。经历仕途坎坷,长期在党争夹缝中挣扎,他转而更亲近佛说。他的《酬崔八早梅有赠兼见示之作》结句说:"维摩一室虽多病,要舞天花作道场。"下有自注曰:"时余在惠祥上人讲下,故崔落句云:'梵王宫地罗含宅,赖许时时听法来。'"①从诗中写到家室看,这首诗应是早年所作。大中元年(847),他赴桂林郑亚处作幕僚,有《自桂林奉使江陵途中感怀寄献尚书》诗说:

> 白衣居士访,乌帽逸人寻。佞佛将成缚,耽书或类淫。②

"白衣居士"典出《维摩经》,诗中又利用了其中"贪着禅味是菩萨缚"典故。大中五年(851),他的妻子王氏亡故,他"丧失家道,平居忽忽不乐,始克意事佛,方愿打钟扫地,为清凉山行者"③。随后作为东川节度使柳仲郢幕僚入蜀,他形容自己的生活是"虽从幕府,常在道场"④。东川节度驻节梓州(今四川三台),李商隐自出俸财,在那里的惠义寺经藏院创石壁五间,金字勒《妙法莲花经》,并嘱柳为记。柳仲郢也是"备如来之行愿"的虔诚佛教徒,二人在信仰上正有相互激励之处。惠义寺本是梓州名寺,当年杨炯、王勃来游,均留有碑记⑤。李商隐来到这里的时候,它已是禅宗传法重镇,有四证堂,供养净众无相、保唐无住和洪州宗马祖道一及其弟子西堂智藏四人。李商隐作"四证微筌"的《唐梓州慧义精舍南禅院四证堂碑铭》。自中唐以后,洪州禅大盛,碑文里特别提出道一"遄违百

---

① 冯浩《玉溪生诗笺注》卷五,《四部备要》本。
② 同上卷三。
③ 《樊南乙集序》,冯浩《樊南文集详注》卷七。
④ 《上河东公启二首》之一,同上卷四。
⑤ 杨炯《梓州惠义寺重阁铭》,《全唐文》卷一九一,第 1534－1535 页;王勃《梓州慧义寺碑铭》,《全唐文》卷一八四,第 1873－1875 页。

濮,直出三巴,拂衡岳以倘徉,指曹溪而怅望"①,是关于洪州禅早期
发展历史的重要纪录。大中八年,著名禅师沩山灵祐圆寂,"卢简
求为碑,李商隐题额"②。在蜀中,他还与名僧智玄国师交往。智
玄,眉州(今四川眉山)人,入京为唐文宗所重,图画禁中,赐号国
师,大中八年乞归乡里。《宋高僧传》记载说:

> 有李商隐者,一代文宗,时无伦辈,常从事河东柳公梓潼
> 幕,久慕玄之道学,后以弟子礼事玄。时居永崇里,玄居兴善
> 寺。义山苦眼疾,虑婴昏瞽,遥望禅宫,冥祷乞愿。玄明旦寄
> 《天眼偈》三章,读终疾愈。迨乎义山卧病,语僧录僧澈曰:"某
> 志愿削染为玄弟子,临终寄书偈诀别"云……凤翔府写玄真,
> 李义山执拂侍立焉。③

这里所说书偈事在商隐回京以后。《宋传》智玄传应出僧澈所述,
李与他的关系"事皆征信,不必怀疑"④。

李商隐是唐人中弃道逃禅的典型。他写的有关佛教题材的作
品不少。统计唐人佛教题材诗作的比例,以信佛著称的白居易在
全部作品中占8%,而李商隐为5%。道教确实给他的创作以巨大
影响,而佛教对其创作思想与艺术的作用也不可低估。钱谦益引
述石林道源的话说:

> 诗至于义山,慧极而流,思深而荡,流旋荡复,尘影落谢,
> 则情澜障而欲薪烬矣。春蚕到死,蜡烛灰干,香销梦断,霜降
> 水润,斯亦箧蛇树猴之善喻也。⑤

商隐诗表达的那种缠绵的情思、凄恻的心怀,显然与佛教更有关

①钱振伦笺、钱振常注《樊南文集补编》卷一〇。
②《宋高僧传》卷一一《唐大沩山灵祐传》,上册第264页。
③同上卷六《唐彭州丹景山知玄传》,上册第132-133页。
④张采田《玉溪生年谱会笺》卷四,第197页,中华书局,1963年。
⑤《注李义山诗集序》,《有学集》卷一五。

联,而且是体现在心态更加深密隐微之处。钱锺书论"援释入儒"从而发挥"悟性"之说,特别谈到李商隐:

> 李商隐亦持此论,则未见有拈出者。《全唐文》卷七七六《上崔华州书》:"退自思曰:'夫所谓道者,岂古所谓周公、孔子者独能耶? 盖愚与周、孔俱身之耳'";又卷七七九《容州经略使元结文集后序》:"孔氏于道德仁义外有何物? 百千万年圣贤相随于途中耳。"卷七七八《上河东公启》之二、三皆自言"夙好佛法",卷七七九《樊南乙集序》自言"克意事佛";李涪《刊误》卷下载商隐赞"竺乾"曰:"稽首正觉,吾师吾师!"(陆心源《唐文续拾》卷一肃宗《三教圣象赞》与此文全同,陆盖未辨刻石者窃取李文而伪托御制);《唐文拾遗》卷三二温宪《唐集贤直院官荣王府长史程公墓志铭》记商隐从僧修己游;赞宁《高僧传》三集卷六《知玄传》记商隐师事知玄,愿"削染为弟子",玄画像中写商隐"执拂侍立";商隐皈依释氏,己所不讳,人复共知。则其所谓"道者,愚与周、孔共身之","身",体现也,殆同神会《语录》卷一:"众生心是佛心,佛心是众生心";而其所谓"圣贤相随于途中",又先发王守仁《传习录》卷三:"王汝止、董萝石出游归,皆曰:'见满街人皆是圣人。'"獭祭文人乃能直指心源,与高僧大儒共贯,不可不标而出之。释志磐《佛祖统纪》卷四一载商隐赠僧知玄七绝,有曰:"沙弥说法沙门听,不在年高在性灵!"亦言悟性之重于道行耳。[①]

这是对于李商隐的"心性"意识及在其创作上的意义的深刻理解。

杜牧(803—852),字牧之,是德宗朝宰相杜佑孙。继承家学传统,富于经世之志,学术上辟佛老而尊儒术。他有名文《杭州新造南亭子记》,写于武宗废佛时,借杭州刺史李播以拆废寺材造南亭

---

① 《管锥编》第 4 册第 1332—1333 页。

子事,揭露佛说的虚伪及其弊害。他尖锐指出奉佛是"权归于佛,买福卖罪,如持左契,交手相付","吾民尤困于佛"①,因而对废佛大加赞赏。可是他长期沦落幕职,又"三守僻左(刺黄、池、睦三州),七换星霜"②,感情上屡屡遭受挫抑,使得他一方面放浪形骸,风流潇洒,另一方面又结交僧、道,追求精神上的超脱。他有《将赴吴兴登乐游原一绝》诗曰:

清时有味是无能,闲爱孤云静爱僧。欲把一麾江海去,乐游原上望昭陵。③

"望昭陵"是表示对太宗君臣致治的向往。这里抒发牢骚,但意识到个人无力回天,只好去品味僧人的超逸情致。杜牧写了许多佛教题材的诗,有些并无关于信仰,只是赞赏僧人的高洁生活和超迈情趣,借以抒写内心的苦闷和表达解脱的愿望,如《将赴京留赠僧院》诗:

九衢尘土递追攀,马迹轩车日暮间。玄发尽惊为客换,白头曾见几人闲。空悲浮世云无定,多感流年水不还。谢却从前受恩地,归来依止叩禅关。④

这是经历了人生波折之后的反省:对人世纷争表示厌倦,对年华飞逝流露感伤,"禅关"不过是息心之地而已。这样,杜牧倾心的佛教是平息身心的佛教,是超越人生苦难的佛教。他的诗的总风格是清丽俊爽,情韵跌宕,但有一类却是触境伤怀,情致缠绵,流露淡淡的哀愁,对对人生无常的感伤,有对世事难料的慨叹,体现浓重的宗教情怀。纪昀说"言禅诗欲有禅味,不欲著禅语"⑤,杜牧的某些

①《全唐文》卷七五三,第 7810 页。
②同上卷七五〇,第 7779 页。
③同上卷五二一,第 5961－5962 页。
④同上卷五二六,第 6028 页。
⑤《瀛奎律髓》卷四七卢纶《题云际寺上方》批语。

诗正能体现这一点。这也是禅思深入人心，转化为美学情趣的体现。

唐代末期，社会矛盾更加尖锐，文人的内心也加深了危机感和没落感。武宗毁佛，对佛教给以相当冲击，可是在文人间却看不出什么影响。一方面是因为毁佛时间比较短促，更主要的是知识阶层接受的是"明心见性"的佛教，与僧团和经像的状况关联不大，所以在生活和创作中仍普遍保持着对于佛教的热情。如咸通年间，"东南多才子，如许棠、喻坦之、剧燕、吴罕、任涛、周繇、张蠙、郑谷、李栖远，与（张）乔亦称'十哲'，俱以韵律驰声"①。这些人生逢乱世，屈抑偃蹇，多追求隐逸高蹈，常常发出苍凉凄苦之音。郑谷诗说："琴有涧风声转澹，诗无僧字格还卑。"②"谁知野性真天性，不扣权门扣道门。"③张乔诗说："乳毛松雪春来好，直夜清闲且学禅。"④许棠则形容张乔是"心同孤鹤静，行过老僧真"⑤。这都代表一时风气。当然这种隐遁意识、消极情绪，也是造成唐末诗格卑弱的重要原因。

当时创作上有所成就而又和佛教关系密切的诗人值得提出的有李群玉（？—862？），字文山，一生落寞，受到著名居士宰相裴休器重，荐授弘文馆校书郎，不久即弃官还乡。他的《饭僧》诗说：

> ……一落喧哗竟，栖心愿依止。奔曦入半百，冉冉颓蒙汜。云泛名利心，风轻是非齿。向为情爱缚，未尽金仙旨。以静制猿心，将虞瞥然起。纶巾与藜杖，此意真已矣。他日云鏊间，来寻幽居士。⑥

这是一个落魄士人的凄苦感怀：年近半百，名利是非之心已经淡

---

①《唐才子传校笺》卷一〇，第 4 册第 302—303 页，中华书局，1990 年。

②《自贻》，《全唐诗》卷六七六，第 7747 页。

③《自遣》，《全唐诗》卷六七六，第 7747 页。

④《省中偶作》，《全唐诗》卷六三九，第 7333 页。

⑤《题张乔升平里居》，《全唐诗》卷六〇三，第 6967 页。

⑥《全唐诗》卷五六八，第 6581 页。

漠,因而要割舍凡情,以佛说来制服身心。

又薛能(?—880),字大拙,举进士,为诸府从事,历内外官,至忠武军节度使,被叛军所杀。他仕途虽然少有地顺利,位至镇帅,却同样"晚节尚浮屠,奉法惟谨"①,有《酬曹侍御见寄》诗说:

> 儒道苦不胜,迩来惟慕禅。触途非巧者,于世分沉然。要地羞难入,闲居钝更便。清和挑菜食,闷寂闭花眠。累遣期抛俸,机忘怕与权。妨春愁筑椎,响夜忆林泉。匪石从遭刖,殊膏枉被煎。讨论唯子厚,藏退合吾先。旧制群英伏,来章六义全。休旬一拟和,乡思乱情田。②

作为一方镇帅,在纷然世事中同样有不可排解的苦闷,痛切体会到儒术之无用而要仰慕佛禅了。

时代更后的有司空图(837—908),字表圣,自号耐辱居士、知非子,是典型的末世诗人,也是唐末颇有艺术成就的作家。他官至知制诰、中书舍人,目睹政局混乱,不可挽救,遂隐居中条山王官谷。他的诗格调精致澄淡,同样多抒写隐逸之趣或感伤之怀。他是沩山灵祐法嗣香岩智闲的俗弟子,写有《观音赞》、《观音忏文》、《今相国地藏赞》等护法文字。在《观音赞》里他说:

> 某早坚信受,频致感通。梦则可征,足见未萌之诚;行而必禀,冀无入坎之虞。用建虔诚,永贻来裔。③

他在这里表露出相当真挚的信仰。他的诗作富于清安愉悦的禅趣,诗论名作《二十四诗品》提倡高妙清远、含蓄深微的诗风,都和他的佛教修养有一定关系。他也热衷道教神仙之说,作品和诗论又明显体现道家、道教思想的影响,反映当时文人兼容释、道的倾向。

---

①《唐才子传校笺》卷七,第 3 册第 317 页。
②《全唐诗》卷五五八,第 6477 页。
③《司空表圣文集》卷九。

　　唐末五代还有一批颇为关心民隐的诗人,如杜荀鹤、皮日休、陆龟蒙、罗隐等,代表另一派诗风。在当时社会条件下,他们处在出世入世的矛盾之中,大多同样有隐逸求道的经历,对佛、道也同样抱有相当浓厚的感情,此不赘述了。

　　这样,唐代是中国文学的黄金时代,同时又是佛、道二教发展到鼎盛的时期。造成二者的发展形势与辉煌成就,有共同的社会环境、思想基础,当然也有各自历史发展的内在逻辑。应当充分肯定,二者间的相互影响和促进乃是推动各自发展的极其重要的因素。单就佛教对于文学的影响说,这一时期已经发挥到空前的广度和深度;尽管文人们信仰心的真挚程度不同,但亲近、倾心、接受佛教却普遍地主动与积极;更重要的是随着佛教"中国化"的完成,佛教已深浸到他们的灵魂深处,成为他们精神生活和创作实践的十分重要的内容;在各种体裁的文学作品中,在思想、主题、体裁、题材、艺术手法和语言等各方面,佛教多方面、多层次、通过多种形式发挥着巨大影响。这样,繁荣的佛教对于推动唐代文学的繁荣作出了巨大的贡献,而两者间相互交流、相互借鉴又是造就一代文化高峰的重要因素。

第十章　唐代及其以后的
佛教通俗文学[*]

一

许里和曾提出：

> 佛教曾是外来文学之影响的载体，因此，我们还应更多地关注它对中国俗文学所造成的前所未有的冲击。①

民间通俗文学创作乃是民众生活与精神状态的真实反映。其中相当一部分是有关佛教内容的。它们一方面生动而真切地表现了民众宗教信仰与宗教生活的实态；另一方面又体现民众的心声，对于佛教的进一步发展和演变起着相当大的推动作用。因而无论是从佛教和文学的角度，还是从一般社会与思想发展的角度，都如许里和所说是"应更多地关注"的。

---

* 从严格意义上说，"俗文学"、"民间文学"、"白话文学"是意义不同的概念，创作者不同，所涵盖范围也不尽相同。本书讨论与佛教相关的作品，大体对于三者作宽泛的、统一的理解。

①《佛教征服中国·第二版序言》卷首第4页。

　　唐代以前的佛教通俗文学作品如今留存较少。本书前面讨论过晋宋以来的佛教应验故事和佛教内容的通俗诗,可以看作是早期的佛教俗文学创作。隋唐以前创作与流传在民众间的通俗作品被纪录为文字的机会不多,往往又不被统治阶层所重视,旋生旋灭。所幸敦煌文书发现,一大批俗文学作品重现世间,使我们对唐五代通俗文学的面貌有了更具体、更真切的认识。宋元以后文学观念有所改变,民间创作得到更多重视,流传至今的作品也更多些。

　　佛教内容的俗文学作品,有些产生在民众间,有些则是僧侣或文人的创作。佛教要面向群众做宣传,要教化民众,就要广泛利用文学艺术手段,形式和语言则要简洁、通俗,易于被群众接受。这样,那些僧人或文人的弘法、护法作品必然是不同程度的通俗的;民众创作的抒写信仰心或表现佛教内容的作品被记录下来则是真正的民间通俗创作;有些文人也会模仿民间体裁或风格写作佛教内容的通俗之作。这样在古代流传下来的相当数量的俗文学作品之中,佛教内容的就占了很大比重。因而古代俗文学的发展,佛教贡献尤多。这一点胡适早已明确指出过。

　　唐五代佛教俗文学的兴旺发达,除了基于佛教繁荣兴盛的形势,还与当时一般民众教育程度,文化和文学在民众间的普及和流行,以及佛教自身文化内涵更加丰富有密切关系。

　　唐王朝国势强盛,经济繁荣,给教育发展提供了坚实的物质基础。唐王朝立国以后,即建立起从中央国学、州县官学至私家讲学、家庭教育的相当完整的教育体系。特别是从朝廷到地方政府把教育当作对民众施行教化的主要手段,教育在一般民众间得以广泛普及,庶族、市民以至一般民众教育水准得到空前提高。唐代立国未久的武德七年(624)即有诏令,"其吏民子弟,有识性明敏,志希学艺,亦具名申送,量其差品,并即配学。州县及乡,并令置学"①;并

①《旧唐书》卷二四《礼仪志四》,第916页。

敕令天下家藏《孝经》、《论语》各一册,普令勤读传习。以后又屡次
重申类似命令。如开元二十六年(738)正月制:"天下州县,每乡一
学,仍择师资,令其教授"①。唐代兴盛时期的官学一直办到乡里,
一般庶民百姓子弟亦得以就近受业。据《通典》卷十五《选举三》开
元年间统计,朝廷弘文、崇文馆有学生 50 名,国子监太学生 2610
名,州、县学生达 60710 名。又随着国家形势的发展,社会上不但
重视应付科举、出仕的经学教育,也重视读书识字的普及教育。文
献记载唐时民间广泛流行《千字文》、《兔园策府》、《太公家教》之类
通俗读物,敦煌遗书和吐鲁番文书里已发现了许多写本,直观地反
映了民众教育的普及情形。敦煌歌辞里有一些劝学内容的,例如
说:"奉劝有男须入学,莫推言道我家贫……纵然未得一官职,笔下
方圆养二亲。"②"三更半,到处被他笔头算。纵然身达得官职,公事
文书争处断。"③可见当时民众观念中已经把教育当作营生和教养
的必要手段。民众教育程度普遍提高,通俗文化在民众间普及,为
俗文学包括佛教通俗文学的创作和普及提供了客观条件。

　　佛教本来有利用文学艺术手段宣教的传统。在中国这样文化
高度发达的环境中这一传统更被发扬了。六朝以来,各种民间文
艺形式已经成为向民众宣教的重要手段。前面介绍禅宗,早期禅
师已经普遍利用民间曲辞来宣扬新的禅观。特别是唐代佛教表现
出更浓厚的文化性格。通都大邑的大大小小寺院成为当地文化中
心,其中进行着多种多样的文学艺术活动。结合这些文化活动,
僧、俗通俗文学创作普遍活跃起来。

　　所谓"俗文学"本是个含混的概念。禅门有些偈颂和语录也利
用口语;民间诗歌和新兴曲子词,以至后来的小说、戏曲等都是表

---

①《旧唐书》卷九《玄宗纪下》,第 209 页。

②《十二时·劝学》,任半塘《敦煌歌辞总编》卷五,下册第 1556 页,上海古籍出
　　版社,1987 年。

③《五更转·识字》,同上,下册第 1284 页。

达浅俗的。但这些本书都放在另外章节讨论。本章集中介绍唐代署名王梵志和寒山的通俗诗和唐五代敦煌写本里的变文、曲辞以及后来佛教题材的宝卷、民间故事等作品。这些都是相当典型的佛教文学作品。

<h1 style="text-align:center">二</h1>

　　南北朝时期已有不少宣扬佛教思想观念、表白佛教信仰的通俗诗。唐代诗歌繁荣,这类诗歌被大量创作出来。在前面介绍过的神会《五更转》等作品出现之后,佛门通俗诗创作更广泛流行。到中唐,一批署名傅大士、宝誌、王梵志、寒山的作品广泛传播于教内外。这些作品内容、形式显得很驳杂,艺术水平和语言技巧也很不相同。有些作品完全是偈颂风格的,没有多少文学意味,因此一般不被当作通俗诗看待①。具有文学价值的真正的通俗诗是集中编辑在王梵志和寒山名下的一批作品。按学术界的一种看法,二者名下的作品都不会是一个人、一个时期所作,而是一个较长时期众多通俗诗作的结集;至于王梵志和寒山是否实有其人并是否诗的主要作者之一,根据现有资料还难以得出肯定的结论。

　　关于王梵志,最早的记载见于晚唐严子休(冯翊子)的《桂苑丛谈》:

　　　　王梵志,卫州黎阳(今河南浚县)人也。黎阳城东十五里

①今存傅翕《善慧大士语录》四卷,题唐楼颖编,宋绍兴十三年(1143)经楼照改编刊行,其中的诗颂多表现禅宗观念,当是后人所作;今存宝誌作品见《隋书·五行志》、《南史·梁武帝纪》、《梁史·侯景传》,所录"谶诗"计四首,又《景德传灯录》卷二十九收录《大乘赞》十首,后者也或是后代禅门作品。

> 有王德祖者,当隋之时,家有林檎树,生瘿大如斗,经三年,其瘿朽烂,德祖见之,乃撤其皮,遂见一孩儿,抱胎而出,因收养之。至七岁能语,问曰:"谁人育我?"及问姓名,德祖具以实告:"因林木而生,曰梵天,后改曰志,我家长育,可姓王也。"作诗讽人,甚有义旨,盖菩萨示化也①。

这显然已是后出传说,不可信为事实,应是王梵志名下的诗作广泛流传后编造出来的。现存资料里最早引述王梵志诗的是保唐宗禅史《历代法宝记》,其中记载保唐无住(714—774)说法,引用了"王梵志诗":"惠眼近空心,非开髑髅孔。对面说不识,饶你母姓董。"②又前苏联所藏敦煌一个写卷卷末有题记:"大历六年(771)五月□日抄王梵志诗一百一十首沙门法忍写之记。"③这则是王梵志诗结集流传的最早实证。中唐诗僧皎然在其论诗名著《诗式》里讲"跌宕格二品",其中"骇俗"品举例,举出郭璞、王梵志、贺知章、卢照麟四个人的诗,所引"王梵志《道情诗》"是:"我昔未生时,冥冥无所知。天公强生我,生我复何为? 无衣使我寒,无食使我饥。还你天公我,还我未生时。"④可知"王梵志诗"当时已相当流行,以至被当作讨论诗歌创作的范例对待。其后中唐著名佛教学者宗密在其《禅源诸诠集都序》最后,记述"达摩宗枝之外"的禅道,说有一类是"或降其迹而适性,一时间警策群迷"的,举例说"誌公、傅大士、王梵志之类"⑤,可知其时教内对王梵志诗已相当重视,而"降其迹"的提法表明当时已有菩萨显化传说。就是说,"誌公、傅大士、王梵

---

① 《桂苑丛谈·史遗》,第 75 页,中华书局,1958 年。
② 《历代法宝记》,柳田圣山编《禅の語録 3·初期の禅史Ⅱ》第 270 页,筑摩书房,1984 年。
③ 《王梵志诗一百一十首》,《俄藏敦煌文献》第 5 册第 22 页第 256 号,上海古籍出版社,1994 年。
④ 《诗式》卷一,张伯伟《全唐五代诗格汇考》第 235 页,江苏古籍出版社,2002 年。
⑤ 《禅源诸诠集都序》卷下之二,《大正藏》第 48 卷第 412 页下。

志"已不被当作现世普通人对待了。又一个值得深思的情况是,在现存王梵志诗里,有几首诗被署为北周释亡名或宝誌(《大乘赞》)所作,不过文字略有不同。这也可作王梵志诗出于众人之手的旁证。

　　从前面提到的前苏联所藏法忍抄本残卷,知道大历年间已流传有一百一十首的《王梵志诗集》。到晚唐,范摅《云溪友议》卷下"蜀僧喻"条录有王梵志诗十二首,其中一首即皎然《诗式》里引用的《道情诗》。"蜀僧喻"是讲南宗禅师玄朗(马祖道一弟子南泉普愿法孙)的,其中说:

　　　　或有愚士昧学之流,欲其开悟,别吟以王梵志诗。梵志者,生于西域林木之上,因以梵志为名。其言虽鄙,其理归真,所谓归真悟道,徇俗乖真也。①

这显然是出于佛教立场的评论,也表明王梵志诗在教内流传的情形。到宋代,王梵志诗传播更广,黄庭坚曾引用过两首:

　　　　梵志翻著袜,人皆道是错。乍可刺尔眼,不可隐我脚。
　　　　城外土馒头,馅草在城里。一人吃一个,莫嫌没滋味。②

南宋费衮《梁溪漫志》卷十有"王梵志"条说:

　　　　山谷以茅季伟事亲,引梵志翻袜之句,人喜道之。余尝见梵志数颂,词朴而理到,今记于此……③

接着转录诗八首,其中六首见《云溪友议》,但章节长短、分合不同。宋人《庚溪诗话》等作品里还另存一些王梵志诗或断句。当时王梵志诗似无刻本。值得注意的是,文献里佚存的这些王梵志诗全都

①《云溪友议》卷下,第73页,古典文学出版社,1957年。
②《诗话总龟后集》卷四三《释氏门》,下册第273、274页,人民文学出版社,1987年。
③《梁溪漫志》卷一〇《梵志诗》,第117页,上海古籍出版社,1985年。

不见于现存敦煌写卷的王梵志诗集之中。

清人所编总集《全唐诗》里没有收王梵志诗。直到敦煌文书发现，一批王梵志诗的卷子方才出世。先后有刘复（《敦煌掇琐》，1925）、郑振铎（《世界文库》第五册《王梵志诗》一卷即《王梵志诗拾遗》，1935）、孙望（《全唐诗补逸》，1936）、童养年（《全唐诗续补遗》，1980）等人根据所见写卷进行辑录；法国学者戴密微也曾编译《王梵志诗集》与《太公家教》合集，于1982年出版。张锡厚在前人基础上做了较全面的整理、校辑工作，著《王梵志诗校辑》，1983年由中华书局出版，根据写本和文献记载，厘定作品336首。这是王梵志诗第一个"全集"。但在当时条件下，所见写卷并不完全。陈尚君作《全唐诗续拾》，在前人基础上，参照学界研究成果（校订意见主要是郭在贻的，引录诸家有项楚、袁宾、蒋绍愚、周一良、黄征、松尾良树、戴密微等人）加以校定、转录①，特别是增添了前苏联科学院东方学研究所列宁格勒分所藏《法忍抄本王梵志诗残卷》。该书1988年编成，1992年出版。大体在同一时期，项楚根据所知三十五个卷子加以校订、辨伪、分篇，厘定王梵志诗331首，在出版过程中又增补法忍抄本所存，计得390首，于1991年由上海古籍出版社出版《王梵志诗校注》一书，庶可作为王梵志诗集定本。

关于王梵志诗创作年代，关系到人物虚实问题，学界看法历来分歧较大。现存王梵志名下的诗，除了前述散见于文献者外，敦煌三十六个写本可分为三卷本、法忍抄本和一卷本三个系统。其中三卷本内容和形式丰富多样，艺术上更具特色；法忍抄本大体类似；一卷本包括九十二首五言四句小诗，类似训世格言，缺乏思想与艺术深度。所以三卷本应看作是王梵志诗的主体部分。从内容所涉及历史事件、典章制度、社会风俗等各方面考察、分析，三卷本

_____

① 收录《全唐诗续拾》的《全唐诗补编》1992年由中华书局出版，但付梓在1988年，因此编者不及见下述项楚1991年书。

王梵志诗的创作不会晚于唐玄宗开元年间(713—741)。法忍抄本里已多有属于南宗禅的观念,产生年代应在稍后,但因为有大历六年记录,应形成于盛唐时期;又据项楚考证,一卷本王梵志诗应是唐时流行的童蒙读本,有些篇章是根据《太公家教》改编的,应编写于晚唐①。至于散见于禅籍、笔记小说、诗话里的王梵志诗,情况更为复杂,应是王梵志诗流传过程中不断制作并附会到名下的,有些甚至可能是宋人的拟作。关于作者,如果肯定出于众人之手,则根据历史背景、作品体制等方面加以判断,参照具体内容,可以判断是贫民、农夫、府兵、逃户、地主、官吏、僧侣等不同人群的创作。

最有价值、能够代表"王梵志诗"的思想和艺术的是三卷本。大体说来,内容可分为具有宗教性和全然世俗性的两部分。作为民众生活的产物,它们正反映了人们精神生活的不同侧面。从体制看基本是五言古诗,只有少数七言、六言、杂言(长短句)篇章。这也正是自汉乐府以来民间流行的传统诗歌体裁。

王梵志诗表现世俗内容部分,大体又可以分为两类:一类是暴露民间疾苦的,另一类是表达伦理训喻的。自唐初到开元年间,唐王朝逐步繁荣、昌盛,社会上弥漫着乐观向上的空气,在这一时期文人创作里,表现民间疾苦的作品不多;而王梵志诗却有不少篇章大胆揭露社会矛盾,诉说民众苦难,提出许多社会问题。这类诗无论是作为文学创作,还是作为社会史料都弥足珍贵。如:

> 贫穷田舍汉,庵子极孤栖。两共前生种,今世作夫妻。妇即客舂捣,夫即客扶犁。黄昏到家里,无米复无柴。男女空饿肚,状似一食斋。里正追庸调,村头共相催。幞头巾子露,衫破肚皮开。体上无裈袴,足下复无鞋。丑妇来恶骂,啾唧掷头灰。里正被脚蹴,村头被拳搓。驱将见明府,打脊趁回来。租调无处出,还须里正倍。门前见债主,入户见贫妻。舍漏儿啼

---

①项楚《王梵志诗校注·前言》上册第17—21页,上海古籍出版社,1991年。

哭,重重逢苦灾。如此硬穷汉,村村一两枚。①

　　天下恶官职,不过是府兵。四面有贼动,当日即须行。有
缘重相见,业薄即隔生。逢贼被打煞,五品无人净。②

前一首相当生动地描写了唐初均田制下农民所受租调之苦,其中
写到走投无路的"硬穷汉"殴打催租的里正、被逮捕到县令处、里正
被迫代出租赋等情,是一般史料不见记载的社会生活实态;后一首
描写府兵制下府兵终日生活在死亡边缘的处境,在唐时流行的边
塞题材作品里也是新的视角和新的内容。王梵志诗广泛地描写了
贫农、逃户、工匠、商贩、府兵、乡头、小吏、和尚、道士等普通民众的
困苦生活情景,发出"生时有苦痛,不如早死好"③,"死即长夜眠,生
即缘长道"④的呼号。

　　王梵志诗中表现道德训喻内容的作品,宣扬安贫乐天、恪守孝
道、知恩图报等善行,指斥贪婪、吝啬、愚痴、不慈不孝、嫌贫爱富等
恶行,说的多是平常道理,表面上看似和宗教信仰无关。但那些对
于人事的讽喻,让人痛切感受人生的苦难和黑暗,正是诱导人倾心
宗教的。如:

　　吾家昔富有,你身穷欲死。你今初有钱,与我昔相似。吾
今作无初,还同昔日你。可惜好靴牙,翻作破皮底。⑤

这就极其冷峻地揭示世情翻复,实际也是发露人世间荣华富贵不
能久恃的"无常"规律。正是这不能把握的命运造成人生之"苦",
世俗的训喻显然内涵着宗教意趣。

　　王梵志诗里有些描写社会风俗的,往往写得饶有趣味,如:

---

①《王梵志诗校注》卷五,下册第651页。
②同上卷二,上册第186页。
③同上卷一,上册第24—25页。
④同上卷二,上册第216页。
⑤同上卷五,下册第718页。

　　　　吾富有钱时，妇儿看我好。吾若脱衣裳，与吾叠袍袄。吾
　　出经求去，送吾即上道。将钱入舍来，见吾满面笑。绕吾白鸽
　　旋，恰似鹦鹉鸟。邂逅暂时贫，看吾即貌哨。人有七贫时，七
　　富还相报。图财不顾人，且看来时道。①

这首诗描写嫌贫爱富世态，生动、逼真。它如《心恒更愿取》讽刺老
夫娶少妻，《当官自慵懒》描写官员失职被处分，《父母是怨家》揭露
不孝子"阿爷替役身，阿娘气病死"，《夫妇拟百年》写续娶造成的家
庭纠纷，《童子得出家》讽刺小沙弥愚顽不灵、不守戒律，等等，表现
的都是世态人情之常，流露出冷峻的幽默和深沉的思索。

　　王梵志诗中直接写佛教题材的作品，内容很驳杂。由于作品
是在长时期形成的，而唐代佛教发展迅速，特别是禅宗的兴盛对传
统大、小乘佛教冲击很大，具体诗篇表达的佛教观念也很不相同。
其中直接宣扬佛教观念的，有一类是讲一般教理的，如《一身元本
别》《以影观他影》《非相非非相》等，从拟作标题的句子就可以知
道它们是宣说佛教基本观念的，所述都是传统的大、小乘教义。而
法忍抄本的某些篇章则表现了新兴的禅宗宗义，如《吾有方丈室》
《回波尔时大贼》《心本无双无只》等，都宣扬禅宗的心性观念。另
有一类是反映民众间通俗信仰的，如《沉沦三恶道》《受报人中
生》《生住无常界》《愚夫痴杌杌》《出家多种果》《有钱不造福》
《福门不肯修》等，鼓吹人生无常，宣扬地狱恐怖，表达对西方净土
的向往，述说六道轮回、罪福报应之不爽，鼓励行善兴福、出家修道
等等。这些都体现当时一般民众对佛教教义的通俗理解，相当真
实地表现了一般民众信仰实态。如《身强避却罪》：

　　　　身强避却罪，修福只心勤。专意涓涓念，时时报佛恩。得
　　病不须卜，实莫浪求神。专心念三宝，莫乱自家身。十念得成

---

①《王梵志诗校注》卷一，上册第 14 页。

就,化佛自迎君。若能自安置,抛却带因身。①

这里要求人避罪修福,专心念佛,永报佛恩,说这样得病不必卜卦算命,也不用胡乱拜神,只要专意事佛,自会有化佛来迎,往生西方。这是民众信仰心的直白表露,反映了他们朴素的愿望。又如《暂出门前观》:

> 暂出门前观,川原足故塚。富者造山门,贫家如破瓮。年年并舍多,岁岁成街巷。前死后人埋,鬼朴悲声送。纵得百年活,还入土孔笼。②

陶渊明《拟古》诗说:"一旦百岁后,相与还北邙。"对生死采取通脱态度。这里则更由感念人生无常生发出对于"富者"的诅咒,言语极其冷峻,与前述黄庭坚欣赏的"城外土馒头"一首主旨类似。再如《饶你王侯职》:

> 饶你王侯职,饶君将相官。蛾眉珠玉珮,宝马金银鞍。锦绮嫌不著,猪羊死不飡。口中气新断,眷属不相看。③

这同样是对那些自恃荣华富贵的王侯将相的诅咒,也是对于沉迷世间享乐的贪愚人的警告。此外还有些宣扬戒酒、戒肉、戒杀等内容的作品,也是当时信仰状态的真实反映。

王梵志诗里有一部分作品是对僧尼的腐败堕落加以揭露、批判的,如:

> 寺内数个尼,个个事威仪。本是俗人女,出家挂佛衣。徒众数十个,诠择补纲维。一一依佛教,五事总合知。莫看他破戒,身自牢住持。佛殿元不识,损坏法家衣。常住无贮积,家

---

① 《王梵志诗校注》卷五,下册第613—614页。
② 同上卷二,上册第234页。
③ 同上卷三,上册第327页。

> 人受寒饥。众厨空安灶,粗饭当房炊。只求多财富,余事且随宜。富者相过重,贫者往还希。但知一日乐,忘却百年饥。不采生缘瘦,唯愿当身肥。今日损却宝,来生更若为。[1]

唐时僧、道免除租税力役,寺、观成了流民谋取生计的逋逃薮。寺院经济扩张,积累大量资财,僧团风气腐化,造成严重社会问题。这一篇讽刺"俗人女""出家",只求衣食丰足,安乐度日,反映了当时寺院生活真实的一面。"常住"指寺院僧众共有资产,诗里说"常住"空虚了,家人也不能沾光避免饥寒,完全是站在平民立场说话。又如《道人头兀雷》,描写一些和尚"每日趁斋家,即礼七拜佛。饱吃更索钱,低头著门出。手把数珠行,开肚元无物"[2]等等,揭露僧众不重修持,只徒钱财。有人评论这类作品是批判佛教的。实际揭露部分僧尼的堕落行径,指斥教团内部戒律败坏,立意主要在端正佛教内部风气。而作为历史资料,这类作品又暴露了当时佛教的真实状况。所以又有些学者认为这是"观察和评论佛教问题"的诗。另有《古来服丹石》、《玉髓长生术》、《请看汉武帝》则是批判道教丹药的。又例如《道士侧头方》:

> 道士侧头方,浑身总著黄。无心礼拜佛,恒贵天尊堂。三教同一体,徒自乱褒扬。一种沾贤圣,无弱亦无强。莫为分别想,师僧自说长。同尊佛道教,凡俗送衣裳。粮食逢医药,垂死续命汤。敕取一生活,应报上天堂。[3]

这里宣扬"三教合一"观念,批评道士拒斥佛教的偏狭,表明在当时民众一般信仰里,佛、道二教已少有差别。这也都反映当时民众信仰的真实心态。

一卷本的九十二首五言小诗,前七十二首是一般训世箴言,后

---

[1]《王梵志诗校注》卷二,上册第 109 页。
[2] 同上,上册第 103—104 页。
[3] 同上,上册第 91 页。

二十首是佛教内容的,同样都是格言式作品。例如属于前一类的:

> 兄弟须和顺,叔侄莫轻欺。财物同箱柜,房中莫畜私。
> 尊人共客语,侧立在旁听。莫向前头闹,喧乱作鸦鸣。
> 主人相屈至,客莫先入门。若是尊人处,临时自打门。①

这是一般处世方法或伦理原则的说教。佛教内容的则对教义做通俗的宣传,如:

> 世间难舍割,无过财色深。丈夫须达命,割断暗迷心。
> 布施生生富,悭贪世世贫。若人苦悭惜,劫劫受辛勤。②

从这些警句式的作品,可以透视当时民众的道德风尚和宗教意识。

从上面所引各篇已可以看出王梵志诗的艺术特色:语言朴素无华,多用口语;表达上力求浅俗,基本不作藻饰;内容富于哲理性,多有训世警语,往往出自亲切的人生体验;对世态人情有透彻的了解,用一种冷峻眼光来审视和揭露;面对人生苦难抱着一种内在的乐观态度,常常流露出幽默感,等等。这些特点是在一般文人作品中难以见到的。

三

寒山诗的情况,与王梵志诗类似:同样大多数篇章是五言通俗诗,作者难于考定,内容也同样庞杂而佛教内容的占相当大的比重。但寒山诗的创作显然较王梵志诗为晚,并幸运地流传有宋人辑成的集子。而由于创作时期、背景不同,寒山诗的思想内容和表

①《王梵志诗校注》卷四,上册第 447、459、471 页。
②同上,上册第 538、553 页。

现形式又显示与王梵志诗不同的特色。

现存有关寒山的最早记载同样出于晚唐,较完整的是五代时著名道士杜光庭《仙传拾遗》的记载:

> 寒山子者,不知其名氏,大历(766—779)中,隐居天台翠屏山……好为诗,每得一篇一句,辄题于树间、石上,有好事者随而录之,得三百余首……桐柏征君徐灵府序而集之,分为三卷,行于人间。十余年忽不复见。咸通十二年(871),毗陵道士李褐,性褊急,好凌侮人,忽有贫士诣褐乞食……乃前之贫士也……①

杜光庭是著名道士,早年曾入天台山学道,善诗文。他对天台地区的高人逸士以及相关传说有所了解并加以记录,是合乎情理的。文中提到的徐灵府,作有《天台山记》,其中说到"元和十年(815)自衡岳移居台岭,定室方瀛。至宝历(825—827)初岁,已逾再闰,修真之暇,聊采经诰,以述斯记"②,据以推测当是九世纪初人物,也曾活动在天台山。《嘉定赤城志》记载:

> 徐灵府,钱塘人,号默希子。居天台云盖峰,目为方瀛,以修炼自乐。尝为诗云:"学道全真在此生,迷津待死更求生。今生不了无生理,纵得生知何处生。"会昌(841—846)初,频诏不起,且献《言志》云:"野性歌三乐,皇恩出九重。来传紫宸命,遣下白云峰。多愧书传鹤,深惭纸画龙。将何佐明主,甘老在岩松。"③

这段记述表明,徐灵府虽是道士,却又热衷于"无生理"即佛说,又善诗,本身就是传说中的寒山子类型人物。原始的《寒山子诗集》

---

①《仙传拾遗》,《太平广记》卷五五,第 2 册第 338 页。
②《天台山记》,《全唐文》第 11 册第 10948 页。
③《嘉定赤城志》卷三五《人物门四》。

由他采编,甚或参与创作,是十分可能的。

　　唐人提到寒山,现存资料中最早的是李山甫。他在《山中寄梁判官》诗里说:

　　　　康乐公应频结社,寒山子亦患多才。①

李山甫是咸通年间(860—874)人,比徐灵府稍后。值得注意的是,在杜光庭的记述里,"寒山子"是隐士,其称呼是道教的;而到李山甫诗里,把他与好佛的大诗人谢灵运并举,即已和佛门搭上关系,又暗示他有杰出的诗才。再到以后五代时期的禅宗灯录《祖堂集》卷十六《沩山和尚》章里,有沩山灵祐(771—853)见到寒山的记载,则把他当作佛门中人了。而在后来的禅宗灯录里,寒山诗更多被当作参悟话头。又关于曹洞宗祖师曹山本寂(840—901)有记载说:

　　　　复注《对寒山子诗》,流行宇内,盖以寂素修举业之优也。②

这里"注"与"对"连接起来意思不明确:不清楚注解的是寒山作品还是与寒山诗唱和的作品。但当时寒山诗已相当流行是清楚的。与本寂同时、同属曹洞宗的诗僧贯休(832—912)在《寄赤松舒道士二首》诗中说:

　　　　子爱寒山子,歌惟乐道歌。③

这是把赤松苏道士看成与寒山子相似的人,说他创作了《乐道歌》。《乐道歌》如前所介绍本是晚唐五代禅门流行的抒发任运随缘、乐道逍遥境界的歌谣。贯休另有《送僧归天台寺》诗说:

　　　　天台四绝寺,归去见师真。莫折枸杞叶,令他拾得嗔。④

————————

① 《全唐诗》卷六四三,第 7369 页。
② 《宋高僧传》卷一三《梁抚州曹山本寂传》,上册第 308 页。
③ 《全唐诗》卷八三○,第 9360 页。
④ 同上卷八三二,第 9391 页。

这里提到另一个人物拾得,他在传说里是寒山子的朋友,并留传有归到他名下的风格类似的通俗诗。可见当时寒山、拾得相关联的传说已经形成。稍后另一位诗僧齐己于公元 921 年作《渚宫莫问诗一十五首》,其中也提到寒山诗:

> 赤水珠何觅,寒山偈莫吟。[①]

这里则把寒山诗等同于禅偈了。上述资料,可以反映寒山其人、其诗被纳入到禅门的大体过程。晚唐五代应已有《寒山诗集》流行。大概也是在这一时期,伪托贞观年间台州刺史闾丘胤的《寒山子诗集序》被制作出来。其中记述了完整的关于寒山、拾得的传奇故事:寒山是隐居天台山寒岩的"贫人风狂之士",经常到国清寺止宿;拾得则是"国清寺库院走使",在厨房作伙夫,二人是朋友,叫呼快活,形似疯狂;闾丘胤前来寻访,寒山退入岩穴,其穴自合,拾得亦迹沉无所;"乃令僧道翘寻其往日行状,唯于竹木石壁书诗,并村墅人家庭壁上所书文句三百余首,及拾得于土地堂壁上书言偈,并纂集成卷"。文中还说"寒山文殊,遁迹国清;拾得普贤,状如贫子"[②],则又把他们当作菩萨显化了。虽然这篇序是伪作,但它却是寒山诗在晚唐时期流传情形的证明,也表明当时寒山、拾得已完全被纳入到佛门人物行列之中了。

　　比起王梵志诗的命运来,寒山诗显然幸运得多。宋代已流传有完整的诗集,并有刻本传世;与传说恰好相合,收诗三百余首。它们受到诗坛许多重要人物的称赞,也留下更多可供研究的资料。

　　作为隐士称作寒山子,作为佛教徒称为寒山,这一情况本身就难于说是一个具体人物。关于他的事迹更多无稽传说成分,也难于取信。另一方面从今传三百诗首寒山诗内容看,也不像是一人一时所作。据现存材料可以确定的只是,在中、晚唐确曾流传一批

---

① 《全唐诗》卷八四二,第 9511 页。
② 《全唐文》卷一六二,第 1662—1663 页。

通俗诗,作者被称为寒山子或寒山;在这些诗广泛流传之后,又出现了有关这个"人物"的传说。依据现有资料分析,当然不能完全否定寒山实有其人,同时也不能排斥他是寒山诗作者之一。又现存寒山诗有一部分风格虽与王梵志诗类似,但有一些篇章表现南宗禅的观念;相当一部分文字又经过较多修饰,并广泛地使用了古代诗文里的事典,如王应麟所指"施家两儿,事出《列子》;羊公鹤,事出《世说》;又如子张、卜商,如侏儒、方朔,涉猎广博,非但释子语也"[1],另外还使用了《诗经》、《庄子》、《古诗十九首》、《文选》以及陶渊明诗等典故,表明作者中多有文化素养较高的人;又参之以寒山诗所反映的时代背景、典章制度以及诗作的形式、格律作内证,可以推测寒山诗应是自初唐到中唐长时期众多人士的创作成果。有人认为诗集主体结成年代应在开元(713—741)以后,也有人估计迟至公元780年以前[2],即在王梵志诗创作和流传之后。从写作风格看,不能否认今传本有经过宋代编撰者加以修饰的可能。又寒山、拾得诗里有些篇章直接说到创作意图,显然是其主体部分形成以后陆续制作出来的。如诗中说"家有寒山诗,胜汝看经卷","有人笑我诗,我诗合典雅。不烦郑氏笺,岂用毛公解","都来六百首,一例书岩石",以及拾得诗的"我诗也是诗,有人唤作偈。诗偈总一般,读时须子细"等等,像是对创作的解释和总结。而拾得诗(丰干诗仅存二首,应当同样)则应是模仿寒山诗续作的。

　　寒山诗的题材同样有世俗的和宗教的两部分。世俗内容主要是讽刺世相,劝喻世人,和王梵志诗大体相同,同样具有浓厚的伦理说教色彩。其中值得注意的特殊内容是倾诉下层士人的遭遇和不平、宣扬隐逸高蹈观念的。这一类作品在对人生世相的描绘中表现出惊人的洞察力和尖锐的批判态度。特别是对世人贪渎不

---

① 《困学纪闻》卷一八。
② 参阅胡适《白话文学史》第146—151页,上海古籍出版社,1999年。

足、迷恋富贵的心态及其所造成的恶果,揭露得十分透彻和痛
切。如:

> 贤士不贪婪,痴人好炉冶。麦地占他家,竹园皆我者。努
> 膊觅钱财,切齿驱奴马。须看郭门外,垒垒松柏下。①

第一联"炉冶"指铸钱,是说贤人不贪婪,愚痴人才爱好钱财。他们
广占田园,聚敛财富,恶毒地剥削奴仆,到头来一死了之。这是对
贪得无厌的富人的诅咒,也是对人的贪欲本性的批判。有些讽刺
世态人情的篇章语言浅俗,刻画十分生动、真切,见识更相当透
辟,如:

> 东家一老婆,富来三五年。昔日贫于我,今笑我无钱。渠
> 笑我在后,我笑渠在前。相笑倘不止,东边复西边。②
>
> 我见百十狗,个个毛孿孿。卧者渠自卧,行者渠自行。投
> 之一块骨,相与哇喍争。良由为骨少,狗多分不平。③
>
> 老翁娶少妇,发白妇不耐。老婆嫁少夫,面黄夫不爱。老
> 翁娶老婆,一一无弃背。少妇嫁少夫,两两相怜态。④

像这样的诗,第一首讥讽嫌贫夸富,第二首描写狗群争夺毛头小
利,讽喻意味十分强烈;第三首写婚姻年龄应相般配,表现的是人
情之常,从中也体现了民间智慧。有些作品揭露世态丑陋,流露悲
观厌世观念,如这样形容人生:

> 人生在尘蒙,恰似盆中虫。终日行绕绕,不离其盆中。⑤
> 三界人蠢蠢,六道人茫茫。贪财爱淫欲,心恶若豺狼。⑥

---

①项楚《寒山诗注》第 255 页,中华书局,2000 年。
②同上第 99 页。
③同上第 158 页。
④同上第 333 页。
⑤同上第 608 页。
⑥同上第 604 页。

这些也是对于人世间相当深刻的观察,进而引导人到宗教中去寻求安慰。寒山诗里还有不少鼓吹隐逸避世的篇章:

> 登陟寒山道,寒山路不穷。溪长石磊磊,涧阔草蒙蒙。苔滑非关雨,松鸣不假风。谁能超世累,共坐白云中。①

> 粤自居寒山,曾经几万载。任运遁林泉,栖迟观自在。寒岩人不到,白云常叆叇。细草作卧褥,青天为被盖。快活枕石头,天地任变改。②

宣扬摆脱名缰利索束缚,美化无为无事、乐道逍遥的人生,表达的是失志士大夫的意识,观念上则与南宗禅相通,描绘的境界也和禅门那些乐道歌谣类似。如此再迈出一步,就陷没于出世的宗教幻想之中了,如:

> 世间何事最堪嗟,尽是三途造罪楂。不学白云岩下客,一条寒衲是生涯。秋到任它林落叶,春来从你树开花。三界横眠闲无事,明月清风是我家。③

这就把出家修道看作是理想的人生了。

寒山诗直接表现佛教内容的也可分为两大类。如前所述,寒山诗产生年代延续到中唐,已是禅宗兴盛时期。有些篇章教人出家修道、造福行善,惧之以轮回报应,诱之以来世福利,这是民间信仰的常态。如:

> 世有多解人,愚痴徒苦辛。不求当来善,唯知造恶因。五逆十恶辈,三毒以为亲。一死入地狱,长如镇库银。④

> 不行真正道,随邪号行婆。口惭神佛少,心怀嫉妒多。背

---

① 《寒山诗注》第 79 页。
② 同上第 430 页。
③ 同上卷 512 页。
④ 同上第 245 页。

　　后噇鱼肉，人前念佛陀。如此修身处，难应避奈河。①

这类作品内容与王梵志诗类似，显然产生在同样背景之下。寒山诗表现佛教内容的不同部分是那些宣扬南宗禅"心性"观念的篇章，它们显然和南宗禅的发展，和南宗禅语录、禅偈创作有直接关系。例如这样的诗：

　　岩前独静坐，圆月当天耀。万象影现中，一轮本无照。廓然神自清，含虚洞玄妙。因指见其月，月是心枢要。②

"月"本是南宗禅常用比喻。著名的如永嘉玄觉所谓"一性圆通一切性，一法遍含一切法，一月普现一切水，一切水中一月摄"③，用水月之喻来说明心与物的关系。寒山诗亦一再说到"吾心似明月，碧潭秋皎洁"，"心意不生时，内外无余事"，"明珠元在我心头"等等，都是阐扬南宗禅的"心性"观念的。再如：

　　蒸砂拟作饭，临渴始掘井。用力磨甎砖，那堪将作镜。佛说元平等，总有真如性。但自审思量，不用闲争竞。④

　　我见出家人，不入出家学。欲知真出家，心净无绳索。澄澄孤玄妙，如如无倚托。三界任纵横，四生不可泊。无为无事人，逍遥实快乐。⑤

磨砖作镜是南岳怀让开导马祖道一的著名典故，是说明自心本来清净、"道不要修"的。前一首直接使用这个典故，表现的是同样观念。后一首说真出家则无为无事，逍遥度日，表达的也是习禅者的心得。这些都与南宗宗义相通，语言也是类似的。

---

①《寒山诗注》第 201 页。
②同上第 733 页。
③《永嘉证道歌》，《大正藏》第 48 卷第 396 页中。
④《寒山诗注》第 263 页。
⑤同上第 646 页。

　　寒山诗里同样有一批"佛教问题诗"。与王梵志诗不同的是，有些篇章宣扬"不要求佛果，识取心中宝"，"天真元具足，修证转差回"等等，直接否定佛教修持，正是基于禅的立场。又有些揭露僧风的败坏，对"教下"进行批判：

> 　　语你出家辈，何名为出家。奢华求养活，继缀族姓家。美舌甜唇嘴，谄曲心钩加。终日礼道场，持经置功课。炉烧神佛香，打钟高声和。六时学客舂，昼夜不得卧。只为爱钱财，心中不脱洒……①

有的篇章更指出读经无益：

> 　　我见人转经，依他言语会。口转心不转，心口相违背。心真无委曲，不作诸缠盖。但且自省躬，莫觅它替代。可中作得主，是知无内外。②

对富人虚求福报更极尽讽刺之能事：

> 　　我见凡愚人，多畜资财谷。饮酒食生命，谓言我富足。莫知地狱深，唯求上天福。罪业如毗富，岂得免灾毒。财主忽然死，争共当头哭。供僧读文疏，空觅鬼神禄。福田一个无，虚设一群秃。不如早觉悟，莫作黑暗狱。狂风不动树，心真无罪福。寄语兀兀人，叮咛再三读。③

如此对法事痛加抨击，对僧人肆意詈骂，颇能触及当时僧风的弊端，显然又与中唐呵佛骂祖的禅风有直接关系。

　　寒山诗形成期间较长，作者群更为复杂，作品风格也更为多样。其中有个别骚体篇章，还有些类似格律精致的近体诗，宋人编辑时可能作过修饰。但从总体看，体现其独特风格和突出成就的

①《寒山诗注》第 720 页。
②同上第 758 页。
③同上第 593 页。

还是那些白话通俗之作。它们多采取五言古体，韵律较自由；表达
力求浅俗，朴野无华，夺口而出；多有训喻之词，富于理趣；对世态
人情的模写体察入微，真切、生动；富于讽刺、幽默意味，如此等等，
形成了表现方法和语言运用的鲜明特色。比起王梵志诗来，寒山
诗艺术表现上比较精致，显示出较高技巧。这一方面决定于时代
演变，包括禅宗的兴盛和诗坛风气的变化；另一方面也因为寒山诗
的作者中更多有文化的下层士大夫，白珽说：

> 吕洞宾、寒山子，皆唐之士人，尝应举不利，不群于俗，盖
> 楚狂、沮溺之流，观其所存诗文可知。①

这个说法有些绝对化，但寒山诗作者中确实有一批落魄士大夫，他
们具有更积极的用世意识，表现在创作中，首先是读寒山诗会让人
直观地觉察到强烈的主观色彩，与王梵志诗相比，体现出更鲜明的
个性。寒山诗以"我"字开头的就有三十首，如"我见出家人"、"我
见世间人"、"我见谩人汉"等等；中间又多有"劝你"、"勉你"、"愿
君"、"寄语"、"为报"等祈使句式。这是一种从个人视角出发的、个
性化的表现方式，表达出强烈的主观感情色彩。诗中又常常讽刺
那些自以为是的"聪明"、"利智"人，暗示自己才是真正的"智者"，
如有诗说：

> 下愚读我诗，不解却嗤诮。中庸读我诗，思量云甚要。上
> 贤读我诗，把著满面笑。杨修见幼妇，一览便知妙。②

作者对自身，对自己的诗表现出充分自信。他是在试图用自己的
作品教化人群、改变世风。在具体表现技巧方面，寒山诗风格更为
泼辣、率直，更多地使用民间口语、俗谚和比喻、象征、联想、谐音、
双声叠韵、歇后等修辞手段。这可以说是"以俗为雅"的手法，是在

---

① 《湛渊静语》卷二。
② 《寒山诗注》第357页。

极度浅俗之中求创新，以此造成惊动心神的艺术效果，从而创造出影响深远的独特的"寒山体"诗。

拾得应是作为寒山的配角被创造出来的，同样还有丰干。据说后者是天台山和尚，闾丘胤去访问他，了解到寒山、拾得情况。这样就出现了三个人交往的戏剧性传说。现存拾得名下的诗五十七首（包括佚诗二首）。写法、风格与寒山诗完全一致。

宋代王梵志诗和寒山诗曾流行一时，在诗坛有相当大的影响。前面提到，黄庭坚欣赏王梵志诗，一些诗话、笔记也引录或称赞王梵志诗；寒山诗则当时已有刻本广泛流传。二者的流行正符合宋代诗坛"以议论为诗"的大趋势，也和禅宗偈颂创作有关系。不过宋代以后，王梵志诗却销声匿迹了。决定二者的不同命运，固然有其偶然性，但也和王梵志诗反映的观念较为滞后、作者群中缺少更多文人参与、艺术表现较为拙朴等等有关系。而寒山诗则得到苏轼、王安石、黄庭坚等文坛耆宿的普遍重视，他们都曾拟作过"寒山体"诗。宋代和以后禅门中拟寒山诗的更大有人在。陆游有诗说：

> 掩关未必浑无事，拟遍寒山百首诗。①

朱熹"晚岁颇取寒山子诗"②，他教授弟子时曾特别注意到寒山诗：

> 先生偶诵寒山数诗，其一云："城中娥眉女，珠佩何珊珊。鹦鹉花间弄，琵琶月下弹。长歌三日响，短舞万人看。未必长如此，芙蓉不奈寒。"云："如此类，煞有好处，诗人未易到此。公曾看否？"寿昌对："亦尝看来。近日送浩来此洒扫时，亦尝书寒山一诗送行云：'养子未经师，不及都亭鼠。何曾见好人，岂闻长者语。为染在薰莸，应须择朋侣。五月败鲜鱼，勿令他笑汝。'"③

---

① 《次韵范参政书怀》之二，《剑南诗稿》卷二四。
② 牟𪩘《碧潭说》，《陵阳先生集》卷一四。
③ 黎靖德编《朱子语类》卷一四〇《论文下》，第8册第3329页。

可见朱子门下对寒山诗的重视。宋代僧俗引述、欣赏、称许寒山诗的议论不少。如刘克庄说：

> 余每谓寒山子何尝学为诗，而诗之流出于肺腑者数十百首，一一如巧匠所斲，良冶所铸。惟大儒王荆（公）拟其体似之，他人效颦不公（能）近傍也。荆公素崛强，非苟下人者。①

张镃有诗说：

> 作者无如八老诗，古今模轨更求谁。渊明次及寒山子，太白还同杜拾遗。白傅、东坡俱可法，涪翁、无己总堪师。胸中活底仍须悟，若泥陈言却是痴。②

这是把寒山与陶渊明、李、杜、白、苏、黄山谷、陈师道等诗坛大家并列了。以后对于寒山诗虽然不再有宋人那样崇高的评价，但仍受到僧、俗普遍推重。它们被当作通俗诗、说理诗的典范，有意模仿者代有其人。如此历千百年仍有人追随，可见其巨大的感召力。

四

敦煌写卷里包含一大批"俗文学"抄本，有叙事体和诗歌体两大类。单纯韵文的诗歌作品除了王梵志诗，还有一千几百首民间曲辞。学术界对这些作品性质的认识没有分歧。对于叙事体作品的认识则经历了较长过程。最早是王国维把当时发现的讲唱体作品称为"通俗诗"和"通俗小说"。后来罗振玉在《敦煌零拾》里整理、刊布《佛曲三种》，把这类作品称为"佛曲"。再以后又有把它们

---

① 《勿矢集》，《后村先生大全集》卷九八。
② 《题尚友轩》，《南湖集》卷五。

称为"演义"、"俗文"等等的。1931年,郑振铎在《小说月报》上发表《敦煌的俗文学》一文,根据一些原有标题的卷子,首先确认"变文"这一概念。他在其后所作《插图本中国文学史》、《中国俗文学史》等论著里,对"变文"又加以详细论述。此后,在逐渐形成为"显学"的"敦煌学"里,"变文"成为重要的研究课题。中、外学术界就其名称、体制、起源、作用、内容和表现形式等诸多方面进行了广泛、深入研究,取得了显著成果。至今已大体取得共识。

目前对于"变文"作为文体概念一般有广义和狭义不同理解。广义上人们把敦煌发现的、大体为韵、散结合的讲唱体叙事作品统称为"变文",如有的学者认为:

> 变文是一时代文体的通俗名称,它的实质便是故事;讲经文、因缘、缘起、词文、诗、赋、传、记等等不过是它的外衣……变文之所以有种种的异称,正因为它说故事时用种种不同文体的外衣来表达的缘故。①

但是在更多的作品被发现并经过更深入地研究之后,表明这被笼统地称为"变文"的作品群又可分出不同类型。周绍良于1963年发表文章,区分出变文、俗讲文、词文、诗话、话本、赋六个类别②;1985年又加修订,增加因缘(缘起,附押座文、解座文),成为七类,并对各种类型的起源、体例进行了分析、说明③。1989年,美国学者梅维恒发表变文研究力作《唐代变文》一书,对于"变文"的定义进行了更细致的划分,归纳"变文"的五种定义,即"最狭义定义"、"狭义定义"、"广义定义"、"最广义定义"和"无意义的定义",从而把变文与其他类型的作品,特别是与容易相混淆的讲经文严格区

---

① 潘重规《敦煌变文集新书》后记,中国文化大学中文研究所,1983年。
② 《谈唐代民间文学——读〈中国文学史〉中〈变文〉节书后》,周绍良、白化文主编《敦煌变文论文录》上册第405—423页,上海古籍出版社,1982年。
③ 《唐代变文及其它》,《敦煌文学作品选》代序,中华书局,1987年。

分开来。如果按周先生和梅维恒（两个人的具体看法有重大区别）为代表的看法，变文、讲经文、因缘等各类文体表达方式和艺术特点、功用均有所不同；而按以潘重规为代表的另一派看法，则这些作品可看作是统一的"说故事"的俗文学，其起源和意义也是一致的。不过无论如何总体看来，这种文体是来源于佛教的：尽管今存敦煌写卷里这类作品的内容有佛教的和非佛教的，但佛教内容的是主体部分；不仅如此，从性质和起源看，这些作品直接来源于佛教的"转读"和"唱导"（当然也和中国古代讲唱艺术传统有继承关系），即从根本源头说来自佛教。以下即按周绍良的意见加以讨论。

先讲"变文"之外的讲经文：

这是俗讲法师"俗讲"的底本。

俗讲是由正式讲经演化而来。佛教传入中土，借鉴儒家讲经制度，僧人按同样方式讲经；继而适应对于民众通俗宣讲的需要，发展出转读和唱导这两种形式。转读即诵读佛经，包括转梵为汉的赞呗。许多佛典本来是韵、散结合的，转读对于后来讲唱文体的形成起了推动作用。唱导则采取了更通俗、更形象的宣讲方式，如慧皎所描述：

> 至如八关初夕，旋绕行周，烟盖停氛，灯惟靖耀，四众专心，又指缄默。尔时导师则擎炉慷慨，含吐抑扬，辩出不穷，言应无尽。谈无常，则令心形战栗；语地狱，则使怖泪交零。征昔因，则如见往业；核当果，则已示来报。谈怡乐，则情抱畅悦；叙哀感，则洒泪含酸。于是阖众倾心，举堂恻怆，五体输席，碎首陈哀。各各弹指，人人唱佛……①

在唱导里，导师引入一些世俗故事来加强效果。正是依此方向继续发展，形成俗讲。俗讲保存了讲经形式：也是由两个人——法师

---

①《高僧传》卷一三《唱导论》，第521—522页。

和都讲共同主持,都讲宣诵经文,法师加以铺衍讲说;一般在寺院里进行,有一定的仪式;讲唱时同样按佛经科判划分经文段落;由于宣讲中二人合作,行文有相互呼应的程式语句如"高着声音唱将来"、"经提名目唱将来"等"……唱将来"之类句子。唐玄宗开元十九年(731)朝廷有诏书说:

> 近日僧徒,此风尤甚,因缘讲说,眩惑州闾,溪壑无厌,唯财是敛,津梁自坏,其教安施。无益于人,有蠹于俗。或出入州县,假托威权;或巡历乡村,恣行教化。因其聚会,便有宿宵,左道不常,异端斯起。自今已后,僧、尼除讲律之外,一切禁断;六时礼忏,须依律仪,午后不行,宜守俗制。如犯者,先断还俗,仍依法科罪。所在州县不能捉搦,并官吏辄与往还,各量事科贬。①

这里指责当时僧徒风气败坏情形,所谓"因缘讲说","巡历乡村,恣行教化"等等,就包括流行的俗讲,而且明确指出已成为聚敛钱财的手段。后来朝廷曾几度禁绝,但并不能奏效。到中晚唐时期,京师在朝廷支持之下举行的俗讲规模相当盛大。韩愈在元和(806—820)末年所作《华山女》一诗批判朝廷崇道,写女道士通过"道讲"即道教俗讲与佛教争夺群众,一开头写佛教状况:

> 街东街西讲佛经,撞钟吹螺闹宫庭。广张罪福资诱胁,听众狎恰排浮萍。②

"街东街西"指长安朱雀门大街东西各大寺。《资治通鉴》记载:敬宗宝历二年(826)"己卯,上幸兴福寺,观沙门文溆俗讲"③。日僧圆仁在其旅行记里也多处记载长安俗讲盛况,如:

①《册府元龟》卷一五九《帝王部·革弊》,第 2 册第 1925 页。
②《韩昌黎集》卷六。
③《资治通鉴》卷二四三《唐纪五九》,第 7850 页,中华书局,1956 年。

　　（开成六年正月）九日五更时，拜南郊了，早朝归城，幸在丹
凤楼。改年号，改开成六年为会昌元年。又敕于左、右街七寺开
俗讲。左街四处：此资圣寺，令云花寺赐紫大德海岸法师讲《花
严经》；保寿寺，令左街僧录、三教讲论、赐紫、引驾大德体虚法师
讲《法花经》；菩提寺，令招福寺内供奉、三教讲论大德齐高法师
讲《涅槃经》；景公寺令光影法师讲。右街三处：会昌寺令内供
奉、三教讲论、赐紫、引驾起居大德文溆法师讲《法花经》。城中
俗讲，此法师为第一。惠日寺、崇福寺讲法师未得其名。①

从这样的记录可见当时俗讲制度与规模。接着他也讲到"道讲"。
俗讲中出现一些技艺高超的俗讲法师，前面提到的文溆即是其中
著名的一位。当时人赵璘有记载说：

　　有文淑（溆）僧者，公为聚众谭说，假托经论，所言无非淫
秽鄙亵之事。不逞之徒转相鼓扇扶树，愚夫、冶妇乐闻其说。
听者填咽寺舍，瞻礼崇奉，呼为"和尚"。教坊效其声调以为歌
曲。其泯庶易诱，释徒苟知真理及文义稍精，亦甚嗤鄙之。近
日庸僧以名系功德使，不惧台省府县，以士流好窥其所为，视
衣冠过于仇雠，而淑（溆）僧最甚，前后杖背，流在边地数矣。②

---

① 《入唐求法巡礼行记》卷三，第 147 页，上海古籍出版社，1986 年。
② 《因话录》卷四，第 94—95 页，古典文学出版社，1957 年。关于文溆和文淑
　是否同一个人，学术界有不同看法。日本学者那波利贞在《中晚唐时代俗讲
　僧文溆法师释疑》（《东洋史研究》第 4 卷第 6 期，1939 年 7—8 月）一文里详
　加辨析，认为文溆乃是俗讲名僧，文淑是以淫亵歌曲娱乐群众的艺人。就诸
　多学者把文溆或文淑说成是表演变文的僧人，梅维恒（Victor H. Mair）在
　《唐代变文》（T'ang Transformation Texts：Harvard-Yenching Institute
　Monograph Series 28, Cambridge, Massachusetts：Harvard-University
　Council on East Asian Studies, 1989；杨继东、陈引驰译，中国佛教文化出版
　有限公司，1999 年）一书里则指出"没有任何一点材料可以将文淑或文溆与
　转变相联系"，从而断定无论二者是否同一人，看不出他们"与这口头通俗文
　学的形式有何关系"，下册第 16 页。

文溆是众多具有高度技艺和广泛影响的俗讲沙门之一。

　　敦煌写卷里发现的讲经文,以讲《维摩诘经》的为最多,另外有讲《阿弥陀经》的三件(P. 2931,P. 2955,S. 6551),讲《法华经》的两件(P. 2305,P. 2133v),讲《父母恩重经》的两件(P. 2418,北京河12),讲《金刚经》的一件(P. 2133),讲《佛报恩经》的一件(俄藏Ф96),讲《弥勒上生经》的一件(P. 3093),还有《长兴四年中兴殿应圣节讲经文》(P. 3808)、《说三归五戒讲经文》(S. 6551,周绍良拟题)等。这当然只是当时流行的大量讲经文的一小部分。所宣讲的显然是当时社会上流行的经典,从中也可以看出当时民众信仰的实际状况。

　　现存《维摩诘经讲经文》写卷七件,都是长篇片断。胡适称"《维摩经》为大乘经典中的一部最有文学趣味的小说",并指出"鸠摩罗什的译笔又十分畅达,所以这部书渐渐成为中古时代最流行,最有势力的书"①。唐代文人中维摩信仰相当兴盛,这种信仰与士大夫间居士佛教发展、与社会上"统合儒、释"潮流兴盛有直接关系。现存七件讲经文的内容,都限于经文前五品中的四品。本来应有全经的讲经文的。据现存片断推算,宣讲整部经典的讲经文应当长达百卷左右,几十万字。这样的篇幅不仅讲说者难以掌握,也不适于对众宣说。而经文前五品描写人物交锋尖锐,特别富于戏剧性,至文殊"问疾"已是结构的高潮;从内容看这一部分又已突出表达了全经主要思想,特别是如"心净则佛土净"、"不断烦恼而得涅槃"之类观念与当时盛行的禅宗顿教思想相合,因而讲说这部分内容的写本传播得更为广远,也有更多保留下来的机会。现存《维摩变相》石刻、壁画的内容也主要集中在二大士对谈场面,正与讲经文情形相呼应。又从现存片断分析,显然有不同人按各自的方式讲说《维摩经》,所以形成内容、风格都不相同的文本。这也正

————————————

① 《海外读书杂记》,《胡适学术文集·中国佛学史》第29页。

反映了俗讲繁荣的形势。

《维摩经》本来极富故事性，宣讲时又有在结构、情节上加以发展、铺衍的可能。陈寅恪曾指出：

> 尝谓吾国小说，大抵为佛教化。六朝维摩诘故事之佛典，实皆哲理小说之变相。假使后来作者，复递相仿效，其艺术得以随时代而改进，当更胜于昔人。此类改进之作品，自必有以异于感应传冥报记等滥俗文学。惜乎近世小说虽多，与此经有关系者，殊为罕见。岂以支那民族素乏幽渺之思，净名故事纵盛行于一时，而陈义过高，终不适于民族普通心理所致耶？

陈寅恪还认为可由这些讲经文"推见演义小说文体原始之形式，及其嬗变之流别，故为中国文学史绝佳资料"[①]。这实际也时指出讲经文作为叙事文学的特征与意义。

《维摩经》本是大乘居士佛教的经典。讲经文的宣讲对象主要是在家信徒，维摩居士正给他们提供了样板，是特别合用的题材。其内容更突出强调佛法与世俗生活和传统伦理相调和。如 S.3872 号卷子就经文里形容维摩"若在大臣，大臣中尊，教以正法。若在王子，王子中尊，示以忠孝"一节加以发挥：

> 若在大臣，大臣中尊，教以正法。大臣者，或是当朝相座，或是出镇藩方，为天子之腹心，作圣人之耳目。成邦立国，为社礼（稷）之柱石；定难除凶（或作危），作朝廷之篱屏。然后示以正法常王，遂讽人陈以直言，无施邪教命。天子金枝永茂，玉叶长荣，子子孙孙，相承相伐，出将入相，燮理阴阳，恳物接人，行思（恩）布惠。使千岁万岁，皇风不坠，帝道无倾。显名于凤阁之中，画影于麟台之上。以著书史，纪德纪功，是名大臣。我维摩居士于此大臣之中，亦为第一。更以方便，令其不

---

① 《敦煌本维摩诘经文殊师利问疾品演义跋》，《金明馆丛稿二编》第 185、180 页。

枉人民，是故于此中尊，云云。

> 若在王子，王子中尊，示以忠孝。言王子者，是国王之太
> 子，或是远从，或是亲王，但是皇属，总得名为王子。并须锵锵
> 济济，有孝有忠，始末一心，无怀二意，同匡家社，共治邦家。
> 使根固枝繁永不枯，四海万方为一统。上则忠勤于主，次则孝
> 养于亲，是王子之行。我维摩居士亦于次中，得为第一。仍以
> 微妙方策而教诲之，王子信行，又使皇图霸盛，云云。①

以下又以偈颂重宣忠孝之义。讲经文如此宣扬中土伦理，已大大
溢出《维摩经》的思想内容，世俗训喻色彩显然大为强化了。

俗讲的形式仍遵循经典义疏的格式。如 S.4571 号卷子从《佛
国品》开头讲起，首先就要疏释"如是"（开头已不存）、"我闻"、"一
时"等等，然后对一句句经文加以解说。不过俗讲沙门不是条分缕
析、寻根讨源地去疏解经文的词句和义理，而是用通俗的语言来演
说大义，在演说过程中又多做发挥。这种发挥大体有两种形式。
一种是针对经文中宣扬义理的部分，铺展开来进行通俗解释，这种
情况又多用比喻来加强效果；另一种是针对经文中富于故事性的
段落加以形容描绘，这也是讲经文中更生动的部分。讲经文受到
原典内容制约，留给艺术想象的空间本来是有限的。这和下面讨
论的变文大不相同。因此严格说来，讲经文只能看作是佛经义疏
向文学创作过渡的产物。

讲经文在文学史上的重大意义，尤其表现在新文体的创造上。
俗讲使用韵、散结合文体。韵文多数是就散文叙述部分加以重复
或发挥，有时是插入的偈颂（或称为"断诗"，简称为"断"）。韵文多
是七言句，也夹杂有三、三、七句式。有时夹带七言里加上一个衬
字的八字句。这种四个节奏的、七言为主的句式适于叙述故事，早
在乐府诗中已经出现，唐人歌行也大量使用，在讲经文这样的通俗

---

① 《敦煌变文集》卷五，下册第 574 页。

叙事文学中则普及开来。这种韵文的演唱可以加深听众的印象，个别地方也起到组织情节的作用。散文部分基本是一种浅俗的骈体文，并多用华丽的词藻和夸饰的表现。这种铺张的文体显然带有幼稚的、程式化的色彩。不过这又正适应一般民众的艺术趣味，对于创造鲜明、生动的场景还是有效用的。例如 P. 2292 号卷子持世菩萨叙说魔波旬从一万二千天女出场一段：

> 其魔女者，一个个如花菡萏，一人人似玉无殊。身柔软兮新下巫山，貌娉婷兮才离仙洞。尽带桃花之脸，皆分柳叶之眉。徐行时若风飐芙蓉，缓步处似水摇莲花。朱唇旖旎，能赤能红；雪齿齐平，能白能净。轻罗拭体，吐异种之馨香；薄縠挂身，曳殊常之翠彩。排于坐右，立在宫中。青天之五色云舒，碧沼之千般花发……于是魔王大作奢花，欲出宫城，从天降下。周回捧拥，百匝千连，乐韵弦歌，分为二十四队。步步出天门之界，遥遥别本住宫中。波旬自乃前行，魔女一时从后。擎乐器者喧喧奏曲，响聒清宵；爇香火者洒洒烟飞，氤氲碧落。竞作奢华美貌，各申窈窕仪容。擎鲜花者共花色无殊，捧珠珍者共珠珍不异。琵琶弦上，韵合春莺；箫笛管中，声吟鸣凤。杖敲揭（羯）鼓，如抛碎玉于盘中；手弄奏（秦）筝，似排雁行于弦上。轻轻丝竹，太常之美韵莫偕；浩浩喝歌，胡部之岂能比对。妖容转盛，艳质更丰。一群群若四色花敷，一队队似五云秀丽。盘旋碧落，菀（宛）转清宵。远看时意散心惊，近睹者魂飞目断。从天降下，若天花乱雨于乾坤；初出魔宫，似仙娥芬霏于宇宙。天女咸生喜跃，魔王自已欣欢……①

这里尽管是些陈辞的排列，但仿佛再现了唐代宫廷舞乐的宏伟场面，也能够造成相当强烈、鲜明的艺术效果。文中说到"太常之

---

① 《敦煌变文集》卷五，第 620—621 页。

美",指的是宫廷中太常寺太乐署的舞乐;而"胡部",则指自六朝后期流入中原、隋唐时纳入燕乐的"胡部新声"。如此使用排比和铺张技巧,也说明宣讲者对传统辞赋的表现方式是熟悉的。在这方面,讲经文与民间俗赋也有类似之处。讲经文这种韵、散相配合的方式还应当算是讲唱体的初级形式,因为其中韵文和散文还没有分别承担不同任务,但这却是形成中国民间文学源远流长的讲唱体的重要发展阶段。

讲经文里值得注意的还有讲《父母恩重经》的两件。这部在民众间十分流行的伪经被讲经沙门宣讲,是佛教容纳中土伦理的更典型的体现。其中以浅俗的语言讲述父母养育的艰辛,抨击不孝,宣扬孝道:

> 经书各有多般理,皆劝门徒行孝义;
> 只怕因循不报恩,故于经上明宣示。
> 劝门徒,诸弟子,暮省朝参勤奉侍;
> 永永交君播好名,长长不是逢灾累……
> 慈母德,实堪哀,十月三年受苦灾;
> 冒热冲寒劳气力,回干就湿费心怀。
> 忧怜不啻千千度,养育宁论万万回;
> 既有许多恩德事,争合辜负也唱将来。①

如此张扬孝道,已把中国传统伦理完全融入到民众佛教之中了。俗文学要向群众做宣传,也必须反映群众的思想观念,结果佛教信仰与传统伦理相融合就成了内容上的重要特征。

总之,讲经文在讲唱文学史上创造出一种新体裁。这种体裁无论是行文方式还是艺术技巧,都给以后的文学创作,特别是说唱文艺提供了宝贵的借鉴。宋代话本里的"说经"、"说参请"应是直

---

① P. 2418 号《父母恩重经讲经文》,《敦煌变文集》卷五,下册第 680－681 页。

接继承了这种讲经文体的,后来的宝卷也明显是因袭它发展起来的。

又因缘(缘起,附押座文、解座文):

僧侣宣扬教义,方式有讲经与说法的不同:"俗讲方面也有两种,一种即韵白相间之讲经文,也是由法师与都讲协作的;至于与说法相应的,则是说因缘,由一人讲说,主要择一段故事,加以编制敷衍,或径取一段经文或传记,照本宣科,其旨总不外阐明因果……"①。因缘所演说故事有些是取自佛传片断,也有些采自僧传或民间传说。依据佛教仪轨,讲经文应用于大型法会,说因缘则可以在较小型的集会上。

敦煌写卷里有一批"押座文",如 S.2440 号卷子,即汇录一批押座文。按俗讲仪轨,在开始俗讲或说因缘以前要转读七言句组成的诗篇,间或夹杂一些说白,是为押座文。这也是后来宋元话本"入话"的滥觞。"押座"取镇压之意,让听众安静,准备听讲的情绪。《故圆监大师二十四孝押座文》从目连救母讲起,讲到"二十四孝"的王祥、郭巨、老莱子等,宣扬的全是中土传统孝道,如结尾处的一段:

> 孝心号曰真菩萨,孝行名曰大道场,
> 孝行昏衢为日月,孝心苦海作梯航。
> 孝心永有清凉国,孝行长居悦乐乡。
> 孝行不殊三月雨,孝心何异百花芳。
> 孝心广大如云布,孝心分明似日光。
> 孝行万灾咸可度,孝心千祸总能禳。
> 孝为一切财中宝,孝是千般善内王……②

在这篇押座文的一个写卷上有"左街僧录圆监大师赐紫云辩述"字

----

① 周绍良《唐代变文及其它·代序》,《敦煌文学作品选》卷首第 17 页。
② 《敦煌变文集》卷六,下册第 838 页。

样,据考云辩是晚唐人。又俗讲完了同样要读诵一种诗篇,是为解座文,取解散听众之意。今存《破魔变文》和《丑女缘起》后面就附有解座文。

变文:

由讲经文进一步发展,脱离经典而专门讲说故事,就形成了"变文",成为独立的讲唱文学体裁。"变文"一语的本来意义,是学术界长期争论的问题。按孙楷第的意见:

> 更以图像考之,释道二家凡绘仙佛像及经中变异之事者,谓之变相。如云"地狱变相""化胡成佛变相"等是。亦称曰变;如云《弥勒变》《金刚变》《华严变》《法华变》《天请问变》《楞伽变》《维摩变》《净土变》《西方变》《地狱变》《八相变》等是。(以上所举,见张彦远《历代名画记》段成式《酉阳杂俎·寺塔记》及《高僧传》《沙州文录》等书,不一一举其出处。)其以变标名立目,与变文正同。盖人物事迹以文字描写之,则谓之变文,省称曰变。以图相描写之,则谓之变相,省称亦曰变。其义一也。然则变文得名,当由于其文述佛诸菩萨神变及经中所载变异之事;亦犹唐人撰小说,后人因其所载者新奇之事而目其文曰传奇;元明人作戏曲,时人因其所谱者新奇之事亦目其词曰传奇也。[1]

周绍良进一步解释说:

> 后来到了敦煌,参观了一些洞窟……原来一些只有单独一尊绘像的就只称"××像",如"弥勒像","观音像"等;另外一些既有像还夹有故事图者,也有只是故事图者,这便是"变",如《八相变》、《维摩变》等,因之认识到:所谓"变",应该

---

[1]《读变文二则》,《现代佛学》第 1 卷第 10 期(1951.6),转引《敦煌变文论文录》上册第 241—242 页。

解释为"故事"之意,所谓故事图像就是"变相",而故事文就是
"变文"。①

以上两段话除了明确"变文"含义外,还指出变文起初是表现佛教
内容的,表现世俗内容的是后出的;表演形式又有画卷即"变相"相
配合。

变文作为更成熟的讲唱文学,应有专业化的艺人队伍吟唱讲
说;表演地点已不限于寺院,有相对独立的"变场";其文体是韵、散
交错的,行文中有"处"(如《大目乾连冥间救母变文》"目连向前问
其事之处","腾空往至世尊处")、"若为"(如《降魔变文》"舍利弗共
长者商度处,若为……","合国人民咸皆瞻仰处,若为……")相照
应,或用"道何言语"(如《破魔变文》"魔王当尔之时,道何言语",
"姊妹三个,道何言语")、"若为陈说"(如《昭君变》"乃哭明妃处,若
为陈说","遂出祭词处,若为陈说")来提示。周绍良认为后面两点
可作为识别变文的标志。

现存变文有题目标明"变"或"变文"字样的,也有没有这类字
样的。从题材看,约半数是世俗内容的。就是说,本来是佛教文艺
体裁的变文在发展中不但表演方式逐步世俗化了,内容也更多地
表现世俗故事了。这也标志这一体裁已独立为一般的讲唱文
学了。

前面已经提到美国学者梅维恒著《唐代变文》,对于变文的体
裁、"变文"一词含义、变文形式、套语和特征、变文演艺人、作者和
抄手等作了细致研究。他不但广泛利用中土资料,更参照各国、各
民族民间通俗文艺材料进行比较、探讨。他按所谓"狭义定义"所
辨别的变文篇目,与周绍良看法相同。关于变文特征,他明确五
点,即"独特的引导韵文的套用语,与故事画的密切联系,韵散相间

---

① 《唐代变文及其它》,《敦煌文学作品选》卷首第 3 页。

的形式,由七言句组成的韵文,通俗化的语言"①。他据此明确地把变文和讲经文区分开来②,看法也和周绍良基本一致。

今存世俗题材的变文里六篇是讲历史故事的,两篇是讲当代故事的。张议潮于大中年间起义,驱逐吐蕃镇将,率瓜、沙等河西十一州内附,是晚唐历史上的重要事件。当地文人以这一轰动一时的重大历史事件为题材编撰变文,表明这一文体的强烈的现实性。古代题材的变文则选取历史上著名人物和事件加以演绎。佛教题材的变文多为演说佛传的,如《破魔变》内容取自《佛所行赞》,《降魔变文》取自《贤愚经》卷十《须达起精舍品》,《频婆娑罗王后宫彩女功德意供养塔升天因缘变》取自《撰集百缘经》卷六《功德意供养塔升天缘》;两种《目连变文》讲的则是中土创造的目连传说。变文作为面向民众的讲唱文学,叙说情节生动的故事来表现主题,这一点和讲经文一样;而构造情节、叙述故事、塑造人物、描绘场景具有更广阔、自由的创造空间,因此在中土叙事文学发展中又前进一大步。

变文中《大目乾连冥间救母变文》现存九件,可见其流传之广泛。这篇作品无论是思想上还是艺术上都可作为变文的代表。在本书前面已经介绍过叙说目连救母故事的《盂兰盆经》和唐代新出的《净土盂兰盆经》。变文所述就是后一部经里目连母子过去世的本事。在详略不同的《目连变文》里,故事已完全集中在现世,述说在俗时的目连名为罗卜,父母双亡,终三年之丧后,出家为佛弟子,得阿罗汉果位,以道眼寻访双亲;首先到天堂访问亡父,从父亲那里得知亡母平生悭吝造恶,坠入地狱;他遂到地狱寻访,在冥路上得到阎王指点,遍历十王厅,知道生母现在阿鼻地狱;由此他遍巡

----

① 《唐代变文》上册第 75 页。
② 关于变文和讲经文的关系,梅维恒作出截然划分,认为二者没有任何关联。但依常情而论,同为面向群众的讲唱体裁,相互间不会没有影响。

包括刀山剑树地狱、铜柱铁床地狱等处,目睹种种罪罚恐怖景象;
后借助在婆罗林接受的世尊所赐十二环锡杖,打破地狱之门,直赴
阿鼻地狱,终于和母亲相会;但因为他自己并没有力量超度亡母,
遂请佛施行救济,使母亲得以免遭地狱之苦而转生饿鬼道;目连受
世尊教示,设盂兰盆斋,以此功德,母亲转生畜生道;然后又复女人
身,最后终于灭罪修福,往生忉利天。在曲折细致的叙写中,地狱
巡游是重点部分。其中极力渲染地狱惩罚折磨的惨毒和受刑者的
痛苦与恐怖,突出表现目连那种为寻母、救母而不畏艰辛、百折不
挠的精神,其中不乏相当煽情的细节描写。救母故事的主题从而
被进一步深化了:在宣扬因缘业报、地狱罪罚的本来意义之外,更
加突出地强调仁孝救济观念。就是说,目连诚挚的孝心终能战胜
业报规律,成为不可抵挡的巨大的救济力量。这个古老的传说从
而也就演变成美好人性的颂歌。这也是故事最为动人之处,是它
长久以来得到人们欢迎的重要原因。

　　这样,在中土思想文化传统土壤上发展起来的目连传说,把地
狱巡游题材推演到新的阶段,得到民众的广泛欢迎。孟棨《本事
诗》里记载:

　　　　诗人张祜,未尝识白公。白公刺苏州,祜始来谒。才见
　　白,白曰:"久钦籍,尝记得君款头诗。"祜愕然曰:"舍人何所
　　谓?"白曰:"'鸳鸯钿带抛何处,孔雀罗衫付阿谁?'非款头何
　　邪?"张顿首微笑,仰而答曰:"祜亦尝记得舍人《目连变》。"白
　　曰:"何也?"祜曰:"'上穷碧落下黄泉,两处茫茫皆不见。'非
　　《目连变》何邪?"遂与欢宴竟日。①

这表明《目连变》在中唐文人间已经流行。宋代的《东京梦华录》里
已有关于中元节上演目连杂剧的记载。历代戏曲、明清的宝卷、鼓

────────

① 《本事诗·嘲戏》,《历代诗话续编》上册第21页。

词等各种民间说唱文艺里有众多以目连传说为题材的节目，下面
介绍戏曲部分还将讲到。中国文学里没有出现如但丁《神曲》那样
以地狱为主要题材的伟大作品，但目连救母变文作为外来佛教地
狱观念演化出的动人心弦的讲唱作品，也算是世界"地狱文学"中
相当优秀的成果。

　　《破魔变文》和《降魔变文》都取材佛传。如上所述它们分别是
根据《佛所行赞》和《贤愚经》的相应段落加以生发的。《破魔变文》
表现的是释迦"八相成道""降魔"一段。这也是许多佛传里着重加
以描写的。变文演绎成情节更复杂、生动的故事，说释迦太子雪山
修道，六载苦行，当腊月八日之晨下山于熙连河沐浴，接受牧女献
乳供养，此时震动魔宫，魔王恐惧如来出世，遂设计闹乱释迦。先
是派遣魔军，施行神变，但是：

> 魔王神变总骋了，不能摇动我如来：宝剑才挥刃即亡，弓
> 欲张而弦即断，擎山撮海骋神通，方梁偏木遍虚空，拟害如来
> 三界主，恰似落叶遇秋风……

魔王不得不抽军返回魔宫，但愤怒之情犹未止息，又派遣三魔女前
往诱惑。变文里把魔女诱惑的情节变化为对话：

> 第一女道："世尊，世尊，人生在世，能得几时？不作荣华，
> 虚生过日。奴家美貌，实是无双，不合自夸，人间少有。故来
> 相事，誓尽千年。不弃卑微，永共佛为琴瑟。"
>
> 女道："劝君莫证大菩提，何必将心苦执迷？我舍慈亲来
> 下界，情愿将身做夫妻。"
>
> 佛云："我今愿证大菩提，说法将心化群迷。苦海之中为
> 船筏，阿谁要你做夫妻。"

第二女愿为世尊"扫地焚香取水"，"看家守舍"；第三女"情愿长擎
座具"，然而都被佛陀拒绝。魔女不信世尊之言，谩发强词，轻恼于
佛。佛垂金色臂，指魔女身，魔女化为丑陋老母。这样，在佛、魔的

激烈冲突中表现了佛陀求道的坚强意志,歌颂了他与邪恶斗争无
所畏惧、不屈不挠的精神。《破魔变文》首尾齐全,前有押座文,后
有解座文,最后有记载说明变文是"天福九年"(944)净土寺沙门愿
荣书写①。当时统治沙州一带的是继张氏任归义军节度使的曹氏
曹元深。从这篇押座文可以知道变文表演寓有祝颂之意,或许就
是在祝贺当地统治者的仪式上进行的。《降魔变文》讲的是给孤独
长者须达多购得祇陀太子园林请佛陀前来安居说法的著名故事。
之所以讲唱"破魔"、"降魔"故事,应有象征被祝颂者威镇四方、战
无不胜的意思。

　　变文在中晚唐至五代流行一时。吉师老《看蜀女转昭君变》
诗说:

　　　　妖姬未著石榴裙,自道家连锦水濆。檀口解知千载事,清
　　词堪叹九秋文。翠眉颦处楚边月,画卷开时塞外云。说尽绮
　　罗当日恨,昭君传意向文君。②

《昭君变》今存,从这首诗可以知道当时演唱的实况。这位"蜀女"
当是专业的"演变"艺人。就是说,变文在晚唐已演化为一般民间
曲艺形式了。变文作为民间文学创作,后来在社会变动中逐渐湮
没、消失,被新的文艺形式取代了。然而当初它确实创造了古代讲
唱文学的一个高峰,作为宝贵的艺术遗产潜移默化地、长远地影响
于后来。

　　话本:

　　敦煌写卷里发现的话本,是繁荣的宋代话本小说的先期产物,
是唐代"说话"文学创作成就的一部分。

　　现存话本题材多样,有历史故事(如《韩擒虎话本》、《苏武李陵
执别词》等)、民间传说(如"秋胡"故事),也有宗教故事。其中《叶

---

①《敦煌变文集》卷四,上册第 349—355 页。
②《全唐诗》卷七七四,第 8771 页。

净能诗》内容是道教的；与佛教有关的有《庐山远公话》和"唐太宗入冥"传说。

《庐山远公话》叙说具有传奇色彩的慧远传说：慧远从师傅旃檀之命，到庐山化成寺修道，说《涅槃经》，感得千尺潭龙前来听法；后来被寿州贼白庄劫掠为奴，又被卖到东都崔相公家，因为会念《涅槃经》，得到崔相公器重，取名"善庆"；时福光寺内有道安和尚讲经，自慧远弟子云庆和尚受得《涅槃经疏抄》，慧远随从崔相公到寺内听讲，与道安比赛讲论，终于折服之，慧远遂为崔相公叙说因缘；崔相公将此事奏上皇帝，慧远被迎请入宫供养，终于辞归庐山。这整篇故事结构紧凑，首尾完整，是相当成熟的话本；情节多有神奇成分，夹杂叙说佛理。作品中的一些描写，如买卖奴仆情形，寺院比赛讲经情景，都是社会生活真实写照。慧远作为古代高僧，又有慧皎《高僧传》流行，一般僧、俗对其生平事迹应多所了解。而这篇话本情节基本出于虚构，所写道安与慧远关系更远悖历史事实，正表现了作者丰富的想象力和创造性。刘铭恕说：

> 此为远公古传，说者谓如《庐山莲宗宝鉴》所指《庐山成道记》伪纂惠远神变等事，向来以其必非出自古记，但今以本卷证之，知远公七狂中所谓：出庐放浪白庄三十年，不应晋帝之召，为崔相公家奴，臂有肉钏等神变故事，并早已脍炙人口，宁得谓为晚出。抑考此远公传，以体近小说，命名为"话"，亦犹李娃小说之命名为《一枝花话》，此亦考小说史之宝贵资料。①

敦煌写卷 S.2630 号，王国维、鲁迅等定名为《唐太宗入冥记》的残卷今人考定也是早期话本。唐太宗到冥府游历传说，唐初张鷟在《朝野佥载》里已有记载。不过话本对于情节又有所生发，描写也更加细致。其中写到唐太宗生魂被拘入冥，阎王使人勘问武

---

① 转引黄征、张涌泉《敦煌变文校注》第 269—270 页，中华书局，1997 年。

德三年至五年杀六十四人之罪(这是武德九年六月四日"玄武门之
变"杀太子建成、齐王元吉及其诸子的讹传),判官催(崔)子玉是阳
间的辅阳县尉,让他审问当朝皇帝,他十分忧惧;这催子玉原来是
著名术士李乾风的朋友,他本来为皇帝所司,太宗又带来李乾风的
书信,经请求,蒙允许不和建成、元吉对质;判官则以自己在阳间位
卑,讨好太宗更改了名录,让他再归阳道作十年天子,因而得到阳
间蒲州刺史兼河北廿四州采访使之职,官至御史大夫,赐紫金鱼
袋,仍赐辅阳县。由于现存作品是残卷,只存上述部分情节。从中
可以看出,在这篇作品里地狱描写已不重在渲染恐怖,而表现出强
烈的讽世色彩。人物兼治阴阳二界的构想十分奇特,在后来的小
说、戏曲里得到广泛运用;唐太宗和催子玉这一对人物在阴、阳二
界地位反差悬殊,处境都十分尴尬,心理、行为也十分矛盾,作品里
作了相当细腻、真切的描绘;而如此把具有雄才大略的当朝先帝当
作嘲讽对象,立意更是奇辟、大胆。唐太宗入冥故事后来被写到小
说《西游记》里,并被演绎成《唐王游地府》章回小说。

敦煌写卷里的民间叙事文学还有词文、诗话、俗赋等体裁,应
当同样有佛教题材的作品,不过目前尚未发现,这里不加讨论。

五

敦煌文书里包含有一批曲辞,这是当时民众间流行的歌唱的
词文。据今人整理,总数有一千三百余首,大部分应是唐五代流行
的民间俗曲。这些曲辞相当一部分是佛教内容的。它们在法会上
吟唱,又广泛流传在民众间,也是宣传佛教、表达信仰的一种形式。

佛教题材的曲辞具名作者包括南宗祖师神会、净土大师法照、
著名诗僧贯休和僧人寰中、真觉、圆鉴、智严等人,计 225 首;其余

都是佚名之作。这后一类作品应多是下层僧侣和民间的创作,具有特殊价值。

　　佛教题材的曲辞与一般曲辞一样,体裁多种多样。按任半塘的分类定名,有单调的"杂曲",有复调的"联章";"联章"又被分为"普通联章"、"重句联章"(每一段有重复句子)、"定格联章"(每段格式固定,如《五更转》,曲子按五更排列;《十二时》,按十二个时辰排列)等。这些曲辞有些有调名,有些没有调名。有调名的曲子如《五更转》、《十二时》是南朝流传下来的传统民歌形式,多数则是当朝流行的新曲。不同体裁曲辞功能不同:大体说来,联章形式包容量大,宜于叙述故事,如《证无为·太子赞》是二十七首构成的套曲,叙述释迦成道故事;《失调名·五台山赞》描述五台山胜迹;《五更转兼十二时·维摩托疾》演述《维摩经》里维摩示疾情节等。单调的曲子则类似短诗。新曲有些是早期曲子词。1909年伯希和寄给罗振玉敦煌卷子照片,其中有《云谣集杂曲子》,后来(1924)罗振玉辑印《敦煌零拾》,收录为《云谣集》前半,王国维、郑振铎等人认定《云谣集》所录为唐人词。1940年王重民编辑《敦煌曲子词集》,共辑录一百六十余首作品,第一卷收录《云谣集》全卷。

　　从内容分析,佛教题材的曲辞大体可分为两种类型:一种是宣教型的,是僧侣或信仰者向他人说教的作品。它们通俗地演说轮回报应等基本教理、教义,鼓吹吃斋修道,皈依佛法,等等,这类作品占多数;另一种则是抒情型的,或表达对佛陀、佛法的赞美,或抒发修道的决心和体验。由于作品大部分来自民间,表现的主要是普通民众的通俗信仰。例如《求因果·修善》十一首的两段:

　　　　有福之人登彼岸,免受三途难。无福之人被弃遗,未有出缘期。　　　努力回心归善道,地狱无人造。轮回烦恼作菩提,生死离阿鼻。

　　　　普劝阎浮世界人,修善莫因循。切须钦敬自家身,莫遣受沉沦。　　　今生果报前生种,惭愧生珍重。来生更望此生身,修取后来因。①

这类劝戒、训喻内容的曲辞,配合委婉的曲调,在法会上、在大众中歌唱,想必会发挥一定的煽情作用。

唐代宗派佛教发达,净土和禅又最具群众性,曲辞里表现净土信仰和禅宗观念的不少。如被定名为《三归依》的四首作品,就是宣扬归依净土的。第一、二两首是:

> 归依佛,大圣释迦化主。兴慈愿,救诸苦。能宣妙法甚深言,闻者如沾甘露。慈悲主,接引众生,同到净土。

> 到净土,五色祥云满路。双童引,频伽舞。一回风动响珊珊,闻者轻擂阶鼓。慈悲主,接引众生,同到净土。②

特别是中唐时期,有净土大师法照活动在朝野,造成广泛影响。他提倡"五会念佛",歌咏赞佛被当作宣教的重要手段。他本人写过不少喻俗的曲辞,在敦煌卷子里仍保存有两组《归去来》。他以宗师身份创作并传播这类歌词,必然有力地扩大了宣教声势,对写作、传唱曲辞也会起推波助澜作用。表达禅宗观念的如《无相珠》十首。禅宗祖师多歌颂"如意珠"、"骊龙珠"等,以喻清净自性的明净透彻、圆满无缺。《无相珠》的前面有一首七言四句诗,像似总序或提纲:

> 念珠出自王宫宅,旷劫年来人不识。有人识得难凡夫,隐在中山舍卫国。

接着十首从不同角度对明珠进行描绘和形容,如第三、四、五首:

> 智慧珠,明皎洁,上下通明四维彻。念念常思无相珠,须臾灭尽恒沙业。

---

① 任半塘《敦煌歌辞总编》中册 870 页。
② 同上第 963—964 页。

奉劝人,勤念珠,念珠非有亦非无。非空非实非来去,来去中间一物无。

亦非有,亦非无,常思持念白毫珠。本无即有能空相,离有能无法界居。①

这里是利用比喻来表现禅宗"顿悟见性"观念,写法很似禅门偈颂,把这一组曲子与前面分析的《永嘉证道歌》相比较就可以看出来。

值得注意的是那些长篇联章叙事作品。拟调名为《证无为》的曲子二十七首演说悉达太子出家修道因缘,从初学道写到破魔,有相当联贯的情节。体例是每段五、五、七、五言四句,每段后面缀以"释迦牟尼佛"赞佛声。虽然文字不多,但颇能捕捉矛盾冲突加以生发,写得很有情趣。如叙说太子出家、离别耶输陀罗那几段,述说角度不断变换,情景表述得相当生动,辞采也比较精美。又《维摩经》歌辞,任半塘利用三个写卷整理成《五更转兼十二时》凡二十八首("五更"各一首;"十二时"各二首,其中缺子时一首)长篇曲辞②。主要内容是把十大弟子、四位菩萨受维摩呵难和文殊问疾概括在一天"十二时"之中,整体像是哲理诗。其中有些诗句是根据经文概括出来的,如"维摩说疾贪爱生,众生疾损我还愈","未来未至不住今,正位之中无歇息","本性原自无损增,只为迷愚有言语","呵嗔原是大菩提,何须宴坐除烦恼"等等,能够把握经文精神,表达得相当精辟。对于弟子被讥呵的一个个故事,都是用几句歌辞加以概括,具有一定形象性,如关于舍利弗的一段:

日昳未,日昳未,居士室中天女侍。声闻神变不知他,舍利怀惭花不坠。

花不落,心有畏,无明相中妄生二。将知未晓法性空,滞

---

①《敦煌歌辞总编》中册第 924 页。

②任半塘所作整理(包括下面智严的《十二时·普劝四众依教修行》)乃是出于推测,提供了探讨作品的一个思路,以下即据以讨论。

此空花便为耻。①

陈寅恪曾指出："舍利弗者，佛弟子中智慧第一之人。维摩诘宅神之天女以智辩窘之，甚至故违沙门戒法，以香华散著其身，虽以神力去之而不得去，复转之使为女身。然则净名之宅神，与释迦之大弟子，其程度高下有如是者。"②歌辞里用两节文字演说这段故事，表述得相当精练。任半塘把这种体例定名为"复合联章"，认为是金、元"带过曲"（如元乔梦符《雁儿落带得胜令》等例）的滥觞。还有失调名的《五台山赞》十八首，分别描画五台山东、南、中、西、北台的壮丽，夹叙佛光寺、清凉寺胜迹，宣扬文殊菩萨灵应以及新罗王子等求法事迹，相当全面、生动地反映了唐代五台山信仰的实况。最长的"定格联章"作品是署名智严的《十二时·普劝四众依教修行》。任半塘根据四个卷子整理为一套一百三十四首。一个卷子后面有"学子薛安俊"书写的题记，题为"同光二年"（924）。但根据内容考订，其祖本应出于宣宗大中年间（847—860）以前。作者智严是鄜州开元寺观音院主，曾西行求法，东归后，愿焚身五台山，供养文殊。民间传唱作品本来具有流动性质，今本与智严创作的祖本有多大距离已难以考定。全套作品按十二时加上收尾共分十三段，除收尾六首外，其他各段八首至十三首不等；每首格式是五句二十七字，句式是三、三、七、七、七，三仄韵。这是唐代流行的民歌形式。这套标明主旨是"普劝四众依教修行"的歌词篇幅长，容量大，除了宣扬轮回果报，劝人修行、赞扬佛法等一般内容之外，更对人情世态作了相当真切、详悉的描绘，真实地展现了当时社会生活的某些画面，刻画出不同阶层的人们的精神面貌。如第一段：

　　　鸡鸣丑，鸡鸣丑，曙色才能分户牖。富者高眠醉梦中，贫人已向尘埃走。

---

① 《敦煌歌辞总编》下册第 1524—1529 页。
② 《敦煌本维摩诘经文殊师利问疾品演义跋》，《金明馆丛稿二编》第 181 页。

或城隍,或村薮,砣砣波波各营构。下床开眼是欺瞒,举意用心皆过咎。

或刀尺,或秤斗,增减那容夸眼手。只知劳役有为身,不曾戒约无厌口。

吃腥膻,饮醲酒,业障痴心难化诱。也知寺里讲筵开,却趁寻春玩花柳。

命亲邻,屈朋友,抚掌高歌饮醲酎。为言恩爱永团圆,将谓荣华不衰朽。

妻子情,终不久,只是生存诈亲厚。未容三日病缠绵,隈地憎嫌百般有。

嘱亲情,托姑舅,房卧资财暗中袖。更若夫妻气不和,乞求得病谁相救。

兄弟亡,男女幼,财物是他为主首。每逢斋七尚推忙,更肯追修添福祐。[①]

像这样的段落,当然意在宣传信仰,但揭露社会上贫富不均,批评世情的贪婪、冷酷,客观上暴露了社会上伦理堕落特别是宗教信仰败坏的实情,是有一定现实意义的。

这样,敦煌这些佛教内容的曲辞在一定程度上又真切地反映了社会现实的某些侧面,表达了民众的意志和愿望,抒写出民众的心声。鲁迅曾说过:

大众并无旧文学的修养,比起士大夫文学的细致来,或者会显得所谓"低落"的,但也未染旧文学的痼疾,所以它又刚健、清新。无名氏文学如《子夜歌》之流,会给旧文学一种新力量,我先前已经说过了;现在也有人介绍了许多民歌和故事。还有戏剧,例如《朝花夕拾》所引《目连救母》里的无常鬼的自

---

①《敦煌歌辞总编》下册第 1596—1597 页。

传,说是因为同情一个鬼魂,暂放还阳半日,不料被阎罗责罚,从此不再宽纵了——

　　"哪怕你铜墙铁壁!

　　哪怕你皇亲国戚!……"

　　何等有人情,又何等知过,何等守法,又何等果决,我们的文学家做得出来么?[①]

敦煌佛教俗文学作品大抵也可作如是观。它们固然存在着这样那样的缺陷和局限,却往往具有一般文人文学中所不见的思想上和艺术上的优点和长处,具有独特的意义与价值。

六

　　唐代以后,更具民众性的小说和戏曲逐渐占据文学创作的主导地位。关于这两种体裁与佛教的关系另有专章说明。一般的说唱和民间故事则继续广泛流行,传世作品数量巨大,其中多与佛教密切关联:或被用于宣教,或取佛教故实为题材,或在思想上、艺术上接受佛教的影响,等等。以下只就其中两种具有典型意义的体裁——宝卷和民间故事传说简略加以介绍。

　　宝卷,简称"卷",或称"宝忏"、"科仪"、"宣传(zhuàn)"等,或径直称"经",是进行宗教宣传的"宣卷"的底本。据今人统计,现存宝卷1585种,版本五千有余(其中百分之八十为手抄本)[②]。宝卷由宗教宣传工具演化为一般文艺形式,情形和当初由讲经文发展出变文、变文由表现纯宗教内容扩展到一般内容情形类似;其终于衰

<hr>

①《且介亭杂文·门外文谈》,《鲁迅全集》第6卷第100页。
②参阅车锡伦《中国宝卷总目》,北京燕山出版社,2000年。

落的趋势也和变文的命运大体相同。

从文学体裁演进看，按郑振铎的说法，宝卷"实即'变文'的嫡派子孙，也当即'谈经'等的别名"①。他提出论点作为根据的是宋人吴自牧《梦粱录》和周密《武林旧事》关于"谈经"、"说参请"、"说诨经"的记述。北宋末年《道山清话》也有记载说：汴梁慈云寺昙玉讲师"每为人诵《梵网经》及讲说因缘，都人甚信重之，病家往往延致"②。依据这些资料推测，唐代变文自会昌毁佛受到打击，只能在如西陲敦煌那样的边远地区流传。俗讲僧和变文演唱者流入社会，到宋代，演变出"瓦子"里的文艺形式"说经"等；再进一步演化，遂形成宝卷。无论是从说唱结合的形式看，还是从表演者和表演方式看，俗讲和宝卷确实十分类似，推测其间有继承关系是合乎情理的。不过从唐五代变文到宝卷的中间环节仍不十分清楚。有的学者认为佛教"科仪"书是过渡形态，可备一说。

今存《销释金刚科仪》，题北宋隆兴府百福院宗镜述；又《香山宝卷》，亦名《观世音菩萨本行经简集》，题宋天竺普明禅师编辑。据考这些作品都不可能产生在宋代③。郑振铎原藏抄绘《目连救母出离地狱升天宝卷》，上面有北元宣光三年（1373）题记。宣光三年即洪武六年。根据其华贵装帧，被推定为蒙元贵族或皇家之物。车锡伦认为这是现存最早的宝卷，并指出"宝卷作为佛教世俗化的产物，已经掺入某些脱离佛教传统的思想"④。实际上由于宝卷本是民间产物，定型应当有个过程。

---

① 《中国俗文学史》下册第 307 页，人民文学出版社，1954 年。
② 王暐《道山清话》，《四库全书》本。
③ 参阅塚本善隆《近世シナ大衆の女神観音信仰》，《山口博士還暦紀念印度学佛教学論叢》，法藏馆，1955 年；吉冈义丰《銷釋金剛科儀の成立について》，《小笠原・宮崎両博士華甲紀念史学論集》，1966 年；泽田瑞穂《寶卷研究》（增订本），国学研究会，1975 年。
④ 车锡伦《中国最早的宝卷》，《周绍良先生新开九秩庆寿文集》第 442 页，中华书局，1997 年。

　　宝卷的大发展则得力于明代民间宗教的兴盛。南宋时期在净土教基础上形成白莲教，明代分化为众多支派。这些民间教门多具浓厚的"三教合一"色彩，其信仰和神祇往往混杂道教内容，又贯穿着儒家伦理观念。其中一个流传久远、影响巨大的教派是明中叶兴盛起来的罗教，其创教典据就是简称"五部六册"的五种宝卷。这也是现存典型的早期宝卷。由于它们形态上已相当成熟，可以推测这种文艺体裁在更早时期已经形成，也应当已有相当数量的作品，只因为是不登大雅之堂的浅俗民间创作，缺少流传下来的机会。随着民间宗教兴盛，这种群众性文艺形式被民间教派所利用；罗教后来兴盛，教主的作品得以传播和流行开来。至嘉靖、万历年间，宝卷发展臻于兴盛。清康熙年间以后，伴随着官府查禁"邪教"，宝卷也屡遭禁毁。但宣卷作为布道方式一直广泛流传于民间。清末民初，在江、浙与北京、河北、山西等地区宣卷活动仍兴盛一时。建国以后，这种主要依附于民间宗教发展的文艺形式走向式微。据上世纪八十年代调查，在江、浙与河西走廊农村仍有零星宣卷活动①。宝卷作为一种文艺形式遂已基本退出历史舞台。

　　罗教是罗梦鸿（1442—1527）创立的民间宗教，又称无为教、罗道教等。他被门徒尊为"罗祖"。他年轻时出家，信奉临济宗，据说于成化十八年（1482）悟道，随后四出传教，信徒渐众。所传教法明显与南宗禅有关系。从创立教派到"五部经"刊刻，经过二十几年时间。"五部经"是罗梦鸿宣教口授，由教徒整理、写定成册的。他显然是利用已有的又是相当成熟的文艺形式。这"五部经"是《苦功悟道卷》、《叹世无为卷》、《破邪显证钥匙卷》、《正信除疑无修证自在宝卷》、《巍巍不动泰山深根结果宝卷》；其中《破邪显证钥匙卷》分上、下两册，因又称"五部六册"。"五部经"每经分品，这是模

<hr />

① 参阅车锡伦《江苏靖江的讲经（调查报告）》，《中国宝卷研究论集》，学海出版社，1997年；方步和《河西宝卷真本校注研究》，兰州大学出版社，1992年；段平《河西宝卷的调查研究》，兰州大学出版社，1992年。

仿佛经体制。其内容主要是宣说罗祖悟道经过，这是为了树立教主形象；再是通俗地宣讲教义，即所谓"无为大道"。因此从性质看，这是一种民间宗教宣教文献。而从形式看，它们采用叙事手法，语言通俗易懂，又利用韵、散结合表达方式，韵文有时用五、七言诗形式，部分用三、三、四字"十文"句式，易于口耳相传，又是一种相当典型的通俗说唱体裁。例如其中叙说教主罗祖个人求道和悟道经过，故事情节颇为动人。罗祖自述父母双亡、孤苦伶仃、被遣送戍边一段：

> 叹人身，不长远，心中烦恼；父母亡，一去了，撇下单身。
> 幼年间，无父母，成人长大；无倚靠，受苦恼，多受凄惶。
> 痴心肠，想父母，长住在世；忽然间，父母亡，痛哭伤心。
> 我只想，父子们，团圆长在；父母亡，一去了，再不相逢。
> 父见子，子见父，欢乐恩重；一去了，撇的我，无处投奔。
> 亏天佛，保佑我，成人长大；食长斋，怕生死，要办前程。[①]

像这样的说教，渗透着深刻的人生体验，又使用亲切叮咛的语气，很贴近普通民众的生活情境和感情。"五部经"先是在罗教内部流传，逐步渗透到社会上，到万历（1573—1620）年间形成传播高潮。在清代康熙（1662—1722）、嘉庆（1796—1820）年间清政府禁毁之后，仍有新刻本出现。直到今天起码仍有九种刻本传世[②]。罗祖以后，又有七位祖师活跃在今河北、山东、山西等广大地区，这些人各自也都制作宝卷。就是说，宝卷成了民间宗教的新经典。其他民间教派同样相习而编撰宝卷，如明末的《销释大乘宝卷》、《销释显性宝卷》、《泰山东岳十王宝卷》、《销释接续莲宗宝卷》、《清源妙道

[①]《苦功悟道卷》，张希舜等编《宝卷》第1册第91—94页，山西人民出版社，1994年。

[②]参阅马西沙、韩秉方《中国民间宗教史》第178—180页，上海人民出版社，1992年。

显圣真君二郎宝卷》、《护国威灵西王母宝卷》等等,都是民间教派宣教品。这样,明中叶以后民间宗教的兴盛,成为推动宝卷创作的重要力量。《金瓶梅》里曾生动描写了宝卷在市民中流行的情形。

对于推动宝卷创作的兴盛,另有三个因素起重大作用。

一是宝卷由主要在民间宗教教派中制作、流传向佛、道二教普及,不但内容大为扩充了,传播也得到极大的助力。特别是佛教僧尼成为宣卷重要人物,创作出许多佛教内容的宝卷。这类宝卷大体可分为两种情况:一种是直接以佛教内容为题材的。早期的如前面提到的《销释金刚科仪》是解说《金刚经》的;《药师本愿功德宝卷》是解说《药师本愿经》的,等等,这类宝卷还不是以讲说故事为主。又如《太子宝卷》讲释迦成道故事;《目连宝卷》讲目连救母故事。这两种题材都有相应的变文。又《佛说梁皇宝卷》演说崇佛的梁武帝事迹;《五祖黄梅宝卷》讲禅宗五祖弘忍故事,这则是以中土佛教史实为题材的。另一种更普遍的情况是,作品表现一般社会题材,但其中反映六道轮回、因果报应之类佛教观念。例如著名的《窦娥宝卷》,本来取材关汉卿名剧《窦娥冤》,但情节作了较大改动,结尾部分在原来窦娥以弑母罪问斩情节之后,着重渲染其父在外辗转十二年还都,官拜太师,见到刑部报告,急赴山阳,刑场六月飞雪,在众人惊异中窦太师到达;风雪之中张驴儿殛死;窦娥丈夫于大郎满载金银而归,母子、夫妇团圆,等等。这个庸俗的"大团圆"结局,不过是为了体现因果报应之不爽。许多宝卷都是这种"善有善报,恶有恶报"的结尾。宝卷也有道教题材的,如《三茅宝卷》,是宣扬道教祖师"三茅真君"茅盈、茅固、茅衷灵迹的。但无论是佛教还是道教宝卷,观念上又往往佛、道、儒"三教"相混杂,更把民间信仰的神祇如泰山、城隍、灶君、关帝等任意糅合其中。如《董永卖身宝卷》,董永遇仙故事初见于干宝《搜神记》,明人据以作《织锦记》传奇,宝卷应是据传奇改编的。故事最后讲到董永由太上老君点化到黄梅山凤凰洞出家成仙,而他所投靠的王员外则入寺修行而升天，如此仙、佛不分，宣讲者和接受者都不感到有什么矛盾。在有的宝卷里，观音和太白金星一起出现。更多的既宣传轮回报应又鼓吹神仙飞升，把这些同样都看作"善果"。

其次，做为宗教宣传工具的宝卷也和变文一样，在发展中向一般文艺形式转化。宝卷本来具有娱乐广大民众的性质，逐渐有更多民间艺人参与创作，遂出现越来越多的世俗题材作品。日本学者泽田瑞穗把宝卷发展划分为两个大的阶段，以清代嘉、道年间为界线，以前称"古宝卷时期"，以后称"新宝卷时期"。这种"新宝卷"多是根据其他文艺样式的已有故事情节改编的。有些内容见于典籍，如朱买臣事见于《史记》；董永遇仙故事见于《搜神记》，等等；另有些宝卷取材现成的小说或戏曲，如前面提到的《窦娥冤》。又如《李三娘宝卷》出自《刘智远诸宫调》和传奇《白兔记》；《赵氏贤孝宝卷》出自高则诚《琵琶记》；《龙图宝卷》、《卖花宝卷》出自公案小说《龙图公案》；后期的《珍珠塔宝卷》则出自长篇弹词《珍珠塔》，等等。由于宣卷人的文化程度不一，这些改编而成的宝卷水平也有很大差距。多数宣卷人对原作并没有认真、深入地研究过。对原作内容的精华不能全面把握，对其艺术长处也不能深入了解，只取其大致情节，任意加以敷衍，又加上一些庸俗说教，艺术上可取之处不多。比较起来，一般取材民间传说的宝卷往往达到较高艺术水平。如《英台宝卷》演述梁、祝的恋爱悲剧，《雷峰宝卷》演述《白蛇传》即雷峰塔故事，等等。后来宣卷发展为以娱乐为主要目的一般的文艺形式，作者和表演者的身份也随之发生变化。古宝卷的创作者和宣卷者主要是教派或寺院僧尼，新宝卷则主要是民间艺人了。

三是不论教派宝卷、佛道宝卷还是民间世俗宝卷，游走于城乡的普通僧尼或民间艺人一直是主要宣卷人，家庭（特别是富裕的市民或地主家庭）则成为主要宣卷场所，而文化程度较低的妇女则是宝卷的主要接受者和欣赏者。例如江南"村庄流俗，以佛经插入劝世文俗语,什五群集相倡和,名曰宣卷,盖白莲之余习也。村妪更相为主"①。值得注意的是,一些民间教派得到内廷中太监或后妃的信仰,有些早期教派宝卷是在他们的支持下刊印、传播的。由于宝卷主要在家庭和妇女间流行,而她们感兴趣的主要是与家庭生活、妇女命运相关联的内容,宝卷的题材和表达也就受到一定限制。这种种情形,是和另外一些产生在民间的文艺形式(例如乐府民歌、曲子词等)后来被知识阶层接受进而得以发展、提高了思想和艺术水平大不相同的。

教派宝卷的兴盛又有其深刻的社会根源。向达曾指出:

> 这一种的左道之兴,自然同当时的环境有关系,或者换一句话说,就是那一个时代不良的政治情形同经济状况的产物。汉末的天师道是如此,元明间的白莲教也是如此;源出白莲教的飘高的弘阳教诸派自然不能例外。到了世乱年荒,壮者死于兵刃,老弱转徙沟壑,人命轻于鸿毛,富贵有如弹指,免不了生死无常之感,因而有希求乐土之想。所以在《弘阳叹世经》里有赞叹生死无常不牢之物,有赞叹荒旱年景,叹富贵,叹四生受苦诸品。正是此意。②

这样,许多早期教派宝卷反映的信仰和观念带有浓厚的反体制性格,并在一定程度上反映了现实矛盾和民众的心理与愿望。清道光年间河北一个地方官黄育楩先后刊刻《破邪详辩》和《续破邪详辩》,著录当时流行经卷名目,各述大略,加以驳斥。他在序文中说:

> 阅其文词,则妖妄悖谬,烦冗错杂,总不离乎"真空家乡、

---

① 《(同治)湖州府志》卷二九《舆地略·风俗》。
② 《明清之际之宝卷文学与白莲教》,《唐代长安与西域文明》602页,生活·读书·新知三联书店,1957年。

无生父母"之语。①

所谓"真空家乡"即理想的"天堂"或"天宫","无生父母"实为"无生老母",指的是民间教派信仰的最高女神;这"八字真言"是民间教派的基本信仰,其观念本从佛教蜕化而来,但采取了批判佛教的形式。黄育楩的指斥正表明这些作品思想观念上反叛、批判的一面。后来的宝卷一直没有脱离民间宗教和佛、道二教的或直接或间接的影响。这种影响的积极、批判的和消极、落后的两个方面也一直在作品中复杂交织地体现出来。

从积极方面说,有些宝卷取材自现实生活,颇能反映官府横暴、为富不仁、社会不公、民不聊生等社会矛盾,对权势和富豪加以揭露和抨击。如《王月英宝卷》揭露官府贪赃枉法,嫌贫爱富;《还金镯宝卷》批判科场受贿,压抑人才;《落金扇宝卷》写到皇帝"龙游",掠夺天下美女,等等,都反映统治残暴和社会黑暗的某些侧面。前面提到,宣卷的主要对象是妇女,她们在社会里和家庭中地位低下,遭受凌辱,希望通过修道、积德来获得善果。许多以妇女为题材的宝卷描写主人公受苦受难,由于能够诚挚地求道向善,终于得到福报,或者享受荣华富贵,或者死后成佛成仙。例如《刘香宝卷》,主人公是个名叫刘香的青年妇女,受尽姑嫂欺凌,但一心看经念佛,劝人行善,她被役使、驱赶,不得不行乞,出家为尼,后来丈夫作了高官,也没有改变志向,终于得成正果。听宣卷的妇女们在这样的形象里看到了自己的榜样和希望,也从她的"美好"结局里得到了安慰。有些作品表现家庭、恋爱题材,或是歌颂青年男女坚贞不渝的爱情;或是抨击包办婚姻;或是揭露妇姑虐待儿媳、后母虐待继子以至妻妾、妯娌纷争等等。一般宣讲者都同情被欺凌、被迫害的弱小的一边。后期由职业宣卷艺人宣讲的一些所谓"新宝

①《破邪详辩序》,中国社科院清史研究室编《清史资料》第3辑第4页,中华书局,1982年。

卷",故事情节比较平实,也多能反映某些社会问题。不过从总体看,不论哪一类宝卷,宗教观念都表现得相当浓重:一方面大力宣扬天堂地狱、因果报应之类迷信,另一方面则劝人忍辱求安,修善得果,或求荣华富贵,或望成佛成仙。有些宝卷更成为纯粹的劝善文字。后期宝卷里还有些游戏文字,如百鸟名、百花名等等,这是所谓"杂卷",非宝卷的正格。

宝卷继承和发展了韵、散结合的说唱形式,在文体发展史和说唱文学史上有所贡献,对后来民间说唱艺术如弹词、鼓词有直接影响。

宝卷的体制明确显示与传统讲经的继承关系。正宗宝卷前面有开经偈、焚香赞等;一般分上、下两卷二十四品(或称"品选"、"际"、"分"、"参");以韵文为主,散文为辅;早期宝卷的散文部分使用说经口吻,用"经云"、"盖闻"或"话表"、"却说"开头。但所谓"经"与真正经典无关。每一品基本由杂曲、说白、偈颂、唱词、诗词组成。唱词采取五、七或十言句式,其中又以三、三、四字节奏的"十文"最为流行。杂曲则用《驻马听》、《沽美酒》、《上小楼》等民间曲调。这也是后来曲艺常用的曲式。黄育楩搜集五十余种宝卷,他描述说:

> 尝观民间演戏,有昆腔班戏,多用《清江引》、《驻云飞》、《黄莺儿》、《白莲词》等种种曲名。今邪经亦用此等曲名,按拍合板,便于歌唱,全与昆腔班戏文相似。又观梆子腔戏,多用三字两句、四字一句,名为十字乱谈。今邪经亦三字两句,四字一句,重三复四,杂乱无章,全与梆子腔戏文字似。再查邪经白文,鄙陋不堪,恰似戏上发白之语,又似鼓儿词中之语。邪经中《哭五更》曲,卷卷皆有,粗俗更甚,又似民间打拾不闲、打莲花乐者所唱之语。至于邪经人物,凡古来实有其人,而为戏中所常唱者,即为经中所常有;戏中所罕见者,即为经中所不录。间有不见于戏中而见于经中者,必古来并无其人,而出

　　于捏造者也。①

这段描述旨在揭露"邪经"的粗俗鄙陋,但正表明宝卷与当时民间
文艺的紧密关联。明万历年间刊印的《金瓶梅》里写到家庭里的宣
卷场面,当时正是宝卷十分兴盛的时期。如第七十四回《宋御史索
求八仙鼎,吴月娘听宣〈黄氏卷〉》,描写薛姑子等三人在屋子里对
众人宣卷,并逐字记录了宣卷内容。这个宝卷情节很简单,是说有
曹州南华县黄氏女嫁给赵令方,生有一男二女,她自七岁吃斋把
素,念《金刚经》,感得阎王招入阴界,让她重新托生到张家;十八岁
登科,授南华知县,会见前夫,一起开黄氏棺,见尸颜色不动,终于
一同驾祥云升天。这是一部佛教内容的宝卷,所描写"无常鬼"、
"望乡台"、"奈河"、"森罗宝殿"等等都是民间地狱信仰内容。宣卷
时先是吴月娘洗手焚香,这是简化了的讲经仪式;然后薛姑子"展
开《黄氏女卷》",她看着底本,高声演说,先说散文:

　　　　盖闻法初不灭,故缘灭以归空;道本无生,每因生而不用……

这同于俗讲引用经文口吻,接着唱偈:

　　　　富贵贫穷各有由,只缘分定不须求,未曾下的春时种,空
　　手荒田望有秋。

然后用散文加以解说:"众菩萨每,听我贫僧演说佛法:这四句偈
子,乃是老祖留下。如何说'富贵贫穷各有由'……"接着是三首七
言诗,略加解说后,唱曲子《一封书》,以下是说白、唱偈、叙述、唱
词、唱曲、念诗,如此循环往复。唱词多采用"十文",所唱曲子则有
《楚江秋》、《山坡羊》、《皂罗袍》等当时民间流行曲调;韵文主要是
五、七言的,也有词,如《临江仙》。这样韵散、说唱交错。大体是散
文交待情节,韵文和唱铺叙描摹。故事讲完,又有祝颂,最后说偈

_____

①《破邪详辩》卷三,《清史资料》第 3 辑第 59 页。

结束。这反映的是明末宣卷的真实情景①。后期宝卷即所谓"新宝卷"则已不再遵循旧有格式,也少用或不用民间流行的"曲子"。仍有唱,运用的是较简单的曲调②;韵文则多用七言或"十文",押韵取顺口合辙,不太严格。整体已和一般民间曲艺没有多大差别了。

　　宝卷里当然有艺术上相当优秀的作品,在构造情节、刻画场面、语言运用、特别是使用民间口语等方面有很多长处。但多数作品充斥陈词滥调,刻画形容缺乏分寸,描述啰嗦累赘,总体说艺术上是比较幼稚、粗糙的。特别在结构、情节方面有两个特点相当突出。一是为了达到感人效果,对人物、情节、场面等等极度地夸张。如表现主人公受苦受难,就堆砌各种各样折磨人的情节,把人物处境描绘得极其痛苦、惨烈。再一点是题材范围比较狭小,因此同类题材的作品往往形成一定的程式,有些情节如善人受难、坏人得志、阴判阳罚、魂游地狱、死而复生(借尸还魂)等等经常在不同作品里出现,故事基本都是善恶报应不爽的大团圆结局,受欺凌的好人成佛、升天,坏人得到惩罚、下地狱,等等。这固然体现了听众的善良愿望,但也反映了作者或演说者文学水平低下、艺术创造力贫乏的实际局限。另一方面,作为宗教文学的宝卷的水准又体现他们所依托的宗教的水准。就是说,无论是民间教派,还是民间流行的佛、道二教,其时文化积淀和艺术水准都有限,这方面的缺陷不能不反映到他们所利用和支持的作品之中。正因此,就佛教宝卷说,整体水平显然已经不可能达到当年变文那样的思想、艺术高度。

　　宝卷作为纯宗教文学体裁,也是纯中国佛教文学的最后一个体裁,今天已成为宗教文学的"活化石"来供人欣赏和研究了。

---

① 参阅陶慕宁校注《金瓶梅词话》下册第 1097—1103 页,人民文学出版社,2000 年。
② 参阅戈唐《宣卷曲调介绍》,《江苏南部民间戏曲说唱音乐集》,音乐出版社,1955 年。

七

明、清以来广为流行的民间文学体裁多种多样，有神话、民间传说、民间故事、笑话、歌谣、民间说唱、民间小戏等等。佛教的宣传必然要利用这些文学体裁，民众的宗教信仰、宗教生活也必然在这些文学体裁的创作中有所反映。特别是明、清时期随着佛教整体走向衰落，更进一步趋向通俗化和民俗化。佛教内容的民间创作的繁盛也正体现了这种发展趋势。前一节介绍的宝卷是民间说唱的一体。民间说唱、民间小戏等民间文艺创作、演出的内容基本从民间故事传说脱化而来。了解后者，对于全部佛教内容的民间文学创作也就有了大致认识。

从历史发展看，六朝时期所谓"释氏辅教之书"所记录的众多佛教传说，唐、宋以来文人作品里的佛教故事，许多都来自民间。特别是唐、宋以来的小说、笔记类作品，如李昉等编辑的大型总集《太平广记》、洪迈的《夷坚志》等，直到清代著名笔记小说如蒲松龄《聊斋志异》、纪昀《阅微草堂笔记》、袁枚《子不语》等，都有意识地大量搜录民间故事传说。蒲松龄在《聊斋自志》里说：

> 才非干宝，雅爱搜神；情类黄州，喜人谈鬼。闻则命笔，遂以成编。久之，四方同人，又以邮筒相寄，因而物以好聚，所积益夥。①

《聊斋》里的鬼狐故事有许多是关系佛教的。纪昀年近古稀作《滦阳消夏录》等五书，后来结集为《阅微草堂笔记》，他自己说是在"校

---

① 《全本新注聊斋志异》卷首，朱其铠主编，人民文学出版社，1989年。

理久竟"之后，"昼长无事，追录见闻，忆及即书，都无体例"①写成
的。时人评论《聊斋》以隽词胜，《阅微》以精理胜"②，是鉴于纪昀
对所录每一事均下评语，有意惩劝，宣扬名教，多发明因果报应等
宗教义理。袁枚的《子不语》和《续子不语》，书名取义《论语》"子不
语怪、力、乱、神"。他自叙说"余生平寡嗜好，凡饮酒、度曲、樗蒲，
可以接群居之欢者，一无能焉，文史外无以自娱，乃广采游心骇目
之事，妄言妄听，记而存之，非有所惑也"③，表明他以"游心骇目之
事"来"自娱"的强烈自觉。以上三书是多辑录民间传闻（其中包括
佛教题材的）的影响深广的文言短篇小说集。唐宋以降与之类似
而水平不一的书还有不少。

　　广义的民间故事可以区分为神话、民间传说、民间故事（狭义
的）等多种体裁。依据具体内容，各种体裁又可以划分为不同文体
类型。例如神话里包括创世神话、日月星辰神话、动植物神话等
等；民间传说包括人物传说、史事传说、地方风物传说等。狭义的
民间故事包括幻想故事（童话）、动物故事、生活故事（世俗故事）、
民间寓言、笑话，等等。在我国各地区、各民族民众间，佛教内容的
民间故事十分丰富，流传非常广泛。虽然多有学者不断地从事搜
集、记录、整理、研究，由于数量庞大、内容复杂，如今还没有做出令
人满意的总结性成果④。

　　佛教故事相当于神话的，有以如来佛、弥勒佛、观世音及其随
侍善才和龙女、地藏、文殊和普贤、天神韦陀、金刚、罗汉等等佛教

①《滦阳消夏录序》，《阅微草堂笔记》卷一，第 1 页，天津古籍出版社，1994 年。
②佚名《宛言》，蒋瑞藻《小说枝谈》卷下，中华书局，1959 年。
③《子不语序》，《子不语》卷首，上海古籍出版社，1998 年。
④近年来出版几种佛教故事传说作品集，给阅读和研究提供了方便。内容较丰
　富的有徐建华、宋仲玲选编《中国佛话》，上海文艺出版社，1994 年；何学威
　等编著《佛话经典》，湖南文艺出版社，1996 年。以下介绍佛教故事传说即
　根据现有这些资料，不另一一注明出处。

"人物"为主人公的传说。其中"弥勒与释迦争天地"、"乾坤袋"等故事类似于创世神话。而更多则是以佛、菩萨灵验为内容的。特别是观音灵验故事甚多。这也是因为观音信仰在广大民众间一直兴盛不衰。

有关佛教人物的传说数量众多，且多有相当优秀的作品。其中既有以历史上的名僧如达摩、怀素、一行等为主人公的，也有出于创造的各类僧尼故事。例如关于济公，各地民间有关传说非常多。从他出世的灵迹起，众多故事表现他在癫狂面貌下，机智聪敏，玩世不恭，不畏权势，劫富济贫，塑造出一个极富个性的、民众喜闻乐见的神僧形象。值得注意的是，有许多传说表扬僧人慈悲喜舍的功德，但也有相当数量作品是揭露恶僧、庸僧的；抨击他们的伪善、奸邪、败德、淫逸等恶行，实际是当时佛门风气败坏实情的写照。例如关于《雷峰塔》的传说流行甚广，其中金山寺法海就是一个破坏人间美好爱情的典型的恶僧。民众间流传的"蟹和尚"传说，讲许仙领着儿子哭倒雷峰塔，白娘娘等找法海报仇，法海逃回老巢，变成一只螃蟹。这在情节上是原来雷峰塔故事的延伸，颇能反映民众的爱憎和愿望。

佛教史事传说也有相当精彩的作品。例如历史上流传有庐山慧远和陶渊明、陆修静结交故事。慧远虎溪送客本是历代文人艳称的儒、释交流掌故，民间也流传有同样的传说。又如"十三和尚救唐王"，是根据隋末群雄逐鹿，少林寺僧人帮助李渊义军的史实编造的。关于求法高僧唐三藏也有很多传说，有些是根据《西游记》改编的。佛教史事传说虚虚实实，同样也多体现民众的爱憎感情与价值判断。

最多的是属于地方风物传说一类，多是讲某一事物、风俗等的起源的。例如说明为什么要口诵"阿弥陀佛"、为什么念佛要用木鱼、僧人（指喇嘛教）为什么要袒臂等等的缘起。解释虽然多出于臆说，但往往富于风趣。还有解释某一地方风物或习惯的由来的。

如关于杭州飞来峰的传说：说它原本是四川峨眉山上会飞的小山峰，四处飞来飞去压死人，济公发现它将要飞到一个村庄上面，就警告村民赶快搬家；但村民不相信，他就到村子里的一个婚礼上强抢新娘，飞快地逃走，村民跟着追赶，躲过了灾难；为了使会飞的山峰不再为害，济公又让村民在山上凿出五百个石罗汉镇压它，据说这就是杭州飞来峰的由来。又如关于腊八粥的来历：说苏州西园戒幢律寺有个"火头僧"阿二，十分爱惜粮食，把淘米、洗碗的米粒都积攒起来，甚至做饭烧火时也盯着稻柴，发现谷粒就剥去谷壳，收到乾坤袋里；一年腊月初八庙里作佛事，吃斋没有粮食，阿二就用积攒的各种谷粒做成粥喝，这就是腊八粥，而阿二原来是布袋和尚化身。这实际是在宣扬民间传统的勤俭、节约美德。同类型传说有些构思相当巧妙，又往往体现某种训喻意味。

民间故事与民间传说很难划出明晰界线。大体说来，民间故事更富于现实性，题材主要取自社会生活，体裁上也超出上述三种传说类型。涉及佛教内容的民间故事（包括批判、讽刺佛教的）同样十分丰富。例如"和尚坐花轿"故事：说宋代祥符县有个好汉王兴勃，打抱不平打死了财主公子，出家少林寺，练就一身武艺，有一次赶路，遇见强盗强娶民女，他代替被抢的女儿坐花轿，又设计把引婆绑上装到花轿里。像这样的故事，爱憎鲜明，充满机趣，颇能体现民众的意愿。民间故事创作具有流动性的特征，旧的故事不断充实新的情节，新的故事不断创造、流传开来。例如上世纪初福建有妙月和尚，精拳法，善医道，修行清苦，太虚法师曾赠以"双拳铁罗汉，十亩老农禅"的联语。当地有很多关于他的故事流传，描写他如何刻苦修炼、抱打不平、劫富济贫等等。这类新故事的创作不只是基于宣教的需要，同样又反映了民众的心理。

涉及佛门的笑话各地流传也不少。这类作品颇能反映民间对佛教和僧尼的看法。如"四十亩地耙和尚"就是一个施巧计惩治恶霸的故事，被惩治的是作恶一方的恶僧。又如关于"佛跳墙"的笑话,说广州一位高官宴请钦差大人,因为各种名菜都吃遍了,命厨师做出新菜待客,厨师没有办法,索性把厨房里积存的各种鸡鸭鱼肉等材料来个大杂烩,但菜香引来小和尚爬上墙头偷看,主客也吃得津津有味,主人问菜名,答称"佛跳墙"。这是个幽默风趣的笑话,谑而不虐,讽刺高官大僚的奢靡、颟顸,用小和尚作了陪衬。明清以来佛门风气日渐败坏,揭露、讥讽僧尼劣行的笑话流传不少。

　　唐宋以来,大量佛教故事传说广泛流传在城乡间,对于佛教宣传起了相当大的作用。它们成为普及佛教信仰的重要形式,老幼妇孺往往通过它们接受佛法的"启蒙"。它们又成为民众间流行的佛教的一种表现形态,体现了民众的信仰实态。就文学价值说,它们具有民间文学创作的一般优点,思想上、艺术上都取得一定成就;它们直接影响和推动了各种民间文艺体裁的发展,在思想内容、艺术形式、表现手法和语言运用等方面为鼓词、弹词、评书等各种说唱曲艺提供了借鉴;另一方面也给文人创作提供了滋养。从总体看,它们作为民间文学遗产中的重要部分,有许多艺术精品值得认真发掘,又有宝贵艺术经验值得总结。不过由于佛教自身发展走向衰落,旧有作品难以适应时代变化的要求,新的创作又难以为继,这一类型文艺创作的意义和影响也就大受限制了。

第十一章　唐五代的排佛和毁佛

一

南北朝后期,北方有魏武、周武两度毁佛,南方则有郭祖深等激烈地抨击佛教。这有社会的、经济的矛盾为缘由,也反映在外来佛教泛滥情势下恢复本土思想、文化传统的努力。接下来的隋唐时期,在发达的义学师说的基础上,作为佛教内部革正外来教理体系、创建和发展本土传统的成就,一批中国佛教宗派相继形成并急速发展起来。在这同一时期,士大夫间反佛浪潮仍此起彼伏,朝廷也不断对佛教采取限制措施,直到唐武又一次施行大规模毁佛。唐代宗派佛教的兴盛和士大夫反佛、朝廷禁限佛教,从现象看是截然对立的,而实际上二者在精神本质上有相通的一面,即都是振兴中国传统思想、文化的大趋势的体现,而且它们的实际作用和效果也是相辅相成的。正是这教内和社会上并立的两大潮流在矛盾、斗争中相互促进,到宋代终于结成果实,形成融合儒、释学理的理学,而已经融入中国文化传统的佛教则脱卸外来宗教的外衣而逐渐"形骸化"了。依照这样的历史发展脉络,可以认识唐五代排佛与毁佛的必然性及其历史作用和意义,也可以知道佛教从此走向衰微的原因和形势。

　　魏武、周武两次毁佛，客观上重大作用之一是显示了在中土环境下世俗政权对佛教的绝对权威，从而有助于进一步调整专制皇权与佛教的关系，也使得新兴的隋、唐王朝能够更有效地操控和监管佛教。隋文帝于开皇五年（585）从沙门法经受菩萨戒，有敕曰："佛以正法付嘱国王，朕是人尊，受佛付嘱。"①唐太宗于贞观十三年（639）下《佛遗教经施行敕》也说："往者如来灭后，以末代浇浮，咐嘱国王大臣，护持佛法。"②这都是发挥北魏皇室的人王与法王合一观念，直接申明世俗统治者的帝王乃是佛陀在人世的代表。这样，世俗统治者是接受佛法的佑护者，又是施行佛法的保证者和监护者。

　　在这种情况下，佛教从属于朝廷，它作为辅助世俗教化的"三教"之一的地位，在社会上下、僧团内部更加明确起来，朝廷从而也更加强化了对佛教的管理。《唐六典》规定：

　　　　凡道士、女道士、僧、尼之簿籍亦三年一造。（其籍一本送祠部，一本送鸿胪，一本留于州、县。）凡道士、女道士衣服皆以木兰、青碧、皂荆黄、缁坏之色。（若服俗衣及绫罗、乘大马、酒醉、与人斗打、招引宾客、占相吉凶、以三宝物饷馈官寮、勾合朋党者，皆还俗。若巡门教化、和合婚姻、饮酒食肉、设食五辛、作音乐博戏、毁骂三纲、凌突长宿者，皆苦役也。）③

这就在法律上明确僧、尼在身份上完全等同于朝廷控制之下的编户。这也标志着历史上佛教地位变化一个重大转折点。朝廷相应地设立了管理宗教的专门机构；寺院管理也随之完全官僚化了；而僧尼则不但要执行"内律"，还要受到世俗法律的约束，即普通法适

①法琳《辩正论》卷三，《大正藏》第 52 页第 509 页上。
②《全唐文》卷九，第 109 页。
③《唐六典》卷四《尚书礼部》，第 126 页。

用于教团内部,等等。这样,佛教在制度上和法律上已完全纳入到
国家专制体制之中。当然,朝廷一方面强化对于佛教的管理和限
制,另一方面又积极提供保护和支持。这后一方面主要是为了更
有效地发挥佛教辅助教化的作用,客观上又给佛教提供了生存和
发展的有利条件。佛教内部则顺应形势,更加有意识地利用这些
条件来扩展自身的活动空间,增强实力。这就形成佛教与世俗政
权相互支撑的十分复杂的关系。

　　相对于政治、法律层面世俗政权与佛教的隶属关系更加明确,
意识形态和经济领域二者间的矛盾却难以调和。

　　意识形态方面,特别涉及到社会伦理层面,无论是观念还是实
践,佛法与居统治地位的儒家体系的冲突是难以抚平的。随着唐
代佛教实力膨胀,这方面的矛盾就更加突显起来。特别是"安史之
乱"以后,社会纲纪不振,传统道德观念紊乱,朝廷权威骤降,维护
儒家思想为主导的意识形态的统一乃成为整饬社会秩序的迫切需
要,而佛、道横流则严重干扰了这种统一。因此振兴儒道、批判佛
教(相对来说,因为李唐王室把自身视为道教教主老子的宗支,道
教在唐代具有御用宗教的性质,这方面的矛盾就不显得那么突出)
就是整饬社会伦理和政治秩序所必需。

　　社会经济层面的矛盾则更为现实和明显。隋代大力扶植佛教
经济,寺院大肆侵夺,危害民生,成为其国祚短促的主要原因之一。
唐初实行均田制,规定僧尼授田:"凡道士给田三十亩,女冠二十
亩;僧、尼亦如之"①。时当大乱之后,朝廷编户减少,无主荒地很
多,这也是稳定社会秩序的具体措施。不过这就以法律形式保证
了寺院的基本土地占有。而除僧、尼配授外,寺院另有常住田,加
上赏赐赠与、兼并购置,以及垦殖荒地,等等,占田逾限日益严重。
据唐玄宗开元十年(722)敕:

―――――――――――
①《唐六典》卷三《尚书户部》,第74页。

天下寺观田，宜准法据僧、尼、道士合给数外，一切管收，
给贫下欠田丁。其寺观常住田，听以僧、尼、道士、女冠退田
充。一百人以上，不得过十顷；五十人已上，不得过七顷；五十
人以下，不得过五顷。①

这是针对寺院占田超出规定采取的措施。著名密教宗师不空临终
处分财产的遗嘱中说：

东京和上塔所师僧院舍庄园，汝亦为吾勾当成立，其车
牛、鄠县浽南庄并新买地及御宿川贴得稻地、街南菜园，吾并
舍留当院文殊阁下道场转念师僧，永充粮用、香油、炭火等供
养，并不得出院破用。外人一切不得遮拦及有侵夺。其祥谷
紫庄将倍常住，其庄文契并付寺家。②

这则是寺院广占田园的实例。本书前面介绍寺院经济状况，已经
说到寺院土地扩张的严重情形。后来均田制进一步破坏。早在证
圣元年（695）陈子昂上书已经指出，仅蜀中一地，"今诸州逃走户有
三万余，在蓬、渠、果、合、遂等州山林之中，不属州县，土豪大族阿
隐相容，征敛驱役，皆入国用。其中游手惰业亡命之徒，结为光火
大贼，依凭林险，巢穴其中……攻城劫县，徒众日多"③。造成这种
严重形势的重要原因之一，就是僧侣地主兼并土地，造成大量朝廷
编户破产流亡。这样，尽管唐代僧侣绝对数量比起南北朝时期少
得多④，但寺院经济扩张给国计民生造成的矛盾和危害却十分严

---

① 《唐会要》卷五九《祠部员外郎》。
② 《代宗朝赠司空大辨正广智三藏和上表制集》卷三，《大正藏》第 52 卷第 844
　　页下－845 页上。
③ 《上蜀川安危事》，《陈子昂集》卷八，徐鹏校点，第 174 页，中华书局，1960 年。
④ 据现存数字，唐代僧尼总数在一般情况下大体为二十万人上下。不过文献
　　记录的是朝廷掌握的数字，当然还有隐漏、私度等情形。特别是中、晚唐时
　　期这种情况更趋严重。但唐代僧侣在全国总人口中的比例较南北朝时期少
　　得多是肯定的。

重。特别是到中、晚唐时期，强藩割据，朝廷实际领地大为缩小，人丁和赋税锐减，而与强藩斗争又正需要财力、人力上的支持。寺院经济的无限扩张从而成为关系国家存亡的大问题。

这样到唐代，虽然佛教对于朝廷在体制上已不构成威胁，但二者在意识形态和经济领域的矛盾却十分突出。在唐初社会兴旺发达的局面之下，这方面的矛盾已经逐渐显现出来；延续到中、晚唐，形势就变得日益严峻。从而促使辟佛形成更大的浪潮，继而出现历史上另外两次唐武和后周朝廷主持的毁佛行动。

二

隋代二主继周武毁佛之后，大力弘扬佛教。隋王朝建立的"开皇元年(581)，高祖普诏天下，任听出家，仍令计口出钱，营造经像。而京师及并州、相州、洛州等诸大都邑之处，并官写一切经，置于寺内；而又别写，藏于秘阁。天下之人，从风而靡，竞相景慕，民间佛经，多于六经数十百倍"①。隋炀帝杨广在藩时于扬州从智者大师受菩萨戒，即位后造寺斋僧不遗余力。在南北纷争大乱之后，大兴佛教给残破的经济造成严重压力。隋末农民起义"破县烧寺"②，寺院成为打击的重要目标。所谓"隋运末龄，贼徒交乱，佛寺僧坊，并随灰烬，众侣分散，颠仆沟壑"③，乃是民众情绪的体现，也是朝廷崇佛的反动。

唐室初建，沿袭南北各朝"三教齐立"方针，采取一系列优容、

①《隋书》卷三五《经籍志四》，第 1099 页。
②《续高僧传》卷二○《唐扬州海陵正见寺释法向传》，《大正藏》第 50 卷第 605 页下。
③同上卷一五《唐泽州清化寺释玄鉴传》，《大正藏》第 50 卷第 542 页上。

崇重佛、道二教的措施。道宣总结初唐情形说：

> 皇唐勃举，义动天心，四海廓清，三宝云构。爰初武德之
> 祀，迄今龙朔之元，天下大同，四十余载。高祖创基定业，太宗
> 廓静方维，今上垂拱岩廊，方享无穷之祚。度僧立寺，广事弘
> 持，翻译新经，备诸史录。[1]

特别是上述唐王朝实行均田制，规定僧尼受田，更成为在法律上保
护寺院经济的有利举措。但另一方面，唐高祖李渊、唐太宗李世民
在隋末群雄逐鹿中取得天下，并不相信符瑞灾祥之说；又能够汲取
前朝破国亡家的教训，深知佛、道过度膨胀的弊害。唐太宗和侍臣
论政，曾明确指出：

> 至如梁武帝父子，志尚浮华，惟好释氏、老氏之教。武帝
> 末年，频幸同泰寺，亲讲佛经，百寮皆大冠高履，乘车扈从，终
> 日谈论苦空，未尝以军国典章为意。及侯景率兵向阙，尚书郎
> 已下多不解乘马，狼狈步走，死者相继于道路，武帝及简文卒
> 被侯景幽逼而死。孝元帝在于江陵，为万纽于谨所围。帝犹
> 讲《老子》不辍，百寮皆戎服以听。俄而城陷，君臣俱被囚縶。[2]

贞观末年，他给佞佛的宰相萧瑀手诏里又说：

> 至于佛教，非意所遵，虽有国之常经，固弊俗之虚术。何
> 则？求其道者，未验福于将来；修其教者，反受辜于既往。至
> 若梁武穷心于释氏，简文锐意于法门，倾帑藏以给僧祇，殚人
> 力以供塔庙。及乎三淮沸浪，五岭腾烟，假余息于熊蹯，引残
> 魂于雀鷇。子孙覆亡而不暇，社稷俄顷而为墟，报施之征，何
> 其缪也。[3]

---

①《大唐内典录》卷五《皇朝传译佛经录第十八》，《大正藏》第 55 卷第 280 页中。
②《贞观政要》卷六《慎所好》，第 195 页，上海古籍出版社，1978 年。
③《旧唐书》卷六三《萧瑀传》，第 2403 页。

唐太宗的这些看法,固然体现了他政治家的聪睿明智,实际也是时代思潮的体现。作为对南北朝宗教信仰潮流大肆泛滥的反动,中国传统上对待宗教信仰的理性精神由朝廷率先加以恢复。

但另一方面,唐王朝出于神化自身的需要,自认是老氏宗支,视道士为宗属,大为提高了道教的地位。从而又使得本来矛盾复杂的佛、道关系进一步激化。在这种情况下,傅奕等人起而反佛,当然有佛、道相争的背景,实际也是得到朝廷的某种默认,客观上亦反映了遏制宗教信仰泛滥的思想潮流。这是发生在新王朝创建时期的对于佛教的第一次重大冲击。

傅奕(555—639),唐高祖时任太史令,明天文历算,曾进《刻漏新法》,得到采用,是一位有成就的科学家。他在武德至贞观年间坚持反佛不遗余力。武德七年(624)给朝廷上疏,请除释教曰:

> 佛在西域,言妖路远,汉译胡书,恣其假托。故使不忠不孝,削发而揖君亲;游手游食,易服以逃租赋。演其妖书,述其邪法,伪启三涂,谬张六道,恐吓愚夫,诈欺庸品。凡百黎庶,通识者稀,不察根源,信其矫诈。乃追既往之罪,虚规将来之福。布施一钱,希万倍之报;持斋一日,冀百日之粮。遂使愚迷,妄求功德,不惮科禁,轻犯宪章。其有造作恶逆,身坠刑网,方乃狱中礼佛,口诵佛经,昼夜忘疲,规免其罪。且生死寿夭,由于自然;刑德威福,关之人主。乃谓贫富贵贱,功业所招,而愚僧矫诈,皆云由佛。窃人主之权,擅造化之力,其为害政,良可悲矣!
>
> 案《书》云:"惟辟作福威,惟辟玉食。臣有作福、作威、玉食,害于而家,凶于而国,人用侧颇僻。"降自牺、农,至于汉、魏,皆无佛法,君明臣忠,祚长年久。汉明帝假托梦想,始立胡神,西域桑门,自传其法。西晋以上,国有严科,不许中国之人,辄行髡发之事。洎于苻、石,羌胡乱华,主庸臣佞,政虐祚短,皆由佛教致灾也。梁武、齐襄,足为明镜。昔褒姒一女,妖

惑幽王，尚致亡国；况天下僧尼，数盈十万，翦刻缯彩，装束泥
人，而为厌魅，迷惑万姓者乎！今之僧尼，请令匹配，即成十万
余户，产育男女，十年长养，一纪教训，自然益国，可以足兵。
四海免蚕食之殃，百姓知威福所在，则妖惑之风自革，淳朴之
化还兴。

且古今忠谏，鲜不及祸。窃见齐朝章仇子他上表言："僧
尼徒众，糜损国家，寺塔奢侈，虚费金帛。"为诸僧附会宰相，对
朝谗毁；诸尼依托妃主，潜行谤讟。子他竟被囚执，刑于都市。
及周武平齐，制封其墓，臣虽不敏，窃慕其踪。[1]

他又有《上废省佛僧表》，其中回顾十六国提倡佛教之后情形，尖锐
地指出：

妖胡滋盛，太半杂华。搢绅门里，翻受秃丁邪戒；儒士学
中，倒说妖胡浪语。曲类哇歌，听之丧本，臭同鲍肆，过者失
香。复广置伽蓝，壮丽非一，劳役工匠，独坐泥胡。撞华夏之
鸿钟，集蕃僧之伪众，动淳民之耳目，索营私之货贿。女工罗
绮，剪作淫祀之旛；巧匠金银，散雕舍利之冢。粳粱面米，横设
僧尼之会；香油蜡烛，枉照胡神之堂。剥削民财，割截国贮，朝
廷贵臣，曾不一悟，良可痛哉！伏惟陛下定天门之开阖，更新
宝位；通万物之屯否，再育黔黎。布李老无为之风而民自化，
执孔丘爱敬之礼而天下孝慈。且佛之经教，妄说罪福，军民逃
役，剃发隐中，不事二亲，专行十恶，岁月不除，奸伪逾甚。臣
阅览书契，爰自庖牺，至于汉高，二十九代，四百余君，但闻郊
祀上帝，官治民察，未见寺堂铜像，建社宁邦。请胡佛邪教，退
还天竺；凡是沙门，放归桑梓。令逃课之党，普乐输租；避役之
曹，恒忻效力。勿度秃小，长揖国家，自足忠臣，宿卫宗庙。则

---

[1]《旧唐书》卷七九《傅奕传》，第2715—2716页。

　　大唐廓定，作造化之主；百姓无事，为羲皇之民。①

史书记载他上疏达十一道之多，词情切直。他又作《高识传》行世，表扬历朝反佛人物和言论。他的奏章倾动一时。当时是"傅氏所陈之事，高祖未遣颁行。弈乃公然宣布遐迩。'秃丁'之诮，闾里盛传；'胡鬼'之谣，昌言酒席。致使明明佛日，翳以亏光，济济法流，壅之无润"②。特别是在朝廷举行的三教讲论中，他得到道士李仲卿、刘进喜的支持，对佛教大肆抨击。不过当时朝廷高官里庇护佛教的人不少，例如萧梁后裔、隋外戚、唐初宰相萧瑀就是有势力的人之一。

　　傅奕辟佛，从传统的"夷夏之辨"入手，坚定地采取全盘否定态度。他借鉴前人意见，就政治、经济、伦理三大层面，从历史、现状两个角度揭露佛教弊害。他论难中更切重的是佛教在现实中的危害，而较少作理论上的辨析。这对于刚刚建立起来的新王朝，显然具有实际意义。他一再上疏，得到高祖李渊的优容。至武德九年五月，高祖以京师寺观不甚清净，下诏沙汰佛教：

　　　释迦阐教，清净为先，远离尘垢，断除贪欲。所以弘宣胜业，修植善根，开导愚迷，津梁品庶。是以敷演经教，检约学徒，调忏身心，舍诸染著，衣服饮食，咸资四辈。

　　　自觉王迁谢，像法流行，末代陵迟，渐以亏滥。乃有猥贱之侣，规自尊高；浮惰之人，苟避徭役。妄为剃度，托号出家，嗜欲无厌，营求不息。出入闾里，周旋阛阓，驱策田产，聚积货物。耕织为生，估贩成业，事同编户，迹等齐人。进违戒律之文，退无礼典之训。至乃亲行劫掠，躬自穿窬，造作妖讹，交通豪猾。每罹宪网，自陷重刑，黩乱真如，倾毁妙法。譬兹稂莠，有秽嘉苗；类彼淤泥，混夫清水。又伽蓝之地，本曰净居，栖心

_____

①《广弘明集》卷一一，《大正藏》第 52 页第 160 页中一下。
②《唐护法沙门法琳别传》卷上，《大正藏》第 50 卷第 199 页上。

之所,理尚幽寂。近代以来,多立寺舍,不求闲旷之境,唯趋喧杂之方。缮采崎岖,栋宇殊拓,错舛隐匿,诱纳奸邪。或有接延鄽邸,邻近屠酤,埃尘满室,膻腥盈道。徒长轻慢之心,有亏崇敬之义。且老氏垂化,本贵冲虚,养志无为,遗情物外。全真守一,是谓玄门,驱驰世务,尤乖宗旨。

朕膺期驭宇,兴隆教法,志思利益,情在护持。欲使玉石区分,薰莸有辨,长存妙道,永固福田,正本澄源,宜从沙汰。诸僧、尼、道士、女冠等,有精勤练行、守戒律者,并令大寺观居住,给衣食,勿令乏短。其不能精进、戒行有阙、不堪供养者,并令罢遣,各还桑梓。所司明为条式,务依法教,违制之事,悉宜停断。京城留寺三所,观二所。其余天下诸州,各留一所。余悉罢之。①

比较上述傅奕的意见和高祖采取的方针,可以发现有很大不同。傅奕主张根本禁断佛教,而李渊并不否定佛教本身,只是鉴于僧团风气败坏和寺院经济扩张,拟采取措施加以限制。傅奕显然党同道教,而李渊则对于佛、道一视同仁。这明显反映反佛的思想家与执政的政治家态度上的不同,李渊对宗教的作用与当前的弊端显然有更全面的认识。不过诏令下达第二个月,发生秦王李世民诛杀皇太子建成与齐王元吉的"玄武门之变";八月,李世民即帝位。新皇帝即位,从稳固政局着眼,需要稳定有相当实力和影响的僧团,不宜沙汰僧尼,以避免引起社会动荡。李渊的诏令也就没有贯彻执行。

至贞观年间,傅奕仍继续上疏坚持反佛。太宗尝临朝对他说:"佛道玄妙,圣迹可师,且报应显然,屡有征验,卿独不悟其理,何也?"傅奕回答说:"佛是胡中桀黠,欺诳夷狄,初止西域,渐流中国。遵尚其教,皆是邪僻小人,模写《庄》、《老》玄言,文饰妖幻之教耳。

---

① 《旧唐书》卷一《高祖本纪》,第16—17页。

于百姓无补,于国家有害。"据说"太宗颇然之"。史书记载唐太宗
对于佛教的看法,多有矛盾,这表明政治家适应现实要求随宜而为
的态度。傅奕临终前对儿子说:"《老》、《庄》玄一之篇,周、孔《六
经》之说,是为名教,汝宜习之。妖胡乱华,举时皆惑,唯独窃叹,众
不我从,悲夫! 汝等勿学也……"[1]他的斗志终生不渝,是历史上反
佛阵线中的一位卓越代表人物。

　　初唐反佛斗争中值得一提的还有吕才(600—665)。他学问渊
博,多有著述,在太宗、高宗朝历官太学博士、太常卿、太子司更大
夫等职。贞观十五年(641)受诏勘定《阴阳书》百卷,其中驳斥命
相、风水之类迷信。永徽六年(655),玄奘翻译佛教逻辑著作《因明
入正理论》,其弟子神泰等人作《义疏》阐释师说,吕才著《因明注解
立破义图》三卷四十余条加以批驳。原书已佚,具体内容不详,据
释明濬概括说他"以实际为大觉玄躯,无为是调御法体",而玄奘弟
子慧立批评他"以常人之资,窃众师之说,造《因明图》,释宗、因义。
不能精悟,好起异端,苟觅声誉,妄为穿凿。诽众德之正说,任我慢
之褊心,媒衒公卿之前,嚣喧闾巷之侧"[2]云云。据此可以推测,这
部著作应当是历史上少见的从根本理论上批判佛教教理的著作,
可惜已经佚失了。

　　傅奕等人反佛,没有取得多少实效。因为时当李唐立国之初,
安定社会乃是朝廷施政的首务,正需要寻求佛教方面的支持;另一
方面大乱之后,百废待兴,佛教造成的社会矛盾还不那么尖锐。加
之反佛一方的看法,多因袭前人旧说,没有多少新意。唐代各朝对
待佛教基本采取优容利用和严加管束二者兼重的政策,是基于历
史教训和现实状况决定的。但傅奕等人在唐王朝立国之初就针对
佛教进行相当理性的、清醒的批判,其作用和意义是应当肯定的。

---

[1]《旧唐书》卷七九《傅奕传》,第 2717 页。
[2]《大慈恩寺三藏法师传》卷八,第 176、170 页。

他们更给后继者的反佛斗争做出了榜样,提供了宝贵的借鉴。

三

　　至唐初,多数中国佛教宗派相继形成,佛教又进入新的发展时期,朝廷的优容、支持是主要条件。寺院经济急速扩展,僧团成为土地兼并的一大势力。到高宗时期,均田制破坏、编户流亡的形势已渐趋严重。特别由于武则天利用佛教为篡权工具,更纵容佛教势力急剧膨胀,兴佛造寺也掀起一个高潮。这种形势一直延续到中、睿二宗在位即历史上所谓"武韦"专政时期。鉴于由此造成的社会矛盾十分严重,部分朝臣进行了猛烈批评。这次批判浪潮的特点是,朝官的议论虽然着力揭露佛教势力膨胀的弊端,但实际侧重点并不在佛教本身,而主要是针对朝廷崇重佛教的施政方针。这也表明,士大夫阶层基本不是在教理层面反佛,从而在一定意义上又承认或肯定了佛教思想的价值与意义。这也是因为当时正新兴的宗派佛教确实提供出许多有价值的思想内容,是被社会广泛接受或认同的。

　　本来不同时代、不同人反佛出发点大有不同。与傅奕同时期的道宣编《广弘明集》,把历代反佛人物、事迹纳入《列代王朝滞惑解》,批判和抨击佛教的言论被他划分为两类。一类是针对教团弊端,主张加以整肃的,道宣把这类批评看作是对佛教的扶助;另一类要求加以禁断,则是道宣所痛恨的。这和傅奕把所有批判佛教的议论一律看作"高识"不同。实际上,当时朝官论谏,更多属于前一类情况。特别是初唐禅宗形成,正得到新进庶族官僚阶层的广泛支持。当时批评佛教的官僚士大夫多数并不是根本反对佛教(特别是禅宗),主要是鉴于逾限造寺立像,广占田园人丁,危害国计民生，要求朝廷加以限制。他们的主张多是和禅宗宗义相通的。应当说这种批评的实际水平，是从唐高祖、太宗和傅奕倒退了一大步。

圣历三年（700），武则天在洛阳白司马坂造大像，用工数百万，朝廷费用不足，令天下僧尼日出一钱助成之。这成为一个机缘，引发群臣激烈抗争。宰相狄仁杰上疏说：

> 今之伽蓝，制过宫阙，穷奢极壮，画缋尽工，宝珠殚于缀饰，瑰材竭于轮奂。工不使鬼，止在役人，物不天来，终须地出，不损百姓，将何以求？ 生之有时，用之无度，编户所奉，常若不充，痛切肌肤，不辞棰楚。游僧一说，矫陈祸福，剪发解衣，仍惭其少。亦有离间骨肉，事均路人，身自纳妻，谓无彼我。皆托佛法，诖误生人。里陌动有经坊，阛阓亦立精舍。化诱倍急，切于官征；法事所须，严于制敕。膏腴美业，倍取其多；水碾庄园，数亦非少。逃丁避罪，并集法门，无名之僧，凡有几万，都下检括，已得数千。且一夫不耕，犹受其弊，浮食者众，又劫人财。臣每思惟，实所悲痛。
>
> 往在江表，像法盛兴，梁武、简文，舍施无限。及其三淮沸浪，五岭腾烟。列刹盈衢，无救危亡之祸；缁衣蔽路，岂有勤王之师！ 比年已来，风尘屡扰，水旱不节，征役稍繁。家业先空，疮痍未复，此时兴役，力所未堪。伏惟圣朝，功德无量，何必要营大像，而以劳费为名。虽敛僧钱，百未支一。尊容既广，不可露居，覆以百层，尚忧未遍，自余廊庑，不得全无。又云不损国财，不伤百姓，以此事主，可谓尽忠？ 臣今思惟，兼采众议，咸以为如来设教，以慈悲为主，下济群品，应是本心，岂欲劳人，以存虚饰。当今有事，边境未宁，宜宽征镇之徭，省不急之费。设令雇作，皆以利趋，既失田时，自然弃本。今不树稼，来岁必饥，役在其中，难以取给。况无官助，义无得成，若费官

财,又尽人力,一隅有难,将何救之!①

狄仁杰是武后朝贤相,以能言敢谏著称,政治上颇有远见。这篇章疏表明他对当时佛教膨胀的形势认识相当透彻,所反映广度僧尼造成户口流失,大量造寺使得民穷财尽,都是当时危害时政的重大弊端。但他显然并不是从根本上否定佛教。他在章疏中说这些严重流弊都是假托佛法导致诖误民众,这实际是在替佛教开脱;另一方面又进一步肯定佛教慈悲为主、救济群品的价值与作用。正是在这种认识的前提下,他要求对于寺院逾滥、僧团腐败加以限制。另一位宰相李峤上疏中也说:

> 臣以法王慈敏,菩萨护持,唯拟饶益众生,非要营修土木。伏闻造像,税非户口,钱出僧尼,不得州县祇承,必是不能济办,终须科率,岂免劳扰! 天下编户,贫弱者众,亦有佣力客作以济糇粮,亦有卖舍贴田以供王役。造像钱见有一十七万余贯,若将散施,广济贫穷,人与一千,济得一十七万余户。拯饥寒之弊,省劳役之勤,顺诸佛慈悲之心,沾圣君亭育之意,人神胥悦,功德无穷。②

另有监察御史张廷珪则说:

> 夫佛者,以觉知为义,因心而成,不可以诸相见也……如佛所言,则陛下倾四海之财,殚万人之力,穷山之木以为塔,极冶之金以为像,虽劳则甚矣,费则多矣,而所获福不愈于一禅房之匹夫。菩萨作福德,不应贪著,盖有为之法不足高也……又营筑之资,僧尼是税,虽乞丐所致,而贫阙犹多。州县征输,星火逼迫,或谋计靡所,或鬻卖以充,怨声载路,和气未洽。岂佛标随喜之义,愍愚蒙而不忍夺其产哉! 且边朔未宁,军装日

---

① 《旧唐书》卷八九《狄仁杰传》,第 2893－2894 页。
② 同上卷九四《李峤传》,第 2994－2995 页。

给，天下虚竭，海内劳弊……臣以时政论之，则宜先边境，蓄府库，养人力；臣以释教论之，则宜救苦厄，灭诸相，崇无为。伏愿陛下察臣之愚，行佛之意，务以理为上，不以人废言，幸甚幸甚。①

提出这些意见，都是从"时政"着眼，并基于有相功德并不符合佛法真义的认识，把佛教过度膨胀、蠹国害民与佛教的慈悲、救济教义区别开来。这样的批评，从根本上说都还是从肯定和维护佛教的角度立论的。

这些朝官辟佛态度之软弱、思想观念之不彻底是很明显的。实际这也是当时客观形势的反映：佛教正处在朝廷支持下的大发展时期。但佛教膨胀、逾滥的势头不得遏制的危险却又有目共睹，因而至景龙年间(707—710)，左拾遗辛替否再次进上长篇表章，陈词更加痛切，中有云：

自像王西下，佛教东传，青螺不入于周前，白马方行于汉后。风流雨散，千帝百王，饰弥盛而国弥空，役弥重而祸弥大。覆车继轨，曾不改途，晋臣以佞佛取讥，梁主以舍身构隙。若以造寺必为其理体，养人不足以经邦，则殷、周已往皆暗乱，汉、魏已降皆圣明；殷、周已往为不长，汉、魏已降为不短。臣闻夏为天子二十余代而殷受之，殷为天子二十余代而周受之，周为天子三十余代而秦受之，自汉已后历代可知也。何者？有道之长，无道之短，岂因其穷金玉、修塔庙，方得久长之祚乎！

……当今出财依势者尽度为沙门，避役奸讹者尽度为沙门；其所未度，唯贫穷与善人。将何以作范乎？将何以役力乎？臣以为出家者，舍尘俗，离朋党，无私爱。今殖货营生，非舍尘俗；拔亲树知，非离朋党；畜妻养孳，非无私爱。是致人以毁

---

① 《旧唐书》卷一〇一《张廷珪传》，第 3151—3152 页。

道,非广道以求人。伏见今之宫观台榭,京师之与洛阳,不增
修饰,犹恐奢丽。陛下尚欲填池堑,捐苑囿,以赈贫人无产业
者。今天下之寺盖无其数,一寺当陛下一宫,壮丽之甚矣! 用
度过之矣! 是十分天下之财而佛有七八,陛下何有之矣! 百
姓何食之矣! 虽有阴阳为炭,万物为铜,役不食之人,使不衣
之士,犹尚不给。况资于天生地养,风动雨润,而后得之乎!
臣闻国无九年之储,国非其国。伏计仓廪,度府库,百僚供给,
百事用度,臣恐卒岁不充,况九年之积乎! 一旦风尘再扰,霜
雹荐臻,沙门不可擐干戈,寺塔不足攘饥馑,臣窃痛之矣![①]

在当时诸多反佛议论中,这一篇不仅言辞最为激烈、尖锐,而且文
章开端就指出佛教无益而祸国,要求严加禁断。这种意见属于道
宣归纳的彻底反佛的一类,在当时是很少见的。接下来以夸张笔
法指责兴建佛寺的严重后果,把矛头直指朝廷,痛陈不加改治的危
机。但碍于当时形势,疏奏不纳。

中、睿朝上疏反佛的朝官还有不少。见于史册的如中宗朝有
宰相桓彦范、侍御史宋务光,睿宗朝有中书舍人裴漼等,意见大体
属于上述第一类。值得特别注意的是姚崇(650—721)。他在武
后、睿宗、玄宗朝三为宰相,以刚正不阿著称,是盛唐名臣,他的看
法自然值得重视。当初在中宗朝,针对公主、外戚奏请广度僧、尼,
亦有出私财造寺者,而富户强丁经营避役,姚崇即曾上奏曰:

佛不在外,求之于心。佛图澄最贤,无益于全赵;罗什多
艺,不救于亡秦。何充、符融,皆遭败灭;齐襄、梁武,未免灾
殃。但发心慈悲,行事利益,使苍生安乐,即是佛身。何用妄
度奸人,令坏正法?

中宗接纳了他的意见,令有司隐括僧徒,以伪滥还俗者达一万二千

余人。开元初年他出任宰相,辅佐玄宗开创历史上艳称的"开元盛世"。当时朝廷曾屡次下达诏书,限制佛教①,或许即出自他的手笔,起码是他的创意。这在当时也是革新朝政的重大措施。到他临终,留有《遗令》,遗命家属薄葬,其中具体发挥对于佛教的看法,可看作是反映当时官僚士大夫佛教思想的重要文献:

> 今之佛经,罗什所译,姚兴执本,与什对翻。姚兴造浮屠于永贵里,倾竭府库,广事庄严,而兴命不得延,国亦随灭。又齐跨山东,周据关右,周则多除佛法而修缮兵威,齐则广置僧徒而依凭佛力。及至交战,齐氏灭亡,国既不存,寺复何有? 修福之报,何其蔑如! 梁武帝以万乘为奴,胡太后以六宫入道,岂特身戮名辱,皆以亡国破家。近日孝和皇帝发使赎生,倾国造寺,太平公主、武三思、悖逆庶人、张夫人等皆度人造寺,竟术弥街,咸不免受戮破家,为天下所笑。经云:"求长命得长命,求富贵得富贵","刀寻段段坏,火坑变成池"。比来缘精进得富贵长命者为谁? 生前易知,尚觉无应,身后难究,谁见有征。且五帝之时,父不葬子,兄不哭弟,言其致仁寿、无夭横也。三王之代,国祚延长,人用休息,其人臣则彭祖、老聃之类,皆享退龄。当此之时,未有佛教,岂抄经铸像之力,设斋施物之功耶?《宋书·西域传》,有名僧为《白黑论》,理证明白,足解沉疑,宜观而行之。
>
> 且佛者觉也,在乎方寸,假有万像之广,不出五蕴之中,但平等慈悲,行善不行恶,则佛道备矣。何必溺于小说,惑于凡僧,仍将喻品,用为实录,抄经写像,破业倾家,乃至施身亦无

---

① 仅据现存资料,开元二年正月,朝命简括天下僧尼,令伪滥、私度僧还俗(《旧唐书》卷八《玄宗本纪上》)、同年二月发布《禁创造寺观敕》(《资治通鉴》卷二一一)、闰二月发布《令道士女冠僧尼拜父母敕》(《唐会要》卷四七《议释教上》)、七月发布《禁百官与僧道往还敕》(《唐会要》卷四九《杂录》)、同月发布《禁坊市铸佛写经敕》(《唐会要》卷四八《寺》)等。

所吝,可谓大惑也。亦有缘亡人造像,名为追福,方便之教,虽则多端,功德须自发心,旁助宁应获报? 递相欺诳,浸成风俗,损耗生人,无益亡者。假有通才达识,亦为时俗所拘。如来普慈,意存利物,损众生之不足,厚豪僧之有余,必不然矣。且死者是常,古来不免,所造经像,何所施为?

夫释迦之本法,为苍生之大弊,汝等各宜警策,正法在心,勿效儿女子曹,终身不悟也。吾亡后必不得为此弊法。若未能全依正道,须顺俗情,从初七至终七,任设七僧斋。若随斋须布施,宜以吾缘身衣物充,不得辄用余财,为无益之枉事。亦不得妄出私物,徇追福之虚谈。①

一代名相姚崇的这篇遗嘱,可看作他一生治国兴邦的经验总结,也反映了他的基本思想、政治观点。他一方面明确指出佛法无益于兴国,特别针对当时形势,揭露造像建寺、广度僧尼造成严重社会问题;另一方面主张正法在心,而不在写经造像等有为功德。这后一方面反映他对佛教的基本认识,即肯定"正法",肯定佛法在心性修养方面的积极作用。这种观点是和当时正在兴盛的禅宗宗义全然相通的。日本学者吉川忠夫指出:姚崇主张佛者为觉,不在心外,从而排斥心外有为乃是虚妄,不需供养而应当舍弃,他的这种论调,显然与禅家的主张相一致。从另一个角度讲,如果没有禅家的影响,或者更确切地说没有禅宗的传播与刺激,他就不能写出这些文字②。这样,姚崇实际是利用禅宗"自性自度"的新宗义来批判檀施供养、祸福报应的传统佛教。他的这种见解从基本观念和态度看,正和这一时期大多数朝官的反佛意见相一致,不过表达得更加明晰、明确而已。这些人并不是从根本上反对佛法或佛教,而是

①《旧唐书》卷九六《姚崇传》,第 3023、3027—3029 页。
②参阅《佛は心に在り──〈白黑論〉から姚崇の〈遺令〉まで──》,福永光司编《中國中世の宗教と文化》,京都大學人文科學研究所,1982 年。

从治国安邦大计着眼,要求遏制僧徒逾滥、寺像糜费的弊端;并认为革正这些弊端,才能够积极地发扬佛教对于民众的教化作用。

武则天接受狄仁杰等人意见,停止建造大像,原因应当很多。其中一个因素也在于佛教自身发展形势的变化:禅宗势力在两都急速扩展,就在提出造大像前四年的久视元年(700),神会被迎请入京,这是禅宗迅速在朝野扩大影响的标志。这实际也是后来姚崇写作遗令的思想背景。正是延续这样的形势,玄宗李隆基即位伊始,立即采取一系列限制佛教的措施,扭转了韦、武专政时期僧徒逾滥、无限制建寺造像的颓势。这对于造成"开元之治"是起了一定作用的。从这样的角度看,无论是"开元之治"的形成,还是禅宗的发展,朝廷上十几年间持续地对于佛教的批判又起了一定的积极推动作用。这样从总的形势看,唐初官僚士大夫辟佛,包括提出整肃佛教而维护正法的要求,也符合新兴的禅宗的精神。这样,如果仅就思想层面而言,这一时期官僚士大夫与佛教的矛盾实际正在消泯;从另一方面看,由于禅宗的兴起,儒、释调和又正在步入一个新的阶段,二者间逐步确立起相互借鉴、融合的新的关系。这也是造成禅宗走向鼎盛的重要因素,更促成禅宗在广大士大夫间持续发挥巨大而深远的影响。

这样,初、盛唐时期士大夫的辟佛浪潮,一方面对于佛教的过度膨胀起了一定的遏制作用,另一方面在客观上又促进了儒、释的交流与交融。这也体现了时代思想发展的总体要求与趋势。

四

中唐时期,韩愈为代表的一批文人掀起"儒学复古"运动,针对佛教提出"人其人,火其书,庐其居"的激烈主张,要求朝廷以政治力量毁佛,恢复儒学"道统"以取代佛教的"法统",从而展现反佛斗争的全新局面。

　　"安史之乱"后,唐王朝陷入更深刻的危机。由于强藩割据,战乱不绝,均田制破坏,户口流亡严重。避役流民或依附豪家,或结伙山林,流为僧、道也是重要出路。在国是日非、矛盾丛生的形势下,统治者也更加倚重佛教,寻求精神的和实际的支持。佛教得到朝廷保护,在政治、经济、文化各领域的势力进一步膨胀。陆续有朝臣上言,痛陈佛教弊害。如唐代宗与大臣元载、王缙等均佞佛,代宗诞辰,诸道争以侈丽奉献,中书舍人常衮上疏说:

> 今诸道馈献,皆淫侈不急,而节度使、刺史非能男耕而女织者,类出于民,是敛怨以媚上也,请皆还之。今军旅未宁,王畿户口十不一在,而诸祠寺写经造像,焚币埋玉,所以赏赉若比丘、道士、巫祝之流,岁巨万计。陛下若以易刍粟,减贫民之赋,天下之福岂有量哉![1]

大历末,彭偃为都官员外郎,时有剑南东川观察使李叔明建议,以为"佛、道二教,无益于时,请粗加澄汰。其东川寺、观,请定为二等:上等留僧二十一人;上观留道士十四人,降杀以七,皆精选有道行者,余悉令返初。兰若、道场无名者皆废"。德宗初即位,有敕令:"叔明此奏,可为天下通制,不唯剑南一道。"下尚书集议。偃献议曰:

> 当今道士,有名无实,时俗鲜重,乱政犹轻。唯有僧尼,颇为秽杂。自西方之教,被于中国,去圣日远,空门不行五浊,比丘但行粗法。爰自后汉,至于陈、隋,僧之废灭,其亦数乎! 或至坑杀,殆无遗余。前代帝王,岂恶僧道之善如此之深耶? 盖其乱人亦已甚矣……况今出家者皆是无识下劣之流,纵其戒

―――――――――――

[1]《新唐书》卷一五〇《常衮传》,第 4809 页。

行高洁,在于王者,已无用矣,况是苟避征徭,于杀盗淫秽,无所不犯者乎！……今天下僧道,不耕而食,不织而衣,广作危言险语,以惑愚者。一僧衣食,岁计约三万有余,五丁所出,不能致此。举一僧以计天下,其费可知。陛下日旰忧勤,将去人害,此而不救,奚其为政? 臣伏请僧道未满五十者,每年输绢四匹;尼及女道士未满五十者,每年输绢二匹;其杂色役与百姓同。有才智者令入仕,请还俗为平人者听。但令就役输课,为僧何伤。臣窃料其所出,不下今之租赋三分之一,然则陛下之国富矣,苍生之害除矣。其年过五十者,请皆免之。[①]

这里估计僧、道免税,使国家租赋损失三分之一,可见当时佛、道二教势力膨胀及其所造成经济问题的严重。德宗朝理财家宰相杨炎议行两税法,论及当时兼并之弊,也曾说:

凡富人多丁者,率为官为僧,以色役免;贫人无所入则丁存。故课免于上,而赋增于下。是以天下残瘁,荡为浮人,乡居地著者百不四五,如是者殆三十年。[②]

这里也痛切指陈寺院占取户口、侵夺财赋的危害。所以元和以后,朝廷累敕天下州府不得私度僧尼。可是在强藩林立、刑政自专的形势下,朝廷的意旨难以贯彻执行。敬宗朝,李德裕为浙西观察使,鉴于徐州节度使王智兴聚货无厌,以敬宗诞月,请于泗州置僧坛,度人资福,以邀厚利,江淮之民皆群党渡淮,遂启奏曰:

王智兴于所属泗州置僧尼戒坛,自去冬于江、淮已南,所在悬榜招置。江、淮自元和二年后,不敢私度。自闻泗州有坛,户有三丁必令一丁落发,意在规避王徭,影庇资产。自正月已来,落发者无算。臣今于蒜山渡点其过者,一日一百余

---

①《旧唐书》卷一二七《彭偃传》,第 3579－3581 页。
②同上卷一一八《杨炎传》,第 3421 页。

人，勘问唯十四人是旧日沙弥，余是苏、常百姓，亦无本州文
凭，寻已勒还本贯。访闻泗州置坛次第，凡僧徒到者，人纳二
缗，给牒即回，别无法事。若不特行禁止，比到诞节，计江、淮
已南，失却六十万丁壮。此事非细，系于朝廷法度。[①]

这仅是一个个案，可见农民破产逃亡、群趋私度的严重情形。

新的反佛浪潮同样具有政治、经济方面的动机，目的同样在整
饰社会纲纪，整顿国家经济。但这次反佛方面又突出新义，在于提
倡"儒学复古"，力图重新确立儒学正统的绝对地位，从而把历代反
佛斗争中的夷夏、伦理、政治、经济等诸论题统合为儒、佛（连及于
道教）的对立和斗争，以儒学大义为号召来从根本上更彻底地否定
佛教（还有道教）。这样，儒学成为批判佛教的理论武器，反佛有了
更加光明正大的口号和旗帜。这在儒学正统观念居统治地位的环
境中也就具有道义上的力量和文化传统上的依据。

新一代反佛代表人物是韩愈。作为他反佛基本根据的，是虚
拟出的一个儒家传继"圣人之道"的统绪。本来释迦牟尼创立佛
教，后世代代相承，年代久远，流传到中土，真实继承关系已不可能
复原。《出三藏记集》卷十二记载两个萨婆多部（说一切有部）师承
系统；在卷九慧远《庐山出修行方便禅经统序》等文章里也有关于
禅法传承的记载；元魏吉迦夜等译《付法藏因缘传》（或疑为中土伪
撰）又记录佛陀以下二十四祖传承。这都是有关佛教内部法统的
具体记载。但这些记述之间颇多矛盾，有的又只是一个法系的记
载。而在中土宗法制度中，子孙相承的祖统历来特别受到重视。
运用到儒家圣人的传继关系，《孟子》里已提出尧、舜、禹、汤、周文
王、周武王、孔子的儒道传继统绪。这是模仿家族祖统构造的传递
"圣人之道"的系统。正是结合佛教的和中国传统的这两种观念，
宗派佛教各自创制自己的宗统。而从早期"楞伽宗"到后来禅宗的

---

① 《旧唐书》卷一七四《李德裕传》，第 4514 页。

南、北二宗更标榜祖统作为宗派相争的手段。韩愈借鉴宗派佛教主要是禅宗确立祖统的办法，又参照孟子所谓"五百年必有王者兴"以及后来"五百年必有贤人出"之类神秘的圣贤传继观念，拟出一个儒家传道统绪，把它当作与佛、道相抗衡的历史事实的和理论思想的重要依据。他回顾自先秦以来儒学发展的历史过程说：

> 夫杨墨行，正道废，且将数百年，以至于秦，卒灭先王之法，烧除其经，坑杀学士，天下遂大乱。及秦灭，汉兴且百年，尚未知修明先王之道；其后始除挟书之律，稍求亡书，招学士，经虽少得，尚皆残缺，十亡二三：故学士多老死，新者不见全经，不能尽知先王之事，各以所见为守，分离乖隔，不合不公，二帝三王群圣人之道于是大坏。后之学者无所寻逐，以至于今泯泯也：其祸出于杨墨肆行而莫之禁故也。孟子虽贤圣，不得位，空言无施，虽切何补？然赖其言，而今学者尚知宗孔氏，崇仁义，贵王贱霸而已。其大经大法皆亡灭而不救，坏烂而不收，所谓存十一于千百，安在其能廓如也？然向无孟氏，则皆服左衽而言侏离矣：故愈尝推尊孟氏，以为功不在禹下者，为此也。汉氏已来，群儒区区修补，百孔千疮，随乱随失，其危如一发引千钧，绵绵延延，寖以微灭。于是时也，而唱释老于其间，鼓天下之众而从之，呜呼，其亦不仁甚矣！释老之害过于杨墨，韩愈之贤不及孟子，孟子不能救之于未亡之前，而韩愈乃欲全之于已坏之后，呜呼，其亦不量其力且见其身之危，莫之救以死也！虽然，使其道由愈而粗传，虽灭死万万无恨！天地鬼神临之在上，质之在傍，又安得因一摧折，自毁其道以从于邪也！①

他在这里痛切指陈圣人之道传继的危机，满怀激情地阐发兴儒反

---

① 《与孟尚书书》，《韩昌黎文集校注》卷三，第 214—215 页。

佛的大义,也表明个人的态度和决心。作为他反佛思想纲领的《原道》开宗明义又曾指出:

　　博爱之谓仁,行而宜之之谓义;由是而之焉之谓道,足乎己,无待于外之谓德。仁与义,为定名;道与德,为虚位。故道有君子小人,而德有凶有吉。老子之小仁义,非毁之也,其见者小也。坐井而观天,曰天小者,非天小也;彼以煦煦为仁,孑孑为义,其小之也则宜。其所谓道,道其所道,非吾所谓道也;其所谓德,德其所德,非吾所谓德也。凡吾所谓道德云者,合仁与义言之也,天下之公言也;老子之所谓道德云者,去仁与义言之也,一人之私言也。周道衰,孔子没,火于秦,黄老于汉,佛于晋、魏、梁、隋之间,其言道德仁义者,不入于杨,则入于墨;不入于老,则入于佛。入于彼,必出于此。入者主之,出者奴之;入者附之,出者污之。噫!后之人其欲闻仁义道德之说,孰从而听之?老者曰:孔子,吾师之弟子也。佛者曰:孔子,吾师之弟子也。为孔子者,习闻其说,乐其诞而自小也,亦曰:吾师亦尝师之云尔。不惟举之于其口,而又笔之于其书。噫!后之人虽欲闻仁义道德之说,其孰从而求之?甚矣,人之好怪也!不求其端,不讯其末,惟怪之欲闻。

这里开始是以"老"作陪衬,辨明儒、释、道三家之道截然不一,指出了三者之被混淆,佛、道横流的现状及其严重危害,从而明确儒道与佛、老二者势不两立。文章在阐述对于儒道内容及其作用的具体理解之后,总结说:

　　夫所谓先王之教者,何也?博爱之谓仁;行而宜之之谓义;由是而之焉之谓道;足乎己,无待于外之谓德。其文《诗》、《书》、《易》、《春秋》,其法礼乐刑政,其民士农工贾,其位君臣、父子、师友、宾主、昆弟、夫妇,其服麻丝,其居宫室,其食粟米果蔬鱼肉:其为道易明,而其为教易行也。是故以之为己,则

顺而祥；以之为人，则爱而公；以之为心，则和而平；以之为天
下国家，无所处而不当。是故生则得其情，死则尽其常，郊焉
而天神假，庙焉而人鬼飨。曰：斯道也，何道也？曰：斯吾所谓
道也，非向所谓老与佛之道也。尧以是传之舜，舜以是传之
禹，禹以是传之汤，汤以是传之文、武、周公，文、武、周公传之
孔子，孔子传之孟轲，轲之死，不得其传焉。荀与扬也，择焉而
不精，语焉而不详。由周公而上，上而为君，故其事行；由周公
而下，下而为臣，故其说长。

这样，韩愈明确提出尧、舜、禹、汤、文、武、周公的递相传继的关系。
其中"周公而上"是君主，所传是"政统"；"周公而下"为臣民，所传
是"学统"，从而把他所拟出的传道统绪确立为涵盖、超越政统与学
统二者的更高一级的思想、精神正统，即后来宋人所说的"道统"。
韩愈一再慨叹长久以来圣人之道衰颓、不明，表明他个人以发明、
承续这一统绪为职志。这也正清楚地显示了他的使命感和责任
感。这种观念的提出和确立，使得儒、释两大阵营划分更为明确，
因而绝对势不两立。这成为韩愈反佛与前人重大的不同点之一，
是宋代"新儒学""道统"说的滥觞。韩愈进而又把儒学的兴衰与国
家的治乱兴亡联系起来，把振兴儒学、排斥佛教的斗争上升到维护
民族文化传统、整顿国家纲纪的高度上来。而对于佛教的处置，他
则主张：

然则，如之何而可也？曰：不塞不流，不止不行。人其人，
火其书，庐其居，明先王之道以道之，鳏寡孤独废疾者有养也：
其亦庶乎其可也？[①]

这样，在把佛教的祖统、法统和儒家圣人的传道统绪对立起来的前
提下，他要求对于佛教采取断然灭绝的措施，廓然确立儒家圣人之

---

① 《原道》，《韩昌黎文集校注》卷一，第 13—14、18、19 页。

道的唯一存在的神圣地位。

　　唐宪宗元和十四年(819)正月八日，朝廷奉迎凤翔法门寺佛骨
至京师。当时宪宗在位日久，迷信佛、道日深。法门寺"佛骨"收藏
在护国真身塔内，其法三十年一开，据传开则岁稔人泰。按期奉迎
"佛骨"已是朝廷定例，但这一年活动格外热烈：首先迎入内廷供养
三天，然后送到各大寺，王公士庶奔走施舍如恐不及，京城掀起一
派佞佛狂潮。韩愈趁此机会上疏极言，发愤一击，这就是传诵后世
的《论佛骨表》。它开宗明义就指出：

　　　　伏以佛者夷狄之一法耳。

接着雄辩滔滔地指出自古无佛之世国祚长久，事佛则帝王早世的
"事实"，得出"事佛求福，乃更得祸"的结论。然后极言奉迎佛骨的
悖谬及其危害：

　　　　高祖始受隋禅，则议除之。当时群臣材识不远，不能深知
　　先王之道、古今之宜，推阐圣明，以救斯弊，其事遂止，臣常恨
　　焉。伏惟睿圣文武皇帝陛下，神圣英武，数千百年已来，未有
　　伦比。即位之初，即不许度人为僧尼道士，又不许创立寺观，
　　臣常以为高祖之志必行于陛下之手；今纵未能即行，岂可恣之
　　转令盛也？今闻陛下令群僧迎佛骨于凤翔，御楼以观，舁入大
　　内，又令诸寺递迎供养。臣虽至愚，必知陛下不惑于佛，作此
　　崇奉，以祈福祥也；直以年丰人乐，徇人之心，为京都士庶设诡
　　异之观、戏玩之具耳。安有圣明若此，而肯信此等事哉！然百
　　姓愚冥，易惑难晓，苟见陛下如此，将谓真心事佛；皆云："天子
　　大圣，犹一心敬信；百姓何人，岂合更惜身命！"焚顶烧指，百十
　　为群；解衣散钱，自朝至暮；转相仿效，惟恐后时；老少奔波，弃
　　其业次。若不即加禁遏，更历诸寺，必有断臂脔身以为供养
　　者；伤风败俗，传笑四方，非细事也。

韩愈在这里对唐宪宗故作回护之词，但直接指斥、讽刺之意却十分

显豁,对于事佛荒谬的揭露更极其坦率、尖刻。然后再次提出佛教
与中国传统礼教势不两立和应当采取的对策:

> 夫佛本夷狄之人,与中国言语不通,衣服殊制,口不言先
> 王之法言,身不服先王之法服,不知君臣之义,父子之情。假
> 如其身至今尚在,奉其国命,来朝京师,陛下容而接之,不过宣
> 政一见,礼宾一设,赐衣一袭,卫而出之于境,不令惑众也;况
> 其身死已久,枯朽之骨,凶秽之余,岂宜令入宫禁? 孔子曰:
> "敬鬼神而远之。"古之诸侯行吊于其国,尚令巫祝先以桃茢祓
> 除不祥,然后进吊。今无故取朽秽之物,亲临观之,巫祝不先,
> 桃茢不用,群臣不言其非,御史不举其失,臣实耻之。乞以此
> 骨付之有司,投诸水火,永绝根本,断天下之疑,绝后代之惑,使
> 天下之人知大圣人之所作为,出于寻常万万也:岂不盛哉! 岂不
> 快哉! 佛如有灵,能作祸祟,凡有殃咎,宜加臣身;上天鉴临,臣
> 不怨悔。无任感激恳悃之至,谨奉表以闻。臣某诚惶诚恐。[①]

他的这番言论,自有其片面、偏激之处,所设计的办法更难以实行。
但他面对权威无限的帝王,如此斗胆抗争,其勇气和胆识确是超绝
不凡的;文字尽管有片面性,揭露和抨击也确实是坚强有力的。他
的言论中显示的道义感、使命感更是激动人心。如前所述,他指出
佛教与中国传统礼教不两立,更具有强大的号召力和鼓动性。因
此他的这篇文章作为辟佛兴儒的名文传诵千古,他理所当然地被
后人看作是历史上反佛兴儒的一面旗帜。

　　韩愈以其理论的系统和态度的坚定,加上他在文坛上领袖群
伦的地位,不仅在反佛斗争中占尽道义上的优势,又动员起相当一
部分士大夫群体的力量,从而使其辟佛斗争形成相当大的声势,对
于推动后来唐武宗毁佛起了一定作用。但是从另一方面看,在现

---

① 《韩昌黎文集校注》卷八,第613—616页。

实条件下,韩愈不可能从根本上达到毁佛的目的。佛教在当时已
经形成牢固的传统,深深地扎根于思想、文化阵地,又得到朝廷和
皇帝本人的大力宗奉,同时禅宗的发展又大为消弭了儒、佛之间的
对立,使得统合儒、释的观念和行为更容易被接受。"古文运动"的
另一位领袖、也是韩愈好友的柳宗元即以"好佛"著称;"新乐府运
动"的主将又兼擅古文的白居易、元稹等人也都是好佛的。佛教思
想的影响更深入到辟佛阵营的内部。实际上就深层次的思想交流
而言,韩愈本人也接受了佛教相当的影响。这在本书介绍唐宋文
人与佛教关系和宋代理学形成的章节里都有所说明。这样,比起
前述唐人反佛的具体情形,韩愈的态度更加坚定,议论更有针对
性,等等,确实有许多明显的优胜之处;但从思想发展趋势看,他与
前人却又有基本的共同点:他同样并不能完全、彻底地否定佛教,
同样也要借鉴佛教思想来充实、发展自己的儒学理论,只是采取了
更曲折、更隐蔽的形态而已。而这种辩证态度和方法,又正成为他
和他的后继者辟佛造成影响并终于取得一定成果的重要原因。

　　韩愈好为人师,后学继承他的职志,有些人继续严于辟佛。清
人阮元说:"阴释而阳儒,唐李翱为始。"[1]李翱的《复性说》三篇被认
为是开拓宋代理学先河之作,本书前面介绍唐代文人接受佛教影
响部分已分析过。他正面继承了韩愈的反佛立场,同样又成功地
吸纳佛学成果,为宋儒建设新儒学开拓出更广阔的道路。贞元十
五年(799)他从南方北归过泗州,其地开元寺罹水火漂焚,重加修
复,作大钟,华严宗师澄观向他乞钟铭,他拒绝说(文集里另有《泗
州开元寺钟铭》,或以为是伪撰窜人):

　　　翱学圣人之心焉,则不敢让乎知圣人之道者也。当见命
　　时,意亦思之熟矣。吾之铭是钟也,吾将明圣人之道焉,则于
　　释氏无益也;吾将顺释氏之教而述焉,则惑乎天下甚矣,何贵

----

[1]《性命古训附威仪说》,《揅经室集一集》卷一〇。

乎吾之先觉也。吾之辞必传于后世,有圣人如仲尼者之读吾
辞也,则将大责于吾矣。吾畏圣人也。[1]

他又作《去佛斋》,是针对当时杨垂所编撰丧仪中的"七七斋"进行
批判的。"七七斋"乃是唐时流行的佛教斋仪。他提出,佛法之流
染于中国六百余年,夷狄之术行于中华,故吉凶之礼谬乱,杨垂又
编"七七斋"书以为仪,是舍圣人之道而祸流于将来。他遂进一步
论及佛法说:

> 佛法之所言者,列御寇、庄周所言详矣,其余则皆戎狄之
> 道也。使佛生于中国,则其为作也必异于是,况驱中国之人举
> 行其术也。君臣、父子、夫妇、兄弟、朋友,存有所养,死有所
> 归,生物有道,费之有节,自伏羲至于仲尼,虽百代圣人,不能
> 革也。故可使天下举而行之无弊者,此圣人之道,所谓君臣、
> 父子、夫妇、兄弟、朋友,而养之以道德仁义之谓也,患力不足
> 而已……故其(佛教)徒也,不蚕而衣裳具,弗耨而饮食充,安
> 居不作,役物以养己者,至于几千百万人。推是而冻馁者几何
> 人,可知矣。于是筑楼殿宫阁以事之,饰土木铜铁以形之,髡
> 良人男女以居之,虽璇室象廊,倾宫鹿台,章华阿房弗加也。
> 是岂不出乎百姓之财力欤?

在这里他和韩愈一样,也是把"夷狄之道"与"圣人之道"对立起来;
他主张对待佛教要使"有位者信吾说而诱之,其君子可以理服,其
小人可以令禁,其俗之化也弗难矣"[2],即要从统治阶层做起,兼用
说理和禁限的办法,从根本上移风易俗。元和四年(809),李翱被
岭南节度使杨于陵辟为掌书记,杨敛钱造寺,他连续上两篇书状加

①《答泗州开元寺僧书》,《李翱集·补遗卷一》,第156页,郝润华校点,甘肃人
　民出版社,1992年。
②《李翱集》卷四,第25—26页。

以谏止①，其中说：

> 伏见修寺疏，阁下出钱十万，令使院共出十万，以造石门
> 大云寺佛殿……天下之人，以佛理证心者寡矣。惟土木铜铁，
> 周于四海，残害生人，为逋逃之薮泽。阁下以为如有周公、仲
> 尼，兴立一王制度，天下寺观、僧道，其将兴之乎？其将废之
> 乎？若将兴之，是符融、梁武皆为仲尼、周公也；若将废之，阁
> 下又何患其尚寡，而复率其属合力建置之也？②

这也是根据历史教训，指出佛教的兴衰与国家兴亡的关系。他
又说：

> 自仲尼既殁，异学塞途，孟子辞而辟之，然后廓如也。佛
> 法害人，甚于杨、墨。论心术虽不异于中土，考较迹实有蠹于
> 生灵，浸溺人情，莫此之甚。为人上者，所宜抑焉。③

这里又特别强调佛教对于"人情"的危害。据考韩愈作《原道》，是
在贞元末年流贬阳山时④，从时间看李翱的上述文字正与之相呼
应。较比韩愈，他对待佛教的态度和做法更加理性，同时他表现出
一种影响深远的倾向：即作为坚定的辟佛者，严于儒、释之分，以维
护儒家圣人之道为己任；而在学理上，却又积极地从佛教汲取滋
养，用以充实、发展、改造儒学。这是一种入室操戈、釜底抽薪的办
法：剥夺佛教教理中有价值的部分，进而袭取其阵地而加以占领
之。宋人在这样的方向上继续前进，创建起"新儒学"，在辟佛斗争
中也就取得更有利的地位。

　　韩愈弟子一辈的皇甫湜，元和三年（808）为陆浑（今河南嵩县）

---

① 罗联添《李翱年谱》，《唐代诗文六家年谱》第 522－523 页，学海出版社，1986 年。
② 《与本使杨尚书请停率修寺观钱状》，《李翱集》卷一〇，第 79 页。
③ 《再请停率修寺观钱状》，《李翱集》卷一〇，第 80 页。
④ 参阅罗联添《韩愈原道篇写作的年代与地点》，《唐代文学论集》下册第 443－
　452 页，学生书局，1989 年。

尉,《对贤良方正直言极谏策》指陈时政,无所避忌,其中也说到"陛下蠲田租以厚农室,而人犹艰食者,生者犹少而费者犹多故也。商乘坚而厌肥,工执轻而仰给,兵横行而厚禄,僧、道无为而取资,劳苦顿瘁,终岁矻矻,滨于死而为农者,亦愚且少矣。况乎两税不均,失变通救弊之法,百端横赋,随长吏自为之政乎! 若均工商老释之劳逸,轻田野布帛之征税,蠲横暴之赋,减镇防之兵,则耕者如云,积者若山矣"①。他还写过《送简师序》、《送孙生序》等辟佛文章。他后来为韩愈作墓志铭和神道碑,大力张扬他的辟佛功绩,特别表扬韩愈元和初年分司东都判祠部时敢与专权的宦官功德使相对抗,"诛其无良,时其出入,禁哗众以正浮屠"②,和他"常惋佛、老氏法溃圣人之堤,乃唱而筑之,及为刑部侍郎,遂章言宪宗迎佛骨非是,任为身耻"③两件事。

　　同是韩愈后学,也是他的子婿的李汉为他的文集作序,也概括其业绩说:

　　　　经书通念晓析,酷排释氏……周情孔思,千态万貌,卒泽于道德仁义,炳如也。④

他同样极力表扬韩愈兴儒辟佛的功绩。韩愈门下这一派学人继承其辟佛事业,鼓动潮流,起伏不已。

　　到后来武宗毁佛的会昌五年(845),李播为杭州刺史,取拆毁寺材,在城东南筑南亭,杜牧作《杭州新造南亭子记》,歌颂武宗毁佛,激烈抨击佛教。文章开头揭露罪福报应之说,举出富豪、官吏作恶多端,反而以钱货求福利的事实:

　　　　为工商者,杂良以苦,伪内而华外,纳以大秤斛,以小出

①《对贤良方正直言极谏策》,《全唐文》卷六八五,第7016页。
②《韩愈神道碑》,《全唐文》卷六八七,第7038页。
③《韩文公墓志铭》,《全唐文》卷六八七,第7040页。
④《唐吏部侍郎昌黎先生讳愈文集序》,《全唐文》卷七四四,第7697页。

之,欺夺村间戆民,铢积粒聚,以至于富。刑法钱谷小胥,出入
人性命,颠倒埋没,使簿书条令,不可究知,得财买大第豪奴,
如公侯家。大吏有权力,能开库取公钱,缘意恣为,人不敢言。
是此数者心自知其罪,皆捐己奉佛以求救,日月积久,曰:"我
罪如是,贵富如所求,是佛能灭吾罪,复能以福与吾也。"有罪
罪灭,无福福至,生人唯罪福耳,虽田妇稚子,知所趋避。今权
归于佛,买福卖罪,如持左契,交手相付。至有穷民,啼一稚
子,无以与哺,得百钱必召一僧饭之,冀佛之助一日获福。若
如此,虽举寰海内尽为寺与僧,不足怪也。

这里揭露因果报应之说荒唐悖谬,所谓"买福卖罪","交手相付"等
等,言辞之透辟尖锐,鲜有其比。接着他颂扬武宗毁佛,"佛炽害中
国六百岁,生见圣人一挥而几夷之"①;又表扬李播能够坚决地贯彻
朝廷毁佛诏令。在韩愈影响下,此后反佛阵营有更多的人主张采
取彻底禁限的立场。这当然也突显出当时斗争更加紧迫的形势。

　　武宗毁佛之后,宣宗复兴佛教,反佛声浪仍此起彼伏,不绝如缕。
如古文家孙樵上《复佛寺奏》,他说自从宣宗即位,修复佛寺的"斤斧
之声,不绝天下",恐怕大量僧侣出家如故。他在奏章开头就说:

　　　　臣以为残蠹于民者,群髡最大……若群髡者,所饱必稻
　　粱,所衣必绵縠,居则邃宇,出则肥马,是则中户不十,不足以
　　活一髡。

他计算武宗毁佛,籍天下僧侣十七万,当初要一百七十万户赋税来
供养。他指出,正值戎事倥偬之际,国家养兵百万,而户口却远不
及开元年间的九百万,只有停修佛寺,"庶几天下之民尚可活也"②。

　　关于韩愈辟佛的意义,侯外庐主编的《中国思想通史》总结说:

----

①《全唐文》卷七五三,第7810—7811页。
②《复佛寺奏》,《全唐文》卷七九四,第8321—8322页。

　　韩愈排斥佛老之所以显名于时,正由于他不仅陈言时弊,而且还以儒家先行者的思想材料作为理论形式的出发点,企图修改儒学来代替佛道的宗教。他的"扶树教道"的理论尽管在哲学思想上极为贫乏,但毕竟已是一种哲学思想。

　　韩愈之所以不同于前人,乃在于企图建立一完整的与佛教道教相对抗的理论体系,这个理论体系虽极简陋,但已粗具轮廓。[①]

陈寅恪则指出:

　　综括言之,唐代之史可分前后两期,前期结束南北朝相承之旧局面,后期开启赵宋以降之新局面,关于政治社会经济者如此,关于文化学术者亦莫不如此。退之者,唐代文化学术史上承先启后转旧为新关捩点之人物也。[②]

这两个评价高低有差异,但都肯定韩愈辟佛的特殊内容和深度,意义与贡献。总地看来,韩愈辟佛的成绩主要在两方面:一是他在举世狂迷之际,特别是不惧朝廷威权,对势力强大的佛教奋力给予严重打击,警醒当世,启导后代;再是他适应思想发展总的历史潮流,为新儒学的形成开拓了方向,作了理论准备。

<h1 style="text-align:center">五</h1>

　　在朝野此起彼伏的反佛声浪之中,至武宗朝,终于酿成又一次毁佛行动;继而五代的后周世宗亦继续毁佛。这就是佛教史上所

---

①《中国思想通史》第 4 卷(上)第 330、331 页,人民出版社,1959 年。
②《论韩愈》,《历史研究》1954 年第 2 期;《金明馆丛稿初编》第 296 页。

谓"三武一宗"法难的后两次。在此之后,历朝再也没有出现全面禁毁佛教的酷烈之举了。宋徽宗时曾短期采取过禁毁措施,但声势远不能与前几次相比。

唐武宗毁佛,与北魏、北周两次类似,也有宗教斗争为动因,而这一次道教起了更直接的作用。武宗于开成五年(840)即位。"帝在藩时,颇好道术修摄之事,是秋,召道士赵归真等八十一人入禁中,于三殿修金箓道场,帝幸三殿,于九天坛亲受法箓。右拾遗王哲上疏,言王业之初,不宜崇信过当,疏奏不省";至会昌四年(844),"以道士赵归真为左右街道门教授先生。时帝志学神仙,师归真。归真乘宠,每对,排毁释氏,言非中国之教,蠹耗生灵,尽宜除去,帝颇信之";会昌五年,毁佛进入高潮期,"敕造望仙台于南郊坛。时道士赵归真特承恩礼,谏官上疏,论之延英……归真自以涉物论,遂举罗浮道士邓元起有长年之术,帝遣中使迎之。由是与衡山道士刘玄靖及归真胶固,排毁释氏,而拆寺之请行焉"[①]。当时主政柄的李德裕也倾心道教,他曾从茅山第十六代宗师孙志清亲受道箓,夫人刘氏也同样受箓,道号致柔[②]。前面说到敬宗时他任浙西观察使,启奏徐州节度使王智兴筑坛度人造成江淮户口流失,促使朝廷下令禁止,也有他个人信仰为背景。他作为宰相,对于推动毁佛也起了一定作用。

但这次毁佛更基本的原因还是在社会经济层面。武宗临朝,李德裕主政,力图振兴国势,对外抗击回鹘、吐蕃,对内与割据藩镇作斗争,朝廷对于财赋的需求从而更为迫切。会昌三年昭义节度使(治潞州,今山西长治市)刘从谏死,其侄刘稹自称留后,求为节度,朝廷不允,遂引发朝廷与强藩间又一次具有相当规模的战争。本来朝廷掌控的财赋区域已很有限,又值关东、河东连年蝗旱,征

①《旧唐书》卷一八上《武宗本纪》,第585—586、600、603页。
②关于李德裕的道教信仰,参阅拙著《道教与唐代文学》第201—203页,人民
　文学出版社,2001年。

讨军费更形支绌。而佛教占有大量户口、财富。处在这种形势下，毁佛遂成为朝廷解决矛盾的出路。实际敬宗在位时期，朝廷已经采取一些限制佛教的措施，但成果有限。紧迫的政治、经济形势促使朝廷发动更大规模的全面毁佛。而长期以来，士大夫持续不断的辟佛言论又已经给实行毁佛作了相当充分的理论准备。这种潜在的思想动力所发挥的作用，在后来的发展中更加突显出来。

此次武宗毁佛的具体情形，两《唐书》、《资治通鉴》等记载均较为简略。当时日本留学僧圆仁正滞留在长安，亲身经历全过程，其所著《入唐求法巡礼行记》里留下了逐年逐月进展情况的详细记录。按圆仁记载，武宗即位伊始，长安寺院仍在举行三教讲论、国忌行香、开俗讲、设内斋等大规模法事。到两年之后的会昌二年三月，"李（德裕）宰相闻奏僧尼条流，敕下发遣保外无名僧，不许置童子、沙弥"，对佛教开始采取禁限措施。不过此后供奉佛牙、俗讲、三教讲论等活动还在继续进行。五月二十九日，"有敕停内供奉大德，两街各廿员"；十月十三日，有敕"天下所有僧尼解烧炼、咒术、禁气，背军身上仗痕鸟纹，杂工功，曾犯淫养妻、不修戒行者，并勒还俗。若僧尼有钱物及谷斗、田地、庄园，收纳官。如惜钱财，情愿还俗去，亦任勒还俗，充入两税徭役"。至此时，毁佛敕令不只在长安城中严厉执行，并开始传达到各州府。会昌三年四月中旬，敕杀摩尼师，天宝以后兴盛一时的摩尼教被禁断。六月，太子詹事韦宗卿进《涅槃经疏》二十卷，下令焚毁，韦被贬官为成都府尹。九月，"仍敕令两街功德使疏理城中等僧，公案无名者，尽勒还俗，递归本贯，诸道州府亦同斯例。近住寺僧，不委来由者尽捉。京兆府投新裹头僧于府中，打煞三百余人。其走藏者，不敢街里行也"，禁毁措施显然更趋严厉。当时四处佛寺焚烧经书，毁拆佛像，驱逐僧众，断绝往来。"且长安城里坊内佛堂三百余所，佛像、经楼等庄严如法，尽是名工所作，一个佛堂院，敌外州大寺，准敕并除罄尽。诸道天下佛堂院等不知其数，天下尊胜石幢、僧墓塔等，有敕皆令毁拆"。身为外国僧人的圆仁等人当时也被羁留，屡遭威迫，弟子亡殁，赖有同情者保护，得以脱身回国。他总结说：

> 三、四年已来，天下州县准敕条流僧尼，还俗已尽。又天下拆毁佛堂、兰若、寺舍已尽。又天下焚烧经像、僧服罄尽。又天下剥佛身上金已毕。天下打碎铜铁佛，称斤两收检讫。天下州县收纳寺家钱物、庄园，收家人奴婢已讫。①

会昌五年八月，朝廷有制，概括这次毁佛成果说：

> 其天下所拆寺四千六百余所，还俗僧尼二十六万五百人，收充两税户，拆招提、兰若四万余所，收膏腴上田数千万顷，收奴婢为两税户十五万人。隶僧尼属主客，显明外国之教。勒大秦穆护、祆三千余人还俗，不杂中华之风。②

从这些记载，可见这一次毁佛的全面、坚决与彻底。连续几年不断加剧的毁佛措施对寺院经济和经教、僧团打击极大。大量寺院被毁，经书被焚，僧尼被迫还俗和逃亡，以致后来许多佚失的教典要到日本、三韩去求取。摩尼教、祆教等其他宗教被当作佛教支派，也连带被禁毁。这是中国宗教史上波及最为全面的大劫难。

唐武宗服用金石药致毙，其叔父李忱继位，是为宣宗。宣宗本来信仰禅宗，继位后对佛教立即开禁，恢复寺院，召集逃亡僧尼，并重新设置戒坛，剃度僧尼。中唐以来禅宗已经造成一家独盛之势（当然净土信仰也十分普及），而它又是不重经教、修持的，所受实际冲击较轻。在这种形势下得以迅速恢复，唐末五代遂形成诸派系林立的局面。又一些藩镇占领地区，朝命所不及，对佛教加以保护，如"黄河已北，镇、幽、魏、潞等四节度，元来敬重佛法，不拆舍，不条流僧

---

① 《入唐求法巡礼行记》卷三、四，第 153—196 页。
② 《旧唐书》卷一八上《武宗纪》，第 606 页。

尼。佛法之事,一切不动之"①。这也成为佛法重兴的基础。除了禅宗,宋初天台宗和南山律宗也较快地得到复兴,而更重教典的华严宗和更重仪轨的密宗则一蹶不振了。当然毁佛后某一宗派得以复兴和发展,还有诸多方面的原因。

武宗死后,虽然和魏武、周武的前两次灭佛一样,佛教迅速复兴,这一次其根本生机却大受损伤。加以士大夫阶层长时期的辟佛斗争在思想、理论层面又加以打击,佛教在形式上恢复较易,但已难以重振往昔那种鼎盛的形势了。

五代的后梁、后唐、后晋三朝,都对佛教严加管束,不准新建寺院,禁止私度僧尼,采取措施限制僧尼活动的逾滥、腐败,等等。后梁末帝龙德元年(921)和后唐明宗天成元年(926)都曾下诏肃正佛教。至后周,又一次大规模灭佛。

北方"五代"最后一个政权的后周世宗史称"神武雄略",有志于统一南北。在显德二年(955)下诏施行历史上最后一次大规模毁佛,同样主要还是为了解决从事统一战争的赋税、兵役问题。在诏书开头,首先承认"释氏贞宗,圣人妙道,助世劝善,其利甚优",接着指出"近年已降,颇紊规绳。近览诸州奏闻,继有缁徒犯法,盖无科禁,遂至尤违,私度僧尼,日增猥杂,创修寺院,渐至繁多,乡村之中,其弊转甚。漏网背军之辈,苟剃削以逃刑;行奸为盗之徒,托住持而隐恶",因此"将隆教法,须辨否臧,宜举旧章,用革前弊"。这表明,此次毁佛并不是针对佛教本身,更跟前几次毁佛与佛、道二教相争有关联不同。其具体措施,诏书规定:

> 诸道州府县镇村坊,应有敕额寺院,一切仍旧,其无敕额者,并仰停废,所有功德佛像及僧尼,并腾并于合留寺院内安置。天下诸县城郭内……或寺院僧尼各留一所,若无尼住,只留僧寺院一所;

---

① 《入唐求法巡礼行记》,第 196 页。

今后并不得创造寺院兰若；

男子女子如有志愿出家者……男年十五已上，念得经文一百纸，或读得经文五百纸，女年十三已上，念得经文七十纸，或读得经文三百纸者，经本府陈状乞剃头，委录事参军本判官试验经文……如有私剃头者，却勒还俗，其本师主决重杖勒还俗，仍配役三年；

两京、大名府、京兆府、青州各处置戒坛，候受戒时，两京委祠部差官引试，其大名府等三处，只委本判官录事参军引试。如有私受戒者，其本人、师主、临坛三纲、知事僧尼，并同私剃头例科罪；

应男女有父母、祖父母在，别无儿息侍养，不听出家。曾有罪犯，遭官司刑责之人，及弃背父母、逃亡奴婢、奸人细作、恶逆徒党、山林亡命、未获贼徒、负罪潜窜人等，并不得出家剃头；

僧尼俗士，自前多有舍身、烧臂、炼指、钉截手足、带铃挂灯、诸般毁坏身体、戏弄道具、符禁左道、妄称变现还魂坐化、圣水圣灯妖幻之类，皆是聚众眩惑流俗，今后一切止绝；

每年造僧帐两本，其一本奏闻，一本申祠部……僧尼籍帐内无名者，并勒还俗。

以上规定，显然也并不是对佛教全面毁废，重点在限制创建寺院和度人出家，意在解决前面说到的赋税和兵员问题。这次毁佛的结果是："是岁，诸道供到帐籍，所存寺院凡二千六百九十四所，废寺院凡三万三百三十六，僧尼系籍者六万一千二百人。"[1]作为具体个案，如永兴军本来有寺院五十四所，停废四十一所，后来再度请示朝廷，又停废三所，仅留下十所[2]。又这次毁佛只限于后周占领地

---

[1]《旧五代史》卷一一五《周书六·世宗纪二》，第1529—1531页。
[2]《永兴军牒》，《金石萃编》卷一二一，《隋唐五代石刻文献全编》第3册第216页，北京图书馆出版社，2003年。

区,措施又比较缓和,收效是有限的。同时期的南方各朝,特别是吴越、南唐、西蜀领有的经济较发达地区,都大力崇佛,佛教在这些地区得到发展。不久后,赵匡胤发动陈桥兵变,黄袍加身,取代后周政权建立宋朝。宋王朝立国,一改后周政策,大力恢复和支持佛教,也是因为佛教在当时乃是支持国家统治体制的巨大的、不可忽视的力量,新王朝创建时期取得它的支持更显得重要。而且历史经验也让朝廷意识到,佛教的兴衰不是人们意志所能决定的,更不是强制手段可以禁绝的。

从总体看,周世宗完成"三武一宗"最后一次毁佛,标志着专制国家以强力禁绝佛教做法的结束。后来宋徽宗笃信道教,曾有诏改佛入道,把佛寺并入道观,佛号、僧尼名称也都道教化,但仅实行一年多即行作罢。有人把这次也称作"法难",在"三武一宗"里用宋徽宗取代周世宗。但实际当时北宋朝廷形势已经相当衰弱,只有一纸诏令,虽然一时间天下汹汹,却根本没有能力认真贯彻,也没有取得什么实效。

如果从历史发展的因果看,历朝长时期此起彼伏的反佛斗争基本采取两种形式。一种是思想、理论层面的批判,一种是政府(包括朝廷和各地方)的强制禁毁。虽然所有这些办法都不可能禁绝佛教,甚至如有的人所说禁之愈厉而兴焉愈炽,但是这种持续不断的各种形式的斗争,对于打击和限制佛教过度的膨胀和逾滥,遏制僧团的腐败趋势,还是起了相当大的作用的;而更重要的是,这种斗争客观上在政治层面有效地调整了专制国家与佛教的关系,在思想、理论层面则调整了佛教与中国固有文化传统的关系,从而不断促进了儒、释、道三者的交流与融合,最终为宋人推进作为中国统治思想体系的儒学的转变、创建"新儒学"作了准备。此后的佛教一方面是更驯顺地归附于国家统制之下,各朝管理佛教也采取了更严格的措施并更加制度化,另一方面作为儒学发展新阶段的理学已经基本剥夺了佛教在思想、理论层面的资源,对于各种宗教包括佛教形成更有力的制衡。在这种种因素推动下,再加上佛教自身已度过了它的兴盛期而走向衰败,对于世俗统治也已不能构成大的损害和威胁,而更加"通俗化"和"世俗化"的佛教又能够向广大民众的精神生活提供信仰上的支持和安慰,佛教与世俗统治之间也就基本相安无事,朝廷也就没有强制禁毁的必要了。

第十二章　宗派佛教的衰落和衍变

一

初、盛唐时期,中国佛教诸宗并兴,整个佛教发展一时呈彬彬之盛。但更多沿袭印度佛教原貌的三论宗、法相宗很快即退出了舞台;继而宗义艰深、繁难的天台、华严教理的传播步入衰微。如上所述,盛唐之后得以广泛弘传的,在知识阶层中主要是禅宗,在更广大民众间则是净土法门。经过晚唐、后周两度毁佛,佛教受到严重打击。入宋,从表面上诸宗仍传承有绪:禅宗仍相当兴盛,并分化出杨岐、黄龙两个新的派系;天台宗亦得以中兴,并造成延续久远的"山家"、"山外"两派之争;净土信仰更广泛传播在各阶层民众间。而且从一般形势看,从宋代一直延续到明、清,佛寺林立,僧人众多;各朝均崇重有加,礼佛斋僧,赏赉无虚日;一些高僧大德出入宫禁,对于时政往往发挥一定影响,等等。另如元代崇奉喇嘛教,明代后期诸帝沉醉声色,耽于嬉戏,迷恋秘术而崇任佛、道,都一度强化了佛教势力。但是就整体看,在从两宋之际到清末的近八百年间,佛教在思想理论层面已鲜有新的建树。而这个领域正是其对中国思想、文化发挥影响和提供价值的主要所在,也是它能够在中国长时期兴旺发达的主要缘由。

又五代之后,一度呈一家独盛局面的禅宗急速向"教下"复归,与本来宗义相对立的净土信仰合流,"禅、净合一"从而形成潮流,这种"禅、净合一"的佛教理论色彩相当淡薄,构成宋代以后中国佛教的主要形态。加之另一方面,各朝统治者更自觉地利用佛教作为辅助教化、祈祷福祥、粉饰太平的手段,并总结历史上的经验教训,强化对于佛教的管理,对僧团和寺院严加管束,从而佛教作为宗教的独立的、神圣的性质逐渐丧失殆尽。结果社会上烧香念佛、檀施供养泛滥,建斋设醮等经忏法事盛行,佛教与道教和各种民间信仰、民间宗教相混淆,进一步降低了其整体水准,佛教更严重地"通俗化"、"世俗化"了。而这种形态的佛教正适应群众信仰的需要,所以仍能够形成相当大的声势,对于社会生活和民众精神发挥重大的影响。不过佛教的通俗化和世俗化,又造成许多社会和经济问题,甚至影响到社会形势的稳定,这也成为历代朝廷对佛教严加管束的重要原因。这就是宋代以后佛教发展的总的状态。

宋代以后佛教的整体态势受制于社会政治与思想发展的整体形势。在中国历史上,唐、宋之际社会政治方面的一大演变是专制体制的强化。到隋唐时期,魏晋以来的士族统治已基本瓦解,从而确立起以皇权为中心的中央集权政体①。此前世家大族权力分散

---

① 宋王朝的统治改变了唐代各统治阶层品级联合的体制。以皇权为中心的中央集权统治的强化是宋代政治的一大特征,也造成中国古代历史发展的重大转变。这种政治体制的转变,和经济上贵族官僚世袭占田制度的瓦解、土地自由买卖和租佃成为剥削主要方式直接相关联。在这样的经济基础上不断扩张的官僚地主阶级构成了专制政治的更为广泛的社会基础。宋王朝自立国伊始,就把政治、军事、财政大权集中于皇帝一人,中央三省、六部、二十四司的权力大为削减;官员的任免权操之皇帝本人,甚至科举进士及第都要经过皇帝殿试选拔。而在集中权力于皇帝的同时,为了创造更广泛的统治基础,中央和地方官僚机构叠床架屋,空前庞大。这种政治体制一直被以后各朝所延续。至明代建国的洪武年间,明太祖更裁撤中书省,废除丞相制,六部直接秉承皇帝旨意,进一步强化了皇权。这样的政治体制对于社会发展,包括佛教的生存状态造成了决定性的影响。

的形势给佛教保持相对独立地位留下了一定空间。这些世家大族中不乏佛教的信仰者和支持者。一旦政权更加集中到高度集权的皇权之下，一切宗教，包括佛教必然受到更严格的管制。宋代形成的理学在思想意识领域的统治与这种专制体制相配合，亦成为遏制佛教的重要力量，特别是在高水平的思想理论领域更剥夺了佛教的生存条件。这些都是佛教终于走向衰败的重要因素。

　　佛教在走向衰败的整体形势下，借助世俗统治的支持，仍能够在两个重要领域保有一定优势：一是占有相当数量的土地资产，得以尽可能多地争得僧团的经济利益；再是对于诸多文化领域继续发挥影响。后者主要是由长期形成的历史传统和长久积累的文化成果来支撑的。

　　由于历代朝廷有意识地强化佛教的教化民众、辅助政治的作用，统治者大都又抱有一定程度的信仰（这种信仰的真挚程度从总体看是越来越淡薄了），在具体处理有关佛教的策略方面，与在体制上严加管束相对照，经济领域所采取的方针一般是相当优容与宽厚的。宋代以后的寺院经济虽然没有南北朝、隋、唐那样巨大的规模，朝廷又往往采取限制占田、课以差税等措施，但"天下名山僧占多"，各地大小寺院仍能通过买卖、施舍、赏赐、垦殖等各种途径大量兼并土地，寺院又经营商业、碾硙、典当等谋利事业，特别是一些大寺院，已形成历代传继的田连阡陌的大庄园，各级主事僧人则成为大大小小的僧侣地主。即以土地占有情形为例：金"大定二十四年（1184）二月，大长公主降钱三百万建昊天寺，给田百顷，每岁度僧尼十人"[1]；大定二十六年"帝幸香山寺，赐名大永安寺，给田二千亩，粟七千株，钱二万贯"[2]；元世祖忽必烈中统二年（1261），在刚刚进驻燕京伊始，就"赐庆寿寺、海云寺陆地五百顷"[3]；元成宗大德

---

[1]《钦定日下旧闻考》卷五九。
[2]《续通志》卷五一。
[3]《元史》卷四《世祖本纪一》，第73页。

五年(1301)"赐昭应宫、兴教寺地各百顷,兴教仍赐钞万五千锭;上都乾元寺地九十顷,钞皆如兴教之数;万安寺地六百顷,钞万锭;南寺地百二十顷,钞如万安之数"①;明代"据统计,洪武年间对天禧、天界、能仁、灵谷、鸡鸣、栖霞等国家大寺共赐有赡僧田近五百顷,'芦洲亦几其半'"②,等等。实际朝廷赏赐只是寺院土地来源之一。其他途径如施主施舍、购买兼并以及占有公田等,一般应当有更大的数量。发达的寺院经济给佛教活动提供了物质基础,寺院寄养大批僧侣,破产农民、无业游民也可以到寺院谋求荫庇。而在僧团文化水准降低、文化活动萎缩的情况下,优厚的生活适足以成为腐败堕落的条件。

另一方面,由于佛教在中国发展已有千余年历史,已积累起丰厚的思想、文化资源,历朝遗留下大量佛教思想、学术、文化方面的财富,仍能够对于后代思想、文化持续发挥着巨大影响。这也成为宋代以后佛教活动具有积极意义、发挥比较重大作用的方面。特别是在僧团普遍衰败的形势下,士大夫居士阶层成为这一时期支撑佛教活动的重要力量,悠久、卓越的佛教文化传统在他们支持下得以延续并得到一定程度的发展。加拿大学者卜正民研究晚明士绅对待佛教的态度指出:"20世纪的学者们宣称,明代佛教已经衰象丛生,枯叶凋零。可令人惊讶的是,我发现16世纪中叶到17世纪晚期之间(晚明),寺院石碑上一直镌刻着大量地方士绅捐赠者的名字,这使我注意到想象中已奄奄一息的宗教道场,在士绅精英的努力下却恢复出盎然生机。"③当然晚明作为佛教复兴期,情形有些特殊,但这种现象却体现居士佛教在广泛社会层面上继续发挥影响的形势。宋代已降"心学"的发展,直到明代后期理学中王学

---

① 《元史》卷二〇《成宗本纪三》,第434页。
② 何孝荣《明代南京寺院研究》第260页,中国社会科学出版社,2000年。
③ 卜正民《为权力祈祷——佛教与晚明中国士绅社会的形成》(Timothy Brook: *Praying for Power: Buddhism and the Formation of Gentry Society in Late-Ming China*)序言第2页,张华译,江苏人民出版社,2005年。

左派激进思潮的形成,都和唐代禅宗的"心性"理论有密切关联;在文学、艺术各领域,佛教的影响更一直十分显著,文人和艺术家们从古代留存的文化遗产中汲取大量宝贵资源。本书相关章节对于这些将有较详细的说明。还应当指出的是,上面提到的佛教通俗化、世俗化趋势的历史意义并不完全是负面的,在一定范围内又有助于发挥其在思想、文化领域的作用。

二

　　陈观胜讨论唐代朝廷对于僧团的管理,指出:

　　　　这清楚表明,对于国家在其领域之内超越于任何宗教团体这一儒家强有力的认识,僧团是接受、妥协了……僧人不再主张应当是超越世俗国家的独立的个人,而是政治机构的一部分,要服从国家法律,并以不同资格为国家服务。纵观中国历史,僧团和僧人地位如此发展变化,正表明佛教遵循中国的环境被接受的另一侧面。佛教僧人成为中国的臣民,佛教僧团成为服从于帝制官僚政治的宗教组织。这是佛教政治上中国化的果实。[1]

从晋宋到隋唐,虽然僧团中一直有些人为保持"方外"的独立地位而作出种种努力,却终于以彻底屈从于世俗统治而告终了,从而早期僧团所争得的某些生存特权也逐渐丧失了。具有象征意义的是,从南北朝后期起,不只一位有地位、有影响的僧界领袖颂扬皇

---

[1]陈观胜《佛教中國社会》(Kenneth K. S. Ch'en: *Chinese Transformation of Buddhism*, Princeton University Press, 1973)第 109 页,福井文雅、冈本天晴日译本,金花舍,1981 年。

帝为现世如来,这是所谓帝身与佛身合一的观念,象征着僧团已经承认世俗统治者同时作为宗教最高权威的地位。①

　　唐王朝建立在各统治阶层品级联合的基础之上。在皇室亲贵、士族、庶族、富商等诸统治阶层之中,僧侣地主占据重要位置。这就意味着僧侣地主已经成为整个统治集团的构成部分。经过魏晋南北朝佛教与世俗统治集团的长期矛盾、斗争(包括朝廷"毁佛"和理论层面关于"沙门致敬王者"的争执等),二者之间的关系到这一时期已经基本得到调解,佛教在政治上被牢固地置于集权制度的管制之下。朝廷确立有司直接管辖佛教(还有道教及其他宗教性活动)的体制,行政机关"六部"之一礼部下的祠部"掌祠祀享祭,天文漏刻,国忌庙讳,卜筮医药,道佛之事"②。从这种行政层次的配置可以透视佛、道二教的实际地位。唐代朝廷对于佛教的具体管辖机构,前后有所变化。除了祠部,管理宗教事务的崇玄署和管理外交事务的鸿胪寺也都曾分管佛教③。到宋代,中央集权的专制体制强化。国家权力进一步集中到皇帝手上,宰相和朝官的权力大为缩小。如前面所说,世俗权力的集中与宗教权威的丧失程度正呈比例。自此以后,不论佛教在形式上如何受到帝王、朝廷的信重,不论有多少大和尚出入宫禁,干政弄权,作为宗教的实际政治地位是大为降低,在国家政治生活中基本已无足轻重了。宋代对

①参阅谢重光《魏晋隋唐佛教特权的盛衰》,《历史研究》1987年第6期。
②《唐六典》卷四《尚书礼部》,第120页,陈仲夫点校,中华书局,1992年。
③《新唐书》卷四八《百官志三》:"崇玄署　令一人,正八品下;丞一人,正九品下。掌京都诸观名数与道士帐籍、斋醮之事。新罗、日本僧入朝学问,九年不还者编诸籍。道士、女冠、僧、尼,见天子必拜。凡止民家,不过三夜。出逾宿者,立案连署,不过七日,路远者州县给程。天下观一千六百八十七,道士七百七十六,女官九百八十八;寺五千三百五十八,僧七万五千五百二十四,尼五万五百七十六。两京度僧、尼、道士、女官,御史一人莅之。每三岁州、县为籍,一以留县,一以留州;僧、尼,一以上祠部,道士、女官,一以上宗正,一以上司封。"第1252页。

于僧、道的管辖前后同样有所变动,但基本沿袭唐代制度。北宋时期曾分属功德使、鸿胪寺(限于京城,外州则由当地长吏和僧正管理)和祠部;到南宋时期,礼部下的祠部"掌天下祀典、道释、祠庙、医药之政令……凡宫观、寺院道释,籍其名额,应给度牒,若空名者毋越常数"①,则成为定制了。清代的纪昀说宋代办法"金、元、明因之,至今已为恒式"②。元朝廷崇信喇嘛教,僧团势力大为扩展,以喇嘛教僧人为国师,声势赫奕,皇帝亲受灌顶,表示是师徒关系。但政治上佛教对朝廷保持严格的从属关系。朝廷设宣政院,"掌释教僧徒及吐蕃之境而隶治之"③,总体趋势同样是对于僧、道的管辖愈趋严格。到明代,礼部祠祭司"凡天文、地理、医药、卜筮、师巫、音乐、僧道人,并籍领之,有兴造妖妄者罪无赦"④。这样,唐代以降,从总体趋势看,朝廷不断集中和强化对于宗教的管辖权,管理方式也日趋规范化和官僚化。这种体制上的变化又是有象征意义的,即从制度上最终否定了佛教的"化外"地位,佛教的宗教神权已完全屈从于世俗统制,它的神圣与超越的性质也就大为降低了。

　　历朝仍设置僧官,但是地位与作用和南北朝时期相比已大有变化,其权限仅及于僧团内部。僧官位置的授受不是由僧团自主,而完全操之于朝廷,往往按科举考试办法来拣选(也不乏由朝廷敕授的特例)⑤。宋代设有僧正、僧录、讲经论首座、鉴义等。元代崇奉喇嘛教,奉番僧为国师,汉地佛教管理一仍唐、宋办法。明初"置善世院,洪武十五年改僧录司,正六品,衙门设左右善世、左右阐教、左右讲经、左右觉义,职专释教之事,属礼部,衙门置于天界寺。

---

① 《宋史》卷一六三《职官志三》,第3853页。
② 纪昀等《历代职官表》卷九《礼部》,上册第184页,上海古籍出版社,1989年。
③ 《元史》卷八七《百官志三·宣政院》,第2193页。
④ 《明史》卷七二《职官志一》,第1749页。
⑤ 参阅刘长东《宋代佛教政策论稿》第二章《宋代僧尼隶属机构的变迁及其意义》、第三章《宋代的僧官制度》,第56—130页,巴蜀书社,2005年。

永乐迁都后置于大兴隆寺。南京仍旧",又规定"凡僧有三等:曰禅,曰讲,曰教。在外僧人,府属僧纲司,州属僧正司,县属僧会司,管辖皆统于本司";而"凡内外僧官专一检束天下僧人,恪守戒律清规,违者从本司惩治。若犯与军民相干者,从有司惩治"①。清代亦循明朝旧例。这样僧侣要受到朝廷和教内僧官的双重管制,接受世俗法律和内律的双重约束。历朝均有关于僧侣触犯刑律按世俗法律治罪的相应规定。僧团活动的自由空间就很有限了。

朝廷对僧团的管制侧重点主要在三个关键性层面:一是寺院设置,这是佛教活动的基地;二是度僧,这决定僧团规模,也直接关系其实力和影响;三是僧人的活动。在这三个决定佛教整体面貌的重要方面,唐代以后历朝都采取了相当严格的措施。

第一方面历朝均对造寺有所限制。南北朝时期,在皇室、亲贵带动下,社会上下大肆兴造寺院。南朝舍宅造寺之风的兴盛,本书前面讲南朝士大夫崇佛曾经介绍过。在十六国时期石窟寺群建造规模宏大,北魏更开创国家造寺制度。南北朝这种风气被隋、唐延续。隋代立国后大量兴建佛寺,在各地建舍利塔。唐前期朝廷曾三次命令全国各州统一造寺:武则天时期造大云寺,中宗复辟时造中兴寺,玄宗时期造开元寺和龙兴寺二寺。武则天和中宗、睿宗朝,中唐代宗、德宗、宪宗朝,更曾形成两度造寺高潮,主要也是由朝廷和亲贵推动起来的。这都有力地支持了佛教的发展。然而另一方面在唐代,朝廷又曾采取限制造寺的措施。如唐玄宗开元二年(714)二月十九日有敕,"天下寺观,屋宇先成,自今已后,更不得创造。若有破坏,事须条理,仍经所司陈牒,检验先后所详"②。开元十九年七月敕又重申"如闻远就山林,别为兰若,兼亦聚众,公然往来。或妄托生缘,辄有俗家居止,即宜一切禁断"③。又唐朝廷制

---

① 《明会典》卷一七八《僧录司》。
② 《唐会要》卷四九《杂录》。
③ 《不许私度僧尼及住兰若敕》,《唐大诏令集》卷一一三《政事·道释》。

度上基本执行一州一寺(指敕建大寺)办法,由朝廷颁给寺额,列入
官籍;没有敕赐寺额的,不算正规寺院。当然当时私创寺院不在少
数,民间的兰若、佛堂更多。宋代以后,民间教派发展,政府对于创
建寺院限制更趋严格。宋度宗咸淳九年(1273)五月"丁卯,申禁奸
民妄立经会,私创庵舍,以避征徭,保伍容庇不觉察坐之"①。金、元
以后的一般情况是,朝廷对通都大邑的大规模寺院崇重有加,尊
奉、赏赐不遗余力,但限制民间造寺十分严厉。明室初建,即不断
清理寺观,寺院庵观悉有定额。明朝廷礼部文献记载:"洪武二十
四年(1391),令清理释道二教,凡各府州县寺观,但存宽大可容众
者一所并居之,不许杂处于外,违者治以重罪,亲故相隐者流,愿还
俗者听。又令天下僧道有创立庵堂寺观非旧额者,悉毁之。三十
五年,令清理释道二教,凡历代以来及洪武十五年以前寺观有名额
者,不必归并,新创者归并如旧。永乐十五年(1417),禁僧尼私创
庵院。正统六年(1441),令新创寺观曾有赐额者,听其居住,今后
再不许私自创建。成化十三年(1477),禁约游方僧人,凡僧道住持
敕建寺观许二人,敕赐并在外寺观各止许一人。正德十六年
(1521),奏准今后再有私创庵院寺观、私度僧道尼姑女冠者,拿问
治罪,寺观拆毁入官。嘉靖六年(1527),奏准尼僧道姑发还原籍出
嫁,其庵寺房屋土地尽数入官。十四年,大兴隆寺毁,令永不许复
并;大慈恩寺一应修斋俱革,僧徒听告就各寺依住,有归化者量给
原寺田亩,仍免差徭六年。十六年,题准各该有司钦遵圣谕,化正
僧徒,愿自还俗者,听其自求安便;各处寺院年久宫殿,任其颓坏,
不许修葺;民间幼童不许舍入为僧,私自披剃,如有此等,罪其父母
及其邻佑。二十二年,令毁大慈恩寺"②。这是一百五十余年间朝
廷坚持实施限制寺院发展政策的概况。明、清时期对于创建寺院

①《宋史》卷四六《度宗本纪》,第913—914页。
②《礼部志稿》卷三四。

从多方面进行有效掌控,有两个时期佛寺所受打击十分严重。一是前引文提到的明嘉靖年间,世宗好道,受到道士挑唆,曾大规模地破坏僧寺尼庵;再是十九世纪中叶的太平天国运动,以"拜上帝会"名义起事,活动十四年,横扫十八行省,所到之处破坏偶像,捣毁寺庙。本来已经衰败的佛教受到这样两次严重打击,更衰弊不堪了。

　　第二方面限制度僧,严格度牒制度。僧团本应是自然人自愿结合的"方外"群体。出家受度,本应决定于个人和僧团双方意愿,世俗不得干预。据考南北朝时期已有度牒,当与朝廷登记僧尼名籍有关。当时也已出现沙汰僧尼的个别事例。但从总体情况看,度僧基本不受限制,所以北朝寺院与僧团才能膨胀到那样大的规模。唐代开始严格实行度牒制度。因为由祠部发给,又称祠部牒①。这表明至此度僧权限已完全操之于朝廷和官府。有此制度,朝廷才得以采取强制清理僧团的措施。唐玄宗即位之初,任用姚崇、宋璟等贤明大臣,即曾大规模沙汰僧尼:开元二年春正月,"紫微令姚崇上言请检责天下僧尼,以伪滥还俗者二万余人"②;另一方面又有诏限制私度,开元十九年有诏:"夫释氏之教,义归真寂,爰置僧徒,以奉其法,而趋末忘本,去实摭华,假托方便之门,以为利养之府,徒蠲赋役,积有奸讹,至使浮俗奔驰,左道穿凿,言念净域,浸成道奸,非所以叶和至理,弘振王猷,宜有澄清,以正风俗。朕先知此弊,故预塞其源,不度人来向二十载。访闻在外有三十已下小僧尼,宜令所司及府、县括责处分"③。唐朝廷对僧团最严重的打击当然是武宗毁佛。北宋度僧规定一仍唐代旧俗,并更趋严格:度僧与传戒一般只是在皇帝诞辰或吉庆日举行;出家先需在祠部登录,经考试合格方发给度牒;受具足戒时仍需检验祠部授予的戒牒。

---

①参阅田光烈《度牒》,中国佛教协会编《中国佛教》第二辑,知识出版社,1982年。
②《旧唐书》卷八《玄宗本纪上》,第172页。
③《不许私度僧尼及住兰若敕》,《唐大诏令集》卷一一三《政事·道释》。

度僧人数也有严格限制，宋初岁度千人；至开宝（968—976）中，僧尼百人岁度一人，试经三百纸合格，"仍令尚书祠部专切检点，如有额外度人者，并须退落"①；至道元年（995）更增至三百人度一人，试经达五百纸。后来具体规定虽屡有更动，但严格限制度僧的精神不变。南宋时期，由于抗金用兵，急需筹措军需，曾大规模地出卖度牒，造成寺院填溢、僧徒猥滥。元代大德元年（1297）中书省臣同河南平章字罗欢等上言："富户规避差税冒为僧道，且僧道作商贾有妻子与编氓无异，请汰为民。宋时为僧道者，必先输钱县官，始给度牒，今不定制，侥幸必多……"②可见宋时纳钱购买度牒曾是定例。金章宗明昌元年（1190）"（正月）戊辰，制禁自披剃为僧道者"③。元代有规定，只有平户丁多差役不缺和有昆仲侍养父母者方允许出家剃度。明代度僧更加严格，"洪武十七年礼部尚书赵瑁言：'自设置僧道二司，未及三年，天下僧道已二万九百五十四人，今来者益多，其实假此以避有司差役。请三年一次出给度牒，且严加考试，庶革其弊。'从之"④。后来改为十年一度："凡度僧，以十年一度，在京行童从本寺具名，在外从僧纲等司，造册给批，俱从本司，转申礼部本部官，仍同礼科官考试，能通经典者给与度牒。其僧人额设，府不过四十人，州三十人，县二十人"；"凡僧人给授度牒，洪武二十五年（1392）令本司造周知册，自在京及在外寺院，僧名以次编之。其年甲、姓名、字行及始为僧年月，与所授度牒字号，俱载于僧名之下，颁示天下僧寺。凡游方行脚至者，以册验之，其不同许获送有司，解至京治以重罪。容留者罪如之。其后不造岁久，仍有诈伪者。至正统五年，复照旧造"⑤。明代对私度处罚极其

———————————

① 《限数度僧尼诏》，《宋大诏令集》卷二二三《政事·释道》。
② 《元史》卷一九《成宗本纪二》，第 415 页。
③ 《金史》卷九《章宗本纪一》，第 213 页。
④ 《礼部志稿》卷八九《僧道备考·僧道禁令》。
⑤ 《明会典》卷一七八《僧录司》。

严厉，"永乐五年(1407)正月，直隶及浙江诸郡军民子弟私披剃为僧，赴京冒请度牒者千八百余人，礼部以闻。上怒甚曰：'皇考之制，民年四十以上始听出家。今犯此禁，此是不知有朝廷矣。'令悉付兵部编军籍，发戍辽东、甘肃"；"永乐六年六月，命礼部移文中外，凡军民子弟僮奴自削发为僧者，并其父兄送京师，发五台山输作，异日就北京为民种田及卢龙牧马，寺主僧擅容留者，亦发北京为民种田"；"永乐十六年，上以天下僧道多不通经典，而私簪剃，败辱教门，命礼部定通制，今后愿为僧道者，府不过四十人，州不过三十人，县不过二十人，限年十四以上，二十以下，父母皆允，方许陈告。有司行邻里保勘无碍，然后得投寺观从师受业。俟五年后诸经习熟，然后赴僧录道录司考试，果谙经典，始立法名，给与度牒。不通者罢还为民。若童子与父母不愿，及有祖父母、父母无他子孙侍养者，皆不许出家。有年三十四十以上，先曾出家而还俗及亡命黥剌者，亦不许出家，若寺观住持不检察而容留者罪之。仍命礼部谕天下"。至崇道的世宗"嘉靖十年(1531)闰六月，礼部……议拟通行缉事衙门、巡视御史，转行该各府州县，严加禁约：寺观不许仍收行童，私自簪剃，寄名出家，逃避差役。如有私创寺观庵院，即与拆毁入官，亦不许与人修斋设醮，并奏青词、燃点天灯等项，仍照依近奉敕谕事理。僧道除正额，府不过四十名，州不过三十名，县不过二十名外，其余有度牒者化正还俗，无度牒查革为民当差"①。万历"十二年(1584)十二月，严私行披剃之禁。户部尚书王遴言：洪武二十七年，禁僧、道募化，私创庵堂者戍；永乐元年，禁军民私自披剃者戍。今邪教盛行，私会香钱者，借贷典卖，以应民俗，奈何不穷且盗也。今后凡披剃，年四十以下，并无度牒者，放归农，或递还本籍，或收入里户；私会者，坐以左道惑众之律。帝命议行"②。清

①《礼部志稿》卷八九《僧道备考·僧道禁令》。
②《续文献通考》卷一三六《刑考·刑制》。

代入关前的天聪六年(1632)已经实行度牒制度,规定僧、道不许买
人为徒,违者治罪。入关伊始的顺治年间,制定对于僧尼的管理办
法,一依明朝制度。当时即有诏严禁私度,实行纳银发给度牒办
法,并限制在京城内外创建寺庙。直到乾隆三十九年(1774),有敕
废止实行千余年的度牒制,僧、道只需凭戒牒表示身份,但当时无
知僧尼多只着意谋取衣食之资,整个佛教已经相当衰败了。

　　第三个方面是限制僧人活动。作为"三宝"之一的"僧宝"失去
了高贵、超然的品格,不仅受到世俗法律和内律的双重约束,他们
的宗教活动也经常受到限制。南北朝以来士大夫结纳僧道已是传
统,高门士族更蓄养家僧成风,僧尼广泛活跃于社会各个领域。但
唐开元二年(714)七月十三日和二十九日朝廷连续有敕:"如闻百
官家,多以僧、尼、道士等为门徒往还,妻子等无所避忌。或诡托禅
观,祸福妄陈,事涉左道,深斁大猷。自今已后,百官家不得辄容
僧、尼等至家。缘吉凶要须设斋者,皆于州县陈牒,寺观然后依数
听去";"佛教者在于清净,存乎利益。今两京城内,寺宇相望,凡欲
归依,足申礼敬。如闻坊巷之内,开铺写经,公然铸佛。自今已后,
村坊街市等不得辄更铸佛写经为业。须瞻仰尊颜者,任就寺礼拜;
须经典读诵者,勒于寺赎取。如经本少,僧为写供。诸州寺观,亦
宜准此"[1]。唐代宗宝应元年(762)八月又有《条贯僧尼敕》:"道释
二教,用存善诱,至于像设,必在尊崇。如闻州县公私,多借寺观居
止,因兹亵渎,切宜禁断,务令整肃。其寺观除三纲并老病不能支
持者,余并俾每日二时行道礼拜,如有弛慢,并量加科罚。又崇敬
清净,礼避嫌疑,其僧、尼、道士非本师教主及斋会礼谒,不得妄托
事故,辄有往来,非时聚会。并委所由长官勾当。所有犯者,准法
处分。亦不得因兹搅扰,分明告示,咸使知悉。"[2]此后历朝对僧人

---

[1]《唐会要》卷四九《杂录》。
[2]《唐大诏令集》卷一一三《政事·道释》。

管束逐渐形成定制。元大德元年(1297)六月,"诏僧道犯奸盗重罪者,听有司鞫问";次年,"诏僧人犯奸盗诈伪,听有司专决,轻者与僧官约断,约不至者罪之"①。到元代末年,各地反抗朝廷的起事此起彼伏,朝廷统治形势危机,对僧人处置更为严酷,如顺帝元统二年(1334)正月敕:"癸卯,敕僧道与民一体充役。"②至正二年(1342)"六月戊申,命江浙拨赐僧道田还官征粮,以备军储"③。至正十五年,"江浙臣奏言:'……其寺观并拨赐田粮,十月开仓,尽行拘收……'"④。明代开国皇帝朱元璋幼年在家乡濠州(今安徽凤阳)做过和尚,经过农民战争夺取天下,曾利用过佛教和民间宗教的力量。作为一个对社会、民情有深刻了解的政治家,对佛教亦有相当理智的认识。他一方面重视佛教对于教化愚顽、辅助政治的作用,另一方面尽管对于佛教怀抱一定感情,却没有成佛证果的迷信。特别是经过残酷的战争和政争的锻炼,更使他认识到修明政刑才是致治的要务。这样,一方面"帝自践阼后,颇好释氏教,诏征东南戒德僧,数建法会于蒋山,应对称旨者辄赐金襕袈裟衣,召入禁中,赐坐与讲论"⑤;但另一方面由于他对于佛教内部腐化窳败情形多所了解,所以自开国初期施加管束就相当严厉。明代以下诸帝也延续同样办法:"永乐十年(1412)谕礼部,天下多不守戒律,民间修斋诵经无诚心,甚至饮酒食肉,游荡荒淫,又有无知愚民,妄称道人,鼓惑男女,杂处无别,败坏风化,悉禁之。""宣德七年(1432)三月,申严僧人化缘之禁。上谓都御史顾佐曰:佛本化人为善,今僧人多不守戒律,务祖风,往往以创寺为名,群骛佛像,遍历州郡化缘,所得财物,皆非礼耗费。其申明洪武中禁令,违者必罪之。""成

①《元史》卷一九《成宗本纪二》,第 412、418 页。
②同上卷三八《顺帝本纪一》,第 820 页。
③同上卷四〇《顺帝本纪三》,第 864 页。
④同上卷四四《顺帝本纪七》,第 925 页。
⑤《明史》卷一三九《李仕鲁传》,第 3988 页。

化十四年(1478),命禁约游僧。监察御史陈鼎奏:自成化二年起至十二年,共度僧、道一十四万五千余人,而私造度牒者尚未知其数。此辈游食天下,奸盗诈伪,靡所不为,使不早为处置,大则啸山林,谋为不轨,小则兴妖言,扇惑人心,为患非细。今苏州等处累获强盗,多系僧人。乞敕所司禁约。礼部覆奏,命通天下禁之。"①清代因为民间教派兴盛,成为社会动乱重要根源。特别是清初,反清复明活动多借用教派形式,政府对于宗教事务更保持高度警惕,同样沿袭明代的严格处置办法。

　　以上这些管制佛教的做法,实际是中国专制政治体制长期处理宗教事务总结出来的,也是唐、宋以来以皇权为中心的中央集权政体更加完善的体现。一方面对于佛教保护优容、崇重有加,积极地引导它起到诱导愚氓的作用;另一方面又严加管束,避免它走上妨碍、损害统治权威和秩序的轨道。而从宗教自身发展看,这也成为促使它更深刻地世俗化的缘由。而宗教的世俗化固然有助于扩展它的影响,却也损伤以至剥夺了它应有的神圣性质,大为降低了它的思想理论水平。如此对于宗教精神的损伤,从长远看对民族精神和民族文化的影响是相当巨大的。

三

　　唐五代宗派佛教极度兴盛,但也把作为外来文化载体的佛教精义发挥略尽。宋代理学兴起,扬弃佛教在思想、理论上有价值的创获,从而剥夺了它在文化上的优势。当然如前所述,佛教依靠其千余年积累的思想、文化方面的资源,仍然在学术、文化、艺术诸领

———————

① 《礼部志稿》卷八九《僧道备考・僧道禁令》。

域直接或间接地发挥相当大的影响。而在实际生活中,佛教则向教理更简单、形式更低俗的"禅、教合一"、"禅、净合一"的方向发展。不过这时的禅已经失去了当初那种大胆创造的蓬勃生机,严重地贵族化、形式化了。如惠洪所批评的:"天下禅学之弊极矣,以饱食熟睡、游谈无根为事。"①明初的宋濂也批评当时禅宗情形说:

> 第近年以来,传者失真,澜倒波随,所趣日下。司法柄之士复轻加印可,致使鱼目浑珍,扬眉瞬目之顷,辄曰彼已悟矣,何其易悟哉! 人遂诮之为瓠子之印。非特此也,五家宗要,历抄而熟记之,曰此为临济,此为曹洞、法眼,此为沩仰、云门,不问传之绝续,设为活机,如此问者即如此答,多至十余转语,以取办于口,名之曰传公案。②

宋代以后,虽然禅宗诸宗的宗统名义上都各有传人,但对于宗义既绝少发挥,宗风也普遍地谫陋、庸俗。净土信仰更注重修行实践,从教义看本来十分简单。昙鸾、道绰、善导等人提倡"易行道"的念佛法门,理论色彩十分淡薄,使它得以在更广大的群众阶层普及。蒋维乔指出:

> 念佛宗,宋代以后,流传颇广;非但独立一宗,凡抱天台、华严乃至禅宗宗旨之人,以期念佛往生,或劝人念佛者;其人甚多,不遑枚举。③

贵族化、形式化的禅与这种简单的念佛法门相结合,使得佛教自身的文化层次愈加低落,演变为檀施供养、消灾祈福的通俗信仰了。如果说在这以后的数百年间,佛教在文化领域还存有生机,主要得力于一批士大夫居士的护持;当然佛门中也陆续出现一些杰出人

---

①《题华严纲要》,《石门文字禅》卷二五。
②《楚石禅师六会语序》,《宋学士文集》卷八。
③《中国佛教史》第 257 页,上海古籍出版社,2004 年。

物。不过从总体看，佛教发展的总体趋势是每况愈下了。

　　唐代的宗密已经表现出相当明确的"禅、教合一"倾向。晚唐五代禅门中人也不乏努力向"教下"复归的。如法眼文益的思想就明显融入了华严教理。五代以后，"禅、净合一"逐渐形成潮流。著名禅师如法眼宗三世永明延寿（904—975）受到吴越王钱俶礼请，住杭州永明寺，一生度弟子一千七百，受戒众万余，奉敕所建六合塔，至今仍是杭州名胜。他著述宏富，有《宗镜录》、《万善同归集》传世。《宗镜录》取义"举一心为宗"，"照万法如镜"，所阐述"教是《华严》，宗是达摩，因《华严》示一心广大之文，达摩标众生心性之旨，其实是发扬了法眼的宗旨"①。这部书广引大乘经一百二十种，禅宗祖语一百二十种，圣贤集六十种，有很高的文献价值。教理上基本是发挥宗密分大乘为法相、破相、显性三教的理论，归纳出"'唯心'、'观心'、'归心'之三心说，便是延寿整合禅、教、净各宗的理论基础"②。他提倡的"安然入道"的途径是：

　　　　或因念佛而证三昧，或从坐禅而发慧门，或专诵经而见法身，或但行道而入圣境。但以得道为意，终不取定一门，惟凭专志之诚，非信虚诞之说。③

这样他统合诸宗，而唯重"专志之诚"，又特别重视修习净土。他倡导念佛法门说：

　　　　教有明文，唱一声而罪灭尘沙，具十念而形栖净土。拯危拔难，殄障消冤，非但一期暂拔苦津，托此因缘终投觉海。④

他住永明寺的时候，以一百八事为每日常课，晚间往南屏山顶行道

---

①巨赞《延寿》，中国佛教协会编《中国佛教》第 2 辑第 238 页。
②麻天祥《中国禅宗思想发展史》第 64 页，湖南教育出版社，1997 年。
③《万善同归集》卷上，《大正藏》第 48 卷第 964 页上。
④同上第 962 页上。

念佛。后来南宋志磐组织净土宗法系,以慧远、善导、承远、法照、少康、延寿、省常为莲社七祖。永明延寿以一代禅宗宗师地位,把禅悟与念佛统一起来,有力地推动了"禅、净合一"的潮流。在他以后,云门宗天衣义怀(993—1064)、圆照宗本(1020—1099)等都以禅、净双修著称。义怀再传弟子长芦宗赜于元祐(1086—1094)中居真州长芦山,遵庐山之规建莲华盛会,普劝僧俗,修习念佛。后来宗晓编《乐邦文类》,他也被楷定为莲社宗祖之一。在这些有重大影响的禅宿的倡导下,"念佛禅"逐渐演变成为禅宗的一个主流。

元代统治者尊崇藏传佛教,崇尚有为功德,使得汉地佛教包括禅宗相对凋落。当时对于振兴禅宗有贡献的是临济宗的中峰明本和天如惟则师弟子。明本活跃在元武宗、仁宗、英宗三朝,朝廷赐号"佛慈圆照广慧禅师",俗弟子中包括宰相脱欢、丞相别不花等王公贵胄,也有赵孟頫、冯子振等著名文人。他作为禅宗学人,主张妙悟本心,又把见性的唯心净土和净土宗的极乐净土等同起来,把参禅和念佛统一起来。他著名的一句话是:

> 禅者净土之禅。净土者禅之净土。①

他又说:

> 殊不知参禅要了生死,而念佛亦要了生死。原夫生死无根,由达本性而生焉。若洞见本性,则生死不待荡而遣矣。生死既遣,则禅云乎哉? 净土云乎哉?②

他曾作《劝修净土偈》一百零八首。"禅、净合一"成为元代汉传佛教的强大潮流,中峰一系学人起了很大作用。

明初的楚石梵琦和明末再度振兴佛教的所谓"四高僧"云栖袾宏、紫柏真可、憨山德清、蕅益智旭等,所属宗派不同,在佛教教学

---

① 蕅益《净土疑辨》,《大正藏》第 47 卷第 420 页上。
② 《天目中峰和尚广录》卷五下。

方面也都体现了综合倾向,除真可外又都大力鼓吹净土法门。

楚石梵琦(1296—1370)活跃在元末明初,是临济宗人,明人称他为"国初第一宗师"。元泰定年间(1324—1328),膺宣政院之命出世,历主江南大寺,多有拯救创建之功,元朝廷赐以"佛日普照慧辩禅师"之号。他一时颇有盛名,宋濂曾相与谈玄。入明,他不顾年迈,钦奉圣旨,于南京蒋山主持水陆法会,有"将此深心奉尘刹,是则名为报国恩"①之语。这是利用《楞严经》里的话,只是把"报佛恩"改为"报国恩"②。改动这一字,典型地表现了他对于世俗统治体制的驯顺姿态,这也成为后来佛门口头禅。他谈禅发扬临济激烈宗风,所谓"性觉妙明,亘古今而不变;本觉明妙,在迷悟而皆如"③,这是"真心"说。但他又兼容华严法界圆融观念,最终则归趣净土,宣扬"教是佛口,禅是佛心"的禅、教合一思想。以他在世俗和教内双重地位,相当程度上决定了一代佛教发展的方向。

陈垣指出:"盖明自宣德(1426—1435)以后,隆庆(1567—1572)以前,百余年间,佛教式微已极,万历以来,宗风稍振。"④这一期佛教的式微,与朝廷提倡理学有直接关系;而万历以后宗风得以振兴,主要体现在"四高僧"的活动。这可算是中国佛教衰落期起衰济弊的一次努力,也给它在文化领域发挥影响提供了一次机运。

云栖袾宏(1535—1615)精于华严学,在华严宗里被尊为宗密下第二十二世,而一生的活动又以弘扬净土法门为主,被推尊为莲宗八祖。他坚持教与宗可以两立的立场,说:

> 若人持律,律是佛制,正好念佛;若人看经,经是佛说,正好念佛;若人参禅,禅是佛心,正好念佛。⑤

---

① 《楚石梵琦禅师语录》卷二〇《水陆升座》,《续藏经》第 71 册第 658 页中。
② 《楞严经》卷三,《大正藏》第 19 卷第 119 页中。
③ 《楚石梵琦禅师语录》卷二〇《书楞严经》。
④ 《释氏疑年录》第 370 页,中华书局,1964 年。
⑤ 《云栖净土汇语·开示》卷三,《续藏经》第 62 册第 3 页上。

他的念佛法门又以"易行"的"持名"为主。所著《阿弥陀经疏钞》总持圆顿诸经,融会事理,归于一心,又以戒为根本,其中说:

> 今此经者,崇简去繁,举要该博,更无他说。单指持名,但得一心,便生彼国。可谓愈简愈妙,愈妙愈玄,径中径矣。①

这样,禅、净双修,不出一心。他有《竹窗三笔》等笔记体著作,文字雅驯可读,宣扬儒、释调和之旨,流传颇广。

憨山德清(1546—1623)早年习儒,出家后曾在五台山修行,得到盛名,受到朝廷宠重。后来得罪内官,以"私创寺院"罪名被捕,流戍岭南。他法系也属华严,又专事参禅,晚年住曹溪南华寺,被称为曹溪中兴祖师。他内、外博通,不主一宗一派,虽致意于华严,又极力倡导禅、净一致之说。他说"念佛、参禅,兼修之行,极为稳当法门"②。而他的念佛法门是:

> 今所念之佛,即自性弥陀;所求净土,即唯心极乐。诸人苟能念念不忘,心心弥陀出现,步步极乐家乡,又何必远企于十万亿国之外别有净土可归耶?③

德清颇有词华,热衷文事,主张儒、佛、道三教调和。他提出"为学有三要:所谓不知《春秋》,不能涉世;不精《老》、《庄》,不能忘世;不参禅,不能出世"④。这也是三教各有所用的新提法。

蕅益智旭(1598—1654)幼好儒学,曾发誓灭佛、老,十七岁偶然读到袾宏《自知录》和《竹窗随笔》,有所反省;二十四岁出家,究心天台;但以深谙诸宗流弊,不肯为台宗子孙。他潜心教理,著述极丰,达六十余种一百六十四卷,对禅、教、律都有相当深入的研

①《续藏经》第 22 册第 62 页中。
②《示刘存赤》,《憨山老人梦游集》卷五,《续藏经》第 73 册第 490 页中。
③《示优婆塞结社念佛》,《憨山老人梦游集》卷二,《续藏经》第 73 册第 474 页上。
④《学要》,《憨山老人梦游集》卷三九,《续藏经》第 73 册第 746 页中。

究。他认为"禅者佛心，教者佛语，律者佛行……不于心外别觅禅、教、律，又岂于禅、教、律外别觅自心，如此则终日参禅、看教、学律，皆与大事大心正法眼藏相应于一念间"①。他在践行方面把禅、教、律三学统合，而皆指归念佛，以净土念佛总摄全部佛教。他重视《阿弥陀经》，作《弥陀要解》，按天台大师解释《法华》五重玄义的办法，以此经能说所说人为名，实相为体，信愿持名为宗，往生不退为用，大乘菩萨藏无问自说为相，对于往生净土的信、愿、行作了更细致的发挥。后人把他推尊为净土九祖。他的思想受到儒家影响处甚多，认为儒家圣人都是菩萨化现，儒家著述都是方便说法。他是以儒释佛的又一种典型。

紫柏真可（1543—1603），字达观，晚号紫柏。他出家后，学无定师，遍访广参。他本来精研相宗，但对各宗宗义又取调和态度。他儒、释兼通，学、行兼备，名儒管东溟、冯梦祯、汤显祖等一时知名之士多与之交。他颇关心世事，因而受到东厂宦官的疑忌，牵连进万历朝立储的"妖书案"而被害。他很重视文字经教，认为不通文字般若，就不可能契会般若实相。他曾修复北京房山石经山静琬塔院；并以明《北藏》校明《南藏》，创刻方册藏经成《径山藏》。他对于禅家机缘和念佛往生取批判态度，在当时是颇显特立独行之风的。

如前所述，中唐时期的宗密一身而兼祧禅与华严，已经开"禅、教合一"先河；南唐法眼宗创始人文益也把华严教理融入禅解之中。他们都力图纠正当时禅宗里毁经灭教、流荡忘返之风。而把华严法界观与禅的清净自性相统合，正给宋儒的理学提供了理据和思路。宋初又有天台宗智圆和禅宗契嵩援儒以入释，力图把儒学和佛教统合起来，也给宋儒借鉴佛说提供了依据，下面将有专章介绍。这些在思想理论上都具有创新的价值与意义。而如上述宋、明这些提倡"禅、净结合"的佛门精英，虽然道行不可谓不精，学殖不

————————
① 《灵峰宗论》卷二之三。

可为不厚,但思想上却普遍缺乏创造性,理论系统更显得混淆,尽管当时取得的声望甚隆,但从佛教教学方面看却少有重大建树。本来佛教输入中国这样思想文化高度发达的环境之中,具有一定理论优势是其生存、发展的重要条件之一。宋代之后教理单薄的"禅、净一致"佛教成为主导潮流,这方面的优势也就逐渐丧失了。

这一阶段的佛教有两个值得注意的现象。一是居士阶层活跃,士大夫中有一批杰出人物与佛门保持密切关系。上面已说到赵孟頫等人与中峰明本的交谊。明末士大夫逃禅之风甚盛。宋应昌、陆光祖、冯梦祯、陶望龄、"公安三袁"等都是云栖袾宏的俗弟子;紫柏真可的门下有瞿汝稷、汤显祖、王肯堂等人;与憨山德清交好的则有钱谦益、董其昌、屠赤水、吴应宾等。陈垣说:

> 万历而后,禅风寖盛,士夫无不谈禅,僧亦无不欲与士夫结纳。

他引用王元翰《凝翠集·尺牍》,中有云:

> 其时京师学道人如林,善知识则有达观、朗目、憨山、月川、雪浪、隐庵、清虚、愚庵诸公,宰官则有黄慎轩、李卓吾、袁中郎、袁小修、王性海、段幻然、陶石篑、蔡五岳、陶不退、蔡承植诸君,声气相求,函盖相合,至今屈指二十三年矣。[1]

"明末四高僧"都热心结纳官僚士大夫,更推动了居士佛教的发展。晚明时期遂成为中国佛教史上居士佛教十分兴盛、也是水平相当高的时期。明末清初易代之际,更有不少士大夫"遗民"栖托佛门。陈垣的《明季滇黔佛教考》一书对于滇黔一地的情形有详尽描述。不过认真考察这一现象就会发现,居士佛教的兴盛固然体现出佛教振兴的气象,却又突显出佛教僧团的衰败;而当时士大夫热衷佛教特别是禅宗,许多并不注重佛理的探讨和发挥,而只是借用机缘

---

[1]《明季滇黔佛教考》第 129 页,中华书局,1989 年。

来表达个人的心境和情绪而已。僧俗间这种调和三教,禅、教、净、律相混合的佛教,归根到底仍体现了佛教衰败的大趋势。

再一个现象是一些高级僧侣参与政治活动。当初武则天利用僧人作为篡权助力,被看作是政治弊端。宋、元以来名僧干政或从政,却往往被视为佛门荣耀。两宋之际临济宗的大慧宗杲积极参与抗金斗争,是爱国行动,是值得赞许的。元代喇嘛教高僧被拜为"国师",在朝政上直接发挥巨大影响,却成为巩固朝廷统治的工具。当时汉传佛教僧人如万松行秀(1166—1246)、楚石梵琦也都曾倍受元朝廷崇重。元初有刘秉忠(1216—1274),初名侃,出家法号子聪,忽必烈在潜邸时招在左右,曾上书数千言,论天下大事,元朝立国后官拜太保,参领中书省事。他为官后恒居佛寺,清简自洁。又明初道衍(1335—1418)辅助成祖朱棣起兵夺取帝位,为军师;成祖即位后被任命为僧录司左善世;永乐二年又被任命为太子少师,不拜,惟受章服,复姓姚,名广孝。他常居庆寿寺,冠带而朝,居则仍还缁衣。他颇有著述,并受命监修《永乐大典》。刘秉忠和姚孝广兼有名僧、宰官双重身份,成为僧人参政的特殊现象。而如此一来,僧人不仅以佛事为朝廷服务,更直接作为朝廷臣仆了。这些人得到朝廷器重,实际也是世俗统治对于佛教实现全面控制和管辖的又一种表现。

四

宋代以后,"禅、净合一"的佛教急剧地通俗化或者说是"民俗化"了。在修持实践法门基础上形成的禅与净土这两个宗派,本来都以宗义单纯、修持方法简单为特征。法国著名汉学家戴密微曾说:

> 禅宗在中国和远东国家势力巨大。为什么呢？因为它能协调中国文化中几个最典型的方面：儒家的"仁"，道教的"无政府主义"，非智识性地认识世界，对抽象的厌倦，对大自然的顺应。[1]

禅本是所谓"适合中国士大夫口味的佛教"[2]，在向更广泛的社会阶层传播的过程中逐渐通俗化；而净土信仰本来就具有更广泛的群众性，对于民众来说，无论是精神层次上的慰藉还是现实层次上的福利，都期望通过净土信仰实现。而在观念上，禅与净土信仰又都易于与本土伦理相调和。宗教活动本来是千千万万群众的实践活动，通俗化或民俗化是其生命力的重要源泉。在宋、元以来佛教逐渐衰败过程中，教理单纯、修持简单的"禅、净合一"佛教普及到广大民众中，也为其存在争取到十分广大的空间。明谢肇淛分析当时佛教发展形势说：

> 今之释教殆遍天下，琳宇梵宫盛于黉舍，唪诵咒呗嚣于弦歌，上自王公贵人，下至妇人女子，每谈禅拜佛，无不洒然色喜者。然大段有二端。血气已衰，死生念重，平生造作罪业，自知无所逃窜，而藉手苦空之教，冀为异日轮回之地，此一惑也。其上焉者，行本好奇，知足索隐，读圣贤之书，未能躬行实践，厌弃以为平常，而见虚无寂灭之教，闻明心见性之论，离合恍惚，不着实地，以为平生未有之奇，亘代不传之秘，及一厕足，不能自返……此又一惑也。先之所惑，什常七八；后之所惑，百有二三。其于释氏宗旨尚未得其门户，况敢窥其堂奥哉！至于庸愚俗子，贪生畏死，妄意求福，又不足言矣。[3]

---

①《中国历史上的"会昌灭佛"》，邓文宽、吕敏译，《法国汉学》编辑委员会编《法国汉学·宗教史专号》第 7 辑，第 74 页，中华书局，2002 年。
②范文澜《中国通史简编》（修订本）第 3 编第 2 册第 601 页，人民出版社，1965 年。
③《五杂组》卷八《人部》，第 158—159 页，上海书店出版社，2001 年。

这里反映的情况是真实的。这里说的前"一惑"求净土,后"一惑"谈禅,实则从一定意义上又都是远离真正佛教门户的。不过就历史发展说,这种通俗化的信仰可以满足民众的"终极关怀",在教化方面又正可以与当世盛行的理学相互补充。

佛教"通俗化"的一个重要表现是与儒家圣人之道、道教的神仙信仰相合流。自六朝时期起,道教已经把佛教某些神祇如观音纳入到自己的神仙谱系之中,以致出现"观音侍老"现象①。而在民众一般观念里,佛、菩萨则逐渐被赋予一般民间善神、福神的品格。一个具有象征意义的现象是出现许多同时供奉三教造像的寺庙。例如山西浑源县南五公里处恒山下的悬空寺,始建于北魏,在背西面东的峭壁上,分三层建筑殿堂,上中层是如来殿、太乙殿、关帝殿等,下层是三官殿、纯阳宫、观音殿、释迦殿、老子殿、孔子殿等,大小殿堂四十多间。这典型地反映了三教交融状况。四川大足石刻里有著名的宋代三教同堂造像,亦清楚地反映了当时三教调和的大趋势。较后期这方面具有代表性的建筑,如建于明成化年间(1465—1487)、经清康熙重修的山西右玉县城关镇宝宁寺,现存山门、中殿和后殿,中殿原有水陆画一堂(现已移藏山西省博物馆),儒、释、道各教人物齐集;山西长治市梁家庄观音堂,始建于万历十年(1582),有造像700余躯,下层坛上为佛像,中层梁架上有老子、孔子、释迦三祖师像,南墙及正面南部第四层以上为数十尊道教造像。这些都表明,在一般民众观念里,儒、释、道各路尊神已经被同等对待了。特别是儒家圣人也被当作神祇,则是民间信仰中儒家被"宗教化"的体现。在明、清时期民众的观念里,对待佛教的观音和道教的玉皇大帝、西王母以及民间俗神如关帝、城隍、灶王等已

①在后来的道书如《性命圭旨》里也把观音密咒纳入其中,并说:"若人书写六字大明咒者,即同书写三藏法宝。若人持念六字大明咒者,即同讽诵七轴灵文。又能开智慧门,能救百难苦,三世业冤,悉皆清净,一切罪障,尽得消除。"在后来道教的法事道场里,"观音经忏"也是内容之一。

经基本不加区别了。

　　信仰"通俗化"的另一个重要表现，是更为明确和单纯的功利性质。中国人的宗教观念本来是重功利的。而在民间，祈求救苦与乐，例如避灾避祸、救治疾患、保佑平安等等切近的现世福利更是信仰的主要原动力。所谓"三教合一"，基本是"以佛教的因果轮回之说为压力，以道家的修炼内丹、包括斋醮、符咒、卜卦、气功、疗病等巫术为吸引，以儒家的伦理道德为行为规范和处事原则"①。在南北朝至隋唐时期的造像记里，民众信仰的这一特征已得到相当清楚的体现。宋代之后，民众间佛教信仰的功利性质表现得更为直接和突出。例如观音信仰：唐、宋时期观音作为家庭守护神的观念已相当普及。宋代一种变形观音白衣观音流行②，谢肇淛记载：

　　　　大士变相不一，而是所崇奉者白衣为多，亦有《白衣观音经》，云专主祈嗣生育之事。此经大藏所不载，不知其起何时也。余按《辽志》有长白山，在冷山东南千余里，盖白衣观音所居。其山鸟兽皆白，人不敢犯，则其奉祀从来久矣。③

后来这种观念更为强化，以致明、清时期"家家观世音，户户阿弥陀"成为风俗，观音和灶王一样被当作守护家庭平安的神明，普及到每个家庭中受供养。这种以家庭为单位的信仰形态，也保证了信仰的持久的生命力。各地观音信仰的风习更清楚反映了这种重功利的特征：旧时吉林白山四月二十八日有庙会，"求嗣者诣观音

---

① 赵世瑜《狂欢与日常——明清以来的庙会与民间社会》第 29 页，生活·读书·新知三联书店，2002 年。
② 邓之城《骨董续记》卷二引龚明之《中吴纪闻》卷四谓"慧感夫人，旧谓之圣姑，或以为大士化身，灵异甚著"，"曰圣姑，曰众圣，皆非佛徒所宜有，故世有疑为圣玛丽亚者，谓景教经禁后，尚传于民间也"，第 331—332 页，中国书店，1991 年。
③ 《五杂组》卷一五《事部》，第 304 页。

阁,赂庙祝,于莲座下取纸糊童子一,归家后置褥底,俗谓梦熊可操左券"①;江苏以二月十九为观音圣诞,"士女骈集殿庭炷香,或施佛前长明灯油,以保安康;或供长幡,云求子得子。既生小儿,则于观音座下,皈依寄名,可保长寿"②;青浦黄渡镇有祖师堂,供养送子观音,"妇女之无子者……烧香告祷,并暗中将送子观音之绣花鞋偷去一只,云即能生子。唯生子以后,须寄给与送子观音为干儿子"③。如此等等,类似风俗遍及全国各地,不少沿袭至今。送子信仰特别受到欢迎,正适应中国民众重视子嗣的心理需要,信仰的实际功利目的更为明显。寺庙里一般都建有专门供奉观音的观音殿、大悲阁等,各地大大小小的观音庙更不计其数。清代北京白衣庵、观音院、大悲坛、紫竹林等"庙宇不下千百"④;河北鸡泽一地观音堂和送子娘娘庙散布在各村庄即达60多座⑤。各地盛行观音法会,如扬州二、六、九月观音圣诞,"结会上山,盛于四乡,城内坊铺街巷次之"⑥;佛山六月十九日"妇女竞为观音会,或三五家,或十余家,结队醵金钱,以素馨花为灯,以露头花为献,芬芳浓郁,溢户匝途"⑦;苏州吴县二月十九日"观音诞,僧尼建佛会,妇女炷香膜拜者尤众"⑧。同样如地藏信仰,农历七月三十日传为地藏诞辰,苏州风俗,"(七月)十五日为'中元',僧尼道俗为盂兰盆会,又为'三官诞',七子山香火最盛。晦日为'地藏诞',放河灯,烧地(藏)香,妇女烧香开元寺,脱红裙,谓忏产事"⑨。地藏本来管领地狱,却与妇

---

①《中华全国风俗志》下篇卷一《吉林》。
②同上卷三《江苏》。
③同上卷五《江苏》。
④潘荣陛《帝京岁时纪胜》"观音会"条。
⑤《(乾隆)鸡泽县志》卷六《坛祠》。
⑥李斗《扬州画舫录》卷一六。
⑦《(道光)佛山忠义乡志》卷五《乡俗志》。
⑧《(民国)吴县志》卷五二《舆地·风俗》。
⑨《(光绪)苏州府志》,《中国地方志民俗资料汇编·华东卷(上)》第370页。

女生产关联上。因此九华山作为地藏菩萨道场,安徽、江西、江苏、湖北等地群众纷纷上山进香,明朝时"远近焚香者,日以千计,呼叫膜拜,不绝于途",清代施闰章记述说"呼叫动山谷,或疾痛之呼父母,赴汤火之求救援"①。又药王菩萨是主管救疗疾病的,在北方天津,"(四月)二十八日,药王诞辰,自二十始,各庙赛会者,二十五日河东,二十六日杨柳青,二十七日城西。有因亲病立愿者,是日以红布裹胫赤足,右手爇香,左手携砖,匍匐翻之,自一步至五步望庙而拜,名曰'拜香'。其香火最盛者,则距城三十余里之峰山"②。这些情形表明,人们烧香拜佛,并不是祈求精神济度,而是希望避难消灾,得福远祸;相对于来世的福报,更注重的是现世福利。比较这种十分功利的宗教热诚,人们对于教理、教义的关心就显得十分淡漠了。

佛教"通俗化"的第三个表现,是与宋、元以来新兴的民间宗教教派相混合。一方面,佛教的佛、菩萨等神祇被普遍纳入到民间宗教之中,民间宗教往往采取佛教支派的形式;另一方面,民间宗教的信仰、行法等等被佛教所吸收,应用到佛教的仪轨和信仰之中。明、清时期民间宗教形式盛大,信徒众多,这种"结合"又进一步推动了佛教"通俗化"进程。而民众间"檀施供养"的佛教越加低俗,形态上也就和一般民间宗教更加接近;新兴起的各种民间宗教(由于受到朝廷镇压,许多成为"民间秘密宗教")又多打出佛教名号,内容和形式也都多借鉴佛教。例如明、清时期的主要民间宗教白莲教,本是在南宋佛教净土结社基础上发展起来的,明、清时期从中又分化出罗教、黄天教、弘阳教、闻香教、圆顿教以及其他众多教派分支,如无为教、大乘教、长生教、天理教、清茶门、观音教等等。这些教派大多受到统治阶级镇压,分合聚散,此起彼伏。这些教派

---

①《游九华山记》,《小方壶斋舆地丛钞》。
②《(同治)天津县续志》,《中国地方志民俗资料汇编·华北卷》,第48页。

宣扬多神崇拜，信仰对象有佛教的如来、弥陀、弥勒，道教的老君、玉帝天尊，儒家的孔圣人等，观音也是其中的重要一位。本来从宋代起，观音已成为白莲教所崇拜的主要神祇。特别由于民间宗教吸引众多女性信徒，使得女神信仰得到突出发展，女相观音也特别适应这些教派传教的需要。民间宗教的庙宇及其戒律、仪轨也往往与佛教相仿。传教者也取佛教僧尼相貌，同样提倡吃斋念佛，行善制恶。例如白莲教的忏堂体制大体同于净土庙宇，供奉的尊像基本是阿弥陀佛、观音、势至。"无生老母"是当时民间教派创造的特殊神佛，在早期罗教经卷里已经出现，以后地位变得越来越崇高。她被描写为具有创世主和救世主品格的最高神，是宗教史上鲜有其例的女性上帝。关于她有许多传说，其中之一即讲到她化为观音，下临凡世，超度世人。从无生老母的信仰又衍化出另外许多老母，观音老母又是其中之一（如《龙华经》）。女性神祇信仰和女性化观音崇拜有密切的内在联系，两者往往是一而二、二而一的。有些教派的首领往往自称是观音化身或"转世"。这样，佛教里的佛、菩萨，在民众间往往已被等同于民间俗神，与城隍、土地、关帝、天妃、药王、吕仙等一样被民众供奉、崇拜。四川的情形是相当典型的："家以外，桥头路隅，时有观音、土地、山王神像，及阿弥陀佛、泰山石敢当等神号刻石，而天堂随处遇焉，神曰天公、天母，农人报赛之地也，亦名曰'献天'。凡闾里不百户辄有庙，而城治尤夥，百神之祀咸萃于斯，祀以诸佛、观音、文昌为最多。"[①]江苏南通狼山江海神祠，供奉泗州大圣，据王整的碑志："大圣之名莫知所始，闻之内典，则观音大士之化身也。屡显灵迹，若降龟山之魔，却少林之兵，退宣和汴京之水，世多侈谈而儒者无传焉，今兹复拥护王师，保障东南福祉……揆之祀典，非所谓兴云雨、捍大灾、御大患

---

①《(民国)合江县志》,《中国地方志民俗资料汇编·西南卷(上)》第 163 页。

者乎！"①各地流行一些有趣的民俗，如四月八日本来是佛诞，僧俗浴佛，但在河南，这一天"西方祭疟瘩神，祈免疮疥"②；而在另一些地方又被当作"城隍诞辰，赴庙焚香者络绎不绝，妇女尤崇信之"③。这种观念上的混乱，正表明信仰上的混淆。佛教借助于民间宗教获得在民众间扩展势力的新生机，其自身形态却变得更加低俗了。

　　值得注意的是，对于推进佛教通俗化的进程，统治阶层的宗教活动起着相当大的作用。明永乐皇帝朱棣在为《千手经》所写的序里说：

> 夫观世音誓愿弘深，发大悲心以济度群生。朕君临天下，闵众情之昏瞀，堕无浊而不知，以此经咒，用是方便，觉悟提撕，俾一切庶类皆超佛域。又况如来化导，首重忠孝。凡忠臣孝子，能尽心以事君，竭力以事亲，所作所为，无私智陂行，广积阴功，济人利物，又能持诵是经咒，则跬步之间，即见如来。若彼不忠不孝，不知敬畏，则鬼神所录，阴加谴罚，转眄之间，即成地狱。盖善恶两途，由人所趋，凡我众庶，宜慎取舍。书此以为劝。④

这里十分清楚地表明统治者在有意识地发挥佛教在政治上和思想上的功效，并使之与儒家伦理道德相配合。明、清宫廷中的庙宇即所谓"内道场"一般都供奉弥陀和观音，皇帝往往亲自行香，内廷后妃、宫人和宦官中更多有虔诚的佛教信徒。周绍良曾介绍几种明皇室印施的佛经，其中有《出像观世音普门品经》一种，末有龙牌一，文云：

> 当今皇帝谨发诚心印造出像《观世音菩萨普门品经》一藏

①《(万历)南通志》卷五《杂志·坛庙》。
②《(明嘉靖)尉氏县志》,《中国地方志民俗资料汇编·中南卷(上)》第23页。
③《(民国)阳武县志》,《中国地方志民俗资料汇编·中南卷(上)》第84页。
④《御制大悲总持经咒序》,《大正藏》第20卷第505页下。

　　　计五千四十八卷,专为保佑圣体万万安,增延万万寿,消灾保
　　　安,凡向日中,吉祥如意。大明万历壬寅年(三十年,1602)二
　　　月吉日印施。

又有同为万历时期的《佛说观世音菩萨救苦经》附《佛说消灾吉祥
陀罗尼经》等三种,龙牌中也写明"大明皇贵妃郑　发心印施"①。
周绍良指出,如此印施佛经方式,与当时一般市民所行无异。明代
宫廷观音信仰情况,还有皇姑寺事例。起初北京有两座皇姑寺,都
供奉观音,一在宫内,一在西山,是明孝宗朱祐樘建立的。明世宗
朱厚熜(孝宗之侄)好道,不信佛教,曾拟把宫内皇姑寺拆毁,将尼
众移居外皇姑寺。慈寿太后(皇伯母)联合世宗生母蒋氏加以阻
止,两座皇姑寺终于保存下来。这件事充分反映了宫廷中后、妃们
对佛教特别是观音信仰的热衷。到神宗朱翊钧即位,其生母李贵
妃被晋封为慈圣皇太后,是虔诚的佛教信徒,在宫中作九莲台,称
"九莲菩萨",曾赐给皇姑寺铜钟。其时正值民间教派大乘教兴起,
皇姑寺又成了这一教派的活动基地(有关这一教派的情况下面还
将讲到),而太后作为支持者,这座寺院也成为她的"香火院"。皇
姑寺的尼姑们迎合李太后意旨,宣扬九莲菩萨信仰,并说太后即是
观音菩萨,皇姑寺从而得到勋贵、太监、宫人等加护。在小说《醒世
因缘传》里,有对这个寺院和太后关系的生动描写。这是宫廷内部
观音信仰的典型一例。这个事例体现当时皇室宗教活动的实态,
表明民间宗教如何借助佛教渗透到宫廷内部。

　　　佛教"通俗化"第四个方面体现在信仰方式、修持方法的简化
和普及。"禅、净合一"的佛教不重义理,注重的是有为功德。唐代
以后,南北朝以来盛行的那种大规模施财凿窟、建寺造像活动已不
太流行。这也是因为整个社会形势有重大变化:佛教已不再具有
晋宋、隋唐那样兴盛的势头;历朝对于私自创设寺院又多有限制;

————————

① 《明代皇帝、贵妃、公主印施的几本佛经》,《文物》1987 年第 8 期。

而更主要的是随着社会结构变革,民众佛事活动的形式也在变化,主要是以家庭为基地、以个人为主体的、更简易的礼拜、供养形式流行开来;而制瓷业、印刷业发展,作为商品贩卖,适用于家庭、个人供养的瓷质、印制经像流行,也为新的供养形式创造了条件。这些形式往往又与道教和一般民间宗教没有多大区别。其中有些保留至今,特别是在港、台和海外侨胞集中地方,更多得到传承甚至发展。这些方式是:

印施和诵读经卷。顶礼、供养、诵读经卷本来是早已流行的信仰方式。宋代以后一些短小的净土、观音经,如《阿弥陀经》、《普门品经》、《高王经》以及观音咒之类(其中不少是晚近"伪撰"的,如《观音十句经》等),施印简便,在民众间十分普及。在一般家庭里,诵读经卷、供奉经像、刺绣佛像等则成为更简单也更普遍的供养形式。周一良曾介绍金元时期流行的一部《观音偈赞》,认为可当作"金元之际佛教通俗文学作品"①。从形式看,这部作品虽名为偈,但和佛典里的偈颂不同,更类似元明时代的散曲套数。这部经卷即是作为功德施印的佛教宣传品,取通俗的、类似俗曲形式的偈赞形式,更容易供人读诵。

持诵经咒。除《大悲咒》、《准提咒》等取自翻译佛经的经咒外,还有《白衣大士咒》之类中土制作的简单咒文②。宋王巩记载,全州推官母王氏,朱道诚之妻,日诵十句《观音心咒》,年四十九病笃,恍

①《周一良集》第3卷《佛教史与敦煌学》第257页,辽宁教育出版社,1998年。
②现在仍流行于各地寺庙中的《白衣大士咒》全文如下:"南无大慈大悲救苦救难广大灵感观世音菩萨,三称三拜南无佛、南无法、南无僧、南无救苦救难观世音菩萨。伽只哆,伽罗伐哆,伽伐哆,伽伐哆,伽诃伐哆,啰伽伐哆,伽伐哆,娑婆诃。天罗神,地罗神,人离难,难离身,一切灾殃化为尘。摩诃般若波罗蜜发向回愿文:愿消三障诸烦恼,愿将智慧真明了,普愿罪障悉消除,世世常行菩萨道。"要求诵咒毕,诵发向回愿文三遍。具称诵满一万二千遍、印送一千二百张为一愿,所求无不灵验。(1997年1月作者搜集于广东肇庆宝云寺)

忽见青衣人告以持诵当增十九字,谓"天罗神,地罗神,人离难,难离身,一切灾殃化为尘"①云,诵之病愈。"天罗神"等名号就是随宜制作的。民间教派中也流传一些咒文,如收元教有《观音祖师咒》,后期罗教中流传的《五公(指誌公、宝公、唐公、化公、朗公)尊经》里,也有假托观音大士的偈言等。

称名念佛。道绰提倡念诵佛号,简单易行,后世信徒每天持诵"阿弥陀佛"、"观世音菩萨"名号成为风俗。宋代"念佛禅"流行,亦推动了念诵佛号风气。有以每天称诵名号多少遍(如万遍、数万遍)为功德的;而平时特别是在遇到危难时呼唤弥陀、观音名号则更是普遍的风俗。有些民间教门也以"观世音菩萨"为五字真言,以日常持念为主要供养方式。

供奉佛像。特别普遍的是在家里供奉佛像或观音像。许多家庭设有佛龛或观音龛;有的则在中堂"天地君亲师"牌位旁边供奉观音、老君、财神等。在家门外、桥头、路隅等处也有构筑小型佛龛或观音龛的。在家庭里,逢佛诞、观音圣诞、中元等佛教节祭日和元旦、清明、端午、中元、中秋、重阳、冬至、除夕等节日、节气,或逢家族忌日等,在佛陀、弥陀、观音像前上供、祭拜。唐代以后,凿窟造像风气日渐衰落,绣像流行起来。白居易有《绣观音菩萨像赞》,是其弟媳为亡父设斋绣制的,赞曰:"集万缕兮积千针,勤十指兮虔一心。呜呼! 鉴悲诚而介冥福,实有望于观音!"②家庭妇女绣观音像也成为风俗。

吃斋。信心诚笃的人吃长斋;另有二、六、九月三斋月;日斋则取佛教祭日,有正月初八,二月初七、初九、十九,三月初三、初六、十三、十九,四月初八、二十二,五月初三、十七,六月十六、十八、十九、二十三,七月十三,八月十六,九月十九、二十三,十月初二,十一月十九、

---

① 《闻见近录》,《四库全书》本。
② 《白居易集笺校》卷三九,第 4 册第 2646 页。

二十四,十二月初八、二十四、二十五等。也有每月十九吃斋的。

结"香社"、"香会"。有的是为了"进香"而组织的;有些则是僧、俗念佛结社。专门的观音会是各地相当流行的民众结社,有人描写明代的"迎接观音等会"是"倾街动市,奔走如狂"①,实际是宋元以来普遍情形。观音会定期集合群众,上香、设供、诵经等,或组织到观音道场朝拜。这种方式也成为民间教派动员群众的手段。有关情况本书介绍法社部分已有说明。

中国民众的信仰心态在传统上本来缺乏那种忘我的狂热和痴迷。上述供奉和祭拜形式一般并不那么严格,发展到明、清时期则带上更多程式化的、游艺化的性质。这后一点在民间庙会、香会等群众活动中表现得更为突出。马克斯·韦伯在论述中国近代民众间的宗教信仰时指出:

> 近代,村庙里所供奉的通常是受大众欢迎的神祇之一,例如关帝(战神)、北帝(商业神)、文昌(学业神)、龙王(雨神)、土地(非古典的神,一旦有人死亡,就必须向他告知,以确定死者在冥府里的品阶),以及其它诸神。至于庙里供奉的究竟是哪位神祇,显然无关紧要。就像在西方的古典时代,庙宇的"宗教的"意义仅只限于一些仪式的进行,以及个人偶尔的祈祷。除此之外,庙宇的意义在于其世俗的社会与法律作用。②

这是对于近代中国人宗教信仰状况和信仰心态的相当准确的观察。他讲的主要是民间诸神信仰,实际佛教的情形也同样。那些更简易、更通俗的信仰形式已融合到群众的日常生活和民间习俗之中,参与供奉、礼拜的也不限于严格意义上的佛教信徒了。而所

---

①顾起元《客座赘语》卷二《尼庵》。

②《儒教与道教》(Max Weber: *Konfuzianismus und Taoismus*, *Gesammelte Aufsätze zur Religionssoziologie*, Tübingen: Mohr, 1978)第 111 页,洪天富译,江苏人民出版社,1995 年。

有这些信仰及其相关活动又成为民众精神生活的重要组成部分，也构成民众日常文化活动的重要内容。也正因此，"通俗化"的"禅、净合一"的信仰能够发挥广泛的影响力，在人们的精神世界和社会生活中起着一定的作用。

五

与信仰的通俗化或"民俗化"相伴随，宋代以后的佛教又向"世俗化"方向急速发展。正如通俗化是宗教保持生命力的重要因素一样，"世俗化"同样有助于吸引更广大的群众。佛教的"世俗化"主要体现在两个层面：一是宗教活动与经济活动相结合；二是带上不断增强的游艺性质。在古代民众缺乏社会集体活动场所和时机的条件下，强化这些功能，不但有助于推动佛教的传播，又给它增添了更广泛的社会功能。

南北朝以来佛教寺院已经积极参与社会经济活动。到唐代，随着城市经济发展，寺院本身和服务于它、围绕它的商业、手工业更为发达，从而它们也成为城乡经济活动的重要构成部分。宋代城市建设完成由坊市制向街市制的转变，城镇大小寺院变成临街建筑，以至其周围往往形成为城乡繁华地带，更有利于它们积极参与商业、手工业活动。有规模的城乡寺院成为贸易中心，每逢一定节期工商云集。著名的如北宋"东京相国寺乃瓦市也，僧房散处，而中庭两庑可容万人。凡商旅、交易，皆萃其中。四方趋京师以货物求售，转售他物者，必由于此"①。《东京梦华录》里有更详细的描写：

　　相国寺，每月五次开放，万姓交易。大三门上皆是飞禽猫

―――――――――――

① 王栐《燕翼诒谋录》卷二。

犬之类,珍禽奇兽,无所不有。第二、三门皆动用什物,庭中设彩幙、露屋、义铺,卖蒲合、簟席、屏帏、洗漱、鞍辔、弓剑、时果、腊脯之类。近佛殿,孟家道院王道人蜜煎、赵文秀笔及潘谷墨,占定两廊,皆诸寺师姑卖绣作、领抹、花朵、珠翠、头面、生色销金花样幞头、帽子、特髻冠子、绦线之类。殿后资圣门前,皆书籍、玩好、图画,及诸路散任官员土物、香药之类。后廊皆日者、货术、传神之类。寺三门阁上并资圣门,各有金铜铸罗汉五百尊、佛牙等。凡有斋供,皆取旨方开。三门左右有两瓶琉璃塔,寺内有智海、惠林、宝梵、河沙、东西塔院,乃出角院舍,各有住持僧官,每遇斋会,凡饮食茶果、动使、器皿,虽三五百分,莫不咄嗟而办。大殿两廊,皆国朝名公笔迹,左壁画炽盛光佛降九曜鬼百戏,右壁佛降鬼子母揭盂。殿庭供献乐部马队之类,大殿朵廊皆壁隐楼殿人物,莫非精妙。[1]

相国寺东门街巷乃成为繁华的商业、游乐区。这样以相国寺为中心,构成首都汴梁一个大型工商云集地区。这是都城的典型一例,地方城镇情形也类似,当然规模要小多了。如南京上元县:

> 汤泉市,在上元县神泉乡汤山延祥院之前,去城六十里。
>
> 栖霞市,在上元县长宁乡摄山栖霞寺之前,去城四十五里。[2]

绍兴开元寺:

> 岁正月几望为灯市,傍十数郡及海外商估皆集,玉帛、珠犀、名香、珍药、组绣、檕藤之器,山积云委,眩耀人目;法书名

---

①伊永文《东京梦华录笺注》卷三《相国寺内万姓交易》,上册第288－289页,中华书局,2006年。
②宋周应合撰《景定建康志》卷十六《疆域志二·镇市》。

画、钟鼎彝器、玩好奇物亦间出焉。[1]

明张岱记载当时西湖香市情况：

> 西湖香市，起于"花朝"，尽于端午。山东进香普陀者日至，嘉、湖进香天竺者日至，至则与湖之人市焉，故曰"香市"。然进香之人市于三天竺，市于岳王坟，市于湖心亭，市于陆宣公祠，无不市，而独凑集于昭庆寺，昭庆两廊故无日不市。三代八朝之骨董，蛮邦闽貊之珍异皆集焉。至香市，则殿中边，甬道上下，池左右，门内外，有屋则摊，无屋则厂，厂外又棚，棚外又摊，节节寸寸，凡胭脂、簪珥、牙尺、剪刀，以至经典、木鱼、伢儿嬉剧之类无不集。此时春暖，桃柳明媚，鼓吹清和，岸无留船，寓无留客，肆无留酿，袁石公所谓"山色如蛾，花光如颊，波纹如绫，温风如酒"，已画出西湖三月。而此以香客杂来，光景又别。士女闲都，不胜其村妆野妇之乔画；芳兰杂泽，不胜其合香芜荽之熏蒸；丝竹管弦，不胜其摇鼓喝笙之聒耳；鼎彝光怪，不胜其泥马竹人之行情，元宋名画，不胜其湖景佛图之纸贵。如逃如逐，如奔如追，撩扑不开，牵揽不住，数百十万男男女女、老老少少日簇拥于寺之前后左右者，凡四阅月方罢。[2]

明、清直到近代，庙会、香市成为地方集市。"庙宇多有年会。届期，商贩咸集，游人如织……庙会者，实农村一大交易场及娱乐场也。"[3]例如北京护国寺和隆福寺，俗称西庙、东庙，"（五月）七、八则西城之大隆善护国寺，九、十则东城之大隆福寺，俱陈设甚夥。人生日用所需，以及金珠宝石、布匹绸缎、皮张冠带、估衣骨董，精粗

---

①施宿等《（嘉泰）会稽志》卷七《宫观寺院》。
②《西湖香市志》，转引《（民国）杭州府志》，《中国地方志民俗资料汇编·华东卷（中）》第 573 页。
③《（民国）新河县志·风土考·社会现状》。

毕备。羁旅寄客,携阿堵入市,顷刻富有完美矣"①。即使是河北北部偏远的张家口地区,"各村均系有庙会之地,会期均在四、五、六、七四个月内,因系骡马会居多,酬龙神次之,其酬他神者较少。此时骡马搏实肥腯,正可出售,借此机会买卖骡马;次则售卖农家收获器具……天津、北平、张家口商人来此售货者,亦不在少"②。这些庙会交易往往和农事节令有关系。例如四月八日浴佛,正值开春,许多地方都在庙会上买卖农具。如河南汲县,"旧俗于浴佛、小满等节,或在关厢,或在乡镇,辏集杈帚、锄镰等农具,开日中之市,曰'农忙会'"③。

　　前面已有专章讲到寺院文化。南北朝以来,寺院兼具社会娱乐功能,如《洛阳伽蓝记》里已经记载佛寺女乐④。但早期这还只是寺院的附属功能。重大变化发生在唐代。从本书前面介绍的情形已可以看出,当时朝廷举办的大型法会,例如祝颂寺院建成、迎请名僧、三教讲论以及例行的盂兰盆会等,都带有浓厚的娱乐色彩。至宋代皇室"游观":

　　　　天子岁时游豫,则上元幸集禧观、相国寺,御宣德门观灯;首夏幸金明池观水嬉,琼林苑宴射;大祀礼成,则幸太一宫、集禧观、相国寺恭谢,或诣诸寺观焚香,或至近郊阅武、观稼,其事盖不一焉。⑤

而对于一般民众,城乡寺院(还有道观)已经普遍成为游览、消闲、娱乐场所。唐代大型寺院设有戏场、变场等专门的文艺表演场所。

---

①潘荣陛《帝京岁时纪胜》,第22页,北京古籍出版社,1981年。
②《(民国)张北县志》,《中国地方志民俗资料汇编·华北卷》第165页。
③《(民国)封丘县续志》,《中国地方志民俗资料汇编·中南卷(上)》第61页。
④《洛阳伽蓝记校注》卷一"景乐寺"条:"至于大斋,常设女乐。歌声绕梁,舞袖徐转,丝管寥亮,谐妙入神。"第52页。
⑤《宋史》卷一一三《礼志十六》,第2695页。

有的寺院蓄养女乐参加演出。如长安清禅寺，"寺足净人，无可役者，乃选取二十头，令学鼓舞。每至节日，设乐像前，四远同观，以为欣庆。故家人子弟，接踵传风，声伎之最，高于俗里"[1]。地方的情形也同样。如楚州龙兴寺，"寺前素为郡之戏场，每日中，聚观之徒，通计不下三万人……寺前负贩戏弄观看人数万众"[2]。这样寺院的文艺活动就由娱神为主逐渐转化为娱人为主了。宋初开宝八年(975)朝廷有诏书说：

> 像法真宗，适当崇阐；缁徒戒行，尤在精严。如闻灌顶道场、水陆斋会，并夜集士女，就寺开设，深为亵黩，无益修持。宜令功德司及尚书祠部，告谕两京诸道州府并禁止之。[3]

这反映的是正式法会的情形，显然已经具有仕女杂沓的游乐性质。又宋代京城僧人风气：

> 京师僧人作佛事接三，竞唱艳曲，随主人点唱，鼓乐喧阗，彻晓达旦，良家妇女，往往因而堕节，最为风俗之蠹。然其来已远。《古杭杂记》记宋时佛事，养娘、使女争看和尚打花棒鼓，岂所谓欢喜因缘欤?[4]

僧人以歌舞娱人，寺院成为游乐场所。同样是关于汴京大相国寺，惠洪记载：

> 元宵赐宴于相国寺，观俳优，坐客欢甚。公(王安石)独作偈曰："诸优戏场中，一贵复一贱。心知本自同，所以无欣怨。"予尝谓同学曰："此老人通身是眼，瞒渠一点也不得。"[5]

---

[1]《续高僧传》卷三〇《唐京师清禅寺释慧胄传》，《大正藏》第 50 卷第 697 页下。
[2]《太平广记》卷三九四《徐智通》，第 8 册第 3148 页。
[3]《禁灌顶道场水陆斋会夜集士女诏》(开宝八年四月丁酉)，《宋大诏令集》卷二二三《政事·道释》。
[4]邓之诚《骨董琐记》卷五《京师僧人》，第 139 页。
[5]《林间录》卷下。

又《都城纪略》讲当时在杭州活动的小说家,"说经"一门里有几位是僧人,当时"说话"是重要的群众性文艺活动,其中僧人兼为艺人。俞文豹又写到当时的丧仪:

> 外方道场,惟启散时用铙钹,终夕讽呗讲说,犹有恳切忏悔之意。今京城用瑜珈法事,惟只从事鼓钹,震动惊撼,生人尚为之头疼脑裂,况亡灵乎? 至其诵念,则时复数语,仍以梵语演为歌调,如《降黄龙》等曲。至出殡之夕,则美少年长指爪之僧出弄花钹、花鼓锤,专为悦妇人、掠钱物之计,见者常恨不能挥碎其首。①

这样,包括丧仪在内的各种各样佛事活动都带上了群众怡乐的目的。

元代的费著作《岁华纪丽谱》,立意与杨衒之记洛阳塔寺、段成式记长安寺院一样,感念宋末成都经过兵焚荒废。其中记述一年间的节庆活动,这里只摘录正月关系寺院的,如:

> 正月元日,郡人晓持小彩幡,游安福寺塔,粘之盈柱,若鳞次然,以为厌禳,惩咸平之乱也。塔上燃灯,梵呗交作,僧徒骈集。太守诣塔前张宴,晚登塔眺望焉。
>
> 二日,出东郊,早宴移忠寺(旧名牌楼院),晚宴大慈寺。清献公记云:"宴罢,妓以新词送茶,自宋公祁始。"盖临邛周之纯善为歌词,尝作《茶词》授妓首,度之以奉公,后因之。
>
> 十四、十五、十六三日,皆早宴大慈寺,晚宴五门楼。甲夜观山棚变灯,其敛散之迟速,惟太守意也。如繁杂绮罗、街道灯火之盛,以昭觉寺为最。
>
> 二十三日,圣寿寺前蚕市,张公咏始即寺为会,使民鬻农器。太守先诣寺之都安王祠奠献,然后就宴。旧出万里桥,登

---

①《吹剑录外集》,《知不足斋丛书》本。

乐俗园亭。今则早宴祥符寺,晚宴信相院。

二十八日,俗传为保寿侯诞日,出笮桥门即侯祠奠拜,次诣净众寺邠国社丞相祠奠拜,毕事会食,晚宴大智院。

这可以代表一代城市繁华的典型状况。而当时城市的繁华,往往是围绕寺院的活动。《钦定日下旧闻考》记载明代情形:

都中遗老述万历间西山戒坛四月游女之盛,钿车不绝,茶棚酒肆接于路,至有挟妓入寺者。一无名子嘲以诗云:"高下山头起佛龛,往来米汁杂鱼篮。不因说法坚持戒,那得观音处处参。"(辛斋诗话)①

明、清以来,例如河南,"城乡凡有佛宇道观之所,多敛谷劝捐,每年按期设宴或献戏,名曰'坐棚会'"②;四川合川县,"二月中旬,抬观音像于东水门外河坝,设坛诵经,烧香还愿者甚多。经毕撤坛,搭台演戏,城中妇女无长无少,至坝之左右随喜,至十九日止。观音历祀东城,城边民房因假此地诵经演戏,故号其地为观音坝"③;山西崞县,四月八日"各村多迎神做戏……东南乡多办社火,合数十村,各妆演故事"④,等等。直到近代,庙会、香市等已基本是定期的群众性娱乐集会。旧时城乡建设布局,寺院前面往往是戏台,每逢节期佛事活动与戏曲演艺同时举行。庙会演戏乃是各地普遍风俗,其时集合各种曲艺、伎乐表演,法事活动俨然成了大型游艺会。寺院活动的这种怡乐趋势招引了更多信众。每当节期,远近四方民众涌向寺院,对于法事活动自然是很大的支持。这无疑也是对于佛教的张扬,民众信仰心也在此期间得以宣泄。

佛教的"世俗化"固然对于动员群众支持佛教,对于佛教扩展

①《钦定日下旧闻考》卷一四七。
②《(民国)封丘县续志》,《中国地方志民俗资料汇编·中南卷(上)》第60页。
③《(民国)合川县志》,《中国地方志民俗资料汇编·西南卷(上)》第206页
④《(乾隆)崞县志》卷四《风俗》。

影响起了一定作用,但在两方面又造成严重后果。一方面是僧人的窳败和腐化。本来唐代以后,虽然历朝对于寺院经济活动多有限制,但一方面寺院土地占有仍然数量巨大,另一方面寺院财产继承关系已经制度化,以至“凡佛者之居曰寺若院,有甲乙次相授法,田庐、赀蓄、器械、百须之物,悉得以为世业,传子若孙,其成之难而保有之不易,与齐民之家固无大异也”①。特别是那些大寺,占田广阔,资产丰厚,主持者乃是大僧侣地主。而“近世住山者多以贿得”②,他们往往依靠财贿取得寺院的管理和继承权,以至南宋时期“公开实行‘实封’或‘助军’制,即僧人纳钱于官,换取十年、七年或五年一任的寺院住持权”③,从而导致僧风腐败也相当严重。宋陶穀记载了两个事例:

> 《梵嫂》:相国寺星辰院比丘澄晖以艳倡为妻,每醉点胸曰:“二四阿罗,烟粉释迦。”又“没头发浪子,有房室如来,快活风流,光前绝后”。忽一少年踵门谒晖,愿置酒参会梵嫂。晖难之。凌晨但见院牌用纸漫书曰“敕赐双飞之寺”。
>
> 《偎红倚翠大师》:李煜在国,微行娼家,遇一僧张席。煜遂为不速之客。僧酒令讴吟吹弹,莫不高了,见煜明俊酝藉,契合相爱重。煜乘醉大书右壁曰:“浅斟低唱偎红倚翠大师,鸳鸯寺主传持风流教法。”久之,僧拥妓入屏帷,煜徐步而出,僧妓竟不知煜为谁也。煜尝密谕徐铉,铉言于所亲焉。④

又有记载说:

> 临平明因寺,尼大刹也,往来僧官每至,必呼尼之少艾者供寝。寺中苦之,于是专作一寮,贮尼之尝有违滥者,以供不

---

① 黄溍《净胜院庄田记》,《金华黄先生文集》卷一三。
② 《佛祖统纪》卷四六,《大正藏》第 49 卷 422 页上。
③ 刘长东《宋代佛教政策论稿》第 269 页,巴蜀书社,2005 年。
④ 《清异录》卷上。

时之需,名曰尼站。①

前面讲到宋代以后历朝采取措施严格管束僧人,这也成为重要原因。又如明代情形:

> 　　(永乐)十年,谕礼部,天下僧道多不守戒律,民间修斋、诵经,动辄较利厚薄,又无诚心,甚至饮酒食肉,游荡荒淫,略无顾忌。又有无知愚民,妄称道人,一概蛊惑,男女杂处无别,败坏风化。洪武中,僧道不务祖风及俗人行瑜珈法称火居道士者,俱有严禁,即揭榜申明,违者杀无赦。②

明、清时期,多数僧尼以佛事为生计,更有游民、负犯、避役、亡卒各色人等逃匿寺院。他们无视戒律,不务知解,往往混迹世俗,或以邪术惑人,甚或仰仗权贵欺压平民,营贩商贾与人竞利,贪黩腐败,作恶乡里。在明清小说、戏曲里,僧尼往往成为奸狡堕落的反面人物,这也是当时真实情形的写照。章太炎曾揭露僧团腐败风气说:

> 　　或有裸居茶肆,拈赌骨牌,聚观优戏,钩牵母邑。杂碎小寺,时闻其风。丛林轨范虽存,已多弛缓。不事奢摩静虑,而惟终日安居;不闻说法讲经,而务为人礼忏。嘱累正法,则专计资财;争取缕衣,则横生矛戟。驰情于供养,役形于利衰。为人轻贱,亦已宜矣。复有趋逐炎凉,情钟势耀,诡云护法,须赖人王;相彼染心,实为利己。既无益于正教,而适为人鄙夷。③

晚清时期,太平天国战事更给江南佛教严重摧残;继而又兴起庙产

---

①《癸辛杂识》别集卷上《尼站》。

②《礼部志稿》卷三四。

③苏曼殊、章太炎《儆告十方佛弟子启》,汪树东、龙红莲编《苏曼殊作品精选》第205页,长江文艺出版社,2003年。据考本文出章太炎手笔,见谢樱宁《章太炎年谱摭遗》第44—45页,中国社会科学出版社,1987年。

兴学之风,都从外部给僧团以重大打击,也导致僧风窳败情形更加严重。

再一点是,这种"世俗化"倾向又给民间教派得以借用佛教名目活动,而其中不少是反抗官府的。把宗教宣传和文艺演唱等结合起来,又成为民间宗教的一大特点。典型的如前面已经介绍的罗教,即积极地利用宣卷这种文艺演唱形式组织、动员群众。对于无知无识的一般百姓,这种形式比起正规的说教来更有吸引力和感召力。也正因此,明清朝廷十分注意对这类活动加以禁断。

佛教"通俗化"、"世俗化"是唐、宋以来中国佛教发展不可逆转的趋势。从本质看这也是佛教挽救颓势的一种途径。但就宗教意义说,这一趋势却使得作为宗教核心的信仰心逐步淡化了、"庸俗化"了。本来种种"通俗化"和"世俗化"的做法和表现,无论是主观上有意还是无意,对于佛教都会起到扩大宣传、争得更广大信众的作用。但"通俗"和"世俗"超离一定限度,就走向反面,把群众的信仰心腐蚀、分化了。在佛教走向衰败的总趋势下,"通俗化"和"世俗化"也是教内、外各种矛盾集结的必然结果。

到清代晚期,随着帝国主义侵略日渐加深,外来天主教也在争夺群众,使得中国宗教发展的格局更形复杂,佛教的传统阵地进一步受到侵蚀,这成为导致佛教加速衰落的又一个重要因素。正如整个国家的局面一样,到清末,曾经高度兴旺发达、创建辉煌业绩的中国佛教面临危机重重,已处在存亡所系的关头。面对这样严酷的局面,教内、外信仰和尊重佛教的有识之士怀抱着热诚,为挽救这种颓败形势,重新振兴佛教作出持续努力。具体情形则不属于本书讨论范围了。

孙昌武文集

25

中国佛教文化史

第五册

中华书局

第十三章　大藏经的编辑与刊刻

一

中国文化史和中国佛教史上的一个伟大业绩是《大藏经》的编辑和刊刻。佛教在中土传播,扩展影响,特别是作用于思想、文化各领域,很大程度上依赖佛典的传布。经藏的结集、收藏以及目录的编撰,对于佛典的流通和研究起着十分重要的作用。编辑《大藏经》作为中国佛教典籍的总结性工作,对于弘扬佛法,对于积累、总结、保存佛教文献,对于佛教的教学与研究均作出了极其重大的贡献。《大藏经》的刊刻又是一个组织严密、规模巨大的工程,相关工作与刻板、印刷等工艺技术的普及和发展、与大规模图书印制、流通、贩卖等经济活动有直接关系,因而在文化史和经济史上亦具有多方面的重大意义。直到如今,这一伟大业绩仍沾丐佛教自身和学术界的广泛领域。

经藏是"三宝"中"法宝"的物质形态,而供养"三宝"则是信仰实践的重要方式。在南北朝时期,抄写、施舍、读诵、顶礼经典已在教内、外形成风气。关于写经,关于佛教经录的编撰,本书前面相关章节已有介绍。由佛典收藏、编制经录自然发展为结集经藏。

随着印刷术普及,印制经典代替抄写成为可能。这些又都得到宗教自身和技术、经济发展等多方面的保证。编撰、刻印《大藏经》这一总结性的工作也就因应形势提上日程了。

应当特别提及的是,印刷术的发明乃是古代中国对于人类文明的重大贡献,而印刷术的发展与佛教的推动作用有重要关联。上世纪考古发现的早期印品实物基本都是佛教的。1966年韩国庆州佛国寺佛塔内发现雕版印制的《无垢净光陀罗尼经》,其中使用了武则天朝所制新字,学术界一般认定刊刻于长安二年(702)。上世纪吐鲁番、西安、成都等处都曾发现初、盛唐时期印品,值得注意的是这些发现均为佛经印品。这可以证明发明伊始的印刷技术即已用于印制佛经。印制佛教经典无疑是推动印刷术形成和发展的一大动力。

汉文《大藏经》的编纂和刊刻乃是外来翻译佛典、中土佛教撰述和中外有关佛教各种典籍长期流传、搜集、编辑、整理的总结性成果。作为大规模丛书,汉文《大藏经》具有鲜明特点:它搜罗十分广泛、全面,典籍数量众多,是古代最为庞大的大型丛书;编撰过程中作了必要的选择,是在对经典文本的不同、真伪等仔细考定后决定入藏的;整个丛书按一定的原则整理出一个系统,这个系统体现了编纂者对于全部佛法的认识和理解,又给使用者提供方便的检索线索;而相当重要的是,在教内外普遍收藏、编撰《大藏经》的情况下,由朝廷编印、刊行作为标准文本的《大藏经》,更有统一学术规范的意义,等等。这样,汉文《大藏经》的内容充分体现了中国佛教兼容并蓄、博大精深、弘通开放的特征,又具有高度学术水准,并具体显示了佛教"中国化"的历史进程及其伟大成就。

僧祐《出三藏记集·法苑杂缘原始集目录序》的《经藏正斋集》里著录有《定林上寺建般若台大云邑造经藏记》、《定林上寺太尉临川王(萧宏)造镇经藏记》、《建初寺立般若台经藏记》等文字[1],从侧

---

[1]《出三藏记集》卷一二,第488—489页。

面反映了当时寺院建设经藏的盛况。据《历代三宝记》记载,梁武帝天监十四年(515)于华林园总集释氏经典,又有沙门僧绍编定《众经目录》四卷,三年后经宝唱改定,计得经典 1433 部 3741 卷。这一记述表明当时目录的编定是与经籍结集同时进行的。北方大约在同一时期,北魏孝武帝太昌元年(532)至永熙三年(534)整理皇家经籍,命舍人李廓编撰《魏世众经目录》,计得经籍 427 部 2053 卷。魏收作《齐三部一切经愿文》,其中说到"皇家统天,尊道崇法……复诏司存,有事缮素,精诚逾于皮骨,句偈尽于龙宫。金口所宣,总勒缮写,各有三部,合若干卷"①。北周的王褒有《周经藏愿文》,也是为"奉造一切经藏"②而作。这样,随着佛教发展,传播经典繁多,教内外、公私都在热心加以搜集、整理、保藏;而出于弘法目的,这些辑录起来的经籍又要广泛缮写、流通。这一时期经录的编撰也正反映辑录经典的成果,见于著录的,梁代有五种(一存四佚),北魏、北齐三种(全佚),隋代五种(三存二佚)。其中包括《出三藏记集》和《历代三宝记》这样具有重大价值的、创造性的著作③。不过虽然这些经录的编辑大体应当有相应的藏书为依据,但从总体情况看,这一阶段的经藏尚没有形成统一规范,因而这只能说是《大藏经》的草创时期。

《大藏经》本来称为《经藏》、《一切经》,是经、律、论"三藏"的总集。"一切经"的名称始用于南北朝,"大藏经"一语出于隋代。灌顶曾有记载:"大师所造有为功德,造寺三十六所,《大藏经》十五藏。"④这里所说当然还不是后来具有严格规范的"大藏经"。正规"大藏经"体例的确定是从编撰《开元释教录》开创的。

《开元录》的编定标志着从一般经录到汉文佛教大藏经目录编

①《广弘明集》卷二二,《大正藏》第 52 卷第 257 页上。
②同上第 257 页中。
③参阅童玮《汉文大藏经简述》,《二十二种大藏经通检》卷首,中华书局,1997 年。
④《隋天台智者大师别传》,《大正藏》第 50 卷第 197 页下。

撰工作的完成,也为真正意义的、统一的汉文佛教大藏经的编刊确立起标准。《开元录》所确立的汉文大藏经的基本特征是:收录三藏经典按严格体系加以分类,从而确定所收录的每一部著作在这一系统中的位置,这实际也表明了对于每一部经典的性质、意义、价值的认识;整部经藏具有固定的结构,这种结构是总结历代经录的编辑经验制定的,基本反映了当时对于佛教典籍的历史与现状所作研究的最高水平;收录经典力求完备,即收录当时存在的、被认为有价值的全部佛教典籍;所收录的每一部入藏经典都经过认真考订、研判,不收录所谓"疑伪经";后出新增典籍往往由朝廷敕命入藏,这也是当时佛教御用性格的一种反映。这些作为编辑佛教大型丛书的标准,就当时环境说,是体现了相当高的学术水准的。《大藏经》从而成为中国佛教典籍中规模最大、编制体系完备、制作规范严整的大丛书。第一部刻本《大藏经》出现在宋初,由朝廷主持刊刻,成为一种权威版本。这部大丛书依靠历朝公、私各方努力,特别是得到宗教力量的护持,不断地营造,形成规模宏伟的从编辑、研究到雕造、印刷、发行的文化事业。历代刊印《大藏经》除了传播和保存佛教典籍、保证佛法存续和发展的直接意义之外,更对于相关众多经济、文化部门造成广泛而积极的影响。

《开元释教录》的编撰有现成的《大藏经》为依据。据敦煌文书中的藏经目录,当地寺院所拥有的经典是按《大唐内典录》或《开元释教录》收藏的。这是唐代边地的情况,可见写本《大藏经》唐时已经相当广泛地流通。历史上第一部雕版《大藏经》是北宋初年朝命于益州(今四川成都)刊刻的官版《大藏经》,俗称《开宝藏》或"蜀版大藏经"。该藏依据《开元释教录·入藏录》收录经典1076部5048卷,刻版十三万块,自开宝四年(971)历时十二年方始完成,后来在太平兴国寺内的印经院印制。此后公、私《大藏经》刻板均以这一

部为基准,收录增减有限①。关于《开宝藏》的价值与意义,李富华、
何梅说:

> 　　《开宝藏》是中国的第一部刻本大藏经,开中国刻本大藏
> 经之先河。它的问世无疑是中国刻藏史上一件划时代的事
> 件。中国佛教典籍的传播从此有了一个可以成批生产的规模
> 化的定本;而中国佛教大藏经的雕造也因为有了《开宝藏》这
> 个标本而一发不可止,至明清时代,历代延续不断,近二十种
> 规模宏大的大藏经版本,形成了中国佛教史及中国文化史上
> 一个值得大书特书的壮丽的景观。因此,学术界如何评价《开
> 宝藏》的历史功绩都不为过。②

从宋初雕印《开宝藏》至清代,据文献记载,官、私所刻经版二十余
副。不过早期经版和刊本现已遗存很少或全无,个别印本亦多难
以确认真伪。据童玮《汉文大藏经简述》、李富华、何梅撰《汉文佛
教大藏经研究》等今人著述,《大藏经》可考见者有以下版本:

《开宝藏》:北宋官版,完成于北宋太平兴国八年(983),后续有
增补,存残卷;

《契丹藏》(《辽藏》):辽官版,完成于辽清宁九年(1063),存残
卷③;《房山石经》保存了部分契丹藏内容;

《崇宁藏》(《东禅寺版大藏经》):北宋私版,完成于北宋崇宁二

---

① 按近人研究,历代刊刻的《大藏经》可以分为南、北、中三个系统,三个系统的
　《大藏经》虽然都以《开元录》所收为基础,但典籍数目、版式有所不同,而各
　系统间则有继承规律可寻。参阅李际宁《中国版本文化丛书·佛经版本》第
　53-57 页,江苏古籍出版社,2002 年。
② 《汉文佛教大藏经研究》第 90 页,宗教文化出版社,2003 年。
③ 1987 年在河北丰润县天宫寺发现一批约十种小字本《契丹藏》,据推测是不
　同于大字本的另一系统版本。参阅李际宁《中国版本文化丛书·佛经版本》
　第 93-99 页。

年(1103),国内存(残),日本存残卷;

《毗卢藏》(《开元寺版大藏经》):北宋—南宋私版,完成于南宋绍兴二十一年(1151),存残卷,日本存(残);

《(思溪)圆觉藏》:北宋—南宋私版,基本完成于南宋绍兴二年(1132),国内存残卷;

《(思溪)资福藏》:南宋私版,完成于南宋淳熙二年(1175)①,国内存(残),日本存;

《碛砂藏》:南宋—元私版,完成于元至治二年(1322),存②,有民国时期影印本;

《赵城藏》(《金藏》):金私版,完成于金大定十三年(1173),存,新编《中华大藏经》作为主要底本;

《普宁藏》:元私版,完成于元至元二十七年(1290),存;

《元官版大藏经》:存残卷;

《洪武南藏》:明官版,完成于明洪武三十一年(1398),存;

《永乐南藏》:明官版,完成于明永乐十七年(1419),存;

《永乐北藏》:明官版,完成于明正统五年(1440),存;

《万历藏》:明—清私版,完成于清顺治十四年(1657),存;

《嘉兴藏》(《径山藏》):明—清私版,完成于清康熙十五年(1676),存;

《清藏》(《龙藏》):清官版,完成于清乾隆三年(1738),存;

《频伽藏》:私版,清末民初。这部藏经是根据下面提到的日本《缩刷藏》加以校补翻印的。

另有几种《大藏经》情况较为特殊:一是《弘法藏》,即《至元法宝勘同总录》的经本,没有实物留存;《元代铜版大藏经》,元英宗曾

---

① 关于《圆觉藏》和《资福藏》是否为同一部藏经,学界有不同意见。李际宁认为"《思溪资福藏》应该是在《思溪圆觉藏》基础上补刊经版而成"。《中国版本文化丛书·佛经版本》第 86 页。

② 今存《碛砂藏》有残毁;以下注"存"的几部早期《大藏经》情况略同。

下诏雕印,但实际是否完成,情形不明;另一部是胡适提出来的《天龙山藏经》①,虽然已经发现一些残本,但整体结构还不清楚;第四种是《武林藏》,虽发现有印本,但学界或以为是以《碛砂藏》或《洪武南藏》为底本的私刻藏经②。

中国历史上一次次刊刻《大藏经》,虽然内容变动有限,但并不是简单地复刻。由于刊刻时期不同,地区不同,所收经典并不完全相同,同一经典也有异文。特别是早期几种《大藏经》,包括《高丽藏》,差异更为显著。研究不同藏经刊刻系统和流传情形,对于认识佛教的历史发展,乃至于了解古代书籍制度、雕版工艺以及造纸、印刷等技术水平都大有助益,这已成为一种专门学问。

历朝官、私不断地雕造规模庞大的《大藏经》,除了佛教自身发展的需要,还有两个方面的意义值得特别重视:一是作为规模宏伟的文化事业,反映了文化、学术发展上的需求;另一方面,历代朝廷主持或支持这一事业,除了表示对于佛教的护持,也有张扬盛世、粉饰太平的作用。《大藏经》也确实是文化、经济、技术等多方面水平和实力的体现。

二

宋初《开宝藏》雕造完成后,即把十三万块经版运到京城开封

---

① 1959 年胡适《记美国普林斯顿大学的葛思德东方书库藏的〈碛砂藏经〉原本》说到该书库所藏"配补的明本之中,还有建文元年己卯刻的《天龙山藏经》",《胡适学术文集·中国佛学史》第 553 页。

② 参阅童玮《汉文大藏经简述》,《二十二种大藏经通检》卷首;程千帆、徐有富《校雠广义·典藏篇》第二章《典藏单位》第四节《寺观藏书》,第 148－160 页;《校雠广义·版本篇》第四章《雕印本的品类》第一节《按时代区分》,第 113－152 页,齐鲁书社,1998 年。

府,收藏在太平兴国寺,并建立专门的印经院负责印制、流通事宜。经过近百年,到熙宁四年(1071)印经院废止,经版交圣寿禅院管理①。当时《大藏经》的流传除私人出资请经印制,流通途径主要是朝廷颁赐。《崇宁藏》刻成后,礼部员外郎、《大藏经》都劝首陈旸的奏章中有云:

> 旸窃见朝廷近降指挥,天宁节天下州军各许建寺,以崇宁为额,仍候了日,赐经一藏。②

后来历代朝廷颁赐《大藏经》形成制度。元世祖忽必烈"每一岁中,行布施度僧,读《大藏经》……帝命诸山师德,校补弘法寺久远藏经,鼎新严饰,以传无穷。帝印《大藏》三十六藏,遣使分赐归化外邦"③。元代以下诸帝亦多施印《藏经》,颁散天下寺院。又佛慧圆鉴雪堂禅师于元成宗元贞二年(1296)购得二十藏,施舍给郑州一带佛寺④,则是僧人出资购买,再施舍给其他寺院的。这种由个人施印也是后来流通的一种办法。明代以后商品经济逐渐发达,印刷技术也相应提高,南、北二《藏》和清代《龙藏》请印更简易,流通也更广。即使是山间水涯的偏僻寺院,也多收藏有完整的《大藏经》。由于寺院藏品往往能够得到更珍重的保护,包括《大藏经》在内的许多典籍在寺院里得以妥善保存,又给阅读、利用提供了便利。例如李贽罢官姚安府,就曾到僻处云南边远地区的鸡足山阅读《大藏经》,可见当时藏经广布情形的一斑。

一部《大藏经》的雕造要消耗大量物力、人力、时间。由朝廷操持其事,往往能够显示国家对于佛教的支持;而私人营造则更体现

---

①这第一版大藏经在中土久佚,现在中国国家图书馆等五个单位存九卷,日本、美国三个单位存三卷,另自上世纪以来西域考古发现若干残片。

②《崇宁藏·大般若波罗蜜多经》经首牒文,转引《中国版本文化丛书·佛经版本》第71—72页。

③《释氏稽古略续集》卷一,《大正藏》第49卷第908页上一中。

④参阅《郑州荥阳县洞林大觉禅寺藏经记》,《金石萃编补正》卷四。

了信仰的热忱。例如《(思溪)圆觉藏》是王氏一族所造。现存王永从发愿题记中写道:

> 大宋国两浙路湖州归安县松亭乡思村居住左武大夫、密州观察使致仕王永从同妻恭人严氏、弟忠翊郎永锡、妻顾氏、侄武功郎冲允、妻卜氏、从义郎冲彦、妻陈氏、男迪功郎冲元、妾莫氏、保义郎冲和、妻吕氏与家眷等,恭为祝延今上皇帝圣躬万岁,利乐法界一切有情,谨发诚心,捐舍家财,开镂《大藏经》板总五佰五拾函,永远印造流通。①

这是以一家两代人的财力雕镂一副经版。《碛砂藏》里《大宝积经》卷二十九末尾鲍善恢题跋里有佚存的《赵沨碑》,其中说刊镂经版"协力助缘刘法善等五十余人,亦皆断臂、燃臂、燃指、剜眼、割肝,至有舍家产、鬻男女者,助修经版胜事,始终三十年之久,方得成就"②。这也是反映营造者虔诚心态的实例。

　　这庞大的经典群的刻印、收藏和传播对于佛教和佛教文化的意义自不待言,在一般文化、科技和文化交流等方面也具有极其重大的意义。

　　首先,《大藏经》的编辑和刻印,为广大信众,也为全社会提供一套完整、规范的佛教典籍大丛书。它作为"三宝"之一的法宝的集合,首先是供信徒供养、读诵和研习的宗教宣传品,但也给有关佛教学术与一般文化、学术的传播、教学与研究提供了相当完备的资料。特别由于汉文《大藏经》广泛、全面地收录中、外不同部派、学派、宗派的经、律、论"三藏"和相关著述,整部藏经又是按一定教理系统加以编排的,更给阅读、利用者提供了极大便利。而其所体现的兼收并蓄的包容精神,又给人以启示和教益。

---

① 见日本京都南禅寺所藏《思溪藏·长阿含经》卷二二,转引《中国版本文化丛书·佛经版本》第80页。
② 转引《中国版本文化丛书·佛经版本》第110页。

　　其次扩展开来说,《大藏经》包含众多学术领域的内容,具有多方面的学术价值。它作为庞大的典籍群,又给所涉及广泛文化、学术领域的研究提供了取之不尽的资源。佛教乃是与儒家、道家和道教并列的古代文化发展的支柱之一,研究古代文化,特别是思想、哲学,佛教乃是基本内容,离不开《大藏经》;《大藏经》里涉及伦理学、史学、美学、语言学、文学、艺术等诸多领域的内容丰富多彩,许多是在一般文献中难以见到的。《大藏经》里更有两个领域的内容特别值得珍贵:一是古代南亚、中亚历史、地理和中、外文化交流的丰富知识,一般文献里相关材料留存稀少,《大藏经》里提供的资料是无可替代的;再是古代佛教文献里包含有大量涉及道教和其他宗教(包括民间宗教)的内容,乃是有关古代宗教史的宝贵材料,也赖《大藏经》相当集中地保存。因此,从事有关中国的几乎是所有的学术研究,《大藏经》都是不可或缺的。

　　第三,《大藏经》的编辑与目录学有直接关系。图籍的搜集、整理、保存是一种专门的典藏学术,即现代的图书馆学。前面说过,佛教经录的编撰与《大藏经》的编辑是同时进行的一项工程的两部分。因此《大藏经》这一空前庞大丛书的编撰、保存、流通又极大地推动了目录学和典藏学术的进步,为大型丛书、类书、工具书的编撰积累了经验,提供了借鉴。直接的影响是《道藏》的编辑;还有在《大藏经》的基础上编辑不同类型的佛教丛书(如后来智旭编《阅藏知津》,直到近年编撰《中华大藏经》);以及使用《大藏经》编制各种索引,等等,这些都推动了文化、学术事业的发展。

　　第四,宋代雕造《大藏经》,无论是规模还是技术都体现了当时世界上的最高水准。雕造一部《大藏经》不仅是规模巨大的雕版、印刷工程,还需要得到造纸、印刷等广泛领域的技术保证,以及书籍装帧艺术等方面的支持。而如此规模巨大的包括搜集、考订、整理典籍等工作的学术活动,从印制到发行、运输、贩卖等多方面的经济活动,从组织到实施都需要投入大量人力(从佛教学术专门家到各种技术工匠等)、物力(包括大量资金、营造场所和木版、纸张、油墨等印刷材料以及运输、贩卖手段等),要有相当庞大的经济体系来支撑,又要有操作、经营、管理的人才和经验。这样,完成这样规模巨大的事业,对于相关经济、技术各领域的发展必然会给予有力推动。中国四大发明之一的印刷术的成就,集中地在《大藏经》的印制中体现出来。在古代大型集体经济活动中,《大藏经》的刊刻、印制和流通成为典范,从而对于整个手工业、商业的发展,对于早期商品经济的发展起了重要的推进作用。具体情况是需要认真考察、研究的。

第五,西夏、元代和清代曾译印西夏、蒙、藏、满文《大藏经》,直接促进了佛教在这些民族聚居地区的传播;同时作为文化活动,更促进了汉族与这些民族间的文化交流。其中藏传佛教的藏文大藏经《甘珠尔》和《丹珠尔》是藏译佛典的总集,内容不同于汉文《大藏经》,另成一个系统,具有独立的文化和学术价值。早在北宋时期,朝廷就曾把《开宝藏》颁赐给日本、高丽、西夏、契丹和越南。后来汉文《大藏经》广泛传布在这些邻近国家。日本、三韩、越南佛教一直以汉文佛经为典据。这些国家的佛教信徒诵读的是汉文藏经。中国早期雕印的几种《大藏经》在本土仅存少数残卷,但在日本却多保存有全藏,可见这些典籍在古代日本流传和受到敬重的情况。《大藏经》颁赐和流传邻近诸国,首先有力地推进了汉传佛教的发展,进而促进了中国与这些国家和地区的文化交流,对于建设所谓"汉字文化圈"起了相当巨大的推动作用。三韩和日本又都曾雕造汉文《大藏经》。高丽在显宗二年(1011)即《开宝藏》刻成的太平兴国八年(983)的仅十八年后就开始加以复刻,这是在国外雕造的第一部汉文《大藏经》。这部藏经在日本存有残卷。此后从文宗朝到宣宗朝,又参照新传入的《契丹藏》续雕《大藏经》。高宗十九年(1232)蒙古人入侵,两副经版均为兵焚所毁。高宗二十三年

(1236)第三次雕造,经过十五年至高宗三十八年完成,以经版八万块又称《八万大藏经》,经版如今仍完整地保存在庆尚南道伽耶山海印寺,印本俗称《高丽藏》。这部藏经保存了早期《开宝藏》和《契丹藏》的面貌,又曾经过仔细校订,是具有高度学术价值的经本。日本奈良和平安时代(710—1191)是汉传佛教输入的全盛期,大量汉文经典输入。到镰仓(1192—1333)和南北朝时期(1334—1392),在幕府支持之下,数度根据传入的《大藏经》经营雕造,其中有今存所谓《弘安藏》,雕造于弘安十年(1287)至正安四年(1302),存有少数印本,是否完成全藏不明。到江户时期的庆长十九年(1614)伊势高日山常明寺僧人宗存模仿《高丽藏》刊刻藏经,历时十余年,没有完成全藏,今存印本近三百卷。日本所刊刻全藏第一种是雕造于宽永十四年(1637)至庆安元年(1648)的木活字本,以主事者为僧人天海,称《天海藏》,又称《宽永寺藏》、《东叡山藏》、《倭藏》;第二种是雕造于宽文九年(1669)至延宝六年(1678,后续有订补)的《黄檗藏》,以主持者为黄檗宗僧人铁眼道光,又称《铁眼藏》。近代日本又编印了《大日本校订缩刷大藏经》(1880,简称《缩刷藏》)、《大日本校订训点大藏经》(1902—1905,简称《卍字藏》)和《卍续藏经》(1905—1912)、《大正新修大藏经》(1924—1934)等。后一种简称《大正藏》。近代出版了排印的《弘教藏》、《卍字藏》、《卍续藏》和《大正藏》。其中《大正藏》分为《正藏》、《续藏》、《图像》和《总目录》四部分,共收录经典3493部13520卷,在新编《中华大藏经》以前是所收典籍最多的藏经。它编排别具一格,便于使用,自昭和九年(1934)印制完成,即成为国际学术界通用的版本。《卍续藏》多收唐宋以后其他藏经未收典籍。高丽和日本雕造、排印汉文《大藏经》,是中国和这些国家文化交流的重要成果,也是中国对这些国家文化的贡献,以实物记录下文化交流史上的重要一页。

三

　　讲《大藏经》，应当特别表扬雕凿《房山石经》的巨大工程。这也是历史上遗留的规模宏伟、价值巨大的文化珍品。

　　磨石雕刻本来是中土流通经籍的传统方式之一。最早的实物有一般认为是战国秦刻《石鼓文》。汉、魏以来儒家典籍屡次上石，是传播经典、统一经本的重要手段。佛经石刻，有摩崖和碑刻两大类，兴盛于南北朝后期①。如山东泰山经石峪所刻《金刚经》、徂徕山佛岩所刻《大般若经》、响堂山所刻《维摩诘经》、《弥勒成佛经》四部经典，是众多北齐时期刻经中的代表作品。这些刻经上石，与末法思想流行有直接关系。北齐那连提黎耶舍于天统二年(566)译出集中阐扬末法思想的《大集经月藏分》十卷；八年之后(574)即发生周武灭佛，更推动末法思想的盛行，从而使经典上石摹刻的活动广泛流行开来。在近年佛教摩崖造像的考古调查中，又陆续发现不少刻经，分布在今河北、山东、山西广泛地域。例如河北涉县中皇山北齐刻经，包括《十地经》、《思益梵天所问经》、《佛说盂兰盆经》、《妙法莲华经》等，总计经文十三万余字；山东平阴县发现《文殊般若波罗蜜经》刻石；河北曲阳县羊平村隋代造摩崖造像经龛内刻有《佛垂般涅槃略说教戒经》、《妙法莲华经》的《观世音普门品》等②。而规模最大、数量最多、工程延续时间最为长久的是今北京

---

①参阅叶昌炽撰、柯昌泗评《语石　语石异同评》。

②赵超《古代石刻》第 206 页，文物出版社，2001 年。详见马忠理等《涉县中皇山北齐佛教摩崖刻经调查》，《文物》1995 年第 5 期；乔修罡、青柏《平阴发现北朝摩崖刻经》，《中国文物报》1995 年 7 月 6 日；刘建华《河北曲阳八会寺隋代刻经龛》，《文物》1995 年第 5 期。

房山区石经山《房山石经》的雕造。据近年实地考核统计,石经山九个洞内和云居寺南塔前地穴中分别藏有石刻经版 15061 块(其中完好的经石 14621 块,洞外有重要碑铭 82 通),镌刻佛典一千余种、三千五百余卷,另外还有六千八百余则题记。作为世世代代佛教信徒和刻经匠人的壮举,其工程浩大惊人,成为世界文化史上的一大奇观。1987 年中国佛教图书文化馆影印出版了《房山石经》五十六册。

　　房山石经的发踪者是隋唐之际的沙门静琬(? —639)。他继承师傅慧思遗愿,在今北京市房山区云居山开始刻造石经。当时的目的不是为了拓印流传,而是鉴于魏武、周武两次毁佛,经像被焚毁,僧徒中普遍存在"末法"时期来临、佛法将被毁灭的危机感,因此企图采用传统刻石办法来保存经典。自静琬于隋大业末年即七世纪初开始刻石,到贞观年间刻成《大涅槃经》,继而信徒前赴后继继续营造,迎来唐初刻经的兴盛时期,直至唐末中绝。到辽代圣宗时地方官韩绍芳奏请续刻,得到朝廷支持,遂募集资财,雕造事业又大规模地恢复。现存石经中《涅槃》、《华严》、《般若》、《宝积》四大部就是这一时期刻成的。金代又陆续补刻。辽、金从而成为石经雕刻的又一个兴盛时期。现存六千八百余则施刻人题记中,有明确纪年的占四分之一,它们反映了刻经的具体状况。这些题记大体可分为两部分,一部分是碑刻和一般题记,从唐代至民国,共计一百一十余条;另一部分是诸经题记,唐代的二百余条,辽、金的达六千余条,元、明、清的百余条①。辽、金时代最多,正反映当时刻经的盛况。元代除对少数经版进行过修理,工作基本停顿。后来又断断续续地进行,直至 17 世纪才完全停止。这项巨大的工程前后持续千余年,参与工作的僧人、居士、工匠不计其数。在漫长

---

① 这里和下面的统计数字均据徐自强《房山石经题记汇编・前言》,书目文献出版社,1987 年。

的刻经过程中,耗费人力、物力无算,众多僧俗信徒、工匠付出大量资财和劳力;历代许多皇室、贵族、官僚也给予大量捐赠,加以支持。例如唐玄宗的八妹金仙长公主,就曾出资施捐,奏请玄宗下赐大唐新旧译经四千余卷,作为刻经底本。辽代本是契丹族建立的割据政权,统治者大力尊崇佛教,许多贵族、官吏施助刻经,也反映了这一民族接受、融入中华传统文化的总趋势。

全部《房山石经》并不是严格意义上的《大藏经》。因为如此长时期、经众工之手的刻石不可能严格按照一定的规划进行,更不可能依照《大藏经》编目刻制。它基本是依照不同时期施主发愿随宜雕造的。因此流行的经典,特别是短小的《金刚经》《心经》之类被不断重复雕刻。又如《大般若波罗蜜多经》题记就有九百余条,反映了历代对于这部经典的重视。所以一万五千余石上实际所镌刻经典按部数统计只有一千部左右,有些经典还只刻成全文的一部分。但是《房山石经》却具有其他各种《大藏经》所不具备的价值和作用。一方面,这批石经反映了雕刻当年那些经典的面貌,例如唐刻的许多经典基本反映唐代宫廷写本的面貌,辽、金刻石大多以《契丹藏》为底本,而《契丹藏》已基本亡佚。这样,石经在考察经典流通面貌,在校刊上就有重大价值。另一方面,石经里包含 88 部、174 卷各种《大藏经》未收佛典,还有几部道教经典,可补佛、道教经藏的缺失。至于历代施刻人的六千余条题记,除了作为反映历朝佛教信仰和刻经情况等有关佛教发展的资料以外,还包含有关于各朝政治、经济、典章制度、文化发展、工商业状况以至当地地理区划(包括燕京的城坊布局)等多方面珍贵可靠的纪录,可补历史文献的不足。石经刻制更体现了刻石的精湛技艺,具体反映历朝书法艺术和雕刻艺术的成就。这样,作为供养“三宝”成果的《房山石经》,就记录下佛教文化发展的多个重要侧面,作为中国历史上的壮丽文化遗存而辉耀史册。

唐代以后,石刻佛经历朝、各地均有,且形态多种多样。有些在石窟之中,如龙门石窟的一些洞窟、河南安阳小南海石窟、四川安岳卧佛院石窟都刻有佛经。卧佛院所刻达七十余部之多。有些直接刻在山石上,这是所谓"摩崖石经"。还有把佛经刻在石柱上的,如山西太原晋祠保存的《华严经》石柱。从初唐开始,又出现建立经幢的风俗,多数刻陀罗尼经咒。中、晚唐时期这种风气兴盛一时,所刻也偶有梵文和其他文字的。这些刻经当然也具有文献上的或艺术上的价值。又史料所记录明永乐十八年(1420)在开雕南、北藏时明成祖朱棣下令刻制石经一部,安置在大石洞。这部石经是否实际雕造,大石洞在何处,如今已不得其详。

典籍的刻印、雕造对于推动文化发展所起的关键作用是不言而喻的。佛教经籍乃是古代典籍流通中最为普遍的部分之一。史料记载隋代民间流通的佛经大大多于儒家经典,实际也反映了历史上佛经广泛传播的一般情况。《大藏经》的刊刻与流通极大地促进了经典的传播,它更以规模巨大、搜罗完备、编排合理、应用方便使后人获益无限。而编撰、雕造《大藏经》作为一种综合的大规模学术、文化、经济事业,积累下宝贵的经验,在多方面获益于当时,贻惠于后世。

第十四章　智圆和契嵩——援儒入释

一

如上所述,中国宗派佛教是印度佛教实现"中国化"的成果。这体现为中国佛教的鼎盛,也意味着外来佛教已经融入到本土思想、文化的传统之中。而从长远的发展说,却又意味着外来的印度佛教在逐步丧失自身特殊的内涵、价值与意义。这实际也成为进入宋代以后中国佛教走向衰落的根本原因。从另一个角度看,宗派佛教体现外来佛教适应本土思想、文化传统的大趋势,也是在争取和巩固自身的生存、发展空间。而当佛教已经显示衰象之际,教内一批有识之士奋起挽救颓势,其中一个办法就是"援儒入释"。这是让佛教进一步向居于统治地位的儒家思想传统靠拢。其代表人物就是北宋初期的智圆和契嵩。他们推动起来的这股潮流一直延续到后来。

到五代、宋初,十分兴盛并有巨大理论成就的宗派佛教在逐步向"通俗化"的"禅、净合一"佛教演变。表面上看,佛教仍相当兴盛,有些宗派如禅、天台仍有新的发展。但在总体趋势上,自两晋之际到隋唐几百年间在思想、学术领域十分积极、活跃并显示出巨大影响力的佛教,正在丧失创造的活力;佛门也已难得出现有建树、有影响、支撑佛教思想作出重大发展的领袖人物,从而其地位逐渐被新兴的理学即"新儒学"所取代,在思想、学术领域的地位和作用明显地大为降低了。

　　造成佛教衰落的外部条件是中唐以来强大的振兴儒学的思潮,知识阶层对佛教进行了持续的、有力的批判。这一以"儒学复古"相号召的思潮入宋后重新被鼓动起来,知识阶层表现出更强烈的维护本土思想、文化传统的自觉。宋初沙门省常曾慨叹说:"国初以来,荐绅先生宗古为文,大率效退之之为人,以排挤释氏为意。"①作为宋代理学先驱的所谓"宋初三先生"胡瑗(993—1059)、孙复(992—1057)和石介(1005—1045),发扬韩愈、李翱等人传统,大力张扬兴儒反佛。其中以石介《怪说》言辞最为激烈。他在文章开端以日月薄蚀、五星慧孛、山崩川竭相衬托,批判佛教"臣抗于君,子乱于父";"髡发左衽,不士、不农、不工、不商为夷者半中国","汗漫不经之教行焉,妖诞幻惑之说满焉";"忘而祖,废而祭,去事远裔之鬼";"不在祀典而老观佛寺遍满天下",认为如此"灭君臣之道,绝父子之亲,弃道德,悖礼乐,裂五常",乃是天下之"怪","中国蠹坏"②。同时他又表示极为仰慕韩愈,称当时文风的败坏为另一"怪"。这正是唐人"儒学复古"结合"文体复古"的思路。接着欧阳修以领袖文坛身份,倡言诗文复古,同样坚定地反佛。他写《本论》上、下两篇,指出佛法为患中国千余岁,"攻之暂破而愈坚,扑之未灭而愈炽",提出"修其本以胜之"③的主张。他具体阐述说:

　　　　甚矣人之性善也。彼为佛者,弃其父子,绝其夫妇,于人

①智圆《钱塘白莲社主碑》,《乐邦文类》卷三,《大正藏》第47卷第184页上。
②《怪说上》,《徂徕集》卷五。
③《本论上》,《居士集》卷一七。

之性甚戾，又有蚕食虫蠹之弊，然而民皆相率而归焉者，以佛
有为善之说故也……佛之说，熟于人耳，入乎其心久矣，至于
礼义之事，则未尝见闻。今将号于众曰：禁汝之佛而为吾礼
义，则民将骇而走矣。莫若为之使渐，使其不知而趣焉可
也……今尧舜三代之政，其说尚传，其具皆在，诚能讲而修之，
行之以勤而浸之以渐，使民皆乐而趣焉，则充行乎天下，而佛
无所施矣。[1]

　　他认为这样一来，就不必如韩愈主张的那样"火其书而庐其居"。
他拟议的这种做法显然比前人所主张和实行过的简单禁毁办法前
进一大步。如所周知，中土反佛，无论是从儒家立场，还是从道教
立场，都有根本的薄弱方面，就是很少针对佛教基本教义从理论根
本上攻驳其要害，而主要是抨击其对于社会秩序、经济发展、伦理
道德等现实方面的弊害。而这样做，一方面给佛教存在的理由留
下空隙，另一方面客观上又给佛教适应中土环境指点了出路。所
以即使是佛教阵营中许多人也并不着重对于这类责难进行辩驳，
而是强调自身如何能够适应现实需要、可以作为中土传统的有益
补充，等等。

　　促使佛教衰落还有一个因素，就是禅宗在内部对经教起了瓦
解作用。胡适称南宗禅创始者之一的神会是"北宗的毁灭者"[2]。
从一定意义上说，南宗禅对于整个佛教也给予了强有力的冲击。
特别是发展到中唐时期，毁经灭教的宗风大盛，主张"非心非佛"，
"无修无证"，反对"读经看教"、"求福求智"，以至"呵佛骂祖"，大为
动摇了作为宗教的信仰根基。禅宗宗义本来包含儒家和道家的许
多内容。中国传统的人本主义、理性主义精神在其中得到相当明
显的体现。禅宗的兴盛促成士大夫精英"明心见性"之佛和民众间

———————————

[1]《本论下》，《居士集》卷一七。
[2]《菏泽大师神会传》，《神会和尚遗集》第90页。

"檀施供养"之佛进一步分化。对于前者，习佛逃禅主要体现为心性的修养和性理的探求，轮回业报、地狱净土之类信仰是淡漠甚至是不存在的。关系到这一点，纪昀在《阅微草堂笔记》里的一段记载是富于启发意味的：

> 抑尝闻五台僧明玉之言曰："辟佛之说，宋儒深而昌黎浅，宋儒精而昌黎粗。然而披缁之徒，畏昌黎不畏宋儒，衔昌黎不衔宋儒也。盖昌黎所辟，檀施供养之佛也，为愚夫妇言之也；宋儒所辟，明心见性之佛也，为士大夫言之也。天下士大夫少而愚夫妇多。僧徒之所取给，亦资于士大夫者少，资于愚夫妇者多。①

这是说宋儒从性理角度辟佛，更能抓住根本（至于是否真能做到这一点，以至是否"阳拒阴取"，此不具论）。唐人辟佛，对于信仰的冲击和破坏本来是很严重的。在内、外两面夹攻之下，佛教的阵地更逐步缩减到无知无识的民众间了。而活动在民众间的又基本是同样无知无识、只图谋口腹之资的庸僧。

当然宋、明时期，仍有些学养高深的士大夫出家逃禅，僧团中也仍陆续出现一些精英人物。其中有试图振兴诸宗，发展宗义，竭力使各宗法统得以绵延的；有坚定地舍身求法或热诚地弘法兴福的；有在社会上层活动并造成比较广泛影响的；还有一批新型的学僧（本书另有论述的诗僧也属于这一类，他们人数众多，在文坛上有一定地位和成就）。而这些人又已全然不同于南北朝时期致力于研讨经义、阐扬佛理的义学沙门。他们往往在儒学方面有更高素养，在新的文化和学术环境中，努力从学理上调和、沟通儒、释，并据此来阐发佛说的意义，争取佛教的地位。有的学者称他们为"儒僧"②。

---

① 《阅微草堂笔记》卷一八《姑妄听之四》，第453页，天津古籍出版社，1994年。
② 包弼德《斯文：唐宋思想的转型》（Peter K. Bol：*"This Culture of Ours" Intellectual Transitions in T'ang and Sung China*，Stanford，Stanford University Press，1992）第20页，刘宁译，江苏人民出版社，2001年。

下面介绍的智圆和契嵩，就是北宋佛教这方面具有代表性的两个人物。

这种类型的"儒僧"在僧团中发挥影响，在相当大的程度上决定着佛教发展的动向。由于他们对儒家思想能够敬重与融通，有助于活跃僧团与知识阶层的交流，对于在整个佛教中占有重要地位的居士佛教的兴盛也起了推动作用。他们的活动对于"新儒学"建设也作出一定贡献，下面将具体说到。

二

陈寅恪在《冯友兰中国哲学史下册审查报告》中说：

> 凡新儒家之学说，几无不有道教，或与道教有关之佛教为之先导……北宋之智圆提倡中庸，甚至以僧徒而号中庸子，并自为传以述其义（孤山闲居篇）。其年代犹在司马君实作中庸广义之前，（孤山卒于宋真宗乾兴元年，年四十七。）似亦于宋代新儒学为先觉。[①]

这就明确指出智圆的活动在儒学史上的重要意义。这种意义也体现了在宋代新的条件下儒、释相交流的形态和作用。

智圆（976—1022），字无外，或名潜夫，自号中庸子，钱塘（今浙江杭州）人。他的活动年代比上述"宋初三先生"稍早，也早于理学先驱邵雍（1011—1077）、周敦颐（1017—1073）等人。他八岁受具于本郡龙兴寺，二十一岁受天台三观于源清法师。二年后，其师病故，他"往居西湖孤山，学者如市，杜门乐道，与处士林逋为邻友。

―――――――――

[①]《金明馆丛稿二编》第251—252页。

王钦若出抚钱唐,慈云遣使邀师同往迓之。师笑谓使人曰:'钱唐
境上,且驻却一僧。'师早瘿瘵疾,故又号病夫,讲道吟哦未尝少
倦"①。在当时,僧、道奔竞于权势之门成风,而他隐居求道,不慕荣
利,不附权要,有诗曰:

　　　　可怜竞利贪名者,扰扰人间醉未醒。②
　　　　回首权豪绝相识,野云孤鹤自相于。③

另一方面他认真钻研学问,又有诗曰:

　　　　看云默诵空王偈,拂榻闲开孔圣书。④
　　　　行披《老子》五千字,坐读《楞严》十轴经。⑤

表明他不偏不倚地研习儒、道、释典籍,这正是新一代学僧典型的
治学态度。

　　他作为学僧,理所当然为研习教典付出巨大努力并取得了相
当好的成绩。这是与唐五代丛林中那些不重经教、不重戒律的禅
师不同的。他的这种态度和做法也体现了入宋后禅宗向教门回归
的趋势。但他治学的具体途径又和南北朝那些义学大师如慧远、
僧肇等人不同,他的这些前辈在俗学方面本来有很好教养,但进入
佛门后却转而主要阐扬佛说。而他则一直热心于儒学,对于诗文
创作的兴趣更从无衰减。他自作《中庸子传》说:

　　　　八岁遂登具于钱塘龙兴寺,今大中祥符寺也;十五,微知
　　　《骚》《雅》,好为唐律诗;二十一,将从师受周、孔书,宗其道,学
　　　为文以训世。会寝疾,因自讼曰:汝浮图子,发既祝矣,形且毁

①《佛祖统纪》卷八,《大正藏》第49卷第204页下。
②《初晴登叠翠亭偶成》,《闲居篇》卷四〇,《续藏经》第56册第923页下。
③《孤山闲居即事寄巳师》,《闲居篇》卷四一,《续藏经》第56册第925页上。
④《病起二首》,《闲居篇》卷五〇,《续藏经》第56册第943页下。
⑤《养疾》,《闲居篇》卷五〇,《续藏经》第56册第944页上。

矣，而不习释氏，志慕儒学，忘本背义，又岂称周、孔之旨乎？
汝姑习释，后学儒为副，汝其图之。时源清法师传智者三观之
法于奉先，余负笈而造焉，在青衿之列者凡三年……①

这表明，他的外学方面的素养是在出家之后进一步提高的。他把
自景德丙午（1006）迄于天禧辛酉（1021）所作诗文加以辑录，得六
十卷，题曰《闲居篇》（今本五十一卷，包括部分佛学著作，已不是原
编），在《谢吴寺丞撰闲居编序书》中说：

> 某幼缘宿习，雅好空门，于龆龀之年，即毁其发，坏其服，
> 而为浮屠徒也。洎年迄升冠，颇好周、孔书，将欲研几极深，从
> 有道者受学，而为落发之师拘束之，不获得志。由是杜门阒
> 然，独学无友，往往得五经之书而自览焉。虽文字不及尽识，
> 句读不及尽分，而好求圣师之指归而会通其说焉。譬若五方
> 埒之相马，略玄黄而谈神骏也，而与夫嘈嘈诵声者、寻章摘句
> 者已胡越矣……吾虽无师之训教，无友之切磋，而准的五经，
> 发明圣旨，树教立言，亦应可矣。②

他对儒学表现出如此热忱，反映当时僧团中兴盛起来的一种新观
念和新作风，也是当时儒、释进一步调和在僧团中的体现。他曾经
写作道教的《黄帝阴符经题辞》，其中直接表明"吾之注皆以儒道明
之"③；他的《病课集序》明确说自己的作品"辞语鄙野，旨趣漫浪，或
宗乎周、孔，或涉乎老、庄，或归乎释氏，于其道不能纯矣"④。和他
同时住在孤山的，有以"梅妻鹤子"著称的隐士诗人林逋（967—
1028），二人间交往亲密无间。他的《赠林逋处士》诗说：

---

①《闲居篇》卷一九，《续藏经》第56册第894页下。
②同上卷二二，《续藏经》第56册第898页下－899页上。
③同上卷一一，《续藏经》第56册第882页中。
④同上，《续藏经》第56册第882页下。

> 深居猿鸟共忘机，荀、孟才华鹤氅衣。满砌落花春病起，
> 一湖明月夜渔归。风摇野水青蒲短，雨过闲园紫蕨肥。尘土
> 满床书万卷，玄缥何日到松扉。①

他对林逋隐居生活的仰慕赞叹之情如此溢于言表。他又有《贫居赋》也说到：

> 荒径草深兮衡门常扃，坏壁虫响兮幽砌苔青。馕粥糊口
> 兮吟咏适情，行披百氏兮坐拥六经。困穷而通兮盘桓居贞，嗟
> 乎薄徒兮附势尚声。奔走要路兮骑肥衣轻，宴安华居兮狼心
> 豕形。岂思止足兮安戒满盈，名随身没兮祸逐贪生。焉如忠
> 士守仁义、箪食瓢饮不改其乐兮，垂万世之令名哉！②

这里描写的出家生活，与其说是虔修佛道，不如说是士大夫"穷则独善其身"的退隐。这已经和一般文人居士的志趣、修养十分接近了。

柳宗元曾指出"统合儒、释"是历史上久远的传统。但这"统合"在不同时期、不同人物身上不仅有程度的不同，更有所宗内容和意义理解上的不同。就智圆的情况看，他曾说：

> ……逮于后汉，其道东传，时君仰其神，元元陶其训，乃与
> 仲尼、伯阳之为训三焉。原夫仲尼之为训也，扬唐虞、三王之
> 道，尊仁而尚义，俾复其王而企于帝者也；伯阳之为训也，扬三
> 皇朴略之道，而绝圣弃智，俾复其皇而企于结绳者也；矧兹两
> 者，谈性命焉则未极于唯心乎，言报应焉则未臻于三世乎。虽
> 然，而于治天下，安国家，不可一日而无之矣。美矣哉，其为域
> 中之教也明矣。若夫释氏之为训也，指虚空世界也，悉自我心
> 焉，非只言其太极生两仪，玄牝为天地根而已矣；考善恶报应

---

① 《闲居篇》卷四一，《续藏经》第 56 册第 925 页下。
② 同上卷三二，《续藏经》第 56 册第 913 页上。

也,悉自我业焉,非止言其上帝无常、天网恢恢而已矣。有以见儒道乎,虽广大悉备,至于济神明、研至理者,略指其趣耳。大畅其妙者,则存乎释氏之训,与其为域外之教也,又已明矣。域内则治乎身矣,谓之外教也;域外则治于心矣,谓之内教也。[①]

同样他又说:

尝谓三教之大,其不可遗也。行五常,正三纲,得人伦之大体,儒有焉;绝圣弃智,守雌保弱,道有焉;自因克果,反妄归真,俾千变万态,复乎心性,释有焉。吾心其病乎,三教其药乎。矧病之有,三药可废邪?[②]

像这样区分儒、道、释三家,讲各适其用,并行而不悖,还没有摆脱儒以治外、佛以治内的传统思路。但是他又说:

曰:浮图之教流于华夏者,其权舆于东汉乎! 其于训民也,大抵与姬公、孔子之说共为表里耳。何耶? 导之以慈悲,所以广其好生恶杀也;敦之以喜舍,所以申乎博施济众也;指神明不灭,所以知乎能事鬼神之非妄也;谈三世报应,所以证福善祸淫之无差也。使夫黎元迁善而远罪,拨情而反性,核其理也,则明逾指掌;从其化也,则速若置邮。噫,虽域外之真诠,实有毗于治本矣。[③]

这里把儒、释确定为表、里关系;他在《中庸子传》里又说“夫儒、释者,言异而理贯也”[④],则更进一步肯定儒、佛之间只是言辞表达的差别,道理本是一以贯之的。唐宋以后盛传东晋慧远送别陶渊明、

---

①《四十二章经序》,《闲居篇》卷一,《续藏经》第 56 册第 870 页下。

②《病夫传》,《闲居篇》卷三四,《续藏经》第 56 册第 915 页中。

③《翻经通纪序》,《闲居篇》卷一〇,《续藏经》第 56 册第 880 页下。

④《闲居篇》卷一九,《续藏经》第 56 册第 894 页上。

陆修静越过虎溪的传说，并据以绘《三笑图》，典型地反映了"三教合一"观念。智圆作《三笑图赞并序》说：

> 昔远公隐于庐山，送客以虎溪为界，虽晋帝万乘之尊、桓玄震主之威亦不能屈也……释、道、儒宗，其旨本融，守株则塞，忘筌乃通。莫逆之交，其惟三公，厥服虽异，厥心惟同。见大忘小，过溪有踪，相顾而笑，乐在其中。①

他这样就明确主张儒、道、释三者宗旨完全相通，只是"守株"之徒不达通变，使它们显得枘凿不合而已。他又曾指出：

> 夫秦火六经，汉兴杂霸，民浇俗漓，争夺方炽，礼让寖微，则仲尼之仁谊，伯阳之道德，或几乎息矣。赖我浮图之为训也，既以三世报应制其事，复明一心空寂穷其理。民有闻报应之说者，虽贪残啬吝之夫亦庶乎振之周急矣；民有闻空寂之说者，虽矜功用壮之夫亦庶乎守雌保弱矣。能周振则博济之道行也，守雌弱则朴素之风振也。博济行则礼让著，朴素振则刑罚措，以斯而利于民，则仲尼、伯阳之道不远复矣。②

这里不是讲佛说并不违背儒家伦理，而进一步指出佛教乃是儒家的辅佐。如此肯定儒家的主体地位，在此基础上统合来儒、释二者，显示了智圆作为新一代学僧的全新的思想立场。这样，他以僧侣身份名正言顺地阐扬儒家学说，做到如陈寅恪所说"于宋代新儒学"为先觉，以一个佛教徒的身份对理学建设作出贡献。

智圆法系属天台宗，自称是智者大师嫡传。他是中兴台教的荆溪湛然十世法孙，天台宗山外派的代表人物之一。天台宗在宋代分化为山家、山外两派，分歧在对于"观心"宗义的理解不同。本

---

①《三笑图赞并序》，《闲居篇》卷一六，《续藏经》第56册第888页中。
②《与骆偃节判书》，《闲居篇》卷二一，《续藏经》第56册第896页下。

来"观心"学理在天台内部早有歧见。入宋,针对智顗《金光明经玄义》广、略二本认识不同,又引发起长达数十年"山家"和"山外"两派的纷争。智圆师从的"山外"派代表人物源清传承慈光晤恩(912—986)观点,认为广本里的观心释为后人所增加。这种看法正与四明知礼(960—1028)为代表的"山家"派相对立。争论的焦点在所观之心是"真心"(山外)还是"妄心"(山家),由此兼及对于"事具三千"诸法的理解。智圆曾和同门梵天庆昭合撰《释难扶宗记辩讹》、《金光明经玄义表微记》、《请观音经阐义钞》等,批驳山家派观点。《辩讹》提出理观和事观两种观法,断定"使诸法等而无差,混而为一,事事全成于法界,心心全显于金光,如是则岂非纯明理观乎"①。这就认定所观为所谓"真心"。他又以疏释《金刚錍》的方式,基于湛然"无情有性"、心性遍在的观点,论证以性具论为核心的"真心观"。他阐发天台"山外"一派的这些观点,正积极地利用了儒家学理,主要是以《中庸》为主的心性学说。智圆一生著成一大批疏抄科注,除了阐发上述天台宗义,还有关于大乘基本经典的,自《文殊般若》至《阿弥陀经》计成十疏。他的佛教著述在生前已编辑为一百七十卷行世。

智圆自号"中庸子",已表明他服膺儒家"中庸"之道的态度。智圆阐发天台"一心三观"的中道说,则是从心性观上把《中庸》与佛说统一起来了。

"中庸"一语,《论语》里仅一见,即"子曰:中庸之为德也其至矣乎,民鲜久矣"②。而"中"的观念则频繁地见于《论语》之中,如"允持其中"、"从容中道"、"时中"等等。这些所谓"中"所体现的主要还是思维方式和行为规范的意义,在儒家思想体系中这属于"礼"的范畴。中国思想史上最初系统阐述"中庸"观念的《礼记·中

---

①《四明十义书》卷上,《大正藏》第46卷第833页上。
②《论语·雍也》。

庸》,是出自儒家思孟学派、发展儒家心性理论的基本著作①。经思孟学派的发挥,赋予"中庸"以心性论的内容。《中庸》的本义,按郑玄注,意指"中和之为用"。其开章明义就说:"天命之谓性,率性之谓道,修道之谓教。道也者,不可须臾离也;可离非道也。"本来"性与天道",子所罕言,而这里却明确地把性、道与教三者用"天命"统一起来。这是基于"天命"的"心性论"。《中庸》继续阐发"中"的意义说:"喜怒哀乐之未发谓之中,发而皆中节谓之和。中也者,天下之大本也;和也者,天下之达道也。致中和,天地位焉,万物育焉。"这就把"中庸"的意义提高到修道论和宇宙观的高度上来。而达到中庸,则要求致诚反本:"诚者,天之道也;诚之者,人之道也。诚者,不勉而中,不思而得,从容中道,圣人也。诚之者,择善而固执之者也。""唯天下至诚,为能尽其性;能尽其性,则能尽人之性;能尽人之性,则能尽物之性。能尽物之性,则可以赞天地之化育;可以赞天地之化育,则可以与天地参矣。"②这又指示人以超凡成圣的心性修养之道,乃是相当彻底的主观的心性论。清人惠栋说:"子思作《中庸》,述孔子之意而曰:'君子而时中。'孟子亦曰:'孔子圣之时。'夫执中之训肇于中天,时中之义明于孔子,乃尧、舜以来相传之心法也。"③这是后人的看法,把《中庸》看作是儒道的核心,并论定为"心法"。

汉代已降,儒家溺于章句,对《中庸》这种心性理论并没有做出

---

①《礼记·中庸》历史上一般认为是子思作,根据今人研究,或承认原出子思,但经后人增补(冯友兰);也有人断定是秦统一后作品(任继愈)。1993 年在湖北沙洋县纪山镇出土的郭店楚简里,据考包括子思的作品(比较一致的意见是肯定《缁衣》、《五行》两篇为子思所作),为研究《中庸》作者及今本形成过程提供了重要资料(参阅姜广辉主编《中国经学思想史》第 1 卷第 21 章《郭店楚简与〈中庸〉公案》,第 639-670 页,中国社会科学出版社,2003 年)。学术界一般是把《中庸》当作思孟学派的代表作来处理(侯外庐)的。
②《礼记正义》卷五二、五三,《十三经注疏》下册第 1625、1632 页。
③《易汉学》卷七,《皇清经解续编》本。

更重要的、更多理论价值的发挥,《中庸》一篇也没有得到更多重
视。在中国思想史上,发展心性理论的任务实际是让给佛家了。
这就是谢灵运等人所说"必求性灵真奥,岂得不以佛经为指南"[①]的
实际情形。众所周知,再后来对发展心性学说作出重大贡献的则
是禅宗。而在禅宗之前,则有大乘中观学派。在鸠摩罗什翻译的
《中论》、《大智度论》等大乘中观论书里,已经有从教理层面对于心
性问题精密的阐述,这也成为后来天台全部宗义的理论根据之一。
中观思想以有无双遣的形式提出"中道"观,即"八不偈"所谓"不生
亦不灭,不常亦不断,不一亦不异,不来亦不出。能说是因缘,善灭
诸戏论"[②]。这是说,从"般若空"角度看,万法的缘起是离开生灭、
常断、一异、来出两边的;因而对于万法本质的正确认识则应是:
"众因缘生法,我说即是无,亦为是假名,亦是中道义。"[③]这种作为
宇宙观也是修道观的"中道"观,和上述儒家的"中庸"观念在理论
上和思路上虽然有重大差异,但是在注重主观心性的决定作用这
关键一点上却是有相通之处的。后来中土的天台宗发展出"三谛
圆融"、"一心三观"等一系列观法,作为中国佛教对于心性理论的
重大发展,显然积极地吸收了本土儒家的心性思想。

　　儒家从心性论意义上阐发"中庸"思想,梁代把《中庸》一篇从
《礼记》独立出来,至中唐"古文"家更特别加以重视。韩愈说:"夫
圣人抱诚明之正性,根中庸之至德,苟发诸中、形诸外者,不由思
虑,莫匪规矩,不善之心无自入焉。"[④]刘禹锡则把儒家的"中庸"与
佛说联系起来:

　　　　曩予习《礼》之《中庸》,至"不勉而中,不思而得",慢然知

---

①《何令尚之答宋文皇帝赞扬佛教事》,《弘明集》卷一一,《大正藏》第 52 卷第
　69 页中。
②《中论》卷一《观因缘品》,《大正藏》第 30 卷第 1 页中。
③同上卷四《观四谛品》,《大正藏》第 30 卷第 33 页中。
④《省试颜子不贰过论》,《韩昌黎集》卷一四。

　　圣人之德,学以至于无学。然而斯言也,犹示行者以室庐之奥
　　耳,求其径术而布武,未易得也。晚读佛书,见大雄念物之普,
　　级宝山而梯之,高揭慧火,巧镕恶见,广疏便门,旁束邪径,其
　　所证入,如舟沿川,未始念于前而日远矣。夫何勉而思之邪?
　　是余知突音窈奥于《中庸》,启键关于内典,会而归之,犹初
　　心也。①

系统地阐发"中道"的还有柳宗元和李翱。柳宗元说:"吾自得友君
子,而后知中庸之门户阶室,渐染砥砺,几乎道真。"②他认为"圣人
之道"即"大中之道"。他又说:"圣人之为教,立中道以示于后。"
"立大中,去大惑,舍是而曰圣人之道,吾未之信也。"③他又以"明章
大中,发露公器"④为己任。他明确主张"统合儒、释",精通天台教
理。他的这些说法,正是"统合儒、释"的。作为一位热衷改革的政
治家,他的"中道"观更富于政治内涵。李翱作为儒学家,和韩愈一
样力主排佛,可是在当时环境下,他与佛教又多有接触和交流,前
面介绍他时已有说明。他的《复性书》三篇,是《中庸》之后儒家心
性理论的代表作,也是唐代对于儒学理论作出有价值发挥的不可
多得的著作。欧阳修曾评论说:"余始读翱《复性书》三篇,曰此《中
庸》之义疏耳。"⑤李翱《感知己赋》曾明确表示:"昔圣贤之遑遑兮,
极屈辱之驱驰。择中庸之蹈难兮,虽困顿而终不改其所为。"⑥这也
是明确地把圣人之道归结到"中庸"了。他把《中庸》一篇提高到儒
家经典核心的地位,说:

　　　　子思,仲尼之孙,得其祖之道,述《中庸》四十七篇,以传于

---

①《赠别君素上人并引》,《刘禹锡集》卷二九,下册第 389 页。
②《与吕道州温论非国语书》,《柳河东集》卷三一。
③《时令论下》,《柳河东集》卷三。
④《唐故给事中皇太子侍读陆文通先生墓表》,《柳河东集》卷九。
⑤《读李翱文》,《居士集》卷二三。
⑥《李翱集》卷一,第 1 页。

孟轲。轲曰:"我四十不动心。"轲之门人达者公孙丑、万章之徒,盖传之矣。遭秦灭书,《中庸》之不焚者,一篇存焉。

如欧阳修所说,他的《复性书》三篇是以《中庸》为主要依据的。又据朱彝尊《经义考》卷一五一,他有《中庸说》一卷,未见。而他所阐发的心性论,又显然吸收了佛家思想。《复性书》开宗明义,提出对于心性的基本看法:

> 人之所以为圣人者,性也;人之所以惑其性者,情也。喜、怒、哀、惧、爱、恶、欲七者,皆情之所为也。情既昏,性斯匿矣。非性之过也,七情循环而交来,故性不能充也。①

这显然已是佛家的心性本净、性善情恶之说。他所提出的复性的办法则是:

> 或问曰:"人之昏也久矣,将复其性者必有渐也,敢问其方。"曰:"弗虑弗思,情则不生;情既不生,乃为正思。正思者,无虑无思也……"曰:"已矣乎?"曰:"未也。此斋戒其心者也,犹未离于静焉。有静必有动,有动必有静,动静不息,是乃情也。《易》曰:'吉凶悔吝,生于动者也。'(今本作"吉凶悔吝者,生乎动者也"——著者),焉能复其性邪?"曰:"如之何?"曰:"方静之时,知心无私者,是斋戒也;知本无有思,动静皆离,寂然不动者,是至诚也……"②

这里提出的心灵境界实际已等同于禅的"无相"、"无念"。侯外庐主编《中国思想通史》指出:

> 李翱所提出的这种修持法,用佛学的术语说,乃是"渐悟"以至"顿悟"的神秘过程,也近似于天台宗的"止观"。③

---

① 《复性书上》,《李翱集》卷二,第 7、6 页。
② 《复性书中》,《李翱集》卷二,第 10 页。
③ 《中国思想通史》第 4 卷(上)第 347 页。

这样,李翱是用佛教的心性说来充实并发展了《中庸》致诚反本的心性论,开启了宋代新儒学的先机。漆侠总结儒家"中庸之道"的发展脉络说:

> 大致说来,中庸之道发展的阶段性可以分为:(1)由孔夫子率先提出的中庸之道的初期阶段;(2)子思的《中庸》把中庸之道推进到系统化的阶段;(3)经过将近千年的沉寂,到唐中叶古代经济文化发生巨大变动,由韩愈、李翱特别是李翱吸收了佛家思想,把中庸之道提到"复兴"的境界,于是中庸之道不仅具有方法论的意义,而且进入到世界观的领域。宋学就是以此为契机,开创了新时代和新风气的。①

迤逦到宋代,继承韩愈、李翱等提倡《中庸》,开一代风气之先的,正是佛家的智圆。后来朱熹把《中庸》一篇确定为儒家进学的基本典籍《四书》之一,则是后话。

智圆谈中庸,并没有多少深文奥义。但以他僧侣身份,把"中庸"作为立身行事、修养心性的指针,其意义和影响是不可低估的。而值得注意的是,智圆和李翱一样,也明确主张"复性",他说:

> 粤西圣之为教也……得其小者近者,则迁善而远恶,得其大者远者,则归元而复性。②

就是说,佛说在迁善远恶的实际作用之外,更远大者则是"复性"。他的心性论的基点当然还是佛家的"性净"说。他主张:

> 夫心性之为体也,明乎静乎,一而已矣。无凡圣焉,无依正焉,无延促焉,无净秽焉。及其感物而动,随缘而变,则为六凡焉,为三圣焉,有依焉,有正焉。依、正既作,则身寿有延促

---

① 《儒家中庸之道与佛家的中道义——兼评释智圆有关中庸中道义的论点》,《宋学的发展和演变》第175页,河北人民出版社,2002年。
② 《故钱唐白莲社主碑文》,《闲居篇》卷三三,《续藏经》第56册第913页下。

矣，国土有净秽矣。①

因此他也持"顿悟"观念：

> 曰天理湛寂，讵可以净乎、秽乎、延乎、促乎、彼乎、此乎而
> 思量拟议者哉？然而悟之则为圣、为真、为修德、为合觉、为还
> 源、为涅槃；迷之则为凡、为妄、为性德、为合尘，为随流、为生
> 死。大矣哉，圣人之先觉也。②

而他对中庸的理解则是：

> 中庸者，龙树所谓中道义也……夫诸法云云，一心所变。
> 心无状也，法岂有哉？亡之弥存，性本具也；存之弥亡，体非有
> 也；非亡非存，中道著也。此三者，派之而不可分，混之而不可
> 同，充十方而非广，亘三世而非深，浑浑尔，灏灏尔，众生者，迷
> 斯者也……曰：荡空胶有，孰良？曰：荡空也过，胶有也不及。
> 然则空愈与？曰：过犹不及也，唯中道为良……中道也，妙万
> 法之名乎，称本性之谓乎。苟达之矣，空有其无著，于中岂有
> 著乎！③

这就明确地把"中庸"和龙树的"中道"等同起来。就是说，他是直
接用大乘中观学派的不住空、有的"中道"观念来理解"中庸"的。
这就又从佛理上肯定了"中庸"。进而他又用"中庸"来指导修道。
他在给一位僧人的名字作解释时说：

> 是知吾友以继续大中之道以立名，岂徒然也？夫大中之
> 道，非圣人莫能至之，非君子莫能庶几行之。《书》曰"建用皇
> 极"，《语》曰"中庸之德其至矣乎"，抑又古先觉王生中天，降中

---

①《佛说阿弥陀经疏序》，《闲居篇》卷二，《续藏经》第 56 册第 872 页下。
②《净土赞并序》，《闲居篇》卷二，《续藏经》第 56 册第 878 页上。
③《中庸子传上》，《闲居篇》卷一九，《续藏经》第 56 册第 894 页中一下。

国,中日生,证中理,谈中教,噫,释之尚中既如此,儒之尚中又
如彼,中之为义大矣哉! 吾友志慕真宗,旁通儒术,希中为字,
不亦宜乎! 俾解希乎中,无空有之滞;行希乎中,无偏邪之失;
事希乎中,无狂狷之咎;言希乎中,无讦佞之弊。四者备矣,修
之于身,则真净之境不远;而复化之于人,则圣人之教不令而
行。夫如是,则称其字而思过半矣,彰德之义于斯见矣。①

他在这里指出,从"真宗"角度看,解、行、事、言这几个方面,"中庸"
都可作为指针;而这样去做,对己可以修身,对外可以化人,从而也
就是贯彻了圣人之教。如此他又在践行上肯定了"中庸"。就这
样,他用儒家的"中庸"统摄起佛教的教理和修行。这也成为他对
于天台"真心观"的证明。他自称"中庸子"的道理也在这里。

涉及儒、释关系,他对韩愈的看法是颇堪玩味的。韩愈辟佛之
论一出,即被视为反佛的急先锋,群僧疾之如仇,而儒士则把他当
作反佛的榜样。但智圆作为佛教徒却对他称颂不已。他的《读韩
文诗》说:

女娲炼五石,能补青天缺。共公触不周,能令地维绝。
杨、孟既云没,儒风几残灭。妖辞惑常听,淫文蠹正说。南朝
尚徐、庾,唐兴重卢、骆。雕篆斗呈巧,仁义咸遗落。王霸道不
明,烟花心所托。文不可终否,天生韩吏部。斥伪俾归真,鞭
今使复古。异端维既绝,儒宗缺皆补。高文七百篇,炳若日月
悬。力扶姬、孔道,手持文章权。来者知尊儒,孰不由兹焉。
我生好古风,服读常洒蒙。何必唐一经,文道方可崇。②

这则完全是从儒家角度来肯定韩愈的振兴儒道之功了。而作为佛
教徒之所以颂扬韩愈,他又有《述韩柳诗》,这样说明理由:

①《叙继齐师字》,《闲居篇》卷二七,《续藏经》第56册第905页下-906页上。
②《闲居篇》卷三九,《续藏经》第56册第921页下。

　　　　退之排释氏，子厚多能仁。韩、柳既道同，好恶安得伦。
一斥一以赞，俱令儒道伸。柳州碑曹溪，言释还儒淳。吏部读
《墨子》，谓墨与儒邻。吾知墨兼爱，此释何疏亲。许墨则许
释，明若仰穹旻。去就亦已异，其旨由来均。后生学韩文，于
释长狺狺。未知韩子道，先学韩子嗔。忘本以竞末，今古空
劳神。[1]

韩愈有《读墨子》一文，说孔子泛爱仁亲，博施济众，同于墨子的兼
爱等等，从而做出结论说："孔子必用墨子，墨子必用孔子，不相用，
不足为孔、墨。"[2]智圆依此推论：佛家同样主张博爱，也应当被儒家
所推许。这固然表现出他思想观念的弘通开阔，却更可见他对于
"排释氏"的韩愈的根本立场的认同。历史上针对韩愈辟佛，颇有
人举出他与潮州大颠交往的事例，证明他终于服膺佛说。这实际
是企图把韩愈牢笼到佛教方面去。智圆的立场则正相反，他是肯
定佛说可以容纳到韩愈的儒道中去。

　　智圆之所以推崇韩愈，还和他的文学观念有关系。他十分重
视"文"的作用，认为：

　　　　愚窃谓文之道者三，太上立德，其次立功，其次立言。德，
文之本也；功，文之用也；言，文之辞也……愚尝以仁义之谓
文，故能兼于三也。[3]

他赋予"文"以"立德"、"立功"、"立言""三不朽"兼而有之的功能。
他本人更热衷于文事，并显然继承了中唐"古文"家的文学主张，明
确地把文当作"明道之具"[4]。他称赞《毛诗》、王通、韩、柳、白居易
等讽喻比兴的诗文。他说：

――――――――

① 《闲居篇》卷三九，《续藏经》第 56 册第 922 页中。
② 《韩昌黎集》卷一一。
③ 《答李秀才书》，《闲居篇》卷二四，《续藏经》第 56 册第 900 页下－901 页上。
④ 《评钱唐郡碑文》，《闲居篇》卷二五，《续藏经》第 56 册第 902 页上。

　　　　夫所谓古文者,宗古道而立言,言必明乎古道也。古道者
　　何? 圣师仲尼所行之道也。昔者仲尼祖述尧舜,宪章文武,六
　　经大备,要其所归,无越仁义五常也。仁义五常,谓之古道
　　也……吾尝试论之,以其古其辞而倍于儒,岂若今其辞而宗于
　　儒也。今其辞而宗于儒,谓之古文可也;古其辞而倍于儒,谓
　　之古文不可也。①

从这样的言论看,他的文学观同样相当通达:他并不主张机械地模
仿古人,强调为文关键在内容是否"宗于儒"。如他在给一位僧人
诗文集所写的序里所说:

　　　　唐祚既灭,五代之间,乱亡相继。钱氏霸吴越、奉王室者
　　凡百年,罗昭谏、陆鲁望、孙希韩辈既没,文道大坏。作雕篆四
　　六者,鲸吞古风;为下俚讴歌者,扫灭《雅》《颂》。大夫士皆世
　　及,故子弟耻服儒服,耻言儒言,而必以儒为戏。当是时也,孰
　　肯作苦涩辞句,张皇正道,速谤于己,背利于时,为世之弃物
　　耶? 佛氏彙征,永嘉人也,学古文于乐安孙郃,而不变所守,扶
　　其坠风……②

他在这里又称赞僧人彙征作品能够继承《诗经》风雅比兴传统,起
到俾王化、正人伦的作用。这样,他一方面把文风问题和儒学兴衰
联系起来,更把振兴儒道的任务寄托在佛教徒身上。
　　因此晁说之说到一个历史现象:

　　　　予尝怪韩文公、欧阳文忠公力排浮图,而其徒多浮图之
　　雄。如澄观、契嵩辈虽能自传于后世,而士大夫今喜称道之
　　者,实二公之力为多也。夫毁其教而进其徒,岂非一反哉! 往
　　年孤山智圆凛然有声当世,自成一家之学,而读书甚博,性晓

---

①《送庶几序》,《闲居篇》卷二九,《续藏经》第 56 册第 908 页上－中。
②《佛氏彙征别集序》,《闲居篇》卷一〇,《续藏经》第 56 册第 881 页上。

文章经纬，师法韩文公，常责其学者不能如韩有功于孔氏；近则（契）嵩力辩欧阳之谤，有古义士之风。是二人者，忘其仇而慕其善，又一反哉！[1]

从文化史角度看，这里列举的不合常规的即"反"的现象，却正是唐宋时期儒、释交流已步入融和阶段的体现。即如智圆，他所在的宋初，正是"新儒学"兴起的时期。他以佛教徒身份而热衷儒事，明确提倡儒、释合一，体现了当时儒、释双方理论相交融的大趋势，又代表教团内部出现的一种新潮流。他本人则在教理和文艺两个方面援儒入释，对于推动新儒学的建设作出了贡献。

三

契嵩（1007—1072），滕州镡津（今广西藤县）人，俗姓李，字仲灵，又号潜子。七岁出家，十三受具，得法于洞山晓聪，属于云门宗，为青原下十世。他从十九岁起四出游方，下江、湘，陟衡、庐，遍参善知识，博得了名声。仁宗庆历年间（1041—1048），至钱塘，乐其湖山之胜，遂留居灵隐永安精舍。云门宗本来具有浓厚的文化性格。契嵩天资聪慧，发扬这一传统，博览经籍，通儒学，善诗文，又专心著述。四库馆臣评论说：

第以宋代释子而论，则九僧以下，大抵有诗而无文。其集中兼有诗文者，惟契嵩与惠洪最著。契嵩《镡津集》，好力与儒者争是非，其文博而辩；惠洪《石门文字禅》，多宣佛理，兼抒文谈。[2]

---

[1]《惧说赠然公》，《景迂生集》卷一四。
[2]《四库全书总目》卷一六四《北礀集》，下册第 1405 页。

　　契嵩和欧阳修(1007—1072)年寿相同。他出世的时候,正值欧阳修主盟文坛。如前所述,欧阳修倡导"诗文革新",继承和发扬韩愈传统,革新文风,力主反佛。契嵩居住的东南地区则有章望之(表民)、黄晞(聱隅)、李觏(泰伯)等人,都与欧阳修相呼应,以排佛尊儒闻名。契嵩不是像智圆那样采取对儒学主动趋附、会通的做法,而表现出宗教信徒坚定的为道不为名、为法不为身的姿态,大力为佛教辩护,俨然以护法中坚自居。他致慨于宗门内部"宗不明,祖不正而为其患",作《传法正宗记》、《传法正宗定祖图》和《传法正宗论》,于嘉祐六年(1061)北上汴京献给朝廷。这几部书作为禅史,都相当疏略,但是其中有些评论却颇具创见,值得重视。契嵩也因此得到宋仁宗嘉奖,敕令其书入藏,并敕号"明教大师"。他又作《辅教编》,明儒、释一贯之旨,并把它投献给朝廷达官贵人,得到自丞相韩琦以下许多人的赏识,被加以礼接,表示恭敬。他满载声誉,南下回到杭州。时值蔡君谟帅杭,延请他到佛日山,尊崇甚厚。他直到神宗熙宁五年(1072)逝世,著述不辍,一生留有著作百余卷六十余万言。今存《传法正宗记》、《镡津文集》等。

　　契嵩和智圆一样,是对于佛理钻研有得的佛教学者和虔诚的信仰者,又都适应时代环境,力图援儒入释以振兴佛教。但二人所采取的具体途径不同。典型的表现如对韩愈的态度。上面说到智圆大力赞赏韩愈。他区分所谓"本"与"迹"即本质和现象,说韩愈表面上辟佛,而其著述本意和作用却同于佛理,因此对韩愈大加赞赏。这实际也是网罗敌人于自己旗下以壮声势的办法。而契嵩全然相反,对韩愈进行针锋相对的辩驳。他专门作《辟韩》三十篇,针对韩愈文章的论点一一严加驳斥。不过其所论却又多依据儒家义理。例如他批评韩愈在《潮州刺史谢上表》里劝唐宪宗行封禅为佞媚,作祭黄陵庙、祭罗池庙文宣扬鬼神迷信为诬妄,致冯宿书表露出急躁冒进心态,等等,还有对于韩愈在《与孟尚书书》里为自己信佛传说的辩护,他也进行了批驳。当时文坛上正在兴起尊韩潮流,本是新的儒学复古思潮的一部分。例如穆修评论韩、柳文章说：

> 世之学者,如不治于古则已;苟治于古,求践立言之域,舍
> 二先生而不由,虽曰能之,非余所敢知也。①

而石介更大力提倡尊韩,有诗说：

> 揭揭韩先生,雄雄周、孔姿。披榛启其途,与古相追驰。
> 沿波穷其源,与道相滨涯。"三坟"言其大,《十翼》畅其微。先
> 生书之辞,包括无孑遗。《春秋》一王法,《曲礼》三千仪。先生
> 载于笔,巨细成羁縻……②

石介推尊韩愈为"贤人之卓",说"不知更几千万亿年,复有孔子;不
知更几千数百年,复有吏部……吏部《原道》、《原仁》、《原毁》、《行
难》、《禹问》、《佛骨表》、《争臣论》,自诸子以来未有也。呜呼至
矣!"③。在这样的潮流中,契嵩却把韩愈当作批判对象,充分显示
出他护法的勇气。另一方面值得注意的是,他批评韩愈的有些观
点却又正和宋代一些道学家的说法相似。例如对于《原道》,韩愈
作为基本论点的开头几句是:"博爱之谓仁,行而宜之之谓义,由是
而之焉之谓道,足乎己无待于外之谓德。仁与义为定名,道与德为
虚位。"④从下文看,韩愈这些说法的本意在区分儒、释、道三家各道
其所"道"。这本是符合历史实际的观点。但这些话却受到一些道
学家的严厉批评。如程颐承认《原道》是好文章,却认为"只云'仁
与义为定名,道与德为虚位',便乱说"⑤。张耒则具体指出,如果按
韩愈上述说法,"道与德特未定,而仁与义皆道也。是愈于道,本不

---

①《唐柳先生集后序》,《河南穆公集》卷二。
②《读韩文》,《徂徕石先生文集》卷三。
③《尊韩》,《徂徕石先生文集》卷七。
④《韩昌黎集》卷一一。
⑤《河南程氏遗书》卷一九《伊川先生语五》,《二程集》第1册第262页,王孝鱼
　点校,中华书局,1981年。

知其何物，故其言纷纷异同而无所归”①。后来朱熹也说：“《《原
道》》首句极不是，‘定名’、‘虚位’，却不妨有仁之道，义之道，仁之
德，义之德，故曰‘虚位’。大要未说到顶上头。”②这些批评大都指
责韩愈“虚位”之说没有确定儒道的绝对性。而契嵩正持类似观
点。他说：

> ……考其意，正以仁义人事必有，乃曰“仁与义为定名”；
> 道德本无，缘仁义致尔，乃曰“道与德为虚位”，此说特韩子思
> 之不精也。夫缘仁义而致道德，苟非仁义，自无道德，焉得其
> 虚位？果有仁义以由以足道德，岂为虚耶？道德既为虚位，是
> 道不可原也，何必曰《原道》？

在给“道德”下过定义后，他接着说：

> 道德，在《礼》则“中庸”也，“诚明”也；在《书》则《洪范》
> 皇极也；在《诗》则“思无邪”也；在《春秋》则列圣大中之
> 道也。③

这显然是利用儒家观点来进行批驳的。智圆力图把韩愈的思想与
佛教调和起来，从而使韩愈成为佛教的护法；契嵩则力辟韩愈，他
的办法是指出韩愈思想不符合儒道，因而更不符合佛道。这样两
人的做法实际是殊途而同归，都是主张儒与佛可以一以贯之。值
得玩味的是，契嵩又曾这样说到韩愈：

> 韩氏之心，于佛亦有所善乎！而大颠禅师亦谓韩子尝相
> 问其法，此必然也。④

这又是肯定韩愈接受禅的影响了。

---

①《韩愈论》，《柯山集》卷三八。
②《朱子语类》卷一三七，第 8 册第 3271 页。
③《非韩上·第一》，《镡津文集》卷一七。
④《辅教编上·劝书第一》，《镡津文集》卷一。

　　相关联的,还有契嵩与欧阳修的关系。契嵩在杭州潜心著书的仁宗庆历年间,正是欧阳修主盟文坛、反佛名声大噪的时候。当时有些士大夫居士对他甚表不满。如张商英作《护法论》,就曾对他直接加以反驳,颇得佛教方面的赞扬。可是当以反佛著称的章表民来到杭州的时候,契嵩却与之交往,并对欧阳修大加表扬,作《纪复古》说:

　　　　章君表民以官来钱塘,居未几,出欧阳永叔、蔡君谟、尹师鲁文示予学者,且曰:"今四方之士,以古文进于京师,崭然出头角,争与三君子相高下者,不可胜数。视其文,仁义之言炳如也。"予前相与表民贺曰:"本朝用文已来,孰有如今日之盛者也。此圣君之德,而天下之幸也。"①

他更称赞欧阳修的文章,所作《文说》中有云:

　　　　章表民始至自京师,谓京师士人高欧阳永叔之文,翕然皆慕而为之,坐客悦听。客有一生遽曰:"文兴,则天下治也。"潜子谓客曰:"欧阳氏之文,言文耳。天下治,在乎人文之兴。人文资言文发挥,而言文藉人文为其根本。仁义礼智信,人文也;章句文字,言文也。文章得本,则其所出自正。犹孟子曰'取之左右逢其原'。欧阳氏之文,大率在仁信礼义之本也。诸子当慕永叔之根本可也。胡屑屑徒模拟词章体势而已矣。"②

这就不但赞赏欧阳修的写作技巧,更肯定他的"仁信礼义"。后来嘉祐年间他北上汴京,把《辅教编》献给宰相韩琦,释惠洪记载当时情形是:

　　　　时魏国韩公琦览之,以示欧阳文忠公。公方以文章自任,

——————————
①②《镡津文集》卷八。

以师表天下,又以护宗不喜吾道。见其文,谓魏公曰:"不意僧中有此郎邪?黎明当一识之。"公同往见,文忠与语终日,遂大喜。由是公名振海内。遂买舟东下,居永安精舍而归老焉。公虽于古今内外之书无所不读,至于安危治乱之略,当世同人少见其比,而痛以律自律其身,其学端诚为归宿之地,而慕梁惠约之为人,以其学校其所为,未见少差。其考正命分于贤圣出处之际,尤为详正。①

梁惠约当年与中书郎周颙、太宰褚渊、太尉王俭交好,是出入儒、释的典型,惠洪用以比拟契嵩与欧阳修等人的关系。佛教方面还有一种说法,说李觏曾向欧阳修举荐契嵩。契嵩确曾上书欧阳修说:

> 阁下文章绝世,探经术,辨治乱,评人物,是是非非,必公必当。而天下之士欲游阁下之门者,非有此德,焉敢俯仰乎阁下之前。不惟不敢事其俯仰,亦恐其望风结舌,而不敢蹈阁下之阃阈者多矣。若某者,山林幽鄙之人无状,今以其书奏之天子,因而得幸下风,阁下不即斥去,引之与语温然……②

契嵩批判历史上以反佛著名的韩愈,却倾慕、逢迎现实中继承韩愈反佛的欧阳修。前一方面是他"原教"、护法的理念的体现,后一方面则正符合他在现实中援儒以入释的观念。

契嵩的《辅教编》核心内容是两部分:上篇的《原教》,下篇的《孝论》,清楚表明他儒、释一贯的姿态。他曾清楚说明自己的志向和为人:

> 吾虽不贤,其为僧为人,亦可谓志在原教而行在孝论也。③

---

① 《石门文字禅》卷二三。
② 《上欧阳侍郎书》,《镡津文集》卷一〇。
③ 《与石门月禅师》,《镡津文集》卷一一。

就是说,他坚持佛教立场,但又努力实践儒家孝道。本来按儒家的认识,"夫孝,天之经也,地之义也,民之行也。"①"孝"乃是儒家伦理的核心,因而许多统治者张扬以孝治天下。历来对佛教的指责,则多揭露其非孝,即从根本上违背中土传统伦理。而契嵩却说:

> 子亦闻吾先圣人其始振也,为大戒,即曰孝。名为戒,盖以孝而为戒之端也。子与戒而欲亡孝,非戒也。夫孝也者,大戒之所先也;戒也者,众善之所以生也。为善微戒,善何生邪?为戒微孝,戒何自邪?故经曰:"使我疾成于无上正真之道者,由孝德也。"②

这里所谓"先圣人"指佛陀。他说佛陀出世所制大戒的根本内容即是"孝"。实际这里所作辩解的内容,从前已有不少汉译佛典(还有伪经)宣扬过,不少护法的士大夫也用来作为口实。他又具体发挥说:

> 五戒始一曰不杀,次二曰不盗,次三曰不邪淫,次四曰不妄言,次五曰不饮酒。夫不杀,仁也;不盗,义也;不邪淫,礼也;不饮酒,智也;不妄言,信也。是以五者修则成其人,显其亲,不亦孝乎?是五者有一不修,则弃其身,辱其亲,不亦不孝乎?夫五戒有孝之蕴,而世俗不睹,忽之而未始谅也。故天下福不臻而孝不劝也。③

如此把佛门五戒与儒家五常相比附,本来也是南北朝以来为佛教辩护的传统说法。而契嵩更把这些统统归结到"孝",则把儒家基本伦理原则进一步纳入为佛教戒律的根本。可以对照一下当代理

---

①《孝经注疏》卷三《三才章第七》,《十三经注疏》下册第 2549 页。
②《辅教编下·孝论·明孝章第一》,《镡津文集》卷三。
③《辅教编下·孝论·戒孝章第七》,《镡津文集》卷三。

学家的说法,程子批评佛教说:

> 其(佛教)术大概且是绝伦类,世上不容有此理。又其言
> 待要出世。出那里去? 又其迹须要出家,然则家者不过君臣、
> 父子、夫妇、兄弟,处此等事,皆以为寄寓,故其为忠孝仁义者,
> 皆以为不得已尔。又要得脱世网,至愚速者也。①

后来的朱熹说得更直截了当:

> 佛老之学,不待深辨而明。只是废三纲五常,这一事已是
> 极大罪名! 其它更不消说。②

对照这些批评,契嵩对"孝"的提倡,实际是放弃了佛教的根本
立场。

契嵩的孝道观念,出于他的人性论。他说:

> 夫人有二大:性大也,情大也。性大,故能神万物之生;情
> 大,故能蔽圣人之心。③

这是说"性"乃是宇宙本原,而"情"则是万恶根源,本是佛家性善情
恶的传统主张。他又据以发挥说:

> 情出乎性,性隐乎情。性隐则至实之道息矣,是故圣人以
> 性为教而教人。天下之动生于情,万物之感正于性。情性之
> 善恶,天下可不审乎……天地至远而起于情,宇宙至大而内于
> 性,故万物莫盛乎情性者也。情也者,有之初也,有有则有爱,有
> 爱则有嗜欲,有嗜欲则男女万物生死焉。死生之感,则善恶以类
> 变,始之终之,循死生而未始休。性也者,无之至也。至无则未

---

① 《河南程氏遗书》卷二上《元丰己未吕与叔东见二先生语》,《二程集》第 1 册
　　第 24 页。此条未注明出二程何者,因概称"程子"。
② 《朱子语类》卷一二六《释氏》,第 8 册第 3014 页。
③ 《逍遥篇》,《镡津文集》卷八。

始无,出乎生,入乎死,而非死非生。圣人之道所以寂焉明然,唯感所适……圣人以性为教,教人而不以情,此其蕴也。①

这里所谓"圣人"也是指佛陀,实际讲的也是佛教"性净情惑"的道理,即"无明"缘起教义。他在进一步解释这"性"的内涵时,则明显纳入了儒家伦理。他有信给章表民说:

　　所谓道者,仁义之谓也。仁义,出乎性者也。人生纷然,莫不有性。其所不至于仁义者,不学故也。学之而不自得者,其学浅而习不正故也。夫圣之与贤,其推称虽殊,而其所以为圣贤者岂异乎哉? 其圣者得之于诚明,而贤者得之于明诚。诚也者,生而知之也;明也者,学而知之也。及其至于仁义一也。表民其学切深于道,有所自得,故其文词之发也懋焉。韩子所谓"仁义之人,其言蔼如"也。②

这就明确地把他所谓"道"与儒家的"仁义"等同起来,认为它们皆出于人性;又主张现实中没有实现仁义是由于"不学",即修持还不到功夫。这样,圣与贤实际就都是人的本性的实现。不过圣人得自"诚明",是生而知之的;贤人则学而知之,所以是"明诚"。这里讲的实际是《中庸》里的观念:"自诚明之谓性,自明诚之谓教。诚则明矣,明则诚矣。"③他又说:

　　信其心而正之,则为诚。常为诚,善为诚,孝为诚,忠为诚,仁为诚,慈为诚,和为诚,顺为诚。明诚明则感天地,振鬼神,更死生变化而独得。是不直感天地动鬼神而已矣,将又致乎圣人之大道者也。是故圣人以信其心为大也。④

---

① 《辅教编中·广原教上》,《镡津文集》卷二。
② 《与章表民秘书书》,《镡津文集》卷一一。
③ 《礼记正义》卷五三,《十三经注疏》下册第1632页。
④ 《辅教编中·广原教上》,《镡津文集》卷二。

这里说的圣人自信的"心",已经不是禅宗不思善、不思恶的清净无染的心,显然已被充实以儒家的忠孝仁爱等伦理内容了;所谓的"诚明"则归结到对于"心"的信仰了。进而他又明确地提出了"心即理"的命题:

> 曰:治心何为乎? 曰:治心以全理。曰:全理何为乎? 曰:全理以正人道。夫心即理也,物感乃纷,不治则汩理而役物,物胜理则人其殆哉。①

"心即理"本是后来理学中"心学"一派理论的概括,契嵩的提法开这一派理论主张的先河。值得注意的是,朱熹批评佛教,曾说:"吾以心与理为一,彼以心与理为二。亦非故欲如此,乃是见处不同。彼见得心空而无理,此见得心虽空而万理咸备也。"②这就指出儒与佛对于"心"与"理"关系在认识上的差异。按朱熹的论断,契嵩显然是倾向于儒家一边了。

契嵩所援引的儒家心性论,实际正是思孟一派在《中庸》里所表述的主张。所以他和智圆以及当时的许多佛门人物同样,也极力推崇《中庸》。而如上所说,《中庸》乃是当时新儒学形成和发展的重要典据。契嵩专门作有《中庸解》五篇。第一篇开宗明义就说到:

> 夫中庸者,盖礼之极而仁义之原也。礼乐刑政,仁义智信,其八者一于中庸者也。人失于中,性接于物,而喜怒哀惧爱恶生焉,嗜欲发焉。有圣人者,惧其天理将灭,而人伦不纪也,故为之礼乐刑政,以节其喜怒哀惧爱恶嗜欲也;为之仁义智信,以广其教道也。
>
> 夫中庸者,立人之道也。是故君子将有为也,将有行也,

①《论原·治心》,《镡津文集》卷七。
②《朱子语类》卷一二六《释氏》,第 8 册第 3015－3016 页。

必修中庸然后举也。①

这样,儒家的伦理道德、礼乐刑政,都被统一到中庸。中庸是天理,也是心性。反之,正由于失去中庸,心性被惑情所染,才使得天理澌灭,人伦纪纲从而受到破坏。也正因此,他一再倡导致诚反本的心性论:

> 故大公之道,其本在乎诚与明也。圣人存诚,所以与天地通;圣人发明,所以与皇极合。犹《中庸》曰:"喜怒哀乐未发谓之中,发而皆中节谓之和。中也者,天下之大本也;和也者,天下之达道也。"尧舜所以至其道者,盖能诚明而持其本也。②

这里讲的已全然同于儒家天命的人性了。他又说:

> 夫中庸者,乃圣人与性命之造端也;道德者,是圣人与性命之指深也;吾道者,其圣人与性命尽其圆极也。造端,圣人欲人知性命也;指深,圣人欲人诣性命也;圆极,圣人欲人究其性命,会于天地万物,古今变化,无不妙于性命也。然其使人睹道真,尽化本,觉其外物之为妄,休息其精神之劳弊者,而佛氏其道尤验也。③

他如此谈论"中庸",把它提到宇宙观的高度,也是与当时理学思潮的基本思路相一致的。他就这样明确地把儒家基于天道的心性与佛道等同起来,而强调"佛氏"之道的殊胜,则是基于僧人的立场不得不然。同样的意思他在上宋仁宗的万言书里也说到:

> 若《中庸》曰:"自诚明谓之性,自明诚谓之教。"是岂不与经所谓实性一相者似乎?《中庸》但道其诚,未始尽其所以诚

---

① 《中庸解第一》,《镡津文集》卷四。
② 《与关彦长秘书书》,《镡津文集》卷一一。
③ 《上富相公书》,《镡津文集》卷一〇。

也。及乎佛氏,演其所以诚者,则所谓弥法界,遍万有,形天地,幽鬼神而常示,而天地、鬼神不见所以者,此言其大略耳。若其重玄叠妙之谓,则群经存焉……又曰"惟天下至诚(据今本脱"为"字——著者)能尽其性,能尽其性则能尽人之性,尽人之性则尽物之性",以至与天地参耳,是盖明乎天地、人物其性通也。岂不与佛教所谓万物同一真性者似乎?①

这也是把佛教的法界观和佛性论与《中庸》阐发的心性论完全统一起来,同样肯定佛说的殊胜。

就这样,契嵩作为佛教徒,又极力推崇儒家经典。他说:

五经之治,犹五行之成阴阳也……《礼》者,皇极之形容也;《诗》者,教化之效也;《书》者,事业之存也;《易》者,天人之极也;《春秋》者,赏罚之衡也。②

他不只主张儒、佛可以调和,可以互补,与智圆一样,进一步认为二者乃是相一贯、相一致的:

古之有圣人焉,曰佛,曰儒,曰百家,心则一,其迹则异。夫一焉者,其皆欲人为善者也;异焉者,分家而各为其教者也。圣人各为其教,故其教人为善之方有浅有奥,有近有远。及乎绝恶而人不相扰,则其德同焉。③

他把佛陀和儒家以至诸子百家的代表人物都看作是"圣人",并认为他们学理的核心是一致的,只是形迹有所不同;教化内容是一致的,只是方法有所不同。这是更为弘通的观念,表明他所理解的佛法已经在很大程度上和中土传统学术融为一体。他特别从教化的角度肯定儒、佛的一致性,认为二者一方面同是教人为善,另一方

---

①《上仁宗万言书》,《镡津文集》卷九。
②《原论·问经》,《镡津文集》卷七。
③《辅教编中·广原教上》,《镡津文集》卷二。

面又都有益于治道。前者是个人修身问题,后者是治理天下问题。这也正是儒家修身、齐家、治国、平天下的思路。他取号"寂子",作解释说:

> 吾之喜儒也,盖取其于吾道有所合而为之耳。儒所谓仁义礼智信者,与吾佛曰慈悲,曰布施,曰恭敬,曰无我慢,曰智慧,曰不妄言绮语,其为目虽不同,而其所以立诚修行,善世教人,岂异乎哉!圣人之为心者,欲人皆善,使其必去罪恶也。苟同有以其道致人为善,岂曰彼虽善,非由我教而所以为善,吾不善之也。如此焉得谓圣人耶?故吾喜儒,亦欲睎圣人之志,而与人为善也。又吾佛有以万行而为人也。今儒之仁义礼智信,岂非吾佛所施之万行乎?为吾万行,又何驳哉!……儒、佛者,圣人之教也。其所出虽不同,而同归乎治。儒者,圣人之大有为者也;佛者,圣人之大无为者也。有为者以治世,无为者以治心。①

他给朝廷大臣上书,给仁宗上万言书,为佛教辩护,也一再强调佛教在引人为善、辅助教化方面与儒教一样起到积极作用。如他给富弼的信里说到佛教:

> 然其道,复能使人去恶而为善。今天下翕然而与儒并劝,是不惟内有益于圣贤之道德,亦将外有助于国家之教化。②

在上仁宗皇帝万言书里他更是着力阐发这一点:

> 若今文者皆曰必拒佛,故世不用而尊一王之道,慕三代之政。是安知佛之道与王道合也。夫王道者,皇极也;皇极者,中道之谓也。而佛之道亦曰中道,是岂不然哉?然而适中与正,不偏不邪,虽大略与儒同,及其推物理而穷神极妙,则与世

---

① 《寂子解》,《镡津文集》卷八。
② 《上富相公书》,《镡津文集》卷一〇。

相万矣……

　　某闻佛法者，大要在人正其心。其心果正，则其为道也
至，为德也盛，盖其所说情性辨而真妄审也。若今陛下以太和
养诚，以仁恩礼义怀天下，虽其盛美已效，苟以佛法正心，则其
为道德益充益茂矣。①

这样，他有意回避由于佛教泛滥所引发的针对佛教的政治、经济、
伦理诸方面的诘难，而极力宣扬其与专制王权、世俗道德相调和的
一面。在很多场合他是站在儒家立场，从儒家的角度来阐释佛理。
如此援儒以入佛，已把儒、释一贯的思想发展到了极致。四库馆臣
评论说：

　　……以儒理论之，固为偏驳；即以彼法论之，亦嗔痴之念
太重，非所谓"解脱缠缚，空种种人我相"者。第就文论文，则
笔力雄伟，论端锋起，实能自畅其说，亦缁徒之健于文者也。②

这里高度评价他的文章而否定其所述道理，仍是基于理学思想的
批评。实事求是地说，他所阐发的观点，无论是义理还是逻辑，无
论是从儒家看还是从佛门看，确有许多矛盾、片面、偏颇之处。儒
家作为思想学说和佛教作为宗教信仰本属于意识形态根本不同的
范畴，理论上和实践上的许多枘凿不合之处本来是不可调和的。
契嵩的言论和活动，显然是在反佛势力强盛情况下，以退为进，作
出辩解，为佛教争取地位。而且他表达的只是当时僧团中一派人
的看法，所述道理又多撮合前人旧说，前后多有矛盾也就难免了。
但是应当肯定他的活动和思想所体现的精神则是具有典型意义
的。他主张儒、释一贯，利用儒家义理来解释佛教教义，主张二者
本质上的一致；他不只是消极地为佛教作辩护，更积极地肯定佛教

①《上仁宗万言书》，《镡津文集》卷九。
②《四库全书总目》卷一五二《镡津集》，下册第 1313 页。

乃是现实统治的附庸和辅助，努力把佛教统合到作为思想文化主流的儒家传统中来，从而争得不容辩驳、不可怀疑的价值与地位，这样总体看，契嵩对抗当时强大的批判佛教的潮流，面对佛教的阵地正在逐渐丧失的困境，热忱、坚定地投入护法斗争；而会通儒释、援儒入释则是他争夺阵地、挽救局面的手段。这在当时的社会和思想环境下，不只是对于佛教做出的有力辩解，也推动了援儒入释的潮流。

契嵩具有相当高的文学涵养，上面引述的议论文字已表明他的写作功底，所以受到四库馆臣的称许；对他的诗歌创作"王士禛《居易录》称其诗多秀句"①。这充分显示了他作为"学僧"的品格，当然也成为他在官场、文坛上活跃的有利条件。

四

智圆和契嵩二人为人风格不同，活动方式不同，思想观念上的差异也很明显。但他们都以援儒入佛的方法来论证儒、释一贯，让佛教依附到作为中土思想统治体系的儒学传统上来。他们用这种方法来迎击反佛浪潮，为佛教的生存作出辩护，从而对于当时的佛教作出了贡献。可是他们的所作所为又表明，当时的佛教在与儒家的斗争中已完全处在退守地位，即佛教一方面已不再作为一种"异己"的或与本土传统争衡的思想和社会力量出现，已经从根本上融入到中土思想文化传统之中；另一方面相当一部分僧人也已不再采取高蹈、超然的姿态，而甘愿成为现实统治体制的臣仆。这样从本质看，佛教又是以退让姿态来换得统治者的优容和支持，无

①《四库全书总目》卷一五二《镡津集》，下册第1313页。

论是在社会上还是在思想上的独立性已所剩无几了。

　　智圆和契嵩"援儒入释"思想体现当时佛教发展的一种趋势。这种思想自然容易被信守儒家义理的士大夫所接受。在理学正在兴起的环境里,这种肯定儒家主体地位的儒、释合一或"三教合一"观念容易流行开来。僧人方面,如著名学僧惠洪《礼嵩禅师塔诗》有云:

> 吾道比孔子,譬如掌与拳。展握故有异,要之手则然。晚世苦陵夷,讲习失渊源。君看投迹者,纷纷等狂颠……①

这就肯定并赞扬了契嵩儒、释合一的主张。两宋之交的大慧宗杲要求居士"直要到古人脚踏实地处,不疑佛,不疑孔子,不疑老君,然后借老君、孔子、佛鼻孔,要自出气,真勇猛精进,胜丈夫所为"②。他提出:

> 菩提心则忠义心也,名异而体同。但此心与义相遇,则世出世间一网打就,无少无剩矣。③

这里也是把儒家伦理与佛法相等同。他本人即在努力实践这一主张:他是虔诚的信仰者,又是热忱的爱国者,在两宋之际的抗金斗争中,他结交爱国士大夫,参与抗金活动,作出了贡献,也为佛门增添了光彩。

　　士大夫方面本来就有儒、释兼容的传统,更容易接受这种儒、释一贯的主张,把二者贯串起来。例如苏轼说:

> 孔、老异门,儒、释分宫,又于其间,禅、律相攻。我见大

①《镡津文集》卷二二。
②《示鄂守熊祠部》,《大慧普觉禅师语录》卷二一,《大正藏》第47卷第898页下－899页上。
③《示成机宜》,《大慧普觉禅师语录》卷二四,《大正藏》第47卷第912页下。

海，西北南东，江河虽殊，其至则同。①

他本人正是文人中出入儒、释，兼容百家的典型。两宋之际的爱国将领李纲则说：

> 所以处世间者，即所以出世间者，儒、释之术一也。②

他的这一说法正与前引宗杲的言论相呼应。宣和（1119—1125）初年的著名居士陈瓘向朝廷上奏议说：

> 儒与释迹异而道同。不善用者用其迹，如梁之用斋戒，汉之求神仙是也；善用者用其心，如我宋祖宗是也。用其迹泥，泥则可得而攻；用其心则通，通则无得而议也。③

这也是肯定儒、释之道本来相同，提醒统治者不要泥其迹而滥用，则会发挥致治的效果。

　　宋、元以降，肯定儒、释之道一贯一直是佛教护法的一个重要理据。这确实也是在理学的严酷统治下，为佛教争得生存空间比较充分的理由。但如上所述，这实际上又是以佛教方面在更大程度上放弃独立地位、丧失独立价值为代价的。从这样的角度看，智圆与契嵩的活动又具有一种象征意义：一部分佛门精英人物最终放弃了独立于或超然于世俗统治的努力，他们主观上也不再试图干扰、变乱以至替代儒家思想正统，正如契嵩的文集名称所表示的，他们身在"方外"但志在"辅教"，立身行事，作文立言，都更主动地回归到本土传统的儒教和王化上来了。

　　智圆和契嵩活动的积极意义还体现在推进居士佛教的发展方面。佛教方面放弃与儒家、与王化相对立、相抗衡的立场，思想上更主动地向儒家靠拢，给士大夫接受佛教提供了更广阔的空间。

----

① 《祭龙井辩才文》，《东坡后集》卷一六。
② 《雷阳与吴元中书》，《梁溪集》卷一一三。
③ 《佛法金汤篇》卷一三，《续藏经》第 87 册第 427 页上。

而部分士大夫对佛教积极地优容、接受，一方面有可能继续接受它的影响，选择、摄取其有价值的部分，另一方面又成为支持佛教存续和发展的一支重要力量。这样宋代以后，尽管佛教本身逐步走向衰落，但士大夫间儒、释交流的传统得以继续发扬，居士佛教和居士文化的发展也继续取得可观成就，这则与智圆、契嵩等倡导的思想风气不无关系了。

第十五章　宋代佛教与理学*

一

关于宋代文化,如陈寅恪所说:

> 华夏民族之文化,历数千载之演进,造极于赵宋之世。[①]

这是从中国文化发展的大局,包括儒学发展的根本演变作出的论断。宋代思想的成就集中体现为"新儒学"即理学的形成。理学作为中国思想史上两汉经学、魏晋玄学和后来的佛学相继兴盛之后的另一个居主导地位的思想潮流,从十一世纪到十七世纪,作为官方意识形态统治思想、学术达六百年之久。当然,理学如一切影响全局的大的思想、学术潮流一样,内容十分复杂,内部不同派别分歧很大,对于具体问题、具体概念的分析、理解异见更多。但无论

---

* 与"理学"这一概念并立的,有"道学"、"宋学"、"新儒学"等,大体被作为同义词使用。本书即采取这样的立场。关于这些概念异同的辨析,参阅韦政通《中国思想史》第 28 章《新儒学的背景及其先驱者》,下册第 640－642 页,上海书店出版社,2003 年。

① 《邓广铭宋史职官志考证序》,《金明馆丛稿二编》第 245 页。

是宇宙观、人性论,还是认识论、方法论,又都构成统一的体系。这一体系是儒学经过长期发展、演变,一方面基于自身内在逻辑和客观形势需要,另一方面又是在与外界其他学派、学说的交锋、斗争中批判地汲取各种有益成分的结果。就后一方面说,儒学所吸纳的包括法家和刑名家、道家和道教、玄学等,而特别重要的则是佛学。理学作为所谓"新儒学",大为扩展了传统儒学的内容,特别是把探索的重点由社会、政治、伦理领域延伸到心性理论包括平凡人如何超凡成圣的实践层面。而这后一方面正是佛学历来所关注并取得重大成果的,所以也就能够为"新儒学"形成与建设提供了诸多可资借鉴的内容。

经过晚唐五代割据,宋代再次建立起统一王朝。思想意识领域面临的首要任务,是适应统一的政治体制的需要,确立统一的思想体系。当时主、客观形势都要求继续唐人的"儒学复古"路线,大力提倡儒学。本来齐、梁以降的反佛、毁佛,客观上对于促进儒、释、道三者的交流与融合起了重大作用:一方面正是通过对于佛教在政治、经济、伦理和文化诸领域种种弊害的批判,促使佛教更积极地"中国化",更主动地适应中土环境来改变自身(禅宗正是其重要成果);另一方面也使得思想、学术领域积极地清理佛学中有价值的部分,把它们逐渐吸纳到儒学中来。在这两个方面,唐人辟佛都已作出巨大贡献。特别是他们把对佛教的批判提高到"道学之统,源流之辨"①的高度,从理论到实践,全面地辨析、明确儒道与佛法的对立;又釜底抽薪,把佛教,特别是禅宗和华严教理有价值的内容吸纳进儒学之中,为进一步发展儒学提供借鉴。值得注意的是,唐人中如柳宗元、刘禹锡本是韩愈的文坛盟友,与坚持辟佛的韩愈思想倾向大不相同而倾心佛教,但实质上他们同样对佛教取批判、分析态度,并从一定意义上与韩愈殊途而同归:即虽然他们

①薛季宣《策问二十道》,《浪语集》卷二八。

对待佛教的具体态度不同,但本质上又都是在批判中对佛教思想加以扬弃和借鉴。这也成为当时主导的思想潮流。正是在这样的基础上,宋人追随唐人继续辟佛,并达到了更高的理论水平;也和唐人一样,积极地吸纳了佛教的理论成果,而且做得比唐人更加充分也更加圆通。

胡适特别强调这一思想史巨变中佛教的作用,他说:

> 佛教极盛时期(公元 700—850 年)的革命运动,在中国思想史上、文化史上,是很重要的。这不是偶然的。经过革命后,把佛教中国化、简单化后,才有中国的理学。

> 佛教的革新,虽然改变了印度禅,可以仍然是佛教。韩退之在《原道》一千七百九十个字的文章中,提出大学诚意、正心、修身,不是要每一个人作罗汉,不是讲出世的;他是有社会和政治的目标的。诚意、正心、修身,是要齐家、治国、平天下,而不是做罗汉,不是出世的。这是中国与印度的不同。韩文公以后,程子、朱子的学说,都是要治国平天下。经过几百年佛教革命运动,中国古代的思想复活了,哲学思想也复兴了。这段故事,我个人觉得是一个新的看法。①

当时胡适认作是新看法的,如今已是中国思想史的通识。不过胡适表述得确实既简洁又清楚。他有一段话更细致地描述了这一演变过程:

> 这种禅学运动,是革命的,是反印度禅、打到印度佛教的一种革命……这种革命还是不彻底。从禅学过渡到宋代的理学,才更见有二大进步:一、以客观的格物代替了主观的"心理",如程朱的今日格一物,明日格一物,今日穷一理,明日穷一理,辨明事物的是非真伪,到后来,便可有豁然贯通的一旦。

①《禅宗史的一个新看法》,《胡适学术文集·中国佛学史》第 151—152 页。

这是禅学方法转变到理学的进步。二、目标也转移了。德山
和尚教人做一个吃饭、睡觉、拉尿的平常人；一般禅学家都是
为着自己的"腊月二十五"，始终只做个和尚。理学则不然。
宋仁宗时，范仲淹说了"先天下之忧而忧，后天下之乐而乐"；
以后理学家无不是从诚意、正心、修身做起，以至于齐家、治
国、平天下。超度个人，不是最终的目的，要以个人为出发点，
做到超度社会。这个目标的转变，其进步更伟大了。这两点
是值得我们大书特书的。总之，宋明理学的昌明，正是禅学的
改进，也可以说是中国中古时代宗教的余波。①

这就更清楚地指出了由宗教的禅学转变到俗学的理学的辩证过
程。由此除了可以看出禅宗在当年发挥巨大的现实作用之外，更
能够了解在思想史上它又发挥多么巨大的影响，作出怎样的贡献。
不过应当补充，对于理学的形成，佛教其他宗派，特别是华严宗义
也起了重大作用。在理学宇宙观的构成上，华严法界思想提供了
基本思路与内容。

　　宋代士大夫辟佛，与唐人有共同处，又有不同处。共同处是均
以振兴儒学（当然是被发挥、改造了的"新儒学"）相号召，以维护纪
纲为目的；不同处在唐、宋两代社会基本状况大有差异，因而具体
做法也大不相同。自宋室初建，国家一直处在积贫积弱状态，对外
长时期受到北方辽、金和西北方西夏的侵逼，内部则积贫积弱，加
之官僚机构叠床架屋，更增加了朝廷施政的困难。这样社会上下
就滋长起尊王攘夷的民族意识，又形成了富国强兵的强烈要求。
"夷夏之争"一直是儒家与佛教斗争的大题目，辟佛乃是"尊王攘
夷"的应有之义。而事实是五代后周毁佛，赵宋建国，新王朝寻求
佛教支持，迅速恢复了佛教。以开封、洛阳为中心，佛教很快兴盛
起来。据统计，宋初各州僧尼六万七千四百人，到天禧五年（1021）

_____

① 《中国禅学的发展》，《胡适学术文集·中国佛学史》第93—94页。

急速增长到三十九万七千六百余人。当然这还是不完全的统计数字，从中却可以看出佛教兴盛的趋势。仅据福州一地统计，当时就有寺院一千五六百座，僧尼一万五千余人。这样，在革新变法的强烈呼声中，抨击佛教蠹国害民也就成为内容之一。这样自宋初，士大夫间反佛声浪持续不断。

　　孙复、石介、胡瑗即前一章已经提到的"宋初三先生"，是"新儒学"即理学的先行者。他们都昌言反佛，而以石介最为坚决。仁宗庆历年间，他担任国子监直讲，与孙、胡一起任教太学，从学者众。当时朝廷正推尊佛教，馆阁大臣杨亿等都以好佛著称。石介致书文坛领袖也是他的进士"同年"欧阳修说：

> 　　今天下为佛老，其徒嚣嚣乎声附合应，仆独挺然自持吾圣人之道；今天下为杨亿，其众哓哓乎一倡百和，仆独确然自守圣人之经。凡世之佛老、杨亿云者，仆不惟不为，且常力摈斥之。天下为而独不为，天下不为而独为，兹是仆有异乎众者，然亦非特为取高于人，道适当然也。①

他继承韩愈传统，把"儒学复古"和"文体复古"统合起来，一方面辟佛，一方面反对杨亿等人所提倡的雕琢藻绘文风。他所标榜的则是"圣人大儒有周公，有孔子，有孟轲，有荀卿，有扬雄，有文中子，有韩吏部"的"圣人之道"。他作《怪说》三篇，全面阐发自己的这一主张。第一篇斥佛教，开端树立大纲，提出"三才位焉，各有常道，反厥常道，则谓之怪矣"，这是阐发韩愈兴儒反佛的纲领性文章《原人》里关于天、地、人三才并立的观点；然后一一列举佛教流行造成的"怪"现象：

> 　　夫中国，圣人之所常治也，四民之所常居也，衣冠之所常聚也，而髡发左衽，不士不农，不工不商，为夷者半中国，可怪

①《答欧阳永叔书》，《徂徕集》卷一五。

也；夫中国，道德之所治也，礼乐之所施也，五常之所被也，而汗漫不经之教行焉，妖诞幻惑之说满焉，可怪也……老观、佛寺遍满天下，可怪也……彼其灭君臣之道，绝父子之亲，弃道德，悖礼乐，裂五常，迁四民之常居，毁中国之衣冠，去祖宗而祀远裔，汗漫不经之教行，妖诞幻惑之说满，则反不知其为怪；既不能禳除之，又崇奉焉。时又见一狐媚、一鹊噪、一枭鸣、一雉入，则能知其为人之怪也，乃启咒祈祭以厌胜焉，彼其孙、其子、其父、其母忘而祖宗，去而父母，离而常业，裂而常服，习夷教，祀夷鬼，则反不知其怪，既厌胜之，又尊异焉，愈可怪也。甚矣，中国之多怪也，人不为怪者几少矣。噫！一日蚀，一星缩，则天为之不明；一山崩，一川竭，则地为之不宁。释老之为怪也，千有余年矣；中国蠹坏，亦千有余年矣。不知更千余年，释老之为怪也如何？中国之蠹坏也如何？[1]

这就把佛法与"圣人之道"坚决对立起来，严厉指斥其危害，认为佛教兴行从根本上破坏了中国固有文化传统，使得"圣人"教化陷入困境。

值得注意的是，宋初士大夫反佛的具体看法显然并不相同，但无论是思想家、文学家还是史学家，从各自立场继承唐代韩愈等人的理性、人本精神，严于从政治、思想层面揭露、批判佛教的弊害则是共同的。

李觏（1009—1059）是宋初另一位杰出思想家。他得到革新政治家范仲淹的器重和荐举，任太学助教；嘉祐四年（1059），主持国子监的胡瑗因病去职，李觏代替他任权同管勾国子监太学。李觏注重康国济民之学，富于革新意识，年轻时（天圣九年，二十三岁）已著成《潜书》十五篇，后来又继续作有《广潜书》、《富民策》等许多文字批评佛教。如《潜书》第十说：

————————
① 《怪说上》，《徂徕集》卷五。

> 事亲以孝,事君以礼,圣人以是师天下也。佛之法曰:必
> 绝而亲,去而君,剔发而偏衣,捐生以事我,其获福不知所尽,
> 此独何欤? 受亲之体而不养于其侧,食君之田而无一拜之谒。
> 家有叛子而族人爱之,邦有傲民而吏不肯诛,以佛之主其上
> 也。纣为诸侯逋逃主,而诸侯伐之;佛为天子逋逃主,而天子
> 未尝怒,哀哉![1]

这样的言词、态度同样十分激烈。宋初诸儒,有一派注重经世致用
之学,李觏正是其中的杰出代表。他著《礼论》、《易论》,发挥"圣人
之道"。他所主张的"富国"之术,重要一点就是"驱游民",去"冗
食",而僧、道正在典型的"游民"、"冗食"之列。韩愈《原道》里说
"古之为民者四,今之为民者六"[2],"六"是指士、农、工、贾加上佛、
道。李觏同样主张:

> 今也释、老用事,率吾民而事之,为缁焉,为黄焉,籍而未
> 度者,民之为役者,无虑几百万,广占良田利宅,美衣饱食,坐
> 谈空虚,以诳曜愚俗,此不在四民之列者也。[3]

他反驳那种认为佛教或"以修心养真,化人以善,或有益于世,故圣
贤相因,重其改作"的观点和做法,提出"舍吾尧舜之道"则无"修心
化人"的主张。他赞同韩愈的"释老之弊,过于杨墨"的看法,具体
列出"缁黄存,则其害有十;缁黄去,则其利有十。男不知耕,而农
夫食之,女不知蚕,而织妇衣之,其害一也;男则旷,女则怨,上感阴
阳,下长淫滥,其害二也;幼不为黄,长不为丁,坐逃徭役,弗给公
上,其害三也;俗不患贫而患不施,不患恶而患不斋,民财以殚,国
用以耗,其害四也;诱人子弟,以披以削,亲老莫养,家贫莫救,其害
五也;不易之田,树艺之圃,大山泽薮,跨据略尽,其害六也;营缮之

---

[1]《盱江集》卷二〇。
[2]《原道》,《韩昌黎文集校注》卷一,第 15 页。
[3]《富民策第四》,《盱江集》卷一六。

功,岁月弗已,驱我贫民,夺我农时,其害七也;材木瓦石,兼收并采,市价腾踊,民无室庐,其害八也;门堂之饬,器用之华,刻画丹漆,末作以炽,其害九也;惰农之子,避吏之猾,以佣以役,所至如归,其害十也"[1];进而他要求驱之复为民,则可变十害为十利。他的"十害""十利"之说,着眼点也在治国安民。而联系前面的看法,对照唐代姚崇"正法在心"之类主张,这种辟佛无论是主张还是态度显然更为彻底。他还能够从儒学本身的衰落寻求佛教兴盛的原因,指出:

> 儒失其守,教化坠于地,凡所以修身正心,养生送死,举无其柄,天下之人若饥渴之于饮食,苟得而已。当是时也,释之徒以其道鼓行之,焉往而不利。[2]

这更是相当透彻的见解。据此,他提出救之道在复礼兴儒。这种看法与下面介绍的欧阳修《本论》的主旨相一致,认识上无疑十分深刻,提出的救治之道也是有说服力的。

文人可作为代表的有王禹偁(954—1001),他是宋初从事"诗文革新"的先驱者之一,在散文和诗歌创作上都卓有成就并在当时文坛上广有影响。宋真宗即位,迁秩刑部,朝廷诏求直言,禹偁上疏言五事,其第四项略曰:

> 四曰:沙汰僧尼,使疲民无耗。夫古者惟有四民,兵不在其数……汉明之后,佛法流入中国,度人修寺,历代增加。不蚕而衣,不耕而食,是五民之外,又益一而为六矣。假使天下有万僧,日食米一升,岁用绢一匹,是至俭也,犹月费三千斛,岁用万缣,何况五七万辈哉。不曰民蠹得乎?臣愚以为,国家度人众矣,造寺多矣,计其费耗,何啻亿万。先朝不豫,舍施又

---

[1]《富民策第五》,《盱江集》卷一六。
[2]《建昌军景德寺重修大殿并造弥陀阁记》,《盱江集》卷二四。

多,佛若有灵,岂不蒙福? 事佛无效,断可知矣。愿陛下深鉴治本,亟行沙汰。如以嗣位之初,未欲惊骇此辈,且可以二十载不度人修寺,使自销铄,亦救弊之一端也。①

这里对于佛教的看法,无论是文意还是用语都显然是继承韩愈的。

史学家可以司马光和宋祁为代表。司马光著《通鉴》,纪录历朝奉佛情形,多持批评态度,往往直接出面加以评论。如针对唐宪宗奉迎佛骨、韩愈论谏一事说:

> 自战国之世,老、庄与儒者争衡,更相是非。至汉末,益之以佛,然好者尚寡。晋、宋以来,日益繁炽,自帝王至于士民,莫不尊信。下者畏慕罪福,高者论兹空有。独愈恶其蠹财惑众,力排之。其言多矫激太过,惟《送文畅师序》最得其要,曰:"夫鸟俛而啄,仰而四顾,兽深居而简出,惧物之为己害也,犹且不免焉弱之肉,强之食。今吾与文畅安居而暇食,优游以生死,与禽兽异者,宁可不知其所自邪!"②

这里的语气比较平和,正体现史学家对事对人持平的立场,但态度是十分鲜明的。更为典型地表现这种立场的是宋祁,他是司马迁修《通鉴》的主要助手。他批评佛教,同样注重在国计民生方面的弊端,因而主张对佛教加以禁限。时值朝廷用兵西夏,调费日蹙,他上疏略曰:

> 朝廷大有三冗,小有三费,以困天下之财。财穷用褊,而欲兴师远事,诚无谋矣。能去三冗,节三费,专备西北之屯,可旷然高枕矣。

> 何谓三冗? 天下有定官,无限员,一冗也;天下厢军不任战而耗衣食,二冗也;僧道日益多而无定数,三冗也。三冗不

---

① 《宋史》卷二九三《王禹偁传》,第 9797 页。
② 《资治通鉴》卷二四〇《唐纪五十六》,第 7759 页。

去，不可为国，请断自今，僧道已受戒具者姑如旧，其他悉罢还
为民，可得耕夫织妇五十余万人，一冗去矣……

何谓三费？一曰道场斋醮，无有虚日，且百司供亿，至不
可贷计。彼皆以祝帝寿，奉先烈，祈民福为名，臣愚以为此主
者为欺盗之计尔……二曰京师寺观，或多设徒卒，添置官府，
衣粮率三倍他处。居大屋高庑，不徭不役，坐蠹齐民，其尤者
也。而又自募民财，营建祠庙，虽曰不费官帑，然国与民一也，
舍国取民，其伤一焉，请罢去之，则二费节矣……①

这里同样是针砭僧徒冗滥的弊端，也否定营建寺观、兴办斋醮等有
为功德，充分表现出理性的批判态度。

这样，在北宋前期，思想、文学、史学等各个领域普遍兴起批判
佛教的思潮。这种批判主要有两个特征。一是重在经世，即基于
佛教的过分膨胀和僧徒伪滥危害国计民生，作为政治改革的一端
而要求加以限制和整饬。实际上当时进行批判的这些人多数并不
完全否定佛教。例如李觏，也曾写过《太平兴国禅院十方住持记》、
《景德寺重修大殿及造弥陀记》等称赞佛教的文字，曾招致友人的
批评。他肯定"逮宋有天下，兵革既已息，礼乐刑政、治世之器既已
完备，推爱民之心，以佛法之有益也，广祠度众不懈……"他又特别
称赞禅宗，认为"其道无怪谲，无刬饰，不离寻常，自有正觉……佛
非我度，而我自度；经非我明，而我自明。无缁素才拙，一言开释，
皆得成道"②。这都表明就根本立场说，他并不否定佛教思想层面
的价值。前面提到，契嵩曾"携所业三谒泰伯，以儒释吻合，且抗其
说。李爱其文之高，理之胜，因致书誉嵩于欧阳（修）"③。这是出于
佛教内部的记载，李觏如何"高"契嵩的"理"情形不明，但后者得到

①《宋史》卷二八四《宋祁传》，第 2594—2595 页。
②《太平兴国禅院十方住持记》，《盱江集》卷二四。
③《历代佛祖通载》卷一九，《大正藏》第 49 卷第 668 页下。

他的延誉是事实。同样,宋祁的文集里也留下不少与僧人相酬酢的文字,表明他对于佛教教理确有比较深入的了解。不过他称佛陀为"西方之达人",并不把他当作教主,又说他的教义"与中国老聃、庄周、列御寇之言相出入,大抵至于道者"①。另一个特征则是坚定地站在儒家正统的立场,严格与佛教的法统相分疏,批判中却又体现出相当理性的分析态度。这也都反映了当时儒、释关系发展的总体形势,佛教与世俗统治间的尖锐对抗已趋消弥了。而就上述两个层面做得更为彻底的,则是作为一代文坛耆宿的欧阳修。

　　欧阳修(1007—1072)是"诗文革新运动"的领导者,又是卓越的学者、思想家、政治家。他与韩愈一样,以一代文坛领袖的地位广为号召,接引后学,在思想界、在文坛上造成巨大声势;也和韩愈同样,把文学革新与兴儒辟佛结合起来,大为扩展了反佛阵线。他提出修礼义之本以辟佛的主张,乃是正本清源之论,是对于韩愈等人反佛思想的重大发展。他的《本论》开头指出,佛教在中国发展的形势是"佛法为中国患千余岁,世之卓然不惑而有力者莫不欲去之,已尝去矣而复大集,攻之暂破而愈坚,扑之未灭而愈炽,遂至于无可奈何";继而发出疑问:"是果不可去邪?"接着他明确指出:"盖亦未知其方也。"他以治病作比喻,提出"救天下之患者,亦必推其患之所自来,而治其受患之处"。他探讨佛教流行中国的根本原因,在于"三代衰,王政阙,礼义废,后二百余年而佛至乎中国。由是言之,佛所以为患者,乘其阙废之时而来,此其受患之本也"。事实上,外来佛教在中国得以传播、扎根、发展,自有深刻的社会和思想基础,但确实又和汉魏以来社会动乱、礼崩乐坏、纲纪紊乱的形势有直接关系;而佛教得以兴盛,则与儒道衰微互为因果。欧阳修的这一看法是相当深刻的。据此,他主张辟佛则应"补其阙,修其废,使王政明而礼义充,则虽有佛,无所施于吾民矣,此亦自然之势

---

① 《宋景文笔记》卷中。

也"。他针对佛教已经广泛流行的现状,特别是看到"王公大人往往倡而驱之"的影响,指出:

> 夫千岁之患,遍于天下,岂一人一日之可为? 民之沉酣入于骨髓,非口舌之可胜。然则将奈何? 曰:莫若修其本以胜之。昔战国之时,杨、墨交乱,孟子患之,而专言仁义,故仁义之说胜,则杨、墨之学废;汉之时,百家并兴,董生患之,而退修孔氏,故孔氏之道明,而百家息。此所谓修其本以胜之之效也。今八尺之夫,被甲荷戟,勇盖三军,然而见佛则拜,闻佛之说则有畏慕之诚者,何也? 彼诚壮佼,其中心茫然无所守而然也。一介之士,眇然柔懦,进趋畏怯,然而闻有道佛者,则义形于色,非徒不为之屈,又欲驱而绝之者,何也? 彼无他焉,学问明而礼义熟,中心有所守以胜之也。然则礼义者,胜佛之本也。今一介之士知礼义者,尚能不为之屈,使天下皆知礼义,则胜之矣,此自然之势也。[①]

这样,欧阳修要求"修其本",即从每个人做起,作"圣人之道"的启蒙,使之"学问明而礼义熟",自然不再受佛说所惑。这种策略显然比起"人其人,火其书,庐其居"的强制禁毁的方法更为现实和有效,比起承认佛教可辅助儒家教化的种种调和之论则更为坚决和彻底。在如何贯彻"圣人之道"以辟佛方面,欧阳修代表宋人的新成就,较唐人显然前进了一大步。

实际上,在欧阳修时代,"三教调和"已成为潮流,当时的儒学已融入大量佛学因素,而欧阳修本人也与僧侣多有往还。据叶梦得记载,在欧阳修生前,他的家人已热心供佛,而其"子孙奉释氏尤严于他士大夫家"[②]。但欧阳修要求明儒道之本以胜佛之本,作为张扬儒道的具体主张和可行手段乃是前此长期辟佛历史的经验教

[①]《本论中》,《文忠集·居士集》卷一七。
[②]《避暑录话》卷上。

训的总结,确实是中其肯綮的精辟之论。而理学的创立适应了时代要求,重新树立起儒家思想权威,正是占据了"胜佛之本"的根本立场。因而尽管理学实际融和了多少佛教思想内容,如欧阳修等人作为儒道正统即儒家"道统"的传承者,却能够牢牢建立起堂堂之阵,又把正正之旗握在自己手里,也就使得佛家再也没有与之认真招架争衡的余地了。

　　这样,宋人继承前人的传统继续辟佛,使得儒、释之防更加严格,而另一方面,对待佛教的态度又更为辩证。这样就既为"新儒学"的建设进一步廓清了道路,又从佛教那里替理学的形成和发展寻得了宝贵的资源。

二

　　钱穆说:

　　　　北宋学术之兴起,一面承禅宗对于佛教教理之革新,一面又承魏晋以迄隋唐社会上士族门第之破坏,实为先秦以后,第二次平民社会学术思想自由活泼之一种新气象也。[1]

如上所述,理学乃是陈寅恪所谓"造极于赵宋之世"的中国儒学发展的成果,佛学为其形成提供了理论资源。佛学的许多内容对于构造理学体系是关键性的。可以说理学在许多方面是在沿袭佛学所开拓的道路前进,而衰败的佛教则在理学中延续了生命。钱大昕所谓"取释氏之精蕴,而阴附于吾道之内"[2]正精辟地说明了这一

―――――――――――

[1]《国史大纲·引论》(修订本)上册卷首第 20 页,商务印书馆,1996 年。
[2]《十驾斋养新录》卷一八《引儒入释》,第 387 页,陈文和、孙显军点校,江苏古籍出版社,2000 年。

点。近代新儒学大家熊十力也指出：

> 宋儒确受佛教影响甚深，自魏、晋以迄于宋世，佛教势力，不独遍布中夏，而且植根甚深。中华民族之精神生活中，殆无不为佛教精神之所浸渍。且晚唐五代，尤为佛氏禅宗最盛之时。两宋诸儒承其流，自不得不有所吸收。①

邓广铭则具体分析说：

> 佛教各宗派的学说，给予晚唐以至两宋的儒学家们的另一重大影响，则在于：佛学家们的讲论，大都注重于身心性命的所谓内向的修养功夫，其时儒学家们有鉴于此，便也把注意力转移到这方面来。②

总之，佛学渗透到理学整个理论架构之中，已成为其有机部分。

关于理学与佛学的关系，具体分析历来又有两种对立意见。一种是夸大佛教的影响，以至有"阳儒阴释"之说。金李屏山说：

> 儒、佛之说为一家，其功用之殊，但或出或处，或默或语，便生分别，以为同异者，何也？至如刘子翚之洞达，张九成之精深，吕伯恭之通融，张敬夫之醇正，朱元晦之峻洁，皆近代之伟人也。想见方寸之地，既虚而明，四通六辟，千变万化。其知见只以梦幻死生，操履只以尘垢富贵，皆学圣人而未至者。其论佛老也，实与而文不与，阳挤而阴助之，盖有微意存焉。唱千古之绝学，扫末流之尘迹，将行其说于世，政自不得不尔。③

这是理学居士的看法。另有一种意见则主张儒、释二家在基本理念和终极追求方面根本不同，宋儒只是利用佛学来发挥传统的儒

---

① 《读经示要》卷二，《熊十力全集》第3卷第801页，湖北教育出版社，2001年。
② 《略谈宋学》，王元化名誉主编《释中国》第2册第1016—1017页。
③ 《历代佛祖通载》卷一七，《大正藏》第49卷第699页上。

家思想并取得了新成果,与"阳儒阴释"毫不相干。但无论是哪一种看法,都并不否认理学兼容儒、释的事实。

北宋初年,继后周毁佛之后,首先是南山律宗、法相宗在两京得到恢复,接着天台宗又有新的发展,而在士大夫间广有影响的则是继之兴盛起来的禅宗。法眼宗依附南唐朝廷,曾盛极一时,南唐灭亡即行衰微;沩仰宗数传之后,法系逐渐不明;宋初,丛林中源派演迤、枝叶扶疏,临济、云门二宗遂独盛于天下。

云门宗从发源的岭南地区向湖南、江西、浙江扩展,很快成为江南佛教的主流。造成所谓"云门中兴"的是雪窦重显(980—1052),卒谥"明觉大师"。他著有《颂古百则》、《祖英集》以及语录等多种,名声广播丛林。他的俗弟子有曾会,在任池州(今安徽池州)知州时曾引《中庸》、《大学》参以《楞严》,以符宗门语句,得到开悟。后来曾会转守明州(今浙江宁波),迎接重显住雪窦山资圣寺。接着,有明教契嵩、圆通居讷、大觉怀琏、佛印了元等,把云门宗推向极盛。契嵩本书前面已有专章介绍。他取援儒入释的立场以明儒、释吻合,据说理学家李觏因为他而"方留意读佛书,乃怅然曰:'吾辈议论,尚未及一卷《般若心经》,佛道岂易知耶?'"①他于仁宗年间入京,得到宰相韩琦、文坛耆宿欧阳修等人礼重。居讷住庐山,庆历五年(1045)欧阳修左迁滁州(今安徽滁州),路过九江,曾入山拜会。他出入百家而折衷于佛法,令欧阳修肃然心服,后应朝命入汴京,任十方净因禅院住持,与从四川入京的苏洵父子有密切交往。怀琏(1009—1090)在庐山曾为居讷记室,皇祐元年(1049)居讷举荐他代掌净因禅院。释惠洪说:

> 景祐中,光梵大师惟净,以梵学著闻天下;皇祐中,大觉禅师怀琏,以禅宗大振京师。净居传法院,琏居净因院,一时学

①晓莹《感山云卧纪谈》卷上。

者,依以扬声。①

他本人和欧阳修、苏轼、王安石都有密切交往。佛印了元(1032—1098)先后居江州承天寺、淮上斗方寺、庐山开先寺以及金、焦二山。晓莹记载他和理学家周敦颐的交谊:

> 舂陵有水曰濂,周公茂叔先世所居,既乐庐山之幽胜而筑室,则以濂名其溪,盖识不忘本矣。于时佛印禅师元公寓鸾溪之上,相与讲道,为方外友。由是命佛印为青松社主,追媲白莲故事。②

王安石晚年住在金陵半山,好观佛书,了元亦与之往还。苏轼早年已和他定交,后来一直交往不断,诗文唱和。元丰五年(1082),汴京相国寺六十四院辟为八寺,二禅六律。禅为慧林、智海二寺。宗本为慧林第一任住持,弟子投子修颙,仁、英、神宗三朝宰相富弼问法执弟子礼。云门宗宗风富于文学色彩,特别受到文人的欢迎。

创立于河北的临济宗义玄以下,著名弟子有灌溪志闲、兴化存奖、三圣慧然等,门庭极盛,主要流传在北方。到临济下四世首山省念(926—993)以后,在朝廷官僚贵族支持下,迅速向南方发展。至十一世纪前半叶,与在两京兴盛的云门宗相呼应,在江南衍化出黄龙、杨岐两派,从而成为禅宗中势力最为盛大的宗派。仁宗朝宰相王随性好佛,慕裴休为人,参省念,以为知音。他于景祐三年(1036)删《景德传灯录》为《传灯玉英集》十五卷,流行于世。首山省念弟子广慧元琏(951—1036)住汝州(今河南汝州)广慧院,杨亿出守汝州,曾向他问法。杨亿在真宗朝以文词为馆阁之臣,预修《太宗实录》、《册府元龟》,是"西昆体"诗歌创作者,又"留心释典禅

---

① 《冷斋夜话》卷一〇。
② 《感山云卧纪谈》卷上,《续藏经》第 86 册第 681 页上—中。

观之学"①,曾受命修订《景德传灯录》。省念的另一位弟子石门蕴聪(965—1032),驸马都尉李遵勖从之得法,又与省念下汾阳善昭、慈明楚圆师弟子为禅侣,编有《天圣广灯录》,是《景德录》后的又一种灯录。蕴聪的弟子夏竦亦以文学进身,他"资性明敏,好学,自经、史、百家、阴阳、律历,外至佛老之书,无不通晓"②。他曾担任译经润文官。省念门下汾阳善昭少而师儒,博学能文,所著偈颂,广行于世,后来黄龙、杨岐两派皆出自该系。善昭弟子琅玡慧觉,张方平守滁州游琅玡山寺,与之相交,遂归心释门。后来他知益州,苏洵父子入京求举,曾向欧阳修推荐。苏轼罹"乌台诗案",他抗章为请,因而苏轼终身敬事之。

黄龙派创始人黄龙慧南(1002—1069)住隆兴(今江西南昌)黄龙山,法席极一时之盛。门下晦堂祖心(1025—1100)、东林常总(1025—1091)、真净克文(1025—1102),克文门下觉范惠洪(1071—1128)、兜率从悦(1044—1091)等人都积极活跃于士大夫间。苏轼在灯录上即被列为常总法嗣,黄庭坚则是黄龙慧南俗弟子,徐禧、徐俯父子也曾向黄龙祖心问道。曾任礼部侍郎、观文殿学士的王韶和了元有交谊,晚年出守洪州,也曾问道于祖心。黄龙从悦门下有无尽居士张商英,早年曾参东林常总和真净克文,因为他曾作过宰相,所以有"相公禅"③之说。惠洪有文学才能,结交文人很多,他的《冷斋夜话》等著作记录许多儒、释交流掌故,与之厚善者有右侍郎邹浩、右司陈瓘等。北宋文人多为禅师语录作序,《丛林盛事》上说:

　　　　本朝士大夫与当代尊宿撰语录序,语句斩绝者,无出山

①《宋史》卷三〇五《杨亿传》,第 10083 页。
②同上卷二八三《夏竦传》,第 9571 页。
③叶梦得《避暑录话》卷上。

谷、无为（杨杰）、无尽（张商英）三大老。①

这也体现当时禅宗盛行的一面。

　　杨岐派创始人方会（992—1049）住袁州（今江西萍乡）杨岐山，得到学人拥护，誉满东南，经弟子白云守端（1025—1072）、守端弟子五祖法演（？—1104），嫡传至圆悟克勤，大慧宗杲，继黄龙派之后大盛。圆悟克勤（1063—1135）宿习儒业，博学能文，于徽宗政和（1111—1118）初在荆州遇张九成，经其劝请，对雪窦《颂古》加以评唱，门人纪录，成《碧岩录》一书。"靖康之变"以后，高宗践祚南京，与之旧识，曾召论军国政事，赐号"圆悟"，命主持金山。门下学者有宰相张浚、侍郎李弥逊、枢密徐俯等人，都是抗战派人物。他曾奔走淮泗间，普劝豪富输将以纾国难。其下门徒众多，以宗杲最为有名。宗杲（1089—1163），号妙喜，北宋末年已名动京师，徽宗诏授紫衣，赐号"佛日"。南渡以后，更以爱国热忱驰誉士林，"近世张无垢（九成）侍郎、李汉老（炳）参政、吕居仁学士皆见妙喜老人，登堂入室，谓之方外道友"②。其中张九成是南宋初著名抗战派人物，以忤秦桧贬官，宗杲受到牵连，被充军衡州（今湖南衡阳），直到秦桧死后，方放还复居径山。朱熹称赞说：

　　　　如杲佛日之徒，自是气魄大，所以能鼓动一世，如张子韶（九成）、汪圣锡（应辰）辈皆北面之。③

宗杲以一僧侣身份号召抗金，在官僚士大夫间造成巨大声望，给禅宗史增添了光彩一页。

　　曹洞宗在唐末五代法系单弱，渐近泯没。至北宋初投子义青（1032—1083）出世，方始"中兴"。其弟子芙蓉道楷（1043—1118），

---

①《丛林盛事》卷下。
②同上卷上。
③《朱子语类》卷一二六《释氏》，第3029页。

门下有杨杰、韩琦等著名人物；大洪宝恩（1158—1111）则有张商英、韩缜等参学。但当时这一宗声势基本隐没在云门、临济之下。经丹霞子淳（1064—1117）到宏智正觉（1091—1157），云门法系渐衰，曹洞始有所振兴。曹洞提倡默照禅，与临济的看话禅相对立，后来形成南宋临济、曹洞二宗并盛的局面。但曹洞本来有山居修道的出世性格，默照禅更脱离生活实际，流于神秘，士大夫多归于大慧门下，影响也就大受限制了。

　　以上是从禅宗法系的角度，说明其在北宋时期的发展及其在社会上流传情况。从中可以看出，在宋代，虽然禅宗宗义已少有建树，但在上层官僚士大夫间却又相当兴盛。热衷禅宗的主要是政治上倾向保守的人士，但如王安石那样的革新派领袖也同样受到熏陶。特别是在两宋之际抗金斗争中，众多禅宗学人表现出坚定的爱国立场，赢得社会的普遍敬重。禅宗如此积极、广泛的活动，必然在各文化领域造成多方面影响。前面提到的禅门弟子和与著名禅师密切交往的人士中，就有几位是理学史上的重要人物，如周敦颐、张九成等。另有许多理学家亦多有习禅经历。这成为禅学被新兴的理学所吸纳的重要机缘。苏轼曾指出：

> 欧阳子没十有余年，士始为新学，以佛老之似乱周孔之真，识者忧之。赖天子明圣，诏修取士法，风厉学者，专治孔氏，黜异端，然后风俗一变，考论师友渊源所自，复知诵习欧阳子之书。[1]

这段话是颂扬欧阳修的，却从侧面反映当时士大夫热衷佛说的情形。实际上欧阳修并不能改变这样的思想潮流。当然理学家们对待佛教的态度是有所不同的，接受佛教的具体内容和方式、途径也大不相同，至于后人对于他们与佛教关系的看法更形成很大差异。

————————

[1]《六一居士集序》，《东坡全集》卷三四。

但他们中许多人与佛教交往密切则确实是不让南北朝和隋唐时期的士大夫的。

如前所说,华严宗在宋代传承不畅,但其学理对于后来理学造成的影响却极其深远。值得注意的是华严宗义主要是通过禅宗传承的。五代以来"禅、教合一"潮流中的"教",实际主要内容是华严。法眼文益著《华严六相义颂》,即阐发事理圆融的华严教理。法眼宗作为"五家"中最后一个宗派,正是借助华严教理而使宗旨更加显赫。文益法孙永明延寿著《宗镜录》,也明确主张教是华严,宗是达磨,全书阐释"一心"处,征引《华严经》最多。北宋兴盛的云门宗和临济宗也都重视华严思想。例如云门契嵩在《广原教》序言中说:

> 始余为《原教》,师《华严经》,先列乎菩萨乘,盖取其所谓依本起末门者也……今书乃先列乎人天乘,亦从《华严》之所谓摄末归本门者也。[1]

高丽僧义天曾在苏轼等人陪同下,到杭州惠林寺会见天衣义怀弟子明峰宗本,两人所谈也是华严学理,并明确承认《华严经》乃是悟入之处。后来临济宗的圆悟克勤作《碧岩录》,同样多引用华严宗义。

宋代热衷习禅的官僚士大夫大都热衷于华严宗义。例如苏轼,贬居黄州时期特别专注地研习佛教义理,苏辙曾说到他:

> 既而谪居于黄,杜门深居……后读释氏书,深悟实相,参之孔、老,博辨无碍,浩然不见其涯也。[2]

他在给兄弟苏辙的诗里有句曰:

> 凭君借取《法界观》,一洗人间万事非(来书云近看此书,

---

①《辅教编中·广原教上》,《镡津集》卷二。
②《亡兄子瞻端明墓志铭》,《栾城后集》卷二二。

余未尝见也）。①

《法界观》即宗密《注华严法界观门》，这是阐述华严法界缘起思想的重要著作。吕惠卿曾亲自批注过《华严法界观》。张商英得到唐李通玄所著《华严经决疑论》，读后发表感想说：

> 夫《华严》之为教也，其佛与一乘菩萨之事乎。始终一念也，今昔一时也，因果一佛也，凡圣一性也，十方一刹也，三界一体也，正、像、末一法也，初、中、后一际也。当处现前，不涉情解。②

这样，华严宗作为宗派在宋代虽然法系单弱，但学理的传播和影响是相当广远的。借助了“禅、教一致”的潮流，华严又通过禅宗发挥了影响。

一种思想理论的传播和普及，首先决定于社会需要与客观环境。宋代佛教禅和华严突出地兴盛，主要是当时社会状况和思想发展的形势决定的。其中重要的一点是儒学正处在发展的重大转折时期，禅和华严宗义提供了可资借鉴的重要理论资源。

三

中土传统思想、学术与佛教相交流、相融合是个长期、复杂的过程。唐长孺曾指出：

> 东汉末年的新思潮通过长期发展过程，使名教一合于老

---

① 《和子由四首·送春》，《东坡全集》卷七。
② 《决疑论后记》，《略释新华严经修行次第决疑论》卷四之下，《大正藏》第 36 卷第 1049 页上。

庄的自然,再合于佛教的济俗之务,不但没有破坏,其理论基础更扩大了。这个思潮的发展并未立时结束,调和三教而以名教为骨干的思想到了宋代理学才完全形成其系统。因此我们找寻宋代理学的渊源应该从魏、晋玄学开始。①

本书上编曾经指出,魏晋时期的佛教乃是玄学化的佛教。玄学的内容和方法融入到佛教之中,后来对于佛教的发展一直发挥一定的作用。黄侃论及梁皇侃的《论语义疏》又曾说:

> 皇氏《论语义疏》所集,多晋末旧说,自来经生持佛理以解儒书者,殆莫先于是书也。其中所用名言,多由佛籍转化。至宋人虚灵不灭等言语,又《义疏》之云初已。其说圣人无梦与钓弋,皆非本事,纯由示现而为,此直刻画瞿昙,唐突洙泗矣。②

这样,宋代理学接受佛教思想,乃是魏晋以来中土传统学术受到佛教思想启发并不断吸纳、融合其所需成分的继续。而其直接承袭的则是中唐时期"儒学复古"所开创的革新儒学潮流,后者正具有鲜明的"统合儒、释"特征。这也是它的重要创新之处。

唐初陆德明考订五经文字,成《五经定本》;孔颖达及诸儒受诏撰五经义疏,成《五经正义》。《五经正义》于永徽四年(653)颁行天下,成为新王朝科举考试功令依据。其注的部分兼采南、北旧说,但专宗一家,不取异义,在经学史上是统一南、北学统的措施;疏的部分贯彻传统经学注不驳经、疏不破注原则,谨守先儒章句,在当时起到以儒学统一促进思想统一、政治统一的作用。但这一恢复传统"章句之学"的做法无论从意识形态角度还是从治学方法角度说都是落后的、保守的。只经过三四十年,就出现了冲破这种局面的潮流。一方面发生在儒学内部,有刘知几、吴竞、元行仲、朱敬

---

① 《魏晋玄学之形成及其发展》,《魏晋南北朝史论丛》第349—350页,生活·读书·新知三联书店,1978年。

② 《汉唐玄学论》,王元化名誉主编《释中国》第2册第983页。

则、王玄感等人,对旧的经学传统猛烈进行抨击。长安三年(703)
四门博士王玄感表上《尚书纠谬》十卷、《春秋振滞》二十卷、《礼记
绳愆》三十卷并所注《孝经》、《史记》、《汉书》稿,弘文馆博士祝钦明
等人讥其掎摭旧义,而刘知几、徐坚等为之申理,后来终于有朝命
表彰。开元十四年(726)元行仲与范行恭、施敬本根据魏徵《类
礼》,整比而成《礼记义疏》五十卷奏上。时为左丞相的张说批评
"与先儒第乖,章句隔绝",而元行仲作《释疑》一文为之答辩,批评
张说等人是"章句之士,坚持昔言,特嫌知新恶,欲仍旧贯"①。特别
是刘知几(661—721)撰《史通》,这不只是史学史上划时代的著作,
更代表一代思想潮流。其中《疑古》、《惑经》等篇,对儒家经典和古
先圣人传说史事大胆怀疑和抨击,表现出对于经学传统的激烈批
判态度。这样,旧经学在内外冲击之下,已经逐渐丧失在思想界的
统治权威和主导地位。所以才能有后来文人李白"白发死章句"的
讥讽和杜甫"儒冠多误身"的慨叹。这种学术和思想的批判潮流,
经过"安史之乱"进一步发展。当时王纲解纽,国是日非,藩镇割
据,朋党相争,唐王朝统治权威的沦落更进一步促进了思想、学术
的分化。

　　而在佛教内部,自陈、隋智顗创立天台宗,宗派佛学兴起,中国
佛学遂进入独立发展的全新阶段。这实际也构成思想意识领域整
个大胆创新潮流的一部分。至中唐时期,经学内部出现明显变化,
形成对抗佛、道的强大的"儒学复古"潮流,则是对儒学进行新的阐
释,而阐释中又汲取了兴盛的宗派佛学的内容。经学内部的这种
变化,无论是学理层面还是治学方法,都替后来宋代理学即"新儒
学"开辟了先河。

　　唐代古文家们重视《中庸》、《周易》和《春秋》等经典,在观念上
已掺杂进佛学内涵。这几部书也是后来的理学家们所重视的。徐

---

①《旧唐书》卷一〇二《元行仲传》,第3178－3179页。

复观指出:

> 自唐李习之的《复性书》,始以佛教中的禅宗思想解释《中
> 庸》。宋儒,尤其是程朱,虽辟佛甚力;但在中和的参证、解释
> 上,仍于不知不觉之中,未能跳出禅宗的窠臼。并且伊川的门
> 人,晚年所以多走向禅宗去,也正是以中和思想为其桥梁的。[1]

张广达则总结说:

> 唐朝中叶,梁肃(744—784)既讲儒学,也大讲佛学和神仙
> 之道。其后,韩愈(768—824)依据儒学力排佛教,曾随韩愈学
> 习古文的李翱(772—841)则援佛入儒。实际上,据儒排佛也
> 罢,援佛入儒也罢,两者无非都是儒佛相互渗透的具体过
> 程……黎锦熙曾以吃饭比喻中国文化消化印度佛教的情况,
> 他说:"这餐饭整整吃了一千年。"(黎锦熙编《佛教十宗概要》,
> 北京京城印书局,1935,第 4 页)[2]

这样,所谓"儒学复古",正开启了"中国文化消化印度佛教"的全新
阶段。

　　中唐学术转变的重要表现是"性理"主题被突出起来。关于
"性理"的阐发构成后来理学发展的核心内容。早期儒家中讲心性
的主要是思孟学派,重要典籍则是《中庸》;论及本体的"理"的则主
要是《周易》。关于唐人重视《中庸》,以及把《中庸》和内典"会而归
之"[3],前面介绍僧人智圆已经述及。韩愈贞元十年(794)参与省
试,作《颜子不贰过论》,已直接依据《中庸》论述心性问题。他说,
孔门弟子三千,由圣人之道,为君子之儒,有过行过言者不多,但被

---

①《中国人性论史·先秦篇》,李维武编《徐复观文集》第 3 卷第 124 页,湖北人
　民出版社,2002 年。
②《唐代的中外文化汇聚和晚清的中西文化冲突》,《释中国》第 1 册第 82 页。
③《赠别君素上人并引》,《刘禹锡集》卷二九。

称赞"不贰过"的只有颜渊,他解释其间的道理说:

> 夫圣人抱诚明之正性,根《中庸》之至德,苟发诸中形诸外者,不由思虑,莫匪规矩;不善之心,无自入焉;可择之行,无自加焉;故惟圣人无过。所谓过者,非谓发于行、彰于言,人皆谓之过而后为过也;生于其心则谓过矣。故颜子之过,此类也。"不贰"者,盖能止之于始萌,绝之于未形,不贰之于言行也。《中庸》曰:"自诚明谓之性,自明诚谓之教。"自诚明者,不勉而中,不思而得,从容中道,圣人也,无过者也;自明诚者,择善而固执之者也,不勉则不中,不思则不得,不贰过者也。故夫子之言曰:"回之为人也,择乎中庸,得一善,则拳拳服膺而不失之矣。"①

这里提出"不勉而中,不思而得"的"正性",显然已经和禅宗所谓"自性"相通。至于他在《原道》里把《大学》提出来,指出"明明德于天下"的"圣人之道""其文《诗》、《书》、《易》、《春秋》,其法礼乐刑政,其民士农工贾,其位君臣、父子、师友、宾主、昆弟、夫妇,其服麻丝,其居宫室,其食粟米果蔬鱼肉"②等等,也显然与华严"理事无碍"观念和方法有相通之处,乃是宋人"理一分殊"说的滥觞。今传《论语笔解》一书,署为韩愈、李翱合著,关于作者到底是谁或有异议,但从内容看,应是反映了二人的观点的。其中解释孔子所说"吾五十而知天命",署韩愈文曰:

> 仲尼五十学《易》,穷理尽性,以至于命,故曰知天命。

署李翱文则说:

---

① 《省试颜子不贰过论》,《韩昌黎文集校注》卷二,第 124－125 页。"自明诚者"原作"自诚明旨",据朱熹《考异》改,《昌黎先生集考异》卷五,上海古籍出版社据山西祁县图书馆藏宋刻本影印本,1985 年。
② 《韩昌黎文集校注》卷一,第 18 页。

　　天命之谓性。《易》者,理性之书也。先儒失其传,惟孟轲得仲尼之蕴,故《尽心》章云:"尽其心所以知性,修性所以知天。"此天命极至之说,诸子罕造其微。①

又解释子贡所谓"夫子之言性与天道,不可得而闻也",署韩愈文曰:

　　吾谓性与天道,一义也;若解二义,则人受以生,何者不可得闻乎哉?

署李翱文则说:

　　天命之谓性,是天人相与一也。天亦有性,春仁、夏礼、秋义、冬智是也。人之率性,五常之道是也。盖门人只知仲尼文章,而少克知仲尼之性与天道合也。②

这里更径直把《易经》看成是"性理之书",把"天道与性"合二为一,也是突出以心性为根本的观念。苏轼的《扬雄论》批评韩愈的《原性》指出:

　　愈之说,以为性之无与乎情,而喜怒哀乐皆非性者,是愈流入于佛老而不自知也。③。

韩愈后学李翱《复性书》三篇,本书前面已经介绍过。无论是其"情既昏,性斯匿"的严分性、情及其作用,还是"弗思弗虑,情则不生"的"正思","动静皆离,寂然不动"的"至诚";也无论是他所描写的"昭昭然明辨""不应于物"的"能照"之心,还是"斋戒"其心以图"复性"的方法,显然都与禅相通。所以朱熹与弟子有一段对话:

　　(邵)浩曰:"唐时,莫是李翱最识道理否?"曰:"也只是从佛中来。"浩曰:"渠有《去佛斋》文,辟佛甚坚。"曰:"只是粗迹。

---

① ②《论语笔解》卷上。
③《扬雄论》,《东坡全集》卷四三。

至说道理,却类佛。"问:"退之见得不甚分明。"曰:"他于大节目处又却不错,亦未易议。"浩云:"莫是说传道是否?"曰:"亦不止此。他气象大抵大。又欧阳只说'韩李',不曾说'韩柳'。"①

章太炎则指出:

> 明心见性之儒,首推子思、孟子。唐有李习之(翱),作《复性书》,大旨一依《中庸》。习之曾研习禅宗……今观《复性书》虽依《中庸》立论,其实阴习释家之旨。②

关于李翱《复性书》的价值,漆侠说他"对中庸作深层次的探索,此前在孔夫子、思孟时期仅作为方法论的中庸之道,便极其自然地走向广阔的世界观和方法论的领域,从而使《中庸》在儒家哲学中跃上一个新的台阶,地位更加重要了"③。侯外庐等人主编的《宋明理学史》也指出:

> 《中庸》一开头就说:"天命之谓性,率性之谓道,修道之谓教",提出了性、道、教三个问题,理学家尊《中庸》,就沿着《中庸》的这三个问题进行探讨。理学家所尊信的经典,不只是《中庸》,然而《中庸》的内容却可以牵合释、道,特别是释,与封建社会后期的时代思潮,暗相吻合。④

正是这样,李翱的"复性"论援释以入儒,与智圆等人援儒以入释恰好相呼应,貌离而神合,殊途而同轨,分别援用和发挥佛学和儒学的心性思想,为"新儒学"即理学的建设作了准备。

后来颇有人指出唐人"儒学复古"并不是复汉儒章句之学的

① 《朱子语类》卷一三七《战国汉唐诸子》,第 8 册第 3276 页。
② 《国学讲演录·诸子略说》。
③ 《宋学的发展和演变》第 126 页,河北人民出版社,2002 年。
④ 侯外庐、邱汉生、张岂之主编《宋明理学史》上卷第 9 页,人民出版社,1984 年。

"古"。实际在佛、道极盛而二者又取得丰厚理论成果的形势下,特别又是在社会发生巨大变革,依恃旧经学的士族衰落、庶族士大夫扩展势力的情况下,经学必然会发生变革。唐代古文家们正担负着这种变革过渡期的任务。陈寅恪说:

> 唐代之史可分前后两期,前期结束南北朝相承之旧局面,后期开启赵宋以降之新局面,关于政治社会经济者如此,关于文化学术者亦莫不如此。[1]

儒学的转变乃是这前后两期变动的一项重要内容。而在这一转变中,佛学起了决定性的作用。

四

宋代理学家大都有出入释、老的经历。就是说,掌握佛学成为他们治学的重要根基。不论他们对佛教最终采取怎样的立场,接受佛学乃是成就其思想、学术业绩的关键之一,他们治学的灵感和观念多取自佛说。当然具体情况不一。程子认为:"释氏之说,若欲穷其说而去取之,则其说未能穷,固已化而为佛矣。"[2]从一定意义说,这说的正是理学家们普遍所处的境地。

周敦颐(1017—1073)是理学开山人物之一。他作《太极图说》和《通书》,把儒家、道家、阴阳五行学说结合起来,对于道体论和心性说进行了新的发挥。他极力从根本上把儒学与佛学严格区别开来,但正如宋儒中许多人或明或暗地辟佛却又汲取佛学成果来发

---

[1]《论韩愈》,《金明馆丛稿初编》第 296 页。

[2]《河南程氏遗书》卷一五《入关语录》,《二程集》第 1 册第 155 页。《遗书》中有些部分注明为程颢或程颐所说,另一些所出不明,引录概称"程子"。

挥自己的主张,周敦颐也是如此。晁公武曾转述晁景迂(说之)的话说:

> 胡武平(文恭)、周茂叔同师润州鹤林寺僧寿涯,其后武平传其学于家,茂叔则授二程……①

有人更附会说他曾从寿涯处得到"有物先天地,无形本寂寥,能为万象主,不逐四时凋"一偈,作为自己学说的纲领。佛印了元亦与周敦颐有交谊,晓莹曾有记述:

> 舂陵有水曰濂,周公茂叔先世所居,既乐庐山之幽胜而筑室,则以濂名其溪,盖识不忘本矣。于时佛印禅师元公寓鸾溪之上,相与讲道,为方外友。由是命佛印作青松社主,追媲白莲故事……②

《性学指要》则记载:

> 元公初与东林总游,久之无所入。总教之静坐,月余忽有得,以诗呈曰:"书堂兀坐万机休,日暖风和草自幽。谁道二千年远事,而今只在眼睛头。"总肯之,即与结青松社。③

这都意在指出周敦颐学术的佛学渊源。虽然对于这类看法历代多有异议,但周敦颐与僧侣多有交往并接受影响则是事实。蒲宗孟为他作墓碣,也写到他"酷爱庐阜,买田其旁,筑室以居,号曰濂溪书堂。乘兴结客,与高僧、道人跨松萝,蹑云岭,放肆于山巅水涯,弹琴吟诗,经月不返"④等等。佛教文献里还有他向东林常总、晦堂祖心问道的记载。他自己又有诗曰:

---

① 《郡斋读书志》卷一上《易类·〈程氏易〉》十卷》。
② 《感山云卧纪谈》卷上,《续藏经》第 86 册第 661 页上一中。
③ 《宋元学案》卷一二《濂溪学案下》,第 1 册第 524 页,中华书局,1986 年。
④ 蒲宗孟《先生墓碣铭》,《周子抄释·附录》。

久厌尘氛乐静元，俸微独乏买山钱。徘徊真境不能去，且
寄云房一榻眠。①

这样的作品禅趣佛思盎然，也反映他的精神境界确实包含有禅的
成分。不过他作为"新儒学"开拓者的性格又是十分清晰的。这在
下面另有分析。

张载(1020—1077)也是理学奠基者之一。他所开创的"关学"
具有唯物内容，在理学中独具特色，对整个理学体系的建立作出了
特殊贡献。他明确主张儒与佛"二本殊归"，是公然与佛、道相对立
的。他又少喜谈兵，"年二十一，以书谒范仲淹，一见知其远器，乃
警之曰：'儒者自有名教可乐，何事于兵。'因劝读《中庸》。载读其
书，犹以为未足，乃访诸释、老，累年究极其说，知无所得，反而求之
《六经》"②。像他这样深入佛、老而反操其戈，在理学阵营中具有相
当的典型性。正是在"穷究其说"过程中，他自佛学汲取了发展自
己学术所需要的思想资源。

程颢(1032—1085)字伯淳，世称明道先生；程颐(1033—1107)
字正叔，世称伊川先生。兄弟二人开创"洛学"，其理论成就标志着
理学的成熟。他们的治学道路和张载有一致的地方。程颢"自十
五六时，与弟颐闻汝南周敦颐论学，遂厌科举之习，慨然有求道之
志。泛滥于诸家，出入老、释者几十年，反求诸《六经》而后得之"③。
《宋元学案》记述他们兄弟随侍父亲程珦在汉州留宿佛寺情形，佛
家著述里更讲到"程明道先生一日过定寺，偶见斋堂仪，喟然叹曰：
'三代礼乐，尽在是矣。'"④实际在当时佛教流行形势下，这是很自
然的事情。程颢"不废观释、老书。与学者言，有时偶举示佛语"⑤。

①《宿山房》，《周元公集》卷二。
②《宋史》卷四二七，第 12723 页。
③同上第 12716 页。这是程颐的自述，亦见杨时编《二程粹言》卷下。
④《敕修百丈清规》卷八，《大正藏》第 48 卷第 1159 页上。
⑤《宋元学案》卷一六《伊川学案下·附录》载叶六桐语，第 1 册第 651 页。

有人问程颐:"庄周与佛如何?"他答曰:"周安得比他佛? 佛说直有高妙处,庄周气象大,故浅近。"①他又说过:"释氏之学,不可道他不知,亦尽极乎高深。然要之卒归乎自私自利之规模。"②可见二程不但熟悉佛书,而且给予相当高的评价。当然他们又严于儒、释之大防。明高攀龙曾说:"先儒惟明道先生看得禅书透,识得禅弊真。"③这同样是指出其入室操戈的伎俩。

　　程门弟子中以杨时(1053—1135,字中立,号龟山)、谢良佐(1050—1103,字显道)、游酢(1053—1123,字定夫)、吕大临(1040—1093,字与叔)最为杰出,人称程门"四先生"。他们与佛教有更深的瓜葛。

　　杨时在南渡初被东南学者推为"程门正宗"。他初学于程颢,颢死后,四十岁往学程颐于洛阳,"一日见颐,颐偶瞑坐,时与游酢侍立不去,颐既觉,则门外雪深一尺矣"④。这就是"程门立雪"掌故,记述显然在模仿二祖惠可请益达摩故事。他的语录里多用佛理与儒道相比附,如说:

> 《圆觉经》言:作止任灭是四病。作即所谓助长,止即所谓不耘苗,任灭即是无事。
>
> 谓形色为天性,亦犹所谓色即是空。
>
> 庞居士云:"神通并妙用,运水与般柴。"如许,尧舜之道只于行止疾徐之间教人做了。

黄震评论说:

> 附会至此,可怪可骇。人心一至陷溺是非,即成颠倒。前辈尚不能免,后学可不自惧乎? 夫龟山本程门之高弟也。

①朱熹编《二程外书》卷一二《传闻杂记》。
②真德秀《西山读书记》卷三六《吾道异端之辨下》。
③《高子遗书》卷一《语》。
④《宋史》卷四二八《杨时传》,第12738页。

他更发感慨说"使不间流于异端,岂不诚醇儒哉"①。

关于谢良佐,朱熹曾说:"上蔡说仁说觉,分明是禅。"②"伊川之门,谢上蔡自禅门来,其说亦有差。"③黄震则评论说:

> 上蔡信得命及养得气完,力去矜夸,名利不得而动,殆为百世师可也。第因天资之高,必欲不用其心,遂为禅学所入。虽自谓得伊川一语之救,不入禅学,而终身常以禅之说证儒,未见其不入也。然上蔡以禅证儒,是非判然,后世学者尚能辨之;上蔡既殁,往往羞于言禅,阴移禅学之说,托名儒学之说,其说愈高,其术愈精,人见其儒也,习之,不知已陷于禅,此其弊则又甚矣。④

关于游酢,程子评论说:

> 游酢、杨时先知学禅,已知向里没安泊处,故来此,却恐不变也。⑤

吕居仁记载他和游酢讨论对于佛教的看法:

> 定夫后更学禅。大观间,某以书问之云:"儒道以为顺此父子、君臣、夫妇、朋友、兄弟,则可以至于圣人;佛道去此,则可以至于圣人。吾丈既从二程学后,又从诸禅游,则二者之论,必无滞阂。敢问所以不同何也?"游答云:"佛书所说,世儒亦未深考。往年尝见伊川云,吾之所攻者迹也。然迹安所从出哉?要之,此事须亲至此地,方能辨其同异,不然难以口舌

---

①《黄氏日钞》卷四一《龟山先生语录》。
②李幼武《宋名臣言行录》外集卷七,《四库全书》本。
③《朱子语类》卷一○一《程门人》,第 7 册第 2555 页。
④《黄氏日钞》卷四一《上蔡语录》。
⑤《河南程氏遗书》卷二之上《元丰己未吕与叔东见二先生语》,《二程集》第 1 册第 38 页。

争也。"定夫言前辈往往不曾看佛书,故诋之如此之甚。而其所以破佛者,自不以为然也。①

由此可知程门师弟子热衷于禅并进行讨论的情形。对于禅,他们所攻驳者主要在"迹",对于其精微处则多是心心相印的。

吕大临在程门弟子中,最为朱子所重。据说他危坐终日,检验未发时气象。又有诗曰:

> 学如元凯方成僻,文似相如始类俳。独立孔门无一事,只输颜氏得心斋。

程颐称赞它"甚好",因为体现了"惟务养性情,其他则不管"的"古之学者"②的精神。这显然与禅修境界相类。他的代表作有《克己铭》,开头说:"凡厥有生,均气同体,胡为不仁,我则有己。"③这则仿佛禅对于自性的肯定了。所以叶适评论说:

> 吕大临《克己铭》,程氏《四箴》但缓散耳,固讲学中事也。伊尹言"惟尹躬暨汤咸有一德,克享天心,受天明命",故孟子谓其自任以天下之重;曾子言"仁以为己任",故曰动容貌,正颜色,出辞气,以其养于一身者,尽废百圣之学,虽曰偏狭,然自任固重矣。不如是何以进道? 而大临方以不仁为有己所致,其意鄙浅,乃释老之下者,犹谓道学,可乎?④

前面一再提到张九成(1092—1159,字子韶,号无垢居士,又号横浦居士),他是杨时弟子,在理学史上是从二程向陆九渊过渡的人物。他和另一些理学家不同,公开称赞佛教,说:"佛氏一法,阴

---

①《宋名臣言行录》外集卷七。
②《河南程氏遗书》卷一八《刘元承手编》,《二程集》第 1 册第 183 页。
③《宋文鉴》卷七三。
④《习学记言》卷四九。

有以助吾教甚深,特未可遽薄之。"①他主张格物穷理,"收万以归一",显然有"顿悟"的意味。他又说:

> 东坡作《宝绘堂记》,言君子虽尝寓意于物,而不留意于物,此说甚然。何独物也,道亦尔耳。释氏言执着不得,放着不得,此亦有理。②

黄震批评他说:

> 盖上蔡言禅,每明言禅,尚为直情径行。杲老教横浦改头改面,借儒谈禅,而不复自认为禅,是为以伪易真,鲜不惑矣。③

这已是明显的"阳儒阴释"。陈亮说到他的影响:

> 近世张给事学佛有见,晚从杨龟山学,自谓能悟其非,驾其说,以鼓天下之学者,靡然从之。家置其书,人习其法,几缠缚胶固。虽世之所谓高明之士,往往溺于其中而不能以自出。其为人心之害,何止于战国之杨、墨也。④

"程朱理学"的集大成人物是朱熹(1130—1200)。他五岁读书,从父亲朱松教授。朱松师事杨时弟子罗从彦,这一系本来有好禅的传统。朱松去世,把家事托付给刘子羽、刘子翚兄弟,遗命朱熹从学于胡原仲(籍溪胡宪)、刘致中(白水刘勉之)、刘彦冲(屏山刘子翚)。朱熹后来回忆说:

> 初师屏山籍溪。籍溪学于(张)文定,又好佛老;以文定之学为论治道则可,而道未至。然于佛老亦未有见。屏山少年能为举业,官莆田,接塔下一僧,能入定数日。后乃见了老(佛

---

① 《横浦心传》卷中,《横浦文集》附录。
② 同上卷上。
③ 《黄氏日钞》卷四二《横浦日新》。
④ 《龙川集》卷一九《与应仲实》。

印了元)，归家读儒书，以为与佛合，故作《圣传论》。其后屏山先亡，籍溪在。某自见于此道未有所得，乃见延平。[1]

可见胡原仲、刘致中都是习佛有得的人。延平指李侗，字愿中，也是罗从彦门人。朱熹又曾回忆说：

> 某年十五六时，亦尝留心于此(指禅)。一日在病翁(指刘子翚)所会一僧(指开善道谦)，与之语。其僧只相应和了说，也不说是不是；却与刘说，某也理会得个昭昭灵灵底禅。刘后说与某，某遂疑此僧更有要妙处在，遂去扣问他，见他说得也煞好。及去赴试时，便用他意思去胡说。是时文字不似而今细密，由人粗说，试官为某说动了，遂得举(时年十九)。后赴同安任，时年二十四五矣，始见李先生(侗)。与他说，李先生只说不是。某却倒疑李先生理会此未得，再三质问。李先生为人简重，却是不甚会说，只教看圣贤言语。某遂将那禅来权倚阁起。意中道，禅亦自在，且将圣人书来读。读来读去，一日复一日，觉得圣贤言语渐渐有味。却回头看释氏之说，渐渐破绽，罅漏百出。[2]

由此可见，他热衷于禅颇有一段时间，并且自认为有相当深刻的领会，直到壮年时的二十四五岁才走上专攻"圣贤言语"的道路。即是说，他同样有较长时期泛滥于释、老的经历。他有诗说：

> 端居独无事，聊披释氏书。暂释尘累牵，超然与道俱。门掩竹林幽，禽鸣山雨余。了此无为法，身心同晏如。[3]

理学中的心学一派受到禅的更多影响是古今公认的，以至被评论为"分明是禅"。陆九渊曾说：

---

① 《朱子语类》卷一〇四《自论为学功夫》，第 7 册第 2619 页。
② 同上，第 7 册第 2620 页。
③ 《久雨斋居诵经》，《晦庵集》卷一。

　　某虽不曾看释藏经教,然如《楞严》、《圆觉》、《维摩》等经,
则尝见之。①

可见他读佛经确实下过一番功夫。

　　总之,正如全祖望所说:"两宋诸儒门庭径路,半出入于佛、老。
然其立身行己,则固有不愧于古人者。"②理学家队伍中颇有些节操
确然的爱国者,也有些立身刚正的政治家,他们自热衷释、老转向
之后,对释、老的态度也有所不同。多数人是取严于畛域的姿态。
如朱熹,对佛、老批判十分严厉。但是由于出入释、老有得,不可能
淘洗净尽,在治学中必然有所发挥。这也正反映时代风气和学术
倾向的一种客观趋势。

五

　　张东荪论及佛教在中国哲学史上的地位时也曾指出:

　　宋明理学是接受了佛教的以一元论为托底的思想。同时
又强调使用魏晋人因佛教而启发的"体""用"两个思想范畴。
但他们却激烈排斥佛教就因为他们不喜欢佛教中那个出世的
方面……我们可冒险些来说,汉儒的天人合一是中国原有的
形态,而宋儒的天人合一却是经过了印度思想的熏染而成的
比较上新形态。③

这样,宋代理学的创立标志着中国学术史上的重大转变,而这个转

---

①《与王顺伯书》之二,《象山先生全集》卷二,《四部丛刊》本。
②《宋元学案》卷八一《西山真氏学案》,第 4 册第 2708 页。
③《中国哲学史上佛教思想之地位》,王元化名誉主编《释中国》第 1 册第 220—
　221 页。

变与吸纳佛学有直接关系。

又如上所述,中国古代论心性最为明晰、对后世影响也最大的莫如孔子后学的思孟学派。他们讲心性,主"性善",徐复观曾举出对于《孟子·尽心下》"圣而不可知之之谓神"的理解:

> 在这以前,说到神,都指的是某种神秘实体的存在,至此而完全转化为心德扩充后的形容词。此一名词的转化,即表现从宗教向人文的转化的完成。经此一转化,凡是任何原始宗教的神话、迷信,皆不能在中国人的理智光辉之下成立。这代表了人类自我向上的最高峰。所以孟子性善之说,是人对于自身惊天动地的伟大发现。[①]

但应当说这种"发现",在理论层面直到宋代理学方始完成和完善,整个过程经历了千余年的长时间。这中间存在儒、释、道"三教"各自发展和相互交流、融合的长期、复杂过程。宋代理学以"性理"主题取代了儒学传统的"天人之际"主题,一方面保持了自古以来中土思想、文化传统的人本主义、理性主义精神,坚持了儒家政治理想和伦理道德的基本原则,另一方面在宇宙观、人性论、认识论和方法论诸方面进一步吸纳和借鉴佛、道的思想理论成果,从而把儒学推进到一个全新的发展阶段。

理学是高度哲理化和抽象化的儒学。它取代粗陋的、单纯的对于天命的迷信,确立"性(天性)理(天理)"为世界的唯一本源和主宰。这是一种彻底的"理"本体论。而形成这一观念,主要是根据道家和佛教(中国佛教)的本体论思想。

周敦颐作为理学开创者,《宋史》上说他"著《太极图》,明天理之根源,究万物之始终……又著《通书》四十篇,发明太极之蕴。序者谓'其言约而道大,文质而义精,得孔、孟之本源,大有功于学者

[①]《中国人性论史·先秦篇》,《徐复观文集》第 3 卷第 168－169 页,湖北人民出版社,2002 年。

也'"。所录《太极图说》中有云：

> 无极而太极。太极动而生阳，动极而静，静而生阴，静极
> 复动，一动一静，互为其根，分阴分阳，两仪立焉。阳变阴合，
> 而生水、火、木、金、土，五气顺布，四时行焉。五行一阴阳也，
> 阴阳一太极也，太极本无极也。五行之生也，各一其性。无极
> 之真，二五之精，妙合而凝，乾道成男，坤道成女。二气交感，
> 化生万物，万物生生，而变化无穷焉。①

后来朱熹答复郑仲履说："事事物物皆有个极，是道理之极至。"蒋
元进就此发挥说："如君之仁，臣之敬，便是极。"朱熹回答："此是一
事一物之极。统天地万物之理，便是太极，太极本无此名，只是个
表德。"②明代曹端解释说：

> 五行一阴阳（自五行而反说，归阳动阴静），五殊二实（其
> 质则有水、火、木、金、土五者之殊，其气则不外乎阴阳二者之
> 实），无余欠也（二气之在五行，既无有余，又无不足）；阴阳一
> 太极（自二气而反说，归太极），精粗本末（曰精曰粗，以理言；
> 曰本曰末，以气言），无彼此也（气以理而生，理以气而寓，无彼
> 此之间也）。③

由这些解释，可见"太极"说的本体论的意义。而"太极"之在人者
则曰"诚"。周敦颐又说：

> 诚者，圣人之本。大哉乾元，万物资始，诚之源也。乾道
> 变化，各正性命，诚斯立焉，纯粹至善者也。故曰一阴一阳之
> 谓道。继之者善也，成之者性也。元亨，诚之通；利贞，诚之

---

① 《宋史》卷四二七《周敦颐传》，第12712页。
② 《朱子语类》卷九四《太极图》，第6册第2375页。
③ 《太极图说述解》。

　　复。大哉《易》也，性命之源乎。①

这实际又是把"道"与"性"统一起来。周敦颐还没有提出"理"或
"天理"观念，但已明确"太极"乃是宇宙的本源和本体。侯外庐等
主编《宋明理学史》指出：

> 　　《太极图·易说》中的二氏影响，十分清楚。如"无极"一
> 辞，不见于儒家典籍，而见于《参同契》，见于《老子·知其雄
> 章》，曰"知白守黑，复归于无极"，见于后秦僧肇《肇论·通古
> 十七篇》，曰"妙契之致，本乎冥一；物我元会，归于无极"，见于
> 唐僧杜顺《华严经法界观》，曰"无极之真"。文中"无极之真，
> 二五之精，妙合而凝，乾道成男，坤道成女"，这一说法，大体与
> 唐僧宗密《原人论》论人物生成的理论相似。②

就也是指出，周敦颐的"太极而无极"观念，一方面借鉴了道家的本
体论，另一方面又是吸收了佛家思想主要是华严教理形成的。

　　中国传统学术发挥"本体"思想的主要是道家和后来的玄学。
印度大乘佛教讲"缘起"，讲"般若空"，本来是不承认"本体"存在
的。但佛教在中国的发展中，却把"本体"观念纳入到思想体系之
中。早期般若学"六家七宗"正是基于玄学的本末、有无观念来理
解大乘空观的。慧远说"至极以不变为性，得性以体极为宗"③，已
经把佛性当作不变之"极"的实体。这个"极"与后来的"太极"观念
显然有相通之点。僧肇批判玄学化的般若学的误解，明确"一切诸
法，缘会而生"，"性常自空，故谓之性空"，"性空者，为诸法实相
也"④，表明他对于非有非无的"般若空"有相当深入的理解。但他

---

①《周子抄释》卷一《通书·诚上第一》。
②《宋明理学史》上册第 60 页。
③《法性论》佚文，《高僧传》卷六《晋庐山释慧远传》，第 218 页。
④《肇论·宗本义》，《大正藏》第 45 卷第 150 页下。

又讲"立处即真","触事而真"①,讲"穷理尽性"②,仍不能脱卸玄学的框架。实际上中国佛教诸学派、诸宗派的缘起理论大体都是从"本体"角度来理解佛教的空观的。这也是佛教接受中土传统思想影响的主要表征之一。如天台宗灌顶注释《法华》:"初释名,通论事理;显体专论理,宗用但论事。教相分别事理,释名通说教行。显体非教非行,宗用但行,教相但教。"③这即是从事、理关系立论的。而依据"本体"论来发挥大乘缘起观念最为充分和细致的当属华严宗义。华严法界缘起的"四法界"、"六相圆融"、"十玄缘起"诸义,详细论证理与事、性与分、本与末的相互彻入关系。法藏说:

> 三观体用者,谓了达尘无生无性一味是体,智照理时不碍事相宛然是用。事虽宛然,恒无所有,是故用即体也,如会百川以归于海;理虽一味,恒自随缘,是故体即用也,如举大海以明百川。由事、理互融故,体、用自在。④

这样,华严宗义里关于体、用,理、事关系的论说乃是佛教教义中国化的产物,作用于儒学,形成理学中以"性理"为核心的本体论。

理学又一位先驱、关学创始人张载主张"气一元论"。如前所述,他的思想具有鲜明的唯物倾向。但他说:

> 天地之气,虽聚散、攻取百途,然其为理也顺而不妄。⑤

他同样明确提出"理"的范畴。程颐评论《西铭》,说它"明理一而分殊"⑥。朱熹也有同样看法。而"理一分殊"则成为理学的基本观念

---

①《肇论·不真空论》,《大正藏》第45卷第153页上。
②《注维摩经》卷三《弟子品》,《大正藏》第38卷第350页下;卷五《文殊师利问疾品》,第375页上;卷九《阿閦佛品》,第410页上。
③《法华私记缘起》,《大正藏》第33卷685页上。
④《华严经义海百门》,《大正藏》第45卷第635页上。
⑤《正蒙·太和篇》,《张子全书》卷二。
⑥《答杨石论西铭书》,《二程子抄释》卷九。

之一。

理学中象数派代表人物邵雍继续发挥周敦颐的"太极"观念，他说：

> 太极一也，不动生二，二则神也。神生数，数生象，象生器。太极不动，性也，发则神，神则数，数则象，象则器。器之变，复归于神也。心为太极，又曰道为太极。太极，道之极也；太玄，道之玄也；太素，色之本也；太一，数之始也；太初，事之初也。其成功则一也。元有二有生，天地之始，太极也。有万物之中，各有始者，生之本也。

又说：

> 天使我有，是之谓命；命之在我之谓性；性之在物之谓理。①

这则更明确地把命、性、理和太极统一起来。

到二程的"洛学"，关于"理"的论述已经更加成熟。程子说：

> 所以谓万物一体者，皆有此理，只为从那里来。"生生之谓《易》"，生则一时生，皆完此理。
>
> 理则天下只是一个理，故推至四海而准。须是质诸天地、考诸三王不易之理。故敬则只是敬此者也，仁是仁此者也，信是信此者也。②

程颐把"理"当作唯一的本体，不仅是天下万物的本源，而且是伦理道德的本源。他又明确指出这种理论和佛教华严学说的关系：

> 问："某尝读《华严经》，第一真空绝相观，第二事理无碍

①《皇极经世书》卷一四《观物外篇下》。
②《河南程氏遗书》卷二上《元丰己未吕与叔东见二先生语》，《二程集》第 1 册第 33、38 页。

观,第三事事无碍观。譬如镜、灯之类,包含万象,无有穷尽。此理如何?"曰:"只为释氏要周遮,一言以蔽之,不过曰万理归于一理也。"又问:"未知所以破它处?"曰:"亦未得道他不是……"①

二程和一般理学家一样,是反对佛教的。而在这里却又明确认同华严宗义。

朱熹是理学集大成者。他把太极、理、气、理一分殊等诸说加以调和,发挥得淋漓尽致。关于理与气,他说:

> 问:"太极不是未有天地之先有个浑成之物,是天地万物之理总名否?"曰:"太极只是天地万物之理。在天地言,则天地中有太极;在万物言,则万物中各有太极。未有天地之先,毕竟是先有此理。动而生阳,亦只是理;静而生阴,亦只是理。"②

这是讲太极等同于理。他又说:

> 天地之间有理有气。理也者,形而上之道也,生物之本也;气也者,形而下之器也,生物之具也。是以人物之生,必禀此理,然后有性;必禀此气,然后有形。其性其形,虽不外乎一身,然其道、器之间,分际甚明,不可乱也。③

这是以形上、形下的角度来说明理与气,在此基础上进一步说明人的性与形。他同样明确主张"理一分殊":

> 问理与气。曰:"伊川说得好,曰:'理一分殊。'合天地万物而言,只是一个理;及在人,则又各自有一个理。"④

---

①《河南程氏遗书》卷一八《刘元承手编》,《二程集》第 1 册第 195 页。
②《朱子语类》卷一《理气上·太极天地上》,第 1 册第 1 页。
③《答黄道夫》,《晦庵集》卷五八。
④《朱子语类》卷一《理气上·太极天地上》,第 1 册第 2 页。

朱熹论"理",显然同样借用了佛教思想:

> 行夫问:"万物各具一理,而万理同出一源,此所以可推而无不通也。"曰:"近而一身之中,远而八荒之外,微而一草一木之众,莫不各具此理。如此四人在坐,各有这个道理,某不用假借于公,公不用求于某,仲思与廷秀亦不用自相假借。然虽各自有一个理,又却同出于一个理尔。如排数器水相似:这盂也是这样水,那盂也是这样水,各各满足,不待求假于外。然打破放里,却也只是个水。此所以可推而无不通也。所以谓格得多后自能贯通者,只为是一理。释氏云:'一月普现一切水,一切水月一月摄。'这是那释氏也窥见得这些道理。濂溪《通书》只是说这一事。"①

"一月普现"二句出《永嘉证道歌》,本是禅宗偈颂,反映的是华严理、事圆融宗义。他论《太极图》又说:

> 既有理,便有气;既有气,则理又在乎气之中。周子谓:"五殊二实,二本则一。一实万分,万一各正,大小有定。"自下推而上去,五行只是二气,二气又只是一理。自上推而下来,只是此一个理,万物分之以为体,万物之中又各具一理。所谓"乾道变化,各正性命",然总又只是一个理。此理处处皆浑沦,如一粒粟生为苗,苗便生花,花便结实,又成粟,还复本形。一穗有百粒,每粒个个完全;又将这百粒去种,又各成百粒。生生只管不已,初间只是这一粒分去。物物各有理,总只是一个理。②

这里朱熹用种粟结实来说明"理"作为本源的唯一性,让人想起《中论》青木注里用谷子生长来说明不生不灭等"八不"的中观缘起理

---

① 《朱子语类》卷一八《大学五·或问下》,第 2 册第 398－399 页。
② 同上卷九四《周子之书·太极图》,第 6 册第 2374 页。

论。中观学派从否定排遣的立场说明"般若空"的缘起论;朱熹则转而用来说明事物内涵的"一个理"。朱熹是相当自觉地借鉴佛家的观念和逻辑的。

陆九渊开创"心学"一派,当初是以批判朱熹的姿态出现的。但他同样肯定"理"的唯一性和绝对性。他说:

> 东海有圣人出焉,此心同也,此理同也。至西海、南海、北海有圣人出,亦莫不然;千百世之上有圣人出焉,此心同也,此理同也。至于千百世之下有圣人出,此心此理,亦无不同也。①

他给朱熹的信中说:

> 人能弘道,非道弘人。此理在宇宙间,固不以人之明不明、行不行而加损。②

这是说"理"本是自在的、绝对的,不以人的意志为转移的。他又说:

> 塞宇宙一理耳。学者之所以学,欲明此理耳。此理之大,岂有限量? 程明道所谓"有憾于天地,则大于天地者矣"者,谓此理也。三极皆同此理而天为尊,故曰"惟天为大,惟尧则之"。五典乃天叙,五礼乃天秩,五服所彰乃天命,五刑所用乃天讨。今学者能尽心知性,则是知天;存心养性,则是事天。人乃天之所生,性乃天之所命。自理而言,而曰大于天地,犹之可也;自人而言,则岂可言大于天地? 乾坤同一理也。③

这是说,所谓"理"同样是"天理"。这里表达的也是整个理学的共同立场。他更说:

---

①《宋史》卷四三四,第 12880 页。
②《与朱元晦二》,《象山先生全集》卷二。
③《与赵咏道四》,《象山先生全集》卷一二。

> 此理在宇宙间,未尝有所隐遁。天地之所以为天地者,顺
> 此理而无私焉耳。人与天地并立而为三极,安得自私而不顺
> 此理哉。①

这是说天地、万物包括人在内,都顺此"理"而存在。不过他所谓
"理"与朱熹等人的认识不同,不是外在于宇宙间,也不需要通过
"格物"、"致知"的功夫来体察、领悟。他明确主张"心即理"。所以
他说:

> 万物森然于方寸之间,满心而发,充塞宇宙,无非此理。
> 孟子就四端上指示人,岂是人心只有这四端而已。②

这就是必须主观上"收拾精神,自作主宰"的道理。这在观念上显
然更接近佛说了,下面还将说到。

这样,就确立以"理"为本体的观念讲,理学各派具体主张或思
路尽管纷杂不一,但是观点和方法却是基本一致的,并且大都是借
鉴宗派佛学特别是华严宗义加以发挥的。理学的"理"与佛教的
"空"无论是性质、内涵还是归宿明显全然不同。佛教的空观是对
于缘起的表述,是指诸法无自性、因缘生,是生灭法,否定任何本体
的存在,是为论证信仰作依据的。而理学的"理"则保持了儒学作
为政治伦理思想体系的基本性格,以实现儒家道德理想为根本目
标。有日本学者分析道家的"无"与佛家的"空"的区别说,道家的
"无"是绝对的"有",而佛家的"空"是绝对的"无"。佛教的空观必
然导致对于人间伦理与价值的否定,修证"般若空"最终则要求达
到解脱、寂灭境界。与之恰相对立,理学所追求的对于"理"的把握
则是以完善个人心性,实现齐家、治国、平天下理想为根本目标。
但是,这些根本原则上的区别并不妨碍理学家们借鉴和汲取中土

---

①《与朱济道》,《象山先生全集》卷一一。
②《语录上》,《象山先生全集》卷三四。

佛教在本体论方面的理论成果。他们在充分借鉴和容纳这些成果的基础上，把粗俗的天命论思想发展、改造成精致的本体论体系。当初佛教吸收中土传统道家和玄学的学理而发展了本体论，宋代的理学家们又让佛家的理论成果脱胎换骨，创造出儒学本体论的新形态。因此可以说，不是借鉴中国传统的本体思想，就没有六朝佛教义学和隋唐宗派佛学的成就；而没有六朝佛教义学和隋唐佛教宗派佛学的成就，就没有宋代的理学。这是一个逻辑上否定之否定的过程。正因此从根底上说，理学又是真正振兴和发扬本土思想传统的产物。

六

宋代理学的另一个重大理论成果是对个人主体性的重视，这也是它对于思孟学派的心性思想作出的重大发挥。本书前面一再指出佛教教理对于中国学术的重大贡献之一在其有关心性问题的丰富理论内涵。自从晋宋时期中土士大夫广泛接受佛说，无论是思想观念还是实际修持，佛教的心性理论都发挥着广泛而深刻的影响。隋唐宗派佛教，特别是禅宗，更在心性理论方面做出重大发展，并相当普遍地影响到思想学术、文学艺术、社会生活和知识阶层人生态度等诸多方面。而在理论上总结这些成果并做出重大新建树则要待宋代的理学家们。他们在本体论基础上发展出全新的心性说，极大地提高了有关心性学说的理论水平和实践意义。

宋儒关于心性的理论，二程间已经表现出分歧，到后来朱、陆间更形成原则上的水火之势。而从总体看，心性论乃是整个理学的核心内容之一，这方面的成就很大程度上又取决于吸取佛教的心性学说。所以侯外庐等人的《宋明理学史》说：

如果没有隋唐佛教的发展，如果没有佛学对哲学问题的探讨，是不会出现宋明理学言心言性的情况的。[1]

心性问题，在佛教即是佛性问题，是平凡人能否成佛和如何成佛的问题；对于儒家则主要是能否超凡成圣与如何超凡成圣的问题。如上所说，传统儒学阐发这一课题的主要是孔门思孟学派。但当初性与天道本夫子所难言。在"天人之际"作为儒学主要讨论课题的情况下，个人心性理论不可能得到更多发挥。而佛学则一直把佛性问题作为理论探讨的重点。特别是公元四世纪以后大乘佛教的新发展中，无论是涅槃佛性说、如来藏思想还是瑜伽行学派，都致力于阐发佛性理论的新义。这在中国义学学派和宗派佛教里又都得到了充分体现。这些成果作为理论资源，给理学家们创造和发展性理新说提供了丰富的滋养和借鉴。前面曾提到汤用彤评价谢灵运发挥竺道生佛性思想的《辨宗论》，说它"提示当时学说二大传统（指儒、释）之不同，而指明新论乃二说之调和。其作用不啻在宣告圣人之可至，而为伊川谓'学'乃以至圣人学说之先河"[2]。这就把宋儒的心性说的源头追溯到涅槃师竺道生。从历史发展的实际情况看，理学的心性理论则直接承继自唐代宗派佛学，特别是禅宗，可看作是中国佛教佛性思想的尾闾。

宗派佛学内容纷杂，各宗宗义矛盾、抵触处甚多，但又体现总的精神和方向。其根本精神在更注重现世的自力救济与解脱，其基本方向则把救济与解脱的根据归结到人的自身，即肯定人的主观心性本来圆满，肯定实现这圆满心性的可能性和现实性。这和思孟学派的性善论和至诚反本之说在精神上和逻辑上均有相通之处。不过后者的论证远为简略粗疏。宋人把中国佛教各学派、各宗派花了几百年时间发展起来的佛性理论批判地充实到儒家的心

---

①《宋明理学史》第 11 页。

②《谢灵运〈辨宗论〉书后》，《汤用彤学术论文集》第 294 页。

性思想之中,使之更加深刻、系统、精致,面貌一新,熔铸为适应时代要求的体现高度哲理面貌的心性学说。

　　程、朱理学正统和被视为"异端"的陆九渊"心学"的心性思想有所不同,被简单地概括为"性即理"和"心即理"的不同。这与各自在吸纳佛学心性学说过程中所取路径和方式不同有关系。大体说来,程、朱更注重在中国传统心性理论的框架中融入佛学成果,而陆九渊则更直接地借鉴和发挥禅宗宗义。

　　张载区分人的认识有"见闻之知"和"德性之知"。他说:

　　　　大其心,则能体天下之物。物有未体,则心为有外。世人之心,止于闻见之狭;圣人尽性,不以见闻梏其心,其视天下无一物非我。孟子谓尽心则知性知天,以此天大无外,故有外之心,不足以合天心。见闻之知乃物交而知,非德性所知;德性所知,不萌于见闻。[①]

如此在接触外物、取得认识的"见闻之心"之外,提出"不萌于见闻"的"德性之心",说后者合于"天心",并肯定这是"圣人"得以"尽性"的根据。这实际是一种超然先验的认识能力。张载论性理,多发挥《中庸》之义。这本是前述唐人韩、李等的传统,也是理学家的一般思路。吕大临《(张载)行状》说到:

　　　　当康定用兵,时年十八(《宋书》谓年二十一),慨然以功名自许,上书谒范文正公。公一见,知其远器,欲成就之,乃责之曰:"儒者自有名教,何事于兵?"因劝读《中庸》。先生读其书,虽爱之,犹未以为足也,于是又访诸释老之书,累年尽究其说,知无所得,反而求之六经。[②]

这种治学路数,正决定于他多援引释、老以解《中庸》。《中庸》上

---

①《张子正蒙·大心篇第七》,《张子全书》卷二。
②《张子全书》卷一五。

说："自诚明,谓之性;自明诚,谓之教。诚则明矣,明则诚矣。"郑注
谓:"自,由也。由至诚而有明德,是圣人之性者也;由明德而有至
诚,是贤人学以知之也。有至诚则必有明德,有明德则必有至
诚。"①这是依据儒家品类等级的心性论作出的解释,归结到圣人之
性和贤人之性的统一。而张载说:

> 自明诚,由穷理而尽性也;自诚明,由尽性而穷理也。②

> 须知自诚明与明诚者有异。自诚明者,先尽性以至于穷
> 理也,谓先自其性理会来,以至行理。自明诚者,先穷理以至
> 于尽性也,谓先从学问理,以推达于天性也。某自是以仲尼为
> 学而知者。某今亦窃希于明诚,所以勉勉安于不退。③

这里讲的则是性、理关系。"自诚明"的"性"显然是圆满自足的心
性,所以尽性就可以明理;而"自明诚"则是凡人的心性,要经过穷
理的过程才能尽性。"自诚明"的心性实际就是本来的圣人之性。
这种本来圆满具足的心性显然已经和佛教所谓佛智的一切智、自
然智、无碍智等等相通了。《大乘起信论》提出"一心二门"("心真
如门"和"心生灭门")和不变、随缘二义,可以看作是中土佛教心性
论的简明概括,正与张载解释"自明诚"和"自诚明"的二分法思路
相通。华严法藏解释不变、随缘二义说:

> 以此二义(不变、随缘)无异性故。何者无异?且如圆成,
> 虽复随缘成于染净,而恒不失自性清净。只由不失自性清净
> 故,能随缘成染净也。犹如明镜,现于染净,虽现染净而恒不
> 失镜之明净。只由不失镜明净故,方能现染净之相。以现染
> 净,知镜明净;以镜明净,知现染净。是故二义唯是一性。④

---

①《礼记正义》卷五三《中庸》,《十三经注疏》下册第 1632 页。
②《张子正蒙·诚明篇第六》,《张子全书》卷二。
③《张子全书》卷一二《语录》。
④《华严一乘教义分齐章》卷四,《大正藏》第 45 卷第 499 页上—中。

兼祧华严与禅宗的宗密论述众生具有佛性又说：

> ……一切有情皆有本觉真心。无始以来常住清净，昭昭不昧，了了常知，亦名佛性，亦名如来藏。从无始际，妄相翳之，不自觉知，但认凡质故，耽著结业，受生死苦。大觉愍之，说一切皆空，又开示灵觉真心清净，全同诸佛。故《华严经》云："佛子，无一众生而不具有如来智慧，但以妄想执著而不证得。若离妄想，一切智、自然智、无碍智即得现前。"①

佛家所明之性是佛性，张载所尽之"性"乃圣人之性，尽管二者内容截然不同，但作为绝对的境界，无论是从所涵盖看还是从逻辑看都是一致的。

张载与理学正统的程朱思想倾向不同，前面曾一再提起。但论及性、理关系，二者却完全一致。程颐也讲"闻见之知"和"德性之知"：

> 闻见之知，非德性之知。物交物则知之，非内也，今之所谓博物多能者是也。德性之知，不假见闻。②

同样也讲至诚反本的"自明诚"之道：

> 凡学之道，正其心、养其性而已。中正而诚则圣矣。君子之学，必先明诸心，知所养，然后力行以求至，所谓自明而诚也。故学必尽其心。尽其心则知其性。知其性，反而诚之，圣人也。③

这里"正其心""养其性"的所谓"心""性"，显然也是先天具有的清明本性。所以又说：

---

① 《原人论·直显真源第三》，《大正藏》第 45 卷第 710 页上。
② 《河南程氏遗书》卷二五《畅潜道录》，《二程集》第 1 册第 317 页。
③ 《颜子所好何学论》，《河南程氏文集》卷八《伊川先生文四》，《二程集》第 2 册第 577 页。

> "寂然不动、感而遂通"者,天理具备,元无欠少,不为尧存,不为桀亡。父子君臣,常理不易,何曾动来。因不动,故言"寂然",虽不动,感便通,感非自外也。①

又解释《中庸》格物、致知,则说:

> "致知在格物",非由外铄我也,我固有之也。因物有迁,迷而不知,则天理灭矣。故圣人欲格之。②

程颐回答学生提问,又用孟子的"性善"论来说明"性即理":

> 问:"人性本明,因何有蔽?"曰:"此须索理会也。孟子言人性善是也,虽荀、杨亦不知性。孟子所以独出诸儒者,以能明性也。性无不善,而有不善者,才也。性即是理。理则自尧舜至于途人,一也。才禀于气,气有清浊。禀其清者为贤,禀其浊者为愚。"又问:"愚可变否?"曰:"可。孔子谓上智与下愚不移,然亦有可移之理。惟自暴自弃者则不移也。"曰:"下愚所以自暴弃者,才乎?"曰:"固是也。然却道他不可移不得。性只一般,岂不可移? 却被他自暴自弃,不肯去学,故移不得;使肯学时,亦有可移之理。"③

程颢则说:

> "穷理尽性以至于命",三事一时并了,元无次序,不可将穷理作知之事。若实穷得理,即性、命亦可了。④

程颐更明确地把性、理、命三者统一起来,这就是"性即理"的主张:

---

① 《河南程氏遗书》卷二上《元丰己未吕与叔东见二先生语》,《二程集》第1册第42页。
② 同上卷二五《畅潜道录》,《二程集》第1册第316页。
③ 同上卷一八《刘元承手编》,《二程集》第1册第204—205页。
④ 同上卷二上《元丰己未吕与叔东见二先生语》,《二程集》第1册第15页。

　　　理也,性也,命也,三者未尝有异。穷理则尽性,尽性则知
　　天命矣。天命犹天道也,以其用而言之,则谓之命。命者,造
　　化之谓也。①

不过在对"理"的理解中,程颐和程颢表现出倾向上的不同:程颢更
强调"心"的作用,程颐则更突出"理"的作用。因此说:

　　　天地本一物,地亦天也,只是人为天地心。是心之动,则
　　分了天为上,地为下,兼三才而两之,故六也。②

这就把"心"当作主宰了,实际也是开启了"心学"的端倪。

　　朱子作为理学的集大成者,有关心性理论,对于心、性、情、欲、
意、志、才、学等概念进行了更加细密的分析,对于格物致知、至诚
返本的道理做出更详密的论证。他调和"气质之性"与"性即理"的
矛盾,对孟子"性善"说做出新的发挥。他说:

　　　性只是理。然无那天气地质,则此理没安顿处。但得气
　　之清明则不蔽锢,此理顺发出来。蔽锢少者,发出来天理胜;
　　蔽锢多者,则私欲胜,便见得本原之性无有不善。孟子所谓性
　　善,周子所谓纯粹至善,程子所谓性之本,与夫反本穷源之性,
　　是也。只被气质有昏浊,则隔了,故"气质之性,君子有弗性者
　　焉。学以反之,则天地之性存矣"。故说性,须兼气质说
　　方备。③

　　　阳明胜则德性用,阴浊胜则物欲行。只将自家意思体验,
　　便见得。人心虚静,自然清明;才为物欲所蔽,便阴阴地黑暗
　　了,此阴浊所以胜也。④

---

①《河南程氏遗书》卷二一下《附师说后》,《二程集》第 1 册第 274 页。
②同上卷二下《附东见录后》,《二程集》第 1 册第 54 页。
③《朱子语类》卷四《人物之性气质之性》,第 1 册第 66 页。
④同上卷九八《张子书之一》,第 7 册第 2517 页。

这里又用了《易经》阴阳、动静之说。《易经》所谓"寂然不动,感而遂通"等等本来是理学家谈心论性的主要依据,不过朱熹这些说法显然与佛家的性净而有染之说相沟通了。

宋代思想界事功派代表人物叶适曾尖锐批评理学的心性学说:

> 盖以心为官,出孔子之后;以性为善,独自孟子始。然后学者尽废古人入德之条目,而专以心性为宗主。虚意多,实力少,测知广,凝聚狭,而尧舜以来内外交相成之道废矣。①

这是暗示理学的心性论已经叛离孔、孟圣人之道。他更指出,理学家们作为立论依据的《易经》"十翼"除《彖》、《象》外,本非孔子所作。这则采用了从根源上釜底抽薪的办法。他说:

> 按《易》以象释卦,皆即因其画之刚柔、逆顺、往来之情,以明其吉凶得失之故,无所谓"无思无为,寂然不动","不疾而速,不行而至"者。余尝患浮屠氏之学至于中国,而中国之人皆以其意言。非其学能与中国相乱,而中国之人实自乱之也。今传之言《易》如此,则何以责夫异端者乎。②

这里"寂然不动,感而遂通","不疾而速,不行而至"都是《易·系辞上》的话,也是常常出现在理学家笔下的话头,指责"中国之人"乱之以"浮屠氏之学",指的则正是二程诸人。他更直接点名批评周敦颐、张载、二程:

> 故《彖》、《象》掩郁未振,而"十翼"讲诵独多。魏晋而后,遂与老庄并行,号为孔老。佛学后出,其变为禅,喜其说者以为与孔子不异,亦挽《十翼》以自况,故又为儒释。本朝承平时,禅说尤炽,儒释共驾,异端会同其间,豪杰之士有欲修明吾

---

① 《习学记言》卷一四《孟子》。
② 同上卷四《易》。

说以胜之者。而周、张、二程出焉，自谓出入于佛老甚久矣，而曰吾道固有之矣。故无极太极，动静男女，太和参两，形气聚散，絪缊感通，有直内，无方外，不足以入尧舜之道，皆本于《十翼》，以为此吾所有之道，非彼之道也。及其启教后学，于子思、孟子之新说奇论，皆特发明之。大抵欲抑浮屠之锋锐而示吾所有之道若此。然不悟"十翼"非孔子作，则道之本统晦矣。①

这种批评，也是指明理学阴袭佛家的事实。

宋人一般把陆九渊的心性学说概括称为"心学"。黄震论及《舜典》"人心惟危"一章说："近世喜言心学，舍全章本旨而独论人心道心。"②这一派"心学"受到禅宗心性说的影响更为直截，乃是思想史上的不易之论。陆九渊所谓"心即理"之说，提法上即直接取自禅宗。居士慧光所集神会《大乘开心显性顿悟真宗论》里已经提到：

> 问曰："云何是道？云何是理？云何是心？"答曰："心是道，心是理，则是心，心外无理，理外无心。心能平等，名之为理；理照能明，名之心；心理平等，名之佛心。得此理者，不见生死，凡圣无异，境智无二，理事俱融，染净一如，如理真照，无非是道，自他俱离，一切行一时行，亦无前后，亦无中间，缚解自在，称之道。"③

这里讲的是自性清净之心，所悟解的是禅理。前面讨论智圆一章也曾指出，智圆也已经明确提出"心即理"。明代陈淳批评陆九渊：

> 如陆学，从来只有尊德性底意思，而无道问学底工夫，盖

①《习学记言》卷四九《吕氏文鉴》。
②《黄氏日钞》卷五《人心惟危一章》。
③《大正藏》第 85 卷第 1278 页中－下。

厌繁就简、忽下趋高者。其所精要处,乃阴窃释氏之旨,而阳
托诸圣人之传,确然自立一家。①

这可以说是诛心之论。陆九渊肯定心为本体,并就此而主张宇宙
和吾心等同。他说:

> 万物森然于方寸之间,满心而发,充塞宇宙,无非此理。②
>
> 四方上下曰宇,古往今来曰宙。宇宙便是吾心,吾心即是
> 宇宙。千万世之前有圣人出焉,同此心,同此理也;千万世之
> 后有圣人出焉,同此心,同此理也。③

这则又和慧能《坛经》里的话十分类似,慧能解释"摩诃般若波罗
蜜"即大乘六度之一的"智慧"说:

> 何名"摩诃"?"摩诃"者,是"大"。心量广大,犹如虚空,
> 若空心坐,即落无记空。虚空能含日月星辰、大地山河,一切
> 草木、恶人善人、恶法善法、天堂地狱,尽在空中;世人性空,亦
> 复如是。
>
> 性含万法是大,万法尽是自性。见一切人及非人,恶之与
> 善,恶法善法,尽皆不舍,不可染著,由如虚空,名之为大。此
> 是摩诃。④

慧能在这里所说的"心"是佛教所谓集起之心,是性空之心,与陆九
渊所说现实的"吾心"不同,但作为宇宙本体的意义二者是一致的。

《大乘起信论》里讲"心生则种种法生,心灭则种种法灭";禅宗
主张"自有本觉性",要人"自身自性自度",这都是对"自性"的绝对
肯定。陆九渊则说:

---

①《与姚安道》,《北溪大全集》卷三一。
②《语录上》,《象山先生全集》卷三四。
③《宋名臣言行录》外集卷一五。
④郭朋《坛经校释》第49—50页。

> 宇宙内事是己分内事，己分内事是宇宙内事。
>
> 人心至灵，此理至明，人皆有是心，心皆具是理。①

这里同样肯定圆满自足的"自心"的普遍性和绝对性。只是和佛与禅不同，他称之为"理"；而这所谓"理"又是以儒家价值观为标准的。陆九渊明确说：

> 盖心，一心也；理，一理也。至当归一，精义无二。此心此理，实不容有二。故夫子曰"吾道一以贯之"，孟子曰"夫道一而已矣"，又曰"道二，仁与不仁而已矣"。如是则为仁，反是则为不仁。仁即此心也，此理也；求则得之，得此理也。②

这就赋予"心"和"理"以道德属性，归结到传统儒家的"仁道"上来。他又解释作为孟子"性善"说依据的所谓"四端"即恻隐、羞恶、辞让、是非之心：

> 四端者，即此心也；天之所以与我者，即此心也。人皆有是心，心皆具是理。心即理也。故曰：理义之悦我心，犹刍豢之悦我口。所贵乎学者，为其欲穷此理、尽此心也。有所蒙蔽，有所移夺，有所陷溺，则此心为之不灵，此理为之不明，是谓不得其正。其见乃邪见，其说乃邪说。一溺于此，不由讲学，无自而复。故心当论邪正，不可无也。以为吾无心，此即邪说矣。③

孟子所谓"四端"说的是天赋人性本善，陆九渊把它们等同为"理"。他的蒙蔽、移夺、陷溺之说，显然与佛家佛性论中的遮蔽说和染污说相一致。

从上述情形可以看出，程、朱与陆九渊对于性与理关系的认识

---

① 《杂著》，《象山先生全集》卷二二。
② 《与曾宅之》，《象山先生全集》卷一。
③ 《与李宰》，《象山先生全集》卷一一。

是截然不同的。前者把客观的"天理"与主观的"心性"分为两截，把普遍、绝对的"天理"、"道心"和个体的、相对的"人心"、"人欲"严格区别开来，从而强调个体修养功夫；陆九渊则把普遍的"理"与个体的"心"相合一，从而张扬个体作为主宰的作用。但二者同样都把"心性"当作超凡成圣的关键，都追求个人心性的提升和完善，都追求实现"天理"的目标。这在思想内容和论述逻辑上则都借鉴了佛教特别是禅宗的心性学说。他们之间矛盾的形成，很大程度上也是由于在佛家丰富的心性理论中各取所需。例如朱熹反对禅的"作用是性"的观点，他说：

> 佛氏则只认那能视、能听、能言、能思、能动底，便是性。视明也得，不明也得；听聪也得，不聪也得；言从也得，不从也得；思睿也得，不睿也得，它都不管，横来竖来，它都认做性。它最怕人说这"理"字，都要除掉了。此正告子"生之谓性"之说也。[①]

朱熹这里所批判的，乃是南宗洪州一派"平常心是道"的思想。洪州禅把清净心和平常心等同起来，从而否定修道的必要。这是朱熹所坚决反对的。而陆九渊则要克服程、朱把"天理"与"人心"隔断的弊病，将二者合一，则利用了洪州禅。他绝对地肯定"吾心"为主宰，与洪州禅所谓"心外无法"、"无佛可做"、自心便是佛心的观念正有一致之处。朱门后学陈淳批评说：

> 今佛者以作用是性，以蠢动含灵皆有佛性，运水搬柴无非妙用，专指人心之虚灵知觉者而作弄之。明此为明心，而不复知其为形气之心；见此为见性，而不复知性之为理；悟此为悟道，而不复别出道心之妙。乃至甘苦食淡，停思绝想，严防痛抑，坚持力制，或有用功至于心如秋月碧潭清洁者……近世儒

---

① 《朱子语类》卷一二六《释氏》，第 3020 页。

者,乃有窃其形气之灵者以为道心,屏去道问学一节工夫,屹然自立一家,专使人终日默坐以求之。稍有意见,则证印以为大悟,谓真有得乎群圣千古不传之秘,意气洋洋,不复自觉其为非。故凡圣门高明广大底境界更不复睹,而精微严密等工夫更不复从事,良亦可哀也哉![①]

这里所谓"近世儒者",指的就是"心学"一派。但是归根结底,两派的争论焦点主要还是在对于"人心"性质的认识,而不在是否承认"天理"的绝对性和实现"天理"的目标。理学家们多严厉批判佛教,讳言受到佛说影响,但绝对遮掩不了他们汲取佛教义理发展自己学理的事实。而理学各派发挥自己的"性理"思想,实无不借助于佛家的心性学说。

七

在实现"至诚反本"目标的途径方面,理学更多地汲取了释、道的修道论,特别是借鉴禅宗的悟道方法。佛教注重个人修持,对于解决这一领域的课题无论是理论层面还是实践层面都取得许多成果,内容较本土传统远为丰富、充实并体现鲜明的现实针对性。理学家们依据儒家传统相习讲修身养性,但又多援引释、道特别是佛教内容并加以发挥。

儒家主张清心寡欲以修养身心,道家提倡"无欲以静",而佛教则要求断绝爱染之情,恢复清净自性。理学家们借鉴佛、道二教的修道观来谋求对于"天理"的契合,提出主"敬"的观念。程颐说:

---

①《北溪大全集》卷一五《似道之辨》。

学者先务,固在心志。有谓欲屏去闻见知思,则是绝圣弃智;有欲屏去思虑,患其纷乱,则是须坐禅入定。如明鉴在此,万物毕照,是鉴之常,难为使之不照;人心不能不交感万物,亦难为使之不思虑。若欲免此,唯是心有主。如何为主? 敬而已矣。①

对于这"敬"的观念作出解释,他又说:

或问敬。子曰:"主一之谓敬。""何谓一?"子曰:"无适之谓一。""何以能见一而主之?""子曰:"齐庄整敕,其心存焉;涵养纯熟,其理著矣。"②

这样,所谓"敬",就是端正公肃、不暇外慕,是内心寂然不动、广大清明的状态。而主"敬"的办法主要在收敛身心。祁宽记载尹和静向程颐请益:

先生曰:"初见伊川时,教某看敬字,某请益,伊川曰:'主一则是敬。'当时虽领此语,然不若近时看得更亲切"。宽问:"如何是主一? 愿先生善喻。"先生曰:"敬有甚形影,只收敛身心,便是主一。且如人到神祠中致敬时,其心收敛,更著不得毫发事,非主一而何?"③

佛教坐禅要求专注一境。云门接引学人,往往提出一个字让人参悟,有"一字入公门,九牛拽不出"之说。宋代丛林中"参一字"更成为宗风。这个字可以就是"一"字,或者是"佛"字,等等。而程颐则要求看一个"敬"字,把这当作齐庄整肃的"存心"手段。而"存心"又正是禅宗所提倡的。后来朱熹对弟子解释说:

问:"何谓主一?"曰:"无适之谓一。一,只是不走作。"又

---

① 《河南程氏遗书》卷一五《入关语录》,《二程集》第 1 册第 168-169 页。
② 《二程粹言》卷上《论道篇》。
③ 《二程外书》卷一二《传闻杂记·祁宽所记尹和静语》。

> 问：“思其所当思，如何？”曰：“却不妨。但不可胡思，且只得思
> 一件事。如思此一事，又别思一件事，便不可。”①

朱熹同样主张“涵养须用敬，处事须是集义”②。“'敬'之一字，真圣
门之纲领，存养之要法。”③他对二程的主“敬”说进行了充分发挥，
不断地讲“收敛身心”，“求放心”，“存心”等等。这些收敛身心的做
法，无论是观念还是语言都已经与禅十分相近了。

　　主“敬”的依据是对于与生俱来的清明自性的信心。因为肯定
清明的心性就在自身，是不假外求的，所以修养身心也就是“至诚
返本”、善求诸己功夫。张载说：

> 性于人无不善，系其善反不善反而已。④

程子也有同样意见：

> 圣贤千言万语，只是欲人将已放之心，约之使反，复入身
> 来，自能寻向上去，下学而上达也。⑤

所谓“已放之心”，就是放纵之心，被人欲感染的心。儒家传统上要
求用克己的方法来加以收敛。而这里则简单地主张“约之使反”，
即自我约束，使之回归。又做譬说：

> 尝喻以心知天，犹居京师往长安，但知出西门便可到长
> 安，此犹是言作两处。若要诚实，只在京师，便是到长安，更不
> 可别求长安。只心便是天，尽之便知性，知性便知天。当处便
> 认取，更不可外求。⑥

---

①《朱子语类》卷九六《程子之书二》，第 6 册第 2467 页。
②同上卷一二《持守》，第 1 册第 216 页。
③同上，第 1 册第 210 页。
④《张子正蒙·诚明篇第六》，《张子全书》卷二。
⑤《河南程氏遗书》卷一《端伯传师说》，《二程集》第 1 册第 5 页。
⑥同上卷二上《元丰己未吕与叔东见二先生语》，《二程集》第 1 册第 15 页。

这实际已等同于禅宗所谓"当下即是，不假外求"的意思。禅宗所谓"自性自度"，即是清净心性的自我发现，悟道的过程即是反照心源的过程。所以理学家这种反求诸己的方法，实同禅的自证法门。程门后学张九成的表述颇具典型性。他说：

> 夫人性皆善，特吾学非其道，而世无师友指示之耳。使吾知格物知至之学，内而一念，外而万事，无不穷其源流，穷其终始，穷之又穷之，至于极尽之地，人欲都尽，一旦廓然，则性善昭昭，无可疑矣。此所谓"一日克己复礼，天下归仁"也。①

这里使用的虽是传统儒学语言，但说的完全是"自性自悟"的道理。

由于程、朱与陆九渊对于心性的认识不同，这种"至诚返本"的具体途径也有所不同。朱熹强调"格物"功夫，要求在逐一体察具体事物中逐渐发现、认识天理。他注解《大学》第五章"此谓知本，此谓知之至也"，提出程子认为"此谓知本"为衍文，而"此句之上，别有缺文"，以己意补足一段话曰：

> 右传之五章，盖释格物致知之义，而今亡矣，间尝窃取程子之意以补之，曰：所谓致知在格物者，言欲致吾之知，在即物而穷其理也。盖人心之灵，莫不有知，而天下之物（旧本通下章，误在经文之下——著者），莫不有理；惟于理有未穷，故其知有不尽也。是以大学始教，必使学者即凡天下之物，莫不因其已知之理而益穷之，以求至乎其极。至于用力之久，而一旦豁然贯通焉，则众物之表里精粗无不到，而吾心之全体大用无不明矣。此谓物格，此谓知之至也。②

朱熹强调外在天理的绝对性，因此更强调格物致知的主观体察与认知。他又主张一旦修养功夫到家，则穷理尽性，豁然贯通。朱熹

---

①《孟子传》卷一五《离娄上》。
②《四书章句集注·大学章句》，陈立校点，辽宁教育出版社，1998年。

同样又主"敬",也强调收敛身心功夫,如他说:

> 人心常炯炯在此,则四体不待羁束,而自入规矩。只为人
> 心有散缓时,故立许多规矩来维持之。但常常提警,教身入规
> 矩内,则此心不放逸,而炯然在矣。心既常惺惺,又以规矩绳
> 检之,此内外交相养之道也。

> 今人心耸然在此,尚无惰慢之气,况心常能惺惺者乎! 故
> 心常惺惺,自无客虑。

> 古人瞽史诵诗之类,是规戒警诲之意,无时不然。便被他
> 恁地炒,自是使人住不着。大抵学问须是警省。且如瑞岩和
> 尚每日间常自问:"主人翁惺惺否?"又自答曰:"惺惺。"今时学
> 者却不如此。①

如此等等,显然是说人心的"散缓"状态要依靠规矩来约束,又要自
觉时时提醒。他说"人心常炯炯",又说"心既常惺惺",等等。"炯
炯""惺惺"都是心性灵明的状态,被看作是发扬"道心"的依据。瑞
岩和尚是禅宗青原一系岩头全奯法嗣,朱熹直接引用了他的话。
"惺惺"一语本来初见于永嘉玄觉的《禅宗永嘉集》,其中说:

> 忘缘之后寂寂,灵知之性历历。无记昏昧昭昭,契真本空
> 的的。惺惺寂寂是,无记寂寂非;寂寂惺惺是,乱想惺惺非。②

这里所谓"惺惺"是指禅悟的昭昭不昧、活泼泼的精神状态,后来成
为丛林里的话头。朱熹如一般理学家一样常常使用禅语。他在使
用这些概念时经常加以辩解,说自己的观点本不同于佛说。但事
实上却总是难以让人看出其间的界限。朱熹与陈亮辩论,批判后
者热心追求功利,曾说:

> 今乃欲追点功利之铁,以成道义之金,不惟费却闲心力,

---

① 《朱子语类》卷一二《持守》,第 1 册第 200 页。
② 《大正藏》第 48 卷第 389 页中—下。

无补于既往,正恐碍却正知见,有害于方来也。若谓汉唐以下便是真金,则固无待于点化,而其实又有大不然者。盖圣人者,金中之金也;学圣人而不至者,金中犹有铁也。汉祖、唐宗用心行事之合理者,铁中之金也;曹操、刘裕之徒,则铁而已矣。夫金中之金,乃天命之固然,非由外铄,淘择不净,犹有可憾。今乃无故必欲弃舍自家光明宝藏,而奔走道路,向铁炉边查矿中拨取零金,不亦误乎!①

所谓"自家宝藏",也是禅宗的说法。朱熹一方面把"功利"和"道义"对立起来,另一方面则认为追求功利即是抛弃了自家宝藏的清明自性,无益于道德修养。

对于主张"万物皆备于我"的陆九渊来说,论及修道,至诚反本乃是题中应有之义,他说:

古人教人,不过存心、养心、求放心。此心之良,人所固有。人惟不知保养,而反戕贼放失之耳。苟知其如此,而防闲其戕贼放失之端,日夕保养灌溉,使之畅茂条达,如手足之捍头面,则岂有艰难支离之事?今日向学,而又艰难支离,迟回不进,则是未知其心,未知其戕贼放失,未知所以保养灌溉。此乃为学之门,进德之地。②

就是说,清明自性本来是世人所固有,因此只要保养不使放失即可。禅宗讲明心见性,也强调要善自保任,黄檗希运说:"心上生心,向外求佛,著相修行,皆是恶法,非菩提道。"③因为本来自性自悟,是不假外求的。陆九渊的看法正与之相通。他又说:

我无事时,只似一个全无知无能底人;及事至方出来,又

---

①《答陈同甫》,《晦庵集》卷三六。
②《与舒西美》,《象山先生全集》卷五。
③《筠州黄檗山断际禅师传法心要》,《大正藏》第48第380页上。

却似个无所不知无所不能之人。①

禅宗主张作个"无事的阿师",同时又是"不受人惑"的"大丈夫儿",这是对于自性的坚定自信。陆九渊也一样。有记载说:

> 包显道所录象山语有云:"仰首攀南斗,翻身倚北辰。举头天外望,无我这般人。"按《传灯录》智通禅师临终有偈云:"举手攀南斗,回身倚北辰。出头天外见,谁是我般人。"不知象山之言,其偶同邪? 抑真有取于智通之说也?②

五台山智通是马祖道一再传归宗智常弟子,他的遗偈见《景德传灯录》卷十,本书前面讲禅偈已经引用过。陆九渊显然是借用这个偈来表明自性圆满自足的意思。

陆九渊又明确主张清心寡欲。他论"养心莫善于寡欲"说:

> 将以保吾心之良,必有以去吾心之害。何者? 吾心之良,吾所固有也;吾所固有而不能以自保者,以其有以害之也;有以害之而不知所以去其害,则良心何自而存哉? 故欲良心之存者,莫若去吾心之害;吾心之害既去,则心有不期存而自存者矣。夫所以害吾心者何也? 欲也。欲之多,则心之存者必寡;欲之寡,则心之存者必多。故君子不患夫心之不存,而患夫欲之不寡。欲去则心自存矣。然则所以保吾心之良者,岂不在于去吾心之害乎。③

这种议论,通于佛教的绝情去欲之说,具有十分明显的宗教修持意味。

这样,各派理学家对于儒家至诚反本的心性之说的发挥,显然都借鉴了禅宗明心见性的主张。他们不只吸收了禅的理论,同时

------

① 《语录》,《象山先生全集》卷三五。
② 罗钦顺《困知记续录》卷上。
③ 《拾遗》,《象山先生全集》卷三二。

也继承了禅的张扬主观的精神。对于自性的高度肯定，对于主观精神的大力发扬，本是禅宗宗义最有价值的部分之一。特别是在中国古代专制体制下，在严格的经学统治传统之下，这种意识更显得难能可贵。禅宗本身衰落之后，"禅、净合一"的佛教基本丧失了这种精神，却在一定程度上被理学加以继承和发挥了。直至明代的王阳明及其后学在这方面继续做出努力，在思想史上再度取得重大成就。

理学家的具体修养方式往往也模仿禅宗。朱熹曾说：

> 海内学术之弊，不过两说：江西顿悟，永康事功。若不极力争辨，此道无由得明。①

江西顿悟指陆九渊，永康事功指陈亮。就接受禅宗顿悟方法的影响说，实际朱熹本人和他的学术先行者二程都不能免。例如程颐提倡静坐，"程门见人静坐，便叹以为善学，盖使之收敛精神，向里寻求，亦是方便法门"②。前面已提到谢良佐"程门立雪"典故，又有具体描述说：

> 上蔡初造程子，程子以客肃之。辞曰："为求师而来，愿执弟子礼。"程子馆之门侧，上漏旁穿，天大风雪，宵无烛，昼无炭，市饭不得温，程子弗问，谢处安焉。逾月，豁然有省，然后程子与之语。先生习举业，已知名，往扶沟见明道，受学甚笃。明道一日谓之曰："尔辈在此相从，只是学某言语，故其学心口不相应，盍若行之！"请问焉，曰："且静坐。"③

朱熹同样也讲静坐，所谓"静坐无闲杂思虑，则养得来便条畅"，"始学功夫，须是静坐"，等等。当然他又在自己提倡的"静坐"与坐禅

---

① 《宋名臣言行录》外集卷一二。
② 《东游会语》，王畿《卓吾先生批评龙溪王先生语录钞》卷二。
③ 《宋元学案》卷二四《上蔡学案·附录》，第 2 册第 928 页。

间划出界线：

> 或问："不拘静坐与应事，皆要专一否？"曰："静坐非是要
> 如坐禅入定，断绝思虑。只收敛此心，莫令走作闲思虑，则此
> 心湛然无事，自然专一。及其有事，则随事而应；事已，则复湛
> 然矣……"①

程、朱把天理、道心看作超然绝对的存在，与社会实践断成两截，因此也就不可能提出明理见道的真切办法，只能诉诸内心体悟。禅宗的静坐正是适合达成这种体悟的手段。不管朱熹如何表白静坐与坐禅的界线，二者间相类似是不可否认的。

程颢和张载间又曾就"定"的问题进行过论辩。程颢给张载的信说：

> 承教，谕以定性未能不动，犹累于外物，此贤者虑之熟矣，
> 尚何俟小子之言。然尝思之矣，敢贡其说于左右。所谓定者，
> 动亦定，静亦定，无将迎，无内外。苟以外物为外，牵己而从
> 之，是以己性为有内外也；且以性为随物于外，则当其在外时，
> 何者为在内？是有意于绝外诱，而不知性之无内外也。既以
> 内外为二本，则又乌可遽语定哉？夫天地之常，以其心普万物
> 而无心；圣人之常，以其情顺万事而无情。故君子之学，莫若
> 廓然而大公，物来而顺应。②

对于程颢的观点，叶适尖锐批评说：

> 按程氏答张载论定性："动亦定，静亦定，无将迎，无内外。
> 当在外时，何者为内？天地普万物而无心，圣人顺万事而无
> 情，扩然而大公，物来而顺应。"有为为应迹，明觉为自然，内外

---

①《朱子语类》卷一二《持守》，第 1 册第 216、217 页。
②《答横渠张子厚先生书》，《河南程氏文集》卷二《明道先生文二》，《二程集》第
　2 册第 460 页。

两忘，无事则定。定则明，喜怒不系于心而系于物，皆老、佛、庄、列常语也。程、张攻斥老、佛至深，然尽用其学而不能知者，以《易》大传语之，而又自于《易》误解也。子思虽渐失古人本统，然犹未至此；孟子稍萌芽，其后儒者则无不然矣。且佛、老之学，所以为不可入周、孔圣人之道者，盖周、孔圣人以建德为本，以劳谦为用，故其所立，能与天地相终始，而吾身之区区不预焉。佛、老者，处身过高，而以德业为应世，其偶可为者则为之，所立未毫发而自夸甚于丘山，至其坏败丧失，使中国胥为夷狄，安存转为沦亡而不能救，而亦不以为己责也。嗟夫！未有自坐佛、老病处而揭其号曰：我固辨佛、老以明圣人之道者也。①

这就直接指出程氏的观点与佛教的禅定是一脉相通的。除了静坐，二程同样又提倡参悟，还是谢良佐的故事：

谢子与伊川别一年，往见之。伊川曰："相别又一年，做得甚工夫？"谢曰："也只是去个矜字。"曰："何故？"曰："子细检点得来，病痛尽在这里。若按伏得这个罪过，方有向进处。"伊川点头，因语在坐同志者曰："此人为学，切问近思者也。"②

"矜"是内心骄矜不平的心态，用一年的时间来压抑这种心态，正是禅宗净心、守心功夫。程子又曾批评司马光：

君实尝患思虑纷乱，有时中夜而作，达旦不寐，可谓良自苦。人都来多少血气？若此则几何而不摧残以尽也？其后告人曰："近得一术，常以中为念。"则又是为中所乱。中又何形？如何念得他？只是于名言之中，拣得一个好字。与其为中所乱，却不如与一串数珠；及与他数珠，他又不受。殊不知中之

---

① 《习学记言》卷五〇《吕氏文鉴》。
② 《上蔡语录》卷一。

无益于治心,不如数珠之愈也。夜以安身,睡则合眼,不知苦
苦思量个甚? 只是不与心为主,三更常有人唤习也。①

前面说到二程主"敬"字,上一节谢良佐又参"矜"字,这里却是对司
马光以"中"为念不以为然,以致提出用一串数珠来安定心神。又
如朱熹教导学人:

试定精神看一看,许多暗昧魑魅各自冰散瓦解,太祖《月》
诗曰:"未离海底千山黑,才到天中万国明。"日未上时,黑漫漫
地,才一丝线,路上便明。②

这已经和禅宗参话头无异。而如陆九渊:

某方侍坐。先生遽起,某亦起。先生曰:"还用安排否?"③

这则与禅宗师弟子斗机锋相类似了。朱熹说:

敬非是块然兀坐,耳无所闻,目无所见,心无所思,而后谓
之敬。只是有所畏谨,不敢放纵。如此则身心收敛,如有所
畏。常常如此,气象自别。存得此心,乃可以为学。④

陆九渊对朱济道则说:

请尊兄即今自立正坐拱手,收拾精神,自作主宰,万物皆
备于我,有何欠阙? 当恻隐时自然恻隐,当羞恶时自然羞恶,
当宽裕温柔时自然宽裕温柔,当发强刚毅时自然发强刚毅。⑤

这里说的是理学家宁静自如的气象。理学家们大都怀着救世热

---

① 《河南程氏遗书》卷二上《元丰己未吕与叔东见二先生语》,《二程集》第 1 册
第 25 页。
② 《朱子语类》卷一二《持守》,第 1 册第 201 页。
③ 《语录》,《象山先生全集》卷三五。
④ 《朱子语类》卷一二《持守》,第 1 册第 211 页。
⑤ 《语录》,《象山先生全集》卷三五。

忧,但他们在实行中却把"正心"即个人修养身心放在第一位,而为达成这个目标所取手段又超离了社会实践,结果不管主观意愿和表白如何,实际采取的基本是禅的内心证悟办法,从而也就陷溺于宗教式的内省功夫之中了。在这方面,禅宗对于理学的影响特别显著。

八

在方法论方面,佛教对理学的影响也很大。本来中土佛教义学的义疏之学开创出新的学风,宗派佛学特别是禅宗则更进一步推动了学风的转变。借鉴和发展佛学新的治学方法也是决定理学发展方向的重要因素。

先秦学术传统在方法上的重要特点之一是求简约。儒家经典,诸子百家之学,无论是立论还是辩驳都是简洁明晰的。即使如墨子的思辨,荀、韩的说理也远称不上绵密、详悉。汉儒发明章句,走向反面,表述极其繁琐,而逻辑严整方面却并无大的进步。佛典陆续输入,引进了细密的逻辑分析方法;南北朝义学发达,推进了阐发义理的辨析方式。到宗派佛教,创造出阐释宗义的本土经典,形成独特的著述体裁和风格。其中丰富的禅宗典籍,包括借鉴中土固有语录体的禅宗语录,无论是体制还是语言都极具特色。其行文的主要长处一是回归到简约,表述上求直截,求明晰,这更适合中土传统思维特征和习惯;再是语言活泼生动,则是对于儒家经学和佛教义学偏枯繁琐的学风和文风的反动。而在这样的形式下表述的,又是得自独立思考的不受羁束、富有新鲜内涵的见解。理学家要实现儒学的新变,一方面如上所述积极地吸纳佛学的内容,另一方面也借鉴了它的形式和表现方法。

　　实际上如前面已经指出，整体治学中的学风与文风的重大转变在唐代已经开始。中唐时期啖助等人的新《春秋》学一方面打破儒学传统家法，综合三传，择善而从；另一方面又专以己意阐发圣人之义，以经驳传，自由发挥，展现了经学中的新气象。继而韩愈、李翱等人提倡"儒学复古"，走的是同样的路线。入宋，这种学风普遍地得到发扬。宋初"三先生"孙复解《春秋》、石介解《周易》、胡瑗注《洪范》，都不重训诂而重义理。接着刘敞著《七经小传》，更已经明显背离章句之学注重训诂名物的做法；欧阳修请求删修经疏，论定《十翼》非孔子所作，大胆破除经学传统说法；而王安石撰《诗义》、《书义》、《周官义》，更是假借说经来发挥变法政治主张了。欧阳修说：

　　　　经不待传而通者十七八，因传而惑者十五六。日月万物皆仰然不为盲者明而有物蔽之者，亦不得见也；圣人之意皎然乎经，惟明者见之，不为他说蔽者见之也。①

这是对于历来迷信章句注疏的批判，明确要求回归经典的本来面目。而破除章句注疏之学，则得以对经义进行独创性的发挥。他又说：

　　　　自孔子没而周衰，接乎战国，秦遂焚书，六经于是中绝。汉兴，盖久而后出，其散乱磨灭，既失其传，然后诸儒因得措其异说于其间。如《河图》、《洛书》，怪妄之尤甚者。余尝哀夫学者知守经以笃信，而不知伪说之乱经也，屡为说以黜之……②

这里更对被尊为神圣经典的真伪表示怀疑。欧阳修不是理学家，却以文坛耆宿身份影响一代学风和文风。他的看法在当时学术界是具有典型意义的。对经学章句进行批判，改变"注不驳经，疏不破注"的旧传统，正是创建"新儒学"的前提。后来事功派的陈亮批

①《春秋或问》，《文忠集》卷一八。
②《廖氏文集序》，《文忠集》卷四三。

评南宋高宗朝的学风说：

> 二十年之间，道德性命之说一兴，迭相唱和，不知其所从
> 来。后生小子读书未成句读，执笔未免手颤者，已能拾其遗
> 说，高自誉道，非议前辈，以为不足学矣。①

这里说的是理学兴盛时期情形。所谓"读书未成句读"，正是指阔
略章句的学术风气。从正面理解，这实际是对于经学传统的批判、
否定态度的体现。漆侠指出：

> 时代所铭刻的烙印之一是，宋学具有非常强烈的战斗性。
> 在恢复儒学地位、弘扬儒家之道的大旗下，宋学建立者们的批
> 判范围很广，从文学（如时文）到经学（汉章句之学），从异端
> （佛老思想）到儒家毛、郑，从今人（杨亿等骈文作者）到古人
> （如董仲舒等），举凡有害于孔夫子之道的，无不在批判之列。②

当然批判并不是完全否定。批判中有借鉴，有交融。与佛学的关
系同样贯彻这样的精神。

从汉儒的重章句注疏转变为宋人的重义理阐发，后来被清儒
指为空疏臆断，肤廓无根。实际理学也有细密周详的一面。如黄
宗羲所说："牛毛茧丝，无不辨析，真能发先儒之所未发。"③就治学
方法说，理学家们实际有得于佛学两个方面：一是发扬禅宗大胆批
判的主观创新精神，再是借鉴和发挥义学师说和宗派佛学的名相
分析方法。就后一方面说，正如佛学往往通过辨析名相以立义，理
学家们也注重通过确立、阐释、分析具体概念来发挥义理。比如本
体论方面，就有道、理、天理、无极、太极、皇极、中、中庸、中和等等；

---

① 《送王仲德序》，《龙川集》卷一五。
② 《宋学的发展和演变》第 307 页。
③ 《明儒学案·发凡》，《明儒学案》上册卷首第 14 页，沈芝盈点校，中华书局，
　2008 年。

心性论方面,则有性、天性、天命之性、气质之性、心、人心、道心、命、情、意、志、诚、敬、才、德等等。在对这些概念的辨析中,又贯彻"学贵心悟,守旧无功"[①]的原则。程颐讲"致知"、"格物"说:

> 今人欲致知,须要格物。物不必谓事物然后谓之物也。自一身之中,至万物之理,但理会得多,相次自然豁然有觉处。[②]

这里是说,作为"知"的对象的"物""不必谓事物",而是"一身之中"的"心"与万物之"理",二者实际分别是主、客观的抽象。他又说:

> 若只格一物,便通众理,虽颜子亦不敢如此道。须是今日格一件,明日又格一件,积习既多,然后脱然自有贯通处。[③]

这里讲内心豁然"贯通",则类似禅宗的"顿悟"了。这种体悟的结果表现为学术,当然要摆脱章句束缚,而求主观的自由阐发。理学的成绩,正得自这种独创性的阐发。事实上就解释经典而言,这种出自臆断的阐发虽然在训诂、考据上或许并无依据,却能够发明真义,如朱熹对《诗经》、《楚辞》的注释就是著例。

如上所述理学家们特别重视《易经》、《中庸》、《大学》等几部经典。这几部经典篇幅都较简短,且作者都有问题。它们大体出于孔门后学的一派,思想内容与孔、孟又都有相当的距离。这正提供了发挥的广阔空间。理学家对待这些经典,类似当年禅宗使用"藉教悟宗"办法。就是说,多从主观角度来引用这些经典的言句,阐发的是自家的主张。吕祖谦转述《伊川易说》指出:

> 吾胸中自有圣人境界,吾能反而求之,则当有应之者。如

---

①《张子全书》卷六《义理》。
②《河南程氏遗书》卷一七《伊川先生语三》,《二程集》第 1 册第 181 页。
③同上卷一八《刘元承手编》,《二程集》第 1 册第 188 页。

"克己复礼,天下归仁"之意是也。①

在理学家看来,圣人境界本来存乎自心,对圣人之意的阐发也依乎主观。如此走向极端,则是陆九渊说的"学苟知本,六经皆我注脚"②。这全然是典型的主观学风。这里张扬的主观精神与大胆创新的气魄和胆量,显然是与禅宗背离经教的精神有相通之处的。

这种主观精神在陆九渊"心学"一派里体现得特别显著。《易经·系辞上》有"易简则可久可大"的说法。陆九渊藉以发挥说:

> 为学不当无日新。《易》赞乾坤之简易曰:"易知易从,有亲有功,可久可大。"然则学无二事,无二道,根本苟立,保养不替,自然日新。所谓可久可大者,不出简易而已。③

这样追求"简易"正避免了经学传统繁琐章句的束缚,而有利于主观意念的发扬。

在这方面朱熹与陆九渊的争论是具有象征意义的。朱熹作为理学的集大成者,相对地注重论理的周严详密。淳熙二年(1175)"鹅湖之会"上,这成为朱、陆辩论的焦点之一。陆九渊的兄长陆子寿有诗云:"留情传注翻蓁塞,著意精微转陆沉。"④这是批评朱熹的。陆九渊和诗《鹅湖和教授兄韵》则说:

> 墟墓兴哀宗庙钦,斯人千古不磨心。涓流积至沧溟水,拳石崇成泰华岑。易简工夫终久大,支离事业竟浮沉。欲知自下升高处,真伪先须辨只今。⑤

他在这里宣扬"易简功夫",指责朱熹是"支离事业",认为后者不辨

---

①纳喇性德编《合订删补大易集义粹言》卷三。
②《语录》,《象山先生全集》卷三四。
③《与高应朝》,《象山先生全集》卷五。
④《语录》,《象山先生全集》卷三四。
⑤同上卷二五。

圣人之义的真伪。三年后,朱熹有诗《鹅湖寺和陆子寿》说:

> 德义风流夙所钦,别离三载更关心。偶扶藜杖出寒谷,又
> 枉篮舆度远岑。旧学商量加邃密,新知培养转深沉。却愁说
> 到无言处,不信人间有古今。[1]

他针锋相对,不同意陆九渊的"易简功夫",而主张学问要"邃密"
"商量"。实际如果从学风转变的角度看,朱、陆只是五十步百步之
差。从一定意义说,他们都难免主观、空疏之讥。因为正是利用这
种方式,才能够冲破学术上旧的格局,创造出内容丰富的性理之
学,把儒学发展推进到一个全新的阶段。

理学在中国学术史上又一个影响重大的成果是"道统"的确
立。据刘子健考证说:

> 据清代史家钱大昕的考证:"道统"二字,始见于李元纲
> 《圣门事业图》。其第一图曰传道正统,以明道伊川承孟子。
> 其书成于乾道壬辰(即一一七二),与朱文公同时。这是说道
> 统二字初见于私家著述。但据本文作者所见,官书早有记载。
> 最早的是《建炎以来系年要录》绍兴六年(即一一三六)。[2]

尽管"道统"一词晚出,作为观念却是源远流长的。儒学里广义的
"道统"论一般认为是唐代韩愈提出的,虽然他没有明确使用"道
统"这一概念。本书介绍韩愈辟佛时已说到,他在阐述自己理论纲
领的《原道》一文里,提出一个尧、舜、禹、汤、文、武、周公、孔、孟的
传法统绪,并且说孟子以后不得其传,暗示自己乃圣人之道的传
人。不过明确提出"道统"说并作出系统阐发则是宋人。确立"道
统",首先具有勘定学术正统的意义,特别是要和影响巨大、形势隆
盛的佛教争夺正统地位。但理学讲的"道统"实际并非孔、孟真传,

---

①《晦庵集》卷四。
②《宋末所谓道统的成立》,王元化名誉主编《释中国》第 2 册第 1041 页。

而是把自身的发挥当作正统。这和禅宗把自宗的创造当作"以心传心"的佛陀真正"心法"的情形一样。"道统"论成为争取思想统治地位的有力武器，也是后来实行理学统治的重要口实。

还有两点，一是邓广铭说的："佛教的传教和讲学的活动，给予晚唐以至两宋的儒家的第三种影响，则是书院的出现。"[①]自先秦以来，中国就有私家讲学的风气。而佛教僧团和禅宗丛林教学规模之宏大、组织之严密、成果之显著是历代私家讲学无出其右的。本书前面介绍佛教教育已经述及。特别是禅宗丛林本是弘法基地，师弟子递相承继，形成上堂示法、请益辩难等一系列规则；那种生动活泼的精神和泼辣大胆的宗风，也都给儒家教学以很大启发。理学家们在其影响之下，同样利用师弟子递代传习为主的教学方式，不断完善了书院制度。这不仅对理学本身的发展起到巨大推动和保证作用，更影响到整个社会学术和教育事业的发展。再一点是理学家著述大量采取语录形式，其具体形态已经不同于传统的诸子语录，相对而言更类似禅宗语录。这是一种更灵活、更方便、更有针对性的著作方式。不过理学家的语录远不如禅宗语录生动、活泼。

理学用对个人"性理"的探讨代替对于具有宗教意味的"天命"的信仰，这无疑是思想观念上的一大解放。个人从屈从"天命"的全然被动、卑微的状态直起身来，把超凡成圣的根据归结到自身的学养和努力，这是人的主体意识的发扬和进步。近人对于理学的批判，往往指责它鼓吹明天理、灭人欲，迫使人们遵循"三从四德"，是套在人们身上的精神枷锁。但它在宇宙观、人生观、认识论等方面确实取得了相当丰硕的成果，它在历史上的积极意义与作用，它仍在给当今提供许多值得参详和借鉴的理论的和实践的内容，都是不可忽视或否定的。而这些正有佛教的作用和成绩在内。

———————————

①《略谈宋学》，《释中国》第 2 册第 1017 页。

第十六章　宋代及其以后的佛教与文人

一

　　宋王朝是篡夺后周政权建立的。立国之后，一反后周限制、打击佛教做法。据说宋太祖赵匡胤见后周毁佛，即以为"大非社稷之福"；即位后，敬僧礼佛，诏沙门勤行等一百五十七人西行求法，采取一系列振兴佛教的措施。宋太宗赵光义亦尊崇佛教。他在位时期重设译经院，恢复了自唐代元和六年（811）中断了一个半世纪的官营译经事业。宋真宗赵恒"并隆三教，而敬佛重法，过于先朝，故其以天翰撰述，则有《圣教序》、《崇释论》、《法音集》，注《四十二章》、《遗教》二经，皆深达于至理，一岁度僧至二十三万"①。两宋除徽宗一朝崇道，一度采取措施改佛入道（作为朝命提出仅短短一年多）外，各朝对于佛教均采取优容政策。在朝廷大力加护下，寺院经济得到很大发展。苏辙《和子瞻宿临安净土寺》诗说："四方清净居，多被僧所占。既无世俗营，百事得丰赡。"②这样，尽管佛教在这

---

① 志磐《佛祖统纪》卷四四，《大正藏》第 49 卷第 406 页下。
② 《栾城集》卷四。

一时期从总体看在走向衰败，在社会上却一直能够保持相当的势力，特别是在思想文化领域继续发挥重大的影响。本书前面讲到宋代理学家大都有出入佛、老的经历，佛教对于理学的建设和发展起了决定性的作用，文坛的情形也大体如是。

这样，尽管自宋初士大夫间即有不间断的辟佛呼声，一些道学家更明确表示反佛，而众多文人士大夫却积极地通过不同途径、以不同形态亲近和接受佛教。因而程颐曾慨叹说：

> 今人不学则已，如学焉，未有不归于禅也。①

如上所述，宋代佛教的一个突出特点，是居士佛教的兴盛。作为佛教外护的居士发挥相对更重大的作用。这从一定意义说也是僧团衰败、佛教自身衰落的一种表现。而相当一批知识精英倾心佛说为居士，则又和当时社会发展的整个形势、和士大夫阶层的具体处境有直接关系。经过唐末强藩割据、农民战争和五代战乱，宋代社会阶级结构发生巨大变化：宋王朝建立和完善起以皇权为中心的高度中央集权的统治体制，三省长官权力被限制，门阀士族势力基本被铲除，唐代社会中士、庶间的矛盾趋于销泯，从而拓展了庶族士大夫通过科举参政的道路。从这个方面说，在宋代，庶族士大夫阶层取得了更牢固的政治和经济地位，成为中央集权统治的更广泛的社会基础。但还有另一方面，正因为需要在更广泛的庶族阶层中分配权力，形成了庞大的官员队伍，不得不建立起叠床架屋的官僚机构；加上与西夏、辽的战事连年用兵，造成国家长期处在积贫积弱局面之下；朝廷内外又持续进行激烈的党争，庶族士大夫处在矛盾纠葛之中，又成为社会地位极不稳定、容易沦落的阶层。这种社会的和精神层面的重重矛盾，成为促使他们习佛逃禅以求解脱的重要原因。而士大夫阶层广泛地接受和参与佛教，对于一代

①《河南程氏遗书》卷一八《刘元承手编》，《二程集》第 1 册第 186 页。

佛教的生存形态、发展衍变,包括宋代以降日渐严重的"通俗化"、"世俗化"趋势,都造成相当大的影响。

　　这一时期的佛教对于知识阶层仍保持多层面的吸引力。前面介绍理学已经说过,佛学乃是理学借以构建起思想体系的重要的理论资源,许多理学家都有亲近佛教或出入佛、老之学的经历。当时仍然保持兴盛态势的禅宗,富于浓厚的文化色彩,容易被士大夫阶层欣赏和接受;正在兴起的"禅、净合一"的潮流,体现更广泛的群众性和实践性,容易普及到士大夫家庭之中;再加上佛教内部形成相当强盛的"援儒入释"思想潮流,如智圆、契嵩那样的僧人热衷于研习儒家经典并把它们"会通"到佛理之中;儒、释交流又是文人间自古以来的传统,居士佛教已经有长期发展的历史,如此等等,种种因缘凑合,就促使相当一部分士大夫"归释氏"、"归于禅"了。

　　这样在宋代,从一般文人到高官显贵,居士思想盛行,居士佛教昌盛,"外为君子儒,内修菩萨行"成为知识阶层相当普遍的风气。一些著名人物好佛习禅的例子,前一章已经举出不少。有两部分人值得注意,一部分是高官显宦,包括亲贵宰臣,另一部分是文学家,包括文坛耆宿,他们在社会上有崇高地位,更会发挥重大影响。而如果查阅一下宋代士大夫传记,许多人都自命为居士,几乎每个人都有一个居士称号,甚至以继承韩愈辟佛为职志的欧阳修也取名"六一居士",正表明这种影响的广泛和深入。这样佛教通过既有社会势力又能够发挥思想影响的居士阶层在文化各个领域发挥重大作用,就成为宋代文化史的一个重要特点。

一

　　下面首先简单介绍几位在文坛上有影响的官僚居士与佛教的

因缘。他们的身份大都是前面提到的高官显宦,政治倾向不同,对佛教的认识和理解也不一致,且算作第一种类型。空前庞大的官僚阶层热衷佛说或信仰佛教,对于文坛以至整个社会的影响是很大的。

张方平(1007—1091),字安道,号乐全居士。他科第出身,神宗初年拜相,以极论王安石变法被排斥,出使南院、判应天府,后以太子太师致仕。有《乐全集》传世。方平出身寒微而跻身高位,他是新法的反对派,又以立身方严著称。苏洵称赞他"为人慷慨有大节,以度量雄天下,天下有大事,公可属系之"①。他家世业儒,奉儒守官,所作《刍荛论》里把"汉以兼并,唐则释、老,我朝加以兵马"视为天下之"蠹"②。这是从致治角度批评佛、老之患。但他感情上又喜好佛、老。他好道、服食,"乐全"的别号就取自《庄子》"乐全之谓得志";他更喜读佛书,有《题乐全堂》诗自述说:

> "乐全"得意自《庄》书,静阅流光乐有余。四句幻、泡明《般若》,一篇《力命》信冲虚……③

这里"四句"指《金刚经》"一切有为法,如梦、幻、泡、影,如露亦如电,应作如是观"的"六如偈";《力命》则是《列子》的一篇。王巩在为其所作《行状》里称赞他说:

> 所读书专于"六经",读史但观《太史公记》、班固《汉书》,以为犹足以传信也。暇时颇乐老彭导养之术,阅佛典《楞伽》、《净名》而得其理。每曰:"儒之诚明,道之正一,释之定慧,其致一也。君子之道,求诸己以正性命而已矣。"公既兼内、外之学,由是天下以通人推之。故颇僻诡邪不接于心术,爱恶哀惧

①《张益州画像记》,《嘉祐集》卷一五。
②《刍荛论·原蠹下篇》,《乐全集》卷一五。
③同上卷三。

无自入矣。①

这典型地表明他是统合三教而有得于性命之理的。方平早年守蜀，曾识拔三苏父子，结下交谊。后来苏轼以"乌台诗案"下制狱，他曾抗章为请，故苏轼终身敬事之。方平身处新、旧党争激烈之时，乐道和习禅实则也是保持自身乐全无亏的办法。他的《西斋偶书》诗说：

> 祖录（指《传灯录》）忘筌后，丹炉住火时。浮生更无事，燕坐复何思。暖日移棋局，寒风促酒卮。世间安乐法，不独净名知。②

"净名"即维摩居士，他拿来自比。苏轼有《张安道乐全堂》诗，起句即说"乐全居士全于天，维摩丈室空翛然"③，也把他比作维摩居士。他的《禅斋》诗具体描写其习禅所得：

> 昔年曾见琅琊老（惠觉智先），为说《楞伽》最上乘。顿悟红炉一点雪，忽惊暗室百千灯。便超十地犹尘影，更透三关转葛藤。不住无为方自在，打除都尽即南能。④

"红炉上一点雪"是雪峰义存对答抚州荷玉的"话头"，是说心源一点清净乃是豁然契悟的根据；"不尽有为，不住无为"即是维摩世间而出世间的境界。诗的最后说打扫内心一切尘障，得到自由自在，则是当初慧能悟得的禅境了。在张方平身上，儒、佛、老、庄融通无碍，一身兼为达官和居士也就不显得矛盾了。

张商英（1043—1121），字天觉，号无尽居士。他也活动在新、旧党争激烈时期，身为高官，依委于革新、守旧两派之间。他曾受

---

① 《乐全集》附录。
② 同上卷二。
③ 《东坡集》卷七。
④ 《乐全集》卷三。

知于王安石;而守旧派复辟的"元祐更化"时期又移书苏轼求进,有"老僧欲住乌寺呵佛骂祖"之语。后来哲宗亲政,新党重新当政,他以与蔡京厚善,得以升迁;但终因政见不合,又列入"元祐党籍"而被斥;蔡京败,复为相。他是一个典型的行无持操的官僚,而立身行事又与其好佛有密切关系。据说他早年本不信佛,曾欲著《无佛论》,以妻向氏劝阻而止。后来偶然在寺院见到《维摩经》,信手开视,见有"此病非地大亦不离地大"云云,倏然心会,因借归细读,始悟佛法深邃。后来他认真研读《维摩》、《华严》等佛典,参东林常总法席,写出《护法论》,对韩愈、二程、欧阳修等人排佛痛加批驳。他热衷于禅,黄庭坚赠诗中有"公家有闲日,禅窟问香灯"[①]之语。他曾"至抚州,见兜率从悦,与其意合,遂授法。悦乃黄龙老南(慧南)之子。初非其高弟,而江西老宿为南所深许道行一时者数十人,天觉皆历诋之。其后天觉浸显,诸老宿略已尽,后来庸流传南学者,乃复奔走推天觉,称'相公禅'。天觉亦当之不辞"[②]。由此可见他一时在禅门中的地位和影响。"相公禅"之说,出晚唐裴休故事,典型地表现了官僚士大夫习禅的贵族性格。熙宁年间(1068—1077)他兼荆南酒税,闻诗僧惠洪之名,请住峡州天宁寺,编撰《碧岩录》。惠洪有《无尽居士以峡州天宁寺见邀作此辞免六首》,其二云:

> 维摩愿力元无尽,重见真州宰辅身。舌本雷锤烹佛祖,笔端和气活生民。

又有《无尽见和复次其韵五首》,其一云:

> 漫说毗耶问疾风,主宾信手画虚空。争如快活月州老,万事收藏一笑中。[③]

---

① 《送张天觉得登字》,《豫章黄先生文集》卷四。
② 叶梦得《避暑录话》卷上。
③ 《石门文字禅》卷一五。

惠洪称赞天觉宰辅而兼为居士,也把他比拟为当世维摩。但他有得于维摩精神,显然主要在泯是非、求随缘的消极方面。

沈辽(1032—1085),字睿达。曾受知于王安石,后者对他有"风流谢安石,潇洒陶渊明"的赞誉。后来王氏当国,议论渐疏,被斥出朝,继而得罪下狱,夺官流永州,遇赦,流落江湘。有《云巢编》。沈辽有时名,结交多一时之俊,如曾巩、苏、黄等。其《赠别子瞻》诗是访问贬在黄州的苏轼时所作:

> 平生雅游眉阳客,五年不见须已白。借田东坡在江北,芟夷蓬蒿自种麦。相逢不尽一樽酒,故态那复论欢戚。手抱阿武劝余沥,维摩老夫失定力。老夫寂寂出三湘,更欲卜居池水阳。薄田止须数十亩,田上更树麻与桑。老来正苦迫生事,清明虽近犹可秧。罢亚若可博干耖,以无易有遥相望。我舟即行不可驻,欲卜后会诚茫茫。他时有信若可寄,不用辛苦为诗章。[①]

写这首诗时苏轼正流放待罪,他自己也身处流落,诗中不做悲戚之态,反倒把躬耕田园的生活视作人生慰藉。他晚年至九华、秋浦间,爱其林泉之胜,遂筑室齐山之颠,曰"云巢",有《居云巢》诗,中有云:

> 久矣净诸业,自然忘盖缠。此身与此世,影响寄余年。[②]

他习佛而体得内心的超然清净,解脱了人生忧患的缠裹。

吴则礼(? —1121),字子副,号北湖居士,官至直秘阁、知赣州,晚居豫章。有《北湖集》。他与唐庚、韩驹、陈师道等交游,皆一时知名之士。他说:"吾闻佛法以治身修性、脱尘垢、跨生灭、超转徙为本。"[③]又有诗曰:"偶拈居士句,尝悟祖师禅。"[④]则他习佛也重

---

①②《云巢编》卷四。
③《神福山李长者像序》,《北湖集》卷五。
④《寄江仲嘉》,《北湖集》卷四。

在心性的修持。他又特别热衷于禅观，有诗说：

> 老夫无住相，大是个中人。聊作宰官相，偶名居士身。[1]

他深得《金刚经》"于无所住而生其心"之理，因此身为宰官亦可以栖心世外了。

邹浩（1060—1111），字志完。他在哲宗亲政，蔡京、章惇当权时，以危言谠论为朝廷所重，因此而两谪岭表。有《道乡集》。他的母亲嗜佛，习佛有家庭渊源。他以为"儒、释本不异，昧者自亲疏"[2]，力唱儒、释调和之旨，甚至表示要"不以诚心尊孔氏，却将吾道奉祇园"[3]。王士禛概括说他"特嗜禅理，诗文多宗门语"[4]。有友人向他求轩名，他题曰"妙喜"，并写诗题赠。这是根据《维摩经》里佛说维摩居士本缘，维摩本是妙喜佛国不动如来来生此土，诗曰：

> 莲华千叶满前开，断取应从妙喜来。色带日光飞缥缈，香乘风力转徘徊。休寻物外庵罗果，且进池边鹦鹉杯。一笑人能契无染，不妨游戏抉霆雷。[5]

如此游戏人间而内心清净无染，正是他理想的人生方式。

曹勋（1098—1174），字公显。"靖康之难"从徽宗北狩，后遁归；以建议营救徽宗忤执政，斥于外，久不迁；后出使至金，奉迎宣仁皇后；孝宗朝，加太尉，提举皇城司、开府仪同三司。有《松隐集》。他喜佛好禅，自述心得说：

> 佛之一字，明心达性，修己脱尘，摄锐澄源，得大自在。故

---

①《过静老》，《北湖集》卷三。
②《偶书》，《道乡集》卷五。
③《再用前韵答端夫见和》，《道乡集》卷九。
④《居易录》卷一二。
⑤《梦立求轩名以其面莲池十许顷名之曰妙喜轩》，《道乡集》卷一一。

谓"一大事因缘"，又曰"出世间法"。山林之士，缙绅之家，隐迹遁名，警世离俗，先为一切轨则，以心印心。或介以自持，或通以接物，支分派别，未易以同异窥测……①

他立身忠直而仕途蹉跎，遂努力在佛法中求安慰。他的诗文经常表白自己虽积恨于怨谤而能坚持操守，显然有得于习佛的修养。他的作品"语多缛丽，时有小词香艳之遗"②，如这样的赠友人诗：

> 闻道维摩隐几前，花随宝女下云天。合欢带缓新妆薄，燕子楼深晚色鲜。想得琼枝宜夜夜，只应璧月共娟娟。何时遂预平生友，与出湘云伴锦筵。③

这里也是把对方比拟为维摩居士，所取则是维摩"博弈戏处，辄以度人"的一面，因而夸说对方沉溺于歌舞伎乐生活，也显示他独特的写作风格。

李光（1078—1159），字泰发，号无碍居士。钦宗朝任谏职，曾上章论朱勔、蔡京误国；南渡后，知临安、建康府，进位宰相，因论秦桧壅蔽耳目、盗弄国权贬琼州。有《庄简集》。他对禅家的心性观念有相当深切的领会，有诗说：

> 物生天壤间，有形孰非寓。心随万境转，飞走各依附……举足皆道场，意适随所遇。往参少林禅，归指曹溪路。去住吾何心，要以生死喻。远迹混渔樵，忘机狎鸥鹭。千载如知心，相对犹旦暮。④

这里写出自己对于禅的切身体验：觉悟到"举足下足，皆是道场"，

---

① 《真和尚绍兴传灯序》，《松隐集》卷二八。
② 《四库全书总目》卷一五六，下册第 1348—1349 页。
③ 《戏简钱处和》，《松隐集》卷一五。
④ 《签判黄元功公廨枕江有小亭落成之初予偶假居之明洁深稳因得游息其上榜曰寓亭并留鄙句以见意》，《庄简集》卷一。

就能任运随缘、随遇而安了。他又有《转物庵铭》,讲妄情不起则真心遍知,而关键在自心的"一转"。他有《玄珠吟》诗并序则说:

> 予十年间重履忧患,自藤而琼,自琼而儋,一日忽悟,笑曰:此造物者知其顽矿难化,故以此苦之尔。偶读庄周书,言黄帝遗玄珠而罔象得之;又读《维摩经》云:高原陆地不生莲华。因成《玄珠吟》,适妙喜书来,乃赠之:
>
> 黄帝曾游赤水北,遗了玄珠无处觅。我今偶到海南村,烦恼泥中亲拾得。珠体圆明光滴沥,流转根尘人不识。只在寻常动用中,未见争知吾不失。吁嗟世人空费力,欲见此珠须目击。要令心息每相依,密密护持防六贼。①

这是写给著名禅宿大慧宗杲的。《玄珠吟》本是丹霞天然等禅师使用过的旧题目;用玄珠比喻心性的圆满晶莹也是禅宗学人常用的手法。这篇作品敷衍前辈禅偈立意,又特别强调庄、禅合一的宗旨。

王庭珪(1080—1172),字民瞻。北宋末,以政见不合弃官,隐居卢溪;南宋初,胡邦衡以乞斩秦桧谪官岭表,赠诗有"名高北斗星辰上,身堕南州瘴海间","痴儿不了公家事,男子要为天下奇"等语,坐讪谤,流夜郎;孝宗初召还。有《卢溪文集》。他与蒋山觉海、惠洪觉范等著名禅宿交游,对禅有亲切体会。诗文亦多用禅语。他为人刚正,正直敢言,有得于禅的不是消极退避,而是不为物扰、纯任自心的大丈夫精神。作诗也走雄奇杰特一路。如《段居士粟庵》:

> 若人胸臆著万卷,始信此庵藏大千。维摩室中坐狮子,莲花须上集人天。十方国士从坐起,聚此一粒空中圆。尔时宝刹现毫端,跳出云门向上关。痴儿正抱古公案,对面不纳须弥

---

① 《庄简集》卷二。

山。便向粟中寻世界,含元殿里觅长安。①

"粟庵"意谓庵小如粟;又据传维摩本是金粟如来现化,庵主有自喻的意思。这首诗把浪漫的想象和禅的机锋俊语交织在一起,称赞对方住在小小庵室里而能超然物表,胸怀大千世界,冷眼观望世间,表现了诗人的孤傲胸怀。又《闻梁养源归卧病未出作诗问之》:

> 试访伯鸾强健不,但传烟渚有归舟。欲闻大士一转语,为洗南荣十日愁。青壁万寻人似玉,碧云千里月垂钩。我如堪问维摩病,狮子坐中无此流。②

这是问病之作,也是把对方比拟为汉著名隐士梁鸿(字伯鸾)和"示疾说法"的维摩居士,称赞其豪放壮伟、不为物屈的气度。诗的构思、用语极其雄浑奇倔,不同凡响。

周紫芝(1082—?),字少隐,号竹坡居士。绍兴十一年(1141)得官,其时已六十一岁;屡作诗谄颂秦桧父子,所作《大宋中兴颂》亦归美秦桧,被讥评为"老而无耻,贻玷汗青"③。有《太仓稊米集》。他有诗说:"会须师瞿昙,未足慕嵇、阮。"④表明他热衷习佛,而不赞成嵇康、阮籍的佯狂傲世,自贻祸患。他作为行无持操的达官而倾心佛说,与王庭珪等人在对佛法的理解与取向上形成鲜明的对比。

张九成(1092—1159),字子韶,号横浦居士,又号无垢居士,是宋代又一位有代表性的官僚居士,也是著名理学家。在理学传承上,他是杨时弟子,即二程的再传弟子。有《横浦集》、《横浦心传》传世。他以忤秦桧被劾落职,又与大慧宗杲结交。宗杲是杨岐派著名禅师,也是积极参与抗金活动的爱国者,在当时广有影响,时人记载:

---

① 《庐溪文集》卷四。
② 同上卷一七。
③ 《四库全书总目》卷一五八,下册第1366页。
④ 《蝇馆晨起效柳子厚》,《太仓稊米集》卷二八。

......缁流之赴宗杲者二千余众,径山虽巨刹至无所容。宗杲更敞千僧阁以居之,而公往来其间。(秦)桧恐其议己,于是言者论公与杲谤讪朝政。①

他以此被谪居南安军;秦桧死,始被起用。九成钦慕宗杲"议论超卓可喜",又明确表示"佛事一法,阴有以助吾教甚深,未可遽薄之"②。在学术史上,他的思想被评价为理学中程颢、程颐一派向陆九渊心学一派过渡的中间环节,论学以心为根本,又主张"定性识仁","一明皆明",显然有取于佛教心性学说。他入于禅,南宋事功派的学者陈亮曾批评说:

　　　　近世张给事学佛有见,晚从杨龟山(杨时)学,自谓能悟其非,驾其说以鼓天下之学者,靡然从之。家置其书,人习其法,几缠缚胶固,虽世之所谓高明之士,往往溺于其中而不能以自出,其为人心之害何止于战国之杨、墨也。③

朱熹同样对他给予讥评。但四库馆臣说:

　　　　......其立身自有本末:其廷试对策,极陈恢复大计,规戒高宗安于和议之非;又指陈时弊,言皆痛切;于阃宦干政,尤反复申明,其在当时,可称谠论。刘安世喜言禅,苏轼喜言禅,李纲亦喜言禅,言禅不可以立训,要不以是掩其大节也。④

这里所谓"言禅不可以为训",乃儒生之常谈。不同时代、不同人言禅的情况应作具体分析。这从以上列举诸人的情况可以看得很清楚。如张九成,在激烈政争中浮沉,流落荒外十四载,一直坚持操守,安于寂寞,不畏势力所屈,不能不承认得益于禅修的助力。他

---

①《宋名臣言行录》别集下卷九。
②《横浦心传》卷中、上。
③《与应仲实》,《龙川文集》卷一九。
④《四库全书总目》卷一五八,下册第 1362 页。

取号无垢,也是取维摩的另一译名。他有《午窗坐睡》诗说:

> 年老目飞花,心化柳生肘。万事元一梦,古今复何有……
> 有梦尚有思,无梦真无垢。欲呼李太白,醉眠成二叟。①

他如此体悟到人间如梦如幻,企图以沉醉求安慰,则走向消极了。

以上介绍的是宋代官僚士大夫中好佛习禅的一些代表人物。可以看出在当时,尽管新儒学即理学已在逐步形成思想意识领域的主流,并成为抵制宗教的巨大势力,但佛教在官僚士大夫间的影响仍然是相当深广的,包括对一些深于理学的人物。特别是居士思想、居士生活方式更受到他们相当普遍的欢迎。当然如上所述,这种影响波及到政治地位、人生方式各不相同的人物,所起的作用是不同的。这也是由于佛教自身内容十分复杂,人们可以各有所取,各做独自的解会和发挥。这些具有高度文化水平又有相当社会势力的官僚居士对于支撑一代佛教所起的作用是相当显著的。

前面列举的一些人中有的在文学上也有相当成就,但主要从事政治活动。下面介绍有代表性、有杰出成就的文人好佛习禅情况,且算作另一种类型。

三

苏轼(1037—1101),字子瞻,一字和仲,号东坡居士,眉州眉山(今四川眉山)人。他像当时一般士大夫出身的文人官僚一样,以儒术立身,儒家的义理、道德、理想是他一生信守的原则。因而他

---

①《横浦集》卷三。

自早年即奋励有救世志,一生向往朝廷清明而天下治平,虽经百般挫折而不屈不挠地努力。在文学领域,他诗、文、词等各体创作兼擅,创作成就十分卓著,又长久地领袖文坛,引导后进,在当时、对后代都发挥了重大影响。如前所述宋代本是中国历史上文化发展的又一个辉煌时期,苏轼精于书法、绘画、音律等艺术,儒学方面则有《易传》等著作,又旁通百家杂学,老、庄、仙、侠都有所用心,而对佛法尤其热衷并有甚深领悟,乃是代表一代文化高峰的人物。王士祯说:"北宋以后,文之通释教者,以子瞻为极则。"[1]文学创作本来需要有深刻的心灵体验为底蕴,佛教对于他的生活与创作的作用尤其深微显著。

南北朝以来,四川本是佛教发达地区。宋初第一部官版大藏经《开宝藏》就是在益州(今四川成都)刊刻的。苏轼族出寒门,信仰佛教有家族传统。仁宗朝被请到京城住持左街十方净因禅院的居讷是四川人,与苏轼同乡,他的父亲苏洵与之早有交往。苏轼的母亲程氏也笃信佛教。仁宗嘉祐元年(1056),乐全居士张方平领益州,苏洵得到他的推荐,带领苏轼和苏辙兄弟来到汴京,拜谒翰林学士欧阳修,得到誉扬。后来苏洵作《张益州画像记》,歌颂张方平为政治绩,生动刻画了一位宽厚爱民的清官形象,二人间显然是同气相求的。当时欧阳修正在朝主文柄,继承韩愈辟佛传统,以张扬儒学"道统"为职志。而"三苏"好佛习禅却得到他的识拔,可见当时开阔自由的学术风气和欧阳修本人弘通开放、爱才若渴的品格。嘉祐二年,苏轼与弟辙同及进士第;嘉祐六年他通过制科入仕,出任凤翔府签判,在友人王大年影响下开始研读佛书。这当然也是受到仁宗朝社会上礼佛敬僧风气的影响。他在凤翔作《凤翔八观》诗,第四首《维摩像唐杨惠之塑在天柱寺》是咏当地天柱寺维摩像的,其中说:

---

[1]《带经堂诗话》上册第 46 页,夏闳点校,人民文学出版社,1963 年。

　　……今观古塑维摩像,病骨磊嵬如枯龟。乃知至人外生死,此身变化浮云随。世人岂不硕且好,身虽未病心已疲。此叟神完中有恃,谈笑可却千熊罴……见之使人每自失,谁能与结无言师。①

这里他已表示对于维摩居士的衷心神往。

　　此前的仁宗庆历三年(1043),范仲淹执政柄,意图变革积贫积弱之势,实行"新政"未果。继起者则是王安石。治平四年(1067)神宗即位,召知江宁府王安石为翰林学士,朝政遂进入革新变法的动荡时期。熙宁二年(1069),王安石主持的变法急遽展开。苏轼政治态度持重保守,受到排挤,自熙宁四年(1071)至元丰(1078—1085)初先后外放到杭州、密州(今山东诸城)、徐州、湖州为地方官。首先到杭州任通判。江左自吴越以来佛教兴盛,佛刹林立,高僧云集。苏辙描写这一时期苏轼的生活说:

　　昔年苏夫子,杖履无不之。三百六十寺,处处题清诗。麋鹿尽相识,况乃比丘师。辩、净二老人,精明吐琉璃。笑言每忘去,蒲褐相依随。②

这里"辩、净"指当时担任杭州僧正的海月慧辩和天竺观音院的辩才元净,苏轼对他们敬之如师友。苏轼也有文自述说:

　　我初适吴,尚见五公。讲有辩、臻,禅有琏、嵩。③

这里"辩"即慧辩和辩才,"臻"指梵臻,他们都属天台宗,善讲论;"琏"指圆通居讷弟子大觉怀琏,"嵩"即契嵩,他们两人是云门后嗣。除了这些人,还有孤山惠勤、惠思,诗僧清顺、可久等,都与苏

---

① 《东坡全集》卷一。
② 《偶游大愚见余杭明雅照师旧识子瞻能言西湖旧游将行赋诗送之》,《栾城集》卷一三。
③ 《祭龙井辩才文》,《东坡全集》卷九一。

轼密切往还。所以他自诩"吴越名僧与余善者十八九"。不过这一时期他度过的是优游自在的官僚生活,与僧人交往,诗文酬唱,主要还是延续自古以来儒、释交游的传统习俗。如他的《赠上天竺辩才师》诗:

> 南北一山门,上下两天竺。中有老法师,瘦长如鹳鹄。不知修何行,碧眼照山谷。见之自清凉,洗尽烦恼毒。坐令一都会,男女礼白足……①

从这类作品,可见苏轼当时亲近佛僧的具体情景。

作为苏轼人生重大转折,也是对他的宗教信仰产生巨大影响的是元丰二年(1079)在湖州被捕入狱。当时新党对其诗文深文周纳,罗织罪名,弹劾他"指斥乘舆","包藏祸心"。这就是中国文网史上有名的"乌台诗案"。他饱受几个月折磨和屈辱后,被流贬至黄州(今湖北黄冈),名义是黄州团练副使,实为系囚。初到黄州,他寄居佛寺,随僧蔬食。身经磨难,寻求安慰和解脱,更进一步亲近佛说,寻求心理安慰。苏轼后来总结这一段习佛心得说:

> ……道不足以御气,性不足以胜习,不锄其本而耘其末,今虽改之,后必复作。盍归诚佛僧,求一洗之。得城南精舍曰安国,寺有茂林修竹,陂池亭榭,间一二日辄往。焚香默坐,深自省察,则物我相忘,身心皆空,求罪始所从生而不可得。一念清净,染污自落,表里翛然,无所附丽,私窃乐之。旦往而暮还者,五年于此矣。②

从这一时期起,他特别专注地研习佛教义理。后来苏辙为他所写墓志铭中说:

> 既而谪居于黄,杜门深居……后读释氏书,深悟实相,参

---

①《东坡全集》卷六。
②《黄州安国寺记》,《东坡全集》卷三七。

之孔、老,博辨无碍,浩然不见其涯也。①

苏轼在给苏辙的诗里又有句曰:

> 凭君借取《法界观》,一洗人间万事非(来书云近看此书,
> 余未尝见也)。②

《法界观》即宗密《注华严法界观门》,这是阐述华严法界缘起思想的重要著作。华严教学关于一多相即、圆融无碍的事理无碍教理被宋代理学吸纳为有机组成部分。苏轼注重佛理研究,形成他对待佛教态度上的一个特点,也体现宋代理学重视佛教教理的潮流。时有诗僧参寥,苏轼任徐州通判时已经结识,还有佛印了元,这时都来到黄州。这两个人和他谈禅论文,此后彼此间长期保持亲密关系。在黄州,他取号东坡居士。"东坡"一语取自白居易诗,白居易当年被贬忠州(今重庆忠县),曾种花东坡,此后苏轼常常以乐天自比。他羡慕和仿效白居易经患难不败不馁、乐天安命的精神,也和白居易一样结交方外,倾心禅悦。

神宗死后,王安石变法破产,保守派当政,再以后哲宗亲政,进入所谓"元祐更化"时期。苏轼回朝,却仍然坚持遇事不随的作风,又与执政相龃龉,元祐四年(1089)再次被斥知杭州。至哲宗绍圣年间(1094—1098),新党再度执政,苏轼又连遭流贬,由定州(今河北定县)、英州(今广东英德)、惠州(今广东惠州)而远至儋州(今海南儋州)。在暑热偏僻的海岛,饮食不具,药石无着,他食芋饮水度日,生活极其艰苦。他更加热衷佛禅。其妾朝云也学佛,曾陪伴他一起到惠州,绍圣三年(1096)死在那里,弥留时咏《金刚经》"六如偈",死后苏轼为其制铭,并作《悼朝云诗》有云:

> 伤心一念偿前债,弹指三生断后缘。归卧竹根无远近,夜

---

①《亡兄子瞻端明墓志铭》,《栾城后集》卷二二。
②《和子由四首·送春》,《东坡全集》卷七。

灯勤礼塔中仙。①

从这些可见苏轼家庭的宗教气氛。他南来时曾路过南华寺,这是
慧能说法道场,北归再次经过那里。未到之前友人苏贤已在这里
等待,苏轼先寄一诗说:

> 水香知是曹溪口,眼净同看古佛衣。不向南华结香火,此
> 生何处是真依。②

他在垂老之年,就这样表达了归诚佛教的心境。徽宗即位,他遇赦
北归,于建中靖国元年(1101)逝世于归途中的常州。

苏轼对于佛教的因果报应之说、观念上的消极颓唐方面有相
当清醒的认识,并曾一再提出批评。他早年在家乡曾应惟简之请,
写《中和胜相院记》,其中说:

> 佛之道难成,言之使人悲酸愁苦……吾尝究其语矣,大抵
> 务为不可知,设械以应敌,匿形以备败,窘则推堕滉漾中不可
> 捕捉,如是而已矣。③

他认为这类说教是"为愚夫未达者"所设的"荒唐之说"。这种说法
大体同于历来批判佛教的一般看法。但他一生对佛法的倾心又是
一贯的,在学养方面更十分强调禅的作用。他自述学佛经验说:

> 佛书旧亦尝看,但暗塞不能通其妙,独时取其粗浅假说以
> 自洗濯。若农夫之去草,旋去旋生,虽若无益,然终愈于不去
> 也。若世之君子所谓超然玄悟者,仆不识也。往时陈述古好
> 论禅,自以为至矣,而鄙仆所言为浅陋。仆尝语述古:公之所
> 谈,譬之饮食,龙肉也;而仆之所学,猪肉也。猪之与龙,则有

---

① 《东坡全集》卷二三。
② 昔在九江与苏伯固唱和……今得来书,知已在南华相待数日矣。感叹不
已,故先寄此诗》,《东坡全集》卷二五。
③ 《东坡全集》卷三五。

间矣。然公终日说龙肉，不如仆之食猪肉实美而真饱也。不
知君所得于佛书者果何耶？为出生死、超三乘遂作佛乎？抑
尚与仆辈俯仰也？……①

这就表明，他热衷佛说，主要是用之于人生践履和心性修养，并不
赞成那些出世作佛之类虚玄无征之谈。他在祭祀友人辩才法师时
又说过：

孔、老异门，儒、释分宫，又于其间，禅、律相攻。我见大
海，西北南东，江河虽殊，其至则同。维大法师，自戒、定通，律
无持破，垢、净皆空。将无辩讷，事理皆融，如不动山，如常撞
钟，如一月水，如万窍风。八十一年，生而有终，遇物而应，施
则无穷……②

这又明确表示，他不但对于禅、律各派取融通态度，对儒、释、道也
主张兼容并蓄。这也是宋人“统合三教”意识的典型体现。而他融
会贯通三者的基点则在道理上的“事理圆融”和实践中的“遇物而
应”，即求得统摄宇宙、人生的义理并因应运用之。他对佛教的这
种弘通态度和现实精神化为心灵体验，对于他的文学成就，特别是
对于形成他独特的创作风格起了重要作用。

苏轼熟悉《金刚》、《维摩》、《圆觉》等大乘经，对于禅和华严宗
义也有十分深刻的领会。禅的自性清净、“明心见性”，华严的事理
圆融、无碍自在，以及佛教一般宣扬的我法两空、人生如梦等观念
被他化为诗思抒写出来，形成深刻的思致和特殊的理趣。例如他
早年所写的《和子由渑池怀旧》诗：

人生到处知何似，应似飞鸿踏雪泥。泥上偶然留指爪，鸿
飞那复计东西。老僧已死成新塔，坏壁无由见旧题。往日崎

————————

① 《答毕仲举书》，《东坡全集》卷七四。
② 《祭龙井辩才文》，《东坡全集》卷九一。

岖还记否,路长人困蹇驴嘶。①

白居易《观幻》诗有句曰"更无寻觅处,鸟迹印空中"②,是说人生的一切变动不居,如幻如化;苏轼在这里变化为具象的"雪泥鸿爪"比喻,抒写出变幻不定、难以追寻的人生历程和兄弟间永恒亲情的温馨、可贵。意境近似,更直接地表现"人生如梦"观念的如《正月二十日与潘郭二生出郊寻春忽记去年是日同至女王城作诗乃和前韵》诗:

> 东风未肯入东门,走马还寻去岁春。人似秋鸿来有信,事如春梦了无痕。江城白酒三杯酽,野老苍颜一笑温。已约年年为此会,故人不用赋《招魂》。③

这里也是利用"秋鸿"意象,更直接地抒写"事如春梦"的感受,表达人生无常的怅惘。苏轼作品中抒写同类观念的不少,文如《赤壁赋》、词如《念奴娇·赤壁怀古》等。可贵的是,苏轼表达这类观念,虽然时时流露出无可奈何的哀愁,但常常隐含着人情的温暖和人生的依恋,在悲观、消极表露的背后蕴含着乐观、积极精神。

禅追求一念清静、身心皆空、无所挂碍的境界,也是苏轼时常向往的。他的《病中游祖塔院》诗说:

> 因病得闲殊不恶,安心是药更无方。道人不惜阶前水,借与匏樽自在尝。④

这里的"病"不只是指生理病痛,更是指人生患难。他说解除患难的办法惟有自己"安心"。苏轼用佛理来安顿身心,形成内心中不败不馁的定力。他有《书焦山纶长老壁》诗:

---

①《东坡全集》卷一。
②《白居易集笺校》卷二六,第3册第1813页。
③《东坡全集》卷一二。
④同上卷二五。

> 法师住焦山,而实未尝住。我来辄问法,法师了无语。法
> 师非无语,不知所答故。君看头与足,本自安冠履。譬如长鬣
> 人,不以长为苦。一旦或人问,每睡安所措。归来被上下,一
> 夜着无处。展转遂达晨,意欲尽镊去。此言虽鄙浅,固自有深
> 趣。持此问法师,法师一笑许。①

这是一篇典型的"借禅以为恢"②之作,幽默地写了一个长须人的尴
尬处境:一旦他对长须有了"自觉",就不知所措、夜不成眠了。这
里所表现的禅的"无念"、"无相"、无所执着的道理,正通于庄子的
齐物逍遥精神。他的《泗州僧伽塔》诗同样运用譬喻表达这一
主题:

> ……至人无心何厚薄,我自怀私欣所便。耕田欲雨刈欲
> 晴,去得顺风来者怨。若使人人祷辄遂,造物应须日千变。今
> 我身世两悠悠,去无所逐来无恋……③

这里采用了不同的象征手法,表达面对世间矛盾应取的态度:只要
内心清净,无所执着,那么对于一切患难都会无怨无悔,以平常心
处之了。他的继室王氏闰之亦好佛,元祐八年(1093)病逝于京师,
苏轼在其生前曾依《金光明经》故事,买鱼放生为寿,并作《蝶恋花》
词;她死前有遗言,命其子绘阿弥陀佛像供奉丛林,苏轼请著名画
家李公麟画释迦及十大弟子像供奉京师,并作《阿弥陀佛赞》,中有
"此心平处是西方"④之句,也典型地表达了他倾心佛教的缘由。

　　如上述所表明,苏轼对待佛教,不只是需要从中得到感情上的
依托,亦注重学理上的义解。他研习华严宗义有得,利用其万法一
如、凡圣等一、理事无碍的观念来观察人生、安顿身心。他的诗文

①《东坡全集》卷六。
②《闻辩才法师复归上天竺以诗戏问》,《东坡全集》卷九。
③《东坡全集》卷三。
④同上卷九五。

表现这种境界,往往体现出特有的理趣。如另一首同样幽默风趣的小诗《赠眼医王生彦若》,写这位医生能够在谈笑自若间为人挑出眼翳,即不是幻术,也不用符咒,而是他认识到"形骸一尘垢,贵贱两草木",因而能够"鼻端有余地,肝胆分楚蜀"①。这让人想起《庄子》"庖丁解牛"故事。庖丁的技艺是"依乎天理"的,掌握天理的关键在重内不重外,即保养精神的健全。苏诗写的眼医能够体认事理一如的道理,树立起万物等一的平等观,破执去缚,内心无所计较,动手术时也就没有焦灼疑虑,从而保证顺利成功。曾季狸曾评论这首诗说:

> 东莱(吕居仁)喜东坡《赠眼医王彦若》诗,王履道亦言东坡自负此诗,多自书与人。予读其诗,如佛经中偈赞,真奇作也。②

说这首诗仿佛经中偈颂,意思也是指其中包含深微义理。同样巧妙地表达禅机的还有《泛颍》诗。"元祐更化"时期苏轼继续受到排斥,由知杭州移刺颍州(今安徽阜阳),诗曰:

> 我性喜临水,得颍意甚奇。到官十日来,九日河之湄。吏民相笑语,使君老而痴。使君实不痴,流水有令姿。绕郡十余里,不驶亦不迟。上流直而清,下流曲而漪。画船俯明镜,笑问汝为谁。忽然生鳞甲,乱我须与眉。散为百东坡,顷刻复在兹。此岂水薄相,与我相娱嬉。声色与臭味,颠倒眩小儿。等是儿戏物,水中少磷淄。赵、陈、两欧阳,同参天人师。观妙各有得,共赋泛颍诗。③

这里所谓"观妙",指观察外物中的妙理,实即佛家事理圆融的教

---

①《东坡全集》卷一五。
②《艇斋诗话》,《历代诗话续编》上册第 289 页。
③《东坡全集》卷一九。

理。杨慎指出：

> 东坡《泛颍》诗："散为百东坡，顷刻复在兹。"刘须溪谓本
> 《传灯录》。按《传灯录》，良价禅师因过水睹影而悟，有偈曰：
> "切忌从它觅，迢迢与我疏。我今独自往，处处得逢渠。渠今
> 正是我，我今不是渠。"①

这里是说苏诗通于曹洞禅，指出诗的立意与洞山的偈有近似处，实
际上这首诗里表达的观念更切合华严总别相摄、事理无碍的宗义。
在颍州所作还有《轼在颍州与赵德麟同治西湖……》诗说：

> 太山秋毫两无穷，钜细本出相形中。大千起灭一尘里，未
> 觉杭颍谁雌雄。②

杭州是繁华巨郡，颍州是偏僻小州，但从事理圆融、自在成立的观
念看，二者是等无差别的。这样看，也就能够做到心无厚薄、得丧
一如了。苏轼面对人生的波折起伏，总能用超脱的理致相排遣，表
现出潇洒旷达的气度，正和他对于佛教教理的深刻体认有关系。
当然，他也受到老、庄较多影响，在具体表现上往往又是佛禅、庄禅
合一的。

　　此外，宋诗艺术风格有所谓"以文字为诗，以才学为诗，以议论
为诗"③的特征，如果从积极开拓写作方法的角度理解，苏轼诗也可
以作为体现这一特征的典型。他的许多作品极富理趣，其原因也
在于他善于把佛、老、庄、禅等义理化为诗思巧妙地加以抒写。作
文的情形也一样。历史上论文有"苏如海"之说，是指其风格的浩
瀚无际，随事曲注、无所不用的博大精深，这也可以说是他全部创
作的总格调。而他做到这一点，得益于佛教修养是颇多的。

---

① 《升庵诗话》卷三，《历代诗话续编》中册第 697 页。
② 《东坡全集》卷二〇。
③ 郭绍虞《沧浪诗话校释》第 24 页，人民文学出版社，1961 年。

　　苏辙(1039—1112),字子由,号颖滨遗老。有《栾城集》。他嘉祐二年(1057)与苏轼同举进士;六年同中制科。兄弟二人情好甚笃,思想观念近似,进退出处也大有关联。苏轼以"乌台诗案"入狱,他上书请以己官赎兄罪,牵连被贬,监筠州(今江西高安)酒税;次年,移绩溪(今安徽绩溪)令。从这一时期起,他也开始更用心学佛,他说:

　　　　予元丰中以罪谪高安,既涉世多难,知佛法之可以为归也。是时,洞山有文(洞山克文,黄檗慧南法嗣——著者,下同),黄檗有全(黄檗道全,泐潭克文法嗣),圣寿有聪(圣寿省聪,慧林宗本法嗣),是三老人皆具正法眼,超然无累于物,予稍从之游,既久而有见也。①

他又具体说到和圣寿省聪的交谊:

　　　　余既少而多病,壮而多难,行年四十有二而视听衰耗,志气消竭。夫多病则与学道者宜,多难则与学禅者宜。既与其徒出入相从,于是吐故纳新,引挽屈伸,而病以少安;照了诸妄,还复本性,而忧以自去,洒然不知网罟之在前与桎梏之在身……省聪本绵竹人,少治讲说,晚得法于浙西本禅师。听其言,亹亹不倦……②

从这段话可见他学佛的具体情形。他也和当时许多士大夫一样,学佛同时好道,又不失儒生本色。在《卜居赋》里说:

　　　　我师孔公,师其致一,亦入瞿昙、老聃之室。此心皎然,与物皆寂,身则有尽,惟心不没。③

这表明他热衷于儒、释、道三者而统一于心性。所以他又说:

────────────

①《逍遥聪禅师塔碑》,《栾城后集》卷二四。
②《筠州圣寿院法堂记》,《栾城集》卷二三。
③《栾城三集》卷五。

> 老、佛之道，非一人之私说也，自有天地而有是道矣。古
> 之君子以之治气养心，其高不可婴，其洁不可涸，天、地、神、人
> 皆将望而敬之。圣人之所以不疾而速、不行而至者，一用此
> 道也。①

在这里他显然是把学佛当作治气养心的重要手段了。后来旧党当
政，他被召还朝，得以超迁，一度执政柄。但新党得势，哲宗亲政，
他又连续遭贬黜，落职知汝州（今河南汝州）、袁州（今江西宜春），
更被贬谪至雷州（今广东雷州）、循州（今广东龙川）等远恶之地；晚
年定居颍州（今安徽阜阳），度过隐居生活。他半生经历充满挫折
艰辛，同样也从佛、道求得安慰。

　　苏辙的创作亦兼擅各体。其文秀杰深醇，其赋疏淡详密，而其
诗咏物写景，清新淡雅，善于抒写心灵的隐微，也更多流露出佛、道
的影响。与苏轼唱和尤多。如这样的诗：

> 冷枕单衣小竹床，卧闻秋雨滴心凉。此间本净何须洗，是
> 病皆空岂有方。示疾维摩元自在，放身南岳离思量。病根欲
> 去真元在，中夜梦游何有乡。②
>
> 文章习气消未尽，般若初心老渐明。粗有《春秋》传旧学，
> 终凭止观定无生。维摩晚亦谐生事，弥勒初犹重世名。须发
> 来年应早白，莫留尘滓涠澄清。③

这就生动细腻地抒写出体道的优游自在、潇洒自如的境界；他也是
把自己比喻为示疾的维摩，在困顿中求得精神的超脱。又如这样
的小诗：

> 幽居一室少尘缘，妻子相看意自闲。行到南窗修竹下，恍

---

① 《历代论·梁武帝第二十三》，《栾城后集》卷一〇。
② 《病退》，《栾城集》卷一四。
③ 《岁莫二首》之二，《栾城后集》卷四。

然如见旧溪山。①

这里全然不见禅语,但那种闲淡的意境、悠远的情趣,却表明诗人已体得物我一如的禅的真谛。

"三苏"的道德、文章传颂千古,继承古代文化的丰富传统是他们得以成功的重要因素,这其间佛教,特别是禅的作用正是十分重要的方面。

四

王安石(1021—1086),字介甫,号半山,封荆国公,世称王荆公。有《王文公文集》。王安石是历史上著名的革新政治家。他活动的时期大体与苏轼同时,二人对改革的立场截然不同,在朝中进退正好相反。但实际上他们的分歧更多地表现在施政方针和行事缓急上,思想、学术观点倒是有许多相通之处的。他们都以儒术立身,都富经国之志,思想上又都能够广泛汲取百家杂说,对佛法也都相当地热衷。在文学创作方面,王安石所受佛教影响同样也是相当深刻的。

王安石自诩"不思其力之不任也,而唯孔子之学"②。但他所提倡的是与他的改革政治主张相一致的所谓"新学"。他自云少好读书,"百家诸子之书,至于《难经》、《素问》、《本草》诸小说,无所不读;农夫、女工无所不问,然后于经为能知其大体而无疑。盖后世学者与先王之时异矣,不如是,不足以尽圣人故也"③。他曾为《楞

①《南斋竹三绝》之一,《栾城三集》卷二。
②《答王该秘校书》,《临川文集》卷七七。
③《答曾子固书》,《临川文集》卷七三。

严经》作过注释。他的《读维摩经有感》诗说：

> 身如泡沫亦如风，刀割香涂共一空。宴坐世间观此理，维摩虽病有神通。①

又《书金刚经义赠吴珪》：

> 惟佛世尊具正等觉，于十方刹见无边身，于一寻身说无量义。然旁行之所载，累译之所通，理穷于不可得，性尽于无所住，金刚般若波罗蜜为最上乘者，如斯而已矣。②

他与宋神宗曾有一段对话：

> 安石曰："柔远能迩，《诗》、《书》皆有是言，别作言语不得。臣观佛书，乃与经合，盖理如此，则虽相去远，其合犹符节也。"上曰："佛西域人，言语即异，道理何缘异？"安石曰："臣愚以为苟合于理，虽鬼神异趣，要无以易。"上曰："诚如此。"③

从这些都可见他对佛理的热衷和治学的弘通态度。佛书乃是他所着重研习的学问的重要部分。他并热心与僧徒交游。他说：

> ……圣人之大体，分裂而为八九。博闻该见有志之士，补苴调胹，冀以就完而力不足，而无可为之地，故终不得。盖有见于无思无为、退藏于密、寂然不动者，中国之老、庄，西域之佛也。既以此为教于天下而传后世，故为其徒者，多宽平而不忮，质静而无求。不忮似仁，无求似义。当世之夸漫盗夺、有己而无物者多，于世则超然高蹈，其为有似乎吾之仁义者，岂非所谓贤于彼而可与言者邪？若通之瑞新、闽之怀琏，皆今之为佛而超然、吾所谓贤而与之游者也。此二人者，既以其所学

---

① 《临川文集》卷三四。
② 同上卷七一。
③ 《续资治通鉴长编》卷二三三《熙宁五年》。

自脱于世之淫浊,而又皆有聪明辩智之才,故吾乐以其所得者间语焉,与之游,忘日月之多也……①

安石入仕途、知鄞县(今浙江宁波)在庆历七年(1047),当时即与黄龙派禅师瑞新结交,有诗文唱和②。皇祐二年(1050)朝廷敕怀琏住持东京净因禅院,至迟在这个时期安石已与之有交往。三年,他通判舒州(今安徽潜山),曾与兄弟安国、僧人文锐一起游历舒州山谷寺,并自号"山谷道人"。那里传为禅宗三祖僧璨所住持,唐代独孤及曾树碑纪念。英宗治平元年(1064)丁母忧,读佛经于金陵蒋山,与了元禅师结交,问祖师意旨,了元说他"有障三,有近道之质一",并解释说:"公受气刚大,世缘深,以刚大气遭世缘深,必以身任天下之重,怀经济之志;用舍不能必,则心未平,以未平之心经世,何时能一念万年哉? 又多怒,而学问尚理,于道为所知愚,此其三也。特视名利如脱发,甘淡薄如头陀,此为近道,且当以教乘滋茂之可也。"③他早年在汴京,已结识著名禅师金山宝觉,这一时期更与之密切往还,有诗曰:

　　　　大师京国旧,兴趣江湖迥。往与惠、询辈,一宿金山顶。怀哉若留恋,王事有朝请……④

　　　　与公京口水云间,问月何时照我还。邂逅我还还问月,何时照我宿金山。⑤

可见二人关系之笃厚。这些事实都表明他对佛教的热诚态度。

苏轼的《王安石赠太傅》制说他"少学孔、孟,晚师瞿昙,网罗六

---

①《涟水军淳化院经藏记》,《临川文集》卷八三。
②《新续高僧传四集》卷四九《瑞新传》。
③詹大和《王荆国文公年谱》卷上,《王安石年谱三种》第 63 页,中华书局,1994 年。
④《赠宝觉二十四首》之一,《临川文集》卷三六。
⑤《与宝觉宿龙华院三绝句》之三,《临川文集》卷二八。

艺之遗文,断以己意;糠粃百家之陈迹,作新斯人"①,一般以为这是
评论安石学问的持平之论。不过这里的"少"、"晚"只可作相对理
解。因为安石早年不是与佛教毫无干系,晚年也没有放弃儒家致
治理想。神宗去世,变法失败,安石辞去相位之后,确实更加专心
于学术研究和诗文创作,同时也更热衷于习佛。元丰七年(1084),
苏轼由贬所黄州奉调汝州团练副使,过金陵,曾去访问他,后来在
给滕达道的信里说"某到此时见荆公,甚喜,时诵诗说佛也"②。这
时安石又"作《字说》……流入于佛、老"③;他更施所居园屋为僧寺,
即半山报宁禅寺,并将田地割入蒋山为常住。时有俞子中者,早年
和黄庭坚同学,安石劝其住半山寺为僧,并为取名紫琳,字清老。
他这时给曾巩的信里说:"方今乱俗不在于佛,乃在于学士大夫沉
没利欲,以言相尚,不知自治而已。"④他是把佛说当作养练身心、没
除利欲的手段的。黄庭坚对于王安石学佛有评论说:

> 荆公学佛,所谓吾以为龙又无角,吾以为蛇又有足者也。
> 然余尝熟观其风度,真视富贵如浮云,不溺于财利酒色,一世
> 之伟人也。暮年小语,雅丽精绝,脱去流俗,不可以常理待
> 之也。⑤

龙无角、蛇有足,是说不循常轨,独辟蹊径。黄庭坚称赞安石之有
得于佛说者,则在超脱利欲,心性淡泊。后来陆象山为其祠堂作
记,也赞扬他"声色利达之习,介然无毫毛得以入于其心,洁白之
操,寒于冰霜"⑥。安石生前死后受到各种攻击,但超脱利欲的品德

①《东坡全集》卷一○六。
②《与滕达道书》,《东坡全集》卷七七。
③《宋史》卷三二七《王安石传》,第 10550 页。
④《答曾子固书》,《临川文集》卷七三。
⑤《跋王荆公禅简》,《豫章黄先生文集》卷三○。
⑥《荆国王文公祠堂记》,《象山先生全集》卷一九。

是有目共睹、众所公认的。释惠洪描写晚年王安石的形象也说：

> 白下长干春雾披，家家桃李粲朝晖。悬知一见毗耶老，心地如灰不更飞。①

这里则更直接把安石比拟为维摩居士了。

安石晚年诗作雅丽精绝，特别着意抒写那种超脱世事利欲的心境。如《次韵张德甫奉议》：

> 知君非我载醪人，终日相随免污茵。赏尽高山见流水，唱残白雪值阳春。中分香积如来钵，对现毗耶长者身。谁拂定林幽处壁，与君图写继吾真。②

从这种流连山水、寄心佛理的高蹈生活中，可以感受到诗人的超然意趣。他的有些作品更表露禅机，如《即事二首》：

> 云从钟山起，却入钟山去。借问山中人，云今在何处。
> 云从无心来，还向无心去。无心无处寻，莫觅无心处。③

这类诗"全类禅家机锋语，而独无其荒忽"④。他又作有《拟寒山拾得》二十首，是自己相当得意的作品，下面是第二、四两首：

> 我曾为牛马，见草豆欢喜。又曾为女人，欢喜见男子。我若真是我，只合长如此。若好恶不定，应知为物使。堂堂大丈夫，莫认物为己。
> 风吹瓦堕屋，正打破我头。瓦亦自破碎，岂但我血流。我终不嗔渠，此瓦不自由。众生造众恶，亦有一机抽。渠不知此机，故自认愆尤。此但可哀怜，劝令真正修。岂可自迷闷，与

---

① 《次韵少游学士送龚深之往金陵见王荆公》四首之四，《参寥子诗集》卷二。
② 《临川文集》卷一七。
③ 同上卷三。
④ 蔡上翔《王荆公年谱考略》，《王安石年谱三种》第 560 页。

　　渠作冤仇。①

在众多后人拟寒山作品里，王安石的诗不仅得其形似，更能得其神髓。这些诗所抒写的那种对于世情的激愤，表达上冷峻的语调，确实类似寒山诗，同样又是得自学佛的体验。

　　一代进步思想家和革新政治家如王安石亲近、接受佛教的这种情形，是佛教在文化、学术领域发挥影响和作用的复杂性的又一例证。

五

　　宋代学术本以理学即所谓"新儒学"胜，理学的形成和发展有力地抵制了兴盛几百年的佛、道二教，从而扭转了思想、学术发展的大方向。但是在文学领域，深刻浸淫佛说的苏轼却造成了更为巨大的影响。这是佛教深入影响中土文化的结果，也体现作为学理的思想领域和更注重感性的文学领域与宗教相互关联情形的不同。直接接受苏轼影响又在创作中做出成绩的是所谓"苏门四学士"：黄庭坚、秦观、晁补之、张耒；而黄庭坚开创"江西诗派"，更成一代诗风的主要代表人物。

　　黄庭坚（1045—1105），字鲁直，号山谷，又号涪翁，洪州分宁（今江西修水）人。有《豫章先生文集》。山谷外甥洪朋评论乃舅说：

　　　　诗家今独步，舅氏大名稀。屈、宋堪奴仆，曹、刘在指挥。禅心元诣绝，世事更忘机……②

　　————————————

　　①《临川文集》卷三。
　　②《怀黄太史》，《洪龟父集》卷下。

这里并列地高度评价他的诗作和禅学。吴之振等编《宋诗钞》,甚至说黄庭坚"惟本领为禅学"①。

　　黄庭坚,治平四年(1067)进士及第。元丰元年(1078)上书苏轼并附所作《古风》二首,得到称赏,声名始盛。他出仕的时候,正值变法高潮期,也卷入党争之中。旧党得势的"元祐更化"时期始得到重用,擢为起居舍人;绍圣初,新党专政,即被贬谪。晚年沦落,卒于宜州(今广西宜州)贬所。

　　黄庭坚出生之地的洪州,正是临济宗分化出来的黄龙派兴盛之地。黄龙派也以浓厚的文化性格见长。黄庭坚年轻时已和这一派祖师慧南交好。其《戏题葆真阁》诗中有"真常自在如来性,肯絷修持只益劳"之句。葆真阁是慧南出家之地。从此开启他一生与黄龙派学人的密切交往。特别是分宁又是慧南法嗣晦堂(宝觉)祖心禅师传法之地,元祐年间(1086—1094)黄庭坚丁母忧回乡,与之过从甚密,馆其庵旁二年。《灯录》上把他列为晦堂弟子,并记载其开悟因缘说:

　　　　往依晦堂,乞指径捷处。堂曰:"只如仲尼道'二三子,以我为隐乎? 吾无隐乎尔'者,太史居常如何理论?"公拟对。堂曰:"不是,不是!"公迷闷不已。一日侍堂山行次,时岩桂盛放,堂曰:"闻木犀华香么?"公曰:"闻。"堂曰:"吾无隐乎尔。"公释然,即拜之。②

山谷视晦堂为"方外之师"③,称赞他是"法中龙象,末世人天正眼"④。又晦堂嫡传死心悟新,算是山谷同门,二人间也保持着长久交谊。绍圣年间(1094—1098),山谷以党籍贬涪州(今重庆涪陵)

---

① 《宋诗钞》卷二八《黄庭坚山谷诗钞上》。
② 《五灯会元》卷一七《太史黄庭坚居士》,下册第1139页。
③ 史季温《别集诗注》卷下《赠法轮齐公》注引《重书法轮古碑跋》。
④ 《跋心禅师与承天监院守璨手海》,《山谷集·别集》卷一二。

司马,黔州(今四川彭水)安置,有《与死心道人书》曰:

> 往日常蒙苦口提撕,常如醉梦,依稀在光影中。今日昭然,明日昧然,盖疑情不尽,命根不断,故望涯而退耳。谪官在黔州道中,昼卧觉来,忽然廓尔,寻思平生被天下老和尚谩了多少,惟有死心道人不相背,乃是第一慈悲。①

山谷后半生受到晦堂启迪甚多。在分宁他还结交了慧南的另一个弟子灵源惟清。晚年羁管宜州时有《寄黄龙清老三首》诗:

> 万山不隔中秋月,一雁能传寄远书。深密伽陀枯战笔,真成相见问何如。
>
> 风前橄榄星宿落,日下椰榔羽扇开。照默堂中有相忆,清秋忽遣化人来。
>
> 骑驴觅驴但可笑,非马喻马亦成痴。一天月色为谁好,二老风流只自知。②

从这样的诗可见二人交情之笃厚。而其中表现的禅机更显示山谷禅学修养的深厚。

山谷一生中"喜与禅僧语",和他交好的还有渤潭克文、中际可遵、投子普聪、五祖法眼等一代名宿。他又喜读禅录,后人评论说:"本朝士大夫与当代尊宿撰语录序,语句斩绝者,无出山谷、无为(杨杰)、无尽(张商英)三大老。"③今存山谷所撰云居元祐(嗣黄龙慧南)、翠岩可真(嗣石霜楚圆)及其弟子大沩慕哲等人语录序,都清楚表现他的习禅心得。他作《书洞山价禅师〈新丰吟〉后》一文说:

> 余旧不喜曹洞言句,常怀泾渭不同流之意。今日偶味此文,

---

①《山谷集·别集》卷二〇。
②《山谷集》卷一一。
③道融《丛林盛事》卷下,《续藏经》第 86 册第 700 页下。

皆吾家日用事,乃知此老人做百衲被,岁久天寒,方知用处。①

这又明确表示,他确曾真参实悟,并且是在人生"日用"处有所心得的。

山谷涉及佛禅题材的作品颇多。有些是直接张扬佛理的。如《维摩诘画赞》:

> 维摩无病自灼灸,不二门开休闯首。文殊赞叹辜负人,不如赵州放笟帚。
>
> 不二法门无别路,诸方临水不敢渡。鹙子怕沾天女花,花前竹外是谁家。②

这主要是利用《维摩经》故实来表现禅机。艺术上更成熟的是那些把对佛理的体会和禅机、禅趣化为诗情的作品,如晚年所写《自巴陵界平江临湘入通城无日不雨至黄龙奉谒清禅师继而晚晴邂逅禅客戴道纯款语作长句呈道纯》诗:

> 山行十日雨沾衣,幕阜峰前对落晖。野水自添田水满,晴鸠却唤雨鸠归。灵源大士人天眼,双塔老师诸佛机。白发苍颜重到此,问君还是昔人非。③

又同是晚年之作的《题落星寺四首》之三:

> 落星开士结深屋,龙阁老翁来赋诗。小雨藏山客坐久,长江接天帆到迟。燕寝清香与世隔,画图妙绝无人知。蜂房各自开户牖,处处煮茶藤一枝。④

后一首结句用黄龙晦堂的"生涯三世衲,故旧一枝藤"⑤句。两首诗

①《山谷集》卷二六。
②《山谷集·别集》卷二。
③《山谷集》卷一一。
④《山谷集·外集》卷五。
⑤《彦周诗话》。

境界都相当壮阔，人世沧桑之感、心地悠然之情流露在字里行间，都真切体现禅悟的感受。

在宋诗史上，苏、黄往往并称，黄又出自苏门之下，但二人的创作风格却有所不同。这与二人习禅态度、所得不一有密切关系。何良俊说：

> 唐、宋诸公，如李文正（翱）、黄山谷于教中极有精诣处；白太傅、苏端明只是个洒脱，然洒脱却是教中第一。①

就是说，苏轼学佛，更能体得佛教荡相遣执、遗世超俗的精神，而黄庭坚则更专精于禅机、禅语的熔炼。所以有人说苏轼是"士大夫禅"，黄庭坚才是"祖师禅"。苏轼自称是"借禅以为恢"②。刘熙载评论他的诗"善于空诸所有，又善于无中生有，机括实自禅悟中来"③。他显然更重视对于佛教义理的领会，以之为陶冶性灵、解脱愤郁之具。而山谷则更注重参悟，对言句有特嗜，因此能够借鉴禅的思维方式和表现方法。李屏山论山谷诗说：

> 黄鲁直……以俗为雅，以故为新，不犯正位，如参禅，著末后句为具眼。江西诸君子翕然推重，别是一派。④

当时或后来人总结他的写作技法，有所谓"夺胎换骨"、"点铁成金"、"死蛇弄活"诸说，实际都反映了他创作中借鉴禅的言句、机锋的高超技巧。钱锺书说：

> 唯禅宗公案偈语，句不停意，用不停机，口角灵活，远迈道士之金丹歌诀。词章家隽句，每本禅人话头。⑤

---

①《四友斋丛说》卷二一，第 192 页，中华书局，1959 年。
②《闻辩才法师复归上天竺以诗戏问》，《东坡全集》卷九。
③《艺概》卷二《诗概》，第 66 页，上海古籍出版社，1978 年。
④《中州集》卷二《刘西岩小传》。
⑤《谈艺录》（补订本），第 226 页，中华书局，1984 年。

黄庭坚即善于把握禅语的这种种特长，加以点化，组织在创作中。朱弁说他深悟禅家"死蛇弄活"之理，"乃独用昆体功夫，而造老杜浑成之地，今之诗人少有及此者。此禅家所谓'更高一著'也"①。例如他的名作《登块阁》，有句"落木千山天远大，澄江一道月分明"，分别使用杜甫的《登高》和谢脁的《晚望三山还望京邑》；另一首《雨中登岳阳楼望君山》有句"投荒万死鬓毛斑，生入瞿塘滟滪关"，则分别点化柳宗元的《别舍弟宗一》和李白的《长干行》，如此都能化用古人陈语而另铸伟词，创造出新的诗语、诗境。特别是他有意追摹杜甫的"沉郁顿挫"、"横空硬语"，也确能够得到某些神髓，因而后来的江西诗派标榜以杜为祖而以黄为宗。他实际所得主要在"句法"、言语等形式方面。这也成为宋人"以文字为诗"、"以才学为诗"的典型表现。这样也就难免流于刻意雕琢言辞的局限。不过无论从积极意义还是消极作用看，山谷诗锤炼言句的努力以及由此形成的独特风格，在艺术上都是有创获的。

　　"苏门四学士"的另外三个人——秦观、晁补之、张耒在创作方面均取得一定成就，在一代文坛上都是杰出人物。他们身上也都体现浓重的佛教影响。

　　秦观（1049—1100），字少游，一字太虚，号淮海居士。有《淮海集》。熙宁十年（1077），以《黄楼赋》贽见苏轼，得到称赏。后来绍圣初竟以此而入党籍，连遭远贬，直到徽宗即位始得北返，中途客死藤州（今广西藤县）。他的家庭"世崇佛氏"②。元丰七年（1084）苏轼向王安石推荐他，说他"博综史传，通晓佛书"③；王安石回信则说"闻秦君尝学至言妙道，无乃笑我与公嗜好过乎"④。而秦观评论苏轼则说：

① 《风月堂诗话》卷下。
② 《五百罗汉图记》，《淮海集》卷三八。
③ 《与荆公书》，《东坡全集》卷七五。
④ 《回苏子瞻简》，《临川文集》卷七三。

> 苏氏之道，最深于性命自得之际；其次则器足以任重，识
> 足以致远，至于议论文章，乃其与世周旋至粗者也。①

由此可见他最重视的是所谓"性命"之学，主要是指佛说。他的《心
说》一文曰：

> 有心者累物，众人之事也；虚心者遗实，贤人之事也；无心
> 者忘有，圣人之事也；见心之真在而无所取舍者，死生不得与
> 之变，神人之事也。呜呼！安得神人而与之说心哉！②

这里所赞扬的"神人"结习都尽、无所系缚的心性，正通于禅的"无
念"、"无相"境界。

秦观诗、文创作都取得相当好的成绩，尤以小词著称。他的词
深幽怨抑，微婉动人，应和接受佛教熏陶下的心灵感悟有关系。

晁补之(1153—1110)，字无咎，号知归子。有《鸡肋集》。晁氏
本是两宋望族，补之四世祖晁迥在宋初有文名，著《法藏碎金录》、
《道院集》等，兼习佛、道，主"三教"一致，是代表一时潮流的著名居
士。这也成为晁氏家学传统，在当世、对后代影响巨大③。补之早
年受知于苏轼，绍圣年间也被列入元祐党籍致贬；徽宗初召还。崇
宁(1102—1106)再度被贬；后任知河中府(今山西永济)等。李充
有《补之以炼养之说勉德循眷眷之意并见二诗若惧其不我从
者……》④诗，可知他同样也热心道术。到晚年，他更加倾心释氏，
自叙说：

> 晚得释氏外生死说，始尽屏旧习，皇皇如堂室四达无所

---

①《答傅彬老简》，《淮海集》卷三〇。
②《淮海集》卷二五。
③参阅漆侠《宋学的发展和演变》第二编《宋学的形成阶段》第五章《宋学形成
　前儒释道三家思想的渗透、沟通及其向纵深发展(下)：晁迥对佛道思想的认
　识》，第160—174页，河北人民出版社，2002年。
④《庄简集》卷四。

依,方寸之地虚矣。①

他所作《白莲社图记》,是净土教名文,历来受到净土宗人推崇。他又主张以佛说调息身心。其《叙旧感怀呈提刑毅父并再和六首》之四说:

> 须弥纳芥事堪惊,千岁聊堪一日评。世上相逢俱梦寐,古来何处是功名。簿书听我依稀了,云水陪君浩荡行。便与此山同不朽,不应惆怅复牵情。②

须弥入芥子是《维摩》"不可思议解脱法门"的示现,以此世界本相如故,所以万物是相即相入的。诗人由此体会到人生如梦、功名利禄都无价值,希望和友人一起徜徉山水,寄托余生。晁诗长于议论。像这类作品,虽无多新意,却也颇见理趣。

张耒(1054—1114),字文潜,号柯山。有《柯山集》。曾受知于苏氏兄弟,亦于绍圣年间被贬;徽宗立,出知汝、颍二州;后以言官弹劾,再次遭贬,晚年居陈州(今河南淮阳)。他有《赠僧介然》诗说:

> 寒窗写就白云篇,客至研茶手自煎。儒、佛故应同是道,《诗》、《书》本是不妨禅。长松千尺巢云鹤,寒峤三更啸月猿。请以篇章为佛事,要观半偈走人天。③

他同样也热心道术,其《喜七兄疾愈二首》诗说:

> 净名居士本非病,五禽先生能养身。家人但讶少林观,乡里不知颜子贫。身内固知精是药,人间惟有道通神。喜闻渐离乌皮几,花气晴来欲逼人。
>
> 南邻隐士龙虎鼎(原注:陆先生平叔有道之士),东寺比丘坚

---

① 《归来子名缗城所居记》,《鸡肋集》卷三一。
② 《鸡肋集》卷一七。
③ 《柯山集》卷一七。

密身(原注:圆明师戒行无玷)。欲知十室有信处,顾此两贤非世
人。战胜天魔初起定(原注:七兄已断世缘),宝成丹灶不妨贫
(原注:兄新悟道秘)。何时共此闲居士,紫领长衫乐社神。[①]

从这样的诗可以看出作者儒、墨、佛、道兼容并蓄的立场。张耒和
晁补之一样好道,与徽宗朝崇道的风气有一定关系。

　　文坛上不算是"苏门弟子",作为苏轼友人或后学有所成就的,
大体也都与佛教有瓜葛。如苏轼友人中有李之仪(?—1117),字
端叔,号姑溪老农。有《姑溪居士前集》《姑溪居士后集》。他曾从
苏轼于定州(今河北定州)幕,苏轼得罪,牵连被停职;后又以得罪
蔡京被除名,编管太平州(今安徽当涂);遇赦复官,即卜居其地。
他以好禅著名,与金山宝觉、慈受怀深、圣寿省聪等名宿交好。诗
中自叙说"比来重作坐禅僧,日语虚空相悟语"[②],可见其溺好之深。
苏轼评论他的诗,有"暂借好诗消永夜,每逢佳处辄参禅"[③]之说,成
为表达诗、禅相通之理的名句。

　　宋代诗坛创作成就以苏轼为最高,黄庭坚本是苏的后学,但从
一定意义说其影响却较苏为大。后来形成以他为楷模的"江西诗
派"。黄是江西人,但被列入这一派的却并不全出自江西。确定这
一派名目是在北宋末年,吕本中作《江西诗社宗派图》,以黄庭坚为
宗派之主,以下列出二十四人:陈师道、潘大临、谢逸、洪朋、洪刍、
僧饶节、僧祖可、徐俯、林修、洪炎、汪革、李锌、韩驹、李彭、晁冲之、
江端本、杨符、谢薖、夏倪、林敏功、潘大观、王直方、僧善权、高荷
等[④]。被后人归入江西诗派的还有吕本中、曾几、陈与义等人。宋
末方回把杜甫和黄庭坚、陈师道、陈与义合并称为江西诗派的"一

①《柯山集》卷一九。
②《再次韵并寄宁州孙子发》,《姑溪居士后集》卷三。
③《夜直玉堂携李之仪端叔诗百余首读至夜半书其后》,《东坡全集》卷一七。
④此据赵彦卫《云麓漫钞》卷一四,第199页,古典文学出版社,1957年。

祖三宗"。

　　属于江西诗派的这些人创作成就不一,风格上则大抵有一致之处。他们创作的主要内容是身边琐事和个人情怀,境界比较狭小;艺术上则讲究研练句律,注重使典用事,典型地体现宋诗"以文字为诗"的特色。而这些又与他们亲近佛教有密切关系。由于习禅,他们追求超越的境界,注重内心的体察;而当时兴盛"文字禅",禅的语言技巧被他们在创作中加以点化、借鉴。江西诗人中有几位创作成绩比较突出、对后世影响也较大。

　　陈师道(1053—1102),字履常,一字无己,号后山居士。有《后山集》。元祐二年,得到苏轼等人荐举,出任徐州州学教授,以此绍圣年间被目为苏党,罢职还家;晚年曾任秘书省正字。他有文记述母亲"修净土行,自疾至终,临必西向,病不知人,诵弥陀不绝"[1]。出身于这样具有诚挚信仰的家庭,他本人安贫乐道,"平生西方愿,摆落区中缘"[2],笃信净土法门。他在《别圆澄禅师》诗里说:

　　　　平生准拟西行计,老著人间此何意。他年佛会见头陀,知
　　　是当年老居士。[3]

他热心于习禅并形之诗作,如名篇《别宝讲主》:

　　　　此地相逢晚,他方有胜缘。咒功先服猛,戒力得扶颠。暂
　　　息三支论,重参二祖禅(赵州、临济皆曹人也)。夜床鞋脚别,
　　　何日著行缠。[4]

这里"三支论"指因明宗、因、喻三支论法,代指佛教义学;"二祖禅"指晚唐的赵州和临济。诗句表明他更专注于禅修的实践。方回评

---

①《先夫人行状》,《后山集》卷一六。
②《寄参寥》,《后山集》卷一。
③《后山集》卷三。
④同上卷四。

论这首诗的写法是"语简而意博……愈细而奇,与晚唐人专泥景物
而求工者不同也"①。

　　韩驹(？—1135),字子苍,号牟阳,学者称陵阳先生。有《陵阳
先生集》。他年轻时于许下从苏辙学,后坐此谪官;南宋初官至知
江州(今江西九江)。他以禅学知名,曾几赠诗中有"闻道少林新得
髓,离言语次许参不"②之语。他又有诗自述说:

> 中岁厌凡子,结交唯道人。况此丧乱中,益信空门真。③

他也心仪维摩,给友人诗说:

> 闻道久闲金腰褱,有时高卧绣芙蓉。年来自说无尤物,已
> 结维摩案两重。④

他十分羡慕维摩居士闲散自在的生活。

　　陈与义(1090—1138),字去非,号简斋。有《简斋集》。徽宗朝
入仕,南渡后官至参知政事。他本来与吕本中有交往,但吕作《宗
派图》却没有列入他的名字。南渡后,他写诗专学杜甫,因而被方
回列为杜甫之下的"三宗"之一。他好禅,喜与僧人结交,自称"陈
居士"。他描写自己的生活是"诸公自致青云上,病客长斋绣佛
前"⑤。他的《甘泉吾使君画史作简斋居士像居士见之大笑如洞山
过水睹影时也戏书三十二字》说:

> 两眉轩昂,厥像如寄,而服如此,又似离世。鉴中壁上,处
> 处皆是,简斋虽传,文殊无二。⑥

---

①《瀛奎律髓》卷四七。
②《抚州呈韩子苍待制》,《茶山集》卷五。
③《送深老住芭蕉寺》,《陵阳先生集》卷二。
④《次韵钱逊叔侍郎见简》,《陵阳先生集》卷四。
⑤《题小室》,《简斋集》卷一〇。
⑥《简斋集》卷一。

当年洞山良价过水睹影而体悟"处处皆是"的禅理,简斋这里用以自比。

　　吕本中(1084—1145),字居仁,号紫薇,世称东莱先生。有《东莱先生诗集》。是他作《江西诗社宗派图》,总括一时间有名声而又风格相近的一批诗人,标举出一个派别,从而造成相当的影响。他于南渡后的绍兴六年(1136)中进士,擢起居舍人,迁中书舍人兼权直学士院。他曾屡次上疏言恢复大计,终因触怒秦桧而罢职。他是宰相吕公著曾孙,门第高华,又是道学家。但他又好佛,与大慧宗杲交好。他的《寄璧公道友》诗是和诗僧如璧酬唱的:

> 符离城里相逢处,酒肉如山放手空。已见神通过鹫子,未应鲜健胜庞公。且寻扇子旧头角,一任杏花能白红。破箬笠前江万里,无人曾识此家风。[1]

"鹫子"是佛弟子舍利弗的另一个称呼,"庞公"则指马祖弟子居士庞蕴,诗里用以比拟对方和自己。如璧的答诗说:

> 向来相许济时功,大似频婆饷远空。我已定交木上座,君犹求旧管城公。文章不疗百年老,世事能磨双颊红。好贷夜窗三十刻,胡床趺坐究幡风。[2]

像这样的赠答诗,一方面表现诗人与僧侣的密切交谊及其倾心佛教的内心世界,另一方面也突显江西诗派追求言句的创作特征。

　　曾几(1084—1166),字吉甫,号茶山居士。有《茶山集》。高宗朝,以主张抗金得罪秦桧免官,秦桧死后再起,官至权礼部侍郎。他早年从舅氏孔文仲、武仲学,后从理学家胡安国游,又精理学。免职时寓居上饶(今江西上饶)茶山寺,学禅颇有心得。其《郑侍郎送腊梅次韵三首》之二说:

---

①《东莱先生诗集》卷一。
②《次韵答吕居仁》,《倚松诗集》卷二。

　　　　　小瓶梅映短檠灯,幽兴何人似我能。枉沐歌词无用处,维
　　　　摩诘是在家僧。①

他也是以维摩居士自比。他的《寄泉南守赵表之》诗说:

　　　　　天遣高人下别峰(表之双塔所居一轩号别峰),谅无官事
　　　　汩胸中。香来海外沉烟碧,果熟林间荔子红。曹植诗篇疏入
　　　　社,裴休参问远同风。萧然丈室维摩诘,何日文殊对此翁。②

这又是把对方比拟为维摩诘。他是把居士生活当作人生的理想境
界了。

　　此外如谢逸、谢薖兄弟,洪朋、洪刍、洪炎、洪羽兄弟,都能诗,
也都有习禅名。后面四人是黄庭坚外甥,无论写诗还是学禅都受
到乃舅的影响。江西诗派里有三位僧人:祖可、饶节、善权,本书介
绍诗僧部分已有说明。

　　又南宋初年有所谓"中兴四诗人"尤袤、杨万里、范成大、陆游,
是当时诗坛成就最为杰出的人物,后来形成较大影响的有以戴复
古、刘克庄等人为代表的江湖派,还有姜夔、张孝祥、周必大等有一
定成就和影响的作家,都不同程度地亲近佛教,主要是禅,并在创
作中有所表现。这些都显示整个宋代的文学成就,特别是其诗坛
独特风格的形成,是与佛教的影响密不可分的。

六

　　辽国取得的燕云十六州,本来是佛教兴盛的地方,辽朝廷一直

---

①《茶山集》卷八。
②同上卷五。

支持佛教的发展。后来金王朝亦以礼佛敬僧为国策。元代特别尊崇喇嘛教,汉传显教诸宗亦得到敬重。值得注意的是,契丹、女真和蒙古人都是来自北方的游牧民族,佛教本是他们所吸纳的华夏文化的重要内容;对于一些出身于少数族的文人,佛教乃是他们接受中原文化的重要津梁。又在辽、金、元三朝少数民族政权统治之下,汉族士大夫不同程度上处在受压制的地位,仕途受到阻遏,成为他们心仪佛说的重要缘由。因此这三朝出现一批著名的文人居士,主要是汉族的,也有少数族的。他们的文学成就虽然难于和唐宋那些杰出文人相比,但其活动和创作无论是对于这几代的文化建设,还是对于推动居士佛教的发展,都起了重大作用,是应当给以充分估价的。

李纯甫(1177—1223),字之纯,号屏山居士,是金代著名居士,前面介绍佛教与民族文化关系曾提到过。他晚年自定文集,把论性理和佛、老的作品集为《内稿》,碑志诗赋为《外稿》。他是金章宗承安二年(1197)进士,官至尚书右司都事;但郁郁不得志,遂纵酒自放。他初习诗赋,后攻经义,又与佛徒相交往,思想观念的转变路数类似于宋代的张商英。他早年亦曾视佛教为破国破家的天下之蠹,为了深入批评而研习佛说,读了《首楞严》、《圆觉》、《法华》等经典,遂改变立场。后来他师事一代禅宿万松行秀,撰《鸣道集说》,提倡三教调和,反对宋儒的排佛主张;并作有《楞严别解》、《金刚经解》等佛学著作。万松行秀评论他说:

> 士君子困而后学,老乃思归。□□□流,犹贤乎已。屏山年二十有九,阅《复性书》,知李习之亦二十有九,参药山而退著书,大发感叹。日抵万松,深攻亟击。退而著书三十余万言,内稿心学,谆谆太半,睎颜早立,亚圣生知,追绎先贤,诚难倒指。①

①《湛然居士文集序》,《湛然居士文集》卷首第 1 页,谢方点校,中华书局,1986 年。

他的诗作收入元好问编选的《中州集》,有评论说:

> 三十岁后遍观佛书,能悉其精微。既而取道学书读之,著一书,合三家为一,就伊川、横渠、晦庵诸人所得者而商略之,毫发不相贷,且恨不同时与相诘难也。①

这里所说"著一书",当是指《鸣道集说》。耶律楚材也曾有诗赞扬:

> 大觉空生一沤起,悟斯独有屏山李。穿透《楞严》第一机,方信庵中人不死。②

有注曰:"屏山居士李之纯尝作《楞严别解》,为禅客所重。"他的诗抒写学佛体会的不少。如《真味堂》:

> 问渠真味若为言,不著盐梅也自全。鼁鼎大夫徒染指,麴车公子漫流涎。胸中已有五千卷,徽外更听三两弦。此老清馋何所嗜,宦名嚼蜡已多年。③

这里胸中的"五千卷",指一部《大藏经》。又《天游斋》:

> 丈人未始出吾宗,草靡波流尽太冲。七窍凿开无混沌,六根消落尽圆通。法身兔角声闻外,尘事牛毛梦幻中。谁会天游更端的,瘦梅疏竹一窗风。④

这样的诗涉想奇特,巧妙地融入佛典禅语,突出了他的风格特征。

耶律楚材(1190—1244),字晋卿,号湛然居士。有《湛然居士文集》。他是契丹贵族后裔,金章宗泰和六年(1206)进士,曾任开州(今河南濮阳)同知。蒙古大军南下,他留守燕京;燕京陷落,得到成吉思汗重用,随侍西征;宋绍定二年(1229,金正大六年)太宗窝阔台即大汗位,定都和林(今蒙古境内),他曾被选为中书令。当

---

① 《中州集》卷四。
② 《和南质张学士敏之见赠七首》之四,《湛然居士文集》卷一,第12页。
③④ 《中州集》卷四。

初燕京被围困期间,他皈依佛教,拜万松行秀为师。他在《琴道喻五十韵以勉忘忧近道》诗序里自述说:"予幼而喜佛,盖天性也。壮而涉猎佛书,稍有所得……遂谒万松老人,旦昔不辍,叩参者且三年,始蒙见许。"诗中有云:

> 当年嗜佛书,经论穷疏笺。公案助谈柄,卖弄滑头禅。一遇万松师,驽骀蒙策鞭。委身事洒扫,抠衣且三年。圆教摄万法,始觉担板偏。回视平昔学,尚未及埃涓。渐能入堂奥,稍稍穷高坚。疑团一旦碎,桶底七八穿。洪炉片雪飞,石上栽白莲……①

由此可见他从学万松所得。而纵观其一生立身行事,一方面奉行儒家圣人之道,乱世中有志于治平之术,另一方面又坚持宣扬佛说。后来他官高位显,万松偶访其居,见其啖菜根,饭脱粟,惊异他的节俭,询问之后,知道他牢记燕京围困之际断粮绝粒六十余天,以此自奉甚薄。他的这种居安思危精神,也源于深悉佛家世事无常观念。有人说他是"迹释而心儒",论断显得过于简单。但应当承认,在当时战乱频仍的局面下,佛教的慈悲观念、禅宗的心性之说是具有一定积极意义的。他的《题西庵归一堂》诗说:

> 三圣真元本自同,随时应物立宗风。道、儒表里明坟典,佛祖权宜透色空。曲士寡闻能异议,达人大观解相融。长沙赖有莲峰掌,一拨江河尽入东。②

这又明确地表达了调和三教立场。他有《和裴子法韵》诗。裴子法曾为《白莲社图》作跋,这是一幅传统题材的绘画,里面绘有陶渊明即把他当作社中人,文中指斥渊明攻乎异端。耶律诗序中说:"余尝谓否则卷而怀之,以简易之道治一心;达则扩而充之,以仁义之

---

① 《湛然居士文集》卷一二,第 256—257 页。
② 同上卷二,第 34 页。

道治四海,实古今之通谊也。"诗云:

> 达磨一派未西来,无限劳生眼未开。六朝繁盛已矣耳,两晋风流安在哉。自笑中书老仆射,事佛窃仿王安石。公案翻腾旧葛藤,林泉准备闲纵迹。用之勋业垂千秋,发扬孔孟谁为俦。舍之独善乐真觉,赋诗舒笑临清流。岂止渊明慕松菊,晋室高贤十八九。君子道消小人用,贞夫远弃利名酒。苏、黄冠世能文词,裴、张二相名当时。祖道禅林恣游戏,尧风舜德甘嘘吹。达人不为造物役,打破东西与南北。毛吞巨海也寻常,出没纵横透空色。真如颇与《羲易》同,不动确乎无吉凶。湛然信笔书瀼语,临风远寄绿野翁。赠君一句直截处,只要教君能养素。但能死生荣辱哀乐不能羁,存亡进退尽是无生路。①

这体现他对于出世与入世、儒术与佛法可以互补的理解。他显然是从修养心性的角度把二者相沟通的。这样的诗虽不见研练之功,但平顺自然,出入内、外典,杂用机锋俊语,读起来自有一种情趣。

刘秉忠(1216—1274),初名侃,字仲晦,原籍瑞州(今江西高安)。因为曾祖父于金朝曾在邢州(今河北邢台)做官,移居邢州。蒙古灭金,刘秉忠担任邢台节度府令使。后出家为僧,法名子聪,多才学,天文、地理、律历以至遁甲等无不通晓。元世祖忽必烈继位前,曾问法于印简。印简云游过云中(今山西大同)南堂寺,见他博学,遂邀见元世祖,一见投契,被留在身边。世祖继位,国家典章制度,他皆曾参与讨论制定,拜光禄大夫、太保,参领中书省事,改名秉忠,并钦命迎娶翰林侍读学士窦默女为妻,赐宅地。刘秉忠曾建议元世祖取《易经》"大哉乾元"之义,取国号为"大元"。从这件事也可见他在朝廷的地位。刘秉忠身为僧侣而位极人臣,这件事

----

① 《湛然居士文集》卷一,第9—10页。

本身也显示了元朝对待佛教的尊崇。而他作为僧人出身的政治家,一方面把杰出才能贡献给新王朝的建设,另一方面身居高位而仍斋居蔬食,诚修梵行。他的《蜗舍闲适三首》之二说:

> 画戟朱门将相家,山间一室息纷哗。素飡得饱那思食,薄酒消愁宛胜茶。就里静为真受用,倒头闲是好生涯。此身久置功名外,万户封侯任被夸。①

从这样的诗作里可见他阅尽繁华的潇洒情怀。他把佛教信仰贯彻为治国理念,对于改变主要是依靠厮杀征战立国的元王朝的统治策略,调节民族和阶级矛盾,是起了一定作用的。当然当时在这方面不止他一个人付出努力。他留有诗集《藏春集》六卷和散曲十二首,仰慕金源大诗人元好问,有诗曰:"自古文章贵辞达,苏、黄意不在新奇。"②不过他的诗词内容与他政治上的气魄、才略不同,主要是抒写个人内心矛盾、苦闷,流露出他为人品格的另一个侧面。如《小斋》:

> 小斋香火结闲缘,钟鼎山林各自天。世事省来都合道,凡心消去不须禅。一庭花发青春里,七字诗成白酒边。醉倒未尝知早晚,客来长怪日高眠。③

又《守常二首》之二:

> 熏天富贵等浮云,流水年光梦里身。但著眼观皆外物,不开口笑是痴人。歌台买酒闲消日,醉帽簪花老弄春。燕燕莺莺莫相戏,渠应未识此心真。④

《禅颂十首》之一、二:

> 如来妙法离文字,万语千言何处归。鹿苑祇园空浩浩,回头四十九年非。

---

①③④《藏春集》卷一。
②《读遗山诗十首》之三,《藏春集》卷四。

　　　　顶圆肩坦腹中花,老大维摩不出家。玉镜金针休补缀,十
　　方世界一袈裟。①

这些作品风格萧散闲淡,明白晓畅,显然与他的佛教修养有关系。

　　金代赵秉文(1159—1232)、元好问(1190—1257),元代赵孟頫
(1254—1322)等都曾是一代诗坛盟主,也都亲近佛教。如赵秉文
习禅,得到万松行秀的称赞;赵孟頫是著名居士,与中峰明本交好,
在当时、对后世都广有影响。

　　辽、金、元都是后进少数民族建立的政权,与中原先进文化的
交流与融合是保证其实行统治的重要条件。佛教和文学是这几个
朝代文化上取得显著成果的两个领域,二者的相互交流和影响促
进了各自的发展,并对民族交流与融合起了积极作用。

七

　　明、清两朝,佛教继续衰微的总体趋势没有改变。这两个朝代
理学统治更加严酷,整个思想界的矛盾、斗争也更加复杂和尖锐。
一方面坚持正统儒家立场大力反佛、辟佛的文人士大夫大有人在;
另一方面,同样是采取"阳儒阴释"或"儒、释兼容"姿态的人在观念
上和实践上又产生明显分化。这后一类人大体可分为三种情况:
第一类是从属于统治集团的官僚文人,基本是沿袭历代"三教并
立"、"三教调和"的传统立场,总结历代统治经验,从高层次的心性
修养到低俗的诱导习俗,不同程度地肯定佛教辅助教化的作用;第
二类另有些站在背离或对抗现实体制立场的人,试图从佛教中寻
求批判、变革的思想武器,借以解脱或对抗理学教条束缚,对佛说

---

①《藏春集》卷四。

特别是禅思想进行独特的发挥；当然也有第三类人，他们怀抱更诚挚的信仰心，试图逃避到禅或净土信仰中去寻求精神安慰。这一时期佛教继续对理学造成显著而重大的影响。特别是作为"异端"的"心学"一派借鉴佛教的资源得以发展，形成冲击思想、文化的重要潮流，这在本书下面将有专门章节讨论；佛教发挥影响的另一个主要领域则是文学创作。这两个领域取得的成绩又是相互多有关联的。

宋濂（1310—1381）是上述第一类人物的典型代表。他字景濂，号潜溪，浦江（今浙江浦江）人。被认为是明代"开国文臣之首"，不论是文章、思想还是信仰都对一朝发挥了长远而巨大的作用。他在元末被召为翰林编修，不就，隐居著书十余年。明室建立，受到朱元璋重用，累官至学士承旨知制诰，朝廷文诰多出其手，又曾主修《元史》，一代礼乐制作由他裁定者居多。洪武十年（1377）辞官还家。后因长孙宋慎牵涉到胡惟庸案①，全家徙茂州（今四川茂县），病逝于途中。有《宋学士文集》。

明代以理学立国。宋濂曾受业于道学家吴莱、柳贯、黄缙，是许白云再传弟子，这些人都是著名的朱子学者。所以他在学术、思想上属于理学正统。比如论文，他认为"文外无道，道外无文"，六经才是真正的好文章；而孟子既殁，不复有文。他又潜心内典，崇信释氏，广交僧侣，好为佛事。他自述说"自幼至壮，饱阅三藏诸文，粗识世雄氏所以见性明心之旨，及游仕中外，颇以文辞为佛事"②。他频频著文发明儒、释一贯之旨；又通过他人的口，说"居士深究内典，为吾徒之所信向，海内尊宿，多浚发其幽光"③。这些话也表明他的态度和做法对文坛影响之巨。后人评论说：

---

①胡惟庸（？—1380），明初任中书省参知政事、丞相，以谋逆罪被杀。后太祖认为有通倭、通元罪状，穷究党羽，株连者至三万余人。
②《佛性圆辩禅师净慈顺公逆川瘗塔碑铭》，《宋学士文集》卷一九。
③《大天界寺住持孚中禅师信公塔铭》，《宋学士文集》卷五。

　　　宋景濂一代儒宗,然其文大半为浮屠氏作,自以为淹贯释
　　典,然而学术为不纯矣。不特非孔、孟之门墙,抑亦倒韩、欧之
　　门户。八大家一脉,宋景濂决其防矣。①

这则直接把他说成是儒道的毁坏者了,显然是偏激之论。袁宏道
说他是紫阳(朱熹)和圭峰(宗密)分身入流者②,即把他看做是统合
理学和佛学传统的人,则更合乎实际。

　　宋濂的佛教信仰与时代条件有直接关系。明太祖朱元璋立国
后大力推尊佛教,曾亲自度僧、注经,御制《护法集》;又借鉴历代三
教齐立的统治策略,乱世之后,把佛教当作立国安邦特别是笼络、
安定士大夫的手段。更鉴于元代崇信喇嘛教的流弊,积极支持恢
复汉传佛教诸宗派。他作《三教论》,说:

　　　夫三教之说,自汉历宋至今,人皆称之……于斯三教,除
　　仲尼之道祖尧、舜,率三王,删《诗》制典,万世永赖,其佛、仙之
　　幽灵,暗助王纲,益世无穷,惟常是吉。尝闻天下无二道,圣人
　　无两心,三教之立,虽持身荣俭之不同,其所济给之理一。然
　　于斯世之愚人,于斯三教,有不可缺者。③

这表明,他是有意识地把三教统合于圣人之道,并从"暗助王纲"的
意义上来肯定佛、道二教的。宋濂兼重儒、释,正是迎合这种潮流。
时著名禅师梵琦倍受朝廷礼重,称"国初第一宗师"。宋濂与他交
往,为他写《六会语录序》和《塔铭》等。他还赞许柳宗元"真乘法印
与儒典并用"的观点,认为空、有相资,真、俗一理,周流而无滞。他
又推崇宋代契嵩关于东、西大圣人其教一致的说法:

───────────

① 陆世仪《思辩录辑要》卷三五。
② 参阅《识篆书金刚经后》,钱伯诚《袁宏道集笺校》卷五一,下册第 1486－
　　1487 页,上海古籍出版社,1981 年。
③ 《明太祖文集》卷一〇。

> 天生东鲁、西竺二圣人，化导烝民，虽设教不同，其使人趋
> 于善道则一而已。为东鲁之学者，则曰我存心养性也；为西竺
> 之学者，则曰我明心见性也。究其实虽若稍殊，世间之理，其
> 有出一心之外者哉！①

在这里，宋濂把"东鲁"、"西竺"之学同归为"善道"，认为其"真谛"
在归之一心，从而二者并行而不悖。这样他就宗儒典以探义理之
真奥，慕真宗以荡名相之粗迹，从而真乘之教与王化并行，理学也
就与佛学相贯串了。

理学中的心学和佛学中的禅学，本来都走避繁琐而求直截的
路子。宋濂讲"一心"，也是避免繁琐而直指心源。他在向明太祖
推荐《楞伽经》时，就强调佛教的"明心见性"与儒家的"存心养性"
是相通的。他又曾说：

> 妙明真性，有若太空，不拘方所，初无形段。冲淡而静，寥
> 漠而清，出焉而不知其所终，入焉而不知其所穷，与物无际，圆
> 妙而通。当是时，无生佛之名，无自他之相，种种含摄，种种无
> 碍，尚何一法之可言哉！②

这样，所谓"妙明真性"就是"与物无际"的绝对真实，在理学里叫做
"道"，在佛学里则叫做"真如"、"法界"等等。"心者万理之原，大无
不包，小无不摄，能充之则为贤知，反之则愚不肖矣"③。他所理解
的佛学，就是这样的"明心"之学。

在信仰层面上，宋濂的观念十分驳杂。他说：

> 历陈因果轮回之说，使暴强闻之，赤颈汗背，逡巡畏缩，虽
> 蝼蚁不敢践履，岂不有补治化之不足？柳宗元所谓阴翊王度

---

① 《夹注辅教编序》，《宋学士文集》卷二九。
② 《重刻护法论题辞》，《宋学士文集》卷二八。
③ 《夹注辅教编序》，《宋学士文集》卷二九。

者是已。①

柳宗元主张"统合儒、释",一方面认为"浮图诚有不可斥者,往往与《易》、《论语》合,诚乐之,其于性情奭然不与孔子异道"②;另一方面又指出,对于强悍愚顽的民众来说,"浮图事神而语大,可因而入焉,有以佐教化"③,因而提出"真乘法印与儒典并用,而人知向方"④。宋濂也是一样,一方面强调佛说在高层次上对于心性修养的作用,另一方面又从辅助教化的角度来肯定因果轮回之类的浅俗说教。本来他推崇虚灵的心性,对于"生佛"的有无取模糊态度,看法具有泛神论色彩;但他又宣扬对菩萨、观音的迷信。对于这种矛盾,他做过解释:

> 禅则直究心源,以文句为支离;教则循序进修,以观空为虚妄。互相訾嗷,去道逾远。然以密意言之,依性说相,非息妄修心者乎? 破相显性,非泯绝无寄者乎? 以显示言之,真心即性,非显明心性者乎? 轨辙虽若稍殊,究其归极,则一而已。奈何后世岐而二之……⑤

这样,他认为言心性的禅和言性相的教是一致的,只是表达手段不同而已。所以他又说:

> 性、相三宗互矛盾,有碍如来正法轮。更相质难辨异同,折以一心归觉路。譬犹欲适长安者,道途纷纭走车马。或南或北或西东,及其至处见不别。⑥

---

① 《重刻护法论题辞》,《宋学士文集》卷二八。
② 《送僧浩初序》,《柳河东集》卷二五。
③ 《柳州复大云寺记》,《柳河东集》卷二八。
④ 《送巽上人赴中丞叔父召序》,《柳河东集》卷二五。
⑤ 《金华安化院记》,《宋学士文集》卷四七。
⑥ 《永明智觉禅师遗像赞》,《宋学士文集》卷五一。

他如此泯合诸宗分歧,也正体现了当时禅、教融合的大趋势。

依据认妙明真性为世界本源的观念,宋濂又肯定佛法是绝对的、至高无上的;它遍在于一切事物之中,作为绝对存在于相对之中。他说:

> 若如来大法则不然,既无体段,又无方所。吾不为成,孰能为之坏?吾不为后,孰能为之先?吾不为下,孰能为之上?芒乎忽乎,旷乎漠乎,微妙而圆通乎。其小无内,其大无外,真如独露,无非道者。所以超乎天地之外,出乎日月之上。大而至于不可象,斯为大矣;明而至于不可名,斯为明矣。是故以有情言之,则四圣至于六凡,或觉或迷,佛法无乎不具也;以无情言之,则火水土石与彼草木,或洪或纤,佛法无乎不在也。[①]

这样,一心摄入诸境,世间的一切事相都体现于佛法之中。如他的《清斋偈》所说:

> 中竺有虚室,八窗皆洞然,触目无碍者,有境皆摄入。烟霞草木石,鸟兽昆虫等,以至世间事,何物不可状?[②]

宋濂在另一篇文字里使用传为唐代永嘉玄觉所作《永嘉证道歌》里的水月之喻,说百亿水则有百亿月,而中天之月不可分,恰如一心整体具体化为显微无间,也就可以用文字表现出来;而从绝对的心性观念看,世俗文字只能是糟粕,因而要言语道断,无言无说;但既然一切世间事相都是佛法的体现,又不能否定文字的作用。所以他又在《育王禅师裕公三会语录序》里说:

> 《宝积经》云:如来所演八万四千法藏声教,皆名为文。离诸一切言音文字,理不可说,是名为义法藏。且尔况下于斯者乎?以此观之,当略其文而究其义可也。然而取鱼者必资筌,

---

①《径山愚庵禅师四会语序》,《宋学士文集》卷二一。
②《宋学士文集》卷二六。

搏兔者当用蹄。兔与鱼既获,而无事于筌蹄。吾心源既澄,识
浪自息,复何义之云乎?①

这里表达的仍是佛家"不用文字,不离文字"观念:文字言句不等于
"真心",但"法因言入",言入而后法空,所以一切显说密说、权说实
说还是有其真实意义的,文字言句因而也有其作用。这样,宣扬象
教之懿和铺扬帝德之广也就完全可以统一起来。这又充分显示了
宋濂的官僚文人本色。所以他不但爱好文章,更用心写好文章。
他写了许多护法文章,同样也写了不少张扬世俗伦理道德的文字。
他往往把宗教热诚与世俗伦理统一起来。如他的《赠清源上人归
泉州觐省序》,宣扬佛法与儒道并用是天彝之正理,因而明心见性
之士也要有报本返始之诚;《冲默斋记》则宣扬一种"人生而静"的
虚静超脱境界,而归结到佛的"大觉";《观心亭记》主张"古先哲王
相传心法,所谓精一执中之训",观念上也是儒、释合一的。这样,
宗教的修持和作贤成圣的事业也就并行不悖了。

　　宋濂不只是一代文坛盟主,更是开一代学术风气的人。他以
心性为核心统合儒、释理念,他的统合佛教诸宗的立场,他的以文
章为佛事的做法,对当代和后代都造成巨大影响。全祖望论明初
学术说:

　　　　婺中之学(指朱子道学)至白云(许谦)而所求于道者疑若
　　稍浅,观其所著,渐流于章句训诂,未有深造自得之语,视仁山
　　(金履祥)远逊之,婺中学统之一变也;义乌诸公(指宋濂等)师
　　之,遂成文章之士,则再变也;至公而渐流于佞佛者流,则三
　　变也。②

这就清楚指出了宋濂在文化史、学术史上的地位。明代一朝文坛

①《宋学士文集》卷四三。
②《宋文宪公画像记》,《鲒埼亭集外编》卷一九。

上后起的许多人物的政治态度、思想观念或许与他不同甚至相反，但他们的观念和思路相当普遍地受其影响则是不可否认的。

八

　　上述士大夫对待佛教的第二种类型人物众多，成就更杰出，影响也更大。这一类人代表一代思想、文化的进步潮流。他们创造了理学发展的"异端"一派，在文学创作领域也取得巨大成绩。《明史》上说：

　　　　原夫明初诸儒，皆朱子门人之支流余裔，师承有自，矩矱秩然。曹端、胡居仁笃践履，谨绳墨，守儒先之正传，无敢改错。学术之分，则自陈献章、王守仁始。①

明代自洪武三年(1370)设科取士，十七年颁为程式，一以朱子之学为根本。建学立师，亦用朱子之说，天下学者咸推朱子为大宗。从而理学不但统治了思想界，同样也制约着文学的发展。这就是上述宋濂所体现的思想方向。但万历以后，社会形势发生重大变化。一方面专制国家统治下的各种社会矛盾加剧，另一方面手工业、商业发达，城市繁荣，商品经济发展，新型的生产关系出现，使危机更凸显出来。张居正当国十年，对政治、经济实行改革，虽然取得一定成效，但根本问题并没有解决。黄仁宇概括形势说：

　　　　当一个人口众多的国家，个人行动全凭儒家简单粗浅而又无法固定的原则所限制，而法律又缺乏创造性，则其社会发展的程度，必然受到限制。即便是宗旨善良，也不能补助技术

---

① 《明史》卷二八二《儒林一》，第7222页。

之不及。1587年,是为万历十五年,岁次丁亥,表面上似乎四海升平,无事可记,实际上我们的大明帝国却已经走到了它发展的尽头。[1]

张居正死后的明代后期,朝内党争激烈,阉宦横行,地方吏治败坏,贪暴成风,造成"民变"蜂起。相应地思想界也出现了异端潮流。其代表人物是发展了理学中王守仁(阳明)"心学"一派的所谓"王学左派",主要是泰州学派王艮、何心隐等人。这实际也可看作是理学统治下思想界的"民变"。这种"民变"的特点之一就是利用佛教为思想武器。四库馆臣概括这一时期学术风气说:"隆、万以后,运趋末造,风气日偷。道学侈称卓老(李贽),务讲禅宗;山人竞述眉公(苏轼),矫言幽尚。"[2]加拿大学者卜正民把这一时期的文化称为"晚明士绅的新文化",他概括这一文化的特点说:"倘若说16世纪的中国在这方面也许和较早时代的中国有所区别,那么这就是普遍存在的士绅对佛教的忠诚及其文化的操纵和控制。"[3]陈垣也概括说:"万历而后,禅风浸盛,士夫无不谈禅,僧亦无不欲与士夫结纳。"[4]这样,晚明形成中国历史上又一个思想文化相当活跃并独具特色的时期。当初理学的创建本来是从佛学汲取重要思想资源的;王阳明一系则更多地汲取佛家的心性学说来发展自己的"心学"体系;王艮、何心隐等人又在新的形势下鼓动起热衷禅学的潮流。正是在这种背景下,一批不同程度具有批判意识的文人们纷纷到佛家那里寻求依托,主要是借用禅宗来挣脱理学矩矱,张扬主观批判精神。鼓动这种潮流的具体人物的思想倾向不同,但大体都是思想界的异端人物,而他们取得文学创作成就又都和接受佛

---

①《万历十五年》第237—238页,中华书局,1982年。
②《四库全书总目》卷一三二《子部・杂家类存目・续说郛四十六卷》,上册第1124页。
③《为权力祈祷——佛教与晚明中国士绅社会的形成》第93页。
④《明季滇黔佛教考》第129页。

教有密切关系。在创作上成就巨大、影响深远的当数李贽和"公安三袁"等人。

　　李贽(1527—1602),泉州晋江(今福建晋江)人,原姓林,名载贽,嘉靖三十一年(1552)通过乡试为举人时改姓李,后为避明穆宗讳,去载单名贽;号卓吾、宏甫、温陵居士,又号龙湖叟。著述颇多,重要者有《藏书》、《续藏书》、《焚书》、《续焚书》、《明灯道古录》等。他祖籍河南,先世为巨商,信奉伊斯兰教,至其祖辈家世渐衰。李贽生于泉州,青年时期亦在泉州度过。那里自唐代以来就是东海贸易巨港,商贸繁荣,与海外广有交流,具有培养新思想的良好环境。李贽于二十六岁乡试中举后不再参加进士考试,先后担任河南共城教谕、南北两京国子监博士、礼部司务、南京刑部员外郎、云南姚安知府等职。他是在万历五年(1577)任姚安(今云南姚安)知府后开始专心学佛的。其时正是云栖株宏、紫柏真可等"明末四高僧"活跃的时候,佛教复兴之象远被滇黔,姚安西鸡足山相传是迦叶守护佛衣以俟弥勒处,为一时佛教圣地。他"为守,法令清简,不言而治,每至伽蓝,判了公事,坐堂皇上,或置名僧其间,簿书有隙,即与参论虚玄,人皆怪之……久之,厌圭组,遂入鸡足山阅《龙藏》不出。御史刘维奇其节,疏令致仕以归"[①]。他回到湖北黄安(今湖北红安)是在万历八年(1580),投依理学家耿定向、定理兄弟。万历十二年定理死,以思想分歧而与定向不睦,次年移居麻城龙潭芝佛院,开始度亦儒亦僧的修道生活。后来终于遣妻别嫁,断然剃发。但是他并没有受度为僧。而是自我放逐到佛门,对传统道学挑战。在芝佛院,他"日独与僧深有、周司空思敬(友山)语。然对之竟日,读书已,复危坐,不甚交语也"[②]。无念深有于十三岁在雁荡山出家,游方参访,万历七年即李贽来到黄安的前一年,应石潭

---

①袁中道《李温陵传》,《珂雪斋近集》卷七。
②刘侗、于奕正《帝京景物略》卷八。

居士之招,居麻城芝佛院为住持僧。他与李贽一见相契。耿定向
门人管志道曾斥之为"狂僧",说他毁戒败礼,反以罪福性空为口
实①。由此可见他的思想同样具有异端性格。顺便指出,无念深有
后来又结交"公安三袁"、焦竑、陶石篑、邹南皋、李梦白、梅国桢等
人,在晚明文坛上是个相当活跃的人物。至万历二十八年(1600),
李贽终因麻城士绅官宪迫害,避难流落到北通州(今北京通州),
住友人马经纶处,"忽蜚语传京师云:卓吾著书丑诋四明相公。四
明恨甚,踪迹无所得"②。"四明相公"即当时权倾朝野的大学士沈
一贯。后又有礼部给事中张问达上书参劾,李贽遂被逮系狱,终因
不堪困辱而自杀身亡,时在万历三十年三月。李贽出身于士大夫
阶层,抨击道学,不以孔子是非为是非,为"异儒";学佛,但又不弃
世为僧,为"异僧"。他的思想、行事、作品贯穿着极其鲜明的异端
性格。

　　李贽曾师事王艮之子王襞,又会见过王阳明弟子王畿和泰州
学派的罗汝芳,并表示敬仰。他对王阳明推崇倍至,著有《阳明先
生年谱》、《阳明先生道学钞》。在理学发展史上,王阳明继承陆九
渊思路,主"心即理",认为依据人的"良知"即可超凡成圣,每个人
都具有同样合乎天理的心性,因此满街都是圣人。这种思想当然
是服务于统治阶级道德伦理的,但也显然具有主张人性平等、肯定
个人价值、反体制、反专制的一面。所谓"王学左派"更积极地发挥
了这一方面。但李贽像绝大多数士大夫阶层出身的人一样,并不
是从根本上反对儒学。他说:"儒、道、释之学,一也,以其初皆期于
闻道也。"③他明确地对"三教大圣人"同样加以肯定。他的作品里
有关儒学的不少,并作有专著《易因》。他也讲忠讲孝,明确所反对
的是"鄙儒"、"俗儒"、"迂儒"、"名儒"、"酸道学"、"假道学"。他认

---

①管志道《与李太史卓吾书》,《惕若斋集》卷二。
②沈德符《万历野获编》卷二七。
③《三教归儒说》,《续焚书》卷二。

为"天生一人，自有一人之用，不待取给于孔子而后足也"①，所以不能以孔子的是非为是非。从这个意义上说，正如鲁迅评论魏晋时期的名士嵇康、阮籍等所说的，否定名教的人倒是真正主张名教的。

这样，李贽接受王学左派学理，又不羁束于道学传统，治学博览群书，纵横百家，原情论势，择善而从。王学本来就受到佛学特别是禅学较大影响，李贽中年后更在学佛上用功甚勤。他多方面汲取思想资料，形成了批判的、叛逆的、反传统的性格。他行为上特立独行，不避权幸，无所顾忌；思想上激进、开放；文学创作也放出异彩。

李贽文学创作的成绩主要是收录在《藏书》《焚书》及二书续集里的书、序、论、说等诸体杂文，诗作也不少，且具有鲜明特点和相当的艺术水平。

如前所述，李贽受到禅宗的巨大影响。但他不走祖师禅无心无事无为的路子，而是"赤身担当，无有放下时节"②。袁中道曾生动描写了他充满矛盾的人品、作为：

> 大都公之为人，真有不可知者。本绝意仕进人也，而专谈用世之略，谓天下事决非好名小儒之所能为；本狷洁自厉、操若冰霜人也，而深恶枯清自矜、刻薄琐细者，谓其害必在子孙；本屏绝声色、视情欲如粪土人也，而爱怜光景，于花月儿女之情状亦极其赏玩，若借以文其寂寞；本多怪少可、与物不和人也，而于士之有一长一能者，倾注爱慕，自以为不如；本息机忘世、槁木死灰人也，而于古之忠臣义士、侠儿剑客，存亡雅谊、生死交情，读其遗事，为之咋指砍案，投袂而起，泣泪横流，痛哭滂沱而不自禁。若夫骨坚金石，气薄云天，言有触而必吐，

---

① 《答耿中丞》，《焚书》卷一。
② 《明儒学案》卷三二《泰州学案》，下册第 703 页。

意无往而不伸，排揾胜己，跌宕王公，孔文举调魏武若稚子，嵇叔夜视钟会如奴隶，鸟巢可覆，不改其凤味，鸾翮可铩，不驯其龙性，斯所由焚芝锄蕙、衔刀若卢者也。[①]

又沈瓒评论说：

> 李卓吾好为惊世骇俗之论，务反宋儒道学之说。其学以解脱直截为宗。少年高旷豪举之士多乐慕之，后学如狂。不但儒教防溃，而释氏绳检亦多所屑弃。[②]

从这些评论，大体可以知道李贽创作的内容和精神。

李贽在创作理论方面主张所谓"童心说"，而"童心"即是"真心"。这种观点与禅宗的心性学说有关系，本书讨论禅宗对文学理论影响章节将有介绍。与"童心"相对待的则是"以闻见道理为心"[③]。他说"以闻见道理为心"就会言"闻见道理之言"，"以假人言假事"。而当时在理学统治下，"闻见道理"的重要准则正是孔子之言。所以他特别反对以孔子之是非为是非。他的文字泼辣大胆、新鲜活泼，充满了批判战斗的激情。例如他说："德性之来，莫知其始，是吾心之故物。"据此他认为"尧、舜与途人一，圣人与凡人一"[④]，男女平等无二，从而肯定了每个平常人的个性价值。他借用禅宗"即心即佛，人人是佛"之说，提出人人之皆佛而善与人同，推导下来，则"佛之世界亦甚多。但有世界，即便有佛；但有佛，即便是我行游之处，为客之场"[⑤]，这也是对个人主观心性的肯定。他大胆宣扬"夫私者，人之心也。人必有私，而后其心乃见；若无私，则

①《李温陵传》，《珂雪斋近集》卷七。
②《近世丛残》。
③《童心说》，《焚书》卷三。
④《明灯道古录》卷上，《李氏文集》卷一八。
⑤《与李惟清》，《焚书》卷二。

无心矣"①,从而肯定了人的情欲的正当性,反对道学的禁欲主义,也与儒家所设礼教之大防正相反对。他主张"穿衣吃饭,即是人伦物理"②,"道之在人,犹水之在地也"③,更充分体现了关注现实人生的精神。他还要求"率性而为",提倡"为己"之学,发扬禅宗呵佛骂祖、毁经慢教作风,以凌厉风发的姿态无所畏惧地向传统挑战。他创造了散文中一种尖锐泼辣、任情抒写、具有强烈战斗精神的新风格。

　　他写诗则践行抒写"真心"的主张,表达浅俗,少用事典,多借鉴禅偈和王梵志、寒山通俗诗的写法,往往取得语尽情遥的效果。例如万历二十三年六十九岁时的《哭黄宜人》六首,是悼念他七年前离弃的妻子的,其四、五、六三首:

> 慈心能割有,约己善持家。缘予贪佛去,别汝在天涯。
> 近水观鱼戏,春山独鸟啼。贫交犹不弃,何况糟糠妻。
> 冀缺与梁鸿,何人可比踪。丈夫志四海,恨汝不能从。④

李贽和妻子黄宜人感情甚好,为解脱人世间束缚而离弃,感情上的矛盾和痛苦是可以想见的。这组诗真挚地抒写出这种心情。又如他的《读书乐》、《富莫富于常知足》等篇,也是用朴素的语言述说自己的人生体验,表达一种理趣。他的近体诗也写得相当不错。如他去世前游盘山极乐寺,袁宏道自江南北上京城任顺天教授,他作《九日至极乐寺闻袁中郎且至因喜而赋》七律:

> 世道由来未可孤,百年端的是吾徒。时逢重九花应醉,人至论心病亦苏。老桧深枝喧暮鹊,西风落日下庭梧。黄金台上思千里,为报中郎速进途。⑤

---

①《藏书》卷三四《德业儒臣后论》。
②《答邓石阳》,《续焚书》卷一。
③《藏书》卷三二《德业儒臣前论》。
④⑤《焚书》卷六。

这里不只抒写出志同道合的真挚情谊,在历尽坎坷的衰暮之年更表达出对于一生事业的坚强自信。

关于李贽的局限,黄仁宇有相当深刻的分析:

> 他的学说破坏性强而建设性弱。他没有能创造一种思想体系去代替正统的教条,原因不在于他缺乏决心和能力,而在于当时的社会不具备接受改造的条件。和别的思想家一样,当他发现自己的学说没有付诸实施的可能,他就只好把它美术化或神秘化。
>
> 李贽的学说一半唯物,一半唯心,这在当时儒家的思想家中并非罕见。这种情形的产生,又可以追求到王阳明。[①]

李贽一生以悲剧终结。他倡导"异端",鼓吹"狂禅"[②],受到"正统"学者的攻击和迫害,终于赍志以殁。这固然是当时社会对于人才迫害的后果,他思想上的矛盾也是导致这一结局的原因之一。然而他的人格、思想、文章确实代表明末进步的思想潮流,留给后世的精神遗产也是弥足珍贵的。

九

李贽主要是以思想家的面目跻身史册的。他的文章成就固然不可低估,但终究不是其心力专注之所在。继承他的思想传统而在文学上作出更大贡献的是"公安三袁",即袁宗道(字伯修,号石

[①]《万历十五年》第223页。

[②]关于"狂禅",原来本是明末正统道学家对"异端"思潮的贬称,后来使用中被赋予另外的涵义。特别用来指称受到禅的影响、具有禅的狂放风格的思想现象。参阅本书介绍"王学"部分。

浦,1560—1600,有《白苏斋类集》)、宏道(字中郎,又字无学,号石
公,1568—1610,作品结集为《袁宏道集》)、中道(字小修,一字少
修,1575—1630,有《珂雪斋集》)三兄弟;三人为湖广公安(今湖北
公安)人,俗称"公安三袁"。"三袁"中以中郎创作成就最为卓著。
钱谦益评论其在文坛上的地位说:

　　　　中郎之论出,王、李之云雾一扫,天下文人才士始知疏瀹
　　心灵、搜剔慧性,以荡涤模拟涂泽之病,其功伟矣。①

"王、李之云雾"指王世贞、李攀龙等"后七子"复古一派推扬起来的
风气。如前所述,明代前期文学受到理学束缚。立国之初有颂谀
当世的"台阁体"居正统地位,到中期就是"前后七子"的复古思潮
开始统治文坛。"三袁"在思想上远不如李贽那样激进,却以其较
系统的文学主张和突出的创作成就显示了文坛革新潮流的实绩。
三人都信仰佛教,这与他们的思想和创作有直接关系。

　　袁宏道,万历二十年(1592)进士,二十三年选为吴县(今江苏
苏州)令。此后在官场上旅进旅退,先后授顺天府(今北京)教授、
礼部仪制司主事、吏部主事、考功员外郎、稽勋郎中等吏职,晚年请
假归里,定居沙市(今湖北荆州)。生平为官本非其志,数度辞职,
度过呼朋挟倡、优游山水的轻狂生活,成为新一代名士的典型。而
他自早年即"屈指悲时事"②,如鲁迅所说"是一个关心世道,佩服
'方巾气'人物的人"③。他有《闻省城急报》诗说:

　　　　天长阍永叫不闻,健马那堪持朽辔。书生痛哭倚蒿莱,有
　　钱难买青山翠。④

---

①《列朝诗集小传》丁集中。
②《登高有怀》,《袁宏道集笺校》卷二,上册第 94 页。
③《"招贴即扯"》,《鲁迅全集》第 6 卷第 228 页,人民文学出版社,1981 年。
④《袁宏道集笺校》卷三二,下册第 1032 页。

又有《显灵宫集诸公以城市山林为韵》诗说：

> 野花遮眼酒沾涕，塞耳愁听新朝事。邸报束作一筐灰，朝
> 衣典与栽花市……①

可见他面对世路艰窘的困境，过着放荡的名士生涯自有其难言的
苦衷。

"三袁"好佛，也是时代风气使然。宗道万历十五年（1587）会
试第一，在京任翰林院庶吉士、编修，接近泰州学派焦竑、瞿汝稷等
人，从之习得"性命之学"；至万历十七年奉命册封楚府归里，在京
城时焦竑嘱其到麻城往见李贽。次年，李贽游公安，"三袁"相携往
谒，自此定交。其时李贽已六十余岁，以泰州学派后劲著书讲学，
名动一时，而"三袁"中年龄最大的宗道也不过三十岁。与李贽结
交，对袁氏三兄弟影响甚大。此后宗道方"首倡性命之说，涵盖儒、
释，时出其精语一二示人，人人以为大道可学，三圣人之大旨，如出
一家"②。而中郎更特别得到李贽的器重。中郎读张九成《格物
论》，根据心得写成《金屑》一文，李赠诗说："诵君《金屑》句，执鞭亦
忻慕。早得从君言，不当有老苦。"李贽曾以老年无朋，作文名《老
苦》。中道在《中郎先生行状》里说：

> 先生既见龙湖，始知一向掇拾陈言，株守俗见，死于古人
> 语下，一段精光不得披露。至是浩浩焉如鸿毛之遇顺风，巨鱼
> 之纵大壑，能为心师，不师于心，能转古人，不为古转，发为语
> 言，一一从胸襟流出，盖天盖地，如象截急流，雷开蛰户，浸浸
> 乎其未有涯也。③

中郎在给友人的信里也指出：

---

① 《袁宏道集笺校》卷一六，上册第 651 页。
② 《募建青门庵疏》，《袁宏道集笺校》卷四○，下册第 1201 页。
③ 《吏部验封司郎中中郎先生行状》，《珂雪斋前集》卷一七。

> 仆自知诗文一字不通，唯禅宗一事，不敢多让。当今勍
> 敌，唯李宏甫先生一人。[1]

此后，"三袁"又结交了龙湖芝佛院主持僧无念深有等诸多僧人，又
与焦竑、陶石篑、管东溟等熟悉佛学的学者往还，论道讲学，学佛更
加精进。

"三袁"同学佛习禅，同私淑李贽，友于之情甚笃，常常同进退，但
思想倾向却有差异。《中郎先生行状》记述李贽对三兄弟的评价说：

> 李子语人，谓伯也稳实，仲也英特，皆天下名士也。然至
> 于入微一路，则谆谆望之先生。盖谓其识力、胆力，皆迥绝于
> 世，真英灵男子，可以担荷此一事也。

这是说宏道机锋更为迅利，对心性体认更加入微。宗道在《西方合
论序》里也说到：

> 石头居士(宏道)少志参禅，根性猛利，十年之内，洞有所
> 入。机锋迅利，语言圆传。寻常与人论及此事，下笔千言，不
> 蹈祖师语句，直从胸臆流出，活虎生龙，无一死语。[2]

这表明宏道的思想确有其更为深刻之处。这也是他的文学成就高
于两兄弟的原因之一。

李贽和"三袁"的年龄虽然只差几十岁，时代风气和个人处境
却大有不同。晚明政治更加黑暗，理学杀人济之以官宪杀人，"三
袁"就曾亲见李贽被杀的惨剧。现实迫害的惨烈使得他们不能再
取"狂禅"、"异端"姿态。万历二十六年，宗道官春坊，宏道为顺天
府教授，中道入太学，三兄弟同在京城，于城西崇国寺结蒲桃社。
次年，宏道著《西方合论》十卷，以论合经，主禅、净合一。其引
言说：

---

① 《张幼于》，《袁宏道集笺校》卷一一，上册第503页。
② 《西方合论》卷一，《大正藏》第47卷第387页下。

后因触机,薄有省发,遂简尘劳,归心净土。礼诵之暇,取龙树、天台、长者、永明等论,细心披读,忽尔疑豁。既深信净土,复悟诸大菩萨差别之行,如贫儿得伏藏中金,喜不自释。①

在这部书里,他明确主张:

禅、教、律三乘,同归净土海。一切法皆入,是无上普门。②

宏道的这一转变得到当时教内耆宿智旭藕益的高度评价,后者给书作了评点,说:

袁中郎少年颖悟,坐断一时禅宿舌头,不知者以为慧业文人也。后复深入法界,归心乐国,述为《西方合论》十卷,字字从真实悟门流出,绝无一字蹈袭,又无一字杜撰。虽台宗堂奥尚未诣极,而透彻禅机,融贯方山、清凉教理无余矣。③

中道《中郎先生行状》写到这一时期中郎思想的演变说:

逾年(指结蒲桃社之次年),先生之学复稍稍变,觉龙湖等所见,尚欠稳实。以为悟、修犹两毂也,向者所见,偏重悟理,而尽废修持,遗弃伦物,偭背绳墨,纵放习气,亦是膏肓之病。夫智尊则法天,礼卑而象地,有足无眼,与有眼无足者等。遂一矫而主修,自律甚严,自检甚密,以澹守之,以静凝之。④

这表明,"三袁"已有意识地改变李贽激烈的批判、叛逆姿态,更注重个人修持。当初三兄弟倾慕李贽并以为榜样,但此时已逐渐与之分途,即改变"狂禅"作风而更重净修,特别是修持净土。同一年,中郎给李贽的信里也说:

---

①《西方合论》卷一,《大正藏》第47卷第388页中。
②同上卷三《第三部类门》,《大正藏》第47卷第398页下。
③《评点西方合论序》,《净土十要》卷一〇,《续藏经》第61册第748页上。
④《珂雪斋全集》卷一七。

> 今丛林中,如临济、云门诸宗,皆已芜没。独牛山道场,自唐以来不坏。由此观之,果孰偏而孰圆耶?《净土诀》(李贽作——著者)爱看者多,然白业之本,戒为津梁,望翁以语言三昧,发明持戒因缘,仆当慕刻流布,此救世之良药,利生之首事也。幸勿以仆为下劣而摈斥之。①

他劝说李贽持戒修持,以"狂禅"为偏教。友人陶石篑说到他的思想变化:

> 袁中郎礼部天才秀出,早年参究,深契宗旨。近复归就平实,行履精严。②

这也明确指出中郎晚年由禅向净土的转变。他由参究禅的宗旨转向"平实"、"稳妥"的净土修习,已和李贽等人所提倡的生龙活虎的"狂禅"分道扬镳了。万历三十二年,宏道又与僧寒灰、雪照、冷云及友人张明教等,避暑德山塔院,潜心道妙,著《德山尘谭》,后增补为《珊瑚林》。他有诗自述人生企向说:

> 一榻书和卷,三生钵与衣。尘劳方未已,合掌愿皈依。③
> 觉路昏罗縠,禅灯黑绛纱。早知婴世网,悔不事袈裟。④

可见他这时对佛教更为倾心。宏道本人在万历三十五年有信致友人说:

> 近造想益卓,参禅到平实,便是最上乘。弟自入德山后(万历三十二年秋,与僧寒灰、雪照、冷云及友人张明教避暑德山塔院),学问乃稳妥,不复往来胸臆间也。此境甚平易,亦不

---

① 《李龙湖》,《袁宏道集笺校》卷二二,上册第 792 页。
② 《与友人》,《歇庵集》卷一二。
③ 《和江进之寒山寺之作》二首之二,《袁宏道集笺校》卷三,上册第 125 页。
④ 《宿僧房》,《袁宏道集笺校》卷二,上册第 95 页。

是造到的。①

这样，在学佛方面，他自觉地走上更加稳健的禅、净合一之路。关于中郎晚年的思想发展，在同一年给黄平倩的信里，中郎又这样描述自己的生活：

> 近日燕中谈学者绝少，弟此间益闲。尘车粪马，弟既不爱追逐，则随一行雅客，莳花种竹，赋诗听曲，评古董真赝，论山水佳恶，亦自快活度日。但每日一见邸报，必令人愤发裂眦。时事如此，将何底止？因念山中殊乐，不见此光景也。然世有陶唐，方有巢、许，万一世界扰扰，山中人岂得高枕？此亦静退者之忧也……小修近住少保衙斋，自云得大受用。小修平生不轻言语，语当不妄。若弟并受用亦失却，不只以进为退，望仁兄一定之……②

由此可见袁氏兄弟当时的精神状态。这时已是明朝末世，世事令人不能不愤发裂眦。但他们心中虽然充满痛苦与矛盾，却又痛感个人无能为力，只好到留恋光景的名士生活中寻求安慰。在这社会矛盾总爆发的前夕，统治者极力施用高压来挽救危机，思想界的生机也被扼杀了。袁氏兄弟的思想状态正表明这一点。

"三袁"的文学成就，主要在书、序、记、传、杂感等散文，大都缘事而发，不拘格套，短小精悍，意尽言止，俗称"小品文"；中郎留诗达一千七百余首，亦颇有可读之作。他们的创作观念主"性灵"，重"兴趣"，力求"情真语直"。这种观念近与李贽的"童心说"相通，远承南宗禅的心性论。关于这方面，本书讨论文学理论部分有所论述。但所谓"性灵"、"兴趣"概念总显得空泛，具体内容可以有种种不同。有感于现实矛盾和苦难，"性灵"可以发出激愤、抗议的呼

---

① 《与黄平倩》，《袁宏道集笺校》卷五五，下册第 1601 页。
② 同上，下册第 1611 页。

声;逃避现实,寻求解脱、安慰,"性灵"则会留恋光景、玩物丧志。"三袁"的作品正体现了这种矛盾。他们的优秀作品富于思想性,题材多样,立意新颖,表达上清新朗畅,情致盎然。涉及佛教影响,禅的批判精神颇为某些篇章注入了活力。如《致聂化南》一札:

> 败却铁网,打破铜枷,走出刀山剑树,跳入清凉佛土,快活不可言,不可言。投冠数日,逾觉无官之妙。弟已安排头戴青笠,手捉牛尾,永作逍遥缠外人矣。朝夕焚香,唯愿兄不日开府楚中,为弟刻《袁先生三十集》乙部,尔时勿作大贵人哭穷套子也。不妄语者,兄牢记之。①

像这样的文章,无论是观念,还是用语,都新鲜泼辣,并明显体现出禅的影响。袁中道《听泉》诗说:

> 一月在寒松,两山如昼朗。欣然起成行,树影写石上。独立巉岩间,侧耳听泉响。远听语犹微,近听涛渐长。忽然发大声,天地皆萧爽。清韵入肺肝,濯我十年想。②

这样的作品又令人想起唐人《嘉陵江水寄深上人》,以明丽自然的语言描绘山水妙趣,浓郁的禅意渗透到诗情之中。

"三袁"的多数作品主要抒发个人情趣,境界狭小,现实意义有限,这往往被人们所诟病。但如鲁迅评论明末小品所说:"明末的小品虽然比较的颓放,却并非全是吟风弄月,其中有不平,有讽刺,有攻击,有破坏。"③这可以作为"三袁"作品内容的全面概括。而他们能够创作出后面一类有相当思想意义的部分,接受佛教思想正起了一定作用。

晚明文坛另有些创作流派,许多人也都不同程度地接受了王

---

①《袁宏道集笺校》卷六,上册第311页。
②《珂雪斋前集》卷三。
③《南腔北调集·小品文的危机》,《鲁迅全集》第4卷第575—576页。

阳明"心学"的影响，实际也是间接受到禅的影响。如嘉靖年间兴起的"唐宋派"古文，虽然以"复古"为号召，沿袭"文以明道"路线，但已有新变。这一派代表人物唐顺之(1507—1560)说：

> 但直据胸臆，信手写出，如写家书，虽或疏卤，然绝无烟火酸馅习气，便是宇宙间一样绝好文字。①

这显然与"文必秦汉，诗必盛唐"的模古不化的主张有所不同。黄宗羲评论他说：

> 先生之学，得之龙溪者为多，故言于龙溪只少一拜。以天机为宗，无欲为工夫。谓"此心天机活物，自寂自感，不容人力，吾惟顺此天机而已。障天机者莫如欲，欲根洗净，机不握而自运矣……"②

唐顺之对王学"异端"的王龙溪(畿)十分推崇，以为后者"笃于自信，不为形迹之防，包荒为大，无净秽之择"③。而龙溪为他写的祭文则说：

> 自辱交于兄，异行同心、往返离合者逾二十年……或兄为文，予为持笔；或予乘马，兄为持鞭；或横经而析义，或观象而窥躔；或时控弦，射以角艺，或时隐几，坐而谈玄；或予有小悟，兄为之证，或兄有孤愤，予为之宣；或探罔象，示以摄生，或观无始，托以逃禅。千古上下，六合内外，凡载籍之所记，耳目之所经，心思之所及，神奇臭腐，无所不语而靡所不研。朋友昆弟，情敬异施，惟予与兄，率意周旋。④

可见二人间的亲密交谊和思想契合程度。"唐宋派"另一位代表人

---

① 《答茅鹿门主事书》，《荆川集》卷四。
② 《明儒学案》卷二六《南中相传学案二》，上册第598页。
③ 同上卷一二《浙中相传学案二》，上册第238页。
④ 《祭唐荆川墓文》，《龙溪集》。

物王慎中(1509—1559)也曾"与龙溪王畿讲解王阳明遗说,参以己见,于圣贤奥旨微言,多所契合"①。这一派"直摅胸臆"、"洗涤心源"的艺术主张显然与"心学"有直接关系。

即使被认为是继承"七子"余绪的"后五子"代表人物屠隆(1542—1606)也深受"心学"影响。他研习佛教有得,著《佛法金汤篇》三卷,驳斥排佛之论,是文人护法名著。他也推崇阳明,师法"心学",说:

> 新建王文成守仁,灵禀夙成,天才独诣,神采雄迈,智略深沉,气九死而不折,才百炼而弥精,秉操屹于丘山,当机捷于风雨,厝注极其挥霍,理学悟入玄微,负气节而不专于气节,谭文章而不局于文章,学为儒而不拘于为儒,究仙释而不露其仙释。求之底里,未易窥其际;方之古人,难轻定其品。异人哉!异人哉!②

他对王阳明如此赞叹,文学主张及其兼重三教的治学态度显然受其影响。

晚明最杰出的戏剧家当数汤显祖(1550—1616)。他在艺术上反对拟古,大胆创新,不拘格套;他的"临川四梦"等优秀作品对封建礼教和黑暗政治大胆抨击,闪烁时代先进意识的光芒。这些都和他的"心学"修养有直接关系。他年轻的时候曾从罗汝芳读书;万历十四年(1586)罗汝芳到南京讲学,他在那里任太常博士,二人又有往还论学的机会。他回忆说:

> 十三岁时从明德罗先生游,血气未定,读非圣之书;所游四方,辄交其气义之士,蹈厉靡衍,几失其性。中途复见明德先生,叹而问曰:"子与天下士日泮涣悲歌,意何为者?究竟于

①《尊岩王参政传》,《李开先集·闲居集》。
②《鸿苞节录》卷三《国朝人物》。

性命何如？何时可了？"夜思此言，不能安枕，久之有省。知生
之为性是也，非食色性也之性；豪杰之士是也，非迂视圣贤之
豪。如世所豪，其豪不才；如世所才，其才不秀。《传》不云乎，
"三折肱可以医国"，吾为诸君慎之。①

他又曾说：

> 如明德先生者，时在吾心眼中矣；见以可上人（紫柏真可）
> 之雄，听以李百泉之杰，寻其吐属，如获美剑。②

这样，紫柏真可和李贽都是他心仪的导师。他读过《焚书》，十分赞
赏，又向友人求取李贽其他著作。李贽去世后，他有悼念之作。可
以看出他与李贽精神上的默契无间。

晚明另一位著名戏剧家徐渭（1521—1593）本是一位"狂人"。
他患有狂疾，九次自杀未成，又以误杀后妻被捕。他天才杰出，诗、
文、字、画无一不奇。而形成这种性格，也和接受"心学"有关系。他
的家乡是绍兴，当年王阳明曾在那里创办阳明书院讲学。徐渭出生
时，王阳明去世刚刚八年。他自认为是王阳明后学，自作墓志中说：

> 山阴徐渭者，少知慕古文词，及长益力。既而有慕于道，
> 往从长沙公究王氏宗，谓道类禅，又去扣于禅。③

他作《畸谱》自述生平，在"师门"中列出五人，即王畿、萧鸣凤、季
本、钱楩、唐顺之。其中王畿、季本、唐顺之都是王阳明门人。对于
王畿，他尤其推崇不已。他作《龙溪赋》颂扬说：

> 栖志诗书，研精典籍。知乐水之称智，乃临流而托迹；悟

---

① 《秀才说》，《汤显祖集·诗文集》卷三七，第 2 册第 1166 页，徐方朔笺校，中
　华书局，1962 年。
② 《答管东溟》，《汤显祖集·诗文集》卷四四，第 2 册第 1229 页。
③ 《自为墓志铭》，《徐渭集·徐文长三集》卷二六，第 2 册第 638 页，中华书局，
　1983 年。

江海之处下,合弥谦而受益。斯则琳珰不足以易其守,而恬澹
乃足以适其情。故为士林之所贵,而君子之所称。①

　　龙溪之学本来具有狂者性格,本书下面将具体讨论,徐渭的思想作
风正与这一派有密切关联。至于他在创作上破除陈规,独具一格,
讥嘲戏谑,嬉笑怒骂,显示出汪洋恣肆的气度,被称为是"天地间一
种奇绝文字"②,正可看作是"心学"理论的艺术实践。

　　日本学者岛田虔次指出,王阳明的"良知"说已经把主观唯心
论发展到极致,"由于阳明热情宣传良知人人平等具有(满街都是
圣人),认为对于人只有'内在'、'良知'的问题,相反地却又引导人
对于知识、技能等做出积极的评价,使得在主观唯心论体系里潜在
的'万物一体'、'生生不已'之说与'良知'结合起来。'良知'不再
只是落实到个人身上的修养项目,而成为应当实现万物一体的觉
醒运动、精神上的救济运动"③。就是说,王阳明的"心学",特别是
把它向积极面发展的泰州学派的思想,客观上具有唤醒个性自觉
的精神解放的意义,也体现了时代的要求。随着朝政日趋衰败,党
争加剧,宦官专横,各种社会矛盾日趋尖锐,统治者对思想界施加
的威压也更为严厉。但淫威高压之下持续涌动的具有反叛意识的
异端潮流,影响却十分深广。而如李贽和"公安三袁"等人的例子
所表明的,当时佛教特别是禅宗仍在继续为批判或反抗现实体制
的思想与活动提供重要理论资源。本来王阳明的"心学"已吸纳了
禅宗的思想内容。后来的泰州学派即所谓"王学左派"更突出发挥
了禅宗宗义中离经叛道的批判方面。从王艮、徐樾、颜钧、罗汝芳
直到何心隐、李贽,都不同程度、不同形式地反对或抨击理学正统

---

①《徐渭集·徐文长遗稿》卷九,第 3 册第 878 页。
②《王骥德曲律》卷四《杂论下》,第 235 页,陈多、叶长海注释,湖南人民出版
　社,1983 年。
③《朱子學と陽明學》第 165 页,岩波书店,1967 年。

的"天理",肯定"人欲",要求发扬纯真心性。后来黄宗羲概括其思想主张为:"吾人须是自心作得主宰,凡事只依本心而行,便是大丈夫。""平时只是率性所行,纯任自然,便谓之道……凡儒先见闻,道理格式,皆足以障道。"①这一派被理学正统指斥为"狂禅",正表明其与禅从根源到表现的密切联系。当时一批观念开放、激进的文人如徐渭、于慎行、焦竑、陶望龄、汤显祖、屠隆、瞿汝稷等,大都与王学左派有联系。另一些著名作家如钟惺、张岱、王思任等,创作中也体现出这一思想潮流的强烈影响。晚明思想界、文学界的光彩主要体现在这些人身上。

十

　　满人入主中原,仍承续历代王朝"三教"齐立方针,继续大力弘扬佛教。但从发展形势看,在整个清王朝统治的近三个世纪中,虽然诸宗形式上传承不绝,禅与净土且颇为兴盛,但社会上流行的主要是檀施供养、讲报应、求福佑的满足民众信仰的佛教。特别是嘉、道以后,清王朝更加腐败;外有帝国主义步步进逼,它们支持天主教扩充势力;继而出现掀动半壁山河的"太平天国"起事,在所占领地区大肆扫荡佛教庙宇。在这种形势下,佛教更形衰败。延续佛教的生存和发展,仍是居士阶层持续地发挥作用。

　　清初居士著名的有宋士隆、彭绍升等人;清中叶有钱伊庵、江沅等人。其中作为代表人物的彭绍升(1740—1796),字尺木,法名际清,号知归子。早年治陆、王之学,后来专心净业,结社念佛,著有《居士传》、《一行居集》、《二林居集》等;其子彭希涑也是著名居

―――――――――
①《明儒学案》卷三二《泰州学案一》,下册第721、703页。

士。又江沅(1767—1838),字子兰,一字铁君,精小学,是著名的文字学家。段玉裁著《说文解字注》,多与商榷,他也著有《说文音韵表》、《说文释例》等语音文字之学的名著。他从彭绍升游,晚年出家,法名定祖,自号秃居士。佛学著作有《人佛问答》、《种莲集》、《染香集》等。这一时代的居士多是虔诚的信仰者,他们中颇有人和彭绍升、江沅一样热心著述并作出一定成绩。但是一般说来已缺乏对于义理的更为深入的阐发,也鲜有能够发挥新鲜、独创的思想见解的。真正接受佛教影响并且在思想方面做出有价值的发挥并能够体现在文学创作中的,是一些具有高深学养且积极关注现实生活的士大夫,其中有些也可算是广义的居士。

　　清代佛教对思想、文化造成较大影响,主要集中在两个时段。一是明、清易代之际,"桑海之交,士之不得志于时者,往往逃之二氏"[①]。明末遗民或抗拒新朝,或逃避征辟,多有出家或逃禅的。僧侣中如戒显、澹归、担当、大错等,均善诗文,实际是披上袈裟的文人。乱世中士大夫更多有好佛逃禅、热衷佛说的。他们或求得精神寄托,或寻找人生出路,也有些深悉人世艰难、社会矛盾而钻研佛学,企图从中寻得答案。这样就形成一个具有相当声势的潮流,这个潮流中的有些人在思想探索和文学创作上颇有建树。再一个时期是鸦片战争以后,中国逐渐沦入半封建半殖民地状态,面对日渐严重的社会危机和民生艰窘,又有些人出来,试图在佛教中寻求救世方策。他们或者形之著述,或者付诸行动,成为当时逐渐激荡起来的革新潮流的一部分,在革新事业中作出了一定贡献,发挥了相当影响。这也可以看作是佛教衰落时期又一次顺应世变而放出异彩。

　　明末清初的黄宗羲和王夫之在思想界和文坛上均占有重要地位。他们都对佛学相当关注,并研习有得,相关作品在他们全部著作中占有重要地位,佛教也是促成他们取得思想领域和文学创作

---

①黄宗羲《邓起西墓志铭》,《南雷文定》后集卷二。

中的成就的重要因素。

黄宗羲(1610—1695)，字太冲，号梨洲，又号南雷，卓越的思想家，诗文创作成就亦相当可观。著有《明儒学案》、《宋元学案》、《明夷待访录》等，诗文结集为《黄梨洲文集》。黄宗羲在明末为复社成员，曾积极参与反对阉宦权贵的斗争；清兵南下，曾组织义军抗清，依鲁王于海上；明亡后隐居著述，坚不出仕。他学问渊博，对经史百家均有研究，又生活在社会大动荡时代，积极参与社会斗争，重视经世致用之学，因而著作里一再明确儒、释之大防。他作《明儒学案》，张扬明代理学的成就，辨析儒、释，指责王畿及其泰州学派把"王学"引入歧途。但他治学以阳明为宗，其师刘宗周学术亦受到佛教影响，所以他实际上对于佛、老也颇有心得，四库馆臣即曾别具只眼地指出他"于王之徒，外示排击，而中存调护"①。宋代以来明显走向衰败的佛学经过明末紫柏、藕益等大师提倡，又有李贽等众多好学士大夫的努力，再加上易代之际许多士大夫入佛逃禅，在思想界又渐成声势。黄宗羲以理学家的身份而融通佛说，正反映一代思想学术的总体趋势。加之他本来又成长在崇佛家庭中，其父母曾舍田充余姚安化寺寺产；母亲晚年奉佛弥笃，日诵《金刚经》。他平日濡染佛说，深知佛学的作用。他说：

> 昔明道(程颐)泛滥诸家，出入于老、释者几十年，而后返求诸六经；考亭(朱熹)于释、老之学，亦必究其归趣，订其是非。自来求道之士，未有不然者。盖道非一家之私。圣贤之血路，散殊于百家，求之愈艰，则得之愈真。②

这样，他把释氏看作是百家中的一家，肯定其有功于世道一面。他有

---

①《四库全书总目》卷五八《史部·传记类二·明儒学案六十二卷》，上册第527页。

②《朝议大夫奉敕提督山东学政布政司右参议兼按察司金事清溪钱先生墓志铭》，《南雷文定》三集卷二。

同学张秀初,后出家为僧,号仁庵禅师,著有《古本大学说》,他作序说:

> 世儒妄横儒、释之见,未有不疑之者也。夫儒、释之淆乱
> 久矣。儒而不醇者,固多出入于佛;而学佛者,亦未必醇乎于
> 佛。顾视性分、学力二者。性分所至,佛法不能埋没,往往穿
> 透而出;学力由来,亦非佛法之所能改。此如水中盐味,济入
> 河流,夹杂之中,历然分别,唯知道者能辨之,不为墉垣肤爪之
> 论所掩盖耳。①

这样,他虽然明确意识到"儒、释之淆乱",却又不是像韩愈那样坚
定地辟佛,要求"人其人,火其书",而主张穿透而出,实际是要求深
通佛学,入室操戈。他又说过这样意思的话:昔贤辟佛,不娴佛书,
但施谩骂,譬如用兵,不能深入其险剿绝鲸鲵;他认为只有细阅佛
藏,深通其说,才能得其阃要。他热心结交僧徒,认真研究佛典,正
有这样的认识为依据,接触佛书而有所融通,则是很自然的事了。
他的作品涉及佛教内容而有所习染的不少。

　　他受到佛教影响,主要是在心性理论方面。当初王阳明根据
"致良知"的纲领,主张"知为行之始"、"无身外之物",钱谦益说这
是得禅门之精,改头换面,自出手眼。黄宗羲则一再为王辩护,说
他是由佛而归之六经,并没有陷没于禅。他所理解的阳明之学是
"以默坐澄心为学问"、"知之真切笃实处即是行,行之明觉精察处
即是知"。实际这些看法正是与佛家的心性说相通的。他又遵循
刘宗周的思路讲"慎独",说"指情言性,非因情见性也;即心言性,
非离心言善也"②。这样,一方面分情与性,另一方面合心与性,基
本也是禅家路数。他又曾说,儒、释二者的交流如肉之贯串,学儒
乃能知佛,知佛而又要反求诸儒,"然知佛之后,分为两界:有知之
而允蹈之者,则无垢(张九成)、慈湖(杨简)、龙溪(王畿)、南皋(邹

---

①《张仁庵古本大学说序》,《南雷文定》前集卷一。
②《先师蕺山先生文集序》,《南雷文定》后集卷一。

元标)是也;有知之而返求之六经者,则濂、洛、考亭、阳明、念庵(罗洪先)、塘南(王时怀)也"①。这则又是要求知佛而归于儒,取佛为我所用。明末清初正当社会大变动之际,也正是要求士大夫挺身报国之日,而他们中许多人封己守残,蒙于治国安邦之术,徒以道学迂论炫耀天下。黄宗羲希望通过治"心"来改变世风,因而对佛学的心性理论取融通态度,是企图以之为用世之资的。

王夫之(1619—1692),字而农,号姜斋,晚年隐居衡阳石船山,人称船山先生。他著述甚丰,后人汇编为《船山遗书》。明亡时他在家乡衡山起兵抗清,兵败后退居肇庆,任职于南明;后又从瞿式耜抵抗清兵,瞿殉难后,以为事不可为,遂辗转湘西、广东,隐居著述四十余年。他亲经"天崩地解"的时代巨变,思想、学术富于爱国精神和现实意识。他对待佛学的态度与黄宗羲又有所不同。他在学术上自觉地承续张载,自撰墓志铭说"希张横渠之正学而力不能企"。张载哲学上主"理气"说,不离器而言道,不离气而言理,具有唯物主义倾向。王夫之基于这种观念,痛斥释、老,对禅宗拒之尤甚。他对于李贽的"狂禅"更猛烈加以抨击,说是"导天下于邪淫,以酿中夏衣冠之祸,岂非逾于洪水、烈于猛兽者乎"②。但他对于佛学,却并不采取一概排斥的态度,而能"通而因之",以之丰富、发展自己的思想。所以谭嗣同后来说:

> 佛之精微,实与吾儒无异。偶观佛书,见其不可为典要;惟变所适,往往与船山之学宗旨密合,知必得力于此。③

王夫之对于佛学主要是有取于法相唯识之学的认识论和方法论。他有专著《相宗络索》,梁启超在《中国近三百年学术史》上说这部

---

① 《张仁庵先生墓志铭》,《南雷文定》后集卷二。
② 《读通鉴论》卷末《叙论》三。
③ 《上欧阳中鹄·十》,《谭嗣同全集·书简》(修订本),第 464 页,中华书局,1981 年。

书和《三藏法师八十规矩论赞》是王夫之作品里最为特别的,是自唐代以来发展法相宗学说的仅见的著作。他对唯识学理的研究和借鉴,为清末"唯识中兴"开了先河。

鸦片战争以后,中国逐步沦为半封建半殖民地状态。在日益深重的社会危机中,一批启蒙思想家、革新政治家起来,号召救亡图存,力求变法维新。这种思想潮流在文学中有强烈的表现。一些启蒙和革新的人们也热衷于从佛学中寻求思想武器。其代表人物有龚自珍。

龚自珍(1792—1841),字尔玉,又字璱人;更名易简,字伯定;又更名巩祚,号定盦,又号羽琌山民。近人编辑作品为《龚自珍全集》。他于嘉庆二十五年(1820)为内阁中书;道光九年(1829)中进士,后任宗人府主事等低级官职;道光十九年辞官南归,两年后去世。龚自珍学术上有家学渊源。其外祖父是著名经学家段玉裁,自幼就教育他"博闻强记,多识蓄德,努力为名儒、为名臣,勿愿为名士"[1]。良好的教育环境培养龚自珍掌握了渊博学识。他精通小学、史地、经学和金石之学。小学方面,他得到段玉裁亲传,精《说文》;史地方面,长于西北舆地,这是当时新兴的相当重要的经世之学;经学受业于今文大家刘逢禄,通《公羊春秋》,这部书自董仲舒以来就被当作致治之书;金石方面则搜罗精勤,创立义类,见解新颖。而对于佛学他亦用功颇勤,有相当深入的理解。魏源说他的学问"以朝章国故、世情民隐为质干,晚尤好西方之书,自谓造深微云"[2]。佛学思想乃是他的思想的重要部分,对他的创作造成深刻影响。

龚自珍自称"幼信转轮,长窥大乘"[3]。他的家乡杭州自唐宋以来就是佛教兴行之地,名刹林立。十一岁他随侍父亲龚丽正到北

---

[1] 段玉裁《与外孙龚自珍札》,《经韵楼集》卷九。
[2] 《定盦文录序》,《龚自珍全集》附录,第651页,上海人民出版社,1975年。
[3] 《齐天乐序》,《龚自珍全集》第十一辑,第575页。

京,据说"保母携之入寺,辄据佛座嬉戏,挥之弗去"①;又"侍亲居京师法源寺南,尝逃塾就寺门读书"②。他这样自幼年起就受到佛教熏陶。二十九岁所作《驿鼓三首》诗中已有"我欲收狂渐向禅"③之句,应是在此前后,他向著名居士江沅学佛。道光三年(1823)龚自珍三十二岁丁母忧,心情郁郁,习佛更加精进。这时他在给江沅的信里有"自见足下而坚进"④的话。也是在这一时期,他积极参与佛事活动,整理、刊布许多佛教典籍。他有《知归子赞》一文,是赞著名居士彭绍升的,龚自珍是他的再传弟子。其中说:

> ……且求诸外,且索诸内,皆不厌吾意。于斯时也,猝焉而与其向者灵异智慧之心遇,遇而不逝,乃决定其心,盖三累三折之势,知有佛矣。⑤

这表明他经过多年曲折的精神探索,终于归心佛乘了。道光十三年作《阐告子》一文,又说"始读天台宗书"⑥。此后他潜心研读天台著作,对天台学理多有考辨和阐发。用天台学理统摄佛家各种异说,是龚自珍晚年佛学思想的特色。

龚自珍一生关注现实。在他对佛说沉浸日深的时候,又写出许多具有强烈现实性的诗文,表明他学佛并没有流于消极。他说:

> 古人文学,同趋并进,于一物一名之中,能言其大本大原,而究其所终极;纵百氏之所谭,而知其义例,遍入其门径。我从而管钥之,百物为我隶用。苟树一义,若浑浑圜矣,则文儒

---

①张祖廉《定盦先生年谱外纪》,《龚自珍全集》附录,第633页。
②吴昌绶《定盦先生年谱》,《龚自珍全集》附录,第595页。
③《龚自珍全集》第九辑,第444页。
④《与江居士笺》,《龚自珍全集》第五辑,第345页。
⑤《知归子赞》,《龚自珍全集》第六辑,第396-397页。
⑥《龚自珍全集》第一辑,第130页。

之总也。①

这样,他治学取汇通百家、旁推交通的态度,不以儒学为独尊,而推崇佛学正是他汇通百家的具体体现。他的《发大心文》又说:

> 当念众生困于粗重淫欲,不知厌苦,复有慧根男女,想阴炽盛,生诸疾病,种种粗细境界,我皆化作色身,为其成就如愿,然后解脱而以度之。我生天上,供养第一,当念贫穷众生,我以法力取龙宫宝贝或美衣食,而以度之。②

这样他就又把学佛当作救世济民的手段了。他给江沅写信,请求教导佛旨,得到"无上法宝"、"无上医王"、"无上息壤"。总之,佛教对于他乃是救济众生、消除现实苦难的良方。从而佛说也就可以与儒家经世之学相沟通,也与他的启蒙思想不相矛盾了。

龚自珍曾引用佛言:"我如师子王,一切无畏。畏师子身自生蛆虫,食师子肉。"因而他痛斥那些"蛆虫僧"。他对经典进行认真的分析、研究,得出的结论不一定正确,例如他指摘许多重要经典翻译中的"错误",说《大般若经》是西土伪经等等,都不符合事实。但从中却可以看出他独立的批判态度。特别是有两点值得注意。一是他反对禅是教外别传之说,在《支那古德遗书序》里对禅宗的机锋、参悟、公案、话头、棒喝等等统统否定,不赞成无言无相的神秘主义;再是他以天台汇通诸宗,其《支那古德遗书》辑录了天台慧思、智顗、湛然等人著作,也收录了永嘉玄觉、圭峰宗密等人的作品。他在《最录坛经》一文中说:

> 祖所获于《法华》、《涅槃》也,与吾智者大师同,谓之六祖撰《法华玄义》可,谓之《涅槃玄义》可,谓之六祖《摩诃止观》,无不可矣。其斥净土也,开唯心之宗最上法门,我实不见其谤

---

① 《与人笺一》,《龚自珍全集》第五辑,第 336—337 页。
② 《龚自珍全集》第六辑,第 395 页。

净土。①

这种融通观念，正表现了他重义解、重实用的理性精神。

龚自珍诗、词、文俱佳。他的议论文字伤时言事，不避忌讳，尖锐犀利，表达往往极其痛切透辟。例如他说："衰世者，文类治世，名类治世，声音笑貌类治世"，可是"左无才相，右无才史，阃无才将，庠序无才士，陇无才民，廛无才工，衢无才商"，偶有才士、才民出，"则百不才督之、缚之，以至于戮之。戮之非刀、非锯、非水火……戮其能忧心、能愤心、能思虑心、能作为心、能有廉耻心、能无渣滓心。又非一日而戮之，乃以渐，或三岁而戮之，十年而戮之，百年而戮之"，结果"起视其世，乱亦竟不远矣"②。这就相当尖锐深刻地揭示了当世才士深受百般迫害的艰难处境，由此而导致时代的深重危机。他的许多文字论及时政，建言献策，更多精核之论。李慈铭说：

> 阅《定盦文集》……文章瑰诡，本孙樵、杜牧，参之《史》、《汉》、《庄》、《列》、《楞》、《华》之言，近代霸才也。③

他的文章确实得力于融通百家的丰富滋养。

柳亚子评龚自珍诗是"三百年间第一流"。他又被认为是"中国封建社会最后一位浪漫主义诗人，又是民主主义革命前夕第一位启蒙主义诗人"④。他的诗意境鲜明，语言瑰丽，构想奇妙，情趣浓郁，自成一家。他用诗来揭露、批判现实的黑暗、腐败，呼唤破旧立新的变革，表现出大无畏的战斗精神。有人评论说：

> 昔人谓诗杂仙心，又谓得句先呈佛，如定公当之，可以无愧。⑤

①《龚自珍全集》第六辑，第402页。
②《乙丙之际著议第九》，《龚自珍全集》第一辑，第6—7页。
③《越缦堂读书记》下册第876页，商务印书馆，1956年。
④陈铭《龚自珍评传》第240页，南京大学出版社，1998年。
⑤邱炜蒉《五百石洞天挥麈》卷一二。

龚自珍谈仙诗且不论,他确曾明确说到"以诗通禅古多有"①。作为抒情手段,他的诗也多有礼佛谈禅的内容。著名的《己亥杂诗》七绝三百一十五首是文学史上前所未有的大型组诗,作于道光十九年(1839)辞官返家途中。其中记述旅途,夹叙生平,通过大半生的仕宦经历、师友交游、所闻所见,抒写国情民隐,远忧近虑,兼有风华绮丽的男女情思,更有佛教义理贯穿其中。其第一句就是"著书何似观心贤","观心"正是天台的基本主张;其最后一首说:"吟罢江山气不灵,万千种话一灯青。忽然阁笔无言说,重礼天台七卷经。"所谓"天台七卷经"即天台所尊根本典籍《法华经》。这也可以看出他晚年对佛教的倾心,象征他一生艰难求索的结论。组诗里有这样的篇章:

> 狂禅辟尽礼天台,掉臂琉璃屏上回。不是瓶笙花影夕,鸠摩枉译此经来。

> 历劫如何报佛恩,尘尘文字以为门。遥知法会灵山在,八部天龙礼我言。②

这样的作品,都相当深刻地抒写出个人的宗教感情和体验。如果说他的这类诗难免落入"理障"之讥,他的更多作品则能把信仰化为幽思丽情,富于浪漫情趣,也更有艺术感染力。例如《能令公少年行》,是诗人"自祷祈之所言",描写出一个多才多艺的狂放才人的形象,他本来"逃禅一意皈宗风,惜哉幽情丽想销难空",诗的结尾说:

> 归来料理书灯红,茶烟欲散颇鬈浓。秋肌出钏凉珑松,梦不堕少年烦恼丛。东僧西僧一杵钟,披衣起展《华严》筒。噫嘻!少年万恨填心胸,销灾解难畴之功。吉祥解脱文殊童,著

　　我五十三参中。莲邦纵使缘未通,它生且生兜率宫。①

在表达投入佛乘的志愿中,抒发内心的苦闷和矛盾。又如名篇《西郊落花歌》,利用西方净土的想象,表现对于美好理想境界的神往,在极其夸张地描绘了落花的绮丽景象后,结尾说:

> 先生读书尽三藏,最喜《维摩》卷里多清词。又闻净土落花深四寸,瞑目观想尤神驰。西方净国未可到,下笔绮语何漓漓。安得树有不尽之花更雨新好者,三百六十日,长是落花时。②

这就把禅思化成美好的诗情,创造出激动人心的理想境界。

　　此外值得注意的是,清代僧人中善艺者颇多。如八大山人、石涛、石溪、渐江,被称为"四大画僧";如苍雪、担当、天然、戒庵等,均以诗名。这些人在艺术成就上可与同时代的名家相比并,实际是披着袈裟的画家或诗人。他们对佛教及其文化的存续也作出了贡献。这在本书有关章节里有所介绍。

　　十九世纪末叶,中华民族陷入更严重的危机,变法维新运动和资产阶级民主革命运动风起云涌。一些维新派和资产阶级民主主义代表人物继续到佛学那里寻求理论武器。他们往往按照现实需要来理解或发挥佛教思想,却也给走向衰败的佛学注入了某些新生机。随着社会思想的变动和发展,中国的佛教和佛学也进入了一个新的发展阶段。

---

①《龚自珍全集》第十辑,第 452－453 页。
②同上,第 489 页。

第十七章　古典小说、戏曲与佛教

一

按学术界对于中国历史发展分期颇有影响的一种观点,到宋代,古代中国进入"近世"时期(本书绪论讨论中国佛教的历史分期,已经介绍过这种观点)。本书又已一再说到,中国佛教发展的总体形势自宋代已在走向衰败,也正是历史演变的重要体现之一。在文学领域里,这种演变的表现同样十分明显:传统的诗、文作为文学样式,到宋代基本已度过了发展的极盛时期,地位被迅速兴盛起来的小说、戏曲所取代。文坛上的这一状况,又恰与佛教的总体发展趋势相互呼应。这也是历史上体现宗教与文艺发展密切相关联的现象。

又如上所述,宋代及其以后,尽管佛教在无可挽回地步入衰败之途,但对于文化的诸多领域,特别是对于文学创作,仍持续地发挥相当大的影响。原因是多方面的。有历史传统在继续发挥巨大作用:中国佛教千余年积累下大量的文化资源,文人好佛习禅已是久远的传统,历代文学创作积累下许多与佛教相关的作品,等等。另一方面更值得注意的是,正是作为佛教衰败表现的日趋严重的

"通俗化"和"世俗化"趋势,使得它能够更有力地作用于小说、戏曲这类更通俗普及、更具群众性的文学样式。这样,佛教如其先前对于其他文学样式一样,这一时期对于小说和戏曲,无论是其体裁的形成和发展,还是思想内容和艺术表现方法,都造成十分巨大(或者说是更为巨大)的影响。而从更广阔的文化史和宗教史的角度观察,佛教与小说、戏曲两者的发展显然又具有十分紧密的内在关联,在实际社会生活中二者的存在和发展是相互辅助、相互促进的。

　　具体考察起来,小说、戏曲取代诗文的地位而繁荣昌盛,不单纯是文学样式的转换,也是创作主体、接受对象以及思想内容和艺术表现方式、方法等多方面的具有根本性质的转变。白话小说和戏曲产生时期相前后,但同是在宋代开始兴盛起来;它们都出自民间,都是社会变动、经济发展(特别是城市经济和市民阶层发展)的产物。它们内容上的重大特点是多表达民众的心理和意愿,接受对象则主要是更广泛的城乡民众。即使是那些出自文人之手的作品,也与民间的思想观念、艺术传统、美学趣味保持密切关联。这和唐代以前传统样式的诗与文在创作原则和表达方式上都有很大不同。诗与文基本是知识阶层即士大夫的创作,无论是"言志"、"缘情"还是"体物"、"叙事",乃是他们的生活与意志的反映。从创作构思角度说,基本则是"写实"的(不是从作品具体内容说,诗、文的内容同样有大量表现理想、幻想等等的),写作乃是这些人治学、求进、出仕、升迁的手段,主要表达他们治国安邦的理想和方策或仕途不利而屈退、隐逸以至赍志而殁的怨抑牢骚,因而又具有明确的现实功利目的。这就是鲁迅所谓"邦忙文学"和"邦闲文学"。而新兴的小说、戏曲则截然不同,更多表现一般民众的生活与心理,普通的士农工商成为基本的主人公;创作原则则主要是"虚构"(这同样不是从素材、题材、主题等内容方面说,小说、戏曲同样要表现现实生活内容)。当然它们也具有反映现实、褒贬讽喻的功利目的,但更多追求娱乐价值,注重美学趣味。吉川幸次郎总结中国文学发展的规律曾指出:中国文学"不是那种其它文明往往很早就开始从事的虚构的语言文学,而是纯以实在的经验为素材的语言文学……诗也好,散文也好,都不需要积极的虚构",而"小说和戏曲使文学从以真实的经历为素材的习惯限制中解放出来……戏曲和小说都是虚构的文学"①。这正指出了中国文学发展史上由诗文创作为主体演变为小说、戏曲为主体这一发展的重大意义。这样,小说和戏曲在反映民众生活和意志的真切与丰富方面就具有空前的优越性,艺术上也形成新的特征,达到了新的层次。当然诗歌与散文自有其高度思想价值,艺术上更创造了不可逾越的成就。

又如前所述,就中国宗教整体发展形势而言,宋、元已降无论是佛教还是道教,都更加"通俗化"、"世俗化"了。它们在教理水平上大为降低了,特别是对于高层次的思想、文化领域的发展已失去以前曾发挥过的那种巨大优势。但是就民众信仰层面看,它们的活动却仍然十分广泛和活跃,并通过多种渠道(包括文艺)对于社会思想与民众生活发挥相当重要的作用。而和道教相比较,历史悠久、积累丰厚的佛教在广大民众间又受到更为普遍的欢迎和信重。本来民众的愿望、幻想与祈求需要信仰来表达和支撑,他们的怨抑不平也要借助信仰来抚平和发泄,他们更需要在信仰中寄托来世的向往与希望。这样,主要是表现民众生活及其心理、情绪等等的小说、戏曲,必然会大量纳入佛教内容;佛教则得到了便捷、普及的宣教手段,也要自觉不自觉地借重这些民众喜闻乐见的艺术形式。加以前面说到小说、戏曲主要利用虚构来创作,又正可以跟宗教富于想象和幻想的思维方式相结合。从而无论是题材、主题等思想内容方面,还是构思技巧、艺术表现等形式方面,佛教与小

---

① 《中国文学史之我见》,《我的留学记》第 167、176 页,钱婉约译,光明日报出版社,1999 年。

说、戏曲也就都能够相互沟通。这样，在宋、元以来小说、戏曲发展中，佛教就在多方面造成重大影响；相应地，小说和戏曲对于佛教在民众间的传播与普及也起到巨大推动作用。

近代主张变法维新的思想家们颇有人重视小说与群治的关系。梁启超说过：

> 然自元明已降，小说势力入人之深，渐为识者所共认。盖全国大多数人之思想业识，强半出自小说。①

这一判断或嫌夸大，但却道出了小说在民众中的巨大而深远的影响。清末著名小说评论家黄人又曾指出："即其小说之善者，亦不必尽传，而传者又不必尽善，此其中亦皆有幸不幸焉，而为之助因者，则有三事。"他举出的第一事就是宗教："如崇拜关羽之为无上上人物，庙社遍天下，其由历代祀典之尊崇故。"②这也是强调宗教的传播与小说的创作和流行有密切关联。戏曲的情况也完全同样。还有一点值得注意，即发展到宋、元时期及其以后，流行在民众间的佛教、道教以及各种民间宗教，无论是内容还是形态往往相交融以至相"合一"了。表现在通俗小说、戏剧里，佛、道和各种民间宗教往往也是相混淆的。比如人物形象，菩萨、神仙以至民间流传的诸多神祇混然存在，他们的面貌、神通往往没有什么区别；又如观念中净土和仙界也没有多少差别，悟道和成仙常常被当作一回事。儒家理学的仁义忠信、三从四德等道德教条也成为宗教宣传的一般内容，使得小说、戏曲在民众间又起着伦理教科书的作用。宗教活动本是广大群众生活实践的一部分，民众的宗教信仰、宗教观念必然在更多反映民众生活的小说、戏曲里表现出来；民众也在通过小说、戏曲接受宗教，宗教从而又成为影响民众精神的极

---

① 《告小说家》，《饮冰室合集·文集》第 12 册。
② 《小说小话》，《小说林》第 1 卷（光绪三十三年），朱一玄主编《明清小说资料选编》上册第 124 页，齐鲁书社，1989 年。

其活跃、有力的因素。事实上许多无知无识的平民百姓正是通过听故事、看戏来接受"宗教教育"的。而在佛、道这两大宗教中,佛教在民众间更为普及,也有更大的影响力。从这样的角度看,小说、戏曲宣扬佛教内容又正满足了市民精神生活的实际需要。

以下,即就小说、戏曲作为文学样式的形成与发展,它们的内容,它们的艺术表现方式等几个侧面,对于佛教所起的作用、所造成的影响略加探讨。

二

鲁迅指出:

> 小说亦如诗,至唐代而一变,虽尚不离于搜奇记逸,然叙述宛转,文辞华艳,与六朝之粗陈梗概者较,演进之迹甚明,而尤显者乃在是时则始有意为小说。

具体论及唐传奇,他又说:

> 传奇者流,源盖出于志怪,然施之藻绘,扩其波澜,故所成就乃特异,其间虽亦或托讽喻以纾牢愁,谈祸福以寓惩劝,而大归则究在文采与意想,与昔之传鬼神明因果而外无他意者,甚异其趣矣。①

六朝时期以《搜神记》为代表的志怪小说还没有与神话传说完全区分开来,以《世说新语》为代表的志人小说则没有与历史逸闻相脱离,属于同一类型的"释氏辅教之书"又被当作一种实事纪录并成为演绎、宣扬信仰的手段。隋唐以后,文人创作的传奇则是成熟的

---

① 《中国小说史略》第八篇《唐之传奇文(上)》,《鲁迅全集》第9卷第70-71页。

文言小说,从民间"说话"传统中又发展出长、短篇白话小说,这种重大变化标志着小说这一文学样式的成熟。大体与此同时,戏曲表演艺术也繁荣起来。如前面提到的,小说和戏曲同样兴盛于民间,同样出于"虚构",同属于艺术创作更为发达的新形态。

　　就接受佛教的影响说,新形态的小说、戏曲创作已和六朝时期那些"释氏辅教"作品大不相同:它们已不再简单地记录那些被当作真人真事的灵验故事;佛教的因素已经深浸到作品题材、主题、结构、情节、人物、语言等方方面面;而作为完全成熟的、独立的艺术形式,它们也已不像早期灵验传说那样直接起到"辅教"作用,而把思想内涵潜移默化到观念、感情、美感、情绪等更深入的层次。

　　唐代俗讲和变文已是相当成熟的通俗叙事文学作品,它们是典型的佛教文学体裁。早期的白话小说——唐代的"说话"也有表现佛教内容的,如敦煌写本里的《唐太宗入冥记》、《庐山远公话》等。这些作品已经体现出成熟的小说的一个重大特征,就是情节已经完全出于虚构。变文演绎的目连救母故事也好(《目连变文》的构思原则显然和《张义潮变文》不同),小说讲述的唐太宗入冥故事也好,都是出于玄想的。这乃是宗教文学特有的构思方式,作为创作原则是全新的。这表明,这些宗教文学作品的构思已经充分体现了小说(还有戏曲)艺术的创作原则。宋代的"说话"分为小说、说经、讲史、合声(生)四家,其中"说经"应是直接承续唐人俗讲的。据记载:

　　　　说经,谓演说佛书;说参请,谓宾主参禅悟道等事。①

现存宋代《大唐三藏取经诗话》据考就是说经的底本②。又有所谓

---

①耐得翁《都城纪胜·瓦舍众伎》。

②或以为在日本京都金光明寺所存《佛说目连救母经》即是"'说经'伎艺话本",参阅张鸿勋《从唐代俗讲转变到宋元说经》,《敦煌俗文学研究》第114—131页,甘肃教育出版社,2002年。

"说浑经"，则是如俗讲那样离开经典来讲说尘俗故事。"说参请"，按张政烺的解释：

> 按"参请"禅林之语，即参堂请话之谓。说参请者乃讲此类故事以娱听众之耳。参禅之道有类游戏，机锋四出，应变无穷，有舌辩犀利之词，有愚骏可笑之事，与宋代杂剧中之打浑颇相似。说话人故借用为题目，加以渲染，以作糊口之道。[①]

据此"说参请"就是以禅宗丛林人物和故事为题材的、富有游戏意味的小说，大概《清平山堂话本》里的《五戒禅师私红莲记》就属于这类作品。这篇作品的大致情节是说宋代钱塘净慈寺僧五戒和明悟二禅师甚为相得，而五戒犯了色戒，后来托生为苏轼；明悟托生谢氏，出家为佛印，二人相交为诗友，后来苏轼终老，为大罗天仙，佛印则为至尊古佛。作品表现二人间友情，而以佛教轮回、济度观念贯穿其间。苏轼和佛印禅师的交谊本是传诵士林的逸闻，作品利用游戏笔法，随意生发，据以构成两世果报故事。后来《醒世恒言》里的《佛印师四调琴娘》、《古今小说》里的《明月和尚度翠柳》、《明悟禅师赶五戒》都是延续这样的艺术手法创作的。这样，在白话小说的早期发展中，佛教题材的篇章不少，这属于思想内容方面的相互关联；而艺术上更值得注意的是，佛教的宗教玄想的思维方式被创作者相当广泛地应用，对于推进作为小说艺术重要特征的"虚构"方式的发展起了相当的作用。

从中国戏曲发展历史看，这种艺术形式自形成即已受到佛教多方面影响。古代印度戏剧艺术十分发达，而其发展又一直与佛教有直接关系。渥德尔指出：

> 虽然在三藏中并没有真正的剧本（当然，晚期增加到西藏

---

① 《〈答问录〉与"说参请"》，《历史语言研究所集刊》第十七集；《张政烺文史论集》第 239 页，中华书局，2004 年。

三藏中的东西不算在内),我们将会看到,有证据说明其中有某些戏剧化故事情节,尤其在杂阿含里面,在节日集会时曾在舞台表演……问题的要点确实是在集会的性质,如是佛教徒们逐渐编纂出一本戏剧化诗歌的表演节目,和其它类型的文学一样,我们将会发现,在一定的阶段他们产生了一系列的地地道道的剧本。[①]

按渥德尔的看法,印度戏剧的发展与佛教传播的通俗化有直接相关联。这一点与远在其后的中国戏曲艺术的形成和发展有类似之处。上世纪初在新疆发现了梵剧剧本三种,有的学者据以推测梵剧或曾直接影响到中国戏剧艺术的形成。季羡林曾进行具体研究,提出看法说:

> 我最近几年以余力从事吐火罗文 A《弥勒会见记剧本》的研究,因而对于印度戏剧影响中国的问题,有一些考虑。印度古代一些梵剧曾流传到西疆,马鸣菩萨的几种剧就发现在新疆。这一部吐火罗文 A 剧本残卷也发现在新疆。这样产于印度的剧本以及戏剧结构及出场人物,也大有可能通过河西走廊进入内地。现在我把印度剧的特点与中国剧的特点列表如下:
>
> a. 韵文、散文杂糅　在中国是歌唱与道白相结合。
>
> b. 梵文、俗语杂糅　在中国不很明显。
>
> c. 剧中各幕的时与地随意变换　二者相同。
>
> d. 有丑角　二者相同。
>
> e. 印剧有开场诗,中国有跳加官。
>
> f. 结尾不(大)团圆　二者基本相同。
>
> g. 舞台,印度方长方或三角　中国方。

---

① 《印度佛教史》第 218—219 页,商务印书馆,2000 年。

　　h. 歌舞结合，以演一事　　二者相同。[①]

印度梵剧对中国戏剧的影响是有待深入探讨的课题。不过印度佛教"三藏"典籍里包含大量关于舞乐记载，并较早传译到中国则是肯定的。而且在中国，晋宋以来流行"浴佛"、"行像"等仪式，则已经是戏曲表演艺术的萌芽。南北朝以来兴盛的佛教舞乐活动，则肯定是促成唐代戏弄发达的重要因素。

　　宋代是戏剧形成时期。而早期主要资料即有关系到佛教的。如孟元老《东京梦华录》记载说：

　　　　七月十五日，中元节。先数日市井卖冥器……及印卖《尊胜目连经》。又以竹竿斫成三脚，高三五尺，上织灯窝之状，谓之《盂兰盆》。挂搭衣服、冥钱，在上焚之。构肆乐人自过七夕，便般《目连救母》杂剧，直至十五日止，观者增倍。[②]

目连救母传说是佛教报应观念与中土伦理相结合的典型产物。《东京梦华录》这一条记载表明，在戏剧发展早期，目连传说已成为它的题材，而且已是中元依例演出的流行剧目。由于记述简略，不能明确当时是从七夕到十五每天演同一出戏，还是八天连续演出连台本戏。但可以肯定，《目连救母》杂剧乃是七夕节祭活动的一个节目，并且已经形成风俗。这不仅表明这个剧目的普及和广受欢迎的程度，而且反映这种戏剧表演形式已经相当成熟。应当是目连救母剧情正配合盂兰盆斋僧的节祭内容；而其离奇幻想、富于"戏剧性"的情节更适合群众的艺术趣味，因而受到普遍欢迎。从这个事例也可以看出，无论内容还是艺术形式，佛教都是推动中国戏曲艺术早期形成与发展的决定性因素之一。

----

①《中印文化交流史》，王岳川编《季羡林学术精华》第 3 卷第 95－96 页，山东友谊出版社，2006 年。
②尹永文《东京梦华录笺注》卷八《中元节》，下册第 794－795 页。

　　以上两部分资料,分别表明在中国小说和戏剧的早期发展中,不仅佛教题材已被积极地纳入到作品内容之中,宗教玄想的构思方式亦被小说、戏曲创作广泛应用,宣扬佛教也成为小说和戏剧的主要功能之一。在此后这两种文学样式长期历史发展中,佛教一直相伴随并发挥着不容忽视的作用。宋代以后的短篇白话小说——从《清平山堂话本》到以后"三言"、"二拍"等大量话本、拟话本,直到清代蒲松龄的《聊斋》、袁枚的《子不语》等文言短篇小说,很多篇章都是表现佛教题材、宣扬佛教观念的。我国长篇章回小说"四大名著"——《三国》、《水浒》、《西游》、《红楼》,佛教的观念、形象、情节、语言等等都是这些作品不可或缺的构成要素。从戏剧发展情况看,明初朱权把杂剧分为十二科①,其中"神仙道化科"是扮演道教神仙的,"神头鬼面科"则是表现神、鬼和佛、菩萨的。对于明清传奇,吕天成依据题材划分为六门:"一曰忠孝,一曰节义,一曰仙佛,一曰功名,一曰豪侠,一曰风情。"②今人罗锦堂依据题材分成八类,即历史剧、社会剧、家庭剧、恋爱剧、风情剧、仕隐剧、释道剧和神怪剧③。这也都表明,无论是杂剧还是传奇,仙与佛都是重要表现内容。今人郭英德对传奇进行分期,以明成化元年(1465)到万历十四年(1586)为生长期,万历十五年(1587)到顺治八年(1651)为勃兴期,并就两个时期的作品题材进行分类统计。前一时期可考的七十一部作品里神佛剧有五部,占百分之七;后一时期题材可考的 631 部作品里神佛剧有 41 部,占百分之六点五④。然而这只是就题材分类的绝对数量而言。在实际演出中,像目连戏、观音戏等"神佛剧"被普遍用于庆贺、节祭,是传统或依例上演

---

① 参阅《太和正音谱》,中国戏剧出版社,1959 年。
②《曲品》卷下,《曲苑》本。
③《现存元人杂剧本事考》第三章《现存元人杂剧之分类》,第 419－452 页,中国文化事业股份有限公司,1959 年。
④ 郭英德《明清传奇史》第 261 页,江苏古籍出版社,1999 年。

的剧目。因此这些统计比例并不能反映在戏剧活动里各种内容实际所占位置。清人慨叹"近来牛鬼蛇神之剧充塞宇内"①,可见有关佛、道二教的剧目流行之普及和深入。

更重要的是,话本的"家数"也好,杂剧、传奇的"科目"也好,只是大致分类。直接以仙佛为创作题材、以宣扬仙佛为目的的作品在全部小说、戏剧创作中虽然仅是一小部分,但有关佛、道的内容和表现却更广泛、更多样地包含在更多作品里。可以从小说、戏剧里各举出一个著名例子。长篇章回小说《西游记》以唐三藏师徒西行取经为题材,内容十分丰富,主题并不是佛教的,但无论是思想观念,还是艺术表现,都包含有众多佛教因素。题材取自佛教史迹毋庸赘言,其中体现的观念、塑造的形象、构造的情节、使用的语言等等,许多显然取自佛教或和佛教有密切关系。又汤显祖的《牡丹亭》是传奇经典,主题思想并不是佛教的。但其构思同样取自佛教故实。汤显祖明确表白说:

> 传杜太守事者,仿佛晋武都守李仲文、广州守冯孝将儿女事,予稍为更而演之;至于杜守收拷柳生,亦如汉睢阳王收拷谈生也。②

这表明作者构思《牡丹亭》直接借鉴了古代传说中三个再生还魂故事,这三个故事分别出自佛教类书《法苑珠林》和志怪集《幽明录》、《列异记》,而作品情节又是以佛教的"神不灭"观念为基础的。这样,《牡丹亭》整个框架是借自佛教的。这部传奇的主旨在通过执著的"真情"来宣扬具有启蒙意义的个性解放意识,并没有受到原来故事中佛教观念的束缚,正表明作者思想观念的卓越之处。

如此看来,像《西游记》、《牡丹亭》这样优秀的文学经典也大都

---

① 《笠翁十种曲·风筝误·总评》,《李渔全集》第 4 卷第 203 页,浙江古籍出版社,1990 年。
② 《牡丹亭题记词》,《汤显祖集·诗文集》卷三三,第 3 册第 1903 页。

从不同角度、在不同层次上与佛教有紧密关联。当然这类例子又说明另一个值得重视的现象:众多的艺术创作利用佛教"材料",已经不同程度上超越了佛教的教义和信仰。例如在有一类作品里,佛教的"材料"被充实以现实内容,作品的思想意义从而转化了;在另一些作品里,佛教的玄想、幻想则只被用作艺术手段,汲取其"形式"而完全扬弃了它们的"内容",等等。当然对于具体作品而言,这种"转化"、"扬弃"的彻底程度、成功与否是不同的。文学史的一般情形是:越是优秀的作者和作品,越是较少受到宗教观念、信仰的制约,越是能够汲取宗教观念和思维方式等方面的精华,消化融摄,转变成艺术创作的有益滋养。从这个意义上看,在众多小说、戏剧作品里,特别是那些优秀作品里,佛教因素在创作过程中变得淡薄,被大为淡化了;而从另一方面看,其影响则更浸透到思想内容和艺术表现的深处,又是更深入,被深化了。

这样,就中国小说、戏曲的形成与发展以及创作形态的总体演进看,佛教的作用是相当重大的。

三

从思想内容方面看,佛教对小说、戏剧创作的影响,最直接、明显的表现是在主题、题材方面,即主题是宣扬佛教的,题材是佛教的。不过如上所述这类作品在全部创作中只是少数。更多作品包含有佛教内容或是反映了佛教观念,这当中有些是宣扬作者个人的佛教信仰或观念的。这后一类作品体现了佛教对于创作更为普遍也更为深刻的影响。

另一方面,小说、戏曲所表现的基本上又是一般民众对于佛教的通俗化的理解。即使是作者亲自出面,或者某些作品中假借高僧大德的口出来说教，大体也是民间信仰的通俗内容。这也正是宋代以后流于低俗的"禅、净合一"佛教的真实面貌的反映，又体现作品出现时期民间信仰的真实状态。

小说、戏曲体裁不同，内容上受到佛教影响状况也有差异，以下分别加以介绍，先讲小说。

佛教观念被积极、普遍地表现在小说里，与中国传统的文学观念也有关系。基于中土重现实、重人事、重伦理的传统，担负娱情职能的小说也被赋予道德教化任务，许多作者在自觉不自觉地努力完成这一任务。正如梁启超曾指出：

> 自元明以降，小说势力入人之深，渐为识者所共认。盖全国大多数人之思想业识，强半出自小说。言英雄则《三国》、《水浒》、《说唐》、《征西》，言哲理则《封神》、《西游》，言情绪则《红楼》、《西厢》，自余无量数之长章短帙，樊然杂陈，而各皆分占势力之一部分。此种势力，蟠结于人人之脑识中，而因发为言论行事，虽具有过人之智慧、过人之才力者，欲其思想尽脱离小说之束缚，殆为绝对不可能之事。①

特别是在唐、宋以后，在"统合三教"的思想传统里，佛教也被更加自觉地当作惩恶劝善的手段之一。从而许多作者有意识地把佛说纳入到作品之中，以期达到诱导愚氓的目的。这样就不必也不能顾及繁琐、艰深的教理，而要利用故事进行简单、通俗的说教，如署名无碍居士的《警世通言叙》说：

> 于是乎村夫稚子，里妇估儿，以甲是乙非为喜怒，以前因后果为劝惩，以道听途说为学问，而通俗演义一种，遂足以佐经书史传之穷。②

---

① 《告小说家》，《饮冰室合集》第4册《饮冰室文集》之三二，第67页。
② 《警世通言》卷首，《明清小说资料选编》下册第1044页。

这就明确要求利用"通俗演义"来宣扬因果报应教理,对于凡夫俗子起到补充儒家伦理教化的作用。静恬主人为清代章回小说《金石缘》作序也说:

> 小说何为而作也?曰以劝善也,以惩恶也。夫书之足以劝惩者,莫过于经史,而义理艰深,难令家喻而户晓,反不若稗官野乘,福善祸淫之理悉备,忠佞贞邪之报昭然,能使人触目儆心,如听晨钟,如闻因果,其于世道人心不为无补也。

因而他说这部《金石缘》"幸勿以小说而忽之,当反躬自省,见善即兴,见恶思改,庶不负作者一片婆心,则是书充于《太上感应篇》读也可"①。这就把小说的作用等同于宗教劝善书了。社会上普遍由于注重道德教化而重视佛教的作用,就更进一步促进了利用小说宣扬佛教的自觉性。这样,宋、元以来民众间流传的佛教基本内容是祸福报应、檀施供养之类通俗信仰,主要作为民众娱情之具的小说也就大力鼓吹这一类浅俗的观念。也正因为浅俗,才能够被没有多少文化的老幼妇孺所接受,作品也有可能普及,受到更普遍的欢迎。而通过无数民间的和文人的长期创作实践,这种本来是内涵浅俗的作品也会不断提高艺术水平,一些优秀的经典作品就这样被创造出来。

佛教的过、现、未"三世"轮回观念极大地扩展了艺术表现的境界,这在下面讲佛教对艺术构思的影响还将说到。前面曾指出过,轮回报应观念是对于现实世界因果关系做出的绝对化的理解和歪曲的发挥,企图对事件和人物的前因后果给出"合理"解释,从而也就虚构出人生由长远的过去世到遥远的来生轮回不尽的链条。这样,过去世形成宿命,当下短暂的人生如梦如幻,到来世则要接受报应,这种佛教的通俗教义被当作简单明确的"规律"。正是利用

---

① 《金玉缘》卷首,同上第 847-848 页。

这"三世"因缘"规律",各类小说作品构造出无数曲折生动的情节,述说各种各样惩恶劝善故事,在一定意义上已成为通俗的宣教了。而当这些故事又具有一定的艺术感染力,让民众信服、赞赏,也就达成了寓教于乐的目的。

首先看因缘宿命的表现。关于三世报应的原理,关涉到作为佛教教理基础的"缘起"论,无论是印度佛教各部派、学派,还是中国佛教各师说、宗派,都着力对于这一确立整个教理体系的关键概念作出详密论证。本书前面已经说过,在中国,基于"灵魂"不灭观念形成的是所谓"业感缘起"思想,即不是认为形死神灭,而是简单地肯定神魂不死,这不死的神魂一代代托生,在六道里流转;而决定人生状态的是前世所作的"业",在今世实现则为"报";"业报"成为人生的宿命,不可回避。这种"业感缘起"观念有意无意间成为构思小说情节的相当普遍的依据,往往又成为对于作品矛盾冲突的"合理"解释。例如"讲史"是宋代话本的四"家数"之一,是早期白话小说的重要一类。它所表现的主要是前代争战兴废之事,和佛教教义并没有直接关系。但讲说或写作者却往往利用因缘宿命来解释历史事件。宋代讲史《新编五代史平话》这样说:

> 刘邦杀了项羽,立着国号曰汉。只因疑忌功臣,如韩王信、彭越、陈豨之徒,皆不免族灭诛夷。这三个功臣抱屈衔冤,诉于天帝。天帝可怜见三功臣无辜被戮,令他每三个托生做三个豪杰出来:韩信去曹家托生做着个曹操,彭乐去孙家托生做着个孙权,陈豨去那宗室家托生做着个刘备。这三个分了他的天下……①

与这部小说相类似,《全相三国志平话》的开篇则说汉高祖杀戮功臣,玉皇断狱,令韩信转生为曹操,彭越为刘备,英布为孙权,汉高

①《新编五代史平话》第1页,古典文学出版社,1954年。

祖为汉献帝,下面依此展开情节。这种宿命观念成为一般讲史构造情节的基础。由"讲史"发展出历史演义小说,成为章回小说的主要一体,大抵也或隐或显地因袭同样的观念。这类小说中最优秀的代表作品《三国演义》,其全部情节的发展,从汉室衰亡、桃园三结义、三分天下直到诸葛亮赍志以殁、刘蜀终于败亡,贯穿着强烈的宿命观念。作者也常常用这种观念来解释作品情节的发展。

最为明确地宣扬宿命观念的是明清时期小说创作中盛行的续书。这些续书大体是以所续书中人物的身后因果作为结构框架。《水浒传》风行,很快出现了《后水浒》,情节接续百二十回《水浒》之后,叙述宋江、卢俊义被害,梁山英雄尽皆同毙,唯有燕青身藏赦书遁去,后来重至梁山,哭拜于宋江坟上,又至蓟州寻访公孙胜,二人同见罗真人,真人为点明因果,谓二十八宿九曜均将先后应劫下界,托生人世,二人亦在数中。这样宋江托生为杨么,卢俊义托生为王魔,从而展开一系列新的故事。同样《续金瓶梅》接续《金瓶梅》写吴月娘事,其中主要人物也都是前书人物转生而来:西门庆死后被阎罗亲审,以其奸淫纵欲,结官卖法,判托生东京沈越家,做失目乞丐,又转生作内监,转生为狗;潘金莲托生黎家为女,名金桂,终生无偶;春梅托生北京孔家为女,名梅玉,嫁宦门为妾,死后再转生为女,生丑疾,不嫁而死;李瓶儿则托生袁指挥家,名常姐。故事就在这些人物间展开,让他们承受前世的宿命。这些续书大多没有多少思想和艺术价值,但他们所宣扬的宿命观念却影响广远,被民众认可,牢固地扎根在意识之中。这种宿命显然是一种"命定论",让人容忍、安于当下的处境;同时又引人反省,使人戒惧,促使人在今生尽可能做"善业",为来生创造更好的"宿命"。这样,这种"宿命"观念显然又具有某种道德训喻意味,起到引人向善的作用。

按佛教的通俗理解,现世人生只是历劫轮回中的一个过程,因此如梦如幻,没有真实的价值与意义。近人箸超说:

> 中国小说，无一书不说梦。《三国志》、《水浒》，梦在夹里，
> 此上乘者也;《红楼梦》等，梦在开头，此下乘者也;《西厢》不语
> 梦，而梦语独多，此超以象外者也。①

这段话里说的，正是民间佛教所宣扬的人生观念。其中所涉及对
于具体作品的评价暂且不论，阐述的理念可以从两个方面加以理
解:表面的意思是，大凡小说都有梦幻的内容，都是梦想的体现;而
从另一个角度说，也可以理解为小说创作大都表现"人生如梦"观
念。前一方面属于创作论，后一方面则是对作品内容的认识。说
小说"无一书不说梦"，当然是极端的说法;但"人生如梦"观念深刻
浸染小说创作，则是事实。

　　"人生如梦"本是中土固有的古老观念。庄周梦蝶是耳熟能详
的典故。外来佛教以般若空观作为全部教理的依据与核心，"如
梦"是说明这一教理的"大乘十喻"之一。《金刚经》著名的"六如
偈"更把"如梦"放在第一位。在中国，庄周与佛理相结合，使"人生
如梦"观念更加深入人心。这是与儒家肯定现世、肯定人生的积极
入世意识大不相同的观念。当然，"人生如梦"无论是作为一种理
念和体验，还是表现在作品里，内容的价值与意义都应当做具体分
析:对人生取否定态度，采取虚无主义、相对主义立场，会导致消极
颓唐，无所作为;但如果是用"如梦"观念来对抗世俗的价值判断，
否定对于功名利禄的追求，表示对贪黩无厌的否定，则具有批判意
义了。对小说里表现的"人生如梦"观念也要这样具体分析。

　　唐传奇的两篇著名作品——李公佐的《南柯太守传》和沈既济
的《枕中记》都是直接写梦幻的，都表现主人公在梦中享尽荣华富
贵，又经历人世坎坷，梦醒后觉悟到一切皆空、人生正如梦幻。其
主题明显融合了佛、道二教的人生观。作品里更直接进行说教。
《南柯太守传》的结尾说主人公因梦而觉悟:

---

① 《古今小说评林》,《明清小说资料选编》下册第 751 页。

感南柯之浮虚,悟人世之倏忽,遂栖心道门,绝弃酒色。①

《枕中记》则由主人公出面说:

夫宠辱之道,穷达之运,得丧之理,死生之情,尽知之矣。此先生所以窒吾欲也。敢不受教!②

感悟人生如梦,从而否定一切欲念,这是佛教观念。鲁迅先生已指出过,《枕中记》的构思与《搜神记》里焦湖太祝以玉枕使杨林入梦事大旨悉通。而再追溯一步,佛典故事里也多有类似的构想。李公佐和沈既济是否对前人有所借鉴不得而知,但观念上受到佛教影响则是可以肯定的。又如《三国演义》的开卷诗说:

滚滚长江东逝水,浪花淘尽英雄。是非成败转头空,青山依旧在,几度夕阳红。 白发渔樵江渚上,惯看秋月春风。一壶浊酒喜相逢,古今多少事,都付笑谈中。③

对历史的这种态度,同样体现强烈的梦幻虚无色彩。大致的说法往往成为历史演义小说的常调。当然如《三国演义》这样优秀的作品,一开头就表达这种观念,也有迎合群众心里的意味,并无碍于作品思想整体的积极内涵。

所谓"世情小说"主要描绘世态人情,更容易表达四大皆空、人生如梦的感怀。不少这一题材的作品往往直接利用梦幻来构造情节。如《金瓶梅》里有"李瓶儿梦诉幽情"、"李瓶儿何千户家托梦"、"潘金莲托梦守备府"等情节,让梦中场面不断出现,给人以现实人生如梦如幻的强烈感受。典型而又卓越地表现"色空"、"如梦"观念的当数《红楼梦》。其中多写梦境,更多具深意。如第五回《游幻

---

①《唐宋传奇集》卷三,《鲁迅辑录古籍丛编》第 2 卷第 82 页,人民文学出版社,1999 年。

②《唐宋传奇集》卷二,《鲁迅辑录古籍丛编》第 2 卷第 27 页。

③《三国演义》上册第 1 页,人民文学出版社,1983 年。

境指迷十二钗，饮仙醪曲演红楼梦》，写秦可卿梦游太虚幻境；第十三回《秦可卿死封龙禁尉，王熙凤协理宁国府》，写秦可卿给凤姐托梦，如此等等，梦境在情节构成、表达主题等方面都起到重要照应、暗示作用。而整部作品从开头空空道人关于"色空"的说教、甄士隐的《好了歌》到结尾贾宝玉出家、宝玉对薛宝钗感叹"我们生来已陷于贪嗔痴爱中"，终于和一僧一道飘然远去，更始终贯穿着人生如梦的意念。甲戌本《脂砚斋重评石头记》卷首曹雪芹《凡例》最后有诗说：

> 浮生着甚苦奔忙，盛席华筵终散场。悲喜千般同幻渺，古今一梦尽荒唐……①

有关《红楼梦》中的佛教影响议论纷纭，此不赘述。"梦幻"意识在全书中占有重要位置、起重大作用是不可否定的。《红楼梦》传世后出现大量续书，大都也是拙劣的模拟。它们无一例外地把"人生如梦"观念向消极方面扩展、强化了，往往构成作品的主导观念。其后有许多小说，从明末长安道人国清的《警世阴阳梦》（1624）到二十世纪初孙家振的《海上繁华梦》（1903）等，都和《红楼梦》一样以"梦"命名。这种命题本身往往直接表明写作的主旨和作品的主题。特别是晚清，出现大量这类题目的作品，正反映社会上的一股思想潮流：人们对现世人生怀有没落感，内心充满迷茫、颓丧，因而视人生如梦幻，或者把希望寄托于梦幻。曼殊庵主的《二十载繁华梦序》说：

> 迄今故老道其遗事，有不唏嘘感喟、叹人生若梦、为欢几何者乎！彼周氏者，旋放钦差大臣，旋被参籍没，引富人覆没之历史，有不以潘、卢、叶为比例者乎！②

---

① 甲戌本《脂砚斋重评石头记》卷首，《明清小说资料选编》下册第 673 页。
② 《二十载繁华梦》卷首，《明清小说资料选编》下册第 1025—1026 页。

这里所谓"潘、卢、叶",都是清代道、咸间广东最为殷富的家族,他们在十九世纪后期内忧外患、社会危机加深的社会环境中无可挽回地衰败了。另有些书不以"梦"命名,如晚清吴妍人的另一部小说《恨海》,以庚子事变为背景,描写两对青年男女的恋爱悲剧,时人陶报癖评论说:

> 吾读《恨海》……故一则自甘堕落,一则素藉陶荣,一则祝发空门,一则投身乐籍,梦魂颠倒,状态迷离,造化小儿,弄人太甚。于以知伯和之捐尘,实为棣华大解脱之起点;娟娟之献媚,又为仲霭大醒悟之终期……躯壳孤存,灵魂无主,三千烦恼,一剪了之。从兹禅悟昙花,经翻贝叶,既全大节,更表真情。而不意前此之目为呆笨者,至是始克见其真相也。①

这部作品具有一定现实意义,但贯穿其中的虚无、梦幻意识是很明显的。另一部更有价值的作品《老残游记》,作者刘鹗主张三教同归,作品里同样流露浓重的佛教观念,其《二集》主要写泰山斗姥宫尼姑逸云讲述自己的恋爱和悟道经过,并揭露清朝的州县官吏作威作福、谄上骄下的种种丑态,作者在《自序》中说:

> 夫梦之情境,虽已为幻为虚,不可复得,而叙述梦中情景之我,固俨然其犹在也。若百年后之我,且不知其归于何所,虽有此如梦之百年之情景,更无叙述此情景之我而叙述之矣!是以人生百年,比之于梦,尤觉百年更虚于梦也。②

作者在这里直接地发抒"如梦"的感慨,显然也是他想通过作品告诉读者的。

因果报应更是各类小说普遍宣扬的观念,也成为构造情节的主要模式之一。胡应麟说:

---

① 《月月小说》第六号(光绪三十三年),《明清小说资料选编》下册第 779 页。
② 《老残游记续集》卷首,《明清小说资料选编》下册第 974 页。

> 魏、晋好长生，故多灵变之说；齐、梁弘释典，故多因果
> 之谭。①

萧子显《南齐书》卷四五《高逸传》论，把儒家、诸子和佛教相比较，称赞佛教"有感必应，以大苞小，无细不容"，"树以前因，报以后果，业行交酬，连锁相袭"②，特别指出因果报应观念乃是佛教教义的重要内容及其对于中土人士的影响。因而南北朝志怪小说即"多因果之谭"。缪荃孙又曾指出：

> 大凡小说之作……于此演说果报，决断是非，挽几希之仁
> 心，断无聊之妄念……③

这则明确指出因果报应在明、清小说创作里的重要地位和作用。清代有《甲申痛史》一书，是写明末李自成起义的。据黄人说：

> 《甲申痛史》，书中以怀宗为成祖后身，流寇则靖难诸臣转
> 世报仇者。其荒邈无稽，与《续水浒》之宋江为杨幺，卢俊义为
> 王魔，及《三分梦》之韩、彭、英布转世为昭烈、操、权者，如出一
> 辙。此固小说家之陋习，而亦可见我国民因果报应之说，中于
> 心者深也（成祖转生为怀宗之说，《霜猿集》等亦载之，而以流
> 寇为胡、蓝案中人，则《西堂乐府》亦有此类怪谈，彼稗官家固
> 无足责也）。④

这是指出《甲申痛史》对历史的解释，表明了"因果报应之说，中于人心者深"，而这种现象又是有历代相传的观念为根据的。本来关于因果报应，自东晋以来就是有关佛教教理争论的重要题目。攻驳一方往往对报应之不爽给以有力的攻击，维护的一方则尽力

---

① 《少室山房笔丛》卷一三《九流绪论下》。
② 《南齐书》卷五四《高逸传》，第 946—947 页。
③ 《醉醒石序》，《醉醒石》卷首，《明清小说资料选编》下册第 1066 页。
④ 《小说小话》，《小说林》第 1 卷，《明清小说资料选编》上册第 234—235 页。

中国佛教文化史

加以辩解。其中慧远的"三报"之说显得颇有说服力,影响十分深远。这种基于"灵魂不死"观念对于报应所作出的辩解已经远离印度佛教基本教理,实际完全是本土观念的发挥。而在宋代之后佛教的通俗宣传中,这种因果报应观念又被大力张扬并进一步简单化了。"善有善报,恶有恶报",有事必报,报应不爽与直截,成为许多小说宣扬的信条,不少作品利用这样的观念来构造故事情节。

宋代话本《错斩崔宁》写的本是"十五贯戏言成巧祸"的富于现实意义的故事,其中对封建制度下官吏的愚执、法律的严酷和小民痛苦无告的生存状态进行了深刻的描述。从情节看,创作者对冤案根由本是有清醒认识的。但其中写到众人追拿崔宁时却说"天网恢恢,疏而不漏";案情大白时众人又说"今日天理昭然";故事中说话人又劝说官吏"冥冥之中,积了阴骘"。这样,小说就贯穿着报应观念,结尾处更有大娘子一心礼佛、超度亡灵的结局。后来"三言"、"二拍"里的许多拟话本往往更加直接地宣扬因果报应。尽管许多作品是反映现实生活矛盾的,主题思想也另有积极意义,但创作者却往往以因果报应的"规律"来对故事加以"解释"。如《醒世恒言》卷十六《陆五汉硬留合色鞋》,写浮浪弟子张荩与潘寿儿有情,无赖陆五汉乘暗夜骗奸了潘寿儿并杀了她的双亲,杀人罪名却落到张荩头上,后来张荩使银子买通牢狱看守,得以和潘寿儿对证,案情终于大白。在小说情节里,案情得以大白的关键是张荩对看守行贿。这正反映了现实中吏治的腐败、法制的黑暗,也表明了"金钱"的力量。但在张荩受尽陷害后却说:"这也是前世冤业,不消说起。"这种正面解说在观念上又与故事开场诗和结尾诗相照应:"爽口食多应损胃,快心事过必为殃。""奸赌两般都不染,太平无事作家人。"所以张荩得以剖白后,"吃了长斋"①,改过行善。无

---

①《醒世恒言》上册第 321－342 页,人民文学出版社,1992 年。

碍居士替《警世通言》作序说：

> 余阅之，大抵如僧家因果说法度世之语，譬如村醪市脯，所济者众，遂名之曰《警世通言》……①

张苍这一篇正可作典型例子。

前面已经提到《金瓶梅词话》，这是我国第一部文人独立创作的、描写世态人情的长篇小说，反映社会生活达到相当的广度和深度。书中同样贯穿着因果报应观念。西门庆贪欲不足，终至家庭破败，荒淫而死，作者却说是"为人多积善，不可多积财；积善成好人，积财惹祸胎"；结尾处"普静师荐拔群冤"，小玉窃看冤魂一一托生，普静和尚向吴月娘点化李哥本是西门庆转身，而吴月娘好善念经也得到善报。终卷诗说：

> 闲阅遗书思惘然，谁知天道有循环。西门豪横难存嗣，经济颠狂定被歼。楼、月善良终有寿，瓶、梅淫佚早归泉。可怜金莲遭恶报，遗臭千年作话传。②

这也是把整个故事纳入到因果报应的框架之中了。

一些广泛流行的公案小说往往直接把因果报应作为解破案情的关键。《包公案》、《施公案》、《海公案》等都是长期流传民间的作品，它们一方面表扬清官，抑恶扬善；一方面宣扬天道公平，善恶得果。问竹主人《忠烈侠义传（即《三侠五义》、《龙图公案》、《包公案》）序》说：

> 至于善恶邪正，各有分别，真是善人必获福报，恶人总有祸临，邪者定遭凶映，正者终逢吉庇。昭章不爽，报应分明，使读者有拍案称快之乐，无废书长叹之时……③

---

①《警世通言》卷首，《明清小说资料选编》下册第 1045 页。
②《金瓶梅》下册第 1506 页，陶慕宁点校，人民文学出版社，2000 年。
③《三侠五义》卷首，《明清小说资料选编》上册第 415 页。

同样如神怪小说《聊斋志异》多谈狐说鬼,奇诡怪异的题材表现的本是具有高度思想性和强烈现实性的内容,但其中也多有因果报应的说教。蒲松龄在《聊斋志异自序》中已明确说道:

> 盖有漏根因,未结人天之果;而随风荡堕,竟成藩溷之花。茫茫六道,何可谓无其理哉! 独是子夜荧荧,灯昏欲蕊;萧斋瑟瑟,案冷疑冰。集腋为裘,妄续《幽冥》之录;浮白载笔,仅成孤愤之书。寄托如此,亦足悲矣![①]

高珩给《聊斋志异》作序也说:

> 吾愿读书之士,揽此奇文,须深慧业,眼光如电,墙壁皆通,能知作者之意,并能知圣人或雅言、或罕言、或不语之故,则六经之义,三才之统,诸圣之衡,一一贯之。[③]

与《聊斋》同类、水平较高的还有袁枚的《子不语》、纪昀的《阅微草堂笔记》等,同样多写鬼神怪异之事,且更多因果报应说教。俞樾指出:

> 先君子亦言:"蒲留仙,才人也。其所藻缋,未脱唐、宋人小说窠臼。若纪文达《阅微草堂五种》,专为劝惩起见,叙事简,说理透,不屑屑为描头画角,非留仙所及。"余著《右台仙馆笔记》,以《阅微》为法,而不袭《聊斋》笔意,并先君子之训也。[④]

俞樾父子的评论显然存在偏见。但他们强调小说的惩恶劝善作用,则代表当时的思想潮流。

这样,宿命、如梦、报应,三个佛教的浅俗、流行观念,用来说明人世间过、现、来的万般事项,用来解释现实事件的因果缘由,成为贯穿小说的基本观念。在这些观念指引下,作品的表现善恶分明,

---

① ③ 朱其铠主编《全本新注聊斋志异》卷首,人民文学出版社,1989年。
④《春在堂随笔》卷八。

因果显然,往往是报应不爽的"大团圆"结局。这些观念和情节被不同作者千差万别地运用、组合起来,花样翻新,应变无穷,当然会取得不同成果。优秀的作者能够淡化宗教观念的消极内涵,善于转化出更积极的意义。例如利用宣扬报应的"规律"来表达民众伸张正义、惩恶扬善的愿望与诉求;揭露高官厚禄、荣华富贵的如梦如幻、不能久恃;对专横强暴、贪婪劫掠进行揭露,发出诅咒,预告他们必受惩罚的下场。若等而下之,则作消极退避、安贫乐道的说教,就成为鲁迅所谓"瞒与骗的文艺"了。一般说来,小说作品数量巨大,加上依据这些作品讲说的各种类型的民间曲艺、民间故事广泛流传,对于社会思想观念的整体影响是相当巨大而深远的。

　　另外如慈悲、施舍、护生(不杀生)等等观念,都常常贯穿在小说作品之中。篇幅所限,这里不作介绍了。

四

　　以下简述戏曲内容接受佛教影响的情况。

　　中国戏曲的发展较小说为迟。但二者都自宋、元时期兴盛起来,这种兴盛局面有着同样的社会和文化背景。戏曲是结合表演的综合艺术,这决定了它内容和形式上的一系列特征。其中与本书论题相关的是:戏曲内容"非奇不传"的特征比小说更为突出,宗教幻想的奇情异事如人鬼同出、阴阳交通等等也更多地得以表现;另一方面,戏曲表演比小说更具群众性,它主要面向广大城乡民众,因此民众的朴素愿望如惩恶扬善、因果报应等观念更普遍地贯穿其中。又由于戏曲发展较小说为迟,许多剧目是根据小说改编的,小说里的佛教因素不仅被因袭下来,往往又被加以发挥。此外，虽然中土戏曲是由古代俳优、戏弄逐步形成起来的，有着自身的传统，但随佛教输入的西域和天竺舞乐、梵剧对其形成和发展也起了一定作用①。

关于佛教对中国舞乐艺术的影响，中国佛教早期发展中已使用舞乐，本书上一编有《舞乐》一章介绍过。早期流行的浴佛、行像仪式里已带有舞乐的性质。又如梁宗懔《荆楚岁时记》记载当时荆楚风俗：

> 十二月八日，为腊日……谚言："腊鼓鸣，春草生。"村人并系细腰鼓，戴胡公头，及作金刚、力士以逐疫，沐浴转除罪障……

如此在民间节祭游行里扮演金刚、力士，显然受到佛教行像仪式的影响，已经是雏形的艺术表演。北魏以来的敦煌壁画里多有描绘歌舞伎乐场面的。《旧唐书》上也记载说："大抵散乐杂戏多幻术，幻术皆出西域，天竺尤甚。"②这里所说的散乐、杂戏还不是戏曲，但显然具有戏曲表演因素；而它们从西域传来，其中有相当部分当与佛教有关。后来唐代密教传入中土，密教仪轨里多用歌舞，有"一一歌咏，皆是真言；一一舞戏，无非密印"③之说。密教对中国戏曲形成和发展的影响也是值得注意的。

本书前面介绍佛教乐舞，提到唐段安节《乐府杂录·俳优》条里记载有《弄婆罗》④；《通典》卷一四六《乐六》、《旧唐书》卷二九《音乐二》叙"散乐"，都有"婆罗门"，归到"杂戏"一类。从题目看

---

①中国戏曲艺术发展较迟，具有完整形态的戏剧宋代方始出现。这比古希腊戏剧的发展晚了千余年，也大大迟于印度戏剧的发展。上世纪初在新疆发现了梵剧剧本，表明佛教内容的戏剧曾经东传，但是否流传到中土、是否给中国表演艺术以直接影响，没有确切资料证明。

②《旧唐书》卷二九《音乐志二》，第1073页。

③《大毗卢遮那城佛经疏》卷八，《大正藏》第39卷第666页中。

④据宋陈旸《乐书》卷一八四"婆罗门"条，下有"门"字。

应当是外来节目。任半塘认为即是佛教戏剧①。郑樵《通志》载
"梵竺四曲:舍利弗、法寿乐、阿那瓌、摩多楼子"②。《舍利弗》李白
有辞;《乐府杂录》里也有《舍利弗》名目。舍利弗是佛弟子,在佛
教传说里他是一位富于戏剧性的人物,《贤愚经》等经典里有他和
六师外道斗法的著名故事。特别是 1923 年在新疆吐鲁番发现马
鸣所著梵剧三种,其中有《舍利补特罗婆罗加兰拏》九出,表演的就
是舍利弗和目犍连皈依故事,更让人猜测中土资料里的《舍利弗》
与梵剧的关系③。摩多楼子是佛弟子目犍连的另一个译名,他乃是
后来中土盛行的目连戏的主角。阿那瓌不知是否即佛十大弟子之
一的阿那律。这种用人的名字做题目的舞乐,据推测应当是有一
定情节的。

　　梁荀济上书朝廷,讲到僧罪十等,其九是"设乐以诱群小,俳优
以招远会"④。所谓"设乐"指举办歌舞表演,"俳优"当是指僧侣亲
自作俳优演出。到唐代,寺院作为城乡文化中心的作用更为突出,
都会大寺有所谓"戏场",表演"戏弄"之类节目。钱易曾记载:

　　　　道吾和尚上堂,戴莲花笠,披襴执简,击鼓吹笛,口称鲁
　　三郎。⑤

道吾圆智禅师是南宗石头一系药山惟俨法嗣。他上堂示法,扮演
鲁三郎,从装束、动作看,应是戏弄里的一个角色。中唐时期禅风
狂放,禅师们往往以奇特行动呈禅解。从道吾的情形看,他是把戏
弄搬上禅堂了。

――――――――

① 参阅《唐戏弄》上册第 309－310 页,上海古籍出版社,1984 年。

② 《通志》卷四九《乐一》,第 1 册第 633 页。

③ 参阅许地山《梵剧体例及其在汉剧上的点点滴滴》,《小说月报》第十七卷号
　外《中国文学研究》。

④ 《叙列代王臣滞惑解下》,《广弘明集》卷七《辩惑篇》,《大正藏》第 52 卷第 130
　页下。

⑤ 《南部新书》己卷,第 65 页。

　　中国戏曲早期发展情形,文献上留下的记载有限。不过上述点滴细节已可以显示佛教对中国戏曲的形成和发展是起了一定作用的。

　　如前面所列举统计数字所表明的,宋、元以来戏曲创作中直接以佛教为题材的作品并不多。目连戏和根据香山观音成道故事改编的传奇《香山记》是流传广远、影响巨大的真正的佛教戏。杂剧中如元郑廷玉《布袋和尚忍字记》,演述传说中弥勒菩萨化身布袋和尚事迹,这是纯中国的通俗化的弥勒信仰传说;刘君锡《庞居士误放来生债》,题材是唐代居士庞蕴皈依佛法故事,宣扬中土一直兴盛不衰的居士观念;明叶宪祖《北邙说法》的内容是北邙寺僧空禅师向成为天神的甄好善和成为恶鬼的路为非讲说佛法事;《鱼儿佛》搬演观音度脱凡人传说,是无数后起的观音灵验故事之一,等等。在全部剧目里,这种直接以佛教内容作题材的有限。明、清传奇的情形也同样,仅有屠隆的《昙花记》、苏元俊的《梦境记》、罗懋登的《香山记》、吴德修的《偷桃记》、金怀玉的《妙相记》、智达的《归元镜》、张宣彝的《海潮音》、蒋士铨《庐山会》等有数的几种。由于这种题材如屠隆所说是“以传奇语阐佛理”[1],大体带有浓厚的说教意味,缺乏生活情趣,人物塑造和艺术表现受到限制。作品生命力归根结底决定于艺术感染力,这成为这类作品创作不多、不受推重的主要原因。

　　有更多作品是在一般的剧情里有意或无意间流露或宣扬佛教观念或信仰的。这既彰显了佛教影响的深入,又体现佛教“通俗化”和“世俗化”的潮流。例如多数表扬忠、孝、节、义的作品,在揭露、抨击权奸误国、忘恩负义、图财害命、欺凌孤弱、男盗女娼之类罪恶行径的同时,或隐或显地宣扬惩恶扬善、因果报应等观念。历史题材作品里经常出现的反面人物如曹操(如杂剧徐渭《狂鼓史渔

①屠隆《昙花记序》,《昙花记》卷首。

阳三弄》)、秦桧(如元杂剧《东窗事犯》、明传奇无名氏《东窗记》、姚
茂良《精忠记》、李梅实《精忠旗》等)、严嵩(传奇无名氏《鸣凤记》,
或以为王士贞撰)、魏忠贤等,描写他们在现世猖狂得意,为非作
歹,陷害忠良,但报应之理不爽,终于逃避不了"阴报"。表现一般
世情的作品如元杂剧郑廷玉《崔府君断冤家债主》、武汉臣《包待制
智赚生金阁》、无名氏《朱砂担滴水浮沤记》、《玎玎珰珰盆儿鬼》、
《神奴儿打闹开封府》等,明传奇如郑若庸《玉玦记》、沈璟《桃符
记》、《坠钗记》、周朝俊《红梅记》、屠隆《昙花记》等,清传奇如李玉
《人兽关》、嵇永仁《双报应》、查慎行《阴阳判》、张彝宣《天下乐》等,
也都宣扬因果报应的"天理"。具有特色的是所谓"鬼戏",多有恶
人在阴间受到阎罗或包公审判、受到惩罚的情节。尤侗为岳端的
传奇《扬州梦》作序说:

> 盖聚人世酒色财气之业,造成生死轮回,亦举吾身喜怒哀
> 乐之缘,变出悲欢离合。[1]

这表明在戏曲里,如小说一样,生死轮回、因缘果报教义也被当成
构造情节的依据。清代戏剧家余治作《庶几堂乐府》,收录二十八
个剧本,在《自序》里明确说:

> 余不惴浅陋,拟善恶果报新戏数十种,一以王法天理为
> 主,而通之以俗情……于以佐圣天子维新之化,贤有司教育之
> 功,当亦不无小补也。

许多剧作家正和这位余治相似,写作中极力贯彻道德教化意旨,而
佛教的通俗说教正是这种意旨的重要部分。但正如前面分析小说
时指出过的,宣扬这类观念的消极、落后意义和作用是相当明显
的。而优秀作品却往往能够化腐朽为神奇,表达困苦无告的人们
的朴素愿望。特别是现实中道义不得伸张的情况下,更成为人们

---

① 尤侗《扬州梦序》,《扬州梦》卷首。

发抒愤懑的渠道、寄托幻想的方式。越是更优秀的作品,这后一方面表现得越是充分和鲜明。

元代大戏曲家关汉卿(1225?—1300?)一生创作杂剧多达六十七种,今存十八种。他的作品反映现实生活的深广程度、思想内容的丰富多彩,在戏剧史上是空前的。在他的代表作世情戏《窦娥冤》、《望江亭》和公案戏《鲁斋郎》、《蝴蝶梦》等作品里,宗教观念明显地被向积极方面发挥了。这些作品里多有超现实的情节,如冤魂告状(如《窦娥冤》里屈死的窦娥游魂找到身为廉访使的父亲窦天章诉冤)、鬼魂托梦(如《西蜀梦》里被害的关公和张飞的鬼魂往西川给刘备托梦)等。它们常利用阴阳二界的构想,让鬼神出场并在构造戏剧情节中起重要作用。这些作品表达的对于善恶果报的信心,转化为揭露和批判罪恶与卑劣、张扬和同情善良与道义的理念与力量。这样,具有宗教内涵的情节和意念就具有积极的作用和意义了。

在元代著名剧作家中,马致远(?—1321后)受到佛、道影响十分深刻。他写过《吕洞宾三醉岳阳楼》那样的神仙道化剧,又写了表现浓厚佛教宿命观念的《半夜雷轰荐福碑》。这出戏承袭南戏《雷轰荐福碑》,取材自释惠洪《冷斋夜话》所记载范仲淹镇鄱阳时帮助书生张镐拓荐福寺碑文,碑文被雷击轰碎一事,情节经过作者的增饰发挥,更为跌宕动人。

元末高则诚(1305?—1359)的《琵琶记》是根据南戏《赵贞女》改编的,写蔡伯喈贪恋富贵、遗弃妻子赵五娘故事。同时期流行的还有"四大传奇"《拜月亭》(传为元人施惠作)、《白兔记》、《荆钗记》、《杀狗记》,俗称"荆、刘(《白兔记》写刘知远事)、杀、拜",都是继承南戏传统、广受民众欢迎的作品。它们写的都是爱情故事,表扬贞孝节烈,抨击嫌贫爱富,又都体现出强烈的善恶报应观念,情节模式则是一成不变的为善者夫妻团圆富贵、做恶者最终受到惩罚的"大团圆"结局。这都或多或少地体现出佛教业报观念的影响。

　　明代大戏剧家汤显祖(1550—1616)前面介绍明末文坛情况已经提到。他接受王学左派的心性学说，又深受佛教熏染（如前所说王学左派本身即与禅宗有密切关系）。他在给友人信里说自己"幼得于明德师，壮得于可上人"①。"明德师"指泰州学派的罗汝芳，"可上人"则是法号达观的"明末四高僧"之一紫柏真可。他曾在南京高座寺从真可受记。在《寄石楚阳苏州》信里他又说：

> 有李百泉先生者，见其《焚书》，畸人也。肯为求其书，寄我驷荡否？②

李百泉即著名异端思想家李贽，汤显祖显然与他声气相投。汤显祖的代表作品《临川四梦》表现强烈的重情、贵生等意识，反映当代先进的、具有积极意义的思想潮流。但佛教的虚无出世、忍辱求安等观念也在其中明显地流露出来。特别是其中的《邯郸梦》、《南柯梦》，分别取材唐传奇《枕中记》和《南柯记》，表现出浓重的"净世纷纷蚁子群"的悲观、虚无观念和"人生如梦"意识。汤显祖这两出戏对富贵利禄进行猛烈批判，却看不到积极的出路，只好把人生表现为"空花梦境"。这也是时代的局限。

　　汤显祖是明传奇临川派的代表，另一位重要作者沈璟(1553—1610)则开创所谓吴江派。沈璟重视音律，对于发挥戏曲作为综合艺术形式的特征颇多贡献。他的作品很多，但成就远不及汤显祖，重要的局限之一是封建道德说教过多和宗教迷信色彩过重。《双鱼记》取材自马致远的《荐福碑》，《红渠记》取材自唐传奇《郑德麟传》，都流露出严重的生死由命的宿命倾向；《桃符记》里决定主人公刘天仪、裴青莺命运的，是轮回报应的"规律"；《坠钗记》本是模

---

① 《寄邹宾川》，《汤显祖集·诗文集》卷四七，第 2 册第 1352 页。
② 同上卷四四，第 2 册第 1246 页。

仿《牡丹亭》的,但主旨在宣扬"好恶因缘都在天",远不及汤作的思想意义。

清传奇最重要的作者是"南洪北孔(尚任)"。洪升(1645—1704)的名著《长生殿》敷衍白居易《长恨歌》、陈鸿《长恨传》的陈旧题材,把唐明皇和杨贵妃的爱情悲剧表现得动人心扉。其主题本在"垂诫",具有强烈的现实意义。但作者在《自序》里说:"清夜闻钟,夫亦可以遽然梦觉矣。"全篇作品流露出浓厚的人生如梦意识;在情节安排上,最后让李、杨"一悔能教万孽清",终于"居忉利天宫,永为夫妇",又表现出浓重的宗教忏悔观念。

以上举出的是元、明、清几位著名剧作家的情况。和小说创作情形类似,次一流作家受到佛教影响更为明显和严重,在艺术表现上也流于更严重的教条化、程式化倾向,往往是浅俗的说教配合幼稚的情节,迎合一般民众的心理和趣味。

明清又是各地民间戏曲蓬勃发展的时期,众多的地方剧种在这一时期形成。民间戏曲作品更集中也更直接地反映民众的思想、感情、情绪等等,他们的宗教信仰、宗教观念也更鲜明、强烈地在其中体现出来。就这方面看,各剧种具体作品达到的艺术水准差别很大。许多作品是编造浅俗故事作教条的说教;而那些取材自民众的实际生活、体现他们真情实感的作品往往能够显现民众的艺术创造力,富于生动、鲜明的民间艺术特色。鲁迅的小说《社戏》描绘了本世纪初江南农村演出"年规戏"的情形;他的回忆文章《无常》曾高度赞扬民间戏班演出的"目连戏"①。在内容生动活泼、艺术上不拘格套的优秀民间曲目里,宗教内容往往得到升华,鲁迅描写的就是具体例子。

---

①《社戏》,《鲁迅全集》第 1 卷第 559—579 页;《无常》,《鲁迅全集》第 2 卷第267—277 页。

五

　　佛教影响小说、戏曲创作,体现在艺术构思和表现方法诸方面更为突出。宗教与艺术在思维方式和表达方式上的共通性更明显地体现出来。前面一再提到过,中国艺术传统重求实,基本是"写实"的,这大为限制了艺术想象的空间;而宗教玄想正可以破除这方面的限制。所以对于中国小说和戏曲艺术构思、艺术表现方法的丰富与扩充,佛教的贡献是相当巨大的。如果说"虚构"是小说、戏曲创作的生命,佛教的作用更是关键性的。以下概括小说、戏曲艺术表现的几个重要方面,举例说明与佛教的关系。

　　"人物"塑造:

　　在佛教的玄想世界里,"有情"的范围被大为扩展了:有佛、菩萨;"三界""六道"里有各种天神、恶魔、鬼怪等,包括护法诸神"天龙八部众"(天、龙、夜叉、乾闼婆、阿修罗、迦楼罗、紧那罗、摩睺罗迦)。佛教的天神,吉藏指出"外国呼神亦名为天"[1],有"二十天"、"二十四天"等,著名的如帝释天、韦陀、鬼子母;阎摩罗王本来也是天神之一。这众多神祇中许多来自印度婆罗门教或民间信仰,被纳入到佛教多神系统中来。他们大体形象怪异、功能神奇,在不同典籍里对他们的描述复杂多变。在中国流传过程中,他们有些又仿佛是道教的神仙、真人一类,有选择地被传说化了,更容易被当作文学艺术表现的对象。中国传说中本来有幻想的神灵、鬼怪等等,但比起佛教提供出的这一大批别具特色的新"人物"来,是单薄多了。特别是佛教把六道、三世都当成现实的存在,这众多"人物"

---

[1]《金光明经疏》,《大正藏》第 39 卷第 168 页上。

就更有了"表演"的空间,从而极大地充实了文学形象的队伍。

　　中国人对于外来经典里的众多"人物"加以拣选,又根据意愿
和需要再创造,形成一些形象相当丰满的艺术典型。以观音形象
为例,这本是佛教里的菩萨,完全是出自幻想的产物,却成了中国
小说、戏曲以及各种民间文艺创作里的重要"人物"之一。前面已
经介绍过六朝时期的观音灵验传说,它们确立起中土民众心目中
观音形象的基本面貌。后来南北朝时期"古密教"的十一面观音等
变形观音输入;唐代的密宗又鼓吹丰富多彩的变形观音崇拜。正
是利用和借鉴佛教长期发展提供的关于观音的丰富多彩的内容,
许多小说、戏曲作品着力塑造这一"人物",他的形象不断地被丰富
和发展,并创作出许多以观音为主人公的作品。北宋时期流行起
纯粹本土的香山大悲观音信仰,有关传说被创造出来,随之塑造出
一个新的观音形象。蒋之奇据香山传说创作《香山传》,叙述"过去
国庄王,不知为何国王,有三女,最幼者名妙善,施手眼救父疾"①,
修行成道为大悲观音的故事;至元代,著名居士赵孟頫夫人管道升
书刊《观世音菩萨传略》行世;明代万历年间(1573—1620)出现三
十出传奇《观世音修道香山记》,或以为是罗懋登所作,情节更为曲
折、复杂;清初张宣彝作二十八出传奇《海潮音》,情节与《香山记》
略同。后来各剧种都有观音为主人公的剧目。其中有些情节生动
的折子戏广为流行,它们基本是根据后两部传奇的情节改编的。
表现同样故事的小说则有《南海观音全传》,又名《观音出身南游记
传》、《南海观世音菩萨出身修行传》,明刻本题"南州西大午辰走人
订著,羊城仲怀朱鼎臣编辑",显系伪托。小说对于情节多加发挥,
甚至把《西游记》里的人物和故事也纳入其中。又明初戏文里有
《观音鱼蓝记》三十二出,表现的则是另一个观音本缘故事。大致
情节是秀才张琼与金宠二家指腹为婚,后张家生下张真,被招至金

①朱弁《曲洧旧闻》卷六。

府读书；伪装成金家小姐金牡丹的瑶池金线鲤鱼将他诱惑摄去；金
家找回张真，但真、假张真难辨；请来包公也断问不清，城隍也无能
为力；后来玉皇派出神兵把鱼精收到鱼篮之中，封为鱼篮观音。这
又是纯粹中土创造的另一个观音形象。公案小说《龙图公案》里的
《金鲤》篇是据同一故事再加铺衍的。《西湖二集》卷十四《邢君瑞
五载幽期》也以这个故事作引子。根据这出戏改编的剧本现在仍
在演出。京剧里著名的《追鱼》就是其中一出折子戏。小说、戏曲
里有观音出现的作品不计其数，观音带着他特殊的慈悲、神通，成
为佛教提供给中国文学的优美、神奇的形象之一。

　　如果说观音形象完全出自虚构，唐三藏取经故事作为众多小
说、戏剧作品的题材，所描绘的人物则真假掺半，体现更高超的艺
术技巧。在这些作品里，佛界的描写是情节的重要部分，佛、菩萨
则是起关键作用的重要"人物"。宋人已创作出《大唐三藏取经诗
话》。金院本里"和尚家门"类有《唐三藏》①。元吴昌龄根据取经故
事创作了《西天取经》杂剧②。元代（至迟在明初）还出现过一部《西
游记平话》，据现有资料考证，情节已大体与吴承恩《西游记》相
同③。今存《永乐大典》第一万三千一百三十九卷"送"字韵"梦"字
类有魏徵《梦斩泾河龙》一段④，或许就是这部《西游记》的一部分。
小说名著《西游记》则具有更丰富的思想内容，它本来不是宗教小
说，但在情节构造和"人物"塑造方面却大量利用了佛教资料。另
有诸多小说和戏曲作品描写如来佛以下众多的佛门"人物"，当然
源自佛教，则更多是随意生发的创作了。

　　《西游记》和另一部著名神魔小说《封神演义》，都写了托塔李

①陶宗仪《南村辍耕录》卷二五《院本名目》。
②钟嗣成《录鬼簿》卷上。
③参阅陈高华《从〈老乞大〉、〈朴通事〉看元与高丽的经济文化交流》，《历史研
　究》，1995 年第 3 期。
④《永乐大典》第 6 册第 5688—5689 页。

天王和哪吒太子故事,流传中土的托塔李天王传说被和真实历史人物唐朝名将李靖捏合在一起。佛经里有作为主要护法天神的四大天王,其中北方毗沙门天王据密教仪轨说是"左手捧塔"①的。又有说法,说天王有三个儿子,第三个儿子名那吒,"托塔随天王"②(有异说"北方天王……第三王子其第二之孙"③)。唐代密教流传,中唐时期西陲边疆受到吐蕃、回纥侵逼,流传出毗沙门天王协助朝廷平定安西的传说。正是在毗沙门信仰潮流中,这位天神被传说化了,创造出父子间矛盾斗争的复杂情节,并把李靖的事迹交织其中,更凸显出传说的现实意义。这个故事被纳入到许多小说、戏曲作品里。

龙是"天龙八部"的一部分。这是和中土传说中作为"麟鱼之长"④的龙全然不同的一类天神。中国古代传说中有冯夷、河伯、湘君、湘夫人等水神,结合上佛教的龙王传说,塑造出面貌独特的"龙"这新一类水神。在佛经传说里,龙王有他的家族,其中包括龙女。《长阿含经》卷十九写到"大海水底有娑竭龙王宫"⑤;《大楼炭经》则说到"水下""阿耨达龙王宫"⑥;《杂宝藏经》卷九《恶生王得五百钵缘》里又说到"恒河水龙宫"⑦。据说龙王有水下宫殿,其中藏有珍宝。这些都给创造故事提供了绝好的材料。在《大唐西域记》里,记载有乌仗那国兰勃卢山龙池龙女变化为人与一"释种"相爱结为婚姻的故事⑧。这是西域的艺术创造。而到唐代文人笔下,龙及其家族更成了极富想象力的创作素材。唐代文人柳宗元的《谪

---

① 《摩诃吠室啰末那耶提婆喝啰阇陀罗泥仪轨》,《大正藏》第21卷第219页中。
② 《毗沙门仪轨》,《大正藏》第21卷第228页下。
③ 《北方毗沙门天王随军护法仪轨》,《大正藏》第21卷224页下。
④ 《说文解字》卷一一下《鱼部》,第245页,中华书局,1963年。
⑤ 《长阿含经》第四分《世纪经龙鸟品》,《大正藏》第1卷第127页中。
⑥ 《大楼炭经》卷一,《大正藏》第1卷第278页下。
⑦ 《大正藏》第4卷第491页下。
⑧ 季羡林等《大唐西域记校注》卷三,第290-291页。

龙说》、沈亚之的《湘中怨》、薛莹的《龙女传》等都以龙或龙女为主人公；著名的还有李朝威的《柳毅传》，描写落魄文人柳毅解救龙女，终成眷属的故事；另有佚名的《灵应传》，写龙神九娘子拒绝朝那龙子逼婚，求救于节度周宝事。柳毅与龙女传说极富戏剧性，后来被作为题材敷衍成戏剧名作，如元尚仲贤作《柳毅传书》，明黄说仲作《龙箫记》，勾吴梅花墅作《橘浦记》等。在中土各类作品里，龙宫财宝、龙能行雨等等更成为程式化的情节。许多作品里龙王和龙女的佛教色彩则逐渐被淡化了。

钱彩撰《说岳全传》以岳飞抗金事迹为题材，开头部分讲大鹏金翅鸟与虬龙相斗，作为全篇故事的缘起。大致情节是：大鹏金翅鸟为佛陀护法神，见女土蝠污秽不堪，将其啄死，女土蝠投胎王氏，嫁与秦桧；宋徽宗得罪玉皇大帝，玉皇命赤须龙降生女真国为金兀术；佛陀命大鹏鸟下界保卫宋室，大鹏鸟飞到黄河见到铁背虬龙，啄伤其左眼，飞到相州，投胎岳氏为岳飞；虬龙投胎到秦氏为秦桧；由此敷演出宋、金和岳飞、秦桧斗争的情节。书的结尾写岳飞死后，玉皇大帝因为他是西天护法，派遣金星送归莲座，岳飞又变成金翅鸟，飞上佛顶。书里的因果报应观念是佛教的，投胎轮回观念是佛教的，大鹏鸟中土传说里已有，但金翅鸟本是"八部众"之一的迦楼罗，见于佛典《增一阿含经》、《长阿含经》、《观佛三昧海经》和中土辑录《经律异相》卷四十《禽畜生部》等，这也是一个出自佛典的新的"形象"。

中国本土的佛教人物往往也成为一些小说和戏曲的题材。在敦煌写卷里有《庐山远公话》话本。后来有更多的著名僧人被写进小说、戏曲里。明代有题"逸士朱开泰选修"的《达摩出身传灯传》，写禅宗祖师达摩故事，从其作为印度香至国王子出身写到西归升天，描述他弘法修禅经历。元杂剧《来生债》写"灵照女点化丹霞师、庞居士误放来生债，盖演唐襄阳庞蕴事也"[1]。前面提到的明杭

———————

[1]《曲海总目提要》卷四。

州报国寺僧智达撰传奇《归元镜》，描写庐山慧远、永明延寿、莲池袾益三人在俗至出家、传灯、成道等行实，劝人念佛、戒杀、吃斋。其全称为《异方便净土传灯归元镜实录》，不称"传奇"而称"实录"；全剧取《华严经》四十二字母之义分为四十二分录，而不曰"出"。这是典型的宗教剧。中土小说、戏曲里最为流行的佛教人物当数济公。道济（1150—1209）本是宋僧，号湖隐，年十八投灵隐寺出家，疯癫诡异，人莫能测，平日破裈裸裎，酒肉醉饱，醉则赋诗，言超意表。他的行事本来多有神奇传说色彩，有关故事当早已流传民间。明隆庆三年（1569）有"仁和沈孟柈述"《钱塘渔隐济颠禅师语录》一卷，名为"语录"，实际是描写他的奇诡行迹。至清初，济公传说大为流行，各种《济公传》被创造出来，如康熙年间王楚吉编三十六回章回小说《济公全传》、乾隆年间有"天花藏主人编次"的另一种同名小说（或称《济颠大师醉菩提全传》），等等，到清末书商为牟利而拼凑编成各种《济公传》，其中一种长达一百二十卷一千二百回。小说里所写的济公，滑稽倜傥，玩世不恭，醉酒狂放而显灵救世，人称"济颠"。他神通广大，除了利用神通变化宣扬佛法、化缘布施，更解人危难、治病救人，特别是蔑视权贵，救济贫困，在一定程度上体现了苦难无告民众的宗教理想和现实要求。从小说的流行可见这个人物受到民众欢迎的程度。

　　中国本来就有灵魂不灭观念，基于轮回报应之说，"有鬼论"在中土更为盛行。小说和戏曲有大量表现鬼魂的。鲁迅说：

　　　　六朝人并非有意作小说，因为他们看鬼事和人事，是一样的，统当作事实。[1]

由于宗教意识的变化，对鬼魂存在的看法也各种各样。在小说和戏剧里则往往把想象的鬼魂和阴界当作表现对象和结构手段。戏

----

[1]《中国小说的历史的变迁》，《鲁迅全集》第九卷第 311 页。

曲里鬼戏占有相当部分。这方面的情况这里从略了。

　　值得注意的是,小说、戏曲里写到佛教人物、故事,描写的角度和体现的观念是多种多样的。有正面人物,如《水浒传》里的鲁智深、《三宝太监西洋记通俗演义》里的郑和;也有反面人物,如《三言》、《二拍》里写的妖僧、庸僧。而写佛教"人物"又并不一定宣扬佛教。有些作品的主题可能与佛教无涉。这正如台静农所说:

　　　　中土文人借用外来的素材,自由雕塑,以艺术为依归,毫无约束,可说是善于运用了。以此证明,民族与民族文化的交流与吸收,未必是直线的而是曲线的。①

　　以上表明,佛教给中国小说、戏曲的形象塑造增添了大量新鲜、生动的内容。作者们基本又不是照搬外来的佛、菩萨、天神等形象和故事,而是根据本土的环境与需要,有选择,有创造,往往能够化腐朽为神奇,编撰出生动的情节,塑造出具有民族风貌、民众喜闻乐见的典型性格。

　　利用故实:

　　前面已经指出,佛教传入中土,经典即以其表现的神妙靡丽、诡异夸诞震慑人心。鲁迅曾说:

　　　　魏晋以来,渐译释典,天竺故事亦流传世间,文人喜其颖异,于有意或无意中用之,遂蜕化为国有……②

在佛教输入早期,还主要是简单地把外国故事或情节搬演到本土环境之中,后来则逐步能够加以消化、变通,根据、参照外来故实重新创造情节,构成故事,有时甚至已难以寻觅借用的痕迹了。

　　典型例子如陈寅恪考证的《西游记》里玄奘弟子事。鸠摩罗什

---

①《佛教故实与中国小说》,香港大学《东方文化》第 13 卷第 1 期(1975 年 1 月);《台静农论文集》第 243 页,安徽教育出版社,2002 年。

②《中国小说史略》第五篇《六朝之鬼神志怪书(上)》,《鲁迅全集》第 9 卷第 50 页。

译《大庄严经论》卷三第十五个故事里难陀王说偈言：

> 昔者顶生王，将从诸军众，并象、马、七宝，悉到于天上。罗摩造草桥，得至楞伽城，吾今欲升天，无有诸梯凳。欲诣楞伽城，又复无津梁。[①]

陈寅恪说：

> 此所言乃二故事，一为顶生王升天因缘，见于康僧会译六度集经四第四十故事、涅槃经圣行品、中阿含经一一王相应品四洲经、元魏吉迦夜昙曜共译之付法藏因缘传一、鸠摩罗什译仁王般若波罗蜜经下卷、不空译仁王护国般若波罗蜜经护国品、法炬译顶生王故事经、昙无谶译文陀竭王经、施护译顶生王因缘经及贤愚经一三等。梵文 Divyāvadāna 第一七篇亦载之，盖印度最流行故事之一也……此闹天宫之故事也。又印度最著名之纪事诗罗摩延传第六编，工巧猿名 Nala 者，造桥渡海，直抵楞伽。此猿猴故事也。盖此二故事本不相关涉，殆因讲说大庄严经论时，此二故事适相连接，讲说者有意或无意之间，并合闹天宫故事与猿猴故事为一，遂成猿猴闹天宫故事。[②]

接着陈寅恪还找出猪八戒高老庄招亲、流沙河沙和尚故事的佛教来源。《西游记》本以佛教传说面目出现，其中直接或间接借用佛典中的"人物"、情节不少。陈说关于孙悟空闹天宫故事来源，学界颇有不同看法，但采取较为弘通的立场，则不必胶执于一端，起码应当承认那些佛教故实对于创造孙悟空形象不是没有关系。人们更为熟悉的是孙悟空车迟国斗法情节，则不可否认是《贤愚经》里

---

①《大正藏》第 4 卷第 273 页上。
②《西游记玄奘弟子故事之演变》，《金明馆丛稿二编》第 193—194 页，上海古籍出版社，1980 年。

《须达长者起精舍品》舍利弗与六师外道斗法的翻版。这种斗法情
节被许多章回小说作者使用，如《封神演义》里有阐、截斗法，《年羹
尧征西》里有回、耶斗法，甚至《野叟曝言》里也有僧、道与儒斗法，
等等。又《中阿含经》卷三十《降魔经》讲到大目犍连尊者入定，忽
然发觉魔王已化作细形在自己腹中，乃叱曰："汝波旬出，汝波旬
出……"①魔遂化细形出尊者之口；《西游记》里孙悟空三调芭蕉扇、
化作蟭蟟小虫进入罗刹女肚子里的情节明显是由之变化而来。
《封神演义》里也有二郎神收伏梅山七怪时化作桃子进入猿怪腹中
的情节，则是这一构想的另一演化。《西游记》里平顶山锐角大王
把孙悟空押在山下，又把他装到葫芦里，孙悟空施展本领，夺过葫
芦，反而把对方装进去，构想则脱胎自《旧杂譬喻经》"梵志作术"把
人装进葫芦的想象。《卢志长者经》里讲帝释天化作卢志长者施行
教化，有真、假卢志长者之争情节。《西游记》里的真、假美猴王，
真、假牛魔王之争的情节显然受到它的启发。在《水浒传》里也有
真、假李逵，包公戏里则有真、假包公等等构思。类似的神通变化
情节特别被广泛使用在神魔、剑侠题材的小说、戏曲里。

　　刘宋求那跋陀罗译有《佛说大意经》，《贤愚经》卷八《大施抒海
品》、《佛本行集经》卷三十一里有同样故事，说主人公得到海中宝
珠，欲还本国，海中诸神王前来夺取，宝珠落到海水里：

　　　　大意……即谓海神言："我自勤苦，经涉险阻，得此珠来，
　　汝反夺我。今不相还，我当抒尽海水耳。"海神知之，问言："卿
　　志何高乃尔。海深三百三十六万由延，其广无涯，奈何竭之。
　　譬如日终不堕地，大风不可搅束。日尚可使堕地，风尚可搅
　　束，大海水终不可抒令竭也。"大意笑答之言："我自念，前后受
　　身生死坏，积其骨过于须弥山，其血流五河四海未足为喻，吾
　　尚欲断是生死之根本，但此小海，何足不抒！"复说言："我忆念

────────────

①《中阿含经》卷三〇《大品降魔经》，《大正藏》第 1 卷第 620 页中。

> 昔供养诸佛誓愿言:令我志行勇于道决,所向无难,当移须弥
> 山、竭大海水,终不退意。"便一其心,以器抒海水。精诚之感,
> 达于第一。四天王来下,助大意抒水,三分已抒其二。于是海
> 众诸神王,皆大振怖……①

这个故事从立意看和《列子》里"愚公移山"传说相类似。据考今本
《列子》成书在晋代,其中多有利用竺法护所译《生经》故事加以拼
凑之处②。"抒海"情节在此前是否另有传承,从而启发编成"愚公
移山"情节待考,但《柳毅传》写主人公进入海上龙宫的情节则显然
因袭了佛典。元杂剧李好古《沙门岛张生煮海》故事则是"抒海"情
节的变型。

《贤愚经》卷十一《檀腻羁品》有个国王断案故事:

> 见二母人共诤一儿,诣王相言。时王明黠,以智权计,语
> 二母言:"今唯一儿,二母召之,听汝二人各挽一手,谁能得者,
> 即是其儿。"其非母者,于儿无慈,尽力顿牵,不恐伤损;其生母
> 者,于儿慈深,随从爱护,不忍拽挽。王鉴真伪,语出力者:"实
> 非汝子,强挽他儿,今于王前道汝事实。"即向王首:"我审虑
> 妄,枉名他儿。大王聪圣,幸恕虚过。"儿还其母,各尔放去。

李行道所作元杂剧《包待制智赚灰阑记》里写包拯审问二母争一子
案,情节完全相同,承袭痕迹是很显然的。值得注意的是,类似故
事又见于《旧约》的《列王记》第三章和薛尔登(Shelton)所编《西藏
故事集》(*Tibetan Folk Tales*, New York, 1925)③。这个故事的
流传、因袭情况是研究民俗学和比较文学的好材料。

---

① 《大正藏》第 3 卷第 447 页中。
② 参阅季羡林《〈列子〉与佛典——对于〈列子〉成书时代和著者的一个推测》,
　《季羡林学术论著自选集》第 17—30 页,北京师范学院出版社,1991 年。
③ 参阅赵景深《所罗门与包拯——解答振铎兄的一个问题》,《中国小说丛考》
　第 505—511 页,齐鲁书社,1980 年。

以上举出的是佛典情节直接被中土小说、戏剧袭用的例子。实际上受到启发，变换方式利用佛典故实的事例举不胜举。这成为小说、戏剧相当普遍的构思方式。如陈寅恪论述当时新发现的《维摩诘经讲经文》，认为可由之"推见演义小说文体原始之形式，及其嬗变之流别，故为中国文学史绝佳资料"。他说：

> 盖维摩诘经本一绝佳故事，自译为中文后，遂盛行于震旦。其演变滋乳之途径，与其在天竺本土者，不期而暗合。即原无眷属之维摩诘，为之造作其祖及父母妻子女之名字，各系以事迹，实等于一姓之家传，而与今日通行小说如杨家将之于杨氏，征东征西之于薛氏，所纪内容，虽有武事哲理之不同，而其原始流别及变迁滋乳之程序，颇复相似。若更推论之，则印度之顶生王经月上女经，六朝之佛譬喻经思惟三昧经等，与维摩诘经本经之关系，亦犹说唐小英雄传小五义以及重梦后传之流，与其本书正传之比。虽一为方等之圣典，一为世俗之小说，而以文学流别言之，则为同类之著作。然此只可为通识者道，而不能喻于拘方之士也。当六朝之世，由维摩诘故事而演变滋乳之文学，有印度输入品与支那自制品二者，相对并行。外国输入者，如顶王经等，至今流传不绝。本土自制者，如佛譬喻经等，久已湮没无闻……①

这是总括中国小说的历史发展状况立论的：中国"家传"体章回小说的形成，正与某些佛教故事的演变轨迹相同。又沈曾植曾论及唐代密教与小说的关系：

> 《妙吉祥最圣根本大教（王）经》有成就剑法，云持明者，用华铁作剑，长三十二指，巧妙利刃。持明者持此剑往山顶上，如前依法作大供养，及随力作护摩。以手持剑，持诵大明，至剑出光

---

① 《敦煌本维摩诘经文殊师利问疾品演义跋》，《金明馆丛稿二编》第180、185页。

　　明。行人得持明天,剑有烟焰,得隐身法。剑若暖热,得降龙法,
寿命一百岁。若法得成,能杀魔冤,能破军阵,能杀千人。于法
生疑,定不成就。又有圣剑成就法。又云:若欲成就剑法,及入
阿苏啰窟,当作众宝像,身高八指云云。案:唐小说所纪剑侠诸
事,大抵在肃、代、德、宪之世,其时密教方昌,颇疑是其支别。如
此经剑法,及他诸神通,以摄彼小说奇迹,故无不尽也。①

这里讲密教神通,特别是其剑法对唐后期剑侠类传奇如《虬髯客
传》的创作有所启发。后来剑侠小说所描绘的许多神通技艺,情节
多借鉴密教神通变化且又进一步加以发挥了。

　　思维方式:

　　佛教建立了弥纶六道、笼盖三世的宇宙观,表现出极其大胆、
丰富的想象力和十分诡异、离奇的思维方式。东汉末年最初接触
佛典的人已经惊异于它们"说不指其事,徒广取譬喻","深妙靡
丽"②。范晔说到佛典的表现方法亦指出:

　　　……然好大不经,奇谲无已,虽邹衍谈天之辩,庄周蜗角
　　之论,尚未足以概其万一。又精灵起灭,因报相寻,若晓而昧
　　者,故通人多惑焉。③

中土传统思维尚质实、重人事,如上所述著述中玄想和夸饰的表现
大受限制。而马克思论述古代社会曾指出:"想象力,这个十分强
烈地促进人类发展的伟大天赋,这时候(指人类的'野蛮时期'——
笔者)已经开始创造出了还不是用文字来记载的神话、传奇、传说
的文学,并且给予了人类以强大的影响。"④这种"想象力"和由之创

_____

①《海日楼丛札》卷五《成就剑法》。
②《牟子丛残新编》第 14、15 页。
③《后汉书》卷八八《西域传》,第 2932 页。
④《路易斯·亨·摩尔根〈古代社会〉一书摘要》,《马克思恩格斯论艺术》第 2
　卷第 5 页,人民文学出版社,1963 年。

造的神话、传奇、传说的文学正是中土传统相对缺乏而佛教中却十
分发达、丰富的。佛教的传播极大地推动了中国小说、戏曲创作这
种"想象力"的发展,从而拓展出艺术创造思维的新天地。

　　佛教的玄想的、夸诞的思维方式大为扩展了文学创作的构思
境界,提供许多新的表现方法。例如六道、三世(过、现、未)、神通、
变形、分身、幻化(化人、化物、化现某种境界)、魔法、异变(地动、地
裂、大火、大水等)、离魂、梦游、入冥(地狱)、升天、游历它界(龙宫、
大海等)等等。这些佛典里频频出现的构想,原本是体现佛教教
理、意在启发信仰的,但其超凡的想象和奇异的构思被演化为艺术
手段,小说、戏剧创作加以拮取、借鉴,就会创造出新的境界。前面
介绍佛教"人物"和故实对小说、戏剧艺术的影响,已经涉及这一方
面。下面再就佛教独特的思维方式被借鉴和运用情形补充作些
说明。

　　大乘佛教发展了新的佛土、佛身论,确立起佛有三身、遍在三
世十方并各有佛国土的观念。这里也体现了大乘佛教神秘、玄想
的思维特征。佛陀被赋予无限神通,以"种种变化施作佛事,一切
悉睹无所罣碍,于一念顷一切现化,充满法界"[1]。修得禅定的菩萨
同样具有神通力。龙树说:

　　　　菩萨离五欲,得诸禅,有慈悲故,为众生取神通,现诸希有
　　奇特之事,令众生心清净。何以故? 若无希有事,不能令多众
　　生得度。菩萨摩诃萨,作是念已,系心身中空虚,灭粗重色相,
　　常取空轻相,发大欲精进心,智慧筹量心,力能举身。未筹量
　　已,自知心力大,能举其身。譬如学趐,常坏色粗重相,长修轻
　　空相,是时便能飞。二者亦能变化诸物,令地作水,水作地,风
　　作火,火作风,如是诸大,皆令转易。令金作瓦砾,瓦砾作金,
　　如是诸物,各能令化。变地为水相,常修念水令多,不复忆念

――――――――――――
①《华严经》卷一,《大正藏》第 9 卷第 395 页上。

　　地相,是时地相如念即作水。如是等诸物皆能变化……①

这样,菩萨不只自身能现神变,还能变化诸物。众多的外道、恶魔同样能够掌握神通,只不过不及佛陀的全能而已。

　　六朝人已受到佛、道二教影响,"以为幽明虽殊途,而人鬼乃皆实有,故其叙述异事,与记载人间常事,自视固无诚妄之别矣"②。当时的志怪小说里充斥着神通变化内容。前面介绍过的灵验故事就是一类例子。后来的小说、戏曲作品利用神通变化和神通能力情节更为自觉,幻想、玄想的思维方式被当作塑造人物和构造故事的重要手段。神魔小说如《西游记》、《封神演义》典型地体现出这方面影响。在一般作品里也不乏同类表现。例如《三国演义》,本来是历史小说,主要人物之一诸葛亮是历史人物,但他却有超人的神通,这种神通构成他的形象的重要方面。如借东风情节,无论是呼风唤雨的威力,还是建立坛场作法的仪式,显然都对密教曼荼罗仪轨有所借鉴。《水浒传》是所谓"侠义小说",宋江等人起义的题材是有史实根据的,但全书却以"张天师祈禳瘟疫,洪太尉误走妖魔"为引子,以神通变化作为一百单八将出身的因由。同样,《红楼梦》是所谓"世情小说",但开头和结尾都以僧、道变化来构造情节,并被赋予隐喻的意味。

　　佛教的三世观念引发出天堂、地狱的设想。文学作品表现天堂景象的不多,更多的是写地狱的(这与绘画如敦煌壁画里有大量描写净土美好景象的净土变形成对比)。这和多数作者有意宣扬因果报应以警世喻俗有关。前面已介绍六朝"辅教之书"里的地狱巡游故事。后来的小说、戏曲利用地狱情节的更多。相当流行的目连救母题材就是个典型例子。前面已介绍了敦煌变文里的《目连变文》和宋代的《目连救母》杂剧。元末陶宗仪所著《辍耕录》

---

① 《大智度论》卷二八,《大正藏》第25卷第264页中。
② 《中国小说史略》第五篇《六朝之鬼神志怪书(上)》,《鲁迅全集》第九卷第43页。

的《院本名目》一节是记载金院本题目的,其中有《打青提》,就是表现目连母亲青提在地狱被捉打情景的①。明沈德符《顾曲杂言》里评论元杂剧说到"《华光显圣》、《目连入冥》、《大圣收魔》之属,则太妖诞";他又说"此乃大雅《目连传》,免涉闺阁葛藤"②。所谓《目连入冥》是否《目连传》一折,根据以上资料还难以判定。《录鬼簿续编》所录"失载名氏"的元杂剧剧目里有《目连救母》,剧名后所附题目是《发慈悲观音度生,行孝道目连救母》,已能表明其大致情节。现存最古老的目连戏剧本是明万历年间郑之珍(1518?—1595)的《新编目连救母劝善戏文》,全本分上、中、下三卷,题目列出一百出,另有四出《善人升天》、《擒沙和尚》、《观音生日》、《僧背老翁》没有列入目录,实际共计一百零四出。从标题就可以知道,这是对当时流行的目连戏的汇编和改编。剧情的基本框架和变文里的目连故事大体相同,但具体情节又多有改动和发挥。大意是:元旦傅罗卜替父母祝寿,这是个吃斋行善的敬佛家庭;后来父亲傅相早逝,母亲青提夫人信心动摇,背着儿子开荤;她曾发下如若开荤则坠地狱受苦的誓言,后来誓言应验,被捉入地狱;罗卜决心救母,在观音指点下往西天见佛;佛赐予他法名目连,并给他法宝,让他巡行地狱寻找母亲;他遵佛之命举办盂兰盆会,供养十方众僧,救拔一切孤魂;青提终于被救出地狱,目连全家升天。这一百余出的大戏人物众多,许多是原来变文里没有的,如傅家的管家益利、奴婢李狗、金奴,罗卜的舅父刘贾,他的未婚妻曹赛英一家以及邻居、"十友"等;仙佛方面则除佛陀、观音外,还有玉帝、王母、龙王、太白金星等;冥府里则有十殿阎君、判官、鬼使、鬼卒等;又有奸夫、淫妇、逆子、叛臣、思凡的尼姑、下山的和尚等众多人物陪衬。剧情在天上、人间、地狱三界变换。这种连台本大戏情节枝蔓过多,有些

①《南村辍耕录》卷二五《院本名目·拴搐艳段》,第311页,中华书局,2004年。
②《顾曲杂言·昙花记》。

是从原来故事情节里生发的,如由罗卜出家引出未婚妻曹赛英被继母逼迫改嫁、段公子逼婚、曹赛英逃婚、削发入尼姑庵等等;有些情节则与救母故事没有必然关联,如《尼姑下山》(京剧折子戏《思凡》就是据以改编的)、《和尚下山》描写破戒的尼姑、和尚,都与目连故事没有多大关系;目连逐殿寻母,一殿一殿地加以描写,又穿插许多在地狱受处罚的人物,从杀人放火的强盗、谋害亲夫的淫妇直到骗子、偷盗等一般恶人,作为地狱罪罚的"例证",他们只是作为在地狱受苦的青提夫人的衬托。其中有些情节富于生活气息,被一些地方戏所发挥,如鲁迅在《社戏》里提到的《女吊》,还有《王婆骂鸡》等,就分别是根据《七殿见佛》、《三殿寻母》两出改编的。郑之珍编写这部戏,如题目所表明是"劝善"的,其中宣扬儒、释、道三教合一观念,贯穿着中土伦理。这种戏和明清以来流行的民间善书起着同样的教化作用,因而得到统治者重视。康熙年间的董含有记载说:

> (康熙)二十二年(1683)癸亥正月,上以宇内荡平,宜与臣民共为宴乐,特发帑金一千两,在后宰门架高台,命梨园演《目连传奇》,用活虎、活象、真马。①

到清代,张照(1691—1745)又改编为《劝善金科》,是供宫廷演出使用的十本、二百四十出大戏。这成为宫廷庆典演出的固定剧目。其《凡例》说:

> 《劝善金科》,其源出《目连记》……盖西域大目犍连事迹而假借为唐季事,牵连及于颜鲁公、段司农辈,义在谈忠说孝。西天此土,前古后今,本同一揆,不必泥也。

颜真卿、段秀实是唐代历史上的著名忠臣,在抵抗叛逆强藩斗争中不屈而死,原本跟目连故事没有任何干系。但《劝善金科》却把他

---

① 《莼乡赘笔》卷下,《说铃后集》本,嘉庆五年明新堂重刻本。

们的事迹也纳入其中了,并再编造出一批坏人如谋妻夺子的张捷、谋财害命的李文通、杀人淫夫莫可交等作为叛逆强藩李希烈和朱泚的爪牙,让他们统统落入地狱。这样,就形成一部以目连救母故事为主干、拼凑众多忠孝人物、情节复杂的连台本戏。这部戏鬼魅杂出,于岁末搬演,又有代古人傩魋的用意,成为清廷岁末习俗①。直至晚清,各种地方戏如祁剧、辰河戏、湘剧、绍剧、弋阳腔、婺剧以及皮黄戏等等,都保有目连戏的传统剧目。各剧种亦多演出目连戏的折子戏,受到群众相当普遍的欢迎②。

　　佛教的"神不灭"论、三世轮回观念结合中土固有的灵魂不灭思想,鬼魂遂被看作是生人生命的延续,它们有着和生人同样的形貌和生活,从而相信存在人、鬼两个世界,人、鬼并可以交通,遂幻化出许多神奇的故事。六朝志怪小说里已有许多鬼的故事。唐宋以后的小说、戏曲里,冥界、鬼魂更常常被当作结构情节的重要手段。唐传奇《霍小玉传》里的女主人公霍小玉死后鬼魂作祟,终于向负心情人李益报了仇。宋代话本《碾玉观音》写咸安郡王府上的养娘秀秀与碾玉匠崔宁私逃结为夫妻,捉回来被打死,但她的鬼魂又跟着崔宁到建康府居住。《醒世恒言》里《闹樊楼多情周胜仙》,写女主人公周胜仙与范二郎相恋,在假死后被盗墓人掘出,又去寻范二郎,误被范二郎用汤桶打死,她的阴魂仍然到狱中与范二郎相会,并把恋人解救出来。《古今小说》里的《杨思温燕山逢故人》,写金人南侵后杨思温在燕山观灯,见到嫂嫂郑意娘,意娘叙说靖康南渡时与丈夫被掳经历,实际她是个鬼魂。这几篇小说都是经典名

①参阅昭梿《啸亭续录》卷一《大戏节戏》;朱家溍《故宫退食录》,下册第419—425页。

②参阅陈芳英《目连救母故事之演进及其有关文学之研究》第四章《有关目连救母故事的戏剧文学》,第122—164页,台湾大学出版委员会;凌翼云《目连戏与佛教》第七章《各地的目连戏》,第184—221页,广东高等教育出版社,1998年。

篇,主题都有相当积极的思想意义,都是以鬼魂来构造情节的。在《三国演义》、《金瓶梅》等长篇小说里,也是鬼魂杂出,往往起到组织情节的重要作用。而在《聊斋志异》、《阅微草堂笔记》等文言短篇小说里,更多有写鬼的篇章。《聊斋》里的《画皮》写化为美女的恶鬼,其构想可追溯到《西游记》里的白骨精;进一步到佛典里寻找根源,则《修行道地经》里讲到修行有四果,其二是修行者应思好色妙女如罗刹,不见其可爱,惟见其可畏如骷髅。正是在佛教这类观念的启发下,演化出小说、戏曲里经常使用的恶鬼化为美女的情节。"说鬼"则成为明清小说的重要内容。有些作品往往用另一个鬼魂世界来影射世事,不仅在艺术上取得诡异动人的效果,作为隐喻方法也给作者提供了表现空间。蒲松龄在《聊斋》里说:

> 呜呼!幸有阴曹兼摄阳政;不然,颠越祸多,则"卓异"声起矣,流毒安穷哉![1]

蒲松龄自称"才非干宝,雅爱搜神;情类黄州,喜人谈鬼"[2]。他的鬼狐故事别有深意,《聊斋》乃是具有深刻现实意义的优秀创作。

由"神不灭"观念引伸出离魂、负魂等构想,同样构造出不少离奇动人的故事。志怪小说《搜神记》、《搜神后记》、《幽明录》里已有离魂的构想。唐陈玄祐的《离魂记》等传奇小说是以离魂为构思主线的。钟瑞先评论《离魂记》说:

> 词无奇丽而事则微茫有神至,翕然合为一体处,万斛相思,味之无尽。[3]

这一题材被后人屡屡袭用:元代诸公调有《离魂倩女》,见《董西厢》卷一《般涉调·柘枝令》;沈璟《南九宫十三调曲谱》卷四《黄钟赚》

---

①朱其铠《全新注本聊斋志异》卷六《潞令》,中册第712页。
②《聊斋自志》,《全新注本聊斋志异》卷首。
③《虞初志》卷一评语。

集录戏文名目,有《王家府倩女离魂》;元杂剧里有郑光祖和赵公辅同名的《迷青琐倩女离魂》;明王骥德和谢廷谅又都作过传奇《倩女离魂》。如此等等,可见这一题材的巨大生命力,亦可知"离魂"这一构思方式的巨大吸引力。

也是在人死神存和六道轮回观念的基础上,又构想出再生、转生、幽婚之类多种多样的涉及冥界、鬼魂的情节。唐孟棨《本事诗》的"崔护"一条写的是死而复生故事,说崔护姿质甚美,举进士落第,清明日独游城南,得居人庄,酒渴求饮,遇一女子,"独倚小桃斜柯伫立,而意属殊厚,妖姿媚态,绰有余妍",二人情不自胜;崔护嗣后不复至此,一年后再到这里,见房门扃锁,遂题诗而去;而女子自见崔护,精神恍惚,及见题诗,绝食数日而死;至崔护哭临女尸,却又复活,遂成眷属①。牛僧孺《玄怪录》里有饶州刺史齐推女适湖州参军韦会故事:韦赴调,送妻回娘家,被梁朝陈将军阴魂所杀;她的鬼魂找到韦会,告知他求助于有秘术的田先生;韦会不畏屈辱,终于在田先生帮助下使妻子重生,但因为尸体已破坏,再生的只是生魂②。这个故事后来流传甚广。这些本都是爱情小说,主题本与佛教无涉,但都以"神魂不死"作为构思依据。前面曾举出唐话本《唐太宗入冥记》已经把幽、明两个世界联系起来:通过主人公唐太宗和崔判官在幽、明二界的不同地位来构成故事,对世情进行讽刺。宋话本《拗相公》是讽刺王安石的,写王安石祭其亡子王雱,梦入地狱,也是幻想现实的人梦游它界。《古今小说》卷二十二《游酆都胡毋迪吟诗》,写元朝人胡毋迪读秦桧《东窗录》和文天祥《文文山丞相遗稿》,感到二者遭遇不公,因而斥骂天道,冥府使者引领他游酆都,看到秦桧等所受苦罚,从而意识到天道报应的公平无私。据《夷坚志》、《江湖杂记》等书记载宋代传说:秦桧与其妻在东窗下画

———————————

①《本事诗·情感第一》,《历代诗话续编》第10—11页。
②《玄怪录》卷三《齐饶州》,第83—87页,中华书局,1982年。《太平广记》卷三五八有"齐推女"条,情节相类,谓"出《玄怪录》"。

灰密谋,害死岳飞一家,一次游西湖,忽得暴疾而亡,不久其子亦亡,方士发现他们在酆都倍受诸苦。褚人获说:

> 《七修类稿》又载元平阳孔文仲有《东窗事犯》乐府,杭金人杰有《东窗事犯》小说,庐陵张光弼有《蓑衣仙》诗……据此诸说,则当日实有是事……①

可见秦桧受阴罚事流传已久,并成为众多作品的题材。《熊龙峰四种小说》里的《孔淑芳双鱼坠传》,写主人公徐景春受化为美女的亡灵诱惑,与之相交,最后把它送入酆都。《四游记》里《南游记》的第十四至十七回,写华光为救亡母而三下酆都,在冥界游行,则显然脱胎自目连故事。《西游补》里写唐僧师徒西行取经过火焰山之后,孙悟空化斋进入鲭鱼气里被迷,在青青世界万镜楼中见古今未来之世,并当了半日阎罗天子,后来醒悟过来。《三宝太监下西洋记》本是以明代三宝太监郑和率船队下西洋为素材的历史小说,其中也多有幻化情节,如写郑和在碧峰长老和张天师协助下擒妖伏怪,又写到冥界游行。《龙图公案》、《海公案》等公案小说本是表扬清官的,往往也加入冤魂告状、冥界察访等阴阳交通情节。小说、戏曲里往往把鬼魂冥界、前世因缘等等作为现世果报的铺垫。特别是在流行民众间的话本小说和文人的拟话本里,经常利用这类情节。

　　从佛教的三世六道、神魂不灭、轮回报应等观念衍化的情节往往是荒诞离奇的。编造故事全凭虚构,写法上常常流于简单化、程式化,往往显得趣味幼稚,技巧拙劣。但是在一些优秀作者笔下,却能够借助它们来创造离奇变怪的情节,演绎出富于浪漫情趣和神奇色彩的艺术境界,取得魅力不凡的艺术效果。又由于某些出于宗教幻想的故事和情节长期在民众中流传,为民众喜闻乐见,包

---

① 《坚瓠首集》卷四《东窗事犯》。

含着民间的才情智慧,再经过有才能的文人加以生发和创造,就会
发挥出特异的艺术光彩。

　　佛教对小说、戏剧艺术的影响不限于上述几个方面。如在语
言(语汇、语法、修辞等)、文体(特别是韵、散结合的运用)等方面,
所发挥的积极作用都是十分巨大和明显的,本书已多所述及,篇幅
所限,不加赘述了。

　　如果把佛教影响于小说、戏剧的思想和艺术两个方面来加以
对比,应当说在思想方面消极、落后的作用比较明显、突出;而在艺
术创造方面,佛教更多积极地提供了可资借鉴和发挥的资源和手
段,它们往往可补本土艺术传统的不足,对于丰富和发展这些文学
样式、构思方式和艺术技巧等等的积极作用是十分巨大的。因而
可以说佛教乃是推动中国小说、戏曲艺术丰富与发展,创建其美学
原则和艺术特色的重要因素。当然,艺术创作本是思想内容和艺
术表现有机结合的统一体,在具体作品中二者又是不可分割的。

第十八章　禅宗"心性"说与文学思想

一

　　禅宗作为建立在本土传统思想、文化基础上的、具有典型意义的中国佛教宗派,必然广泛影响到各文化领域。唐、宋以后文学思想的演变,许多新的创作观念提出,与整个社会思想形势和创作实践状况直接相关联;而就思想层面说,理学与禅宗的影响则最为重要。本来理学兴起,得到统治阶级的支持和提倡,很快取得思想意识领域的统治地位。理学作为"新儒学"在观念上和实践上本来都是与宗教相对立的,从而理学兴盛成为促使佛教衰落的重要因素。但宋代以后禅宗在思想、文化领域却仍能够继续发挥巨大影响,主要是得到了士大夫居士阶层的支持,又借助禅宗长期发展积累下来的丰富思想成果。宋代大批禅籍被整理出来。由于印刷业发达,它们流通更加便利。这些禅籍思想新鲜活泼,风格大胆泼辣,与理学家们道貌岸然的僵化姿态相比,不但内容新颖别致,更别具一种欣赏的趣味。结果尽管理学束缚严密,禅籍却风行于世,相当普遍地成为文人案头的必读书。而如果说理学更多地加给文学理论与实践以道德教条的羁束,则禅宗张扬主观、自由开放的宗风和随宜而为、不拘一格的表达方式,特别是请益商量中的那些机锋隽语、绕路说禅的公案话头,对于士大夫则具有极大的吸引力,从而成为他们思想和写作的启发与借鉴。进而文学观念的演进,许多新的概念和方法的提出与流行,大都又直接或间接地与禅思想的影响有关系。

如本书第二编介绍义学师说对于东晋南北朝时期文学思想的影响所述,佛教教理对于中国文学的主要贡献在注重"心性"表现及相关理论的建设。谢灵运等人早已指出探求性灵真奥必以佛理为先,即确切表明了这一问题的肯綮。在中国古代重现实、重政治、重伦理的文学传统中,义学师说提供了注重和发扬人的主观心性的新观念,拓展出文学表现的另一片新天地。这对于推进魏晋以来所谓"文学的自觉",对于创作中更全面地体现文学作为"人学"的本质特征,都起了积极作用。到唐代禅宗兴起,对于心性理论又做出重大发展。禅宗宗义的核心内容是所谓"明心见性",主张人的自性清净,自性自悟,反照心源,顿悟成佛。这就进一步肯定了人的本性的绝对圆满,从而也就打破了对于一切外在偶像的迷信,把信仰回归到对于人的本性的自信。唐代禅宗的这种更彻底地张扬个人主观心性的学说,影响遍及思想文化各个领域,亦引起文学思想观念的重大变化。

主张明心见性,在文学创作中则张扬主观个性,注重心性的发露。不过在这一点上,禅宗前后期的观念又有所不同,体现在文学创作和文学思想上也有很大差异。早期南宗禅的永嘉玄觉说:"见道忘山者,人间亦寂也;见山忘道者,山中乃喧也。"①这是一种对待外境的纯任主观的态度,运用在创作中则要求依据主观心灵感受来表现外在境界。南宗禅师经常使用明镜作比喻:明镜皎洁无染,不论所照之境如何,自身却不乱光辉。体现在创作中,则自性本清

---

①《禅宗永嘉集·大师答朗禅师书第十》,《大正藏》第48卷第394页中。

净,外物无染著,现实的乱象、心情的葛藤等等,不仅不会扰乱、破坏清净心,反而更能反照出本性的明净。在创作中体现这种观念最为典型的是王维。王维在《荐福寺光师房花药诗序》一文里曾说:

> 心舍于有、无,眼界于色、空,皆幻也。离,亦幻也。至人者,不舍幻而过于色空、有无之际。故目可尘也,而心未始同;心不世也,而身未尝物。[1]

道光是传南宗顿教的。这里评论他的诗,是说他所表现的已超离有无、色空,全然是无所染著的清净自性。代表王维的创作成就和独特风格的优秀山水田园诗,达到"离相得神,披情著性"[2],"心融物外,道契玄微,则其用笔清润秀整"[3]的境地,通过自然景物表现出清明静谧的心态,创造出一种"趣味澄复"[4]、"浑厚闲雅"[5]的艺术风格。后来还有许多诗人如常建、韦应物、刘长卿直到中唐的柳宗元、刘禹锡等人,创作中都遵循这样的路数,不同程度地采用同样的观念,追求同样的境界。刘禹锡评论一位鸿举禅师的诗说:

> 能离欲则方寸地虚,虚而万景入;入必有所泄,乃形乎词……因定而得境,故倏然以清;由慧而遣词,故粹然以丽。[6]

所谓"方寸地虚",正是自心"虚灵不昧"、清净无染的心态。刘禹锡说清词丽句就是从这种主观心态宣泄出来的。吕温有诗写给诗僧灵澈:

> 僧家亦有芳春兴,自是禅心无滞境。君看池水湛然时,何

---

①《王维集校注》卷八,第 3 册第 747 页。
②陆时雍《诗镜总论》,《历代诗话续编》下册第 1412 页。
③葛立方《韵语阳秋》卷一四转引窦蒙《画拾遗》,《历代诗话》下册第 593 页。
④司空图《与王评价评诗》,《司空表圣文集》卷一。
⑤《西清诗话》,《王右丞集笺注》附录。
⑥《秋日过鸿举法师寺院便送归江陵》,《刘禹锡集》卷二九,下册第 394 页。

曾不受花枝影。①

这同样反映了对于心、物关系的典型态度：心境湛然，领纳万物，不但不受外物污染，反而更反照出自身的清净本性。著名的寒山诗句"吾心似明月，碧潭清皎洁"②，也是这样的意思。这些创作上的新观念，都是南宗禅心性思想的体现，运用到诗歌写作之中，则创造出静谧闲淡、心地超然一派风格。

后来苏轼有诗说：

欲令诗语妙，无厌空且静。静故了群动，空故纳万境。③

又说：

我心空无物，斯文定何闲。君看古井水，万象自往还。④

黄庭坚也有类似观念：

虚心观万物，险易极变态。皮毛剥落尽，惟有真实在。⑤

这也是讲尽管外境变化多端，但照见本心并在诗中表现的境界清净无染，是永无变异的。

这就是基于禅宗"明心见性"宗义引申出来的关于心与物、智与境关系的观念在文学创作中的体现，即在肯定自性清净的前提下，追求清净自性的复归与体认，领纳万物而反照心源。这是全凭主观创造的心灵世界的反映，全然不同于传统朴素反映论"饥者歌食，劳者歌事"，"兴、观、群、怨"的创作观念。如此要求突显主观个性的明净皎洁，是一种对于社会和人生的浪漫态度；而创作中追求对于绝对圆满自足的主观心性的表现，也就开拓出文学创作的一

————————

①《戏赠灵澈上人》，《吕衡州集》卷一。
②《全唐诗》卷八〇六，第9069页。
③《送参寥师》，《东坡全集》卷一〇。
④《书王定国所藏王晋卿画著色山二首》之一，《东坡全集》卷一七。
⑤《杨叔明从予学问甚有成……》十首之八，《豫章黄先生文集》卷六。

片新天地。

　　到中唐时期,马祖道一的"洪州禅"提出"平常心是道"的新纲
领。就是说,不认为另有绝对的自性清净心,而肯定平凡人的平常
心就是清净心。这样就没有"悟"与"不悟"的区别,也不再需要"渐
悟"、"顿悟"之类功夫,平常的行住坐卧、扬眉瞬目,人生日用的一
切营为皆是道,从而禅被进一步落实到日常生活中。这一派禅思
想乃是对于禅的主观精神更为彻底的发挥,一经提出,很快争得在
丛林中的主流地位,在社会上也造成巨大影响。这种新禅观使每
个平凡人的主观精神更加绝对化,由此进一步发挥,也就导致诃佛
骂祖、毁经灭教的狂放宗风。发挥这种更绝对、更强烈地张扬个人
心性的观念,德山宣鉴法嗣岩头全奯提出一个具有概括意义的
口号:

　　　　他时后日若欲得播扬大教去,一一个个从自己胸襟间流
　　将出来,与他盖天盖地去摩![①]

这即是肯定从每个平凡人胸襟中自然流出的就是禅,就是道。既
不需要外在追求,也不需要个人修持。这种观念体现在文学创作
中,则绝对地肯定每个人主观心性的表现。这在理论层面是由一
般地肯定表现清净自性做进一步的发挥。因为从"平常心""流
出"的、不经修持、不假外铄的心性就是禅,也必然是最好的诗。
本来人的心性在各自的环境中培养出来,具有一定的客观性质,
表达出来就会具有不同的意义与价值。在创作中体现这种观念
最为典型的是白居易。前面已经介绍他十分倾心洪州禅法,他的
创作可以说是发露"平常心"的实践。特别是那些抒写"闲适"情
趣的诗:乐天安命,知足保和,诗酒留连,随宜而安,正是把个人主
观世界的任情表露当做创作内容和标的,可以作为诗歌创作体现

---

①《祖堂集》卷七《岩头和尚》,上册第 339 页。

"平常心"的典型。中唐时期写作这种风格浅俗的诗成为一种潮流。

到宋代,主张诗文自胸臆流出成为相当普遍的创作观念,在文字上表述出来的大体是对于禅相当热衷或了解的人。如释惠洪说:

> 李格非善论文章,尝曰:诸葛孔明《出师表》、刘伶《酒德颂》、陶渊明《归去来辞》、李令伯《陈情表》,皆沛然从肺腑中流出。[1]

陈师道评论杜甫说:

> 孟嘉落帽,前世以为胜绝。杜子美《九日》诗云:"羞将短发还吹帽,笑倩旁人为正冠。"其文雅旷达,不减昔人。故谓诗非力学可致,正须胸肚中泄尔。[2]

南宋初年的张戒说:

> 诗、文、字、画,大抵从胸臆中出。
>
> 世徒见子美诗多粗俗,不知粗俗语在诗句中最难。非粗俗,乃高古之极也。自曹、刘死,至今一千年,惟子美一人能之……近世苏、黄亦喜用俗语,然时用之,亦颇安排勉强,不能如子美胸襟流出也。[3]

宋代理学的集大成者是朱熹,他也明确说:

> 三代圣贤文章,皆从此心写出。
>
> 欧公……谢表中自叙一段,只是自胸中流出。[4]

---

[1]《冷斋夜话》卷三《诸葛亮刘伶陶潜李令伯文如肺腑中流出》。
[2]《后山诗话》,《历代诗话》上册第 302 页。
[3]《岁寒堂诗话》卷上,《历代诗话续编》上册,第 458—459、450—451 页。
[4]《朱子语类》卷一三九《论文上》,第 8 册第 3319、3308 页。

值得注意的是,朱熹作为理学家,不是强调文章要从"道"或"理"中出,而是"自胸中流出"。他本人在诗、文写作方面有亲切体会,因此论及创作,常常有不同于一般道学家重道德、轻文章的精辟见解。这也是他论文高明的地方。

宋代以后,这种强调发露主观心性的诗论一直发挥着久远的影响。金王若虚是反对黄庭坚和江西诗派的,江西派诗人表现出追求言句、热衷模拟又多用议论的倾向,是他不满意的。他说:

> 山谷之诗,有奇而无妙,有斩绝而无横放,铺张学问以为富,点化陈腐以为新,而浑然天成,如肺肝中流出者不足也,此所以力追东坡而不及欤!①

这是站在批判立场批评黄庭坚而褒扬苏东坡。元范梈说:

> 诗之气象,犹字画然,长短肥瘦,清浊雅俗,皆在人性中流出,得八法便成妙染,而洗吾旧态也。此赵雪松翁与中峰和尚述者,道良之语也。②

这是赵孟頫向中峰明本转述道良和尚的话,显然也是他本人赞同的。明末"四高僧"之一的憨山德清才才出众,文论也有可观见解,他也主张"吾人根本实际,要从真性流出"③,并把岩头禅师的话原原本本地拿来论诗:

> 文者,心之章也。学者不达心体,强以陈言逗凑,是可为文乎?须向自己胸中流出,放始盖天盖地。④

> 向上一路,亲近者稀,不是真正奇男子,决不能单刀直入。此事绝不是世间聪明伶俐,可能凑泊;亦不是俗习知见,之乎

---

①《滹南诗话》第72页,霍松林、胡主佑校点,人民文学出版社,1962年。
②《木天禁语》,《历代诗话》下册第751页。
③《示梁腾霄》,《憨山老人梦游集》卷四,《续藏经》第113册第487页下。
④《示陈生资甫》,《憨山老人梦游集》卷三,《续藏经》第113册第481页上一中。

　　者也,当作妙悟;亦不是记诵古人玄言妙语,当作己解。只须
　　真参实究,向自己胸中流出,方始盖天盖地。①

这是出自佛门的说法。明、清的许多文人也都表示过类似见解。
如郑瑗:

　　董、贾之言,却是从胸中流出;韩子力追古作,虽费力而不
　　甚觉。②

这讲的是百家之言。儒家士大夫也在借用禅的观念论文章,同样
重视心性的发露。清人诗话也多有"胸襟流出"一类说法,如贺
贻孙:

　　然其(古诗"《焦仲卿》篇")必不可朽者,神气生动,字字从
　　肺肠中流出也。③

徐增:

　　诗到极则,不过是抒写自己胸襟。若晋之陶元亮,唐之王
　　右丞,其人也。
　　无事在身,并无事在心,水边林下,悠然忘我,诗从此境中
　　流出,那得不佳?④

李重华:

　　作诗从形迹处求工,便是巧匠镌雕,美人梳掠,决非一块
　　生气浩然从肺腑中流出。⑤

方东树:

---

①《答谈复之》,《憨山老人梦游集》卷一七,《续藏经》第 113 册第 584 页中。
②《井观琐言》卷一。
③《诗筏》,《清诗话续编》第 1 册第 139 页,上海古籍出版社,1983 年。
④《而庵诗话》,《清诗话》上册第 431、434 页,中华书局,1978 年。
⑤《贞一斋诗说》,《清诗话》下册第 933 页。

　　　　汉、魏、阮公、陶公、杜、韩皆全是自道己意,而笔力强,文
　　法妙,言皆有本。寻其意绪,皆一线明白,有归宿,令人了然。
　　其余名家,多不免客气假象,并非从自家胸臆性真流出……①

如此等等,文学主张各不相同的人异口同声地强调诗文要从心胸
流出。虽然所指心胸具体内涵不同,但强调主观心性的发露则是
一致的。

　　与主观心性相对应的,则是偶像和教条。宋明理学极力树立
起圣人的偶像和儒家的教条。作用于文坛,则是尊经复古的、模拟
窜窃的思想主张和创作倾向。当然儒家文学思想传统也有重大的
积极部分,宋代以后的理学有关文学创作也有不少有价值的见解。
特别是理学把超凡成圣的关键归结于个人修心养性的努力,在尊
重主观心性方面与禅的精神又有相通之处。但从整体发展倾向
看,从唐、宋到明、清,与理学统制相对立,文坛上始终有一股时强
时弱的反复古、反模拟、重个性、重主观的思潮,对于文学创作产生
积极作用,体现禅宗的心性理论在发挥着重要影响。

二

　　前面讲义学对文学思想的影响,已经提到"禅悟"与创作思维
的关系,如慧远关于写作念佛三昧诗的看法。禅宗强调自证自悟,
把自我内心觉悟当作修道关键。这种观念用于论诗,则有所谓"妙
悟"说。这也是对于思维方式、创作心态的新认识,对于创作实践
同样发挥了积极作用。

　　关于诗、禅相通,唐代许多诗人通过创作实践已有所体认,并

────────────

①《昭昧詹言》卷一,第11—12页,人民文学出版社,1961年。

从不同角度说到诗、禅的一致。如戴叔伦有诗说：

> 律仪通外学，诗思入禅关。烟景随缘到，风姿与道闲。①

这是说诗歌写作得句于禅思，描摹自然景物的心态正与禅的体验相通。元稹称赞韩愈诗说：

> 清新便妓唱，凝妙入僧禅。②

这表明即使是反佛的韩愈，仍有禅思融入诗句。晚唐更有"诗禅"之说，《唐才子传》记载：

> （周）繇，江南人，咸通十三年郑昌图榜进士，调福昌县尉。
> 家贫，生理索寞，只苦篇韵，俯有思，仰有咏，深造阃域，时号为
> "诗禅"。③

这是说专精于诗思，正类似专精于参禅的境界，是诗、禅一致的另一种认识。五代以后，有关诗、禅一致的议论渐多。晚唐诗僧尚颜或栖蟾有《读齐己上人集》诗：

> 诗为儒者禅，此格的惟仙。古雅如《周颂》，清和甚舜弦。
> 冰生听瀑句，香发《早梅》篇。想得吟成夜，文星照楚天。④

五代徐寅的说法类似：

> 夫诗者，儒中之禅也。一言契道，万古咸知。⑤

这都是说对于一般诗人（文人、儒者），诗的意趣同于禅趣，凝情炼句写诗也同于禅悟。苏轼称赞友人李之仪有这样著名诗句：

---

① 《送道虔上人游方》，《全唐诗》卷二七三，第 3082 页。
② 《见人咏韩舍人新律诗因有戏赠》，《元稹集》卷一二，第 134 页。
③ 《唐才子传校笺》卷八，第 3 册第 534—537 页。
④ 《全唐诗》卷八四八，第 9602 页（尚颜诗）；第 9609—9610 页（栖蟾诗）。
⑤ 《雅道机要》，《诗学指南》卷四。

> 暂借好诗消永夜,每至佳句辄参禅。①

李之仪本人也说:

> 得句如得仙,悟笔如悟禅。②

后来王士禛则说:

> 严沧浪以禅喻诗,余深契其说,而五言尤为近之。如王、裴辋川绝句,字字入禅。他如"雨中山果落,灯下草虫鸣","明月松间照,清泉石上流",以及太白"却下水精帘,玲珑望秋月",常建"松际露微月,清光犹为君",浩然"樵子暗相失,草虫寒不闻",刘眘虚"时有落花至,远随流水香",妙谛微言,与世尊拈花,迦叶微笑,等无差别。通其解者,可语上乘。③

这些都是说写出好的诗句来正需要如禅的悟境。具体分析,诸多诗、禅相通的说法出发点不同,着眼点也不一样。有的说诗趣通禅趣,有的指禅法通诗法,有的以禅理比诗理,有的以禅品明诗品,等等。当然有不少人谈诗、禅关系仅得皮毛,往往是一知半解而随意附会,严羽写作著名的《沧浪诗话》就不断受到对于禅根本无知的指责;而那些真正有所理解的人,谈论的重点和意图也会有很大差异。例如江西诗派和反对江西诗派的人都以禅喻诗,看法显然大不一样。

苏轼是明确主张写诗与悟禅有关联的。他说:

> 台阁山林本无异,故应文字不离禅。④

对他来说,追求心灵解脱的禅本是一种人生体验,用文字表现出来

---

①《夜直玉堂携李之仪端叔诗百余首读至夜半书其后》,《东坡全集》卷一七。
②《兼江祥映上人能书自以为未工……》,《姑溪居士后集》卷一。
③《带经堂诗话》上册第83页。
④《次韵参寥寄少游》,《东坡全集》卷二九。

就是诗,二者必然是相通的。继承苏轼这种观念并加以发挥的是他曾赞赏的吴可,其《藏海诗话》主张写诗要"外枯中膏"、"中边皆甜"、"含不尽之意见于言外"等等,显然更重视主观心性的"意"的方面。他说:

> 凡作诗如参禅,须有悟门。①

他有《学诗》诗三首,具体论说"悟门",引起后人的众多和作。这些作品从"悟"、"妙悟"角度论诗,颇多精彩见解,诗、禅一致观念得以进一步发挥。他的看法集中体现了禅悟与写诗相关联的认识,是发挥"以禅喻诗"观念比较透彻、全面的。要点有以下几方面。

一是强调自悟。禅家认为自性本来清净,不假外力,不须它求。禅悟的这种境界,正通于诗歌创作的独创性原则。所以吴可《学诗》诗说:

> 学诗浑似学参禅,头上安头不足传。跳出少陵窠臼外,丈夫志气本冲天。②

南宗禅反对拘守经教,要人作顶天立地的"大丈夫儿";写诗则重自心的独特解会,要不因循,敢创新,破弃陈规,突破传统。吴可说,就是对于"诗圣"杜甫也不可模拟,落其窠臼。马祖道一肯定每个人平凡心性自然圆满,强调大胆表露自主的个性。宋人论诗发挥这一点,陆游说:

> 文章之妙,在有自得处,而诗其尤者也。③

他叙述自己的创作历程,曾说"中年始少悟,渐若窥宏大"④,即是指摆脱对于唐人和江西派的依傍,才开拓出自己独创的格局。姜夔

---

① 《藏海诗话》,《历代诗话续编》上册第 340 页。
② 魏庆之《诗人玉屑》卷一,上册第 8 页,古典文学出版社,1958 年。
③ 《颐庵居士集原序》,刘应时《颐庵居士集》卷首。
④ 《示子遹》,《剑南诗稿》卷七八。

则说：

　　　文以文而工，不以文而妙。然舍文无妙，胜处要自悟。①

这也是把创作归结到个人的体悟。后来的王若虚也说到同样的
意思：

　　　文章自得方为贵，衣钵相传岂是真。已觉祖师低一着，纷
　　纷法嗣复何人。②

如前所说，江西诗派与禅本来有密切关联，而王若虚对它的批判甚
为严厉。这是因为二者对禅所取侧重点不同。江西诗人注重语句
的研练，借鉴"文字禅"讲究言句，致力于"脱胎换骨"、"点铁成金"，
具有模拟倾向，是王若虚所反对的。

　　二是强调一念之悟。"顿悟"之妙，在不假修持，不经渐次，灵
心一动，完成于一刹那间。这一念之悟本来是不能用文字形容的。
写出具有鲜明独创性的好诗往往也出于一时灵感的激发，其精神
状态也是不经思虑、不可言说的。但禅与诗又都研练语言来表达。
这样禅悟和作诗在思维方式和表达方法之间的矛盾就有一致之
处。吴可在《藏海诗话》里说到作诗须有"悟门"后，接着举例：

　　　……少从荣天和学，尝不解其诗曰："多谢喧喧雀，时来破
　　寂寥。"一日于竹亭中坐，忽有群雀飞鸣而下，顿悟前语。自尔
　　看诗，无不通者。③

这已和禅师顿悟禅机情形相似。他的《学诗》诗又说：

　　　学诗浑似学参禅，竹榻蒲团不计年。直待自家都了得，等

---

①《白石道人诗说》，《历代诗话》下册第 682 页。
②《山谷于诗每与东坡相抗门人亲党遂谓过之而今之作者亦多以为然予尝戏
　作四绝云》之四，《滹南遗老集》卷四五。
③《藏海诗话》，《历代诗话续编》上册第 340－341 页。

闲拈出便超然。①

后来叶梦得也讲一念之悟：

> "池塘生春草，园柳变鸣禽。"世多不解此语为工，盖欲以
> 奇求之耳。此语之工，正在无所用意，猝然与景相遇，借以成
> 章。不假绳削，故非常情所能到。诗家妙处，当须以此为根
> 本。而思苦言难者，往往不悟。②

这种一念之悟神秘莫测，不可用常理论，不可以踪迹求。这正是诗
歌创作中的"灵感"突现的境界。

三是强调一体之悟。南宗禅主张万法归于一心，森罗万象皆
是一心之所印，因而一念见道，天下皆然，有性无性，统为一体。后
来禅吸收华严教理特别发挥这一点。这样的观念用之于诗的构
思，则追求意境的整体和谐，表现的浑融圆成，而不在具体言句上
下功夫，不重枝枝节节的工拙。吴可《学诗》诗说：

> 学诗浑似学参禅，自古圆成有几联。春草池塘一句子，惊
> 天动地至今传。③

这里拿谢灵运的"池塘"、"园柳"名句做例子，说明好诗在意境的
"圆成"。实际谢诗还远没有达到整体意境的圆融。如本书前面介
绍他所说，这正和当事人对于佛理的理解程度有关系。真正做到
诗作境界整体上浑融和谐、不见雕琢痕迹，要到唐代，与当时整体
思维方式的发展有直接关系，包括接受禅的影响。龚相《学诗》诗
说到杜甫：

> 学诗浑似学参禅，几许搜肠觅句联。欲识少陵奇绝处，初

---

① 《诗人玉屑》卷一，上册第 8 页。
② 《石林诗话》卷中，《历代诗话》上册第 426 页。
③ 《诗人玉屑》卷一，上册第 8 页。

无言句与人传。①

这里反对搜索枯肠,雕琢言句,杜甫作为唐人的代表,达到了新的境界。禅悟本是内外明澈、直契本源的,因此触处是道,立处皆真。用这种心态论诗,也就要皮毛略尽,触境皆然,唯见真实,不见字句的工拙。

因而最后,这种一念、一体之悟必然是直证之悟。这也通于唯识的所谓"现观"、"亲证",是不借助于逻辑思维,非名言所可表诠的。大珠慧海说:

> 得意者越于浮言,悟理者超于文字。法过语言文字,何向数句之求?是以发菩提者,得意而忘言,悟理而遗教,亦犹得鱼忘筌、得兔忘蹄也。②

体现这种直证之悟十分典型的是禅宿那些开悟偈,逢一定的时节因缘,或者叩击瓦石,或者忽见桃花,倏然而悟,灵感自然涌现。在诗论里,从司空图讲"味外味"、"文外深旨"到姜夔《诗论》里主"贵含蓄",都与禅的这种直证之悟相通。

前面提到的严羽《沧浪诗话》在宋人诗话里影响深远,他特别自诩"以禅喻诗,莫此亲切"③。他也是在迎合一时论诗的风气。所论重要一点也在所谓"妙悟"。他说:

> 大抵禅道惟在妙悟,诗道亦在妙悟。且孟襄阳学力下韩退之远甚,而其诗独出退之之上者,一味妙悟而已。惟悟乃为当行,乃为本色。然悟有浅深,有分限,有透彻之悟,有但得一知半解之悟。汉魏尚矣,不假悟也。谢灵运至盛唐诸公,透彻

---

① 《诗人玉屑》卷一,上册第 9 页。
② 《诸方门人参问语录》卷下,平野宗净注《顿悟要门》第 195 页,筑摩书房,1965 年。
③ 严羽《答出继叔临安吴景仙书》,郭绍虞《沧浪诗话校释》附录,第 234 页。

> 之悟也;他虽有悟者,皆非第一义也。①

这里沟通禅与诗,关键环节在同归"妙悟"。他讲的"透彻之悟"、"第一义之悟"即是"妙悟",实际就是南宗的"顿悟",与前面吴可所论大体一致。而《沧浪诗话》里"以禅喻诗"涉及面更广,如以大小乘、南北宗禅法比拟诗的水平高下;用"饱参"、"熟参"来说明对诗作的欣赏,等等,都是直接借鉴禅史上的心性观念论诗。他在创作上主张取法盛唐以上,不满大历以下,特别反对江西诗派。如上所述江西诗派也是热衷于禅的,严羽的思路与之有明显界限。他主张"吟咏性情",一再强调写诗要表现"性情","兴趣","词理意兴"②,抒写不关"书"、"理"的"别材"、"别趣",这些都是对于前人,特别是他所赞扬的盛唐诗创作艺术特征和表现方法的总结,又确实是对于前人创作规律的相当精辟的阐发,也是针对当时诗坛创作倾向有为而发。这样,严羽借禅的"妙悟"论诗的"妙悟",从理论上总结前人的创作实践经验,捕捉到诗歌创作思维的根本特征,提供了规律性的认识,因此影响于后世诗坛也特别深远。

三

诗、禅一致,"以禅喻诗",主要是着眼于思维形式的类似或一致,在创作领域二者的相互影响与借鉴。实践中具有典型意义的表现是唐人的诗歌和当时禅师的偈颂在创作方式和风格上多有类似之处。而从理论层面看,禅宗的宗义又反映了一代思想发展的总体水平。这成为诗、禅能够"一致"的根本条件,也是基本根据。

---

① 《沧浪诗话校释》,《诗辨》第 10 页。
② 同上《诗评》第 137 页。

这也是禅影响诗歌创作的基本的、重要的、成绩巨大的方面。还有另一个方面，影响也十分巨大，就是禅的言句技巧，同样也给诗坛提供了丰富的借鉴。

唐末五代，随着五家分灯，禅宗逐渐"贵族化"，向社会上层发展，特别是寻求地方割据势力的支持；入宋，则主要流行在官僚士大夫阶层，从而也逐渐失去思想、作风上鲜活泼辣的生机，表现上则更注重文字言句，趋于"文字化"，突出发展了"文字禅"。如前所述宋代禅宗各派对于宗义已少有新的发挥，更加注重在接引学人的手段上较量高下、在文字机锋上斗工拙，结果虽然号称"不立文字"，实际上却又十分讲究文字技巧。另一方面，宋代理学发达起来，诗歌创作受其影响，普遍地更重义理，因而以道理入诗、以学问为诗形成风气，具体表达方面则促进了"以文字为诗"的倾向。这种倾向又正与文字禅的发展趋势相呼应。而宋代诗人又多习禅，也更多专注于"文字禅"，在创作中也必然注重汲取禅的语言技巧。这样，在追求文字之工一点上，当时诗坛风气正与宗门风气相类似。结果，说禅与作诗在注重言句的风气上相互促进，相互借鉴，更助长了研练言句技巧、注重语言形式的偏颇。但就发展诗歌语言艺巧说，这一趋势又是起了相当积极的作用的。

如上所述，诗歌史上一般把黄庭坚及其开创的江西诗派作为宋诗风格的代表。被归入江西诗派的诗人创作成就不同，论诗观点也不尽一致，但重视文字技巧则是共同的。他们也讲"悟"，如曾季狸说：

> 后山（陈师道）论诗说换骨，东湖（徐俯）论诗说中的，东莱（吕本中）论诗说活法，子苍（韩驹）论诗说饱参。入处虽不同，然其实皆一关捩，要知非悟入不可。[1]

---

[1]《艇斋诗话》，《历代诗话续编》上册第 296 页。

不过这里虽然也强调"悟入",但"入处"却主要落实到方法上。前面讨论禅文学时已经提到,禅门师资参话头,斗机锋,要截断常识情解,从而形成禅语言的一些特点。重要一点就是提倡"参活句"。所谓"活句",一方面指言句思路活络,不粘不滞,不即不离;具体表达上则多用暗示、联想、比喻、象征、双关、答非所问等灵活多变的修辞手法。后人评论黄庭坚说:

> 黄鲁直……以俗为雅,以故为新,不犯正位,如参禅,著末后句为具眼。[①]

黄庭坚诗的所谓"夺胎换骨"、"点铁成金",即注重言句、事典的以故为新。阐述黄庭坚一派诗论的范温,名其所著为《诗眼》,取作诗的"正法眼"之意。他同样也强调"识"与"悟",但所"识"更重"作诗句法",明确提出"句法之学,自是一家功夫"。前面说到吴可等人论"悟",反对追求一联一句之妙。而黄庭坚、范温则专求一句一字之工。两种见解同样是借"禅"以论诗,其间分歧是很明显的。

对于江西诗派有总结表彰之功的吕本中素明禅学,论诗也主"悟入"[②],而具体创作则提倡"活法"。他说:

> 学诗当识活法。所谓活法者,规矩备具,而能出于规矩之外;变化不测,而亦不背于规矩也。是道也,盖有定法而无定法,无定法而有定法。知是者,则可以与语活法矣。[③]

他有诗说:

> 惟昔交朋聚,相期文字盟。笔头传活法,胸次即圆成。[④]

这种"活法"又被归纳为某些具体写作技巧。如罗大经指出:

---

① 李屏山《刘西岩小传引》,《中州集》卷二。
② 《与曾吉甫论诗第一帖》,《苕溪渔隐丛话·前集》卷四九。
③ 《夏均父集序》,转引《后村集》卷二四《江西诗派小序》。
④ 《别后寄舍弟三十韵》,《东莱先生诗集》卷六。

　　　两句一意,乃诗家活法。①

陈模说:

　　　杜诗:"风磴吹阴雪,云门吼瀑泉。""酒醒思卧簟,衣冷欲
　　装棉。"此本是难解,乃是十字一意解……读者要当以活法
　　求之。②

俞成说:

　　　文章一技,要自有活法。若胶古人之陈迹,而不能点化其
　　句语,此乃谓之死法。死法专祖蹈袭,则不能生于吾言之外;
　　活法夺胎换骨,则不能毙于吾言之内。毙吾言者,故为死法;
　　生吾言者,故为活法。③

这样,"活法"作为江西诗派的重要创作原则之一,主要强调的是研
练言句的功夫。这种理论影响相当深远。周必大也主张"活法",
所谓"诚哉万事悟活法,诲人有功如利涉"④。杨万里推崇江西诗派
"以味不以形",也是指善用"活法"。陆游曾受江西诗派影响,同样
反对"参死句"⑤。张镃则说"胸中活底仍须悟,若泥陈言却是
痴"⑥。把"悟门"限制在"悟活法",也正是"文字禅"与"以文字为
诗"相贯通的体现。

　　"活法"主要体现在言句上,再进一步具体化,则归结到具体文
字的运用,专门讲求推敲文字,以一字论工拙。这又直接和曹洞宗
独特的参悟方法有关。曹洞宗专门追求在一字转换中体悟禅

①《鹤林玉露》乙编卷四《云日对》,第194页,王瑞来点校,中华书局,1983年。
②《怀古录》卷上。
③《萤雪丛说》卷一。
④周必大《次韵杨廷秀待制寄题朱氏涣然书院》,《周益国文忠公集》卷四一《平
　园续稿》卷一。
⑤《赠应秀才》,《剑南诗稿》卷三一。
⑥《题尚友轩诗》,《南湖集》卷五。

机。这是曹洞宗风的特征之一。后来禅门风气更有所谓"参一字"。齐己曾有诗说："千篇著述诚难得，一字知音不易求。"①"千篇未听常徒口，一字须防作者心。"②关于他有一段逸事：

> 齐己有《早梅》诗，中云"昨夜数枝开"，郑谷为点定曰："数枝非早，不若一枝佳耳。"人以谷为齐己一字师。③

作为小说家言，这种传说的可靠性是值得怀疑的。但它们反映的诗坛风气则是真实的。本来中唐孟郊、贾岛等人已鼓动起苦吟之风，努力追求"一字"之功拙。晚唐诗坛大兴雕琢字句，与丛林这种风气一致。到宋代，由于更多地借鉴禅门参详文字的办法，这种风气在诗歌创作中被推波助澜，所以出现更多一字师的故事。这正是宋人"以文字为诗（文）"的风尚的体现。

禅门还有一个概念——"宗眼"。法眼文益要求"须语带宗眼，机锋酬对，各不相辜"，并批评当时丛林里有些人"对答既不辨纲宗，作用又焉知要眼"④。"宗眼"这个词本意是指宗义的关键，引申为表达宗派观点的关键字眼。因此禅门中又有"句中有眼"之说，是指谈禅的言句里应该有表达禅机的关键词眼。文人们把这一观念用之于语言技巧，则讲究所谓"诗眼"。这又是注重推敲文字的一个具体说法。南宋牟巘论僧人恩上人诗说：

> 大率不蔬笋，不葛藤，又老辣，又精采，而用字新，用字活，所谓诗中有句，句中有眼，直是透出畦径，能道人所不到处。想当来必从悟入，非区区效苦吟生铢心陷胃作为如此诗也。或谓禅家每以诗为外学，上古德多有言句，不知是诗是禅、是

---

① 《谢人寄新诗集》，《全唐诗》卷八四四，第9538页。
② 《送吴先辈赴京》，《全唐诗》卷八四五，第9561页。
③ 转引王士禛原编、郑方坤删补《五代诗话》卷八，第329页，戴鸿森校点，人民文学出版社，1989年。
④ 《宗门十规论》，《续藏经》第63册第37页下。

习是悟、是外是内耶。①

这里明确要求"诗中有句,句中有眼",而具体加以解释,即表现在"用字新,用字活"。这"新"和"活"本应包括意义和方法两个层面。"诗眼"则是指这"新"和"活"的用字。这里还进一步指出,这种用字方法是"悟入"的。这又是利用禅悟的道理论诗了。

"诗眼"概念实际又有两方面含义。苏轼说:"君虽不作丹青手,诗眼亦自工识拔。"②这里所指是对于诗的见解,"眼"谓"眼光"。范温说"学者要先以识为主,如禅家所谓正法眼者。直须具此眼目,方可入道"③,也是这样的意思。南宋刘应时评陆游诗:

> 饱参要具正法眼,切忌错下将毋同。茶山(曾几)夜半传机要,断非口耳得其妙。④

陆游早年从曾几受诗法,这里说他得到"正法眼",也是指正确的见解。另一种含义就是牟巘文章指出的,指写诗使用的鲜活字眼。释惠洪论诗曾说:

> 造语之工,至于荆公、东坡、山谷,尽古今之变。荆公曰:"江月转空为白昼,岭云分暝与黄昏。"又曰:"一水护田将绿绕,两山排闼送青来。"东坡《海棠》诗曰:"只恐夜深花睡去,高烧银烛照红妆。"又曰:"我携此石归,袖中有东海。"山谷曰:"此皆谓之句中眼,学者不知此妙,语韵终不胜。"⑤

这是特别表扬王安石、苏轼、黄庭坚的"造语之工",认为关键在"句中眼"。后一种"诗眼"之说被黄庭坚以及后来的"江西诗派"大肆

---

① 《跋恩上人诗》,《陵阳集》卷一七。
② 《行次吴传正枯木歌》,《东坡全集》卷二一。
③ 《潜溪诗眼》,《宋诗话辑佚》上册第 317 页。
④ 《读放翁剑南集》,《颐庵居士集》卷上。
⑤ 《冷斋夜话》卷五。

发挥,用来表达他们重视锻炼诗语的主张。黄庭坚有诗说:

> 拾遗句中有眼,彭泽意在无弦。顾我今六十老,付公以二
> 百年。①

他特别称赞杜甫"句中有眼",但同时又表扬陶渊明"意在无弦"的混融无迹。这后一方面作为艺术观念的表现显然更为深刻。不过其后学却更重视前一方面。范温作《潜溪诗眼》,其主要关注处在"炼字",即前述"诗眼"的后一种含义。他说:

> 世俗所谓乐天《金针集》,殊鄙浅,然其中有可取者。"炼
> 句不如炼意",非老于文学不能道此。又云"炼字不如炼句",
> 则未安也。好句要须好字。如李太白诗:"吴姬压酒唤客尝。"
> 见新酒初熟,江南风物之美,工在"压"字。老杜《画马》诗:"戏
> 拈秃笔扫骅骝。"初无意于画,偶然天成,工在"拈"字。柳诗:
> "汲井漱寒齿。"工在"汲"字。工部又有所喜用字,如"修竹不
> 受暑","野航恰受两三人","吹面受和风","轻燕受风斜",
> "受"字皆入妙。老坡尤爱"轻燕受风斜",以谓燕迎风低飞,乍
> 前乍却,非"受"字不能形容也。至于"能事不受相促迫","莫
> 受二毛侵",虽不及前句警策,要自稳惬尔。②

这里所指出的"炼字"之处,正是"诗眼"所在。

作诗用心力于推敲字句,以至于据一字论工拙,使得诗歌语言的运用更加准确、更加精致。但过分追求一言一句的精确完美,以致忽略整体的意境,这就引发出所谓"炼字"、"炼句"与"炼意"孰优孰劣的问题,进而出现创作中重"情性"、"兴趣"、"兴象"还是溺于"理路"、"言筌"的争论。这实际是诗论借鉴禅法的两个不同侧面,最终发展为延续久远的唐、宋诗之争的一个焦点。平

---

① 《赠高子勉四首》之四,《豫章黄先生文集》卷一二。
② 《宋诗话辑佚》上册第 321—322 页。

心而论,"不立文字"的禅发展成"文字禅",乃是禅宗自身衰落的表现。但其影响到诗歌创作的语言推敲,推动讲究修辞技巧的风气,对于诗艺又是不无贡献的。只是走向极端而流荡忘返,则成为偏颇或弊端了。

四

受到理学束缚的明、清文坛又出现一系列张扬主观心性的观念,成为文学创作和文学理论中活跃、积极的成分。这些观念的提出大体都受到佛教特别是禅宗的影响。这种潮流当然也和明中期以后理学中的"心学"一派有关系。而如前所述,"心学"的心性观念也与禅有密切关联。

明代晚期,文坛上出现一种强调抒写主观性灵、反传统、反模拟的主张,主要是李贽的"童心"说和"公安三袁"的"性灵"说。这在当时文坛上代表着相当激进的思想潮流,在这些观念指引下的创作取得了相当大的成就,如前面介绍的李贽和"公安三袁"等一批人。这些人大都受到理学"异端"的"王学左派"和禅的深刻影响。

关于李贽,本书前面已有较详细介绍,这里只讨论他的文学观点。李贽的思想一般认为出自"王学左派"的泰州学派王艮、何心隐一系。这一派的思想更多接受和发挥了禅的强调主观作用、反对传统教条的精神,"多指百姓日用,以发明良知之说"①,具有强烈的反对理学正统的品格。本来正统理学同样吸纳了禅的"明心见性"宗义,不过却统一到正心诚意、至诚返本的圣人之道上来。而

①王艮《王心斋先生遗集》卷三八《年谱》。

李贽则突出地发扬了禅的反叛的、破坏的、纯任主观的方面，否定经学权威和教条，表现出反体制的叛逆品格，因此被诋为"狂禅"。黄宗羲记载耿定向对李贽的批评：

> 先生因李卓吾鼓猖狂禅，学者靡然成风，故每每以实地为主，苦口匡救。[1]

本来耿定向也师从王阳明心学，但属于所谓"修正派"，体现出向儒学正统复归的倾向。他起初与李贽交好，后来以见解龃龉而相背。在耿定向看来，李贽讲道学而陷没于禅，已经是"异端"；进而非难孔、孟，则指斥为"狂"了。四库馆臣又说：

> （焦竑）友李贽，于贽之习气沾染尤深。二人相率而为狂禅，贽至于诋孔子……[2]

焦竑思想上和李贽为同道，他也赞佩佛说，认为佛说最得孔孟性命之学的精义，汉、宋诸儒注经乃是糟粕。这种援佛以入儒的观念，正与李贽有相似之处。

李贽"异端"思想在文学思想上的集中体现是所谓"童心"说。他明确反对"以闻见道理为心"，"以孔子之是非为是非"，要求抒写"童心自出之言"。所谓"见闻道理"即世俗认可的伦理纲常；孔子作为圣人，其所是非本是天经地义。而李贽所说的"童心"则绝然与这些无关。他说：

> 夫童心者，真心也……夫童心也，绝假纯真、最初一念之本心也。若失却童心，便失却真心；失却真心，便失却真人。人而非真，全不复有初矣……天下之至文，未有不出于童心焉者也。苟童心常存，则道理不行，闻见不立，无时不文，无人不

---

① 《明儒学案》卷三五《泰州学案四》，下册第 815 页。
② 《四库全书总目》卷一二五《子部·杂家类存目·焦若侯问答》，上册第 1077 页。

文,无一样创制体格文字而非文者。①

据此,他直接批评"六经、《语》、《孟》乃道学之口实,假人之渊薮",对圣人之言、儒家经典直到理学权威大施挞伐;另一方面则称赞当代通俗文艺的院本、杂剧、《水浒》《西厢》等为"古今至文"。李贽所称赞为"最初一念之本心"的"童心",显然与禅的自性圆满的本来心相通。不过仔细分析起来,他所主张的又并不等同于禅的不思善、不思恶、离情绝欲的绝对的清净心。他主张"人必有私"②,肯定人的情欲的正当性。所以他的"童心"又是充溢人生欲念的活生生的现实的人心。因而他又主张好文章要表达激愤之情:

> 且夫世之真能文者,比起初,皆非有意于为文也。其胸中有如许无状可怪之事,其喉间有如许欲吐而不敢吐之物,其口头又时时有许多欲语而莫可所以告语之处,蓄极积久,势不能遏。一旦见景生情,触目兴叹,夺他人之酒杯,浇自己之垒块,诉心中之不平,感数奇于千载。既已喷玉吐珠,昭回云汉,为章于天矣,遂亦自负,发狂大叫,流涕恸哭,不能自止。宁使见者闻者切齿咬牙,欲杀欲割,而终不忍藏于名山,投之水火……③

这种对"真心"的理解显然又已经对禅宗的心性说有所改造,充分显示了其思想关注社会与人生的战斗性格。他在《忠义水浒传序》里断言"古之圣贤,不愤则不作";而《水浒传》作为忠义之书,则被肯定是为国者、贤宰相、兵部、督府"不可以不读"的作品。这也表明他同样继承了古代文学"不平而鸣"、"穷而后工"的传统,强调文学的现实批判作用,也是把禅的"心性"说向积极方面发挥了。

---

① 《焚书》卷三,第97—98页。
② 《藏书》卷三四《德业儒臣后论》。
③ 《杂说》,《焚书》卷三。

　　本书前面也已经说到,"公安三袁"的思想受到李贽的直接影响。他们提倡的"性灵"说与李贽的"童心"说一脉相承。但是三个人年龄比李贽小三四十岁,已间隔一代人时间。这期间思想界已发生很大变化。万历七年(1579)何心隐被杖杀,二十几年后李贽屈死狱中;另一方面同主阳明"心学"的管志道提倡"三教合一"之旨,转而力辟"狂禅",其弟子瞿汝稷(后期著名禅籍《指月录》编者)也"痛疾狂禅,于颜山农、李卓吾之徒,昌言击排,不少假易"①。这样,思想界对"异端"的讨伐与统治体制的严酷镇压相配合,激烈的抗争被一步步扼杀了。正是在这样的局面下,就批判意义说,后出的"性灵"说是"童心"说的蜕化,批判意义大为淡薄了。当然作为强调主观心性的文论一派仍具有一定价值,在实践中也仍能够发挥相当的积极作用。

　　前面已经一再指出,谢灵运等人早已明确指出要在佛经里寻求"性灵真奥"。在文学理论中刘勰也已强调表现"性灵",提出"性灵所钟,是谓三才"②,"洞性灵之奥区","性灵熔匠"③,等等。颜之推也曾说:

　　　　夫文章者……至于陶冶性灵,从容讽谏,入其滋味,亦乐事也……文章之体,标举兴会,发引性灵……④

刘勰和颜之推都是习佛的,他们的这些说法显然都受到佛理影响,又都有强调抒写主观心性的意味。袁宏道借鉴禅的观念,同样借用前引岩头全豁的说法,鼓吹从自心中流出的性灵。他评论中道诗说:

---

①钱谦益《瞿元立传》,《初学集》卷七二,下册第 1610 页,上海古籍出版社,1985 年。

②范文澜《文心雕龙注》卷一《原道》,上册第 1 页,人民文学出版社,1961 年。

③同上《宗经》,第 21、23 页。

④王利器《颜氏家训集解》卷四《文章》,第 221—222 页,上海古籍出版社,1980 年。

　　　　足迹所至,几半天下,而诗文亦因之以日进。大都独抒性
　　灵,不拘格套,非从自己胸臆流出,不肯下笔。有时情与境会,
　　顷刻千言,如水东注,令人夺魄……盖诗文至近代而卑极矣,
　　文则必欲准于秦、汉,诗则必欲准于盛唐,剿袭模拟,影响步
　　趋,见人有一语不相肖者,则共指以为野狐外道……唯夫代有
　　升降,而法不相沿,各极其变,各穷其趣,所以可贵,原不可以
　　优劣论也。①

这段话概括了他的"性灵"说的主要内容,也体现了其在文学思想
上的积极意义。当年李贽讲"童心",反对以孔子之是非为是非,写
文章反对假人言假事,文假文,是针对伪善的道学的。袁宏道讲
"性灵"也有这方面的含义。他要求"能独抒己见,信心而言,寄口
于腕"②,"意兴所至,随事直书"③;他说自己的诗是"信心而出,信
口而谈"④。袁宗道论文又抨击当时虚矫做作的文风,讥刺如"戏场
中人,心中本无可喜事而欲强效,其势不得不假借模拟耳"⑤。如此
追求性情之真,显然也具有伸张主观个性的意味。另一方面则要
求独创,反对格套程式。袁宏道说:

　　　　文章新奇,无定格式,只要发人所不能发,句法字法调法,
　　一一从自己胸中流出,此真新奇也。⑥

基于这种主张,他反对复古,鼓吹新变。李贽曾从历史发展角度为
市井通俗文学争地位,袁宏道也同样主张一时代有一时代的文学,

①《叙小修诗》,《袁宏道集笺校》卷四,上册第 187－188 页。
②《叙梅子马王程稿》,《袁宏道集笺校》卷一八,上册第 699 页。
③《叙姜陆二公同适稿》,《袁宏道集笺校》卷一八,上册第 696 页。
④《张幼于》,《袁宏道集笺校》卷一一,上册第 501 页。
⑤《论文下》,《白苏斋类集》卷二〇。
⑥《答李元善》,《袁宏道集笺校》卷二二,上册第 786 页。

"文之不能不古而今也，时使之也"①。他又指出：

> 夫诗之气，一代减一代，故古也厚今也薄。诗之奇之妙之
> 工之无所不极，一代盛一代，故古有不尽之情，今无不写之景。
> 然则古何必高，今何必卑哉？②

对于厚古薄今、模拟抄袭的批判，这里表达得十分直接痛快。

不过在思想内涵方面，"公安三袁"批判的、战斗的意义比较李贽显然大为消减了。即以成就最杰出的宏道为例，到了晚年，尽管对于世事仍不能忘情，内心也还是充满矛盾不平，但却不再采取"狂禅"姿态，陷没于较稳健的禅、净一致的信仰了。在创作上，则在时代大风暴到来之前，不再对社会采取积极抗争的姿态，本来热衷追求的性情之真就缺乏更尖锐的斗争精神的底蕴，发展下去，则流于虚浮，蜕变为名士的雅趣了。"性灵"从而转化为"趣味"，袁宏道说：

> 夫诗以趣为主，致多则理诎，此亦一反。然余尝读尧夫
> 诗，语近趣遥，力乱斜川（苏过）。③
>
> 世人所难得者唯趣。趣如山上之色，水中之味，花中之
> 光，女中之态，虽善说者不能下一语，唯会心者知之。④

这里谈"趣"，前一条称赞宋代理学家邵雍的诗，认为《伊川击壤集》发明性理之作功力超过苏过。邵雍的诗被称为"邵康节体"，确实能够自抒胸臆，随口成章，但主要是表达心安理得的闲适情趣。由此也可透视袁宏道所谓"趣"的内涵。如此把"性灵"转化为士大夫的闲情逸致，思想意义就大为降低了。这也是时势使然。

―――――――――――

①《雪涛阁集序》，《袁宏道集笺校》卷一八，上册第 709 页。
②《与丘长孺》，《袁宏道集笺校》卷六，上册第 284－285 页。
③《西京序稿》，《袁宏道集笺校》卷五一，下册第 1485 页。
④《叙陈正甫会心集》，《袁宏道集笺校》卷一〇，上册第 463 页。

就禅宗的影响说,李贽的"童心"说和"公安三袁"的"性灵"说可说是在其没落期又一次焕发出异彩。以后到清代,有王士禛倡"神韵",王国维讲"境界",都有注重心性表现的含义,从一定意义说也都对禅思想有所借鉴。但从禅对文学思想影响的发展趋势看,其与禅的本来精神已经渐行渐远,在思想史上的价值与意义也相当淡薄了。

就这样,唐、宋以后,文学思想主要是诗论中出现种种强调抒写个人主观情致的理论主张,在某些时期如宋代、晚明甚至形成潮流,对于推动文学发展与创新起了一定作用。而文学领域的这些新观念显然和整个思想界的发展趋向相一致:作为儒学复古成果的理学与作为佛教"中国化"成果的禅相互交流,相互作用,一些思想家在这矛盾复杂的局面中进行探索,积极地利用理学和禅提供的理论资源来发挥新的思想主张,文学理论方面的上述成绩则是这种探索的重要部分。

第十九章　隋唐及其以后塔寺艺术

一

　　隋唐之际,中国佛教步入一个重大的转折时期。宗派佛教形成,作为外来佛教"中国化"的结果,标志着佛教已融入到本土传统文化之中。表现在艺术领域,随着佛教"中国化"完成,民族风格民族气魄的佛教艺术也发展成熟了。隋唐以来的佛教艺术,造像也好,绘画也好,已基本摆脱经典仪轨的模式和外来输入的"粉本",无论是整体形象还是具体表现手法都相当彻底地"中国化"了。就是说,在中国固有艺术传统的土壤上,吸收、借鉴外来艺术成果创造起来的高水平的汉传佛教艺术已经成熟。

　　至唐宋之际,社会形势与思想环境发生重大转变,佛教也开始走入中衰。其突出表现之一是"世俗化"倾向日渐严重。本来佛教的"中国化"必然伴随着"世俗化"。唐代发展至鼎盛的禅与净土就是"世俗化"程度相当深刻的佛教。这种"世俗化"表现在思想理论层面,宋代以降水平是大为降低了;但表现在艺术层面却持续发挥着特殊的作用。从一定意义说,艺术本身就是一种世俗活动。佛教"世俗化"表现的一个重要方面就是与艺术更为紧密地结合,即在人们的观念中给佛教信仰增添更多的审美情趣,体现在佛教艺术创作中则较少追求神秘的宗教效应,内容更贴近现实生活和人生实际,而较少表现宗教艺术应有的神圣与崇高,从而作者们得到更多发挥独创性的自由,作品也就更富于创意。还有一个情况,即由于佛教在社会上总体地位下降,高层次的知识阶层已很少参与佛教艺术创造(绘画和书法是例外);特别是造型艺术,魏晋隋唐时期有许多高门士族和上层沙门亲自参与创作,但宋代以降则基本是文化层次较低的工匠受雇用来制作了。这当然会限制创作的整体艺术水平。不过有些来自民间的作者,更熟悉民众的生活实际和艺术趣味,创作出来的作品也就会更多体现民众的审美观念,具有民间艺术鲜活生动的特征,因此又发展出佛教艺术一些新的民间特色。

　　具体到塔、寺建筑,隋唐时期塔、寺艺术大发展,成就十分辉煌。国家经过近四百年动乱、分裂而归于统一,文化各领域得以融合中外、南北的不同风格与传统加以创造、发挥,取得承前启后的总结性的成就。建筑同样如此:隋唐时期也是中国建筑艺术高度发达和成熟的时期。正是在这一时期,中国建筑终于形成与欧洲建筑、伊斯兰建筑并列的世界三大建筑体系之一。隋唐建筑反映时代雄浑、豪迈、健康、自信的精神风貌,毫不因循守旧和矫揉造作,显示出高度的独创性;各类建筑风格壮美、恢宏、质朴、大方,没有浮艳浅俗、繁琐雕琢的弊病。这些优长在作为古代建筑主要样式之一的塔寺里都得到充分体现。这一时期又正是中国佛教发展的鼎盛期,中国佛教反对个人解脱的狭隘的僧侣主义和墨守外来经典的教条主义,关爱众生,注重现世的精神得到充分发扬,从而大为消减了佛教固有的悲观色彩和出世追求。这一时期的佛教建筑既体现了时代的总风貌,又贯彻了佛教发展的这种积极精神。另外,隋唐时期各艺术样式,特别是绘画、雕塑、工艺美术等高度发达,也都给佛教建筑提供了借鉴和滋养。佛教艺术与世俗艺术相互交流与和谐发展,亦有助于提高各自的水平。在这种种有利机缘配合之下,佛教塔寺建筑也进入一个蓬勃发展、高度成熟的时期。①

古代佛教塔寺建筑,自隋唐时期起有关文献资料留下更多纪录,遗构也保留渐多。这给了解和研究提供了便利。

早在北魏文成帝继位的兴安元年(452),就有诏书"今制诸州郡县,于众居之所,各听建佛图一区"②。这是历史上国家有计划地按行政区划布置、建设寺院之始。到隋唐时期这一办法形成制度。隋王朝国祚虽然短促,但对于推动佛教发展不遗余力,成效也甚为显著。隋文帝杨坚立国伊始,就下令恢复周武毁佛时毁废的寺院,"诏州县各立僧、尼二寺"③;又鼓励出家,令每户出钱营造经像。在仁寿短短四年间(601—604),曾三次下令在全国各地立塔安放舍利。入唐,太宗于贞观三年(629)命于当初起兵各地立寺,以纪功业;唐高宗于乾封元年(666)东封泰山,有诏"天下诸州置观、寺一所"④;武则天载初元年(689),以《大云经》里有"女主当国"预言,"颁制于天下,令诸州各置大云寺"⑤;唐中宗神龙元年(705),以唐祚恢复,令"诸州置寺、观一所,以'中兴'为名"⑥;唐玄宗开元二十六年(738),敕"天下诸郡立龙兴、开元二寺"⑦。这样在唐代,国家按州郡设置寺院形成定制。这些朝廷统一命名的寺院(多数是已

①关于塔寺建筑,参阅梁思成《中国建筑史》,百花文艺出版社,1998 年;中国艺术研究院《中国建筑艺术史》编写组编写、萧默主编《中国建筑艺术史》,文物出版社,1999 年;张驭寰《中国塔》,山西人民出版社,2000 年。塔、寺建筑的实测数据,主要以《中国大百科全书》相关卷(《考古卷》、《文物卷》、《宗教卷》等)为依据。

②《魏书》卷一一四《释老志》,第 3036 页。

③《建安公等造尼寺碑》,《全上古三代秦汉三国六朝文·全隋文》卷三○,第 4 册第 4200 页。

④《唐书》卷五《高宗本纪下》,第 90 页。

⑤同上卷六《则天皇后纪》,第 121 页。

⑥同上卷七《中宗本纪》,第 137 页。

⑦《佛祖统纪》卷四○《法运通塞志第十七之七》,《大正藏》第 49 卷第 375 页上。

有寺院改变名称)已带有官寺性质。当年朝廷这些敕令的贯彻远及边陲，直到西域边远地方。朝廷对寺院管理也已形成制度，如赐额、度僧等都有严格规定，并实施相当彻底。中唐时期，塔寺的兴建如舒元舆所说："十族之乡，百家之间，必有浮图"①。唐武宗灭佛，毁掉佛寺四万所，可见当时全国佛寺数量之巨。而相当数量的寺院是竖塔的。

敦煌唐窟里的壁画多有描绘寺院的，是了解当时寺院布局、建筑样式等方面的直观资料。从中可以知道，当时绝大多数寺院已不在中间建塔，就是说，已经改变了外来的中心塔柱模式。塔被移到殿侧、殿后或寺侧、寺后，在整个布局上与寺院已不存在固定关系。寺院一般是呈规则方形或长方形的建筑群，中轴线上建主要殿堂，殿堂一至三座，单层或是楼阁；寺院四周绕以回廊；正前方有门楼，回廊四角或有角楼，作为钟鼓楼或藏经楼；中轴线左右有配殿和亭台等。这样的建筑模式体现出总体上庄重、和谐的格调，符合中国传统美学求中正、对称、平衡的原则。建筑群以主殿为中心，配殿、门楼、角楼和其他楼阁亭台相烘托，形成严谨、协调、完美的整体；平面开阔的布局当中耸立高大主殿，其他建筑高低错落，又造成既稳重又优美的轮廓线。

上面所述单独院落结构模式，是寺院布局的基本形态，也是多院中主院的基本格式。当时有规模的寺院僧侣众多，各种建筑功能多样，大型寺院多院制成为相当普遍的形式。作为政治、经济中心的两京地区集中众多寺院，长安城内及其近郊即达二百所以上②，其中相当一部分规模庞大，建筑宏伟。它们如今或有残构遗存，或有文献可征，从中可以了解当时寺院建筑的特色和成就。如大兴善寺占靖善坊一坊地；大荐福寺占开化坊南部一半，而附属塔

---

① 《唐鄂州永兴县重岩寺碑铭并序》，《全唐文》卷七二七，第 7498 页。
② 参阅拙作《唐长安佛寺考》，《唐研究》第 2 卷第 1—49 页，1996 年。

院在南部的安仁坊；光明寺占开明坊大部；大安国寺占长乐坊东部大半；大慈恩寺占晋昌坊东部一半；大庄严寺占永阳坊东部一半与和平坊南北街以东部分；大总持寺的规模与之相当。长安的坊大小不等，约在 500×558 平方米至 838×1115 平方米之间，可见这些寺院规模之巨。上述这些大型寺院都是多院建筑。如慈恩寺初建，"重楼复殿，云阁洞房，凡十余院，总一千八百九十七间"；西明寺则"廊殿楼台，飞惊接汉，金铺藻栋，眩目晖霞，凡有十院，屋四千余间。庄严之盛，虽梁之同泰，魏之永宁，所不能及也"[1]；总持寺是"复殿重廊，连甍比栋，幽房秘宇，窈窕疏通"[2]；清禅寺是"九级浮空，重廊远摄，堂殿院宇，众事圆成，所以竹树森繁，园圃周绕"[3]，等等。

　　关于这些规模巨大、院落众多的寺院的布局、建设情形，唐初道宣的《戒坛图经》记载颇详。道宣不满于造寺"失度"，依据天竺舍卫城祇垣精舍图样提出多院寺院的标准样式。这种样式显然具有华、梵结合的特点。按他提出的标准，寺院横连四个院落，中间主院三进，以长廊分隔，每一进在中轴线上建楼阁式殿堂，两侧对称配置配殿、塔等；主院东西用三重廊墙与配院分隔开，西部两院，东部一院，三个院落又分割成五十多个小院，各有廊墙围绕，中有殿堂；小院中间空地种植树木。这样就成为一个规划整齐、主次分明、结构完美和谐的建筑群：主要殿堂楼宇巍峨，配合高低错落的楼阁、佛塔，长长的廊庑上点缀着山门、角楼，宽敞的院落开凿有池沼，种植花草树木。这样的寺院如果建筑在高地上，形势就显得更加恢宏壮美，也宜于登高远眺。

　　考古工作者发掘了原长安东南新昌坊的青龙寺，当年这里是著名的密宗道场，唐代文人对它多有描述。原来的占地面积为全

————————
[1] 慧立、彦悰《大慈恩寺三藏法师传》卷七、一〇，第 149、214 页。
[2] 唐宣宗李忱《重建总持寺敕》，《全唐文》卷八一，第 849 页。
[3] 《续高僧传》卷三〇《唐京师清禅寺释慧胄传》，《大正藏》第 50 卷第 697 页下。

坊四分之一,合 13 万平方米。现在发掘的只是原寺北半的西部,已发现中轴以西的两处院落。这两个院落一大一小,大的一个在西面,有回廊围绕,前面正中有山门,门内庭院中轴线上有方塔、大殿,殿前有左右横廊连接院廊,其交界处可能有角楼;小院在这个院落东边,中有殿堂。据推测,当初大概是五个院落并列,小院夹在中间①。这与道宣提供的模式正相仿佛。日僧圆仁记载的五台山竹林寺有六院:律院、库院、花岩(华严)院、法花(华)院、阁院、佛殿院;他所到的金阁寺,主殿是"阁九间,三层,高百余尺。壁檐椽柱,无处不画,内外庄严,尽世珍异";有普贤堂,还有收藏《大藏经》六千卷的经藏阁②。

现存的唐代佛寺殿堂只有山西五台山南禅寺大殿、佛光寺大殿和山西平顺县天台庵正殿等少数几座,都是中小型殿堂。唐武毁佛,各地寺院拆毁无余,现存的这几个殿堂当是由于地处偏僻,规模又较小,得以劫后余存,为今人了解唐代佛殿建筑提供了实物。南禅寺位于今山西五台县城西南 20 公里李家庄西侧土岗上,创建年代不详,现存大殿重建于建中三年(782),虽经后代维修和妆绘,基本保存原来的规制和风貌。大殿平面呈正方形,单檐歇山顶,面阔 11.75 米,进深 10 米,各三间;正面明间为板门,东西两间为棂窗;殿内无柱,四周是立于石柱础上的檐柱十二根,承载梁架,檐柱施斗拱承托屋檐;殿顶举折平缓。这所殿堂虽然规模较小,但整体浑朴端庄,简洁大方,给人以少胜多的印象。佛光寺位于五台县城东 30 公里佛光山中,创建于北魏,本是五台名刹。唐武毁佛,除寺中几座佛塔外全部被毁,现存东大殿是宣宗复法后的大中十一年(857)京城女弟子宁公遇和僧人愿诚主持重建的,也已经过后人重修。木构殿堂坐东朝西,背负山腰,建于垒砌的台基之上,面

①参阅中国科学院考古研究所《青龙寺遗址踏勘纪略》,《考古》1964 年第 7 期;中国科学院西安工作队《唐青龙寺遗址发掘简报》,《考古》1974 年第 5 期。
②《入唐求法巡礼行记》卷二,第 106 页;卷三,第 126－127 页。

阔七间 34.08 米,进深四间、八架椽 18.12 米,单檐庑殿顶;前檐中
五间为板门,两尽间和两山后间设棂窗;殿身由檐柱和内柱各一圈
支撑,柱上叠木作斗拱,斗拱总高约为柱高的二分之一,上面架设
三角形屋架,室内天花顶为柱高两倍,出檐为檐高二分之一。这样
的结构比例从建筑力学看十分合理,外观与实用都取得很好的效
果。殿顶举折平缓,全部是板瓦仰覆铺盖,正脊两端是高大琉璃鸱
吻。这所殿堂较南禅寺佛殿大,造型更为庄重整饬,气势也更加雄
伟壮观。木构殿堂内尚存有唐塑菩萨像数十尊,梁下有唐代题名
墨迹,拱眼壁有唐代壁画,因而被称赞"四艺集于一殿,诚我国第一
国宝也"①。天台庵也在山西,位于平顺县城北 25 公里王曲村孤山
上,现存唐碑一通,据以断定殿堂为唐建。其规模更小,殿面呈正
方形,面阔三间,通阔仅 7.05 米,其建造样式与南禅寺略同。唐代
建筑的色彩有所谓"赤白造"之说,即墙壁白色,板门、屋柱、窗棱等
木结构漆成红色,斗拱等施彩绘,屋瓦灰黑色,这样的色调配合起
来,显得明净而不失艳丽。现存殿堂的原有彩色已经剥落,但从敦
煌壁画所描绘唐代建筑仍可清楚揣测当初呈现的那种雍容华贵、
富丽堂皇之美。上述残存的这几处殿堂大体反映了唐代佛寺殿堂
的建造风格和艺术特色。

　　隋唐时期寺院建筑已达到技术上和艺术上十分成熟的阶段。
从总体位置、规模和布局看,它们当然不会超过宫廷建筑,大都会
里的寺院就城市整体看也只是宫廷或官署的陪衬。这也是当时佛
教社会地位的具体反映。在建筑形态和技法上,汲取、借鉴了印度
和中亚建筑的某些因素,但却没有全部移植外来建筑模式和艺术
体系,而是在中土传统的宫殿、官署、民居的基础上加以发展和创
新。这也是汉、魏以来中国佛寺建设基本传统的延续和发展。这
样,隋唐时期的寺院建筑富有民族文化色彩,具有鲜明的民族艺术

---

① 梁思成《中国建筑史》第 106 页。

风格,已和谐地融入中国的城乡建设整体之中。

隋唐时期的佛塔保存至今的较多,都是砖石结构的。当初架木建造的塔应当很多,但时代久远,均已朽毁,不可能保留到今天。中国佛塔的两大主要类型——楼阁式和密檐式在隋唐时期都得到发展并进入成熟期。建造艺术上一方面是更加凸显民族风格,另一方面更具多样性也更富创新特色。这在发展趋势上是和寺院建筑一致的。此外还有些亭式塔,则继承了北朝的塔型。

资料上记载的木结构楼阁式塔,例如长安永阳坊大庄严寺,隋时宇文恺"奏于此寺建木浮图,崇三百三十尺,周回一百二十步";它的西面总持寺"亦有木浮图,高下与西浮图不异"[1]。敦煌壁画也描绘有楼阁式木塔。如今留存的楼阁式塔都是仿木建筑的。印度土石建筑的窣堵波在中国被改造为架木楼阁式,这是在中土建筑传统中木结构居主流地位的环境决定的;客观条件也使得砖石建筑的楼阁式塔在中国没能得到充分发展。现存隋唐时期楼阁式塔可以长安慈恩寺塔和兴教寺玄奘塔为代表。前者又名大雁塔,初建于永徽三年(652),本是玄奘奏请朝廷仿照印度石浮图形制建造的,但实际却采用了中国化的楼阁式。初建为五层;武则天长安年间(701—704)倒塌,重建为十层;后经兵焚,现存七层,上有相轮;塔身外包砖是明代修缮时加砌的。这座塔仍基本保存了唐代结构:呈正方形,今通高64.1米,砖表土壁,内中空,各层施楼板;一、二层九间,三、四层七间,以上五间;各层分割处有砌砖叠涩挑出,表面有砖砌仿木结构的壁柱、额枋等;四面正中开圆卷门洞。整体显得简洁、敦厚、庄重。玄奘塔建于总章二年(669),也是方形,没有基座,五层,通高23米。第一层中空,供奉玄奘像,朴素无华;二层以上土筑实心。外壁砌成三间四柱的八角形倚柱,各层塔檐也是叠涩挑出。整体比例匀称,各层向内收敛,平直的檐端和倚柱相

---

①徐松《唐两京城坊考》卷四,方严点校,第127页,中华书局,1985年。

配合,形成楼阁印象。又五台山佛光寺祖师塔,本是创建寺院祖师的墓塔,建筑确切年代不能肯定。它造型特殊,只有两层,平面六角,通高12米余。这座塔上下层大小悬殊,下层质朴敦实,上层小巧玲珑,塔刹是仰浮莲座、覆钵和宝珠,整体上轮廓鲜明,富于装饰性。又,吉林长白朝鲜族自治县县城西北山腰台地上的灵光塔是国内现存唯一一座渤海国时期的楼阁式空心砖塔,通高13米,五层,塔刹已毁,下有地宫,塔身光平俭朴,逐层收分,各层叠涩出檐宽大,檐角上翘,造型优美。唐代渤海国佛教文化繁荣,这是与中原文化交流的实证,特别值得珍惜①。

　　唐代密檐式塔不同于北朝嵩岳寺塔那种平面十二角形,呈方形。前面介绍过,十二角形是依据佛典记载,方形则体现中国建筑美学求平正的原则;而密檐本身是中国风格的仿木结构样式。这种类型的塔可以长安荐福寺塔和云南大理三塔中的千寻塔为代表。荐福寺塔俗称小雁塔,是密檐空腔式砖塔,建于景龙元年(707)。正方形底座每面宽11.38米,原15层;明嘉靖三十四年(1555)陕西大地震塌毁两层,万历年间重修,外壁加厚,今存13层,残高43.94米。现塔身已有裂痕。塔的底部有方形砖台,底层较高,以上每层高度递减;各层之间叠涩出檐,檐下砌有两层菱角牙子;底层南北各有卷门,以上各层南北有卷窗;原来底层建有一圈木结构副檐,现已复原。塔身中空,有木构楼层和木梯,可以攀登。这座塔外观略呈菱形,各层高度与宽度递减,使轮廓线自然和缓,显得高耸挺拔;加上细部反复收放,更增加一种妩媚秀丽的节奏感。大理三塔中的千寻塔在云南大理市西北1.5公里崇圣寺遗址前,南诏保和时期(824—839,或谓唐贞元年间[785—805])所建;另外两座较小的塔形制全同,建于五代到宋初。当时这里地处边陲,但塔的形制与中原完全相同,可见汉地文化对当地的深远影

①邵春华《长白山灵光塔》,《博物馆研究》1983年第1期。

响。千寻塔是密檐式砖塔,平面呈正方形,面宽 9.85 米,通高 69.13 米,密檐十六层,是现存密檐塔檐数最多的。下层有台基,围以青石栏板和望柱;第一层高 13.45 米,接近塔总高的五分之一;第二层高三米多,以下逐层递减。各层东西两面开龛,内置石雕佛像一尊;南北两面开窗;每面的两边有砖砌小塔;顶部的塔刹刹座上置相轮、宝盖、宝珠。由于通体涂饰白灰,显得洁白靓丽。这座塔整体造型与荐福寺塔相似。不过荐福寺塔的细高比约为 1/4,而千寻塔则约为 6/1,因此显得更为挺拔清秀。北京房山云居寺唐塔和长安香积寺塔也是有特色的密檐塔。云居寺石经山有七座唐代小佛塔,塔型虽小,但雕造极其精致。香积寺塔是开耀元年(681)为纪念高僧善导建造,原十三层,现残存十层,残高 33 米余,底层面宽 9.5 米。该塔二层以上并不过分低矮,各层砌出方形壁柱,每面三间,当中有卷门。这种形制已带有楼阁式塔意味,可以看作是密檐式与楼阁式相结合的形制。总体看,唐代密檐式塔下层特高,以上密檐重重,上部收分缓和,形成柔和的曲线,造成挺拔而不失瘦削的印象;密檐的层层水平线,减弱了塔型的孤高气势,更增添一份温润从容;而适当的细高比则使得整体造型显得俊秀、优雅。这种塔型配合庄严稳重的殿堂,造成整个建筑群优美的律动感。

隋唐亭式塔现存较多,都是砖石的。著名的有山东济南神通寺遗址东侧的石门塔、长清县灵岩寺惠崇塔、河南登封市惠善寺净藏禅师塔、山东济南柳阜镇龙虎塔、陕西户县草堂寺鸠摩罗什塔等。亭式塔不同程度地注重装饰,表面多雕刻,有的相当华丽,突显出当时佛塔建筑追求造型美的一般趋势。济南市历城区青龙山麓神通寺创建于前秦皇始元年(351),旁边的四门塔在 1972 年维修时发现"大业七年造"刻石,可据以确定建造年代。这是一座方形石塔,外形与云冈浮雕里所见单层塔极其近似。边宽 7.4 米,通高 13 米,单层,整体格调朴素简洁,四角攒尖顶,上有精美的石雕塔刹;外表宽出的塔檐以五层石板叠涩砌成,檐端直平;每面中间

开圆卷门,通塔心室,室内有方形柱,上雕佛像;整体造型模仿中国
传统建筑的木亭,轮廓清晰,质朴大方。这座塔采用的是北魏以来
流行的塔形,又体现当时亭式塔的一种风格。净藏禅师塔位于登
封市西北6公里山坡上,建于天宝五载(746),是八角形单檐仿木
结构砖塔。塔高10.34米,基座高2.63米,以上是仿木结构的八角
形塔身。塔刹下面是须弥座,中间是山花蕉叶等构成刹座,上面是
石雕火焰宝珠。塔身南面辟卷门,其余几面雕出假门或假窗,塔檐
叠涩砖砌。这些都突出了这座塔的装饰效果。龙虎塔则凸显刻意
追求雕饰华丽的另一种风格。其建筑年代还不能确定,有判断早
在隋代和晚至金代的种种说法。该塔在神通寺塔林一端,通高
10.8米,矗立在众塔之上。高大的塔基是三重须弥座,上面矗立塔
身,表面满布高浮雕,有菩萨、罗汉、金刚、飞天等;以上是密集、华
丽的塔檐和复杂的塔刹。如此追求装饰效果也突出体现了建造佛
塔人文色彩增强的大趋势。

　　又自初唐开始流行一种纯中国民族化的佛教建筑样式经幢。
佛教传入后,形成一种特殊的供佛用具,在直立木杆上施以华盖,
垂以幡幔;后来改用石造,成为经幢,树立在佛殿外面。实际这乃
是佛塔的一种变型。现存最早的经幢是武后永昌元年(689)的。
经幢特别流行在中、晚唐时期,和密教有关,上面雕刻的主要是
佛陀波利所译密典《佛顶尊胜陀罗尼经》。所谓"佛顶尊胜"是密教
"五佛顶"之一,指佛陀头顶上的轮王像。该经宣扬救拔幽显、往生
净土诸功德。经幢上也有刻《心经》《金刚经》等其他经典的,还有
只刻佛名或六字真言的。会昌毁佛,经幢多被拆毁,但目前存留的
仍不少。仅陕西一地就保存唐代经幢八十余座。今存北京广济寺
文殊殿前唐代经幢、正定龙兴寺宋代经幢和五台山延庆寺宋代经
幢等都堪称艺术杰构。经幢的一般形制是须弥座上立八角形幢身
(也有四、六、十角的),上刻经文和立幢人名字;上面置八角形华
盖,安置第二段幢身;顶上是宝珠等。唐代的经幢风格质朴浑厚。

宋代以后建造较少，风格渐趋华丽。经幢建造显然受到佛塔的启发，又和刻经风习有关。这是更单纯的出于信仰的建造物，随着佛教的衰落后来逐渐减少了。经幢具有多方面的学术和艺术价值，有关研究成为金石学的分支。经幢上的刻经多有书法精品，历来受到书法家的重视。

这样，唐代作为中国塔寺建筑艺术的成熟期，上述建筑实例已充分表明这一外来建构样式已经发展为典型的"中国化"建筑了。到这一时期，中国佛教塔寺建造已经确立其基本格局。在高度发达的隋唐时期的建筑中，塔寺是成就独特、辉煌的重要部分。它创造了中国塔寺艺术的一个高峰，对于各类建筑样式亦造成巨大而长远的影响。

二

辽宋金元建筑乃是隋唐和明清两大建筑高峰的过渡时期。从总体成就看，这一阶段的建筑上不及隋唐的大胆创意和恢宏气势，下不及明清的精致细密与繁华富丽。不过也显示出一定的特色，成就不可低估。例如市民阶层的审美趣味更多体现在建筑中，建筑物更重实用，风格上往往兼重华彩修饰与平易柔和，形成了更为平实、质朴的特征。特别是由于江南经济、文化迅速发展，在南方建筑中妩媚秀丽的地域色彩得以相当普遍地突显出来，体现独特的格调。就塔寺建筑说，由于佛教总体上走向衰微，一般从规模说是显著地收缩了，在城市已经不再创建隋、唐长安那样的超大型寺院；艺术上也缺乏隋、唐时期那种蓬勃的生命力和活跃的创造力。但另一方面由于信仰在民众间广泛普及，又有相当多的塔寺在城乡各地建造起来；与时代建筑总体风格相适应，塔寺建筑的突出特征是"世俗化"倾向明显加深了。现在遗存的这一时期建造的塔、寺较多,其中有十个左右寺院仍保持原来布局,有数十座木结构殿堂保留下来,可作为了解和研究这一时期的佛教建筑的具体实例,从中也可以较清晰地看到这一时期塔寺的特点与成就。

中心塔式寺院这一时期更为稀少,现存的只有山西应县佛宫寺(辽建)、河北涿州市普寿寺(辽金建)等有数几座。它们的布局是在纵长方形的庭院中轴偏后建塔,塔后建大殿。这些中心塔式寺院的实际中心已转移到大雄宝殿,塔已经没有早期同类型寺院里那种作为中心的地位。这也反映本土寺院格局已经完全脱卸了外来模式。应县佛宫寺木塔通高67米,由山门到塔基71米,这样进入寺院仰视佛塔基本呈45度角,当初这种布局显然更多出于观瞻上的考虑。

这一时期以殿堂为中心的寺院建筑已成为基本样式,不过大多是单院式;即使是多院式,附属院落的数目也大为减少了。整体布局仍是按照中国传统美学观念,把主要殿堂置于中轴线上,左右殿堂、房舍等建筑相互对称。小型寺院只有一座殿堂,形制越大则殿堂越多、越高大。较大寺院山门之后建几重佛殿,殿堂有两三层的,两旁配置其他殿堂和佛塔。无论规模大小,整个寺院布局都是大雄宝殿靠后,形成建筑群稳定的重心。大型寺院的例子,如位于河北正定县城内东门里街的隆兴寺,创建于隋开皇六年(586),宋开宝四年(971)扩建,是以大悲阁为中心的一个建筑群。这也是国内保存宋代建筑最多、最完整的寺院。结构整体呈狭长形,主要建筑沿中轴线纵深布置,山门里面依次是大觉六师殿(毁)、摩尼殿、戒坛、佛香阁、弥陀殿,两旁分列配殿、碑亭、转轮藏和慈氏二阁、集庆阁和御书楼(后代重建)等;西侧原有行宫,东侧有配院。佛香阁为主建筑,是一座高33米、五檐三层的楼阁,阁内供奉北宋铸造的通高21.3米千手观音铜像一尊,现存建筑是后代依原貌重建的。其他建筑如众星拱月,衬托出佛香阁的恢宏气势。位于天津蓟县县城内西大街的独乐寺已见于唐龙朔二年(662)记载,据推测为隋建,现存山门和观音阁是辽统和二年(984)重建的。观音阁与五台山佛光寺一样是木框架结构。寺院规模并不大,由山门后檐柱至阁中心水平距离仅43米,而阁高23米。这反而有助于凸显殿堂高耸的气势。山门的建造很有特色:平面呈长方形,面阔三间,进深二间,顶部为五条脊四面坡式,古称"四阿大顶";正脊两端鸱吻张口吞脊,长尾外翘,结构复杂,造型生动,制作精美。观音阁是木结构建筑,外观两层,中间有平座暗层,实际是三层;面阔五间,进深四间;梁架举折平缓,九脊歇山屋顶。由于这座寺院所在地势较高,飞阁临空,高出城表,显得巍峨壮观,气象不凡。位于山西大同市城内西南隅的华严寺创建年代不详,明中叶分为上、下两寺,各有山门,自成系统。现存建筑以下寺辽重熙七年(1038)建造的薄伽教藏殿为最早,另有金天眷三年(1140)所建大雄宝殿,其余都是清代建造或改建的。华严寺东向,这是遵照"契丹好鬼而贵日,每月朔旦,东向而拜日,其大会聚、视国事,皆以东向为尊,四楼门屋皆东向"①的习俗。原来布局应是以大雄宝殿为中心,薄伽教藏殿在它的右前方,那么左前方应另有一座殿堂,形成品字形、总体横向的格局。整个寺院规模宏大,大雄宝殿高踞于台基上,前有宽敞的月台,面阔九间,进深五间,面积1500余平方米,连同四檐明台达2400平方米,是我国现存最大的古佛殿。殿堂单檐庑殿顶,举架平缓,出檐较深,檐下是敦实斗拱,正脊两端鸱吻高达4.5米,金光灿烂。薄伽教藏殿是藏经殿,建在高3.3米的台基上,面阔五间,进深四间,单檐,筒板布瓦,九脊顶,三色琉璃鸱吻。辽代建筑较多继承唐代雄健开朗的风格,华严寺的两座殿堂充分显示这一特征。辽宋金元时期具有代表性的以殿堂为中心的寺院还有辽宁义县奉国寺(辽)、山西大同市善化寺(辽金)、山西洪洞县广胜下寺

①《新五代史》卷七二《四夷附录第一》,第888页。

（元）、云南昆明市圆通寺（元）等。

这一时期是佛塔建造十分繁荣的时期，形势与寺院建造的相对落寞不同。这是因为随着寺院里殿堂中心地位更加突出，塔的宗教意义渐趋淡薄，其独立的实用价值（登眺、瞭望以至导航和作为地标等）和审美情趣得以更充分地显现，出于不同目的建造的也更多。这又和前面提到的市民审美意识直接相关联。这从塔的位置选择也可以清楚地看出来。如上所述，这一时期中心塔式寺院已经很少；即使个别寺院在中轴线上建塔，也在中心偏后位置。有些寺院建双塔，配置在寺院大殿或山门两侧。这固然有《法华经·见宝塔品》关于释迦、多宝二佛并坐于多宝塔的描述为依据，实际主要还是从景观方面考虑，又是依据本土美学求对称的传统观念。而更多的塔则依地形随宜建在寺院内外。如北京市辽代天宁寺塔建在当时的城北；天津蓟县白塔建在独乐寺中轴线南方延长线上；浙江杭州市六和塔建在原临安城西南月轮峰，下临钱塘江；而保俶塔建在西湖北岸宝石山顶，与南面南屏山的雷峰塔遥遥相对，等等。众多建在山间水涯的塔显然更多是基于美化景观的目的建造的，有些甚至已完全没有宗教意义了。这也是佛教建筑"世俗化"的典型表现。

这一时期楼阁式塔和密檐塔式仍是主要形制。宋塔以楼阁式为多，塔基平面不再循唐塔的方形而演变为八角形。其内部结构也有所发展，出现一种空腔壁内折上式，使塔身、楼层和塔梯牢固地结合在一起。辽、金地处北方，当地风沙大，不宜登眺，则多实心密檐式塔，具有体现少数民族特色的纯朴风格。至今保留的辽塔遍布原五京（自辽南延伸到晋北一带）地区，常见的是砖石结构实心塔，不易损毁。其基本形制是基座高大，八角十三层；塔身满布佛龛、佛像、金刚、力士、伞盖、飞天和花纹等雕饰，有些相当精致华美；上部层层密檐，顶端往往置高大的金属塔刹。

应县佛宫寺释迦塔是世界上保存至今最古老的高大木结构建

筑,建造于辽清宁二年(1056)。该寺殿堂为清代重建,唯木塔为原构。这座塔平面八角形、外观为五层六檐,通高 67.31 米,塔身耸立在砖石基座上。底层扩出"副阶",有屋檐,遂构成重檐;上面四层中间有暗层,整体结构实际是九层。底层在副阶之内有外壁、回廊、内壁和中心室;以上各层相应于外、内壁有内、外两圈木柱,构成双重套筒;各层平座以斗拱挑出,沿平座边缘设勾栏;顶部是八角攒尖式,上面是铁制塔刹。这座塔的平座和檐下斗拱样式达六十种之多,整体造形古朴典雅,高矗的塔身配合长短错落的屋檐、奇形异状的斗拱,朴素中见玲珑,典雅中显华丽,成为古代木结构建筑的杰构。

这一时期砖石结构的楼阁式塔同样也体现出明显的装饰倾向。有些塔刻意模仿木结构的造型,注重雕饰。河北定县开元寺塔是仿木结构,建于北宋咸平四年(1001)到至和二年(1055),即前后用五十年时间,当时该地处在宋、辽前线,登塔可以瞭望边境,因称"瞭敌塔"。塔身八角形,十一层,青砖砌建,空心结构,清末东北侧一角坍塌,现存通高 84 米,是我国现存最高的古塔。塔基是天然沙质粘土,第一层塔身较高,每边长 10 米,有腰檐平座,以上各层高度递减,无平座,以砖叠涩挑出腰檐;四个正面辟门,斜面造假窗,最上两层八面设门。这座塔通体朴素无华,上部收分逐渐显著,形成柔美的曲线。这就既保持了唐塔的古朴风格,又透露出特有的清秀柔媚气度。作为料敌塔,也是塔的实际作用被扩展的一例。又浙江杭州市闸口白塔(五代吴越)、河南开封市祐国寺塔(北宋)、福建泉州开元寺双塔(南宋)等,都造型华丽,雕饰精巧,风格和唐塔相比已有较大变化。祐国寺塔位于开封市东北隅,建于北宋皇祐元年(1049),是八角十三层仿楼阁式砖塔,外壁砌褐色琉璃花砖,颜色似铁,俗称"铁塔"。通高 54.66 米,底层全宽约 10 米,塔基由于黄河泛滥已沉埋地下。建造极富装饰性:外壁砖型达 28种,表面纹饰达 50 多种;每层腰檐设一平座,边沿都有雕刻砖栏;

腰檐转角处悬风玲;八角攒尖式塔顶,塔刹是一铜制宝瓶。塔身的细高比是1/5.47,格外显得刚劲挺拔。塔身中空有梯可以登临,历来为当地胜景。

为了造型美观,突出类似楼阁的视觉效果,又创造出砖木混合结构的楼阁式塔。即塔身用砖砌,一部分如腰檐、平座、勾栏等使用木材,外观像是木塔。这种建筑形式自五代、北宋出现,主要流行在江南地区。利用修长的木檐造成秀丽的外观,正体现当地人的审美风格。如上海的龙华寺塔、杭州的六和塔、保俶塔、雷峰塔、江苏苏州市的瑞光寺塔、报恩寺塔等,都是这种砖木混合式建筑。瑞光寺塔在苏州市盘门内,据传初建于东吴赤乌十年(247),原十三层,后屡毁屡建,宋宣和年间(1119—1125)重建为七层,现存五层以下基本是宋代遗物,上部为后代改建。这座塔的塔身(除掉已遗失的塔刹)高约42米。五层以下砖砌双层套筒,以上架木;底层有宽大的副阶周匝,外施廊柱;以上每层围绕有突出的木构塔檐、平拱和平座栏杆;八角攒尖顶,相轮高耸天际。杭州市六和塔初建于北宋开宝三年(970),亦屡毁屡建,现存塔身是南宋兴隆元年(1163)重建,塔刹是元代遗物,外部木檐是清光绪年间重修的。这座塔外观八面十三层,实为七层,通高59.89米。底层有副阶,和瑞光寺塔类似;塔身也是砖砌双层套筒。原来各层间有平座,光绪年间重修时加成屋檐,所以现在的外观是十三层。因为建在钱塘江北岸,塔上装灯,可用以导航,这也是此塔的实用价值。早年梁思成曾主持六和塔复原研究,被复原后的七层形制更为端庄秀美。上海松江城东兴圣教寺塔方形九层,通高50米,四面各开一门,建有围廊,各层都有平座、飞檐、挑角,塔檐用斗拱,造型轻盈灵秀,加之是砖石建筑,木构件涂朱红色,灰瓦顶,古朴中透出斑斓。如此巧妙地把砖木混合起来建造,取砖的坚实厚重,利用木的玲珑剔透、易于雕饰,充分发挥了砖和木这两种建筑材料在质地、造型上的不同功能和效果,使得建筑兼显雄健、绮丽之美,给人的印象庄重而不失妩媚。

这一时期砖石建造的密檐塔存留较多,有许多十分精美的建构。它们基本保持唐塔的庄严雄伟风格,但如前所说,适应时代"世俗化"程度加深和审美风气的转变,它们同样更重视外表装饰,整体趋向秀美华丽。重建于五代南唐(937—975)的栖霞寺舍利塔已经显现出这种倾向。这座塔位于南京市东北郊栖霞山麓栖霞寺东,五层八面,高仅18米。塔下是须弥座,上面不是像唐塔那样施以低平台基,而是三层仰莲座;塔身五层,第一层较高,约3米,第二层只有1米,以上逐层收窄。各檐都用整石砌成,挑出颇深,基座和塔身都施以精细雕刻。特别是须弥座束腰部分的佛传八相成道薄浮雕,线条繁复,人物形态、衣饰纹样华丽而精致。除了佛陀着法衣,其他人物一律是当时汉族装束,体现出浓郁的生活气息和民族风格。这座塔形制虽小,在外表装饰上用如许功夫,是开风气之先的。与楼阁式塔多建在南方相对应,密檐式塔多建在北方,特别是辽、金时期多有杰构。这些塔虽然总体上同样追求雕饰,但技法、风格与江南追求温婉秀丽不同,更注重雕砌刻画的繁复细密;给人的印象不是婀娜柔美,而是豪放明快。这类塔中的代表作有北京天宁寺塔(辽)、河北昌黎县源影塔(辽)、陕西浑源县圆觉寺塔(金)、辽宁北宁市崇兴寺双塔(辽金)、辽宁辽阳市白塔、河南洛阳市白马寺齐云塔(金)等。天宁寺塔坐落在北京广安门外天宁寺内。相传这里本是北魏古寺,建筑年代不详,梁思成考定今存塔为辽建。塔八角,飞檐叠拱,十三层,通高57.8米,在塔基平台上置须弥座;塔身四正面开拱门,其他四面设棂窗;塔顶是两层仰莲托须弥座,上有宝珠。底座和塔身布满菩萨像等雕刻。崇兴寺双塔位于北宁市城内东北隅崇兴寺南,双塔东西对峙,相距43米,形制全同,是八角十三层砖砌密檐式塔,建筑年代不可确考,大体可定在辽中晚期。结构和风格与天宁寺塔类似,只是底层以上各层檐下不用斗拱,而是叠涩挑出。辽阳市白塔位于市内白塔公园里,建于金大定二十九年(1189),也是八角密檐十三层,通高 71 米,密檐下也用叠涩,其特别处是底层更高。这些塔同样都多用雕饰。

　　除了以上两种主流形制的塔,这一时期另创造出多种塔型。佛塔建筑如此多样乃是更加注重欣赏的视觉效果的体现。例如辽宁朝阳北塔(辽)是我国很少见的方形砖塔,1986 年开始维修,从塔基地宫发现一座高六米多的石经幢,上面除经文外,还雕满佛像和莲花等图案;天津蓟县白塔(辽),形制是窣堵波式与楼阁式相结合,同类的还有宁夏贺兰县宏佛塔(西夏);敦煌三危山慈氏塔(北宋)是单层木塔;又自晚唐已流行起"花塔"这一新塔型,辽、宋、金时期遗物仍留存十余座,制作显得渐趋成熟,其特征是塔顶做花蕾状或火焰状锥形。典型的花塔顶部由层层仰莲构成,莲瓣上各立小塔一座,象征着《华严经》所说的"莲花藏世界"。著名的有河北正定县广惠寺塔(金)、北京市镇岗塔(金)、河北涞水县庆华寺塔(金)等。另外还有与开封"铁塔"不同的真正铁铸的塔,它们既有艺术价值,又体现古代铸造工艺的水准,如广州光孝寺千佛铁塔是南汉王刘鋹于大宝十年(967)建造,塔身布满浮雕大小佛像;山东济宁市崇觉寺故址上的铁塔初建于宋崇宁四年(1105),原来七层,明代重修增至九层。从发展趋势看,随着塔的象征和欣赏价值越发突出,信仰意义则在逐步淡化。众多塔型的创意更多体现了审美要求,其丰富和多样也表明建筑美学的发达和人们审美情趣的丰厚。

三

　　明清本来是中国建筑史上又一个辉煌时期,但塔、寺建筑却与整个建筑艺术的成就并不相称。这一时期寺、塔建造从表面形势看仍相当兴盛，但整体上已殊少创造性，既缺乏晋宋和隋唐时期那种恢宏壮伟的气度，形制和装饰基本也是对宋元时期的模仿，并且往往是求其形似而丧失了内在的精神。这当然和佛教发展总体上处在衰落状态有直接关系。这一时期兴盛发达的主要是民间信仰，而佛教建筑艺术的高水平更集中地体现在大型塔、寺建造上。这要依靠国家或权贵来操持和资助，民间力量是难以完成的。当然，这一时期的塔寺建筑也不是没有富于创意的优秀作品。

目前遍布全国各地的寺庙大都是明清建筑。就建筑格局而言，这一时期已经形成固定的模式，体制均为单院或多院的庭院建筑。主院落沿中轴线布置主要殿堂，两侧分立附属殿堂，整体形成对称式布局。小型庙宇殿堂较少，形制越大则殿堂更多。一般是山门内沿中轴线布置天王殿、正殿（大雄宝殿）、大悲殿等；前方左右有钟、鼓楼；正殿左右有配殿；后方或有殿堂和藏经楼。山门和殿堂的开间和层数视寺院大小而定；正殿最高大，往往是双层或三层建筑，矗立在高台之上。大的寺院有多进院落，左右或有配院，形成三路格局，成为规则对称的建筑群。建筑物主次分明，高低错落有致。虽然具体寺院建筑或有特色，南、北方风格也有明显不同，但总地说来从布局到建造方法已形成一定程式而殊少创意。总体看来，这一时期塔、寺建筑是与当时宫殿、国家祭祀建筑、官署、园林、城市景观建筑以及民居建筑的兴盛发达及其高度艺术水平不能同日而语。这当然也从一个侧面反映了佛教衰败的形势。

明清寺院建筑较有特色和成就的主要是大型山林寺院建筑群。与唐宋时期由于朝廷御用佛教发达，在通都大邑建筑许多大型寺院不同，明清时期有更多寺院建在山野静僻处。本来自佛教传入伊始，僧侣中就有些人注重山居修道，形成乐住山林的传统；而名山信仰本来又是中国民间信仰的重要内容。禅宗兴起，隐逸修道风气更盛。加之大量土地被寺院占据和垦殖，许多建造在环境优美的高山大壑之间的寺院逐渐扩展。那些名山胜地遂逐渐形成有众多寺院构成的建筑群。就建筑群里每一个单独的寺院建筑说，绝大多数并不见得有什么特异之处，但构成群体、形成规模则造成宏伟、壮丽的景观，遂成为佛教的一处处"名山"，也是佛教活动的大型基地。历朝统治者支持这些名山寺院的建设，广大民众也积极资助、参与这些"名山"的发展及其十分兴旺的活动。就佛教整体发展说，明清时期名山胜地的佛教集中体现了当时佛教的某些特色。而作为佛教胜地的名山被建设成自然和人文景观相当丰富和优美的场所，成为游览胜地；这些地区往往又是植被良好的地方，在自然环境保护方面也起到某种示范作用。这后一方面从另外的角度看也是这一时期佛教"世俗化"程度加深的体现。

自唐、宋时期，各地佛教名山已逐渐建设、兴盛起来；至明、清遂形成大观，规模与活动均达鼎盛之势，许多延续至今。其中规模最大、活动最为兴盛、民众间声望最高的有所谓"四大名山"：山西的五台山、四川的峨眉山、浙江的普陀山、安徽的九华山。其中如五台山，东晋时期已经开山，被视作文殊道场，唐代以后更兴盛不衰；四川峨眉山、浙江普陀山、安徽九华山则陆续作为普贤、观音、地藏菩萨道场，自唐、五代逐渐繁盛起来。此外如江西的庐山、浙江的天台山、湖南的衡山、江苏的栖霞山、云南的鸡足山、天津的盘山、辽宁的千山等等，佛教传播早有基础，这一时期亦被建成寺院林立的佛教名山。又禅宗五家七宗的祖庭也都建在山林郊野，如广东韶关南华寺、河北赵县柏林寺等处，也都留有规模宏大的寺院。这些名山寺院建筑群落，在中国建筑史是独具特色的遗产，其成就主要不在寺院个别建筑，而在整体规划、布局、与环境的相互配置以及其中体现的人文思想、审美观念和人与自然关系的理念等等。

以四大名山为例，其范围大小不同。占地最广的是五台山，本是太行山脉的一个分支，以山西五台县城东北约60公里的台怀镇为中心，五座高台环绕，周围250公里；四川峨眉山市的峨眉山规模与之大体相当；九华山寺院群规模较小，以安徽青阳县九华镇的化城寺为中心，四周数公里环绕着一批寺院；普陀山在浙江舟山市舟山群岛的一个小岛上，海岛南北 8.6 公里，东西 3.5 公里，面积仅十二平方公里多，众多寺院密布在峰峦岩洞之间。山岳或岛屿的众多寺院群落，看似布局凌乱，实际上是经过历史上长期选择、淘汰形成的，即体现了朝山或游览的需求与方便，又符合创造和欣赏人文与自然景观的审美原则，从而成为中国建筑和建筑美学的一大成就。在中国"天人合一"、"物我一体"观念指导下的建筑思想，不单要追求某个单独建筑物的优美与适用，又要注意宏观整体的相互配合与和谐。一个院落、一所殿堂以至一亭一台、一花一石的布置，要与建筑群体相适应，更要考虑到与大的自然环境相协调。而寺院聚集的广大山林正提供了这样的大环境。从具体寺院选址看，当然要选择安全、适宜、方便的地方，往往还要考虑到倚山面壑、避风向阳、视野开阔等条件。而诸多寺院布局则要主次分明，重点突出，显出层次，给登山朝拜和游览观赏造成胜景迭出、意犹未尽的感受。例如五台山，北朝时期曾有寺院 200 余座，隋文帝时于五个台顶各建一寺，从而确定了寺院总体布置的重点。现存寺院已经大量缩减，仅 39 座，台外还有南禅寺、佛光寺等 8 座。整个群落以台怀镇的塔院寺及其北面的显通寺为中心，大、小寺院成辐射状延伸向四面八方；显通寺和塔院寺都位于南北向道路的西边，显通寺东南入口有钟楼，南面塔院寺的东南则建有望海楼，院内有高耸的白塔，这样群落中心部就形成了起伏变化的景观。普陀山自晚唐五代逐渐形成观音道场，有"海天佛国"的美誉，所在小岛南北长，海岸线曲折多变，地形东南低平，西北方高起，自然分隔成前山、后山。后山主峰高不过 200 余米。普济寺是岛上最大的寺院，坐北朝南，建在一个小盆地里，背负前山；法雨寺在东岸，西、北两面是山，东、南两面濒海，在东南部建山门兼作钟楼，使形势显得均衡；慧济寺则在后山北坡，入口甬道设置在一条东西向的山岗上，循甬道西行,几经周折,到达寺前。普陀山以这三座大寺为主体,建起众多寺院和庵堂(清末有三十大寺、七十庵堂)。三大寺乃是我国明末清初建筑群的典型,又有元代多宝塔、明万历年间雕刻杨枝观音碑、清初从南京明故宫九龙殿拆迁来的九龙藻井,这三件被称为观音道场的"镇山三宝"。峨眉山本依据山形命名,意谓山势逶迤如蟒首蛾眉,属于邛崃山系,高大的主峰万佛顶海拔三千余米。大小寺院依盘旋山路建造。山麓最大寺院是报国寺,进山路上第一大寺是伏虎寺,山腰大寺有万年寺,登上峰顶是光相寺。这无论是整体布局还是从登山考虑都体现出层次、节奏。顶峰上的光相寺是进山朝拜的最终目的地,据说峰顶在夜间可以看到佛光、圣灯等奇迹。九华山化城寺位于九华镇,据传东晋时已创建茅庵,确切纪录建寺缘起的是中唐时费冠卿所作《九华山化城寺记》。寺院建于群峰环绕之中,历史上屡经兴废,遗存藏经楼等古建筑已经过后世扩建,被列为国家重点文物保护单位。历史上有"九华一千寺,撒在云雾中"之说,祇园寺、甘露寺、天台寺等大小不等的古寺名刹依山而建,百岁宫位于九华镇西的东崖绝壁的一座孤峰上。峰顶面积很小,宽仅 20 余米,长 60 余米,在高低不平的石头台基上密集排列着佛殿、禅堂、戒堂、法堂、僧舍等百余间建筑物,错落险峻。从九华镇循山道登岭,仰望寺院似在天际云外;登上山顶远看四方,则危峰壁立,重峦叠嶂,让人不由产生一览众山小的感受。建筑在水涯的寺院可以江苏镇江市西北长江南岸的金山寺为例。原来金山是长江里的小岛,清末岛南沙涨,与陆地连接起来。山高仅 30 余米,但很陡峭,寺院就建在山西麓。沿山脊由北而南排列亭台殿阁,北端高耸金山塔,是一座具有江南秀丽风格的塔,旁边建有高起的楼台。整个建筑群轮廓起伏,面临大江展开,以金山塔为突出点,形成完美的轮廓线。总起来看,当初构筑上述寺院群落显然并不是刻意突显某个具体寺院,而更注重与自然环境整体的和谐,突出人工和造化相互衬托形成的美感,总体风格则求严整、冲融、平和，达到既方便香客朝拜，又赏心悦目的效果。这和基督教哥特式建筑那种极力以高耸、险峻来凸显宗教信仰的热诚，追求震慑人心的立意和做法是截然不同的。中国古代建筑美学传统重视现实人生的人文精神和崇尚自然的审美观念，在这些建筑群里得到相当充分的体现。至于这些建筑群的构建吸收了殿堂、官署、民居等建造技法和工艺，功能上兼顾宗教、游览、环境保护等方面，又对其他各种类型建筑提供了经验与借鉴。

　　明清时期建造的佛塔各地遗留更多。但绝大多数是模仿辽、宋旧制，造型一般比较呆板，形体则显得粗大臃肿，缺乏艺术上的独创性。不过遗存数量众多，就造型的齐全，建筑工艺的纯熟，装饰的精细、复杂等方面看则超出以前任何时代。密檐式塔仍主要建造在北方，著名的有北京西郊八里庄慈寿寺塔（明）、河南安阳天宁寺塔（明）、辽宁千山真和尚塔（重建于清）等。砖石结构和砖木混合结构的楼阁式塔南、北方都很多，著名的有山西太原市永祚寺双塔（明）、陕西永济县万固寺释迦塔（明）、陕西泾阳县崇文塔（明）、江苏扬州市文峰塔（明），还有前面提到的镇江金山寺塔（清代重建）等。泾阳崇文塔平面八角形，十三层，通高47米，塔身各层开出窄而高的卷门；隔层隔面的门洞中塑一佛像，排列整齐；腰檐简洁，没有曲线，只有收分；八角攒尖顶，塔刹是莲花覆钵、刹珠，给人的总体印象崇高而雄伟。永济万固寺塔也是平面八角形，十三层，通高54米，特点是施工质量绝佳，塔砖都经过磨制，"磨砖对缝"砌成，外表几乎看不出灰缝，工艺十分精致。

　　明清佛塔建筑独具特色的形制，一是琉璃塔，二是藏式喇嘛塔。这两者有一定关系，给中国佛塔建筑史增添了新内容。又明代统治者迷信风水，各地建造一批风水塔，又称文锋塔；各地纪念主宰功名的文昌帝君建造一批文星塔，又称文英塔、崇文塔，等等，这些都算是具有特殊实用功能的塔。这些类型的塔有的装饰佛像，有的则与佛教无关。

　　琉璃是一种铅釉陶（以陶为胎，敷以主要成分是氧化铅的琉璃釉烧制），根据考古材料，战国时期已经使用，文献记载北魏时期也曾用作建筑材料，但制作方法一度失传。宋代琉璃工艺再度发展成熟，已经有琉璃建造的塔；元代宫殿和寺庙已普遍利用琉璃构件如瓦当、脊兽、滴水、须弥座等；还用来制作香炉等法器。明清时期制作琉璃工艺水平更加进步并在建筑中普遍使用，多建有琉璃殿、琉璃门、琉璃影壁等。把琉璃贴在佛塔表面，就成为琉璃塔。这样的塔作为景观的意义更加突出，琉璃色彩斑斓，玲珑剔透，能够造成特殊的装饰效果。明初永乐十年（1412）永乐帝朱棣为追荐生母于南京聚宝门（今中华门）外大报恩寺建塔，宣德六年（1431）建成，这是一座大型琉璃塔。据文献记载，塔高 102 米，是八角九层楼阁式塔，青砖建，塔身拱门和塔檐外贴彩色琉璃，壁面用白琉璃，塔刹铁铸镀金，整体灿烂辉煌。惜于十九世纪中叶被毁，部分构件现藏南京博物馆。山西洪洞县霍山顶广胜上寺塔院里，建有八角十三层楼阁式琉璃塔，俗称"飞虹塔"，嘉靖六年（1527）建。塔身是青砖，通高 47 米，通体用黄、绿、蓝琉璃堆塑镶嵌，有佛像、天神、力士、文臣、武将、童子以及龙凤、麒麟、狮子、宝镜、火珠、楼阁等，雕制极其精巧。特别是下面三层，装饰得更加富丽堂皇，在阳光下明丽夺目。清代琉璃塔著名的有北京颐和园万寿山后一座藏传佛教须弥灵境旁的多宝塔，这是一座通高五丈、楼阁式、八角七层的塔，主要贴黄、绿两种彩色琉璃；北京香山藏传佛教宗镜大昭之庙后面建有更为壮观、高约 40 米、同样是八角七层楼阁式琉璃塔，它是乾隆年间为接待西藏班禅喇嘛来京建造的，通体也是以黄、绿二色为主；河北承德市外八庙中的须弥福寿之庙后面也有一座琉璃塔，和香山那一座形制相同。这显然是当时琉璃塔固定形制。明清时期制作琉璃的工艺包括质地、色彩、造型等都达到相当高的水平，用于建筑起到特殊的装饰效果。

　　元代朝廷重视藏传佛教，开始在内地建造藏传佛教形制的塔、寺。清朝廷注意结纳西藏上层僧侣；藏传佛教在蒙、藏地区又得到发展，成为当地流行的主要宗教之一，因此多有上层喇嘛来到京城接受供养。在北京、避暑夏宫所在的承德以及其他地区建起一批藏式寺庙，形制独特的藏式塔也建造起来。藏式塔俗称喇嘛塔，有三种类型，即瓶式塔、金刚宝座塔和过街塔。瓶式塔实际是从印度窣堵波演化来的。如上所述，早在敦煌石窟和克孜尔石窟的壁画里已经有由基座、覆钵和"平头"组合而成的形似瓶状的塔；北凉时期的小石塔也是这种形制。但后来随着塔形本土化，这种外来形制不再流行。直到元代，随着藏传佛教兴盛，重又兴造于内地。早期的典型建筑是尼泊尔艺术家阿尼哥设计建造的北京妙应寺白塔。这座塔位于元大都平则门（今北京阜成门）内路北，如今仍是北京西城的地标建筑，元世祖至元八年（1271）开始建造，历时八年建成，后来又在塔前建造了大圣寿万安寺。瓶式塔各部分有"万法唯识"的象征意义：表示宇宙由"六大"即地、水、风、火、空、识构成，塔的基座为地，覆钵部分为水，相轮为风，宝盖为火，宝顶为空；地生水、水生风、风生火、火生空，空无所生，从而整个佛塔就是成就唯识教理的象征。妙应寺白塔正是这样建造的。这座塔通高51米，可分为三段：下面是三层基座，其中上面两层是须弥座；中间是圆形塔身；上部依次是须弥座、十三层相轮、宝盖和小型喇嘛塔。塔为实心砖表，涂白色，雄伟高大，朴素无华，简洁庄严。另有北京护国寺东塔（元）、武昌黄鹤楼白塔（元）、五台山塔院寺白塔（明）、内蒙古呼和浩特市席力图昭塔（明）、北京市北海白塔（清）等，都是大小不等、形制大体类似的瓶式塔。

　　金刚宝座塔由五座塔组合而成，中央一座大塔，四隅四座小塔，建在高台基座上。这种形制的塔也来源于印度。佛陀伽耶大塔就是金刚宝座式，乃是佛陀在金刚宝座上成道的象征。我国早在北朝时期也已经建有这种形制的塔，敦煌北周时期壁画里已描绘过。在藏传佛教里，五座塔象征一幅曼陀罗，中央大塔代表金刚界主尊大日如来,四隅小塔代表金刚部、宝部、莲花部、羯磨部的部主。著名的金刚宝座塔有北京西直门外真觉寺塔(明)、北京西黄寺内清净化城塔(清)、北京香山碧云寺塔(清)、内蒙呼和浩特市慈灯寺塔、云南昆明市官渡妙湛寺前妙应兰若塔等。这类塔有的中间一座取宝瓶式,四隅的仿楼阁式(清净化城塔)或密檐式(妙应兰若塔);有的五座同样是楼阁式(慈灯寺塔)或密檐式(真觉寺塔)。这些都已经结合了本土塔的建造样式。著名的昆明官渡村的金刚宝座塔本是元建,明代天顺年间重修,原来的寺院早已毁废,今仅存孤塔。五座喇嘛塔里中间大,四角小,建在宽大石台上,台下部四面作筒卷,成为过街塔,整体造型十分别致。北京香山碧云寺建于元,塔是清乾隆十三年(1748)建造的,在方形台座上建五座方形密檐塔,同样大塔居中,四角是小塔,又在台上正面建一小台,其上建五座小型喇嘛塔,结构也颇富独意。金刚宝座式塔的形制虽然来源于印度,但那种四隅拱卫中央的形制显然又和中国传统的四方、四维、四时等观念相合,在审美观念上则与中土传统追求均衡、对称相一致。

　　过街塔是指在通衢或寺院入口门洞上建造台基,其上置一座或多座喇嘛塔。如北京居庸关云台原来即有过街塔,现仅存汉白玉高台,高9.5米,底边东西约27米,南北约18米,下有门洞,宽6米。现存的过街塔有江苏镇江市云台山过街塔,建于元末,在称为昭关的大道门洞上建造高4.7米的喇嘛塔;河北承德市外八庙普陀宗乘庙的五塔门则是形制特殊的过街塔,高耸的藏式门楼有三个门洞,壁上有三列暗窗,上面横列五座喇嘛塔。建过街塔的用意是让往来众生普皆顶戴,而实际作用则是把宗教供养对象普及到实际生活之中,又起到为景观增色的作用。

　　琉璃塔、金刚宝座塔和过街塔以其特殊的造型、工艺和文化内涵丰富了中国建塔艺术。

　　古代建造实心佛的内里往往填埋文物,建塔时也往往构筑地宫,这都是继承印度佛塔埋藏舍利的传统。这些填埋物主要是佛像、经典、法器等,也有些世俗器皿、物件。被后世陆续发现,成为珍贵的文物。仅近几十年来,在陆续维修一些损毁古塔过程中,清理塔心、地宫就有很多重大收获。例如 1978 年在苏州瑞光塔第三层塔心曾发现 24 件北宋时期文物;1980 年在第二层又发现《金光明经》残卷和木刻熟药方单,经卷上许多字旁还标记有声符[1];1988年发掘河南邓县福胜寺塔地宫,塔为宋代所建,出土金棺、银椁、玻璃器皿、鎏金双龙银壶等文物共 28 件[2];杭州雷峰塔始建于公元975 年,几经战火,仅余塔芯,1924 年塔芯坍塌,但塔底地宫却一直保护完好,2001 年发掘清理,出土青铜器、木器、玉器、头饰、丝织物、皮革等 59 件文物,其中盘龙莲花座青铜佛像价值极高,等等。特别重大的收获是 1987 年在陕西扶风县法门寺真身宝塔下发现唐代地宫,总长 21.12 米,各段宽 2—2.25 米,总面积 31.82 平方米,由踏步漫道、平台、隧道、前、中、后室和后室密龛构成,其中出土四枚佛指骨舍利和大批金、银、珠宝玉器、丝织品、漆木器等文物170 余件。由于这些都是唐朝廷的供奉品,制作极其精良,代表当时的高度工艺水平[3]。佛塔地宫规模较大的类似一个文物陈列室。

　　塔、寺作为外来宗教建筑形制,在中国得到发展,逐渐蔚为大国,形成为与本土的宫殿、衙署、庙宇、陵墓以及住宅建筑并立的主要建筑形制之一,形成自具体系的建造规范与艺术特征,在建筑工艺与艺术方面都取得极其巨大的成就。特别是当初作为宗教建筑,建造塔寺往往会集中技艺专精的工匠,在设计、施工的各个环

①陈玉寅《苏州瑞光寺塔再次发现北宋文物》,《文物》1986 年第 2 期。
②河南省古建研究所等《邓县福胜寺塔地宫出土一批稀世珍宝》,《中原文物》
　1988 年第 3 期。
③陕西省法门寺考古队《扶风法门寺唐代地宫发掘简报》,《文物》1988 年底 10
　期;《我国考古工作的又一重大发现,法门寺真身宝塔下出土大批稀世珍
　宝》,《考古与文物》1987 年第 4 期。

节利用当时最为精良的工艺与技术,在材质的选择和应用以及雕造、装饰等方面都会精益求精,因此创造出许多体现一代建筑最高水准的典范成果。而逐渐发展成熟的中国佛教塔寺,又在与本土传统各类建筑长时期相互交流与借鉴中发展,形成鲜明的民族特色;另一方面在佛教"世俗化"不断发展的潮流中,塔、寺建筑(特别是塔)更越来越充分地发挥出独立的建筑和美学的价值与意义。这样它们就能够对历代各类世俗建筑提供多方面的经验与滋养;作为珍贵的遗产,直到如今仍在继续发挥积极作用。例如在当今高层建筑的设计与建造中,塔寺往往给建筑师们提供丰富的灵感与借鉴。所以在今天,遍布祖国大地、山间水涯的雄伟壮观、美奂美伦的塔寺,除了作为宗教场所与产物,更成为具有鲜明民族风格和高度艺术成就的兼具象征性、实用性、观赏性的历史遗存,作为祖国优秀的文化遗产而享誉于全世界。

第二十章　隋唐及其以后佛教造像艺术

一

　　如果说塔、寺的建造有一定的制度和规范可循。那么造像就给制作者留下了更多自主创造的空间。佛教造像本来也有一定的模式，"范本"本是外来的。但这种艺术形式自输入之日起，已经在依据本土的美学传统、欣赏习惯以至一般的风土人情加以改造。这个过程到唐宋时期明显加速了，明清更相沿而继续发展。如前面已经指出过，整个佛教艺术的发展趋势是和它的"通俗化"、"世俗化"相一致的。由于逐渐摆脱外来模式而进行独创与发挥，也就有可能创造出具有更富民族和时代特色的艺术成果。

　　隋唐是佛教造像艺术又一个发展高峰时期。雷奈·格鲁塞指出：

　　　　唐代艺术意味着将它由于在中亚接触到罗马—波斯的影响而获得的外国因素纳入原有的中国基础中。①

①《东方的文明》下册第518页。

他所说的实际只是造成唐代艺术辉煌成就的一个因素。另外更重要的还有中土自身艺术积累所构成的基础。隋唐时代的艺术高峰乃是继承中外、南北艺术长期发展所取得的成就，又在国家统一局面下这诸多成就得以融合与创新的集大成成果。造像艺术正是隋唐艺术成就中具有代表性的部分。

　　隋唐时期统一强大的国家一方面开疆拓宇，另一方面吸引周边诸国来朝，经济、文化交流空前繁盛。就佛教情况而言，从玄奘开始，再度掀起西行求法高潮；又有无数印度和西域诸国的人东来。除大批僧侣外，许多使臣、商人、留学生、流民等也带着对于东方富强大国的向往来到东方。各色人等中包括许多佛教信徒，伴随这种交流也输入许多新的外来造像。例如玄奘回国就携来"摩揭陀国前正觉山龙窟留影金佛像一躯，通光座高三尺三寸；拟婆罗疟斯国鹿野苑初转法轮像刻檀佛像一躯，通光座高三尺五寸；拟憍赏弥国出爱王思慕如来刻檀写真像刻檀佛像一躯，通光座高二尺九寸；拟劫比他国如来自天宫下降宝阶像银佛像一躯，通光座高四尺；拟摩揭陀国鹫峰山说《法华》等经像金佛像一躯，通光座高三尺五寸；拟那揭罗曷国伏毒龙所留影像刻檀佛像一躯，通光座高尺有三寸；拟吠舍厘国巡城行化刻檀像等"①。温玉成指出：《慈恩法师传》里说到"（阿马拉瓦提大塔）此国先王为佛造立，穷大夏之规式，尽林泉之秀丽，天神保护，圣贤游居"，这是中国"最早提出'犍陀罗艺术'这一概念"②，表明当时人对于犍陀罗艺术特征已有相当明确、清楚的认识。王玄策使印，随行的有画工。《王玄策行状》上说到大菩提寺瑞像，"其匠宋法智等巧穷圣容，图写圣颜。来到京都，道俗竞模"③。《历代名画记》又说到：东都敬爱寺"佛殿内菩萨树下

---

①慧立、彦悰《大慈恩寺三藏法师传》，第 126—127 页。
②《中国石窟与文化艺术》第 34 页，上海人民美术出版社，1993 年。
③《法苑珠林校注》卷二九《感通篇·圣迹部》，第 2 册第 907 页，中华书局，2003 年。

弥勒菩萨塑像,麟德二年,自内出王玄策取到西域所图菩萨像为
样,巧工张寿、宋朝塑,王玄策指挥,李安贴金"①。义净在印度巡礼求法,特
别注意当地寺院制度,在《南海寄归内法传》里也细致记述了造像、
浴佛、行像情形,访求佛像、学习佛像制作模式也是他求法内容之
一。当时有许多外来画家、雕塑家来到中国,带来西方最新造像技
法。值得特别提出的是,随着金刚密教输入,具有绮丽诡异色彩的
特殊艺术风格的密教造像大量传入中土。例如从中印来华的密教
大师善无畏即"艺能兼于百工……于本院铸金铜灵塔……手为模
范,妙极天人"②。关于外来僧人在艺术方面的贡献,本书相关章节
已有说明。

　　更重要的是,隋唐统一又提供了长时期形成的南、北地域不同
文化传统相交流和相融合的机会。《隋书·文学传序》论南、北文
风的融合曾说:

　　　　江左宫商发越,贵于清绮,河朔词义贞刚,重乎气质。气
　　质则理胜其词,清绮则文过其意……各去所短,合其两长,则
　　文质斌斌,尽善尽美矣。③

实际艺术领域包括造像艺术的情形也同样。北朝造像总体上重气
质,风格刚健拙朴,形制一般较大;南朝则重情韵,表现潇洒俊秀,
规模和形制相对较小。值得注意的是,隋代政治上是北方统一南
方,但由于南方当时被视作华夏正统,因此统一后的文化领域南方
传统更受重视,也保留下更大成分。这也有助于保证新一代文化
更能够体现中华本土传统的民族风貌。造像情形也是如此。

　　除这些条件之外,对于隋唐艺术发展提供重要保证的还有当
时国家整体形势:国力繁荣昌盛,给文化发展打下了物质基础,也

①《历代名画记》卷三《记两京外州寺观画壁·东都寺观画壁》。
②李华《东都圣善寺无畏三藏碑》,《全唐文》卷三一九,第3240页。
③《隋书》卷七六《文学传》,第1730页。

注入了强大动力;社会上充溢着开放、乐观、向上的精神,给艺术家的精神以支持和鼓舞;文学艺术各领域普遍发展,相互影响和促进,成为各自繁荣的重要因素。而就佛教自身说,当时中国佛教正发展到鼎盛阶段,佛教文化诸领域都取得重大成就,也直接促进了佛教艺术包括造像艺术的发展。

南北朝时期,社会上下普遍重视有为功德,开窟造寺、制作佛像作为信仰实践,成为社会风气。到唐代形势则有所不同了。下面两通官文书反映了当时造像一般情形。一件是唐太宗的《断卖佛像敕》:

> 敕旨:佛道形像,事极尊严,伎巧之家,多有造铸。供养之人,竞来买赎,品藻工拙,揣量轻重。买者不计因果,止求贱得;卖者本希利润,唯在价高。罪累特深,福报俱尽。违犯经教,并宜禁约。自今以后,工匠皆不得预造佛道形像卖鬻;其见成之像亦不得销除,各令分送寺观,令寺观徒众酬其价直。仍仰所在州县官司检校,敕到后十日内使尽。①

从这道敕令看,当时造像已经成批制作,不只是个人作功德,而且用来贩卖谋利。朝廷专门下禁断命令,表明情形相当普遍,已成了社会问题。实际上,造像成为商业行为,提高产品质量和品种就是必然要求,这也成为影响唐代以降造像活动的重要因素。另一件是唐玄宗开元二年(714)的《断书经及铸佛像敕》:

> 佛教者,在于清净,存乎利益。今两京城内,寺宇相望,凡欲皈依,足申礼敬。下人浅近,不悟精微,睹叶希金,逐焰思水,浸以流荡,颇成蠹弊。如闻坊巷之内,开铺书经,公然铸佛。口食酒肉,手漫膻腥,尊敬之道既亏,慢神之心遂起。百姓等或缘求福,因致饥寒,言念愚蒙,深用嗟悼。殊不知佛非

---

① 《广弘明集》卷二八《启福篇》,《大正藏》第52卷第329页中。

在外,法本居心,近取诸身,道则不远,溺于积习,实藉申明。
自今已后,州县坊市等,不得辄更铸佛、写经为业。须瞻仰尊
荣者,任就寺拜礼;须经典读诵者,勒于寺赎取。如经本少,僧
为写供。诸州观并宜准此。①

这篇敕令同样禁断私自铸造、贩卖佛像,连带禁止写经贩卖,并且
明确地提出"佛非在外,法本居心",反对祈求福报的有为功德。当
时已是禅宗兴盛时期,这种说法显然与禅宗反对经像崇拜的观念
有一致处。联系开元二年姚崇任宰相,他临终前有《遗令》以戒子
孙也说到:"且佛者觉也,在乎方寸,假有万像之广,不出五蕴之中,
但平等慈悲,行善不行恶,则佛道备矣。何必溺于小说,惑于凡僧,
仍将喻品,用为实录,抄经写像,破业倾家,乃至施身亦无所吝,可
谓大惑也。亦有缘亡人造像,名为追福,方便之教,虽则多端,功德
须自发心,旁助宁应获报?……"②上述敕令表达的观念大体同样,
或即出于姚崇手笔。这样,前后两篇敕令,一方面表明当时对于造
像已有所限制,这和当时佛教发展实际状况直接相关联,另一方面
可以设想,造像作为商业行为,又必然向精致化、小型化发展。

具有象征意义的是武则天造大像被谏止一事。武则天篡权,
释氏开革命之阶。在她统治时期,两京建寺造像形成高潮。这也
是凿造龙门石窟的又一个兴盛期。长安四年(704),朝命在洛阳白
司马坂造大像,李峤等朝臣争相谏止,结果不得不罢役。这个事件
可以看作是中国历史上大规模造像活动走向衰落的标志。在这前
四年的久视元年(700),禅宗祖师神秀被迎请入都。联系起来分
析,这看似并不相干的两件事显然有内在关联:禅宗是明确反对经
像崇拜的。

不过经像信仰的动摇,对造像艺术发展的作用又不全是负面

①宋敏求《唐大诏令集》卷一一三《政事·道释》。
②《旧唐书》卷九六《姚崇传》,第 3028 页。

的。这也使得人们在制作和供养佛像的时候,观念上更注重美观、实用;游览佛寺,观赏造像(还有壁画),也更多抱有欣赏态度,更重视审美价值。另一方面,民众间简易的净土法门流行,信仰形式由社邑群体转向家庭个体。这就促使作为民众礼拜对象的家庭佛龛和轻便的小型尊像、绘画、刺绣图像等更加流行起来。

造像活动向更广泛的群众层面普及,与民众生活更密切地结合,也使得制作佛像的形制、模式、表现手法更为成熟也更为自由。人们制作佛像不但已较少受到外来"粉本"的限制,而且更多地随顺世俗,形态也更加多变化。这样,特别是宋代以后,随着佛教日趋衰落,造像虽然已不再有以前那样宏大的规模,寺院殿堂造像一般也鲜有独创性,但在那些有才华的民间艺人手下,佛像制作无论是形制还是技巧又不断地有所发展和创新,创造出许多艺术精品。它们往往能够体现鲜明的民族的、民间的特色,具有高度的审美价值。

二

关于中国历史上不同时代雕塑的特点和长处,李泽厚总结说:

在宗教雕塑里,随着时代和社会的变异,有各种不同的审美标准和美的理想。概括说来,大体(也只是大体)可划为三种:即魏、唐、宋。一以理想胜(魏),一以现实胜(宋),一以二者结合胜(唐)。它们的美不同。在这三种类型中,都各有其成功与失败、优胜与拙劣的作品(而且三种有时也不能截然划分)。随着今天人们爱好的不同,也可以各有选择和偏好。作为类型(不是个别作品),本书作者比较推崇第一种,因为它比较充分地运用了雕塑这门艺术的种类特性:以静态人体的大致轮廓,表达出高度概括性的令人景仰的对象和理想。①

李泽厚对三个时期佛教造像总体风格和精神面貌的概括相当简明,确也捕捉到精要之处。他对北魏造像艺术的推崇和欣赏也的确有一定道理。作为宗教艺术作品,重要的当然应该是内在精神的脱俗和崇高,能够体现超然的理想境界。这也正是北魏时期的作品所追求和达到的。而隋唐则已是佛教造像这一外来艺术形式"中国化"完成时期,佛教信仰已更多地落实到人生实处,人们在佛教里企盼的超越前景也已更多地让位给对于人间现世福祉的追求。从而这一时期造像的现实性、实用性必然显著地加强了,同时也就能够更充分地发扬本土艺术传统特色,体现出更加民族化的风格和情韵。从这个意义说,它的特点和优长又是不可超越的。蔡志忠简洁、形象地说明了这一点:

> 如果由我们的观点来看,五胡十六国的佛像造型像是外来的外国人;北魏东魏的佛像则有点像是不食人间烟火的修行中的高士;而北齐北周到隋代的佛像则像是刚开悟求得佛道、由彼岸来到凡间广救世人的超凡出世神佛,有股悠然宁静的气质;而唐代的佛像则像是出自于帝王贵族,血源世家与庶民不同,有一种令人不敢随便亲近与高攀的感觉。②

这样,唐代造像那种特有的高贵、庄严的气质表现为另一种脱俗和崇高,把民族风格和民族精神发扬到了极致。

如上所说,隋唐时代造像的成就与佛教的一般发展有多方面的直接关系。其中一个方面是当时僧侣中和民众间培养出许多高超的艺术家。这是和宋代以后造像基本靠民间工匠的情形大不相同的。前面已经提到如玄奘、义净等一代佛教大师对于造像艺术

---

①《美的历程》,《美学三书》第125页,安徽文艺出版社,1999年。
②《中国金铜佛像》第70页,台北艺术家出版社,1997年。

的重视。又例如唐初著名的净土大师善导,也兼擅造像艺术,高宗敕建龙门卢舍那大佛,就是由他来"奉敕检校"[①]的。他又曾主持建造实际寺,1992至1993年西北大学对校园内实际寺遗址进行挖掘,出土会昌毁佛前的石造像头、飞天像(残件二)、石菩萨头像(残)、汉白玉供养人像等,还有会昌毁佛后的陶造像、铜造像(两件)以及一批小菩萨像、小供养人像等[②]。另一位以东渡日本闻名的高僧鉴真,当年曾在实际寺受具足戒,他也精于建寺造像艺术;他的弟子思托、如宝、法力等都是造像艺术家或造寺建筑家,对日本佛教造像建寺作出了巨大贡献。实际寺造像必定与善导和鉴真有直接或间接的关系。又民间也出现许多精于造像的艺术家。如韩伯通,在隋代已负盛名,唐高宗时曾为道安塑像;宋法智曾随王玄策出使天竺,携回塑造佛像的蓝本,如前已引述,他"巧穷圣容,图写圣颜,来到京都,道俗竞模"[③];最有名的是杨惠之,活动在开元年间,据说他与名画家吴道子一起学画,自愧弗如,遂改而习塑,在两京、汴州许多寺院塑像,精绝殊胜,无与伦比。有传说他的塑艺"仰合相术,故为今古绝技。惠之尝于京兆府塑倡优人留杯亭,象成之日,惠之亦手装染之,遂于市会中面墙而置之。京兆人视其背,皆曰:'此留杯亭也。'其神巧多类此",后来唐末黄巢乱兵占领京洛,"焚燎寺宇几尽矣,唯惠之手迹,惜其神妙,率不残毁"[④]。有这样一批僧、俗艺术家参与造像活动,保证了作品的高度艺术水准。

　　隋朝作为文化上的过渡时期,历史地位很重要。隋文帝和隋炀帝都极力推尊佛教,大力修建佛寺,营造塔像。隋文帝杨坚立国

---

① 阙名《河洛上都龙门之阳大卢舍那像龛记》,《全唐文》卷九八七,第10208页。
② 参阅柏明主编《唐长安太平坊与实际寺——西北大学校园考古新发现》,西北大学出版社,1998年。
③ 《法苑珠林校注》卷二九《感通篇·圣迹部》,第2册第907页。
④ 刘道醇《五代名画补遗》。

伊始的开皇元年(581)，即"诏境内之民任听出家，仍令计口出钱，营造经像。于是时俗随风而靡，民间佛书，多于六经数十百倍"①。他在位时期"造像十万六千五百八十躯"。隋炀帝时期"治故像十万一千躯，造新像三千八百五十躯"②。这些出于佛门的记载，不可避免地有所夸张，但当时造像规模巨大是肯定的。这一期的造像，上承南北朝兴盛的遗风，下开唐代繁荣的先河，取得的成就颇为可观。雷奈·格鲁塞指出：

> (隋代)有立体感的形体现在又盛行起来，雕塑家们意识到自己的能力，圆雕被处理得得心应手，并具有和萨拉那特或犍驮罗任何艺术家相等的那种对体型美的感觉。③

河北曲阳修德寺出土有纪年的 247 躯石造像中，隋代占 81 躯，绝大多数是菩萨像。这些造像轮廓多做椭圆形，衣褶处理和缓，明显在向写实方向发展。隋代金铜造像有上海博物馆藏佛三尊像、河北赵县出土美国波士顿博物馆藏阿弥陀佛坐像、西安八里村出土西安市文管会藏开皇四年(584)董钦造阿弥陀佛组像等。这些作品结构严谨，铸造相当精美。如后一组造像通高 41 厘米，主尊阿弥陀佛，左右二菩萨、二护法比主尊稍小，呈前后排列；阿弥陀佛在莲花座上结跏趺坐，有镂空尖形背光，身着袒右袈裟；左右站立的观世音和大势至头带宝冠，身披缨络，同样有尖形背光；护法天神则上身袒露，下身着裙，头戴花冠，圆形头光；四足床座有栏楯，下有对狮。整体雕造手法细腻，五尊像姿态和表情各异，形态则已趋于消瘦、匀称，不过总体比例仍有些失准。石造像则可以现藏美国波士顿博物馆的一尊石灰岩观音立像为代表，这是一尊通高 249 厘米的巨像，立于莲座上；右手握莲枝，半垂身侧，左手执数茎莲蓬，

---

①《资治通鉴》卷一七五《陈纪九》，第 5449 页。
②《法苑珠林校注》卷一○○《传记篇·兴福部》，第 6 册第 2894 页。
③《东方的文明》下册第 510 页。

弯举身前;头戴宝冠,面含微笑;缨络披体,帔帛下垂至莲座。风格
高贵华丽,但体态略向前倾,也仍欠自然。隋代造像从总体看,躯
体显得茁壮肥硕,头部较大,面形方圆,额头较宽,脖颈较粗,衣着
率多长阔,衣褶线条较呆板,给人的总印象宁静而欠活泼,敦实却
欠流畅。这是从南北朝到唐代的过渡形态。

　　造像中有一种特殊的通体浅浮雕"佛衣画"形式,流行于以隋
代为中心的六世纪中叶至七世纪中叶之间。有的学者按印度佛教
的称谓,名之为"僧伽梨佛立像"。僧伽梨是 Saṃghāṭī 的音译,即
僧侣所着三衣中的大衣。在敦煌北周第 428 窟和克孜尔第 17 窟里
都有这样的作品;印度新德里博物馆藏有取自于阗的一幅,据以推
测这种造像或有西方的来源。中土这种造像出土于冀、鲁、豫交界
地带。现存美国弗利尔博物馆二躯、据传台北一躯、日本学者水野
清一著录河南高寒寺一躯①。中外学者对于所雕尊像名称说法不
一。有人认为是卢舍那佛,有人认为是观世音,还有人认为就是佛
陀。传台北一躯通高 265 厘米,立在莲花座上的佛像稳健敦实,右
手施无畏印,左手与愿印;方面大耳,肉髻螺发,修眉高鼻,双目微
睁,表情慈和;着圆领通肩大衣,连同宽阔的衣袖垂至足面,衣服上
布满精细的浅浮雕画。林保尧总结这类造像躯体上的图像说:

　　　　这类僧伽梨画,细细看,有相同的,亦有相异,不过不管怎
　　么说,正面图像场景是可大略分称四段,其上总有如说法礼拜
　　图的图像,其间定有交龙或盘龙,和城邑宫殿等。第二段总是
　　有一匹宝马配著左右一群的天神,或说法之类人物。第三段
　　总是有一座宝塔,配著左右人物。第四段则大多为地狱景象,
　　或者如"传说"这尊的,是个连续性一体结构的说法图。②

―――――――

①参阅《いわゆる華嚴教主盧遮那佛の立像について》,《東方學報》(京都)第
　18 辑,日本京都大学东方文化研究所,1950 年。
②《佛教美术全集(一)佛像大观》第 130 页,台北艺术家出版社,1997 年。

这种极其别致、精美的造像，流行短短一个时期就消失了。正如佛像名称难以确定一样，其意义和作用学术界也说法不一。有的学者揣测，佛教本来有"以衣为信"观念，这种画或体现通灵性质，具有宗教信仰的内涵。这是一种雕塑与绘画相结合的独特艺术形式，可惜创作传统很快中绝了。

关于唐代造像，李泽厚又曾说：

> 秀骨清相、婉雅俊逸明显消退，隋塑的方面大耳、短颈粗体、朴达拙重是过渡特征，到唐代，便以健康丰满的形态出现了。与那种超凡绝尘、充满不可言说的智慧和精神性不同，唐代雕塑代之以更多的人情味和亲切感。佛像变得更慈祥和蔼，关怀现世，似乎极愿接近世间，帮助人们。他不复是超然自得、高不可攀的思辨神灵，而是作为管辖世事、可向之请求的权威主宰。[1]

决定唐代造像风格产生巨大演变的，一方面是佛教自身的变化，唐代宗派佛教的共同倾向是注重现世和人生。特别是当时兴盛的禅与净土，一个主张即心即佛，心净土净；一个幻想西方，把希望寄托在来世。两者的信仰看似对立，实际都著眼于"当下"，企盼现世救济的倾向是一致的。另一方面则是国势强盛，经济繁荣。即使在"安史之乱"以后，政局纷扰，战乱不绝，"盛世"的余晖仍给人留下希望和向往。当初弥漫整个社会的乐观向上的热烈气氛仍有余温，佛教艺术在其熏陶下，也就决定了创作的总格调。南北朝时期悲惨的现实、惨烈的人生造成人们对于解脱和超越的追求，造像艺术必然体现信仰的崇高和意念的神秘。到了唐代，代替那种风格的则是对现实的执著和对人生的信心。正是这种现实精神，造就了唐代造像艺术的巨大进步：形象整体比例适当，体态自然，神情

---

[1]《美的历程》,《美学三书》第 117 页。

端庄,雍容大度,气象雄伟而壮丽,造型和谐而优美,已完全没有隋代以前那种笨拙呆滞之感。具体说来,佛像躯体丰厚,额丰颐圆,一般是螺发,发髻装饰繁丽,衣着多内衬僧祇衣,外披偏衫或通肩大衣;天王、力士则肌肉突出,雄健有力,骨架和肌理显然体现现实中体力劳动者的特征;菩萨婀娜多姿,缨络披体,装饰华丽,妩媚动人。这些都已经不同于南北朝时期那种崇高静穆的风格,也不见宗教的神秘和诡异情调。道宣有一段关于菩萨造像的著名的话:"自唐来,笔工皆端严柔弱,似妓女之貌,故今人夸宫娃如菩萨也。"①把这个比喻反过来说,则是菩萨如宫娃,就是说,画家们是按真实的宫女形象来描绘菩萨的。这样的造像普遍更具个性,也更贴近生活。这样,许多造像表现的与其说是高不可攀的崇拜偶像,不如说是现世理想人物的再现。最能体现唐代造像艺术成就的当然是敦煌和龙门的雕塑,本书已另有叙说。

初唐造像的形貌具有承前启后的特征:体态轮廓仍呈椭圆形,身体仍略显僵直,头部也较大,但面相已比较丰满,中国人的特征更突出;衣褶比较舒展流畅,更适应人的自然形体。总体是在向真切生动、圆融洗炼的方向发展。典型的是陕西西安市出土的贞观十三年(639)石灰岩佛坐像(日本京都藤井有邻馆藏)。此像结跏趺坐,面庞圆润,螺发高髻,弯眉挺鼻,大耳垂肩,双目微睁,面容慈和;右手已破损,原应作施无畏印,左手置右膝上;内着僧祇衣,外披袈裟,阴刻衣褶疏朗流畅;背后是舟形火焰纹背光;下面束腰须弥座的上部呈圆形,刻作布帷状,下部八角形,饰以莲花。造像整体仍略显肥圆,稍给人以僵直感。这正是典型的时代特征。又首都博物馆藏镀金弥勒像,通高11厘米,结跏趺坐,身躯笔挺,通体圆润;左手结说法印,右手置右膝上;顶部磨光,有肉髻,同样是内着僧祇衣,外披袈裟直至脚面,∪状衣纹从胸前覆盖到腿部。整个

①转引道诚《释氏要览》卷中《造像》,《大正藏》第54卷第288页中。

造像制作细腻，气势不凡，比例则已经比较适中。1973 年和 1984 年临潼市和邢家村先后出土两批鎏金铜佛像，共计 579 件，基本是唐初到天宝年间作品。唐初时期的作品具有上述同样的艺术特征。

自武后到玄宗统治时期是中国造像艺术又一个黄金时代。就总体发展趋势说，这一时期造像题材进一步扩展，艺术手法也更为丰富和成熟了。从内容看，一方面一铺多尊佛像（释迦、弥陀等）、佛弟子像、众多菩萨像（特别是观音像）、高僧像等题材多种多样；另一方面具体表现形态更为接近世俗生活，也更亲切动人；艺术手法则趋向精致繁复，丰富多彩，突显出壮丽恢宏、圆润丰腴的风格。武后时期的代表作品有藏山西省博物馆的武周天授二年（691）"大周大云寺奉为圣神皇帝敬造"的涅槃变相碑，整体取法传统的螭首龟趺形制，碑额雕刻众神护持的须弥山；碑面通体是极其精致细密的雕饰，表现佛陀涅槃从临终遗诫到八分舍利的过程，宛如连环图画。又武周时期的"七宝台造像"亦足以代表唐代艺术的高度水平。本来长安光宅坊光宅寺内有武则天所建百尺宝阁"七宝台"，有一批高一米左右的高浮雕石刻，后寺废，石刻移宝庆寺，部分散落佛殿后，被外人劫取大部分（日本人 21 方，美国人 4 方），国内存 7 方。国内的除一方现藏西安碑林，其余均镶嵌在宝庆寺塔壁。这些石雕上部是华盖，或有双树、飞天装饰，多是单尊或三尊佛像，肩宽腰细，衣纹贴体；菩萨则斜披缨络，身姿婀娜。整体雕造极其精美，仍可以略见外来风格的影响。

到玄宗时期，造像圆融丰腴的特征更为突出，一般佛像都是宽妆高髻，端庄秀美，雕造技法细腻真切，形容生动活泼；菩萨身躯装饰华丽，婉转多姿；天王、力士深目高鼻，矫健雄壮；飞天则作时事梳妆，长裙曳地，衣带飘扬。代表作品如日本书道博物馆藏景云二年（711）义邑十六人造弥陀坐像、山西博物馆藏开元十四年（726）李道礼造阿弥陀佛坐像、河北邯郸市肥乡县出土的天宝元年（742）

玉石菩萨像等。日本泉屋博物馆藏天宝三载(744)保寿寺比丘造金铜佛立像,赤足立于仰覆莲台上,面相圆润,双耳垂肩,衣纹贴身,背面是镂空头光,姿容丰满,体态丰厚。五台山佛光寺无垢净光塔出土几尊汉白玉雕像,其中有天宝十一载(752)释迦和二弟子三身像,释迦跌坐,弟子分立两旁,面目丰盈端庄,衣褶平滑流畅,下面是束腰须弥座,由于材质细腻,更增强了美感。

　　唐代在通都大邑大肆兴建中国庭院式佛寺。在敦煌、龙门石窟极盛之后,开窟造像的风气逐渐式微,寺院殿堂佛像成为造像的主要样式。今唐代遗存实物仅山西五台山佛光寺东大殿和南禅寺正殿的两铺。南禅寺和佛光寺前面介绍寺院建筑已经说明。它们虽经历代装修,但大殿的基本结构仍比较完好地保存下来;塑像经过后代装銮,但体态、容貌、衣饰等仍基本保持原貌。南禅寺正方形佛殿近半是砖砌巨大佛坛,宽8.4米,高0.7米,上有一铺彩绘泥塑造像十七尊,主尊是通高2.48米、结跏跌坐在束腰须弥座上的佛陀,还有弟子迦叶、阿难、二胁侍菩萨、二供养菩萨、乘狮骑象的文殊和普贤、牵引狮、象的撩蛮、拂菻、二童子、二立侍菩萨、二天王等构成群像。全部人物造型比例适度,各有特色:佛陀手结拈花印,面如满月,长眉秀目,庄严中不失妩媚;菩萨身姿婀娜,娟秀华丽;天王雄壮凝重,身姿矫健;赤足的童子抬头仰望佛陀,满脸稚气,栩栩如生。特别是人物性格十分鲜明:阿难的俊秀,迦叶的笃实,文殊、普贤的端庄高贵等等,都神情毕现,呼之欲活。整铺群像布局主次分明,高低错落,疏密大小,相互照应,整齐和谐,富于生活气息。佛光寺大殿荟萃当时建筑、雕塑、绘画、书法艺术于一堂。面阔七间、进深四间的大殿,中间一圈内柱宽五间,将空间分为两部分;里面部分进深两间,砌扇面墙,筑成佛龛,上面分置三组三十五尊塑像。中间三尊坐佛为释迦、弥勒、弥陀,形体较大,面颊丰满,柳眉弯曲,口鼻端正,庄严慈祥;两端为骑狮乘象的观音(不是习见的文殊)、普贤,较小,体态丰满,文雅端庄,舒眉展目,俊俏秀丽,肩披缨络,臂贯宝钏;还有胁侍、供养菩萨等。供养菩萨一蹲一跪在莲座上,由于形制更小,越发显得生动秀美;观音、普贤的坐骑分别由蛮奴和拂菻牵引,两旁各有一童子,最外侧是天王。三组造像一列排开,但布置得错落有致,形体大小、姿态表情各异,整体显得疏朗和谐。佛坛南隅还有施主宁公遇塑像,南稍间有主持建筑的愿诚和尚塑像,也都是弥足珍贵的唐代真人雕塑。殿内残存的唐代壁画和建筑彩绘,也是可贵的艺术珍品。

值得特别提出的还有体现巨像观念的乐山大佛。大佛位于乐山市东面岷江、青衣江、大渡河三江交汇处的栖鸾峰下,坐东面西,依山而造,通高71米,是世界上最大的石佛。这是一尊弥勒像,于开元元年(713)开始建造,贞元十九年(803)完工。原来覆盖有宽60米的七层十三檐楼阁,现已全毁。倚坐大佛两手置于膝上,头顶螺发,身着袈裟,袒胸赤足,整体比例匀称,姿态凝重端庄。原来大佛全身曾施加彩绘,更增添绚丽光彩。如今彩色虽已剥蚀,但高大威严的仪容依旧,给人以无限崇高、壮伟的印象。

上面引文表明李泽厚特别推崇北魏作品,因为它们深刻体现了佛教造像应有的神圣而崇高的气质。但也有更多学者认为到唐代才算真正达到了佛教造像艺术的巅峰。黄春和指出:

> 盛唐佛教艺术成就的取得与当时政治、经济、中外文化交流和佛教发展水平等诸多因素是分不开的。首先是佛教的高度发展,为塑造理想化的佛教造像创造了条件……盛唐时佛教大小乘经典的译入基本完备,人们对佛教的理解全面深刻,并先后创立天台、华严等八大佛教宗派。由于有了这一认识上的飞跃,于是一种体现佛教理想的造像模式——既内省又开朗,既沉静又温和,既有出世神韵,又有人世情怀的模式应运而生了。其次是印度新的艺术粉本——笈多艺术的输入,为佛像艺术注入了新鲜血液。笈多艺术流行于古印度以华氏城为中心的笈多王朝和以曲女城为中心的戒日王朝,约当4

世纪至 7 世纪末。其风格典雅端庄,技法纯熟细腻,随着唐代
中印政治、经济和佛教的频繁交往,这一艺术形式随之传
入……再者是隋唐社会审美观念对佛教造像的强烈影响。隋
唐两朝南北统一,国家富强,人民安乐,整个民族充满了生机
与朝气。人们不再如痴如醉地去追求虚幻不实的东西,转而
开始肯定现实,创造反映现实的真善美,于是一种符合现实真
善美的审美规范——雄浑、丰满、温和、华丽——一种高度理
想化、典型化的真实形象产生了。这种健康的艺术模式为佛
像艺术向着健康成熟的方向发展开创了良好的审美风气,提
供了重要的美的借鉴。①

对于不同时代的艺术风格人们各有偏好,对其成就的评价也不会
一致。黄春和这段话可以看作是对隋唐佛教造像艺术发展状况及
其风格、成就的一种概括。

三

　　宋元时期,造像艺术发展在总体上明显分化了。一方面是一
般的殿堂造像,已经形成大体固定的程式。这是与城乡寺院建筑
格局定型的形势相关联的。这一时期的造像基本是民间工匠按照
一定模式制作,已鲜有新颖独创、艺术上更高超的作品。另一方
面,自唐代,独具特色的罗汉、菩萨、天王造像被更多地创作出来。
这本是在佛典里有名、无名的众多“人物”,关于他们的形貌较少固
定的模式,从而给艺术创造留下了更广阔的空间。制作者们往往
根据他们对于现实生活的观察来发挥创意,创作出许多体现生活

---

① 《佛教造像艺术》第 110—111 页,河北省佛学院,2001 年。

真实、富于民族特色的杰作。这些作品许多在艺术上并不算精致典雅，但往往浑朴真切，情趣盎然，制作它们又有发挥玄想、进行夸饰的可能，从而成为这一时期佛教艺术中独具特色的部分。

　　五代和辽、宋、金时期的佛像，一般是面相方圆饱满，已完全是汉人形象；头上顶髻变平，往往只有微突，基本不再有卷曲的螺发，这也是向一般人的相貌靠拢；衣着大多是内穿交领僧衣，外披袈裟，这则是当时僧人的一般装束。菩萨的形象，头戴花冠或有发髻，高耸宝冠不见了，则和当时妇女的头饰相像；身上装饰往往是垂挂连珠，而不再是缨络披体。总之，这一时期各类造像的造型和衣装，基本取法于当时世俗流行的样式，从而也就抛开了外来"粉本"。晋、宋以来的造像着力突显出佛、菩萨、天王等等的"神性"，因此造型要突出不同凡俗的相好庄严，努力灌注并表现超越、崇高的宗教精神。经过长时期"中国化"的过程，不断充实以现实精神和民族色彩，这些成分在唐代造像里表现为恢宏浩大、雄伟壮观，到五代以后却流为平实以至凡庸了。当佛、菩萨等形象基本已和平常人的相貌和神采大致类似，其特有的宗教精神及其感染力、震撼力也就大为衰减甚或丧失了。和这种形势相应，这一时期也不再有彪炳史册的卓越的艺术大师级人物，不过却也不乏优秀的匠人。有名的如后梁释智晖、后唐宋州广寿院僧人智江、山东人李云、南唐人吕建、前蜀简州许侯、东川雍中本等，都曾著名于一时，制作出许多精美的作品。如李云于后周广顺三年（953）造沧州铁狮子，从狮背上残存的莲座推断，原来应当是普贤菩萨坐骑，现存狮身长5.3米，高5.4米，重40吨。如果上面有普贤跨骑，通高当在十米以上，是惊人的杰构。另一个新现象是小型佛像制作兴盛起来。这是为了适应家庭、个人供奉的需要。造像材料除了以前习用的金铜和石材，更为多样，还有泥塑、竹木雕刻和陶瓷等。这些造像造型同样趋于简洁、平实，追求细节的真实，更多地迎合世俗，已难见突出的艺术个性。这也适应当时一般民众的美学观念和欣赏习惯。

这一时期的大型寺庙造像遗存较多。河北正定县城内隆兴寺大悲阁的巨型千手观音铜像,北宋开宝四年(971)铸造,通高21.3米,下有2.2米的须弥座,是国内铜造像中高度仅次于西藏扎什伦布寺强巴佛像的巨像。佛像两臂在胸前合掌,侧面四十臂本是铜铸,雕木为手,清末被割截换作木制。巨像身躯颀长,形体流畅;裙衣、腰带、缨络、飘带对称而多变化;须弥座雕造有伎乐、飞天等,生动活泼而富于装饰意味。四川峨眉山市峨眉山半腰的万年寺无梁砖殿内置普贤菩萨乘六牙白象铜像,北宋太平兴国五年(980)铸造,通高7.3米,重约62吨。巨型白象身披鞍辔,上面的仰莲座上面趺坐着普贤菩萨,头戴金冠,右手持如意,左手置膝前,全身贴金。普贤和大象体态都相当匀称,二者构成完美整体,显得高大凝重,古朴庄严。这样的大型组像当初是分段浇铸、焊接而成,可见铸造工艺的高超。前面已经介绍过天津蓟县县城内独乐寺,现存辽代建筑的观音阁内有辽代塑像八尊。主尊十一面观音立像16.27米,头顶上攒集十个小观音面像,是国内最高的泥塑佛像;面容眉眼较长,衣纹向后飘动,造型略微前倾,都是为了减少仰视形成变形的错觉;各层挑出栏杆围绕巨像逐渐收缩,更增强了视觉上的韵律感。左右胁侍和另外两尊力士像,经后代重妆,仍保持辽代原貌。辽宁义县县城内东北隅奉国寺兴建于辽圣宗开泰九年(1020),寺内大雄宝殿佛坛上并列七尊大佛,佛坛两端有二天王像,经过后世屡次妆銮,风貌虽已变得柔弱,仍可窥见当初的气势。佛像立在高约8米的须弥座上,背光高约16米,七尊佛像中间的最大,两旁依次减小,造型比例匀称,表情端庄肃穆;每个佛像两侧有胁侍菩萨,头戴宝冠,足踏莲花,或仰或俯,姿态不一。从总体看,雕造略显繁缛,有可能是后代修补造成的。

这一时期单体小型造像留存更多,国内外博物馆和私人多有收藏。这类造像作为家庭供养品,多是为贩卖成批制作的,造型粗陋,程式化严重。不过也有不少富于艺术价值的精品传世,包括许多陶瓷材料制作的。典型的如江西高安县博物馆藏宋代瓷塑水月观音像、北京故宫博物院藏辽天统二十六年(1008)铜菩萨像、北京首都博物馆藏辽代铜观音像、1964年北京丰台区瓦窑金代塔基出土的瓷观音像、1993年河北固安县于沿村金代宝严寺塔基出土的一金二银三尊菩萨像等等,这些造像造型都相当优美,制作也相当精致,具有较高的艺术价值。

　　这一时期造像艺术的特殊成就还有彩塑,特别是上面提到的各种各样的菩萨、罗汉、祖师像。这些彩塑造像不如佛像那样受到固定模式限制,制作泥胎又可能自由地随意捏塑。民间制作者们一方面可以根据对于佛教世俗化的理解,让造型、表情和装饰等符合民众心理,更贴近现实生活,造型、衣饰等基本可以按照本土风貌来表现;另一方面又可能顺应世俗趣味,更注重装饰性。唐代密教输入变形观音信仰,多姿多彩的各种变形观音像开始流行起来。后来最为流行的有水月观音、千手千眼观音、如意轮观音、南海观音、杨柳观音等。罗汉中最重要的是佛陀的十大声闻弟子。又东晋失译《舍利弗问经》讲到佛灭度时嘱咐摩诃迦叶、宾头卢等"四大比丘住不泥洹,流通我法"[1],被称为"四大罗汉"。唐代玄奘译《大阿罗汉难提蜜多罗所说法住记》里又有佛灭后八百年师子国难提密多罗涅槃时所述十六罗汉名号[2],这即是中土十六罗汉的缘起,继而发展出十八罗汉、五百罗汉等,还有纯中土出身的济公等。汉传佛教的罗汉崇拜又已经混入大乘菩萨观念,更推动了它的流行。罗汉像往往呈群体形式被表现。五代时的贯休等人已绘有十六罗汉像、十八罗汉像。自宋代起更盛行建造五百罗汉堂,见于记载的很多。早期所建均已毁废,今存多是清代建造的。常见的祖师像

---

①《舍利弗问经》,《大正藏》第24卷第902页上。
②参阅《大正藏》第49卷第13页上。

则有达摩、布袋和尚等。制作这些菩萨、罗汉、祖师像往往以真人为模型，形象千姿百态，更多体现了民间艺术朴实真切、生动活泼的风貌，一定意义上已是现实人物的艺术写照。如山西平遥县城东北 15 公里郝洞村镇国寺，五代北汉始建，明、清重修，万佛殿和其中塑像是五代遗物，也是全国至今留存的唯一一铺五代彩塑。万佛殿平面呈方形，面宽和进深各三间，殿内宽大的扇形佛坛上有佛、弟子、菩萨、供养菩萨、供养童子、天王等彩塑 11 身，本尊背后有观音一身。主尊为后代补塑，其余都是五代原作，虽经过重妆，仍保持原来风采，造型丰满，姿态自然。杭州烟霞洞十六罗汉建造于五代吴越王钱元瓘（932—941）时期，雕像的距离、方向、动作都按岩洞环境雕造，平添一种自然、生动的气氛。山东长清县城东南25 公里万德镇灵岩寺建于北魏，被称为中国"四大丛林"之一，其千佛殿创建于唐初，宋时重修，殿内有藤胎髹金和铜铸佛像三身，靠壁台座上有高约 1.55 米的 40 尊彩塑罗汉像，四壁及屏壁上还有木雕、铜铸小佛像多身，据考证其中 27 身为宋治平三年（1066）原塑，其他为明代补塑。这些塑像也经后代妆銮，同样仍保存宋代原貌。造型或壮硕，或修长，姿态和手印不一；衣纹劲健，富于质感；有些脸型像印度或西域人，多数是中国人模样；表情多种多样，刻画入微，反映出人物的不同年龄和性格。山西长子县城东崔庄山腰法兴寺为北魏所建，原名慈林寺，经历代扩建、装修，圆觉殿平面呈方形，面宽和进深各三间，内存宋大观元年（1107）至政和元年（1111）彩塑二十二尊。主尊释迦牟尼，左右分列阿难、迦叶、文殊、普贤；两壁基座上各塑十二圆觉六躯。这些坐像通高在 2.24 米至 2.5 米之间，姿态各异，有的双腿下垂，有的单腿盘曲；面相圆润清秀，高髻样式各不相同，创意显然来自生活实际，体现强烈的现实性。江苏吴县甪直镇西街保圣寺创建于梁天监二年（503，一说建于唐大中年间，847—859），北宋重修，寺内原有宋塑罗汉像 18 尊，旧传为唐著名雕塑家杨惠之作品，但今人根据风格一般确定为宋塑。

1928年大殿半边坍塌,造像一半被毁,现存9尊,为妥善保存被安置在民国年间于正殿原址建造的古物馆内。古物馆按原貌修建,在后檐墙内壁前筑须弥座,高浮雕壁面塑出山岩、云水、洞穴作为烘托,九尊高一米多的罗汉像分列其间。居中结跏趺坐的俗称"达摩",闭目入定,貌似修养高深的老僧;有一位高鼻深目梵僧坐在岩石上,头部扬起,似在远眺;西侧是一个胖大袒腹罗汉;后背微驼的老年罗汉像是在和面目丰腴的年轻罗汉对谈,等等。这些造像表情生动,很富个性。江苏苏州西南郊东山镇西紫金庵,唐初建,经历代修葺。罗汉殿中央佛坛上的一批彩塑相传是南宋民间雕塑家雷潮夫妇的作品。佛坛上一铺三尊分别是释迦、东方药师如来、西方弥陀佛;大殿两侧分列十八罗汉坐像,高约1.5米;佛坛后壁塑观音像一躯。主尊结跏趺坐,面相慈和,神态安详;罗汉形态各异,姿容生动;观音衣着朴素,造型丰硕。全部造像比例适度,雕造技法亦十分细腻。大殿北壁像龛里的八尊塑像是明人补塑的。前面已经介绍过山西大同市华严寺,辽道宗清宁二年(1056)扩建,现存大雄宝殿是金熙宗天眷三年(1140)重建、明代重修,原来是用以安置辽帝石像和铜像的;明代分为上、下二寺。下寺薄伽教藏殿本来是藏经殿,殿中央是高0.7米的凹字形大佛坛,上面共有31尊塑像,其中两尊是明代补塑,其余都是辽塑。佛坛平面呈倒凹字形,中央主尊并列三身三世佛,每尊佛旁有弟子、菩萨或供养菩萨六身;过去、未来佛前各有六身供养童子和后世补塑的坐佛各一尊;四角是四尊护法天神。佛、菩萨像体态丰盈,面如满月,面部和宝冠上贴金,通体敷彩;特别是菩萨或结跏趺坐,或垂手合十站立,体态不一,神情生动,宛如端庄贤淑的女子。其中弥勒佛左侧的菩萨尤其典雅优美。山西大同市南门西侧善化寺始建于唐代,重建于辽金,是目前保存最完整的辽金寺院。主建筑大雄宝殿面宽七间、进深四间,中央佛坛上有金身如来五尊、诸天二十四尊,为金代重塑。山西繁峙县城东40公里五台山北麓天岩村延山寺宋建,以后历代修葺,文殊殿是金代建筑,面宽五间、进深三间,中间宽大佛坛上有金塑佛弟子、菩萨、金刚九躯。本来敦煌等地的泥塑也是敷彩的,但年久已经剥蚀。宋代以后保存至今的彩塑,有些仍鲜活如新。由于这一时期泥塑手法进步,能够充分表现出造像的质感,温润的肌肤,轻柔的衣装,蓬松光滑的头发,都能活灵活现地塑造出来。加上具有时代特征和生活气息,体现出具有特殊民族风格和民间气息的美感。如果说唐代以后佛教艺术整体已步入衰落,却不意味这一时期没有继续创造出优秀的作品、取得杰出的成就。出自民间工匠手下的彩塑无疑是其中显现独特艺术创造力、具有独特艺术风貌的部分之一。

四

　　进入元代,随着藏传佛教输入内地,中国固有艺术传统中又注入了藏传佛教艺术的新因素。外来艺术的输入本是推动本土艺术发展的重要动力。汉、藏、蒙各民族艺术得以融合,使佛教造像艺术开创出新的局面,创造出新的风格、新的成就。

　　元世祖忽必烈未继位前已邀请藏族名僧八思巴东来,西藏流传的密教从而开始流行内地,在内地也开始传播藏传密教艺术。在这方面作出重大贡献的有尼泊尔人阿尼哥(1244—1306)。中统元年(1260)八思巴在西藏建塔,一批尼泊尔匠人来到西藏,其中就有擅长画塑的阿尼哥。他自幼读佛书,兼技艺优异,完工后即随八思巴出家,后来相随来到大都,受到忽必烈器重。当时"两京寺观之像,多出其手"[1]。至元十五年(1278)受命还俗,授大司徒,领匠

────────────

[1]《元史》卷二〇三《方伎传·八思巴传》,第4546页。

作院事，一时宠遇无比；死后赠国公，谥敏慧。当然还另有许多西藏和蒙古的造像工匠来到内地。"如塑造大圣寿万安寺佛像大小一百四十尊的禀搠思哥斡节儿八哈失，塑造青塔寺四天王像助手阿哥拨，铸造玉德殿三世佛、五方佛等瑜石像，又制造文殊、弥勒布漆像的诸色人匠总管府总管杂儿只，及奉文宗皇后命铸造八臂救度母等瑜石像的八儿卜等，多是阿尼哥的徒弟"[①]。阿尼哥又有汉人徒弟刘元，从学"西天梵相，亦称绝艺……至元中，凡两都名刹，塑土、范金、抟换为佛像，出元手者，神思妙合，天下称之"[②]。所谓"抟换"即夹纻漆像技艺。

元代造像题材，由汉地大乘佛教流行的三世佛、三方佛、弟子、菩萨、罗汉、天王等，增加了西藏密宗的白度母、绿度母、大黑天神、各类金刚护法以及男女合体的双神像，还有密教祖师莲花生、宗喀巴等高僧像等。在制作方法方面，密教的多神信仰容许造像超越仪轨做出更自由的发挥，例如观音的坐骑就可以是麒麟、金毛狮子、羊等，文殊、普贤菩萨的天冠上出现了化佛，等等。至于造像的风格特征，黄春和总结说，

> 从题材上看，佛像特征表现为：头顶平缓，肉髻高隆，额部宽平，五官端正，肩宽体壮，四肢粗硕，衣纹简洁（萨尔纳特式手法），躯体光洁圆润，气势雄浑。菩萨像的特点是：形象媚妩，装饰繁缛，姿势优美，富于动感和肉感。[③]

北京故宫博物院等各地公私机构收藏有许多藏式金铜佛像，典型地反映出这些特点。石窟造像则南方杭州飞来峰是现存藏式造像较多一处，共67龛，在116尊造像中藏式占46尊，罗列在岩洞内外

---

①林子青《元代佛教》，中国佛教协会编《中国佛教》（一）第109—110页，知识出版社，1980年。

②《元史》卷二〇三《方伎传·八思巴传》，第4546页。

③《佛教造像艺术》第131页。

和溪水崖壁间,高低约在一米半到三米之间。其中汉式造像较突出的是袒服踞坐、笑容可掬的布袋和尚弥勒佛,另外还有前面提到的岩壁间十八罗汉群像。藏式造像除了佛、菩萨,还有佛度母和天王等。

到清代,朝廷崇重"黄教",藏式造像再次兴盛。如北京市雍和宫乃是黄教上院和行宫,其殿堂建筑和造像都结合了汉、藏艺术特征。著名的永祐殿供奉金铜像多尊,还有高约 5 米的宗喀巴铜坐像,像后有檀香木雕五百罗汉山;万福阁内供奉一尊高 26 米、露出地面 18 米的木雕迈达拉佛(弥勒佛立像),据说是用一根白檀香木雕造的,是国内著名的大型木雕佛像之一。河北承德市避暑山庄东北 2 公里处的普宁寺为乾隆年间建,是仿藏式建筑,通高 37.52 米的大乘之阁内,1.2 米高的石须弥座上矗立通高 22.28 米的木雕千手观音立像,42 手上各雕一眼,持法器,是世界上最高的木雕像;胁侍二菩萨高 15.6 米,整铺造像造型伟岸端庄,优美和谐。

元代汉式佛像雕造已经式微,明、清时期艺术上有重大价值的作品不多。比较重要的如山西洪洞县城东北 17 公里霍山南麓广胜下寺,相传建于东汉,现存建筑是后代重建的,大雄宝殿俗称后殿,是元代建筑,殿内有泥塑三身佛、文殊、普贤二菩萨和胁侍菩萨,造型与塑造技艺具佳。又山西平遥县西南 7 公里桥头村双林寺本北齐建,现存建筑是明代重修,主建筑殿堂十座,布满彩塑 2052 尊,完好的尚存 1566 尊,包括佛、胁侍弟子、观音、菩萨、天王、金刚、十殿阎君、六曹判官以及供养人等,大者丈许,小者尺余;有成组的圆雕、浮雕,也有壁塑以及装饰性雕塑。罗汉殿的中央是观音,两侧是与真人等高的十八身罗汉,其中十四身立像,四身坐像,他们的身段、姿态、面目各不相同,冠带、发型、衣装也不一样,表现出人物不同的年龄和气质。释迦殿中央塑释迦和二菩萨,四周 80 幅悬塑满布壁面,以连环图画方式描写佛本行故事,人物及背景建筑、山石等浑然形成一体,富于生活情趣;扇面墙背后表现观音渡南海至普陀山布设道场情景,南海观音主体是圆雕,单腿盘坐在粉红色莲瓣上,如置身在浅浮雕铸作的海面上,十大弟子扈从作高浮雕,侧面另有胁侍善财童子和龙女,前面有十大明王开道,旁有两大金刚护卫,十二圆觉菩萨布列,场面显得轰轰烈烈。千佛殿里有彩塑五百余躯,殿中佛坛上是二十六臂观音,头戴宝冠,项饰缨络,袒露前胸,衣着华贵,侧壁塑五排菩萨,窗棂下、门两侧塑供养人三十余躯,容貌、服饰极富写实风格。地藏殿里有地藏、十殿阎罗和六曹判官,则完全是中土地狱观念的表现。这座寺院可以看作是一个彩塑博物馆,也是中国佛教造像后期不可多得的杰构。陕西蓝田县城东普化镇王顺山下水陆庵大殿有明代彩色壁塑,上下叠层塑出佛传故事,人物(佛、菩萨、供养人等)、鸟兽自然生动,背景的楼阁亭台、山水园林等布局严谨,层次分明,已经完全是本土场景,也是后代雕塑少见的精品。

　　总地说来,这一时期各地寺庙和民间造像风气虽然仍很兴盛,但多数世俗化严重,往往追求金碧辉煌的装饰效果,品味浅薄而低俗,完全丧失了佛教传统造像那种崇高、庄严的精神风貌和丰富、深厚的文化底蕴。各类佛像造型亦殊少创意,装饰繁琐细碎,风格纤弱无力,显得平庸无奇。菩萨形貌如同民间仕女,罗汉则追求形体的奇形异状,十分流行的大腹便便的弥勒更显得庸俗可笑,大都追求肤浅的装饰效果。不过如上所述,民间仍有一些优秀的能工巧匠,技艺娴熟,构思新颖,创作出一些形容可爱、富于情趣的作品。著名的如明代有福建德化烧瓷工匠何朝宗、以铸造紫铜佛像著名的石叟等人;清代有福建的范道生、四川的黎广修、江苏的阿生、嘉定的封锡禄等人。这些人来自民间,把民间的人情世态和艺术趣味融入创作之中,发挥个人的艺术想象力,创造出多姿多彩、生动活泼的"人物",作品平添浓重的现实气息和生活情趣。石叟以制作观音像和奇形异状的罗汉像著名;黎广修为云南昆明筇竹寺彩塑五百罗汉群像,在众多罗汉堂造像里显得脱俗不凡;封锡禄是著名的竹雕高手,所制的一尊圆雕罗汉像高仅 15 厘米,耸肩伸臂,张口闭目,作倦极欠伸状,惟妙惟肖。不过这类作品宗教意味已经脱卸殆尽,已大体等同于一般的民间艺术品了。

第二十一章 唐代及其以后佛教绘画艺术

一

在全部佛教艺术中,绘画创作与塔寺、造像主要是民间无名艺术家和工匠们的制作有所不同,主要是知识阶层的创造。寺院、洞窟壁画主要是无名民间工匠绘制的,而在纸面、绢帛上作画则基本是士大夫的雅事、清玩。这在很大程度上决定了这种艺术样式的内容和性质。关联佛教绘画,也决定了对于题材的处理方式和艺术表现方法。六朝时期著名画家都是社会上层人士,佛教内容大量入画与佛教信仰在他们之间传播直接相关。当时绘画中人物画盛行,佛画也以"人物"为主,成为兴盛的人物画的重要一科。隋唐时期,绘画题材整体上转变了,山水和花鸟等自然风物题材取得更重要的地位,也正和佛教发展形势的变化有关系。一直到后来,禅宗持续地对思想、文化领域发挥作用,禅对于画坛的影响又是十分显著的。当然,对于不同时期、不同画家这种影响情形是不同的。

唐代是中国历史的重大转折时期,也是整个文化发展的转折时期。文化各领域的转折大体表现为两个方面:一方面是各自取

得集大成的成就,另一方面是发生具有根本性质的演变。苏轼曾有过一个著名论断:

> 知者创物,能者述焉,非一人而成也。君子之于学,百工之于技,自三代历汉至唐而备矣。故诗至于杜子美,文至于韩退之,书至于颜鲁公,画至于吴道子,而古今之变、天下之能事毕矣。[1]

这里是说,到唐代,诗、文、书、画等都取得了集大成的成就。就绘画而论,唐人继承东晋南北朝顾恺之、陆探微、张僧繇、曹仲达等一批优秀艺术家的传统,融会贯通,开拓进取,人物画创作形成新的高峰。这一时期的人物画仍是以王公贵族和释、道为主,并且体现社会兴盛时期人们的高昂精神和雄伟气魄,题材更为扩大,个性更为突出,艺术技巧也更为纯熟了。南北朝时期已经初具规模的山水画在这一时期脱离人物、楼阁而得到长足进展,新兴起的花鸟、鞍马题材则形成独立画科,人物画从而逐步结束它统治画坛的局面而让位于山水、花鸟了。本来中国绘画传统中画人物,无论是世俗的,还是宗教的,都具有显著的现实、功利目的,这反映在传统创作原则中则注重写实;而以山水、花鸟为题材当然也要描摹实物,也要追求逼真的效果,但总体看却更注重表达主观的、象征的意义。即是要通过所描绘的山水、花鸟来抒写个人情志,或者在其中寄托某种寓意。而如果画家接受了佛教,包括禅宗的观念或信仰,更会有意无意间通过这些题材来表达个人的主观意趣。

隋代统一南北,南方华美绮丽的画风和北方刚健质朴的画风得以融合。在佛画方面,代表本土风格的梁张僧繇的"张家样"和更多体现西域风格的北齐曹仲达的"曹家样",经过一批中外艺术家的努力而融会贯通,终于发展、形成代表唐代艺术高峰的"吴(道

---

[1]《书吴道子画后》,《东坡全集》卷九三。

子)家样"和"周(昉)家样"。这种融合从一定意义上说也是本土南、北画风和天竺、西域的外来画风相交流的结果。实现这种融合的新时代的画家们兼取各方优长,造就了绘画史上百花齐放空前繁荣的局面。

隋和唐初,随着西域交通畅通,有更多西域艺术家来到内地。著名的如于阗的尉迟跋质那、尉迟乙僧父子、康国的康萨陀、天竺的昙摩拙义、师子国的金刚三藏等人。尉迟父子下面还将述及;金刚三藏是"师子国人,善西域佛像,运笔持重,非常画可拟。东京广福寺木塔下素像,皆三藏起样"[1]。这是说他给中土画师提供了新的范本。另一方面又有更多的人西行求法,如玄奘,还有王玄策使印随行有艺术家,都注意搜集天竺和西域佛像"粉本"。美国学者谢弗(薛爱华)指出:

> 在唐代,有大批唐朝的朝圣者来到了印度群岛佛教圣地,除了取经和寻求圣物之外,这些朝圣者的一个主要的目的,就是获取塑像和画像……但是唐朝的外来的佛像并不是全都来自印度,有许多是来自其它的佛教国家的作坊。例如长安灵华寺的圣画堂里就有于阗铜像。此外,新罗王也在810年(元和五年)派遣他的儿子向唐朝贡献金、银佛像。外来的圣像中,有些甚至不是佛像,例如在敦煌发现的绘画作品中,有一幅似乎是基督教的圣徒画像……[2]

如此全面的中、外艺术交流给绘画艺术发展提供了大量有益滋养。

更为重要的是唐代开放的社会环境培养出一大批出身庶民的艺术家。他们既不同于魏晋南北朝士族士大夫画家(这些人并不

---

[1]《历代名画记》卷九《唐朝上》。

[2]《唐代的外来文明》(Edward H. Schafer: *The Golden Peaches of Samarkand*, *A study of Tang Exotics*, University of California Press, 1962)第587页,吴玉贵译,中国社会科学出版社,1995年。

是严格意义上的专业画家,他们很多人都是达官显宦),也不同于宋、元以后以绘画谋生的工匠(画工)。这些出身庶族的画家既有传统艺术的深厚素养,又有充分物质条件来钻研技艺;他们进出上流社会以至出入宫廷,又不脱离民众和现实社会生活。这是中国绘画史上第一批真正意义上的专业画家。其中有些人出身华贵,但如杜甫赞扬画家曹霸所说:"将军魏武之子孙,于今为庶为清门。"①就是说,即使像曹霸那样出自帝王世系的人,当时社会地位已经等同于一般庶族了。这样一批生力军形成了唐代绘画艺术创新的主要力量。当时佛教繁荣,寺院建设处在高潮,一些寺庙集中一大批这样的艺术家从事创作;他们不只作佛画,还创作多种其他题材的作品。例如段成式记载长安资圣寺净土院壁画:

> 崇仁坊资圣寺净土院门外,相传吴生一夕秉烛醉画,就中戟手,视之恶骇。院门里卢楞伽,尝学吴势,吴亦授以手诀,乃画总持三门寺,方半,吴大赏之,谓人曰:"楞伽不得心诀,用思太苦,其能久乎!"画毕而卒。中门窗间吴道子画高僧,韦述赞,李严书。中三门外两面上层,不知何人画,人物颇类阎令。寺西廊北隅杨坦画近塔天女,明睇将瞬。团塔院北堂有铁观音,高三丈余。观音院两廊,四十二贤圣,韩干画,元中书载赞。东廊北头散马,不意见者,如将嘶蹀。圣僧中龙树、商那和修绝妙。团塔上菩萨,李异(真)画。四面花鸟,边鸾画,当药上菩萨顶,茂葵尤佳。塔中藏千部《法华经》。②

这样,资圣寺的壁画不但有佛像,还有著名的韩干画马,边鸾画花鸟。这里顺便提及,以画马驰名的韩干,同样善画佛像。据说"干常征债于王(维)家,戏画地为人马,右丞精思丹青,奇其意趣,乃岁与钱二万,令学画十余年。今(道政坊宝应寺)寺中释梵天女,悉齐

①《丹青引赠曹将军霸》,《杜少陵集详注》卷一三。
②《酉阳杂俎》续集卷六《寺塔记下》,第 261 页,方南生点校,中华书局,1981 年。

公妓小小等写真也。寺有韩干画《下生帧》，弥勒衣紫袈裟，右边仰面菩萨及二师子，犹入神"①。这里"齐公"指武周时期担任宰相、封齐国公的魏元忠，这段话被当作唐代绘画以现实真人为"粉本"的典型言论，也表明佛画乃是当时一般画家的技能，他们又是普遍注重自现实生活汲取素材的。

画家队伍社会成分的变化，艺术技巧的成熟和多样化，加上既有源源不断的外来滋养，又有本土丰厚的历史传统和经验，所有这些条件凑集起来，为佛画创作的新高峰奠定了牢固的基础。

二

隋代画家无不善作壁画。这与朝廷尊崇佛教、佛教兴盛的形势有直接关系。当然也给艺术家提供了施展才能的机会。如展子虔、郑法士、郑法轮、郑德文、陈善见、刘乌、孙尚子、杨契丹、李雅、蔡生等著名画家都在寺院壁上作画。其中也包括一批僧人画家，如释跋摩、释玄畅、释迦佛陀等。

展子虔、杨契丹齐名。展子虔生卒年不详，历仕北齐、北周，至隋为朝散大夫、帐内都督。他擅长山水、人物、楼阁、车马，特别在山水画发展史上占有重要地位，所作"江山远近之势尤工，故咫尺有千里趣"②。宋代流传他的《鬼拔河》画，有梅尧臣等许多诗人作诗题咏。他也创作许多佛画，包括为寺庙所作壁画。记录在案的有《法华变》（白麻纸）、《维摩像》、《授塔天王图》、《灵感观音》、《伫立观音》等以及在长安灵宝寺、光明寺、定水寺、崇圣寺、海觉寺、甘

---

①《酉阳杂俎》续集卷五《寺塔记上》，第250—251页。
②《宣和画谱》卷一《道释一》。

露寺、洛阳天女寺、云华寺、江都东安寺等处所作壁画。

　　杨契丹生卒年同样不详，官至上仪同。他也具有多方面才能。张彦远记载说：

　　　　昔田（僧亮）、杨与郑法士同于京师光明寺画小塔，郑图东壁、北壁，田图西壁、南壁，杨画外边四面，是称三绝。杨以簟蔽画处，郑窃观之，谓杨曰："卿画终不可学，何劳障蔽？"杨特托以婚姻，有对门之好。又求杨画本，杨引郑至朝堂，指宫阙、衣冠、车马曰："此是吾画本也。"由是郑深叹服（光明寺后为大云寺，今长安怀远里也）。又宝刹寺一壁佛涅槃变、维摩等，亦为妙作，与田同品。[1]

杨契丹在光明寺所画题材是《本行经》，在永泰寺等处也作有壁画。

　　自古以来，于阗在佛教和佛教艺术东传方面起了重要作用。尉迟跋质那和尉迟乙僧父子出身吐火罗[2]，"贞观初，其国王以丹青奇妙，荐之阙下"[3]。尉迟本是于阗王姓，他们或许是于阗宗室。父子分别被称为大尉迟、小尉迟。乙僧特别受到唐朝廷器重，被授以宿卫官，袭封郡公。唐初朝廷有四夷质子授官宿卫制度，他有可能是作为于阗质子留住长安的。朱景玄说他画"慈恩寺塔前功德，又凹凸花面中间千手眼大悲精妙之状，不可名焉。又光泽寺七宝台后面画降魔像，千怪万状，实奇综也。凡画功德、人物、花鸟，皆是外国之物像，非中华之威仪。前辈云：'尉迟乙僧，阎立本之比也。'景玄尝以阎画外国之人，未尽其妙；尉迟画中华之像，抑亦未闻。由是评之，所攻各异，其画故居神品也"[4]。这里所谓"外国之物像"是强调其异域风格；而"凹凸花"画法，前面介绍张僧繇时已经说到，是一种西域传入的不同于中土传统线描的晕染手法。关于他

---

①《历代名画记》卷八《隋》。
②关于尉迟父子的出身地，还有"于阗"等以至笼统的"西国"说。
③④朱景玄《唐朝名画录》。

的画给人的具体印象,唐人段成式说:

> (长安)光宅坊光宅寺……普贤堂,本天后梳洗堂,葡萄垂
> 实,则幸此堂。今堂中尉迟画颇有奇处,四壁画像及脱皮白
> 骨,匠意极崄。又变形三魔女,身若出壁。又佛圆光,均彩相
> 错乱目成。讲东壁佛座前锦如断古标。又左右梵僧及诸蕃往
> 奇,然不及西壁。西壁逼之摽摽然。①

这里写出尉迟乙僧在普贤堂所画壁画的奇特构图、强烈色彩对比
以及晕染技法造成的立体效果。这也正是"外国之物像"表现方法
的实例。又张彦远说他"画外国及菩萨,小则用笔紧劲,如屈铁盘
丝;大则洒落有气概。僧惊云:'外国鬼神,奇形异貌,中华罕继。'窦
云:'澄思用笔,虽与中华道殊,然气正迹高,可与顾、陆为友。'"②汤垕说他
"作佛像甚佳,用色沉著,堆起绢素,而不隐指"③,也都是指他铁线
描、重设色的凹凸花式的西域画法。他的画迹如今已不可见,但在
新疆于阗寺院遗址中发现的壁画和木版画,线条劲健(屈铁盘丝),
色彩浓艳(堆起绢素);今新疆和田县丹丹乌里克废寺所见吉祥天
女像,躯体也以线勾勒,施以晕染,具有强烈的立体感;克孜尔石窟
壁画具有同样艺术特色。从这些可推测所谓"凹凸花法"的作画技
巧及其艺术特征。尉迟父子的画"用色沉著",又和使用矿物质颜
料有关系。这是自西域输入的颜料。当初尉迟乙僧的画遍在长安
慈恩、兴唐、奉恩诸大寺以及洛阳的大云寺等处。《宣和画谱》著录
宋代御府所藏八幅:《弥勒佛像一》、《佛铺图一》、《佛从像一》、《外
国佛从图一》、《大悲像一》、《明王像二》、《外国人物图一》;见于文
献的还有《有余菩萨》、《天王小像》等。尉迟父子是众多外来画家
并取得杰出成就的一例。唐代前期中外交流中,艺术的交流成绩

---

① 《酉阳杂俎》续集卷六,第 256—257 页。
② 《历代名画记》卷九《隋》。
③ 《画鉴》。

十分卓著,他们可作为突出的代表。

唐前期的绘画题材逐渐扩展开来。从上面介绍的几位画家的创作已经可以知道:山水、花鸟、鞍马等内容已广泛进入画家视野,有些人且对于某种题材有所擅长,以之名世。而同时几乎每个有成就的画家又都积极地参与佛画创作。这是前人传统的延续,也和当时佛教发展极盛的形势有直接关系。

阎立本(?—673),曾担任将作大匠、工部尚书,是唐初享有盛誉的宫廷画家。他的专长在人物、宫室,见于记载的有《十八学士图》、《凌烟阁功臣图》等;现存《步辇图》、《历代帝王图》,是否真迹不能确定,但均被评价为人物肖像画的典范作品,可据以推测他的艺术风格与成就。他也善于释、道题材。据传他"至荆州,见张僧繇旧迹,曰:'定虚得名耳。'明日又往,曰:'犹近代佳手。'明日又往,曰:'名下定无虚士。'坐卧观之,留宿其下,十日不能去"①。阎立本所看的应是张僧繇在荆州(即江陵)惠聚寺、延祚寺等处所作壁画。他的佛画见于记载的有《维摩像》两铺、《观音感应像》、《游行天王图》两铺、《地狱变相》、《醉僧图》等,在两京寺院也留有壁画。

生活在唐前期的范长寿、何长寿生卒年均不详,二人亦皆师法张僧繇,并长于释、道、人物。范长寿兼能山水、树石、牛马和田家风景。

薛稷(649—713),本来善长花鸟、人物,尤以画鹤著称。杜甫有诗称赞说:"薛公十一鹤,皆写青田真。画色久欲尽,苍然犹出尘。低昂各有意,磊落如长人。佳此志气远,岂惟粉墨新。"②他同样也画佛像、菩萨。他"曾旅游新安郡,遇李白,因相留,请书永安寺额,兼画西方佛一壁,笔力潇洒,风姿逸秀,曹、张之匹也"③。宋

---

① 《刘宾客嘉话录》。
② 《通泉县署壁后薛少保画鹤》,《杜少陵集详注》卷一一。
③ 《唐朝名画录》。

中兴馆阁收藏有他的《观音居士像》。

　　李思训(653—718)和李昭道父子是唐宗室,活跃在开元时期,是继展子虔之后唐代最重要的山水画大家。特别是思训,所画着色山水,工整富丽,金碧辉映,笔格遒劲,与王维的善用水墨各成一派,影响深远。他也画过《无量寿佛图》;李昭道见于记载的则有两幅《山水文殊菩萨》。

　　活动在唐玄宗、肃宗时代的陈闳善画人物、鞍马,也画过六幅《六祖禅师像》。

　　大体同时期以画马著名的韩干,前面已经提到,"画高僧、鞍马、菩萨、鬼神等,并传于世"[1]。长安道政坊宝应寺"有韩干画《下生帧》,弥勒衣紫袈裟,右边仰面菩萨及二师子,犹入神"[2];崇仁坊资圣寺"观音院两廊四十二贤圣,韩干画,元中书载赞"[3]。据张彦远记载:

　　　　(长安)兴唐寺……西院,韩干画一行大师真,徐浩书赞。

　　　　宝应寺:多韩干白画,亦有轻成色者。佛殿东西二菩萨,亦干画,工人成色,损。西南院……南门外,韩干画侧坐毗沙门天王。

　　　　千福寺:……西塔院……北廊堂内,南岳智顗、思大禅师、法华七祖及弟子影(弟子寿王主簿韩干敬貌遗法,弟子沙门飞锡撰颂并书)、绕塔板上二十四弟子(卢棱〔楞〕伽、韩干画,里面吴生画时菩萨,现吴生貌)……塔院西廊(沙门怀素草书)天师真,韩干画……楚金真,吴画弥勒下生变(韩干正画,细小稠闹)。[4]

此外还有在润州(今江苏南京)甘露寺文殊堂所画壁画等。

---

①《唐朝名画录》。
②《酉阳杂俎》续集卷六《寺塔记上》,第251页。
③同上续集卷六《寺塔记下》,第261页。
④《历代名画记》卷三《记两京外州寺观画壁》。

　　以上这些都是各有专长的著名画家，都热心并精于佛画。由于这些优秀艺术家的共同参与，创造出佛画艺术的又一高峰。

　　唐代成就最为杰出的画家当是吴道玄。道玄原名道子，阳翟（今河南禹州）人，生卒年不详。他唯一的一件记载创作年代的作品是"开元十年"（722）的。据推测，他应生于七世纪九十年代，卒于唐肃宗乾元元年（758）前后。他少孤贫，年未弱冠，已穷丹青之妙，浪迹东洛；玄宗知其名，招入为内供奉，是出身于下层而进入内廷的御用画家。他有"画圣"之称，人物、鬼神、台阁、山水、禽兽、草木等无一不精，皆冠绝一时。他的成就既代表了此前绘画艺术集大成的成果，又预示着中国绘画历史发展的重大转变。在佛画创作方面，他以"吴家样"创造了又一派艺术风格。

　　吴道子发展了传统的线描技巧，"行笔磊落挥霍，如莼菜条，圆润折算，方圆凹凸，装色如新"①。莼菜条的比喻，是说他描绘线条流利圆转而内含坚挺。同时他又吸收了外来的凹凸法，"画人物，如以灯取影，逆来顺往，旁见侧出，横斜平直，各相乘除，得自然之数，不差毫末。出新意于法度之中，寄妙理于豪放之外"②。这样，他善于汲取和借鉴外来艺术技巧，又继承和发展了本土优良传统，既循"法度"又出"新意"。前面介绍曹仲达，说他所画人物的特点是"曹衣出水"，相对比吴道子的人物则被形容是"吴带当风"，这是说他描绘人物衣装如迎风飘举，潇洒倜傥，体现出一种雄健流畅、挥洒自如的风貌。据传"明皇天宝中，忽思蜀道嘉陵江水，遂假吴生驿驷，令往写貌。及回日，帝问其状。奏曰：'臣无粉本，并记在心。'后宣令于大同殿图之。嘉陵江三百余里山水，一日而毕。时有李思训将军山水擅名，帝亦宣于大同殿图，累月方毕。明皇云：'李思训数月之功，吴道玄一日之迹，皆极其妙也。'"③这种传说不

————————————

① 米芾《画史·唐画》。
② 苏轼《书吴道子画后》，《东坡全集》卷九三。
③ 《唐朝名画录》。

一定是事实,但却在对比中真切地反映出两人不同的艺术风格:吴道子更偏重"写意",作画时不用界笔直尺,运思挥毫,意到笔随,不滞于手,不凝于心。下面引述朱景玄记载他在长安寺院画门神,一笔扫出圆光,望者如堵,喧呼动坊邑,正体现他创作挥洒自如的境界。他的作品宋代流传很多,但今传真迹只有《天王送子图》(有人认为是摹本),藏日本大阪博物馆。全画分三部分,前两段内容待考,第三段描绘释迦降生、净饭王和摩耶夫人抱谒自在天神事,形象生动,笔致雄放,轻重顿挫,颇有节奏感,衣带飘举,做兰叶描并略加渲染,应反映"吴家样"的风貌。

朱景玄说吴道子"常持《金刚经》,自识本身",可知他信仰佛教;又着重记载他的佛画说:

> 又按《两京耆旧传》云:"寺观之中,图画墙壁,凡三百余间。变相人物,奇踪异状,无有同者。上都唐兴寺御注金刚经院,妙迹为多,兼自题经文。慈恩寺塔前文殊、普贤,西面庑下降魔、盘龙等壁,赵景公寺地狱壁,帝释、梵王、龙神,永寿寺中三门两神,及诸道观寺院,不可胜纪,皆妙绝一时。"
>
> 景玄每观吴生画,不以装背为妙,但施笔绝踪,皆磊落逸势。又数处图壁,只以墨踪为之,近代莫能加其彩绘。凡图圆光,皆不用尺度规画,一笔而成。景玄元和初应举,住龙兴寺,犹有尹老者年八十余,尝云:"吴生画兴善寺中门内神圆光时,长安市肆老幼士庶竞至,观者如堵。其圆光立笔挥扫,势若风旋,人皆谓之神助。"又尝闻景云寺老僧传云:"吴生画此寺地狱变相时,京都屠沽渔罟之辈,见之而惧罪改业者,往往有之,率皆修善。所画并为后代之人规式也。"①

又段成式记载:

---

① 《唐朝名画录》。

> 常乐坊赵景公寺……南中三门里东壁上,吴道玄白画《地
> 狱变》,笔力劲怒,变状阴怪,睹之不觉毛戴,吴画中得意
> 处……西中三门里门南,吴生画龙及刷天王须,笔迹如铁。有
> 执炉天女,窈眸欲语。[①]

吴道子壁画当时遍在两京各大寺院和汴州(今河南开封)、汝州(河
南汝州)、润州(江苏南京)、上党(今山西长治)等地。杜甫曾一再
写诗称许,有"画手看前辈,吴生远擅场"[②]的赞誉。吴道子地狱变
相尤其有名,宋代诗人多有题咏。葛立方曾在汝州龙兴寺"观吴道
子画两壁,一壁作维摩示疾,文殊来问,天女散花;一壁作太子游四
门,释迦降魔成道,笔法奇绝"[③]。苏轼也曾赞扬他和王维的维摩诘
画像说:

> 何处访吴画,普门与开元。开元有东塔,摩诘留手痕。吾
> 观画品中,莫如二子尊。道子实雄放,浩如海波翻。当其下手
> 风雨快,笔所未到气已吞。亭亭双林间,彩晕扶桑暾。中有至
> 人谈寂灭,悟者悲涕迷者手自扪。蛮君鬼伯千万万,相排竞进
> 头如鼋。摩诘本诗老,佩芷袭芳荪。今观此壁画,亦若其诗清
> 且敦。祇园弟子尽鹤骨,心如死灰不复温。门前两丛竹,雪节
> 贯霜根。交柯乱叶动无数,一一皆可寻其源。吴生虽妙绝,犹
> 以画工论。摩诘得之于象外,有如仙翮谢笼樊。吾观二子皆
> 神俊,又于维也敛衽无间言。[④]

这里苏轼是从文人画的角度评论,更推崇王维,但对吴道子画风的
描述又很清晰、生动。吴道子佛画著名的还有《白衣观音》、《水月
观音》等。这表明他的创作已超出佛、弟子、菩萨、天王等传统题

①《酉阳杂俎》续集卷五《寺塔记上》,第248—249页。
②《冬日洛城北谒玄元皇帝庙》,《杜少陵集详注》卷二。
③《韵语阳秋》卷一四,《历代诗话》下册第601页。
④《凤翔八观·王维吴道子画》,《东坡全集》卷一。

材。新题材给他的创作提供了自由发挥的广阔余地。这也是他的佛画艺术的特点之一。中唐人封演说：

> 至若吴道玄画鬼神，韩干画马，皆近时知名者也。尔后画者甚众，虽有所长，皆不能度越前辈矣。①

这也是说吴道子取得的不可企及的成就。

几位与吴道子同时的画家在佛画创作方面也取得突出成绩。首先是他的弟子。吴道子弟子众多，最著名的是卢楞伽，京兆人，生卒年不详。"安史之乱"中他避地四川，在许多寺院作画，把"吴家样"传播到蜀中。后来回到长安，仍在寺院作画。张彦远记载说：

> 卢楞伽，吴弟子也，画迹似吴，但才力有限。颇能细画，咫尺间山水寥廓，物像精备。经变佛事，是其所长。吴生尝于京师画总持寺三门，大获泉货。楞伽乃窃画庄严寺三门，锐意开张，颇臻其妙。一日，吴生忽见之，惊叹曰："此子笔力，常时不及我，今乃类我。是子也，精爽尽于此矣。"居一月，楞伽果卒。②

从这种传说可见他追踪乃师的努力。他除了画寺院壁画，卷轴画也不少，宋代御府所藏达一百五十幅之多，主要是菩萨、罗汉和高僧像。这也是当时佛画创作正在流行起来的题材，情形和前面说过的造像题材的变化相一致。现存故宫博物院的《六尊者像》，相传是他的手笔。而备受赞誉的是《十六罗汉图》，范成大说"蜀画胡僧，惟卢楞伽之笔为第一"③。赵锡鹄则说："唐卢楞伽笔，世人罕见。余于道州见所画罗汉十六，衣纹真如铁线。惟崔白作圈线，颇

---

① 《封氏闻见记》卷五《图画》。
② 《历代名画记》卷九《唐朝上》。
③ 《吴船录》卷一。

有绪余;至伯时方不及也。"①

　　杨庭光据传也是吴道子学生,当时与吴齐名,"画佛像,其笔力不减于吴生"②。除佛画外,他又擅长经变、杂画、山水等。两京寺院壁画多有吴道子、卢楞伽与他合作的。他也多画菩萨、观音像。宋宫廷有宋徽宗御题《观音像》,"单幅横轴,观音正面坐石上,下临海岸,有龙女朝礼,及一小龙于旁"③。这已是后来广泛流传的南海观音构图的雏形。

　　如果说吴道子师徒创造了佛画艺术的高峰,另有些人则锐意创新,另辟蹊径,开拓艺术表现的新局面。

　　开创水墨山水画派、把山水题材推向画坛前沿的王维,也画过《维摩诘图》、《黄梅出山图》、《渡水罗汉》等。如前面提到的,苏轼在凤翔看到吴道子和他的维摩诘画,曾写诗加以赞扬,并特别推崇他。

　　中唐时期以仕女画著名的周昉,也擅长佛画。他以"周家样"开创出佛画的新生面。朱景玄说:"德宗修章敬寺,召(周)皓云:'卿弟昉善画,朕欲宣画章敬寺神,卿特言之。'经数月,果召之。昉乃下手,落笔之际,都人竞观,寺抵园门,贤愚毕至。或有言其妙者,或有指其瑕者,随意改定。经月有余,是非语绝,无不叹其精妙,为当时第一"。周昉属于写实一派,又记载他的逸事说:

　　　　又郭令公婿赵纵侍郎尝令韩干写真,众称其善。后又请周昉长史写之。二人皆有能名。令公尝列二真,置于坐侧,未能定其优劣。因赵夫人归省,令公问云:"此画何人?"对曰:"赵郎也。"又云:"何者最似?"对曰:"两画皆似,后画尤佳。"又云:"何以言之?"云:"前画者空得赵郎状貌,后画者兼移其神

①《洞天清禄集·古画辨》。
②《唐朝名画录》。
③《志雅堂杂钞》卷上《图画碑帖》。

气,得赵郎情性笑言之姿。"令公问曰:"后画者何人?"乃云长
史周昉。①

这表明,周昉更注重形象神情的逼真。这也是迎合世俗艺术趣味
的表现。而创作佛画迎合世俗,在观念上则与佛教的世俗化有直
接关系。他的人物画追求表现的柔媚艳丽,突出人物内在情致的
细微,朱景玄记述特别著名的是"上都有画水月观自在菩萨。时人
又云,大云寺佛殿前行道僧、广福寺佛殿前面两神,皆殊绝当代。
昉任宣州别驾,于禅定寺画北方天王,尝于梦中见其形象"②。他画
的水月观音如今已不可见,但在敦煌绢画里有两幅水月观音像(分
别藏巴黎集美博物馆和伦敦大英博物馆),在莫高窟和榆林窟壁画
里也有同样题材作品,所绘观音像如美丽的仕女,姿容端严,造型
秀丽,流露出悲悯慈祥的胸怀,或可借以推测周昉画的面貌。

比周昉稍后的赵公祐,"攻画人物,尤善佛像、天王、神鬼。初,
赞皇公(李德裕)镇蜀之日,宾礼待之。自宝应、大和至开成年,公
祐于诸寺画佛像甚多。会昌年一例除毁,唯存大圣慈寺文殊阁下
天王三堵,阁里内东方天王一堵,药师院师堂内四天王并十二神,
前寺石经院天王部属,并公祐笔,见存。公祐天资神用,笔夺化权,
应变无涯,罔象莫测,名高当代,时无等伦。数仞之墙,用笔最尚风
神骨气,唯公祐得之,六法全矣"③。

又"范琼者,不知何许人也。开成年与陈皓、彭坚同时同艺,寓
居蜀城。三人善画人物、佛像、天王、罗汉、鬼神。三人同手,于诸
寺图画佛像甚多。会昌年除毁后,余大圣慈一寺佛像得存。洎宣
宗皇帝再兴佛寺,三人于圣寿寺、圣兴寺、净众寺、中兴寺,自大中
至乾符,笔无暂释,图画二百余间墙壁。天王、佛像、高僧、经验及
诸变相,名目虽同,形状一无同者"④。

----

①②《唐朝名画录》。
③④《益州名画录》卷上。

　　晚唐五代战乱不绝,局势扰攘不安,但佛教却有所发展。这也推动了佛画创作的繁荣。唐末的孙位、李升善山水,也都画佛画;而朱繇"工画道释,妙得吴道玄笔法,人未易优劣也"[1];后唐的黄筌、黄居寀父子本是花鸟名家,但也画过《观自在菩萨》或《水月观音》等。又"梁龙德中,洛阳广爱寺沙门义暄剩置金币,邀四方奇笔,画三门两壁"[2]。表明当时绘画润笔对于某些人已成生财之道。南方的西蜀和南唐自唐末以来形势相对安定,佛教又十分发达,汇聚一批能文善艺之士。统治者创建画院,集中绘画人才,推动了绘画艺术的发展。在西蜀,如"常粲,长安人,咸通中路岩侍中牧蜀日,粲入蜀,雅为岩宾礼甚厚。粲善画道释人物,尤得时名。喜为上古衣冠,不堕近习,衣冠益古则韵益胜。此非画工专形似之学者所能及也"[3];"杜龂龟,其先秦人也,避地居蜀,事王衍为翰林待诏。博学强识,无不兼能,至丹青之习,妙出意外。画佛相、人物尤工。始师常粲,后舍旧学,自成一家,故笔法凌轹辈流,粲亦莫得接武也。成都僧舍所画壁,名盖一时"[4];"杜敬安,龂龟之子,继父之美,事孟蜀为翰林待诏,尤能傅彩。成都大慈寺多与其父同画列壁"[5];"张元,简州金水石城山人,善画释氏,尤以罗汉得名。世之画罗汉者,多取奇怪,至贯休则脱略世间骨相,奇怪益甚。元所画得其世态之相,故天下知有金水张元罗汉也"[6];杜子瓖,华阳人,工画佛道,尤精傅彩,调铅杀粉,别得其方,尝于成都龙华东禅院画毗卢像,坐赤圝光中碧莲花上,其圝光如初出日轮,破淡无迹,人所不到也;杜弘义,蜀郡晋平人,工画佛像、高僧,成都宝应寺有文殊、普贤并水陆功德;高道兴,成都人,事王蜀,为内图画库使,工佛道杂画,

①《宣和画谱》卷三《道释三》。
②刘道醇《五代名画补遗·人物门第一》。
③《宣和画谱》卷二《释道二》。
④⑥同上卷三。
⑤《图画见闻志》卷二。

用笔神速，触类皆精，蜀之寺观，尤多墙壁，时谚云"高君坠笔亦成画"；赵元德，长安人，天复中入蜀，杂工佛道、鬼神、山水、屋木。偶唐季丧乱之际，得隋唐名手画样百余本，故所学精博；赵忠义，元德之子，事孟蜀，为翰林待诏，虽从父训，宛若生知……尝与高道兴、黄筌辈同画成都寺壁甚多，如此等等，可见西蜀画坛彬彬之盛①。在南唐，有在后主李煜朝廷担任翰林待诏的王齐翰，"画道释人物多思致，好作山林丘壑，隐岩幽卜，无一点朝市风埃气"，据说宋太祖赵匡胤登基前得到他画的罗汉十六轴，大加赏叹，后名为"应运罗汉"②；曹仲元，建康丰城人，江南李氏时为翰林待诏，画道释鬼神，初学吴道玄不成，弃其法，别作细密，以自名家，尤工傅彩，遂有一种风格，尝于建业佛寺画上下座壁，凡八年不就，李氏责其缓，命周文矩较之。文矩曰："仲元绘上天本样，非凡工所及，故迟迟如此。"③越明年乃成，李氏特加恩抚，等等。如果说至吴道子时中国佛画艺术已达鼎盛，这些人的创作则可看作是佛画极端兴盛的回光返照。

　　北宋画家仍有不少人精于释、道人物。北宋初年沿袭唐末、五代遗风，画家多作人物和佛画。南唐的一些画师北上汴梁。如"孙梦（或作"曼"——著者）卿，字辅之，东平人也。工画道、释，学吴生而未能少变。其后传移吴本，大得妙处，至数丈人物，本施宽阔者，缩移狭隘则不过数寸，悉不失其形似，如以鉴取物，见大小远近耳。览者神之，号称孙脱壁，又云孙吴生。以此可见其精绝。但施于卷轴者殊少，盖塔庙岁久，不能皆存也"④；他曾在大相国寺作画，有代表作《松石问禅图》，"在钱唐人家，一松清润，一僧甚闲雅，一士人

---

①以上均见《图画见闻志》卷二。
②《宣和画谱》卷四《道释四》。
③同上卷三《道释三》。
④同上卷四《道释四》。

作问答尊礼意,笔法精妙,古称为孙吴生,名不虚得也"①,被认为是绘画史上"佛画与山水画合流"②的典型作品。著名的山水画家荆浩"亦尝于京师双林院画宝陀落伽山观自在菩萨一壁"③;石恪有《维摩颂》,苏轼曾作长诗《石恪画维摩颂》称颂,另日本京都正法寺藏有《二祖调心图》,真伪尚难确定;孙知微,擅长山水,又精于释道人物,"字太古,眉阳人也。世本田家,天机颖悟,善画,初非学而能……喜画道、释,用笔放逸,不蹈袭前人笔墨畦畛……知微多客寓寺观,精黄老、瞿昙之学,故画道释益工,而蜀中寺观尤多笔迹焉"④,文献记录他的佛画有《维摩像》、《涅槃图》、《辟支迦佛》、《渡海观音》等;高文进,"工画佛、道,曹、吴兼备",汴京(今河南开封)大相国寺的壁画非常有名。上述石、孙、高诸人都出自四川,这也是沿袭了五代四川地区释、道绘画兴盛的传统。勾龙爽也来自四川,画《补陀观音像》,"具天人种种殊相,宝珠缨络,铢衣绀髻,使人瞻之,敬心自起。笔气清润,意通幻妙,所居补陀伽山,在海岸孤绝处,烟峦蒙密,佳气蔼然"⑤;赵光辅是太宗朝画院学生,长于佛画、人物、蕃马等,他的《蛮王礼佛图》保存在美国克里夫兰美术馆,他还画有传说向中土传法的高僧摄摩腾、竺法兰像及《五百高僧》等;活动在真宗时期的武宗元也精于画观音菩萨;北宋中期的吴元瑜是花鸟大家,他也画过不少观音像如《观音经像》、《水月观音像》、《观音菩萨像》等。从有关记述看,这时的佛画表现上已更多超离固有"粉本",画家们显然是更为自由地发挥了。

　　北宋最为杰出的画家是李公麟(1049—1106)。他本是艺术全才,诗、文、书、画无一不精,绘画则山水、花鸟、人物、释道等无所不

①《画鉴》。
②戴蕃豫《中国佛教美术史》第612页。
③《五代名画补遗·山水门第二》。
④《宣和画谱》卷四《道释四》。
⑤李廌《德隅斋画品》。

工。他和一代著名文人苏轼、王安石、黄庭坚等交好,这些人都对他的画艺赞誉有加。邓椿记载:

> 以其耽禅,多交衲子。一日,秀铁面(法秀)忽劝之曰:"不可画马,他日恐堕其趣。"于是翻然以悟,绝笔不为,独专意于诸佛矣。其佛像每务出奇立异,使世俗惊惑,而不失其胜绝处。尝作长带观音,其绅甚长,过一身有半;又为吕吉甫作石上卧观音,盖前此所未见者;又画自在观音,跏趺合爪,而具自在之相,曰:"世以破坐为自在。自在在心,不在相也。"乃知高人达士,纵施横设,无施而不可者。①

除了观音之外,他的《维摩画像图》、《十六罗汉》、《莲社图》等后人都多有题咏。其中《维摩诘像》传世至今。从上面记述还可以看出,李公麟画观音发挥了更自由的艺术想象,创造出更丰富多彩的形象。这也可看作是佛教信仰通俗化潮流中的典型产物。

　　前面讨论造像艺术已经指出,宋代以降,在艺术上最有特色、最体现创造力的是菩萨、罗汉造像。相关介绍中已经说到绘画具有同样情况。画家们同样热衷于表现以现实人物为原型的菩萨与罗汉。这一变化自中唐时期已经开始。比如前面介绍过的卢楞伽、周昉,都以菩萨为重要创作题材,又都取材于现实人物。至宋人,这一状况则形成潮流。李公麟的画历来被称赞集晋唐诸人之长,所画释道人物上追吴道玄,又以画罗汉更为精彩。明黄淳耀《李龙眠画罗汉记》描述他所画罗汉说:

> 李龙眠画罗汉渡江,凡十有八人,一角漫灭,存十五人有半及童子三人。凡未渡者五人:一人值坏纸,仅见腰足;一人戴笠携杖,衣袂翩然,若将渡而无意者;一人凝立远望,开口自语;一人跣左足,蹲右足,以手捧膝作缠结状,双屦脱置足旁,

---

① 《画继》卷三《轩冕才贤》。

回顾微哂；一人坐岸上，以手踞地，伸足入水，如测浅深者。方渡者九人：一人以手揭衣，一人左手策杖，目皆下视，口呿不合；一人脱衣，双手捧之而承以首；一人前其杖，回首视捧衣者；两童子首发鬅鬙，共异一人以渡，所异者长眉覆颊，面怪伟如秋潭老蛟；一人仰面视长眉者；一人貌亦老苍，伛偻策杖，去岸无几，若幸其将至者；一人附童子背，童子瞠目闭口，以手反负之，若重不能胜者；一人貌老过于伛偻者，右足登岸，左足在水，若起未能。而已渡者一人，捉其右臂，作势起之。老者努其喙，缬纹皆见；又一人已渡者，双足尚跣，出其履将纳之，而仰视石壁，以一指探鼻孔，轩渠自得。按罗汉于佛氏为得道之称，后世所传高僧，犹云锡飞杯渡，而为渡江艰辛乃尔，殊可怪也。推画者之意，岂以佛氏之作止语默，皆与人同，而世之学佛者，徒求卓诡变幻、可喜可愕之迹，故为此图以警发之。[1]

从这段描述可以知道，李公麟所画罗汉完全是从现实取材，极富生活气息，充分体现了画家的主观意念和艺术趣味。这也表明佛画艺术的一大转变已经完成，即由以外来佛像为模本、以表现宗教观念为主旨，转化为以现实人生为依据、以表达个人意念为主导了。元代著名画家赵孟頫曾画过《红衣罗汉图》，有题跋说：

　　余尝见卢楞伽罗汉像，最得西域人情态，故优入圣域。盖唐时京师多有西域人，耳目所接，语言相通故也。至五代王齐翰辈，虽画，要与汉僧何异。余仕京师久，颇尝与天竺僧游，故于罗汉像自谓有得。[2]

这是就画罗汉而言：唐代卢楞迦是按照西域人的形貌来描绘的，而到了王齐翰等人，形象则和汉人面貌同样了。发生这种演变当然

----

[1]《陶庵全集》卷七。
[2]《清河书画舫》卷一〇下《赵孟頫》。

与佛教发展的形势有直接关系,亦是由绘画艺术自身规律决定的:艺术家需要从单纯的信仰中解脱出来,才能开拓更为广阔的创作天地。这样多种多样的贴近生活真实的菩萨、罗汉形象就被创造出来了。

南宋以后,山水、花鸟等自然景物题材逐渐占据了画坛的主流地位,精于画人物、释道的画家虽代有其人,但就画坛整体看,这一类题材已不再具有先前那样重要的意义了。

三

如上所述,在隋唐五代,萌芽于上古并在漫长时期发展成熟的山水、花鸟题材的绘画独立为重要画科,逐步蔚为大宗,与释道、人物等传统题材并驾齐驱,并明显预示着后者的衰落。山水、花鸟题材从表面看与佛教没有多少关联,但这一转变中佛教特别是禅的影响却是相当显著的。这种影响大体可分为三个方面:一是从整个画坛风气演变看,绘画主要的主题和题材由人物(包括释、道人物)转变为山水花鸟,即由主要是客观地表现社会、人生(释、道人物不过是现实人物的曲折体现)转变为借助外在自然景观、物象表达主观精神世界,禅宗在这一转变中提供了思想观念和认识方法方面的依据;第二,有一批画家好佛习禅,游戏禅悦,在作品中不同程度、不同方式地体现禅的内容和影响;第三,画坛上活跃着一批僧人画家,他们基本是僧团中畸形人物的"画僧",一般来说,这些人的创作当然会更多地表现佛教内容,其中也不乏在艺术上具有鲜明独创性并影响潮流的人物。这三个方面当然是相互关联的。

首先讨论第一方面。

绘画的题材和主题由人物(包括释、道)转向山水花鸟,而中国的山水花鸟画并不以忠实、细腻地描摹自然为主要目的,更注重通过景物来传达画家的主观感受。即如范宽所说:"心放于造化炉锤者,遇物得之,此其为真画者也。"①石涛则说:"夫画者,从于心者也。"②画家们描绘自然景物,一方面藉以娱悦心神,另一方面创造出心目中可望、可游、可行、可居的景观,借以传达一种美学的、人生的理想。在具体表现方面,或求简净单纯,或求新奇变怪,或在笔墨上挥洒夸张,或在布局上使用余白、残破等手法,造成余意无穷的效果。这就和禅张扬主观精神相通了。

绘画史上的变化本来和画坛观念的变化直接相关联。到唐代,庶族出身的画家逐渐成为画坛的主力,也是发展绘画艺术的生力军。绘画史上有"文人画"之说,对这一概念有不同的解释。最早明确提出这一概念的应是苏轼,他称之为"士人画"。在一篇题跋里他说:

> 观士人画,如阅天下马,取其意气所到。乃若画工,往往只取鞭策皮毛,槽枥刍秣,无一点俊发,看数尺许便倦。汉杰(宋子房)真士人画也。③

这里所谓"意气所到",已透露出文人画注重主观心态表现的特征。在他之前,张彦远也说过:

> 自古善画者,莫匪衣冠贵胄,逸士高人,振妙一时,传芳千祀,非闾阎鄙贱之所能为也。④

这里把画家归纳为"衣冠贵胄"和"逸士高人"两类。宋代的郭若虚则区分为"轩冕才贤"和"岩穴上士"。大体都是对于画家身份作出

---

①《广川画跋》卷六《书范宽山水图》。
②《苦瓜和尚画语录·一画章第一》。
③《又跋汉杰画山》,《东坡题跋》卷下。
④《历代名画记》卷一《论画六法》。

士族和庶族的区分。唐代以前活跃在画坛上的名画家基本是"衣冠贵胄",唐代绘画创作的基本队伍则主要是庶族士大夫了。庶族乃是唐代政坛积极、活跃的力量,发挥文才艺能乃是他们藉以拓展社会势力的重要手段。唐代文学繁荣主要依靠这样阶层的力量,绘画艺术同样如此。

人们把目光从社会、人生扭转开,去关注山水、花鸟的美,这在心理上当然是倾向消极的。李泽厚分析山水画创作说:

> 审美趣味和美的理想由具体人事、仕女牛马转到自然对象、山水花鸟,当然不是一件偶然事情。它是历史行径、社会变异的间接而曲折的反映。与中唐到北宋进入后期封建制度的社会变异相适应,地主士大夫的心理状况和审美趣味也在变异。经过中晚唐的沉溺声色繁华之后,士大夫们一方面仍然延续着这种沉溺(如花间、北宋词所反映),同时又日益陶醉在另一个美的世界之中,这就是自然风景山水花鸟的世界。自然对象特别是山水风景,作为这批人数众多的世俗地主士大夫(不再只是少数门阀贵族)居住、休息、游玩、观赏的环境,处在与他们现实生活亲切依存的社会关系之中……不同于少数门阀贵族,经由考试出身的大批士大夫常常由野而朝,由农(富农、地主)而仕,由地方而京城,由乡村而城市。这样,丘山溪壑、野店村居倒成了他们的荣华富贵、楼台亭阁的一种心理需要的补充和替换,一种情感上的回忆和追求,从而对这个阶级具有某种普遍的意义……但世俗地主阶级作为占有者与自然毕竟处在一种闲散、休息、消极静观的关系之中,他们最多只能是农村生活的享受者和欣赏者。这种社会关系的特征也相当清晰地折射在中国山水画上:人与自然那种娱悦亲切和牧歌式的宁静,成为它的基本音调,即使点缀着负薪的樵夫、泛舟的渔父,也绝不是什么劳动的颂歌,而仍然是一幅掩盖了人间各种痛苦和不幸的、懒洋洋、慢悠悠的封建农村的理想图画。

这是从阶级基础和社会意义对山水画所作的基本分析,不能据此来否定山水画家和山水画的思想内涵及其艺术价值。例如很明显,有些山水画显然寄托着积极的政治寓意。特别是逢易代之际,往往有些画家利用山水题材来表达政治态度,其中不乏反映爱国意识的;还有不少山水画作品寄托着画家对于人生与社会的关切,包括对现实的不满和批判情怀。山水花鸟画的艺术成就同样不可低估。李泽厚进而又说到禅宗对形成这种审美趣味的作用以及禅与山水画的内在联系。他指出:

> 禅宗教义与中国传统的老庄哲学对自然态度有相近之处,它们都采取了一种准泛神论的亲近立场,要求自身与自然合为一体,希望从自然中吮吸灵感或了悟,来摆脱人事的羁绊,获取心灵的解放。千秋永在的自然山水高于转瞬即逝的人世豪华,顺应自然胜过人工造作,丘园泉石长久于院落笙歌……禅宗喻诗,当时已是风会时髦;以禅说画(山水画),也决不会待明末董其昌的"画禅室"才存在。它们早就有内在联系了,它们构成了中国山水画发展成熟的思想条件。①

关于庄、禅相近或相通,庄子说:"天地与我并生,而万物与我为一。"②这是主张物、我无间从而达到齐物逍遥的境界。禅宗则由此更进一步,主张自性清净,万法尽在自性中。如六祖慧能说:"性含万法是大,万法尽是自性。""心量广大,犹如虚空,若空心坐,即落无记空。虚空能含日月星辰、大地山河、一切草木、恶人善人、恶法善法、天堂地狱,尽在空中;世人性空,亦复如是。"③这样,自性自净自度,顿悟清净本性,自心也就能够领纳宇宙真实。体现在对待自然景物上,青原惟信禅师一段上堂法语是有深刻意味的,他说:

---

① 《美的历程》,《美学三书》第166—168页。
② 《庄子注》卷一《齐物论第二》。
③ 郭朋《坛经校释》第50、49页。

　　　　老僧三十年前未参禅时,见山是山,见水是水。及至后
来,亲见知识,有个入处,见山不是山,见水不是水。而今得个
休歇处,依前见山只是山,见水只是水。大众,这三般见解,是
同是别?有人缁素得出,许汝亲见老僧。[1]

这里提出三种境界:第一种是常识的见解,把山水当作客观景物对
待;第二种进了一步,依据主观观照,领悟到佛教教理所说的山水
性空的本质;而到第三种境界,则在观照山水中主、客融而为一,进
入物我无间的状态了。这实际也是中国山水画所表达和追求的境
界的极致。唐宋已降,山水画一般创作原则正是这样:寓主观于客
观,自然山水成为主观精神广义的象征和依托。虽然历代画坛多
有对于形似的要求,有许多"师法自然"、注重"写生"的议论,但是
"论画以形似,见与儿童邻"[2],从主流观念看则是把自然景物当作
个人心性的折射的。唐代的张藻是擅长松石山水的著名画家,真
迹虽然不传,但从文献记载可见他作品风格的大概。他善用水墨,
不施文采,作风应和王维相近。他作《绘境》一篇,其中提出"外师
造化,中得心源"[3]的要求,成为后来流行画坛的口头禅。符载称赞
他的画说:

　　　　观夫张公之艺,非画也,真道也。当其有事,已知夫遗去机
巧,意冥玄化,而物在灵府,不在耳目。故得于心,应于手,孤姿
绝状,触毫而出,气交冲漠,与神为徒。若忖短长于隘度,算妍媸
于陋目,凝觚舐墨,依违良久,乃绘物之赘疣也,宁置于齿牙间
哉……则知夫道精艺极,当得之于玄悟,不得之于糟粕。[4]

这样,一方面肯定"道精艺极""得之玄悟",另一方面指出"物在灵

---

[1]《五灯会元》卷一七,下册第 1135 页。
[2]《书鄢陵王主簿所画折枝二首》之一,《东坡全集》卷一六。
[3]《历代名画记》卷一〇《唐朝下》。
[4] 符载《江陵陆侍御宅宴集观张员外画松石图》,《全唐文》卷六八九,第 7066 页。

府,不在耳目",强调画家作画时主观感悟是第一位的。扬雄曾以字为"心画",宋人借用来称画亦是"心画"①。宋人晁补之是文人居士,也是有成就的画家,他在《跋李遵易画鱼图》中说:

> 然尝试遗物以观物,物常不能庾其状……大小惟意,而不在形;巧拙繄神,而不在手,无不能者,而遵易亦时隐几,脩然去智,以观天机之动。蚿以多足运,风以无形远,进乎技矣。②

清人方士庶则指出:

> 山川草木,造化自然,此实境也。因心造境,以手运心,此虚境也。虚而为实,是在笔墨有无间。故古人笔墨具此山苍树秀、水活石润于天地之外,别构一种灵奇。或率意挥洒,亦皆炼金成液,去滓存精,曲尽蹈虚揖影之妙。③

这里又提出图画中的山水是"虚而为实",是画家"因心造境"的"一种灵奇",正说到了中国山水画创作的根本原则。前面曾指出,"造境"本是唐诗僧皎然在论诗著作《诗式》里提出来的一个概念,是中国诗论强调主观"意境"创造的重要观点。宗白华称赞上引方士庶的一段话,说"中国绘画的整个精粹在这几句话里"。他又引述元人汤垕的话:"山水之为物,禀造化之秀,阴阳晦冥,晴雨寒暑,朝昏昼夜,随形改步,有无穷之趣。自非胸中丘壑,汪汪洋洋,如万顷波,未易摹写。"④这实际与禅宗强调"自性"决定作用的观念是相通的。

禅宗影响中国山水花鸟画的另一个主要方面是要求表达"韵味"。这也和上面讨论的重视"心性"的观念相关联。"韵味"乃是

---

① 《宣和画谱》卷一六《古诗帖》。
② 《鸡肋集》卷三三。
③ 《天慵庵笔记》。
④ 《中国艺术意境之诞生》,《宗白华选集》第 172、174 页,天津人民出版社,1996 年。

"心性"的外在表现。禅靠"领悟",本来是"不可说"的。在认识论
方面,禅继承和发展了玄学"言不尽意"一派观念。而山水的形象
正可以寄托"不可说"的深微意趣。如果是有意识地表达"禅意",
就成了下面将要说到的禅画;而普遍的情况是利用描绘山水来传
达形象以外的情致。早在宗炳的《画山水序》里,已提出"山水以形
媚道"、"旨征于言象之外"①的主张;而苏轼评论王维《蓝田烟雨图》
更有著名的两句话:"味摩诘之诗,诗中有画;观摩诘之画,画中有
诗"②,也意在指出王维诗、画意境相通,并特别强调画中有诗意,即
山水的具体形象表达出深微无穷的意蕴。苏轼另一段论书法和诗
歌的议论可以拿来参照:

> 予尝论书,以谓钟、王之迹,萧散简远,妙在笔画之外;至
> 唐颜、柳,始集古今笔法而尽发之,极书之变,天下翕然以为宗
> 师,而钟、王之法益微。至于诗亦然……李、杜之后,诗人继
> 做,虽间有远韵,而才不逮意。独韦应物、柳宗元发纤秾于简
> 古,寄至味于澹泊,非余子所及也。③

实际上绘画同样要追求"妙在笔画之外",表达"远韵"和"至味"。
清人恽格论画,也有一段话说:

> 作画须有解衣盘礴,旁若无人意。然后化机在手,元气狼
> 籍,不为先匠所拘,而游心法度之外矣。出入风雨,卷舒苍翠,
> 模崖范壑,曲折中机,惟有成风之技,乃致冥通之奇,可以悦泽
> 神风,陶铸性品。④

这也是说绘画的境界应在"法度之外",得之"冥通之奇",即深远之

---

①《全上古三代秦汉三国六朝文·全宋文》卷二〇,第 2545-2546 页。
②《书摩诘〈蓝田烟雨图〉》,《东坡题跋》卷五。
③《书黄子思诗集后》,《东坡全集》卷九三。
④《瓯香馆集》卷一一《画跋》。

情致应在笔墨之外求之。

　　这样,山水花鸟画的画法,结构、布局、运笔、用墨(色)等一系列具体方法,一般都强调"传神"。美术史上有许多掌故,生动地表达这类观念。例如宋代画院设绘画博士,有宋子房者"当博士之选,是时子房笔墨妙出一时,咸谓得人。所试之题如'野水无人渡,孤舟尽日横'。自第二人以下多系空舟岸侧,或拳鹭于舷间,或栖鸦于蓬背,独魁则不然,画一舟人,卧于舟尾,横一孤笛,其意以为非无舟人,止无行人耳,且以见舟子之甚闲也。又如'乱山藏古寺',魁则画黄山满幅,上出幡竿,以见藏意。余人乃露塔尖或鸱吻,往往有见殿堂者,则无复藏意矣"[1]。这里说的是作画构思原则,本属于艺术技巧范畴,但实际又不是单纯的技巧。反对直白、浅露,主张委曲有蕴藉,要求体现思想内涵的深度,也正符合"绕路说禅"的手法。同样著名的例子还有南宋画家马远、夏珪讲究构图,画山一角,画水一涯,画面上留出大片空白,因此被称为"马一角"、"夏半边"。这种以少少许胜多多许的技法,是用空白的"无"来凸显出意境的"有"。北宋有些画家又与之相反,喜欢以景物填充画幅,烟峦繁密,草树葱茏。实际这两种构图方式都和实际山水景象不一致,都是画家心灵的创造,"诗情画意"就这样表达出来。

　　如果说禅宗观念影响艺术有消极方面,重要一点在心境的超逸造成意境的偏枯。这在山水画里也表现得十分清楚。宗白华说:

　　　　中国绘画里所表现的最深心灵究竟是什么? 答曰:它既不是以世界为有限的圆满的现实而崇拜模仿,也不是向一无尽的世界作无尽的追求,烦闷苦恼,彷徨不安。它所表现的精神是一种"深沉静默地与这无限的自然,无限的太空浑然融化,体合为一"。它所启示的境界是静的,因为顺着自然法则

————————————

[1] 邓椿《画继》卷一。

> 运行的宇宙是虽动而静的,与自然精神合一的人生也是虽动
> 而静的……至于山水画如倪云林的一丘一壑,简之又简,譬如
> 为道,损之又损,所得着的是一片空明中金刚不灭的精粹。它
> 表现着无限的静寂,也同时表示着是自然最深最后的结构)。①

这里讲中国画,实际说的主要是山水画。关于思想意义的评价,当
然会有不同看法。但宗白华对基本境界的分析是准确的。欣赏山
水画,一般总会得到两点印象:一是画家在努力挣脱现实羁绊,逃
避到没有人间烟火的空灵虚静的世界中去;再是用幻想的、魅力无
穷的山水来抚平心灵的苦闷和矛盾,自然山水从而成为娱情或逃
避的手段。而这种超脱的、静谧的姿态和心理又正通于禅悦的
境界。

这样,禅乃是促进山水花鸟画的发展和它的辉煌的重要因素,
也有助于它形成思想与艺术上的一系列特征,当然也带给它难以
避免的局限和缺陷。

四

再来看看接受禅思想较深的几位画家的创作。

首先是王维。有关他的生平、思想和文学创作在本书相关章
节里已经介绍过。他在书法、绘画领域同样取得了巨大成就。特
别是绘画,他是绘画史上"文人画"的创始者,对后代影响极其深
远。《新唐书》评论他的画说:

> 画思入神,至山水平远,云势石色,绘工以为天机所到,学

---

① 《介绍两本关于中国画学的书并论中国的绘画》,《宗白华选集》第 83 页。

者不及也。①

关于文人画,前面已经有过讨论。明代董其昌以禅喻画,借用禅史
话头,倡绘画史上南、北二宗之说,其议论得失后来聚讼纷纭。但
他对于山水画中不同流派、风格的说明,特别涉及文人画的评价是
有参考价值的。他主张文人画自王维始,并据以划分南、北二宗。
这样用禅宗的宗派来比喻画派或嫌牵强。但如上所述,中国山水
画到唐代发展成熟,确形成两个对比鲜明的流派。一派以展子虔
和李思训父子为代表,作富丽辉煌的著色山水;另一派则是王维所
开创,画淡雅清疏的水墨山水。王维的画无论是内容,还是风格,
显然和他的处境、心情,特别是与他的习禅体验有密切关系。《宣
和画谱》又说:

> 至其卜筑辋川,亦在图画中,是其胸次所存,无适而不潇
> 洒,移志之于画,过人宜矣。②

这里也指出他在辋川日饭名僧、焚香参禅、摒绝尘累的生活对于他
绘画创作的影响。又王维的画风,如苏轼称赞所说是"画中有诗"。
前面引用过他评论王维和吴道子的画,进行比较说:

> 吴生虽妙绝,犹以画工论。摩诘得之于象外,有如仙翮谢
> 笼樊。吾观二子皆神俊,又于维也敛衽无间言。③

这也是指出王维的画富于象外余韵,主观色彩浓重。在画法上他
首创所谓"破墨山水",即用墨的浓淡进行渲染,造成阴阳向背的层
次,从而一方面突显出淡雅清新的情调,另一方面又能够表达深微
幽远的无尽意趣。宋人沈括曾说:

---

①《新唐书》卷二〇二《王维传》,第 5765 页。
②《宣和画谱》卷一〇《山水一》。
③《凤翔八观·王维吴道子画》,《东坡全集》卷一。

> 书画之妙,当以神会,难可以形器求也。世之观画者,多能指摘其间形象、位置、彩色瑕疵而已。至于奥理冥造者,罕见其人。如彦远画评言王维画物,多不问四时,如画花,往往以桃、杏、芙蓉、莲花同画一景。予家所藏摩诘画《袁安卧雪图》,有雪中芭蕉,此乃得心应手,意到便成,故其理入神,迥得天意,此难可与俗人论也。[①]

这里举出的是王维创意经图、不拘形似的典型例子。一方面是写心传神,游心娱情,另一方面笔墨婉丽,气韵清高。这都可以看出禅趣和禅理的影响。他的画历代多有著录,但今传均真赝莫辨,《江山雪霁图》《雪溪图》《伏生受经图》等一般认为并非真迹;又著名的《辋川图》,本来画在清源寺壁上,寺院毁坏,画已无存,摹本流传不少,著名的有宋郭忠恕摹本上石的拓本。这些传本应大体反映其作品的精神意趣。又从历代诗文评述中,如说他的画"山水平远尤工"[②];"深幽之致,近古未有"[③];"笔墨宛丽,气韵高清,巧写象成"[④],等等,亦可窥知其创作风貌的一斑。

前面提到过的晚唐五代的孙位,后更名遇。黄巢攻占长安,他随同唐僖宗幸蜀,后来留居蜀地。他性情疏野,襟抱超然,常与禅僧、道士往还,他曾应僧人为寺庙作壁画。文献里记载他所作佛画甚多。他又善画山水、人物。苏辙说:

> 予昔游成都,唐人遗迹遍于老佛之居,先蜀之老有能评之者,曰:"画格有四,曰能、妙、神、逸。"盖能不及妙,妙不及神,神不及逸。称神者二人,曰范琼、赵公祐;而称逸者一人,孙遇而已。范、赵之工,方圆不以规矩,雄杰伟丽,见者皆知爱之;而孙氏纵横

①《梦溪笔谈》卷一七《书画》。
②李肇《唐国史补》卷上,第18页,古典文学出版社,1957年。
③《封氏闻见记》卷五《图画》。
④荆浩《笔法记》。

放肆,出于法度之外,循法者不逮其精,有从心不逾矩之妙。①

今存孙位的作品只有一卷《高逸图》,据近人研究,应是《竹林七贤图》残本。从这幅作品可以看出孙位画山水的高超技巧。苏轼也曾论及他的画:

> 古今画水,多作平远细皱,其善者不过能为波头起伏,使人至以手扪之,谓有洼隆,以为至妙矣。然其品格特与印板水纸争工拙于毫厘间耳。唐广明中,处士孙位始出新意,画奔湍巨浪与山石曲折,随物赋形,尽水之变,号称神逸。其后蜀人黄筌、孙知微皆得其笔法……近岁成都人蒲永升,嗜酒放浪,性与画会,始作活水,得二孙本意。②

更多的记载则指出他的画"情高格逸"③、"笔力狂怪"④等等。这种创作内容和风格显然也有得于禅的素养。

北宋许多文人多才多艺,能诗善画,如苏轼、苏过父子、文同、李公麟、晁补之、米芾等,都致力于山水画创作并加以大力提倡,多所贡献。这些人又都结交禅师,热衷习禅,作画多富禅趣。仅就山水画而言,这些人成就最高、对后人影响最大的当数创造"米点山水"的米芾(1051—1107)。他于神宗朝以门荫入仕,历任地方官,徽宗朝作过画学博士,后来出知淮阳军(今江苏邳州),卒于任所。他和苏轼等人交好,元祐年间苏轼治杭,多结交名僧,米芾也参与其间。米芾写过不少护法文字⑤。他取号甚多,有"净名庵主"、"溪

---

① 《汝州龙兴寺修吴画殿记》,《栾城后集》卷二一,下册第 1396 页,上海古籍出版社,1987 年。
② 《书蒲永升画后》,《东坡全集》卷九三。
③ 《宣和画谱》卷二《道释二》。
④ 《图画见闻志》卷二《纪闻二》。
⑤ 如元丰元年(1078)净慈法真《戒光记》、元祐四年(1089)辩才法师《入方圆庵记》,都是米芾所书,分别见《佛祖统纪》卷四五(《大正藏》第 49 卷第 415 页中)、《历代佛祖通载》卷一九(《大正藏》第 49 卷第 675 页下)。

堂居士"、"无碍居士"、"鹿门居士"等,多具佛教意味。他为人玩世
不恭,《宋史》上记载他"风神萧散,音吐清畅,所至人聚观之……所
为诡异,时有可传笑者。无为州治有巨石,状奇丑,芾见大喜曰:
'此足以当吾拜!'具衣冠拜之,呼之为兄。又不能与世俯仰,故从
仕数困"[1]。黄庭坚有文章描写他说:"米芾元章在扬州,游戏翰墨,
声名籍甚。其冠带衣襦,多不用世法;起居语默,略以意行,人往往
谓之狂生。然观其诗句合处,殊不狂。斯人盖既不偶于俗,遂故为
此无町畦之行,以惊俗尔。"[2]这种风格,显然和禅宗一派的狂放不
拘、任运逍遥的作风相通。他"为文奇险,不蹈袭前人轨辙"[3],绘画
则是"天真发露,怪怪奇奇,枯木松石,自有奇思"[4]。他提出"心画"
之说,并特别推崇王维。借山水写心,体现对于主观创造性的强烈
追求,也与禅的精神相一致。他的山水画有所谓"云山戏墨"之称,
即笔墨不取工细,使用侧笔横点的"落茄点",加上淡墨渲染,描绘
冈峦出没,林树隐现,制造出朦胧温润的印象,从而把王维首创,董
源、巨然发展的南方画派画法进一步拓展,创造出水墨山水艺术的
卓越成就。他的"意过于形"、"寓乐于化"等观念,以及"不事绳
墨"、"点滴烟云"的技法,对后世影响很大。后来他所开创的一派
画法成为元、明山水画坛的主流。

　　元代是中国山水画的又一个黄金时代。当时画坛繁荣的主要
原因与元杂剧兴盛情形类似。元朝统治者压迫汉族知识阶层,反
而使得这些人得到在草野发挥才艺的机会,画坛上文人画成就尤
其突出。后来明代文人画发展到鼎盛,实际是元人打下的基础。
倪瓒(1301—1374),字元镇,号云林,与黄公望、吴镇、王蒙并称为
"元四家"。按王世贞的说法:

---

[1]《宋史》卷四四四《米芾传》,第 13124 页。
[2]《书赠俞清老》,《豫章黄先生文集》卷二五。
[3]《宋史》卷四四四《米芾传》,第 13123 页。
[4]夏文彦《图绘宝鉴》卷三《宋》。

　　　　　元镇极简雅,似嫩而苍。或谓宋人易摹,元人难摹;元人
　　　犹可学,独元镇不可学也。①

这是指倪瓒的创作走高逸一路,抒写胸中逸气,非笔墨所可模拟。
而他的绘画风格又与人格修养有密切关系。他出身于江南富豪家
庭,祖、父两代都雄于资财,又是道教信徒。他早年丧父,由兄长倪
文光抚养,亦信道教。但到他成年时代,已入元末,时局动荡,义军
四起,"一日,弃田宅曰:'天下事多矣,吾将遨游以玩世。'自是往来
五湖三泖间二十余年,多居琳宫梵宇,人望之,若古仙异人"②。唐
宋以后士大夫思想观念大抵是统合三教的,倪瓒同样倾心佛教。
他取号"净名居士",又以唐代著名禅师懒瓒自比。他"好僧寺,一
住必旬日,篝灯木榻,萧然晏坐,时操纸笔,作竹石小景"③。他结交
僧侣,赋诗唱和,有诗说:

　　　　　嗟余堕狙网,朝暮逐四三。悲叹明镜尘,何由息禅龛。④

这里他直接表示要摆脱名利争逐而逃禅。在赠给僧人的诗里
又说:

　　　　　此身已悟泡幻影,净性元如日月灯。衣里系珠非外得,波
　　　间有筏引人登。⑤

他擅长画山水,枯木竹石,多用水墨,笔干墨淡,偶亦着色,但越是
到后来着色越少,有意用简练平淡的笔迹来表达超逸落寞的心境。
他说明自己画竹的原则有云:

　　　　　余之竹,聊以写胸中逸气耳,岂复较其似与非,叶之繁与

---

①《弇州四部稿》卷一五五《说部·艺苑卮言附录四》。
②张端《云林倪先生墓表》,倪瓒《清閟阁全集》卷一一。
③《清閟阁全集》卷一一《外纪上·诗画》。
④《三月六日同李徵士游禅悦僧舍……》,《清閟阁全集》卷二。
⑤《辛亥六月三日寓实性源禅房为写竹梢因赋三首》之二,《清閟阁全集》卷五。

疏,枝之斜与直哉! 或涂抹久之,他人视以为麻为芦,仆亦不能强辨为竹,真没奈览者何。①

这清楚表白自己绘画不重形似,是因为要表现"胸中逸气"。他晚年所作《江岸望山图》、《虞山林壑图》、《幽涧寒松图》等,都是以简淡笔墨,描绘出清幽、萧疏、恬淡的意境,表现出一种平淡、苍凉、索寞的心情。这样,倪瓒利用山水抒情写意,正是他精神上高逸境界的体现。"元四家"变宋人的质实为空灵,脱略形迹而突显心境,在有意无意、似真似幻的笔墨中流露出对于人生和宇宙的思索,也正通于禅趣的流露。

明代所谓"吴门四家"——沈周、文徵明、唐寅、仇英是一代画家里成就最高的。关于明代文化的特征,日本学者冈田武彦说:

> 有明一代,从中国的文化史来说,是可与西欧"文艺复兴"比拟的时代。在中国,每个人都明确地强烈地自觉意识到,人伦社会理所当然是自然界、宇宙的担负者,而且其道理皆内在于人的本性中,这也可以说是宋代以后的主要倾向。其结果,在宋代,人的主观性受到尊重,而一到明代,则又进一步得到强调,同时,如前所述的人所直接具有的性情,即性情的自然流露也受到了尊重。②

这里所说是理学、特别是其中心学一派的影响。这种影响在文学艺术各个领域大体得到相当充分的体现,画坛也不例外。

明代画家沈周(1427—1509)的思想很驳杂。经史诸子,释老岐黄,他无所不通。他擅粗笔山水,用笔狂放,落墨沉重,但粗而不野,极富神韵;唐寅(1470—1523)有别号"六如居士"、"逃禅仙吏",特别是到晚年,风流放诞之后观念趋于虚幻,遂皈依佛教。他的山

---

① 《跋画竹》,《清閟阁全集》卷九。
② 《王阳明与明末儒学》第4页,吴光等中译本,上海古籍出版社,2000年。

水画笔墨灵逸,潇洒润秀,缜密有韵度,与他的精神修养,包括亲近佛禅有密切关系。又明末的吴彬,号枝隐、枝隐庵头陀、枝庵发僧、金粟如来后身等,以佛弟子自居。他活跃的年代,正值魏忠贤等阉党专政的恐怖时期,他曾被拘捕过,险些罹祸。他信佛逃禅与这种环境有关系。他用力于绘制佛像,著名的作品有今存美国克里夫兰艺术博物馆的《五百罗汉图》。他的山水画多描摹深幽景致,或奇峰插天,或悬壁陡峭,运笔放纵流畅,正体现他奇崛不凡的心境。陈洪绶(1598—1652),又号悔僧、云门僧等。他已身处易代动乱之际,功名不得意,几经波折,只得作内廷供奉的御用画家,至崇祯十六年(1643)遂愤而离京南归,次年李自成攻进北京。接着清兵入关,他在山阴逃避清兵围捕,至云门寺削发为僧,临终口念佛号不辍。他工人物画,山水画也不同凡响。他描绘的山水,形象奇特,旷远静谧,有一种古雅脱俗的意趣,实际也是一种心造的幻象。

　　明代最有影响的画家当数董其昌(1555—1636),字玄宰,号思白、香光居士,华亭(今上海松江)人。他在一代艺坛上造成巨大影响,固然由于其个人的成就,也和他作为高官显宦的社会地位有关系。他的人生经历、思想观念和处世态度与王维颇有相似之处。起初仕途并不顺利,遂游戏禅悦,结识"四高僧"的憨山德清、达观可真以及热衷习禅的"袁氏三兄弟"、陶望龄等人。至万历十六年(1588)秋,三十四岁的董其昌通过南京乡试,到北京会试,进士及第,选翰林院庶吉士,自此官运通达。但其时魏忠贤阉党专权,他在朝中旅进旅退,自觉地采取退避立场,长期避居江南,度过亦官亦隐生活,并热衷于书画艺事,随之也声名日重。天启五年(1625)赴南京任礼部尚书,继而再次隐退辞官,优游于五湖三泖之间。崇祯四年(1631)起复故官,时值朝廷多事,三年后以太子太保致仕,至八十二岁高龄去世,赠太子太傅。他自中进士至隐退四十几年间,大部分时间陶情山水,钻研书画,终老不倦。晚年几度被拔擢,皆推辞不赴。他身居高位,资产丰厚,有条件度过逍遥自在的名士

生活,书画也由于名声日重而价重兼金。面对现实环境,禅宗思想
被他当作立身行事的重要依托,游戏禅悦则成为他生活的主要内
容。他自认为平生学问得力于禅。《明史》上也说他"性和易,通禅
理,萧闲吐纳,终日无俗语"①。他自题室名为"画禅室",文集(《云
台别集》)里有《禅说》五十二则,表白自己的参禅体会。他工书,初
学唐楷并出入魏、晋诸家,成为有明一大家。袁宏道记载他的艺术
见解:

> 　　往与伯修过董玄宰,伯修曰:"近代画苑诸名家,如文徵
> 仲、唐伯虎、沈石田辈,颇有古人笔意否?"玄宰曰:"近代高手,
> 无一笔不肖古人者。夫无不肖,即无肖也,谓之无画可也。"余
> 闻之悚然曰:"是见道语也。"故善画者,师物不师人;善学者,
> 师心不师道;善为诗者,师森罗万象,不师先辈……法其不为
> 汉,不为魏,不为六朝之心而已,是真法者也。②

这段记载表明,董其昌和"公安派"在艺术观念上有一致的地方。
而这种否定模拟而追求创新、要求"师心"的观念正与当时流行的
佛教的禅和理学中的"心学"思潮有关系。他曾说:

> 　　士人作画,当以草隶奇字之法为之,树如屈铁,山似画沙,
> 绝去甜俗蹊径,乃为士气。③

他的画风格多样,有水墨画、设色画和大青绿山水,而以水墨画成
就最高。他远师董源、巨然,近学黄公望、倪瓒,颇能体会古人意趣
而融会贯通,用墨发扬清润明秀一派,外柔内秀,以淡见真,以简入
妙,造成奕然动人的效果。这也正是"游心于淡"的禅趣的流露。
他的设色画和大青绿山水,笔意挺秀,温润鲜丽,亦颇为可观。

---

①《明史》卷二八八《董其昌传》,第 7396 页。
②《叙竹林集》,《袁宏道集笺校》卷一八。
③《画禅室随笔》卷二。

在美术史上造成巨大影响的还有他借用禅宗南、北分宗来概括唐代以来数百年的绘画历史,试图总结出规律来指导创作。这是化用皎然等人“以禅喻诗”的思路,“以禅喻画”。这种说法对后世影响颇大,近人多有指出其偏颇、谬误的①。他本来有崇高的地位和声望,一代文化界的名流如陈继儒、袁宗道、陶望龄等都是他的好友,他的言论自然会得到重视而流传广远,余波震荡,直到晚近。关于绘画史上的南北分宗,他的主要观点是:

> 禅家有南、北二宗,唐时始分;画之南、北二宗,亦唐时分也,但其人非南、北耳。北宗则李思训父子着色山水,流传而为宋之赵干、赵伯驹、伯骕以至马、夏辈;南宗则王摩诘始用渲淡,一变钩斫之法,其传为张璪、荆、关、郭忠恕、董、巨、米家父子以至元之四大家,亦如六祖之后,有马驹、云门、临济儿孙之盛,而北宗微矣。要之,摩诘所谓云峰石迹,迥出天机,笔意纵横,参乎造化者。东坡赞吴道子、王维画壁亦云“吾于维也无间然”,知言哉!②

与之相关联的还有一段话:

> 文人之画,自王右丞始。其后董源、僧巨然、李成、范宽为嫡子,李龙眠、王晋卿、米南宫及虎儿,皆从董、巨得来。直至元四大家黄子久、王叔明、倪元镇、吴仲圭,皆其正传。吾朝文、沈,则又遥接衣钵。若马、夏及李唐、刘松年,又是李大将军之派,非吾曹易学也。③

---

① 如启功《山水画南北宗说辨》,《启功丛稿·论文卷》第 167—183 页,中华书局,1999 年。
② 《画禅室随笔》卷二。关于绘画史上的南北分宗,率先提倡者为莫是龙,见所著《画说》,参阅王伯敏《中国绘画通史》下册第 78—79 页,生活·读书·新知三联书店,2000 年。
③ 《画禅室随笔》卷二。

对照这两段话可以知道，董其昌所谓"南宗"指的就是"文人画"。
他是依作画者的身份和作画风格来做区分的。就身份而言，相对
于"文人"士大夫，是替朝廷服务的职业画工，包括御用画家；就风
格而言，则南宗纯任自然，韵味幽淡，着意渲染，偏于阴柔；北宗则
风骨奇峭，挥扫躁硬，着色鲜明，偏于阳刚。他分别把王维和李思
训置于南、北宗之首的地位。李思训是唐宗室，董其昌称之为"习
者之流"，而大力推崇"文人画"的始作俑者王维。他本人当然以南
宗正派自居，并极力抬高南宗的价值。但是正如当年严羽以禅家
派别来褒贬不同时期的诗歌，董其昌这种划分的偏颇和宗派色彩
也是很明显的，而且他所谓"文人画"的概念也过于偏狭。不过这
种分派也不无一定合理内容。中国山水画确实大体可划分为刚、
柔两种风格，而且这不同风格的形成和画家身份不无关系，也与
南、北地域风土、民情不无关联。而就南、北两派创作风格的区别
论，也不能说与禅宗没有一定关系。董其昌说：

> 李昭道一派为赵伯驹、伯骕，精工之极，又有士气。后人
> 仿之者得其工，不得其雅，若元之丁野夫、钱舜举是已。盖五
> 百年而有仇实父……实父作画时，耳不闻鼓吹骈阗之声，如隔
> 壁钗钏，戒顾其术，亦近苦矣。行年五十，方知此一派画殊不
> 可习。譬之禅定，积劫方成菩萨，非如董、巨、米三家，可一超
> 直入如来地也。[1]

这里是论仇英画风的转变，说他年轻时学李昭道的"精工"，五十岁
之后转学董源、巨然、米氏父子（芾、友仁），而后者的特征是"一超
直入"的"顿法"。这"一超直入"的悟入正是本性中有、不假外铄
的，观念上正和禅的南宗一派相通。后来方熏也有类似议论：

> 画分南、北两宗，亦本禅宗南顿北渐之义，顿者根于性，渐

_____

[1]《画禅室随笔》卷二。

　　者成于行也。①

　　事实上董其昌和大力推动南北分宗之说的陈继儒亦都推崇南宗
禅。他们所肯定、赞扬的南宗画风，确实和禅的张扬个性、肯定主
观，和禅悦心境的表达，和禅对于清净虚寂境界的追求等等有相通
之处；而他们所推崇的南宗画家，大抵也都热衷习禅、受到禅宗这
样那样的影响。就这种意义说，董其昌等人的南、北分宗论又有合
理的成分。这大体也是和严羽"以禅喻诗"的情形相同的。针对认
为论绘画分南、北宗是"剿袭"，"无所取义"的批评，钱锺书一方面
根据历史发展实际指出，南、北风格有所不同并被用于论学论艺早
有传统；另一方面论及绘画，则认为"笔墨'从简'、'用简'、'笔不
周'"正体现了南宗禅的精神。他又说"中国画史上最有代表性、最
主要的流派是'南宗'"②。这表明钱锺书也并不全部否定董其昌
南、北分宗之说。

　　明清之际，士大夫逃禅成为风气，谈禅成为文坛时尚，加之董
其昌所提倡的"南宗"画风又确实捕捉到山水画艺术的某些真谛，
加上他的身份、地位，结果尽管对他的画论多有异议，其影响却延
宕晚明至清代几百年，直至晚近。

　　宗白华总结画与禅的关系说：

　　　　绘画由丰满的色相达到最高心灵境界，所谓禅境的表现，
　　种种境层，以此为归宿。戴醇士曾说："恽南田以'落叶聚还
　　散，寒鸦栖复惊'（李白诗句）品一峰（黄子久）笔，是所谓孤蓬
　　自振，惊沙坐飞，画也而几乎禅矣！"禅是动中的极静，也是静
　　中的极动，寂而常照，照而常寂，动静不二，直探生命的本原。
　　禅是中国人接触佛教大乘义后体认到自己心灵的深处而灿烂

────────────────

①《山静居画论》。
②参阅《中国诗与中国画》第 3 节，《七缀集》（修订本）第 7—14 页，上海古籍出
　　版社,1994 年。

地发挥到哲学境界与艺术境界。静穆的观照和飞跃的生命构
成艺术的两元,也是构成"禅"的心灵状态。①

这也可以作为唐以后绘画接受禅的影响所形成的特征和取得成就
的精彩说明。

五

　　五代以前,如果不计在石窟、寺庙作画的无名僧人画工,绘画
史上本土僧人善画的知名人物不多(外来僧侣中多有善于造像和
绘画的,前面已有介绍)。六朝时有释惠觉和僧珍,是见于记载的
早期僧人画家。《历代名画记》把前者列在下品,后者在中品上;前
者作品有《殷洪像》、《白马寺宝台样》,后者有《姜嫄等像》、《豫章王
像》、《康居人马》等传于代。中唐时有道芬,善山水、松石,诗人顾
况、窦庠、刘商等都曾与之相酬唱。顾况《嵇山道芬上人画山水
歌》说:

　　　　镜中真僧白道芬,不服朱审、李将军。渌汗平铺洞庭水,
　　笔头点出苍梧云。且看八月十五夜,月下看山尽如画。②

《历代名画记》评论:"……画山水,道芬格高"。五代后唐释智晖,
善诗,善书,"小笔尤佳,粉壁兴酣,云山在掌,恒言吾慕僧珍、道芬
之六法,恨不与同时。对壁连图,各成物象之生动也"③。

　　中唐时期禅宗兴盛,大大改变了僧团面貌,丛林中诗僧、艺僧
出现不少。僧团培养和加入许多能文善艺的人,丛林也增添了浓

---

①《中国艺术意境之诞生》,《宗白华选集》第178页。
②《全唐诗》卷二六五,第2946页。
③《宋高僧传》卷二八《后唐洛阳中滩浴院智晖传》,第697页。

厚的艺术风气,从而僧人特别是禅僧成为文学艺术各领域的重要力量,对于推动僧团与文化界的交往,对于佛教文化的发展都起相当大的作用。

美术史上第一位有影响的僧人画家是唐末五代的贯休。他能诗善书,是著名诗僧,有关生平事迹在本书前面里已有介绍。他生活在唐末五代乱世,奔走于强藩之间,意有不平,形之于诗画,体现奇崛豪纵的风格。他于唐昭宗天复年间(901—903)入蜀,受到前蜀统治者礼敬。当时四川比较平定,又一直是佛教发达地区,寺院林立,活跃着一批佛教造像和绘画艺术家,在《益州名画录》里记载的就达五十余人,其中多数擅长释道人物。贯休在这样的环境里,更得以发挥他的艺术才干。他"善草书图画,时人比诸怀素。师阎立本画罗汉十六帧,庞眉大目者,朵颐隆鼻者,倚松石者,坐山水者,蕃貌梵相,曲尽其态。或问之,云:'休自梦中所睹尔。'又画《释迦十弟子》,亦如此类,人皆异之,颇为门弟子所宝。当时卿相皆有歌诗。求其笔,唯可见而不可得也。太平兴国年初,太宗皇帝搜访古画日,给事中程公羽牧蜀,将贯休《罗汉》十六帧为古画进呈"[1]。他画的罗汉"悉是梵相,形骨古怪"[2],奇形异貌,如"夷獠异类"[3],这样的罗汉形象正反映了他个人精神上孤傲绝俗的一面,风格上与他的诗作也有相通之处。后蜀宰相欧阳炯有长篇《贯休梦应罗汉画歌》:

> 西岳高僧名贯休,孤情峭拔凌清秋。天教水墨画罗汉,魁岸古容生笔头。时捎大绢泥高壁,闭目焚香坐禅室。忽然梦里见真仪,脱下袈裟点神笔。高握节腕当空掷,窸窣毫端任狂逸。逡巡便是两三躯,不似画工虚费日。怪石安拂嵌复枯,真

---

[1]《益州名画录》卷下《能格下品》。
[2]《图画见闻志》卷二《纪艺上》。
[3]《宣和画谱》卷三《道释三》。

僧列坐连跏趺。形如瘦鹤精神健,顶似伏犀头骨粗。倚松根,
傍岩缝,曲录腰身长欲动。看经弟子拟闻声,瞌睡山童疑有
梦……休公休公始自江南来入秦,于今到蜀无交亲。诗名画
手皆奇绝,觑你凡人争是人。瓦官寺里维摩诘,舍卫城中辟支
佛。若将此画比量看,总在人间为第一。①

这首诗生动描写了贯休所画罗汉形象所蕴含的愤郁不平意趣和诡
异的表现风格。今传贯休所画罗汉有绢本,有纸本,存日本、美国、
加拿大等国各博物馆;还有石刻,存杭州等地,但真伪均难以断定。
不过所传作品应能反映其创作风格的大概:这些罗汉奇形怪态,面
目诡异,是高度发挥艺术想象力的产物。贯休绘画所显示的大胆
独创精神,影响及于后人,也提供了创作的一种模式,对于后来各
类艺术塑造罗汉形象造成广远影响。

后周有"僧智蕴,河南人,工画佛像人物,学深曹体。洛中天宫
寺讲堂有毗卢像,广爱寺有定光佛,福先寺有三灾变相数壁。周祖
时进《舞钟馗图》,赐紫衣"②。他得到后周朝廷器重,艺术上应达到
相当水准。

五代、北宋之际是山水画大发展的时期,荆、关、董、巨"四大
家"分属风格不同的南、北两大流派。北方画派多写高山瘦石,长
松飞泉,雄健豪纵,运笔劲厉,代表人物是荆浩和关仝;南方画派多
写平山浅渚,疏林野树,气象温润,运笔细密,开创者是董源。重要
后继者则有僧人巨然。巨然,钟陵(今江苏南京)人,生卒年不详。
早年出家,绘画工山水,知名于时。南唐后主降宋,他随之来到京
城开封,曾在学士院壁画山水,一时称为"绝笔"。当时的开封南、
北画工云集,他得到普遍赞誉。《宣和画谱》评论说:

善画山水,深得佳趣……于峰峦岭窦之外,下至林麓之

①《全唐诗》卷七六一,第8638—8639页。
②《图画见闻志》卷二。

间,犹作卵石、松柏、疏筠、蔓草之类,相与映发,而幽溪细路,
屈曲萦带,竹篱茅舍,断桥危栈,真若山间景趣也。人或谓其
气质柔弱,不然。昔尝有论山水者,乃曰:"觊能于幽处使可
居,于平处使可行,天造地设处使可惊,崭绝巉崄处使可畏,此
真善画也。"今巨然虽琐细,意颇类此,而曰柔弱者,妄以是论
评之耳。①

由此可见巨然山水画的风格特征。今存他的画有《万壑松风图》、
《秋山问道图》等数件。他善于描绘江南山林洲渚的烟峦气象和山
村渔舍的野逸景物,笔墨秀润,线条柔和,风格简淡高远。宋祁有
诗称赞说:

> 钿点峰头矗太虚,远帆遥岸水平铺。不知真到云波上,得
> 似工毫可爱无。②

巨然创造这种秀润淡远的风格与江南风土相宜,当然也和他僧人
的身份、教养有关系。

北宋僧人以能诗善艺著称的还有惠崇,建阳(今福建建阳)人,
一说长沙人,生卒年不详,活跃在真宗、仁宗时期。他能诗,是宋初
诗僧"九僧"之一。欧阳修特别称赞他的"佳句""春生桂岭外,人在
海门西"③等。他善画江南小景,寒汀远渚,鹅雁莺鹭,富于诗情,
宋、元许多诗人多有题咏、赞叹。王安石有《纯甫出释惠崇画要予
作诗》:

> 画史纷纷何足数,惠崇晚出吾最许。旱云六月涨林莽,移
> 我倏然堕洲渚。黄芦低摧雪黢土,凫雁静立将俦侣。往时所
> 历今在眼,沙平水淡西江浦。暮气沉舟暗鱼罟,欹眠呕轧如闻

---

① 《宣和画谱》卷一二《山水三》。
② 《题北郭巨然山水》,《景文集》卷二四。
③ 《六一诗话》,《历代诗话》上册第 266 页。

橹。颇疑道人三昧力,异域山川能断取。方诸承水调幻药,洒
落生绡变寒暑。金坡巨然山数堵,粉墨空多真漫与。大梁崔
白亦善画,曾见桃花净如吐。酒酣弄笔起春风,便恐飘零作红
雨。流莺探枝婉欲语,蜜蜂掇蕊随翅股。一时二子皆绝艺,衰
马穿羸久羁旅。华堂岂惜万黄金,苦道今人不如古。①

还有苏轼著名的《惠崇江南晓景二首》:

> 竹外桃花三两枝,春江水暖鸭先知。蒌蒿满地芦芽短,正
> 是河豚欲上时。
>
> 两两归鸿欲破群,依依还似北归人。遥知朔漠多风雪,更
> 待江南半月春。②

这些都生动地描写出惠崇风景画的内容和风格。王庭珪的《题惠
崇画秋江凫雁》诗又说:

> 老崇学画如学禅,中年悟入理或然。长江未落凫雁下,舒
> 卷忽若无丹铅。定自维摩三昧里,半幅生绡开万里。不用并
> 州快剪刀,断取铁围山下水。(往年见赵德麟说:惠崇尝自言:
> 我画中年后有悟入处,岂非慧力中所得圆熟故耶?今观此短
> 轴,定非少年时笔也,故诗中云尔。)③

这则指出惠崇的画和禅的关系,也是文人中最早谈到画与禅相关
联的作品之一。因为惠崇以画名,宋代已多赝品。今有《秋浦双鸳
图》、《沙汀烟树图》等传世。

　与苏、黄交好的仲仁,善画梅。黄庭坚有诗《花光仲仁出秦苏
诗卷思两国士不可复见开卷绝叹因花光为我作梅数枝及画烟外远
山追少游韵记卷末》云:

---

①《临川先生文集》卷一。
②《东坡全集》卷一五。
③《卢溪先生文集》卷四。

梦蝶真人貌黄槁,篱落逢花须醉倒。雅闻花光能画梅,更乞一枝洗烦恼。扶持爱梅说道理,自许牛头参已早。长眠橘洲风雨寒,今日梅开向谁好……①

这里也说到禅与画的关联。惠崇、仲仁与文坛名人交游,也反映丛林一时风气。

南宋时期有几位擅长人物、山水的画家,主要运用写意手法,以简洁的笔墨,突显出怪异、独特的自然风貌,观念上显然受到佛教的影响。俗人中有梁楷,本是南宋前期御用画家,特别受到宋宁宗恩赏。但他拒绝皇恩厚禄,混迹于市井,与僧人妙峰、智愚等往还。他秉性疏慵,绘画以"减笔"写意著称,创造了所谓"折芦描"画法,把笔墨从繁复、冗杂中解放出来。今传《六祖图》、《太白行吟图》,风格简练豪放,富于禅趣,展现一种大胆的变格,在画坛上独树一帜。《李白行吟图》用粗犷的笔墨和简洁的线条勾勒李白昂首行吟的形象,描绘出洒脱旷达的"诗仙"风采。与他风格相似的有僧人画家法常和玉涧。法常,号牧溪,四川人,生卒年不详,活动在南宋末年。他曾抨击奸相贾似道,直到德祐元年(1275)贾败灭后才逃脱追捕,死于元初。他"喜画龙虎、猿鹤、芦雁、山水、树石、人物,皆随笔点墨而成,意思简当,不假妆饰"②。夏文彦说他的画"皆随笔点墨而成,意思简当,不费妆饰,但粗恶无古法,诚非雅玩"③。他的画风与梁楷同一路数,纵逸粗率,具有鲜明的个性。这和他正直豪爽、蔑视权贵的人生态度直接相关。他的画风对明徐渭、清初八大山人等都造成一定影响。他的作品东传到日本,对日本绘画特别是"禅画"的发展起了推动作用。现在日本珍藏着他的《观音图》、《猿图》、《鹤图》、《罗汉图》、《松树八哥图》等,被视为国宝;国

①《山谷集》卷八。
②《珊瑚网》卷三〇。
③《图绘宝鉴》卷四《宋南渡后》。

内故宫博物院藏有他的《写生蔬果图》,台北故宫博物院藏有《花果翎毛图》等。另一位僧人玉涧,法号若芬,善书法,所作随意挥扫,意到笔随,用墨简洁,风格与梁楷、法常相近。他的画也传入日本,极受推重。上述几位都是创作上有意和院画派相对立的画家,在作品中更多体现禅宗张扬主观心性的精神,是十分富于艺术个性的一派。

元代著名僧人画家有子温,号日观,善草书,喜画葡萄,世称"温葡萄"。杨载有《题温日观葡萄二首》,其一:

老禅嗜酒醉不醒,强坐虚檐写清影。兴来掷笔意茫然,落叶满庭秋月冷。[①]

这首诗颇能反映子温作画的风格。

明末清初是所谓"天崩地解"时代,社会矛盾丛生,士大夫"逃禅"成风,形成推动佛教活跃的重要力量。画坛和文坛一样,也活跃着一批佛门人物。许多人是不得已而遁入空门的。有些人学佛时间并不长,往往又不可能完全脱略世事;更有些甚至是以一领袈裟来掩盖真实思想和活动的。但佛说特别是禅宗对他们人生和创作却不可能没有影响。他们或借助佛说抚平内心激愤,或悟入禅理来安慰身心,从而给他们的创作增添了另一种深远情致。画坛上的"清初四僧"是其中佼佼者。他们身份不同,经历不同,出家为僧的具体情形也不一致,但身入佛门,也就或深或浅受到熏染,在他们的创作中也必然表现出来。他们才能杰出,卓然有成,领导了一代画坛风气,在佛门艺坛是卓越人物,也成为绘画史上后期山水画的杰出代表。

在介绍"四僧"之前,应提到明末清初的担当,前面介绍诗僧已提到过。他曾师从董其昌、陈继儒学书画。后来事变日亟,他剃发

---

① 《杨仲弘集》卷八。

为僧,法名普荷,号担当,结茅鸡足山,绝口不谈世事,以书、画、诗、禅自掩。他"以一人而兼诗字画之长,尤人所艳羡也"①。他有《寄答黔中李来翁》诗云:

> 君不见古人真不朽,千载之上寻朋友。又不见今人真可伤,千里之外如参商。黔中来翁胡为者,而乃越境美担当。担当是僧无僧气,远者忽之近者畏。岂意来翁见未真,鱼目把作明珠贵。借云可贵在余诗,诗非正始多瑕疵。借云可贵在余字,字是妇人婢扫地。借云可贵在余画,画好只在厕东挂。来翁何苦不具目,宜见担当眉欲蹙。胡为假我以长篇,漱玉喷珠空碌碌。况乃生平未识面,不知缘何与翁善。若只区区以笔砚,天下岂无人可羡。翁惟酷尚一秃翁,大雅闻之色俱变……②

从这首诗可以看出担当放荡不羁的襟抱和艺术上富于矜创的风格特色。他说"画本无禅,唯画通禅",显然是有意识地用画来表达禅悟体验的。他的画继承了黄公望、米南宫的写意传统而自成一家,善于用水墨点染,创造出超逸、淡泊的情境,给人以枯寂、清虚之感。今人评论说:"明代山水画真正称得上禅画的只有担当一人而已。"③

代表清代山水画水平的"四僧",第一位是渐江(1610—1664),法号弘仁,俗姓江,名韬,号六奇,又名舫,号鸥盟,谱名一鸿,歙县(今安徽歙县)人。他的祖、父可能是徽商,本人为明末诸生。父早世,少孤贫,有远志,事母以孝闻,当年已有画名。明亡后的顺治二年(1645),参与福建唐王隆武政权抗清,次年八月,唐王失败,即在武夷山削发为僧,取法名弘仁,字无智,别号渐江。他回到故乡歙县,住在佛寺里;曾登黄山,住披云峰下五明寺,遂饱览黄山风景;

---

①陈垣《明季滇黔佛教考》第 112 页,中华书局,1962 年。
②《担当诗文全集》第 183 页,余嘉华、杨开达点校,云南人民出版社、云南美术出版社,2003 年。
③陈传席《中国山水画史》第 656 页,江苏美术出版社,1996 年。

又到宣城、芜湖、南京、扬州等地游历,并登过庐山。他虽然出家为僧,但初心未泯,仍心怀故国,不忘世情,有绝句三首说:

　　　衣缁倏忽十余年,方外交游子独坚。为爱门前五株柳,风神尤是义熙前。

　　　先辈曾谭正仄峰,峰前可有六朝松。何年借尔青藤杖,再听牛头寺里钟。

　　　偶将笔墨落人间,绮丽楼台乱后删。花草吴宫皆不问,独余残沈写钟山。[①]

这表明虽然他一再表示要"逃于禅"、"安于静",却并没有灰心灭志。他后来一直不与新朝合作,写诗念念不忘故国,不婚不宦,踪迹遍留名山大壑,托身古刹梵宫。正因为他心怀不平,才能够"游于艺"而表现出旺盛的生命力和强烈的感染力。他居处黄山岁久,颇能捕捉住黄山的真性情。他写黄山,笔墨秀逸而凝重,构图疏宕错落,往往留出较多空白;画山石如大大小小的几何图形,不做皴笔和点染,纯以线条空勾,造成空旷幽深的艺术效果;而老树枯株则盘曲纠结,池环石抱。这样,黄山突兀高耸的层峦叠嶂,云霞掩映的山岳灵气尽出笔下,风格极其俊伟而幽远,给人以冷漠凄怆、隔绝人寰但又至大至刚、雄奇壮伟的印象,透露出画家高蹈绝尘的精神。清人杨翰评论他的画"于极瘦削处见腴润,极细弱处见苍劲,虽淡无可淡,而饶有余韵"[②]。他的梅花和双钩竹也很有名。如果从总体风格看,渐江表现的是景物的静态美,和以下三位大有不同。今传代表作有故宫博物院藏《黄山图》六十幅、《松梅图》、《陶庵图》,上海博物馆藏《黄山树石图》,美国纳尔逊博物馆藏《山水图》以及日本藏《江山无尽图》等。

　　髡残(1612—?),号石溪,又号白秃、石道人等。俗姓刘,武陵

---

①汪世清、汪聪《渐江资料集》,安徽人民出版社,1983年。
②《归石轩画谈》。

（今湖南常德）人。明亡后，也可能参加过地方抗清斗争，失败后逃入桃源深处，度过一段十分艰难的生活，事定后于顺治八年（1651）出家为僧。顺治十一年来到南京，住大报恩寺，后迁住牛首山幽德寺，为堂头和尚。他和顾炎武、钱谦益、周亮工等名流结交，一时声价藉甚。他自述志向说：

> 大凡天地生人，亦清勤自持，不可懒惰……残衲时住牛首山房，朝夕焚诵，稍余一刻，必登山选胜，一有所得，随笔作山水画数幅或字一两段，总之不放闲过。所谓静生动，动必作出一番事业，端教做一个人立于天地间无愧。若忽忽不知，惰而不觉，何异于草木。[①]

从这段话可以看出他作画时的内心抱负。他善画山水，亦工人物、花卉。他的画远师巨然和"元四家"，近学董其昌等，兼收并蓄，博采众长。由于他在武陵家乡山里住过，又在牛首山住十多年，还到黄山住了一年多，所谓"僻性耽丘壑"，"泉石在膏肓"，特别是黄山给他的印象最深，所以也描绘过不少黄山山水。超逸的性情与自然景物相感应，他借助描摹山水来抒写感受，使得画作于平中见奇，特别给人以情真意切的印象。他在墨法上多所创造，以浓淡水墨渲染，行笔苍劲凝重，造成酣畅淋漓的效果。画风苍劲老辣，有"粗服乱头"之喻，特别显现出蓬勃的生机。他的代表作有《云洞流泉图》、《层岩叠壑图》、《雨洗山根图》等，均藏故宫博物院；《苍山结茅图》，存上海博物馆。

朱耷（1626—1705），法名传綮，字刃庵，另有字、号甚多，南昌（今江西南昌市）人，明宗室后裔，原名统𨨏[②]。清顺治五年（1648）落发为僧，参曹洞、临济而不拘一家。康熙二十一年（1682）始号八大山人，遂以名世。他幼年早慧，能诗善书，工篆刻，尤精绘事。出

---

① 《溪山无尽图》卷题词。
② 关于八大山人的名字，还涉及到他在明宗室里的辈分，有不同说法。

家为僧后,与母亲一起居住新建县西洪崖多年。他处在明清易代
之际,正当青春年华,以明宗室身份,不事新朝。遭受国破家亡之
痛,不能自制,年五十余遂发狂疾,"初则伏地呜咽,已而仰天大笑,
笑已忽跳踉踊跃,叫号痛哭,或鼓腹高歌,或混舞于市,一日之间,
颠态百出"①。后来蓄发还俗,精神也得以恢复。晚年在南昌度过
亦僧、亦道、亦儒、亦隐的居士生活,卖画谋生,十分艰窘,但艺术上
却达到了更成熟的境界。他的生活状态显然与古德德山、临济一
派禅师的狂放作风一脉相承,他的书画艺术也正体现了前人那种
傲岸倔强、不随流俗的性格。他的绘画题材有花卉、蔬果、禽兽、虫
鱼等,其成就主要在"大写意"花鸟画,其中又以册页最精。他缘物
抒情,借题发挥,物象里渗透着强烈的主观情致,往往寓有深意。
例如他用所画花鸟来表达郁悒不平之气,鸟则一足着地,耸背曲
颈,表示行路艰难;鱼则怒目圆睁,仰视朝天,寄托白眼看青天之
意。他运笔极度夸张,加上险怪的构图和酣畅的笔墨,突显出强烈
的生命感和律动感,造成光怪陆离、惊世骇俗的艺术印象。他的山
水画以水墨为主,笔法恣肆,逸气横生,不拘成法,境界苍凉落寞,
同样凸显出孤高、静穆的个性。晚年作品则脱落狂怪冲动之气,另
走酣畅秀健一路,别有一种风神韵致。在他之前善于所谓"大写
意"的有徐渭(1521—1593),也是一位性格狂放不羁的艺术全才,
也善于借绘画来宣泄奔放的感情。这种画法,不拘成法,尽去窠
臼,以狂放的想象和率意的笔墨来抒写个人情怀,对景物不重形似
而寄托以强烈的主观情致。经过八大山人的创造,这种手法在画
坛上发挥巨大影响,直到如今。石涛有《题八大山人画大涤草堂
图》诗描写说:

　　　　西江山人称八大,往往游戏笔墨外。心奇迹奇放浪观,笔
　　歌墨舞真三昧。有时对客发痴颠,佯狂索酒呼青天。须臾大

————————

① 陈鼎《八大山人传》。

　　醉草千纸,书法画法前人前。眼高百代古无比,旁人赞美公不
喜。胡然图就持了义,抹之大笑曰小技……①

这里生动地描摹出八大山人创作的情态及其超逸性格。郑燮有
《题屈翁山诗札石涛石溪八大山人山水小幅并白丁木兰共一卷》诗
写石涛、石溪和八大说:

　　　　国破家亡鬓总蟠,一囊诗画作头陀。横涂竖抹千千幅,墨
　　点无多泪点多。②

这里表现出对于这些僧人画的深刻理解。朱耷的代表作有藏天津
博物馆的《画上花图》,藏上海博物馆的《兰亭诗画册》、《山水》等。

　　石涛(1640—1718?),俗姓朱,名若极,小字阿长,法名原济,号
石涛,又号苦瓜和尚等,也是明宗室。其父朱亨嘉于明亡后参与抗
清,在朝廷内部斗争中于顺治二年(1645)被杀。他削法为僧,云游
四方,在宣州和黄山居停十五年之久,其时他的画名已逐渐流传。
康熙十九年(1680)来到南京,与诗画界名流结交。在康熙二十三
年和二十八年,康熙南巡,他两次接驾,并奉献《海晏河清图》,后来
又曾北上京城,却没有得到朝廷器重。晚年定居扬州。当时扬州
是繁荣的水路枢纽,经济发达,他蓄发还俗,以卖画为生,有众多骚
人词客与之相交往。一生的坎坷经历使他不能摆脱内心矛盾,情
绪时刻处在激荡难安之中。他为僧后又曾习禅,禅的纯任主观、虚
凌空幻的观念对他有相当的影响,禅理也清晰地体现在他的绘画
观念中。他提倡"一画之法":

　　　　太古无法,太朴不散,太朴一散而法立矣。法于何立?立
　　于一画。一画者,众有之本,万象之根,见用于神,藏用于人,
　　而世人不知。所以一画之法,乃自我立。立一画之法者,盖以

―――――――――

①转引刘墨《八大山人》第92页,河北教育出版社,2003年。
②《郑板桥集》第106—107页,上海古籍出版社,1979年。

> 无法生有法，以有法贯众法也。夫画者，从于心者也……古今
> 法障不了，由一画之理不明。一画明，则障不在目，而画可从
> 心。画从心而障自远矣。①

据此，他反对泥古，要求"借古以开今"，不为"某家役"，他说：

> 我之为我，自有我在。古之须眉，不能生在我之面目；古
> 之肺腑，不能安入我之腹肠。我自发我之肺腑，揭我之须眉。
> 纵有时触著某家，是某家就我也，非我故为某家也。天然授之
> 也，我于古何师而不化之有！②

这样，他一方面把自己的主观感情强烈地渗透在作品之中，同时又
极力突显个人的艺术独创性。他画山水，"搜尽奇峰打草稿"③，饱
含感情地摄取山川景物千变万化的风神，以纵横排奡的笔墨，描摹
出苍古离奇、变化多端的景象。他的构思善于出奇制胜，尤擅于截
取片断景物来表达深邃境界；用笔则灵活豪纵，粗细刚柔，不拘一
格，而特善于用墨，浓淡相兼，变幻无穷。这都显示了他鲜明的个
性。他画花鸟、兰竹成就也相当突出。他反对师古不化，倡导个性
的表现最力。特别是他的人生态度积极进取，又活跃在清初正在
兴盛起来的环境中，在当时已树立起巨大声望。延续到后来，直至
如今，无论是绘画理论上，还是创作实践上，都发挥出巨大的影响。
他的代表作有藏故宫博物院的《搜尽奇峰打草稿图》、《清湘书画
稿》、《云山图》、藏南京博物院的《淮阳洁秋图》等。

　　唐宋以降的僧人画家，实际与诗僧类似，多数是披着袈裟的善
画的士大夫。他们或主动、或被动地遁入佛门，逃禅避世，大多出
于不得已；禅和绘画同样是他们疏解内心苦闷、娱情悦志的寄托。
本来如山水、花鸟这类题材，社会内容淡薄，更适于表达个人的情

---

①《苦瓜和尚画语录·一画章第一》、《了法章第二》。
②同上《变化章第三》。
③同上《山川章第八》。

绪、感受；而禅悟又正是一种内心的主观体验。加之僧人的特殊身份和生活处境，禅悟与画理在他们的创作里就容易相沟通；禅宗的张扬自性、纯任自心的追求，空灵虚寂、清净无尘的心境等等，更容易也更直接被演化为画的境界，从而进一步推进了禅、画的交流，给绘画艺术注入一份新内容，对绘画发展也作出了新贡献。

六

　　唐代以后石窟雕凿已经衰落，有限的辽、宋、金、元石窟壁画成就，前面已经介绍过。唐、宋寺院壁画，除前面提到的五台山佛光寺极少遗存外，尽皆毁废。宋元已降，民间绘画创作仍相当繁荣，包括无名画家的佛画卷轴、寺院壁画和佛教内容的民间画册存世很多。这些民间作品内容、题材与佛教相关联的占有相当部分，其中不少作品具有艺术价值。

　　宋代卷轴画已经流行。特别是当时形成悬挂佛画即所谓"行轴"风气，对于这类绘画创作是有力的推动。有些画工专攻释道，并已形成一套绘制程序。这类绘画有绢本的，也有纸本的；有手绘的，也有雕版的。自宋代绘画交易盛行，这类佛画也成为市场上销售的商品。这类作品中不无艺术上相当精致的，特别是那些出于民间能工巧匠之手的，能够体现民间创作新鲜活泼的特征。

　　辽金以后的寺院壁画至今多有保存，近年并不断有新的发现。如前面提到的太原善化寺为辽、金建筑，大雄宝殿残留辽代壁画《五方佛》、《礼佛图》等；山西应县佛宫寺建于辽清宁二年（1056），内壁画有坐像六身和供养天女，造型圆润，披帛飘举，已经具有明显的中原风格；山西繁峙县五台山北麓岩山寺保存着完好的金代壁画，是金大定七年（1167）宫廷画师王逵等人所作，现存面积计

97.98 平方米,内容有佛说法图、佛传、本生、经变等,还有描绘当时社会风情、市井生活的画面,笔法繁富细密,宫阙景象、人物冠带反映了宋金时的真实情景;朔县崇福寺弥勒殿壁画也是金代遗迹,保存有《千手千眼观音像》;山西稷山的兴化寺、洪洞的广胜寺水神庙保留有元代壁画,后者重建于延祐六年(1319),四壁无窗,布满壁画,是当地画师王彦达、赵国祥等人所作,内容有祈雨图、降雨图、宫廷仕女图等,最重要的是东南壁上的"大行散乐忠都秀在此作场"戏剧壁画,这是再现当时戏剧表演场面的宝贵戏剧史资料,也反映当时寺院戏剧文化的实态;天津蓟县独乐寺大悲阁下层四壁布满壁画,高 3.15 米,长 45.35 米,原已被覆盖,后剥离出来,内外两层,内层为元绘,外层是按内层重绘的,内容主要是十六罗汉和两明王、重修信士像,还有神话故事、世俗题材点缀和景物衬托,形象造型准确,布局疏密相间,画法以铁线描为主,运笔自然流畅,具有明显的"世俗化"特征①。明代壁画以青海乐都县瞿昙寺、北京石景山区模式口翠微山南麓法海寺、四川蓬溪宝梵寺、山西太原多福寺大殿保存较好。瞿昙寺二十八间版壁上有明初所绘佛传连环画,配有七言诗榜题。法海寺建于明,正殿北壁的壁画《帝释梵天图》结构严整,线条流畅,人物鲜明,设色使用民间"沥粉贴金"传统方法,很有特色;壁画遍布佛龛后壁扇面墙、东西两侧山墙,明间后檐殿门两侧墙面也布满壁画,画面人物众多,神态各异。宝梵寺大雄宝殿存佛、罗汉、菩萨和供养人像,用笔劲健,富于生活情趣。多福寺则有明中叶所绘佛传连环画四十八幅。这些历史遗迹都真实地显示了不同时代民间绘画艺术的水平。

　　明、清时期民间流行《释迦如来应化事迹》之类连环画图册,内容与当时寺壁绘画同样性质。不过绝大多数绘制拙劣,艺术上不足称道。值得提出的是明清以来各地流行的年画,以苏州桃花坞、

---

① 文展《记新剥出的蓟县观音阁壁画》,《文物》1972 年第 6 期。

天津杨柳青、山东潍坊和四川绵竹所谓"四大年画"最为著名。这是一种木版彩绘,主要是民间吉祥题材(如"吉祥有余"娃娃)的,宗教内容则多刻画民间信仰的财神、门神、灶王等,也有表现观音等佛教"人物"和寺院风景的。这些民间版画艺术表现质朴生动,具有独特的鲜明活泼、喜气吉祥的民族风格。

从总体看,明清时期遍布环宇的佛寺,如其整体建筑情形一样,作为装饰的壁画已形成一定模式。绝大多数作品是画工按一定程序描摹的,呆板而少生气,往往又刻意追求富丽堂皇的装饰效果,缺乏作为艺术生命的内在精神与创造活力。因而从艺术发展历史看,价值与贡献就有限了。佛教艺术整体水平必然也要体现佛教发展的大趋势。

第二十二章 "心学"及明末"狂禅"思潮

一

如上所述,明清时期,中国佛教在走向衰败的整体趋势中,依靠其一千几百年发展过程中积累起来的成果和优势,仍在诸多思想、文化领域继续发挥重大作用。一个重要领域是理学。关于宋代理学的形成和发展,佛学提供了重要理论资源,本书前面已有专章论说;至明中叶,理学中出现王阳明及其后学的"心学"一派,延宕至明末,造成理学又一度兴盛局面,佛学特别是禅再次起了关键性的作用。

黄仁宇指出:

> 心学的发展在明代进入高潮。由于王阳明的创造发挥,这种思想已经形成一个完整的系统。[①]

不过这个所谓"完整的体系"并不是浑然统一的。不仅王阳明本人的思想充满矛盾并在前、后期有所变化,弟子辈已产生许多分歧,

---

①《万历十五年》第 222 页,中华书局,1982 年。

递传的后学更分裂为不同的派系。因而对于王阳明思想的理论价值与历史作用难以作出单方面的论断,他所开创的学派思想分歧极大,厘清也极为不易。就与佛教的关系说,情形也十分复杂。王阳明本人曾对弟子们说:

> 吾幼时求圣学不得,亦尝笃志二氏。其后居夷三载,始见圣人端绪,悔错用功二十年。二氏之学,其妙与圣人只有毫厘之间,故不易辨。①

就是说,他和宋代许多理学家一样,也曾有过研习佛学的经历,后来转而严于儒、释之大防,有入室操戈的便利;他又承认儒、释的辨析在"毫厘之间",实际也是指出细微间有难以辨析之处。他的弟子钱德洪(绪山)说到他讲学情形:

> 自是(龙场悟道,详下——著者)出与学者言,皆发诚意、格物之教。病学者未易得所入也,每谈二氏,犹若津津有味。盖将假前日之所入,以为学者入门路径。②

这是说他教导后学往往利用佛、老为门径。到他的门下传人一辈,有些人或许接触过佛、老,但学术成熟后却坚持圣学道统,严于辟析二氏,例如泰州学派的罗汝芳,"早岁于释典玄宗,无不探讨,缁流羽客,延纳弗拒,人所共知,而不知其取长弃短,迄有定裁。《会语》出晚年者,一本诸《大学》孝弟慈之旨,绝口不及二氏。其孙怀智尝阅《中峰广录》,先生辄命屏去,曰:'禅家之说最令人躲闪,一入其中,如落陷阱,更能转头出来、复归圣学者,百无一二。'"③在对待僧人的关系方面,许多人也都严于畛域区分,居官守道,俨然是

---

①《王文成公全书》卷三二《附录一·年谱一》。
②《答论年谱凡十首》之十,《钱德洪语录诗文辑佚》,第214页,钱明编校,凤凰出版社,2007年。
③《明儒学案》卷三四《泰州学案三·参政罗近溪先生汝芳》,下册第762—763页。

循规守矩的圣人之徒。但另一些人则不只一度甚或一直坚持研读佛书，吸纳佛说；还有些人更热心结纳佛徒；甚至如李贽那样极端，削发做僧形。当然，不论这一学派分歧表现得如何复杂，都无害王学作为"心学"的基本思想内容和理论框架，即延续并进一步发展了理学中陆德明"心学"一派的思想，内在结构中又多从佛学特别是从禅宗汲取理论资源。

总体看来，明代"心学"所推动起来的思想潮流，在破的方面是进一步荡除对于儒家经典的迷信，也冲击了南宋至明中叶作为正统统治思想界的理学藩篱；在立的方面则进一步肯定和张扬主观心性，提倡任情率性，具有个性解放的意义。"心学"作为一种思潮，在明末百余年间高潮迭起，异彩纷呈，颇出现几位惊动当代和后世的思想界的杰出人物。虽然由于自身的局限和社会的、历史的原因这一派思想终于流产，但却孕育了明末清初的"事功派"和清代乾嘉朴学的萌芽，成为中国专制社会后期颇有光彩的思想遗产的一部分。而积累起这样的思想财富，正有已经式微的佛教再次作出的决定性的贡献。所以明代"心学"又可以说是中国佛教发展晚期影响思想、学术的一个重要实绩。

二

从南宋末年到明中叶，理学居于思想、学术的统治地位，基本谨守朱子门户，内容方面少有创新。正德七年（1512）王阳明给友人湛甘泉（若水）的信里描述当时思想界的局面说：

　　颜子没而圣人之学亡。曾子唯一贯之旨，传之孟轲终。又二千余年而周、程续。自是而后，言益详，道益晦，析理益精，学益支离无本，而事于外者益繁以难。盖孟氏患杨、墨，周、程之际释老大行。今世学者皆知宗孔、孟,贱杨、墨,摈释、老,圣人之道若大明于世。然吾从而求之,圣人不得而见之矣。其能有若墨氏之兼爱者乎?其能有若杨氏之为我者乎?其能有若老氏之清净自守、释氏之究心性命者乎?吾何以杨、墨、老、释之思哉!彼于圣人之道异,然犹有自得也;而世之学者,章绘句琢以夸俗,诡心色取,相饰以伪,谓圣人之道劳苦无功,非复人之所可为,而徒取辩于言词之间。古之人有终身不能究者,今吾皆能言其略,自以为若是亦足矣,而圣人之学遂废。则今之所大患者,岂非记诵词章之习,而弊之所从来,无亦言之太详,析之太精者之过欤?夫杨、墨、老、释,学仁义,求性命,不得其道而偏焉,固非若今之学者,以仁义为不可学,性命之为无益也。居今之时而有学仁义、求性命、外记诵辞章而不为者,虽其陷于杨、墨、老、释之偏,吾犹且以为贤,彼其心犹求以自得也。夫求以自得,而后可与之言学圣人之道。①

这里他只说到程、周而略去朱子,言外对于朱熹也是否定的;又说到只要"学仁义,求性命",即使"陷于杨、墨、释、老之偏",尤贤于当前的"记诵辞章"之徒。言之如此痛切,可见他对于当时学风的不满。而言语之间又透露出对于释、老之学的优容姿态。后来的李贽说:

> 小人误国犹可解救,若君子而误国,则末之何矣。何也?彼盖自以为君子而本心无愧也。故其胆益壮而志益决,孰能止之?如朱夫子亦犹是矣。②

李贽的思想具有鲜明、强烈的反体制性格,王阳明和李贽在整体思想倾向上有很大不同,但他们同是"心学"体系的代表人物。他的

---

①《别湛甘泉序》,《王文成公全书》卷七。
②《焚书》卷五《党籍碑》,《焚书　续焚书》第 216 页。

言论也同样典型地表明了作为"心学"思想主要方面的批判品格与特征。

王阳明(1472—1529),名守仁,字伯安,号阳明。他主要活动在孝宗弘治(1488—1505)、武宗正德(1506—1521)年间。这正是中国近世社会发展的重大转折时期。当时明王朝已经度过了它的兴盛阶段,内外交困,矛盾丛生,一方面民变蜂起,另一方面又受到北方游牧民族的劫掠骚扰。何良俊曾指出:

> 余谓正德以前,百姓十一在官,十九在田。盖因四民各有定业,百姓安于农亩,无有他志……自四五十年来,赋税日增,徭役日重,民命不堪,遂皆迁业……昔日逐末之人尚少,今去农而改业为工商者三倍于前矣。昔日原无游手之人,今去农而游手趁食者又十有二三矣。大抵以十分百姓言之,以六七分去农。[①]

这里揭露在苛税重赋下民不堪命的严重情形。由于工商业发展,商品经济繁荣,市民和商人阶层扩大;另一方面则有大量破产农民逃离本业,雇佣劳动者增多,现实中的这种变动对于思想界的新变提出了要求。后来发展心学的主要人物,有盐丁出身的王艮,有富商家庭出身的李贽,他们都是当时新兴社会阶层的成员。王阳明早年拜程朱学派的娄谅为师,遍读朱子之书。二十八岁进士出身后,曾担任刑部云南清吏司主事等职。正德元年,武宗朱厚照即位,他以援救戴铣等人受到弄权宦官刘瑾陷害,谪授贵州龙场(今贵州修文)邑丞,直到正德五年刘瑾伏诛。他身受罪累,居处荒僻,遂有所谓著名的"龙场悟道"之事。钱绪山所作年谱记载说:

> 及其摈斥流离,而于万里绝域、荒烟深箐、狸鼯豺虎之区,形影子立,朝夕惴惴,既无一可聘者。而且疾病之与居,瘴疠

---

① 《四友斋丛说》卷一三,第111—112页。

之与亲,情迫于中,忘之有不能;势限于外,去之有不可。辗转烦瞀,以需动忍之益。盖吾之一身,已非吾有,而又何有于吾身之外。至于是,而后如大梦之醒。强者柔,浮者实,凡平日所挟以自快者,不惟不可以常恃,而实足以增吾之机械,盗吾之聪明。其块然而生,块然而死,与吾独存而未始加损者,则固有之良知也。然则先生之学,出之而愈张,晦之而愈光,鼓舞天下之人,至于今日不怠者,非雷霆之震前日之龙场,其风霾也哉![①]

这标志着他思想经过长期酝酿而发生一大转变。应当指出,如此在一定时节因缘之下"悟道",与禅宗的开悟从内容到形式都十分相似。

王阳明生逢世事动荡时代,作为身受儒学教养的士大夫,一生热衷于事功,也确实有所建树。如正德十一年(1516)出任南赣佥都御史,曾平定赣南农民起义;正德十四年,升任督察院右副都御史,奉旨讨伐宁王宸濠叛乱。但他一生中更热心的是讲学传道。所至之处,建立书院,聚徒教授。特别由于仕途上屡屡受到打击、排挤,促使他思想不断演变。从学理体系看,他的"心学"无论是内容还是统绪都是陆九渊一派的发展,与居于当时统治地位的朱子之学相对立。他曾明确指出:

象山辨义利之分,立大本,求放心,以示后学笃实为己之道,其功亦宁得而尽诬之。而世之儒者,附和雷同,不究其实,而概目之以禅学,则诚可冤也已。故仆尝欲冒天下之讥,以为象山一暴其说,虽以此得罪无恨。仆于晦庵亦有罔极之恩,岂欲操戈而入室者。顾晦庵之学,既已若日星之章明于天下,而象山独蒙无实之诬,于今且四百年,莫有为之一洗者。使晦庵

---

①《王文成公全书》卷三五《附录四·年谱四》。

有知,将亦不能一日而安享于庙庑之间矣。①

程、朱理学正统树"天理"为本体,主张"天理"与"人欲"不两立,从而把"尊德性"和"道学问"分成两截。这被陆九渊批评为"支离"。陆九渊力图消解这种二元论的困境,把"天理"移植到"人心"之中,说"人皆有是心,心皆具是理,心即理也"②。但是在他的理论体系中,个体的"吾心"仍然不能摆脱"天理"的制约,所以仍不能彻底克服朱子之学支离灭裂、错杂纷纭的弊病。王阳明沿着陆九渊的思路继续前进,提出"良知"说,在肯定个人心性绝对性的方向上又前进一大步。

王阳明曾一再说:"破山中贼易,破心中贼难。"③就是说,他深刻意识到"心中贼"的危害,因此为政、治学以整饬人心为标的。当然这也表明他作为理学家的本色:即怀着为解决现实矛盾而治学的明确的主观意图。而完成这一任务,他主张求诸"人心",肯定圣愚皆同、人人皆有、本来圆满、原无欠缺的"良知"来作为理论前提。不过这"心中贼"和"良知"显然存在着悖论。正是在消解这个悖论过程中,显示了他作为理学家的悟解和思辨能力,把他的"良知"说发展成为具有客观进步意义的思想主张。

当初朱、陆的争辩与对立,宗朱者曾诋陆为禅,已透露出陆学与禅有更为密切关系的信息。而"阳明近禅处尤多"④。事实上,不仅他年轻时有二十年学佛经历,就是后来思想成熟时期,也仍然与佛教保持密切瓜葛。据考证,他一生参访寺院四十余处,仅平定"宸濠之变"后的正德十五年即四十九岁那一年间,就游历佛寺十三次,每次留宿一两个星期⑤。他写过不少巡访寺院的诗,如《宿净

①《答徐成之》,《王文成公全书》卷二一。
②《与李宰》,《象山先生全集》卷一一。
③《与杨仕德薛尚诚》,《王文成公全书》卷四。
④颜元《存人编》卷二。
⑤参阅钱明《阳明学的形成与发展》第77页,江苏古籍出版社,2002年。

寺四首》之三：

> 百战归来一病身，可堪时事更愁人。道人莫问行藏计，已
> 买桃花洞里春。①

平定"宸濠之变"后，他受人谮毁，避居九华山，"日晏坐僧寺，上觇
知之，曰：'王守仁，学道人也。'"②这样的逸事也正反映他与佛教的
密切关联。

王阳明与朱子学的分歧，集中反映在对《大学》的解释上。朱
熹按己意改变《大学》原本次序，划分出经和传，提出作为经的"三
纲"（"明明德"，"亲民"，"止于至善"）和作为传的"八条目"（"格
物"，"致知"，"诚意"，"正心"，"修身"，"齐家"，"治国"，"平天下"），
而把"致知"放在八条目的第一位；又根据自己的理解"补传"一百
三十四字，突出一个"敬"字，作为"格物穷理"的精髓。这就是"心
学"一派批评的割裂"天理"与"人心"的思路：强调的是"天理"的绝
对性，而要求对"人心"加以约束。王阳明则恢复《大学》"古本"，提
出他基于"良知"说的解释：

> 大学之要，诚意而已矣；诚意之功，格物而已矣；诚意之
> 极，止至善而已矣；止至善之则，致知而已矣。正心，复其体
> 也；修身，著其用也；以言乎己，谓之明德；以言乎人，谓之亲
> 民；以言乎天地之间，则备矣。是故至善也者，心之本体也；动
> 而后有不善，而本体之知未尝不知也。意者，其动也；物者，其
> 事也。致其本体之知，而动无不善。然非即其事而格之，则亦
> 无以致其知。故致知者，诚意之本也；格物者，致知之实也。
> 物格则知致，意诚而有以复其本体，是之谓止至善。圣人惧人
> 之求之于外也，而反复其辞。旧本析而圣人之意亡矣。③

---

①《王文成公全书》卷二○。
②《明通鉴》卷四九《武宗纪·正德十五年》，第361页，上海古籍出版社，1990年。
③《大学古本序》，《王文成公全书》卷七。

他在这里明确提出一个"至善"的"心之本体",相对朱熹的"格物"把"诚意"作为《大学》之要。这还是王阳明中年的看法。到了晚年,则更明确地提出"致良知"为"学问大头脑","圣人教人第一义"。钱绪山记载:

> 自经宸濠忠泰之变,益信良知真足以忘患难、出生死,所谓考三王、建天地、质鬼神、俟后圣无弗同者。乃遗书守益曰:"近来信得致良知三字,真圣门正法眼藏。往年尚疑未尽,今自多事以来,只此良知,无不具足。譬之操舟得舵,平澜浅濑,无不如意,虽遇颠风逆浪,舵柄在手,可免没溺之患矣。"

> 一日,先生喟然发叹。九川问曰:"先生何叹也?"曰:"此理简易明白若此,乃一经沉埋数百年。"九川曰:"亦为宋儒从知解上入,认识神为性体,故闻见日益,障道日深耳。今先生拈出良知二字,此古今人人真面目,更复奚疑?"先生曰:"然。譬之人,有冒别姓坟墓为祖墓者,何以为辩? 只得开圹,将子孙滴血,真伪无可逃矣。我此良知二字,实千古圣圣相传一点滴骨血也。"①

这样"良知"说就成为王阳明的独得之密、论学的核心。他说:

> 先天而天弗违,天即良知也;后天而奉天时,良知即天也。②

既然"良知"授之于天,就是与天命合一的。他又说:

> 良知只是个是非之心,是非只是个好恶。只好恶就尽了是非,只是非就尽了万事万变。③

因而"良知"又落实在平凡人身上,体现在人生日用之中,"吾心"所具有的"良知"从而就具有两方面特征。第一它是圆满具足、不假

---

① 《王文成公全书》卷三三《附录二·年谱二》。
②③ 同上卷三《语录三·传习录下》。

外铄、凡圣等一的。本来朱熹也承认"人之良知,本所固有",但他又说"然不能穷理者,只是足于已知已达,而不能穷其未知未达,故见得一截,不曾又见得一截,此其所以于理未精也"①,因而他又强调"格物"功夫。而王阳明认为:

> 夫人者,天地之心。天地万物,本吾一体者也。生民之困苦荼毒,孰非疾痛之切于吾身者乎? 不知吾身之疾痛,无是非之心者也。是非之心,不虑而知,不学而能,所谓良知也。良知之在人心,无间于圣愚,天下古今之所同也。世之君子,惟务致其良知,则自能公是非,同好恶,视人犹己,视国犹家,而以天地万物为一体。求天下无治,不可得矣。古人之所以能见善不啻若己出,见恶不啻若己入,视民之饥溺犹己之饥溺,而一夫不获若己推而纳诸沟中者,非故为是而以蕲天下之信己也,务致其良知,求自慊而已矣。②

> 良知是造化的精灵。这些精灵生天生地,成鬼成帝,皆从此出,真是与物无对。人若复得他完完全全,无少亏欠,自不觉手舞足蹈,不知天地间更有何乐可代。③

这样,良知之在人心,不虑而知,不学而能,人人具有,凡圣等一。这种圆满具足的心性,可以从思孟学派的"性善"论和大乘佛教普遍的佛性说两方面寻取渊源。"良知"的又一特征是不须检束而现成的。这种"本心良知"没有外在的规矩,不需要"守静"或"持敬""功夫"。他论到"致"良知,说:

> 庚辰往虔州,再见先生,问:"近来功夫虽若稍知头脑,然难寻个稳当快乐处。"先生曰:"尔却去心上寻个天理,此正所谓理障。此问有个诀窍。"曰:"请问如何?"曰:"只是致知。"

---

① 《朱子语类》卷一八《大学五》,第 2 册第 392 页。
② 《王文成公全书》卷二《语录二·传习录中·答聂文蔚》。
③ 同上卷三《语录三·传习录下》。

曰:"如何致?"曰:"尔那一点良知,是尔自家底准则。尔意念著处,他是便知是,非便知非,更瞒他一些不得。尔只不要欺他,实实落落,依着他做去,善便存,恶便去。他这里何等稳当快乐。此便是格物的真诀,致知的实功……"①

这样在良知之外就别无所谓"知"。因此他又主张:

> 致知云者,非若后儒所谓充广其知识之谓也,致吾心之良知焉耳。良知者,孟子所谓是非之心人皆有之者也。是非之心,不待虑而知,不待学而能,是故谓之良知。是乃天命之性,吾心之本体,自然灵昭明觉者也。凡意念之发,吾心之良知无有不自知者。其善欤,惟吾心之良知自知之;其不善欤,亦惟吾心之良知自知之。是皆无所与于他人者也。故虽小人之为不善,既已无所不至,然其见君子,则必厌然揜其不善,而著其善者。是亦可以见其良知之有不容于自昧者也。②

这种现成的、流行于日用百务之中的良知,显然通于洪州禅人生日用的平常心皆是道的观念。他有诗说:

> 饥来吃饭倦来眠,只此修行玄更玄。说与世人浑不信,却从身外觅神仙。③

这种境界,与庞居士所谓"神通并妙用,运水与搬柴"已经十分相似了。

由"良知"说发展出著名的所谓"四句教",即"无善无恶心之体,有善有恶意之动,知善知恶是良知,为善去恶是格物"。这"四无之说",被看作是"师门教人定本不可易"④的大道理。这超离善、

①《王文成公全书》卷三《语录三·传习录下》。
②《大学问》,《王文成公全书》卷二六。
③《答人问道》,《王文成公全书》卷二〇。
④《钱绪山先生要语序》,《刘宗周全集》第4册《文编下》,第5页,吴光主编,浙江古籍出版社,2007年。

恶两边的"心体",实则通于禅宗的清净无染的"自性"。他又主张
"知行合一",认为"知之真切笃实处即是行,行之明觉精察处即是
知。知行工夫,本不可离"①。这实际又是在强调"知"的绝对性,也
和禅宗所谓"知之一字,众妙之门",一悟百了的精神相一致。

当年朱熹已经指责陆九渊为禅。从上面的情形可以清楚看
出,王阳明在吸收禅学方面较陆九渊又大大前进一步。实际他本
人也明确承认自己的心学与禅的关系,曾说:

> 夫禅之学与圣人之学,皆求尽其心也,亦相去毫厘耳。圣
> 人之求尽其心也,以天地万物为一体也……凡以裁成辅相、成
> 己成物而求尽吾心焉耳。心尽而家以齐,国以治,天下以平,
> 故圣人之学不出乎尽心。禅之学非不以心为说,然其意以为
> 是达道也者,固吾之心也;吾惟不昧吾心于其中,则亦已矣。
> 而亦岂必屑屑于其外? 其外有未当也,则亦岂必屑屑于其中?
> 斯亦其所谓尽心者矣,而不知已陷于自私自利之偏。是以外
> 人伦,遗事物,以之独善或能之,而要之不可以治家国天下。
> 盖圣人之学无人己,无内外,一天地,万物以为心;而禅之学,
> 起于自私自利,而未免于内外之分,斯其所以为异也。今之为
> 心性之学者,而果外人伦,遗事物,则诚所谓禅矣。使其未尝
> 外人伦,遗事物,而专以存心养性为事,则固圣门精一之学也,
> 而可谓之禅乎哉!②

这就明白宣示,他所主张的"致良知"的"尽心"之说,与禅宗论心相
差无几。如果说有区别,主要点在"对外"的态度上。他认为儒家
的心学上而顺应天则,以万物为一体,下而落实到修、齐、治、平的
大事业;而禅的心学则弃绝人伦物理而流于虚寂,从而陷于自私的
独善境地。日本学者冈田武彦分析说:

---

① 《王文成公全书》卷二《语录二·传习录中·答顾东桥书》。
② 《重修山阴县学记》,《王文成公全书》卷七。

阳明和宋儒一样,认为佛老因为只提圣人的上半截而遗弃其下半截,因此都不如吾儒之彻上彻下、大中至正,惟吾儒才强调真虚无。若能遵从吾儒之道,那么佛氏的出离、老氏的养生即在其中了。故在阳明思想中,有以儒学范围三教的考虑。①

这种看法是合乎实际的。大体说来,在对心性本质及其作用的体认方面,王阳明与禅没有大的区别,即是说,他沿着陆九渊的思路,容纳了禅的心性理论并加以发挥;而落实到践履方面,他坚持儒家的经世传统,而不走禅宗高蹈绝尘的出世路线。他又特别发扬了禅宗反对检束、张扬个性的精神,对于传统古旧的"天命"和宋儒新造的"天理"进行了坚决的搏击和彻底的清算。他在《长生》诗中说:

乾坤由我在,安用他求为。千圣皆过影,良知乃吾师。②

他又有《咏良知四首示诸生》诗:

个个人心有仲尼,自将闻见苦遮迷。而今指与真头面,只是良知更莫疑。

问君何事日憧憧,烦恼场中错用功。莫道圣门无口诀,良知两字是参同。

人人自有定盘针,万化根缘总在心。却笑从前颠倒见,枝枝叶叶外头寻。

无声无臭独知时,此是乾坤万有基,抛却自家无尽藏,沿门持钵效贫儿。③

这种对于个人主观的强烈自信,对于一切传统、权威的大胆蔑视和否定,十分充分地显示了个性自主的要求,就其强烈性和彻底性而

---

①《王阳明与明末儒学》第49页,上海古籍出版社,2000年。
②③《王文成公全书》卷二〇。

言,在儒家学统中是前所未见的。不过他的最终着眼点,一是为天地立法、为人世立极、做万世师表的圣人,即所谓:

> 自己良知,原与圣人一般。若体认得自己良知明白,即圣人气象不在圣人,而在我矣。①

这样,每个平凡人就是圣人,"满街都是圣人",在理念上就像大乘佛教宣扬的人人可以作佛一样,圣人的神圣性也就不存在了,从而也就真正可以自我做主了。再一点是对待儒家经典,经典的神圣性也被彻底否定了:

> 六经者,吾心之记籍也。而六经之实,则具于吾心,犹之产业库藏之实,积种种色色,具存于其家。其记籍者,特名状数目而已。②

陆九渊曾有"六经注我,我注六经"的名言。到这里,六经具于吾心,只是吾心表记而已。这显然已通于禅宗诃佛骂祖、毁经灭教的批判精神。他曾对学生说:

> 我在南都以前,尚有些子乡愿的意思在。我今信得这良知真是真非,信手行去,更不著些覆藏,我才做得个狂者的胸次,故人都说我行不揜言也。③

这表明他已意识到并公开承认自己的"狂者"性格。他从而也成为后学张扬的"狂禅"之风的先驱。

如果说程朱之学在天理和人性关系的认识上难免支离,一个重要关节也正在于吸收禅的心性说不能贯通所致。而从陆九渊到王阳明,正是通过一步步更彻底地发扬禅的心性思想,从而解决了这方面的矛盾。《明史》上针对有明一代儒学发展情况评论说:

---

①《王文成公全书》卷二《语录二·传习录中·启问道通书》。
②《稽山书院尊经阁记》,《王文成公全书》卷七。
③《明儒学案》卷一〇《姚江学案·传习录》,上册第216页。

原夫明初诸儒，皆朱子门人之支流余裔，师承有自，矩矱
秩然。曹端、胡居仁笃践履，谨绳墨，守儒先之正传，无敢改
错。学术之分，则自陈献章、王守仁始。宗献章者曰江门之
学，孤行独诣，其传不远。宗守仁者曰姚江之学，别立宗旨，显
与朱子背驰，门徒遍天下，流传逾百年，其教大行，其弊滋甚。
嘉、隆而后，笃信程、朱，不迁异说者，无复几人矣。要之，有明
诸儒，衍伊洛之绪言，探性命之奥旨，锱铢或爽，遂启岐趋，袭
谬承讹，指归弥远。至专门经训授受源流，则二百七十余年
间，未闻以此名家者。经学非汉、唐之精专，性理袭宋、元之糟
粕，论者谓科举盛而儒术微，殆其然乎。①

这段话是从正统儒家观点立论的，但其中也反映出，明代儒学真正
有创意、有价值、有影响的是王阳明及其所开创的姚江学派。王阳
明作为一代名臣，文事武功都有所建树。他作为学术宗师，教导后
学，本是谆谆儒者；但他的思想、学说的内涵却大胆、激进，充满了
叛逆精神。他以张扬儒道自居，实际在一定程度上已冲决儒学藩
篱，导致"舍天理而求良知，阴以叛孔孟之道而不顾"②。正由于他
的思想、学说具有鲜明的创新、开放、富于论战激情和实践意义的
性格，才能激荡起一代激进的思想潮流，发挥出极大的影响力。他
的后学传人延续几代，持论纷纭，对师说多所发挥。特别是对他的
所谓"良知"之说，更牛毛茧丝，不断辨析，形成思想学术史上又一
个百家争鸣、异彩纷呈的局面（当然内容、规模、意义等远不能和先
秦时代那一次相比），为清代思想学术的发展奠定下基础，实际从
一定意义上也为近代革新思想开创出某种先机。

----

① 《明史》卷二八二《儒林一》，第 7222 页。
② 《阳明传信录小引》，《刘宗周全集》第 5 册《补遗·阳明传信录》，第 2 页。

三

　　王阳明以其一代宗师的地位,推动"心学"形成晚明儒学主流,成为无与抗衡、一时无两的思想、学术派别。与他同时的湛甘泉也力图挽救朱子学统,尽力于"明天理之本然,救人心于既死"①,他和他弟子显然接受了王阳明的影响。后来的东林之学直到明末清初的"事功派",也都和"心学"有一定渊源关联,不过声势都远不能与王门后学相提并论。在王阳明之后,他的弟子、传人延续其治学统绪,继续就"心学"诸命题进行细密的分析,把心性理论发挥得淋漓尽致,在思想领域掀起巨大波澜,震荡长久。

　　本来一种思想潮流既经出现,往往泥沙俱下。延续和推动"心学"思潮的包括不同社会阶层的人,他们具有不同的政治倾向和思想要求。又如上所说,王阳明"心学"思想本身存在许多矛盾:他以发扬儒学道统自居,而实际已大大疏离了传统儒学(无论汉学还是宋学);他的理论核心的"良知"说,肯定"吾心"作为自足本体与他的修道论相龃龉;他论述"良知"的圆满具足和发用流行的侧重点,前后又有所不同,等等。这样,他的学说一方面不得不迎接外部挑战,另一方面内部的歧义更被怀有不同思想倾向的后学所发展,遂形成严重的派系纷争。

　　王阳明弟子一辈已经分化出意见相左的不同派别。历来关于这些派系的区分看法不一。黄宗羲作《明儒学案》,划分儒学学派,或以地、或以人命名,"大抵朱、陆分门以后,至明而朱之传流为河东(薛瑄──著者),陆之传流为姚江,其余或出或入,总往来

――――――――――
①罗洪先《(湛若水)墓表》,《湛甘泉文集》卷三二《外集》。

于二派之间"①。对于王阳明后学,近代流行的则是以具有政治
色彩的"左"、"右"相称,分成"王学左派"和"王学右派"两大派;
又有依思想观念加以概括的,分为所谓"现成派"、"归寂派"、"修
证派";也有更加细致地区分为"虚无"、"日用"、"主静"、"主敬"、
"主事"等五派的。但不论名称如何,最为重要的是沿着王阳明
"心学"思路进一步作出积极发挥的一派(被称为"左派"或"现成
派"、"日用派"、"虚无派"等)。这一派发扬了"心学"激进的一
面,具有更大的现实意义与理论价值。而这一派的形成和发展,
又与禅有着更密切的关系。以至他们鼓动起的思潮,径直被斥为
"狂禅"。

关于这一派,后来的顾炎武是取批判态度的:

> 盖自弘治、正德之际,天下之士厌常喜新,风气之变已有
> 所自来,而文成以绝世之资倡其新说,鼓动海内。嘉靖以后,
> 从王氏而诋朱子者始接踵于人间。而王尚书发策谓今之学者
> 偶有所窥,则欲尽发先儒之说而出其上,不学则借一贯之言以
> 文其陋,无行则逃之性命之乡以使人不可诘,此三言者尽当日
> 之情事矣。故王门高弟为泰州(王艮——著者)、龙溪(王
> 畿——著者)二人。泰州之学一传而为颜山农,再传而为罗近
> 溪、赵大洲;龙溪之学一传而为何心隐,再传而为李卓吾、陶石
> 篑。昔范武子论王弼、何晏二人之罪,深于桀纣,以为一世之
> 患轻,历代之患重,自丧之恶小,迷众之罪大……②

这里是从批判角度描述了王阳明后学中所谓"左派"的统绪,实际
又肯定了他们形成思想界主流的地位。关于这一派与禅的关系,
黄宗羲则说:

---

①《四库全书总目》卷五八《史部·传记类·明儒学案》,第 527 页。
②《日知录》卷一八《朱子晚年定论》,824－825 页,周苏平、陈国庆点注,甘肃
　民族出版社,1997 年。

　　阳明先生之学,有泰州、龙溪而风行天下,亦因泰州、龙溪
而渐失其传。泰州、龙溪时时不满其师说,益启瞿昙之秘而归
之师,盖跻阳明而为禅矣。然龙溪之后,力量无过于龙溪者,又
得江右为之救正,故不至十分决裂。泰州之后,其人多能赤手以
抟龙蛇,传至颜山农、何心隐一派,遂复非名教之所能羁络矣。
顾端文曰:"心隐辈坐在利欲胶漆盆中,所以能鼓动得人,只缘他
一种聪明,亦自有不可到处。"羲以为非其聪明,正其学术也。所
谓祖师禅者,以作用见性。诸公掀翻天地,前不见有古人,后不
见有来者。释氏一棒一喝,当机横行,放下拄杖,便如愚人一般。
诸公赤身担当,无有放下时节,故其害如是。①

黄宗羲同样是从批判角度立论的。实际上这里说的不为名教所羁
络,有掀翻天地的勇气和言论,正是这一派学人的超逸卓特之处,
是他们思想上大胆创新的表现。顾炎武和黄宗羲都是在天崩地解
的大时代里热衷于经国济民事业的人,所以对这一派蔑视名教、忽
略世事的疏狂作风不满。后来谨守朱熹门户的清儒陆陇其更曾抨
击王阳明的学说本来是"禅之实而托儒之名",而"龙溪、心斋(王
艮——著者)、近溪(罗汝芳——著者)、海门(周汝登——著者)之
徒从而衍之,王氏之学遍天下"②,使得圣贤遗法,灭裂无余,学术坏
而风俗随之亦弊。

　　王阳明亲炙弟子中最杰出的是王畿(龙溪)和王艮(心斋)。王
畿被黄宗羲列入"浙中相传"一派;而王艮则被看作是泰州学派的
开创者,下有传人十八位。但按近人划分,这些人并不全都属于所
谓"左派"。不过王畿和王艮则被一致认为是"王学左派"的创始
人。可是实际上二人论学重点并不相同,这不同点恰恰突显出其
先师思想的两个方面。王畿主要发挥"良知"作为心体之说,强调

①《明儒学案》卷三二《泰州学案一》,下册第703页。
②陆陇其《三鱼堂文集》卷二《学术辨上》。

良知之学乃三教之灵枢。与王阳明"龙场悟道"类似,他也有"天泉证道"的经历,所证悟者则是"无善无恶"的"四句教"。据此他认为意、知本无善无恶,因此要在心体上立根本。认为这乃是先天之学。王艮是盐丁出身,读书不多,他所发挥的是心体的现成、流行方面,"以悟性为宗,以反己为要,以孝弟为实,以乐学为门,以太虚为宅,以古今为旦暮,以明学启后为己任,以九二见龙为正位,以孔氏为家法"①。他多就百姓日用之事发明良知,认为童仆之往来、视听持行、反应动作处即是天理。他说:

> 圣人之道,无异于百姓日用。凡有异者,皆谓之异端。
> 天性之体,本自活泼,鸢飞鱼跃,便是此体。

他启发学生的方式,也类似禅的机锋,如:

> 学者问"放心难求",先生呼之,即应。先生曰:"尔心见在,更何求乎?"②

这完全是唐人求放心典故的翻版。这样,王畿和王艮两个人思想的共同之处是都更接近于禅,不过显然汲取了禅的不同方面加以发挥。唐顺之曾评论王龙溪说:

> 夫良知既为知觉之流行,不落方所,不可典要,一著功夫,则未免有碍虚无之体,是不得不近于禅。流行即是主宰,悬崖撒手,茫无把柄,以心息相依为权法,是不得不近于老。虽云真性流行,自见天则,而于儒者之矩矱,未免有出入矣。③

被划分到"右派"(归寂派)的罗洪先则评论说:

> 龙溪之学,久知其详,不俟今日。然其谓工夫,又却是无

---

①稽文甫《晚明思想史论》第 23—24 页,东方出版社,1996 年。
②《明儒学案》卷三二《泰州学案一·处士王心斋先生艮》,下册第 714、715 页。
③《明儒学案》卷一二《浙中相传学案二·郎中王龙溪先生畿》,上册第 239 页。

工夫可用,故谓之以良知致良知,如道家先天制后天之意。其
说实出阳明公口授,大抵本之佛氏。七月霖雨中,翻《传灯》诸
书,其旨洞然。[①]

比较龙溪和心斋"良知"观的不同,钱明说:

> 如果说心斋的凡圣一致论突出的是后天"见在"的良知之
> 平等,那么龙溪的凡圣一致论突出的则是先天"具足"的良知
> 之平等。前者强调的是圣人的见在性和遍在性,而后者强调
> 的则是成圣的可能性和普适性。[②]

这样,如果说龙溪主要发挥的是禅的清净自性圆满具足的思想,那
么心斋则更多地张扬"触事而真"、"顿悟见性"的观念。而从总体
看,禅思想则再次给"心学"的新发展提供了资源,也大大鼓舞了倡
导者的勇气。

王阳明门下以泰州一派最盛。王艮发其端,中经徐波石(?—
1552,名樾,字子直)、赵大洲(1508—1576,名贞吉,字孟静)、颜山
农(名钧)、何心隐(1517—1579,名汝元,字柱乾)、罗近溪(1515—
1588,名汝芳,字惟德)、周海门(名汝登,字继元)、陶石篑
(1562—?,名望龄,字周望),不断发扬光大,直到李贽。如果从王
阳明正德三年(1508)"龙溪悟道"算起,到李贽去世的万历三十年
(1602),这一派活跃了近一个世纪。他们在思想界鼓荡起张扬个
人心性自主的激进、狂放的风潮,这一时期学术界的学风和文学艺
术界的风气,都在其笼罩之下。

泰州后学继续发挥二王的心性论,一方面强调"吾心"的自在
与现成,如颜山农,"其学以人心妙万物而不测者也。性如明珠,原
无尘染,有何睹闻? 著何戒惧? 平时只是率性所行,纯任自然,便

---

①《与双江公》,《念庵文集》卷三。
②《阳明学的形成与发展》第 177 页,江苏古籍出版社,2002 年。

谓之道。及时有放逸,然后戒慎恐惧以修之。凡儒先见闻,道理格式,皆足以障道。此大旨也"①;另一方面突出这圆满具足之心的日用及流行,如徐波石说:"往古来今,上天下地,统名曰道;是道在人,统名曰心。故曰:人者,天地之心。既曰天地之心,以言乎天地之间则备矣,而何我、何万物乎哉? 二之则有外,有外则非一,不一则私矣,非道也。不得一则非人矣,不知一则非道矣,不志一则非学矣。"②特别是这一派中有些人出身社会下层,或者经受过政治迫害,对世情的愤激更加强化了批判精神,如邓豁渠、颜山农、何心隐等。这几位最后都不得善终。

而如果说王阳明习佛二十年,其学说明显地"同于禅",但他在学术成熟期却仍严于儒、释之辨,并努力谨守理学矩矱;泰州学派则不仅更多地汲取了禅的内容,还有人公开表现对于禅的热衷。有些人热衷攻读佛书,结交禅僧,例如罗近溪早年即以《楞严经》为宗,鼓吹虚无,直指当下,泛览佛典,结交缁客,提倡反身默识;周汝登"唱道东南,以宗传证圣学,与(密云圆)悟深相契结。祭酒陶公望龄、司空王公舜鼎交参叩击,悟之道法遍于东海,自兹始也"③;而陶望龄之学得之天门而泛滥于方外,"以为明道、阳明之于佛氏,阳抑而阴扶,盖得其弥近理者,而不究夫毫厘之辨也。其时湛然(圆)澄、密云(圆)悟皆先生引而进之,张皇其教,遂使宗风盛于东浙"④;邓豁渠更曾出家为僧,"渠自序为学云:己亥礼师,闻良知之学不解,入青城山参禅十年;至戊申,入鸡足山,悟人情事变外,有个拟议,不得妙理"⑤,等等。而且这些人讲学、悟道方式也和宗门相类似。如徐波石受学"心斋之门,先生操存过苦,常与心斋步月下,刻

①《明儒学案》卷三二《泰州学案一》,下册第 703 页。
②同上《泰州学案一·布政徐波石先生樾》,下册第 726 页。
③喻谦《新续高僧传四集》卷二一《明四明天童寺沙门圆悟传》。
④《明儒学案》卷三六《泰州学案五·文简陶石篑先生望龄》,下册第 868 页。
⑤同上卷三二《泰州学案一》,下册第 706 页。

刻简默。心斋厉声曰：'天地不交否！'又一夕，至小渠，心斋跃过，顾谓先生曰：'何多拟议也？'先生过渠，顿然若失，既而叹曰：'从前孤负此翁，为某费却许多气力。'"①这种情形和陆九渊门下的参悟极其类似。而到李贽出来，不但公然为佛教张目，且直接以佛徒面目出现，提倡儒、释合一，在推进儒、释统合这一中国思想史上重要潮流方面更走出极端的一步。

泰州学派激进的内容、狂放的作风，使得几百年来在朱氏学统笼罩下沉闷的思想界受到极大震撼，焕发出活泼生机。一时间私家讲学之风再度兴盛，新的思想潮流在社会上下鼓荡，风头凌厉。例如何心隐"在京师，辟各门会馆，招来四方之士，方技杂流，无不从之"②；而罗近溪的情形是"若夫大江之南，长河之北，招提梵刹，巨浸名区，携手同游，在在成聚；百粤东瓯，罗施鬼国，南越闽越，滇越腾越，穷发鸟语，人迹罕至，而先生墨汁淋漓，周遍乡县矣；至若牧童樵竖，钓老渔翁，市井少年，公门将健，行商坐贾，织妇耕夫，窭屡名儒，衣冠大盗，此但心至则受，不问所由也。况夫布衣韦带，水宿岩栖，白面书生，青衿子弟，黄冠白羽，缁衣大士，缙绅先生，象笏朱履者哉！是以车辙所至，奔走逢迎，先生抵掌其间，坐而谈笑，人望丰采，士乐简易，解带披襟，八风时至……七十余年之间，东西南北无虚地，雪夜花朝无虚日，贤愚老幼、贫病贵富无虚人，矧伊及门若此其专且久，有不能得先生之传者乎？吾不信也"③；到李贽出现，更以不僧不俗的面貌，著书讲学，鼓动天下。被称为"心学"修证派的邹守益之子邹善说：

> 李卓吾倡为异说，破除名行，楚人从者甚众，风习为之一
> 变。刘元卿问于先生曰："何近日从卓吾者之多也？"曰："人心

---

①《明儒学案》《泰州学案一·布政徐波石先生樾》，下册第 724 页。
②同上《泰州学案一》，下册第 704 页。
③李贽《罗近溪先生告文》，《焚书》卷三，《焚书　续焚书》第 124 页。

> 谁不欲为圣贤,顾无奈圣贤碍手耳。今渠谓酒色财气一切不
> 碍菩提路,有此便宜事,谁不从之。"①

李贽的著作虽然遭到朝廷禁毁,但"士大夫则相与重锓之。陈明卿
云:'卓吾书盛行,咳唾间非卓吾不欢,几案间非卓吾不适。'当时风
尚如此"②。

李贽是"心学"发展的后殿,也是它的高峰。他公开而明确地
主张三教一致,对佛教不再是阳抑阴扶或阳儒阴释。他说:

> "囫地一声",道家教人参学之话头也;"未出生前",释家
> 教人参学之话头也;"未发之中",吾儒家教人参学之话头也。
> 同乎?不同乎?唯真实为己性命者默然自知之,此三教圣人
> 所以同为性命之所宗也。下此,皆非性命之学矣。③

在对于心性认识这个"心学"的基本点上,他主张三教完全一致。
他对王阳明门下泰州一系推崇备至:

> 当时阳明先生门徒遍天下,独有心斋为最英灵。心斋本
> 一灶丁也,目不识一丁,闻人读书,便自悟性,径往江西见王都
> 堂,欲与之辩质所悟。此尚以朋友往也。后自知其不如,乃从
> 而卒业焉。故心斋亦得闻圣人之道,此其气骨为何如者。心
> 斋之后,为徐波石,为颜山农。山农以布衣讲学,雄视一世而
> 遭诬陷;波石以布政使请兵督战而死广南。云龙风虎,各从其
> 类,然哉! 盖心斋真英雄,故其徒亦英雄也。波石之后为赵大
> 洲,大洲之后为邓豁渠;山农之后为罗近溪,为何心隐;心隐之
> 后为钱怀苏,为程后台。一代高似一代。所谓大海不宿死尸,
> 龙门不点破额,岂不信乎! 心隐以布衣出头倡道而遭横死;近

---

①《明儒学案》卷一六《江右相传学案一·文庄邹东廓先生守益》,上册第345页。
②黄节《李氏焚书序》,《焚书 续焚书》第280页。
③《答马历山》,《续焚书》卷一,《焚书 续焚书》第281页。

溪虽得免于难,然亦幸耳,卒以一官不见容于张太岳。盖英雄之士,不可免于世而可进于道。①

四库馆臣说王守仁弟子王畿、王艮辈讲学,"所言性命学问,浸淫佛氏,沦于虚寂,并守仁本旨而失之。李贽诸人沿流不返,遂至累及守仁为儒者诟厉,其所从来者渐矣"②。今人嵇文甫说"其学不守绳墨,出入儒佛之间"③;日本学者冈田武彦则说他"主张以儒为立本,以道为入门,以佛为极则"④。纵观他的学说与活动,不仅大量吸收佛与禅的观念,更规仿唐宋禅门大德蔑视偶像、毁弃传统的作风,从中汲取人生与创作的激情。值得注意也让人感到十分有趣的是,当时有些佛门大德并不满意李贽的作风。云栖袾宏批评说:

卓吾之超逸之材、雄豪之气,吾重之。然可重在此,可惜亦在此。夫人具如是才气,而不以圣言为量,常道为凭,镇之以厚德,持之以小心,则必好为惊世矫俗之论,以自愉快。试举一二。卓吾以世界人物俱肇始于阴阳,而以太极生阴阳为妄语,盖据《易传》有天地然后有万物,而以天阴地阳、男阴女阳为最初之元本,更无先之者。不思《易》有太极是生两仪,同出夫子传《易》之言。而一为至论,一为妄语,何也?乃至以秦皇之暴虐为第一君,以冯道之失节为大豪杰,以荆轲、聂政之杀身为最得死所,而古称贤人君子者,往往反摘其瑕颣,甚而排场戏剧之说,亦复以《琵琶》、《荆钗》守义持节为勉强,而《西厢》、《拜月》为天性之常。噫!《大学》言好人所恶,恶人所好,灾必逮夫身,卓吾之谓也。惜哉!⑤

————————————

①《为黄安二上人三首·大孝一首》,《焚书》卷二,《焚书　续焚书》第 80 页。
②《四库全书总目》卷一二四《子部·杂家类存目·冬游记》,上册第 1071 页。
③《晚明思想史论》第 61 页。
④《王阳明与明末儒学》第 216 页。
⑤《竹窗三笔·李卓吾一》,《竹窗随笔》(修订本),佛陀教育基金会,1999 年。

袾宏本来也是从儒、释结合角度立论的。他所持却是正统的儒家和佛教观念，所以不满于李贽的大胆妄言，流荡忘返。这也表明，李贽所接受和发挥的禅思想在佛门也属"异端"。这也是他被斥为"狂禅"的理由。

关于李贽的生平及其文学成就，在本书论述明代文学部分已有介绍。这里仅略述他作为"心学"家的思想与贡献。李贽的战斗性格，在他死后的万历三十年（1602）礼部尚书冯琦给朝廷的奏章中清楚地反映出来，其中说：

> 顷者皇上纳都给事中张问达之言，正李贽惑世诬民之罪，尽焚其所著书，其崇正辟邪，甚盛举也。臣窃惟国家以经术取士，自《五经》、《四书》、《二十一史》、《通鉴》、性理诸书而外，不列于学官。而经书传注，又以宋儒所订者为准。此即古人"罢黜百家、独尊孔氏"之旨。自人文向盛，士习寖漓，始而厌薄平常，稍趋纤靡；纤靡不已，渐骛新奇；新奇不已，渐趋诡僻。始犹附诸子以立帜，今且尊二氏以操戈，背弃孔、孟，非毁朱、程，惟《南华》、西竺之语是宗是竞。以实为空，以空为实，以名教为桎梏，以纪纲为赘疣，以放言高论为神奇，以荡轶规矩、扫灭是非廉耻为广大。取佛书言心言性略相近者，窜入圣言，取圣经有空字无字者，强同于禅教。语道既为踌驳，论文又不成章，世道溃于狂澜，经学几为榛莽……夫道术之分久矣。自西晋以来，于吾道之外，别为二氏；自南宋以来，于吾道之中，自分两岐；又其后则取释氏之精蕴，而阴附于吾道之内；又其后则尊释氏之名法，而显出于吾道之外。非圣主执中建极，群工一德同风，世运之流，未知所届。①

这表明，李贽的学说"背弃孔、孟，非毁程、朱"，猛烈抨击理学传统，

---

①顾炎武《日知录》卷一八《科场禁约》，第818—819页。

否定维护专制统治的"名教"和"纪纲";而做到这一点,他正是以"佛书""禅教"为理论资源。而且李贽又是妄取佛书,"强同于禅教",即借佛说以文饰自己的"放言高论"。这实际也是指出李贽点化佛说以为己用的激进做法。

李贽沿袭王阳明以"吾心"为本体的心性观念,他说:

> 吾之色身,洎外而山河,遍而大地,并所见之太虚、空等,皆是吾妙明真心中一点物相耳。①

> 心性本来空也。本来空,又安得有心更有性乎? 又安得有心更有性可说乎? 故二祖直至会得本来空,乃得心如墙壁去耳。既如墙壁,则种种说心说性诸缘,不求息而自息矣。诸缘既自息,则外缘自不入,内心自不惴,此真空实际之境界也,大涅槃之极乐也,大寂灭之藏海也。②

正是在这种肯定"心性"圆满、现成的基础上,他发挥王龙溪、王心斋的思想,张扬人性的平等,凡圣等一。他说:

> 人但率性而为,勿以过高视圣人之为可也。尧、舜与途人一,圣人与凡人一。③

这样,"天下无一人不生知","天下宁有人外之佛,佛外之人乎?"④"道不离人,人不离道"。"道"不再是超然的神秘本体,就体现在人生日用之中。所以他又说:

> 穿衣吃饭即是人伦物理。除却穿衣吃饭,无伦物矣。世间种种,皆衣与饭类耳。故举衣与饭,而世间种种自然在其

---

① 《解经文》,《焚书》卷四,《焚书　续焚书》第 135—136 页。
② 《观音问十七条·答明因》,《焚书》卷四,《焚书　续焚书》第 174—175 页。
③ 《明灯道古录》卷上,《李氏文集》卷一八。
④ 《答周西岩》,《焚书》卷一,《焚书　续焚书》第 1 页。

中。非衣食之外,更有所谓种种绝与百姓不相同者也。①

这种观念也充分显示他关心民生、关注现实的精神。"王学左派"的"心性"说就这样演化为具有鲜明进步意义和现实精神的主张。后来东林一派的史孟麟批评说:

> 今时讲学,主教者率以当下指点学人,此是最亲切语。及叩其所以,却说饥来吃饭困来眠,都是自自然然的,全不费工夫,学人遂欣然以为有得。见学者用工夫,便说多了,本体原不如此,却一味任其自然,任情从欲去了。是当下反是陷人的深坑……往李卓吾讲心学于白门,全以当下自然指点后学,说个个人都是见见成成的圣人,才学便多了。闻有忠节孝义之人,却云都是做出来的,本体原无此忠节孝义。学人喜其便利,趋之若狂,不知误了多少人。②

这也表明,李贽的心性自然、当下现成的观念,显然和禅宗"平常心是道",穿衣吃饭、扬眉瞬目皆是道的思想相一致,而与道学的致知格物、忠节孝义之说全然背离。因而侯外庐主编的《中国思想通史》肯定他的思想径直是"禅宗思想的直接抄本"③。

泰州学派的影响,漫延到文化界,扩展在文人间,比起其在理学内部的作用和成绩更为显著。值得特别提及的是晚明时期席卷文坛的所谓"狂禅"思潮。本来中唐丛林形成狂放不羁的风气,当时是被看作禅宗正脉的,并没有"狂禅"之说。现存文献上可考最早使用"狂禅"一语的是唐鹤徵的《桃溪札记》④:

> 宋人惟以圣人之好学为谦己诲人,遂谓生知无学。后来宗门

---

① 《答邓石阳》,《焚书》卷一,《焚书 续焚书》第 4 页。
② 《明儒学案》卷六〇《东林学案三·太常史玉池先生孟麟》,下册第 1474—1476 页。
③ 《中国思想通史》第 4 卷(下)第 1095 页,人民出版社,1960 年。
④ 以下称引有关"狂禅"资料,多录自门下赵伟所搜集文献。

更生出一种议论,谓一悟便一了百当,从此使人未少有见,辄以自足,儒为狂儒,禅为狂禅。不知自凡民视之,可使由不可使知,行似易而知难;自圣人视之,则知犹易,而行之未有能尽者也。①

唐鹤徵(1513—1595)出于王学门下,属于所谓"修证派"。他是就"儒"与"禅"的分别作出上述论断的。后世也多有斥南宗呵佛骂祖、离经叛教一派为"狂禅"的。与唐鹤徵大体同时的管志道在所作《觉迷蠡测》、《问辨牍》等著作里始大量使用"狂禅"概念并赋予新的意义。他指的不只是一种禅风,更用来抨击当时的学风,并明确以"狂禅"指斥泰州学派。他在《孟子订测》一书里批评罗近溪论学主张"直捷一途""由仁义行",是"不避致曲以求诚,而一味放松过去,此正狂禅之稍见性学端倪"②。在《问辨牍》里,他又指出:

　　自姚江、泰州之流日漫,学者知有见龙,不知有潜龙,能以巧说圆六龙之局,不能以深心尽一龙之性。明意日浓,暗意日薄。有忌惮者为反狂狷之乡愿,无忌惮者为反中庸之小人,而狂禅且滥于其中矣。③

接着,高攀龙、屠隆、袁宏道等纷纷攻击"狂禅"。至黄宗羲,更明确说"李卓吾鼓煽狂禅,学者靡然从风"④,清代四库馆臣则批评当时的一些经学著作"大抵皆明末狂禅,提倡心学,无当于圣贤之本旨"⑤,"狂禅"遂成为批评泰州学派的恶谥。此后"狂禅"概念不断扩大,以至上溯陆九渊为"狂禅",甚至诋苏轼为"狂禅"⑥。

①《明儒学案》卷二六《南中王门学案二·太常唐凝庵先生鹤徵》,下册第611页。
②《孟子订测》卷二,上海图书馆藏万历刻本。
③《答王太常塘南先生书》,《问辨牍》元集。
④《明儒学案》卷三五《泰州学案四·恭简耿天台先生定向》,下册第815页。
⑤《四库全书总目》卷三四《经部·五经总义类存目·崟阳草堂说书》,上册第289页。
⑥如陆陇其《读张文潜江上诗因嘲》"宛丘先生学颇坚,惜从苏轼杂狂禅",《三鱼堂外集》卷六。

前面已经提到,王阳明自诩有"狂者"性格。龙溪、心斋以下大大发扬了这种性格。龙溪说:

> 狂者之意,只是要做圣人,其行有不掩,虽是受病处,然其心事,光明超脱,不做些子盖藏回护,亦便是得力处。①

王艮当年也被称为"狂者"②。到后来李贽又把这种狂放作风发挥到极致。而称"心学"一派为"狂禅",显然有两方面意义。一是认为这一派学说杂糅禅而非醇儒,另一方面则是不满于发扬禅的任性而为、狂放不拘、蔑视传统、独立自主的性格。因为这不只是以禅乱儒,更叛离了禅学矩矱,所以从禅学正统立场看也是异端。

李贽最终被迫害致死,身后有许多仰慕者,他的著述也继续流传并持续地发挥影响。但是作为一种思想潮流,泰州学派却后继乏人,渐趋泯灭了。既受到朝廷支持的道学正统的围剿,又遭到王学内部修证派的批评,更主要的是明末"天崩地解"时代到来,泰州学派所要证悟的虚玄灵明之"心"在错综复杂的现实矛盾面前就显得过于空虚无力了。本来"心学"的主要弱点也渊源于禅思想的空灵虚幻而缺乏建设性。前面曾引述过黄仁宇的评论:

> 几个世纪以后,对李贽的缺点,很少有人指斥为过激,而是被认为缺乏前后一致的完整性。他的学说破坏性强而建设性弱。他没有能创造一种思想体系去代替正统的教条,原因不在于它缺乏决心和能力,而在于当时的社会不具备接受改造的条件。和别的思想家一样,当他发现自己的学说没有付诸实施的可能,他就只好把他美术化或神秘化。③

---

① 《与梅纯甫问答》,《王畿集》卷一,第 4 页,吴震编校,凤凰出版社,2007 年。
② 欧阳德《祭王心斋》,《欧阳德集》卷二八,第 759 页,陈永革编校,凤凰出版社,2007 年。
③ 《万历十五年》第 223 页。

他又说：

> 我们再三考虑，则又觉得当日李贽的不幸，又未必不是今
> 天研究者的幸运。他给我们留下了一份详尽的纪录，使我们
> 有机会充分地了解当时思想界的苦闷。没有这些著作，我们
> 无法揣测这苦闷的深度。此外，孔孟思想的影响，朱熹和王阳
> 明的是非长短，由于李贽的剖析争辩而更加明显；即使是万历
> 皇帝、张居正、申时行、海瑞和戚继光，他们的生活和理想，也
> 因为有李贽的著作，使我们得到从另一个角度观察的机会。①

这里说到当时"思想界的苦闷"及其解决的无计和无望，作为典型
的正是"王学左派"一批人。他们为解决现实矛盾，也为疏解内心
苦闷而求救于佛禅，但终归失落了。不过在这一过程中，在佛教已
经衰微之际，禅思想又一次焕发出曜人的光彩，推动思想界掀起波
澜，在思想、文化领域创造出一批有价值的成果，从而再一次显示
了佛教及其思想积累的永恒的价值。

---

① 《万历十五年》第 237 页。

第二十三章　近代文人与佛教

一

　　关于晚清佛学发展状况,梁启超在《清代学术概论》里有精辟的概括:

　　　　晚清思想界有一伏流,曰佛学。前清佛学极衰微,高僧已不多,即有,亦于思想界无关系。其在居士中,清初王夫之颇治相宗,然非其专好。至乾隆时,则有彭绍升、罗有高,笃志信仰。绍升尝与戴震往复辨难(《东原集》)。其后龚自珍受佛学于绍升(《定盦文集》有《知归子赞》,知归子即绍升),晚受菩萨戒。魏源亦然,晚受菩萨戒,易名承贯,著《无量寿经会译》等书。龚、魏为"今文学家"所推奖,故"今文学家"多兼治佛学。石埭杨文会少曾佐曾国藩幕府,复随曾纪泽使英,凤栖心内典,学问博而道行高,晚年息影金陵,专以刻经弘法为事,至宣统三年武汉革命之前一日圆寂。文会深通"法相""华严"两宗,而以"净土"教学者,学者渐敬信之。谭嗣同从之游一年,本其所得以著《仁学》,尤常鞭策其友梁启超。启超不能深造,顾亦好焉,其所著论,往往推挹佛教。康有为本好言宗教,往

往以己意进退佛说。章炳麟亦好"法相宗",有著述。故晚清
所谓新学家者,殆无一不与佛学有关系。而凡有真信仰者,率
皈依文会。①

鸦片战争以后,中国处在"数千年来未有之变局"②:清王朝在帝国
主义侵逼下,腐败无能,积贫积弱,国衰民困,危机四伏。而正是
这严酷的局面,推动了中国社会的转型,开启了艰巨而漫长的近
代化的端倪。知识阶层敏锐感应时代的剧变,纷纷起来探索救国
救民的方策。他们一方面向西方学习,引进西方科学与文化,另
一方面则面向中国传统的思想、学术寻求解决矛盾的方策。由于
当时对于西方思想、学术的介绍还处在启蒙时期,人们多震惊于
洋人的船坚炮利,又感到"西学"的"来源浅觳,汲而易竭";而极盛
一时的乾嘉朴学,则显得钉饾琐细,无补于世用。又如梁启超所
说,龚、魏等转而治今文,而今文学家"多兼治佛学"。他们与力图
改变佛教没落、窳败局面的护教的教内外人士相呼应,遂形成一
股具有一定声势的振兴佛法和佛学的潮流。推动这一潮流的人
的立场、观点并不相同:有主张维新变法的改良派,有资产阶级革
命派,也有热衷于革新佛教的僧人和居士,等等。梁启超曾以"应
用佛学"③来概括谭嗣同《仁学》里所讲的佛理,可以用来说明晚
清时期振兴佛教潮流的一般特征:即不同立场、不同观点的人所
阐发和提倡的佛学,均具有鲜明的经世致用的"应用"性格。但从
"应用"的具体企向与态度说,情形却又并不一致:有些人强调佛
教安顿身心的精神慰藉作用,有些人专注于佛学在学理方面的思
想价值,更有些人企图张扬佛教来启发民智,达到批判社会、增进
国民道德的目的。而从知识阶层总体倾向看,注重的不是宗教的

①《清代学术概论》,《梁启超史学论著四种》第 93 页,岳麓书社,1998 年。
②李鸿章《筹议海防折》,《洋务运动》第 1 卷第 42 页,上海人民出版社,1959 年。
③《论佛教与群治之关系》,《饮冰室合集·文集》之四,中华书局,1989 年。

信仰层面,而主要是发掘佛教思想中可"应用"于解决社会现实矛盾的内容。这样,研究和提倡佛学与社会改革大潮相呼应,依据现实需要、断以己意来发挥佛理,就成为这一时期治佛学的一般特征,即如章太炎所说的"曲明师说,杂以己意"①,"熔铸经论,断之鄙心"②。就是说,当时人所张扬的教理、教义,已多融加个人的领会;对于经论和本土著述所传述的义理,往往根据个人的理解做出判断和取舍。这就像王阳明"我注六经"一样,基本是借用佛说来阐发个人的主张。与此相关联的,这一时期治佛学的人多侧重在学理层面,尤其以法相唯识之学最受推重。关于这一点,章太炎有明确说法:

> 然仆所以独尊法相者,则自有说。盖近代学术,渐趋实事求是之途,自汉学诸公分条析理,远非明儒所能企及。逮科学萌芽,而用心益复缜密矣。是故法相之学,于明代则不宜,于近代则甚适,由学术所趋然也。③

这是说,他之所以推重法相唯识之学,是因为与近代实证科学的精神相合。当然十九世纪末慈恩宗义得以振兴,起作用的因素很多,但这种实用的考虑确实是重要一面。总之,这一颇具声势的思潮带着积极的内容与作用和消极的局限与后果,汇入到时代变革思潮的总潮流之中,促成历史悠久但久已衰落的中国佛教对思想、学术、文学艺术诸多领域又一次焕发生机,发挥影响,做出贡献。

　　下面介绍几位提倡佛学并在思想、文化领域造成一定影响的人物。

---

①《人无我论》,《太炎文录初编·别录》卷三,《章太炎全集》第 4 卷第 419 页,
　　上海人民出版社,1985 年。
②《与梦庵》,马勇编《章太炎书信集》第 230 页,河北人民出版社,2003 年。
③《答铁铮》,《章太炎书信集》第 178 页。

二

　　康有为(1858—1927),字广夏,号长素,又号更生,广东南海人,是晚清启蒙维新派的精神领袖。他推动"康、梁变法"、"百日维新",成为资产阶级革命运动的前奏。著作有《新学伪经考》、《孔子改制考》、《大同书》等。在这些著作中,他批判程、朱为代表的理学正统,宣扬资产阶级民主、自由、平等、博爱思想和改良主义政治主张,而在治学路数上显然继承了嘉、道间龚自珍、魏源的传统。梁启超曾指出:"晚清思想之解放,自珍确与有功焉。光绪间所谓新学家者,大率人人皆经过崇拜龚氏之一时期"①。康有为治学和龚、魏同样"以经术为治术"②,在构造其思想理论体系过程中,一方面借助今文经学的观点和方法,同时也把佛学融入其中。他一生中并没有留下专门的佛学著作,但在其《大同书》等代表著作里却相当清楚地发露出他有关佛学的观点,表明佛学对他的思想、学术产生深刻影响;而且可以明显看出,这种影响更集中地体现在学理方面。他所开创的这一传统也成为近代佛学的一个重要特征。

　　康有为早年潜心于陆、王心学,并兼修史学和佛学,打下了佛学方面的基础。光绪十七年(1891)在广州万木草堂讲学,即取华严教理来阐释其哲学思想。梁启超曾指出"先生由阳明学以入佛学,故最得力于禅宗,而以华严宗为归宿焉"③。他把自己哲学的根本观念归结为"以元为体",而这"统于天"的"元"被等同于华严宗

---

①《清代学术概论》,《梁启超史学论著四种》第 75 页。
②《默觚上·学篇九》,《魏源集》上册第 24 页,中华书局,1976 年。
③《康南海先生传》,《饮冰室合集》第 1 册《饮冰室文集》之六,第 70 页,中华书局,1989 年。

所说的"性海"。他用佛教语言解释自己的世界观说：

> 众生同原于性海，舍众生亦无性海；世界原具含于法界，
> 舍世界亦无法界。

在这里华严法界缘起思想被他作为发挥平等观念的理据。《大同
书》开宗明义的甲部，讲《入世界观众苦》，其中又分为"人生之苦"、
"天灾之苦"、"人道之苦"等六章计三十八种苦。这种对人生的看
法，正通于佛教"四圣谛"第一的"苦谛"。而他又主张要脱离苦海，
只有"破除九界"，即国界、级界、种界、形界、家界、业界、乱界、类
界、苦界种种差别。《大同书》的最后一部癸部，则是《去苦界至极
乐》，语言显然是取自佛教的，论述的逻辑也是佛教的。他用华严
妙界来勾画他所理想的极乐境界。其中《灵魂之乐》一节中有云：

> 养形之极，则人有好新奇者，专养神魂，以去轮回而游无
> 极，至于不生、不灭、不增、不减焉。①

这里所提出的，正通于佛教宣扬的涅槃境界。他又采用《公羊》"三
世"之说，构想出历史发展的三个阶段，即君主专制的"据乱世"、君
主立宪的"升平世"和民主平等的"太平世"。而他所描绘的"太平
世"，又杂糅了《礼记·礼运》篇里"小康""大同"理想、西方资产阶
级政治思想以及佛家的慈悲、平等观念。他特别对佛学加以推
崇，说：

> 大同之世，惟神仙与佛学二者大行。盖大同者世间法之
> 极，而仙学者长生不死，尤世间法之极也。佛学者不生不灭，
> 不离乎世间出乎世间，又出乎大同之外也。至是则出乎人境
> 而入乎仙境、佛之境，于是仙、佛之学方始矣。

他进一步又说：

---

①《大同书》第 300 页，中华书局，1956 年。

> 仙学太粗,其微言奥理无多,令人醉心者有限。若佛学之
> 博大精微,至于言语道断,心行路绝,虽有圣哲无所措手,其所
> 包容尤为深远……故大同之后,始为仙学,后为佛学;下智为
> 仙学,上智为佛学。①

这样,佛教就被看成是大同世界的最高的也是唯一的宗教。由此
可见康有为对佛教推尊之重。但值得注意的是,他并不同意出家
为僧侣。己部《出家界为天民》的《总论》说:

> 吾于佛义之微妙广大,诚服而异之。而于其背父母而逃,
> 不偿凤负而自图受用,则终以为未可也。且夫大地文明,实赖
> 人类自张之。若人类稍少,则聪明同缩,复为野蛮,况于禁男
> 女之交以绝人类之种!②

这又清楚表明他反对僧侣主义的立场。而"僧"本是佛门三宝之
一,僧团乃是佛教存在的依托,反对出家无疑即否定了佛教作为教
团的现实存在。由此也透露出康有为佛学思想注重政治、注重学
理的特征。

三

谭嗣同(1865—1898),字复生,号壮飞,别署华相众生、东海褰
冥氏、通眉生等,湖南浏阳人。作品结集为《谭嗣同全集》。他潜心
考据、笺注、古诗文、兵法等传统学术,又钻研西方天算、格致、政治
之学。光绪三年(1877),其父谭继洵补甘肃巩秦阶道,他有机会遍

---

①《大同书》第 301 页。
②同上第 191 页。

游西北、东南诸省，目睹灾民流离，山河异变，深受触动。光绪二十二年在北京结识梁启超，进一步了解康、梁的变法主张。同年选为候补知府，在南京候缺，结识著名居士杨文会，跟随他学佛一年。遂遍阅《华严》及性、相二宗著作，佛学大为精进。这一时期，他一方面接受康有为的今文经学，一方面深入研究佛学，统合二者，遂"会通群哲之心法，衍绎南海之宗旨"①，写出著名的《仁学》一书。此后他来往沪、宁、湘，与梁启超、杨文会等商讨学术，创办学会，出版报刊，宣扬维新思想。梁启超说：

> 谭浏阳之有得于佛学，知浏阳者皆能言之。然浏阳之学佛，实自金陵杨仁山居士。其遗诗有《金陵听说法》一章，即居士所说也。诗云："而为上首普观察，承佛威神说偈言。一任法田卖人子，独从性海救灵魂。纲伦惨以喀私德，法会盛于巴力门。大地山河今领取，庵摩罗果掌中论。"②

诗中的"喀私德"和"巴力门"都是外语音译，前者指印度种姓制度，后者谓议会。这篇作品颂扬杨仁会承佛说法为普救灵魂的事业，批判不平等的种姓制度，赞扬西方的议会民主政治。

戊戌变法时，谭嗣同被举荐为四品卿衔军机章京，参议新政。维新失败，他与杨锐等五人同时被戮，人称"戊戌六君子"。在《仁学》中他鼓吹"冲决网罗"的大无畏精神，又曾说"各国变法，无不从流血而成……有之，请自嗣同始"③。他临难不屈，忠实践履了自己的信念。

谭嗣同推重佛教，重在救度众生和变法维新。他致欧阳渐的信里说：

---

① 《戊戌政变记·谭嗣同传》，《饮冰室合集·专集》之一。
② 《饮冰室诗话》第 13 页，人民文学出版社，1959 年。诗为《金陵听说法诗》四首之三，见《谭嗣同全集》(增订本)第 247 页。
③ 梁启超《谭嗣同传》，《谭嗣同全集·附录》(增订本)第 556 页。

> 佛说以无畏为主。已成德者名大无畏，教人也名施无畏，而无畏之源出于慈悲。故为度一切众生故，无不活畏，无恶名畏，无死畏，无地狱恶道畏，乃至无大众威德畏，盖仁之至矣。①

他正是以这种精神来实践改革理想的。

《仁学》作为谭嗣同思想成熟期的代表著作，在《自叙》中明确写作目的：

> 网罗重重，与虚空而无极。初当冲决利禄之网罗，次冲决俗学若考据、若词章之网罗，次冲决全球群学之网罗，次冲决君主之网罗，次冲绝伦常之网罗，次冲决天之网罗，次冲决全球群教之网罗，终将冲决佛法之网罗。然真能冲决，亦自无网罗；真无网罗，乃可言冲决。②

这部著作的纲领是康有为教学者的"以求仁为宗旨，以大同为条理，以救中国为下手，以杀身破家为究竟"③。他在全文前面的《界说》里指出：

> 凡为《仁学》者，于佛书当通《华严》及心宗、相宗之书；于西书当通《新约》及算学、格致、社会学之书；于中国书当通《易》、《春秋公羊传》、《论语》、《礼记》、《孟子》、《庄子》、《墨子》、《史记》，及陶渊明、周茂叔、张横渠、陆子静、王阳明、王船山、黄梨洲之书。④

这清楚表明他会通自然科学、传统经学和佛学，熔科学、哲学、宗教于一炉，以"世法"为极轨，通之于佛教。这样，佛法在其整个思想体系中占据重要地位。《仁学》开宗明义即利用当时自然科学关于

---

① 《上欧阳中鹄·十一》，《谭嗣同全集》（增订本）第 469 页。
② 《谭嗣同全集》（增订本）第 290 页。
③ 《仁学序》，原载《清议报》第二册，转引《谭嗣同全集》（增订本）第 373 页。
④ 《谭嗣同全集》（增订本）第 293 页。

"以太"(这是当时的物理学所主张的宇宙间无所不在的介质)的概念,认为孔子所谓"仁"、"元"、"性",就是墨子所谓"兼爱",佛所谓"性海";而仁为以太之用,天地万物由之以生,由之而通。他基于此而确立平等、革新的理据。他用佛教的"不生不灭"、"一多相容"、"三世一时"等观念,来看待人的灵魂和世界的存在,从而指出革故鼎新的必要。他又认为佛教的"忏悔"、"精进"都具有求"新"的意义,说:

> 则新也者,夫亦群教之公理已。德之宜新也,世容知之。独何以居今之世,犹有守旧之鄙生,断断然日不当变法,何哉?……虽然,彼之力又何足以云尔哉?毋亦自断其方生之化机,而与于不仁之甚,则终成为极旧极敝一残朽不灵之废物而已矣![1]

他更激情满怀地说:

> 西人之喜动,其坚韧不挠,以救世为心之耶教使然也。又岂惟耶教,孔教固然矣;佛教尤甚。曰"威力",曰"奋迅",曰"勇猛",曰"大无畏",曰"大雄",括此数义,至取象于师子……故夫善学佛者,未有不震动奋厉而雄强刚猛者也。[2]

这样,他所理解的佛法毫无悲观、出世色彩,而表现出积极用世、勇猛果决、临难不屈的精神。他又说:

> 佛法以救度众生为根本,以檀波罗密为首义。(克己时,当以蝼蚁、草芥、粪土自待;救人时,当以佛、天、圣贤、帝王自待。)即吾孔、孟救世之深心也。学者堕落小乘,不离我相,于是为孔、孟者独善其身,为佛者遁于断灭。揆之立教之初心,

---

[1]《谭嗣同全集》(增订本)第 318—319 页。
[2]同上第 321 页。

不啻背驰于燕、越，甚无谓也。①

他更具体分辨佛与老，认为二者不当混而同之。他说：山林习静在佛诋为顽空，为断灭，为九十六种外道之一。他完全是从积极能动的方面理解佛学，论证儒、释、耶诸教的统一，借以全面系统地发挥了革故鼎新、救世度人的理想。从而他主张发扬威力奋迅、勇猛如狮子的精神，强聒不舍地去"冲绝网罗"。他自己真能实践这种大无畏勇气，勇敢地为改革事业献出了性命。

谭嗣同的诗抒写忧国情怀和报国壮志，在黑暗窒息的时代发出觉醒的呼声，风格或激越苍凉，或深密幽邃，"独辟新界而渊含古声"②。他三十岁以前的作品，纪游咏怀，沉郁哀艳，风格更接近六朝、晚唐。参与变法维新活动以后的作品则加入维新观念和语汇，又夹杂佛、耶词语，稍显生辟怪诞，却正反映了他勇于接受和表现新思想、新事物的强烈愿望。在这方面他和梁启超等人是一致的。他有赠梁启超诗说：

> 虚空以太显诸仁，络定阎浮脑气筋。何者众生非佛姓，但牵一发动全身。机铃地轴言微纬，吸力星林主有神。希卜梯西无著处，智悲香海返吾真。③

这里讲的就是《仁学》"仁以通为第一义，以太也，电也，心力也，皆指所以通之具"的道理。"希卜梯西"是英语 hypothesis（假设）的音译。他认为这就是"慈悲"、"佛性"。代表他的风格的作品又有《似曾诗》四首：

> 同住莲华证四禅，空然一笑是横阗。惟红法雨偶生色，被黑罡风吹堕天。大患有身无想定，小言破道遣愁篇。年来嚼

---

①《壮飞楼治事一篇第九·群学》，《谭嗣同全集》（增订本）第 443 页。
②梁启超《饮冰室诗话》第 1 页，人民文学出版社，1959 年。
③《赠梁卓如诗四首》之三，《谭嗣同全集》（增订本）第 244 页。

蜡成滋味,阑入《楞严》十种仙。

　　无端过去生中事,兜上朦胧业眼来。灯下髑髅谁一剑,尊前尸冢梦三槐。金裘喷血和天斗,云竹闻歌匝地哀。徐甲倘容心忏悔,愿身成骨骨成灰。

　　死生流转不相值,天地翻时忽一逢。干笑东风真解脱,春词残月已冥濛。桐花院落乌头白,芳草汀洲雁泪红。隔世金环弹指过,结空为色又俄空。

　　柳花夙有何冤业,萍末相逢乃尔奇。直到化泥方是聚,只今堕水尚成离。焉能忍此而终古,亦与之为无町畦。我佛天亲魔眷属,一时撒手动僧祇。[①]

梁启超评论这一组诗说:

　　其言沉郁哀艳,盖浏阳集中所罕见者,不知其何所指也。然遣情之中,字字皆学道有得语,亦浏阳之所以为浏阳,新学之所以为新学欤![②]

把从外国输入的新概念和佛典词语、意念融入诗句,造成了新颖而又古奥、渊深而又奇崛的诗风。这也正体现当时新学家融汇百家、勇于创新的风格特征。

四

　　梁启超(1873—1929),字卓如,一字任甫,号饮冰子,或署饮冰室主人,广东新会(今广东广州新会区)人。作品结集为《饮冰室合

---

①《谭嗣同全集》(增订本)第245—246页。
②《饮冰室诗话》第2页。

集》。早年受学于康有为。康有为当年在广州万木草堂授徒讲学，
以宋明理学和佛学为体，以史学和儒学为用。"甲午战争"之后，梁
启超随同康有为联合各省举人"公车上书"，宣传维新变法主张，成
为"百日维新"领导人之一。变法失败，"六君子"遇难，他流亡日
本，奔走于美、澳、南洋各地，建立保皇会，宣扬改良主义，主张君主
立宪。辛亥革命以后，曾策动蔡锷组织护国军讨伐复辟称帝的袁
世凯，并曾出任段祺瑞政府财政总长。第一次世界大战后游历欧
洲，回国后弃政从学，在南开大学、清华大学任教，全力从事学术
著述。

　　梁启超自幼接受经学教育。作为启蒙思想家，在介绍西方资
产阶级社会、政治、经济学说等方面也做了许多工作。曾从康有为
学，接受佛学的启蒙，"先生又常为语佛学之精奥博大，余凤根浅
薄，不能多所受"①；又与夏曾佑、吴铁樵父子、谭嗣同等交游，一起
研习佛理。他1902年作《论宗教家与哲学家之长短得失》、《论佛
教与群治之关系》，前者指出无宗教思想则无统一、无希望、无解
脱、无忌惮、无魄力；后者则提出佛教有六大优点：智信而非迷信，
兼善而非独善，入世而非厌世，无量而非有限，平等而非差别，自力
而非它力。他这一时期有《论支那宗教改革》一文，又揭示出孔教
的六大主义，拿它们与佛教的六项优点相比较，认为二者有相同和
互异两方面。就互异两项而论，佛教的智信和入世恰可补"孔教"
的不足，从而他力图把佛教纳入到革新思想体系中来。但随着他
政治上渐趋保守，对待佛教的立场也逐渐发生变化。第一次世界
大战后游欧，回国后评论说：

　　　　泰西思想界，现在依然是混沌过渡时代，他们正在那里横冲

---

① 《三十自述》，李华兴、吴嘉勋编《梁启超选集》第376页，上海人民出版社，
　　1986年。

直撞,寻觅曙光。许多先觉之士,正想把中国印度文明输入。①

这时他开始否定西方文化的价值,认为东方文明可以拯救世界,其中既有中国的"三圣"——孔、老、墨,也有印度文明的佛教。他的这种论调当时就受到包括采取自由主义立场的胡适等人的批评。上世纪二十年代他脱离政坛,潜心研究佛典,在南京从佛学家欧阳竟吾学法相唯识之学。曾计划编撰《中国佛教史》,已写成一批文章,后来辑录为《佛学研究十八篇》。

梁启超称佛教信仰为"智信",他说:

> 中国之佛学,以宗教而兼有哲学之长。中国人迷信宗教之心,素称薄弱……佛说本有宗教与哲学之两方面。其证道之究竟也在觉悟(觉悟者,正迷信之反对也),其入道之法门也在智慧(耶教以为人之智力极有限,不能与全知全能之造化主比),其修道之得力也在自力(耶教日事祈祷,所谓借他力也)。佛教者,实不能与寻常宗教同视者也。②

而他个人对于以"悲智双修"为纲领的佛教信仰,也注重教理方面。不过他如当时多数启蒙主义者一样,往往对佛教教理作出"哲学"的解释。他的信仰核心则是"因果报应"论和"精神不死"说。他在给子女的信中说:

> ……思成前次给思顺的信说:"感觉着做错多少事,便受多少惩罚,非受完了不会转过来。"这是宇宙间唯一真理(我笃信佛教,就在此点,七千卷《大藏经》也只说明这点道理)。凡自己造过的"业",无论为善为恶,自己总要受"报",一斤报一斤,一两报一两,丝毫不能躲闪,而且善和恶是不能抵消

---

① 《欧游心影录节录》,《饮冰室合集》第7册《饮冰室专集》之二十三,第27页。
② 《论中国学术思想变迁之大势》,《饮冰室合集》第1册《饮冰室文集》之七,第76页。

的……佛教所说的精理，大略如此……我的宗教观、人生观的根本在此，这些话都是我切实受用的所在。①

这种报应观又与他的生死观相一致。他曾概观中国的儒教、道家（庄列、老、杨、神仙）、埃及古教、婆罗门外道、景教等对于生死的看法，而特别推重佛教：

> 佛说其至矣，谓一切众生，本不生不灭，由妄生分别，故有我相，我相若留，则堕生死海；我相若去，则法身常存。死固非可畏，亦非可乐，无所星碍，无所恐怖，无所贪恋，举一切宗教上最难解之疑问，一一喝破之，佛说其至矣。②

他赞同友人杨度在《中国之武士道》里论"精神不死"的观点：

> ……去我之体魄有尽，而来人之体魄无尽，斯去我之精神与来人之精神相贯相袭，相发明相推衍，而亦长此无尽，非至地球末日，人类绝种，则精神无死去之一日。盛矣哉！人之精神果可以不死也。

他发挥说：

> 故以吾所综合诸尊诸哲之说，则微特圣贤不死，豪杰不死，即至愚极不肖之人亦不死。语其可死者，则俱死也；语其不可死者，则俱不死也。但同为不死，而一则以善业之不死者遗传诸方来，而使大我食其幸福；一则以恶业之不死者遗传诸方来，而使大我受其痛苦……然则吾人于生死之间所以自处者，其可知矣。

他进而又说：

---

① 《与梁令娴等书》，《梁启超年谱长编》第 1046 页，上海人民出版社，1983 年。
② 《进化论革命者颉德之学说》，《饮冰室合集》第 2 册《饮冰室文集》之一二，第 83 页。

夫使在精神与躯壳可以两全之时也,则无取夫戕之,固
也。而所以养之者,其轻重大小,既当严辨焉。若夫不能两全
之时,则宁死其可死者,而毋死其不可死者。死其不可死者,
名曰心死。君子曰:哀莫大于心死。①

由他的生死观得出结论:为了革新事业可以舍生取义,不能苟全性
命而"心死"。日本学者森纪子指出:

　　　梁启超辛亥革命前的佛教思想,归根结底是一种因时而
发的应用宗教,其目的是为形成国民国家而振奋不惜流血牺
牲的无私精神,鼓舞殉教精神。他对源自佛教的这种轮回思
想和无我精神的追求一直持续到晚年。②

　　梁启超对于当代学术的一个突出贡献,是他的具有高度学术
水准的佛学研究。这主要是在他晚年退出政治舞台后进行的。他
活动在西方资产阶级启蒙思想大量输入时期,在尝试使用现代社
会科学方法来认识、阐释佛教教理和总结中国佛教历史发展规律
方面,做出了具有开拓意义的成绩,其成果直到今天仍具有不朽价
值。他所研究的课题,主要集中在两个领域。一是佛教史:所著有
《汉明求法说辩伪》、《四十二章经辩伪》、《牟子理惑论辩伪》、《佛教
与西域》、《佛教教理在中国之发展》、《见于高僧传中之支那著述》、
《大乘起信论考证序》、《说四阿含》、《说大毗婆沙》等,从中国佛教
历史、佛教典籍、佛教在中国的发展等追溯到印度原始佛教,而特
别注重阐发中国佛教自身的特点。梁启超在印度大乘佛教发展、
演变为中国佛教的过程中看到了中华民族的创造精神,又指出由
于教外别传的禅宗的兴盛造成其他诸派衰微导致中国佛学的衰
落,等等,都是深造有得的相当精辟的见解。他的研究的另一主要

①《余之生死观》,《饮冰室合集》第 2 册《饮冰室文集》之一七,第 10－12 页。
②《梁启超的佛学与日本》,狭间直树编日本京都大学人文科学研究所共同研究
　报告《梁启超·明治维新·西方》第 206 页,社会科学文献出版社,2001 年。

领域是佛教对中国学术的影响,对于相关诸多重要方面的研究做出了具有开拓意义的成绩。例如他把大乘空观特别是唯识宗的认识论与近代西方实验主义哲学相比附,说印度佛学"对于心理之观察分析,渊渊入微。以校今欧美人所论述,彼盖仅涉其樊而未窥其奥也"①,这就指出了哲学研究的新途径。他的《佛家经录在中国目录学之位置》、《佛典之翻译》、《翻译文学与佛典》等文章,都是从新的角度探讨佛教对中国学术与文学的影响,虽然所论不算精密,但作为开创期的工作,直到今天仍具有重大的参考价值。他的见解和所提出的资料本书在相关部分多有引用。他努力给佛学穿上现代外衣,试图用来解决当代问题,发掘佛学的现代意义,确实有探幽发覆之论,但也有许多牵强、曲解的地方。例如他作《佛教心理学浅测》等一系列论文,让人"虚心努力研究这种高深精密心理学",以了解"五蕴皆空的道理",从而"转识成智",改变"我痴我慢"的不合理的生活,发掘佛学的现代价值与意义,具有一定的积极内容;而依据他的唯心主义世界观,宣扬思想是事实之母,感情是人类活动的原动力,因而接受唯识境由心造的观念,强调"心对物的征服",得出少数天才创造历史的主张,则显然是局限了。

梁启超的文学成就,主要体现在他的政论文字,特别是"戊戌变法"之前在上海担任《时务报》总撰述和之后流亡日本主编《清议报》、《新民丛报》时期的作品。他自述说:

> 自是启超复专以宣传为业,为《新民丛报》、《新小说》等诸杂志,畅其旨义,国人竞喜读之,清廷虽严禁,不能遏,每一册出,内地翻刻本辄十数,二十年来学子之思想,颇蒙其影响。启超夙不喜桐城派古文,幼年为文,学晚汉、魏、晋,颇尚矜炼,至是自解放,务为平易畅达,时杂以俚语韵语及外国语法,纵笔所至不检束,学者竞效之,号新文体。老辈则痛恨,诋为野

---

① 《说大毗婆沙》第 10 页,《佛学研究十八篇》,台北中华书局,1976 年。

狐。然其文条理明晰，笔锋常带情感，对于读者，别有一种魔力焉。①

这是符合真实状况的夫子自道。实际上，他熟悉佛书，浸渍日久，佛教的语汇、句法和修辞方法被他化用到文章之中。他很称赞翻译佛典的译经体。他的文章整散间行，文白参半，多用提掇、倒装的句式，多用排比、夸张、譬喻等修辞方法，以至慷慨热烈的语气文情，都可以看出对于三藏文字的借鉴。

　　梁启超重视文学的社会作用，特别重视小说等通俗文学作品对于群众的影响，这也与他的佛教思想有直接关系。如前所述，他十分强调人的精神的能动作用，又认为"境者心造也，一切物境皆虚幻，惟心所造之境为真实……天下岂有物境哉？但有心境而已"②。依据这样的观念，他重视小说的社会价值，肯定其在革新道德、宗教、政治、学艺乃至世道人心即"群治"方面的重大价值。在其著名文学理论论文《论小说与群治之关系》里他提出小说对于群众具有熏、浸、刺、提四种力量，这实际也通于佛教唯识学理，在具体解说中他更明确利用了佛教的语言和例证。这篇文章乃是他的著名佛学著作《论佛教与群治之关系》的姊妹篇。如此并列阐发文学与佛教二者与"群治"的关系，也正显示了二者之间的密切关联。

　　法国学者巴斯蒂（Marianne Bastid-Bruguière）指出：

　　　　梁启超的宗教从属于佛教复兴的潮流。这一潮流是配合政治的积极化、回应清王朝最后几十年和民国初年的国家危机而发展起来的。和另外许多人相比，特别是与章太炎或熊十力的佛学思想相比，梁启超的佛学缺少哲理的精雕细刻，显得相当简陋粗俗。毕竟，梁氏的宗教思想的历史意义更久留在它显现出来的个人轨迹之中。他的宗教是一种人格的宗

①《清代学术概论》，《梁启超史学论著四种》第83页。
②《自由书·惟心》，《饮冰室合集》第6册《饮冰室专集》之二，第45页。

教。他的这种宗教奠立在中国传统产生的道德文化基础之上,是他终生都想和各式各样、一再重现的专制暴政拼搏到底、以保障他的人民和人类取得进步而最后依靠的凭借。正因为如此,虽然梁氏的态度经常受到20世纪20年代的中国青年的苛责,斥之为不合时宜的时代谬误,但是,梁启超可以被认为是今天中国学术界论战中最多产的先驱之一。①

五

章炳麟(1869—1936),原字枚叔;以仰慕顾炎武,改名绛(炎武原名绛),号太炎。有手订《章氏丛书》和后人编辑的《续编》。章炳麟是近代资产阶级革命家、思想家,在经学、史学、文学、语言文字之学等诸多学术领域广有建树,被视为晚清学术的总结者。他早年即具有强烈的民族意识,从著名经学家俞樾钻研"稽古之学",精研诂训;"甲午战争"后变法维新运动兴起,他积极参与;变法失败,避地日本,结识孙中山,参加同盟会,主持机关报《民报》,并与主张"君主立宪"的改良派进行斗争,曾在上海被捕入狱;辛亥革命后出任孙中山总统府枢密顾问;护法战争期间参加护法军政府任秘书长;"九一八"事变后积极活动抗日;晚年脱离政坛,定居苏州著书讲学。

章炳麟曾著文叙说自己的思想变迁,说"少时治经,谨守朴学,所疏通证明者,在文字器数之间。虽尝博观诸子,略识微言,亦随顺旧义耳。遭世衰微,不忘经国,寻求政术,历览前史,独于荀卿、

---

① 《梁启超与宗教问题》,狭间直树编日本京都大学人文科学研究所共同研究报告《梁启超·明治维新·西方》第456—457页。

韩非所说,谓不可易。自余闳眇之旨,未暇深察。继阅佛藏,涉猎
《华严》《法华》《涅槃》诸经,义解渐深,卒未窥其究竟。及囚系上
海,三岁不觌,专修慈氏世亲之书。此一术也,以分析名相始,以排
遣名相终,从入之途,与平生朴学相似,易于契机。解此以还,乃达
大乘深趣"[①]。这里所说三年"系囚上海",指的是光绪二十九年
(1903)他发表《驳康有为论革命书》并为邹容《革命军》一书作序,
在上海被捕入狱。这狱中三年,是他研习佛学大为精进的时期。
自此他认为释迦立言出过晚秦诸子不可计数,程、朱以下尤不足
道。后来他东走日本,又研习欧洲、希腊、古印度哲学,以此格以大
乘佛学,霍然知其利病,识其流变。他总结自己的学术道路,是"始
则转俗成真,终乃回真向俗"[②]。就是说,他开始走经学的路子,探
讨形而下问题,而后转向形而上的抽象研究,注重求真的宗教,佛学
正是他"转俗成真"过程的一部分。辛亥革命之后,失望于袁氏篡国、
党派纷争,他在政治上渐敛锋芒,学术上也觉察当世佛学流弊,"至并
世治佛典者,多以文饰膏粱,助长傲诞,上交则谄,下交则骄"[③],这种
种因素促使他回归传统的儒学。鲁迅评价章太炎曾说:"我以为先生
的业绩,留在革命史上的,实在比在学术史上还要大。"[④]

　　值得注意的是,章太炎倾心和提倡佛学,正是在他积极从事革
命事业的时期。当时他曾说:"有两件事是最要的,第一使用宗教
发起信心,增进国民的道德;第二是用国粹激励种姓,增进爱国的
热肠。"[⑤]正是这样的观念决定了他对佛教的态度。李泽厚指出:

　　　　近代中国资产阶级在其革命的英雄时期,也是总要把刚

①《菿汉微言结语》,陈平原编校《现代学术经典·章太炎卷》第639页,河北教
　育出版社,1996年。
②同上第641页。
③《自述学术次第》,同上第643页。
④《关于太炎先生二三事》,《且介亭杂文末编》,《鲁迅全集》第6卷第545页。
⑤《讲演录》,《民报》第6号(1906年8月)。

学会的欧洲资产阶级的新语言,在心里翻译成中国传统的旧
语言。①

章炳麟之利用佛学,正具有这样的意味。作为革命家,章炳麟清楚
意识到宗教的消极面。早年(1900)在《訄书》初刻本《公言》篇中他
已曾说:

> 若夫宗教之士,剌取一陬,以杜塞人智虑,使不获知公言
> 之至,则进化之机自此阻。

他在这里明确提出宗教信仰与"智虑"的"公言"相反对,是阻碍社
会进化的。后来他转而提倡佛教,又自我辩解说:

> 至所以提倡佛学者,则自有说。民德衰颓,于今为甚,姬、
> 孔遗言,无复挽回之力,即理学亦不足以持世。且学说日新,
> 智慧增长⋯⋯恶慧既深,道德日败。矫弊者,乃憬然于宗教之
> 不可泯绝。而崇拜天神,既近卑鄙;归依净土,亦非丈夫干志
> 之事⋯⋯自非法相之理、华严之行,必不能制恶见而清污俗。
> 若夫《春秋》遗训,颜、戴绪言,于社会制裁则有力,以言道德则
> 才足以相辅。使无大乘以为维纲,则《春秋》亦《摩奴法典》,
> 颜、戴亦顺世外道也。拳拳之心,独在此耳。②

由此可见,他提倡佛学,是有感于传统儒术对于救拔世运的无力,
而有意作为挽救实施的手段;而他所推重的,则是他所专修的慈
氏、世亲的法相教理。

本章开头已经引述他推重法相唯识之学的话。他作《建立宗
教论》,提出"程朱陆王故以禅宗为其根本,而晚近独逸诸师,亦于
内典有所摭拾,则继起之宗教,必释教无疑也",但他所推崇的不是
执有"实神"的佛教。他曾明确表示过:"余治法相,以为理极不可

---

①《中国近代思想史论》第 386 页,人民出版社,1979 年。
②《人物我论》,《太炎文录初编·别录》卷三,《章太炎全集》第 4 卷第 429 页。

改更,而应机说法于今尤适。"①。他又把法相学理看作"治心之言"②。这样,他企图利用法相学理建立起"无神"的、"以自识为宗"③的新佛教。他提问说:"识者云何? 真如即是唯识实性,所谓圆成实也。"基于此,他认为一般宗教对人格神的崇拜本是"虚文","是故,识性真如,本非可以崇拜,惟一切事端之起,必先有其本师,以本师代表其事,而施以殊礼者,宗教而外,所在多有……释教亦尔"。因而崇拜佛陀是"尊其为师,非尊其为鬼神"。他明确主张"宗教之用,上契无生,下教十善,其所以驯化生民者,特其余绪"。按他所理解的"三自性","今所归敬者,在圆成实自性,非依他起自性。若其随顺而得入也,则惟以依他为方便,一切众生,同此真如,同此阿赖耶识。识故此识非局自体,普遍众生,唯一不二。若执着自体为言,则唯识之教,即与神我不异。以众生同此阿赖耶识,故立大誓愿,尽欲度脱等众生界,不限劫数,尽于未来"④。从而他所阐发的唯识教理就贯穿着众生平等、普遍济度的精神。另一方面,即使在他热衷于阐扬佛说的时期,对于如吠陀、基督、天方诸教,以及佛教里的净土教,也认为它们"执为实神,即属遍计",是应该否定的。这是用唯识"三自性"即遍计所执自性、依他起自性、圆成实自性之说,对"有神教"加以否定。他认为惟神之说,崇奉一尊,是与平等精神相对立的,必须予以破除。这样他推尊佛教,特别注重其"自贵其心"的品格,重在借以张扬个人的主体意识。他说:

> 六道轮回、地狱变相之说,犹不足以取济。非说无生,则不能去畏死心;非破我所,则不能去拜金心;非谈平等,则不能去奴隶心;非示众生皆佛,则不能去退屈心;非举三轮清静,则

---

① 《自述学术次第》,《章太炎卷》第643页。
② 《支那内学院缘起》,黄夏年编《章太炎集》第133页,中国社会科学出版社,1995年。
③ 《国故论衡·辨性(下)》第143页,上海古籍出版社,2003年。
④ 《建立宗教论》,《太炎文录初编·别录》卷三,《章太炎全集》第4卷第418页。

不能去德色心。

他又曾说：

> 佛教最重平等，所以妨碍平等的东西，必要除去……照佛
> 教说，逐满复汉，正是分内的事。又且佛教最恨君权……这更
> 与恢复民权的话相合。①

这则直接表明了以佛理来为现实政治斗争服务的意图。

具有强烈的功利色彩和政治目的成为章太炎宗教观的一个主
要特色。这样对于佛教，他特别强调其具有"一切众生平等"、"无
私无畏"、"舍己救人"等积极的道德精神，藉以用作改造社会的思
想资源，也成为革命者的精神支柱。他还说：

> 道德普及之世，即宗教消镕之世也。②

这表明他又并不认为宗教是极终的真理，而只是实现道德理想的
方便。

章炳麟以其渊博的知识把佛学与现代科学相沟通，又显示当
时进步思想界对待佛教态度的一大特色。例如他把佛教"劫"的观
念和中国古代哲学的"运"、西方哲学的"期"等同起来，以说明世界
进化之理；他又把《华严经》里所讲"世界如白云"的重重不尽的宇
宙观，与牛顿、哥白尼、赫胥黎建立在科学观察成果之上的宇宙观
联系起来，以说明宇宙的无限性；他论证人的生命过程，强调爱染
妄情的作用，又把它与近代科学的斥力、吸力混同起来；对于十九
世纪末叶重新引起人们兴趣的唯识和因明，他研习有得，调和到自
己的思想、学术之中，特别重视佛教因明在认识论和逻辑上的创
获，援引佛学里"四缘"、"量"、"心分位"等观念，来说明认识过程和
认识与名言的关系；在讲墨家逻辑的时候，他拿因明三支论法、欧

---

① 《东京留学生欢迎会演说辞》，汤志钧编《章太炎政论选集》上册第 275 页。
② 《建立宗教论》，《太炎文录初编·别录》卷三，《章太炎全集》第 4 卷第 418 页。

洲三段论法与之相比较，明其异同，更有卓见，如此等等，这些主张
在今天看来多显得幼稚、牵强，但在当时却是利用现代科学观念来
研究佛学、解释佛理的可贵尝试。

　　章炳麟十分推崇《庄子》，曾作《齐物论释》，并解释说：

　　　　余既解《齐物》，于老氏亦能推明。佛法虽高，不应用于政
　　治社会，此则惟恃老庄也。儒家比之，邈焉不相逮矣。①

他认为"夫能上悟唯识，广利有情，域中故籍，莫善于《齐物论》"。
在《齐物论释》里，他又用佛说比附庄子说：

　　　　齐物者，一往平等之谈，详其实义，非独等视有情，无所优
　　劣，盖离言说相，离名字相，离心缘相，毕竟平等，乃合《齐物》
　　之义。次即《般若》所云："字平等性，语平等性也。"其文既破
　　名家之执，而即泯绝人法，兼空见相，于是乃得荡然无阂。若
　　其情存彼此，智有是非，虽夫泛爱兼利，人我毕足，封畛已分，
　　乃奚齐之有哉！……齐其不齐，下士之鄙执；不齐而齐，上哲
　　之玄谈。自非涤除名相，其孰能语于此？②

他把佛说"真如"等同于老子所谓"道"、康德所谓"自在之物"，又与
庄子"齐物"观念相合；他又说自由平等观念早见于佛书，释迦当初
不平于种姓制度，党言平等以矫之，而自由在佛经里称"自在"，因
此大、小两乘，与庄周之义得以相征。这样，他借鉴或发挥佛理解
释庄子，也是给佛学套上现代外衣的具体途径。梁启超高度评价
他的这部著作说："章太炎的《齐物论释》，是他平生极用心的著作，
专引佛家法相宗学说比附庄旨，可谓石破天惊。至于是否即《庄
子》原意，只好凭各人领会罢。"③胡适则说："到章太炎方才于校勘

①《自述学术次第》，《制言》第25期《太炎先生纪念专号》，1936年。
②《齐物论释定本》，《章太炎全集》第6卷第61页。
③《中国近三百年学术史》第263页，天津古籍出版社，2003年。

训诂的诸子学之外,别出一种有条理系统的诸子学……《原名》、《明见》、《齐物论释》三篇,更是空前的著作。今细看这三篇,所以能如此精到,正因为太炎精于佛学,现有佛家的因明学、心理学、纯粹哲学,作为比较印证的材料,故能融会贯通,与墨翟、庄周、施惠、荀卿的学说里面寻出一个条例系统。"①这样,章太炎治《庄子》,又具有方法论的价值和意义:一方面体现他积极使佛学为我所用的精神,另一方面也体现融会佛学与中国传统学术的努力。这种做法,同样也表现在他对于儒学,包括宋明理学的研究和评论中。这些对于今天治学术史仍是有所启发的。

六

在宋、明以来佛教发展中,居士阶层乃是起支持作用的主要力量。近、现代佛教一直延续着这一传统。晚清振兴佛教的努力之中,知识阶层中除了上述思想家、政治家之外,一批具有相当学养的居士的活动也是值得注意的。他们与僧团内部的有识之士结合在一起,为革新和发展佛教作了另一些工作,形成与上述知识精英的活动相配合的另一股势力。其中具有代表性的人物是杨文会。回顾晚清时代佛教,梁启超说:

> 晚有杨文会者,得力于《华严》而教人以净土,流通经典,孜孜不倦。今代治佛学者,什九皆闻文会之风而兴也。②

在晚清佛学的"复兴"的潮流中,杨文会等居士所起的作用是不容忽视的。

---

①《中国哲学史大纲·导言》第 21 页,上海古籍出版社,1999 年。
②《中国佛法兴衰沿革略说》第 14 页,《佛学研究十八篇》。

杨文会(1837—1911)，号仁山，安徽石埭(今安徽石台)人。幼能文，不喜举子业，任侠击剑，广有交游。咸丰三年(1853)太平天国军事兴起，他随家人转徙各地十年，同时积极钻研学问。同治四年(1865)，他病中读书，得《大乘起信论》和《楞严经》，接受奥义，会心不已，从此热衷于佛学。弟子欧阳渐替他作传，记述他"于佛法中有十大功德"：

> 一者，学问之规模弘扩；二者，创刻书本全藏；三者，搜集古德遗书；四者，为雕塑学画刻佛像；五者，提倡办僧学校；六者，提倡弘法于印度；七者，创居士道场；八者，舍女为尼，孙女外孙女独身不嫁；九者，舍金陵刻经处于十方；十者，舍科学技艺之能，而全力于佛事。菩萨于求五明，岂不然哉！①

从以上十事可以看出，杨仁山的贡献主要在振兴佛教的弘法事业，特别是组织刻印佛典、创建专门流通机构和组建培养僧尼的学校。前者为知识界研究佛教提供了必要的资料，起了重要推动作用；后者为佛教发展培育了当时相当匮乏的人才。如近代高僧太虚就是他在南京创建的祇洹精舍的优秀学生。

杨仁山学佛，抱着改造社会的明确目的。他在给友人信中说：

> 承示时务多艰，此皆众生业力所感，正是菩萨悲愿度生之境。修行人常以兼善为怀，若存独善之心，则违大乘道矣。②

他的友人夏曾佑来信中更有云：

> 近来国家之祸，实由全国民人太不明宗教之理之故所致，非宗教之理大明，比不足以图治也。③

---

① 《杨仁山居士传》，《学思文萃》卷一〇。
② 《与郑陶斋官应书》，《杨仁山居士遗著》第九册《等不等观杂录》卷六。
③ 《与夏惠卿曾佑书附来书》，《杨仁山居士遗著》第九册《等不等观杂录》卷六。

他自己更怀有明确的"不变法不能自存"①的观念。可知他的思想,他提倡佛教的意图与当时的革新潮流是基本一致的。另一方面他又清楚看到当时佛教窳败的形势,僧徒安于固陋,不学无术,滥附禅宗,不起而改造则无由振兴。因而他提出明确的革新佛教的要求。这些都是他宣扬佛教、提倡佛学中值得称道的地方。

杨仁山的佛学思想如欧阳渐的褒语是"规模弘扩",如果用批评的眼光看则显得驳杂不成体系。他"统摄诸教而无遗"②,具有浓厚的调和色彩。他特别推尊《起信论》和明末四高僧(莲池、紫柏、憨山、藕益),自称"教宗贤首,行在弥陀",对净土有坚定的信仰。但他劝人学佛,却不劝人出家。另一方面又以佛说统合儒、道,作《论语发隐》、《孟子发隐》,以佛释儒;又作《道德经发隐》、《南华经发隐》等,以儒释道。从中都可以看出他的思想的综合、弘通的性格,也显示了他的文人本色。

杨仁山对思想学术界的巨大影响是他坚持四十余年的弘法事业。特别是他创立金陵刻经处,刻印经典,自任校勘,编辑《大藏辑要》。光绪四年(1878)以后他服务于外交界,两度随使赴欧,在伦敦结识日本留学僧南条文雄。在后者帮助下,从日本搜得中土佚失经典,刊刻流通,其中包括一批久佚的法相宗疏记等。这些书回归中土,直接刺激了十九世纪末唯识学的复兴。他创办佛学研究会,广结善缘,会员中有谭嗣同、桂伯华、黎端甫、梅光羲、欧阳渐等人,这些人学术上本来有所专长,在佛学方面又都各有造诣,成为一代佛学研究的中坚。从这个意义说,他可以说是晚清佛学研究的组织者和指导者。

---

①《观未来》,《杨仁山居士遗著》第八册《等不等观杂录》卷四。
②《与释幻人书二》,《杨仁山居士遗著》第九册《等不等观杂录》卷六。

七

康有为、谭嗣同、梁启超、章太炎、杨文会等人都是新旧交替时期的人物，从一定意义上乃是梁启超所说的"清代思想史之结束人物"①。也是在这个意义上，他们也是结束中国传统佛教学术的人物。梁启超说：

> 佛教哲学，本为我先民最珍贵之一遗产，特因发展太过，末流滋弊，故清代学者，对于彼而生剧烈之反动。及清学发达太过，末流亦散，则还元的反动又起焉。适值全世界学风，亦同有此等倾向，物质文明烂熟，而"精神上之饥饿"益不胜其痛苦，佛教哲学，盖应于此时代要求之一良药也。我国民性，对于此种学问，本有特长，前此所以能发达者在此。②

据此看来，晚清这个由不同立场、出于不同目的鼓动起来的振兴佛教、提倡佛学的潮流，总体上具有对于固有文化传统进行反省和总结、为开创文化建设新机的意义。当时人们面对时代危机，检阅中国传统文化遗产，检讨固有文化成果的良窳，发现佛教和佛学的价值，力图从中寻求适应时代要求、有助于实现革故鼎新目的的内容。在这一过程中，人们当然没有可能也没有必要去做过多、过深的学理上的探讨。他们的着眼点主要在"应用"，因而又往往是根据个人的主观领会来看待佛教、阐释佛说的。有时甚至硬是给自己的革新、革命主张披上佛理的外衣，以图实现改造社会、促进历史进步的目的。所以从现实意义而言，汇入当时社会革新总潮流

---

① 《清代学术概论》，《梁启超史学论著四种》第 86 页。
② 同上第 99 页。

的振兴佛教、研究佛学的活动具有一定的进步意义，也确实发挥了相当的作用。但是另一方面，已经衰败的佛教在当时环境下已难于焕发新的生机，从中寻求更多革故鼎新的思想、理论资源基本又成为一相情愿的努力，而其消极、落后的方面又在一定程度上束缚了人们的脚步。这也是历史发展中不争的事实。就学术层面而言，这一时期的佛学研究确实取得了一定成果，但当时思想、学术界面临的更重要的任务是引进"西学"，对于包括佛学在内的"东方文明"的提倡与推崇不仅声势与意义有限，实际又具有阻遏"西学"东传的作用，意义和效果就显得十分复杂了。

但即使是如此，佛教和佛学经过这些革新事业先行者之手终究得到一次推陈出新的机会。他们为建设新思想、新学术提倡佛教，阐释佛学，对于这一份历史遗产总算作了一次初步的清理工作，也给后来总结、继承这份文化遗产，积累下经验教训，起到积极的作用。

从中国学术史角度讲，如果说晚清从事革新、革命的先行者们是中国古典学术的结束者，在一定意义上又在为新学术的创建和发展开拓道路。就佛学领域说，则他们既是旧佛学研究的结束者，又给新时代的科学的佛学研究和佛教的改造和振兴作了准备工作。进入二十世纪，无产阶级革命运动兴起，全面转变了思想、学术发展的方向。特别是经过"五四"新文化运动，先进的人们高举科学和民主两面旗帜，以摧枯拉朽之势批判旧文化和旧道德，宗教包括佛教理所当然地在受到猛烈冲击之列。在新的条件和形势下，为求得佛教的生存和发展，僧、俗间继续作出革新佛教的种种努力；在学术领域，则作为社会科学一个重要分支的全新的佛教学逐渐创建起来。在长期革命和战争中艰难生存的中国佛教与中国佛学研究，走过了曲折、复杂的历程。这已经完全是宗教史和学术史的全新的篇章，经验教训、功过是非是需要另行总结的。

如陈寅恪所指出，自宋代以来，我国佛教史学研究疏略日久。

实际上一般的佛教、佛学研究无不如此。而一门学术的起衰振弊，非一日可以呈功。但是有中华民族伟大的民族精神来支撑，有数千年卓越、伟大的文化传统为依托，又有佛教勇猛精进的品格为助力，在学界各领域的普遍关注和支持之下，佛学和佛教文化研究正在展现广阔的前程和蓬勃的生机，可望不断地开拓、进展，对于新一代的思想、文化建设作出贡献。

结　语

季羡林先生曾满怀感慨地指出：

> 对佛教在中国历史上和文化史、哲学史上所起的作用，更
> 要细致、具体、实事求是地加以分析，期能做出比较正确的论
> 断。这一件工作，不管多么艰巨，是迟早非做不行的，而且早
> 比迟要好，否则我们就无法写什么中国哲学史、中国思想史、
> 中国文化史，再细分起来，更无法写中国绘画史、中国语言史、
> 中国音韵学史、中国建筑史、中国音乐史、中国舞蹈史，等等。
> 总之，弄不清印度文化和印度佛教，就弄不清我们自己的家
> 底。而且印度佛教在中国的影响不仅限于汉族，其它兄弟民
> 族特别是藏族和蒙古族，都受到深刻的影响。在这方面，我们
> 的研究更为落后，这种现象决不能让它继续下去了。①

笔者的专业是中国古代文学。在长年教学和研习中，对上述道理
有了越来越深刻的领会。也是基于类似但当初还相当朦胧的认
识，从上世纪六十年代开始关注有关佛教文化课题。四十余年来，
人生曲折多端，工作屡有更动，但对于相关课题可以说是念兹在
兹，一直在用心探讨，并不避谫陋，发表过一些心得。倏忽之间，年
已耄耋，算是把多年所得做个总结，写作如上。庶可当作一份对于

---

① 《我和佛教研究》，《文史知识》编辑部编《佛教与中国文化》第 22—23 页，中
　华书局，1988 年。

学界,对于一直关爱、支持和帮助自己的前辈、友朋、家人的汇报。

　　写作本书,仍然按照自己曾努力实践的"描述"方法,对中国历史上佛教文化历史发展的方方面面作出尽可能真实的、当然也还是相当粗略的"描述"。之所以采用这样的方法,首先决定于个人学术境界的局限,循着个人循序渐进的治学途径,也是意识到这样处理课题是能力所及,述说又比较方便。本人的专业是古典文学,是在本专业研习过程中旁及佛教和佛教文化的。本来不是佛教学术的"科班"出身,对相关的许多领域原来并不熟悉甚或根本无知。立意要写作一部涉及内容十分广泛的中国佛教文化史,就必须从头学起,按一个个学科、就一个个具体课题搜集资料,查阅文献,到前辈、时贤的论著中求教。这样在不断学习过程中,有关中国佛教文化历史发展的一幅幅画面逐步清晰起来。本书就是按照这样的程序,就一个个具体侧面给读者提供自己的研习所得,并力求提出比较充分、可靠的材料,让读者借助它们在头脑中尽可能清晰地呈现历史发展的真实场景。把这些场景连缀起来,庶可对于中国佛教文化的历史发展脉络和规律得出比较清楚的认识。因此本书主要是"介绍",注重资料与描述,力避主观、空疏的弊病,并希望给读者留下更多进一步探讨、研究或重新作出结论的余地。当然以上只是个人愿望,到底实现到多大程度,还得读者来评判。

　　其次,本人之所以坚持"描述"的方法,也是基于对佛教历史研究现状的基本认识。关于什么是历史学,答案各种各样。两极的看法,一种是突出强调资料的重要,即所谓"历史学就是史料学",主张除了史料没有另外的史学;另一种则特别强调历史研究的现实意义,即"所有的历史都是现代史",把历史学当作当代人的思想观念的体现,政治、思想斗争的工具。在这两极之间,还有各种不同的看法。本来,即使是这两极的绝对化的看法也不是没有合理成分。但现代历史科学在中国的发展证明,后一个极端弊端更多,更严重,对于学术的危害也更大。而把史料的意义强调到绝对化,当然也是严重的偏颇,可是史料作为史学研究的基础则是天经地义;因而即使是仅仅提供史料,对于史学研究也有一定价值。特别是在相关课题的基础研究还相当薄弱,资料的搜集、整理还不充分的情况下,史料工作就显得更为重要。问题是不能停留在搜集史料的阶段,更不能满足于得到零星、片段的资料。而根据充分的史料来展开对于历史事实的"描述",就已经不是单纯的"史料学"了。实际上,对于史料的搜集、考订、判断以至解说等等,不可能是全然客观的,必然已经包含处理者的主观认识和评价在内。因此笔者努力的方向,就是利用尽可能充分的史料来描绘历史发展的真实面貌,并认为这是历史研究的基本方法之一。

再次,根据当前公认的学术水准,笔者认为这种"描述"方法更为"方便"与"应机"。本人曾在不同场合一再引述陈寅恪一段话:

> 中国史学莫盛于宋,而宋代史家之著述,于宗教往往疏略,此不独由于意执之偏蔽,亦其知见之狭陋有以致之。元明及清,治史者之学识更不逮宋,故严格言之,中国乙部之中,几无完善之宗教史。①

这实际也是指出宋代以来史学研究对于宗教课题的忽略已经形成根深蒂固的传统。这种传统迁延至今,仍在发挥巨大影响。因此在学术研究领域中,有关佛教和佛教文化的研究一直没能占据应有的位置。可以肯定近年来这种局面有所改变,取得的成果也比较显著。但对于宗教和宗教学术认识上的转变关联着政治、社会、思想意识等诸多层面,并非短时期可以彻底扭转;而一个学术领域真正起衰振弊,更绝非短时期可以呈功。鉴于有关佛教学术研究的具体情况,做好基础工作,从资料工作做起,注重史料的搜集整理和史实的考订辨析,更是当务之急。只有在此基础上,才能开展

---

① 《陈垣明季滇黔佛教考序》,《金明馆丛稿二编》第 240 页。

对于一个个具体课题的研究,才能进一步总结历史发展规律。本人所努力做的,就是这种基础性的工作。

对于历史事实的"描述"是个永无止境的过程。主要原因,一方面是资料的局限性:尽管历史家总是自诩或希望把相关资料"一网打尽",但实际上不论如何努力,永远达不到这样的目标;另一方面,人们又总会受到当下环境和个人视野的限制,不可避免地对于资料有意或无意地加以主观取舍,有所曲解、误解等等。本书处理的是十分庞大的课题,涉及面过分宽泛,笔者的学识、能力又极其有限,资料的搜集、整理只能是初步的,所作出的"描述"肯定是不完整的,也一定会有许多疏漏、歪曲、错误的地方。相信读者对这一点会有所谅解(笔者并不是在这里为这部拙著的学术水准辩护):因为历史事实的描述不可能一次完成,或者说是根本不可能最终完成的。只能是一代代人不断地努力,向着揭示真实历史奥秘的目标不断靠近。从这样的意义说,笔者深知自己的工作只是无数人漫长学术追求过程的一个小小的片断,如果能为学界的时贤后辈提供点滴的借鉴和启发,就算满足心愿了。

总括本书内容,可以概括出关于中国佛教与中国佛教文化历史的几点基本认识。以下分述几个方面,所述各点前后层次并不反映其重要性的差异。

第一,佛教对于中国是外来宗教,又是外来文化的载体。中国人接受佛教的历史,乃是在漫长历史时期成功地吸纳外来宗教和外来文化的过程。在这一过程中创造了人类宗教交流史和文化交流史上许许多多范例,它们体现了鲁迅十分著名的论断:

> 汉唐虽然也有边患,但魄力究竟雄大,人们具有不至于为异族奴隶的自信心,或者竟毫未想到,凡取用外来事物的时候,就如将彼俘来一样,自由驱使,绝不介怀。[1]

---

[1]《坟·看镜有感》,《鲁迅全集》第 1 卷第 198 页。

中国输入佛教,正是在两汉到隋唐时期,当时的中国人以伟大的魄力和开阔的胸襟积极主动地接受了这一外来佛教。本来一个民族的宗教信仰集中体现其文化与精神的基本性格。所以接受一种外来宗教,乃是关乎民族命运和发展前途的大事。在世界历史上,宗教的传播往往伴随着激烈的冲突和血腥的战争,根本理由也在这里。这一点从当今世界上民族与宗教的冲突与斗争(极端形式就是战争)中也可以看得很清楚。但是中国人接受佛教,虽然它全然是异民族的信仰体系,所承载的是异民族的文化,因而也曾发生过激烈的矛盾、冲突,但对抗却基本限制在思想、理论层面;而更主要的是另一方面,即历史上有无数中国人前赴后继、历尽千辛万苦到"西域"去求法,又有无数外来僧侣、信徒来到中国,备受师敬,尊为上宾,中国人对他们大力支持,帮助他们传教弘法,从而创造了世界历史上宗教传播圆满成功的特例。中国人主动地容纳这一陌生的宗教,积极地选择其中有益、有用的成分,充实到自己的文化传统中来,成为自身发展的有益滋养。

中国人接受佛教,总括起来包含两个相关的领域。一个是外来的宗教信仰,另一个是外来的文化。就文化领域说,佛教作为文化载体,古代中国通过输入、接受佛教实现了空前规模的文化交流。在长达千余年(这是指两汉之际佛教初传到十二世纪初印度佛教衰亡)的时间里,印度和西域的,还有间接来自西亚、欧洲的异质文化源源不断地输入中国,极大地丰富了中国文化的内容。就信仰领域说,在佛教传入以前中国没有形成教团宗教。佛教不仅向中国输入了具有全新的信仰体系的宗教,还提供了宗教教团这一特殊的社会组织形式,这种组织形式成为后来本土道教和其他民间宗教形成和发展的借鉴。在一个国家和民族的历史中,经济提供生存和发展的物质基础,政治(集中体现为国家政权)保证社会秩序正常、和谐地运转,世俗知识系统(以知识阶层为代表)从事思想、学术、文学、艺术等活动,成为社会发展与进步的推动力量,而信仰则给予全体成员以精神上的支持。这种支持对于社会的生存与发展,对于社会成员的每个人都是不可或缺的。当然信仰不只体现为宗教形态,更不单纯体现为教团宗教形态。但宗教是其集中的依托,教团宗教则给信仰提供了更牢固的组织上的保证和更系统的理论上的论证。因此它们对于国家和民族的发展是至关重要的。佛教正是向尚未形成教团宗教的中国输入一种形态完善的教团宗教,它在中国扎根、滋生、发展、成熟,形成具有鲜明民族特征的汉传佛教。这对于中国历史发展所起的作用是极其巨大的、多方面的;佛教与佛教文化融入到中国传统文化之中,更成为构筑中国文化的三大支柱之一。

古代中国本来是经济、文化高度发达的泱泱大国,在佛教输入之前中华民族已经创造出当时世界高度发达的文明。从地缘角度看,中国北际大漠,东、南方面临大海,西界高山,在当时的交通条件下环境基本是封闭的。可是古代的中国人并不满足已有的成就,他们越雪岭,泛沧海,克服千难万险,开辟一条条通向当时的西方世界的坦途。通过这一条条通道,佛教和以之为载体的西方文化源源不断地流向中国,它们成为建设和发展中华文明的宝贵资源。这是一段极其辉煌的历史,值得引为骄傲,更需要加以总结。

第二,陈寅恪又曾精辟地指出:

> 释迦之教义,无父无君,与吾国传统之学说,存在之制度,无一不相冲突。输入之后,若久不变异,则绝难保持。是以佛教学说,能于吾国思想史上,发生重大久远之影响者,皆经国人吸收改造之过程。[①]

这里讲思想史,实际上整个佛教及其文化在中国的发展亦遵循着同样的规律。这就是外来佛教实现所谓"中国化"的必然性和现实

---

① 《冯友兰中国哲学史下册审查报告》,《金明馆丛稿二编》第 251 页。

性。古代的中国人经过长期、多方的努力,逐渐成功地实现了佛教的"中国化",这为它在中国扎根、生存和发展营造了必要的条件,也使它进一步发挥影响与作用成为可能。这方面的成功,取决于佛教自身和中国客观环境的诸多条件,其中重要一点是中华文明具有开放包容、兼收并蓄的性格。这种性格也是中华民族历史上虽屡经波折、创伤却长期繁荣昌盛的保证。李泽厚指出:

> 儒学之所以成为中国传统思想主干的另一原因,如同中国民族不断吸收溶化不同民族而成长发展一样,还在于原始儒学本身的多因素多层次结构所具有的包容性质,这使它能不断地吸取溶化各家,在现实秩序和心灵生活中构成稳定系统。由于有这种稳定的反馈系统以适应环境,中国思想传统一般表现为重"求同",所谓"通而同之",所谓"求大同存小异",它通过"求同"来保持和壮大自己,具体方式则经常是以自己原有的一套来解释、贯通、会合外来的异己的东西,就在这种会通解释中吸取了对方、模糊了对方的本来面目而将之"同化"。秦汉和唐宋对道、法、阴阳和佛教的吸收同化是最鲜明的实例。[①]

佛教成功地"中国化",是个长时期的辩证过程。一方面,"中国化"程度不断加深的佛教仍然是佛教。就是说,它一直保持着佛教作为外来宗教的基本性质与特征,它作为载体的文化也保持外来文化的内涵和特色。所谓"中国化"不是简单地被中国所"同化"。古代的中国人虚心地、有选择地提炼、吸收佛教及其思想、文化的精华部分,佛教在这一过程中相当充分地体现了自身的价值,争得了生存、发展的依据与地位。

另一方面,佛教"中国化"又是对于外来佛教消化、改造的过

---

① 《试谈中国的智慧》,《中国思想史论》(上)第 317 页,安徽文艺出版社,1999 年。

程,既不是机械地照搬外来模式,更不是教条地固守外来的思想与信仰。古代中国人接收、消化佛教进行了各种尝试,采取了多种多样有效的方式。早期有把佛教"玄学化"、"道教化"的尝试;后来有各种"统合三教"的做法;以至再后来的"以佛释儒"、"援儒入佛",直到"三教合一",等等。在佛教内部,则创造出批判地分析、整理外来教理体系的"教相判释"的方法;创建对于外来经论进行独创性阐释和发挥的义学师说;在此基础上又发展出各有独特宗义体系的一批佛教宗派。宗派佛教的形成标志着外来佛教"中国化"的完成。正是这样,中国人不断积极地寻求更有成效的方式和途径来提取佛教和佛教文化的精华为我所用,佛教在这一过程中也不断地改变面貌。宗派佛教乃是彻底民族化的中国佛教,在全部佛教中是自成系统的"汉传佛教"。这个辩证过程大体到隋唐时期完成,这也是中国佛教发展的鼎盛阶段。

古代中国人对于外来佛教和佛教文化采取既积极又辩证的态度和方法,成功地实现了一个外来宗教的"中国化",这也创造了世界文化交流史上的一个范例。

第三,就与佛教整体的关系说,中国佛教文化又构成一个相对独立的系统。它从属于佛教,但又是独立的思想和知识系统,成为整个中国文化中的有机组成部分。

中国佛教文化可以划分为几个不同层面。本书各编的组织结构就是尽可能依照这不同层面安排的。僧团是佛教活动的核心,寺院是佛教活动的基地。僧团在古代中国是整个社会上文化层次相当高的基层,有一定规模的寺院则是城乡主要的文化活动中心。僧团从事范围十分广泛的文化活动,从外来经典的翻译、介绍,教理、教义的研究、阐释,到文学、艺术创作等等,这些都是佛教活动的重要构成部分。由于教团内部聚集了一大批文化精英,这些文化活动往往达到很高的水准,造成巨大、广泛的社会影响。这些是属于佛教自身的文化活动,算作第一个层面。第二个层面是从属于佛教的文化活动,参与创造的包括僧、俗更广大的人群,内容则包括佛教影响下的思想、学术、文学、艺术等更为广泛的领域。比如涉及佛教的各类学术研究,佛教影响下的文学、艺术创作,等等。这些活动本质上仍是为弘法护教的,但是它们又具有一定独立的学术内涵或美学价值。值得特别提及的是,在中国儒家注重家族伦理的环境下,在家居士佛教发达,士大夫居士成为参与佛教活动的主要力量。他们在俗的活动对于佛教文化的建设和发展中起着重大作用,也加强了佛教文化与世俗文化的联系与交流。第三个层面是从佛教发展衍生出来的学术、文化活动,这些领域的成果与佛教有关联,但具有更为独立的文化、学术价值。例如本书介绍的佛教史学、目录学、语言文字之学等等。古代印度历史观念欠发达,印度佛教中严格意义的史学内容相当贫乏,但在中国卓越的史学传统中却发展出成就极其重大的佛教史学;中国的佛教目录学、语言文字之学成就都颇为可观,等等。这类学问有相当部分已基本从佛教独立出来,其成果具有独立的学术价值。中国佛教文化具有如此诸多层次,这一事实本身就充分彰显出它的丰富多彩,容纳广博。而由于中国佛教文化成果多具有相对独立的内容与价值,也就更体现出普遍的文化与学术意义。

与上面一点相关联的还有一个重要现象值得注意,就是佛教在历史上对于不同文化领域的影响在途径、程度等方面是不同的,因此所起到的作用和造成的效果也大不相同。这种状况一直延伸到现代。一般说来,佛教对于与人的精神生活关系更为密切的文化领域影响更大,产生的积极成果也更多。例如文学、艺术,包括历史各时期、各种体裁的民间文艺创作就是如此。而相对比之下,对于关系本土文化传统根基的那些领域则影响较小。例如佛教伦理,虽然给中国伦理体系补充了许多重要内容,但是却不能根本改变中国传统伦理体系的基本结构。相反地,佛教在"中国化"过程中却要按本土伦理来改变它的戒条。在哲学思想层面情况则较为复杂,不过大体和伦理情况一致:作为佛教哲学基础的"般若空"观始终没能动摇作为中国哲学传统根基的本体论,中国佛教的义学师说与宗派佛学反而要吸纳传统的本体论来发展自己的教理体系。

第四,中国佛教文化作为宝贵的文化积累,是值得珍视的文化遗产,也是发展民族文化的取之不尽的资源。必须充分认识和估价这份资源的价值,积极地发挥其在民族文化建设与人们精神生活中的作用。

李亦园曾分析宗教存在对于人类社会的意义,总结出三种基本功能——生存的功能、整合的功能、认知的功能。他又指出:

> 对人类学家而言,把宗教信仰的研究扩大到全人类不同种族文化的领域中以找寻其同与异,进而了解宗教信仰的产生、存在、持续与发挥功能都有其文化的因果脉络,那么在这种情形下,神的存在与否已经不是重要的问题了。[①]

就李亦园上述三个基本功能说,宗教包括佛教在现实社会中仍在发挥同样的作用。如何更好地发挥这些功能是当前中国宗教面临的重大课题,下面还将论及。李亦园更把宗教存在的意义提高到整个人类文化经验的层面上来。从这样的角度看,中国佛教文化乃是历史上文化积累的重要部分,就其终极价值与意义而言,与信仰已经没有必然联系。因此,如今进行历史遗留的佛教文化遗产的研究,可以站在信仰者的立场来做,即通过对于历史的总结来探讨今日佛教如何继承佛教文化的光辉传统并把它发扬光大。这是以弘扬和振兴佛教为根本目的的工作。特别因为振兴佛教是现实社会之所需,这样的工作当然也是很重要的。而从单纯的学术研究角度讲,还有另一种立场,即把佛教文化当作历史遗留下来的精

---

① 《信仰与文化》,《宗教与神话》第16页,广西师范大学出版社,2004年。

神财富,当作具有普世价值的文化遗产,作为现代人文社会科学的研究对象,从而这一工作也就成为发掘和继承民族文化遗产事业的重要部分。

如何对待宗教文化遗产,是否能够尽最大可能来发挥其积极作用,取决于人们的观念和处理方式,从根本上说亦取决于社会进步的程度。在这方面历史已经提供了充分的经验。众所周知,从宋代开始,中国佛教已逐渐式微,有关佛教的学术研究一般亦不被重视,但是在众多文化领域,特别是在思想学术、文学艺术领域中,仍有不少人从佛教遗产中汲取资源,创造出有价值的成果。例如明末理学中所谓"王学左派"的思想家们,正是借鉴禅宗宗义来发挥"异端"思想,张扬反专制、反传统、要求个性解放的进步潮流的;清末维新派和革命派又都曾利用唯识学理作为政治变革的思想武器,等等。而在文学、艺术创作中,宋、元以来"统合儒、释"的传统一直得到延续,从文人的诗文到市井流行的小说、戏曲,无不受到佛教或大或小的影响。当然涉及佛教作用的具体情形需要分析,但对于那些进步的思想家、文学家来说,无关他们是否真地信仰佛教,历史上的佛教文化资源给他们提供了宝贵借鉴和滋养是可以肯定的。这正是佛教文化的普世、持久的价值的证明。社会及其文化越是向前发展,佛教文化的这种普世意义就会更加凸现出来。

所以文化遗产的命运,很大程度上决定于后人的文明程度。如果把真金当作粪土,就会毫不吝惜地抛弃掉;而如果把矿石加以精炼,就可能得到宝贵的金属。对于佛教文化这一充满矛盾的精神现象的价值与意义,正需要有慧眼金睛来辨认,有具真才实学的人来认真地进行研究,批判地加以清理,在这一过程中更需要有足够的耐心和真诚理解、无限珍惜的态度。应当痛切地意识到,这样一份珍贵的遗产被轻忽、贬抑的偏向至今仍根深蒂固,被践踏、损害的事实亦屡有发生。至于单纯抱着商业的、旅游的等目的来"利用"宗教和宗教文化,实际从长远看也是有百害而无一利的。端正对于宗教、宗教文化的认识,加强有关宗教和宗教文化理论方面的研究,仍是亟待努力的工作。

第五,也是相当重要的一点,就是通过总结中国佛教文化发展的历史,对于当今佛教的发展前景会提供启示。

本书描述的佛教文化历史发展的主要脉络之一,就是外来佛教不断更加深入地"中国化"。这实际也是佛教在中国具体环境下生存、发展的唯一出路。历史上"中国化"演进的过程错综复杂,但显然可以划分为四个大的阶段,即本书所采取的中国佛教历史分期的阶段:开始是介绍、传播外来佛教;在此基础上创建中国佛教的义学学派;再形成一批佛教宗派从而中国佛教高度成熟、发展臻于鼎盛,这乃是具有鲜明民族性格的真正的中国佛教,即"汉传佛教";再进一步则步入中衰,伴随着日趋严重的"通俗化"、"世俗化",与居统治地位的儒家思想,与本土的道教和民间信仰相调和、相结合,在社会和民众生活中继续发挥巨大而深远的影响。这乃是一条持续演进的不归路。十九世纪末叶以来,教内、外有识之士鉴于僧团的窳败,信仰的衰落,为起衰振弊做出种种努力。但是今天的佛教显然已经不可能"复兴"到历史上曾经有过的局面,佛教文化也不可能创造出当初那样的辉煌成果,在社会上占据那样重要的位置。正是基于对中国佛教发展总体趋势的清醒认识,遂有"人间佛教"的提倡与实践。今天的佛教必须适应当今社会环境,体认和发扬佛陀创教的真意,在社会实践中广行"四摄"、"六度","庄严国土,利乐有情"。在当今多样化的社会环境中,在丰富多彩的现实生活中,佛教可以为众生提供一种人生的选择和榜样:一方面为信仰者树立起自我提升和完善的崇高目标,另一方面对于全社会贯注宝贵、高尚的宗教情怀,从而成为调剂、完善精神生活的助力。这样在广大信众护持之下,得到社会普遍的关爱、理解与认同,中国佛教必定会有美好、光明的前途。

在振兴佛教的大好形势下,佛教自身也有必要更自觉地担负起弘扬佛教文化的任务，有必要逐步提高教团的文化水平，培养新一代学僧。对于有关佛教的学术研究，教内本来有与世俗的科学研究不同的独特立场和方法，也具有自身的优势。这种研究与世俗的学术研究相配合，必定会结出丰硕的果实，作出特殊的贡献。从另一个角度说，僧团也只有提高自身文化层次，创造出高水准的学术研究成果，才有可能融入到全社会学术、文化的主流中来，也才能与世俗学术研究认真地相对话、相交流。在这一过程中又会不断提高僧团的学术水准，也会进一步提高僧团在社会上的地位，促成新形式的"儒、释交流"局面的形成，从而对于全社会发挥出更积极的作用。

上述几点归结到一个根本点，也是本书要阐明的基本点，就是佛教和佛教文化的输入丰富和充实了中国文化，在从汉魏到唐宋的一千几百年间成为推动历史发展的重要动因之一。一般说来，中国古代社会促进历史发展体现的动因主要在几个方面：一是经济，在古代主要是农业、手工业和商业的发展与繁荣，而在以农耕为主的条件下，土地的垦殖、开发更起着基本作用，汉魏以来特别体现在北人南徙促成经济重心南移和各民族对于边疆的开发；二是边疆少数民族内迁，促进了民族间的融合，增加了中原的人口，给文化注入了新的活力；三是与域外的经济、文化交流，这种交流对于活跃本土经济与文化，推动它们的发展起着重大作用。而在这三个方面，特别是后两个方面，佛教都占有重要地位，起了巨大作用。当初那些仆仆风尘，往来于东、西方的信徒们传教、求法，只是个人虔诚的宗教行为。他们不会想到，正是这无数个人的活动，不断地改变着、丰富着中华文化的面貌，形成推动中国整体发展的巨大力量，成为决定中国历史发展的关键因素之一。

本书粗略地、初步地描述了佛教输入中国对于中国文化多方面巨大而深远的影响，概括地介绍了两千年来中国佛教文化发展的伟大成就。关于中国佛教文化长期发展取得的成果，任何细小的方面都可以写成卷帙浩瀚的大书。本书虽然长达近二百万字，实际提供给读者的，还只是一幅幅简略的草图。不过作者也有"野心"，就是试图利用这些草图，让读者形成一种印象，造成一种结果。一种印象就是根据本书描绘的远不充分的历史图景，再次体认中国佛教文化的伟大成就及其对于中华民族的巨大贡献，而一般说来这些贡献和成就是远远被低估了；一种结果就是期待有更多的人关注中国佛教与中国佛教文化，积极支持和从事相关领域的研究，并不断取得优异的成果。

著名史学家李济说过：

> 一个民族能吸收外来文化而作进一步的新发展，这是有大希望的民族。相反地，抱残守缺，对外来文化采深闭固绝态度者，终将落伍而受淘汰。大家作此想法，不仅有助于今日世界文化的交流，对远古文化发展的研究也更易求得真实。①

历史上的中国人曾经以伟大的胸襟和宏伟的气魄接受了佛教，进一步又创造出一个伟大的宗教——中国佛教。如今这一宗教已经远播世界各国，当之无愧地成为世界性宗教。中国的佛教文化在世界全部佛教文化中更是成果最为丰富、成就最为辉煌的一部分。这样的局面，取决于古代先人们的远见卓识，也缘于一代代人艰苦卓绝的努力。在历史上，外来佛教和佛教文化作为中国文化的资源，曾经极大地丰富和有力地推进了中华民族、中国文化的发展。今天的中国人也一定会继承这种弘通、开放的传统，充分认识和敬重中国佛教和中国佛教文化，加强这个领域的研究和相关知识的普及，让这份珍贵的遗产在文化建设和精神生活中发挥更积极、更重大的作用。

---

① 《中国文明的开始》第 69 页，江苏教育出版社，2005 年。

附　　录

主要参考和引用书目

本书使用的部分基本典籍

《二十四史》 中华书局标点本。

《清史稿》 中华书局标点本。

《资治通鉴》 ［宋］司马光编著，"标点资治通鉴小组"校点，中华书局，1956 年。

《续资治通鉴》 ［清］毕沅撰，上海古籍出版社，1991 年。

《明通鉴》 ［清］夏燮撰，上海古籍出版社，1994 年。

《通典》 ［唐］杜佑撰，王文锦等点校，中华书局，1988 年。

《通志》 ［宋］郑樵撰，中华书局影印商务印书馆《万有文库·十通》本，1987 年。

《文献通考》 ［元］马端临撰，中华书局影印商务印书馆《万有文库·十通》本，1987 年。

《中西交通史料汇编》 张正烺编注、朱杰勤校订，中华书局，2003 年。

《中华大藏经》（汉文部分） 中华大藏经编辑局编辑，中华书局，1982—1997 年①。

---

① 本书引用佛典，有现、当代学者校注、校点本的，摘优据以标出书名、页码；其他按学界惯例，收入《大正藏》的，标出《大正藏》卷次、页码、栏目。引文、标点经过笔者校订。

《大正藏》。

《续藏经》。

《出三藏记集》　〔梁〕释僧祐撰，苏晋仁、萧鍊子点校，中华书局，
　　1995年。

《高僧传》　〔梁〕释慧皎撰，汤用彤点校，中华书局，1992年。

《续高僧传》　〔唐〕释道宣撰，《大正藏》本。

《宋高僧传》　〔宋〕释赞宁撰，范祥雍点校，中华书局，1987年。

《高僧传合集》　上海古籍出版社编，上海古籍出版社，1990年。

《居士传》　〔清〕彭绍升撰，光绪钱塘许氏刻本。

《中国佛教经论序跋记集》　许明编著，上海古籍出版社，2002年。

《十三经注疏》　〔清〕阮元校刻，中华书局影印本，1980年。

《诸子集成》　世界书局原编，上海书店影印本，1986年。

《二十二子》　上海古籍出版社据浙江书局初印本影印本，1986年。

《(正统)道藏》、《续道藏》　文物出版社、上海书店、天津古籍出版
　　社，1987年。

《文选》　〔梁〕萧统编，中华书局影印胡克家刻本，1977年。

《太平广记》　〔宋〕李昉等编，中华书局，1961年。

《太平御览》　〔宋〕李昉等编，中华书局影印本，1960年。

《文苑英华》　〔宋〕李昉等编，中华书局影印本，1966年。

《册府元龟》　〔宋〕王钦若等编，中华书局影印本，1960年。

《永乐大典》(重印本)　中华书局影印本，1998年。

《明会典》(万历朝重修本)　〔明〕申时行等修，中华书局，1989年。

《全上古三代秦汉三国六朝文》　〔清〕严可均辑校，中华书局影印
　　本，1958年。

《先秦汉魏晋南北朝诗》　逯钦立辑校，中华书局，1983年。

《全唐文》、《唐文拾遗》、《唐文续拾》　〔清〕董诰等编，中华书局影

印本,1983年。

《全唐诗》 〔清〕彭定求等编,中华书局,1960年。

《敦煌宝藏》 黄永武编,新文丰出版公司,1984年。

《英藏敦煌文献》,中国社会科学院历史研究所、中国敦煌吐鲁番学会敦煌文献编辑委员会、英国国家图书馆、伦敦大学亚非学院编,四川人民出版社,1990—1995年。

《俄藏敦煌文献》,俄罗斯科学院东方研究所圣彼得堡分所、俄罗斯科学出版社东方文学部、上海古籍出版社编,上海古籍出版社,1992—2001年。

《法藏敦煌西域文献》,上海古籍出版社编,上海古籍出版社,1995—2005年。

《国家图书馆藏敦煌遗书》,中国国家图书馆编,北京图书馆出版社,2005年—。

《敦煌变文集》 王重民等编,人民文学出版社,1957年。

《敦煌歌辞总编》 任半塘编著,上海古籍出版社,1987年。

《金石萃编》 〔清〕王昶编,经训堂刻本。

《八琼室金石补正》 〔清〕陆增祥撰,文物出版社据吴兴希古楼刻本影印本,1985年。

《唐代墓志汇编》 周绍良主编,上海古籍出版社,1992年。

《唐代墓志汇编续集》 周绍良、赵超主编,上海古籍出版社,2001年。

《四库全书总目》 〔清〕永瑢等撰,中华书局影印本,1965年。

《佛藏子目、道藏子目引得》 哈佛燕京学社引得编纂处编印,上海古籍出版社影印本,1986年。

《新编汉文大藏经目录》 吕澂编,齐鲁书社,1981年。

《佛典解题事典》(第2版) (日)水野弘元等编集,春秋社,1989年。

《佛典精解》 陈士强著,上海古籍出版社,1992年。

《敦煌遗书总目索引新编》　敦煌研究院编，中华书局，2000年。

《中国大百科全书》　中国大百科全书总编辑委员会，中国大百科
　　全书出版社，1980年—。

《中国历史地图集》　谭其骧主编，地图出版社，1982年。
《中国分省地图集》　星球地图出版社编印，2003年。

参考和引用书目（以著作者名汉语拼音为序）

阿部肇一：《中国禅宗史——南宗禅成立以后的政治社会史的考
　　证》，关世谦译，东大图书公司，1986年。
巴沙姆（A. L. Basham）主编：《印度文化史》（*A Cultural History
　　of India*），闵光沛等译，商务印书馆，1997年。
白　琏：《湛渊静语》，《知不足斋丛书》本。
百一居士：《壶天录》，《笔记小说大观》本。
柏　明主编：《唐长安太平坊与实际寺——西北大学校园考古新发
　　现》，西北大学出版社，1998年。
班　固：《白虎通德论》，《四部丛刊》本。
包弼德（Peter K. Bol）：《唐宋思想的转型》（*"This Culture of
　　Ours": Intellectual Transititions in T'ang and Sung Chi-
　　na*），刘宁中译，江苏人民出版社，2001年。
罗钦顺：《困知记续录》，《四库全书》本。
北京图书馆金石组编：《北京图书馆藏中国历代石刻拓本汇编》
　　（100册），中州古籍出版社，1989—1991年。
北京图书馆金石组、中国佛教图书文物馆金石组编：《房山石经题
　　记汇编》，书目文献出版社，1987年。
本杰明·史华兹（Benjamin I. Schwartz）：《古代中国的思想世界》

（*The World of Thought in Ancient China*），程钢译，江苏人民出版社，2004 年。

遍照金刚：《文镜秘府论》，人民文学出版社，1980 年。

卜正民（Timothy Brook）：《为权力祈祷——佛教与晚明中国士绅社会的形成》（*Praying for Power: Buddhism and the Formation of Gentry Society in Late-Ming China*），张华译，江苏人民出版社，2005 年。

蔡尚翔：《王荆公年谱考略》，《王安石年谱三种》，中华书局，1994 年。

蔡志忠：《中国金铜佛像》，台北艺术家出版社，1997 年。

苍　雪：《南来堂诗集》，姚子甫校印本，1940 年。

曹　端：《太极图说述解》，《四库全书》本。

曹　勋：《松隐集》，《嘉业堂丛书》本。

曹仕邦：《中国沙门外学的研究》，东初出版社，1994 年。

曹雪芹：甲戌本《脂砚斋重评石头记》，中华书局影印本，1962 年。

查尔斯·埃利奥特（Charles Eliot）：《印度教与佛教史纲》（*Hinduism and Buddhism，An Historical Sketch*）第 1 卷，李荣熙译，商务印书馆，1982 年；第 2 卷，李荣熙译，佛光出版社，1991 年。

常任侠：《常任侠文集》（6 卷本），安徽教育出版社，2002 年。

晁补之：《鸡肋集》，《四部丛刊》本。

晁公武：《郡斋读书志》，许逸民、常振国编《中国历代书目丛刊》第 1 辑，现代出版社，1987 年。

晁说之：《景迂生集》，《四库全书》本。

车锡伦：《中国宝卷总目》，北京燕山出版社，2000 年。

陈　淳：《北溪大全集》，《四库全书》本。

陈　亮：《龙川文集》，《四部备要》本。

陈　铭：《龚自珍评传》，南京大学出版社，1998 年。

陈　善:《扪虱新话》,《丛书集成初编》本。

陈　思:《宝刻丛编》,《丛书集成初编》本。

陈　旸:《乐书》,《四库全书》本。

陈　垣:《明季滇黔佛教考》,中华书局,1962 年。

　　　《释氏疑年录》,中华书局,1964 年。

　　　《中国佛教史籍概论》,中华书局,1988 年。

　　　《元西域人华化考》,上海古籍出版社,2000 年。

陈传席:《中国山水画史》,江苏美术出版社,1996 年。

陈登原:《国史旧闻》(4 册),中华书局,2000 年。

陈芳英:《目连救母故事之演进及其有关文学之研究》,台湾大学出版委员会,1983 年。

陈傅良:《止斋题跋》,《丛书集成初编》本。

陈鼓应:《庄子今注今译》,中华书局,1983 年。

陈观胜(Kenneth K. S. Ch'en):*The Chinese Transformation of Buddhism*;福井文雅、冈本天晴日译本《佛教と中國社會》,金花舍,1981 年。

陈景富:《法门寺史略》,陕西人民出版社,1990 年。

陈梦家:《殷虚卜辞综述》,科学出版社,1956 年。

陈明达:《中国美术全集·绘画编》(17)《麦积山等石窟壁画》,人民美术出版社,1987 年。

陈耆卿:《嘉定赤城志》,《四库全书》本。

陈桥驿点校:《水经注》,上海古籍出版社,1990 年。

陈庆英、高淑芬主编:《西藏通史》,中州古籍出版社,2003 年。

陈庆元:《沈约集校笺》,浙江古籍出版社,1995 年。

陈尚君辑校:《全唐诗补编》,中华书局,1992 年。

陈师道:《后山集》,上海古籍出版社,1985 年。

　　　《后山诗话》,何文焕辑《历代诗话》本,中华书局,1981 年。

陈铁民:《王维集校注》,中华书局,1987 年。

陈延杰：《诗品注》，人民文学出版社，1980年。

陈扬炯：《中国净土宗通史》，江苏古籍出版社，2000年。

陈寅恪：《金明馆丛稿初编》，上海古籍出版社，1980年。

　　　　《金明馆丛稿二编》，上海古籍出版社，1980年。

　　　　《隋唐制度渊源略论稿》，中华书局，1963年。

　　　　《唐代政治史述论稿》，上海古籍出版社，1997年。

　　　　《元白诗笺证稿》，上海古籍出版社，1978年。

陈与义：《简斋集》，《四部丛刊》本。

陈振孙：《直斋书录解题》，许逸民、常振国编《中国历代书目丛刊》
　　　第1辑，现代出版社，1987年。

陈子昂：《陈子昂集》，徐鹏点校，中华书局，1960年。

陈国符：《道藏源流考》，中华书局，1963年。

程　颐、程　颢：《二程集》，王孝鱼点校，中华书局，1981年。

　　　　《二程文集》，《四库全书》本。

　　　　《二程遗书》，《四库全书》本。

程钜夫：《雪楼集》，《四库全书》本。

程敏政：《皇明文衡》，《四部丛刊》本。

程千帆、徐有富：《校雠广义》，齐鲁书社，1998年。

池田温：《中國古代寫本識語集錄》，东京大学东洋文化研究所，
　　　1990年。

储仲君：《刘长卿诗编年笺注》，中华书局，1996年。

褚人获：《坚瓠集》，《笔记小说大观》本。

崔大华：《庄学研究》，人民出版社，1992年。

崔瑞德、鲁惟一(Denis Twitchett and Michael Loewe)主编：《剑桥
　　　中国秦汉史》(*The Cambridge History of China 221 B. C. —
　　　A. D. 220*，Volume Ⅰ)，杨品泉等译，中国社会科学出版社，
　　　1992年。

大谷光瑞：《西域考古圖譜》，国华社，1915年。

戴蕃豫:《中国佛教美术史》,书目文献出版社,1995 年。

戴密微(Paul Demiéville):《拉萨僧诤记》(*Le concile de Lhasa*),耿升中译本,甘肃人民出版社,1984 年。

　　《ポール・ドミエウィル禅學論集》,林信明译编,花园大学国际禅学所《研究报告》第 1 册,1988 年。

担　　当:《担当诗文全集》,余嘉华、杨开达点校,云南人民出版社、云南美术出版社,2003 年。

岛田虔次:《朱子學と陽明學》,岩波书店,1967 年。

道端良秀:《唐代佛教史の研究》,法藏馆,1957 年。

道　　潜:《参寥子诗集》,《四部丛刊三编》本。

邓　　椿:《画继》,米天水译注,湖南美术出版社,2000 年。

邓之诚:《古董琐记》,中国书店,1991 年。

丁世良、赵　　放主编:《中国地方志民俗资料汇编》(6 卷 14 册),北京图书馆出版社,1989—1997 年。

丁文江、赵丰田:《梁启超年谱长编》,上海人民出版社,1983 年。

董　　含:《莼乡赘笔》,《说铃后集》本,嘉庆五年明新堂重刻本。

董　　逌:《广川画跋》,《丛书集成初编》本。

董其昌:《画禅室随笔》,《笔记小说大观》本。

杜斗城:《敦煌本佛说十王经校录研究》,甘肃教育出版社,1989 年。

杜继文:《中国佛教与中国文化》,宗教文化出版社,2003 年。

杜继文、魏道儒:《中国禅宗通史》,江苏古籍出版社,1993 年。

杜松柏:《知止斋禅学论文集》,文史哲出版社,1994 年。

　　《禅学与唐宋诗学》,黎明文化事业公司,1978 年。

端　　方:《陶斋藏石记》,《石刻资料新编》本,新文丰出版公司,1982 年。

段　　平:《河西宝卷的调查研究》,兰州大学出版社,1992 年。

段安节:《乐府杂录》,古典文学出版社,1957 年。

段成式:《酉阳杂俎》,方南生点校,中华书局,1981 年。

段玉裁:《经韵楼集》,《经韵楼丛书》本。

　　《说文解字注》，中华书局，1988 年。

敦煌文物研究所整理：《敦煌莫高窟内容总录》，文物出版社，1982 年。

敦煌研究院编：《敦煌莫高窟供养人题记》，文物出版社，1986 年。

　　《敦煌图史》，上海古籍出版社，2000 年。

　　《敦煌遗书总目索引新编》，中华书局，2000 年。

多　桑：《多桑蒙古史》，冯承钧译，中华书局，2004 年。

范　梈：《木天禁语》，何文焕辑《历代诗话》本，中华书局，1981 年。

范　摅：《云溪友议》，古典文学出版社，1957 年。

范　资：《玉堂闲话》，《说郛》本。

范成大：《吴船录》，《知不足斋丛书》本。

　　《吴郡志》，《丛书集成初编》本。

范文澜：《文心雕龙注》（上、下），人民文学出版社，1961 年。

　　《中国通史简编》（修订本）第 1、2、3（上、下）编，人民出版
　　社，1949—1965 年。

范晞文：《对床夜语》，丁福保编《历代诗话续编》本，中华书局，
　　1983 年。

范祥雍：《洛阳伽蓝记校注》，上海古籍出版社，1982 年。

范祥雍点校：《宋高僧传》，中华书局，1987 年。

方　回：《瀛奎律髓》，纪昀批点，中国书店影印扫叶山房本，1990 年。

方　薰：《山静居画论》，《丛书集成初编》本。

方部和：《河西宝卷真本校注研究》，兰州大学出版社，1992 年。

方东树：《昭昧詹言》，王绍楹校点，人民文学出版社，1961 年。

方广锠：《八—十世纪佛教大藏经史》，中国社会科学出版社，
　　1991 年。

方立天：《魏晋南北朝佛教论丛》，中华书局，1982 年。

方式庶：《天慵庵笔记》，《丛书集成初编》本。

菲奥纳・鲍伊（Fiona Bowie）：《宗教人类学导论》（*The Anthropol-
　　ogy of Religion：An Introduction*），金泽、何其敏译，中国人

民大学出版社,2004 年。

蜂屋邦夫:《道家思想与佛教》,隽雪艳译,辽宁教育出版社,2000 年。

冯　　浩:《樊南文集详注》,《四部备要》本。

　　　　　《玉溪生诗笺注》,《四部备要》本。

冯从吾:《冯少墟集》,《四库全书》本。

冯翊子:《桂苑丛谈》,中华书局,1958 年。

冯友兰:《中国哲学史》,商务印书馆,2006 年。

福永光司:《道教思想史研究》,岩波书店,1987 年。

福永光司编:《中國中世の宗教と文化》,京都大学人文科学研究
　　所,1982 年。

傅　　雷:《傅雷书简》,生活·读书·新知三联书店,2001 年。

傅　　亮等:《观世音应验记三种》,孙昌武点校,中华书局,1994 年。

傅若金:《清江集》,顾嗣立辑《元诗选》本,中华书局,1987 年。

傅伟勋:《从西方哲学到禅佛教》,生活·读书·新知三联书店,
　　1989 年。

傅熹年:《中国古代建筑十论》,复旦大学出版社,2004 年。

傅璇琮主编:《唐才子传校笺》(5 册),中华书局,1987—1995 年。

　　　　　《唐代诗人丛考》,中华书局,1980 年。

冈田武彦:《王阳明与明末儒学》,吴光等中译本,上海古籍出版社,
　　2000 年。

高攀龙:《高子遗书》,《锡山先哲丛刊》本。

高田时雄主编:《中國語史の資料と方法》,京都大学人文科学研究
　　所,1994 年。

高田修:《佛像の誕生》,岩波书店,1987 年。

高仲武:《中兴间气集》,《唐人选唐诗》本,上海古籍出版社,1998 年。

格奥尔格·西美尔(G. Simmel)《宗教社会学》(*Zur Soziologie der
　　Religion*),曹卫东译,上海人民出版社,2003 年。

葛立方:《韵语阳秋》,何文焕辑《历代诗话》本,中华书局,1981 年。

葛瑞汉（Angus C. Graham）:《论道者——中国古代哲学论辩》
　　（*Disputers of the Tao: Philosophical Argument in Ancient China*），张海晏译，中国社会科学出版社，2003 年。

葛寅亮:《金陵梵刹志》,《中国佛寺志丛刊》本，广陵书社，2005 年。

盖建民:《道教医学》，宗教文化出版社，2001 年。

宫川尚志:《六朝史研究·宗教篇》，平乐寺书店，1977 年。

宫大中:《龙门石窟艺术》，上海人民出版社，1981 年。

宫崎市定:《中国史》，岩波书店，1982 年。

龚自珍:《龚自珍全集》，上海人民出版社，1975 年。

顾　禄:《清嘉录》,《啸园丛书》本。

顾　随:《顾随说禅》，上海古籍出版社，1998 年。

顾龙振:《诗学指南》，敦本堂刻本。

顾起元:《客座赘语》,《金陵丛刻》本。

顾嗣立:《元诗选》（初集 3 册，二集 2 册，三集 1 册，补遗 1 册），中华
　　书局，1987—2002 年。

顾炎武:《日知录》，周苏平、陈国庆点注，甘肃民族出版社，1997 年。

管志道:《孟子订测》，上海图书馆藏万历刻本。

　　　　《惕若斋集》，北京大学图书馆藏万历刻本。

郭　朋:《坛经校释》，中华书局，1983 年。

郭　朋、张新鹰、廖自力:《中国近代佛学思想史稿》，巴蜀书社，
　　1989 年。

郭　象:《庄子注》,《诸子集成》本。

郭茂倩:《乐府诗集》，中华书局，1998 年。

郭沫若:《卜辞通纂》，日本文求堂，1933 年。

　　　　《李白与杜甫》，人民文学出版社，1971 年。

郭若虚:《图画见闻志》,《丛书集成初编》本。

郭绍虞:《沧浪诗话校释》，人民文学出版社，1961 年。

　　　　《宋诗话辑佚》，中华书局，1980 年。

《照隅室古典文学论集》(上、下)，上海古籍出版社，1983 年。

郭绍虞等编：《万首论诗绝句》，人民文学出版社，1991 年。

郭英德：《明清传奇史》，江苏古籍出版社，1999 年。

韩　愈：《韩昌黎集》，世界书局据世彩堂本排印本，1935 年。

韩　愈、李　翱：《论语笔解》，《百川学海》本(重辑本)。

郝春文：《唐后期五代宋初敦煌僧尼的社会生活》，中国社会科学出版社，1998 年。

何　宁：《淮南子集解》，中华书局，1998 年。

何　汶：《竹庄诗话》，常振国等点校，中华书局，1984 年。

何良俊：《四友斋丛说》，中华书局，1997 年。

何孝荣：《明代南京寺院研究》，中国社会科学出版社，2000 年。

何学威等编著：《佛话经典》，湖南文艺出版社，1996 年。

何兆武、柳卸林主编：《中国印象——世界名人论中国文化》(上、下)，广西师范大学出版社，2001 年。

和辻哲郎：《佛教倫理思想史》，岩波书店，1985 年。

河南省文化局文物工作队：《巩县石窟寺》，文物出版社，1963 年。

贺贻孙：《诗筏》，郭绍虞编选、富寿荪点校《清诗话续编》本，上海古籍出版社，1983 年。

横川慧日：《人物　中國の佛教・羅什》，大藏出版，1982 年。

洪　皓：《松漠纪闻》，《丛书集成初编》本。

洪　迈：《容斋随笔》，中华书局，2005 年。

　　　　《夷坚志》，中华书局，1981 年。

洪龟父：《洪龟父集》，《四库全书》本。

洪亮吉：《游九华山记》，《小方壶斋舆地丛钞》本。

侯外庐：《中国早期启蒙思想史》(《中国思想通史》第 5 卷)，人民出版社，1958 年。

侯外庐、邱汉生、张岂之主编：《宋明理学史》，人民出版社，1984 年。

侯外庐、赵纪彬、杜国庠等：《中国思想通史》第 1、2、3、4(上、下)卷，人民出版社,1957—1960 年。

侯旭东:《五、六世纪北方民众佛教信仰》,中国社会科学出版社,
　　1998 年。

胡　广等:《性理大全书》,《四库全书》本。

胡　适:《白话文学史》,上海古籍出版社,1999 年。

　　《胡适精品集》(16 册),胡明主编,光明日报出版社,
　　1998 年。

　　《胡适学术文集·中国佛学史》,姜义华主编,中华书局,
　　1997 年。

　　《中国哲学史大纲》,上海古籍出版社,1999 年。

胡　适校定:《胡适校敦煌唐写本神会和尚遗集》,胡适纪念馆,
　　1982 年。

胡　仔:《苕溪渔隐丛话》,人民文学出版社,1984 年。

胡应麟:《少室山房笔丛》,上海书店,2001 年。

　　《诗薮》,中华书局,1958 年。

胡震亨:《唐音癸签》,古典文学出版社,1957 年。

户崎哲彦:《唐代中期の文學と思想》,滋贺大学经济学部,1990 年。

黄　淮、杨士奇等:《历代名臣奏议》,《四库全书》本。

黄　溍:《金华黄先生文集》,《四部丛刊》本。

黄　裳:《来燕榭读书记》,辽宁教育出版社,2001 年。

黄　震:《黄氏日钞》,《四库全书》本。

黄　征、吴伟编校:《敦煌愿文集》,岳麓书社,1995 年。

黄　征、张涌泉:《敦煌变文校注》,中华书局,1997 年。

黄春和:《佛教造像艺术》,河北省佛学院,2001 年。

黄淳耀:《陶庵全集》,《四库全书》本。

黄仁宇:《万历十五年》,中华书局,1982 年。

黄庭坚:《豫章黄先生文集》,《四部丛刊》本。

　　《山谷集》,《四库全书》本。

黄文旸:《曲海总目提要》,人民文学出版社,1959年。

黄休复:《益州名画录》,《四库全书》本。

黄育楩:《破邪详辩》,中国科学院清史研究室编《清史资料》第3
　　　辑,中华书局,1982年。

黄宗羲:《明儒学案》,中华书局,1985年。

　　　　《南雷文定》,《黄宗羲全集》本,浙江古籍出版社,1985年。

　　　　《宋元学案》,中华书局,1986年。

黄宗羲编:《明文海》,《四库全书》本。

惠　　栋:《易汉学》,《皇清经解续编》本。

惠　　洪:《冷斋夜话》,《笔记小说大观》本。

　　　　《林间录》,《四库全书》本。

　　　　《石门文字禅》,《四部丛刊》本。

慧　　立、彦　　悰:《大慈恩寺三藏法师传》,孙毓棠、谢方点校,中华
　　　书局,1983年。

嵇文甫:《晚明思想史论》,东方出版社,1996年。

吉川幸次郎:《我的留学记》,钱婉约译,光明日报出版社,1999年。

吉川忠夫:《六朝精神史研究》,同朋舍,1986年。

　　　　《中國人の宗教意識》,创文社,1998年。

吉冈义丰:《吉岡義豐著作集》(4卷本),五月书店,1989年。

　　　　《道教と佛教(第一)》,日本学术振兴会,1959年。

计有功:《唐诗纪事》,上海古籍出版社,1987年。

纪　　昀:《阅微草堂笔记》,天津古籍出版社,1994年。

纪　　昀等:《历代职官表》,上海古籍出版社,1989年。

季羡林:《季羡林学术精华》(4卷本),山东友谊出版社,2006年。

　　　　《季羡林学术论著自选集》,北京师范学院出版社,1991年。

季羡林等:《大唐西域记校注》,中华书局,1985年。

季羡林主编:《印度古代文学史》,北京大学出版社,1991年。

贾晋华:《皎然年谱》,厦门大学出版社,1992年。

贾兰坡：《中国大陆上的远古居民》，天津人民出版社，1978 年。

江少虞：《事实类苑》，《四库全书》本。

姜　夔：《白石道人诗说》，何文焕辑《历代诗话》本，中华书局，1981 年。

姜伯勤：《唐五代敦煌寺户制度》，中华书局，1987 年。

姜广辉主编：《中国经学思想史》第 1、2 卷，中国社会科学出版社，2003 年。

姜亮夫：《莫高窟年表》，上海古籍出版社，1985 年。

蒋伯谦：《校雠目录学纂要》，北京大学出版社，1990 年。

蒋瑞藻：《小说枝谈》，中华书局，1959 年。

蒋维乔：《中国佛教史》，上海古籍出版社，2004 年。

蒋一葵：《长安客话》，北京出版社，2001 年。

皎　然：《诗式》，张伯伟《全唐五代诗格汇考》，江苏古籍出版社，2002 年。

杰米·霍巴德、保罗·史万森(Jamie Hubbard and Paul Swanson)主编：《修剪菩提树——"批判佛教"的风暴》(*Pruning the Bodhi Tree：The Storm over Critical Buddhism*)，龚隽等译，上海古籍出版社，2004 年。

金　申：《佛教美术丛考》，科学出版社，2004 年。

金春峰：《汉代思想史》，中国社会科学出版社，1987 年。

金冈秀友：《大乘佛教——その思想と行動》，评论社，1975 年。

金谷治：《中國思想を考える——未來を開く傳統》，中央公论新社，2000 年。

金克木：《梵竺庐集》(3 卷本)，江西教育出版社，1999 年。

荆　浩：《笔法记》，《四库全书》本。

净、筠二禅师：《祖堂集》，孙昌武、衣川贤次、西口芳男点校，中华书局，2007 年。

敬　安：《八指头陀诗集》，光绪二十四年刻本。

镜岛元隆:《天童如淨禅师の研究》,春秋社,1983年。

居　　简:《北磵集》,《四库全书》本。

卡尔(E. H. Carr):《歴史とは何か》(*What is History?*),清水几太
　　郎日译本,岩波书店,1962年。

凯思(Arthur Berriedale Keith):《印度和锡兰佛教哲学》(*Buddhist
　　Philosophy in India and Ceylon*),上海古籍出版社,2004年。

康达维(David R. Knechtges):*Wen xuan*, Vol. I, Translated,
　　wich Annotation and Introduction,1982年。

康有为:《大同书》,中华书局,1956年。

库拉库宏(Clyde Kluckhohn):《文化人類學の世界:人間の鏡》
　　(*Mirror for Man, Anthropology and Modern Live*, McGraw-
　　Hill),外山滋比古、金丸由雄日译本,讲谈社,1984年。

袴谷宪昭:《佛教史の中の玄奘》,《人物　中國の佛教・玄奘》,大
　　藏出版,1981年。

郎　　瑛:《七修类稿》,上海书店出版社,2001年。

劳政武:《佛教戒律学》,宗教文化出版社,1999年。

雷奈・格鲁塞(René Grousset):《东方的文明》(*Les civilisations
　　de l'orient*),常任侠、袁音译,中华书局,1999年。

黎　　崱:《安南志略》,《四库全书》本。

李　　翱:《李翱集》,胡润华点校,甘肃人民出版社,1992年。

李　　绰:《尚书故实》,《丛书集成初编》本。

李　　斗:《扬州画舫录》,中华书局,1960年。

李　　觏:《盯江集》,《四库全书》本。

李　　光:《庄简集》,《四库全书》本。

李　　济:《中国民族的形成》,江苏古籍出版社,2005年。
　　　　　《中国文明的开始》,江苏教育出版社,2005年。

李　　蔚:《简明西夏史》,人民出版社,1997年。

李　　渔:《笠翁十种曲》,《李渔全集》本,浙江古籍出版社,1991年。

李　攸：《宋朝事实》，《丛书集成初编》本。

李　浴：《中国美术史纲》（上、下），辽宁美术出版社，1986 年。

李　肇：《唐国史补》，古典文学出版社，1957 年。

李　贽：《藏书》，中华书局，1959 年。

　　　　《续藏书》，中华书局，1959 年。

　　　　《焚书　续焚书》，岳麓书社，1990 年。

　　　　《李贽文集》，社会科学文献出版社，2000 年。

李　廌：《德阳斋画品》，《丛书集成初编》本。

李慈铭：《越缦堂读书记》，商务印书馆，1956 年。

李德裕：《会昌一品集》，《国学基本丛书》本。

李重华：《贞一斋诗说》，《清诗话》本，中华书局，1978 年。

李富华、何　梅：《汉文佛教大藏经研究》，宗教文化出版社，2003 年。

李季宁：《中国版本文化丛书·佛经版本》，江苏古籍出版社，2002 年。

李开先：《李开先集》，路工辑校，中华书局，1954 年。

李林甫等：《唐六典》，陈仲夫点校，中华书局，1992 年。

李慎之：《李慎之文集》。

姚　最：《续画品》，《丛书集成初编》本。

李小荣：《〈弘明集〉〈广弘明集〉述论稿》，巴蜀书社，2005 年。

李心传：《建炎以来朝野杂记》，《四库全书》本。

李学勤：《走出疑古时代》，辽宁大学出版社，1997 年。

李邺嗣：《杲堂诗文钞》，康熙十七年刻本。

李亦园：《宗教与神话》，广西师范大学出版社，2004 年。

李幼武：《宋名臣言行录》，《四库全书》本。

李泽厚：《美的历程》，《美学三书》，安徽文艺出版社，1999 年。

　　　　《中国近代思想史论》，人民出版社，1979 年。

　　　　《中国思想史论》（上、下），安徽文艺出版社，1999 年。

李之仪：《姑溪居士前集》、《姑溪居士后集》，《四库全书》本。

厉　鹗：《宋诗纪事》，上海古籍出版社，1983 年。

砺波护:《隋唐佛教文化》,韩升译,上海古籍出版社,2004 年。

　　　　《唐代政治社會史研究》,同朋舍,1986 年。

镰田茂雄:《中国佛教通史》第 1—4 册,关世谦译,佛光文化出版有
　　限公司,1985—1993 年。

梁　肃:《梁肃文集》,胡大浚等校点,甘肃人民出版社,2000 年。

梁方仲编著:《中国历代户口、田地、田赋统计》,上海人民出版社,
　　1980 年。

梁启超:《佛学研究十八篇》,台北中华书局,1976 年。

　　　　《梁启超史学论著四种》,岳麓书社,1998 年。

　　　　《饮冰室合集》,中华书局,1989 年。

　　　　《饮冰室诗话》,人民文学出版社,1959 年。

　　　　《中国近三百年学术史》,天津古籍出版社,2003 年。

梁绍壬:《两般秋雨盦随笔》,中华书局,1982 年。

梁漱溟:《中国文化要义》,上海人民出版社,2005 年。

梁思成:《中国建筑史》,百花文艺出版社,1998 年。

廖明活:《中国佛教思想述要》,台北商务印书馆,2006 年。

林　纾:《柳文研究法》,广文书局,1980 年。

林保尧:《佛教美术全集(一)佛像大观》,台北艺术家出版社,1997 年。

凌翼云:《目连戏与佛教》,广东高等教育出版社,1998 年。

铃木大拙:《禅思想史の研究》,《铃木大拙全集》第 2 卷,岩波书店,
　　1980 年。

铃木中正:《中國史における革命と宗教》,东京大学出版会,1973 年。

刘　侗、于奕正:《帝京景物略》,古典文学出版社,1957 年。

刘　墨:《八大山人》,河北教育出版社,2003 年。

刘　肃:《大唐新语》,古典文学出版社,1957 年。

刘　屹:《敬天与崇道——中古经教道教形成的思想史背景》,中华
　　书局,2005 年。

刘　珍等:《东观汉记》,《四部备要》本。

刘保进：《中国佛典通论》，河北教育出版社，1997年。

刘长东：《宋代佛教政策论稿》，巴蜀书社，2005年。

刘长久、胡文和、李永翘：《大足石刻内容总录》，四川省社会科学出版社，1985年。

刘道醇：《五代名画补遗》，《四库全书》本。

刘敬叔：《异苑》，中华书局，1996年。

刘俊文：《唐律疏议笺解》（上、下），中华书局，1996年。

刘克庄：《后村先生大全集》，《四部丛刊》本。

刘师培：《刘师培学术论著》，浙江人民出版社，1998年。

刘熙载：《艺概》，上海古籍出版社，1978年。

刘应时：《颐庵居士集》，《知不足斋丛书》本。

刘禹锡：《刘禹锡集》，整理组点校，卞孝萱校订，中华书局，1990年。

刘跃进、范子晔编：《六朝作家年谱辑要》，黑龙江教育出版社，1999年。

刘知几：《史通》，黄寿成点校，辽宁教育出版社，1997年。

刘宗周：《刘宗周全集》（6册），吴光主编，浙江古籍出版社，2007年。

柳存仁：《道教史探原》，北京大学出版社，2000年。

　　　　《和风堂文集》（3卷本），上海古籍出版社，1991年。

柳田圣山：《初期の禅史Ⅰ》（《禅の語録》之二），筑摩书房，1985年。

　　　　《初期の禅史Ⅱ》（《禅の語録》之三），筑摩书房，1984年。

　　　　《初期禅宗史書の研究》，法藏馆，1967年。

　　　　《胡適禅學案》，日本中文出版社，1981年。

　　　　《語録の歴史——禅文献の成立史的研究》，《東方學報》（京都）第57辑，京都大学人文科学研究所，1985年。

柳诒徵：《中国文化史》（上、下），上海古籍出版社，2001年。

柳宗元：《柳河东集》，上海人民出版社，1974年。

楼宇烈编：《中国佛教思想资料选编》第4卷第1册，中华书局，1992年。

鲁　迅：《鲁迅全集》（16卷本），人民文学出版社，1981年。

鲁　迅辑:《鲁迅辑录古籍丛编》(4 卷本),人民文学出版社,1999 年。

陆　游:《老学庵笔记》,李剑雄、刘德全点校,中华书局,1979 年。

陆德明:《经典释文》,中华书局,1983 年。

陆九渊:《象山先生全集》,《四部丛刊》本。

陆陇其:《三鱼堂外集》,《陆子丛书》本。

陆时雍:《诗镜总论》,丁福保辑《历代诗话续编》本,中华书局,1983 年。

陆世仪:《思辨录辑要》,《正谊堂丛书》本。

陆增祥:《八琼室金石补正》,文物出版社,1985 年。

逯钦立辑校:《先秦汉魏晋南北朝诗》(上、中、下),中华书局,1983 年。

逯钦立校注:《陶渊明集》,中华书局,1979 年。

吕　澂:《吕澂佛学论著选集》(5 卷本),齐鲁书社,1991 年。

　　　　《新编汉文大藏经目录》,齐鲁书社,1980 年。

吕　柟:《周子抄释》,《丛书集成初编》本。

吕　温:《吕衡州集》,《四部丛刊》本。

吕本中:《东莱先生诗集》,《四部丛刊续编》本。

　　　　《紫微诗话》,何文焕辑《历代诗话》本,中华书局,1981 年。

吕建福:《中国密教史》,中国社会科学出版社,1995 年。

吕天成:《曲品》,《曲苑》本。

吕祖谦:《吕东莱先生文集》,《丛书集成初编》本。

罗大经:《鹤林玉露》,王瑞来点校,中华书局,1983 年。

罗尔纲:《金石萃编校补》,中华书局,1983 年。

罗锦堂:《现存元人杂剧本事考》,中国文化事业股份有限公司,1959 年。

罗联添:《唐代诗文六家年谱》,学海出版社,1986 年。

　　　　《唐代文学论集》,学生书局,1989 年。

罗念庵:《罗念庵集》,《广理学备考》本。

罗伊·C·克雷文(Roy C. Craven):《印度艺术简史》(*A Concise History of Indian Art*),王镛等译,中国人民大学出版社,2004 年。

洛阳博物馆编:《洛阳出土铜镜》,文物出版社,1988 年。

麻天祥:《中国禅宗思想发展史》,湖南教育出版社,1997 年。

马　德:《敦煌莫高窟史研究》,甘肃教育出版社,1997 年。

马伯乐(Henri Maspero):《道教——不死の探究》(*Le Taoïsme*),川胜义雄日译本,东海大学出版会,1966 年。

马伯英:《中国医学文化史》,上海人民出版社,1994 年。

马克思:《路易斯·亨·摩尔根〈古代社会〉一书摘要》,《马克思恩格斯论艺术》第 2 卷,人民文学出版社,1963 年。

马克斯·韦伯(Max Weber):《儒教与道教》(*Konfuzianismus und Taoismus, Gesammelte Aufsätze zur Religionssoziologie*),洪天富译,江苏人民出版社,1995 年。

马其昶:《韩昌黎文集校注》,马茂元整理,上海古籍出版社,1986 年。

马西沙、韩秉芳:《中国民间宗教史》,上海人民出版社,1992 年。

马宗霍:《书林纪事》,文物出版社,1984 年。

梅维恒(Victor H. Mair):《唐代变文》(*Tang Transformation Texts*),杨继东、陈引驰译,中国佛教文化出版公司,1999 年。

梅原郁编:《中國近世の都市と文化》,京都大学人文科学研究所,1984 年。

蒙文通辑:《道德经义疏》,四川省立图书馆,1946 年。

孟　棨:《本事诗》,丁福保辑《历代诗话续编》本,中华书局,1983 年。

米　芾:《画史》,《丛书集成初编》本。

闵麟嗣:《黄山志》,《安徽丛书》本。

牟　巘:《陵阳先生集》,《吴兴丛书》本。

牟宗三:《佛性与般若》,学生书局,1977 年。

　　　　《中国哲学十九讲》,上海古籍出版社,1997年。

木村英一编:《慧遠研究·研究篇》,创文社,1981年。

牧田谛亮:《弘明集研究》,京都大学人文科学研究所,1974年。

　　　　《疑經研究》,京都大学人文科学研究所,1976年。

穆　　修:《河南穆公集》,《四部丛刊》本。

那波利贞:《唐代文化史の研究》,创文社,1977年。

纳喇性德编:《合订删补大易集义粹言》,《通志堂经解》本。

耐得翁:《都城纪胜》,中国商业出版社,1982年。

南　　卓:《羯鼓录》,古典文学出版社,1957年。

内藤湖南:《支那上古史》,《内藤湖南全集》第10卷,筑摩书房,
　　　　1969年。

尼赫鲁(Jawaharlal Nehlu):《印度的发现》(*The Discovery of India*),齐文译,世界知识出版社,1956年。

倪　　瓒:《清閟阁全集》,《四库全书》本。

牛僧孺:《玄怪录》,程毅中点校,中华书局,1982年。

钮卫星:《西望梵天——汉译佛经中的天文学源流》,上海交通大学
　　　　出版社,2004年。

欧阳德:《欧阳德集》,陈永革编校,凤凰出版社,2007年。

欧阳修:《六一诗话》,何文焕辑《历代诗话》本,中华书局,1981年。

　　　　《欧阳文忠公集》,《四部丛刊》本。

潘重规:《敦煌变文集新书》,中国文化大学中文研究所,1983年。

潘桂明:《中国居士佛教史》,中国社会科学出版社,2000年。

潘桂明、吴忠伟:《中国天台宗通史》,江苏古籍出版社,2001年。

潘荣陛:《帝京岁时纪胜》,北京古籍出版社,1981年。

潘自牧:《记纂渊海》,《四库全书》本。

裴　　铏:《裴铏传奇》,上海古籍出版社,1980年。

皮锡瑞:《经学历史》,中华书局,1963年。

平川彰:《佛教入门》,春秋社,1992年。

平川彰等编:《大乘佛教》,春秋社,1995 年。

平等通昭:《印度佛教文學の研究》,日本印度学研究所,1967 年。

平野宗净注:《頓悟要門》(《禅の語録》之六),筑摩书房,1965 年。

蒲松龄:《蒲松龄集·聊斋文集》,上海古籍出版社,1986 年。

普　　济:《五灯会元》,苏渊雷点校,中华书局,1984 年。

漆　　侠:《宋学的发展和演变》,河北人民出版社,2002 年。

启　　功:《启功丛稿·论文卷》,中华书局,1999 年。

　　　　《启功丛稿·题跋卷》,中华书局,1997 年。

　　　　《启功丛稿·艺论卷》,中华书局,1997 年。

契　　嵩:《镡津文集》,《四部丛刊》本。

钱　　明:《阳明学的形成与发展》,江苏古籍出版社,2002 年。

钱　　穆:《国史大纲》,商务印书馆,1996 年。

　　　　《国学概论》,商务印书馆,2004 年。

　　　　《中国文化史导论》(修订本),商务印书馆,2001 年。

钱　　易:《南部新书》,中华书局,1958 年。

钱伯城:《袁宏道集笺校》,上海古籍出版社,1981 年。

钱大昕:《潜研堂文集》,《四部丛刊》本。

　　　　《十驾斋养新录》,陈文和、孙显军点校,江苏古籍出版社,
　　　　2000 年。

钱德洪:《钱德洪语录诗文辑佚》,钱明编校,凤凰出版社,2007 年。

钱谦益:《列朝诗集小传》,上海古籍出版社,1983 年。

　　　　《牧斋初学集》,上海古籍出版社,1985 年。

　　　　《牧斋有学集》,上海古籍出版社,1996 年。

钱振伦笺、钱振常注:《樊南文集补编》,《四部丛刊》本。

钱锺书:《管锥编》(4 册),中华书局,1979 年。

　　　　《管锥编增订》,中华书局,1982 年。

　　　　《七缀集》(修订本),上海古籍出版社,1994 年。

　　　　《谈艺录》(修订本),中华书局,1984 年。

钱仲联:《剑南诗稿校注》,上海古籍出版社,1985年。

乾隆敕撰:《钦定日下旧闻考》,《四库全书》本。

强　至:《祠部集》,《丛书集成初编》本。

秦宝琦:《中国地下社会(清前期秘密社会卷)》,学苑出版社,1994年。

秦　观:《淮海集》,《四部备要》本。

秦家懿、孔汉思(Hans Küng):《中国宗教与基督教》(*Christianity and Chinese Religions*),吴华译,生活·读书·新知三联书店,1997年。

卿希泰主编:《中国道教史》(4卷本),四川人民出版社,1988—1995年。

仇兆鳌:《杜少陵集详注》,文学古籍刊行社,1955年。

全祖望:《鲒埼亭集》,《四部丛刊》本。

权德舆:《权载之文集》,《四部丛刊》本。

冉云华:《中国禅学研究论集》,东初出版社,1991年。

　　　　《宗密》,东大图书公司,1988年。

饶　节:《倚松老人集》,《四库全书》本。

饶宗颐:《梵学集》,上海古籍出版社,1993年。

　　　　《饶宗颐史学论著选》,上海古籍出版社,1993年。

　　　　《选堂集林》,香港中华书局,1982年。

任　昉:《述异记》,鲁迅《古小说钩沉》辑本。

任半塘:《唐声诗》(上、下),上海古籍出版社,1982年。

　　　　《唐戏弄》(上、下),上海古籍出版社,1984年。

任半塘编:《敦煌歌辞总编》(3册),上海古籍出版社,1987年。

任继愈主编:《中国道教史》,上海人民出版社,1990年。

　　　　《中国佛教史》第1、2、3卷,中国社会科学出版社,1981—1988年。

　　　　《中国哲学史》(4卷本),人民出版社,1963—1979年。

任兆麟选辑:《逸周书》,《述记》本。

日本佛教思想研究会编:《佛教思想》第 1—9 卷,平乐寺书店,
　　1975—1982 年。

荣新江:《敦煌学十八讲》,北京大学出版社,2001 年。

荣新江主编:《唐代宗教信仰与社会》,上海辞书出版社,2003 年。

入矢义高编:《龐居士語録》(《禅の語録》之七),筑摩书房,1985 年。

阮　　元:《揅经室集》,《四部丛刊》本。

阮　　阅:《诗话总龟》,周本淳点校,人民文学出版社,1987 年。

陕西省古籍整理办公室编:《全唐文补遗》第 1—9 辑,三秦出版社,
　　1994—2007 年。

商务印书馆编:《敦煌遗书总目索引》,中华书局,1986 年。

邵　　雍:《皇极经世书》,《正统道藏》本。

舍尔巴茨基:《佛教逻辑》,宋立道、舒晓炜译,商务印书馆,1997 年。

沈　　括:《补(梦溪)笔谈》,《四库全书》本。

　　　　《梦溪笔谈》,江苏古籍出版社,1999 年。

沈　　辽:《云巢编》,《四部丛刊三编》本。

沈　　瓒:《近事丛残》,《明清珍本小说集》本。

沈德符:《顾曲杂言》,《学海类编》本。

　　　　《万历野获编》,中华书局,1959 年。

沈德潜:《古诗源》,文学古籍刊行社,1957 年。

　　　　《明诗别裁》,中华书局,1975 年。

沈曾植:《海日楼题跋》,辽宁教育出版社,1998 年。

石　　介:《徂徕集》,《四库全书》本。

石　　峻等编:《中国佛教思想资料选编》第 1—3 卷,中华书局,
　　1981—1983 年。

石　　涛:《苦瓜和尚画语录》,《知不足斋丛书》本。

史　　容:《山谷外集诗注》,《四部丛刊初编》本。

史季温:《山谷别集诗注》,《四部备要》本。

史苇湘：《敦煌历史与莫高窟艺术研究》，甘肃教育出版社，2002 年。

矢吹庆辉：《鳴沙餘韻——敦煌出土未傳古逸佛典開寶》，岩波书店，1930 年。

舒　芜等编：《中国近代文论选》，人民文学出版社，1981 年。

司空图：《司空表圣文集》，《四部丛刊》本。

司马光：《续温公诗话》，何文焕辑《历代诗话》本，中华书局，1981 年。

司义祖校：《宋大诏令集》，中华书局，1962 年。

宋　濂：《宋学士文集》，《四部丛刊》本。

宋　祁：《景文集》，《丛书集成初编》本。

宋敏求：《长安志》，《经训堂丛书》本。

　　　　《唐大诏令集》，商务印书馆，1959 年。

宋人编：《新编五代史平话》，古典文学出版社，1954 年。

苏　鹗：《杜阳杂编》，中华书局，1958 年。

苏　轼：《东坡集》，《四部备要》本。

　　　　《东坡志林》，中华书局，1981 年。

苏　洵：《嘉祐集》，《四部丛刊》本。

苏　辙：《栾城集》，曾枣庄、马德富校点，上海古籍出版社，1987 年。

孙　棨：《北里志》，古典文学出版社，1958 年。

孙昌武：《道教与唐代文学》，人民文学出版社，2001 年。

　　　　《佛教与中国文学》，上海人民出版社，1988 年。

　　　　《诗与禅》，东大图书公司，1994 年。

　　　　《中国文学中的维摩与观音》，高等教育出版社，1996 年。

孙承泽：《春明梦余录》，《四库全书》本。

孙思邈：《备急千金要方》，《四库全书》本。

孙岳颁：《佩文斋书画谱》，《四库全书》本。

台静农：《台静农论文集》，安徽教育出版社，2002 年。

谭世保：《汉唐佛史探真》，中山大学出版社，1991 年。

谭嗣同：《谭嗣同全集》（修订本），蔡尚思、方行编，中华书局，1981 年。

汤　垕:《画鉴》,《学海类编》本。

汤一介:《佛教与中国文化》,宗教文化出版社,1999 年。

汤因比:《人类与大地母亲》,上海人民出版社,2001 年。

汤用彤:《汉魏两晋南北朝佛教史》(上、下),中华书局,1983 年。

　　　　《理学·佛学·玄学》,北京大学出版社,1991 年。

　　　　《隋唐佛教史稿》,中华书局,1982 年。

　　　　《汤用彤学术论文集》,中华书局,1983 年。

唐　临:《冥报记》,方诗铭辑校,中华书局,1992 年。

唐长孺:《魏晋南北朝史论丛》,生活·读书·新知三联书店,
　　　　1978 年。

唐顺之:《荆川集》,《四库全书》本。

陶　毅:《清异录》,《宝颜堂秘笈》本。

陶　敏、王友胜:《韦苏州集校注》,上海古籍出版社,1998 年。

陶慕宁校点:《金瓶梅词话》,人民文学出版社,2000 年。

陶望龄:《歇庵集》,伟文图书公司,1976 年。

陶宗仪:《南村辍耕录》,中华书局,2004 年。

藤田宏达:《原始淨土思想の研究》,岩波书店,1970 年。

田　涛、郑　秦校点:《大清律例》,法律出版社,1998 年。

田村芳朗:《法華經　真理·生命·實踐》,中央公论社,1974 年。

田中良昭:《禅學研究入門》,大东出版社,1994 年。

童　玮:《二十二种大藏经通检》,中华书局,1997 年。

屠　隆:《鸿苞节录》,《四库全书存目丛书》本。

窪德忠:《道教史》,萧坤华译,上海译文出版社,1987 年。

汪砢玉:《珊瑚网》,《适园丛书》本。

汪绍楹校注:《搜神记》,中华书局,1979 年。

汪世清、汪　聪:《渐江资料集》,安徽人民出版社,1983 年。

汪树东、龙红莲编:《苏曼殊作品精选》,长江文艺出版社,2003 年。

王　晫:《道山清话》,《四库全书》本。

王　弼:《老子道德经注》,《诸子集成》本。

王　充:《论衡》,上海人民出版社,1974 年。

王　艮:《王心斋集》,《广理学备考》本。

王　畿:《王畿集》,吴震编校,凤凰出版社,2007 年。

王　明:《抱朴子内篇校释》(增订本),中华书局,1985 年。
　　　　《太平经合校》,中华书局,1960 年。

王　溥:《唐会要》,《丛书集成初编》本。

王　琦注:《李太白全集》,中华书局,1977 年。

王　琬:《尧峰文钞》,《四部丛刊》本。

王　洋:《东牟集》,《四库全书》本。

王　瑶:《中古文学史论》,北京大学出版社,1998 年。

王　林:《燕翼诒谋录》,《丛书集成初编》本。

王　钺:《读书蕞残》,《世德堂遗书》本。

王　灼:《梁溪漫志》,上海古籍出版社,1985 年。

王安石:《临川先生文集》,《四部备要》本。

王邦维:《大唐西域求法高僧传校注》,中华书局,1988 年。
　　　　《南海寄归内法传校注》,中华书局,1995 年。

王定保:《唐摭言》,古典文学出版社,1957 年。

王伯敏:《中国绘画通史》,生活·读书·新知三联书店,2000 年。

王伯敏主编:《中国美术通史》,山东教育出版社,1987 年。

王承文:《敦煌古灵宝经与晋唐道教》,中华书局,2002 年。

王重民:《敦煌遗书论文集》,中华书局,1984 年。

王夫之:《读通鉴论》,中华书局,1975 年。

王国维:《观堂集林》附《别集》(4 册),中华书局,1959 年。
　　　　《静庵文集》,辽宁教育出版社,1997 年。

王骥德:《曲律》,陈多、叶长海注释,湖南人民出版社,1983 年。

王利器:《颜氏家训集解》,上海古籍出版社,1980 年。

王若虚:《滹南遗老集》,《四部丛刊》本。

《渖南诗话》，霍松林、胡主佑校点，人民文学出版社，1962年。

王士禛：《带经堂诗话》，张宗柟纂集，夏闳点校，人民文学出版社，1963年。

《古夫于亭杂录》，赵伯陶点校，中华书局，1988年。

王守仁：《王文成公全书》，《四部丛刊》本。

王书民：《廿二史札记校证》（上、下），中华书局，1984年。

王叔岷：《列仙传校笺》，"中研院"中国文哲研究所筹备处，1995年。

《钟嵘诗品笺证稿》，"中研院"中国文哲研究所筹备处，1992年。

王庭珪：《卢溪集》，《四库全书》本。

王逸章句：《楚辞》，《四部丛刊》本。

王伊同：《五朝门第》（上、下），香港中文大学出版社，1978年。

王应麟：《困学纪闻》，辽宁教育出版社，1998年。

《玉海》，《四库全书》本。

王永会：《中国佛教僧团发展及其管理研究》，巴蜀书社，2003年。

王元化名誉主编：《释中国》（4卷本），上海文艺出版社，1998年。

王元军：《六朝书法与文化》，上海书画出版社，2002年。

王志远：《中国佛教表现艺术》，中国社会科学出版社，2006年。

王仲荦：《隋唐五代史》（上、下），上海人民出版社，1988、1990年。

《魏晋南北朝史》（上、下），上海人民出版社，1980年。

王重民等编：《敦煌变文集》（上、下），人民文学出版社，1957年。

王子云：《中国雕塑艺术史》，中国美术出版社，1988年。

韦　绚：《刘宾客嘉话录》，唐兰辑本（《文史》第4辑《刘宾客嘉话录的校辑与辨伪》），中华书局，1965年。

韦政通：《中国思想史》（上、下），上海书店出版社，2003年。

尾崎雄二郎：《中國語音韻史の研究》，创文社，1986年。

魏　源：《魏源集》，中华书局，1976年。

魏道儒：《中国华严宗通史》，江苏古籍出版社，2001年。

魏庆之:《诗人玉屑》,古典文学出版社,1958 年。

温玉成:《中国石窟与文化艺术》,上海人民美术出版社,1993 年。

闻一多:《闻一多全集》(4 卷本),生活·读书·新知三联书店,
　　1985 年。

沃兴华:《中国书法史》,上海古籍出版社,2001 年。

渥德尔(A. K. Warder):《印度佛教史》(*Indian Buddhism*, Second
　　Revised Edition),王世安译,商务印书馆,2000 年。

乌力吉:《八大山人画传》,中国广播电视出版社,2006 年。

吴　曾:《能改斋漫录》,上海古籍出版社,1979 年。

吴　兢:《贞观政要》,上海古籍出版社,1978 年。

吴　可:《藏海诗话》,丁福保辑《历代诗话续编》本,中华书局,
　　1983 年。

吴　讷:《文章辨体序说》,于北山校点,人民文学出版社,1982 年。

吴则礼:《北湖集》,《涵芬楼秘笈》本。

吴之鲸:《武林梵志》,《四库全书》本。

吴之振:《宋诗钞》,《四库全书》本。

吴自牧:《梦粱录》,张社国、符均校注,三秦出版社,2004 年。

西川宁、神田喜一郎监修:《六朝寫經集》,二玄社,1964 年。

西谷启治:《宗教論集Ⅱ·禅の立場》,創文社,1986 年。

西美尔(Simmel. G.):《宗教社会学》,曹卫东译,上海人民出版社,
　　2003 年。

西域文化研究会:《西域文化研究第一　敦煌佛教資料》,法藏馆,
　　1958 年。

狭间直树编:日本京都大学人文科学研究所共同研究报告《梁启
　　超·明治维新·西方》,社会科学文献出版社,2001 年。

夏　鼐:《敦煌考古漫记》,百花文艺出版社,2002 年。

　　　　《考古学论文集(外一种)》(上、下),河北教育出版社,2000 年。

夏　竦:《文庄集》,《四库全书》本。

夏　燮:《明通鉴》,上海古籍出版社,1994 年。

夏文彦:《图绘宝鉴》,《丛书集成初编》本。

向　达:《唐代长安与西域文明》,生活·读书·新知三联书店,1979 年。

向　达译:《斯坦因西域考古记》,中华书局,1946 年。

项　楚:《寒山诗注》,中华书局,2000 年。

　　　　《王梵志诗校注》,上海古籍出版社,1991 年。

萧　统编:《文选》,中华书局影印本,1977 年。

萧　绎:《金楼子》,《知不足斋丛书》本。

小林太市郎:《禅月大師の生涯と藝術》,淡交社,1974 年。

小林正美:《六朝佛教思想の研究》,創文社,1993 年。

　　　　《中國の道教》,創文社,1998 年。

小南一郎:《中国的神话传说与古小说》(《中國の神話と物語り──古小説史の展開》),孙昌武译,中华书局,1993 年。

小野玄妙:《佛教经典总论》,新文丰出版公司,1983 年。

晓　莹:《罗湖野录》,《宝颜堂秘笈》本。

谢　赫:《古画品录》,《丛书集成初编》本。

谢　翔:《邺中记》,《汉魏丛书》本。

谢保成:《贞观政要集校》,中华书局,2003 年。

谢重光、白文固:《中国僧官制度史》,青海人民出版社,1990 年。

谢弗(Edward H. Schafer,薛爱华):《唐代的外来文明》(*The Golden Peaches of Samarkand, A Study of Tang Exotics*),吴玉贵译,中国社会科学出版社,1995 年。

谢国桢:《明清之际党社运动考》,上海书店出版社,2004 年。

谢和耐(Jacques Gernet):《中国社会史》(*Le monde Chinois*),耿昇译,江苏人民出版社,1995 年。

　　　　《中国 5—10 世纪的寺院经济》(*Les aspect économiques du Bouddhisme dans la société chinoise du Ve au Xe siècle*),耿

昇译,上海古籍出版社,2004 年。

谢深甫:《庆元条法事类》,燕京大学图书馆据常熟瞿氏本影印本。

谢应芳:《怀古录》,《酌古准今》本。

谢樱宁:《章太炎年谱撷遗》,中国社会科学出版社,1987 年。

谢肇淛:《五杂组》,上海书店出版社,2001 年。

谢稚柳:《中国古代书画研究十论》,复旦大学出版社,2004 年。

信立祥:《汉代画像石综合研究》,文物出版社,2000 年。

兴膳宏、川合康三:《隋書經籍志詳攷》,汲古书院,1995 年。

熊十力:《读经示要》,《熊十力全集》第 3 卷,湖北教育出版社,
    2001 年。

    《佛家名相通释》,中国大百科全书出版社,1985 年。

徐　坚等:《初学记》,中华书局,2004 年。

徐　松:《唐两京城坊考》,方严点校,中华书局,1985 年。

徐　渭:《徐渭集》,中华书局,1983 年。

徐　增:《而庵诗话》,《清诗话》本,中华书局,1978 年。

徐复观:《徐复观文集》(5 卷本),李维武编,湖北人民出版社,
    2002 年。

徐建华、宋仲珵选编:《中国佛话》,上海文艺出版社,1994 年。

徐师曾:《文体明辨序说》,人民文学出版社,1982 年。

徐朔方笺校:《汤显祖集》,中华书局,1962 年。

许　明编:《中国佛教经论序跋记集》(5 卷本),上海辞书出版社,
    2002 年。

许　鹏校注:《孟浩然集校注》,人民文学出版社,1989 年。

许　慎:《说文解字》,中华书局影印本,1963 年。

许　嵩:《建康实录》,孟昭庚等点校,上海古籍出版社,1987 年。

许建英、何汉民编译:《中亚佛教艺术》(*Art of Central Asia*, *With
    Special Reference to Wooden Objects from the Northern Silk
    Route*),新疆美术摄影出版社,1992 年。

许里和(Erich Zürcher):《佛教征服中国》(*The Buddhist Conquest of China：The Spread and Adaptation of Buddhism in Early Medieval China*)，李四龙等译，江苏人民出版社，1998年。

薛季宣:《浪语集》,《宋诗钞初集》本。

薛用弱:《集异记》,中华书局,1980年。

雅诺什·哈尔马塔(J. Harmatta)主编:《中亚文明史》第2卷《定居文明与游牧文明的发展:公元前700年至公元250年》(*History of Civilizations of Central Asia* Ⅱ：*The Development of Sedentary and Nomadic Civilizations*)，徐文勘、芮传明译，中国对外翻译出版公司,2002年。

严耕望:《唐史研究丛稿》,新亚研究所,1969年。

《唐尚仆丞郎表》,中华书局,1986年。

岩本裕:《佛教説話研究》(4卷本),开明书院,1978年。

《目連傳説と盂蘭盆》,法藏馆,1968年。

阎若璩:《潜丘札记》,《四库全书》本。

阎文儒:《云冈石窟研究》,广西师范大学出版社,2003年。

《中国石窟艺术总论》,天津古籍出版社,1987年。

颜　元:《存人编》,中华书局,1987年。

扬　雄:《扬子法言》,《二十二子》本。

杨　翰:《归石轩画谈》,《息柯居士全集》初刻本。

杨　慎:《升庵集》,《四库全书》本。

《升庵诗话》,丁福保辑《历代诗话续编》本,中华书局,1983年。

杨　时编:《二程粹言》,《四部备要》本。

杨　载:《杨仲弘集》,《四部丛刊》本。

杨伯峻:《春秋左传注》(修订本),中华书局,1990年。

杨富学:《回鹘文献与回鹘文化》,民族出版社,2003年。

杨富学、李吉和辑校:《敦煌汉文吐蕃史料辑校》,甘肃人民出版社,

1999 年。

杨仁恺主编:《中国书画》,上海古籍出版社,1990 年。

杨士奇:《东里文集》,中华书局,1999 年。

杨守敬:《水经注疏》,陈桥驿点校,上海古籍出版社,1990 年。

杨树达:《词诠》,中华书局,1956 年。

杨松玠:《谈薮》,程毅中、程有庆辑校,中华书局,1996 年。

杨廷福:《玄奘年谱》,中华书局,1988 年。

杨文会:《杨仁山居士遗著》,金陵刻经处,1919 年。

杨曾文:《唐五代禅宗史》,中国社会科学出版社,1999 年。

杨震方:《碑帖叙录》,上海古籍出版社,1982 年。

姚　宽:《西溪丛语》,《丛书集成初编》本。

耶律楚材:《湛然居士文集》,谢方点校,中华书局,1986 年。

叶　适:《习学记言》,中华书局,1977 年。

叶昌炽撰、柯昌泗评:《语石　语石异同评》,中华书局,1994 年。

叶葱奇编订:《李贺诗集》,人民文学出版社,1959 年。

叶隆礼:《契丹国志》,《四库全书》本。

叶梦得:《避暑录话》,《丛书集成初编》本。

叶少蕴:《石林诗话》,何文焕辑《历代诗话》本,中华书局,1981 年。

伊桑阿等:《钦定大清会典》,《四库全书》本。

佚　名:《宣和画谱》,《丛书集成初编》本。

佚　名:《宣和书谱》,《丛书集成初编》本。

佚　名:《幽闲鼓吹》,中华书局,1958 年。

义　楚:《释氏六帖》,浙江古籍出版社,1990 年。

殷　璠:《河岳英灵集》,《唐人选唐诗》本,上海古籍出版社,
　　　1998 年。

尹永文:《东京梦华录笺注》,中华书局,2006 年。

印　顺:《中国禅宗史》,正闻出版社,1987 年。

余嘉锡:《世说新语笺疏》,中华书局,1983 年。

余太山主编:《西域通史》,中州古籍出版社,2003年。

俞　成:《萤雪丛说》,《丛书集成初编》本。

俞　樾:《春在堂随笔》,方霏点校,江苏古籍出版社,2000年。

俞如楫等:《礼部志稿》,《四库全书》本。

俞文豹:《吹剑录外集》,《知不足斋丛书》本。

俞正燮:《癸巳存稿》,《丛书集成初编》本。

　　　　《癸巳类稿》,涂小马等校点,辽宁教育出版社,2001年。

宇文懋昭:《大金国志》,《丛书集成初编》本。

郁贤皓:《唐刺史考》,江苏古籍出版社,1987年。

元　稹:《元稹集》,冀勤点校,中华书局,1982年。

元好问:《中州集》,《四部丛刊》本。

圆　仁:《入唐求法巡礼行记》,顾承甫、何泉达点校,上海古籍出版社,1986年。

袁　宏:《后汉纪》,《四部丛刊》本。

袁　枚:《子不语》,上海古籍出版社,1998年。

袁中道:《珂雪斋集》,上海古籍出版社,1989年。

袁宗道:《白苏斋类集》,《中国文学珍本丛书》本。

恽　格:《瓯香馆集》,《丛书集成初编》本。

泽田瑞穗:《寶卷研究》(增订本),国学研究会,1975年。

　　　　《地獄變》(修订本),平和出版社,1991年。

曾　巩:《曾巩集》,陈杏珍、晁继周点校,中华书局,2004年。

曾　几:《茶山集》,《丛书集成初编》本。

曾　慥:《类说》,《四库全书》本

曾季狸:《艇斋诗话》,丁福保辑《历代诗话续编》本,中华书局,1983年。

詹大和:《王荆文公年谱》,《王安石年谱三种》本,中华书局,1994年。

湛　如:《敦煌佛教律仪制度研究》,中华书局,2003年。

湛若水:《湛甘泉文集》,《甘泉全集》本。

张　　潮:《虞初新志》,《笔记小说大观》本。

张　　丑:《清河书画舫》,《四库全书》本。

张　　岱:《琅嬛文集》,《中国文学珍本丛书》本。

张　　庚:《国朝画征录》,《画史丛书》本,上海人民出版社,1963 年。

张　　弓:《汉唐佛寺文化史》(上、下),中国社会科学出版社,1997 年。

张　　戒:《岁寒堂诗话》,丁福保辑《历代诗话续编》本,中华书局,
　　　　　1983 年。

张　　耒:《张右史文集》,《四部丛刊》本。

张　　栻:《南轩集》,《两宋名贤小集》本。

张　　溥:《汉魏六朝百三家集》,清刻本。

张　　毅:《往五天竺国传笺释》,中华书局,1994 年。

张　　勇:《傅大士研究》,巴蜀书社,2000 年。

张　　载:《张子全书》,《四部备要》本。

张　　鷟:《朝野佥载》,赵守俨点校,中华书局,1979 年。

张　　镃:《南湖集》,《丛书集成初编》本。

张　　总:《地藏信仰研究》,宗教文化出版社,2003 年。

张安道:《乐全集》,《四库全书》本。

张伯伟:《全唐五代诗格汇考》,江苏古籍出版社,2002 年。

张尔田:《玉溪生年谱会笺》,中华书局,1963 年。

张鸿勋:《敦煌俗文学研究》,甘肃教育出版社,2002 年。

张九成:《横浦文集》附《横浦心传》,海盐张氏影万历刻本,1925 年。

张君房:《云笈七签》,李永晟点校,中华书局,2003 年。

张希舜等编:《宝卷》(40 册),山西人民出版社,1994 年。

张驭寰:《中国塔》,山西人民出版社,2000 年。

张彦远:《历代名画记》,人民美术出版社,2004 年。

张政烺:《张政烺文史论集》,中华书局,2004 年。

张中行:《禅外说禅》,黑龙江人民出版社,1991 年。

章　　巽:《法显传校注》,上海古籍出版社,1985 年。

章太炎:《章太炎集》,黄夏年编,中国社会科学出版社,1995年。

　　　　《章太炎全集》(1—6卷),上海人民出版社,1995年。

　　　　《章太炎政论选集》,汤志钧编,中华书局,1977年。

章学诚:《章学诚遗书》,文物出版社,1985年。

章亚昕:《八指头陀》,中国文史出版社,1998年。

昭　　梿:《啸亭杂录》,《笔记小说大观》本。

赵　　超:《古代石刻》,文物出版社,2001年。

赵　　璘:《因话录》,古典文学出版社,1957年。

赵　　翼:《陔余丛考》,栾保群、吕宗力点校,河北人民出版社,1990年。

赵殿成:《王右丞集笺注》,上海古籍出版社,1984年。

赵景深:《中国小说丛考》,齐鲁书社,1980年。

赵明诚:《金石录》,《四部丛刊续编》本。

赵世瑜:《狂欢与日常——明清以来的庙会与民间社会》,生活·读
　　书·新知三联书店,2002年。

赵希鹄:《洞天清禄集》,《丛书集成初编》本。

赵彦卫:《云麓漫钞》,古典文学出版社,1957年。

赵贞信:《封氏闻见记校注》,中华书局,2005年。

真德秀:《西山读书记》,《四库全书》本。

正　　勉:《古今禅藻集》,《四库全书》本。

郑　　獬:《郧溪集》,《四库全书》本。

郑　　燮:《郑板桥集》,上海古籍出版社,1979年。

郑　　瑗:《井观琐言》,《学海类编》本。

郑炳林:《敦煌碑铭赞辑释》,甘肃教育出版社,1992年。

郑方坤删补:《五代诗话》,戴鸿森校点,人民文学出版社,1989年。

郑虎臣:《吴都文粹》,《四库全书》本。

郑振铎:《中国俗文学史》,人民文学出版社,1954年。

智　　炬:《双峰山曹侯溪宝林传》,中文出版社影印《宋藏遗珍》本。

智　　圆:《闲居篇》,《四库全书》本。

中村元:《东方民族的思维方法》,林太、马小鹤译,浙江人民出版社,1989年。

　　《原始仏教　その思想と生活》,日本放送出版协会,1985年。

中村元等:《中国佛教发展史》(3卷本),余万居译,天华出版公司,1982年。

中嶋隆藏:《六朝思想の研究　士大夫と佛教思想》,平乐寺书店,1985年。

　　《出三藏記集　序卷譯注》,平乐寺书店,1997年。

中国佛教协会编:《中国佛教》(4卷本),知识出版社,1989年。

中国社科院清史研究室编:《清史资料》第3辑,中华书局,1982年。

中国艺术研究院《中国建筑艺术史》编写组编写、萧默主编:《中国建筑艺术史》(上、下),文物出版社,1999年。

"中研院"历史语言研究所影印:《明实录》,1962年。

钟嗣成:《录鬼簿》,上海古籍出版社,1978年。

钟肇鹏主编:《春秋繁露校释》,河北人民出版社,2005年。

塚本善隆:《敦煌佛教史概説》,《塚本善隆著作集》第3卷,大东出版社,1975年。

　　《中国淨土教史研究》,《塚本善隆著作集》第4卷,大东出版社,1976年。

　　《支那佛教史研究·北魏篇》,清水弘文堂,1969年。

塚本善隆、梅原猛:《佛教の思想8·不安と欣求》,角川书店,1985年。

周　煇:《清波别志》,《丛书集成初编》本。

周　密:《癸辛杂识》,中华书局,1988年。

　　《武林旧事》,山东友谊出版社,2001年。

　　《志雅堂杂钞》,《粤雅堂丛书》本。

周必大:《周益国文忠公集》,《四库全书》本。

周绍良主编:《敦煌文学作品选》,中华书局,1987年。

　　　　《唐代墓志汇编》(上、下),上海古籍出版社,1992年。

周叔迦:《释家艺文提要》,北京古籍出版社,2004年。

　　　　《周叔迦佛学论著集》(上、下),中华书局,1991年。

周叔迦、苏晋仁:《法苑珠林校注》(6册),中华书局,2003年。

周叔迦辑撰、周绍良新编:《牟子丛残新编》,中国书店,2001年。

周勋初:《唐语林校证》(上、下),中华书局,1987年。

周一良:《佛教史与敦煌学》,《周一良集》第3卷,辽宁教育出版社,
　　1998年。

　　　　《魏晋南北朝史札记》,中华书局,1985年。

　　　　《魏晋南北朝史论集》,北京大学出版社,1997年。

周应合:《景定建康志》,《四库全书》本。

周予同:《周予同经学史论著选集》,上海人民出版社,1983年。

周紫芝:《太仓稊米集》,《四库全书》本。

朱　弁:《风月堂诗话》,《宝颜堂秘笈》本。

　　　　《曲洧旧闻》,《知不足斋丛书》本。

朱　权:《太和正音谱》,中国戏剧出版社,1959年。

朱　熹:《晦庵先生朱文公文集》,《四部备要》本。

　　　　《四书章句集注》,陈立校点,辽宁教育出版社,1998年。

　　　　《朱子语类》,黎靖德编,王星贤点校,中华书局,1986年。

朱大渭:《六朝史论》,中华书局,1998年。

朱金城:《白居易集笺校》(6册),上海古籍出版社,1988年。

朱景玄:《唐朝名画录》,温肇桐注,四川美术出版社,1985年。

朱其铠主编:《全本新注聊斋志异》,人民文学出版社,1989年。

朱一玄主编:《明清小说资料选编》,齐鲁书社,1989年。

朱彝尊:《静志居诗话》,姚祖恩编,黄君坦校点,人民文学出版社,
　　1998年。

　　　　《明诗综》,《四库全书》本。

《曝书亭集》,《四部丛刊》本。

朱元璋:《明太祖文集》,《四库全书》本。

朱自清:《朱自清古典文学论文集》(上、下),上海古籍出版社,
　　1981年。

祝　穆:《方舆胜览》,施和金点校,中华书局,2003年。

袾　宏:《竹窗随笔》(修订本),佛陀教育基金会,1999年。

宗　懔:《荆楚岁时记》,《四部备要》本。

宗白华:《宗白华选集》,天津人民出版社,1996年。

宗　泐:《全室外集》,《四库全书》本。

邹　浩:《道乡集》,《四库全书》本。

诹访义纯:《翻譯者としての鳩摩羅什》,《人物　中國の佛教・羅
　　什》,大藏出版,1982年。

代后记:感恩与致谢

　　清样校读完毕,是否写个后记,踌躇良久:抒写个人一些感受,可能徒灾枣梨。可是想来想去,自己已年逾古稀,这部书不论价值如何,乃是大半生习业的总结;在这几十年间,历经种种人世变迁,得到无数人的鼓励和帮助,感念之情实在有不能已于言者。所以还是决定写下几句话。

　　我深深感念亡母张莲英女士:她中年寡居,抚孤携幼,含辛茹苦,在诸姊(孙昌郡,孙昌雯[已故]、孙昌喜)帮助之下,抚育我成人;生前多少年,眼看着她的独子一步步走向沦没,日夜惴惴,不得安生;待我命运有所转变,即撒手人寰。真是昊天之痛,终生不能平愈。

　　内人高淑贞女士在我处境极端困顿的时候,冒着风险、忍受屈辱和我结缡成婚;四十余年历经磨难,任劳任怨,养育女儿,操持家务,始终给我安排一个起码安定的作为"书蠹"的生活环境。我不敢自诩人生"成功",但没有她的辛苦,我的生活和工作是不能设想的。

　　我自幼家父弃养,兄长早逝,家母、诸姊倍加宠爱,养成孤傲的个性。步入大学即受到批判,一蹶不振二十余年;回到大学教学和研究岗位,已经年近不惑,如今又过了整整三十年。回顾在这沧桑巨变时代里,自己从困境中走出来,终于能够从事心向往的教学、研究工作,比起另外许多人来,算是十分幸运的。而如果说人的本质是社会关系的总和，正是这个社会关系网络中的数不尽的人给了我这种幸运，我必须对他们表达最高的尊敬和无限的感念。下面只能写下点滴，恕不一一列举应当接受感恩和致谢的人的名讳。

感谢在二十余年困境中给予我"包庇"、保护、帮助、鼓励的人，其中有亲人，有朋友；有前辈，有学生；有"运动"的领导者，也有一起接受改造的"难友"。他们担着风险，甚至受到牵连。还记得劳动改造的时候，一位手拿棍棒的"看守"学生偷偷塞给我一张纸条，上面题写一首古诗，鼓励我对前途怀抱信心。正是无数这样的好心人在几乎令人绝望的环境中让我少受磨难，给我求生勇气，以至帮助我在困境中设法坚持读书习业。而一旦我境遇改变，他们中许多人就消失了踪影，让我没有办法表达感念之意。

感谢这三十年在学术上给我指导、提携、帮助的师长、友人和学生。我回到大学，已隔绝学界多年，幼稚浅薄可以想见。蒙师友不弃，这些年奖掖、扶助、激励不遗余力。就写作这本拙著而言，特别应提到佛教学领域的前辈和朋友。在时下学科划分细密、学术"圈子"狭小的状况下，他们不仅容纳下我这个"客串"的"外行"，而且提供许多实际的指引和帮助。没有这些帮助本书是无法完成的。

感谢港、台和海外的许多学界前辈和友人。我从上世纪八十年代初有机会出境访学，断断续续在港、台等地和亚、欧、美多国从事教学和研究，进行学术交流。友人们出于对学术的热情，出于对中国学术的关注，也出于对我个人的厚爱，给予我多方面无微不至的帮助。我的工作成果中也包括他们的劳绩。

我对宗教怀抱真挚的理解、同情与尊重，但我不是宗教信徒。可是这几十年间，我研习宗教，除了学术上、文化上的收获，观念上、心态上也受益多多，特别是使我更加懂得感恩和戒惧、宽容与谦卑，也让我对人性多一份信心，对人生多一份热情。那些曾经给予我无私帮助的人有些已经往生他界，有些已多年失去联系，但是我对他们给予的恩惠永志不忘。这也成为我生活和工作的推动力。至今我仍时时感受到师长、友人、学生和家人的深情期许,不敢稍怠。

也正因此,当初计划本书这样庞大课题,我才知其不可而黾勉为之,以期报答于万一。而随着研读逐渐深入,兴趣愈浓,也愈认识到工作意义的重大。特别是考虑到现在国内外也需要这种较全面、较细致地介绍中国佛教文化的书,而自己虽然学疏才浅,但读书庞杂,所涉面广,敝帚自珍,觉得有些一得之见还不无价值,加上得到催促和鼓励,终于写成这样一部文字拖沓的书。现在终于交卷,"成果"将公诸天下。我在拙作《佛教与中国文学》再版后记里说到这样意思的话:希望自己的书抛砖引玉,尽早有更好的论著问世,让这部书成为学术陈迹。我如今仍怀抱同样的心情。

当然我还有一点私心:写作这本对于我一生从事学术工作具有总结意味的书,也是给两个女儿——孙一萱和孙一苈留下一笔"遗产":这里有我的心血,我对事业的热爱、倾心和努力,还有我对国家,也是对她们的期望。

感谢宗教学家、美术家张总先生制作、选配图版,为本书增色不少。

感谢中华书局主政者和编审者。早在写作初期,书局负责人顾青、徐俊等先生即将本书列入出版计划,并责成年轻编辑罗华彤先生作为责编。华彤先生用了整整两年的几乎全部时间编校本书,查核原文,修订文字。篇幅这样大的书,只是统一字体一项工作即费时无算。初稿里使用数据有些前后矛盾,相差几百个页面,他能够查证出来。一个年轻人,有这样的工作态度,让我十分感佩。不管这部书的价值如何,他编校的功劳是必须加以表扬的。

最后,诚挚地期待前辈、时贤的教正。

孙昌武

2009 年 9 月 1 日于南开园